U0929701

编纂委员会

中国民族年鉴

回溯本（1949.10~1993.12）

上卷

民族文化宫　编

辽宁民族出版社

图书在版编目（CIP）数据

中国民族年鉴回溯本：1949.10~1993.12：全2册 / 民族文化宫编. —沈阳：辽宁民族出版社，2013.6

ISBN 978-7-5497-0570-2

Ⅰ. ①中… Ⅱ. ①民… Ⅲ. ①民族工作—中国—1949~1993—年鉴 Ⅳ. ①D633-54

中国版本图书馆CIP数据核字（2013）第138154号

中国民族年鉴回溯本

ZHONGGUOMINZUNIANJIANHUISUBEN

出版发行者：辽宁民族出版社
地　　址：沈阳市和平区十一纬路25号　邮编：110003
印 刷 者：沈阳新华印刷厂
幅面尺寸：210mm×285mm
印　　张：129.75
字　　数：3000千字
插　　页：36
印　　数：1-2000
出版时间：2013年6月第1版
印刷时间：2013年6月第1次印刷
责任编辑：金顺玉
封面设计：杜　江
责任校对：侯　华

标准书号：ISBN 978-7-5497-0570-2
定　　价：680.00元

法律顾问：陈　光
举报电话：024-23284336
邮购电话：024-23284335
联系电话：024-23284340

网　　址：www.lnmzcbs.com

序

国家民委副主任、民族文化宫党委书记　罗黎明

中国是一个统一的多民族国家。在漫长的历史进程中，中国各族人民密切交往、相互依存、交流融合、休戚与共，形成了中华民族多元一体的格局，共同推动了国家发展和社会进步。

中华人民共和国成立以来，中国共产党和中国政府坚持从中国国情出发，总结历史经验，借鉴世界其他国家的有益做法，开创了具有中国特色的解决民族问题的正确道路，确立并实施了以民族平等、民族团结、民族区域自治和各民族共同繁荣为基本内容的民族政策，从而实现了中华民族历史上前所未有的大团结、大统一，开创了政治安定、经济发展、文化繁荣、社会和谐的良好局面。

民族文化宫是1959年党和国家专为少数民族建立的一座文化宫殿，是中国共产党民族政策取得辉煌胜利的重要标志，是中国56个民族平等、团结、进步、繁荣的象征。50多年来，民族文化宫始终坚持"为民族工作服务，为民族团结进步服务，为民族文化事业服务"的宗旨，在宣传党的民族政策和民族区域自治制度，展示少数民族和民族地区发展成就，进行爱国主义和民族团结教育，传承各民族优秀传统文化等方面发挥了积极作用，做出了应有的贡献。

改革开放后，国运昌盛，中国的年鉴事业迅猛发展，盛世修志，举国出现"年鉴热"。民族文化宫立足全国少数民族文化宫殿的独特地位，并依托自身拥有的资源和人才优势，于1995年适时创办了《中国民族年鉴》，全面系统地记录了1994年以来中国的各级民族工作、少数民族各项事业及民族自治地方经济社会各领域的发展情况，有关少数民族和民族地区的法律法规、重要文献和相关统计资料等，忠实地见证了中国民族事业和民族地区发展的一段重要历程。同时，其创办填补了当时全国55个少数民族尚无一本综合性年鉴的空白，受到社会各界的广泛关注和赞誉。《新华每日电讯》、《人民日报》、《光明日报》、《人民政协报》、中央人民广播电台等十余家媒体对此广为报道，纷纷盛赞其为"开先河之作"。专业刊物载文称其"为我国多民族的民族文化建设开辟了一条新的途径，功不可没"。时任全国人大常委会副委员长，著名的社会学、民族学与人类学家费孝通先生得知此事感慨万分："早就应该编这本书了!"并欣然题写书名。

十余年来，《中国民族年鉴》不断改革创新，与时俱进，连续获得国家级及省部级奖项，成为公众了解中国民族事业发展的权威媒体。随着其成果的逐年累筑，蕴藏其间的社会价值与学术价值亦越来越受到世人的关注。为此，民族文化宫于2006年9月组织开建了《中国民族年鉴回溯本（1949.10~1993.12）》（以下简称《回溯本》）补阙工程。《中国民族年鉴》的编撰上限应为1949年10月中华人民共和国开国，由于起步较晚，首卷开篇于1994年，留下了45年的历史空白。在这45年中，中国完成了民主改革与社会主义改造，历经了“文革”十年的磨砺，跃上了社会主义改革开放的新阶段。可谓史事峥嵘，沧桑巨变，是中国少数民族发展史上极为重要，又极为复杂的历史大变化、大转折时期。本书即以辑录这一时期我国民族理论、政策、法规与民族地区政治、经济、文化、教育、科技、艺术、宗教等社会领域的发展成就为职志，全方位、多视角、逐层次地展示我国少数民族的历史变迁。完成了这一补阙工程，《中国民族年鉴》便打通了历史，成为一部完整的、名副其实的中华人民共和国民族百科全书，其增值的社会价值与学术价值不可估量。

因《回溯本》所涉时间跨度较长，内容庞杂，其编写工作在理论驾驭，史料的征集、裁剪，文字的梳理与精当，以及通篇的编排布局上，都存有较大难度，要求较高的编纂水平。为此，民族文化宫党委几次召开专题会议，广泛征询各方专家意见，特聘史学家主帅，并集中全宫精锐，共同组建《回溯本》工作专题小组，统筹规划，分工实施。数十人埋首寂寞，默默耕耘，历时6载，在浩瀚的史料中拨冗去芜、酌选其要，终于成就了这部以考据为基础，以博采史料、广集信息为优势的、纪实性的民族史学工具书，填补了学术的一大空白，为中华人民共和国民族通史以及民族理论史、民族政治史、民族经济史、民族文化史、民族教育史、民族宗教史等专史的研究积累了第一手原始资料。其学术建树之功，彰于当代，惠泽千秋。

回首补记这一历史征程，考述45年来我国少数民族各项事业和民族地区的发展成就，总结其正反两方面的工作经验与教训，对于维护与巩固中华民族大团结、大统一，推进民族地区社会主义和谐社会的建设有着现实的社会政治意义。中国解决民族问题的成功经验，也是人类世界的宝贵财富，对处理当今世界民族矛盾也极具借鉴意义。

对于民族文化宫而言，《中国民族年鉴》的创办和《回溯本》的补编，不仅是义不容辞的本职工作，也是民族文化建设、人才队伍建设并举的一项战略性工程，在其实践中造就了一批新式专业人才，并形成自我独有的学术特色与优势。

在此，衷心感谢所有参编人员锲而不舍、精益求精、勤勉奉献、团结协作的精神！也一并感谢所有关心本书编纂并给予真诚指导和帮助的相关单位、部门和人士！

最后，衷心期待本书真正达成编纂者的初衷，对推动社会和谐进步发展、弘扬少数民族优秀文化有所裨益和帮助。

2012年7月5日

前 言

《中国民族年鉴回溯本（1949.10~1993.12）》（以下简称《回溯本》）编纂前后历时6年，参与者数众，先后查阅各类资料2000余种（册），摘编信息两千多万字、图片500余幅，最终定稿300万字、图照130幅，过程颇为艰辛曲折。现将编纂中的几个问题说明于后，冀与读者沟通和交流。

一、编纂始末。改革开放后，国运昌盛，中国的年鉴事业迅猛发展，从1980年的6种、1990年的604种，到1999年激增至1300多种。而在当时，我国55个少数民族却尚无一本全国性综合年鉴，这不能不说是一大缺憾，这种现象引起了业界的广泛关注和思考，自1991年起各地创办呼声渐高。民族文化宫立足全国少数民族文化宫殿的独特地位，依托丰富的宫藏资源，不负使命、勇担重责，积极向上级主管部门申请立项，并广泛征求吸纳业内人士的意见和建议，于1995年元旦后，召集北京、东北、西北、中南等各路专家学者汇聚大连民族学院，研讨论证有关立项事宜，选题、框架、内容、体例、版式、工作流程、编委会名单等逐一敲定。1996年8月，《中国民族年鉴》创刊号（1995卷）由民族出版社正式出版，因其填补空白之功绩，好评如潮。主创者在欣喜之余，不忘使命，心中埋下伏笔：待年鉴走上正轨，回头补编1949~1993年《回溯本》，打造名副其实的共和国民族百科全书。

2006年，《中国民族年鉴》迎来第一个“生肖年”，为了更好地总结过去，与时俱进，创新发展，在2006卷及《中国民族报》开设了12周年纪念专栏，邀请相关专家学者评鉴以往、展望未来。专家们不约而同地再次提到了《回溯本》补编议题，与主办方一拍即合。7月18日，民族文化宫党委主持召开专家论证会，对《回溯本》工程进行价值评估，并就编纂宗旨、入编内容、编写原则以及编写体例等进行论证。9月5日，《回溯本》编纂工程正式启动，特聘年鉴创办时框架大纲的设计者之一，西北民族大学历史学教授郭卿友先生领衔挂帅，主持工程，特邀《中国民族年鉴》创办人之一、中国民族图书馆原馆长李久琦先生，中国社科院文献中心研究员张聿忠、赵国琦先生为专家指导小组成员，并集中全宫精锐30余人，组成《回溯本》工作专题小组，统筹规划，具体实施。

可以说，开工时轰轰烈烈、干劲十足，且卓有成效。到2008年底，资料采编工作基本就绪，从浩浩史料中，撷取有效信息近两千万字，并打磨造就600余万字的骨架轮廓，拟进入第二阶段的合拢审校、删重补遗、提炼净化等项工作……然天有不测风云，2009年1月6日，主编郭卿友先生突然病逝； 2010年，年鉴工作移交上级部门，原承编部门解体，人员分流；2011年1月9日，专家组李久琦先生病故……一系列的变故，使工程停滞两年有余，直至2011年3月重新启动，各项工作复入正轨，全官上下齐心，协调配合，抢抓进度，终于年底交付出版社。

二、编撰要则。编就这样一部高度浓缩的《回溯本》，完整地记录共和国民族史的发展轨迹，极具艰巨性、复杂性和挑战性。《回溯本》是民族学术建设的一项基础工程，与一年一期的年鉴编纂相比，因其时间跨度较长，所涉内容庞杂，所以编写工作在理论驾驭、史料征集与筛选、文字梳理、体例设计等方面都存有较大难度，既要遵循年鉴的基本规律，也要尊重中国民族历史与中国现实国情，并以此为准绳，确定本书的编撰要则。

1. 注重民族理论，提升理论品位。在中国民主革命、社会主义建设与社会主义改革开放的长期实践中，我党坚持马克思主义民族理论与中国民族实际相结合的原则，制定了民族理论与各项民族政策、民族法规，开创了一条符合我国国情、具有中国特色的解决民族问题的正确道路，留下了极其宝贵的历史经验；民族理论是民族工作的统帅和灵魂，我国民族工作的实践活动都是在我党民族理论、民族政策的指引下展开的，民族理论与民族政策的进退决定着民族工作的成败。因此，本书高度关注我国民族理论的发展历程，认真总结理论工作的成就和经验，以民族理论的红线统领全篇，提升本书的理论素质与品位。

2. 立足全局，把握好民族问题与全局的关系。我国是一个统一的多民族的国家，少数民族是中华民族不可分割的成员，民族问题是中国民主革命与社会主义建设总问题中的一部分，少数民族的历史进程与中国社会整体发展进程息息相关，紧密相连。因此，本书紧扣中国社会发展全局的主线，不孤立、片面地就民族问题说民族问题，而是站在中国社会发展全局的高度，把握好民族工作与全局工作的联系，并从这种联系中审视民族问题与中国社会问题的一致性与特殊性，解析民族工作的时代步伐和历史进程的主旋律。

3. 纪史以实，突出史料优势。实事求是，纪史以实，是年鉴的立足之本，也是年鉴的基本要求。《回溯本》以中央与民族地区的历史档案、报刊等第一手资料为依据，同时吸收有关地方志、民族志、文史资料、年鉴、回忆录、专题论著等科研成果，尤其针对在一般报刊、图书中难以查询的缺口资料，特在相关专业或专题资料中开辟专线，补缺补漏，力避选材失衡、顾此失彼，如民族理论、政策、法规专线，历届、次中共中央、全国人大、全国政协少数民族代表、委员名录专线，国家级少数民族劳动模范、企业家、先进代表以及科教文卫体各领域少数民族英才人物专线，民族教育、民族体育赛事、民族医药卫生专线等，以其相互参酌、补正，并力求纪事准确、完备、翔实。另，重在史实的辑录，对事件有涉的时间、地点、人物、始末、数据等史学要素，详加考录；对事件的性质与有关人物的功过是非，则点到即可，不展开过多的评论，使《回溯本》成为一部以考据史实为基础、以博采史料、广积信息为优势的、纪实性的民族史学工具书。

4. 加强宏观调控，着力史料的开拓、筛选与提炼。《回溯本》时跨45年，地及广大民族地区，事涉政治、经济、文化、宗教等社会领域。史海茫茫，头绪万千，要以数百万字包容数亿万字历史资料的内涵，必须加强宏观调控，正确处理全局与局部、深度与广度、重点与一般、点与线、线与面的关系。纪事既力求完备、翔实，又突出重点，浓彩亮点，清晰主线；不消极地跟着史料走，对纷杂的史料删繁就简，拨冗去芜；对缺漏的史料积极拓殖，增补完善。年鉴不是史料汇编，又力避史料汇编中存在的事无巨细、信手拈来、纷杂堆砌之弊病，以提高本书的实用价值。

5. 注重民族人物考述。人是人类社会发展的创造者，是一切历史事件的载体，纪事不能离开人物。针对当前民族学术中重事铺述、轻忽人物研究的时弊，本书着力开发这一薄弱环节。对于重大历史事件所涉及的民族人物，特别是对那些为中华民族团结、统一，为民族政治、经济、文化、艺术、科技、教育、体育、卫生以及宗教事业发展做出贡献的民族人物，着加记录，载于史册。

6. 精心编制专题、附录。本书所设的若干个专题、附录，与正文相佐相成，互为一体，共同打造《回溯本》之知识结构和信息网络。其中，图片的选择在事类、历史阶段、民族、地域上均具有代表性和典型性，在突出重点之余，更兼图文并茂、活跃版面之效，提升本书的艺术品位和收藏价值。职官志，则对政权组织予以科学分类，对组织成立的由来和历史背景、组织性质与建制、职掌及其历史沿革等予以理论性的解说，即史（职官史料）与论（组织理论）相结合而志述，提升研究价值和学术品位。编纂资料书目，则向读者交代《回溯本》在编纂中参用以及相关的资料书目，展列民族研究的成果，并供读者检索使用。

三、不足之处。年鉴在中国是一门较新学科，补编《回溯本》更无现成的模式可借鉴。此外，中华人民共和国时期民族问题的研究甚少，缺少系统、全面的资料支持。因此，本书所存最大的不足就是内容的平衡问题，虽力求全面、系统，但因原始资料本身的不平衡，加之知识视野不够开阔，总体内容上，政事、经济、文化类较丰厚，而体育、医药、环保类则略显不足。个别如原专题中设计的“各级民委组织职官志”，因资料缺乏且不具权威性，最终未能成稿。其次，在具体内容的裁剪得体、文字的凝练精当等方面，也存在一些不成熟。总之，《回溯本》是一部苦心经营之作，正如时任民族文化宫主任齐宝和同志在启动仪式所言：“之所以将《回溯本》编纂工作称之为‘工程’，是想强调其意义重大，而且绝非易事，是一项研究工作，是一个课题，不下点工夫、不付出艰辛，是难以完成的。各位要以高度的使命感和责任感，以治学严谨的态度，以司马迁撰写《史记》的精神来做这项工作。”我们尽力了，所存失误与不足，恭请读者的批评与指正。

卢晓华

2012年7月10日于民族文化宫

编辑说明

一、《中国民族年鉴》是国家民族事务委员会主管、民族文化宫主办、中国民族年鉴社编辑出版的大型综合性年刊，创办于1995年，每年出版1期，已出版16期。

二、《中国民族年鉴》以汇辑年度内中国各级民族工作、少数民族各项事业及民族地区经济社会各领域的发展情况，国家出台的有关少数民族和民族地区法规、发布的重要文件和相关统计资料，有关领导人发表的重要讲话等为职志，是国内唯一一部百科全书式大型民族文献信息检索工具书。

三、《中国民族年鉴回溯本（1949.10~1993.12）》补编1949年10月至1993年12月我国民族理论、方针、政策形成与发展历程，少数民族和民族地区各项事业发展成就。为反映事物发展全貌，个别时间前后有所追溯。

四、全书分上、下两卷，计300万字、130幅图照。

五、上卷“编年纪事”，约200万字。依社会发展阶段性特征下设“民主改革和社会主义改造时期”、“社会主义建设时期”、“‘文化大革命’时期”、“社会主义现代化建设时期”4个阶段，采用编年纪事体，以时间为经，事件为纬，逐年、月、日之序，分条记事。条目原则上一日一事一条；同日条目前置△号示，并按《中华人民共和国行政区划简册》中区划顺序排列；一事跨多日集中一条分日记述；日期不详的事件以报刊公布的时间定位，或附月末，月份不详则附年末。

六、下卷“专题·附录”，计100万字、130幅图照，与上卷纪事条目相佐相成，互为一体。分设地图、照片、组织职官志、表·录、专题资料、重要文献、编纂资料书目7部分。地图计8幅，照片122幅，组织职官志48篇，表·录11篇，专题资料7篇，重要文献17篇，对重点、要点史料进行专题研究，独立成篇。

七、书中少数民族族称均采用现称，个别援引的文件、书名、歌曲名等采用原称，以呈现发展沿革。

八、区划和机构名称首次出现在正文时使用全称，余用简称。约定俗成的组织机构可用简称，如“人大”、“政协”、“省委”、“佛协”、“文联”等，其全称在书前另附表说明。

九、所涉年、月、日与数量词均采用阿拉伯数字。序数词原则上十以内（含十）使用汉字大写，十以上使用阿拉伯数字；中共、人大、政协会议届、次统一使用大写。

十、有争议的史料和观点，选定一说，以选用的资料为据。

《中国民族年鉴回溯本（1949.10~1993.12）》编写组

2012年12月31日

组织机构简称

中共 届 中全会——中国共产党第 届中央委员会第 次全体会议

中共 省（自治区） 届（次）代表大会——中国共产党 省（自治区） 届（次）代表大会

省委或自治区党委——中国共产党 省或自治区委员会

届人大常委 次会议——第 届全国人民代表大会常务委员会第 次会议（地方同）

全国人大常委会——全国人民代表大会常务委员会

全国人大——全国人民代表大会

地方人大会——地方各级人民代表大会

人委——地方各级人民委员会

政协 届 次会议——中国人民政治协商会议第 届全国委员会常务委员会第 次会议

政协——中国人民政治协商会议

省（自治区）政协 届 次会议（各族各界人代会）——中国人民政治协商会议 省（自治区）委员会常务委员会第 次会议（各族各界人民代表大会）

省（自治区）政协——中国人民政治协商会议 省（自治区）委员会

国家民委——国家民族事务委员会（省或自治区同）

人大民委——全国人民代表大会民族事务委员会

中央民委——中央人民政府民族事务委员会

中共民族工委——中国共产党（地方）民族工作委员会

中共边疆工委——中国共产党（地方）边疆工作委员会

民族文化宫——北京民族文化宫

革委——地方各级革命委员会（“文化大革命”时期）

工会——各级工会

农协——各级农民协会、贫下中农协会

牧协——各级牧民协会、贫下中牧协会

青联——青年联合会

学联——学生联合会

妇联——妇女联合会

回协——中国回民文化协进会

佛协——中国佛教协会

伊协——中国伊斯兰教协会
作协——中国作家协会
美协——中国美术家协会
文联——中国文学艺术界联合会
卫生部——中央人民政府卫生部
政务院——中央人民政府政务院
贸易部——中央人民政府贸易部

目 录

上卷 编年纪事

下卷　专题·附录

上卷 编年纪事

本卷为本书的主体部分，约200万字，依社会发展阶段性特征分设“民主改革和社会主义改造时期”、“社会主义建设时期”、“‘文化大革命’时期”、“社会主义现代化建设时期”4个阶段。全部内容采用编年纪事体，以时间为经，事件为纬，逐年、月、日之序，分条记事。

本卷辑录1949年10月至1993年12月（为反映事物全貌，个别有所追溯）我国民族工作的理论、政策、法规，有关民族地区和平解放、民主改革、社会主义改造、社会主义建设和改革开放的法规、法令和兴革措施，民族区域自治理论与实践的发展历程，民族地区经济体制的变革与各项经济建设成就，民族地区文化、教育、科技、体育、医药卫生及环保事业的发展成就，民族地区宗教事业的兴革，民族地区与周边国家、地区的边界事务，民族地区剿匪、肃反、平乱和边防斗争，民族地区的自然灾异与救助事项等等，全方位、多视角、逐层次地展示我国少数民族和民族地区的历史变迁。入编范畴以中国55个少数民族为视点，以中央、民族自治区（省）、自治州（盟）3级民族事务为重点，酌收自治县（旗）行政建制沿革与特殊事件。

目 录

一、民主改革和社会主义改造时期（1949~1955）

※ 1947年

4月23日~5月3日 内蒙古人民代表会议在乌兰浩特召开，确定5月1日为内蒙古自治区成立纪念日，在全国第一个实现民族区域自治。自治政府驻王爷庙，1949年迁至张家口，1954年驻呼和浩特市。（《中国民族年鉴》2009卷P343）

※ 1948年

1月 呼伦贝尔地方取消自治，改称呼伦贝尔盟，与内蒙古自治区实现统一自治，索伦旗隶属呼伦贝尔盟，旗治设在巴彦托海。2月16日，自治区政府任命内勒布（鄂温克族）为索伦旗旗长。4月，内勒布辞职。5月20日，呼盟政府任命孟和那苏（达斡尔族）为旗长，是该旗首任党员旗长。（《鄂温克族自治旗志》P13、909~910）

7月 内蒙古自治区建立鄂伦春努图克（蒙古语，意为区），这是中国共产党建立的第一个鄂伦春族当家做主的乡镇级民主政权。（《鄂伦春自治旗志》P813）

※ 为反映内蒙古自治区建制沿革，以上条目追溯至1947年。

1949年

2月

24日 00点08分，新疆省轮台县西迪纳河地区发生7.25级地震，震中位置41°54′N、83°12′E，震源深度33公里，震中烈度IX度。震中区城垣裂缝，陡崖崩塌，道路阻塞，倒房3930间。其中，克日西村及铜矿的1000多间房屋全部倒塌，12人丧生，20人受伤，死、伤牲畜431头。（《新疆减灾四十年》P241）

8月

11日 云南省兰坪县政务委员会成立，行使县人民政府职能，李铸宏兼主任。（《兰坪白族普米族自治县志》P16）

25日 甘肃省临夏县人民政府成立。（《临夏回族自治州志》上P44）

27日 新疆保卫和平民主同盟主席、前新疆省政府副主席阿合买提江（维吾尔族）等一行5人，由伊宁飞往北京出席全国政协会议途经苏联外贝加尔山上空时，因飞机失事遇难。10月22日，中央人民政府主席毛泽东为烈士题写碑文："为民族解放和人民民主事业而牺牲的阿合买提江·卡斯木同志、伊斯哈克伯克·穆努诺夫同志、阿不都克里木·巴索夫同志、达里列汗·苏古尔巴耶夫同志、罗志同志们的精神永垂不朽！"11月22日，毛主席发唁电："阿合买提江等5位同志生前为新疆人民解放事业英勇奋斗，最后又为建立中华人民共和国的事业而牺牲，值得全中国人民永远纪念。"政务院总理周恩来和中共中央、政务院、政协、中央人民政府军委、中央民委分别致电新疆保卫和平民主同盟中央，吊唁阿合买提江等烈士。1950年4月16日，5位烈士遗体由苏联运抵伊宁后举行公祭安葬仪式，中共中央新疆分局书记王震等出席并悼念致哀。（《中国共产党新疆历史大事记（1949.10~1966.4）上》P7~9、33；《人民日报》1949.11.25.①，11.26.①，11.28.①，11.29.①，12.3.①）

9月

9日 中共滇西工委召开党政军干部代表大会，宣布撤销滇西工委和祥云分委，分别建立滇西地委和滇西北地委。同时成立滇西北人民行政专员公署，欧根（白族）任专员，王以中（白族）任第一副专员，甘舜任第二副专员。（《云南省大理白族自治州党政军统群组织史资料（1947.12～1987.12）》P4、25）

10日 中共滇西地委在云南省祥云宣布成立，陈家震任书记。（《云南省大理白族自治州党政军统群组织史资料（1947.12~1987.12）》P5）

12日 青海省门源县宣布解放。12月22日，人民解放军向门源进发并平息门源反革命武装叛乱，门源县城收复。（《海北藏族自治州志》上P35）

25日 国民党新疆省警备总司令陶峙岳、新疆省政府主席包尔汉通电起义，新疆和平解放。今昌吉回族自治州境内各县国民党驻军响应起义，实现和平解放。26日，阿图什、阿合奇、乌恰3县政府响应起义。28日，新疆庆祝和平解放。（《昌吉回族自治州志》P40～41，《巴音郭楞蒙古自治州志》下P1492、2174，《克孜勒苏柯尔克孜自治州志》上P25，《伊犁哈萨克自治州志》P39）

是月 中共滇西北地委成立，黄平任书记，欧根（白族）任副书记。（《云南省大理白族自治州党政军统群组织史资料（1947.12～1987.12）》P5）

10月

1日 中华人民共和国成立。下午15时，北京30万人在天安门广场举行开国大典，中央人民政府主席毛泽东宣布中华人民共和国中央人民政府成立，并宣读《中华人民共和国中央人民政府公告》。《公告》说："中华人民共和国中央人民政府为代表中华人民共和国全国人民的唯一合法政府。凡愿遵守平等、互利及互相尊重领土主权等项原则的任何外国政府，本政府均愿与之建立外交关系。"中国人民解放军总司令朱德发布中国人民解放军总部命令："坚决执行中央人民政府和伟大的人民领袖毛主席的一切命令，迅速肃清国民党反动军队的残余，解放一切尚未解放的国土，同时肃清土匪和其他一切反革命匪徒，镇压他们的一切反抗和捣乱行为。"（《毛泽东选集》5卷P8～10，《朱德选集》P269，《新华社新闻稿》1949.10.2）

△ 甘肃省卓尼自治区行政委员会成立，杨复兴（藏族）任主任，赵毓文任副主任。（《甘南州志》上P84）

3日 苏联副外长葛罗米柯致电中华人民共和国外交部长周恩来，表示苏联政府决定同我国建立外交关系。周恩来同日复电同意。（《新华社新闻稿》1949.10.4）

5日 新疆军区副司令员陶峙岳抵达酒泉，向中国人民解放军副总司令彭德怀汇报新疆情况，请示和商讨人民解放军进疆和起义部队整编问题。包尔汉以新疆省临时政府主席的名义致电中央人民政府主席毛泽东、中国人民解放军总司令朱德和副总司令彭德怀："本省危机四伏，情势严重。务希转饬西来之人民解放军兼程来新以解危局，并慰人民之热望。同时，更希多派政治工作人员偕来以资推动。临电无任迫切翘企之至。”进军前夕，人民解放军一野前委下达《对一、二兵团入新工作指示》，新疆军区第一副司令员王震作进军新疆各项政策的报告，西北军区政治委员兼政治部主任甘泗淇作执行党的民族政策的重要讲话，要求各部队切实加强政治工作，执行党的民族政策，尊重少数民族风俗习惯。（《人民日报》1949.10.13.①，《中国共产党新疆历史大事记（1949.10～1966.4）》上P4～5）

6日 蒙古总理兼外长却尔巴桑致电中华人民共和国外交部长周恩来，表示与我国建立外交关系。16日，周恩来复电同意。（《新华社新闻稿》1949.10.17）

△ 朝鲜民主主义人民共和国与我国建立外交关系。（《新华社新闻稿》1949.10.7）

△ 国立成达师范学校与北平的西北中学、燕山中学、西北女中合并，在北京成立国立回民学院。（《人民日报》1949.10.8.④，《中国伊斯兰百科全书》P112）

9日 中共宁夏省委发出关于《对目前几个中心工作的指示》，将肃清土匪特务、收集散失在民间的武器、安定社会秩序作为压倒一切的中心任务。（《当代宁夏史通鉴》P70）

10日 美国间谍汤姆斯于8月进入西藏活动，是日取得达赖喇嘛致杜鲁门信件后返至印度加尔各答，公开发表干涉我国内政的言论。（《人民日报》1949.10.13.①）

△ 东藏（泛指青海、西康、甘肃西南部、河西走廊祁连山地区和四川西北部藏区）各部落，于9月上旬在甘肃夏河召开各部落代表会议筹委会议，讨论协商筹委人选问题。黄祥（藏族）、黄正清（藏族）、吴振纲（藏族）、黄文源（蒙古族）、班智达（藏族）、牙含章、霍德义等出席。（《人民日报》1949.10.11.①）

13日 中共湖南省湘西区委员会成立，第一书记周赤萍，第二书记武光，副书记葛琛。湘西区辖永顺、沅陵、会同3个地方工作委员会。（《湘西州志》上P55、194）

14日 云南省兰坪县政务委员会撤销，成立兰坪县人民政府，滇西北人民行政专员公署副专员甘舜兼县长。（《兰坪白族普米族自治县志》P16）

15日 团中央和全国学联等单位联合举行欢迎会，欢迎来北京的南京边疆学院（1941年由前南京蒙藏学校更名的国立边疆学校）28位藏、苗、满、回、傈僳、彝族学生。（《人民日报》1949.10.17.②）

16日 进驻青海省循化县的解放军揭露马步芳残部挑拨民族关系的罪恶阴谋，认真执行党的民族政策，消除藏族和撒拉族之间的隔阂和仇杀，加强两族人民的团结。（《人民日报》1949.10.16.②）

17日 北京至绥远铁路全线恢复通车。（《内蒙古自治区史》P514）

△ 按照新疆省伊犁专员公署发布的命令，博乐、精河、温泉3县开始悬挂中华人民共和国国旗，废除原三区革命政府“东土耳其斯坦”月牙星绿旗、政府印章和门牌。（《博尔塔拉蒙古自治州志》P36）

18日 宁夏省银川市军管会发出布告，宣布中国人民银行宁夏省分行成立，宣布废除国民党政府发行的货币，使用中国人民银行新发行的人民币。（《中共宁夏党史大事记（1925.8～1988.6）》P120）

△ 中共中央批准中共宁夏省委员会成立，潘自力任省委书记，朱敏任副书记。（《中共宁夏党史大事记（1925.8～1988.6）》P120、123）

20日 宁夏平凉地委发出《关于清匪肃特反恶霸的指示》，西、海、固等县开始清匪肃特反霸斗争。（《中共宁夏党史大事记（1925.8～1988.6）》P120）

△ 中共宁夏省委决定成立阿拉善旗工委，云祥生（蒙古族）任书记。（《中共宁

夏党史大事记（1925.8～1988.6）》P120）

△ 青海省海南地区贵德县新贵商店改称青海省贸易公司贵德支公司，为海南地区第一个国营商业机构。（《海南州志》P22）

21日 中央人民政府政务院成立，周恩来任总理；政务院文化教育委员会（简称“国家文委”）成立，郭沫若任主任。（《新华社新闻稿》1949.10.22）

22日 中央民族事务委员会（简称“中央民委”，1954年9月改称“中华人民共和国民族事务委员会”，简称“国家民委”）成立。成立大会提出用各民族文字翻译政协3大文件，调查研究各民族情况，研究民族政策的各项具体问题和配合解放军胜利进军的意见。大会推定乌兰夫、刘格平、刘春、杨静仁4人起草《中央民族事务委员会组织条例》与《工作条例》草案。10月19日，中央人民政府委员会第三次会议批准任命李维汉为中央民委主任委员，乌兰夫（蒙古族）、刘格平（回族）、赛福鼎（维吾尔族）为副主任委员，张冲（彝族）、吴鸿宾（回族）、奎璧（蒙古族）、朱早观（苗族）、天宝（藏族）、巴迭尔汉（哈萨克族）、阿里木江（乌孜别克族）、朱德海（朝鲜族）、王国兴（黎族）、田富达（高山族）、刘春、杨静仁（回族）、吕振羽、翁独健、马思义（回族）、鲜维竣（回族）、马玉槐（回族）、王悦丰（蒙古族）、王再天（蒙古族）、特木耳巴根（蒙古族）、扎喜（藏族）、郭锐（藏族）为委员。（《人民日报》1949.10.20.①②，10.23.①）

23日 中共中央致电中国人民解放军副总司令彭德怀，对解放军如何团结三区民族军建设新新疆问题作出重要指示：解放军只有和维吾尔族以及其他民族建立兄弟般的关系，才有可能建立人民民主的新疆。因此，1.4万人的民族军应使之与解放军一道分布全疆各地，作为解放军联系维吾尔、哈萨克、蒙古等民族的桥梁进行民众工作，建立人民政权，建立地方武装和党的组织。（《中国共产党新疆历史大事记（1949.10～1966.4）》上P7～8）

26日 中共宁夏省委发出《关于保护公路的指示》，要求各地迅速动工修复被敌人破坏和秋雨浸坏的公路和桥梁，保护公路树木，使军运、民运畅通。（《中共宁夏党史大事记（1925.8～1988.6）》P120）

27日 政务院召开紧急防疫会议，组成董必武负责的中央防疫委员会，应对鼠疫疫情。其后，中央防疫委员会组成3个防疫队派往察北（察哈尔省北部）、内蒙古、张家口鼠疫疫区工作。12月5日，宣布内蒙古、察北和张家口等疫区解除一切封锁，恢复正常活动。（《人民日报》1949.10.27.④，10.28.①②，12.6.①）

28日 中共甘肃省临夏地委发出关于《回民工作的指示》，强调宣传党的民族政策，选拔和培养少数民族干部及吸收少数民族群众参加民兵组织。（《临夏回族自治州志》上P45）

29日 陕甘宁边区政府发布176号命令，决定成立宁夏省人民政府；任命孙殿才兼任宁夏省民族事务委员会主任，王志强（回族）任副主任。12月2日，中央人民政府委员会第四次会议任命潘自力为宁夏省人民政府主席，邢肇棠、李景林、孙殿才为副主席，委员17人。23日，宁夏省人民政府举行成立大会。潘自力在会上宣读宁政字第一号布告，指出当前的主要任务是逐步地恢复与发展生产；深入剿匪肃特，进一步安定社会秩序；摧毁保甲制度，召开各族各界人民代表大会，建立人民政权；发展文化教育，提高人民觉悟；团结各族人民，共同建设新宁夏。（《宁夏日报》1949.12.23.①，《中共宁夏党史大事记（1925.8～1988.6）》P121、123）

30日 中共宁夏省委发出《关于各县（市）召开各界人民代表会议的指示》。31日，银川市各界人民代表会议筹委会成立并召开首次会议。会议推举杨得志、朱敏等17人为筹委会委员，以杨得志、孙璞为正副主任，负责进行筹备事宜。此后，各县（市）都先后于11月下旬至12月上旬召开了各族各界人民代表会议。（《中共宁夏党史大事记（1925.8～1988.6）》P121）

是月 内蒙古乌兰察布盟和伊克昭盟有喇嘛召庙392所，每一个喇嘛庙均有相当数量的土地，并享有一定的封建特权。（《内蒙古自治区史》P88）

11月

1日 宁夏省第一所干部学校成立，朱敏任校长，苏晓蒙任副校长。首届招生600名（含民族班60名）。（《中共宁夏党史大事记（1925.8～1988.6）》P121）

2日 青海省玉树地区前国民党专员马骏通电率部起义。玉树的千户、百户、各机关及各界人民千余人集会，庆祝解放。（《人民日报》1949.12.12.①）

3日 宁夏省银川市各中、小学在军管会领导下先后正式复课。以“积极整顿、逐步改造”为方针，各学校宣布取消和废除旧的教育制度和课程设置，增加革命理论等方面的学习内容。（《中共宁夏党史大事记（1925.8～1988.6）》P121～122）

4日 贵州省黔东南地区天柱县城解放，为贵州省第一个解放的县。随后，贵定、龙里、都匀、独山、惠水、平塘、三都、瓮安、荔波以及长顺县城相继解放。（《黔东南苗族侗族自治州志·总述·大事记》P84，《黔南布依族苗族自治州志》上P46～47）

4～7日 清华大学在北京艺专举办台湾、西藏、西南少数民族文物展览。（《人民日报》1949.11.5.④）

5日 额济纳旗自治区人民政府成立，辖属甘肃省。1951年划归宁夏省。（《内蒙古自治区史》P69）

7日 中共中央致电彭德怀、甘泗淇和西北局，指示成立新疆党的领导机关——中共中央新疆分局。王震任书记，徐立清任副书记，罗元发、张贤约、饶正锡、王恩茂、郭鹏、曾涤、邓力群任委员。11月7日中共中央新疆分局宣布成立。（《中国共产党新疆历史大事记（1949.10～1966.4）》上P5）

7～22日 湖南省通道，贵州黎平、榕江、从江，广西三江、宜北、全县、兴安等地解放。（《人民日报》1949.11.24.①）

10日 新华社宁夏分社正式成立。（《中共宁夏党史大事记（1925.8～1988.6）》P122）

11日 北京、天津、华北大学与华北革命大学组成的干部队200余人抵达银川，支援宁夏工作。（《中共宁夏党史大事记（1925.8～1988.6）》P122）

△ 贵州省镇远行政督察专员公署成立，王耀华任专员。镇远专区辖炉山、黄平、施秉、镇远、岑巩、三穗、天柱、锦屏、台江、剑河、雷山、余庆12个县。（《黔东南苗族侗族自治州志·总述·大事记》P85～86）

13日 湖北省恩施行政区第一个国营煤厂——恩施专署煤矿成立。下旬，恩施行政区第一个国营商业企业——中国贸易公司湖北省公司恩施分公司成立。（《恩施州志》P11、571）

15日 中共广西省委发表《告广西人民书》，号召各地游击队和全省人民紧急行动起来，积极配合，支援野战军作战，彻底消灭残敌，肃清匪特，安定社会秩序，恢复和发展生产。（《广西通志·大事记》P263）

△ 中共宁夏省委发出《对今冬中心工作的指示》，要求各地在接管工作大体结束后，以肃清土匪为中心工作，配合进行征粮、建党、建政、反特。同时组织好冬季生产和度荒工作，积极安排好群众生活。（《中共宁夏党史大事记（1925.8～1988.6）》P122～123）

△ 贵州省会贵阳解放，次日都匀解放，28日毕节解放。 （《人民日报》1949.11.17.①，11.20.①，12.8.①）

21日 中国人民银行贵州省镇远专区支行成立，为解放后在黔东南地区成立的第一个金融机构。 （《黔东南苗族侗族自治州志·总述·大事记》P85）

23日 中央人民政府主席毛泽东致电中国人民解放军副总司令彭德怀，提出以西北为主进军和经营西藏。电报指出，解决西藏问题不出兵是不可能的，出兵当然不只西北一路，还要有西南一路。故西南局等川康平定之后，即应着手经营西藏。同日，毛泽东主席、中国人民解放军总司令朱德复电班禅额尔德尼·确吉坚赞："西藏人民是爱祖国而反对外国侵略的，他们不满意国民党反动政府的政策，而愿意成为统一富强的各民族平等合作的新中国大家庭的一分子。中央人民政府和中国人民解放军必能满足西藏人民的这个意愿。" （《人民日报》1949.11.24.①）

24日 中共贵州省独山地方委员会、独山行政督察专员公署在都匀正式成立，辖都匀、独山、平越、麻江、平塘、丹寨、三都、荔波、榕江、黎平、从江、罗甸12县。（《黔南布依族苗族自治州志》上P46～47）

△ 宁夏银川市文化系统接管工作是月底基本完成。先后接管原宁夏民国日报社、国民党中央通讯社宁夏分社、广播站、银川书店、报社印刷厂、省立图书馆、银川市民众教育馆、觉民学社、庚晨俱乐部、电影院等11个单位，并合并出版、通讯机构。另重修旧剧院，成立人民剧院和人民京剧院。 （《中共宁夏党史大事记（1925.8～1988.6）》P124）

△ 宁夏省银川市学校接受工作基本结束，中学生从原有的510人增加到973人；小学生从原有的1158人增加到2913人。各学校还成立临时校务管理委员会，负责对学校各项工作的领导。 （《中共宁夏党史大事记（1925.8～1988.6）》P123～124）

28日～12月3日 中共中央西北局第一书记、西北军政委员会主席、西北军区司令员彭德怀，西北军政委员会副主席张治中，中共中央新疆分局书记王震邀请各民族民主阶层、各驻军代表及迪化各民主人士代表召开会议，就解决新疆省财政经济问题、改组新疆省临时政府、整编军队等进行民主协商。会议讨论通过新疆与内地通汇、三区与七区恢复交通、调整财经机构、境内外畅通贸易、统一货币、稳定金融以及财政收支筹划原则等方案；议定关于政府改组问题，新疆省人民政府委员会名额为33人，省政府机构设置10个厅、3个委员会、2个处以及高等法院、贸易公司、人民银行等共18个单位；关于军事问题一致同意成立新疆军区，统一指挥驻新疆境内人民解放军、起义部队和三区民族军，并决定将起义部队、三区民族军纳入人民解放军序列。（《中国共产党新疆历史大事记（1949.10～1966.4）》上P14～15）

30日 陕北榆林市人民政府为繁荣蒙汉贸易，交流城乡物资，加强蒙汉团结，决定于每年农历七月、闰七月和九月先后举行3次骡马大会，免征蒙胞自养牲畜交易税。 （《人民日报》1949.12.3.②）

是月 湖北省恩施地区人民医院建立。1951年该院改称专署人民医院，1963年改称恩施地区人民医院，1983年10月改称鄂西土家族苗族自治州人民医院。 （《恩施州志》P961）

△ 中共滇西北地委批准成立滇西北专员公署第一分署，辖云龙、碧江、福贡、贡山、维西、泸水等县，甘舜兼任第一分署主任。（《兰坪白族普米族自治县志》P17）

△ 中共广西左江地委根据滇桂黔边区党委的指示，成立左江人民行政专员公署，并颁布《七项实施方针》。左江专署下辖龙津、上金、凭祥、雷平、养利、万承、龙茗、向都、

左县、同正、龙湖、隆安、镇边、天保、敬德15县民主政府。1950年1月，左江人民行政专署改为龙州区专员公署。（《广西通志·大事记》P263）

12月

1日 广西省博白解放。（《新华社新闻稿》1949.12.10）

△ 中国人民银行广西省分行在桂林正式成立。（《广西通志·大事记》P264）

2日 中央人民政府委员会第四次会议通过市、县和省三级《各界人民代表会议组织通则》，第四条规定："在少数民族聚居的地区，实行民族的区域选举。"会议任命乌兰夫（蒙古族）为内蒙古自治区人民政府主席，哈丰阿（蒙古族）为副主席。内蒙古自治政府改称内蒙古自治区人民政府。13日，中共中央决定撤销内蒙古共产党工作委员会，成立中共中央内蒙古分局，受中共中央华北局领导，乌兰夫（蒙古族）任书记，乌兰夫、奎璧（蒙古族）、刘春、王逸伦、王再天（蒙古族）、王铎、高增培为委员，吉雅泰（蒙古族）、克力更（蒙古族）、特木尔巴根（蒙古族）为候补委员。分局下设东部区党委，刘春任书记。在此前后，中共绥远省委作出《关于内蒙古工作的决定》，决定成立省委蒙古工作委员会，负责蒙古民族工作和贯彻党对蒙古民族的政策；同时决定成立绥远省人民政府蒙古工作委员会，负责各盟旗的工作。（《内蒙古自治区史》P26、84；《内蒙古革命史》P673；《人民日报》1949.12.5.②③，1950.1.3.②）

△ 北京新华广播电台（1949年2月2日，北平新华广播电台开始播音）更名为中央人民广播电台。（《中华人民共和国大事记（1949～1980）》P305，《新闻研究资料》1980.2）

6日 新疆省财经委员会召开首次会议，讨论新疆财政经济问题，中共中央新疆分局书记王震主持会议。会议认为，迪化物价上涨，并非物资缺乏，而是新疆两种货币（三区"期票"与七区"银元票"）发行量大，无兑换比价，互不通用，致使三区与七区物资不能交流，新疆与内地不能通汇。为此，决定采取控制物价的办法：确定两种货币的兑换比价，准其在新疆全境同时流通；调整新疆与内地的物价比价，宣布迪化与全国各大城市通汇，促进内地物资进疆；由省银行支出黄金赴伊犁购回物资，增加市场供应；筹集机关、部队物资抛售，收回货币；集中国营经济力量，打击囤积居奇、投机倒把；召开商人会议，进行宣传教育，安定市场心理，争取物价稳定。（《中国共产党新疆历史大事记（1949.10～1966.4）》上P15）

7日 新疆迪化与兰州、西安宣布通汇。随后又与北京、天津、上海、长沙、汉口5大城市通汇。（《中国共产党新疆历史大事记（1949.10～1966.4）》上P18）

8日 中国人民银行湖北省恩施支行成立，1951年1月改称中国人民银行恩施中心支行。3月，各县均建立人民银行。（《恩施州志》P11）

8～20日 全国农业生产会议在北京举行。农业部长李书城作报告，提出1950年农业以恢复生产为主的方针和计划。（《新华社新闻稿》1949.12.25，《中华人民共和国大事记（1949～1980）》P197）

△ 前国民党西康省政府主席刘文辉、西南军政长官公署副长官邓锡侯、潘文华联名发表通电，宣布起义，西康省会康定宣告解放。24日，省北部僧侣、土司、民众向中央人民政府主席毛泽东、中国人民解放军总司令朱德致贺电。1950年1月4日，朱总司令代表毛主席复电嘉勉。（《新华社新闻稿》1949.12.16，《人民日报》1950.1.7.①）

△ 贵州省独山专区革命干部学校成立。（《黔南布依族苗族自治州志》上

P47、下P512）

△ 前国民党云南省政府主席、云南绥靖公署主任卢汉（彝族）在昆明起义，云南宣告和平解放。（《中国历代少数民族英才传》P3672）

11日 中国人民解放军占领中越边境要塞镇南关（今友谊关），广西全境宣告解放。21日，南宁各界军民1万多人举行庆祝大会。（《新华社新闻稿》1949.12.30，《广西通志·大事记》P266）

16日 政务院第11次政务会议通过杨静仁（回族）为中央民族事务委员会办公厅主任，朋斯克（蒙古族）为副主任的决定。（《人民日报》1949.12.17.①，12.18.③）

△ 中央人民广播电台播报经中共中央批准和是日经中央人民政府第11次政务会议通过的新疆省人民政府组成人员名单：主席包尔汉（维吾尔族），副主席高锦纯、赛福鼎·艾则孜（维吾尔族），委员30人。民族事务委员会主任赛福鼎·艾则孜。17日，新疆省人民政府成立大会及第一次全体委员会议召开，中共中央西北局第一书记、西北军政委员会主席、西北军区司令员彭德怀主持会议。会议宣布省人民政府正式成立，同时在会上讨论通过了《新疆省人民政府委员会目前施政方针》。这一施政方针，是新疆分局和政府根据全国政协会议通过的《共同纲领》，结合新疆具体情况，经过广泛征求意见后制定，后经政务院批准公布，成为新疆各族人民的行动纲领。（《人民日报》1949.12.17.①，《中国共产党新疆历史大事记（1949.10~1966.4）》上P16~17）

17日 新疆省商业厅及西北贸易公司新疆省贸易公司成立。（《新疆通志·商业志》61卷P33）

18日 宁夏省金（积）、灵（武）县在解放军驻宁部队的帮助下，修复被国民党破坏的汉延渠决口30多处，冬灌工作得以顺利进行。（《中共宁夏党史大事记（1925.8~1988.6）》P124）

19日 宁夏人民电厂装修新电机工程胜利完工，历时1个月。即日起开始送电。（《中共宁夏党史大事记（1925.8~1988.6）》P125）

21日 新疆迪化人民广播电台宣告成立并开始播音，以一个频率播送维吾尔、汉两种语言的节目。次年改称新疆人民广播电台。（《中国共产党新疆历史大事记（1949.10~1966.4）》上P18）

23~31日 全国教育工作会议在北京举行，教育部长马叙伦阐述新民主主义教育总方针，明确改革旧教育的方针、步骤和发展新教育的方向，强调教育为国家建设服务，学校为工农开门。（《新华社新闻稿》1950.1.5）

25日 广西南宁电信局恢复电报、电话业务。（《广西通志·大事记》P266）

△ 滇西人民行政专员公署成立，何以中任专员，陈有栋任副专员。（《云南省大理白族自治州党政军统群组织史资料（1947.12~1987.12）》P25）

26日 中共云南省滇西地委、滇西人民行政专员公署成立。公署下辖楚雄、双柏、镇南、姚安、牟定、盐兴、大姚、盐丰、永仁、祥云、弥渡、蒙化、云县、顺宁、缅宁、景东16县。（《楚雄彝族自治州志》1卷P191）

27日 四川省会成都解放。国民党残留在大陆上的最后一支主力胡宗南部被全歼。至此，除西藏外全国大陆全部解放。（《新华社新闻稿》1949.12.31）

27~31日 新疆首批少数民族干部加入中国共产党。中央民委副主任委员赛福鼎·艾则孜由新疆分局书记王震、常委邓力群介绍入党，新疆省人民政府主席包尔汉由新疆分局书记王震、副书记徐立清介绍入党。自1949年底至1950年春，先后有陈锡华、赵德林（锡伯族）等共40~50人首批入党。（《中国共产党新疆历史大事记（1949.10~1966.4）》

上P20～21）

△ 中共中央新疆分局发布《关于肃特工作指示》，指出新疆和平解放，敌特有充裕时间撤退和布置潜伏，解放后其活动也未停止，对此不可有丝毫麻痹。分局指示，新疆肃特工作应遵循党的肃特方针和省人民政府委员会目前施政方针进行，并对这一工作进行部署。（《中国共产党新疆历史大事记（1949.10～1966.4）》上P21）

28日 滇西北地委和专署撤销，分别成立大理、丽江、保山地委和专署，兰坪受丽江管辖。（《兰坪白族普米族自治县志》P17）

29日 中央民委就新疆回族文化促进会于12月1日代表新疆20万回族人民表示拥护《共同纲领》的来电，复电勉励，希望加强回族与新疆各兄弟民族的团结，为建设新新疆而奋斗。（《人民日报》1950.1.8.①）

△ 贵州省镇远专区革命干部学校成立，专区专员王耀华兼任校长。首期培训班招收社会知识青年学员400多人，是该地区培养的第一批地方民族干部。1957年10月5日，学校改称黔东南苗族侗族自治州州委党校。（《黔东南苗族侗族自治州志·总述·大事记》P86～87、130）

31日 绥远省人民政府成立。12月2日，中央人民政府委员会第四次会议任命乌兰夫（蒙古族）为绥远军政委员会副主席，董其武为绥远省人民政府委员会主席、奎璧（蒙古族）为副主席。17日，绥远省级各机关由绥东迁抵归绥（呼和浩特）。（《人民日报》1949.12.5.②③、12.24.①，1950.1.3.②）

△ 党中央发表《告前线将士和全国同胞书》，祝贺1949年获得的伟大胜利，将解放西藏列为1950年的一项光荣战斗任务。（《中共西藏党史大事记（1949～1966）》P1～2）

是月 云南省滇南临时人民政府行政公署（7月成立于元江）改称滇南人民行政督察公署，公署移驻建水县。1950年3月改称蒙自区行政督察专员公署，公署移驻蒙自。11月，经政务院批准，改称蒙自区专员公署，辖个旧、蒙自、开远、建水、石屏、元江、龙武、曲溪、金平、新民（元阳）、屏边、河口12县及红河县筹备处。（《红河哈尼族彝族自治州志》1卷P62）

是年 《中国人民政治协商会议共同纲领》颁布后，根据宗教信仰自由政策，吉林省延边地区的天主教、基督教逐渐恢复活动，八道沟和延吉等天主教堂开放，神父到安图、敦化等地传教。（《延边朝鲜族自治州志》上P60，下P1751～1762）

△ 内蒙古自治区赤峰市敖汉旗、翁牛特旗、喀喇沁旗等地区发生鼠疫，发病250人，死亡212人。通辽地区大雨，7个旗、县、区遭水灾，全市23.4%农田、21.67万人受灾，倒塌房屋4.36万间。其中，科尔沁左翼后旗汛期，辽河双辽段决口，洪水泛滥，向阳、七家子、胜利等村被淹，附近11个行政村遭灾，受灾农田3800公顷。兴安盟扎赉特旗大旱，14.67万公顷农作物受灾。全区中西部地区8个盟、市的57个旗、县发生牛瘟，染病牛9.26万头，死亡5.77万头。（《内蒙古自然灾害通志》P236）

△ 据统计，解放初期，甘肃省甘南地区包括临潭、舟曲等县的一些汉族地区仅有中小学校91所，学生1900多人，其中少数民族学生645人，入学率仅占适龄儿童的1.3%；中学2所，师范1所，学生83人，其中藏族学生仅2人。碌曲、玛曲、迭部3县当时几乎没有一所学校。（《甘南藏族自治州概况》P215～216）

△ 青海省海北农区有完全小学3所、初级小学34所，在校生1795人。（《海北藏族自治州志》上P35）

△ 宁夏省通过国营贸易公司等渠道，组织调动市场紧缺的工业产品和农副产品，累计

销售粮食近4500公斤、食盐60万公斤、宽面布1100多匹、棉花750多公斤、水烟700多封、杂货1.1亿多元（旧人民币），并向省外发运羊、驼绒毛近15万公斤、碱1万公斤和糖5000公斤等，调剂商品余缺，平抑市场物价，首先使省会城市的物价当年下降1/4。在商品供应状况逐步改善、通货膨胀局面初步遏制的情况下，1951年下半年，商业系统的百货、花纱布、盐业、土产、畜产、燃料等专业公司陆续成立，大力组织商品购销，促进城乡物资交流，使国营商业的主渠道作用开始发挥。　（《当代宁夏史通鉴》P171）

△　宁夏农田受旱灾12583.3公顷，粮食歉收；河东地区山地和丘陵，寸草不生，颗粒无收。12个县175个乡29658户82612人遭雨水灾害，冲毁房屋847间，秋禾5911.8公顷，待种地3555.26公顷，淹死1人，死伤牲畜2217头（只）。　（《中国气象灾害大典·宁夏卷》P54、113）

1950年

1月

1日　《人民日报》发表社论《完成胜利，巩固胜利，迎接一九五〇年元旦》。社论指出：以一切力量完成人民解放战争，肃清中国境内的一切残余敌人，解放台湾、西藏、海南岛，完成全中国统一大业。　（《中国共产党西藏历史大事记（1949~2004）》P7）

△　新绥远省人民政府正式成立，董其武任主席，苏谦益、杨植霖、奎璧（蒙古族）、孙兰峰任副主席。随即调整全省行政区划。　（《内蒙古自治区史》P67~68、84、514）

△　湖南省湘西行政公署成立，主任晏福生，治所沅陵县城，辖永顺、沅陵、会同3个专区。　（《湘西州志》上P56）

△　中共广西省思恩县委及县人民政府成立，覃展任县委书记兼县长。　（《环江毛南族自治县志》P14）

△　甘肃省原卓尼土司杨复兴（藏族）宣布废除土司制度。　（《甘南州志》上P85）

△　青海省人民政府成立。赵寿山任主席，喜饶嘉措（藏族）、马朴（回族）等4人任副主席，本巴（藏族）、久美（藏族）、扎西（藏族）、马乐天（回族）、马骏（回族）等15人任委员。　（《人民日报》1950.1.8.①）

△　宁夏省人民政府委员会首次会议决定：从即日起，正式划吴忠市为省直辖市，成立吴忠市人民政府。　（《中共宁夏党史大事记（1925.8~1988.6）》P126）

2日　中央民委举行少数民族教育问题座谈会，邀集参加全国教育会议的西北、东北、内蒙古等地代表及有关人士，就少数民族教育问题交换意见。　（《人民日报》1950.1.3.③）

6日　广西桂林至湖南衡阳铁路修复通车。　（《广西通志·大事记》P267）

7日　《省人民政府组织通则》由中央人民政府政务院公布。　（《新华社新闻稿》1950.1.7）

8日　甘肃省人民政府成立，邓宝珊任主席。　（《人民日报》1950.1.10.①）

9日　湘桂黔铁路桂林至柳州段修复通车。　（《人民日报》1950.1.15.①）

10~15日　青海省政府举行青海各族人民联谊会，讨论加强各民族团结，巩固社会治安和发展蒙古族、藏族地区的贸易问题。　（《人民日报》1950.2.11.②）

11日　中国人民解放军滇桂黔边纵队四支队奉命接管国民党文山行政督察专员公署政权，执行政令。至此，文山专署辖文山、砚山、丘北、广南、富宁、西畴、马关、麻栗坡、河口9县（市）。　（《文山壮族苗族自治州志》1卷P34）

15日　据新华社报道，中国科学院接管的前中央研究院地质研究所，最近完成了1部

1∶250000的广西全省地质图。该所从1939年由前所长李四光领导开始在广西进行调查工作，该图前后调查、编辑时间共计6年，是中国第一部面积最广、最完整的地质图。（《新华社新闻稿》1950.1.16）

18日 中央民委召集各地来北京的藏族民主人士、知识分子等座谈西藏问题。中央人民政府副主席朱德、中央人民政府秘书长林伯渠出席。朱德重申解放西藏的决心，并说明人民政协共同纲领中所规定的民族政策。藏族人士痛斥帝国主义侵略西藏的阴谋，要求迅速解放西藏。会后成立了西藏问题研究会。（《人民日报》1950.1.21.②）

△ 越南与我国建立外交关系。（《新华社新闻稿》1950.1.19）

△ 西南局报告中央，成立中共西藏工作委员会，张国华、谭冠三、王其梅、昌炳桂、陈明义、刘振国、天宝（藏族，又名桑吉悦希）等为西藏工委委员，张国华任书记，谭冠三任副书记。（《中共西藏党史大事记（1949～1966）》P3）

19～27日 西北军政委员会在西安市举行首次全体委员会议并宣告成立，辖陕西、甘肃、宁夏、青海、新疆5省。会议听取和通过委员会主席彭德怀作《关于目前西北地区工作任务》的报告和委员会委员、青海省副主席喜饶嘉措关于《贯彻各民族一律平等政策以达亲密团结》的提案；通过《关于西蒙各旗工作方案》的提案等。（《人民日报》1950.1.30.②,《中共宁夏党史大事记（1925.8～1988.6）》P127）

20日 外交部发言人就西藏亲帝卖国分子阴谋组织所谓“亲善使团”出国进行叛国活动问题发表谈话说：如果拉萨当局背叛祖国，向外国派出“亲善使团”表明“独立”，我中央人民政府将不能容忍，并指出任何接待拉萨“亲善使团”的国家，将被认为对中华人民共和国怀抱敌意。（《人民日报》1950.1.21.②）

△ 新疆军区发布驻疆部队一律参加生产的《命令》。《命令》要求，全疆部队发动11万人投入农业生产，完成是年开荒60万亩、生产粮食50万公担、棉花1.8万公担的任务；大力兴修水利，造福人民，有计划地建设军垦农庄。《命令》颁布后，驻疆指战员在天山南北就地驻防，就地屯垦，迅速掀起大生产运动。二军成立军生产委员会，并根据在莎车、泽普、叶城、皮山、墨玉、和田、洛甫、策勒、于田9县的调查，拟订全军种地21万亩的计划。六军的军、师、团、营各级生产委员会相继成立，计划开荒13万亩。五军决定在伊犁、塔城、乌苏一带种地12.8万亩。二十二兵团计划完成种地19万亩的任务。（《中国共产党新疆历史大事记（1949.10～1966.4）》上P23～24）

24日 广西省委提出，清剿匪特、巩固治安、发动群众、武装群众是全省压倒一切的中心任务，一切工作都必须围绕这一中心进行。（《广西通志·大事记》P267）

△ 中共中央批准建立中共新疆迪化区委员会和中共新疆喀什区委员会。2月20日，迪化区党委及迪化军区成立大会举行，罗元发任区党委书记、军区司令员，张贤约任副书记；诺苏甫汉任副司令员，张贤约任政委。此后，迪化、哈密、焉耆3个地委相继建立。后经中共中央1951年11月批准，于1952年2月正式撤销迪化区党委，其下辖3个地区直属新疆分局领导。（《中国共产党新疆历史大事记（1949.10～1966.4）》上P25～26）

△ 广西省邮政局改称广西省人民邮政管理局，开始恢复建设广西邮政。至3月，下辖邮政局所118个。（《广西通志·大事记》P267）

25日 广西省第一家国营水运企业——国营梧州运输公司成立。10月，改称国营广西省轮船运输公司。（《广西通志·大事记》P267）

28日 邮电部与朝鲜递信总局签订通邮

协定，吉林省延边地区各县与朝鲜正式通邮通商。（《延边朝鲜族自治州志》P60）

29日 据新华社报道，卫生部为了展开对结核病的预防，决定是年在各城市大力推广卡介菌苗接种工作。所需费用由各级政府负担，不再向人民收费。（《新华社新闻稿》1950.1.30，《中华人民共和国大事记（1949～1980）》P373）

30日 中央人民政府主席毛泽东率中国党政访苏代表团赴莫斯科，就中苏两国在新疆合作事业进行谈判。是日，中央民委副主任委员赛福鼎·艾则孜、新疆分局常委邓力群等成员由新疆省迪化抵达莫斯科。（《中国共产党新疆历史大事记（1949.10～1966.4）》上P26～27）

31日 留居青海省的西藏班禅堪布会议厅为反对西藏拉萨当局派出所谓“亲善使团”向英美表示“独立”的举动，致电中央人民政府主席毛泽东、中国人民解放军总司令朱德，表示愿意率全西藏爱国人民支援解放军解放西藏，并恭请中央人民政府“速发义师，解放西藏，驱逐帝国主义势力”。同日，班禅额尔德尼·确吉坚赞致电中央人民政府，表示反对派出所谓“亲善使团”。（《新华社新闻稿》1950.2.7）

是月 内蒙古自治区索伦旗政府改称索伦旗人民政府。（《鄂温克族自治旗志》P911）

△ 农林部广西桂林良丰牛种改良繁殖场、广西家畜保育所良丰分所、西南兽疫防治处桂林兽医站等合并成立广西畜牧试验场。（《广西通志·大事记》P267）

△ 广西全省物价大幅上涨，2月中旬达到高峰。与1月上旬相比，南宁市大米上涨5.51倍，花生油上涨6.35倍，食盐上涨6.22倍，棉花上涨6.62倍，白细布上涨5.72倍。（《广西通志·大事记》P267）

△ 中共大理地方委员会成立，陈柏松任书记。同月，大理区专员公署建立，始称“大理区人民行政督察专员公署”，后改称“云南省人民政府大理区专员公署”。杨永新（白族）任专员，1950年12月离任。3月，侯良辅任中共大理地委书记。（《云南省大理白族自治州党政军统群组织史资料（1947.12～1987.12）》P78、257）

△ 甘肃省临夏地区因发展民兵“游击队”出现重大偏差，一时民族关系紧张。临夏专署、临夏军分区联合发出布告，禁止收缴群众自己枪支，停止发展民兵游击队，确保人民人身自由，县内居集等地所发展的“游击队”宣布解散，群情稍安。（《积石山保安族东乡族撒拉族自治县志》P33）

是～2月 新疆省原三区革命精河县政府改称精河县人民政府，原博乐县政府改称博乐县人民政府，原温泉县政府改称温泉县人民政府。（《博尔塔拉蒙古自治州志》P37）

2月

1日 中央民委举办的藏民研究班举行开学典礼。中央人民政府副主席朱德、政法委员会副主任彭泽民和中央民委副主任委员刘格平到会讲话，勉励学员努力学习民族政策，研究西藏的政治、经济、军事、文化和宗教等问题。4月23日，该班举行结业典礼。中央人民政府秘书长林伯渠、中央民委副主任委员乌兰夫和刘格平到会讲话。（《人民日报》1950.2.2.③，4.26.③）

2日 中国人民银行广西省分行宣布，桂林、柳州、梧州、南宁4市禁止银元、港币流通，同时严厉打击奸商、匪特倒卖金银。（《广西通志·大事记》P268）

3日 07时33分39秒，云南省勐海西南发生7级地震，震中位置21.7°N、100.1°E。勐海城区房屋土墙多裂，局部垮塌。10时51分52秒，云南省孟连东南发生6.75级地震，震中位置22.1°N、99.9°E。（《云南省志·地

震志》P66)

△ 西北军政委员会首次行政会议通过会议报告和本年财经、民族、公安等工作计划方案，呈报中央人民政府。 (《人民日报》1950.2.11.②)

4日 中共新疆迪化地委成立，统一领导迪化、乾德（今米泉）、孚远（今吉木萨尔）、阜康、昌吉、绥来（今玛纳斯）、奇台、木垒、景化（今呼图壁）、吐鲁番、鄯善、托克逊12县的工作。 (《中国共产党新疆历史大事记（1949.10~1966.4）》上P27)

8日 广西省人民政府在南宁成立。1949年12月2日，中央人民政府委员会第四次会议任命张云逸为主席，陈漫远、李任仁、雷经天为副主席。 (《人民日报》1950.2.10.①，《广西通志·大事记》P265)

15日 根据中共中央新疆分局和新疆省人民政府决定，新疆七区“银元票”和三区“期票”即日起固定兑换比价（1银元票折合1250元期票），并准许两种货币在新疆全境同时流通，以结束货币流通混乱状况，稳定币值。之后，省人民政府又正式通告限期收回“期票”，使新疆货币暂时统一于“银元票”。(《中国共产党新疆历史大事记（1949.10~1966.4）》上P27)

△ 西南局、西南军区及第二野战军联合发出《解放西藏进军政治动员令》，指出，进军西藏，解放西藏人民，完成统一祖国大业，不准帝国主义侵略我们祖国的一寸土地，保卫和建设祖国边疆的任务，是十分光荣的。要求进藏部队团结西康、西藏地区的同胞，忠实正确地执行共同纲领规定的民族政策，严格执行三大纪律八项注意，树立长期建设西藏的思想和决心。 (《中共西藏党史大事记（1949~1966）》P5~6)

16日 中共兴仁地委成立，李一非任书记，夏德义、杨江任副书记。 (《黔西南布依族苗族自治州志·党派群团志》P13)

24日 政务院发布《严禁鸦片烟毒的通令》和《关于各级人民政府工作人员保守国家机密的指示》。 (《中华人民共和国大事记（1949~2004）》上P14)

26日 中央人民政府副主席朱德接见并接受西康省藏民代表旺嘉等3人呈交的西康藏族爱国人士格达活佛、夏克刀登、邦达多吉和张西郎杰联名的致敬信。3月5日，中央民委举行欢迎晚会，朱德接受旺嘉等给中央人民政府、解放军和中央人民政府主席毛泽东的献旗。 (《人民日报》1950.2.27.①，3.6.①)

28日 西藏工委成立政策研究室，王其梅兼任研究室主任。一批熟悉西藏情况的教授、专家李安宅、于式玉、谢国安、祝维翰等参加研究室工作。 (《中共西藏党史大事记（1949~1966）》P6)

△ 湖南省立第八师范学校改称永顺师范学校，永顺县立简易师范学校并入该校。永郡联中改称永顺中学。 (《湘西州志》上P56)

△ 政务院发出《关于新解放区土地改革及征收公粮的指示》。 (《中华人民共和国大事记（1949~2004）》上P14))

是月 广西省修复六万山区合浦至山口公路，支援解放海南岛的军事行动。 (《广西通志·大事记》P268)

△ 广西省各地土匪暴乱。3座县城、5个区政府、31个乡政府一度被土匪攻占，500余名干部战士被杀害。剿匪部队对暴乱股匪进行镇压。 (《广西通志·大事记》P268)

△ 中央人民政府任命杨东莼为广西大学校长。 (《广西通志·大事记》P268)

△ 中共滇南地委改称蒙自地委。3月，地委机关由建水县迁驻蒙自。 (《红河哈尼族彝族自治州志》1卷P64)

△ 云南省西双版纳全境解放。中共思普地委决定，在车佛南地区建立军事管制委员会，唐登岷任主任。 (《西双版纳傣族自治

州志》上P31）

3月

3日 甘、青、川边藏族同胞及甘肃省夏河县拉卜楞寺僧众，按照藏民风俗习惯和宗教仪式举行拉卜楞寺嘉木样六世（藏族）转生大会。大会致电中央人民政府，称颂党的民族政策。（《人民日报》1950.4.3.③）

5日 据《宁夏日报》报道，宁夏军区剿匪部队某部将盘踞在同心县庙山的大股土匪彻底击溃，先后毙俘匪徒86人，并活捉匪首马绍武、李成富等。14日，又击溃该县境内红寺堡、太阳山一带的内蒙古包头麻池镇南窜的股匪张廷芝、田风翔部200余人，俘虏匪徒12名，投降57名，缴获马106匹及部分枪支弹药。截至6月，同心、海原、固原一带土匪基本被肃清。（《中共宁夏党史大事记（1925.8～1988.6）》P128～129）

△ 在美国驻迪化领事馆副领事马克南的直接策动指使下，原新疆省政府委员兼阿山地区专员乌斯满（哈萨克族）勾结由原国民党起义部队改编的骑兵第七师内的贾尼木汉（哈萨克族）、尧乐博斯（维吾尔族）、乌拉孜拜（哈萨克族）等反动军官，蒙骗、裹胁部分牧民，先后在木垒河、奇台、阜康、昌吉等地策动叛乱。截至4月初，接连发生叛乱10余起，叛乱分子杀害解放军政工人员，抢劫人民财物，伺机颠覆人民政权。5月17～23日，新疆军区剿匪部队全歼乌斯满股匪主力，9个哈萨克部落万余人携械归来。6月4日，新疆军区向各剿匪部队发出《团结哈族同胞、巩固剿匪胜利的指示》。1951年2月19日，乌斯满及其帮凶加拉伯等百余人在甘肃省与青海省交界的海子被捕获。至此，乌、尧叛乱全部平息。（《人民日报》1950.6.4.①，1951.2.26.①；《中国共产党新疆历史大事记（1949.10～1966.4）》上P27～28、37～38；《昌吉回族自治州志》P41）

7日 第十八军在四川乐山举行进军西藏誓师大会。14日，由副政委王其梅、参谋长李觉组成前进指挥所（简称“前指”）。（《中共西藏党史大事记（1949～1966）》P7）

10日 政务院第23次会议任命卢汉（彝族）为云南军政委员会主任，周保中（白族）为副主任；周保中、张冲（彝族）为云南省政府副主席；马子健（回族）为陕西省政府委员；汪锋为西北军政委员会民委主任委员，赛福鼎·艾则孜（维吾尔族）、马鸿宾（回族）、喜饶嘉措（藏族）、达理扎雅（蒙古族）为副主任委员。（《人民日报》1950.3.12.④，3.17.①）

15日 西藏图谋来北京表明“独立”的代表抵达印度，致函我国驻印度大使馆，要求在香港与中央代表谈判。5月28日，中央人民政府秘书长林伯渠答复：只能以西藏地方政府代表名义来京谈判，并指出其企图利用谈判以达到保持所谓“西藏独立”的目的是错误的。（《中共西藏党史大事记（1949～1966）》P7～8）

17日 中央人民政府政务院第24次会议通过了新疆省人民政府财经委员会委员13人、民族事务委员会委员19人的任命名单。会议任命孙殿才为宁夏省政府民委主任委员，王自强为副主任委员；马鸿宾（回族）为甘肃省民委主任委员，范明、马青年（回族）为副主任委员；马朴（回族）为青海省政府民委主任委员，扎喜（藏族）、周仁山为副主任委员。（《人民日报》1950.3.18.④，《中国共产党新疆历史大事记（1949.10～1966.4）》上P29）

18日 中共康定地委在雅安成立，苗逢澍任书记。康定军分区同时在雅安成立。（《甘孜州志》上P33）

19日 云南省西双版纳地区佛海建立车佛南进出口税办事处，隶属宁洱区行政督察专员公署领导。（《西双版纳傣族自治州志》

上P31）

△ 甘肃省卫生厅防疫工作宣传队在西固县开展防疫宣传及点种牛痘、医疗卫生调查，并举办接生员培训班。（《甘南州志》上P85）

21日 新疆省人民政府公布《新疆省保护森林法》。（《新疆通志·林业志》35卷P21）

△ 根据中共中央和新疆分局的决定，新疆省人民政府发布指示：是年不实行土地改革，只在秋后实行减租。在实行减租之后和未进行土改之前，仍允许地主向农民收租，但严禁地主出卖或分散土地。（《中国共产党新疆历史大事记（1949.10～1966.4）》上P29～30、35）

23日 新疆哈密区党政机关邀集哈萨克族各部落代表，座谈各民族平等政策。（《人民日报》1950.3.25.③）

△ 广西省政府、广西军区联合发出《关于严惩暴乱首恶分子的布告》，重申"首恶必办，胁从不问，立功受奖"政策，饬令各级人民政府与人民解放军，切实清剿土匪特务，巩固治安。（《广西通志·大事记》P269）

25日 中共新疆省焉耆地方委员会成立，熊晃任地委书记。（《巴音郭楞蒙古自治州志》下P1447、2175）

25日～5月6日 西北各族青年和妇女参观团一行27人在北京参观学习。其间，团中央、中央民委和全国妇联先后宴请参观团。4月26日，参观团和藏民研究班毕业生同时谒见中央人民政府主席毛泽东和中国人民解放军总司令朱德并献旗。（《人民日报》1950.3.26.①，3.29.①）

27日 康定军事管制委员会成立，主任苗逢澎，副主任樊执中、夏克刀登（藏族）、邦达多吉（藏族）、李春芳。（《甘孜州志》上P33）

△ 中苏两国政府在莫斯科签订《关于在新疆创办中苏石油股份公司协定》、《关于在新疆创办中苏有色及稀有金属股份公司协定》、《关于创办中苏民用航空股份公司协定》。（《新华社新闻稿》1950.3.29，4.2）

29日 新闻总署召开全国新闻工作会议，决定中央人民广播电台增设蒙古语、藏语、朝鲜语广播。（《人民日报》1950.4.23.①）

30日 据《宁夏日报》报道，宁夏省已普遍建立县、区、乡各级人民政府。全省共管辖2市、2旗、13县、87个区、457个乡、93个镇、1823个行政村，共有74.78万人。（《中共宁夏党史大事记（1925.8～1988.6）》P130）

31日 宁夏省委批准成立阿拉善旗蒙古族自治区人民政府，达理扎雅（蒙古族）任主席。首府定远营改称巴彦浩特（该旗后改为巴彦浩特蒙古族自治州，属甘肃省管辖）。（《内蒙古自治区史》P69～71、85）

△ 政务院批准甘肃省临夏县升格为县级市，随之成立中共临夏市委、市人民政府。（《临夏回族自治州志》上P45）

是月 内蒙古自治区土默特旗人民政府成立，辖归绥县、萨拉齐县、托克托县、和林格尔县、清水河县、武川县、武东县、归绥市和包头市。（《内蒙古自治区史》P67～68、84、514）

△ 新中国成立以来的第一所鄂伦春小学在内蒙古自治区莫力达瓦旗布西镇创办。（《鄂伦春族自治旗志》P813）

△ 广西省委党校在南宁开办，省委书记张云逸兼任校长，省委副书记、组织部长李楚离兼任副校长。5月25日，首期轮训班正式开学。（《广西通志·大事记》P269）

△ 康定军事管制委员会接管康定邮局、康定电信局和康定电话管理处。1951年4月，邮政、电信两局合并为康定邮电局。（《甘孜州志》上P33）

△ 贵州省黔东南地区各县设立支金

库。 （《黔东南苗族侗族自治州志·总述·大事记》P89）

△ 云南省文山地区第一家国营商业机构——文山贸易公司成立。 （《文山壮族苗族自治州志》1卷P35）

△ 云南省文山区专员公署制定全区中等教育方针、任务及《文山区小学教育暂行实施纲领》，推行新民主主义教育制度。 （《文山壮族苗族自治州志》1卷P35）

△ 中共滇东南地委改称中共文山地委，饶华任书记；滇东南行政专员公署改称文山区专员公署，宋启华任专员。 （《文山壮族苗族自治州志》1卷P35）

△ 云南省蒙自专署宣布废除国民党乡、镇、保、甲制度，建立区、乡人民政府。截至1952年，全区共建80个区、5个镇、671个乡。 （《红河哈尼族彝族自治州志》1卷P65）

△ 中共云南省楚雄地委、武定地委分别成立，中共滇西地委和滇北地委（1949年9月成立）同时撤销。 （《楚雄彝族自治州志》1卷P190~191）

△ 甘肃省甘南地区夏河县和临潭县建立中国人民银行支行。 （《甘南藏族自治州概况》P206）

△ 宁夏西吉、海原、固原、隆德、泾源等县开始减租减息和清匪反霸斗争。 （《中共宁夏党史大事记（1925.8~1988.6）》P130）

是~4月 新疆省迪化专区各县相继举行首届各族各界代表会议，成立县人民政府。 （《昌吉回族自治州志》P41）

4月

1日 印度与我国建立外交关系。 （《新华社新闻稿》1950.4.2）

△ 中共中央新疆分局直接领导的分局地方干部训练班举行首期开学典礼，中共中央新疆分局书记王震、新疆省政府主席包尔汉等到会祝贺并讲话。分局地干班成立时由中共中央新疆分局副书记徐立清兼主任。该训练班成立半年后改为中共中央新疆分局干部学校，1954年1月改为中共中央新疆分局党校，1955年10月改为自治区党委党校。在分局地干班成立的同时，新疆军区军政干部学校、新疆省人民政府行政人员训练班和各区党委、地委地方干部训练班也先后正式成立。新疆军区军政干校校长为徐立清（兼），该校后来发展成为新疆军区步兵学校。省人民政府行政人员训练班后来发展成为省人民政府干部学校，校长先后由阿不都热合曼·木义提、赛福鼎·艾则孜、赛甫拉也夫兼任。 （《中国共产党新疆历史大事记（1949.10~1966.4）》上P31~32）

2日 宁夏省西、海、固、隆、泾各县按照中共平凉地委《处理一贯道的指示》，开始取缔反动会道门。1951年5月14日，平凉地委发出《关于取缔一贯道的指示》后，各县大张旗鼓地开展取缔一贯道运动。解放初期，西、海、固、隆、泾5县共有反动会道门组织20种2.16万人，内有各种道首2473人、骨干分子333人。其中，一贯道最为庞大的人数达1.25万人，涉及面广，危害很大。9月4日运动基本结束。这场运动对首恶分子进行了严厉打击。 （《中共宁夏党史大事记（1925.8~1988.6）》P130）

5日 中共中央新疆分局委员、喀什区党委书记王恩茂致电分局书记王震，对新疆社会改革的若干问题提出重要意见。王恩茂认为：必须很好地执行人民民主统一战线政策，我们的政策应孤立敌人，而不能自己孤立自己。因此打击的人不能太多，这在新疆民族地区有特别重要的意义。靠自己劳动谋生为主的富农分子可以吸收参加农会，但领导权不要为其窃取，这样将会更好地团结中农，增加农会反恶霸斗争的力量。王恩茂还认为，群众生婚丧事等须由政府管理，但政府处理之后，人民愿意按宗教仪式进行是应该允许的。人民愿意给阿訇某种报酬，亦是可以允许的，但敲诈勒索是应该废除的。9日，中共中央西北局复电王震："王恩茂同志的电报很正确，望各地党委紧紧掌握这个电报所指出的原则，就可以使新疆工作顺利开展。"（《中国共产党新疆历史大事记（1949.10～1966.4）》上P32～33）

7日 贵州省兴仁区行政督察专员公署正式成立，为省人民政府派出机构，机关驻兴仁县城，下辖兴仁、兴义、安龙、贞丰、晴隆、普安、册亨、望谟、关岭、盘县10个县。（《黔西南布依族苗族自治州志·政权政协志》P14）

△ 广西省人民政府发出《关于减租退租生产救灾布告》，要求立即在全省范围（除个别股匪盘踞地区外），进行减租、退租工作；明确规定地主在解放后出卖的土地、房屋、耕牛一律无效。9日，省委发出《关于开展减租退租运动的指示》。（《广西通志·大事记》P269）

9日 云南省滇西人民行政专员公署改建为楚雄区行政督察专员公署，辖楚雄、双柏、牟定、镇南、姚安、大姚、盐丰、永仁、盐兴、广通、禄丰11县。（《楚雄彝族自治州志》1卷P192）

△ 中央人民政府人民革命军事委员会副主席彭德怀、委员习仲勋致电中共中央新疆分局和省政府，对新疆在减租反霸试点中做好宗教工作问题做出指示。电文指出，宗教改革必须遵循全国政协共同纲领所规定的少数民族有保持和改革其宗教信仰、风俗习惯之自由原则，妥慎处理阿訇中的地主恶霸问题，阿訇中必须按地主恶霸处理的不要和阿訇混为一谈。（《中国共产党新疆历史大事记（1949.10～1966.4）》上P33）

11日 青海省政府第九次行政会议讨论关于盟旗千百户制度问题。会议决定，为了照顾蒙古族、藏族地区的实际情况，安定地方秩序，可以暂时维持现状，保持盟旗千百户制度。但是在具备召开各族各界代表会议的地区，应召开各族各界代表会议，并准备逐步代行人民代表大会职权，实行民主选举，建立人民民主政权。（《青海日报》1950.4.17.①）

13日 中共贵州省独山地委发出《关于组织各级剿匪委员会的通知》，成立专区剿匪委员会。（《黔南布依族苗族自治州志》上P48）

15日 甘肃省夏河县及卓尼自治区划归省人民政府直辖。（《甘南州志》上P85）

16日 玛纳斯河大桥竣工，中断多年的新疆省三区与七区之间的交通畅通。（《中国共产党新疆历史大事记（1949.10～1966.4）》上P33）

19日 据新华社报道，1948年冬解放的东北新区（包括沈阳、长春市郊区，辽西省15个县和辽东、吉林、热河3省83个区，人口约700多万，土地约3000多万亩）土地改革工作全部完成。（《新华社新闻稿》1950.4.20）

21日 据新华社报道，华北新解放区（系属蒙古地区）土地改革基本完成。华北5省除绥远只实行减租外，尚有占新区总数24%的村庄，因灾荒不能进行土改或尚待完成。（《新华社新闻稿》1950.4.23）

23日 反映我国少数民族生活的第一部影片——《内蒙春光》在北京试映。中央民委副主任委员乌兰夫、刘格平，文化部副部长周扬等出席首映式并赠送中央电影局东北电影制片厂锦旗。（《人民日报》1950.4.28.③）

30日 海南岛全部解放。（《新华社新闻稿》1950.5.3）

是月 广西省文教厅根据首次全国教育会议精神，确定是年的教育工作任务，即贯彻教育为工农开门的方针，恢复、维持、改造旧教育，开展工农业余教育和工农干部教育。（《广西通志·大事记》P270）

△ 中央人民政府人民革命军事委员会民航局接收滞留在广西柳州的前中国航空公司、

中央航空公司的人员和设备，组建柳州航空站。（《广西通志·大事记》P270）

△ 广西全省物价开始下降，有效制止通货膨胀。至6月，市场出现供过于求、市价低于牌价的现象。（《广西通志·大事记》P270）

△ 广西省文物馆筹备委员会成立，并开始着手开展文物调查、征集工作。（《广西通志·大事记》P270）

△ 青海省农牧厅分别在海南地区共和、贵德两县建立兽疫防治站。（《海南州志》P23）

△ 宁夏省兽疫防治处成立，这是宁夏解放后设立最早的畜牧兽医机构。（《当代宁夏史通鉴》P248）

是~5月 广西省有60个县800多万人进行减租退租，农民获粮食2750万公斤。（《广西通志·大事记》P271）

5月

1日 中共中央发出《关于整党的指示》，决定在全党范围内进行一次大规模的整风运动。（《新华社新闻稿》1950.7.1）

△ 青海寺院赴藏劝和团在西宁组成，当才（土登晋美诺布，青海塔尔寺活佛，达赖喇嘛的长兄）为团长，夏日仓（隆务寺活佛）、显灵（广惠寺活佛）为副团长，担任党的联络工作的迟玉锐任代表团秘书，并拟定6项谈判条件。3日，党中央电西北局，同意派青海寺院劝和团入藏。该团7月中旬出发，至藏北黑河（今那曲）为西藏当局所阻，3位活佛被送往拉萨。到拉萨后，夏日仓、先灵两位活佛被软禁，迟玉锐被押解至山南，电台被没收。1951年春，西藏地方当局被迫将迟玉锐等护送拉萨释放，并发还电台，冬季返回同仁县隆务寺。（《中共西藏党史大事记（1949~1966）》P9，《黄南州志》上P25~26）

3~5日 中央西北军政委员会主席彭德怀偕西北财经委员会主任贾拓夫、农林部副部长蔡子伟等13人，对宁夏省进行视察。彭德怀作4点指示：一、必须继续更好地坚持民族平等政策，要求中共党员成为执行民族政策的模范；二、更进一步发动组织群众，加强干部的政策教育，为减租、土改准备充分的条件；三、继续动员生产，提倡劳动致富，生产发家；四、进行广泛深入的宣传教育工作。（《中共宁夏党史大事记（1925.8~1988.6）》P132）

3~8日 新疆迪化、哈密两专区暨迪化市哈萨克族人民代表会议在迪化举行，各界代表以及部分宗教人士、王公、台吉、千户长、百户长等应邀参加会议。新疆分局书记王震出席会议并作了关于民族政策的重要讲话。（《中国共产党新疆历史大事记（1949.10~1966.4）》上P33）

4日 云南省贡山县各族各界群众大会在茨开召开。会议宣告贡山县人民政府正式成立，和耕（傈僳族）任县长。（《贡山独龙族怒族自治县志》P162）

△ 宁夏唐徕、大清、惠农、汉延等渠道春修工程竣工。（《中共宁夏党史大事记（1925.8~1988.6）》P132）

4~9日 新疆省政府举行迪化、哈密两地区及迪化市哈萨克族人民代表会议，讨论通过民族团结和剿匪治安等5大决议。（《人民日报》1950.5.20.③）

5日 广西省人民政府发出《关于生产救灾工作指示》，要求把救灾和社会改革结合起来，开展减租退押，并与春耕相结合，做好度荒工作。至9月，全省救济200万灾民，开垦13万亩荒地，修建1000多处小型水利工程。同时发出《关于严禁鸦片烟毒的布告》，规定自即日起，禁绝烟毒，如有违犯，依法严惩。（《广西通志·大事记》P270）

8日 宁夏省平凉、固原、海原等县发生反革命武装叛乱（“五八叛乱事件”）。匪首马云山（原国民党旅长）组织所谓“忠义军前进指挥所第一纵队”，纠集国民党残余势力和土匪特务，威胁煽动群众2500余人在平凉北原、固原张易、古城、蒿店、三营、七营、双井、炭山，海原高崖、城关、泾源等地进行反革命活动。攻打县、区乡政府，杀死干部、群众93人，打伤237人，抢夺枪械81支。截至7月底，匪首马云山被捉拿归案，叛乱遂告平息，共击毙匪徒151人、击伤23人、俘虏420人、缴获各种枪械272支。1972年4~5月，自治区党委组织调查组对此案进行复查，对于混淆宗教活动和反革命破坏活动的界限、平叛严重扩大化的问题做了纠正。（《中共宁夏党史大事记（1925.8~1988.6）》P132~133、414，《当代宁夏史通鉴》P72~73）

10日 宁夏省干部学校举行毕业典礼，首期600余名学员经过5个半月的学习学成毕业。（《中共宁夏党史大事记（1925.8~1988.6）》P133）

11日 中共中央西北局复电新疆分局，同意新疆各级地方干部训练班在是年招收各民族青年5000人。学员的生活供给列入军队编制，由军区负责供给。（《中国共产党新疆历史大事记（1949.10~1966.4）》上P35）

14日 西北军政委员会民政部邀集少数民族青年妇女代表举行少数民族婚姻座谈会，听取军政委员会民委主任委员汪锋关于《婚姻法》第27条的精神说明。与会代表认为，《婚姻法》反映少数民族婚姻制度的特点，对中央人民政府颁布的婚姻法特别照顾少数民族的宗教、信仰和风俗习惯表示感谢。（《甘肃日报》1950.5.18.①）

15日 甘肃省民委成立。首届委员会议讨论了贯彻民族政策、加强民族团结等问题。（《人民日报》1950.6.19.③）

18日 北京市回民工作委员会召集座谈会，马玉槐主任报告1年来的回民工作概况，薛子正秘书长宣布回民工作委员会奉令结束，有关工作归市民政局民族事务科办理。（《人民日报》1950.5.21.③）

19日 新疆省叶尔羌河流域的麦盖提、叶城、泽普、莎本4县废除历史遗留下来的封建水权制度，建立水利委员会。至此，50年来的水利纠纷得到圆满解决。（《新疆日报》1950.5.19.①）

22日 中央人民广播电台增设的藏语广播节目正式播音。（《人民日报》1950.5.13.③，《西藏日报》1985.5.24.③）

是月 内蒙古自治区锡林郭勒盟北部刮暴风雪。苏尼特右旗、苏尼特左旗、锡林浩特市等地损失牲畜3.88万头（只），跑散牲畜1200头（只）。阿巴嘎旗死亡牲畜2万头（只）。（《内蒙古自然灾害通志》P237）

△ 政务院批准绥远军政委员会《关于解决绥远境内蒙古族问题的方案》，决定建立伊克昭盟人民自治区和乌兰察布盟人民自治区。（《内蒙古自治区史》P515）

△ 宁夏省举行普通教育行政会议，决定今后在回族人民聚居地区设立回民小学，适当配备回民校长、教员，并增设阿拉伯文课程。（《人民日报》1950.6.14.③）

是~8月 解放军十八军进军西藏途中，在巴塘、甘孜、德格等地吸收藏族青年200余人，中央民委藏文（民）研究班的数十名藏族干部加入进军西藏的行列，并组成“西藏工作团”进行培训。很多人其后担负重要的领导职务，如洛桑慈诚、江村罗布、郎杰等，在各个时期发挥了重要作用。（《当代中国的西藏》上P356~357）

6月

2日 宁夏省西吉、海原、固原、隆德、泾源各县开始“三反”运动（反对官僚主义、反对命令主义、反对违法乱纪）。（《中共宁夏党史大事记（1925.8~1988.6）》P134）

2~8日 广西省首次农民代表会议举

行。会议通过关于减租退租、生产救灾、剿匪反霸与准备土改等8个决议案及农民协会组织章程，选举产生省农民协会执行委员会。（《广西通志·大事记》P271）

3~8日 新疆保卫和平民主同盟首届代表会议举行。会议通过了“新盟”主席赛福鼎作的政治报告和新章程，决定将新疆保卫和平民主同盟改称新疆人民民主同盟，选出赛福鼎（维吾尔族）为同盟执委主席。（《人民日报》1950.6.19.②）

6~9日 中共七届三中全会举行。全会一致同意中共中央主席毛泽东《为争取国家财政经济状况的基本好转而斗争》的报告、中央人民政府副主席刘少奇《关于土地改革问题的报告》，政务院总理兼外交部长周恩来《关于外交工作和统战工作的报告》、政务院副总理陈云《关于财政经济工作的报告》和中央军委副主席聂荣臻《关于军事工作的报告》。（《新华社新闻稿》1950.6.13）

7~13日 西北军政委员会文教委员会举行第二次会议，决定按照各民族实际情况和要求开展少数民族文教工作。（《人民日报》1950.7.7.③）

8日 缅甸与我国建立外交关系。（《新华社新闻稿》1950.6.9）

△ 在全国高等教育会议上，政务院总理周恩来发表讲话，阐述新民主主义的教育方针。他说：“我们的教育是大众的，是为人民服务的，这是我们教育的方向。”“我们的教育是民族的，要有民族的形式。普遍真理是各民族都适用的，但在不同的民族会有不同的表现形式。中国民族有自己的传统习惯，这些传统习惯总是以民族的形式表现出来。具有民族形式的教育，才易于被人民所接受，为人民所热爱。教育如果不注意民族的特点和形式，就行不通。我国是个多民族的国家，要注意各兄弟民族的特点和形式，兄弟民族之间也要互相学习彼此的长处，这样才能将科学的内容输送到各族人民中去，把教育办好。”（《周恩来选集》下P15~17）

12日 青海省人民政府邀集回、汉、蒙、藏、土、撒拉等各民族代表及有关负责人60余人举行座谈会，讨论民族聚居和杂居地区的政权建设以及发展少数民族的经济文化和培养少数民族干部等问题。（《人民日报》1950.6.24.③）

△ 广西省人民政府发出《关于夏收夏种工作的指示》，要求各地要武装保卫夏收夏种，严防残匪骚扰破坏；认真贯彻中央人民政府有关农业生产的各项政策法令，合理组织农村一切劳力、畜力，投入生产；贯彻谁种谁收、开荒奖励的规定。（《广西通志·大事记》P271）

16日 伊克昭盟自治区人民政府成立，辖郡王旗、准格尔旗、达特拉旗、杭锦旗、鄂托克旗和东胜县，额齐尔呼雅克图任主任。（《内蒙古自治区史》P68）

17日 康藏公路西康省雅（安）康（定）段修复工程竣工。（《甘孜州志》上P34）

18日 中央人民政府主席毛泽东任命原国民党政府车里宣慰使司议事庭长召存信（傣族）为西南军政委员会民族事务委员会委员。（《西双版纳傣族自治州志》上P31）

20日 英籍轮船“和平”号驶抵北海港，香港与广西北海的海上交通及贸易恢复。（《广西通志·大事记》P271）

21日 宁夏省委邀集参加农代会的回族代表50余人，座谈有关民族政策问题。代表们一致认为，解放以来回族政治地位显著提高，今后更应加强对回族的教育。（《中共宁夏党史大事记（1925.8~1988.6）》P134~135）

25日 甘肃省临夏专区东乡自治区（县级）成立。（《临夏回族自治州志》上P46）

26日 中央民委举办的中国少数民族文物

展览在北京开幕。　（《人民日报》1950.7.19.③）

△　中共中央新疆分局发出《关于健全党委制的指示》，要求各级党委加强党的工作和党的建设，地委以上党委成立工作团，帮助所属地方党委健全党委制，吸收本地民族优秀党员参加党委及机关工作。　（《中国共产党新疆历史大事记（1949.10～1966.4）》上P39）

30日　湖南省永顺驻军一四一师利用汽车头发电照明成功。据此，1951年建立公私合营永明电厂，发电50千瓦，为湘西电业之始。　（《湘西州志》上P57）

是月　政务院总理周恩来任命中央民委副主任委员乌兰夫（蒙古族）、刘格平（回族）分别兼任中央民族学院院长、副院长，领导该院的筹建工作，并选定国子监为临时校舍。同年9月，周恩来任命刘春为该院副院长、党组书记，主持该院筹建工作。1951年4月12日，政务院任命费孝通为副院长。是年6月11日，学院举行开学典礼，中央人民政府副主席朱德、政务院副总理董必武到会讲话。此后，每年6月11日定为校庆日。学员分为军政干部训练班3个、藏语班1个，共计33个民族279人。1952年7月，学院迁址白石桥。　（《中央民族大学五十年》P170～174）

△　湖北省恩施地区巴东县建立全区第一个收音站。　（《恩施州志》P11）

△　广西省文艺工作者会议举行。会议成立广西省文联筹委会，周钢鸣任主任。（《广西通志·大事记》P271）

△　西康省贸易公司在康定设立民族贸易分公司。　（《甘孜州志》上P34）

△　云南省保山专区开办民族干部训练班（德宏州民族干部学校前身），首批学员43名。　（《德宏州志》综合卷P31）

△　青海省海南地区牛和县上郭密、加拉、中郭密等小块农业区的农民自愿联合起来发展生产，出现多种形式的互助组147个，参加农民1259人。　（《海南州志》P23）

△　中共中央新疆分局和新疆省人民政府根据中央七届三中全会精神和全国《共同纲领》规定，决定对新疆私营工商业采取保护和积极扶持、促进发展、适当限制改造的方针。采取的原则和措施是：在国营经济已基本控制国民经济命脉，拥有大批主要物资，掌握市场金融物价领导权的情况下，根据统筹兼顾原则，在经营范围、原料供应、销售市场、劳动条件、财政金融政策等方面，对私营工商业给以必要的照顾，并采用加工订货、统购包销、经销代销等方式调整公私关系，将其生产和销售大体纳入国家计划轨道，使他们从停工歇业的困境中摆脱出来，为发展生产、促进城乡交流和恢复经济服务。由于贯彻上述方针，在调整公私关系、劳资关系和产销关系上采取适当措施，使新疆私营工商业得到正常发展。据32个县市统计，私营工商业由1949年的2.99万户增加到3.08万户。　（《中国共产党新疆历史大事记（1949.10～1966.4）》上P40）

7月

1日　中共中央新疆分局做出《关于执行中央及西北局整顿干部作风指示的决定》，规定这次整风主要在地方县以上、军队团以上的党员干部中进行，着重整顿领导工作中简单急躁和强迫命令作风。同时要求把整风和开展群众工作结合起来。《决定》要求二、六军着重进行纪律检查，解决侵犯群众利益的事件；二十二兵团着重检查军政干部的关系；地方党委着重检查外来干部与本地干部的团结问题。此外，各级党组织均应检查执行政策，尤其是执行民族政策的情况。　（《中国共产党新疆历史大事记（1949.10～1966.4）》上P40～41）

2日～1951年3月6日　由中央民委副主任委员刘格平率领的中央西南各民族访问团一行120余人，分3个分团赴西南各兄弟民族地区访问。7月2日，《人民日报》发表社论《送西南访问团》。访问团历时7个月，访问云南、西康、四川、贵州等民族地区，传达中央人民政府和中央人民政府主席毛泽东对各民族的关怀，宣传党的民族政策，加强了各民族之间和各民族内部的团结。（《人民日报》1950.7.2.①，1951.3.6.①）

5日 西北革大兰州分校第三部第二期285名学员毕业，其中藏族55名、蒙古族15名、回族15名、土族5名、维吾尔族1名和撒拉族1名。（《人民日报》1950.7.19.③）

6日 据新华社报道，政务院颁发《保护古迹文物办法》及《古文化遗址及古墓葬调查发掘暂行办法》。12日，政务院发出《关于保护古文物建筑的指示》，公布《征集革命文物办法》。（《新华社新闻稿》1950.7.7，7.13）

10~19日 新疆哈密专区首次哈萨克族人民代表会议通过多项决议，号召哈萨克族人民切实执行《共同纲领》。（《人民日报》1950.8.13.③）

18日 西康省康区民族协商筹备委员会正式成立，阿旺嘉错（藏族）任主任，沙纳（藏族）、降央伯姆（藏族）、日库（藏族）、洛桑倾巴（藏族）任副主任。（《甘孜州志》上P34）

21~28日 西北军政委员会民委举行首届会议。会议检查西北地区解放以来的民族工作，听取和通过了军政委员会民委主任委员汪锋关于《西北目前民族工作的情况和任务》的报告，讨论确定今后民族工作的方针和任务。中央人民政府主席毛泽东为会议亲笔书写“中华人民共和国各民族团结起来”的巨幅贺幛。（《人民日报》1950.7.30.①，8.4.①）

23日 政务院和最高人民法院联名发布《关于镇压反革命活动的指示》。（《新华社新闻稿》1950.7.24）

是月 云南省民族事务委员会成立。8月，政务院任命云南省政府副主席周保中兼任省民委主任委员，省政府副主席张冲（彝族）、赵忠奇为副主任委员。1951年1月，省民委机关组建完成，开始正式对外办公。（《云南民族团结进步事业光辉历程（1949~2009）》P59、81）

△ 中共云南省委第一次党代会确定，少数民族工作要坚持贯彻“民族和睦、加强民族团结、消除历史上造成的民族隔阂、工作稳步前进”的方针。（《云南民族团结进步事业光辉历程（1949~2009）》P68）

△ 解放军西北野战军一军一师承担的青藏、青康公路海南地区共和、兴海段建成通车，全长526公里。（《海南州志》P23）

8月

1日 中共中央新疆分局发出通知指示，选送各民族优秀青年到分局地方干部训练班学习。通知说，为有步骤地完成新疆各项社会改革，中共中央责成新疆分局3~5年内培养出5000至1万名能真正懂党的政策的各民族干部。（《中国共产党新疆历史大事记（1949.10~1966.4）》上P43~44）

3日 青海省副主席兼民委主任马朴（回族）在西宁病逝。11日，中央人民政府主席毛泽东、政务院总理周恩来分别电唁。（《人民日报》1950.8.11.①，8.13.①）

4日 政务院第44次会议通过《关于划分农村阶级成分的决定》，20日公布。（《新华社新闻稿》1950.8.5，8.20）

5日 中国人民银行云南省佛海县支行成立。（《西双版纳傣族自治州志》上P31）

6日 中央民族访问团云南分团团长夏康农率团抵达昆明。中共云南省委决定，派省政府副主席张冲（彝族）参加分团领导，并抽调一批干部随访问团工作。访问团在云南先后访问9个专区42个县，行程1万多公里，于1951年6月返回北京。（《云南民族团结进步事业光辉历程（1949~2009）》P37~38）

8日 据报道，内蒙古自治区鼠疫发病率由解放时的1.57万人降到1949年的345人，死亡人数由1.33万人降到196人。（《人民日报》1950.8.12.③）

8日~9月6日 西北各民族参观团在北京参观学习。9日，中央民委举行欢迎会。中央民委主任委员李维汉致欢迎词，政务院副总理董必武、郭沫若和西北军政委员会副主席张治中等出席。20日，西北各少数民族代表向中央人民政府主席毛泽东、中国人民解放军总司令朱德、政务院总理周恩来敬献藏红花、鹿角、藏香等礼物，朱总司令受礼并讲话。（《人民日报》1950.8.9.①，8.13.①，8.27.①）

11日 广西左江航运恢复通航，南宁至各县水运恢复。（《广西通志·大事记》P272）

13日 青海省门源县遭严重霜冻，受灾面积近10万亩，占总耕地面积的68%，平均减产60%。（《海北藏族自治州志》上P37）

14日 中央人民广播电台增设的蒙古语广播节目开始播音。（《人民日报》1950.8.6.③）

15日 云南省文山专区中心卫生院成立。1951年11月该院改称文山专区人民医院，1958年4月改称文山壮族苗族自治州人民医院。（《文山壮族苗族自治州志》1卷P36）

△ 西藏察隅发生8.5级地震，震中烈度12度，死亡近4000人。（《人民日报》1987.5.7.③）

18日~9月11日 斯佳木江率西北各族青年参观团一行49人在北京参观学习。24日，中央民委、团中央、全国妇联、全国青联和全国学联联合集会欢迎。（《人民日报》1950.8.20.①，8.27.①）

19日 广西省政府第21次行政会议通过《广西省建立人民文化馆文化站暂行办法》。《办法》提出，应有重点、有计划地在各市、各专署所在地较大县城与个别区、乡、圩、镇建立人民文化馆和人民文化站，并总结经验，以便普遍建立。至年底，南宁、柳州、桂林、梧州、北流、博白等19个市县建文化馆。（《广西通志·大事记》P272）

21日 政务院总理兼外交部长周恩来在给印度驻华大使潘尼迦的备忘录中指出：西藏是中国领土，人民解放军负有解放西藏领土及西藏人民的神圣责任。中央人民政府赞成并主张以和平友好方式解决西藏问题。西藏代表团是地方性的及民族性的代表团，他们应到北京商谈和平解放西藏的办法。（《中共西藏党史大事记（1949~1966）》P13）

22日 积极倡议并争取西藏和平解放的格达（藏族）活佛被英国特务福特毒害致死，终年48岁，生前为西南军政委员会委员、西康省政府副主席。25日，追悼会在重庆举行。中共中央西南局第一书记、西南军政委员会副主席邓小平等到会致哀，西南军政委员会主席刘伯承赠送挽联曰："具无畏精神，功烈永垂民族史；增几多悲愤，追思应续国殇篇。"（《人民日报》1950.12.5.①，12.10.③；《中国历代少数民族英才传》P3576）

26日 至目前，广西省已修复通车铁路720公里、公路3200公里，并建立桂、柳、邕、梧轮船渡船联合运输组织。（《广西通志·大事记》P272）

△ 康藏公路四川雅安至甘孜段公路修复通车，全线603公里。（《中共西藏党史大事记（1949~1966）》P8、13）

29日~12月1日 由中央人民政府最高法院院长沈钧儒为团长，中央人民政府新闻总署副署长萨空了、中央民委办公厅副主任朋斯克、中央民委委员马玉槐为副团长的中央人民政府西北各民族访问团一行50余人在新疆、甘肃、宁夏、青海等民族地区访问。8月30日，《人民日报》发表社论《送西北访问团》。9月11日，访问团一行26人抵达迪化，对迪化、伊犁及南疆各地进行视察和慰问活动。

22～23日，访问团在甘南拉卜楞寺地区接受藏族人民和拉卜楞寺僧众向中央人民政府主席毛泽东呈献“民族救星”、“藏族救星”的锦旗，以及藏红花、麝香、虎皮等贵重礼品。11月9～15日，访问团一行10余人抵达银川，携大批药品、卫生器材、布匹、糖、茶叶等物慰问宁夏各族人民。12月1日，中央西北各民族访问团返抵北京。16日，中央人民政府秘书长林伯渠和政务院秘书长兼中央民委主任委员李维汉设宴欢迎访问团全体成员。访问团历时2个半月，向西北地区17个民族传达了中央人民政府和毛主席对各民族的关怀。（《人民日报》1950.8.30.①，12.3.③，12.18.①；《中国共产党新疆历史大事记（1949.10～1966.4）》上P45；《中共宁夏党史大事记（1925.8～1988.6）》P141）

30日 广西省柳州市举行盛大通车典礼，庆祝西南第一大桥——柳江特大铁路桥竣工。该桥全长616.2米，12孔净宽46.35米，采用多孔连接拖拉法架设钢架，在中国尚属首创。（《广西通志·大事记》P272）

31日 据《新疆日报》报道，南疆中苏贸易交通要道喀乌公路（喀什至乌恰边卡与苏联伊尔克斯坦连接）竣工。（《中国共产党新疆历史大事记（1949.10～1966.4）》上P44～45）

是月 政务院决定将原属察哈尔省管辖的多伦、宝昌、化德3县划归内蒙古自治区。（《内蒙古自治区史》P85、515）

△ 乌兰察布盟自治区人民政府成立，辖四子王旗、达尔罕贝勒旗、茂明安旗、东公旗、中公旗、西公旗，毕力格巴图尔（蒙古族）任代主任，绥远省代管的五当召区和设在武川县的乌兰镇地区划归乌兰察布盟管辖。（《内蒙古自治区史》P68）

△ 西康省康定军管会派出阿旺嘉错（藏族）、邦达多吉（藏族）、所仁克尊（藏族）等16人，参加西南少数民族国庆观礼团，赴北京参加国庆观礼。（《甘孜州志》上P35）

9月

8日 是日报道，新疆先后举办地方干部训练班42个，培养13个民族的干部4889名。（《中国共产党新疆历史大事记（1949.10～1966.4）》上P45）

11日 西南局正式批准在西康区实行民族区域自治，并批复同意西康区党委《关于西康藏族自治区成立藏民团的请示报告》。（《甘孜州志》上P35）

13日 中央访问团刘格平（回族）团长一行68人到达西康省康定。在康定先后召开各族各界人士参加的座谈会，宣传党的民族政策，了解各阶层人士的希望和要求，同时指导和帮助地委进行区域自治筹备工作。（《甘孜州志》上P35）

20日 甘肃、宁夏、青海3省乡级以上政府机关中，有少数民族干部2254名。（《新疆日报》1950.9.22.①）

△ 中央民族访问团抵云南丽江，维西县派王浩活佛等代表接待。之后，在维西县举行民族团结和解大会，贯彻中央关于“团结、进步、生产”的方针。（《迪庆藏族自治州志》P29）

21日 西北军政委员会举行首届文代会，讨论开展各民族文艺工作的问题。（《人民日报》1950.10.10.③）

23日 新疆维吾尔、回、哈萨克等少数民族人民欢度解放后首个“库尔班”节。新疆省政府主席包尔汉号召各族人民共同反对美帝和国民党残余破坏分子，加强统一战线和民族团结。（《人民日报》1950.9.26.③）

24日 广西省委发出《关于积极进行土改具体准备工作的指示》，决定于是年冬先在17个县约400万人口的地区进行土地改革。（《广西通志·大事记》P273）

25日 中苏石油股份有限公司和中苏有

色及稀有金属股份有限公司在新疆迪化召开股东会议，宣布两公司正式成立。两公司按平权合股原则组成，各占股本50%。石油公司成立4年内，完成投资1.28亿元，形成固定资产原值1.3亿元。4年生产原油17.5万吨，相当于解放前总产量的15倍；石油职工人数由1950年的264人发展到1954年的5500多人。有色及稀有金属公司4年投资4814万元，形成固定资产4000万元，兴建了阿山专区可可托海矿务局及下属4个矿山和电厂、机修厂等，共完成产值6700多万元。1954年在我国用产品偿还苏方股本后，两公司于1955年正式移交我国政府。与此同时，苏联还帮助新疆设计迪化水磨沟电厂、苇湖梁电厂、十月汽车修配厂及新疆医学院等5个项目，有不少苏联专家来新疆援助建设。（《中国共产党新疆历史大事记（1949.10～1966.4）》上P45～46）

△ 甘肃省东乡自治区成立。（《人民日报》1950.10.17.①）

26日 中共中央西北局复电新疆分局，同意成立南疆行署。10月9日，经西北局和中共中央批准，赛甫拉也夫任南疆行署主任，买买提明·伊敏诺夫任副主任。（《中国共产党新疆历史大事记（1949.10～1966.4）》上P46）

26日～11月16日 西南各民族代表团和各民族文工团，内蒙古自治区代表团，东北朝鲜族代表，华东高山族和回族代表，天津市回族代表，新疆驻军及中南、华北少数民族代表，西北各民族代表团和文工团，以及绥远蒙古族代表团在北京参观学习并参加“国庆”观礼活动。29日，政务院总理周恩来设宴欢迎各民族代表并发表重要讲话。30日，《人民日报》发表社论《欢迎各兄弟民族代表来京参加国庆盛典》。10月1日，各民族代表参加“国庆”盛典。3日，各民族代表欢聚中南海怀仁堂，向中央人民政府和中央人民政府主席毛泽东、中国人民解放军总司令朱德、中央人民政府副主席刘少奇以及周恩来总理献礼、献旗致敬。当晚，各少数民族文工团联合演出文艺节目。4日，毛主席作词《浣溪沙·和柳亚子先生》，以艺术的形式概括中华民族在中国共产党领导下从分裂走向团结、统一的百年史程。7日、25日，中共中央华北局等单位和全国政协先后宴请各民族代表和各民族文工团。10日，首都文艺工作者和西南、西北各民族文工团举行联欢会。22日，各民族代表团43个民族的代表应邀参加北京市举行的各民族联欢会。（《人民日报》1950.9.2.①，9.27.①，9.28.③，9.29.①，9.30.①，10.4.①，10.8.①，10.12.①，10.23.①；《诗刊》1957.1）

29日 新疆省人民政府第九次会议决定，结束原新疆省银行业务，成立中国人民银行新疆省分行。（《中国共产党新疆历史大事记（1949.10～1966.4）》上P46）

30日 政务院总理周恩来在政协全国委员会建国1周年庆祝大会上作题为《为巩固和发展人民的胜利而奋斗》的报告。《报告》指出：“目前巩固人民民主专政的最重要任务，就是在中国新解放区实施土地改革。实施土地改革，这就是保障约占中国人口80%的农民的基本生存权利；这就是消灭反革命活动的最重要的社会基础——地主阶级；这就是实施中国人民民主专政的基本任务——解放被封建生产关系所束缚的农业生产力，并从而为中国的迅速工业化准备条件。在新解放区约3万万人口中实施土地改革，这是紧接着人民解放战争而来的中国第二场最激烈的阶级斗争。”（《周恩来选集》下P41）

是月 西康省康定军管会发出布告：依据西南军政委员会的决议，今冬即将进行的清匪反霸、减租退押等工作只在汉族地区进行，少数民族地区均不进行。藏、彝各民族内部的改革问题，完全由藏、彝各民族在自觉自愿的原则下决定。（《甘孜州志》上P35）

△ 原国立西康省康定师范学校、省立康

定中学、省立康定师范学校、康定实用职业学校和泸定初级中学合并为西康省立康定中学。（《甘孜州志》上P35）

△ 西康省人民政府召开首届贸易会议，讨论确定地方贸易工作和开展少数民族地区贸易的方针。（《人民日报》1950.11.2.②）

△ 中央民族慰问团西北慰问团赴新疆省伊犁、塔城专区慰问。（《伊犁哈萨克自治州志》P42）

10月

1日 《人民日报》发表政务院副总理董必武的文章《建国一年来中央人民政府在政治法律方面的几项重要工作》，其中对民族立法工作进行了总结。（《人民日报》1950.10.1.①③）

△ 贵州省兴仁专区第一个新华书店在兴仁县建立。（《黔西南布依族苗族自治州志·政权政协志》P15）

△ 甘肃省卓尼自治区成立。（《人民日报》1950.10.17.①）

4日 中国各民族文物展览在北京揭幕。（《人民日报》1950.10.7.③）

5日 吉林省延边文艺研究会在延吉成立。（《延边朝鲜族自治州志》上P60）

6~24日 昌都战役进行。历经20余次大小战斗，共歼敌5738人，占当时藏军总数的1/3，俘虏福特等英、印特务4人，打开进军西藏的大门。（《人民日报》1950.11.2.①）

7日 新华社发表《中苏两国关于互换中苏友好同盟互助条约及其他五个协定的批准书的公告》。（《新华社新闻稿》1950.10.8）

7~21日 新疆省首次文化教育工作会议在迪化举行。省文教委员会主任邓力群作《新疆省文化教育工作的方针与任务》的报告。报告提出，新疆省文教工作应切实贯彻为人民大众服务，为民族团结服务，为生产建设服务的基本方针，使新民主主义内容与民族形式相结合。（《中国共产党新疆历史大事记（1949.10~1966.4）》上P47）

10日 新疆省贸易公司南疆工作组在喀什成立。（《新疆通志·商业志》61卷P34）

13日 中央卫生部和中央民委联合派出中央防疫总队第七大队和北京医学院专科医师共58人，携带大批医药器械前往西北少数民族地区进行性病和其他疾病的防治工作。（《新华社新闻稿》1950.10.28）

15日 据新华社报道，卫生部颁发《种痘暂行办法》，规定全国人民普遍种痘，以尽早消灭天花。（《新华社新闻稿》1950.10.15）

17~19日 中央民委举行民族问题报告会，中央民委主任委员李维汉和副主任委员乌兰夫分别作民族政策与内蒙古自治区情况的报告。（《人民日报》1950.10.23.①）

21日 中共新疆省党校成立。（《新疆日报》1960.3.22.①）

25日 中国人民志愿军司令员兼政委彭德怀率志愿军渡过鸭绿江，参加抗美援朝战争。（《中华人民共和国大事记（1949~1980）》P269）

27日~1951年1月26日 川北区少数民族访问团在平武、青川、北川、阆中、广元、江油、三台、盐亭、甘南9县少数民族地区进行访问，并写出《川北区九县回藏民族的一般情况》的工作报告。（《西南民族通讯》1951.3 P35）

30日 我国政府就印度政府关于西藏问题的备忘录和照会公然干涉中国内政发表庄严申明："西藏是中国领土不可分割的一部分，西藏问题完全是中国的一个内政问题。中国人民解放军必须进入西藏，解放西藏人民，保卫中国边疆，这是中央人民政府的既定方针。"（《人民日报》1950.11.17.①）

△ 内蒙古自治区人民广播电台开播。（《内蒙古日报》1985.11.1.①）

△ 青海省政府批准，海晏藏族自治区人

民政府委员会成立，隶属湟源县。（《海北藏族自治州志》上P37）

是月 首批随军气象人员到达西藏昌都，在扎曲河畔建立固定观测场。1951年1月29日，昌都有了正式气象资料，这是西藏首个气象站；同年10月下旬，十八军前方司令部气象科到达拉萨后，立即在司令部院内建立观测场，开始气象观测和发报工作；11月1日，拉萨有了正式气象记录。1954年初，西藏军区成立气象科，领导各气象站的工作。至1954年底，西藏建成9个气象站。（《当代中国的西藏》下P247）

△ 截至目前，甘肃省临夏专区恢复中学6所，恢复和兴办小学221所。（《临夏回族自治州志》上P46）

11月

1日 1年来，西北各地摧毁挑拨民族关系、制造民族纠纷、破坏民族团结的特务组织200余个，破获特务案360余起。（《人民日报》1950.11.5.②）

4日 康定地区藏族各界人士拥护进军西藏，欢庆昌都解放。在北京的藏族人士举行座谈会，拥护进军西藏，庆祝昌都解放，反对帝国主义阻挠西藏的解放。（《人民日报》1950.11.7.③）

9日 中央民族慰问团二分团怒江分团抵达云南省怒江慰问。（《怒江傈僳族自治州志》上P21）

13日 绥远省人民政府颁布《减租令》，同时公布政务院批准的《绥远省新区减租条例》，规定各地一律实行“二五”减租。经过减租、反霸和调剂土地的运动，农民分得大量土地与生产资料。据陕坝专区160个行政村的统计，共清算地主土地573129亩并分配。农民分得粮食17675石，牲畜4282头及其他财物，34%的群众分得生产资料。全省共调出地主阶级的土地300多万亩，全部分给广大无地和少地的贫苦农民。在运动中减掉农民与地主租贷契约上25%的地租和利息，减轻农民的债务负担，提高广大农民群众的觉悟。（《内蒙古自治区史》P80～82）

14日 青海省玉树地区贸易、卫生防疫工作队成立并分赴玉树、囊谦、称多3县开展商贸和疾病诊治工作。（《玉树州志》上P23）

△ 为加强对土地改革工作的领导，根据《中华人民共和国土地改革法》的规定，宁夏省成立土地改革委员会。（《中共宁夏党史大事记（1925.8～1988.6）》P142）

15日 广西省人民法院在南宁正式成立，杨德华任院长。（《广西通志·大事记》P274）

17日 《人民日报》发表社论《中国人民解放西藏是不容干涉的》。社论指出，西藏是中国领土，我中央人民政府当然有解放西藏和守卫西藏的神圣责任。凡是尊重中国领土主权的国家，当然不应有任何干涉。印度政府企图把人民解放军向西藏进军的行动和我中央人民政府和平解放西藏问题的愿望对立起来，这是完全违背事实的。西藏问题的和平解决，不但不能妨碍人民解放军的进军，而且必须以和平接受人民解放军进军为条件。我中央人民政府过去和现在一直坚持和平解决西藏问题，但外国侵略势力却千方百计破坏这种和平解决，这是决不容许的。22日，《人民日报》发表短评《斥美国对西藏的阴谋》。（《人民日报》1950.11.17.①，11.22.①）

17～24日 西康省藏族自治区第一届各族各界人民代表会议在康定举行，自治区人民政府宣告成立。会议讨论通过了《西康省藏族自治区人民政府的工作任务》、《西康省藏族自治区人民政府组织条例》、《西康省藏族自治区第一届各界人民代表会议关于团结公约》3项决议，讨论如何贯彻中央和平解放西藏的政策问题，还通过了各界代表协商会议委员名单以及向康藏前线解放军致敬电和告藏胞书。会议选举产生自治区人民政府组成人员，桑吉悦希（又名天宝，藏族）为主席，夏克刀登（藏族）、苗逢澍、阿旺嘉错（藏族）、洛桑倾巴（藏族）为副主席。西康省藏族自治区人民政府是建国后成立的第一个地专级民族区域自治政权。（《甘孜州志》上P35～36，《人民日报》1950.12.15.①）

21日 新疆省人民政府、西北军政委员会民政部新疆视察组联合发表新疆民主建政工作综合调查报告。报告指出，新疆省人民政府自1949年12月成立以来，民主建政工作取得很大成绩。全省已有73个县和伊宁、迪化、哈密3个城市召开首次各族人民代表会议，同时普遍开展建设区、乡人民政权的群众运动。据7区1市不完全统计，已改造和建立258个区公署、1275个乡政府、149个街公所、7166个村政权。报告认为，召开各族各界人民代表会议仍是新疆建政工作的中心环节。同时，农村区乡政权的改造需要进一步加强，牧业地区的政权建设应采取稳步的方针。（《中国共产党新疆历史大事记（1949.10～1966.4）》上P48～49）

24日 政务院第60次政务会议听取和讨论中央民委主任委员李维汉关于各民族代表应邀到北京参加“国庆”节庆祝大会的报告，通过《培养少数民族干部试行方案》和《筹办中央民族学院试行方案》。（《人民日报》1951.3.22.①，6.14.①）

25日 内蒙古自治区民间艺人代表会议在张家口举行。会议讨论整理内蒙古民间文艺遗产问题，并组成内蒙民间艺人协会。（《新华月报》1950.12 P469）

是月 中共云南省委召开全省第一次少数民族工作会议。会议提出今后一个时期必须坚持“宜缓不宜急，讲团结不讲斗争，反‘左’不反右”的方针，妥善解决政权、武装、对敌斗争、社会改革、医药贸易、文化、培养民族干部等问题，将全省民族地区划分为内地民族杂居区和有土司制度的边沿区（含藏族地区、小凉山彝族地区），实行分类指导。（《云南民族团结进步事业光辉历程（1949～2009）》P2、68）

△ 中共中央新疆分局发出关于《新疆建党工作中的几个问题的意见》，总结1年来新疆建党工作的情况，提出今后发展党员工作的意见。截至是月底，全疆已发展党员995名，包括维吾尔、哈萨克、回、蒙古、汉、乌孜别克、塔塔尔、锡伯、满、达斡尔、俄罗斯11个民族。（《中国共产党新疆历史大事记（1949.10～1966.4）》上P49）

12月

1日 中央第七防疫大队赴甘肃省甘南地区的夏河、卓尼、临潭等县开展卫生防疫工作，并实行免费医疗。（《甘南州志》上P86）

△ 西北军政委员会农林部垦荒先遣队在宁夏省灵武县开始创建西北地区第一个国营农场——灵武农场。至1956年部队集体转业时，共发展6个国营农场，为地方输送大批农、林、水利技术人才和1000多名基层干部。（《中共宁夏党史大事记（1925.8～1988.6）》P142、253～254）

1～24日 绥远省蒙古族参观团在北京参观学习。（《人民日报》1950.12.4.③，12.27.③）

4日 甘南甘加、加吾草山纠纷调解签字仪式在西北民委会议厅举行。西北军分区副司令员张宗逊、甘肃省人民政府主席邓宝珊、青海省人民政府副秘书长扎西旺徐（藏族）到会祝贺。双方牧民代表衷心感谢中央人民政府主席毛泽东、共产党对少数民族的关怀。解放前，甘南夏河县藏族甘加部落同青海同仁县加吾部落为争夺两地交界处长约30里，宽约5至6里的草山发生纠纷，互相仇杀械斗达35年之久，致使2部落死伤群众76人，牛、羊万头。1951年7月，甘加、加吾草山划界工作胜利完成，结束争斗，开始团结幸福的新生活。据统计，到1953年甘南共调解各种纠纷2700多件。从而维护了社会秩序，加强了民族之间和民族内部的团结。（《甘南藏族自治州概况》P88～89）

8日 政务院发布通令：信仰伊斯兰教的各族人民3大节日（开斋节、古尔邦节、圣纪节）食用牛羊免征屠宰税，并放宽检验标准。（《人民日报》1950.12.11.②）

9日 广西省土地改革委员会在南宁成立，陈漫远任主任委员。同日，举行首次会议，决定在部分县进行土改试点后分批铺开，至1952年基本完成土改任务。（《广西通志·大事记》P275）

10日 西康东部越嶲县废除历代侮辱彝族同胞的各种碑记和地名。（《人民日报》1950.12.10.③）

11日 广西军区发布自1950年1月以来的剿匪战绩：歼匪14.34万名（包括毙伤、俘虏、投降自新及改编人数），歼灭主要股匪275股，毙、俘、投降的主要匪首600余名。28日，广西省军区司令员与政委张云逸等向中南军区党委电报广西省剿匪计划。（《广西通志·大事记》P274、276）

15日 政务院第63次会议通过《屠宰税暂行条例》。《条例》第13条规定：各省（市）人民政府对于辖区少数民族的宗教节日屠宰牲畜之许可及免税得以命令定之。（《人民日报》1950.12.22.③）

15～22日 云南省保山区各族各界人民代表会议举行，先后听取中央西南访问团二分团夏康农团长、王连芳副团长和云南省副主席张冲等关于目前形势与有关民族政策的报告，中共保山地委关于全区8个月来的工作与加强民族团结的报告。会议成立保山区民委，并通过1951年民族工作计划。（《云南日报》1951.1.7.②）

19日 达赖喇嘛及部分官员离开拉萨，于1951年1月2日到达亚东，组成“亚东噶厦”，操持重权。少数官员留守拉萨（称“拉萨噶厦”）维持工作。（《中共西藏党史大事记（1949～1966）》P20）

22日 广西省政府颁布《广西省严惩反革命暂行条例》，指出在镇压反革命运动中，打击的重点是土匪、特务、恶霸、反动会道门的头子和反动党团骨干分子，对罪大恶极、怙恶不悛的反革命首要分子要坚决镇压，对罪行较轻、愿意悔改的反革命分子采取宽大方针。1951年10月，镇压反革命运动结束。（《广西通志·大事记》P276）

23日 中南军政委员会湘西访问团赴湘西少数民族地区访问。（《人民日报》1950.2.27.③）

27日～1951年1月2日 西康省昌都地区举行首届各族各界人民代表会议。会议听取中国人民解放军驻昌都部队副政治委员王其梅和前西藏康藏边使阿沛·阿旺晋美作的报告，讨论如何贯彻中央人民政府和平解放西藏的既定国策。31日，会议成立昌都地区僧俗人民争取和平解放西藏工作委员会，阿沛·阿旺晋美（藏族）任主任。1951年1月1日，会议正式成立昌都地区人民解放委员会，选出委员35人（其中藏族33人、汉族2人）；王其梅任主任，帕巴拉·洛桑龙多呼图克图（即帕巴拉·格列朗杰，藏族）、阿沛·阿旺晋美（藏族）、罗登协绕呼图克图（藏族）、邦达多吉（藏族）、降央伯姆（女，藏族）、平措旺阶（藏族）、惠毅然、格桑旺堆（藏族）任副主任。昌都地区人民解放委员会是一种统一战线性质的、过渡性的地方政权机构，由政务院直接领导。会后，相继在39族和波密地区建立第一、第二两个办事处，在昌都地区所属的28个宗建立解放委员会。（《人民日报》1951.2.18.②，《当代中国的西藏》上P340）

30日 中央民委为北京电影制片厂摄制成功《中国民族大团结》影片举行庆祝会，中央民委副主任委员乌兰夫到会祝贺。（《新华社新闻稿》1951.1.4）

是月 中央民族访问团到云南省武定、楚雄两专区调查访问，1951年初结束。（《楚雄彝族自治州志》1卷P192）

△ 云南省文教厅提出《改进少数民族教育的意见》，决定首先恢复一批省立小学，恢复省立缅宁（临沧）、鹤庆、泸西、思茅4所师范学校培养少数民族教师，创办必要的职业学校，在昆明开办民族干部学校或短训班，在师范学院设民族教育系、民族社会学系、民族语文系，扶持少数民族自办中小学，奖励私人在民族地区办学，奖励优待少数民族学生，提高民族教师待遇。（《云南民族团结进步事业光辉历程（1949～2009）》P80）

是年 中国第一部蒙古族故事片——《内蒙人民的胜利》由东北电影制片厂摄制完成。（《云南日报》1988.6.4.④）

△ 北京大学出版部印刷了马坚（回族）的《古兰经》译本（上），包括前8卷6章，附有译者编译的《古兰经简介》。（《中国伊斯兰百科全书》P172）

△ 内蒙古自治区开展以防鼠疫、治性病和妇幼卫生为重点的医疗卫生工作，提出以防鼠疫为主兼顾其他传染病的方针，采取“扩大疫源搜索面积，控制鼠疫于鼠间，发现人间鼠疫就地扑灭”的措施，对自然疫源进行了调查研究。截至1952年，鼠疫发病人数降至1947年的0.05%；天花基本消灭；其他传染病显著减少；自治区牧区治疗梅毒病人61324人，性病防治工作取得初步胜利；自治区各个城市和各旗县人口比较集中的市镇均设有医院。全区有医院111所，比1949年的26所增长426.9%；病床2851张，比解放前增长10.4倍。是年有公立机构医务人员1916人，1952年发展至4134人。同时，建立和充实一整套卫生行政、医疗防疫、妇幼保健等专门机构。（《内蒙古自治区史》P107～108）

△ 内蒙古自治区东部地区动员辽河两岸240多万民工和一部分军队修筑长2047华里的辽河堤防，基本战胜洪水灾害，使受灾耕地由1949年的200多万亩减少到6万多亩。在西部绥远地区，发动广大农民修筑河套黄河左岸防洪堤坝530多华里，保护耕地45万至60万亩。（《内蒙古自治区史》P97、515）

△ 内蒙古自治区国营商业零售总额比1949年增长6.5倍，收购农牧产品总额增长10倍以上。（《内蒙古自治区史》P104～105）

△ 广西省设桂林、柳州、平乐、南宁、梧州、武鸣、宜山、龙州、郁林、百色10个专区，99个县。桂林市、南宁市为省辖市，柳州市、梧州市为专区辖市。（《广西通志·大事记》P276）

△ 广西梧州松脂厂建成，6月16日生产出中国第一箱机制松香。1952年11月，首次出口松香1550吨。（《广西通志·大事记》P267）

△ 广西省有34个县流传天花病，患者7747人，死亡2552人；20个县发生牛瘟，是年冬至1951年，仅来宾、武宣2县有1000多头牛死于牛瘟。1951年4月，各县成立畜疫防治指挥部或委员会，统一领导防治牛瘟工作。至1952年上半年，全省为200多万头牛注射疫苗，结束牛瘟在广西发生的历史。（《广西通志·大事记》P277、279、286）

△ 贵州省黔东南地区黎平县吴培信等5名侗族姑娘赴北京汇报演出侗族大歌，在中南海怀仁堂受到党和国家领导人的接见。1953年9月，吴培信以侗族歌手身份参加中国人民慰问团，赴朝鲜民主主义人民共和国慰问中国人民志愿军。1957年8月下旬，吴培信以中国青年代表团团员身份，随代表团赴苏联参加第六届世界青年与学生友谊联欢节。（《黔东南苗族侗族自治州志·总述·大事记》P94、

109、130）

△ 甘肃省甘南地区开通5条邮路，全长380.16公里。（《甘南州志》上P86）

△ 国家接收原国民党时期的洮河林场和冶力关林场，并在甘南成立第一个木材采运企业——洮河林业局。（《甘南藏族自治州概况》P148）

△ 宁夏省建设厅设立林业科，在中卫县腾家滩成立中卫防沙林场，营造防风固沙林，以减轻腾格里沙漠对中卫县城的侵蚀危害；并在阿拉善旗设立通湖林场，磴口县设立磴口林场，均为治沙为主的林场。（《当代宁夏史通鉴》P243）

△ 宁夏省人民政府颁布《贺兰山、罗山天然林保育暂行办法》。《办法》规定，贺兰山东坡、罗山划为封山育林区，不经林管所核准，人、畜一律不准入山，禁止一切砍伐、放牧、开垦等危害森林的行为。（《当代宁夏史通鉴》P255）

△ 新疆公安学校建立。该校根据新疆多民族地区的特点培养少数民族公安专业技术人员，据1985年7月统计，法医、痕迹检验、照相、指纹、文检、电子、通讯等少数民族专业技术干部占专业技术干部总数的24.5%。（《新疆日报》1985.7.25.①）

1951年

1月

8日 西康省藏族自治区民族干部学校创立。（《甘孜州志》上P36）

10日 贵州省政府发出关于贵州少数民族社会改革问题的指示和关于少数民族地区工作的指示。（《西南民族通讯》1951.2 P61）

11~13日 中央政府西南民族访问团设计出拼音彝语新文字。（《凉山彝族自治州志》上P44）

△ 西康省凉山工作团在昭觉召开凉山彝民代表座谈会，通过“大凉山彝民团结公约”，并成立大凉山人民调解委员会。（《凉山彝族自治州志》上P44）

13日 西康省西昌专区举行首届各族各界人民代表会议。会议听取和讨论通过西昌军管会9个月来的工作报告，成立专区各族各界协商委员会，制订民族团结公约，通过今后工作任务的决议。（《人民日报》1951.1.16.②）

18日 新疆省和田地区各族各界人民开展新年拥军活动受到中央人民政府主席毛泽东复电嘉勉。毛主席说：“感谢你们积极拥军优属，并为抗美援朝与保卫世界和平的努力。祝你们永远的团结再进步。”（《中国共产党新疆历史大事记（1949.10~1966.4）》上P50）

19日 西南区（系西南军政委员会辖区）首届卫生会议开幕。中共中央西南局常委、西南军政委员会副主席、西南民委主任王维舟号召医务工作者为工、农、兵和少数民族同胞服务，有重点地选拔和培养各少数民族医务干部。（《西南民族通讯》1951.2 P62）

△ 西康省西昌红毛马姑彝族自治区人民政府成立，罗正洪（罗洪拉哈，彝族）任区长，糯米阿洪任副区长。（《凉山彝族自治州志》上P44）

22日 公安部决定对外开放云南省文山专区麻栗坡市11条出入国境通道。（《文山壮族苗族自治州志》1卷P37）

25日 政务院批准撤销广西武鸣专区，所属县分别划归南宁、龙州、百色、宜山专区。（《广西通志·大事记》P277）

△ 中共中央新疆分局致电中共中央和中共中央西北局，报告1950年新疆镇反情况和是年工作任务。新疆1950~1951年肃特镇反中，共计摧毁6个特务机构、1个潜伏站和37个组，破获反革命特务案66起，登记特务1600余人，管训特务及匪首887人，基本摧毁特务组织，打击反革命分子的活动。报告提出是年肃特、镇反任务是：继续剿灭南疆和哈密

地区残余股匪；加强对帝国主义间谍的侦察工作；打击大土耳其主义者的分裂活动；抓紧积案的审理；开办公安学校和司法、检察干训班，培养本地民族干部，改造旧警察机构。（《中国共产党新疆历史大事记（1949.10~1966.4）》上P50）

25~29日 西南军政委员会第二次全体会议举行，讨论拟订西南区是年基本完成土改工作的计划，决定尊重少数民族提出的减租和土改的要求。（《人民日报》1951.2.5.②）

26日 财政部发出通知：伊斯兰教清真寺、礼拜寺、拱北（教主墓地）和喇嘛教（藏传佛教的俗称）的喇嘛召庙等所占房地，一律免征房地产税。（《中央财政公报》1951.2.3 P54）

△ 政务院第69次会议听取和批准全国政协副主席沈钧儒《中央西北各民族访问团工作总结报告》。（《人民日报》1951.2.28.①）

31日 贵州省民委与中央访问团举办的少数民族干部训练班200余名学员结业。（《西南民族通讯》1951.2 P62）

是月 北京民族印刷厂成立，是国家民委所属的唯一国有企业印刷厂，也是北京市最早选定的10家可以面向国外承揽印刷业务的印刷厂之一。（《民族团结》1986.3 P25）

△ 西康省藏族自治区甘孜、康定、理化、九龙、乾宁、巴安6县先后建立气象站，隶属西南军区气象处和西康军区气象科领导。1953年11月1日全部移交地方人民政府管理。（《甘孜州志》上P36）

△ 贵州省镇远专区首次建立国营贸易经营单位15个，从业人员171人；地方国营贸易经营单位22个，从业人员261人。（《黔东南苗族侗族自治州志·总述·大事记》P95）

△ 中央民族访问团在云南省德宏地区访问。（《德宏州志》综合卷P32）

是月~1952年底 湖北省恩施行政区开展土改运动，无地、少地农民分得230万亩土地和大量耕牛、农具、房屋。（《恩施州志》P11~12）

2月

2日 由阿不都拉·扎克洛夫率领的新疆省慰问团第一分团（西北分团）一行5人赴朝鲜慰问，7月16日返回迪化。（《中国共产党新疆历史大事记（1949.10~1966.4）》上P51）

△ 西康省西昌专署召开座谈会商讨推行彝族新文字、发展彝族语言问题。（《凉山彝族自治州志》上P44）

2~4日 西南军政委员会民委第二次全体委员会议举行，听取和讨论民委主任王维舟作的一年来西南民族工作和今后工作意见的报告，并决定以此作为本年度民族工作的方针。（《西南民族通讯》1951.2 P55）

4日 西南各贸易部门在少数民族地区大力开展茶叶、羊毛、麝香、硼砂等民族贸易工作。云贵、川康等地国营贸易公司分别在少数民族聚居地区设立贸易机构，繁荣民族经济。（《人民日报》1951.2.4.②）

12~19日 云南省昆明县二届各界人民代表会议举行。会议根据中央人民政府的政策和全县的实际情况，制定共同的行动纲领，成立昆明县各族人民政府。（《云南日报》1951.3.1.①）

13日 中共中央和中央军委通知西北局关于西北入藏的准备工作指出："是年必须全部解放西藏，西北入藏准备工作必须于3月底以前完成一切必要的准备。"《通知》确定，西北入藏工委1500人（包括警卫部队）、家属1000人（于1952年入藏）、班禅集团1500人（包括警卫部队），共4000人、骡马8000匹。（《中共西藏党史大事记（1949~1966）》P23）

14~24日 全国林业会议在北京举行。

会议讨论并拟定有关护林、“封山育林”、造林及森林合理采伐与合理利用问题的条例草案。（《新华社新闻稿》1951.2.15，2.27）

19日 中央访问团第三分团在贵州举办少数民族文物展览会。（《西南民族通讯》1951.3 P45）

20日 云南武定洒普山5个教会代表3万少数民族（基督）宗教徒发表宣言，拥护宗教革新运动。（《西南民族通讯》1951.3 P45）

21～25日 贵州省政府举行全省民族工作会议，听取和讨论中央西南访问团团长刘格平等关于民族政策以及有关工作经验的报告。会议决定，在全省各地广泛召开各族各界人民代表会议，迅速成立各民族人民联合政府，并积极培养少数民族干部。（《新黔日报》1951.3.5.①）

24日 西南军政委员会第25次行政会议批准西南军政委员会民委《关于西南少数民族地区实行民族区域自治及建立民族联合政权的意见》。3月22日，《人民日报》发表社论《为各民族的团结和发展而斗争》。（《人民日报》1951.3.22.①，《西南政报》1951.7 P24）

24～25日 贵州省兴义县首次少数民族代表会议举行，讨论决定少数民族地区的清匪、征粮和社会改革问题。同时成立兴义县民委。（《新黔日报》1951.4.6.②）

26日 贵州省文教厅决定在贵阳师范学校开办民族师范班，培养少数民族小学师资。（《人民日报》1951.2.26.③）

27日 赴宁夏省参加生产建设的北京首批移民204人抵达银川。（《当代宁夏史通鉴》P18）

△ 达赖喇嘛致函中央，西藏地方政府决定派出5人和谈代表团赴北京进行谈判，首席代表阿沛·阿旺晋美（藏族），代表凯墨·索安旺堆（藏族）、土丹旦达（藏族）、土登列门（藏族）、桑颇·登增顿珠（藏族）。（《中共西藏党史大事记（1949～1966）》P22～23）

是月 青海省卫生处组织医疗队先后赴互助、湟中等6县农村进行巡回医疗，给30万各族人民种牛痘，免费治疗7400多人的疾病，扑灭互助、湟中2县的麻疹、天花等传染病，并在湟中县开办新法接生学习班。3月26日，青海省卫生处再次组织医疗组分赴祁连、刚察等游牧地区为牧民治疗疾病。（《新华月报》1951.5 P178）

3月

1日 宁夏省公营（后改国营）运输公司成立，共有营运汽车24辆，开辟营运线路1974公里。（《当代宁夏史通鉴》P313～314）

4日 新疆省50多名少数民族干部在伊宁召开座谈会，讨论新疆实行民族区域自治的有关问题，并形成会议《纪要》。会上，少数同志提出成立“维吾尔斯坦自治共和国”、“成立以本地人民子弟为主的民族军”、“解放军撤回关内或解散”，拒绝向五军派政治委员和排斥汉族干部等错误主张。《纪要》提出了成立“维吾尔斯坦共和国”及其他与民族区域自治政策相违背的错误主张。（《中国共产党新疆历史大事记（1949.10～1966.4）》上P51～52）

5日 湘桂铁路广西来宾至南宁段通车典礼在南宁举行。（《广西通志·大事记》P278）

△ 是日报道，中央西南各民族访问团、西康省西昌专区军管会和彝族彝文工作者，经过4个月的研究，完成西康彝族拼音文字的设计工作。（《人民日报》1951.3.5.③）

10日 广西梧州至香港水上航线复航。（《广西通志·大事记》P278）

11日 为配合剿匪反霸宣传，广西省电影队第三分队进入土匪猖獗的瑶族聚居区平南罗香、马练、同和等地，放映《大西南凯歌》、《红旗漫卷西风》、《新中国的诞生》等影片，这是瑶胞首次看电影。是年，省电影队还随省慰问团到东兰、万冈、凤山、百色等革命老区和三江、龙胜、大苗山、河池、南丹、都安等少数民族聚居地区放映电影。（《广西通志·大事记》P278）

12日 新疆省首届财经工作会议结束，历时34天。会议总结1950年新疆分局财委为争取财政情况好转所作的工作，提出是年新疆财经工作的任务：配合20万人民解放军大力发展农牧业生产，进行工业建设，增加收入；加强财经工作的计划与管理；开展省内外贸易，畅流物资，稳定金融物价，活跃市场；本着公私兼顾、劳资两利的原则，继续调整公私工商业与劳资关系，使各种社会经济按照共同纲领所规定的原则，在国营经济的领导下达到分工合作、各得其所的目的。（《中国共产党新疆历史大事记（1949.10～1966.4）》上P52）

15日 新疆人民出版社成立。该社成立初期的任务是翻译出版维吾尔、哈萨克、蒙古等文字的中央人民政府主席毛泽东著作、政治读物、学生课本及编译各种通俗书刊。（《新疆日报》1991.4.21.①）

△ 广西省第一次卫生工作会议在南宁召开。会议决定在条件较好的医院建立13个医士学校，培养中级卫生人员；卫生防疫工作以防治天花为重点，大力推行种痘。（《广西通志·大事记》P278）

15～21日 绥远省举行首届各族各界人民代表会议，听取和讨论有关民族问题的报告，决定加强各民族人民的团结。（《人民日报》1951.4.1.①）

17～24日 云南省宁洱（普洱）专区第二届各族人民代表会议举行，听取中央西南各民族访问团第二分团副团长王连芳和云南省人民政府副主席张冲作的关于民族团结、建立各民族联合政府等问题的报告，并通过了4项决议、9项工作任务和各族人民团结爱国公约，选举产生联合政府委员会。（《人民日报》1951.4.8.①，《云南日报》1951.4.25.②）

19日 青海塔尔寺夏茸尕布活佛（藏族）向中央人民政府主席毛泽东、中国人民解放军总司令朱德、政务院总理周恩来献旗、献礼、献词致敬。（《人民日报》1951.3.20.①）

21日 政务院总理周恩来同印度驻华大使潘尼迦谈话时说："达赖已在亚东，有人正在引诱他去印度。希望他不要离开西藏，这样对他是有好处的。我们尊重西藏宗教信仰自由，同意达赖作为西藏的宗教、政治领袖派代表来进行谈判。解放军必须进入西藏。如达赖不走，经过谈判解决，解放军可以和平进入西藏，达赖的地位仍旧可以保持。如此，中印关系亦可增进一步。达赖去了印度，就在中印关系上造成一种阴影。"（《中共西藏党史大事记（1949～1966）》P24）

23日 西南地区的川西茂县、西康康定、西昌和云南省丽江、保山、普洱、武定、昭通、蒙自9个专区，先后召开各族人民代表会议，讨论如何进一步加强民族团结等问题。（《人民日报》1951.4.1.①）

24～31日 西北军政委员会第三次会议举行，讨论决定镇压反革命并在民族杂居、聚居区进行土改问题。（《人民日报》1951.4.8.①）

26日 《人民画报》自第二卷第一期起，增出蒙古、藏、维吾尔3种民族文字版。（《人民日报》1951.3.26.③）

27日 贵州省镇远专区首届卫生人员训练班开学，有学员10人，实行包干供给制。（《黔东南苗族侗族自治州志·总述·大事记》P96）

30日 西康彝族阿硕阿且、广州瑶族房红白一等分别致函中央人民政府主席毛泽东，报告他们解放后的新生活。（《人民日报》1951.3.30.①）

31日 政务院发布《关于收回东北银行和内蒙古人民银行所发行的地方流通券的命令》。（《中华人民共和国大事记（1949～

1980）》P234）

△ 广西省人民政府发出《关于贯彻春耕生产十大政策命令》，即：保护农民既得果实；减租退押，清理旧债；保证田地谁种谁收；借贷自愿，雇工自由；畅销土产，贸易自由；奖励多种棉、麻、烟、桐；保护耕畜，奖励养牛；保护山林，奖励植树；组织互助，推广合作；奖励勤劳，争取丰收。（《广西通志·大事记》P278～279）

是月 内蒙古自治区兴安、呼纳、锡林郭勒和察哈尔各盟的喇嘛代表在张家口市举行爱国会议，讨论通过5项爱国公约。（《人民日报》1951.4.13.①）

△ 吉林省延边政治干部学校在延吉成立。（《延边朝鲜族自治州志》P64、1446）

△ 广西省第一期土改即全省土改试点工作在桂林、平乐、容县、柳州、宾阳5专区的17个县2507个乡409万人口的地区展开，5月结束。（《广西通志·大事记》P279）

△ 云南省卫生厅派郑祖佑医师到普洱成立第一疟疾防治所，负责思普区及西双版纳抗疟工作。（《西双版纳傣族自治州志》上P32～33）

△ 新疆省第一次财政经济会议商贸专业会议确定商贸工作的基本方针：掌握主要物资，巩固物价稳定，正确执行照顾产运销合理利益的价格政策，扩大土产经营，加强内销调剂，保障广大人民生活和生产资料的供应，扶助合作社，组织私商下乡，开展城乡物资交流，活跃农村经济。（《新疆通志·商业志》61卷P34）

4月

1日 新疆省电信管理局开办乌鲁木齐至伊犁维文电报业务。18日，开办迪化至喀什维文电报业务。（《人民日报》1951.4.27.②，《新疆日报》1951.4.26.①）

△ 中央人民政府指示乌鲁木齐电信局，免收维文电报译电费。（《新疆日报》1951.4.6.①）

△ 云南楚雄区行政督察专员公署改称云南省人民政府楚雄专员公署，辖大姚、姚安、镇南、盐丰、广通、盐兴、永仁、双柏、牟定、楚雄、禄丰11县。（《楚雄彝族自治州志》1卷P193）

2日 广西省委发布《关于清匪反霸减租退押政策十项具体规定》，继续组织群众进行反霸，推翻反动地主统治；对恶霸地主的财产，除被判处死刑并批准没收财产者外，一般不没收财产；对潜伏的匪徒限令向当地政府自新，给予宽大处理；押金不论何种形式必须全部退还农民；反霸与减租退押的果实应很好用于生产，解决农民生产困难。（《广西通志·大事记》P279）

3日 云南省保山地委在芒市召集芒市、遮放、勐板、瑞丽、陇川等地土司开会，宣布暂不废除土司制度。（《德宏州志》综合卷P33）

5日 新疆省政府发布《公告》，宣布一贯道及其同类封建道会门为非法组织，予以取缔。（《中国共产党新疆历史大事记（1949.10～1966.4）》上P53）

6日 《广西日报》报道，为帮助农民解决生产困难，1951年全省发放农业贷款92万元，比1950年增长近7倍；贷粮3.6万公斤，增长7倍以上。（《广西通志·大事记》P279）

7日 中央人民政府批准建立鄂伦春旗人民政府，隶属内蒙古自治区呼纳盟。10月31日，鄂伦春旗正式成立。（《鄂伦春自治旗志》P814）

10日 云南省委发出《关于目前少数民族工作问题的指示》，要求在民族杂居区尽快成立民族民主联合政府，在民族聚居区实行民族区域自治。（《云南民族团结进步事业光辉历程（1949～2009）》P77）

11日　据报道，黑龙江鄂伦春族人民于3月初举行第二届代表会议，讨论制定团结爱国公约。　（《人民日报》1951.4.13.①）

14日　青海省政府确定海晏县为性病重点县，并派出省第一防疫大队进行根治。（《海北藏族自治州志》上P38）

16日　西藏第一家人民邮电机构——昌都邮政局成立，办理邮政业务。翌年2月4日昌都至雅安试通无线电报，随后开通昌都至拉萨的马步班邮路。　（《当代中国的西藏》下P228）

16~22日　西康省昭觉县首届人民代表会议召开，讨论成立自治区人民政府，决定以普及抗美援朝运动和进一步加强民族团结，逐步开展贸易、文化、卫生等项工作为今后的中心工作。22日，昭觉彝族自治区人民政府宣告成立。瓦渣木基（彝族）当选为县长。（《人民日报》1951.5.1.①，《西南民族通讯》1951.4 P5、20~21）

16~24日　西北军政委员会民委第二次委员会议举行，听取和讨论军政委员会民委主任委员汪锋《关于西北一年来民族工作情况和今后任务的报告》、军政委员会副主席习仲勋《关于民族区域自治和少数民族地区工作问题的报告》。会议确定以深入普及少数民族地区的抗美援朝运动、镇压反革命、积极推行区域自治、大量培养少数民族干部及开展少数民族地区的群众工作等为中心任务。　（《新疆日报》1951.5.4.②）

20日　贵州省大定县民族民主联合政府成立。　（《西南民族通讯》1951.4 P20）

△　云南省农协筹委发布《关于回族清真寺文教田产退押办法》的规定。　（《云南日报》1951.4.20.①）

21日　《西康省彝族新文字实验教材》第一册出版，在西昌民干校、师范校作实验教学。　（《凉山彝族自治州志》上P45）

22日　贵州威宁县全体苗族基督教徒发表宣言，拥护宗教革新运动。　（《西南民族通讯》1951.4 P21）

△　云南省元阳县各族人民联合政府成立，联合政府讨论制定了团结爱国公约。（《西南民族通讯》1951.4 P21）

23日　中国人民赴朝鲜慰问团曲艺服务大队副大队长、天津著名相声艺术家常宝堃（满族）在朝鲜前线牺牲。　（《新华月报》1951.6 P471）

24日　政务院发布《关于人民民主政权建设工作的指示》，要求“少数民族聚居地区的各级人民政府，应根据当地具体情况，认真地推行民族区域自治，适时地建立民族自治机构”。　（《人民日报》1951.5.5.①）

24日~5月1日　贵州省贵阳专区首届人民代表会议举行，就民族区域自治和民族团结等问题进行讨论，决定今后要在少数民族聚居的区、乡实行区域自治。会议还制定各族人民团结公约。　（《人民日报》1951.5.20.①）

27日　十世班禅额尔德尼·确吉坚赞暨班禅堪布会议厅的各负责官员等一行45人由西北军政委员会主任范明陪同，抵达北京参加“五一”观礼。同日，政务院总理周恩来设宴招待班禅一行。在京期间，班禅受到中央人民政府主席毛泽东接见，并献哈达。　（《人民日报》1951.4.28.①，6.3.①，6.26.①）

27日~5月25日　西北各民族参观团一行25人在北京参观。5月24日，参观团向中央人民政府和中央人民政府主席毛泽东、中国人民解放军总司令朱德、政务院总理周恩来献旗致敬。　（《人民日报》1951.4.28.①，5.25.①）

是月　西康省康定地委宣传部在康定城区设置第一个有线广播站。　（《甘孜州志》上P37）

△　西康省藏族自治区人民政府发布《关于保护森林》的布告。　（《甘孜州志》上P37）

△ 西康省藏族自治区康定驷马桥农场与乾宁畜牧场合并，成立西康省藏族自治区乾宁农牧试验场。（《甘孜州志》上P37）

△ 云南省兰坪县政府卫生院成立，1956年7月改称兰坪县人民医院。（《兰坪白族普米族自治县志》P18）

△ 青海民族医疗大队在海南地区共和县先后免费治疗性病患者8504人（次），培训接生员93名，协助建立接生站12个、保健站1所。（《海南州志》P26）

△ 中共中央新疆分局作出《关于加强妇女工作的指示》，要求各级党委重视加强对妇女工作的领导，有计划地培养各民族妇女工作干部。（《中国共产党新疆历史大事记（1949.10～1966.4）》上P55～56）

△ 中共中央新疆分局发布《关于加强镇反宣传工作的指示》。《指示》要求，各地党委在镇反中根据具体情况，在群众中揭露反革命的破坏阴谋及其罪恶事实，在处理少数民族中罪大恶极的反革命分子时，要通过少数民族干部和各族各界代表人物，召开阿訇及各民主团体会议，明确反革命分子是各族人民、各民主党派的共同敌人，以巩固民族团结，巩固统一战线。（《中国共产党新疆历史大事记（1949.10～1966.4）》上P56）

5月

1日 西康省藏族自治区人民政府工矿管理处投资6亿元（旧币）组建丹巴云母矿。（《甘孜州志》上P37）

△ 广西军区司令员李天佑发表题为《庆祝剿匪胜利，巩固剿匪胜利》的广播讲话指出，全省已基本消灭股匪，共歼匪37.45万人，歼俘匪首90%以上，只有靠近贵州、云南两省交界处的9个县部分地区尚有残匪。全省重点剿匪基本结束后，需进行全面的清匪工作。16日，中央人民政府主席毛泽东致电广西军区，对歼匪成绩表示“甚慰”。“尚望鼓励剿匪部队继续进剿，歼灭一切残匪。”9月底，全省大规模军事剿匪结束，历时1年零7个多月，共歼匪特武装42.9万人。（《广西通志·大事记》P279～280、282）

3～18日 中共青海省委举行游牧地区工作会议。会议总结1年来的牧区工作，确定工作的方针任务是：开展群众工作，进一步肃清反革命分子和惯匪，进行抗美援朝和爱国主义教育，继续加强民族团结和推行民族区域自治。（《人民日报》1951.5.29.③）

5日 西南军政委员会民委在重庆举办的藏语学习班，首期学员33名结业。（《西南民族通讯》1951.4 P21）

6日 据《宁夏日报》报道，解放以来，宁夏省共破获土匪案312件，俘获匪特683名，消灭土匪19股2100多人。（《中共宁夏党史大事记（1925.8～1988.6）》P147）

11日 政务院第84次会议听取和批准中央民委副主任委员、中央西南各民族访问团团长刘格平作的访问团工作总结报告。（《人民日报》1951.5.12.①）

11～17日 西康省首届各族各界人民代表会议举行。会议讨论民族团结等问题，选举成立省协商委员会，通过了各族各界人民的团结爱国公约和向中央人民政府主席毛泽东、志愿军的致敬电。（《人民日报》1951.5.27.①）

13日 北京电影制片厂培养出第一代藏族电影工作者泽仁和扎西旺堆。（《人民日报》1951.6.4.③）

14日 政务院批准，广东省钦州专区（含钦县、灵山、防城、合浦4县）和北海市（地级省辖市）委托广西省代管，广西省平乐专区所辖的怀集县委托广东省代管。1952年3月8日，政务院批准两省正式管辖。（《广西通志·大事记》P280、285）

16日 政务院发布《关于处理带有歧视或侮辱少数民族性质的称谓、地名、碑碣、匾联的指示》。（《云南民族团结进步事业光

辉历程（1949～2009）》P38）

18日 政务院第85次会议听取和批准教育部部长马叙伦《关于一九五〇年全国教育工作总结和一九五一年全国教育工作的方针和任务的报告》。《报告》要求，在1951年要与民委密切配合，了解少数民族教育状况，召开少数民族教育会议，协助民委办好中央民族学院及其分院。（《人民日报》1951.5.19.①）

18～29日 云南省丽江区第二届各族各界人民代表会议举行，选举成立专区联合政府。欧根（白族）当选为专员，松谋（藏族）、裴阿欠（傈僳族）等为副专员。会议讨论通过各项工作任务，制定了各族人民团结爱国公约。29日，丽江专区各族人民联合政府宣告成立。（《云南日报》1951.6.17.②）

21日 中国交通银行广西南宁支行成立。（《广西通志·大事记》P280）

△ 我国与巴基斯坦伊斯兰共和国建立大使级外交关系。（《新华社新闻稿》1951.5.22）

23日 广西省协商委员会、省民政厅和省委统战部联合邀请柳州专区苗、瑶、侗、壮各民族代表79人到南宁进行为期10天的参观，并举行各种座谈会。（《广西通志·大事记》P280）

△ 中央人民政府副主席朱德、李济深和政务院副总理陈云主持签字仪式，中央人民政府代表李维汉、张经武、张国华、孙志远和西藏地方政府首席代表阿沛·阿旺晋美，代表凯墨·索南旺堆、土丹旦达、土登列门、桑颇·登增顿珠分别在《中央人民政府和西藏地方政府关于和平解放西藏办法的协议》上签字。李维汉和阿沛·阿旺晋美在会上致词，朱德发表讲话。同日下午，中央人民政府主席毛泽东听取签字情况的汇报，要求部队尽快进军拉萨，为全部实现《协议》而努力。（《人民日报》1951.5.23.①，《中共西藏党史大事记（1949～1966）》P26、28）

25日 中央军委主席毛泽东发布进军西藏的训令，“我人民解放军为了保证协议的实现与巩固国防的需要，决定派必要的兵力进驻西藏”，训令对进军、补给、修筑公路、机场等作了部署。（《中共西藏党史大事记（1949～1966）》P27）

26日 新疆省人民政府公布《新疆省农村减租条例》和《新疆省农村处理债务纠纷暂行办法》。（《新疆日报》1951.5.27.①）

27日 西南人民广播电台每星期日增设藏语广播。（《人民日报》1951.5.27.①）

28日 十世班禅额尔德尼·确吉坚赞暨班禅堪布会议厅全体人员发表拥护《中央人民政府和西藏地方政府关于和平解放西藏办法的协议》的声明。同日，《人民日报》用藏、汉两种文字公布《协议》，报道和平谈判经过，并发表社论《拥护关于和平解放西藏办法的协议》。30日，班禅致电达赖喇嘛，表示精诚团结，彻底实现和平解放西藏办法的协议。6月1日，班禅致电中央人民政府主席毛泽东，表示拥护《协议》。（《人民日报》1951.5.31.①，6.2.①；《中共西藏党史大事记（1949～1966）》P25～27）

29日～6月6日 湖南省在长沙举办兄弟民族生活文物展览会。（《人民日报》1951.6.18.③）

是月 云南省新平、峨山、武定3县于5月上旬先后成立民族民主联合政府。（《云南日报》1951.5.27.①）

△ 中国科学院西藏工作队地质组李璞一行9人进藏，先后在昌都、丁青、波密、拉萨、日喀则、那曲等地，进行路线地质和矿产地质调查。生物组崔友文等一行3人先后在昌都、定结、亚东等地进行生物资源考察。（《当代中国的西藏》下P346～347）

△ 中央防疫总队第七大队的卫生医疗人员先后到青海省海南地区贵德、共和等县的农村牧区，开展防疫灭病、培训接生员和卫生员

等工作，帮助建立基层卫生机构。（《海南州志》P24）

是月～6月 新疆省霍城、吐鲁番、昌吉、鄯善、乌鲁木齐等县发生蝗灾，农田受灾面积33.22万亩，估计减产30%。博乐地区，塔城博尔同古、额敏、乌苏、哈巴河、布尔津、阿尔泰、哈密的部分区镇总受灾面积58.5万亩（包括部分山地、草场）。（《新疆减灾四十年》P241）

6月

1日 在云南省佛海简易师范学校的基础上建立省佛海初级师范学校。1956年8月，学校迁至允景洪，改称西双版纳州民族师范学校。（《西双版纳傣族自治州志》上P33）

△ 雅安至康定公路通车，全长224公里。（《西南民族通讯》1951.4 P23）

2日 广西省政府民族工作会议举行，列席省一届二次各界人民代表会议协商会议的少数民族代表参会。省政府副主席陈漫远在会上指出，开展民族工作的方针是实行民族区域自治，合理执行贸易政策，发展文教卫生建设，提拔民族干部，依照兄弟民族的意见处理各地区的匪首。（《广西通志·大事记》P280）

4日 康藏公路横跨大渡河的第一座长132米的钢索吊桥在西康省藏族自治区泸定桥头村建成通车。（《甘孜州志》上P38）

7日 政务院批准云南省蒙自专区新民县改称元阳县。（《红河哈尼族彝族自治州志》1卷P66）

10日 韦拔群（壮族）烈士遗骨移葬广西省东兰县烈士陵园，广西军区副司令员覃士冕代表省委、省政府、广西军区前往主祭。（《广西通志·大事记》P280）

11日 中央民族学院举行成立大会暨首届开学典礼，中央人民政府副主席李济深、政务院副总理董必武、教育部部长马叙伦、统战部部长李维汉等到会祝贺，中央人民政府副主席朱德讲话。首期学生包括25个民族成分共262名。（《人民日报》1951.9.12.①，《民族团结》1991.6 P26）

△ 内蒙古自治区人民政府出版局在乌兰浩特成立，设蒙、汉两个编辑组，主要出版通俗读物和蒙文教科书。这是建国后在少数民族地区最早建立的出版机构，也是自治区第一个用少数民族文字（蒙古文）出版图书的综合性出版机构。1952年7月1日，内蒙古自治区人民政府出版局正式更名为内蒙古人民出版社。1953年10月，该社与绥远省人民出版社合并。（新华网、呼和浩特市新城区网）

13日 宁夏省人民法院和吴忠市人民法院在吴忠市召开5000多人的群众大会，公审反革命匪首马得贵［曾任马鸿逵部旅长和金（积）灵（武）吴（忠）国民兵司令等职，奸掠烧杀，无恶不作］等19名反革命罪犯。其中，马得贵等8名匪首被判处死刑，当场执行枪决。（《中共宁夏党史大事记（1925.8～1988.6）》P148）

20日 据统计，云南省少数民族聚居地区由解放前的14所省立小学发展到27所。纳西、白族聚居的丽江县设有小学352所，学生1.1万名；武定、宁洱、曲靖3个专区设有公、私立的少数民族小学239所，学生1.2万多名。（《人民日报》1951.6.20.③，《当代中国的西藏》下P303）

△ 中共云南省委办公厅印发有关地委《云南少数民族工作委员会关于少数民族建政工作及社会改革诸问题的意见》，强调边疆少数民族地区要执行“谨慎地稳步地前进”的方针。（《怒江傈僳族自治州志》上P22）

△ 西藏昌都藏族人士在昌都地区创办第一所藏族学校——昌都小学，学员87名。这是西藏现代民族教育的起步。（《人民日报》1951.6.20.③）

20日～10月7日 由团长李德全，副团长费孝通、曹孟君、马杰、熊寿琪率领的中央中南各民族访问团一行70余人访问中南各少数民族地区。访问团历时3个多月，向广西、广东、湖南等省区的各少数民族人民传达中央人民政府和中央人民政府主席毛泽东对他们的关怀，宣传党的民族政策，加强了各民族团结。访问团向广西赠送了毛主席题词的“中华人民共和国各族人民团结起来”的锦旗。11月16日，政务院第111次政务会议批准李德全作的中南各民族访问团工作总结报告。（《人民日报》1951.6.27.①，10.8.①，11.17.①；《广西通志·大事记》P281）

22~26日 贵州省镇远专区首届各族各界人民代表会议举行。会议通过进一步团结兄弟民族等决议，选举产生联合政府委员会。26日，镇远专区民族民主联合政府宣告成立。（《新黔日报》1951.7.15.①）

25~30日 四川省雷波县第三次各族各界人民代表会议举行。会议选举成立县联合政府，张义臣当选为县长，杨代蒂（彝族）为副县长。30日，雷波县民族民主联合政府宣告成立。（《新华日报》1951.7.19.③，《西南民族通讯》1951.4 P24）

26日 北京蒙藏学校与中央民族学院部分班级合并，改称中央民族学院附中。（《人民日报》1951.7.11.③）

30日~7月5日 贵州省商业厅召开首届少数民族贸易会议，讨论通过少数民族贸易工作方针。（《新黔日报》1951.7.12.①）

是月 从1950年12月至目前，贵州省兴仁专区共办农民业余学校及常年民校1335个班，受教农民64860人，占农民总数的6.79%，参加农民教育的教师有1856名。各卫生院共有医师13人（包括院长）、护士20人、助产士4人、司药2人，共计医护人员39人。（《黔西南布依族苗族自治州志·政权政协志》P15）

△ 云南省文教厅作出《云南省兄弟民族小学教育计划（草案）》。《计划》规定，凡少数民族聚居的县均应设省立小学1所，少数民族学生的教材文具免费，协助少数民族发展自己的语言文字；确定在专署开办师训班，学员要普及到每个民族。（《云南民族团结进步事业光辉历程（1949~2009）》P80~81）

△ 宁夏省建设厅召开林业工作会议，确定防沙造林“面向沙漠，沙内设点，沿沙设带，连带成网”的方针。（《当代宁夏史通鉴》P243）

△ 新疆迪化专区第一所中学——奇台中学成立。（《昌吉回族自治州志》P42）

7月

1日 甘肃省夏河甘加和青海省同仁甲吾两藏族部落人民举行划界成功大会，两部落代表组成团结委员会，签订团结爱国公约。（《新华社新闻稿》1951.8.6）

△ 宁夏人民广播电台开始播音。（《中共宁夏党史大事记（1925.8~1988.6）》P149）

△ 中共甘肃省甘南藏区工作委员会成立，徐国珍任书记，赵子康任副书记。（《甘南州志》上P87）

9日 政务院同意广西梧州、郁林两专区合并为容县专区，原郁林专区的贵县划归南宁专区。（《广西通志·大事记》P281）

11日 据《广西日报》报道，3月以来，广西省有9个专区48个县发生轻重不等的灾荒，其中以钦廉专区各县较为严重，灾民42万人，约占全专区人口的1/4。4~5月间，该专区的20多万人因缺粮以野菜、山薯、芭蕉根、草根充饥，宜山专区有灾民16.3万人，百色专区有17.5万人，南宁专区有48.3万人，各地并有个别饿死人现象发生。经过退租退押和政府救济，全省各地基本战胜灾荒。（《广西通志·大事记》P281）

16日 中共中央新疆分局发出《关于贯彻中央加强统一战线工作的指示》和《分局下

半年统战工作计划安排》，要求各级党委做好加强对党员干部统一战线政策的教育，以最大努力争取团结一切愿意同我们合作的各界民主人士。（《中国共产党新疆历史大事记（1949.10～1966.4）》上P58）

△ 西南军区副参谋长张经武在西藏亚东会晤达赖喇嘛·丹增嘉措，并转交中央人民政府主席毛泽东的信函。信中指出："协议是符合于西藏民族和西藏人民的利益的"，"希望你和你领导的西藏地方政府，认真地实行关于和平解放西藏办法的协议，尽力协助人民解放军和平开进西藏地区。"（《人民日报》1951.6.15.①，《中共西藏党史大事记（1949～1966）》P29～30）

19～21日 贵州省文教厅召开少数民族教育会议，总结一年来工作，确定少数民族教育的方针和任务。（《新黔日报》1951.7.26.①）

22日 西北废除封建水规和不合理的渠道管理制度，解决各族农民的水利纠纷，1年增加灌溉面积40万亩。（《人民日报》1951.7.22.②）

23日 广西省人民政府通知：思恩、宜北两县合并为环江县。8月11日，中共环江县委、县人民政府成立，驻思恩县城。（《环江毛南族自治县志》P15）

△ 广西省南宁至镇南关段铁路工程最大的材料集中地——南宁材料厂炸药库发生敌特纵火爆炸事故，死亡13人，重伤71人，轻伤153人，毁坏房屋60间，受灾429户、1781人，经济损失近8万元。（《广西通志·大事记》P281）

24日 政务院公布《对于接受美国津贴的基督教团体处理办法》。（《新华社新闻稿》1951.7.27）

25日 中共中央新疆分局发出《关于清理"中层、内层"的指示》，要求各级党委结合镇反做好干部的清理工作，纯洁机关组织。目前，新疆各民族干部有3.32万人，其中由人民解放军抽调到地方工作和由内地派来的干部仅1250人，占4%；三区干部4020人，占12%；起义留用干部1万人，占30%；解放后新吸收干部1.79万人，占54%。由于少数特务、恶霸以及大土耳其主义者混入机关部门，因此清理"中、内层"是一项迫切工作。（《中国共产党新疆历史大事记（1949.10～1966.4）》上P58）

25日～8月4日 云南省麻栗坡市各族各界人民代表会议举行。会议听取和讨论民族政策和关于成立联合政府的报告，选举出各族人民联合政府成员。8月2日，联合政府宣告成立。（《云南日报》1951.8.22.②）

26日 解放军第十八军军长张国华、政委谭冠三率第十八军由四川甘孜进军西藏拉萨，拉萨各族各界2万多人举行入城式，欢迎解放军进藏。（《当代中国的西藏》上P175）

30日 青海省玉树藏族自治区人民医院成立。（《玉树州志》上P24）

△ 西北军政委员会卫生部组织的新疆防疫工作队到达乌鲁木齐，协助新疆省进行防疫工作。（《新疆日报》1951.8.9.①）

△ 横跨漓江、连接广西桂林市东江地区与市中心的解放大桥竣工，并举行通车典礼。（《广西通志·大事记》P281）

是月 湖北省恩施行政区实行民主建政，划分为66个区、4个县辖镇、1558个行政村。（《恩施州志》P12）

△ 越南在我国广西省南宁、桂林分别开办育才学校（越方称中央学社区）。这些学校是中央人民政府主席毛泽东应越南领导人胡志明的要求同意建立的。（《广西通志·大事记》P281）

△ 贵州省三都县首届各族各界人民代表会议召开，通过了民族民主联合政府组织条例以及5项决议，制定了各民族团结公约，选举产生民族民主联合政府。16日，三都县民族

民主联合政府宣告成立。（《新黔日报》1951.8.5.①）

△ 贵州省贵定、毕节、长顺、惠水、安顺、丹寨、贞丰、黄平8县民族民主联合政府于7月3日前先后成立。（《新黔日报》1951.7.14.①）

△ 云南省政府巡回医疗队在西双版纳为各族人民治病，并设立车里县卫生科。1952年6月车里县卫生院成立，1953年1月改称西双版纳傣族自治区民族医院，后改称自治州人民医院。（《西双版纳傣族自治州志》上P33～34）

8月

1日 新华社西藏分社在昌都成立，方德任副社长，1951年12月迁驻拉萨。（《当代中国的西藏》下P449）

1～14日 青海省海晏县连遭暴雨、冰雹袭击，3500亩农田、2500多人受灾。9月20日，青海省政府为海晏拨救济款8000万元（旧币），湟源县捐救灾款300万元（旧币）。（《海北藏族自治州志》上P38）

2～9日 贵州省都匀县四届各族各界人民代表会议举行。会议听取和讨论县政府的工作报告，通过了联合政府组织条例，选举张诚为县长。8日，都匀县民族民主联合政府宣告成立。（《新黔日报》1951.8.24.②）

3～5日 贵州省独山县二届各族各界人民代表会议举行，选举王希祯为县长。5日，独山县民族民主联合政府宣告成立。（《新黔日报》1951.8.17.②）

△ 贵州省平越县五届各族各界人民代表会议举行。会议听取和讨论筹备成立联合政府的报告，通过4项决议，选举出联合政府委员会成员。5日，平越县民族民主联合政府宣告成立。（《新黔日报》1951.8.17.②）

5日 甘肃省临夏专区土地改革开始，分3期进行，1952年4月15日结束。（《临夏回族自治州志》上P46）

5～9日 西北军政委员会贸易部举行西北五省少数民族贸易会议。会议总结过去的工作，为出席全国少数民族贸易会议做准备。中共中央宣传部部长习仲勋就今后如何进一步开展西北少数民族贸易工作作指示。（《新疆日报》1951.8.20.①）

10日 政务院第97次会议通过《关于改革学制的决定》，10月1日公布施行。《决定》规定，各种高等学校须附设先修班或补习班，以便少数民族学生入学。（《人民日报》1951.10.3.①；《新华社新闻稿》1951.8.11，10.3）

12日 中共贵州省镇远地委成立地区干部培养招收委员会。9月，在镇远设初级干部学校，施秉县设分校，分别开办党政、财经干部训练班，先后为全区培养民族干部1400多名。（《黔东南苗族侗族自治州志·总述·大事记》P98）

12～17日 吉林省延边地区首届艺术汇演在延吉举行。各县文工团及各工厂、农村剧团、俱乐部等15个团体390人参加演出。（《延边朝鲜族自治州志》上P61）

15日 政务院总理兼外交部长周恩来在《关于美英对日和约草案及旧金山会议的声明》中严正指出："西沙群岛和南威岛正如整个南沙群岛及中沙群岛、东沙群岛一样，向为中国领土，在日本帝国主义发动侵略战争时虽曾一度沦陷，但日本投降后已为当时中国政府全部接收。"（《新华社新闻稿》1951.5.30）

△ 内蒙古自治区索伦旗政府发出通知，红花尔基、牙多尔护林站自11月20日起由伊敏苏木政府直接领导，配备14名猎民护林员，切实保护好稀有树种——樟子松。（《鄂温克族自治旗志》P911）

16～20日 广西省龙胜县各族各界人民代表会议举行。会议选举出县联合政府成员，陈基义（侗族）当选为县长，林之远（壮族)、黄钰(瑶族)、杨瑞清(苗族)为副县长。19日,广西第一个县级民族自治地方——龙胜县各族联合自治区人民政府宣告成立。 (《长江日报》1951.9.24.①)

17~31日 贸易部在北京举行首次全国民族贸易工作会议。会议研究解决少数民族贸易工作中存在的问题,交流各地区少数民族贸易工作的经验,讨论确定少数民族地区贸易工作的方针政策。中共中央书记处书记陈云致闭幕词,政务院贸易部副部长姚依林作总结报告。 (《人民日报》1951.8.17.①,9.4.①)

18~29日 广西省首届工会会员代表大会举行。会议选举产生省总工会第一届委员会,省委书记何伟兼任省总工会主席。1953年8月1日,省总工会改称省工商联合会。 (《广西通志·大事记》P281)

19日 吉林省延边人民出版社在延吉成立。1947年3月24日,吉林省延边教育出版社成立,负责编印朝鲜族中小学教科书。 (《延边朝鲜族自治州志》上P57、61)

20日 据不完全统计,解放2年来,全国各少数民族地区国营贸易公司设置公司门市部、采购站、代销店、加工厂等机构742处和大批流动贸易小组,吸收少数民族干部达1700多名。各少数民族的购买力比解放前提高1至3倍。 (《人民日报》1951.8.20.②)

23~30日 卫生部在北京举行全国民族卫生工作会议。会议讨论通过《关于建立和发展少数民族地区卫生工作的决定》、《少数民族卫生工作方案》以及防治少数民族地区性病、疟疾与推行少数民族地区妇幼卫生工作方案等文件。 (《人民日报》1951.8.25.①,9.6.①)

25日 中共宁夏省委发出《关于土地改革宣传工作的指示》指出,完成土改是我们今冬至1952年春的中心任务,是广大农民群众在中国工人阶级与共产党领导下,向地主阶级进行的一场系统的剧烈的反封建的阶级斗争与农民大翻身运动。这一艰巨、伟大任务要正确顺利地完成,必须放手发动群众,把党的政策变成广大群众的意志和行动。 (《中共宁夏党史大事记(1925.8~1988.6)》P151)

28日 中国人民银行玉树支行成立。(《玉树州志》上P24)

29日 西北少数民族地区组织流动贸易队深入牧区开展民族贸易工作,广西组织流动购销组深入少数民族偏僻地区开展民族贸易工作。据统计,西南各少数民族地区已建立184个国营贸易机构和100多个代销点,吸收少数民族干部274名。 (《人民日报》1951.8.29.②)

29日~9月11日 云南省贡山县三届各族人民代表会议举行,选举出自治县人民政府和协商委员会。11日,以傈僳族为主,联合藏、怒、独龙、汉等民族的贡山自治县人民政府和县协商委员会宣告成立。 (《云南日报》1951.11.1.②)

是月 广西省大瑶山民族代表会议在金秀村举行,解决瑶族历史遗留下来的矛盾和纠纷,并签订《大瑶山团结公约》。 (《广西通志·大事记》P282)

△ 广西省文教厅在南宁创办工农干部文化补习学校,1952年改称工农干部速成初等学校。 (《广西通志·大事记》P282)

△ 四川省沙坝羌族自治区人民政府在茂县成立。 (《阿坝州志》上P36)

△ 中共贵州省镇远地委在施秉县大桥鸡公岩试点,兴办黔东南地区第一个农业生产互助组。 (《黔东南苗族侗族自治州志·总述·大事记》P99)

△ 贵州省镇远专区黄平县旧州镇“长星斋”、“福龙昌”酿酒坊联合组成黄平县酒厂,批量生产白酒。当年,该厂由旧州迁至县城重建,并转为国营企业,是解放后黔东南第一个国营轻工企业。 (《黔东南苗族侗族自治州志·总述·大事记》P99)

△ 云南省中甸县和维西县先后召开各族各界人民代表会议,听取和讨论一年来县人民

政府的工作和民族团结、抗美援朝的报告，订立爱国公约，通过联合政府的工作方针，成立民族民主联合政府委员会和协商委员会。会议选举孙致和为县长，汪学鼎、刘恩为副县长，阿更觉活佛（藏族）为协商委员会主任委员。（《云南日报》1951.10.8.②）

△ 云南省农业厅佛海茶叶试验场成立，现为云南省农业科学院茶叶研究所。（《西双版纳傣族自治州志》上P33）

9月

3日 中央人民政府委员会第12次会议批准方国瑜（纳西族）、王海民（彝族）、瓦渣木基（彝族）、周荣鑫、拉敏·益喜楚臣（藏族）、阿不都拉·热合满木里提（维吾尔族）、阿沛·阿旺晋美（藏族）、夏康农、袁翰青、崔采（朝鲜族）、梁华新（壮族）、陈经畬（回族）、费孝通、赵范、赵钟奇（回族）、欧百川（苗族）、欧根（白族）、翦伯赞（维吾尔族）、萨空了（蒙古族）、兰昌法（瑶族）、罗常培（满族）等为中央民委委员。（《人民日报》1951.10.1.⑥）

5~11日 贵州省独山专区各族各界人民代表会议在都匀举行，制定出《贵州省独山专区各族各界人民代表会议协商委员会组织条例》。会议选举张欣如为专区第一届各族各界人民代表会议协商委员会主席，何千里、覃杰（布依族）为副主席。11日，独山专区人民联合政府宣告成立，张欣如任联合政府专员。（《黔南布依族苗族自治州志》上P49、737）

6~12日 宁夏省一届二次各族各界人民代表会议举行，讨论土地改革、抗美援朝、继续镇压反革命和生产建设等问题，中共宁夏省委书记潘自力作《关于今冬明春全省主要农业区域实行土地改革》的报告，强调在土改中要照顾到少数民族利益和风俗习惯。（《中共宁夏党史大事记（1925.8~1988.6）》P152）

7日 云南省人民政府发布《关于加强民族团结，坚决剿匪，巩固国防的十项公告》。（《云南民族团结进步事业光辉历程（1949~2009）》P69）

10日 中央民委主办的少数民族文物图片展览在北京展出。（《人民日报》1951.9.16.③）

13日 中央人民政府主席毛泽东电告中共中央西南局第一书记邓小平，进藏部队抵达拉萨、日喀则后，应抽出兵力进行农业生产；甘孜至拉萨沿途部队，今后亦应以生产与筑路并重。（《中共西藏党史大事记（1949~1966）》P30）

14日 《人民日报》发表社论《开展少数民族地区的贸易工作》。（《人民日报》1951.9.14.①）

17日 云南省国营贸易公司组织百余小组深入少数民族地区开展物资交流工作。（《人民日报》1951.9.17.②）

19日 达赖喇嘛致电班禅额尔德尼·确吉坚赞，欢迎班禅即速起程返回西藏的寺庙。（《中共西藏党史大事记（1949~1966）》P30）

△ 中国人民银行广西省分行为扶持各地农村土改后发展农业生产，将1952年农贷提前于1951年冬发放，计农田水利贷款100万元、粮食生产贷款78万元、耕牛贷款56万元、农具贷款16万元，共计250万元。（《广西通志·大事记》P282）

20~28日 教育部在北京召开首次全国少数民族教育会议，蒙古、藏、回、维吾尔、哈萨克、苗、彝、纳西、白、朝鲜、高山、满等民族的代表126人与会。中央人民政府副主席朱德、政务院副总理郭沫若会见全体代表。会议讨论确定少数民族教育应以爱国主义为中心内容，以培养少数民族干部为首要任务。（《中国教育年鉴（1949~1981）》P396；《人民日报》1951.9.22.①，10.6.①）

21日 政务院发布命令，自10月1日起，新疆发行印有维吾尔文的人民币，并准予在全国流通，同时兑回新疆省银行所发行的银元票。在此期间，新疆实现币制统一，商品物资交流不断扩大，对促进新疆经济的恢复与发展起了重要作用。（《人民日报》1951.10.1.④，《中国共产党新疆历史大事记（1949.10～1966.4）》上P27）

23日 解放军西康军区基干第三团——昭觉县彝民团全体指战员，于国庆前夕致函中央人民政府主席毛泽东、中国人民解放军总司令朱德，感谢解放军帮助建立第一支彝族人民的军队。（《人民日报》1951.9.25.①）

26日 《广西日报》报道，广西省近400万人口的地区完成土地改革，1000万人口的地区实行减租退押。（《广西通志·大事记》P282）

28日 西南军区副参谋长张经武到拉萨罗布林卡向达赖喇嘛赠送中央人民政府主席毛泽东的礼物，有针织哈达1条，毛泽东画像1帧，全国政协第一届全体会议纪念刊1册，大幅彩色天安门照片1帧，《伟大祖国》照片1套，以及象牙雕刻、玛瑙玉器、瓷器、湘绣、绸缎等珍贵物品。达赖向毛主席像致敬。（《中共西藏党史大事记（1949～1966）》P30）

是月 宁夏省西吉、海原、固原、隆德、泾源5县举行三级干部会议，学习《中华人民共和国土地改革法》，训练土改干部，并按照"全面布置、分期进行、重点试办、逐渐推广与稳步前进"的方针，在各县开始进行土改试点工作。5县土改工作分4期完成：第一期土改试点21个乡，自是月至1952年2月结束；第二期试点95个乡，自11月至1952年2月结束；第三期试点31个乡，自1952年2月至7月结束［因发生"四二"叛乱（见1952年4月2日条）中途停止，直到平叛基本结束又继续进行］；第四期试点97个乡，自1954年2月中旬至3月底全部结束。（《中共宁夏党史大事记（1925.8～1988.6）》P153）

△ 青藏公路第一段工程——青海湟源县境内日月山段工程竣工，全长94公里。（《当代中国的西藏》下P104）

10月

1日 我国第一个少数民族自治旗——内蒙古自治区鄂伦春自治旗成立。（《人民日报》1991.10.4.③）

4日 中共中央新疆分局致电西北局并中央，报告减租反霸工作情况。1950年冬，全疆20个乡、9个村首先进行减租反霸试办工作。1951年5月30日，分局发布在全疆农业区进行减租反霸指示，各级党、政、军、民机关抽调90%的干部、1.43万人下乡参加工作。9～10月，全疆147个乡约50万人口的试点地区进行减租反霸工作。11月起，首期385个乡进行减租反霸工作。（《新疆日报》1951.12.19.①，《中国共产党新疆历史大事记（1949.10～1966.4）》上P59～60）

5～21日 西康省藏族自治区第一届各族各界人民代表会议第二次会议通过《关于发展民族语言文字实施办法》。（《甘孜州志》上P38）

7日 据不完全统计，解放以来，全国专为少数民族设立的学校（不包括干校、干训班）近万所，其中小学9100余所，在校生73.8万余名；中等学校117所，学生3.4万余名；高等院校和民族学院6所、延边大学1所，在校各民族学生2590余名。（《光明日报》1951.10.17.③）

7～15日 云南省文山县各族各界人民代表会议举行。会议听取和讨论关于加强民族团结、民族民主建政、抗美援朝和当前具体任务等报告，选举产生人民政府委员会。12日，文山县民族民主联合政府宣告成立。（《云南日报》1951.10.31.②）

12日 西康省藏族自治区人民政府通

告，巴安县改称巴塘县、瞻化县改称新龙县、理化县改称理塘县、定乡县改称乡城县。（《甘孜州志》上P39）

△ 政务院文教委员会少数民族语言文字指导委员会成立，邵力子任主任委员，陶孟和、刘格平任副主任委员，罗常培（满族）任秘书长。（《人民日报》1951.10.14.①）

△ 《毛泽东选集》（第一卷）维吾尔文、哈萨克文、蒙古文版在新疆发行。（《人民日报》1951.10.15.①）

△ 西康省西昌专区大凉山彝族参观团在西昌参观访问。（《凉山彝族自治州志》上P45）

23~30日 贵州省毕节专区举行首届各族各界人民代表会议。会议讨论和审议3个月来人民政府的工作，通过了50多项提案，选举产生协商委员会，成立毕节专区民族民主联合政府。（《新华日报》1951.11.15.①）

△ 新疆省伊犁专署举行首届牧民代表大会。大会就贯彻国家关于保护和发展畜牧业的政策，落实牧主政策，解决草原纠纷及牧主之间劳工计酬等一系列问题作出安排。（《伊犁哈萨克自治州志》P43）

26日 西康省藏族自治区体育总会正式成立。（《甘孜州志》上P39）

△ 宁夏省人民政府制定出《宁夏省土地改革实施办法草案》，对土改的步骤与方法作出具体规定，共48条。11月13日，省土改委员会颁发《土地改革干部十项守则》。（《中共宁夏党史大事记（1925.8~1988.6）》P154）

27日 西藏昌都地区新设相当于小学的藏族人民学校9所，类乌齐、硕督、八宿、洛隆宗等地新办的藏文学校有学生220名。（《人民日报》1951.10.27.③）

△ 是日报道，新疆省已有汉、维吾尔、哈萨克、蒙古、锡伯、俄罗斯6种民族文字报纸。其中，维文报纸8种，哈文报纸3种，汉、蒙古、锡伯和俄文报纸各1种。（《人民日报》1951.10.27.③）

△ 广西省人民政府发出《关于照顾各地少数民族的负担办法的指示》，规定大瑶山、全县东山、万冈西山等特别贫困的少数民族地区是年农业税全免；其他专区、县少数民族聚居区，1949年、1950年未征公粮，当年群众交纳农业税仍很困难的，亦由县人民政府提出减免意见，逐级报省批准执行。（《广西通志·大事记》P282~283）

29日 由广西柳州市人民政府投资，私营中亚、中孚、广州3个烟厂组成公私合营联合烟厂。（《广西通志·大事记》P283）

30日 中共中央新疆分局发出《对游牧工作的指示》，对牧区工作方针、任务作出明确规定：动员一切力量，宣传党的民族平等、保护畜牧业生产等政策，解除牧民疑虑，稳定情绪；发动牧区群众协助人民解放军剿灭残匪，镇压反革命，收缴枪支；动员、组织牧区人民保护与发展畜牧业生产，解决贫苦牧民的生活困难；进一步开展牧区贸易，改善牧民生活；重视牧区的文教卫生事业；提拔、培养牧区少数民族干部，改造与建立乡村政权；派领导骨干加强牧区工作。（《中国共产党新疆历史大事记（1949.10~1966.4）》上P61）

是月 广西省民族事务委员会在南宁成立。（《广西通志·大事记》P283）

△ 据统计，1~10月，广西省有52个县发生天花，9923人患病，死亡1938人、病死率19.5%。省防疫大队诊病1.87万人次，印发防治天花手册数千本，种痘数十万人次。（《广西通志·大事记》P283）

△ 广西省第二期土改在柳州、宾阳、平乐、容县、钦州、宜山、崇左、百色等专区的46个县3736个乡773万人口的地区展开。1952年6月结束。（《广西通志·大事记》P283）

△ 云南省镇越县收音站成立，为西双版

纳第一个广播收音机构。（《西双版纳傣族自治州志》上P33）

△ 中共云南省文山地委、文山县委设立两个收音站，收听中共中央播放的消息。（《文山壮族苗族自治州志》1卷P38）

△ 进藏部队在西藏仲吉林卡成立藏语文训练班，培养各种翻译人才。谭冠三任训练班董事长，请藏族上层人士及其子女任教，其中有雪康·土登尼玛、霍康·索朗边巴、金中·坚赞平措、唐麦·贡觉伯姆、车仁·仁钦卓玛等。为满足藏族青年学习的要求，军区又开办汉语文学习班（简称社教班），学员发展到60~70人。（《当代中国的西藏》上P357）

11月

4日 离开西藏28年的班禅行辕堪布会议厅札萨·计晋美率先遣工作队150余人抵达拉萨。12月7日，班禅致电中央人民政府主席毛泽东和西北、西南军政委员会主席、副主席等，表示返藏后和达赖喇嘛及西藏各教派首领亲密团结，早日实现和平解放西藏办法的协议。13日，毛主席复电勉励。（《人民日报》1951.11.22.①、12.12.①，《中共西藏党史大事记（1949~1966）》P30）

7日 贸易部为照顾少数民族年节习惯时间的不同，特发出对少数民族年节优待办法的指示，指出少数民族地区的国营百货零售部门和一揽子公司在少数民族年节时，对各该民族零售的百货、粮食、布匹、盐、油、煤等，一律按95折扣优待3天；这个规定并适用于少数民族聚居地区和少数民族较多的地区。（《人民日报》1951.11.23.①）

△ 湘桂铁路广西来宾至镇南关段全线通车，并在南宁举行通车典礼。工程于1950年10月10日动工兴建。（《广西通志·大事记》P273、283）

9日 广西省委、省政府发出《关于今冬明春开展少数民族地区工作的指示》，确定冬季至1952年春以民族民主建政与恢复发展生产为中心，结合培养干部、组织生产救荒、发展贸易、改进卫生文教工作等，提高少数民族的政治地位，改善人民生活。《指示》提出，争取在少数民族集中地区完成3个县的区域自治及20多个区乡的区域自治；少数民族地区冬季至1952年春一般不实行土改，亦不进行反霸，除少数民族中存在极不合理的制度通过代表会议予以革除外，应以团结各阶层人民，努力恢复发展生产力为主；对于苗、瑶、侗少数民族的货物税、公粮，应根据实际情况减征或不征；积极培养提拔少数民族干部；积极恢复发展少数民族地区的小学教育，推进少数民族地区的保健工作。（《广西通志·大事记》P283）

△ 宁夏省解放后第一条新开支干渠——第一农场渠建成放水，长31.6公里，可灌溉17万亩。（《当代宁夏史通鉴》P18）

△ 以北京大学地质系李朴教授为队长的、由自然科学和社会科学研究人员40多人组成的中央文委西藏科学工作综合考察队抵达拉萨。这支由政务院文教委员会派出的考察队，随人民解放军进藏部队对西藏社会的政治、经济、历史、文化等方面作全面的初步调查，取得许多宝贵的第一手资料，为中共中央后来制定西藏工作方针提供了大量的参考材料。（《中国共产党西藏历史大事记（1949~2004）》P51~52，《当代中国的西藏》下P412~413、415）

12日 中南军政委员会第四次会议讨论通过进一步开展少数民族工作，加强民族团结的决议。（《广西日报》1951.11.28.①）

18日 西藏当雄发生8级地震，774间房屋倒塌或损坏，54人死亡，损失牲畜300~400头，434户受灾。（《人民日报》1987.5.7.③）

20~29日 广西省首届民族工作干部会议举行，讨论少数民族地区民主建政和发展生产等问题。会议总结两年来的工作，确定发动少数民族、搞好民族区域自治、开展生产运动，加强民族团结为总任务。（《广西日报》1951.11.21.①，12.1.①）

23日 政务院第112次会议讨论通过《中央人民政府政务院关于全国少数民族贸易、教育、卫生会议报告的决定》。（《人民日报》1951.11.24.①，《广西通志·大事记》P283）

24日 中共中央新疆分局发出《关于贯彻执行宗教政策的指示》，严肃批评某些干部在减租反霸运动中所发生的违反党的宗教信仰自由政策和少数民族风俗习惯的言行。《指示》要求，各地党委要广泛宣传党的宗教信仰自由政策，切实尊重各族人民的信教自由和风俗习惯；保护清真寺、喇嘛庙和其他宗教活动场所，机关、部队、群众团体不得进驻以上场所；各机关、部队和群众团体不准在信仰伊斯兰教的少数民族聚居区养猪或食用当地民族禁食的食物；各机关、部队、群众团体、学校和工矿企业对少数民族工作人员，均需按照政府对各民族节日放假的规定给予放假；有少数民族工作人员的机关、部队、群众团体、学校和工矿企业，均应建立民族食堂。（《中国共产党新疆历史大事记（1949.10～1966.4）》上P62）

26日 西康甘孜机场修建完成，12月7日通航。工程于4月11日动工修建，十八军后方部队共投入1.4万余人参加施工，在西南公路局3000多名技术人员指导、协同下，历时7个多月完成修建任务。（《中共西藏党史大事记（1949～1966）》P24）

是月 中共绥远省委和省人民政府根据《中华人民共和国土地改革法》，从绥远地区的实际情况出发，并参照内蒙古自治区东部地区的土地改革经验，提出了适合民族特点和地区特点，调整民族关系，加强蒙汉各族农民的团结，有步骤有分别地消灭地主阶级的政策，制定了《绥远省土地改革实施办法》、《绥远省蒙旗土地改革实施办法》和《绥远省关于蒙民划分阶级成分补充办法》。在进行农村土地改革的同时，在牧区和半农半牧区进行民主改革，执行“依靠劳动牧民，团结一切可以团结的力量，从上而下地进行和平改造和从下而上地放手发动群众，废除封建特权，发展包括牧主经济在内的畜牧生产”的总方针，在“自由放牧，增畜保畜”的原则下，实行“不斗、不分，不划阶级”，“牧工牧主两利”的政策，坚决防止搬、套农村土地改革的做法，严格区别农村、牧区的特点；在半农半牧区，贯彻“以牧为主，照顾农业，保护牧场，禁止开荒”的政策，不进行土地改革，只适当调剂个别大地主的土地。民主改革中，适当地调整半农半牧区的牧场，全省共划出牧场120多万亩。还通过协商的办法划定耕地与牧场的界线。保护了畜牧业生产，调整了农牧关系。（《内蒙古自治区史》P87～93）

△ 根据中央指示，从北京农业大学、南京大学、河南大学、广西大学抽调的200多名农林专业师生，深入广西合浦、钦州、防城、灵山、浦北、陆川、龙津等县进行橡胶宜林地调查、勘测和设计。截至1952年7月，共完成195万亩植胶地调查勘测设计任务。（《广西通志·大事记》P283）

△ 中央民族访问团、中央民族调查团、中央民族语文调查组和布依族历史编写人员先后到贵州省独山专区罗甸县访问调查。（《黔南布依族苗族自治州志》上P49）

△ 贵州省镇远专区卫生科举办首期少数民族医训班，有学员67人，其中苗族60人、侗族7人。（《黔东南苗族侗族自治州志·总述·大事记》P100）

△ 贵州省黔东南地区台江、剑河及黎平县分别流行麻疹和天花病，死亡1000多人。（《黔东南苗族侗族自治州志·总述·大事记》P100）

△ 云南省蒙自专区各市县共建立收音站12个，1956年6月改建为广播站。（《红河哈尼族彝族自治州志》1卷P67）

△ 中国人民解放军拉萨门诊所成立。至1952年9月拉萨市人民医院成立时已免费为西藏僧俗人民治病6.4万多人次。1954年前，在班禅堪布会议厅辖区，日喀则人民医院和巡回医疗队治病9.8万多人次，种牛痘4.1万多人次；太昭以西其他地区治病9万多人次。（《当代中国的西藏》上P238）

是月～1952年4月 吉林省延边地区和龙、珲春、延吉、安图4县流行克山病，患者703人，死亡450人。（《延边朝鲜族自治州志》P61）

12月

1日 广西省首次民族工作干部会议在南宁召开。会议总结两年来的工作，确定下一步总任务是发动少数民族群众，搞好民族区域自治或民族联合政府，开展生产运动，以提高少数民族政治、经济地位，加强民族团结。（《广西通志·大事记》P283）

4～16日 青海省玉树藏族自治区一届一次各族各界人民代表会议举行，通过建立相当于专区一级的玉树藏族自治区的决议。会议选举扎西才旺多杰（藏族）为主席，冀春光、久美（藏族）、昂旺（藏族）为副主席。25日，青海省玉树藏族自治区人民政府成立，辖玉树、囊谦、杂多（1953年由玉树、囊谦两县析置）、称多、治多（1953年由玉树、称多两县析置）、曲麻莱（1953年设）6县。（《玉树州志》上P25，《中国分省市县大辞典》P1433）

6～12日 川南峨边县三届各族各界人民代表会议举行，成立峨边县民族民主政府。会议选举甘木沙沙（彝族）为县长，殿诺尔（彝族）为副县长。12日，峨边县民族民主政府宣告成立。会议以开展增产节约运动、加强民族团结为中心议题，分别制定出各界、各家支的增产节约和彝汉团结公约。（《川南日报》1951.12.29.①）

9日 云南省文山专区第一个火力发电厂在文山县城建成，装机16千瓦。（《文山壮族苗族自治州志》1卷P38）

11日 中华医学会新疆省迪化分会成立，1978年更名为中华医学会新疆分会。（《新疆通志·科学技术志》72卷上P34）

12日 由广西省梧州市政府投资12万元，私营南洋糖厂自筹6万、设备折价6万组建的公私合营梧州糖厂成立并恢复生产。（《广西通志·大事记》P283）

13日 川南马边县首届各族各界人民代表会议召开，成立马边县民族民主联合政府。会议选举张绍先为县长，张荣壮、比克文冠（彝族）为副县长。会议讨论通过加强民族之间和民族内部的团结，废除“保头制度”，合理解决彝汉之间的债务问题、土地问题、发展生产、沟通贸易和禁烟禁毒等6项决议。（《川南日报》1952.1.14.②）

14～31日 中央民委召开第二次委员（扩大）会议。会议听取和讨论政务院副总理董必武的政治报告、中央民委主任委员李维汉《有关民族政策的若干问题》的报告、中央民委副主任委员刘格平《两年来民族工作》的报告和副主任委员乌兰夫《关于内蒙古自治区工作》的报告，总结两年来民族工作的经验，讨论继续推行民族区域自治等重要问题；通过《民族区域自治实施纲要》。（《人民日报》1951.12.15.①，1952.1.20.①）

15日 据报道，2年来，全国培养少数民族干部5万多名。（《人民日报》1951.12.18.①）

19日 中共中央批复西南局，同意西藏工委和西北西藏工委组成统一领导的西藏工委，张国华为书记，谭冠三、范明为副书记，张国华、范明、牙含章、慕生忠、谭冠三、昌炳贵、王其梅、陈明义、李觉、刘振国、平措

旺阶（藏族）11人为委员。（《中共西藏党史大事记（1949～1966）》P27～28、33）

21日 16时37分29秒，云南省剑川东发生6.25级地震，震中位置26.7°N、100.0°E。剑川、鹤庆、丽江3县9个区125个村、乡成灾，受灾12万人。倒塌瓦、草房9400多间，半倒及损坏瓦房、草房约3万间。死423人，重伤666人，轻伤1733人，压毙牲畜1186头（鹤庆缺统计数据）。灾后，军政各部门组织抗震救灾，赈济灾区。省人民政府拨急救粮200万斤和医药费、安置费27亿元（旧币），救济和医治受伤灾民，并组织医疗、调查、宣传组，由省人民政府副主席周保中率领前往灾区救灾。中央人民政府拨款人民币30亿元（旧币）赈灾，派专机运送破伤风抗毒素到灾区医治受伤灾民。（《云南省志·地震志》P67～69，《人民日报》1952.1.4.①）

△ 北京市人民政府委员会和北京市各界人民代表会议协商委员会举行联席会议，授予话剧《龙须沟》的作者舒舍予（老舍，满族）"人民艺术家"荣誉奖状。（《新华社新闻稿》1951.12.24）

21～27日 中共中央新疆分局扩大会议举行，讨论通过分局的《一九五二年工作纲要》，强调加强民族民主统一战线工作，积极准备推行民族区域自治。（《中国共产党新疆历史大事记（1949.10～1966.4）》上P62～63）

28日 西康省人民政府和川南人民行政公署组织医疗队分别到大、小凉山地区为彝族人民治病。（《人民日报》1951.12.28.③）

△ 是日报道，2年来，西北各地创办和改进维吾尔、哈萨克、藏、蒙古、锡伯、俄罗斯等17种民族文字的报纸，并以民族文字出版大量中央人民政府主席毛泽东著作和中央人民政府的各项政策法令文件。（《人民日报》1951.12.28.③）

是月 广西柳州帽合机场修复工程竣工，机场占地面积扩大到600余公顷。（《广西通志·大事记》P284）

△ 四川省茂县专区举行首届少数民族卫生工作会议，传达全国少数民族卫生工作会议精神。（《阿坝州志》上P36）

△ 中共中央、政务院电召西北局、西南局和青海、四川两省有关同志进京会商决定，果洛隶属青海省，由西北局组建中共果洛工作委员会和果洛工作团，对果洛实行特殊政策。（《果洛藏族自治州志》上P25）

是月～1953年11月 中央派出民族卫生大队赴西康省藏族自治区开展巡回医疗工作，推广新法接生，进行妇幼保健，诊治各类疾病，并培训500多名初级接生员、80多名民族卫生人员。（《甘孜州志》上P39）

是年 据统计，我国民族自治地方有高等学校11所，中等学校53所，初等学校5.96万所，在校生共156.9万人。（《新疆日报》1991.10.5.③）

△ 内蒙古自治区146万公顷农田遭霜冻。锡林郭勒盟旱情严重，加风灾，农作物收成不足2成，17万多人缺粮。牲畜饲草严重不足，加风雪灾害，全盟损失牲畜6万头（只）。巴彦淖尔盟、包头市266.67万公顷农田发生蝗灾，少数地区发生蚜虫、斑蝥等虫害。锡林郭勒盟、乌兰察布盟和赤峰市克什克腾旗在畜群中发生口蹄疫疥癣、羊痘、炭疽、气肿疽、牛肺疫等疾病，发病12.7万头（只），死亡3000多头（只）。（《内蒙古自然灾害通志》P241、243）

△ 内蒙古文工团改名为内蒙古自治区歌舞团。（全国文化信息资源共享工程网）

△ 湖北省恩施行政区第一座公路石拱桥——抗美桥在巴石公路建始段内建成。（《恩施州志》P12）

△ 广西省百色地区通用机械厂成立，主要环保产品有CWB型系列板卧式高压静电除尘器，ZGL型规格齐全的组合立管式高压静电

除尘器，FD150-72，180-78I、Ⅱ型扁布袋反吹风除尘器及CLK型旋风除尘器。梧州市锅炉厂建立，是国家定点生产电站锅炉、工业锅炉和压力容器的大型专业化企业，全国11家B级锅炉制造企业之一，多项产品获国家、部、自治区优质产品和优良节能产品称号。（《中国环保企事业单位名录及简介（1分册）》P192~194）

△ 中共茂县地委筹办干部训练班（后为阿坝州民族干部学校），培养少数民族地方干部，同时吸收部分藏族、羌族上层人士参加工作。（《阿坝州志》上P36）

△ 为照顾少数民族子女入学，贵州省镇远专区黄平、炉山、雷山、丹寨、黎平、剑河、天柱、锦屏、榕江9县开设民族小学。（《黔东南苗族侗族自治州志·总述·大事记》P101）

△ 贵州省兴仁专区各县全部通电话，第一个收音站在兴义县建立。（《黔西南布依族苗族自治州志·政权政协志》P16）

△ 社会学家费孝通率中央访问团部分专家深入贵州省黔东南地区进行民族调查，撰写《兄弟民族在贵州》一文，在《新观察》杂志上连载。（《黔东南苗族侗族自治州志·总述·大事记》P94）

△ 云南省西双版纳地区南糯山发现大茶树，被列为国家二级保护植物。（《西双版纳傣族自治州志》上P33）

△ 云南省蒙自专区遭春旱，20%的小春作物受灾，各级政府及时发放救济粮，帮助31万灾民度过灾荒。（《红河哈尼族彝族自治州志》1卷P66）

△ 为改变西藏落后的卫生面貌，发展西藏人民的医疗卫生事业，西北、西南医疗队随军进藏，1952年又组建“中央人民政府卫生部昌都民族卫生工作大队”进藏。（《当代中国的西藏》下P460~461）

△ 甘肃省甘南地区成立畜牧兽医工作站，负责夏河、碌曲、玛曲3县牧业生产和兽疫防治工作。（《甘南州志》上P88）

△ 宁夏省成立首个草原行政管理机构——盐池县草原管理所。（《当代宁夏史通鉴》P256）

1952年

1月

10~19日 宁夏省首次农业劳动模范代表会议在银川举行，出席会议的94名劳动模范联名向全省农民发出开展增产节约竞赛的挑战书。会议奖励劳动模范77人。（《中共宁夏党史大事记（1925.8~1988.6）》P156）

11日 政务院总理周恩来在政务院第119次会议上，就“三反”（反贪污、反浪费、反官僚主义）运动的方向、政策、步骤和运动发展中的几个关键问题发表讲话。自1951年底开始，党内和国家机关内部开展“三反”运动。（《新华社新闻稿》1952.1.12）

13日 中共中央西北局复电新疆分局并伊犁区党委，指示新疆省在“三反”斗争中必须慎重对待当地少数民族干部，特别是三区革命干部中的问题。西北局提出，政策应规定这些干部在解放前贪污概不追究，自动讲出的欢迎，但不作为处理的依据。对于他们中的问题，应本着严肃、热情的态度加以帮助改正。对混入革命队伍内部的地主、大商，属屡教不改的，经过当地民族干部同意，可适当严办。对可争取合作的分子，应主动帮助照顾他们。西北局特别强调，新疆必须在加强统一战线的基础上进行“三反”斗争。（《中国共产党新疆历史大事记（1949.10~1966.4）》上P65）

18日 根据《中华人民共和国婚姻法》条例和新疆省少数民族婚姻风俗习惯，新疆省政府制定并公布《新疆省人民政府关于执行中华人民共和国婚姻法暂行补充规定》：一、少数民族人民结婚年龄最低限度男为18岁，女为16岁；二、实行一夫一妻制；三、哈萨克族和柯尔克孜族人民中以“阿满尼盖尔”及“吉斯尔”之名义干涉婚姻自由者，一律禁止；四、保护非婚生子女生命；五、禁止习惯上仅依一方以口头或文字通知的方法离婚；六、禁止未达结婚年龄的男女预先订婚；七、禁止借婚姻关系索取财物；八、夫妻间遗产继承暂按民族习惯办理；九、不同民族的结婚仪式遵从民族习惯，各民族有保持或改革社会习惯的自由。（《中国共产党新疆历史大事记（1949.10～1966.4）》上P66）

19日 新疆军区首届生产代表大会在迪化召开。会议确定，新疆“屯垦军”今后的方针任务以发展农业为主，积极兴修水利，普遍植树造林，集中经营牧业，改进手工业，扩大合作事业，准备参加国家工业建设。（《中国共产党新疆历史大事记（1949.10～1966.4）》上P66）

是月 国家民族语文工作部门用拉丁字母为景颇族载瓦语创立载瓦文字，并试行。（《德宏州志》综合卷P33）

△ 西康省西昌专区泸沽铁厂恢复，定名为西昌专区第一铁厂，1953年3月改称西康省泸沽铁矿。（《凉山彝族自治州志》上P45）

△ 中共云南省保山地委决定，德宏边疆只在汉族干部中开展“三反”运动，少数民族干部只参加一般会议和正面学习，不搞检举追赃。（《德宏州志》综合卷P33）

2月

2日 新疆省水利局在哈密县境试凿自流井成功。（《新华社新闻稿》1952.2.3）

10日 中国人民解放军西藏军区成立。张国华任西藏军区司令员，阿沛·阿旺晋美（藏族）任第一副司令员，尕噶·彭错饶杰（藏族）任第二副司令员，昌炳桂任第三副司令员；谭冠三任政治委员，范明、王其梅任副政治委员；李觉任参谋长；刘振国任政治部主任。（《人民日报》1952.2.20.①）

12日 青海省玉树藏族自治区人民政府成立。扎喜才旺多杰（藏族）任自治区主席，冀春光、久美（藏族）、昂旺（藏族）任副主席。（《人民日报》1952.2.21.①）

△ 新疆省试办的第一个集体农庄——迪化（乌鲁木齐）集体农庄成立。农庄庄员包括回、维吾尔、哈萨克、锡伯、俄罗斯等民族1300多人。（《人民日报》1952.4.19.①）

16～19日 西南民委第三次全体委员会议举行，讨论确定推行民族区域自治、培养少数民族干部、开展经济和文化建设的任务。西南军政委员会副主席邓小平、熊克武出席会议并讲话。（《新黔日报》1952.2.29.①）

22日 政务院第125次会议讨论通过了《中华人民共和国民族区域自治实施纲要》、《中央人民政府政务院关于地方民族民主联合政府实施办法的决定》。（《人民日报》1952.8.13.①，8.14.①）

△ 中国人民银行西藏办事处在拉萨八廓街吉雄巴正式对外挂牌营业，1955年10月20日改为中国人民银行西藏分行。（《当代中国的西藏》下P201）

△ 云南省文山专区麻栗坡市天保与越南清水相对开放，建立边民互市点进行商品交易。（《文山壮族苗族自治州志》1卷P38）

是月 中越两国开放边境市场，允许双方边民到对方的边境集市交易。（《广西通志·大事记》P285）

3月

4日 中央人民政府和广西省人民政府拨款809亿元（旧币，每万元相当于1元），扶助广西少数民族发展生产。（《人民日报》1952.3.5.①）

6日 宁夏省银川市新城乡罗家庄农业生产合作社成立。该初级社由原罗占魁变工组的基础发展而来，与同年2～3月间先后成立的平罗县戴玉玺、莫如信2个初级社一起，成为宁夏省成立最早的初级农业生产合作社，为全省农民走向农业生产集体化道路的典型。（《中共宁夏党史大事记（1925.8～1988.6）》P157）

△ 甘肃省夏河县拉卜楞大寺举行活佛嘉木样六世周仙嘉坐床典礼。（《人民日报》1952.3.18.①）

7日 中央电示西藏工委，决定张经武兼任工委书记，张国华任第一副书记，谭冠三任第二副书记，范明任第三副书记。西藏各驻地部队建立中国共产党的临时工作机构，以军队名义对外开展工作。林亮为拉萨市委书记，对外用十八军先遣支队名义；苗九锐为日喀则临时分工委书记，对外用五十二师指挥所名义；周家鼎为江孜临时分工委书记，对外用五十二师政治部名义；黑河以独立支队办事处名义对外进行工作，处长卫志毅。（《中共西藏党史大事记（1949～1966）》P35，《当代中国的西藏》上P181）

11日 以鲁康娃和洛桑扎西为首的上层反动分子组成的反革命组织——伪“人民会议”，起草一份“请愿书”，反对和平解放西藏办法的协议，要求撤走解放军。同时在拉萨进行示威。31日，噶厦派秘书将“请愿书”呈送西南军区副参谋长张经武，3名伪人民会议分子擅自闯入张经武住所，要求接见。2000多名反动分子秘密包围中央代表住所（中共西藏工委驻地）和我外事处、人民银行。鲁康娃、洛桑扎西还指挥藏军和3大寺喇嘛制造骚乱，向我挑衅。张经武要求十四世达赖喇嘛命令噶厦立即采取措施，制止骚乱活动。4月1日，噶厦几个噶伦与3个伪“人民会议”分子向张经武请愿。同时，反动分子还枪击阿沛·阿旺晋美住宅，由于我军采取军事防范措施，阴谋未得逞。13日，张经武召集全体噶伦会议，揭露鲁康娃和洛桑扎西破坏十七条协议、支持伪“人民会议”等罪行。15日，张经武通知达赖，立即撤销鲁康娃和洛桑扎西两司伦职务。27日，达赖下令撤销两人的代理司伦职务，但噶厦仍保留两人的薪水。噶厦将伪“人民会议”的骨干分子加央达娃等50余人逮捕拘押。5月1日，噶厦发出布告，宣布伪“人民会议”为非法组织，予以取缔。但噶厦部分反动分子仍暗中继续支持伪“人民会议”的活动，并慰问鲁康娃、洛桑扎西，他们的斗争形式从公开转入隐蔽。鲁康娃于1957年1月逃往印度。（《中共西藏党史大事记（1949～1966）》P35～38，《当代中国的西藏》上P197）

15～17日 青海省同仁县首届三次人民代表会议举行，选举成立自治区人民政府。格勒嘉措（藏族）当选为主席，多尔吉（藏族）、杜华安、扎喜（藏族）、哇加（藏族）为副主席。17日，自治区人民政府宣告成立。（《青海日报》1952.4.15.①）

17日～5月3日 西南各民族参观团一行178人在北京参观学习。3月23日，政务院总理周恩来设宴欢迎，25日，中国人民解放军总司令朱德接见参观团全体成员。28日，全国妇联设茶话会招待参观团全体女团员，全国妇联副主席邓颖超发表讲话，彝族代表伊姆妞妞、罗世英，苗族代表杨光琴，分别汇报西南少数民族妇女的生活、生产和婚姻情况，彝族代表王玉芬代表各族妇女要求学文化和改善妇婴卫生。4月8日，西藏昌都地区藏族代表参观团和青海省各民族参观团抵达北京。10日，周总理设宴欢迎。19日，两参观团和西南各民族参观团同时向中央人民政府主席毛泽东献旗致敬。（《人民日报》1952.3.24.①，3.27.①，3.29.①，4.9.①，4.11.①，4.20.①，5.4.①）

24日 青海省同仁县隆务寺夏日仓活佛（藏族）一行7人抵京，中央民委在京委员到车站迎接。（《人民日报》1952.4.9.①）

25日 政务院正式命名保安人为“保安族”。（《积石山保安族东乡族撒拉族自治县志》P35）

30日 应云南省民委邀请到昆明参观的丽江专区参观团（由藏族活佛、喇嘛、土司、头人和人民代表36人组成）结束参观活动，返回丽江。（《西南民族通讯》1952.3 P46）

是月 贵州省政府直接投资开办的兴仁专区第一所民族学校——兴仁县屯脚民族小学开学。（《黔西南布依族苗族自治州志·政权政协志》P16）

△ 青海省海南地区贵德县大史家村农民史春奎种植的7.79亩“一支麦”平均亩产336.25公斤，创全国春小麦高产纪录。史春奎被授予全国农业劳动模范称号。（《海南州志》P24）

是~9月 美蒋飞机入侵广西省107起、121架次，侵扰范围达4市、43县。这些飞机除侦察、散布大量反动传单外，还空投苍蝇、黄蜂、小白虫、蚱蜢、蜻蜓、蚂蚁等昆虫。在150件可疑昆虫中，有62件含有病原菌，严重影响广西省各族人民的正常生活和工作。（《广西通志·大事记》P285）

4月

2日 宁夏省西吉、海原、固原、隆德4县的部分地区发生以马国瑗、杨枝云为首的反革命武装叛乱（“四二”叛乱事件），先后波及16个区66个乡，被裹胁、煽动的回族和个别汉族群众5800余名。叛乱分子公然打着国民党旗帜，提出“依靠地主，团结富农，不管中农，打倒贫雇农”和“打倒共产党”等反动口号，并杀害干部50余人，破坏桥梁2座、电线80多公里，抢劫公粮48.5万公斤，烧毁固原张易区政府文书档案，围攻西吉县城数日，严重破坏土地改革运动和农业生产。16日，省委向各县市委发出通知，要求深入群众经常检查民族政策的执行情况，依靠群众严防恶霸、地主的反攻活动，及时揭露西海固地区“四二”叛乱谣言，加强民族统战工作。7月25日，叛乱平息，共击毙、伤、俘叛匪674人，缴获枪支、刀、斧、矛等3000余件。1972年4~5月，自治区党委组织调查组对此案进行复查，对于混淆宗教活动和反革命破坏活动的界限、平叛严重扩大化的问题做了纠正。（《中共宁夏党史大事记（1925.8~1988.6）》P157~158、414，《当代宁夏史通鉴》P74）

4日 新疆军区生产部队在天山南北创建4个完全机械化的农场。（《人民日报》1952.4.4.②）

5日 西南民族学院培养的首批藏、彝、苗、回、壮等25个少数民族的500多名学员毕业。（《人民日报》1952.4.6.③）

△ 中央团校少数民族班开学，17个少数民族的81名优秀团员和团干部参加学习。（《人民日报》1952.4.12.③）

5~11日 西康省藏族自治区召开首届生产会议，讨论确定大力发展自治区的农业和土、特产的生产，开展人、畜卫生防疫运动。（《新华社新闻稿》1952.4.16）

8日 中央人民政府主席毛泽东致电西南局和西藏工委：“决定嗣后关于我方和藏方发生的政治、军事、外交、贸易、宗教、文化等交涉、商谈和处理事件，均集中由中央解决，西藏工委直接向中央作报告，同时告知西南局。西南局对这些问题的意见向中央提出。西藏工委凡关与藏方发生交涉事件及对印度、尼泊尔等国的外交事件，均应每事报告请示，方能办理。”“必须认识藏族问题的极端严重性，必须应付恰当，不能和处理寻常关系一例看待。”（《中共西藏党史大事记（1949~1966）》P37）

10日 应西南军政委员会民委邀请到成都、重庆参观的川西各民族参观团一行70余人结束参观活动，离重庆回川西。行前，参观

团制定川西各族人民爱国公约，并致函中央人民政府主席毛泽东。（《西南民族通讯》1952.3 P46，4 P20）

△ 中国红十字会第二医防服务大队深入海南岛少数民族聚居的白沙、保亭、乐东3县开展卫生工作。（《人民日报》1952.4.11.③）

△ 《毛泽东选集》维吾尔、哈萨克文版第一卷单行本由新疆人民出版社出版发行。（《中国共产党新疆历史大事记（1949.10～1966.4）》上P67）

16日 政务院作出《关于建立民族教育行政机构的决定》，主要内容：

（一）中央人民政府教育部内设民族教育司。

（二）各大行政区人民政府（军政委员会）教育部或文教部（华北行政委员会为文教局），应视工作需要设立民族教育处（科）或在有关处科内设专职人员。其编制员额，在原有编制人数内调剂。

（三）各有关省（行署）、市、专署、县人民政府教育厅（处）、局、科，应根据该地区少数民族人口的多寡，民族教育工作的繁简，依照下列原则，分别设适当的行政机构或专职人员：

1. 在少数民族人口占当地总人口10%以上的省（行署）、市或人口虽不及10%而民族教育工作繁重的省（行署）、市教育厅（处）、局，应视其具体工作情况，设专门机构。其编制员额，在原有编制人数内调剂。少数民族人口不到当地总人口10%，民族教育工作比较简单的省（行署）、市教育厅（处）、局，亦应在有关处、科内指定专人负责。

2. 有关的专署教育科、县人民政府教育科，均应指定专人负责。

3. 民族自治区或少数民族人口占当地总人口半数左右的地区的各级人民政府教育行政部门，其主要任务就是管理少数民族教育工作，不另设民族教育行政机构。但在多民族地区应对不同的民族教育工作的领导适当分工。

（四）各级人民政府教育行政部门的民族教育机构与该部门的高等教育、中等教育、初等教育等机构可根据下列原则，实行适当的分工：

1. 关于全国统一的一般的教育行政、经费、师资、学制、课程、教材等事项，仍由各主管司、处、科负责处理。

2. 关于少数民族教育在行政、经费、师资、学制、课程、教材等的特殊问题，由民族教育司、处、科或所设专人负责处理。

3. 与双方都有关系的问题，由各有关司、处、科和民族教育司、处、科或专设人员会商处理。

（五）有关的各级人民政府教育行政部门，应依上述各项规定积极建立机构，配备干部，并尽可能吸收少数民族干部和热心少数民族教育工作的干部参加工作。（《中国教育年鉴（1949～1981）》P397）

23日 中共中央新疆分局致电中共中央西北局并中共中央，拟派工作团赴伊犁牧区进行社会改革。28日，西北局复电新疆分局指出，加强牧区工作有必要，但该地区的社会改革适宜缓至土改后再办。牧区反动头目中，罪恶证据确凿并已孤立、必须法办的，其牧场畜群没收后可组织合作牧场经营。不过目前还只宜先动这一部分（而且是少数的），其他牧主只要守法经营不宜去动。只提惩办现行反革命犯，不要提反霸口号，更不要提清算，坚决保护畜牧业，禁止破坏。在农业区未完成改革并巩固起来之前，牧区仍应力求安定，避免大的震动为好。（《中国共产党新疆历史大事记（1949.10～1966.4）》上P68）

5月

2日 国营西藏贸易总公司和西藏商人签订合同，优价收购西藏400多家羊毛商价值400多亿元（旧币）积压2年的羊毛。西藏地方政府索康·汪钦格勒、拉鲁·泽旺多吉两噶伦及札萨（官名）察绒和中国人民银行拉萨办事处负责人张英等参加合同签字仪式。（《新华社新闻稿》1952.5.22）

2~7日 西北民委第三次扩大会议举行，听取西北民委主任委员汪锋作的西北区推行民族区域自治经验总结报告，讨论推行民族区域自治问题。（《人民日报》1952.5.15.①）

3日 新疆省第一座现代化小型钢铁联合企业——八一钢铁厂一期工程完工，轧出新疆第一批钢材。（《新疆通志·科学技术志》72卷上P35）

12日 中共中央同意中共中央华北局《关于内蒙与绥远工作关系问题的四项解决办法》。四项办法是：一、内蒙古自治区人民政府、中共中央内蒙古分局、内蒙古军区一级领导机关，全部迁到归绥；二、接受绥远省人民政府主席董其武的辞职申请，并由乌兰夫（蒙古族）兼任主席，杨植霖、奎璧（蒙古族）、孙兰峰仍任副主席；三、绥远省人民政府由政务院和内蒙古自治区人民政府双重领导，一般行政事宜和非民族自治区的问题重点由中央领导，各盟旗民族事务重点由内蒙古自治区人民政府领导；四、苏谦益、杨植霖为中共中央内蒙古分局委员，苏谦益任分局副书记，乌兰夫任华北局副书记。根据决定，8月1日，内蒙古军区与绥远军区合并为蒙绥军区，乌兰夫任司令员兼政委。9月，中共中央内蒙古分局和中共绥远省合并为中共中央蒙绥分局，乌兰夫任书记，苏谦益任副书记。至此，中国共产党对内蒙古地区的领导基本统一。（《内蒙古自治区史》P85、516）

15日 云南省政府组织200多人的民族工作队，由省民委副主任委员王连芳率领，赴保山专区帮助边疆少数民族发展生产和推行民族区域自治。（《新华社新闻稿》1952.6.5）

22日 据新华社报道，西北地区从1951年冬季开始的土地改革运动基本完成。宁夏省在土改后，占农村人口数45%的贫雇农人均占有耕地3亩以上。（《中共宁夏党史大事记（1925.8~1988.6）》P159）

△ 西藏工委以进藏部队先遣支队政治部代理人民银行名义，在拉萨郊区农村第一次发放无息农贷30多万元（银元），还发放大量无息贷种贷粮和无偿农具，帮助贫苦农牧民和手工业者发展生产。（《中共西藏党史大事记（1949~1966）》P39）

23日 政务院批准新疆省伊宁县城析置伊宁市。（《伊犁哈萨克自治州志》P44）

23日~6月19日 西北各民族代表参观团一行86人在北京参观学习。6月16日，政务院总理周恩来设宴欢迎代表团成员。17日，参观团向中央人民政府主席毛泽东献旗致敬。（《人民日报》1952.5.29.①，6.17.①）

26日 是日报道，西康省藏族自治区设有民族小学75所，在校生6500多名，较解放初期增长近3倍。从来没有过学校的稻城和游牧区的石渠等县，是年春均设立学校。自治区人民政府编印藏文读本，训练50多名藏族和汉族的小学教员。（《新华社新闻稿》1952.5.26）

△ 西康省藏族自治区组织由147名技术干部组成的兽疫防治大队，分赴各地牧区帮助牧民防治兽疫。1951年，自治区人民政府为牧民防治9万多头牲畜的疫病，同时由民族学校培养藏族兽医干部130名。（《新华社新闻稿》1952.5.26）

△ 内蒙古自治区赤峰市巴林右旗普降大暴雪，雪后刮7、8级大风，出现强白毛风，5万头（只）牲畜死亡。（《内蒙古自然灾害通志》P244）

28日 广西省大瑶山瑶族自治区成立，以原荔浦、蒙山、武宣、象县、桂平、平南等县部分行政区域为其行政区域。1955年8月26日改称大瑶山瑶族自治县。（《广西通志·大事记》P285）

31日 内务部批准内蒙古自治区鄂伦春旗人民政府改称鄂伦春自治旗人民政府。（《鄂伦春自治旗志》P814）

是月 中国人民解放军西北军区司令部气象处在甘肃省甘南藏族自治州夏河县桑科滩建立"甘肃省夏河气象站"，这是甘南史上第一个气象机构。（《甘南州志》上P89）

6月

14日 政务院总理兼外长周恩来针对印度政府历次照会中提到在西藏的各种"权益"问题，向印度驻中国大使潘尼迦提出处理印度与西藏地方间的关系原则和具体措施。周总理指出，印度在西藏的现有状况是英国过去侵略中国遗留下来的痕迹，英国政府与旧中国政府缔结不平等条约而产生的特权现已不复存在，新中国与印度在西藏的新关系通过协商重新建立。根据这个基本原则，建议将过去印度在拉萨的代表处改为印度总领事馆，中央代表在西藏设外事帮办，我国还将在印度孟买设立总领事馆。印度政府同意上述意见。（《当代中国的西藏》上P182）

16日 《西藏地方政府与扎什伦布寺喇章（即班禅堪布会议厅）谈判备忘录》签订，合理解决了班禅方面有关乌拉差役、军用粮饷负担、诉讼罚金、税金和归还原属班禅的宗溪等问题，加强了西藏内部团结。（《当代中国的西藏》上P207）

△ 中南民委和中南民政部、文化部、教育部、卫生部、贸易部、农村工作部抽调28名干部，组成广东、广西工作组，分赴两省少数民族地区协助推行民族民主建政工作。（《新华社新闻稿》1952.6.18）

19日 据报道，云南省西部澜沧江和怒江峡谷的保山、昌宁等7县的傣、彝等少数民族农民学会了植棉技术，是年植棉3.6万多亩。（《新华社新闻稿》1952.6.19）

△ 20时12分59秒，云南省澜沧、募乃间发生6.5级地震，震中位置22.7°N、99.8°E，烈度VIII度。极震区包括澜沧县城区及佛房、东主、大平掌等地，少数土墙房屋震塌，木屋架倾斜；多数土墙裂缝，房瓦震落，土围墙倾倒。（《云南省志·地震志》P69）

21～25日 广西省第二次民族工作会议在南宁举行，确定下半年少数民族地区的主要任务，即开展民族区域自治，发展生产，搞好民族团结。（《广西通志·大事记》P286）

23日 十世班禅额尔德尼·确吉坚赞在西藏日喀则隆重升座参禅。（《人民日报》1952.7.5.①）

24日 据是日报道，青海省贸易公司配合牧区工作队到各地设贸易分公司、站、处，新疆省哈密和迪化（乌鲁木齐）贸易分公司分别组成流动贸易组到牧区开展贸易工作，甘肃百货公司在回民聚居区的临夏筹设百货商店，宁夏省商业厅决定在牧区设立2处固定贸易据点。（《新华社新闻稿》1952.6.24）

25日 据报道，新疆省"八一"钢铁厂、水泥厂、机器厂、汽车修理厂、发电厂、水电站、面粉厂均将在7月1日前后竣工投产。（《中国共产党新疆历史大事记（1949.10～1966.4）》上P73）

26日 《宁夏日报》公布，截至5月底，宁夏省各族人民在抗美援朝运动中共捐款3116.85亿多元（旧人民币），可购买8架战斗机。（《中共宁夏党史大事记（1925.8～1988.6）》P160）

△ 云南省委作《关于山区及缓冲区土改问题的报告》，对暂不考虑土改的边沿地区及进行缓冲土改的范围作了具体规定。怒江特区贡山、福贡、碧江、泸水4县定为不考虑土改的边沿地区，兰坪县被定为缓冲区。（《怒江傈僳族自治州志》上P22）

27日～12月13日 西北军政委员会组成以喜饶嘉措为团长的青海南部牧区访问团和以黄正清为团长的甘肃南部藏区访问团，在甘肃省夏河、卓尼、临潭和青海省同仁、同德、昂拉、河南等地访问。两访问团均设有医疗、贸易、畜牧、电影放映等组，并为牧民带去大批礼物。其间，访问团走访215个部落、村庄和120多个佛教寺院，并多次召开喇嘛、头人、牧民和各民族群众的僧俗大会，讲解民族政策，传达党和人民政府对各族人民的关怀。甘南藏区访问团还协助甘南藏区人民成立甘南藏族自治区筹委会。（《新华社新闻稿》1953.1.18，《人民日报》1952.7.5.①）

是月 西北军政委员会卫生部民族医疗防治队离开西安分赴甘肃、青海、宁夏3省少数民族地区工作。（《新华社新闻稿》1952.7.18）

△ 广西省第三期土改开始在全省397万人口中开展，同时对第二期土改进行复查。至年底，除瑶、苗、侗等少数民族聚居区外，全省土改运动基本结束。（《广西通志·大事记》P286）

△ 西康省棉业指导所在西昌试验移栽棉苗获得成功。（《凉山彝族自治州志》上P45）

△ 西康省藏族自治区人民政府创办国营新都桥农场，示范使用农业机械。庐定、康定、丹巴、九龙、邓柯、德格、白玉、甘孜、炉霍、道孚、新龙、理塘、巴塘13县相继建起小型示范农场。（《甘孜州志》上P40）

△ 云南省委组建民族工作队。7月，云南省委统战部副部长王连芳率工作队赴潞西、陇川、瑞丽3县开展民族工作。（《德宏州志》综合卷P34）

△ 在1951年冬和1952年春部队开荒生产的基础上，西藏军区在拉萨西郊建成“七一”、“八一”2个农场。“七一”农场为进藏地方工作人员经营，“八一”农场为进藏部队经营，揭开西藏屯垦的序幕。（《中国共产党西藏历史大事记（1949～2004）》P60）

△ 新疆省第一个现代煤矿——迪化六道湾煤矿建成投产。（《新疆通志·科学技术志》72卷上P35）

△ 新疆省乌苏、沙湾、玛纳斯、呼图壁、昌吉、米泉、乌鲁木齐、阜康、吉木萨尔、布尔津、和硕11个县发生蝗灾，蝗害蔓延51.88万亩，吃掉青苗5560亩，其密度每平方米10～300多个不等。（《新疆减灾四十年》P242）

7月

1日 遵照政务院指示，内蒙古自治区人民政府移驻呼和浩特。（《人民日报》1952.7.5.①）

△ 广东省海南黎族苗族自治区人民政府成立。6月25～30日，首届各族各界人民代表会议代行人大职权，讨论通过了自治区人民政府组织条例。会议选举王国兴（黎族）为自治区主席，陈斯德（苗族）、赵光炬为副主席；选举成立自治区人民协商委员会。（《人民日报》1952.7.10.①）

△ 西藏军区首建拉萨邮电局，办理电报与市内电话业务。是日，重庆、拉萨之间电报业务开放。（《人民日报》1952.7.12.②，《当代中国的西藏》下P229）

△ 解放后，新疆省创办的现代第一座国营企业——“七一”棉纺织厂建成投产。（《人民日报》1952.8.28.②）

△ 新疆省邮政管理局和迪化电信管理局合并，成立邮电部新疆邮电管理局。（《新疆通志·邮电志》51卷P31）

8日 政务院批准四川省奉节的龙门、柏杨、楠场3个乡划归湖北省恩施利川县。（《恩施州志》P12）

9日 西南民族学院首期妇幼卫生训练班的50多名藏、彝、回、苗、白等少数民族妇幼卫生员结业。（《新华社新闻稿》1952.7.10）

9日～9月23日 由彭泽民团长和萨空了

（蒙古族）、朋斯克（蒙古族）、阿艾沙（维吾尔族）等副团长率领的中央各民族访问团，在内蒙古、绥远和东北等少数民族地区访问。其间，访问团慰问蒙古、朝鲜、回、满、锡伯、赫哲、柯尔克孜、鄂伦春、鄂温克和达斡尔等少数民族，并先后举行50次慰问大会，向60多万各族人民传达中央人民政府主席毛泽东和中央人民政府对各少数民族人民的关怀和慰问。萨空了副团长还在各地多次给民族工作干部和各民族人民代表作关于民族政策的报告，邀请各族人民代表座谈，征求他们的意见和要求。（《人民日报》1952.7.10.①，9.3.①）

10日 出席全国工商联筹备代表会议的少数民族代表赴各地参观。（《人民日报》1952.7.4.②，7.13.①）

11日 青海省昂拉部落千户项谦（藏族）归向人民政府。（《人民日报》1952.9.8.①）

14日 新疆省八一钢铁厂总工程师余名钰发明涡鼓型空气侧吹碱性转炉，并应用于工业生产，1966年3月10日获国家科委“侧吹碱性转炉炼钢法”发明证书。（《新疆通志·科学技术志》72卷上P35）

15日 中国茶叶公司西康省公司康定支公司成立并正式开业。（《甘孜州志》上P41）

△ 据统计，广西省少数民族地区设有中、小学校369所，在校生1.8万余名。（《人民日报》1952.7.15.③）

15日~8月5日 中共新疆省第二届代表会议举行，会议检查总结新疆分局的领导工作，纠正在牧区改革上的错误，讨论土地改革工作等问题，听取和讨论中共中央宣传部部长习仲勋《传达中央指示及对检查新疆工作的意见》的报告、中央民委副主任委员刘格平《关于民族宗教问题、军队生产问题、统一战线工作问题、财经建设问题、文教工作问题的报告》、新疆分局纪委书记张邦英《关于新疆省农业地区实行土地改革的报告》和新疆分局常委包尔汉《关于新疆牧区工作的报告》。会议肯定了新疆分局两年多来的工作成绩，培养1.6万多名本地干部，发展近1000名本地民族党员和1.2万名青年团员，农业地区的社会秩序已安定，牧业地区的社会秩序基本安定。会议批评了分局工作中的错误，不适当地对新疆工作中的错误列出7个方面，其中主要是牧区工作中未能坚持贯彻执行中共中央和西北局的慎重稳进方针。会议分析牧主经济的性质，认为牧主经济不同于地主经济，具有半封建、半资本主义的经济性质。因此，对牧区改革的正确政策应是逐步取消牧主在政治上的封建特权，但又坚决保护牧主经济，并鼓励其发展畜牧业生产，使其成为新民主主义经济的一个组成部分。会议通过《关于在新疆牧区工作的决议》，确定牧区工作总方针和规定对牧主经济不斗、不分、不划阶级，实行牧主牧工两利等政策；集中讨论关于加强外来干部和本地民族干部团结问题；通过《关于防止和克服大民族主义倾向的决议》、《关于在新疆农业区实行土地改革的决议》；并根据新疆民族、宗教等特点制定一系列具体政策和策略。会议号召全体汉族干部学习马克思主义民族理论和政策，在工作中切实做到一切从实际出发，照顾当地民族的特点；认真尊重民族形式，注意发扬各族人民的优良历史文化传统；认真尊重当地民族人民的风俗习惯和宗教信仰；认真尊重并努力学习当地民族的语言文字；特别重视培养本地民族干部和领袖人物，并不断增进和他们的团结。（《人民日报》1952.8.29.③，《中国共产党新疆历史大事记（1949.10~1966.4）》上P74~76）

18日 据报道，西康省藏族自治区人民政府领导藏族人民试种茶树成功，并开始在全区推广。（《新华社新闻稿》1952.7.18）

19日 是日报道，西南少数民族地方238个县中近200个县建有卫生院、卫生所和医

院。（《人民日报》1952.7.19.③）

27～31日 中国伊斯兰教协会在北京举行筹委会议。会议讨论了有关筹组伊协的各项问题，选举包尔汉（维吾尔族）为筹委主任，达浦生（回族）、杨静仁（回族）为副主任。（《人民日报》1952.8.5.①）

28日～8月6日 中共中央宣传部部长习仲勋和中央民委副主任委员刘格平在新疆省伊宁视察工作。其间，两领导前往阿哈买提江等5烈士陵墓祭奠、扫墓，并慰问阿哈买提江烈士的家属马伊努尔；在伊宁市召集各民族宗教首领、工商业者暨开明人士座谈《共同纲领》中关于民族政策的各项规定；慰问天山牧区哈萨克族同胞。（《新华社新闻稿》1952.8.9；《人民日报》1952.8.5.①，8.7.①）

30日 云南省国营贸易公司决定：加强对少数民族地区的贸易工作，进一步促进少数民族地区的物资交流。（《新华社新闻稿》1952.7.31）

是月 广西省民族卫生工作队在南宁成立，队员39人。工作队主要任务是在少数民族聚居的边远山区开展巡回医疗和卫生防疫工作。至1957年，该卫生队先后到罗城、环江、巴马、都安、隆林、西林、龙胜、恭城、三江、大瑶山等29个县（自治县）的少数民族聚居地区，开展疟疾、性病等防治工作，并培训卫生员、接生员、抗疟员。（《广西通志·大事记》P286）

△ 西南军政委员会民政部批准贵州省镇远地区撤销炉山县，设立炉山县苗族自治区；撤销丹寨县，设立丹寨县苗族自治区。（《黔东南苗族侗族自治州志·总述·大事记》P103）

△ 云南省文山专区工商业者庞吉熙等4人合股筹资1亿元（旧币）建立“文山新文染织厂”。1956年2月实行公私合营，1966年5月转为地方国营，1982年改称“文山壮族苗族自治州民族织染厂”，为解放后文山州建立的第一个轻工业企业。（《文山壮族苗族自治州志》1卷P39）

△ 人民解放军昌都第三办事处卫生所集体转业并成立昌都人民医院。1953年3月，中央人民政府又遴选各科优秀人才125人，成立“卫生部赴藏卫生工作队”，分2批进藏；同年，人民解放军进藏部队也分别向昌都、丁青、江孜、波密、阿里等地派出卫生队。至1954年，内地进藏的卫生人员达300多人，其中部队转业人员占17%。（《当代中国的西藏》下P461）

△ 新疆省第一台汽轮发电机组投入运行。（《新疆通志·科学技术志》72卷上P35）

8月

1日 湖南省湘西苗族自治区一届一次各界人民代表会议举行，讨论通过了民主建政和生产建设等决议。会议选举成立自治区人民政府，石邦智（苗族）任自治区主席，程焕星、龙再宇（苗族）任副主席。6日，湖南省湘西苗族自治区宣告成立。（《人民日报》1952.8.13.③）

2日 中央民族学院中南分院（即中南民族学院）首期的苗、瑶、黎、侗、壮、回等10个民族的150名学员举行毕业典礼。中共中央宣传部部长习仲勋、中央民委副主任委员刘格平到会祝贺。（《新华社新闻稿》1952.8.20）

4日 青海省果洛藏族自治区在查郎寺建立果洛工委对外联络专用电台。1953年7月改称果洛电信局，1954年4月改称果洛邮电局，1957年9月改称果洛藏族自治州邮电局。（《果洛藏族自治州志》下P691～692）

7日 西藏和平解放后首个赴内地参观团一行40多人离开拉萨赴北京。欧协·土登桑却为团长，门堆巴·洛桑旺堆为副团长（2人均为西藏地方政府官员）。（《中共西藏党史

大事记（1949～1966）》P39）

8～20日 新疆省首届农牧民代表会议在迪化市举行，新疆分局第一书记王恩茂到会祝贺。会议决定成立省农民协会委员会，空前规模的消灭封建土地制度的土改运动在全疆正式展开。（《中国共产党新疆历史大事记(1949.10～1966.4)》上P77）

9日 中央人民政府颁布《中华人民共和国民族区域自治实施纲要》。《纲要》指出，民族的区域自治，是在中华人民共和国领土之内的，在中央人民政府统一领导之下的，遵循着中国人民政治协商会议共同纲领总道路的、以少数民族聚居区为基础的区域自治。它的实质，就是要在中国共产党的领导下，在统一的祖国大家庭内，使有着自己或大或小聚居区的（可以构成一级行政自治单位的）少数民族有当家做主管理本民族内部地方事务的权力，使少数民族按照本民族的情况和特点去发展自己的民族和文化；并在完全平等的基础上，使我国各族人民团结在统一的祖国大家庭内，互助合作，充分发挥各民族人民参加国家政治生活和革命的积极性，有效地防止外国帝国主义的侵略，共同建设社会主义和共产主义的祖国。这份文件对自治区的民族组成，自治区的自治机关、自治权力和自治区的民族关系等一系列问题都作了详细的规定。《纲要》的颁布使我国施行民族区域自治政策有了一部可以依据的法规，有力地促进了我国民族区域自治政策的进一步贯彻和执行。（《内蒙古自治区史》P86～87、516）

11日 政务院批复同意：广西省龙州专区改称崇左专区，原属龙州专区的镇边、靖西、德保3县划归百色专区管辖；南宁专区改称宾阳专区，原属南宁专区的都安县划归宜山专区。调整以下行政区划：裁撤万冈、西林、修仁、义宁4县，原万冈县行政区域分别划归凤山、东兰、田东、田阳县管辖；原西林县行政区域分别划归田西县、西隆县，同时田西县改名为田林县，西隆县改名隆林县；原修仁县行政区域分别划归荔浦县、鹿寨县；原义宁县行政区域分别划归龙胜县、灵川县。凭祥、明江、宁明3县合并置镇南县；雷平、万承、养利3县合并置大新县；龙茗、镇结、向都3县合并置镇都县；左县、崇善县合并置崇左县；上金、龙津2县合并置丽江县；扶南、绥渌、同正3县合并置扶绥县；那马、龙山2县合并置马山县；敬德、天保2县合并置德保县；凌云、乐业2县合并置凌乐县；平治、果德2县合并置平果县；思恩、宜北2县合并置环江县；贺县、信都2县合并仍称贺县；中渡、榴江、雒容3县合并置鹿寨县；合浦县析出北半部至浦北县。（《广西通志·大事记》P287）

14日 著名学者、诗人、翻译家、西藏革命党要员根敦琼培（藏族）在拉萨病故，终年49岁。有《青史》、《法句经》等译著。（《中国历代少数民族英才传》P3577）

15日 西藏拉萨小学正式开学。拉萨小学董事长为张国华，校长为达赖的副经师赤江·洛桑益西，副校长为陆一涵（负责学校具体工作）。教员有李安宅教授等，入学学生600余人。同时开学的还有中学补习班。（《人民日报》1952.8.25.③）

18日 黑龙江省龙江达斡尔民族自治区成立。一届一次人民代表会议选举茫哈（达斡尔族）为区长。以彭泽民为团长的中央访问团和黑龙江省人民政府于毅夫主席、王梓木副主席到会祝贺，彭泽民代表中央人民政府主席毛泽东向自治区人民赠送锦旗和礼物，自治区人民呈献毛主席锦旗。（《黑龙江日报》1952.8.21.①）

21～25日 宁夏省民委第二次扩大会议举行，讨论贯彻中央人民政府颁布的《中华人民共和国民族区域自治实施纲要》和政务院发布的《关于地方民族民主联合政府实施办法的决定》精神。会议提出在宁夏省推行民族区域自治的步骤和办法，决定：一、大力培养少数民族干部，提高干部政治水平；二、广泛深入群众，作好宣传工作；三、开好各界人民代表会议，继续巩固民族团结。（《中共宁夏党史大事记（1925.8～1988.6）》P161，《新华社新闻稿》1952.9.1）

22日～9月10日 新疆省首届二次各族各界人代会举行，讨论通过新疆分局常委包尔汉作的省政府工作报告和关于牧区的工作报告、省政法委员会主任高锦纯作的关于政法工作报告、新疆分局纪委书记张邦英作的关于今冬明春在农业区进行土地改革的报告和新疆分局第四书记赛福鼎·艾则孜作的关于民族问题报告，还讨论通过《新疆省关于执行土地改革法若干问题的规定》、《新疆省关于划分农村阶级成分的补充规定》、《关于执行〈中华人民共和国民族区域自治实施纲要〉的决议》。会议正式宣布，成立新疆省民族区域自治筹备委员会，包尔汉任筹委会主任，高锦纯、赛福鼎·艾则孜、安尼瓦尔·贾库林任副主任。（《新疆日报》1952.9.12.①，《中国共产党新疆历史大事记（1949.10～1966.4）》上P77～78）

29日 东北人民政府举行第30次行政会议，听取和讨论通过了东北人民政府民政部副部长刘宝田作的关于《东北民族区域自治及民主联合政府实施方案》的报告，政务院批准该报告和方案。（《东北政报》1952.12卷4期 P1）

30日 中央人民政府主席毛泽东致信新疆省疏附县帕哈太克里乡全体农民："感谢你们今年3月在庆祝土地改革胜利时写给我的信。你们已经从地主阶级封建土地所有制的束缚中获得解放，希望你们在爱国丰产的口号之下，更加团结，努力生产，改善自己的物质生活；并在这个基础之上，一步一步地提高自己的文化水平。"（《毛泽东书信选集》P440）

是月 西藏爱国青年文化联谊会成立。该联谊会及各地区相继建立的分会，既是社会各界青年联络感情、参加社会文化活动的场所，也是学政治、科学文化知识的成人教育的一种形式。（《当代中国的西藏》下P326）

△ 青海省格尔木地区和平解放，1954年建立阿尔顿曲克哈萨克族自治区，属海西州。（《中国分省市县大辞典》P1437）

9月

1日 西康人民广播电台正式播音。（《人民日报》1952.9.3.①）

2日 青海省政府批复，海晏县人民政府改称海晏藏族自治区人民政府。（《海北藏族自治州志》上P40）

3日 吉林省延边朝鲜族自治区人民政府宣告成立。首届各族各界人民代表会议选举朱德海（朝鲜族）为自治区主席，董玉昆、崔采（朝鲜族）为副主席。中央民委代表萨空了、东北人民政府代表王一天、吉林省党政代表李梦龄和栗又文到会祝贺。延边地区时辖延吉、珲春、敦化、安图、汪清、和龙1市5县，总人口854431人，其中朝鲜族529801人，占总人口的74%。（《人民日报》1952.9.21.②，《延边朝鲜族自治州志》P62、342、425）

6日 中央人民政府驻西藏代表外事帮办办公室成立，杨公素任帮办。该办公室在中央外交部的领导下，具体办理西藏地区的一切涉外事宜。1953年9月，外事帮办正式撤销。（《中共西藏党史大事记（1949～1966）》P40～41）

8日 西藏第一所现代医疗机构——拉萨市人民医院举行成立典礼。中共西藏工委书记张经武，中共西藏工委第一副书记张国华和西藏地方政府高级官员等出席。（《新华社新闻稿》1952.9.12）

10日～1953年3月31日 根据贵州省卫生厅的指示，兴仁专区举办少数民族初级卫生员训练班，学员81名（男45名、女36名），其中布依族67名、苗族7名、水族3名、黎族

1名、回族1名、汉族2名。（《黔西南布依族苗族自治州志·政权政协志》P16）

18日 广西人民出版社在南宁成立。（《广西通志·大事记》P287）

19日 黑龙江省人民政府第十三次政府委员会和第八次协商委员会联席扩大会议举行，根据《共同纲领》和《东北区民族区域自治及民族民主联合政府实施方案》，讨论通过了《关于实行民族区域自治及民族民主联合政府的决议》。（《黑龙江日报》1952.9.19.②）

21日 宁夏民族公学在银川成立。入学青年250名，包括回、蒙古、汉3个民族成份，省政府副主席孙殿才兼任校长。该校的任务是发展少数民族文化教育，培养少数民族工作干部，对少数民族青年施以中等学校教育。（《人民日报》1952.10.19.③）

21日~10月20日 华东、东北、西北、西南、中南、内蒙古各民族“国庆”观礼代表团和以柳霞·土登塔巴为团长的西藏致敬团、以格桑旺堆为团长的昌都致敬团，共46个民族300余人在北京参观学习。10月8日，代表团和致敬团向中央人民政府主席毛泽东、中国人民解放军总司令朱德、政务院总理周恩来献旗、献礼致敬。中央人民政府主席毛泽东、朱总司令、周总理接见西藏、昌都致敬团的代表，对西藏工作作了重要指示。16、18日，周总理和全国政协先后宴请观礼团和致敬团，周总理号召各民族进一步加强民族团结，建设新中国。（《新华社新闻稿》1952.9.24，1953.2.3；《人民日报》1952.10.17.①，10.18.①）

23~28日 宁夏省首届人民体育运动大会在省人民体育场举行，省委书记朱敏、省政府副主席孙殿才等出席开幕式并讲话。大会号召在全省广泛开展人民体育运动，增强人民体质，完成各项经济建设任务。全省17个市、县、旗和政府部门、驻宁部队的948名回、汉、蒙古族运动员参加田径、集体竞赛、卫国竞赛、球类（篮球、排球、垒球）项目的比赛和团体操、摔跤、骑射、跑马、武术等项目的表演。该届运动会创造全省田径男女38项最高纪录，选拔出的省体育代表队参加10月在西安举行的西北区首届人民体育运动大会。（《中共宁夏党史大事记（1925.8~1988.6）》P162，《当代宁夏史通鉴》P369~370）

23~30日 青海省祁连区从门源县划出，区人民行政委员会改称祁连自治区人民政府，省直辖。祁连自治区各族各界人民代表会议协商委员会同时成立。（《海北藏族自治州志》上P40）

26~30日 贵州省炉山县二届一次人民代表会议举行。会议选举成立炉山苗族自治区人民政府，王占先（苗族）为县长，胡中章、吴朝明（苗族）为副县长。30日，自治区人民政府宣告成立。（《新黔日报》1952.10.28.①）

28日~10月17日 蒙古国总理泽登巴尔率政府代表团访问我国。10月14日，两国政府代表团发表关于缔结经济及文化合作协定的公报。（《新华社新闻稿》1952.9.29，10.5，10.18）

30日~10月4日 贵州省惠水县二届三次人民代表会议举行。会议选举成立自治区人民政府，韦时平（彝族）任县长，卓孔信、罗士科（苗族）任副县长。10月4日，自治区人民政府宣告成立。（《新黔日报》1952.10.28.①）

是月 中国解剖学家、中国解剖学会发起人之一王有琪（回族）主编的《人体胚胎学纲要》由华东医务生活社出版。王有琪，上海医学院教授，生前曾任上海解剖学会理事长、中国解剖学会副理事长、上海市人大代表及常委、上海市伊斯兰教协会副主任、上海市伊斯兰教文史资料工作委员会主任等职。1994年病逝，享年95岁。其主要著作有《中国近代解剖学的发展》、《组织学》等。（《中国少数民族专家学者辞典》P123）

△ 云南省文山专区西畴县达戛村壮族女

青年依惠莲带领17户农民组成全区第一个农业互助组。（《文山壮族苗族自治州志》1卷P39）

△ 云南省迪庆地区境内第一条公路——丽江巨甸至维西岩瓦马车路建成通车，全长143公里。（《迪庆藏族自治州志》P31）

△ 云南省政府在西双版纳地区车里、佛海、南峤、镇越、宁江、六顺等县共建立11所省立小学校，建州后统一改为州立小学。（《西双版纳傣族自治州志》上P34）

△ 中国人民银行同仁支行成立。（《黄南州志》上P29）

10月

1日 中央人民政府主席毛泽东等中央领导人首次接见中央民族学院部分师生。建校初至1966年，毛泽东、刘少奇、周恩来、朱德等党和国家领导人先后14次接见学校师生代表。（《中央民族大学五十年》P173）

△ 西康省邮电管理局开通雅安至西昌长途电话。（《凉山彝族自治州志》上P46）

△ 全国水稻丰产模范、贵州省镇远专区农民龙正明（苗族）在北京出席国庆观礼大会，中央人民政府主席毛泽东在中南海怀仁堂接见。（《黔东南苗族侗族自治州志·总述·大事记》P104）

△ 国营贵州省运输公司镇远运输段成立，为黔东南地区第一个汽车运输企业。1962年改为凯里汽车运输公司。（《黔东南苗族侗族自治州志·总述·大事记》P104）

△ 西藏日喀则市国营电信局成立，并开始和全国各大中城市开通电报业务。（《新华社新闻稿》1952.10.16）

△ 新疆省第一座现代化浮选厂——中苏有色金属公司康苏铅锌选矿厂建成投产，首次选出合格的铅精矿和锌精矿。新疆省主席包尔汉（维吾尔族）亲临剪彩。（《新疆通志·科学技术志》72卷上P35）

△ 《新疆日报》发表新疆分局第一书记王恩茂的文章《新疆民族团结在日益巩固和发展中》。文章论述解放3年来，新疆省在政治、经济、文化教育等方面的巨大变化。文章说，解放后新疆省结束反动统治时期的民族仇杀和分裂状况，各民族都亲密地团结在伟大的、统一的中华人民共和国这一个友好和睦的大家庭中。这是新疆省历史上，亦是中国历史上空前未有的新气象。（《中国共产党新疆历史大事记（1949.10～1966.4）》上P79）

1～7日 西康省凉山彝族自治区各族各界人民代表会议举行。会议选举瓦扎木基（彝族）为自治区政府主席，张荣、周全杰、王海民（彝族）、安登杰（彝族）为副主席。1日，西康省凉山彝族自治区人民政府宣告成立。（《凉山彝族自治州志》上P46、665、707）

△ 云南省蒙自专区二届一次各族各界人民代表会议在蒙自举行。会议决定在原专区民族协商委员会基础上成立专区民族事务委员会，主任委员李和才（哈尼族），副主任委员郝建勋、李呈祥（哈尼族），专区各族各界人民代表会议协商委员会随之撤销。（《红河哈尼族彝族自治州志》1卷P68，6卷P146）

4日 贵州省贵定专区惠水彝族苗族自治区成立。（《黔南布依族苗族自治州志》上P50）

5日 宁夏省渠道新建和整修工程完工，省农林厅举行竣工典礼大会，并奖励模范单位和个人。该工程于1950年5月开工。（《当代宁夏史通鉴》P18）

6～21日 全国农业工作会议在北京召开。会议确定1953年大力发展互助合作组织、开展爱国丰产运动的方针和计划。（《新华社新闻稿》1952.10.29，《中华人民共和国大事记（1949～1980）》P201）

6日～11月14日 文化部主办的第一届全国戏曲观摩演出大会在北京举行。文化部常务副部长、党组书记周扬作改革和发展民族戏曲艺术的报告，政务院总理周恩来致闭幕词。广西省桂剧《拾玉镯》、《抢伞》参加演出，演员尹羲获一等表演奖，《拾玉镯》获演出奖，后改编为戏剧电影。（《新华社新闻稿》1952.10.7，11.17；《广西通志·大事记》P288）

7日 中共宁夏省委向各县市旗委发出《关于一年半培养、提拔干部计划》。省委认为，目前干部情况是“数量不足，质量不高”，尚缺党、政干部1034名，经济建设行政干部495名。除在现有干部中进行适当调整外，必须大力培养、提高在职干部，培养提拔工、农积极分子。计划在“三反”基础上，放手提拔一批经过各种运动考验的优秀青年为领导干部，要求在一年半内提拔区长级以上干部272名，于1953年底前配备省、县、区三级领导干部559名。省委要求，提拔干部按德才兼备的原则，逐级大胆提拔，对其中优秀的、有培养前途的、能够胜任一定工作的，应打破惯例越级提拔。（《中共宁夏党史大事记（1925.8~1988.6）》P162~163）

14日 政务院文教委员会西藏工作队农业科学组抵拉萨。科学组将调查研究康藏地区农林、畜牧业情况，并协助解放军进藏部队研究农业生产技术。（《人民日报》1952.10.22.③）

18日 贵州省首次组织的少数民族参观团赴北京、天津、南京、武汉等地参观学习。（《黔东南苗族侗族自治州志·总述·大事记》P104）

20日 中共中央新疆分局发出《关于加强宣传教育工作的决定》指出，各级党委加强宣传教育工作，注意从新疆民族特点出发，正确宣传各项政策。《决定》指示，要宣传爱国主义和各族劳动人民的勤劳智慧，不进行任何有伤民族和宗教感情的宣传；要组织全体干部学习党的政策，宣传党的政策；学校教育要坚持以师范教育为重点，大量培养各民族师资；要提倡、组织汉族干部学习维吾尔语言和文字；对文学艺术应宣传以发展当地民族的文化艺术为主，逐步吸收国内外先进的科学和文化艺术。（《中国共产党新疆历史大事记（1949.10~1966.4）》上P80~81）

23日 中共中央发出《关于整顿新疆财经工作的指示》，提出：一、适当改变驻疆部队生产计划和经营范围。部队只进行农牧业和农牧产品加工工业生产，停止其他工业和商业。二、对部队和地方举办的各项工矿、交通和水利工程进行检查和整顿，确定继续办好的项目和缩减、缓办、停办项目。三、部队举办的大工厂交政府财经部门管理。四、新疆今后建设计划，应从现实出发，照顾到将来的发展。铁路修到新疆前（估计约10年时间），新疆的建设方针首先应抓紧发展农牧业及与此相适应的交通运输和内外贸易事业。工矿业方面，除举办必需和可能的小型工业外，把重点放在资源勘探和干部培养上，以便在铁路修通前二三年有充分资源供大规模工矿建设。五、新疆全部财经工作由新疆财经委员会统一领导，部队生产纳入统一计划。（《中国共产党新疆历史大事记（1949.10~1966.4）》上P81~82）

△ 广西省人民政府召开首次民族贸易会议，根据全国民族贸易会议的精神检查工作，研究确定今后在各少数民族地区开展贸易工作的方针，即努力扩大少数民族地区商业网，积极建立与发展国营贸易机构，扶持合作社发展，团结私商，发展少数民族地区的贸易工作，帮助少数民族人民经营商业，恢复和建立定期的圩市日；积极培训与各族人民有联系的贸易干部；对有发展前途的特产采取扶助与保护的方针；照顾私商的合理利润，以发展少数民族地区的商业。（《新华社新闻稿》1952.11.27，《广西通志·大事记》P288）

24日 青海省玉树藏族自治州民族宗教上层人士内地参观团一行31人赴北京、天津、沈阳、内蒙古、南京、上海等地参观。

（《玉树州志》上P25）

25日 中共中央批准安子文、廖鲁言关于结束“三反”和“五反”问题的两个报告，“三反”、“五反”运动胜利结束。宁夏省参加“三反”运动1.03万人，运动中查出浪费金额39亿余元（旧币，下同），贪污公款81.65亿元；其中，贪污千万元以上者207人，金额39.52亿元，这些腐败分子都受到不同程度的政纪、法律制裁。“五反”运动期间，在银川市32个行业的2551户工商户中，查出完全违法4户、严重违法11户、半违法111户、基本守法2016户、守法409户，违法总值42亿余元；其中，偷漏税款29亿余元，敌伪资产5.4亿元，偷工减料与盗窃国家经济情报4.58亿元，贩卖银元、烟毒等罚款3.28亿元。政府除对个别严重危害国家利益的“五毒”俱全者依法判刑外，其余均在以教育为主的基础上进行适当处理。 （《中共宁夏党史大事记（1925.8~1988.6）》P163）

26日 中国航空公司开辟广州经南宁至昆明、广州至湛江新航线，为解放后广西省第一条航线。 （《新华社新闻稿》1952.10.25）

27日 青海省塔尔寺寺主第21世阿嘉呼图克图（活佛）在塔尔寺举行坐床典礼。省政府特派副秘书长马乐天和省政协副秘书长古嘉赛等，携西北军政委员会和省政府各种赠礼和贺信等前往祝贺。 （《新华社新闻稿》1952.11.4）

31日 中共中央新疆分局致电西北局并中共中央，报告新疆第二届党代会后的工作情况。报告说，新疆省第一期土地改革已于9月15日前后开始。正在进行土改的地区是喀什、阿克苏、莎车、和田、焉耆、迪化、哈密7个专区，44个县，212个乡，土改中心在南疆。参加土改的干部1.96万名，本地民族干部占80%左右。 （《中国共产党新疆历史大事记（1949.10~1966.4）》上P83）

△ 西藏拉萨小学举行授礼大会，接受中央民委、西南军政委员会民委和达赖喇嘛赠送的礼物。中共西藏工委书记张经武代表中央民委和赤江活佛，西藏地方政府代理机巧堪布（僧官中最高负责人）罗桑三旦代表达赖喇嘛分别在会上讲话。拉萨小学董事长张国华代表董事会和师生对中央民委和达赖喇嘛表示感谢。 （《新华社新闻稿》1952.11.9）

是月 西康省藏族自治区除色达外，各县均建有县卫生院。 （《甘孜州志》上P42）

△ 广西省黄牛人工授精试点工作组在桂林畜牧试验场成立，选择临桂县的良丰、会仙、周家等8个乡开始工作，采用荷兰、杰西、短角及爱尔夏4个品种的公牛精液为本地92头母黄牛配种，受胎率为23.4%。1953年复配母黄牛93头，受胎率高达70%。 （《广西通志·大事记》P288）

是~12月 广西省戏剧改进委员会委托柳州市文教局举办2期艺人培训班，96人受训。培训班学习中央人民政府主席毛泽东《在延安文艺座谈会上的讲话》和政务院《关于戏曲改革工作指示》，旨在提高艺人的政治思想觉悟和政策水平及业务技能，探索地方戏曲改革之路。 （《广西通志·大事记》P288）

11月

2~5日 青海省海晏藏族自治区首届三次人民代表会议举行。会议选举同曲和（又译同曲乎，藏族千户）为自治区主席，苏胜轩、三木谈（蒙古族）为副主席。11月11日，自治区人民政府宣告成立。 （《人民日报》1952.12.19.③）

2日~12月3日 中南民族参观团一行75人和西北牧区各民族参观团一行96人在北京参观学习。11月18日，两个参观团向中央人民政府主席毛泽东献旗致敬，政务院副总理邓小平代表毛主席受旗并设宴款待。 （《人民日报》1952.11.3.①，11.13.①，11.19.①）

3日 新疆省迪库公路正式通车，由迪化

(乌鲁木齐)穿越海拔4100公尺的天山主峰胜利大坡(原名新大坡)直达库尔勒，全长321公里。 (《人民日报》1953.6.6.②)

3~8日 西康省藏族自治区第一届各族各界人民代表会议第三次会议在康定举行，会议通过《关于发展民族语言文字实施办法》。 (《甘孜州志》上P42)

4日 中共中央新疆分局常委会议研究新疆财经工作，新疆分局第一书记王恩茂作《关于贯彻〈中央关于整顿新疆财经工作的指示〉的总结》。《总结》指出，整顿新疆财经工作的方针是：第一，实行财经工作的统一。第二，新疆目前的条件还不可能进行大规模的经济建设，而只能进行大规模的经济建设的准备工作。第三，新疆一切经济建设必须由党委领导，通过政府去办。新疆的部队今后必须把国防部队与建设部队区分开来。《总结》提出，整顿新疆财经工作的基本环节，是将新疆的建设由军队经营的方式转到由政府经营，这是新疆财经工作的一个重大转变。部队举办的大工厂、交通运输、工程建设都转由地方经营。部队由兵变民，在新疆安家。 (《中国共产党新疆历史大事记(1949.10~1966.4)》上P84)

4~5日 佛教界(包括藏、蒙古、汉、苗4个民族的教徒)著名人士在北京举行会议，发起组织中国佛教协会。会议通过《中国佛教协会发起书》，选出赵朴初等组织筹备处。 (《人民日报》1952.11.14.①)

5日 西南民委联合各有关部门于10月组成川南民族工作队，赴雷波、马边等彝族聚居区帮助彝民推行区域自治。四川省人民政府抽调各地干部在屏山县的石角营设立雷波、马边、屏山、峨边办事处，专门领导推行区域自治工作。 (《新华社新闻稿》1952.11.6)

6日~12月1日 广西省桂西壮族自治区筹委举行扩大会议。会议听取和讨论中南民委主任委员张执一作的关于民族政策的报告、自治区筹委会副主任赵卓云作的关于《广西省三年来的民族工作》的报告和筹委主任覃应机作的关于《桂西壮族实行区域自治筹备工作》的报告，中央民委副主任委员刘格平传达中央民委主任委员李维汉的《有关民族政策的若干问题》的报告。 (《人民日报》1952.12.1.①)

14日 文化部和西北军政委员会文化部组成甘肃省临夏专区炳灵寺石窟勘察团，查明该窟有北魏和唐代石窟35孔、石龛87个。 (《临夏回族自治州志》上P48)

15日 青海省果洛境内第一个气象站——黄河气象站建成。 (《果洛藏族自治州志》上P27)

△ 甘肃省临夏至夏河公路通车。 (《临夏回族自治州志》上P48)

17日 据初步统计，新疆省乡以上脱产干部中，本地民族干部已有3.05万余名，占干部总数的68.2%。 (《新华社新闻稿》1952.11.18)

18~26日 广西省宜山专区大苗山苗族自治区首届二次各族人民代表会议举行。会议选举成立大苗山苗族自治区人民政府(1955年9月30日，改称大苗山苗族自治县)，选举杨文贵(苗族)为县长；讨论通过了自治区人民政府暂行组织条例和施政方针，制定了大苗山人民爱国团结公约。 (《人民日报》1952.12.19.②)

19日 云南省委严肃批评丽江地委派人在碧江县进行"三自"革新运动，着其必须坚决遵循中共中央指示，不在边疆少数民族地区进行"三自"革新运动。 (《怒江傈僳族自治州志》上P22、284)

20日 康藏公路甘孜至昌都段提前通车。中央人民政府主席毛泽东题词："为了帮助各兄弟民族，不怕困难，努力筑路！" 中国人民解放军总司令朱德题词："军民一致，战胜天险，克服困难，打通康藏交通，为完成巩固国防，繁荣经济的光荣任务而奋斗！"西南军政委员会主席刘伯承、军区司令员贺龙等致贺电。工程于1951年5月6日动工修建。进藏部队遵照毛主席“一面进军、一面建设”的指示，在昌都战役结束后即抽调大部分兵力投入甘孜至昌都段公路的修筑任务。这段公路长达445公里，最低线海拔3500米，最高5300米，越过6座海拔4500米以上的大山。部队先后投入2个师直机关和10个步兵团、工兵团，约3.1万人。另有康藏公路工程处技工9000余人参加修建。（《人民日报》1952.11.27.①，《中共西藏党史大事记》（1949~1966）P25）

△ 西康省西昌专区西昌至会理公路修复通车。（《凉山彝族自治州志》上P46）

22~28日 新疆各民族体育代表参观团一行66人，由团长黄凌云和副团长肉孜·乌斯满（维吾尔族）率领在北京参观学习。28日，团中央、青联总会、中央团校等举行联欢晚会，欢迎参观团全体团员，团中央书记处书记刘导生讲话。（《人民日报》1952.11.24.①，《新华社新闻稿》1952.12.1）

24~29日 广东省政府在广州举行首届民族工作会议，讨论通过省民委主任李章达《广东省三年来民族工作情况及一九五三年工作计划》的报告，中央民委副主任委员刘格平作有关民族政策问题的报告。（《新华社新闻稿》1952.12.6）

是月 广西省扫盲工作会议在南宁召开，布置是年冬完成19万人的扫盲任务，其中农民16万人、职员和职工3万人。（《广西通志·大事记》P288）

△ 西康省西昌专署开办祁建华速成识字训练班，开展扫盲运动。（《凉山彝族自治州志》上P46）

△ 贵州省兴义专署整顿商业，使国营商业迅速占领批发市场，并控制粮食、棉布、棉纱、油脂、食盐、煤油等生活必需品的价格和货源。（《黔西南布依族苗族自治州志·政权政协志》P16）

△ 17日，中共云南省委根据中央和西南局的指示，发出《关于检查民族政策执行情况的指示》，要求各级党委“必须十分重视民族政策执行情况的全面检查”。26日，省政府发出《关于学习民族政策的通知》，要求各地区、各机关、各部门认真学习政务院颁布的《中华人民共和国民族区域自治实施纲要》、《中央人民政府政务院关于地方民族民主联合政府实施办法的规定》和《中央人民政府政务院关于保障一切散居的少数民族成分享有民族平等权利的决定》3个重要文件，贯彻落实《共同纲领》的民族政策，进一步巩固和发展各民族的团结合作。（《云南民族团结进步事业光辉历程（1949~2009）》P69、123）

△ 云南省德宏地区成立傣文改进委员会。（《德宏州志》综合卷P35）

12月

1日 西康省西昌专员公署依法接收教会在西昌地区开办的学校。（《凉山彝族自治州志》上P46）

1~7日 贵州省丹寨县三届一次人民代表会议举行。会议选举王德安（苗族）任县长，余治良（苗族）、魏启昭为副县长。7日，丹寨县苗族自治区人民政府宣告成立。（《新黔日报》1952.12.14.①）

3日 广西省三江侗族自治区（县级）成立，以原三江县行政区域为其行政区域。1955年9月17日，改称三江侗族自治县。（《广西通志·大事记》P288）

△ 政务院批准四川省藏族自治区懋功县、靖化县改称小金县和大金县。（《阿坝州志》上P38）

△ 中共中央西北局复电新疆分局，同意分局关于长期保护党外上层人士及专家的规定，并提出，保护条件与范围中所指宗教界有地位的人士应更加明确写为“宗教界有地位的人士（阿訇、活佛、教主、大喇嘛及其他宗教

界有影响的人士）”。凡已列人保护名单的人物，今后对其一切有关重大问题的处理一般均须经当地党委讨论，分局批准，重要者（如在某一民族、教派、部落中有全面影响的人物）须报请中央批准后执行。（《中国共产党新疆历史大事记（1949.10～1966.4）》上P85）

3～6日 西南军政委员会民委第四次全委会议举行。会议决定，1953年西南各少数民族地区以推行民族区域自治和生产建设为中心工作，继续开展贸易、文教、卫生和培养少数民族干部工作。（《新华社新闻稿》1952.12.29）

6～9日 广西省桂西壮族自治区首届各族各界人民代表会议举行，讨论通过了自治区人民政府组织条例和施政纲要。会议选举成立自治区人民政府，覃应机（壮族）任自治区人民政府主席，谢鹤筹（壮族）、冯寿天、谢扶民（壮族）、梁华新（壮族）为副主席；选出委员29人。同时选举产生自治区人代会协商委员会，谢扶民任主席，冯寿天、谢鹤筹、兰昌法（瑶族）、杨文贵（苗族）、莫虚光（侗族）任副主席。9日，桂西壮族自治区人民政府宣告成立。桂西壮族自治区机关驻南宁，辖宜山、百色、邕宁3个专区34个县；壮族有525.7万人，占总人口的62%；其他少数民族占7%；汉族占31%。（《人民日报》1952.12.12.①，《广西通志·大事记》P289）

8～13日 第二届全国卫生会议在北京举行。中央人民政府主席毛泽东为大会题词：“动员起来，讲究卫生，减少疾病，提高健康水平，粉碎敌人的细菌战争。”政务院总理周恩来作报告。会议确定“面向工农”、“预防为主”、“团结中西医”、“卫生工作与群众运动相结合”为卫生工作的4项原则。（《新华社新闻稿》1952.12.9，1953.1.4；《中华人民共和国大事记（1949～1980）》P374）

10日 甘肃省临夏专区东乡自治区民族师范学校成立。（《临夏回族自治州志》上P48）

11日 全国政协第三十九次双周座谈会举行，中央访问团彭泽民团长和萨空了副团长作《中央访问团访问东北、内蒙、绥远各地少数民族的报告》。（《人民日报》1952.12.12.①）

12日 湖南省湘西苗族自治区代管的永顺、大庸、龙山、桑植4县正式划归湘西区管辖。（《湘西州志》上P59）

12日～1953年1月2日 由团长松谋（藏族）率领的西南各民族代表参观团一行167人在北京参观学习。（《新华社新闻稿》1953.1.3，《人民日报》1952.12.17.①）

14日 达赖喇嘛·丹增嘉措在拉萨接见出席工商联筹代会的西藏地区代表桂香巴·贡尕那嘉和三多仓·罗桑格登、黎之淦，并亲自接受他们带回的中央人民政府主席毛泽东、政务院总理周恩来以及中央民委主任委员李维汉赠送的礼品。（《新华社新闻稿》1952.12.23）

17～30日 青海省政府举行全省各民族自治区政府主席、副主席联席扩大会议，讨论如何健全各民族自治区的政权工作，逐步发展牧业区的经济和文化建设问题。（《新华社新闻稿》1953.1.26）

18日 据报道，两年半以来，内蒙古自治区牧区13个旗普遍进行1次梅毒治疗，计检查10.10万人，治疗4.44万人，经过治疗的地区人口普遍上升。（《新华社新闻稿》1952.12.19）

△ 宁夏省银川电厂扩建工程提前完工，开始向全市供电，并于28日举行送电典礼大会。（《中共宁夏党史大事记（1925.8～1988.6）》P164～165）

19日 政务院第163次会议通过《关于继续开展防旱抗旱运动并大力推行水土保持工作的指示》，26日公布。（《新华社新闻稿》1952.12.20，12.27）

21日 云南省丽江专区所属剑川县发生

6.2级地震，波及丽江、鹤庆2县的纳西族、彝族、藏族等民族地区，55个乡镇12万人受灾，70%的房屋倒塌，伤亡2280人。省政府拨100万公斤粮食、15亿元医药费（旧，1万元相当于现在的1元）、12亿元安置费给灾区赈灾。省政府副主席周保中率工作组及医疗队深入灾区指导救灾工作。29日，中央和西南军政委员会派专机运送大批救灾药品，中央人民政府拨款30亿元赈灾和灾区重建。（《云南民族团结进步事业光辉历程（1949~2009）》P80）

21~29日 四川省藏族自治区首届人民代表大会在茂县举行。会议选举成立自治区人民政府，桑吉悦希（即天宝，藏族）任自治区主席，张承武、索观瀛（藏族）、华尔功臣烈（藏族）、苏新（羌族）任副主席。29日，省藏族自治区人民政府宣告成立。（《四川日报》1953.1.7.①，《阿坝州志》上P37、24）

23日~1953年1月5日 中共宁夏省第三次代表大会举行。会议听取并讨论通过了《第二次党代表大会以来的工作总结与一九五三年的任务》的报告。报告指出："第二次党代会以来，在继续深入抗美援朝运动的基础上，遵照'增加生产厉行节约，以支持中国人民志愿军'的指示，围绕大生产运动，完成了具有历史意义的土地改革、'三反'、'五反'等伟大运动和工矿民主改革、部队整编、机关整党、镇反摸底、中学教职员及小学教师的思想改造。经过这些运动，已基本上完成了各种社会民主改革的重大任务。"会议指出，自1953年起，我国将进入有计划的社会主义经济建设时期，为做好第一个五年计划第一年的工作，全省的经济建设必须坚持"以农、牧业为主并争取做好工业建设"的方针，先打好基础，再全面铺开。会议还就土改复查、民主建政、少数民族区域自治、领导及干部作风诸方面的问题进行了讨论。（《中共宁夏党史大事记（1925.8~1988.6）》P165）

24日~1953年1月1日 广西省隆林县各族联合自治区首届各族各界人民代表会议举行。会议讨论通过了《隆林县各族自治区人民政府暂行组织条例》、《隆林县各族各界人民代表会议暂行组织条例》和《隆林县各族联合自治区人民政府今后工作计划》。会议选举黄明山（壮族）为县长，杨宗德（苗族）、王文清（彝族）为副县长；陈希古为人代会常委会主席，王廷算（壮族）、李林（瑶族）为副主席。翌年1月1日，隆林县各族联合自治区人民政府宣告成立。（《广西日报》1953.1.15.①）

25日~1953年1月3日 广西省政府举行教育工作会议。省政府副主席陈漫远在《国家建设和教育工作者的任务》的报告中指出：广西省3年来教育事业有很大发展，1952年末与1950年7月相比，小学校增长1.5倍，小学生增长5倍；中学生增长1.3倍；中等技术学校增长2倍，中等技术学校学生增长3.9倍。（《广西通志·大事记》P289）

27日 中共云南省委报告西南局关于西双版纳自治区名称问题，经协商同意将"僰族"改为"傣族"，全称为"云南省西双版纳傣族自治区"。（《西双版纳傣族自治州志》上P34）

28日~1953年1月1日 云南省弥勒县彝族自治区各族各界代表会议举行。会议代行人大职权，讨论通过了《弥勒县彝族自治区人民政府组织条例（草案）》、《1953年度施政纲要》和《各族人民团结公约》；选举刘荣显（彝族）为自治区县长，龙介仁（彝族）等2人为副县长。翌年1月1日，弥勒县彝族自治区人民政府宣告成立。（《云南日报》1953.1.10.①）

30日 农业部颁发命令，奖励是年农业爱国丰产运动中的丰产模范。宁夏省平罗县莫如信农业生产合作社的3.13亩小麦（水地），亩产小麦696.15斤，超过1951年全国丰产最

高记录。农业部特奖给爱国丰产新记录奖状、爱国丰产奖章及奖金200万元。（《新华社新闻稿》1953.1.4）

31日 中共中央新疆分局作出《关于原由新疆军区经营管理之工厂（企业）移交给政府的决定》。《决定》要求，原由军区经营管理的八一钢铁厂、十月汽车修理厂、苇湖梁电厂、乌拉泊水力发电厂、水磨沟电厂、电业管理局、七一棉纺织厂、第一水泥厂、第二水泥厂、八一面粉厂10个工厂（企业）单位，自1953年1月1日起移交政府领导。（《中国共产党新疆历史大事记（1949.10~1966.4）》上P85~86）

△ 新疆省县一级的电讯局已由解放前的26个发展到53个；哈密、霍城等20多个城市都有了有线长途电话，很多边远的县可与迪化（乌鲁木齐）无线电通话。（《新华社新闻稿》1953.4.21）

是月 著名历史学家白寿彝（回族）编著的《回民起义》由神州国光出版社出版。该书为云南和西北回民起义的史料汇编。（《中国伊斯兰百科全书》P237~238）

△ 西南财经委员会召开西南区少数民族地区经济工作会议，总结3年来少数民族地区的经济工作，确定进一步开展少数民族地区经济工作的具体方针和任务。（《新华社新闻稿》1953.1.14）

△ 湖北省恩施地区农村开展扫盲运动，各级政府相继建立扫盲机构。（《恩施州志》P12）

△ 广西省在爱国卫生运动中涌现出49个模范单位、42名模范个人、72名模范卫生工作者，大苗山苗族自治区雨蒲乡雨玉村被评为全国乙等模范单位。（《广西通志·大事记》P289）

△ 云南省楚雄专区武定小凉山按“缓冲区”政策进行土改。（《楚雄彝族自治州志》1卷P194）

△ 中共中央新疆分局制定《关于全疆司法改革的初步方案》，确定对各级法院进行整顿和改革，并规定出具体政策。（《中国共产党新疆历史大事记（1949.10~1966.4）》上P86）

是年 我国有北京电影制片厂、东北电影制片厂、上海电影制片厂、中央人民政府人民革命军事委员会总政治部解放军电影制片厂4个国营电影制片厂开始用蒙古、维吾尔、朝鲜等少数民族语言译制国产和进口影片。（《新华社新闻稿》1953.1.19）

△ 内蒙古自治区组织起各类互助组近14万个，其中常年互助组占34.3%，参加各类互助组的农户68万多户，占总农户的51.6%。与此同时，还试办28个初级农业生产合作社，入社农户400多户。（《内蒙古自治区史》P97）

△ 绥远省后套地区现代化灌溉工程——黄杨闸水利工程完工，可引黄灌溉农田280万亩，使百万亩盐碱地和荒地变成良田。至是年，内蒙古自治区境内水浇地面积由1949年481万亩增至794万亩。（《内蒙古自治区史》P97~98，《新华社新闻稿》1952.6.1）

△ 内蒙古自治区呼和浩特发生24起火灾，经济损失1.34亿元。鄂尔多斯市东胜区大旱，受灾农田43.07万公顷，粮食歉收。（《内蒙古自然灾害通志》P245~246）

△ 解放后，党和政府大力发展内蒙古教育事业，采取鼓励蒙古族及区内其他少数民族学生入学的各种具体措施，培养大批知识分子。初期，牧区小学完全公办，并有绝大多数学生享受人民助学金待遇；鄂伦春、鄂温克等少数民族地区的小学实行完全公费待遇。是年，小学校有9615所，比1947年增长近1.55倍，学生68.4万人，比1947年的21.4万人增长2.2倍，其中蒙古族学生较解放前增长10倍以上；中等学校46所，比解放前增加23所，学生12999人，增长4.5倍，其中蒙古族学生

增长9倍。建立了内蒙古畜牧兽医学院、内蒙古师范学院等3所高等学校，招收学生616人，其中蒙古族学生146人，是内蒙古历史上首次有正规高等院校，标志着内蒙古文化教育事业已进入新的发展阶段。建国后，党和政府非常重视蒙古民族语言文字的推广和使用，在多数蒙古族小学以及部分中学的一些班级采用蒙古语言文字进行教学，出版各种蒙古文课本200多万册，保证了民族教育发展的需要。蒙古语文新闻和广播事业也有了大发展，出版蒙古文图书127种72万册，出版蒙文版《内蒙古日报》与《内蒙古青年》，并设立蒙古语广播。全区有文化馆104个、图书馆1个、剧场23座、电影院10座、电影放映队21支、电影俱乐部6个。（《内蒙古自治区史》P106）

△ 政务院分别奖给湖北省恩施地区利川县、咸丰县锦旗1面，题词：“坝漆名冠全球”、“咸丰生漆名冠全球”。（《恩施州志》P12）

△ 广西省进行清匪反霸，清出散潜匪9421名，历时3年的剿匪斗争结束。（《广西通志·大事记》P283）

△ 广西省65个县有螟虫、稻苞虫和稻瘿蚊虫害发生，受害面积1000多万亩，损失粮食0.5亿公斤以上；全省动员680多万人次对受害农田进行防治，捕杀各种害虫85万公斤，防治面积620多万亩，挽回稻谷损失4750万公斤。全省受水灾面积70万亩，受旱灾面积208万亩，损失粮食1.09亿公斤。因水灾倒塌房屋4318间，淹死260人、牲畜810头。（《广西通志·大事记》P288～289）

△ 展现西康省藏族自治区风情的《康定情歌》获国际青年联欢节银质奖。（《甘孜州志》上P42）

△ 贵州省镇远专署开办全区第一个民族师资培训班，招收失学失业的少数民族知识分子，培训后充实中小学教师队伍。（《黔东南苗族侗族自治州志·总述·大事记》P105）

△ 云南省楚雄专区镇南师范学校迁至鹿城，易名为“楚雄师范学校”。（《楚雄彝族自治州志》1卷P194）

△ 云南省兰坪县第一条长话电路（剑川至兰坪长途线路）架通。（《兰坪白族普米族自治县志》P18）

△ 云南省德宏地区创建潞西、盈江民族医院。盈江民族医院原称云南省第二民族医院，9月建于小辛街，1953年9月迁至旧城街，1954年8月开业。（《德宏州志》综合卷P35）

△ 中国科学院工作组到西双版纳帮助改进傣泐文，编写出《西双版纳允景洪傣语音位系统》、《西双版纳傣语常用词汇》、《西双版纳傣文改进方案》等。1954年完成傣泐文的改进工作。改进后的傣文称为新傣文，便于书写和印刷。（《西双版纳傣族自治州志》上P33）

△ 云南省民族工作队和科学院语言研究所云南工作队傣语组到云南保山专区进行调研，与当地傣族知识分子、寺庙佛爷共同制订傣文修正草案，并成立傣族文字改革委员会。（《新华社新闻稿》1953.1.23）

△ 长春电影制片厂摄制队到甘肃省临夏县乩藏地区，以甘藏沟民兵中队事迹为素材，拍摄故事片《太阳照在红石沟》，并在全国放映。同年秋，甘藏沟民兵中队长杨依四哈应邀出席天安门国庆观礼活动。（《积石山保安族东乡族撒拉族自治县志》P36）

△ 青海省海南地区恰卜恰气象站建立，1959年10月扩建为气象台。（《海南州志》P34）

△ 青海省海南地区同德县德什端部落和共和县英德尔部落、居什科部落先后创办帐房小学。（《海南州志》P25）

1953年

1月

1日 四川省藏族自治区人民政府在茂县成立，辖马尔康（1955年设县）、南坪（1953年设县）、理县（1945年由理番县改称）、小金、黑水、松潘、茂等8县。（《中国分省市县大辞典》P1094，《阿坝州志》上P38）

1~7日 贵州省台江县首届各族各界人民代表会议举行。会议选举成立台江县苗族自治区人民政府。7日，台江县苗族自治区人民政府宣告成立。（《新黔日报》1953.1.15.①）

6日 据统计，至目前，内蒙古自治区设小学4084所，学生32.1万多名；平均每个盟有中学4所，学生比1947年增长10倍以上；新建2所大学。绥远省有小学4700多所，学生29万余名；民族中学和一般中学有20所，师专和畜牧学院各1所。（《新华社新闻稿》1953.1.7）

8日 广西省政府发出《关于开放中越边缘地区小额贸易的指示》，并对边缘地区小额贸易管理办法作具体规定。20日，广西边境首批开放镇南、水口、岳圩、平孟隘、平而、爱店6个口岸。（《广西通志·大事记》P290）

14日~2月3日 中共中央中南局统战部、中南民委和中央民委中南民族工作视察组等9个单位组成中南河南少数民族访问团在河南省散居民族地区进行访问。访问团慰问回族及其他少数民族人民，宣传民族政策，并传达中央人民政府主席毛泽东和中央人民政府对各少数民族人民的关怀。（《新华社新闻稿》1953.2.7，《人民日报》1953.1.19.①）

15日 中共中央新疆分局召开的伊犁、塔城、迪化、哈密、焉耆5个专区及迪化市土改试办总结会议闭幕，中共中央新疆分局第三书记张邦英作《关于第一期土改试办工作总结》的报告。（《中国共产党新疆历史大事记（1949.10~1966.4）》上P88~89）

△ 民族出版社在北京成立，萨空了（蒙古族）任社长。（《人民日报》1953.1.19.①）

15~18日 四川省民委首次全体委员会议举行，总结3年来的民族工作，确定工作任务。（《新华社新闻稿》1953.1.27）

17日 据报道，至目前，西南民族地区创办民族小学746所，民族中学32所，民族学院3所，少数民族入学儿童达38万余名。西南各高等院校少数民族学生有380余名。（《新华社新闻稿》1953.1.18）

△ 经西南局及中央批准，中共云南省西双版纳临时工委成立。（《西双版纳傣族自治州志》上P34、407）

17~23日 云南省西双版纳傣族自治区一届一次人民代表会议举行，讨论通过了《云南省西双版纳傣族自治区人民政府组织条例》（草案）。会议选举成立西双版纳傣族自治区人民政府和协商委员会。23日，西双版纳傣族自治区人民政府和协商委员会宣告成立。（《人民日报》1953.2.1.①，2.3.①）

18日 据不完全统计，西南地区（即1952年11月由西南军政委员会改称的西南行政委员会所属的四川、西康、贵州、云南等省区）240多个少数民族县已建立219个卫生院和72个卫生所。（《新华社新闻稿》1953.1.19）

19日 全国政协民族组邀请来京参观的青海省果洛区藏族参观团、甘肃省南部牧区各民族参观团举行座谈会，全国政协副主席陈叔通阐述《共同纲领》中的民族政策。20日，两个参观团向中央人民政府主席毛泽东献旗致敬，朱德副主席代表毛主席受旗；政务院副总理邓小平设宴招待参观团成员。（《人民日报》1953.1.8.①，1.19.①，1.21.①）

20日 至目前，内蒙古自治区各地先后成立卫生、农牧技术、工业、林业、水利、商业、合作社干部等7所职业学校，学生2250余名。 （《内蒙古日报》1953.1.20.①）

20~25日 广东省连南瑶族自治区一届一次各族各界人民代表会议举行，讨论通过了《连南瑶族自治区各族各界人民代表会议暂行组织条例》、《连南瑶族自治区各族各界人民代表会议协商委员会暂行组织条例》和《连南瑶族自治区人民政府暂行组织条例》。25日，连南瑶族自治区人民政府宣告成立。 （《南方日报》1953.2.7.①）

20~30日 内蒙古自治区人民政府在乌兰浩特召开全区林业会议，讨论林业建设问题。会议总结1952年的全区森林经营工作，通过营造防护林带10年规划。 （《内蒙古日报》1953.2.11.①）

△ 广西省委扩大会议在南宁举行。会议提出农业生产的总方针：变个体为集体，变旱田为水田，变一季为多季；争取5年内消灭水田旱灾，10年绿化广西大部分地区。会议讨论并制订有关政策：一、宣布已完成土改的地区，不再复查，停止追地主余粮；二、发放土地证，固定所有权，不再调整耕地，地主在土改后的劳动所得，不得没收；三、借贷自由，利息由双方自定；四、雇工自由，工资由双方议定；五、相对固定农民的负担，不准乱使用劳动力，严格控制对农民的税收。 （《广西通志·大事记》P290）

24日 据《宁夏日报》报道，宁夏省（阿拉善旗和额济纳旗未进行）司法改革工作自1952年11月下旬至12月底基本结束。改革运动批判了旧法观点，划清新旧法律观点的界限，进而整顿纯洁人民法院的组织；在审判方式上，改变"坐堂问案"的旧衙门作风，树立走群众路线的审判方式。 （《中共宁夏党史大事记（1925.8~1988.6）》P167）

△ 3年来，青海省各级政府为加强各民族间和民族内部的团结，共调解大小纠纷9000多起，肃清暗藏破坏民族团结的反革命分子多人。 （《新华社新闻稿》1953.1.25）

27日 西北行政委员会正式成立。原西北军政委员会同时宣布撤销，宁夏省亦同时接受西北行政委员会的领导。 （《中共宁夏党史大事记（1925.8~1988.6）》P168）

28日 中共西藏工委黑河（今那曲）分工委（分工委对外称独立支队驻黑河办事处）成立。 （《中共西藏党史大事记（1949~1966）》P43）

△ 据报道，3年来，新疆省各地新建51个卫生医疗机构，10个专区和79个县有医院或卫生所，21个区有医疗卫生站。各地还成立88个妇幼保健站和220多个接生站。 （《新华社新闻稿》1953.1.29）

31日 西藏拉萨市爱国青年文化联谊会成立。这是一个争取、团结藏族青年的统一战线性质的组织，会长为达赖的哥哥洛桑三旦（藏族），副会长为江金·索南杰布（藏族）、桑颇·登增顿珠（藏族）等。 （《中共西藏党史大事记（1949~1966）》P43）

是月 广东省海南黎族苗族自治区人民政府召开首届农业爱国丰产模范代表会议，表彰了31名农业爱国丰产模范。 （《新华社新闻稿》1953.2.12）

△ 中共西康省委召开民族工作会议，总结3年来的民族工作，检查民族政策执行情况和存在的问题，确定今后的工作任务，会议决定，各地必须有计划地培养少数民族干部，以适应工作的需要。同时应积极进行充实政权和普遍建立基层政权的工作，领导各族人民开展农牧业生产和贸易、文教、卫生等工作。 （《新华社新闻稿》1953.3.9）

△ 西康省藏族自治区人民政府成立农业技术指导站。其后，康定、丹巴、泸定、九龙、雅江、道孚、炉霍、甘孜、德格、理塘、巴塘、乡城等12县相继成立农业技术推广

站。（《甘孜州志》上P42）

△ 西藏军区兽医工作人员和政务院文教委员会派到西藏的兽医工作者，在拉萨市建成1所家畜诊疗所，免费为藏族人民的家畜防治疾病。（《新华社新闻稿》1953.3.22）

△ 西藏首家新华书店昌都支店在昌都地区成立。7月，新华书店西藏分店在拉萨成立。（《当代中国的西藏》下P457）

△ 中央人民政府代表张经武和西藏军区慰问救灾小组，在丹木、旁多灾区，慰问和救济因1952年9月地震而受灾的人民。救灾小组发放救济金10435万元（旧币），帮助灾民修复倒塌的房屋和安定灾民生活，并治疗伤患157人。救灾小组还代表达赖喇嘛慰问了受灾较重的热振寺。（《新华社新闻稿》1953.3.5）

△ 新疆省第一个五年（1953~1957年）建设计划开始执行。中共中央新疆分局提出新疆“一五”计划时期经济工作重点和基本任务：大力发展农业生产，保护、发展畜牧业，整顿、提高现有工业企业，举办在生产与生活资料自给范围以内所需要的工业及与此相适应的交通运输业，组织物资交流，继续开展对苏贸易，逐步实现对个体农业、手工业和私营工商业的社会主义改造，使社会主义经济在全部国民经济中的比例逐步上升，以适应和满足各族人民日益增长的物质、文化生活的需要。（《中国共产党新疆历史大事记（1949.10~1966.4）》上P89）

2月

1日 内蒙古自治区东部行政公署在乌兰浩特成立，内蒙古自治区政府委员王铎兼任行署主任。（《内蒙古自治区史》P516）

2日 中共中央新疆分局常委会议召开，讨论在土地改革运动中对宗教界、民族上层及民主人士的保护问题。会议决定，宗教界、民族上层及民主人士应得到长期保护的人分三类：1. 在各族各界人民中有相当威望，解放前对革命有功绩（如参加三区革命和新疆和平起义），解放后表现尚好者，即使过去有罪恶也必须坚决保护；2. 在各族各界人民中有一定代表性，过去有一定功绩或历史上有罪恶和劣迹，但解放后表现尚好者，采取一般保护政策；3. 过去虽有相当罪恶，但具有一定技术专长和科学知识，在各族各界人民中有一定影响者，应当帮助过关。（《中国共产党新疆历史大事记（1949.10~1966.4）》上P89~90）

7日 中共中央新疆分局批转分局组织部《关于农村第一期建党工作报告》。《报告》指示，继续做好建立农村党的基层组织和发展党员工作。农村基层建党工作结合土改运动进行。首期土改中发展党员3675名，其中维吾尔族党员占90%，同时建立一批党的农村基层组织。（《中国共产党新疆历史大事记（1949.10~1966.4）》上P90）

△ 国营广西轮船运输公司梧州分公司职工试行驳船拖带航行西江成功，使船舶载重量大大提高。（《广西通志·大事记》P290）

9日 中共中央西北局复电新疆分局，目前，半农半牧区不划阶级，不进行土地改革，不限制农、牧民买卖土地，不必提出不许地主出卖土地。（《中国共产党新疆历史大事记（1949.10~1966.4）》上P90）

10日 西藏喇嘛教传统的“朝佛”节——“传召大会”在拉萨举行。十四世达赖喇嘛·丹增嘉措主持传召讲经。（《新华社新闻稿》1953.3.15）

11日 中央人民政府委员会第22次会议通过《中华人民共和国全国人民代表大会及地方各级人民代表大会选举法》，并于3月1日公布。《选举法》对少数民族的选举作明文规定。（《新华社新闻稿》1953.2.12，3.2）

15～18日 全国首届冰上运动会在哈尔滨举行，东北区、华北区、西北区、解放军、火车头、内蒙古自治区6个队的138名选手参赛。吉林省延边朝鲜民族自治州运动员柳元龙（朝鲜族）以55秒2（500米）、2分58秒7（1500米）、10分24秒8（5000米）、21分58秒5（10000米），总分243.172分的成绩夺得男子速滑个人全能冠军，并创造全国纪录；全能比赛中，他创造了男子5000米和10000米项目的单项全国纪录，这是新中国速度滑冰史上的第一个全能冠军，也是延边运动员首次在全国比赛中夺冠。（《延边朝鲜族自治州志》P63、1702）

21日~3月5日 广西省首次民间文艺观摩汇演在南宁举行。桂林、宜山、平乐、钦州、容县、百色、邕宁7专区，桂林、柳州、南宁、梧州、北海5市及大苗山苗族自治区13个代表队参加，163名壮、汉、苗、侗族民间艺人演出22种艺术形式的84个节目，是解放后广西省群众文艺的首次盛会。（《广西通志·大事记》P290）

24日 达赖喇嘛驻北京办事处成立，然巴·囊吉旺堆（藏族）任办事处处长。中央民委副主任委员刘格平、西藏致敬团团长柳霞·土登塔巴前往祝贺。（《人民日报》1953.3.3.①）

25日 湖南省湘西苗族自治区乾城县改称吉首县。（《湘西州志》上P60）

是月 吉林省第一个高级农业生产合作社——延边朝鲜民族自治区延吉县英成村黎明集体农庄（前身为金时龙农业生产合作社）成立。（《延边朝鲜族自治州志》P63）

3月

1日 云南省楚雄专区在牟定县龙池、际盛两个乡办起第一个农村信用合作社。（《楚雄彝族自治州志》1卷P194）

5日 中共广西省桂西壮族自治区委员会正式成立，辖邕宁、宜山、百色3个地委。（《广西通志·大事记》P290）

△ 中央人民政府内务部批准，位于中越边界的镇南关改称睦南关，1965年改称友谊关。（《广西通志·大事记》P290）

6日 中共宁夏省委发出指示，开展“新三反”斗争重点是反对官僚主义。30日，省委召开省、市两级机关党、团员干部大会，部署动员开展“新三反”运动，宁夏省委副书记黄罗斌作题为《关于开展反官僚主义、反命令主义、反违法乱纪斗争》的动员报告。（《中共宁夏党史大事记（1925.8~1988.6）》P166、169~170）

10日 广西省政府发布布告指出：全省土地改革运动已基本完成，土改复查亦将结束，今后广大农村的工作方针与任务是巩固土改胜利成果，进一步团结各阶层人民，安定生产秩序，全力发展生产，开展爱国丰产运动，进行经济建设。（《广西通志·大事记》P291）

12日 四川省西昌专区民委成立，中共西昌地委书记郭锡兰兼任主任，李逸、王济民（彝族）任副主任。12~16日，西昌民委民族工作会议（扩大）举行，总结以往的工作，布置今后的工作任务。（《西昌群众报》1953.3.16.①）

12日~7月9日 中共云南省怒江特区工委开办首期民族学员训练班，6个民族的130名学员参加。（《怒江傈僳族自治州志》上P22）

15日 西藏工委在《一九五三年的工作和任务》中指出：“在保证军供、调剂民需（后改为兼顾民需）的总方针下，大力开展经济统战工作，要更广泛地和贵族、寺院、商号订立购货合同，大量利用外汇，套取必要的物资。还应组织公私力量，开展内运，囤积物资，稳定物价。”（《中共西藏党史大事记（1949~1966）》P43）

△ 四川省藏族自治区和川西平原间的交通要道——成都至阿坝公路，汶川至理县段正式通车。（《四川日报》1953.3.20.①）

16日 中央人民政府主席毛泽东为中共中央起草《批判大汉族主义》的党内指示。他指出："必须深刻批评我们党内在很多党员和干部中存在着的大汉族主义思想，即地主阶级和资产阶级在民族关系上表现出来的反动思想，即是国民党思想。在民族关系上存在的问题，并不是什么大汉族主义的残余问题，而是严重的大汉族主义的问题。"要求"抓紧时机进行教育，坚决克服党内和人民中的大汉族主义"。（《毛泽东选集》5卷P75~76）

22日~6月30日 由团长安瓦尔汗巴巴（维吾尔族）率领的新疆省各民族教育工作者参观团一行58人在北京参观学习。3月23日，教育部举行座谈会欢迎参观团。（《新华社新闻稿》1953.7.1，《人民日报》1953.3.25.①）

23日~4月3日 西北行政委员会在兰州举行甘、青、新边境哈萨克族头人联谊会和各族团结会，讨论加强各民族团结问题。甘肃省副主席兼省民委主任马鸿宾和谈维熙、西北军政委员会民委第二处处长薛向晨等到会并先后讲话，重申党的民族政策和加强民族团结工作的意见。（《人民日报》1953.4.7.①）

24日 据统计，西北少数民族地区的少数民族学生人数比1951年增长60%，有小学生35万多名。（《新华社新闻稿》1953.3.25）

25日 西康省藏、彝、回、苗、蒙古、白等10多个少数民族的干部已达4000多名。（《新华社新闻稿》1953.3.26）

29日~4月2日 广西省教育厅在南宁举行第一次少数民族教育工作会议。会议总结3年来的少数民族教育工作，提出在"整顿巩固、重点发展、提高质量、稳步前进"的总方针下，有计划有步骤地发展少数民族地区教育，特别是山区壮族以及苗、瑶、侗等少数民族教育，并制定《少数民族教育工作实施纲要》。据统计，全省少数民族地区有小学校1648所，比1950年的230所增长近7倍；少数民族校小学生人数比1950年增长10多倍，中学生人数增长7.4倍。（《广西通志·大事记》P291）

是月 湖北省恩施地区第一家国营鱼种场在恩施土桥坝建成。（《恩施州志》P12）

△ 中共中央批复广西省委《关于加强党对教育工作领导的请示》，肯定广西在省、市委宣传部设立学校教育处，调配教育行政干部和学校领导干部，重视各级学校的建党、建团、建队工作，纠正师生过多参加社会活动的混乱现象的做法，并建议地委下面不设学校工作委员会，指定专人负责管理学校教育工作，一般中等学校配备政治水平较高、能力较强的党员干部担任领导职务，不必另配备干部专管政治工作。（《广西通志·大事记》P291）

△ 根据1952年政务院发布的《关于处理行政区划的变更事项规定》，贵州省兴义专署将原有118个乡（镇）调整为505个乡（镇）。（《黔西南布依族苗族自治州志·政权政协志》P16）

△ 班禅堪布会议厅报请中央批准，正式成立班禅堪布会议厅委员会，计晋美（藏族）和拉敏·益喜楚臣（藏族）任主任委员。该委员会受政务院领导。（《中共西藏党史大事记（1949~1966）》P44）

△ 青海省黄南藏族自治区筹备委员会成立。（《黄南州志》上P29）

△ 新华社电称，甘肃省商业厅为做好少数民族地区的贸易工作，已于3月召开全省民族贸易工作会议，会议要求甘肃省各贸易公司采取扩大贸易分支机构，开设商店和贸易组等方式，深入开展民族贸易工作，计划5月派出检查组赴少数民族地区检查和了解民族贸易工作。（《新华社新闻稿》1953.6.22）

4月

1日 广西省桂西壮族自治区贸易公司在南宁成立。（《新华社新闻稿》1953.4.11）

1~7日 云南省澜沧拉祜族自治区首届一次各族各界人民代表会议举行。会议讨论自治区的民族组成、区域界线、名称及政府所在地等问题，决定将“倮黑”族改称拉祜族。7日，澜沧拉祜族自治区人民政府和协商委员会宣告成立。（《云南日报》1953.4.21.①）

1~14日 文化部在北京举办首届全国民间音乐舞蹈会演，汉、回、蒙古、苗、维吾尔、哈萨克、乌兹别克、彝、侗、朝鲜10个民族的308名民间艺人参加，共演出27场100多个音乐舞蹈节目。（《新华社新闻稿》1953.4.2，4.20）

2日 中共中央新疆分局传达中共中央对新疆民族区域自治工作的指示。中央基本同意新疆民族区域自治实施计划草案，提出注意以下几点：一、新疆省有13个民族，其中又以维吾尔族为主。因此，在实行民族区域自治过程中或实现民族区域自治以后，维吾尔族必须主动照顾其他兄弟民族。同时，由于哈萨克自治区内也有13个民族成分，因此哈萨克族也要照顾该自治区范围内的其他少数民族，这样才有利于民族团结。二、必须贯彻“慎重稳进”的方针。实行民族区域自治时，不仅要照顾各民族目前的聚居情况，而且必须照顾其将来的发展条件，以利于各民族在经济上、文化上的发展。三、新疆名称不改，行政地位相当于省级，属中央领导。伊犁划入哈萨克自治区内。实行民族区域自治的步骤应改“自下而上”为“由小到大”更为明确。为照顾柯尔克孜族将来的发展，应在该民族自治区附近适当划给一部分农业区。13日，中共中央对新疆实行民族区域自治又作出重要指示：一、在新疆推行民族区域自治是一项极为重大的政治任务，必须加强党的领导。为把准备工作做好，可在土地改革基本结束以后，先从维吾尔族以外的其他少数民族聚居区进行。在此基础上再筹建全省范围内的民族区域自治。二、在推行民族区域自治和进行民族政策宣传教育中必须强调爱国主义教育，这在新疆有更为重大的实际意义。三、维吾尔族在新疆如同汉族在全国一样，是主体民族。因此，必须使维吾尔族干部如同汉族在全国范围内团结、帮助、照顾各少数民族一样，来团结、帮助、照顾新疆境内的其他少数民族。（《中国共产党新疆历史大事记（1949.10~1966.4）》上P91~92）

3日 美蒋飞机在广西省大明山地区空投6名武装特务，被驻地解放军、民兵全歼。（《广西通志·大事记》P291）

△ 是日报道，西南博物院工作人员在四川省理县一带发现新石器时代的石器50多件，在威州的古城坪发现彩陶片，为研究羌族和藏族的原始公社历史提供了宝贵资料。（《新华社新闻稿》1953.4.4）

5日 新疆省信仰东正教的俄罗斯族人民欢度“帕斯哈”节（耶稣复活节）。新疆省政府为尊重少数民族的风俗习惯，电令新疆各机关单位对俄罗斯族工作人员放假2天；参加生产的俄罗斯族工人在不影响工作的情况下放假1天。（《光明日报》1953.4.8.①）

10日 据报道，云南省普洱专区组成民族访问团，携带食盐、土布、衣物等物品慰问卡佤山西盟地区的各族人民。访问团在西盟召开头人会议，讲解民族政策，并转达中央人民政府主席毛泽东的关怀。（《新华社新闻稿》1953.4.11）

11日 云南省人民政府楚雄区专员公署与武定区专员公署合并为云南省人民政府楚雄区专员公署，辖楚雄、镇南、姚安、大姚、盐丰、永仁、双柏、牟定、禄丰、广通、盐兴、武定、罗次、安宁、富民、禄劝、元谋17县。（《楚雄彝族自治州志》1卷P194）

△ 据报道，广东省最近拿出价值6.5亿多元（旧币）的医药器材并派出2个卫生工作队，分赴广东省连南、翁源等瑶族聚居区和海南黎族、苗族自治区巡回医疗，并协助当地培养少数民族医务人员。（《新华社新闻稿》

1953.4.12）

12日 据统计，云南省保山专区培养少数民族干部800多名，其中不少任县长、区长和乡长。（《新华社新闻稿》1953.4.13）

13日 中共甘肃省酒泉地委和酒泉专员公署邀请甘肃、青海、新疆边境的哈萨克族头人以及蒙古、藏、裕固等少数民族代表举行座谈会，讨论增强民族团结问题。（《新华社新闻稿》1953.4.26）

14日 江西省组织的畲族地区访问团结束访问工作。访问团给铅山县、贵溪县及兴国县的畲族人民传达了中央人民政府和中央人民政府主席毛泽东的关怀，赠送毛泽东主席题词及大批衣物、慰问金。（《新华社新闻稿》1953.4.19）

15~23日 湖南省湘西苗族自治区古丈县石拔英（女，苗族）参加全国第二次妇女代表大会，当选为全国妇联执委会候补委员。（《湘西州志》上P60）

17日 西康省藏族自治区人民政府开始用藏、汉两种文字行使各种来往公文。（《新华社新闻稿》1953.4.18）

22日 新华社电称，重庆市4000多名工人前往康藏地区，支援藏族人民发展经济建设事业。（《新华社新闻稿》1953.4.22）

△ 宁夏省阿拉善旗沙漠中东起石嘴山、西至吉兰泰盐湖的公路修成，全长300里。（《新华社新闻稿》1953.4.23）

23日 政务院批准：撤销广西省百寿县，并入永福县；撤销资源县，分别并入全县和兴安县；撤销富川、钟山县，合并置富钟县；撤销兴业县，其行政区域分别划归贵县和郁林县；撤销天河县，并入罗城县；撤销武宣、象县，合并置石龙县；撤销永淳县，分别划归横县、邕宁县、宾阳县；撤销镇南、思乐2县，合并置宁明县；撤销迁江县，并入来宾县；撤销万冈县，分别划归凤山、田东、田阳县；融县因与容县同音，改称融安县；丽江县因与云南丽江县同名，改为龙津县；合并宾阳、崇左专区，改置邕宁专区，原属崇左专区的上思县划归钦州专区管辖；撤销柳州专区，所属的鹿寨县划归桂林专区管辖，其余各县划归宜山专区管辖；宜山专区的都安县，划归桂西壮族自治区管辖；镇边县改名为睦边县。（《广西通志·大事记》P291）

24日 全国政协民族组邀请第二次全国妇代会24个民族近百名少数民族妇女代表举行座谈会，讨论了解各地民族工作情况和少数民族妇女的要求。（《新华社新闻稿》1953.4.25）

26日 新疆省第一座现代化灌溉工程——红雁池蓄水库（蓄水5000万立方米）完工放水。（《人民日报》1953.6.10.②）

27日 《毛泽东选集（第一卷）》蒙古文版单行本出版发行。（《人民日报》1953.4.27.①）

28日 中共中央华北局统战部部长平杰三率华北地区党、政、人民团体及各机关组成的少数民族访问团，访问绥远省伊盟、乌盟和归绥、包头两市的回民自治区，并转达中央人民政府主席毛泽东的关怀。（《新华社新闻稿》1953.4.30）

29日~5月2日 甘肃省天祝藏族自治区36个部落、14个寺院的头人、喇嘛代表召开联席会议，讨论成立全区赛马大会筹委会，决定于5月21日至30日举行全区赛马大会。（《新华社新闻稿》1953.5.6）

是月 我国第一部维吾尔文、汉文、俄文对照的《维汉俄辞典》出版。（《人民日报》1953.4.12.③）

△ 遵照湖北省政府调整区划方案，恩施地区划为8个县（恩施、利川、建始、巴东、宣恩、咸丰、来凤、鹤峰）、79个区、4个县辖镇、1578个乡。（《恩施州志》P12，《中国分省市县大辞典》P788~793）

△ 湖南省湘西苗族自治区凤凰县苗族艺

人麻官送、麻顺达赴北京参加全国第一届民族民间音乐舞蹈汇演，演出的苗族花鼓舞（对鼓）获优秀奖。（《湘西州志》上P60）

△ 西康省藏族自治区在康定地区建成一个全部使用新式马拉农具的农场——西康省国营新都桥农场。（《新华社新闻稿》1953.5.6）

△ 西藏工委、军区发出指示，检查运输、采购政策。对在运输、采购方面侵犯群众利益的行为要进行赔偿，凡在运输进藏途中遭受灾害牲畜死者、运输脚价低于市价者、采购中低于市价者一律进行赔偿，群众在运输中死亡或致残要给赔偿和抚恤、救济。军区政治部在1954年12月16日的《进藏部队执行民族政策遵守群众纪律情况的报告》指出，在波密地区赔偿1.9万多元，太昭以西赔偿11.2万多元，山南地区赔偿9.3万多元（均为银元）。（《中共西藏党史大事记（1949~1966）》P44）

△ 青海省海南地区贵德县下排村农民华甲（藏族）献出珍藏民间史诗《格萨尔王传》手抄本。1981年，华甲与西北民族学院教授王沂暖合作的汉译本出版，定名为《格萨尔王传（贵德分章本）》。（《海南州志》P26）

△ 青海民族医疗大队在海南地区共和县免费治疗性病患者8504人（次），培训接生员93名，协助建立接生站12个、保健站1所。（《海南州志》P26）

5月

1日 著名抗生素专家、我国抗生素事业奠基人童村（满族）设计、建造的我国首座生产抗生素的专业工厂——上海第三制药厂正式投产。20世纪50年代，他主持领导青霉素研究工作，在较短时间内实现青霉素工业化生产，奠定我国抗生素事业的基础。1994年4月12日，童村在上海逝世，享年88岁。生前曾任中国药学会抗生素分科学会名誉主任委员、国务院学位委员会首届学科评议组成员、上海市微生物学会名誉理事长、上海医药工业研究院名誉院长等职。（《中国少数民族专家学者辞典》P1155）

△ 据报道，新疆省各地设立40座电影院和16个放映队，为边远地区各族人民放映电影。（《新华社新闻稿》1953.5.1）

2~6日 云南省西双版纳傣族自治区人民政府第二次委员会扩大会议举行，商讨自治区的建政工作及生产建设等问题。会议决定，在自治区内建立景洪、勐笼、勐海、勐混、勐遮、勐往、勐痒、勐旺、易武、勐腊、勐捧、勐康等版纳政府；在原南峤县别旧、曼兑区建立布朗、哈尼族联合自治区；在原佛海县南糯山和苏湖村建立哈尼族自治区；在原车里县攸乐山建立基诺族自治区；在原佛海勐混白朗山建立布朗族自治区。（《云南日报》1953.6.16.③）

4日 甘肃省甘南藏族自治区文工团成立，后改称甘南州歌舞团。（《甘南藏族自治州概况》P257）

5日 广东省海南黎族苗族自治区乐东县航空、朝白2个水库工程先后竣工，航空水库是广东省最大的一座水库。（《新华社新闻稿》1953.5.6）

6日 西康省凉山彝族自治区第一所设备较完善的昭觉县医院修建竣工。（《新华社新闻稿》1953.5.7）

△ 新疆省文化事业管理处幻灯片制造所试制成功反映各族人民活动的幻灯片。（《人民日报》1953.5.6.③）

7日 据报道，1952年1月成立的广西兄弟民族卫生工作队已免费治疗6万多壮、苗、瑶等民族的病人。（《新华社新闻稿》1953.5.8）

8~12日 甘肃省泾源县回族自治区举行人民代表会议。会议代行人大职权，选举成立泾源县回族自治区人民政府，16日，泾源县

回族自治区人民政府宣告成立。（《新华社新闻稿》1953.5.17）

9日 新疆省民间文学采访工作组到天山以南广大农村采访。5个多月共搜集100多种民间故事和2000多首民歌，发现许多民间诗人、歌唱家、琴手和说故事的人。（《新华社新闻稿》1953.5.9）

9~11日 中国伊斯兰教协会在北京举行成立大会。会议讨论通过了伊协筹备工作的报告和伊协简章，确定了今后的任务。选举成立中国伊协，包尔汉（维吾尔族）当选主任，杨静仁（回族）、马玉槐（回族）、达浦生（回族）、马震武（回族）、伊明·马哈苏木（维吾尔族）为副主任。（《人民日报》1953.5.19.①③）

10日 甘肃省民族医疗三队和天祝藏族自治区政府卫生院医疗组深入牧区，为藏族人民免费治疗性病、接种牛痘。（《新华社新闻稿》1953.5.11）

10日~7月31日 中南区少数民族文物图片展览会在湖北省武汉市举行。（《人民日报》1953.5.13.③）

11~21日 中南财经委员会和民委联合召开首届少数民族财经工作会议。会议检查民族地区3年来的财经工作，重点地提出方案，解决少数民族人民的迫切要求。（《新华社新闻稿》1953.5.26）

12日 西北行政委员会和甘肃、宁夏省人民政府联合组成甘宁边界工作团，前往甘、宁边境帮助蒙汉人民发展畜牧业和农业生产。（《新华社新闻稿》1953.5.15）

16~30日 中共中央蒙绥分局宣传部召开内蒙古自治区和绥远省蒙文工作会议。会议讨论了进一步加强蒙古语文工作和开展蒙文学习的具体措施。（《新华社新闻稿》1953.6.17）

17日 内蒙古自治区第一个国营机械农场——那吉屯机械农场建成。（《新华社新闻稿》1953.5.18）

△ 中共中央复电新疆分局，同意新疆半农半牧区不实行土地改革。（《中国共产党新疆历史大事记（1949.10~1966.4）》上P93）

20日 云南省文山专区开展取缔反动会道门的群众运动，机关内部开展反官僚主义、命令主义、违法乱纪的斗争（“新三反”）。（《文山壮族苗族自治州志》1卷P40）

△ 广东省首届少数民族卫生人员学习班25名少数民族学员结业。（《新华社新闻稿》1953.5.31）

22日 新疆省人民政府拨款修建的吐鲁番第一所中学开学。（《人民日报》1953.5.22.③）

23日 青海省果洛地区举行第二次头人联谊会，会议通过《民族区域自治实施计划》。（《果洛藏族自治州志》上P28）

△ 西藏地区日喀则小学正式开学。西藏还先后在盐井、察雅、丁青、波密、林芝、塔工、黑河、泽当、江孜、亚东、谢通门、拉孜、昂仁等重点宗（县）创办公办小学28所，有在校生2000余人。（《当代中国的西藏》P303）

24日~7月17日 西北行政委员会组成60多人的甘、青、新三省边境各族访问团，在祁连山南北麓和柴达木盆地边缘的少数民族聚居区访问。其间，访问团访问了肃北蒙古族自治区，敦煌南山的哈萨克族聚居区，祁连山北麓的裕固族地区，天祝藏族自治区，青海省都兰境内的蒙古、藏、哈萨克等少数民族聚居区及巴颜喀喇山中部马积雪山的藏族聚居区，转达党和中央人民政府主席毛泽东的关怀，宣传党的民族政策。访问团在大鄂博图与哈萨克族头人代表协商，计划成立哈萨克族自治区。（《人民日报》1953.7.17.③）

25日 康藏高原开辟一条新航线，解放军空军某部试飞西藏拉萨成功。（《人民日报》1953.5.25.③）

27日 广西省教育厅向教育部报告，确定南宁中学、南宁一中、桂林中学、博白中学、柳州中学、百色中学、廉州中学和郁林高中、梧州高中为全省重点学校。10月31日，又函报教育部，南宁中学改称南宁高级中学。（《广西通志·大事记》P292）

△ 西藏地区第一个农业试验场在拉萨建成。（《人民日报》1953.5.27.③）

28日 新疆省78个县的8个有线广播站和70个广播收音站均备有2部收音机，可同时收听维吾尔语和汉语的广播。（《新华社新闻稿》1953.5.28）

△ 据报道，新疆省宁西县锡伯族小学生占锡伯族人口总数的18.7%。（《新华社新闻稿》1953.5.29）

29日 据报道，3年来，青海省在民族地区建立11个妇幼保健站、200个新法接生站和247个接生小组，训练2025名藏、回、土、蒙古、撒拉等民族的新法接生员。（《新华社新闻稿》1953.5.30）

30日 新疆省吐鲁番县第一条引用天山雪水的水渠——人民渠开始放水。（《新华社新闻稿》1953.6.10）

30日~6月3日 中国佛教协会在北京广济寺举行成立大会。达赖喇嘛·丹增嘉措（藏族）、班禅额尔德尼·确吉坚赞（藏族）、虚云、查干葛根（蒙古族）为名誉会长，圆瑛为会长，喜饶嘉措（藏族）、赵朴初等为副会长。（《人民日报》1953.6.8.①）

31日 新疆省干部学校民族区域自治部开学。中共中央新疆分局第一书记王恩茂、西北行政委员会副主席赛福鼎等出席开学典礼并讲话。（《人民日报》1953.6.11.③）

△ 云南省保山专区大盈江防洪工程竣工。（《新华社新闻稿》1953.6.7）

是月 内蒙古自治区莫力达瓦旗召开全旗手工业会议，讨论解决生产中存在的问题，确定经济建设中手工业的发展方向。（《内蒙古日报》1953.7.19.①）

△ 广西吴圩至北海公路樟木湾的小董桥建成，全长104米、5孔。该桥是广西解放后建成的第一座钢筋混凝土大桥。（《广西通志·大事记》P292）

△ 中共云南省委批准撤销中共怒江特区工委，成立中共怒江边疆工作委员会。（《怒江傈僳族自治州志》上P22）

△ 中共云南省委在保山组成538人的省民族工作第三大队，分赴梁河、盈江、莲山及盏西等地开展民族工作。（《德宏州志》综合卷P35）

△ 云南省双江县第一座蓄水工程——小土戈水塘建成，蓄水5.8万立方米，灌溉226亩。（《双江拉祜族佤族布朗族傣族自治县志》P20）

△ 甘肃省政府决定甘南行政区划为夏河、临潭、卓尼3县和欧拉、洮源、舟曲3个行政委员会，并将武都、岷县、西固、会川、宕昌5县所属1个区、31个乡划入甘南。（《甘南州志》上P91）

△ 新疆省乌鲁木齐、玛纳斯、米泉、阜康、和硕、乌苏和沙湾等县发生蝗灾，19.5万亩农田受灾。（《新疆减灾四十年》P243）

是~9月 宁夏省固原地区降雹8次，隆德、径源、西吉3个县2万公顷受冰雹灾害。（《中国气象灾害大典·宁夏卷》P186）

6月

1日 甘肃省甘南藏族自治区筹备委员会决定正式成立欧拉、洮源、舟曲3个县级行政委员会，后将洮源改称碌曲，欧拉改称玛曲。（《甘南州志》上P91）

△ 广西省桂剧艺术团在南宁成立。（《广西通志·大事记》P292）

△ 云南省西双版纳傣族自治区国营贸易公司在车里成立。（《新华社新闻稿》1953.6.10）

2日 广西省妇幼卫生工作队在南宁成立，队员30人。工作队主要任务是推行新法接生，普及妇幼卫生知识，训练基层妇幼保健员和接生员。1955年，该队并入省民族卫生工作队。（《广西通志·大事记》P292）

3日 中国人民解放军西藏军区700多名藏族干部转业到西藏地方工作。（《新华社新闻稿》1953.6.4）

7日 由索康·克郎旺角和洛桑·郎吉分别率领的西藏昌都地区青年参观团一行90人抵达北京。8日，全国青联和团中央设宴款待来京参观的两参观团，青联主席廖承志发表讲话。9日，中央民委设宴款待两青年参观团和内蒙古师范学院参观团，中央民委副主任委员刘格平、汪锋、刘春、张执一等出席宴会。（《新华社新闻稿》1953.6.30；《人民日报》1953.6.8.①，6.9.①）

9日 广西省商业厅下达《关于少数民族地区工业品价格方案》的通知。少数民族地区国营商业经营以“不赔不赚，有赔有赚，以赚补赔”为原则。（《广西通志·大事记》P292）

13日 新疆省人民政府在吐鲁番设立示范性园艺场，帮助当地各族农民发展园艺作物生产。（《新华社新闻稿》1953.6.14）

15日 中央民委第三次（扩大）会议举行。会议听取中央民委副主任委员刘格平的《中华人民共和国全国人民代表大会及地方各级人民代表大会选举法》中关于各少数民族选举问题的传达报告，听取和讨论通过内蒙古自治区人民政府主席乌兰夫《关于内蒙古自治区及绥远、青海、新疆等地若干畜牧业生产的基本总结》和中央民委副主任委员汪锋《关于推行民族区域自治经验的基本总结》的报告，并决定提请政务院审议批准。政务院第188次政务会议讨论批准上述两个总结报告，并于9月9日命令公布施行。《人民日报》同时发表社论《进一步贯彻民族区域自治的政策》。（《人民日报》1953.9.9.①②）

△ 新疆省人民广播电台维吾尔语广播台开始播音。（《新华社新闻稿》1953.6.17）

17日 是日报道，西南地区发放价值400多亿元（旧币）的铁制农具，帮助少数民族发展生产。（《人民日报》1953.6.17.②）

20日 是日报道，据不完全统计，河南省少数民族的中、小学生已发展到22923名，少数民族教师775名。全省设有回民中学4所和回民小学24所。（《新华社新闻稿》1953.6.20）

21日 甘肃省武威专区民族委员会成立，孟浩任主任，托三主才郎（藏族）、周化南为副主任。（《甘肃日报》1953.6.29.①）

△ 云南省财经委员会边疆经济工作团结束在西双版纳、澜沧、阿佤山等自治区、县21个少数民族聚居地的经济情况调查研究工作。（《新华社新闻稿》1953.6.22）

22日 内蒙古自治区和绥远省决定，在干部和工作人员中开展民族政策和民族问题的学习，对各族人民进行有关民族政策的宣传教育工作。（《光明日报》1953.6.22.③）

24日 广西省桂西壮族自治区的邕宁、百色、宜山等10个县建立农业技术指导站。（《新华社新闻稿》1953.6.24）

25日~7月3日 内蒙古自治区喇嘛界代表在归绥（呼和浩特）举行座谈会，讨论总结参加爱国运动的成就，决定进一步团结宗教界和全体人民继续为建设内蒙古而努力。佛协名誉会长查干葛根和常务理事敖斯尔（蒙古族）大喇嘛出席。（《内蒙古日报》1953.7.15.①）

26日 据报道，云南省在5000多个山区的乡、650万人口以上的少数民族聚居区和杂居区完成土改工作。（《新华社新闻稿》1953.6.27）

30日 西北民族学院编印完成我国第一部《藏汉词汇》、《蒙汉词汇》和《维汉词汇》。（《西北民族学院校史》P281）

是月 广西省教育厅指定桂林、东兰两所民族师范学校举办中级师范班，招收侗、苗、瑶、回、水、仫佬、毛南族初中毕业生。（《广西通志·大事记》P292）

△ 云南省蒙自专区建水、石屏等12县发生黏虫灾害，20多万亩稻谷受灾。（《红河哈尼族彝族自治州志》1卷P69）

△ 甘肃省临夏专区第一个农业合作社——广通潘家社成立。（《临夏回族自治州志》上P49）

△ 西康省藏族自治区在康定、甘孜、邓柯、理塘等县建成4个畜牧兽医防治站。（《新华社新闻稿》1953.6.18）

是~8月 广西省因少雨有73个县出现旱象，受旱农田623万亩，其中田土开裂158万亩、禾苗枯黄33万亩、禾苗枯死22万亩、晚稻无法插秧37万亩。桂林专区受灾最严重，达120万亩，邕宁、平乐专区次之。（《广西通志·大事记》P292）

7月

1日 据报道，甘肃省卫生厅陆续派出15个卫生工作队前往少数民族聚居和杂居地区巡回治病。（《新华社新闻稿》1953.7.2）

△ 四川省民族歌舞团在成都成立。（《光明日报》1953.7.23.③）

2~6日 甘肃省张家川首届一次各族各界人民代表会议举行。会议选举成立张家川回族自治区人民政府。6日，张家川回族自治区人民政府宣告成立。（《新华社新闻稿》1953.7.16）

4日 散居在甘、青、新边境的安南坝、阿克塞、海子一带的哈萨克族，在大鄂博图成立县一级的阿克塞哈萨克族自治区筹委会。阿通拜克（哈萨克族）任筹委会主任，马秀峰、哈米（哈萨克族）等5人任副主任。（《甘肃日报》1953.8.8.①）

△ 新疆省首届牧区工作会议在迪化（乌鲁木齐）召开，中共新疆分局第三书记张邦英作《关于新疆牧区工作的基本总结与今后的方针任务》的报告。新疆牧区包括以畜牧业为主的22个县和畜牧业占有一定比重的33个县，主要分布在阿尔泰山南侧，昆仑山北侧和天山南北及准噶尔盆地、塔里木盆地的边沿地区。截至目前，全疆共有大小牲畜1900余万头；主要从事畜牧业的有哈萨克、蒙古、柯尔克孜、塔吉克4个民族的牧民，人口约60万，占全省总人口的13%强。（《中国共产党新疆历史大事记（1949.10~1966.4）》上P94~95）

5日 广东省海南黎族苗族自治区各级政府机关黎、苗族干部有1000多名。自治区人民政府21名委员中，黎、苗族委员占19名，自治区所属3个县22个区288个乡的干部全为黎、苗族。（《新华社新闻稿》1953.7.6）

7日 内蒙古自治区蒙文专科学校在归绥（呼和浩特）市成立并举行开学典礼。（《新华社新闻稿》1953.7.12）

10日 贵州省南部苗族和布依族聚居地区的惠水至罗甸的公路正式通车，全长101公里。（《人民日报》1953.9.7.②）

10~16日 新疆省在迪化（乌鲁木齐）举行首届人民体育运动会，维吾尔、哈萨克、乌兹别克、塔塔尔、回、俄罗斯、蒙古、锡伯等11个民族的655名选手参加比赛。（《人民日报》1953.7.20.③，《新疆通志·体育志》83卷P24）

12日 甘肃省天祝藏族自治区新建的绵羊药浴池开放。（《新华社新闻稿》1953.7.24）

13日 甘肃省南部兰州至郎木寺公路，夏河至郎木寺段206公里的便道工程、郎木寺至四川阿坝200多公里的便道工程同时竣工。（《新华社新闻稿》1953.7.14）

14日 新疆省维吾尔族的音乐宝藏——《十二木卡姆》除一部分散板序曲外，记谱工作完成。（《新华社新闻稿》1953.7.15）

15日　解放军第五军十五师改编为新疆军区生产建设兵团农业建设第四师。　（《伊犁哈萨克自治州志》P45）

△　云南省西双版纳布朗和哈尼族自治区成立。　（《人民日报》1953.7.24.①）

16日　青藏公路黄河沿地区的黄河木便桥完工。　（《新华社新闻稿》1953.8.9）

16~26日　宁夏省灵武农场首次用苏制联合收割机收割小麦1080亩。　（《当代宁夏史通鉴》P19）

18~24日　云南省德宏傣族景颇族自治区首届各族各界代表会议在芒市召开。会议通过“德宏傣族景颇族自治区”名称，辖潞西、梁河、盈江、莲山、瑞丽、陇川6县及盏西区，首府驻芒市。24日，德宏傣族景颇族自治区人民政府宣告成立。　（《人民日报》1953.8.1.③，《光明日报》1953.7.27.①，《德宏州志》综合卷P36）

24日　广西省拨出少数民族教育补助费81亿多元（旧币），帮助少数民族特别是生活困难的瑶、苗、侗等少数民族地区发展教育事业。　（《新华社新闻稿》1953.7.25）

26日　甘肃省甘南一些地区以马步芳部的团长马良、少将高参马元祥为头子的一股反革命武装土匪，接受美蒋的指挥和接济，拦路抢劫，扰乱社会秩序。解放军西北军区甘肃剿匪部队在人民群众的大力协助下，活捉匪首马良（回族），击毙匪首马元祥（回族），共毙、俘、降匪1900多人，取得剿匪斗争的巨大胜利。　（《新华社新闻稿》1953.7.26，《甘南藏族自治州概况》P85）

是月　中共中央蒙绥分局发出《关于反对忽视民族语文倾向及进一步加强民族语文工作的指示》。　（《新华社新闻稿》1953.8.28）

△　云南省德宏傣族景颇族自治区首届各族各界代表会议通过边工委提出的“边疆民族地区发展生产的15项基本政策”。　（《德宏州志》综合卷P36）

△　卫生部首席顾问马海德率领医学研究人员和医务工作者一行7人，在青海省海南地区贵德县下排、贺尔加、多勒仓等村进行为期3个月的性病调查和防治工作。　（《海南州志》P26）

△　中共中央新疆分局召开牧区工作会议。会议听取和讨论中央民委第三次（扩大）会议《关于内蒙古自治区及绥远、青海、新疆等地若干牧业区畜牧业生产的基本总结报告》精神和中共中央新疆分局第三书记张邦英作的关于牧区工作报告，检查牧区工作及各项政策的执行情况，确定以发展和繁荣畜牧业经济为中心任务。　（《人民日报》1953.9.11.①）

8月

1日　中国人民解放军云南省普洱边防区车里气象站成立。1954年1月1日改为西双版纳气象站，后为西双版纳自治州气象处。（《西双版纳傣族自治州志》上P35）

3日　是日报道，青海省同德县藏族自治区设有小学24所和牧区流动小学2所，学生达1000余人。　（《新华社新闻稿》1953.8.3）

4日　新华社电，贵州省人民政府4~7月无偿发放给少数民族聚居和杂居的72个县25.5万多件农具。　（《新华社新闻稿》1953.8.4）

5日　绥远省文化局在乌兰察布盟达茂联合旗筹办的巡回文化馆深入牧区开展工作。文化部拨款5000万元（旧币）帮助筹建。（《新华社新闻稿》1953.8.12）

△　据报道，至目前，宁夏省回族小学由原来的14所增加到104所。过去没有学校的阿拉善旗草原也建立了小学5所。全省蒙古、回等民族小学生达1.97万名，中学和技校学生1180名。　（《新华社新闻稿》1953.8.5）

5~15日　内蒙古自治区文教部召开首届文化馆、站和文化工作队工作会议。会议听取和讨论了自治区政府副主席兼教育厅厅长哈丰阿作的《大力贯彻整顿巩固提高质量的方针，把文化馆、站、队的工作向前推进一步》的报告，通过《内蒙古自治区文化馆、站、队试行条例》。（《内蒙古日报》1953.8.26.③）

8日 中央人民政府政务院批准设立青海省专区级都兰蒙藏哈萨克族联合自治区。9月30日，政务院批复定名为海西蒙、藏、哈萨克族自治区。时辖阿尔顿曲克哈萨克自治区（1954年设，1960年改设格尔木市）、都兰县（1958年析置德令哈县，1988年4月析置德令哈市）。1959年设立乌兰县，1954年由都兰县析置天峻藏族自治区，1955年改设天峻县。都兰县建于1931年，1953年设都兰蒙古族自治区，1955年复置都兰县。（《海西蒙古族藏族自治州志》1卷P76，《中国分省市县大辞典》P1437）

△ 西南民族学院藏、彝、回、维吾尔、汉等民族学员组成的文工队一行55人，深入西康藏族地区和西昌少数民族地区，搜集少数民族文化艺术资料，并为少数民族群众演出。（《新华社新闻稿》1953.8.26）

10~17日 西北区田径、体操、自行车运动会在西安举行。宁夏队李永清获男子200米低栏比赛第一名并打破全国纪录，成为宁夏解放后第一个打破全国纪录的运动员。（《当代宁夏史通鉴》P19）

11~16日 西康省藏族自治区在甘孜举行藏族人民历史上第一次文化体育运动会，藏、彝、汉等民族的127名代表参加比赛。（《新华社新闻稿》1953.8.22）

12日 中财委就实行"藏币统一计划"指示西藏工委："对藏币问题的处理要十分慎重，因藏币有贵族和政权支持，是贵族政权的主要财政来源，我们过早地提出统一，一方面会引起西藏上层当权派不满、另一方面在我们财政经济基础还不十分巩固的时候，过早地将西藏政权的全部财政包下来，会自陷于被动。由于交通限制，今后在较长时期内也颇难建立联系（今后较长一个时期还是易货贸易），因此西藏货币与内地币值统一暂无可能，也不必要。对藏币宜采不理态度，逐渐削弱的方针，俟削弱到一定程度，各方面条件具备，西藏上层当权派主动向我们要求统一时，再考虑解决藏币问题。"（《中共西藏党史大事记（1949~1966）》P44~45）

13日 云南省德宏傣族景颇族自治区瑞丽县新建成景颇族小学3所。（《新华社新闻稿》1953.8.13）

14日 据新华社报道，西康省少数民族聚居区全部实行民族区域自治。（《新华社新闻稿》1953.8.15）

△ 辽宁省沈阳市回民文化馆开馆。（《人民日报》1953.8.29.③）

15日 新疆省派出一批民族卫生医疗队深入牧区为牧民治病。（《新华社新闻稿》1953.8.16）

15~22日 内蒙古自治区首届田径赛和民族形式体育运动大会在乌兰浩特举行，各民族的546名运动员参加比赛。（《内蒙古日报》1953.8.23.①，8.30.①）

16日 绥远省人民政府在伊克昭盟和乌兰察布盟分别建立草原工作站。（《新华社新闻稿》1953.8.17）

17~26日 内蒙古自治区文教部召开首届牧区小学教育工作会议，总结六年来牧区小学教育工作，讨论确定《加强牧区小学教育工作的方案》。（《新华社新闻稿》1953.9.5）

21~29日 云南省西双版纳傣族自治区协商会议第二次扩大会议举行。会议讨论加强民族团结，巩固国防，争取受国民党反动派蒙蔽的土司、头人重返祖国怀抱等问题，决定民族节日、改进傣文及准备普选等问题。（《云南日报》1953.9.30.③）

22日 据报道，宁夏省秦渠改建工程最近基本竣工，改建后可扩大灌溉面积19万亩。（《新华社新闻稿》1953.8.23）

26日 是日报道，内蒙古自治区北部索伦旗辉苏木（区）的鄂温克族牧民，恢复和改进传统的“卢尔格依”妇女集体舞。 （《新华社新闻稿》1953.8.26）

28日 据报道，3年来，湖南省湘西苗族自治区设立14所中学，1791所小学，苗族学生达3万多名。 （《新华社新闻稿》1953.8.29）

是月 西康省西昌专区在西昌建立全区第一个直线广播站。 （《凉山彝族自治州志》上P46）

△ 云南省边委工作组通过在德宏傣族景颇族自治区潞西县西山景颇族村寨为期40天的社会经济调查。认为山区景颇族土地占有不集中，阶级分化不明显，阻碍社会生产力发展的不全是山官头人的特权剥削，而是生产水平十分低下和停滞，社会分工不明显和商品经济不发达等因素。提出不把土地改革作为专门阶段来进行，直接向社会主义过渡的建议，并向省委汇报。12月，省委批准“直接过渡”政策，同意德宏区景颇、傈僳、德昂族分布地区不再进行土地改革，直接过渡到社会主义，这些地区简称为“直过区”。1954年8月10日，中共保山地委制订《关于德宏傣族地区改革计划（草案）》上报省委，第一次正式提出德宏傣族地区的土改方案。11月3日，中央正式批复：“德宏傣族地区的土改暂缓进行”，这类地区“今后可以用某种缓和的方式完成民主改革，然后逐步过渡到社会主义”。 （《德宏州志》综合卷P37~38）

△ 云南省德宏傣族景颇族自治州瑞丽县建立防疫站，潞西县建立疟疾防治组，盈江、莲山、梁河县建立鼠疫防治站，开展地方病、烈性传染病的研究和防治工作。 （《德宏州志》综合卷P36）

△ 西藏地区黑河邮电局建立。 （《当代中国的西藏》下P229）

9月

1日 云南省特种经济林试验指导所车里试验场（云南省热带作物科学研究所）成立。同时在原“暹华胶园”的基础上建立橄榄坝试验分场。 （《西双版纳傣族自治州志》上P35）

△ 甘肃省临夏专区“甘肃省临夏女子初级中学”开学。 （《临夏回族自治州志》上P49）

2日 《内蒙古日报》发表社论《进一步加强蒙古语文工作，以适应自治区建设的需要》。 （《内蒙古日报》1953.9.2.①）

2~7日 甘肃省临夏广通回族自治区首届人民代表会议举行。会议选举成立自治区人民政府。7日，广通回族自治区人民政府宣告成立。 （《新华社新闻稿》1953.9.12）

5日 新疆省人民文化馆在迪化（乌鲁木齐）市成立。 （《光明日报》1953.11.28.③）

△ 湖南省湘西苗族自治区永顺至大庸公路通车。 （《新华社新闻稿》1953.9.30）

5~9日 云南省蒙自专署召开全区民族工作会议，会议听取和讨论蒙自专署专员陈文祺作的《关于推行民族区域自治政策的报告》和副专员李呈祥作的《关于建立红河爱尼族自治区方案》的发言，讨论成立红河哈尼族自治区人民政府问题。会议选举以陈文祺、李呈祥（哈尼族）为首的红河哈尼族自治区筹委会。会后起草《关于成立红河哈尼族自治区人民政府的方案》。 （《云南日报》1953.9.23.③；《红河哈尼族彝族自治州志》1卷P69，6卷P149）

8日 西藏地区日喀则人民医院（前身为“班禅医疗队”）、丁青卫生所、波密卫生队、江孜卫生所、那曲卫生所建成。 （《当代中国的西藏》下P464）

11日 青海省都兰柴达木盆地南部郭里峁地区哈萨克族同胞自治区筹委会成立。筹委会根据当地部落头人和人民的意见，定名自治区为“阿尔顿曲克哈萨克族自治区”筹委会。阿合买提（哈萨克族）任筹委会主任，苏全珍、则拉特巴依（哈萨克族）等5人为副主任。（《青海日报》1953.10.16.①）

12日 云南省各族各界边疆慰问团结束4个多月的慰问工作，返抵昆明。（《新华社新闻稿》1953.9.13）

△ 青藏公路政治处在青海省西宁举行颁发中央人民政府主席毛泽东和中国人民解放军总司令朱德题词大会。毛泽东主席题词：“为了帮助各兄弟民族，不怕困难、努力筑路。”朱德总司令题词：“好好建设公路，为造福人民与巩固国防而努力。”（《新华社新闻稿》1953.9.24）

13日 湖南省湘西苗族自治区永绥县改称花垣县。（《湘西州志》上P60）

15日 湖南省湘西苗族自治区永顺至大庸公路建成通车，全长97.71公里，投资242亿元（人民币旧币）。（《湘西州志》上P60）

18日 据报道，内蒙古自治区抽调260多名各族卫生干部在海拉尔设立内蒙古性病防治所。呼纳、锡林郭勒、察哈尔盟牧区13个旗的梅毒患者经过3年的治疗，4万多人初步恢复健康。（《新华社新闻稿》1953.9.19）

△ 云南省西双版纳妇婴保健站于7月在车里成立。（《云南日报》1953.9.18.③）

19日 政务院文教委员会西藏工作队一行11人结束在西藏地区的工作回到北京。西藏地区工作队由59名地质、农业、医药、语言、社会科学等方面的科学工作者组成，分别于1951年、1952年赴藏，34人先后离藏返原地，14人留藏工作。（《新华社新闻稿》1953.9.20）

25～30日 甘肃省甘南藏族自治区各族各界人民代表会议在夏河举行。会议代行人民代表大会职权，30日，甘南藏族自治区人民政府宣告成立。10月1日，甘肃省甘南藏族自治区正式成立，辖西固、岷县、武都所属藏族聚居的4个区、31个乡。同时筹备成立中共舟曲工作委员会和舟曲行政委员会，并将洮源工作委员会改为碌曲行政委员会，将欧拉工作委员会改为玛曲行政委员会。至此，甘南藏族自治区辖夏河、临潭、卓尼3县和舟曲、玛曲、碌曲3个行政委员会。（《人民日报》1953.10.5.③，《甘南州志》上P91~92，《甘南藏族自治州概况》P255~256）

△ 甘肃省甘南藏族自治区人民代表大会根据党和国家的政策法令作出《关于肃清残余匪特、反革命分子，巩固治安，禁种、禁销、禁吸一切毒品，保障人民身体健康的决定》。（《甘南藏族自治州概况》P92~93）

26～27日 中国科学院语言研究所召开少数民族语文研究扩大会议。会议听取和讨论中央统战部副部长刘格平作的关于民族政策的报告和傅懋勣研究员作的少数民族语文工作的报告，就少数民族语文工作提出了一些原则性的意见和解决办法。（《新华社新闻稿》1953.11.9）

28日 天津市立回民医院开诊。（《新华社新闻稿》1953.10.7）

△ 以西藏地方政府噶伦、西藏军区副司令员朵噶·彭措饶杰为团长，达赖身边的总堪布噶章·罗桑仁增、班禅堪布会议厅副主任纳旺金巴为副团长的西藏“国庆”观礼团和由团长思郎将村率领的昌都“国庆”观礼团抵达北京，四川省藏族自治区“国庆”观礼代表华尔功臣烈等5人同车抵达。29日，政务院副总理邓小平设宴款待观礼团代表。10月14日，全国政协举行招待会，观礼团全体成员参加，全国政协副主席陈叔通和朱早观委员等出席并讲话。18日，观礼团以及出席中国佛协成立会议、全国工商联首次代表大会的两个西藏代表团向中央人民政府主席毛泽东和中国人民解放军总司令朱德献旗、献礼致敬。毛主席接见西

藏观礼团时说，各民族要团结，不论大的民族小的民族都要团结。团结起来，按照各民族不同地区的不同情况进行工作。有些地方可以做得快一点，有些地方可以做得慢一点，不论做快做慢都要先商量好了再做。没有商量好就不能强做。商量好了，大多数人赞成了，就慢慢地做。做好事也要商量着做，商量办事，这是共产党和国民党不同的地方。（《新华社新闻稿》1953.10.19，《人民日报》1953.9.30.①，《中共西藏党史大事记（1949~1966）》P45）

29日 中共中央新疆分局召开扩大会议，讨论新疆财经工作，中共中央新疆分局第一书记、新疆财政经济委员会主任王恩茂作《关于新疆财经工作几个问题》的会议总结。（《中国共产党新疆历史大事记（1949.10~1966.4）》上P96~97）

29日~10月13日 新疆省首届文学艺术工作者代表大会在迪化市举行。会议总结新疆4年来的文艺工作，讨论通过今后的文艺工作方针和任务，成立新疆文学艺术工作者联合会。（《新华社新闻稿》1953.10.20，《中国共产党新疆历史大事记（1949.10~1966.4）》上P97）

是月 中央派出少数民族电影队在福建省福安专区畲族地区放映电影，3万多畲族人民首次观看电影。（《福建日报》1954.2.24.③）

△ 中共西藏工作委员会宣传部着手建立的西藏地区首个有线广播站——拉萨市有线广播站正式播音。1958年，广播站从市邮电局借用一部3.5千瓦的短波发射机，从此西藏地区人民有了自己的无线广播。之后，日喀则、昌都、江孜等地也建立有线广播站。（《当代中国的西藏》下P444、566）

△ 新疆省焉耆专区成立境内第一所公办维吾尔语初级中学——库尔勒一中。（《巴音郭楞蒙古自治州志》下P1805、2176）

10月

1日 中央民族学院首次举办的少数民族文物展览开幕，展出蒙古、藏、回、维吾尔、壮、苗、彝、傣、瑶、朝鲜、高山11个少数民族的文物300余件。（《新华社新闻稿》1953.10.7）

2~7日 全国田径、体操、自行车运动大会在北京举行，各族运动员打破19项全国纪录。其中新疆省运动员李斌获得男子手榴弹掷远亚军并打破全国纪录，这是新疆运动员在全国比赛中首次打破全国纪录。（《新华社新闻稿》1953.10.3，10.8；《新疆通志·体育志》83卷P24）

3日~11月2日 中宣部召集语言工作者及有关人员举行会议，讨论如何帮助尚无文字的民族创立文字的问题，并对语言文字的调查研究、文字设计方案、培养干部、推行文字等项工作作了决定。（《新华社新闻稿》1953.11.9）

5~13日 中共广西省委第二次民族工作会议举行。会议传达和讨论中央民委第三次（扩大）会议精神，总结一年来的民族工作，就今后如何加强民族工作、培养民族干部、普遍开展民族政策教育作出规划。（《新华社新闻稿》1953.10.20）

9~12日 西北行政区在西安举行民族形式体育表演竞赛大会，西北五省的汉、回、藏、蒙古、维吾尔、哈萨克、塔塔尔、锡伯、土、撒拉、满11个民族的110名运动员参加表演竞赛。（《新华社新闻稿》1953.10.15）

10日 中共中央提出在过渡时期民族工作的总任务："巩固祖国统一和各民族团结，共同来建设伟大祖国的大家庭；在统一的祖国大家庭内，保障各民族在一切权利方面的平等，实行民族区域自治，在祖国的共同事业的发展中，与祖国的建设密切配合起来，逐渐发展各民族的政治、经济和文化，消灭历史上遗留下来的各民族间事实上的不平等，帮助落后的民族提高到先进民族的行列，共同过渡到社会主义。”《人民日报》就此发表社论《贯彻民族政策，批判大汉族主义思想》。（《人民日报》1953.10.10.①，《内蒙古自治区史》P110~111）

13日 中央人民政府批准“撒里畏吾尔”改称“裕固族”，“祁连山撒里畏吾尔自治区”改称“肃南裕固族自治区”。（《肃南裕固族自治县志》P419）

15日 广西省农林厅在南宁召开全省畜牧兽医专业会议，确定广西以发展牛、猪为主。同时发展马、羊、鸡、鸭等大小畜禽；采取就地选种与引进良种的办法，提高畜禽品质；大力培植与开辟饲料来源，改善饲养管理；加强以“预防为主”的防疫工作。（《广西通志·大事记》P293）

18日 据统计，中南少数民族地区专设和兼收少数民族学生的师范学校及中、小学校有16170多所，学生达10.03万多名。（《新华社新闻稿》1953.10.19）

20日 中央人民政府政务院批准内蒙古自治区人民政府和绥远省人民政府合署办公。11月1日，两个政府正式合署办公。蒙绥军区改称内蒙古军区，乌兰夫（蒙古族）任司令员兼政委。（《内蒙古自治区史》P132~133、516）

21日 青海省玉树藏族自治区第一所藏族人民文化馆在结古镇建立。（《光明日报》1953.10.21.③）

21~22日 东北民族形式体育表演大会在辽宁省沈阳市举行。吉林省延边朝鲜民族自治区代表队获举重重量级和轻量级冠军，跳板运动员被推选参加全国民族形式体育表演及竞赛大会。（《延边朝鲜族自治州志》P64）

25日 中共中央、中央军委指示西藏地区太昭以西大力精简军政人员。1954年4月22日，西藏工委在《第一季度工作综合报告》中指出，全区地方职工拟从3472人减至2820人。（《中共西藏党史大事记（1949~1966）》P45）

25~30日 甘肃省西海固地区在固原举行各族各界人民代表会议。会议选举成立西海固回族自治区人民政府，11月1日，西海固回族自治区人民政府宣告成立。（《新华社新闻稿》1953.10.29、11.3，《中共宁夏党史大事记（1925.8~1988.6）》P173~174）

26日 宁夏银川至内蒙古阿拉善左旗驼马大道修成，全长76公里。（《新华社新闻稿》1953.10.27）

27日 中国佛协在北京举行首次常务理事会议，通过由喜饶嘉措（藏族）代理会长的决议。（《人民日报》1953.10.31.①）

30日 广西省政府发布《关于少数民族纳税照顾的减免规定》。根据《规定》，凡聚居在边沿区、山区的少数民族及杂居在这些地区的汉族，生活贫困者划定地区给予照顾。（《广西通志·大事记》P293）

是月 绥远省乌兰察布盟自治区第一座牛奶加工厂投产。（《新华社新闻稿》1953.11.24）

△ 吉林省延边朝鲜民族自治区延吉县民间艺人朴汶滢（朝鲜族）等8人代表吉林省参加第一届全国民间艺术汇演，获优秀节目奖。（《延边朝鲜族自治州志》上P64）

△ 广西省对职工业余文化教育进行整顿。据统计，截至是月，全省参加业余文化学习的职工有2.95万人，占职工总数的12.2%，扫除职工中的文盲、半文盲1.23万人，其中1500人达到相当于高小毕业文化程度。（《广西通志·大事记》P293~294）

△ 西康省藏族自治区有民族小学90所、学生8158人，藏族学生较1952年增长63%。第一期民族师资训练班举办，培训教师70名，并分配到各学校任教。各县政府也就地培训一批藏族教师参加教学工作。（《甘孜州志》上P43~44）

△　中共中央新疆分局向各地党委批转第五次公安会议《关于结合土地改革镇压反革命的报告》。《报告》指示，今后新疆省镇压反革命的方针是坚持少捕、少杀、少管的原则，以打击现行反革命活动为主。　（《中国共产党新疆历史大事记（1949.10~1966.4）》上P97）

11月

1日　广西省第一个国营农场——西江机械农场成立。　（《广西通志·大事记》P294）

3日　中央卫生部第二次组织的民族卫生工作队离开重庆赴西藏地区工作。该队由外科和小儿科的医生、护士、助产士和药剂师等44人组成，于10月22日由北京抵重庆。　（《人民日报》1953.11.9.③，《光明日报》1953.11.19.③）

4日　贵州省民委最近召开5个专区26个县的布依族代表人士协商会，决定取消过去“仲家”、“水户”、“夷族”、“土边”、“本地”、“绕家”等名称，统一用“布依”作为族称。　（《新华社新闻稿》1953.11.5）

5日　湖南省湘西苗族自治区首次少数民族教育工作会议在吉首召开。　（《湘西州志》上P60）

△　是日报道，青海省玉树藏族自治区来往公文行使藏、汉两种文字。　（《人民日报》1953.11.5.③）

6日　中共中央、中央军委指示驻藏部队严格控制银元投放。要求康藏公路通车前，西藏应严格控制银元投放，以免引起货币贬值，影响群众生活。　（《中共西藏党史大事记（1949~1966）》P45）

11~23日　中共广西省第二次代表会议在南宁举行。会议传达贯彻中共中央制定的关于过渡时期的总路线和总任务，宣布1953年是广西省转向以生产建设为主要任务的第一年，开始执行发展国民经济第一个五年计划。会议决定抽调一部分干部加强城市、工矿、财经等方面的领导，以适应工业化建设的需要。　（《广西通志·大事记》P294）

13日　是日报道，四川省藏族自治区设有小学250多所，中学、师范学校、农业技校各1所，各民族学生约1.2万多名。此外，还有1000多名各族青年在中央民族学院、西南民族学院及自治区干校学习。　（《新华社新闻稿》1953.11.13）

13~23日　云南、新疆省各民族参观团在北京参观学习。21日，全国政协民族组举行招待会，两个参观团的全体团员与会，全国政协委员朱早观发表讲话，希望各兄弟民族更加紧密团结。　（《新华社新闻稿》1953.11.16，11.25；《人民日报》1953.11.2.①）

14日　贵州省册亨县至广西省边界八渡镇的公路竣工通车。　（《新华社新闻稿》1953.11.14）

17日　中共中央新疆分局决定，自1954年1月起，新疆分局干校改称新疆分局党校。　（《中国共产党新疆历史大事记（1949.10~1966.4）》上P97）

20日　甘肃省兰州至郎木寺公路临洮中至临夏段完工，折桥和地锁南霸分别举行通车典礼。　（《新华社新闻稿》1953.11.25）

23日　广西省政府发布《关于加强领导少数民族地区农业生产的指示》，要求各部门大力扶助民族地区发展生产。　（《广西通志·大事记》P294）

△　青海省最大的水利工程——东原渠水利工程竣工放水。　（《新华社新闻稿》1953.12.3）

24日　据统计，云南省金平、元阳、红河等县设有民族中学1所，小学134所，各民族学生8000多名。金元、元阳两县已由解放前的2所小学发展到84所，学生5000多名。　（《新华社新闻稿》1953.11.25）

24日~12月7日　甘、青、新3省边境各民族参观团和西南各民族参观团在北京参观学习。12月2日，全国政协民族组邀请两参观团座谈，讨论党的民族政策和少数民族地区实行民族区域自治、发展经济文化等问题。3日，中央民委主任委员李维汉宴请两参观团。（《新华社新闻稿》1953.12.6，12.11；《人民日报》1953.12.1.①，12.3.①）

26日 卫生部派往西康省藏族自治区的民族卫生工作大队返京。该大队自1951年11月到西康工作以来，除治愈在藏族中流行的性病外，还培养了538名藏族中级卫生工作人员。（《新华社新闻稿》1953.11.28）

26~29日 云南省西双版纳傣族自治区人民政府召开第一次茶农、棉农代表会议，讨论进一步恢复和发展当地茶、棉生产问题。（《新华社新闻稿》1953.12.15）

29日~12月3日 青海省海南藏族自治区筹委第二次扩大会议举行。会议总结筹委会成立以来的工作，讨论自治区人民政府的人选和发挥区域自治政权效能等问题。（《青海日报》1953.12.20.①）

30日 西藏地区拉萨发讯台竣工。（《当代中国的西藏》下P229）

是月 吉林省延边朝鲜民族自治区开始对粮食实行计划收购和计划供应。（《延边朝鲜族自治州志》P64）

△ 广西省交通厅组建广西第一家国营直属水运工业企业——南宁民船修理所（后改为厂），主要承担南宁至百色、南宁至龙州、南宁至梧州等航线来往船舶的修理业务。当年成功建造出广西第一批60吨木质拖驳船。（《广西通志·大事记》P294）

△ 由于运输困难，进藏部队发生严重粮荒。为此，中央指示在加紧修筑康藏公路的同时，责成西北局组建一支西藏运输总队。运输总队购买骆驼2.6万余峰，12月，运输总队由青海省格尔木向西藏拉萨运送一批粮食。（《中共西藏党史大事记（1949~1966）》P45~46）

12月

1日 邮电部西藏地区邮电管理局成立，开通拉萨至北京、拉萨至重庆的无线电路，增办无线电长途电话业务。（《人民日报》1954.2.15.②）

△ 宁夏省开始实行粮食计划收购和城市粮食计划供应。（《当代宁夏史通鉴》P19）

3日 政务院批准四川省藏族自治区更改歧视、侮辱少数民族的地名“懋功”县为“小金”县，“抚边”乡为“和平”乡，“达维”乡为“纪英”乡，“官寨”乡为“沃日”乡。（《岷江报》1954.2.1.①）

△ 内蒙古自治区锡林郭勒草原第一所蒙古族中学——锡林中学建立。（《新华社新闻稿》1953.12.4）

5~11日 青海省民委第三次联席（扩大）会议举行。会议讨论通过省民委副主任马文鼎《关于民族事务委员会一年来的工作报告》，省政府主席张仲良、副主席喜饶嘉措就过渡时期的总路线、牧业区的具体政策和如何继续发挥民族区域自治政权的效能等问题发表讲话。（《青海日报》1953.12.19.①）

6~12日 青海省海南藏族自治区一届一次各族各界人民代表会议在恰卜恰举行。会议宣告海南藏族自治区正式成立。（《人民日报》1953.12.20.③，《海南州志》P27）

7~25日 新疆省第四届生产会议在迪化（乌鲁木齐）举行，中共中央新疆分局第一书记王恩茂作题为《为大力搞好互助合作运动，逐步实现对农业的社会主义改造而奋斗》的报告。《报告》总结新疆省4年来农业互助合作运动的基本情况，提出1954年的农业互助合作运动必须在“实现对农业的社会主义改造”的总方针下，使各地组织起来的农户比是年增长10%左右，全疆组织起来的农户达到总农户

40%左右，其中常年互助组户达到组织起来的农户10%左右。全疆要建立农业生产合作社30至40个。（《中国共产党新疆历史大事记（1949.10~1966.4）》上P97~98）

8日～1954年1月3日 全国民间美术工艺品展览在北京举行，展出作品3000余件。（《新华社新闻稿》1953.12.8，1954.1.5）

9日 据统计，云南省金平、元阳、红河3县人民政府中，已有哈尼、傣、彝、苗等民族干部250多名。（《新华社新闻稿》1953.12.9）

10日 据报道，贵州省72个有少数民族的县都恢复和建有卫生院，各少数民族聚居区先后建立110个卫生所和250个接生站，历来疟疾流行的册亨、紫云、罗甸等县都设立疟疾防治所。省和专区还组织7个民族卫生工作队和1个民族妇婴卫生工作队到边远各民族地区工作。（《光明日报》1953.12.10.②）

11日 据报道，广西省桂西壮族自治区建立1年来，发放救济款及贷款2280亿元（旧币），帮助各族农民购买耕牛10万多头，各种农具60多万件，肥料2100万余斤和大量种子等。（《新华社新闻稿》1953.12.11）

14～19日 青海省门源县首届各族各界人民代表会议举行。会议选举成立门源县回族自治区人民政府，同时成立自治区协商委员会。19日，门源县回族自治区人民政府宣告成立。（《青海日报》1954.1.12.①，《海北藏族自治州志》上P42）

14～22日 青海省黄南藏族自治区首届人民代表会议举行。会议选举成立黄南藏族自治区人民政府，同时成立自治区协商委员会。22日，黄南自治区人民政府宣告成立。（《新华社新闻稿》1954.1.8）

15日 内蒙古自治区政府和绥远省政府联合举行行政会议，根据蒙绥地区，特别是伊克昭盟蒙古族人民的要求，决定成立成吉思汗陵（1954年成吉思汗陵由青海省湟中县塔尔寺迁回故地内蒙古自治区鄂尔多斯的伊金霍洛旗）迁建委员会，中共中央蒙绥分局常委王再天任主任委员。（《内蒙古日报》、《绥远日报》联合版1953.12.19.①）

△ 广东省民族歌舞团（原海南文工团）成立，该团植根于民族艺术和人民生活的土壤中创作了大量优秀舞蹈作品，其中舞蹈《三月三》在20世纪50年代轰动全国，广东省人民政府1984年特授予该团“南粤山花”荣誉称号，现改称为中国南方歌舞团。（《南方日报》1983.12.16.①，《誉称大辞典》P448）

△ 中央人民政府派赴西藏支援建设的一批织毯工人和种茶工人开始投入工作。（《新华社新闻稿》1953.12.15）

△ 西藏军区部队在西康省藏族自治区甘孜县修建的一座水力发电站开始发电。（《新华社新闻稿》1953.12.21）

16日 云南省昆洛公路至西双版纳傣族自治区景洪正式通车。（《西双版纳傣族自治州志》上P36）

18～24日 西北民委首次（扩大）会议举行，传达中央民委第三次（扩大）会议精神，总结民族工作，讨论通过西北民委主任汪锋《西北各民族更进一步团结起来，在过渡时期总路线的照耀下前进》的工作报告。会议根据过渡时期总路线、总任务的精神，结合西北地区具体情况，提出今后民族工作的主要任务。（《新华社新闻稿》1954.1.7）

21～31日 西康省昌都地区第三届各族各界人代会举行。会议总结两年来的工作，着重讨论昌都地区各民族间和藏族人民内部的关系问题，并制定今后的工作方针和任务。（《新华社新闻稿》1954.1.8）

22日 政务院批准《新疆省民族区域自治实施计划》，指出：“伊犁、塔城、阿山3个专区建立以哈萨克族为主的自治区，其行政地位相当于行政公署一级，自治机关为中央人民政府统一领导下的一级地方政权，受新疆省人

民政府领导。”（《伊犁哈萨克自治州志》P45）

23日 达赖喇嘛驻重庆办事处成立，尕昂他欣（藏族）任办事处处长。西南行政委员会民委副主任孙雨亭前往祝贺。（《新华社新闻稿》1953.12.27）

24日~1954年1月1日 青海省海北藏族自治区首届一次各界代表会议举行。会议代行人大职权，选举成立海北藏族自治区人民政府，首府设门源县浩门镇，辖门源、祁连、刚察、海晏4县。翌年1月1日，门源县城各族人民2000多人集会，庆祝自治区人民政府成立。（《新华社新闻稿》1954.1.19，《海北藏族自治州志》上P43）

25日~1954年1月1日 青海省果洛藏族自治区各族各届人民代表会议一届一次会议在吉迈举行。会议选举产生果洛藏族自治区人民政府。（《人民日报》1954.1.7.①，《果洛藏族自治州志》上P28、265、335、379）

26日 政务院第195次会议任命夏日仓（藏族）为西北民委委员。（《黄南州志》上P31）

26日~1954年1月2日 青海省玉树藏族自治区人大一届一次会议举行。（《玉树州志》上P26、580）

30日 新疆省第一座自动化火力发电厂——国营迪化（乌鲁木齐）苇湖梁发电厂发电。（《人民日报》1954.1.4.①，《新疆通志·科学技术志》72卷上P35）

31日 中国和印度就西藏地方关系问题进行谈判。政务院总理周恩来在接见中印两国代表团时提出，中印两国人民历来是友好的，现在两国独立了，应该在互相尊重主权与领土完整、互不侵犯、互不干涉内政、平等互惠、和平共处原则的基础上，发展两国的友好关系。这是和平共处五项原则首次在国际会议中提出。1954年4月29日，两国政府在北京签订《关于中国西藏地方和印度政府之间的通商和交通协定》。《协定》规定，中国政府在新德里、加尔各答、噶伦堡3地设立商务代理处，印度政府在亚东、江孜、噶大克3地设立商务代理处（即原3处商务代表处改为商务代理处，取消治外法权）。同时以互换照会的方式，废除印度在中国西藏地方的特权。互换照会规定，在照会互换之日起6个月内，印度撤走在亚东、江孜的武装部队；印度政府将其在西藏地方经营的邮政、电报及电话等企业以及设立的12个驿站折价交给中国政府。《协定》首次提出和平共处的五项原则。《协定》中财产清点、估价工作历时11个月，于1955年4月1日在拉萨举行正式接交仪式；至此，印度在西藏地区的上述企业、设备和12个驿站全部移交我国所有。1954年6月3日，达赖喇嘛在拉萨罗布林卡举行座谈会和宴会，庆祝《协定》签订。会上，西藏自治区筹委会筹备处处长阿沛·阿旺晋美代表达赖喇嘛讲话指出，中印两国协定的缔结，使我们进一步认识到祖国力量的强大和祖国大家庭的温暖。他表示要努力执行这一协定，严防帝国主义分子的挑拨和破坏，加强民族团结，加强祖国统一，巩固祖国国防。（《中共西藏党史大事记（1949~1966）》P48~49，《当代中国的西藏》上P184~185）

是月 吉林省延边朝鲜民族自治州滑冰运动员崔顺子（女，朝鲜族）在吉林省冰上运动会上打破女子速滑10000米全国纪录。（《延边朝鲜族自治州志》P64）

△ 新疆省召开农业生产会议。会议听取和讨论中共中央新疆分局第一书记王恩茂作的关于新疆省农业互助合作运动的总结和今后的方针任务的报告，制定1954年全省农业生产的方针任务和计划。（《新华社新闻稿》1954.1.5）

是年 中国当代著名呼吸病学专家、我国呼吸专业奠基人之一、中华医学会呼吸病学分会原主任委员、北京医科大学第一附属医院教授穆魁津（满族）发表题为《异烟肼治疗肺结核80例疗效观察》一文，首次在国内临床验证异烟肼的有效性，为该药的推广使用提供临床依据。1958年又发表题为《抗结核药物与肾上腺皮质激素联合应用治疗结核病动物试验和临床观察》一文，首次验证在抗结核药物的使用下皮质激素应用的价值，特别是对结核性胸膜炎、脑膜炎、心包炎的特殊需要，目前已在临床上常规使用。1997年11月26日，穆魁津在北京逝世，享年80岁。（《中国少数民族专家学者辞典》P1222）

△ 内蒙古自治区呼和浩特发生54起火灾，经济损失1.06亿多元。全区74万公顷农田遭受旱、雹、水灾。（《内蒙古自然灾害通志》P248～249）

△ 吉林省延边朝鲜民族自治区延吉县英成村农业生产合作社主任金时龙（朝鲜族）当选为全国劳动模范，受到中央人民政府主席毛泽东的接见。（《延边朝鲜族自治州志》P64）

△ 吉林省延边朝鲜民族自治区汽车修配厂在延吉市成立，1970年1月改称延边公路客车厂。（《延边朝鲜族自治州志》P64）

△ 湖南省湘西苗族自治区首家电影院——吉首人民电影院建成使用。（《湘西州志》上P60）

△ 广西省桂西壮族自治区人民政府撤销邕宁专区，所属各县划归桂西壮族自治区直辖。（《广西通志·大事记》P295）

△ 广西省文化馆发展至81个，成为全国实现县县有文化馆最早的省份之一。（《广西通志·大事记》P295）

△ 广西省文物考古部门在岑溪县征集到一面珍贵的铜鼓，面径90厘米、身高53厘米，面有6蛙、两两相对，太阳纹12芒，主要纹饰为“五铢”钱纹、水波纹和云纹，有辫纹扁耳2对。该铜鼓后由中国历史博物馆收藏。（《广西通志·大事记》P295）

△ 广西发生较大范围夏旱，局部地区发生春旱或秋旱。广西受旱总面积41.53万公顷，同时 20多个县发生虫灾，主要是黏虫、稻纵卷叶螟、玉米铁甲虫、竹蝗等，其中柳城、柳江、石龙、宜山、融安等县黏虫在山岭上相继发生。柳江县害虫分布面积2万亩，平均每平方尺虫口密度40至60头，山上杂草被吃光，山岭附近的小麦、玉米、烟草部分受害。（《中国气象灾害大典·广西卷》P166，《广西通志·大事记》P290）

△ 广西省话剧团成立。（《广西通志·大事记》P292）

△ 广西省瑶、苗、侗等少数民族地区的土改在都安瑶族聚居地区进行试点工作。（《广西通志·大事记》P292）

△ 贵州省镇远专区施秉县完成城关防洪堤3300米，达到五年一遇防洪标准。这是解放后黔东南地区修建的第一个防洪工程。（《黔东南苗族侗族自治州志·总述·大事记》P110）

△ 贵州省兴仁地区兴义县义明电厂经兴义县人民政府批准为公私合营。这是兴仁地区第一个公私合营企业。（《黔西南布依族苗族自治州志·党派群团志》P15）

△ 贵州省黔东南地区彻底消灭牛瘟，此后未再发病。（《黔东南苗族侗族自治州志·总述·大事记》P110）

△ 我国第一部藏族故事片《金银滩》和第一部回族故事片《太阳照亮了红石沟》分别由上海电影制片厂和文华影业公司摄制完成。（《云南日报》1988.6.4.④）

△ 云南省思茅至西双版纳傣族自治区景洪的长途电话线和通勐龙的地方电话线架通。（《西双版纳傣族自治州志》上P36）

△ 云南省迪庆地区对酒、皮毛、熏烟叶、麦粉、火柴、生铁等22种商品开征商品流通税。（《迪庆藏族自治州志》P32）

△ 云南省楚雄专区开始对农业、手工

业、资本主义工商业进行社会主义改造。（《楚雄彝族自治州志》1卷P194）

△ 云南省蒙自专区贯彻执行中央《实行粮食计划收购和计划供应的决议》，对粮食实行统购统销，严禁私商经营粮食。（《红河哈尼族彝族自治州志》1卷P69）

△ 自1951年11月以来，中共云南省蒙自地委和蒙自专署组织工作队在蒙自多法勒等25个乡进行土地改革试点，后在开远、蒙自、建水、石屏、元江、曲溪、龙武、屏边8县478乡81万人口地区分3批进行土改和土改复查。（《红河哈尼族彝族自治州志》1卷P67）

△ 云南省德宏傣族景颇族自治区有自然科学技术人员185名。（《德宏州志》综合卷P37）

△ 云南省怒江边疆工作委员会广播收音站成立。（《怒江傈僳族自治州志》上P757）

△ 西藏拉萨血清厂成立。1959年该厂进行扩建和技术改造，1963年改称西藏兽医生物药品制造厂。在以后的20多年中，该厂职工努力发展生产，不断提高产品质量，开发新产品，年产可供西藏所需的大部分疫苗7000万毫升左右。（《当代中国的西藏》下P62）

△ 由西藏自治区筹委会筹备处处长阿沛·阿旺晋美领导组建的西藏拉萨地毯厂成立，为当时西藏最大的民族手工业企业。（《当代中国的西藏》下P141）

△ 中央人民政府赴西藏昌都民族卫生工作大队举办2期初级卫生人员训练班，有学生69人，培养了西藏地区首批藏族初级西医卫生人员。（《当代中国的西藏》下P479）

△ 西藏阿里建起第一所小学。（《中国共产党西藏历史大事记（1949~2004）》P268）

△ 甘肃省甘南藏族自治区邮电局成立，邮电线路由临潭、夏河、卓尼通往碌曲、郎木寺和玛曲等地。邮路由5条增至10条，总长700多公里；长途电话线增至10条，总长270多公里。到1958年底，合作至玛曲230公里的电话线路修通。（《甘南藏族自治州概况》P197、256）

△ 兰州至郎木寺、岷县至夏河的公路修通。兰郎公路由土门关经夏河到达郎木寺，全长254公里。岷夏公路经过重新整修，在完尕滩同兰郎公路相接，全长274公里。（《甘南藏族自治州概况》P195）

△ 甘肃省临夏专区大旱，受灾面积78万亩。（《临夏回族自治州志》上P49）

△ 青海省海西蒙、藏、哈萨克族自治区有少数民族干部119人，其中蒙古族70人、藏族38人、哈萨克族11人。（《海西蒙古族藏族自治州志》4卷P22）

△ 青海省脱产的藏、回、蒙古、土、撒拉、哈萨克等少数民族干部有3471名。其中，省人民政府副主席2名，厅长级、专区级主席、副主席干部24名；715人入党，621人入团。（《青海日报》1954.9.30.②）

△ 青海省海南藏族自治区共和县文卫科干部、田径运动员苟存顺代表青海省先后参加西北地区和全国运动会，分获手榴弹投掷冠军和季军。（《海南州志》P27）

△ 为加强防沙造林工作，宁夏省农林厅在盐池、灵武两县交界处设立盐灵防沙林场（今白芨滩林场），在毛乌素沙地防沙造林。同年秋，省农林厅发出指示，以公私合作和群众合作为主要方法进行国营造林，以防沙护岸林为重点逐步把防沙造林在面上推开。（《当代宁夏史通鉴》P243）

△ 宁夏省共查获鸦片烟5.89万市两，吗啡24.9市两，罚没毒资1.33亿（旧人民币），对所查没的烟毒在各级人民政府的主持和群众监督下全部焚毁，使祸害人民近百年的毒害几于禁绝。（《中共宁夏党史大事记（1925.8~

1988.6）》P129、130、P141～142,《当代宁夏史通鉴》P91～92）

△ 宁夏省受旱灾面积26.67万公顷。引黄灌区发生稻瘟病、吸浆虫，受灾12县，受灾农田26.67万公顷，成灾17.93万公顷。（《中国气象灾害大典·宁夏卷》P55、246）

△ 新疆省造林2.60亿亩，育苗4134亩，零星指数2422.65万株，封山面积52.13万亩。全年发生林火127起，毁林11.27万亩。（《新疆通志·林业志》35卷P24）

1954年

1月

1日 甘肃省临夏广河回族自治区贸易支公司成立。（《甘肃日报》1954.1.15.②）

△ 政务院批准广东省将崖县、陵水并入海南黎族苗族自治区。（《新华社新闻稿》1953.12.30）

△ 云南省红河哈尼族自治区人民政府宣告成立。由蒙自专区代管，辖元阳、金平、红河3县和河口市马鞍底区，同时成立自治区协商委员会，协商委员会还讨论签订了各族人民爱国公约。（《云南日报》1954.1.13.①；《红河哈尼族彝族自治州志》1卷P69，6卷P149）

△ 广西省立南宁图书馆新馆落成，定名为广西省第二图书馆。（《广西通志·大事记》P295）

6日～3月8日 新疆省水利参观团的6个民族26人到全国各地参观水利工程。（《人民日报》1954.3.22.②）

8日 中共中央发布《关于发展农业生产合作社的决议》。（《新华社新闻稿》1954.1.9，《中华人民共和国大事记（1949~1980）》P203）

10日 连接南北疆的交通要道——焉耆开都河大桥竣工通车。（《新疆日报》1954.2.20.②）

15日 民族出版社举行成立1周年庆祝会。1年来，该社用蒙古、藏、维吾尔、朝鲜、哈萨克等5种文字翻译出版142种129.35多万册书刊。（《新华社新闻稿》1954.1.17）

16日 广西省桂西壮族自治区人民政府拨发救济款32亿元（旧币），帮助苗、瑶等民族农民发展生产。（《人民日报》1954.1.18.①）

24日 西北行政委员会文化局和新疆省文化局联合组织的新疆省文物调查组结束在伊宁、喀什、和田、吐鲁番等25个县、市的调查，历时5个月。（《新华社新闻稿》1954.1.24）

28日 政务院第204次政务会议讨论通过了内蒙古自治区人民政府和绥远省人民政府《关于将绥远省划归内蒙古自治区并撤销绥远省建制的报告》，并决定报请中央人民政府委员会批准，同时命令两政府遵照执行。同日，《人民日报》对此发表社论《中国历史上解决民族问题的重大措施》。（《人民日报》1954.2.28.①）

是月 广西省民族歌舞团在南宁成立。（《广西通志·大事记》P295）

△ 内蒙古自治区人民政府提出工业建设总任务和总方针：紧密配合国家和自治区经济建设计划，从促进农、牧业生产的发展与改造出发，除加强对现有的厂矿的领导并改善其生产经营外，着重有步骤地、有计划地发展足以改变自治区面貌的工业（如屠宰、皮革、牛乳等联合工厂，农具制造厂，盐碱化学工厂等），使自治区落后的经济状况得以逐步改观。（《内蒙古自治区史》P140）

△ 云南省西双版纳傣族自治区百货公司在车里开业，第一次物资交流大会同时举行。（《西双版纳傣族自治州志》上P36）

2月

1日 政务院批复新疆省人民政府，同意更改歧视少数民族地名的决定。决定更改的地名有："迪化"市改称"乌鲁木齐"市，"迪化"县改称"乌鲁木齐"县，"迪化"专区改称"乌鲁木齐"专区，"乾德"县改称"米泉"县，"孚远"县改称"吉木萨尔"县，"绥来"县改称"玛纳斯"县，"景化"县改称"呼图壁"县，"承化"县改称"阿勒泰"县，"镇西"县改称"巴里坤"县，"巩哈"县改称"尼勒克"县，"阿山"专区改称"阿勒泰"专区。（《人民日报》1954.2.16.③，《昌吉回族自治州志》P43）

△ 蒙绥地区第一座大剧院乌兰恰特（红色剧院）在内蒙古自治区呼和浩特市举行开幕典礼。（《内蒙古日报》、《绥远日报》联合版1954.2.2.①）

6日 西藏拉萨藏族僧俗人民举行"传召大会"。（《人民日报》1954.2.24.③）

6～10日 中共七届四中全会举行，中央人民政府副主席刘少奇作《中央政治局向七届第四次全会的报告》。会议作出《关于增强党的团结的决议》，正式批准中央政治局提出的党在过渡时期的总路线，即"从中华人民共和国成立，到社会主义改造基本完成，这是一个过渡时期。党在这个过渡时期的总路线和总任务，是要在一个相当长的时期内，逐步实现国家的社会主义工业化，并逐步实现国家对农业、对手工业和对资本主义工商业的社会主义改造"。（《新华社新闻稿》1954.2.18）

6～16日 西藏拉萨至江孜、江孜至日喀则、拉萨至黑河、江孜至亚东4条步班邮路相继开辟。（《当代中国的西藏》下P230~231）

7日 回协和伊协联合举行原冀中回民支队司令员马本斋逝世10周年纪念会。（《人民日报》1954.2.10.③）

△ 下午3时，法国飞机侵入云南省蒙自专区金平隔界河上空投掷燃烧弹数枚，炸毁粮食仓库1座大米15吨，炸死马3匹。8日下午3时、5时，法国飞机先后2批5架侵入金平县金水河上空盘旋扫射，投弹七八枚，炸死马1匹、耕牛16头，炸毁粮食1吨多。（《红河哈尼族彝族自治州志》1卷P69~70）

10日 中央指定中央统战部部长李维汉在北京主持召开西藏工作讨论会，历时3个多月，共举行59次会议。西藏工委书记张国华、副书记范明、常委慕生忠、秘书长牙含章，西藏军区副政委王其梅等参加会议。是日，西藏工委在向中央作的《总结报告》指出："在考虑西藏全盘工作的时候，对西藏民族问题的几个重要情况必须予以十分注意。一是西藏民族和汉族之间存在着很深的民族隔阂，他们对今天党的政策还存在着怀疑和顾虑；二是喇嘛教对西藏民族的影响很深，人民中存在着根深蒂固的信仰，应充分认识到怎样对待喇嘛问题在政治上有着重要意义；三是西藏民族今天还处在农奴制度的封建社会中，这种封建农奴制度，今天还基本上是原封未动，这种封建农奴制度的上层建筑是政教合一的僧侣贵族专政，到今天既统治着西藏民族，又还能代表西藏民族。"《总结报告》指出："巩固和扩大反帝爱国统一战线，是目前党在西藏工作的主要任务之一。""这个统一战线的纲领，在一定时期内基本上就是十七条协议。""在统一战线内部有左、中、右三派。达赖、班禅两集团里面，都有左、中、右三派。认为达赖属于'顽固派'的左派，是不恰当的。在策略上对我也是不利的。达赖属于中派、班禅属于左派，这是他们当前政治态度上的一个原则性的区别，否认这种区别，也是不恰当的。""必须认识和估计到达赖的地位和影响，不仅在西藏地区，而且在整个藏族民族中都比班禅为高的事实。因此，在争取和平解放西藏、和平统一西藏及和平解放西藏后，我们在西藏地区的各种工作政策，都不能不以争取达赖集团为首要任务。""党在西藏的方针是使西藏逐渐地走向统一，成立统一的自治区，而不是先实行分区

自治而后走向统一。”《总结报告》经中央政治局讨论予以批准。（《中共西藏党史大事记（1949~1966）》P46~48）

△ 云南省阿佤山第一支联防自卫队成立。（《民族工作资料月报》1954.2 P27~28）

△ 新疆省人民政府宣布全疆57个县、3个市、1520个乡的土地改革全部完成，省土地改革委员会工作正式结束。据1512个乡的统计，共没收地主多余土地523万亩，耕畜7万多头，农具46万件，房屋20万间，粮食1400万斤；征收半地主式富农、小土地出租者、工商业者兼地主的土地214万亩；共没收、征收土地737万亩；分到土地和财产的贫苦农民（包括中农和其他劳动者）共63万户332万人。全疆平均每户分到土地11.3亩，每人平均3.8亩。地主阶级在土改前人均占有土地41亩，土改后5亩；富农土改前22.8亩，土改后19.4亩；中农土改前7亩，土改后7.5亩；贫农土改前3亩，土改后4.9亩；雇农土改前0.98亩，土改后5.6亩。土改首先满足贫、雇农的土地要求，照顾中农的利益，保存富农经济，消灭地主经济，但给地主留下较多的土地和财产，有利于他们改造成为自食其力的劳动者。土改中，新建立农村党支部340个，发展党员2366名；建立团支部488个，发展团员8927名。农会会员由土改前的74万人发展到127万人。农民生产积极性空前高涨，生活得到普遍改善，民族团结进一步增强。（《中国共产党新疆历史大事记（1949.10~1966.4）》上P99~100）

△ 出席中国佛协成立大会的西藏佛教代表团返抵拉萨。中央人民政府驻西藏代表张经武设宴款待代表团。（《新华社新闻稿》1954.2.16）

10～21日 宁夏省政府举行农林畜牧工作会议，学习总路线，检查和总结1953年农业、林业和畜牧工作，布置当年农林牧业等项工作任务。（《中共宁夏党史大事记（1925.8~1988.6）》P177）

11日 云南省德宏傣族景颇族自治区潞西民族医院建成。（《民族工作资料月报》1954.3.4 P44~45）

14～20日 甘肃省肃南裕固族自治区首届各族各界人民代表会议（人大一届一次会议）在红湾寺举行，正式宣布肃南裕固族自治区（县级）成立。同时，中国人民政治协商会议肃南裕固族自治区委员会成立。（《新华社新闻稿》1954.3.3，《肃南裕固族自治县志》P254、420）

14～21日 青海省互助县土族自治区举行首届人民代表会议。21日，互助县土族自治区人民政府宣告成立。（《新华社新闻稿》1954.3.5）

15日 吉林省延边大学附属医士班与延边助产学校合并，成立延边卫生学校。（《延边朝鲜族自治州志》P64）

16日 西藏工委发出《关于执行宗教政策的指示》。《指示》严厉批评了一些地区出现的违犯宗教政策和对宗教的蛮横行为，并在宣传和组织纪律方面作出了10项具体规定：不主动宣传共产党不信教，把宗教活动和违法犯法活动区别开来，不主动吸收喇嘛参加工作和动员喇嘛还俗等。要求各级党委及时检查宗教政策的执行情况。（《中国共产党西藏历史大事记（1949~2004）》P73）

△ 青海省海南藏族自治区第一个农业初级生产合作社——山启祥合作社在贵德县河东北陈家村建立。（《海南州志》P27）

16～23日 广西省桂西壮族自治区团代会举行，选举成立自治区团委。（《新华社新闻稿》1954.2.26）

20日～3月1日 青海省循化县首届人民代表会议举行。会议选举成立撒拉族自治区人民政府。3月1日，撒拉族自治区人民政府宣告成立。（《青海日报》1954.3.13.①）

20～26日 中共云南省怒江傈僳族自治区边工委召开干部扩大会议，决定不进行社会主义改造的宣传，下一步要适当集中力量，通过生产工作，选择重点进行社会调查，搞清傈僳族的社会经济状况，作为确定方针政策的依据；关于互助合作问题，除重点试办一两个互助组摸索经验外，不普遍进行。 （《怒江傈僳族自治州志》上P23）

21日 中共新疆分局常委会议召开，讨论并批准分局组织部《关于新疆四年来组织工作的基本总结》。截至1953年6月底，全疆发展党员5002名。其中，汉族党员1086名、本地少数民族党员3916名。 （《中国共产党新疆历史大事记（1949.10~1966.4）》上P100）

22日 云南省人民政府举行授印典礼。省人民政府副主席郭影秋等接见德宏傣族景颇族自治区人民政府主席刀京版及副主席、委员等11人，为德宏傣族景颇族自治区人民政府颁发印信。 （《云南日报》1954.2.24.①）

24日～3月1日 青海省化隆县回族自治区首届人民代表会议举行。会议选举成立自治区人民政府，3月1日，自治区人民政府宣告成立。 （《青海日报》1954.4.2.①）

24日～3月2日 宁夏省第五次卫生行政会议在银川举行。会议总结全省四年来的卫生工作并部署今后的工作。会议认为，卫生部门的工作必须继续贯彻“预防为主、面向工农兵、团结新旧医、卫生工作和群众运动相结合”的原则，加强工矿、城市和国营农场的卫生工作，继续开展爱国卫生运动，防止对人民群众危害最大的传染病发生，适当加强农村卫生工作。 （《中共宁夏党史大事记（1925.8~1988.6）》P178）

26日～3月3日 中南民委首次（扩大）会议举行，检查中南区4年来的民族工作，讨论确定今后的工作任务。 （《新华社新闻稿》1954.3.15）

是月 吉林省延边朝鲜族自治州运动员柳元龙（朝鲜族）在吉黑松哈联合冰上运动会上分别以2分51秒2、10分11秒、21分31秒2的成绩夺得1500米、5000米、10000米男子速滑第一名并打破全国纪录，同时获得全能冠军。 （《延边朝鲜族自治州志》P64、1702~1703）

△ 根据中央人民政府决定，广西省开始发行国家经济建设公债。截至1955年底，全省共认购公债1366.1万元，超额完成认购任务的28.9%。 （《广西通志·大事记》P295）

3月

1日 新疆省人民政府发布公告：根据“索伦”族人民群众要求，经省人民政府第120次行政会议讨论通过，并报中央人民政府政务院批准，恢复其“达斡尔”族称呼。（《新疆日报》1954.3.2.①）

1～13日 西南行政委员会商业局召开西南区民族贸易工作会议。会议总结1953年的工作，安排1954年的工作任务。 （《新华社新闻稿》1954.3.23）

4～11日 新疆省焉耆回族自治区首届人民代表会议举行。会议选举成立自治区（县级）人民政府。11日，自治区人民政府宣告成立。 （《新疆日报》1954.4.1.①）

5～6日 内蒙古自治区、绥远省人民政府委员会、绥远军政委员会和各界人民代表会议协商委员会举行联席扩大会议，讨论执行政务院关于将绥远省划归内蒙古自治区的命令，通过撤销绥远省建制和绥远省人民政府的决定。会议还通过布告：自3月6日起，撤销原绥远省，原绥远省辖区统一由内蒙古自治区人民政府领导；决定结束绥东旗县并存局面，改伊（克昭）盟、乌（兰察布）盟自治区人民政府为盟人民政府，成为自治区人民政府领导下的一级政权。15日，中共中央蒙绥分局改称中共中央内蒙古分局。 （《内蒙古日报》1954.3.6.①，《内蒙古自治区史》P516）

6~11日 西藏地区首次妇女体育运动会在拉萨举行。（《人民日报》1954.3.23.③）

8日 西藏拉萨市爱国妇女联谊会成立。（《当代中国的西藏》上P208）

△ 中共西康省委扩大会议召开，讨论研究少数民族工作的具体任务。（《新华社新闻稿》1954.3.9）

15日 湖南省人民政府拨款20多亿元（旧币），帮助湘西苗族自治区兴修农田水利。（《人民日报》1954.3.15.②）

17日 中共中央新疆分局发出《关于改进报纸工作的意见》。截至目前，新疆省出版的铅印报纸有汉、维吾尔、哈萨克、蒙古4种文字的《新疆日报》，南疆地区有汉、维吾尔2种文字的《天南日报》，和田地区有维吾尔文《新和田报》，伊犁地区有《伊犁日报》，塔城地区有维吾尔、哈萨克文混合版《塔城报》，阿勒泰地区有哈萨克文《阿勒泰报》。总发行量6万份左右。（《中国共产党新疆历史大事记（1949.10~1966.4）》上P101）

17~20日 中共宁夏省委首次农业生产互助合作会议举行。会议认为，在互助合作运动高潮面前，党委领导应该充分利用有利因素，使现有的农业社逐步巩固、扩大、提高，真正起到示范作用。对新社、老社都应做好思想教育工作和研究解决具体问题，做到增加生产，增加社员收入，搞好经营管理，合理分配劳动收入。（《中共宁夏党史大事记（1925.8~1988.6）》P179）

17~25日 新疆省察布查尔锡伯族自治区首届一次人民代表会议举行。会议选举成立自治区人民政府，25日，自治区人民政府宣告成立。（《新疆日报》1954.4.15.①）

18日 中共广西省委发出《关于少数民族地区土改全面铺开的指示》，要求各地抓紧时间总结试点经验，认真研究土改方案，在土改中积极培养少数民族干部。（《广西通志·大事记》P296）

△ 广西省政府财经委员会发布《广西省边境小额贸易暂行管理办法》。（《广西通志·大事记》P296）

22日 西藏地区僧俗民众200多人集会，庆祝解放军进藏3周年。达赖喇嘛、班禅额尔德尼·确吉坚赞电慰驻藏部队。（《人民日报》1954.3.28.①）

22~31日 新疆省文化局在省人民图书馆举办新疆文物展览。（《新疆日报》1954.4.7.③）

25日 新疆省伊犁专区宁西县改设为察布查尔锡伯族自治区，巩哈县改为尼勒克县，自2月1日起实施。（《伊犁哈萨克自治州志》P45）

26日 新疆省人民政府第124次行政会议，讨论通过了《新疆省县级民族自治区人民政府组织条例》。（《新疆日报》1954.3.30.①）

26日~4月10日 青海省召开第二次牧区各民族自治区主席、副主席暨县长、副县长联席会议。会议总结畜牧业生产经验，要求今后在不断发挥民族区域自治政权效能的基础上，有计划地做好以发展畜牧业生产为主的经济文化建设工作。（《青海日报》1954.4.22.①）

28日~4月1日 吉林省民委举行首次民族团结模范大会。会议总结几年来的民族工作，交流工作经验，并奖励民族团结模范。（《吉林日报》1954.4.14.①）

29日 新疆省已建有67个农业生产合作社。（《人民日报》1954.3.29.②）

是月 内蒙古自治区锡林郭勒盟东、西乌珠穆沁旗、苏尼特右旗、阿巴嘎旗因1953年冬雪未化，当年元月复降大雪，造成白灾，70多万头（只）牲畜受困，中央人民政府派飞机15架次，空投饲料和粮食1.4万公斤。（《内蒙古自然灾害通志》P249）

△ 贵州省兴仁地区10个县全部完成土改。（《黔西南布依族苗族自治州志·党派

群团志》P15）

△ 云南省文山专区与越南接壤的都龙、田蓬、天保、董干、八布5个小额贸易口岸正式开放。（《文山壮族苗族自治州志》1卷P41）

△ 云南省楚雄专区广通、楚雄2县交界处发生特大森林火灾，持续4天4夜，1人死亡，2.5万亩林木被毁。（《楚雄彝族自治州志》1卷P194）

△ 云南省楚雄专区第一座小型水库——北山寺水库在牟定县完工，库容122万立方米。（《楚雄彝族自治州志》1卷P194）

△ 青海省西宁至海南藏族自治区恰卜恰客运班车开始运行，每日对开1班。（《海南州志》P27）

是~8月 西藏赴北京参观团组建的歌舞团沿康藏路赴内地，为筑路部队和民工演出。在北京紫光阁为中央人民政府主席毛泽东等中央领导演出后，又赴天津、沈阳、上海、广州、西安、武汉、西宁等地访问演出。这是建国后藏族和内地兄弟民族进行的首次文化交流。（《当代中国的西藏》下P381）

4月

1日 根据中朝两国《关于国境铁路联运协定》，在中国吉林省延边朝鲜民族自治区图们和朝鲜南阳分设国际货物联运机构。（《延边朝鲜族自治州志》P64）

△ 云南省保山专员公署在德宏傣族景颇族自治区盈江县召开梁河、盈江、连山3县水利委员会成立大会暨第一次会议，研究治理大盈江水患。（《德宏州志》综合卷P37）

1~9日 热河省翁牛特旗在乌敦套海镇举行首届人民代表会议。会议选举成立翁牛特旗蒙古族自治区人民政府。9日，自治区人民政府宣告成立。（《新华社新闻稿》1954.4.16）

2日 甘肃省临夏县成立大河家回族保安族撒拉族土族联合自治区，辖10个乡、30个行政村、90个自然村。（《积石山保安族东乡族撒拉族自治县志》P37）

3日 内蒙古自治区归绥市400多人在车站举行迎祭仪式，迎祭成吉思汗灵柩由青海移回内蒙古。23日，伊克昭盟伊金霍洛（成吉思汗原陵地）举行成吉思汗逝世727周年大祭，同时举行兴建成吉思汗新陵园奠基典礼。内蒙古自治区人民政府主席乌兰夫、副主席王再天、中央民委副主任委员萨空了等出席。（《人民日报》1954.4.6.①，4.28.①）

6日 《金银滩》、《解放西藏大军行》、《草原上的人们》等5部藏语翻译影片在藏族地区开始发行放映。（《人民日报》1954.4.22.③）

△ 贯穿桂西北的车河至田州公路竣工，公路途经田阳、田东、东兰、南丹、河池5县，全长288公里。（《广西通志·大事记》P296）

8~17日 中共中央新疆分局扩大会议举行。会议传达中共七届四中全会精神，要求克服大民族主义倾向和地方民族主义情绪，决定坚决执行中共中央《关于增强党的团结的决议》。（《人民日报》1954.4.25.①）

10日 中共中央新疆分局党校在乌鲁木齐举行成立典礼。首期培养10个民族的学员657名。中共中央新疆分局第一书记王恩茂、中共中央新疆分局第四书记赛福鼎、政协新疆维吾尔自治区委员会主席包尔汉、中共中央新疆分局常务委员高锦纯等出席典礼。（《人民日报》1954.4.20.③）

△ 内蒙古自治区鄂伦春自治旗宣告成立。3月上旬，该自治旗召开首届人民代表会议。（《人民日报》1954.4.10.③）

15日 几年来，西南区各级人民政府在少数民族地区新修、整修9000多公里公路和驿道、便道。（《新华社新闻稿》1954.4.15）

15~18日 内蒙古自治区索伦旗连降雨夹雪。冬春降雪累计72.3厘米，大于常年的2~3倍，全旗牲畜损失1万多头（只）。

(《鄂温克族自治旗志》P912~913)

15~20日 宁夏省河东回族自治区首届人民代表会议举行，成立自治区人民政府。20日，自治区人民政府宣告成立。 (《宁夏日报》1954.4.21.③，4.26.①)

17日 《人民日报》发表社论《怎样宣传过渡时期党在民族问题方面的任务》。(《人民日报》1954.4.17.①)

△ 宁夏省阿拉善旗巴音浩特成立供销合众社。 (《宁夏日报》1954.5.18.①)

△ 据报道，云南省德宏傣族景颇族自治区首府芒市初步防止了疟疾流行。 (《光明日报》1954.4.17.①)

19~23日 宁夏省蒙古族自治区首届人民代表会议举行。23日，自治区人民政府宣告成立。 (《宁夏日报》1954.4.27.①)

23日 西康省少数民族地区建立邮电机构和代办所170余处，建成的45条邮路长达2.2万多公里。 (《民族工作月报》1954.4 P38)

△ 西南各民族参观团一行43人抵达北京。次日，中南区少数民族青年参观团一行53人抵达北京。5月4日，全国政协民族组邀请西南各民族参观团座谈。 (《人民日报》1954.4.27.①，5.6.①)

23~24日 新疆省政府举行第21次委员会议暨第125次行政会议扩大联席会议，通过《关于维吾尔文字简明写法规则具体实施办法》的决议。 (《新疆日报》1954.5.8.①，5.13.①)

23~29日 内蒙古自治区通辽市扎鲁特旗发生火灾，烧毁50万公顷幼林。 (《内蒙古自然灾害通志》P249)

25日 内蒙古自治区人民政府批准归绥市改称呼和浩特市。 (《内蒙古自治区史》P134、516)

△ 宁夏省蒙古族自治区人民政府举行第一次全体委员会议，讨论通过了阿拉善旗、磴口县两行政单位施行自治区的职权。会议决定政府行文用蒙、汉两种文字，政府所在地定在阿拉善旗的巴音浩特市。 (《宁夏日报》1954.5.1.③)

26日 吉林省延边朝鲜民族自治区延边医院建立。 (《人民日报》1954.4.26.③)

△ 广东省海南黎族苗族自治区创办的第一所初级师范学校开学，有学生50名。(《人民日报》1954.4.26.③)

27日 中共中央政治局扩大会议决定撤销大区一级党政机构。 (《中国共产党新疆历史大事记(1949.10~1966.4)》上P102)

29日 青海省“刚察藏族自治区”改称“刚察县”。 (《海北藏族自治州志》上P43)

△ 中共中央新疆分局发出《关于总路线宣传中几个问题的指示》。《指示》要求，各级党委注意纠正在总路线宣传中的某些偏差。要从少数民族地区特点出发，把党在过渡时期总路线同党在民族工作方面的总任务结合起来，区别不同地区、不同对象，确定不同的宣传内容。在全疆范围内不一般地去宣传对私人资本主义改造，在牧区不宣传社会主义改造，在农村中暂不宣传“变私人所有制为集体所有制”。 (《中国共产党新疆历史大事记(1949.10~1966.4)》上P103)

是月 云南省西双版纳傣族自治区建立第一个农机厂——景德工厂(后为西双版纳农机制造厂)。 (《西双版纳傣族自治州志》上P36)

△ 内蒙古自治区呼伦贝尔盟呼伦湖区大雪。牧区损失牲畜29万头(只)。其中，鄂温克族自治旗死伤牲畜1.04万头(只)，超出1953年的3倍，全旗牲畜总头数下降7.9%；新巴尔虎左旗、新巴尔虎右旗损失牲畜5万头(只)。 (《内蒙古自然灾害通志》P249)

是~6月 广西省桂林、平乐、容县、百色4个专区的65个县、市暴雨成灾。全省受灾农田226.4万亩，成灾面积106.8万亩，其中损失5成以上的重灾面积47.3万亩；6398间房屋被冲坏，死亡170人，伤81人，失踪21人。容县专区灾情为数十年来未遇。（《广西通志·大事记》P296）

5月

1日 湖南省湘西苗族自治区政府投资22亿元（旧币）建设利比溪铁厂、吉首电厂和麻溪口煤矿。（《湘西州志》上P60）

△ 内蒙古自治区人民广播电台增设蒙古语广播节目。（《内蒙古日报》1954.5.7.③）

1~11日 内蒙古自治区呼伦贝尔盟扎兰屯市萨马街努图克连续2次发生山火，过火面积37万公顷，烧毁幼树6.4亿棵、民房24间、粮食5187.5公斤和部分牛马、生活用品等。（《内蒙古自然灾害通志》P249）

2~7日 湖南省通道县举行首届人民代表会议，选举成立通道侗族自治县人民政府，7日，通道侗族自治区人民政府宣告成立。（《人民日报》1954.5.21.③）

4~11日 西南军政委员会民委第五次委员（扩大）会议举行。会议听取和讨论通过军政委员会民委主任委员王维舟和副主任委员孙雨亭分别作的报告，总结西南区1953年的民族工作，确定是年的民族工作任务。（《人民日报》1954.5.15.③）

5日 云南省政府批准保山地区泸水县划归怒江区管辖。（《怒江傈僳族自治州志》上P23）

5~20日 西北行政委员会商业局召开西北民族贸易工作会议，总结1953年的工作，安排1954年的工作任务。（《青海日报》1954.5.29.①）

6日 新疆省民族音乐唱片出版工作组成立。（《新疆日报》1954.5.11.③）

8日 宁夏省国营吉兰泰盐场开始生产。（《当代宁夏史通鉴》P19）

10日 云南省南涧至大理公路南涧至缅宁段在缅宁举行通车典礼，全长251公里。（《云南日报》1954.6.7.①）

△ 西藏地区拉萨和昌都间无线电通话。（《新华社新闻稿》1954.5.18）

12日 宁夏省修完支干渠1700多条，可灌农田240多万亩。（《人民日报》1954.5.12.②）

13日 中国与朝鲜正式互通邮包，吉林省延边朝鲜民族自治区图们县开始办理邮包业务。（《延边朝鲜族自治州志》P64）

14日 康藏高原第一座兽医院在西藏昌都落成。（《新华社新闻稿》1954.5.14）

16日 新疆省第一个拖拉机站在乌鲁木齐县建成。（《人民日报》1954.5.21.②）

17日 新疆省农林厅组织58名维吾尔、哈萨克、回、蒙古、塔塔尔等民族的农业干部，学习解放军新疆生产部队植棉技术。（《人民日报》1954.5.17.①）

19日 据报道，内蒙古自治区西部发现蕴藏大量炼焦煤矿藏。（《人民日报》1954.5.20.①）

20日 政务院第217次政务会议批准中央民委副主任委员刘格平《中央人民政府民族事务委员会1953年的几项主要工作和1954年工作要点报告》、中科院语言研究所所长罗常培作的《中央人民政府政务院文化教育委员会民族语言文字研究指导委员会及中央人民政府民族事务委员会关于帮助尚无文字的民族创立文字问题的报告》，并责成科学院语言研究所等单位帮助无文字的民族创立文字。6月22日，中央人民政府派出语言学家和民族语文干部到西南各地帮助少数民族整理、改进和创立民族文字。（《人民日报》1954.6.5.①，6.23.①）

21日 内蒙古自治区大兴安岭森林区库都尔至图里河段铁路通车。（《新华月报》1954.6 P244）

△ 据报道，解放军驻康藏部队开垦荒地

4万亩，试种300多种农作物。（《人民日报》1954.5.22.①）

22日～6月5日 四川省凉山彝族自治区政府举行首次文教工作会议。会议总结几年来的文教工作，要求今后贯彻“慎重稳进”的方针，逐步发展彝族人民的文教事业。（《民族工作月报》1954.6 P69~70）

25日～6月1日 广西省首次文学艺术工作者代表大会在南宁举行。会议通过省文联章程，选举产生广西文学艺术工作者联合会首届委员会，主席周钢鸣。（《广西通志·大事记》P296）

26日 江苏省支援新疆发展丝绸工业的第一批缫丝女工73人，于4月底抵新疆省和田丝绸厂。（《人民日报》1954.5.26.②）

28日 广西省教育厅发出《关于选择重点县加强民族教育领导的通知》，确定宜山专区大苗山苗族自治区为省少数民族教育重点县，大苗山林洞小学为少数民族教育重点校。《通知》要求，各专署亦在所属地区确定少数民族教育重点县，在重点县内确定重点校，以加强领导，办好少数民族教育。（《广西通志·大事记》P296）

28日～6月18日 中央民委第四次（扩大）会议举行。会议讨论通过《中华人民共和国宪法草案》（初稿），提出关于全国人民代表大会少数民族代表150人名额的分配方案（草案）和选举少数民族代表的初步意见，听取各民族地区的工作报告并交流经验。中央民委副主任委员汪锋作会议总结。（《人民日报》1954.6.24.①）

29日 国营昌都运输公司成立，这是西藏地区国营运输事业的开端。（《当代中国的西藏》下P123）

31日 以丹德尔（藏族）为团长，王承永、王德海、宗哲（藏族）为副团长的工作团从青海省海南藏族自治区恰卜恰出发，于6月20日抵达玛积雪山，会见各部落头人，看望牧民。至此，青海省最后一个民族地区宣告解放。（《海南州志》P27）

是月 四川省藏族自治区龙日坝国营农牧场建成。（《新华社新闻稿》1954.6.1，《阿坝州志》上P39）

△ 中央民委派出中科院语言研究所、中央民族学院研究部的专家赴云南省，和云南省委统战部、省民委组织的专家学者一起组成云南省民族识别研究组，分赴边疆和内地民族地区调研。8月初，确定彝、白、哈尼、傣、壮、苗、傈僳、回、拉祜、佤、纳西、景颇、瑶、藏、布朗、阿昌、怒、普米、德昂、独龙、蒙古等21种少数民族成分，并经云南省委、省政府同意报政务院中央民委，于8月16日正式批准列入全国少数民族识别。（《云南民族团结进步事业光辉历程（1949~2009）》P72~73）

△ 云南省保山地委在德宏傣族景颇族自治区潞西县做社会调查，并制定缓冲土改区减租、清债和打击“一贯道”3项具体政策。（《德宏州志》综合卷P37）

6月

2日 贵州省贵定专区罗甸布依族自治区成立。（《黔南布依族苗族自治州志》上P51）

△ 据报道，截至目前，云南省设有民族小学2477所，培养少数民族小学教师5000多名。［《民族工作资料日报》1954（第六辑） P70］

3日 青海省政府决定，发往牧区的公文、信件采用藏、汉文对照形式。（《新华社新闻稿》1954.6.4）

4日 内蒙古自治区草原试种苹果、梨、葡萄等果树成功。（《内蒙古日报》1954.6.4.①）

△ 广西省在大瑶山瑶族自治区、桂西大苗山苗族自治区、三江县侗族自治区和扶绥等20多个县及若干区、乡划分7个林业经营

区，并将东京湾海滨1000多里长的地带划为渔业经营区。　（《人民日报》1954.6.6.①）

9～13日　吉林省延边朝鲜民族自治区首次中医代表会议在延吉市举行，研讨县立医院设立中医科、安排中医到全民所有制医疗单位等问题。　（《延边朝鲜族自治州志》P64）

10日　内蒙古自治区伊克昭盟第一座发电站——东胜发电站建成。　（《新华社新闻稿》1954.6.30）

12～16日　甘肃省甘南藏族自治区人民委员会和区政协委员会召开联席会议，正式成立甘南藏族自治区禁烟委员会，并公布甘南藏族自治区禁烟布告。铲除烟苗3万多亩，禁绝甘南地区相沿甚久的鸦片种植。　（《甘南藏族自治州概况》P256）

14日　中央人民政府委员会第30次会议讨论通过《中华人民共和国宪法草案》和关于公布《中华人民共和国宪法草案》的决议。24日，《人民日报》发表社论《宪法草案贯彻着民族平等互助的精神》。　（《人民日报》1954.6.15.①③，6.24.①）

15日　中央人民政府内务部批准：恢复广西省资源县建制，以原资源县行政区域为行政区域；撤销灵川县，其行政区域并入临桂县。　（《广西通志·大事记》P296）

△　云南省西双版纳傣族自治区车里至佛海公路通车，全线675公里。　（《新华社新闻稿》1954.6.25）

19日　中央人民政府委员会第32次会议通过了《关于批准将绥远省划归内蒙古自治区并撤销绥远省建制的决定》，同日公布；还通过了《关于撤销大区一级行政机构和合并若干省、市建制的决定》，撤销宁夏省建制与甘肃省合并为甘肃省，同日公布。29日，西北行政委员会第三次会议通过了《关于撤销大区一级行政机构和合并宁夏省、西安市建制的实施方案》。9月1日，宁夏省建制撤销后，将原属宁夏省的磴口县、额济纳旗和阿拉善旗划属内蒙古自治区管辖，其余各市县划属甘肃省管辖，原河东回族自治区和蒙古自治区的组织、机构均不变更，其余各县和银川市划为一个专区，建立专区一级的机构；同日银川专署正式成立。23日，宁夏省人民政府从即日起停止行使职权。27日，两省正式合并为新的甘肃省。　（《新华社新闻稿》1954.6.20，《中共宁夏党史大事记（1925.8~1988.6）》P181、184）

20日　云南省第五民族医院落成，由省民委拨专款在文山专区砚山县阿猛区新建，隶属省卫生厅。该院1952年7月始建。　（《文山壮族苗族自治州志》1卷P39）

△　国营中国丝绸公司为西藏人民特制的640多匹绸锻运抵拉萨。　（《新华社新闻稿》1954.6.21）

21日　广西省委召开城市工作会议，决定以发展手工业生产合作社为中心，带动手工业生产合作小组和手工业供销合作社的发展。要求抓紧社会主义改造，厂矿工作要抓好贯彻计划管理和一长制。对资本主义工业的改造，主要是搞好公私合营。至是年末，新实行公私合营的企业有17家，加上历年实行公私合营的共51家，占全省10人以上私营工业企业的13.53%。　（《广西通志·大事记》P297）

△　广东省海南黎族苗族自治区第一个国营农场——乐东县抱由农场建成。　（《新华社新闻稿》1954.6.23）

25～28日　宁夏省民委第四次（扩大）会议举行。会议讨论宪法草案，总结一年多来的民族工作，确定今后的工作任务。　（《人民日报》1954.7.8.③）

26日　政务院批准贵州省镇远专区撤销雷山县，建立雷山苗族自治区。　（《黔东南苗族侗族自治州志·总述·大事记》P112）

△　云南省西双版纳傣族自治区人大一届二次会议决定，正式废除车里、佛海、南峤、镇越4个县的名称，“车里”自7月20日起改

称"允景洪"。（《西双版纳傣族自治州志》上 P36）

27日 贵州省贵定专区惠水彝族苗族自治区改称惠水布依族苗族自治区。（《黔南布依族苗族自治州志》上P51）

29日~7月8日 中南各民族参观团一行87人在北京参观学习。7月8日，参观团应全国政协民族组的邀请，座谈观感。（《新华社新闻稿》1954.7.9，《人民日报》1954.6.30.①）

是月 湖南省文化局派出4个电影放映工作队到湘西为各族人民放映电影。（《新华社新闻稿》1954.7.14）

△ 广西省教育厅转发中南行政委员会教育部《对目前中南民族教育工作的几点指示》，并结合广西情况提出具体意见：一、少数民族地区分散，利用寒暑假集中教师学习、总结提高很有必要；二、教师在职学习中应结合贯彻民族政策；三、专区、县抽调小学教师轮训，应注意照顾民族成分；四、指定专人负责，对现用小学教材，特别是语文、历史两科是否适合民族地区，提出修改或补充意见；五、适当调整假期；六、回民学校要根据市县实际情况研究办理。（《广西通志·大事记》P297）

△ 广西省完成4个县级少数民族自治区和15个县内少数民族聚居区共716个乡86.5万人口的土改任务。1953年12月，广西省苗、瑶、侗等少数民族地区的土改工作全面铺开，有土改任务的以土改为中心，结合生产进行；无土改任务的以生产为中心，结合调整土地，解决各种纠纷，安定情绪，发展生产。（《广西通志·大事记》P294）

△ 贵州省镇远专区暴雨成灾，全专区被冲毁公路路面562公里、大小桥梁645座，冲走渡船7只。6月初，专区各县又遭暴雨袭击，导致山洪暴发，受灾9个区169个乡，受灾稻田2.77万亩，粮食500万公斤以上，受损桥梁628座。（《黔东南苗族侗族自治州志·总述·大事记》P111）

△ 青海省畜牧厅在海南藏族自治区兴海县河卡地区建立全省第一个草原工作站。（《海南州志》P27）

△ 政务院决定，新疆省撤销焉耆专区，成立巴音郭楞蒙古自治区（1955年6月改为自治州），辖焉耆、和静、和硕3县，首府设于焉耆镇；同时成立库尔勒专区，辖库尔勒、尉犁、轮台、婼羌（1959年改为若羌）、且末5县，专署设于库尔勒。同年成立焉耆回族自治区（1955年改称自治县）。（《巴音郭楞蒙古自治州志》上P38、44，下P1492、2176~2177）

7月

1日 内蒙古自治区第一个农业拖拉机站在哲里木盟通辽县建立。（《人民日报》1954.7.5.①）

△ 西康省最长的一座现代化公路桥梁——横跨青衣江的雅安羌江大桥正式通车。（《内蒙古日报》1954.7.20.④）

△ 新疆省石油公司成立。（《新疆通志·商业志》61卷P35）

3日 青海省海北藏族自治区海晏县北山蒙古族自治区永丰牧业生产合作社成立，为青海省建立最早的牧业生产合作社。（《海北藏族自治州志》上P44）

4日 贵州省雷山县苗族自治区首届一次人民代表会议选举成立自治区人民政府。（《新黔日报》1954.7.19.①）

6~13日 新疆省博尔塔拉首届各族各界人民代表会议在博乐县举行，正式成立博尔塔拉蒙古族自治区人民政府。（《博尔塔拉蒙古自治州志》P40，《新疆日报》1954.7.22.②）

6~19日 中共中央新疆分局召开第二届牧区工作会议。中共中央新疆分局第一书记王恩茂作题为《关于一年来牧区工作的检查总结与今后工作的方针任务》的报告。会议根据党在过渡时期总路线的精神，确定今后牧区工作的方针和任务，要求各地党委在牧区工作上继续贯彻“慎重稳进”的方针及“保护与发展包括牧主经济在内的畜牧业经济”政策，实行“不斗、不分、不划阶级”和“牧工、牧主两利”以及与民族、宗教上层人士长期合作的政策，进一步加强民族团结，积极地、有步骤地发展牧区经济，逐步提高牧区人民的物质与文化生活水平。（《新疆日报》1954.7.30.①，《中国共产党新疆历史大事记（1949.10~1966.4）》上P104）

8～15日 新疆省昌吉回族自治区首届一次人民代表会议举行，选举成立自治区（专区级）人民政府。（《新疆日报》1954.7.24.②）

10日 内蒙古自治区蒙文专科学校首届85名学生毕业。（《内蒙古日报》1954.7.16.③）

10～14日 新疆省克孜勒苏柯尔克孜自治区人大首届会议举行。14日，宣告自治区人民政府成立。自治区由喀什、阿克苏两专区的阿图什、乌恰、阿合奇3县和蒲犁、英吉沙、阿克陶县组成，人口12万多人。（《克孜勒苏柯尔克孜自治州志》上P27，《新疆日报》1954.7.20.①）

12～17日 新疆省木垒哈萨克自治区首届一次人民代表会议举行，选举成立自治区（县级）人民政府。17日，自治区人民政府宣告成立。（《新疆日报》1954.8.7.①，《昌吉回族自治州志》P44）

17日 西藏地区日喀则、江孜、白朗发生特大水灾。江孜和白朗（不含日喀则）大小村庄被冲毁170个，3017户16180人受灾，淹死691人（不含印度兵营），牛马等大牲畜1730头（匹）、羊6949只，淹没农田5733.33公顷，其中被冲掉和不能再耕种的农田867公顷，倒塌房屋10074间。8月，中央拨80万银元救济灾民。10月13日，中央再次拨300万银元，“以工代赈”修建江日公路、江亚公路，解决1/4灾民的生活。（《中国气象灾害大典·西藏卷》P109）

20～31日 新疆省首届人民代表大会第一次会议举行，出席会议代表340名。政协新疆委员会主席包尔汉作《省协商委员会、省政府委员会扩大联席会议以来新疆省人民政府九个月工作总结》的报告，中共中央新疆分局第一书记王恩茂作《为在新疆地区贯彻国家过渡时期总任务而奋斗》的报告，西北行政委员会副主席赛福鼎·艾则孜作《关于〈中华人民共和国宪法〉（草案）的报告》、《关于新疆普选工作基本总结》的报告。会议选举王恩茂、包尔汉（维吾尔族）、赛福鼎（维吾尔族）等21人为出席全国人大会议的代表。会议根据政务院的规定，没有对省人民政府委员会进行改选，但使人民代表大会制度在全省得到普遍建立，人民民主制度得到进一步健全。（《中国共产党新疆历史大事记（1949.10~1966.4）》上P105；《新疆日报》1954.7.22.①，8.1.①）

21日 广东省海南黎族苗族自治区人民政府在苗族、黎族聚居的5个县设立5个农具厂，帮助各少数民族人民改良农具、发展生产。（《人民日报》1954.7.21.③）

22日 内蒙古自治区西部地区连续降雨，河水猛涨，山洪频发。土默特左旗、土默特右旗、托克托县等19个旗、县遭不同程度水灾，淹毁青苗19.8万公顷，冲毁房屋数百间，淹死34人、大小牲畜1320头（只）。（《内蒙古自然灾害通志》P251）

△ 新疆省政府发布命令，改革哈萨克文字中个别字母并统一使用。（《新疆日报》1954.7.31.①）

22～30日 贵州省人大首届一次会议举行。会议听取和讨论通过省政府副主席周林《贵州省四年来工作概况和今后任务的报告》，通过拥护宪法草案的决议。报告总结4年来的民族工作和山区农业生产的改造，提出民族工作的任务，并选出26名出席全国人大的代表。会议强调指出，必须继续贯彻“慎重稳

进”的方针，推行民族区域自治，大力培养少数民族干部。（《人民日报》1954.8.5.①）

23日 据统计，新疆省自1953年7月以来，先后建立的乡、区级自治区共计16个，其中乡级9个、区级7个。（《中国共产党新疆历史大事记（1949.10~1966.4）》上P105）

△ 广西省桂西壮族自治区壮族文字研究指导委员会成立，覃应机（壮族）任主任委员。（《广西通志·大事记》P297）

△ 是日报道，贵州省惠水布依族苗族自治区物资交流办公室于6月组织工作组，深入长安、打引两地原始交易地区举行物资交流会。（《新黔日报》1954.7.23.③）

24日 兰新铁路通车至甘肃省天祝自治区首府安远驿。（《新华社新闻稿》1954.10.12）

△ 中共青海省首届代表会议结束，总结4年多来的工作，讨论确定培养少数民族干部和发展少数民族党员的任务。会议通过《关于培养少数民族干部的决议》，选举产生新一届委员会。（《人民日报》1954.8.7.③）

26~29日 吉林省延边朝鲜民族自治区首届人大一次会议举行。会议讨论和审查自治区人民政府的工作报告和当前的中心任务，总结执行民族政策的经验，确定今后的具体任务，并选出50名省人大代表。（《东北日报》1954.8.18.①，《延边朝鲜族自治州志》P425）

26日~8月1日 广西省桂西壮族自治区一届人大一次会议举行，参会代表414人，其中壮族252人、其他少数民族52人、汉族110人。会议选举省一届人大代表208名，其中少数民族146名，占70%。（《广西通志·大事记》P297）

27日~8月4日 内蒙古自治区人大一届一次会议在呼和浩特举行。会议通过了关于拥护宪法草案等3项决议，选出自治区出席首届全国人大会议的代表13人。（《人民日报》1954.8.6.①，《内蒙古自治区史》P116、516~517）

31日 北京时间9时，腾格里沙漠北发生7级地震，宁夏省银川市等地震感强烈。（《当代宁夏史通鉴》P19）

是月 辽东、辽西省合并改称辽宁省，并辖阜新县和土默特旗；吉林省辖延边朝鲜民族自治区及郭（尔罗斯）前旗；黑龙江省辖郭（尔罗斯）后旗、杜尔伯特旗。（《人民日报》1954.10.4.③）

△ 湖南省湘西苗族自治区遭罕见水灾，816个乡受灾，占全区总数的65%。受灾农田5218公顷，死亡177人、伤59人，洪水卷走耕牛58头、猪192头、房屋309栋，冲倒房屋25栋1943间，损坏油榨房、碾房182间，冲毁山塘317口、大小坝2709座、水库4座，冲走筒车497部。（《湘西州志》上P60）

△ 广西省先后开始对油脂、油料、棉花、棉布实行统购统销。（《广西通志·大事记》P298）

△ 中央慰问团到云南省文山专区马关、麻栗坡、富宁县慰问边疆干部群众。（《文山壮族苗族自治州志》1卷P41）

△ 中国人民银行云南省维西县支行建立迪庆境内第一个农村信用合作社——永兴乡信用社。（《迪庆藏族自治州志》P33）

△ 西藏伪“人民会议”分子组织所谓“献礼”阴谋活动。以阿乐群则、阿南拉等为首的伪“人民会议”分子指使江孜、日喀则等地反动组织，借给达赖念“消灾长寿经”为名，继续对我进行诬蔑；他们在拉萨煽动3大寺喇嘛及部分群众向达赖请愿，企图阻止达赖喇嘛赴北京。（《中共西藏党史大事记（1949~1966）》P50）

△ 西北贸易公司青海省分公司海南藏族自治区中心支公司成立。（《海南州志》P27）

△ 青海省海南藏族自治区共和县邮电局

成立。1957年9月改为海南州邮电局。（《海南州志》P27）

△ 中央水利部、西北区水利局、新疆省水利局和新疆省军区生产管理部水利处联合组成考察团全面考察玛纳斯。水利部长傅作义和苏联专家参加考察。（《新疆通志·科学技术志》72卷上P35）

8月

1日 新疆省“八一”胜利渠开闸放水。（《人民日报》1954.8.9.②）

2日 中央指示各地在达赖喇嘛和班禅额尔德尼关系上采取慎重态度。中央在发给全国各省《关于接待达赖、班禅的招待、宣传方针》的电报中指出：“达赖、班禅来京出席全国人民代表大会，是西藏进一步靠拢祖国和中央的表现，在政治上有很重要的意义。但汉藏间的民族隔阂仍然很深，帝国主义和蒋介石匪帮仍在尽力挑拨西藏同中央的关系（其中重要的一点就是捏造中央扶班禅，压达赖，并且准备以班禅代替达赖），而达赖、班禅两集团间很不和好，并且彼此都怀疑中央有偏袒。因此，在有关达赖和班禅之间的关系问题上，我们必须采取十分慎重的态度，尽可能做得恰当，避免刺激他们任何一方，避免引起他们的猜疑，并且适当地促进他们之间的团结。”“中央的方针是在西藏地区逐步地实现统一的区域自治，在达赖第一，班禅第二，达赖为正、班禅为副的原则下，把达赖、班禅两方面的爱国力量和其他爱国力量团结起来建立统一的西藏。”（《中共西藏党史大事记（1949~1966）》P50~51）

2~11日 中共甘肃省首次代表大会举行，讨论确定民族工作的任务。（《人民日报》1954.8.20.③）

4~15日 青海省第一届人民代表大会第一次会议听取和讨论省政府副主席喜饶嘉措等作的各项工作报告。会议通过拥护宪法草案等项决议，选举汪锋等9人为出席全国人大会议的代表。（《海北藏族自治州志》上P44；《青海日报》1954.8.5.①，8.17.①）

6~12日 云南省人大首届一次会议举行。会议听取并讨论通过省政府的工作报告，通过拥护宪法草案和更改歧视、侮辱少数民族的地名等决议，并选出45名出席全国人大会议的代表。（《云南日报》1954.8.7.①，8.13.①）

6~13日 广西省一届人大一次会议举行。会议审议并通过广西省人民政府副主席肖一舟作的《广西省人民政府一年半来的工作和今后任务的报告》，审查批准了《关于1954年省地方预算（草案）的报告》，讨论了《中华人民共和国宪法草案》，选举张云逸等38人为出席全国第一届人民代表大会代表。（《广西通志·大事记》P298）

7日 中央统战部电报通知，国务院内务部批准成立云南省怒江傈僳族自治区，辖泸水、碧江、福贡、贡山4县，隶属丽江专区，首府驻碧江县知子罗。（《怒江傈僳族自治州志》上P23）

9~12日 四川省民委第二次（扩大）会议举行。会议听取和讨论通过省民委副主任委员任景龙《四川省近两年来民族工作情况及今后工作任务的报告》，省政府副主席兼民委主任委员阎红彦作会议总结。（《四川日报》1954.8.15.①）

10日 宁夏省牧区参观团抵达北京。（《新华社新闻稿》1954.8.14）

12日 新疆民族学院应届283名各民族学生毕业。（《新疆日报》1954.8.12.③）

12~16日 四川省藏族自治区首届各族各界青年代表会议在刷经寺举行，选举成立自治区爱国青年联谊会。（《新华社新闻稿》1954.8.31）

13日 内务部批准，云南省更改含有侮辱少数民族的下列县名：“缅宁”县改称“临沧”县，“蒙化”县改称“巍山”县，“顺宁”县改称“凤庆”县，“镇南”县改称“南华”县，“宜威”县改称“榕峰”县，“平彝”县改称“富源”县，“缅宁”专员公署改称“临沧”专员公署。（《云南日报》1954.8.13.④）

15～23日 云南省怒江傈僳族自治区首届一次各族各界人民代表会议在知子罗举行，成立自治区政治协商会议委员会。23日自治区宣告成立。（《怒江傈僳族自治州志》上P4、23）

16日 青海省海北藏族自治州门源回族自治区北山乡、孔家庄乡和克图乡遭冰雹袭击，9个乡17个行政村57个自然村受灾，受灾农作物面积7.34万亩。门源区发放救济款4000元、救济粮7.5万公斤。（《海北藏族自治州志》上P44）

△ 阿吉由夫率新疆省牧区参观团抵达北京。24日，全国政协民族组举行招待会，欢迎新疆牧区参观团。（《新华社新闻稿》1954.8.19，8.25）

19日 云南省委办公厅印发西南局批转的省委于6月9日上报西南局的省边委《关于边疆民族工作问题意见》草稿。强调，阶级分化不明显的落后民族中，一般不进行内部的土地改革，应以“团结、生产、进步”作为长期的工作方针，通过人民政府及先进民族的长期帮助，逐渐、直接过渡到社会主义。（《怒江傈僳族自治州志》上P23）

21日 新疆省人民政府南疆行政公署在喀什市正式成立。南疆行政公署成立后，喀什专署撤销，中共喀什地委随之撤销。喀什地委所属7个县委由南疆区党委直接领导，阿克苏、莎车、和田3个地委以及7月成立的中共克孜勒苏柯尔克孜自治州委员会亦受南疆区党委领导。（《中国共产党新疆历史大事记（1949.10~1966.4）》上P106）

22日 新疆省畜牧厅召开第三次畜牧专业会议。会议总结地方国营牧场和畜牧兽医站的工作，确定今后的方针和任务。（《新疆日报》1954.8.22.①）

23日 云南省西双版纳傣族自治区第一个综合性工厂——景德工厂投产，包括酒房、油榨房、发电厂、碾米厂、蓄水塔。（《新华社新闻稿》1954.8.24）

26日 甘肃省人大一届一次会议举行，参会代表共443人（包括原宁夏省的全体代表）。会议选举马鸿宾（回族）等25人为甘肃省出席全国人大会议的代表。（《中共宁夏党史大事记（1925.8～1988.6）》P183）

30日 新疆省矿区贸易公司成立。（《新疆通志·商业志》61卷P35）

是月 内蒙古自治区人民政府在呼伦贝尔盟牧区领导当地牧民修建1条长2700米，宽4米，平均深度1米的牧用水渠，解决10万头牲畜饮水问题。（《内蒙古自治区史》P147）

△ 广西省多次出现降雨。玉林遭数十年未有的台风袭击。钦州2次受台风暴雨袭击，导致山洪暴发，财产损失10亿元左右。据不完全统计，广西11县（市）10个区142个乡受灾，死亡1人，受伤1人；损坏房屋207间、倒塌35间；受灾面积121.67万亩。（《中国气象灾害大典·广西卷》P76）

△ 广西省跨栏选手文蕴珍（女）在匈牙利布达佩斯举行的第12届世界大学生夏季运动会上，获女子80米栏第三名并打破全国纪录，成为广西省在国际比赛上获得好名次和第一个打破全国纪录的运动员。她还入选第16届奥运会中国代表团，是代表团中唯一的广西籍队员。1956年，她成为广西省第一个获得运动健将称号的运动员。（《广西通志·大事记》P298）

△ 广西省游泳选手梁树妹（女）、林立在广州举行的全国游泳竞赛大会上分获女子100米、400米自由泳和男子400米自由泳冠军，他们是解放后最早获全国冠军的广西省运动员。林立还打破男子100米自由泳全国纪

录。（《广西通志·大事记》P298）

△ 云南省楚雄专区榨油发电厂竣工投产，为全区第一个发电厂、第一个国营工厂。（《楚雄彝族自治州志》1卷P194）

△ 新疆省人民民主同盟（原“保卫和平民主同盟”）总委员会第二次扩大会议举行，通过《决议》宣告“新盟”已完成历史任务，“新盟”总会及在全省各地各级组织一律于9月1日结束。（《中国共产党新疆历史大事记（1949.10~1966.4）》上P106）

9月

3日 广西省邕江河水暴涨，水位73.03米，南宁市部分地区被淹，约有3.44万人和1.2万亩耕地受灾，冲塌、损坏房屋242间。省、市党政机关立即组织力量救灾。（《广西通志·大事记》P298）

4日 出席首届全国人大会议的西藏地区代表达赖喇嘛·丹增嘉措、班禅额尔德尼·确吉坚赞等抵达北京，中央人民政府副主席朱德、政务院总理周恩来等领导到车站迎接。5日，朱德副主席在中南海紫光阁设宴款待达赖喇嘛与班禅一行。11日，中央人民政府主席毛泽东在中南海勤政殿接见达赖喇嘛、班禅，并同他们进行亲切谈话。14日，达赖喇嘛与班禅拜会全国政协副主席李济深、郭沫若等。（《人民日报》1954.9.5.①，9.6.①，9.12.①，9.15.①）

6~10日 新疆省和布克赛尔蒙古族自治区首届一次人民代表会议举行，选举成立自治区（县级）人民政府。10日，自治区人民政府宣告成立。（《新疆日报》1954.10.16.②）

9日 西康省西昌专区发生叛乱活动，至20日被人民解放军平息。（《凉山彝族自治州志》上P47）

△ 据《新疆日报》报道，经新疆省人民政府行政会议通过并报中央人民政府政务院批准，焉耆区专员公署改为库尔勒区专员公署，辖库尔勒、尉犁、轮台、且末、若羌5县。专署机关由焉耆迁往库尔勒。（《中国共产党新疆历史大事记（1949.10~1966.4）》上P106）

10日 根据中央军委指示，宁夏军区于即日撤销，成立银川军分区。（《中共宁夏党史大事记（1925.8~1988.6）》P184）

11日 中央人民政府政务院批准撤销云南省西双版纳傣族自治区车里、佛海、南峤、镇越4个县，将全区划分为12个版纳及相当于版纳的3个民族自治区。（《西双版纳傣族自治州志》上P37）

14日 政务院文教委员会和中央教育部、中央民委电报通知，西北大区撤销后，西北民族学院由中央教育部、民委领导和指导，由甘肃省教育厅和省民委在省委领导下具体管理和指导。（《西北民族学院校史》P281）

15~28日 全国人大首届一次会议举行，出席代表1226名。中央人民政府主席毛泽东致开幕词，副主席刘少奇作《关于中华人民共和国宪法草案的报告》。大会通过《中华人民共和国宪法》，并于是日公布，《宪法》对民族区域自治和民族自治地方机关权利和义务作了明文规定；听取和讨论通过政务院总理周恩来的《政府工作报告》，《报告》总结几年来的民族工作，提出今后的民族工作任务；会议通过《中华人民共和国全国人民代表大会组织法》、《中华人民共和国国务院组织法》、《中华人民共和国法院组织法》、《中华人民共和国人民检察院组织法》、《中华人民共和国地方各级人民代表大会和地方各级人民委员会组织法》（以上5个文件于28日公布）、《关于中华人民共和国现行法律、法令继续有效的决议》（26日公布）。会议选举毛泽东为中华人民共和国主席，朱德为副主席；周恩来为国务院（编者按：按照1954年9月28日公布的《中华人民共和国国务院组织法》，原政务院改称国务院）总理，乌兰夫（蒙古族）为副总理兼国家民委主任；刘少奇为第一届全国人大常委会委员长，达赖喇嘛·丹增嘉措（藏族）、赛福鼎·艾则孜（维吾尔族）等13人为副委员长，班禅额尔德尼·确吉坚赞（藏族）、韦国清（壮族）、刘格平（回族）、龙云（彝族）等为常委委员；龙云（彝族）等为国防委员会副主席，周保中（白族）、阿沛·阿旺晋美（藏族）、韦国清（壮族）、乌兰夫（蒙古族）、马鸿宾（回族）、赛福鼎·艾则孜（维吾尔族）为国防委员。会议通过第一届全国人大民委主任委员和委员名单：刘格平（回族）为人大民委主任委员，刀京版（傣族）等84人为委员。11月1日，国务院总理周恩来发布命令：汪锋、刘春、韦国清（壮族）、萨空了（蒙古族）、杨静仁（回族）为全国人大民委副主任委员。（《刘少奇选集》下卷 P132~170；《人民日报》1954.9.16.①④，9.17.①，9.18.①，9.19.①，9.20.①，9.21.①③，9.24.①③，9.27.①，9.28.①，9.29.①④；《内蒙古日报》1954.11.3.①；《当代中国的西藏》上P211~212）

17日　新疆省塔什库尔干塔吉克族自治区一届一次人民代表会议召开，成立自治区人民政府。（《新华社新闻稿》1954.9.23）

23日　据报道，新疆省各县均建有卫生院。（《新华社新闻稿》1954.9.24）

25日　宁夏省银川毛纺厂举行开工典礼，该厂是宁夏省解放后建立的第一个现代化轻纺企业。（《中共宁夏党史大事记（1925.8~1988.6）》P184）

25~30日　新疆省巴里坤哈萨克族自治区首届第二次人民代表会议举行，选举成立自治区（县级）人民政府。30日，自治区人民政府宣告成立。（《新疆日报》1954.10.16.②）

29日　中共怒江边工委在向上呈报的《怒江傈僳族社会经济初步调查材料综合汇报》中，将全区分为两种类型。第一类型为碧江、福贡、贡山3县，共8个少数民族，解放前总的发展状况是"土地不甚集中"，"阶级分化不太明显"。第二类型为泸水县，共7个少数民族，解放前原5土司管辖区内，南部2土司管辖的汉、白、彝族地区，已形成完整的封建领主经济；北部3土司管辖的傈僳族、勒墨人地区总的发展状况是"阶级分化渐趋明显"，富农经济成分已经形成，已分化出贫农但尚未分化出雇农。（《怒江傈僳族自治州志》上P23）

以然巴·囊吉旺堆为团长的西藏"国庆"观礼团和西藏歌舞团抵达北京。10月6日，全国人大常委会副委员长达赖喇嘛·丹增嘉措和全国政协副主席班禅额尔德尼·确吉坚赞参观中央民族学院。10日，西藏歌舞团和中央民族学院民族文艺工作团联合举行歌舞晚会，招待达赖、班禅和西藏地区来京的僧俗官员。14日，全国政协设宴欢迎观礼团和歌舞团。25日，国家主席毛泽东接见西藏地方政府噶伦索康·旺清格勒和观礼团团长然巴·囊吉旺堆等，国务院总理周恩来，副总理邓小平、乌兰夫等陪同接见。27日，国家民委宴请达赖、班禅和西藏地区来京的僧俗官员。1955年3月28日，观礼团结束在内地的参观活动，离京返藏。（《新华社新闻稿》1954.10.3，10.7，10.11；《人民日报》1954.10.15.①、10.26.①、10.28.①，1955.3.29.①）

30日　是日报道，1950年以来，新疆省建成省、专区、市级人民医院12所、医疗站23个、县卫生院79所，连同各民族卫生工作队、防疫站等共160余个，1954年比1950年增加4倍；就诊群众达300多万人次，免费医治各族劳动人民达133.5万人次。1950年以来，中央共拨款28292262万元（旧币），1954年的拨款比1950年增加22倍。中央及其他地区还派出320名医务工作者支援新疆省发展卫生事业。（《新疆日报》1954.9.30.③）

是月　吉林省延边朝鲜民族自治区对油料实行计划收购，对油脂和棉布实行计划供应。（《延边朝鲜族自治州志》P64）

△　湖北省恩施地区实行棉花、棉布计划

收购和计划供应，全区发放第一期民用布票。（《恩施州志》P13）

△ 贵州省兴义专区实行棉花统购，棉布统销，9月15日起凭票供应棉布，11月起实行粮食统购统销。（《黔西南布依族苗族自治州志·政权政协志》P17）

△ 自1952年7月1日以来，云南省文山地区进行土改工作。中越边境的麻栗坡市和马关县边沿一线共166个乡21万人口的地区，执行省委关于边沿缓冲地区土地改革的有关规定，只没收地主的土地、房屋、耕畜、农具及多余的粮食，不追底财，不分浮财。（《文山壮族苗族自治州志》1卷P39）

△ 青海省海北藏族自治区发放购布证，棉布实行定量供应。（《海北藏族自治州志》上P44）

10月

1日 内蒙古自治区锡林郭勒第一座火力发电厂——锡林浩特发电厂开始发电。（《新华社新闻稿》1954.10.20）

△ 新疆省和田缫丝绸厂首期建筑工程竣工投入生产。（《新华社新闻稿》1954.10.7）

4日 中共西康省西昌地委发出通知，少数民族聚居区一律不准种鸦片，贩卖鸦片者一律没收。（《凉山彝族自治州志》上P47）

7日 新疆军区生产建设兵团成立，由解放军二、六军的4个师，二十二兵团全部和五军的一部组建。兵团机关驻乌鲁木齐，下辖10个农业师、1个建筑工程师、9个直属团和9个企事业单位，总人口17.5万人，其中职工近10万人。兵团保持军队的组织形式，实行农、工、商、学、兵相结合，党、政、军一体的特殊体制。是月，经中共中央新疆分局批准，成立兵团党委，王恩茂任第一书记，张仲瀚任第二书记，程悦长任第三书记，王季龙任副书记。12月5日，兵团成立大会举行。陶峙岳任司令员，王恩茂兼政委。兵团成立初期，受中共中央新疆分局和新疆军区领导。1956年5月，农垦部成立后，兵团受农垦部和新疆省双重领导，党政工作受自治区党委领导。后来形成一支百万人的建设队伍，成为省经济建设的一支突出力量，在发展新疆经济和维护民族团结、稳定新疆局势、保卫祖国边疆、防御外来侵略等方面发挥了重要作用。（《中国共产党新疆历史大事记（1949.10~1966.4）》上P107~108）

8日 中共中央指示，将原“宁夏蒙古自治区”和“宁夏河东回族自治区”改称“甘肃蒙古自治区”和“甘肃河东回族自治区”。（《中共宁夏党史大事记（1925.8~1988.6）》P184~185）

△ 西康省藏族自治区在康定、乾宁、道孚等县建立40个农业技术推广站。（《新华社新闻稿》1954.10.9）

11日 据统计，几年来，西北少数民族地区新建、改建和恢复通车的公路线长达4300多公里，通车里程比解放前增长120%以上。（《新华社新闻稿》1954.10.12）

12日 中苏两国政府发表关于修建兰州经乌鲁木齐至阿拉木图铁路的联合公报。（《新华社新闻稿》1954.9.30，10.12，10.14；《中华人民共和国大事记（1949~1980）》P512）

△ 甘肃省4个专区级自治区和9个县级自治区的国营贸易机构已发展到99处。（《新华社新闻稿》1954.10.13）

13日 新疆省南部疏勒县农业劳动模范维吾尔族农民沙伍提哈德培育成功再生稻。（《新华社新闻稿》1954.10.14）

14日 湖南省通道县改为通道侗族自治县。广西省三江县的高步、横岭两乡划归通道侗族自治县。（《人民日报》1954.10.14.③）

15~20日 内蒙古自治区呼伦贝尔盟电影教育工作队深入到鄂伦春自治旗放映电影。至11月3日，呼盟4个电影工作教育队，深入

农牧区巡回放映100多部影片。（《人民日报》1954.11.11.③,《内蒙古日报》1954.11.3.③）

16~21日 青海省河南蒙古族自治区首届二次人民代表会议举行，21日，自治区人民政府宣告成立。（《人民日报》1954.11.1.③）

17日 “新疆羊”的故乡——新疆省巩乃斯种羊场完成基本建设工程。（《新华社新闻稿》1954.10.17）

22日 内蒙古自治区锡林郭勒盟草原锡林浩特气象台建成。（《人民日报》1954.10.22.③）

△ 中共中央新疆分局、新疆省军区党委发布《关于驻新疆农业生产建设部队加强援助各族农民开展以互助合作为中心的农业增产运动的决定》。（《新疆日报》1954.10.24.①）

27日 内蒙古自治区文学艺术工作者联合会正式成立，勇夫任主任，尹瘦石、陈清漳任副主任。其前身是内蒙古自治区文联筹委会和绥远省文联筹委会。（《人民日报》1954.10.30.③）

29日 新疆省人民政府拨款23.9亿元(旧币)，救济部分遭受水、旱、风、雹、虫等灾害的各族灾民。（《新疆日报》1954.10.29.①）

是月 湖北省恩施至利川公路竣工。（《恩施州志》P12）

△ 广西省委批转省民委党组《关于龙胜各族联合自治区培养民族干部的报告》，强调各地区，特别是民族自治区的党政领导要加强培养民族干部的工作，贯彻大胆大量提拔的方针，经常地、耐心地做好培养教育工作，使少数民族干部从各种不同的岗位上成长起来。12月14日，中共中央就龙胜各族联合自治区培养民族干部的经验发出指示，要求各地党委进一步加强培养少数民族干部的工作，特别注意根据各地不同的情况，积极而稳步地在各少数民族干部和人民群众中发展党员。（《广西通志·大事记》P299）

△ 中共云南省保山地委在德宏傣族景颇族自治区芒市召开民族上层人士会议。会议宣布对民族上层实行“赎买”政策：政治上给予安排，土地改革后不剥夺公民权；废除“官租”后对土司、属官及家属给予经济补助；民族上层子女入学免费。（《德宏州志》综合卷P38）

△ 云南省德宏傣族景颇族自治区人民政府确定傣文改进方案，颁布新傣文。同时确定和颁布《德宏景颇文改进方案》（初稿）和《载瓦文方案》。（《德宏州志》综合卷P38）

△ 青海省鼠疫防治队在青海省河南蒙古族自治区柯生部落鉴定证实，该地旱獭是巴氏鼠疫杆菌保菌动物。（《黄南州志》上P31）

△ 新疆有色冶金研究所的前身——中苏有色及稀有金属股份公司中心化验室成立。（《新疆通志·科学技术志》72卷上P35）

11月

1日 云南省西双版纳傣族自治区佛教界人士举行会议，成立自治区佛教协会筹备委员会，选举祜巴勐为主任。（《西双版纳傣族自治州志》上P37）

2日 中央统战部部长李维汉召集全国人大常委会副委员长达赖喇嘛、全国政协副主席班禅额尔德尼及西藏主要官员和西藏工委在京的负责干部会议。根据国家主席毛泽东指示，会议对西藏不成立军政委员会，而成立西藏自治区筹备委员会问题作了详细阐明，并对成立筹委会筹备小组和解决西藏有关历史问题作出指示。4日，中央人民政府、西藏地方政府、班禅堪布会议厅委员会、昌都人民解放委员会4个代表组召开第一次会议，正式成立自治区筹备委员会筹备小组，阿沛·阿旺晋美任组长。筹备小组经过历时2个多月的反复协商，一致通过5个草案，即：一、筹委会的性质任务；二、筹委会的人员组成；三、筹委会下设机构；四、筹委会与政务院的隶属关系；五、筹委会的财政问题等。年底，筹备小组向国务院提出成立西藏自治区筹备委员会具体方案的工作报告。（《中共西藏党史大事记》（1949~1966）P51，《当代中国的西藏》上P214~215）

2~9日 西康省藏族自治区民主联合会举行康定、道孚等9县妇女工作干部会议，讨论研究民族地区的妇女工作。9日，全国妇联副主席许广平宴请全国人大常委会副委员长达赖喇嘛·丹增嘉措和全国人大常委会常委班禅额尔德尼·确吉坚赞的母亲及拉萨市爱国妇女联谊会主任尧西·泽仁卓玛、泽丹卓噶等。（《人民日报》1954.11.11.①，《西康日报》1954.11.20.③）

4日 云南省西双版纳傣族自治区民族文化队（州民族歌舞团前身）成立。（《西双版纳傣族自治州志》上P37）

4~5日 全国政协民族组分别邀请佛教界和伊斯兰教界人士座谈《宪法》。（《人民日报》1954.11.10.③）

6日 根据中共甘肃省委指示，西海固回族自治区再次进行取缔反动会道门的工作，逮捕一批反动会道门的道首，搜出大批反动证件和武器，并对会首会众进行登记。1955年8月中旬，取缔工作结束。（《中共宁夏党史大事记（1925.8~1988.6）》P185）

7日 西康省藏族自治区康定洗毛厂举行开工典礼并正式投产。（《甘孜州志》上P45，《西康日报》1954.11.17.①）

9~14日 湖南省湘西苗族自治区在吉首举行民族形式体育表演座谈会，座谈民族体育形式问题。（《新湖南报》1954.11.26.③）

10~14日 广西省桂西壮族自治区举行直属县民间文艺工作者代表会议，讨论研究发展民族民间文艺问题。（《广西日报》1954.11.25.③）

11日 贵州省威宁县彝族回族苗族自治区一届二次人民代表会议举行，选举成立自治区人民政府。是日，自治区人民政府宣告成立。（《新黔日报》1954.11.20.①）

12日 《中华人民共和国宪法》及全国人大一届一次会议的各种文件由民族出版社用蒙古、藏、维吾尔、哈萨克、朝鲜5种少数民族文字出版。（《新华社新闻稿》1954.11.13）

18~27日 青海省各族手工业劳动者代表会议在西宁举行。会议总结手工业合作化工作的成绩和经验，讨论确定今后的方针任务。（《青海日报》1954.11.20.①，12.5.①）

20日 西康省藏族自治区康定地委发出《关于藏区改革问题的通知》，要求各地做好调查研究工作，为民主改革做好准备。（《甘孜州志》上P45）

21日~12月1日 内蒙古自治区举行首届民族教育工作会议。会议总结几年来内蒙古民族教育工作，确定今后民族教育的方针任务，通过《中小学蒙汉学生分校分班原则的决定》等3个草案。（《内蒙古日报》1954.12.23.①）

22日 全国政协民族组邀请来北京参观的西康、四川各民族参观团，座谈有关民族工作问题。（《人民日报》1954.11.23.①）

22~28日 新疆省伊犁哈萨克自治州一届一次人民代表会议举行。大会讨论通过帕提汗作《伊、塔、阿三区五年来的工作总结暨自治州成立后的工作任务》的报告和《伊犁、塔城、阿勒泰三个专区建立伊犁哈萨克族自治州》等3项决议；28日，自治州人民政府宣告成立。自治州下辖塔城、阿勒泰2个地区及原属伊犁专署的9县1市，并代管博尔塔拉蒙古自治州。（《新疆日报》1954.11.25.①，12.3.①；《中国共产党新疆历史大事记（1949.10~1966.4）》上P108）

23~26日 内蒙古自治区民委首次（扩大）会议举行。会议听取和讨论自治区副主席王再天（蒙古族）、自治区民委副主任委员马志新分别作的报告，检查自治区除蒙古族以外的少数民族工作，讨论研究发展少数民族政治、经济、文化事业等问题。（《内蒙古日报》1954.12.21.①）

25日 广西省委发出《关于今年秋征粮食统购统销的指示》，指出中央确定1954年征收公粮5.1亿公斤，统购任务8.9亿公斤。省委决定，从中央确定的公粮征收任务上附加5%用于地方建设。（《广西通志·大事记》P299）

27日 西南民族学院第三期司法、体育训练班藏、彝、苗、回、布依、傣等38个民族的159名学员结业。（《四川日报》1954.11.30.①）

△ 康藏公路（全长2255公里）东西两段筑路大军胜利会师于西藏工布江达县巴河桥。9月，康藏公路最后一座大桥——拉萨大桥动工修建，桥长452.8米，施工部队仅用17个昼夜就完成了任务。（《当代中国的西藏》下P100）

29日~12月1日 中国回协举行会务扩大会议，听取和讨论全国人大民委主任委员刘格平关于今后回民工作的重要指示。（《内蒙古日报》1954.12.3.①）

30日 中共西昌地委制订《关于少数民族地区民主改革计划（草案）》，从1955年春进行试点，1958年基本完成。（《凉山彝族自治州志》上P47）

12月

5日 青海省西宁至玉树的公路通车，全长827公里。（《青海日报》1954.12.9.①）

6~22日 新疆省举行首届互助合作和第五届生产联席会议。会议听取中共中央新疆分局第一书记主任王恩茂题为《动员全党，集中力量，进一步发展农村互助合作运动》的报告，讨论把党的农村工作领导重心转向互助合作运动上来，确定1955年建立1612个农业生产合作社的任务。（《新疆日报》1954.12.7.①，12.24.①）

10日 卫生部所属皮肤性病研究所在北京举办首期少数民族地区性病防治工作干部训练班。（《新华社新闻稿》1954.12.10）

11日 全国政协常委会一届六十二次会议通过政协二届委员会委员名单。其中，少数民族20名、宗教界12名。（《人民日报》1954.12.11.②）

19日 海南岛一条长达296公里的主干公路通车。（《南方日报》1954.12.25.①）

20日 中共云南省丽江地委在发出的《关于边疆民族地区如何执行省委扩大会议指示的意见》中提出：根据调查材料的分析，怒江傈僳族地区的基本情况，完全符合省边委所分析的第二类型地区。根据当前实际情况，从现有经济基础直接过渡到社会主义社会。具体过程中，一般地区无地农民的土地主要通过开荒解决，对个别地区土司、地主的土地采取调整的办法。在此基础上搞合作社，逐步地直接过渡到社会主义社会。（《怒江傈僳族自治州志》上P23~24）

21日 云南省西双版纳傣族自治区建立版纳勐康（1955年10月8日定名为版纳勐阿）。（《西双版纳傣族自治州志》上P37）

23日 云南省一电影放映小队调到西双版纳傣族自治区，成为自治区第一个电影放映单位。（《西双版纳傣族自治州志》上P37）

24日 中国和越南两国政府在北京签订关于援助越南民主共和国修复铁路的议定书。越南河内至中国睦南关一段铁路，由中国交通工程公司铁道工程总队修复并接通。（《广西通志·大事记》P300）

25日 康藏、青藏公路全线通车典礼在西藏拉萨举行。康藏公路从四川雅安到西藏拉萨，全长2255公里（后改为川藏公路，以成都为起点，全长2416公里）；青藏公路从青海省西宁到西藏拉萨，12月15日全线修通，全长2100公里（后经改建全长1948公里）。两路共投入军工民工11万人，其中康藏公路即达10万。在4年多的筑路过程中，牺牲3000多人，1176人立功受奖。国家主席毛泽东为公路通车题词："庆祝康藏、青藏两公路的通车，巩固各民族人民的团结，建设祖国。"由于两条公路通车，进藏部队和进藏工作人员的补给供应问题得到解决，进藏部队在西藏站稳了脚跟。青藏、康藏公路的建成对建设西藏、巩固国防有重要意义。同日，《人民日报》发表评论《在"世界屋脊"上创造幸福》。（《人民日报》1954.12.25.①，12.26.②，12.27.①；《甘孜州志》上P45）

△ 广西省第一次计划会议在南宁召开。会议讨论《广西省1953年至1957年国民经济五年计划纲要（草案）》，规定"一五"计划时期国民经济发展的各项指标，总的原则是立足发展农业和手工业，发挥原有工业企业的作用，量力而行地进行工业建设。（《广西通志·大事记》P300）

29日 据新华社报道，广东省人委于12月下旬召开民族工作会议，讨论研究1955年的民族工作任务。（《新华社新闻稿》1954.12.30）

△ 中苏两国政府决定，将中苏石油股份公司、中苏有色及稀有金属股份公司分别更名为新疆石油公司、新疆有色金属公司。（《新华社新闻稿》1954.12.30、12.31，1955.1.1）

是月 联结北京、乌兰巴托、莫斯科，沟通中、蒙、苏3国心脏的大动脉——集二铁路（集宁至二连浩特）全线通车。从北京经集宁、乌兰巴托到莫斯科，比从北京经满洲里到莫斯科里程缩短1140公里，减少运行的时间和费用，对内蒙古自治区经济的繁荣及对外交流起到重大作用。（《内蒙古自治区史》P149、517）

△ 吉林省延边朝鲜民族自治区政治干部学校改称中共延边地委党校。（《延边朝鲜族自治州志》P64、1446）

△ 西康省西昌专区建成全区第一座农村柴油提灌站。（《凉山彝族自治州志》上P47）

△ 云南省德宏傣族景颇族自治区在"直过区"试办芒撒（盈江，景颇族）、小辛寨（盈江，德昂族）、邦瓦（陇川，景颇族）、芒良（潞西，景颇族）4个农业生产合作社。（《德宏州志》综合卷P39）

△ 青海省果洛藏族自治区大雪成灾。1月21日，解放军派飞机空投粮、茶，救济灾民。（《新华社新闻稿》1955.1.26）

△ 中共新疆分局组织部公布：1950~1954年，全疆共发展党员7086人。其中，汉族党员1878人、本地民族党员5208人。全疆训练干部8.73万人，其中少数民族干部5.69万人、派往苏联和内地各省区学习的干部共1676人。（《中国共产党新疆历史大事记（1949.10~1966.4）》上P109）

△ 中苏政府达成协议，中苏有色金属及稀少金属矿股份公司阿山矿管处的苏方股份移交中国。（《伊犁哈萨克自治州志》P46）

是年 全国少数民族人口约4000万人，其中有通用文字的少数民族人口约1600万人，没有文字或通用文字的约2400万人。（《中国教育年鉴（1949~1981）》P399）

△ 中央党校开办新疆班，轮训、培训新疆少数民族领导干部。（《中国共产党新疆历史大事记（1949.10~1966.4）》上P195）

△ 内蒙古自治区呼和浩特市发生38起火灾，经济损失5129万元（旧币）。（《内蒙古自然灾害通志》P251）

△ 吉林省延边朝鲜民族自治区第一个农

业拖拉机站在延吉县东盛涌乡建立。（《延边朝鲜族自治州志》P64）

△ 外贸部批准吉林省延边朝鲜民族自治区与朝鲜咸镜北道开展地方易货贸易。（《延边朝鲜族自治州志》P64）

△ 教育家、南京文史研究馆馆员伍仲文（回族）病逝，享年75岁。（《中国历代少数民族英才传》P3280~3285）

△ 广西省遭遇几十年未有的严寒，造成作物失收或减产。（《广西通志·大事记》P300）

△ 广西省试办20个手工业生产合作社。（《广西通志·大事记》P295）

△ 广西省有18县（市、区）次发生春旱，10县（市、区）次发生夏旱，19县（市、区）次发生秋旱，总计受灾面积56.8万公顷，成灾面积1.6万公顷，损失粮食2971.25万公斤。（《中国气象灾害大典·广西卷》P167）

△ 按照广西省人民政府要求，全省提前一年消灭天花。（《广西通志·大事记》P300）

△ 根据中央人民政府政务院1951年颁布《关于处理带有歧视或侮辱少数民族性质的称谓、地名、碑碣、匾额的指示》，将历史上强加给贵州省九阡地区水族人民的歧视性地名“从善”正名为“九阡”，从善里、从善区改称九阡区、九阡乡。（《黔南布依族苗族自治州志》上P51）

△ 贵州省镇远专区雷山县民贸公司造纸厂开工投产，为黔东南地区第一个全民所有制手工造纸厂。（《黔东南苗族侗族自治州志·总述·大事记》P114）

△ 1950年至目前，云南省共培养少数民族干部12496人，其中送中央民族学院、西南民族学院培养245人，云南民族学院培养3400多人，各专区轮训在职民族干部和初级政治工作人员2502人，各专县民干班培训6349人。（《云南民族团结进步事业光辉历程（1949~2009）》P74）

△ 截至目前，云南省先后在内地和边疆建立了西双版纳等4个自治州和峨山等9个自治县。在民族杂居区，则通过召开各族各界代表会议，选举成立民族民主联合政府。（《云南民族团结进步事业光辉历程（1949~2009）》P39）

△ 云南省楚雄专区大部分县遭洪灾，河道溃堤7699处、总长4万多米，淹没农田4.90万亩，受灾3.02万亩，倒塌房屋662间，毁坏水利工程1703件，死34人。（《楚雄彝族自治州志》1卷P194）

△ 著名民族学家、人类学家和社会学家，中央民族学院教授林耀华主持编写的《云南省民族识别研究第一、二阶段初步总结》中所确认的云南少数民族，经国务院审定后，正式批准公布。（《中央民族大学五十年》P66）

△ 云南省怒江傈僳族自治区所辖4县在开展山区生产改造过程中成功试办并发展一批互助组。（《怒江傈僳族自治州志》上P24）

△ 云南省德宏傣族景颇族自治区有中学2所，在校生329人，教职员工227人；小学143所，在校生14053人，教职员工466人；少数民族教师65名，少数民族学生5461人，占学生总数的41.5%。（《德宏州志》综合卷P39）

△ 截至目前，云南省恢复和建立民族小学94所。（《云南民族团结进步事业光辉历程（1949~2009）》P81）

△ 云南省农作物受干旱灾害178.65万亩，占当年受气象灾害总面积的72.7%；春旱成灾30万亩，损失粮食约0.5亿公斤。（《中国气象灾害大典·云南卷》P50）

△ 1952年和1953年，西藏地区分别建立拉萨农业试验场、日喀则农业试验场、拉萨

血清厂和一批家畜门诊所。是年又先后建立一批农业试验场，这时西藏已建起一支300多名农牧业科技人员的科技队伍，逐步开展气象、水文、生物、地质、地貌、医疗卫生等综合性科学考察和收集基本数据资料等基础性科技工作。（《当代中国的西藏》下P342）

△ 1952年至1954年，西藏拉萨农业试验场在拉萨河谷试种冬小麦成功。1959年又引进“丹麦一号”，平均亩产312.5公斤，高产田亩产580公斤。1960年后，拉萨山南、林芝等地普遍推广试种冬小麦获得成功。（《当代中国的西藏》下P26）

△ 甘肃省临夏县安集乡三坪村书记戚永年将1949年8月出土于该村的一件彩陶瓮捐送政府。这件彩陶瓮体形硕大，造型古朴典雅、雄浑优美，被誉为“彩陶王”，现存于中国历史博物馆。1990年4月10日，邮电部将其图案印制成纪念邮票，发行国内外。（《积石山保安族东乡族撒拉族自治县志》P38）

△ 青海省海西地区第一个小煤矿在旺尕秀建成。（《海西蒙古族藏族自治州志》1卷P32）

△ 国家铁道部第一设计院与有关单位配合，在宁夏省中卫县成立铁路防沙研究工作站，对气象要素、沙丘移动、固沙造林进行基础观测研究工作。（《当代宁夏史通鉴》P244）

△ 宁夏省人民政府通过《盐池县封沙育草护林暂行办法》。（《当代宁夏史通鉴》P255）

△ 新疆省伊犁专区相继成立愉群翁回族（伊宁县）、库克铁热克柯尔克孜族、呼吉尔特蒙古族、塔翁布拉克蒙古族（特克斯县）、察罕乌苏蒙古族、夏塔柯尔克孜族、胡松图喀尔逊蒙古族（昭苏县）自治区，塔城专区相继设立瓜尔本舍尔（今阿西尔）达斡尔族（塔城县）、吉尔格勒特郭楞蒙古族（乌苏县）、额玛勒郭楞蒙古族（额敏县）自治区，阿勒泰专区阿勒泰县康布铁堡蒙古族自治区。（《伊犁哈萨克自治州志》P46）

△ 新疆省造林2.71万亩，育苗5440亩，更新2550亩，抚育6450亩，零星植树1404.15万株。（《新疆通志·林业志》35卷P25）

1955年

1月

3～10日 广西省桂西壮族自治区举行首次民间文艺观摩汇演，327名壮、瑶、侗、苗和汉族艺人演出86个歌舞戏曲节目。（《新华社新闻稿》1955.1.3）

8日 教育部发出通知，要求各地报告建立民族教育行政机构的情况。根据28个省（自治区）、市的报告，民族教育行政机构设置情况如下：1. 内蒙古和新疆系民族自治区，不另设民族教育行政机构，在教育行政部门内配备一定数量的少数民族干部。2. 黑龙江、吉林、辽宁、热河、贵州、甘肃、青海7省在教育厅内设有民族教育科，共配有专职干部33人。3. 北京、天津、河北、上海、江苏、福建、河南、湖北、湖南、广东、广西、四川、云南、西康、陕西15个省、市在有关处、科指定专人负责管理民族教育工作。4. 山东、安徽、浙江、江西4省教育厅由各有关处、科兼管民族教育工作。（《中国教育年鉴（1949~1981）》P397~398）

10日 广西省委批转统战部民族工作组《关于三江侗族自治县目前互助合作运动情况与今后工作意见》。《意见》指出，少数民族地区农业社会主义改造工作各地必须做好；在开展互助合作运动中，应坚持贯彻中央关于民族地区工作的“慎重稳进”的方针，在有利民族团结、有利生产的原则下，重点是办农业社，积极发展互助组；防止盲目硬赶汉族地区与放任自流的主观主义脱离实际的倾向。（《广西通志·大事记》P300）

12日 西康省理塘大喇嘛寺活佛罗桑土登、降央克珠、昂旺定吉、阿称·罗赛抵京。2月23日，国家主席毛泽东、全国人大常委会委员长刘少奇、国务院总理周恩来接见罗桑土登等。接见时，罗桑土登等向毛泽东主席、刘少奇委员长和周恩来总理敬献锦旗和哈达。3月3日，罗桑土登等离京回西康。（《人民日报》1955.2.24.①，3.7.①）

13日 国务院同意撤销云南省思茅专区澜沧县建制，其原辖西盟山区暂时委托澜沧拉祜族自治区人民政府领导，并责成澜沧拉祜族自治区帮助西盟山区创造条件，建立民族自治地方。（《国务院公报》1955［9号］P355）

15日 青海省西宁至玉树班车正式运营。（《玉树州志》上P27）

20日 中国和阿富汗建立大使级外交关系。（《新华社新闻稿》1955.1.20）

25日~2月10日 国营西藏贸易总公司在拉萨召开首届西藏地区贸易工作会议，讨论开展西藏地区贸易工作。（《新华社新闻稿》1955.2.13）

29日 中共中央批准新疆分局下发《关于加强宗教工作的指示》。《指示》要求各级党委重视做好宗教工作，进一步加强对宗教界人士的团结、教育，积极培养宗教界进步分子，在群众中深入开展宗教政策的教育，严肃、认真、有区别地处理宗教界的违法活动，正确对待和处理宗教派别间的纠纷问题。（《中国共产党新疆历史大事记（1949.10~1966.4）》上P112）

30日~2月5日 湖南省湘西苗族自治州在吉首举行民间文艺观摩汇演，演出了苗族、土家族歌舞节目。（《新华社新闻稿》1955.2.17）

是月 广西省桂东南及沿海地区出现罕见低温霜冻，极端温度低至－6.9℃，造成80%~96%的橡胶树被冻死，总计损失275.5万株。（《广西通志·大事记》P301）

△ 云南省兰坪县第一个高级农业生产合作社——甲登社建成。（《兰坪白族普米族自治县志》P20）

2月

2日 西藏拉萨举行康藏、青藏公路授旗典礼大会。西藏军区司令员张国华代表国家主席毛泽东授予康藏、青藏公路筑路人员锦旗。锦旗题词：“庆贺康藏、青藏两公路通车，巩固各民族人民的团结，建设祖国！”（《人民日报》1955.2.4.①）

4日 湖南省首届人大二次会议根据宪法规定，通过了《关于改湘西苗族自治区为湘西苗族自治州的决议》，并报请国务院批准。（《新湖南报》1955.2.8）

5日 新疆省人民政府决定，克孜勒苏柯尔克孜自治区改称自治州。（《克孜勒苏柯尔克孜自治州志》上P28）

△ 新疆省根据宪法规定，重新统一规定自治区名称，除伊犁哈萨克自治州人委名称不变外，原4个相当于专区级和6个相当于县级的自治区人民政府改为自治州、自治县人委；原各专区级自治区人民政府的主席和副主席改称州长和副州长；原各县级自治区人民政府的主席和副主席改称县长和副县长。（《新华社新闻稿》1955.2.15）

△ 广西省邕宁至都安公路竣工通车，全长155公里，途经武鸣、马山。（《广西通志·大事记》P301）

7日 云南省德宏傣族景颇族自治区各族人民就傣族人民“京嫩兮”节日，开展“民族团结月”活动。自治区各县同时举行“民族团结日”庆祝大会和运动会。（《新华社新闻稿》1955.2.27）

10~16日 广东省民委第三次（扩大）会议举行，讨论民族地区农林生产等问题，要求在加强民族团结的前提下进行工作。（《南方日报》1955.3.4.③）

15日　新疆人民广播电台开始使用哈萨克语播音。　（《新华社新闻稿》1955.2.18）

17~19日　全国人大常委会副委员长达赖喇嘛·丹增嘉措、全国政协副主席班禅额尔德尼·确吉坚赞率西藏地区参观团一行200人在吉林延边访问。　（《延边朝鲜族自治州志》上P65）

20日　新疆省博尔塔拉蒙古族自治区各族各界人民代表会议首届二次会议在博乐县召开。会议决定博尔塔拉蒙古族自治区改称博尔塔拉蒙古自治州，辖博乐、精河、温泉3县。　（《博尔塔拉蒙古自治州志》P40，《中国分省市县大辞典》P1494）

21日　国务院发布《关于发行新的人民币和收回现行的人民币》的命令，责成中国人民银行自3月1日起，发行每种券别版面均印有汉、蒙古、藏、维吾尔4种文字的新币。（《新华社新闻稿》1955.2.21）

21日~3月7日　西康省教育厅召开首届民族教育工作会议，讨论民族教育的规划、教材、师资培养和经费等问题。　（《西康日报》1955.3.15.③）

24日　全国人大常委会副委员长达赖喇嘛·丹增嘉措、全国政协副主席班禅额尔德尼·确吉坚赞在北京举行宴会，庆祝藏历木羊年新年。国家主席毛泽东、全国人大常委会委员长刘少奇、国务院总理周恩来应邀出席。毛泽东主席、达赖和班禅在会上先后致词。毛泽东主席致词说："我们大家应当努力，进一步加强和巩固我国各民族间的团结。进一步加强和巩固汉藏民族以及藏族内部的团结，共同建设我们伟大的祖国。"　（《人民日报》1955.2.25.①）

25日　中共中央发出《关于在少数民族地区进行农业社会主义改造问题的指示》，同时转发广西省统战部民族工作组《关于三江侗族自治县目前互助合作运动情况与今后工作意见》的报告和省委对这一报告的批语。（《广西通志·大事记》P301）

26日　云南省民委召开座谈会，讨论《德宏傣族景颇族自治区景颇文字改进方案》初稿。　（《云南日报》1955.2.27.①）

△　内蒙古自治区察哈尔盟草原第一座面粉厂——宝昌县面粉厂投产。　（《人民日报》1955.3.22.①）

28日　中共中央新疆分局就新疆实行民族区域自治的名称问题致电中央提出，称"新疆维吾尔自治区"。4月16日中共中央复电新疆分局，同意分局意见。中央指出，维吾尔族是新疆地区的大民族，在实行民族区域自治后，应该更加注意照顾其他少数民族，以利于进一步增强新疆各民族的团结，进一步发展新疆各民族的政治、经济和文化事业。　（《中国共产党新疆历史大事记（1949.10~1966.4）》上P114）

是月　新疆省伊犁哈萨克族自治区改称自治州，县级和乡级自治建制分别改称自治县和民族乡。州、县、乡人民代表常务机构与政府合署办公，统称人民委员会，领导职务设正、副州长、县长、乡长。11月，伊犁哈萨克族自治州改称伊犁哈萨克自治州，境内各县级自治建制称谓取消"族"字。　（《伊犁哈萨克自治州志》P46）

3月

1日　上海市食品公司专设的清真牛、羊肉批发所开始营业。牛羊由阿訇屠宰，专供上海市少数民族食用。　（《人民日报》1955.3.5.②）

△　越南河内至中国睦南关段铁路和我国湘桂铁路的凭祥站间的铁路正式通车。（《新华社新闻稿》1955.3.2）

1~11日　四川省凉山临时军政委员会首次会议在雷波县举行，宣读和讨论国务院命令。命令指出：为了统一领导凉山地区的工作，进一步贯彻民族平等、民族团结政策，加强民族间与民族内部的团结，继续帮助各兄弟民族彻底肃清国民党残余土匪特务，安定社会秩序，推行民族区域自治，以逐步发展凉山地区政治、经济、文化等建设事业，改善各族人民生活，决定在凉山地区成立临时军政委员会。同时任命张冲（彝族）为临时军政委员会主席。（《四川日报》1955.3.13.①）

2~6日 西康省藏族自治区第二届各族各界人民代表会议在康定举行。会议将“西康省藏族自治区”改为“西康省藏族自治州”。（《甘孜州志》上P47，《人民日报》1955.3.9.③）

3日 第一批朝鲜语译制国产影片《丰收》、《南征北战》在吉林省延边朝鲜民族自治区各地上映。（《延边朝鲜族自治州志》上P65）

△ 国务院第六次全体会议讨论通过了《关于批准河北省建立孟村、大厂回族自治县的决定》。（《国务院公报》1955［3号］P140）

9日 国务院第七次全体会议，听取中央人民政府驻西藏代表张经武作的关于西藏地方工作的报告、阿沛·阿旺晋美代表西藏地方政府作的西藏情况的报告和班禅堪布会议厅委员会主任委员詹东·计晋美代表班禅堪布会议厅作的几年来工作情况的报告。会议通过了《国务院关于成立西藏自治区筹备委员会的决定》。《决定》指出：根据和平解放西藏办法的协议规定，在西藏应当成立军政委员会。但是现在我国已颁布宪法，各大行政区的军政委员会业已撤销，特别是西藏和平解放3年多来各方面的工作都有显著成绩，情况有了变化，因此在西藏地区不用成立军政委员会而成立西藏自治区筹备委员会，是完全符合宪法精神和西藏当前具体情况的。《决定》指出：西藏自治区筹委会是负责筹备成立西藏自治区的政权性机关，受国务院领导。其主要任务是依据我国宪法的规定以及关于和平解放西藏办法的协议和西藏的具体情况，筹备在西藏地区实行区域自治。同时会议还通过《关于帮助西藏地方进行建设事项的决定》、《关于有关西藏交通运输问题的决定》、《国务院关于西藏地方政府和班禅堪布会议厅委员会之间关于历史悬案问题的谈判达成的协议的批复》、《国务院对于达赖喇嘛随行官员领导小组关于西藏自治区筹备委员会组成人员名额、比例及其主要人员和藏钞、藏军问题的报告的批复》和《国务院关于西藏地方工作人员工资待遇问题的决定》。13日，《人民日报》发表社论《西藏地方工作发展的新阶段》。（《人民日报》1955.3.13.①，《中共西藏党史大事记（1949~2004）》P81~82）

△ 国务院在批复达赖喇嘛随行官员领导小组的报告中提出，停止印发藏钞、改编藏军的意见。（《中共西藏党史大事记（1949~1966）》P52）

10日 全国人大常委会副委员长达赖喇嘛·丹增嘉措和全国政协副主席班禅额尔德尼·确吉坚赞等，结束2个多月在天津、上海、杭州、沈阳、鞍山、哈尔滨等地的参观活动。同日，国务院总理周恩来设宴欢送达赖喇嘛和班禅赴西北、西南等地区参观。12日，中共中央统战部副部长刘格平陪同达赖喇嘛和班禅离北京。5月，达赖喇嘛返西藏途中，其随从人员副经师赤江·洛桑益西、噶伦索康·旺清格来借口走南北两路进行佛事活动，分别在甘孜藏族自治州的理塘、甘孜等地以及理塘寺、大金寺邀集当地土司、头人和上层喇嘛，鼓动反对民主改革、反对共产党并发动武装暴乱。同时借“学经”为名，派喇嘛到青海、甘肃藏区地方煽动指挥叛乱。同时，伪“人民会议”分子分3批到康定、昌都、太昭，向达赖递交“请求书”，请求达赖搞“西藏独立”。伪“人民会议”分子阿乐群则等人到康定、甘孜、理塘与当地土司、头人煽动组织武装叛乱，策划搞“西藏独立”。达赖的副官长帕拉·土登为叛乱分子提供弹药，并致信青海省玉树地区的叛乱首领，为叛乱分子打气。6月29日，达赖喇嘛抵达拉萨，阿乐群则等呈送“汇报请愿书”，要求恢复伪“人民会议”的地位。7月4日，班禅抵达日喀则。（《人民日报》1955.3.11.①，3.13.①，6.30.①，7.8.①；《中共西藏党史大事记（1949~1966）》P53~54；《当代中国的西藏》上P245）

15日 内蒙古自治区阿尔山林区新建的伊尔施至大黑沟线森林铁路通车，干线长82公里。（《新华月报》1955.4 P293）

17~26日 新疆省工商联代表大会举行，选举成立省工商业联合会。（《新华社新闻稿》1955.4.15）

19日 新疆省体育运动委员会成立。（《新疆通志·体育志》83卷P25）

19日~4月17日 云南省博物馆筹备处在昆明举办省少数民族文物展览，展出展品1700多套。30日，国务院总理周恩来、副总理陈毅等国家领导人参观展览。（《新华社新闻稿》1955.3.24，《人民日报》1955.5.16.③，《云南日报》1955.5.3.①）

21日 广西省桂西壮族自治区百色专区所属11个县和1个县级自治区的壮、瑶、苗等少数民族干部发展到6000多名。（《人民日报》1955.3.21.③）

21~24日 中共甘肃省河东地委统战部举行全区首次统战工作会议。会议听取并讨论中共甘肃省委统战部召开的民族地区互助合作运动中有关民族宗教问题专业会议的精神传达报告。（《中共宁夏党史大事记（1925.8~1988.6）》P187~188）

21~28日 甘肃省西海固回族自治区举行全区首次办社干部会议，讨论发展农业生产合作社问题。据统计，全区共办起农业生产合作社75个，参加农户达1582户，入社土地10.04万亩，牲畜2409头，农具1951件。（《中共宁夏党史大事记（1925.8~1988.6）》P188）

22日 中共中央统战部副部长、全国人大民委主任刘格平在西宁邀集青海省回族代表人士举行座谈会，讨论加强民族及宗教内部的团结等问题。（《青海日报》1955.3.24.①）

23日~4月6日 中共内蒙古自治区东部区委员会和呼伦贝尔盟政府组织慰问队，深入额尔古纳旗四区慰问鄂温克人。其间，随慰问队的医疗组免费为鄂温克人治病，并给每人赠送礼品。（《新华社新闻稿》1955.4.10）

26日~4月1日 甘肃省民委第一次（扩大）会议举行。总结几年来的民族工作和确定今后的民族工作任务，同时听取和讨论省长邓宝珊等关于民族工作的讲话。（《甘肃日报》1955.4.3.①）

28日 广西省桂西壮族自治区主要航道——右江疏浚工程基本完工，从此南宁到百色通航轮船。（《新华社新闻稿》1955.3.29）

29日 国务院发布《关于在边远省份和少数民族地区建立收音站的通知》，并拨出1500部收音机给云南、贵州、西康、甘肃、青海、新疆、广西、海南和内蒙古建立收音站。（《国务院公报》1955［5号］P196，《新华社新闻稿》1955.4.9）

是月 新疆省昌吉回族自治州木垒哈萨克自治区改称木垒哈萨克自治县。（《昌吉回族自治州志》P44）

△ 新疆省发行带有汉、壮、藏、蒙、维吾尔文字的新版人民币，替换原发行的印有维吾尔文的人民币。（《中国共产党新疆历史大事记（1949.10~1966.4）》上P27）

4月

1日 四川省西南部通向凉山彝族地区的沐新公路通车，全长78公里。（《新华社新闻稿》1955.4.4）

△ 据新华社报道，中国、印度两国政府发表关于印度政府将其在中国西藏地方所经营

的邮政、电报、电话及其设备和驿站及其设备交给中国政府的公报，移交仪式在拉萨举行。4月8日，西藏亚东至锡金岗托的国际有线电报电路开通。5月12日，该电路关闭，另开通拉萨至印度大吉岭的国际无线电报电路，以满足在西藏的印度、尼泊尔商人的通信需要。（《新华社新闻稿》1955.4.2）

△ 新疆省邮政汽车总站成立，负责全疆邮政汽车运输管理。（《新疆通志·邮电志》51卷P34）

1～17日 贵州省民委扩大会议举行，总结交流1953年以来的民族工作经验，讨论确定进一步贯彻落实过渡时期党在民族工作方面的总任务。（《新华社新闻稿》1955.4.21）

2日 据报道，广西省大苗山苗族自治区海拔1200米处发现大面积的原始森林。（《新华社新闻稿》1955.4.2）

5日 是日报道，新疆省克孜勒苏柯尔克孜族自治区柯尔克孜族文字研究委员会研究编成以30个字母组成的柯尔克孜族文字材料。（《人民日报》1955.4.5.③）

△ 西藏拉萨大桥竣工。（《新华社新闻稿》1955.4.10）

6日 内蒙古自治区锡林郭勒盟锡林浩特市牧民点火不慎失火。烧毁长140公里、宽60公里的草场森林以及牲畜，扑火中死5人，伤11人。5天后大火被扑灭。（《内蒙古自然灾害通志》P253）

6～9日 甘肃省甘南藏族自治区舟曲人大一次会议举行，舟曲县人民政府成立。（《甘南藏族自治州概况》P257）

7日 新华社报道，1955年，国务院拨给西藏昌都地区的无偿铁质农具费和拨给江孜、日喀则1954年受灾农民的春耕生产费共25万元。（《新华社新闻稿》1955.4.7）

7～15日 西康省凉山彝族自治区人大二届会议在昭觉举行。会议决定自治区改称自治州。（《人民日报》1955.4.23.②，《凉山彝族自治州志》上P665、707）

8日 青海省卫生厅派出4个医疗队和妇幼卫生队到牧区为少数民族根治性病并帮助当地建立妇幼卫生站。（《新华社新闻稿》1955.4.10）

12～15日 云南省大理县举行滇西各族人民体育表演比赛大会，20个民族的212名代表参加表演比赛。（《新华社新闻稿》1955.4.19）

14日 北京时间9时，西康省甘孜藏族自治州康定县发生7.5级地震，波及泸定、乾宁2县，死112人，伤327人。（《甘孜州志》上P47）

15日 11时40分58秒、12时13分25秒，新疆省乌恰县加斯东北连续发生2次7级地震，震中分别为39.9°N、76.6°E和39.9°N、74.7°E。I类房屋几乎全部倒塌，II~III类房屋裂缝，烟囱、火墙90%倒塌。（《新疆减灾四十年》P243~244）

16～30日 云南省德宏傣族景颇族自治区人民政府一届四次政府委员扩大会议举行，讨论发展生产和培养民族干部问题。（《云南日报》1955.5.25.③）

18日 青海省人委通知，各专区级自治区改称自治州，县级自治区改称自治县，乡级自治区改称民族乡，区级自治区维持现状。（《海北藏族自治州志》上P45）

21日 国务院任命汪学鼎（藏族）为云南省民族事务委员会副主任。（《迪庆藏族自治州志》P33）

△ 中央皮肤性病规划研究所西北工作队一行21人到达西宁，深入藏族聚居地区，进行性病防治工作。（《新华社新闻稿》1955.4.26）

△ 国务院第九次全体会议决定：任命甘春雷（回族）为国家民委办公厅主任，朋斯克（蒙古族）、薛向晨、高锡堂为副主任；谢鹤筹（壮族）为政法司司长，马杰、平措旺阶（藏

族）为副司长；甘春雷为财经司司长，文正一（朝鲜族）、李星光为副司长；薛向晨为文教司司长，尹育然为副司长；叶尚志为人事司副司长；刘春为政策研究室主任，杨静仁（回族）为副主任。任命马卓洲为河北省民委主任，苏毓秀为副主任；陈北辰为辽宁省民委主任，李学盈为副主任；宋任远为吉林省民委主任；张瑞麟为黑龙江省民委主任，杨子荣、王丕年、文炳学为副主任；杨雨民为热河省民委主任，杨润田、尔德尼、丁振德为副主任；马鸿宾（回族）为甘肃省民委主任，王志强（回族）、李健、陈那笋巴图（藏族）、马重雍（回族）、达吉（藏族）、马绍文为副主任；冀春光为青海省民委主任，松布（藏族）、夏茸尕布（藏族）、孟全禄、景生明为副主任；赵笃生为山东省民委主任，李敬渔、花经熬为副主任；谢华为湖南省民委主任，龙辑五为副主任；赵卓云为广西省民委主任，梁华新（壮族）、黄举平、张景宁、秦振武为副主任；阎红彦为四川省民委主任，任景龙、索观瀛（藏族）、华尔功臣烈（藏族）为副主任；张冲（彝族）为云南省民委主任，孙雨亭、王连芳（回族）、龚绶、胡忠华、李呈祥、思鸿升、刀栋庭（傣族）、余海清、马伯安、汪学鼎（藏族）、霜耐冬（傈僳族）为副主任；黄觉庵为西康省民委主任，瓦渣木基（彝族）、沙纳（藏族）为副主任。　（《国务院公报》1955［7号］P275~291）

21～28日　甘肃省河东回族自治区在吴忠市举行首届人大二次会议。会议根据宪法的规定，通过关于改河东回族自治区为吴忠回族自治州的决议。　（《新华社新闻稿》1955.5.4）

22日　中国伊协在北京举行委员会扩大会议，决定成立伊斯兰经学院。　（《新华社新闻稿》1955.4.24）

24日　新疆省第一座工人疗养院建成。　（《人民日报》1955.4.27.②）

△　青海省海西蒙古族藏族哈萨克族自治区人民政府所在地察汗乌苏至西宁、玉树藏族自治区人民政府所在地结古至西宁开通无线电话。　（《新华社新闻稿》1955.4.25）

25～28日　湖南省湘西苗族自治区人大一届二次会议在吉首举行，通过《关于改湘西苗族自治区为湘西苗族自治州的决议》、《湖南省湘西苗族自治州人民代表大会组织条例》和《湖南省湘西苗族自治州人民委员会组织条例》。　（《湘西州志》上P257）

26～27日　四川、西康、广西、云南4省各民族参观团在北京参观学习。　（《人民日报》1955.4.30.①）

27日　云南省德宏傣族景颇族自治区政府召开第四次政府委员会议，正式通过《德宏自治区调整土地条例（草案）》等有关土改的政策法令草案，形成单一法规予以公布，并在潞西县10个傣族乡进行调整土地试点。7月，保山地委起草《德宏自治区和平协商土地改革条例（草案）》，进一步完善了《德宏自治区农村债务及土地抵押典当纠纷处理办法（草案）》、《德宏自治区和平协商土地改革宣传提纲》、《德宏自治区和平协商土地改革步骤和做法》等文件，提交自治区人民代表会议讨论通过并报省委和中央。8月10日，中央批准《保山地委关于德宏傣族景颇族自治区土地改革的意见》，决定在以傣族为主的坝区采取自上而下的和平协商的办法，废除领主、地主土地所有制，将土地分配给无田少地的农民。21日，德宏正式开始“和平协商土改”。10月21日，首批土改结束。没收、征收领主、地主水田14万多亩，分配给6万多户无田少田的农民耕种，人均产量约800市斤。　（《德宏州志》综合卷P39~40）

△　新华社电称，康藏高原金沙江以西已设立40个邮电机构。　（《新华社新闻稿》1955.4.27）

30日　西康省西昌专区越嶲、冕宁、西

昌、德昌、会理、会东、宁南、米易、盐源、盐边10县县委均成立民族工作部。（《西康日报》1955.4.30.①）

是月 中共湖南省湘西苗族自治区地委改称中共湘西苗族自治州地委。（《湘西州志》上P61）

△ 贵州省镇远专区岑巩县羊坪乡祝坝水库竣工，设计库容量21.7万立方米，为解放后黔东南地区建成的第一座水库。（《黔东南苗族侗族自治州志·总述·大事记》P115）

△ 云南省怒江傈僳族自治区文化馆在知子罗成立。（《怒江傈僳族自治州志》上P745）

△ 甘肃省肃南裕固族自治区设立收音站，首次收放中央人民广播电台节目。（《肃南裕固族自治县志》P421）

△ 青海省海西蒙古族藏族哈萨克族自治区第一个新华书店在察汗乌苏成立。（《海西蒙古族藏族自治州志》5卷P466）

5月

1日 国务院批准西藏军区为全国12大军区之一。（《中国共产党西藏历史大事记（1949~2004）》P83）

△ 湖南省湘西苗族自治州新建的一座小型电厂——吉首电厂开始发电。（《人民日报》1955.5.12.①）

△ 国务院总理周恩来、副总理陈毅在昆明参观云南民族学院。（《云南日报》1955.5.3.①）

5日 中央卫生部拨出价值4万元的医疗器械给西藏日喀则人民医院。10月15日医院开诊。（《人民日报》1955.10.20.③，《新华社新闻稿》1955.5.6）

△ 甘肃省少数民族地区建有81个收音站和5个有线广播站。（《人民日报》1955.5.5）

5日~12月26日 由副团长张承武等率领国务院川、甘、康、青4省边境工作团53人在四川省阿坝藏族自治州工作（经国务院批准，边境工作团于10月9日改为国务院川、甘、青边境工作团，决定桑吉悦希为工作团团长，扎喜旺徐等6人为副团长）。12月21~26日，国务院川、甘、青边境工作团在阿坝举行工作团委员扩大会议，交流四川省阿坝、甘孜和青海省果洛玉树、甘肃省甘南5个藏族自治州工作情况和经验。会议通过巩固3省边境地区的民族团结、保护和发展畜牧业及支持在边境地区的农业区域进行社会改革等3项决议。1956年1月15日，国家主席毛泽东和国务院副总理陈毅接见边境工作团、青海牧区、东北各省、内蒙古各民族参观团和佛协名誉会长查干葛根，并合影留念。（《新华社新闻稿》1956.1.3；《人民日报》1955.5.6.①，1956.1.16.①、1.17.①）

6日 中共中央新疆分局常委会议召开，讨论加强对新疆省手工业生产的领导问题。（《中国共产党新疆历史大事记（1949.10~1966.4）》上P115~116）

7日 云南省西双版纳傣族自治州体育运动委员会成立。（《西双版纳傣族自治州志》上P37）

△ 据报道，西康省藏族自治州20县和色达地区先后建立邮电局。（《人民日报》1955.5.7.①）

8日 商业部为加强民族贸易工作，扩大民族贸易科为民族贸易局，并组织4个民族贸易调查研究小组分赴广西、云南、贵州和四川等省民族地区调查研究。（《光明日报》1955.5.8.②）

△ 青海省民和盆地第一口石油探井开钻。（《人民日报》1955.5.14.①）

11日 贵州省贵定专区惠水布依族苗族自治区改称惠水布依族苗族自治县。（《黔南布依族苗族自治州志》上P51）

12日 甘肃省临夏专区东乡族自治区改

称东乡族自治县。（《临夏回族自治州志》上P50）

△ 农业部派出第一批农业技术人员离京赴西藏地区，协助西藏发展农业生产。（《人民日报》1955.5.16.②）

13~17日 青海省循化县撒拉族自治区一届人大二次会议举行。循化撒拉族自治区改为自治县，选举成立自治县人委会。（《青海日报》1955.5.29.①）

14日 甘肃省临夏专区广通回族自治区改称广通回族自治县。（《临夏回族自治州志》上P50）

△ 是日报道，内蒙古自治区民族专业技术干部已有1万多名。（《人民日报》1955.5.14.③）

15~21日 青海省海北藏族自治区人大一届三次会议举行。宣布海北藏族自治区改称海北藏族自治州，自治区政府改称自治州人民委员会。（《人民日报》1955.6.21.③，《海北藏族自治州志》上P45）

18日 据统计，青海省海西蒙古族藏族哈萨克族自治区设有完全小学2所、初级小学10所、毡房初级小学3所，学生达1000名左右，比解放初增长约20倍。（《青海日报》1955.5.20.①）

19日 水利部组织的首批水文工作人员一行18人到达拉萨，帮助西藏地区沿拉萨河、雅鲁藏布江、澜沧江、怒江和察隅河等地设立7处水文站和水位站。（《新华社新闻稿》1955.5.25）

△ 云南省西双版纳傣族自治区人民政府新建的允景洪国营农场开始生产。（《云南日报》1955.5.19.③）

20日 据统计，3年来，国务院拨款142万余元（新币），给西藏和昌都地区发展小学教育。西藏和昌都地区已建立小学27所，藏族学生2000多名。（《新华社新闻稿》1955.5.22）

20~24日 青海省黄南藏族自治区举行第二次各族各界人民代表会议。会议决定黄南藏族自治区人民政府改称黄南藏族自治州人民委员会。（《黄南州志》上P32）

21日 湖北省恩施地区专员公署改称恩施专员公署。（《恩施州志》P13）

25日 西藏工委和西藏军区政治部联合举办西藏古代艺术图片展览。（《新华社新闻稿》1955.5.29）

27日 青新公路格尔木至金鸿山段通车，长530多公里。（《青海日报》1955.5.29.①）

27日~6月9日 新疆省皮肤性病防治所派往各地4个民族卫生工作队，为少数民族人民根治性病。（《人民日报》1955.6.14.②）

28日 国务院批复新疆省人民政府，同意伊宁市划为伊犁哈萨克自治州辖市；喀什市仍为省辖市，交由南疆行署代为领导。（《国务院公报》1955［8号］P315）

31日 国务院全体会议第10次会议决定，任命鄂齐尔呼雅克图（蒙古族）为内蒙古自治区民委主任，马志新、萨木腾为副主任。（《国务院公报》1955［10号］P375）

△ 国务院第10次全体会议通过任命王林岗为贵州省民委主任，杨汉先、杨念铭为副主任。（《国务院公报》1955［10号］P379）

是月 云南省蒙自专区各市县开始对回民及信仰伊斯兰教的少数民族开斋节所需牛羊肉和食用油给予照顾供应。（《红河哈尼族彝族自治州志》1卷P71）

△ 西藏拉萨一等水文站正式成立。（《当代中国的西藏》下P266~267）

△ 甘肃省人民委员会批准“肃南裕固族自治区人民委员会”改称“肃南裕固族自治县人民委员会”。（《肃南裕固族自治县志》P421）

△ 青海省黄南藏族自治区一届人大二次会议举行。根据宪法规定，将黄南藏族自治区

改为自治州，成立自治州人委会。（《人民日报》1955.6.18.②）

6月

1日 内务部公布《婚姻登记办法》。《办法》第12条规定："省人民委员会和自治区的自治机关，对于少数民族聚居地区的婚姻登记，如果不适用本办法的时候，可以另做变通规定，分报内务部和民族事务委员会备案。"（《人民日报》1955.6.3.②）

△ 西康人民广播电台增设藏语广播节目。（《新华社新闻稿》1955.6.4）

△ 新疆省林业厅正式成立。（《新疆通志·林业志》35卷P26）

1~8日 云南省西双版纳傣族自治区各族人民代表会议二届一次会议在允景洪举行。根据宪法规定将自治区改为自治州。（《人民日报》1955.6.21.③，《西双版纳傣族自治州志》上P38）

5日 进藏电影教育工作者和解放军西藏军区在西藏和昌都地区设立24个电影放映队，为藏族人民放映电影。（《新华社新闻稿》1955.6.6）

5~8日 青海省海南藏族自治区各族各界人民代表会议一届三次会议举行。根据宪法规定将自治区改为自治州。（《人民日报》1955.6.21.③，《海南州志》P28、536）

6~15日 中国回协举行第二次委员（扩大）会议。听取和讨论通过中央商业部副部长王兴让作的《目前全国回民情况介绍》和《中国回民文化协进会两年来的工作和今后工作意见》的报告，以及国家民委副主任杨静仁作的政治报告和国家民委办公厅主任甘春雷作的《关于民族团结问题的报告》。（《人民日报》1955.6.7.①，6.18.②）

7日 北京时间08时48分54秒，云南省华坪轿顶山发生6级地震，震中位置26.5°N、101.1°E，烈度VII~VIII度。极震区以轿顶山为中心，北至楠木，东达华坪县城及荣将一带，西南达天星、新庄等地。区内共毁坏房屋1700多间。（《云南省志·地震志》P70~71）

7~16日 青海省海西蒙、藏、哈萨克族自治区人大一届二次会议举行。根据宪法规定将自治区改为自治州。（《新华社新闻稿》1955.6.26，《海西蒙古族藏族自治州志》1卷P34、4卷P107）

10日 新疆省乌鲁木齐至北京定时直达长话电路开通。（《新疆通志·邮电志》51卷P34）

13日 新疆省人民委员会发布《关于柯尔克孜族新文字简明写法规则具体实施办法》。（《新疆日报》1955.6.16.①）

△ 据统计，全国设有回民小学1000所以上，在校生25万多名；专设的回民中学246所，在校生28127名；高等院校中，回民大学生达19047名。（《新华社新闻稿》1955.6.14）

13~19日 青海省在西宁举行首届文艺工作者代表会议。会议讨论和通过发展少数民族文艺工作的决议，成立省文联。（《新华社新闻稿》1955.6.23）

14日 据统计，新疆省已建立12个牲畜配种站。（《新华社新闻稿》1955.6.14）

20日 甘肃省蒙族自治州牧区建立起第一个卫生所。（《新华社新闻稿》1955.6.21）

20~26日 广西省民委举行瑶族代表座谈会，讨论瑶族地区的工作和加强民族政策教育的问题。（《广西日报》1955.7.2.③）

22日 中央民族卫生工作大队结束在西藏昌都地区的工作返回北京。该大队自1952年11月前往昌都以来，先后给藏族人民治病26.9万多人次，防治注射3万多人次，安全接生藏、汉婴儿293人。（《新华社新闻稿》1955.6.23，《人民日报》1952.11.2.③）

△ 云南省人委拨款58万多元，无偿帮助山区少数民族改革生产手段。（《新华社

新闻稿》1955.6.23）

△ 湖南省湘西苗族自治州设小学1699所，平均每个乡有小学1所到2所，苗族学生2.29万多名，比1950年增长14倍多。（《新华社新闻稿》1955.6.23）

23～27日 青海省门源回族自治区人大一届三次会议举行。会议通过门源回族自治区改称自治县，自治区人民政府改称自治县人民委员会。（《海北藏族自治州志》上P46）

23～29日 青海省玉树藏族自治区人大一届二次会议举行。会议通过玉树藏族自治区改称玉树藏族自治州的决定，并决定成立玉树藏族自治州人民委员会。（《新华社新闻稿》1955.7.12，《玉树州志》上P27、83、580）

25日 湖北省来凤县旧司区建立恩施地区第一个区级农技推广站。（《恩施州志》P13）

25日～7月1日 甘肃省甘南藏族自治区改称甘南藏族自治州，并举行首次人民代表大会。（《新华社新闻稿》1955.7.4；《甘南州志》上P95、164，下P1077）

27日～7月2日 教育部和国家民委在北京联合举行全国首次民族学院院长会议，讨论研究民族学院的方针任务、教学工作和领导关系等问题。（《中国教育年鉴（1949~1981）》P409）

27日～7月11日 商业部和国家民委在京联合召开全国民族贸易会议。总结几年来的工作并根据各地区的具体情况制定民族贸易政策。（《人民日报》1955.8.3.①）

29日 贵州省民族杂居的安顺县第一国营农场——山京农场建成。（《新华社新闻稿》1955.6.30）

是月 内蒙古自治区工商联合会宣告成立并召开首届代表大会，通过联合会章程。（《内蒙古自治区史》P261）

△ 云南人民广播电台试办傈僳语广播节目。（《怒江傈僳族自治州志》上P772）

△ “中共肃南裕固族自治区委员会”改称“中共肃南裕固族自治县委员会”。（《肃南裕固族自治县志》P421）

△ 甘肃省临夏专区第二次镇压反革命运动开始。（《临夏回族自治州志》上P50）

△ 中共中央新疆分局组织部提出新疆1955~1957年发展新党员计划。据新疆分局组织部统计，截至1954年底，全疆共有党员1.78万名；其中，新发展党员1.12万名，本地民族党员8490名、占新发展党员总数的75.74%。（《中国共产党新疆历史大事记（1949.10~1966.4）》上P116~117）

7月

1日 中共中央内蒙古分局撤销，成立中共内蒙古自治区委员会。（《内蒙古日报》1955.7.1.①，《内蒙古自治区史》P135、517）

△ 广西省黎塘至广东省湛江铁路正式通车。路段全长318.2公里，其中广西境内231.3公里。（《新华社新闻稿》1955.7.7；《人民日报》1955.7.1.②，7.2.①；《广西通志·大事记》P303）

△ 西康省凉山彝族自治州第一座火力发电厂——昭觉发电厂建成发电。（《凉山彝族自治州志》上P48）

△ 云南省砚（山）广（南）公路通车，路段全长147公里。（《文山壮族苗族自治州志》1卷P41）

△ 中共西藏工委调整分工委机构。中共中央批准，昌都、三十九族、波密3个地区分工委机关合并为昌都分工委，另设丁青、波密2个中心县委，丁青、波密警备区管辖区划归昌都警备区管辖。中共西藏工委和西藏各地分工委向社会正式公开名称，西藏地方党委以军队番号为代号的情况遂告结束。1956年，噶厦政府决定在塔布、工布地区新设塔工基巧（相当于专署）。对此，西藏工委又将原属波密地区的这两地组成新的塔工分工委。（《中

国共产党西藏历史大事记（1949~2004）》P84）

△ 甘肃兰州至新疆乌鲁木齐铁路黄河大桥落成通车。这是建国后在黄河上修筑的第一座大铁桥。（《新华社新闻稿》1955.7.3）

2~8日 青海省果洛藏族自治区人大一届二次会议举行，根据宪法决定将自治区改为自治州。（《新华社新闻稿》1955.7.16，《果洛藏族自治州志》上P29、336）

5日 青海省玉树藏族自治州人民调解委员会成立。（《玉树州志》上P26）

△ 商业部和云南省商业厅组成的民族贸易工作调查组，结束历时2个月对西双版纳、德宏和临沧等地区的民族贸易及市场情况的调查。（《新华社新闻稿》1955.7.6）

6日 《人民日报》发表题为“门源回族自治县回汉两族农民组织的团结农业生产合作社”一文，向全国介绍门源县浩门镇民族团结农业生产合作社的经验。（《海北藏族自治州志》上P46）

7日 中共中央新疆分局下发《关于改变本省相当于乡、区级各民族自治区的意见》。提出，属区级的自治区设为区，作为县的派出机构；属乡级自治区设为民族乡，建立乡政府。（《中国共产党新疆历史大事记（1949.10~1966.4）》上P105）

9日 国务院批准广西省原钦州专区的浦北县改归广东省管辖。（《广西通志·大事记》P303）

12日 内蒙古自治区人委会第三次会议通过《关于推行新蒙文的决定》，22日公布，9月1日颁发。（《内蒙古日报》1955.7.21.①，9.1.①；《新华社新闻稿》1955.9.6）

13日 西藏拉萨编译委员会完成《藏文新译名词汇编》初稿，共收有政治、经济、文化等方面的词条4200多条。（《新华社新闻稿》1955.7.14）

13~15日 全国人大常委会副委员长达赖喇嘛·丹增嘉措在罗布林卡向4万多听经僧俗群众传达全国人大一届一次会议的情况和关于建设西藏的精神。（《人民日报》1955.7.22.①）

14日 据新华社电，布依族有了第一个女拖拉机手——钱安芬。（《新华社新闻稿》1955.7.14）

16日 国务院批复广西省人委会关于伊斯兰教“开斋”节、“古尔邦”节、“圣纪”节放假问题，具体放假日期由各省规定。（《国务院公报》1955.12）

17~19日 甘肃省天祝藏族自治区首届人大一次会议举行。根据宪法规定，将自治区改为自治县。（《甘肃日报》1955.8.11.①）

18日 国务院第15次会议通过撤销西康省，将其所辖市、县、自治州划归四川省的决议。西康省建制于10月1日撤销。（《甘孜州志》上P48）

△ 国务院第15次会议通过决议，撤销热河省，将其所辖市、县、旗分别划归河北省、辽宁省和内蒙古自治区。（《新华社新闻稿》1955.7.19，10.3；《中华人民共和国大事记（1949~1980）》P44）

△ 中国科学院语言研究所、中央民族学院、北京大学和内蒙古自治区语文研究会组成的蒙古语言和方言调查队到内蒙古自治区呼伦贝尔等地调查。（《新华社新闻稿》1955.7.19）

22日 青海省海北藏族自治州成立镇压反革命领导小组。（《海北藏族自治州志》上P46）

22~28日 广西省大部分地市出现暴雨天气，18县次降暴雨，6县次降大暴雨。据不完全统计，广西13县（市）128个村受灾，死亡9人、受伤4人；倒塌房屋3493间；农作物受灾面积36.26万亩，损失谷种450万公斤、粮食59.2万公斤；毁坏水利设施514处、堤防321处、坡坝149处、水塘85个、桥梁11座、水车30架。（《中国气象灾害大典·广西

卷》P76）

23日 内蒙古自治区锡林郭勒盟荒火烧到赤峰市阿鲁科尔沁旗境内，烧毁长60公里、宽25公里的牧场。（《内蒙古自然灾害通志》P254）

30日 青藏公路诺木洪至格尔木段的新线公路初步修成通车。（《新华月报》1955.8 P330）

是月 根据中共中央《关于肃清暗藏的反革命分子的指示》，广西省委成立肃反小组，开展内部肃反运动。全省党政机关、军队内部清查出属于敌我矛盾的6245人、人民内部矛盾的1.11万人，有9724人受到各种处分。中共十一届三中全会后进行复查，改变敌我矛盾性质的4141人，维持原敌我矛盾结论的2104人。（《广西通志·大事记》P303）

△ 贵州省镇远专区大旱，疟疾暴发，波及清水江、都柳江沿岸10个县。截至年底，患者212306例，发病率11384.36/10万，占当年传染病总发病数的79.70%，死亡1240人。（《黔东南苗族侗族自治州志·总述·大事记》P117）

△ 云南省楚雄专区分五批进行审干和肃反工作，1959年5月结束。（《楚雄彝族自治州志》1卷P195）

△ 云南省怒江傈僳族自治区碧江民族中学（初级）在碧江县亚谷建立，为第一所自治区属中学。（《怒江傈僳族自治州志》上P24）

△ 青海省果洛藏族自治州建政后的第一所小学——塔哇小学成立。（《果洛藏族自治州志》下P887）

是~11月 贵州省各地分期训练近2万名农业社会计。其中苗、布依、彝、侗等少数民族会计3300多名。（《新华社新闻稿》1955.12.21）

8月

1日 中国和尼泊尔在加德满都签署关于建立外交关系的联合公报。（《新华社新闻稿》1955.8.2）

△ 甘肃省甘南藏族自治州肃反运动开始。（《甘南州志》上P96）

△ 为贯彻中共中央于7月1日发出《关于开展斗争肃清暗藏的反革命分子的指示》精神，甘肃省西海固回族自治区肃反运动开始，首先在自治区机关、群众团体、全体干部和完小以上的教师中进行。2日，中共银川地委向各级党组织发出《关于开展肃清暗藏反革命分子运动的通知》，肃反运动在银川地区全面展开。8日，河东回族自治区开展内部肃反运动，于1957年底基本结束。（《中共宁夏党史大事记（1925.8~1988.6）》P190~191）

△ 我国第一部哈萨克族故事片——《哈森与加米拉》由上海电影制片厂摄制完成，并在新疆省乌鲁木齐市上映。（《云南日报》1988.6.4.④，《新华社新闻稿》1955.8.3）

△ 新疆省农牧学校在乌鲁木齐市建立。（《新华社新闻稿》1955.8.2）

4日 北京回民学院一批毕业生分赴青海、甘肃、云南、贵州及内蒙古的回民地区从事教育工作。（《人民日报》1955.8.8.②）

5日 国务院第17次全体会议通过关于撤销湖南省江华县建制，成立江华瑶族自治县的决定。（《国务院公报》1955［13号］P457，1955［14号］P506）

8日 四川省藏族自治区刷经寺骨粉厂建成投产。（《新华社新闻稿》1955.8.18）

10日 中共湖北省恩施地委成立5人小组，领导全区内部肃反斗争，1959年9月结束，全区有130244人参加肃反运动。（《恩施州志》P13）

11日 新疆石油公司建成第一座压缩机站。（《人民日报》1955.8.11.①）

13日 据报道，贵州省炉山苗族自治县农业生产合作社苗族会计员有300多名。（《新华社新闻稿》1955.8.14）

△ 新疆省干部学校语文班第四期233名学员毕业。自1950年以来，语文班培养维吾尔、哈萨克、俄罗斯、汉4种民族语言文字的翻译人员1010名。（《新华社新闻稿》1955.8.18）

15日 甘肃省固原地区对私营工商业的社会主义改造运动开始进行。（《中共宁夏党史大事记（1925.8~1988.6）》P191）

16日 至目前，广西省桂西壮族自治区在武鸣、百色、宜山等地建立10个新式农具推广站。（《新华社新闻稿》1955.8.17）

16~31日 中国佛协理事会在北京举行第二次（扩大）会议。会议选举喜饶嘉措（藏族）为会长。（《新华月报》1955.9）

18日 西藏拉萨藏族人民开始欢度一年一度的唱戏节。西藏工委副书记范明和西藏军区副司令员陈明义、李觉等应达赖喇嘛邀请参加游园看戏。（《新华社新闻稿》1955.8.22）

23~31日 广西省委在南宁召开全省区委书记以上干部会议，传达贯彻国家主席毛泽东《关于农业合作化问题》的报告。会议批判办社中所谓“右倾思想”，提出1955年冬至1956年春，全省建立的初级农业合作社要由原来1.5万个发展到5.5万个，参加农户要由原来占农户总数的9.5%发展到35%。1957年秋收前，大体完成全省农业合作社的发展工作。11月，全省已建初级合作社5.47万个，大大超过会议提出的指标。（《广西通志·大事记》P304）

25日 国务院批复甘肃省人委，同意甘南藏族自治州的卓尼自治区改为卓尼县，原卓尼自治区人民行政委员会改为卓尼县人委会，均不冠甘南藏族自治州的名称。（《国务院公报》1955［16号］P806）

27日 西藏地方政府在拉萨举行历时4天的会议，听取和讨论达赖喇嘛·丹增嘉措的随行官员阿沛·阿旺晋美等作的关于国务院第7次全体会议的传达报告，通过拥护国务院第7次全体会议关于成立西藏自治区筹委会和西藏工作的各项决议。（《新华社新闻稿》1955.8.28）

30日~1956年3月28日 新疆、贵州、云南、四川和西藏地区、西藏青年等少数民族“国庆”参观团在北京参观学习。8月30日，国务院总理周恩来设宴欢迎各地参观团和佛协各民族代表参观团。10月11日，全国人大民委和国家民委设宴招待各地参观团。12~15日，云南、贵州、四川等地参观团先后离京。18日，国务院副总理陈毅设宴招待西藏地区和西藏青年参观团。23日，党和国家领导人毛泽东、朱德、刘少奇、周恩来、邓小平等接见西藏地区、西藏青年参观团和参加新疆维吾尔自治区成立大会的达赖喇嘛、代表台吉噶雪·确吉尼玛。毛泽东主席说，西藏不要害怕民主改革，民主改革不是把你们这些官杀掉，目的是把全西藏人民的生活搞好。同时，你们自己的生活也不会下降。西藏实行民主改革，你们这些上层人士、贵族、各寺庙的喇嘛，可以同群众一起协商，上下结合，实行改革。1956年3月10日，西藏地区参观团离京返藏，全国人大民委副主任刘春、萨空了等到车站欢送。行前，团长拉鲁·策旺多吉向西藏僧俗人民发表广播演说。（《人民日报》1955.8.31.①、9.6.①、9.30.①、10.1.①、10.12.①、10.20.①、10.24.①，1956.3.11.①③；《中共西藏党史大事记（1949~1966）》P55）

是月 第五届世界青年联欢节在波兰华沙举行。我国女歌唱家保音得利格（蒙古族，原载为“保音格利得”）获一等奖，吉林省延边朝鲜民族自治区歌舞团首演的朝鲜族民间舞蹈《扇子舞》，由国家文艺团体排演参加世界青年联欢节获银质奖，湖南省湘西苗族自治州龙彩莲（女，苗族）表演苗族女子单人鼓舞赢得一致好评。（《新华社新闻稿》1955.8.2，8.7，8.10，8.17，8.19；《中华人民共和国大事记（1949~1980）》P429；《延边朝鲜族自治州志》上P65；《湘西州志》上P61）

△ 广西教师进修学院由桂林迁至南宁。（《广西通志·大事记》P304）

△ 云南省文山专区开展私营商业普查，有私营商业5515户，从业人员6005人，资本63万多元。（《文山壮族苗族自治州志》1卷P41）

△ 青海省海南藏族自治州在州、县机关开展肃清暗藏反革命分子运动，1956年底结束，共查出反革命分子285名，其中逮捕69名、劳动教养26名。（《海南州志》P28）

△ 青海省海北藏族自治州改供给制为薪金制。（《海北藏族自治州志》上P46）

△ 新疆省博尔塔拉蒙古自治州第一批“肃反”工作开始，1956年6月结束。（《博尔塔拉蒙古自治州志》P41）

是月～10月 广西省鹿寨、柳江、来宾、横县、马山、贵县、平南等县东亚飞蝗大发生，全省水稻、玉米、高粱、花生、木薯等作物受灾面积837.9万亩。（《广西通志·大事记》P304）

9月

1日 新华书店云南省怒江支店正式营业。（《怒江傈僳族自治州志》上P744）

4日 中央对西藏工作作出重要指示：西藏民族同国内其他先进民族一样，是一定能够走上社会主义发展道路的。在党和工人阶级政权的领导下，经过国家对西藏民族在政治、经济、文化各方面更多的长期的援助，同时在西藏内部完成民主改革，消灭封建农奴制度基础上，西藏民族可以避免资本主义的发展阶段，而通过自己的道路逐步地过渡到社会主义。（《中国共产党西藏历史大事记（1949~2004）》P85）

6日 据统计，内蒙古自治区民族杂居的57个农业和半农半牧旗县建有953个生产合作社。（《新华社新闻稿》1955.9.7）

8日 青海省商业厅召开的第二届民族贸易会议闭幕。会议总结几年来民族贸易工作，提出今后民族贸易工作的任务。（《青海日报》1955.9.16.②）

12日 国务院派赴西藏支援各项建设的首批300多名干部于8月中旬到9月12日陆续到达拉萨和昌都。（《新华社新闻稿》1955.9.17）

13日 全国人大常委会第二十一次会议通过了《关于成立新疆维吾尔自治区撤销新疆省建制的决议》。（《国务院公报》1955［16号］P807）

15日 西藏上层反动分子针对国务院关于成立西藏自治区筹备委员会的决定，指使阿乐群则等伪“人民会议”分子以“人民代表”名义，向西藏工委投交所谓“前后藏、康区人民意见书”，公开提出反对和平解放西藏办法的协议和国务院第7次会议的有关决定，反对成立西藏自治区筹备委员会，反对改编藏军，反对停发、停用藏钞，反对兴办学校和修筑公路等。25日，中央对“意见书”问题作出指示：伪“人民会议”分子在自治区筹委会即将成立之际，又出面公开活动，气焰嚣张，显系有人在背后支持，应该特别提高警惕。伪“人民会议”分子的破坏活动在西藏地方有一定的社会基础，卷入相当一部分群众和上层贵族、喇嘛，涉及较广。因此，我们必须慎重对待，采取灵活的策略步骤，稳妥地加以处理。应向噶厦表明严正态度，指出阿乐群则等人所谓“意见书”是反对达赖、反对西藏地方政府的领导、反对国务院的决定，责成噶厦主动出面申斥阿乐群则等所领导的伪“人民会议”反动分子冒充“人民代表”是非法的，应予以取缔。11月17日，西藏噶厦地方政府被迫宣布所谓“人民代表”为非法，并将阿乐群则逮捕拘押，但将其置于“优待狱”中，不久被释放。阿乐群则于1956年9月逃亡印度噶伦堡，在帝国主义指使下进行反对西藏人民、分裂祖国的阴谋活动。（《中共西藏党史大事记（1949~1966）》P54~55）

16日 国务院第18次全体会议通过了《中华人民共和国内蒙古自治区各级人民代表大会和各级人民委员会组织条例（草案）》，并决定提请人大常委会批准。（《国务院公报》1955［17号］P855，《人民日报》1955.9.18.①）

19日 新疆省人民政府委员会举行扩大会议，讨论成立新疆维吾尔自治区筹备工作。会议讨论通过了《关于建立新疆维吾尔自治区筹备工作的报告》、《新疆维吾尔自治区人民代表大会和人民委员会组织条例（草案）》和《新疆省人民政府关于更改新疆国家机关名称的提案》。（《中国共产党新疆历史大事记（1949.10~1966.4）》上P119）

△ 新疆省第一座水力发电站——乌拉泊水电站提前发电。（《新疆日报》1955.9.29.①）

20～30日 新疆省人大一届二次会议举行，新疆省人民政府副主席赛福鼎致开幕词，新疆人民政府主席包尔汉作省政府工作报告，中共中央、中央人民政府代表董必武发表重要讲话。会议讨论通过了新疆维吾尔自治区各级人民代表大会和各级人民委员会的组织条例草案，宣布撤销新疆省建制，成立新疆维吾尔自治区。会议通过了向中央人民政府主席毛泽东、副主席朱德、全国人大常委会委员长刘少奇、国务院总理周恩来敬献的礼品和向毛泽东主席、全国人大常委会、国务院的致敬电。30日，大会宣告新疆维吾尔自治区成立，以原新疆省的行政区域为自治区行政区域。新疆的13个少数民族中除乌孜别克、塔塔尔、俄罗斯、满、达斡尔族因人数过少，居住分散，没有建立自治单位外，其他少数民族均建立了自治地方。《人民日报》就此发表社论《新疆维吾尔自治区成立的重要意义》。10月1日，乌鲁木齐各族人民6万人集会庆祝。（《人民日报》1955.9.14.①，9.21.①，9.23.①，9.29.①，9.30.①，10.3.①②，10.4.①；《中国共产党新疆历史大事记（1949.10~1966.4）》上P124）

21日 国务院决定：撤销广西省都安县及七百弄、下均、三只羊和西山4个相当于区的瑶族自治区建制，建立都安瑶族自治县和巴马瑶族自治县。都安瑶族自治县的行政区域，包括原都安县全境13个区，并划入河池县相当于区的下坳瑶族自治区及第四区4个乡，宜山县相当于区的三只羊瑶族自治区及第四、第十2个区和第五区的部分乡，马山县第十区的6个乡，忻城县第六区的6个乡，平果县的第八、十一的2个区，东兰县第三区的15个乡，总计304个乡，自治县自治机关驻都安县城；巴马瑶族自治县的行政区域，包括东兰县属相当于区的西山瑶族自治区和第七、九的2个区及凤山县第七、六的2个区的部分乡，自治县自治机关驻巴马镇；都安、巴马瑶族自治县自治机关的编制员额，由广西省人民委员会自行调整。（《国务院公报》1955［17号］P853）

23日 西康省委和四川省委在西康省藏族自治州雅安召开民族地区州委书记会议，专门讨论藏族地区民主改革问题。联合拟订《关于四川省藏族农业区实行民主改革的初步方案》，并以两省委的名义向中央作报告，中央随即批准。（《甘孜州志》上P48）

△ 北京时间23时6分23秒，云南省楚雄专区永仁县境内发生6.75级地震，金沙江沿岸的拉鲊、迤资、裕民、大龙潭、干坝子等乡受灾最严重。至11月底，大小地震200多次，永仁、武定、元谋和四川会理等地均波及。（《楚雄彝族自治州志》1卷P195）

23～28日 云南省楚雄专区的15个县和

昆明市发生8级以上地震。（《新华社新闻稿》1955.10.5）

24日 据报道，广西省南宁至云南省宜良开辟一条公路运输线。（《新华社新闻稿》1955.10.24）

25~27日 广西省大部地区出现暴雨天气，7县次降暴雨，4县次降大暴雨。据不完全统计，广西省17县（市）5042户60527人受灾，7人死亡、12人受伤；损坏住房225间、倒塌1605间；农作物受灾面积30.27万亩，损失稻谷500万公斤，损失粮食288.48万公斤，冲毁海堤5条。（《中国气象灾害大典·广西卷》P76）

26日 达赖喇嘛·丹增嘉措邀请中共西藏工委和军区负责人座谈西藏自治区筹委的工作。（《人民日报》1955.10.1.②）

27日 国务院通过关于撤销吉林省郭尔罗斯前旗的建制，成立前郭尔罗斯蒙古族自治县的决定。（《国务院公报》1955［17号］P854）

△ 云南省怒江傈僳族自治区建立第一所中学——碧江初级中学。（《新华社新闻稿》1955.9.28）

28日 中共中央决定，在新疆维吾尔自治区成立后撤销中共中央新疆分局，改设中共自治区委员会。同日新疆分局通知各级党委，决定自10月1日起，正式撤销中共中央委员会新疆分局，成立中共新疆维吾尔自治区委员会(简称新疆维吾尔自治区党委)。自治区党委成立后，原新疆分局所辖南疆区党委（下辖阿克苏地委、和阗地委、莎车地委和克孜勒苏州委)、伊犁区党委（下辖塔城地委、阿勒泰地委及直属10个县市委)、哈密地委、乌鲁木齐地委、库尔勒地委、巴音郭楞州委、昌吉州委、博尔塔拉州委和乌鲁木齐市委归自治区党委领导。1956年，中共中央批准，撤销南疆区党委和莎车地委，恢复喀什地委；1958年4月，撤销乌鲁木齐地委；1959年，和阗地委改称和田地委；1960年11月，撤销库尔勒地委。至此，自治区党委下辖1个区党委、6个地委、6个州委、1个市委以及77个县（市）委、6个自治县委、5个市辖区委。（《中国共产党新疆历史大事记（1949.10~1966.4）》上P121~122）

29日 是日报道，1954年以来，中央广播事业局协助新疆各民族音乐工作者和民间艺人，在乌鲁木齐等地搜集、整理的音乐节目198种，灌制唱片78种。（《新华社新闻稿》1955.9.29）

是月 吉林省延边地方病防治领导小组成立。（《延边朝鲜族自治州志》P65）

△ 受26号强台风影响，左右江全线暴雨，广西省各江河流域发生不同程度的水灾，受淹农田326万亩，成灾近160万亩，冲毁水利工程1.07万处。10月1日，邕江水位74.48米，4.3万多人受灾，2万亩耕地被淹，冲塌、损坏房屋274间。（《广西通志·大事记》P305）

△ 中共四川省凉山地方委员会成立。（《凉山彝族自治州志》上P48）

△ 西藏昌都地区实行人民币与银元混合流通市场。（《中共西藏党史大事记（1949~1966）》P54）

△ 云南省文山专区文山师范学校建立。（《文山壮族苗族自治州志》1卷P42）

10月

1日 四川人民广播电台开办藏语广播。（《四川日报》1985.9.28.①）

△ 青海省海南藏族自治州切吉团结生产渠建成通水，全长30公里，总投资4.5万元，为全省最大的草原水利工程之一。（《海南州志》P29）

△ 青海省海北藏族自治州海晏县金滩渠建成。该渠由国家投资38万元，长15公里，可浇地2.5万亩。（《海北藏族自治州志》

上 P46，《新华社新闻稿》1955.10.7）

△ 新疆农林牧科学研究所成立，涂治任所长。（《新疆通志·科学技术志》72卷上P36）

1~20日 内蒙古自治区在呼和浩特举行第一届民族、民间音乐、舞蹈、戏剧观摩演出会。（《人民日报》1955.10.11.③，10.24.②）

3日 新疆“七一”棉纺厂印染工场投产。（《新疆日报》1955.10.5.①）

6日 新疆维吾尔自治区党委对1953年后开始的农业合作化运动作总结和新的部署。（《中国共产党新疆历史大事记（1949.10~1966.4）》上P124~125）

△ 中共湖南省湘西苗族自治州召开首次代表会，通过发展农业合作社的第一个五年计划。（《人民日报》1955.10.6.②）

6~7日 新疆维吾尔自治区伊协筹委会成立。筹委会首次会议选举依明·马哈苏木（维吾尔族）为主任。（《新华社新闻稿》1955.10.16）

8~16日 云南省耿马县三届一次人代会举行。会议讨论通过自治县暂行自治条例草案和治安条例草案的决议，根据宪法规定成立耿马傣族佤族自治县。（《新华社新闻稿》1955.10.26）

9日 广西省大瑶山瑶族自治区、龙胜各族自治区、三江侗族自治区、隆林各族联合自治区和大苗山苗族自治区改为自治县，成立县人委，并分别选举县长和副县长。（《广西日报》1955.10.9.①）

△ 新疆维吾尔自治区建立第一个民间兽医诊疗所——奇台县中西民间兽医诊疗所。（《新疆日报》1955.10.9.①）

10日 甘肃省四个专区级民族自治区和九个县级民族自治区，除西海固回族自治区和张家川回族自治区外，全部改为自治州、县（旗）。即：河东回族自治区改为吴忠回族自治州，甘南藏族自治区改为自治州，蒙古族自治区改为自治州，肃北蒙古族自治区、阿克塞哈萨克族自治区、肃南裕固族自治区、天祝藏族自治区、泾源县回族自治区、广通回族自治区和东乡族自治区等改为自治县，额济纳旗自治区改为自治旗。11月21日，国务院批复甘肃省人委，同意上述变更。（《国务院公报》1955［21号］P1042，《新华社新闻稿》1955.10.11）

11日 中共中央委员会主席毛泽东在中共中央委员会（扩大）七届六次会议上发表题为《农业合作化的一场辩论和当前的阶级斗争》的讲话。他在“若干其他问题”中指出：“要继续反对大汉族主义。大汉族主义是一种资产阶级思想。汉族这么多人，容易看不起少数民族，不是真心诚意地帮助他们，所以必须严格地反对大汉族主义。当然，少数民族中间会要发生狭隘民族主义的，那也要反对。但是，这两个东西，主要的、首先要反对的是大汉族主义。只要汉族同志态度正确，对待少数民族确实公道，在民族政策上、民族关系的立场上完全是马克思主义的，不是资产阶级的观点，就是说，没有大汉族主义，那么，少数民族中间的狭隘民族主义观点是比较容易克服的。现在大汉族主义还是很不少的，例如包办代替，不尊重人家的风俗习惯，自以为是，看不起人家，说人家怎么样落后等等。在今年3月间全国党代表会议上我曾经讲过，中国没有少数民族是不行的。中国有几十种民族。少数民族居住的地方比汉族居住的地方面积要宽，那里蕴藏着的各种物质财富多得很。我们国民经济没有少数民族的经济是不行的。”（《毛泽东选集》5卷P213~214）

△ 中国科学院语言研究所、中央民族学院和新疆维吾尔自治区人民政府联合组成的新疆民族语言调查队历时1个多月，完成了调查工作。（《人民日报》1955.10.11.③）

△ 中共七届六次（扩大）会议通过《关于农业合作化问题》的决议，指出：“在多民

族杂居的地方，可以组织单一民族的合作社，或者民族联合的合作社。在纯牧业地区，如果有条件，也可以试办牧业生产合作社。”（《人民日报》1955.10.18.①②）

11~18日 河北省民委举行伊斯兰教教长座谈会，讨论第一个五年计划与回族人民的关系和增强民族团结等问题。（《河北日报》1955.11.4.①）

12~17日 广东省海南黎族苗族自治区首届二次会议举行。会议根据宪法规定，将自治区改为自治州。（《南方日报》1955.10.20.①）

13日 是日报道，西双版纳傣族自治州历史文物研究室搜集到11部傣族历史传说、历书和经典。（《云南日报》1955.10.13.③）

△ 新疆维吾尔自治区乌鲁木齐市新建的一座现代化兽医院开诊。（《新华社新闻稿》1955.10.16）

△ 云南省德宏傣族景颇族自治州建设3个亚热带经济作物国营农场。（《新华社新闻稿》1955.10.13）

15~18日 云南省耿马傣族佤族自治县首届人大一次会议举行，通过《耿马傣族佤族自治县暂行自治条例》。16日，耿马傣族佤族自治县成立。（《云南民族团结进步事业光辉历程（1949~2009）》P357、P78）

16日 内蒙古自治区大兴安岭林区的图里河至根河段森林铁路通车。（《人民日报》1955.11.3.②）

20日 西藏拉萨经日喀则至江孜段公路通车。（《人民日报》1955.10.21.①，《当代中国的西藏》下P116、569）

△ 是日报道，解放以来，广东省海南黎族苗族自治州兴办民族小学300多所。（《南方日报》1955.10.20.①）

21日 新疆维吾尔自治区党委批转自治区公安厅党组分组《关于进一步加强镇压反革命的指示》。《指示》要求，各级党委将镇压反革命列为今后相当时期内党的中心任务之一，切实加强领导，认真执行“谨慎从事，稳步前进”的方针，肃清一切暗藏的反革命分子。（《中国共产党新疆历史大事记（1949.10~1966.4）》上P126）

21~25日 新疆维吾尔自治区政协首届二次会议举行。会议讨论进一步巩固民族统一战线等工作任务。（《新华社新闻稿》1955.10.29）

22日~11月3日 中共云南省委举行地委、县委和区委书记会议。会议决定，在需要经过民主改革才能过渡到社会主义社会约有250万人口的边疆少数民族聚居区，应采用比内地更为缓和的方法，于1957年前有计划有准备地完成土改，并试办农业合作社，帮助他们共同过渡到社会主义。（《云南日报》1955.11.9.①）

25日 中央人民政府驻西藏代表张经武就西藏创办藏汉合璧的大型报纸一事请示国家主席毛泽东，并请题写报头。是日，毛泽东主席回复指出：“在少数民族地区办报，首先应办少数民族文字的报。”“西藏与青海不同，不要藏汉两文合版，要办藏文报。报纸用什么名字和怎样办好，应同西藏地方商量，由他们决定，我们不要包办。”（《当代中国的西藏》下P435）

26~31日 甘肃省民委召开少数民族农业地区各民族宗教界人士座谈会，讨论少数民族农业地区实行农业合作化的问题。（《新华社新闻稿》1955.11.2）

26日~11月3日 教育部和国家民委在北京举行牧区民族教育汇报会议，内蒙古、新疆、青海、甘肃、热河等省、自治区教育部门和民族事务部门的代表与会。（《中国教育年鉴（1949~1981）》P399）

27日~11月5日 中共内蒙古自治区委员会举行全体（扩大）会议，讨论内蒙古自治区的农业合作化问题。（《新华社新闻稿》

1955.11.10）

29日 中央皮肤性病研究所举办的第二期少数民族地区性病防治工作干部训练班结业。（《光明日报》1955.11.4.②）

30日 成吉思汗陵园在内蒙古自治区伊金霍洛胡痕鄂包山顶落成。（《人民日报》1955.11.3.③）

△ 新疆石油公司黑油山油田第一口深井出油。（《人民日报》1955.11.15.①）

31日 国务院批复青海省人委，同意都兰蒙族自治区、天峻藏族自治区改设为县。（《国务院公报》1955［20号］P1002）

是月 云南省德宏傣族景颇族自治区人民政府发出禁烟布告，号召各族人民禁种鸦片(罂粟)。（《德宏州志》综合卷P40）

△ 云南省迪庆地区开始执行国务院发布的《市镇粮食供应办法》，对非农业人口粮油实行按标准定量供应。（《迪庆藏族自治州志》P33）

△ 湖南省湘西苗族自治州花垣县气象站建立，湘西州开始气象观测与研究。（《湘西州志》上P61）

△ 甘肃省张家川回族自治区人大一届二次会议举行。根据宪法规定，将自治区改为自治县。（《甘肃日报》1955.11.21.①）

11月

1日 兰新铁路兰州至张掖的539公里通车。（《新华社新闻稿》1955.11.3，《中华人民共和国大事记（1949~1980）》P155）

△ 《广西省中越边境地方国营贸易进出口货物监管验放试行办法》开始执行。货物交接口岸有广西睦南、平而、水口，越南同登、平而、伏和。（《广西通志·大事记》P305）

△ 青海省柴达木盆地的茶卡至甘森公路通车，全长909公里。（《新华社新闻稿》1955.8.13，11.3）

4日 据报道，湖南省人委和湘西苗族自治州人委拨出寒衣救济款1万元，按照当地苗族人民的风俗习惯和服装样式制成棉衣，发给贫苦苗族农民。（《新华社新闻稿》1955.11.5）

5日 贵州省贵定专区罗甸布依族自治区改称自治县。（《黔南布依族苗族自治州志》上P51）

△ 内蒙古自治区有185个努图克建立农业技术推广站，专业干部1270多名。（《内蒙古日报》1955.11.5.①）

△ 据统计，云南省已建立1.2万个单一少数民族组成的和多民族联合组成的农业生产合作社，入社的各族农民达30万户。（《新华社新闻稿》1955.11.5）

6日 内蒙古自治区阴山南麓引进吐鲁番葡萄试种成功。（《新华社新闻稿》1955.11.7）

△ 广西省桂林至青龙界、金城江至洛阳墟的2条公路先后修通。（《新华社新闻稿》1955.11.19）

9日 国务院批复四川省藏族自治区改称自治州，自1956年1月1日起实施。（《阿坝州志》上P40）

△ 国务院批复同意四川省甘孜藏族自治州泸定县划属四川省雅安专区，1956年10月复归甘孜州。（《甘孜州志》上P49）

△ 青海省海南藏族自治州共和县汉、回、藏、蒙古、土、撒拉等民族农民，共同修建的“团结生产渠”建成放水，渠长达60公里。（《新华社新闻稿》1955.11.10）

9~13日 四川省甘孜藏族自治州色达县各族各界人民代表会议举行，正式成立县人民政府。甘孜州完成最后一个县级政权的建设。（《甘孜州志》上P49）

10日 四川省藏族自治区成都至阿坝公路全线通车，全长506公里。（《阿坝州志》上P40）

△ 据报道，广西省桂西壮族自治区林区

已建有160多个林业生产合作社。（《新华社新闻稿》1955.11.10）

11日 广西省桂西壮族自治区人民政府将《壮族文字方案（草案）》报请广西省人民委员会并国务院批准。（《广西通志·大事记》P305）

12日 中共云南省西边工委提出关于西双版纳傣族自治州和平协商土改的8条意见。（《西双版纳傣族自治州志》上P38）

14日 西藏江孜至帕里段公路修通，全长150多公里。（《人民日报》1955.10.9.①，《新华社新闻稿》1955.11.17）

14~17日 河北省民委举行蒙古族代表座谈会，讨论第一个五年计划与蒙古族人民的关系等问题。（《河北日报》1955.11.24.③）

17日 据统计，湖南省湘西苗族自治州新建674个农业生产合作社，全州共有合作社1050个。（《新华社新闻稿》1955.11.17）

18日 国务院批复甘肃省人委，同意改西海固回族自治区为固原回族自治州。（《国务院公报》1955［22号］P1060）

19日 云南省人委第七次会议通过《云南省德宏傣族景颇族自治区和平协商改革条例（草案）》，并决定报请全国人大常委会批准。（《云南日报》1955.11.22.①）

21日 国务院批复新疆维吾尔自治区人民委员会，同意成立阿克陶县，将原属塔什库尔干塔吉克族自治县的第二、四2个区计7个乡，英吉沙县的第六、七、八3个区计19个乡，疏附县塔什米里克区的第八乡、沙衣瓦克区的第五乡、乌帕尔区的第十乡，及乌恰县第三区的第六、七2个乡，共31个乡，划归阿克陶县领导，阿克陶县人民委员会设在由英吉沙县划来的阿克陶；撤销喀什专署，将疏附、疏勒、伽师、岳普湖、巴楚、英吉沙6个县和塔什库尔干塔吉克族自治县改由南疆行政公署领导。（《国务院公报》1955［21号］P1041）

22日 据报道，甘肃省东乡族自治县是年新建小学5所，其中1所是第一次建立的东乡族女子小学。截至目前，自治县有小学28所，东乡族学生1300多名，比解放前增长10倍。自治县还成立了1所东乡族师范学校和1所干部业余学校。（《新华社新闻稿》1955.11.23）

22~25日 湖南省江华县首届人大三次会议举行，成立江华瑶族自治县。（《新华社新闻稿》1955.11.28）

24日 国家主席毛泽东致信全国政协副主席班禅额尔德尼·确吉坚赞：“你在1955年8月13日给我的信收到了，很感谢！你们那里工作有进步，听了很高兴。希望你们和拉萨方面的团结日益增进和巩固，希望整个西藏一年一年地兴旺起来。”（《毛泽东书信选集》P504）

△ 中央新闻纪录电影制片厂关于青海省第一个藏族女拖拉机手才洛吉的工作情况新闻纪录片拍竣。（《新华社新闻稿》1955.11.25）

24~30日 河北省孟村回族自治县人大一届二次会议举行，选举成立自治县人委。（《河北日报》1955.12.13.③）

25日 新疆维吾尔自治区党委常委会议召开，传达全国人大常委会委员长刘少奇、国务院总理周恩来对新疆工作的指示：安置2万名复员军人参加生产，在新疆安家；在民族宗教事务处的领导下办一个宗教学校，培养具有爱国主义思想的阿訇；集中力量办好农业生产合作社，逐步消灭农村中资本主义剥削制度，发展社会主义农业经济；不要急于对畜牧业实行社会主义改造，目前对牧主还是执行不斗、不分、不划分阶级的政策；加强干部的团结，特别是加强汉族干部和少数民族干部的团结。（《中国共产党新疆历史大事记（1949.10~1966.4）》上P127~128）

△ 据报道，新疆维吾尔自治区在伊犁哈萨克族自治州、克孜勒苏柯尔克孜族自治州和巴音郭楞蒙古族自治州等地勘查40多万公顷

草原，可增放40多万只绵羊。（《新华社新闻稿》1955.11.25）

△ 青海南部牧区西果公路的花石峡至果洛州人委会所在地吉迈段正式通车，全长203公里。（《新华社新闻稿》1955.11.30）

25日~12月2日 内蒙古自治区民委召开喇嘛界代表座谈会，座谈宗教政策执行情况和佛协成立2年来的工作。（《内蒙古日报》1955.12.9.④）

26日 内蒙古自治区鄂伦春自治旗成立以来，共培养本民族干部35名，自治旗旗长和各努图克达（区长）均为鄂伦春族干部。（《新华社新闻稿》1955.11.27）

26日~12月2日 甘肃省西海固回族自治区人大一届一次会议举行。会议通过了西海固回族自治区改为固原回族自治州的决议。（《甘肃日报》1955.12.6.①）

28日 据报道，内蒙古自治区大兴安岭世世代代以游猎为生的鄂伦春族猎民部分在3个新村定居生活。（《新华社新闻稿》1955.11.28）

△ 国家主席毛泽东在写给全国人大常委会委员长刘少奇、国务院总理周恩来、副总理邓小平、副总理李先念、统战部部长李维汉同志的信中说："和张国华谈了一次，他提出对西藏贸易每年赔钱1800万至2000万元以求降低物价的计划，我认为很值得注意，拟应实行他这个计划。""西藏不能和新疆、内蒙相比，那是一个很特殊的地方，要用特殊的办法解决。而目前行得通的办法，就是经济上长期补贴办法。"（《中国共产党西藏历史大事记（1949~2004）》P87）

28日~12月6日 四川省首届人大三次会议举行，讨论通过了撤销原凉山临时军政委员会。会议根据国务院11月9日的批复，通过了原西康省康定藏族自治州改为四川省甘孜藏族自治州和原四川省藏族自治区改为四川省阿坝藏族自治州的决议。会议还讨论通过了调整甘孜藏族自治州和凉山彝族自治州的行政区划，以及是年冬至1956年春在甘孜、阿坝和凉山地区实行土地改革的决议。（《四川日报》1955.11.30.①②）

29日 新疆维吾尔自治区的收音站已从1950年的7个发展到206个。（《新华社新闻稿》1955.11.30）

30日 广西省委在省民委《关于大苗山少数民族地区互助合作发展情况的报告》中批示：少数民族合作化高潮掀起，要热情领导，但要注意少数民族特点，贯彻执行民族政策，尊重民族的生产生活风俗习惯，在利于民族团结和资源互利的原则上组织起来，共同走向社会主义道路。（《广西通志·大事记》P305）

是月 四川省西昌专署卫生科成立西昌首个血吸虫病防治组。（《凉山彝族自治州志》上P48）

△ 云南省红河哈尼族自治区划为民族贸易区，享受自有资金、利润留成、价格补贴、低息贷款、减免税收、特供商品及保护价格等政策照顾。（《红河哈尼族彝族自治州志》1卷P71）

12月

1日 国务院批复甘肃省人委，同意盐池县划归吴忠回族自治州领导。（《国务院公报》1955［22号］P1061）

2日 教育部函复广西省教育厅：今后各级学校招生规定报考年龄时，对少数民族学生报考年龄一般应比照当地规定放宽2~3岁。（《广西通志·大事记》P305）

2~7日 河北省大厂回族自治县首届人大一次会议举行，选举成立大厂回族自治县人民政府。（《河北日报》1955.12.16.①）

3日 中共中央指示西藏工委更广泛地开展统战工作。指示指出，自1954年达赖、班禅来北京出席全国人大会议以及川藏、青藏公路通车后，西藏形势发生重大的有利的变化。

在这种新的情况下，我们应该更积极地开展工作，特别是应该更广泛更放手地开展统一战线工作，以巩固既得成绩，进一步肃清帝国主义和国民党的影响，孤立反动分子，为建立西藏和逐步开展群众工作创造条件。（《中共西藏党史大事记（1949~1966）》P55）

4日 甘孜藏族自治州文化艺术研究会初步整理完成藏族民间说唱诗——《茶和盐的故事》，另完成一部包括100首左右诗歌的《藏族民间诗歌选》初稿。（《四川日报》1955.12.4.①）

6日 中央民族学院与中国科学院联合召开"民族语言科学讨论会"，研究如何帮助少数民族创制、改进、改革文字，这是我国民族语文工作史上首次科学讨论会。年内，中央民族学院、中科院语言研究所与民族地区有关单位共同组成蒙古语言和方言调查队、新疆民族语言调查队，赴有关地区调查民族语言。此外，中央民族学院派人员参加壮语、苗语和民族地区部分民族语言的调查以及新彝文的实验工作。（《中央民族大学五十年》P176）

△ 1952年以来，中国人民解放军西藏军区干部学校社会教育班，培养各阶层藏族青年干部300多名，其中有70多名被送到中央民族学院和西北民族学院继续深造。（《新华社新闻稿》1955.12.7）

6~8日 甘肃省固原回族自治州政协委员会一届一次会议举行。会议听取和通过了地委第一书记刘震寰作《关于甘肃省西海固回族自治区各界人民代表会议协商委员会，自成立后两年来的工作及今后任务》的报告。会议选举出州政协主席和副主席。（《中共宁夏党史大事记（1925.8~1988.6）》P193）

6~13日 文化部在北京举行各省文化局长会议，讨论发展少数民族地区的文化事业问题。会议认为，必须全面规划少数民族地区的文化艺术工作，加强用少数民族语言摄制、译制影片和少数民族语文出版书刊的工作。（《人民日报》1955.12.14.①）

7日 四川省藏族自治区草地北部唯一大河——白河试航木船成功。（《新华社新闻稿》1955.12.8）

8日 据报道，贵州省炉山苗族自治县建有64个民族联合的农业生产合作社。（《新华社新闻稿》1955.12.8）

9日 是日报道，广东省设有少数民族小学588所，黎、瑶、苗、壮、回等民族学生达4万多名。（《光明日报》1955.12.9.③）

10日 广西省壮文方案（草案）公布。新壮文以桂西壮族自治区北部方言为基础，以武鸣话为标准音。新壮文是一种拼音文字，共29个字母。（《新华社新闻稿》1955.12.13）

10~17日 中共内蒙古自治区委员会（扩大）会议在呼和浩特举行。会议讨论通过1956年、1957年2年内对资本主义工商业和手工业进行社会主义改造的规划。（《新华半月刊》1956.2 P186）

△ 据统计，内蒙古自治区新建1万多个农业生产合作社，连同原有的6994个社，入社农户已达56.86万多户，占总农户的50%。（《新华社新闻稿》1955.12.19）

11日 四川省阿坝藏族自治州农业地区，自1954年冬至1955年9月，首批发展的汉、羌、藏等民族的农民党员达200多名。（《新华社新闻稿》1955.12.12）

△ 据统计，新疆维吾尔自治区已建成2081个农业合作社，入社农民达5.2万多户。（《人民日报》1955.12.11.②）

12日 是日报道，1951年以来，中央民族学院陆续开办藏、蒙古、维吾尔、哈萨克、彝、壮、布依、苗、瑶、侗、傣、纳西、傈僳、景颇、景颇、佤、拉祜17种语言的班次，先后组织32个实习组到广西、贵州、四川、云南、新疆、湖南、西藏等地区实习调查少数民族语言文字。（《人民日报》1955.12.12.③）

△ 广东省海南岛白莲糖厂建成投产。（《新华社新闻稿》1955.12.12）

△ 新华社电称，四川省藏族自治区境内已有长达9100多公里的邮路和13个邮局。（《新华社新闻稿》1955.12.12）

12～16日 广西省都安瑶族自治县首届人大一次会议举行，选举成立都安瑶族自治县人民政府。（《广西日报》1955.12.18.①）

14日 四川省凉山彝族自治州发生叛乱并蔓延到全州，1957年10月底基本平息。（《凉山彝族自治州志》上P48）

△ 内蒙古民间艺人训练班在呼和浩特开学，20多名蒙古族民间艺人参加。（《新华社新闻稿》1955.12.20）

16日 全国人大常委会副委员长宋庆龄结束在云南省民族地区的视察工作返回北京。（《新华社新闻稿》1955.12.17）

△ 云南省在德宏傣族景颇族自治区和西双版纳傣族自治州及保山等9个专区勘测160万亩生荒地。（《新华社新闻稿》1955.12.16）

△ 新疆维吾尔自治区勘测1000多万亩可利用的荒地。（《新华社新闻稿》1955.12.16）

△ 新疆维吾尔自治区党委指示，各地做好试划资本家成分工作，确定自治区的划分标准是：私营工商业者雇用工人4人或店员2人，工业资本额达6000元，商业资本额达4000元者，可划为资本家。21日至29日，自治区党委扩大会议举行，讨论对私营工商业的社会主义改造问题。会议指出，新疆在私营工商业改造方面已取得初步成绩。截至是年底，国家加工订货产品已占到私营工业总产值的44.5%，公私合营工业产值已占私营工业总产值的29.33%，两者相加共占私营工业总产值的73.9%。会议要求，充分注意新疆地区特殊情况和私营工商业的特点，加强对私营工商业的改造工作。目前，新疆私营工商业者共有8.93万户。其中，雇用工人4人或店员2人以上，工业资本额达到6000元，商业资本额达到4000元，可划为资本主义工商业者仅有2027户，占私营工商业总户数的2.27%；资本家4054人，占私营工商业者总人数的4.44%。属于小工商业者8.72万户，占私营工商业总户数的97.73%。根据这种大、中户少，小户居多，劳资关系不显著，以及从业人员80%以上是少数民族的特殊情况，会议决定：在改造上，新疆不称“对资本主义工商业的社会主义改造”，而称“对私营工商业的社会主义改造”，把私营工商业改造与农业合作化结合起来，互相支援，协同前进；在改造中增强民族团结，提高各族人民的社会主义觉悟。（《中国共产党新疆历史大事记（1949.10~1966.4）》上P128~129）

17日 新疆维吾尔自治区第一个体育馆在乌鲁木齐建成开放。（《人民日报》1955.12.19.②）

△ 西藏地区首届卫生行政工作会议举行。会议提出，要有计划、有重点地稳步发展西藏地区的卫生事业，培养民族卫生干部，团结藏医，加强卫生宣传教育的方针。（《当代中国的西藏》下P461）

19日 中国历史上第一支青藏煤田勘测队赴藏。（《新华社新闻稿》1955.12.23）

20日 国务院批复内蒙古自治区人民政府，同意将自治区与和县杨合洼村所属的田家窑自然村划归河北省尚义县领导。（《国务院公报》1955［9号］P352）

20～27日 吉林省延边朝鲜民族自治区人大一届二次会议举行，决定将延边朝鲜民族自治区改为延边朝鲜族自治州。（《新华社新闻稿》1956.1.6，《延边朝鲜族自治州志》P65、426）

21日 国务院第21次全体会议通过了《关于更改相当于区的民族自治区的指示》、《关于建立民族乡若干问题的指示》和《关于改变地方民族民主联合政府的指示》。29日，以上指示经周恩来总理命令公布施行，1956年1月4日发表。（《人民日报》1956.1.5.③；《新华社新闻稿》1955.12.22，1956.1.5）

22日 广西省教育厅发出《贯彻执行教育部〈关于在中小学和各级师范学校大力推广普通话的指示〉的通知》，对中小学和师范学校语文教师的培训问题及民族地区、民族学校的推广普通话要求作出具体规定。（《广西通志·大事记》P306）

23~28日 青海省民委第一次全体（扩大）会议举行。会议讨论通过省委副书记冀春光等作的关于工作任务、文教卫生、民族贸易等报告，总结牧区的互助合作、培养干部、文教、贸易和宗教信仰等工作。省委书记高峰到会作了报告。（《青海日报》1955.12.25.①，1956.1.10.①）

24日 国务院批复新疆维吾尔自治区人民政府，同意暂不成立莎车市。（《国务院公报》1955［9号］P353）

25日 云南省西双版纳傣族自治州版纳景洪各族人民代表会议通过关于土改试点工作的决议。（《西双版纳傣族自治州志》上P38）

△ 据报道，甘肃省吴忠回族自治州基本实现农业合作化。全州回族合作社352个，回、汉民族联社204个。（《新华社新闻稿》1955.12.26）

26日 国务院内务部通知，贵州省炉山县苗族自治区改称炉山苗族自治县，台江县苗族自治区改称台江苗族自治县，雷山县苗族自治区改称雷山苗族自治县。（《黔东南苗族侗族自治州志·总述·大事记》P118）

△ 国务院批准撤销新疆维吾尔自治区伊犁专署，将所属各县划归伊犁哈萨克自治州领导，喀什专署也在同年11月经国务院批准后撤销。喀什专署所辖6个县和1个自治县改由南疆行政公署直接领导，同时新设立阿克陶县。（《中国共产党新疆历史大事记（1949.10~1966.4）》上P130）

28~31日 四川省阿坝藏族自治州首届人大一次会议举行。根据宪法规定，将自治区改为自治州。（《人民日报》1956.1.8.③）

29日 西藏地区北部发现一个蕴藏量达1000万吨的天然硼砂湖。（《新华社新闻稿》1955.12.30）

29~30日 云南省怒江傈僳族自治区人民政府召开傈僳族文字研究委员扩大会议，就创造新傈僳文字、傈僳族语音地区的确定等问题进行了统一。（《怒江傈僳族自治州志》上P24）

30日 四川省凉山彝族自治州西昌地区在全区农村开展扫盲运动。（《凉山彝族自治州志》上P48）

30日~1956年1月3日 新疆维吾尔自治区党委扩大会议举行。会议通过自治区党委第三书记赛福鼎·艾则孜《关于加速发展农业合作化与农牧业生产问题》的报告。报告指出，新疆地区农业合作化运动高潮掀起，要求各地注意民族特点，采取有效措施，推广办社经验，克服保守思想，积极主动为加速新疆地区的农业合作化和农牧业生产的大发展而奋斗。（《中国共产党新疆历史大事记（1949.10~1966.4）》上P130）

31日 据统计，全国少数民族小学2.71万多所，民族小学生246万多名；专设的民族中学和师范学校281所，学生19.3万多名。（《人民日报》1956.6.8.③）

△ 湘西苗族自治州第一个剧院——吉首剧院建成。（《人民日报》1956.1.19.③）

△ 据《青海日报》报道，青海省刚察县建立一所定居的民族小学。（《海北藏族自治州志》上P47）

△ 据报道，青海省化隆回族自治县建有156个民族联社。（《青海日报》1955.12.31.①）

是月 内蒙古自治区建成日处理甜菜1万吨、年产糖2万吨的大型糖厂——包头糖厂。（《内蒙古自治区史》P142）

△ 为满足酒泉钢铁厂、包头钢铁厂的用煤需求，国家煤炭工业部决定建设以宁夏省石嘴山为中心的贺兰山北段煤炭基地，由西北煤炭管理局实施，石嘴山市大规模的现代化煤炭工业建设揭开序幕。（《当代宁夏史通鉴》P20、267）

△ 四川省首届人大三次会议通过在甘孜藏族自治州实行民主改革的决议。（《甘孜州志》上P49）

△ 云南省楚雄专区姚安县收音站首次利用电话线开办对农村广播。（《楚雄彝族自治州志》1卷P195）

△ 中共新疆维吾尔自治区巴音郭楞蒙古自治州委员会成立。（《巴音郭楞蒙古自治州志》下P1477、2177）

是年 内蒙古自治区76万公顷农田遭旱灾，其中成灾33万公顷。（《内蒙古自然灾害通志》P255）

△ 我国第一部苗族故事片——《山间铃响马帮来》由上海电影制片厂摄制完成。（《云南日报》1988.6.4.④）

△ 自1952年以来，湖北省恩施地区开展农业合作化运动，全区办起14万个合作社，入社农户占农村总户数的68%。（《恩施州志》P12）

△ 三化螟在广西省各地大发生，郁林农业试验站用6%的六六六100倍至500倍液泼秧，秧田水深0.5厘米，杀虫效果达87.6%~99.4%，药效可维持17~24天。此项试验在全国属首创。（《广西通志·大事记》P306）

△ 广西省文物考古委员会在北流县征集到101号罕见大铜鼓，原存北流县大清河边水埇庵，面径165厘米，足残，是世界现存最大的一面铜鼓。（《广西通志·大事记》P306）

△ 经国务院批准，四川省万县谋道区划入湖北省恩施地区利川县。（《恩施州志》P13）

△ 贵州省兴义专区有互助组30504个，合作社546个，参加互助合作的农户251599户，占总农户的73.4%。（《黔西南布依族苗族自治州志·政权政协志》P17）

△ 云南省文山专区有初级农业生产合作社2666个，入社农户65625户，占总农户的24.57%；互助组20982个，参加农户150951户，占56.53%；个体户50473户，占18.9%。（《文山壮族苗族自治州志》1卷P42）

△ 云南省德宏傣族景颇族自治州有卫生机构17个，医务人员322名。其中，民族医院2所，卫生院2所，区级卫生机构5个，妇幼保健站3个，疟防站、防疫站各1个。（《德宏州志》综合卷P40）

△ 云南省怒江傈僳族自治州贯彻《全国农业发展纲要》，把卫生工作重点移向边疆农村。州、县组织医疗队，向傈僳族、怒族、独龙族群众宣传卫生知识，动员群众修建厕所和积肥坑，改变人畜同居现象，农村卫生面貌逐渐改观。（《怒江傈僳族自治州志》上P861~862）

△ 中央和云南省派出专家对双江县钩端螺旋体病进行调查，从病人血液中培养钩端螺旋体病原，确认是国内首次发现该病源体及发源地。（《双江拉祜族佤族布朗族傣族自治县志》P23）

△ 云南省首届少数民族传统体育运动会在大理举行。（《云南民族团结进步事业光辉历程（1949~2009）》P45）

△ 甘肃省甘南藏族自治州碌曲、玛曲县委和县人民政府成立。（《甘南藏族自治州概况》P257）

△ 甘肃省肃南裕固族自治区第一个裕固族牧业互助组——安立邦互助组成立。（《肃南裕固族自治县志》P421）

△ 甘肃省酒泉运输公司开通肃南裕固族自治县城第一辆汽车。（《肃南裕固族自治县志》P421）

△ 青海省西宁至海南藏族自治州贵德县河阴镇的宁贵公路修通，全程120公里。（《海南州志》P29）

二、社会主义建设时期
(1956~1965)

1956年

1月

1日 国务院根据1955年7月30日全国人大一届二次会议决议，决定撤销热河省建制，将原属热河省管辖的赤峰县、宁城县、乌丹县和翁牛特旗、喀喇沁旗、敖汉旗划归内蒙古自治区昭乌达盟。（《内蒙古自治区史》P135）

△ 四川省西昌专区越嶲县和乐山专区雷波、峨边、马边3县划属凉山彝族自治州，峨边、马边2县由乐山代管。（《凉山彝族自治州志》上 P48）

3日 新华社报道，云南省德宏傣族景颇族自治区采用和平协商方式，基本完成25万人口地区的土改，10.1万多名无地、缺地的农民分到总产量可达8900多万斤的土地。（《新华社新闻稿》1956.1.3）

4日 中蒙苏3国政府发布联合公报，宣布从蒙古国的乌兰巴托到中国集宁的国际联运铁路正式通车，并在3国之间开始铁路联运。（《新华社新闻稿》1956.1.5，《中华人民共和国大事记（1949～1980）》P156）

6日 中共云南省委转报省委边委关于边疆民族工作的意见（即省委边委书记孙雨亭1955年10月在地、县、区干部会议上关于边疆民族工作的发言，中央于3月批复同意）。意见中提出，阶级分化不明显的落后地区，不可能在原始经济基础上直接过渡到社会主义。必须通过政府大力帮助，加强团结生产以及和生产有关的各项工作，逐步进行一些必要改革，积极创造直接过渡的前提和基础。（《怒江傈僳族自治州志》上 P24）

△ 青海省柴达木盆地第一座自来水厂建成。（《人民日报》1956.1.6.②）

7日 国务院批复新疆维吾尔自治区人民委员会，同意喀什市第六区（全区共8个乡）的一、二、三、七的4个乡9个村和四乡的全部及第七区（全区共5个乡）的一、四的2个乡的全部和二、三的2个乡6个村留作喀什市的郊区，喀什市第六、七的2个区其余乡、村均划归疏附县领导。撤销内务部《同意将新疆省喀什市第六、七的2个区划归疏附县领导》原案。（《国务院公报》1956［3号］ P71）

10日 河北省大厂回族自治县实现完全社会主义性质的农业合作化。全县203个初级社合并为14个高级社，加入高级社的农户约占总农户的95%以上。（《河北日报》1956.1.13.①）

13日 中共甘肃省银川地委发出《关于对私营商业进行社会主义改造的指示》，要求加强对私营商业进行社会主义改造工作的组织领导。此后，对资本主义工商业的改造工作在银川地区全面展开。（《中共宁夏党史大事记（1925.8～1988.6）》P194）

14日 新疆维吾尔自治区党委作出《关于对私营商业进行社会主义改造的全面规

划》。截至1955年底，公私合营总产值为1950年的38.4倍，国家加工订货数量占私营工业总产值的44.57%，私营商业中10%的商业额转为经销代销。乌鲁木齐、喀什、伊宁等城市的粮、棉、肉、菜等行业基本实行全行业经销代销。农村小商贩的社会主义改造，据20余县不完全统计，代购、代销、经销与组织起来的人员约为农村私营从业人员的5%左右。经营新疆与内地往来货物的400余户行商，有300余户转为零售服务业或区内城镇、城乡之间的贩运商，或已与国家建立批购关系。《规划》根据中央对私商改造的要求，结合新疆私营商业大、中户少，小户居多，劳资关系不显著，兼营者多，季节流动性大，资金短缺及经营分散等特点，对私商改造作出全面规划和具体安排。23日，乌鲁木齐市私营工商业者和职工代表1000余人集会，庆祝批准全市私营工商业全行业公私合营。（《中国共产党新疆历史大事记（1949.10～1966.4）》上P131～132）

△ 中科院古脊椎动物研究所野外调查队在广西省来宾县城西15公里桥巩圩北面麒麟山盖头洞发现1具人类头骨的颅底部化石，1959年鉴定为新人阶段的男性老年个体，没有明显的原始性质，生存年代为旧石器时代晚期，定名为"麒麟山人"。伴生的动物化石有鹿牙、猪牙、肢骨碎片以及双壳类、腹足类和部分打制石器。（《广西通志·大事记》P307）

14～20日 中共中央召开关于知识分子问题的会议。国务院总理周恩来作《关于知识分子问题的报告》，报告首次提出我国知识分子绝大多数已经是劳动人民知识分子的观点。20日，国家主席毛泽东到会讲话。（《新华社新闻稿》1956.1.30）

15日 据统计，内蒙古自治区基本实现半社会主义的农业合作化。有各种类型的新老合作社26950多个，入社农户102.79万多户，占全区总农户的75%以上。有各民族联社数千个，农牧结合的合作社数百个。（《内蒙古日报》1956.1.15.①）

16日～2月3日 中共西藏地区代表会议举行。会议听取和讨论通过西藏工委第一副书记张国华关于4年来党在西藏地区的工作总结和1956年工作任务的报告，选出西藏地区出席中共"八大"的代表团。（《新华半月刊》1956.5 P220，《中共西藏党史大事记（1949～1966）》P56）

18日 据《广西日报》报道，广西省初级农业生产合作社增至7.3万个，入社农户占省总农户86.21%，其中平乐专区入社农户99%、宜山专区95%。（《广西通志·大事记》P307）

20日 云南省建立第一个彝、汉民族联合组成的高级农业生产合作社——团结农业生产合作社。（《新华社新闻稿》1956.1.25）

21日 广西省柳州市万人集会游行，庆祝全市27个工商行业实现公私合营。22日，南宁市10个工商行业实现公私合营，61个手工业行业实现合作化。（《广西通志·大事记》P307）

23日 中共甘肃省固原地委发出《对私营工商业、运输业改造工作的指示》。4月20日，对私营工商业的改造工作基本结束。经调查，固原回族自治州共有私营商业1817户，从业人员2417人，资金43.55万元；私营手工业2045户，从业人员8175人，资金47.48万元。（《中共宁夏党史大事记（1925.8～1988.6）》P195）

24日 新华社报道，甘肃省回族聚居地区基本实现半社会主义性质的农业生产合作化。临夏专区、吴忠回族自治州和张家川、泾源等回族自治县入社农户已占总农户的80%以上。（《新华社新闻稿》1956.1.24）

△ 新疆维吾尔自治区乌鲁木齐市举行大会，宣布批准44个私营工商业行业全行业实行公私合营。同时成立各行业公私合营工作委

员会。（《新华社新闻稿》1956.1.24）

△ 内蒙古自治区呼伦贝尔草原第一个文化馆成立。（《新华社新闻稿》1956.1.25）

25日 中共贵州省兴义地委宣布“全地区基本完成农业初级合作化”。全地区建初级社5839个，入社农户278070户，占总农户的75%，并建成高级社44个。（《黔西南布依族苗族自治州志·党派群团志》P16）

26日 新疆维吾尔自治区南疆地区首次民间歌舞汇演历时11天结束。100多名维吾尔、柯尔克孜、塔吉克等民族民间艺人、业余文工团员共演出240多个节目。（《新华社新闻稿》1956.1.27）

27日 吉林省延边朝鲜族自治州各民族农民加入完全社会主义性质的农业合作社的农户占农户总数的82%以上，成为我国第一个基本实现社会主义农业合作化的民族自治地区。（《新华社新闻稿》1956.1.27）

28日 内蒙古自治区高级农业生产合作社发展到2400个，入社农户25.59万多户，占全区农户总数的19.5%。（《新华社新闻稿》1956.1.28）

是月 广西省环江县出现罕见阴冷天气，冻死牛1.2万头。（《环江毛南族自治县志》P16）

△ 以依旺为团长的越南劳动党民族工作考察团到广西省桂林、龙胜、柳州、大苗山和南宁进行为期近1个月的参观考察。（《广西通志·大事记》P308）

△ 贵州省镇远专区施秉县大桥乡试办专区第一个高级农业生产合作社。至年底，全专区3556个初级农业生产合作社，分3批转变组合成2050个高级农业生产合作社，参加农户181470户。（《黔东南苗族侗族自治州志·总述·大事记》P120）

△ 青海省海南藏族自治州初级农业生产合作社开始转为高级社，至1957年全州有高级社167个、初级社29个，入社农户占总农户的94.10%。同时，兴海县河卡、共和县切吉、贵南县常牧、同德县年乃亥等地开始试办牧业生产合作社，到年底共建立牧业生产合作社13个，入社牧户占总牧户的3.08%。（《海南州志》P29）

△ 青海省果洛藏族自治州口蹄疫病流行，死亡牲畜1.3万头（只、匹）。（《果洛藏族自治州志》上P29）

2月

1日 据《新疆日报》报道，截至1月底，新疆维吾尔自治区乌鲁木齐市郊19个初级农业生产合作社和蔬菜生产合作社已转为高级社。除地主、富农外，加入高级社的农户已占郊区总农户数的95.5%。（《中国共产党新疆历史大事记（1949.10～1966.4）》上P132）

2日 新疆维吾尔自治区乌鲁木齐市举行大会，宣布批准28个手工业组转社，24个社、组成立。至此全市手工业实现合作化。（《新华社新闻稿》1956.2.3）

2～9日 彝族聚居的大、小凉山地区合并成立四川省凉山彝族自治州。通过了《关于四川省凉山彝族自治州民主改革实施办法》等决议。（《人民日报》1956.2.19.③）

3日 中国科学院侗族语言调查南路小组到贵州省镇远专区黎平县，进行为期1个月的侗语方言调查。（《黔东南苗族侗族自治州志·总述·大事记》P120）

△ 《人民日报》发表社论《加速完成创立少数民族文字的工作》。文章强调创立、改进和改革各民族的文字既是一件严肃的政治任务，也是一件细致的科学工作。在开展工作和加快速度的同时，必须保证工作的质量。为了达到这个目的，必须加强领导，统一步调。每个民族语文工作者必须有全局观点，服从统一的规定，竭尽自己的力量，以达到各项工作的要求。领导机关要负责加强各地工作的联系与

合作。各个语文工作队都要随时总结经验，学习苏联先进经验和语言科学理论，改进工作方法，提高工作效率。有经验的科学家应该耐心地培养青年科学工作者，使新生力量不断地成长起来。语言的调查研究，文字的教学，编译出版工作等方面的力量应该相互配合起来。各级负责民族事务、教育、文化等项工作的领导机关都必须把这一工作列入本单位的工作计划，分担一定的责任。地方党委要加强对当地民族文字工作的领导；各个有关机构要十分重视并且配备适当的力量，使这一工作能够更顺利地进行，使我国各民族文化迅速地发展起来。（《人民日报》1956.2.3.①）

4日 云南省人委和省农民协会拨款113万元，为德宏傣族景颇族自治区和澜沧拉祜族自治区江城哈尼族彝族自治县及河口、双江、镇康等民族地区的农民添购耕牛和农具。（《新华社新闻稿》1956.2.5）

△ 国家“一五”计划基建项目——广西省贵县糖厂正式投产。该厂为广西省兴建的第一家日榨甘蔗1500吨的碳酸法大型糖厂，有职工近2000人，产糖1.19万吨，产值1463.21万元。（《广西通志·大事记》P308）

10日 全国人大常委会副委员长达赖·丹增嘉措邀请西藏军区司令员张国华、政委谭冠三、副政委金绍山等在拉萨观看藏传佛教仪式活动——“跳神”。（《人民日报》1956.2.12.③）

12日 国家主席毛泽东向以国务院副总理陈毅为团长的中央赴藏代表团交代注意事项。毛泽东说：“并非只有中国重视西藏，西藏的问题会引起全世界的注视。西藏只有改革才有前途，但可以有别于内地的做法，采取赎买的办法。此次赴藏应该把中央坚持改革、民族团结的政策带去，处处说通道理，做好事，不强加于人。”在谈到达赖喇嘛想出访印度时，毛泽东说：“达赖喇嘛是西藏的一位宗教领袖，也是国家领导工作人员，他的行动是自由的，可以让他明年去印度。”（《中国共产党西藏历史大事记（1949~2004）》P89~90）

△ 在北京的藏族人士向国家主席毛泽东、全国人大常委会委员长刘少奇、国务院总理周恩来等党和国家领导人庆贺藏历新年，毛泽东主席同前来贺年的拉敏·益西楚臣、欧协·土登桑却等进行亲切交谈。（《人民日报》1956.2.13.①）

14日 新疆维吾尔自治区伊犁苏联红十字医院移交中国，改称伊犁哈萨克自治州友谊医院。（《伊犁哈萨克自治州志》P47）

15日 四川省甘孜藏族自治州封建农奴主阶级和寺庙宗教上层中少数顽固分子，打着“民族、宗教”的旗号，蒙蔽一部分群众，在西藏少数反动上层和国民党残余分子的策动下，发动反对民主改革的武装叛乱。色达县首先发生叛乱，至3月底，叛乱波及18个县。叛乱武装达1.5万人、枪8000余支，他们攻打党政机关，烧毁学校、医院，破坏交通，拦路抢劫，伏击解放军，残害农牧民积极分子，杀害工作队干部，被惨杀的各族干部达250人。4月16日，甘孜州人委就平息武装叛乱问题发出布告：号召全州各族人民迅速行动起来，帮助中国人民解放军反对和制止叛乱，并尽快恢复和发展生产。（《甘孜州志》上P49~50）

17日 据统计，几年来，中央拨给广西省的少数民族教育补助费共347.88万多元。广西省民族地区的中等学校已发展到92所（其中专设的民族中学77所），学生4.85万名；小学发展到1.38万所，学生96.5万多名。还成立了广西省民族学院，有学生553名。（《光明日报》1956.2.17.③）

△ 内蒙古自治区平地泉行政区访问少数民族工作团结束访问活动。其间，访问团传达了党和政府对少数民族人民的关怀，深入宣传贯彻民族政策，并听取了各族人民的反映和要

求。（《内蒙古日报》1956.2.17.①）

△ 是日报道，广西省实现完全社会主义性质的农业合作化。全省建立1万多个高级社，入社农户3408754户，占全省总农户的91.88%。（《广西日报》1956.2.17.①）

18日 国务院通知："为了增进各民族间的团结，今后各级国家机关、学校、企业、各民主党派、各人民团体，在各种文件、著作和报纸、刊物中，除了引用历史文献不便改动外，一律不要用'满清'这个名称。"（《人民日报》1956.9.5.④）

19日 连接黔桂公路的贵州省独山专区独山至平塘公路正式通车。（《黔南布依族苗族自治州志》上P51）

20日 科学院、国家民委和中央民族学院共同主办的少数民族语言调查训练班开学，13个民族的415名学员参加培训。7月训练完毕，分赴7个省、自治区进行语言调查。（《中央民族大学五十年》P177，《北京日报》1956.2.21.②）

△ 国务院批准广西省桂西壮族自治区改为自治州，其行政区域不变；所属宜山、百色专员公署改为宜山、百色地区工作委员会，分别领导原宜山、百色专区所属各县。（《国务院公报》1956［9号］P235）

20~26日 广西省1955年度农业、林业、水利、森林工业、气象劳动模范代表大会在南宁举行，广西省省长韦国清、广西省委第一书记陈漫远等出席大会。会议通过《为提前完成第一个五年计划告全省职工书》和《关于开展社会主义农业增产竞赛的倡议书》。（《广西通志·大事记》P308）

21日 青海省湟中县宜马乡红崖村，由全国人大常委会副委员长达赖喇嘛捐助的达赖小学举行开学典礼。省文教厅厅长桑热嘉错（藏族）、省民委副主任夏茸尕布（藏族）和湟中县县长虎显诚（回族）等到校祝贺。（《新华社新闻稿》1956.2.24）

22日 内务部备案，同意撤销广西省邕宁专员公署，所辖各县由广西省桂西壮族自治州直接领导。（《新华社新闻稿》1956.3.20）

△ 新华社报道，广西省大瑶山瑶族自治县2500户居住不定的贫苦瑶族农民加入农业或林业生产合作社后，在瑶、壮族老住户的帮助下，从高山荒岭迁移到山下，建立新家园。（《新华社新闻稿》1956.2.22）

△ 云南省昆明市第一所经营各民族特殊商品的国营商店开张。（《新华社新闻稿》1956.2.22）

23日 国务院批复吉林省和内蒙古自治区人民委员会，同意吉林省长岭县保康镇划归内蒙古自治区哲里木盟科尔沁左翼中旗管辖。（《国务院公报》1956［9号］P236）

△ 我国第一次用柯尔克孜文印刷的书籍——国家主席毛泽东著作《关于农业合作化问题》出版。（《新华社新闻稿》1956.2.24）

24日 国务院批复内蒙古自治区人民委员会，同意撤销平地泉镇，成立集宁市，受平地泉行政区人民委员会领导。平地泉镇改市后所需编制由该区自行调整。（《国务院公报》1956［9号］P237）

26日 甘肃省银川市各族各界4万多人举行庆祝社会主义改造胜利联欢会。全市95%以上农户加入农业社，手工业全部实现合作化，私营工商业实现全行业公私合营。（《中共宁夏党史大事记（1925.8~1988.6）》P195）

27日 云南省卫生厅防疫队一行100多人离开昆明前往洱源、维西等11个县，为白族、纳西、彝、回、汉等民族防治和消灭血吸虫病。（《新华社新闻稿》1956.2.29）

是月 云南省西双版纳傣族自治州第一个农村信用社——曼掌宰乡信用社成立。（《西双版纳傣族自治州志》上P38）

△ 云南省楚雄专区实现对手工业的社会主义改造，建立手工业生产合作社。4月完成

对私营工商业的社会主义改造。（《楚雄彝族自治州志》1卷P195）

△ 云南省文山专区文山至西畴、麻栗坡县公路正式通车。（《文山壮族苗族自治州志》1卷P42）

△ 云南省573地质队在蒙自专区开远市布沼坝煤场中发现古猿牙齿化石5枚。1958年中国科学院鉴定其为“开远森林古猿牙齿”，是我国境内第一次发现的古猿化石。1981年2月14日又在煤矿中发现古猿牙齿3枚，经鉴定属开远腊马古猿同一青年个体左下第一至第三臼齿，生存年代为1500万年前的新中纪。（《红河哈尼族彝族自治州志》1卷P72）

3月

1日 中共甘肃省银川地委作出《一九五六年三月至一九五七年年底审干工作计划》。根据《计划》，银川专区属审干范围的有9257人，其中确定为审查对象的3340人。地委提出，党委必须重视、做好准备工作；审干工作必须同肃反斗争密切结合进行；加强对专职干部的政治思想教育工作，提高认识，忠于职守；坚决贯彻中央关于从政治上进行审查的方针；在审查中，既不要放过坏人，也不要冤枉好人。（《中共宁夏党史大事记（1925.8~1988.6）》P195~196）

△ 据报道，甘肃省银川专区基本实现社会主义农业合作化，全专区89%以上的农户加入高级农业生产合作社。（《中共宁夏党史大事记（1925.8~1988.6）》P196）

△ 全国首届话剧汇演在北京举行。广西省话剧团的独幕话剧《水》和《扩社的时候》获二等奖。（《广西通志·大事记》P308）

1~17日 西藏地区首次国产商品展览会在拉萨举行，展出国产商品4000多种。（《人民日报》1956.3.4.②，《新华社新闻稿》1956.3.21）

3日 中央指示，打击西藏拉萨传召法会期间散发传单的反动分子。2月，反动分子在拉萨宗教活动的“传召”期间，散发大批反动传单，宣扬“西藏独立”、反对改革，诬蔑驻藏部队。中央复电同意西藏工委支持达赖喇嘛令噶厦彻底追查、处理这一事件的措施，并指出必须掌握有理、有利、有节的原则，打击面不能过宽。（《中共西藏党史大事记（1949~1966）》P56）

5日 贵州省镇远专署卫生科在黄平县举办全专区卫生防疫训练班，学员254人。5月结业，并组成专署卫生防疫大队。（《黔东南苗族侗族自治州志·总述·大事记》P120）

△ 内蒙古自治区四级干部会议历时8天结束。会议听取和讨论国务院副总理兼民族事务委员会主任乌兰夫作的《关于合作化运动的总结报告》。报告指出：内蒙古自治区已有占总户74.7%的各族农户加入全社会主义的农业生产合作社；牧区已建立120多个半社会主义的畜牧业生产合作社。（《新华社新闻稿》1956.3.6）

7日 中共青海省海北地委1956年机关肃反工作计划作出安排。全州干部共1742人，列为重点审查的103人，初步确定56人为清查对象。肃反工作从5月开始，12月结束。（《海北藏族自治州志》上P48）

△ 广西省卫生厅制订全省4年内消灭血吸虫的初步规划，提出年内着重进行准备工作，1957年到1958年大力进行防治工作，1959年全部消灭血吸虫病；年内消灭钉螺70%~80%，1958年上半年全部消灭钉螺。（《广西通志·大事记》P309）

9日 国务院批复内蒙古自治区人民委员会，同意翁牛特蒙古族自治旗改为翁牛特旗。（《国务院公报》1956［11号］P270）

10日 国务院批准广西省郁林县改称玉林县。（《广西通志·大事记》P309）

△ 新疆维吾尔自治区党委发出《关于加强领导、整顿、提高农业生产合作社，迅速全

力投入春耕生产运动的紧急指示》。1955年冬季后，全疆农业合作化运动发展较快，入社农户已达总农户的85%以上，其中加入高级社的农户占总农户23%强，许多地区基本实现高级形式的农业合作化。（《中国共产党新疆历史大事记（1949.10～1966.4）》上P133）

12日 广西省桂西壮族自治州一所培养壮文师资的壮文学校在武鸣建成开学，首期学员千余名。1958年改称广西省壮文学校。（《人民日报》1956.3.20.③）

14日 安徽省1300多回民响应国家关于移民垦荒的号召，志愿到青海省化隆回族自治县参加农业生产。（《人民日报》1956.3.18.②）

14～20日 青海省首次民间兽医代表会议举行。会议交流工作经验，公开很多秘方。（《新华社新闻稿》1956.3.22）

14～22日 农业部在北京召开全国畜牧兽医工作会议。会议讨论制订今后12年发展畜牧业生产的远景规划，具体安排今后的畜牧兽医工作。（《新华半月刊》1956.8 P188）

15日 新疆维吾尔自治区伊犁喀什河大桥建成通车。（《伊犁哈萨克自治州志》P47）

△ 为祝贺西藏自治区筹委会成立，国务院总理周恩来接见由17个民族、57名代表组成的中央代表团，国务院副总理陈毅任团长。17日，中央代表团抵达拉萨，全国人大常委会副委员长达赖喇嘛、全国政协副主席班禅以及拉萨僧俗各界3万余人欢迎。18日，团长陈毅和副团长张经武、汪锋等先后到罗布林卡和大昭寺拜会达赖喇嘛和班禅。代表团分3路到日喀则、昌都、阿里、江孜、亚东各地和青海省进行访问。6月12日，中央代表团抵达北京。在拉萨期间，陈毅、张经武、汪锋等接见西藏地方政府三品以上官员和各教派大活佛，陈毅就保护宗教信仰自由、各民族之间和民族内部的团结以及有关社会改革等问题作了重要指示。9月14日，全国人大常委会第四十五次会议批准陈毅关于访问西藏的总结报告。（《新华社新闻稿》1956.9.15；《人民日报》1956.3.17.①，4.14.①，4.18.①，4.19.①，4.20.①，4.22.①，4.26.①，4.29.①，5.1.②，5.7.①，5.8.①，5.28.①，6.15.①）

16日 据报道，内蒙古自治区已有67个市、县、旗的私营工商业户全部实现公私合营，占全区私营工商业总户数的91%；参加手工业生产合作社的手工业者，占全区手工业从业总人数的70%以上。（《内蒙古日报》1956.3.16.②）

17日～6月13日 吉林省延边朝鲜族自治州各民族参观团一行80人，经北京到全国各地参观访问。（《延边朝鲜族自治州志》上P65）

18日 山西省太原市欢送1040名青年组成的垦荒队赴内蒙古自治区河套和固阳县支边垦荒。（《人民日报》1956.3.23.③）

20～29日 商业部召开全国少数民族特殊需要商品座谈会，总结交流几年来的供应工作经验，确定今后的供应办法。（《光明日报》1956.4.3.①）

22日 甘肃省人民委员会核准将宕昌县大川区的梁家坝、中牌、坪里、南峪4乡划归甘南藏族自治州舟曲县管辖，将舟曲县属大河坝、官鹅2乡划归宕昌县管辖。（《甘南州志》上P96）

△ 新疆维吾尔自治区克孜勒苏柯尔克孜自治州停用斯拉夫文字字母的柯尔克孜文。（《克孜勒苏柯尔克孜自治州志》上P29）

△ 广西省制定今后12年教育事业发展规划：5年内基本扫除文盲，积极发展正规的业余中小学，继续提高工农干部和工农群众的文化水平；5年内在一般平原的壮族地区，基本普及高小义务教育，在苗、瑶、侗等少数民族地区及边缘地区普及初小义务教育。（《广西通志·大事记》P309）

23日 据报道，四川省阿坝藏族自治州粮食基本自给，平均每人每年达450斤以上。（《光明日报》1956.3.23.③）

△ 西藏地区黑河（那曲）至阿里（噶大克）公路试线通车。该路为简易公路，穿过藏北“无人区”大草原，全长1300多公里。（《人民日报》1956.3.29.①）

25日 青海省柴达木第一座电站最近发电。（《人民日报》1956.3.25.①）

26日 吉林省延边朝鲜族自治州延吉县的龙井、图们2个县辖市改为区级镇。（《延边朝鲜族自治州志》上P65）

27日 全国政协常委会第二十次会议决定增设民族工作组，推举卢汉（彝族）为组长。（《人民日报》1956.3.28.①）

29日 西藏地区江孜至亚东公路通车。亚东为西藏通往印度的一座边城，是中印通商的重要口岸。公路于1955年8月15日开始修建，投入民工2000余人，均系年楚河两岸的受灾灾民。另投入一部分部队。（《中共西藏党史大事记1949～1966》P57）

是月 广西省南宁、柳州、桂林、梧州4市及各县县城、圩镇的私营工商业基本完成全行业公私合营，部分工业、商业企业直接转入国营企业。（《广西通志·大事记》P310）

△ 贵州省少数民族聚居区麻山因一些干部未认真贯彻中央和省提出少数民族工作“稳慎”的方针，农业合作化搞得过急，粮食收购太紧，违反政策，未照顾到少数民族群众的特点，引起群众不满，发生群众骚乱事件。事件涉及罗甸、望谟、紫云3县的9个区89乡。7月7日，中共贵州省委发出《和平解决少数民族地区骚乱事件的紧急指示》，事件得以平息。9月7日，省委派出王林岗为团长的贵州省民族访问团，对麻山事件进行妥善处理。（《黔南布依族苗族自治州志》上P52）

△ 云南省德宏傣族景颇族自治区边境实行“一线军事封锁”，引起边民恐慌，境内边民外出140户655人。昆明军区遂下令停止试点，并于12月纠正“一线封锁”错误，外出边民陆续回归。（《德宏州志》综合卷P41）

△ 云南省昆明基督教“三自”爱国运动委员会组成边疆教会访问组赴德宏傣族景颇族自治区访问。10月，访问组再次访问自治区，将“中国景颇族联合联邦基督教浸礼会广山总会”改称“中国基督教浸礼会广山总会”，按主牧师，并适当给予经济补助，割断与国外教会势力的联系。（《德宏州志》综合卷P41）

△ 西藏地区黑河地区遭受重大雪灾，全地区3.6万多人中重灾民1.8万多人，牲畜大量死亡。灾情发生后，中共黑河分工委立即召集头人和群众，迁移放牧地区，并用物资救济贫苦牧民1.6万多人，发放青稞8.1万公斤，茶叶3500公斤，贷款6.5万元。（《中国气象灾害大典·西藏卷》P40，《当代中国的西藏》上P241）

△ 中央地质部成立西藏地质局，开展地质调查工作。1957年4月撤销，1960年5月恢复开展藏南铬矿、藏北硼砂的找矿工作。（《当代中国的西藏》下P161）

4月

3日 国务院第26次全体会议决定：将甘肃省巴音浩特蒙族自治州和额济纳自治旗合并，改设为巴彦淖尔盟，划归内蒙古自治区领导；将原属阿拉善旗巴音浩特镇改设为巴彦浩特市，由巴彦淖尔盟领导。巴彦淖尔盟人民委员会驻巴彦浩特市；调整后，巴彦淖尔盟管辖阿拉善旗、额济纳旗、磴口县及巴彦浩特市4个行政单位。（《国务院公报》1956［14号］P344）

△ 据报道，内蒙古自治区有70余万工农牧民参加扫盲学习。（《内蒙古日报》1956.4.3.①）

9日 西藏工程勘察队完成国务院规定的拉萨水力发电厂、日喀则火力发电厂、拉萨市区防洪工程、年楚河防洪工程、铁工厂、皮革厂等勘察设计任务和拉萨河、年楚河、羊八井河以及雅鲁藏布江等河流的资源普查工作。（《新华社新闻稿》1956.4.12）

13日 国务院第27次全体会议通过关于设置"贵州省黔东南苗族侗族自治州"的决定。国务院（1956年）国议字第30号文件批复撤销都匀专区和贵定专区，成立黔南布依族苗族自治州。一、撤销镇远专区，设置黔东南苗族侗族自治州，辖原镇远专区的镇远、黄平、施秉、三穗、岑巩、天柱、锦屏、剑河8县和雷山苗族自治县、台江苗族自治县、炉山苗族自治县及原都匀专区的黎平、榕江、从江、麻江4县和丹寨苗族自治县，共16个县。二、撤销雷山苗族自治县，恢复雷山县；撤销台江苗族自治县，恢复台江县；撤销炉山苗族自治县，恢复炉山县；撤销丹寨苗族自治县，恢复丹寨县。三、将原镇远专区的余庆县划归遵义专区管辖。（《黔东南苗族侗族自治州志·总述·大事记》P121）

13~21日 内蒙古自治区通辽市扎鲁特旗白彦塔拉屯发生自然林木火灾，过火面积15万公顷，涉及全旗8个区、28个村。死亡26人，烧毁房屋158间、蒙古包34顶、大小车51台，烧死大小畜1983头（只）。（《内蒙古自然灾害通志》P255）

16日 据统计，西藏地区已有近3000公里公路和1300公里的汽车便道。（《人民日报》1956.4.16.①）

18日 云南省西双版纳傣族自治州著名的傣族民间画师康朗番、康朗赛和波斯拉3人完成20多幅帛画。（《新华社新闻稿》1956.4.19）

20日 国家主席毛泽东、全国人大常委会委员长刘少奇、国务院总理周恩来分别电贺西藏自治区筹备委员会成立。毛泽东在贺电中说："我愉快地祝贺西藏自治区筹备委员会成立，热忱地希望西藏各阶层人民在你们指导下更加团结和进步，在发展西藏政治、经济和文化事业上获得更大的成就。"（《国务院公报》1956［20号］P458~459，《中共西藏党史大事记（1949~1966）》P57）

△ 新定居的内蒙古自治区鄂伦春自治旗托扎明努图克龙头的鄂伦春族猎民业余文化学校开学，学员42名。（《内蒙古日报》1956.7.11.③）

21日 国务院批复新疆维吾尔自治区人民委员会，同意撤销自治区人民委员会的政法、文教、工业交通、财粮贸、农林水牧、对资改造6个办公室；撤销南疆行署，恢复喀什专署，原直属行署领导的疏附、疏勒、伽师、岳普湖、巴楚、英吉沙6个县和塔什库尔干塔吉克族自治县，由喀什专署领导；原属行署领导的阿克苏、和阗2个专署和克勒苏柯尔克孜族自治州，由自治区直接领导；撤销莎车专署，原属该专署领导的莎车、叶城、泽普、麦盖提4县，由喀什专署领导。调整后，南疆地区的阿克苏、喀什、和田、克孜勒苏4个专区（自治州）均由自治区党委及自治区人民委员会直接领导。（《国务院公报》1956［23号］P539，《中国共产党新疆历史大事记（1949.10~1966.4）》上 P135）

△ 国务院批复四川省人民委员会，同意将阿坝藏族自治州所属相当于县的原四川省藏族自治区人民政府办事处（四土）正式改建为马尔康县；阿坝县、绰斯甲县、若尔盖县和马尔康县的印章已交国务院秘书厅刻制。（《国务院公报》1956［43号］P406）

△ 吉林省延边朝鲜族自治州决定，推广朝鲜族青年李龙学创造的《朝鲜文字速成识字法》。（《人民日报》1956.4.21.③）

22日~5月1日 西藏自治区筹备委员会成立大会举行，全国人大常委会副委员长达赖喇嘛·丹增嘉措致开幕词，国务院副总理陈毅宣读国务院命令，并代表国务院把西藏自治区筹备委员会的印鉴授予达赖喇嘛。授印后，国务院副总理陈毅讲话。《人民日报》就西藏自治区筹委会成立发表社论《民族政策的伟大胜利》。大会宣读国家主席毛泽东、副主席朱德、全国人大常委会委员长刘少奇、国务院总理周恩来分别给大会的题词与贺电，以及全国人大常委会、全国人大民委、中央民委的贺电。达赖喇嘛、班禅额尔德尼、张国华作工作报告。全国人大常委、全国政协副主席、西藏自治区筹备委员会第一副主任委员班禅额尔德尼·确吉坚赞致闭幕词。大会通过《西藏自治区筹备委员组织简则》。西藏自治区筹备委员会是统一协商的具有政权性质的机构，西藏地方政府、班禅堪布会议厅委员会、昌都地区人民解放委员会除接受自治区筹备委员会领导进行各项工作外，其他有关行政事宜，仍保持一定的独立性，但必须接受国务院的直接领导。这样，西藏地方就形成一种既有统一领导、又有独立性的几个政权同时并存的局面。（《人民日报》1956.4.23.①，4.24.①；《中共西藏党史大事记（1949～1966）》P57～58）

23日 云南省西双版纳傣族自治州首批2个傣族农业生产合作社——“疆亮”（光明）和“苏生”（幸福）成立。（《新华社新闻稿》1956.4.27）

24日 中国民航局开辟的广州经南宁至河内国际航线正式开通。随之，中华人民共和国南宁海关、边防检查站、卫生检疫站进驻南宁机场。（《广西通志·大事记》P310）

24日～5月1日 云南省傣族佛教参观团团长祜巴勐、副团长朗德哥和乌阿匝及团员一行6人在北京参观学习。28日，中国佛协设宴欢迎。5月1日，云南省傣族佛教参观团、甘肃省牧区和青海省少数民族参观团，吉林省延边朝鲜族自治州和云南、广西省各民族参观团、四川省各民族青年参观团和西藏地区青年体育观摩团，共580多人参加“五一”节观礼。（《新华社新闻稿》1956.4.25，4.29；《人民日报》1956.5.2.①）

25日 国家主席毛泽东在中共中央政治局扩大会议上发表《论十大关系》的讲话。他在谈到汉族和少数民族的关系时指出：“对于汉族和少数民族的关系，我们的政策是比较稳当的，是比较得到少数民族赞成的。我们着重反对大汉族主义。地方民族主义也要反对，但是那一般地不是重点。我国少数民族人数少，占的地方大。论人口，汉族占94%，是压倒优势。如果汉人搞大汉族主义，歧视少数民族，那就很不好。而土地谁多呢？土地是少数民族多，占50%到60%。我们说中国地大物博，人口众多，实际上是汉族‘人口众多’，少数民族‘地大物博’，至少地下资源很可能是少数民族‘物博’。各个少数民族对中国的历史都作过贡献。汉族人口多，也是长时期内许多民族混血形成的。历史上的反动统治者，主要是汉族的反动统治者，曾经在我们各民族中间制造种种隔阂，欺负少数民族。这种情况所造成的影响，就在劳动人民中间也不容易很快消除。所以我们无论对干部和人民群众，都要广泛地持久地进行无产阶级的民族政策教育，并且要对汉族和少数民族的关系经常注意检查。”（《毛泽东选集》5卷 P277～278）

25日～5月1日 云南省德宏傣族景颇族自治区首届人大一次会议举行。会议根据宪法规定，自治区改为自治州。（《人民日报》1956.5.5.③）

26日 据报道，云南省怒江西岸各族人民结束刀耕火种的历史，首次使用新式农具。（《人民日报》1956.4.27.①）

△ 西藏自治区筹备委员会第二副主任委员张国华在西藏自治区筹委会成立大会上的工作报告中说，6年来，在西藏地区的财经贸易工作上，我们一直坚持着一方面从内地运输足够物资，保证进藏人民解放军和工作人员的供给及西藏人民的需要，一方面在可能条件下尽

量帮助西藏发展经济进行建设的方针。现在西藏全区东由昌都、西至噶大克，北由黑河、南至亚东，已经修筑起4000公里长的公路线，全区建立了40个邮电机构，已逐渐建立到县。6年来，为照顾藏族上层私商利益，供给外汇卢比2.5亿盾，从印度购运物资46.47多万驮；并从内地运进茶叶2019万斤，比解放前进量增长近2倍。6年来，共发放138万多元低息和无息农、牧、手工业贷款，170多万元的无偿农具；全区建立小学31所，学生达2000人左右；办起卫生院、所18个，免费为藏胞治病，还派出大批医疗队到农村、牧区巡回治病。全区培养藏族干部1600多名。（《中共西藏党史大事记（1949～1966）》P57～59）

27日 西藏体育观摩团一行52人赴北京。5月3日，国务院副总理兼体委主任贺龙接见观摩团全体成员。（《新华社新闻稿》1956.5.4,《人民日报》1956.5.4.①）

△ 是日报道，内蒙古自治区莫力达瓦旗农村有线广播站增设达斡尔语广播节目。（《内蒙古日报》1956.4.27.③）

29日 国务院批复云南省人民委员会，同意德宏傣族景颇族自治区改为德宏傣族景颇族自治州，撤销保山专员公署，将其所属的保山、腾冲、昌宁、龙陵4县和畹町镇划归德宏傣族景颇族自治州领导。（《国务院公报》1956[43号] P407）

30日 解放军四川军区第二藏民团在四川阿坝藏族自治州刷经寺宣告成立，董振明（藏族）任团长。（《新华社新闻稿》1956.5.5）

是月 国家正式确认达斡尔族的民族成分。（《内蒙古自治区史》P245）

△ 黔桂铁路广西省金城江至贵州省麻尾段竣工，5月正式运营。工程于1955年9月动工，全长153公里。（《广西通志·大事记》P305）

△ 《广西少数民族图案选集》出版。该书选入各种图案428件，包括壮、瑶、苗、侗族的织锦、刺绣、挑花、蜡染等图案。1959年，该书选送莱比锡参加国际书展。（《广西通志·大事记》P310）

△ 四川省凉山彝族自治州增设呷洛、瓦岗、洪溪3县。凉山州时辖昭觉、美姑、洪溪、瓦岗、呷洛、金阳、越嶲、雷波、峨边、马边、布拖、普格、喜德、普雄14县。（《凉山彝族自治州志》上P48,《中国分省市县大辞典》P1106）

△ 云南省大理专区于4月下旬举行民家族代表座谈会，协商确定改称“民家族”为“白族”。（《人民日报》1956.8.27.④）

△ 西藏自治区筹备委员会成立，下设文化教育处，管理全区文化教育事业，结束西藏没有专门教育行政管理机构的历史。（《当代中国的西藏》下P303～304）

△ 自西藏和平解放至自治区筹委会成立前夕，西藏选送到中央民族学院、中南民族学院等民族院校学习的青年有1000多人，6年中共培养藏族干部1600多人。1956年在中央民族学院等院校学习的藏族青年超过千人。（《当代中国的西藏》上P358～362）

△ 中国首支登山队成立。1958年，国家登山队从西藏地区选拔贡布（藏族）等12人参加国家登山集训队，为西藏首批登山运动员。1960年西藏正式成立登山营，张风巨任营长，开展有组织的登山运动。当时中国登山的最高纪录是海拔3767米的太白山峰，海外登山队已向8000米的高峰进军，差距较大。（《当代中国的西藏》下P506～507）

△ 中共西藏工委工商管理处成立。同年12月撤销西藏贸易总公司，成立中国百货公司西藏公司、中国贸易公司西藏公司、中国煤建公司西藏公司。1957年1月，上述3公司又合建为西藏贸易总公司。1965年，在筹委工商管理处的基础上，成立自治区商业厅，统管

全区商业。（《当代中国的西藏》下P167）

5月

1日 据报道，湖南省湘西苗族自治州基本实现半社会主义性质的农业合作化。全州建有农业社4700多个，入社农户31万多户，占全州总农户的78.41%。其中，高级社131个，入社农户2.2万多户，占总农户的5.74%。（《团结报》1956.5.1.①）

3日 蒙古国境内发生火灾，从宝格达山一带烧入内蒙古自治区兴安盟科尔沁右翼前旗境内，引起森林大火，毁林面积7.7万公顷，伤亡18人，经过7昼夜将大火扑灭。（《内蒙古自然灾害通志》P255）

3~15日 商业部和国家民委联合召开全国少数民族地区国营商业工作会议。会议听取和讨论有关民族贸易工作、民族贸易干部的培养和民族政策等方面的报告，研究确定民族地区国营商业今后的方向和任务。12日，《光明日报》发表社论《积极培养民族贸易干部》。（《光明日报》1956.5.12.①；《新华社新闻稿》1956.5.4，5.16）

4日 全国人大常委会第一届第三十六次会议批准了《湘西苗族自治州人民代表大会组织条例》和《湘西苗族自治州人民委员会组织条例》，并经国家主席毛泽东命令公布施行。（《国务院公报》1956［18号］P411，《人民日报》1956.5.5.①）

△ 新疆维吾尔自治区最大的水库——猛进水库扩建完工，举行放水典礼。水库可蓄水6000立方米，可灌农田26万亩。（《人民日报》1956.5.6.①）

5日 西北民族学院教授才旦夏茸（藏族）编著的《藏汉词汇》在青海省西宁出版。（《新华社新闻稿》1956.5.6）

6~23日 西藏自治区筹委常委会举行首次会议，讨论通过全国人大常委会副委员长达赖喇嘛提出的6项议案。（《人民日报》1956.5.7.①③，5.10.①，5.15.①）

8日 中国科学院少数民族语言调查组到贵州省镇远专区施秉等县进行苗语调查，用拉丁字母创造了苗文。（《黔东南苗族侗族自治州志·总述·大事记》P122）

△ 全国人大常委会第三十九次会议决定，自治州人民代表大会每届任期为2年，自治州人民委员会每届任期同自治州人民代表大会每届任期相同。（《国务院公报》1956［19号］P434）

8~14日 内蒙古自治区民委举行第二次委员（扩大）会议。会议总结几年来的民族工作，拟订1956~1957年的民族工作规划。会议决定，是年在达斡尔族聚居地方实行民族区域自治，建立和改建民族乡（嘎查、苏木）；进一步帮助猎民定居，使猎民逐步向社会主义性质的互助合作方面发展；继续帮助少数民族地区农、牧业互助合作的巩固和发展；继续帮助有关部门做好城镇少数民族私营工商业的社会主义改造。会议要求根据地区条件，进一步统一规划安排就业和转业的少数民族人士，协助主管部门发展少数民族的文教、卫生等事业。（《内蒙古日报》1956.5.17.①）

11日 国务院第28次全体会议通过了《西藏自治区筹备委员会常务委员会委员名单》、《新疆维吾尔自治区各级人民代表大会和各级人民委员会组织条例》，并决定提请全国人大常委会批准。（《人民日报》1956.5.12.①）

△ 石油工业部宣布：新疆维吾尔自治区克拉玛依地区发现1个大型新油田。（《新华社新闻稿》1956.5.12）

12日 云南省文山专区文山至马关公路正式通车。（《文山壮族苗族自治州志》1卷P42）

14日 国务院总理周恩来在中央民族学院视察时指出要把民族学院办好，为少数民族多培养共产主义干部，为建设社会主义祖国作贡献。（《中央民族大学五十年》P177，

《走进中央民族大学》P6）

16日 国务院批复辽宁省人民委员会和内蒙古自治区人民委员会，同意内蒙古自治区宁城县左杖子村划归辽宁省凌源县领导。（《国务院公报》1956［23号］P539）

△ 新华社电称，中国百货公司天津采购供应站改进民族贸易工作，供应给少数民族的商品首次贴有蒙古、回、藏、维吾尔商标和“清真”字样。（《新华社新闻稿》1956.5.16）

20日 青海省黄南藏族自治州同仁麻风病院改称同仁慢性病疗养院。（《黄南州志》上P33）

△ 中科院、各民族学院和各地少数民族语文工作机构600多人组成的7个少数民族语言调查工作队，分赴云南、内蒙古、广东、广西、贵州、甘肃、青海、新疆等地调查。（《人民日报》1956.5.21.③）

21日 新疆维吾尔自治区第三届牧区工作会议在乌鲁木齐召开，中共新疆维吾尔自治区委员会第一书记王恩茂作题为《关于畜牧业社会主义改造问题》的报告。报告指出，根据新疆少数民族地区畜牧业经济的特点，对畜牧业的社会主义改造应该和必须采取和平改造的政策，以保证在改造中使民族团结得到进一步发展。报告提出，畜牧业经济中存在着牧主经济和个体牧民经济两个部分，因此对二者的改造应采取不同的方针。对于牧主经济的改造，可以实行公私合营，建立公私合营牧场，然后转变为国营牧场；也可以根据情况有区别、有限制地允许某些牧主加入畜牧业生产合作社。对于个体牧民经济的改造，必须实行个体牧民经济合作化。（《中国共产党新疆历史大事记（1949.10～1966.4）》上P135～136）

△ 青海省海北藏族自治州农业中心支行建立。（《海北藏族自治州志》上P48）

22～29日 科学院少数民族语言研究所筹备处和内蒙古自治区蒙古文字改革委员会在呼和浩特联合召开蒙古语族语言科学讨论会。会议认为，采取推行新蒙文以发展民族共同标准语的方针和执行内蒙古自治区人委关于推行新蒙文的决定是正确的。会议还讨论达斡尔族创立文字的问题，并就东乡、保安和土族的语言情况交换意见。（《人民日报》1956.5.31.①）

23～29日 广西省大部地区出现大到暴雨，导致部分地市山洪暴发。据不完全统计，广西17县（市）受灾，死亡5人、受伤5人；损坏房屋36间、倒塌135间；受灾农作物39.91万亩，损失谷种900万公斤；毁坏水坝111处、水库38座、田基139处、山塘31个。（《中国气象灾害大典·广西卷》P77）

26日 西藏地区首个机场——当雄机场竣工，北京至拉萨航线试航成功。当雄机场海拔4300米，在西藏军区副司令员陈明义和西藏地方政府卸任噶伦噶雪·曲吉尼玛等指挥下，1万名进藏部队官兵和来自西藏104个宗和相当于宗一级的豁卡的6500名民工，奋战4个多月，完成修建任务。（《人民日报》1956.5.27.①）

27日 西藏自治区筹委常委第二次会议讨论通过《关于西藏地区银元外流管理方案》。（《人民日报》1956.5.28.①）

28日 云南省傣族佛教参观团副团长乌阿匝法师追悼会在浙江省杭州市宝善殡仪馆举行。6月7日，云南省昆明市各界代表和佛教徒200多人举行追悼会，会上宣读国务院总理周恩来和佛协会长喜饶嘉措的唁电。乌阿匝于5月23日在浙江省杭州市病逝。（《新华社新闻稿》1956.5.29，6.9）

31日 中共云南省委发出《全面检查民族政策执行情况》的指示。（《云南日报》1956.5.31.①）

△ 云南省红河哈尼族自治区试办第一批10个少数民族农业生产合作社。（《新华社新闻稿》1956.6.1）

是月 内蒙古自治区布特哈旗人委在鄂伦春民族乡建立1个卫生所，为鄂伦春人民治疗普遍染患的肠胃病。（《内蒙古日报》1956.11.29.③）

△ 中国科学院语言调查队一行12人在湖南省湘西苗族自治州调查苗语方言。（《湘西州志》上 P61）

△ 贵州省镇远专区天柱县润松幞头寨被确定为黔东南地区第一个水土保持试验区。（《黔东南苗族侗族自治州志·总述·大事记》P122）

△ 中科院新疆维吾尔自治区综合考察队在北京成立。（《新疆通志·科学技术志》72卷上P36）

6月

1日 国务院批复中国科学院和国家民委，同意成立少数民族语言研究所筹备处，由尹育然任主任，傅懋勣、霍流任副主任。并同意给筹备处调配干部和少数民族语言研究的领导的意见。（《国务院公报》1956［22号］P511）

1~8日 广东省民委二届二次会议举行，决定大量培养少数民族干部，采取各种措施进一步实现民族自治机关的民族化，同时在有条件的地区建立新的区域自治机构。（《南方日报》1956.6.19.①）

2日 国务院发出关于伊斯兰教名称问题的通知："今后对于伊斯兰教一律不要使用'回教'这个名称，应该称为'伊斯兰教'。"（《国务院公报》1956［25号］P605）

4~17日 教育部在北京举行第二次民族教育会议，蒙古、维吾尔、藏、壮、朝鲜、回、彝、苗、哈萨克、乌孜别克、柯尔克孜、塔塔尔、白、侗、傣、汉16个民族的154名代表与会。会议听取教育部副部长林砺儒作的全国民族教育工作报告，讨论制定1956年至1967族教育事业规划纲要，要求在12年内，民族教育工作应该在数量和质量上赶上或接近汉族水平。国务院总理周恩来接见了与会代表。会议就关于《少数民族教育补助费使用情况及今后改进意见》的文件指出，为帮助少数民族发展教育事业，解决民族教育中因民族特点在经费开支上的特殊需要，1951年国家经济还在恢复阶段，专设置少数民族教育补助费。少数民族教育补助费历年都有增加，1951年为151.2万元，1952年为450万元，1953年为909万元，1954年为983.6万元，1955年为1.08亿元。（《人民日报》1956.6.18.①，《中国教育年鉴（1949～1981）》P397、P407）

5日 据新华社报道，云南省开远、元江、盈江3县发现世界上绒长稀有的海岛棉种子，此种棉花的纤维最长的达55毫米。（《新华社新闻稿》1956.6.6）

7日 是日报道，云南省红河哈尼族自治区民间歌舞队搜集到100多首流行于红河南岸哈尼族、彝族人民中间的管弦乐曲、小调和许多民间舞蹈、传说、诗歌。（《人民日报》1956.6.9.③）

12日 国务院第30次会议听取国家民委副主任刘春说明，通过了《孟村回族自治县人民代表大会和人民委员会组织条例草案》、《大厂回族自治县人民代表大会和人民委员会组织条例草案》和《江华瑶族自治县人民代表大会和人民委员会组织条例草案》，并决定将上述草案提请全国人大常委会审议。（《人民日报》1956.6.13.①）

△ 西藏工委发出《关于检查执行民族政策的指示》。《指示》指出，自从康藏、青藏两条公路通车后，由于政治形势日趋好转和物质条件不断改善，不少干部产生盲目乐观和漠视民族政策的思想。目前，全国已掀起社会主义改造高潮，邻近少数民族地区也在进行或积极准备进行民主改革，西藏在民主改革前进行民族政策执行情况的检查十分必要，各级党委要认真进行检查。（《中共西藏党史大事记

(1949～1966)》P59～60)

14日 国务院全体会议第31次会议决定，将内蒙古自治区东部联合旗划分为东乌珠穆沁旗和西乌珠穆沁旗；东乌珠穆沁旗的行政区域包括原属东部联合旗的第一、二、三、四和图拉嘎5个苏木，旗人民委员会设在王盖庙；西乌珠穆沁旗的行政区域包括原属东部联合旗的第五、六、七3个苏木，旗人民委员会设在喇嘛库伦庙；西部联合旗改名为阿巴嘎旗；撤销湖南省晃县，成立新晃侗族自治县；新晃侗族自治县的行政区域为原晃县的行政区域和芷江县碧涌区的姑召、土鹿坪、碧李桥、米贝、竹坡、步头降及新店坪区腿溪等7个侗族聚居乡，新晃侗族自治县人民委员会驻新晃。（《国务院公报》1956［24号］P568）

15～19日 贵州省首次民族语文工作会议在贵阳举行。会议就贵州省今后的民族语文工作提出初步意见，计划到1958年完成省内少数民族文字的创立、改革工作。（《光明日报》1956.7.6.③）

15～30日 全国人大一届三次会议举行。会议补选谢扶民（壮族）为全国人大常委委员，周林、杨文贵（苗族）为全国人大民委委员。会议听取廖鲁言的《关于高级农业合作社示范章程（草案）》说明后，讨论通过高级农业生产合作社示范章程，并经国家主席毛泽东命令公布。《章程》的政治工作部分指出："在多民族地区，农业生产合作社要特别注意民族间的团结互助，尊重各民族的风俗习惯。在两个以上民族的农民联合组成的合作社里，要发扬多数照顾少数、先进帮助后进的精神，团结各民族的社员办好合作社。"（《人民日报》1956.6.16.①，7.1.①③）

17日 新疆维吾尔自治区党委致电中共中央，请示资本家兼畜牧业如何实行公私合营问题。自治区党委提出，凡要求与工商业一并合营的大群牲畜，可以"赎买"方式接受合营。19日，中央复电同意自治区党委意见。（《中国共产党新疆历史大事记（1949.10～1966.4）》上P136）

21日 西藏拉萨至日喀则公路最大的一座桥梁——年楚河大桥落成，全长199米。（《新华社新闻稿》1956.4.24）

21～30日 中共贵州省首届代表大会举行。会议要求进一步落实党的民族政策，注意忽视民族情况和特点的危害性。（《人民日报》1956.7.3.④）

22日 西藏自治区筹委常委第四次会议，通过是年西藏全区将选送500到700名藏族、回族青年到中央民族学院和西南民族学院学习的决定和关于在西藏全区建立小学规划的议案。（《新华社新闻稿》1956.6.24）

22～24日 全国人大常委，全国政协副主席十世班禅额尔德尼·确吉坚赞在西藏日喀则的扎什伦布寺举行盛大的宗教活动。（《新华社新闻稿》1956.6.26）

25日 据报道，云南省怒江傈僳族自治区开始不经过土改，直接发展互助合作的工作，并重点建立了64个农业生产合作社，普遍建立了各种形式的互助组。大部分地区组织起来的农民达70%~80%，个别地方达90%以上。（《云南日报》1956.6.25.①）

25～30日 中共云南省首次代表大会举行。大会听取和讨论有关上届省委的工作和民族工作问题的报告，并通过相应的决议。决议要求："必须继续加强民族工作，根据党的民族政策，结合各民族的具体情况，积极有步骤地领导各个民族通过他们自己的具体道路，发展成为社会主义的民族。"（《云南日报》1956.7.6.①）

26日～7月3日 西藏地区宁静宗召开人代会，决定废除13种不合理的乌拉制度。（《西藏日报》1956.7.13.①）

27日～9月15日 由哈萨克、维吾尔等少数民族人员组成的新疆维吾尔自治区访问团，在甘肃省阿克塞哈萨克族自治县和青海省

阿尔顿曲克哈萨克族自治区访问哈萨克族牧民。（《新华社新闻稿》1956.6.29，9.16）

29日 国务院帮助西藏地区建设的日喀则火力发电厂建成发电，工程于4月4日动工兴建。（《人民日报》1956.4.13.①，7.3.①）

29日~7月7日 中共吉林省首次代表大会举行。会议要求必须进一步贯彻执行党的民族政策，加强省内各民族团结，提倡各民族互相学习、取长补短，反对任何妨害民族团结的大民族主义和地方民族主义倾向。（《吉林日报》1956.7.13.①②）

30日 新疆维吾尔自治区党委常委会议召开，讨论和田地区发生暴乱问题。自1954年12月31日至是年5月4日，和田地区共发生反革命暴乱事件8起。自治区党委认为，必须以和田事件为教训，充分发动群众，加强统一战线工作，大量培养和提拔本地民族干部，发展和田地区的经济文化建设事业，以防止此类事件再次发生。（《中国共产党新疆历史大事记（1949.10~1966.4）》上P137）

是月 内蒙古自治区党委进一步确定对畜牧业社会主义改造的方针："依靠劳动牧民，团结一切可能团结的力量，在稳定发展生产的基础上，逐步实现对畜牧业的社会主义改造。"到年底，全区有牧业生产合作社450个，1.8万户牧民参加牧业生产合作社，占全区牧户总数的22%；全区5.9万户牧民参加各种类型的牧业生产互助组，占全区牧户总数的61%。（《内蒙古自治区史》P122）

△ 云南省德宏傣族景颇族自治州第一个畜牧场——大湾畜牧场建立。（《德宏州志》综合卷P42）

△ 青海省海南藏族自治州温泉煤矿土法上马，开露天斜井3口，日产原煤8吨，有职工40名，是海南州矿业之始。（《海南州志》P29）

△ 甘肃省甘南藏族自治州首府由夏河迁至合作镇。（《甘南州志》上P97）

△ 新疆维吾尔自治区克孜勒苏柯尔克孜自治州文工团成立。（《克孜勒苏柯尔克孜自治州志》上P29）

7月

1日 四川省凉山彝族自治州和甘孜藏族自治州农村培养出第一批彝族和藏族党员。（《新华社新闻稿》1956.7.2）

△ 西藏工委向中央报告实行民主改革情况。工委拟定是年冬和1957年春，先在部分地区进行民主改革试点。为使改革顺利进行，要增设机构、增加干部和工人。各宗成立公安部门，全区公安警察4000~6000人，再增加人民武警、经济警察2400人；吸收和培养4万~6万名本地藏族干部，从内地增派6000名汉族干部，发展本地藏族党员2万~3万名、团员3万~5万名；成立西藏地区各级工会，发展藏族工人5万~7万名；扩大青妇联组织等。（《中共西藏党史大事记（1949~1966）》P60~61，《当代中国的西藏》上P225~226）

2日 新疆维吾尔自治区乌鲁木齐至和阗的新航线开航。（《人民日报》1956.7.4.①）

△ 中央人民广播电台增设朝鲜语广播节目。（据中央人民广播电台电告）

2~4日 中央民族学院举行首次科学讨论会，讨论交流论文17篇。（《新华社新闻稿》1956.7.6）

2~5日 全国人大民委第三次会议讨论通过《中华人民共和国民族自治地方自治要点》。（《人民日报》1956.7.6.①）

5日 朝鲜文版《毛泽东选集（第一卷）》在吉林省延边朝鲜族自治州延吉市发行。（《延边朝鲜族自治州志》上P65）

△ 四川省阿坝藏族自治州卫生防疫站成立，1960年重建。（《阿坝州志》上P41）

5~17日 中共内蒙古自治区首届代表大会在呼和浩特举行，自治区党委第一书记乌兰夫作工作报告。会议选举出自治区党委委员

35名。20日，自治区党委一次会议举行，会议标志着内蒙古统一的民族区域自治，实现地域、行政区划、政权机构以及中国共产党的领导机构的全面统一，开始了自治区历史的新时期。（《内蒙古自治区史》P135、518）

6日 西藏自治区筹备委员会第六次常委会举行。会议讨论通过了《关于成立中国人民政治协商会议西藏自治区委员会》、《西藏自治区筹备委员会在各地建立各级办事处》、《西藏自治区筹备委员会所属各部门与西藏地方政府、班禅堪布会议厅委员会、昌都地区人民解放委员会所属各部门间按照业务性质加强联系》3项决议。（《人民日报》1956.7.8.①，《中国共产党西藏历史大事记（1949~2004）》P96）

9日 全国人大常委会一届四十三次会议批准了《河北省大厂回族自治县人民代表大会和人民委员会组织条例》、《河北省孟村回族自治县人民代表大会和人民委员会组织条例》、《湖南省江华瑶族自治县人民代表大会和人民委员会组织条例》、《新疆维吾尔自治区各级人民代表大会和各级人民委员会组织条例》。（《国务院公报》1956［27号］P637、649、655、661）

9~24日 中共新疆维吾尔自治区首次代表大会举行，参会代表538人、列席代表84人，代表6.12万名党员，其中少数民族代表占43.14%。新疆维吾尔自治区主席赛福鼎·艾则孜致开幕词，中共新疆维吾尔自治区委员会第一书记王恩茂作《中国共产党新疆维吾尔自治区委员会工作总结报告》。《报告》总结新疆解放6年多来社会主义改造、经济文化建设、党的建设等方面取得的成绩与存在的问题，提出自治区党组织今后的总任务。会议通过相应决议。决议要求克服缺点，动员党内外一切力量，实现党在过渡时期的总路线和党在民族问题方面的总任务，深入检查民族政策执行情况并认真学习民族政策、理论和语言。（《人民日报》1956.7.26.④，9.4.④；《中国共产党新疆历史大事记（1949.10~1966.4）》上P137~139）

10日 云南省卫生厅举办的少数民族医士班在昆明开学，学员200名。（《新华社新闻稿》1956.7.11）

△ 新疆维吾尔自治区2500多公里长的河流航运调查工作全面展开。（《新华社新闻稿》1956.7.11）

11日 据《新疆日报》报道，截至3月底，新疆维吾尔自治区已发展3.4万名党员，其中本地民族党员2.78万名，占81.8%；建立2500多个基层组织，党员6万余名。（《中国共产党新疆历史大事记（1949.10~1966.4）》上P139）

△ 由河南省到新疆维吾尔自治区的首批2200多名男女青年志愿垦荒队员开始在天山和阿尔泰山间的苏兴滩建设新农场。（《人民日报》1956.7.12.①）

12日 中央少数民族语言调查组抵达云南省文山专区，调查侬、沙、土族的分布、人口、语言、干部、知识分子、风俗习惯和民族地区的政治经济、交通等情况。（《文山壮族苗族自治州志》1卷P42~43）

13日 国务院第35次会议听取国家民委副主任汪锋的说明后，通过了《西藏自治区筹备委员会组织简则（草案）》。9月26日，全国人大常委会第一届第四十七次会议通过了《西藏自治区筹备委员会组织简则》，同日公布。（《新华社新闻稿》1956.9.27，《人民日报》1956.7.14.①）

15~23日 贵州省黔东南苗族侗族自治州人大一届一次会议在镇远举行，通过《关于黔东南地区六年来工作情况和1956年工作意见的报告》、《黔东南苗族侗族自治州人民代表大会组织条例（草案）》、《黔东南苗族侗族自治州人民委员会组织条例（草案）》。决定凯里为州政府驻地。（《黔东南苗族侗族自治

州志·总述·大事记》P122～123）

18日 国务院决定，撤销贵州省兴义专区建制及兴义专员公署，将原兴义专署所辖的兴义、兴仁、普安、晴隆、盘县、关岭6县划归安顺专员公署，将册亨、望谟、安龙、贞丰4县划归黔南布依族苗族自治州。（《黔西南布依族苗族自治州志·政权政协志》P17～18）

20日 教育部发出《关于抽调初中、师范教员和教育行政干部支援西藏的通知》。（《中国教育年鉴》（1949～1981）P406）

△ 国家主席毛泽东和全国人大常委会委员长刘少奇接见四川省、广东省和上海市各民族参观团，并合影留念。（《人民日报》1956.7.21.①）

21日 内蒙古自治区党委发出《关于学习民族政策和检查民族政策执行情况》的指示。（《新华社新闻稿》1956.7.24）

22日 中共中央政治局会议研究解决四川省少数民族地区平息武装叛乱和民主改革的问题，肯定四川省甘孜藏族自治州改革“是完全必要的，改革的决心是下得对的”。中共四川省委和成都军区委员会制定“以政治争取为主与必要的军事打击相结合”，“不打第一枪”，“顽抗者坚决消灭，胁从者不问，放下武器者宽大处理，立功者受奖”的平叛方针和政策。8月下旬，自治州人民委员会、州政协委员会在康定召开会议，传达中央对甘孜州平息武装叛乱和民主改革问题的指示。（《甘孜州志》上P51）

23日 甘肃省人委第54次行政会议讨论通过了《关于建立临夏回族自治州的方案》。（《甘肃日报》1956.7.27.①）

23～27日 甘肃省固原回族自治州首届妇代会举行，成立州妇联，选举产生州妇联执委会。（《甘肃日报》1956.8.12.①）

24日～8月9日 西藏召开财政工作会议，讨论西藏地区财政工作为民族团结和西藏地区的发展与进步服务的问题。（《西藏日报》1956.7.27.①，8.14.①）

25日 据统计，青海省3万多撒拉族人民中有92%以上加入农业生产合作社。（《人民日报》1956.7.25.③）

26日 是日报道，从未种过水稻的云南高黎贡山和担当力卡山之间的独龙河谷独龙族农民，今春开辟1000多亩稻田。（《人民日报》1956.7.28.③）

27日 西藏自治区筹委常委第八次会议通过《关于成立中国佛教协会西藏分会的具体方案的决议》、《关于自治区筹委会编制方案的修改的决议》、《关于创办拉萨中学的决议》和《关于拉萨小学分校秋季招收部分藏族学生及改名为拉萨市第二小学校的决议》。（《人民日报》1956.7.2.④，7.29.①）

28日 新疆维吾尔自治区文化局举办的考古训练班在乌鲁木齐开学，30名各民族学员参加。（《新华社新闻稿》1956.8.1）

△ 新疆维吾尔自治区党委召开全疆私营工商业社会改造工作会议。区党委常委、财经（财贸）工作部部长辛兰亭在会议总结中指出，截至6月底，全区内具有4个职工以上的私营工业企业已全部实现公私合营；手工业中组织起来的人员已占到全部从业人员的70%。私营商业中已实现改造的部分，占私商总户数2.5万户的90%左右。（《中国共产党新疆历史大事记（1949.10～1966.4）》上P139～140）

△ 云南省文联和作协昆明分会举行联席会议，决定组织3个调查小组，分赴西双版纳傣族自治州、红河哈尼族自治区和大理等地，了解当地民族民间文学遗产的情况。（《云南日报》1956.8.4.③）

29日 内蒙古自治区19岁姑娘关慧珠（满族）以6分13秒8的成绩打破3000米自行车赛的全国纪录。（《新华社新闻稿》1956.7.30）

31日 中共云南省委批复丽江地委，同意将兰坪县划归怒江傈僳族自治区管辖。（《怒江傈僳族自治州志》上P24）

31日~11月24日 内蒙古自治区副主席吉雅泰率内蒙古自治区少数民族访问团在自治区各少数民族地区访问。访问团访问了鄂伦春、鄂温克、达斡尔、回、满、朝鲜等少数民族人民，检查民族政策执行情况，了解和帮助解决生产、生活上存在的问题。（《新华社新闻稿》1956.11.25；《人民日报》1956.8.4.④；《内蒙古日报》1956.9.4.①，9.14.①）

是月 著名语言学家、教育家，中央民族学院教授马学良领导的语言调查工作队深入西南少数民族地区调查苗、瑶语。其间，马学良与有关专家提出为苗族创造4种方言文字的创建性意见，并设计文字方案，对我国民族文字创制工作中的一些重大理论和实践进行科学总结。（《中央民族大学五十年》P66）

△ 内蒙古自治区科学技术普及协会成立并通过科普协会会章和决议。（《内蒙古自治区史》P287）

△ 内蒙古自治区索伦旗第一个托儿所创建。1958年改称自治旗幼儿园，1978年改称民族幼儿园。（《鄂温克族自治旗志》P913）

△ 吉林省延边朝鲜族自治州延边大学设函授部，承担延边和东北地区朝鲜族中学在职教师提高文化素质的函授任务。（《延边朝鲜族自治州志》P65）

△ 广西省委批转省教育厅、省民委党组《关于我省苗、瑶、侗等少数民族教育中当前存在的主要问题及解决意见的报告》，提出对苗、瑶、侗等少数民族学生报考各种中等学校，应根据当地各少数民族学生的实际水平录取，特别是对目前尚没有中学生的民族应特别放宽标准；在自治县及少数民族杂居的中学，应加强对苗、瑶、侗等民族学生的个别辅导，或单设民族班进行教学；少数民族地区的中学要加强民族政策教育；尽可能及时解决学生在学习、生活上的困难，克服学生流动现象；山区居住分散，交通不便，小学布点要多些，规模可小些，并将小学生与教师的比例适当降低，使适龄儿童均有就学机会；建立向中等学校保送优秀学生制度，解决中学生的来源；多派优秀教师到苗、瑶、侗等少数民族居住的山区任教，提高这些地区的小学质量。（《广西通志·大事记》P311~312）

△ 四川省阿坝藏族自治州设若尔盖县。（《中国分省市县大辞典》P1090）

△ 贵州省黔东南苗族侗族自治州图书馆建立。（《黔东南苗族侗族自治州志·总述·大事记》P123）

△ 贵州省黔东南苗族侗族自治州第一届工农业余文艺汇演在镇远举行，天柱、麻江、镇远、榕江、施秉、岑巩等县的360名代表参加，演出13场，节目78个。（《黔东南苗族侗族自治州志·总述·大事记》P125）

△ 云南省澜沧拉祜族自治区（县）的100个乡、西双版纳傣族自治州的54个乡和孟连傣族拉祜族佤族自治县的3个试点乡完成和平协商土改工作。（《光明日报》1956.9.28.③）

△ 云南省兰坪县第二区的上兰片划归剑川县。（《兰坪白族普米族自治县志》P20）

△ 云南省楚雄专区毛板桥水库建成，库容量2083万立方米。（《楚雄彝族自治州志》1卷P195）

△ 云南省文山专区广南至富宁公路正式通车。（《文山壮族苗族自治州志》1卷P42）

△ 自是月起，中央组织部从内地各省市抽调的数千名汉族干部陆续调进西藏地区，充实扩大各机关部门。西藏工委也开始在社会上吸收大量藏族干部和职工。（《中共西藏党史大事记（1949~1966）》P61）

△ 中共甘肃省肃南裕固族自治县委发布《关于建立牧业生产合作社的意见》。（《肃南裕固族自治县志》P421）

是~8月 中国科学院地质研究所在青海省玉树藏族自治州唐古拉山可可西里、三岔口、沱沱河沿采集到一批打制的新石器时代石器。（《玉树州志》上P28）

8月

1~8日 贵州省黔南布依族苗族自治州人大一届一次会议在都匀举行，通过《黔南布依族苗族自治州人民代表大会组织条例（草案）》、《黔南布依族苗族自治州人民委员会组织条例（草案）》和《黔南地区六年来主要工作情况和今后工作意见的报告》的决议。8日，黔南布依族苗族自治州正式成立，辖都匀、贵定、惠水、罗甸、翁安、荔波、龙里、平圹、福泉、长顺、独山、三都12县。（《黔南布依族苗族自治州志》上P52、421，《中国分省市大辞典》P116，《新黔日报》1956.8.9.①）

1~24日 首届全国音乐周在北京举行。14个民族地区的代表团、中央民族歌舞团和各省市的代表团共演出近700个节目。8月25日，国家民委和文化部邀请出席音乐周的代表团，以及中央民族歌舞团的部分少数民族代表和汉族音乐工作者，座谈少数民族音乐问题。7月24日，由团长雪康·索南达吉率领的西藏音乐观摩团赴北京观摩音乐周活动。27日，63岁的白族民间艺人杨汉赴北京参加音乐周的演出。（《人民日报》1956.8.2.①，8.25.①；《西藏日报》1956.7.27.①）

2日 内蒙古自治区人委发出《关于加强领导大力开展蒙族干部的新蒙文学习运动的指示》。（《内蒙古日报》1956.8.18.①）

3日 西藏自治区筹委常委会第九次会议通过了《关于中国人民政治协商会议西藏委员会的方案》和《关于成立西藏干部学校筹备处的决议》等。（《西藏日报》1956.8.5.①）

△ 以西藏噶尔昆沙为中心，北经日土宗到新疆的塞土拉，南经噶大克到普兰察，以及从日土宗直到黑河的擦卡等地的公路试线通车。（《西藏日报》1956.8.3.①）

3~11日 甘肃省举行第一次民间兽医代表会议。会议听取和讨论甘肃省畜牧厅厅长马全良（回族）作的关于兽医工作和兽疫防治规划的报告，通过甘肃畜牧兽医协会会章，成立省畜牧兽医协会筹委会。（《甘肃日报》1956.8.4.①，8.14.①）

5日 是日报道，全国人大民委按地区组织的内蒙古、东北、新疆、广东、广西、四川、云南、贵州、西藏等少数民族社会历史情况调查组，深入到各民族地区进行社会历史调查。（《光明日报》1956.8.5.①）

△ 广西省建立少数民族社会历史调查组，分赴壮、瑶、苗、侗、仫佬、毛南、回、京、彝、水、仡佬11个少数民族聚居区，进行大规模的少数民族社会历史调查。（《广西通志·大事记》P312）

7日 西北民族学院歌舞团到青海省牧区巡回演出，了解少数民族的生活，发掘整理藏、蒙古等民族的民间艺术。（《新华社新闻稿》1956.8.8）

15日 从陕西省三门峡水库区迁来的首批移民375人抵达银川市。至26日，已有5000多人分批到引黄灌区各县安家。（《当代宁夏史通鉴》P20）

△ 中国美协内蒙古自治区分会成立，中国美术家协会理事，内蒙古自治区文学艺术工作者联合会副主任尹瘦石作了工作报告。（《新华社新闻稿》1956.8.16）

15~16日 中国作协延边分会成立大会在吉林省延边朝鲜族自治州延吉市召开。会议通过延边分会《章程》，选举主席1人，副主席4人，理事12人，下设创作委员会、翻译委员会和民间文学委员会。共有会员39人，其中专职作家2人，中国作家协会会员11人。1985年4月20日，作协从延边文联分出，成为中国作家协会直属分会。（《延边朝鲜族自治州志》上P66，下P1508）

15~18日 吉林省延边朝鲜族自治州政协一届一次会议在延吉市举行。会议选举产生自治州政协第一届委员会。会议以关心少数民族知识分子为中心议题，讨论总结几年来的成就和存在的问题。（《光明日报》1956.8.22.②，《延边朝鲜族自治州志》P65、449、451）

15~22日 新疆维吾尔自治区语言文字改革委员会召开自治区民族语言文字科学讨论会。会议讨论确定维吾尔、哈萨克、柯尔克孜、锡伯等4个民族的文字采用斯拉夫字母重新制定；乌孜别克、塔塔尔2个民族的文字，采用苏联乌兹别克民族和鞑靼民族目前使用的斯拉夫字母的文字；蒙古族文字的改革将根据内蒙古自治区制定的新文字方案实施。（《人民日报》1956.8.29.⑦）

△ 广西省人大首届四次会议举行，讨论通过桂西壮族自治区1955年工作情况和1956年任务的报告等。会上，壮、苗、瑶、侗等少数民族代表对省内民族工作提出批评和建议。（《人民日报》1956.8.26.④）

16日 甘肃省甘南藏族自治州首次教育工作会议召开。（《甘南州志》上P97、下P1415）

△ 四川省民族语文工作指导委员会在成都成立，桑吉悦希（藏族）任主任委员。（《新华社新闻稿》1956.8.18）

18日 云南省人委第13次会议讨论通过了《关于建立大理白族自治州、迪庆藏族自治州和巍山彝族自治县、永和回族自治县、西盟佤族自治县、贡山怒族独龙族自治县、宁蒗彝族自治县的报告》，并报请国务院批准。会议决定，德宏傣族景颇族自治区改为自治州。（《云南日报》1956.8.20.①）

△ 国家主席毛泽东复信全国人大常委会副委员长达赖喇嘛说："现在还不是实行改革的时候。大家讲一讲，先做充分的精神上的准备，等到大家都想通了，各方面都安排好了，然后再做，可以少出乱子，最好不出乱子。"9月1日，藏军第一、二、三、四、五、六代本（相当团）连营长，集体对"乃穷神"（护法神）盟誓："誓死保卫西藏固有的各种制度，保卫神圣的宗教，反对在西藏进行任何改革。"（《中共西藏党史大事记（1949~1966）》P62）

20日 新疆维吾尔自治区各民族歌舞团和话剧团在乌鲁木齐成立。（《人民日报》1956.8.24.⑦）

20~31日 中国新民主主义青年团新疆维吾尔自治区代表会议举行，参会代表共230名。自治区团委书记牛其益向大会作《关于新疆维吾尔自治区团的工作总结报告》。（《中国共产党新疆历史大事记（1949.10~1966.4）》上P141）

22日 西藏地区拉萨市郊机场基建工程基本竣工。（《西藏日报》1956.8.22.①）

23日 以汤麦·公觉白玛为团长，才苏·才羊、邦达·泽仁曲吉为副团长的西藏地区妇女代表团一行61人抵达北京。24日，国家主席毛泽东接见西藏地区妇女参观团、中央政法干校西北分校参观团和广西各民族参观团，西藏地区妇女参观团向毛泽东主席敬献哈达。27日，西藏地区妇女参观团拜会国家民委副主任汪锋、杨静仁等。同日，全国妇联设宴招待西藏地区妇女参观团。1957年1月16日，西藏地区妇女参观团离京返藏。团长汤麦·公觉白玛及其家属仍留内地继续参观。（《人民日报》1956.8.24.①，8.25.①，8.28.①）

△ 农业部拨专款15万元，给西藏昌都地区发展畜牧兽医业。（《西藏日报》1956.8.23.①）

25日~10月5日 中国科学院语言调查

第七工作队甘青分队第四组到青海省祁连阿力克地区收集藏族民歌、民谣等。 （《海北藏族自治州志》上 P49）

27日 青海省柴达木盆地发现重晶石矿。 （《人民日报》1956.8.29.②）

27日~9月2日 苗族语言科学讨论会预备会议在贵州省贵阳市举行。会议听取和讨论了民族语言研究会副会长马学良作的《有关创立苗文的几个问题的报告》，研究了推行苗文和培养苗文干部等问题。 （《新黔日报》1956.9.4.①）

28日 四川省阿坝藏族自治州第二条公路刷经寺至马尔康公路全线通车，全长72公里。 （《人民日报》1956.9.2.②）

29日 西藏自治区筹委会下属山南基巧级办事处成立，31日拉萨基巧级办事处成立，于9月2日江孜基巧级办事处成立，9月15日日喀则基巧级办事处成立，10月5日塔工基巧级办事处成立，10月9日阿里、黑河两个基巧级办事处成立。昌都地区人民解放委员会举行扩大会议，9月17日宣布“解委会”代行昌都基巧级办事处职权。至是年底，全区共建立8个基巧、50个宗级办事处，根据自治区筹委会宗级办事处组织细则进行工作。 （《中共西藏党史大事记（1949~1966）》P62，《当代中国的西藏》上 P341）

31日 黑龙江省人委第18次会议听取和讨论黑龙江省民委副主任王丕年作《关于将杜尔伯特旗改建为杜尔伯特蒙古族自治县向国务院的报告》（草案）的说明后，同意报请国务院审批。 （《黑龙江日报》1956.9.1.①）

是月 贵州省黔东南苗族侗族自治州第一座小水电站在镇远县两路口建成，装机容量3千瓦。 （《黔东南苗族侗族自治州志·总述·大事记》P124）

△ 新疆维吾尔自治区博尔塔拉蒙古自治州对私营工商业的社会主义改造完成。（《博尔塔拉蒙古自治州志》P41）

△ 贵州省黔东南苗族侗族自治州锦屏县电影一队龙玉莲（女，苗族）应邀参加中华全国总工会在北京举行的“全国工会电影观摩汇演”，受到国家副主席朱德等中央领导人的接见。 （《黔东南苗族侗族自治州志·总述·大事记》P124）

△ 以广西省副省长覃应机为团长的广西省各族人民代表团应邀赴越南参加越北自治区成立庆典活动，在河内受到越南主席胡志明接见。 （《广西通志·大事记》P312）

△ 四川省藏、彝族农业区已有102万人口的地区完成民主改革，有25万人口的地区正在进行民主改革，计占藏、彝族地区农业总人口的67%。在完成民主改革的地区，封建制度与奴隶制度被废除，50%以上的各族劳动人民分得土地和部分生产资料，建立互助组9734个，农业生产合作社829个。在彝族地区还试办若干高级农业生产合作社。 （《四川日报》1956.11.23.④）

是~10月 中国科学院少数民族语言调查队对青海省玉树、治多、杂多、曲麻莱、称多5县民族语言进行调查研究。 （《玉树州志》上 P28）

9月

1日 贵州省最长、跨径最大的石台桥——黔东南苗族侗族自治州凯里龙头河大桥正式通车。桥长105米、宽4.7米，桥面高出水面18米，可通过25吨载重汽车。 （《黔东南苗族侗族自治州志·总述·大事记》P124）

△ 吉林省延边朝鲜族自治州延边人民广播电台开办汉语地方节目。 （《延边朝鲜族自治州志》上 P66）

4日 中央对西藏民主改革问题作重要指示。中央指出，西藏的民主改革必须是和平改革。要实现和平改革，一定要等西藏上层做好准备工作以后再进行。准备工作主要同西藏各方面的领导人员协商好，取得他们真正的同意，而不是勉强的同意。如果他们没有真正表示要改革，就决不要勉强进行。要把上层安排好，在不降低上层的政治地位和生活水平的原则下，把所有僧侣贵族的工作和生活安排好，特别是对他们代表人物的政治地位和生活待遇，要经协商作出适当安排。如果这两条没有做好，勉强去改革就势必要出乱子。中央明确指出，从西藏当前的工作基础、干部条件、上层态度以及昌都地区最近发生的一些事件看来，西藏实行改革的条件还没有成熟。我们的准备工作也绝不是一二年内所能做好的，因此实行民主改革肯定不会是第一个五年计划期内的事，也可能不是第二个五年计划之内的事，甚至还可能推迟到第三个五年计划之内去。中央在九四指示中提出，在西藏的民主改革问题上我们已经等待好几年了，现在还必须等待。这是对西藏上层分子的一种让步，而这种让步是必要的、正确的。这种等待不是消极的，相反必须积极地进行工作。从现在开始到进行改革这个时间，必须抓紧上层统一战线、培养藏族干部、发展党员和团员、扶持群众生产、尽可能地改善群众生活和逐步使自治区政权民主化等项重要环节，努力做出成绩，以便为改革准备条件。西藏工委提出的改革重点试验，现在肯定应当停止进行，关于改革的宣传工作要适当地加以调整和紧缩。（《当代中国的西藏》上P226~227）

5日 西藏第一个正规的畜牧业兽医训练班在拉萨开学。首期藏、回族学员共102名。（《新华社新闻稿》1956.9.7）

6日 据统计，甘肃省少数民族在校学生有8.3万多名。是年新创办民族中学6所、民族小学80多所。全省民族中学和师范学校24所，民族地区兴办的小学700多所。（《人民日报》1956.9.16.⑦）

6~10日 青海省海南藏族自治州第一次物资交流大会在恰卜恰举行。（《新华社新闻稿》1956.9.14）

7日 中共云南省委组织部举行边疆组织工作座谈会，讨论云南省边疆少数民族地区党的组织建设问题。（《云南日报》1956.9.8.①）

8日 《人民日报》发表社论《正确认识我国各民族之间的关系》，要求克服大汉族主义，尊重少数民族，提高民族自尊心和自信心。（《人民日报》1956.9.8.①）

△ 广西省同越南谅山、高平省1956年地方国营贸易谈判在南宁达成协议。广西省进口货值45万元，出口货值33万元；进口以农副产品、药材、手工艺品为主，共60种；出口以工业品、手工业品为主，共169种。（《广西通志·大事记》P312）

△ 西藏自治区筹委常委会第12次会议讨论通过自治区筹委塔工、山南、江孜3个基巧级办事处的委员任命名单和《关于培训藏族技术工人的规划》，批准组织拉萨现有工人生产问题的请示。（《西藏日报》1956.9.9.①）

△ 全国政协常委、西北民族学院副院长白海风（蒙古族）在北京病逝，终年53岁。（《中国历代少数民族英才传》P3145~3150）

△ 著名木卡姆专家吐尔地·阿洪（维吾尔族）病逝，享年75岁。（《中国历代少数民族英才传》P3438~3441）

10~14日 中共甘肃省银川地委扩大会议举行，甘肃省政府副主席孙殿才传达中共中央和国务院关于加强农业生产合作社的生产领导和组织建设的指示。（《中共宁夏党史大事记（1925.8~1988.6）》P200）

11日 国务院同意撤销贵州省黔南布依族苗族自治州三都县，设三都水家族自治县，除原三都县辖区外，另将原属都匀、独山、荔波、榕江4县的37个乡划归自治县管辖。（《黔南布依族苗族自治州志》上P52）

△ 国务院全体会议第37次会议决定：撤销内蒙古自治区明安太右联合旗和宝昌县；扩大正蓝旗行政区域，将原明安太右联合旗的

第一、二、三、四4个苏木及第五、六联合苏木一部和原宝昌县的第三区（哈叭嘎区）划归正蓝旗领导，旗人民委员会改设在黄旗大营子；太仆寺左旗改称太仆寺旗，将原宝昌县的第一、四、五、六、七5个区划归该旗领导，旗人民委员会改设在宝昌城内；正白镶白联合旗改称正镶白旗，将原明安太右联合旗的第七、八联合苏木及第五、六联合苏木大部分和原宝昌县的第二区（龙王庙区）划归该旗领导，旗人民委员会改设在和硕庙；商都镶黄联合旗改称商都镶黄旗，将原属正镶白旗的第四、五的2个苏木的西部划归该旗领导，旗人民委员会设在哈印海尔巴庙；调整后察哈尔盟共辖4个旗，2个县，即正蓝旗、太仆寺旗、正镶白旗、商都镶黄旗和多伦县、化德县。

撤销松桃苗族自治县，自治县的行政区域为原松桃县的行政区域和铜仁县的沙坝、王家普、天星云、中寨、岩拉塞、硐、大兴等9个乡及江口县的小坉乡，12月31日自治县宣告成立；三都水家族自治县属黔南布依族苗族自治州领导，自治县人民委员会驻原三都县城；松桃苗族自治县属铜仁专员公署领导，自治县人民委员会驻松桃县城。设置云南省迪庆藏族自治州，自治州的行政区域为原丽江专员公署领导的中甸、维西2个县和德钦县藏族自治区，自治州人民委员会驻中甸县城，9月13日自治州成立后，将德钦县藏族自治区改为德钦县；设置宁蒗彝族自治县，撤销宁蒗县，自治县的行政区域为原宁蒗县及小凉山地区，自治县人民委员会驻原宁蒗县城，9月20日宣告成立。

设置甘肃省临夏回族自治州，撤销临夏专员公署，以原临夏专员公署所属的临夏、和政、永靖、康乐、东乡、广通6个县、自治县和临夏市作为自治州的行政区域，自治州人民委员会设于临夏市，11月19日自治州宣告成立；原东乡族自治县不变；原广通回族自治县改为县；原11个相当于区的民族自治区和19个相当于乡的民族自治区，除东乡族、保安族、撒拉族聚居地区和维居地区改为民族乡外，其余一律改为一般区、乡。在更改上述相当于区和乡的民族自治区时，应与当地民族代表进行充分协商，并取得他们同意。如当地少数民族不愿意更改时，应暂缓处理。（《国务院公报》1956［34号］P908～910；《人民日报》1956.11.20.②，1957.1.4.④；《云南日报》1957.9.14.①）

12日 据报道，湖南省江华瑶族自治县过去没有一名瑶族高小生，现已有73名瑶族中学生；湘西苗族自治州苗族中等学校在校生1000名。（《人民日报》1956.9.12.⑦）

△ 中共中央、国务院发出《关于加强农业生产合作社的生产领导和组织建设的指示》，要求加强少数民族地区农业合作社的领导和组织建设。（《人民日报》1956.9.13.①③）

13日 据统计，内蒙古自治区的蒙古、回、满、达斡尔、鄂温克和鄂伦春等民族干部已有2.2万多名。（《人民日报》1956.9.14.①）

△ 内蒙古自治区牧民僧格继1953年后再次获得重量级摔跤全国冠军。（《新华社新闻稿》1956.9.14）

14日 国务院批复内蒙古自治区人民委员会，同意撤销石拐沟矿区，将原石拐沟矿区所属第二区的石拐、福永、大发窑、碱水渠、厂汗沟5个乡及第一区阿什拉沟乡的道尔吉忽洞召村划归包头市领导；将第一区的新胜、乔圪齐、阿什拉沟（道尔吉忽洞召村除外）、白彦楞、腮忽洞、登口、厂汗大坝7个乡及吉忽伦图嘎查划归固阳县领导。（《国务院公报》1956［36号］P962）

△ 国务院副总理陈毅在向全国人大常委会作《中央代表团访问西藏的总结报告》中提出："从西藏今后建设需要出发，普遍地大量地培养西藏民族的干部，特别是各种专业干部，是做好西藏一切工作的关键。"（《当

代中国的西藏》上P355）

15～27日 中共第八次全国代表大会举行，全国人大常委会委员长刘少奇作《政治报告》。《报告》第四部分《国家的政治生活》中强调指出："正确处理少数民族问题，是我们的国家工作中一项重大的任务。"并系统阐述了我国社会主义改造和社会主义建设中的各项民族政策，主要内容：一切改革必须按照各民族自己的意愿办事；对于少数民族的上层人士，国家要采取适当办法，使他们的政治待遇和生活水平不致降低；对于少数民族地区的宗教信仰问题，坚持执行宗教信仰自由的政策，对于宗教职业者的生活困难，应当适当解决；各少数民族要发展成为现代民族，根本的关键是要在他们的地区发展现代工业。

新疆维吾尔自治区各族党员代表首次参加全国代表大会。自治区党委第一书记王恩茂、自治区主席赛福鼎·艾则孜分别作题为《为新疆维吾尔自治区各族人民和全国各族人民共同过渡到社会主义而奋斗》、《新疆维吾尔自治区各族人民同全国人民一道胜利地前进着》的发言。（《新华社新闻稿》1956.9.27，9.28，9.29；《中国共产党新疆历史大事记》（1949.10～1966.4）上P145；《刘少奇选集》下P202～253）

△ 在中共第八次全国代表大会上，国家主席毛泽东在谈到少数民族工作时指出："要反对大汉族主义。不要以为只是汉族帮助了少数民族，而少数民族也很大的帮助了汉族。有些同志总是在那里吹，我们可帮助了你们，就没有看到没有少数民族是不行的。我国50%~60%的地方，是什么人住的？是汉族住的，还是什么人住的？50%~60%的地方是少数民族居住的。那里物产丰富，有很多宝贝。现在，我们帮助少数民族很少，有些地方还没有帮助，而少数民族倒是帮助了汉族。有些少数民族，需要我们先去帮助他们，然后他们才能帮助我们。少数民族在政治上很大地帮助了汉族，他们加入了中华民族这个大家庭，就是在政治上帮助了汉族。少数民族和汉族团结在一起了，全国人民都高兴。所以，少数民族在政治上、经济上、国防上，都对整个国家、整个中华民族有很大的帮助。那种以为只有汉族帮助了少数民族，少数民族没有帮助汉族，以及那种帮助了一点少数民族，就自以为了不起的观点，是错误的。"（《毛泽东选集》5卷 P154）

16日 云南省人民出版社首次用新傣文和景颇文出版一批少数民族读物。（《新华社新闻稿》1956.9.17）

18日 西藏昌都地区汽车运输站的20辆汽车从西藏江达运送百货物资，行至宗拉附近遭到200余名叛乱分子伏击，我方死3人、伤7人。（《中共西藏党史大事记（1949～1966）》P63）

19～28日 西藏首届青年代表大会举行。会议总结西藏和平解放以来的青年工作，讨论确定当前的任务，通过关于西藏爱国青联会会章和有关组织西藏青年参观团的决议。28日，西藏爱国青年联谊会宣告成立，会长为达赖喇嘛之兄洛桑三旦，这是争取团结西藏青年的统一战线性质的组织。（《新华社新闻稿》1956.9.29，《中共西藏党史大事记（1949～1966）》P64）

20日 《中华人民共和国和尼泊尔王国保持友好关系以及关于中国西藏地方和尼泊尔之间的通商和交通的协定》签订。《协定》规定，尼泊尔、西藏地区之间此前所有条约和文件应即废除；尼泊尔在西藏、中国在尼泊尔互设商务代理处和贸易市场。《规定》对双方边境贸易、香客往来等也作出规定。（《中共西藏党史大事记（1949～1966）》P63）

△ 西藏第一所中学——拉萨中学（初级中学）开学，入学学生200多人，全国人大常委会副委员长达赖喇嘛·丹增嘉措任名誉校长。日喀则、昌都、江孜相继成立了中学。

（《新华社新闻稿》1956.9.22）

22日 西藏自治区筹委常委会第13次会议讨论通过了西藏自治区筹委宗级办事处组织细则。（《西藏日报》1956.9.26.①）

24日 据报道，内蒙古自治区鄂伦春自治旗鄂伦春族人民改变过去从事单一狩猎生产的习惯，开始经营多种经济。（《内蒙古日报》1956.9.26.①）

24~30日 云南省委举行内地高寒贫瘠山区工作会议，全面检查民族政策执行情况。会议批判大汉族主义思想和作风，讨论确定帮助高寒贫瘠山区少数民族逐步改变落后状态的措施。10月23日，蒙自专区石屏等8县抽调300名县区干部，深入高寒贫瘠山区33个乡进行访问，听取各族群众的要求，帮助他们解决生产、生活中的困难。（《人民日报》1956.10.11.④，10.23.④）

25日 据《银川报》报道，甘肃省银川专区党组织日益壮大。截至8月底，全专区有党员1.54万名，其中少数民族党员1481名、妇女党员1529名；解放以来共接收437名知识分子入党，达到农村乡乡有总支、社社有支部、队队有党员。（《中共宁夏党史大事记（1925.8~1988.6）》P200）

25~30日 云南省贡山独龙族怒族自治县首届人大会议、政协二届一次会议举行，10月1日，云南省贡山独龙族怒族自治县成立，贡山独龙族自治区撤销。国家民委、云南省委致贺电。中共贡山县工委改称为中共独龙族怒族自治县工委。10月10日，国务院第38次会议通过该自治县成立。（《贡山独龙族怒族自治县志》P171、P192，《云南民族团结进步事业光辉历程（1949~2009）》P78，《贡山独龙族怒族自治县志》P12，《云南日报》1956.10.24.①）

25日~10月3日 新疆维吾尔自治区青年代表大会举行，制定了自治区青联章程，选举产生自治区青联领导机构，成立自治区民主青联。（《新华社新闻稿》1956.10.5）

26日 西藏自治区筹备委员会气象处成立，10月成立拉萨气象台。全国先后抽调140多名气象专业人员进藏。是年底，西藏气象部门人员发展到500人，建气象台站19个。1961年11月20日，气象处改为气象局，局长周美光。（《当代中国的西藏》下P248~249）

27日 国务院总理周恩来主持召开座谈会，传达中央根据党和国家的民族区域自治政策和制度，在广西省建立省级壮族自治区的倡议。出席中共八大会议的广西省委常委陈漫远、韦国清、覃应机、陈再励、卢绍武、郝中士、贺亦然、李殷丹、王梦周9人参加座谈会。10月2日，就建立广西壮族自治区问题提出建议并上报中共中央统战部。12月3日，中共中央批复同意该建议。（《广西通志·大事记》P313）

△ 内蒙古自治区鄂伦春自治旗的鄂伦春族开始向社会主义过渡。（《新华社新闻稿》1956.9.28）

27日~1957年3月17日 西藏参观团，内蒙古、新疆、吉林延边和甘肃4个少数民族青年参观团，云南、四川、新疆、广东、陕西和川、甘、青边境各民族参观团，甘孜牧区、青海牧区各民族参观团，以及新疆有色金属工业民族干部参观团等在北京参观学习。29日，国务院副总理贺龙、陈毅、乌兰夫设宴欢迎各地参观团。10月4日，国家主席毛泽东、副主席朱德和国务院总理周恩来接见各地参观团。5日、6日和11日，全国妇联、政协和国家民委先后举行酒会和宴会，招待各地参观团。16日，国家民委召开汇报会，由民族出版社、中央民族学院和广播事业局的负责人向各地参观团汇报几年来民族出版工作、培养少数民族干部和民族地区广播事业等方面的情况。（《新华社新闻稿》1956.10.17，1957.3.18；《人民日报》1956.9.28.②，9.29.②，9.30.②，10.5.①，10.9.④，10.13.④）

29日 农业部拨专款18万元支持西藏地区发展畜牧兽医业。（《新华社新闻稿》1956.9.30）

30日 北京时间凌晨零时35分和零时49分，分别在宁夏省银川、同心上空出现罕见的天气现象——极光。（《当代宁夏史通鉴》P20）

是月 贵州省黔东南苗族侗族自治州人民委员会制定《民族临时用粮供应办法》，对少数民族风俗习惯予以照顾，由乡人民委员会核实供应。（《黔东南苗族侗族自治州志·总述·大事记》P124）

△ 地球物理专家章公亮等人到西藏拉萨，历时半年多完成选址、设计、基建施工和仪器安装、调试、标定等工作，在青藏高原上建立首座地球物理观象台。（《当代中国的西藏》下P354）

△ 新疆维吾尔自治区克孜勒苏柯尔克孜自治州第一所柯尔克孜族中学建立。（《克孜勒苏柯尔克孜自治州志》上P29）

10月

1日 新疆维吾尔自治区民办公助的最大水库至衣干其水库竣工放水。（《新华社新闻稿》1956.10.5）

2~14日 甘肃省甘南藏族自治州人大二届一次会议举行。会议决定今后工作继续贯彻“慎重稳进”的工作方针，执行“不分不斗，不划阶级”、“牧工牧主两利”和“依靠劳动牧民，团结一切可以团结的力量，在稳步发展畜牧业生产的基础上，逐步实现对畜牧业的社会主义改造”政策。（《甘南州志》上P98、下P1078，《甘南藏族自治州概况》P258）

3日 中共贵州省黔东南地委批转地委工作组《关于少数民族地区转高级社具体问题的处理意见》，要求根据民族地区的实际情况，适当照顾少数民族的生产、生活习俗，不搞“一刀切”。（《黔东南苗族侗族自治州志·总述·大事记》P125）

3~11日 云南省各民族青年文艺体育大会在昆明举行。800多名各民族青年表演250多个民族文艺体育节目。（《新华社新闻稿》1956.10.14）

3~12日 广东省民族工作积极分子会议在广州举行。会议交流民族工作经验，树立民族工作的旗帜，就如何做好民族工作提出160多条合理化建议。（《南方日报》1956.10.15.②）

4~11日 贵州省教育厅在都匀召开民族教育工作座谈会，传达全国第二次民族教育工作会议的精神，对今后民族教育工作提出意见。（《新黔日报》1956.10.17.②）

4~14日 新疆维吾尔自治区第二次妇女代表大会举行。大会制定《新疆维吾尔自治区民主妇女联合会组织章程》，选举产生第二届执行委员会，玛依努尔·哈斯木任自治区妇女联合会主任。1957年9月，根据全国妇联第三次会议决定，自治区民主妇女联合会改称自治区妇女联合会。（《中国共产党新疆历史大事记（1949.10~1966.4）》上P145~146）

5日 据报道，内蒙古自治区司法系统干部中民族干部有347名，占司法干部总数的27.5%，其中女干部有159名。（《内蒙古日报》1956.10.5.③）

6日 西藏自治区筹委常委会第14次会议作出《关于大力培养藏族干部的决议》，就自治区筹委会所属各部门、各基巧级办事处、宗级办事处培养和吸收干部、藏族干部的来源、培养方法等问题作了明确规定，并宣布筹委所属各处、委的干部任免名单。（《西藏日报》1956.10.10.①，《当代中国的西藏》上P358）

△ 国务院下发《关于更改相当于区和相当于乡的民族自治区的补充指示》。（《国务院公报》1956［41号］P1050）

△ 科学院少数民族语言调查队结束在云南省西盟地区的佤族语言调查工作。（《人

民日报》1956.10.6.⑦）

6~10日 中国佛协西藏分会成立大会在拉萨举行。会议通过佛协西藏分会组织简则和分会领导人的名单。全国人大常委会副委员长，十四世达赖喇嘛·丹增嘉措和全国政协副主席十世班禅额尔德尼·确吉坚赞当选名誉会长，噶丹赤巴·土登滚噶为理事会会长。这是一次西藏宗教界的团结大会，是统一战线工作在宗教界的一个突破。（《人民日报》1956.10.8.④，10.12.④）

8日 国务院批复四川省人民委员会，同意雅安专员公署领导的泸定县划归甘孜藏族自治州领导。（《国务院公报》1956［37号］P979）

△ 据报道，甘肃省贺兰山东麓和内蒙古自治区卓子山西南地区发现大煤田。（《人民日报》1956.10.8.②）

△ 世界最高的导航站在西藏地区帕里城郊区建立。（《西藏日报》1956.12.1.②）

△ 广西省桂西壮族自治州宁明县花山和一些石山，发现一批稀有的壮族古代崖壁画。（《新华社新闻稿》1956.10.9）

10日 国务院第38次会议通过关于撤销黑龙江省杜尔伯特旗，设置杜尔伯特蒙古族自治县的决定，12月5日自治县宣告成立；撤销云南省贡山县，设置贡山独龙族怒族自治县，以原贡山县的行政区域为贡山独龙族怒族自治县的行政区域，自治县人民委员会驻原贡山县城，10月1日自治县宣告成立；撤销湖南省城步县，设置城步苗族自治县的决定，11月30日自治县宣告成立。（《国务院公报》1956［63号］P978，《人民日报》1956.12.10.④）

12日 四川省甘孜藏族自治州康定地委、康定军分区下发《关于开展停战和谈的实施计划》。但参加叛乱的反动上层利用停战和谈的机会，用假“和谈”的手段，重新组织力量，叛乱继续扩大。（《甘孜州志》上P52）

△ 新疆维吾尔自治区乌鲁木齐至阿勒泰航线正式通航。此线通航以后，将形成以乌鲁木齐为中心的新疆地区航空网。（《新华社新闻稿》1956.10.16）

13日 西藏自治区筹委第15次常务会议，通过《关于西藏干部学校董事长和校长人选》的决议，达赖喇嘛、班禅额尔德尼、谭冠三为董事长，阿沛·阿旺晋美为校长，拉敏·益喜楚臣、邦达多吉、苗九锐为副校长；通过《关于目前在全区逐步开办群众业余文化学校的几项规定》的决议。（《西藏日报》1956.10.16.①）

△ 西藏日喀则农业试验场在3800米的高原上试种玉米成功。（《西藏日报》1956.10.13.①）

△ 内蒙古自治区党委和人委联合举办民族语文工作报告会，由自治区党委宣传部长王文达作关于《开展蒙文学习，做好蒙文工作》的报告。（《内蒙古日报》1956.10.14.①）

15日 甘肃省甘南藏族自治州人民委员会首次全委会议讨论通过《甘南藏族自治州自治条例》（草案）。（《甘南州志》上 P98）

15~19日 云南省教育厅召开全省第一次干部文化教育会议，要求各级干部文化学校把提高少数民族干部的文化水平作为一项重要任务。（《云南日报》1956.11.1.③）

16日 国务院批复河北省人民委员会和内蒙古自治区人民委员会，同意将河北省围场县太平地乡双敖包自然屯划归内蒙古自治区喀喇沁旗按丹沟乡领导。（《国务院公报》1956［38号］P997）

17日 以平措旺秋为团长，白玛孙格和索朗旺堆为副团长的西藏青年参观团一行71人离拉萨赴北京。1957年2月8日，国家主席毛泽东，全国人大常委会委员长刘少奇，国务院副总理陈云、邓小平、黄炎培和全国政协副主席陈叔通等党和国家领导人接见参观团。（《新华社新闻稿》1957.2.9，《中共西藏党史

大事记（1949～1966）》P64）

18日 青海省机关团体代表300多人举行追悼会，追悼玉树藏族自治州副州长昂旺（藏族）和海南藏族自治州政协副主席香查活佛（藏族）。省委书记周仁山到会致哀。（《新华社新闻稿》1956.10.20）

△ 广西省民族政策检查组分赴宜山、百色、平乐3地区，检查和解决合作化后农村中执行民族政策的问题。（《新华社新闻稿》1956.10.22）

18～23日 四川省甘孜藏族自治州第二届各族各界人民代表会议第三次会议在康定举行。会议传达《周恩来总理传达中共中央对四川甘孜州民主改革问题的指示》；批准仁钦多吉（藏族，又名王寿才）副州长所作的关于《四川省甘孜藏族自治州农业地区民主改革实施办法》和《四川省甘孜藏族自治州人民委员会关于消除高利贷、调整债务关系实施办法》部分条文的修改说明，通过修改后的条文。（《甘孜州志》上P52）

19～21日 民族文字字母形式一致问题讨论会在贵阳举行。会议讨论拟定以拉丁字母为基础的少数民族文字字母总表和藏缅、苗瑶、壮傣3个语族的字母总表，并报送领导机关审定。（《新黔日报》1956.10.26.①）

19日～1957年3月14日 根据中共中央和国务院指示组成的中央慰问团在四川和云南省等少数民族地区进行慰问。王维舟任慰问团团长，刘格平（回族）、桑吉悦希（藏族）、王一夫、阿旺嘉措（藏族）、果基木古（彝族）、郭林祥、张冲（彝族）任副团长。11月14日，副团长张冲率慰问团第五分团在云南西北部少数民族地区进行慰问。1957年1月20日，慰问团及所属4个分团结束在四川少数民族地区的慰问，返抵北京。慰问团历时2个多月，分别在甘孜、凉山、阿坝、西昌等少数民族地区慰问各族人民。各分团在康定、刷经寺、昭觉和西昌等地举行慰问大会，传达党中央、国家主席毛泽东对各族人民、地方干部和解放军的关怀慰问。总团还先后在成都、昭觉举行上层人士座谈会，宣讲、座谈党的政策，解除上层人士对民主改革的顾虑。3月14日，第五分团结束慰问活动返抵昆明。第五分团历时4个月，先后到藏族聚居区的中甸、维西、德钦和彝族地区的宁蒗、华坪、永胜等县的几百个村寨，向彝、藏人民和民族公众领袖人物、僧俗官员等传达党和政府的关怀慰问。（《新华社新闻稿》1957.3.16；《人民日报》1956.11.14.⑤、11.16.④、11.18.④、11.20.④，1957.1.21.④）

20日 云南省贡山独龙族怒族自治县正式开通长途电话。（《贡山独龙族怒族自治县志》P309）

△ 西藏自治区筹委常委会第16次全体会议通过了《关于召开西藏自治区筹备委员会第二次全体委员会议的决议》，并宣布部分基巧级办事处的委员和部分宗级办事处的主任、副主任名单。（《西藏日报》1956.10.24.①）

21日 中国西藏地区当雄至印度航线试航成功。（《人民日报》1956.10.26.④）

22日 内蒙古自治区第一所回民中学——呼和浩特回民中学成立。（《内蒙古日报》1956.10.24.①）

23～29日 云南省教育厅召开全省民族教育会议，根据全国第二次民族教育会议的精神和中共云南省委的指示，总结几年来民族教育工作，提出改进措施。（《云南日报》1956.10.31.①）

25日 广西省大瑶山瑶族自治县金秀至桐木的公路正式通车，全长32.5公里。（《广西通志·大事记》P313）

26日 贵州省黔东南苗族侗族自治州建筑公司成立，后成为自治州规模最大、技术力量最强的建筑施工企业。（《黔东南苗族侗族自治州志·总述·大事记》P125）

△ 据统计，西藏境内的邮程已延长到

8000公里。（《人民日报》1956.10.31.②）

△ 北京市至青海省塔尔丁航线试航成功，全长2309公里。（《人民日报》1956.10.31.②）

27日 西藏自治区筹委常委会第17次会议通过了《关于授权给驻拉萨的全体常务委员全权处理常务委员会工作的议案》和筹委给国务院的工作报告，讨论《关于成立中国人民政治协商会议西藏自治区委员会筹备处的议案》，宣布拉萨、日喀则基巧级办事处主任、副主任委员和工作人员及自治区筹委会工作人员的任命名单。（《西藏日报》1956.10.30.①）

28~29日 全国人大民委云南少数民族社会历史调查组，由费孝通等率领分批离昆明到德宏、怒江和西盟调查研究景颇族、傈僳族、佤族的社会、经济、政治、文化和民族历史。（《新华社新闻稿》1956.10.31）

29日 广西省桂剧传统剧目鉴定委员会在桂林成立。同时组织全省桂剧老人、著名演员对135个桂剧传统剧目进行演出鉴定，历时3个月。（《广西通志·大事记》P313）

29日~11月9日 内蒙古自治区党委召开第四次牧区工作会议，检查总结和布置自治区牧区的社会主义改造工作。（《人民日报》1956.11.15.③）

31日 新疆维吾尔自治区党委决定，中共克孜勒苏柯尔克孜地委改称中共克孜勒苏柯尔克孜自治州委员会。（《克孜勒苏柯尔克孜自治州志》上P29）

31日~11月7日 苗族语言文字科学讨论会在贵州省贵阳市举行。会议通过创制3种苗文和改革第一种苗文的决议。（《人民日报》1956.11.17.⑦）

是月 内蒙古自治区人民委员会颁布《关于使用与学习蒙古语文奖励暂行办法》，鼓励和提倡学习蒙古语文。（《内蒙古自治区史》P235）

△ 内蒙古自治区索伦旗收音站建立。1958年改称广播站，1970年称广播事业科，1984年改称广播电视局。（《鄂温克族自治旗志》P913）

△ 云南省德宏傣族景颇族自治州瑞丽至畹町公路建成通车，全长27公里。（《德宏州志》综合卷P42）

△ 云南省西双版纳傣族自治州建立第一座有线广播站——州广播站。（《西双版纳傣族自治州志》上P39）

△ 西藏拉萨、昌都、那曲气象台首批开展探空观测，高空气象探测质量6项指标全部达到国家标准，其中施放高度等在全国名列前茅。3地气象台增设日射观测业务，对太阳直接辐射、总辐射、散射辐射和反射辐射等项目进行观测。同月，拉萨气象台成立，负责单站中、短期天气预报。（《当代中国的西藏》下P253、255）

△ 西藏自治区筹委文教处组织全区首届文艺汇演在拉萨举行。（《当代中国的西藏》下P381）

11月

1日 据报道，农业部是年2次拨专款35万元资助青海省发展畜牧业生产。（《青海日报》1956.11.1.①）

4日 国家主席毛泽东、副主席朱德和中共中央总书记邓小平等领导接见甘肃农业区民族宗教人士参观团和青海牧业区少数民族参观团。（《人民日报》1956.11.5.②）

4~7日 布依族语言文字问题科学讨论会在贵州省贵阳市举行。会议通过布依族文字方案（草案），决定布依族文字采取和壮族文字联盟的方针。（《人民日报》1956.11.17.⑦）

6日 湖北省恩施专署体育运动委员会成立。（《恩施州志》 P1018）

6~17日 云南省委召开边疆地区生产合作会议。会议总结在边疆142万人口的地区完成和平协商土改的成绩，没收了近9.2亿斤产

量的土地。会议讨论了今后在边疆地区进一步全面发展生产和合作化的问题。（《人民日报》1956.11.20.④）

8日 云南省人委拨救济款150万元，帮助高寒山区少数民族人民克服冬季生活困难。（《云南日报》1956.11.28.①）

9日 云南省巍山彝族回族自治县成立。（《云南民族团结进步事业光辉历程（1949～2009）》P78）

△ 四川省甘孜藏族自治州体委在康定成立。（《四川日报》1956.11.30.③）

10～15日 中共中央委员会八届二次全体会议举行，中共中央主席毛泽东就西藏问题发表讲话。他说："这里再讲个达赖的问题。佛菩萨死了2500年，现在达赖他们想去印度朝佛。让他去，还是不让他去？中央认为，还是让他去好，不让他去不好。过几天他就要动身了。劝他坐飞机，他不坐，要坐汽车，通过噶伦堡。而噶伦堡有各国的侦探，有国民党的特务。要估计到达赖可能不回来，不仅不回来，而且天天骂娘，说'共产党侵略西藏'等等，甚至在印度宣布'西藏独立'；他也可能指使西藏上层反动分子来一个号召，大闹起事，要把我们轰走，而他自己却说他不在那里，不负责任。这种可能，是从坏的方面着想。出现这种坏的情况，我也高兴。我们的西藏工委和军队要准备着，把堡垒修起来，把粮食、水多搞一点。我们就是那几个兵，横直各有各的自由，你要打，我就防，你要攻，我就守。我们总是不要先攻，先让他们攻，然后来它一个反攻，把那些进攻都狠狠打垮。"（《毛泽东选集》5卷P326）

11日 科学院少数民族语言调查队第五工作队达斡尔语言调查组结束在内蒙古自治区3个多月的调查收集工作。调查组共搜集到1.2万多个达斡尔族语词和许多有关达斡尔族的历史资料、民谣。（《内蒙古日报》1956.11.11.①）

11～24日 吉林省延边朝鲜族自治州和龙、汪清、延吉3县女子排球队在全国11个县排球锦标赛上分获第一、二、三名。（《延边朝鲜族自治州志》P66）

13日 是日报道，四川省少数民族地区新建的阿坝、甘孜、昭觉民族师范学校和甘孜、大金中学先后开学上课。（《新华社新闻稿》1956.11.14）

16日 国务院全体会议第40次会议决定：设置广东省韶边瑶族自治县，自治县行政区域为原属曲江县的初溪、竹梅、营坑、上瑶、下瑶、桂头、棉围、阳陂、中心、团结10个乡和桂头墟、大坝乡的凤村，原属乳源县的西山、东山、东坪、茶坪、茅坪、公坑6个乡，原属乐昌县的鳌背、桂坑、王茶、杨溪、王坪、大洞、小洞7个乡和杨溪墟，自治县人民委员会驻桂头墟，1957年7月1日自治县宣告成立。设置云南省大理白族自治州，自治州行政区域为原由大理专员公署代省领导的下关市和大理、邓川、洱源、宾川、云龙、凤仪、祥云、弥渡、永平、漾濞、巍山11个县，凤庆县彝族聚居的爱国乡，及原由丽江专员公署代省领导的剑川、鹤庆2县和兰坪县的新华、建基、新生、新民、黄花、桑树、新和、起文、官平、富乐、美水11个白族聚居乡（11个乡均划归剑川县领导），自治州人民委员会驻下关市；11月22日自治州宣告成立后，撤销大理专员公署，原由大理专员公署代省领导的云县、凤庆2县，改由临沧专员公署代省领导。设置巍山彝族自治县和永建回族自治县，撤销巍山县，自治县行政区域为原巍山县的第一、二、四、五、六、七等6个区和原凤庆县的爱国乡，自治县人民委员会驻巍山县城，11月9日宣告成立；永建回族自治县的行政区域为原巍山县的第三、八2个区，自治县人民委员会驻原巍山县大仓，11月13日宣告成立。（《国务院公报》1956［42号］P1075～P1076，《云南日报》1956.12.1.①，《南方日报》1957.7.2.②）

△ 国务院批准广西省设置凭祥市（县级），以原凭祥镇的行政区域为其行政区域。（《广西通志·大事记》P314）

△ 中央民委少数民族语文翻译局成立。（《光明日报》1956.11.16.③）

17~22日 云南省大理白族自治州人大一届一次会议举行。全国人大民委和国家民委代表费孝通、中共云南省委和人委代表张冲到会致贺词。（《人民日报》1956.11.24.④，《云南省大理白族自治州党政军统群组织史资料（1947.12~1987.12）》P258）

19日 国务院批准甘肃省临夏回族自治州成立。13日，临夏回族自治州人大一届一次会议举行。会议决定保留临夏县大河家回族保安族撒拉族土族联合自治区及东乡族乡、保安族乡；通过《临夏回族自治州各级人民代表大会和各级人民委员会组织条例》（草案）；定于11月19日为自治州成立日，同时改广通回族自治县为广通县。（《临夏回族自治州志》上 P50~51、下P846，《积石山保安族东乡族撒拉族自治县志》 P39）

20日 《云南日报》发表社论：《是办单一民族社还是办联合社》，阐述民族杂居地区办联合社的意义。（《云南日报》1956.11.20.①）

20~25日 云南省在昆明举行民族民间文学工作会议。会议总结几年来的工作，确定以发掘傣族、景颇族、白族的民间文学为明年工作的重点，讨论了如何整理和创作民族文学作品的问题。（《人民日报》1956.11.25.⑦；《新华社新闻稿》1956.11.28；《云南日报》1956.11.22.①，11.30.①）

21日 新疆维吾尔自治区伊犁哈萨克自治州扫盲协会成立。（《伊犁哈萨克自治州志》 P48）

△ 西藏爱国妇女联谊会筹委会成立，这是争取、团结西藏妇女的统一战线性质的组织。达赖喇嘛的姐姐尧西·泽仁卓玛（藏族）任筹委会主任。（《中共西藏党史大事记（1949~1966）》P65）

21~23日 云南省少数民族语文指导工作委员会在昆明成立，孙雨亭为主任委员，刀京版（傣族）、刘希珍、刘鼎铭、李长猛（回族）为副主任委员。首次会议讨论少数民族语文工作的速度、干部培养和1957年工作计划。（《云南日报》1956.11.27.①）

24日 中共中央、国务院发出关于农业生产合作社秋收分配中若干具体问题的指示，要求处理好民族联合社的分配。（《人民日报》1956.11.26.①③）

25日 应印度政府邀请，全国人大常委会副委员长达赖喇嘛、全国政协副主席班禅额尔德尼·确吉坚赞抵达印度新德里参加释迦牟尼涅槃2500周年纪念活动。26日，在外国势力的支持和影响下，达赖的哥哥晋美诺布和嘉乐顿珠从美国赶到印度，与叛乱分子和长期在噶伦堡进行分裂活动的夏格巴·旺秋德丹等人勾结，加紧进行分裂祖国的活动。印度部分地方政府官员在招待会上公开宣称“西藏是个国家”，并故意挂出西藏军旗。他们对达赖、班禅的接待采取“尽量施加影响”和“区别高低上下”的做法，把达赖和其他人员的住地分开。同时，西藏内部一小撮反动分子与在国外的西藏分裂势力互相配合，进行破坏捣乱。帝国主义、印度反动派与西藏少数亲帝分子勾结，挑拨达赖留在印度，搞所谓“西藏独立”。

12月29日，国务院总理周恩来应邀访问印度。30日在新德里同达赖喇嘛谈话指出：现在拉萨有些人想利用达赖不在西藏的机会搞叛乱。毛泽东主席要我告诉你，可以肯定在第二个五年计划以内根本不谈改革，6年后如可以改的话，仍然由达赖喇嘛根据那时的情况和条件决定。拉萨有些与伪“人民会议”分子有关的人总想搞乱子，三大寺也有他的想法。这些人的活动受到噶伦堡方面的支持，想搞“独立”，使西藏脱离中国，这是叛国行为。如果万一叛乱发生，解放军就一定要将叛乱镇压下去。周恩来总理最后说："毛泽东主席希望达赖早日回去，不去噶伦堡，到那里去对你不利。"达赖喇嘛说："现在主要的是随行官员中的思想发生很大的变化，他们在西藏时只听到一面的话，看到一面的事，想法也较简单。现在出国后，接触了许多原来在此的西藏人，他们只说坏的，不说好的，使这些随行官员的思想被扰乱，这是最复杂最不好处理的。"

翌年1月1日，周恩来总理在新德里再次向达赖转达国家主席毛泽东关于在第二个五年计划内西藏不改革的决定，6年后是否改革还由达赖决定。31日，班禅返抵日喀则。

4月1日，达赖抵达拉萨。随后，中央责成达赖命令逃到国外的叛乱分子回国，停止叛国活动。（《中共西藏党史大事记（1949～1966）》P65、67～68、70，《当代中国的西藏》上P229，《中共西藏党史大事记（1949～1966）》P66）

25日～12月5日 山东省第二次民族工作会议举行，研究制定了贯彻民族政策、加强民族团结的一些具体办法。（《大众日报》1956.12.6.①）

26日 国家主席毛泽东、副主席朱德，国务院副总理陈云和中共中央总书记邓小平接见吉林省各民族参观团、新疆维吾尔自治区司法干部参观团和林业参观团，新疆维吾尔自治区司法干部参观团团长木沙也夫向毛泽东主席敬献维吾尔族帽。（《人民日报》1956.11.27.①）

△ 中国人民银行云南省分行陆续拨给各专区白银4万多两，专门为全省各少数民族加工银质首饰。（《人民日报》1956.11.27.④）

△ 新疆维吾尔自治区水利厅召开全疆首次灌溉管理会议。（《新疆通志·水利志》36卷P27）

26～30日 湖南省城步苗族自治县首届人大一次会议举行。会议总结解放7年来的工作，通过加强民族团结的决议。（《人民日报》1956.12.10.④）

26日～12月1日 辽宁省少数民族社会主义积极分子代表会议举行，表彰了先进，总结民族政策教育的经验。副省长仇友文到会讲话，要求继续克服和批判大汉族主义思想残余，真正保障各兄弟民族在政治、经济和社会等方面的平等地位，把民族政策教育贯彻到底。（《辽宁日报》1956.12.2.①）

26日～12月3日 广西省教育厅召开第二次民族教育会议，传达全国第二次民族教育会议精神，总结交流几年来民族教育工作的经验，讨论研究今后发展苗、瑶、侗等少数民族教育和提高教学质量等问题。（《广西日报》1956.12.6.①）

26日～12月4日 全国人大民委办公室社会调查组召开汇报会，汇报傈僳、怒、独龙、彝、佤等民族的社会情况。（《光明日报》1956.12.9.②）

27日 国务院通知，批准云南省怒江傈僳族自治区改为自治州，同意将兰坪县划入自治州建制，自治州与丽江专区隶属关系不变。（《国务院公报》1956［12号］P1110，《怒江傈僳族自治州志》上P297）

△ 由团长都古尔扎布率内蒙古自治区干部参观团一行45人赴新疆、甘肃、青海和吉林省延边等地参观访问。（《新华社新闻稿》1956.11.28）

28日～12月10日 云南省商业厅召开民族贸易会议，讨论贸易工作如何进一步扶持民族地区发展农副业和手工业生产，以及加强民族特殊商品的供应工作。（《云南日报》1956.12.22.①）

29日 中共青海省海南藏族自治州委召开全州首次宗教界代表人士座谈会，历时9天。会议根据中共八大精神，宣传贯彻党的宗教政策，消除宗教界的疑虑，为在牧区进行社会主义改造打好基础。（《海南州

志》P30）

△ 据统计，截至目前，全国各地少数民族干部有20多万名，比1953年增长1倍多。（《人民日报》1956.11.30.④）

30日 西藏昌都地区700余名叛乱分子袭击解放军荣许物资囤积站。12月2日，平息叛乱。（《中共西藏党史大事记（1949~1966）》P66）

30日~12月5日 黑龙江省杜尔伯特蒙古族自治县首届人大一次会议举行。会议总结两年来的政府工作，确定今后的工作任务，通过自治县的组织条例等项决议。（《黑龙江日报》1956.12.1.①，12.7.①）

是月 教育部发出《关于内地支援边疆地区小学师资问题的通知》，要求四川、陕西等省协助解决西藏小学师资缺乏问题。1960年至1966年期间，有400余名师范毕业生进藏任教。（《当代中国的西藏》下P332）

△ 云南省中甸松赞林寺上层僧侣布普匡佐、阿玛迪巴、康司迪巴利用德卡名义，在松赞林召开以叛乱骨干为主、17村老民参加的“布拉会议”，策划挑起旨在反对和平协商土地改革的武装叛乱。（《迪庆藏族自治州志》P34）

△ 西藏昌都地区宁静宗（今芒康县）大头人普巴本·泽旺多吉（原为昌都地区人民解放委员会农牧处副处长）在察下地方召集宁静地区“18头人会议”，策动叛乱。会议决定：迅速集中人、枪，要求解放军撤出宁静、盐井；截断宁静地区对外交通、邮路，不卖粮、草给汉人。25日，以普巴本为首的60余名叛乱分子袭击守卫澜沧江竹卡溜索桥的解放军分队，我方牺牲副连级以下21人。26日，叛乱分子袭击增援竹卡解放军一个小分队，激战3日，增援部队抵达后叛乱分子逃遁。（《中共西藏党史大事记（1949~1966）》P65~66）

△ 甘肃省几个边远的少数民族地区同兰州、北京、上海等城市直通长途电话。（《人民日报》1956.12.6.②）

△ 青海省海南藏族自治州恰卜恰有线广播站建成并开始播音。（《海南州志》P30）

△ 中共新疆维吾尔自治区博尔塔拉地方委员会改称中共新疆维吾尔自治区博尔塔拉蒙古自治州委员会。（《博尔塔拉蒙古自治州志》P41）

12月

1日 国务院帮助建设的西藏拉萨北郊水电站——夺底沟水电站建成，向拉萨市供电。市区道路安装了白炽灯，1965年改为水银灯，1985年安装高压钠灯。这是西藏第一家公用电力企业，装机容量660千瓦。（《人民日报》1956.12.4.②，《当代中国的西藏》下 P282）

2日 据本报讯，广西省都安瑶族自治县1000多名县、区、乡干部组成24个访问队（组），由县委书记、副县长和区的负责人率领，于10月分别到全县317个乡访问少数民族农民。（《人民日报》1956.12.3.④）

4日 内蒙古自治区包头至白云鄂博长达150多公里的铁路铺轨工程竣工。（《内蒙古日报》1956.12.7.①）

△ 据报道，新疆维吾尔自治区已建有1000多个手工业生产合作社（组），入社（组）人数占全疆手工业总人数的83.8%以上。（《新疆日报》1956.12.4.①）

5日 湖南省新晃侗族自治县宣告成立。12月1~5日，二届人大一次会议举行。（《新湖南报》1956.12.6.①）

△ 内蒙古自治区哲里木盟科左后旗甘旗卡镇附近发现一种天然矽砂矿。（《人民日报》1956.12.5.②）

6日 西藏工委就缓和昌都以南紧张局势问题向中央军委请示报告。报告认为：昌南（指昌都以南宁静、左贡、盐井等地区）发生叛乱，显然是江东、江西（指金沙江）部分上层分子（包括邦达多吉）对我改革不满的一种反抗行为，但已有为数很大的藏族人民群众被裹胁，其性质是反动统治阶级利用民族和宗教煽动起的带有民族性、群众性的暴乱。因此，必须坚定地采取政治解决的方针，军事上则坚持自卫原则。13日，中央复电西藏工委和军区党委指出，同意工委、军区党委对暴乱性质的分析和采取的对策。目前必须坚定地采取政治争取的方针，任何急躁情绪都是不利的，让昌都地区人民解放委员会副主任邦达多吉任昌都警备区昌南指挥部司令员，并且充分尊重他的意见，发挥他的作用，这对于昌南地区的暴乱，无论在政治争取工作上或今后不得不辅之以必要的军事打击时都是有利的。1957年1月18日，中共中央批准正式成立昌南指挥部，邦达多吉任司令员，西藏工委统战部部长陈竞波为政治委员。昌南指挥部成立后，形势逐渐趋于稳定。（《中共西藏党史大事记（1949～1966）》P66～68）

7日 国防委员会副主席叶剑英赴新疆维吾尔自治区伊犁哈萨克自治州考察。（《伊犁哈萨克自治州志》P48）

△ 据统计，甘肃肃临夏回族自治州94.5%的农户加入高级农业社，基本实现高级农业合作化。至11月中旬，自治州建有高级农业社715个。其中，民族社148个，民族联社421个。（《甘肃日报》1956.12.7.①）

8日 科学院少数民族语言调查工作第一队开始调查侗族方言，为湘、黔、桂3省交界处的70万侗族人民创制文字。（《光明日报》1956.12.8.①）

△ 西藏自治区筹委常委会第18次会议通过了《关于大力培养藏族干部的补充决议》,《西藏城市陆上交通管理暂行简则》和平措旺阶（藏族）任筹委副秘书长的决议，并报请国务院批准。（《西藏日报》1956.12.11.①）

9～22日 西藏举行首次民间音乐舞蹈汇演，选出10个优秀节目参加全国民间音乐舞蹈汇演。（《新华社新闻稿》1956.12.27）

10日 国家主席毛泽东、全国人大常委会委员长刘少奇、国家副主席朱德和国务院副总理彭德怀接见新疆维吾尔自治区文化馆干部参观团。（《人民日报》1956.12.11.①）

△ 中央人民广播电台举办维吾尔语广播节目。（《新华社新闻稿》1956.12.10）

11～15日 甘肃省甘南藏族自治州首届民族民间歌舞观摩演出大会举行。（《甘南州志》上P98）

13日 中国社会科学院民族语言第七工作队川北工作组确定羌语和嘉戎语的音位，并初步设计出嘉戎语的拼音符号。（《四川日报》1956.12.13.③）

14～22日 新疆维吾尔自治区党委扩大会议举行。会议传达中共中央八届二中全会精神，检查自治区是年国民经济计划执行情况，讨论和制订1957年国民经济发展计划。其间，新疆维吾尔自治区人民委员会主席赛福鼎·艾则孜作题为《关于一九五六年国民经济计划执行情况及一九五七年计划》的报告。（《中国共产党新疆历史大事记（1949.10～1966.4）》上P146～147）

15日 据统计，广西省都安瑶族自治县少数民族干部有2342名，占全县干部总数的86%。（《广西日报》1956.12.15.①）

15～19日 内蒙古自治区召开全区文学工作者会议，成立作协内蒙古分会，35人当选为理事。20日，作协内蒙古分会举行首次理事会。会议通过作协内蒙古分会1957年的工作计划，选举纳·赛音朝克图（蒙古族）为主席，玛拉沁夫（蒙古族）、韩燕、敖德斯尔（蒙古族）为副主席。（《人民日报》1956.12.21.①,《内蒙古日报》1956.12.21.①）

18日 国务院第41次全体会议通过了《黔东南苗族侗族自治州人民代表大会组织条例（草案）》、《黔东南苗族侗族自治州人民委员会组织条例（草案）》、《黔南布依族苗族自治州人民代表大会组织条例（草案）》和《黔南布依族苗族自治州人民委员会组织条例（草案）》。（《人民日报》1956.12.20.①）

18～24日 彝族语言文字科学讨论会在四川省成都举行，会议讨论通过《关于彝族拼音文字方案（草案）的决议》。（《人民日报》1956.12.29.⑦，《凉山彝族自治州志》上P49）

19日 云南省西双版纳傣族自治州完成和平协商土地改革任务。（《西双版纳傣族自治州志》上P39）

20～23日 广西省政协首届三次会议举行。会议听取和讨论通过了副省长萧一舟作的《关于如何解决广西壮族自治区问题的报告》，省政协主席陈漫远就成立广西壮族自治区等问题作总结。（《广西日报》1956.12.25.①）

20～27日 内蒙古自治区达斡尔语文工作会议在呼和浩特举行。会议通过达斡尔文字方案（草案）、推行达斡尔语文工作的5年规划和1957年推行达斡尔文字工作的计划。（《人民日报》1956.12.30.⑦）

21日 国务院批复同意"水家族"改称"水族"，贵州省黔南布依族苗族自治州三都水家族自治县改称三都水族自治县。（《黔南布依族苗族自治州志》上P52）

21～25日 广西省树立先进生产者和先进工作者代表会议在南宁举行，249个先进生产单位、181名先进工作者受表彰。（《广西通志·大事记》P314）

23日 湖南省湘西苗族自治州妇联成立。杨志远为州妇联主任，向健生（苗族）为副主任。（《新华社新闻稿》1956.12.26）

24日 贵州省黔南布依族苗族自治州惠水布依族苗族自治县改称惠水县。（《黔南布依族苗族自治州志》上P52）

24～27日 首次全国少数民族文化工作会议在北京举行。会议总结少数民族地区的文化工作，确定今后一个时期内少数民族文化工作的方针任务。文化部副部长张致祥作总结报告，国家民委副主任萨空了（蒙古族）作有关文化工作和民族政策的报告。28日，《光明日报》发表社论《进一步发展少数民族文化工作》。1957年1月5日，《人民日报》发表社论《正确开展少数民族文化工作的关键》，要求各级文化行政部门和从事少数民族文化工作的同志，贯彻此次会议确定的少数民族文化工作的方针。（《人民日报》1956.12.28.①，1957.1.5.①）

25日 是日报道，全国设有民族歌舞团（队）26个，民族自治地方较大的城市设有电影院104座。此外，还建立了许多为少数民族服务的文化馆（站）、文化服务队和书店。（《光明日报》1956.12.25.①）

28日 云南省南部哀牢山原始森林里的苦聪人已陆续到红河哈尼族自治区茨通坝的几座新村定居。（《人民日报》1956.12.28.④）

28日～1957年1月2日 贵州省黔南布依族苗族自治州三都水族自治县人大一届一次会议举行。会议通过《三都水族自治县人民代表大会及县人民委员会组织条例》，宣告三都水族自治县正式成立。（《黔南布依族苗族自治州志》上P52）

29日 国务院下发《关于更改相当于区的民族自治区》、《关于建立民族乡若干问题的指示》。（《国务院公报》1956［1号］P10、13）

30日 据报称，内蒙古自治区锡林郭勒盟草原首次生产粮食。（《人民日报》1956.12.30.③）

△ 中国民航局决定从1957年1月起陆续开辟8条新的航空线：北京经包头经兰州经西宁至塔尔丁；北京经包头经西宁经玉树至拉萨；北京经太原经西安至成都；北京经徐州经合肥至上海；北京经武汉至南宁；北京经包头经酒泉至乌鲁木齐；上海经杭州经南昌至广

州；上海经南京经武汉经西安至兰州。（《新华社新闻稿》1956.12.31，《中华人民共和国大事记（1949～1980）》P158）

31日 云南省路南彝族自治县成立，圭山彝族自治区撤销。（《云南民族团结进步事业光辉历程（1949～2009）》P78）

△ 国务院批复新疆维吾尔自治区人民委员会，同意撤销伊犁专员公署，并将所属各县划归伊犁哈萨克族自治州领导。（《国务院公报》1956［8号］P202）

△ 据统计，甘肃省固原地区是年接收新党员5106名（回族2066名，占总数的42.18%；妇女565名，占总数的11.13%），完成2年规划任务的61.77%。其中，农村党员4672名（回族1930名，妇女533名），连同原有党员共7278名，占农业总人口的1.49%强。（《中共宁夏党史大事记（1925.8～1988.6）》P202）

△ 新疆维吾尔自治区人委第13次委员会议听取了艾斯海提（维吾尔族）关于自治区语言科学讨论会议的说明后，讨论通过关于改革维吾尔、哈萨克、柯尔克孜、蒙古、锡伯、乌孜别克、塔塔尔等民族文字和帮助尚无文字的民族创立文字的决议。（《新疆日报》1957.2.9.①②）

是月 国家民委批准《苗文方案》在贵州省黔东南苗族侗族自治州试验推行。（《黔东南苗族侗族自治州志·总述·大事记》P125）

△ 云南省红河哈尼族自治区完成和平协商土改。（《云南日报》1956.12.28.①）

△ 云南省蒙自专区红河县史学典（又名史工）创作和独奏的巴乌曲《像傍晚的声音》入选全国专业团体音乐舞蹈会优秀节目。1957年1月24日，史工到中南海怀仁堂为中央领导演出。中央人民广播电台、上海唱片厂分别为其制作了录音广播和唱片。（《红河哈尼族彝族自治州志》1卷P72）

△ 青海省海南藏族自治州恰卜恰至湟源长途电话线路架通。同时，恰卜恰地区市话开通。（《海南州志》P30）

△ 西藏黑河地区东至夏曲卡，西至班戈湖，南至当雄，北至唐古拉山，积雪数寸至1尺，14万平方千米、3.6万人受灾。灾情发生后，黑河分工委与“羌基”协商，准备救灾物资，派出藏汉干部60多人，组成5个工作组深入灾区抗灾救灾。发放青稞50501千克、茶叶2031千克，救济牧民5070户22260人。（《中国气象灾害大典·西藏卷》P40）

△ 新疆维吾尔自治区党委向中央呈报《关于民族工作和统战工作报告》，全面汇报6年来执行党的民族政策和统一战线政策情况。新疆解放后至今，共培养少数民族干部4.2万余名（不包括中、小学教职员，初级医务人员，企事业营业员），占全区干部总数的50.3%。（《中国共产党新疆历史大事记（1949.10～1966.4）》上P147～148）

△ 据统计，全国少数民族地区建有医院508所，病床1.37万多张；疗养院6所，病床300多张；医疗保健所（站）1500多个，专科防治所（站）93个，卫生防疫站150多个，医疗防疫队61个，防治组18个，中蒙医研究所1个和其它卫生事业机构17个。卫生技术人员2.7万多名，其中高级人员1800多名，中级人员1.25万多名，初级人员1.09万多名，中医中药人员1600多名。1956年比1953年医院病床增加146.9%，门诊部及区卫生所增加149.3%，妇幼保健所（站）增加316.3%。（《人民日报》1957.9.1.④）

△ 中央民族学院研究部编辑出版《民族问题译丛》。（《中央民族大学五十年》P68）

△ 中国当代伊斯兰教著名经师杨明远逝世。杨明远（回族），经名努尔·穆罕默德，历任北京市回民抗美援朝委员会副主席，北京市第一、二届人大代表，市政协常委和中国伊斯兰教协会委员等职。主要著作有《新月论》

(阿拉伯文)、《论回教月建》、《回教看月问题》。（《中国伊斯兰百科全书》P629）

△ 内蒙古自治区海拉尔肉类联合加工厂建成投产，设计生产能力为日宰牛180头，或羊1200只，陆续建成加工罐头、制药、肥皂、骨胶等主要生产车间，成为内蒙古第一座肉类联合加工厂。（《内蒙古自治区史》P141～142）

△ 内蒙古自治区成立农业科学研究所，专门进行农业科学技术的研究，并建立实验站3处、基层农业技术推广站424处、种子繁殖场27处、农牧学校2所。农业科学研究工作者、农业技术推广干部已发展到2500多人。（《内蒙古自治区史》P145）

△ 吉林省延边朝鲜族自治州对手工业和私营工商业社会主义改造基本完成。年末，全州有96%的手工业户加入手工业生产合作社、组，私营工业户全部实现公私合营；86.3%的私营商业户和94%的私营运输户实现公私合营或组成合作企业。（《延边朝鲜族自治州志》上P66）

△ 湖南省湘西苗族自治州泸溪县浦阳中心卫生院获卫生部授予的“全国卫生文明单位”称号。（《湘西州志》上P62）

△ 广西省共有高级农业生产合作社1.08万个，入社农户416.41万户，占全省农户总数的95%。（《广西通志·大事记》P314）

△ 广西省43个县（市）发生干旱，其中春旱13个县（市）次、夏旱15个县（市）次、秋旱28个县（市）次。受旱灾总面积90.67万公顷，损失粮食19539.01万公斤。（《中国气象灾害大典·广西卷》P169，《广西通志·大事记》P310、315）

△ 广西省第一个水路、铁路联运作业区在贵县罗泊湾贵港建成。（《广西通志·大事记》P315）

△ 广西省柳城县社冲乡新社冲村农民在村南侧楞寨山上的山洞内发现巨猿下颌骨化石。冬季，裴文中、贾兰坡教授带领中科院古脊椎动物与古人类研究所华南调查队前来进行考古发掘，先后在洞内出土3个巨猿化石和1000多枚猿齿化石。同时出土的还有东方剑齿象、似锯齿三棱齿象、哺乳象、桑氏鬣狗、大熊猫小种以及其它哺乳动物化石。据考证，这些动物大致生活在更新世初期。（《广西通志·大事记》P314）

△ 广西医学院开展地中海贫血及异常血红蛋白研究，其中Hb—都安、Hb—武鸣成为中国第一个、第二个被列入国际血红蛋白谱系的血红蛋白成果，填补中国在国际血红蛋白研究资料中的空白。（《广西通志·大事记》P315）

△ 广西省文物管理委员会和省博物馆成立。（《广西通志·大事记》P315）

△ 广西省电影发行放映公司成立，各地、县发展电影放映队，增设放映点，培训基层电影放映技术干部。次年，全省放映单位增至257个，58%分布在少数民族地区。（《广西通志·大事记》P315）

△ 中科院华南植物研究所广西省分所调查队在广西龙胜、三江、融安、永福、临桂5县交界的原始森林中，首次发现我国珍稀植物、活化石——银杉。（《广西通志·大事记》P315）

△ 云南省有少数民族干部2.7万余人，比1950年增长15.8倍，占全省干部总数的15.3%。（《云南民族团结进步事业光辉历程（1949～2009）》P145）

△ 1950年至目前，云南省共组织少数民族参观团104次，包括全省20多个民族的代表13413人。其中，赴北京12次489人，赴重庆5次521人，赴昆明87次10903人，在专区内参观1500人次。（《云南民族团结进步事业光辉历程（1949～2009）》P71）

△ 云南省怒江傈僳族自治州民族干部文化学校在碧江县创办。1957年12月，该校与

中共怒江边工委党校合并。（《怒江傈僳族自治州志》上 P388、683）

△ 云南省怒江傈僳族自治区有干部1488人，其中少数民族干部1078人，占72.4%。（《怒江傈僳族自治州志》上 P601、605）

△ 云南省文山专区完成对资本主义工商业的社会主义改造，1906户2490人纳入改造。其中，868户1179人参加公私合营，500多户小商小贩参加合作商店（组）。有高级农业生产合作社2372个、初级社160个，入社农户分别为255175户、61080户，占总户数的93.11%和2.26%。（《文山壮族苗族自治州志》1卷 P43）

△ 云南省文山专区开通文山对昆明长途会议电话。1957年11月，专区8县安装长途会议电话机，文山至昆明可使用电传电报电路。（《文山壮族苗族自治州志》1卷 P43）

△ 云南省怒江傈僳族自治州兰坪县开始由初级农业合作社转入高级农业合作社。贡山独龙族怒族自治县和碧江、福贡、泸水3县开始试办初级农业合作社。（《怒江傈僳族自治州志》上 P25）

△ 云南省德宏傣族景颇族自治州边疆地区试办农业生产合作社255个，入社农户8283户，占总农户的15.5%，40%的农户加入互助组。其中，90%的合作社当年粮食大幅度增产，90%的农户增加收入。自治州建立240千瓦的火力发电站和13千瓦水电站各1座，兴办织布、印刷、缝纫、造纸、首饰、五金、皮革等10多个工业企业。（《德宏州志》综合卷 P42）

△ 云南省楚雄专区掀起初级社转高级社，小社并大社，几个民族办民族联社的高潮，辖区92.1%的农户加入初级农业合作社，办起高级农业生产合作社388个。（《楚雄彝族自治州志》1卷 P195）

△ 西藏觉木隆藏戏班子应邀参加全国文艺汇演；特技演员次仁更巴随后赴莫斯科参加世界青年联欢节，他表演的《草原上的热巴》获铜牌奖。（《当代中国的西藏》下 P376～377）

△ 西藏地区人民邮电局有65处；邮路单程长度为5849公里，马步班邮路3486公里；电报电路71条，其中有线电路1条、国际电路1条；市内电话装机容量280门。（《当代中国的西藏》下 P230~231）

△ 甘肃省甘南藏族自治州各地进行农业社会主义改造，建起各种农业生产合作社277个，入社农户占总农户的54%。全州粮食总产量1.74亿斤，人均占有粮食530斤，是自治州人均占粮食最高的年份。全州实现私营工商业全行业公私合营，和平完成对手工业和私营工商业的社会主义改造。据统计，全州实现全行业公私合营的工商业有1712户，从业人员2355人，资金113.29万元，其中城镇的从业人员占总从业人员的66%，合营资金占资金总数的95.47%。乡村从业人员占从业人员总数的13.76%，合营资金占资金总额的4.76%。（《甘南藏族自治州概况》P109～110、167）

△ 甘肃省甘南州成立新华书店、文化馆、电影队等。（《甘南藏族自治州概况》P258）

△ 甘肃省甘南藏族自治州成立常年民族学校8所，业余夜校59所，识字班6处。（《甘南州志》上 P98）

△ 伊斯兰经学大师、原甘肃省政协委员、西海固回族自治州政协副主席虎嵩山（回族）在甘肃省平凉市病故，享年76岁。（《中国历代少数民族英才传》P3289～3293）

△ 青海省海西蒙、藏、哈萨克族自治州有少数民族干部107人，占干部总数的14.9%，其中蒙古族52人、藏族20人、回族17人、土族2人、哈萨克族1人、其他少数民族15人。（《海西蒙古族藏族自治州志》4

卷P214）

△ 青海省海北藏族自治区门源回族自治区公私合营榨油厂建成投产。除国家投资外，爱国人士和私人集资2.16万元，股东106家。（《海北藏族自治州志》上P45）

△ 青海省海西蒙古族藏族哈萨克族自治州文化馆成立。（《海西蒙古族藏族自治州志》5卷P466）

△ 自1955年以来，青海省海北藏族自治州造林6566亩，森林抚育5415亩。（《海北藏族自治州志》上P49）

△ 新疆维吾尔自治区克孜勒苏柯尔克孜自治州对私营工商业的社会主义改造基本完成。（《克孜勒苏柯尔克孜自治州志》上P29）

△ 新疆维吾尔自治区博尔塔拉蒙古自治州图书馆成立。（《博尔塔拉蒙古自治州志》P41）

△ 新疆维吾尔自治区水利机械厂试制成功自治区第一台轴流式水轮机。（《新疆通志·科学技术志》72卷上P37）

△ 新疆维吾尔自治区伊犁哈萨克自治州88.5%的手工业者加入合作社，组成232个手工业生产合作社。（《伊犁哈萨克自治州志》P47）

是月～1957年春 内蒙古自治区锡林郭勒盟苏尼特左旗、苏尼特右旗雪灾，全旗死亡牲畜6.2万头（只）。（《内蒙古自然灾害通志》 P258）

1951～是年 中国人民银行西藏分行发放138.6万元农业、牧业、手工业无息或低息贷款，有力支援西藏的经济建设。（《当代中国的西藏》下 P271）

1957年

1月

1日 内蒙古自治区鄂伦春自治旗第一个国家基本气象站建立。（《鄂伦春自治旗志》P816）

△ 横穿四川省凉山彝族自治州的宜宾至西昌公路通车，全长336公里。（《凉山彝族自治州志》上P49）

△ 中国民航局将广州经南宁至河内航线改为南宁至河内航线，并开辟北京经武汉至南宁航班与之相接。（《广西通志·大事记》P315）

△ 贵州省黔南布依族苗族自治州罗甸布依族自治县改称罗甸县。（《黔南布依族苗族自治州志》上P53）

2～15日 广西省举行第二届民间文艺会演，演出壮、瑶、苗、侗、仫佬、彝等民族节目100个。（《广西日报》1957.1.3.③，1.19.③）

3日 据统计，至1956年，贵州省少数民族地区有州医院2所、县医院30所、区卫生所176所、妇幼保健站54个、巡回医疗队2个、病床641张，此外还组织联合诊所53个，帮助农业合作社建立保健室1199个。（《贵州日报》1957.1.3.③）

△ 中共中央统战部电复中共湖南省委1956年12月8日电，同意确定土家族为单一民族。（《湘西州志》上P62）

4日 北京至包头民用航线正式通航。（《内蒙古日报》1957.1.5.①）

△ 北京至塔尔丁（在青海柴达木盆地西部）新航线正式通航。（《新华社新闻稿》1957.1.6，《中华人民共和国大事记（1949~1980）》P158）

6日 是日报道，内蒙古自治区乳品工业由1950年的1座小型乳品加工厂发展为7座乳品加工厂和33个小型乳品加工厂。（《内蒙古日报》1957.1.6.①）

7日 四川省汶川县羌族村寨第一个水电站——羌锋农林生产合作社水电站开始发电。（《四川日报》1957.1.12.③）

9日 西藏拉萨至泽当公路通车。公路于1956年8月10日动工修建，全长184公里。（《人民日报》1956.8.13.②，1957.1.11.②）

11~19日 青海省举行第二届民族民间业余音乐舞蹈会演大会。大会演出各民族音乐、舞蹈148个节目。副省长孙君一、省委宣传部副部长乔迁、省民委副主任松布（土族）等就党的文艺政策和发掘民族、民间文化遗产问题作报告。（《青海日报》1957.1.13.①，1.23.①）

12日 十四世达赖喇嘛·丹增嘉措在印度那兰陀代表中国政府访问，并赠送印度政府玄奘顶骨1份和玄奘译著1335卷及积沙藏佛经1部。（《当代中国的西藏》下P572）

△ 广西省人民委员会议讨论通过《关于赞同建立广西壮族自治区的决定》。会议认为，壮族占全省总人口的33%，占全国壮族总人口的90%，聚居在全省总面积60%的县、市，应建立省级壮族自治区，区域以广西省原区域为好，名称以"广西壮族自治区"为恰当。（《广西通志·大事记》P315）

14日 国家主席毛泽东、国务院副总理陈云、中共中央总书记邓小平和全国人大常委会副委员长陈叔通等，接见西藏爱国妇女联谊会筹备委员索康夫人德及拉孜和内蒙古、辽宁各民族参观团。（《人民日报》1957.1.15.①）

△ 为满足少数民族的特殊需要，景德镇开始大量制造各地少数民族喜爱的瓷器——石榴汤碗、石榴饭碗和青花玲珑折边盘等。（《新华社新闻稿》1957.1.15）

15日 我国规模最大的一个现代化乳粉厂——内蒙古牙克石乳粉厂建成。设计能力为年产奶粉1760多吨。（《新华社新闻稿》1957.1.16）

△ 是日报道，全国人大民委组织的内蒙古、东北少数民族社会历史调查组，搜集到许多蒙古族、达斡尔族的清代文献资料，其中有蒙古族清同治年间以来的账册及文书底稿，达斡尔族历史书籍10本，地图8张。（《内蒙古日报》1957.1.15.③）

16日 是日报道，1956年2月以来，四川省凉山彝族自治州占总人口80%的地区完成民主改革。获得解放的60多万奴隶和劳动者建立起农业生产合作社和互助组。（《人民日报》1957.1.16.④）

18日 是日报道，西北民族学院有藏、回、维吾尔、蒙古、东乡、撒拉、保安、土、裕固、满、乌孜别克、柯尔克孜、塔塔尔、锡伯、哈萨克和汉16个民族的在校生2256名，比上学期增长70%。几年来，西北民族学院还修建了校舍及附属设施2.6万多平方米；购置各民族图书14万余册，其中少数民族文字的图书4万余册。（《光明日报》1957.1.18.③）

18~24日 云南省怒江傈僳族自治区第二届各族各界人民代表会议举行。会议将"怒江傈僳族自治区"改为"怒江傈僳族自治州"；通过《怒江傈僳族自治州人民代表大会和人民委员会组织条例（草案）》。（《怒江傈僳族自治州志》上P216、304、332、338~339）

19~22日 桂西壮族自治州举行壮文工作第二次座谈会，汇报各地推行壮文的情况，交流推行壮文教学的工作经验。（《广西日报》1957.1.28.①）

20日 达斡尔语文学委员会在呼和浩特成立。（《内蒙古日报》1957.1.30.①）

28日 西藏自治区筹委召开首次农林畜牧工作会议，汇集农林畜牧工作情况，交流农业生产试验和兽疫防治工作的经验。会议决定在拉萨继续开办训练班，同时抽调学员到内地专业学校培养。（《新华社新闻稿》1957.2.2）

31日 文化部文物局举办的西藏佛教艺术图片展览在故宫博物院开幕。（《人民日报》1957.2.2.⑦）

是月 吉林省延边朝鲜族自治州中医专业工作会议举行。会议对中医技术职称、巩固和

发展中医联合机构、西医学习中医、中药收费等问题作出相应决定。（《延边朝鲜族自治州志》P66）

△ 广西省文联在南宁召开民族文学座谈会，壮、汉、瑶、苗、侗、回、仫佬、毛南等民族的文学工作者133人参加。（《广西通志·大事记》P316）

△ 云南省兰坪县由丽江专区划入怒江傈僳族自治州。（《兰坪白族普米族自治县志》P21）

△ 甘肃省银川地委组织各县市委统战部部长、民族宗教界上层人士、民主党派人士及民委全体干部，分成银南、银北2个检查组，对8县1市的民族政策执行情况进行检查。（《中共宁夏党史大事记（1925.8~1988.6）》P211）

△ 中国科学院历史调查组在新疆维吾尔自治区克孜勒苏柯尔克孜自治州进行社会调查，写出《对柯尔克孜族语言文字工作的意见及建议》、《柯尔克孜族历史简况》、《关于阿克陶县五区七乡（奥衣塔克）的调查报告》。（《克孜勒苏柯尔克孜自治州志》上P29~30）

2月

1日 以帕巴拉活佛（藏族）为名誉团长的西藏参观团一行29人，到云南省德宏傣族景颇族自治州考察“和平协商土地改革”。（《德宏州志》综合卷P43）

3日 据报道，8年来国家为帮助内蒙古自治区各族牧民发展生产，拨出相当于14万两黄金的贷款，增设牧区防灾保畜设备，购置一批较新式的生产工具，建设一批为牧业生产和牧民生活服务的工厂，修建公路6000多公里，办牧区小学237所。（《内蒙古日报》1957.2.3.①）

4日 据报道，内蒙古自治区搜集到民间诗歌2.2万多首，其中有《献歌》、《玛赫他勒·思道》、《赞歌》和《嘎达梅林》等。（《新华社新闻稿》1957.2.5）

5日 全国人大民委组织的云南少数民族社会历史调查组，结束在大理白族地区的历史文物察访工作。调查证明白族是一个历史悠久的民族。2月9日，大理白族自治州人委决定，成立民族社会历史调查研究委员会，系统调查研究白族的历史文化。（《新华社新闻稿》1957.2.6，《云南日报》1957.2.9.③）

△ 西藏黑河以西班戈湖附近的硼砂厂开工生产。1960年，国务院总理周恩来指示硼砂厂扩大生产，中央解决设备困难，并调拨汽车1000辆，加强运输工作。当年生产原硼14万吨，全部出口苏联还债。（《中共西藏党史大事记（1949~1966）》P68）

△ 是日报道，新疆伊犁、昌吉、克孜勒苏、巴音郭楞等自治州和乌鲁木齐专区，试办了11个公私合营牧场。（《光明日报》1957.2.5.①）

9日 《新疆日报》正式公布新疆维吾尔自治区人民委员会于1956年12月31日第13次委员会议通过的《关于改革民族文字与帮助尚无文字的民族创立文字的决议》，同意自治区语言文字科学讨论会关于改革自治区境内维吾尔、哈萨克、柯尔克孜、蒙古、锡伯、乌孜别克、塔塔尔等少数民族的文字并帮助尚无文字的民族创立文字以及发展维吾尔文学术语所作的决议。同意讨论会提出的以斯拉夫字母为基础的维吾尔、哈萨克新文字方案，并决定作为试行方案予以公布，责成自治区语言文字研究委员会加强对这一工作的具体指导。（《中国共产党新疆历史大事记（1949.10~1966.4）》上P150）

13日 是日报道，新疆民族社会历史调查组在和田一带搜集到300多件民族历史文献，其中有16世纪80年代到20世纪30年代的维吾尔文、阿拉伯文、波斯文、土耳其文、印度文等书籍以及契约和法令等。这些书籍有些是各少数民族学者的手稿，记载着民族历史、

宗教、民间传说和民族斗争史等。（《人民日报》1957.2.13.⑦）

13~19日 四川省举办第三届民间音乐舞蹈汇演，一批从藏、彝、苗、羌、傈僳等8个民族中发掘出来的流传数十年甚至数百年的音乐舞蹈节目重新搬上舞台。（《新华社新闻稿》1957.2.22）

14日 新华社报道，云南德宏、西双版纳、红河等自治州（区）和平协商土改后，各州（区）党委先后召开各种会议，分析民族工作的新形势，把工作重点转移到帮助少数民族人民发展生产上来。（《新华社新闻稿》1957.2.14）

14~23日 云南省少数民族语文指导工作委员会召开云南苗文代表会议。会议传达科学院召开的苗族语文问题科学讨论会的精神，讨论通过科学院第二工作队提出的苗文西部方言文字和苗文滇东北区方言文字的方案，并决定在云南苗族中试行。（《云南日报》1957.2.15.①，2.24.①）

15日 内蒙古农村第一座小型水力发电站——丰镇县官屯堡水电站建成。（《新华社新闻稿》1957.2.16）

△ 据统计，云南省德宏、西双版纳自治州及红河哈尼族自治区，在尊重民族自愿的基础上，建立493个生产合作社和各种类型的互助组，分别占土改区总农户的30%~60%。（《新华社新闻稿》1957.2.15）

△ 根据国务院《关于建立民族乡若干问题的指示》，结合并村划乡和基层选举工作，黑龙江省相继建立49个民族乡，其中朝鲜族乡29个、达斡尔族乡6个、蒙古族乡5个、满族乡2个、鄂伦春族乡2个、鄂温克族乡1个、赫哲族乡1个和民族联合乡3个。（《黑龙江日报》1957.2.15.③）

15~23日 青海省委举行州、县委书记会议。会议要求进一步做好民族、统战工作，对全省干部继续加强关于民族、统战政策的教育，保证在各部门工作的少数民族和宗教界代表人物有职有权，进一步发挥民族区域自治的效能，逐步做到自治机关民族化。（《新华社新闻稿》1957.2.26）

15~27日 内蒙古自治区人委举办了全区旗、县长会议。会议研究农业和畜牧业增产问题，提出农村、牧区发展生产的基本方针是："农牧结合，多种经营。农业区在大力发展农业的同时，努力发展畜牧业和各种副业；牧区在大力发展畜牧业的同时，逐步建立饲养基地，逐步发展农业和各种副业。"会议要求全区当年粮食总产达451.5万吨，牲畜总增殖645.9万多头。（《新华社新闻稿》1957.3.2）

16~23日 黑龙江省举办民间音乐舞蹈观摩演出大会，演出汉、满、蒙古、回、朝鲜、赫哲、鄂伦春、达斡尔、柯尔克孜9个民族的音乐舞蹈节目181个。（《黑龙江日报》1957.2.17.①，2.25.①）

17日 海南岛黎族语言文字问题科学讨论会闭幕。会议讨论通过黎文方案（草案），决定开展推广黎文的试点工作。（《新华社新闻稿》1957.2.19）

△ 据《新疆日报》报道，截至2月中旬，新疆维吾尔自治区已有高级农业社4370个，入社农户69.52万户，占全区总农户数的76.5%，基本实现高级形式的农业合作化。（《中国共产党新疆历史大事记（1949.10~1966.4）》上P151）

18日 据报道，内蒙古、新疆、甘肃、青海等省区4大牧业区的牲畜（不包括猪）已达7400多万头，其中牛、马等大牲畜比1949年增长近1倍，羊增长1.2倍。（《人民日报》1957.2.18.①）

19日 云南省民族政策执行情况的全面检查基本结束。通过检查，结合整社，纠正了民族地区农业合作化中存在的一般化缺点，并在尊重民族自愿、有利于生产和民族团结的原则下分别调整办社规划，对少数民族的特殊需

要也做了必要的照顾。（《新华社新闻稿》1957.2.20）

20日 新疆维吾尔自治区首届职工业余文艺汇演历时9天闭幕，各民族代表演出179个舞蹈、音乐、曲艺节目和小型话剧。（《新华社新闻稿》1957.2.23）

△ 湖南省湘西苗族自治州第一座流动加工米厂试车，为该州机器加工粮食之始。（《湘西州志》上P62）

21日 广西省龙胜各族自治县实现机关民族化，全县28名县级干部和6个区的50多名主要负责人绝大多数按民族成分分工，领导本民族地区的工作。（《人民日报》1957.2.22.④）

22日 据统计，至1956年底，中央民族学院、西南民族学院和云南民族学院为云南省培养少数民族干部6740名。（《云南日报》1957.2.22.①）

△ 《光明日报》发表评论员文章《检查和改正散居的少数民族工作中的缺点》，要求各地在进行民族政策检查时，对散居少数民族工作存在的缺点采取积极措施，及时加以解决。（《光明日报》1957.2.22.①）

23日 据统计，几年来，云南省边疆地区先后吸收各民族的土司、头人、属官1000多人参加工作，有的被选为全国或云南的人大代表、政协委员，绝大部分安置在州（区）、县、版纳和区的各部门工作。（《新华社新闻稿》1957.2.24）

26日 西藏自治区筹委举行宴会庆祝藏历火鸡年，自治区筹委副主任阿沛·阿旺晋美和筹委第二副主任张国华致贺词。3月2日，在北京的藏族人士欢度藏历年元旦，在中南海勤政殿向国家主席毛泽东和国务院总理周恩来拜年。达赖喇嘛、班禅额尔德尼分别在江孜白居寺和日喀则扎什伦布寺参加庆贺藏历年新年典礼。自治区筹委和西藏工委决定，在藏历新年期间，各机关藏族干部放假3天，汉族干部放假1天。（《人民日报》1957.3.3.①④，3.5.④）

27日 国家主席毛泽东在最高国务会议第11次（扩大）会议上发表题为《关于正确处理人民内部矛盾的问题》的重要讲话。《讲话》第六部分专题论述了“少数民族问题”，指出：“无论是大汉族主义或者地方民族主义，都不利于各族人民的团结，这是应当克服的一种人民内部的矛盾。”《讲话》指出：“西藏由于条件还不成熟，还没有进行民主改革。按照中央和西藏地方政府的十七条协议，社会制度的改革必须实行，但是何时实行，要待西藏大多数人民群众和领袖人物认为可以实行的时候才能作出决定，不能性急。现在已决定在第二个五年计划期间不进行改革。在第三个五年计划期内是否进行改革，要到那时看情况才能决定。”毛泽东把我国社会主义时期的民族问题作为人民内部矛盾处理，是对马克思主义民族理论的重大发展。（《毛泽东选集》5卷P363~402，《人民日报》1957.6.19.①④）

28日 为改变佤族农民“刀耕火种”的耕作方法，云南省政府无偿发放给佤族农民3000多件铁木农具和大批种子、口粮。（《新华社新闻稿》1957.2.28）

△ 贵州省黔东南苗族侗族自治州从江县侗族艺人梁翠华等4人参加全国民间文艺汇演，受到国家副主席朱德、国务院总理周恩来等党和国家领导人的接见。（《黔东南苗族侗族自治州志·总述·大事记》P126~127）

是月 吉林省延边朝鲜族自治州话剧团成立。（《延边朝鲜族自治州志》上P66）

△ 云南省文山专区文山京剧团成立，1980年撤销。（《文山壮族苗族自治州志》1卷P43）

△ 青海省海南藏族自治州同德县谷芒乡干部拉先木在省第三届畜牧业劳动模范代表会议上被评为甲等模范，并赴北京出席全国首届农业劳动模范代表会议，受到国家主席毛泽东

等党和国家领导人的接见。（《海南州志》P30）

△ 截至1956年底，新疆维吾尔自治区有党员9.43万名，占全区总人口的1.88%；建立农村党支部1845个，达到农业乡总数的99.2%。（《中国共产党新疆历史大事记（1949.10~1966.4）》上P150~151）

3月

1日 湖南省湘西苗族自治州10名苗族代表、9名土家族代表参加湖南省少数民族参观团，赴全国11省市参观学习，先后参观21个工业企业。在北京期间，参观团受到国家主席毛泽东接见。（《湘西州志》上P62）

2日 商业部召集的全国民族贸易处长座谈会结束。会议检查民族贸易工作情况，讨论民族贸易工作中存在的问题，并提出解决意见。会议还讨论了少数民族特殊需要商品的经营、少数民族商业干部的培养以及民族贸易专管机构工作等问题。（《新华社新闻稿》1957.3.4）

△ 国家主席毛泽东、国务院总理周恩来和中共中央委员会书记邓小平等接见贵州各民族参观团和内蒙古参观团。（《新华社新闻稿》1957.3.3）

3日 新疆维吾尔自治区党委发出《关于改进和加强汉族干部学习本地民族语文的指示》和《关于自治区本地民族干部学习汉文汉语的指示》，要求在新疆工作的汉族干部在三五年内能够看懂维吾尔文一般文件，听懂一般的维吾尔语言；要求少数民族干部在自愿的基础上互相学习民族语言文字和学习汉文汉语。（《中国共产党新疆历史大事记（1949.10~1966.4）》上P152）

5日 据报道，贵州省黔东南苗族侗族自治州的农业社会主义改造在注意照顾民族特点的基础上，基本实现高级农业合作化。全州加入高级社的农户已达31万户，占总农户的80%以上。（《新华社新闻稿》1957.3.5）

△ 中共中央书记处会议讨论西藏工作问题。会议认为，西藏今后在6年内不改革是肯定的，这是对外已经宣布的，内定不改的时间还要长，可能11年不改（即第三个五年计划之内不改）。目前，西藏工作要以人员、机构、事业、财政大下马为紧急任务，人员内撤越快越好。（《中共西藏党史大事记（1949~1966）》P69~70）

5~20日 全国政协二届三次全体会议举行。会议通过政治决议，增选喜饶嘉措为常委委员。少数民族委员和宗教界委员就少数民族工作问题、民族地区的革命和建设问题，以及宗教问题进行讨论。（《人民日报》1957.3.17，3.22）

6日 云南德宏、红河、西双版纳自治州和蒙自、文山、临沧、丽江专区的傣、哈尼、景颇、傈僳、纳西、苗、瑶等民族均有本民族的妇女干部。据统计，25个县的7700多个农业社中有妇女正副社长3300多名，2494个乡有妇女正副乡长1523名。（《人民日报》1957.3.6.④）

7日 40多个民族的1700多个妇女代表在北京举行联欢会，庆祝“三八”妇女节。会上，全国妇联副主席许广平号召各民族妇女紧密团结，为祖国建设发挥更大的作用。国务院总理周恩来到会讲话。（《新华社新闻稿》1957.3.9）

△ 是日报道，1956年合作化以来，云南省兴办的1.45万多个单一少数民族社和多民族联合社中，85%以上的社增产，86%以上的社员增加了收入。（《人民日报》1957.3.7.③）

△ 中央民族学院举行小型科学报告讨论会，由苏联专家切博克沙罗夫教授和林耀华教授合作作题为《民族学的对象及其在中华人民共和国的任务》的报告。（《历史研究》1957.4 P93）

8日 湖南省湘西苗族自治州凤凰县城至贵州铜仁县大兴场公路建成通车，全长32.4公里，投资21.3万元，工程历时8个多月，是湘西州通向黔东的第一条公路。（《湘西州志》上P62）

△ 据统计，1956年至1957年，广西省桂西壮族自治州拨给山区修筑水塘、水井的补助费88.5万元。自治州的睦边、平果和都安瑶族自治县等20多个县，已修建5200多处水井和水塘，初步解决各县石山地区的饮水问题。苗山自治县的农民利用农闲时修筑的浮三公路通车，可至自治县首府融水镇。（《新华社新闻稿》1957.3.8）

8~20日 中共云南省边疆工委召开德宏、红河、怒江和临沧等地区的三级干部会议。会议分析边疆民族地区少数民族情况，确定一切工作必须在有利于发展生产、增加财富的基础上进行。关于互助合作问题，必须从有利于生产和各民族自愿的原则出发，防止过急现象。直接过渡地区的农业社，要搞好社内团结、增加生产，同时帮助互助组和社外群众搞好生产。（《人民日报》1957.3.26.④）

9日 科学院少数民族语言调查第六队哈萨克语分队，除完成调查工作的任务外，还记录和翻译各种民间文学资料近100本、诗歌若干首。（《新疆日报》1957.3.9.①）

10日 广西省第一家大型书刊印刷企业——广西民族印刷厂在南宁建成投产，该厂的整套设备和大部分工人来自上海大东印刷厂。（《广西日报》1957.3.12.①，《广西通志·大事记》P316）

10~25日 第二届全国民间音乐舞蹈汇演在北京举行，28个民族的1300多位业余演员表演近300个音乐舞蹈节目，西藏代表团百余人参演。（《新华社新闻稿》1957.3.11，3.26；《当代中国的西藏》下P381）

11日 新疆吐鲁番盆地第一次使用拖拉机耕地。（《新华社新闻稿》1957.3.16）

△ 云南省人委组织3个民族访问团赴蒙自、文山、昭通等高寒贫瘠山区，访问了解各族人民生产和生活中的问题，并帮助少数民族人民解决困难。（《新华社新闻稿》1957.3.12）

13日 西藏自治区筹委委员、西藏地方政府噶伦、西藏军区第二副司令员尕噶·彭错饶杰（藏族）中将在日喀则病逝。20日，拉萨各界300多人集会追悼。（《新华社新闻稿》1957.3.21，3.16）

△ 四川省阿坝藏族自治州民族师范学校的民族语言训练班采用羌语和嘉戎语教学。（《人民日报》1957.3.13.⑦）

15日 解放前，因不堪国民党盛世才的压迫和屠杀，多年流散、定居在青海柴达木盆地阿尔顿曲克牧区的一批哈萨克族牧民重新返回故乡新疆。（《新华社新闻稿》1957.3.16）

15~16日 全国人大民委举行少数民族历史调查工作汇报会，听取有关景颇族、鄂伦春族、彝族、黎族的调查报告。（《新华社新闻稿》1957.3.17）

17~26日 全国政协在北京举行广西代表座谈会，讨论建立广西壮族自治区问题，国务院总理周恩来主持并发表讲话。在谈到广西建立自治区采取“分”还是“合”的方案时，周恩来指出，从全国看来，“合则两利，分则两害”，在广西省来说，也是这样。经过反复协商，与会人员一致同意建立省级壮族自治区，采取“合”的方案，即以原广西省行政区域为广西壮族自治区的行政区域。（《广西通志·大事记》P317）

18日 广西省人民委员会发出《关于成立县民族事务委员会的通知》。根据通知精神，4月1日起，各县民族工作组改为民族事务委员会。全省有25个县和桂林市建立了民族事务委员会。（《广西通志·大事记》P317）

△ 驻西藏境内的尼泊尔武装卫队自拉萨等地撤离我国。（《当代中国的西藏》下P573）

20日 新疆维吾尔自治区各民族作家的小说、剧本、散文、诗歌第一次编选成册出版。（《新华社新闻稿》1957.3.21）

22日 至目前，甘孜藏族自治州吸收民族上层人士1300多人参加工作，比民主改革前增长1倍多。（《光明日报》1957.3.22.①）

△ 我国唯一的仫佬族聚居区——广西罗城实现农业合作化。（《人民日报》1957.3.25.③）

25日 广西省人民委员会发出《关于改变民族贸易机构的设置及其领导关系的通知》。根据《通知》，成立民族贸易管理局，民族贸易县由44个调整为31个，即：巴马、都安、龙津、凭祥、马山、上林、百色、东兰、田阳、田东、平果、德保、靖西、大苗山、三江、河池、罗城、忻城、南丹、天峨、龙胜、上思、大瑶山、环江、隆林、田林、凌乐、凤山、睦边、大新、镇都。（《广西通志·大事记》P316）

△ 湖北省恩施地区建成全省第一座机械化红茶初制厂，1958年春正式投产。（《恩施州志》P13）

△ 云南省迪庆藏族自治州维西县塔城民族舞蹈《热巴》获第二届全国民间音乐舞蹈汇演二等奖。（《迪庆藏族自治州志》P35）

26日 国务院第43次全体会议通过了《关于设置十万大山壮族瑶族自治县和钦北壮族自治县的决定》，1958年5月10日自治县宣告成立。会议还决定，撤销云南省寻甸县，设置寻甸回族自治县，行政区域为原寻甸县行政区域的全部及嵩明县小凤仪乡的老地山村和马龙县的赵合铺村，自治县的自治机关驻原寻甸县城；撤销路南县，设置路南彝族自治县，行政区域为原路南县的第一、二、四、六、七区的全部，原路南县第五区划归宜良县，自治县的自治机关驻原路南县城。（《国务院公报》1957［13号］P252，［23号］P318~320）

△ 贵州省黔东南苗族侗族自治州各县已设立19个民族商品门市部和63个民族商品专柜。（《贵州日报》1957.3.26.①）

△ 内蒙古图书馆大楼建成，藏书15.3万册，其中蒙古文图书6000余册。（《内蒙古自治区史》P249、518）

26~29日 广西省民委举行回族代表座谈会，商讨回族事务工作和成立广西壮族自治区问题。（《广西日报》1957.3.31.①）

26~31日 中国佛协二届代表会议在北京举行。会议讨论和修改了佛协章程，选举了二届理事会。喜饶嘉措（藏族）当选会长，噶登赛持（藏族）、应慈、静权（傣族）、松溜阿戈木尼亚（傣族）、能海、赵朴初、噶喇藏（蒙古族）、阿旺嘉错（藏族）、巨赞、周叔迦、伍古腊（傣族）等为副会长。4月2日，国家副主席朱德接见了与会的活佛、喇嘛、法师、僧、尼和居士等，国家民委副主任杨静仁等陪同。（《人民日报》1957.4.3.①）

27日 云南省民委召开少数民族语言文字科学讨论会，通过《哈尼族等少数民族文字方案》（草案）。《方案》规定以红河自治区六村大寨哈尼族语言为哈尼文标准音。1958年在元阳县举办哈尼文训练班试行推广。（《红河哈尼族彝族自治州志》1卷P73）

△ 据报道，为帮助刚从封建制度和农奴制度下解放出来的农奴和奴隶以及其他农民发展生产，四川省甘孜和阿坝自治州无偿发放耕牛5850头。甘孜州还无偿发放铁质农具和新式农具4.9万多件，良种小麦17.5万斤。（《人民日报》1957.3.27.③）

△ 同日报道，吉林省延边朝鲜族自治州建有22个国营和85个地方国营的工业企业，工业总产值占自治州工农业总产值的75%强。其中，生产资料生产的比重从1949年的68%上升到96%。（《新华社新闻稿》

1957.3.27）

△ 国务院批准广西省镇都县改称天等县。 （《广西通志·大事记》P317）

28日 吉林省延边朝鲜族自治州红十字会成立。 （《延边朝鲜族自治州志》P66）

28日~4月1日 云南省文山专区民族代表会议举行，研究建立自治州问题。会议讨论民族归系、自治州名称及如何筹备成立自治州等问题，通过自治州定名为“文山壮族、苗族自治州”，选出53人组成“文山壮族，苗族自治州筹备委员会”。罗运通（壮族）当选为筹委主任委员，马生申、龙明传（苗族）等12人为副主任委员。 （《人民日报》1957.4.10.④）

30日 据报道，广西省环江县毛南族文化水平名冠全省山区各民族之首，每100人中有17人在大学、中学或小学读书。 （《人民日报》1957.3.31.④）

是月 内蒙古自治区骨粉厂在科尔沁右翼前旗建成投产。 （《新华社新闻稿》1957.4.6）

△ 广西省邕剧传统剧目鉴定委员会成立。同时举行邕剧传统剧目挖掘整理座谈会，集中一批邕剧老艺人就不经常演出的200多个传统剧目进行演出鉴定。 （《广西通志·大事记》P317）

△ 贵州省人民委员会批准设立黔东南苗族侗族自治州民族语言文字指导委员会，负责民族语言文字工作。 （《黔东南苗族侗族自治州志·总述·大事记》P127）

△ 云南省文山专区富宁至广西百色公路通车。 （《文山壮族苗族自治州志》1卷P44）

△ 中共中央召开书记处会议，根据“六年不改，坚决收缩”的精神，决定西藏自己在内地办学。保留西藏地方干部学校和拉萨中学，已办起来的98所公办小学缩减为13所。这一时期的西藏教育是两种教育制度并存的格局，旧的教育制度和教育形式仍然存在。中国共产党领导的新型的人民教育，以反帝爱国统一战线为基础，广泛吸收各阶层人士及其子女入学。 （《当代中国的西藏》下P304）

△ 十四世达赖喇嘛·丹增嘉措一行朝拜日喀则扎什伦布寺及附近的俄尔、那塘、夏鲁等3个寺庙。十世班禅额尔德尼·确吉坚赞宴请达赖喇嘛及其一行。 （《人民日报》1957.3.11.①，《新华社新闻稿》1957.3.21）

是~7月 全国人大民委及国家民委社会历史调查组到贵州省黔东南苗族侗族自治州台江县调查，整理完成《苗族社会历史调查（一）》丛书。 （《黔东南苗族侗族自治州志·总述·大事记》P127~128）

4月

1日 截至目前，青海省黄南藏族自治州有民族干部575名，占干部总数的34.12%；担任区级以上职务的民族干部137人，占区级以上领导干部的43.63%。 （《黄南州志》上P35）

1~3日 延边大学举行第一次科学报告讨论会，讨论40多名朝鲜族教师提出的教育、工农业生产、文化卫生等几个方面的科研成果。 （《新华社新闻稿》1957.4.7）

△ 是日报道，青海互助土族自治县、湟中县和大通县土、汉、回、藏等民族杂居区新建3个小拖拉机站。 （《新华社新闻稿》1957.4.4）

5日 云南省近300名机关干部分批深入西双版纳农村，帮助少数民族发展生产。（《新华社新闻稿》1957.4.8）

△ 中科院少数民族语言调查第一工作队结束在贵州、湖南、广西3省15个侗族聚居地区的侗语调查工作，用国际音标记录了21份材料。 （《光明日报》1957.4.5.③）

8~12日 中国道教协会成立会议在北京举行。会议通过了会议决议、给国家主席毛泽

东的致敬信和《中国道教协会章程》，选出中国道教协会第一届理事会的组成人员。（《新华社新闻稿》1957.4.13）

10日 云南省楚雄专区禄丰炼铁厂建成投产，兴建21立方米高炉1座。1958年改称禄丰钢铁厂。（《楚雄彝族自治州志》1卷P195）

14日 国家主席毛泽东、副主席朱德和国务院总理周恩来接见云南和湖南各民族参观团。（《新华社新闻稿》1957.4.15）

15日 西藏第一座新工厂——拉萨汽车修配厂建成投产。（《新华社新闻稿》1957.4.17）

△ 据新华社报道，广东省海南黎族苗族自治州黎族地区建成最后一批农业社，长期处于原始"合亩"制生活的黎族人民进入新的历史阶段。（《新华社新闻稿》1957.4.15）

△ 据有关统计，西藏各地小学发展到90多所，在校生6000多名。（《新华社新闻稿》1957.4.18）

18日~5月2日 青海省委举行宣传工作会议，根据多民族地区的实际情况，着重分析研究当前人民内部矛盾的问题。会议要求在牧区进一步发挥区域自治效能，使少数民族干部有职有权，当家做主；在文艺方面，注意发展少数民族文艺，发掘少数民族文化遗产。会议决定在全省立即开展整风运动。（《人民日报》1957.5.8）

20日 内蒙古自治区民族实验剧团成立。（《内蒙古日报》1957.4.20.①）

21日 国家主席毛泽东接见河南民族宗教青年参观团和中央民族学院政治系少数民族学员等。（《人民日报》1957.4.23.②）

△ 内蒙古自治区人委第22次会议通过《关于颁发蒙古语文工作奖励试行办法》的通知。（《内蒙古日报》1957.4.23.①）

26日 在内蒙古人民出版社工作的哈旺加卜（蒙古族），献出一部祖传珍藏多年的蒙古文字金字经。（《光明日报》1957.4.26.③）

26日~5月24日 新疆维吾尔自治区党委扩大会议举行。会议传达国家主席毛泽东《关于正确处理人民内部矛盾的问题》的讲话和中共中央于4月27日发出《关于整风运动的指示》。会议认为，自治区人民内部矛盾主要是领导机关脱离人民群众所产生的矛盾。同时，新疆过去存在对抗性的民族矛盾，解放后虽已消失，但是民族矛盾存在，这仍是自治区人民内部矛盾不可忽视的问题。6月9日，自治区党委下发《关于开展整风运动的指示》，对自治区整风运动的方针、政策、步骤、方法等作了规定和安排。（《新华社新闻稿》1957.5.27，《中国共产党新疆历史大事记(1949.10~1966.4)》上P153~154）

27日 云南省大理白族自治州发现一部元代至正年间在浙江刊刻的藏经。（《光明日报》1957.4.28.②）

△ 中共中央发出《关于整风运动的指示》，决定在全党进行一次以正确处理人民内部矛盾为主题，以反对官僚主义、宗派主义和主观主义为内容的整风运动。5月初至6月初，中共中央统战部先后召开14次民主党派负责人和无党派人士参加的座谈会，征求对党的工作的意见。当时，社会上有极少数资产阶级右派分子发表谬论，妄图排斥和推翻中国共产党的领导，猖狂诬蔑、攻击社会主义制度。5月15日，中共中央主席毛泽东发表文章《事情正在起变化》。6月8日，毛主席发出《组织力量反击右派分子的猖狂进攻》的指示。同日，《人民日报》发表社论《这是为什么?》，一场反击资产阶级右派进攻的斗争，在全国范围内展开。1958年夏末，反右派斗争结束。因斗争被严重扩大化，在民族地区和全国一样造成不幸的后果。（《毛泽东选集》5卷P423、431，《新华社新闻稿》1957.5.1，《人民日报》1957.6.8.②）

29日 国务院第47次会议决定，任命甘春雷、费孝通、谢鹤筹为国家民委副主任，免去韦国清（壮族）国家民委副主任、甘春雷国家民委办公厅主任职务。（《国务院公报》1957［20号］P377~378，《新华社新闻稿》1957.4.30）

30日~5月3日 内蒙古自治区各族人民举行大会，庆祝自治区成立10周年，国务院副总理李先念和各省（区）19个民族的代表莅会祝贺。自治区主席乌兰夫致词，李先念副总理代表党中央、国务院和毛泽东主席向蒙古族和自治区各民族人民致贺词。《人民日报》为此发表社论《我国少数民族实行区域自治的良好榜样》。全国人大民委和国家民委同时在北京联合举行庆祝会，全国人大常委会、国务院、全国人大民委和政协、国家民委致贺电。（《人民日报》1957.4.30.③，5.1.②，5.5.②）

是月 福建省民政厅设立民族事务处。（《福建日报》1957.4.4.①）

△ 广西省教育厅、财政厅联合发出《关于设置少数民族初中预备班及山区少数民族小学编制的意见通知》，对大瑶山等13个县（自治县）的大部分、恭城等23个县（自治县）的小部分，以苗、瑶、侗等少数民族为主的地区及杂居区拟定《少数民族初中预备班设置办法》和《关于山区少数民族小学教师编制问题的意见》，要求根据实际情况认真贯彻执行。（《广西通志·大事记》P317）

△ 四川省甘孜藏族自治州泸定水运处302队，从康定翻越大雪山进入孔玉区，开辟巴郎至长河坝24.5公里的驿道，同时治理水运禁区“十里长滩”。（《甘孜州志》上P53）

△ 青海省海南藏族自治州性病防治站成立，1961年改称海南州地方病防治站。（《海南州志》P30）

5月

1日 庆祝内蒙古自治区成立10周年美术展览会在呼和浩特开幕。2日，自治区10年建设成就展览会在呼和浩特新落成的博物馆开幕。（《新华社新闻稿》1957.5.3，《内蒙古日报》1957.5.2.①）

△ 广西民族出版社在南宁成立。（《新华社新闻稿》1957.5.3）

2日 全国人大民委和国家民委在北京举行酒会，招待参加“五一”节观礼的甘肃、广东、广西、浙江和贵州各民族参观团，以及各民族佛教界参观团、少数民族积极分子会议代表、参观全国农展会的少数民族代表、新疆医学院、新疆石油局参观团和西藏歌舞团等代表800多人。（《新华社新闻稿》1957.5.3）

2~3日 甘肃省人委和省政协举行联席会议，讨论通过了中共甘肃省委根据中共中央的倡议，提出在甘肃省东北部地区以银川专区，吴忠、固原两个回族自治州和泾源、隆德县为基础建立回族自治区的方案。中共中央统战部副部长、国家民委副主任汪锋到会，就建立回族自治区和甘肃解放前后民族关系问题发表讲话，并分别解答回、汉族人士提出的有关问题。（《新华社新闻稿》1957.5.6）

2~10日 云南省政协一届三次全体会议举行。会议传达国家主席毛泽东《关于正确处理人民内部矛盾的问题》的重要讲话和关于全国政协二届三次全体会议精神，听取和讨论通过省政协常委的工作报告。省委书记、省政协主席谢富治就正确处理边疆民族地区人民内部矛盾和整风问题在会上发表讲话。（《云南日报》1957.5.3.①，5.17.①）

3日 内蒙古自治区第一个大型蒙古语话剧——《阿拉担·布尔固德》（汉译《金鹰》）上演。（《内蒙古日报》1957.5.4.④）

4日 《人民日报》发表中共中央统战部部长李维汉的文章《关于建立广西壮族自治区问题的一些看法和意见》。（《新华社新闻稿》1957.5.6）

△ 贵州省委召开民族工作座谈会，商讨

如何处理民族工作中的矛盾问题。座谈会在肯定民族工作成就的基础上，就发展民族地区的农业生产、培养民族干部以及文教卫生等工作提出批评和建议。（《人民日报》1957.5.7.②）

10日 广西省结束民族政策贯彻情况的全面检查。检查结果表明，存在的问题是民族区域自治权利未得到充分行使，大汉族主义仍是民族工作中的思想障碍。（《广西日报》1957.5.10.①）

13日 宁夏省银川地委发出《关于开始整风的通知》，要求各级党组织的整风必须同解决问题、改进工作密切结合，采取边学习、边检查、边改进的方法，贯彻中央“从团结的愿望出发，经批评和自我批评，在新的基础上达到新的团结”的方针。银川专区、吴忠回族自治州和固原回族自治州在国家机关、企事业单位中开展“整风运动”，并很快发展为反右派斗争，共确定右派分子1855人（从1959年9月开始甄别，至1979年陆续予以基本改正）。（《中共宁夏党史大事记（1925.8~1988.6）》P213~214，《当代宁夏史通鉴》P20）

△ 据统计，全国少数民族青年团员已发展到61万名。（《中国青年报》1957.5.13.①）

14日 中央对西藏工委3月19日报请《关于今后西藏工作的决定》的批示中指出：“西藏的民主改革是和平解放西藏办法的协议的重要内容之一，是迟早一定要实行的。”“但是，现在实行民主改革的条件还没有具备。”“中央重新考虑了西藏地区的历史的和现实的情况以后，决定从今年起至少6年以内，甚至在更长的时间以内，在西藏不进行民主改革，6年过后是否及时进行改革，到那时候依据实际情况再作决定。”中央指出，今后6年内，在西藏地区的工作有可为和不可为2个方面（即“五为”和“四不为”）。“五为”是：一、要继续进行和开展上层统一战线工作，并以达赖集团为主要对象；二、要继续注意培养藏族干部；三、要继续办一些群众欢迎的，上层同意的，我们有条件办的，能够对群众发生积极影响的经济、文化事业；四、要继续坚持把国防、外事和国防公路等项置于中央管理之下；五、要经过各种适当方式，向上层和人民群众进行爱国主义教育，反对分裂活动。“四不为”是：一、停止和结束民主改革的准备工作；二、不干涉西藏的内部事务；三、不在社会上发展党员；四、不办不是西藏上层迫切要求和同意的建设事宜。中央指出：“为了适应西藏情况，加强党的领导，决定今后在西藏实行党的一元化的领导。西藏工作统一由中央直接领导，中央和国务院各部门不得直接向西藏指示工作，调动干部。否则西藏工委有权停止执行。”（《中共西藏党史大事记（1949~1966）》P71~72）

△ 中共中央下文指示，云南省藏族农业区必须“以政治争取为主，军事为后盾，发动群众平息叛乱，准备改革”。民主改革是中央既定方针，应坚决进行下去，有关民主改革政策仍须按照中共中央和国家主席毛泽东的指示办理，迅速平息叛乱。（《迪庆藏族自治州志》P35~36、38）

15日 贵州省黔东南苗族侗族自治州副州长吴朝明率贵州省各民族参观团赴云南省参观。参观团成员由苗、布依、侗、彝、水、仡佬、瑶、汉等10个民族组成。（《黔东南苗族侗族自治州志·总述·大事记》P128）

19日 截至1956年底，西藏藏族青年团团员已有2887名。（《西藏日报》1957.5.19.①）

△ 云南省金平县组织的苦聪人（拉祜族）访问团结束工作。访问团历时3个多月，在东西长约250公里的原始森林访问了300多户苦聪人，宣传党的民族政策，并发放1000多套衣服和许多棉毡、大米、食盐及针线。

（《新华社新闻稿》1957.2.12，5.21）

20~23日 内蒙古自治区党委一届三次全委扩大会议举行，总结1956年12月以来内蒙古自治区党委开展整风运动的情况，并制订了《关于执行中央关于整风运动的指示的计划》。（《内蒙古自治区史》P156~158、518~519）

20~31日 中共甘肃省委举行统战、民族工作座谈会，讨论党群关系、党与民主党派、民主人士关系以及民族关系等问题，并提出批评和建议。（《甘肃日报》1957.5.21.①，6.2.①）

22日 内蒙古自治区历史语文研究所成立。（《内蒙古日报》1957.5.22.③）

22~25日 安徽省民委首次全体委员会议举行，副省长余亚农宣布省人委关于撤销民政厅民族事务处，成立省民委的决定。余亚农任省民委主任委员，郑同仁等5人任副主任委员。会议听取省民政厅副厅长胡克明关于民族工作情况的报告，讨论分析民族工作中的主要矛盾，批评大汉族主义和民族工作机关中领导的官僚主义。省委书记张凯帆到会指示。（《安徽日报》1957.5.23.①，5.29.①）

24日 国务院全体会议第49次会议决定，设置云南省文山壮族苗族自治州，撤销文山专员公署，行政区域为原文山专区的文山、砚山、丘北、广南、富宁、西畴、马关、麻栗坡8县，自治州人民委员会驻文山县城，1958年4月1日自治州宣告成立。（《国务院公报》1957［23号］P427，［24号］P447；《人民日报》1958.4.2.④）

25~28日 中共吉林省委在延吉市举行朝鲜族人士座谈会，商谈民族联合社、扩大自治权限和区域自治的范围问题。会议要求克服大民族主义和地方民族主义，增强民族团结，共同建设社会主义。（《吉林日报》1957.6.6.①）

27日 青海省第一所培养民族师资的青海民族师范学校成立开学。（《青海日报》1957.6.1.①）

△ 湖北省恩施地区第一座土钢厂在宣恩建成投产，月产土钢2吨。（《恩施州志》P13）

27~31日 全国政协第二届常委会连续举行三次会议，邀请全国人大常委委员、有关单位负责人和有关人士，共同讨论建立省一级回族自治地方和壮族自治地方问题。讨论前听取了广西代表团团长陈再励关于建立壮族自治区问题的情况汇报。与会者经过协商和讨论，一致赞同建立广西壮族自治区和宁夏回族自治区。（《广西通志·大事记》P318）

28~31日 广西省召开壮文推行工作汇报会议。据材料汇报，到5月20日止，全省壮族聚居的49个县已有11个县开展壮文扫盲工作，报名入学的壮族农民达27.7万多人。（《广西日报》1957.6.2.①）

29日 是日报道，国务院批准，从1957年到1962年，国家拨付云南省3000万元的补助费，帮助直接过渡地区及和平改革地区的各族人民发展生产。（《云南日报》1957.5.29.①）

30日 云南省委决定，即日起，全省各民族自治州、自治县普查行使自治权利的情况，进一步发挥少数民族人民当家做主的积极性。（《新华社新闻稿》1957.5.31）

是~7月 广西省普降大雨导致山洪暴发，受灾农田235万亩，损失粮食5760万公斤。其中，容县专区最为严重，受灾农田44万多亩，死亡179人，伤170人，救助12万人。（《广西通志·大事记》P318）

6月

1日 中国作协新疆分会成立。（《人民日报》1957.6.6.⑦）

1~8日 广西省文联、民委和文化局召开民族文学座谈会，交流、搜集、探讨民族民间文学工作，听取省文化局代表关于民族民间文学工作计划的发言，检查民族民间文学工作中的问题。（《广西日报》1957.6.12.③）

3日 四川省地质局凉山彝族自治州力马

河队向国家提交国内第一个镍矿地质报告——《四川省会理力马河铜镍矿储量计算报告书》。（《凉山彝族自治州志》上P49）

4日 云南省文山专区文山县秉烈舍舍水电站竣工发电，装机20千瓦，为文山专区第一个水力发电站。（《文山壮族苗族自治州志》1卷P43）

5日 广西省农业科学研究所在南宁西乡塘成立，下设粮食作物、特种作物、经济作物、园艺作物、土壤肥料、植物保护6个系。是月，原柳州沙塘广西农业综合试验站改为广西省农业科学研究所柳州工作站。（《广西通志·大事记》P318）

△ 青海省文化局举行文艺工作者座谈会，座谈正确对待民族艺术遗产问题。（《青海日报》1957.6.5.③）

7日 国务院第51次全体会议听取和讨论中共宁夏回族自治区委员会第一书记汪锋关于建立宁夏回族自治区的报告和广西省副省长陈再励关于成立广西壮族自治区的报告，决定成立宁夏回族自治区和广西壮族自治区，并提请首届全国人大四次会议审议批准。（《国务院公报》1957［25号］P463，《人民日报》1957.6.8.①）

11日 辽宁省阜新煤矿一座年产150万吨煤的大型矿井——平安竖井投产。（《新华社新闻稿》1957.6.14）

△ 贵州省人委第30次会议讨论苗族布依族文字方案（草案），并上报审查。（《贵州日报》1957.6.16.③）

12日 广西省人委第23次会议举行，听取省人委办公厅主任夏康农关于广西省各族各界人民酝酿建立广西壮族自治区情况的报告，讨论通过关于赞同建立广西壮族自治区的决议。（《广西日报》1957.6.14.①）

△ 青海省黄南藏族自治州同仁县卫生院改建为州人民医院。（《黄南州志》上P35）

14日 国务院第52次全体会议举行，国务院监察部部长钱瑛作《关于1956年广西省因灾荒饿死人事件的检查报告》。报告指出，发生这一事件的客观原因是广西1955年遭受严重的水灾、旱灾，粮食减产，致使1956年发生春荒，加上春雨绵绵，早熟作物减产约50%。另一方面，事件发生主要是因为当时广西省委、省人委主要负责人的官僚主义作风严重。问题发现后，没有及时总结经验教训、教育干部，对负有责任的干部长期不作严肃处理。同日，国务院发出《关于广西省1956年因灾饿死人问题给有关失职人员处分的决定》。（《广西通志·大事记》P318~319）

16日 西藏自治区筹委第20次会议通过《关于整编机构和减少汉族干部的决议》。西藏工委根据《关于今后西藏工作的决定》精神，自3月开始进行收缩工作，精简机构，缩编人员，将汉藏干部、学员、工人由4.5万人减至3700人。地方工作和军事据点，除控制青藏公路外，只限于拉萨、日喀则、昌都、黑河、阿里、江孜、亚东、丁青、江达、当雄、妥坝、岗拖、扎木、宁静、察隅等据点。自治区筹委常委会举行会议，讨论精简机构，将筹委会的民政处、公安处、司法处合并为民政处，建设处、工商处、财政处、农林处、畜牧处合并为财政处，撤销财经委员会，全区已经成立的60多个宗级办事处，除昌都地区外一律撤销；裁减不必要的机构和人员，避免人力物力的浪费，使西藏的机构和工作更好地适应6年不改的方针。8月9日，西藏自治区筹委常委会第21次会议（扩大）召开。会议讨论通过了自治区筹委整编方案，将民政处、公安处、司法处合并为民政处，建设处、工商处、财政处、农林处、畜牧处合并为财政处。根据该方案，筹委系统的汉族干部除工作特别需要外，绝大部分调往内地工作，藏族工作人员将占90%以上。（《西藏日报》1957.6.18.①，《当代中国的西藏》上P233，《人民日报》

1957.8.10.④）

17日　全国人大常委会第一届第七十四次会议听取国家民委副主任萨空了的说明，批准《黔东南苗族侗族自治州人民代表大会组织条例》、《黔东南苗族侗族自治州人民委员会组织条例》、《黔南布依族苗族自治州人民代表大会组织条例》、《黔南布依族苗族自治州人民委员会组织条例》、《云南省大理白族自治州人民代表大会和人民委员会组织条例》、《黑龙江省杜尔伯特蒙古族自治县人民代表大会和人民委员会组织条例》。18日，国家主席毛泽东命令公布施行。　（《光明日报》1957.6.18.③）

17日~8月2日　中国天主教友第一次代表会议在北京举行。来自全国26个省市100多个教区的主教、代主教、神父、修女和教友等共241位代表出席。会议决定正式成立中国天主教友爱国会（1962年改名为中国天主教爱国会），通过了《中国天主教友爱国会章程》，选举沈阳教区主教皮漱石担任中国天主教友爱国会主席。会议通过的《中国天主教友代表会议决议》声明："为了祖国的利益，为了教会的前途，中国天主教会必须彻底改变旧中国时代帝国主义带给我们教会的殖民地半殖民地状态，实行独立自主，由中国神长教友自己来办，在不违反祖国利益和独立尊严的前提下同梵蒂冈教廷保持纯宗教的关系，在当信当行的教义教规上服从教宗。但必须彻底割断政治上、经济上和梵蒂冈教廷的关系，坚决反对梵蒂冈教廷利用宗教干涉我国内政、侵犯我国主权、破坏我们正义的反帝爱国运动的任何阴谋活动。"　（《新华社新闻稿》1957.8.3）

18日　《人民日报》发表中共中央、国务院给予广西因灾饿死人事件的有关人员处分的决定。中共中央决定，给予省委第一书记陈漫远，省委书记郝中士、肖一舟，撤销党内职务处分，3人均调离广西；决定刘建勋任省委第一书记，贺希明任省委书记处书记兼副省长。同时给予平乐县地委书记杨林、横县县委书记薛秋水留党察看1年处分，撤销何庶民平乐县地委副书记职务、王文陆荔浦县委书记职务、段书香平乐专署副专员职务，给予荔浦县委副书记艾治国严重警告处分、荔浦县副县长李善本记大过处分。同日，《人民日报》发表社论《坚持同漠视民命的官僚主义作斗争》，《广西日报》也对该事件作了报道。7月21日，中共中央给予桂西壮族自治州地委书记冯寿天撤销地委书记的处分。　（《广西通志·大事记》P319）

22日　我国第一个草原拖拉机站在内蒙古自治区阿巴嘎旗杭盖牧场建成。　（《内蒙古日报》1957.6.22.①）

25日　是日报道，甘肃省少数民族地区已建成电厂、面粉厂、榨油厂和煤矿等十几个厂矿。　（《人民日报》1957.6.25.①）

26日~7月15日　全国人大一届四次会议举行，国务院总理周恩来作《关于中缅边界问题的报告》，指出："中缅边界问题是我国在国际关系方面的一个重要问题。""中缅边界问题直接地关系到聚居在中缅边境的各民族的利益。"《报告》阐述了中缅边界问题的历史与现状，声明中国政府的立场，其中涉及云南省德宏傣族景颇族自治州等州县的边界问题。国务院副总理乌兰夫作《关于建立广西壮族自治区和宁夏回族自治区的报告》。会议通过关于成立广西壮族自治区和宁夏回族自治区的决议，决定撤销广西省建制，以原广西省的行政区域为广西壮族自治区的行政区域；宁夏回族自治区的行政区域，包括甘肃所属银川专区，吴忠、固原2个回族自治州和平凉专区的隆德县、泾源回族自治县，共辖17个县和2个市。　（《周恩来选集》下卷P239~246；《新华社新闻稿》1957.6.27，6.30，7.2，7.10，7.12，7.16；《国务院公报》1957［30号］P640；《人民日报》1957.6.27.①，6.28.①）

28日　国家主席毛泽东、副主席朱德，国务院总理周恩来、中共中央委员会总书记邓

小平等党和国家领导人接见中央民族学院等院校的应届毕业生。（《人民日报》1957.6.29.①）

30日 新疆维吾尔自治区克孜勒苏柯尔克孜自治州语言文字研究委员会成立。（《克孜勒苏柯尔克孜自治州志》上P30）

是月 内蒙古自治区索伦旗电影放映队组建。1963年改建为电影管理站，同时建电影院。1978年改称电影发行公司。（《鄂温克族自治旗志》P914）

△ 四川省甘孜藏族自治州在第一批完成民主改革的丹巴、道孚、康定、甘孜等县部分农业地区组织互助组1030个，入组农户占总农户的25.9%；试建52个初级农业合作社。（《甘孜州志》上P54）

△ 截至上半年，西藏有98所公办小学，在校生6360人。（《当代中国的西藏》下P304）

7月

1日 甘肃省第一座现代化甘南乳品厂正式建成投产，该厂于1956年7月在州首府合作兴建，到1984年，日产奶粉4.8吨，年产奶粉（季节性）468吨。先后7次被评为全国、全省、全州先进单位。（《人民日报》1957.7.3.⑥，《甘南藏族自治州概况》P187、258）

△ 青海省培养少数民族畜牧业专业人才的湟源民族畜牧学校建立。（《青海日报》1957.7.17.②）

1~21日 云南省民族贸易公司召开边疆所属民贸公司营业员座谈会，研究民族特需商品的经营和当前商品不对路的问题，并对今后土特产的收购、交流提出意见。（《云南日报》1957.7.24.②）

3日 湘桂铁路南段的重要桥梁之一的邕江铁路大桥竣工，9月22日正式运营。（《广西通志·大事记》P320）

5~12日 云南省蒙自专区和红河哈尼族自治区联合举行民族代表会议。会议听取和讨论了《关于推行民族区域自治建立红河哈尼族彝族自治州筹委的报告》和《争取农业丰收和正确处理人民内部矛盾问题的报告》，通过了建立自治州定名为“红河哈尼族彝族自治州”的决议。会议选举李呈祥（哈尼族）为州筹委主任委员，郝鸿钧、李和才（哈尼族）、普照（彝族）、许文安（哈尼族）、刘荣显（彝族）、熊国祥（苗族）、李光荣（瑶族）为副主任委员。会议还讨论通过哈尼、卡多、碧约等10个民族归并为哈尼族，阿细、撒尼、聂苏等17个民族归并为彝族。（《云南日报》1957.7.16.①）

6~12日 全国人大民委举行扩大会议，审议国务院副总理乌兰夫向全国人大一届四次会议作的《关于建立广西壮族自治区和宁夏回族自治区的报告》。12日，会议决定建议全国人大一届四次会议批准国务院关于建立广西壮族自治区和宁夏回族自治区的两个方案。（《人民日报》1957.7.7.①，7.16.②）

8日 据统计，截至目前，全国3500万少数民族已有近3000万人口的地区基本实现农业社会主义改造，包括40多个少数民族的农牧民超越一个或几个社会发展阶段，跨进社会主义。（《人民日报》1957.7.9.①）

11日 由湖南省副省长张孟旭（土家族）率领的湘西土家族访问团，结束历时50天的访问工作。其间，访问团宣传党的民族政策，了解湘西绝大多数土家族人民反对单独自治，要求与苗族成立联合自治州的情况。8月6日，省人委第21次扩大会议听取并讨论通过张孟旭的工作总结报告。（《新湖南报》1957.7.17.③，8.8.①）

13日 内蒙古科尔沁草原发现3处矽砂矿。（《人民日报》1957.7.13.⑥）

△ 中国伊斯兰教著名阿訇、教育家马良骏在乌鲁木齐市逝世。马良骏（回族），经名

穆罕默德·优素福，1867年生，甘肃省清水县（今张家川回族自治县）上磨村人。汉文著述有《考证回族历史》、《大杂学》、《阿汉合璧天文地理志》、《伊犁图考》、《清真最要志》等，阿拉伯文著作有《塔里赫》（历史）、《迈孜拜图》（奥义集锦）、《大台勒黑素》（教典要义大全）、《小台勒黑素》（简要教典要义）等。（《新疆日报》1957.7.14.①）

14日 据报道，截至目前，广西省培养出壮族工程师、医师、农艺师和技术员等各种技术干部3200多名。（《广西日报》1957.7.14.①）

15日 内蒙古自治区召开牧业工作和牧业生产会议，总结一年来的办社经验，决定开展以互助合作为中心的增产运动。（《内蒙古日报》1957.7.15.①）

△ 内蒙古自治区海拉尔乳品厂建成投产，日处理鲜奶100吨、年产奶油490吨、乳糖440吨、酪胶330吨。（《内蒙古自治区史》P519）

19日 是日报道，2万名地质勘探人员在云南高原为国家找出40种矿藏，其中锡、铜、磷和褐煤的储量占全国首位。（《光明日报》1957.7.19.①）

20日 科学院少数民族语言调查第五工作队结束在内蒙古、新疆、青海、甘肃和黑龙江等地的蒙古语族语言调查工作。调查发现2000多个蒙古语单词，搜集到达斡尔语3万个词和2万个新词术语，以及东乡、保安和土族的资料。（《内蒙古日报》1957.7.21.①，8.11.③）

20日~8月6日 国家民委邀请29个民族的105名出席全国首届人大四次会议的代表在青岛举行全国民族工作座谈会，检查民族政策执行情况，交流民族工作的经验，批评民族工作中的缺点，讨论今后民族工作中的一些重大问题。座谈会还讨论通过国家民委和财政部共同草拟的《民族自治地方财政管理暂行办法（草案）》和《关于民族自治地方的自治机关管理企业事业的范围和职权的暂行规定（草案）》。国务院总理周恩来到会作题为《关于我国民族政策的几个问题》的报告，国务院副总理、国家民委主任委员乌兰夫作总结发言。周总理的报告分4部分：一、关于反对两种民族主义的问题；二、关于民族区域自治的问题；三、关于民族繁荣和社会改革的问题；四、关于民族自治权利和民族化的问题。报告全面、系统地阐述了我党民族理论与民族政策问题，是一篇光辉的历史文献。8月24日，《人民日报》发表社论《进一步增强民族团结》。（《周恩来选集》下卷P247，《人民日报》1957.8.24.①）

21日 据《新疆日报》报道，新疆维吾尔自治区少数民族干部有6万余人，占自治区干部总数的54%，比自治区成立时增长70%以上，其中有相当数量的本地民族干部担任各地区、各部门的领导工作。各级党组织重视在各民族中发展党员，自治区本地民族党员有4.4万多名，占全疆党员总数的47%以上。（《新疆日报》1957.7.21.①，《中国共产党新疆历史大事记（1949.10~1966.4）》上P156）

22日 中央决定，将原云南省西双版纳傣族自治州12个版纳合设为5个县级版纳。10月19日，国务院批复同意撤销思茅专员公署，合并西双版纳傣族自治州，后又中止合并。1964年8月18日，国务院批准恢复思茅专员公署。（《西双版纳傣族自治州志》上P39~40）

24日 是日报道，1957年1月份，云南省澜沧拉祜族自治区（县）开始试用拉祜文。（《云南日报》1957.7.24.③）

26日 青藏铁路的航测工作基本完成。（《人民日报》1957.7.26.⑥）

29日 据报道，1956年遭受雪灾的西藏黑河牧区各宗、豁卡（区）和100多个部落的牧民，经中央人民政府的救济，顺利渡过灾

荒。受灾牧民得到粮食16万斤及茶叶和贷款。（《新华社新闻稿》1957.4.17，《人民日报》1957.7.30.④）

是月 广西省委成立边境工作委员会，覃应机（壮族）任主任委员。（《广西通志·大事记》P320）

△ 广西省首届国画展览会在南宁举行，展出168位作者的358件作品。（《广西通志·大事记》P320）

△ 贵州省黔东南苗族侗族自治州人民委员会批准，少数民族吃新（吃卯）、少数民族年节、吃牯藏、安龙王、吃姊妹饭、祭灶6个节日宰杀牲畜一律免征屠宰税。此政策1958年取消，1980年恢复。（《黔东南苗族侗族自治州志·总述·大事记》P129~130）

8月

1日 云南边疆一座规模最大的发电厂在芒市建成。（《人民日报》1957.8.6.③）

2日 吉林省延边朝鲜族自治州石岘造纸厂用亚硫酸废液生产工业酒精试验成功，填补国内空白。（《延边朝鲜族自治州志》P66~67）

3日 《新疆日报》发表社论《必须严肃认真地展开反击右派的斗争》，新疆维吾尔自治区整风运动由大鸣大放阶段进入反击右派斗争阶段，在运动中被定为右派分子有3172人。由于对阶级斗争形势估计过于严重，把大量人民内部矛盾当做敌我矛盾，使反右派斗争严重扩大化，错划一批右派，造成不幸后果。（《中国共产党新疆历史大事记（1949.10~1966.4）》上P156~157）

6日 甘肃省临夏回族自治州广通县改称广河县。（《临夏回族自治州志》上P51）

8日 中共中央发出《关于向全体农村人口进行一次大规模的社会主义教育的指示》。14日，内蒙古自治区党委发出《坚决执行中央指示，迅速在农村开展大规模的社会主义宣传运动》的指示。（《内蒙古自治区史》P164~165）

△ 中共云南省德宏地委成立地委书记赵善卿为组长的勘查国界线小组。经过1个多月的实地勘查，查清了乙段已定界的1至64号界桩被毁、界桩被移入我境及界河改道、缅甸边民进入我境的具体情况。（《德宏州志》综合卷P43）

8~22日 中国回协举行二届代表会议。会议听取和讨论全国人大民委主任刘格平作的关于民族政策问题的报告和国家民委副主任甘春雷作的回协工作报告，通过新的回协简章草案，刘格平当选回协主任，王兴让、吴鸿宾、马腾霭、赵钟奇、白寿彝、李微冬（以上均为回族）为副主任。（《人民日报》1957.8.19.②，8.23.④）

15日 中国回族发展面貌综合展览在北京开幕。（《人民日报》1957.8.19.③）

16日 国家副主席朱德和国务院副总理陈毅接见广西省各民族参观团、西北民族学院铁路班参观实习队和出席回协二届代表会议的代表，全国人大民委主任刘格平、副主任刘春，国家民委副主任谢鹤筹等出席。（《人民日报》1957.8.17.④）

18日 云南省境内怒江第一道钢索桥建成。（《云南日报》1957.8.18.③）

19日 是日报道，中科院新疆少数民族语言文字调查队在近1年的时间内考察了维吾尔、哈萨克、柯尔克孜、锡伯和塔吉克等民族语言文字的发展，搜集到各民族的方言、土语、民间诗歌等大量资料。其中，有18世纪初叶用维吾尔文抄写的乌孜别克古代诗人的长诗和柯尔克孜族200多年前的契约等。（《人民日报》1957.8.19.③）

21日 吉林省吉林市满族人民自办的一所中学举行建校典礼。（《人民日报》1957.9.8.④）

23日~9月4日 广西省人大一届五次会

议举行。与会代表一致拥护全国人民代表大会《关于成立广西壮族自治区的决定》，并讨论通过了《关于建立广西壮族自治区的决议》。（《广西通志·大事记》P320）

24日 据《广西日报》报道，广西省在1956年基本完成对农业、手工业和资本主义工商业生产资料所有制方面的社会主义改造，全省有98.7%的农户加入农业生产合作社，私营工业除3户外全部实现公私合营，私营商业、饮食业、服务业已有1.14万户转为公私合营，80%的小商贩加入合作组织。（《广西通志·大事记》P320）

24日~9月7日 全国民委主任会议举行。会议讨论国务院总理周恩来在青岛民族工作座谈会上《关于我国民族政策的几个问题》的重要讲话和国务院副总理乌兰夫的报告、国家民委副主任汪锋的讲话和副主任刘春的《从民族事务机构方面加强民族工作的报告》，讨论如何反对大汉族主义的问题以及各地民族事务机构的各项具体工作。5日，国家副主席朱德和全国人大常委会副委员长李济深、黄炎培、李维汉、陈叔通接见会议代表和吉林各民族参观团。（《人民日报》1957.8.24.①，9.6.④，9.8.④）

是月 内蒙古自治区第一个五年计划基本建设提前完成。5年中，国家投放建设资金相当于1000多万两黄金，建成和正在建设的限额以上的重大工程34项。全区建起200多个工矿企业，加上原有的共有800多个；新建铁路8条，总长1000多公里，公路8600多公里，初步形成自治区交通网。（《内蒙古日报》1957.9.15.①）

△ 吉林省延边朝鲜族自治州歌唱家方初善（女，朝鲜族）演唱的《闺女之歌》，金哲作词、郑镇玉谱曲的交响大合唱《长白之歌》，云南省德宏傣族景颇族自治州演员毛相、白文芬表演的孔雀舞在莫斯科举行的第六届世界和平青年联欢节上均获银奖。（《延边朝鲜族自治州志》上P67，《德宏州志》综合卷P43）

△ 据国家12年科学技术发展远景规划，中科院华南热带生物资源综合考察队组织有关单位科技人员，对广西地区以橡胶为主的热带作物资源综合考察。考察历时4年，选出二、三等橡胶地99.11万亩，咖啡地94.02万亩，龙舌兰麻地148.44万亩。（《广西通志·大事记》P321）

△ 云南省怒江傈僳族自治州第一个电影放映站在知子罗建成。（《怒江傈僳族自治州志》上P746）

△ 新疆维吾尔自治区人民委员会正式决定，自10月10日起，自治区各市、镇粮食实行凭证限量的供应办法（我国自1953年开始实行粮食计划收购与计划供应）。（《中国共产党新疆历史大事记（1949.10~1966.4）》上P157）

△ 中国科学院新疆分院成立。（《新疆日报》1987.8.13.①）

9月

2日 是日报道，云南省昆明、西双版纳和德宏自治州先后建成傣、景颇、傈僳等民族文字印刷厂。（《人民日报》1957.9.2.③）

3日 新疆维吾尔自治区党委委员、统战部部长、全国人大代表、全国人大民委委员阿不都热合满·穆义提因病在乌鲁木齐逝世。4日，乌鲁木齐市各族各界举行追悼大会。（《新疆日报》1957.9.4.①）

4~20日 贵州省民族工作会议在贵阳举行。会议传达学习国务院总理周恩来在青岛民族工作座谈会上的重要讲话、乌兰夫副总理的总结报告和全国人大民委副主任委员刘春在全国民委主任会议上的报告。会议根据中央指示精神，结合具体情况，确定五项民族工作任务。（《贵州日报》1957.9.22.①）

6日 国务院第57次会议通过国务院任免

行政人员办法和县级以上人委会任免国家机关工作人员条例草案。会议决定：设置湖南省湘西土家族苗族自治州，撤销湘西苗族自治州，行政区域为原湘西苗族自治州的吉首、古丈、泸溪、凤凰、花垣、保靖6县和原由省直辖交自治州代管的永顺、龙山、桑植、大庸4县，人民委员会驻吉首县城，9月20日自治州宣告成立；设置云南省红河哈尼族彝族自治州，撤销蒙自专员公署、红河哈尼族自治区，行政区域为原蒙自专区和原红河哈尼族自治区的蒙自、开远、封水、石屏、屏边、龙武、曲溪、河口、红河、金平、元阳11县和弥勒彝族自治县、六村办事处，人民委员会驻蒙自，11月18日自治州宣告成立；弥勒彝族自治县在建州后改为弥勒县。（《国务院公报》1957［40号］P839，［44号］P903、906；《云南日报》1957.11.19.①；《新华社新闻稿》1957.9.7，9.14，9.17，9.19）

7日 西藏拉萨中学师资训练班培养的西藏第一批藏族教师毕业。（《人民日报》1957.9.7.④）

△ 据不完全统计，云南省从事民间文学研究和发掘整理工作的队伍已发展到150多名，包括汉、傣、白、纳西、哈尼等10个民族的成员。（《人民日报》1957.9.7.④）

9~13日 云南省迪庆藏族自治州首届各族各界代表大会举行。会议制定《迪庆藏族自治州人民代表大会及人民委员会组织条例》、《迪庆藏族自治州和平协商土地改革实施办法》、《迪庆藏族自治州藏族地区划分成分办法》、《中甸县藏彝地区和平协商土地改革实施办法》。（《迪庆藏族自治州志》P36、P348~349）

13日 是日报道，全国人大民委云南少数民族社会历史调查组搜集到景颇、佤、怒、独龙4个民族的生产和生活用品300多件。（《云南日报》1957.9.13.③）

△ 据新华社报道，内蒙古伊克昭盟乌审旗发现距今约7万年到10万年的“河套人”顶骨和股骨化石。（《新华社新闻稿》1957.9.14，《中华人民共和国大事记（1949~1980）》P353）

△ 云南省迪庆藏族自治州正式成立，辖中甸、德钦、维西3县。德钦藏族自治区撤销。（《云南民族团结进步事业光辉历程（1949~2009）》P78，《迪庆藏族自治州志》P35）

15~20日 湖南省湘西土家族苗族自治州首届人大一次会议举行，听取和讨论了湘西土家族苗族自治州州长石邦智作的湘西5年来工作成就的报告，并通过相应的决议。会议讨论通过《湘西土家族苗族自治州人民代表大会和人民委员会组织条例》，20日，湘西土家族苗族自治州宣告正式成立。（《新湖南报》1957.9.16.②，9.22.①；《湘西州志》上P62~63、257）

20日~10月9日 中共中央八届三中全会（扩大）举行，听取和讨论通过中央委员会总书记邓小平《关于整风运动的报告》。《报告》指出：“在少数民族中的社会主义教育和反右派斗争，除了同汉族地区相同的内容外，还应该着重反对民族主义倾向。”会议基本通过1956~1957年全国农业发展纲要（修正草案）。纲要修正草案对民族地区的合作化制度和农牧业的发展提出了具体要求。（《人民日报》1957.10.10.①，10.19.①，10.26.①）

23日 西藏羊八井地热电站工程筹建处成立。（《中国共产党西藏历史大事记（1949~2004）》P588）

24日 贵州省民族语文指导委员会决定在都匀、凯里、毕节、安顺等地创办4所民族语文学校，培养民族语文干部和扫盲师资人才，并担负专区（州）、县在职民族干部学习本民族文字的教学工作。（《贵州日报》1957.9.24.①）

25日 云南省少数民族语文指导工作委

员会和科学院少数民族语文调查第三工作队，基本结束傈僳、拉祜、佤、纳西、景颇、哈尼等民族的文字试行方案制订工作与编制教材、语法和词典的工作。（《云南日报》1957.9.25.③）

27~30日 中科院侗族语言文字科学讨论会预备会在贵阳举行。会议根据侗族语言文字调查报告，提出把侗语划分为南、北两种方言，以南部方言为基础方言，以贵州省榕江县为标准音的初步意见。（《光明日报》1957.10.5.③）

28日 据报道，云南省占全省少数民族人口70%以上的地区实现合作化，超越一个或几个社会发展阶段，跨入社会主义。（《云南日报》1957.9.28.②）

29日 国家投资70多万元，在内蒙古河套平原兴建的黄河防洪大堤竣工，堤长360多华里。（《内蒙古日报》1957.9.29.②）

△ 是日报道，第一个五年计划（1953~1957年）期间，新疆维吾尔自治区整修扩建旧有渠道5.9万多公里，掏挖原有的8.4万多眼水泉和3400多条坎儿井，修建新渠道7280公里，新挖1.5万多眼水泉和154条坎儿井，各地农业社还兴修了一些小水库。（《新疆日报》1957.9.29.①）

30日 第一个五年计划期间（1953~1957年），国家投资3751万元，在广西省兴修灌溉面积1020万亩的水利工程，已竣工的金田水库即可灌溉23万多亩农田。（《广西日报》1957.9.30.①）

△ 是日报道，7年来，我国少数民族语文工作者为壮、彝、傈僳、傣、维吾尔、苗、布依、景颇、拉祜、达斡尔、锡伯、纳西、哈尼、黎、佤15个民族设计了20种文字方案。其中苗文4种，傣文2种，景颇文中还包括载瓦文。（《光明日报》1957.9.30.③）

30日~10月6日 参加"国庆"观礼的西藏、青海、新疆、云南、四川各民族参观团，西藏干部、新疆工业、新疆教育、云南少数民族基督教、西藏青年和贵州各民族青年参观团，以及畲族、满族参观团，共20多个民族700余人在北京参观学习。10月5日，全国政协举行歌舞晚会，招待各少数民族参观团。6日，国家主席毛泽东、副主席朱德，全国人大常委会委员长刘少奇，中共中央总书记邓小平等党和国家领导人接见各少数民族参观团代表。（《人民日报》1957.9.30.④，10.7.①）

是月 中科院、广西省内外有关科研院所、高等院校等14个单位的科技人员组成综合考察队，对红水河流域的地理、地貌、土壤、真菌、农业、林业、水利及植物区系、植被等10个专业进行综合考察。（《广西通志·大事记》P321）

△ 中共四川省凉山彝族自治州委召开全委扩大会议，决定在全州范围内开展民主改革和复查补课运动，并宣布解放40万奴隶。（《凉山彝族自治州志》上P49）

△ 云南省德宏傣族景颇族自治州第一个240千瓦火力发电站在芒市建成。自治州第一个农村小型水力发电站在潞西县建成发电，安装第一台木质旋桨式水轮机，发电机容量12.5千瓦。（《德宏州志》综合卷P43）

△ 在苏联专家斯·尼·拉斯托契金教授指导下，全国畜牧师资进修班对新疆维吾尔自治区昭苏种马场育成的马进行鉴定。经农业部批准，这一新马种被正式命名为"伊犁马"。（《新疆通志·科学技术志》72卷上P37）

10月

1日 云南省迪庆藏族自治州所辖中甸县、德钦县及维西县塔城、康普、叶枝、巴迪4个区执行《云南省边疆兄弟民族地区交纳工商各税暂行规定》，开征工商业税、商品流通税、货物税、屠宰税、畜牧交易税、印花税、车船使用税、利息所得税，各税优惠政策宽于内地。（《迪庆藏族自治州志》P36）

△ 青海省海西蒙、藏、哈萨克族自治州第一个炼油厂——油泉子炼油厂建成，并炼出第一批石油产品。（《海西蒙古族藏族自治州志》1卷P37）

2日 是日报道，四川藏、彝地区农业区180万人口中，80%的人口摆脱封建、奴隶制度的束缚，步入农业合作化的社会主义社会。（《四川日报》1957.10.2.③）

4日 是日报道，第一个五年计划（1953～1957年）期间，内蒙古先后建立畜牧兽医、农业、林业、布氏杆菌病和中蒙医5个科学研究所，有民族科学工作者200多名，各种牲畜增产644万多头，全区牲畜总头数达2216万头。（《内蒙古日报》1957.10.4.③，《人民日报》1957.10.5.④）

△ 我国第一座现代化的制造无线电元件的综合性工厂——国营华北无线电器材厂开工生产，国务院副总理薄一波出席开工典礼并讲话。（《新华社新闻稿》1957.10.6）

6日 新藏公路全线通车。该公路于1956年4月动工，由新疆叶城县至西藏西部阿里地区首府噶大克，翻越昆仑山脉的10个雪山大坂，全长1179公里，全线海拔4000米以上的地段有915公里，海拔5000米以上的地段有130公里，是世界最高的公路。这条公路对于建设阿里地区、巩固国防具有重要意义。（《1949~1966中共西藏党史大事记》P73~74）

7日 云南省人委第25次会议通过《云南省宁蒗彝族自治县和平协商民主改革实施办法》。（《云南日报》1957.10.8.①）

9日 中共八届三中全会召开，中共中央主席毛泽东发表讲话："无产阶级和资产阶级的矛盾，社会主义道路和资本主义道路的矛盾，毫无疑问，这是当前我国社会的主要矛盾。"这个论断偏离了八大的政治路线，中国社会主义的"左"倾思潮由此滋生，民族工作重点转向批判地方民族主义。（《毛泽东选集》5卷P475，《中华人民共和国大事记（1949~1980）》P96）

10日 据统计，解放以来，新疆新建大小厂矿359个，工业总产值比1949年增长61.65倍。（《人民日报》1957.10.10.④）

11日 据报道，上海市为居住在上海的25个少数民族3万多人设立第一个民族俱乐部。（《人民日报》1957.10.11.⑧）

△ 内蒙古自治区乌兰察布盟包头至百灵庙公路通车。（《内蒙古日报》1957.10.21.①）

14日 南宁至北京第一列直达火车由南宁开出。（《广西通志·大事记》P321）

15日 是日报道，中科院少数民族语言调查第四队到云南彝族地区调查彝族地区方言和对音等工作。在中科院苗语调查工作组的帮助下，湘西第一批苗文工作者开始编译苗文书籍。（《人民日报》1957.10.15.⑧）

△ 中共中央发出《关于在少数民族地区进行整风和社会主义教育的指示》，分析了我国民族问题的形式，特别指出在许多少数民族中，地方民族主义的思想有了新的滋长。其表现是，在民族关系上，保守排外，对各民族之间的团结互助，抱消极态度甚至反对态度；在民族区域自治问题上，不顾历史发展和现实条件，无原则地扩大自治地方的区域，提高自治地方行政地位，有些地方不尊重国家的统一领导，甚至存在着企图分裂祖国大家庭的严重的分离主义倾向；在党的建设问题上存在着违背共产主义统一和团结原则的倾向。中央要求在少数民族中根据各地的实际，区别不同情况，在党内进行整风，在人民中适当地进行社会主义教育，要把批判地方民族主义列为整风和社会主义教育的一项重要内容。（《内蒙古自治区史》P163）

16日 据报道，解放以来，全国用蒙古、藏、维吾尔、哈萨克、朝鲜、壮、彝、傣仂、傣讷、锡伯、柯尔克孜、景颇、傈僳13种民族文字出版各种报纸22种，发行总数为

1.11亿多份；杂志33种，发行1100多万份；图书4988种，发行4659.8万多册。有少数民族语文出版机构12处。（《人民日报》1957.10.16.⑩）

△ 是日报道，几年来，云南省设有少数民族小学6706所，少数民族学生39.90万名，比1952年增长94.2%；民族中学及师范学校9所，少数民族学生占半数以上的中学和师范学校7所。据统计，是年中等技术学校少数民族学生有831名，比1952年增长205%；大专学校少数民族学生282名，增长286.3%；过去没有学校和学生的西盟山区佤族和居住在怒江、红河流域原始森林中的怒、文山壮族、独龙、拉祜族等民族子女也已入学。（《人民日报》1957.10.16.⑧）

17日 据统计，截至上半年，甘肃省已有少数民族中等学校24所、小学校748所，比解放初各增长约5倍；少数民族中小学生由解放初1.8万多名增加到近7万名。历史上从来没有学校的肃北蒙古族自治县，阿克塞哈萨克族自治县和甘南的碌曲、玛曲等地，也都先后建立学校。（《甘肃日报》1957.10.17.③）

△ 为帮助散居和山区的少数民族解决生产、生活上的困难，中央追加贵州省少数民族补助费40万元。（《贵州日报》1957.10.17.①）

18日 国务院第58次全体会议批准筹建云南省楚雄彝族自治州。会议通过了《吉林省前郭尔罗斯蒙古族自治县人民代表大会和人民委员会组织条例（草案）》，并决定提请全国人大常委会审议；通过了《关于设置辽宁省阜新、喀喇沁左翼蒙古族自治县，撤销阜新县及喀喇沁左旗的决定》，1958年4月1日喀喇沁左翼蒙古族自治县宣告成立，1958年4月10日阜新蒙古族自治县宣告成立。会议决定，设置云南省楚雄彝族自治州，撤销楚雄专署，行政区域为原楚雄专区的楚雄、双柏、广通、盐兴、禄丰、富民、罗次、元谋、武定、禄劝、永仁、盐丰、大姚、姚安、南华、牟定16县，人民委员会驻楚雄县城，1958年4月15日自治州宣告成立。（《国务院公报》1957［46号］P965~966、1165、1167；《云南日报》1958.4.17.①；《辽宁日报》1958.4.5.①，4.11.①；《楚雄彝族自治州志》1卷P196）

20日 内蒙古自治区鄂伦春自治旗的最后一批猎民迁入人民政府为他们新建的房屋。从此，自治旗境内的鄂伦春人全部转入定居游猎生活。（《内蒙古日报》1957.11.1.①）

20~27日 广东省首届少数民族艺术观摩汇演在广州举行。黎、苗、壮、瑶、越、回、满、畲8个民族的代表共演出88个音乐舞蹈节目。（《南方日报》1957.10.21.①，10.28.③）

25日 云南省广播电台增办傈僳语广播节目。（《怒江傈僳族自治州志》上P772）

29日 云南省畜牧生产工作会议结束。会议根据全国农业发展纲要（修正草案）精神，批判不重视畜牧生产的各种错误思想，讨论发展畜牧业的措施，要求各地设立领导畜牧业生产的组织机构，积极地因地制宜地发展畜牧业生产。（《光明日报》1957.11.1.①）

30日~11月9日 中共百色地委举行各县少数民族干部代表座谈会，地委书记杨烈传达党的八届三中全会精神，会议还传达了国务院总理周恩来在青岛民族工作座谈会上的讲话，并结合本地区存在的民族问题，讨论通过拥护批判地方民族主义和大民族主义的决议。（《广西日报》1957.11.16.①）

31日 贵州省黔南布依族苗族自治州民族语文指导委员会成立，王秉鋆任主任。（《贵州日报》1957.11.17.③）

是月 中共中央新疆分局党校改称新疆维吾尔自治区党委党校。（《中国共产党新疆历史大事记（1949.10~1966.4）》上P32）

△ 中科院新疆维吾尔自治区人造卫星观测站成立。（《新疆通志·科学技术志》72卷上P37）

△ 据统计，内蒙古、新疆、青海和甘肃等牧区建有牧业生产合作社1763个，入社牧民占牧区总户数的23%以上，发展各种类型互助组9469个。新疆牧业社1078个，入社牧民占牧户总数40.48%；内蒙古草原85.7%的牧民加入合作化组织。（《人民日报》1957.12.20.②）

△ 新疆维吾尔自治区昌吉回族自治州图书馆竣工开放，建筑面积286平方米，设阅览室2个、书库1个，藏书4690册。（《昌吉回族自治州志》P46）

是~11月 广西省教育厅组织广西师范学院、广西教师进修学院及中央普通话语音研究班部分毕业学员，分4个调查组，到荔浦、北流、博白、兴安、桂林、梧州等30个县、市进行汉语方言调查。之后，整理出各县、市汉语方言同音字表。（《广西通志·大事记》P321）

11月

3日 据报道，甘肃省有1000多个乡建立广播网，安装喇叭达1.85万个。（《人民日报》1957.11.4.⑧）

△ 广东省海南黎族苗族自治州黎文工作者完成《黎文词典》和《黎文农民课本》的编写工作。（《人民日报》1957.11.4.⑧）

4日 国家副主席朱德，全国人大常委会副委员长李济深、沈钧儒，国务院副总理贺龙、陈毅和全国政协副主席包尔汉接见西藏、甘肃、黑龙江民族参观团。（《人民日报》1957.11.5.②）

5~18日 辽宁省民委第二次（扩大）会议举行。会议传达国务院总理周恩来在青岛民族工作座谈会上的重要讲话和乌兰夫副总理的总结报告，检查研究本省的民族工作，揭发批判“资产阶级民族主义分子”，并就社会主义道路、反对大汉族主义与地方民族主义、关于民族政策和党的领导等问题作了总结报告。（《辽宁日报》1957.12.7.①）

9日 是日报道，内蒙古自治区鄂伦春山区和偏僻牧区新建立30多个电影放映队。（《人民日报》1957.11.9.⑧）

△ 新疆维吾尔自治区计委提出《新疆维吾尔自治区发展国民经济第二个五年计划（1958~1962年）建议（草案）》。（《中国共产党新疆历史大事记（1949.10~1966.4）》上P127）

9~18日 四川省各民族参观团在北京参观学习。18日，国家副主席朱德，全国人大常委会副委员长李济深、沈钧儒和国务院副总理贺龙、陈毅接见参观团全体人员。（《人民日报》1957.11.19.④，《光明日报》1957.11.19.②）

11日 中央人民广播电台壮语节目开始播音。（《广西通志·大事记》P322）

△ 据统计，内蒙古自治区成立10年来，用蒙古文出版的书籍达839种360.65万册。《毛泽东选集》1至4卷蒙古文版精装本全部出版。（《内蒙古日报》1957.11.11.③）

△ 贵州人民广播电台增设苗语和布依语广播节目。（《贵州日报》1957.11.3.③）

12日 是日报道，最早、最广流行鼠疫的云南大理白族自治州已消灭疫情，并出现10个无鼠村。（《人民日报》1957.11.12.⑧）

12~18日 广西省民委首次会议在南宁举行，出席会议的专区、市、县民委主任和自治县县长共44人。会议传达国务院总理周恩来在青岛民族工作座谈会上的重要讲话和全国民委主任会议精神，讨论在少数民族地区进行整风与社会主义教育、加强民族政策教育和批判民族主义倾向等问题，总结布置了民族工作。（《广西日报》1957.11.26.①，《广西通志·大事记》P322）

12日~12月7日 甘肃省伊协在兰州召开成立会议。会议通过《甘肃省伊协简章》，选

举马重雍（回族）为主任，沈遐熙（回族）等6人为副主任。（《甘肃日报》1957.12.11.①）

13日 《人民日报》发表《发动全民，讨论四十条纲要，掀起农业生产新高潮》社论，首次提出“大跃进”一词，受到国家主席毛泽东称赞。是年12月2日，中共中央副主席刘少奇在中国工会第八次全国代表大会祝词时，宣布该口号。1958年2月2日《人民日报》社论宣称：“我们国家正面临着一个全国大跃进的新形势。”从此，“大跃进”的口号响遍全国。（《中国现代史》下P132）

17日 新疆维吾尔自治区在石河子建成第一座年产2.46万吨的现代化制糖厂。（《新疆日报》1957.12.17.①）

18日 中国科学院少数民族语言研究所和中央民族学院共同开办的突厥语研究班正式开课。（《中央民族大学五十年》P181）

19日 中共西藏工委扩大会议举行，听取工委书记张经武传达中共八届三中全会精神和自治区筹委第二副主任张国华关于工作安排的报告。会议决定，西藏地区各级党组织开展整风运动，大力克服官僚主义、主观主义和宗派主义，反对大民族主义和地方民族主义，在藏族各界人士中进行社会主义和爱国主义教育。和全国一样，这场整风运动后来发展为反右派斗争，并被严重扩大化，造成不幸的后果。（《人民日报》1957.11.30.④，《中共西藏党史大事记（1949~1966）》P74）

△ 贵州省少数民族地区建有20个有线广播站和400个收音站，黔东南和黔南的苗族和布依族聚居区绝大部分县有了广播站或收音站。（《人民日报》1957.11.20.⑧）

19~20日 国家民委召集在北京的委员及有关民族工作者举行座谈会，商谈关于在少数民族地区进行社会主义教育和批判民族主义的倾向问题。（《人民日报》1957.11.23.④）

21日 贵州省教育厅召开全省民族教育工作会议。会议讨论如何贯彻执行教育方针和民族政策等问题。据统计，贵州省民族小学有775所，在校生33.16万名，比1950年增长1549.9%；民族中学14所，在校生7900余名，增长381.5%；民族师范学生1130余名，增长665.3%。（《贵州日报》1957.11.21.③）

22~30日 广西省举行推行壮文工作第二次会议。会议总结推行壮文工作的成绩和经验，讨论拟订推行壮文工作的计划，并对农村、学校和机关的壮文推行工作及研究出版工作作出安排。（《广西日报》1957.12.1.③）

25日~12月1日 吉林省民委民族工作会议举行。会议学习和讨论有关文件，明确批判民族主义的重大意义。省委副书记关山复就如何在少数民族中进行整风和社会主义教育问题讲了话。（《吉林日报》1957.12.11.①）

25日~12月7日 中共中央农村工作部、国家民委和农业部联合召开牧区畜牧业生产座谈会，总结交流畜牧业工作经验，研究各类地区的特点，提出发展畜牧业的方针和任务。座谈会还研究了畜牧业的社会主义改造和牧区的生产建设以及同畜牧业有关的经济工作问题。国家副主席朱德到会作指示。（《人民日报》1957.12.20.①）

26日 甘肃省临夏回族自治州北塬渠竣工通水，4.3万亩旱地变为水浇地。该渠于1956年3月10日开工。（《临夏回族自治州志》上P50）

△ 广西省直属机关首批下放干部1902人。其中，省委正副部长、省人委厅局长一级领导干部18名，处、科级干部258名，一般干部1626名。12月20日，省直机关下放第二批干部4080人，其中有1000多人赴山区，同少数民族群众一起开发建设山区。1958年1月13日，据《广西日报》报道，省直属机关下放干部工作已基本结束，前后共下放干部7500多人，占干部总数的47%。（《广西通志·大事记》P322~324）

28日　据报道，新疆171万多亩棉花平均单产皮棉59.52斤，超额8.69%完成第一个五年计划的棉花产量指标，其中40多个植棉县产量分别达到全国农业发展纲要（修正草案）规定的指标。　（《人民日报》1957.11.28.②）

29日　国务院第63次全体会议听取和讨论文字改革委员会的报告，批准壮文方案和少数民族文字方案中设计字母的几项原则。（《国务院公报》1957［54号］P1156，《光明日报》1957.12.7.①）

△　全国人大常委会第一届第八十六次会议听取国家民委副主任谢鹤筹的说明后，批准了《吉林省前郭尔罗斯蒙古族自治县人民代表大会和人民委员会组织条例》，并经国家主席毛泽东命令公布施行。　（《人民日报》1957.11.30.①）

是月　内蒙古第一毛纺织厂建成。有5000毛纺锭，年产精纱毛线1200吨、长毛绒30万米。为改变历史上内蒙古盛产羊毛，但只有小量手工生产毛纺织品的状况打下基础。　（《内蒙古自治区史》P142）

12月

1日　西藏杰出诗人擦珠·阿旺洛桑（藏族）在拉萨病故，享年78岁。阿旺洛桑生于1880年，是藏传佛教格鲁派活佛。西藏和平解放后，他在《西藏日报》任职时创作发表《金桥玉带》、《欢迎汽车之歌》，深刻反映康藏、青藏公路通车给西藏带来的可喜变化。作品《歌颂各族人民领袖毛主席》、《世人同声反对战争保卫和平》、《爱国青年大团结》抒发了这位宗教学者从寺庙走向全国，关心五洲四海风雷的宽阔胸怀。阿旺洛桑生前还曾任西藏军区干部学校副校长，著有《金桥玉带》等。（《中国历代少数民族英才传》P3535~3539，《当代中国的西藏》下P391）

△　是日报道，内蒙古自治区莫力达瓦旗设有中学1所、小学105所，中、小学生共7581名；达斡尔、鄂温克等少数民族子弟入学率85%。农村已建立26个俱乐部、10个图书室，并普遍安装有线广播。　（《人民日报》1957.12.1.⑦）

△　天津市民族文化宫建成开幕。（《光明日报》1957.12.4.②）

4日　据报道，四川省凉山彝族人民第一次向国家交纳爱国粮。　（《光明日报》1957.12.4.②）

6日　国务院全体会议第64次会议决定：设置云南省版纳景洪行政区，行政区域为原版纳景洪、版纳勐龙、版纳勐养和版纳旺的勐醒、勐旺的行政区域，版纳景洪人民委员会驻允景洪；设置版纳勐遮行政区，行政区域为原版纳勐遮、版纳西定的行政区域，版纳勐遮人民委员会驻勐遮；设置版纳勐海行政区，行政区域为原版纳勐海、版纳勐混、版纳勐阿、格朗和哈尼族自治区和布朗山区的行政区域，版纳勐海人民委员会驻勐海；设置版纳易武行政区，行政区域为原版纳易武、易武瑶族自治区和版纳勐旺的倚邦、整懂的行政区域，版纳易武人民委员会驻易武；设置版纳勐腊行政区，行政区域为原版纳勐腊、版纳勐捧的行政区域，版纳勐腊人民委员会驻勐腊。　（《国务院公报》1958［1号］P9）

9~30日　内蒙古自治区回协首届二次委员扩大会议举行。会议检查本区回族群众中的民族主义情绪，讨论如何在回族群众中深入广泛开展社会主义教育运动问题。　（《内蒙古日报》1958.1.4.①）

11日　吉林省延边朝鲜族自治州党委委员会议召开，传达中共八届三中全会精神，研究在整风和社会主义教育运动中检查民族政策的执行情况和批判民族主义。　（《吉林日报》1957.12.11.②）

△　国家副主席朱德和全国人大常委会副委员长李济深、沈钧儒、黄炎培、陈叔通，国务院副总理贺龙、陈毅等接见回族参观团、新

疆干部参观团和四川民族地区干部参观团。（《人民日报》1957.12.12.④）

11~20日 中共云南省委边疆工作会议举行，总结一年来边疆地区的民族工作，讨论边疆地区如何进一步向社会主义过渡的问题，确定边疆民族地区实现农业合作化的基本方针和政策。（《人民日报》1957.12.23.④，《云南日报》1958.1.14.①）

14日~1958年1月11日 甘肃省民委扩大会议举行。会议听取全国人大民委主任刘格平、国家民委副主任汪锋关于民族宗教政策与批判民族主义的报告，省委统战部部长蒙定军传达青岛民族工作座谈会精神，省民委副主任马重雍作省民委工作情况的报告以及1958年的工作安排意见。（《甘肃日报》1958.1.12.①）

15日 国务院总理周恩来在上海接见参观访问的甘肃牧区各民族参观团。（《人民日报》1957.12.17.④）

17日~1958年1月22日 黑龙江省民委委员扩大会议举行。会议传达国务院总理周恩来、副总理乌兰夫等有关民族问题的报告，全面检查和批判民族主义，部署在少数民族中开展整风和社会主义教育运动。（《黑龙江日报》1958.1.23.①）

20日 国务院全体会议第66次会议决定：撤销广西省桂西壮族自治州及该自治州领导的百色、宜山两地区工作委员会；原由桂西壮族自治州直接领导的凭祥市及邕宁、武鸣、上林、宾阳、横县、上思、扶绥、崇左、宁明、龙津、大新、天等、隆安、马山14个县和都安瑶族自治县，设立邕宁专员公署领导，驻南宁市；原由百色地区工作委员会领导的百色、凌乐、凤山、东兰、田阳、田东、平果、德保、靖西、睦边、田林11个县和巴马瑶族自治县、隆林各族自治县，设立百色专员公署领导，百色专员公署驻百色县；原由宜山地区工作委员会领导的宜山、罗城、融安、柳城、柳江、石龙、来宾、忻城、河池、南丹、天峨、环江12县和大苗山苗族自治县、三江侗族自治县，设立宜山专员公署领导，驻宜山县。（《国务院公报》1958［1号］P9）

24~28日 广西省首次扫盲积极分子会议在南宁举行，27个先进工作单位代表和327名积极分子参会。据不完全统计，全省已扫除干部、职工、农民和居民中的青壮年文盲59万多人，区以上的干部已基本扫除文盲，职工、农民文盲扫除率分别为42%和10%左右。会议号召，争取1958年完成176万人入学任务。（《广西通志·大事记》P323）

27日 青海省委发布《关于继承发扬本省各民族民间文化艺术遗产》的指示。（《青海日报》1957.12.27.①）

27日~1958年1月13日 国家民委及其所属单位在一般整改阶段胜利的基础上，展开对民族主义的批判。国家民委副主任刘春作动员报告。（《人民日报》1958.1.17.④）

30日 西藏自治区筹委第23次常委会议通过关于《免去西藏各族人民参加国家机关的工作人员（包括勤杂人员）、学员（包括大、中、小学生）向地方或头人等担负的人役税》的决定。（《人民日报》1958.1.12.④）

△ 国务院批准青海省玉树藏族自治州大日如来佛庙（俗称文成公主庙）为省级重点文物保护单位。（《玉树州志》上P29）

是月 北京卫生学校代西藏培养50名藏族医士专业学生，西藏又分批派送藏族青少年赴四川雅安卫生学校、兰州西北民族学院医学系等院校学习。这些学员于1960年至1963年先后毕业，成为卫生管理和业务干部。70年代以来，哈尔滨医科大学、沈阳医学院（即中国医科大学）、四川卫生干部学院、河北新医大学、沈阳卫校、重庆药剂学校等，先后为西藏办班，一支受过正规教育、以藏族等少数民族卫生人员为主体的卫生队伍逐步成长壮大。（《当代中国的西藏》下P479）

△ 吉林省延边朝鲜族自治州科学技术普及协会成立。 (《延边朝鲜族自治州志》上P67)

△ 广西省首届农民篮球赛在南宁举行,其中邕宁、桂林、平乐、容县4专区和百色、宜山2专区的冠军县队参加。容县专区的北流县队获男子冠军,玉林县队获女子冠军。(《广西通志·大事记》P323)

△ 新疆维吾尔自治区博尔塔拉蒙古自治州第一座60千瓦水电站建成发电。 (《博尔塔拉蒙古自治州志》P42)

是年 内蒙古自治区锡林郭勒盟建立第一支乌兰牧骑。截至1963年底,全区共建立30个乌兰牧骑,其中26个在牧业区和半农半牧区,4个在达斡尔、鄂温克、鄂伦春3个少数民族自治旗和额尔古纳边境旗。1964年到1965年,自治区乌兰牧骑代表队先后进京汇报演出,受到国家主席毛泽东、国务院总理周恩来以及其他党和国家领导人的多次接见,被文化部誉为"一面值得骄傲的文艺界红旗",并赴全国27个省(市)自治区巡回演出400余场,观众有百万余人次。 (《内蒙古自治区史》P280~281)

△ 内蒙古自治区有医院137所,床位5820张,比1952年增长1.3倍;医疗保健所1667个,专科病防治机构28个,卫生防疫站31个,妇幼保健所(站)235个,中、西医师7900人。在新兴城市和人口集中的城镇发展各种不同的医疗机构,各盟行政区和一些中小城市拥有相当规模的综合性医院、疗养院和专科医院,各旗县设立卫生院。1956年,鼠疫已得到完全控制,布氏杆菌和克山病患者大量减少。第一个五年计划期间,共治疗性病患者6.5万多人。 (《内蒙古自治区史》P152)

△ 内蒙古自治区集宁建成1座肉类联合加工厂,容量比海拉尔冷库大1倍。 (《内蒙古自治区史》P142)

△ 内蒙古自治区已兴修各种大小渠道7500多条,水库塘坝105座,打水井9.7万多眼,推广水车2.1万多部;扩大原河套灌溉区面积,修建解放、胜利、民族等5大灌区;在西辽河流域建筑防洪堤、防洪坝、滞洪区和灌区。施肥面积已占到总播种面积的42.8%。(《内蒙古自治区史》P144)

△ 森林工业建设是第一个五年计划期间国家在内蒙古自治区的重点建设项目。1953年,大兴安岭林区建设列入国家建设计划,当年组建森林铁路工程公司,后发展成为牙克石林业建筑工程局。1957年末,在大兴安岭森林工业基地,新建和扩建图里河、根河、库都尔、伊图里河、西尼气、甘河、阿尔山等7个采伐基地和6个制材厂,新建森林铁路611公里和相应的运材公路,从而使得森林工业由季节性生产变为全年生产,机械采伐代替人工采伐,拖拉机和火车代替水道运材和河水流送。木材的生产能力大幅增长。1957年木材产量186万立方米,比1952年增长3.4倍。5年中运出各种木材724万立方米,有力地支援了自治区和国家的社会主义建设。 (《内蒙古自治区史》P141)

△ 截至目前,内蒙古自治区小学比解放初增长4.9倍,蒙古族学生增长10倍多;中学增长4.7倍,蒙古族学生增长25倍多;还有15所中等专业学校和4所高等学校。1958年,国家办的普通中学由98所增加到142所,民办中学由4所增加到467所,师范学校由9所增加到32所,中专由15所增加到57所;国家办的高等院校由4所发展到20所,民办大学新建7所。高校生由2932名增加到9032名。业余高校由2所增加到29所,还有红专大学27所。(《光明日报》1958.12.28.③)

△ 湖南省湘西土家族苗族自治州古丈县生产的古丈毛尖茶在联邦德国莱比锡国际博览会上展出。 (《湘西州志》上P63)

△ 湖南省湘西土家族苗族自治州开通吉首至大庸、龙山、桑植直达电报电路。湘西州

邮电局开始办理会议电话业务。（《魅力湘西》P183）

△ 农业部分配给广西印度摩拉水牛35头，其中成年母牛17头、育成小母牛12头、种公牛6头。从此广西开始水牛杂交改良工作。（《广西通志·大事记》P323）

△ 广西省都安瑶族初级中学在都安瑶族自治县县城创办。首期招收瑶族学生244名，占招生总数的66.3%。凡该校瑶族学生的粮油全部由国家供应，免费入学，还享受助学金；家庭困难较大的学生则由学校供给棉被、蚊帐、棉衣等日常生活用品。（《广西通志·大事记》P321）

△ 广西省农业厅、广西农学院、中山大学等单位为主体，协同有关地、县开展农作物病虫害调查。历时1年多，整理出第一批水稻白叶枯病、红麻、炭疽病等15个病害检疫对象的分布资料作为划分疫区和保护区的依据。（《广西通志·大事记》P323）

△ 广西省巴马民族师范学校成立。该校位于巴马瑶族自治县县城，面向百色地区招收少数民族学生。1965年改为面向河池地区招收少数民族学生。（《广西通志·大事记》P321）

△ 贵州省黔东南苗族侗族自治州财政投资47.3万元，新建扩建电厂10个、酒厂13个、造纸厂2个、石膏厂1个、农具加工厂1个、粮食加工厂4个、煤厂4个、铁厂1个。是年，自治州第一家国营煤矿——凯里煤矿建成投产。（《黔东南苗族侗族自治州志·总述·大事记》P131~132）

△ 经国家地质局贵州资源处普查队勘探，贵州省黔东南苗族侗族自治州黄平县石膏矿藏量达1亿吨以上，是贵州省第一大石膏矿床。（《黔东南苗族侗族自治州志·总述·大事记》P132）

△ 贵州省兴义专区第一个图书馆在兴义县建成。（《黔西南布依族苗族自治州志·政权政协志》P18）

△ 全国人大常委会派吴泽霖教授为贵州少数民族社会历史调查组组长，深入清水江流域调查，主编了《清水江流域苗族婚姻与节日》等书，第一次较系统地反映了黔东南苗族侗族自治州的民族风情。（《黔东南苗族侗族自治州志·总述·大事记》P132）

△ 云南省怒江傈僳族自治州有初级农业生产合作社154个，入社农户3540户，占总农户的13.7%。90%以上的乡建立合作社，80%以上的农户加入互助组。（《怒江傈僳族自治州志》下P120）

△ 国家在云南省迪庆藏族自治州发放社会救济301197元，优抚款62117元，救济粮144700公斤，农具、耕畜贷款779133元，发放粮食籽种62642公斤，铁制农具4625件，调进销售粮807590公斤，救济布匹23910尺，衣服6129件，毛布楚巴149件，使历史遗留下来的缺粮饥荒现象从根本上得到缓解。（《迪庆藏族自治州志》P36）

△ 云南省红河哈尼族彝族自治州共建成小型水利工程1993项，增灌农田35.7万亩，有效灌溉面积91.7万亩。（《红河哈尼族彝族自治州志》1卷P73）

△ 云南省卫生厅派郑祖佑医师到西双版纳傣族自治州勐海成立省疟疾防治所，开展疟疾调查防治。（《西双版纳傣族自治州志》上P41）

△ 云南省楚雄专区安宁县划归昆明市。（《楚雄彝族自治州志》1卷P165）

△ 我国第一部拉祜族故事片——《芦笙恋歌》、景颇族故事片——《边寨烽火》由长春电影制片厂摄制完成。（《云南日报》1988.6.4.④）

△ 中央人民政府帮助西藏人民在拉萨寺底沟建成第一座拦水坝。（《人民日报》1958.5.23.④）

△ 甘肃省民乐县马蹄藏族自治区划归肃

南裕固族自治县。（《肃南裕固族自治县志》P421）

△ 甘肃省甘南藏族自治州第一座电站——加吉拉寺电站建成。（《甘南藏族自治州概况》P258）

△ 国家投资182.6万元建成青海省海北藏族自治州海晏县的金滩、包忽图、哈拉乌苏3条水渠，全长71公里。（《海北藏族自治州志》上P51）

△ 宁夏地区的中学在解放时只有9所，第一个五年计划时期增加到27所。各县普遍办中学，同时提倡兴建民办中学，银川和西海固办起民办中学9所。（《当代宁夏史通鉴》P338）

△ 国家铁道部第一基本建设分局与甘肃省银川专员公署签订营造包兰铁路中卫沙漠地区沿铁路两侧固沙造林合同。在宁夏中卫成立固沙林场，专事铁路固沙造林工作，总面积7425.6公顷，其中设置沙障面积1550.7公顷，总投资417.66万元，拉开了宁夏铁道治沙造林的序幕。（《当代宁夏史通鉴》P244）

△ 新疆维吾尔自治区巴音郭楞蒙古自治州民族歌舞团在焉耆成立。（《巴音郭楞蒙古自治州志》下P1829、2178）

1958年

1月

1月 青海省海北藏族自治州海晏县北山蒙古族自治区永丰牧业社被评为1956年全国畜牧业劳动模范单位。（《海北藏族自治州志》上P51）

2日 据统计，青海省邮电局（所）已发展到166个，长途电信线路626杆公里，县内电话线路达2150杆公里，邮路长1.83万多公里。农业区已有75%的乡通电话，7个县（市）乡乡通电话。（《今日新闻》1958.1.4 P3）

3日 广西省人民委员会根据国务院的决定发出《关于撤销桂西壮族自治州的建制的通知》，桂西壮族自治州人民委员会于1月31日起停止办公。（《广西通志·大事记》P323）

4日 我国第一个黎文印刷厂在广东省海南黎族苗族自治州州府通什建成投产。（《南方日报》1958.1.4.③）

7日 据报道，3年来，青海省海南藏族自治州培养藏族民间兽医和防疫员1080名。（《光明日报》1958.1.8.③）

8日 贵州省民族出版社在贵阳成立。（《贵州日报》1958.1.9.③）

9日 国务院第68次全体会议通过《内蒙古自治区各级人民代表大会和各级人民委员会组织条例（草案）》、《新疆维吾尔自治区伊犁哈萨克自治州各级人民代表大会和各级人民委员会组织条例（草案）》，并决定提请全国人大常委会审议批准。（《国务院公报》1958［12号］P82~84，《光明日报》1958.1.10.①）

10日 在政协委员会报告会上，国务院总理周恩来作题为《当前文字改革的任务》的报告。报告指出："当前文字改革的任务是：简化汉字，推广普通话，制定和推行汉语拼音方案。"报告强调："汉语拼音方案可以作为各少数民族创造和改革文字的共同基础。我国共有50多个民族，其中有许多民族还没有自己的文字，另外一些民族虽然有文字，但是也需要改进。已有文字的民族中，除汉族用汉字以外，有用藏文字母的，有用蒙文字母的，有用阿拉伯字母的，有用朝鲜字母的，还有用其他各种字母的。这些兄弟民族创造和改革文字的时候，应该采用什么字母作为基础呢？能不能就用汉字作为各民族文字的共同基础呢？过去曾经有人这样试过，没有成功，证明这条路是走不通的。如果几十个民族大家各搞一套字母，这不仅对于各族人民之间的互相学习和交流经验是个障碍，而且印刷、打字、电报的设备势必各搞一套，对于各民族今后在文化教育方面的发展极其不利。许多兄弟民族都表示这样的愿望，就是要同汉族在字母上取得一致，以便于交流文化、学习汉语和吸收汉语的名词术语。前几年，汉语采用什么字母还有些举棋不定，使一些兄弟民族创造和改革文字的工作也受了影响。现在西南地区已经有十几个民族创造了拉丁字母的民族文字，但是他们还是不大放心，因为我们的方案还没有最后定案。因此，汉语拼音方案再不能拖延下去了，否则还要耽误人家的事情。汉语现在既然决定采用拉丁字母作为拼音字母，那就应该确定这样一条原则：今后各民族创造或者改革文字的时候，原则上应该以拉丁字母为基础，并且应该在字母的读音和用法上尽量跟汉语拼音方案取得一致。可以预料，汉语拼音方案的制定，对于各兄弟民族的创造和改革文字，以及今后各族人民之间的互相学习和沟通，将有极大的利益。”（《周恩来选集》下P280~289）

11日 《人民日报》发表国家民委副主任刘格平的文章《在少数民族中进行一次反对地方民族主义的社会主义教育》。（《人民日报》1958.1.11.⑦）

11~22日 中共中央召开南宁会议，总结执行第一个五年计划的经验，讨论第二个五年计划和1958年国民经济发展计划。会议大批反冒进，盲目追求高速度、高指标的“左”倾思想迅速发展。（《中国现代史》下P128）

△ 云南省委根据中央指示，结合本省民族地区工作发展不平衡的状况，研究决定在党政机关干部中进行整风，在群众中进行社会主义教育和批判民族主义。（《云南日报》1958.1.13.①）

13日~3月8日 中共青海省二届五次全委（扩大）会议举行。会议以贯彻整风精神、检查省委领导和部署1958年农牧业生产任务为中心，讨论研究民族统战工作和牧区工作等6个重要问题。会议号召全省200多万各族人民苦战5年，基本改变青海地区落后面貌。（《青海日报》1958.1.14.①，3.11.①）

14日 是日报道，广西省第一次用壮文编印的《壮族民歌》出版发行。（《光明日报》1958.1.14.③）

16日 是日报道，过去疟疾流行严重的云南省思茅、双江、耿马、芒市、麻栗坡和澜沧江的勐朗坝等地区，平均病死率由1953年的0.419%降低到1956年的0.196%，1957年基本控制和消灭疟疾的流行。（《人民日报》1958.1.16.②）

△ 西藏地区党组织根据中央指示，开始在党内进行整风。西藏工委第二书记张国华于14日作的关于在党内进行整风动员报告中指出：这次整风要深入反对官僚主义、宗派主义，结合反对大汉族主义和地方民族主义、个人主义，以达到改进工作，改造个人，加强党内团结，做好西藏工作的目的。（《人民日报》1958.1.18.④）

17日 青海省海北藏族自治州爱国卫生运动委员会成立。（《海北藏族自治州志》上P51）

21日 中共青海省海北藏族自治州委员会和人民委员会在1958年农牧业生产计划中提出农业生产大跃进的基本方针是“一垦（大力垦荒）、二推（推广新式农机具、优良品种）、三改（改旱地为水地、改野灰为家肥、改粗作为细作）、四灭（消灭老鼠、麻雀、病害、虫害）、四包（包工、包产、包财务、包牲畜）；牧业生产的方针是在积极稳步进行社会主义改造的基础上，发展畜牧业，逐步改游牧为定居放牧，实行农牧结合兼营畜产品加工等副业生产，发展以畜牧业为中心的多种经济。”（《海北藏族自治州志》上P51）

22日 《广西日报》就公布壮文方案的决定发表社论《欢呼壮文方案公布》。（《广西日报》1958.1.22.①③）

24日 新疆维吾尔自治区整风运动由第二阶段（反右派斗争阶段）转入以精简机构、

下放干部为主要内容的整改阶段。2月14日，自治区党委常委会议讨论通过《新疆维吾尔自治区精简方案》，确定全区精减干部6万人，同时确定机构撤销、调整的具体办法。（《中国共产党新疆历史大事记（1949.10~1966.4）》上P167）

△ 班禅堪布会议厅召开委员会，讨论贯彻执行西藏自治区筹委关于减免债务、差役等决议。（《西藏日报》1958.2.1.①）

28日 《毛泽东选集》第三卷朝鲜文译本出版发行。（《光明日报》1958.1.28.③）

30日 据报道，3年来，湖南省湘西土家族苗族自治州凤凰县14个苗族大山寨消灭了疟疾。（《光明日报》1958.1.30.③）

是月 湖南省湘西土家族苗族自治州最大的国营商店——吉首百货大厦建成开业，经营民族用品和服装1100多种。（《湘西州志》上P63）

△ 云南省迪庆藏族自治州人民委员会颁布《迪庆藏族地区和平协商改革实施办法》和《迪庆藏族地区划分阶级成分办法》，中甸、德钦和平协商土地改革全面展开。（《迪庆藏族自治州志》P37）

△ 中华人民共和国最高人民检察院西藏分院和西藏分院直属检察院（即拉萨市人民检察院前身）成立，由智泽民兼任西藏分院检察长。1959年3月，西藏地方政府解散后，最高人民法院西藏分院和最高人民检察院西藏分院接管西藏地方政府的司法机关朗子辖、雪列空，直接受理各种案件。（《当代中国的西藏》上P351~352）

2月

1日 新疆维吾尔自治区人委批准撤销商业系统各区级专业公司，商业厅增设百货、文化用品、纺织品、针棉织品、民用器材、石油6个专业贸易处。（《新疆通志·商业志》61卷P37）

1~11日 全国人大首届五次会议举行。大会补选吴通明（苗族）、吕振羽、黄荣（壮族）、赛力玛·塔力甫瓦（维吾尔族）为首届全国人大民委委员。（《人民日报》1958.2.2.①②，2.4.①②，2.11.①②，2.12.①②）

4日 新疆维吾尔自治区党委、自治区人委联合发布《关于开展以除“四害”（苍蝇、蚊子、老鼠、麻雀）为中心的爱国卫生运动的紧急指示》。（《中国共产党新疆历史大事记（1949.10~1966.4）》上P167~168）

6日 国务院第70次全体会议通过《三都水族自治县人民代表大会和人民委员会组织条例（草案）》、《延边朝鲜族自治州各级人民代表大会和各级人民委员会组织条例（草案）》和《松桃苗族自治县人民代表大会和人民委员会组织条例（草案）》，并提请全国人大常委会审议批准。（《光明日报》1958.2.7.①）

6~10日 中共内蒙古自治区首届二次会议举行。会议听取、讨论通过自治区党委第一书记乌兰夫《争取整风全胜，克服右倾保守思想，掀起生产建设高潮》和自治区党委书记处书记杨植霖《内蒙古自治区第二个五年计划轮廓建设和一九五八年国民经济计划》的报告，自治区党委书记处书记王铎作的《关于内蒙古自治区农牧业发展规划的报告（草案）》，通过关于开除“地方民族主义分子”党籍的决议，批判了地方民族主义倾向。（《内蒙古日报》1958.2.7.①，2.11.①）

8~10日 四川省阿坝藏族自治州茂县持续发生8级地震。县党政领导机关及时派出救灾人员救灾。（《四川日报》1958.2.12.④）

10日 广西省桂平矿务局炼出我国第一批特号锡，锡含量达99.97%，超过部颁标准。（《广西通志·大事记》P325）

11~13日 全国人大民委第五次扩大会议举行。会议听取和讨论国家民委副主任汪锋关于在少数民族中进行整风和社会主义教育问题的报告，揭发批判民族主义。全国人大民族委

员会副主任委员兼民族室主任谢扶民作总结发言。（《人民日报》1958.3.1.①）

12日 甘肃省甘南藏族自治州人民委员会正式宣布，禁止银币在市场流通，一律使用人民币。（《甘南州志》上P100）

16日 新疆维吾尔自治区阿克苏河阿克苏新大桥建成。（《新疆日报》1958.2.16.②）

△ 湖南省湘西土家族苗族自治州永顺至龙山县际公路建成通车，全长118.28公里。（《湘西州志》上P63,《魅力湘西》P183）

22日 据《广西日报》报道，中科院红水河流域综合考察队对隆林、田林、凌乐、凤山、东兰5县考察结束。考察历时4个月，认为红水河流域水资源非常丰富。（《广西通志·大事记》P325）

23日 截至目前，青海省海北藏族自治州建成牧业社17个，入社牧户224户；公私合营牧场10个，入场牧户122户。（《海北藏族自治州志》上P51）

25日 云南省人民广播电台为边疆70多万少数民族举办定期民族语言广播节目。同时在边疆少数民族地区建立24个有线广播站和561个收音站。（《人民日报》1958.2.25.⑦）

27日 广西省南宁肉类联合加工厂投产。该厂为中型现代化肉类联合加工厂，每天可宰杀生猪1200头，制出冻肉3万公斤。冷藏库容量6500吨。（《广西通志·大事记》P325）

是月 湖南省湘西土家族苗族自治州民族歌舞团成立。（《魅力湘西》P183）

△ 国务院批准云南省西双版纳傣族自治州5个县级版纳改称县。（《西双版纳傣族自治州志》上P41）

3月

1日 我国云南昆明铁路同越南有关铁路正式开始国际联运。（《新华社新闻稿》1958.3.2,《中华人民共和国大事记（1949~1980）》P160）

2日 广西省展览馆举行落成典礼。该馆占地6万平方米，主楼建筑面积8100平方米，使用面积6000多平方米，有14个展厅，附设可容6000人的露天影剧场，还有畜牧展览场。该馆1957年10月动工。（《广西通志·大事记》P325）

5日 广西壮族自治区宣告成立。4~14日，广西省首届人大一次会议举行。会议通过了《广西壮族自治区人民代表大会和人民委员会组织条例》，并报国务院提请全国人大常委会批准；选举韦国清（壮族）为自治区主席，贺希明、李任仁、覃应机（壮族）、莫乃群（壮族）、卢绍武（壮族）为副主席；通过了向国家主席毛泽东、全国人大常委会和全国人大常委会委员长刘少奇、国务院以及国务院总理周恩来的致敬电。国务院副总理贺龙代表党中央、国务院莅会祝贺，并发表重要讲话。5日，《人民日报》发表社论《祝贺美丽富饶的广西壮族自治区成立》。14日，全国人大常委会、国务院、中华全国总工会、团中央电贺，南宁各族各界6万多人举行盛会和游行，庆祝自治区成立。（《人民日报》1958.3.5.①，3.6.①④，3.14.①④，3.15.④；《中华人民共和国大事记（1949~1980）》P106）

△ 据统计，第一个五年计划期间，青海省牲畜比1952年增长76.93%。牧区1.4万多户赤贫和半赤贫户有了生产资料，牧民的购买力提高5.5倍。（《青海日报》1958.3.5.①）

△ 内蒙古自治区人民委员会发出《关于我区"索伦"、"通古斯"、"雅库特"统一改称鄂温克族的通知》。（《鄂温克族自治旗志》P914）

5~24日 山东省第四次民族工作会议举行。会议以整风精神检查全省民族工作和民族政策的执行情况，批判民族主义思想情绪。（《大众日报》1958.3.6.①，3.29.③）

7日 国务院第72次会议通过《民族自治

地方财政管理暂行办法（草案）》。6月13日，该草案要点发布，自1958年起实行。（《国务院公报》1958［12号］P306）

9日 全国人大代表、文联委员、剧协常务理事、中国戏剧研究院副院长、著名京剧艺术家程砚秋（满族）同志因病在北京逝世，终年54岁。（《人民日报》1958.3.11.①）

13日~4月4日 辽宁省回民代表会议举行。会议批判民族主义和驳斥资产阶级右派反党反社会主义的言论，并通过给东北3省回民和伊斯兰教界的倡议书。（《辽宁日报》1958.4.8.①）

19日 全国人大常委会第一届第九十五次会议讨论批准了《吉林省延边朝鲜族自治州各级人民代表大会和各级人民委员会组织条例》、《贵州省三都水族自治县人民代表大会和人民委员会组织条例》、《贵州省松桃苗族自治县人民代表大会和人民委员会组织条例》。（《光明日报》1958.3.20.①）

△ 内蒙古自治区人委第31次会议讨论通过《关于停止新蒙文，继续大力学习与使用旧蒙文的决定》和蒙古文字改革委员会改为蒙古语文工作委员会的决议。（《内蒙古日报》1958.3.25.①）

25日 中科院考古研究所新疆考古队在库车县发掘出一座1000年前龟兹国的都城。（《光明日报》1958.3.25.③）

26日 广西壮族自治区最大的水库——贵县平龙水库工程竣工放水，可灌溉土地25万亩。（《广西日报》1958.4.4.②）

28日~4月16日 中科院和国家民委联合召开第二次少数民族语文科学讨论会。会议听取中国科学院少数民族研究所所长包尔汉关于《两年来少数民族语文工作的成就和今后工作的意见》的报告。报告指出，几年来，在国家的帮助下，我国有12个少数民族创制和改进了文字。这12个少数民族是：壮、布依、苗、彝、黎、纳西、傈僳、景颇、哈尼、拉祜、佤和傣族。至此，连同通用汉文的回、满、畲3个民族在内，全国50多个少数民族中，已有24个民族有了文字。会议总结几年来的工作，确定帮助少数民族创制文字的原则，并制定出民族语文工作的规划。19日，《人民日报》就第二次少数民族语文科学讨论会发表社论《少数民族语文需要改进》。（《人民日报》1958.4.19.①）

是月 甘肃省甘南藏族自治州局部发生武装叛乱，极少数反动分子欺骗威胁部分群众，破坏电杆、公路，围攻县、乡政府，杀害基层各族干部和群众，抢劫和烧毁国家财产，破坏民族团结。解放军和各族民兵在民族中上层人士的积极协助下，以政治争取为主，配合以必要的军事打击，在短时间内平息了叛乱。但是，在平叛、反封建的斗争中，由于当时受"左"的指导思想的影响，也发生了扩大化的错误，使一些干部、群众在政治上蒙受很大冤屈，经济上造成很大损失。党的十一届三中全会后，予以平反和纠正冤假错案。（《甘南藏族自治州概况》P113~115、259）

是月~4月 河南省商丘等11个县和陕西省水库区2.3万多移民先后在宁夏省银川、吴忠等10个市县安家落户。（《当代宁夏史通鉴》P20~21）

4月

1日 四川省成都至西昌航线开航。（《光明日报》1958.4.2.①）

△ 云南省第一条地方航线——昆明至保山航线开航。（《云南日报》1958.4.2.①）

△ 云南省民族出版社在昆明成立。（《光明日报》1958.4.10.③）

1~4日 辽宁省喀喇沁左翼蒙古族自治县首届人大一次会议举行，通过了自治县人大和人委组织条例（草案），并报请全国人大常委会批准；选举棋琴（蒙古族）为县长。全国人大民委、国家民委、省民委电贺。（《辽宁

日报》1958.4.5.①）

3日 云南省委宣传部发出《立即组织搜集民歌》的通知，要求各地搜集20多个少数民族的新民歌。（《人民日报》1958.4.9.①）

4日 广西壮族自治区党委发出《关于建立工农业技术改革委员会的决定》，决定成立自治区、专区、县、乡工农业技术改革委员会，工厂和农业社分别成立技术改革小组，主要任务是将群众的创造发明集中起来，推广到群众中去，鼓励支持群众的创造发明，帮助解决工作中的各种困难。（《广西通志·大事记》P326）

△ 国务院全体会议第74次会议任命覃应机（壮族）为广西壮族自治区民族语言文字工作委员会主任，梁华新、赵乐群为副主任；林克武为自治区民族事务委员会主任，梁华新、黄举平、秦振武、张景宁为副主任。（《国务院公报》1958［14号］P345~346）

5日 云南省楚雄专区盐兴县并入广通县。（《楚雄彝族自治州志》1卷 P196）

5~12日 内蒙古自治区政协召开一届四次会议，正式成立政协文史资料研究委员会，有计划地开展文史资料的搜集、整理和撰写工作。（《内蒙古自治区史》P257~258）

6日 中、朝两国图们江治水工程设计方案在吉林长春签字，中方工程由吉林省延边朝鲜族自治州负责组织施工。（《延边朝鲜族自治州志》P67）

7~10日 辽宁省阜新蒙古族自治县首届人大一次会议举行。会议通过自治县人大和人委组织条例（草案），选举王忠（蒙古族）为自治县县长。（《辽宁日报》1958.4.11.①）

8日 国家主席毛泽东在各地视察时提出小社并大社的问题，指出“人民公社这个名字好”。8月17日至23日，中共中央政治局在北戴河举行扩大会议，作出《中共中央关于在农村建立人民公社问题的决议》，9月10日《人民日报》发表，从而把人民公社化运动推向高潮。10月底，全国农村基本上实现人民公社化。（《内蒙古自治区史》P183）

10日 国家民委和教育部联合召开全国民族学院院长会议，检查各民族学院的工作，讨论今后在各民族学院进行阶级教育和马列主义民族观教育的问题。国家民委副主任刘春作总结。（《光明日报》1958.4.11.①）

△ 青海省玉树藏族自治州政协一届一次会议在结古召开。会议选举沈岭为主席，蔡作祯、仁庆（藏族）、江吉（藏族）、赵昆元为副主席。（《玉树州志》上P29、583、588）

11日 据报道，吉林省延边朝鲜族自治州355656名青壮年中，81.85%达到初级小学以上文化水平。（《人民日报》1957.4.11.⑦）

12日 内蒙古自治区第一座电影制片厂——内蒙古电影制片厂在呼和浩特市建成投产。（《内蒙古自治区史》P281、520）

14日 内蒙古自治区人委召开会议，讨论通过自1958年起每年拨款帮助境内少数民族地区建设的决定，并确定以农、牧和猎业为主，相应发展工业、手工业、交通运输业和文教卫生事业的方针。（《人民日报》1958.4.14.④）

14日~5月3日 内蒙古自治区民委第三次扩大会议举行。会议批判民族主义，检查民族政策执行情况和民族工作中的“三风五气”，并讨论各民族生产建设大跃进的问题。（《内蒙古日报》1958.5.5.①）

15日 云南省楚雄彝族自治州正式成立，行政区域为原楚雄专区所属辖区，首府驻楚雄县鹿城。16日，举行成立大会。是月，云南省楚雄彝族自治州首届人大一次会议举行，通过了自治州人民代表大会和人民委员会组织条例（草案）。全国人大民委委员、国家民委副主任谢鹤筹（壮族），云南省副省长张冲（彝族）到会祝贺。（《云南民族团结进步事业光辉历程（1949~2009）》P88；《楚雄彝族自治州志》1卷P196，2卷P66；《云南日

报》1958.4.17.①）

18日 包头钢铁集团有限公司第一个车间——机械修理系统金属结构车间投产。（《人民日报》1958.4.20.②）

△ 广西壮族自治区在40多个县开展壮文扫盲运动，54万多人参加扫盲学习。（《人民日报》1958.4.19.④）

19日 宁夏工委在银川召开银川专、市两级整风领导骨干和积极分子会议。工委书记处书记李景林就如何搞好反浪费、反保守（简称“双反”）运动，发展生产，正确处理两类矛盾问题及处理右派问题作了指示。（《中共宁夏党史大事记（1925.8~1988.6）》P220~221）

20日 中国和越南两国地方贸易代表团就开放口岸问题举行谈判并达成协议，中国广西壮族自治区开放凭祥、水口，越南开放同登、驮隆，口岸贸易限额按地方贸易限额的10%左右执行。（《广西通志·大事记》P326）

△ 云南省德宏傣族景颇族自治州第一个万能煤气拖拉机站在保山县建成。（《人民日报》1958.5.10.②）

21日 国务院全体会议第76次会议决定：撤销内蒙古自治区河套行政区，将原河套行政区所辖的4县、2旗、1镇划归巴彦淖尔盟；撤销平地泉行政区，将原平地泉行政区所辖的10县、4旗、1市划归乌兰察布盟；撤销狼山县，将原狼山县的行政区域划归杭锦后旗，原河套行政区直辖的陕坝镇改为旗辖镇，划归杭锦后旗；撤销安北县，将原安北县的行政区域划归乌拉特前旗；撤销萨拉齐县，将原萨拉齐县的行政区域分别划归土默特旗和包头市；撤销武东县，将原武东县的行政区域分别划归四子王旗、察哈尔右翼中旗、卓资县和武川县；撤销四川省茂县、汶川2县，设立茂汶羌族自治县，自治县行政区域包括原茂县、汶川两县的全部和理县的部分地区，7月7日自治县宣告成立。（《国务院公报》1958［15号］P379，《人民日报》1958.7.10.④）

23日 据报道，唐古拉山区藏民在几个大山洞里发现水晶矿，1个月采掘出1.2万斤。（《人民日报》1958.4.23.③）

24日 宁夏银川至北京载波电路开通，扩容700门市内电话交换设备。（《当代宁夏史通鉴》P21）

25日 国务院批准，广东省十万山壮族瑶族自治县改称东兴各族自治县，5月4日自治县宣告成立。（《国务院公报》1958［16号］P386，《南方日报》1958.5.6.①）

△ 是日报道，广西壮族自治区壮、苗、瑶、侗等少数民族地区，改变过去刀耕火种和迷信习俗，掀起耕作技术改革运动，学习使用新式农具。（《人民日报》1958.4.25.①）

△ 贵州省从江县侗族苗族农民开始用牛耕田，改变过去养牛打架（斗牛）习俗。（《人民日报》1958.4.25.①）

26日 据报道，西双版纳傣族自治州和晋宁、墨江、玉溪等10多个县，搜集到近万首民歌。（《人民日报》1958.4.26.①）

△ 是日报道，内蒙古自治区拨款12万余元，在布特哈旗南木鄂伦春民族乡建立大兴安岭第一座地方国营养鹿场。（《人民日报》1958.4.26.②）

△ 中国广西壮族自治区与越南谅山、高平省1958年地方贸易合同在南宁签字。广西壮族自治区出口货值83.8万余元，进口货值46.39万余元。（《广西通志·大事记》P326）

27日 云南省文山壮族苗族自治州国营广南木利锑矿建成投产。（《文山壮族苗族自治州志》1卷P45）

29日~5月15日 四川、云南、甘肃、贵州、广东、湖南和广西7个少数民族“五一”参观团在北京参观学习。5月4日，国家主席毛泽东、副主席朱德，国务院总理周恩来等党

和国家领导人接见各参观团的300多位代表。（《人民日报》1958.4.30.②，5.5.②，5.16.④）

是月 北京永利地质公司和地质矿泉水专家认定，内蒙古自治区索伦旗维纳河矿泉水是目前国内已发现的饮用矿泉水中没有污染、没有毒害成分并含有20多种人体所必需的微量元素的天然高档保健饮料。1959年6月维纳矿泉水厂建立并投产，1985年3月成立开发公司。（《鄂温克族自治旗志》P914）

△ 云南省博物馆工作人员在迪庆藏族自治州维西县戈登村西约1公里的腊普河东岸发现1处新石器时代遗址，出土石斧、石刀、纺锤、陶片等文物90多件。戈登遗址的发现证明，早在新石器时代，迪庆境内就有人类栖息。（《迪庆藏族自治州志》P37）

△ 宁夏省银川至石嘴山的通信线路110.8公里架通，使北京至西北的北京—呼和浩特—银川—兰州国家一级干线全部贯通。（《当代宁夏史通鉴》P21）

△ 中共中央和国务院批准，撤销新疆维吾尔自治区乌鲁木齐专区建制，原专区所属之奇台、玛纳斯、呼图壁、吉木萨尔县和木垒哈萨克自治县并入昌吉回族自治州管辖，吐鲁番、鄯善、托克逊3县归自治区直接领导。（《中国共产党新疆历史大事记（1949.10~1966.4）》上P167）

5月

1日 内蒙古自治区第一座体育馆在呼和浩特开馆。（《人民日报》1958.5.4.②）

△ 大兴安岭第一座大型综合性医院——内蒙古自治区大兴安岭林业管理局医院在牙克石建成开诊。（《人民日报》1958.5.3.①）

△ 吉林省延边朝鲜族自治州延吉县东盛乡成立我国第一所农民大学——黎明业余农业大学。（《人民日报》1958.5.4.①）

△ 贵州省黔东南苗族侗族自治州第一座装机容量超过100千瓦的水电站——凯里棉花冲水电站建成输电，装机容量180千瓦。（《黔东南苗族侗族自治州志·总述·大事记》P135）

1~4日 广东省东兴各族自治县首届人大一次会议举行。会议通过了自治县人民代表大会和人民委员会组织条例（草案）。（《南方日报》1958.5.6.①）

3~10日 广西壮族自治区人民委员会在南宁召开全区水利工作会议，总结1957年冬、1958年春大办水利建设的经验。宣布水利完工13.5万多处，灌溉面积991.57万亩，占计划的99.16%。会议确定1958年冬、1959年春继续大办水利，兴修工程5.88万处，扩大灌溉和改善灌溉面积2000万亩，90%的耕地实现水利化（包括水浇地）。（《广西通志·大事记》P326）

5日 蒙古语文工作委员会举行第一次会议，讨论1958年的工作，确定进一步学习和使用蒙古语文的任务。（《内蒙古日报》1958.5.9.③）

5~23日 中共八届二次会议举行。中共中央副主席刘少奇作工作报告，说明了民族地区整风和反右派斗争，以及批判地方民族主义和克服大汉族主义倾向等情况，要求进一步巩固和发展民主统一战线，发挥民族区域自治地方建设社会主义的积极性。会议通过中央工作报告的决议和关于1956~1967年全国农业发展纲要的决议。6月27日，《人民日报》发表社论《为什么要反对地方民族主义》。（《人民日报》1958.5.5.①，5.6.①，5.27.①，5.28.①，6.27.①）

6日 据报道，湖南省湘西土家族苗族自治州建成投产的小厂矿达2253个，改变了解放前没有一个工厂的状况。（《人民日报》1958.5.6.③）

7~10日 广东省钦北壮族自治县首届人大一次会议举行。会议通过了自治县人大和人

委组织条例（草案）。（《南方日报》1958.5.13.③）

8日 西藏拉萨人造卫星观测站全部建成。（《西藏日报》1958.5.20.①）

8日~6月8日 中央卫生部组成以著名传染病学专家吴朝仁教授为首的察布查尔地方病调查组前往新疆维吾尔自治区察布查尔锡伯族自治县，调查一种地方性流行病的病源，并找到了病源及防治办法。（《光明日报》1958.5.8.③，《新疆日报》1958.6.8.①）

9日 中国人民志愿军531医院全体人员转到固原，改为宁夏省第二人民医院。（《中共宁夏党史大事记（1925.8~1988.6）》P221）

10日 是日报道，千百年来逐水草而居的蒙古、鄂温克、达斡尔等少数民族的牧民，近90%的牧户实现定居游牧和半定居游牧，开始草原定居地的建设。（《人民日报》1958.5.10.②）

12日 宁夏省固原回族自治州出现“大跃进”形势。全州通过比计划、比干劲、比指标、比跃进的“四比”运动，掀起大办工业的高潮，新建厂矿408个，产值81.62万元；截至7月3日，共有厂矿1287个，产值388.16万元。（《中共宁夏党史大事记（1925.8~1988.6）》P222）

13日 湖北省恩施地区宣恩县发现世界上最稀有贵重矿石——冰洲石。（《恩施州志》P14）

14日 青海省海北藏族自治州和海西蒙古族藏族哈萨克族自治州基本实现牧业合作化。《青海日报》发表社论《欢呼海北海西两州实现牧业合作化》。（《青海日报》1958.5.14.①）

△ 新疆维吾尔自治区党委下发《关于在少数民族干部和知识分子中进行整风的计划》，指示各级党委根据中央和自治区党委的决定，在少数民族干部和知识分子中普遍进行以反对地方民族主义为中心内容的整风运动，对破坏民族团结、破坏祖国统一的人进行揭露斗争；对大多数具有一般民族主义思想的人本着“团结—批评与自我批评—团结”的原则进行教育，分清是非。随后，自治区少数民族干部中以反对地方民族主义为重点地整风运动在各地展开。1959年3月，运动基本结束，在运动中被划为地方民族主义分子1612人。1959~1964年，自治区对被划为地方民族主义部分人进行摘帽工作。中共十一届三中全会至1985年，复查、改正和平反工作基本完成，纠正斗争中的扩大化错误。1985年，自治区党委常委会议讨论赛甫拉也夫、买买提明·伊敏诺夫、艾斯海提的复查结论，撤销自治区党委1958年4月扩大会议对他们的处理决定和处分，并恢复政治名誉。（《中国共产党新疆历史大事记》（1949.10~1966.4）上P162~163）

15~22日 内蒙古自治区首届卫生工作者协会代表会议举行。会议通过自治区卫生工作者协会组织章程，成立自治区卫生工作者协会，选举赵俞廷为主任委员。（《内蒙古日报》1958.5.29.③）

16日 贵州省黔东南苗族侗族自治州首次中医、民族民间医代表会议在镇远召开，参会代表336人，献出秘方、验方、单方1212个。据初步统计，全州有中医、民族民间医2242人。（《黔东南苗族侗族自治州志·总述·大事记》P135）

△ 云南省德宏傣族景颇族自治州第一届民族民间文艺汇演在芒市举行，16个民族的220名民间艺人参演。（《德宏州志》综合卷P44）

△ 是日报道，云南省怒江傈僳族自治州基本实现合作化，85%的农户加入合作社，成为云南省第一个实现合作化的直接过渡地区。自治州还建成54个厂矿，诞生了傈僳族的第一代工人。（《云南日报》1958.5.16.②）

△ 据报道，青海省互助土族自治县入学

儿童已占学龄儿童97.1%，成为全省第一个普及小学教育的县。（《青海日报》1958.5.16.①）

18日 河北省回族和伊斯兰教界代表会议召开，开展整风运动，揭发批判“反动分子”在民族宗教方面的言行。（《光明日报》1958.5.18.③）

19日 青海省玉树藏族自治州中药材公司成立。（《玉树州志》上P30）

△ 广西壮族自治区人民委员会发出《关于更改壮族乡建制的通知》，指出，广西壮族自治区成立后，自治区内不应再建立壮族乡，过去已建立的壮族乡，应改为一般乡。（《广西通志·大事记》P326）

△ 据报道，党和国家先后于1956年拨款46万元、1957年拨款350万、1958年拨款500万元，帮助云南边疆仍处于原始社会形态的傈僳、佤、景颇、布朗、拉祜、怒、独龙等民族加速向社会主义过渡。（《人民日报》1958.5.19.④）

20日 内蒙古自治区党委发出《关于大规模搜集民歌的通知》。（《内蒙古自治区史》P520）

△ 内蒙古自治区哲里木盟库伦旗扣河子乡新发现1处水晶矿。（《人民日报》1958.5.20.③）

23日 是日报道，3月下旬以来，贵州省黔东南苗族侗族自治州兴办中学108所、小学651所，基本组成全州教育网。（《贵州日报》1958.5.23.①）

24日 内蒙古草原第一座有限广播站在内蒙古自治区乌兰察布盟达尔罕茂明安联合旗的金星牧业社建立。（《人民日报》1958.5.25.③）

25日 青海省海南藏族自治州恰卜恰地区举行千人大会，庆祝全州实现牧业合作化，全州有牧业生产合作社547个，公私合营牧场92个，入社、入场牧户8511户，占总牧户的86.03%。（《海南州志》P31）

29日 国务院第77次全体会议决定：撤销内蒙古自治区莫力达瓦旗，将原莫力达瓦旗的行政区域设立莫力达瓦达斡尔族自治旗，8月15日自治旗宣告成立；撤销索伦旗，将原索伦旗的行政区域设立鄂温克族自治旗；撤销长白县，设立长白朝鲜族自治县，9月17日自治县宣告成立；撤销广东连山县，设立连山壮族瑶族自治县；设立新疆维吾尔自治区克拉玛依市，行政区域包括克拉玛依、独山子、乌尔木、百口泉、红山咀、天山涝巴、白碱滩、大拐、中拐、小拐等地区；撤销新疆维吾尔自治区温宿县，将原温宿县的行政区域合并于阿克苏县。（《国务院公报》1958［12号］P484、486~487，［19号］P436~437）

△ 广西壮族自治区贵县思江水利工程竣工。工程于1957年11月7日动工兴建，总库容10400万立方米，有效库容3000立方米，总投资454万元，有效灌溉面积30万亩。（《广西通志·大事记》P321）

是月 中国共产党八大二次会议通过多、快、好、省地建设社会主义的总路线，正式肯定“大跃进”。中共中央主席毛泽东继续批判“反冒进”，批判“观潮派”、“秋后算账派”，要求插“红旗”，拔“白旗”。会后拟定工业、农业“大跃进”的目标，提出“人有多大胆，地有多大产”等错误口号。（《内蒙古自治区史》P177）

△ 四川省甘孜藏族自治州建有县以上人民医院23个，卫生防疫队、组各1个，妇幼保健站16个，区卫生所27个，共有病床734张。厂矿、学校、农场、医疗所（室）15个，联合诊所5个。（《甘孜州志》上P56）

△ 贵州省黔东南苗族侗族自治州第一个科研机构——自治州农业科学研究所建立。（《黔东南苗族侗族自治州志·总述·大事记》P135）

△ 贵州省第一个具有专业表演性质的侗

戏艺术团体——黔东南苗族侗族自治州榕江县实验侗戏团建立。（《黔东南苗族侗族自治州志·总述·大事记》P135）

△ 云南省腾冲至德宏傣族景颇族自治州梁河公路建成通车，全长45公里。（《德宏州志》综合卷P44）

△ 青海省海北藏族自治州人民医院建成。（《海北藏族自治州志》上P52）

△ 新疆维吾尔自治区博尔塔拉蒙古自治州完成对牧业经济的社会主义改造。（《博尔塔拉蒙古自治州志》P42）

6月

1日 云南省丽江至中甸公路通车使用，10月全线竣工。（《迪庆藏族自治州志》P37）

3日 吉林省延边朝鲜族自治州发现一处细脉浸染型的铜矿。（《人民日报》1958.6.3.③）

5日 全国人大常委会第一届第九十七次会议批准国务院关于《民族自治地方财政管理暂行办法》。批准最高人民法院在西藏设立分院，批准最高人民检察院在西藏设立分院；批准《新疆维吾尔自治区伊犁哈萨克自治州各级人民代表大会和各级人民委员会组织条例》，并公布施行。（《人民日报》1958.6.6.①）

6日 据报道，湖南省湘西土家族苗族自治州基本实现普及小学教育，有小学3721所，入学儿童达27.54万多名，占学龄儿童90.7%。（《人民日报》1958.6.7.⑦）

7~16日 内蒙古自治区人大二届一次会议举行，会议通过《关于坚决执行社会主义建设总路线，为加速建设社会主义的内蒙古而奋斗》、《关于社会主义建设五年规划纲要六十条（草案）说明》、《关于自治区1956~1967年农牧业发展规划（草案）的说明》的决议。（《人民日报》1958.6.19.④，《内蒙古自治区史》P520）

10日 据报道，云南省宁蒗彝族自治县完成和平协商土改。2.6万多名彝族奴隶成为土地的主人。（《人民日报》1958.6.10.④）

△ 内蒙古自治区昭乌达盟第一座人造纤维厂在宁城县建成投产。（《内蒙古日报》1958.6.9.③）

11日~7月7日 全国人大民委、中科院民族研究所和中央民族学院联合召开全国民族研究工作科学讨论会，讨论制定民族研究工作跃进规划，确定今后1年内完成全国少数民族社会历史初步调查和编写全国50个少数民族的简史、简志工作。（《人民日报》1958.7.12.⑦）

13日 云南省红河哈尼族彝族自治州个旧市建成一座年产万吨粗铅的大型炼铅厂。（《人民日报》1958.6.13.③）

14~18日 新疆维吾尔自治区博尔塔拉蒙古自治州人大二届一次会议举行。会议决定撤销博乐县机构，保留博乐县名称，由自治州直接领导。（《博尔塔拉蒙古自治州志》P42、70、650）

16~19日 宁夏回族自治区筹委成立会议举行。筹委主任刘格平在会上宣读国务院批准任命自治区筹委会成员名单，刘格平任主任，马玉槐、刘生秀任副主任。会议通过撤销吴忠回族自治州、固原回族自治州和银川专署，设置宁夏回族自治区固原专署，改泾源回族自治县为一般县，合并银川专署和吴忠回族自治州2个中级人民法院。会议同意刘格平主任提出的筹委会所属组织机构和干部配备，并报请国务院批准。（《人民日报》1958.6.21.①）

17日 是日报道，新疆语言文字研究委员会召开研究人员会议，确定为维吾尔、哈萨克、柯尔克孜、蒙古、锡伯等民族设计以拉丁字母为基础的新文字方案（初步草案），提前交有关人士讨论，征集意见。（《新疆日报》1958.6.17.①）

18日 兰新铁路新疆维吾尔自治区境内

的第一重要工程——红柳河大桥提前完工。（《新疆日报》1958.6.18.①）

19日 内蒙古自治区第一机械制造厂铸钢车间炼出内蒙古历史上第一炉钢。（《内蒙古自治区史》P179、520）

△ 新疆维吾尔自治区伊犁哈萨克自治州伊宁市人民电影院落成，为全州第一座现代化影院。（《伊犁哈萨克自治州志》P49）

20日 在苏联科学院全体会议上，中国科学院副院长李四光（蒙古族）当选为地质地理科学院士。1959年5月29日，李四光又在苏联科学院全体会议上获苏联卡尔平斯基金质奖章。（《新华社新闻稿》1958.6.22，1959.5.31）

△ 是日报道，新疆维吾尔自治区广大牧区基本实现畜牧业生产合作化。至6月5日，各地建立畜牧业生产合作社1650个，公私合营牧场118个；加入牧业社和合营牧场的牧户，占总牧户的72%。60万人开始从游牧逐渐转为定居。社员收入约增30%。（《人民日报》1958.6.20.①）

21日 内蒙古自治区昭乌达盟敖汉旗羊场用人工方法繁殖绵羊，多产双羔和3羔试验成功。（《内蒙古日报》1958.6.21.①）

△ 据新华社报道，全国各地以人力、物力支援即将成立的宁夏回族自治区。20多个省市的2000多名干部、技术人员已抵宁参加建设。（《中共宁夏党史大事记（1925.8~1988.6）》P223）

26日 是日报道，广西壮族自治区少数民族地区21个县普及小学教育。（《广西日报》1958.6.26.③）

27日 新疆维吾尔自治区党委召开的区、州、县三级党员负责干部扩大会议结束。会议听取新疆维吾尔自治区党委书记赛福鼎·艾则孜《坚持反对地方民族主义，为社会主义的伟大胜利而奋斗》的报告，学习讨论中共中央总书记邓小平《关于整风报告》和中央关于在少数民族中进行整风和社教的指示，对地方民族主义进行严肃的斗争，并通过关于克服地方民族主义的决议和关于开除“党内右派分子”的决议。会上，自治区党委第一书记王恩茂作题为《为党的解决民族问题的马克思列宁主义路线而斗争》的总结报告。（《人民日报》1958.6.27.①③）

△ 据报道，湖南省湘西土家族苗族自治州先后建立农机厂、细菌肥料厂、过磷酸钙厂，建成100多座榨油厂、5座年产400多万斤的桐油制造厂、30座野生香精油料加工厂和粮食加工厂。（《人民日报》1958.6.27.④）

△ 贵州省黔南布依族苗族自治州都匀混凝土预制工厂建成投产。（《人民日报》1958.6.27.④）

28日 国家主席毛泽东等党和国家领导人接见前来参观全国农业展览会的新疆参观团、四川牧区少数民族参观团和75岁高龄的老农库尔班·吐鲁木（维吾尔族）。毛主席和库尔班合影留念，并送给他10米条绒礼物。（《人民日报》1958.8.21.⑥）

△ 内蒙古自治区哲学社会科学联合会和自然科学专门学会联合会在呼和浩特成立。（《内蒙古日报》1958.7.11.①）

29日 内蒙古自治区海拉尔市牧业机械厂炼成第一炉镍铬合金钢，开创自治区地方工业炼出高级合金钢的先例。（《内蒙古日报》1958.7.2.①）

是月 广西壮族自治区第一个专业性的电机制造厂——柳州市电机厂建成。年底生产出自治区第一台10—4—4.5千瓦电动机和8千瓦发电机。1959年2月改称柳州电机厂。（《广西通志·大事记》P327）

△ 云南省怒江傈僳族自治州境内第一条干线公路瓦贡线瓦窑至六库跃进桥段建成。（《怒江傈僳族自治州志》下P396）

△ 宁夏电影制片厂成立。（《当代宁

夏史通鉴》P358）

△ 中科院新疆维吾尔自治区综合考察队编著的《新疆综合考察报告》（1956年）由科学出版社出版发行。（《新疆通志·科学技术志》72卷上P38）

7月

1日 湖南省湘西土家族苗族自治州第一所苗文学校成立开学。（《人民日报》1958.7.12.⑦）

5日 国务院第78次会议：会议通过《广西壮族自治区人民代表大会和人民委员会组织条例》，并于9日经全国人大常委会一届九十九次会议批准公布。（《国务院公报》1958［29号］P548~550，《新华社新闻稿》1958.7.6、7.10）

△ 内蒙古自治区包头钢铁公司机械总厂建成投产。（《内蒙古日报》1958.7.9.①）

7日 据统计，内蒙古自治区牧业区30多万蒙古族和其他少数民族牧民基本实现牧业合作化，入社牧户占总牧户的85%。（《内蒙古日报》1958.7.10.①）

8日 吉林省延边朝鲜族自治州延边科学研究所成立。（《延边日报》1958.7.10.①）

△ 中共云南省委通知，个旧市由省辖市改为州辖市，归红河哈尼族彝族自治州领导，州级机关由蒙自迁驻个旧。（《红河哈尼族彝族自治州志》1卷P74）

9日 国家主席毛泽东、中共中央总书记邓小平和中共中央书记处书记李先念等党和国家领导人接见新疆各民族民政干部参观团。（《人民日报》1958.7.10.①）

9~17日 全国民间文学工作者大会在北京召开，国务院副总理陈毅到会讲话，中宣部副部长周扬作总结发言。（《新华社新闻稿》1958.8.2）

10日 是日报道，摆脱原始生活状态的云南佤族农民和解放了的凉山彝族奴隶，首次在新开垦的11万亩水田里栽种稻谷。（《人民日报》1958.7.10.②）

10~22日 广西壮族自治区科学工作委员会首次会议在南宁举行。会议提出要解放思想，大力发展科学研究工作，并初步制订科学研究五年计划。（《广西通志·大事记》P327）

11日 内蒙古自治区人委颁布《内蒙古自治区各级人民代表大会和各级人民委员会组织条例》。（《内蒙古自治区史》P521）

12日 广西壮族自治区党委发出《关于立即动员全党全民大力发展钢铁工业的指示》，要求各级党委以钢为纲，全党全民大办钢铁。9月22日，自治区党委在南宁召开生产电话会议，要求各级党委第一书记真正挂帅，把钢铁生产作为压倒一切的中心任务，力争10月初日产铁突破双千吨。10月5日又召开地委第一书记会议，要求全力以赴，大放“卫星”。10月底，钢铁会战达到最高峰，全区投入大办钢铁的人数达700万人。（《广西通志·大事记》P327、330）

14日 据报道，广西壮族自治区为彻底消灭疟疾，对90%以上的县进行普查和抗复发治疗。岑溪、阳朔、北流、柳城、东兰等5县基本成为无疟疾县。（《人民日报》1958.7.15.⑦）

△ 中央复电西藏工委《关于西藏可能发生叛乱问题的报告》指出：“工委应当对噶伦们表示严正的态度，告诉他们噶厦对西藏地区的反动分子和从江（金沙江）东逃入西藏地区的叛乱分子采取纵容的立场是完全错误的。”复电还指出：“中央对藏族地区的社会改革一向坚持和平改革的方针，而且把西藏的和平改革推迟到好几年以后。但是西藏反动分子却是根本不要改革，永远不要改革。中央的方针是力求和平改革，但是如果反动分子一定要武装叛乱，中央就一定实行武装平息叛乱。少数反动分子的武装叛乱，其结果带来大多数劳动人

民的比较彻底的解放。叛乱对于藏族是不光荣的坏事，但是中央正确处理叛乱的结果，对于藏族人民却会使坏事变成好事。”18日，工委书记张经武、第二书记张国华在会见达赖喇嘛时指出，帝国主义、台湾反动集团的特务、西藏藏族内部反动分子以及逃到西藏的叛乱分子准备在西藏搞武装叛乱，噶厦对叛乱武装采取纵容的态度是错误的，再一次转达了中央对西藏改革及叛乱武装等问题的既定方针。（《中共西藏党史大事记（1949~1966）》P77~78）

15日 云南省中甸至四川省乡城的运输动脉——中乡公路通车，全长225公里。（《云南日报》1958.7.22.②）

15~25日 全国羊只繁殖改良现场会议在内蒙古自治区敖汉旗举行。（《新华社新闻稿》1958.8.7，《中华人民共和国大事记（1949~1980）》P208）

18日 内蒙古自治区第一座规模较大的高温、高压热电厂——包头第二热电厂第一机组开始发电。（《人民日报》1958.7.25.⑦）

19日 国务院批准，撤销广西壮族自治区平乐、容县2专区，分别设立梧州、玉林2专区。其中，梧州专区驻梧州市，辖原平乐专区的蒙山、昭平、贺县、富钟4个县和原容县专区的苍梧、藤县、岑溪3个县；玉林专区驻玉林县，辖原容县专区的容县、桂平、平南、玉林、陆川、北流、贵县、博白8个县。同时宜山专区更名为柳州专区。原属平乐专区的平乐、恭城、荔浦3个县划归柳州专区，大瑶山瑶族自治县划归柳州专区。（《广西通志·大事记》P328）

20日 新疆维吾尔自治区维吾尔族牧民、阿訇、玛拉自己动手在塔城专区草原建成第一座水电站。（《人民日报》1958.7.20.⑦）

22日 青海省第一座制糖厂在柴达木盆地德令哈农场建成，并生产出红、白砂糖。（《人民日报》1958.7.25.⑦）

25日 内蒙古自治区第二座规模较大的绒毛加工厂在集宁市建成投产。（《人民日报》1958.7.25.⑦）

26日 据新华社报道，新疆维吾尔自治区畜牧业社会主义改造历时2年，基本实现畜牧业生产合作化。截至6月5日统计，各地建立畜牧业生产合作社1650个，公私合营牧场118个，参加牧业合作社和公私合营牧场的牧户占自治区总牧户的72%。（《中国共产党新疆历史大事记（1949.10~1966.4）》上P174）

27日 内蒙古自治区发现的一种稀有宝石矿——绿柱石开始开采。（《人民日报》1958.7.27.⑥）

△ 是日报道，到6月底，云南省8个自治州有小学8000多所，各民族学生70多万名。从来没有学校的西盟山佤族地区也有了7所小学，近600名佤族子弟入学。（《人民日报》1958.7.27.⑦）

30日 内蒙古自治区乌素图水库建成，国务院副总理乌兰夫用蒙古文、汉文为水库题名。（《内蒙古日报》1958.8.2.①）

是月 内蒙古自治区牧业生产合作社发展到2083个，入社牧户占总牧户的80%以上，连同参加牧业互助组的牧民在内，组织起来的牧民已占到总牧户的96.29%，完成畜牧业的社会主义改造。（《内蒙古自治区史》P124）

△ 甘肃省甘南藏族自治州草原工作队和畜牧兽医工作队先后完成地方畜种资源和天然草场资源调查。（《甘南州志》上P101）

△ 在青海省第二届民族民间业余音乐舞蹈汇演中，玉树藏族自治州代表队获集体表演一等奖和搜集整理一等奖，并出席全国第一届民族民间业余音乐舞蹈汇演。（《玉树州志》上P30）

8月

1日 内蒙古自治区鄂温克族自治旗宣告

成立。7月30日至8月1日，首届人大一次会议举行。会议通过自治旗人大和人委组织条例（草案）。中共内蒙古自治区委员会、自治区人委和呼伦贝尔盟党委、盟公署派代表到会祝贺，并赠送贺词、贺信和贺礼。（《人民日报》1958.8.5.④；《内蒙古日报》1958.8.3.①，8.4.③）

△ 广西壮族自治区南宁电影制片厂拍摄的第一部影片——《广西新闻》公演。（《广西日报》1958.8.3.③）

△ 银川市各族各界2万多人在银川车站集会，庆祝沟通华北和西北的交通大动脉——包头至兰州铁路接轨通车。该铁路全长1000公里（实为991.78公里），1954年开始施工。（《人民日报》1958.8.2.①⑥）

△ 新疆维吾尔自治区首先在乌鲁木齐和伊宁市之间正式开办哈萨克文电报业务。（《新疆通志·邮电志》51卷P37）

3日 内蒙古自治区第一口石油探井——杭锦旗基准一号井在鄂尔多斯草原开钻。（《人民日报》1958.8.4.⑥）

7日 内蒙古自治区党委在牙克石召开林区工作会议。会议总结几年来的林区工作，确定大兴安岭的经营方针，解决1959年和第二个五年计划期间林区生产建设方面的一些重大问题。（《内蒙古日报》1958.8.13.①）

7~28日 新疆维吾尔自治区党委财贸工作会议在乌鲁木齐举行。会议总结是年以来的财贸工作，确立财贸工作为政治服务、为生产服务、为群众服务的观点。经过评比，在财贸战线上树立了17面红旗。（《中国共产党新疆历史大事记（1949.10~1966.4）》上P174）

8日 《人民日报》发表社论号召全民大炼钢铁。（《内蒙古自治区史》P180）

△ 新疆维吾尔自治区石油管理局油田地质研究所成立。（《新疆通志·科学技术志》72卷上P38）

9日 中科院民族研究所组成500人的16个少数民族社会历史调查组，分赴内蒙古、新疆、广西、西藏、宁夏、吉林、辽宁、黑龙江、青海、甘肃、四川、贵州、云南、广东、湖南、福建等民族地区进行社会调查。（《光明日报》1958.8.10.①）

10日 新疆维吾尔自治区党委宣传教育工作会议在乌鲁木齐召开。会议根据中央关于“两种主要教育制度和劳动制度并行”的指示，通过《关于发动全党全民大力举办教育事业的决议》，提出自治区教育事业必须坚持两条腿走路的方针，除国家办好学校外，各厂矿、企业、机关、合作社也要办好学校；既办好全日制学校，也举办各种半工半读学校、职业学校，搞好成人教育。（《中国共产党新疆历史大事记（1949.10~1966.4）》上P174）

11日 湖北省恩施至武汉的民航班机正式开航，航班为每周一、三、五、日，当日往返。（《恩施州志》P14）

11日~9月29日 甘肃省伊协召开二次委员（扩大）会议。会议通过关于废除伊斯兰教内的封建统治特权和宗教压迫剥削制度的决议，以及给全国伊斯兰教阿訇、满拉的挑战书。11月10日《甘肃日报》发表社论《不准利用宗教剥削奴役人们》。（《甘肃日报》1958.11.10.①）

△ 新疆维吾尔自治区库车县遭受特大洪水灾害，冲毁房屋7126间，受灾人口8248人，淹死554人，淹没农田1.56万亩。同日，自治区党委召开紧急会议，讨论救灾问题。14日，新疆维吾尔自治区党委书记赛福鼎·艾则孜、中共新疆分局统战部部长吕剑人飞抵库车，组织防洪救灾。（《新疆通志·林业志》35卷P28）

△ 云南省人委第31次全体会议讨论通过关于建立河口瑶族自治县、屏边苗族自治县、漾濞彝族自治县、丽江纳西族自治县和沧源佤族自治县的报告，讨论通过楚雄彝族自治州、红河哈尼族自治州和怒江傈僳族自治州人

民代表大会和人民委员会组织条例。（《云南日报》1958.8.14.①）

15日 内蒙古自治区莫力达瓦达斡尔族自治旗首届人大一次会议通过了自治旗人民代表大会和人民委员会组织条例（草案）。（《内蒙古日报》1958.8.19.①）

17~30日 中央政治局委员、各省市自治区第一书记及国务院各有关部门党组负责人参加的扩大会议在北戴河举行，即“北戴河会议”。会议主要讨论工业生产、农业生产和农村工作、国民经济计划等问题，通过《号召全党全民为生产1070万吨钢而奋斗》、《关于在农村建立人民公社问题的决议》等40项决议。会议认为，人民公社是一大二公，适合办大农业，是加快农业生产的发展和过渡到共产主义的一种最好的组织形式。北戴河会议后，一个以大炼钢铁为中心的“大跃进”运动和人民公社化运动的高潮在全国掀起，不到2个月的时间，全国农村就实现人民公社化。这种不顾经济规律和客观条件的高指标、瞎指挥、浮夸风和共产风等“左”倾错误、蛮干作风使农村生产力受到很大破坏，民族地区也深受其害。（《新华社新闻稿》1958.9.10，9.11；《中华人民共和国大事记（1949~1980）》P209；《中国现代史》下P135~136）

17日~9月6日 中国伊斯兰教协会在宁夏省银川市召开回民座谈会，彻底揭批伊斯兰教界极右分子马震武祸国殃教的罪行。宁夏回族自治区筹委会马玉槐副主任在会上宣布撤销马震武自治区筹委委员和固原回族自治州州长等一切行政职务，中国伊协副主任达浦生宣布停止马震武的中国伊协副主任职务。《人民日报》发表社论《坚决肃清伊斯兰教界中的败类》。（《人民日报》1958.10.17.⑥）

20日 内蒙古自治区人委拨款100万元，帮助境内聚居和散居的各少数民族人民发展经济文化建设事业。（《今日新闻》1958.8.21.P10）

△ 广西壮族自治区第一条地方民航——南宁至梧州航线正式通航。（《广西日报》1958.8.21.②）

21日 云南省思茅专署通知，西双版纳傣族自治州勐海、勐遮两个版纳合并为勐海县，易武、勐腊两个版纳合并为易武县，版纳景洪不变。12月合并工作结束。（《西双版纳傣族自治州志》上P42）

24日 贵州省黔南布依族苗族自治州第一个人民公社在都匀市建立。截至10月1日，自治州共建立人民公社249个，入社农户412428户，平均每社1656户。自治州实现人民公社化。（《黔南布依族苗族自治州志》上P54）

26日 根据中共中央《关于在农村建立人民公社问题的决议》，广西壮族自治区党委发出《关于在农村中建立人民公社的指示》，提出建立人民公社分两步走，第一步是建立领导机构，实现统一领导；第二步解决并社后的各种经济问题和制定各种管理制度。公社规模以现有大乡为基础一乡一社，原来农业社所有的公共财产交归公社所有。从是月下旬起，出现大办人民公社高潮。至9月30日，全区在原2.05万个农业社的基础上合并建成918个大型人民公社，加入公社的农户占农村总户数的97%，全区实现人民公社化。（《广西通志·大事记》P328~329）

28日 国家民委委托贵州省人委在贵阳召开侗族语言文字问题科学讨论会，通过了侗族新文字方案。（《人民日报》1958.8.28.⑦）

29日 吉林省延边朝鲜族自治州第一个人民公社——延吉县东盛人民公社成立。9月30日，全州实现人民公社化。在921个高级社的基础上，建成78个人民公社，172588户农民全部入社。（《延边朝鲜族自治州志》上P67、696）

30日 新疆维吾尔自治区乌鲁木齐汽车修理厂试制成自治区第一辆载重汽车，自治区

党委命名其为“先行”牌载重汽车。（《新疆日报》1958.8.31.①）

31日 内蒙古自治区召开盟市委第一书记电话会议，要求领导人民公社化运动。9月10日至21日，自治区党委召开一届第八次全委扩大会议，传达北戴河会议的精神，通过《内蒙古党委关于实现人民公社化的初步规划的决议》。到9月29日，全区农业区、半农半牧区已经全部实现公社化，全区由11049个农业社，合并为803个人民公社。人民公社建立后，为实现“一大二公”，将社员的生产资料转为公社所有，社员的自留地一律归公社经营，公共积累统一归公社。公社实行工、农、商、学、兵结合的制度，超出单一的经济组织范围，成为政治、经济、文化、军事的统一体，公社同乡一级政权合而为一。在分配制度上，实行供给制与工资制相结合的制度。在农村、城市普遍地建起公共食堂，有的地方实行“吃饭不要钱”的所谓共产主义制度；大办民兵师，实行“组织军事化，行动战斗化，生活集体化”。随着农村人民公社的一哄而起，牧区合作化和人民公社化运动也迅速发展起来。到1959年1月19日，自治区牧区基本实现人民公社化。（《内蒙古自治区史》P183~185、521）

是月 湖南省湘西土家族苗族自治州永顺至桑植县际公路建成通车。（《魅力湘西》P183）

△ 云南省楚雄彝族自治州南华高峰哨火力发电厂建成投产。（《楚雄彝族自治州志》1卷P196）

△ 云南省怒江傈僳族自治州农业生产合作社由1957年冬的154个增至681个，其中高级社18个。（《怒江傈僳族自治州志》上P25）

△ 云南省西双版纳傣族自治州第一个拖拉机站景洪县拖拉机站成立。（《西双版纳傣族自治州志》上P42）

△ 云南省文山壮族苗族自治州文山、丘北、西畴、麻栗坡、砚山、马关6县实现乡乡通电话。（《文山壮族苗族自治州志》1卷P45）

△ 打击反革命分子运动在甘肃省肃南裕固族自治县展开，逮捕251人，一些寺院建筑遭到破坏。（《肃南裕固族自治县志》P421）

△ 甘肃省甘南藏族自治州三届人大会议作出关于矿山、河流、草原、森林的所有权一律收归国有和开展反封建斗争的决议。（《甘南藏族自治州概况》P259）

△ 青海省海南藏族自治州历经两个月的撤区并乡工作完成，全州共设41乡、2镇。（《海南州志》P32）

是月~1959年3月 中共云南省边委集中边疆地区县以上（包括正副州长、副专员、正副县长、州县政协副主席）民族上层人士294人在昆明黑林铺进行整风学习。（《云南民族团结进步事业光辉历程（1949~2009）》P83）

9月

1日 新疆维吾尔自治区克孜勒苏柯尔克孜自治州农村实现人民公社化。（《克孜勒苏柯尔克孜自治州志》上P31）

△ 内蒙古自治区首批蒙古语言文学研究生毕业。（《内蒙古日报》1958.9.1.③）

△ 青海省黄南藏族自治州建立第一所人民公学。（《光明日报》1958.11.26.③）

△ 青海省海北藏族自治州牧区自7月份开展群众性的诉苦运动。先后召开大小诉苦会200多次，参加诉苦斗争的群众约5万多人（次），被斗争的反革命分子200多人。寺院1000多名僧人还俗回家生产。这些错误做法，伤害了许多干部、群众和宗教上层人士的感情，1979年以后得到解决和平反。（《海北藏族自治州志》上P53）

3日 内蒙古自治区党委召开由各盟、市委第一书记参加的电话会议，对自治区的钢铁生产作具体部署。12月27日，全区累计产钢1.38万吨，产铁8.83万吨，号称提前4天完成中央确定的内蒙古自治区1万吨钢、8万吨铁的生产任务，后经核实，实际产钢0.7万吨，产铁5万吨，虚报量达49%和43%。在工业“大跃进”和大炼钢铁的形势下，全区农牧业生产也掀起“大跃进”运动。据当时统计，到1958年6月中旬，全区增加灌溉面积1151万亩，比1957年增长1倍，后经核实只增加594万亩，浮夸多报占48%。“大跃进”运动不仅给全国带来损害，也给内蒙古自治区带来损害。1958年，自治区公布农业总产值18.4亿元，比1957年增长55%，粮食总产量118亿斤，增长1倍；牧业年度牲畜头数2447万头，接近1956年的历史最高。实际上，后经核实，农业总产值15.6亿元，虚报2.8亿元，占17.9%，粮食总产量96.5亿斤，虚报21.5亿斤，占22.2%；牲畜头数2430.4万头，虚报16.6万头，占0.67%。（《内蒙古自治区史》P180~182、521）

△ 新疆省第一个人民公社——红旗人民公社在和田县诞生。（《新疆日报》1958.9.6.①）

4~25日 国家副主席朱德在新疆维吾尔自治区视察乌鲁木齐、伊犁、昌吉、阿克苏、喀什、哈密、呼图壁、库车、吐鲁番等地，以及独山子、克拉玛依石油矿区、新疆军区部队和生产建设兵团各垦区。其间，朱德出席自治区党委常委扩大会议，并作重要讲话。10日，国家主席毛泽东接见新疆维吾尔自治区乌鲁木齐市社会福利生产参观团。（《人民日报》1958.9.11.①，10.7.①②）

5日 甘肃省甘南藏族自治州撤销区、乡人民委员会，一律改成“政社合一”的51个人民公社基层政权组织。（《甘南州志》上P102）

△ 国务院79次全体会议通过临夏回族自治州、甘南藏族自治州和云南省永建回族自治县人民代表大会和人民委员会组织条例（草案），并提请全国人大常委会审议批准。会议决定：撤销宁夏省吴忠回族自治州，所辖4县1市由自治区直接领导；撤销固原回族自治州，设立固原专员公署，所辖固原、西吉、海原、泾源、隆德5县由固原专区领导；撤销泾源回族自治县，将原泾源回族自治县的行政区域改为泾源县。（《国务院公报》1958［28号］P608，［29号］P632~636；《中共宁夏党史大事记（1925.8~1988.6）》P228）

△ 新疆维吾尔自治区党委下发《关于建立人民公社的紧急通知》。《通知》指示，各地党委加强对建社工作的领导，争取在是年内完成全区农村建立人民公社的任务。此后，大炼钢铁和人民公社化运动在新疆各地展开。运动中出现高指标、瞎指挥、浮夸风、“共产风”等“左”的错误。（《中国共产党新疆历史大事记（1949.10~1966.4）》上P175）

6日 根据中共中央批转全国人大民委关于在1年内完成各少数民族历史调查和各民族《简史》、《简志》、《民族自治地方概况》3种丛书编写的报告，新疆维吾尔自治区党委批复同意自治区党委统战部《关于编写新疆地区少数民族三个材料问题的请示》，批准成立“新疆少数民族社会历史调查审查委员会”。16日，自治区党委下发《关于新疆少数民族社会历史调查组赴各地进行调查的通知》，确定新疆地区要完成维吾尔、哈萨克、回、柯尔克孜、乌孜别克、锡伯、满、蒙古、塔吉克、塔塔尔、达斡尔11个少数民族的社会历史调查和编写维吾尔、哈萨克、柯尔克孜、乌孜别克、锡伯、塔吉克、塔塔尔7个少数民族的《简史》、《简志》工作。该工作由于中央有关单位及新疆有关专家学者的积极参与，于1961年基本结束，并出版部分民族的《史志合编》（内部稿）。（《中国共产党新疆历史大事记（1949.10~1966.4）》上P176）

7日 宁夏地区第一个政社合一的人民公社——贺兰县前锋人民公社成立，由贺兰县团结、金贵2乡的9个农业社和习岗乡1个农业社并转建成。全社共有社员4150户1.92万人。该人民公社乡一级的政权已经同公社合而为一，使公社成为经济、文化、政治、军事等的统一体。（《中共宁夏党史大事记（1925.8~1988.6）》P226）

8日 世界海拔最高的桥梁——青藏公路沱沱河大桥竣工。（《人民日报》1958.9.18.⑥）

10日 全国人大常委会第一届第一〇一次会议批准《甘肃省临夏回族自治州各级人民代表大会和各级人民委员会组织条例》、《甘肃省甘南藏族自治州人民代表大会和人民委员会组织条例》，并经国家主席毛泽东命令公布施行。（《光明日报》1958.9.12.①）

12日 在全国大跃进、浮夸风的鼓动下，《广西日报》发表题为《环江创全国水稻丰产最高纪录》，公布广西壮族自治区环江县红旗人民公社1亩1分3厘中稻试验田，亩产稻谷130434斤（市斤），并刊登自治区党委、自治区人委的贺信；还发表社论《思想上的又一次解放——欢呼环江中稻大面积高额丰产》。18日，《人民日报》也作报道。后查明，这是在水稻接近成熟时，把10多亩稻田的稻子植到一块儿，并在收割时采用重复过秤的办法弄虚作假。（《广西通志·大事记》P329）

△ 甘肃省甘南藏族自治州建立65个公社。玛曲、碌曲、卓尼、夏沙、临潭、舟曲等6个县全部实现人民公社化。（《甘肃日报》1958.9.16.①）

△ 宁夏地区中宁县实现人民公社化，县原有19个乡镇39个农业社合并建成5个人民公社。这5个公社平均有社员4000多户，耕地面积7万亩。全县10多万农业人口都加入人民公社。（《中共宁夏党史大事记（1925.8~1988.6）》P227）

△ 新疆维吾尔自治区托里县发现1个大赤铁矿，据鉴定，含铁量30%~60%左右，储藏量5亿~10亿吨。（《新疆日报》1958.9.12.①）

13日 广西壮族自治区基本实现人民公社化，全区建成大型人民公社918个，入社农户占总农户的97%以上。（《广西日报》1958.9.16.①）

15日 西藏公学在陕西咸阳和虢镇正式开学。1957年6月，西藏工委在精减人员中，为培养藏族干部和为将来民主改革储备藏族干部，决定在内地筹建西藏干部学校。筹建工作开始，工委就将3000多名已经参加工作的藏族青年送到内地学习。7月，经中央批准改建为西藏公学，西藏工委第二书记张国华兼任校长。该校按照中共西藏工委指示，根据当时师资和藏族学生文化水平等实际情况，先后开设藏语文系和农业、畜牧兽医、师范、财会、医疗等5个专业，邮电、报务2个班。在校3000多名藏族男女学员中绝大部分都是农奴的子女，学员衣食和学习费用均由国家供给。与此同时，西藏团校也在咸阳开学，两校共有学生3460人。（《西藏日报》1958.9.20.①，《当代中国的西藏》下P321）

△ 中国民航客机从兰州到银川试航成功，10月20日正式通航，结束宁夏省没有民航班机的历史。（《当代宁夏史通鉴》P21）

16日 甘肃省甘南藏族自治州在全省率先实现人民公社化。（《甘南藏族自治州概况》P259）

16~26日 中共中央统战部在广西壮族自治区三江侗族自治县举行全国民族工作现场观摩会议，与会代表138人。会议总结三江自治县贯彻社会主义建设总路线的经验，检查批判民族工作中的右倾保守思想，进一步推动民族地区的工作。国家民委副主任谢鹤筹就会议作了总结。10月19日，《人民日报》为此发表社论《少数民族在高速度前进》。（《人民日

报》1958.10.19.①；《广西日报》1958.9.18.①，9.29.③）

17日 吉林省长白朝鲜族自治县首届人大一次会议通过自治县人大和人委组织条例。（《吉林日报》1958.9.26.①）

18日 国务院拨款修建的横穿西藏西部阿里地区的噶尔至普兰公路正式通车。（《人民日报》1958.9.19.⑤）

19日 青海省牧区的都兰、德令哈、天峻、同仁、泽库和河南蒙古族自治县等地，先后实现人民公社化。（《青海日报》1958.9.19.①）

△ 是日报道，广东省海南黎族苗族自治州基本普及小学教育，在校生82289名，占全州学龄儿童的97.7%。（《海南日报》1958.9.19.③）

20日 贯穿四川省甘孜藏族自治区雅江、理塘、义敦、巴塘4县的东俄洛至巴塘公路全线通车，全长391公里。工程于1957年3月10日动工修建。（《四川日报》1958.9.26.②，《新华社新闻稿》1957.3.11）

21日 根据中央大办地方工业的精神，青海省海北藏族自治州、门源县联合开发红沟铜矿。（《海北藏族自治州志》上P53）

△ 中共宁夏工委发出《关于建立人民公社的指示》。《指示》要求，各地要全面规划，加强领导、加强政治思想工作，充分发动群众；贯彻党的阶级路线，树立贫农、下中农在公社各个领导环节中的绝对优势；建立人民公社必须密切结合当前生产和共产主义教育。《指示》还对建立人民公社的几项具体政策问题作出规定。（《中共宁夏党史大事记（1925.8~1988.6）》P227）

24日 四川省阿坝藏族自治州第一所卫生学校在刷经寺开学。（《岷江报》1958.10.4.③）

25日 四川省凉山彝族自治州第一个人民公社——昭觉县南坪人民公社建立。（《凉山彝族自治州志》上P50）

△ 新疆维吾尔自治区克孜勒苏、库尔勒、吉木萨尔、玛纳斯、米泉、呼图壁、英吉沙、巴楚、霍城和乌鲁木齐市郊，实现人民公社化。（《新疆日报》1958.9.25.②）

26日 内蒙古自治区呼和浩特钢铁厂流出第一炉铁水。（《人民日报》1958.10.7.②）

26日~10月 内蒙古自治区锡林郭勒盟和察哈尔盟合并为锡林郭勒盟，盟公署设在锡林浩特，撤销原察哈尔盟公署行政建制。（《内蒙古自治区史》P246~247、521）

27日 中共吉林省委发出《关于调整省内行政区划的通知》，决定延边朝鲜族自治州辖延吉市和延吉、和龙、安图、汪清、珲春、敦化6县。（《延边朝鲜族自治州志》P68）

△ 广西壮族自治区党委发出《关于人民公社若干问题的处理意见》，规定原农业社财产归公社所有；取消社员自留地；社员的私有房基地、林木、牛马等生产资料归公社所有；社员个人养的猪一律作价交公社饲养，定期还款；社员可以养少量家禽，属社员私有；社员劳动报酬采取固定等级工资和奖励工资相结合的办法；实行全社统一分配。（《广西通志·大事记》P330）

30日 内蒙古自治区农业区和半农半牧区实现人民公社化。据9月底统计，自治区农业区和半农半牧区原有的11013个农业社已合并为803个人民公社。（《内蒙古日报》1958.9.30.①）

30日~10月6日 广西、宁夏、新疆、四川、云南、青海和湖南等9个少数民族"国庆"参观团，包括藏、维吾尔、哈萨克、蒙古、回、瑶、彝、佤等20多个民族的400多名代表在北京参观学习。10月4日，全国人大民委和国家民委联合宴请各少数民族参观团。6日，国家主席毛泽东、副主席朱德和全国人大常委会委员长刘少奇、国务院副总理彭德怀、全国政协副主席包尔汉等党和国家领导人接见各民族参观团、湖南江华瑶族自治县参观团和四川、云南、广西、新疆、青海等省（区）的少数民族青年参观团、全国民族出版工作会议的代表。13日，朱德副主席接见内蒙古少数民族青年参观团。（《人民日报》1958.10.5.②，10.7.①，10.14.④；《今日新闻》1958.10.1.⑥）

是月 福建省建立第一所少数民族（畲族）中学——福安中学。（《光明日报》1961.8.2.②）

△ 湖南、贵州、广西3省（区）9县在贵州省黔东南苗族侗族自治州榕江县章鲁村首办侗族语言文字师资训练班。（《黔东南苗族侗族自治州志·总述·大事记》P138）

△ 广西壮族自治区合浦白龙珍珠养殖试验场人工殖珠试验成功。10月下旬，《南方日报》、香港《大公报》、英国《伦敦晚报》均以醒目标题报道中国人工殖珠成功。（《广西通志·大事记》P330）

△ 广西壮族自治区柳江县新兴农场附近通天岩发现一处保存完整的人头骨化石，经古人类学家考证，为最早的新人类化石（旧石器时代晚期），定名为“柳江人”。（《广西通志·大事记》P329）

△ 新疆维吾尔自治区博尔塔拉蒙古自治州开展大炼钢铁运动，至年底结束。自治州农村实现人民公社化。（《博尔塔拉蒙古自治州志》P42）

△ 越南劳动党中央委员朱文晋率越南民族干部考察团、农村部长陈文翼率越南农业考察团到广西壮族自治区参观考察。（《广西通志·大事记》P330）

10月

1日 内蒙古自治区呼和浩特市至锡林浩特、海拉尔民用航空线正式通航。（《人民日报》1958.10.6.②）

△ 宁夏地区石炭井矿区二号井（设计年产能力60万吨）开工建设，1959年初一号井（设计年产能力90万吨）开工建设，1960年5月三号井（设计年产能力30万吨）开工建设，11月四、五号井（设计年产能力分别为60万吨、15万吨）同时破土兴建。至此，开工矿井5处，完成基本建设投资2825.33万元，2年共产原煤69万吨。1959年2月宁夏煤炭局决定成立石炭井煤矿建井公司，1960年1月石炭井矿务局成立，1961年8月矿区铁路专用线建成通车，1961年12月2日二号井建成投产。1965年，先后建成一矿一号井、二矿三号井，使投产和在建的矿井达8处（后合并为6个矿），总设计生产能力495万吨/年。1970~1975年，李家沟矿（四矿）、白芨沟矿（卫东矿）、乌兰矿、大峰露天矿相继投产，石炭井矿区共建成矿井7对，形成原煤生产年设计能力585万吨，核实能力540万吨。1966~1975年，累计生产原煤2236万吨，平均年递增19.5%。1978年，原煤产量突破500万吨大关。1985~1990年，累计生产原煤3778.87万吨。1993年在全国500强中，石炭井矿务局列第435位。该矿区生产的太西无烟煤是世界著名的优质无烟煤之一，被称为“太西乌金”和“煤中之王”，享誉中外。（《当代宁夏史通鉴》P279~281）

△ 宁夏银川西府井水厂竣工投产，银川市民首次用上自来水。（《当代宁夏史通鉴》P21）

△ 宁夏19个县市各安装会议电话机1部，首次开通全区电话会议。（《当代宁夏史通鉴》P21）

△ 宁夏人民广播电台复建试播，15日正式播出。（《当代宁夏史通鉴》P358）

△ 新疆维吾尔自治区现代化的哈密电厂发电。（《新疆日报》1958.10.6.①）

△ 新华社和邮电部在新疆维吾尔自治区合建的国际收、发讯台建成投入使用。（《新疆通志·邮电志》51卷P37）

2日　西藏地区首次工农业和交通运输展览会在拉萨市开幕。中央人民政府驻西藏代表、中共西藏工委书记张经武为展览剪彩。（《人民日报》1958.10.4.②）

4日　内蒙古自治区人委宣布：自治区基本完成扫盲任务，实现文化自治区。据统计，全区3412973名青壮年中，非文盲2876611人，占青壮年总数的84%，基本达到国家的扫盲标准。（《内蒙古日报》1958.10.4.①）

△　内蒙古自治区撤销巴彦浩特市，其行政区划归阿拉善旗管辖。（《内蒙古自治区史》P521）

△　西藏第一座煤矿投产。千百年来用牛粪作主要燃料的拉萨古城，首次烧到本地煤。（《人民日报》1958.10.6.②）

6日　国务院批复，贵州省黔南布依族苗族自治州贞丰、安龙、册亨、镇宁4县划归安顺专区，惠水县划归贵阳市，将安顺专区福泉、贵定、龙里、翁安4县划归黔南州。（《黔南布依族苗族自治州志》上P54）

△　全国人大新疆少数民族社会历史调查组分批到奇台、塔什库尔干、阿图什、伊宁、阿勒泰等地进行社会调查。（《新疆日报》1958.10.6.①）

6~19日　10省区绿化沙漠现场会议在兰州举行。会议按各地沙漠面积的大小分别制订1至7年的治沙规划。（《新疆日报》1958.10.25.②）

7日　宁（西宁）张（张掖）公路门源至西宁的上达坂公路及青石嘴长9孔宽10米木桁大桥通车。（《海北藏族自治州志》上P54）

11日　兰州开往新疆维吾尔自治区的第一列客车驶进新疆境内的第一个车站——红柳河车站。（《人民日报》1958.10.15.②）

△　全国林业索道运输现场会在湖南省湘西土家族苗族自治州泸溪县召开。国务院向泸溪颁发奖状，表彰其林业建设。（《湘西州志》上P63）

13日　新疆维吾尔自治区党委决定，成立自治区党委外事小组，撤销自治区外事委员会；成立自治区人民委员会外事办公室，撤销自治区国际活动指导委员会，作为自治区党委外事小组的办事机构。（《中国共产党新疆历史大事记（1949.10~1966.4）》上P177）

△　据报道，历来被称为“瘴疠之区”的云南省德宏傣族景颇族自治州基本实现无疟州。（《人民日报》1958.10.15.⑥）

14日　新疆维吾尔自治区塔什库尔干塔吉克自治县内一条新开辟的公路通车，全长约300公里。（《新疆日报》1958.10.12.①）

15日　新疆维吾尔自治区乌恰县第一所柯尔克孜族中学落成开学。（《新疆日报》1958.11.10.③）

16日　是日报道，截至目前，宁夏省有小学3500所，在校生27.35万名，儿童入学率94.5%，基本普及小学教育；普通中学在校生1.54万名，相当于解放初期中学生人数的15倍。大学生有322名。（《光明日报》1958.10.16.⑥）

16~18日　中共中央委员、国务院秘书长习仲勋在宁夏省视察，就人民公社发展等问题作重要指示。（《宁夏日报》1958.10.20.①）

16~19日　黑龙江省文化局、省文联和省民委召开少数民族文学座谈会，就如何培养少数民族的文艺工作者，宣传党的社会主义建设总路线，繁荣社会主义文学艺术等问题进行座谈。（《黑龙江日报》1958.10.22.②）

17日　据报道，新疆维吾尔自治区农村实行人民公社化。至10月上旬，入社农户占总农户的98%。（《新疆日报》1958.10.17.①）

18日　是日报道，广东省海南黎族苗族自治州的陵水、保亭2县经抽查检验，宣布为基本无疟地区。（《人民日报》1958.10.19.②）

19日　据报道，云南省德宏傣族景颇族自治州有少数民族大、中学生368名。景颇

族、傣族小学生分别比解放前增长60至100倍。（《光明日报》1958.10.19.⑤）

20日 北京经包头经银川至兰州航空线正式通航。（《新华社新闻稿》1958.10.21，《中华人民共和国大事记（1949~1980）》P162，《甘肃日报》1958.10.21.①）

△ 国务院第81次会议通过决议，云南省红河哈尼族彝族自治州开远县田心区、鲁都克区4个乡、中和营区1个乡划归文山县。（《红河哈尼族彝族自治州志》1卷P75）

△ 据报道，宁夏省基本实现人民公社化。全省已建立人民公社157个，入社农户31万多户，占全省总农户的95.91%。（《人民日报》1958.10.24.①）

△ 国务院总理周恩来颁发国务院奖状，奖励农业社会主义建设先进单位——新疆维吾尔自治区昌吉回族自治州木垒哈萨克自治县。（《昌吉回族自治州志》P47）

20~24日 国务院秘书长习仲勋在内蒙古自治区视察，就自治区工农牧业生产作重要指示。（《内蒙古日报》1958.10.26.①）

22日 是日报道，中科院民族研究所完成《民族区域自治》、《藏族史料》、《民族研究工作的跃进》和《民族史译文集》的编辑工作。（《人民日报》1958.10.22.③）

22~24日 中共中央委员会总书记、国务院副总理邓小平、中共中央候补书记杨尚昆在柳州、罗城等地视察工作。邓小平对广西壮族自治区的钢铁生产和交通运输等工作作指示。（《广西日报》1958.10.27.①）

24~30日 宁夏回族自治区人民代表大会一届一次会议举行，中共中央政治局委员、全国人大常委会副委员长林伯渠和全国人大民族委员会副主任委员谢扶民、中央民族事务委员会副主任杨静仁等领导出席，参会代表185人、列席代表35人。中共宁夏回族自治区委书记马玉槐致开幕词，宁夏回族自治区主席刘格平作《乘风破浪，苦战三年，改变宁夏面貌》的工作报告，宁夏回族自治区政协副主席李景林作关于《宁夏回族自治区人民代表大会和人民委员会组织条例（草案）》的说明。全国人大常委会、国务院致电，祝贺自治区首届人代会召开和自治区成立。25日，大会宣告宁夏回族自治区正式成立，林伯渠发表重要讲话。同日，《人民日报》发表社论《祝宁夏回族自治区成立》。会议通过刘格平作的工作报告、《宁夏回族自治区人民代表大会和人民委员会组织条例》，选举刘格平、马玉槐、马腾霭、雷启霖为自治区出席第二届全国人大代表。（《人民日报》1958.10.25.②，10.26.①②，10.27.②；《中共宁夏党史大事记（1925.8~1988.6）》P229~231）

26日 宁夏回族自治区首届体育运动会开幕。全国26个省、市、自治区的代表团应邀出席开幕式，宁夏19个市、县代表队及解放军驻宁部队等21个单位的463名运动员参赛。（《当代宁夏史通鉴》P370）

26~29日 中国回民文化协进会在宁夏回族自治区银川举行二届二次委员（扩大）会议。会议认为，回协自1953年5月成立以来，协助政府在加强回民工作中做了大量工作。目前，自治区各地党委都不断加强民族工作，回族人民已基本消除政治、经济和文化的落后状态，实现事实上的民族平等。在自治区正式成立之际，会议经过充分讨论，通过《关于胜利结束中国回民文化协进会组织和工作的决议》，并通过向国家主席毛泽东的致敬电。（《中共宁夏党史大事记（1925.8~1988.6）》P230）

27日~11月2日 中共中央农村工作部、国务院第七办公室、国务院规划委员会在呼和浩特联合召开内蒙古、甘肃、宁夏、青海、新疆、陕西6省（区）治沙规划会议。会议听取和讨论科学院秘书长裴丽生关于治沙规划方案（草案）的报告，总结几年来治沙工作的成绩和经验，确定治沙工作的总方针。（《新华

社新闻稿》1958.11.8;《内蒙古日报》1958.10.28①，11.3.①;《当代宁夏史通鉴》P244）

是月　湖北省恩施来凤至鹤峰公路全线建成通车，全长100公里。　（《恩施州志》P14）

△　四川省阿坝藏族自治州小金县日隆油菜高产，受国务院嘉奖，获“高原油田”称号。　（《阿坝州志》上P43）

△　四川省阿坝藏族自治州第一个照明用沼气池在茂县建成。　（《阿坝州志》上P43）

△　以贵州省黔东南苗族侗族自治州榕江县车江章鲁话为标准音的拉丁字母表音《侗文方案》，经国家民委批准试行。　（《黔东南苗族侗族自治州志·总述·大事记》P139）

△　贵州省黔南布依族苗族自治州所辖14个县、市合并为1市、6县、1自治县，即都匀县并入都匀市，独山、荔波及平塘东部并为独山县，罗甸及平塘县西部并为罗甸县，望谟、紫云县南部并为望谟县，长顺及紫云北部并为长顺县，贵定和龙里县并为贵定县，翁安和福泉并为翁安县，三都水族自治县区划不变。　（《黔南布依族苗族自治州志》上P54）

△　云南省西双版纳傣族自治州允景洪电影院落成，为全州第一座电影院。　（《西双版纳傣族自治州志》上P40）

△　云南省楚雄彝族自治州农试站引进中熟粳稻西南175，后成为楚雄州水稻主要种植品种。　（《楚雄彝族自治州志》1卷 P197）

△　云南省文山壮族苗族自治州辖文山、麻栗坡、砚山、广南、马关、富宁、西畴、丘北8县。砚山县并入文山县，红河州开远县中和营、平远、鲁都克区的18个乡及马关县的古木区同时划归文山县。1961年9月8日，文山县、砚山县分设，开远县划入文山县的18个乡和原文山县的店房、小石桥、差黑等4个管理区及幕菲勒村同时划入砚山县管辖。（《文山壮族苗族自治州志》1卷P46）

△　云南省红河哈尼族彝族自治州曲溪县并入石屏县，开远、蒙自2县分别撤销县制建立联社，隶属个旧市。1960年10月，开远、蒙自恢复县制，仍属个旧市。1961年3月，2县又划归红河州管辖。　（《红河哈尼族彝族自治州志》1卷P75）

△　中共云南省德宏地委决定并经省委报国务院批准，撤销梁河、莲山、陇川3县建署，分别并入腾冲、盈江和瑞丽县。1959年11月陇川与瑞丽分设，1961年4月梁河与腾冲分设。　（《德宏州志》综合卷P45）

11月

2日　国务院副总理彭德怀结束在青海各地的视察。视察期间，彭德怀出席省委常委扩大会议，并听取关于少数民族人民进行社会主义改革的汇报，高度评价青海省的民族工作。彭德怀在谈到干部问题时指出，在少数民族地区工作，应当学会少数民族语言，注意吸收少数民族干部的优秀分子入党、入团，帮助他们建立党、团支部。　（《青海日报》1958.11.2.①②，11.5.②）

△　铁道部第二设计院于7月14日开始勘测的滇桂铁路南宁至百色段完工。10日，开始勘测黔桂铁路百色至贵州惠水段，全长400公里，经过百色、凤山、凌乐、天峨，至贵州惠水。　（《广西通志·大事记》P331）

3日　新疆人民广播电台开设蒙古语广播节目。　（《新疆日报》1958.11.4.③）

4日　中共中央农村工作部召开内蒙古、甘肃、新疆、青海和宁夏5省区秋季农业协作会议。会议确定今后农村工作的基本任务：巩固发展人民公社，坚持以农业生产为主，工农业同时并举的方针，在农业上改变广种薄收的耕作习惯，推行种的少，种得好，高产多收的农业生产方法，进一步加强人民公社的经营管理工作，争取在短时期内，全面实现牧区的人民公社化。　（《内蒙古日报》1958.11.8.①）

△ 西藏阿里地区正式通邮。（《西藏日报》1958.11.4.①）

6日 据《青海日报》报道，青海省海北藏族自治州全部实现人民公社化，建有人民公社22个，其中牧业区16个、农业区6个，农、牧户全部加入公社。（《海北藏族自治州志》上P54）

△ 云南省怒江傈僳族自治州基本实现人民公社化，建有人民公社22个。（《云南日报》1958.11.6.①）

7日 新疆维吾尔自治区玉门油矿吐鲁番勘探处一个钻井队在吐鲁番盆地的胜金口钻探出大量天然气和原油。（《新疆日报》1958.11.15.①）

8~13日 宁夏回族自治区财贸工作会议在银川举行，宁夏工委书记处书记罗成德传达会议精神，财政厅厅长李力作《关于适应人民公社化的形势，改进农村财贸管理体制办法的报告》，商业厅厅长马世芬作《关于大购大销问题的报告》。会议认为，在人民公社化的新形势下，必须根据全国财贸会议决议精神，实行“两放”、“三统”、“一包”（“下放人员，下放资产；统一政策，统一计划，统一流动资金管理；包财政任务”）的办法。（《中共宁夏党史大事记（1925.8~1988.6）》P231）

9日 据报道，甘肃省肃南、肃北、阿克塞、天祝4个以畜牧业生产为主的民族地区，分别于10月底和本月初实现人民公社化。至此，全省牧区实现公社化。（《甘肃日报》1958.11.9.①）

10日 新疆维吾尔自治区第一所结核病院——乌鲁木齐市第二人民医院建成开诊。（《新疆日报》1958.11.20.③）

11日 宁夏回族自治区建立第一所中医医院——银川市中医医院。（《宁夏日报》1958.11.13.①）

△ 宁夏回族自治区第一个城市人民公社——银川市中山南街人民公社正式成立。（《中共宁夏党史大事记（1925.8~1988.6）》P231）

△ 中共宁夏工委中级党校成立开学。（《宁夏日报》1958.11.13.①）

13日 据统计，西藏8年来已吸收和培养6128名藏族干部和学员，发展1190名藏族党员、1934名藏族团员。（《中国共产党西藏历史大事记（1949~2004）》P123）

14日 国务院批准广西壮族自治区邕宁专区改称南宁专区。（《广西通志·大事记》P331）

△ 新疆地质局在南疆某地发现一个大型铅锌矿。（《新疆日报》1958.11.14.①）

△ 由广西壮族自治区科学技术协会主办的广西壮族自治区科学技术成就展览会在自治区展览馆开幕。展览会介绍广西1958年以来技术革命的成就，有展品3200多种。（《广西通志·大事记》P331）

19日 中共宁夏工委发出《关于掀起山区兴修水利高潮突击运动的紧急通知》。11月5日起，宁夏回族自治区南部山区分布在清水河、泾河、葫芦河3大河流上的25个中型水库建设工程陆续开工。（《中共宁夏党史大事记（1925.8~1988.6）》P232）

20日 全国植物保护工作会议在北京结束。会议讨论1959年彻底消灭11种大病虫害和各地主要病虫害的问题。（《新华社新闻稿》1958.11.22）

△ 建国以来，内蒙古自治区营造防沙、固沙等防护林450万亩，封沙育草育林3900万亩，初步改变风沙泛滥的局面。（《内蒙古日报》1958.11.20.①）

△ 新疆维吾尔自治区第一座钢筋混凝土结构的永久性大桥——呼图壁大桥竣工。25日，举行通车典礼。（《新疆日报》1958.12.2.①）

21日 吉林省延边朝鲜族自治州文物管理委员会和吉林省博物馆在延吉市联合举办东

北抗联文物展览。（《延边朝鲜族自治州志》上P68）

△ 国务院全体会议第82次会议：任命李光华为内蒙古自治区民族事务委员会副主任；免去马志新自治区民委副主任的职务。（《国务院公报》1958［29号］P741、P744~746）

28日 青海省柴达木盆地第一个甜菜制糖厂在格尔木建成投产。（《人民日报》1958.11.28.②）

28日~12月10日 中共八届六中全会在武昌举行。会议通过中共中央主席毛泽东主持起草的《关于人民公社若干问题的决议》。《决议》强调现阶段的人民公社是社会主义集体所有制，应"继续发展商品生产和继续保留按劳分配的原则"，要求各级党委是年12月至1959年4月，对本地区人民公社进行一次整顿和巩固工作，开始注意纠正"共产风"的错误。（《中国现代史》下P149，《中共宁夏党史大事记（1925.8~1988.6）》P234）

是月 国家投资1815万元兴建的广西壮族自治区桂平糖厂建成投产。该厂日榨量2000吨，为国家"一五"计划基建项目，于1956年7月动工兴建。（《广西通志·大事记》P312）

△ 青海省海南藏族自治州首家影剧院在恰卜恰建成使用。（《海南州志》P32）

12月

1日 西藏第一座生物制药厂建成投产。（《当代中国的西藏》下P574）

1~6日 内蒙古自治区召开首次科技工作会议，讨论自治区1959年科学研究规划（草案），交流科学工作经验，讨论建立全区科学机构以及体制等问题。（《内蒙古日报》1958.12.10.①）

5~10日 吉林省延边朝鲜族自治州科学技术协会第一次代表大会在延吉市召开。大会将自治州科学技术普及协会与全国自然科学技术联合会延边分会合并，成立延边科学技术协会。（《延边朝鲜族自治州志》上P68）

8~13日 云南、四川、贵州3省联合召开，并有广西壮族自治区参加的西南民族文化工作会议在大理举行，文化部副部长夏衍作总结报告。会议决定在西南少数民族地区进一步开展普及文化的群众运动和逐步提高工作。（《新文化报》1958.12.16.①）

9日 内蒙古自治区少数民族社会历史调查组完成鄂伦春、达斡尔、鄂温克等3个民族的社会调查工作，搜集资料达500万字以上，拍摄图片近千张，并完成3个民族的简史、简志初稿的编写工作。（《内蒙古日报》1958.12.9.①）

12月 广西壮族自治区党委、人民委员会发出《关于开展大规模造林的联合指示》，要求全党全民动员起来，做好绿化造林运动。是年冬、1959年春造林6000万亩。（《广西通志·大事记》P332）

13日 语言学大师罗常培在北京病故，享年59岁。罗常培，满族，1950年出任中国科学院语言研究所第一任所长。（《中国历代少数民族英才传》P2896~2903）

14日 柴达木盆地找到2个高产量的大油田，3个高产量的大气田。有1口井日喷量曾达800吨。（《人民日报》1958.12.16.②）

17日 西藏军区政委谭冠三到西藏拉萨罗布林卡会见达赖喇嘛，根据中央指示精神，肯定了达赖指示噶厦对平叛要采取积极态度的做法，并转达中央希望达赖出席第二届全国人大会议，达赖表示一定参加。20日，噶厦召开"官员会议"，讨论达赖喇嘛是否出席第二届全国人大会议问题。会议决定，"达赖喇嘛不宜去北京出席全国人大"，要将达赖请到一个安全的地方，同中央决裂。（《中共西藏党史大事记（1949~1966）》P81~82）

△ 内蒙古自治区文化局协同教育厅等9

个单位举办百万民歌展览、歌唱运动月，展出蒙古、汉、回、达斡尔、鄂伦春、鄂温克等民族创作的149.19万首民歌。（《内蒙古日报》1958.11.17.①，11.18.③）

18日~1959年1月8日 全国民委主任会议举行，讨论民族工作问题。全国人大常委会委员长刘少奇、副委员长彭真，国家副主席朱德，国务院副总理陈云，中共中央总书记邓小平，中央书记处书记谭震林、康生，中宣部部长陆定一等党和国家领导人接见与会人员。（《人民日报》1959.1.9.①）

20日 中国运动员穆祥雄（回族）在北京举行的游泳比赛中，以1分11秒4打破男子100米蛙泳世界纪录。（《新华社新闻稿》1958.12.21）

△ 国务院第83次全体会议决定：通过湖南省通道侗族自治县、新晃侗族自治县和城步苗族自治县人民代表大会和人民委员会的组织条例（草案），并决定提请全国人大常委会审议批准；撤销河北省孟村回族自治县，划归盐山县；撤销河北省大厂回族自治县，划归蓟县；撤销甘肃省张家川回族自治县和清水县，合并设立清水回族自治县；撤销甘肃省临夏回族自治州临夏县、永靖县，并入临夏市；撤销临夏州康乐县、广河县，并入和政县。（《国务院公报》1958［3号］P781，《人民日报》1958.12.21.①）

22日 文化部、教育部、国家民委联合召开全国少数民族出版工作会议。会议听取讨论教育部党组书记钱俊瑞，教育部副部长陈曾固，国家民委副主任汪锋、萨空了（蒙古族）作的有关文化、教育、民族政策和民族出版工作方针任务的报告，总结检查民族出版工作的成就和存在的问题，研究今后民族出版工作的方针和任务。（《人民日报》1958.12.23.⑥）

△ 据报道，云南省少数民族社会历史调查组历经3个月完成景颇、佤、傈僳、怒、独龙和德昂、阿昌等民族的社会历史调查工作，并写出上述各族的简史、简志合编初稿。（《云南日报》1958.12.22.③）

△ 是日报道，云南省怒江傈僳族自治州3.2万多名青壮年文盲中近70%的人学会傈僳文，许多老年人也摆脱文盲状态。（《人民日报》1958.12.22.⑥）

24日 中国广西壮族自治区地方贸易代表团和越南高平、谅山地方贸易代表团在南宁举行地方贸易谈判，签署1958年补充进出口货物合同。（《广西通志·大事记》P332）

△ 是日报道，国家民委召集有关部门会议，讨论确定编辑出版《民族自治地方概况》、各民族的《简史》和《简志》3套丛书。（《人民日报》1958.12.24.⑦）

△ 内蒙古自治区百万民歌歌唱展览会在北京开幕。（《内蒙古日报》1958.12.25.①）

25日 内蒙古自治区大跃进以来伟大成就展览会在内蒙古博物馆开幕。（《内蒙古日报》1958.12.26.①）

27日~1959年1月9日 内蒙古自治区党委召开一届九次全委（扩大）会议，根据中央各次会议特别是八届六中全会精神，总结1958年“大跃进”以来的工作，讨论通过《关于整顿巩固人民公社若干问题的决定》、《关于牧区人民公社若干问题的指示》、《关于加强包钢建设的领导和支援工作的决定》、《关于贯彻执行中共中央、国务院〈关于改进农村财贸管理体制的决定〉的决定》、《关于贯彻执行少种、高产、多收的农业生产方针，建立基本农田制的决定》和《关于管好人民生活的几项决定》，开始整顿人民公社。为纠正“左”倾错误迈出重要的一步。但“大跃进”热、浮夸风仍未刹住。（《内蒙古自治区史》P188~190、522）

29日 是日报道，新疆维吾尔自治区2/3的县、市普及小学教育，各种大、中、小学校共4000多所，85%以上的青壮年参加文化班

学习。（《光明日报》1958.12.29.①）

△ 国务院批准，贵州省黔东南苗族侗族自治州撤销丹寨县、雷山县、麻江县、炉山县，设置凯里县；撤销天柱县，并入锦屏县；撤销台江县，并入剑河县；撤销从江县，并入榕江县；撤销施秉县，并入黄平县；撤销岑巩县、三穗县，并入镇远县；黎平县不变。（《黔东南苗族侗族自治州志·总述·大事记》P140）

29日~1959年1月10日 中共中央政治局委员、团中央第一书记胡耀邦在广西壮族自治区桂平矿务局及桂林、梧州等地视察。（《广西通志·大事记》P333）

30日 湖南省湘西土家族苗族自治州人民出版社成立。（《湘西州志》上P63）

31日 世界屋脊上第一座无线广播电台——西藏人民广播电台建立。1959年1月1日，广播站正式启用“西藏人民广播电台”台号，使用藏、汉两种语言，每天广播8小时。西藏人民广播电台从成立起就确定“以藏语为主”的方针，执行“对内对外广播并举”的原则。1964年2月，《对国外藏族同胞广播》节目开始播音。（《西藏日报》1958.12.31.①，《当代中国的西藏》下P444~446）

是月 内蒙古自治区鄂温克族自治旗气象站成立，1959年1月1日开始有正式气象记录。（《鄂温克族自治旗志》P915）

△ 湖北省恩施地区来凤县卯洞桐油获国务院“卯洞桐油，质量第一”奖状。（《恩施州志》P14）

△ 广西壮族自治区人民委员会报国务院备案，撤销宾阳、上林2县，合并设立宾林县；撤销武鸣、隆安2县，合并设立武隆县；撤销崇左、扶绥2县，合并设立左江县；撤销龙津、宁明2县和凭祥市，合并设立睦南县；撤销大新、天等2县，合并设立新英县。（《广西通志·大事记》P333）

△ 由贵州省黔东南苗族侗族自治州文化部门整理的民歌选集《春风吹到清水河》正式出版发行。这是自治州第一本正式出版的民间文学专集。（《黔东南苗族侗族自治州志·总述·大事记》P140）

△ 黔桂铁路都匀至贵阳段建成通车，途经贵州省黔东南苗族侗族自治州麻江县境34.5公里，该州始有铁路运输。（《黔东南苗族侗族自治州志·总述·大事记》P140）

△ 国务院总理周恩来签发授予云南省文山壮族苗族自治州丘北县“农业社会主义建设先进单位”称号。（《文山壮族苗族自治州志》1卷P46）

△ 宁夏回族自治区石嘴山煤矿机械化矿井一号斜井投产，设计年产45万吨煤，于1957年10月27日动工兴建；1959年4月，四号井投产，设计年产50万吨煤；1960年7月，二号斜井投产，设计年产100万吨煤；1961年12月，三号斜井投产，设计年产21万吨。（《当代宁夏史通鉴》P20、267~268）

是年 据有关统计，截至是年底，除西藏外，已成立内蒙古、新疆、广西、宁夏4个自治区29个自治州、53个自治县，并且绝大部分地区基本完成了民主改革和社会主义改造。（《中国现代史》P165）

△ 吉林省延边朝鲜族自治州内大部分中央直属和省属工业企业下放给自治州管理。（《延边朝鲜族自治州志》P68）

△ 内蒙古自治区出版各学科、各门类蒙古文图书311种189.8万册。（《内蒙古自治区史》P249）

△ 内蒙古自治区各旗县以上机关多数配备蒙古语文翻译，人数达600余名。（《内蒙古自治区史》P249）

△ 内蒙古自治区掀起搜集和创作百万民歌活动，举办各种形式的赛诗、赛歌活动，办起1万余个农村俱乐部，7000余个业余剧团、文工团，创办数以千计的人民公社文化馆、文化站、图书馆、书店、文艺创作组等。产生了

许多具有民族特点、地区特点，为广大群众喜闻乐见的戏曲舞蹈等节目。如反映蒙古族生活的“鄂尔多斯”舞、“挤奶员”舞、“盅碗舞”、“安代舞”；反映区内少数民族的“鄂伦春”、“索伦”、“哈库麦”等舞蹈；老艺人毛依罕（蒙古族）、巴杰（蒙古族）创作的“铁牤牛”、“互助合作好”等诗歌说唱作品；京剧“巴林怒火”，晋剧“锡尼喇嘛”、“草原烽火”，评剧“沙漠水库之歌”，话剧“草原曙光”，二人台“卖碗”、“十对花”，歌剧“柳叶青青”、“黎明前”、“敖力格尔玛”，舞剧“蒙汉人民是一家”、音乐“嘎达梅林交响诗”及杂技等，深受观众称赞。（《内蒙古自治区史》P279~280）

△ 内蒙古自治区出现技术革命和文化革命热潮，群众性的技术改革和科学研究，对发展生产力，推动工农牧业生产起了积极作用。据统计，包钢机运公司修理车间工人创造的“割垫刀”，提高工效239倍；包头机械厂工人改进的切管机，提高工效8倍以上。全区改良、改装各种农机具2930种，推广24万余件，节省了农村劳动力，减轻了农民劳动强度，提高了劳动效率。全区科学技术发明创造献礼项目共20110件，另有哲学、社会科学以及研究报告等论著226篇。全区科研机构的设置及科学技术人才培养有很大发展。研究人员增长12倍多，研究所增长32倍多，全区在原有7个研究所的基础上，新建农牧业机械化研究所、历史研究所、邮电研究所、特种经济作物研究所、情报研究所，水利研究组织、商业研究所、粮食研究所、治沙研究组织等研究机构，并筹建无线电电子学、半导体、计算技术、哲学、建筑、气象、经济等研究所。各盟市旗县也设置了一些研究机构。科学技术群众团体相应发展，成立了自然科学专门学会联合会及哲学社会科学联合会，并建立了10多个专门学会，出版了《内蒙古科学技术报》、《科学简报》、《研究报告》等刊物，举办科普演讲333.5万余次，受益群众6623.8万余人次。（《内蒙古自治区史》P287~288）

△ 内蒙古自治区有剧场33座，艺术团体49个，文化馆88个，博物馆1座。（《内蒙古自治区史》P281）

△ 内蒙古自治区出现手工业生产合作社由集体所有制向全民所有制过渡和转厂的高潮，64.6%的手工业生产合作社分别转为地方国营、合作社经营的工厂，转厂后当年的生产总值比1957年增长72%。（《内蒙古自治区史》P128）

△ 内蒙古自治区当时最大的2座大型机械厂——内蒙古第一机械厂、第二机械厂的部分厂房建成，并试制出产品，1960年基本建成投产。同年兴建的还有内蒙古综合电机厂、呼和浩特机床厂、呼和浩特市汽车修理厂等中型机械厂，并于1959年竣工投产。（《内蒙古自治区史》P208）

△ 湖南省湘西土家族苗族自治州苗族妇女杨玉翠、吴妹花、龙南辉和土家族妇女彭玉翠、王先香、向吉美参加全国妇女社会主义积极分子代表大会。杨玉翠应邀到国务院总理周恩来家做客。（《湘西州志》上P63）

△ 广西壮族自治区在大办钢铁、公共食堂等群众运动中，曾一度出现上山砍树的“热潮”，全年砍伐木材折合森林蓄积量3700万立方米，相当于1957年收购木材126万立方米折森林蓄积量210万立方米的17.6倍，造成森林资源的严重破坏和浪费。（《广西通志·大事记》P333）

△ 广西壮族自治区39个市、县遭受严重旱灾，受灾面积432.34万亩，损失粮食5928.79万公斤。其中，桂林、河池、钦州专区的部分县4月至5月上旬严重干旱，不能下种。（《广西通志·大事记》P333）

△ 四川省甘孜藏族自治州完成民主改革。（《人民日报》1959.5.17.⑤）

△ 四川省阿坝藏族自治州产党参、蜂

蜜、大黄、甘松、川木香首次出口。（《阿坝州志》上P43）

△ 云南省文山壮族苗族自治州开展第一次土壤普查。（《文山壮族苗族自治州志》1卷P46）

△ 云南省德宏傣族景颇族自治州始建水泥厂、造纸厂、皮革厂等工业企业。（《德宏州志》综合卷P46）

△ 云南省怒江傈僳族自治州发生森林火灾149起，受害森林面积14.79万亩，烧毁林木1512.5万株。（《怒江傈僳族自治州志》下P268）

△ 云南西双版纳自然保护区建立。全区分成5片，总面积300万亩，主要保护热带森林和栖息在林中的各种野生动物。（《人民日报》1984.11.12.②）

△ 云南省迪庆藏族自治州土地改革结束。当年粮食大丰收，中甸、德钦2县粮食产量创历史新高，增产63%，人均380公斤。全州11万农奴、8600多奴隶在政治、经济上得到翻身，成为新社会的主人。（《迪庆藏族自治州志》P38）

△ 云南省迪庆藏族自治州气象台建成并正式开始地面气象观测。（《迪庆藏族自治州志》P38）

△ 从1952年至目前的6年间，西藏财政收入3.93亿元。其中，中央财政补助收入3.57亿元，占91%；地方财政收入3573万元，占9%。财政支出3.44亿元，其中基本建设支出1.13亿元，占32.8%；行政管理费1.30亿元，占37.6%；文教科技卫生事业费支出5856万元，占17.0%；支援农牧业支出和工交、商事业支出分别占总支出的3.76%和3.53%。（《当代中国的西藏》下P194）

△ 西藏歌舞团正式成立。1959年后，相继成立拉萨、山南、日喀则、昌都、那曲等地市文工队。1964年到1965年间，西藏歌舞团组织10多支演出队深入林芝、泽当、察隅和门巴、珞巴族聚居地区，在演出之余挖掘收集大批民族民间歌舞素材，推动了歌舞艺术的革命化、民族化、大众化。在这批节目中，《洗衣歌》、《逛新城》、《丰收之夜》和才旦卓玛的演唱被称为60年代西藏歌舞舞台上的“四大支柱”，成为久演不衰的保留节目，并通过电台录音播送而流行全国。（《当代中国的西藏》下P381~382）

△ 中共西藏工委下设政策研究室，专门调查和研究西藏社会、经济、政治、历史状况，与中央人民政府派来的专家、学者一起走遍西藏高原大部分地区，进行社会历史调查和科学考察工作。（《当代中国的西藏》下P415）

△ 中共西藏工作委员会组织的西藏社会历史调查组与中科院民族研究所少数民族社会历史调查组合作，在昌都、拉萨、山南、日喀则、那曲等地区进行社会历史调查和科学考察，汇集整理的各种社会历史调查报告和科学考察资料有数百万字之多。从1951年到1965年期间，中央人民政府先后组织3批社会科学和自然科学工作者到西藏进行社会历史调查和自然科学考察，从事多学科综合性的研究。其中，从事藏学、社会科学研究的专家、学者约有70人。（《中国共产党西藏历史大事记（1949~2004）》P51~52，《当代中国的西藏》下P412~413、415）

△ 甘肃省甘南藏族自治州农业机械厂建成投产，玛曲渔场投产，玛曲马场建立，卓尼县叶儿电站建成。（《甘南藏族自治州概况》P193、259）

△ 甘肃省肃南裕固族自治县畜牧业生产获得丰收，获国务院表彰。（《肃南裕固族自治县志》P422）

△ 甘肃省肃南裕固族自治县第一个民族工业企业——皮毛加工厂建成。是年在红湾寺修建全县第一座发电站，装机2千瓦，结束点煤油灯的历史。（《肃南裕固族自治县志》

P422）

△ 黄河水库考古工作队甘肃分队发掘甘肃省临夏回族自治州永靖张家嘴古文化遗址，提出以“辛店文化”张家嘴类型命名。（《临夏回族自治州志》上P53）

△ 青海省海西蒙古族藏族哈萨克族自治州第一个地方广播站成立。（《海西蒙古族藏族自治州志》3卷P179）

△ 青海省海南藏族自治州新建印刷厂、机械厂、工程队等厂矿685个，有职工6455名，工业产值（按1957年不变价格计算）241.8万元。（《海南州志》P33）

△ 青海省海南藏族自治州同德县城至恰卜恰的长途电话线路架通。（《海南州志》P33）

△ 新疆维吾尔自治区克孜勒苏柯尔克孜自治州第一座水电站建成。（《克孜勒苏柯尔克孜自治州志》上P31）

△ 湖北省恩施地区撤销区、乡建制，建立人民公社、管理区、生产队，共划分为77个公社、797个管理区、2958个生产大队。（《恩施州志》P14）

△ 云南省楚雄彝族自治州的楚雄、牟定、南华、双柏合并为楚雄县，姚安、大姚、盐丰、永仁合并为大姚县，禄丰、罗次、广通合并为禄丰县，武定、元谋合并为武定县，富民县划归昆明市。至此，全州共辖楚雄、大姚、禄丰、武定、禄劝5县。（《楚雄彝族自治州志》1卷P165）

△ 青海省海西蒙、藏、哈萨克族自治州有少数民族干部213人，占干部总数的23%，其中蒙古族142人、藏族36人、回族25人、土族7人、撒拉族3人。（《海西蒙古族藏族自治州志》4卷P214）

△ 宁夏回族自治区各专业剧团相继成立。原银川剧团、银光剧团合并为宁夏秦腔剧团，从北京来的原中国京剧四团改建为宁夏京剧团，由中央实验歌剧院、中央歌舞团、铁道兵文工团等部分支宁文艺工作者与原银川专区歌舞团合并组成宁夏文工团，上海华艺越剧团来宁支援组成宁夏越剧团。此外，还有银川杂技团、银川说唱艺术团、银川秦腔剧团等24个剧团。（《当代宁夏史通鉴》P356）

△ 宁夏回族自治区电影公司、宁夏电影机械修配厂成立。（《当代宁夏史通鉴》P358）

△ 从北京、上海、河南、陕西迁至宁夏回族自治区的移民达14万人。（《当代宁夏史通鉴》P21）

△ 首次在宁夏回族自治区灵武马家滩构造上发现油流，为后来长庆油田最早的石油勘探成果。1960年，在李庄子构造（其西部在灵武境内）上钻获第一口工业油井。1966年7月，成立玉门石油管理局银川石油勘探指挥部马家滩试采指挥所。（《当代宁夏史通鉴》P21）

△ 中国开始在新疆维吾尔自治区天山地区进行大规模冰川考察活动。（《新疆通志·科学技术志》72卷上P38）

△ 在苏联专家和西北兽医研究所的指导协助下，中国第一批口蹄疫氢氧化铝甲醛疫苗在新疆维吾尔自治区试产成功。（《新疆通志·科学技术志》72卷上P38）

是年~1959年 宁夏回族自治区中卫固沙林场在沙坡头地段铺设方格沙障，实行草、灌、乔结合，完成固沙防护林的营造，保证包兰铁路的安全行车。宁夏回族自治区与内蒙古自治区鄂托克旗组成跨省区的治沙协作委员会，制定治沙协议书，集中力量大面积营造防风固沙林。（《当代宁夏史通鉴》P244）

1959年

1月

1日 广西壮族自治区自办的第一条铁路——扶绥至崇罗铁路支线通车，全长25.4公

里。（《人民日报》1959.1.18.⑤）

△ 广西壮族自治区第三届群众业余文艺创作评比、展览、汇演及先进俱乐部交流经验大会在南宁开幕。广西6个专区及南宁市、柳州铁路局等8个文艺代表队共1312人参加，全国音乐家协会副主席、著名小提琴演奏家马思聪以及中国舞蹈研究会、华南歌舞团和福建省文化局的代表参加开幕式。（《广西通志·大事记》P333）

△ 云南省文山壮族苗族自治州汽车运输总站成立，有汽车50辆。5月撤销，1961年6月改称自治州汽车运输公司。（《文山壮族苗族自治州志》1卷P46）

△ 邮电部西藏邮电管理局下放地方，改称西藏邮电管理局。1961年前后，分别建立昌都、日喀则、江孜等7个专区邮电局，形成以拉萨为中心的邮电通信网。（《当代中国的西藏》下P223）

△ 宁夏回族自治区人民出版社成立。（《中共宁夏党史大事记（1925.8~1988.6）》P235）

3日 内蒙古自治区鄂温克族自治旗人民委员会副旗长毕力格图（达斡尔族）因所谓"分裂民族团结"、"分散主义"、"对合作化不满"等原因离职反省。2月26日，旗委转发盟委《关于开除毕力格图党籍、降两级（从行政17级降到19级）处分的批示》。1978年，盟委决定撤销这一处分，为毕力格图平反和恢复名誉。（《鄂温克族自治旗志》P915）

3~14日 内蒙古自治区举行第二次蒙古语文工作会议，根据中共中央关于少数民族语文工作的指示精神，讨论研究了蒙古语文工作。（《内蒙古日报》1959.1.20.①）

5日 湖南省湘西土家族苗族自治州吉首至古丈县际公路建成通车，全长56公里。至此，州府吉首至州内县城全部开通汽车。（《湘西州志》上P64，《魅力湘西》P183）

7日 是日报道，4个月来，科学院华南热带生物资源综合考察队完成广西壮族自治区龙津、宁明、上思、邕宁4个县的考察工作，并超额完成睦边、靖西、德保、田东、田阳、百色、平果、武鸣、马山、都安、扶绥、崇左、大新等13个县和自治县的野外考察工作，找到大片橡胶宜林地和主要植物资源275种、动物资源59种，采集各种动植物、矿物、土壤、昆虫、真菌等标本3万多号。考察队根据调查，作出龙津等17个县的自然区规划和龙津、宁明、上思、邕宁、睦边、靖西等6个县的经济区规划。（《光明日报》1959.1.7.②）

△ 黔桂铁路都匀到贵阳段正式通车。至此，全长605公里的黔（贵州贵阳）桂（广西柳州）铁路全线通车。（《广西通志·大事记》P333）

8~14日 共青团中央第一书记胡耀邦在贵州省黔南布依族苗族自治州、黔东南苗族侗族自治州视察。胡耀邦会见了都匀市各界青年及学生代表，就社会主义革命和社会主义建设、共青团的任务等问题发表讲话。（《黔南布依族苗族自治州志》上P54~55，《黔东南苗族侗族自治州志·总述·大事记》P142）

10日 中共宁夏工委、自治区人委决定，正式成立宁夏回族自治区安置来宁建设人员委员会。根据中央在第二个五年计划期间内，由浙江省支援自治区30万青年的决定。浙江省委计划是年动员5万人，分2批赴宁支援建设。（《中共宁夏党史大事记（1925.8~1988.6）》P236）

△ 新疆维吾尔自治区克拉玛依至独山子输油管道开始输油，管道长147公里。（《人民日报》1959.1.16.②）

△ 据报道，一年来，贵州用苗文、布依文出版的书籍达60多万册。（《人民日报》1959.1.10.⑥）

△ 西藏唐古拉山区兴办第一所学校，81名藏族儿童入学。（《西藏日报》1959.1.13.

①）

11日 是日报道，云南省楚雄彝族自治州发现彝族民间文艺的新剧种——彝剧。（《今日新闻》1959.1.11.P3）

12日 广西壮族自治区党委、人委发出《关于大力发展中药生产的指示》，要求充分发动群众，利用广西的自然条件大力开展中药材的种植、采集工作，做到大量生产、充分供应。（《广西通志·大事记》P334）

△ 贵州省黔东南苗族侗族自治州的行政区划调整为凯里县、镇远县、黄平县、锦屏县、剑河县、榕江县，保留黎平县建制。并县后，建立人民公社73个。（《黔东南苗族侗族自治州志·总述·大事记》P142）

14日 新疆维吾尔自治区荒地概查工作基本结束。4年来概查荒地26670多万亩，为利用土地和建立新疆的植棉基地奠定基础。（《今日新闻》1959.1.15.P3）

15日 内蒙古自治区牧区实现人民公社化。截至目前，居住在草原上的81348户牧民，有76459户分别加入152个牧区人民公社，占总牧户的94%；入社牲畜占牲畜总头数80%以上。（《内蒙古日报》1959.1.19.①）

17日 国务院批准青海省人民委员会《关于河南蒙古族自治县、循化撒拉族自治县交由黄南藏族自治州人民委员会代管的决定》。（《黄南州志》上P37）

18日 据报道，内蒙古自治区呼伦贝尔盟医院首次创办4个蒙古包病房，极大方便了草原牧民治病。（《今日新闻》1959.1.20.P4）

19日 据报道，内蒙古自治区试验土法制糖和土法制奶粉成功。全区兴办土糖厂40座，土奶粉厂213座。（《今日新闻》1959.1.19.P3）

△ 根据中共中央关于动员内地青年前往边疆少数民族地区参加社会主义建设的指示，安徽、湖北支援新疆建设的首批青壮年5.5万余人即将到达新疆，自治区党委决定成立自治区劳动调配委员会，领导此项工作。（《中国共产党新疆历史大事记（1949.10~1966.4）》上P181）

20~29日 新疆维吾尔自治区党委第七次统战工作会议在乌鲁木齐举行。会议讨论在伊斯兰教、喇嘛教中进行某些宗教制度改革及改革的方针、内容、政策问题；确定宗教制度改革必须坚持党的宗教信仰自由政策；确定无神论宣传教育只在少数民族党员中进行，暂不在群众中公开进行。（《中国共产党新疆历史大事记（1949.10~1966.4）》上P181~182）

21日 据《宁夏日报》报道，北京地质学院师生105人于1958年国庆节前夕赴宁夏帮助找矿，先后在贺兰、平罗、中卫、海原等17个县市查看500多个矿点，测定煤、石膏、铁、铜等一批矿产的储量；为宁夏培养初级地质人员1000多名，矿点检查员1万多名，同时对10万多人进行科普宣传。（《中共宁夏党史大事记（1925.8~1988.6）》P237）

22日~2月9日 浙江省动员青年支援宁夏社会主义建设参观团119人抵达银川，分4路到安置浙江青年的平罗、贺兰、宁朔、永宁、吴忠、灵武、中宁、中卫等县（市）参观访问。（《中共宁夏党史大事记（1925.8~1988.6）》P237）

23日 湖南省湘西土家族自治州吉首至古丈公路正式通车。（《今日新闻》1959.2.3.P3）

23日~2月3日 宁夏回族自治区伊斯兰教协会成立会议在银川举行，自治区人委主席刘格平作《关于民族宗教政策的报告》。会议通过宁夏伊协简章，选举马振东为伊协主任。（《中共宁夏党史大事记（1925.8~1988.6）》P237，《宁夏日报》1959.2.7.①）

25日 广西壮族自治区集体福利事业积极分子代表大会在南宁召开，参加会议代表856人。会议指出，全区集体生活福利事业取得很大成就，已有公共食堂10.28万个、托儿所14.18万个、幼儿园3.7万个、敬老院1958所、集体生活福利工作者100万人。（《广西通志·大事记》P334）

26日 据报道，内蒙古自治区巴彦淖尔盟三道坎至额济纳旗，锡林郭勒盟锡林浩特至宝昌、多伦县至大北沟，伊克昭盟乌审旗达卜察克镇至巴图湾、达卜察克镇至陕西省榆林县和鄂托克旗乌兰镇至陕北城川等6条公路全部通车。共长1600多公里，其中有400公里左右穿越沙漠地带。（《今日新闻》1959.1.28. P10）

28日~2月2日 宁夏回族自治区科学技术工作者代表会议在银川举行。会议选举产生自治区科协第一届委员会，成立自治区科学技术协会，推选杨辛担任主席。（《中共宁夏党史大事记（1925.8~1988.6）》P238）

31日 中共云南省委批复省公安厅党组《对怒江区以裴阿欠、霜耐冬为首勾结茶树民组织暴动案件的认识和意见报告》。根据文件精神，丽江地委责成地区公安处、地委5人小组、专署检察科组成工作组，于3月至6月在怒江对案情案件材料重新进行分析核实。5月26日，怒江傈僳族自治州公安局作出了“关于裴阿欠、霜耐冬假案”的平反结论。（《怒江傈僳族自治州志》上P26）

是月 至目前，西藏地区共建立医药卫生机构62个，设立病床480张，有各类专业卫生技术人员791人。（《当代中国的西藏》下P461）

2月

7日 黔（贵州贵阳）桂（广西柳州）铁路都匀到贵阳段正式通车，黔桂线全长605公里。2万多各族人民在贵阳火车站举行通车典礼。（《人民日报》1959.2.9.①）

13日 宁夏回族自治区工委批转工委统战部《关于人民公社化后伊斯兰教中若干问题的处理意见》。《意见》提出：1. 本着既便于对宗教界人员的教育改造，又保障人民群众的宗教信仰自由的原则，在公社党委直接领导下，加强对清真寺的领导。2. 除个别年老体弱或必须团结安排的阿訇满拉，由政府给予适当的生活补助外，其他的阿訇满拉要参加劳动，在公共食堂吃饭，但应适当照顾他们的宗教生活。3. 关于合坊并寺问题。目前，合坊并寺是群众的正义要求，但必须加强领导、积极慎重地做好这一工作。4. 在回民封斋问题上，必须依据宗教信仰自由政策，采取不提倡、不干涉、听其自便的原则。（《中共宁夏党史大事记（1925.8~1988.6）》P238）

△ 新疆维吾尔自治区科委召开成立大会，自治区主席赛福鼎·艾则孜（维吾尔族，兼任主任，林勃民、安尼瓦尔·汗巴巴（乌孜别克族）、常明任副主任。（《新疆通志·科学技术志》72卷上P39）

15日 贵州省黔南布依族苗族自治州都匀新电厂建成发电，装机容量6000千瓦，时为贵州省第二大火力发电厂。（《黔南布依族苗族自治州志》上P55）

16日 中共宁夏工委发出《关于社会主义和共产主义教育提纲中，有关民族融合和宗教的消亡部分暂停宣传的通知》，指出：“在民族关系上，首先要实现民族的大团结，大协作，共同发展，共同繁荣。为了不致把群众反对宗教中封建压迫、剥削制度的斗争与宗教的消亡混淆在一起，目前不宜于进行宗教的消亡和民族融合的教育运动。”（《中共宁夏党史大事记（1925.8~1988.6）》P238~239）

18日 内蒙古自治区人委第四次会议讨论通过自治区《一九五九年国民经济计划的报告》，决定成立内蒙古工业生产、交通运输、基本建设等委员会，专职负责各项建设工作。（《内蒙古日报》1959.2.20.①）

△ 中共中央政治局委员、全国政协副主席董必武，国务院副总理贺龙、聂荣臻，中央

军委副主席罗荣桓等中央领导到广西壮族自治区柳州视察工作。（《广西通志·大事记》P335）

25日~3月2日 中共宁夏回族自治区第一届代表大会举行，参会代表289人。自治区工委第一书记汪锋致开幕词，自治区书记处书记李景林作工作报告，自治区书记处书记刘格平作《关于一九五九年经济建设工作的报告》。会议认为，必须继续贯彻执行党的社会主义建设总路线和“两条腿走路”的方针，大力整顿和巩固人民公社，高速度发展生产。在工业生产方面，必须坚持“以钢为纲、全面跃进”的方针；在农业方面要坚持“以粮为纲”，带动农林牧副渔等多种经营全面发展的方针。会议还着重强调，要进一步巩固与加强全区各族人民的团结，加强党的统一战线工作，继续贯彻执行党的保护宗教信仰自由政策。会议通过了《关于工委工作报告和关于一九五九年经济建设工作报告的决议》。会议选举产生中共宁夏回族自治区第一届委员会。（《宁夏日报》1959.3.3.①，《中共宁夏党史大事记（1925.8~1988.6）》P239~240）

27日~3月5日 中共中央在郑州召开政治局扩大会议（第二次郑州会议），继续解决人民公社的所有制，积累同分配的关系和纠正一平、二调、三收款的“共产风”问题。中共中央主席毛泽东对公社所有制等问题作阐述，批评平均主义和过分集中两种倾向。会议起草《关于人民公社管理体制的若干规定（草案）》，印发《郑州会议记录》，规定整顿和建设人民公社的方针：统一领导，队为基础；分级管理，权力下放；三级核算，各计盈亏；分配计划，由社决定；适当积累，合理调剂；物资劳动，等价交换；按劳分配，承认差别。会议在解决人民公社所有制和纠正共产风等问题上起到积极作用。（《内蒙古自治区史》P191）

是月 广西壮族自治区直属机关和各地、市、县级机关首批下放干部1.5万人到工厂、农村当工人、农民。（《广西通志·大事记》P335）

△ 中共云南省委批转省委统战部、省民委党组《关于加强内地苗族、瑶族工作的意见》。《意见》要求各地以生产为中心解决民主革命和社会主义革命中的问题；充分走群众路线，在民族联合公社内部，要十分注意民族团结工作；生产、生活、分配等要主动照顾民族特点，尊重民族风俗习惯；党和政府要在经济上、技术上对他们给予帮助；要认真培养提拔民族干部。（《云南民族团结进步事业光辉历程（1949~2009）》P84）

△ 云南省曲靖专区泸西县划归红河哈尼族彝族自治州管辖，并入弥勒县。1961年恢复泸西县，由红河州管辖。（《红河哈尼族彝族自治州志》1卷P76）

△ 中国登山队贡布（藏族）、扎西（藏族）、米玛（藏族）、拉巴次仁（藏族）和西绕（女，藏族）等人登上西藏境内海拔6177米的念青唐古拉东北峰。（《当代中国的西藏》下P509，《民族团结》1991.6 P34）

△ 新疆维吾尔自治区农林牧科研所分为农业、畜牧兽医、林业3个研究所，分别由自治区农业厅、畜牧厅、林业厅领导。（《新疆通志·科学技术志》72卷上P39）

△ 新疆维吾尔自治区伊犁区党委按照人民公社的组织原则统一调整基层建制。县以下撤销区级派出建制，乡人民委员会改组为人民公社管理委员会，并设立公社党委会，实行政社合一的人民公社建制，下设生产大队和生产队。人民公社建制原则上按区级建制调整合并，人民公社组设后，原社乡、合作社均撤销。（《伊犁哈萨克自治州志》P49）

3月

1日 云南省红河哈尼族彝族自治州河口、屏边2县合并建立河口县。1960年3月，国务院批准改为河口瑶族苗族自治县。1962年4月，恢复河口、屏边2县县制。1963年7月，改建为屏边苗族自治县、河口瑶族自治县。　（《红河哈尼族彝族自治州志》1卷P76）

2日　内蒙古自治区哲里木盟、昭乌达盟和乌兰察布盟等地新建的71座日处理5吨甜菜的土法制糖厂先后投产。　（《今日新闻》1959.3.3.P3）

10日　西藏地方政府集团发动全面叛乱。15日，中央驻西藏代理代表谭冠三第三次致信达赖，西藏部分上层反动分子进行的叛国活动，已发展到不能容忍的地步。中央过去一向宽大为怀，现在中央仍然希望西藏地方政府改变错误态度。否则中央只有自己出面来维持祖国的团结和统一。17日，达赖及其3名噶伦索康·旺清格来、柳霞·土登塔巴、夏苏·居美多吉（先咯）等600余人逃离拉萨。26日，达赖一行逃至西藏山南隆子宗，宣布成立“西藏临时政府”，隆子宗为“临时首都”，并由首席噶伦索康·旺清格来以“临时政府”的名义发布命令，声称西藏在多年以前就是“政教合一的独立国”，3月10日已宣布“西藏独立”。30日，《人民日报》发表达赖和谭冠三将军的6封来往信件。31日，尼赫鲁在人民院称“给予达赖喇嘛政治避难”，并给“尊敬待遇”。4月18日，达赖被劫持到印度提斯浦尔，发表所谓《达赖喇嘛的声明》。20日，新华社评论《声明》指出，经由印度官员散发的所谓《达赖喇嘛的声明》，是一个理屈词穷、谎话连篇、漏洞百出的拙劣文件，从声明的内容形式、使用的文体及某些观念、词句来看，人们有理由怀疑不是达赖喇嘛本人的声明，而是别人强加于达赖喇嘛的。22日，印度《思潮》周刊透露，所谓《达赖喇嘛的声明》是梅农和尼赫鲁起草的。24日，印度总理尼赫鲁在穆索里会见达赖。5月6日，《人民日报》发表编辑部文章《西藏的革命和尼赫鲁的哲学》，着重就尼赫鲁于4月27日的讲话揭露印度政府干涉我国内政，支持西藏反动上层分裂我国的行径，并进一步阐明我国既定的外交政策。6月20日，达赖在穆索里举行首次记者招待会，公开发表背叛祖国的声明。　（《人民日报》1959.3.30.①，4.3.①④，4.22.⑤，4.24.①，4.27.③，5.6.①；《光明日报》1959.4.30.⑤；《今日新闻》1959.4.21.P5，4.26.P15；《中共西藏党史大事记（1949~1966）》P83~84、86~90、93、101；《中国共产党西藏历史大事记（1949~2004）》P139；《当代中国的西藏》上P255）

11~20日　新疆维吾尔自治区党委6级干部会议在乌鲁木齐举行。会议通过《新疆维吾尔自治区关于人民公社管理体制和若干政策问题的规定》。会议决定，自治区人民公社的管理体制以相当于原高级农业社的人民公社生产队作为人民公社的基本核算单位和分配单位；公社收益分配按原高级社为单位进行；建社时，农、牧民的牲畜入社一律实行折价付款的办法。公私合营牧场不急于改为国营牧场，不并入人民公社。　（《中国共产党新疆历史大事记（1949.10~1966.4）》上P185）

11~21日　宁夏回族自治区党委在银川举行全区6级干部会议，传达中央郑州会议精神和毛主席关于人民公社问题的指示。会议认为，全区在人民公社所有制问题上，存在着“越大、越公越好”、“一切归公”的错误做法，并列举“一平、二调、三收款”的平均主义在全区的几种表现：富队替穷队交公粮，富队替穷队代交公款和税款，各队原有牲畜统一调配使用，富队无偿给穷队调剂口粮，各队资金统一平均使用，各队间无偿支援劳力等。会议要求，全区各级党委要认真贯彻执行中央会议精神，并抽调骨干干部到人民公社担任领导工作，切实办好人民公社。　（《中共宁夏党史大事记（1925.8~1988.6）》P240~241）

13日　科学院民族研究所在北京召开少

数民族社会历史调查组汇报会议，讨论编写民族自治地方概况和少数民族简史、简志等问题。（《光明日报》1959.3.13.③）

16~23日 内蒙古自治区党委召开6级干部会议，检查纠正人民公社化中“左”的错误。（《内蒙古自治区史》P523）

17日 云南省少数民族语文指导工作委员会和科学院少数民族语文调查第三工作队完成哈尼、傣、佤、纳西、拉祜、傈僳、景颇等7个民族的《语言志》初稿编辑工作。（《今日新闻》1959.3.18.P3）

20日 内蒙古自治区哲里木盟通辽敖伦敖尔水库开闸放水。蓄水面积39平方公里、蓄水量1.7亿公方。（《今日新闻》1959.3.27.P3）

22日 印度政府趁西藏地方政府发动全面武装叛乱之际，公然将中国总面积12.5万平方公里的领土单方面划入印度版图，包括中印边境东段非法的麦克马洪线以南9万平方公里、中段2000平方公里及西段包括阿克塞钦在内的3.3万平方公里的中国领土。（《中国共产党西藏历史大事记（1949~2004）》P137~138）

△ 中央发出《关于在西藏平息叛乱中实行民主改革的若干政策问题的指示》（草案），指出，西藏地方政府已经撕毁《十七条协议》，背叛祖国，发动西藏的全面叛乱。中央原定6年不改的政策，自然不能再继续执行下去。中央认为在这次平息叛乱的战争中，必须同时坚决地放手发动群众，实行民主改革。我们现在公开的口号只提平息叛乱，不提实行民主改革。民主改革在平息叛乱的口号下充分进行。中央指出，我们的方针是“边打边改，叛乱地区先改，未叛乱的地区暂时缓改”。对于贵族的封建占有制要一律废除，但要加以区别对待，凡参加叛乱的一律没收，分给农民；对于没有参加叛乱的，可采取赎买的办法。中央指出，要教育全军坚持党的民族政策，坚持保护宗教信仰自由政策，遵守在平息叛乱与民主改革中的各项政策，必须分清叛乱分子与人民的界限，对于人民群众，必须坚决保护，对于俘虏和其他放下武器的敌人，一律不加报复、杀害。必须注意从积极参加斗争的藏族劳动人民中，培养和提拔大量的藏族干部。（《中共西藏党史大事记（1949~1966）》P92~93）

25日~4月1日 中共中央在上海召开政治局扩大会议，作出《关于人民公社的18个问题》的会议纪要，规定整顿人民公社的一些重要政策和具体措施：人民公社三级所有，队为基础的制度，要稳定一个相当长的时期；对公社化和大炼钢铁中平调生产队的物资、劳力等项旧账要算，要退赔；公社劳动力用于农业生产的一般不应少于80%。（《内蒙古自治区史》P192）

27日 广西壮族自治区划定融安、龙胜、睦边等19县为油茶基地，并新植油茶林575万亩。（《人民日报》1959.3.27.③）

28日 国务院发布命令：责成西藏军区彻底平息叛乱，并自即日起解散西藏地方政府，决定由西藏自治区筹委会行使西藏地方政府职权。在达赖喇嘛·丹增嘉措被叛匪劫持期间，由班禅额尔德尼·确吉坚赞代理主任委员，任命自治区筹委常委帕巴拉·格列朗杰（藏族）为副主任委员，筹委常委阿沛·阿旺晋美（藏族）为副主任委员兼秘书长。撤销叛国分子索康·旺清格勒（藏族）、柳霞·土登塔巴（藏族）、先喀·居美多杰（即夏苏·居美多杰，藏族）、宇妥·扎西顿珠（藏族）、赤江·罗桑益西（藏族）、噶章·洛桑日增（藏族）、达拉·洛桑三旦（即达桑·洛桑三旦，藏族）、凯墨·索南旺堆（藏族）、绒朗色·土登诺桑（藏族）、帕拉·土登为登（藏族）、欧协·土登桑却（藏族）、朗色林·班觉久美（藏族）、敏吉林·嘉祥坚赞（藏族）、呷日本·才旺多吉（藏族）、庞球·威萨坚赞（功德林札萨，藏族）、贡噶喇嘛（藏族）、楚普噶玛巴·日贝多吉（藏族）等18

人的自治区筹委委员和一切职务，并按国家法律分别给予惩处。任命邓少东、詹化雨、惠毅然、梁选贤、崔科·登珠泽仁（藏族）、詹东·洛桑朗杰（藏族）、噶登赤巴·土登滚珠（藏族）、坚白慈里（藏族）、阿沛·才旦卓嘎（藏族）、多吉才旦（即多杰才旦，藏族）、协饶登珠（即杨东生，藏族）、坚赞平措（藏族）、洛桑慈诚（藏族）、群觉（藏族）、平措旺秋（藏族）、王沛生等16人为自治区筹委委员。（《国务院公报》1959［6号］P96）

31日 贵州册亨至广西三江的册三公路通车，全长740公里。（《人民日报》1959.3.31.③）

4月

1日 地质部广西石油普查大队在百色盆地田东县林蓬钻探的3口油井发现油层和天然气，其中1号井连续喷出原油。（《广西通志·大事记》P336）

2日 柴达木盆地油泉子一座炼油厂建成，年处理10万吨原油。（《今日新闻》1959.4.3.P1）

4日 西藏工委请示中央，是年实行“谁种谁收”政策。请示报告说，西藏农民种的是政府、寺庙和贵族的土地，现因为西藏政府垮了，许多寺庙、贵族参加了叛乱，叛乱分子有的逃跑，有的被俘，农民对种地的问题很关心。目前正值春耕季节，许多农民还没有进行春耕和播种，如不及时解决这一问题，对是年的生产和农民的生活将带来很大的困难。因此，拟用军管会的名义宣布，原来耕种西藏政府和叛乱寺庙、贵族土地的农民，是年实行“谁种谁收”政策，收益归耕种者所有，并免除当年公粮。对土地所有权暂不确定。5日，中央复电自治区工委，同意实行“谁种谁收”政策。至于耕种未参加叛乱的人的土地，在未实行土改以前，是否先宣布实行减租，请你们研究并将意见报中央后再定。免缴公粮问题，现在不要提出，因专署、县是年大概还必须收缴公粮，提出反使自己被动。14日，西藏工委指示各分工委以军管会名义发布《关于春耕生产的布告》。《布告》公布，对叛乱农奴主以及代理人的土地，是年实行“谁种谁收”政策，并帮助贫苦农民解决种子困难。（《中共西藏党史大事记（1949~1966）》P95~96）

6日 班禅额尔德尼·确吉坚赞到拉萨市大昭寺、小昭寺进行朝佛和诵经活动，并告诫僧众遵守中央各项政策法令。（《人民日报》1959.4.9.①）

7日 中共中央主席毛泽东致信中共中央统战部副部长、国家民委副主任汪锋：“我想研究一下藏族现在的情况。一、金沙（江）以西，构成西藏本部昌都、前藏、后藏（包括阿里），人口据说有120万人，是不是？二、面积有多少平方公里？三、农奴制度的内容，农奴与农奴主（贵族）的关系，产品双方各得多少？有人说二八开，有人说形式上全部归贵族，实际上农奴则瞒产私分度日，对不对？四、共有多少喇嘛，有人说8万，对否？五、贵族对农奴的政治关系，贵族是否有杀人权？是否私立审判，使用私刑？六、喇嘛庙对所属农奴的剥削压迫情形。七、喇嘛庙内部的剥削压迫情形，有人说对反抗的喇嘛剥皮、抽筋，有无其事？八、西藏地方各级政府及藏军每年的广大经费从何而来？从农奴，还是从贵族来的？九、叛乱者占总人口的百分比，有无5%？或者还要多些，或者少些，只有1%、2%、3%，何者为是？十、整个剥削阶级中，左、中、右分子的百分比各有多少？左派有无1/3，或者还要少些？中间派有多少？十一、云南、四川、甘肃、青海4省各有藏人多少，共有藏人多少？有人说，4省共有200多万至300万，对否？十二、这4个省藏人住地共有面积多少平方公里？十三、青海、甘肃、四川喇嘛庙诉苦运动所表现的情况如何？有人说搜出人皮不少，是否属实？以上各项问题，请在一星期至两星期内大略调查一次，以其结果写成内部新闻告我，并登新华社的《内部参考》。如北京材料少，请分电西藏工委，青海、甘肃、四川、云南4个省委加以搜集。可以动员新华社驻当地的记者帮助搜集，并给新华总社以长期调查研究藏族情况的任务。”（《毛泽东书信选集》P555~556）

8日 四川省甘孜藏族自治州委作出《关于石渠、色达等牧区民主改革和社会主义改造的计划》。报经省委批准后，在石渠、色达和邓柯雄坝、甘孜大塘坝、炉霍热哈和道孚玉科等牧区开展平息叛乱和民主改革，并于年底完成这些地区的平叛、民改任务。至此，全州民主改革任务全部完成。（《甘孜州志》上P57）

△ 西藏自治区筹委召开行使西藏地方政府职权的首次全体委员会议。会议听取和讨论班禅额尔德尼·确吉坚赞、西藏自治区筹备委员会第二副主任委员张国华、西藏自治区筹备委员会副主任帕巴拉·格列朗杰、西藏自治区筹委会筹备处处长阿沛·阿旺晋美分别作的报告，通过了《西藏自治区筹委会关于贯彻执行国务院三月二十八日命令的决议》、《关于健全和加强西藏自治区筹备委员会各部门组织机构的决议》、《关于增补谭冠三等九人为西藏自治区筹备委员会常务委员会委员的决议》、《关于撤销赤江·罗桑益西的全国人民代表大会代表资格和推选帕巴拉·格列朗杰为全国人民代表大会代表的决议》和《关于撤销土登泽仁（多娃堪苏）西藏自治区筹备委员会委员和增补丁甲·多吉坚赞、泽仁旺堆为本委委员的决议》。会议号召全体僧俗人民全力支援解放军彻底平息叛乱，紧密团结起来，建设新西藏。（《今日新闻》1959.4.9.P9，《中共西藏党史大事记（1949~1966）》P96）

10日 新疆维吾尔自治区党委下发《关于伊斯兰教、喇嘛教制度改革的指示》。《指示》指出，改革宗教制度的方针是结合各项工作，采取慎重态度，发动和依靠群众进行；要在党员、干部和知识分子中进行无神论教育，在人民群众中全面宣传党的宗教信仰自由政策，团结、教育宗教界人士，废除宗教特权和剥削，打击披着宗教外衣进行反革命活动的分子。（《中国共产党新疆历史大事记（1949.10~1966.4）》上P186~187）

10~29日 中国广西地方贸易代表团同越南高平、谅山地方贸易代表团在越南谅山举行1959年地方贸易谈判。1959年，广西由越南进口44个品种122.48万元，出口76个品种243.25万元。（《广西通志·大事记》P336）

12~18日 新疆维吾尔自治区摔跤运动员赛力克（哈萨克族）在全国自由式、古典式摔跤锦标赛中获得自由式摔跤重量级冠军，这是新疆历史上第一个全国冠军。（《新疆通志·体育志》83卷P29、533）

13日 国家统计局发布关于发展国民经济的第一个五年计划（1953~1957年）执行结果的公报，宣布第一个五年计划胜利完成。（《新华社新闻稿》1959.4.14，《中华人民共和国大事记（1949~1980）》P248）

△ 全国人大常委会第一〇八次会议批准《湖南省通道侗族自治县人民代表大会和人民委员会组织条例》、《湖南省新晃侗族自治县人民代表大会和人民委员会组织条例》、《湖南省城步苗族自治县人民代表大会和人民委员会组织条例》，并经中共中央主席毛泽东命令公布施行。（《湖南日报》1987.11.26.②③）

15日 中共中央主席毛泽东召集第16次扩大的最高国务会议，就国际国内形势和西藏问题作重要讲话。他说："旧制度不好，对西藏人民不利，一不人兴，二不财旺。你们120万人里头，有8万是喇嘛，这8万喇嘛是不生产的，一不生产物质，二不生产人。至于贵族，对那些站在进步方面主张改革的革命贵族，以及还不那么革命、站在中间动动摇摇但不站在反革命方面的中间派，我们采取什么态度呢？我个人的意见是：对于他们的土地、他们的庄园，是不是可以用我们对待民族资产阶级的办法，即实行赎买政策，使他们不吃亏，比如我们中央人民政府把他们的生活包下来，你横直剥削农奴也是得到那么一点，中央政府也给你们那么一点，你为什么一定要剥削农奴才舒服呢？贵族坐在农奴制的火山上是很不稳固的，每天都觉得要地震，何不舍掉算了，不要那个农奴制了，不要那个庄园制度了，那一点土地也不要了，送给农民。但是吃什么呢？我看，对革命的贵族，革命的庄园主，还有中间派的贵族，中间派的庄园主，只要他们不站在反革命的那方面，就用赎买政策。”（《人民日报》1959.4.16.①，《中国共产党西藏历史大事记（1949~2004）》P142~143）

18日 内蒙古自治区党委召开常委扩大会议，发出《关于整顿巩固人民公社工作中的几个问题的指示》，要求迅速确定基本核算和分配单位；迅速确定生产小队部分所有权和管理权限，落实生产计划，健全责任制，开展生产竞赛；立即清算1958年一平、二调、三收款的问题。7月28日，自治区党委发出《关于人民公社清理旧账问题的若干规定》。对大跃进中占用的农村土地、劳力、畜力等物资的清理退赔问题规定具体政策条款。从1958年11月到1959年9月，自治区党委贯彻执行中共中央关于纠正社会主义建设中出现的“左”倾错误的方针，在全区农村、牧区进行一系列整顿和巩固人民公社的工作，基本上纠正了公社化中出现的“共产风”，逐步调整生产指标，在一定程度上控制了高指标、浮夸风。但由于全国对总路线、“大跃进”、人民公社仍持肯定态度，因此未能从根本上纠正社会主义建设指导方针上的“左”倾错误。（《内蒙古自治区史》P192~194）

△ 据统计，贵州省黔南布依族苗族自治州由外地支援主要设备建成的规模较大的厂矿有16个，由汉族地区支援都匀各工厂的工程师、技术员有18名；由外地为黔南麻纺厂、纯碱厂、水泥厂等5个工厂培训的职工有642名。（《今日新闻》1959.4.18.P3）

△ 云南省迪庆藏族自治州成立5个人民公社、38个高级合作社和2个初级社，入社农户占总农户的97%以上。（《人民日报》1959.4.18.②）

△ 据统计，云南省西双版纳傣族自治州各机关民族干部有1200多名，占机关干部总数的48.2%。（《今日新闻》1959.4.20.P3）

18~29日 全国人大二届一次会议举行，听取并通过国务院总理周恩来的《政府工作报告》。会议选举刘少奇为国家主席，朱德为全国人大常委会委员长，达赖喇嘛·丹增嘉措（藏族）、赛福鼎·艾则孜（维吾尔族）、班禅额尔德尼·确吉坚赞（藏族）为副委员长，卢汉（彝族）、刘格平（回族）、谢扶民（壮族）等为常委委员；通过了《关于西藏问题的决议》。《决议》完全同意国务院对西藏反动集团举行叛乱后所采取的各项措施，并指出可逐步建立西藏自治区，实现西藏民主改革。大会通过国务院及各部委负责人名单，决定乌兰夫（蒙古族）为副总理兼国家民委主任；通过全国人大民委主任委员和委员名单，刘格平（回族）为主任委员。（《新华社新闻稿》1959.4.19，4.22，4.28，4.29）

19日 中共中央主席毛泽东向意大利共产党代表团谈西藏问题时指出，世界上的资产阶级对我们平叛总是大叫大骂的，因为他们认为西藏实际上是他们的地方，不是我们的。他们的第一个论据说西藏人不是中国人，西藏人是西藏人，不是汉人。其实，我们国家里不是汉人的多得很，内蒙古是蒙古族人，维吾尔族是突厥族系的人，还有其他少数民族，都不是汉人。在中国6.7亿人中，少数民族有3600万人。不仅120万西藏人不是汉人，其他3400多万人也不是汉人。叛乱分子说西藏要求独立，而所谓“独立”，就是要把西藏给外国。马克思说过民族自决，但是叛乱分子的“民族自决”就是站到外国那边去。（《中国共产党西藏历史大事记（1949~2004）》P144）

19~20日 出席全国人大二届一次会议和全国政协会议的四川、青海、甘肃、云南等地的藏族代表和委员，就所谓《达赖喇嘛的声明》举行座谈会。座谈会庄重宣称：全体藏族人民同全国各族人民一起坚决反对所谓的《声明》，并要求彻底平息西藏叛乱，逐步实行民主改革。（《人民日报》1959.4.23.④）

20日 云南省昆明石咀至楚雄彝族自治州平浪米轨铁路线竣工并移交使用。（《楚雄彝族自治州志》1卷 P196~197）

△ 国务院发布布告，撤消西藏昌都地区人民解放委员会。布告指出，昌都地区基本上形成全区性叛乱，昌都地区人民解放委员会、各宗人民解放委员会的委员大都参加了叛乱。该两级解放委员会已失去职能，无法维持社会秩序及贯彻执行国家的命令。因此，决定撤销昌都地区人民解放委员会及所属的各宗人民解放委员会。昌都地区人民解放委员会的撤销，标志西藏地方两个性质不同政权并存局面的结束，为统一的西藏人民民主政权的建立创造了条件。（《中共西藏党史大事记（1949~1966）》P97~98，《当代中国的西藏》上P343）

25日 国务院总理周恩来在印度总统府举行的记者招待会上答记者问时说，西藏是中国的一部分，这是印度政府所承认了的。绝大多数西藏人民现在已经从农奴制度下得到解放，他们分得了土地，进行了民主改革。西藏经济将不断发展，人口也将会增加，它将永远成为中国各民族大家庭中的一员。任何外国干涉中国内政的行为，都是注定要失败的，这种行为本身就违背了中印两国所共同倡议的五项原则。达赖主要是他的追随者为了维护在西藏的农奴制度而进行叛变的，但失败了。他们逃到印度，得到了政治避难，这是国际上通常的惯例。但是，他们在印度的活动超过了这个范围。中国人民对达赖是留有余地的，不仅给他保留着西藏自治区筹备委员会主任委员的职位，并且保留着他的全国人民代表大会常务委员会副委员长的职位，但达赖周围的人却使达赖越走越远，拖他背叛祖国，阻挠他回到祖国的怀抱。（《中国共产党西藏历史大事记（1949~2004）》P170）

26日 国家民委邀请出席全国人大二届一次会议、政协三届一次会议的少数民族代表和委员，在颐和园游园联欢。国务院副总理兼国家民委主任乌兰夫和全国人大常委会副委员长班禅额尔德尼·确吉坚赞参加联欢活动。（《人民日报》1959.4.7.①）

29日 全国人大民委一次会议举行，中央驻西藏代表、西藏工委书记张经武应邀作关于西藏工作问题的讲话。与会30多个民族的委员纷纷发言，愤怒谴责印度扩张主义者，决心加强团结，捍卫祖国的统一。会议通过包尔汉（维吾尔族）、奎璧（蒙古族）、张冲（彝族）、谢扶民（壮族）、桑吉悦希（藏族）为全国人大民委副主任委员。（《人民日报》1959.5.1.④）

△ 中共中央主席毛泽东批示《光明日报》发表报社资料室编写的《落后、黑暗、反动、残酷的西藏社会制度》。文章从领主对农奴的剥削形式、领主对农奴的高利贷剥削和掠夺人民的悲惨境况3方面反映了西藏旧的社会制度。（《中国共产党西藏历史大事记（1949~2004）》P147）

△ 广西壮族自治区第一个高水头电站——大容山水电站工程基本完成，主库大坝高42米。（《广西通志·大事记》P336）

30日 国务院批复青海省人委，同意改“亹源回族自治县”为“门源回族自治县”。（《国务院公报》1959［10号］P218）

是月 广西壮族自治区部分地区出现春荒，粮食供给紧张，全区农村48%的公共食堂

缺粮，不少公共食堂因缺粮处于半停火状态，一些地方群众出现浮肿、逃荒、非正常死亡现象。（《广西通志·大事记》P336）

△ 贵州省黔东南苗族侗族自治州第一个外贸机构——州进出口公司成立。（《黔东南苗族侗族自治州志·总述·大事记》P144）

△ 西藏开始民主改革，农奴和奴隶摆脱人身依附，当家做新社会的主人，提出学习文化的要求。自治区筹委会在一批城镇和重点宗（县），重新开办1957年停办的公办小学，同时大力扶植群众自己开办民办学校。（《当代中国的西藏》下P305）

△ 青海省果洛藏族自治州玛多县划归海南藏族自治州管辖。（《海南州志》P33）

△ 新疆维吾尔自治区畜牧兽医研究所首创鼠兔交替传代，培育成功口蹄疫A型Ⅲ系弱化鼠毒苗。该成果1963年通过农业部兽医生物药品监察所鉴定，1978年获全国科技大会奖。（《新疆通志·科学技术志》72卷上P39）

5月

1日 广西壮族自治区柳州机械厂试制成功广西第一台90匹马力4160型柴油机。（《广西通志·大事记》P336）

2日 西藏工委拟定《关于当前在平叛工作中几个政策问题的决定》。《决定》就接管旧政权、重划行政区划、对旧官员的处理、对叛乱分子的对待、收缴枪支、建立地方武装、牧区工作、农村工作、对于寺庙、交通运输、财政工作、涉外事宜等13个方面的问题，制定出具体政策和执行办法。对叛乱分子的处理原则是根据镇压与宽大相结合和首恶必办、胁从不问、立功受奖的方针，采取坚决镇压、分化瓦解、区别对待的政策。我们当前的基本任务是，平息叛乱建立政权，不实行民主改革，牧主牲畜仍归牧主所有，实行牧主牧工两利政策，大力发动群众，保护牲畜。关于寺庙问题指出，原西藏地方政府所辖区和昌都地区的多数寺庙或明或暗的都参加了叛乱，寺庙中的多数上层统治分子均参加了叛乱。我们的总任务是坚持宗教信仰自由政策，保护爱国守法的寺庙和宗教界人士，彻底肃清寺庙的叛乱，彻底摧毁寺庙的封建特权。当前的中心任务是有重点地掀起一个“三反”（反叛乱、反乌拉、反奴役）和“双减”（减租减息）的群众运动，搬石头，揭盖子，坚决地彻底地肃清叛乱分子，打掉反动上层的威风，树立贫苦农奴的优势，切实搞好生产，为土地改革打好基础。工委将这一决定上报中央，待批准后执行。（《中共西藏党史大事记（1949~1966）》P98~99）

4日 班禅额尔德尼·确吉坚赞大师应佛协邀请，在北京广济寺举行传经仪式。（《人民日报》1959.5.5.②）

△ 浙江省赴宁夏参加建设的首批2000多名青年分别到达吴忠、金积。（《中共宁夏党史大事记（1925.8~1988.6）》P242）

△ 国家民委设宴招待宁夏、云南、贵州等地20多个民族200多人的5个少数民族“五一”节参观团，国家民委副主任萨空了、杨静仁和谢鹤筹等出席。（《人民日报》1959.5.5.②）

7日 中共中央主席毛泽东，国家主席刘少奇，国务院总理周恩来，中共中央总书记邓小平，全国人大常委会副委员长彭真、班禅额尔德尼·确吉坚赞，国务院副总理陈毅、贺龙、乌兰夫等党和国家领导人接见云南、贵州、宁夏各少数民族参观团和青年参观团。（《人民日报》1959.5.8.①）

△ 宁夏回族自治区党委批转自治区冶金局党组《关于停止固原地区土法炼铜的意见》。（《中共宁夏党史大事记（1925.8~1988.6）》P243）

△ 中共中央主席毛泽东接见第一批返藏参加民主改革和建设工作的中央民族学院等院校应届藏族毕业生。（《人民日报》

1959.5.16.①)

8日 班禅额尔德尼·确吉坚赞大师应佛协邀请，在北京雍和宫主持传经法会。（《人民日报》1959.5.9.⑥）

10日 广西壮族自治区报国务院备案，撤销武隆县，恢复武鸣、隆安2县；撤销宾林县，恢复宾阳、上林2县；撤销左江县，恢复崇左、扶绥2县；撤销睦南县，恢复宁明、龙津2县；撤销新英县，恢复大新、天等2县。（《广西通志·大事记》P336）

△ 中央新闻纪录电影制片厂摄制完成纪录片《平息西藏叛乱》。（《人民日报》1959.5.10.②）

12日 全国妇联主席蔡畅和副主席邓颖超、康克清等会见全国人大常委会副委员长班禅额尔德尼·确吉坚赞的母亲、日喀则爱国妇女联谊会委员甲雍·索南卓玛和西藏爱国妇女联谊会筹委副主任阿沛·才旦卓噶，蔡畅向西藏爱国妇女联谊会筹委赠礼。（《人民日报》1959.5.13.①）

13~19日 新疆维吾尔自治区第二次文学艺术工作者代表大会在乌鲁木齐举行。会议总结自治区10年来文艺工作的经验，确定文艺工作者今后的任务，改选中国作协新疆分会和自治区文联的领导机构；成立中国戏剧家、音乐家、美术家协会新疆分会和中国舞蹈家协会新疆分会。28日，自治区党委批准成立自治区文联党组。（《中国共产党新疆历史大事记（1949.10~1966.4）》上P187）

15日 是日报道，云南省西双版纳傣族自治州大部分地区基本消灭了疟疾。（《人民日报》1959.5.15.⑥）

△ 据《广西日报》报道，1959年以来，已有90万壮族人民参加壮文学习。（《广西通志·大事记》P336）

△ 国家民委设宴欢送第一批返藏参加民主改革和建设的中央民族学院等院校200多名应届藏族毕业生。（《人民日报》1959.5.16.①）

△ 宁夏回族自治区第一所工业专科学校——吴忠机械工业学校开学。回、汉等族学生2400多名入学。（《今日新闻》1959.5.20.P3）

17日 据初步统计，近1个多月来，中共西藏工委和解放军西藏军区派出几十个农贷工作队，给西藏各地贫苦农民发放350多万斤无息种子和粮食，以解决西藏农村由于农奴主压榨而普遍缺种缺粮的困难。（《人民日报》1959.5.18.①）

18日 广西壮族自治区少数民族干部有4.71万名，其中党员1.32万名、团员8254名，县级以上干部增至1164名。据7月1日《广西日报》报道，全区有党员25.7万人，比解放初期增长44倍多。其中，少数民族党员9.7万人，占全区党员总数的37.7%；壮族党员占全区壮族人口的1.21%。（《人民日报》1959.5.19.⑥，《广西通志·大事记》P337）

19日 内蒙古自治区大兴安岭南麓建成一座现代化的蚕业试验站。（《今日新闻》1959.5.20.P3）

20日 四川省甘孜藏族自治州泸定皮革厂建成投产。（《甘孜州志》上P57）

△ 新疆维吾尔自治区党委下发《关于分配给私人自留地问题的通知》。《通知》规定，南疆地区社员私人自留地标准可以相当于当地人均占有土地的5%，北疆地区可以相当于当地人均占有土地的3%；宣布原高级合作社时分给社员的自留地归还原主经营，收入归社员所有，家畜家禽永远归个人所有。（《中国共产党新疆历史大事记（1949.10~1966.4）》上P188）

△ 中央民族学院等院校150多名应届藏族毕业生离京返藏；陕西咸阳西藏公学1100多名藏族毕业生分批回藏参加建设。（《人民日报》1959.5.21.①）

20~31日 宁夏回族自治区首届戏曲、音乐、舞蹈观摩汇演大会举行。14个专业剧团和部分群众文艺团体共1400多人参加，演出秦腔、京剧、越剧、话剧等8个剧种和杂技、曲艺、音乐、歌舞等97个节目。（《中共宁夏党史大事记（1925.8~1988.6）》P243）

22日 包头钢铁公司第一座大型现代化焦炉（年产量50万吨）——四号焦炉投产。（《人民日报》1959.5.25.①）

△ 广西柳州钢铁厂1号高炉正式安装，高炉高43.2米，有效容量255立方米，设计能力日产铁300多吨，年产铁13万吨，是广西第一座大高炉。（《广西通志·大事记》P336）

△ 宁夏回族自治区党委批转自治区农业厅、公安厅党组《关于全区国营农场场长会议的报告》。4月14日至21日，农业厅、公安厅联合召开全区国营农牧场、劳改农场场长会议，系统总结自治区9年来国营农牧场的工作，并安排今后的工作。至1958年，全区建立国营农牧场38个，开垦荒地46.17万亩（种植面积35.33万亩，营造林带1416亩），牲畜5.09万头，生产粮食1.01亿斤，油料33.89万斤，肉类165.1万斤；羊毛35.4万斤，生铁2961吨，煤12.5万吨。（《中共宁夏党史大事记（1925.8~1988.6）》P244）

25日 全国人大常委会副委员长班禅额尔德尼·确吉坚赞由中共中央统战部副部长、国家民委副主任汪锋陪同，离开北京返回西藏。临行前，班禅应邀访问国防部和解放军总参谋部，听取王尚荣中将关于解放军平定西藏叛乱情况的介绍。全国人大常委会委员长朱德于5月19日设宴欢送班禅和西藏自治区筹备委员会副主任阿沛·阿旺晋美等。5月24日，班禅向中共中央主席毛泽东、国家主席刘少奇、朱德委员长、中共中央总书记邓小平、中央统战部部长李维汉等党和国家领导人辞行，毛主席等领导同他进行亲切交谈。6月15日，班禅回到拉萨。（《人民日报》1959.5.4.①，5.20.①，5.25.①，5.26.①，6.17.①，6.18.①，6.20.①）

△ 中共云南省委常委会讨论研究边疆民族工作问题，同意省委边委提出的把边疆地区划分为三线（三类）地区实行分类指导。（《云南民族团结进步事业光辉历程（1949~2009）》P84）

26日 北京至呼和浩特和北京经赤峰至通辽航空线正式通航。（《今日新闻》1959.5.27.P2）

27日 新疆维吾尔自治区党委批准《关于新疆师范学院和新疆语文学院合并为新疆师范学院的决定》。（《中国共产党新疆历史大事记》(1949.10~1966.4) 上P188）

△ 新疆维吾尔自治区党委下发《关于整顿现有高等学校的决定》，确定新疆学院、八一农学院、新疆医学院、新疆师范学院为自治区重点高等学校。1958年由中专升级的矿冶学院、石油学院、铁道学院和财经学院，应创造条件逐步过渡到符合国家要求的学院。化工大学改为中等专业学校。石河子八一农学院改为农业专科学校。（《中国共产党新疆历史大事记（1949.10~1966.4）》上P188）

28日 西南民族学院400多名应届藏族毕业生启程回藏参加建设。（《今日新闻》1959.5.29.P2）

△ 宁夏回族自治区党委发出《关于人民公社若干问题的具体规定》。《规定》包括，实行分级管理和确定基本核算单位、关于自留地和公共食堂问题等内容。（《中共宁夏党史大事记（1925.8~1988.6）》P244）

29日 据报道，自1956年民主改革以来，甘孜藏族自治州新建民族中学、民族师范各1所和农村、牧场小学100多所，小学生2.4万多名。（《人民日报》1959.5.30.⑥）

△ 宁夏回族自治区回族人民聚居的南部山区学龄儿童入学率90%多。（《人民日报》1959.5.30.⑥）

30日 据报道，云南省调出40多万斤茶叶支援西藏。1955年以来，云南运往西藏的

紧茶和砖茶达680多万斤。（《人民日报》1959.5.31.①）

31日 中央同意西藏工委《关于当前在平叛工作中几个政策问题的决定》。中央批示："中央同意这个方案，认为在这个方案中所制定的各项政策，都是正确的。"并指出：目前西藏地区的任务是，结合平息叛乱的斗争，采取边打边改的方法，完成全区的民主改革。西藏地区的民主改革可以分为两个步骤进行。第一步，以"三反"（反叛乱、反乌拉、反奴役）"双减"（减租减息）为内容；第二步以实行分配土地为内容。目前阶段，即在秋收以前，应该明令宣布废除乌拉差役制度，废除高利贷，解除农牧民的人身依附。明令宣布那些参加叛乱的上层反动分子、寺庙和原西藏地方政府的土地，由原耕农民耕种，并在是年实行"谁种谁收"，以后再行分配土地的政策。明令宣布对于那些没有参加叛乱的上层分子和寺庙的土地，以及1958年以后的债务，实行减租减息政策。鉴于西藏地区的特殊情况，中央决定在西藏地区的土地改革中，对于没有参加叛乱的贵族的土地和多余的农具、耕畜、房屋，一律仿照内地对待民族资产阶级的办法，实行赎买政策；对于没有参加叛乱的二地主的多余农具、耕畜和房屋，也实行这种政策；对于没有参加叛乱的寺庙的一部分土地、农具，耕畜、房屋，也可以考虑实行赎买。对牧业区的政策，应当同农区有所不同，除应该宣布废除乌拉差役、高利贷和解除人身依附的制度外，同时必须迅速地确定所有制，以安定牧区人民的生产情绪，没收参加叛乱的牧主的牲畜分配给牧民，实行"谁放牧归谁所有"的政策；对于没有参加叛乱的牧主的牲畜仍然归牧主所有，实行牧工牧主两利政策。中央指出：在充分发动群众的同时还必须切实注意做好上层统战工作。对于改革中的重要问题，要和上层中的进步人士和中间人士进行反复协商，尽可能取得他们的同意。对于未参加叛乱的上层人士和他们的家属，要把他们包下来，在政治上给予适当安排，在生活上给予适当补贴。（《中共西藏党史大事记（1949~1966）》P100~101）

是月 甘肃、宁夏、内蒙古3省区有关专区（盟）、旗、县、市在内蒙古三盛公召开第一次治沙协作会议，讨论制定《三省区有关专（盟）、县、旗、市第一次治沙协作会议协议》，并分别报请3省、区人委批示后贯彻执行。（《内蒙古日报》1959.6.7.①）

△ 湖北省麻城县支援边疆建设300名农民抵达伊犁，分赴直属县（市）安家落户。（《伊犁哈萨克自治州志》P49）

△ 广西壮族自治区党委在南宁召开地、市委第一书记会议，决定恢复手工业，加强轻工业生产。会议检查"大跃进"以来由于片面大搞钢铁生产，大上基建项目，造成经济发展不协调的问题，并提出一些调整措施。（《广西通志·大事记》P336）

△ 四川省甘孜藏族自治州八美至丹巴公路竣工，该公路于1958年9月1日动工。（《甘孜州志》上P56）

△ 中共云南省德宏傣族景颇族自治州委召开5级干部会议。会议作出7项规定：撤销人民公社，恢复农业生产合作社；实行一村（自然村）一社，恢复"五定"小包工或包产到组责任制；解散公共食堂；退回社员的自留地、大牲畜及房前屋后的果木、竹篷；停止大办钢铁铜和劳力大协作；实行劳逸结合，不搞夜战；停止办"学好队"。规定贯彻后，外出群众纷纷回归，生产迅速恢复。（《德宏州志》综合卷P46）

6月

1日 四川省凉山彝族自治州金矿县撤销。（《凉山彝族自治州志》上P51）

4日 云南省怒江傈僳族自治州边工委发出《关于进一步调整合作社体制及有关政策的

意见》，提出除试办2个小公社外，其余全部调整为农业生产合作社，规模不宜过大，一般在20~30户左右。一般不提倡土地分红，耕牛不折价入社，允许社员有适当的自留地，公共食堂群众不愿意的要撤销。（《怒江傈僳族自治州志》上P415）

△ 据统计，贵州苗、布依、侗、水等少数民族在校大学生有771名，比1950年的21名增长几十倍。（《光明日报》1959.6.5.①）

△ 新疆维吾尔自治区第一座搪瓷厂——乌鲁木齐搪瓷厂投产。（《人民日报》1959.6.4.②）

5日 新疆维吾尔自治区维吾尔、哈萨克等少数民族的技术工人、技术人员和企业管理干部已达9万多名。（《人民日报》1959.6.6.⑥）

10日 宁夏回族自治区第一座船舶修造厂建成投产。（《今日新闻》1959.6.11.P1）

△ 中共中央政治局委员、国务院副总理贺龙在四川省西昌专区视察。（《凉山彝族自治州志》上P51）

△ 中国人民解放军副总参谋长杨成武在云南省德宏傣族景颇族自治州视察对敌斗争、民族工作、部队战备和边民外出等情况。（《德宏州志》综合卷P46）

△ 据报道，甘肃省甘南藏族自治州民主改革以后，设有小学436所、中学7所，中小学生4万多名，藏族学生占藏族学龄儿童80%以上。（《人民日报》1959.6.12.⑥）

12日 据《西藏日报》报道，西藏许多地方经过平叛，已建立成千上万个平叛生产委员会、平叛保畜委员会，为西藏民主改革打下良好的基础，也为生产不误农时、夺得丰收创造良好的条件。（《中共西藏党史大事记（1949~1966）》P101）

△ 据统计，青海省少数民族干部已有6000多名，比1950年的480名增长12倍。其中，党团员近2000名，州长、县长、科长等职务600多名。（《人民日报》1959.6.12.⑥）

15日 轻工业部组织40多人的社办工业工作组前往贵州省黔东南苗族侗族自治州，帮助当地少数民族发展轻工业。（《人民日报》1959.6.15.②）

△ 据报道，贵州少数民族地区的公路已由解放前的800多公里发展到4600多公里，基本形成以贵阳市为中心，以川黔、滇黔、湘黔和黔桂4大干线为主干的山区公路网。（《人民日报》1959.6.15.②）

△ 据统计，宁夏回族自治区有铁路410公里，公路3900多公里，汽车可通达区内所有县城及大多数的公社和矿区。黄河通航里程达395公里，通行木船和拖轮。（《今日新闻》1959.6.16.P4）

16日 四川省凉山彝族自治州越嶲县改为越西县，呷洛县改为甘洛县。（《凉山彝族自治州志》上P51）

△ 国务院批复新疆维吾尔自治区人民委员会，同意婼羌县改为若羌县，和阗县改为和田县，和阗专员公署改称和田专员公署。（《国务院公报》1959［16号］P319）

19日 国务院第90次全体会议通过辽宁省喀喇沁左翼蒙古族自治旗和阜新蒙古族自治县人民代表大会和人民委员会组织条例（草案），并提请全国人大常委会审议批准。（《国务院公报》1959［16号］P320~322、325~327，《今日新闻》1959.6.20.P2）

21日 据报称，新疆维吾尔自治区伊犁哈萨克族自治州耕地面积比1949年扩大近300万亩，哈萨克人聚居的地方已无单一游牧经济的纯牧区；历史上缺粮的主要牧区阿尔泰专区，粮食总产量增长9倍，实现自给有余。（《人民日报》1959.6.21.⑤）

△ 据报道，广西壮族自治区南宁、柳州、玉林、梧州4个专区连日大雨，山洪暴发

成灾，受害面积150多万亩，其中减产、半减产和完全失收的有40多万亩。自治区及各地、县、公社及时组织防汛救灾，妥善安置并慰问受灾群众。（《人民日报》1959.6.22.①）

22日 是日报道，广西壮族自治区已有壮族教师3.3万多名，平均每200多个壮族人口有1位教师。历史上从来没有本民族师资的毛南、水、仡佬等民族也有了中、小学教师；过去缺乏师资的苗、瑶、侗、仫佬等民族已培养出大、中、小学教师2000多名。（《光明日报》1959.6.22.①）

24日 新疆维吾尔自治区党委常委会议讨论自治区工业基本建设计划调整问题。会议决定，计划接受支边青、壮年22万人减为10万至12万人，包括已进疆的7.2万人。（《中国共产党新疆历史大事记（1949.10~1966.4）》上P190）

28日~7月17日 西藏自治区筹委第二次全委会议举行。自治区筹委代主任班禅额尔德尼主持会议，西藏工委第二书记张国华就民主改革的政策、步骤等问题发表讲话，筹委副主任阿沛·阿旺晋美作《关于当前任务中几个主要政策问题》的报告，筹委副主任帕巴拉着重就改革宗教封建特权和剥削制度问题讲话，会议通过《关于西藏全区进行民主改革的决议》。《决议》说，在西藏实行民主改革的条件已经成熟，当前西藏的中心任务是彻底肃清残余的叛乱分子，充分发动群众在全区实行民主改革。会议首次吸收劳动人民代表列席。（《人民日报》1959.7.21.①，7.22.②）

30日 据统计，内蒙古自治区农村、牧区和半农半牧区人民公社利用当地小河沟溪的水力资源，建成水电（水力）站33座，设备总容量650多千瓦。（《今日新闻》1959.6.30.P7）

是月 著名科学家、全国人大常委会委员竺可桢到宁夏回族自治区视察灵武、盐池、中卫沙坡头等地治沙工作，针对黄河两岸荒坡植被覆盖率太低、土壤遭受风蚀水蚀严重及治沙工作提出以下意见：1. 应及时对兰州至中卫公路采取固沙措施，以免风沙越过公路，水渠被埋的可能；2. 保护林带，积极造林；3. 工程措施与生物措施齐头并进，科研与群众经验相结合。同年，中科院治沙大队在灵武县白芨滩林场、中卫县沙坡头设立治沙试验站开展植物固沙和机械防沙治沙的试验研究工作。宁夏农科所森林系也在灵武县白芨滩林场设立固定治沙试验点，开展河东固沙造林技术研究。（《当代宁夏史通鉴》P244，《中共宁夏党史大事记（1925.8~1988.6）》P245~246）

△ 青海省海南藏族自治州同德县划归果洛藏族自治州管辖。（《海南州志》P33）

7月

1日 宁夏回族自治区第一座横跨黄河的铁桥——青铜峡铁桥正式通车。（《中共宁夏党史大事记（1925.8~1988.6）》P246）

△ 西藏工委指示开展民主改革第一步“三反双减”（即反对叛乱，反对乌拉差役，反对奴役，减租减息）运动并要求改革必须按照中央指示分为两个步骤进行。第一步工作：一、在进行“三反双减”运动中，要充分发动群众，逐步建立县、区、乡农民协会。二、在牧区要团结一切可以团结的力量（包括牧主在内）肃清叛匪，保护和发展牲畜；没收叛乱领主、牧主的牲畜分配给牧民，实行“谁放牧归谁所有”的政策；对未叛牧主实行“牧主牲畜仍归牧主所有”和“牧主牧工两利”政策。三、在充分发动群众的同时，注意做好统战工作，民主改革中一些重大问题和重要措施要同上层充分协商。四、在民主改革中，彻底解决寺庙的特权和剥削问题，开展三反（反叛乱、反特权、反剥削）运动。五、民主改革要实行党、政、军一元化领导。13日，工委决定抽调千名部队干部参加民主改革。同时，中央从

内地抽调大批干部入藏。是月，西藏公学3000多名藏族学员及其他民族学院学习的部分学员返藏投入民主改革运动。　（《中共西藏党史大事记（1949~1966）》P101~103）

2日　贵州省黔南布依族苗族自治州第一座化工厂——黔南化工厂在都匀市建成投产。（《今日新闻》1959.7.3.P2）

2日~8月16日　中共中央在庐山先后召开政治局扩大会议和八届八中全会，即庐山会议。7月2日至8月2日的政治局扩大会议的议题是总结经验，纠正错误。中共中央主席毛泽东讲话指出，成绩很大，问题不少，前途光明，肯定了"大跃进"和人民公社。由于彭德怀、张闻天、黄克诚、周小舟有不同意见，在会议后期，开展了对所谓"彭德怀、张闻天、黄克诚、周小舟反党集团"的斗争，进而在全党错误地开展了"反右倾"斗争。随着庐山会议和反右倾运动的开展，中共中央对国民经济的发展确定了继续"大跃进"的方针，再次提出实现"大跃进"的各项高指标，还提出8年完成人民公社从基本队有制过渡到基本社有制，共产风、高指标、瞎指挥等"左"倾歪风更加严重地发展起来。这场斗争在政治上使党内从中央到基层的民主生活遭到严重损害，在经济上打断了纠正"左"倾错误的进程，使错误延续了更长时间。由于"大跃进"和"反右倾"的错误，加上当时的自然灾害和苏联政府背信弃义地撕毁合同，我国国民经济在1959年到1961年发生严重困难，国家和人民遭到重大损失。　（《内蒙古自治区史》P194~195、199）

3日　据报道，甘肃省甘南藏族自治州建有现代化设备的人民医院1所，各县建有人民医院、卫生院和妇幼保健站31所。　（《今日新闻》1959.7.4.③）

4日　中共云南省丽江地委将怒江确定为边疆7县中的第一线地区，明确提出不具备办人民公社的条件，因此一律不办人民公社，也不戴公社帽子。　（《怒江傈僳族自治州志》上P26）

5日　西藏地区的第一个农民协会在乃东县凯松谿卡农民协会成立。凯松谿卡是叛国头子索康·旺清格来的庄园。19日，乃东县又成立西藏第一个县农民协会。　（《中共西藏党史大事记（1949~1966）》P102）

6~24日　内蒙古自治区党委召开第八次牧区工作会议，提出大力发展畜牧业，增加牲畜的数量，实现农牧结合和牧业机械化的发展畜牧业的总方针。制定高速度发展畜牧业生产的8项措施，通过巩固牧区人民公社的8个文件。　（《内蒙古自治区史》P523）

7日　国家登山队队长许竞率领33名运动员（男25人、女8人）登上新疆境内海拔7546米的慕士塔格顶峰，创造7500米以上1次登顶人数最多的世界纪录。其中，西藏藏族队员有贡布、拉巴次仁，西绕（女）、潘多（女）、齐米（女）、查姆金（女）等10名，女队员打破由法国女登山家克·郭刚创造的7456米世界纪录。　（《当代中国的西藏》下P511，《民族团结》1991.6 P34）

△　9年来，云南省各级党组织培养少数民族干部3万多名，其中党员8000多名、团员4000多名。　（《今日新闻》1959.7.8.P4）

9日　新疆维吾尔自治区年产3000台拖拉机的农具制造厂第一期工程竣工投产。（《工人日报》1959.7.9.②）

10日　是日报道，拉萨、山南、昌都等地分别举办原西藏地方政府残害群众的刑具罪证展览会。　（《今日新闻》1959.7.11.P4）

11日　贵州省人委二届八次会议，讨论通过省高教委员会和省民委关于将贵州民族学院合并于贵州大学的建议。　（《贵州日报》1959.7.12.①）

13日　贵州省人委调整兴义专区行政区域，撤销册亨县，将其行政区域并入安龙县；撤销晴隆县，将其行政区域并入普安县。1961

年8月，贵州省人委恢复晴隆、册亨2县建制。（《黔西南布依族苗族自治州志·政权政协志》P18）

15日 西藏自治区筹委会发出在全区发行使用人民币的布告。8月10日，自治区筹委会发布以人民币限期收兑“藏钞”的布告，决定以50两藏钞兑换人民币1元（金属货币按质作价）收兑。至是年底，共付出人民币200多万元，收兑藏钞1亿多两，加上没收上缴的5000万两，共计1.5亿两，从此实现全区货币统一。（《1949~1966中共西藏党史大事记》P103，《当代中国的西藏》下P208）

16~22日 全国少数民族地区广播电台首次协作会议在内蒙古呼和浩特举行。会议交流了以民族语言进行广播宣传、培养少数民族广播干部和发展广播事业的经验，讨论确定了今后的任务。（《内蒙古日报》1959.7.24.①）

19日 四川省阿坝藏族自治州建有医疗保健机构211个，比解放前增加30多倍。（《人民日报》1959.7.19.⑤）

20日 新疆维吾尔自治区党委书记处会议讨论自治区少数民族文字改革问题。会议决定，各少数民族文字改革以汉语拼音字母为基础，在充分照顾各少数民族文字特点和习惯特点下进行。由于不再采用以斯拉夫字母为基础的改革试行办法，会议决定延长文字改革试行时间。此后，以汉语拼音字母为基础的维吾尔、哈萨克文字改革自1960年开始试行，1965年初开始全面推广。（《中国共产党新疆历史大事记（1949.10~1966.4）》上P190）

△ 宁夏回族自治区党委发出《关于伊斯兰教工作的指示》。《指示》针对有些地方不顾历史条件，干涉群众宗教信仰，禁止群众上寺礼拜、封斋、散乜贴等错误做法，强调指出：一、必须正确贯彻党的宗教信仰自由政策。二、合寺并坊问题要与宗教人士协商，并报自治区党委备案。三、留下的寺都应设法让群众请到阿訇。四、开学阿訇的生活问题，应由回民群众商议解决。对于生活困难者，政府可给予不定期补助。五、各级党委必须把对伊斯兰教工作的领导列入工作日程，并切实加强。六、必须严格把在党内进行无神论教育和在群众中进行宗教信仰自由政策的教育加以区别，更不能把党内进行无神论教育的内容、方式搬到信教群众中去。（《中共宁夏党史大事记（1925.8~1988.6）》P246~247）

24日 宁夏回族自治区党委批转自治区党委办公厅《关于贯彻执行中央五月七日紧急指示情况的报告》，强调指出：1. 社员的自留地数量、质量均不能低于高级社时的实际留量，但不得超过每人占有耕地的5%。2. 切实解决当前社员私养家畜家禽的饲草饲料、羔仔等实际问题。3. 分粮到户的办法必须立即执行。4. 发动社员充分利用宅旁、院内、村边、渠边的零星土地种植瓜果林木和其他作物，谁种归谁。5. 三包”（即：以生产队为基本单位，实际“包产”、“包工”、“包财务”）必须落实。（《中共宁夏党史大事记（1925.8~1988.6）》P247）

据统计，近10年来，全国少数民族自治地方建立了15座广播电台、700多座有线广播站和18万多只喇叭，用蒙古、藏、维吾尔、朝鲜等16种少数民族语言进行广播。中央人民广播电台以及四川、青海、甘肃、云南、贵州等地的广播电台，都举办了少数民族语言广播节目。（《今日新闻》1959.7.25.P2）

28日 宁夏回族自治区党委办公厅上报中央农村工作部《关于整社、权力下放、算账、包产落实及夏收等基本数字的报告》。内容有：一、区划变动情况。公社化前，全区原有专区1个、县17个、市2个、区67个、乡367个；公社化以后，由于政社合一，现有专区1个、县17个、市2个，取消区和乡的组织机构。二、权力下放，体制落实情况。体制调整前，有公社129个；体制调整后，现有公社120个，入社农户为32.12万户，占总户数的

99.91%。其中，回族农户10.53万户，占全部入社农户的32.7%。尚未入社的个体农户289户，占0.09%。三、各种经济问题的处理情况。其中，县应退给公社的各种粮食38万斤、工资56.9万元、无偿占用或使用现金14.09万元、其他现金17.4万元，均已全部还清。四、全区120个公社都已实行“三包”制。五、整顿食堂情况。据14个县的不完全统计，原有食堂6059个，现有3702个，为原有食堂的61%；原参加食堂吃饭的为90万人，现有47.50万人，为原有人数的52.77%。（《中共宁夏党史大事记（1925.8~1988.6）》P247~248）

29日 国务院批复广西壮族自治区人民委员会，同意全县改称全州县。（《国务院公报》1959［17号］342）

30日 是日报道，云南边疆直接向社会主义过渡的少数民族地区建立413个农具制造、轻工业工厂和作坊，制造出100多种农具和土布、药材、陶器、瓷器等产品，少数民族工人发展到3500多名。（《人民日报》1959.7.30.⑥）

△ 西藏工委统战部决定安排上层人士工作。在自治区、专区两级行政机关安排565人，其中贵族、官员215人，宗教界200人，头人、千户、百户150人。（《中共西藏党史大事记（1949~1966）》P103）

△ 青海省海南藏族自治州开始纠正“一平二调”共产风错误。至1963年，仅农业区和小块农业区的人民公社共退赔牲畜4928头（只），粮食26465公斤，房屋19999间，人工、畜工114603个，耕地542.42亩，现金134624元。（《海南州志》P33~34）

△ 青海省果洛藏族自治州硫黄厂建成投产。（《果洛藏族自治州志》上P33）

△ 安徽、湖北、江苏3省支边青壮年先后到达新疆维吾尔自治区昌吉回族自治州各县和州直厂矿企业单位落户。全州共安置支边青壮年37900多人。（《昌吉回族自治州志》P47）

8月

2~16日 中共八届八中全会在庐山举行，发出《中共中央关于反对右倾思想的指示》。16日，中共中央主席毛泽东在批示中说：“庐山出现的一场斗争，是一场阶级斗争，是过去10年社会主义革命过程中资产阶级与无产阶级两个对抗阶级的生死斗争的继续。”庐山会议后，全党开展“反右倾”斗争。（《新华社新闻稿》1959.9.18）

8日 吉林省延边朝鲜族自治州长白山天池公路竣工通车，全长9公里。（《延边朝鲜族自治州志》P69）

10日 广西壮族自治区党委、自治区人委发出《关于整顿1958年新建的高等学校、中等专业学校的决定》，要求县办高等学校一律撤销；专、市办的大学、学院，凡符合高等学校标准而又需要的可继续举办，但一律改为专科学校；南宁大学工学院停办，桂林工专、梧州工专合并，各专、市的农业学院或农专改为中等农业学校。（《广西通志·大事记》P338）

11日 宁夏回族自治区人委发出《关于下达一九五九年基本建设调整方案的通知》，调整并减少工业部门的投资，酌量增加农牧业、地方交通的投资。（《中共宁夏党史大事记（1925.8~1988.6）》P249）

12日 西藏自治区筹委组成由常委朗顿·滚噶旺秋和崔科·登珠泽仁任组长的两个调查访问组，分赴山南地区和拉萨的当雄牧区进行视察，了解“三反双减”（反叛乱、反乌拉差役制度、反奴役和减租减息）政策的执行情况。（《人民日报》1959.8.13.⑥）

14日 宁夏回族自治区党委发出《关于认真贯彻执行〈关于反右倾思想的指示〉的通知》，3~4月间城市副食品和一些日用工业品供应出现紧张，一些人借机否定“人民公社”，攻击“大跃进”，实际是要复活资本主义。自治区党委要求，对于出现右倾思想、情绪、作风的人应分别进行适当处理。12月9日，自治区地、市、县委书记电话会议要求：一、必须下决心认真解决好县、公社和大队领导成员中的大是大非问题，反对右倾保守思想；二、按照中央批准中央军委总政治部《关于划分右倾机会主义标准的处理办法》，凡重点批判对象，情况严重的划为右倾机会主义分子，重点批判对象应控制在大队以上干部的5%以内。（《中共宁夏党史大事记（1925.8~1988.6）》P249、254）

16日 中共云南省德宏傣族景颇族自治州委决定，允许合作社集体经营边民互市小额贸易。同时规定，国家禁止出口的物资不得出口，人民币不准出境。（《德宏州志》综合卷P46）

22~28日 青海省海南藏族自治州人大一届二次会议举行。会议同意将同德县划归果洛藏族自治州，玛多县划归海南州的决议。（《海南州志》P537）

24日 在拉萨气象站的基础上，西藏气象科学研究所成立。（《当代中国的西藏》下P249）

25日 国务院全体会议第91次会议任命汪锋、刘春、萨空了（蒙古族）、杨静仁（回族）、谢鹤筹（壮族）为国家民委副主任；刘春、严信民、达浦生（回族）、吕振羽、汪锋、苏克勤、赵卓云、张杰（回族）、胡嘉宾、乌兰夫（蒙古族）、翁独健、夏康农、夏辅仁、喜饶嘉措（藏族）、载涛（满族）、杨静仁（回族）、萴伯赞（维吾尔族）、薛向晨、谢扶民（壮族）、谢鹤筹（壮族）、萨空了（蒙古族）为委员。（《国务院公报》1959［23号］P459，［24号］P472、478、482~483）

25~26日 侵入我国西藏朗久的印度军队连续两次向边防部队射击。9月8日，国务院总理周恩来致函印度总理尼赫鲁，要求印度政府撤回越境印军，使边境紧张局势缓和下来；13日，全国人大常委会二届八次扩大会议通过《关于中印边界问题的决议》。10月，印军在中印边界西段的空喀山口地区挑起第二次边界流血冲突。11月7日，周总理致信尼赫鲁，代表我国政府建议：中印两国的武装部队立即从中印边界东边的所谓麦克马洪线和西边的双方实际控制线各自后撤20公里；在双方撤出武装部队的地区，双方保证不再派遣武装人员驻守和巡逻，但是仍然保留民政人员和非武装的警察，以执行行政任务和维持秩序。（《新华社新闻稿》1959.9.10、9.11、9.14、11.10、12.19，1961.12.7，1962.4.14、10.24、11.21、12.1）

25日~9月26日 新疆维吾尔自治区全委扩大会议举行。会议传达中共中央八届八中全会精神、中共中央主席毛泽东在政治局扩大会议上的讲话和中共中央《关于开展增产节约运动的决议》，再次审定和调整是年自治区国民经济计划。会后，全疆开展反右倾斗争，各地、州、市、县委先后在10月召开党委扩大会议，错误批判了一些同志。（《中国共产党新疆历史大事记（1949.10~1966.4）》上P191~192）

27日 柴达木盆地冷湖炼油厂第一期工程完工投产。（《人民日报》1959.8.31.②）

30日 我国运动员穆祥雄（回族）在北京举行的第一届全运会游泳比赛中，以1分11秒3打破了他自己在1958年12月20日创造的男子100米蛙泳1分11秒4的世界纪录。（《新华社新闻稿》1959.8.31）

△ 广西壮族自治区通志馆成立。自治区副主席莫乃群兼任馆长，林克武、吕集义、张景宁、史乃展、张先臣、梁岵庐兼任副馆长。（《广西通志·大事记》P338）

△ 甘肃省天祝藏族自治县的涣翔、铧尖两乡划归肃南裕固族自治县管辖。（《肃南

裕固族自治县志》P422）

9月

1日 西藏工委发出《关于牧区工作的指示》。《指示》明确指出，目前对牧区的生产资料采取不改变所有制，不进行分配的方针，也就是说对牧业经济采取不进行民主改革的方针。平叛结束的地区，没收叛乱领主、牧主的牲畜，实行“谁放牧归谁所有”的政策，开展三反（反叛乱、反乌拉、反奴役）和“牧工牧主两利”运动。保护和发展牲畜，逐步改善牧民生活，是党在牧区长时期的工作方针，要求各地对牧区工作步调放慢，宁肯稳些、慢些，不要急于求成。各分工委要加强对牧区工作的领导。（《中共西藏党史大事记（1949~1966）》P105）

2日 西藏工委提出对3大寺若干问题的处理意见，对“三反”后的工作和管理问题提出了必须公开宣布废除的10条，要公开宣布保护和不加干涉的10条，当前几项工作的安排和几个需要处理的问题9条。以上原则，一般适用于叛乱寺庙和准备保留的寺庙。（《中共西藏党史大事记（1949~1966）》P105）

5日 新疆维吾尔自治区党委党校转为中级党校后，开办第一期中级干部轮训班，开始担负起培训自治区党的中级干部任务。（《中国共产党新疆历史大事记（1949.10~1966.4）》上P191~193）

5~13日 中共中央农村工作部、国务院第七办公室和国家科委在乌鲁木齐联合召开西北和内蒙古6省（区）第二次治沙会议。会议决定，在1959年治沙工作的基础上，要求1960年在一切能马上治理的沙区普遍开展大规模的群众性治沙运动。（《新疆日报》1959.9.15.①）

7日 据新华社报道，根据中共中央主席毛泽东“少数民族要有自己的宫殿”的指示，民族文化宫在北京建成。10月1日，民族文化宫（建筑面积为3.07万多平方米）举行落成典礼，建国10年来民族工作成就展览同时开幕。国务院副总理乌兰夫为典礼剪彩。1958年4月15日，民族文化宫在北京开工兴建。（《北京日报》1958.4.17.②，《人民日报》1959.10.7.④，《新华社新闻稿》1959.9.8）

10日 宁夏回族自治区党委批转自治区文教厅党组《关于在全区农村开展扫盲和业余教育运动的报告》。《报告》要求，采取“以民教民”、“能者为师”的办法，从是年到1960年3月，扫除青壮年文盲50%~60%。（《中共宁夏党史大事记（1925.8~1988.6）》P250）

12日 中央指示对西藏上层人士重新划分左、中、右，实行区别对待的方针。划分标准是：一、反帝爱国明确，反对叛乱、拥护民主改革者为左派；二、反帝爱国，反对叛乱、民主改革摇摆不定者为中间派；三、有分离主义思想，没有参加叛乱，态度顽固，反对民主改革者为右派。（《中共西藏党史大事记（1949~1966）》P106）

13~27日 中共广西壮族自治区一届九次全委（扩大）会议和自治区、地（市）、县三级干部会议举行，传达、学习中共八届八中全会（庐山会议）精神，部署在全区开展反对“右倾机会主义”的斗争。会议对桂林地委第一书记徐瑞林和桂林地委书记王斌吾的所谓“右倾机会主义”错误进行批判，并决定撤销徐瑞林桂林地委第一书记、王斌吾桂林地委书记职务。会后，自治区直属机关各地（市）、县层层开展“反右倾”运动，一些在纠“左”中敢于讲真话的干部被指责为“反对总路线、大跃进、人民公社三面红旗”的“右倾分子”。这次“反右倾”运动，全区共处分干部1万多人，并于1961~1962年进行甄别平反。（《广西通志·大事记》P338）

13日~10月3日 第一届全国运动会在北京举行。广西代表团组织291名运动员参加24

个项目的决赛和击剑表演，其中射击、无线电、跳伞和航海模型运动员共8人12次打破11项全国纪录。西藏体育代表团组织200多人参加12个项目的比赛，在射击项目中获单项比赛第三名和第七名。宁夏回族自治区派出151人的代表团（其中运动员126人，参加14个项目）参加运动会，有7人打破4项世界纪录：穆祥雄（回族）以1分11秒1打破男子100米蛙泳世界纪录，郭新娥、梅严、张景文以平均距靶心5.11米的成绩打破女子日间1000米集体定点跳伞世界纪录，陈蓉以589环的成绩打破女子自选小口径步枪50米和100米各30发卧射世界纪录，赵嘉桢、王永熙以1260米的成绩打破无线电操纵活塞式发动机模型飞机飞行高度世界纪录。新疆维吾尔自治区参加21个比赛项目和3个表演项目比赛，共获4金4银10铜，其中运动员加米拉（女，维吾尔族）获马术超越连续障碍赛马冠军，赛里克（哈萨克族）获男子自由式摔跤表演赛重量级冠军，阿来汗（哈萨克族）获男子古典式摔跤表演赛中量级冠军，米尔汗（哈萨克族）获男子古典式摔跤表演赛重量级冠军。（《新华社新闻稿》1959.9.13，9.18，9.19，9.29，10.4；《当代中国的西藏》下P524；《广西通志·大事记》P338；《新疆通志·体育志》83卷P340~341）

16日 中共中央、国务院发出《关于确实表现改好了的右派分子的处理问题的决定》："凡是已经改恶从善，并且在言论和行动上表现出确实是改好了的右派分子，对于这些人，今后不再当做资产阶级右派分子看待，即摘掉他们的右派帽子。"（《新华社新闻稿》1959.9.18）

△ 内蒙古自治区党委发出《关于摘掉确实悔改的右派分子的帽子的通知》。（《内蒙古自治区史》P522）

17日 内蒙古自治区党委发出《关于牧区人民公社推行"三包一奖"制的意见》。（《内蒙古自治区史》P523）

19日 国务院下发《关于批准"西藏地区各县、区、乡农民协会组织章程"》的通知。（《国务院公报》1959［22号］P438）

20日 新疆石油管理局科学研究仪器修造室制成我国第一套轻便地震仪。（《今日新闻》1959.9.21.P10）

△ 建国以来，全国聚居的少数民族人口95%以上实行民族区域自治，除先后建立内蒙古、新疆、广西、宁夏4个自治区和成立西藏自治区筹委会外，还建立29个自治州和54个自治县。少数民族干部由1949年1万多名发展到1958年的48万多名。建国初期还处在资本主义以前社会发展阶段的许多少数民族地区，95%以上完成民主改革，基本完成社会主义改造和人民公社化。（《今日新闻》1959.9.21.P2）

△ 西藏工委制定《关于执行赎买政策的具体办法》，指出，赎买政策是西藏和平改革的主要内容，正确执行赎买政策具有重大政治意义和经济意义。根据初步核算，全区贵族和大小头人共有642户，其中未参加叛乱的约占26.8%；有大小寺庙2138个，其中未参加叛乱约占55%弱；有僧尼11.26万人，其中未参加叛乱的约占40%弱；农奴主代理人约4000户，其中未参加叛乱的约占70%。总计，对未参加叛乱的农奴主要赎买的生产资料为3大领主全部生产资料的1/3左右，总值约6000万元。对赎买价格的估算，既不宜偏高，也不宜偏低。赎买方法一般采取由上登记由下评定，赎买金采取分期付款办法，5万元以下者8年还清，5万元以上至10万元者10年还清，10万元以上者13年还清。截至1961年2月底，自治区筹委土改赎买办公室已为1300家办清赎买手续，并颁发正式赎买凭证和支付1960年赎买金，其中占有多余生产资料最多的23家已办清21家，赎买土地共有5.7万多克（每克相当于1市亩），已分给翻身农奴和奴隶；

对未参加叛乱的寺庙和宗教上层人士占有的多余生产资料同样实行赎买。国家已将590万余元的赎买金支付凭证交给扎什伦布寺，并支付了1960年赎买金。（《西藏日报》1960.11.12.①，1961.3.10.①；《中共西藏党史大事记（1949~1966）》P106~107）

21日 新疆畜牧兽医科学技术部门制成一种预防牲畜口蹄疫的特效药——氢氧化铝甲醛疫苗。（《新疆日报》1959.9.21.②）

22日 西藏自治区筹委第三次全体委员会议举行。会议根据西藏地区百万农奴和奴隶的要求，正式宣布废除封建农奴主土地所有制，决定在完成民主改革第一步“三反双减”（反叛乱、反乌拉差役制度、反奴役和减租减息）的地区，立即采取和平改革的方针，迅速转入以分配土地为主要内容的民主改革的第二步。会议一致通过《关于废除封建农奴主土地所有制，实行农民土地所有制的决议》、《关于西藏地区土地制度改革的实施办法》、《关于农村阶级划分的决定》和有关牧区政策的报告。（《中共西藏党史大事记（1949~1966）》P107，《西藏日报》1959.9.24.①）

24日 云南省最大的一套轧钢机组在昆明第二钢铁厂安装完毕，开始试车生产。（《人民日报》1959.9.27.③）

△ 西藏工委扩大会议举行，工委第二书记张国华对“三反双减”运动作总结报告。他说，几个月来在农业区进行“三反双减”运动已取得很大成绩。截至是月，在约80万人口的农业区，有51个县、650个相当于乡共45万人口的地区完成或即将完成“三反双减”运动。据山南、塔工、江孜、拉萨、日喀则5个地区的不完全统计，废债850万克粮（1克约28斤）、1560万秤藏银（每秤约重50两），减息2.6万余克粮食；群众得粮200多万克，减租30余万克粮食；没收叛乱领主的牲畜23万余头；朗生（奴隶）安家约2万人，共得安家粮18万克；159个相当于乡共8万人口的农业区完成或即将完成土地分配；成立503个农民协会组织，会员达10万人。（《人民日报》1959.11.13.①，《中共西藏党史大事记（1949~1966）》P107~108）

26日 我国最大的自动化大型高炉之一——包头钢铁公司一号炉投产。10月15日，包钢第一号高炉举行出铁剪彩典礼。中共中央副主席、国务院总理周恩来到会剪彩，国务院副总理乌兰夫等致词，中央军委常委叶剑英、全国政协副主席包尔汉等到会祝贺。内蒙古自治区党委、人委于10月16日在包头举行大会，欢庆包钢提前1年出铁，周总理到会讲话，接见1000多名先进生产者，并同他们合影留念。（《人民日报》1959.9.27.①，10.16.①②，10.17.②）

△ 《宁夏日报》发表署名文章《宁夏学校教育的飞跃发展》。文章从新中国诞生起分3个阶段，叙述宁夏回族自治区10年来学校教育的发展情况。一、1949年10月至1952年的国民经济恢复时期里，在整顿学校教育的同时，注意发展民族教育；二、第一个五年计划时期，各级各类学校在恢复、改革和发展的基础上，合理调整教学方法，贯彻毛主席关于“应该使受教育者在德育、智育、体育几方面都得到发展，成为有社会主义觉悟的有文化的劳动者”的指示。到1957年，全区除陶乐县以外，达到县县有中学、社社有小学。三、自治区成立后，在自治区党委的领导下，加强党对学校教育的领导，建立3所高等学校，大力发展中、小学校和幼儿教育，全区基本形成一个由幼儿教育到高等教育较完整的教育体系。（《中共宁夏党史大事记（1925.8~1988.6）》P250~251）

27日 是日报道，云南省大理白族自治州基本消灭血吸虫病，80%的患者摆脱疾病的威胁。（《云南日报》1959.9.27.③）

△ 据《新疆日报》报道，截至6月底，新疆维吾尔自治区共有党员13万多名，其中

本地民族党员6.2万多人；党支部8000多个。（《中国共产党新疆历史大事记(1949.10~1966.4)》上P193）

28日 参加建国10周年庆典的16个少数民族观礼团和3个少数民族青年学习团抵京。10月3日，国务院副总理贺龙、乌兰夫在人民大会堂设宴欢迎观礼团、学习团代表等1100多人。5日，全国政协宴请参观团和青年学习团的负责人，全国政协副主席李维汉出席并讲话。9日，全国人大在人民大会堂设宴欢迎参观团和青年学习团。12日，中共中央主席毛泽东、国家主席刘少奇、全国人大常委会委员长朱德、副委员长班禅额尔德尼·确吉坚赞和全国政协副主席包尔汉、帕巴拉·格列朗杰、阿沛·阿旺晋美等党和国家领导人接见参观团和青年学习团。（《人民日报》1959.9.23.③，9.26.①④，9.29.②，10.4.①，10.6.④，10.10.②，10.13.①）

△ 宁夏回族自治区第一座洗煤厂在石嘴山建成投产。（《中共宁夏党史大事记(1925.8~1988.6)》P251）

是月 四川省甘孜藏族自治州农区除泸定外均实现人民公社化，其余各县基本实现合作化。（《甘孜州志》上P58）

△ 云南省委重申继续贯彻执行中央关于“慎重稳进”、“团结、生产、进步”的方针，停办人民公社，恢复区乡体制，并同中共丽江地委一起派出工作组，帮助纠正“民主补课”、社会镇反和机关肃反发生的严重扩大化问题，使边4县的局势开始稳定。（《怒江傈僳族自治州志》上P26）

△ 被叛乱分子劫持出国的西藏著名女活佛桑顶·多吉帕姆从印度返回北京。（《当代中国的西藏》下P579）

△ 西藏药王山利众藏医学院、“门孜康”（1916年十三世达赖喇嘛·土登嘉措时期创办的拉萨藏医星算学院）合并成立拉萨藏医院。医院组建初期有师徒88人，院址设在原“门孜康”旧址。“文化大革命”期间藏医药界受到冲击，拉萨藏医院改名为拉萨劳动人民医院。1980年经自治区人民政府批准，改为西藏自治区藏医院，是全区唯一的藏医院。1980年以来，国家先后投资1000多万元，又建立5所地区藏医院，增设420张藏医病床。至1987年底，全区有4个县建立藏医院，有3座规模较大的藏药制药厂。（《当代中国的西藏》下P487~488）

△ 青海省海北藏族自治州浩门河11孔15米木桁瓜拉大桥建成通车。（《海北藏族自治州志》上P56）

10月

1日 贵州省黔东南苗族侗族自治州第一座自来水厂——凯里自来水厂建成投产。（《黔东南苗族侗族自治州志·总述·大事记》P146）

△ 青海省海北藏族自治州祁连县柴油发电厂建成发电。（《海北藏族自治州志》上P56）

△ 广西壮族自治区庆祝中华人民共和国成立10周年展览会在广西展览馆开幕。展览面积1.1万平方米，分17个馆。同日，广西革命历史文物也在南宁展出，展品4万余件。（《广西通志·大事记》P338）

2日 内蒙古自治区第一所畜牧业机械化学校在锡林浩特市成立开学。（《今日新闻》1959.10.11.P5）

△ 新疆维吾尔自治区第一所中医学校成立。（《新疆日报》1959.10.13.③）

△ 首部反映维吾尔族人民生活和斗争的彩色影片——《绿洲凯歌》在乌鲁木齐市公映。（《新疆日报》1959.10.18.③）

8日 青海省玉树藏族自治州结古电厂成立。（《玉树州志》上P31）

9日 据报道，截至目前，西藏已有40万人口的地区完成民主改革的第一步——“三反双减”斗争，在3万人口的地区结束了民主改革的第二步——改变农奴主土地所有制为农民土地所有制的运动。（《西藏日报》1959.10.9.①）

△ 全国人大民委、国家民委联合举行报告会，中共中央统战部副部长、国家民委副主任汪锋作《关于十年来民族工作成就》的报告。全国人大常委会副委员长班禅额尔德尼·确吉坚赞，全国政协副主席帕巴拉·格列朗杰、阿沛·阿旺晋美和参加建国10周年庆典的各民族观礼团、青年学习团和部分宗教界人士出席报告会。（《人民日报》1959.10.10.②）

10日 青海省玉树藏族自治州巴塘种畜场成立。（《玉树州志》上P31）

△ 新疆维吾尔自治区党委书记处会议决定，正式成立中科院新疆分院，包尔汉·沙赫德拉（维吾尔族）任院长，涂治任第一副院长；中科院新疆分院编制总额到1960年可增加到1274人；农、牧、林3个科研所不宜合并，继续分设，由中科院新疆分院和有关厅局双重领导；新疆分院由中科院和自治区党委、人委双重领导。（《新疆通志·科学技术志》72卷上P40）

12日 广西最大的橡胶厂——南宁橡胶厂一期工程竣工，制品、管带、炼胶3个车间正式投产。（《广西通志·大事记》P339）

13日 中科院新疆综合考察队结束近3个月的野外考察任务，编写出综合性和专题性报告21篇，绘制成各种图表21幅，为自治区合理配置农牧业生产提供了科学依据。（《新疆日报》1959.10.13.③）

14日 库车经新和至阿克苏公路干线改线工程完成并通车。（《新疆日报》1959.10.14.③）

16日 是日报道，新疆在基本控制和消灭鼠疫、霍乱、天花的传播蔓延后，又基本消灭疟疾和黑热病。（《新疆日报》1959.10.16.③）

23日 我国政府就联合国大会14届会议通过所谓“西藏问题”的决议发表声明：最近联大14届会议非法讨论所谓“西藏问题”，并通过一项诬蔑中华人民共和国的决议，这是对中国内政的粗暴干涉行为。对此，中华人民共和国政府和全中国人民感到极大的愤慨，并表示强烈的抗议。声明指出，美国操纵联大通过所谓“西藏问题”的决议是干涉我国内政，是非法的。西藏是中国的领土，平定叛乱，实行民主改革，任何国家和国际组织无权过问。24日，《人民日报》发表社论《反对美国加剧“冷战”》。（《人民日报》1959.10.24.①）

25日 青藏铁路西宁至海晏段正式通车。（《海北藏族自治州志》上P57）

27日 中央批准西藏地区1959年征收爱国公粮暂行办法。中央批示说：“爱国公粮一般可以说每人平均全年农业收入200市斤以上开始征收，但是人口少，底子很薄，生产和生活的困难都比较大的，应该对他们有更多的照顾。照顾的方法，过去内地的农业税征收办法是在计算农业人口的时候给他们增算人口，凡1口人的按2口人计算，2口人的按3口人计算。这点请你们予以参考。征收爱国公粮在西藏地区是一项新的工作，各级党政必须注意加强领导，耐心地、广泛深入地向群众进行宣传解说工作，使多数农民高兴地缴纳公粮，要防止干部的强迫命令主义。”（《中共西藏党史大事记（1949~1966）》P108）

△ 湖北、江苏两省赴新疆慰问支边青壮年代表团到达乌鲁木齐。据统计，3月至9月从江苏、安徽、湖北等省进疆的支边青壮年共14.03万人、家属1.38万人。自治区党委计划1960年再接受内地支边青壮年30万人，其中江苏、湖南各10万人，湖北、安徽各5万人。（《中国共产党新疆历史大事记（1949.10~1966.4）》上P194）

27日~11月3日 浙江支援宁夏建设青年代表大会在银川举行，出席代表549人，代表

5.6万多来宁浙江青年。宁夏回族自治区主席刘格平到会并作重要讲话，浙江省委、省人委慰问团出席会议。（《中共宁夏党史大事记（1925.8~1988.6）》P251~252）

是月 四川省甘孜藏族自治州马尼干戈至石渠公路改建抢修工程竣工通车，工程历时5个月。（《甘孜州志》上P57）

△ 青海省西宁至甘肃省张掖、青海省祁连至甘肃省镜铁山和青海省海晏至天峻的3条公路通车。（《海北藏族自治州志》上P57）

11月

1日 湖南省湘西土家族苗族自治州永顺县纺织厂5000锭纺纱车间竣工，湘西州开始用电力生产机制细纱。（《湘西州志》上P64）

3日 西藏工委制定《关于西藏地区土地制度改革方案》，共分12个问题：一、关于划分阶级的问题，西藏农村基本上可以分为农奴主、农奴两大阶级，另外还有奴隶阶级的残余，土改基本上应划农奴主与农奴两个阶级。农村的阶级路线是：依靠贫苦农奴和奴隶，团结中等农奴（包括富裕农奴）和团结一切可以团结的力量，打击叛乱的和最反动的农奴主和农奴主代理人，彻底消灭封建农奴制度，消灭农奴主阶级。二、关于改变封建农奴主土地所有制为农民土地所有制的问题，区别叛与未叛，对贵族、寺庙分别采取没收和赎买的政策。对西藏地方政府的土地和其他农业生产资料一律没收。三、关于寺庙改革问题，实行三反（反叛乱、反特权、反剥削），同时执行宗教信仰自由政策，保护爱国守法寺庙和上层人士，要做好应该废除的、应该保护的、应该安置的3件大事，对留寺喇嘛分给一定数量的土地。四、关于牧区问题。五、关于城市工作的问题。六、关于土地改革中边境地区和涉及外事方面的工作问题。七、关于斗争方式问题。八、关于干部问题。九、关于宣传问题。十、关于建党、建团、建政问题。十一、关于土地改革的具体步骤问题。十二、关于组织领导问题。（《中国共产党西藏历史大事记（1949~2004）》P161）

5日 全国人大常委会委员长朱德，副委员长林伯渠、彭真；国务院副总理贺龙、陆定一；中共中央书记处书记康生；中宣部副部长陈伯达等党和国家领导人接见河北少数民族参观团和新疆教育参观团。（《人民日报》1959.11.6.②）

△ 北京大学历史系于10月下旬举办少数民族历史问题讨论会，就翦伯赞教授和魏启文、梁英明等提出《关于民族融合问题》等3篇论文展开讨论。（《人民日报》1959.11.6.⑦）

9日 国务院批复新疆维吾尔自治区人民委员会，同意乌鲁木齐县划归乌鲁木齐市领导，保留县的建制。（《国务院公报》1959［27号］P529）

12日 湘黔铁路湘潭至娄底段通车，并开始正式办理客货运输。（《今日新闻》1959.11.16.P2）

14日 拉萨市大昭寺和罗布林卡等文物古迹修复完毕。（《今日新闻》1959.11.15.P5）

22日 全国人大常委会委员长朱德、副委员长林伯渠，国务院副总理贺龙、陆定一、李富春、聂荣臻、郭沫若，中宣部副部长康生等党和国家领导人，接见河南、湖北、贵州、黑龙江和内蒙古等省（区）兄弟民族代表和包括宗教、华侨人士在内的参观团。12月6日，朱德、林伯渠和国家民委副主任汪锋等接见甘肃、山东、吉林等地包括14个民族的10个少数民族参观团。（《人民日报》1959.11.23.④，12.7.⑤）

24日~12月11日 新疆维吾尔自治区第二次民族语文科学讨论会在乌鲁木齐举行。会议总结了第一次讨论会以来的工作，讨论了改革维吾尔族、哈萨克族的现行旧文字的问题，规范了文学语言，统一了新词术语，确定了今后的借词方针和解决其他民族文字等问题。会议通过了关于废除自治区现行的以阿拉伯字母为基础的维吾尔、哈萨克旧文字，采用以汉语拼音方案为基础的新文字的建议书。（《新疆日报》1959.12.17.①）

27日 全国人大常委会第二届第十一次会议批准《宁夏回族自治区人民代表大会和人民委员会组织条例》、《湘西土家族苗族自治州人民代表大会和人民委员会组织条例》、《云南省文山壮族苗族自治州各级人民代表大会和各级人民委员会组织条例》、《云南省红河哈尼族彝族自治州人民代表大会和人民委员会组织条例》、《云南省楚雄彝族自治州人民代表大会和人民委员会组织条例》、《云南省怒江傈僳族自治州人民代表大会和人民委员会组织条例》、《辽宁省喀喇沁左翼蒙古族自治县人民代表大会和人民委员会组织条例》、《辽宁省阜新蒙古族自治县人民代表大会和人民委员会组织条例》，并经国家主席刘少奇命令公布施行。（《湖南日报》1987.11.26.②③）

28日 西藏自治区筹委第三次全体委员会议决定，成立土地制度改革委员会，主要任务是专为制定西藏土改的实施方案和解决土改中出现的问题。张国华任主任委员，阿沛·阿旺晋美、詹东·计晋美、郭锡兰任副主任委员。张国华在成立会上作了关于民主改革的报告。（《西藏日报》1959.12.4.①，《中共西藏党史大事记（1949~1966）》P111）

△ 湘桂铁路的黎塘、来宾火车站扩建工程完工，并交付使用。（《广西通志·大事记》P339）

30日 宁夏回族自治区规模最大的现代化火力发电厂——石嘴山电厂第一台6000千瓦机组正式投入生产；1960年4月，开始进行2×1.2万千瓦的二期工程，1965年11月完成；1966年10月，2×2.5万千瓦的三期工程开始建设，1969年9月完工；1976年9月，2×5万千瓦的四期工程开始进行。前后共建8台机组，总装机容量为18.6万千瓦。（《中共宁夏党史大事记（1925.8~1988.6）》P253、271）

△ 据《宁夏日报》报道，宁夏回族自治区引黄灌区排水网初步形成，共有排水干沟和支干沟近40条，总长840多公里。（《中共宁夏党史大事记（1925.8~1988.6）》P253~254）

是月 广西壮族自治区右江壮剧团成立。1965年4月，该剧团从百色调到南宁，改组为广西壮族自治区壮剧团。（《广西通志·大事记》P339）

△ 贵州省黔东南苗族侗族自治州糖厂建成投产，生产糖果、糕点等，为自治州规模最大的糖食加工企业。（《黔东南苗族侗族自治州志·总述·大事记》P146）

△ 贵州省黔南布依族苗族自治州都匀苎麻纺织厂（今毛麻纺织厂）建成投产，时为全国第三大型麻纺厂。（《黔南布依族苗族自治州志》上P54）

△ 据统计，西藏引进推广新式步犁、耙、锄、镰刀、羊毛剪等铁制工具30万件，总值155万元，平均每户1.5件，农牧业生产条件得到改善。（《当代中国的西藏》下P38）

△ 西藏拉萨、山南等地的群众自发集资兴建民办小学，聘请当地的“文化人”（离寺喇嘛）当教师，教儿童读书识字。中共西藏工委和自治区筹委根据民办小学迅速发展的情况，及时提出“民办为主，公办为辅”的办学方针，对民办教师进行误工补贴，有力地促进了民办小学的发展，民办小学从1959年的450所发展到1961年底的1496所，在校生由1万多人增加到5.2万多人。（《当代中国的西藏》下P306、315~316）

12月

1日 内蒙古自治区伊克昭盟第一炼油厂投产。（《内蒙古自治区史》P524）

2日 内蒙古自治区第一座菱镁矿投产。（《今日新闻》1959.12.3.P6）

△ 甘肃省甘南藏族自治州新修、续修草原灌溉渠道28条，扩大草原灌溉面积10万亩。4.3万多亩无水草场已得到灌溉。（《今日新闻》1959.12.3.P6）

3日 截至目前，广西壮族自治区投入水利工程的人数已达120万。在建的大型水利工程有百色澄碧河水库，武鸣山仙湖水库，邕宁、扶绥、上思、南宁的凤亭河水库，贵县达开水库，桂平木根河水库，临桂青狮潭水库，石龙石祥河水库，柳城沙埔河水库等。（《广西通志·大事记》P339）

5日 内蒙古呼和浩特经包头至东胜航空线通航。（《内蒙古日报》1959.12.5.④）

9日 青海省民族学院中文系完成《藏族文学史》编写工作。（《今日新闻》1959.12.10.P6）

11日 四川省甘孜藏族自治州5座小糖厂建成投产。（《今日新闻》1959.12.12.P7）

13日~1960年1月4日 中共西藏工委举行牧区工作会议，制定《关于牧工牧主两利政策的实施办法》(草案)，进一步明确党在牧区实行“不分、不斗”和“不划阶级”的方针。会议决定，除没收叛乱领主和叛乱牧主的牲畜分给原放牧者及贫苦牧民所有外，整个牧区的生产资料所有制不予变更；确定当前党在牧区的主要任务是：充分发动群众，开展“三反两利”（“三反”即：反叛乱、反乌拉役差、反人身依附；“两利”即：牧主、牧工两利）运动，建立人民政权，妥善安排牧民的生产和生活；保护和发展牲畜，逐步改善牧民生活，是党在牧区的工作方针。执行上述方针和实现上述任务，有利于保护牲畜和牧业生产的发展，有利于以后条件成熟时对牧业经济进行社会主义改造。（《西藏日报》1960.1.13.①，《当代中国的西藏》上P283~284）

14日 四川省西昌专区最大的火力发电厂——泸沽钢铁厂2千千瓦火力发电厂投产。（《凉山彝族自治州志》上P51）

△ 是日报道，全国已有200多万少数民族牧民结束千百年来逐水草而居的游牧生活，基本上实现定居。内蒙古草原所有的人民公社，都根据生产情况作出定居的全面规划，积极建设定居地；新疆牧区人民公社的定居点达2000个左右，哈萨克族聚居的阿勒泰专区各人民公社，新建和扩建150个定居村；青海省牧民定居点遍布草原；甘肃省20多万少数民族牧民70%定居。（《今日新闻》1959.12.14.P4）

14日~1960年1月25日 全国人大常委会副委员长班禅额尔德尼·确吉坚赞和全国政协副主席帕巴拉·格列朗杰，由国家民委副主任汪锋、西藏工委副书记周仁山陪同在华东等地参观访问。（《人民日报》1959.12.15.④，12.19.④；《西藏日报》1960.1.6.①，1.9.①，1.12.①，1.15.①）

15日 青海省海南藏族自治州塘格木农场建成日产400斤的一座糖厂。（《今日新闻》1959.12.16.P3）

△ 西藏贸易总公司决定在自治区降低198种商品价格，降价的商品以粮食、茶叶和西藏人民必要的工业产品为主。（《中共西藏党史大事记（1949~1966）》P112）

16日 内蒙古自治区一座规模较大的纯碱制造厂——鄂托克旗白彦淖化工厂建成投产。（《今日新闻》1959.12.17.P6）

17日 内蒙古自治区新建的28座造纸厂投产。（《今日新闻》1959.12.18.P5）

18日 湖南省湘西土家族苗族自治州大庸县碳酸钾厂土法生产的碳酸钾，经北京有关部门化验，纯度96%~98%，部分产品出口。

这是湘西州工业品首次出口。（《湘西州志》上P64）

18日~1960年1月8日 中共中央统战部举行统战工作会议，讨论民族工作和宗教工作。国家主席刘少奇、全国人大常委会委员长朱德、中共中央总书记邓小平等党和国家领导人接见与会全体人员。（《人民日报》1959.1.9.①）

19日 云南怒江流域等少数民族聚居区试种“跃进一号”特种长绒棉成功。（《今日新闻》1959.12.20.P5）

20~27日 西藏政协首届一次会议举行，讨论通过了首届委员会人选。谭冠三当选为区政协主席。27日，西藏政协宣告正式成立。（《西藏日报》1959.12.27~31.①）

22日 内蒙古自治区第一座三号简易焦炉——呼和浩特特殊钢厂简易焦炉投产。（《今日新闻》1959.12.24.P5）

23日 由辽宁省沈阳沈河区橡胶二厂迁建的银川橡胶厂建成试产。1965年由沈阳第三橡胶厂和青岛橡胶二厂部分迁建，并于1965年12月31日基本建成新的银川橡胶厂。（《当代宁夏史通鉴》P22）

25日 国家主席刘少奇，全国人大常委会委员长朱德，国务院副总理贺龙、陈毅等党和国家领导人接见宁夏回族自治区和延边朝鲜族自治州、白城专区、河北承德市、辽宁本溪市5个少数民族参观团。（《人民日报》1959.12.26.①）

28日 广西壮族自治区柳州空气压缩机厂第一期土建和单项工程基本完成，其中机修、铆锻、木模等车间投入生产。（《广西通志·大事记》P340）

△ 西藏人民广播电台试播。（《中共西藏党史大事记（1949~1966）》P123）

30日 广西壮族自治区南宁铝厂电解铝生产车间投入生产，结束广西不能生产铝的历史。（《广西通志·大事记》P340）

31日 广西壮族自治区第一座麻纺厂——南宁麻纺织厂正式建成投产，设计年产标准通用麻袋为420万条。（《广西通志·大事记》P340）

△ 广西壮族自治区最大的火力发电站——柳州电站第一期工程1号机组1.2万千瓦正式投入生产。（《广西通志·大事记》P340）

△ 全国人大常委会副委员长、西藏自治区筹委代主任委员班禅额尔德尼·确吉坚赞和全国政协副主席、西藏自治区筹委副主任委员帕巴拉·格列朗杰到广西南宁参观访问。（《广西通志·大事记》P340）

△ 兰（州）新（乌鲁木齐）铁路通车至新疆哈密。至此，兰新铁路全线通车的里程已达1315公里。（《人民日报》1960.1.2.①）

是月 湖南省湘西土家族苗族自治州吉首通用机械厂试制成功1115型柴油机，湘西州开始制造动力机械。（《湘西州志》上P64）

△ 云南省文山专区丘北县冲头乡六郎洞电站竣工，装机2×12500千瓦，为全国第一座利用地下水发电的中型水电站，权属国家电力局。（《文山壮族苗族自治州志》1卷P44~45）

△ 随着西藏地区叛乱的平息，我边防部队陆续全面进驻中印、中尼、中不、中锡、中缅边境要地，从而改变西藏近4000公里边界线长期有边无防的状况。（《中国共产党西藏历史大事记（1949~2004）》P162）

是年 内蒙古自治区390万公顷农田遭受水灾和雹灾，成灾148万公顷，91万人受灾。（《内蒙古自然灾害通志》P270）

△ 内蒙古自治区少数民族职工队伍迅速壮大，仅大兴安岭林区的蒙古、达斡尔、鄂伦春、朝鲜等少数民族职工就有9000多人，在12个林业局的主要领导干部中，少数民族约占32%。在包头钢铁公司和呼和浩特、乌兰浩特、赤峰、集宁等城市的大中小型钢铁企业

中，已成长起内蒙古第一代钢铁工人，到是年底，包头钢铁公司已有2100多名蒙古族和其他少数民族企业管理干部、工程技术人员和职工。当年涌现出自治区级少数民族职工先进生产者45人，白云矿山工人胡尔宝音（蒙古族）、选矿烧结厂加工修理车间工人黑子（蒙古族）等出席全国群英会。（《内蒙古自治区史》P248）

△ 广西壮族自治区有17个县（市、区）发生干旱，受灾面积27万公顷，损失粮食1457万公斤。（《中国气象灾害大典·广西卷》P170~171）

△ 四川省甘孜藏族自治州完成对私改造任务，共建立公私合营企业16个，从业人员679人，合营资金40万元；组织合作商店、合作小组109个，从业人员1340人。（《甘孜州志）》上P58）

△ 云南省红河哈尼族彝族自治州河口县大围山亚热带原始森林被列为国家级自然保护区。（《红河哈尼族彝族自治州志》1卷P77）

△ 云南省楚雄彝族自治州牟定县、双柏县恢复建制。（《楚雄彝族自治州志》1卷P165）

△ 云南省佤族小学生1万多名，并且有了中学生和大学生。（《光明日报》1960.6.9.⑤）

△ 西藏实行民主改革，经济、文化、教育、卫生事业发展迅速。根据中共中央主席毛泽东提出“西藏地方大，人口少，需要发展人口”的指示，西藏各级政府对当地民族鼓励生育，发展人口。是年至1969年，出生率由14.35‰上升至17.45‰；人口数由120.62万增加至148.05万，平均每年净增人口2.49万，自然增长率由8.1‰增长至10.38‰。西藏人口进入稳定增长期。（《当代中国的西藏》下P494）

△ 西藏自治区筹备委员会卫生处管理藏医药工作时，全区有各类藏医药（含历算）人员434人（含学徒）；至1987年底，全区有主任、副主任医师和相当于高级技术职称的48人，主治医师和相当中级技术职称的145人，医师和医士236人，这是自有藏医以来，国家机关首次大规模为藏医药人员认定学历、评定职称；至1988年底，全区有792名藏医药人员、670名民间藏医药人员。70年代中期，自治区藏医院在强巴赤列院长领导下，藏、西医结合治疗慢性萎缩性胃炎取得良好效果，治愈率达73%。传统的藏成药“珍珠七十味”、“珍珠达西”、“玉宁二十五味”、“常觉”等多种成药，经现代科学手段化验分析有很高的科学价值，对许多常见疾病、疑难症有独特的疗效，不仅受到藏族同胞的信赖，还远销国外。（《当代中国的西藏》下P487~488）

△ 西藏文物管理机构成立。1965年，自治区文物管理委员会成立，文物考古工作开始起步，并对陆续征集到的数万件历史、宗教和民族文物进行登记造册、集中保管。这些文物中有世所罕见的贝叶经，西藏绘画艺术的瑰宝珍珠唐卡，元明以来历代中央政府敕封西藏地方官员的封诰、诏敕、印鉴、金册、匾额，清朝康熙、乾隆皇帝在拉萨等地修建的石碑以及特赐的、确定达赖灵童身份抽签用的金本巴瓶，元朝纸币，历代中央政府赐给西藏地方的佛像、唐卡等宗教文物，金银珠宝、绫罗瓷玉等各种器具，历代西藏地方政权及首领上呈中央的奏折、文件、信函和大量的金石录、印章、壁画、牌位等。（《当代中国的西藏》下P400~401）

△ 从50年代末到70年代中期，西藏登山队员配合科学工作者对珠穆朗玛峰进行3次科学考察。第一次配合完成珠峰东、北、西3面约7000平方公里的地质、气象等7个学科的考察；登顶队员首次从北坡登上珠峰，采回的峰顶岩石标本经铀一铅同位素测定为414~515百万年，证明珠峰峰顶石灰岩的地质年代为奥

陶纪；第二次科学考察的中心课题为“珠穆朗玛峰和喜马拉雅山脉抬升及其对自然界和人类生活的影响”，对珠峰地区约5万平方公里范围内的地质、地球物理、高山生物等13个学科65个专业进行科学考察；第三次对以珠峰为中心的300多平方公里范围内的地质测绘等4个学科进行考察。当9名登顶运动员在顶峰竖起测量觇标时，守候在10个控制点的测绘工作者立即同时对珠峰觇标进行平面和高程的交绘观测，经严密计算，求得珠峰高程的精确数值。（《当代中国的西藏》下P518~519）

△ 西藏藏剧团在觉木隆藏戏班的基础上成立，首任团长扎西顿珠。从70年代起，先后由团内和自治区艺术学校等培训3批演员40多人，涌现一批新秀。该团创作排演了大型多幕藏戏《汤东杰布》，至1985年共创作排演了取材于重大历史事件和人物、反映当代生活的大中型藏戏19个。（《当代中国的西藏》下P376~377）

△ 甘肃省甘南藏族自治州夏河县拉卜楞电站发电。（《甘南藏族自治州概况》P193）

△ 甘肃省甘南藏族自治州舟曲和迭部合并，改称龙迭县；碌曲、玛曲合并，改称洮江县；卓尼并入临潭县；夏河县改为德吾鲁市。上述各县于1962年恢复原县制、县名。（《甘南藏族自治州概况》P260）

△ 甘肃省肃南裕固族自治县的陶莱东部、八字墩、友爱3处草场划归祁连县，皇城滩草场划归肃南县。（《肃南裕固族自治县志》P9）

△ 青海省海南藏族自治州同德、贵南、兴海3县部分地区发生反革命武装叛乱，126人被杀害，重伤98名。8月，海南州平叛指挥部成立，解放军平叛部队进入海南，至年底大股叛匪基本肃清。由于受“左”倾思想影响，平叛斗争中发生了扩大化错误。经过1961年、1982年两次认真复查，得到彻底纠正。（《海南州志》P31~32）

△ 青海省久治县康赛飞地区（安羌地区）划归四川省阿坝县。（《阿坝州志》上P43）

△ 青海省果洛藏族自治州第一个畜产品加工企业——果洛州乳品厂建成。（《果洛藏族自治州志》下P506）

△ 青海省海西蒙、藏、哈萨克族自治州有各级干部3327人，比1954年增长5.6倍，其中妇女干部522人，增长6.1倍。（《海西蒙古族藏族自治州志》4卷P211）

△ 青海省果洛藏族自治州第一座水电站在吉迈建成。1960年12月停运。（《果洛藏族自治州志》下P625）

△ 青海省果洛藏族自治州新建小学57所，加上1958年兴办的小学，共有96所；在校生7000余名，占学龄儿童总数90%左右。（《青海日报》1960.1.19.③）

△ 新疆维吾尔自治区造林93.22万亩，种草52.03万亩，封山育林育草20.71万亩，设立沙障14.5公里，育苗9.14万亩。（《新疆通志·林业志》35卷P31）

△ 新疆维吾尔自治区169万亩小麦发生锈病，占全区小麦播种面积的14%以上。兵团石河子总场2.7万亩甜菜遭甜菜象鼻虫的危害，种子费损失2万元。阿克苏87.52万亩小麦发生锈病。（《新疆减灾四十年》P248）

1960年

1月

1日 广西壮族自治区首次大规模的球类竞赛——1960年全区十项球类运动会在自治区体育场开幕，4个市、6个专区和柳州铁路局共11个单位156个球队的1766名运动员参赛。十项球类竞赛中，有解放前从未举办过的全区性手球、水球、羽毛球比赛。（《广西通志·大事记》P340）

△ 甘肃省甘南藏族自治州人民广播电台正式成立，采用藏、汉双语播音。（《甘南州志》上P106，《甘南藏族自治州概况》P260）

△ 青海省玉树藏族自治州运输公司成立。（《玉树州志》上P32）

1~19日 内蒙古自治区1959年出土文物展览在呼和浩特举行，展出了汉、辽、金、元、明各代文物。（《内蒙古日报》1960.1.1.②）

2~12日 中科院内蒙古分院、内蒙古大学联合举办自治区首届科学讨论会。内蒙古大学校长乌兰夫、包头市委书记苏谦益等自治区党委和政府领导人出席大会。乌兰夫在开幕式上讲话，指出了当前科学技术工作中应注意的几个问题：一、发展科学技术工作，要加强党的领导，坚持正确的方向；二、科学技术工作要与生产实践紧密结合；三、科学技术工作要走群众路线，贯彻两条腿走路的方针，把专业研究和群众性的技术革新与技术革命结合起来；四、要动员各方面力量，大力培养科学技术队伍；五、要鼓足干劲，力争上游；六、要有共产主义协作精神。此次大会共提交76篇人文科学和自然科学论文参加讨论。（《内蒙古自治区史》P289、524，《内蒙古大学四十年》P379）

4日 广西壮族自治区轻化工业、手工业产品观摩评比会结束，共展出产品353类3万多件，评出优质产品221种。（《广西通志·大事记》P340）

△ 据报道，宁夏回族自治区南部山区已建成16座水库，改善了农业抗旱与居民饮水条件。（《宁夏日报》1960.1.4.①）

6日 新疆维吾尔自治区党委批转《关于改革民族小学学制的报告》，民族小学采取分批过渡的办法，逐步改为5年一贯制学制。（《中国共产党新疆历史大事记（1949.10~1966.4）》上P195）

△ 新疆维吾尔自治区乌鲁木齐至塔城新航线正式通航。（《新疆日报》1960.1.8.①）

7日 国务院全体会议第93次会议通过了《关于西藏地区、市、县行政区域划分的决定》等决定：设立内蒙古自治区巴彦高勒市，撤销磴口县，除将原磴口县的北部补隆淖以北地区和南部20里柳子以南地区划归阿拉善旗、河东王元地划归鄂托克旗外，其余地区以三盛公镇为中心，划归巴彦高勒市的行政区域；撤销突泉县，将原突泉县的行政区域划归科尔沁右翼中旗。设立宁夏回族自治区石嘴山市，撤销惠农县，将原惠农县的石嘴山等10个乡（镇），划为石嘴山市的行政区域，其余地区划归平罗县。撤销广西壮族自治区扶绥县，将原扶绥县的行政区域划归崇左县。将西藏地区原有的83个宗和64个相当于宗的独立豁卡合并划分为1个市、72个县，设立7个专员公署。拉萨市，辖达孜县、墨竹工卡县、当雄县、林周县、堆龙德庆县、尼木县、曲水县、旁多县8个县；昌都专员公署，驻昌都县，辖昌都县、江达县、贡觉县、宁静县、洛隆县、丁青县、边坝县、察雅县、桑昂曲县、八宿县、类乌齐县、左贡县12个县；林芝县专员公署，驻林芝县，辖林芝县、工布江达县、墨脱县、嘉黎县、雪巴县、波密县、米林县7个县；山南专员公署，驻泽当，辖乃东县、郎县、加查县、隆子县、拉加里县、错那县、穷结县、桑日县、哲古县、洛扎县、札囊县、贡噶县12个县；江孜专员公署，驻江孜县，辖江孜县、仁布县、浪卡子县、打隆县、白郎县、亚东县6个县；日喀则专员公署，驻日喀则县，辖日喀则、南木林县、谢通门县、拉孜县、昂仁县、萨迦县、定结县、定日县、聂拉木县、吉隆县、萨噶县11个县；那曲专员公署，驻黑河县，辖黑河县、安多县、班戈县、达木萨迦县、申扎县、索县、比如县、聂荣县、巴青县9个县；阿里专员公署，驻雅沙，辖仲巴县、普兰县、噶尔县、日土县、札达县、革吉县、改则县7个县。（《国务院公报》1960［2号］P39~40、43~44）

9日 内蒙古自治区第二大型纯碱制造厂——乌杜淖化工厂建成投产。（《内蒙古日报》1960.1.9.②）

11日 内蒙古自治区群众业余歌舞团成立，由77名蒙古、汉、回、达斡尔、朝鲜等民族演员组成。（《内蒙古日报》1960.1.15.③）

15日 广西壮族自治区柳州机械厂试制成功并生产出广西第一批35匹马力的“红河牌”水田拖拉机。（《广西通志·大事记》P341）

16~25日 科学院内蒙古分院、内蒙古经济学会、经济研究所联合举行经济理论讨论会。会议讨论了经济研究工作为经济建设服务的问题，通过了《内蒙古经济学会1960年工作计划》。（《内蒙古日报》1960.1.17.③，1.26.③）

17日 四川省凉山彝族自治州瓦岗、洪溪、普雄、布拖4县撤销。（《凉山彝族自治州志》上P52）

19日 广西壮族自治区柳州通用机械厂试制成功广西第一台75匹马力3160型柴油机。（《广西通志·大事记》P341）

20日 西藏体育运动委员会正式成立，并建立体育运动队和登山营（登山队）。西藏从此结束没有体育专业组织机构、专业训练和体育纪录的历史。1966年后，刚起步的西藏体育事业遭受“文化大革命”的破坏，体育机构取消，队伍解散。（《当代中国的西藏》下P500~501）

24日 广西壮族自治区党委发出《关于举行〈刘三姐〉文艺会演的决定》。其后3个月内，全区约有94个专业、1115个业余组织演出不同剧种的《刘三姐》，5.8万余人参加演出。4月11日至27日，其中21个专业、业余文艺团体的1246人在南宁举行文艺汇演。7月下旬，自治区文化局组织广西民间歌舞剧《刘三姐》到北京，4次进入中南海怀仁堂向党和国家领导人汇报演出。自10月初至1961年9月，文艺汇演先后在24个省、市巡回演出，历时1年，演出500余场。（《广西通志·大事记》P341、343）

是月 西藏体训班（体工队）成立，有男女篮球、足球、男子排球、男子手球、男女乒乓球、摩托车、举重、自行车、羽毛球和田径等11个项目；1963年只保留男女篮球、足球3个队；1972年4月，重新组建体工队，设篮球、排球、足球、乒乓球、田径5个队；1983年以后，增设柔道、摔跤、女子举重等项目；1986年，马术队成立，设有8个项目队，200多名运动员。登山作为运动项目，单独编制。（《当代中国的西藏》下P524~525）

是~3月 云南省先后受几次大寒潮侵袭，全省小春作物受霜冻害65万亩，其中无收25万亩、减产5成以上40万亩。楚雄彝族自治州小春作物受灾9万亩，曲靖地区小春作物受害72.9万亩，损失产量2810万公斤。（《中国气象灾害大典·云南卷》P438）

2月

1日 国家主席刘少奇，全国人大常委会副委员长黄炎培、陈叔通、班禅额尔德尼·确吉坚赞，国务院副总理陈毅、习仲勋以及全国政协副主席包尔汉、帕巴拉·格列朗杰等，接见来自西藏农业、新疆农业、西藏公学干部、太原和石家庄铁路学院的少数民族学员参观团。（《人民日报》1960.2.2.①）

3日 内蒙古考古人员在呼和浩特市郊区美岱村发现面积约5万平方米新石器时代的古文化遗址；在美岱水库工地发掘出1座方圆24万平方米的正方形汉代文化古城；在宁城县大明城发现辽、金、元各代的文化遗物和遗迹；在宁城县山头村发现5座砖室墓，其中4座有辽代壁画；在安庆沟发现与东胡族有关的汉魏

时期的大批文物；在包头市东河区转龙藏发现1处新石器时代文化遗址。（《内蒙古日报》1960.2.3.③）

△ 据报道，新疆维吾尔自治区博物馆南疆考古队在塔克拉玛干大沙漠南部民丰县，发掘出1对男女合葬的“木乃伊”。据鉴定，死者大约是距今2000年前东汉时代的人物。（《人民日报》1960.2.4.④）

4日 是日报道，我国少数民族地区除西藏外基本实现人民公社化。（《人民日报》1960.2.4.④）

△ 据报道，内蒙古自治区鄂伦春自治旗的鄂伦春族猎人于1959年春全部加入人民公社，从带有原始社会形态基本单一猎业经济社会进入社会主义社会。（《人民日报》1960.2.4.④）

△ 西藏工委发出《关于土改复查的几个问题的指示》指出，至1959年底，全区农业区已有57个县74万人口的地区开展了民主改革运动，其中有32个县约43万人口的地区已经完成了改革。（《中共西藏党史大事记（1949~1966）》P114）

8日 四川省凉山彝族自治州彝族干部已有4800多名（包括脱产的乡干部1400名），比1950年的民族干部总数增长78倍。彝族干部中党员有1800名，占民族干部总数的37%。（《四川日报》1960.2.8.③）

△ 据报道，西藏地区举办许多初级技术人员训练班，训练藏族、回族学员700多名。（《光明日报》1960.2.9.②）

9日 西藏工委发出《关于1960年农牧贷款工作的指示》。《指示》说，过去几年，全区发放了1300多万斤粮食的无息农业贷款和一些无偿农具，扩大了我党在群众中的政治影响。《指示》指出，今年贷款对象主要是贫苦农牧民和手工业者，中等以上农牧民不要贷款，贷款一般用于解决生产的困难。是年共贷款300万元，先分配200万元，贷款原则上应发放实物。贷款是否需要收息，由各分工委研究确定。（《中共西藏党史大事记（1949~1966）》P114）

△ 全国人大常委会委员长朱德为新疆维吾尔自治区昌吉回族自治州呼图壁县题词：“加紧建设呼图壁河灌溉工程，为完成全县水利化任务而奋斗。”（《昌吉回族自治州志》P47~48）

9~20日 甘肃省第二届职工业余文艺汇演在兰州举行。汉、回、藏、满、东乡5个民族的1397名代表参加，演出275个节目。（《甘肃日报》1960.2.24.③）

11日 贵州省黔东南苗族侗族自治州第四届工农业余文艺汇演在凯里举行，400多人参加，演出9场，节（剧）目102个。（《黔东南苗族侗族自治州志·总述·大事记》P149）

12日 国家主席刘少奇、全国人大常委会委员长朱德和中共中央统战部部长李维汉等党和国家领导人接见吉林通化地区各民族参观团。（《光明日报》1960.2.13.①）

△ 新疆维吾尔自治区第一所盲聋哑学校在乌鲁木齐市成立。（《新疆日报》1960.2.18.③）

13日 安徽省支援西藏地区的黄梅戏剧团成立。（《安徽日报》1960.2.13.③）

15日 新疆维吾尔自治区党委统战部向自治区党委呈报《关于一九五九年工作总结和一九六〇年工作任务的报告》提出，自治区是年统战工作任务是：组织党外人士学习中共中央主席毛泽东著作，对广大干部和群众进行民族团结教育；教育内地支边青壮年尊重少数民族风俗习惯，同当地人民密切合作；争取宗教界人士的赞同，继续进行宗教制度改革，废除宗教的封建特权和剥削；继续做好党外人士的安排工作。（《中国共产党新疆历史大事记（1949.10~1966.4）》上P196~197）

16日 国务院全体会议第96次会议决

定，设立云南省河口瑶族苗族自治县，撤销河口瑶族自治县、屏边苗族自治县，原河口瑶族、屏边苗族2个自治县的行政区域为河口瑶族苗族自治县的行政区域。（《国务院公报》1960［6号］P116，［7号］P129~131）

20日 保加利亚人民共和国帮助兴建的广西泗顶铅锌矿建成投产。（《广西通志·大事记》P341）

△ 四川省甘孜藏族自治州委召开全州多种经营工作会议，讨论制定发展多种经营的方针政策和规划措施。（《甘孜州志》上P59）

21日 国家主席刘少奇、全国人大常委会委员长朱德等党和国家领导人接见广西、福建、辽宁、旅大和阜新地区、吉林四平地区等各民族参观团，以及中共内蒙古昭乌达盟党校干部参观团。（《光明日报》1960.2.22.①）

24日 黄河青铜峡水利枢纽工程拦河坝合龙截流。该工程于1958年8月26日动工兴建，位于宁夏回族自治区青铜峡县境内，是一个发电、灌溉、调节黄河水量等综合利用的水利枢纽工程。大坝合龙后，可控制宁夏、内蒙古等地区的黄河凌汛，并使宁夏地区形成一个面积1000万亩的黄河平原灌溉网和山区扬水灌溉网。（《新华社新闻稿》1958.8.28，1960.2.26；《中华人民共和国大事记（1949~1980）》P211）

24日~3月4日 中共青海省果洛藏族自治州第一次代表大会在吉迈举行。会议通过《关于果洛藏族自治州1960~1962年国民经济计划》，制订《果洛藏族自治州1960~1962年畜牧业生产规划》、《果洛藏族自治州1960~1962年农业发展规划》、《果洛藏族自治州1960~1962年工业、交通、邮电发展规划》。（《果洛藏族自治州志》上P148、244~245）

25日 广西壮族自治区柳州钢铁厂1号高炉（255立方米）正式投入生产。该厂自1958年7月1日破土兴建以来，先后有壮、汉、苗、瑶、侗、仫佬等14个民族共1万多名建设者参加工程建设，全国18个省、市、自治区的40个城市134个工厂为柳钢赶制设备。（《广西通志·大事记》P342）

26日 是日报道，中央民族学院有蒙古、藏、维吾尔、回、苗、壮等27个民族成分的少数民族教师124人。（《光明日报》1960.2.26.②）

△ 广西壮族自治区柳州重点建设项目——柳州市新水厂第一期工程建成投产。每天可生产净水2万吨，相当于原来日供水量的2倍。第二期工程即将施工，完工后日供水为12万吨。（《广西通志·大事记》P342）

△ 据《新疆日报》报道，新疆维吾尔自治区科学技术事业迅速发展，科技机构和科技队伍迅速发展壮大。中科院新疆分院筹委会已先后建立物理、化学、社会科学3个研究所和生物土壤、地质地理、科技情报3个研究室及人造卫星观测站等7个专业研究机构，自治区各系统已建立12个研究所和5个研究室，各高等院校和生产建设兵团也建立数十个科学研究机构，自治区各科学研究机构的专职人员已达2500人。（《中国共产党新疆历史大事记（1949.10~1966.4）》上P198）

27日 南方13个省、市、自治区防治钩虫病、丝虫病、疟疾经验交流会在广西壮族自治区玉林召开。（《广西通志·大事记》P342）

29日 据统计，我国少数民族知识分子已达约30万人，包括科技、文教、新闻、理论工作者。各级教师人数达11万多名，其中高校教师近2000名。据7个自治区（省）的统计，10年来少数民族大学毕业生达1.2万多名，留学生达260多名。此外，各民族学院还培训各民族干部3万多名。（《光明日报》1960.2.29.①）

△ 广西壮族自治区职工业余文艺汇演在南宁举行，参加汇演代表834人，演出节目

234个。汇演中有94个节目获奖，获奖作品70个，236人获优秀演员、导演奖。大会前，大部分地区举行选拔汇演，参加演出的有500多个单位、2000多名职工，共演出200多场次，观众约60万人次。（《广西通志·大事记》P342）

△ 广西壮族自治区综合利用甘蔗的最大工厂——南宁糖纸厂正式投入生产。设计能力日榨甘蔗2000吨，年产白砂糖4.5万吨。（《广西通志·大事记》P342）

是月 截至目前，西藏全区已有63县约89万人口的地区，全面开展了民主改革运动。其中47个县，约61万人口的地区完成民主改革。（《中共西藏党史大事记（1949~1966）》P115）

△ 西藏拉萨中学开办高中班，招生34人，从此西藏有了第一所完全中学。（《当代中国的西藏》下P305）

△ 新疆维吾尔自治区轻工业科研所成立。（《新疆通志·科学技术志》72卷上P41）

3月

1日 湖南省湘西土家族苗族自治州永顺县龙家寨煤矿建立自治州第一家煤成堆干镏厂，年生产能力300吨焦油和4050吨半焦。（《湘西州志》上P64）

△ 青海省果洛藏族自治州建成第一座气象台。（《果洛藏族自治州志》上P33）

2~12日 内蒙古自治区民委第四次委员（扩大）会议和自治区回协第三次委员（扩大）会议在呼和浩特联合举行。会议听取自治区副主席奎璧的政治报告和自治区党委统战部副部长李光华两年来民族工作成就的报告，交流了民族工作经验，检查批判右倾保守思想和民族主义情绪，确定民族工作的新任务。回协（扩大）会议讨论通过撤销回协组织的决议。国务院副总理兼国家民委主任乌兰夫到会就各族人民共同建设社会主义和发展繁荣民族人口问题作重要指示。（《内蒙古日报》1960.3.5.①，3.17.⑤）

4~6日 国务院总理周恩来和罗荣桓、聂荣臻元帅一行在广西壮族自治区南宁视察工作。（《广西通志·大事记》P342）

4~8日 宁夏回族自治区工会首次代表大会举行，选举成立自治区总工会。（《宁夏日报》1960.3.5.①，3.9.①）

5~27日 西藏黄教传统的“门南木钦保”（传大召），在噶丹池巴（法台）主持下进行。3月7日，中央人民政府驻藏代表张经武向参加传召的全体僧众发放布施，每人2元，并发表书面祝词。（《西藏日报》1960.3.9.①，3.27.①）

7~24日 广西壮族自治区人民委员会召开全区工交企业技术革新和技术革命流动现场会议。采取边看边议的方法，先后到南宁、柳州、桂林、平桂矿务局、梧州、玉林等地参观了67个厂矿企业，总结交流经验，决心把机械化半机械化运动推向新的高潮。（《广西通志·大事记》P342）

9日 中共中央发出《关于城市人民公社问题的批示》，要求各地采取积极态度建立城市人民公社。（《中共宁夏党史大事记（1925.8~1988.6）》P258）

11日 内蒙古自治区党委决定成立内蒙古哲学、文学、民族、考古、教育、法学6个研究所。（《内蒙古自治区史》P289、524）

△ 贵州省黔南布依族苗族自治州人民广播电台正式开播。（《黔南布依族苗族自治州志》上P55）

12~22日 中共西藏工委召开扩大会议，总结一年来的民主改革工作，确定彻底完成民主改革和发展生产的任务。（《西藏日报》1960.3.29.①）

14日 据统计，1949年至1959年间，内蒙古自治区牲畜增长197.9%。（《内蒙古

日报》1960.3.14.③）

△ 新疆维吾尔自治区人委第十次委员会议，通过民族小学现行4年制改为5年一贯制的决定。（《新疆日报》1960.3.16.①）

15日 我国驻缅甸大使耿飚受国务院总理周恩来指示到云南省德宏傣族景颇族自治州查处姐告发生的严重涉外事件，并了解德宏边民外出情况。（《德宏州志》综合卷P47）

16日 中国美协云南分会、云南音乐舞蹈家协会成立。（《云南日报》1960.3.19.①）

20日 西藏拉萨筹建1座陶瓷厂，并试制成功第一批瓷器。（《西藏日报》1960.3.20.①）

21日 中国和尼泊尔关于两国边界问题的协定、经济援助协定在北京签订。（《新华社新闻稿》1960.3.22）

△ 新疆维吾尔自治区公布维吾尔、哈萨克新文字方案（草案）。（《新疆日报》1960.3.21.②③）

25日 宁夏回族自治区党委作出《关于纠正中宁县委工作中的严重错误和撤换县委主要领导成员的决定》。在浮夸风的影响下，中宁县委谎报成绩、隐瞒缺点、违反纪律，在1959年冬至1960年春，发生人口成批外逃、大量浮肿和饿死人的事件，使党的政策、党群关系、农业生产力遭受严重破坏。为严肃党纪国法，自治区党委对"中宁事件"的直接责任者进行坚决处理。31日，中共中央发文《应当纠正像中宁县工作中的严重错误》。中央指出："中宁县的问题，虽然是个别的，但其性质是严重的。谎报成绩，隐瞒缺点，甚至对反映真实情况的人进行打击报复，是一种严重违反党的纪律的行为，是绝对不能允许的。"（《中共宁夏党史大事记（1925.8~1988.6）》P259~260）

31日 广西柳州空气压缩机厂试制成功广西第一台2L20型空气压缩机。（《广西通志·大事记》P343）

是月 四川省甘孜藏族自治州乾宁农试场试验绵羊人工授精技术成功，并进行推广。绵羊受胎率平均93%，这一指标在全省处于领先地位。（《甘孜州志》上P59）

△ 解放军总参谋部授予云南省文山壮族苗族自治州广南县农民李中华"打虎英雄"称号。国务院总理周恩来颁发李中华奖章1枚，半自动步枪1支。（《文山壮族苗族自治州志》1卷P48）

△ 云南省楚雄彝族自治州吕合地区发现1种死亡率很高的小儿心脏病，时称"楚雄地区小儿心脏病"，简称"楚心病"，年内发病141例，死亡132人，死亡率93.3%，在全州各县及省内一些地方亦有发现。1966年12月19日，中央卫生部组织的联合调查组经调查研究正式宣布，"楚心病"为"克山病"。（《楚雄彝族自治州志》1卷P197、201）

△ 国家测绘总局青藏高原分局正式成立。1970年，西藏首次有了自己测（编）绘1：10万的地形图。（《当代中国的西藏》下P358）

是~4月 新疆维吾尔自治区博尔塔拉蒙古自治州遭寒流，草场积雪过厚，全州死亡各类牲畜6.98万头。（《博尔塔拉蒙古自治州志》P44）

4月

1日 中国科学院新疆维吾尔自治区分院成立。（《新疆通志·科学技术志》72卷上P42）

2日 内蒙古自治区党委作出《关于积极组织城市人民公社的指示》。（《内蒙古自治区史》P524~525）

5日 国务院批复青海省人民委员会，同意大通县、互助土族自治县划归西宁市。（《国务院公报》1960［15号］P312）

8日 西藏地区已建立20个区和300个乡的人民政府，同时成立各专区级政协。

（《当代中国的西藏》上P345）

8~11日 贵州省黔南布依族苗族自治州举行首届文代会，成立自治州文联。（《贵州日报》1960.4.17.⑥）

9~14日 全国人大民委扩大会议举行，中共中央统战部部长李维汉作了关于民族工作的讲话，国家民委副主任汪锋报告了民族工作巨大成就和今后任务。与会代表就民族关系发表意见，赞颂党的民族政策，并表示树立和坚定无产阶级民族观，更好地为民族地区社会主义建设服务。（《人民日报》1960.4.25.②）

10日 广西壮族自治区文化工作会议在南宁闭幕，420人参会。会议要求，开展以农村为重点的群众文化工作，全面发展文化艺术事业，培养提高艺术干部，积极提高文艺质量，使文化工作加速赶上全国先进水平。（《广西通志·大事记》P343）

11日 新疆维吾尔自治区党委紧急工作会议在拜城县召开，严肃处理拜城县发生饿死人问题，自治区党委第一书记王恩茂主持并作重要讲话。他指出，拜城县存有大量粮食，但没解决好人民的吃粮问题，造成完全不应该发生的部分群众缺粮、饥饿、生病以致少数人死亡的严重事件，这是新疆解放以来从未发生过的。他要求，各地党委通过拜城事件吸取教训，教育广大党员、干部切实重视和安排好人民生活。（《中国共产党新疆历史大事记（1949.10~1966.4）》上P199）

13日 全国爱国卫生运动西北检查团宁夏分团团长王任山一行6人抵达银川，对自治区的爱国卫生运动进行全面检查。（《中共宁夏党史大事记（1925.8~1988.6）》P260）

△ 青海省玉树藏族自治州委干校改称州委党校。（《玉树州志》上P33）

13~28日 内蒙古自治区工商业联合会第三届代表大会举行，通过《内蒙古工商业联合会简则》。会议选举产生第三届执行委员会，覃锡树任主任委员。（《内蒙古自治区史》P261~262）

15日 青海省玉树藏族自治州科学技术协会成立。（《玉树州志》上P33）

△ 宁夏回族自治区党委批转自治区经委《关于进一步开展技术革新和技术革命运动的意见的报告》，要求在全区“迅速、全面地把技术革新和技术革命运动推向新的高潮”。（《中共宁夏党史大事记（1925.8~1988.6）》P260）

16日 西藏藏剧团搜集整理出民间藏戏《嘉沙》、《阿吉昂沙》等12种传统剧目。（《人民日报》1960.4.17.③）

16~22日 新疆维吾尔自治区科协首次代表大会在乌鲁木齐举行，正式成立自治区科协，涂治任主席。至1965年，自治区级学会达到26个，会员4700余名。各专、州、市和70个县、125个人民公社、60个厂矿企业先后建立科协，各级科协为发展自治区经济建设作出贡献。（《中国共产党新疆历史大事记（1949.10~1966.4）》上P200）

18~26日 新疆维吾尔自治区文化工作会议在乌鲁木齐举行。会议传达全国文化工作会议精神，讨论、明确文艺为人民服务、为社会主义服务的方向和党对文艺工作领导的重要性，批判强调文艺工作特殊、为艺术而艺术、为文化而文化和脱离党的领导的错误倾向。（《中国共产党新疆历史大事记（1949.10~1966.4）》上P200）

19日 内蒙古自治区乌达矿区第一座年产60万吨现代化洗煤厂建成投产。（《内蒙古日报》1960.5.1.⑦）

△ 西藏拉萨东郊纳金水电站两台机组建成发电。电站引拉萨河水发电，装机容量7500千瓦，总投资1300万元，是西藏高原上最大的一座水电站。纳金电站于1958年10月初动工修建，中共西藏工委、西藏噶厦政府和西藏军区成立纳金电站修建指挥部。1000多驻藏人民解放军、中共西藏工委及群众团体和

藏族民工4000多人及北京、江苏、安徽、湖北、陕西、云南、四川等省市的技术人员参加施工。（《人民日报》1960.4.22.⑥，《中国共产党西藏历史大事记（1949~2004）》P120）

22日 内蒙古自治区杂技团成立。（《内蒙古日报》1960.4.24.③）

△ 新疆维吾尔自治区第一条长达54公里的轻便铁路在乌鲁木齐市郊建成通车。（《新疆日报》1960.4.26.①）

△ 国务院批复新疆维吾尔自治区人民委员会，同意尉犁县维文名称“孔雀”（音译）改称“罗布诺尔”（音译）。（《国务院公报》1960［16号］P328）

22日~5月13日 西藏自治区筹委会第四次全体会议举行，筹委会代主任委员班禅额尔德尼·确吉坚赞作题为《一九五九年工作总结和一九六〇年工作任务》的报告。他指出，1959年是西藏形势发生根本变化的一年。自平叛以来，自治区在民主改革运动中培养近5万名藏族干部和积极分子；西藏短时期内新修区内公路24条，长2200余公里；增设县、区贸易点232个，改善了城乡贸易关系，基本上满足了群众的要求；全区医疗队（室）为藏族人民共门诊85万余人次；全区增设公办小学10所、民办小学456所、夜校128所，入学学生2.5万余人次。会议通过了关于撤销叛国分子墨林·阿旺曲扎（藏族）的筹委委员职务和增补周仁山为委员兼常务委员等决议，并号召西藏人民团结一致彻底完成民主改革。（《西藏日报》1960.4.23.①，5.14.①②；《中共西藏党史大事记（1949~1966）》P117）

23日 广西壮族自治区财贸职工技术革新和技术革命选拔表演赛在南宁举行。500多名革新能手表演1054项操作技术。评选出席全国财贸职工技术革新和技术革命表演大会的代表177人，先进技术130多项。（《广西通志·大事记》P343）

24日 贵州民族民间工艺美术展览会在北京举行，共展出贵州汉、苗、侗、瑶、布依等民族的工艺美术品600余件。（《光明日报》1960.4.24.⑤）

△ 新疆维吾尔自治区党委文教工作会议在乌鲁木齐召开。会议着重讨论自治区业余教育问题，确定业余教育的方针、任务：在大力扫除文盲的同时，发展中等和高等业余教育，培养技术和管理干部。自治区业余教育委员会同时成立，自治区党委第二书记赛福鼎·艾则孜兼任主任委员，札克洛夫等10人任副主任委员。首次委员会议制订了1960年的工作计划。（《中国共产党新疆历史大事记（1949.10~1966.4）》上 P200~201，《新疆日报》1960.4.24.①）

27日 广西壮族自治区柳州建筑机械厂生产自治区第一台塔式起重机。（《广西日报》1960.5.12.①）

28日 《中国尼泊尔和平友好条约》在尼泊尔加德满都签订，并于29日发表全文。（《新华社新闻稿》1960.4.30）

30日 宁夏回族自治区党委批转区文教厅党组《关于重点学校的报告》，被列为自治区重点学校的有高等院校3所、中等师范2所、中等技术学校2所、公办全日制普通中学2所、初级师范1所、小学1所、业余学校4所。（《中共宁夏党史大事记（1925.8~1988.6）》P261）

是月 广西壮族自治区热带植物考察团赴越南进行考察，参观了10个省（区）市的有关林场、农场、农业合作社等30多个单位。（《广西通志·大事记》P343）

△ 云南省文山壮族苗族自治州8名民兵代表出席在北京召开的全国民兵代表大会，受到中共中央主席毛泽东等党和国家领导人的接见。其中，王道珍、肖远章被中央军委授予“全国民兵战斗英雄”称号。（《文山壮族苗族自治州志》1卷P48）

△ 云南省西双版纳傣族自治州勐遮县勐

邦水库建成，该水库1958年8月1日开工，库容量2493万立方米。（《西双版纳傣族自治州志》上P42）

△ 云南省文山壮族苗族自治州西畴县人民银行李代琼发明手摇点钞机，出席全国技术革新表演大会。（《文山壮族苗族自治州志》1卷P48）

△ 中央批准西藏军区成立生产部，西藏农垦事业进入新阶段。当年垦荒5万多亩，建立了艾马岗、达孜、拉孜、浪子卡、林芝、桑耶、米林、雪巴8个军垦农场，在拉萨西郊组建了拉萨皮革厂与拉萨皮具厂。同时，抽派人马在海拔5000米以上的班戈湖畔开采硼砂，3年中开采硼砂6.9万吨，创利3500万元。（《当代中国的西藏》下P14）

5月

1日 内蒙古自治区包头钢铁厂1号平炉出钢。5日，包头钢铁公司举行提前出钢庆祝大会，内蒙古自治区主席乌兰夫到会剪彩。（《内蒙古日报》1960.5.6.①，《内蒙古自治区史》P525）

△ 云南省腾冲至德宏傣族景颇族自治州盈江公路丙汉大桥建成通车。大桥由德宏科技人员自行设计，16孔、石台梯形桁架木面，全长192米，是云南省最长的公路桥。（《德宏州志》综合卷P47~48）

△ 云南省兰坪白族普米族自治县首座电站——装机容量48千瓦的金顶文兴电站投产发电，兰坪居民首次使用电灯。（《兰坪白族普米族自治县志》P22）

2日 广西壮族自治区建筑技术革新、技术革命展览会在广西展览馆开幕，展出内容8000余项。（《广西通志·大事记》P343）

3~19日 全国第三次民族学院院长会议举行。会议着重讨论贯彻执行党的教育方针的经验和问题，并研究民族学院今后3年、8年和13年发展规划。截至1959年底，各民族学院共设有本科专业21个，还设有预科、各类中等专业技术班和干部训练班，在校生14109人；教职工3352人，其中教师1407人；毕业生累计39662人。（《中国教育年鉴（1949~1981）》P409）

3日~7月2日 中共宁夏回族自治区一届七次扩大会议举行。会议在“左”的思想指导下，给自治区主席、自治区书记处书记刘格平（回族）等领导错误地扣上“资产阶级和民族宗教上层在共产党内的代理人”等帽子，揭发批判所谓“以刘格平为首的地方民族主义反党集团”。9月6日，自治区党委向中共中央电报《关于对刘格平民族主义反党集团的斗争情况报告》，提出对刘格平等4人的处理意见并得到批准，刘格平被撤职调离宁夏。随后，刘格平等13名厅局级以上领导被撤销党内外一切职务，有的还被捕入狱。11月7日，中共中央批转《报告》。1962年，根据中共中央部署，对“反对地方民族主义”错案先后进行甄别平反。（《中共宁夏党史大事记（1925.8~1988.6）》P267，《当代宁夏史通鉴》P22）

7日 全国人大常委会委员长朱德、中央军委副主席林彪、中共中央总书记邓小平、国务院副总理贺龙和中央书记处书记谭震林等党和国家领导人，接见内蒙古、西藏、广西、四川、贵州等地各民族“五一”节参观团和出席全国民族学院院长会议的代表。（《人民日报》1960.5.8.①）

9日 科学院内蒙古分院历史研究所邀请内蒙古史学界部分人士，结合《鄂温克人的原始社会形态》（初稿）一书，就鄂温克人的社会中是否出现过私有制问题进行讨论。（《光明日报》1961.5.9.①）

10日 宁夏回族自治区河西引黄灌溉重要工程——西干渠的简易渠道工程提前完工并正式放水，历时7个月，全长113.7公里。该工程开创引黄灌区冬季大规模施工的先例，是年灌地10万亩。（《中共宁夏党史大事记

（1925.8~1988.6）》P261）

11日 四川省部分史学工作者在成都举行座谈会，讨论云南省少数民族社会历史调查组编写的《彝族简史》古代史部分的初稿和彝族族源问题。（《光明日报》1961.5.22.①）

△ 西北农业科学观摩检查团一行18人在宁夏回族自治区观摩检查工作。观摩检查团肯定自治区根据土壤盐渍化发生的原因所提出的改良盐渍化土壤的排、淤、洗、灌、平、肥、翻、轮、松、种、换等项措施，为全面开展治盐工作提供科学依据；还肯定灵武园艺场种植果树600亩，成活率达80%以上，创造西北地区沙荒地建立果园的成功经验。（《中共宁夏党史大事记（1925.8~1988.6）》P262）

12日 云南省迪庆藏族自治州档案资料馆成立。（《迪庆藏族自治州志》P39）

△ 宁夏回族自治区党委批转宣传部《关于开展教学改革的意见》，提出小学试行五年一贯制，中学试行三二制的学制改革试验。（《中共宁夏党史大事记（1925.8~1988.6）》P262）

15日 国务院总理周恩来、副总理陈毅到广西壮族自治区桂林视察工作，并审阅正在兴建的青狮潭水库图样。（《广西通志·大事记》P343）

15~17日 广西壮族自治区民族工作现场会在隆林各族自治县举行。与会代表参观隆林少数民族猛赶汉族先进地区。自治区民委副主任梁华新作了会议总结。（《广西日报》1960.5.27.③）

15~23日 西藏青年联谊会在拉萨举行第二次代表大会，通过了西藏爱国青年联谊会改为西藏自治区青年联合会的决议，选举产生新的领导机构。（《西藏日报》1960.5.17.①，5.24.①②）

22日 广西壮族自治区贵县钢铁厂1号高炉出铁。（《广西日报》1960.5.26.①）

25日 中国登山队首次从北坡登上世界最高峰珠穆朗玛峰。登山队队长许竟，队员有王富洲、刘连满、屈银华、贡布（藏族）等人。其中王富洲、屈银华、贡布3人于25日凌晨4时20分登上海拔8848米的珠峰。为史上首次从北坡登上地球之巅。贡布是我国第一个登上珠峰的西藏藏族翻身农奴。在这次登峰中，西藏地区共有39人打破7590米的国家登山纪录，有17人达到8100米以上的高度。征服珠穆朗玛峰后，贡布赴北京受到中共中央主席毛泽东、国家主席刘少奇、国务院总理周恩来、全国人大常委会委员长朱德、国务院副总理贺龙等中央领导人接见。国家向登山队员颁发了首批登山体育运动荣誉奖章。（《西藏日报》1960.5.29.②，《人民日报》1990.1.12.③）

27日 至目前，青海省少数民族兽医技术人员已有3000多名，其中达到三员（放牧员、防疫员、配种技术员）综合水平的防疫员有4000多名。（《青海日报》1961.5.27.①）

△ 第二批支援宁夏回族自治区建设的浙江青年及家属共4.2万多人抵达银川。（《宁夏日报》1960.5.27.①）

30日 国务院批复广西壮族自治区人民委员会，同意石龙县改称象州县。（《国务院公报》1960［23号］P444）

△ 新疆哲学社会科学学组成立，所属的哲学、政治经济学、中国共产党史、科学社会主义、民族问题、语言文学、考古、教育8个研究所同时成立。（《光明日报》1960.6.16.③，《中国共产党新疆历史大事记（1949.10~1966.4）》上P203）

是月 内蒙古自治区教育战线掀起“大跃进”高潮。全区中小学普遍开展勤工俭学，办起工场、农场、牧场；高等教育迅速发展，由1957年的4所高等院校发展至18所；群众厂矿办小学由原有的1100所增至6309所；新发展中学993所，其中群众厂矿办中学964所；厂矿办起职工学校2571所，43万职工参加业余学习；扫盲教育1958~1960年共扫除文盲约

172万人，是1957年扫盲人数的3.4倍以上，97%的青壮年文盲、半文盲参加文化学习。1959年，自治区有学生151万人，比1957年增长64.4%；中等学校在校生增长88.1%，小学生增长51.4%；全区牧业中学在校生31528人，增长13.8倍。（《内蒙古自治区史》P276）

△ 吉林省延边朝鲜族自治州内各地普遍出现粮荒。1959年农村人口留粮为皮粮376斤，口粮不足，副食品短缺，发生大量低蛋白性浮肿病，疫情一直延续到1961年上半年。（《延边朝鲜族自治州志》P70）

△ 中苏护林防火联防吉林省延边朝鲜族自治州珲春联络站成立，并与苏联克拉斯基诺联络站建立联系。（《延边朝鲜族自治州志》P70）

△ 云南省迪庆藏族自治州中甸县三坝白地公社718人患水肿病，死亡124人。（《迪庆藏族自治州志》P39）

△ 新疆维吾尔自治区政治学校伊犁分校成立，州长库尔班阿里·乌斯满兼任校长。（《伊犁哈萨克自治州志》P50）

是~6月 云南省出现严重春夏连旱现象，旱期之长为历史上少见，特别是楚雄彝族自治州连旱7个多月，作物受旱100多万亩；昭通地区9个多月均未下透雨，受灾约48万亩，并发生大面积虫害；昆明受旱灾8.47万亩。（《中国气象灾害大典·云南卷》P51）

△ 新疆维吾尔自治区阿克苏县63.15万亩小麦发生锈病；库车、沙雅、新和、拜城等地受灾面积分别为23.75万亩、15万亩、15万亩、9.4万亩，发现后用飞机喷药进行防治。伊犁地区40万亩小麦发生锈病。（《新疆减灾四十年》P249）

6月

1日 内蒙古自治区鄂温克族自治旗民族歌舞团成立。（《鄂温克族自治旗志》P916）

1~11日 四川省甘孜藏族自治州甘孜民族师范学校教师土登（藏族）、白玉县三岩乡小学教师扎西（藏族）、丹巴县梭坡乡接生员德母旦（女，藏族）在全国教育、文化、卫生、体育、新闻社会主义建设先进代表会上受国务院表彰。（《甘孜州志》上P60）

2日 是日报道，解放以来，内蒙古自治区鄂伦春自治旗建有小学4所，155名鄂伦春族儿童全部免费入学。（《内蒙古日报》1960.6.2.⑦）

△ 中共西藏工委宣传部发出《关于调查搜集藏族文学的通知》。（《西藏日报》1960.6.2.③）

3日 宁夏回族自治区党委发出《关于贯彻执行〈中共中央关于在农村中开展“三反”运动的指示〉的指示》，对犯错误干部的处理必须按中央规定的控制比例执行；凡一般性贪污，款数在300元以上，应该戴上贪污分子的帽子。（《中共宁夏党史大事记（1925.8~1988.6）》P262）

6日 科学院民族研究所召开全国少数民族社会历史调查组工作会议，15个省（区）的少数民族社会历史调查组，汇报了调查研究和编写各少数民族简史、简志及各民族自治地方概况等3种民族问题丛书的情况，讨论确定了今后的工作任务。（《光明日报》1961.6.6.①）

△ 至目前，新疆维吾尔自治区高等学校由解放初的1所发展到9所，在校生5400多名，比1949年增长13倍多；中等专业学校由11所发展到39所，在校生2.05万多名，比1949年增长9倍多；普通中学由9所发展到211所，在校生11.39万多名，比1949年增长37.5倍；小学基本普及，在校生81.85万多名，占学龄儿童的87%，比1949年增长3倍多；半日制的农业中学从1958年创办以来，已发展到318所，在校生达2.09万多名。

（《光明日报》1960.6.6.⑤）

8~15日 西藏妇女首次代表大会举行。会议决定成立西藏妇女联合会，通过妇联章程和告全区妇女书。（《西藏日报》1960.6.9.①，6.16.①②）

9日 科学院文学研究所在北京召开少数民族文学史编写工作讨论会，以《蒙古族文学简史》、《白族文学史》、《苗族文学史》为例，探讨编写少数民族文学史的共同原则等问题。会议期间，文化部民族文化工作指导委员会邀请到会同志举行座谈会，座谈了民族文化工作问题。（《人民日报》1961.6.10.④）

△ 青海省农林厅在海南藏族自治州共和县沙珠玉河南岸的15万亩沙区，首次使用飞机播种沙篙、骆驼篙、山里红、白刺等牧草和固沙植物，共用种子3.75万公斤。（《海南州志》P34）

15日 新疆维吾尔自治区党委向各地下发关于开展"三反"（反贪污、反浪费、反对官僚主义）运动的指示。（《中国共产党新疆历史大事记（1949.10~1966.4）》上P201）

16~17日 中国民航伊尔—18涡轮螺旋桨大型客机，从北京至拉萨试航成功。（《人民日报》1960.6.22.④）

17日 据统计，新疆维吾尔自治区451个农村人民公社建立1000多所医院、妇产院，拥有3000多张病床。（《人民日报》1960.6.17.④）

25日 国家民委在北京召开各民族学院院长和西藏公学校长座谈会，研究在少数民族地区如何加强教育工作的问题。会议要求各民族学院必须加强阶级教育，开展教育改革，高速度培养少数民族的共产主义干部。（《光明日报》1960.6.25.③）

27日 广西壮族自治区外贸局局长范宗海为团长的中国广西贸易代表团同红旗为团长的越南越北自治区贸易代表团，在南宁举行1960年地方贸易谈判，历时1个月，于是日达成协议。1960年中国广西同越南越北地方贸易出口商品价值237.7万元，进口214.3万元。越北自治区行政长官赠送给广西珍贵动物幼熊1只。根据自治区人民委员会指示，幼熊移交给南宁人民公园。（《广西通志·大事记》P344）

31日 我国和蒙古友好互助条约、经济技术援助协定在乌兰巴托签订。友好条约全文同日公布。（《新华社新闻稿》1960.6.1，《中华人民共和国大事记（1949~1980）》P455）

是月 广西壮族自治区南宁华侨补习学校成立，接待从印尼回国的归侨学生。1969年停办，1979年在原校址成立广西侨务学校，1983年撤销侨务学校，恢复南宁华侨补习学校，作为自治区归侨青年、职工、侨务干部的教育培训基地。1983年至1990年，共培训1891人。（《广西通志·大事记》P344）

△ 应古巴政府邀请，广西选派自治区农机研究所刘庆弟、梁力健等赴古巴传授广西59—3型水稻插秧机使用技术。（《广西通志·大事记》P344）

△ 四川省甘孜藏族自治州卫生防疫工作大队改为州卫生防疫工作站，并在康定南郊建设永久性基地。（《甘孜州志》上P60）

△ 云南省红河哈尼族彝族自治州元阳县者那河电站竣工投产，设计水头21.6米，引用流量1.1立方米/秒，装机容量160千瓦，为当时边疆县最大容量的水电站。（《红河哈尼族彝族自治州志》1卷P77）

△ 中国科学院地理研究所考察青海省海南藏族自治州青海湖西岸伏俟城遗址，确认其为公元6世纪夸吕所筑的吐谷浑国都。（《海南州志》P34）

△ 中共青海省果洛藏族自治州委党校成立。该校1969年2月20日撤销，1977年3月10日恢复。（《果洛藏族自治州志》上P33、39、43）

7月

1日 西藏高原第一个手工业生产合作社——拉萨“七一”铁木生产合作社成立。随后，改建为自治区电机厂。1970年该厂开始试生产小型电机，是西藏唯一的电机生产厂家。（《西藏日报》1960.7.3.①，《当代中国的西藏》下P160）

1~3日 宁夏回族自治区固原县头营公社东山、海原县郑旗公社北山等重点水土地流失地区进行首次飞机种草，共播种牛荆条2万多公斤，面积3.8万亩。（《当代宁夏史通鉴》P22）

2日 兰新铁路铺轨接近乌鲁木齐。根据中苏两国的协定，该铁路的修筑原定是年各自铺轨到国境线，1961年一季度实现两国铁路接轨。由于苏联政府7月16日突然照会我国政府，片面决定撤走在华专家，撕毁几百个协定和合同。因此，中央决定该铁路的修筑计划予以改变。是年铺轨至乌鲁木齐远郊盐湖车站，1962年通车乌鲁木齐。乌鲁木齐以西至国境线铺轨工程停止。（《中国共产党新疆历史大事记（1949.10~1966.4）》上P204）

4日 内蒙古自治区鄂伦春自治旗第一所卫生学校建立。（《内蒙古日报》1960.7.4.③）

5日 西藏自治区筹委第33次常委会议通过了设立海关等7个文件。（《西藏日报》1960.7.7.①）

6日 宁夏回族自治区第一座水泥厂——青铜峡水泥厂建成投产。（《当代宁夏史通鉴》P22）

7日 据报道，内蒙古自治区试办的城市人民公社，由1958年的27个发展到222个，入社人口155.44万多人。（《内蒙古日报》1960.7.7.②）

8~12日 广西壮族自治区28县（次）出现暴雨。22日到27日，25县（次）降暴雨。据不完全统计，有9县（次）39个公社17万人受灾，死亡51人、受伤254人、失踪29人；倒塌房屋38632间；农作物受灾51.98万亩，损失谷种16万公斤、稻谷80万公斤；死亡耕牛540头；毁坏水利设施279处。（《中国气象灾害大典·广西卷》P80）

10日 西藏地区第一个邮电修配厂在拉萨建成投产。（《西藏日报》1960.8.2.①）

△ 根据4月25日国务院第108次会议通过的《关于设立新疆维吾尔自治区哈密市的决定》，自治区党委批复哈密地委关于设立哈密市的计划。（《中国共产党新疆历史大事记（1949.10~1966.4）》上P204）

12日 国务院总理周恩来就中尼边境发生的意外事件致信尼泊尔首相，表示这次不幸事件已经得到迅速和妥善的处理，并接受尼泊尔提出赔偿损失5万卢比的要求。（《新华社新闻稿》1960.7.21）

16日 苏联政府片面撕毁同我国签订的600个合同（专家合同343个，科技合同257个），并通知我国政府，决定自1960年7月28日到9月1日撤走全部在华苏联专家1390名，并终止派遣专家900多人。苏联专家撤走时，带走了全部图纸、计划和资料，并停止供应我国建设急需的重要设备，大量减少成套设备和各种设备中关键部件的供应，使我国250多个企业和事业单位的建设处于停顿、半停顿状态，给我国包括民族地区在内的经济建设造成重大损失，加重了我国的经济困难。（《解放军报》1981.8.13，《中华人民共和国大事记（1949~1980）》P522）

17日 据《广西日报》报道，1960年3月以来，上海有7个工厂陆续迁到广西南宁。至7月1日，已有橡胶厂、钢精厂、衬衣厂、罐头食品厂、糖果饼干厂部分投入生产。（《广西通志·大事记》P344）

21日 为纠正“大跃进”和人民公社化中少数基层干部在对待宗教寺庙上的盲目急躁

情绪，新疆维吾尔自治区党委统战部向自治区党委建议：1. 凡具有历史文物价值或在国内外有较大影响的寺庙、教经堂等列长期保留名单，报自治区党委审核后坚决予以保留，不得占用或拆除，必要时国家可资助补修；2. 凡在当地群众中有一定影响，目前仍有群众进行正常宗教活动的寺庙，在一定时期内保留，不可占用或拆除；3. 在比较长时间内已没有宗教活动、闲置无用的寺庙，如公社需用，当地群众和宗教人士真正同意，经县、市委批准后方可借用，但不能拆毁；4. 凡属宗教人士的私人房屋和家具一律不准单位动用。8月7日，自治区党委批转统战部的《意见》指示，对于有关宗教问题的处理必须认识到宗教问题的长期性和群众性，因此一定要慎重稳妥，切戒简单、急躁，以免因占借寺庙、房屋发生不良政治影响。（《中国共产党新疆历史大事记（1949.10~1966.4）》上P205）

△ 广西壮族自治区人委发布《关于农村的十项政策》的布告，规定：一、保证留足基本口粮。二、节约备荒，粮食节余归己。三、包产必须落实，超产奖励必须兑现。四、给食堂拨够菜地，保证每人每日吃菜0.5公斤至1公斤。五、鼓励生产小队开发空隙土地，争取每人每年多吃10公斤至15公斤豆类杂粮。六、留足自留地，实现社员家庭养猪平均每户1头。七、留足饲料，拨给青饲料地，发展集体养猪养牛。八、多种油料作物，争取每人每日有1钱油。九、增加现金收入，争取按季或按月发工资。十、大队掌握产品，迅速分配收益。中共中央向各省、市、自治区党委转发了该文件。（《广西通志·大事记》P344）

22日 青海省玉树藏族自治州农药化肥厂建成试产。（《玉树州志》上P33）

23日~9月14日 中央民族历史研究工作指导委员会组织，由历史学家范文澜、翦伯赞(维吾尔族)、吕振羽、翁独健、韩儒林、刘大年等组成的内蒙古访问团在内蒙古自治区参观访问。27日，范文澜、翦伯赞、吕振羽等与内蒙古历史研究所、内蒙古大学、内蒙古师范学院的100余名历史研究工作者和教学工作者举行座谈会，听取刘大年、韩儒林分别作的《中国近代史的研究》和《关于蒙古史问题》的学术报告。9月20日，中央民族历史研究工作指导委员会举行座谈会，听取翦伯赞率领的赴内蒙古访问团参观访问的汇报。1963年文物出版社出版了翦伯赞为此次参观访问而写作的史学名篇《内蒙访古》。（《光明日报》1961.8.5.①，《内蒙古日报》1961.8.1.①）

25日 民族历史研究工作指导委员会连续召开民族史问题讨论会，讨论在编写少数民族简史、简志、自治地方概况等3种民族问题丛书中有关民族历史人物和历史事件的评价等问题。（《光明日报》1961.7.25.①）

26日 内蒙古自治区党委发出《关于紧缩机构，精减人员，加强农业第一线领导力量的通知》。（《内蒙古自治区史》P525）

29日 内蒙古自治区第一座规模较大的盲文印刷厂建成投产。（《内蒙古日报》1960.7.29.③）

30日 西藏公学首批学员3637人全部提前结业离校。除1959年已进藏参加平叛改革的2100余名师生外，其余学员分送中央民族学院、西南民族学院和西北民族学院继续深造。（《西藏民族学院校史》P232）

31日 据统计，10年来，新疆生产部队开垦荒地1100万亩，生产粮食22亿斤和棉花122万担，创建工厂几百个。（《人民日报》1960.7.31.⑦）

是月 达赖集团在印度达兰萨拉举行首次“西藏人民代表会议”，宣布成立“西藏流亡政府”。（《中共西藏党史大事记（1949~1966）》P120）

△ 新疆维吾尔自治区水利科研所成立。（《新疆通志·科学技术志》72卷上P43）

8月

1~10日 广西壮族自治区首届运动会在南宁举行，南宁、柳州、桂林、梧州、玉林、百色6专区（当时专区、市合并）和柳州铁路局、广西军区共2595名运动员参赛。比赛项目有田径、游泳、跳水、水球、体操、举重、自行车、篮球、排球、足球、乒乓球、射击、无线电等26项，表演项目有滑翔、跳伞等6项。广西有136人次打破67项自治区记录。（《广西通志·大事记》P345）

8日 据报道，西藏地区建成8400多个互助组，10万多农户入组，占完成民主改革地区总农户的85%。在山南、林芝、江孜和拉萨等地、市，已有90%~95%的农户参加互助组。（《人民日报》1960.8.8.③）

10日 是日报道，科学院内蒙古分院历史研究所结合编写《蒙古族简史》，讨论了"蒙古族向封建社会过渡"、"元朝在中国历史上的作用"、"清朝统治时期（指1840年以前）蒙古社会发展"、"资本主义企业和资产阶级、工人阶级何时出现"等问题。（《人民日报》1961.8.10.⑦）

△ 云南省文山壮族苗族自治州档案馆成立，1986年5月改称档案局。（《文山壮族苗族自治州志》1卷P48）

15日 国务院全体会议第102次会议决定：撤销宁夏回族自治区宁朔、金积两县，成立青铜峡市，以原宁朔县的瞿靖公社全部和小坝、李俊公社的部分地区，原金积县的中滩公社全部和双闸公社部分地区，中宁县的渠口公社部分地区为青铜峡市的行政区域。原宁朔、金积两县的其余地区分别划归永宁县和吴忠市。（《国务院公报》1960［28号］P512）

20日 海拔4000多米的青海省海南藏族自治州玛多县发现1个长5公里、宽1公里的"虾湖"。（《青海日报》1960.8.21.①）

22~23日 受14号台风影响，吉林省延边朝鲜族自治州降大到暴雨，洪水泛滥，2.2万户10.5万人受灾，倒塌房屋4036栋，死亡329人，受灾农田2.80万公顷、堤防3055公里、拦河坝198处、渠道2.9万米，冲坏铁路41.7公里、公路93.4公里、桥梁242座，县属以上厂矿被淹108个，60%的企业停产。28日，中共吉林省委统战部副部长兼省民委主任崔采率慰问团和医疗队，携救济款物赴灾区慰问。（《延边朝鲜族自治州志》P70~71）

24日~9月4日 新疆维吾尔自治区党委组织工作座谈会检查总结各地组织工作。截至上半年，新疆农村党员有7万多名；451个农村人民公社已成立党委，90%以上生产大队成立支部；农村生产队以上干部有15万人。（《中国共产党新疆历史大事记（1949.10~1966.4）》上P205~206）

25~31日 全国少数民族地区档案工作会议在呼和浩特举行。国务院副总理乌兰夫到会讲话，中共中央直属机关党委副书记曾三在会上作题为《加强少数民族地区档案工作》的报告。（《新华半月刊》1960.19 P184）

26日 中国与阿富汗友好和互不侵犯条约在喀布尔签订。（《新华社新闻稿》1960.8.28）

△ 宁夏回族自治区鄂尔多斯台地沙漠边沿与内蒙古自治区鄂托克旗交界处——大处湖畔建成"团结固沙林场"。（《人民日报》1960.8.26.④）

29日 新疆维吾尔自治区乌鲁木齐第一师范学校蒙古族班下放博尔塔拉蒙古自治州，改称自治州师范学校，1966年停办。（《博尔塔拉蒙古自治州志》P44）

30日 据报道，新疆八一农学院设计出一套蔬菜生产机具，从播种到收获可实现半机械化。（《光明日报》1960.8.30.②）

是月 四川省甘孜藏族自治州委成立甄别小组，对近两年在反右倾、农村"三反"、整风整社和机关"三反"等各项政治运动中受到

批判、处分的党员、干部进行甄别复查纠正。（《甘孜州志》上P62）

△ 《关于甘肃省甘南藏族自治州同青海省黄南、果洛藏族自治州有关边界争议问题的协议》签订，协议主要规划了甘肃玛曲县与青海省河南、玛沁、甘德、久治县的碾豆、定青尼哈、同柯河、王文钦科、得科河、下藏科、俄后滩7个地区的分界线。（《果洛藏族自治州志》下P833）

9月

1日 新疆维吾尔自治区克孜勒苏柯尔克孜自治州卫生学校成立。（《克孜勒苏柯尔克孜自治州志》上P33）

△ 西北民族学院举办建校10周年校庆活动。国家民委副主任汪锋、谢鹤筹等领导到会祝贺。10年来，该院为甘肃、青海、新疆、宁夏、陕西、内蒙古、西藏等民族地区培养党政干部和专业技术人才6500多名。（《人民日报》1960.9.8.④，《甘肃日报》1960.9.2.①）

2日 西藏自治区筹委代主任委员班禅额尔德尼·确吉坚赞视察西藏第一座钢铁厂工地。（《西藏日报》1960.9.6.①）

3日 是日报道，内蒙古自治区额尔古纳旗的33户146名鄂温克族人，全部加入人民公社。从此，保持氏族公社制残余的鄂温克人进入社会主义社会。（《内蒙古日报》1960.10.14.③）

4日 宁夏回族自治区人委第十四次委员会议通过在全区人民中开展反对地方民族主义教育的决定。（《宁夏日报》1960.9.5.①）

8日 新疆维吾尔自治区公安厅党组分组向自治区党委呈报《关于制止坏分子进行非法活动的请示报告》。8月以来，伊宁、霍城等地发现少数坏分子制造谣言，秘密集会，煽动苏侨和中国公民去苏联。《报告》建议采取有关措施，防止类似事件继续发生和发展。（《中国共产党新疆历史大事记（1949.10~1966.4）》上P206）

11~25日 全国马术、马球锦标赛在内蒙古自治区呼和浩特市举行。11个省、市、自治区汉、蒙古、回、藏、维吾尔、哈萨克、柯尔克孜、塔塔尔、达斡尔、鄂温克10个民族的296名运动员参加比赛。国务院副总理、内蒙古自治区主席乌兰夫等出席开幕式。（《内蒙古日报》1960.9.10.①，9.12.①，9.26.①）

12日 中央同意西藏地区颁发农民土地所有证。（《中共西藏党史大事记（1949~1966）》P121）

13日 国务院第103次全体会议决定：撤销云南省路南彝族自治县，原行政区域并归宜良县；设立寻甸县，撤销寻甸回族自治县和嵩明县，原两县行政区域合并为寻甸县的行政区域；设立巍山彝族自治县，撤销巍山彝族自治县和永建回族自治县，原两县行政区域合并为巍山彝族回族自治县行政区域；撤销内蒙古自治区化德县，将原化德县的行政区域合并于商都镶黄旗，并将商都镶黄旗改为镶黄旗。（《国务院公报》1960［29号］P541）

13~15日 宁夏回族自治区人大一届三次会议举行。会上，自治区人委党组书记马玉槐、自治区人委副主席郝玉山分别作了《关于加强民族团结，反对地方民族主义的报告》和《关于动员全区人民，坚决贯彻以农业为基础的方针，大办农业、大办粮食，开展以粮、钢为中心的增产节约运动的报告》，国家民委副主任汪锋作了《政治报告》。（《宁夏日报》1960.9.14.①，9.16.①④；《中共宁夏党史大事记（1925.8~1988.6）》P264~265）

15日 西藏拉萨中学举行首届毕业生典礼暨高中部成立大会。（《人民日报》1960.9.22.④）

17日 青海省玉树藏族自治州结古寺开放。（《玉树州志》上P34）

20~29日 黑龙江省民委扩大会议在哈尔滨举行，传达中共中央统战部部长李维汉关于民族问题的报告，讨论通过省民委主任高锡堂的省民族工作报告。会议增补了新委员。（《黑龙江日报》1960.10.14.①）

22日 国务院批复云南省人委，同意改版纳勐腊为勐腊县，改版纳勐海为勐海县，改版纳景洪为景洪县；玉溪专署领导的晋宁县和楚雄彝族自治州的富民县，划归昆明市领导。（《国务院公报》1960［30号］P556）

24日 是日报道，内蒙古自治区乌兰察布盟文物工作组在凉城县西双古城水利工地，发现面积约1000平方米的战国至汉代遗址以及数量丰富的文物。新疆维吾尔自治区博物馆考古队在吐鲁番阿斯塔那北区，发掘了30个墓葬，出土大批唐代丝、麻、纸、木、陶等类文物。（《光明日报》1960.9.24.④）

27日 林业部转发《吉林省长白山自然保护区计划方案》，划定长白山自然保护区范围。11月，吉林省长白山自然保护区管理局在延边朝鲜族自治州安图县二道白河成立。（《延边朝鲜族自治州志》P71）

是月 中共中央批准国家计委提出的国民经济“调整、巩固、充实、提高”的方针。（《内蒙古自治区史》P199~200）

△ 吉林省延边朝鲜族自治州财贸学校在延吉市成立。（《延边朝鲜族自治州志》P71）

△ 根据中越两国协议，广西壮族自治区封闭睦南、平而、布局、科甲、硕龙、爱店6个边境口岸，仅保留水口、岳圩、龙邦、平孟4个口岸。（《广西通志·大事记》P345）

△ 四川省甘孜藏族自治州农牧学校在乾宁创办。（《甘孜州志》上P60）

△ 云南省楚雄彝族自治州秋旱严重，小春播种243万亩受灾（其中不出苗的30万亩，出苗率在50%以下的约30万亩），元谋播种12万亩小春作物只有5万多亩出苗。（《中国气象灾害大典·云南卷》P51）

10月

1日 中缅两国政府在人民大会堂签订《中华人民共和国和缅甸联邦边界条约》。条约议定，缅甸联邦同意把属于中国的片马、古浪、岗房地区（面积约153平方公里，59平方英里）归还中国。11月27日至1961年3月12日，中缅联合勘察第一队完成片马、古浪、岗房地段的勘察立桩任务。1961年6月14日，中缅边界联委会中国政府首席代表和缅甸政府首席代表在片马举行片马、古浪、岗房交接签字仪式，片马地区正式回归中国。12月15日，国务院第114次全体会议审议核准《中华人民共和国政府和缅甸联邦政府关于两国边界的议定书》。（《怒江傈僳族自治州志》上P26、562~563，《新华社新闻稿》1960.10.2，《人民日报》1961.12.6.①）

△ 由于粮食短缺，中共吉林省延边朝鲜族自治州委发出《关于大搞瓜菜代食品的通知》，在全州开展“瓜菜代”（以瓜菜等代替粮食）食品收集、贮存活动。（《延边朝鲜族自治州志》P71）

△ 西藏钢厂一号高炉炼出第一炉铁水。（《西藏日报》1960.10.2.④）

6日 宁夏回族自治区党委批转自治区文教厅党组《关于当前教育工作中几个问题的请示报告》。《报告》指出，根据中央关于全党动手，大办农业、大办粮食的指示精神，在当前教育工作中应适当压缩招生指标，适当处理超龄学生，给农村留一部分应届中、小学毕业生，这是教育工作贯彻“两条腿走路”方针的有效措施。《报告》提出，在教学改革中可有重点地进行10年一贯制教育试验工作。（《中共宁夏党史大事记（1925.8~1988.6）》P265）

6日~12月7日 全国人大常委会副委员长班禅额尔德尼·确吉坚赞由中共中央统战部

部长李维汉、全国人大常委会副委员长陈淑通、国家民委党组副书记刘春等陪同，赴四川、江西、浙江、江苏、上海等地参观访问。（《人民日报》1960.12.8.③）

7日 中共中央主席毛泽东、国家主席刘少奇、国务院总理周恩来、朱德委员长等党和国家领导人接见参加“国庆”观礼的云南、西藏、宁夏、新疆民族参观团和西藏青年、妇女参观团。（《人民日报》1960.10.8.①）

13日 青海省玉树藏族自治州邮电学校建立。（《光明日报》1960.10.13.②）

16日 西藏拉萨地区达孜县白纳乡建成1座水力打场联动机，改变千百年来落后的打场手段。（《光明日报》1960.10.17.①）

21日 西藏帕里地区第一次试种庄稼获丰收。青稞每克（约等于亩）地产150斤左右，洋芋每克地产1000斤左右。圆根、萝卜、菠菜、莴笋等10多种蔬菜亦获丰收。（《西藏日报》1960.10.19.①）

△ 国防委员，西北军政委员会副主席，甘肃省副省长、省民委主任马鸿宾（回族）在兰州病逝，享年77岁。24日，兰州市各界1000余人公祭马鸿宾。（《甘肃日报》1960.10.25.①，《中国历代少数民族英才传》P3297~3304）

22日 西藏工委发出《关于加强和改进镇反工作的指示》，在西藏大部分地区开展的镇压反革命斗争中，出现政策上的偏差。如有些地区只注意“狠”，忽视“准”和“稳”，并且强调“多捕”，忽视工委要求把打击面控制在人口2%以内的规定；有些地区政策界限不清，没有根据党的“镇压和宽大相结合和首恶必办、胁从不问、立功受奖”的方针以及采取区别对待的政策，而把有些轻微资敌行为或在被迫情况下有少许资敌、窝敌行为的人，当做叛乱分子对待；把一般思想反动、散布不满言论的农奴主和代理人，当做叛乱分子对待；有些地区不是依靠群众而是脱离群众，孤立地由公安机关或少数干部、积极分子去捕人，造成多捕、乱捕、错捕现象。（《中共西藏党史大事记（1949~1966）》P122）

23~30日 西藏首届体育运动会在拉萨举行，900多名各族运动员参加比赛。竞技项目有田径、足球、篮球、排球、射击6项，有3人破4项西藏地区纪录。（《西藏日报》1960.10.23.①，10.25.①，11.1.②；《当代中国的西藏》下P527）

25日 受文化部委托，云南省文化局主办云南舞蹈基本功训练班，为四川、贵州、云南3省的7个民族培训30名舞蹈人才。（《云南日报》1960.11.5.③）

25~26日 西藏自治区筹委常委会第35次（扩大）会议举行，讨论通过关于颁发土地证给翻身农奴的指示和关于赎买1960年度未参加叛乱的农奴主和农奴主代理人多余生产资料赎买金的支付办法、全区1960年粮、油计划收购和计划供应暂行办法和细节。26日，自治区筹委发出《关于颁发土地所有证的通知》，对颁发土地证作了具体规定，将印有国旗、毛主席像和藏、汉两种文字的20万张土地证发往全区各地，并决定11月至12月，委托各地国家银行支付其赎买金。自1961年起，赎买金支付时间由每年9月至10月31日止。11月12日，西藏各级党组织和人民政府贯彻执行党的赎买政策的指示和《通知》，给未参加叛乱的农奴主和农奴主代理人办理赎买手续。（《光明日报》1960.11.3.①；《西藏日报》1960.10.28.①，11.12.①）

30日 新疆维吾尔自治区社会主义建设展览会在乌鲁木齐开幕。（《新疆日报》1960.10.31.②）

是月 辽宁少数民族社会历史调查组、辽宁大学历史系和辽宁省政协民族工作组结合编写《满族史志》联合举行满族史问题学术讨论会，讨论了满族入关以前的社会性质和辛亥革命时期东北地区满族参加反清斗争的问题。

（《辽宁日报》1961.11.7.③）

△ 贵州省黔东南苗族侗族自治州规模最大的造纸企业——凯里造纸厂建成投产。（《黔东南苗族侗族自治州志·总述·大事记》P152）

△ 西藏工委批转工委统战部制定的《关于进一步做好寺庙改革工作的意见》，要求在僧尼中进行反帝、爱国、守法为中心的爱国主义教育、社会主义前途教育以及时事政策教育。（《当代中国的西藏》上P314）

△ 卫生部授予新疆维吾尔自治区博尔塔拉蒙古自治州温泉县人民医院“全国先进县医院”称号。（《博尔塔拉蒙古自治州志》P44）

△ 新疆维吾尔自治区第一条高级公路——乌鲁木齐至独山子黑色路面公路正式通车，全长252公里。（《新疆日报》1960.11.10.②）

11月

3日 中共中央发出《关于农村人民公社当前政策问题的紧急指示信》（简称《十二条》）。《十二条》规定：人民公社实行三级所有，队为基础，至少7年不变；彻底纠正“一平二调”的错误；允许社员经营少量自留地和家庭副业；从各方面抽调劳动力，加强农业生产第一线等。（《中共宁夏党史大事记（1925.8~1988.6）》P266~267）

4日 新疆维吾尔自治区党委向各地党委批转中科院新疆综合考察队工作报告。该队在新疆进行4年考察后，着手整理编写新疆农业资源开发利用与生产力合理布局专题研究报告。12月15日至19日，考察队学术汇报会议在乌鲁木齐举行。自治区政协主席王恩茂到会讲话指出，要把新疆建设成为国家的钢铁、煤炭、石油、机器制造、纺织、制糖等工业基地，同时要建设成为粮食、棉花、畜牧业、甜菜、果品基地。（《中国共产党新疆历史大事记（1949.10~1966.4）》上P208）

8日 西藏人民广播电台用藏、汉两种语言正式播音。（《中共西藏党史大事记（1949~1966）》P123）

9日 四川省阿坝藏族自治州松潘县漳腊发生6.75级地震，死亡3人，数人受伤，受灾面积1500平方公里。（《阿坝州志》上P44）

11日 国务院副总理贺龙、罗瑞卿等访问朝鲜归国，途经吉林省延边朝鲜族自治州延吉市视察。（《延边朝鲜族自治州志》上P71）

12日 国务院批复新疆维吾尔自治区人委，同意撤销库尔勒专区，其所属库尔勒、尉犁、轮台、且末、若羌5县，并入巴音郭楞蒙古族自治州。自治州机关移驻库尔勒。（《国务院公报》1960［34号］P623）

13日 是日报道，青海省玉树藏族自治州建有中等学校15所，在校生1300多名；小学160多所，在校生1万多名。（《人民日报》1960.11.13.⑦）

14日 内蒙古自治区第一座现代化精神病院在呼和浩特市建成。（《内蒙古日报》1960.12.11.③）

17日 国务院全体会议第105次会议通过《文物保护管理暂行条例》和《第一批全国重点文物保护单位的名单》。1961年4月1日，两份文件公布。（《国务院公报》1960［33号］P606、608；《新华社新闻稿》1960.11.18，1961.4.2）

18~21日 中国佛协西藏分会二届代表会在拉萨举行。中共西藏工委副书记周仁山应邀出席并作重要指示，全国政协副主席帕巴拉·格列朗杰活佛到会讲话，中共西藏工委书记张经武作关于党的宗教信仰自由政策和学习问题的报告，西藏宗教事务委员会副主任卫璜作关于寺庙民主改革的主要情况和宗教政策以及今后工作任务的报告。会议听取副会长嘉措林活佛关于首届理事会常务理事会主要工作情况的报告，通过修订后的佛协西藏分会组织简则；增选结巴堪苏·坚白赤烈（藏族）、洛桑慈诚（藏族）2人为副会长，选出出席全国佛协会议的25名代表。（《西藏日报》1960.11.23.①）

19日 四川省阿坝藏族自治州牧区若尔盖、红原、阿坝3县牧民，试种1万多亩青稞成功。当地牧民第一次吃到自己种的粮食。（《光明日报》1960.11.19.③）

20日 西藏工委发出《关于停止试办农业生产合作社的紧急通知》和《贯彻中央关于粮食征购问题的批示的意见》。纠正了试办合作社和高估产等做法后，利用多种形式组织学习、贯彻中央的指示，使干部和群众提高认识、统一思想和统一步调。（《中共西藏党史大事记（1949~1966）》P124，《当代中国的西藏》上P299、301）

24日~12月4日 内蒙古自治区党委召开一届十二次全委（扩大）会议，纠正人民公社化中“左”的错误，并通过《关于农村人民公社当前政策问题的补充规定》、《牧区人民公社当前政策问题的若干规定》。（《内蒙古自治区史》P525）

26日 青海省海北藏族自治州电厂正式命名，海北面粉厂与门源县榨油厂合并为海北州面粉厂。（《海北藏族自治州志》上P59）

27日 为开辟地方航线而修复的百色机场竣工验收。因客货源不足，未开航，仅作通用航空机场使用。（《广西通志·大事记》P345）

30日 西藏地区生产建设成就展览在拉萨罗布林卡开幕。（《人民日报》1960.12.4.④，《西藏日报》1960.12.1.①）

是月 中共西藏工委发出《关于目前边境工作的指示》（即《边境十条》）。（《当代中国的西藏》下P581）

△ 中缅双方首席代表率工作组沿云南省德宏地段进行联合勘察，确定德宏地段503.8公里的边界线，修建154棵永久性界桩。1961年7月，中缅联合勘界结束。（《德宏州志》综合卷P48）

12月

2日 新疆维吾尔自治区党委书记李铨接待中共甘肃省委、政府派出的粮食、交通部门负责人，具体商谈新疆支援甘肃1亿斤粮食，帮助解决甘肃严重缺粮的问题。（《中国共产党新疆历史大事记（1949.10~1966.4）》上P209）

10~17日 内蒙古自治区第二次文代会在呼和浩特举行。大会讨论通过全区文学艺术联合会章程，改选区文联、作协、美协的领导机构，成立戏剧电影、音乐舞蹈、民间文艺研究等文学艺术团体，选出自治区文联负责人。（《内蒙古日报》1960.12.12.①，12.18.①）

13日 广西壮族自治区党委发出《关于农村人民公社当前政策的补充规定（草案）》，主要内容有：对原计划实行社有制的12个试点单位，除梧州市郊红旗人民公社保留外，其余均恢复大队为核算单位；对“一平二调”必须坚决退赔，群众有意见的还应重新清算；占用生产大队的耕地，除国家建设依法征用的耕地外，都属于“一平二调”，必须坚决退回；生产大队为基本核算单位不变，产品由大队统一掌握和分配不变，大队对小队的超包产奖励办法不变；自留地一般占耕地面积的3%；大队提留公积金一般占总收入的4%，公益金占1%；公社向大队抽调的公益金，一般占大队当年所留公积金的10%~25%为限；公共食堂所养的猪，国家派购不能超过当年出栏的30%；公社社员每月放假2天至3天，女社员增加例假2天；以当地人民公社假日为集市开放日。（《广西通志·大事记》P36）

14日 国务院全体会议第106次会议任命谢扶民（壮族）、丹彤、薛向晨为国家民委副

主任，免去杨静仁（回族）国家民委副主任职务。（《人民日报》1960.12.24.④）

△ 全国人大常委会第三十三次（扩大）会议听取副委员长班禅额尔德尼·确吉坚赞的《一年来西藏工作的报告》和国家民委副主任杨静仁关于西藏工作情况的补充报告。（《人民日报》1960.12.15.①④）

15日 由于内地一些省区缺粮情况日趋严重，大批自流人员涌向新疆，仅据1月至10月统计，流入新疆人员15.3万余人，其中多数是受灾地区人民群众。自治区党委先后发出《决定》和《紧急通知》指示，对这些人员应同对待支边青壮年一样，予以收容、妥善安置，使他们安心在新疆参加生产。安置办法：原则上不留城市，分配到伊犁、昌吉、塔城、哈密、巴音郭楞盟等地农村和这些地区的生产建设兵团农场参加农业生产。（《中国共产党新疆历史大事记（1949.10~1966.4）》上P209~210）

19~28日 新疆维吾尔自治区党委下发《关于精简职工，安排劳动力，加强农业第一线的指示》，精减职工12万至13万人，精简重点是基本建设部门。精减人员的70%加强农业第一线，30%充实工业生产。（《中国共产党新疆历史大事记（1949.10~1966.4）》上P207~208）

20日 云南省西双版纳傣族自治州易武县正式改称勐腊县。至此，自治州辖勐海、勐腊、景洪3县。（《西双版纳傣族自治州志》上P45）

22日 西藏地区浪卡子县卡热区和昌都县马尼乡热玛互助组的藏族农民，试种双季青稞成功。（《人民日报》1960.12.22.②）

△ 宁夏回族自治区党委批转自治区党委精简干部工作小组《关于自治区各级国家机关紧缩机构、精减人员、下放干部加强生产第一线的报告》。《报告》指出，自治区机构设置过多、人员增加太快，造成人浮于事、妨害生产。据自治区机关统计，1959年各部厅局委下设的处、科、室机构281个，现已增至322个，实增14.5%，原有人数2517人，现已增至3665人，实增45.6%。（《中共宁夏党史大事记（1925.8~1988.6）》P268）

23日 西藏地区第一所培养师资的中等师范学校——拉萨师范学校，在拉萨中学师训班的基础上建成开学。1962年8月撤销。（《西藏日报》1960.12.24.①）

28日 湘、粤、贵3省（区）44个县、市护林防火会议在广西梧州结束。会议制定保护森林资源的办法和措施。（《广西通志·大事记》P346）

是月 全国人大常委会副委员长班禅额尔德尼·确吉坚赞提出寺庙改革的5条办法：一是放弃剥削；二是民主管理；三是执行政府法令，宪法进寺庙；四是搞生产；五是对老弱和专门念经的喇嘛，生活要由政府包起来。班禅的建议得到中央的赞同和肯定，并在工作中加以贯彻执行。（《当代中国的西藏》上P314）

△ 卫生部顾问、麻风病防治专家马海德在云南省文山壮族苗族自治州砚山县考察麻风病流行情况。（《文山壮族苗族自治州志》1卷P48）

△ 云南省兰坪县各公社开设医疗点，集中治疗水肿病。（《兰坪白族普米族自治县志》P22）

△ 青海省海南藏族自治州首家火电厂在次汗素建成，装机容量320千瓦。（《海南州志》P35）

△ 新疆维吾尔自治区又一条轻便铁路——八一钢铁厂至阜康县干河子线通车。（《新疆日报》1960.12.30.①）

是年 我国第一部傣族故事片——《摩雅傣》由上海海燕电影制片厂摄制完成。第一部壮族歌剧故事片——《刘三姐》由长春电影制片厂摄制完成。第一部羌族故事片——《羌笛

颂》由长春电影制片厂摄制完成。（《云南日报》1988.6.4.④）

△ 著名木卡姆专家吐尔地·阿洪（维吾尔族）整理和演唱的《十二木卡姆曲谱总集》，由民族出版社出版发行。（《中国历代少数民族英才传》P3441）

△ 1952年以来，中央民族学院语文系先后有18个专业52个实习组600多名师生分别在内蒙古、新疆、西藏、甘肃、四川、云南、贵州、湖南等省、自治区的47个县进行调查实习，共收集民族语文资料1041万字。（《中央民族大学五十年》P183~184）

△ 内蒙古自治区开展大规模除害灭病运动。全区基本杜绝人间布氏杆菌的发生，消灭性病的扫尾工作接近完成，工业卫生和妇幼保健工作进展很大。全区有高级医学院校7所，在校生2796人；中级卫生学校15所，在校生2942人。（《内蒙古自治区史》P283~284）

△ 自1958年以来，内蒙古自治区对喇嘛教的庙仓经济和喇嘛个人的生活资料进行社会主义改造。废除召庙的土地剥削制度，对召庙的土地牲畜用赎买的方式纳入人民公社和公私合营牧场，除允许喇嘛在政策允许的范围内取得一定的定息外，基本消灭召庙和上层喇嘛对农牧民的经济剥削，废除庙仓的地租、矿租，动员寺庙用多余的资金投资兴办实业或工业、农牧业生产的基本建设。对于上层喇嘛生产资料在"大跃进"和"人民公社化"运动中，也动员其加入人民公社及公私合营牧场。在喇嘛中普遍进行劳动光荣的思想教育，要求他们改变过去的寄生生活，逐步转变为自食其力的劳动者。对喇嘛庙中的不合理制度进行改造，许多召庙都实行民主管理，宗教活动的规模和挥霍浪费的现象逐年缩减。召庙每年经会时间占用200~300天，耗资近10万元；经过社会主义改造后，每年经会减少至20~30天，经费开支也减少至几百元。上层喇嘛打小喇嘛，限制还俗结婚的现象基本绝迹。1959年，包头五当召有喇嘛137名，其中71名青壮年喇嘛到石拐煤矿当长期工人。（《内蒙古自治区史》P251~252）

△ 内蒙古自治区170万公顷农田遭受旱灾，成灾72万公顷，受灾80万人。乌兰察布盟凉城县、兴和县、察哈尔右翼前旗、察哈尔右翼中旗、集宁市，呼和浩特市武川县，包头市固阳县，鄂尔多斯市杭锦旗、伊金霍洛旗、鄂托克旗、乌审旗等旗、县旱灾，受灾80万人，国务院和自治区人民政府拨款救济。夏、秋季，阿拉善盟阿拉善左旗大旱，12月暴风雪，连续出现7次降温，北部地区最低气温达−46℃，灾情涉及11个苏木，受灾牲畜83万头（只）。（《内蒙古自然灾害通志》P275）

△ 内蒙古自治区营造乌兰布和沙漠防沙林带150公里，堵住流沙，夺回被沙漠吞没的8万多亩农田。此外，在赤峰郊区、哲里木盟库伦旗、伊克昭盟伊金霍洛旗等地都营造防风林。（《内蒙古自治区史》P209）

△ 湖北省恩施地区遭受以干旱为主的多种自然灾害，受灾面积（缺鹤峰县资料）180万亩，其中无收40万亩，损失粮食7348.5万公斤。（《恩施州志》P786）

△ 广西壮族自治区有36个县（市）发生干旱，其中春旱25个县（市）次、夏旱17个县（市）次、秋旱12个县（市）次。受旱总面积60万公顷，成灾13万公顷，损失粮食10434.715万公斤。其中，91%的县水稻受灾面积347.15万亩，损失粮食8602.16万公斤。由于干旱和其他原因，粮食在1959年减产的基础上再次减产。由于口粮减少，不少地方干部群众出现浮肿、肝炎，出现非正常死亡现象。春季，环江县雨量极少，全县一半以上的早、中水稻受旱严重，水田龟裂发白的有7.1万亩。全县抽调3.8万多人次参加抗旱，组建1836个专业队共1.89万人开展抗旱改种、扩种工作。（《中国气象灾害大典·广西卷》

P171，《广西通志·大事记》P346，《环江毛南族自治县志》P18）

△ 广西壮族自治区环江县因封仓停粮停膳饿死1.8万多人。（《环江毛南族自治县志》P18）

△ 国务院批准四川省人民委员会设立红原县，撤销理县；将杂谷脑区、米亚罗区划归茂汶羌族自治县。（《阿坝州志》上P44）

△ 四川省阿坝藏族自治州茂汶苹果进入国际市场。（《阿坝州志》上P44）

△ 贵州省黔东南苗族侗族自治州各县出现春、夏、秋、冬连旱，干旱时间之长，受灾面积之广，为历史上罕见。全州粮食总产量42.4万吨，比1958年下降42.6%。（《黔东南苗族侗族自治州志·总述·大事记》P153）

△ 云南锡业公司产锡20009吨，创历史最高。（《红河哈尼族彝族自治州志》1卷P78）

△ 云南省文山专区建成或基本建成中型水库3座，小（一）型水库17座，小（二）型水库80座，小坝塘600多个，骨干引水渠道2条，小型引水工程23条，小沟渠3000多条，排灌站8个，完成工程量8693.39万立方米，增加农田有效灌溉面积19.68万亩。（《文山壮族苗族自治州志》1卷P44）

△ 云南省怒江傈僳族自治州有科技人员480人，大多为内地支边的大中专毕业生。（《怒江傈僳族自治州志》上P605）

△ 云南省迪庆藏族自治州发生浮肿、干瘦病9234例，死亡628例，治愈8606例。（《迪庆藏族自治州志》P40）

△ 云南省年降水量比历年平均少约30%。春夏连旱后，又复秋旱，全省农作物受干旱灾害812.6万亩（占受气象灾害总面积的77.5%），成灾132.3万亩（占气象灾害成灾总面积的73.7%），是云南历史上少有的大旱年份。（《中国气象灾害大典·云南卷》P51）

△ 上半年，西藏地区藏族干部比1958年增长66%，其中县以上领导骨干比1958年增长近3倍。（《当代中国的西藏》上P359）

△ 西藏地区拉萨农业试验场扩建为西藏农业科学研究所，拉萨血清厂扩建为拉萨兽医生物药品制造厂。（《当代中国的西藏》下P342）

△ 中科院西藏综合考察队入藏，进行农业科学考察。（《当代中国的西藏》下P35）

△ 西藏寺庙的民主改革与农牧区的民主改革同步进行。在民主改革中贯彻依靠贫苦僧尼，团结爱国守法的宗教界人士，打击叛乱的和最反动的农奴主和农奴主代理人的阶级路线。寺庙的民主改革首先是区别叛与未叛，分别对待。对参叛寺庙的生产资料一律没收，分配给农奴；对未叛寺庙的生产资料，则经过协商，实行赎买政策。在寺庙开展“三反”（反对叛乱、反对奴役、反对封建特权）、“三算”（算政治迫害账、算等级压迫账、算经济剥削账）。寺庙的改革主要抓了反对叛乱、反对封建特权和封建剥削、搞好寺庙的民主管理、执行宗教信仰自由4个环节。（《当代中国的西藏》上287~288）

△ 西藏自治区筹备委员会先后举办5个佛学研究班，着手整理西藏佛教经典。（《当代中国的西藏》下P413）

△ 西藏教育史上第一个藏族版教材编译机构——民族教材编译组成立。1972年改建为自治区文教局教材编译局，1978年改建为自治区教育厅教材编译处，1987年初升格为自治区教材编译局。（《当代中国的西藏》下P336）

△ 中央民族学院建立藏文研究班和专门为西藏培养技术工人的电机班、机械班，至1965年为西藏培养出1100多名干部和专业人才。（《当代中国的西藏》上P310）

△ 国家投资1160万元，为西藏地区建成第一家水泥厂。（《人民日报》1992.2.21.

③）

△　福建省首批支援西藏地区2万多公斤茶叶。同年，农业部和四川、陕西、甘肃、青海、新疆各省自治区支援西藏良种种畜300多头。至1962年，已在拉萨、林芝、那曲等地传宗接代、安家落户。（《当代中国的西藏》上P310）

△　西藏地区开始试办信用社。至1964年，全区共建立信用社325个，入社人数26万多人，入股金额73万多元。（《当代中国的西藏》上P305）

△　中国科学院考古所发掘甘肃省临夏回族自治州永靖县姬家川辛店文化遗址，称之为“姬家川”类型。（《临夏回族自治州志》上P55）

△　西北畜牧兽医研究所和甘肃省甘南藏族自治州畜牧兽医研究所共同研究成功牛肺疫兔化藏羊化弱毒菌苗，开展大面积预防注射，效果显著。（《甘南藏族自治州概况》P138）

△　甘肃省肃南裕固族自治县文工团参加北京举办的文艺调演，《裕固族劳动舞》首次被拍成电影纪录片。（《肃南裕固族自治县志》P423）

△　截至年底，青海省少数民族党员已占全省党员总数的15.6%，占全省少数民族总人口的1.95%。（《青海日报》1961.7.3.①）

△　宁夏回族自治区秋作物冻灾6.86万公顷。盐池、同心、西海固发生夏旱，受灾19.17万公顷。（《中国气象灾害大典·宁夏卷》P55、219）

△　新疆维吾尔自治区第一汽车修配厂高世雄、吴九成试制成功震荡熔焊机，经交通部鉴定，建议在全国推广应用。（《新疆通志·科学技术志》72卷上P43）

△　新疆维吾尔自治区畜牧兽医研究所齐普生等与阿克苏地区兽医诊断室李柏樵，在莎车、拜城县的羊体内发现马歇尔线虫新种，定名为塔里木马歇尔线虫；在拜城、温宿、阿克陶3县绵羊胃内发现马歇尔线虫新种，定名为许氏马歇尔线虫。这两个新发现1979年获得农业部技术改进奖。（《新疆通志·科学技术志》72卷上P43）

1961年

1月

5日　国家民委副主任杨静仁由西藏拉萨返回北京向中央书记处汇报西藏工作，中央政治局常务委员会、中央委员会总书记邓小平听取汇报后指示说，改革问题，搞得比较凶，寺庙改革也相当厉害，群众发动起来了。现在是防“左”、防急，要稳。防“左”、防急不仅是社会政策，也包括经济政策、改造上层。在西藏不要多出章程，多出点子，例如统购统销、粮食的限度，要根据习惯、条件逐步来，要休养生息。改革后让农民生活天天向上，把内地办法搬去1/2或1/3都是不得了的。平叛问题要解决，中心是政治。（《中共西藏党史大事记（1949~1966）》P127）

7日　宁夏回族自治区党委批转自治区文教厅党组《关于目前中等学校存在的问题和进行整顿的意见》。内容包括：一、对现有中专进行精简、合并、调整、充实；二、明确培养目标，坚持正确办学方向；三、针对学生中“盲流”多的情况，认真加以清理；四、加强党对学校工作的领导。（《中共宁夏党史大事记（1925.8~1988.6）》P269）

10日　全国人大常委会副委员长郭沫若到广西壮族自治区柳州视察工作。18日，国务院副总理陈毅、罗瑞卿到桂林视察工作。（《广西通志·大事记》P346）

10~19日　新疆维吾尔自治区计划工作会议举行。会议提出，自治区城镇人口增长过多过猛（1960年全区城乡总人口691万人，其中城镇人口180万人，比1958年增长53.4%），是一个严重问题。因此，压缩城镇工矿人口是解决粮食困难的一项根本性措施。办法是：精减全民所有制职工13万人，精减集体所有制职工13.8万人，精减农村中、小学超龄学生8.6万人，下放城镇闲散劳动力5万人，压缩乌鲁木齐、伊宁、克拉玛依、哈密、喀什5城市人口9万至11.5万人。至3月中旬，全区已精减全民和集体所有制职工近20万人，压缩城市人口6.5万余人。于4月前完成全区精减35万至40万人的任务。（《中国共产党新疆历史大事记（1949.10~1966.4）》上P210~211）

14~18日 中共八届九中全会在北京召开。会议着重讨论1961年国民经济计划，贯彻“十二条”和农村整风整社等问题，决定从1961年起，对国民经济实行“调整、巩固、充实、提高”的八字方针。通过《关于农村整风整社和若干政策问题的讨论纪要》，要求彻底检查和纠正共产风、浮夸风、命令风、干部特殊风和生产瞎指挥风等五风。（《内蒙古自治区史》P200）

19日 宁夏回族自治区党委发出《关于加速退赔进度的紧急通知》。《通知》指出，为充分调动农民群众的政治积极性和生产积极性，各级党委必须认真贯彻执行中央《关于农村人民公社当前政策的紧急指示信》，纠正农村人民公社化后的一平二调的“共产风”，加快退赔进度。（《中共宁夏党史大事记（1925.8~1988.6）》P269~270）

20日 全国人大常委会副委员长班禅额尔德尼·确吉坚赞在中央民族学院向各民族学生作报告，介绍西藏地区在党中央和中共中央主席毛泽东的正确领导下，各项工作和生产建设所取得的成就。（《人民日报》1961.1.22.③）

23日 中共中央主席毛泽东与西藏自治区筹委会代主任委员班禅额尔德尼·确吉坚赞谈话指出，西藏社会制度经过改革，从封建农奴制变成了农牧民个体所有制，要安定一个时期。现在只搞互助组，不搞合作社，发展生产，使农牧民安定下来，生活得到改善。24日，国务院总理周恩来与班禅、中共西藏工委书记张经武谈话时指出，西藏地区辽阔，不要主观，一切从群众的需要出发。西藏的方针、政策概括起来就是，土地所有制是农民个体所有制，这个制度要继续好多年，中心是增加生产，这条要坚定不移地执行下去。（《中共西藏党史大事记（1949~1966）》P127，《当代中国的西藏》上P299）

△ 根据中央统战部提出“团结为主，搞好关系，改进作风”的宗教工作方针，内蒙古自治区党委统战部提出《关于纠正若干政策问题的具体意见》，规定清理退赔平调召庙的财产、平调宗教职业者的生活资料，有原物的一律退赔原物；原物损失的要适当进行补偿；寺庙院内的零星树木要归寺庙集体所有；不准占用属于全区文物保护单位的寺庙，已占用一律退还；对住有宗教职业者、宗教活动一直未中断的寺庙，一般不再占用；对现有召庙需要合并或必须拆除的，由盟、市委提出合并或必须拆除的意见，由自治区党委审批；对于宗教职业者参加生产劳动的问题，必须贯彻“自愿量力，区别对待，形式多样，适当安排”的原则；对宗教上层人士和老弱病残者，不要求他们参加劳动。这些政策的制定和实行对于纠正宗教的“左”倾错误起了积极作用。（《内蒙古自治区史》P252~253）

25日 国务院全体会议第108次会议决定：设立新疆维吾尔自治区哈密市，以原哈密县城镇为基础，包括火车头、铁龙、钢铁、先行、红旗5个公社和火箭农场为哈密市的行政区域。（《国务院公报》1961［2号］P48）

28日 国务院全体会议第108次会议任命韩戈鲁为民族出版社副社长。（《国务院公报》1961［2号］P50）

是月 国家民委副主任杨静仁率国家民委临夏工作组赴甘肃省临夏回族自治州帮助做好统战工作。（《积石山保安族东乡族撒拉族

自治县志》P43）

△ 湖南省移民4416人支援云南省德宏傣族景颇族自治州边疆建设。（《德宏州志》综合卷P48）

△ 广西壮族自治区党委抽调大批干部组成工作队，到农村协助各县、社搞好整风整社，全面贯彻中共中央《关于农村人民公社当前政策问题的紧急指示信》（简称《十二条》）以及自治区党委的补充规定。经过1960年12月至是年上半年的整风整社，全区共清出“一平二调”款5.5亿元（包括实物折款），已退赔1.3亿元，占应退赔数的25%，未退赔部分要逐步退清。（《广西通志·大事记》P346~347）

△ 西藏有寺庙2676座，其中2379座寺庙完成“三反三算”活动。牧区的“三反两利”和城镇的“四反”运动也接近完成，乡基层政权已基本建立。（《当代中国的西藏》下P581）

△ 新疆维吾尔自治区商业厅部署各地商业企业开展“三清一改”，即清理在途商品、库存商品及资金，改善经营管理工作。（《新疆通志·商业志》61卷P39）

2月

1日 广西壮族自治区桂林机场正式开航，开通广州经桂林至贵阳航线。（《广西通志·大事记》P347）

2日 据报道，科学院治沙队通过1年来对西北和内蒙古6个省区的沙漠考察，找到可以建立大面积农、林、牧生产基地的自然条件，提出某些沙漠（包括戈壁）地区开发利用的方案。治沙队在沙区进行100多种农作物和植物的引种和栽培试验均获成功。（《人民日报》1961.2.4.④）

△ 新疆维吾尔自治区党委下发《关于认真恢复和开展农村集市贸易的通知》，在全疆各地恢复农村集市贸易，活跃农村经济。（《中国共产党新疆历史大事记》（1949.10~1966.4）上P211）

△ 新疆维吾尔自治区党委批转整顿自治区报刊的意见和原则。自1958年以来，自治区报刊达到212种，造成纸张供应紧张。自治区党委指示，将整顿报刊作为整风及精简中的一项任务认真做好。（《中国共产党新疆历史大事记（1949.10~1966.4）》上P211~212）

4日 是日报道，科学院高山冰雪利用研究队等单位，经过2年的普查和定点观察，对新疆维吾尔自治区境内1700公里天山地带的冰川、河冰、积雪等分布情况和储量问题作出初步答案，并基本摸清冰雪积累和消融的规律。（《人民日报》1961.2.4.④）

6日 内蒙古自治区通过办学校、进修班、带徒弟等措施，培养出3600多名蒙医。（《光明日报》1961.2.8.②）

7日 新疆维吾尔自治区党委批准自治区党委整顿学校领导小组的调整意见，同意对全区高等学校、中等专业学校和党、干校进行一次调整。调整意见是：保留高等学校12所，其中乌鲁木齐市9所；保留中等专业学校85所，停办9所；保留党校、干校7所，压缩19所；由乌鲁木齐迁出高等学校1所（石油学院）和中等专业学校8所。（《中国共产党新疆历史大事记（1949.10~1966.4）》上P213）

10日 党和国家领导人刘少奇、周恩来、彭真、陈毅、谭震林接见来自新疆、青海、四川、甘肃、云南等地包括蒙古、回、藏、维吾尔、哈萨克、彝等18个民族的中央民族学院政治系干部训练班毕业学员。（《人民日报》1961.2.11.①）

22日 西藏工委举行第五次会议，根据中央西藏5年不办社的精神，拟定《关于农村中若干具体政策的规定》，即农村26条。26条中主要规定：稳定农民个体所有制，使农民安心生产；认真办好互助组，5年不办合作社；大力发展爱国丰产运动，积极扶助发展农村手工业和副业生产，活跃农村经济；以1960年核实的常年产量为计算基础，计征爱国公粮，5年不变，增产不增税，农户存粮备荒；坚决保护农村劳动力，加强农业生产。（《中共西藏党史大事记（1949~1966）》P128~129）

22日~3月4日 西藏传统的盛大宗教节日——“传召”大会在拉萨举行。中央人民政府驻藏代表张经武和西藏筹委会代主任委员班禅额尔德尼·确吉坚赞大师向参加传召大会的喇嘛发放布施。班禅举行讲经活动，接见了在“传召”大会上考取的13名格西。（《西藏日报》1961.2.23.①，3.4.①）

是月 中国现代穆斯林学者、伊斯兰教史学家马以愚（回族）在安庆病逝，终年61岁。马以愚经名穆罕默德，1900年生，历任安徽省文史馆馆员、省民族事务委员会委员等职，主要著作有《中国回教史鉴》、《回回历》、《嘉陵江志》、《易学象数论抉微》、《中国名礼拜寺》、《回教学术之昌明》、《历法考证》、《中国伊斯兰教寺墓考察》、《天命释义》等。（《中国历代少数民族英才传》P3369~3371，《中国伊斯兰百科全书》P350）

3月

1日 据报道，吉林省延边朝鲜族自治州延吉县东盛人民公社3年前创建的黎明业余农业大学培养出第一批17名农民大学生。（《光明日报》1961.3.20.①）

2日 广西壮族自治区党委决定给予洪华开除党籍的处分。洪华任广西壮族自治区环江县第一书记期间，严重浮夸，漠视民命，造成群众严重缺粮，非正常死亡1.9万人。1963年10月13日，自治区高级人民法院判处洪华有期徒刑5年。1981年9月，自治区法院撤消对洪华的判决。（《广西通志·大事记》P347）

△ 新疆维吾尔自治区党委组织部向自治区党委呈报是年党组织工作要点。要点提出，是年自治区党组织工作的中心任务是，进一步加强党的基层组织建设。截至1960年，全区党员21.1万人，占全区总人口的2.7%；其中，农村党员9.3万余人，占农村人口的1.8%，绝大多数生产队已建立党组织。（《中国共产党新疆历史大事记（1949.10~1966.4）》上P214）

3日 宁夏回族自治区党委作出《关于进一步活跃农村集市贸易的安排》，允许社员发展家庭副业和手工业生产，以活跃农村经济。（《中共宁夏党史大事记（1925.8~1988.6）》P271）

4日 国务院批准公布第一批全国重点文物保护单位共180处，其中民族地区有：西藏的大昭寺（位于拉萨市，建于唐代，保存完好）、布达拉宫（位于拉萨市，建于唐至清代，保存完好）、甘丹寺（位于达孜县，建于明代，60年代被毁，现已修复部分）、萨迦寺（位于萨迦县，建于宋至元代，北寺已毁，南寺保存完好）、扎什伦布寺（位于日喀则市，建于明代，保存较好）、昌珠寺（位于乃东县，建于唐代，60年代损毁，现已部分修复）、江孜宗山抗英遗址（位于江孜县，建于1904年，建筑早塌，炮台尚存）、藏王墓（位于琼结县，建于唐代，7至9世纪吐蕃赞普墓葬群）、古格王国遗址（位于札达县，建于11世纪，因在土山上，风雨侵蚀严重，已维修），内蒙古自治区辽上京遗址（位于巴林左旗，辽代）、辽中京遗址（位于宁城县，辽代），宁夏回族自治区银川市海宝塔（编者按：明清方志说海宝塔“盖汉、晋间物”，“相传赫连勃勃曾为重修”，故又称“赫宝塔”。在清代康熙、乾隆年间，因地震破坏又曾两度重修。海宝塔是一座佛教寺院，塔身是一座略呈方形的楼阁式9层砖塔，总高54米），新疆维吾尔自治区克孜尔千佛洞（位于拜城县，传开凿于3世纪，建于唐至宋代）、库木吐喇千佛洞（位于库车县，传开凿于3世纪，建于唐至宋代）、高昌故城（位于吐鲁番县，公元500~

640年）、雅尔湖故城（位于吐鲁番县，公元500~640年），广西壮族自治区金田起义地址（位于桂平县金田村），吉林省延边朝鲜族自治州敦化县六顶山古墓群，甘肃省临夏回族自治州炳灵寺石窟，湖南省湘西土家族苗族自治州溪州铜柱（位于湘西州古丈县会溪坪，为五代后晋天福五年楚王马希范与溪州刺史彭士愁一次战后罢兵所立的划分疆界的界柱。柱上铭刻《复溪州铜柱记》、誓词、衔名，是研究湘西少数民族历史的宝贵资料），四川省甘孜藏族自治州泸定桥（红军征途中强夺铁索桥役的纪念地，位于泸定县，建于1935年），云南省大理白族自治州石钟山石窟（包括石钟寺、狮子关、沙登，位于剑川县）、崇圣寺3塔（位于大理市，建于唐、五代）、太和城遗址（包括南诏德化碑，位于大理市）。（《国务院公报》1961［4号］P79~89；《当代宁夏史通鉴》P23、378；《当代中国的西藏》上P315，下P401~402；《延边朝鲜族自治州志》上P71；《临夏回族自治州志》上P55；《魅力湘西》P184；《中国历代少数民族英才传》P766~769；中华人民共和国国家文物局网）

6日 根据国务院指示，文化部和国家民委在民族文化宫举行座谈会，座谈设立民族文化工作指导委员会和民族历史研究工作指导委员会的组织和工作问题。（《人民日报》1961.3.8.④）

7日 是日报道，2年来，云南省少数民族社会历史调查组调查研究全省少数民族社会历史，积累约4000万字的资料，编写了3种民族丛书（初稿）26本。民族民间文学调查队搜集整理了民族民间文学作品数十万件，编写了《白族文学史》和《纳西族文学史》（初稿）及一部分文学概略（初稿）等。（《云南日报》1961.3.7.③）

11日 新疆博物馆、文管会筹备处在乌鲁木齐举办自治区出土文物展览会，展出历年考古发掘出土的部分有代表性的文物。（《新疆日报》1961.3.11.③）

13日 内蒙古自治区第一座火柴厂——呼和浩特火柴厂建成投产。（《内蒙古日报》1961.3.21.①）

14日 是日报道，云南省德宏傣族景颇族自治州兴办各类中等学校11所，有学生2100多名。政府办的全日制小学有262所，群众创办的简易小学有238所，小学生共有2.78万多名，占适龄儿童的90%左右，其中少数民族学生人数比解放前增长40倍。还办有半工半读学校28所，学生800多名。（《光明日报》1961.3.14.②）

14~21日 宁夏回族自治区党委举行全区文化教育工作会议，会议决定，是年和今后一个时期节约劳动力，支援农业；中小学一般都不招收超龄生，部分农村全日制中学和高小改为边学习、边劳动；农业中学改为业余学校。会议确定8所中学、1所师范、33所小学为重点学校。（《中共宁夏党史大事记（1925.8~1988.6）》P271~272）

15日 云南省昆明至思茅航线通航。（《云南日报》1961.3.16.①）

24日 宁夏回族自治区文联成立，江云任主任，石天任副主任。（《宁夏日报》1961.3.25.①，《中共宁夏党史大事记（1925.8~1988.6）》P272）

是月 广西艺术专科学校升格为广西艺术学院，撤销戏剧系，设立音乐、美术2系和中专舞蹈、音乐2个专业班。（《广西通志·大事记》P347）

△ 中共中央在广州召开工作会议，中共中央主席毛泽东主持制定《农村人民公社工作条例》（草案），即《农业六十条》，重点纠正人民公社严重存在的社队规模偏大与平均主义问题。6月在北京召开的工作会议上，修改了草案，规定取消分配上的供给制，停办公共食堂。（《中国现代史》下P198）

△ 广西壮族自治区党委召开有地、市、

县委书记参加的党委扩大会议，学习讨论中共中央发出的《农村人民公社工作条例（草案）》（简称《农业六十条》）。5月8日，自治区党委发出《关于执行农村人民公社工作条例的补充规定（草案）》，共17条。主要内容有：调整农村人民公社各级组织的规模，公社一般以原来大乡为基础，每社2000户左右，生产队参照原高级社生产队的基础来确定，一般20户左右，居住集中的可以达到30户；认真贯彻“三包一奖”（包产、包工、包资和超产奖励）制度；粮食征购任务包干，一包3年，增产不增购；社员口粮到户，多劳多得；公共食堂自愿参加；鼓励社员积极发展家庭副业；严格执行劳动定额管理，加强财务管理；大队和生产队干部一律实行定工生产，定额补助。6月1日，《广西日报》报道全区农村人民公社普遍贯彻包产、包工、包资和超产奖励的“三包一奖”政策。（《广西通志·大事记》P347~348）

△ 新疆维吾尔自治区和田、吐鲁番、鄯善、托克逊地区小麦普遍发生不同程度的蚜虫危害，受害40多万亩，其中受害较重的约占30%。（《新疆减灾四十年》P250）

是月~5月 宁夏回族自治区石嘴山等地雨量比常年偏少5~8成，发生春旱。全区11.13多万公顷农作物遭旱灾。（《中国气象灾害大典·宁夏卷》P55）

4月

2日 据报道，西藏自治区筹委给西藏翻身农民颁发土地所有证的工作基本结束。全区10多万翻身农户，大部分领到土地所有证，小部分地区的发证工作继续进行。（《人民日报》1961.4.2.②）

2~13日 西藏自治区筹委第五次全体会议举行，听取和讨论通过自治区筹委代主任委员班禅额尔德尼·确吉坚赞关于自治区筹委的工作基本总结和工作安排的报告。西藏工委书记张经武作重要报告，阐述党和人民政府当前对西藏各项工作的政策。会议在总结1960年的工作时指出：截至年底，在87万人口的农业区，已有85万人口的地区完成民主改革，并开展改革复查。在28万人口的牧区，已有2/3以上人口的地区进行了“三反两利”运动。在全区绝大多数寺庙和广大僧尼中进行了反叛乱、反封建特权、反封建剥削压迫的“三反”运动。全区已组织1.3万多个生产互助组，入组农户约15万户，占已进行改革地区总农户的90%左右。1960年西藏粮食产量比丰收的1959年增产15%。（《人民日报》1961.4.18.④，《中共西藏党史大事记（1949~1966）》P130）

4日 根据国家基本建设规划安排，广西壮族自治区是年的基建总投资1.59亿元。其中，中央项目3135万元，地方项目1.28亿元，大中型项目23个，小型项目140多个。（《广西通志·大事记》P347）

7~19日 宁夏回族自治区党委举行全区三级干部会议，认真学习讨论中共中央《农村人民公社工作条例（草案）》（简称《农业六十条》）。会议强调，农村人民公社要坚持以队为基本核算单位，实行三级所有制；而且要纠正社、队规模偏大，公社对下级管得太死，以及民主制度和经营管理制度不健全等方面的问题。会议认真检查全区过去工作中的问题，指出过去几年来各级领导忽视调查研究工作，助长“四高”（高指标、高估产、高征购、高销售）、“五风”（“共产风”、浮夸风、瞎指挥风、特殊化作风、强迫命令风），损伤农民的生产积极性，使粮食连续2年减产，给我们极其深刻的教训。（《中共宁夏党史大事记》（1925.8~1988.6）P273）

10日 云南省丽江纳西族自治县成立。（《云南民族团结进步事业光辉历程（1949~2009）》P88）

10~22日 新疆维吾尔自治区党委工作会

议举行，传达贯彻中共中央广州工作会议和制定的《农村人民公社工作条例（草案）》（简称《农业六十条》）精神，学习讨论中共中央主席毛泽东《关于调查研究工作》的文章和中共中央关于认真进行调查研究的指示信。会议结合检查自治区党委和各地州委领导作风和工作作风问题，讨论制定《关于贯彻执行中央〈农村人民公社工作条例（草案）〉的补充规定》，要求各地原原本本地传达中央会议精神，因地制宜地贯彻执行。（《中国共产党新疆历史大事记（1949.10~1966.4）》上P215~216）

14日 00时34分42秒，新疆维吾尔自治区伽师县库车喀帕发生6.8级地震，震中位置39°53′N、77°45′E，震源深度20公里，震中烈度Ⅸ度。极震区Ⅰ类房屋几乎全部倾倒或严重破坏，其他房屋均遭不同程度损坏。水库管理工作房屋全部塌坏，2人死亡，重伤4人。（《新疆减灾四十年》P250）

15~21日 西藏地区召开首届森林保护和森林采伐会议。会议讨论制定《西藏地区护林防火试行办法》（草案）和《西藏地区国有林采伐规定》（草案）。（《西藏日报》1961.4.26.①）

20~23日 广西壮族自治区贺州、梧州、柳州、来宾、河池、玉林6市出现冰雹、狂风。柳州、南宁、梧州、德保等39县（市）受灾，因灾死亡119人，伤1032人，倒塌房屋3874栋，打坏房屋28696栋，冲坏小型水利工程10681处，受灾农田115万亩，冲走木材7014立方米。柳州全市1.7万多户6万人受灾，倒塌房屋200多栋，吹翻船只32艘，沉船4艘，2艘下落不明。玉林、贵港2市被淹田地70万多亩，死亡34人，伤49人，崩塌房屋1643间，小型水利工程被冲坏4777处。（《中国气象灾害大典·广西卷》P275）

21日 中央在《关于西藏工作方针的指示》中指出，中央最近讨论西藏工作，认为自1959年3月平叛改革以来，西藏工委领导进藏部队同西藏干部和西藏人民团结一致，在不到2年的时间内，基本平息叛乱，完成民主改革，使西藏的社会制度和政治面貌发生天翻地覆的变化，工作成绩是伟大的。中央指出："今后西藏工作必须采取稳定发展的方针，从今年起，5年以内不搞社会主义改造，不搞合作社（连试点也不搞），更不搞人民公社，集中力量把民主革命搞彻底，让劳动人民的个体所有制稳定下来，让农（牧）民的经济得到发展，让翻了身的农奴群众确实尝到民主改革给他们带来的好处。在这5年我们在西藏的一切政策包括经济政策、财贸政策、社会改革政策、民族政策、对上层人士的团结改造政策、宗教政策，等等，都一定要力求稳妥，都要防'左'、防急，当前主要的问题是防止'左'和急，必须把注意力放在这个方面。"中央还指出，今后西藏必须切实做好以下几项工作：一、集中力量领导群众发展生产，繁荣经济，改善人民生活；二、彻底完成民主改革，向群众深入进行民主革命的政治思想教育，进行爱国主义教育和社会主义前途的教育；三、肃清残余叛乱分子和其他反革命分子；四、做好上层统战工作；五、整顿干部作风，发展党的组织，培养藏族干部；六、建立各级人民代表大会制度，成立西藏自治区。中央指出，西藏的统一战线现在进入了一个新的阶段，已经成为名副其实的人民民主统一战线了。特别是对班禅的工作，更要聚精会神地去做好。对待宗教问题更要慎重，更加不能性急。对于没有叛乱的或者不是公然反抗改革的上层分子，一律实行和平改革，实行赎买政策。（《中共西藏党史大事记（1949~1966）》P131~132，《当代中国的西藏》上P346）

22日 国务院全体会议第110次会议决定：设立内蒙古自治区阿拉善左旗和阿拉善右旗，撤销阿拉善旗，以原阿拉善旗的巴彦浩特镇、嘉尔格拉赛汉、温都尔勒图、查汉布鲁格、克伯那木嘎、锡林郭勒、豪斯布尔都、巴音吉兰太、宗别立、巴音红吉尔、敖龙布鲁格等11个公社为阿拉善左旗的行政区域；以原阿拉善旗的巴音温都尔、塔木苏布鲁格、雅布赖、巴彦淖尔公、乌力吉笋布尔等5个公社为阿拉善右旗的行政区域，原阿拉善旗的其余地区分别划归巴彦高勒市和乌达镇。（《国务院公报》1961［7号］P133~134）

25日 中国和老挝王国政府决定正式建立大使级外交关系。（《新华社新闻稿》1961.4.26）

26日 目前，中国作协新疆分会有10个民族88名会员，其中有8人参加全国作协。（《光明日报》1961.4.26.②）

29日 西藏自治区筹委第38次常委会议举行。会议通过自治区筹委会代主任委员班禅额尔德尼·确吉坚赞《关于组织一批自愿研究经典的喇嘛专门学习研究经典和学习政治的提案》的原则，并责成有关部门具体执行。批准了班禅堪布厅委员会于4月9日提出的《关于申请结束班禅堪布厅委员会的报告》，并上报国务院。批准了自治区筹委民政处关于任免昌都、阿里专署、拉萨市干部的报告和《西藏干部学校关于改名为西藏行政干部学校》的请示报告。（《西藏日报》1961.4.30.①）

5月

1日 云南省文山壮族苗族自治州广南县西洋江大桥竣工通车。（《文山壮族苗族自治州志》1卷P48）

2日 据《西藏日报》报道，随着西藏工业建设逐步发展，全区已有2.5万名从事各种工业生产的藏族工人。（《中共西藏党史大事记（1949~1966）》P132~133）

5日 内蒙古艺术剧院和内蒙古戏曲剧院在呼和浩特成立。（《光明日报》1961.5.9.②）

△ 宁夏回族自治区党委批转自治区党委“三反”办公室《关于处理右派分子工作报告及今后的意见》。《报告》指出，全区共有右派分子1855名，已摘掉371名右派分子帽子，占总数的21%。（《中共宁夏党史大事记（1925.8~1988.6）》P274）

△ 全国政协举行“五一”节庆祝活动文艺晚会，西藏、宁夏、贵州、四川、青海、甘肃、湖南和广东少数民族参观团200多人参加，全国政协副主席陈叔通、包尔汉等出席。17日，全国人大举行晚会，招待各少数民族参观团，全国人大常委会副委员长李维汉、赛福鼎·艾则孜出席。21日，国家主席刘少奇，全国人大常委会委员长朱德，国务院副总理董必武、乌兰夫等党和国家领导人接见各少数民族参观团。（《人民日报》1961.5.6.①，5.18.④，5.22.①）

11日 宁夏回族自治区党委批转自治区重工业局党组《关于调整几个炼铁厂暂停生产的报告》。《报告》提出停产的铁厂是：中宁铁厂、新城铁厂、大丰沟煤矿新生铁厂、撤销平罗大磴沟炼铁点。（《中共宁夏党史大事记（1925.8~1988.6）》P274）

△ 据报道，科学院塔克拉玛干沙漠改造利用研究队完成沿玉龙喀什河进入沙漠深处长达260多里的普查任务，基本了解了这一带水土等自然条件。（《光明日报》1961.5.12.①）

13日 中国作协昆明分会、科学院云南分院文学研究所召开座谈会，讨论几年来在搜集、整理、改编民族民间文学作品和编写民族文学中出现的宗教与文学史关系的问题。（《云南日报》1961.5.13.①）

△ 中共青海省海北藏族自治州委复查案件办公室成立。（《海北藏族自治州志》上P59）

15~17日 越南胡志明主席在广西壮族自治区桂林参观游览，在阳朔望江楼用中文写下“阳朔风景好”5个大字。（《广西通志·大事记》P348）

16日 西藏自治区筹委会代主任委员班禅额尔德尼·确吉坚赞大师在日喀则举行盛典，庆祝“德庆颇章”新宫落成。（《西藏日报》1961.5.23.①）

20日 青海省第一所业余畜牧兽医中学在门源县苏吉滩设立。（《海北藏族自治州志》上P59）

27日 国务院批准广西壮族自治区恢复凭祥市（县级），龙津县改称龙州县。（《广西通志·大事记》P348）

△ 至目前，青海省少数民族兽医技术人员已有3000多名。其中达到三员（放牧员、防疫员、配种技术员）综合水平的防疫员有4000多名。（《青海日报》1961.5.27.①）

29日 越南越北自治区地方贸易代表团与中国广西壮族自治区地方贸易代表团在广西南宁举行1961年地方贸易谈判，达成协议。双方同意恢复以下口岸：广西壮族自治区的爱店、隘口、布局、硕龙，越北的峙马、同登、波马、李挽。（《广西通志·大事记》P348）

是月 云南省文山壮族苗族自治州调整区社体制，将89个大公社调整为43个区233个中公社，辖2167个大队11507个生产队。（《文山壮族苗族自治州志》1卷P49）

△ 西藏首家机械工业——拉萨机械修配厂建成投产。该厂担负西藏的机械修理和机械配件制造任务，1960年3月开始筹建。1986年，该厂党委书记娄俊被全国总工会授予“五一”劳动奖章。（《当代中国的西藏》下P160~161）

△ 甘肃省甘南藏族自治州先后开放藏传佛教拉卜楞寺、合作寺、郎木寺、禅定寺4座寺院和伊斯兰教的临潭旧城、夏河、合作3处清真寺。（《甘南州志》上P108）

△ 新疆维吾尔自治区博乐、精河、塔城、伊宁、巴里坤、伊吾、乌苏、沙湾等县发生蝗灾，受灾120多万亩，虫口密度一般100~200个／平方米，多者1000个／平方米以上。（《新疆减灾四十年》P250）

6月

1日 据《西藏日报》报道，西藏已有1000多所公办小学和民办小学。全区3万名儿童入学，其中3000名儿童戴上红领巾。（《中共西藏党史大事记（1949~1966）》P134）

△ 云南省昆明至昭通航线通航。（《云南日报》1961.6.3.①）

△ 新疆维吾尔自治区兰新线了墩至盐湖遭8~12级大风袭击，车站调度电话全部中断，中断行车36小时，沿线设施和货物受损严重。（《新疆减灾四十年》P251）

1~15日 广西壮族自治区柳州、河池、来宾等地普降大到暴雨，不少地区暴发山洪。据不完全统计，11个县94个公社受灾，死亡9人，伤6人，失踪3人，倒塌房屋262间，农作物受灾150.49万亩，其中受灾早中稻7.07万亩、玉米4.95万亩、黄豆3.03万亩。（《中国气象灾害大典·广西卷》P81）

1~21日 中共西藏工委在拉萨召开第二次牧业区工作会议。会议指出，1959年12月自治区工委召开第一次牧区工作会议以来，西藏牧区发生了根本性的变化，基本上摧毁了封建农奴制度在牧区的政治统治和经济基础，初步建立人民民主制度。目前，全区28万人口的牧业区，已有25万人口的地区开展了“三反两利”运动，牧民的个体所有制和牧主所有制基本上得到了稳定，各地牧业区已初步建立了县、区、乡各级人民政权，培养出大批基层干部和积极分子。根据中央对西藏地区今后5年内不办农、牧业生产合作社，稳定发展劳动人民个体经济的方针，结合西藏牧业区的实际情况，制定了牧业区的一些具体政策。会议确定今后的任务是：彻底完成“三反两利”（“三反”，即反叛乱、反乌拉役差、反人身依附；“两利”即牧主、牧工两利）运动，巩固“三反两利”运动的成果，稳定个体畜牧业经济，恢复和发展畜牧业生产，逐步改善牧民生活。会上介绍和交流了工作经验，制定了《关于牧区当前若干具体政策的规定》（草案）。（即牧区三十条，这个草案后来经过修改，于1962年2月2日将修正稿上报中央审批） （《西藏日报》1961.6.25.①）

2~9日 甘肃省甘南藏族自治州委召开牧区工作会议，贯彻“以牧为主，牧副并举，发展多种经营，实现农牧结合”的方针。牧区人民公社实行“三包一奖”制，即包工、包产、保投资、超产奖励。 （《甘南藏族自治州概况》P260）

3日 近年来，新疆大学培养出本地民族教师400余名，其中维吾尔、哈萨克、柯尔克孜、塔塔尔等9个民族的教师占一半。（《光明日报》1961.6.3.①）

5~12日 新疆维吾尔自治区伊犁哈萨克自治州三届人大一次会议举行。会议听取和讨论关于哈萨克新文字方案报告等，并作出相应决议。 （《新疆日报》1961.6.27.①）

6日 据报道，1960年5月以来，云南省先后组织6个调查队调查澜沧拉祜族、德宏景颇族、昭通苗族、沧源佤族、耿马傣族和金平傣族的文学艺术，收集与文学艺术有关的历史、政治、经济、风俗习惯等资料，编成了民间故事、民歌、长诗、舞蹈和音乐曲调等。（《人民日报》1961.6.7.④）

8日 是日报道，云南省民族民间音乐戏曲采集队分赴西双版纳、德宏、红河、大理、楚雄、丽江等地进行音乐采集工作。 （《云南日报》1961.6.8.③）

8~15日 广西壮族自治区大部地区出现降雨天气过程，其中10至14日出现暴雨天气，共有72县（次）降暴雨、10县（次）出现大暴雨。据不完全统计，梧州、柳州、桂林、河池、钦州等地共39县37个公社515个大队36038户22．32万人受灾，55人死亡、37人受伤；倒塌房屋598间，农作物受灾48.46万亩，损失谷种4.9万公斤、稻谷309.98万公斤，死亡耕牛26头，损失木材19110立方米，冲崩水利设施1303处。 （《中国气象灾害大典·广西卷》P81）

9日 据报道，16个少数民族的文学史或文学概况编写完成。白族、纳西族和藏族3部文学史出版发行，蒙古、苗、壮、傣、彝、土家等民族的文学史和佤、侗、布依、瑶、哈尼、赫哲等民族的文学概况印成初稿。（《人民日报》1961.6.10.④）

10日 国务院总理周恩来接见溥杰（满族，清末皇帝溥仪的胞弟，曾任六届全国人大常务委员）、嵯峨浩（溥杰夫人）、溥仪等人。他说：“世界上有黑种人、黄种人、白种人和棕种人。不管是哪种人，相互间都应该是平等的。但现在还有差别，还存在着种族歧视。……辛亥革命以后，北洋军阀和国民党反动政府歧视满族，满人不敢承认自己是满族，几乎完全和汉人同化了，分不清了。民族将来是要互相同化的，这是自然发展的结果，但不能歧视，不能强制。因此现在还要把满族恢复起来，事实上1949年以后已开始这样做了。清朝是中国最后一个王朝，它做了许多坏事，所以灭亡了。但也做了几件好事：第一件，把中国许多兄弟民族联在一起，把中国的版图确定下来了，900多万平方公里。第二件，清朝为了要长期统治，减低了田赋，使农民能够休养生息，增加了人口，发展到4亿人，给现在的6.5亿人口打下了基础。第三件，清朝同时采用满文和汉文，使两种文化逐渐融合接近，促进了中国文化的发展。” （《周恩来选集》下卷P316~320）

11日 据报道，内蒙古自治区喀喇沁旗文物工作人员通过对锡伯河、老哈河、小牛群河等几条主要河流的调查，发现新石器时代遗址45处、辽代遗址8处、古墓5处和古石刻13处，并搜集到古代文物500多件、革命文物20多件。 （《内蒙古日报》1961.6.11.③）

△　中央民族学院举办10周年校庆。国务院副总理乌兰夫和全国人大常委会副委员长赛福鼎到会祝贺。10年来，中央民族学院培养蒙古、藏、维吾尔、回、壮、朝鲜等48个民族的毕业生近4000名。（《人民日报》1961.6.12.②）

13日　是日报道，广西壮族自治区少数民族社会历史调查组编成壮族简史、简志，以及瑶族、毛南族、仫佬族等史志合编和广西少数民族简介等书初稿，整理出有关太平天国、土司制度等部分历史文献资料。（《广西日报》1961.6.13.③）

17日　22时30分，中国男女混合登山队运动员西绕（女，藏族）、潘多（女，藏族）、邬宗岳、陈三4人登上新疆维吾尔自治区境内海拔7595米的帕米尔群峰中的公格尔九别峰顶峰，王义勤、查母金（藏族）登上海拔7560米的高度，均打破女子登山世界纪录。（《民族团结》1991.6 P34，《新华社新闻稿》1961.6.19，《当代中国的西藏》下P512）

△　中共中央统战部部长李维汉、全国人大常委会副委员长陈叔通、国家民委副主任萨空了考察吉林省延边朝鲜族自治州。（《延边朝鲜族自治州志》上P71）

20日　据报道，云南省群众艺术馆组成民族民间工艺美术收集小组于4月分赴玉溪、峨山、楚雄、大姚、新平、永仁、武定等地区，历时2个多月，搜集到彝族11个支系的各种民间工艺美术实物、照片、拓片等共181件。（《云南日报》1961.6.20.③）

△　西藏扎什伦布寺民主管理委员会成立，自治区筹委会代主任委员班禅额尔德尼·确吉坚赞大师任寺庙民主管理委员会主任委员。（《西藏日报》1961.6.25.①）

21日　新疆维吾尔自治区文化部门组成的民间文学研究小组采集到锡伯族民歌800多首和民间传说、故事、寓言等46篇。（《新疆日报》1961.6.22.③）

21日~7月13日　宁夏回族自治区党委举行全区三级干部会议。会议着重讨论研究全区“退赔”、粮食、城镇人口精减、整风整社等问题，确定取消过去实行部分供给制的规定，恢复在农村行之有效的评工计分、按劳分配的办法；公共食堂办不办、怎样办的问题，完全由社员群众民主决定。（《中共宁夏党史大事记（1925.8~1988.6）》P275）

22日~7月24日　新疆维吾尔自治区党委三级干部会议在乌鲁木齐举行。会议根据中共中央北京工作会议精神，强调以农、轻、重为序安排国民经济的方针，确定继续以农牧业为中心做好各项工作，促进发展农牧业生产；重视发展轻工业，恢复发展手工业，调整重工业，做好工业支援农业和市场供应工作；继续精减非农业职工，压缩城市人口，3年内精减非农业职工23万~25万人，压缩城镇人口33万~35万人。（《中国共产党新疆历史大事记（1949.10~1966.4）》上P217~218）

23日~7月14日　广西壮族自治区党委三级干部会议在南宁举行。会议贯彻中共中央对国民经济实行“调整、巩固、充实、提高”的方针，总结3年来的经验教训，确定广西今后的主要任务：力争在3年内，使国民经济恢复和超过1958年的水平。具体抓好3方面的工作，继续坚决贯彻执行中央《农业六十条》；认真做好调整工作，坚决压缩城市工业人口；迅速恢复发展工业生产，切实改进商业工作，活跃城乡经济。至7月，自治区单位根据《农业六十条》修正草案精神，决定县以下恢复区，调整公社、大队、生产队的规模。公社由原来的1090个调整为2078个，生产大队由3229个调整为3.05万个；生产队由16.34万个调整为26.80万个，平均每队约18户，劳动力35人左右。仍以生产大队为基本核算单位。（《广西通志·大事记》P348~349）

27日　15时03分41秒，云南省中甸县发生6级地震，震中位置27°44′ N、99°45′ E，震源深度10公里，烈度VIII度。全县2885户受灾，约占全县总户数14，破损房屋11413间，其中塌墙严重破坏的1975间，伤亡46人，牲畜死亡51头。（《云南省志·地震志》P73~74，《迪庆藏族自治州志》P40）

27~29日 西藏著名黄教寺院扎什伦布寺举行一年一度的“奎古占东”赛佛会。自治区筹委会代主任委员班禅额尔德尼·确吉坚赞大师向4000多朝佛者讲经。（《人民日报》1961.7.2.②）

30日 是日报道，民主改革以来，西藏翻身藏族农民党员发展到1000多名，西藏各地农村普遍建立了党的基层组织。（《西藏日报》1961.6.30.①）

是月 甘肃省甘南藏族自治州卫生防疫站组建成立。（《甘南州志》上P108）

△ 青海省商业厅召开商业局长会议，检查民族贸易工作情况，要求各商业部门根据各民族的需要特点，组织工业品、民族特需品供应和农牧土特产品的收购，更好地为发展各民族的生产和改善人民生活服务。（《青海日报》1961.10.30.①）

△ 新疆维吾尔自治区博乐艾比湖地区发生蝗灾，63万亩农作物受危害。（《新疆减灾四十年》P251）

7月

1日 西北民族学院歌舞团和省属部分艺术团体合并成立甘肃省民族歌舞团。（《西北民族学院校史》P285）

6日 云南省中医学院组成的医疗队深入边疆民族地区，发掘整理兄弟民族民间医药经验，搜集到验方、单方600多种，发现了未有记载的中草药200多种，撰写成《滇南本草续编》和《云南民族民间方药选》。（《云南日报》1961.7.6.③）

7日 据报道，新疆维吾尔自治区考古研究所东疆考古组在吐鲁番阿斯答那新石器时代遗址的东、北部发现了属于后代的窑址1处，以及坐落在遗址北面的2座塔基。（《新疆日报》1961.7.7.③）

9日 国务院第111次全体会议讨论通过了关于结束班禅堪布会议厅委员会的决定。班禅堪布会议厅委员会结束后，有关印鉴、文件、档案等，移交西藏自治区筹委会。会议决定，设立内蒙古自治区海勃湾市，以原卓子山矿区的行政区域为海勃湾市的行政区域；设立乌达市，以原乌达镇的行政区域为乌达市的行政区域；设立固阳县，以包头市的部分行政区域为固阳县的行政区域，固阳县由包头市领导。任命刘春为中央民族学院院长，彭年庵为副院长；免去刘格平中央民族学院院长职务。（《国务院公报》1961［9号］P184、200、206；《人民日报》1961.7.10.①，7.11.③，9.23.⑦）

13日 云南省迪庆藏族自治州维西县人民委员会转发省人大常委会文件，“西番族”正式改称“普米族”。（《迪庆藏族自治州志》P40）

18日 西藏工委批转昌都分工委报告中关于保留寺庙问题的指示。批示说，对保留寺庙问题，不宜规定“增寺不增人”，以免下面执行起来硬性限制喇嘛留寺。事实上保留寺庙增多了，喇嘛很可能相对地会增加点。留多少喇嘛，原则上根据喇嘛自愿。留多少寺庙，也不宜笼统提出“留一、二、三，均可”。究竟留多少，留哪些寺庙，要求各县根据中央指示原则，具体调查一下，逐步落实。关于保留寺庙的经费问题，原则上决定保留的大寺，我们可以视情况包起来或给予补助，一般小寺我们可以不管。（《中共西藏党史大事记（1949~1966）》P134）

21日 是日报道，近几年来，青海省中医药研究所调查研究藏医史和藏医治疗学的资料，整理编写成《藏医学简介》和《藏医治疗

学》（初稿）。（《光明日报》1961.7.21.①）

△ 据统计，贵州省黔东南苗族侗族自治州各民族中医、草药医生已达2600多名。（《光明日报》1961.7.24.①）

24日 宁夏回族自治区党委转发自治区人委会党组书记马玉槐在全区三级干部会议上所作的《关于几年来农村工作的初步检查》。《检查》总结全区自1958年以来，在农村工作方面的最大失误主要表现在5个方面：一是急于过渡到共产主义，混淆共产主义和平均主义的概念，破坏社会主义按劳分配、等价交换的原则，严重挫伤广大农民的生产积极性。二是在农村打击面过宽、讲斗争多，讲团结少。三是没有真正实行以农业为基础的方针。既没有把农业作为基础，更没有把粮食作为基础的基础，形成粮少、畜少、肥少到畜少、肥少、粮少的恶性循环。四是对于农业的发展速度要求过高。1958年到1960年的“高指标、高估产、高征购、高销售”在全区造成一系列的严重后果，务虚名而受实害。五是瞎指挥生产。（《中共宁夏党史大事记（1925.8~1988.6）》P275~276）

是月 内蒙古自治区党委发出《内蒙古自治区牧区人民公社工作条例（修正草案）》，试行《中共中央关于改进商业工作的若干规定（试行草案）》的意见，贯彻《中共中央关于城乡手工业若干政策的规定（试行草案）》的意见。（《内蒙古自治区史》P526）

△ 吉林省延边朝鲜族自治州与国营商业合并的基层供销社开始与国营商业分离。至10月10日有100个基层社恢复集体所有制，占计划恢复总数的95.2%。（《延边朝鲜族自治州志》P71）

△ 福建省第一所少数民族（畲族）中学——福安民族中学举行首届60名初中生毕业典礼。（《光明日报》1961.8.2.②）

△ 四川省阿坝藏族自治州小金县达维桥（红军会师桥）被列为省级文物保护单位。（《阿坝州志》上P45）

△ 云南省楚雄彝族自治州禄丰水泥厂建成投产，开创楚雄州水泥生产的历史。《楚雄彝族自治州志》1卷P198）

△ 经甘肃省委同意，酒泉钢铁公司西沟矿草场划归肃南裕固族自治县管辖。（《肃南裕固族自治县志》P423）

是~8月 中共中央统战部、中共中央西北局召开西北地区民族工作会议，总结经验教训，集中解决西北地区民族工作中存在的问题，特别是1958年青海平叛斗争扩大化问题，研究解决牧区工作的重大政策和措施。（《内蒙古自治区史》P231）

8月

5日 国家主席刘少奇视察内蒙古自治区鄂温克族自治旗。（《鄂温克族自治旗志》P917）

6日 《人民日报》发表《景颇人初探风云——记第一个景颇族气象员尚玛途》的长篇通讯，详细报导了云南省德宏傣族景颇族自治州瑞丽县气象站气象员尚玛途（女，景颇族）的先进事迹。（《德宏州志》综合卷P49）

7日 内蒙古自治区牧区修建了30处机械供水站。每个供水站可解决100平方公里的牧场用水问题。（《人民日报》1961.8.11.③）

9日 中央北方防治地方病领导小组在西安召开中（蒙）、西医治疗克山病经验交流座谈会。会议总结交流了中（蒙）、西医治疗克山病的经验，讨论了克山病的诊断和治疗问题。（《光明日报》1961.8.9.①）

12日 新疆维吾尔自治区党委致电中共西北局并中共中央，报告内地省、区自流人员大量涌入新疆，给新疆带来的困难及对这一问题的处理建议。据1960年1月至是年3月统计，自流来新疆人员达22万余人。报告说，新疆1957年人口为561万人，1960年底增加到720万人，是年上半年又增加到750.8万人，3年增加人口189.8万人，增长33.8%。如果人口增加过多过猛，超过一定限度，就可能发生问题。报告要求，中央和西北局指示各省采取措施控制人口大量向新疆自流。9月23日，中央复电自治区党委认为报告所提建议正确。（《中国共产党新疆历史大事记（1949.10~1966.4）》上P218~219）

△ 新疆维吾尔自治区党委根据中共中央的决定下发《关于彻底退赔的几个问题的指示》。《指示》要求，各级党组织坚决纠正人民公社化以来发生的“一平二调”、刮“共产风”的错误。11月24日，自治区党委决定，除给各地分配国家拨给的退赔补助款（2000万元）外，由自治区拿出钢材1500吨、铁1500吨、木材1万立方米、牲畜6万头，作为退赔国家在大炼钢铁、大办水利、大修公路、大办文教卫生和邮电等10多个方面的平调物资之用。（《中国共产党新疆历史大事记（1949.10~1966.4）》上P219）

13~14日 全国人大常委会副委员长、全国政协副主席、中央统战部长李维汉一行在新疆维吾尔自治区主席赛福鼎·艾则孜陪同下视察新疆维吾尔自治区博尔塔拉蒙古自治州。（《博尔塔拉蒙古自治州志》P45）

14日 据报道，1958年以来，贵州省文化部门根据发掘出的苗、侗、布依等少数民族大量民间文艺资料，编成《苗族民间文艺资料》、《侗族大歌》和《布依族文艺资料》等30多本，并已出版。（《贵州日报》1961.8.15.③）

△ 据报道，云南民族学院建院10年来，培养和轮训包括彝、傣、白、回、拉祜、景颇、傈僳、佤、德昂、独龙等20多个民族的干部7700多名，教师和干部队伍包括13个民族170多名，其中少数民族占50%以上。（《云南日报》1961.8.14.③）

14日~9月6日 西藏工委举行全区统战工作会议，制定《关于当前统战工作的具体情况和今后的主要任务》、《关于进一步做好寺庙工作的意见》等5个文件。据统计，平叛改革以来，全区安排上层人士876人，其中政治安排685人、实职安排191人。（《中共西藏党史大事记（1949~1966）》P136）

16日 国务院全体会议第112次会议通过恢复贵州省黔东南苗族侗族自治州的麻江、雷山、岑巩、从江、天柱5县建制的决定。（《黔东南苗族侗族自治州志·总述·大事记》P156）

17日 是日报道，云南省昆明市固定一批工厂和手工业工人生产少数民族用品。全市生产的少数民族特需商品的种类比原来增长约3倍，并能部分生产花边、丝带、纱帕等少数民族用品。（《人民日报》1961.8.17.③）

18日 国务院批准恢复贵州省黔南布依族苗族自治州荔波、平塘、福泉、龙里、紫云5县建制，自治州行政区划由下辖8县恢复为11县、1自治县、1市，即独山、罗甸、平塘、长顺、龙里、望谟、紫云、贵定、翁安、荔波、福泉11县，三都水族自治县和都匀市。（《黔南布依族苗族自治州志》上P56）

19日 中共吉林省委召开全省民族工作会议，研究解决朝鲜族工作问题。（《延边朝鲜族自治州志》上P71）

21日 广西壮族自治区党委发出《关于三级干部会议向中央、中南局的报告》。报告中说：几年来，征购任务增加很大，1957年征购9.4亿公斤，1958年骤增到14.4亿公斤，1959年又增至15亿公斤，1960年为10.75亿公斤。1959年和1960年的产量实际都比1957年减产，而征购任务则比1957年增加，使农民口粮大为下降，不少地方购到农民保命线以下的口粮，造成全自治区患浮肿、干瘦等疾病的达到100万，非正常死亡达30万。1960年全区总人口2172万人，比1959年减少33万人，下降1.49%，自然增长率为-10.06%；1961年

比1960年又下降0.6%，连续出现人口负增长的特殊现象。（《广西通志·大事记》P349）

24日 据统计，解放以来，桂林民族师范学校为广西壮族自治区培养少数民族教师1180多名，包括壮、汉、苗、瑶、侗、回、仫佬、水、毛南、傣等10个民族的在校生490名。（《人民日报》1961.8.25.④）

28日 近一年多来，甘肃省甘南藏族自治州科技委员会和甘南畜牧兽医科学研究所组织人员深入洮江、龙叠、临潭和德乌鲁市牧区进行中兽医采风，搜集到可医治61种病症的189个民间兽医验方、偏方和秘方，并编成《甘南民间兽医验方汇编》出版。（《人民日报》1961.8.29.④）

29日~9月9日 全国防治地方病经验交流会议在哈尔滨召开。会议总结交流了北方各省防治地方病特别是克山病的工作经验，中（蒙）医西医、科学研究工作者就克山病的病因等发表了意见。（《光明日报》1961.9.16.①）

是月 内蒙古自治区乌兰察布盟四子王旗、察哈尔右翼中旗、察哈尔右翼前旗等地遭风灾、虫灾，农田受灾74.17万公顷。（《内蒙古自然灾害通志》P279）

是~11月 宁夏回族自治区雨量比常年偏多5~9成，发生秋涝，农作物受雨涝灾害11.47万多公顷。其中，固原地区5.6万公顷秋作物受灾，占秋作物面积的30%，3座小山滑坡、1个小村庄覆没。倒塌房屋5953间、窑洞2774孔、死31人、伤49人，倒塌棚圈85处，死牲畜216头、猪羊350只。（《中国气象灾害大典·宁夏卷》P129）

9月

4日 广西壮族自治区巴马瑶族自治县巴马中学首次开办瑶族班。（《光明日报》1961.10.8.②）

△ 西藏工委统战部在《对未叛领主及其代理人占有生产资料实行赎买政策的初步总结》指出，2年来，随着民主改革的基本完成，全区赎买工作已基本结束。总计应实行赎买的2355户，已办清赎买手续的有2085户，共合金额1996万多元，占应赎买的88.54%。支付1960年赎买金178万元。（《中共西藏党史大事记（1949~1966）》P135）

11日 广西壮族自治区总工会向全国总工会报送《关于精减职工工作情况的综合报告》，指出：至8月底止，全区已精减职工18.2万人，其中有12.3万人直接回农村。11月上旬，全区已精减职工29.49万人，为上报国家计划的111%，其中回农村的有19.02万人。（《广西通志·大事记》P350~351）

15日 中共中央原则批准的《中华人民共和国教育部直属高等学校暂行工作条例（草案）》以中央文件下发试行，条例共60条。条例草案总结了1958年后3年来高等教育工作的经验和教训，针对当时学校教学质量降低，忽视知识分子作用以及劳动过多等主要问题，规定高等学校必须以教学为主，努力提高教学质量；正确执行党的知识分子政策和百花齐放、百家争鸣的方针；实行党委领导下的以校长为首的校务委员会负责制；做好总务工作，保证教学和生活的物质条件；以及改进党的领导方法和领导作风，加强思想政治工作等。（《邓小平文选（1975~1982）》P377，《中华人民共和国大事记（1949~1980）》P344）

△ 宁夏回族自治区党委发出《关于压缩城镇人口和压缩粮食销量问题的紧急通知》，要求全区是年减少城镇人口6.1万人。（《中共宁夏党史大事记（1925.8~1988.6）》P276）

26日 新疆维吾尔自治区克孜勒苏柯尔克孜自治州委、州人委决定，以维吾尔文字取代柯尔克孜文字，停用柯尔克孜文。（《克孜勒苏柯尔克孜自治州志》上P34）

26日~10月3日 湖南省湘西土家族苗族自治州召开甄别定案工作会议。会议确定湘西州在“三反”和农村整风整社运动中的案件5114件，定案4160件，经复查甄别，对50.7%定案不当的均作纠正。（《湘西州志》上P65）

30日 据报道，内蒙古自治区鄂伦春自治旗成立10年来，国家无偿拨款9.5万多元，扶助全部猎民实现定居。1960年，粮食产量22.45万斤，各种类型的工厂有17个，工农牧猎副业总产值为239.4万元，10年增长41倍。（《内蒙古日报》1961.9.30.①③，10.4.①）

是月 吉林省延边朝鲜族自治州建立珲春大麻哈鱼放流站。大麻哈鱼人工繁殖试验及放流工作于1963年试验成功，放流站获吉林省先进集体奖。（《延边朝鲜族自治州志》上P72）

10月

1日 内蒙古鄂伦春自治旗各族各界3000人举行大会，庆祝建旗10周年。内蒙古自治区副主席朋斯克率自治区党政代表团到会祝贺。（《内蒙古日报》1961.9.30.①③）

3~8日 内蒙古自治区党委召开一届十四次全委（扩大）会议，作出《关于进一步加强畜牧业工作的指示》，提出贯彻中央《关于确定林权、保护山林和发展林业的若干政策规定（试行草案）》的意见。（《内蒙古自治区史》P526）

5日 尼泊尔国王马亨德拉访问我国，在北京双方签订《中国尼泊尔边境条约》。（《新华社新闻稿》1961.10.6）

△ 全国政协举行晚会，招待参加“国庆”盛典的内蒙古、新疆、西藏、广西、云南、吉林、上海、浙江、福建9个少数民族参观团的350多名代表。全国政协副主席李维汉、陈叔通、包尔汉、帕巴拉·格列朗杰、阿沛·阿旺晋美等接见各民族参观团负责人和佛协甘肃分会会长嘉木样·罗桑久美土丹却吉尼玛活佛。7日，中共中央主席毛泽东、国家主席刘少奇、全国人大常委会委员长朱德、中共中央总书记邓小平等党和国家领导人接见各民族参观团。14日，全国人大常委会副委员长班禅额尔德尼·确吉坚赞、赛福鼎·艾则孜等接见各民族参观团负责人和佛协甘肃分会会长嘉木样·罗桑久美土丹却吉尼玛活佛。（《人民日报》1961.10.6.①，10.8.①，10.16.②）

△ 是日报道，1955年以来，昆明师范学校民族班（原昆明民族师范学校）为边疆各民族培养民族教师540多名。（《云南日报》1961.10.5.③）

7日 云南省德宏傣族景颇族自治州民族干部学校，先后培养和轮训民族干部3200多名。（《云南日报》1961.10.7.③）

13日 西藏自治区筹委第42次常委会议，讨论通过《西藏自治区爱国公粮征收办法及实施细则》、《西藏自治区关于实施对外贸易管理暂行条例的暂行办法》、《西藏自治区农牧区粮油收购供应暂行办法》。（《西藏日报》1961.10.14.①）

17日 据报道，内蒙古自治区医务工作者查明克山病过去的流行范围，摸索出一套防治方法。上年冬天至是年春天发病季节全区发现18个患者，比1960年同期降低97.8%；病死率降低97.6%。（《人民日报》1961.10.18.④）

18日 北京100多名中医、西医、医史工作者在北京雍和宫聚会，探讨藏族和蒙古族医学的经验等问题。（《人民日报》1961.10.21.①）

19日 云南省楚雄彝族自治州禄丰县元永井突降暴雨，每小时达128毫米，山洪暴发。舍资河洪峰流量291立方米/秒，冲下滚石3.7万立方米，死104人，伤57人，毁坏房屋300多间，淹没和损坏部分矿区设备及部分矿井，冲毁农田1800多亩。（《楚雄彝族自治州志》1卷P198）

20日 内蒙古大学进行首次职称评定工作，有10人晋升为教授、副教授，96人晋升为讲师。（《内蒙古大学四十年》P382~383）

21日 据统计，3年来，内蒙古自治区农业科学研究所进行了249项试验研究，选育出小麦、谷子等优良品种22种，培养了2000多名农业技术人员。（《人民日报》1961.10.22.①）

26日 内蒙古自治区新建的2座丝绸厂织成第一批质量较好的柞丝绸。（《人民日报》1961.10.27.①）

△ 据报道，西藏东南部察隅地区试种2500多株茶树成功，开始采摘第一批新茶。（《人民日报》1961.10.27.①）

△ 西藏拉萨市各族各界集会，庆祝解放军进驻拉萨10周年。《西藏日报》发表全国人大常委会副委员长班禅额尔德尼·确吉坚赞的《庆祝西藏和平解放十年》和西藏工委书记张经武的《毛泽东思想的伟大胜利》的纪念文章。（《人民日报》1961.10.28.①；《西藏日报》1961.10.26.①，10.27.①）

27日 据报道，蒙古文版古典医学文献——《四部医典》出版，发掘出300多年前的《但教经》和其他大量古代蒙古医学史料。（《人民日报》1961.10.28.④）

30日 青海省民族贸易公司根据调查结果，编写了包括15类1500余种商品的《青海省民族特需商品目录》，并先后从26个省市组织货源。（《人民日报》1961.10.31.①）

31日 内蒙古自治区党委书记乌兰夫接见在内蒙古参观的西藏宗教界参观团和新疆参观团。（《内蒙古日报》1961.11.1.①）

是月 云南省西双版纳傣族自治州第一座水电站流沙河水力发电站建成发电，装机200千瓦。（《西双版纳傣族自治州志》上P41）

△ 西藏第一个专门的卫生防疫机构——西藏卫生防疫站成立。1965年9月改称西藏自治区卫生防疫站。（《当代中国的西藏》下P470）

△ 青海省海南藏族自治州贯彻西北民族工作会议精神，批准开放藏传佛教寺院9座、清真寺6座。（《海南州志》P35）

△ 青海省玉树藏族自治州文化馆与博物馆合并，州广播站与电影站合并。（《玉树州志》上P35）

△ 青海省玉树藏族自治州民族中学与民族师范合并，各县民族中学停办。（《玉树州志》上P35）

11月

1日 花坪自然保护区建立，位于广西壮族自治区龙胜县、临桂县，1.74万公顷，是以银杉及典型常绿阔叶林生态系统为主要保护对象的国家级自然保护区。（《全国自然保护区名录（2003）》P85）

△ 是日报道，在党和政府的关怀帮助下，西藏原有的几万名“朗生”（家奴）和贫民、乞丐、流浪人，开始安居乐业，过上新生活。据1960年底不完全统计，全区已解放“朗生”约3万人，分得10多万克（1克约等于1亩）土地和大批房屋、耕畜、农具等，并成家立业。（《人民日报》1961.11.1.④）

2~6日 全国人大常委会副委员长、西藏自治区筹委会代主任委员班禅额尔德尼·确吉坚赞，全国政协副主席包尔汉在新疆维吾尔自治区伊犁哈萨克自治州视察。（《伊犁哈萨克自治州志》P51）

4日 广西壮族自治区人委会发出《关于分配各地防治五病经费的通知》。《通知》指出，再拨229万元，补助各地作为治疗五病（浮肿、干瘦、子宫脱垂、小儿营养不良、闭经）经费。（《广西通志·大事记》P350）

13日 广西壮族自治区水利会议结束，总结3年来水利建设的成绩和问题。1958年以来，全区兴建库容100万立方米以上的工程189处，其中1000万立方米以上的工程72处，总库容63亿立方米；完成1秒立方米以上引水工程32处。这些工程已有一部分发挥效益，灌溉面积188万亩。（《广西通志·大事记》P350）

14日 继1959年以来，西藏第三次降低商品价格，降低价格的有111种群众生活必需品和生产工具。为增加农牧民收入，同时提高164种农牧产品和土特产品的收购价格。（《西藏日报》1961.11.14.①）

△ 云南省楚雄彝族自治州楚雄航运大沟完工，大沟长19公里，上接石门冲电站引水沟，下至楚雄城郊南门坡。（《楚雄彝族自治州志》1卷P197）

15日 青海省卫生厅在西宁市和玉树、黄南、海南等藏族自治州举办的藏医进修班，已先后培训藏族民间医生172名。青海藏、蒙古、回、土、撒拉、哈萨克等少数民族的医师、医士、药剂师和检验、护理等医务工作人员已达近500名。（《光明日报》1961.11.16.①）

17日 科学院和内蒙古自治区民族语文研究机构通过联合调查，摸清了全国蒙古语的基本情况，作出了各地区蒙古语方言、土语的划分。（《人民日报》1961.11.20.①）

18日 内蒙古自治区医学院举行首届毕业生毕业典礼。首届毕业生包括蒙古、汉、达斡尔、鄂温克、回、朝鲜、满等7个民族的学生224名，其中蒙医48名。（《内蒙古日报》1961.11.22.①，《今日新闻》1963.11.21.P6）

18日~1962年4月8日 内蒙古自治区巴彦淖尔盟乌拉特中、后旗降雪量19.9~26.7毫米，形成白灾。北部地区受灾严重，牧区公路中断，成畜死亡8.07万头（只）、仔幼畜死亡6.4万头（只）；苏尼特右旗共降雪36次，雪量44.8毫米，雪深33厘米，且多白毛风。越冬后全旗死亡牲畜6.4万头（只）。自治区人民政府派飞机到镶黄旗、苏尼特右旗及乌兰察布盟四子王旗和包头市达尔罕茂明安联合旗等重灾区，空投粮食和饲料。（《内蒙古自然灾害通志》P279~281）

22日 西藏北部那曲专区新建长达1900多公里的马步班邮路。（《人民日报》1961.11.22.②）

23~28日 国务院副总理陈毅由内蒙古自治区党委书记乌兰夫陪同，在内蒙古各地视察工作。（《内蒙古日报》1961.11.30.①）

26日 是日报道，西藏医疗卫生机构比平叛前增加7倍多。7个专区都有综合医院，73个县中68个县有卫生院，山南、江孜、林芝等专区的许多乡村还设立保健站。藏族医务人员500多名。过去西藏流行的天花、麻疹等疾病大为减少。（《光明日报》1961.11.26.①）

27日 上海海燕电影制片厂根据苗族民间故事改编的舞剧《蔓萝花》摄制成彩色影片。（《人民日报》1961.11.28.⑤）

29日 内蒙古自治区文学研究部门和出版界合作出版古典文学名著——《格斯尔传》蒙古文版本和部分汉文译本。（《人民日报》1961.11.29.④）

△ 据调查，截至目前，广西壮族自治区壮文学校培养出7000多名能掌握壮文的壮族干部和壮文教师，还在农村培养出5万多名推广壮文的群众教师。全区现有70多万人学会使用壮文。（《人民日报》1961.12.1.①）

△ 青海省海北藏族自治州14个人民公社划为64个公社，111个基本核算单位划分为310个，建立12个乡人民委员会。（《海北藏族自治州志》上P60）

30日 新疆维吾尔自治区人委第20次委员（扩大）会议，审查通过了《自治区文物保护管理暂行办法》和自治区级第二批文物保护单位名单等。（《新疆日报》1961.12.2.①）

是月~1962年2月 吉林省延边朝鲜族自治州发生急性克山病，患病163人，死亡54

人，其中安图县125人发病、死亡36人。（《延边朝鲜族自治州志》P72）

12月

2日 甘肃省商业厅、省民委及有关自治州（县）的商业工作者组成的汉、藏、蒙古、回、裕固等5个民族的民族贸易访问团，结束在北京、上海等地的参观访问返回。（《甘肃日报》1961.12.15.②）

4日 新疆维吾尔自治区党委发出《关于贯彻执行〈中共中央关于轮训干部的决定〉的初步安排意见》指出，各地党委采取举办短期轮训班的方式，对各级领导干部普遍进行轮训；全区县委书记和相当这一职务的党员干部，由自治区党委直接举办三级干部轮训班（简称三干班），集中进行训练。自是年11月至1963年7月，共举办4期轮训班，地方县级以上、军队团级以上党员领导干部1900余人参加。几期轮训班对许多发表过不同意见的同志抓了辫子，打了棍子，甚至给予各种处分，成为遗留问题。1979年1月，中共中央批转自治区党委的《中共新疆维吾尔自治区关于处理新疆"文化大革命"中和历史遗留的一些重大问题的决定》：这是当时党内生活不正常现象，是错误的，规定凡因此受到批判和处分的同志一律平反，有关材料一律销毁。（《中国共产党新疆历史大事记（1949.10~1966.4）》上P222~223）

11日 柯尔克孜族长诗——《玛纳斯》初步收集整理完毕，并首次译成汉文。（《光明日报》1961.12.12.①）

15日 据新华社报道，一部新的《藏汉大辞典》最近编纂完成，共收集7万多个词汇。（《新华社新闻稿》1961.12.16）

△ 是日报道，是年以来，甘肃省民委几次发放补助款给少数民族地区人民购置生产、生活用具，同时还购买剪毛机100多部、奶油分离机15部、手摇铡草机100多部、薄钢板55吨，供应民族地区。（《甘肃日报》1961.12.15.②）

△ 国务院第114次会议通过决定，在西藏地区设立海关。先在亚东、吉隆、噶尔昆沙、聂拉木4处设立海关，在帕里、普兰、日土、扎达设分关，今后西藏海关机构的设立、变更或撤销，由西藏自治区筹备委员会提请对外贸易部会同财政部、公安部及其他有关部门决定；西藏地区的海关，应按照中华人民共和国暂行海关法及其他有关规定进行工作。为适应西藏地区的特点，西藏自治区筹备委员会可以制定有关西藏地区海关业务的监管、查私等各项办法，征得对外贸易部同意后公布施行；西藏自治区筹备委员会可根据国家保护关税政策，结合西藏地区特点，制定西藏地区海关征收进出口税办法，报国务院批准后公布施行；西藏地区的海关关税收入，划为西藏地方收入，关税临时减免，由西藏自治区筹备委员会决定；凡是按照中华人民共和国西藏地区海关征收进出口税暂行办法规定的税则纳税的进口货物，限在西藏地区销售，不得运往其他地方。恢复甘肃省临夏回族自治州永靖、临夏、康乐、广河4县建制。会议批准《中国西藏地区海关征收进口税暂行办法》，1962年5月10日，中国西藏海关正式成立。（《国务院公报》1961［18号］P328~329，《当代中国的西藏》下P583，《临夏回族自治州志》上P55）

22日 广东省东兴各族自治县文化部门召开了全县著名老艺人座谈会，研究整理有关壮、京、瑶各族民间艺术遗产问题。（《南方日报》1961.12.22.③）

23日 宁夏回族自治区人委第21次会议通过《农村集市贸易管理试行规定》。会议决定，成立自治区广播事业管理局。（《宁夏日报》1961.12.24.①）

26日 贵州省苗、侗、布依、彝、回、壮和蒙古7个民族的30名文学艺术工作者被中国作协、剧协、音协、美协的贵阳分会分别吸

收为会员。（《光明日报》1961.12.26.②）

28日 广东省委在广州召开民族工作会议，总结1958年以来全省民族工作的成绩和经验，讨论进一步贯彻党的民族政策和加强民族地区经济文化建设的问题。《南方日报》为此发表社论《进一步贯彻党的民族政策》。（《南方日报》1961.12.28.①）

29日 据报道，全国重点文物保护单位之一的西藏布达拉宫进行了25年来规模最大的一次修缮，同时对散乱的经书也进行了整理装帧。从1962年起，国家共拨付维修费11万元。（《光明日报》1961.12.30.①，《当代中国的西藏》上P315）

是月 云南省瓦窑至怒江傈僳族自治州碧江县的公路竣工通车。（《怒江傈僳族自治州志》上P27）

△ 甘肃省甘南藏族自治州迭部县正式建立，县辖原卓尼上、下迭部两区及舟曲洛大地区。（《甘南藏族自治州概况》P261）

△ 青海省海南藏族自治州曲沟电站建成，设计装机容量2500千瓦，实际装机1250千瓦，年发电量26万度。1981年因龙羊峡水库蓄水而拆除。（《海南州志》P35）

是年 我国第一部彝族故事片——《达吉和她的父亲》由长春、峨嵋电影制片厂合拍完成。（《云南日报》1988.6.4.④）

△ 我国第一部黎族故事片——《红色娘子军》由上海天马电影制片厂摄制完成。（《云南日报》1988.6.4.④）

△ 中国现代穆斯林学者、著名新闻工作者伍特公逝世。伍特公（回族），《古兰经》古汉语翻译者之一，历任华东行政委员会民族事务委员会委员、上海市民族事务委员会副主任、中国回民文化协进会委员等职。（《中国伊斯兰百科全书》P596）

△ 自50年代初以来，中央民族学院研究部和少数民族语文系、政治系和历史系共有5200余名（次）师生参加党和国家组织的少数民族社会形态、历史文化、民族语言3大调查工作，调查的主要内容为少数民族语言、少数民族社会历史、少数民族识别、少数民族文艺专题等。调研人员先后参与福建、浙江畲民识别（1953年），云南民族识别（1954年），广东疍民、畲民识别（1955年），湖南土家族识别（1956年）等。1956年后还参加了贵州、广西、四川、湖北、新疆、甘肃、青海、内蒙古、黑龙江、吉林、辽宁等省、自治区的民族识别调查工作。整理出大批资料，编写教材近800种，发表论文696篇，收集少数民族文物万余件。（《中央民族大学五十年》P65）

△ 内蒙古自治区培养蒙古族高小毕业生7万多名，初高中、师范、中专毕业生2万多名，大学毕业生987名；其他少数民族高小毕业生1万多名，中学毕业生4000多名，大学毕业生194名。（《光明日报》1962.4.30.②）

△ 是年底，内蒙古自治区建立妇幼保健所（站）110处，各种妇幼保健专业人员525名，各地还培养出儿童保育、教养人员近3万名。（《人民日报》1962.3.7.①）

△ 内蒙古自治区精减职工35.4万人，压缩城镇人口40.7万人。（《内蒙古自治区史》P204）

△ 内蒙古自治区蒙古族和其他少数民族人口出降转升，蒙古族人口由1947年的83万人增至120多万人，其他少数民族由9万增至18万人。（《内蒙古自治区史》P240）

△ 内蒙古自治区131万公顷农田遭旱灾，成灾90万公顷，受灾90万人。其中，赤峰33.33万公顷农作物减产，占总播面积的35%；宁城县大部地区6.67万公顷农作物绝收；翁牛特旗受灾8.47万公顷，其中绝收4万公顷；巴林右旗草牧场枯萎60%，30%水井干涸。鄂尔多斯市北部地区16.32万公顷受灾，占耕地面积的17%，减产粮食31.8%。兴安盟科尔沁右翼前旗遭雹灾，16.14万公顷农田受

灾。（《内蒙古自然灾害通志》P280）

△ 吉林省延边朝鲜族自治州贯彻“调整、巩固、充实、提高”方针，全州工业企业关闭60户、合并11户、停产77户，减少职工6951人。（《延边朝鲜族自治州志》P72）

△ 湖北省恩施地区恢复区建制，共划分67个区、8个县辖镇、763个公社、22个区辖镇、3223个生产大队、26336个生产队。（《恩施州志》P15）

△ 湖北省恩施地区连续遭受大旱，部分县遭风、雹、虫、山洪等灾害，157万人受灾，受灾面积285万多亩，占秋粮面积的67.69%。（《恩施州志》P786）

△ 广西壮族自治区春旱、秋旱加上少数县夏旱，受灾38万公顷，成灾面积13万公顷。（《中国气象灾害大典·广西卷》P172）

△ 贵州省黔东南苗族侗族自治州各县出现春夏连旱，粮食减产，人民生活严重困难。全州水稻受旱60多万亩，枯死7.6万亩；土头作物受旱14万亩，枯死3万多亩。（《黔东南苗族侗族自治州志·总述·大事记》P158）

△ 云南省文山壮族苗族自治州教育战线贯彻执行中央“调整、巩固、充实、提高”的方针，将27所普通中学并为17所，2156所公、民办小学调整为1589所，在校生11万多人，精简社办教师1172人。（《文山壮族苗族自治州志》1卷P49~50）

△ 云南省文山壮族苗族自治州有县级医院17个，区级卫生院30个，公社卫生所171个，大队卫生室1359个，厂矿、学校卫生室50个；病床536张，简易病床30张；各类医务人员2709人。治疗4种主要疾病5.65万人，其中肿瘦病2.8万人，国家拨专款3.74万元。（《文山壮族苗族自治州志》1卷P50）

△ 云南省迪庆藏族自治州征收工商各税56.1万元，其中全民所有制企业所缴税款的比重为67.4%。（《迪庆藏族自治州志》P40）

△ 云南省楚雄彝族自治州恢复永仁、姚安、元谋、南华4县建制，全州共11县。（《楚雄彝族自治州志》1卷P198）

△ 云南省德宏傣族景颇族自治州第一座机制白糖厂——陇川糖厂建成投产（后改为弄巴糖厂），日榨甘蔗500吨。（《德宏州志》综合卷P47）

△ 西藏自治区筹备委员会第54次常委扩大会议通过《寺庙民主管理章程》。《章程》明确规定：住寺僧尼都必须接受共产党的领导，反帝爱国守法，维护祖国统一和民族团结。住寺僧尼凡是国家公民的均享有公民的权利，同时必须履行公民的义务。（《当代中国的西藏》上P288）

△ 根据中央指示，西藏培养宗教界新的知识分子。下半年开始，在日喀则的扎什伦布寺、拉萨三大寺（联合举办）、山南的昌珠寺、那曲的孝登寺和日喀则的萨迦寺（花教）相继建立5个佛学经典研究班。（《当代中国的西藏》上P315，《西藏日报》1963.3.15.①）

△ 中科院与西藏自治区筹委农牧处组织科技工作者对西藏的畜牧业资源进行首次调查，基本摸清那曲、日喀则和江孜地区的资源情况。同时，对牲畜疫病进行考察，发现有的地方牛瘟发病率为20%~100%，死亡率89.47%~100%，且4至5年1次小流行，10年1次大流行；牛肺疫发病率为0.49%~9%，死亡率24.6%~54.3%；炭疽发病率为17%~24%，死亡率50%。还发现五号病、螨蚤、牛羊肺丝虫病等，为防治牲畜疫病提供了科学依据。（《当代中国的西藏》下P58）

△ 是年底，西藏有藏族和其他少数民族干部1.5万多名，占干部总数的53.4%，其中任乡长职务的有2000名。（《西藏日报》1961.5.25.①，《当代中国的西藏》上P359）

△ 西藏林芝种畜场建立，一批家畜门诊所同时升为畜牧兽医防疫站或总站，西藏农牧业科技工作全面开展起来。（《当代中国的

西藏》下P342）

△ 陕西省电子工业厅总工程师白元根（朝鲜族）主持研制成功我国第一块集成电路0515锗全加器，与世界第一块集成电路（1958年美国研制）锗振荡器有同等技术水平。（《中国少数民族专家学者辞典》P200）

△ 国务院确定宁夏回族自治区中宁县为全国枸杞生产基地。（《当代宁夏史通鉴》P23）

△ 宁夏回族自治区银川体育馆竣工，为西北五省区唯一的体育馆。（《当代宁夏史通鉴》P370）

△ 新疆维吾尔自治区邮电学校撤销，改为培训班，1963年7月恢复为邮电部直属学校。（《新疆通志·邮电志》51卷P40）

1962年

1月

1日 经国务院核准，甘肃省甘南藏族自治州德乌鲁市恢复原名夏河县；临潭、卓尼两县分设，恢复卓尼县原称；上迭6个乡与下迭6个乡合并组成迭部县；撤销洮江县，碌曲、玛曲县分设；撤销龙迭县，恢复舟曲县。（《甘南州志》上P109）

7日 宁夏回族自治区党委民族工作会议举行。会议决定，将中央拨给全区少数民族地区补助费100万元主要用于文化、医药卫生、训练少数民族干部及民族宗教人士生活补助；升学考试同等成绩应优先录取少数民族学生；关于保留开放清真寺问题，凡有回民的公社，可留1~2座清真寺，全区可保留约300座清真寺。（《中共宁夏党史大事记（1925.8~1988.6）》P278~279）

7~18日 云南省举行民族戏剧观摩公演，德宏傣剧团、文山壮剧团、大理白剧团、楚雄彝剧团和德宏皮影剧团演出了12个民族剧目。汇演期间，云南省文化部门分别召开编导、表演、音乐工作者、剧团管理等人员座谈会，座谈民族戏剧的道路和方向，民族戏剧队伍的培养和提高，及其他有关民族剧团的建立和发展等问题。（《光明日报》1962.1.31.②，《云南日报》1962.1.18.①）

9日 云南省楚雄彝族自治州以调剂耕牛为主的物流交流大会在双柏举行。10日，大理白族自治州和思茅、临沧专区联合举行牛马交流大会，上市牛马等大牲畜1251头，成交648头。（《云南日报》1962.1.9.①，1.10.①）

△ 据报道，西南高疟区之一的贵州省望谟县（布依族、苗族等少数民族占全县总人口的80%）已成为基本无疟区，疟疾发病率从解放前的80%下降到2%。（《人民日报》1962.1.10.④）

10日 内蒙古自治区人委发出开展农村牧区扫盲和业余教育工作的通知，要求围绕生产和中心工作开展扫盲和业余教育。（《内蒙古日报》1962.1.10.①）

△ 是日报道，科学院昆明植物研究所西双版纳热带植物园引种栽培高产野生油料植物——油瓜获成功，并开始推广。（《人民日报》1962.1.10.②）

10~23日 内蒙古自治区民族语文、民族教育工作会议举行。会议对民族语文工作规定了明确的方向和具体的措施，指出发展民族语文必须从群众的需要出发，必须从实际出发，这是检验民族语文工作最主要的标准；发展民族语文要贯彻普及与提高相结合的原则，坚持两条腿走路的方针；贯彻“百花齐放，百家争鸣”的方针，积极开展民族文化遗产的挖掘、整理和研究工作，正确继承和发扬民族文化遗产，继续提倡用蒙古语文进行创作，开展学术讨论，活跃学术空气；积极发展民族教育，在蒙古族中小学坚持学习蒙古文及蒙古语；大力改进出版发行工作，提高现有蒙古文报刊的质量和增加发行量；提高民族语文工作队伍的水平；特别强调要加强党对民族语文和民族教育工作的领导。（《内蒙古自治区史》P236、526）

11日~2月7日 党中央扩大工作会议在北京召开，又称为七千人大会。1月27日，国家主席刘少奇代表中共中央发表《在扩大的中央工作会议上的报告》，总结1958年以来社会主义建设的经验教训，开展批评与自我批评，为加强民主集中制，统一全党思想，进一步贯彻实行国民经济调整、巩固、充实、提高的方针，扭转经济困难局面起了重要作用。民族地区的经济形势开始好转。（《刘少奇选集》下P419~443，《中华人民共和国大事记（1949~1980）》P16~17）

12日 内蒙古自治区人委决定把内蒙古语文工作委员会改为内蒙古民族语文工作委员会，自治区人委副主席哈丰阿（蒙古族）兼任主任。（《内蒙古自治区史》P236、526）

12~21日 新疆维吾尔自治区党委举行自治区及乌鲁木齐市17级以上党员干部大会，传达中共中央主席毛泽东、国家主席刘少奇在中央七千人大会上的讲话。会议对统一党员干部的思想认识，加强党的建设，坚决贯彻执行中央的“八字”方针，促进自治区国民经济的发展起了重要作用。（《中国共产党新疆历史大事记（1949.10~1966.4）》上P226）

13日 广西壮族自治区柳江中游第一座大型河绠——丹洲河绠建成投产。（《广西日报》1962.2.16.①）

△ 甘肃省临夏回族自治州境内的盐锅峡水电站主体工程完工，第一台4.4万千瓦机组正式并网发电。（《临夏回族自治州志》上P52、56）

14日 据报道，科学院内蒙古分院语言文学研究所搜集到达斡尔族民间故事、传说、歌谣、谚语等700多篇。（《光明日报》1962.1.14.②）

△ 上海戏剧学院表演系藏族表演班首批29名藏族学员结业，并在北京举行结业汇报演出大型历史剧——《文成公主》。（《光明日报》1962.1.14.②）

△ 解放后首批在“门孜康”（拉萨藏医院）学习的15名藏医学员毕业。（《西藏日报》1962.1.14.③）

15日 宁夏回族自治区党委同意并批转自治区党委监委、组织部《关于甄别工作的意见》。《意见》指出，几年来在全区进行“反右倾整风运动”、“反地方民族主义”、“反坏人坏事”和“整风整社运动”，是完全正确的、必要的；在运动中也发生一些错误倾向，混淆两类不同性质的矛盾。自治区党委要求，各级党委严格执行中央有关政策，认真做好甄别工作。（《中共宁夏党史大事记（1925.8~1988.6）》P279）

15~23日 内蒙古自治区首届民族卫生工作会议在锡林浩特举行。会议总结检查15年来民族卫生工作，确定今后要重点防治布鲁氏杆菌病、性病、克山病以及妇女不孕症、风湿性疾病、婴幼儿疾病；加强妇婴保健，降低儿童死亡率；要求从实际情况出发，因地制宜地开展群众性卫生活动。（《内蒙古自治区史》P237~238、526）

16日 据统计，青海省少数民族教师有1491名，相当于解放初的13.3倍。民族小学由解放时的104所增至751所，入学儿童达8.6万多名，为解放时的17.8倍；民族中学从无到有发展到14所，学生3000多名。（《光明日报》1962.1.16.②）

△ 新疆维吾尔自治区党委批转自治区劳动调配委员会关于制止人口自由流动会议情况的报告。报告提出，1958年后新疆人口流动大体有3种情况：一是内地一些省区人员自由流入新疆。截至1961年11月，新疆已收容、安置89万余人。二是接收、安置一批支边青壮年。1959年至1961年11月，共接收80万

人。三是本地民族人员习惯性季节流动。由于3年增加人口170余万人，尤其是自流人员大量涌入，超过新疆可容程度，报告建议采取严格控制措施，制止人口自由流动。25日，自治区党委再次致电西北局和中共中央，报告人口增长和安置困难情况；请求中共中央和西北局再次通告流出人口较多的省区，采取有效措施制止人员外流。（《中国共产党新疆历史大事记（1949.10~1966.4）》上P226~227）

20日 同日报道，黑龙江文学研究所文艺调查小组2个月来调查、搜集、记录了赫哲族文学遗产《依玛堪》9部，《说胡力》41篇，《特伦故》9篇和《加连阔》22首，计20余万字。（《黑龙江日报》1962.1.20.③）

△ 科学院新疆分院民族研究所与自治区博物馆联合举行学术讨论会，探讨新疆新石器时代经济文化发展状况及新疆和内地文化交流等问题。（《新疆日报》1962.1.20.③）

21日 是日报道，新疆维吾尔自治区成立5年来，已形成工、农、医、师范为主的高等院校和中小学互相衔接的教育体系。全疆设有高等院校11所，少数民族学生6200多名，人口最少的达斡尔族也有4个大学生；中等专业学校75所，全日制中学从解放前9所增加到278所，在校生增长50倍；全日制小学和在校学生增长3.5倍，83%以上学龄儿童都已入学。截至目前，自治区培养出专业人才达2.3万多名。（《新疆日报》1962.1.21.①，《中国共产党新疆历史大事记（1949.10~1966.4）》上P227）

23日 广西壮族自治区十万大山北麓建成速生用材林基地。（《人民日报》1962.1.24.①）

25日 是日报道，内蒙古自治区实行野鹿家养以来，已建养鹿场12处，共饲养马鹿、驼鹿、麝等300多只，并饲养了部分海狸鼠、狍子等。（《内蒙古日报》1962.1.25.②）

25~30日 宁夏回族自治区青年联合会一届一次会议举行，自治区青联正式成立。会议通过青联组织章程，选举哈炯磊（回族）为青联主席。（《宁夏日报》1962.2.1.①，《中共宁夏党史大事记（1925.8~1988.6）》P279）

27日 青海师范学院组织的“省土族文学调查组”结束在互助土族自治县的调查，返回西宁。通过调查，搜集到长篇叙事诗10多部，民间故事300多篇，“花儿”2000多首，写出艺人传记18篇，还有寓言、神话、谜语、土族风俗习惯和散记等。（《青海日报》1962.2.15.③）

30日 据报道，1961年9月以来，文化部和国家民委邀集民族语文专家先后举行9次座谈会，讨论《毛泽东选集》各少数民族文版的翻译工作。（《人民日报》1962.1.30.③）

△ 科学院民族研究所内蒙古少数民族社会历史调查组根据调查搜集的自治区内的蒙古、达斡尔、鄂温克、鄂伦春、回、满和朝鲜7个民族的社会历史材料，编写出一批民族研究著作。（《人民日报》1962.1.31.④）

△ 云南省音乐舞蹈家协会召开理事扩大会，传达中国音协召开的民族乐队音乐座谈会的精神，学习和整理民族民间音乐舞蹈艺术遗产问题。（《云南日报》1962.1.30.②）

△ 据统计，新疆人民出版社成立10多年来，出版各类图书2559种、3570多万册。其中，维吾尔、哈萨克、蒙古、锡伯、柯尔克孜5种民族文字的各类图书，分别占出版图书总种数的80.1%和总册数的57.9%。（《人民日报》1962.1.31.②）

是月 吉林省延边朝鲜族自治州中小学朝、汉语教材编辑委员会在延吉市成立。（《延边朝鲜族自治州志》P72）

△ 四川省民委在成都召开羌族历史讨论会，就科学院民族研究所四川少数民族社会历史调查组编写的《羌族简史简志合编》一稿，关于羌族族源、羌族古代史分期和羌族的文学艺术、宗教信仰、生活习俗等问题展开讨

论。 （《光明日报》1962.3.1.②）

△ 甘肃省肃南裕固族自治县决定开放红湾寺、马蹄寺、莲花寺、文殊寺、沙沟寺。（《肃南裕固族自治县志》P423）

2月

1日 科学院民族研究所云南民族调查组和云南民族研究所举行学术讨论会，就进一步修改《白族简史》（初稿），探讨白族族源、白族史分期和白族系属等问题。（《光明日报》1962.2.1.①）

6日 中国音乐家协会四川分会搜集、整理的《羌族民间歌曲》出版。（《阿坝州志》上P45）

12~27日 中国佛协在京举行第三届代表会议，赵朴初副会长作第二届理事会的工作报告。会议选举佛协三届理事会的理事、会长和副会长。班禅额尔德尼·确吉坚赞和应慈被推举为名誉会长，喜饶嘉措为会长，阿旺嘉错、噶丹赤巴、土登贡噶（以上5人为藏族）、赵朴初、能海、松溜阿嘎牟尼（傣族）、噶喇藏（蒙古族）、巨赞、周叔迦、悟古腊（傣族）、嘉木样（藏族）为副会长。（《人民日报》1962.3.1.①）

15日 是日报道，15年来，内蒙古自治区用蒙文扫除文盲的人数约有24万人，占蒙古族青壮年的50%以上；用蒙文教学的小学毕业生23万人，中学毕业生3.5万人；用蒙语广播的电台有6座，广播站28个，经常转播蒙语节目的广播站40多个；用蒙文出版的报刊有《内蒙古日报》、《花的原野》和《党的教育》等。全国性的《红旗》杂志、《民族画报》和《人民画报》等也都有蒙文版。从1948年至1961年上半年，自治区出版的蒙文书籍达2700多种，共1700多万册。（《光明日报》1962.2.15.①）

20日 国务院117次全体会议通过《云南省丽江纳西族自治县人民代表大会和人民委员会组织条例》，并提请人大常委会批准。（《云南日报》1962.10.21.①）

△ 是日报道，内蒙古自治区近80%的旗、县（市）办起养蜂场，蜂群比1958年增长7倍。（《光明日报》1962.2.20.①）

△ 青海美协等单位联合组成“五屯佛画艺术调查组”，通过在同仁县五屯地区的调查，估计历代画家的作品不下10万件，其中一些美丽图案具有广泛的实用价值。（《人民日报》1962.2.21.①）

21日~3月2日 内蒙古自治区少数民族访问团深入到自治区少数民族地区，访问鄂伦春、鄂温克、达斡尔、回、满、朝鲜等少数民族社员。访问团通过座谈会和登门拜访等形式，了解和解决少数民族在生产、生活中的一些困难。（《内蒙古日报》1962.3.4.①）

24日 据报道，中国历史博物馆征集到鄂伦春族的历史文物600~700件，基本反映出解放前后鄂伦春族的生活面貌。（《光明日报》1962.2.25.①）

25日 是日报道，广西壮族自治区建筑工程综合设计院、建筑科学研究所和广西大学等单位组成壮族民居调查组，于1962年底，到壮族聚居的龙胜、宜山、武鸣和靖西县农村，对壮族村寨的总体布局和个体建筑进行了调查研究，整理出4份壮族建筑的原始资料，并写出《广西壮族民居初步调查报告》。（《光明日报》1963.2.25.②）

△ 内蒙古自治区独唱、独奏、独舞演出会在呼和浩特闭幕，各盟市及自治区11个演出队，演出122个节目。（《内蒙古日报》1962.3.1.①）

26日 新华社北京电，中国歌剧《刘三姐》轰动日本。日本艺术家始自2月15日在东京演出《刘三姐》，至24日已演出9场，观众达2.2万多人。（《广西通志·大事记》P352）

3月

1日 国家民委邀请出席佛协三届代表会议的藏、蒙古、傣等11个少数民族的代表举行座谈会，征求对民族工作和宗教工作的意见。（《人民日报》1962.3.2.①）

△ 新疆维吾尔自治区畜牧兽医学会和畜牧兽医科学研究所联合邀请有关单位代表在乌鲁木齐举行绵羊育种座谈会，讨论绵羊品种改良、巩固提高杂种羊和新疆羊，以及关于绵羊品种区域规划问题。（《光明日报》1962.3.1.①）

△ 哈尔滨话剧院公演赫哲族的第一个话剧——《赫哲人的婚礼》。（《人民日报》1962.3.4.②）

2日 国务院总理周恩来在广州召开的科学工作会议和戏剧创作会议上作《关于知识分子问题的报告》。这一报告精辟地阐述了党的知识分子政策，批判了1957年以后出现的左的倾向，重申了我国知识分子绝大多数已是劳动人民一部分的观点。（《学习〈关于建国以来党的若干历史问题的决议〉》，《中华人民共和国大事记（1949~1980）》P317）

5日 内蒙古自治区成立15年来，培养蒙古、达斡尔、回、满、朝鲜、鄂温克、鄂伦春等少数民族妇女干部达4400多名。其中，任旗（县）党委书记、副旗（县）长、公社党委书记和正副社长等职的有100多名，在公社、生产大队任各项领导工作的有500多名。（《光明日报》）1962.3.6.①）

8日 内蒙古自治区大兴安岭深山密林中的鄂伦春族全部实行定居后，鄂伦春自治旗新生婴儿90%以上采用室内新法接生，新生儿破伤风、产妇产褥热等疾病基本消灭。自治旗鄂伦春族人口由1951年的774人增加到931人。（《光明日报》1962.3.9.①）

9日 新疆维吾尔自治区党委通报批评伽师县在安排人民生活方面发生的严重问题。通报指出，伽师县口粮标准偏低，某些干部弄虚作假，以致发生少数群众生病、死亡和外流的严重事件。4月15日，自治区党委工作会议在伽师县召开，严肃处理伽师事件问题，并向中共西北局、中共中央报告情况、作检查。（《中国共产党新疆历史大事记（1949.10~1966.4）》上P227~228）

10日 西藏自治区筹委会第44次常委会议通过《西藏自治区金银管理暂行办法》和《对外贸易管理暂行条例的暂行办法实施细则》。（《中国共产党西藏历史大事记（1949~2004）》P195）

△ 宁夏回族自治区党委发出《关于贯彻执行“中央关于改变农村人民公社基本核算单位问题的指示”的通知》。经过1961年11月起进行调整和典型试办，至是月底，全区农村人民公社已由以生产大队为基本核算单位改变为以生产队为基本核算单位。至此，全区农村1944个大队的1.28万个生产队，都实行以生产队为基本核算单位的公社、生产大队、生产队三级集体所有制，占全区1956个大队的99.4%、1.29万个生产队的99.1%。另外，还有12个生产大队的33个生产队，实行以生产大队为基本核算单位的三级集体所有制；有81个生产队，实行以生产队为基本核算单位的公社、生产队两级集体所有制。（《中共宁夏党史大事记（1925.8~1988.6）》P280）

14~16日 新疆维吾尔自治区党委常委会议讨论精简问题。会议决定，全区再精减职工7万人，压缩城镇人口18万人。各级行政事业机构要进行适当调整，自治区行政事业机构的调整是：自治区建委和计委合并为自治区计委，自治区农机局和民用机械局合并为自治区机械局，自治区轻工局、化工局、纺织局合并为自治区轻工局，自治区水产局并入水利厅。（《中国共产党新疆历史大事记（1949.10~1966.4）》上P228）

15日 是日报道，贵州音乐工作者根据收集到的大量流传于民间的歌曲和乐曲，整理出版《侗族大歌》、《侗族民歌》、《苗族民间歌曲集》、《贵州民族歌曲三十首》和《贵州苗族芦笙曲选》等，并编印一些苗族横笛曲和苗族、彝族唢呐曲。苗族女歌手阿泡演唱的《飞歌》以及贵阳花溪地区发掘出来的芦笙曲《诺德仲》也都灌制成唱片。（《光明日报》1962.3.16.①）

16日 广西民族学院举办10周年校庆。10年来，该院为广西各少数民族地区培养壮、汉、苗、瑶、侗、仫佬、毛南、水、彝、回等11个民族的干部达5100多名。（《人民日报》1962.3.24.②，《广西日报》1962.3.20.①）

19日 广西民族学院历史系陈衣、范宏贵、姚舜安、刘茂珍等编写的《广西民族学院院史》（1952~1962）出版。（《广西民族学院校史》P275）

21日 宁夏回族自治区党委作出《关于执行〈中央关于一九六二年上半年继续减少城镇人口七百万人的决定〉的指示》。《指示》指出，全区1957年城镇人口只占全区总人口的13.85%，1960年8月底已上升到21.2%，1960年年底城镇人口占23.71%，1961年减少城镇人口6.1万人，占20%以上，精减职工4.1万人，减少吃商品粮人口7.9万人。根据中央继续减少城镇人口的指示，自治区党委决定，是年上半年减少城镇人口3万人，其中职工2.36万人、学生3400人、居民4000人，减少常年吃商品粮的人口3.2万人；要求截至是年底，全区职工减少到13.8万人，城镇人口减少到32.9万人，吃商品粮的人数减少到28.6万人。（《中共宁夏党史大事记（1925.8~1988.6）》P281）

△ 研究我国少数民族原始社会形态的著作——《鄂温克人的原始社会形态》出版。（《人民日报》1962.3.22.②）

26日 1年来，科学院内蒙古、宁夏考察队，在内蒙古西部各盟（市）和宁夏大部分专区、县考察，基本摸清了农牧业资源情况、生产特点和存在的问题，为开发这些地区的自然资源和发展农牧业生产提供了科学资料。（《光明日报》1962.3.26.②）

△ 西藏北部草原繁殖新疆细毛羊取得成功。（《人民日报》1962.4.4.①）

△ 宁夏回族自治区党委批转自治区党委精简小组《关于自治区各级国家机关、党派、人民团体精简计划和编制方案的意见》。《意见》指出，据统计，现全区人口203万人，国家机关职工有1.1万多人，平均每200人中就有1个国家干部。这种情况不利于国民经济的全面调整，不利于克服当前困难，不利于克服官僚主义和分散主义，必须坚决实行“精兵简政”。《意见》提出，全区公社以上国家机关现有职工1.15万人，精简的主要对象是1958年以来从社会上吸收的新干部和一些不宜于继续在上层工作的干部，地方干部、少数民族干部在精简中予以适当照顾。（《中共宁夏党史大事记（1925.8~1988.6）》P282）

27日 国务院全体会议第115次会议决定：恢复广东省连山壮族瑶族自治县，以合并于连南瑶族壮族自治县的原连山壮族瑶族自治县行政区域为连山壮族瑶族自治县的行政区域，10月3日自治县宣告成立；恢复连南瑶族自治县，以合并于连南瑶族壮族自治县的原连南瑶族自治县行政区域为连南瑶族自治县的行政区域，撤销连南瑶族壮族自治县。恢复广西壮族自治区富川县，以合并于富钟县的原富川县行政区域为富川县的行政区域；恢复钟山县，以合并于富钟县的原钟山县行政区域为钟山县的行政区域，撤销富钟县；恢复凌云县，以合并于凌乐县的原凌云县行政区域为凌云县的行政区域；恢复乐业县，以合并于凌乐县的原乐业县行政区域为乐业县的行政区域，撤销凌乐县；恢复武宣县，以合并于象州县的原武宣县行政区域为武宣县的行政区域；恢复灵川县，以合并于临桂县的原灵川县行政区域和临桂县部分行政区域为灵川县的行政区域；恢复扶绥县，以合并于崇左县的原扶绥县行政区域为扶绥县的行政区域。（《国务院公报》1962［3号］P39、42）

△ 据报道，内蒙古自治区过去广泛流行的布鲁氏杆菌病病区分布的范围和流行特点基本查清。病区范围缩小，重点病区的病情发展得到控制，经过检查的病人中80%左右治愈或好转。（《光明日报》1962.3.28.①）

△ 中共云南省委发出《关于加强边疆民族上层人物团结教育改造的通知》。针对相继发生民族上层人士外出事件，相当一部分民族上层情绪不稳定的情况，省委在通知中指出，必须认真检查原因和吸取教训，坚决纠正违反党的统战政策的现象，主动调整关系，稳定地团结民族上层。（《云南民族团结进步事业光辉历程（1949~2009）》P85）

△ 宁夏回族自治区党委、人委发出《关于黄河灌溉区水利工作的指示》。《指示》指出，几年来黄河灌区的水利工作取得很大成绩，但也存在严重问题。主要是重视灌，忽视排，重视新工程的建设，忽视水的管理和原有渠、沟的维修。因此进水过多，而排水远远落后于需要，以致地下水位迅速上升，土壤盐渍化日益加重，严重地影响到该地区的农业生产。（《中共宁夏党史大事记（1925.8~1988.6）》P281~282）

27日~4月6日 全国人大二届三次会议举行，讨论通过国务院总理周恩来作的《政府工作报告》。《报告》强调指出："要继续贯彻执行党的民族政策，加强国内各民族的团结。""要继续贯彻执行宗教信仰自由政策，进一步团结一切爱国的宗教徒。"（《人民日报》1962.4.17.①）

28日 黑龙江省委统战部、农工部联合召开少数民族工作会议，检查各地贯彻民族政策的情况，交流民族工作经验，讨论培养少数民族干部问题。（《黑龙江日报》1962.3.28.①）

是月 内蒙古自治区在区直属机关63个单位7500多名职工中以及在呼和浩特、包头2市党政机关，首先开展"五反"运动。4月上、中旬，自治区各盟市级381个行政单位，陆续开始"五反"，并在盟市所属企业、事业单位试点。年底，自治区和盟市级机关的"五反"基本结束。（《内蒙古自治区史》P225）

△ 中共中央政治局委员、国务院副总理陈毅在云南省西双版纳傣族自治州视察工作。（《西双版纳傣族自治州志》上P46）

△ 中共云南省德宏傣族景颇族自治州委对1957年以来错误批斗的民族上层人士进行平反。（《德宏州志》综合卷P49）

是~12月 广西壮族自治区民间文学研究会，邀请中央民族学院及有关单位联合组成的民族文学调查队，分赴大瑶山、巴马、大苗山、荔浦和都安等17个县（自治县）进行重点普查、收集瑶族文学资料工作，搜集了瑶族民间故事580多篇、约70万字，诗歌13万余行。同时，还在三江、龙胜搜集了大量的侗族琵琶歌、笛子歌、走寨歌、拦路歌、童谣、侗戏和民间故事等；在大苗山搜集到《哈迈》、《友蓉伴依》、《兄当与别莉》、《希奴》等10多首苗族古代长歌，记录了不同地区、不同歌手对同一长歌的不同译文。（《光明日报》1963.1.25.②）

4月

1日 辽宁省旅大市旅顺口区营城子公社后牧城驿村东北面发掘出3座战国时期的石棺墓。3座墓出土的文物，对研究战国时期的辽东历史和民族关系很有参考价值。（《人民日报》1962.4.1.②）

3日 内蒙古自治区党委发出《关于认真检查民族政策执行情况，解决当前民族工作方面存在的实际问题的通知》。（《内蒙古自治区史》P233~234）

6日 是日报道，甘肃省肃南裕固族自治县成立以来，中小学教育由解放前仅容纳70多名学生的4所简陋小学发展到6所完全小学、16所初级小学，在校生达1300多名，其中裕固族学生735名。1957年建立的初级师范学校，1960年有34名毕业生。1958年建立的初级中学，1961年有14名毕业生。（《光明日报》1962.4.6.②）

7~29日 广西壮族自治区对外贸易局局长任耕卿率代表团一行8人抵达越南太原，同越南越北自治区地方贸易代表团举行1962年地方贸易谈判。同意恢复广西的爱店、平而、科甲、硕龙4个口岸和越南的峙马、平而、权河、李挽4个口岸，并在口岸设检查站、海关、银行。（《广西通志·大事记》P353）

8日 是日报道，1961年5月以来，科学院渔业考察队在四川省甘孜和阿坝发现了丰富的高原鱼类资源，许多河流湖泊都有发展渔业的良好条件。（《光明日报》1962.4.8.①）

△ 中央乐团首次上演作曲家张文纲的新作——反映云南哈尼族人民解放后新生活面貌的《偻尼人的歌》组曲。（《光明日报》1962.4.8.②）

14~24日 内蒙古自治区牧区商业工作会议在呼和浩特召开。会议总结与检查1958年以来牧区、半农半牧区的商业工作，确定今后的方针任务，制定各项具体措施。会议决定加强物资供应，开展加工维修业务，改进畜产品采购工作，更好地为牧民服务。（《内蒙古日报》1962.5.13.①）

16日 我国珍贵的音乐遗产——维吾尔族的《十二木卡姆》部分节目在乌鲁木齐首次专场演出。（《人民日报》1962.4.18.②）

18日 国务院总理周恩来在全国政协三届三次会议上发表题为《我国人民民主统一战线的新发展》的讲话。《讲话》指出，兄弟民族的关系问题"这一点在政府工作报告中已经回答了。关于民族自治区的一些问题，需要在会后经过政府的程序来解决，还可以在政协的民族组来讨论，人大的民族委员会和政府的民族事务委员会还准备合起来开会讨论。有一些需要政府执行的，一定尊重各个兄弟民族的代表人物所提出的好的意见，经过考虑和研究来执行。例如过去在行政编制上、民族干部问题上，有许多处理是有缺点错误需要改正的，这里就不去多说了"。（《周恩来选集》下P400）

19日 内蒙古自治区人委颁发《内蒙古自治区学习和使用蒙古语文奖励办法》，对重视和使用蒙古语文的单位和学习蒙古语文的优秀个人予以奖励，并优先奖励汉族和其他少数民族干部。（《内蒙古自治区史》P236）

21日 文化部民族文化工作指导委员会举行会议，总结1年来的工作，讨论1962年民族文化工作计划。会议确定，1962年民族文化工作的重点是加强培养和提高民族文化艺术干部，重视搜集整理民间文化艺术遗产，开展民族民间文化艺术的交流，组织工作组深入民族地区加强实际指导。内蒙古自治区党委书记乌兰夫、中共中央统战部部长李维汉、全国政协副主席包尔汉、中国现代文学家老舍等出席会议。文化部党组书记齐燕铭、国家民委副主任萨空了在会上作报告。（《人民日报》1962.4.22.①）

21日~5月29日 全国人大民委和国家民委举行民族工作会议。会议听取和讨论中共中央统战部部长李维汉《关于民族工作问题的报告》、全国人大民委副主任谢扶民《关于民族工作情况的报告》、内蒙古自治区党委书记乌兰夫《关于内蒙古自治区15年来贯彻党的民族区域自治政策经验的报告》和全国人大常委会副委员长彭真的重要讲话，总结几年来的民族工作成就和经验，讨论确定今后的民族工作方针和任务。会议要求，在今后的社会主义革命和建设中，必须按照毛泽东思想正确处理民族问题，注意民族特点和民族差别，学会具体分析民族地区的特点和经济特点，正确认识和处理宗教问题和民族问题的关系，切实尊重少数民族的平等权利和自治权利，正确处理民族关系。6月，中央批准统战部《关于民族工作会议的报告》。《报告》指出："主要是不重视社会主义革命和社会主义建设过程中的民族问题，忽视民族特点，忽视宗教问题的民族性、群众性和由此而来的长期性，忽视少数民族地区的经济特点，忽视少数民族的平等权利和自治权利，个别地方是损害了少数民族的这种权利，对团结上层的工作也大大放松了，有的地方采取了严重违反政策的手段。看来，大汉族主义的思想倾向在一些地方有了滋长。"这次会议是在1962年初中共中央召开的七千人大会之后，比较全面地清理了民族工作上的"左"倾错误，为正确贯彻党的民族政策，做好民族工作创造了条件。但是，9月中共中央八届十中全会以后，由于阶级斗争扩大化的"左"倾错误的发展，纠正民族工作上的"左"倾错误、落实党的民族政策工作受到很大影响。（《人民日报》1962.5.30.①，《内蒙古自治区史》P231~232，《关于民族工作会议的报告》）

24日~6月9日 民族历史研究工作指导委员会先后举行了5次座谈会，讨论科学院民族研究所提出的关于编写满族简史中的若干问题。（《光明日报》1962.4.19.①）

25日 《毛泽东选集》第四卷蒙古文版出版发行。同月，部分马克思、恩格斯、列宁著作蒙古文版出版。（《内蒙古自治区史》P282、527）

28日 贵州省黔东南苗族侗族自治州凯里造纸厂试制出供杂志印刷和美术图书使用的胶版印刷纸，属高级纸类，填补了黔东南造纸工业生产胶版印刷纸的空白。（《黔东南苗族侗族自治州志·总述·大事记》P159）

29日 是日报道，从1948年到1960年，国家用于内蒙古自治区医药卫生事业的经费达1.7亿多元。自治区各类医疗卫生机构增长62倍，病床增加40.3倍，各级医药人员增加4.1倍，其中民族医药卫生人员增加5倍。在城镇、农牧林区基本消灭产妇与婴儿的发病率，婴儿死亡率由1949年的31.2%降为10%，有的牧区降至3%。14年来，蒙古族人口增长48.4%，达斡尔族增长89.9%，鄂温克族增长50.2%，鄂伦春族增长26.3%（包括少数迁入人口）。（《内蒙古日报》1962.4.29.①③）

5月

5日 内蒙古自治区人委召开直属机关办公室主任会议，检查过去工作，研究今后如何加强蒙古语文的使用和翻译的办法。（《内蒙古日报》1962.5.5.①）

△ 是日报道，15年来，内蒙古自治区民族教师已发展到9075名，其中蒙古族教师7813名。小学民族教师7001名，其中，蒙古族教师6162名，分别比1946年增长14.2倍和22.3倍；中等学校教师由1947年的30名，发展到1961年为1664名，增长54倍多；蒙古族教师由1947年的24名，发展到1961年1341名，增长55倍；其他少数民族教师由1947年的6名，发展到1961年323名，增长53倍左右；高等学校民族教师1961年比1952年增长33倍多，其中蒙古族教师从无到有，发展到310名。（《内蒙古日报》1962.5.5.①）

8日 国家主席刘少奇、国务院总理周恩来、全国人大常委会委员长朱德、中共中央总书记邓小平等党和国家领导人接见来北京参加"五一"节活动的云南、四川、青海、贵州、甘肃等各民族参观团，及在京参加民族工作会议的全体人员、中央民族学院新疆班应届毕业生。（《人民日报》1962.5.9.②）

9~14日 新疆维吾尔自治区党委甄别工作会议在乌鲁木齐举行。会议按照中共中央《关于加速进行党员、干部甄别工作的通知》精神，研究加快自治区甄别平反工作进度问题。据自治区甄别领导小组统计，截至是年底，全区已对1958年以来在反右倾、“三反”、整风整社、企事业整风运动中受过批判和处分的2.39万余人进行复查，绝大多数人得到甄别平反。（《中国共产党新疆历史大事记（1949.10~1966.4）》上P231~232）

10日 据统计，作协、音协、舞协、美协、剧协、影协、民族研究会等内蒙古分会会员有436名，其中蒙古族会员147名；参加全国各协会的有104名，其中蒙古族会员42名。（《内蒙古日报》1962.5.10.①）

△ 根据国务院关于在西藏地区设立海关的决定，西藏自治区筹委宣布西藏地区海关机构正式成立。并公布《中华人民共和国西藏地区海关征收进出口税暂行办法》、《西藏自治区关于实施对外贸易管理暂行条例的暂行办法》及《西藏自治区金银管理和禁止外币、银元流通暂行办法》等8项办法，自公布之日起在西藏全区同时实施。（《光明日报》1962.5.13.①，《当代中国的西藏》上P305）

△ 宁夏回族自治区党委发出《关于加速进行党员、干部甄别工作的通知》，截至3月底，已甄别干部人数占受批判、处分干部总数的30%左右。当前甄别工作的重点是县级以下的农村基层干部，凡是在拔白旗、反右倾、整风整社、民主革命补课运动中批判和处分完全错了和基本错了的党员、干部都应采取简便方法，认真、迅速加以甄别平反。（《中共宁夏党史大事记（1925.8~1988.6）》P283~284）

11日 是日报道，内蒙古自治区成立15年来，出版报刊24种，蒙文占9种；图书、课本8000余万册，蒙文占1900万册。（《内蒙古日报》1962.5.11.①）

14日 中共中央下发《关于处理新疆外逃和外逃回来人员的指示》和《关于对苏侨协会和苏联领事馆采取的方针和做法的指示》。19~22日，新疆维吾尔自治区党委在乌鲁木齐举行北疆地区工作会议，就贯彻执行中央上述两项指示作了安排；对进一步处理苏侨回国，取缔苏侨协会，加强边防建设，恢复发展边境生产，安排好人民生活以及正确贯彻执行党的民族、宗教政策等问题进行研究并作出决定。29日，在前苏联驻伊宁领事馆策动下，少数暴乱分子在伊宁进行反革命暴乱。伊犁党委根据自治区党委决定和国务院批准，平息了这次暴乱（4月8日，继苏联驻伊宁、乌鲁木齐领事馆在新疆散发苏侨证，苏联边防部队又于是日起，召唤我国边民越境去苏。截至30日，塔城、裕民、霍城、额敏等县边境居民去苏者达5.6万余人，带走大小牲畜30余万头，40余万亩土地未播种，致使农牧业生产严重损失）。（《中国共产党新疆历史大事记（1949.10~1966.4）》上P228~229、232~233）

18日 据《广西日报》报道，广西壮族自治区博物馆与桂林风景文物委员会工作组在桂林尧山明靖江王墓群进行普查时发现六朝时南齐永明五年（487年）古墓1座，这对研究桂林的历史具有一定价值。（《广西通志・大事记》P353）

20日 内蒙古自治区美术、摄影展览在呼和浩特举行。展览展出各民族画家新作国画、油画、版画、年画、水彩画等200多幅。其中，少数民族画家的作品约占1/3。（《光明日报》1962.5.20.③）

21日 北京时间20时02分52秒，青海省海西蒙古族藏族哈萨克族自治州北霍布逊湖（北纬37°06′，东经96°00′）发生ML7.0级地震。（《海西蒙古族藏族自治州志》1卷P464）

26~27日 贵州省黔东南苗族侗族自治州清水江流域遭大雨袭击。27日，雷山县降水量258.1毫米，是清朝光绪末年以来未有的特大洪水，清水江中下游及都柳江寨蒿河出现历年少有洪水，许多县的公路、电讯设施被冲毁。据统计，受灾耕地6.99万亩，其中不能恢复的有1.9万亩，冲走木材4.85万立方米，毁房449间、桥640座，淹死32人，伤43人，死牛7头、家禽1.73万只，冲坏水利设施1.7万多处。（《黔东南苗族侗族自治州志·总述·大事记》P160）

27日 《达斡尔、鄂温克、鄂伦春、赫哲史料摘抄》出版。（《光明日报》1962.5.27.①）

△ 内蒙古自治区境内的黄河航道首次办理客运。新开辟的客运航线，自包头经达拉特旗、准格尔旗边缘到乌兰察布盟清水河县的喇嘛湾，全长170多公里。（《人民日报》1962.5.28.①）

28日 广西壮族自治区金秀瑶族自治县各族各界代表1000余人在金秀集会，庆祝自治县成立10周年。（《广西日报》1962.5.30.①）

30日 科学院民族研究所辽宁少数民族社会历史调查组根据收集到的满族史料和社会生活情况，结合文献资料，编写成《满族简史简志合编》（修订稿）。（《光明日报》1962.5.30.①）

△ 据报道，新疆维吾尔自治区各地流行的产褥热、天花已绝迹，麻疹、白喉、百日咳、痢疾等传染病大为减少。全疆人口比解放前增加1/5以上，人口最少的达斡尔族增加一半。（《光明日报》1962.5.31.①）

是月 班禅大师向中央呈交《通过敬爱的周总理向中央汇报关于西藏和其他藏族地区群众的疾苦和对今后工作的建议》（又称《七万言书》）。《建议》被译成汉文，共7万多字，包括以下几方面内容：一是叙述和平解放以来，西藏所发生的巨大变化，充分肯定各方面取得的成绩；二是西藏在平叛、改革中发生的缺点、错误；三是青、甘、川、滇藏区平叛改革的情况以及存在的问题；四是宗教改革中存在的问题，以及认真贯彻执行宗教自由政策、改进宗教工作的几点建议；五是对今后工作的希望和要求（这些建议被概括提炼为关于宗教工作的五项原则得到国务院批准，并以决议形式在自治区筹委会第46次常务委员会上通过）。《建议》充分肯定“西藏叛乱，是具有反党、反祖国、反人民和反民主、反社会主义的反革命性质的，罪恶很大。党采取平叛的政策是非常正确、非常必要的，而且是适时的”。同时汇报列举大量事实，说明在平叛、改革中出现的一些错误和问题。6月下旬，中共中央统战部部长李维汉和国务院副总理习仲勋召开有关方面负责人会议，提出改进西藏工作的意见，上报中央获批准，并形成4个文件：《加强自治区筹委会工作，改进合作共事关系（草案）》、《关于继续贯彻执行宗教信仰自由政策的几项规定（草案）》、《继续贯彻执行处理反、叛分子规定的意见（草案）》、《培养和教育干部的具体办法（草案）》。8月，中共中央主席毛泽东在中共中央举行北戴河工作会议期间，与有关部门负责人研究西藏问题。毛主席批评李维汉说：“统战部不抓阶级斗争，搞投降主义。”主要指他向班禅、喜饶嘉措等人妥协让步。（《班禅大师》P130~134、136）

△ 据统计，内蒙古自治区先后有28.8万人达到各级劳卫制标准，4万人达到各级运动员标准，37人成为运动健将，6999人达到各级裁判标准，9人获得国家级裁判称号。（《内蒙古自治区史》P285）

△ 广西壮族自治区南宁新建机场——吴圩机场工程正式通过验收，11月26日交付使用。工程于1959年3月开工建设，总投资1761.63万元，可满足伊尔-18型飞机起降。（《广西通志·大事记》P335）

△ 新疆维吾尔自治区冶金科研所和新疆维吾尔自治区冶金研究院合并成立新疆维吾尔自治区冶金设计研究所。（《新疆通志·科学技术志》72卷上P45）

6月

1日 国务院全体会议第116次会议决

定：恢复河北省大厂回族自治县，以合并于蓟县的原大厂回族自治县行政区域为大厂回族自治县的行政区域；恢复孟村回族自治县，以合并于盐山县的原孟村回族自治县行政区域为孟村回族自治县的行政区域。（《国务院公报》1962［6号］P107）

△ 据《西藏日报》报道，西藏已有1500多所公办和民办小学，学生5.7万多名，4000多儿童戴上红领巾。（《中共西藏党史大事记（1949~1966）》P139）

3日 广西壮族自治区民间文学研究会成立，陆地当选为主席。（《光明日报》1962.6.7.②，《广西日报》1962.6.7.①）

△ 新疆维吾尔自治区军区三届五次党代会结束，传达和讨论了中共中央、中央军委关于中印边界斗争的重要指示。自治区党委书记王恩茂在会上讲话指出，目前我们国家4个方面有事，在新疆就有3个方面（中印、中苏、中蒙）。新疆现在是“多事之秋”，这是解放军进军新疆以来从未有的，也是军队担负斗争任务繁重、艰巨和光荣的时候。我们处在祖国遥远的西北边疆，要参加好这场斗争，全力巩固祖国的战略要地，使我们的祖国无“西顾之忧”。（《中国共产党新疆历史大事记（1949.10~1966.4）》上P233）

4日 据报道，藏族民间史诗——《格萨尔》分别由上海文艺出版社和青海人民出版社用汉、藏两种文字出版。（《人民日报》1962.6.5.②）

△ 根据中央关于举办“抗大”式政治干部学校的指示，新疆维吾尔自治区农村工作干部学校（简称农建校）成立，在喀什、伊犁各设立分校，自治区党委书记处候补书记祁果兼任校长。（《中国共产党新疆历史大事记（1949.10~1966.4）》上P219~220）

6~7日 中共中央中南局第一书记陶铸和第二书记王任重在广西桂林专区龙胜各族自治县进行调查，并与自治区、地、县的负责人进行座谈，形成《关于巩固生产队集体经济问题》的座谈记录。7月，中共中央召开工作会议，中共中央主席毛泽东对座谈记录作批示。（《广西通志·大事记》P354）

7日 广西壮族自治区教育行政会议在南宁召开。会议提出调整全区教育事业和精减各学校职工方案：保留高等院校9所，裁并16所，专业由44种82个调整为25种37个；保留中专22所，裁减30所；保留中师12所，裁减25所；保留高中完中80所，裁减60所；保留初中270所，裁减17所；小学采取普及方针。（《广西通志·大事记》P354）

△ 中共云南省委统战部、省委边委召开民族上层人士座谈会。省委第一书记阎红彦在会上指出，1958年黑林铺民族上层人士整风，从内容上、方法上许多是错误的，违反了中央政策，对民族团结不利，并代表省委、省政府向民族上层人士道歉。（《云南民族团结进步事业光辉历程（1949~2009）》P85~86）

8日 全国人大常委会第五十五次会议听取全国人大民委副主任委员谢扶民关于民族工作情况的报告。（《人民日报》1962.6.9.①）

9日 新疆维吾尔自治区党委常委会议讨论精简任务和工业企业的调整问题。会议决定，自治区上半年精减21万人的计划争取在7月前完成；实现这一计划后，全区再精减12万人；同意冶金、煤炭和机械工业企业的调整原则和生产方针：保留八一钢铁厂、生产建设兵团跃进钢铁厂、兵团工一师泉水沟炼铁厂和天龙钢铁厂，其余钢铁企业停产下马；煤炭工业采取保留主力、压缩小煤窑的办法进行调整；机械工业首先要为农业生产服务，同时要为交通运输业、轻工业和其他工业生产服务。（《中国共产党新疆历史大事记（1949.10~1966.4）》上P233）

11日 中共中央副主席、全国人大常委会委员长朱德在云南省红河哈尼族彝族自治州建水、个旧等地视察，并给云南锡业公司（个

旧）题词：“以锡为主，综合利用，重质重量，经济核算。” （《红河哈尼族彝族自治州志》1卷P80）

12日 内蒙古自治区农牧学院兽医系找到了几种治疗马鼻疽病效果较好的方法和一种防治布氏杆菌病疗效较好的药物。 （《光明日报》1962.6.12.②）

△ 壮族民间长篇抒情诗《嘹歌》搜集工作完成，并译成汉文初稿。 （《光明日报》1962.6.13.②）

13日 中央音乐学院、中国音乐研究所，深入各地调查民族民间音乐，收集到云南省丽江地区纳西族的著名古典乐曲——《北石细哩》和海南岛黎族各支系音乐的第一手资料。 （《光明日报》1962.6.13.②）

14日 科学院民族研究所、内蒙古少数民族社会历史调查组和科学院内蒙古分院历史研究所民族研究室联合举行学术讨论会，探讨鄂伦春族的“乌力楞”性质等问题。 （《光明日报》1962.6.14.①）

15日 水利学会在乌鲁木齐召开学术会议，讨论西北地区盐碱地预防和改良措施。（《人民日报》1962.6.16.①）

△ 青海省果洛藏族自治州委批准开放拉加、白玉、知钦、查郎、年毛、亚尔堂、多卡、夏日呼8座寺院，批准入寺219人。（《果洛藏族自治州志》上P34）

16日 中共甘肃省临夏回族自治州委发出“紧急措施”文件，21日再次发出。提出生产队实行包产到组和大包干到户办法，尽快恢复生产，渡过难关。该行动后遭到中央西北局批评。1963年8月，州内曾实行“包产到组（户）”的7080个生产队全部恢复集体经营。 （《临夏回族自治州志》上P56）

17日 国务院总理周恩来与全国妇联副主席邓颖超视察吉林省延边朝鲜族自治州。其间，周总理视察了延边农业机械厂、延边大学、延边医学院、延吉市河南人民公社新丰大队等。 （《延边朝鲜族自治州志》上P72）

20日 云南省楚雄彝族自治州姚安县发生6.5级地震，弥兴及大小苴两地受灾严重。截至7月4日，震10多次，227户受灾，死亡2人，重伤2人，轻伤12人，损坏房屋417间，畜禽及财物亦多受损失。 （《楚雄彝族自治州志》1卷P198）

20~27日 贵州省黔南布依族苗族自治州监委对自治州受各种处理处分的党员、干部进行甄别，应甄别11400人，已甄别9500人。（《黔南布依族苗族自治州志》上P56）

22日 内蒙古自治区巴彦淖尔盟乌拉特后旗大风降温，又因春、夏季旱情严重，农田受灾严重，受灾牲畜85万头（只）。 （《内蒙古自然灾害通志》P282）

22~29日 纪念成吉思汗（蒙古族）诞辰800周年蒙古史科学讨论会在内蒙古大学召开。（《内蒙古大学四十年》P384）

23日 维吾尔族优秀古典诗人阿不都热·依木那扎尔的爱情叙事长诗——《帕尔哈德与西琳》出版。 （《新疆日报》1962.6.23.③）

23日~7月2日 广西壮族自治区连续出现6次大到暴雨过程，降雨中心在三江、融安、罗城、大苗山、鹿寨一带，共有62县（次）降暴雨，26县（次）出现大暴雨。据不完全统计，柳州、南宁、贵港、梧州、贺州等有36县（市）1.24万个生产队77.89万人受灾，死亡81人，受伤56人；损坏房屋5526间，倒塌1610栋2005间；农作物受灾200.1万亩，损失谷种10.7万公斤、粮食1140.28万公斤；死亡耕牛63头、猪56头；冲垮中小型水库913处、水坝1682条、桥梁60座。（《中国气象灾害大典·广西卷》P82）

24日 09时21分18秒，云南省南华发生6.2级地震，震中位置25.2°N、101.2°E。南华、姚安、祥云3县共约2600户受灾，损毁房屋4500多间，死7人，伤77人。天申堂、米阿井、横山一带房屋倒塌30%~50%。

（《云南省志·地震志》P75~76，《楚雄彝族自治州志》1卷P198）

27日 爱国民主人士龙云（彝族）在北京病逝，享年78岁。生前曾任中央人民政府委员，人民革命军事委员会委员，第一届全国人大常委会委员，全国政协第二、三届常委等职。国务院副总理陈毅任龙云治丧委员会主任委员。（《中国历代少数民族英才传》P3658，《光明日报》1962.6.29.①）

27日~8月4日 中共云南省委边委和省民委先后召开省委边委扩大会议和全省民族工作会议。两个会议研究了民族区域自治、边疆所有制、团结民族上层、培养民族干部、落实党的宗教政策等问题。（《云南民族团结进步事业光辉历程（1949~2009）》P86）

28日~7月7日 贵州省人委在贵阳举行民族工作会议，传达全国民族工作会议精神，总结近几年来该省的民族工作，讨论今后的工作任务。会议要求，在今后工作中必须注意各个少数民族地区的特点，尊重少数民族的风俗习惯，适当照顾他们的特殊需要。（《贵州日报》1962.7.8.①）

30日 下午17时40分，宁夏回族自治区吴忠市古城湾渡口1艘渡船沉没，酿成55人死亡的特大恶性水上交通事故。（《当代宁夏史通鉴》P329）

△ 经新疆维吾尔自治区人委批准，7月1日起恢复自治区百货、纺织品、食品、石油、五金5个专业公司。（《新疆通志·商业志》61卷P40）

△ 青海省海北藏族自治州共甄别干部920人，占应甄别的100%，其中党员干部361人。（《海北藏族自治州志》上P61）

30日~8月4日 甘肃省民族工作会议在兰州举行，传达全国民族工作会议精神，听取和讨论国家民委副主任汪锋的重要讲话、省民委主任王育平的时事传达和省民族工作情况的报告。会议初步总结几年来民族工作的成绩和经验，讨论进一步贯彻执行党的民族工作方针的具体措施和今后的工作任务。（《甘肃日报》1962.8.5.①）

是月 甘肃省甘南藏族自治州夏河县下卡加寺、甘加作海寺、扎油寺、阿木去乎俄秋寺，卓尼县白石崖寺、牙路寺、车巴沟红教寺，玛曲县阿万仓寺先后开放。（《甘南州志》上P109~110）

是~10月 内蒙古自治区美协组织的民族民间美术遗产收集组深入昭乌达盟，搜集到民族民间美术遗产800多件。（《光明日报》1963.1.15.②）

7月

1日 西藏话剧团成立。（《西藏日报》1982.7.2.①）

2日~8月4日 云南省民委在昆明举行民族工作会议，总结几年来民族工作的成绩和经验，讨论民族地区的工作，研究确定进一步贯彻党的民族区域自治政策、宗教政策和统一战线政策的具体措施。（《云南日报》1962.8.10.①）

3日 新疆维吾尔自治区党委、自治区人委联合发布《关于人民公社社员自留畜、自留地和自留林的规定》。《规定》指示，各地党委在巩固和发展集体经济的原则下，将人民公社社员的自留畜、自留地和自留林木的标准再适当放宽。自留畜标准是，在牧区和半农半牧区，社员能依靠自留牲畜解决吃肉、吃奶、用皮、用毛和乘骑问题。自留地标准是，一般每人应留够3分地，市郊和经营果园、蔬菜地区可适当放低。自留林木标准是，社员原有1亩或1亩半以内的果园仍归社员所有，田间、路边、渠边原属社员个人的树木全部留归社员。（《中国共产党新疆历史大事记（1949.10~1966.4）》上P234）

△ 新疆维吾尔自治区党委批准自治区党委宣传部、文教部4月联合召开的《自治区宣

传文教工作座谈会纪要》。《纪要》确定，对自治区文教事业再进行一次调整，以适应国民经济的负担能力，调整重点是高等学校和中等专科学校（包括技校）。《纪要》决定，全区12所高等学校中保留新疆大学、矿冶学院、八一农学院、新疆医学院、喀什师范专科学校和兵团农学院6所；停办财经学院、铁道学院、煤矿学院、石油学院、艺术学院和兵团医药专科学校；83所中等专业学校中保留27所，停办56所；高等学校和中等专业学校需合并或停办的共62所。自治区党委决定，除小学教育应继续普及外，3年内中学每年招收人数应控制在3.2万人左右，使在校生由14万人下降到9.6万人，相当于1959年的水平。（《中国共产党新疆历史大事记（1949.10~1966.4）》上P233~234）

5日 新疆维吾尔自治区党委发出关于改变农村人民公社基本核算单位的通知，规定在农村人民公社实行以生产队为基本核算单位的制度。（《中国共产党新疆历史大事记（1949.10~1966.4）》上P234~235）

7日 内蒙古自治区党委统战部发布《关于民族和宗教工作方面当前存在的问题及处理意见》，为落实和解决自治区政协二届三次会议提出民族和宗教工作方面的问题，规定具体政策措施，进一步纠正宗教工作方面“左”的错误。规定：任何人不得干涉和歧视宗教职业者和群众的宗教生活，坚决纠正干涉宗教正常活动的错误；保护寺庙，严禁破坏寺庙、佛像、景点、法器，寺庙的房屋所属权属于宗教团体，任何人不得擅自拆除、变卖、转让；政府帮助或出资解决寺庙的修缮；政府要妥善解决宗教职业者的宗教活动场所；尽量照顾宗教活动所需物资的供应；安排好年老体弱的喇嘛和宗教上层人物的生活；喇嘛参加劳动要继续贯彻自愿、区别对待、形式多样的原则；重点寺庙可以请活佛及吸收小喇嘛；1958年以后平调的寺庙和喇嘛个人财产，一律要按政策退赔；喇嘛较多的寺庙成立寺庙管理委员会等，调动了广大喇嘛走社会主义道路的积极性，消除了一些喇嘛与党和政府的对立情绪。（《内蒙古自治区史》P252）

11~14日 新疆维吾尔自治区党委分别举行少数民族党员负责干部座谈会和汉族党员负责干部座谈会，讨论贯彻执行党的民族政策，增强民族团结问题。会上，自治区党委第二书记赛福鼎·艾则孜发表讲话，对自治区出现的地方民族主义言行及特点、原因等作了分析，号召少数民族党员干部分清是非、提高警惕，坚决与错误言行进行斗争；自治区党委第一书记王恩茂讲话指出，各族人民的团结首先决定于各族干部的团结，特别是党的高级干部的团结，只有反对大汉族主义，同时也反对地方民族主义，才能很好地增强民族团结。（《中国共产党新疆历史大事记（1949.10~1966.4）》上P235）

16~30日 广西壮族自治区民委和广西少数民族社会历史调查组在南宁举行壮族、瑶族历史科学讨论会，探讨壮族族源、壮族古代社会性质、侬智高起兵反宋性质及瑶族的原始居地和族源等问题。北京、云南、河南以及广西的专家教授和民族工作者80余人出席会议。（《广西日报》1962.7.31.①，《广西通志·大事记》P355）

17日 西藏工委于是日、31日先后上报中央关于自治区筹委工作中几个问题的两个请示报告。8月3日，自治区筹委代主任委员班禅召开筹委学习会，学习讨论在北京共同协议的4个文件，但一些重大问题仍然得不到解决。8月11日，中央批复工委的两个请示报告指出：“有关筹委工作的方针、政策问题，应由工委直接掌握。”“至于所提必要时吸收非党代主任委员和副主任委员中个别人或几个人列席党组会议的意见，原则上是可以同意的。也可以采用遇有重大事情由工委出面或由党组出面，邀他们协商的办法。公安处的工作，在筹委分工应由党员副主任委员分管，实际上仍由工委直接掌握管理。”14日，工委就自治区筹委当前工作与班禅等协商意见的问题向中央请示报告。24日，中央批示：“应该向班禅明确指出，西藏自治区筹委应当在党的领导下按照民主集中制的原则办事。”“公安机关应该确实掌握在党的手里，除向筹委汇报一般的社会治安情况和案件情况外，实际上公安工作根本不要让党外人士插手。”9月17日，中央关于筹委学习会上进行又团结又斗争的指示指出：“这次班禅既然利用筹委上层人士的学习会，向我们进行攻击，我们就需要在学习会上同他们进行斗争。”“斗争的原则仍然应该是坚持原则，坚持团结，以斗争求团结。”“在批评班禅的错误观点的时候和其他适当的场合，都应该主动地说明，关于西藏工作的4个文件，必须坚决执行。共产党要执行，政府也要执行，政府要在工委领导下执行，按照合作共事文件中规定的原则办事。”（《人民日报》1962.7.27.①，《中共西藏党史大事记（1949~1966）》P139~141）

19日 据报道，新疆维吾尔自治区人委公布自治区两批文物保护单位名单。列为文物保护单位的有：13世纪维吾尔古代著名诗人玉素甫·哈什·哈吉甫和成吉思汗第七代孙吐虎鲁克·铁木尔汗等墓葬，克孜尔、库木吐喇等千佛洞626个，公元5至7世纪汉代新疆屯戍重地遗址高昌和雅尔湖故城，天山南北有名的伊斯兰教清真寺，八路军新疆办事处和中国工农红军总支队干部大队旧址以及1944年新疆人民武装革命的遗址等。同时，还公布了自治区文物保护管理暂行办法。（《光明日报》1962.7.20.②）

20日 是日报道，广西壮族自治区民间文学研究会调查组在大瑶山瑶族自治县收集到许多记载瑶族历代社会制度和风俗习惯的碑文等参考资料。（《光明日报》1962.7.21.①）

22日 据报道，几年来，青海省文艺界收集了大量的民族民间文学艺术遗产原始资料。其中，藏族民间著名史诗——《格萨尔》记录、抄本就有150多本。（《光明日报》1962.7.22）

22~27日 内蒙古自治区赤峰地区连降暴雨，洪水泛滥。宁城县、敖汉旗、喀喇沁旗、翁牛特旗共77个苏木、乡、镇，624个村，3458个自然村，4.82万户、24.54万人受灾。新惠通往各地的公路冲毁多处。旗内的通讯联系中断。27日，孟克河下游长胜大堤决口14处，投资80多万元的防洪工程被毁。（《内蒙古自然灾害通志》P284）

24日 国务院总理周恩来同西藏自治区筹委会代理主任委员班禅额尔德尼·确吉坚赞谈话时，就班禅所提意见（编者按：指是年5月班禅给中央写1份7万字的《意见书》，详见5月条目）答复说，你提出意见是好事，但不等于说你提的问题都对，有对的，有不对的。周总理还回答了6个问题：一、平叛。本来是有反必肃，有错必纠，因为西藏发生了叛乱，这次中央审核文件时加了一条有叛必平。青海、西康发生了叛乱，最后西藏也发生了叛乱，这是事实。叛乱必须平息，这是肯定的。如果要说平叛中有缺点，就是我们有点疏忽，没有准备，叛乱以后我们才调了部队进去。现在我们有经验了，加上一条有叛必平。班禅大师报告中也指出来平叛是完全必要的。二、民主改革。我想，应该肯定民主改革是对的。把劳动人民从剥削制度下解放出来是伟大的成功。这个运动必然要彻底地发动群众，必然有群众运动，除非你搞改良主义。如果真正发动群众，就会有斗争，因为他们几千年受了剥削和压迫，在民主改革中他们要斗争、要出气，也是自然的。当然我们也承认运动中有缺点，但是如果要从历史的发展来看，那只是一瞬间的事而已。有的地方在改革中甚至斗争了爱国的上层人士，这是因为群众发动起来了，一时搞不清楚。我们既然发现了民主改革中有错误，当然就要有错必纠，但是一定要注意不要因为纠正错误而把成绩否定了。站在农奴主的立场上，就会把平叛改革看得一无是处；站在农奴和奴隶的立场上，就会认为平叛改革的成绩是主要的，胜利是伟大的。不存在上述（系指班禅的《意见书》）中所说的"灭族"、"灭教"问题。三、群众生活问题。第一，必须关心最穷苦人民的生活，这些人不可能住在拉萨附近，而是住在穷乡僻壤；第二，要从西藏的水平来谈改善人民生活，不能同全国拉平。四、民主集中制。首先是要相信党中央和毛主席的领导，在西藏具体说就是要相信西藏工委。五、宗教问题。关键是中央批准的中央统战部《关于民族工作会议的报告》上的关于宗教问题的11条规定和你在筹委会第四次会议报告中提出的5条原则。宪法要进庙门，过去宪法没有进庙门，寺庙里发生了叛乱。一平叛，把叛乱的搞掉了，现在宪法进了庙门，将来就可以管好了。六、民族问题。党中央是扶持各民族发展的。我们谈过多次，过去藏族在历史上有光荣的一页，党始终是要扶持藏族发展的。藏族只有在祖国大家庭中才能得到发展。（《中国共产党西藏历史大事记（1949~2004）》P198~199）

25日~8月3日 安徽省民委第三次扩大会议在合肥举行，传达全国民族工作会议的精神，听取和讨论副省长、省民委主任马炎的讲话，要求全面贯彻民族政策，进一步加强民族团结。（《安徽日报》1962.8.15.①）

26日 黑龙江省宁安县工商部门积极生产和供应朝鲜族特需的秋收农具，已生产出稻镰、牛车等2100多件（台）。（《黑龙江日报》1962.7.26.②）

30日~8月11日 宁夏回族自治区党委监委、政法小组举行全区甄别平反工作会议，对1958年以来历次政治运动中受过批判处分的党员干部进行甄别平反工作。至是年底，已甄别3.25万人，占应甄别人数的93.78%；原批判处理正确的1.25万人，部分正确的7757人，全错和基本错的1.22万人。（《中共宁夏党史大事记（1925.8~1988.6）》P285）

30日~8月18日 新疆维吾尔自治区党委民族工作会议在乌鲁木齐举行，传达中共中央民族工作会议和全国统战工作会议精神，检查总结自治区民族、宗教、统战工作，确定今后的工作任务，自治区党委书记处书记吕剑人作题为《进一步贯彻执行党的民族政策，加强民族团结，为争取社会主义建设事业的新胜利而奋斗》的报告，自治区党委第二书记赛福鼎·艾则孜作总结。会议指出，自治区民族关系是好的，但近一时期出现一股损害民族团结和祖国统一的逆流，诸如组织反革命集团、图谋推翻人民政权、成立所谓"维吾尔斯坦共和国"等，是一个值得严重注意的问题。会议认为，自治区当前民族工作的任务是进一步贯彻执行党的民族政策，克服资产阶级民族主义，调整各民族和民族内部的关系，在加强民族团结、调动各族人民积极性的基础上，恢复发展农牧业生产，改善人民生活，打击损害民族团结的活动，巩固祖国的统一，并确定各项具体工作任务。10月26日，自治区党委指示，应抓住妨害民族团结的主要倾向，打击为首的反、坏分子，对大多数干部和群众应以教育为主；应在少数民族干部中解决好一个祖国（中华人民共和国）、一条道路（走社会主义道路）、一个领导（中国共产党的领导）的问题。（《中国共产党新疆历史大事记（1949.10~1966.4）》上P236~237）

31日 宁夏回族自治区党委批转自治区文教厅党组《关于进一步调整教育事业和精减学校教职工的报告》。《报告》提出调整各级各类学校的计划，要求提倡和扶助人民举办教育事业，切实办好全日制学校，特别是重点学校；照顾少数民族学生。（《中共宁夏党史大事记（1925.8~1988.6）》P286）

31日~8月14日 广西壮族自治区民委和

广西少数民族调查组首次组织花山壁画考察团20余人，沿明江下左江考察半个月，新发现壮族古代崖壁画42处，为原先发现7处的6倍。12月，编辑出版《花山崖壁画资料集》。（《广西通志·大事记》P355，《广西日报》1962.8.20.①）

是月 针对西藏自治区筹委会代理主任委员班禅额尔德尼·确吉坚赞给中央报告中提出的有关平叛扩大化、上层统一战线、宗教问题、培养干部等方面的意见，由中央统战部部长李维汉主持讨论制定相应的政策文件，经中央批发西藏工委、自治区筹委会。这4个文件是《加强自治区筹委会工作，改进合作共事关系》、《培养和教育干部的具体办法》、《关于继续贯彻执行宗教信仰自由政策的几项规定》、《继续贯彻执行处理反、叛分子规定的意见》。中央强调，制定这几方面的文件，目的是要改正工作中的缺点，把事情办得更好，而不是否定平叛和民主改革。（《中国共产党西藏历史大事记（1949~2004）》P199~200）

△ 新疆维吾尔自治区昌吉回族自治州遭遇历史罕见旱灾，河水减少，干热风不断，水地减产，戈壁地颗粒无收，全年粮食总产比1961年下降24.2%。（《昌吉回族自治州志》P48~49）

△ 据统计，贵州省黔东南苗族侗族自治州各级机关中有少数民族干部7910人，占全州干部总数的42.9%；担任县级以上领导职务的少数民族干部占同级干部的45%左右。（《黔东南苗族侗族自治州志·总述·大事记》P160）

是~9月 西藏境内雨水集中，各江河均先后出现较大洪峰。据不完全统计，全地区粮食减产3~6成的耕地有15760克，粮食减产6成以上的耕地有2429克。房屋倒塌1482户，死亡各种牲畜上千只。昌都干线公路和支线公路严重受损，川藏线塌方39.97万多立方米、昌丁线3.1万多立方米、邦宁线1.7万多立方米。据丁青、宁静（芒康）、左贡、察雅、类乌齐等5县统计，洪水淹死16人，倒塌房屋156间。拉孜县淹没农田5858克，其中绝收689克，冲毁桥梁21座、林卡3处、堤坝111处、水渠150条、公路30千米，淹死2人，牲畜死亡88头（只）。（《中国气象灾害大典·西藏卷》P110）

8月

1日 西北民族学院培养的首批维吾尔、哈萨克、塔塔尔、柯尔克孜、乌孜别克等5个民族32名铁道专业学生毕业。（《光明日报》1962.8.2.②）

2日 西藏新建的1座乳品加工厂首次生产奶粉。（《人民日报》1962.8.2.①）

4日 内蒙古大学培养的首批250多名大学生举行毕业典礼。内蒙古自治区党委副书记奎璧、人委副主席王逸伦等到会祝贺。（《内蒙古日报》1962.8.5.①）

6日~9月4日 宁夏回族自治区党委和人委在银川联合举行全区民族工作会议，传达全国民族工作会议精神，检查全区民族政策的执行情况，总结民族工作的经验教训，并确定今后一个时期民族工作的方针、任务。会议要求，按照党的民族政策，继续正确处理各民族之间的关系，加强各民族之间和各民族内部的团结；加强同一切爱国民主人士的团结；努力发展经济，逐步改善各族人民的生活；贯彻宗教信仰自由政策；充分发挥民族自治机关的职能；进一步加强对少数民族干部的培养工作。自治区人委副主席马玉槐、马腾霭，自治区党委书记处书记甘春雷先后在会上讲了话。（《宁夏日报》1962.9.8.①，《中共宁夏党史大事记（1925.8~1988.6）》P286~287）

7~11日 吉林省民委举行民族工作会议，传达全国民族工作会议的精神，听取省委统战部部长宋任远的重要讲话和王宝山的民族工作报告，讨论贯彻执行党的民族政策和加强

民族工作的问题。（《吉林日报》1962.8.13.①）

8日 广西壮族自治区科委组织综合考察队到花坪林区进行综合考察。考察队由北京植物研究所、南京土壤研究所及自治区有关科研单位共同组成，包括地貌、土壤、植物资源、地质、水电、交通、林业、畜牧业等10个专业组40多人，历时3个月。（《广西通志·大事记》P355）

△ 西藏卫生防疫站组织防疫工作组深入拉萨市区和山南专区等地，进行有关地方病和传染病的调研工作。（《西藏日报》1962.8.8.①）

11日 内蒙古师范学院首届本科学生举行毕业典礼。毕业生包括蒙古、汉、满、达斡尔、朝鲜等6个民族250名。（《内蒙古日报》1962.8.15.①）

12日 内蒙古自治区人委公布自治区语文工作委员会制定的《关于蒙古语名词术语的制定和统一办法》。是月公布了《内蒙古自治区蒙古语文工作暂行条例（草案）》。以上2种是发展蒙古语文的纲领性文件，对于发展和指导蒙古语文工作起了巨大推动作用。（《内蒙古日报》1962.8.13.①，《内蒙古自治区史》P236）

△ 是日报道，10年来，新疆八一农学院为自治区培养5000多名农牧业建设人才。（《新疆日报》1962.8.12.①）

14日 内蒙古自治区党委批转自治区农牧部、统战部和自治区民委党组《关于解决自治区西部地区蒙古族社员土地报酬的问题的意见》，提出以有利于巩固和发展集体生产，有利于增强民族团结和不降低蒙古族社员生活为原则，妥善解决人民公社化中简单地取消蒙古族社员的土地报酬问题。（《内蒙古自治区史》P239）

△ 是日报道，中国作协昆明分会和云南大学中文系联合组成的云南省民族民间文学调查队，3个多月来，搜集到少数民族长诗83部，神话、传说、故事597篇，笑话、童话、寓言、谚语、谜语资料等共3335件。（《云南日报》1962.8.14.②）

16日 据《广西日报》报道，1962年以来，广西壮族自治区科学技术界学术活动活跃。全区成立机械工程学会、土壤肥料学会、水产学会、数学学会筹备委员会和物理学会筹备委员会等，围绕生产和生活问题开展多种多样的学术活动。（《广西通志·大事记》P355）

16~25日 广西壮族自治区文化局在南宁举行文物、博物馆工作会议，要求各地加强文物保管工作，运用多种方式向群众宣传文物保护的政策法令和意义，使文物保护成为群众性的工作。（《广西通志·大事记》P355）

16日~9月2日 广西壮族自治区党委统战部在南宁举行全区民族工作会议，传达全国民族工作会议精神，检查全区民族工作情况，总结经验教训，研究存在的问题，确定今后的工作方针和任务。自治区党委书记处书记伍晋南到会讲话。（《广西日报》1962.9.9.①）

17日 广西大学首届247名大学生毕业。其中，党团员占53%，壮族学生占46名。（《广西日报》1962.8.17.①）

△ 广西艺术学院首届52名大学生毕业。其中，壮、瑶、侗、回、苗、仫佬等少数民族毕业生占41名。（《广西日报》1962.8.17.①）

20日 02时26分38秒，新疆维吾尔自治区博乐县赛里木湖东发生6.4级地震，震中位置44°20′N、81°42′E，震源深度29公里，震中烈度Ⅷ度。震中区房屋开裂，羊圈、草棚和房墙倾斜、倒塌，山石滚落。（《新疆减灾四十年》P252）

21日 据报道，中央民族学院、中南民族学院、广西民族学院自成立以来，积极为广西培训大批民族干部。至1962年暑假，为广西培养出壮、瑶、苗、侗、回、毛南、仫佬、彝等11个民族的大学生6700多名。其中，广西民族学院培养5370名。（《广西日报》1962.8.21.①）

23日 是日报道，云南省各高等院校是年为本省14个少数民族培养313名大学毕业生。其中，布朗、傈僳、瑶等民族为首次培养的大学毕业生。（《云南日报》1962.8.23.①）

23日~9月3日 辽宁省民委在沈阳举行民族工作会议，传达全国民族工作会议精神，听取和讨论省委统战部部长陈北辰的省民族工作报告，总结几年来民族工作的成绩和经验，讨论确定今后的民族工作任务。省委书记胡亦民到会讲话。（《辽宁日报》1962.9.4.①）

24日~9月4日 云南省怒江傈僳族自治州工委扩大会议确定，除泸水县的鲁掌、上江、六库于1956年划分的阶级仍予肯定外，对“民主补课”划分的阶级当众宣布无效。（《怒江傈僳族自治州志》上P415）

26日 青海省民族贸易公司积极采购民族特殊商品供应少数民族需要。目前已调拨给牧业区各州、县的民族特需商品，比1961年同期增长155%。（《青海日报》1962.8.26.①）

△ 宁夏回族自治区党委批转自治区党委精简小组《关于今年上半年精简情况和下半年精简调整工作的报告》。《报告》指出，全区上半年精简职工4.6万人，减少城镇人口5.5万人，减少吃商品粮人口6万人。（《中共宁夏党史大事记（1925.8~1988.6）》P287）

29日 内蒙古林学院举行首届大学生毕业典礼。毕业生包括蒙古、汉、朝鲜、回、满等5个民族共135名。（《内蒙古日报》1962.8.31.①）

30日 据报道，吉林省延边朝鲜族自治州成立10年来，朝鲜族的工程技术人员发展到3600多名，占同类干部总数的60%以上；朝鲜族干部已发展到2万多名，占全州干部总数的58.4%，比自治州成立时增长3倍多，其中公社级以上的朝鲜族干部中，有7807名加入了党组织。（《人民日报》1962.8.31.②，《吉林日报》1962.9.1.①）

△ 西南师范学院历史系和阿坝藏族自治州社会历史考察组，通过8个月实地考察，初步研究整理出《若尔盖墨溪乡民主改革前部落制度》、《绰斯甲土司制度》、《别思满屯经济结构》、《阿坝地区的前期农奴制》和《稜磨河流域的领主阶级》等15份调查报告。还探讨了“嘉戎人”（又称嘉戎藏族）的族源问题。（《光明日报》1962.8.30.①）

31日 中央民族歌舞团举行10周年团庆。国家民委副主任萨空了（蒙古族）和文化部艺术事业管理局局长周巍峙到会祝贺。（《人民日报》1962.9.1.③）

是月 中科院院长郭沫若为广西民族学院题词，并题写校名。（《广西民族学院校史》P275）

△ 云南省楚雄彝族自治州复查甄别1958年至1961年错案，对4249件案件进行复查甄别，对877件错案作平反纠正。（《楚雄彝族自治州志》1卷P198）

9月

1日 湖南省湘西土家族苗族自治州成立5年来，少数民族干部由1952年占干部总数的11.7%增至37%，其中党团员占73%。（《人民日报》1962.9.5.①）

△ 《毛泽东选集》第四卷维吾尔文版出版发行。（《人民日报》1962.9.1.①）

△ 解放军云南部队派出100多个工作队、组，到阿佤山区、高黎贡山和碧罗雪山地区帮助各兄弟民族发展生产，兴办文教卫生事业。（《光明日报》1962.9.2.②）

2日 吉林省延边朝鲜族自治州各界代表2000余人集会，庆祝自治州成立10周年。州长朱德海向大会报告了自治州10年来建设成就和今后的任务，国家民委副主任萨空了、中

共黑龙江省委书记处书记强晓初等莅会祝贺。（《吉林日报》1962.9.3.①）

3日 是日报道，吉林省延边朝鲜族自治州成立10年来，小学发展到616所，中学142所，还有延边大学、农学院、医学院等大学。至1961年，培养中、小学毕业生8万名（占农村青年80%）；各级各类学校教师8690名，朝鲜族教师占5476名，其他民族教师3214名。其中，延边大学180名助教以上教学人员中，朝鲜族占134名。（《人民日报》1962.8.31.②，《光明日报》1962.9.3.②）

△ 青海省狩猎动物资源考察队，通过1年多来的野外考察，查明青海省富有经济价值的禽兽达50种以上。（《光明日报》1962.9.4.①）

5日 云南民族出版社于1957年成立以来，用傣、景颇、佤、傈僳、拉祜、哈尼等7种文字翻译出版301种共190多万册图书。（《云南日报》1962.9.5.②）

11日 中央批复1961年6月西藏工委《关于牧区当前若干具体政策的规定》（修正稿，即牧区30条）。中央指出：一、在西藏牧业区切实执行以牧为主的方针，目前不要提倡牧民开荒，不要提“农牧结合”的口号，机关、部队不要在牧业区办农场。二、应该坚决贯彻执行党的依靠劳动人民（特别是贫苦牧民和牧工），团结一切可能团结的力量的阶级路线，要很好地执行牧工牧主两利和扶助贫苦牧民的政策。西藏工委立即按照中央的指示，对《修正稿》进行了修改，作为正式文件下发执行。30条中主要内容是：一、稳定牧民个体所有制和牧主所有制，至少5年不办牧业生产合作社；二、认真贯彻“两利”政策，允许牧主雇用牧工和出租牲畜，发挥牧工生产积极性和牧主经营积极性；三、大力开展爱国增产保畜运动，认真办好互助组，积极发展生产；四、广泛开展自由交换，允许自由借贷，活跃牧区经济；五、实行轻税政策，4年内增产不增税。（《中共西藏党史大事记（1949~1966）》P140~141）

14日 据《广西日报》报道，居住海外的文物鉴藏家杨慎德堂主人杨铨，最近将他历年收藏的部分明清两代名家画作201件捐赠给广西博物馆，还将178件捐赠给桂林市。（《广西通志·大事记》P355~356）

18日 贵州省分配给黔东南苗族侗族自治州补偿性供应民族饰品用银9500两，一次拨交商业部门加工，平价、凭证供应少数民族。（《黔东南苗族侗族自治州志·总述·大事记》P161）

23~27日 中共八届十中全会在北京召开，着重讨论阶级斗争问题，中共中央主席毛泽东作关于阶级、形势、矛盾和党内团结问题的讲话。这个讲话发展了他在1957年八届三中全会（扩大）上提出的无产阶级同资产阶级的矛盾仍然是我国社会主要矛盾的观点，认为在整个社会主义历史阶段中，资产阶级都将存在和企图复辟，并成为党内产生修正主义的根源，强调“千万不要忘记阶级斗争”，阶级斗争要“年年讲，月月讲，天天讲”。在这一思想指导下，会议把当时经济上及意识形态领域存在的一些问题，同资本主义复辟、蒋介石要反攻大陆和国际上敌对势力进行一系列反华活动联系起来，错误地开展对所谓“黑暗风”、“单干风”、“翻案风”以及对小说《刘志丹》的批判。由于会议接受毛泽东同志在阶级斗争问题上的“左”的思想，使“左”倾错误在政治和思想文化方面又有了发展，民族工作也遭受冲击。会议通过《农村人民公社工作条例（修正草案）》和《关于进一步巩固人民公社集体经济，发展农业生产的决定》，将人民公社的基本核算单位改为生产小队，而且30年不变；强调国民经济计划必须以农业为出发点。提出要贯彻以农业为基础，以工业为主导的发展国民经济的总方针。全会通过《关于商业问题的决定》，强调加强科学文化教育和科学技术研究的重要性。（《内蒙古自治区史》P214，《解放军报》1981.8.13，《中华人民共和国大事记（1949~1980）》P17~18）

25日 中国佛学院在雍和宫举行开学典礼。院长喜饶嘉措主持典礼仪式，国家民委副主任谢鹤筹、国务院宗教事务局局长萧贤法等前往祝贺。（《人民日报》1962.9.26.②）

25日~10月2日 广西壮族自治区物资交流会在桂林举行，共签订交流合同4188份，成交商品额1400万元。（《广西通志·大事记》P356）

26日 北京时间凌晨3时，云南锡业公司火谷都尾矿坝因设计施工质量问题决堤，库中370万立方米泥水涌出，造成红河哈尼族彝族自治州乍甸、鸡街公社11个村寨1.40万人受灾，其中死亡174人、受伤92人；冲毁房屋398间，淹没田地8112亩，损坏粮食675吨、甘蔗81亩，死耕牛37头。红河州、个旧市、云南锡业公司领导赶赴现场组织救灾，云南省副省长刘林元率工作组与中央冶金部工作组指导善后工作。云锡公司及时发放各种生产、生活物资9955件，国家先后发放救济款700万元和救灾款197万元，安排受灾群众生活、生产，重建家园。（《红河哈尼族彝族自治州志》1卷P80）

27日 是日报道，国家主席刘少奇《论共产党员的修养》蒙古、藏、维吾尔、朝鲜、哈萨克文版出版发行。（《光明日报》1962.9.27.①）

△ 同日报道，我国50多个少数民族中，20多个民族有了自己的语文翻译人材。（《光明日报》1962.9.27.①）

30日 参加"国庆"观礼活动的内蒙古、新疆、西藏、广西、宁夏、辽宁、吉林、黑龙江等省区少数民族参观团抵北京参观学习。10月4日，全国政协举行晚会，招待各少数民族参观团，全国政协副主席陈叔通、包尔汉接见各参观团负责人。10月6日，中共中央主席毛泽东、国家主席刘少奇、国务院总理周恩来、全国人大常委会委员长朱德、中共中央总书记邓小平接见各参观团。全国人大常委会也举行晚会，招待各参观团。（《人民日报》1962.10.1.③，10.5.②，10.7.②）

△ 四川省凉山彝族自治州成立10年来，乡以上彝族干部已占干部总数的38%，其中党员占46%。（《四川日报》1962.9.30.①）

30日~10月1日 四川省凉山彝族自治州各族各界3000多人举行大会，庆祝自治州成立10周年。国家民委代表萨空了和省领导张秀熟、冯丕成、黄觉庵、阿旺嘉措（藏族）、罗大英（彝族）、郑瑛、索观瀛（藏族）、苏新（羌族）等到会祝贺。（《四川日报》1962.10.3.①）

是月 云南省迪庆藏族自治州民族工作会议（实际代替二届人大）召开，实行政社分设，调整体制规模。全州重新改为20个区、142个大队、1767个生产队。（《迪庆藏族自治州志》P41）

△ 新疆维吾尔自治区农业科学研究所、新疆维吾尔自治区林业科学研究所、新疆畜牧兽医科学研究所、新疆维吾尔自治区农业机械化研究所合并，成立新疆维吾尔自治区农林牧科学研究所。（《新疆通志·科学技术志》72卷上P46）

10月

3~18日 广西壮族自治区手工业产品质量评比展览会在南宁手工业商场展出，共展出500多个品种1万多件展品，评出优秀产品96种、甲等产品287种。（《广西通志·大事记》P356）

5日 是日报道，四川省凉山彝族自治州成立10年来，粮食总产量增长1倍多，基本改变了历史上严重缺粮情况，并开始自给有余。（《人民日报》1962.10.5.②）

6日 据报道，内蒙古自治区轻工业和手

工业部门增产的蒙古靴和马鞍已达20多万双，比1961年同期增长3倍。（《内蒙古日报》1962.10.6.②）

8日 中共云南省委向西南局、中央作《关于加强边疆工作和民族工作的报告》。《报告》对今后工作做了具体安排，强调不论内地和边疆民族地区，都必须坚决贯彻执行中央民族工作会议报告中提出的今后5年的方针和政策；要认真贯彻执行民族区域自治政策，决定恢复西双版纳、怒江、迪庆3个自治州人民委员会并直接归省人民委员会领导；要加强对民族上层人士和宗教上层人士的团结、教育、改造工作；要大力培养和提拔少数民族干部，各地在精简中不要精简民族干部（后省委又批准精简下放厂矿职工时对少数民族职工一般不要精简下放）。11月13日，西南局批转同意该报告。（《云南民族团结进步事业光辉历程（1949~2009）》P86）

13~26日 广西壮族自治区文化局和中国戏剧家协会广西分会在桂林市举行全区桂剧剧目座谈会，对如何丰富桂剧上演剧目，提高演出质量，更好地为工农兵服务的问题进行讨论。共有120余人出席会议。（《广西通志·大事记》P356）

15日 据报道，《朗萨姑娘》、《卓瓦桑姆》、《文成公主》、《苏格尼玛》、《白玛旺巴》等一批优秀的藏戏传统剧目，由藏、汉族文艺工作者整理完成。（《光明日报》1962.10.15.②）

△ 新疆维吾尔自治区党委全委扩大会议召开。会议传达中共中央北戴河工作会议和中共八届十中全会精神，集中讨论和揭发新疆干部中的里通外国问题，总结全区农牧业取得的成绩。会议通过《关于贯彻执行〈农村人民公社工作条例〉（修正草案）的补充规定》、《关于执行〈关于进一步巩固人民公社集体经济，发展农业生产的决定〉的决定》、《关于自治区商业工作的决定》、《关于处理里通外国分子的决议》等文件。（《中国共产党新疆历史大事记（1949.10~1966.4）》上P239~241）

18日 据《广西日报》报道，目前，广西壮族自治区已有壮、瑶、苗、侗、回、毛南、仫佬等少数民族专业技术干部6868人，比1954年增长5.8倍。（《广西通志·大事记》P356）

19日 广西壮族自治区百色各族各界人民1000多人举行大会，纪念韦拔群（壮族）牺牲30周年。右江革命文物馆展出有关韦拔群的革命文物。同日，韦拔群烈士的故乡东兰县也举行纪念大会。（《广西通志·大事记》P356）

20日 国务院第117次会议通过《云南省丽江纳西族自治县人民代表大会和人民委员会组织条例》。会议决定：恢复内蒙古自治区突泉县，以合并于科尔沁右翼中旗的原突泉县行政区域为突泉县的行政区域；恢复赤峰县，以合并于赤峰市的原赤峰县行政区域和翁牛特旗的官地、岗子、台字、大碾子、东山5个乡行政区域为赤峰县的行政区域。恢复新疆维吾尔自治区温宿县，以合并于阿克苏县的原温宿县行政区域为温宿县的行政区域；撤销哈密市，将哈密市的行政区域划归哈密县。恢复贵州省施秉县，以合并于黄平县的原施秉县行政区域为施秉县的行政区域，施秉县属黔东南苗族侗族自治州；恢复三穗县，以合并于镇远县的原三穗县行政区域为三穗县的行政区域，三穗县属黔东南苗族侗族自治州；恢复台江县，以合并于剑河县的原台江县行政区域为台江县的行政区域，台江县属黔东南苗族侗族自治州；恢复丹寨县，以合并于麻江、雷山2个县的原丹寨县行政区域为丹寨县的行政区域，丹寨县属黔东南苗族侗族自治州；恢复都匀县，以都匀县的行政区域为都匀县的行政区域，都匀县属黔东南布依族苗族自治州，撤销都匀市。恢复云南省漾濞县，以合并于大理县的原漾濞县行政区域为漾濞县的行政区域；恢复河口瑶族自治县，以合并于河口瑶族自治县的原河口瑶族自治县行政区域为河口瑶族自治县的行政区域，1963年7月11日自治县宣告成立；恢复屏边苗族自治县，以合并于河口瑶族苗族自治县的原屏边苗族自治县行政区域为屏边苗族自治县的行政区域，撤销河口瑶族苗族自治县，1963年7月1日自治县宣告成立。设立西藏康马县，以江孜县的部分行政区域为康马县的行政区域；设立岗巴县，以定结县的岗巴、塔杰2个区的行政区域为岗巴县的行政区域；撤销旁多县，将旁多县的行政区域划归林周县。（《国务院公报》1962［10号］ P182，《云南日报》1963.7.4.①，7.21.①）

△ 印度军队在中印边界东西两段，向我国边防部队发动全面进攻，我军被迫自卫还击。我国国防部发言人和外交部发言人分别于20日和21日对此发表声明。24日，我国政府就中印边界武装冲突发表声明，提出和平解决中印边界问题的3项建议。（《新华社新闻稿》1962.10.22，10.24；《中国共产党西藏历史大事记（1949~2004）》P196~197）

20~31日 中共广西壮族自治区第二次代表大会举行。大会选举产生自治区第二届委员会。会议决定，调减是年至1963年度粮食征购任务和农副产品派购品种，同时继续精减职工和压缩城镇人口。在1961年精减职工29.6万人和压缩城镇人口31万人的基础上，是年继续精减职工20万人，压缩城镇人口19万人，还压缩公社、大队副业人员20万人。（《广西通志·大事记》P356~357）

是月 云南省德宏傣族景颇族自治州参加昆明黑林铺“整风反右”的31名民族上层人士返回德宏。州委、州人委宣布在1958年“整风反右”中对民族上层人士的错误处理一律无效，并恢复对其原有的政治、经济待遇。（《德宏州志》综合卷P49）

△ 云南省怒江傈僳族自治州工委召开扩大会议，提出在“直接过渡区”不划阶级的政策永远不变，入社自愿退社自由的政策永远不变，耕牛不折价入社政策永远不变，宗教信仰自由的政策永远不变。提出要贯彻执行一个保护，即“劳动发家致富，政府给予保护”的政策。（《怒江傈僳族自治州志》上P27、415~416）

△ 自1961年7月至是月，青海省海南藏族自治州精减干部1556名，占1960年干部总数的34.16%。（《海南州志》P35）

11月

6日 中共中央东北局第一书记宋任穷视察吉林省延边朝鲜族自治州。（《延边朝鲜族自治州志》上P72）

7日 国务院批准，恢复新疆维吾尔自治区博尔塔拉蒙古自治州博乐县县级行政建制。1963年1月1日，县党委和政府正式办公。（《博尔塔拉蒙古自治州志》P45）

10日 新疆医学院首批维吾尔、哈萨克、乌孜别克、塔塔尔、锡伯、俄罗斯6个民族的73名大学生举行毕业典礼。新疆维吾尔自治区党委书记处书记林渤民和自治区副主席艾斯海提到会祝贺。（《新疆日报》1962.11.14.①）

13日 四川省凉山彝族自治州布拖县恢复建制。（《凉山彝族自治州志》上P53）

14日 广西博物馆在柳州搜集到古代铜鼓42面。（《广西日报》1962.11.14.②）

15日 青海省玉树藏族自治州人委下发《玉树藏族自治州市场管理办法（试行）》。（《玉树州志》上P36）

△ 中国作协新疆分会举行纪念维吾尔爱国诗人鲁特夫拉·木塔里甫诞生40周年座谈会。（《人民日报》1962.11.18.②）

20日 全国人大常委会第二届第六十九次会议批准《云南省丽江纳西族自治县人民代表大会和人民委员会组织条例》，并经国家主席刘少奇命令公布施行。（《人民日报》

1962.11.21.②）

△ 西藏自治区筹备委员会公布自治区第一批文物保护单位13处。其中，大昭寺、布达拉宫等9处属于国家级重点文物保护单位，哲蚌寺、色拉寺、罗布林卡、夏鲁寺4处为自治区级重点文物保护单位。（《当代中国的西藏》下P401~402）

22日 是日报道，蒙古族英雄史诗——《江格尔传》首次译成汉文。（《光明日报》1962.11.22.②）

25日~2月25日 中共青海省海南藏族自治州二届七次全委（扩大）会议举行。会议对1958年以来海南州委及其主要领导人在执行党的方针政策、人民公社体制、社会改革、经济建设和党内生活等方面所犯的错误，进行了严肃的揭露和批判，原州委第一书记龚福恒（苗族）和刘枫分别作自我检查。会议初步纠正了“大跃进”以来“左”的思想路线影响。（《海南州志》P36）

26日 广西壮族自治区大苗山苗族自治县各界代表1000多人集会，庆祝自治县成立10周年。梁彬（苗族）县长讲话，总结自治县10年来的成就。（《广西日报》1962.11.28.①）

△ 贵州省黔东南苗族侗族自治州民间艺人会议在凯里召开，雷山县苗族歌手唐德海、台江县苗族歌手张多久、侗族歌手戏师吴世恒、吴章富等31名代表出席。会议期间，代表们即兴创作新民歌3150首，后整理33首编印成《民族民间艺人诗歌创作选集》。（《黔东南苗族侗族自治州志·总述·大事记》P161）

27日 《毛泽东选集》第四卷哈萨克文版在新疆维吾尔自治区伊犁哈萨克自治州首发。（《伊犁哈萨克自治州志》P51）

29日 农业部在京召开的全国农业会议结束。会议讨论发展畜牧业、培育和合理利用草原的问题；强调农牧必须结合，把畜牧业放在重要地位。（《人民日报》1962.12.6.①）

△ 广西壮族自治区党委、人委发出《关于恢复和健全农业技术推广站、种子站、畜牧站、植保植检站以及林业、水利、气象事业编制机构的暂行规定》，要求各专、市、县和县以下的区陆续恢复各种农业推广机构。（《广西通志·大事记》P358）

△ 宁夏回族自治区党委发出《关于贯彻执行中央〈关于进一步巩固人民公社集体经济、发展农业生产的决定〉的指示》。《指示》要求，全区各级党委和全党同志，必须迅速动员起来，坚决遵循我们党在农业问题的根本路线，在进一步调动全体农民积极性的同时，集中各方面力量，积极地、尽可能地支援农业，支援人民公社集体经济，贯彻执行以农业为基础，发展国民经济的总方针。（《中共宁夏党史大事记（1925.8~1988.6）》P290）

△ 宁夏回族自治区党委发出《关于贯彻执行中央〈关于粮食工作的决定〉的指示》。自治区党委指出，几年来全区在粮食工作上的主要错误是高征购，特别是1959年最为严重，不仅加重人民公社的困难，而且严重地挫伤农民的生产积极性，损害农业生产，全党必须吸取这一经验教训。（《中共宁夏党史大事记（1925.8~1988.6）》P290~291）

29日~12月2日 福建省举行少数民族代表会议，讨论通过《福建省民族工作情况和今后任务的报告》。会议反映少数民族人民的意见和要求，提出进一步做好民族工作的建议。省委第一书记叶飞、第二书记范式人等接见与会代表。（《福建日报》1962.12.4.①）

是月 青海省果洛藏族自治州同德县复归海南藏族自治州，但河南公社的黄河以北地区被果洛州玛沁县所借，至1993年仍未归还；玛多县复归果洛州。（《海南州志》P36）

12月

1日 国务院全体会议第123次会议决

定，设立云南省施甸县，以保山县南部的施甸地区为施甸县的行政区域，施甸县属德宏傣族景颇族自治州。（《国务院公报》1962［14号］P302）

2日 是日报道，内蒙古自治区科技人员通过3年来在草原设站研究改良利用和提高牧草产量、质量等问题，发现20多种优良牧草，并找到一些防止草场退化的办法。（《光明日报》1962.12.2.①）

5日 广西壮族自治区三江侗族自治县侗、苗、瑶、壮、汉各族各界代表800多人集会，庆祝自治县成立10周年。县长吴仕德（侗族）报告了自治县10年来的成就，自治区民委副主任秦振武、自治区文化局局长华应申等到会祝贺。（《广西日报》1962.12.7.①）

10日 宁夏回族自治区党委上报西北局并中央，加发全区各地、市、县委《关于林木破坏问题的报告》。《报告》指出，宁夏地区森林资源很少，解放后林业建设有较快的发展，天然次生林已达195万亩，比解放初期增长1倍多；人工造林成活面积85万亩。但是近年来，林木破坏很严重。据不完全统计，全区遭到破坏的林木面积7000多亩，乱砍滥伐的树木约14万余株。为坚决制止破坏树木，保护好现有林木，并且促进林业生产的发展。《报告》提出：一、进一步处理林木所有权。二、正确处理林业同农业、牧业和副业生产之间的关系，照顾群众需要。三、加强管理。贯彻护林有功者奖、毁林者罚的政策。对于乱砍偷伐林木、借以投机牟利者要严肃处理。（《中共宁夏党史大事记（1925.8~1988.6）》P291）

10~31日 内蒙古自治区党委召开全区民族工作会议，8个民族的326名代表参加大会。自治区党委第一书记、自治区人委主席乌兰夫在会上讲话指出，自治区成立15年来的工作，取得了伟大成绩，缺点错误与成绩比较是次要的，但也是比较严重的。主要是在经济文化建设中，有忽视民族特点和地区特点的倾向。根据会议讨论确定的自治区民族工作的任务，自治区党委和人委联合发出了贯彻民族工作会议精神的5个文件，即1963年2月9日的《关于解决自治区西部地区蒙古族社员原有土地补助问题的办法》和《关于加强民族文教卫生工作的若干规定》、4月9日的《关于改进和加强民族贸易工作的几项规定》、5月13日的《关于调整农牧关系，保护牧场的规定》和《关于解决自治旗和散居少数民族工作中若干问题的规定》。通过这些文件全面调整了自治区民族工作方面的许多具体方针政策，在一定程度上纠正了“左”倾错误的影响，解决了民族工作中存在的一系列问题，进一步完善了自治区解决民族问题的具体政策，有力地调动了各少数民族人民建设社会主义的积极性，对促进自治区少数民族的发展和繁荣起了积极作用。（《内蒙古自治区史》P239~244、527）

12日 中华医学会贵州省黔东南苗族侗族自治州分会首次会员代表大会在凯里召开，这是自治州最早建立的学会组织。（《黔东南苗族侗族自治州志·总述·大事记》P162）

13日 据报道，内蒙古自治区各达斡尔民族乡基本消灭克山病，从1953年以来没有出现发病现象。（《内蒙古日报》1962.12.13.①）

17日 西藏工委发出《关于当前整顿、巩固、提高互助组，发展农业生产的指示》。《指示》说，全区农村现有互助组2.2万多个，入组农户达16万多户，占总农户的90%左右。其中大多数是临时、季节性互助组。（《中共西藏党史大事记（1949~1966）》P145）

17日~1963年1月12日 西藏自治区筹委会商业处召开全区商业局长（经理）会议。会议学习讨论八届十中全会《关于商业工作问题的决议》和中共西藏工委有关当前商业工作的文件，总结过去的商业工作，安排1963年的任务，并就职工的供应、市场管理、土畜产品收购等问题进行讨论，还讨论落实了1963年以盐粮交换为中心的农牧产品的交换问题。（《西藏日报》1963.1.22.①）

22日~1963年1月16日 西藏自治区筹委举行第六次全体扩大会议。会议听取和讨论通过了中共西藏工委书记张经武作的关于形势和任务的报告、自治区筹委会代理主任委员班禅额尔德尼·确吉坚赞作的关于自治区筹委会第五次扩大会议以来的主要工作情况和1963年上半年工作安排的报告，并讨论通过了《西藏自治区各级人民代表大会选举条例》。（《西藏日报》1962.12.23.①，1963.1.17.①）

23日 科学院植物研究所昆明分所在西双版纳植物园引种600多种本地和外地的热带植物成功。西双版纳农科所部分科研人员初步摸到了西双版纳傣族地区农业生产的一些规律，并帮助傣族农民总结生产经验，选择2万多亩水田，改种双季稻。（《光明日报》1962.12.23.①）

25~27日 蒙古部长会议主席泽登巴尔访问我国。26日，中国蒙古边界条约在北京签订，于1963年3月26日全文公布。（《新华社新闻稿》1962.12.26，12.27，12.28）

25日~1963年1月10日 内蒙古农业科学技术工作会议在呼和浩特举行。会议讨论了进一步加强农业科学技术工作，促进自治区农业技术改革和农业生产迅速发展的问题。会议期间，成立土壤能化、作物、植物保护、园艺4个学会。（《内蒙古自治区史》P291，《内蒙古日报》1963.2.8.①）

26日 《中华人民共和国和蒙古人民共和国边界条约》在北京签订。条约全文1963年3月26日公布。（《新华社新闻稿》1962.12.27）

28日 内蒙古史学和语言文字工作者在内蒙古大学集会，纪念《蒙古源流》成书300周年。（编者按：《蒙古源流》是17世纪蒙古编年史中最珍贵的一部历史文献，与《蒙古秘史》、《黄金史纲》并称为蒙古族3大历史巨著，由17世纪著名政治家和历史学家萨刚彻辰（蒙古族）撰写而成。清乾隆四十二年（1777年），此书译为满文，乾隆五十四年（1789年）又由满文译为汉文。全书以编年体上溯蒙古部落的崛起及成吉思汗王统的起源，并与印度、西藏诸王世系联系到一起，下述元至清初蒙古的历史文化及佛教传播，历述元明两代蒙古各汗的事迹，其中有关明代北元朝蒙古部封建主纷争的内容占全书之半。书中对北元朝达延汗及俺答汗时期政治、经济、宗教、领地划分、各部战争和诸汗世次、名号、生卒年及人地诸名、职官等的叙述在所有蒙古文史籍中最为详细。此外，还收录了很多蒙古民间传说、诗歌及藏、梵、汉、满等族的语言资料。）（《内蒙古日报》1962.12.29.①，《中国历代少数民族英才传》P2047~2051）

△ 中央确定青海省海北藏族自治州门源县为全国油料基地之一。（《海北藏族自治州志》上P61）

31日 四川省阿坝藏族自治州各族各界代表3000多人集会，庆祝自治州成立10周年。全国人大民委、国家民委代表丹彤和四川省代表团桑吉悦希等到会祝贺。自治州州委第一书记任明道在会上总结了自治州10年来的成就。据报道，民族干部约占全州干部总数的32%。其中，党员占44%，任州、县、区、乡党政领导职务的占28%。（《今日新闻》1963.1.3.P4，《四川日报》1962.12.30.②）

是月 中共湖南省湘西土家族苗族自治州委甄别专案组及州委监委对1957年以来历次政治运动中和平时被批判处理的党员、干部及职工、群众进行全面甄别、复查工作结束。湘西州1957年以来历次政治运动中和平时被批判的党员、干部、职工和群众28103人，甄别复查结案26944人，占95.9%，其中党员、干部和职工甄别复查任务19103人，结案占95.9%。定案任务5128人，已定案、复查

99.7%。对原戴有右倾机会主义分子帽子的46人和带有反党分子帽子的60人都予以摘帽。戴有其他政治帽子的186人，摘帽占62%。全州重新安排工作6822人，已安排6499人，恢复原职或相当原职的占95.3%。（《湘西州志》上P66）

△ 广西壮族自治区党委决定调整人民公社体制，将原公社改为区，将原生产大队适当合并后改为公社，实行小公社、生产队两级核算。是年底，全区有1.02万个公社，28.52万个生产队，另外还保留2649个生产大队。（《广西通志·大事记》P358）

△ 四川省文化局对保护甘孜藏族自治州寺庙有关文物做出具体规定：寺庙内重点保护的佛经、佛像、法器、房屋建筑等宗教文物和名胜古迹，应妥善保护；对散失的文物应尽量设法收回；重点寺庙应有计划地进行经常性的维修保护。（《甘孜州志》上P63）

△ 藏医学家、西藏"门孜康"第一任院长钦绕罗布（藏族）病逝，享年80岁。他生于1883年，从医半个多世纪，具有渊博的藏医学、历算学知识，丰富的临床经验，对内科、外科、妇科、儿科、针灸、预防等都有很高造诣；一生注释医籍、撰写藏医学论著、历算书籍20多种。他编写的《配方甘露宝瓶》和《药味配制图表》，对每一藏药的配方、剂量、标准及药物性能、主治疾病都有详细说明，至今仍广为受用。他配制的"三十五味沉香"、"十三味马前子"、"月晶"、"十八味诃子"、"如意宝"等成药，对治疗"血病"、"白脉病"、"肾病"等都有显著疗效。他创造性地运用藏医树枝形象教学法，进一步丰富藏医药教学理论，培养弟子1000多人，其中有些弟子在不丹、锡金、印度行医。（《当代中国的西藏》下P485~487，《中国历代少数民族英才传》P3550~3552）

是年 西南少数民族的重要历史文献《蛮书校注》由中华书局出版，向达编注。（《中国历代少数民族英才传》P3730）

△ 截至是年，内蒙古自治区蒙古族干部增至2.45万人，比1957年增长29%，占本民族人口的2%；其他少数民族干部发展至6367人，占本民族人口的4%~7%。蒙古族及其他少数民族干部与本民族人口的比例均高于汉族干部占本民族人口1.5%的比率。（《内蒙古自治区史》P247）

△ 内蒙古自治区有蒙语广播电台6座、蒙语广播站28个，另有40多个广播台站安排有蒙语转播或蒙语自办节目。《内蒙古日报》、《花的草原》、《党的教育》等报刊均有蒙古文版发行。（《内蒙古自治区史》P249）

△ 内蒙古自治区高等学校从无到有，截至是年，先后建立内蒙古师范学院、内蒙古农牧学院、内蒙古医学院、内蒙古大学、内蒙古工学院、内蒙古林学院6所高等院校。（《内蒙古自治区史》P240）

△ 内蒙古自治区鼠疫、性病、布氏杆菌病3大疾病基本被消灭，工业卫生和妇幼保健工作也取得很大进展。全区医药卫生人员3.78万名，其中民族医药卫生人员7000余名，比1947年增长5倍以上。（《内蒙古自治区史》P237）

△ 内蒙古自治区250万公顷农田遭旱灾，成灾100万公顷，受灾200万人。锡林郭勒盟遭多种自然灾害，其中遭雹灾面积3286公顷、冻灾面积9133公顷，死亡牲畜16.61万头（只），倒塌房屋280多间。东乌珠穆沁旗、西乌珠穆沁旗、锡林浩特市干旱，370万头（只）牲畜受灾。春至夏季，赤峰市巴林右旗大旱，牧草枯萎，受灾牲畜14万头（只），死亡2万头（只）。（《内蒙古自然灾害通志》P282、286）

△ 叶剑英元帅视察内蒙古自治区鄂伦春自治旗。（《鄂伦春自治旗志》P819）

△ 于1958年下放给吉林省延边朝鲜族自治州管理的中央部直属和吉林省直属企业，

大部分收归吉林省直属。（《延边朝鲜族自治州志》P72）

△ 在全国首届无线电制作锦标赛中，吉林省延边朝鲜族自治州汪清县广播站崔龙吉（朝鲜族）制造的自动广播控制器、和龙县广播站崔河允（朝鲜族）制造的100千赫载波发射机获一等奖。（《延边朝鲜族自治州志》上P72）

△ 广西壮族自治区发生解放以来最大的水灾。5月中旬至7月初，全区各地连降大雨，桂北、桂中、桂东先后出现大暴雨，雨量在100~300毫米之间。其中，柳江水位117.53毫米，柳江路水淹屋顶；梧州市最高水位24.23米，市区50条街道有40条被淹；65个县（市）的农田256万亩被淹，损失粮食1.5亿公斤；冲坏水利设施967处。（《广西通志·大事记》P358）

△ 广西壮族自治区有44个县（市）发生不同程度干旱，其中春旱17个县（市）次、夏旱12个县（市）次、秋旱23个县（市）次。受旱总面积36.98万公顷，成灾面积12万公顷，损失粮食3469.96万公斤。（《中国气象灾害大典·广西卷》P173）

△ 国家拨出专款145万元，责成贵州省黔东南苗族侗族自治州购买2100多头耕牛，无偿发放给缺乏耕牛的生产队。（《贵州日报》1963.2.8.①）

△ 云南省楚雄彝族自治州各县分别成立“麻风病”防治工作领导小组，州卫生防疫站建立皮肤病防治科。（《楚雄彝族自治州志》1卷P199）

△ 云南省德宏傣族景颇族自治州边疆5县1镇有民族干部1728名，占干部总数的25.5%。其中，大学生21名、高中生111名、初中生252名、小学生1142名、文盲202名。（《德宏州志》综合卷P50）

△ 西藏首家建材工业企业——拉萨水泥厂建成投产。该厂于1960年2月开始筹建，年生产能力6万吨。1983年国家投资近1亿元，对拉萨水泥厂进行扩建和改造，使生产能力达到11万吨，职工近千人。1987年，新生产线试车成功，产品由原来单一的火山灰水泥发展到各种标号的硅酸盐水泥。1989年，拉萨水泥厂矿山车间主任索朗（藏族）被授予全国劳动模范称号。（《当代中国的西藏》下P159）

△ 青海省民族贸易公司已与9个省、市恢复和新建16个产销关系，扶持省内藏靴、马鞍等传统手工业产品的生产经营的商品已达710种，比1961年增长1倍以上。（《青海日报》1963.1.15.①）

△ 青海省海西蒙古族藏族哈萨克族自治州有少数民族干部466人，占干部总数的10.5%，其中蒙古族198人、藏族170人、回族62人、土族10人、撒拉族4人、其他少数民族22人。（《海西蒙古族藏族自治州志》4卷P214）

△ 宁夏中卫固沙林场从中科院治沙大队引进苏联头状沙拐枣、乔木状沙拐枣、绒毛蜈蚣沙拐枣、高氏碱蓬等种子各1公斤进行试种，探索治沙造林适宜的植物种。（《当代宁夏史通鉴》P244）

△ 宁夏回族自治区受春、秋霜冻害面积6.67万公顷，泾源县粮食减产50%以上。固原县10.12万公顷、西吉县5.55万公顷、盐池县3.38万公顷、海原县3.16万公顷、同心县3.07万公顷、隆德县1.98万公顷、泾源县1.39万公顷、灵武县0.6万公顷、中卫县0.57万公顷及其余地区0.58万公顷受旱灾影响。（《中国气象灾害大典·宁夏卷》P55、219）

△ 新疆维吾尔自治区水泥厂许秀华、张述善等试制成功冷堵油井水泥，为国内首创。（《新疆通志·科学技术志》72卷上P46）

△ 新疆生产建设兵团工一师设计院申恩惠等在国内首次设计试验成功蒸汽喷射泵，用

于各类建筑热水供暖系统，该项成果1978年获全国科学大会奖。（《新疆通志·科学技术志》72卷上P46）

△ 新疆维吾尔自治区已累计建成较大引水干渠165条，控制灌溉面积2577万亩，建永久性引水枢纽24座、水库178座，蓄水能力23.6亿立方米。（《新疆通志·水利志》36卷P31）

△ 春季，中国古生物研究所考古队到新疆维吾尔自治区昌吉回族自治州吉木萨尔县考察，在水溪沟侏罗纪地层发现恐龙化石，定名为"吉木萨尔龙"。（《昌吉回族自治州志》P49）

1963年

1月

1日 辽宁歌剧院根据著名的云南彝族撒尼人民间传说《阿诗玛》改编的大型歌剧在沈阳首次上演。（《今日新闻》1963.1.18）

3日 中国、尼泊尔两国政府在加德满都签订关于修建加德满都至拉萨公路的议定书。（《当代中国的西藏》下P585）

5日 广西壮族自治区人委发出《关于加强水土保持工作的指示》，要求保持水土必须保护森林和发展森林，坚决制止毁林开荒；对违反国家森林保护规定的要依法惩处。（《广西通志·大事记》P359）

△ 宁夏回族自治区党委批转统战部《关于泾源县宗教活动情况的简报》。自治区党委要求，各地党组织必须加强对宗教工作的领导；必须尊重群众的宗教信仰自由，对于正当的宗教活动必须保障，但要教育他们克服铺张浪费；对于宗教界的违法活动，必须坚决取缔；对于回族党员必须加强唯物主义和无神论的教育，要把这一教育作为整党教育的一项重要内容。（《中共宁夏党史大事记（1925.8~1988.6）》P293）

7日 是日报道，科学院内蒙古自治区、宁夏回族自治区综合考察队农业组结束在宁夏回族自治区近2年的野外综合考察工作，基本摸清宁夏回族自治区发展农业生产的地理条件和自然资源分布情况，研究了合理利用这些资源的途径和方向。（《宁夏日报》1963.1.7.①）

△ 新疆维吾尔自治区人委第25次委员会议讨论通过自治区副主席帕提汗·苏古尔巴也夫关于新疆各族各界慰问团慰问中印边界地区边防部队情况的报告。（《新疆日报》1963.1.8.①）

8~17日 广西壮族自治区教育厅和自治区民委在南宁召开全区少数民族教育工作和推行壮文工作会议，讨论研究发展少数民族教育和推行壮文工作问题。（《广西日报》1963.1.23.①）

9日 是日报道，青海省河南蒙古族自治县健全和巩固了县、乡、社三级畜牧兽医网，牲畜中流行的几种主要传染病和一般疾病已被消灭和控制。（《青海日报》1963.1.9.②）

10~15日 贵州省选举工作会议在贵阳举行。会议确定在选举工作中一定要严格贯彻党的民族政策，民族杂居区和少数民族人口特少的地区也应根据规定使他们有适当数量的代表参加政权机构。（《贵州日报》1963.1.18.①）

11日 中国美协内蒙古分会在呼和浩特首次举办蒙古族青年画家官布画展，展出油画、国画和水彩画180多幅。（《今日新闻》1963.1.14）

11~18日 广西壮族自治区党委农村部在南宁举行山区生产座谈会，提出发展山区生产的方针政策：一、要因地制宜，实行多种经营，发展山区的农业、林业、畜牧业和各种土特产品。二、林业生产比重大的山区，应以林业为主，同时搞好农业和其他畜牧、副业生产；在农林都占相当比重的山区，应农林并重；有的山区，应以农牧业为主，农林并重。

三、粮食生产是整个生产的基础，山区应尽力做到粮食自给和有必要的储备，少数山区粮食确不能自给的也应做到大部分自给，并在一定时间内达到自给或有余。山区应以生产队为单位确定生产方针。（《广西通志·大事记》P359）

15日 据报道，广西壮族自治区科学考察队通过3个多月在花坪林区的全面考察，对这个林区的动植物资源、植被、植物区系和地质、地貌、气候、土壤、林业、综合自然地理、水电、交通、风景等方面提出了约20万字的综合考察报告和林区发展总体规划。（《今日新闻》1963.1.16）

△ 四川省人委第29次会议听取省祝贺团祝贺凉山彝族自治州、阿坝藏族自治州成立10周年有关工作情况的汇报，讨论通过关于藏、彝民族地区进行普选工作的补充规定。（《四川日报》1963.1.16.①）

△ 云南省沧源佤族自治县培养出佤族兽医人员62名。（《云南日报》1963.1.15.①）

16日 民族出版社成立10年来，出版蒙古、藏、维吾尔、壮、朝鲜、哈萨克等民族文字的图书和汉文图书2900多种共2470多万册，期刊16种共1460多万册。培养民族文字干部200多名，其中蒙古、回、藏、维吾尔、壮、朝鲜、哈萨克、满、纳西、土、达斡尔、锡伯等12个少数民族干部占52%。（《光明日报》1963.1.16.①）

17日 广西壮族自治区党委发出《关于必须认真解决石山地区人畜饮水问题的通知》。《通知》指出，石山地区约占全区总面积的15%，各地要加强组织领导，制订出在今后几年内分期分批彻底解决人畜饮水问题的规划。2月1日至4日，自治区水利电力厅举行专门会议，研究解决石山地区人畜饮水困难问题。会议强调，要加强领导，贯彻执行“依靠群众自办为主，国家投资补助为辅”的方针，因地制宜采取各种措施，兴建与维修并重，逐步修建永久性或半永久性的引水工程。（《广西通志·大事记》P359）

△ 纳西族史诗《创世记》出版。（《光明日报》1963.1.17.②）

20日 中国和尼泊尔政府签订边界议定书。（《新华社新闻稿》1963.1.21）

22~24日 西双版纳傣族自治州各族各界1000余人举行大会，庆祝自治州成立10周年。国家民委和云南省代表刘春、程子健、任景龙、张冲、陈可大等前往祝贺。西双版纳傣族自治州州长召存信（傣族）在会上讲话，介绍了自治州10年来的成就。当地14个民族的1.5万多人在澜沧江边举行庆祝大会和传统的“赶摆大会”。西双版纳傣族自治州成立10年来，少数民族干部已发展到1300多名，占全州干部总数的34%，其中傣族干部800多名、党员560名、团员259名。（《云南日报》1963.1.23.①，《今日新闻》1963.1.29）

28日 内蒙古农牧学院培养的42名首届农牧业机械化专业生毕业。（《内蒙古日报》1963.2.2.①）

31日 青海省海北藏族自治州门源回族自治县开放5座清真寺。（《海北藏族自治州志》上P62）

△ 青海省民委党组批准拉加寺归果洛藏族自治州马沁县管辖。（《果洛藏族自治州志》上P35）

是月 内蒙古自治区赤峰市巴林右旗境内发生口蹄疫，染病牛6.7万头，死亡2916头；病猪3863口，死亡523口。（《内蒙古自然灾害通志》P287）

2月

1日 是日报道，为满足少数民族生活需要，北京市手工业部门生产的包括牧民用的火镰、火盅钩、铁罗锅、奶桶、羊毛剪、腰刀、马鞍和不同民族特色的皮靴、马靴，蒙古族与藏族的织锦毡帽、金宝地毡帽、土族的大元沿毡帽，以及手镯、耳环、戒指、绢头花等34种少数民族人民生活日用品，运往新疆、青海、甘肃、内蒙古、云南、广西、贵州等省区。（《今日新闻》1963.2.1）

△ 贵州工学院首届596名学生毕业，其中苗、布依、回、土家等少数民族学生占1/4以上。（《光明日报》1963.2.1.②）

1~4日 新疆动物学会成立。首届学术年会讨论动物学工作如何支援农业和自然保护问题。（《新疆日报》1963.2.14.③）

2日 宁夏回族自治区党委发出《关于农村人民公社工作条例修正草案若干问题的补充规定》（草案），规定全区人民公社组织一般应是3级（公社、大队、生产队），公社规模小的也可是2级（公社、生产队）；人民公社的基本核算单位是生产队；社员的口粮分配采取基本口粮加按劳动工分分配的办法；社员的自留地可占耕地面积的5%~7%，自留地每人不到1分，可留到1分；社员的自养羊，农业区不能超过3只，半农半牧区不能超过5只；社员的家庭副业产品在完成国家定购任务后，其余的可上市出售，但社员不能“弃农经商”，不准搞倒卖活动。（《中共宁夏党史大事记（1925.8~1988.6）》P295）

5日 新疆维吾尔自治区第一座大型空腹式石拱桥——巴音郭楞蒙古自治州孔雀河石拱桥建成通车。（《新疆日报》1963.2.22.①）

6日 据报道，中国音协四川分会编辑的《羌族民间歌曲选》出版。（《光明日报》1963.2.6.②）

7日 宁夏回族自治区党委、人委发出《关于机关农场问题的指示》。1962年全区共有机关农场651个，耕种土地11.18万亩，生产粮食700万斤，蔬菜约3000万斤，养猪9100多头、羊4万多只和一部分家禽、家兔。机关农场在改善职工生活、减轻市场供应负担等方面起到积极作用。（《中共宁夏党史大事记（1925.8~1988.6）》P296）

8日 广西壮族自治区党委向中共中央、中南局报送《关于广西农业经济的发展方针》的报告。报告提出，广西农业总产值的构成比例大体上是粮食和多种经营各占一半左右，发展广西农业的方针，应该是在贯彻以粮为纲的同时，以较大的力量恢复与发展多种经营。广西对国家建设的主要贡献应该是在提供更多的经济作物、林产品、畜牧产品和土特产品方面，但也要以增产粮食来保证经济作物、畜牧业、林业等多种经营的恢复和发展；同时在国家支援下，积极改进水利设施，争取在5至7年内实现人均1亩水田的计划，把广西粮食生产极不稳定的情况逐步改变过来。（《广西通志·大事记》P360）

10日 广西壮族自治区党委、自治区人委发出《关于维护农村人民公社集体所有制的十二条规定（草案）》。（《广西通志·大事记》P360）

△ 国务院总理周恩来在云南省视察工作，就西双版纳傣族自治州的森林保护情况提出要停止烧林开山，改固定耕地，开梯田梯地。（《西双版纳傣族自治州志》上P46~47）

10日~3月1日 宁夏回族自治区党委监委在银川举行全区党的监察工作会议，传达全国党的监察工作会议精神。会议指出，1962年以来，全区共检查处理各种违纪党员620人，甄别干部、党员1.74万人，占1958年至1961年6月受批判、处分干部、党员总数1.93万人的90.45%。（《中共宁夏党史大事记（1925.8~1988.6）》P296）

12日 由原新疆歌舞团、话剧团和乐团组成的新疆歌舞话剧院成立，由维吾尔、汉、哈萨克、柯尔克孜、乌孜别克、回、锡伯、满等8个民族300多人组成。（《新疆日报》1963.2.14.①）

14日 广西壮族自治区精简工作会议指出，1962年全自治区职工精减16万人，其中

15万人减回农村；1963年计划再净减3.1万人。（《广西通志·大事记》P360）

15日 新疆维吾尔自治区党委、自治区人委联合发布《关于一九六三年精减职工和减少城镇人口的安排》，确定是年自治区再精减职工2.4万人（不包括中央直属单位），减少城镇人口7.5万人，减少吃商品粮人口8万人。（《中国共产党新疆历史大事记（1949.10~1966.4）》上P244）

△ 新疆维吾尔自治区党委批转中共塔城地委《关于加强反颠覆破坏活动阴谋的紧急通知》。《通知》指出，塔城、伊犁地区发生的情况表明，苏联对我国边境地区的颠覆破坏活动并未因1962年的失败而停止。自治区党委要求对此应有清醒的认识，保持高度警惕，并指示各边境地区的地、州、县委参照塔城地区的办法，研究本地区情况并作出防范部署。（《中国共产党新疆历史大事记（1949.10~1966.4）》上P243）

18日 是日报道，几年来，云南省人民政府为改变基诺人"刀耕火种"的落后生产方式，拨给基诺山区生产特殊补助费5万多元，使基诺山牛耕面积扩大到耕地面积的35%。1962年，粮食产量比1954年增长2倍；过去牲畜灭绝的大部分地区，目前发展到1100多头。（《云南日报》1963.2.18.②）

19日 四川省木里藏族自治县各族各界3000多人集会，庆祝自治县成立10周年。省民委副主任贾生采和凉山州副州长吉狄阿约（彝族）到会祝贺。（《四川日报》1963.2.23.①）

20日 中国民间文艺研究会内蒙古分会在呼和浩特召开理事扩大会议。会议就进一步加强民族民间文艺的搜集、整理、出版工作以及蒙古文出版工作进行讨论，决定在建国25周年陆续出版《内蒙古民族民间故事选》以及叙事诗选、歌谣选、文学评论选等书。（《内蒙古日报》1963.2.26.②）

△ 黑龙江人民广播电台增设朝鲜语广播。（《黑龙江日报》1963.2.18.①）

20日~3月4日 新疆维吾尔自治区党委监察工作会议在乌鲁木齐举行。据统计，全区甄别1958年以来受批判和处分的党员、干部3.51万人，占甄别总人数4.08万人的85%；甄别受批判处分的工人、农民、学生2.77万人。各地监察部门于1962年检查处理贪污腐化、作风败坏、打击报复及里通外国等案件，受处分党员1975人。（《中国共产党新疆历史大事记（1949.10~1966.4）》上P244）

22日 广东省海南行署民委拨专款13万元，帮助民族杂居区的黎族、苗族人民进行农田基本建设和文教建设。（《南方日报》1963.2.22.③）

△ 是日报道，从1957年开始，科学院云南热带生物资源综合考察队和西部地区南水北调综合考察队分别通过以自然资源合理开发和生产力布局为中心的综合考察，写成了约300万字的40多种考察研究报告。（《今日新闻》1963.2.22）

23日 国务院全体会议第126次会议决定：恢复四川省汶川县，以合并于茂汶羌族自治县的原汶川县行政区域为汶川县的行政区域；恢复理县，以合并于茂汶羌族自治县的原理县行政区域为理县的行政区域；恢复南坪县，以合并于松潘县的原南坪县行政区域为南坪县的行政区域。茂汶羌族自治县人委驻地由威州镇迁凤仪镇。（《国务院公报》1963［3号］P59，《阿坝州志》上P46）

△ 是日报道，四川省木里藏族自治县成立10年来共选拔各族干部300多名。设有中等学校2所、完全小学2所、农村小学52所，在校生达2700多名。（《四川日报》1963.2.23.①）

△ 据报道，几年来，云南省培养各少数民族的农业和水利技术干部1000多名，占当地农业、水利干部总数的1/3；勐海县培养出

茶叶技术人员200多名；大理白族自治州洱海的50多个农田电力站和电力抽水站的140多名技术人员中大多数是白族成分。（《云南日报》1963.2.23.①）

25日 据《光明日报》报道，广西建筑工程设计院、建筑科学研究所和广西大学联合组成壮族民居调查组于1962年底到壮族聚居的龙胜、宜山、武鸣和靖西县农村，对壮族村寨的总体布局和个体建筑进行调查研究，整理出4份壮族建筑的原始资料，并写出《广西壮族民居初步调查报告》。（《广西通志·大事记》P360）

27日 据报道，几年来，中央音乐学院中国音乐研究所搜集整理各民族歌舞、说唱、器乐和戏曲等音乐艺术大量资料，写出一些调查报告和学术论文，出版《苗族民歌》、《苗族芦笙》、《西藏古典歌舞——囊玛》和《西藏民间歌舞——堆谢》等书。（《光明日报》1963.2.27.②）

△ 新疆维吾尔自治区政协第16次常委会议决定成立自治区政协文史资料委员会，禹占林任主任，伊敏·马合苏木、宋筠、谷苞任副主任。（《新疆日报》1963.3.2.①）

是月 中共中央工作会议举行，中共中央主席毛泽东提出"阶级斗争，一抓就灵"，全国随即开展"五反"运动和社会主义教育运动。（《中国现代史》下P219）

△ 云南省独龙江马库驻军工作队帮助当地建军民小学，解决独龙族儿童上学难问题。（《怒江傈僳族自治州志》上P27）

△ 云南省民委在昆明举行民族工作座谈会，讨论边疆民族地区贯彻执行中央和省民族工作会议精神的情况，商讨民族工作的任务。（《云南日报》1963.4.23.①）

3月

1日 是日报道，云南大学历史系组织老教师研究和编纂云南地方史、民族史，计有《云南史料目录解题》、《元代云南行省傣族史料编年》、《二十四史中有关民族史资料汇编》、《中国少数民族古代史》、《中国少数民族近代史》、《云南少数民族史概述》、《直接过渡地区各民族史》、《彝族史》、《傣族史》、《白族史》、《中国历代疆域图西南考释》、《历代在云南的汉族移民》、《明代云南土司》、《南诏不是傣族建立的国家》、《傣族在历史上的地理分布》、《南昭史话》、《汉晋时期的西南夷》、《对秦以前云南各族历史源流的窥探》和《南昭社会性质质疑》等专著和论文。（《光明日报》1963.3.1.②）

△ 新疆地理学会、科学院新疆分院水土生物资源综合研究所、自治区水利学会联合召开以水利资源综合利用为中心议题的学术讨论会。会议收到学术论文71篇，讨论了自治区境内各种水利资源的开发利用及其和农业布局的关系等问题。（《新疆日报》1963.3.2.③）

2日 《中华人民共和国和巴基斯坦伊斯兰共和国政府关于中国新疆和由巴基斯坦实际控制其防务的各个地区相接壤的边界的协定》在北京签字，并发表协定全文。（《新华社新闻稿》1963.3.4）

2~8日 西藏山南地区乃东县首届人民代表大会举行，选举产生西藏第一个由人民选举成立的县人委。截至1965年七八月，全区乡、县选举工作基本结束，有54个县召开第一届人民代表会议，建立县人委。（《当代中国的西藏》上P347）

3~13日 西藏拉萨举行"传召"大会。中央人民政府驻藏代表张经武给参加"传召"的僧众发放布施，并向僧众表示亲切的关怀和良好的祝愿，号召僧众贯彻执行党的"政治统一，信教自由，政教分离"的方针政策。全国人大常委副委员长班禅额尔德尼·确吉坚赞向"传召"僧众发放布施，并接受喇嘛们的祈祷。大会进行了报考"格西"学位的活动，8

名贫苦喇嘛被录取为“格西”。拉萨市政府为此次大会免费供应1万多斤酥油、大米、茶叶和6万多斤烧柴。（《西藏日报》1963.3.6.①，3.8.①，3.13.①）

4日 据报道，科学院西北畜牧兽医研究所家畜寄生虫病研究室8年来分别在陕西、甘肃、宁夏、青海、新疆五省（区）115个县市调查试验，初步摸清西北地区羊寄生虫的地区分布情况，写成《西北地区羊寄生虫地理分布及主要蠕虫季节动态调查和主治时间的意见》，并绘制各种羊寄生虫生活形态的插图。（《今日新闻》1963.3.5）

9日 青海省柴达木档案馆改称海西蒙古族藏族哈萨克族自治州档案馆。1980年5月，州档案管理处成立，处、馆合署办公。1984年，州档案管理处撤销，成立州档案局，局、馆合署办公。（《海西蒙古族藏族自治州志》5卷P467~468）

10日 新疆维吾尔自治区召开科技工作会议，贯彻党中央八届九中全会关于大办农业、大办粮食，各行各业支援农业和科学技术为农业服务的精神，总结一年来的科技工作经验，安排下一年的科研工作任务。（《新疆通志·科学技术志》72卷上P46）

10~18日 四川省甘孜藏族自治州佛教代表会议在康定举行。会议讨论通过佛协章程，选举成立州佛协，并通过有关决议。（《甘孜州志》上P63）

11日 内蒙古自治区、新疆维吾尔自治区、青海省3个地区的畜牧业机械专家和有关单位的代表在呼和浩特举行会议。会议讨论确定由内蒙古畜牧机械研究所、新疆农林牧科学研究所和青海省工业厅研究所等6个研究机构在1963年内完成一批畜牧业机具的研究、试制和选型试验项目。（《今日新闻》1963.3.12）

12日 宁夏回族自治区人委颁布自治区第一批16处重点文物保护单位名单，其中革命遗迹有两处：豫海县苏维埃旧址、高庄滩红军长征遗迹。（《宁夏日报》1963.3.12.①）

13日 据统计，广西壮族自治区成立5年来，各级学校中的少数民族学生发展到93.66万名，小学生较解放初增长42.7%，中学生增长4.5倍，师范生增长10倍，中专生增长38倍，大学生增长50倍。少数民族教师4.1万多名，比解放前增长30倍以上。解放前几乎没有见过书本的毛南族、水族人民也都有了自己的大学生。（《今日新闻》1963.3.16）

△ 据报道，新疆维吾尔自治区已建立拖拉机站52处，拥有拖拉机600多混合台、康拜因100多台和其他机引农具。（《今日新闻》1963.3.15）

15~30日 中共宁夏回族自治区一届十一次全委会议举行，传达中共中央主席毛泽东和国家主席刘少奇等中央负责人在中央工作会议上的指示，学习湖南、河北关于社会主义教育运动的经验，总结全区1962年冬至是年春季的社会主义教育和整社工作，讨论和研究逐步建立贫下中农组织的问题。（《中共宁夏党史大事记（1925.8~1988.6）》P298）

16日 是日报道，科学院民研所广西少数民族社会历史调查组1956年成立以来，到广西、广东、云南、湖南、贵州等省（自治区）调查壮、瑶、仫佬、毛南、侗、苗、仡佬、水等少数民族的社会历史发展情况，收集文字资料达2000多万字。其中，有历史文物、碑文、档案的抄录和原物，以及民间传说、歌谣等，并整理出版《广西少数民族简介》和《广西花山岩壁画论文集》，写出壮、瑶、毛南、仫佬等民族的史志初稿。（《光明日报》1963.3.16.②）

△ 国务院第127次全体会议通过《西藏自治区各级人民代表大会选举条例（草案）》，并提请人大常委会审议批准。（《今日新闻》1963.3.18）

18~25日 广西壮族自治区在南宁召开

历史学会成立大会。大会通过了广西壮族自治区历史学会简章（草案），推选莫乃群（壮族）为会长。全国政协副主席郭沫若、中国伊协主任包尔汉（维吾尔族）、国家民委副主任谢扶民（壮族）和高等学校文科教材编审委员会委员翦伯赞（维吾尔族）应邀出席并讲话。会议收到有关近代史、现代史、广西民族历史和其它方面的学术论文20多篇。（《广西日报》1963.3.19.①，3.26.④）

18~30日 新疆维吾尔自治区党委工作会议举行，传达中共中央2月在北京召开的工作会议精神，着重讨论自治区增产节约、城市"五反"（反贪污盗窃、反投机倒把、反铺张浪费、反对分散主义和官僚主义）运动、城乡社会主义教育活动、农牧业生产、人民生活安排和反修斗争问题。会议通过《关于开展"五反"运动的指示》，于30日正式下发。（《中国共产党新疆历史大事记（1949.10~1966.4）》上P246~247）

20日 内蒙古自治区党委作出《关于贯彻执行中共中央关于厉行节约和"五反"运动的工作部署》，决定在全区开展增产节约和"五反"运动。（《内蒙古自治区史》P527）

△ 贵州省黔南布依族苗族自治州科学技术协会第一次代表大会在都匀召开。会议选举产生自治州科学技术协会第一届委员会，并为25项科技成果颁发科学技术奖。（《黔南布依族苗族自治州志》上P57）

21~31日 云南省西双版纳傣族自治州宗教界人士首次代表大会在允景洪举行，成立自治州佛协。会议选举松溜阿嘎牟尼（傣族）为会长，松溜勐混、松溜布朗山、桑卡拉扎（傣族）、祜巴曼章、祜巴么粉为副会长。（《西双版纳傣族自治州志》上P47）

24日 反映傣族人民在新旧两种不同社会制度下生活情景和习俗的彩色纪录片——《美丽的西双版纳》由中央新闻电影制片厂摄制完成。（《今日新闻》1963.3.25）

25日 青海省人委第34次委员（扩大）会议通过《果洛藏族自治州自治条例（修正稿）》和《果洛藏族自治州各级人民代表大会和地方各级人民委员会组织条例》，报国务院提请全国人大常委会批准执行。1964年12月12日，国家主席刘少奇发布主席令，全国人大常委会第二届第一百三十五次会议批准该条例，予以公布。（《青海日报》1963.3.27.①，《果洛藏族自治州志》上P35~36）

28日 中国美协广西分会举办庆祝广西壮族自治区成立5周年美术作品展览会，展出汉、壮、瑶、回、侗等民族160多名美术工作者的作品230多件。（《光明日报》1963.3.28.②）

△ 是日报道，过去被称为"瘴疠之地"的广西壮族自治区百色专区基本控制疟疾和血吸虫病的流行。至1962年，疟疾发病率下降到0.41%；绝大部分血吸虫病患者经过治疗已恢复健康。（《光明日报》1963.3.28.②）

△ 是日报道，青海果洛藏族自治州畜牧兽医科学研究所经过3年工作，初步控制牛肺疫、牛出败、羊痘等几种主要畜病。（《青海日报》1963.3.28.①）

30日 根据全国人大常委会第二届第九十一次会议的决定，国家主席刘少奇发布《西藏自治区各级人民代表大会选举条例》。（《人民日报》1963.3.31.①②；《新华社新闻稿》1963.4.1，4.10）

是月 中共中央颁发《全日制小学暂行条例（草案）》（即小教40条）和《全日制中学暂行条例（草案）》（即中教50条），分别对中小学的方针、任务、培养目标、管理体制等作出规定。内蒙古自治区结合实际，制定《内蒙古自治区全日制蒙古族及其他少数民族中小学暂行工作补充条例（试行草案）》（简称"民族教育30条"），促进各类民族学校的工作。（《内蒙古自治区史》P277~278）

△ 越南邮电广播总基建局建筑公司副总

经理胡德明率领的越南邮电广播代表团与广西壮族自治区邮电管理局副局长麻福芳（壮族）率领的中国邮电代表团就中国南宁至越南太原的3路载波电话工程建设的具体问题举行会谈，双方取得一致意见。（《广西通志·大事记》P361）

△ 全国人大常委会副委员长郭沫若在广西壮族自治区柳州参观视察。（《广西通志·大事记》P361）

△ 云南省德宏傣族景颇族自治州对全州31个区（站）的1227.9万亩山林落实权属，其中划给个人37.7万亩、集体林554.5万亩、国有林635.7万亩。（《德宏州志》综合卷P50）

4月

1日 内蒙古自治区举办的蒙古、达斡尔、鄂温克等少数民族的优秀歌唱演员声乐研究班开学。（《人民日报》1963.4.3.②）

△ 宁夏回族自治区党委常委会议举行，讨论关于反对官僚主义、分散主义、本位主义问题。会议确定区级机关的增产节约和“五反”运动从现在起分两个阶段进行，第一阶段主要是反对铺张浪费，整顿制度；第二阶段主要是大张旗鼓地开展群众性的反贪污盗窃和投机倒把运动。（《中共宁夏党史大事记（1925.8~1988.6）》P299）

△ 新疆维吾尔自治区第一座电解烧碱厂——新疆烧碱厂建成投产。（《新疆日报》1963.4.2.①）

2日 云南省人委根据佤族人民的要求，将“佧佤族”改称“佤族”，并报请国务院批准。（《云南日报》1963.4.30.①）

4日 新疆维吾尔自治区人委主席赛福鼎·艾则孜明令公布《新疆维吾尔自治区人民委员会命令》，要点即：凡犯有制造谣言、煽动和组织居民越境外逃；进行分裂祖国统一、离间民族团结的反革命活动；带头聚众闹事，策动反革命暴乱；以反革命为目的，破坏生产建设和公共财产、危害社会治安；接受外国指使，从事情报活动或颠覆活动等现行罪状之一者，一律以反革命分子论处，依法惩办。（《中国共产党新疆历史大事记（1949.10~1966.4）》上P248~249）

5日 据报道，天津市工业部门为少数民族生产出50多种特需日用工业品，其中有专供新疆少数民族的壁毯、氆氇布褥面和头披绳等。（《今日新闻》1963.4.5）

△ 云南省给西藏调运碗形红糖200吨。滇东北生产碗糖的巧家县，有100多部糖榨被指定专门生产藏族人民需要的碗糖。（《甘肃日报》1963.4.5.③）

6日 宁夏回族自治区党委批转自治区文教厅党组《关于讨论和试行全日制中小学暂行工作条例草案的意见》。（《中共宁夏党史大事记（1925.8~1988.6）》P299）

△ 云南省澜沧拉祜族自治县各族各界人民5000多人集会，庆祝自治县成立10周年。自治县县长李光华（拉祜族）在会上讲话，介绍自治县成立10年来的成就。全国人大民委、国家民委代表田富达到会祝贺。（《人民日报》1963.4.12.②）

9日 内蒙古自治区党委、人委作出《关于改进和加强民族贸易工作的几项规定》，要求对牧民和边民商品的分配和供应执行优于城市、优于农村的方针。要求党委、政府经常了解边境地区的政治经济工作，及时解决问题，并决定对边境地区居民的吃、穿、用3方面的主要物品供应，略高于一般牧区的供应标准。8月22日，自治区党委向中共中央、华北局作《关于解决边民物资供应问题紧急报告》，请求中央计划外增拨棉布、绸缎、生烟、砖茶、棉花、绒衣裤等大量物资，供应边境牧民及其他牧民，并按边民人口及标准，把所需物资纳入国家销售计划，保证供应。9月21日，国务院在给自治区夏季调拨价值2644万元商品的基础上，增拨337万元的商品，以供应边境居民。同时，为照顾自治区少数民族人民风俗和生活习惯，中央拨出白银5万两，专门用于制作各种民族用品和银首饰、用具等。（《内蒙古自治区史》P234~235、527）

△ 广西壮族自治区党委发出《关于反对农业多种经营中的资本主义倾向和发展农村人民公社生产队多种经营的措施（草案）》，提出8条具体措施，主要有：严格禁止社员私人和生产队从事商业贩卖活动，积极地逐步地发展人民公社生产队集体经营的农业的多种经营，限制采用以交钱记工分作为计酬形式的副业范围，国营商业、供销合作社、银行、税务局等有关单位及国家机关不要支持和助长农村资本主义自发倾向的发展。（《广西通志·大事记》P361）

11日 云南省第一个茶叶良种示范繁殖场在西双版纳傣族自治州勐海县的南糯山建成。（《云南日报》1963.4.11.②）

13日 国务院全体会议第130次会议决定，恢复内蒙古自治区化德县，以合并于镶黄旗的原化德县行政区域为化德县的行政区域。（《国务院公报》1963［8号］ P159）

15~20日 内蒙古自治区语文工作委员会在呼和浩特召开盟、市语文工作委员会负责人座谈会，总结交流工作经验，确定今后的工作任务。（《内蒙古日报》1963.5.7.①）

19日 内蒙古自治区首届摄影艺术展览在北京开幕，展出了71位作者的175幅作品，其中多数为蒙古、满、回、达斡尔等少数民族作者的作品。（《人民日报》1963.4.20.②）

20日 宁夏回族自治区党委批准自治区党委精简小组《关于一九六三年精减职工、减少城镇人口的安排意见》，要求在5月底结束精简任务。《意见》指出，全区1962年减少职工6.1万人，完成2年计划减少6.4万人的95.3%，使年底的职工人数降为14万人，比1961年底的19.6万人下降28.2%。减少城镇人口7.2万人，完成2年计划减少8万人的90%，使年底的城镇人口降到33.1万人，比1961年底的39.1万人下降14.3%；城镇人口在全区总人口比例由1961年底的19.4%降为16.9%。减少吃商品粮人口9万人（包括农村吃机动粮人员），完成2年计划减少10万人的90%；1962年底吃商品粮人口为28.8万人，比1961年底下降21%。农村社队办企业、事业人员由1961年的2.4万人降为7000人，下降70.8%。通过精简，全区1962年国家工资开支减少2400万元；城市粮食（定量）供应减少3214万斤；全区农村劳动力74万人，比1957年增长5.7%；机关和企事业机关臃肿、人浮于事的现象有很大的改变；企业劳动生产率有显著提高。精减职工、压缩城镇人口，对国民经济的迅速好转和发展起到积极作用。（《中共宁夏党史大事记（1925.8~1988.6）》P300）

25日 内蒙古自治区卫生部门派出巡回医疗队前往呼伦贝尔草原，协助当地医生防病治病，并帮助他们提高技术水平。（《今日新闻》1963.4.26）

27日 内蒙古自治区文物工作队在准格尔旗发现一处北魏古城遗址，对研究鲜卑族在伊盟的活动和军事设置提供了重要线索。（《内蒙古日报》1963.4.27.②）

△ 黑龙江省教育厅在杜尔伯特蒙古族自治县召开蒙古族中小学蒙文教学研究会，研究制定蒙文教学大纲、蒙文教学计划及成绩考核制度等。（《黑龙江日报》1963.4.27.②）

30日 据报道，云南省德宏傣族景颇族自治州各民族干部已有2300多名，比1953年自治州成立时增长17倍。（《云南日报》1963.4.30.②）

30日~5月3日 云南省德宏傣族景颇族自治州各族各界代表1000多人集会，庆祝自治州成立10周年。云南省政协副主席刀京版（傣族）在会上讲话，介绍自治州成立10年来的成就。全国人大民委副主任奎璧（蒙古族）

等到会祝贺。（《人民日报》1963.5.6.②）

是月 云南省西双版纳傣族自治州设立打洛镇，镇人委于6月正式成立。（《西双版纳傣族自治州志》上P47）

5月

2日 据新华社报道，农业部在北京召开全国植物保护工作会议，讨论年内对一些农作物主要病虫害的防治工作，研究今后逐步除治病虫害的工作。（《新华社新闻稿》1963.5.3）

2~12日 中共中央主席毛泽东在杭州召集部分中共中央政治局委员和大区书记参加的小型会议，讨论农村社会主义教育运动问题，制定了《关于目前农村工作中若干问题的决定（草案）》，重申了十中全会关于阶级斗争的错误论断，决定在农村展开以“四清”（清账目、清仓库、清财务、清工分）为主要内容的社会主义教育运动。（《内蒙古自治区史》P215）

3~21日 西藏首届团代会举行。会议选举鲍亦珊为团委书记，雪康·土登尼玛（藏族）等3人为副书记。（《西藏日报》1963.5.4.①，5.7.①，5.9.①②，5.22.①③）

4日 全国人大常委会副委员长郭沫若、陈叔通、林枫接见来北京参加“五一”节参观活动的黑龙江、辽宁、吉林、广东、广西、湖南、甘肃、青海、宁夏等省（区）少数民族参观团和新疆、内蒙古自治区少数民族青年学习参观团负责人。5日，全国政协举行晚会，招待各少数民族参观团。6日，国务院总理周恩来，全国人大常委会委员长朱德，中共中央总书记邓小平，国务院副总理贺龙、李先念接见各少数民族参观团全体代表及中央民族学院应届毕业生。（《人民日报》1963.5.6.①）

6日 第一部蒙古语大型歌剧《达那巴拉》由内蒙古艺术剧院实验歌剧团在呼和浩特公演。（《今日新闻》1963.5.7）

8日 据《宁夏日报》报道，宁夏回族自治区养鱼事业发展迅速，灌区建立国营渔场5处，山区15座中小水库已放置鱼苗养殖，全区养殖水面5万余亩。（《中共宁夏党史大事记》（1925.8~1988.6）P301）

13日 内蒙古自治区党委、人委作出《关于调整农牧关系，保护牧场的规定》和《关于解决自治旗和散居少数民族工作中若干问题的规定》。（《内蒙古自治区史》P238~239）

15日 广西壮族自治区党委批转自治区民委党组《关于自治县行使自治权利和加强民族散居、杂居地区民族工作的意见》，同意关于自治县行使自治权利、改变区一级民族自治区、恢复民族乡和散杂区少数民族权利等意见。（《广西通志·大事记》P362）

16日 是日报道，中国音协新疆分会等单位在麦盖提县新发现2部维吾尔古典叙事长诗。哈密县文教科、文化馆、广播站完成了《哈密十二木卡姆》搜集整理工作。（《新疆日报》1963.5.16.③）

16~28日 青海省海南藏族自治州人大三届一次会议举行。会议通过《海南藏族自治州自治条例（草案）》和《海南藏族自治州各级人民代表大会和各级人民委员会组织条例（草案）》，并报请上级审批。（《海南州志》P37、537）

20日 国务院全体会议第131次会议决定：恢复广西壮族自治区西林县，以合并于隆林各族自治县的原西林县行政区域为西林县的行政区域；设立贵州省镇宁布依族瑶族自治县，以镇宁县行政区域为镇宁布依族瑶族自治县的行政区域，撤销镇宁县，9月17日自治县宣告成立；恢复惠水布依族苗族自治县，以惠水县行政区域为惠水布依族苗族自治县的行政区域，撤销惠水县。（《国务院公报》1963［10号］P187~189；《贵州日报》1963.9.13.②，9.21.②）

△ 中共中央发布《中共中央关于目前农村工作中若干问题的决定（草案）》，提出“进行阶级斗争，进行两条道路的斗争，这是决定我们社会主义事业成败的根本问题。”《决定》规定社会主义教育运动的路线、方针和政策，全国开始掀起大规模的社教运动。（《中华人民共和国大事记（1949~1980）》P124）

△ 广西壮族自治区首个万亩以上大型电力抽水站在南宁市郊西乡塘公社永安大队建成。该站装机4台，容量730千瓦，净扬程24.5米，出水流量每秒2.32立方米，设计灌溉1.9万亩，总投资33万元。（《广西通志·大事记》P362）

△ 云南省剑川至怒江傈僳族自治州兰坪县的拉井公路全线通车。（《怒江傈僳族自治州志》上P27）

26日 西藏工委请示中央《关于在西藏各阶层人民中进行揭露达赖叛国罪行的教育》指出，达赖叛逃印度后，组织流亡伪政府，公布伪宪法，叫嚷“西藏独立”，支持印度反动派对我国侵略，并且组织叛匪在我边境窜扰；西藏上层部分人对达赖存在幻想，散布变天思想；绝大部分劳动人民对达赖的叛国罪行尚不了解真相；反革命分子和反动农奴主份子利用达赖影响，积极进行破坏活动。因此，决定在全区各阶层人民中进行揭露达赖叛国罪行的教育运动。6月14日，中央批转西北局、华北局，四川、青海、甘肃、云南省委，内蒙古自治区、新疆维吾尔自治区党委，参照执行。（《中共西藏党史大事记（1949~1966）》P147）

30日 云南省西双版纳傣族自治州农科所建成云南省第一个亚热带水果基地。（《云南日报》1963.5.30.②）

31日 吉林省延边朝鲜族自治州首次实施人工降雨。延吉市、敦化县、安图县南部降雨量为11毫米至13毫米，延吉县、和龙县北部6毫米至8毫米，珲春县珲春镇1毫米。（《延边朝鲜族自治州志》上P73）

是月 内蒙古自治区大兴安岭林管局阿尔山林业局发生2起特大森林火灾，过火面积8.41万公顷。（《内蒙古自然灾害通志》P288）

△ 商业部、财政部批准云南省文山壮族苗族自治州富宁、马关、麻栗坡3县商业企业为民族贸易企业，享受资金、利润留成、税金3项照顾。（《文山壮族苗族自治州志》1卷P51）

6月

6日 黎松率越南越北自治区地方贸易代表团一行9人到广西壮族自治区南宁，与以廖生东为团长的广西壮族自治区代表团举行1963年地方贸易会谈。历时27天，双方达成协议，广西壮族自治区向越北出口货值114.4万元，越北向广西壮族自治区出口货值126.4万元。（《广西通志·大事记》P362）

△ 青海省海北藏族自治州门源县降雹1小时，是30多年未见。冰雹直径1~3厘米，雹后气温降至-3℃。（《海北藏族自治州志》上P62）

10日 云南省丽江纳西族自治县文化部门将120多卷《东巴经》译成汉文。（《今日新闻》1963.6.11）

17日~7月15日 新疆维吾尔自治区党委扩大会议举行，传达中共中央制定的《关于目前农村工作中若干问题的决定（草案）》，分析自治区阶级斗争形势，对自治区农村社会主义教育运动进行部署。会议讨论通过中央审定的《关于处理里通外国分子的决议》，于8月18日下发。《决议》规定：中华人民共和国成立以前参加过苏联情报组织，做过以反对帝国主义和国民党反动派为目的的情报工作，在我国解放前后已脱离关系并向组织报告了的，应承认他们的这段工作是光荣的革命历史；确实已脱离关系而没有向组织交代或交代不清楚，只要交代清楚，也承认他们这一段革命历史；如果继续隐瞒不交代，以后查出要受到纪律处分；对查有实据的现行里通外国分子，应按照国家法律严肃处理，是党员、团员的一律开除党籍、团籍。（《中国共产党新疆历史大事记》(1949.10~1966.4) 上P252、255~256）

21日 建工部云南工程总公司编写出白、傣、景颇族民间住宅调查报告。（《今日新闻》1963.6.22）

22日 广西壮族自治区人委发出《关于一九六三年农业税特大灾情减免和公社干部自筹经费问题的通知》。《通知》指出，是年全区农业生产遭受特大旱灾，损失严重，除原安排一般灾情减免指标1175万公斤（稻谷）外，再增加各地特大灾情减免指标8825万公斤。公社干部自筹经费，对受灾严重的生产队可给予适当减免。（《广西通志·大事记》P362~363）

24日~7月2日 青海省首次中、藏医学术交流座谈会在西宁举行。座谈会交流学术经验，检查本省中医政策的执行情况。会议收到学术材料109篇，交流方剂178个。（《青海日报》1963.6.25.①，7.10.①）

26日 内蒙古自治区党委发出《关于连续抓边境工作的通知》，要求各级党委必须继续领导挂帅，使边境地区工作经常化、制度化。6月30日至7月13日，自治区党委专门召开了边境地区工作会议，研究加强边境地区工作的领导，贯彻执行党的民族政策和对外政策等问题。（《内蒙古自治区史》P234~235、527）

△ 几年来，西藏歌舞团的藏、汉族文艺工作者，在西藏农区和牧区采集到2600多首民歌和500多个民间舞蹈，并根据这些民间歌舞创作和改编出280多个歌舞节目。（《今日新闻》1963.6.28）

26日~7月5日 中央民族历史研究工作指导委员会在北京举行关于壮族历史若干问题的讨论会，讨论壮族的族源、壮族古代社会性质和侬智高起兵反宋的性质等问题。（《光明日报》1963.8.15.⑤）

27日 拉萨中学为西藏历史上培养出第一批21名藏、回族高中毕业生。西藏工委第一书记张经武、全国政协副主席阿沛·阿旺晋美等前往祝贺。（《西藏日报》1963.6.28.①）

29日 国务院第133次全体会议决定：设立宁夏回族自治区吴忠县，以吴忠市的行政区域为吴忠县的行政区域，撤销吴忠市；设立青铜峡县，以青铜峡市的行政区域为青铜峡县的行政区域，撤销青铜峡市；设立广东省乳源瑶族自治县，以合并于乐昌县和曲江县的原乳源和韶边瑶族自治县行政区域为该县的行政区域。（《国务院公报》1963［12号］P223~224）

是月 新疆维吾尔自治区乌鲁木齐11万亩作物发生蚜虫害；阿勒泰地区发生旱灾，受灾10.15万亩；伊犁地区受灾34万亩，粮食减产约50%。（《新疆减灾四十年》P254）

7月

1日 青海省玉树藏族自治州通天河大桥竣工通车。（《玉树州志》上P36）

3日 宁夏回族自治区党委、人委发出《关于进一步加强城镇集市贸易管理和坚决打击投机倒把的部署》。《部署》指出，从1962年12月开始，全区城镇普遍开展整顿集市贸易和打击投机倒把的斗争。目前，各地先后建立在国营、合作社商业领导下的粮、油、肉食、牲畜等主要农副产品的交易所，取缔和代替私商。银川市在整顿以后，肉食市场已为国营、合作社商业全部占领，小商小贩和手工业户较上年下降47%。上市的农副产品不但日益增多，而且价格不断下降，粮油价格平均比1962年同期下降69%，肉禽蛋价格平均下降62%。（《中共宁夏党史大事记（1925.8~

1988.6）》P303）

△ 新疆维吾尔自治区党委向各地党委、公安厅、文化厅党组、科学院党组下发《关于搜集、整理和研究历史文化资料的批复》。《批复》指示，各级党委要切实重视对新疆历史文化资料的搜集、整理、保护工作，不使资料损坏散失。8月8日，自治区党委再次下发《关于翻译和整理古维吾尔文资料的批复》。《批复》指示，各地要注意发现和推荐懂得古维吾尔文的人才到新疆大学担任教师，培养青年学生，并整理新疆大学保存的部分珍贵的古维吾尔文资料。 （《中国共产党新疆历史大事记（1949.10~1966.4）》上P252）

5日 据报道，近10个月中，内蒙古自治区莫力达瓦达斡尔族自治旗文化遗产搜集委员会搜集整理出达斡尔族民歌80首。 （《内蒙古日报》1963.7.5.③）

7日 内蒙古蒙文专科学校举行10周年校庆。中共内蒙古自治区委书记处书记奎璧、副书记王铎、自治区党委书记处书记王再天、自治区党委宣传部部长胡昭衡等到校祝贺。（《内蒙古日报》1963.7.10.①）

10日 新疆维吾尔自治区博尔塔拉蒙古自治州温泉县和博乐县部分地区遭冰雹和洪水袭击，受灾面积14.8万亩。 （《博尔塔拉蒙古自治州志》P46）

12日 西藏军区政治部文工团在北京公演反映西藏平叛斗争的六幕话剧——《雪山朝阳》 （《今日新闻》1963.7.13）

△ 新疆维吾尔自治区克孜勒苏柯尔克孜自治州外贸公司成立，1973年10月改称外贸局。 （《克孜勒苏柯尔克孜自治州志》上P35、41）

13日 云南省佛教界举行首次代表会议，成立佛协云南省分会。 （《云南日报》1963.7.13.①）

16日 据报道，经几年来的开发，内蒙古自治区最大的无水草原——塔姆沁草原，已有深达80米至220米的机井27眼，1/5的面积变成水草丰盛的牧场。 （《内蒙古日报》1963.7.16.①）

16~23日 广西壮族自治区民间运输合作联社首届首次代表大会在南宁举行。会议指出，全区已有5个专区3个市53个县成立民间运输联社。民间运输担负的货运量占全区公路、水路总货运量的60%。 （《广西通志·大事记》P363）

17日 内蒙古自治区新开辟的13条通向边远牧区和山区的公路通车。 （《今日新闻》1963.7.18）

△ 长江上游通天河一座现代化的公路桥梁在青海玉树建成通车。 （《今日新闻》1963.7.18）

19日~8月12日 新疆维吾尔自治区党委、自治区人委联合举行自治区农业科学技术工作会议，自治区各科研机构和高等院校的专家、教授以及科学技术工作者300余人参会。会议研究自治区农业科学技术工作规划，自治区党委第一书记王恩茂作《农业科学技术要为促进农业生产发展服务》的讲话。讲话系统概述自治区农业生产的特点，总结自治区13年来发展农牧业生产的经验，提出今后发展自治区农牧业生产的方针、任务和措施，传达全国农业科技工作会议精神，总结自治区5年来的农业科技工作，讨论制订自治区10年农业科技发展规划，对自治区发展农牧业生产和做好农业科学技术工作起重要的指导作用。（《新疆日报》1963.7.20.②，8.16.①②；《新疆通志·科学技术志》72卷上P46）

21日~8月3日 甘肃省甘南藏族自治州五届人大一次会议举行。会议听取和讨论通过中共甘南藏族自治州委委员杨复兴作的政府工作报告，通过关于宗教信仰问题的决议。（《甘肃日报》1963.8.16.①）

27日 在新疆维吾尔自治区乌鲁木齐、喀什、伊犁等地学校学习维吾尔语的200多名

内地学生结业，将到天山南北广大农牧区的民族中学任教，为少数民族学生讲授汉语。（《今日新闻》1963.7.29）

28日 据报道，西藏地区拉萨市新建工人医院和拉萨市人民医院各1所。拉萨有现代化医院4所，西藏全区有大小不同的医院80多所。（《今日新闻》1963.7.28）

30日 中央民族学院为鄂伦春、柯尔克孜、黎、傣、布依、哈尼、土家和傈僳等少数民族培养的首批大学生毕业。（《人民日报》1963.8.1.②）

31日 内蒙古自治区人委第27次全体会议（扩大）讨论通过莫力达瓦达斡尔族自治旗和鄂温克族自治旗的人民代表大会和人民委员会组织条例（草案）。（《内蒙古日报》1963.8.1.①）

△ 据统计，内蒙古自治区鄂温克自治旗成立5年来，民族中、小学发展到15所，在校生达2400余名，比1958年增长1倍，其中鄂温克族学生520余名，占适龄儿童90%以上。（《内蒙古日报》1963.7.31.①）

是月 甘肃省临夏回族自治州旱、雹、洪、风灾交作。全州受灾面积104.7万亩，冲毁水利工程11处，倒塌房屋585间，死亡6人。（《临夏回族自治州志》上P56）

8月

2日 云南昭通县发现一座东晋时代的古墓，墓室内的壁画对研究晋代汉族和西南少数民族的关系很有价值。（《今日新闻》1963.8.3）

3日 宁夏回族自治区同心、吴忠和中宁县的干旱草原钻打的第一批水井陆续出水。（《今日新闻》1963.8.5）

4日 云南省澜沧拉祜族自治县澜沧第一中学首批拉祜族和其他民族的高中生毕业。（《光明日报》1963.8.4.②）

△ 是日报道，几年来，贵州黔东南苗族侗族自治州的黔东南师范学校为本州山区各兄弟民族培养少数民族教师660多名。（《光明日报》1963.8.4.②）

4~13日 以中国农业科学院院长、全国著名水稻专家丁颖为团长的中国农业科学院水稻技术考察团在宁夏回族自治区引黄灌区进行考察。考察团对宁夏回族自治区水稻生产中的品种选择、栽培技术等问题提出建议。（《中共宁夏党史大事记（1925.8~1988.6）》P304）

8日 青海省委统战部和省民委联合举办的佛教界人士学习会结束。会议听取省委统战部部长冀春光作的关于宗教信仰自由政策的报告，交流了寺院民主管理经验，制定了青海省佛教界人士爱国公约。成立佛协青海省分会筹委会，夏茸尕布（藏族）等20人当选筹委委员。（《青海日报》1963.8.8.①）

10日 据报道，一年来，内蒙古自治区民族民间音乐舞蹈研究组搜集到各族民歌1000多首，整理出鄂尔多斯民歌130多首，编成了第一部内蒙古舞蹈选集。（《今日新闻》1963.8.12）

△ 贵州大学为本省培养出历史上第一批26名各族艺术人才。（《今日新闻》1963.8.12）

15日 据新华社报道，西藏2万多个农业生产互助组中，完全由翻身贫苦农奴和奴隶组织起来的约占20%~30%。党和人民政府对“穷棒子”互助组十分重视，一面对他们继续进行教育和鼓励，一面在生产生活上给予大力支持。从1959年以来，国家每年都低息发放贷款和无偿发放大批生产工具，仅是年国家就拨出140多万元，还有几十万件铁制农具和大批钢材，重点扶持生产上最困难的翻身农奴和奴隶。（《中国共产党西藏历史大事记（1949~2004）》P210）

16日 云南省少数民族归系和统一族称工作告一段落。经与本民族群众、干部和民族上层人士协商同意，并报经中央认可和批准的有：彝、白、哈尼、壮、傣、苗、傈僳、回、拉祜、佤、纳西、景颇、瑶、藏、布朗、阿昌、怒、普米、德昂独龙、蒙古21个少数民族。（《云南日报》1963.8.16.①）

△ 青海省举行第一次中医学术交流座谈会，探讨中医诊疗布氏杆菌病、高山适应不全症、包中囊肿等青海省地方病、多发病和疑难病的经验和方法。（《今日新闻》1963.8.19）

17日 据报道，内蒙古自治区莫力达瓦达斡尔族自治旗成立5年来，小学发展到171所，中学建有1所。达斡尔族和其他少数民族中、小学生3300多名，比5年前增长65%。1952年以来，培养达斡尔族高、初中毕业生达620多名。（《今日新闻》1963.8.19）

△ 是日报道，1962年9月以来，中央音乐学院、中国音乐研究所新疆音乐调查组在新疆广大农村和牧区搜集到几百首各族民间乐曲和民歌，记录了8万多字的文字资料，拍摄了140多张图片。音协新疆分会民歌搜集组在新疆南部搜集到维吾尔、柯尔克孜、塔吉克、乌孜别克等民族的18个乐种的新旧民歌和乐曲835首、件。（《人民日报》1963.8.17.②）

20~31日 共青团新疆维吾尔自治区第三次代表大会举行。会议选举产生共青团自治区第三届委员会，张迈远任书记。大会表彰奖励全区511名“五好”青年，250个“五好”团支部和60名“五好”团干部。全区共青团员总数为30.5万余人，其中少数民族团员17.6万余人。（《中国共产党新疆历史大事记（1949.10~1966.4）》上P256）

24日 据报道，新疆维吾尔自治区已建有4个现代化棉纺织厂、2个毛纺织厂和3个缫丝厂，各专区也兴建了一些中小型纺织工厂。（《人民日报》1983.8.24.①）

26日 国务院批准撤销青海省柴达木行政委员会，由海西蒙古族藏族哈萨克族自治州管理。（《海西蒙古族藏族自治州志》1卷P4、76）

26日~9月6日 广西壮族自治区民航局联系调派1架立—2型飞机，首次在全区进行人工降雨作业。这是自治区遭受的有水文记载80年以来最严重的旱灾。1至9月底，全区雨量比常年同期减少40%~50%，3000多条中小河流有2200多条断流，山塘水库干涸6985处，供水量由1962年24亿立方米减少到1.9亿立方米；有79个市、县（自治县）受灾，受旱面积2328万亩，占耕地总面积的63%；粮食产量比1962年减少9.65亿公斤，饮水困难9.14万户，1000万人口受灾，其中50%~80%的严重灾区有500万人。（《广西通志·大事记》P366）

29日 中央精简小组发出《关于西北各省、区行政编制人数的通知》，规定宁夏回族自治区行政编制总额为9033人。（《中共宁夏党史大事记（1925.8~1988.6）》P305）

△ 16时53分50秒，新疆维吾尔自治区乌恰县乌鲁克恰提发生6.5级地震，震中位置39°48′N、74°15′E，震源深度20公里，震中烈度VIII度。房屋倒塌140间，死1人，伤4人，损失马1匹，平地出现裂缝，山石滚落。（《新疆减灾四十年》P254）

30日 反映苗族人民生产和生活的第一部彩色纪录片《苗岭欢歌》由中央新闻纪录电影制片厂摄制完成。（《今日新闻》1963.8.31）

是月 由于中央“左”倾错误未能彻底纠正，特别是1962年中共八届十中全会后，在“以阶级斗争为纲”的影响下，认为喇嘛教中出现一股封建复辟的逆流，一些上层喇嘛在宗教改革问题上企图翻案。是月，中国佛协内蒙古分会第二届代表会议提出《喇嘛教制度改革意见17条》，规定不允许不满18岁的少年儿童当喇嘛；废除活佛转世制度；提倡青年喇嘛结婚，废除“化布施”制度；坚决制止“古日特木”显圣，取消庙与庙之间的隶属关系；寺庙实行负责人由政府任免制度；反对以朝拜为名到处流窜等。（《内蒙古自治区史》P253）

△ 青海省委统战部和省民委联合举办的全省伊斯兰教人士学习会结束。会议听取青海省委统战部副部长方新关于宗教信仰自由政策的报告，制定了青海省伊斯兰教人士爱国公约。成立省伊协筹委会，马明基（东乡族）等15人当选筹委委员。（《青海日报》1963.9.14.①）

△ 新疆维吾尔自治区气象局《新疆大型天气过程若干问题的研究》一书编纂完成，1964年出版，1978年获全国科学大会奖。（《新疆通志·科学技术志》72卷上P47）

9月

2~15日 云南省丽江纳西族自治县在黑龙潭畔召开一年一度的骡马交流大会，大牲畜成交3471头。（《人民日报》1963.10.12.②，《今日新闻》1963.10.12）

5日 西藏工委在《西藏下半年工作要点》中要求，各地以“阶级斗争为纲”进行试点，抓好以下工作：对群众进行三大教育（即阶级教育、社会主义前途教育、爱国主义教育），揭露达赖叛国罪行，打击农奴主阶级分子的反攻复辟，建立贫农团，整顿互助组等。由此部分地方出现乱斗、乱打、乱划（补划阶级成分）、乱戴（补戴叛乱帽子）、乱捕的现象。在加强基层（乡）和教育干部的工作中，同样出现内地社会主义教育运动（四清）的错误做法，使一些基层干部受到不应有的打击。（《中共西藏党史大事记（1949~1966）》P147~148）

5~27日 中共中央在北京举行中央工作会议，制定《关于农村社会主义教育运动中一些具体政策和规定（草案）》（即“后十条”）。（《内蒙古自治区史》P215）

9日 据报道，宁夏回族自治区200多个人民公社全部通邮、通电话，85%的生产大队通邮，74%通电话，15%的生产队直接通邮。（《今日新闻》1963.9.9）

10日 黑龙江省黑河专区鄂伦春族人民集会，庆祝鄂伦春族人民定居10周年。国家民委政法司副司长刘郢代表国家民委前往祝贺。黑河地委书记王钊在会上讲话，副省长李延禄和省委统战部部长张瑞麟代表省委和省人委向鄂伦春族7个新村赠送锦旗。（《今日新闻》1963.9.16）

11日 内蒙古自治区党委在呼和浩特召开第11次牧区工作会议，讨论贯彻执行党和国家关于牧区畜牧业生产的方针和政策，以及进一步开展牧区社会主义教育、巩固牧区人民公社集体经济和第三个五年计划牲畜发展指标等问题。（《内蒙古日报》1963.9.11.①）

△ 西藏藏族女医生央噶完成西藏藏医发展史上第一部专门论述妇科病的著作手稿。（《今日新闻》1963.9.12）

△ 宁夏回族自治区黄河灌区第三排水沟西岸第三支干沟出口处建成一座每昼夜排水16.9万吨的电力排水站。（《今日新闻》1963.9.18）

11~22日 畜牧兽医学会在乌鲁木齐召开1963年年会。会议检阅了近几年全国畜牧兽医科研成果，交流了学术见解和经验，讨论了畜牧业生产中的关键性技术问题。（《新疆日报》1963.9.14.①，9.24.①）

13日 中国美协和云南分会合办的纳西族画家周霖国画展览在中国美术馆开幕。（《人民日报》1963.9.14.②，《今日新闻》1963.9.14）

14日 国务院全体会议第135次会议决定：设立广西省钦州壮族自治县，以钦州县的行政区域为钦州壮族自治县的行政区域，1964年2月1日自治县宣告成立；恢复云南省鲁甸县，以合并于昭通县的原鲁甸县，除马路、苏甲、水屯、酒房4个人民公社外的行政区域为鲁甸县的行政区域；设立永德县，以镇康县的内地5个区、63个人民公社的行政区域为永德县的行政区域；设立南涧彝族自治县，以巍山彝族回族自治县的南涧地区为南涧彝族自治县的行政区域；设立西盟佤族自治县，以西盟地区为西盟佤族自治县的行政区域。（《国务院公报》1963［17号］P330、332~336，《南方日报》1964.2.8.①）

18日 据报道，1963年1至8月，广西壮族自治区龙胜各族自治县民族贸易公司供应少数民族喜爱的围裙、腰带、花边、银饰等特需商品品种，比1962年同期扩大2倍多，销售总额比1962年同期增长1.7倍。（《今日新闻》1963.9.18）

△ 宁夏回族自治区第一座电力排水站——银北第三排水站建成。（《当代宁夏史通鉴》P23）

19日 据有关部门统计，1954年至1962年，国家拨给新疆维吾尔自治区伊犁哈萨克自治州农田水利补助费和水利基本建设投资计980万元。（《今日新闻》1963.9.21）

20日 广西壮族自治区党委批转自治区民委、教育厅党组《关于民族教育工作几个问题的请示报告》，同意对中、小学教师的各种照顾和有关教学的具体措施。（《广西通志·大事记》P363）

20日~10月4日 中国佛协西藏分会第三届代表会议在拉萨举行。会议听取讨论了上届理事会的工作报告，全国人大常委会副委员长、中国佛协名誉会长班禅额尔德尼·确吉坚赞，中共西藏工委副书记夏辅仁分别作的报告和佛协第三届代表会议的传达报告，并作出相应的决议。会议通过《寺庙民主管理章程》，选举分会三届理事会，噶丹赤巴·土登滚噶当选会长。（《西藏日报》1963.9.21.①，9.27.①，9.29.①，10.6.①）

25日 据《宁夏日报》报道，宁夏回族自治区解放14年来，逐步建设和发展现代化的电力工业。目前，10小时发电量等于1949年全年发电量，电业职工由建国初的68人发展到1300多人。（《中共宁夏党史大事记（1925.8~1988.6）》P305）

27日 中共中央主席毛泽东在中共中央政治局常委扩大会议上对新疆工作作重要指示。他指出，在新疆要做好经济工作。农业、畜牧业、工业要一年比一年发展，经济要一年比一年繁荣，人民生活要一年比一年改善。发展社会主义建设事业要有积累，但积累不能过多，粮食要征购，但任务不能过重，征购不能过头，要减轻人民的负担，改善人民的生活。（《中国共产党新疆历史大事记（1949.10~1966.4）》上P256~257）

29日 新疆维吾尔自治区党委批转自治区精简小组《关于精简任务完成情况和结束精简工作的意见报告》，宣布精简工作基本结束。据统计，1至7月，自治区（不包括中央单位）已减少职工3.1万人，完成计划2.4万人的129%。全区职工人数96.2万人，与1960年底的129.2万人相比，减少32.91万人；1至7月，全区减少城镇人口8.8万人，连同1961年、1962年共减少54.8万余人。全区城镇人口数由1960年底的180万人下降为140万人，与自然增长人数相抵，净减40万人；全区吃商品粮人数从1960年1月至是年7月，精减46.5万人。（《中国共产党新疆历史大事记（1949.10~1966.4）》上P257）

30日 内蒙古、西藏、新疆、云南、四川、贵州、福建、浙江8省（区），包括38个民族共484名代表组成的少数民族“国庆”参观团和内蒙古、西藏少数民族青年学习参观团先后抵达北京。10月4日，中共中央主席毛泽东，国家主席刘少奇，国务院总理周恩来，全国人大常委会委员长朱德，国务院副总理陈毅、贺龙等党和国家领导人接见各少数民族参观团。全国人大、政协分别于5、6日举行晚会，招待各少数民族参观团。全国人大常委会副委员长林枫和全国政协副主席陈叔通先后接见各参观团的负责人。12日，团中央和全国青联举行茶话会，招待内蒙古、西藏少数民族

青年学习参观团。（《人民日报》1963.10.1.②，10.5.①，10.6.②，10.7.①，10.13.②）

△ 内蒙古自治区第一座立体宽银幕电影院在呼和浩特开映。（《内蒙古日报》1963.10.1.②）

△ 广西壮族自治区桂北地区最大的水利工程——青狮潭西干渠灌区在大旱之年大丰收，9万多亩中稻比1962年同期增产1.5倍。（《广西通志·大事记》P364）

是月 应越南民主共和国政府的邀请，在越南抗法时期曾掩护过胡志明等越共领导人的广西壮族自治区隆林各族自治县县长梁桂庭、那坡县平孟公社主任苏忠良等7人到河内、海防、太原等地参观访问，并参加越南国庆活动。其间，他们受到胡志明主席的2次接见。（《广西通志·大事记》P364）

△ 云南省昭通地区连续阴雨20多天，大部地区降雨量140毫米，昭通、鲁甸、大关、巧家等县下150~200毫米的雨，农作物受灾111万亩。（《中国气象灾害大典·云南卷》P182）

10月

1日 四川成都至西藏拉萨有线电通讯线路竣工并交付使用，这是我国历史上第一次由北京至拉萨沟通有线电通讯。（《中国共产党西藏历史大事记（1949~2004）》P212）

△ 甘肃省甘南藏族自治州各族各界1万多人举行大会，庆祝自治州成立10周年。州委委员杨复兴（藏族）报告了自治州成立10年来的成就，甘肃省委代表王世泰、国家民委代表路达和中共中央西北局代表刘钢民等到会祝贺。《甘肃日报》发表社论《党的民族政策的光辉胜利》。（《甘肃日报》1963.10.4.①）

3日 爱国学者爱新觉罗·溥儒（满族，满洲正黄旗人，末代皇帝溥仪之从兄）在台北病故，享年68岁。溥儒先生在书画艺术上与张大千齐名，有“南张北溥”之说。（《中国历代少数民族英才传》P2876~2885）

3~24日 宁夏回族自治区党委扩大会议举行，传达讨论中央工作会议精神和中共中央主席毛泽东的有关指示，并通过《关于开展农村社会主义教育运动几个具体问题的纪要》。会议强调指出，全区大部分地区民主革命不彻底，必须在这次社会主义教育运动中认真补好民主革命这一课，“正确解决民族宗教方面的阶级斗争，是全区社教和民主革命补课中的一个重大问题。”（《中共宁夏党史大事记（1925.8~1988.6）》P305~306）

4日 中共中央主席毛泽东等党和国家领导人接见中央民族学院政治系干训班学员。（《中央民族大学五十年》P185）

4~7日 广西壮族自治区党委举行三级干部会议，传达中共中央再用3年时间继续贯彻调整国民经济的“八字方针”（调整、巩固、充实、提高）和《关于农村社会主义教育运动中一些具体政策的规定（草案）》（简称《后十条》）。自治区党委常务书记乔晓光在报告中指出，生产救灾是当前最重要的工作，要全党全民动员，依靠贫下中农，坚持抗旱斗争，进行生产自救，厉行节约度荒，要保证做到“三不”、“三保”，即保证不发生大批逃荒、不大批浮肿、不饿死人，保人、保畜、保集体。（《广西通志·大事记》P364）

5日 西藏工委下达《关于调整行政区划的意见》、《机构编制调整方案》、《精简职工和家属的方案》、《关于干部培训问题的意见》4个文件；决定撤销林芝、江孜两个专区，撤销左贡、萨噶、达木萨迦、雪巴、打隆5县，合并自治区十多个局、处、厂单位。在现有干部职工5.8万人中精减汉族干部职工6000余人；腾出5000名额，用来吸收藏族和其他少数民族干部职工。计划5年内吸收900名农村基层（乡）干部到区工作，再吸收600名中小学毕业生和3500余名内地各院校培训的藏族学员参加工作；使县级机构中的藏族干部从目前占有干部总数的30%增至65%；使区级机构中的藏族干部从目前占有干部总数的80%达到100%。（《中共西藏党史大事记（1949~1966）》P148）

△ 青海民族学院完成撒拉族史料收集工作，编辑出版《明实录、清实录撒拉族史料摘抄》。（《光明日报》1963.10.5.②）

6日 国家副主席董必武到宁夏回族自治区视察工作。其间，董必武听取自治区党委和人委关于工作情况的汇报，对自治区的工作作了重要指示，并巡视农村人民公社和水利建设工程。（《宁夏日报》1963.10.13.①）

8日 据《广西日报》报道，由上海迁至广西壮族自治区的16个轻、化工业工厂，生产发展很快。3年来，生产各种钢精制品、橡胶制品、皮革制品、人造丝织品、日用五金和儿童玩具等上千种化工业产品，受到各族人民的欢迎。（《广西通志·大事记》P364）

9日 吉林省延边朝鲜族自治州通用机械厂生产出延边自产的第一台锅炉。（《延边朝鲜族自治州志》P73）

△ 反映壮族社会历史和文化艺术的《花山崖壁画资料集》出版。（《今日新闻》1963.10.11）

11日 经过8年试验研究，我国一批科学工作者在宁夏回族自治区中卫县沙坡头一带沙漠找到了有效的植物固沙办法，使包兰铁路沿线流沙基本固定。（《人民日报》1963.10.12.①）

11~17日 国家副主席董必武到内蒙古自治区视察工作。其间，董必武听取自治区党政领导关于工作情况的汇报，视察工厂、农村，接见各方面的负责同志，并对自治区各项工作作重要指示。（《内蒙古日报》1963.10.19.①）

11日~11月2日 云南省教育厅和省民委在昆明联合召开全省民族教育工作会议，总结民族教育工作经验，讨论发展民族教育工作的问题。（《云南日报》1963.11.14.①）

14日 据报道，中央民族学院、西北民族学院等院校为西藏培养出首批藏族专业人才和技工260名，其中电机、机械技工87名。（《今日新闻》1963.10.15）

△ 是日报道，云南省商业部门是年调运1300多种民族特需商品供应各族人民。（《今日新闻》1963.10.14）

17~19日 中国佛协副会长阿旺嘉错参加在北京召开的亚洲11个国家和地区佛教徒会议。会议一致通过了《告世界佛教徒书》。（《新华社新闻稿》1963.10.21）

17~26日 内蒙古自治区文联在呼和浩特举行二届二次（扩大）会议。会议传达国务院总理周恩来和中央宣传部副部长周扬在全国文联扩大会议上的报告，讨论如何对待民族文化遗产、发扬文艺的民族特点和地区特点以及加强文艺评论、蒙文创作和培养业余文艺作者等问题，通过增补贾作光、玛拉沁夫（蒙古族）、敖德斯尔（蒙古族）、乌兰巴干（蒙古族）等13人为区文联委员。（《内蒙古日报》1963.11.3.①②）

18日 四川省民委在成都召开凉山彝族社会历史学术研讨会，讨论凉山彝族的族源、四川彝族的来源、凉山彝族奴隶制的形成和解放前凉山彝族社会的性质等问题。（《凉山彝族自治州志》上P54,《光明日报》1963.10.18.②）

△ 由贵南军马场投资，解放军某工程兵部队承建的龙羊峡西口悬索桥在青海省海南藏族自治州建成，全长150米。该桥于1980年因修建龙羊峡电站而拆除。（《海南州志》P37）

△ 据《宁夏日报》报道，宁夏回族自治区回族职工队伍日益增长，有1.8万多人，比解放前增长200多倍。（《中共宁夏党史大事记》（1925.8~1988.6）P306）

20日 据《宁夏日报》报道，宁夏回族自治区煤炭工业突飞猛进，全区原煤产量比建国前增长160多倍，职工人数增长52.9倍，生

产技术、设备条件日益改善。（《中共宁夏党史大事记（1925.8~1988.6）》P306）

21日~11月8日 中国伊协第三次代表会议在北京举行。会议听取和讨论通过国家民委副主任张执一、谢鹤筹、丹彤，国务院宗教事务局局长萧贤法分别作的关于民族和宗教政策的报告以及全国政协副主席、中国伊协主任包尔汉作的《中国伊斯兰教协会第二届委员会的工作报告》，确定今后的工作任务。选举伊协三届委员会，包尔汉（维吾尔族）当选主任，达浦生、丹彤、马玉槐、张杰（以上4人为回族）、伊敏·马合苏木（维吾尔族）、马腾霭（回族）、李恕、言木力哈（维吾尔族）、木甫提（维吾尔族）、白寿彝、沙梦弼、刘品一（以上3人为回族）为副主任。（《今日新闻》1963.11.9）

23日 国务院全体会议第136次会议决定：设立内蒙古自治区阿巴哈纳尔旗，以锡林浩特为中心将阿巴嘎旗和西乌珠穆沁旗的各一部分行政区域划归阿巴哈纳尔旗的行政区域；设立四川省盐源彝族自治县，以盐源县行政区域为盐源彝族自治县的行政区域，撤销盐源县；恢复贵州省惠水县，以惠水布依族苗族自治县的行政区域为惠水县的行政区域，惠水县划归黔东南布依族苗族自治州领导，撤销惠水布依族苗族自治县。（《国务院公报》1963［19号］P360、366）

△ 据报道，历史上著名的高疟区——贵州凯里县常年疟疾发病率由解放初的40%下降到0.05%。（《今日新闻》1963.10.24）

24日 据统计，宁夏回族自治区成立5年来，完成基本建设投资总额比第一个五年计划期间增长8.6倍，全部和部分建成投产和交付使用的建设项目共1900多个。兴建了一批煤炭、钢铁、机械、皮革、造纸、化工、建筑材料等现代化骨干企业；县以上工业较1957年增长1倍多，主要工业产品增加到122种。新增公路通车里程占总里程的22%；新增载重汽车占现有总数的80%。新建住宅面积147万平方米。宁夏回族自治区各类卫生保健机构较解放前增长5倍多，较自治区成立前增长1倍；卫生技术人员较解放前增长12倍，较自治区成立前增长近1倍；自治区成立5年来，医院增加17所，各类病床较解放前增长54倍，较自治区成立前增长2.3倍，新增的病床占现有总数的64%；设有小学2000多所，比1949年增长2.2倍；中学66所，比解放前增长近5倍。1963年回、汉、蒙古、满等民族在校学生达18万多名，比1949年增长2.9倍。1949年以来，先后从大、中小学毕业的各民族学生达11万多名。（《宁夏日报》1963.10.24.①，《今日新闻》1963.10.25）

25日 是日报道，1953年以来，贵州省师范学院培养出苗、侗、布依、彝、回、壮等16个民族的大学生276名。（《光明日报》1963.10.25.②）

25日~11月9日 内蒙古自治区党委召开常委扩大会议，传达中共中央九月工作会议精神，决定从是年冬天开始有计划、有步骤、有领导地进行以阶级斗争为纲的农村社会主义教育运动（即清政治、清经济、清组织、清思想）。11月12日，自治区党委作出《关于农村社会主义教育运动的部署》。13日，自治区党委农村牧区社会主义教育领导小组成立。（《内蒙古自治区史》P217、528）

26日 有史以来首次用维吾尔文出版的两本反映维吾尔族医学成就的著作——《卡农且》（医学法规）和《维吾尔民族医常用复方制剂手册》在新疆出版。（《今日新闻》1963.10.29）

28日~11月3日 广西壮族自治区民族语言文字工作委员会在南宁召开壮文工作座谈会，总结交流工作经验，讨论研究推行壮文的问题。（《广西日报》1963.11.6.②）

29日 西藏拉萨三大寺之一的噶丹寺建寺554年来规模最大的一次维修工程全部竣工，由国家拨付全部维修费。（《今日新

闻》1963.11.14）

是月 以越南公安部副部长兼政委阮光越为团长的越南军事、公安代表团到广西壮族自治区南宁，与以中国人民解放军副总参谋长李天佑为团长的中国军事、公安代表团就中越两国边境地区治安协同问题举行会谈。（《广西通志·大事记》P365）

△ 广西壮族自治区党委在邕宁县五塘建立广西壮族自治区第一个综合性的农业科研、教育、推广三结合的科技实验区，开展有计划的群众性科学实验和引进推广科技成果，并创办“耕读大学”。（《广西通志·大事记》P367）

△ 新疆维吾尔自治区博尔塔拉蒙古自治州“八一”水库竣工。该水库库容287万立方米，始建于1962年8月。（《博尔塔拉蒙古自治州志》P46）

11月

5日 《毛泽东选集》第三卷维吾尔文版出版发行。（《今日新闻》1963.11.6）

6日 宁夏回族自治区陶乐县发现3处距今5000年前的人类遗址。同年，连湖农场发现距今8000年至4000年前新石器时代的石斧、石钻、石刀等磨制石器。（《当代宁夏史通鉴》P23）

8日 据统计，广西壮族自治区成立5年来，壮、瑶、苗、侗、仫佬、毛南、回、彝、水等少数民族医疗卫生干部已发展到3300多名，占全区医疗卫生人员总数的18%，相当于1957年全区医疗卫生人员的3倍。（《今日新闻》1963.11.9）

△ 据报道，云南历史上著名的高疟区——景洪、勐海、芒市、勐朗等地区，发病率由原来的10%~100%下降到千分之几或万分之几。少数民族居住的边疆地区建立了县医院、卫生所、防疟站等卫生机构230多个，病床近2000张。到1962年底，少数民族医务人员达980多名。（《今日新闻》1963.11.9）

△ 国务院批准青海省海西蒙古族藏族哈萨克族自治州人民委员会驻地由都兰迁至德令哈。1966年4月，州府正式迁驻德令哈。（《海西蒙古族藏族自治州志》1卷P4、76）

12~20日 内蒙古自治区民委党组在呼和浩特举行天主教代表会议，主要内容是：反帝、爱国、守法，爱国主义、国际主义和社会主义教育。会议通过《内蒙古自治区天主教爱国会章程》、《内蒙古天主教神职人员爱国公约》；选举产生自治区天主教爱国委员会，正式成立自治区天主教反帝爱国组织。会议发表《内蒙古自治区天主教爱国会告全体教友书》，号召教友积极参加社会主义教育，坚定不移地跟中国共产党走社会主义道路，自觉服从政府对宗教事务的管理。自治区天主教爱国会的成立，标志着自治区天主教彻底摆脱帝国主义的影响与控制，走上独立自主自办教会的道路，对于发展自治区天主教有极大的意义，既有利于社会主义建设事业，又有利于团结教育广大教徒。（《内蒙古自治区史》P256~257、528）

14日 宁夏回族自治区党委常委会议召开，研究讨论解决固原山区群众缺少棉衣问题。会议决定，向固原山区调拨皮衣3万件、毛衣毛裤1万套、羊毛30万斤，以解决山区群众冬服不足的问题；并决定成立自治区救灾领导小组。（《中共宁夏党史大事记（1925.8~1988.6）》P307）

15日 内蒙古自治区蒙语说书演出会在呼和浩特历时1个多月的演出、观摩和交流活动结束。（《内蒙古日报》1963.12.1.①）

16日~12月4日 西藏卫生工作会议在拉萨召开。会议确定卫生工作方针，提出了1964年卫生工作的主要任务是整顿医院，团结藏医，加强基层卫生工作。（《西藏日报》1963.12.6.①）

19日 宁夏回族自治区成立5年来，回族干部比1957年增长32.9%，其中县级以上干部增长2.3倍；回族聚居的西吉、泾源、海原、固原、同心和吴忠等9县均有回族干部任正副县长或正副书记，其中回族女县长3名。自治区各级机关中，回族干部达2600多名。（《今日新闻》1963.11.20）

21日 广西壮族自治区人委办公厅转发国务院批转财政部、国家民委《关于改进民族地方财政管理体制的报告和关于改进民族地方财政管理的规定》。《规定》指出，对民族地方的预算管理实行“核定收支，总额计算，多余上交，不足补助，一定一年”的办法，适当增加民族自治地方的机动财力：一是另加5%的机动资金；二是预备费按5%计算（一般省、市2%）。按此安排，民族自治地方的机动财力，加上民族地区的补助费，相当于这些地区总支出10%左右。（《广西通志·大事记》P365）

25日 内蒙古自治区赤峰市阿鲁科尔沁旗传入口蹄疫，有22个苏木、乡、镇的66个村、198个自然村19.85万头牛发病，死亡3910头；发病猪5910口，死亡735口；发病羊2725只。（《内蒙古自然灾害通志》P290）

△ 贵州省群众艺术馆和美协贵阳分会联合举办苗、侗、布依等民族的传统工艺美术展览。（《今日新闻》1963.11.27）

26日 云南省文山壮族苗族自治州麻栗坡县红岩公社南朵文化室主任、壮族女歌手龙琼琳赴北京参加全国少数民族群众艺术观摩演出大会，受到中共中央主席毛泽东等党和国家领导人的接见。（《文山壮族苗族自治州志》1卷P51）

28日 朝鲜人民军足球队、阿尔巴尼亚人民军“游击队”足球队访问广西壮族自治区南宁市，与广西足球队进行比赛。（《广西通志·大事记》P365）

是月 第一届新兴力量运动会在印度尼西亚雅加达举行。广西壮族自治区4名运动员被选入中国代表团，参加田径、举重、体操、羽毛球4个项目的比赛。其中，女子体操选手王维俭获个人全能、自由体操、平衡木、跳马4枚金牌，并和中国其他选手夺得女子团体冠军；田径女子800米和举重分别获银牌，羽毛球男子双打与队友合作获铜牌。吉林省延边朝鲜族自治州运动员李月顺（女，朝鲜族）、金明淑（女，朝鲜族）参加运动会女子45公里自行车赛，分获第二、三名。（《广西通志·大事记》P365，《延边朝鲜族自治州志》P73）

△ 宁夏回族自治区汝箕沟口至西大滩14公里公路竣工，为宁夏回族自治区第一条沥青路。（《当代宁夏史通鉴》P314）

12月

2日 据《广西日报》报道，解放以来，广西壮族自治区农田水利建设共兴修山塘水库引水工程24万多处，其中库容量1000万立方米的蓄水工程101处，在抗御是年遭受几十年未有的特大旱灾中发挥作用。（《广西通志·大事记》P365）

3日 全国人大二届四次会议通过《关于第三届全国人大代表名额和选举问题的决议》。《决议》条文规定，全国各少数民族应选全国人民代表大会代表300人。（《人民日报》1962.12.4.②）

△ 是日报道，西藏牧区已有藏族民间兽医1600多名，相当于民主改革前的5倍多。（《西藏日报》1963.12.3.①）

5日 蒙古族民歌选《乌银珊丹》在辽宁出版。（《今日新闻》1963.12.7）

△ 宁夏回族自治区党委批转自治区党委农村工作办公室《关于一九六三年救灾工作的报告》。《报告》提出，生产救灾工作必须贯彻“依靠群众，依靠集体力量，生产自救为主，辅之以国家救济”的方针，深入发动灾区人民自力更生，大力开展生产自救，渡过灾荒；要切实安排好群众生活，保护牲畜安全过冬，大

力开展集体副业生产。（《中共宁夏党史大事记（1925.8~1988.6》）P308~309）

6日 青海省海南藏族自治州各族各界5000多人集会，庆祝自治州成立10周年。自治州州长丹德尔（藏族）报告了自治州成立10年来的成就，全国人大民委和国家民委致电祝贺。（《青海日报》1963.12.9.①）

6~12日 全国人大民委第四次（扩大）会议举行，听取国务院副总理乌兰夫和国家民委副主任刘春分别作的关于民族工作情况的报告。会议根据全国人大二届四次会议决议，讨论在全国少数民族中选举三届人大代表的问题。（《今日新闻》1963.12.13）

9日 据报道，贵州省手工业部门年内为少数民族生产的头巾、背带、刺绣品、银首饰等特需商品达20多万件。（《今日新闻》1963.12.9）

10日 据西藏文教科（局）长座谈会上统计，全区共有电影放映队121个，比民主改革前增加了6倍；藏族青年放映员100多名。全区现有中学4所、公办小学48所、民办小学1300余所，在校学生共有4万多人，占学龄儿童的45%以上。（《今日新闻》1963.12.21，《中共西藏党史大事记（1949~1966）》P148~149）

11日 内蒙古自治区在呼和浩特举行首届二人台、二人转观摩汇演，蒙古、汉、回、达斡尔、满等民族的300多名演员参加汇演。（《今日新闻》1963.12.12）

△ 据报道，根据傣族神话摄制的我国目前最长的彩色木偶片《孔雀公主》由上海美术电影制片厂摄制完成。（《今日新闻》1963.12.12）

△ 四川省凉山彝族自治州农村已建立各种贸易网点220多个，有近700名彝族商业干部，占全州商业干部总数的41%。（《四川日报》1963.12.11.②）

18日 全国人大常委会第111次会议听取全国人大民委副主任谢扶民关于全国人大民委第四次（扩大）会议情况的报告。（《今日新闻》1963.12.19）

19日 青海省门源回族自治县各族各界1万余人集会，庆祝自治县成立10周年。自治县县长马进孝（回族）报告了自治县10年来的成就。（《青海日报》1963.12.21.①）

22日 青海省黄南藏族自治州各族各界1万多人集会，庆祝自治州成立10周年。副州长官却（藏族）在会上报告了自治州10年来的成就，中共西北局代表刘钢民前来祝贺。（《青海日报》1963.12.25.①③）

24日 青海省海北藏族自治州2万多人集会，庆祝自治州成立10周年。州长夏茸尕布（藏族）在会上报告了自治州10年来的成就。中共中央西北局统战部代表刘钢民到会祝贺，人大民委和国家民委及青海省党委、省人委分别致电祝贺。（《青海日报》1963.12.28.①）

28日 西藏自治区筹委第54次（扩大）会议通过了《西藏自治区乡人民代表大会和乡人民委员会任务、职权和工作制度的试行办法》、《统一管理西藏全区城镇度量衡器具的办法》等决议。（《西藏日报》1963.12.30.①）

△ 文化部批准成立西藏人民出版社。（《当代中国的西藏》下P453）

△ 西藏自治区筹委会常委扩大会议通过《寺庙民主管理试行章程》。（《当代中国的西藏》下P586）

30日 据《西藏日报》报道，是年西藏给贫苦农牧民发放的贷款和实物比1962年增长2倍。据不完全统计，是年全区已贷放耕畜7300多头，钢材3万多吨，铁锹5万多把，十字镐1.8万把，犁头4万个，种子、口粮140多万斤，有8000户贫苦农牧民得到国家扶助。自1959年平叛、改革以来，国家对西藏农牧业生产的投资5240多万元。贷种子粮、口粮1350多万公斤。（《中共西藏党史大事记（1949~1966）》P149）

31日 至目前，内蒙古自治区草原已建成机械供水站和机井100多个。（《今日新

闻》1964.1.2）

△ 截至目前，新疆维吾尔自治区有科学研究机构35个，职工2619人。 （《新疆通志·科学技术志》72卷上P47）

是月 内蒙古自治区鄂温克族自治旗发生牲畜“O”型口蹄疫。据统计，全旗患病牛3.20万头、骆驼144峰、羊5.19万只，其中死亡牛1044头、骆驼2峰、羊41只，共计1087头（只）。 （《鄂温克族自治旗志》P918）

△ 中央政治局召开全国工作会议，在中共中央主席毛泽东主持下讨论制定了《农村社会主义运动中目前提出的一些问题》（即“二十三条”），对运动中“左”的偏差作了部分纠正，但是又把“四清”规定为清政治、清经济、清组织、清思想，强调这次运动的性质是“社会主义和资本主义的矛盾”，提出了整“党内那些走资本主义道路的当权派”等更“左”的错误观点。到1966年春，全国有1/3左右的县进行了社会主义教育运动。 （《内蒙古自治区史》P215）

△ 西藏完成民办小学藏语文教材1~8册，藏文版教学课本1~8册，汉语课本1~6册，公办小学藏语文教材1~12册，藏文版数学教材1~12册，汉语文课本1~8册。到1983年，完成3所中小学65种教材编译修订再版工作，在五省区发行通用。 （《当代中国的西藏》下P337~338）

△ 青海省门源回族自治县畜牧兽医站召开中兽医学术座谈会，交流了经验，献出验方170多个，整理成《门源民间中兽医经验集》。 （《青海日报》1963.12.26.①）

是年 北京市卫生材料厂高级工程师铁汉（回族）研制成功“山楂核馏油”，开创了山楂核利用的新时代。 （《中国少数民族专家学者辞典》P1023）

△ 我国第一部朝鲜族故事片——《冰雪金达莱》由长春电影制片厂摄制完成。 （《云南日报》1988.6.4.④）

1964年

1月

1日 四川省凉山彝族自治州盐源彝族自治县成立。 （《凉山彝族自治州志》上P54）

△ 四川省凉山彝族自治州第一座水泥厂——竹核水泥厂投产。 （《凉山彝族自治州志》上P54）

△ 青海省果洛藏族自治州庆祝成立10周年，省党、政、军代表团前往祝贺。 （《人民日报》1964.1.8.②）

4日 据报道，内蒙古自治区各盟、市、旗（县）根据草原分布情况，已建立46处草原改良试验站、牧草种子繁殖场和推广技术的草原工作站，呼伦贝尔盟、锡林郭勒盟和昭乌达盟草原还建有畜牧兽医科研所。自治区草原畜牧科研人员达4000多名。 （《光明日报》1964.1.6.①）

5日 中国农业银行青海省玉树藏族自治州中心支行成立。 （《玉树州志》上P37）

7日 广西壮族自治区民委在南宁召开民族工作座谈会，出席会议的有壮、瑶、苗、侗、回等9个民族的代表93人。会议交流近几年来自治区民族工作的成绩和经验，反映各少数民族人民的意见和要求，提出进一步做好民族工作的意见。自治区统战部副部长陆秀轩就会议作了总结。 （《广西日报》1964.1.7.①）

8日 是日报道，新疆维吾尔自治区伊犁哈萨克自治州直属县市已有畜牧、兽医技术干部700多名，其中有200多名中级技术干部和部分畜牧、兽医科学研究人员。自治州平均每1万头牲畜配有1名兽医。 （《新疆日报》1964.1.8.②）

9日 广西壮族自治区党委发出《关于组织宣读中央关于农村社会主义教育运动问题两个文件的通知》，宣读中央两个文件，是农村社会主义教育的第一步工作。两个文件即《中共中央关于目前农村工作中若干问题的决定（草案）》和《中共中央关于农村社会教育运动中一些具体政策的规定（草案）》。　（《广西通志·大事记》P367）

13日　广西壮族自治区农作物优良品种审定委员会成立，并在南宁举行第一次会议。会议讨论通过《广西壮族自治区农作物优良品种审定委员会组织试行办法》，审定准备推广的广选3号、广场矮、博矮6号、陆才号、南京1号5个早稻优良品种。　（《广西通志·大事记》P367）

△　西藏工委批转《关于昌都地区当前工作应该注意的几个问题》·指出：洛隆等县一些人不顾党的政策，斗争、打人现象严重，如不迅速采取措施纠正，可能会重复1960年的急和“左”的错误。工委决定，以下6种工作坚决停止：一、面上的三大教育；二、面上的揭露达赖叛国罪行教育；三、“三光”任务（将叛乱分子捉光、将叛乱证据收光、将枪支收光）；四、农村工商税的征收工作；五、农村牧业税的征收工作，六、其他不好控制易出偏差的工作。　（《中共西藏党史大事记（1949~1966）》P149）

13~22日　云南省民委在昆明召开民族工作座谈会，省民委副主任陈可大传达国务院副总理乌兰夫在全国人大民委三届四次（扩大）会议上的报告，听取和讨论省政协副主席吴志渊关于省民族工作的报告，省民委主任张冲作会议总结。　（《云南日报》1964.1.25.①）

16日　西藏工委决定加强对青少年活佛的教育培养工作。自治区工委上报西南局的电报说，拉萨现有近30名青少年活佛，为团结教育宗教界上层人士，培养一批进步活佛，拟以中国佛协西藏分会名义，在拉萨下密院成立一个学习小组，吸收12至13名青少年活佛，集中居住，安排好生活，聘请经典教师和政治教员专门进行培养。2月2日，西南局批示同意。　（《中共西藏党史大事记（1949~1966）》P150）

△　宁夏回族自治区党委批转自治区改造右派领导小组《关于给表现确实悔改的右派分子摘掉帽子等问题的请示报告》。　（《中共宁夏党史大事记（1925.8~1988.6）》P311）

19日　宁夏回族自治区党委批转自治区科委党组《关于全区科学技术会议的情况及有关问题的报告》，要求各级党委必须重视和加强对农业科学研究和技术推广普及工作的领导，并把科学技术工作列入党委的议事日程。　（《中共宁夏党史大事记（1925.8~1988.6）》P311）

20日　宁夏回族自治区党委、自治区人委联合发出《关于开展计划生育工作的指示》，指出，全区1963年的人口净增率仍在47‰以上；银川市1963年1月至8月出生率达40.6‰，是目前全国出生率最高的城市之一。《指示》要求，各级党委和人委必须加强领导，把计划生育工作列为重要的议事日程。同时决定成立自治区计划生育委员会，马玉槐任主任。　（《中共宁夏党史大事记（1925.8~1988.6）》P311）

△　国家拨给新疆维吾尔自治区5640多万元，扩建新疆大学和新疆医学院、农学院和工学院。　（《光明日报》1964.1.20.②）

22日　内蒙古博物馆文物工作人员在伊盟乌审旗南部滴哨沟湾萨拉乌苏河的河谷深处发现人类头骨化石，在锡林浩特近郊贝子庙发现原始社会文化遗址。　（《内蒙古日报》1964.1.22.③）

△　控诉西藏农奴制度罪恶的故事片《农奴》由八一电影制片厂摄制完成。　（《今日新闻》1964.1.23）

△　中华全国总工会拨款修建的西藏第一所工人疗养院在西藏东南部建成。　（《今日新闻》1964.1.23）

23日　西藏拉萨、日喀则、昌都等6个主

要城镇的邮电局开始接受和拍发藏文电报。（《今日新闻》1964.1.24）

24日 据报道，广西壮族自治区各地已建有农业技术推广站、种子站、测报站、畜牧兽医站、良种示范繁殖场、园艺场和鱼种场等科技推广单位680多处。（《今日新闻》1964.1.25）

△ 青海省民委第八次委员（扩大）会议举行。会议传达全国人大民委四次会议精神，讨论通过省委统战部部长方新关于民族宗教工作的报告，总结省一年多来的民族工作，并讨论今后的工作任务。（《青海日报》1964.1.24.①）

25日 青海省海西蒙古族藏族哈萨克族自治州庆祝成立10周年。州长杨文锦（蒙古族）向大会报告自治州10年来的成就，中共中央西北局代表刘刚民和省党、政、军代表团到会祝贺。（《青海日报》1964.1.27.①）

26日 河北省在天津举行伊斯兰教第一次代表会议，总结省伊协筹委会成立以来的工作，确定今后的工作任务。会议选举辛宗真为省伊协主任，马进坡、金绍贤（以上3人均为回族）为副主任。（《河北日报》1964.1.26.①）

30日 据《西藏日报》报道，民主改革前，拉萨的乞丐、游民占城市居民总数的1/5以上。平叛改革后，人民政府先后安置8700多人在拉萨就业，收容120多个孤老病残者，拉萨市正在变成一个没有乞丐、游民的城市。（《中共西藏党史大事记（1949~1966）》P150~151）

△ 新疆维吾尔自治区党委批转自治区党委工作组《关于伊犁等地区边民内迁后安置情况的报告》。《报告》介绍伊犁、塔城、阿勒泰地区自1962年划定边防地带后边境地区居民内迁和安置情况。自治区党委指示，要加强对人员内迁工作的领导，严格执行内迁的有关政策，继续做好群众和民族、宗教上层人士的安置工作。（《中国共产党新疆历史大事记（1949.10~1966.4）》上P263）

31日 据统计，新疆维吾尔自治区邮路长3万多公里，运送邮件的汽车比解放初增长18倍，乌鲁木齐、阿勒泰等10个城市开辟航空邮运。全疆长途电话线路比解放初增长7倍多。维吾尔、哈萨克等少数民族聚居的农村、牧区，架设电话线路2.4万多公里，95%左右的人民公社和半数以上的生产大队开通电话。农村邮电局、所达600多处，在村庄和流动的牧业队设有邮电代办机构或邮件转递员。（《今日新闻》1964.2.1）

是月 云南省迪庆藏族自治州开放粮油市场。（《迪庆藏族自治州志》P42）

2月

2日 新疆维吾尔自治区党委、人委联合发出《关于认真解决好农村困难户生活问题的指示》。《指示》指出，新疆解放后农牧民生活有显著改善，但仍有部分困难户急需帮助。这些困难户约占农牧区总户数的10%左右，其中南疆地区占10%~15%。解决的根本办法是切实发展农牧业生产，认真安排好自留地、自留畜，使社员增加收入。（《中国共产党新疆历史大事记（1949.10~1966.4）》上P263~264）

3日 新疆维吾尔自治区党委、人委联合批转自治区人委政法办公室《关于进一步宣传、贯彻执行婚姻法的报告》。《报告》指出，各地党委和政府充分注意一些地区出现的包办、买卖婚姻及恢复旧的婚姻习俗等现象，要结合城乡社教运动，对进一步宣传、贯彻婚姻法作出安排。（《中国共产党新疆历史大事记（1949.10~1966.4）》上P264）

6日 据报道，一批汉族农业科学工作者通过多年来在西藏高原试验，试种成功2500多个粮食品种和500多个蔬菜品种，培育出40多个粮食良种和20多个蔬菜良种。（《今日新闻》1964.2.7）

7日 广西壮族自治区党委批转计委《关

于广西1964年国民经济计划的报告》。报告提出，要继续做好生产救灾工作，大力开展农业丰产运动，推动整个国民经济进一步全面好转。（《广西通志·大事记》P367）

9日 内蒙古自治区乌兰察布盟达尔罕茂明安联合旗新宝力格公社那仁格日勒生产队的2位蒙古族小姐妹——龙梅和玉荣为保护公社的羊群，与零下37℃的严寒顽强搏斗了一昼夜，使羊群免遭损失。3月13日，自治区党委第一书记乌兰夫为"草原英雄小姐妹"龙梅、玉荣题词"龙梅、玉荣小姐妹，是牧区人民在毛泽东思想教育下，成长起来的革命接班人。我区各族青少年努力学习她们的模范行为和高尚品质"。3月16日，共青团内蒙古自治区委员会作出《关于在全区各族青少年中开展学习龙梅、玉荣模范行为和高尚品质活动的决定》，要求密切结合当前的社会教育运动和比学赶帮的革命竞赛运动，结合学习雷锋的活动进行。（《内蒙古自治区史》P228~229、528）

10日 西藏工委向各分工委发出《关于日喀则地区当前工作中应注意的几个问题的意见》：1963年冬日喀则地区铺开试点100多个，出现乱斗、乱打、乱划（补划成分）、乱戴（补戴叛乱帽子）、乱捕等现象。为此提出4点意见：克服急躁情绪，严格执行政策；试点太多，坚决收缩；分工委检查违法乱纪情况；春节前后工委即派工作检查组。（《中共西藏党史大事记（1949~1966）》P151）

17日 青海省互助土族自治县庆祝成立10周年。县长祁明荣（土族）在会上讲话，介绍自治县10年来的成就。国家民委代表包忠爱，中共中央西北局代表上官铁和青海省党、政、军代表团到会祝贺。（《今日新闻》1964.2.19）

△ 是日报道，新疆维吾尔自治区解放后建立的2个民族文字出版社用维吾尔、哈萨克、蒙古、柯尔克孜、锡伯等5种民族文字出版图书4000多种，发行量达4000多万册。自治区还用维吾尔、哈萨克、蒙古等民族文字出版11种杂志，用维吾尔、哈萨克、蒙古等5种文字出版了19种报纸，总发行量比解放初增加40多倍。（《光明日报》1964.2.17.②）

17~28日 广西壮族自治区合浦县、浦北县、钦州市城区、灵山县出现低温天气，共冻死耕牛4714头，其中合浦县冻死耕牛2020头。（《中国气象灾害大典·广西卷》P362）

18日 广东省海南黎族苗族自治州教育局召开全州民族教育座谈会，商讨发展民族教育问题。（《南方日报》1964.2.18.③）

19日 《汉维简明词典》编辑出版。（《新疆日报》1964.2.19.③）

△ 同日报道，云南省丽江纳西族居住地区发现一种久已失传的蒙古族古代乐器——"苏古笃"。（《今日新闻》1964.2.20）

19~29日 西藏佛教徒藏历木龙年"传召"大会在拉萨大昭寺举行。党和政府专门成立"传召"委员会安排他们的生活。中央人民政府驻藏代表张经武和全国人大常委会副委员长班禅额尔德尼·确吉坚赞分别派代表向参加"传召"的僧众发放布施，佛协副会长兼西藏分会会长噶丹赤巴·土登滚噶为僧众讲经，并进行考"格西"学位的辩经活动，正式录取7名贫苦喇嘛为"格西"。28日，自治区筹委会副主任崔科·顿珠才仁作关于自治区当前形势的报告，西藏宗教事务委员会副主任卫璜作《党的宗教信仰自由政策》的报告。（《西藏日报》1964.2.22.①，3.1.①）

20日 据新华社报道，全国第二次评酒会议评选出18种名酒和27种优质酒，广西壮族自治区的全州湘山酒和桂林的三花酒被评为优质酒。（《广西通志·大事记》P367）

22日 据报道，四川省阿坝、甘孜2个藏族自治州已有手工业生产合作社300多个，手工业工人4000多名。（《今日新闻》1964.2.22）

22~27日 广西壮族自治区计委、农业厅、供销社在南宁联合举行全区木薯蚕生产会议，总结1963年生产情况：总产皮茧3000多担，比1962年增长5倍，饲养地区由1962年的22个县增加到53个县（市）。计划是年饲养50万盒，比1963年增长5倍。（《广西通志·大事记》P368）

24日 据统计，1954年以来，云南省为试验推行经过改革的傣文、拉祜文、景颇文和创制的佤文、傈僳文、哈尼文，训练少数民族语言研究、教学、翻译干部和推行民族文字的教师达7000多名；云南民族出版社用7种民族文字翻译出版360多种图书，发行量在100万册以上；西双版纳和德宏自治州分别出版傣文、景颇文、傈僳文的报纸。云南少数民族语文指导工作委员会还与科学院民研所合作研究了少数民族语文中的新词、术语，帮助少数民族修订文字方案，编写少数民族文字与汉文对照的辞典。（《今日新闻》1964.2.25）

26日 广西壮族自治区人委发出《关于民间兽医工作的指示》指出，民间兽医是畜牧生产线上一支强大的技术力量，对他们要贯彻执行团结、使用、教育和提高的政策。（《广西通志·大事记》P368）

28日 新疆维吾尔自治区党委下发《关于学习大寨革命精神，进一步掀起农牧业生产高潮的通知》，自治区农业学大寨运动在各地人民公社和国营农牧场逐步展开。（《中国共产党新疆历史大事记（1949.10~1966.4）》上P266）

△ 云南省沧源佤族自治县宣告成立。2月21~28日，首届人大一次会议选举肖哥长（佤族）为县长，李华兴（佤族）为副县长。（《今日新闻》1964.3.2）

3月

3日 青海省循化撒拉族自治县庆祝成立10周年。县长韩应选（撒拉族）讲话，介绍自治县10年来的成就。国家民委代表包忠爱，中共中央西北局代表上官铁和青海省党、政、军代表团到会祝贺。（《今日新闻》1964.3.4）

5~26日 中共中央副主席、全国人大常委会委员长朱德在广西壮族自治区南宁、柳州、桂林视察工作，并接见驻邕部队代表。（《广西通志·大事记》P368）

6日 据新华社报道，广西壮族自治区石山地区长期缺水，几年来新修人畜饮水设施3.8万多处，解决近百万汉、瑶、苗等民族群众和35万头牲畜的饮水问题。（《广西通志·大事记》P368）

6~15日 新疆维吾尔自治区1964年歌舞观摩汇演在乌鲁木齐举行，13个歌舞团体400余名演员演出120多个各民族的歌舞节目。（《新疆日报》1964.3.7.①，3.18.①）

7日 宁夏回族自治区党委常委会议召开，决定恢复自治区经济委员会，方明任主任。（《中共宁夏党史大事记（1925.8~1988.6）》P313）

8日 广西壮族自治区党委批准自治区教育厅党组《关于民族农业学校方案的报告》，同意筹建百色民族农业学校、柳州民族农业学校，并组织领导小组着手筹备。（《广西通志·大事记》P368）

9日 据报道，云南省红河哈尼族彝族自治州已培养出哈尼、彝等12个民族的干部2161名，比1954年建州时增长1倍，其中党团员占70%。生活漂泊不定的苦聪人也有了自己的干部。（《云南日报》1964.3.9.③）

△ 云南省红河哈尼族彝族自治州各族人民代表1200多人集会，庆祝自治州成立10周年。自治州副州长普照（彝）向大会报告了自治州10年来的成就。国家民委副主任丹彤，副省长张冲，西双版纳傣族自治州、文山壮族苗族自治州和楚雄彝族自治县、峨山彝族自治县的代表，以及红河地区驻军首长等到会祝

贺。（《云南日报》1964.3.12.①）

△ 宁夏回族自治区的18个县、市都有了电影院或电影放映队。全区拥有农村电影放映队69个，工作人员400多名。（《今日新闻》1964.3.10）

11日 宁夏回族自治区党委批转自治区党委宣传部《关于参加西北地区戏剧观摩演出和举办我区戏剧观摩演出的意见》。《意见》要求各级党委特别是宣传部门要通过观摩演出的准备工作，切实加强对文艺战线的领导，抓紧文艺团体的思想政治工作和社会主义教育，整顿文艺队伍，开展兴无灭资的斗争，加速文艺团体和文艺工作者的革命化。（《中共宁夏党史大事记（1925.8~1988.6）》P314）

12日 广西壮族自治区党委发出《关于加强农村群众文化工作的指示》，要求建立和提高群众自办的业余文化组织，办好农村俱乐部，大力培养业余创作人才，加强文化馆工作，加强各级文化行政部门的领导。（《广西通志·大事记》P368）

14~26日 新疆维吾尔自治区三届人大一次会议举行，参会代表380余人。会议总结自治区人委的工作，确定新任务。选举产生由46人组成的自治区第三届人委，赛福鼎·艾则孜（维吾尔族）任自治区主席。会议还听取和讨论通过《关于维吾尔、哈萨克文字改革方案和今后任务》的报告。（《新疆日报》1964.3.15.①，3.28.①）

15日 广西壮族自治区南宁至吴圩飞机场的公路通车，全长23公里。（《广西通志·大事记》P368）

△ 云南省西双版纳傣族自治州“赞哈”（民间歌手）协会在允景洪成立。（《今日新闻》1964.3.16）

△ 新疆维吾尔自治区焉耆回族自治县庆祝成立10周年。县委副书记吕永祥（回族）讲话，介绍自治县成立以来的成就。（《今日新闻》1964.3.19）

16日 贵州省第一座年产2.5万吨合成氨的黔南布依族苗族自治州都匀剑江化肥厂建成投产。（《黔南布依族苗族自治州志》上P58）

△ 青海省畜牧厅草原工作队鼠、虫防治分队协助海南藏族自治州各县开展草原灭鼠工作，灭鼠面积134.10万亩，灭杀率95.5%。（《海南州志》P38）

18~25日 贵州省黔东南苗族侗族自治州第五届工农业余文艺会演在凯里举行，279名代表参加，演出节目151个。（《黔东南苗族侗族自治州志·总述·大事记》P168）

19日 广西壮族自治区党委批转农村工作部《关于甘蔗生产中几个问题的报告》，要求搞好甘蔗生产规划，建立甘蔗生产基地；划定贵县、桂平、邕宁、横县、崇左、田阳、百色、柳城、鹿寨、苍梧、贺县11个县为甘蔗重点县；重点蔗区的粮食征购任务按1964年度的任务7年不变；甘蔗基地的粮食统销队由当地保证统销基本口粮。从1963年开始实行的每交售给国家1吨原料蔗奖售原粮50公斤的政策继续实行，同时另奖售化肥20公斤、布票3尺。（《广西通志·大事记》P368）

21日 广西壮族自治区计划生育工作委员会成立，自治区副主席傅雨田（锡伯族）任主任委员。7月1日，经自治区人委批准，《关于推行计划生育和推行晚婚的若干政策规定（试行草案）》即日起试行。《规定》提出，已婚育龄夫妇子女数控制在2个以内为宜，最多不超过3个，生育间隔4~5年为好（除汉、壮、回族以外，其他少数民族可不执行）。（《广西通志·大事记》P369、371）

23日 西藏畜牧兽医科研所试制成功一种预防羊只“尼古”病的疫苗。（《今日新闻》1964.3.26）

26日 是日报道，内蒙古自治区昭乌达盟地区于1952年开始引进的朝鲜落叶松试种成功。（《今日新闻》1964.3.26）

27日 据报道，新疆维吾尔自治区克孜勒苏柯尔克孜自治州柯尔克孜族已有本民族的第一代医生、兽医、大学教师、记者和演员。（《今日新闻》1964.3.28）

30日 据统计，广东省海南黎族苗族自治州设有医疗卫生保健单位409个，平均1000个居民中有1名医生。居民中疟疾发病率已由解放前的80%降到3%以下。（《今日新闻》1964.3.31）

是月 广西壮族自治区制订《广西1964~1970年农业发展规划》（简称农业七年规划）。《规划》提出，农业发展方向是以粮为纲，农林并举；按照因地制宜和国家需要相结合的原则，争取在粮食基本解决的基础上，逐步把广西建成具有亚热带特色的经济作物、畜牧业和林业的重要基地。（《广西通志·大事记》P369）

4月

1日 西藏邮电管理局各地、市局开办藏文电报业务。（《当代中国的西藏》下P233）

3日 内蒙古草原最大的一座水库——锡林河水库建成。（《今日新闻》1964.4.4）

5日 广西壮族自治区第一座现代化化工厂——南宁化工厂试车成功并投入生产。（《广西通志·大事记》P369）

△ 新疆维吾尔自治区伊犁哈萨克自治州察布查尔锡伯族自治县庆祝成立10周年。县长吉庆（锡伯族）在会上讲话，介绍自治县10年来的成就。全国人大民委、国家民委代表德林（锡伯族），自治区民政厅厅长木沙也夫（维吾尔族）和伊犁哈萨克自治州州长伊尔哈力（哈萨克族）等到会祝贺。（《今日新闻》1964.4.14）

9日 广西壮族自治区人委发出《关于生产队建设种子田（地）的决定》，要求生产队建立各项作物种子田（地），特别是要建立水稻单株种子田和玉米杂交制种地，争取二三年内使生产队水稻用种基本达到良种、纯种，玉米用种基本普及良种或杂交种。（《广西通志·大事记》P369）

11日 《青海省玉树藏族自治州自治条例（草案）》下发。（《玉树州志》上P37）

14日 新疆维吾尔自治区党委书记处会议举行，讨论自治区思想文化战线的社会主义革命问题。会后，自治区党委下发《关于在文艺战线上开展社会主义教育运动的指示》，在全疆文艺战线和文艺团体中分批进行一次社会主义教育运动。（《中国共产党新疆历史大事记（1949.10~1966.4）》上P272）

18~19日 宁夏回族自治区党委批转自治区安置工作领导小组《关于安置工作总结和一九六四年安置工作计划的报告》。《报告》指出，动员和组织城市知识青年下乡参加农业生产，是贯彻执行“以农业为基础，以工业为主导”的发展国民经济的总方针，进一步加强农业战线，巩固人民公社集体经济，建设现代化农业，建设社会主义新农村的一项重大措施；同时，对移风易俗、改变历史遗留的轻视农业和农业劳动的旧思想也具有重大作用。（《中共宁夏党史大事记（1925.8~1988.6）》P315~316）

22~30日 广西壮族自治区民族语言文字工作委员会在南宁举行壮文工作会议，总结交流经验，要求进一步做好壮文推行工作。（《广西通志·大事记》P369）

24日 是日报道，云南省红河哈尼族彝族自治州的元阳县至红河县，蒙自县至屏边苗族自治县，德宏傣族景颇族自治州的陇川县至盈江县，楚雄彝族自治州的双柏县至玉溪专区的易门县，临沧专区的凤庆县至保山专区的昌宁县等5条新建公路通车。目前全省已修建公路2.3万多公里，其中通向边疆民族地区的公路有数十条。（《今日新闻》1964.4.24）

30日 内蒙古、西藏、新疆、广西、宁夏、云南、贵州、四川、青海、甘肃10省区，由34个民族的307名代表组成的少数民族“五一”参观团先后抵达北京。5月4日，全国政协举行晚会招待各参观团，全国政协副主席李维汉、包尔汉接见各参观团负责人。7日，全国人大举行晚会招待各参观团，全国人大常委会副委员长林枫、赛福鼎·艾则孜接见各参观团负责人。9日，国家主席刘少奇、国务院总理周恩来、全国人大常委会委员长朱德、中共中央总书记邓小平、国务院副总理李先念等党和国家领导人接见各参观团和中央民族学院应届毕业生。（《今日新闻》1964.5.3，5.5，5.8，5.11）

是月 内蒙古自治区各级学校有1.1万多名少数民族教师，其中蒙古族教师9500多人。牧区和少数民族地区90%以上的中小学有本民族的教师。自治区各盟均有专为牧民子弟设置的蒙古族完全中学，在城镇和蒙古族散居地区还设有蒙古族中小学，或在一般中小学设有蒙古族学生班。在9500名蒙古族中小学教师中，有1000多人任校长、教导主任等领导工作；在高等院校里任助教、讲师、副教授的少数民族教师有280多人。（《内蒙古自治区史》P279）

△ 《人民日报》发表文章《大寨之路》，同时发表社论《用革命精神建设山区的好榜样》，号召“农业学大寨”。此后，广西壮族自治区开展以治山治水为中心的“农业学大寨”运动。（《广西通志·大事记》P369）

△ 四川省阿坝藏族自治州民歌手陈维全（羌族）在全国少数民族业余文艺演出中获一等奖。（《阿坝州志》上P47）

5月

1日 内蒙古自治区语文研究所编纂的《汉蒙辞典》出版发行。（《内蒙古自治区史》P528）

△ 宁夏回族自治区首个工人疗养院成立。院址设在青铜峡董府，共120个床位。（《当代宁夏史通鉴》P24）

2日 中国登山队藏族运动员大米马、甘吉穷培、边巴次仁、尼玛扎西、噶索、罗布、拉巴、罗则、小巴桑、拉真、普布扎西、边巴同珠、罗郎、罗桑坚赞、小索南旺堆、益西、阿旺、吴穷、小米马和索南次仁在征服西夏邦马峰（位于西藏聂拉木县境内）的活动中登上海拔7700米高度。明马、扎西班觉、索南旺加、达拉、扎西才仁、本则、普布、扎西才旦、多吉、索南彭错10人登上海拔8012米的顶峰，宣告在地球8000米以上的高峰已全部被人类征服，登顶的10名运动员中有6名为西藏登山队队员。（《人民日报》1964.5.8.②）

4日 新疆维吾尔自治区党委第一书记王恩茂视察麦盖提县红旗人民公社。在该县公社以上干部大会发表讲话时提出，自治区发展人民公社经济，建设好社会主义新农村，应该达到“十多”、“五好”、“一强”的要求。“十多”：水多，地多，牲畜多，新式农具和农业机械多，运输工具多，树木多，苜蓿多，粮食多，棉花和其他经济作物多，畜产品多。“五好”：好条田，好水渠，好道路，好林带，好村庄（亦称好居民点）。之后，自治区党委向各地党委下达建设农村“五好”的指示。据6月统计，全区有71个县成立土地规划委员会，42个县成立土地规划队或规划组，对首批188个人民公社、118个生活大队和4912个生活队进行规划建设，占全区724个公社的24%；各地农村修整和新建渠道1358条、长1813公里，平整土地、修成大小条田399块104万亩，修建各种道路1575公里，建造林带562公里和部分新的居民点等。（《中国共产党新疆历史大事记（1949.10~1966.4）》上P273~274）

5日 中共中央西北局批转宁夏回族自治区党委《关于传达讨论贯彻执行主席指示的情

况报告》。截至目前，全区“五反”运动已结束和基本结束运动的单位约占全区县以上国家机关和企事业总数的40%。截至3月底，全区揭发有贪污盗窃、投机倒把行为的2923人，占参加运动职工总数的2.63%；牟利金额93万余元、粮食（票）10万余斤、棉布（证）8.7万多尺。《报告》检查了目前存在的问题，并提出今后搞好农村社教和城市“五反”运动的措施。（《中共宁夏党史大事记（1925.8~1988.6）》P316）

8日 西藏布达拉宫修缮工作完成，政府共拨款11万元。民主改革以来，西藏其他著名寺庙也进行了维修，其中有甘丹寺、扎什伦布寺、萨迦寺、白居寺、热振寺、夏鲁寺等。大昭寺也正在维修中。（《今日新闻》1964.5.9）

9日 中国登山队科学考察组在西藏定日县境内采掘出大约1.5亿年前的巨型古脊椎动物化石。（《当代中国的西藏》下P586）

13日 云南省德宏傣族景颇族自治州为照顾少数民族的风俗习惯，对当地少数民族因丧事宰杀牲畜，包括景颇族的剽牛祭祀，一律免征屠宰税。（《德宏州志》综合卷P51）

△ 云南省楚雄彝族自治州武定、禄劝两县经财政部、商业部批准定为民族贸易地区，享受三项（资金、利润、价格）照顾。（《楚雄彝族自治州志》1卷P199）

15日 青海省海北藏族自治州有大小水渠135条，有效灌溉面积11.55万亩，其中保灌面积5.5万亩。（《海北藏族自治州志》上P64）

15日~6月4日 国家民委和高等教育部联合举行全国第四次民族学院院长会议。（《中国教育年鉴（1949~1981）》P409）

15日~6月17日 中共中央工作会议举行，讨论社会主义教育运动等问题。会议认为，全国基层有1/3的领导权不在我们手里。在这种错误估计下，中共中央主席毛泽东提出农村、城市的社会主义教育运动要搞四五年，城市“五反”要增加划阶级的内容。“左”倾思想进一步发展。（《中国现代史》下P220）

16日 内蒙古自治区举行民族歌舞汇演，7个少数民族的280多名专业演员演出100多个音乐、舞蹈节目。（《今日新闻》1964.5.18）

17日 广西壮族自治区桂平县沿江电灌网工程基本完工，灌溉面积8.9万亩，东南线和西线开始抽水灌田。该工程是自治区较大的电灌工程之一，线路全长93.2公里，电动抽水机站31处，安装抽水机泵44台，共2420千瓦。（《广西通志·大事记》P370）

18日 云南省江城哈尼族彝族自治县各族各界代表集会庆祝自治县成立10周年。县长刀有栋（哈尼族）在会上讲话，介绍自治县10年来的成就。省民委代表、思茅专员公署副专员张宗法等领导到会祝贺。（《今日新闻》1964.5.25）

△ 西藏首届群众业余文艺演出会在拉萨举行，150多名业余演员演出62个节目。（《今日新闻》1964.5.30）

18日~6月14日 广西壮族自治区首次全区现代剧观摩演出大会在南宁举行，参加演出和观摩的代表1000多人。自治区党委常务书记乔晓光等领导接见全体代表，自治区党委书记处书记伍晋南在会上讲话。他希望全体代表互相学习，共同努力，促进社会主义戏剧事业的发展和繁荣。（《广西通志·大事记》P370）

19日 以卢争先为团长的中国广西壮族自治区地方贸易代表团，同以潘孟居为团长的越南高平谅山省地方贸易代表团，在越南北部的谅山省举行1964年地方贸易会谈。广西壮族自治区代表团在谅山参加庆祝开放中越地方贸易10周年大会。（《广西通志·大事记》P370）

21日 我国少数民族地区第一个农牧科学院——内蒙古农牧科学院在呼和浩特成立。（《今日新闻》1964.5.22）

22日 据统计，湖南省通道侗族自治县有侗族大学生25名。解放以来新建中学2所、小学215所，在校生8700多名。（《今日新闻》1964.5.23）

24日 内蒙古自治区在呼和浩特举行蒙古语文科学讨论会，研究标准语音地区的语音系统，对蒙古语标准音地区的语音系统的确定提供依据，并对蒙古文正字法的某些规划提出改进意见。（《今日新闻》1964.5.25）

25日 宁夏回族自治区党委批转自治区科委党组《关于落实我区综合研究任务规划意见的报告》。《报告》提出，全区十大综合研究任务要点是：1. 银南灌区粮、麻稳产高产的综合研究；2. 银北灌区以防治土壤盐碱化为中心低产变高产的综合研究；3. 黄土丘陵区水土保持，抗旱保墒，粮、油、林、牧结合发展的综合研究；4. 草原改良和发展畜牧业为主的综合研究；5. 风沙区防风固沙为主的综合研究；6. 银川市郊区以现代化为中心的副食品基地生产的综合研究；7. 六盘山、贺兰山、罗山林业经营为主的综合研究；8. 新灌区钙土改良利用的综合研究；9. 滩羊、沙毛山羊的研究；10. 枸杞栽培技术的研究。（《中共宁夏党史大事记（1925.8~1988.6）》P317）

是月 中共中央总书记邓小平、国务院副总理李富春视察甘肃省临夏回族自治州境内的刘家峡水电站。（《临夏回族自治州志》上P57）

△ 青海省海南藏族自治州文化工作队建立，1980年更名为州文工团。（《海南州志》P38）

△ 《新疆十年科学技术发展规划》编制完成。（《新疆通志·科学技术志》72卷上P48）

6月

3日 据报道，西藏邮政线路1.45万多公里，比民主改革初期增长近5倍，各地邮电机构比5年前增长6倍左右。（《今日新闻》1964.6.5）

△ 宁夏回族自治区党委同意并批转自治区党委统战部《关于今后两年统一战线工作的要点》。《要点》内容：一、在社会主义教育运动中，大揭民族宗教方面的阶级斗争盖子，普遍深入地进行无产阶级民族观和无神论教育；二、在各族各界人士中，更大规模、更加深入地开展以阶级斗争为中心的教育运动；三、配合有关部门继续推动在职的资产阶级工商业者和知识分子投入增产节约和“五反”运动；四、认真组织干部学习中央统战部《关于今后两年统一战线工作任务的意见》。（《中共宁夏党史大事记（1925.8~1988.6）》P317~318）

5日 新疆维吾尔自治区党委下发《关于贯彻执行中央〈关于在社教运动中平反冤假错案件问题的指示〉的指示》，要求各地结合社教运动，继续做好党员、干部的甄别平反工作，对1958年后在反右倾斗争、农村整风整社等运动中受批判、处分尚未进行甄别的案件进行认真调查，特别是对冤假错案要提出处理意见，报自治区党委审批。（《中国共产党新疆历史大事记（1949.10~1966.4）》上P275）

6日 国家投资8万多元兴建的西藏南部雅砻河中段治理工程竣工。该工程是西藏民主改革以来所建的一项最大的水利工程，工程的建成，使沿岸2.6万多克（相当亩）耕地和1100多户居民免遭洪水威胁。（《今日新闻》1964.6.8）

△ 新疆维吾尔自治区伊犁哈萨克自治州人委颁发《伊犁哈萨克自治州草原管理试行条例（草案）》。（《伊犁哈萨克自治州志》P52）

7日 广西壮族自治区第一座大型水电站——西津水电站1号机组发电。1966年7月29日2号机组投产，3、4号机组分别于1975年12月20日和1979年7月1日投产。总投资18294万元，装机容量23.44万千瓦，多年平均发电量10.91亿千瓦时。（《广西通志·大事记》P332）

10日 蒙古文《蒙药药理学概要》由蒙古族医生占布拉绍奴编著完成。（《内蒙古日报》1964.6.10.③）

△ 古巴总理菲德尔·卡斯特罗赠给我国政府的14头良种牛——圣塞尔特鲁迪斯牛运抵广西壮族自治区南宁，交由广西畜牧研究所饲养。（《广西通志·大事记》P370）

11日 据报道，西藏类乌齐、昌都、察雅、左贡、贡觉和宁静等县建立了一批小炼铁作坊，用土法炼铁，制造农具。（《今日新闻》1964.6.11）

15~16日 云南省孟连傣族拉祜族佤族自治县庆祝成立10周年。县长王方（傣族）在会上讲话，介绍自治县10年来的成就。省民委副主任陈可大，中共思茅地委和思茅专员公署的代表、西双版纳傣族自治州的代表及其他一些自治县的代表到会祝贺。（《今日新闻》1964.6.19）

20日 据新华社报道，广西壮族自治区文物普查工作队最近在梧州地区发现大批战国、汉、唐、宋、明各朝代的古墓群96处4000多座，并出土石器时代的鼎、铜斧、铜碗及瓷器、陶器等文物。新发现的新石器时代遗址有96处，采集到的文物有石斧、石刀及陶片等。（《今日新闻》1964.6.20，《广西通志·大事记》P370）

22日 广西壮族自治区农业科学院成立。（《广西日报》1964.6.22.①）

22日~9月9日 新疆维吾尔自治区党委书记处会议讨论、贯彻中共中央5月工作会议精神，部署自治区工作。会议讨论中共中央主席毛泽东提出的关于全国分成一、二、三线，加强三线建设和地方要抓军事工作的指示，进一步研究自治区一、二、三线的划分和加强三线建设问题；讨论自治区城市“五反”和农村社教工作，对运动作出规划安排；讨论自治区经济建设问题。会议确定自治区1965年主要生产指标。（《中国共产党新疆历史大事记（1949.10~1966.4）》上P275~278）

23日 新疆维吾尔自治区巴音郭楞蒙古自治州首府库尔勒各族各界1万多人集会游行，庆祝自治州成立10周年。州长巴岱（蒙古族）在会上讲话，介绍自治州10年来的成就。国家民委代表胡嘉宾和新疆维吾尔自治区副主席艾斯海提到会祝贺。（《今日新闻》1964.6.25）

26日 云南边疆三台山区的景颇族和德昂族聚居区，平均每人每年粮食由解放初的百斤增加到千斤以上，每人还有牛1头和经济林木60多株。（《今日新闻》1964.6.27）

△ 据《广西日报》报道，在1962年春建立的茶油商品生产基地（包括龙胜各族自治县西部、三江侗族自治县南部和融安县北部方圆数百里山区），2年来抚育油茶81万亩，1963年油茶产量比1962年增长33%。（《广西通志·大事记》P370）

30日 广西壮族自治区人委决定成立水果生产委员会，李殷丹（自治区副主席）任主任委员。委员会主要任务是：加强水果生产的领导，制订水果生产发展规划；建立水果生产基地，组织协作，交流推广经验；研究解决有关水果生产投资、生产资料调拨、产销政策等问题。（《广西通志·大事记》P370）

是月 云南省怒江傈僳族自治州有合作社985个，入社农户14073户61852人，分别占总数的50.7%和52.0%。农业生产合作社中位于边境一线怒江西岸地区的有420个合作社，入社农户5872户23996人，占该地区农户的43.75%，占总人口的41.84%。（《怒江傈

傈族自治州志》下P122）

△ 联合国派出12名沙漠专家在青海省海南藏族自治州共和县沙珠玉公社考察。（《海南州志》P38）

7月

1日 《毛泽东选集》第四卷藏文版出版发行。（《西藏日报》1964.7.1.①）

2日 《人民日报》发表署名文章《当前我国国内民族问题和阶级斗争》。这篇文章混淆马列主义、毛泽东思想关于民族问题和阶级问题的理论，滥用"民族问题的实质是阶级问题"的提法，断言我国"民族问题就是阶级问题"。这种把阶级问题和民族问题混淆起来的错误观点给民族工作带来了极坏的影响，在"文化大革命"中被林彪、江青反革命集团用来全盘否定党的民族政策和民族工作，极大地影响了我国的社会主义民族关系。（《人民日报》1964.7.2.⑤）

△ 新疆维吾尔自治区在乌鲁木齐举行戏剧观摩汇演，15个文艺团体演出了7个剧种29个节目。（《今日新闻》1964.7.3）

3日 广西壮族自治区举行现代戏观摩演出大会。28个剧团演出33个新创作的革命现代戏。（《今日新闻》1964.7.4）

△ 我国第一次在云南祥云县黑龙山咀发现一座约西汉前后的少数民族铜棺墓，发掘出红铜和青铜铜器90多件。（《今日新闻》1964.7.4）

3~4日 受台风影响，广西壮族自治区南部出现暴雨天气过程，其中以沿海地区最为集中，11县降暴雨，3县降大暴雨。据不完全统计，9个县（市）13个公社94个生产队4588人受灾，死亡1人，受伤21人；损坏房屋9544间、倒塌3523间；农作物受灾62.08万亩，损失稻谷8.8万公斤、谷种11.9万公斤、粮食10.9万公斤；毁坏堤防61处，冲毁山塘、水库、渠道共94处；打沉、毁坏船只71艘，毁坏果树50万株。（《中国气象灾害大典·广西卷》P82）

6日~8月18日 宁夏回族自治区党委工作会议举行，传达中共中央主席毛泽东、国家主席刘少奇的指示和5月中央工作会议精神，着重讨论城乡社会主义革命问题。会议认为，宁夏地区民主革命很不彻底，特别是土地改革不彻底；敌伪人员占的比例大，和平解放后包下来的人太多；盲流来宁人员多；民族宗教问题比较复杂；"全区领导权不在我们手里的单位要多于1/3"。会议提出，要大胆放手发动群众，坚决把社会主义革命进行到底，坚决、全部、彻底地完成民主革命遗留下来的历史任务；做好战争准备，加强军事工作；加强无产阶级专政；努力培养无产阶级革命事业的接班人；搞好干部的革命化。（《中共宁夏党史大事记（1925.8~1988.6）》P318）

10日 内蒙古自治区在呼和浩特举行群众业余文艺观摩演出会。近200名演员演出180多个节目。（《今日新闻》1964.7.13）

10日~8月10日 宁夏回族自治区境内黄河发生特大洪水，青铜峡段实测最大流量为5930立方米/秒，全区动员10万人防洪抢险。（《当代宁夏史通鉴》P24）

11日 中共中央军委副主席刘伯承视察吉林省延边朝鲜族自治州。（《延边朝鲜族自治州志》上P74）

13日 新疆维吾尔自治区博尔塔拉蒙古自治州6000多人集会游行，庆祝自治州成立10周年。州长阿拉西（蒙古族）在会上讲话，介绍自治州10年来的成就。国家民委代表胡嘉宾和自治区庆贺团团长、自治区副主席铁木尔·达瓦买提到会祝贺。（《今日新闻》1964.7.18）

△ 中央同意成立中共扎东特派工作委员会。西藏平叛改革时，有2000多名叛乱分子逃到尼泊尔边境木斯塘地区，这股叛匪经常窜回我边境地带进行破坏，并袭击我边防军民。

为开展反对叛匪回窜的斗争，中央批复西藏工委同意成立中共扎东特派工作委员会，统一领导仲巴、吉隆、萨噶3县的边防工作。特委书记为张向明，第二书记为余致泉，特委由西藏工委直接领导。特委成立半年左右，近千名外逃边民回归和外逃叛匪投诚，边界得到控制，边境趋向安定。里孜、宗嘎、松如等4个边界传统贸易市场恢复，边民正常进行小额贸易，开展盐粮交换工作。（《中共西藏党史大事记（1949~1966）》P152）

△ 全国人大常委会委员长朱德和国家副主席董必武视察吉林省延边朝鲜族自治州。朱德为延边大学题词："学习毛泽东思想，培养社会主义接班人。"（《延边朝鲜族自治州志》上P74）

15日 广西壮族自治区南宁邕江大桥建成通车，9月28日举行落成典礼。大桥于1960年1月6日破土动工，全桥长365米，车行道宽18米，两旁人行道各宽3米。（《广西通志·大事记》P341、371）

16日 新疆维吾尔自治区昌吉回族自治州各族各界1万多人集会游行，庆祝自治州成立10周年。州长马明亮（回族）在会上讲话，介绍自治州10年来的成就。国家民委代表黄荣和自治区副主席伊敏诺夫到会祝贺。（《今日新闻》1964.7.20）

17日 西藏工委在林芝召开工作会议，传达中央工作会议精神，研究西藏工作。会议指出，鉴于"5年不办社"将到期，西藏革命已进入建设社会主义新阶段的伟大时期，要求到1970年基本完成社会主义改造（3年准备，4年完成），改变个体所有制为集体所有制，把西藏改变为社会主义的新西藏，并提出以农业为基础，以粮为纲，基本达到粮食自给（70%）。会后，西藏工委向中央报送《关于在西藏进行社会主义改造问题的请示报告》。（《中共西藏党史大事记（1949~1966）》P152~153）

18日 新疆维吾尔自治区木垒哈萨克自治县各族各界8000多人集会游行，庆祝自治县成立10周年。县长热加夫（哈萨克族）在会上讲话，介绍自治县成立10年来的成就。自治区党委和人委的代表到会祝贺。（《今日新闻》1964.7.22）

△ 国务院副总理罗瑞卿视察吉林省延边朝鲜族自治州。（《延边朝鲜族自治州志》上P74）

20日 国务院全体会议第147次会议决定：恢复内蒙古自治区通辽县，以通辽市的郊区除红星公社以外的地区为通辽县的行政区域；恢复磴口县，以巴彦高勒市的行政区域为磴口县的行政区域，撤销巴彦高勒市；撤销乌兰浩特市，将乌兰浩特市的行政区域划归科尔沁右翼前旗。（《国务院公报》1964［12号］P228）

22日 甘肃省临夏回族自治州部分县降大雨，引发山洪，冲毁农田1.6万多亩、房屋993间，死亡10人。（《临夏回族自治州志》上P57）

24日 甘肃省举行少数民族群众业余文艺观摩汇演。裕固、东乡等9个民族的150名代表演出50个节目。（《今日新闻》1964.7.25）

25日 据统计，西藏农村、牧区民主改革后，民办小学发展到1400多所，在校生约4万多名，约占全区学龄儿童的一半。（《今日新闻》1964.7.27）

△ 西藏工委在批转的统战部《全区统战工作座谈会纪要》中说："目前全区保留寺庙553座（不包括拉康），基本上满足了僧尼宗教生活的需要。今后一般不再增加保留寺庙。但保留寺庙过少的地方，群众确实不方便并积极要求开放，可开放个别寺庙。目前，留寺僧尼7000人，从实际情况来看，再多也不可能，少了也不适宜，今后2年至3年大体维持7000人左右。"（《中国共产党西藏历史大

事记（1949~2004）》P218）

29日 广西壮族自治区党委发出《关于农村社会主义教育运动几个问题的指示》，强调提高各级党委思想认识，认真解决基层干部的“四不清”（政治、经济、思想、组织不清）问题，重新组织阶级队伍。自治区党委根据中央精神，在武鸣、兴安、苍梧、融安、靖西、玉林6个县和南宁市郊区的920个公社开展系统的社教活动试点工作，共组织9万多人的工作队参加。运动于是年冬展开，至1966年“文化大革命”开始停止进行。（《广西通志·大事记》P371）

△ 是日报道，1963年以来，国家拨出198万元和1000多吨水泥、数十吨钢材、炸药等物资，帮助广西壮族自治区少数民族聚居的山区建成5300多处人畜饮水工程，解决了57万居民和31万头牲畜缺水的困难。（《今日新闻》1964.7.29）

30日 国家帮助内蒙古自治区锡林郭勒草原新建的第16条公路——锡林郭勒直达昭乌达盟西部的克什克腾旗公路正式通车，全长180公里。（《今日新闻》1964.7.31）

△ 四川省举行少数民族群众业余艺术观摩汇演，藏、彝、羌、苗等8个民族的180多名业余演员演出95个节目，其中59个节目获优秀节目奖。（《今日新闻》1964.8.17）

31日 新疆维吾尔自治区塔什库尔干塔吉克自治县各族人民2000多人集会，庆祝自治县成立10周年。县长西仁别克（塔吉克族）讲话，介绍自治县的成就。国家民委代表黄荣，自治区党委、人委代表宋发宏和喀什地委副书记白元兴等到会祝贺。（《今日新闻》1964.8.6）

是月 湖南省湘西土家族苗族自治州吉首电厂750千瓦1号火力发电机组建成发电。（《魅力湘西》P184）

△ 以越南运输部公路局局长胡执新为首的越南代表团，和我国总参谋部副部长徐斌为首的中国代表团，联合组成中越边境公路勘察团，并在南宁进行会谈。（《广西通志·大事记》P371）

△ 广西壮族自治区梧州市工人医院内的一座汉墓出土9枚五铢钱，这是广西壮族自治区出土最早的古钱币。（《广西通志·大事记》P371）

是~8月 黄河出现20年未遇的特大洪水，宁夏回族自治区黄河沿岸11个县（市），淹没农田894.4公顷，塌岸10公顷，淹房屋5198间，塌房1268间，不少桥梁、排水工程被大水冲毁。18县（市）小麦锈病大流行，全区蔓延面积18.67万公顷，其中严重的约10万公顷。有8.67万公顷小麦不同程度发生吸浆虫和黏虫危害。（《中国气象灾害大典·宁夏卷》P115、247）

8月

1日 云南省迪庆藏族自治州贯彻执行《云南省边疆兄弟民族地区工商税收暂行规定》，开征工商统一税、工商所得税、屠宰税、牲畜交易税、车船使用牌照税，其税率低于内地，征收范围窄于内地。（《迪庆藏族自治州志》P42）

1~12日 西藏在拉萨罗布林卡举行盛大物资交流会，设物资货摊300多个，供应藏族人民需要的特殊商品。（《今日新闻》1964.8.18）

4日 据统计，新疆维吾尔自治区塔什库尔干塔吉克自治县塔吉克族干部较1954年自治县成立时增长2倍多。其中，任公社正副书记和正副社长的有27名，有的还任自治县县长、县委副书记等职。（《今日新闻》1964.8.5）

5日 全国人大常委会委员长朱德、国家副主席董必武视察内蒙古自治区鄂温克族自治旗。（《鄂温克族自治旗志》P919）

7日 西藏中部驿道上的一座古老藏式木

桥——嘉玉桥改建成现代水泥公路桥。（《今日新闻》1964.8.8）

9~11日 广西壮族自治区部分地区出现暴雨天气，有48县（次）降暴雨、14县（次）降大暴雨。据不完全统计，有12县23个区6个公社186个大队受灾，9人死亡、11人受伤；损坏房屋275间、倒塌222间；受灾农作物31.49万亩，损失稻谷150万公斤、粮食1102万公斤；死亡耕牛3头、猪41头；毁坏水利设施1556处、山塘168个。（《中国气象灾害大典·广西卷》P82）

10日 由黑龙江省齐齐哈尔到内蒙古自治区鄂伦春自治旗所在地——阿里河间铁路通车。（《今日新闻》1964.8.15）

17日 据《宁夏日报》报道，中科院内蒙古自治区、宁夏回族自治区综合考察队基本完成对野外资源的考察，自然资源的综合考察工作已结束。考察队提出了宁夏回族自治区工业和农业资源评价及生产布局远景设想、宁夏回族自治区宜农荒地资源的评价、宁夏回族自治区盐碱土壤改良与利用等报告。考察队根据考察结果认为，宁夏平原是理想的粮食生产基地。（《中共宁夏党史大事记（1925.8~1988.6）》P319）

20日 据报道，解放以来，广西壮族自治区新建、扩建、调整9所高等院校和专科学校，在校生比解放时增长13倍多，少数民族学生增长50多倍。（《今日新闻》1964.8.21）

20~23日 中共中央副主席、国家主席刘少奇在广西壮族自治区南宁视察。22日，刘少奇在干部会上作《关于两种劳动制度与两种教育制度问题》的报告。（《广西通志·大事记》P371）

21日 第一次全国少数民族地区电影宣传工作现场会议在延吉市举行。会议介绍和推广延边朝鲜族聚居地区的41个电影放映单位用朝鲜语为汉语影片的对白配音，讨论和学习了延边的经验，并观摩了朝鲜语配音解说的表演。（《今日新闻》1964.8.24）

△ 甘肃省阿克塞哈萨克族自治县各族群众1000多人集会，庆祝自治县成立10周年。县长沙海都拉（哈萨克族）讲话，介绍自治县10年来的成就。（《今日新闻》1964.8.25）

29日 中华医学会、中华护士学会、中国药学会吉林省延边朝鲜族自治州分会在延吉市成立。（《延边朝鲜族自治州志》P74）

31日 新疆维吾尔自治区伊犁哈萨克自治州各族各界800多人集会，庆祝自治州成立10周年。州长伊尔哈力（哈萨克族）在会上讲话，介绍自治州10年来的成就。中央民委副主任丹彤，自治区庆贺团、自治区内各自治州的代表及新疆兵团的代表等到会祝贺。（《今日新闻》1964.9.3）

是月 四川省甘孜藏族自治州在全州推广电影民族语译制工作。（《甘孜州志》上P65）

△ 四川省甘孜藏族自治州卫生防疫站在色达县对布鲁氏杆菌病研究与防治工作中，首先发现“牛型”第四、八、九生物型，其中第八、九生物型填补我国牛布氏杆菌生物型分布空白。（《甘孜州志》上P65）

△ 云南省怒江傈僳族自治州边四县实施边民出入境管理。（《怒江傈僳族自治州志》上P27）

△ 青海省政府决定将海南藏族自治州共和县倒淌河公社的曲什科、麦乃亥两个大队划归省畜牧厅，建立湖东种羊场。（《海南州志》P38）

9月

2日 中科院北京地球物理研究所创建新疆维吾尔自治区第一个地震台——乌鲁木齐水磨沟地球物理观测台。（《新疆通志·科学技术志》72卷上P48）

11日 据《广西日报》报道，广西壮族

自治区初步建成星罗棋布的气象服务网，已有87个气象服务台（站）。解放前，广西仅有4个破烂不堪的气象站。（《广西通志·大事记》P372）

14日 《伊犁哈萨克自治州边境禁区管理实施细则》颁布实施。（《伊犁哈萨克自治州志》P52）

18日 广西壮族自治区人委在南宁召开现场会，推广伶俐糖厂亦工亦农经验。该厂1963年至是年榨季采取“少数固定工、部分合同工”的用工方法，使全厂职工246人减少为136人，固定工人由179人减少到100人。而平均日榨蔗提高27.82%，超过设计能力5%，每吨糖成本降低41.2%，成为全区机糖成本最低的企业。《人民日报》报道该厂的用工经验，并发表短评《一项办法，多项好处》。（《广西通志·大事记》P372）

△ 据《广西日报》报道，广西壮族自治区公路和内河航运有很大发展。至是月初，县县通汽车，通车里程为解放前最高水平的4倍；通航河流8770公里，比解放前夕增长16.24%。同1950年相比，客运周转量增长10倍，货运周转量增长7倍。（《广西通志·大事记》P372）

△ 西藏医院工作会议召开。会议统计，全区医疗机构比1959年平叛时增加3.8倍，医务人员增加2.2倍，病床增加2.5倍。全区有中、初级藏族医务人员330多人，占全区医务人员的17%。（《中共西藏党史大事记（1949~1966）》P153）

18日~11月4日 西藏自治区筹委第七次（扩大）会议举行，自治区筹委第二副主任张国华作题为《认清形势，加强团结，加强斗争，为彻底完成民主革命，为社会主义改造创造条件而奋斗》的政治报告。会议错误地批判全国人大常委会副委员长、西藏自治区筹委会代理主任委员班禅和《七万言书》，认为他企图复辟封建农奴制度，图谋叛国，进行反人民、反祖国、反社会主义活动，并将原班禅堪厅的主要成员计晋美、拉敏·益西楚臣、经师恩久活佛、班禅驻京办事处处长孙格巴顿等人打成“班禅叛国集团”的“黑干将”、“黑高参”。随后，全国人大会议也进行同样的错误批判，并撤销班禅全国人大常委会副委员长和西藏自治区筹委代理主任委员职务。1977年10月20日，中共中央统战部致电自治区党委关于班禅一案的处理意见：中央同意自治区党委对詹东·计晋美和已故的恩久·洛桑群培、何巴顿·次登坚赞、鲁林·索朗旺久4人的审查结论和处理意见，请即按所提意见处理。准备安排班禅为第五届全国政协常委。（《中共西藏党史大事记（1949~1966）》P153，《中国共产党西藏历史大事记（1949~2004）》P294，《班禅大师》P146）

19日 云南省沧源佤族自治县第一所半耕半读的农业中学创立。（《今日新闻》1964.9.21）

26日 广西壮族自治区第一个现代化棉纺织厂——桂林棉纺厂建成并投产。（《广西通志·大事记》P372）

△ 据《广西日报》报道，广西壮族自治区机械工业粗具规模，各专区、县先后建立机械厂，全区还建立一批现代化骨干机械厂，如南宁矿山机械厂、柳州动力机械厂、柳州空气压缩机厂、桂林电表厂等。（《广西通志·大事记》P372）

28日 是日报道，4个月内，东北和内蒙古林区建成1200多公里的运材线路。（《今日新闻》1964.9.28）

29日 西藏工委对继续贯彻宗教信仰自由政策做出若干具体规定。《规定》中根据“政治统一、信教自由、政教分开”的原则，就尊重信教群众的正常宗教活动，尊重住寺僧尼的正常宗教活动，正确对待僧尼离寺还俗后的宗教活动，正确对待群众开放寺庙，正确对待群众中的玛尼拉康（村子里可去转经的庙或佛堂）和宁乃拉康（可持斋戒或修行的佛堂），正确处理寺庙房屋，正确对待迷信职业者和迷信品制造者，以及坚决打击披着宗教外衣的反动分子的反攻、复辟和其他破坏群众利益的活动，坚持制止违反宗教信仰自由政策和利用宗教进行危害群众利益的各种违法活动等问题作出决定。（《中共西藏党史大事记(1949~1966)》P154）

30日 内蒙古、新疆、广西、宁夏、西藏、辽宁、吉林、黑龙江、青海、甘肃、陕西、云南、贵州、四川、湖南、广东、河南、河北、山东、福建、浙江和江西等省（区）包括46个民族714人组成的21个少数民族“国庆”参观团和内蒙古、新疆、西藏、云南4个少数民族青年学习参观团先后抵达北京。10月1日，全国人大民委、国家民委和团中央联合举行酒会，欢迎各少数民族参观团，国家民委副主任谢扶民、萨空了、谢鹤筹等出席。5日，中共中央主席毛泽东、国家主席刘少奇、全国人大常委会委员长朱德、中共中央总书记邓小平等党和国家领导人接见各少数民族参观团。10日，全国人大常委会副委员长彭真、黄炎培等接见各团负责人。同日，全国人大常委会举行晚会，招待各少数民族参观团全体成员。20日，全国妇联举行招待会，招待各少数民族参观团妇女代表。团中央宴请各少数民族青年学习参观团全体代表，团中央总书记胡耀邦接见各团负责人和先进生产者、五好民兵等积极分子。（《今日新闻》1964.10.4，10.6，10.12，10.21，10.22）

是月 青藏公路通天河钢筋混凝土大桥建成。（《当代中国的西藏》下P116）

10月

1日 新疆维吾尔自治区巴里坤哈萨克自治县和布克赛尔蒙古自治县各族各界人民分别集会，庆祝自治县成立10周年。巴里坤副县长卡米里江（哈萨克族）、和布克赛尔代县长乌如布觉尔（蒙古族）分别在庆祝会上讲话，介绍两自治县10年来的成就。（《今日新闻》1964.10.9）

5日 湖南省通道侗族自治县各族各界1000多人集会，庆祝自治县成立10周年。县长吴通行（侗族）在会上介绍了自治县成立10年来的成就，湖南省副省长王含馥和黔阳专署副专员刘冠生等到会祝贺。（《今日新闻》1964.10.9）

6日 内蒙古自治区党委召开三级干部扩大会议，开展反“右倾”，部署全区社会主义教育运动。会后，全区抽调3400余人，组成6个牧区“四清”工作团，分别在6个盟，8个牧业旗的33个牧区公社、牧场（其中23个是边境社、场）和2个旗级机关中开展“四清”运动。（《内蒙古自治区史》P222、529）

7日 由国家投资在甘肃省天祝藏族自治县干旱草原修建的7个大型涝池和兴修的1处引水管道工程建成，解决了5万多头牲畜饮水问题。（《今日新闻》1964.10.8）

7~12日 广西壮族自治区首次民兵比武大会在南宁举行，设步枪、冲锋枪、轻重机枪射击，武装泅渡，手榴弹投掷等17个项目。参加比武大会的有6个专区、4个市的民兵代表152人，其中女代表29人。自治区党委第一书记、自治区主席韦国清，广西军区司令员欧致富、第二政委李士才等接见全体代表。（《广西通志·大事记》P372）

10日 四川省成都市4000多名知识青年到少数民族聚居的大小凉山和西昌专区安家落户，帮助少数民族建设新山区。（《今日新闻》1964.10.10）

11日 西藏第一座现代化的面粉厂——国营拉萨面粉厂建成投产。（《今日新闻》1964.10.15）

13日 广西壮族自治区西津水电站厂房等主要工程全部建成，第一台发电机组正式投产。（《今日新闻》1964.10.14）

16日 青海省河南蒙古族自治县各族各界人民3000多人集会，庆祝自治县成立10周年。副县长土布旦（蒙古族）在会上讲话，介绍自治县10年来的成就。省党政军代表团团长、省委副书记薛宏福到会祝贺。（《今日新闻》1964.10.19）

21日 宁夏回族自治区党委、人委批转自治区民政厅、商业厅、供销社《关于今冬补助、救济棉花和成品衣物发放意见的报告》，同意冬季用于救济的棉布共计665万市尺、棉花45万市斤、棉被7536条、旧棉衣8646件、救济款87万元，要求各级领导、有关部门要教育干部关心群众疾苦、廉洁奉公、大公无私，严格按政策规定办事，全心全意为人民服务。（《中共宁夏党史大事记（1925.8~1988.6）》P321）

21~31日 青海省海北藏族自治州刚察县冬春草场连续发生9次火灾，烧毁草原10万亩。（《海北藏族自治州志》上P64）

24日 新疆维吾尔自治区博尔塔拉蒙古自治州举行第二届文艺汇演。蒙古、哈萨克、汉、维吾尔、回等6个民族的演员演出60多个节目。（《新疆日报》1964.10.24.③）

27日 国务院批复青海省人委，同意河南蒙族自治县改称河南蒙古族自治县，隶属关系不变。（《黄南州志》上P41）

30日 西藏自治区筹委、西藏军区联合公布对参加叛乱外逃的藏族同胞投诚归来者的政策和奖励规定。4月4日，拉萨市集会欢迎外逃叛匪平措旺堆投诚归来。7月10日，仲巴县境外青海籍参叛外逃人员来绕、顿噶2股22人及其家属76人携带枪支弹药投诚归来，仲巴县各界500多人举行欢迎会。7月下旬，又一批叛乱者9人和家属17人携械投诚。11月9日，叛乱者仲加、当木青、索南、多玛尔吉、罗桑绕吉及其家属10人，携械向我边防部队投诚。1965年8月18日，普兰县各界1500多人集会，欢迎叛乱外逃的原“总管”土鲁扎携带英式步枪1支和妻子从国外投诚归来。1966年6月6日，逃窜在印度的叛匪扎西投诚归来。所有投诚者均按照党的政策予以宽大，并得到妥善安排。（《人民日报》1970.6.7.③；《今日新闻》1964.4.8，1965.8.19；《中共西藏党史大事记（1949~1966）》P154）

31日 国务院全体会议第148次会议决定：撤销西藏萨噶县，将其行政区域分别划归吉隆、仲巴、昂仁3个县；撤销雪巴县，将其行政区域分别划归工布江达、林芝、嘉黎3个县；撤销达木萨迦县，将其行政区域全部划归班戈县；撤销岗巴县，将其行政区域全部划归定结县；撤销打隆县，将其行政区域全部划归浪卡子县。（《国务院公报》1965［15号］P290、295）

是月 中央工作团在贵州省黔南布依族苗族自治州开展“四清”工作。“四清”内容由原来的清工、清账、清财、清库改为清政治、清经济、清思想、清组织。（《黔南布依族苗族自治州志》上P58）

△ 贵州省黔南布依族苗族自治州部分县牲畜疫病流行，平塘、翁安、独山3县和三都水族自治县较严重。据不完全统计，病死牛1394头、猪2390头、马21匹。（《黔南布依族苗族自治州志》上P58）

11月

1日 青海省海西蒙古族藏族哈萨克族自治州人委第22次行政会议通过《海西自治州自治条例（修订稿）》、《海西自治州人民代表大会和人民委员会组织条例（修订稿）》。（《海西蒙古族藏族自治州志》1卷P47）

1~6日 宁夏回族自治区首届民兵比武大会在银川举行，14个代表队的157名民兵选手参加30个战术、技术项目的比赛和表演。（《中共宁夏党史大事记（1925.8~1988.6）》P321）

4日 吉林省延边朝鲜族自治州的电影院

由解放初的6座发展到98座。（《今日新闻》1964.11.6）

8日 宁夏回族自治区党委作出《关于贯彻中央反对右倾指示的具体安排》，要求各级党委必须坚定不移地把以阶级斗争为纲和反对党内右倾思想作为今后一切工作的指导思想。（《中共宁夏党史大事记（1925.8~1988.6）》P321~322）

10日 贵州省威宁彝族回族苗族自治县各族各界1800人集会，庆祝自治县成立10周年。副县长张本仁（苗族）讲话，介绍自治县10年来的成就。（《今日新闻》1964.11.12）

11日 广西壮族自治区党委批转教育厅党组《关于试办半农半读和半工半读学校教育逐步推行工读教育制度的请示报告》，要求大力发展耕（工）读小学；积极发展并办好农业中学；举办半农半读中等农业技术学校；试行农、林、场、工厂办学的制度；试办工读师范。《报告》要求加强领导，教育厅内成立工读局。（《广西通志·大事记》P373）

△ 据统计，西藏藏族干部任区以上各级党政领导职务的有1000多名。全区70多个县的正副县长和440多个区的正副区长中，藏族干部占87%。（《今日新闻》1964.11.13）

12日 据新华社报道，西藏藏族语言文字在民主改革后得到发展和广泛应用。在全区公办、民办中小学中，90%以上的教师用藏文教学，自治区文教部门编印的各种藏文课本已有19种，共42.5万多册；《西藏日报》藏文版从创刊时发行仅几百份，增加到5400份；各专区及靠近各专区的县设立了有线广播站，向群众广播藏语节目；自治区还设立一所专印藏文书报的印刷厂，5年来全区共发行藏文书籍50万册。（《中共西藏党史大事记（1949~1966）》P154）

△ 宁夏回族自治区党委同意并批转自治区党委城市社教指挥部《关于城市社会主义教育运动的部署计划》指出，城市社会主义教育运动的内容包括：社会主义教育、五反、干部参加劳动、领导作风革命化、划阶级、查坏人、整顿工会、整顿党团等；要求整个运动必须“以阶级斗争为纲”，“大搞群众运动”，集中力量先在银川市“打歼灭战”。（《中共宁夏党史大事记（1925.8~1988.6）》P322）

13日 广西壮族自治区党委批转自治区党委组织部、统战部和自治区民委党组《关于培养少数民族干部问题的报告》，要求有计划、有步骤地培养新生力量，将少数民族干部中的优秀分子提拔到各级领导岗位上来。（《广西通志·大事记》P374）

△ 宁夏回族自治区党委批转自治区党委宣传部《关于贯彻执行中央宣传部〈关于当前全国中小学社会主义教育运动部署的请示报告〉的意见》。《意见》指出，在全区的城乡社会主义教育运动中，对中小学的领导核心和教师队伍进行必要的整顿；对混入教职工队伍中的地主分子，富农分子，投机倒把分子，贪污盗窃分子，现行反革命分子，严重违法乱纪、腐化堕落、强奸学生的坏分子，坚持反动立场、散布反动言论的右派分子等，都应坚决清除。（《中共宁夏党史大事记（1925.8~1988.6）》P322）

14日 青海省黄南藏族自治州同仁县隆务河铁吾大桥建成通车。（《黄南州志》上P41）

20日 中央戏剧学院表演系新疆民族班首批即将毕业的30名学员在北京用汉语汇报演出话剧《草原上的青年人》和《丰收之后》。国务院总理周恩来、全国人大常委会委员长朱德、中央书记处书记陆定一、中央军委秘书长罗瑞卿等出席观看，并接见参加演出的学员。（《人民日报》1964.11.20.①）

23日 农业部、国家民委、国家计委等单位组成的国务院牧区工作调查组结束在新疆维吾尔自治区的调查，向自治区党委和国务院提交调查报告。报告提出，新疆牧业县19

个，半农半牧县8个，这27个县草原面积3.82亿亩，占全区草原面积的50.5%；人口90余万，比1949年增长近1倍；1958年后建立牧业人民公社141个、国营牧场15个、公私合营牧场43个；1963年底有各类牲畜814.4万头（折合绵羊1558万头），每只羊占有草原24.5亩，各类牲畜从1952年至1963年间增长144.1%，平均每年递增8.5%。报告认为，自治区党委提出“以牧为主，农牧结合，多种经营”的方针是有成绩的。（《中国共产党新疆历史大事记（1949.10~1966.4）》上P281~282）

24日 新华社报道，西藏已建有水泥厂、汽车修配厂、水电站和皮革厂等50多个中小型工厂。（《今日新闻》1964.11.25）

25日 据《广西日报》报道，应邀到广西壮族自治区传授水稻高产栽培经验和柑橘栽培经验的800多名广东、福建农民技术能手，最近已分配到各地人民公社进行传授工作。（《广西通志·大事记》P373）

26日~12月29日 文化部和国家民委在北京联合举办全国少数民族群众业余艺术观摩演出会。18个省（区）53个民族的700多名代表，演出了100多个音乐、舞蹈、曲艺和戏剧节目。中共中央书记处书记陆定一在开幕会上讲话，全国政协副主席郭沫若、政协全国委员会常务委员沈雁冰等出席开幕式。国务院总理周恩来、副总理乌兰夫出席闭幕式。（《新华社新闻稿》1964.11.27，12.30；《今日新闻》1964.11.23，11.24，11.27，12.30；《中华人民共和国大事记（1949~1980）》P319）

30日 云南省怒江傈僳族自治州各族各界代表500多人集会，庆祝自治州成立10周年。副州长崔彰在会上讲话，介绍自治州10年来的成就。全国人大民委和中央民委代表陆庆美到会祝贺。（《今日新闻》1964.12.8）

△ 新疆维吾尔自治区克孜勒苏柯尔克孜自治州各族各界8000多人集会，庆祝自治州成立10周年。州长买买提艾沙（柯尔克孜族）在会上讲话，介绍自治州10年来的成就。全国人大民委和国家民委代表张杰（回族）以及自治区人委副主席伊敏诺夫（维吾尔族）到会祝贺。（《今日新闻》1964.12.7）

是月 内蒙古大学蒙语系蒙语教研室编写的大学教材《现代蒙古语》（上、下册）出版。（《内蒙古大学四十年》P387）

12月

1~15日 西藏工会第一次代表大会在拉萨举行，选举协饶顿珠（杨东生，藏族）为自治区工会主席。12日，自治区总工会宣告成立。目前，西藏有4.3万名职工、工会会员2.5万名。（《今日新闻》1964.12.19，《当代中国的西藏》上P320）

2日 内蒙古毛纺织厂第一次用国产改良羊毛试制成功12种高级精纺毛织品。（《今日新闻》1964.12.3）

△ 据统计，云南省怒江傈僳族自治州建州10年来，少数民族干部由1954年的483名发展到2184名（包括16个民族），占全州干部总数的48%。（《云南日报》1964.12.2.③）

7日 国务院第150次全体会议通过《果洛藏族自治州各级人民代表大会和各级人民委员会组织条例（草案）》，以及贵州省镇宁布依族苗族自治县、广东省连山壮族瑶族自治县、内蒙古自治区鄂温克族自治旗和莫力达瓦达斡尔族自治旗、云南省屏边苗族自治县和河口瑶族自治县等自治县（旗）的人民代表大会和人民委员会组织条例（草案）。12日，全国人大常委会第二届第一、三、五次会议讨论批准。（《国务院公报》1964［16号］P323，《国务院公报》1965［17号］P331~336）

△ 据新华社报道，广西壮族自治区关怀少数民族和山区人民的健康，不断充实和加强少数民族自治县和边远山区县医院的建设。自治区7个少数民族自治县和14个边远山区县都

建立卫生医疗机构，增派医务卫生人员，调拨各种医疗器械，增加病床。仅大苗山、大瑶山、龙胜、三江、巴马、都安、隆林7个少数民族自治县就有各级卫生医疗机构116个、正规病床300多张，中、高级医务卫生人员980多人，医疗技术水平普遍提高。（《广西通志·大事记》P374）

8日 贵州省威宁彝族回族苗族自治县一座自来水厂建成，全城80%以上的居民用上自来水。（《今日新闻》1964.12.9）

11~15日 中国科学院北京地球物理研究所在四川省西昌专区西昌建立第一个地震工作管理机构——西南地震工作站，1970年撤销。（《凉山彝族自治州志》上P55）

15~28日 中共中央政治局举行全国工作会议，中共中央主席毛泽东讲话强调，社会主义教育运动的性质是“社会主义和资本主义的矛盾”。翌年1月14日，中共中央发布会议纪要《农村社会主义中目前提出的一些问题》（简称《二十三条》），认为“我国城市和农村都存在着严重的、尖锐的阶级斗争。在所有制的社会主义改造基本完成以后，反对社会主义的阶级敌人企图用‘和平演变’的方式恢复资本主义阶级斗争，这种阶级斗争必然反映到党内”。《纪要》首次提出，“这次运动的重点是整党内那些走资本主义道路的当权派”，成为后来“文化大革命”的理论观点。（《中华人民共和国大事记（1949~1980）》P125）

17日 国务院全体会议第151次会议通过《关于撤销达赖职务的决定》。《决定》说：达赖在1959年发动叛国的反革命武装叛乱，逃亡国外以后，组织流亡伪政府，公布伪宪法，支持印度反动派对我国的侵略，并且积极组织和训练逃亡国外的残匪骚扰祖国边境。这一切都证明他早已自绝于祖国和人民，是一个死心塌地为帝国主义和外国反动派作工具的叛国分子。国务院根据西藏地方人民的要求，决定撤销达赖的西藏自治区筹备委员会主任委员和委员的职务。（《国务院公报》1964年［18号］P363）

20日~1965年1月5日 全国政协四届一次会议举行，全国人大常委会副委员长郭沫若作第三届全国政协常委会工作报告。会议批判一些不利于民族团结和祖国统一的言论，号召一切爱国、拥护社会主义事业的人们认真学习毛泽东著作，积极投入社会主义教育运动。会议选举毛泽东为全国政协名誉主席，周恩来为主席，帕巴拉·格列朗杰（藏族）为副主席；免去班禅额尔德尼·确吉坚赞（藏族）副主席职务，只保留常委一职。（《人民日报》1964.12.21.①，1965.1.6.①；《班禅大师》P148~149）

21日~1965年1月4日 全国人大三届一次会议举行。22日，国务院总理周恩来作政府工作报告，首次提出在我国实现四个现代化的问题。他说，要“在不太长的历史时期内，把我国建设成为一个具有现代农业、现代工业、现代国防和现代科学技术的社会主义强国。”《报告》还揭露十四世达赖喇嘛的叛国罪行，宣布国务院根据西藏人民的要求，决定撤销达赖西藏自治区筹委主任委员和委员的职务，同时撤销班禅代理主任委员和委员的职务。会议通过周总理提出的国务院副总理、秘书长、各部委负责人名单，乌兰夫（蒙古族）任国务院副总理兼国家民委主任；通过关于政府工作报告的决议；决定国务院总理人选。大会选举产生新一届全国人大委员会，赛福鼎·艾则孜（维吾尔族）、阿沛·阿旺晋美（藏族）任人大常委会副委员长；谢扶民（壮族）任人大民委主任委员，丁占海（东乡族）、刀京版（傣族）等为委员。（《人民日报》1964.12.21.①，1965.1.5.①⑥）

22日 全国人大常委会第二届第一、三、五次会议通过《关于鄂温克族自治旗人民代表大会和人民委员会组织条例》的决议。（《鄂温克族自治旗志》P919）

24日 新疆维吾尔自治区克孜勒苏柯尔克孜自治州成立维吾尔新文字改革委员会兼新文字推行委员会。（《克孜勒苏柯尔克孜自治州志》上P36）

26日 国家冶金工业部设立宁夏有色金属冶炼厂，命名为“九〇五厂”和“第三有色金属研究所”，设计年生产能力为钽粉、铌条各6吨。1965年开工建设，1966年底投产。至1990年，先后开发建成钽、铌深加工产品、化工产品等9大系列13条生产线，销售增长3.4倍，实现由军向民、军民品结合发展的目标。（《当代宁夏史通鉴》P283）

27日 党和国家领导人毛泽东、刘少奇、周恩来、朱德等接见参加全国少数民族群众业余艺术观摩演出会的50多个少数民族的代表和中央民族学院新疆干训班的学员。（《今日新闻》1964.12.28）

△ 中国民用航空拉萨站（简称拉萨航站）正式组建。（《当代中国的西藏》下P133）

28日 吉林省延边朝鲜族自治州民委成立。（《延边朝鲜族自治州志》P74）

△ 四川省甘孜藏族自治州政治学校首期开学。学员有色达、石渠、邓柯、新龙、理塘等县民族、宗教上层人士70多人。（《甘孜州志》上P66）

29日 是日报道，宁夏回族自治区半农半读教育蓬勃发展，几个月来，半农半读小学发展到1000多所，学生6万多名；截至11月底，全区各种形式的半农半读农业中学发展到72所99个班，学生3000多名。（《宁夏日报》1964.12.29.①）

是月 广西壮族自治区第一座现代化钙镁磷肥厂——鹿寨化肥厂竣工投产。（《广西通志·大事记》P374）

△ 广西医学院梁徐（壮族）教授等先后在广西42个地、市、县约3万人群中进行Hb病的流行病学和遗传基因调查，发现异常血红蛋白和地中海贫血以及异常血红蛋白与地中海复合体共18种类型。其中，有5种为国际首次发现，4种是国内首次发现，Hb—都安、Hb—武鸣是中国第一、第二个列人国际Hb谱系，此成果填补中国在国际Hb研究资料中的空白。（《广西通志·大事记》P374）

是年 贵州省黔南布依族苗族自治州独山、平塘、都匀、贵定等县流行白喉，发病2215例，死亡248人，为近几十年最高纪录。其中，独山县8~12月大面积暴发流行，发病1866例，占自治州总病例数84.24%，死亡84人。（《黔南布依族苗族自治州志》上P58）

△ 云南省迪庆藏族自治州维西县田径运动员张德祥获全国铁饼冠军。（《迪庆藏族自治州志》P42）

1965年

1月

1日 《新疆日报》刊登经国务院1964年10月23日批准，以汉语拼音字母为基础的维吾尔、哈萨克新文字方案和自治区人委关于公布这两个方案的命令。新疆以汉语拼音字母为基础的维吾尔、哈萨克文字改革试点工作自1960年开始。1964年2月19日，自治区党委常委会议认为，这两种文字方案经过5年的试行，已具备全面推广的条件，决定提交自治区第三届人民代表大会讨论通过和报经国务院批准后公布推广。是年开始，这两种文字的推广工作在全区展开。据统计，各地有200万人参加学习和掌握新文字活动，其中半数人学会读写字母和拼音，部分人掌握正字法和新文字的运用。（《中国共产党新疆历史大事记（1949.10~1966.4）》上P283~284）

2日 驻桂空军在广西壮族自治区上空击落入侵的美军无人驾驶高空侦察机1架。自1962年至是月，美蒋间谍飞机先后4次飞临宁夏上空侦察。我军分别于4月3日、10月5日

在广西上空击落各1架侦察机。（《广西通志·大事记》P374~375、378，《当代宁夏史通鉴》P23）

3日 云南省西双版纳傣族自治州人委批准《关于加强森林采伐管理工作的意见》，将木材采伐纳入国家计划管理。（《西双版纳傣族自治州志》上P48）

△ 是日报道，新疆维吾尔自治区商业部门供应各族人民的商品达2.4万多种，比1962年增长1倍。内蒙古草原供应的民族特需商品达200种左右，1964年销售的民族色布比1963年增长1倍。贵州和云南民族贸易公司经营的民族商品分别达到1500种和2000种。广西壮族自治区1964年销售的民族商品比1962年有很大增加。（《今日新闻》1965.1.3）

5~9日 广西壮族自治区植保工作会议在南宁举行。会议总结病虫害预测预报、种子消毒、化学除草、植物检疫等工作经验和教训，讨论是年植保工作规划。（《广西通志·大事记》P374）

9日 中央民族歌舞团为来首都参加观摩演出的少数民族业余演员举行民族音乐专场演出。（《今日新闻》1965.1.11）

11日 西藏民主改革后，建立了2100多个乡人民政权，有1.7万多名农奴和奴隶任乡长、副乡长、乡人民委员职务，1万多名劳动人民当选为乡人民代表。（《今日新闻》1965.1.12）

11~20日 内蒙古自治区"半工（农）半读"教育会议举行。（《内蒙古自治区史》P529）

15日 西藏工委传达中央关于全国开展四清运动的指示，西藏各机关、企事业单位迅速开展四清运动。（《中共西藏党史大事记（1949~1966）》P155）

16日 广西壮族自治区大王滩水库西干渠第二期工程竣工并开始放水，可灌溉农田10.5万亩。（《广西通志·大事记》P374）

20日 国务院批复广西壮族自治区人委，同意睦边县改称那坡县，睦南关改称友谊关。（《国务院公报》1965［1号］P16，《广西通志·大事记》P375）

20~31日 宁夏回族自治区党委常委扩大会议举行，传达讨论中央工作会议纪要《二十三条》精神。会议认为，通过社会主义教育运动，使广大干部群众认识到"和平演变"和阶级敌人篡夺领导权的严重性和危险性，肯定运动方向是正确的，发展是健康的。主要缺点是：对阶级斗争的严重性看得过了些，个别地方发生打人和其他形式体罚的现象。自治区党委要求，要发扬成绩，纠正错误，继续以阶级斗争和两条道路斗争为纲，组织一个以清经济为主的"四清"（清政治、清经济、清组织、清思想）高潮。（《中共宁夏党史大事记（1925.8~1988.6）》P323~324）

21日 广西壮族自治区党委扩大会议召开，学习贯彻中央工作会议纪要《二十三条》精神。根据《二十三条》，社会主义教育应当一律简称"四清"（清政治、清经济、清组织、清思想）运动，将原社教工作团改称"四清"工作团，仍以1964年冬确定的6个县作为"四清"运动的试点，6个月搞完。（《广西通志·大事记》P374）

27日 《中华人民共和国第三届全国人民代表大会第一次会议主要文件》分别以蒙古、藏、维吾尔、朝鲜、哈萨克文出版发行。（《今日新闻》1965.1.28）

27日~2月25日 新疆维吾尔自治区党委工作会议举行，传达贯彻中央工作会议纪要《二十三条》精神，检查、总结自治区城乡社教工作，部署工作任务。会议明确提出，社教运动的性质是"社会主义和资本主义的矛盾"以及"这次运动的重点是整党内那些走资本主义道路的当权派"。（《中国共产党新疆历史大事记（1949.10~1966.4）》上P285~287）

是月 云南省西双版纳傣族自治州景洪县

赞哈波旺香（傣族）、勐海县罕甩（布朗族）出席全国少数民族群众业余艺术观摩演出大会。（《西双版纳傣族自治州志》上P48）

2月

2日 云南省德宏傣族景颇族自治州人委公布改进后的景颇文试行方案，并自即日起正式使用。（《德宏州志》综合卷P52）

6日 据报道，贵州省三都水族自治县改变女孩不读书的风气，女孩入学人数比1年前增长近1倍，90%的学校有了水族女学生。（《今日新闻》1965.2.8）

△ 甘肃省民族贸易公司把几百个品种、总值近200万元的民族特需商品和其它工业品下放到基层单位，满足各族社员的需要。（《今日新闻》1965.2.8）

8日 新疆维吾尔自治区农科院成立，涂治任院长，孟梅生任党委书记。该院是在原新疆农林牧科研所的基础上组建的。（《新疆通志·科学技术志》72卷上P49）

11日 据报道，云南省少数民族地区兴办耕读学校和工读学校22所，在校生包括傣、景颇、傈僳、怒、崩龙等十多个民族。（《今日新闻》1965.2.12）

17日 新疆维吾尔自治区塔什库尔干塔吉克自治县由国家投资修建的一座水力发电站建成，比1958年这里建起的第一座水力发电站发电能力大3.8倍。（《今日新闻》1965.2.18）

18日 西藏交通厅成立，统管全区公路交通运输事业。（《当代中国的西藏》下P125）

20日 内蒙古艺术剧院组成11个“乌兰牧骑”式的文化工作队，分赴各地农村、牧区演出。工作队包括蒙古、汉、满、朝鲜、达斡尔、鄂温克等民族的170多名文艺工作者。（《今日新闻》1965.2.22）

24日 国务院总理周恩来在北京与西藏自治区筹备委员会副主任、代主任阿沛·阿旺晋美和筹委会副主任帕巴拉·格列朗杰谈话时指出：一、我们历来主张政教分离，政治不能利用宗教，宗教不能同政治连在一起。至于思想信仰问题，不能强迫人们不信，信教自由。我们反对反动统治阶级利用宗教统治多数人，压迫少数民族，向外侵略。二、无产阶级政党为绝大多数人服务，我们的民主，是绝大多数人的民主。三、要为大多数人服务，农奴主、贵族、喇嘛出身的人就要改造。怎么改造，是个困难问题，也是个长期的问题。（《中国共产党西藏历史大事记（1949~2004）》P223）

25日~3月16日 新疆维吾尔自治区党委在乌鲁木齐举行各地、州、市委统战部部长会议。会议确定自治区是年统战工作任务是：1. 坚持在党外人士中进行社会主义教育。在教育中继续贯彻“团结—批评与自我批评—团结”的方针。2. 民族工作方面：坚决反对资产阶级民族主义。注意民族分裂主义者的破坏活动，同时也注意防止和克服大汉族主义思想倾向。3. 宗教工作方面：坚持政治统一、政教分离的原则，教育宗教人士反帝、反修、爱国守法，走社会主义道路；加强对宗教活动的管理，巩固宗教制度改革的成果；协同有关部门在党团员、干部、职工以及中专以上学生中开展无神论教育；做好州、县两级人大会和政协改选中党外人士的工作安排。（《中国共产党新疆历史大事记（1949.10~1966.4）》上P287~288）

3月

1~3日 伊尔—18型204号飞机完成北京至拉萨的通航任务。从此，北京经成都至拉萨航线正式投入营运。（《当代中国的西藏》下P133）

4日 云南省怒江傈僳族自治州碧江、福贡两县开始自办傈僳语广播节目。（《怒江傈僳族自治州志》上P758）

6日 据统计，西藏农奴和奴隶出身的女干部，现任正副县长或县级以上领导职务的有30名；任正副区长的有90多名；任正副乡长、乡农牧民协会正副主任或乡人委委员的有1800多名。（《今日新闻》1965.3.8）

△ 云南省西盟佤族自治县宣告成立。1~6日，首届人大一次会议听取和讨论通过了筹委的工作报告，选举魏崖景（佤族）为县长。云南省民委、思茅专区和西双版纳傣族自治州的代表到会祝贺。（《今日新闻》1965.3.11）

7日 西藏自治区筹委党委批准《关于第二次城市社教工作会议纪要》指出，以毛泽东思想为搞好四清运动的武器，紧紧抓住阶级斗争和两条道路斗争这个纲。《纪要》说，四清运动的内容是清政治、清经济、清组织、清思想，清政治主要是整走资本主义道路的当权派。（《中共西藏党史大事记（1949~1966）》P165）

10日 广西壮族自治区党委、人委发出《关于及早动手彻底防治虫害的通知》指出，1964年冬气温高、雨水少，有些稻田没有及时翻犁，越冬螟虫死亡率低，越冬虫口密度比1964年同期多1至2倍，要求各地做好防虫工作。（《广西通志·大事记》P375）

10日~4月1日 宁夏回族自治区贫下中农代表大会在银川举行，学习《二十三条》，贯彻“以阶级斗争为纲”、以生产为中心的方针。会议选举产生自治区农协，杨静仁（回族）任主席，李景林、马玉槐（回族）任副主席。（《中共宁夏党史大事记（1925.8~1988.6）》P324~325）

12日 新疆维吾尔自治区城市社教领导小组工作会议召开，讨论城市面上社教工作，并形成会议纪要。会议指出，自治区城市社教运动自1963年3月开始，先进行反对铺张浪费、反对官僚主义、反对分散主义的前“三反”运动，解决各级领导干部“下楼洗澡”和一般干部自我教育问题；1964年3月后，转入反对贪污盗窃、投机倒把的后“两反”运动；中央5月工作会议和自治区党委7月工作会议后，转入解决县以上各级领导班子的问题；1965年1月中央发出《二十三条》后，转入“以两条道路为中心”的阶段。（《中国共产党新疆历史大事记（1949.10~1966.4）》上P289）

15日 中共中央书记处会议决定西藏可以试办人民公社。《决定》说：“西藏农业合作化原定在5年不搞，现在已经过了5年，同时情况又有了变化，可以着手搞一点人民公社的试点。第二步如何办，待试点后再定。”（《中共西藏党史大事记（1949~1966）》P156）

19日 新疆维吾尔自治区党委致电西北局并中共中央，汇报自治区宣讲贯彻《二十三条》和城乡社会主义教育运动进展情况。报告提出，自治区农村点上社教工作自1964年11月开始，是年2月转入“四清”阶段。面上社教工作自1964年12月开始，各地已普遍召开党委扩大会议或三级干部会议，30多个县、近200个公社召开县、社贫下中农代表会议，进入宣讲学习《二十三条》阶段。（《中国共产党新疆历史大事记（1949.10~1966.4）》上P289~290）

20日 新疆维吾尔自治区党委、自治区人委联合发布《关于试办和发展半工（农）半读教育的指示》。《指示》要求，各级党委按照党中央、国家主席刘少奇于1964年5月在北京召开的中央工作会议提出的两种教育制度、两种劳动制度的指示，积极发展半工（农）半读教育。具体办法是：大量发展耕读小学，普及小学教育；农村、牧区全日制初中根据农牧业生产季节，适当延长农忙假和增加劳动时间；全日制农、工科中等技术学校改为半农（工）半读；全日制技工学校、职业学校改为半工半读，并逐步提高到中专水平；各地区积极发展农业中学；新疆大学、八一农学院和矿冶学院的某些专业试办半工（农）半读；积极发展职工和农牧民的业余教育。（《中国共产党新疆历史大事记（1949.10~1966.4）》上P290）

27日 国务院全体会议第154次会议决定：设立内蒙古自治区土默特左旗，以土默特旗的陶思浩等18个公社和察素齐镇为土默特左旗的行政区域；设立土默特右旗，以土默特旗的公山湾等19个公社和萨拉齐镇为土默特右旗的行政区域，撤销土默特旗；恢复西藏萨噶县，以合并于吉隆、仲巴、昂仁3个县的原萨噶县行政区域为萨噶县的行政区域；恢复岗巴县，以合并于定结县的原岗巴县行政区域为岗巴县的行政区域。（《国务院公报》1965［5号］P80、82）

28日 内蒙古自治区阿拉善左旗第一座长达20公里的管道引水工程建成。（《今日新闻》1965.3.29）

29日 据新华社报道，国防部最近发布命令，追授西藏军区某部二连战士普布扎西“爱民模范”称号。（《新华社新闻稿》1965.3.29）

31日 是日报道，西藏手工业产品发展到1000多种，产品品种比民主改革前增长70%左右。手工业生产互助组和合作社239个，从业人员占全区手工业人员1/5以上。（《今日新闻》1965.3.31）

△ 一座青海省农村当前最大的水电站在青海高原民族杂居区的湟水河畔建成。（《今日新闻》1965.4.2）

是月 国家冶金部决定在原宁夏石嘴山钢铁厂旧址的基础上建设西北地区大型金属制品生产基地——“五四厂”。是月，“五四厂”开始动工兴建，利用原厂遗留的一套400/250小型钢机组恢复生产。在“三老带三新”原则的指导下，国家冶金部从鞍（鞍山）钢、天（天津）钢、湘（湘潭）钢、本（本溪）钢、太（太原）钢等企业抽调一批干部、技术人员、生产骨干，并调拨相应的生产设备支援建设。9月，金属制品部分车间建成，生产出4个结构18种规格的航空用钢丝绳。（《当代宁夏史通鉴》P273）

4月

1日 从是日起，西藏人民生活必需的砖茶、沱茶和金尖茶又分别降低销售价格10%至36%。1956年7月25日，全区曾经降低茶叶价格。1959年12月15日，全区曾2次降低茶叶价格。1959年12月25日，全区调整降低的198种商品价格中，也以粮食、茶叶为主。（《中共西藏党史大事记（1949~1966）》P156）

3日 青海“牧猪之乡”——互助土族自治县猪的存栏数占全省养猪总头数17%，比1957年增长1倍，平均每户社员养猪2头多。（《今日新闻》1965.4.5）

6日 据《广西日报》报道，广西壮族自治区农业厅所属504个农业技术站的2800名农业科技人员到农业生产第一线大搞样板田，支援农业生产。（《广西通志·大事记》P375）

9日 中央民族学院艺术系18个少数民族师生在首都公演大型民族舞剧——《凉山巨变》。（《今日新闻》1965.4.12）

12~26日 宁夏回族自治区财贸政治工作会议在银川举行，传达全国和西北财贸政治工作会议精神，讨论贯彻执行的具体措施。会议认为，为适应新形势的需要，做工农业生产新高潮的促进派，关键在于政治挂帅、思想领先。必须把政治思想工作放在一切工作首位，使政治思想工作真正成为全盘工作的基础。（《中共宁夏党史大事记（1925.8~1988.6）》P325）

14日 内蒙古自治区党委发出通知，在全区掀起学大寨热潮。（《内蒙古自治区史》P219、529）

20日 由李淑兰、王荣娟、王锡华组成的解放军女子射箭队在广州举行的解放军、西藏、青海3单位射箭友谊赛中以3271环的成绩打破美国女子射箭队保持的3260环的女子团体单轮全能世界纪录。22日，李淑兰以555环打破她本人在1963年创造的女子50米双轮553环的世界纪录。（《新华社新闻稿》1965.4.21，4.23）

24日 据《广西日报》报道，广西壮族自治区文化工作会议最近在南宁召开。会议传达文化部的有关精神，部署1965年的文化工作，要求继续编、演现代戏，提高剧本的创作质量。（《广西通志·大事记》P375）

5月

1日 原地质部地质科学研究所研究人员钱方、浦庆余等在云南省楚雄彝族自治州元谋县上那蚌村西北500米处小丘梁上的褐色土中，采集到两颗距今170万年前的猿人门牙化石，后定为“直立人元谋新亚种”，简称“元谋人”。（《楚雄彝族自治州志》1卷P200）

△ 宁夏回族自治区党委发出《关于建立农建师和水土保持师的决定》。《决定》指出，为加强三线建设，决定在银川地区西干渠沿线和陶乐县建立农业建设师，在固原、同心地区清水河、葫芦河等流域建立水土保持师。9月12日，中共中央批复同意自治区党委采取军垦形式，开垦耕地，建设农场，发展生产。宁夏农业建设师的番号为第13师。（《中共宁夏党史大事记（1925.8~1988.6）》P326、329）

6日 西藏第一座为农业服务的小型水电站——萨纳水电站建成。（《今日新闻》1965.5.7）

8日 全国人大常委会委员长朱德和副委员长彭真等领导接见来北京参加“五一”节庆祝活动的内蒙古、新疆、西藏、广西、云南、青海、吉林、辽宁、黑龙江等省区的少数民族参观团负责人。随后，全国人大常委会举行晚会，招待各团全体人员。19日，国家主席刘少奇、国务院总理周恩来、全国人大常委会委员长朱德、中共中央总书记邓小平等党和国家领导人接见参观团全体人员及在京学习的部分少数民族应届毕业生。（《人民日报》1965.5.20.①，《今日新闻》1965.5.10）

10日 内蒙古自治区为促进农牧业生产高潮的宣传活动，在呼市集训30多个旗、县包括8个民族的450多名“乌兰牧骑”队员。（《今日新闻》1965.5.12）

12日 四川省政协常委委员、木里藏族自治县政协副主席扎巴松典（藏族）在木里病逝。（《今日新闻》1965.5.17）

13日 国务院发布通告，我国已同缅甸、尼泊尔、蒙古、巴基斯坦、阿富汗等国划定边界线，并签订边界条约或边界协定。我国地图应一律按照上述条约或协定的有关规定标绘同这些国家间的边界线。（《新华社新闻稿》1965.5.14）

△ 是日报道，云南省德宏傣族景颇族自治州各族社员试种小麦成功，全州14万亩小麦获丰收。（《今日新闻》1965.5.13）

14日 西藏农村第一个水轮泵站在拉萨河谷达孜县色康乡建成。（《今日新闻》1965.5.15）

15~23日 广西壮族自治区贫下中农代表大会举行。大会选举产生农协筹备委员会，韦国清（壮族）任主席。（《广西通志·大事记》P375）

18日 国务院批准，广西壮族自治区增设河池专区，治所在河池县金城江镇，所辖区域是从柳州、百色、南宁3个专区划出的10个县，即原柳州专区的河池、宜山、罗城、环江、南丹、天峨6个县，原百色专区的东兰、凤山县和巴马瑶族自治县3个县（自治县）以及原南宁专区的都安瑶族自治县。（《广西通志·大事记》P375）

19日 据统计，西藏有120多个电影放映单位，200多名藏族放映员。（《今日新

闻》1965.5.20）

△　是日报道，四川省阿坝藏族自治州兴建公路39条（全长2550公里），架设桥梁200多座，修建涵洞1000多个。自治州境内县县通汽车。　（《今日新闻》1965.5.19）

26~27日　贵州省黔东南苗族侗族自治州境内山洪暴发，清水江水位超过1952年，全州流失木材4.70万立方米，自治州人委派1297人赴洞庭湖区清理木材，清赎1.44万立方米。　（《黔东南苗族侗族自治州志·总述·大事记》P172）

是月　四川省甘孜藏族自治州丹巴营林处从芬兰引进先进育苗技术，在边尔营林队开展温室育苗试验，培育云杉、冷杉、高山松苗，均获成功。　（《甘孜州志》上P66）

△　新疆维吾尔自治区伊犁地区因旱50多万亩作物受损；因蝗虫危害，面积约50万亩受害。　（《新疆减灾四十年》P256）

6月

7日　前来宁夏回族自治区参加社会主义建设的北京知识青年首批600多人抵达国营暖泉、平吉堡等农场。至11月10日，先后有7批共4300多名北京知青抵达宁夏。　（《中共宁夏党史大事记（1925.8~1988.6）》P326）

10日~12月21日　内蒙古自治区3个乌兰牧骑先后在全国27个省、市、自治区巡回演出431场，观众约100万人次。　（《内蒙古自治区史》P529）

12日　西藏第一所拉萨半工半读技工学校建立。　（《今日新闻》1965.6.19）

13日　宁夏回族自治区党委举行书记处书记会议，听取全区统战部部长会议情况的汇报。会议认为，肃清所谓“刘格平地方民族主义反党集团”的影响，将“反对地方民族主义的斗争”进行到底。1971年2月16日，自治区革委会向中共中央呈送《关于“反地方民族主义”政治陷害案的复查结果和处理意见的请示报告》提出，恢复自治区副主席王志强、自治区文教厅厅长李微冬、自治区冶金局副局长马有德、自治区党委组织部副部长韩觉民的党籍及原行政级别，恢复自治区建筑工程局局长丁毅民、自治区财政厅副厅长张英达、自治区党委统战部副部长李健、自治区建委副主任王克、自治区人委副秘书长金晓村、自治区商业厅厅长马世芬、自治区民政厅厅长马杰等人的原行政级别。　（《中共宁夏党史大事记（1925.8~1988.6）》P326~327、402）

21日　中国伊斯兰教著名阿訇、教育家达浦生在北京逝世，终年91岁。达浦生（回族），经名努尔·穆罕默德，1874年生，历任中国伊协副主任，国家民委委员，第二届全国政协委员、常委，中国伊斯兰教经学院院长。著有《伊斯兰教六书》。　（《人民日报》1965.6.22.②，《中国历代少数民族英才传》P3263~3265）

26日　国务院批准广东省的合浦县、灵山县、钦州壮族自治县、东兴各族自治县及北海市划归广西壮族自治区，设立钦州专区，专区所在钦州壮族自治县，同时划辖原属南宁专区的上思县。　（《广西通志·大事记》P375）

28日　国家第一轻工业部在广西南宁召开全国制糖工业座谈会，总结交流试行亦工亦农劳动制度的经验，确定进一步推行亦工亦农制度。　（《广西通志·大事记》P376）

29日　历时20天的越南高平、谅山省贸易代表团与中国广西贸易代表团关于1965年地方贸易的谈判在南宁达成协议。双方同意恢复广西凭祥、水口及越南同登、驮隆2个对口口岸贸易。　（《广西通志·大事记》P376）

30日　中尼公路我国境内段通车。中尼两国政府于1961年10月15日签订修筑这条公路的协定，1962年6月开始勘测和施工，投入近万名筑路军工、民工。公路由拉萨到尼泊尔首都加德满都，全长930公里，其中在中国境内段有735公里。由定日到樟木口岸友谊桥近

500公里为新修路线。从定日起，跨越6座大山，从珠穆朗玛峰与希夏邦马峰之间横跨喜马拉雅山脉分水岭，后从海拔5000多米飞旋直下到海拔1700多米的中尼边境。工程历时3年，在施工中牺牲100多人。同时应尼方要求，中国还组建了500人的援尼工程大队前往支援。（《中共西藏党史大事记（1949~1966）》P157）

△ 据统计，1953年到1964年，民族出版社用蒙古、藏、维吾尔、朝鲜、哈萨克5种少数民族文字出版了毛泽东主席著作单行本270种，《毛泽东选集》17种。（《今日新闻》1965.7.1）

是月 内蒙古自治区上半年共调出4.3万头（匹）耕畜支援兄弟省区农业生产。（《内蒙古自治区史》P529）

△ 云南省红河哈尼族彝族自治州金平县那发与越南交界处的南河大桥（又称“中越友谊桥”）竣工，桥长100.8米。（《红河哈尼族彝族自治州志》1卷P82）

7月

1日 河北省石家庄拖拉机配件厂迁建的吴忠配件厂建成投产，是“三线”建设中在宁建成的首家企业。（《中共宁夏党史大事记（1925.8~1988.6）》P327）

1~7日 内蒙古自治区首届学生代表会议举行，成立自治区学联，内蒙古大学的宝音贺什格（蒙古族）当选为自治区学联主席。（《内蒙古自治区史》P263、529）

2日 据新华社报道，全国畜牧工作会议在北京举行。会议号召各地在“自力更生、以粮为纲、农牧并举、全面发展畜牧业生产”的指导方针下，掀起一个全国范围的畜牧生产新高潮。（《新华社新闻稿》1965.7.3）

7日 中共中央宣传部、统战部批转国家民委党组《关于民族学院几个问题的请示报告》指出，广西、西藏、云南、广东、青海民族学院由所在省、自治区党委和人大常委会管理，具体管理部门由省、自治区党委决定；民委对有关民族工作业务予以指导；5个民族学院的党委由所在的省、自治区党委领导。（《广西民族学院校史》P277~P278）

△ 西藏谢通门县塔丁、吉丁、卡嘎、通门4乡遭雹灾，农作物受灾面积4991克，其中绝收850克（克：西藏旧的容量、重量及面积单位名。做面积使用时，1克指14千克种子所播种的面积，1克约合1市亩）。（《中国气象灾害大典·西藏卷》P81）

8~14日 广西壮族自治区卫生厅举行部分医疗队队长和政治工作人员座谈会，总结第一批农村巡回医疗队的经验。2月，第一批农村巡回医疗队共217个队、1173人下乡，7月结束。这是广西组织医疗队下农村规模最大、人数最多、高级医生最多、时间最长的一次。医疗队为农民送医送药上门，受到农民群众的赞扬，取得工作和思想双丰收。（《广西通志·大事记》P376）

9日 中共中央东北局第一书记宋任穷、书记顾卓新视察吉林省延边朝鲜族自治州。（《延边朝鲜族自治州志》上P75）

10日 云南省贡山独龙族自治县境内一座人马吊桥建成，结束过江靠溜索和竹筏子的历史。（《今日新闻》1965.7.12）

11日 宁夏回族自治区党委向中央并西北局上报《关于农村社会主义教育运动情况的报告》。自治区党委认为：“宁夏的阶级斗争是十分严重的”，“民主革命很不彻底”，“民族宗教问题比较复杂”，“阶级敌人用和平演变的方式腐蚀干部、篡夺领导权的情况更为突出。”（《中共宁夏党史大事记（1925.8~1988.6）》P327）

△ 新疆维吾尔自治区党委书记处会议召开，讨论自治区第三个五年计划问题。会议制定的第三个五年计划工农业主要生产指标：粮食65亿至70亿斤，争取达到72亿斤；棉花

150万至170万担，争取达到200万担；油料200万至210万担；牲畜3100万至3200万头；铁20万吨，争取达到25万吨；钢材12万吨，争取达到14万吨；煤炭600多万吨；电8亿多度；石油150万吨；水泥80万吨；木材50万立方米；化肥20万吨；机床1000台；汽车装配2000辆；拖拉机制造1000辆；糖10万吨；纸2.5万吨。（《中国共产党新疆历史大事记（1949.10~1966.4）》上P292）

12日 宁夏回族自治区党委批转自治区工业厅党组《关于贯彻执行第二轻工业部第一次厅局长、政治部主任会议精神的意见的报告》。《报告》指出，几十年来经过恢复、调整和整顿，全区手工业生产有很大发展。至1964年底，全区手工业合作社、厂已发展到268个；职工已增加到7100多人；手工业总产值1852万元，比1963年增长22%；是年1至5月产值比1964年同期增长32.2%。（《中共宁夏党史大事记（1925.8~1988.6）》P327~328）

△ 四川省盐源彝族自治县清水河畔彝、汉两族人民联合修建的机械提灌站建成抽水。（《四川日报》1965.7.12.①）

18日 西藏开始试办人民公社。西藏工委工作组在堆龙德庆县通嘎乡试办1个人民公社，20日，达孜县委在邦堆乡试办1个人民公社。8月29日，中央复电西藏工委，同意试办。（《中共西藏党史大事记（1949~1966）》P157~158，《当代中国的西藏》下P588）

19日 国务院全体会议第157次会议决定：恢复广西壮族自治区浦北县，以合并于合浦县的原浦北县行政区域为浦北县的行政区域；设立钦州县，以钦州壮族自治县的行政区域为钦州县的行政区域，撤销钦州壮族自治县。（《国务院公报》1965［10号］P174）

20日 据不完全统计，西藏县—区—乡邮路有110多条，全长1.3万多里，相当于西藏十几年开辟的专（署）、县邮路的40%以上。全区有51个县的239个乡开办了邮件投递业务，亦工亦农（牧）的乡邮递员有110多名。（《今日新闻》1965.7.22）

24日 广西壮族自治区一座年产10万吨钙镁磷肥厂——鹿寨化肥厂建成投产。（《今日新闻》1965.7.26）

△ 西藏自治区筹委会向国务院提出《关于正式成立西藏自治区的请示报告》。8月23日，国务院第158次会议讨论了《报告》，同意于1965年9月1日召开西藏自治区第一届人大会，正式成立西藏自治区。8月25日，全国人大常委会举行第15次会议，批准国务院提出的成立西藏自治区的议案。（《当代中国的西藏》上P364）

28日 射箭运动员乌日哲（蒙古族）和扎拉嘎（蒙古族）被国家体委授予运动健将称号。（《今日新闻》1965.7.29）

△ 国务院（1965年）国内字第288号文决定，贵州省兴义专区建制重新设立，兴义专员公署、中共兴义地委同时复建。专署和地委机关驻兴义县城关镇，下辖兴义、兴仁、安龙、贞丰、盘县、普安、晴隆、册亨、望谟9个县。（《黔西南布依族苗族自治州志·政权政协志》P18）

30日 西藏工委决定将贫农团改为贫苦农牧民协会。（《中共西藏党史大事记（1949~1966）》P158）

31日~8月13日 广西壮族自治区农副产品交流会在桂林举行，23个省、市、自治区1800多名代表参会。交流会展出3类农副产品4200多种，签订合同4200多份，成交商品2200多种，购销总额7200余万元。（《广西通志·大事记》P376）

是月 内蒙古自治区农村第一批“四清”运动基本结束。6个旗县、呼和浩特市郊区，共653个大队参加，占全区农村大队总数的6.8%，连同以前的777个大队，共有1430个大队进行了“四清”运动，占全区大队总数的

15%。此后，在1965年冬至1966年5月，自治区又开展了第二批农村“四清”运动，开展“四清”运动的大队2200个，全区进行“四清”的大队总数达到3630个，占全区9489个大队的38%。（《内蒙古自治区史》P219）

△ 云南省地质局第11地质队进入兰坪凤凰山铅锌矿区开展勘探工作。（《兰坪白族普米族自治县志》P24）

△ 国务院决定设立嘉峪关市，甘肃省肃南裕固族自治县的一部分土地划归嘉峪关市管辖。（《肃南裕固族自治县志》P424）

8月

1~15日 内蒙古自治区牧读小学教育现场会在克什克腾旗举行。（《内蒙古自治区史》P529）

4日 甘肃省甘南藏族自治州农牧业机械厂试制成功一种手摇制酥油机。（《今日新闻》1965.8.5）

5日 据《广西日报》报道，广西壮族自治区农村文化工作会议最近在南宁召开。其间观摩了内蒙古自治区“乌兰牧骑”巡回演出队的演出，并听取演出队的经验介绍。会议要求，全区各地尽快建立农村文化工作队和加强农村文化室工作，以“乌兰牧骑”为榜样，组织农村文化大进军。（《广西通志·大事记》P376）

△ 西藏地区基层选举工作基本结束。截至7月底，已有90%的乡完成选举工作，召开乡人民代表大会或乡人民代表会议，建立以翻身农奴和奴隶占绝对优势的乡人民政权。23日，选举委员会公布：有54个县召开了第一届人民代表大会第一次会议，有16个县召开人民代表会议，选出正副县长，建立县人委；有11位昔日女奴隶、女农奴当选为正副县长。（《中共西藏党史大事记（1949~1966）》P158）

6日 全国人大常委会三届十四次会议批准了《四川省凉山彝族自治州各级人民代表大会和各级人民委员会组织条例》、《四川省甘孜藏族自治州各级人民代表大会和各级人民委员会组织条例》，并由国家主席刘少奇颁布。（《湖南日报》1987.11.26.②③）

7~8日 吉林省延边朝鲜族自治州发生水灾，2.3万公顷农作物受灾，2966户房屋进水，其中800户倒塌，死亡23人。（《延边朝鲜族自治州志》P68）

8日 广西壮族自治区合浦县灌溉农田11万亩的南流江综合利用工程——总江桥闸建成并举行落成典礼。（《广西通志·大事记》P377）

14日 据新华社报道，卫生部最近召开全国农村医学教育会议，决定大量培养农村基层医务人员，在三五年内把农村医疗卫生网普遍建立起来。（《新华社新闻稿》1965.8.16）

17日 国务院批准紫云县划归安顺专区，黔南州辖都匀、独山、翁安、福泉、荔波、平塘、长顺、惠水、罗甸、贵定、龙里及三都水族自治县12县。（《黔南布依族苗族自治州志》上P58）

18日 青海省海北藏族自治州各地遭寒流袭击，气温降至-6℃以下，出现严重霜冻。（《海北藏族自治州志》上P65）

△ 全国无线电测向、射击比赛在陕西西安结束，宁夏代表队获3项团体、个人第一名。（《当代宁夏史通鉴》P24）

19日 《毛泽东选集》第一卷蒙古文版、第三卷藏文版和哈萨克文版出版发行。（《今日新闻》1965.8.20）

20日 云南省楚雄彝族自治州大海簸一级水电站建成投产，装机容量3000千瓦。（《楚雄彝族自治州志》1卷P200）

25日 西藏第一座最长的现代化城市公路桥梁——拉萨大桥落成典礼举行。大桥为永久性钢筋水泥修筑，连接川藏、青藏2条公路。1955年修建，为木架大桥。（《今日

新闻》1965.8.26）

△ 西藏革命展览馆举行开馆典礼。展览馆首次举办反映西藏15年来革命和建设成就的大型展览。（《今日新闻》1965.8.27，《中共西藏党史大事记（1949~1966）》P159）

26日 中共中央主席毛泽东为《西藏日报》题写报头。（《当代中国的西藏》下P588）

29日 中央发出《关于在西藏进行社会主义改造问题的复示》，同意在西藏有领导、有计划、有步骤地试办人民公社（先办初级社）。《复示》指出，在建立人民公社的时候，宁可时间用得长些，准备得充分些，搞得稳些；要特别注意防止一哄而起，打被动仗，应该先在专区和少数领导力量强的县搞少数试点。（《当代中国的西藏》上P384）

29日~9月14日 为祝贺西藏自治区成立，国务院副总理谢富治为团长，中央驻西藏代表、西南局书记处书记张经武、国家民委副主任刘春等为副团长，率中央代表团在拉萨参加庆祝活动。30日，谢富治团长接见自治区筹委全体常委，并表示祝贺。31日，自治区筹委设宴欢迎中央代表团。9月1~9日，自治区人大一届一次会议举行，中央代表团转达党中央和中共中央主席毛泽东对西藏各族人民的关怀与祝贺，并向自治区各族人民赠礼。11日，中央代表团组成5个分团赴山南、黑河、日喀则、昌都、阿里等地进行慰问活动。14日，中央代表团结束祝贺活动返回北京。10月28日，全国人大常委会第十六次会议听取张经武关于西藏自治区情况的报告。（《今日新闻》1965.8.28，8.30，8.31，9.6，9.23，10.29；《中共西藏党史大事记（1949~1966）》P161）

31日 西藏军区宣判宽大释放改恶从善的参加1959年西藏叛乱的反革命叛乱罪犯。军区军事法院根据惩办与宽大相结合的政策精神，宣判将在押期间低头认罪、有改恶从善表示的反革命叛乱罪犯本滚·洛桑扎西（卸任司曹、罗布林卡叛匪总司令）、拉鲁·策旺多吉（卸任噶伦）、松多·坚村云登（仁协、前卸任噶伦、叛匪司令）3人予以宽大释放。拉鲁·策旺多吉后担任西藏政协副主席。（《今日新闻》1965.9.3）

是月 以广西壮族自治区体委主任赵洪滔为团长的广西乒乓球代表团到越南进行访问比赛，受到胡志明主席的接见。（《广西通志·大事记》P377）

△ 云南省怒江傈僳族自治州“乌兰牧骑”式背箩宣传队（文艺宣传队）在昆明汇报演出。（《怒江傈僳族自治州志》上P28）

9月

1日 内蒙古自治区第一座化肥厂——土默特左旗察素齐化肥厂建成投产。（《内蒙古自治区史》P529）

△ 由越南劳动党中央政治局委员、越南民主共和国国会副主席黄文欢率越南民主共和国国会访华友好代表团抵达广西南宁进行参观访问。（《广西通志·大事记》P377）

△ 中共中央批准中共西藏工作委员会改称中共西藏自治区委员会。张经武调回中央工作，张国华为自治区党委第一书记，谭冠三、周仁山、王其梅、郭锡兰、苗丕一、任明道、杨东生（藏族）、麻贵书、郝平南任书记处书记。各分工委也相应改为地委。（《中共西藏党史大事记（1949~1966）》P160）

1~9日 西藏第一届人民代表大会举行，西藏自治区宣布正式成立。1日，西藏自治区人大一届一次会议召开，参会代表301名，其中藏族代表226人。中央代表团团长国务院副总理谢富治在大会上讲话，并代表党中央、国务院向大会祝贺。2日，中共西藏自治区委员会第一书记张国华在会上作了《高举毛泽东思想的伟大红旗，为争取社会主义革命的伟大胜利，为建设社会主义的新西藏而奋斗》的报告。他在报告中总结了党在西藏15年来的工作，指出这次大会的召开具有重大的历史意义，是西藏各族人民和一切革命力量在党中央、毛主席的领导下艰苦奋斗，排除万难，取得伟大胜利的集中表现。西藏自治区的成立，标志着西藏的革命和建设进入一个新的时期，进入社会主义改造的新时期。今后的工作任务是：依靠广大劳动人民，团结一切可以团结的力量，继续大力开展互助合作运动。同时在成熟的条件下，逐步地、稳妥地进行社会主义改造。积极进行社会主义建设，加强国防建设，巩固国防。3日，中央驻西藏代表张经武在会上讲话，西藏自治区筹备委员会副主任、代主任阿沛·阿旺晋美作自治区筹备委员会工作报告。8日，大会选举产生自治区人委，阿沛·阿旺晋美（藏族）任自治区人委主席，周仁山、帕巴拉·格列朗杰（藏族）、郭锡兰、协绕顿珠（汉名杨东生，藏族）、朗顿·贡噶旺秋（藏族）、崔科·顿珠才仁（藏族）、生钦·洛桑坚赞（藏族）为副主席；选举达瓦、仁钦索朗、扎西平措等37人为委员；洛桑慈诚（藏族）为自治区高级人民法院院长。9日，西藏自治区人委主席阿沛·阿旺晋美致闭幕词。大会通过了向毛主席的致敬电、《西藏自治区各级人民代表大会组织条例和各级人民委员会组织条例》。同日，拉萨各族各界3万多人集会庆祝自治区成立。中央代表团团长谢富治、自治区党委第一书记张国华、自治区人委主席阿沛·阿旺晋美先后在会上讲话。10日，《人民日报》发表社论《为建设社会主义的新西藏而奋斗》。（《人民日报》1965.9.10.①）

1日~10月10日 西南地区举行话剧、地方戏观摩演出大会。汉、彝、白、回、纳西、苗、布依、满等民族的戏剧工作者演出了话剧、川剧、滇剧、黔剧、白剧、云南花灯、贵州花灯等大小剧目75个。（《云南日报》1965.10.16.①）

3日 西藏自治区筹备委员会副主任、代主任阿沛·阿旺晋美作西藏自治区筹备委员会工作报告。报告指出，西藏民主改革后6年农业连续丰收，粮食总产量1964年比平叛改革前的1958年增长45.7%强；牧业也有较大幅度增长，1964年较1958年增长36.3%强。指出，全区现有医院15所，卫生院、医疗保健站共140多所，免费为群众治病。全区有中学7所，学生700余人，公办小学86所，民办公助和民办小学1590多所；还建立了培养干部的西藏民族学院、西藏行政干校、拉萨师范学校。（《中共西藏党史大事记（1949~1966）》P160~161）

5日 据《新疆日报》报道，新疆解放以来，特别是自治区成立以来，新疆本地民族干部迅速成长。目前，新疆已有维吾尔、哈萨克、回、柯尔克孜、蒙古、乌孜别克、塔吉克等十几个兄弟民族的干部10.6万余人，比1955年自治区成立时增长1.5倍，比解放初期增长34.5倍；担任公社党委书记、社长、县委书记、县长和专员、州长以上党政领导职务的本地民族干部已有6000多人；全疆本地民族的工程师、农艺师、研究员、主治医师、大学讲师等高级专业技术干部比自治区成立时增长十多倍。（《今日新闻》1965.9.16，《中国共产党新疆历史大事记（1949.10~1966.4）》上P292~293）

6日 宁夏回族自治区廖桥扬水灌溉站和高糜子湾扬水灌溉站建成。（《今日新闻》1965.9.7）

△ 据《新疆日报》报道，新疆维吾尔自治区成立10年来，各级党组织进一步发展壮大，党的干部队伍迅速成长。全区共有党员22万多名，比自治区成立时增加11倍；共有干部19万多名，比自治区成立时增长1.7倍；自治区已有本地民族党员10.6万名，占党员总数的46%。（《中国共产党新疆历史大事记（1949.10~1966.4）》上P293）

6~12日 中南五省（自治区）第六次物

资调剂交流会议在广西桂林举行。会议的任务是大力挖掘物资潜力，把一切可利用的潜在物资充分调动起来，更好地为国家生产建设服务。会议共签订合同7057份，成交额2100多万元。（《广西通志·大事记》P377）

7日 四川省峨边县西河彝族自治区建成第一座水电站。（《四川日报》1965.9.7.①）

10日 前来宁夏回族自治区参加社会主义建设的天津市知识青年首批446人到达国营前进农场。（《中共宁夏党史大事记（1925.8~1988.6）》P329）

△ 《新疆日报》报道，新疆维吾尔自治区成立10年来，已取得重大科技成果近600项，其中农业科技成果占83%以上。（《新疆通志·科学技术志》72卷上P49）

10~17日 广西壮族自治区蔗糖会议在南宁举行。会议要求贯彻执行以机糖为主，机糖、土糖并举的两条腿走路方针，及时安排好榨季蔗糖生产。（《广西通志·大事记》P377）

10~21日 新疆维吾尔自治区首次贫下中农和劳动牧民代表大会举行。会议选举王恩茂为自治区农协和牧协主席，祁果、铁木尔·达瓦买提（维吾尔族）、买买提明·托乎提、哈完为副主席；选出104人为委员。（《中国共产党新疆历史大事记（1949.10~1966.4）》上P294）

11日 杭州市来宁夏回族自治区永宁县集体插队落户的634名知识青年到达银川。（《中共宁夏党史大事记（1925.8~1988.6）》P329）

11~28日 第二届全国运动会在北京举行，共有24人10次打破9项世界纪录。广西代表团团长卢绍武（壮族）率运动员168名参加14个项目的比赛和武术表演。其中，举重运动员肖明祥，跳伞运动员杜昆明、何贤礼打破世界纪录；田径、游泳、举重、射击、跳伞共7人10次打破7项全国纪录；游泳运动员林日坤、体操运动员王维俭（获4项）、跳伞运动员何贤礼（获2项）、黄洁芝首次在全运会夺得冠军。西藏运动员达嘎（珞巴族）获射箭冠军，姜远碧获女子小口径步枪慢射亚军。新疆代表团参加15个比赛项目和1个表演项目，获得4金7银2铜。其中，钱玉凯（俄罗斯族）获男子轻量级举重冠军，成鸿雁（俄罗斯族）获男子古典式摔跤次轻量级冠军，拉孜·买买提（维吾尔族）获男子古典式摔跤轻量级冠军，吐尔逊·哈里（哈萨克族）获男子自由式摔跤次中量级冠军，哈力力汗获男子古典式摔跤最轻量级亚军，江色提获男子古典式摔跤次中量级亚军，巴音克其克（蒙古族）获男子古典式摔跤次重量级亚军，库尔班哈孜获男子自由式摔跤次轻量级亚军，库库乃获男子自由式摔跤轻量级亚军，热合曼获男子自由式摔跤重量级亚军，买买提获男子中国式摔跤次重量级亚军，也买西获男子自由式摔跤中量级铜牌，艾尼沙·米沙克获男子中国式摔跤次轻量级铜牌。吉林省延边朝鲜族自治州运动员朴明燮（朝鲜族）获摔跤比赛自由式次轻量级第一名。（《广西通志·大事记》P377，《新疆通志·体育志》83卷P34、342，《当代中国的西藏》下P526，《延边朝鲜族自治州志》P75）

14日 西藏自治区人委会首次会议举行，通过了自治区人委会的机构设置。（《中共西藏党史大事记（1949~1966）》P161~162）

16日 内蒙古自治区首届护士代表大会暨1965年学术年会在呼和浩特市闭幕。（《内蒙古自治区史》P529）

△ 我国政府照会印度政府，限其3天内拆除在中（国）锡（金）边境入侵修筑的工事。中印边境自卫反击作战后，印度将寻衅重点逐渐转移到中锡边境。印军深入西藏亚东县乃堆拉、则里拉等山口我方一侧修筑工事，并在岗巴县越界劫走我边民、牛羊。1967年1月16日，外交部就1966年以来印军频繁超过中

印边界实际控制线，侵犯中国领土73次、印度飞机侵犯中国领空71架次，向印度政府提出抗议。（《新华社新闻稿》1967.1.18，《中国共产党西藏历史大事记（1949~2004）》P229）

18日 西藏自治区第一座少年宫在拉萨举行开幕典礼。（《今日新闻》1965.9.21）

19日 据有关统计，新疆维吾尔自治区成立10年来，各民族学生发展到100多万名，平均7个人中有1个学生。同1955年相比，小学增长1倍、中学增长近4倍，高校由3所发展到7所，学生7000多名，增长2倍多。半农（牧）半读中学、耕（牧）读小学以及半工半读中专有1300多所，在校生9万多名。（《今日新闻》1965.9.21）

20日 广西壮族自治区教育厅召开专区、市教育科（局）长扩大会议，讨论减轻学生负担、保证学生健康、全面提高教育质量问题，要求正确理解德、智、体三者辩证统一关系，全面合理安排学校的学习、劳动、工作及课外活动时间。（《广西通志·大事记》P377）

△ 新疆维吾尔自治区各族职工为庆祝自治区成立10周年举行的业余文艺汇演闭幕。近800名业余演员演出了140多个节目。（《今日新闻》1965.9.24）

23日 是日报道，新疆维吾尔自治区已建成300多座小型发电厂（站），发电量比1955年自治区成立时增长5倍多。（《今日新闻》1965.9.23）

24日 据《广西日报》报道，广西壮族自治区桂林地区以种植中稻为主的全州、兴安等8个县推广双季稻，是年早稻大增产。（《广西通志·大事记》P377）

25日 据《新疆日报》报道，新疆生产建设兵团屯垦16年来，修建数十座大中型水库和较完善的渠系，全面治理玛纳斯河流域的6条河流，造田1000多万亩，建成100多个国营农场、23个国营牧场，还建立大批的工矿企业。兵团各项经济建设事业已成为自治区国民经济的重要组成部分。（《中国共产党新疆历史大事记（1949.10~1966.4）》上P294）

27日 据新华社报道，新疆维吾尔自治区乌鲁木齐市展出一颗罕见的大陨石。这颗大陨石的体积为3.5立方米，重约30吨，仅次于陨落在西南非洲的重约60吨的世界第一号陨石和在格陵兰发现的重约33.2吨的世界第二号陨石。这颗陨石陨落在新疆青河县境内的戈壁上，属于铁陨石，含铁达88.6%。（《新华社新闻稿》1965.9.28，《中华人民共和国大事记（1949~1980）》P356）

27日~10月13日 为祝贺新疆维吾尔自治区成立10周年，由国务院副总理贺龙为团长和中共中央西北局书记处书记高克林、张达志，农垦部副部长陈漫远，国家民委副主任刘春，解放军总政治部副主任梁必业为副团长率中央代表团在乌鲁木齐参加庆祝活动。29~30日，全国人大常委会、国务院、全国政协、国家民委、全国人大民委及西北局分别致贺电。国务院电文称：解放以来，新疆各族人民在党中央和毛泽东主席的领导下，彻底废除奴隶主、封建主的残酷剥削制度，实现空前未有的民族大团结，完成对农业、牧业、手工业和资本主义工商业的社会主义改造，促进工业、农业、畜牧业、交通运输业、商业以及文化、教育、卫生等各项事业的巨大发展。随着社会主义建设的发展，各族人民的物质生活得到改善。自治区各族人民在社会主义革命和建设的斗争中，在捍卫祖国统一、保卫祖国边疆的斗争中所取得的伟大成绩，是与中国人民解放军驻新疆部队和新疆生产建设兵团的英勇战斗、辛勤劳动分不开的，是与我国沿海和内地各省市人民积极支持分不开的，是新疆各族人民奋发图强、艰苦奋斗的结果。新疆各族人民今后一定能继续高举毛泽东思想伟大旗帜，奋发图强、艰苦奋斗，更好地贯彻执行党的民族政策，为保卫边疆、巩固国防、建设繁荣昌盛的社会主义新新疆而奋斗。30日，新疆维吾尔自治区各民族干部1000多人集会，庆祝自治区成立10周年。自治区主席赛福鼎主持大会，中央代表团到会祝贺，国务院副总理贺龙致贺词，并向新疆各族人民赠礼。同日，《人民日报》发表社论《党的民族团结政策的伟大胜利》。10月2日，全国人大民委召开庆祝大会。5日，中央代表团组成6个分团，分别由奎璧（蒙古族）、杨煜、宋日昌、覃应机（壮族）、程子健、胡继宗率领，前往伊犁哈萨克自治州、克孜勒苏柯尔克孜自治州、昌吉回族自治州、巴音郭楞蒙古自治州、博尔塔拉蒙古自治州和喀什、阿克苏、和田、哈密专区、吐鲁番盆地3县，以及石河子地区、克拉玛依市等地，慰问各族各界人民。13日，中央代表团结束祝贺活动返回北京。30日，全国人大常委会第17次会议听取刘春作的关于新疆维吾尔自治区情况的报告。 （《人民日报》1965.10.11.①；《今日新闻》1965.9.28，9.30，10.6，10.13，10.14，10.15，11.1；《中国共产党新疆历史大事记（1949.10~1966.4）》上P295~296）

28日 据《广西日报》报道，广西壮族自治区电力工业发展迅速，1949年只有16处小火电厂、1处水力发电站，广大农村没有电。1958年以后大发展，至1965年9月，全区电站装机容量比1949年增长21倍，有51个县、市使用电力抽水灌溉，电力排灌面积150万亩。 （《广西通志·大事记》P378）

30日 宁夏回族自治区最大的商店——银川百货大楼开始营业。 （《当代宁夏史通鉴》P24）

是月 西藏自治区达孜县试办8个人民公社。9月，达孜县委在叶巴、林卡、克日、雪达4个乡试办4个人民公社；10月，在德庆、新藏、白纳、章多4个乡又试办4个人民公社。日喀则县委在自治区党委三大教育工作团的指导下，在塔杰乡、强曲乡、城关第七居民委员会分别试办3个人民公社。至1966年底，全区共试办150多个人民公社。至1975年底，全区1929个乡（不含阿里）中，先后建立1921个人民公社。 （《中共西藏党史大事记（1949~1966）》P162，《当代中国的西藏》上P385~386）

△ 西藏自治区广播事业局成立。（《当代中国的西藏》下P445）

△ 新疆维吾尔自治区玛纳斯林业学校正式成立。 （《新疆通志·林业志》35卷P38）

10月

1日 湖北省恩施地区最大的电站——月亮岩水力发电站建成发电。 （《恩施州志》P15）

△ 由北京仪器厂迁建的青山试验机厂在宁夏回族自治区青铜峡建成投产。 （《中共宁夏党史大事记（1925.8~1988.6）》P330）

12日 国务院批复广西壮族自治区人民政府，同意“僮”族改为“壮”族，广西僮族自治区改为广西壮族自治区；批复云南省人民政府，同意文山僮族苗族自治州改为文山壮族苗族自治州；批复广东省人民政府，同意连山僮族瑶族自治县改为连山壮族瑶族自治县。（《国务院公报》1965［13号］P228）

16日 云南省耿马傣族佤族自治县各族各界群众7000余人集会，庆祝自治县成立10周年。省民委副主任段明、临沧专区专员韩秉林和当地驻军负责人王玉坤等到会祝贺。大会宣读了全国人大民委、国家民委、中共云南省委、省人委及其他自治州、县的贺信和贺电，县委代理书记俸清报告了自治县10年来的成就。 （《云南日报》1965.10.23.①）

23日 据统计，西藏自治区农、牧区是年下半年修建6座小型水电站，还有12座正在或准备动工修建。这批水电站是由中央有关部门投资。西藏半工半读的水电站工人训练班的几十名藏族学员参加电站的修建、安装工作。西藏民主改革后，城市、农村已建有40多个中、小型电站。1964年发电量比1959年增长33.9倍。（《今日新闻》1965.10.23，《中共西藏党史大事记（1949~1966）》P162）

△ 首都支援西藏自治区建设的一批初中、高中毕业生92人到达拉萨。（《今日新闻》1965.10.25）

24日、1966年2月7日和1967年9月 美国先后派4架U2高空侦察机侵入中国云南省红河哈尼族彝族自治州河口地区和蒙自地区上空，均被中国人民解放军空军击落。（《红河哈尼族彝族自治州志》1卷P82~84）

25日 由辽宁大连机床厂迁建的长城机床厂在宁夏银川建成投产。（《中共宁夏党史大事记（1925.8~1988.6）》P330）

28日 新疆维吾尔自治区新成立的半农半读的乌鲁木齐农垦大学开学。（《今日新闻》1965.10.29）

是月 云南省楚雄彝族自治州吕合发电厂——田家屯变电站21公里35千伏输电线路建成，为楚雄州第一条35千伏输电线路。（《楚雄彝族自治州志》1卷P200）

是月~1966年1月 西藏自治区那曲境内先后降大雪4次。据统计，全地区9个县65个区313个乡中有55个区177个乡遭到雪灾，19个区50个乡为重灾区，受灾牲畜200万头（只、匹），死亡牲畜3万头（只匹）以上。雪灾中，全专区9县52个区171个乡有疫病发生和不同程度的流行，发病人数13044人以上，因救治无效或未及时就医死亡237人。那曲地委组织大批党政干部和120多名医务人员深入灾区抗灾救灾、防治疫病。各地县先后抽调800多名干部、医务人员组成100个工作组、医务组分赴灾区、疫区第一线。国家拨出调剂粮348.5万千克、救济饲料55万多千克、救灾款17.8万元、人用药品10400千克，军区和地方干部捐助防寒衣物9100件支援灾区群众。（《中国气象灾害大典·西藏卷》P40~41）

11月

1日 湖北省恩施地区城关建成全区第一家自来水厂，140个机关单位用上自来水，各主要街道建立供水站。（《恩施州志》P15）

3日 国务院批复西藏自治区人民政府，同意黑河县改称那曲县，宁静县改为芒康县，拉加里县改为曲松县，哲古县改为措美县。（《国务院公报》1966［2号］P39）

△ 中共中央、国务院批复，在宁夏回族自治区建立农建师，全称为中国人民解放军生产建设兵团农业建设第13师。新建立的农建13师土地面积47.56万亩。1966年2月，林业建设第3师在固原地区组建。1970年3月14日，农建13师奉命改编为中国人民解放军兰州军区生产建设兵团第5师。1974年6月24日，撤销农5师建制，除现役军人外，其余所属单位全部移交自治区农垦局。（《当代宁夏史通鉴》P24、254）

5日 西藏自治区党委在批转山南地委《关于当前试办人民公社问题》时指出，不经批准，一律不准试办人民公社；不准轻易合并互助组，搞公共积累；牧区从1966年起，3年内不办人民公社。（《中共西藏党史大事记（1949~1966）》P230~231）

6日 据报道，西藏自治区档案馆在西藏各地搜集到大批古代梵文材料，其中有的距今1000多年，为目前世界梵文典籍所罕见。（《今日新闻》1965.11.8）

△ 中共中央转发教育部驻宁夏回族自治区永宁四清工作队的刘松涛、刘子余呈报《关于通过四清运动发展耕读小学的一份报告》。《报告》指出，从1964年11月到是年6月底，通过四清运动，在永宁县仁存公社开办并巩固44所耕读小学，学龄儿童入学率由45%提高到92%，普及小学教育。（《中共宁夏党史大事记（1925.8~1988.6）》P331）

10日 上海《文汇报》发表上海市委宣传部部长姚文元的文章《评新编历史剧〈海瑞罢官〉》，由此揭开“文化大革命”的序幕。（《新华社新闻稿》1979.1.6, 2.22，《文汇报》1965.11.10.①）

10日~12月18日 新疆维吾尔自治区党委扩大会议举行，自治区党委书记祁果传达9月中央工作会议精神和中共中央主席毛泽东的指示，自治区党委第一书记王恩茂作总结发言。会议着重讨论自治区社会主义建设问题，检查是年各项生产建设工作，讨论安排1966年工作和自治区第三个五年计划，确定1966年自治区农牧业生产主要指标。（《中国共产党新疆历史大事记（1949.10~1966.4）》上P296~297）

13日 西藏自治区阿里高原在海拔4000米以上地区试种青稞成功。地处海拔4500米的2个乡，青稞亩产达300多斤。（《今日新闻》1965.11.15）

△ 国务院全体会议第159次会议决定：设立贵州省安龙布依族苗族自治县，以安龙县行政区域为安龙布依族瑶族自治县的行政区域，撤销安龙县；设立贞丰布依族苗族自治县，以贞丰县行政区域为贞丰布依族瑶族自治县的行政区域，撤销贞丰县；设立册亨布依族自治县，以册亨县行政区域为册亨布依族自治县的行政区域，撤销册亨县；设立望谟布依族苗族自治县，以望谟县行政区域为望谟布依族苗族自治县的行政区域，撤销望谟县；设立柴云苗族布依族自治县，以柴云县行政区域为柴云苗族布依族自治县的行政区域，撤销柴云县。（《国务院公报》1965［14号］P254）

△ 12时33分50.6秒，新疆维吾尔自治区乌鲁木齐东北发生6.6级地震，震中位置43°59’N、88°08’E，震源深度40公里，震中烈度VIII度。震中区陡崖崩塌，山石滚落，地面塌陷，山体滑坡，滚石砸死牲畜140头（只）。天山钢铁厂、天池钢铁厂、乌鲁木齐柴窝堡、达坂城等地共有2000多间房屋倒塌或被严重破坏，死7人，伤40人。（《新疆减灾四十年》P257）

15日 由大连起重机器厂迁建的银川起重机器厂在宁夏银川建成投产。（《当代宁夏史通鉴》P24）

△ 青海省宁张公路青石嘴段浩门河钢筋混凝土大桥建成通车，桥长153米。（《海北藏族自治州志》上P66）

18日 西藏自治区那曲专区创办的第一所畜牧兽医学校开学。（《今日新闻》1965.11.19）

18日~12月6日 宁夏回族自治区党委召开三级干部参加的工作会议，传达贯彻中央9月工作会议精神，着重讨论“三五”规划。会议提出任务，在5年或者更多一点时间内，把现有的300万亩水地建成稳产高产田；兴修梯田、坝地，扩大水浇地；发展畜牧业；植树造林。会议还提出实现这些任务的一些具体措施。（《中共宁夏党史大事记（1925.8~1988.6）》P332）

24日 内蒙古自治区党委发出《关于内蒙古牧区社会主义教育运动的若干问题（试行草案）》和《关于牧区社会主义教育运动中几个政策问题的请示（修改稿）》。30日，全区农村牧区政治工作会议闭幕。（《内蒙古自治区史》P529~530）

△ 据《宁夏日报》报道，1957年成立的宁夏回族自治区中卫固沙林场在科学工作者指导下历经8年，找到有效的植物固沙办法，在流动沙丘上试种成功1.6万多亩沙生灌木，固定铁路沿线30多公里的大部分流沙，保证火车安全行驶。（《中共宁夏党史大事记（1925.8~1988.6）》P332）

25日 湖南省江华瑶族自治县各族人民1万多人集会，庆祝自治县成立10周年。（《今日新闻》1965.11.29）

27日 西藏自治区拉萨市建成第一家自

来水厂——药王山水厂。日产水2万吨，可供5000人用水。拉萨铺设了10公里长的自来水管道。（《今日新闻》1965.11.29，《当代中国的西藏》下P276）

△ 云南省南涧彝族自治县宣告成立。云南省民委和各自治州、自治县代表到会祝贺。中央民委和省民委致电祝贺。（《云南日报》1965.12.2.①）

29日 国务院副总理、中国人民解放军总参谋长罗瑞卿抵达广西壮族自治区南宁进行视察。12月1~5日，罗瑞卿在德保、靖西、百色等地视察。（《广西通志·大事记》P378）

是月 中共中央总书记邓小平视察四川省西昌专区工农业生产。（《凉山彝族自治州志》上P56）

△ 中央民族歌舞团、中央民族学院艺术系在四川省凉山彝族自治州昭觉演出歌舞剧《凉山巨变》。（《凉山彝族自治州志》上P56）

是~1966年3月 青海省果洛藏族自治州甘德、达日、玛多连降大雪，平地积雪30厘米，死亡牲畜30多万头（只）。（《果洛藏族自治州志》上P37）

12月

1日 由辽宁中捷人民友谊厂迁建的大河机床厂在宁夏回族自治区中卫县建成投产。（《中共宁夏党史大事记（1925.8~1988.6）》P333）

△ 云南省西双版纳傣族自治州第一所半工半读手工艺学校建立。（《今日新闻》1965.12.2）

3~5日 中共中央书记处书记、国务院副总理、解放军总参谋长罗瑞卿在云南省文山壮族苗族自治州富宁、广南、砚山、文山、麻栗坡等县视察。（《文山壮族苗族自治州志》1卷P52）

4日 西藏高原第一次有了公共汽车。拉萨开辟5条公共汽车线路。（《今日新闻》1965.12.6）

6日 西藏自治区提拔一批藏族干部任党和政府部门的领导职务。其中，任自治区人委副秘书长、商业厅长和共青团区委副书记的有3名，被提拔为中共地委副书记和正副专员的有4名。自治区76个县中，67个县的县长是藏族，另3个县的县长分别为门巴、纳西和回族，区长98%是藏族和其他少数民族。（《今日新闻》1965.12.17）

8日 据新华社报道，高教部最近在南京召开全国高等函授教育会议。会议指出，在办好全日制、半工半读高等教育的同时，必须积极发展高等业余、函授教育，利用函授大学、夜大学、广播电视大学等各种形式，逐步在我国城乡形成一个适应三大革命需要的业余教育网。（《新华社新闻稿》1965.12.9，《中华人民共和国大事记（1949~1980）》P344）

17日 是日报道，居住在西藏自治区黑河的帐篷户搬进了温暖舒适的新居。（《人民日报》1965.12.17.②）

21日 广西壮族自治区都安瑶族自治县各界人民集会，庆祝自治县成立10周年。（《今日新闻》1965.12.22）

23日 湖南省湘西土家族苗族自治州第一座空腹式大跨径石拱桥——吉首万溶江大桥建成。（《湘西州志》上P67，《魅力湘西》P185）

25日 宁夏回族自治区党委向西北局并报中央的《宁夏回族自治区党委关于工作情况的报告》写道，是年全区粮食总产量16.4亿斤；中卫、中宁、青铜峡3县达到“黄河”，平均亩产分别达到470斤、460斤、404斤；吴忠县达到“淮河”，平均亩产499斤。全区大寨式典型吴忠县古城大队，平均亩产730多斤。同时指出，全区农业生产水平还很低，平均亩产粮食仅有140斤。（《中共宁夏党史大事记（1925.8~1988.6）》P334）

30日　《宁夏日报》发表通讯《艰苦创业的史家壕大队》，介绍宁夏回族自治区农业先进典型——灵武县梧桐树公社史家壕大队的先进事迹。　（《中共宁夏党史大事记（1925.8~1988.6）》P335）

是月　以广西医学院副院长叶馥荪为团长的广西卫生考察团到越南河内、海防、广宁、南河等省市参观考察，并代表自治区人民医院与越南南河省医院签订“结义”书。越南总理范文同向考察团介绍卫生工作和科研工作情况。　（《广西通志·大事记》P378）

△　72名武汉财贸支边干部在云南省文山壮族苗族自治州支援边疆建设。　（《文山壮族苗族自治州志》1卷P52）

△　据新华社报道，西藏自治区拉萨市建成以人民路为中心的拥有25个较大建筑物的新市区，已铺设长十余公里的自来水管道。是年市区内新修沥青路8条，95%以上的居民用上电灯。　（《中共西藏党史大事记（1949~1966）》P162）

△　新疆维吾尔自治区国民经济调整结束，转向全面发展，为1966年开始的第三个五年计划做好准备。是年自治区国民经济计划超额完成，全区工农业总产值24.38亿元（按1957年不变价格计算，下同）与1957年和1962年相比，分别增长132%和50.8%。国民经济的主要比例基本协调，财政收支从1962年起做到收支平衡，略有节余。　（《中国共产党新疆历史大事记（1949.10~1966.4）》上P298~300）

三、“文化大革命”时期
(1966~1975)

1966年

1月

1日 据《西藏日报》报道，1965年西藏自治区的拉萨、山南、昌都、那曲、阿里等地区农业均获得丰收，拉萨30多万克（1克约合1市亩）耕地的平均单产比丰收的1964年增产5%。日喀则地区虽然遭灾，仍有13个县比1964年增产。（《中共西藏党史大事记(1949~1966)》P162~163）

3~15日 第五次全国集中产棉县棉花生产会议举行。国务院总理周恩来在会议上讲话并对新疆维吾尔自治区棉花生产提出3项要求：1. 新疆要在1965年棉花单产60斤的基础上，是年实现更多增产；2. 在三五年内，达到或超过苏联1964年棉花单产92斤的水平；3. 要与辽宁省开展合作与竞赛。周总理在谈到棉花生产布局时指示，要增加三线地区的棉花播种面积，如新疆，特别是南疆地区要增加棉花生产。（《中国共产党新疆历史大事记(1949.10~1966.4)》上P300）

3日~2月14日 西藏自治区日喀则地区先后降雪3次，全地区15个县不同程度受雪灾袭击，定日、定结、昂仁、吉隆、萨嘎、聂拉木6个县大部分地区灾情较重。全地区118个乡8万多人、130万多头（只、匹）牲畜受灾，死亡牲畜1.7万多头（只、匹）。灾区群众患各种传染病及造成雪盲、冻伤等55679人，死亡768人。中央和自治区调运人用药品438箱、兽药487箱、口粮41.5万千克、油菜饼182922千克，下拨救灾款25万元和价值42.6万元的各种御寒衣物。（《中国气象灾害大典·西藏卷》P41）

5日 宁夏回族自治区党委批转自治区卫生厅党组《关于把卫生工作重点放到农村的报告》。《报告》指出，据1964年底统计，全区卫生技术人员的32%分布在银川和石嘴山两市，31%分布在各县县城，县以下只占37%，农村医疗卫生工作相当薄弱。（《中共宁夏党史大事记(1925.8~1988.6)》P335）

6日 新疆维吾尔自治区人委民族宗教事务处举行民族、宗教界有关人士座谈会，讨论民族、宗教工作问题。自治区党委统战部副部长冯达到会讲话。（《新疆日报》1966.1.9.①）

10日 宁夏回族自治区党委批转自治区文教厅党组《关于贯彻毛主席七月三日指示的请示报告》。1965年7月3日，中共中央主席毛泽东批复《北京师范学院一个班学生生活过度紧张、健康状况下降》的报告：学生负担太重，影响健康，学了也无用，建议从一切活动总量中砍掉1/3。对此自治区党委要求全区各地采取有效措施，切实减轻学生过重负担，增进学生身体健康，使他们在德、智、体三方面都能得到发展。（《中共宁夏党史大事记(1925.8~1988.6)》P335~336）

14日 在中央西北局召开的西北农业经验交流会议上，甘肃省临夏回族自治州临夏市

枹罕公社、折桥公社被树为西北区农业战线上的红旗单位。（《临夏回族自治州志》上P58）

△ 宁夏回族自治区党委批转自治区党委组织部《关于培养提拔新生力量和发展新党员的意见》。《意见》对全区提拔新生力量，发展党员工作，培养革命接班人提出具体意见。《意见》指出，全区现有党员5.74万人，占总人口的2.7%；存在问题是，第一线党员过少，青年党员过少，妇女党员也很少。（《中共宁夏党史大事记（1925.8~1988.6）》P336）

△ 据《宁夏日报》报道，宁夏回族自治区永宁县、中卫固沙林场、吴忠县古城大队、灵武县史家壕大队、同心县套套门生产队在西北地区农业经验交流会上被树立为农业战线红旗单位。（《中共宁夏党史大事记（1925.8~1988.6）》P336）

17日 新疆维吾尔自治区召开教育工作会议，确定大力普及小学教育，扩大试办农业中学和试办半农（牧）半读的中等技术学校。新疆维吾尔自治区党委书记处书记武光到会讲话。（《新疆日报》1966.1.17.①）

18日 国务院全体会议第160次会议决定：设立内蒙古自治区二连浩特市，以苏尼特右旗所属的二连浩特镇除额仁诺尔和格日勒敖都两个人民公社外的行政区域为二连浩特市的行政区域；设立额尔古纳左旗，以额尔古纳左旗的部分行政区域为额尔古纳左旗的行政区域；设立额尔古纳右旗，以额尔古纳旗和陈巴尔虎旗的各一部分行政区域为额尔古纳右旗的行政区域，撤销额尔古纳旗；撤销新疆维吾尔自治区水定县，将水定县的行政区域划归霍城县。（《国务院公报》1966［1号］P19）

26日~2月9日 广西壮族自治区文艺创作会议在南宁举行，有270多人出席会议。会议强调，进一步学习中共中央主席毛泽东著作，与工农兵相结合，努力创作出更多更好的作品。（《广西通志·大事记》P379）

27日~2月16日 贵州省册亨布依族自治县、紫云苗族布依族自治县和望漠、安龙、贞丰3个布依族苗族自治县根据宪法规定，制定自治县人大和人委组织条例（草案），并选出正副县长。（《今日新闻》1966.2.22）

31日 西藏自治区人委和自治区政协联合举行报告会，听取自治区人委副主席、政协副主席帕巴拉·格列朗杰参观访问新疆维吾尔自治区的报告。（《西藏日报》1966.2.3.①）

是月 应越南广宁省委和省行政委员会邀请，以广西壮族自治区党委副书记钟枫为团长的广西党政代表团赴越南进行友好访问，并受到胡志明主席的接见。（《广西通志·大事记》P379）

△ 四川省凉山彝族自治州委举行防治血吸虫病现场会。（《凉山彝族自治州志》上P56）

△ 云南省红河哈尼族彝族自治州发生传染病15种，患者19554人，病死238人，其中麻疹病最多，占患者人数的64.9%，其次是痢疾。红河县患病人数最多，死亡114人。（《红河哈尼族彝族自治州志》1卷P83）

△ 云南省迪庆藏族自治州维西县白济汛、岩瓦2座沧江桥同时建成。这是澜沧江上第一次架设的钢索人马吊桥。（《迪庆藏族自治州志》P43）

△ 云南省楚雄彝族自治州境内装机容量为2×1500千瓦的吕合火力发电厂建成投产。（《楚雄彝族自治州志》1卷P200）

△ 西藏自治区检察院和5个分院正式成立。（《当代中国的西藏》上P352）

2月

1日 国务院批复西藏自治区人委，同意桑昂县改为察隅县。（《国务院公报》1966［2号］P39）

5日 23时12分27秒，云南省东川发生

6.5级地震，震中位置26.1°N、103.1°E。北自小江村，南到新村（东川市区），东至多木村，西抵汤丹的小江河谷地带8个公社受重灾，倒塌房屋4318间，严重破坏的2021间，死300多人，重伤300多人，轻伤600多人。河谷两侧山岩崩塌，公路中断，铁路路基震裂、局部下沉1米左右。VI度区南到寻甸，北近巧家，东达者海，西到撒营盘以东。个别老朽土墙倾斜或局部坍塌，墙壁普遍裂缝。V度区包括嵩明、马龙、曲靖、宣威、巧家、武定和四川宁南等县。（《云南省志·地震志》P80~83）

6日 广西壮族自治区巴马瑶族自治县各族人民3000余人集会，庆祝自治县成立10周年。自治区党委常委黄一平和自治区民委副主任陈岸等到会祝贺。（《广西日报》1966.2.7.①）

7~10日 宁夏回族自治区党委常委扩大会议举行，讨论关于突出政治、活学活用中共中央主席毛泽东著作的问题。会议要求全党同志必须认真贯彻执行毛主席的指示，不论什么情况，都要用无产阶级政治统帅经济、技术和一切业务工作，“防止资产阶级妄图用‘和平演变’的方式复辟资本主义”。（《中共宁夏党史大事记（1925.8~1988.6）》P336~337）

7~26日 西藏自治区党委举行全区三大教育工作会议。会议制定《关于三大教育运动中若干问题的意见》（草案），指出三大教育运动是社会主义性质，主要矛盾是无产阶级和资产阶级、社会主义和资本主义两条道路斗争的矛盾，打击封建复辟的斗争是属于两条道路斗争的重要组成部分。（《中共西藏党史大事记（1949~1966）》P163）

10日 广西壮族自治区大瑶山瑶族自治县第一座水锤泵（冲击泵）抽水机站建成。（《广西日报》1966.3.13.①）

△ 中央统战部在批复西藏自治区党委《关于废除一九六六年传召活动》的请示报告中指出：甘丹赤巴已去世，可以废除这一活动。为稳妥起见，是年可既不举行“传召”，也暂不宣布从此废除“传召”，先这样做一次看看，有何反映以后再说。（《中国共产党西藏历史大事记（1949~2004）》P234）

△ 新疆维吾尔自治区党委发出《关于组织全体党员和干部认真向焦裕禄同志学习的通知》，号召全体党员，尤其县以上领导干部以焦裕禄为榜样，努力学习毛泽东思想，全心全意为各族人民服务，发扬亲临第一线深入调查研究，关心群众、密切联系群众的好作风。（《中国共产党新疆历史大事记（1949.10~1966.4）》上P301~302）

12日 中共中央转发以全国人大常委会副委员长彭真为组长的文化革命五人小组向中共中央提出的《关于当前学术讨论的汇报提纲》（简称《二月提纲》）。《二月提纲》试图对学术讨论中“左”的偏向加以适当限制并指出，讨论“要坚持实事求是，在真理面前人人平等的原则，要以理服人，不要像学阀一样武断和以势压人”。《二月提纲》下发后，新疆维吾尔自治区党委成立文化革命领导小组及办事机构，及时转发《二月提纲》，自治区党委组织有关单位进行座谈。（《中国共产党新疆历史大事记（1949.10~1966.4）》上P303）

13日 18时44分36秒，云南省东川发生6.2级地震，震中位置26.1N、103.1E，烈度VI~VIII度。极震区位于梭山、锅底塘一带，区内房屋和疗养院、水泥厂等严重破坏。贾家湾、绿茂塘等地房屋继有破坏，产生小规模山崩。（《云南省志·地震志》P83~84）

15日 广西壮族自治区党委三级干部会议召开，传达贯彻中共中央中南局会议精神，研究“突出政治”和学习毛泽东著作问题。22日，自治区党委召开学习毛泽东著作、推进三大革命运动积极分子代表会议，参会代表2570人。自治区党委第二书记乔晓光在会上作题为《进一步突出政治，活学活用毛主席著作，推进三大革命运动，为实现第三个五年计划而奋斗》的报告。会议号召全区人民更高地举起毛泽东思想伟大旗帜，为实现第三个五年计划而奋斗。（《广西通志·大事记》P379）

17日 天津调干和支边青年300多人分配到云南省文山壮族苗族自治州各县工作。（《文山壮族苗族自治州志》1卷P53）

19日 青海省牧业区民族贸易公司为满足牧民需要，普遍开展草原流动贸易活动。（《今日新闻》1966.2.19）

21日 内蒙古自治区贫农、下中农和贫苦牧民、不富裕牧民协会成立。奎璧（蒙古族）当选为主席，宝日勒岱（蒙古族）等为副主席。（《内蒙古日报》1966.2.22.①）

23日 据新华社报道，国防部最近发布命令，授予解放军西藏军区某部查果拉边防队“高原红色边防队”称号；追授新疆巴楚县公安队队长哈德尔艾孜牧“爱民模范”称号，命名大会在乌鲁木齐举行。（《新华社新闻稿》1966.2.24）

△ 国务院总理周恩来会见出席全国林业工作会议的西北各省、自治区林业厅（局）长和西北林业建设兵团、林业部负责人，并谈《植树造林是百年大计》。他说：“林业工作要面向全国，依靠全党全民，要两条腿走路。林业部过去只注意林区采伐，我看主要任务还是造林。工业犯了错误，一二年就可能转过来，林业和水利上犯了错误，多少年也翻不过身来。我最担心的，一个是治水治错了，一个是林子砍多了。治水治错了，树砍多了，下一代人也要说你。我国森林覆盖率只有10%多一点。16年来，全国砍多于造，是亏了。20世纪还剩下三十几年，再亏下去不得了。造林是百年大计，要好好搞。”（《周恩来选集》下P446）

25日 西藏自治区第一座冷藏库在拉萨建成。（《西藏日报》1966.2.25.②）

是月 中央军委副主席林彪指使中共中央宣传部电影处处长江青召开部队文艺工作座谈会，形成《部队文艺工作座谈会纪要》。《纪要》断言：文艺界在建国以来，“被一条与毛主席思想相对立的反党反社会主义的黑线专了我们的政，这条黑线就是资产阶级的文艺思想、现代修正主义的文艺思想和所谓30年代文艺的结合。”林彪、江青一伙又把“黑线专政”论扩展到教育、出版、体育、卫生、公安、党的组织、宣传、统一战线以及其他党政工作。这种颠倒是非的荒谬估计，是“文化大革命”的主要论点之一，给各条战线的工作带来灾难性的后果。1967年5月28日，新华社播发了《纪要》。（《邓小平文选（1975~1982年）》注释〔23〕P377，《新华社新闻稿》1967.5.29）

△ 广西体育馆建成。该馆位于南宁市江南路，占地面积5.79万平方米，总建筑面积1.12万平方米，总投资226万元，观众席位5296个，有电动计时、记分等设备，是一座可进行篮球、排球、手球、乒乓球、武术、体操、技巧、举重等项目比赛的大型综合体育馆。（《广西通志·大事记》P379）

△ 云南省西双版纳傣族自治州景德工厂试制成功N200型碾米机，销往国内外。（《西双版纳傣族自治州志》上P49）

△ 青海省海北藏族自治州刚察县牲畜疫病大肠杆菌、羊链球菌、肝片形吸虫病流行，牲畜流产、死亡。（《海北藏族自治州志》上P66）

△ 由辽宁大连仪表厂迁建的银河仪表厂在宁夏银川市建成投产。（《中共宁夏党史大事记（1925.8~1988.6）》P337）

是~4月 新疆维吾尔自治区阿勒泰地区受寒流袭击，发生雪崩，冻死牲畜40万头，34人死亡。（《新疆减灾四十年》P257）

3月

1日 西藏第一所半农（牧）半读学校——

西藏自治区师范学校举行开学典礼（1965年春在原西藏行政干部学校的基础上筹办），招生450人。自治区党委书记周仁山、自治区人委主席阿沛·阿旺晋美、自治区人委副主席帕巴拉·格列朗杰到会祝贺。1969年撤销，1971年1月复办。（《西藏日报》1966.3.2.①）

2日 西藏自治区党委向西南局和中央统战部报告群众要求拆庙的问题。自治区党委统战部提出，对于保留寺庙和边境、城镇、交通要道上的寺庙应该说服群众不要拆掉，群众愿居住的可分给群众居住，对于非保留的偏僻寺庙或将要倒塌的寺庙，如实在无用，多数群众又积极要求拆，经县委批准，可由贫协负责，有组织地拆。对于拆庙问题，应从严掌握，防止形成拆庙风，不能公开拆寺庙。对于有价值的文物资料要注意保护。一般经书、佛像不要乱扔，应集中管理，以免造成不良影响。（《中共西藏党史大事记（1949~1966）》P164）

5日 驻桂空军在广西壮族自治区上空击落入侵的美国无人驾驶高空侦察机1架。5月8日，美国4架F—4c飞机再次侵入广西上空，我军击落其中2架飞机。9月9日，美军战斗机2架入侵宁明县、东兴各族自治县上空进行扫射，被驻桂空军击伤1架；17日，我军再次击伤侵入凭祥、龙州、大新、天等、崇左地区1架飞机。（《新华社新闻稿》1966.9.19，12.6；《广西通志·大事记》P380、383）

△ 西藏自治区人委讨论通过《寺庙民主管理章程试行方案》。《章程》曾在1964年7月由自治区筹委会宗教事务委员会拟定，自治区工委于1965年2月12日报经中央统战部与西南局统战部研究同意。《章程》共5章27条，总则中规定，根据宪法寺庙必须贯彻执行“政治统一、信教自由、政教分离”的方针，《章程》对寺庙民主管理委员会、僧尼应有的权利和义务作了详细具体的规定。（《中共西藏党史大事记（1949~1966）》P165）

△ 据新华社报道，宁夏回族自治区青铜峡水泥厂被全国工业交通工作会议和全国工业交通政治工作会议推荐为70个大庆式先进单位之一。（《中共宁夏党史大事记（1925.8~1988.6）》P337）

8日 据《广西日报》报道，国家副主席董必武最近到广西壮族自治区视察访问。（《广西通志·大事记》P380）

△ 湖南省湘西土家族苗族自治州杨玉翠（苗族）、彭兴翠（土家族）、王先香（土家族）、龙兰辉（苗族）、吴妹花（苗族）、龙英（苗族）获全国妇联颁发的全国“三八”红旗手称号。（《湘西州志》上P67）

9日 贵州省黔南布依族苗族自治州都匀市恢复，市、县分设，原都匀县属新城公社及城关镇所辖4个街道办事处划归都匀市管辖。（《黔南布依族苗族自治州志》上P59）

13日 西藏自治区党委书记处《三月份工作简报》指出，截至是日，全区患麻疹、流感、痢疾等14种传染病的有4.28万人，死亡1273人；患非传染病的3.92万人，死亡779人。2项合计患病人数8.2万人，死亡2052人。在防疫抗灾中，全区深入农牧区的医务人员1442人，其中地方909人、军队533人。（《中共西藏党史大事记》（1949~1966）P166）

14日 据《广西日报》报道，中国地质学会最近在桂林召开全国岩溶学术会议，共提交学术论文93篇。会议一致建议，把“喀斯特”这一名词改称为“岩溶”。（《广西通志·大事记》P380）

△ 中共中央政治局委员、副总理贺龙等视察四川省西昌专区渡口工农业生产建设。（《凉山彝族自治州志》上P56）

19日 原国民党政府代总统李宗仁偕夫人郭德洁及原国民党中央非常委员会副秘书长程思远结束在广西壮族自治区桂林、柳州、南宁历时20天的参观访问，返回北京。

（《广西通志·大事记》P380）

22日 著名的马克思主义哲学家、科学院学部委员、中共中央高级党校副校长艾思奇（蒙古族）病逝。（《新华社新闻稿》1966.3.23，《中华人民共和国大事记（1949~1980）》P357）

26日 中共云南省委和昆明部队召开边疆工作会议，听取省委第一书记阎红彦和昆明军区第二政委、党委第三书记李成芳的报告。会议总结过去的工作经验，讨论进一步加强边疆建设问题，并提出今后边疆工作的任务。（《云南日报》1966.3.26.①）

27日~4月16日 国家主席刘少奇和国务院副总理陈毅在新疆维吾尔自治区进行视察，并听取自治区党委的工作汇报。其间，刘少奇、陈毅视察了乌鲁木齐、和田、喀什和克孜勒苏等地，接见当地的各民族干部和先进生产（工作）者，并对新疆建设作了重要指示。陈毅在和田向部分县社干部作了重要报告，还观看新疆各民族运动员的体育表演，并接见各民族运动员。（《新疆日报》1966.3.27.①，4.3.①）

29日 全国人大常委会三届二十九次会议批准了《新疆维吾尔自治区克孜勒苏柯尔克孜自治州各级人民代表大会和各级人民委员会组织条例》、《新疆维吾尔自治区巴音郭楞蒙古自治州人民代表大会和人民委员会组织条例》、《青海省海南藏族自治州各级人民代表大会和各级人民委员会组织条例》。（《人民日报》1987.11.26.③，《湖南日报》1987.11.26.②③）

30日 由上海自动化仪表七厂迁建的宁夏回族自治区吴忠仪表厂建成投产。（《中共宁夏党史大事记（1925.8~1988.6）》P338）

△ 中共中央政治局常委、总书记邓小平在国务院副总理薄一波、政协全国委员会副主席刘澜涛陪同下，视察青海省海北藏族自治州境内的国营221厂。（《海北藏族自治州志》上P66）

是月 化学工业部保定电影胶片厂（中国乐凯胶片公司前身）高级工程师时希贤（回族）试制成功我国第一台胶片生产专用设备——绿色层涂布机。（《中国少数民族专家学者辞典》P600）

△ 国务院副总理、中国人民解放军总参谋长罗瑞卿到广西壮族自治区视察驻桂陆、海、空部队。（《广西通志·大事记》P380）

△ 贵州省黔东南苗族侗族自治州镇远、锦屏、岑巩、榕江等县受严重风雹灾，毁坏房屋2.7万间，损坏农作物2.6万亩、桐油林1.2万亩，吹倒树木3000多株。（《黔东南苗族侗族自治州志·总述·大事记》P175）

△ 云南省德宏傣族景颇族自治州第一座机电排洪工程——盈江邦巴电灌站竣工。有12SH－19型水泵5台，动力275千瓦，设计灌溉4千亩。（《德宏州志》综合卷P52）

△ 在宁夏回族自治区青铜峡建设的铝厂正式开工，由国家冶金工业部直管。1970年8月21日，电解车间一厂房前44台电解槽正式通电焙烧投产，年生产能力为3.2万吨电解铝。1983年，根据国务院“优先发展铝”的战略方针，国家计划委员会批准自治区计划委员会上报的青铜峡铝厂二期工程扩建计划任务书，并被列为国家“六五”计划建设项目。1987年8月15日二期工程首批20台电解槽投产，12月26日第二批20台电解槽通电投产。二期工程项目年产电解铝5万吨。（《当代宁夏史通鉴》P287）

是月~6月 宁夏回族自治区大部分地区雨水比常年偏少5成以上，受旱面积近百万公顷。泾源、盐池和灵武的山区春夏连旱，粮食大幅度减产。（《中国气象灾害大典·宁夏卷》P56）

4月

6日 西藏自治区党委上报西藏发生风

灾、火灾情况。那曲专区部分地区3月5日和23日2次刮起20多年来罕见的12级大风，气温迅速下降。3月19日至27日，农业区的朗县、芒康、米林、工布江达等县因群众、军工砍柴、伐木时用火不慎和珞巴族农民点火烧田里野草，引起森林失火，据报约毁林20平方公里。灾情发生后，当地党政军机关立即领导群众和驻军全力救灾。（《中共西藏党史大事记（1949~1966）》P166）

7日 西藏自治区党委指示，努力完成是年6项任务。指示说，当年要在大约占全区人口1/4的地区完成三教运动；基本完成专区以上的城市社教运动；除已试办的25个公社外，是年还要试办28个人民公社；要将狠抓活学活用毛主席著作的运动放在一切工作的首位。至年底，自治区共试办150多个人民公社。（《中共西藏党史大事记（1949~1966）》P167，《当代中国的西藏》上P385）

8日 国务院批复广西壮族自治区人委，同意大苗山苗族自治县改称融水苗族自治县，大瑶山瑶族自治县改称金秀瑶族自治县。（《国务院公报》1966［4号］P88）

14~16日 内蒙古自治区通辽普降大雪，科尔沁左翼后旗平地雪深1米，畜牧业受灾严重，死亡牲畜4万头（只）。吉尔嘎郎苏木雪厚30厘米，雪后降温并伴有大白毛风，牲畜死亡惨重。（《内蒙古自然灾害通志》P303）

20日 西藏自治区农民首次使用当地“七一”铁木生产合作社土法试制的马拉播种机，代替千百年来的散播。（《今日新闻》1966.4.21）

△ 云南省楚雄彝族自治州九龙甸水电站建成投产，装机容量2×320千瓦，年均发电78.4万度。（《楚雄彝族自治州志》1卷P200）

20~30日 宁夏回族自治区党委常委扩大会议举行，讨论部署文化革命问题。会议传达中共中央主席毛泽东最近关于文化革命问题的指示，学习中央批转《林彪同志委托江青同志召开的部队文艺工作座谈会纪要》，并联系自治区实际进行讨论。会议认为，自治区文教战线上的阶级斗争是严重的、尖锐的，要求各级领导一定要高举毛泽东思想伟大旗帜，像抓社教运动一样切实领导好当前的“文化大革命”。（《中共宁夏党史大事记（1925.8~1988.6）》P338）

21日~5月14日 宁夏回族自治区党委举行有区、市两级文教系统领导干部参加的座谈会。会议学习中央和中共中央主席毛泽东的指示，结合自治区实际，初步揭发自治区文化战线上的阶级斗争，并揭发学校、新闻等方面的一些问题。（《中共宁夏党史大事记（1925.8~1988.6）》P338）

27日 西藏自治区党委在成都召开日喀则地区三教工作座谈会。会后，自治区党委发出《关于当前日喀则地区几个问题的处理意见》，日喀则地区三大教育运动中，区、乡干部多数被换掉，对敌斗争区别对待不够，农奴主代理人普遍感到没有出路，中等农民动荡不安，基层干部等着挨整；农民生产积极性受挫，耕地次数减少，宰杀牲畜相当严重，吉隆县唐果村27户宰杀牲畜804头（只）。自治区党委要求，日喀则地委总结工作，按照政策处理上述问题（三教运动中，日喀则地区打击农奴主阶级的反攻倒算、复辟破坏活动，开展挖“小班禅”的斗争，给许多人戴帽子进行批斗。1980年，自治区党委为“小班禅案”平反）。（《中共西藏党史大事记（1949~1966）》P167）

28日 青海省人委第46次行政会议批准果洛藏族自治州成立综合技术学校，1968年12月27日撤销。（《果洛藏族自治州志》上P37~38）

是月 湖南省湘西土家族苗族自治州第一座水库——永顺县松柏水库竣工，库容量1287万立方米，可灌田2490公顷。（《湘

西州志》上P67）

5月

2日　中国政府和尼泊尔政府关于中国西藏自治区和尼泊尔之间的通商、交通和其他有关问题的协定在北京签订。　（《新华社新闻稿》1966.5.4）

4~26日　中共中央政治局扩大会议举行，通过由中共中央主席毛泽东主持起草的《中国共产党中央委员会通知》（即《五·一六通知》）。《通知》共3个部分，即：一是前言，宣布撤销《二月提纲》和"文化革命五人小组"及其办事机构，提出重新设立"文化革命小组"，隶属于政治局常委会，这是为了开展"文化大革命"采取的组织措施；二是列举《二月提纲》的10条罪状，逐条批判，提出一整套"左"的理论、路线、方针、政策；三是结语，要求各级党委立即停止执行《二月提纲》，夺取文化领域中的领导权，号召向党、政、军、文各界的"资产阶级代表人物"猛烈开火。中共中央副主席林彪在会上作了危言耸听的讲话，鼓吹"政变经"，对全国人大常委会副委员长彭真等同志进行恶毒攻击和污蔑，胡说彭真、国务院副总理罗瑞卿、中央书记处书记陆定一、中央书记处候补书记杨尚昆等同志是一个"反党集团"。　（《人民日报》1981.7.17.①，《中华人民共和国大事记（1949~1980）》P18）

6日　宁夏回族自治区党委发出《关于将城市四清中清理出来的地、富、反、坏分子安置到农村进行改造的通知》，要求将城市四清运动中清理出来的地、富、反、坏分子安置到农村进行改造。　（《中共宁夏党史大事记》（1925.8~1988.6）P338）

7日　中共中央主席毛泽东提出教育问题（"五七指示"），要求学生以学为主兼学别样，要批判资产阶级，教育要革命，资产阶级知识分子统治学校的现象再也不能继续下去。"五七指示"成为以后"开门办学"和所谓教育革命的理论根据、指导思想，造成学校教育的极大混乱和倒退。　（《内蒙古自治区史》P279）

10日　广西壮族自治区党委常委（扩大）会议召开，研究"文化大革命"问题，决定立即在全区开展"文化大革命"。　（《广西通志·大事记》P381）

△　新疆维吾尔自治区喀什地区17.14万亩农作物遭受风灾，277头牲畜死亡，29间房屋倒塌，刮倒树木1538株。　（《新疆减灾四十年》P258）

20~24日　新疆维吾尔自治区举重运动员钱玉凯（俄罗斯族）在北京举行的新兴力量举重邀请赛中获冠军。　（《新疆通志·体育志》83卷P35）

21日　《新疆日报》发表社论《高举毛泽东思想伟大红旗，深入广泛开展社会主义文化大革命》，首次错误提出在新疆揪3条黑线。社论说："自治区不仅有和全国共同的资产阶级黑线，又有来自苏联现代修正主义的黑线和地方民族主义的黑线。"25日，自治区党委发出《关于贯彻执行中央五月十六日通知的紧急通知》，要求各级党委按照中央通知精神，对混进自治区党、政、军队和文化界的资产阶级代表人物"都要认真地进行清查、揭露和批判"。27~28日，自治区党委举行自治区级社会主义"文化大革命"积极分子大会，自治区党委第一书记王恩茂作题为《高举毛泽东思想伟大红旗，把社会主义文化大革命进行到底》的讲话。这次大会实际是新疆"文化大革命"的动员大会。　（《中国共产党新疆历史大事记（1966.5~1991.12）》下P3）

21日~7月25日　中共中央华北局召开工作会议（即前门饭店会议）。会议传达中共中央政治局扩大会议的精神，从6月7日开始集中力量错误地揭发批判国务院副总理乌兰夫。7月27日，中共中央华北局向中央报送《关于乌兰夫错误问题的报告》，错误地把乌兰夫打成反党、反社会主义、反毛泽东思想，破坏祖国统一、搞民族分裂，内蒙古最大的走资本主义道路的当权派。在前门饭店会议上揭发乌兰夫的过程中，把内蒙古党委书记处书记、自治区副主席奎璧，自治区副主席、党委统战部长吉雅泰，内蒙古党委书记处书记毕力格巴图尔以及一大批蒙古族干部打入所谓“土家村”、“云家店”，捏造成所谓“乌兰夫反党叛国集团”。（《内蒙古自治区史》P296~298、530）

22日 宁夏回族自治区党委发出《关于传达讨论〈中央五月十六日通知〉的通知》。同日，《宁夏日报》发表社论《再接再厉，坚决战斗，深入开展社会主义文化大革命》。（《中共宁夏党史大事记（1925.8~1988.6）》P349）

25日 北京大学哲学系聂元梓等7人在北大贴出大字报，攻击北大党委。6月1日，《人民日报》发表社论《横扫一切牛鬼蛇神》，将《五·一六通知》内容捅向全国，从而发动一场全局性的、历时10年的“文化大革命”。6月2日，《人民日报》发表评论员文章《欢呼北大的一张大字报》，并发表论述“文化大革命”的社论《触及人们灵魂的大革命》。（《新华社新闻稿》1966.6.2，6.3；《人民日报》1981.7.17.①）

30日 新疆维吾尔、哈萨克新文字推行工作先进单位和积极分子会议闭幕。会议总结推行新文字的工作，交流经验，确定今后的工作任务。（《新疆日报》1966.6.2.②）

31日 中共中央西南局同意中共西藏自治区委员会成立文化革命小组，由王其梅、任明道、杨东生（藏族）、阴法唐、宋开元、张再旺、金沙等人组成，王其梅任组长，任明道、张再旺任副组长。（《当代中国的西藏》上P368~369）

是月 中共中央组织西北五省区技术人员在新疆维吾尔自治区博尔塔拉蒙古自治州博乐县鉴定绵羊，决定在伊犁、博尔塔拉地区建立百万只细毛羊基地。（《博尔塔拉蒙古自治州志》P48）

6月

2日 宁夏大学中文系66级9名学生在校内贴出首张大字报《看我校领导在文化大革命中的精神状态》。此后，宁夏大学开始利用大字报进行混战，校、系领导和部分教师被陆续在大字报上点名批判。5日，《人民日报》发表社论《做无产阶级革命派，还是做资产阶级保皇派?》，煽动群众起来向“保皇派”进行坚决的斗争，宁夏各地学生响应号召起来造反。同日晚，自治区党委派驻宁夏大学工作组召开各系、处、室党支部书记以上领导干部会议，部署向“三家村黑店”、“牛鬼蛇神”猛烈开火。因此，一批教师被揪斗、游街、“隔离反省”、“群众专政”，校党委瘫痪，学校陷入混乱。是月中旬，宁夏大学和其他大、中学校陆续“停课闹革命”。（《中共宁夏党史大事记（1925.8~1988.6）》P350~351）

4日 广西壮族自治区党委根据中央《五·一六通知》精神，成立自治区党委“文化革命小组”，自治区党委书记伍晋南任组长，贺亦然、侠静波、郭永昌、段远钟、段纯和、罗立斌任副组长。14日，自治区党委派出工作队（组）进驻各大专院校、区直各文化部门、文艺团体和《广西日报》社。广西师范学院（现广西师范大学）部分学生首先贴出“炮轰桂林市委”的大字报。15日，《广西日报》发表文章批判陆地（壮族）著的小说《故人》，攻击其为一株“反党反社会主义的大毒草”。28日，自治区党委决定，撤销陆地党内外一切职务（自治区党委宣传部副部长、中国作协广西分会主席）。（《广西通志·大事记》P381）

6日 《西藏日报》以“全区人民口诛笔

伐猛攻牛鬼蛇神”的大标题报道自治区公安厅500多名干部贴了2000多张大字报的消息。同时，《西藏日报》社、自治区党委大院以及其他许多单位也都贴了不少大字报。（《中国共产党西藏历史大事记（1949~2004）》P238）

7日 新疆维吾尔自治区党委发出《关于目前社会主义文化大革命运动中几个问题的紧急通知》。同日，自治区党委向新疆大学、新疆医学院、新疆工学院、八一农学院4所院校派出工作组，力图控制新疆局势。（《中国共产党新疆历史大事记（1966.5~1991.12）》下P4）

8日 据新华社报道，西藏自治区支援的240匹马运送到遭受地震灾害的河北省邢台地区后，邢台市各界集会，热烈欢迎西藏自治区慰问团。河北省和邢台地区党政负责人在欢迎大会上讲话。7月6日，河北省访问团到达拉萨，该团代表河北省委、省人民政府感谢西藏各族人民的支援，并给西藏人民赠送了一大批农机具和种畜。（《中国共产党西藏历史大事记（1949~2004）》P238~239）

15日 《新疆日报》发表经新疆维吾尔自治区党委审批的署名“文先锋”的文章。文章说，《新疆文学》杂志是“牛鬼蛇神向党向社会主义进攻的工具”，错误地把一批作品打成“毒草”，刘肖芜、王玉胡、王谷林、铁衣甫江、克里木·霍加等被定为自治区文联“反党黑帮”。8月8日，《新疆日报》公布自治区党委批准决定，自治区文联党组书记刘肖芜定为“反党分子”，撤销其党内外一切职务，并派工作组进驻文联。（《中国共产党新疆历史大事记（1966.5~1991.12）》下P4）

15日~7月5日 西藏自治区党委全委扩大会议在林芝举行，并形成会议《简报》。会上，自治区党委第一书记张国华传达5月中央政治局扩大会议和西南局会议精神，学习讨论中央《五一六通知》和西南局5月26日《关于贯彻执行中央〈五一六通知〉，坚决开展社会主义文化大革命的决定》等，讨论通过自治区党委制定的《关于坚决开展无产阶级文化大革命的决定》（简称《七五决定》）。会议认为，西藏教育、新闻、文艺、卫生科技界均被农奴主阶级、资产阶级知识分子所控制，宗教迷信对群众的影响还很深，在党、政、军特别是文化领域里，确有一批混进来的资产阶级、农奴主阶级代表人物，对此提出在西藏开展文化大革命的10条意见。《决定》错误地提出，对自治区党委宣传部副部长、《西藏日报》总编辑金沙“在报纸上公开点名批判”；自治区各部门、各地市要成立“文革小组”，向有夺权问题的单位派出工作组。7月8日，自治区党委上报西南局并党中央会议《简报》，错误地列出受批判人名单，其中有拉萨市委书记惠毅然和金沙、何祖荫等。8月8日，自治区党委决定停止自治区党委常委、组织部部长惠毅然一切职务，并于1971年8月7~12日举行的自治区首次党代会错误决定开除其党籍。8月12日，以何祖荫为第一书记的中共拉萨市委被自治区党委宣布改组，并成立以钱兴门为首的拉萨临时市委。10月4日，自治区党委决定将何祖荫、侯杰、金沙、智泽民、高立业、罗石生、张民魂、彭哲（藏族）、杨殿甲9人定为“走资派”，交群众批斗。1981年5月25日，自治区党委发出通知，为惠毅然等人平反；28日，自治区党委发出通知，侯杰、金沙等9人定为“走资派”是错误的，予以平反，恢复名誉。（《西藏日报》1979.1.22.①，《中国共产党西藏历史大事记（1949~2004）》P239~242、353~354）

21日 广西壮族自治区西江、桂江上游近日连降大雨，河水上涨，梧州市遭遇洪水。截至24日，该市水位21.45米，近一半街道被淹，25日水位开始下降。百色、南宁专区的部分县7月间连降暴雨。全区有41个县、市受灾，受灾面积184.17万亩，损失粮食5993.2万公斤，房屋倒塌1332间，冲坏水利设备1.79

万处，淹死84人。（《广西通志·大事记》P381、385）

26日 新疆维吾尔自治区伊犁地区最大的水利工程——喀什河西岸总干渠引水工程竣工放水。（《新疆日报》1966.6.26.①）

27日 广西医学院李伟浩、梁承纲、郭民修等进行首例断腕再植手术成功。（《广西通志·大事记》P381）

是月 截至上半年，西藏自治区公办小学恢复到82所，在校生近1.12万人。普通初级中学由1所发展到4所，在校生由1958年的202人增加到1333人。公办、民办两类学校合计2035所，在校生7.5万人。适龄儿童入学率由民主改革前的1%增长到当年适龄儿童的30%左右。1959年以来，全区共培养中小学生3500多人，培养轮训各类干部、教师7000多人。（《当代中国的西藏》下P306）

△ 西藏自治区那曲地区遭旱灾，自治区党委拨出救灾粮320160万斤、铁锹5000把、镰刀5000把。那曲县委从6月中旬至7月初，带领群众兴修水利，共挖水渠586条48961米，打井55眼、挖泉水井81口、筑拦水坝25条、灌溉草场2486.8公顷。（《中国气象灾害大典·西藏卷》P19）

△ 据《宁夏日报》报道，宁夏回族自治区海原县发现一处新石器时代晚期的遗址。（《宁夏日报》1972.6.11）

△ 宁夏回族自治区同心、西吉、盐池、海原、固原、泾源、隆德、吴忠、灵武、青铜峡10个县先后遭冰雹袭击，农作物受灾4.24万公顷。因雹起洪，冲走粮食4.46万公斤，死亡14人，大家畜112头、猪89头、羊9679只，倒塌窑洞和房屋109间，冲走树22844棵、幼树6826株，冲坏土坝259个、水利设施8座、公路400米。（《中国气象灾害大典·宁夏卷》P189）

△ 新疆维吾尔自治区额尔齐斯河发洪水，河谷地带10万多亩农田被淹没。（《新疆减灾四十年》P258）

7月

3~4日 云南省文山壮族苗族自治州暴雨成灾，粮食作物受灾15.7万亩，冲毁小型水利工程21件，毁房1678间，死亡15人。文山城水淹房屋2743间，倒塌1339间。（《文山壮族苗族自治州志》1卷P53）

4日 据报道，广东省海南黎族苗族自治州农村已建成50多座小型水电站。（《今日新闻》1966.7.4）

5日 宁夏回族自治区为知青创办第一所农村劳动大学。（《今日新闻》1966.7.6）

6日 据《西藏日报》报道，以西藏自治区人委副主席杨东生（藏族）为团长的中国友好代表团一行5人于4日抵达尼泊尔加德满都进行访问，受到尼泊尔王国内政、宣传、广播大臣达南汤·杰哈等欢迎。（《中国共产党西藏历史大事记（1949~2004）》P240）

11日 浙江省舟山专区知识青年224人到宁夏回族自治区青铜峡县农村插队落户。（《中共宁夏党史大事记（1925.8~1988.6）》P351）

12日 西藏自治区党委文革工作组进入西藏日报社。《西藏日报》刊登自治区党委派工作组到西藏日报社领导报社的“文革”和工作的消息。（《中国共产党西藏历史大事记（1949~2004）》P240）

13日 西藏自治区军区党委决定组成军区生产委员会，抽调24名干部组成军区生产办公室。各部队共抽调1.78万人担负开荒生产任务，3个多月开垦荒地11万亩。（《当代中国的西藏》上P382~383）

21日 新疆维吾尔自治区党委召开三级干部会议，贯彻西北局第三次全委（扩大）会议“关于彻底揭发和肃清彭德怀、高岗、习仲勋反党集团的影响和残余势力”的指示精神。会议错误地要求自治区党委书记吕剑人交代与

彭（德怀）、高（岗）、习（仲勋）的关系。（《中国共产党新疆历史大事记（1966.5~1991.12）》下P5）

21日~8月21日 宁夏回族自治区党委第二次代表大会举行，主要内容是：一、学习讨论中共中央主席毛泽东、党中央关于无产阶级文化大革命的指示，传达西北局第三次全体委员扩大会议精神；二、揭露、声讨、批判所谓“彭（真）、罗（瑞卿）、陆（定一）、杨（尚昆）反革命集团”的“反党、反革命滔天罪行”，进一步肃清所谓“彭（德怀）、高（岗）、习（仲勋）反党集团”的影响；三、揭发宁夏反党、反社会主义、反毛泽东思想的黑帮黑线，主要揭发、批判原自治区党委书记、自治区政府副主席吴生秀，原自治区党委常委、自治区政府副主席、自治区政协副主席刘震寰，原自治区党委委员、宣传部副部长、文教厅厅长杨辛的所谓“反党、反社会主义的罪行”。29日，自治区党委报请中共中央批准，给予吴生秀“撤销党内外一切职务”的处分，错误地定为“反党分子”、“高岗反党集团的一个反革命继承人”、“有自首叛变嫌疑”，并对其进行批判斗争。1975年6月7日，自治区党委发出《关于刘震寰同志政治历史问题的审查报告》认为，刘震寰在抗日战争时期，对敌人斗争是坚决的，表现较好，未发现有投敌、叛变。1980年2月，吴生秀被彻底平反。（《中共宁夏党史大事记（1925.8~1988.6）》P351~353、444）

23日 中共宁夏回族自治区党委发出《关于中小学开展文化大革命运动有关问题的意见》。（《中共宁夏党史大事记（1925.8~1988.6）》P352）

26日 广西壮族自治区受8号台风袭击，台风中心在钦州县附近，波及65个县（市），其中18个县较严重。截至8月1日，自治区民政厅统计表明，受灾人口165.74万人，耕地面积79.66万亩，损失粮食648.1万公斤，倒塌房屋1.83万间，死亡24人，冲坏水利设施2231处。（《广西通志·大事记》P382）

8月

1日 西藏自治区雅鲁藏布江第一座现代化钢筋混凝土大型公路桥梁——曲水大桥建成通车。桥梁全长738.64米。（《今日新闻》1966.8.5）

1~12日 中共八届十一中全会举行，讨论中共中央主席毛泽东于1日致清华大学附属中学红卫兵的信和所作的文章《炮打司令部（我的一张大字报）》，以及北大聂元梓等7人的大字报。全会讨论通过《关于无产阶级文化大革命的决定》（即“十六条”）。“十六条”明确规定，“文化大革命”的斗争目标是斗垮“走资本主义道路的当权派”，批判“资产阶级反动学术权威”，把领导权夺回到无产阶级手中来；进行“文化大革命”的方法是运用“四大”（大鸣、大放、大字报、大辩论），“让群众自己教育自己”；讨论并批准中共八届十中全会以来中央政治局关于国内和国际问题的重大决策、重大措施，强调毛泽东的一些“左”倾错误论点，即他在八届十中全会上提出的关于社会主义社会阶级和阶级斗争的论断（后来被称为“党的基本路线”），“是我国进行社会主义革命和社会主义建设的指南”。是年5月，中央政治局扩大会议和该届全会的召开以及《五一六通知》、《关于无产阶级文化大革命的决定》，是“文化大革命”全面发动的标志。会议期间，中央文革小组组长陈伯达、第一副组长江青在小组会上向中央统战部开刀，声称要“炮打统战部”，中央统战部被打成“修正主义司令部”，全国统战、民族、宗教工作部门均被扣上“执行投降主义路线”的帽子。林彪、“四人帮”及其在各地的死党大肆诬蔑统战、民族、宗教工作部门是“牛鬼蛇神的庇护所”、“资本主义的复辟部”，广大统战系统的干部被攻击为“资产阶级的代理人”、

“资产阶级的孝子贤孙”和“反革命修正主义分子”，并遭受残酷的打击迫害，不少坚持毛主席革命路线的同志甚至被迫害致死。（《新时期民族工作文献选编》P2，《人民日报》1981.7.17.②）

2日 以任耕卿为团长的广西壮族自治区代表团和以范横为团长的越南广宁、高平、谅山省代表团在越南广宁省举行1966年地方贸易会议。广西向越南三省出口货值205万元，越南三省向广西出口货值234万元。（《广西通志·大事记》P382）

4日 内蒙古自治区党委文化革命小组成立，高锦明任组长，权星垣任副组长。这是前门饭店会议后的一个重大的组织措施，通过这一措施，将前门饭店会上划入“乌兰夫黑帮集团”的领导干部排除出党政领导岗位。（《内蒙古自治区史》P299~300、531）

8日 《中国共产党中央委员会关于无产阶级文化大革命的决定》（简称“十六条”）公布。10日，中共中央主席毛泽东发出“你们要关心国家大事，要把无产阶级文化大革命进行到底”的号召。20日，首都红卫兵走上街头，张贴标语、大字报，散发传单，集会演说，进行“破四旧”运动。9月5日，中央通知各地组织大中学校师生员工代表分期分批赴北京参观、学习，交流经验。从此，全国各类学校均停课“闹革命”，而且就此出现了全国性的大串联运动。8月18日至11月26日，毛泽东在北京天安门城楼先后8次接见全国的红卫兵、学生、教师1100多万人。在林彪多次讲话的煽动下，红卫兵“杀向社会”、“横扫‘四旧’”，由“学校的斗、批、改发展到社会的斗、批、改”，导致全国性的大动乱。（《内蒙古自治区史》P299~301、531）

17日 《毛主席语录》藏文版出版发行。（《西藏日报》1966.8.17.①）

18日 西藏自治区党委对全区“文化大革命”进行部署，要求各项工作都要以“文革”为中心进行安排，首先搞好自治区、地专两级党政机关和作为重点的文教系统的“文化大革命”。县一级一般结合“三教”、“四清”进行。（《中国共产党西藏历史大事记（1949~2004）》P241）

22日 北京第55中学和北京第30中学4名“红卫兵”由兰州到宁夏银川，在自治区党委门口贴出十几张大字报，提出要用“毛泽东思想衡量宁夏回族自治区党委”。同时，银川一中、女中等校学生贴大字报欢迎“红卫兵”来宁“煽风点火”。（《中共宁夏党史大事记（1925.8~1988.6）》P354）

22~29日 据新华社连续报道，首都和各地红卫兵走上街头，横扫“四旧”（指旧思想、旧文化、旧风俗、旧习惯）。由此破坏孔庙、破坏寺院及破坏历史文物的破“四旧”活动殃及全国，民族地区的寺院成为重灾区。（《新华社新闻稿》1966.8.23~30）

23日 宁夏回族自治区银川中等学校“文化大革命”动员大会召开，自治区主席杨静仁检讨自治区党委派工作组等问题，并表示要高举毛泽东思想伟大旗帜同广大革命师生、革命群众一道，把无产阶级“文化大革命”进行到底。即日起，“红卫兵”在“造反有理”的旗帜下，开展“破四旧”运动，到处张贴大字报、大标语，提出要“打碎旧世界，建立新世界”，一些街道、学校、商店更换所谓革命的名称，一些文物古迹被破坏，古旧书画被焚毁，寺庙被拆除。同日，《宁夏日报》报道“银川市革命小将走上街头，横扫一切旧思想、旧文化、旧风俗、旧习惯”。（《中共宁夏党史大事记（1925.8~1988.6）》P354~355）

24日 全国文联副主席、著名作家、“人民艺术家”老舍（舒舍予，满族）先生因受林彪、“四人帮”迫害，不幸逝世，终年67岁。（《新华社新闻稿》1978.6.4）

25日 宁夏回族自治区党委在银川举行

10万人参加的“庆祝无产阶级文化大革命大会”，自治区党委第一书记杨静仁发表讲话，北京来宁夏串联的红卫兵发言说：“煽革命之风，点革命之火”。（《中共宁夏党史大事记（1925.8~1988.6）》P355）

28日 《毛主席语录》蒙古文版出版发行。（《内蒙古日报》1966.8.29.①）

30日 中共中央根据宁夏回族自治区党委的报告，批准撤销自治区党委书记处候补书记、宣传部部长、宁夏大学校长兼党委书记、宁夏文联主席江云的“党内外一切职务”，错误认为他“顽固执行反革命修正主义文艺、教育路线”，“包庇大批坏人”等。9月3日，中共中央批准给予自治区党委第二书记、自治区政协主席李景林“停止党内外一切职务”的处分，错误认为他“反对毛主席，否认阶级斗争，反对政治运动，反对大鸣、大放、大字报”。（《中共宁夏党史大事记（1925.8~1988.6）》P356）

31日 “首都红卫兵”串联到新疆，在其煽动下，新疆乌鲁木齐市第一中学部分学生以“文尖兵”的名义贴出题为《无产阶级革命无罪，造反有理——首揭区党委》的大字报，诬蔑自治区党委有一条又粗又长的黑线。“首都红卫兵”认为，新疆是“独立王国”、“一潭死水”，要发动群众首先炮轰自治区党委，火烧自治区党委第一书记王恩茂，然后再层层揪斗各级领导干部。9月3日，“首都红卫兵”及新疆大学、乌鲁木齐市第一师范等学校的红卫兵组织1000余名学生冲击自治区党委机关。次日凌晨，宣布绝食静坐，发通电、散传单，发表《告全国同胞书》，向中央诬告自治区党委，诬蔑9月2日王恩茂主持的欢迎北京等地红卫兵串联来新疆大会是反革命大会，“王恩茂的讲话是反革命的黑报告”等等，煽动不明真相的干部群众起来造自治区党委的反。这就是震动全疆的“九三”事件。（《中国共产党新疆历史大事记（1966.5~1991.12）》下P5~6）

是月 红卫兵夜闯全国人大常委会副委员长班禅额尔德尼·确吉坚赞在北京的住所，将他抢走，关押在中央民族学院进行批斗。后经国务院总理周恩来保护，转移至北京卫戍区。1968年6月，又被林彪、“四人帮”一伙强送到北京政法学院，由卫戍区隔离监护，度过9年零8个月铁窗生活，直到1977年10月释放。（《班禅大师》P152~160）

△ 北京红卫兵南下串联队前后3批300多人到广西南宁进行“革命串联”，鼓动横扫“四旧”，揪斗所谓“走资派”和“牛鬼蛇神”。南宁、柳州、桂林、梧州等市的红卫兵上街“破四旧”（旧思想、旧文化、旧风俗、旧习惯），把一些自认为有资本主义、封建主义色彩的街道改换新名，将一些古建筑和有老图案的物品当做“四旧”，大批历史文物和文化遗产被毁。（《广西通志·大事记》P382）

△ 西藏自治区第一个现代毛纺企业——林芝毛纺厂在八一镇建成，10月投产。该厂迁自上海，上海市给予了技术及设备等支持。该厂投产初期主要产品是毛毯和呢绒，产量分别为8100条和11.7万米。1971年生产出高原牌毛线。以后该厂又陆续生产卡垫、地毯纱等几十种产品。1989年，该厂产品品种规格由建厂初期的27种发展到370多种，主要产品毛毯、呢绒、毛线的产量分别为2.3万条、12.3万米和167.3吨。职工人数发展到1090多人，其中藏族职工占62%。该厂形成固定资产原值1680多万元，累计完成产值近25540万元，实现利税5608万元。（《人民日报》1992.2.21.③，《当代中国的西藏》下P149）

△ “文化大革命”开始以后，在“横扫一切”的错误口号下，西藏红卫兵和不少群众捣毁许多玛尼堆、佛塔，并烧毁一些经书、经板。甘丹寺、昌珠寺、清真寺等被彻底砸毁或拆除，大昭寺、小昭寺和扎什伦布寺外部也被弄得满目疮痍，造成难以换回的损失。同时，取消宗教工作机构，把爱国宗教界人士和宗教

职业者说成是“牛鬼蛇神”，列入打倒的范围；取消合法的宗教团体，一度中断正常的宗教活动，连少数民族的风俗习惯也遭到干涉，严重伤害了宗教界人士和广大信教群众的感情。（《当代中国的西藏》上P376）

是月~9月 云南省楚雄彝族自治州大雨成灾，受灾农田14万亩，垮坝295处，死亡14人，倒房6484间，九龙甸水库大坝出现险情。（《楚雄彝族自治州志》1卷P200）

9月

4日 宁夏回族自治区党委向中共中央西北局呈报《关于在我区报刊上点名批判问题的请示报告》。《报告》确定，报刊点名批判分为两步：第一步主要批判文艺作品的所谓“大毒草”《玉凤簪》、《金积堡》，涉及4人：杨辛、姚以壮（时任文联副主席，《玉凤簪》剧本的改编者）、石天（时任文教厅副厅长，《金积堡》剧本的主编）、马腾霭（时任自治区副主席、所谓《金积堡》编剧的“幕后策划者”）；第二步批判教育界的黑线，主要批判对象是江云和杨辛。9日，中共中央西北局发出文件《同意对姚以壮等在报刊上点名批判》。粉碎“四人帮”后，以上问题得到平反。（《中共宁夏党史大事记（1925.8~1988.6）》P356）

7日 河南省支援西藏建设的男女青年140多名在拉萨市郊安家落户。（《今日新闻》1966.9.8）

△ 新疆维吾尔自治区党委向各学校发出筹建乌鲁木齐市大中学校“红卫兵总部”的通知。9日，乌鲁木齐地区红卫兵代表大会召开，宣布成立“乌鲁木齐大中学校红卫兵总部筹委会”（后改为红一司）。10月27日，“新疆红卫兵革命造反司令部”（红二司）举行成立大会。在林彪、江青的煽动下，红卫兵到处破“四旧”，横扫牛鬼蛇神，揪斗“走资派”，搞乱地方各级党委。（《中国共产党新疆历史大事记（1966.5~1991.12）》下P7）

9日 广西壮族自治区桂林的请愿代表及广西大学、广西医学院、南宁市二中等19所大中学校学生共2000余人在自治区党委院内举行静坐绝食，要求自治区党委进一步处理广西师范学院打伤学生事件。（《广西通志·大事记》P383）

△ 中国人民解放军第二外语学校在广西壮族自治区桂林市组建，隶属广州军区。该校以学越语为主要课程，1969年3月撤销。（《广西通志·大事记》P383）

11日 “言派”京剧表演艺术家言慧珠（女，蒙古族）在“文革”中遇难自尽，终年47岁。生前曾任上海市戏曲学校副校长、言慧珠京剧团团长。其代表艺术作品有《游园惊梦》、《金山寺》、《花木兰》、《抗金兵》、《洪宣娇》、《春香传》、《梁山伯与祝英台》、《牡丹亭》、《断桥》、《琴挑》、《墙头马上》等。（《中国历代少数民族英才传》P3068~3074）

14日 中共中央发出《关于抓革命促生产的通知》。《通知》要求，工业、农业、交通、财贸部门保证生产、建设、科研等工作的“正常进行”，职工“应当坚守岗位”，“职工的文化革命放在业余时间去搞”；“‘红卫兵’和革命学生不要进入那些工矿企业、设计事业单位去串联。”工矿企业、事业、商业、服务业、科研、设计单位在“文化大革命”中对领导干部的撤换由上级党委主动调整，不采取群众“罢官”的做法。（《中共宁夏党史大事记（1925.8~1988.6）》P357）

17日 宁夏回族自治区党委监委向自治区党委报告“文化大革命”中受冲击被撤职、停职的情况。截至是月16日，自治区、地（厅）、县（处）级被撤职、停职的干部共41人，其中自治区级6人、厅级6人、县级29人。（《中共宁夏党史大事记（1925.8~1988.6）》P357）

19日 云南省委批准将“片古岗特区”

划归怒江傈僳族自治州泸水县管辖。（《怒江傈僳族自治州志》上P28）

20日 广西艺术学院音乐系师生贴出题为《剥开“刘三姐”的画皮看伍晋南的修正主义面目》的大字报，对广西地方戏《刘三姐》和主管文教的自治区党委书记伍晋南进行批判。（《广西通志·大事记》P383）

20~30日 宁夏回族自治区党委部署“迁赶”工作。被迁赶的对象主要是地主分子、富农分子、反革命分子、坏分子、右派分子以及一大批因历史问题和错误处理过的人及其他们的家属子女。被迁赶人员除少数回原籍外，绝大多数被安置在固原、海原、隆德、泾源、盐池、同心、陶乐等县。1972年12月26日，自治区党委转发自治区政法小组《对文化大革命初期被“迁赶”人员处理意见的请示报告》，对被迁赶人员的处理问题提出如下意见：一、认真做好被迁赶人员的审查定性、定案工作；二、区别情况，妥善处理。（《中共宁夏党史大事记（1925.8~1988.6）》P357、421）

25日 由宁夏大学部分师生和自治区、银川市一些机关厂矿的部分群众发起，在银川体育馆广场召开“揭发批判自治区党委走资本主义道路当权派大会”。会议提出“炮轰司令部”、“火烧区党委”的口号，并点名批判自治区党委书记处书记马玉槐、候补书记杨一木，自治区副主席陈养山等人。会后，批判矛头逐渐上升，街头出现“评西北局的公开信”、“（杨静仁）书记是一切牛鬼蛇神的大红伞”、“区党委是黑帮黑线”、“踢开党委闹革命”等大标语、大字报，并出现“大辩论”，围攻自治区党政领导人的现象时有发生。28日起，宁夏大批师生赴北京参加全国性“大串联”。（《中共宁夏党史大事记（1925.8~1988.6）》P357~358）

26日 据《新疆日报》报道，新疆维吾尔自治区重点水利建设工程——头屯河水库工程提前导流合拢。清河总干渠、喀什河东岸大渠水利枢纽工程竣工放水。（《中国共产党新疆历史大事记（1966.5~1991.12）》下P8）

28日 22时00分19秒，云南省中甸东南发生6.4级地震，震中位置27.5N、100.1E。发生于中甸、丽江接壤的三坝区。烈度VIII强。VII度区西北至可木、白地等村，东南到丽江大具坝，西南包括彝族村、兰家村。死亡24人，伤53人。（《云南省志·地震志》P85~86，《迪庆藏族自治州志》P44）

29日 八一钢铁厂东方红一号高炉正式建成投产，将使新疆维吾尔自治区的钢铁产量成倍增长。（《中国共产党新疆历史大事记（1966.5~1991.12）》下P8）

△ 广西壮族自治区机械工业企业组成拖拉机生产点，大型拖拉机小批生产，小型拖拉机已试制成功，准备成批投入生产。（《广西通志·大事记》P383）

是月 中共中央东北局第一书记宋任穷等到吉林省延边朝鲜族自治州传达国务院总理周恩来关于保护自治州州长朱德海的指示。（《延边朝鲜族自治州志》上P75）

△ 云南省文山壮族苗族自治州公私合营企业全部转为国营企业，私方人员转为国家职工。（《文山壮族苗族自治州志》1卷P53）

△ 青海省海南藏族自治州大力发展耕读、牧读小学。截至是年，耕读、牧读小学有187所，在校生5363人，民办教师233人。（《海南州志》P38）

10月

1日 湖北省恩施鹤峰至宜昌宜都的公路竣工通车。（《恩施州志》P15）

△ 云南省贡山独龙族怒族自治县各族各界3000多人集会，庆祝自治县成立10周年。（《云南日报》1966.10.7.③）

26日 西藏自治区党委批准对领（主）、代（理人）分子和寺庙的赎买金及其银行的存款暂停支付。（《中国共产党西藏历史大事

记（1949~2004）》P304）

△ 因受林彪、“四人帮”迫害，青海省政协副秘书长、省妇联副主任、前河南蒙旗女王扎西才让（女，蒙古族，河南蒙古族自治县人，原为河南蒙旗世袭亲王）逝世。 （《青海日报》1979.9.18.④）

26~27日 内蒙古自治区呼伦贝尔盟牧区刮暴风雪，新巴尔虎左旗和新巴尔虎右旗受灾最重，克鲁伦河南、乌尔逊河西雪深20~30厘米，风力5~6级。5个乡1个公私合营牧场人畜遭重大伤亡，死亡18人，伤30人，损失牲畜2.86万头（只）。 （《内蒙古自然灾害通志》P305~306）

是月 吉林省延边朝鲜族自治州第一家小化肥厂——延边化肥厂在延吉市建成投产，年产合成氨2000吨。 （《延边朝鲜族自治州志》P76）

△ 广西壮族自治区农业厅根据自治区党委的指示精神，从湖北、上海聘请50名小麦技术能手、100名农民油菜技术能手，分配到各专区种植样板田，以促进全区冬种作物高产。 （《广西通志·大事记》P383）

△ 印度特务扎西潜入西藏自治区定日县，西藏军区部队进行搜捕，至11月中旬俘获扎西等3人，缴获美制快速电台1部。 （《中国共产党西藏历史大事记（1949~2004）》P243）

△ 云南省迪庆藏族自治州关闭粮油市场，粮油不准上市交易。 （《迪庆藏族自治州志》P44）

11月

3日~12月28日 新疆维吾尔自治区党委举行三级干部会议，传达中央10月工作会议精神，批判所谓“资产阶级反动路线”，检查自治区党委在“文化大革命”中所谓“方向性、路线性错误”。19日，新疆军区生产建设兵团几千名学生、职工借要求批判兵团主要负责人为由，冲击会址，向自治区党委要人。经多方做工作无效，于当晚宣布绝食。事发后，一些人以支持绝食为名，煽动工人罢工、罢市、停水、停电、停交通。22日，乌鲁木齐公共汽车公司部分工人罢工停车。由此新疆局势失去控制，静坐、绝食事件多次发生，自治区及各单位、各地区的党政领导机构处于半瘫痪状态。 （《中国共产党新疆历史大事记（1966.5~1991.12）》下P8~10）

15日 中央文革小组顾问康生在参加阿尔巴尼亚劳动党第五次代表大会后抵达新疆乌鲁木齐。同日，康生接见新疆“红二司”代表，煽动他们要彻底批判“资产阶级反动路线”，把无产阶级“文化大革命”进行到底。康生单独接见一派群众组织的做法，加剧新疆两派群众组织的对立。 （《中国共产党新疆历史大事记（1966.5~1991.12）》下P9）

18日 云南省巍山彝族回族自治县各族群众4500余人集会，庆祝自治县成立10周年。 （《云南日报》1966.11.22.①）

24日 著名史学家，中国科学院学部委员、历史研究所第二所副所长，北京大学历史系教授、图书馆馆长向达（土家族）在“文革”中遇难，含冤逝世，终年66岁，著有《唐代长安与西域文明》、《蛮书校注》等。 （《中国历代少数民族英才传》P3730~3735）

25日~12月6日 第一届亚洲新兴力量运动会在柬埔寨金边举行。广西壮族自治区5名选手被选入中国代表团，参加游泳、体操和举重3个项目的比赛。其中，举重选手肖明祥以158公斤打破次轻量级挺举世界纪录获金牌；体操选手王维俭囊括女子个人全能、自由体操、跳马、平衡木、高低杠5枚金牌，并和队友获女子团体第一名；黎仕光获男子4×100米和4×200米自由泳接力2块金牌，谭应姣获女子100米仰泳金牌、200米仰泳银牌和4×100米混合泳接力金牌。 （《广西通志·大事记》P384）

26日 广西自治区柳州空气压缩机厂试制成功年产3000吨和5000吨合成氨厂的主要设备——高压氢氨压缩机。（《广西通志·大事记》P384）

30日 湖南省城步苗族自治县万人集会，欢庆自治县成立10周年。（《今日新闻》1966.12.5）

是月 西藏自治区农机公司成立。1974年经营品种有拖拉机等近百种，销售额1100多万元，比1967年增长9倍。（《当代中国的西藏》上P382）

△ 北京几所大学和咸阳西藏民族学院部分红卫兵到西藏串联，贴出《彻底批判区党委资产阶级反动路线》的大字报。12月23日，部分红卫兵进驻自治区党委大院。（《中国共产党西藏历史大事记（1949~2004）》P243、245）

12月

1日 中华民国时期军事家、国民革命军一级上将白崇禧（回族）在台北病故，享年75岁。著有《游击战纲要》、《现代陆军军事教育之趋势》等军事著作。（《中国历代少数民族英才传》P3339~3344）

3日 云南省大理白族自治州各民族群众1万多人集会，庆祝自治州成立10周年。（《云南日报》1966.12.10.①）

5日 国防部发言人就美军用飞机2架于11月30日和12月1日先后将我国在北部湾西部海域进行和平作业的渔船炸沉6艘，炸死渔民17人，炸伤29人的暴行，向美国政府提出最强烈的抗议和最严重的警告。（《新华社新闻稿》1966.12.6）

7日 中共云南省德宏傣族景颇族自治州工委致电中央文革领导小组，请示边疆的“文化大革命”是否采取一些有别于内地的、较缓和的做法。该请示被“造反派”视为“镇压文化大革命”的罪证。（《德宏州志》综合卷P53）

8日 江苏南京红卫兵总部等20多个造反组织在广西壮族自治区体育场召开10万人大会，批判自治区党委执行所谓“资产阶级反动路线”的错误，自治区党委主要领导作检讨。（《广西通志·大事记》P384）

10日 是日报道，云南省大理白族自治州成立10年来，州、县（市）2级所属工业企业由1956年的35个发展到80个，职工人数增长1倍多，产品品种由过去的55种增加到118种。（《云南日报》1968.12.10.①）

12日 新疆维吾尔自治区军区生产建设兵团副政委贺振新被诬蔑为“张仲瀚反党集团的副帅”，在从医院拉回机关批斗时因心脏病突发，含冤逝世，终年50岁。1979年5月，自治区党委决定为其平反，并在八宝山革命公墓礼堂举行追悼会，国务院副总理王震到会致哀。（《中国共产党新疆历史大事记（1966.5~1991.12）》下P9）

15日 中共中央发出《关于农村无产阶级文化大革命的指示》（草案）：“把‘四清’运动纳入文化大革命中去。”“领导农村文化大革命的权力机构，是贫下中农革委，由贫下中农大会民主选举产生。”“可以组织一批革命学生下乡串联。”该文件下发致使“文化大革命”运动蔓延到全国农村。（《中共宁夏党史大事记（1925.8~1988.6）》P359）

16日 京剧表演艺术家，中国剧协理事，北京市政协第二、三届委员，北京市剧协筹委副主席，北京戏剧专科学校校长，北京京剧团团长，中国回协理事马连良（回族），因遭受林彪、江青反革命集团的迫害，含冤逝世，终年65岁。1979年3月27日，追悼会在北京举行。（《北京日报》1979.4.12.②）

23日 吉林省延边朝鲜族自治州有140个合作商店网点过渡为国营商店网点，从业人员628名。（《延边朝鲜族自治州志》P76）

是月 根据中越两国教育代表团《关于越南民主共和国几所小学迁移到中华人民共和国

问题的会谈纪要》，我国为越南在广西壮族自治区桂林市筹建“九二学校”（包括阮文追学校、越南南方普通学校、越南南方民族学校、越南南方儿童学校），在校生4800人。1967年1月，暂借桂林中学、桂林市一中开始接待学生，同时筹建新校舍。1968年9月，全部校舍建成，办理交接手续。截至1975年7月，这些学校全部迁回越南，累计接待越南师生5186人。（《广西通志·大事记》P384）

△ 西藏自治区贡嘎机场建成通航。（《当代中国的西藏》下P590）

△ 新疆维吾尔自治区博尔塔拉蒙古自治州博乐县试办合作医疗。（《博尔塔拉蒙古自治州志》P49）

是月~1967年4月 新疆维吾尔自治区博尔塔拉蒙古自治州脑脊髓炎流行，36人死亡。（《博尔塔拉蒙古自治州志》P49）

是年 中科院地质科技人员分别于是年和1973年两次进藏，考察西藏高原及珠穆朗玛峰地区的地层、古生物、岩石、构造、地球物理、第四纪地质、新构造，出版了《珠穆朗玛峰地区科学考察报告（1966年至1968年）——地质》和《西藏地球物理场与地壳深部结构》等专著，首次对西藏高原地质特征进行全面论述。中共十一届三中全会以后，科技人员重点开展西藏地热资源调查、开发，取得地热、铬矿、铜矿工作的突破性进展，形成西藏三大矿产支柱。在区域地质方面，首次填补西藏1∶100万地质填图的空白。（《当代中国的西藏》下P162）

△ 西藏自治区因雪灾流行麻疹，从婴儿到七八十岁的老人，凡过去未患者均发病，各地陆续发病历时2个多月，流感、百日咳也猖獗一时。自治区人民政府当即成立防病治病指挥部，国家卫生部组织力量空投药品，保证患者得到及时治疗。全区的死亡率略低于1965年。（《当代中国的西藏》下P472）

△ 中科院新疆分院物理研究所高级工程师库拉旦·沙肯诺娃（女，哈萨克族）参加航天部人造卫星的各种温度控制和测温用的20多种热敏电阻研制课题，为我国发射的30多颗“东方红”、“尖兵”等卫星和通讯卫星、运载火箭、洲际导弹提供了可靠的元件和数据，受到中共中央、国务院、中央军委、国防部的贺电贺信嘉奖。1984年建立自动数据采集系统，提高了数据的可靠性，在国内同行中领先。（《中国少数民族专家学者辞典》P508）

1967年

1月

1日 《人民日报》、《红旗》杂志发表社论《把无产阶级文化大革命进行到底》。社论宣布“1967年将是全国全面展开阶级斗争的一年”，号召“向党内外一小撮走资本主义道路的当权派和社会上的牛鬼蛇神展开总攻击”。（《新华社新闻稿》1967.1.3）

13日 西藏自治区日喀则大桥建成通车。（《中国共产党西藏历史大事记（1949~2004）》P246）

20日 云南省德宏傣族景颇族自治州党政部门及基层组织普遍被“造反派”罢官夺权，组织瘫痪。（《德宏州志》综合卷P54）

22日 《人民日报》发表社论《无产阶级革命派大联合，夺走资本主义道路当权派的权》。（《新华社新闻稿》1967.1.23）

23日 广西壮族自治区党委被夺权。自治区公安厅、高级法院等单位也被夺权。自此，各专区、市、县层层被夺权，各级党政领导机关陷于瘫痪，全区处于无政府的混乱局面。24日，广西军区遵照中共中央、国务院、中央军委、中央文化革命小组《关于人民解放军坚决支持革命左派的决定》，介入地方“文化大革命”，担任“三支”、“两军”（支工、支农、支左、军管、军训）工作。同时，

各地军分区、市、县人民武装部和当地驻军也分别介入地方“文化大革命”。（《广西通志·大事记》P385）

25日 吉林省延边朝鲜族自治州“造反派”夺取州党委、人委的一切领导权，同时发出第一号《通令》。（《延边日报》1967.1.26.②）

△ 贵州省“造反派”夺取省委、人委的一切领导权，同时发出《通告》。（《人民日报》1967.2.1.①）

△ 宁夏回族自治区“银川地区革命造反联合司令部”等22个组织组成“宁夏回族自治区无产阶级革命造反派联合委员会”（简称“联委会”）。26日，宁夏军区党委表态支持“联委会”。27日，“联委会”夺取和接管自治区党委、人委，银川市党、政、财、文大权。“联委会”发出“夺权公告”：“一切领导权由本联合委员会接管，委员会下设文化革命委员会和生产建设委员会。”此后，夺权之风刮遍宁夏各地。（《中共宁夏党史大事记（1925.8~1988.6）》P361）

△ 在“文化大革命”“一月风暴”、“全面夺权”反动浪潮冲击下，新疆维吾尔自治区“造反派”夺取了自治区党委、人委及乌鲁木齐市党委、人委的一切权力。同时发出第一号《通令》。（《新疆日报》1967.1.26.①③）

26日 在新疆维吾尔自治区石河子兵团农八师的夺权中，两派发生激烈冲突，掌握武装的一派组织开枪打死打伤数十人，酿成新疆“文化大革命”中首次大规模流血事件。后将此事定为“反革命”事件，并逮捕所谓“一·二六”犯罪分子46人。1979年1月，经中共中央批准，自治区党委宣布：“对因此事件无辜死难、受诬陷和曾被捕入狱的同志，应公开彻底平反昭雪。”（《中国共产党新疆历史大事记（1966.5~1991.12）》下P11）

29日 云南省怒江傈僳族自治州的“造反派”夺得自治州工委和人委的权力，领导机关瘫痪。（《怒江傈僳族自治州志》上P28）

△ 青海省“造反派”夺取省委、人委的大权，同时发表《告全省人民书》。（《青海日报》1967.1.30.①④）

30日 中共湖北省恩施地委、专署党政大权被地委、专署直属机关的“造反派”夺取。恩施地区党政机关工作陷入瘫痪。（《恩施州志》P16）

2月

5日 甘肃省“造反派”夺取省委、人委及兰州市委、人委一切领导权，同时发出第一号《通告》和《告全省人民书》。（《甘肃日报》1967.2.6.③）

11日 中共中央、国务院、中央军委颁布《关于新疆生产建设兵团文化大革命的规定》，要求“新疆军区生产建设兵团在军事管制下进行无产阶级文化大革命，地方的任何革命群众组织和个人对兵团的文化大革命都不许干预和串联”；“所有武装部队只进行正面教育，不搞‘四大’，以利战备”等。（《中国共产党新疆历史大事记（1966.5~1991.12）》下P12）

是月 遵照中共中央、国务院、中央军委的指示，由西藏军区党委代行西藏自治区党委和政府的权力，并先后对一些重要部门实行军事管制。（《当代中国的西藏》上P370）

3月

6日 广西军区党委发出《关于成立抓革命促生产指挥部的通知》，决定成立“广西军区抓革命促生产指挥部”（简称“广西抓促指挥部”），主任委员欧致富（壮族，广西军区司令员）、副主任委员贺希明（自治区党委书记处书记）、李殷丹（壮族，自治区副主席）、陈开路（广西军区副司令员）、何纪元（广西军区副政委）、范迪波（空七军副军长）、魏德安（二〇分部副部长）。（《广西通志·大事

记》P385）

8日 贵州省黔南布依族苗族自治州党委、人委及都匀市党委、人委被“造反派”夺取了一切领导权。“无产阶级革命派”宣布夺权。10日，自治州革委会成立。（《新贵州报》1967.3.11.①，《黔南布依族苗族自治州志》上P59）

18日 昆明军区党委针对“大鸣、大放、大字报、大辩论”已经搞乱边疆的情况，作出关于边疆第一线“文化大革命”改为正面教育的决定。（《怒江傈僳族自治州志》上P28）

20日 外交部照会印度驻华大使馆，最强烈地抗议印度政府包庇、纵容西藏叛乱外逃分子四五百人在新德里中国驻印大使馆外进行反华活动。22日，《人民日报》发表评论员文章《印度反动派的反华丑剧》。4月11日，外交部照会印度驻华大使馆，强烈抗议印度军队最近越过中国-锡金边界，修筑7个高逾1米的石堆，并毁坏1个原被双方边民认为边界线标志的玛尼堆。9月11日，外交部再次照会印度驻华大使馆，最紧急、最严重抗议印军向我边防部队发起攻击。（《新华社新闻稿》1967.3.22，4.13，9.12）

23日 广州军区批准，广西军区派干部对广西壮族自治区公安厅、中国人民银行广西分行、自治区邮电局、《广西日报》社、外事办公室、广西人民广播电台和南宁市公安局等单位实行军事管制。25日，《广西日报》恢复出版。（《广西通志·大事记》P386）

是月 云南省德宏傣族景颇族自治州军管会宣布边疆一线地区“文革”不搞“大鸣、大放、大字报、大辩论”，全州转为正面教育。（《德宏州志》综合卷P54）

△ 中国人民解放军青海省海南藏族自治州驻军奉命对州、县机关和企事业单位实行“三支（支左、支工、支农）、两军（军管、军训）”。（《海南州志》P40）

4月

1日 云南省西双版纳傣族自治州景洪县引水工程——创业大沟竣工。（《西双版纳傣族自治州志》上P50）

7~15日 青海省海南藏族自治州贵德县常牧地区连降大雪，死亡牛羊7万多头（只）。（《海南州志》P41）

13日 中共中央公布《中共中央关于处理内蒙古问题的决定》，任命原青海省军区司令员刘贤权为内蒙古军区司令员，吴涛任政治委员。成立以刘贤权、吴涛为首的内蒙古自治区革命委员会筹备小组，由筹备小组领导内蒙古的“文化大革命”及其他各项工作，实际取代自治区党委和自治区人委的职权。这是一个支持以呼和浩特红卫兵第三司令部为核心的内蒙古地区造反派全面夺权的决定。《决定》确定了内蒙古呼三司为首的造反派，以红卫军为首的是保守派，造成以后的群众斗群众，进一步搞乱内蒙古局势的严重恶果，同时制造了以内蒙古自治区副主席王逸伦、王铎为代表的“内蒙二月逆流”错案。6月18日，自治区革命委员会筹备小组宣布成立，由滕海清接替刘贤权任筹备小组组长，吴涛任副组长。《四·一三决定》还要求，在内蒙古公开揭露批判所谓“党内走资本主义道路当权派乌兰夫问题”；“对王逸伦实行隔离反省，王铎应停职检查，交给群众斗争批判。”（《内蒙古日报》1967.6.5.①，《内蒙古自治区史》P303~304、531）

24日~5月1日 驻桂空军在广西上空连续击落入侵的美军飞机5架，中央军委颁发嘉奖令，祝贺“三战三捷”。5月3日，驻桂空军在南宁召开击落入侵美国军用飞机祝捷大会。6月12日、9月12日，我军先后击落美军无人驾驶高空侦察机各1架。7月12日，美军4架入侵飞机击伤我军4名战士。8月21日，据新华社报道，我军全歼入侵的美帝A-6型攻击机

2架，活捉美国飞行员1名。　（《新华社新闻稿》1967.8.22，9.18；《广西通志·大事记》P386~387）

5月

8日　中越双方配合接通中国天保至越南清水河邮电线路，开始两国音频电报、电话业务。　（《文山壮族苗族自治州志》1卷P54）

11日　中共中央、国务院、中央军委、中央文革小组决定：由9人组成中国人民解放军西藏自治区军事管制委员会，张国华为主任，任荣、陈明义为副主任。6月24日，自治区军事管制委员会发出布告，宣布在自治区革命的“三结合”临时权力机构建立前，自治区军事管制委员会对全区各项工作实行统一领导。同时成立拉萨市警备司令部，石伴樵任司令员。各地（市）、部门也都成立军管会或派出代表。　（《中国共产党西藏历史大事记（1949~2004）》P249）

是月　中尼（尼泊尔）公路全线通车。（《当代中国的西藏》上P381）

6月

1日　国务院总理周恩来在人民大会堂接见广西两派代表（“广西联指”和“广西四二二”）以及广西壮族自治区党委第一书记韦国清、第二书记乔晓光等，中央文革小组组长陈伯达、顾问康生，解放军总政治部主任肖华，中共中央宣传组组长王力，公安部副部长汪东兴等陪同接见，主要听取两派意见。7月4日，广西两派代表达成《十条协议》：1. 坚决贯彻中共中央《六六通令》和《六二四通知》；2. 不准抓人，不准私设公堂毒打、逼供对方人员；3. 坚决响应毛主席“抓革命、促生产”的号召，工人、农民、干部必须坚守生产（工作）岗位；4. 不准以任何借口动员农民进城拦路、拦车，参加武斗；5. 坚决维护交通运输秩序，保证铁路、公路、轮船运输畅通无阻；6. 所有外单位人员在1星期内撤回原处；7. 坚持文斗，不要武斗；8. 不准夺枪、开枪，各单位现有枪支由军区派员监督收回或封存；9. 由当地驻军派员召集双方派出对等代表共同组成监督小组，监督执行；10. 本协议自7月4日起生效。　（《广西通志·大事记》P387）

△　因受“四人帮”迫害，中央民族学院教授潘光旦在京逝世，终年68岁。潘光旦同志是著名的社会学家，优生学家，民族学家，代表作品有《冯小青》、《优生概论》、《民族特性与民族卫生》、《自由之路》等。　（《新华社新闻稿》1980.6.26）

20日　云南省楚雄彝族自治州石臼河发电厂——密马龙变电站的35千伏输电线路竣工，楚雄州电网与昆明电网并网联通。（《楚雄彝族自治州志》1卷P201）

22日　宁夏回族自治区宁南山区的干旱苦水地区——同心县城建成一座苦水淡化厂，基本解决县城及附近农村人民群众生活用水及工业用水。　（《中共宁夏党史大事记（1925.8~1988.6）》P362）

25日　据《西藏日报》报道，第一批藏汉文对照的《毛主席语录》30万册，于6月上旬在西藏各地发行。　（《中国共产党西藏历史大事记（1949~2004）》P249）

是月　贵州省黔东南苗族侗族自治州各地暴雨成灾，天柱、锦屏、三穗、岑巩等县受灾严重。冲坏田土7.6万亩、房屋233栋，冲走木材5848立方米、牛41头、猪63头，死亡11人，伤5人，水利设施等损失不计其数。（《黔东南苗族侗族自治州志·总述·大事记》P180）

△　云南省楚雄彝族自治州元谋县东山大沟水利工程竣工，1970年全线通水。大沟全长81公里，渠道引水流量5立方米/秒，可灌溉农田9万多亩。　（《楚雄彝族自治州志》1卷P196）

△ 全国政协委员、云南省人大常委委员、迪庆藏族自治州州长、中甸松赞林主寺活佛松谋·昂翁洛桑丹增嘉措（藏族）被“造反派”从昆明揪回中甸批斗，含冤去世。（《迪庆藏族自治州志》P45）

7月

12~17日 印度军用飞机连续16次侵入我国领空。22日，外交部向印度政府提出最强烈的抗议。9月11日至10月1日，驻锡金印军向西藏亚东乃堆拉、卓拉及则里拉山口的边防部队连续发动袭击，均被击退。10月1日，印军在卓拉山口越过中锡边界入侵，再次被击退。（《中国共产党西藏历史大事记（1949~2004）》P250，《广西通志·大事记》P387）

22日 中央文革小组第一副组长、代理组长江青对河南省一派群众组织的代表团讲话，用所谓“文攻武卫”的口号煽动武斗。此后，在“文攻武卫”的幌子下，全国武斗逐步升级，造成“全面内战”的混乱局面。（《中共宁夏党史大事记（1925.8~1988.6）》P362）

23~24日 新疆维吾尔自治区阿克苏地区风达8~11级，9个县普遍受灾，库车、沙雅、新和、柯坪等地灾情较重，33.21万亩农作物受灾，冰雹砸死2人、伤13人，刮倒房屋28间。（《新疆减灾四十年》P259）

是月 云南省西双版纳傣族自治州景洪县曼飞龙水库竣工。水库1958年9月2日开工，库容量1500万立方米。（《西双版纳傣族自治州志》上P42）

△ 云南省文山壮族苗族自治州在砚山平远街建成飞机场，并正式使用。机场于1964年3月开工。（《文山壮族苗族自治州志》1卷P51）

△ 西藏自治区贡嘎机场完工，正式交付使用，这是西藏高原继当雄机场之后的第二个机场。工程于1966年3月开工建设，共投入8000余解放军官兵和1200余民工，12月建成通航。1988年，贡嘎机场被列入“七五”计划期间国家重点建设项目进行扩建，新建1条长4300米的跑道，可起落载客290名以上、落地重量200吨以上的波音747型飞机。（《中国共产党西藏历史大事记（1949~2004）》P245，《当代中国的西藏》下P131）

8月

3~7日 广西壮族自治区受台风影响，有67站（113站次）降暴雨，其中有36站（48站次）降大暴雨（平南、博白、浦北为特大暴雨）。日最大降水量超过200毫米的有平南、博白、浦北、钦州、陆川、桂平、金秀等7站，平南达294.0毫米。根据北海、钦州、玉林、贵港、梧州、贺州、来宾、百色、河池等地部分县（自治县、市、区）不完全统计：死亡50人、伤89人、失踪4人；崩塌房屋16110间、仓库100间；冲坏、冲毁水利工程（包括山塘、水库、水渠、坡坝等）10561处，冲坏桥梁678座、河堤4773处，冲毁、冲走抽水站6座、水轮泵52台、水车42架；农作物受灾10.41万公顷；据部分县统计，损失稻谷等粮食655万公斤，损失家畜（牛、猪）208头、家禽2133只，冲坏部分公路、桥梁，部分地区（都安、凤山等地）公路交通中断。（《中国气象灾害大典·广西卷》P219~220）

12日 中共中央认为，宁夏军区在“三支”、“两军”（即“支左”、“支工”、“支农”和“军管”、“军训”）中犯“严重方向路线性的错误”，遂派兰州军区副司令员康健民率部队负责宁夏军区的“三支”、“两军”工作，并重新建立以康健民为组长，张怀礼（宁夏军区副司令员）、徐洪学（八〇三七部队副师长）为副组长的“支左”领导小组。（《中共宁夏党史大事记（1925.8~1988.6）》P362）

15日 因遭受林彪、“四人帮”迫害，原西藏自治区党委书记、自治区政协副主席、西藏军区副政委王其梅在北京含冤逝世，终年54岁。1979年1月25日，王其梅平反昭雪追悼会在全国政协礼堂举行。中共中央书记处书记李先念主持追悼会，团中央总书记胡耀邦致悼词。（《新华社新闻稿》1979.1.26，《中国共产党西藏历史大事记（1949~2004）》P249）

28日 宁夏回族自治区青铜峡县两派群众斗争激烈，中央文革小组顾问康生向部队下达命令：开枪武装镇压所谓“反革命叛乱”，打死群众104人、伤残133人。这次武斗称青铜峡“八·二八”反革命暴乱案。1979年2月24日，经中共中央批准，此案平反昭雪。（《当代宁夏史通鉴》P25）

29日 川藏公路波密县拉月地段发生特大雪崩，造成帕龙山大滑坡，阻断东久河20多个小时，正在进行塌方观察和执行运输任务的西藏交通科研所杨忠宁等9人及解放军某部汽车运输连李显文等10人不幸遇难殉职。（《当代中国的西藏》上P383）

是月 四川省甘孜藏族自治州炉霍县朱楼区发生6.8级地震，波及色达、新龙等县，死亡39人，轻重伤121人，倒塌房屋1186户，直接经济损失100万余元。（《甘孜州志》上P69）

△ 云南省文山壮族苗族自治州氮肥厂试车成功，投资370万元，年产3000吨合成氨、1.2万吨碳酸氢氨。（《文山壮族苗族自治州志》1卷P54）

10月

16日 第一、二、三届全国人大代表，第三届全国政协委员，云南省怒江傈僳族自治州州长裴阿欠（傈僳族）在“文革”中被迫害致死，终年76岁。后平反，1979年3月30日，中共怒江州委为其举行追悼会。（《怒江傈僳族自治州志》下P711~712）

17日 第四届全国政协委员爱新觉罗·溥仪（满族）病逝，终年60岁。（《人民日报》1980.5.30.④）

是月 根据中央《关于大、中、小学校复课闹革命的通知》，宁夏回族自治区大、中、小学校的各派群众陆续返校，开始“复课闹革命”。（《中共宁夏党史大事记（1925.8~1988.6）》P363）

△ 广西壮族自治区部分地方出现“贫下中农最高法庭”，乱抓乱杀“四类分子”及其子女。（《广西通志·大事记》P388）

11月

3~5日 内蒙古自治区革委会首次全体会议举行，通过自治区关于文化大革命的形势和任务的决议，号召彻底揭批所谓“以内蒙古自治区主席乌兰夫为首的反革命修正主义、民族分裂主义集团”。（《内蒙古日报》1967.11.16.①）

18日 中共中央、国务院、中央军委、中央文化革命小组发出《关于广西问题的决定》，认为广西军区在无产阶级“文化大革命”的“三支”、“两军”工作中，取得一定成绩；中央支持和同意两派赴北京代表签订的《关于广西两派促进革命大联合的十条协议》和《关于立即停止武斗的协议》、《关于全面上交枪支弹药的七点协议》，并希望广西军区、当地驻军和各群众组织切实贯彻执行；两派要拥军爱民，大力支持军区和当地驻军做好“支左”和援越抗美工作；建立由韦国清、欧致富、魏佑铸、孙凤章、焦红光、郝忠云、王斌、伍晋南、安平生以及革命群众组织代表参加的广西壮族自治区革委会筹备小组，由韦国清负责领导革委会筹备小组工作。（《广西通志·大事记》P388）

是月 西藏自治区那曲地区9县150多乡不同程度遭受雪灾，其中重灾乡30多个（以麦地卡最为严重）。全地区约250万头（只、匹）牲畜（约占全地区牲畜总数的35.21%）受灾。那曲军分区和地区各部门除抽派1100人组成40个工作组奔赴灾区一线外，组织350多名干部、战士铲除草场积雪近66.7公顷。自治区党委在同意那曲专区动用25万千克粮食作饲料的基础上，另在那曲全年供应指标中再拨出75万千克粮食供应群众。（《中国气象灾害大典·西藏卷》P41）

12月

1日 内蒙古自治区呼和浩特至乌兰浩特航线正式通航。（《内蒙古日报》1967.12.4.③）

9日 根据中共中央和毛泽东主席关于实现革命大联合的指示，在支“左”部队领导下，由“宁夏无产阶级革命造反第三司令部”、“宁夏无产阶级革命造反总司令部”、“宁夏无产阶级革命派大联合筹备处（革命造反派）”、“宁夏无产阶级革命派总指挥部”4派群众组织代表在北京共同签订《关于实现宁夏革命大联合的协议》。（《中共宁夏党史大事记（1925.8~1988.6）》P363）

16日 广西壮族自治区革委会筹备小组、广西军区发出《紧急动员起来，立即制止武斗，保卫毛主席的无产阶级路线》的10项命令：立即停止武斗；不准抢夺武器，坚决收缴枪支弹药；群众组织不准随便抓人、打人、杀人，已抓的人一律释放；农民不准进城武斗，民兵不准参加武斗，更不准动用民兵武器进行武斗；军队支左不支派，做爱民模范。24日，经中共中央同意，自治区革委会筹备小组和广西军区联合发布《关于取消贫下中农最高人民法院等组织的紧急通知》指出，“贫下中农最高人民法院”、“贫下中农镇反委员会”和“贫下中农肃反委员会”等组织是非法的，必须立即取消，停止活动，今后不得再成立类似组织，更不得以任何名义、任何借口私设法庭，随意捕人、杀人，如有违抗者严加追查，依法惩办。（《广西通志·大事记》P388）

△ 宁夏回族自治区最大的水利工程——青铜峡水利枢纽工程大坝建成，第一台装机容量3.6万千瓦的水轮发电机组投运发电。至1978年12月，共8台计27.2万千瓦发电机组全部建成。（《中共宁夏党史大事记（1925.8~1988.6）》P363）

27日 中共中央（67）407号文件发出中共中央、国务院、中央军委、中央文革小组《关于宁夏问题的决定》，认为杨静仁、马玉槐是“走资本主义道路的当权派”，宁夏军区在支左中“犯了方向路线性错误”；决定成立宁夏革委会筹备小组，由康健民任组长，张怀礼、徐洪学、王志强任副组长。1973年5月4日，自治区党委决定恢复马玉槐党组织生活，分配适当工作。1975年11月初，自治区党委发出《关于杨静仁同志的审查报告》指出，推倒硬加给杨静仁的“特嫌”、“自首”等诬陷不实之词，建议“恢复组织生活分配工作”，但保留一些错误结论。粉碎“四人帮”后，杨静仁的问题予以彻底平反。1979年2月14日，自治区党委召开全区有线广播大会，宣布经中央批准撤销《关于宁夏问题的决定》。（《宁夏日报》1979.3.10.①，《中共宁夏党史大事记（1925.8~1988.6）》P362~363、424、447）

28日 据《新疆日报》报道，新疆维吾尔自治区天山南北中小学校各族革命师生坚决响应毛主席的号召，掀起复课闹革命新高潮。全疆有半数以上的中小学复课闹革命，一些专、州、县小学全部开学。但这一局面没有保持下去。（《中国共产党新疆历史大事记（1966.5~1991.12）》下P15）

是月 根据12月9日中共中央、国务院、中央军委、中央文革《关于公安机关实行军管的决定》，兰州军区和宁夏支“左”领导小组决定对宁夏公安厅局、检察院、法院实行军事管制。（《中共宁夏党史大事记（1925.8~1988.6）》P363）

△ 根据《关于中国共产党无偿援助老挝

人民党在中国境内建一所学校的有关具体问题的会谈纪要》，在广西壮族自治区南宁市郊菠萝岭筹建“老挝六·七学校”，设12个班，建筑面积1.23万多平方米，工程总投资139万元。1969年8月办理交接手续。该校共接纳老挝师生、幼儿1074人，1976年7月迁回老挝。（《广西通志·大事记》P389）

△ 北京天坛医院迁至甘肃省临夏回族自治州临夏市，地坛医院分别迁至康乐、和政及临夏县吹麻滩，北京玄武护士学校迁临夏市，改为州卫生学校。（《临夏回族自治州志》上P59）

是年 内蒙古自治区锡林郭勒盟形成白灾，地面积雪普遍在10厘米以上，大部地区雪深33~66厘米，死亡幼畜122.5万头（只），死亡率14.6%。（《内蒙古自然灾害通志》P309）

△ 广西壮族自治区南宁农业机械厂（今南宁手扶拖拉机厂）试制成功工农—12型手扶拖拉机。（《广西通志·大事记》P389）

△ 四川省西昌专区盐业公司开始向市场供应碘盐。（《凉山彝族自治州志》上P57）

△ 四川省甘孜藏族自治州康定农机厂生产出电动机和1吨、2吨、3吨拖车。（《甘孜州志》上P69）

△ 云南省红河哈尼族彝族自治州蒙自、开远、弥勒、个旧、石屏、建水、元阳、红河、金平、屏边等市县在海拔800~1980米的地区试种杂交玉米，至1985年已大面积种植。（《红河哈尼族彝族自治州志》1卷P84）

△ 继1965年西藏察隅育苗移栽茶树成功后，错那县又成功试种茶树，先后建立若干茶场。（《当代中国的西藏》上P380）

△ 国务院派北京“6.26”医疗队在甘肃省肃南裕固族自治县为牧民防病治病。（《肃南裕固族自治县志》P424）

△ 新疆维吾尔自治区博尔塔拉蒙古自治州出现低温，冻死冬麦21万多亩，占冬麦总播种面积的80%。（《博尔塔拉蒙古自治州志》P50）

△ 新疆生产建设兵团工一师科研所、新疆电力设计院首次研制成功钢筋混凝土柱刚性插入式接头，并在工程中使用。该成果1978年获全国科学大会奖和自治区科学大会奖。（《新疆通志·科学技术志》72卷上P50）

1968年

1月

5日 国务院总理周恩来接见全国铁路各派代表时，对新疆铁路两派上交武器问题作具体指示。第一铁路工程局新疆境内（疏勒河以西）两大派通过协商达成《关于实现革命大联合的协议》，由此乌鲁木齐地区掀起革命大联合高潮。2月10日，《新疆日报》为此发表社论《一夜东风满城春》。6月30日，中共中央主席毛泽东同新疆维吾尔自治区党委第二书记赛福鼎·艾则孜谈话，希望新疆制止武斗，实现两派大联合。7月28日，新疆两派群众组织在北京代表达成《新疆两派革命群众组织关于大联合的协议》。（《中国共产党新疆历史大事记（1966.5~1991.12）》下P16~17、19）

6~18日 内蒙古自治区革委会第二次全委（扩大）会议举行，会议通过落实中共中央主席毛泽东关于整党指示的决定，结合开展大批判和斗批改，打一场所谓“彻底挖掉乌兰夫黑线，彻底肃清乌兰夫流毒的人民战争”。（《内蒙古日报》1968.1.21.①）

7日 青海省水电设备制造厂在西宁建成投产。（《人民日报》1968.1.7.③）

12日 外交部发表声明，抗议美帝及其仆从老挝右派的3架飞机侵犯我国领空，轰炸云南省苗寨地区的罪行。（《新华社新闻稿》1968.1.13）

13日 贵州省黔南布依族苗族自治州革委、中共都匀军分区委员会确定，州、县（市）建立军事管制委员会和军管小组，对州及13个县（市）公安局、检察院和法院等机关实行军事管制。（《黔南布依族苗族自治州志》上P60）

17日 据新华社报道，1966年和1967年，中国科学院组织的1支综合科学考察队，在珠穆朗玛峰地区进行为期2年的大规模多学科考察。考察队包括全国23个科研、教学、生产等单位，近30个学科，100多名科技工作者。考察地区位于雅鲁藏布江以南，东起亚东，西至吉隆，方圆5万多平方公里，最高海拔达7000多米。考察取得丰硕成果。（《新华社新闻稿》1968.1.18）

23日 新疆军区、新疆军区生产建设兵团、驻疆空军部队在北京代表向乌鲁木齐市各派群众组织发出《关于迅速达成立即全面彻底制止武斗，上交武器的协议的倡议书》。4月26日，乌鲁木齐地区两派群众组织抢夺解放军武器。5月2日，国务院总理周恩来对此事件提出严厉批评，要求迅速交还全部所抢武器。但这一指示没有得到认真执行。（《中国共产党新疆历史大事记（1966.5~1991.12）》下P16、18）

2月

11日 《宁夏日报》作为宁夏回族自治区革委会筹备小组的机关报出刊。同日，宁夏人民广播电台开放地方节目。（《中共宁夏党史大事记（1925.8~1988.6）》P364~365）

△ 宁夏回族自治区银川市南门广场举行“高举革命大批判大旗，狠斗深批中国赫鲁晓夫以及在宁夏代理人杨静仁、马玉槐等一小撮走资派誓师大会”，揭发他们的所谓“滔天罪行”。6月10日，自治区工代会、红代会、总指挥部召开“揪出中国赫鲁晓夫安在宁夏第二套班子头目，愤怒声讨国民党在共产党内代理人的滔天罪行”的群众大会，把所谓“第二套班子头目” 宁夏回族自治区区委第二书记李景林等人“揪出来示众”。（《中共宁夏党史大事记（1925.8~1988.6）》P365、368）

17日 广西壮族自治区革委会筹备小组、广西军区联合发布对自治区公、检、法机关实行军管的布告。广西军区副司令员宋治平任军管会主任。（《广西通志·大事记》P389）

20日 广西壮族自治区革委会筹备小组、广西军区联合发出《关于积极促进各专、市、县革命委员会建立的通知》，要求各地积极建立革委会。（《广西通志·大事记》P389）

26日~6月12日 西藏自治区在北京举办“毛泽东思想学习班”。5月8日，中共中央主席毛泽东等中央领导接见学习班的学员，并就“文化大革命”问题作指示。6月6日，国务院总理周恩来和中央文革小组组长陈伯达、第一副组长江青、顾问康生等领导接见在京的西藏军区党委副书记任荣，军区副司令员陈明义、曾雍雅、王诚汉、余致泉，军区副政委吕义山，军区副政委廖步云，军区政治部主任阴法唐以及自治区党委书记处书记苗丕一、杨东生10人，指出军队“不能支一派，压一派”等。12日，在京学习的群众组织签订《关于立即停止西藏地区武斗的协议》，16日中共中央批示下发。（《中国共产党西藏历史大事记（1949~2004）》P251~252）

是月 极少数民族分裂主义分子利用“文化大革命”混乱之机，组织“东突厥斯坦人民革命党”（亦称东土耳其斯坦人民革命党，简称东土党），并设立“中央委员会”。1969年1月至4月，“中央委员会”除直接管辖“青年组织”、“天山复仇者”、“天山乌拉尔”3个反动组织外，先后在伊犁、阿克苏、塔城、博乐、乌鲁木齐设立分局或分部，下设支部、小组，随后蔓延到新疆维吾尔自治区12个地、州、市和22个区级单位，共有反革命基层组织78个、成员300多人。“东土党”多次密谋制定《纲领》和《章程》，出版散发反动刊物、传单，并进行抢劫、暗杀活动，危及国家安全和人民生命财产安全。1970年3月，“东土党”被破获，其主要成员分别被判处死刑、无期徒刑、有期徒刑等。（《中国共产党新疆历史大事记（1966.5~1991.12）》下P17~18）

3月

12日 中共内蒙古自治区常委、自治区人民委员会副主席，自治区第一、二、三届政协副主席吉雅泰（蒙古族）在“文革”中因受“四人帮”迫害，遇难逝世，终年67岁。1978年5月30日，根据中共中央决定，将其骨灰安放在北京八宝山革命公墓，并平反昭雪。（《中国历代少数民族英才传》P3131~3137，《内蒙古日报》1979.1.5.①）

16日 云南省西双版纳傣族自治州军管会下发《关于在国营农场深入贯彻中央〈关于加强山林保护管理，制止破坏森林林木的通知〉的意见》，规定未经政府批准，农场不得擅自开荒垦殖。（《西双版纳傣族自治州志》上P51）

△ 在中央军委副主席林彪和中央文革小组第一副组长江青、顾问康生煽起的全国“抓叛徒”恶风影响下，制造“新疆叛徒集团”冤案，使一批抗日战争时期在新疆工作而被盛世才逮捕入狱的同志受到迫害，甚至连革命烈士乔国桢、吴茂林的坟墓也被“专揪叛徒联合兵团”等组织捣毁。1975年7月31日，中共中央批准对此冤案予以平反。（《中国共产党新疆历史大事记（1966.5~1991.12）》下P180）

是月 新疆维吾尔自治区博尔塔拉蒙古自治州25.8万亩冬麦冻死，占播种面积的95%。（《博尔塔拉蒙古自治州志》P50）

4月

10日 宁夏回族自治区革委会成立。康健民任主任，张怀礼、徐洪学、王志强（回族）、安建国任副主任。大会通过向中共中央主席毛泽东的致敬电。《人民日报》、《解放军报》发表社论《不到长城非好汉——热烈欢呼宁夏回族自治区革命委员会成立》，《宁夏日报》发表社论《无限风光在险峰》。（《宁夏日报》1968.4.12.①，《中共宁夏党史大事记（1925.8~1988.6）》P366）

12~26日 宁夏回族自治区革委会第一次扩大会议举行。会议进一步落实中共中央主席毛泽东一系列最新指示，突出阶级斗争和路线斗争，部署和开展揭批“右倾机会主义、右倾投降主义、右倾分裂主义”和“痛击右倾翻案反革命逆流”的斗争。（《中共宁夏党史大事记（1925.8~1988.6）》P366~367）

5月

5日 广西壮族自治区一派群众组织3800余人，出动汽车45辆、火车1列，到南宁市长罡岭广西军区军械库抢夺武器装备。共抢走各种枪支7000余支，其中机枪500多挺、六〇炮4门、子弹120万发。21~23日，柳州市一些群众组织抢夺援越抗美子弹1888箱、1700万发。6月13日，中共中央、国务院、中央军委、中央文革小组对此事作出停止武斗、迅速恢复铁路运输、交回抢走武器物资等5条决定（即《六一三通知》），要求认真贯彻执行。7月17日至8月8日，南宁再次发生大规模武斗，一派群众组织控制的解放路、展览馆被解放军和另一派群众组织围攻，打死1400多人，烧毁街道33条、房屋2820多座（间），损失国家财产6000多万元。另外，烧毁船只100多艘、各种物资3600多吨，损失约1000万元。（《广西通志·大事记》P390~391）

17日 广西壮族自治区革委会筹备小

组、广西军区向中共中央、国务院、中央军委、中央文化革命小组发出破获“中华民国反共救国团广西分团”一案的报告说，已捕获团长、副团长、政治部主任等共63人，并缴获反动组织纲领、印鉴、与国外敌特机关秘密通信地址及部分枪支弹药等所谓证据。1983年6月26日，自治区党委作出《关于为1968年“中华民国反共救国团广西分团”案平反的决定》，受此案株连的干部、家属、群众一律公开平反，恢复政治名誉，死者予以昭雪。（《广西通志·大事记》P390、490）

6月

1日 额济纳胡杨林自然保护区建立，位于内蒙古自治区额济纳旗，面积2.63万公顷，是以胡杨林为主要保护对象的国家级自然保护区。（《全国自然保护区名录（2003）》P41）

△ 原广西壮族自治区副主席李任仁（民革中央常委委员、国务院侨委副主任）被广西一派群众组织抄家，并被残酷批斗。8月17日，李任仁被洪水淹死。1985年11月29日，自治区党委作出《关于为李任仁同志平反的决定》，宣布为李任仁“彻底平反昭雪，恢复政治名誉，推倒强加给他的一切诬蔑不实之词”。（《广西通志·大事记》P390）

13日 宁夏回族自治区革委会发出《关于对一小撮叛徒、特务、反革命分子和顽固不化的走资派加强群众专政的紧急通知》。由此，全区展开“清理阶级队伍”工作，整错一大批人。1969年8月27日，自治区革委会下达《关于清理阶级队伍定案处理的意见》，对定案处理的指导思想、范围、原则和方法、审批权限等问题作了具体规定。1971年1月7日，自治区革委会深挖领导小组向自治区革委会呈报《关于当前清队定案工作情况及今后意见的报告》指出，2年多来，共审查干部、群众2.8万人，定案处理1458人。（《中共宁夏党史大事记（1925.8~1988.6）》P368~371、386、401）

15日 中共中央、国务院、中央军委、中央文革小组发出《关于一九六七年大专院校毕业生分配工作问题的通知》和《关于一部分大专院校毕业生到解放军农场锻炼的通知》，要求1966年、1967年大专院校毕业生一般都必须先当普通工人、农民，并安排一部分毕业生到解放军农场去锻炼，实行军事管理。根据中央《通知》精神，宁夏回族自治区的大专院校毕业生和外地分配来宁大专院校毕业生均到解放军农场劳动锻炼。（《中共宁夏党史大事记（1925.8~1988.6）》P369）

是月 广西壮族自治区大部地区出现暴雨天气过程，60县（次）暴雨，17县（次）大暴雨，部分地市山洪暴发。据不完全统计，全区25个县（市）6.53万人受灾，死亡12人；损坏房屋3414间、倒塌533间；农作物受灾21.82万亩，损失稻谷88.9万公斤；毁坏水利设施916处、堤防645处、陂坝445处、桥梁71座、水渠664处、山塘583处，造成沉船1艘。（《中国气象灾害大典·广西卷》P84）

△ 广西壮族自治区凭祥市邮电代表团赴越南同登，与越南同登代表团就有关边境开放电报、电话业务问题举行会谈。（《广西通志·大事记》P390）

△ 新疆维吾尔自治区伊宁市发生“六二六”群众组织武斗事件。此次双方动用步枪、机枪、迫击炮等武器，致使多人伤亡，伊宁市六中、州粮食局、州人民银行大楼被毁。（《伊犁哈萨克自治州志》P54）

7月

3日 中共中央、国务院、中央军委、中央文革小组发布《关于解决广西“文化大革命”问题的布告》（简称《七三布告》），主要内容即：1. 立即停止武斗，拆除工事，撤离据点；2. 无条件地迅速恢复铁路交通，保证运输畅通；3. 无条件地交回抢去的援越物资；4. 无条件地交回抢去的人民解放军武器装备；5. 一切外地人员和倒流城市的上山下乡青年，应立即返回本地区、本单位；6. 对于确有证据的杀人放火、破坏交通运输、攻击监狱、盗窃国家机密、私设电台等现行反革命分子，必须依法惩办。 （《广西通志·大事记》P391）

20日 内蒙古自治区革委会作出《关于对“内蒙古人民革命党”的处理意见》，在对1925年和1945年2次组织的内蒙古人民革命党，进行歪曲历史的分析后，把哈丰阿（蒙古族）、特木尔巴根（蒙古族）、朋斯克（蒙古族）等大批蒙古族干部说成是一贯的民族分裂主义分子，并诬指他们“在中共中央关于1947年4月20日正式决定‘不组织内蒙古人民革命党’以后”，又非法组织地下“内人党”及其变种组织，断定在1947年5月1日内蒙古自治政府成立以后仍有所谓地下“内人党”，而且定性“是反革命组织”。挖“内人党”、挖“新内人党”是林彪、江青反革命集团在内蒙古制造的又一起骇人听闻的大冤案，也是“挖肃”运动发展的结果。1968年12月到1969年4月，是挖“内人党”的高潮阶段，有34.6万多名干部、群众遭到诬陷、迫害，有16222人被迫害致死。连同其他冤案共有27900余人被迫害致死。有12万多人被迫害致残。吉雅泰（蒙古族）、特木尔巴根（蒙古族）、哈丰阿（蒙古族）等一批领导干部含冤而逝。 （《内蒙古自治区史》P307~315、532~533）

△ 内蒙古自治区革委会制定《关于在牧区划分和清理阶级成分的几项政策规定（草案）》，全面否定中国共产党在牧区实行的“不斗、不分、不划阶级”，“牧工牧主两利”的民主改革政策，否定过去土地改革中一切具有民族特点、地区特点的政策，严重扩大打击面，使蒙古族地主、富农的比例急剧上升。迫害了一大批蒙古族干部群众。 （《内蒙古自治区史》P315~316）

△ 云南省德宏傣族景颇族自治州军管会决定成立专案组，审查副州长以上党员领导干部段华民、王泽民、谢彦龙、李如栋、思伟章（傣）、方吉龙（傣）、刘克一等7人，横加“走资派”、“三反分子”、“修正主义分子”等罪名，进行批斗。 （《德宏州志》综合卷P55）

28日 因遭受林彪、“四人帮”残酷迫害，青海省玉树州副州长戈兴元不幸逝世，终年36岁。 （《青海日报》1979.4.3.③）

8月

1日 西藏自治区墨脱县驻军党委的《土改总结报告》称，该县1967年9月全面进行土改，现已基本完成。全县大约1.18万平方公里，有1201户，5680人，其中门巴族690户3488人、珞巴族174户902人、汉族1人、其余为藏族。已建立互助组120个。这是西藏最后1个完成土改的县。 （《中国共产党西藏历史大事记（1949~2004）》P252）

10日 云南省盈江、梁河泥石流，河边寨被冲毁，死亡102人，冲坏电站7座，冲毁渠道7.9千米，毁坏公路8千米、桥涵11座，农田成灾6420亩，经济损失500万元。（《中国气象灾害大典·云南卷》P496）

20日 中共中央、国务院、广西军区、中央文化革命小组批准成立广西壮族自治区革委会。26日，自治区革委会正式成立。韦国清（壮族）任主任，欧致富（壮族）、魏佑铸、焦红光、霍成忠、安平生、韦世经、林福文、毛凤鸾（女）、廖炜雄、龙智铭、颜景堂、曾春生任副主任。自治区革委会行使自治区党政一切权利，实行党政一元化领导。（《人民日报》1968.8.28.①，《广西通志·大事记》P392）

24日 根据中央部署，宁夏回族自治区首批以工人为主体、解放军参加的“毛泽东思想宣传队”200多人进驻学校。随后，“工宣队”和“军宣队”陆续进驻和管理宁夏城市大、中、小学校和上层建筑领域各单位。截至1975年底，全区进驻学校的“工宣队”有270个、队员557人。（《当代宁夏史通鉴》P26）

25日 据《广西日报》报道，广西壮族自治区有4个市、8个专区和82个县成立革委会，90%以上的农村人民公社也成立了革委会，实现广西“一片红”。（《广西通志·大事记》P392）

9月

8~14日 新疆维吾尔自治区革委会首次全委会议举行，讨论确定今后的工作方针和任务：大搞所谓“三查一清”工作。“三查”即，“查叛徒、特务、死不悔改的走资派幕后活动”；“一清”即，“清理阶级队伍，把隐藏在各条战线、各个角落里的一切叛徒、特务、顽固不化的走资派、里通外国分子、民族分裂主义分子……统统挖出来”。（《新疆日报》1968.9.17.①②）

10日 赴宁夏回族自治区参加社会主义建设的又一批浙江省杭州市知识青年670人到达银川，随后前往六盘山区参加生产劳动。（《中共宁夏党史大事记（1925.8~1988.6）》P372~373）

13日 新华社转发《红旗》杂志1968年第三期刊载的《从“赤脚医生”的成长看医学教育革命的方向》。（《新华社新闻稿》1968.9.14，《中华人民共和国大事记（1949~1980）》P377）

28日 广西壮族自治区革委会发出《关于调整部分地区农村人民公社体制问题的通知》，要求全区所有人民公社全部恢复“三级所有”的体制。（《广西通志·大事记》P392）

28日~10月5日 遵照中共中央关于分配大专院校毕业生到部队农场劳动锻炼的指示，宁夏军区接受北京、南京、宁夏的1967年级大专院校毕业生255人，安排在独立师三团劳动锻炼。（《中共宁夏党史大事记（1925.8~1988.6）》P373）

29日 宁夏回族自治区革委会政治部下达《关于加强对贫下中农管理学校的通知》。《通知》指出：“伟大领袖毛主席最近指出，‘在农村则应由工人阶级的最可靠的同盟者——贫下中农管理学校。’在毛主席最新指示指引下，全区广大贫下中农已经并正在有领导、有步骤地进入教育阵地，领导农村学校的斗、批、改。”（《中共宁夏党史大事记（1925.8~1988.6）》P373）

是月 横跨清水江的第一座永久性公路大桥——贵州省黔东南苗族侗族自治州展架大桥竣工通车。该桥长210米、宽7.5米、高14米，为6孔混凝土拱桥。（《黔东南苗族侗族自治州志·总述·大事记》P186）

10月

4~9日 广西壮族自治区革委会在自治区体育馆举行批斗会，区直机关干部和各地、市、县代表共1万多人参会，历时5天半。大会批斗所谓“伍晋南修正主义集团”（亦称“伍修集团”），自治区党委书记处书记伍晋南、贺希明，候补书记霍泛等被批斗，66名处以上干部被陪斗。1983年6月23日，自治区党委作出《关于“伍修集团”案的平反决定》，受此案株连的干部、群众和家属一律彻底平反，恢复名誉。（《广西通志·大事记》P392~393、490）

5日 《人民日报》编者按传达中共中央主席毛泽东关于“广大干部下放劳动，这对干部是一个重新学习的极好机会，除老弱病残者外都应这样做，在职干部也应分批下放劳动”的指示。30日，宁夏回族自治区革委会在

《关于贯彻毛主席最新指示，组织广大干部下放劳动的情况报告》中宣布，全区共有行政干部1.21万人，现已下放劳动4470人，占37.4%；区、市、县办起“五·七”干校17所。（《中共宁夏党史大事记（1925.8~1988.6）》P374、376~377）

7日 著名化学家、民族企业家李烛尘（土家族）在北京病故，享年87岁。生前曾任首届全国政协代表、中央人民政府委员、全国政协副主席、全国工商联副主席、食品工业部部长、轻工业部部长等职。（《中国历代少数民族英才传》P3647）

12日 据《广西日报》报道，1966~1967年毕业的广西壮族自治区大专院校学生近1000人到农场当农民，其余80%以上先后赴农村、工矿等基层单位劳动和工作。（《广西通志·大事记》P392）

13~31日 中共八届十二中全会举行，中共中央主席毛泽东主持会议。他说：“这次无产阶级文化大革命，对于巩固无产阶级专政，防止资本主义复辟，建设社会主义，是完全必要的，非常及时的。”会议批判所谓“二月逆流”及其他一些老同志的“一贯右倾”，通过用伪证写成的《关于叛徒、内奸、工贼刘少奇罪行的审查报告》，作出将刘少奇“永远开除出党，撤销其党内外一切职务”的错误决定。（《中国共产党新疆历史大事记（1966.5~1991.12）》下P20~21）

17日 我国自己设计、施工的一座大型现代化煤井——新疆一号立井投产。（《人民日报》1968.10.20.②）

24日 广西壮族自治区第一座无支架施工的双曲拱公路大桥在灵山县的三里江建成，并举行通车典礼。该桥净跨46米，全长70米。（《广西通志·大事记》P392）

27日 据《广西日报》报道，广西壮族自治区靖西县农械厂工人试制成功广西第一台高扬程高山50型水轮往复泵。（《广西通志·大事记》P392）

是月 西藏自治区岗巴、帕里发生雪灾。帕里一般积雪深度80厘米，公路阻塞1个月。岗巴一般积雪深度30厘米，最深处达3米，公路被阻塞至1969年的4月。（《中国气象灾害大典·西藏卷》P41）

11月

1日 因遭受林彪、“四人帮”的迫害，我国佛教界卓越领导人、伟大的爱国主义者喜饶嘉措（藏族）大师在青海辞世，享年85岁。生前曾任青海省副省长，中国佛教协会会长，第一、二届全国人大代表，第二、三届全国政协常委，第四届全国政协委员，青海省政府副主席和文教委员会主任，西北军政委员会委员，西北民族事务委员会副主任等职。1979年10月6日，追悼会在西宁举行。青海省省长张国声主持追悼会，青海省政协主席扎西旺徐致悼词。（《新华社新闻稿》1979.10.8，《人民日报》1990.1.10.③）

2日 吉林省延边朝鲜族自治州初、高中毕业生52870人上山下乡，插队落户，接受贫下中农再教育。（《延边朝鲜族自治州志》P79）

9日 全国第一座现代化高炉制硫设备在湖北省恩施地区硫磺厂安装试车成功。（《恩施州志》P16）

11日 著名力学专家、高等学校土木工程学术奠基人、中国力学学会理事、中国土木工程学会和中国建筑学会结构委员会委员金宝桢（回族）在“文革”中遭迫害，不幸逝世，终年61岁。生前曾任南京大学教授、南京工学院土木系主任等职。金教授终生致力于力学研究和教学工作，曾编著出版教材专著10余种，为开拓我国“结构力学”学科培养了大批教学和科研人才，特别是在结构力学教材建设及发展杆系结构力学方面作出了重大贡献。（《中国少数民族专家学者辞典》P781~782）

15日~12月4日 西藏自治区党委、西藏军区举行党代会，通过把西藏自治区党委副书记周仁山，自治区党委副书记、西藏军区副政委王其梅永远开除党籍、撤销其党内一切职务的错误决定，并报中央批准。1971年8月7~12日，自治区首次党代会错误决定开除周仁山、王其梅党籍。1979年1月4~17日，自治区二届三次党委全体（扩大）会议决定撤销1971年党代会开除周仁山、王其梅党籍的决定，恢复级别，分配工作；10月26日，自治区党委第三次上报中央关于周仁山的审查结论，对过去的错误决定予以撤销，一切不实之词全部推倒，所有材料彻底清理。1980年3月15日，中央同意自治区党委的报告。（《西藏日报》1979.1.22.①，《中国共产党西藏历史大事记（1949~2004）》P252~253、320）

26日 甘肃省甘南藏族自治州撤销乡、镇建制，62个乡改称“人民公社”。（《甘南州志》上P117）

是月 据统计，1966年到1968年11月底，我国共出版、发行包括汉、蒙古、藏、维吾尔、哈萨克、朝鲜等各种文版的《毛泽东选集》1.5亿部。（《人民日报》1969.1.3.①）

12月

4日 原新疆维吾尔自治区党委书记李铨病逝，终年56岁。在自治区革委会二次全委会上，李铨坚决抵制和反对对王恩茂的诬陷和诽谤，因此被诬陷为“走资派”、“王恩茂独立王国的重要成员”而遭受批斗。（《中国共产党新疆历史大事记（1966.5~1991.12）》下P21）

7日 中央军委决定，自1969年1月1日起，西藏军区由大军区改为省军区，归成都军区领导。（《中国共产党西藏历史大事记（1949~2004）》P253）

18日 国家民委委员、著名的马克思主义史学家、北京大学副校长翦伯赞（维吾尔族）因遭受林彪、“四人帮”迫害逝世，终年70岁。1978年9月1日，北京大学召开全校落实政策大会，为翦伯赞平反昭雪。中央统战部副部长杨静仁主持追悼会，九三学社副主席周培源致悼词。（《新华社新闻稿》1978.9.8，1979.2.23）

22日 《人民日报》发表中共中央主席毛泽东的指示：“知识青年到农村去，接受贫下中农的再教育，很有必要。”25日，宁夏回族自治区革委会和银川市革委会联合召开知识青年、城市居民上山下乡誓师大会。由此各市、县掀起知识青年、城市居民上山下乡热潮。自1966年至是月，固原地区高初中毕业生2721名全部返乡或插队落户，银川市和浙江来宁知识青年1056名到固原地区插队落户并接受贫下中农再教育。（《中共宁夏党史大事记（1925.8~1988.6）》P379）

26日 广西壮族自治区柳州公路大桥建成通车，全长608.4米（主桥长408.2米），宽20米，最大跨度124米，是广西第一座预应力T型钢筋混凝土公路大桥。大桥于1966年3月动工，总投资641.2万元。（《广西通志·大事记》P393）

29日 广西壮族自治区百色化肥厂用本地褐煤生产合成氨获得成功。（《广西通志·大事记》P395）

是年 内蒙古自治区赤峰市旱灾，受灾57.87万公顷，受灾117.9万人，占总人口43.7%。其中，宁城县夏、秋大旱，粮食减产20%，林西县5.33万顷农田受灾。（《内蒙古自然灾害通志》P311）

△ 广西壮族自治区遭受严重水灾。全区有45个市、县受灾，受灾面积161.71万亩，损失粮食5705.57万公斤，房屋倒塌3685间，淹死86人。（《广西通志·大事记》P393）

△ 云南省怒江傈僳族自治州边4县全面恢复和建立人民公社体制，共建19个公社、121个大队、979个生产队。（《怒江傈僳

族自治州志》下P122~123）

△ 青海省海南藏族自治州塔拉滩草原管道工程竣工。该工程于1963年9月开工，总投资532.9万元，铺设管道两条，合计73.4公里，修建蓄水池15座、供水点67处，改善和扩大草原利用面积206万亩，解决24.5万头（只）牲畜和8200人的饮水困难。（《海南州志》P37）

△ 云南省军管会撤销德宏傣族景颇族自治州建制，党政机构并入保山地区。（《德宏州志》综合卷P55）

1969年

1月

10日 据《广西日报》报道，广西壮族自治区农学院教授王丕建、自治区畜牧研究所总技师刘振华、技师周岐生等3人代表中国参加联合国粮农组织在印度举行的国际水牛繁殖和人工授精学术讨论会。王丕建向会议宣读题为《中华人民共和国沼泽型水牛及其改良》的论文。（《广西通志·大事记》P394、446）

11日 甘肃省肃南裕固族自治县红石公社红石窝生产队首创1所马背牧读小学。（《人民日报》1969.1.11.④）

12日 据新华社报道，广西壮族自治区掀起兴修水利和冬季生产高潮，有150万民工投入水利建设；1968年冬季种植绿肥面积比1967年同期增加200万亩。（《广西通志·大事记》P394）

13日 据《宁夏日报》报道，宁夏回族自治区银川地区35所中、小学全部由工人阶级接管，实现所谓“工人阶级对学校的直接领导”。（《中共宁夏党史大事记（1925.8~1988.6）》P380）

28日 《毛主席诗词》蒙古、藏、朝鲜文版出版发行。（《人民日报》1969.1.29.①）

是月 月初由北京地坛医院迁至甘肃省甘南藏族自治州的医务人员在夏河县完尕滩设立结核病医院。（《甘南州志》上P118）

△ 西藏自治区昌都边坝县一小撮反革命分子制定“不要共产党、不要交公粮、不要社会主义”的“三不”反动纲领，继而又建立“四水六岗卫教军”和所谓“翻身农奴革命造反司令部”。6月8日，反革命分子召集2000余人袭击县委机关，夺县革委会的权，抢走公章。随后几次袭击边坝县、区机关和军宣队，打、抢、烧、杀17天之久，残害致死干部50余人。9月11日，在白洛、加拉其美2人策划下，由领主、代理人、管制分子等组成“敢死队”，残害致死干部138人、伤残500余人，并于当日公布13条反动纲领。25日，中共中央批示自治区革委会关于部分地区发生反革命暴乱的报告指出：“西藏一些地区的一小撮阶级敌人利用民族情绪、宗教迷信，煽动胁迫群众抢劫国家和群众财物，破坏交通，已完全属于反革命性质”。“必须采取断然措施，决不能让其蔓延。”西藏军区据此下达平息反革命暴乱的命令。11月26日，自治区革委会发出《关于平息反革命暴乱有关政策问题的意见》。（《中国共产党西藏历史大事记（1949~2004）》P255~257）

2月

3日 广西壮族自治区革委会成立“清查广西地下党小组”，将广西地下党（解放前全区有74个县、市进行地下党活动）作为“大案”、“要案”列入“斗、批、改”的主要任务，并组织地下党问题专案组对其进行全面审查，历时3年多，制造大批冤、假、错案。1983年7月26日，自治区党委作出《关于为广西地下党遭受迫害问题的平反决定》，一切诬蔑之词一律予以推倒，造成的一切冤、假、错案给予平反昭雪。（《广西通志·大事记》P394、491）

△ 新疆维吾尔自治区乌鲁木齐地区首批2000多名知识青年响应中共中央主席毛泽东关于“知识青年到农村去，接受贫下中农的再教育，很有必要”的号召，到农村安家落户，接受贫下中农的再教育。此后，大批知识青年被下放到农村劳动。（《中国共产党新疆历史大事记（1966.5～1991.12）》下P22～23）

6日 据《广西日报》报道，广西壮族自治区南宁市有2000多户近1万名街道居民、2000多名财贸战线职工和300多名医务人员到农村落户。3月9日，自治区各地响应中共中央主席毛泽东关于“知识青年到农村去”的号召，掀起到农村插队落户的高潮。几年来，共有20余万人先后下放到农村。（《广西通志·大事记》P394）

11日 中共中央、中央文革小组发出所谓“红五条”的《关于西藏地区文化大革命应该注意的问题》的文件，在西藏掀起反击“二月逆流”翻案风运动。1979年1月5日，西藏自治区党委报请中央，撤销该文件，并公开向群众宣布。（《中国共产党西藏历史大事记（1949~2004）》P254、309）

12日 06时08分51秒，新疆维吾尔自治区乌什县城北库其发生6.5级地震，震中位置41°27′ N、79°22′ E，震源深度16公里，震中烈度IX度。2000多间房屋倒塌或遭破坏，死2人，伤2人。（《新疆减灾四十年》P260）

15日 中央决定，中央举办的毛泽东思想学习班是日开办新疆班，从自治区、新疆军区、新疆生产建设兵团抽调部分县团以上干部到北京参加学习。新疆班共有学员1612名，其中军队干部316名、兵团干部289名、地方干部669名、群众代表338名。9月3日，学习班结业。6月18日，周恩来总理接见新疆班领导小组成员，并作重要指示。周恩来总理指出，新疆革委会成立后，新疆领导班子没有做到团结大多数，而是栽到一派之中，犯了支一派、压一派的错误。（《中国共产党新疆历史大事记（1966.5~1991.12）》下P23~24）

19日 中共中央、中央军委、中央文革小组对新疆军区党委《关于坚决贯彻党的八届扩大的十二中全会精神的决议》作出批示。新疆维吾尔自治区革委会和新疆军区主要负责人借“二·一九”批示，在新疆党内外、军内外煽动大批“两个主义，一个王国”，在干部中揪自治区革委会主任、新疆军区政委王恩茂的“二套班子”，挖贺龙、王震的社会基础，使一大批同志遭到诬陷和打击。（《中国共产党新疆历史大事记（1966.5~1991.12）》下P23）

是月 云南省德宏傣族景颇族自治州开展“清理阶级队伍”运动，搞阶级斗争扩大化。共制造冤、假、错案88起，1423人受迫害，打死、逼死466人（其中农村365人），打伤致残805人（其中农村479人）。并进行二次“土改”，划地主、富农1631户，抄家、罚款5608户，引起边民大量外出。（《德宏州志》综合卷P55~56）

3月

9日 西藏自治区丁青县一小撮反革命分子成立所谓“怒澜两江卫教神军总指挥部”，武装袭击当地机关和驻军，抢劫各种枪支300余只、国营牧场牛羊900余头（只）、国库粮食50余万斤，毒打残害干部、群众20余人。（《中国共产党西藏历史大事记（1949~2004）》P254）

17日 西藏自治区革委会第二次全委（扩大）会议举行，通过《西藏自治区革命委员会关于迅速实现革命大联合和革命三结合、建立各级革命委员会的决定》。22日，自治区革委会、西藏军区发出《关于建立各级革命委员会的范围的通知》，规定地、县、区、乡（人民公社）、街道办事处均建立革委会，生产队建立革命领导小组；原自治区党委、自治区人大、地委、专署的党政机关成立斗、批、改

领导小组，不建立革委会。（《中国共产党西藏历史大事记（1949~2004）》P254~255）

18日 广西壮族自治区南宁市邕江防洪大堤工程首期工程埌边大堤竣工。工程于1月12日破土动工，大堤高8米，顶宽4米，长1300米，全市军民34万人次参加义务劳动。8月2日，邕江防洪大堤第二期工程——津头大堤赶在邕江洪峰到来之前竣工。全市29万多人次参加义务劳动。该堤堤基宽18米，堤面宽3米，长1580米，能抵御邕江77.5米的特大洪水，使南宁市东半部地区免受洪水灾害。（《广西通志·大事记》P394、396）

23~25日 新疆维吾尔自治区北疆地区受寒流袭击，全区牧畜总头数减少230万头。（《新疆减灾四十年》P260）

4月

1日 中共第九次全国代表大会在北京召开。"党的九大使'文化大革命'的错误理论和实践合法化，加强了林彪、江青、康生等人在党中央的地位。九大在思想上、政治上和组织上的指导方针都是错误的。"（《关于建国以来党的若干历史问题的决议》P316）

△ 甘肃省临夏回族自治州境内刘家峡水电站第一台22.5万千瓦发电机组安装完毕开始发电。1976年全部建成，总装机122.5万千瓦。（《临夏回族自治州志》上P52、60）

3~4日 甘肃省甘南藏族自治州出现强寒潮天气，全州48小时降温15℃以上。碌曲郎木寺、临潭、合作降大雪，仅玛曲县就死损上万只牛、羊，大水军牧场在4~5小时内共冻死牛、羊、马3748头（只、匹），占全场牲畜总数的40%，冻伤牧工多人。（《甘南州志》上P118）

6日 全国水稻插秧机现场经验交流会在广西壮族自治区南宁举行。7日，据《广西日报》报道，全区农村推广使用广西—65型水稻插秧机取得显著成绩。据不完全统计，自治区社队培训数万名农机手，拥有插秧机3万多架，机插面积80多万亩。同时还在全国一些省、市、自治区推广使用，并外销马里等10多个国家。（《广西通志·大事记》P395）

7日 宁夏回族自治区革委会转发《区干部下放领导小组会议纪要》指出，干部下放劳动工作取得很大成绩。截至目前，全区已有6200多名干部下放劳动，占区、市、县行政机关应下放者和有条件下放干部的90%以上；全区办起"毛泽东思想干校"、"一〇·四干校"、"五七劳动学校"20所。（《中共宁夏党史大事记（1925.8~1988.6）》P383）

20日 新疆维吾尔自治区克孜勒苏柯尔克孜自治州阿图什七盘水磨大桥建成通车，桥长107.1米。（《克孜勒苏柯尔克孜自治州志》上P39）

△ 四川省西昌地区革委会发出《关于稳定西昌局势的五条措施》。（《凉山彝族自治州志》上P58）

5月

1日 广西壮族自治区柳州钢铁厂恢复生产，炼出第一炉钢。该厂始建于1958年，1961年调整下马，1964年4月建成投产，因"文化大革命"而被迫停产。（《广西通志·大事记》P395）

22日 中共中央批转滕海清等人《坚决贯彻执行中央关于内蒙当前工作指示的几点意见》的报告，中共中央主席毛泽东批示："照办。"5月13日，国务院总理周恩来电召高锦明、权星垣、李树德、李质到中央汇报内蒙古自治区情况。16日，又叫滕海清、吴涛、肖应棠等6人到中央汇报内蒙古情况。周恩来等先后4次接见内蒙古自治区革委会、内蒙古军区负责人，听取挖"内人党"问题的汇报，耐心细致地进行批评教育，并提出解决内蒙古清队扩大化、挖"内人党"错误的意见："现在对挖内人党的问题，你们第一，要停止下来；

第二，要给搞错的平反；第三，要放人。”19日，滕海清、吴涛、高锦明、权星垣、李树德、李质联名向中央写了《坚决贯彻执行中央关于内蒙当前工作指示的几点意见》。（《内蒙古自治区史》P317~318、533）

6月

2日 据《广西日报》报道，广西壮族自治区百色栲胶厂最近3年完成24项重大技术革新，建成一套新的栲胶工艺，实现半自动化操作，生产的余柑栲胶实现出口。（《广西通志·大事记》P395）

4日 据《广西日报》报道，广西壮族自治区普遍开展新针疗法取得成绩，各地收治的一批聋哑人和瘫痪病人经过新针疗法治疗后，大多数都不同程度地恢复听觉和说话、走路功能，还培养新针疗法人员3万多名。（《广西通志·大事记》P396）

13日 西藏自治区拉萨市尼木县一小撮阶级敌人以跳神为名，开会策划要“接管国家”，并公开张贴反动文告，是日凌晨用突然袭击方式，残酷杀害驻帕古区的解放军指战员和地方干部25人。21日，他们又胁迫千余群众手持长矛、大刀、枪支、手榴弹、炸药包，包围攻打县人民武装部和县中队，在尼姑庙杀害军政干部和群众64人。（《当代中国的西藏》上P375）

7月

5日 中共中央批准将内蒙古自治区呼伦贝尔盟（突泉县，科尔沁右翼前旗除外）划归黑龙江省，哲里木盟和呼伦贝尔盟突泉县、科尔沁右翼前旗划归吉林省；昭乌达盟划归辽宁省管辖，巴彦淖尔盟的阿拉善左旗和阿拉善右旗的巴彦诺尔、乌力吉、塔木素、阿拉滕敖包、笋布尔等公社划归宁夏回族自治区管辖，巴彦淖尔盟阿拉善右旗的其余部分和额济纳旗划归甘肃省管辖。推行十多年民族区域自治政策而实现的内蒙古统一的民族区域自治被分割开来，这是九大错误指导方针在民族问题上的具体表现。（《内蒙古自治区史》P320~322、533~534）

18日 据新华社报道，广西壮族自治区1969年早稻获得丰收，种植面积是解放以来最多的一年。已开镰收割的地方，单位面积和总产量普遍比1968年有较大幅度增长。不少地区早稻收成是十多年来最好的一次。（《广西通志·大事记》P396）

是月 西藏自治区日喀则地区南木林、谢通门、拉孜、昂仁等县反动分子造谣惑众，制造骚乱，搞垮一大批县、区、乡（公社）革委会。1980年8月14日，自治区党委对原定4县所谓暴乱问题重新作出结论。自治区党委在批转日喀则地委7月18日的报告时指出，原定4县暴乱是错误的，应即全部否定，恢复名誉。自治区党委意见：一、向4县干部群众公开宣布，原定暴乱是错误的，应予否定。“造反公社”不是暴乱组织。二、对平暴中的案件逐个审查处理。三、没收财产的，经济上给予补偿。四、做好4县干群的思想政治工作。（《中国共产党西藏历史大事记（1949~2004）》P255、337）

△ 甘肃省肃南裕固族自治县唐尕尔滩第二期引水管道工程竣工。（《肃南裕固族自治县志》P425）

8月

7日 中国人民解放军独立一团党委、云南省怒江傈僳族自治州革命委员会召开碧江、福贡、贡山、泸水4县有关负责人参加的全州政治边防会议。会后，派出大批政治边防工作队到边沿村寨，代替原有各类组织，行使各类职权。政治边防方针一直推行到1971年9月林彪反革命集团覆灭才结束。（《怒江傈僳族自治州志》上P29）

11日 云南省盈江发生特大泥石流灾

害，淹没弄璋乡4个村寨，死亡99人、伤167人，冲毁房屋246间、500多人无家可归，牲畜死亡547头，淤埋农田3000多亩，经济损失1000多万元。（《中国气象灾害大典·云南卷》P496）

19日 外交部照会苏联驻华大使馆，强烈抗议苏联政府指使军队于六七月在中苏边界的黑龙江省珍宝岛以及西侧的中国河道、八岔岛、抚远县，新疆裕民县巴尔鲁克山西部、铁列克提地区，不断侵犯我国领土、领水、领空，有计划、有准备地挑起一系列的边境事件。10月7日，我国政府就中苏边界问题发表声明，我国政府始终认为，要认真解决中苏边界存在的问题，就必须进行全面谈判。20日，中苏边界谈判在北京开始举行。（《新华社新闻稿》1969.8.20，10.8，10.21）

22日 广西壮族自治区梧州船舶修造厂制成广西第一艘500吨铁壳驳船。（《广西通志·大事记》P396）

24日 根据中国和巴基斯坦两国边境贸易代表团1968年11月在喀什的换文规定，首个中国商队通过传统的“丝绸之路”到达巴基斯坦边境地区，巴基斯坦地方高级官员和中国驻巴大使馆商务专员专程到边境迎接中国商队。（《中国共产党新疆历史大事记（1966.5~1991.12）》下P25）

9月

2日 新疆维吾尔自治区革委会发出《关于清理阶级队伍工作的意见》，将原自治区党政机关及企事业单位的干部职工集中办多期“毛泽东思想学习班”，清理阶级队伍。在清理中，错整一大批人，一些人含冤而死。（《中国共产党新疆历史大事记（1966.5~1991.12）》下P25）

11~22日 广西壮族自治区革委会在南宁举行全区中、小学教育革命工作会议。会议要求1969年秋起，普遍实行小学5年一贯制、中学4年制，或小学、初中7年一贯制，精简课程，改革教材，改革教学方法，实行开卷考试，废除过去按分数录取的招生制度。（《广西通志·大事记》P396）

12日 由沈阳中捷人民友谊厂迁建的长城机床铸造厂在宁夏回族自治区银川市建成投产。（《当代宁夏史通鉴》P26）

△ 广西壮族自治区南宁市建筑工程机械厂试制成功广西第一台滚齿机。（《广西通志·大事记》P396）

是月 四川省凉山彝族自治州、西昌专区各地中小学复课开学。（《凉山彝族自治州志》上P59）

△ 青海省海南藏族自治州农村牧区开始实行合作医疗制度。（《海南州志》P42）

△ 宁夏大河机床厂研制成功自动控制高精度立式钻床，填补我国机器制造业的一项空白。（《当代宁夏史通鉴》P26）

10月

1日 由辽宁省瓦房店轴承厂迁建的西北轴承厂在宁夏回族自治区平罗县建成投产，由天津市红旗仪器厂迁建的吴忠微型试验仪器厂在吴忠县建成投产。（《当代宁夏史通鉴》P26）

△ 广西壮族自治区梧州大桥（桂江一桥）建成通车。大桥于1966年10月24日动工兴建，桥长361米，宽15米。（《广西通志·大事记》P383）

△ 兴建于1960年的四川省甘孜藏族自治州甘孜至新龙公路竣工通车。（《甘孜州志》上P70）

△ 青海省玉树藏族自治州东方红水电站第一台机组建成发电。（《玉树州志》上P42）

2日 广西壮族自治区工业品展览会在南宁开幕，展品反映20年来广西工业发展的成就。展览历时40天，观众28万多人次。

（《广西通志·大事记》P397）

17日 根据中共中央主席毛泽东关于国际形势有可能突然恶化的估计，中共中央副主席林彪作出“关于加强战备，防止敌人突然袭击的紧急指示”，要求全军进入紧急战备状态。18日，中央军委委员黄永胜等以“林副主席第一号令”正式传达“紧急指示”，引起各方面的极大震动。宁夏地处“反修”前线，震动更大。11月5日，宁夏回族自治区革委会发出《关于立即疏散银川、石嘴山市人口的通知》。截至15日，银川地区有1.5万多人疏散到农村，并办理粮食迁移手续。（《中共宁夏党史大事记（1925.8~1988.6）》P387~388）

是月 广西壮族自治区精简下放工作开始。截至年底，自治区原68个部、委、厅、局精简为4大组25个小组和14个公司、站、局，人员精减80%；各专区、市、县机关人员精减70%。据不完全统计，全区有7300多名干部下放到基层，3万多名干部参加毛泽东思想宣传队，近2万名干部到“五七”干校。（《广西通志·大事记》P397）

△ 云南省迪庆藏族自治州建立合作医疗制度，原大队保健员、卫生员统称为“赤脚医生”，实行半医半农。（《迪庆藏族自治州志》P46）

11月

14日 广西壮族自治区水利发电设备厂试制成功广西第一台180千瓦中型三相异步电动机，桂林齿轮厂试制成功广西第一台齿轮冷挤机。（《广西通志·大事记》P397）

20日 宁夏回族自治区革委会决定进行邮电体制改革，将电信、邮政分开管理。（《中共宁夏党史大事记（1925.8~1988.6）》P388）

是月 天津市700多名医务工作者及其上千名家属相继到宁夏回族自治区银川市，赴山区落户。（《当代宁夏史通鉴》P27）

△ 宁夏回族自治区吴忠仪表厂研制成功全国第一台自动控制高压阀。（《当代宁夏史通鉴》P27）

12月

2~10日 为贯彻中共中央副主席林彪关于加强战备，防止敌人突然袭击的“第一个号令”，新疆维吾尔自治区革委会、新疆军区战备会议举行。会议提出，要以临战姿态做好打一场人民战争的一切准备。4日，自治区革委会发出《关于疏散乌鲁木齐人口的决定》，提出7类疏散对象。（《中国共产党新疆历史大事记（1966.5~1991.12）》下P26~27）

3日 新疆维吾尔自治区邮电管理局撤销，邮政通信与自治区交通部门合并；电信部分成立自治区电信局；撤销邮电学校，成立电信训练大队；撤销供应处，成立邮政供应站和电信仓库。（《新疆通志·邮电志》51卷P44）

16日 国务院、中央军委电示，为适应边疆建设和战略要求，加强统一领导指挥，决定新疆军区生产建设兵团归新疆军区建制领导，有关生产建设计划、物资供应归自治区革委会负责。（《中国共产党新疆历史大事记（1966.5~1991.12）》下P26）

17日 据新华社报道，广西壮族自治区大办地方工业，3年建成小厂矿1000多个。（《广西通志·大事记》P397）

△ 兰州军区从战备形势考虑，决定投资修建贺兰山沿山公路，北起宁夏平罗县崇岗，南至青铜峡火车站，长120公里，标准为三级公路。（《当代宁夏史通鉴》P316）

18日 中央指示，考虑到西藏自治区阿里地区交通不便，为适应战备和革命的要求，确定该地区的党、政、军全部工作，委托新疆维吾尔自治区领导，但阿里地区的行政区划仍属于西藏自治区。（《中国共产党西藏历史大事记（1949~2004）》P257）

19日 中共中央发布《关于内蒙古实行分区全面军管的决定》，由北京军区对内蒙古自治区实行分区全面军管。北京军区司令员郑维山，副司令员杜文达，副政委黄振堂、张振光组成前线指挥所统一全面领导内蒙古的工作。同时向当时仍归内蒙古管辖的锡林郭勒盟、乌兰察布盟、伊克昭盟、巴彦淖尔盟以及呼和浩特市、包头市派出前线指挥所，分别领导各盟的工作。由上述4人组成内蒙古“前指”党的领导小组，郑维山任书记，黄振堂、杜文达任副书记。自治区革命委员会在北京军区内蒙古“前指”党的领导小组领导下进行工作。（《内蒙古自治区史》P320~321）

23日 据《广西日报》报道，广西壮族自治区革委会最近召开全区卫生工作会议，决定把医疗卫生工作的重点放到农村。（《广西通志·大事记》P397）

是月 云南省西双版纳傣族自治州景洪县农机厂造出西双版纳第一批手扶拖拉机。（《西双版纳傣族自治州志》上P52）

△ 云南省文山壮族苗族自治州皮肤病防治研究所成立。（《文山壮族苗族自治州志》1卷P55）

1970年

1月

5日 北京时间0时0分34秒，云南省通海、峨山县和红河哈尼族彝族自治州建水县发生7.8级强烈地震，震中烈度10度，波及红河州各市县，其中建水、石屏受灾较重。全州因灾死亡7479人、伤9323人，压死牲畜5899头，房屋倒塌10.25万间，部分河堤被震坏，曲江大河因震受阻，4000亩农田被淹。北京、上海、贵阳、昆明等地组织2152人的47支医疗队，携带大批药品赶赴现场救灾。国务院和云南省政府及时拨发抗震救灾经费468万元，帮助灾民重建家园，恢复和发展生产。（《人民日报》1970.1.9.①，《红河哈尼族彝族自治州志》1卷P87）

5~15日 广西壮族自治区革委第四次全委（扩大）会议举行，622人参会。会议提出，要以学习“无产阶级专政下继续革命的理论”为中心，把学习毛泽东著作推向新高潮；要“狠抓阶级斗争”，深入开展革命大批判，搞好“斗、批、改”；要抓革命，促生产，掀起工农业生产的高潮。（《广西通志·大事记》P398）

7日 新疆维吾尔自治区革委、新疆军区根据中央指示发布《命令》，决定对塔城专区全面实行军事管制，建立军管会，并对该地区的革命、战备与生产实施统一领导。（《中国共产党新疆历史大事记（1966.5~1991.12）》下P27）

8日 北京军区内蒙古前线指挥所批复内蒙古自治区革委核心小组《关于整顿内蒙古革委会办事机关的建议》，决定“自治区革委会办事机构除留少数人外，其余人员调出举办毛泽东思想学习班”。11日，学习班的学员即陆续前往河北省唐山市，1971年5月结束，历时1年4个月。（《内蒙古自治区史》P534）

9日 设计年生产能力10万吨的宁夏贺兰山磷矿建成并正式投产。（《中共宁夏党史大事记（1925.8~1988.6）》P389）

△ 据《广西日报》报道，天津市人民医院、第二中心医院和儿童医院等20多个医疗卫生单位的2000多名医务工作者陆续到广西壮族自治区落户，支援边疆医疗卫生建设。他们被分配到70个县、170多个基层医疗卫生单位工作，绝大部分人员于1979年后陆续返回天津市。（《广西通志·大事记》P398）

15~23日 新疆维吾尔自治区钢铁、煤炭、机械工业“抓革命，促生产”会议在石河子举行。会议决定，加紧“小三线”建设，加快调整工业布局，积极做好工矿企业搬迁规划，逐步把工业基地转移到南疆。（《中国

共产党新疆历史大事记（1966.5~1991.12）》下P27）

19日 广西壮族自治区桂林轮胎厂试制成功11—32拖拉机轮胎，并大批投入生产。（《广西通志·大事记》P398）

20日 广西壮族自治区上山下乡知识青年学习毛泽东著作积极分子代表大会在南宁市召开，1500多人参会。会议指出，一年来全区上山下乡知识青年达11万多人，相当于“文化大革命”前上山下乡总人数的3倍多。（《广西通志·大事记》P398）

20~30日 宁夏回族自治区革委在银川市举行全区农业生产会议。会议号召广大贫下中农、社员群众、各级干部发扬“一不怕苦、二不怕死”，革命加拼命的精神，迅速开展“远学大寨，近学华二（灵武县华二大队）、甘城（固原县甘城大队）”的群众运动，以战备推动生产，迅速实现农业大跃进，夺取农业大丰收。（《中共宁夏党史大事记（1925.8~1988.6）》P389）

24日 据《广西日报》报道，广西壮族自治区已建成农村小型水电站2379座，装机容量5.9万千瓦。（《广西通志·大事记》P398）

△ 新疆维吾尔自治区革委发出《通知》，吐鲁番、托克逊县划归乌鲁木齐市，鄯善县划归哈密专区。（《中国共产党新疆历史大事记（1966.5~1991.12）》下P28）

28日 湖南省湘西土家族苗族自治州吉首通用机械厂试制成功C618车床，湘西州开始生产机床。（《湘西州志》上P70）

是月 解放军云南生产建设兵团在云南省西双版纳傣族自治州东风总场进行组建试点。二月，州内另外5个国营总场全部编入生产建设兵团。（《西双版纳傣族自治州志》上P52）

△ 云南省怒江傈僳族自治州六库怒江公路吊桥“向阳桥”竣工通车，桥长186米、宽5.5米，承重10吨。（《怒江傈僳族自治州志》上P29）

△ 云南省德宏傣族景颇族自治州开展“一打三反”（打击现行反革命破坏活动、反贪污盗窃、反投机倒把、反铺张浪费）运动。12624人列入审查对象，占总人口的2.5%，其中被列为专案审查的399人、逮捕法办55人。（《德宏州志》综合卷P56）

△ 新疆维吾尔自治区伊犁哈萨克自治州开展清理阶级队伍和“一打三反”运动。截至1972年10月，经对清理阶级队伍和“一打三反”运动定性定案、组织处理复查，州直属县（市）1000多名干部中有97%获改正，恢复工作。（《伊犁哈萨克自治州志》P55）

2月

2日 广西壮族自治区革委发出《关于学习飞跃生产大队的通知》。钦州县板城公社飞跃生产大队历时20个月，开荒造地，取得很大成绩，成为广西“农业学大寨”的一面红旗。（《广西通志·大事记》P398）

7日 06时10分40秒，云南省普洱县西南发生6.2级地震，震中位置23°05′ N、102°02′ E，震源深度15公里。时隔22分钟，震区附近又发生5.5级地震，极震区东北至德化公社松毛林、那迁一带，西南到云仙公社那漱、大河边，东达新寨，西北抵曼蚌。区内少数房屋震倒，土墙裂缝和屋瓦滑落较普遍，烈度VII度强。VI度区北抵老白寨，南到震东，东近那莫西，西至老毕田，土墙普遍裂缝，少数局部坍塌。（《云南省志·地震志》P93）

9日 云南省楚雄彝族自治州召开消灭血吸虫病誓师大会。截至1972年底，共进行4次普查、2次复查，血吸虫病患者由是年的2640人减少至1972年的395人，降低85%。（《楚雄彝族自治州志》1卷P203）

10~14日 广西壮族自治区革委常委扩大会议举行，学习贯彻中共中央“二五”指示

（毛泽东主席2月5日批示“照办”的《中共中央关于打击反革命活动的指示》、《中共中央关于反对贪污盗窃、投机倒把的指示》、《中共中央关于反对铺张浪费的通知》）；决定开展“一打三反”运动，把打击现行反革命、反贪污、反投机倒把、反铺张浪费斗争作为当前的中心任务。13日，自治区革委发出《关于贯彻中央“二五”指示的通知》，强调自治区经济领域阶级斗争的严重性，决定在全区掀起一个大检举、大揭发、大批判、大清理的群众运动新高潮，造成大批冤假错案。运动于年底结束，冤假错案于1983年平反和妥善处理。（《广西通志·大事记》P398）

11日 国防部授予普布扎西（藏族）“爱民模范”称号。1964年冬季，西藏自治区日喀则军分区某部战士普布扎西为营救翻身农奴的牛羊，保护人民财产，攀上冰封雪山，同风雪搏斗而英勇牺牲。（《中国共产党西藏历史大事记（1949~2004）》P258）

12日 广西壮族自治区革委决定成立口岸领导小组，徐其海任组长，陈运春任副组长；正式开放南宁、凭祥、水口、北海、东兴5个口岸，建立口岸的联检和联席制度。（《广西通志·大事记》P398）

13日 广西壮族自治区桂林机场正式复航，开通桂林至广州、贵阳、重庆、成都等航线。（《广西通志·大事记》P399）

14日 青海省海南藏族自治州州、县、社机关及企事业单位全面开展打击现行反革命活动和反对贪污盗窃、投机倒把、铺张浪费的“一打三反”运动，省、州、县逐级下派宣传队。运动中出现一批冤假错案，于1979年平反。（《海南州志》P43）

18日 宁夏回族自治区开展“一打三反”运动，造成不少冤假错案。截至1972年10月，共揭发各种案件634起，审批处理525起，涉案金额30.14万元。（《当代宁夏史通鉴》P27）

20日 新疆维吾尔自治区革委拟定《关于在牧区划成分和清理阶级成分的规定（草案）》，错误地提出50年代牧区实行“不斗、不分、不划阶级”的政策是“阶级投降主义”，要求在阿勒泰等牧区划分阶级成分。（《中国共产党新疆历史大事记（1966.5~1991.12）》下P28）

23日 新疆维吾尔自治区革委发出《关于贯彻执行〈中共中央关于打击反革命破坏活动的指示〉、〈中共中央关于反对贪污盗窃投机倒把的指示〉和〈中共中央关于反对铺张浪费的通知〉的措施》，由此全疆开展“一打三反”运动。运动中，自治区革委主要负责人多次错误地指示：“捕人不需要经过公安机关，可放手由群众逮捕”，“宁可多抓一点”，“现在抓人不是太多，而是少了。”在这种“左”的思想指导下，造成大批冤假错案。（《中国共产党新疆历史大事记（1966.5~1991.12）》下P28）

24日 宁夏回族自治区革委发出《关于成立十一个局革命领导小组和启用印鉴的通知》。《通知》指出，设立自治区农业、工业、交通、商业、煤炭管理、财政金融、粮食、基本建设、科技卫生、民政、物资管理11个局；各局均成立革命领导小组，为自治区革委直属行政办事机构。（《中共宁夏党史大事记（1925.8~1988.6）》P391）

28日 广西壮族自治区桂林铸造厂建成第一座纯氧顶吹小转炉，用高磷生铁炼出碳素钢和低合金钢。（《广西通志·大事记》P399）

是月 湖南省湘西土家族苗族自治州泸溪县岩门溪水库竣工，最大坝高44.26米，库容2370万立方米，可灌田1550公顷。（《湘西州志》上P67）

3月

5日 宁夏回族自治区“五七”干校召开

大会，欢送40名到平罗县农村插队落户的“五七”先遣队干部。（《当代宁夏史通鉴》P27）

7日 新疆维吾尔自治区革委发出《关于整党建党工作的安排意见》。在整党运动中，强迫党员按照中共中央副主席林彪、中央文革小组第一副组长江青的调子进行所谓“路线爬坡”，并结合进行“吐故纳新”，不少忠诚的老同志被“吐故”或“挂起来”，有些品质恶劣的人则被当做“新鲜血液”而“纳新”、提拔，造成党内和干部队伍的严重不纯。（《中国共产党新疆历史大事记（1966.5~1991.12）》下P29）

9日 达赖喇嘛在印度新德里发表“声明”，继续进行所谓“西藏独立”活动。12日，达赖喇嘛派驻美国的“代表”举行招待会，散发此消息。24日，据新华社报道，印度代表最近公然在“联合国人权委员会”上提出所谓“西藏问题”，干涉我国内政。（《中国共产党西藏历史大事记（1949~2004）》P258）

11日 广西壮族自治区顾委在南宁市召开工业交通工作电话会议，要求工交战线各级领导狠抓钢、铁、煤、机械设备、战备产品和轻工产品的市场，积极发展县、社地方工业，大办小铁厂、小煤厂、小磷肥厂、小水泥厂、小水电站。（《广西通志·大事记》P399）

12日 广西壮族自治区邕宁明阳糖厂用甘蔗渣试制富强纤维成功，为发展纺织工业提供了新原料。（《广西通志·大事记》P399）

19日 宁夏回族自治区、银川市两级公安机关召开“坚决镇压阶级敌人的破坏活动的宣判大会”，判处25名反革命杀人犯和重大刑事犯罪分子。（《中共宁夏党史大事记（1925.8~1988.6）》P392）

是月 云南省德宏傣族景颇族自治州农垦分局改为解放军云南生产建设兵团第三师。1974年恢复农垦分局，撤销军队建制。（《德宏州志》综合卷P56）

4月

5日 据《广西日报》报道，广西壮族自治区煤炭大部分自给。国营煤矿平均日产量比1966年增长1倍以上，36个县、市办起小煤矿，许多公社、大队建立小煤窑。（《广西通志·大事记》P399）

10日 由山东省732厂迁建的兴庆机器厂在宁夏回族自治区银川市建成投产。（《当代宁夏史通鉴》P27）

12日 广西壮族自治区计划会议在南宁市召开，传达贯彻全国计划会议精神，学习毛泽东主席《论十大关系》，研究1970年度计划和第四个五年计划。会议确定，从桂南搬走一些工厂到“三线”，积极完成桂西北“大三线”建设任务；要求每年造田造地200万亩，1972年全区每人有1亩以上旱涝保收田，实现“一人一猪”、“一亩一猪”，70%稻田种上绿肥，1972年或更长时间，每县建1个小氮肥厂。（《广西通志·大事记》P399）

△ 据报道，吉林省延边朝鲜族自治州8个县开办了7个小煤矿和400多处小煤窑，实现全州地方工业用煤基本自给。（《人民日报》1970.4.12.②）

15日~5月4日 新疆维吾尔自治区计划会议举行。会议传达全国计划会议精神，讨论通过自治区1970年计划及《第四个五年计划纲要》。第四个五年计划（1971~1975年）在极“左”思想指导下制定，强调“以阶级斗争为纲”、“以战略为纲”，不切实际地提出要建立完整的工业体系，把建设的重点转移到南疆“三线”地区去。（《中国共产党新疆历史大事记（1966.5~1991.12）》下P29~30）

29日 宁夏回族自治区综合地质大队物探技术员余渭国因1970年撰写《砂不见木》的讨林檄文，反对把中共中央副主席林彪吹捧为“天才军事家、举国公认的毛主席接班人”，林彪的突出政治“是破坏社会主义经济基础的”等问题，被以“现行反革命罪”判处死刑。1979年6月5日，银川市中级人民法院为余渭国平反。11月7日，自治区党委追认余渭国为党员。（《中共宁夏党史大事记（1925.8~1988.6）》P393，《当代宁夏史通鉴》P118）

是月 广西壮族自治区革委根据中共中央《关于清查“五一六”反革命阴谋集团的通知》精神，开始在全区开展清查“五一六”运动。由此，广西开展长达3年半左右的清查运动，被列为清查事件68起，涉及干部群众数千人，被专案审查1084人，其中被关押审查132人。1983年6月22日，自治区党委作出《关于对广西“五一六”反革命阴谋集团案平反的决定》，在运动中受打击、迫害和株连的同志一律彻底平反，恢复政治名誉，对被迫害致死的同志应予昭雪。（《广西通志·大事记》P399、490）

5月

1日 云南省楚雄彝族自治州禄丰钢铁厂修复投产。（《楚雄彝族自治州志》1卷P203）

5日 宁夏回族自治区重点水利建设项目惠农渠扩整工程最近完工。惠农渠全长175公里，可保证129万亩农田得到及时灌溉。（《中共宁夏党史大事记（1925.8~1988.6）》P393）

9日 是日报道，广西壮族自治区7个月内新增旱涝保收田238.8万多亩，造田117万多亩。（《人民日报》1970.5.9.①）

26日 内蒙古自治区革委决定，筹建自治区革委“五七干校”。自治区革委还决定，筹办黄河、新华、乌兰塔拉、浩丰、白银陶海（五原“五七”干校）5个“五七干校”。1971年6月22日举行开学典礼，吴涛兼任校长，张增命任政委。（《内蒙古自治区史》P321）

是月 湖南省湘西土家族苗族自治州大龙洞水电站建成投入使用，为湘西州第一座引用暗河水、高水头发电的骨干电站。湘西州第一座35千伏变电站吉首变电站亦同时竣工。（《魅力湘西》P185）

6月

4日 广西壮族自治区贵县糖厂利用甘蔗渣等生产出大批优质凸版纸、纤维板、酒精和轻质碳酸钙。（《广西通志·大事记》P400）

5日 据《广西日报》报道，广西壮族自治区百色电机厂试制成功13种电机新产品，其中可控硅励磁无刷同步发电机的性能已达到现代先进技术水平。（《广西通志·大事记》P400）

6日 我国自己设计、制造、施工的一座大型现代化矿井内蒙古乌达矿务局五虎山煤矿建成投产。（《人民日报》1970.6.9.②）

7日 据报道，宁夏回族自治区吴忠、灵武、青铜峡3县农村电力建设突飞猛进，近3年中，线路建设长度等于前9年的总和。目前，这3个县已有高压输电线850公里；除灵武山区4个公社外，其余31个公社和全部国营农、林、牧、园艺场，及211个生产大队1975个生产队已经通电；还兴建34座电力扬水站，灌溉面积12万亩。（《中共宁夏党史大事记（1925.8~1988.6）》P394~395）

11日 据新华社报道，西藏自治区已有34%的乡建立人民公社。1956年底至1966年初，在开展社会主义教育运动的基础上，已办起130个人民公社。目前，全区已办起666个人民公社，县县都有人民公社，其中13个县实现公社化。（《人民日报》1970.6.11.①）

20日 新疆维吾尔自治区克孜勒苏柯尔克孜自治州气象局和自治州有关单位共同撰写的《新疆军事气候志》、《南疆降水天气预报》获自治区优秀科技成果奖。（《克孜勒苏柯尔克孜自治州志》上P39）

△ 广西壮族自治区革委发出《关于调整区直中等专业技术学校的通知》，决定将16所中专学校下放给专区和市，24所中专学校撤销。（《广西通志·大事记》P400）

26日 据《广西日报》报道，广西壮族自治区医疗卫生事业蓬勃发展。一年来，全区已有1.3万多名医务人员组成医疗队奔赴农村，为贫下中农防病治病；培训生产大队“赤脚医生”3万多名，66%的生产大队建立合作医疗制度。（《广西通志·大事记》P400）

27日 湖北省恩施地区汽车分局修理厂自行装配成功全区第一辆农用汽车。（《恩施州志》P16）

是月 驻四川省甘孜藏族自治州康定解放军第52医院、甘孜州人民医院组成“六二六”医疗队，配合泸定皮防院，试用新医疗法和中草药治疗麻风病取得疗效，受到国务院总理周恩来的赞扬。（《甘孜州志》上P71）

△ 全国合作医疗会议在云南省楚雄彝族自治州姚安县举行，推广姚安栋川镇南街合作医疗经验。（《楚雄彝族自治州志》1卷P203）

7月

1日 湖北省恩施地区清江大桥石拱桥建成通车。（《恩施州志》P16）

△ 四川省成都市至云南省昆明市铁路建成通车，通车典礼在四川省西昌专区西昌火车站举行，全长1085公里。（《新华社新闻稿》1974.3.23，《凉山彝族自治州志》上P59）

13日 西藏自治区第一代煤矿工人自己勘探、设计、兴建的马查拉煤矿建成。（《人民日报》1970.7.13.②）

17日 广西壮族自治区中草药新医疗方法成就展在自治区农展馆开幕。展览分17个馆，以丰富多彩的实物、标本、图片、图表、模型等集中反映医疗工作的重点放到农村所取得的成就。（《广西通志·大事记》P400）

25日 新疆维吾尔自治区最大的一项防冲防渗渠道工程——叶尔羌河东岸引洪大渠竣工。（《人民日报》1970.7.26.②）

是月 湖南省湘西土家族苗族自治州花垣县民族工艺美术厂建成，生产土家族、苗族民间工艺品。（《湘西州志》P70）

△ 国务院业务组批准，将宁夏回族自治区“五四厂”下放给自治区管理，实行地方和中央双重领导，并将该厂和石嘴山钢铁厂筹建处合并，定名为宁夏钢铁厂，1972年改称宁夏石嘴山钢铁厂。至1980年，历经8年恢复建设，总投资8000万元。（《当代宁夏史通鉴》P274）

8月

20日 新疆维吾尔自治区成立新疆地震队，是年将先在乌鲁木齐、库车、巴楚、库尔勒、阿合奇、和田、喀什、富蕴建立8个综合台。（《中国共产党新疆历史大事记(1966.5~1991.12)》下P30）

29日 宁夏回族自治区银川市革委保卫部宣判“共产主义自修大学”为“现行反革命集团”（“共产主义自修大学”是由67届、68届大、中学校毕业的13名青年组织的自学组织。1967年11月23日成立，1970年2月24日自动解散），判处吴述森、鲁立、吴述樟3名青年死刑，立即执行。其余青年被拘捕关押，或判处无期和有期徒刑。这是一起在极“左”思想指导下造成的冤案。1978年8月5日，自治区高级法院召开大会，为13名青年组织者平反昭雪。自治区党委在专案复查组报告批复中指出，“共产主义自修大学”是学习马克思、列宁和毛泽东著作的自学组织，反映青年一代的革命主流。（《中共宁夏党史大事记(1925.8~1988.6)》P396~397）

是月 云南省德宏傣族景颇族自治州大搞“政治边防”，造成17961名边民外出、414名民族干部被迫离职回家。（《德宏州志》综

合卷P56~57）

9月

3日 是日报道，云南省90%以上的生产大队办起了合作医疗站，21个少数民族居住的村寨有本民族的“赤脚医生”。拉祜、独龙、怒等少数民族首次有了本民族的医生。（《人民日报》1970.9.3.⑥）

5日 《宁夏日报》发表文章《六盘山下活愚公》，用5个整版报道宁夏回族自治区固原专区双井公社甘城大队四队活学活用“老三篇”改天换地的英雄事迹。（《中共宁夏党史大事记（1925.8~1988.6）》P397）

11日 新疆维吾尔自治区成立南疆石油勘探会战指挥部，开展南疆石油勘探工作。（《中国共产党新疆历史大事记（1966.5~1991.12）》下P30）

15日 由河北省张家口煤矿机械厂、安徽省淮南煤矿机械厂、辽宁省抚顺煤矿机械厂分别迁建的西北煤矿机械一厂、二厂、三厂在宁夏回族自治区石嘴山建成投产。1973年成立西北煤矿机械总厂，统一领导这3个厂的工作，使之成为国家煤炭工业部重点厂家。（《中共宁夏党史大事记（1925.8~1988.6）》P398）

16日 据《西藏日报》报道，西藏自治区农村广播网的干线已达1000余公里，装有广播喇叭近万只。（《中国共产党西藏历史大事记（1949~2004）》P259）

△ 宁夏回族自治区革委政治部发出《关于普及革命样板戏的通知》。（《中共宁夏党史大事记（1925.8~1988.6）》P398）

18日 据报道，西藏自治区成立5年来建成煤炭、水力、发电、机器制造、化工、建筑材料、森林以及造纸、纺织、皮革、火柴、肥皂等几十种地方工业。全区30%以上的县有中小型水电站，拉萨、日喀则、那曲、山南、昌都等地区都有农业机械修造工业。（《人民日报》1970.9.20.④）

21日 据《广西日报》报道，最近农林部在广西壮族自治区柳州地区召开阿尔巴尼亚油橄榄引种现场经验交流会，安徽、浙江、江西、湖北、湖南、广东、四川、云南、贵州、广西10省、自治区的代表参会。会议总结交流引种油橄榄的经验，要求把种植阿尔巴尼亚油橄榄的工作推向新阶段。（《广西通志·大事记》P400）

△ 新华社发表文章《武鸣县坚持走农业机械化道路》，介绍广西壮族自治区武鸣县13个公社2400多个生产队除种植旱地作物的生产队外，队队使用插秧机，促进全县农业生产的发展，成为全国推广使用插秧机先进单位的事迹。（《广西通志·大事记》P401）

23日 云南省德宏傣族景颇族自治州装机容量最大的果朗河水电站二号机组投产。（《德宏州志》综合卷P57）

27日 广西军区生产师组建，接收自治区移交的橡胶厂、站、所、场等29个单位，共计1.56万人，1973年1月归地方领导。（《广西通志·大事记》P401）

△ 广西壮族自治区成立枝柳铁路会战指挥部。共组织40余万民兵参加会战，历时3年，完成177公里铁路修建任务。（《广西通志·大事记》P401）

是月 宁夏回族自治区灵武马家滩炼油厂竣工，工程于4月开工建设。9月18日，李庄子油田正式投入开发，马家滩试采指挥所改为长庆油田会战指挥部第24团。之后，建成拥有年产30万吨原油生产能力的长庆采油三厂等其它石油企业，结束宁夏不产石油和石油产品完全依靠外援的历史。（《当代宁夏史通鉴》P21~22）

10月

1日 广西壮族自治区第一座电视中心台——广西电视台建成，并开始正式播出。

（《广西通志·大事记》P401）

△ 宁夏回族自治区电视台建成并开始试播。（《中共宁夏党史大事记（1925.8~1988.6）》P398）

7日 湖北省恩施地区革委作出《迅速掀起一个农业学大寨群众运动高潮的决定》。（《恩施州志》P16）

10日 是日报道，四川省凉山彝族自治州9个县建立农业机械厂，各县、乡、农业社还兴办小型水电站、水泵站、水轮机站、机械排灌站640多处，农副产品加工厂700多个，昭觉等县兴办水泥厂、化工厂、肥皂厂和一批小煤窑。（《人民日报》1970.10.9.③）

12日 新疆维吾尔自治区革委召开大会，欢送自治区首批180名工农兵大学生前往上海复旦大学、同济大学、华东师范大学学习。（《中国共产党新疆历史大事记（1966.5~1991.12）》下P31）

16日 我国西北地区第一个现代化大型露天煤矿——新疆维吾尔自治区哈密矿务局露天煤矿建成投产。（《新华社新闻稿》1970.10.17）

24日 广西壮族自治区专业和业余文艺会演在南宁举行，1500多名文艺工作者出席大会。会议错误地批判《刘三姐》、《英雄虎胆》等歌剧、电影，号召文艺要为无产阶级政治服务，要求通过会演加速文艺队伍建设，促进文艺战线“斗、批、改”，推动革命样板戏的普及。（《广西通志·大事记》P401）

是月 甘肃省甘南藏族自治州临潭县电信局、广播站联合试制成功全州第一部晶体管有线载波中间放大器，突破从人民公社到大队广播载波化的技术难关。（《甘南州志》上P119）

11月

1~8日 宁夏回族自治区革委政治部在银川市举行全区第三次教育革命座谈会。会议交流落实中共中央主席毛泽东的《五七指示》经验，参观全区大、中、小学开展学工学农活动展览，讨论并修改全区中、小学教育大纲试行方案。（《中共宁夏党史大事记（1925.8~1988.6）》P399）

2日 广西壮族自治区革委召开全区“农业学大寨”会议，要求提高对“农业学大寨”的认识，狠抓“阶级斗争和路线斗争”，搞好领导班子革命化，争取三五年内实现全区粮食亩产跨《纲要》，每人平均有粮400公斤。（《广西通志·大事记》P401）

3日 西藏自治区革委党的核心小组和中央农村工作部党的核心小组向党中央和毛泽东主席呈送《关于西藏地区农牧业社会主义改造问题的请示报告》。《报告》认为，经过平叛斗争、民主改革，特别是经过“文化大革命”，广大贫下中农牧更加向往公社化。进行社会主义改造，建立人民公社的条件已基本具备。12月8日，中共中央发出《关于西藏社会主义改造问题的指示》，原则同意西藏地区在完成民主改革的基础上，有领导、有计划、有步骤地实现人民公社化；在农牧业社会主义改造运动中，必须坚定地依靠贫下中农牧，巩固地联合中农牧，消灭农奴主、牧主和富农牧阶级的剥削制度；总的打击面切实控制在以县为单位总户数的7%~8%以内；要把办社同认真搞好斗、批、改结合起来。1974年10月5日，西藏自治区90%以上的乡建立人民公社。（《人民日报》1974.10.7.①，《中国共产党西藏历史大事记（1949~2004）》P260）

7日 宁夏回族自治区和银川市首批下放200多名医务人员，携家属到山区、牧区安家落户。（《中共宁夏党史大事记（1925.8~1988.6）》P399）

12日 针对宁夏回族自治区西吉县平叛扩大化，自治区革委批发固原专区革委《关于西吉地区一九六九年反革命阴谋暴乱案件的结案处理试点工作情况的请示报告》指出：“处理反革命阴谋暴乱案件是一项政策和策略性很强的工作……必须实行镇压与宽大相结合的政策，即首恶者必办，胁从者不问，立功者受奖的政策，不可偏废。”（《中共宁夏党史大事记（1925.8~1988.6）》P399）

20日~12月2日 宁夏回族自治区革委举行全区第二次活学活用毛泽东思想积极分子大会，自治区革委主任康健民作题为《高举毛泽东思想伟大红旗，自觉改造世界观，沿着毛主席的无产阶级革命路线奋勇前进》的报告。会议宣布自治区革委《关于树立二十二个活学活用毛泽东思想积极分子的决定》。（《中共宁夏党史大事记（1925.8~1988.6）》P399~400）

22日 广西壮族自治区革委发出《关于进一步开展农业学大寨和群众运动的决定》，要求深入批判所谓“阶级斗争熄灭论”、“三自一包”（自留地、自由市场、自负盈亏、包产到户）、“四大自由”（雇工自由、贸易自由、借贷自由、租地自由）、“物质刺激”、“工分挂帅”，抓好农田基本建设，三五年内每年增加300万亩旱涝保收农田，造田造地200万亩。（《广西通志·大事记》P401）

23日 广西壮族自治区革委发出《关于高等学校招生的通知》，确定广西大学、广西民族学院、广西农学院、广西中医学院、广西医学院、广西艺术学院、桂林医专、百色医专8所高等院校开始招生。（《广西通志·大事记》P401）

25日 中共中央主席毛泽东的5篇重要著作《实践论》、《矛盾论》、《关于正确处理人民内部矛盾的问题》、《在中国共产党全国宣传工作会议上的讲话》和《人的正确思想是从哪里来的?》汇编本，以蒙古、藏、维吾尔、哈萨克、朝鲜文版出版发行。（《人民日报》1970.11.26.①）

12月

5日 广西壮族自治区工农业展览会在南宁市开幕。展览历时4个月，展出产品1万多件，共有44万人次参观。（《广西通志·大事记》P402）

10日 宁夏回族自治区第一座现代化糖厂银川糖厂建成投产，生产出第一批“六盘山”白砂糖，结束了宁夏没有制糖工业的历史。（《中共宁夏党史大事记（1925.8~1988.6）》P400）

11~27日 新疆维吾尔自治区战备工作会议在乌苏举行。会议提出，自治区重点经营建设天山，争取尽快建成“吃、穿、用、打”互相配套，“小而全”的经济体系。（《中国共产党新疆历史大事记（1966.5~1991.12）》下P31）

17日 新疆维吾尔自治区革委向党中央呈送《关于新疆牧区划分阶级成分问题的请示报告》，提出“要把牧主经济当封建经济对待，从政治上彻底搞臭，从经济上彻底搞垮”的错误主张。1971年，中央批准同意试行。（《中国共产党新疆历史大事记（1966.5~1991.12）》下P28）

24日 《青海日报》报道，青海省海北藏族自治州建筑工程队建成全省第一座无烟囱烧砖轮窑。（《海北藏族自治州志》上P71）

26日 贵州省黔南布依族苗族自治州第一座电视转播台——都匀电视转播台建成。（《黔南布依族苗族自治州志》上P61）

29日 云南省怒江傈僳族自治州革委核心小组成立，张文锁任组长，冯允、王金仁任副组长。1971年7月30日，云南省委通知，恢复和成立中共怒江傈僳族自治州工委，自治州革委核心小组同时撤销。（《怒江傈僳族自治州志》上P299、359）

△ 新疆维吾尔自治区革委发出《关于各

专区一律改称地区的通知》，决定凡是原称专区的（不含民族自治州），自1971年1月起一律改为地区，同时启用新印章。（《中国共产党新疆历史大事记（1966.5~1991.12）》下P32）

30日 据新华社报道，宁夏回族自治区自行设计施工的第一座黄河公路大桥叶盛大桥建成，大桥总长660多米。（《新华社新闻稿》1970.12.31）

是月 广西壮族自治区革委发出《关于农村中若干经济政策问题的通知》，共8条。主要内容：稳定“三级所有，队为基础”的人民公社体制；已取消社员自留地，要按规定补回，社员房前屋后零星竹木、果树归社员所有，允许社员经营少量正当的家庭副业；口粮分配实行基本口粮加工分粮的办法，工分粮最多不超过总口粮的30%。（《广西通志·大事记》P402）

△ 新疆维吾尔自治区伊犁筑路工程队设计施工的大跨径双曲拱桥喀什河大桥通车，取代原木桥。（《伊犁哈萨克自治州志》P55）

是年 机械电子部高级工程师赵福侯（白族）主持研制的337无刷直流稳速电动机首次应用于我国试验卫星，后多次用于宇航事业。1967年他曾参加研制CB302无刷直流电动机，填补国内空白。1980~1984年由他主持研制的8寸二片软磁盘驱动器，技术指标达美国同类产品水平。（《中国少数民族专家学者辞典》P953）

1971年

1月

10~18日 宁夏回族自治区首届工农兵业余文艺会演举行，有13个代表队的700名业余文艺工作者参加演出。（《中共宁夏党史大事记（1925.8~1988.6）》P401）

11日 据《宁夏日报》报道，宁夏军区在固原军分区召开落实“五七”指示现场会。师以上单位共办农场9个，牧场、马场6个，开荒种地2.34万多亩，不仅生产大量的粮食、蔬菜，还发展家畜、家禽的养殖。固原军分区已基本达到粮油菜肉自给。（《中共宁夏党史大事记（1925.8~1988.6）》P401）

14日 广西壮族自治区柳州农业机械厂生产出首批“柳江”牌130型载重2.5吨载重汽车，结束自治区“只能修，不能造”汽车的历史。（《广西日报》1971.1.14.①）

15日 云南省怒江傈僳族自治州革委决定将碧江县匹河医院改称怒江州人民医院。（《怒江傈僳族自治州志》上P30）

17日 新疆维吾尔自治区革委根据毛泽东主席“广大干部下放劳动”的号召，发出《关于建立“五七”干校的通知》。大批原党政机关及事业单位的干部进入“五七”干校劳动。（《中国共产党新疆历史大事记（1966.5~1991.12）》下P34）

17~22日 中共甘肃省临夏回族自治州第三次代表大会举行。会议选举马宜生为州委书记，路玉明为副书记。中共临夏州委正式恢复。（《临夏回族自治州志》上P61，下P826、828）

22日 新疆维吾尔自治区商业局下达《改革商品管理体制的意见》，商品经营分3类管理：第一类是统购统销和关系国计民生重大的13类商品；第二类是关系国际民生比较重要，自治区暂不能生产，需要内地调进的93类商品，实行统一计划，差额调拨，品种调剂，保证上调，超产留用，一年一定的原则；以上106种商品由商业局管理，其余商品放开经营。（《新疆通志·商业志》61卷P44）

是月 贵州省兴义地区盘县划入盘县特区，改隶六盘水地区，兴义地区辖兴义、兴仁、安龙、贞丰、普安、晴隆、册亨、望谟8个县。（《黔西南布依族苗族自治州志·政权政协志》P19）

2月

1日 据报道，西藏高原发现一批中小型煤田。 （《人民日报》1971.2.2.③）

△ 新疆维吾尔自治区革委决定，粮食经营业务由自治区商业局划出，成立粮食局。（《新疆通志·商业志》61卷P44）

21日 广西大学、广西民族学院、广西农学院、广西医学院、广西中医学院5所高等院校联合举行首批包括壮、汉、瑶、苗、侗等12个民族的工农兵大学生开学典礼，学生绝大多数是工人、贫下中农子女，团员占83%。 （《广西日报》1971.1.22.①②）

22日 新疆军区生产建设兵团农学院开学，这是自治区招生复课的第一所高等院校。 （《中国共产党新疆历史大事记（1966.5~1991.12）》下P34）

22日~3月26日 宁夏回族自治区革委党的核心小组举行批陈（伯达）整风会议，自治区革委主任康健民传达毛泽东主席的《我的一点意见》、《中共中央关于传达陈伯达反党问题的指示》等文件。 （《中共宁夏党史大事记（1925.8~1988.6）》P402~403）

28日~3月22日 新疆维吾尔自治区革委党的核心小组、新疆军区党委联合举行地、师以上干部会议。3月5日，自治区革委主任、新疆军区司令员龙书金说："批陈（伯达）整风，是捍卫林副主席的斗争。"他公然提出"誓死捍卫林副主席接班人地位"、"誓死捍卫林副主席副统帅地位"的错误口号。 （《中国共产党新疆历史大事记（1966.5~1991.12）》下P35）

3月

23~24日 23日17时52分10秒、24日04时47分15秒，新疆维吾尔自治区乌什县东北萨拉木发生6.0和6.1级地震，震中位置分别为41°26′ N、79°15′ E和41°19′ N、79°22′ E，震源深度均为12公里，震中烈度VIII度。震中区陡崖崩塌、山石滚落、地裂冒水。2500多间房屋倒塌或被严重破坏，牛棚、羊圈大多数倒塌、破坏。10人轻伤，部分牲畜伤亡，不少土地被沙埋。 （《新疆减灾四十年》P261）

28日 国务院总理周恩来、中共中央政治局委员李先念、北京军区司令员李德生等中央领导人在北京接见西藏自治区革委核心小组成员任荣、陈明义、天宝、杨东生、巴桑和四川省革委核心小组组长、革委主任张国华并发表讲话。周总理指出："西藏路线问题有个民族政策，在西藏要注意这个问题，如不注意民族问题非犯大错误不可。" （《中国共产党西藏历史大事记（1949~2004）》P261）

4月

9日 国务院、中央军委批准，成立西藏自治区革委、西藏军区联合边防委员会。西藏军区司令员陈明义、副司令员郄晋武、政委孙玉山，自治区革委副主任巴桑（女，藏族）组成领导小组，下设边防办公室。昌都、山南、日喀则地区和军分区相应成立边防委员会。（《中国共产党西藏历史大事记（1949~2004）》P262）

13日 青海省海西蒙古族藏族哈萨克族自治州一座日处理30吨原料的小型机械化糖厂建成投产。 （《人民日报》1971.4.13.④）

19日 广西壮族自治区柳州地区东泉麻纺厂利用广西红麻生产通用麻袋获得成功，为我国麻纺织工业开辟新的原料来源。 （《广西通志·大事记》P403）

21日 宁夏回族自治区在平罗县召开青铜峡库区移民工作现场会，先后有4900户2.3万多人安置到兄弟县。 （《当代宁夏史通鉴》P27）

22日 宁夏回族自治区革委召开农村政治工作会议，批判"先验论"、"唯生产力论”、“阶级斗争熄灭论”。会议强调，广大党员和干部，特别是各级领导干部要认真读马克思、列宁、毛泽东著作，努力改造世界观，永远沿着正确的革命路线胜利前进。（《中共宁夏党史大事记（1925.8~1988.6）》P403~404）

28日 23时32分01秒，云南省思茅、普洱间发生6.7级地震，震中位置23.0°N、101.1°E，震源深度15公里，烈度VIII度。VII度区北抵普洱城区，南达思茅以南，西南至整碗以北，东到裸遮。（《云南省志·地震志》P94~95）

△ 青海省海西蒙古族藏族哈萨克族自治州格尔木县一座小铜矿建成。（《人民日报》1971.4.28.②）

29日 广西壮族自治区合山矿务局里兰矿试制成功40型可弯曲刮板运输机，为加速煤炭生产创造条件。（《广西通志·大事记》P403）

△ 中共中央委员、全国政协副主席、中科院副院长、国务院科教组组长、著名地质学家李四光（蒙古族）在北京逝世，享年82岁。李四光的最大贡献是创立了地质力学，从理论上推翻中国贫油的结论，肯定中国具有良好的储油条件。根据他的建议，党中央指示在松辽平原、华北平原开始大规模的石油普查，先后发现大庆、胜利、大港、华北、江汉等油田，中国从此摘掉“贫油”的帽子，也使李四光独创的地质力学理论得到最有力的证明。（《新华社新闻稿》1971.5.3，《中国历代少数民族英才传》P3060~3067）

△ 中共青海省海北藏族自治州委关于“一打三反”运动的总结报告指出，从1970年2月开展“一打三反”运动以来，全州共揭发出有政治问题的528人，查证落实510人；有经济问题的2018人，查证落实1972人；落实定案644274元，退赔517188元。（《海北藏族自治州志》上P71）

是月 湖南省湘西土家族苗族自治州体育馆在吉首建成并交付使用，可容纳观众3000多人。（《湘西州志》上P71）

5月

7~11日 中共新疆维吾尔自治区第二次代表大会举行，参会代表725人。会上，自治区革委主任龙书金作题为《高举九大团结胜利的旗帜沿着毛主席无产阶级革命路线奋勇前进》的工作报告，宣扬九大的错误指导方针和错误理论。大会选举产生第二届委员会，由67名委员和23名候补委员组成。5月12日，中共自治区二届一次代表大会召开。会议选举龙书金为第一书记，赛福鼎·艾则孜（维吾尔族）为第二书记，曹思明、宋致和、刘星为书记。（《人民日报》1971.5.18.①，《中国共产党新疆历史大事记（1966.5~1991.12）》下P35~36）

11日 中共中央同意北京军区内蒙古前线指挥所党的领导小组《关于内蒙古自治区革委会“补台”工作的指示报告》，以“补台”形式改组自治区革委。尤太忠任自治区革委主任，增补徐信、邓存伦、赵紫阳、滕俊清、倪子文、宝日勒岱（女，蒙古族）、沈新发7人为副主任，增补尤太忠等18名常委、67名委员；免去滕海清自治区革委核心小组组长和自治区革委主任职务，免去霍道余自治区革委副主任和谢振华、杨永松、张广友、李枫、王志友5名常委及李德臣等37名委员职务。（《内蒙古自治区史》P322、534）

13~18日 中共内蒙古自治区第三次代表大会在呼和浩特举行，自治区革委主任尤太忠代表内蒙古前线指挥所党的领导小组作工作报告，并选举产生自治区第三届委员会。中共自治区三届一次代表大会选举产生13人组成的常委，尤太忠任第一书记，吴涛、徐信、邓存伦、赵紫阳等任书记。（《人民日报》1971.5.23.①，《内蒙古自治区史》P322、534）

27日 据《广西日报》报道，广西壮族自治区革委生产指挥组在南宁市召开全区中西医工作会议，讨论中西医结合以及计划生育工作。会议指出，全区已有330个公社和2036个大队建立草药房、土药房。会议强调，要继续大搞中西医结合，进一步巩固和发展合作医疗制度，充分发挥“赤脚医生”的作用，抓好计划生育。（《广西通志·大事记》P403）

28日 广西壮族自治区革委下达生产、基本建设、物资分配计划，要求全面贯彻社会主义建设总路线和“以农业为基础、工业为主导”的总方针，尽快把广西建成“小而全”为农业服务的工业体系。是年工业总产值计划32亿元，比上年增长28%；基建投资总规模，地方项目5.21亿元，中央部直属项目9144万元，中央部下放项目5657万元；基建重点除农田水利建设外，确保柳钢、红山、罗城煤矿等，并抓好配套改革和收尾工程；计划安排大小工业项目224个，其中投资50万元以上的95个。（《广西通志·大事记》P404）

29日~6月2日 广西壮族自治区受7106号台风影响，形成特大洪涝灾害。（《中国气象灾害大典·广西卷》P223~224）

是月 湖北省恩施土家族苗族自治州建始县化肥厂建成投产，结束全区没有化肥工业的历史。（《恩施州志》P17）

△ 卫生部和北京市革委派出医疗队在云南省西双版纳傣族自治州景洪县开展防病治病工作，至1972年6月结束。（《西双版纳傣族自治州志》上P53）

△ 云南省楚雄彝族自治州省、州、县三级联合在楚雄县东风公社进行计划生育试点，历时8个月。（《楚雄彝族自治州志》1卷P203）

7月

1日 云南省2700多人的独龙族首次发展39名党员，独龙江地区的大队均建立党组织。（《人民日报》1971.7.2.①）

6日 新疆维吾尔自治区戈壁滩一座露天铁矿——雅满苏铁矿建成。（《新疆日报》1971.7.6.①）

△ 贵州省黔东南苗族侗族自治州第六届民族业余文艺会演在岑巩举行，全州13个县的文艺代表队演出革命样板戏《白毛女》和苗、侗歌舞节目。（《黔东南苗族侗族自治州志·总述·大事记》P195）

16日 据新华社报道，广西壮族自治区濒临北部湾的钦州、合浦、东兴、北海等县、市继春汛渔业丰收后，又夺得夏汛渔业丰收。据统计，截至5月，全区鱼产量比1970年同期增长40%多。（《广西通志·大事记》P404）

21日 民主革命家高崇民（满族）遭林彪、“四人帮”迫害病故，终年80岁。高崇民系辽宁省开原县人，曾任中央人民政府委员，第一、二、三届全国人大常委，第四届全国政协副主席，民盟中央副主席。1977年4月21日，全国政协在北京八宝山革命公墓举行高崇民骨灰安葬仪式，为其平反昭雪。（《中国历代少数民族英才传》P2869~2874）

23日 内蒙古自治区党委和自治区革委召开“批陈整风”动员大会，批判中央文革小组组长陈伯达反党、阴谋篡党夺权的罪行。（《内蒙古自治区史》P535）

△ 据报道，新疆维吾尔自治区吐鲁番地区出土唐代“丝绸之路”的重要遗物——丝麻织物和现在所见最早的唐景龙四年（710年）的长达5.2米的《论语》手抄本，以及大量其它汉文抄件。（《人民日报》1971.7.24.①②）

是月 四川省甘孜藏族自治州火柴厂建成投产，生产“泸定桥”牌火柴。（《甘孜州志》上P72）

8月

1日 云南省文山壮族苗族自治州中波转

播台建成，开始转播中央人民广播电台第一套节目。1973年1月1日开始转播云南人民广播电台第一套节目。（《文山壮族苗族自治州志》1卷P56）

5日 甘肃省临夏回族自治州召开“工业学大庆”会议，全州开展“工业学大庆”运动。（《临夏回族自治州志》上P61）

5日~9月11日 新疆维吾尔自治区教育工作会议举行，研究贯彻落实《全国教育工作会议纪要》。《纪要》作出“两个估计”（即：解放后17年“毛主席的无产阶级教育路线基本上没有得到贯彻执行”，“资产阶级专了无产阶级的政”；大多数教师和解放后培养的大批学生的“世界观基本上是资产阶级的”）和提出许多“左”的政策，使广大知识分子长期受到严重压制。自治区党委第一书记龙书金在闭幕会上讲话。（《中国共产党新疆历史大事记（1966.5~1991.12）》下P36）

7~12日 中共西藏自治区首次代表大会举行，参会代表505人。自治区革委主任任荣在会上作题为《团结起来，沿着毛主席的革命路线奋勇前进》的工作报告。会议选举产生新一届委员会，委员56名和候补委员16名，常委17人。会议决定开除周仁山、王其梅、惠毅然党籍。（《人民日报》1971.8.25.①，《中国共产党西藏历史大事记（1949~2004）》P263）

18日 新疆维吾尔自治区民丰县“八一八”水利工程第一期工程竣工通水。历经5年，凿通一条高宽各为2.5米，长5公里多的输水隧洞，修建30多公里长的卵石干砌渠道，使民丰的农业生产条件得到较大改善。（《中国共产党新疆历史大事记（1966.5~1991.12）》下P37）

21日 新疆维吾尔自治区确定克孜勒苏柯尔克孜自治州阿图什县的苏温古城、脱库孜吾吉拉千佛洞为自治区文物保护单位。（《克孜勒苏柯尔克孜自治州志》上P40）

29日 据新华社报道，广西壮族自治区柳州拖拉机厂产量大幅度增长，1970年该厂的拖拉机产量等于建厂9年来产量的总和，每台拖拉机成本比过去下降70%。（《广西通志·大事记》P404）

9月

14日 11时11分06秒，云南省思茅西北发生6.2级地震，震中位置23.0°N、100.8°E。（《云南省志·地震志》P95~96）

15日 据《宁夏日报》报道，宁夏回族自治区96%的公社、生产大队通广播，266个公社和生产大队建起广播放大站，49%的社员家庭装上广播喇叭。在偏僻山区、牧区公社和生产大队，还用半导体三用机建立3000多个小型广播站和收听站。（《当代宁夏史通鉴》P27）

24日 内蒙古大学首届工农兵学员99人入学，其中哲学专业试点班56人、无线电专业试点班43人。（《内蒙古大学四十年》P394）

25日 据《广西日报》报道，广西壮族自治区已能成批生产中型轮式拖拉机、手扶拖拉机、插秧机、脱粒机、柴油机、电动机等主要农机产品。（《广西通志·大事记》P405）

27日 据《广西日报》报道，毛泽东著作在广西壮族自治区大量出版发行。据统计，从1966年至1971年8月底，全区共出版毛泽东著作、毛泽东画像1.86亿册（张），相当于“文革”前17年出版总和的10倍。（《广西通志·大事记》P405）

30日 四川省甘孜藏族自治州九龙、色达、稻城、得荣、乡城5县长途电讯工程竣工，全州实现县县通电话，电信线路总长1100多里。（《人民日报》1971.10.21.③，《甘孜州志》上P72）

是月 位于广西壮族自治区龙江下游的一座中型水电站——洛东水电站建成，设计装机容量4万千瓦，年发电量2.36亿千瓦时。工程于1970年1月开工，总投资2549万元。（《人民日报》1971.10.22.②，《广西通志·大事记》P406）

△ 云南省恢复德宏傣族景颇族自治州建制，李扬群任州革委主任。11月，中共德宏州工委恢复，李扬群任工委书记，隶属保山地委领导。（《德宏州志》综合卷P57）

10月

1日 《新疆日报》各种文字版和地、州报纸发生刊登林彪大幅照片及一连数十日引用其语录几百处的严重政治事件。24日，中央通报全国并要求新疆检查有关“黑手”。1969年4月中共九届一中全会上，林彪当选中央政治局常委、中共中央副主席和中央军委副主席。1971年9月8日，下达武装政变手令，企图另立中央，阴谋败露。9月13日乘机外逃，凌晨3时在蒙古温都尔汗机毁人亡。1973年8月20日，中共中央开除林彪中国共产党党籍。1981年1月25日，我国最高人民法院特别法庭判决其为反革命集团案主犯。（《中国共产党新疆历史大事记（1966.5~1991.12）》下P37）

△ 《毛泽东选集》维文新文字版，以及《毛主席语录》、《毛主席的五篇哲学著作》、《毛主席诗词》哈文新文字合订本出版发行。（《新疆日报》1971.10.2.①）

△ 广西人民广播电台恢复壮语广播。（《广西通志·大事记》P405）

5日 宁夏回族自治区革委发出《关于进一步落实毛主席“五七”指示，大办“五七”农场的指示》。《指示》中称，银川、石嘴山、吴忠、青铜峡、中卫等市县已建成“五七”农场300多个，共有土地12万亩。（《当代宁夏史通鉴》P27）

15日~11月25日 新疆维吾尔自治区党委工作会议举行。会议提出，要把批判林彪反革命集团同批判所谓“山头主义、宗派主义、独立王国”联系起来，转移批林斗争的大方向。（《中国共产党新疆历史大事记（1966.5~1991.12）》下P37~38）

18日 内蒙古自治区党委做出《关于农村牧区若干政策问题的规定》，共17条。《规定》针对“文革”中极“左”思潮对农村、牧区人民公社制度和经济政策的影响，重申坚持人民公社“三级所有，队为基础”的制度，正确执行农村“以粮为纲，全面发展”的方针，认真执行牧区要坚持以牧为主，农、林、牧结合，因地制宜，全面发展的方针，并针对农村、牧区各项经济政策遭受破坏而造成的问题，提出进一步落实自留地政策，允许社员经营少量的自留地和家庭副业。《规定》虽没有也不可能彻底解决农村、牧区生产建设方针和具体政策上的“左”倾错误，但在一定程度上刹住了这股“穷过渡”的歪风，对于恢复与发展农牧业生产起到积极作用。（《内蒙古自治区史》P326~327）

21日 青海省西宁至玉树、果洛的长途通信线路建成，全长2000多里。（《人民日报》1971.10.21.③）

△ 是日报道，西藏自治区各城镇和县分别建立医院、医疗卫生机构，部分区建立卫生所，劳动人民享受免费医疗。民主改革以来人口增加25%，北京、兰州、四川等地为西藏培养藏族医护人员达400多人。（《西藏日报》1971.10.21.①）

30日~11月17日 宁夏回族自治区教育工作会议在银川市举行，着重研究普及教育和扫除文盲的问题，提出努力办好现有的大、中、小学校。（《中共宁夏党史大事记（1925.8~1988.6）》P408）

△ 宁夏回族自治区文艺创作会议在银川市举行。会议全盘否定“文革”前全区的文艺创作工作，并提出各级党委必须加强对革命文艺创作的领导，积极建立一支以工农兵为主体

的创作队伍，制订创作规划，创办一个综合性的文艺刊物，开展《在延安文艺座谈会上的讲话》发表30周年的纪念活动。（《中共宁夏党史大事记（1925.8~1988.6）》P408）

△ 宁夏回族自治区出版发行工作会议召开，94人参会。会议主要讨论以下问题：全区出版发行工作的状况；狠抓两个阶级、两条路线的斗争，提高执行毛主席革命路线的自觉性；认真做好出版发行工作；加强党对出版发行工作的领导。（《中共宁夏党史大事记（1925.8~1988.6）》P408）

11月

13日 云南、广西、贵州3省（区）第14次护林防火联防会议在云南文山召开，国家林业部代表与会。（《文山壮族苗族自治州志》1卷P56）

16日 广西壮族自治区党委发出《关于学习韦江歌同志事迹的决定》。韦江歌（壮族）是宜山县果立公社人，在部队是特等功臣、全国筑路模范、济南部队某部班长，复员回乡后任大队党支部副书记，带领群众艰苦奋斗，1969年粮食产量跨《纲要》。（《广西通志·大事记》P405）

23日~12月15日 宁夏回族自治区党委分别召开自治区工业工作会议和财贸工作会议。会议以批修整风为纲，分析全区工业、财贸工作的形势，分别讨论“工业学大庆”运动和工业财贸生产情况，要求加速发展自治区工业和进一步落实“发展经济、保障供给”的总方针。（《中共宁夏党史大事记（1925.8~1988.6）》P409）

26日 青海省海北藏族自治州祁连县委对“郭振国反革命集团案”中成员李生荣等30人予以平反。（《海北藏族自治州志》上P72）

30日 据报道，广西壮族自治区钢、铁、铁矿石等20多种冶金工业产品产量提前完成全年国家计划。产品品种增加，质量显著提高，与1970年同期产量相比，钢增长1.65倍，铁增长80%。（《广西通志·大事记》P405）

△ 宁夏回族自治区党委发出《关于深入开展清查“五一六”反革命阴谋集团运动的通知》，决定全区县以上机关、学校和企事业单位在批判林彪、陈伯达反党集团罪行的基础上，深入开展清查“五一六”反革命阴谋集团运动。（《中共宁夏党史大事记（1925.8~1988.6）》P409）

是月 西藏自治区开展“批林整风”运动。（《当代中国的西藏》下P591）

△ 甘肃省委、省革委决定将肃南裕固族自治县的皇城区划归永昌县管辖，祁丰区的祁连、祁林两个公社划归酒泉县管辖，祁丰区的文殊、祁青两个公社划归嘉峪关市管辖。以上地区1972年12月复归肃南县管辖。（《肃南裕固族自治县志》P425）

12月

1日 中央民族学院首批工农兵新学员入学，政治系、少数民族语文系、艺术系首先恢复招生。这种由地方保送的招生办法持续至1976年。（《中央民族大学五十年》P190）

5日 据《广西日报》报道，广西壮族自治区1971年度的农田基本建设任务提前完成，新增加旱涝保收农田200万亩，造田造地116万亩。（《广西通志·大事记》P405）

△ 西藏自治区一批少数民族工农兵上大学，中央民族学院和西藏民族学院自“文革”以来第一次在自治区招生。此次招收学员打破条条框框，招生对象主要是西藏各少数民族基层干部、解放军战士、翻身农奴的子女；选拔学员采取自愿报名、群众推荐、领导批准、学校审查相结合的方法。（《中国共产党西藏历史大事记（1949~2004）》P264）

12日 内蒙古自治区新建4个中小型炼

铁、炼钢、轧钢企业和数十座大中型钢铁机械厂。（《人民日报》1971.12.14.④）

18日 宁夏回族自治区党委发出《关于加强党的领导，深入持久地开展工业学大庆的群众运动的决定》。（《中共宁夏党史大事记（1925.8~1988.6）》P409）

21日 广西壮族自治区革委向国家计委提出1972年广西规模经济计划指标意见，要求国家列入计划的有西津水电站3号机组、合山电厂3号机组、拉浪水电站3号机组、麻石水电站2号机组、柳钢650轧机、茂兰煤炭70公里铁路专线、南流江整治、南宁防洪堤等工程。（《广西通志·大事记》P406）

△ 广西壮族自治区党委批转《广西壮族自治区中小学贯彻〈全国教育工作会议纪要〉的措施》，要求进一步加强对教育革命的领导，加强工人阶级、贫下中农对学校的领导和管理；加强教师队伍的改造和建设，建立一支无产阶级教师队伍；实行工农兵、革命技术人员和原有教师三结合，工农兵教师是教师队伍的骨干力量。（《广西通志·大事记》P405）

22日~1972年1月14日 内蒙古自治区召开农牧业机械化会议。会议传达中央有关会议精神，交流经验，讨论和拟订《全区农牧业机械化发展规划（草案）》，提出《关于加速实现我区农牧业机械化问题的报告》。（《内蒙古日报》1972.1.15.①）

27日 外交部照会印度驻华大使馆，对12月15日印度一架飞机越过中印边界线东段的1959年双方实际控制线以北20公里，入侵西藏自治区察隅地区上空进行侦察提出强烈抗议。（《中国共产党西藏历史大事记（1949~2004）》P264）

29日 西藏人民出版社成立。（《当代中国的西藏》下P591）

是月 湖南省湘西土家族苗族自治州龙山县与湖北省来凤县合修的横跨西水，连接湘鄂的公路桥——团结桥建成通车。桥为石肋双曲拱结构，长146米，宽9米。（《湘西州志》上P71）

△ 四川省凉山彝族自治州美姑县农机厂造出全州第一台120千瓦水轮机。（《凉山彝族自治州志》上P60）

1972年

1月

1日 青海省西宁至结古有线电话线路建成通话。（《玉树州志》上P44）

△ 西藏自治区第一座制糖厂——彭波农场糖厂建成投产。（《人民日报》1972.2.23.③）

2日 广西壮族自治区党委发出《关于认真学习、坚决贯彻执行中央两报一刊元旦社论的通知》说，元旦社论传达毛泽东主席“三要三不要”（要搞马列主义，不要搞修正主义；要团结，不要分裂；要光明正大，不要搞阴谋诡计）的最新指示，全区各地要迅速掀起一个学习宣传、贯彻落实的热潮。（《广西通志·大事记》P406）

10日 青海省黄南藏族自治州铁吾水电站建成发电，投资360万元，装机容量2050千瓦。（《黄南州志》上P45）

12日 中共中央决定李树德任内蒙古自治区党委常委、自治区革委副主任。自治区党政领导机构进行初步调整和整顿，恢复对自治区各项工作的领导，从而结束对内蒙古的分区军管。（《内蒙古自治区史》P323、535）

16日 04时21分47秒，新疆维吾尔自治区巴楚县发生6.2级地震，震中位置40°12′N、78°54′E，震源深度24公里，震中烈度VIII度，倒塌、破坏房屋数十间。（《新疆减灾四十年》P262）

22日 中共宁夏回族自治区委员会成立防治地方病领导小组。（《中共宁夏党史大事记（1925.8~1988.6）》P410）

24日~2月12日 根据国务院总理周恩来指示，宁夏回族自治区固原地区工作座谈会在北京举行，党和国家领导人及有关方面负责人出席，自治区及固原地区所属县的负责人参加会议。会议主要研究固原地区在执行民族政策方面存在的问题，以及平叛扩大化和经济建设等问题。会后，中共中央下发文件，对固原地区进一步安定社会秩序，加强民族团结，发展经济文化起了重要指导作用。2月下旬，固原地委召开1800多人参加的四级干部会议。会后，狠抓民族政策和肃反政策的贯彻落实，纠正一些地方要回民养猪的错误，以及过去平叛扩大化的错误；并新培养回族干部215人，选拔190名回族干部担任公社以上领导职务，发展回族党员1256人，其中女党员439人。（《中共宁夏党史大事记（1925.8~1988.6）》P410~412、416~417、423）

24日~2月13日 新疆维吾尔自治区工作会议在北京举行，主要解决自治区党委和新疆军区党委常委主要负责人在林彪叛党叛国事件后所犯的严重错误。3月25日，自治区党委、新疆军区党委扩大会议召开。会议传达学习在北京召开的新疆工作会议精神，深入揭发批评两个党委常委，特别是党委主要负责人龙书金所犯的严重错误。（《中国共产党新疆历史大事记（1966.5~1991.12）》下P39~40、42）

25日~2月4日 中共广西壮族自治区委员会第三届第三次全委（扩大）会议举行，传达贯彻中央文件，继续深入批判林彪一伙的反革命政变纲领《“571工程”纪要》，进一步揭发、批判林（彪）、陈（伯达）反党集团的罪行。（《广西通志·大事记》P406）

是月 中共云南省委召开地（州、市）、县委书记会议，传达贯彻中共中央、国务院召开的宁夏固原地区民族政策座谈会议精神，要求全省认真贯彻中央指示，落实党的民族政策，坚持民族平等和民族团结，尊重少数民族的宗教信仰和风俗习惯，搞好民族团结，巩固千里边防。（《云南民族团结进步事业光辉历程（1949~2009）》P90）

△ 云南省怒江傈僳族自治州工委决定建立怒江州民族干部学校。1974年5月，自治州委决定，州委党校和州民族干部学校合并办学。（《怒江傈僳族自治州志》上P31、388）

2月

5日 据《广西日报》报道，广西壮族自治区城乡人民储蓄大幅度增长，至1971年底，集体存款比1970年同期增长43.7%，个人存款增长20.2%。（《广西通志·大事记》P407）

8~10日 北京医疗队和解放军总后勤部医疗队受中共中央、国务院派遣，先后到宁夏回族自治区六盘山区的固原地区巡回医疗。同时，自治区革委和宁夏军区也派出4个医疗队到盐池、同心、阿左旗等山区、特区巡回医疗。（《中共宁夏党史大事记（1925.8~1988.6）》P411）

10日 广西壮族自治区党委发出《关于在城市、县城的街道铺开社会清队工作的意见》。根据该文件，各地、市、县陆续铺开“社会清队”工作。据梧州、柳州、贺县、阳朔、凤山、柳城、横县、德保等20个市、县的不完全统计，在“清队”中揪斗2.85万人，定为伪军、警、政、宪、特和地、富、反、坏、右各类人员8769人，造成大批冤假错案。（《广西通志·大事记》P407）

21日 中共中央委员、中央军委委员、四川省委第一书记、前西藏军区司令员、西藏自治区筹委副主任张国华因患心脏病在成都逝世。（《人民日报》1972.2.26.②）

26日 据统计，内蒙古自治区农村、牧区70%以上的人民公社设立邮政机构，94%的生产大队和63%的生产队通邮路。自治区邮路总长7.76万多公里。（《人民日报》

1972.2.26.②）

27日　西藏自治区日喀则地区一座小型煤矿——东嘎煤矿建成。　（《人民日报》1972.2.29.②）

29日　宁夏回族自治区隆德县扬河公社中岔大队发生反革命叛乱，3月10日平息。首犯曹占林、咸彦林、咸荣华和主要骨干分子均落网，受骗和被裹胁的群众200人已全部回家。（《中共宁夏党史大事记（1925.8~1988.6）》P411）

是月~3月　据《宁夏日报》报道，宁夏回族自治区银川市西郊贺兰山下的西夏陵墓群发掘出一批重要历史文物，为了解研究我国边疆地区的历史，古代政治、经济、文化、军事方面的情况提供了新的科学依据。　（《宁夏日报》1972.6.11.②）

3月

2日　新疆维吾尔自治区革委发出《关于做好是年春季高等学校招生工作的通知》。《通知》指出，新疆大学、新疆医学院、八一农学院、新疆工学院、教师培训部和喀什师范专科学校6所大专院校，今春决定招收试点班，通过实践积累经验，为秋季各校全面招生打好基础。　（《中国共产党新疆历史大事记（1966.5~1991.12）》下P39~40）

21日　宁夏大学、宁夏农学院、宁夏医学院春季招生工作最近开始，清华大学、北京大学及一些兄弟省、市的高等院校在自治区招收一批工农兵学员，银川师范、固原师范、吴忠师范、银川财校、宁夏新医学校、固原农牧学校6所中等专业学校也同时招生。　（《中共宁夏党史大事记（1925.8~1988.6）》P413）

4月

6日　北京大学等内地29所大专院校首次在西藏工农兵中招收学生。　（《中国共产党西藏历史大事记（1949~2004）》P266）

14日　宁夏回族自治区革委根据国务院2月23日《关于宁夏行政区划调整问题的批复》，决定设立银北地区，辖石嘴山市、平罗、陶乐、贺兰3县；银南地区，辖吴忠、灵武、盐池、青铜峡、中卫、中宁、同心7县；永宁县划归银川市管辖。　（《中共宁夏党史大事记（1925.8~1988.6）》P414）

22日　内蒙古自治区呼伦贝尔盟扎兰屯市萨马街乡境内根多河林场铁矿沟的2名工人在野外使用明火，发生特大森林火灾，5月14日22时扑灭。同年，又发生1起火灾。2起火灾过林总面积361.69万公顷，荒山荒地面积261.84万公顷，出动汽车2678个台日、马3803匹次、人员无计，支出灭火经费98万元。　（《内蒙古自然灾害通志》P320）

是月　云南省委批转省革委边疆组《关于边疆地区的一些政策问题》的报告。《报告》对社队规模等11个问题作出规定，提出加强民族贸易工作，设立民族贸易机构，建立特需用品门市及基层网点，满足少数民族特殊需要；对一、二类农副产品派购比例低于内地，三类物资放宽，促进农副业发展；医疗费用边疆一线实行全免费，二、三类地区免、减、收相结合；恢复云南民族学院，地州办民干校、师范学校，大力发展中小学教育，把边疆地区的教育搞好；公社、大队两级主要干部由当地民族干部担任。《报告》强调，要加强地州党委一元化领导，教育汉族干部克服大汉族主义，少数民族干部克服狭隘民族主义；对违反民族政策，破坏民族团结的，要批评、教育，严肃处理。　（《云南民族团结进步事业光辉历程（1949~2009）》P90）

是~5月　宁夏回族自治区党委组织调查组对1962年西吉县“马连江阴谋叛乱案”和隆德县“赵宝、朱自治预谋叛乱案”、1967年西吉县“以马耀清、马荣瑞、米宝德为首的现行反革命阴谋暴乱集团案”等案件进行复查，对于混淆宗教活动和反革命破坏活动的界

限、平叛严重扩大化的问题做了纠正。（《中共宁夏党史大事记（1925.8~1988.6）》P414）

△ 据《宁夏日报》报道，宁夏回族自治区银川市平吉堡和贺兰暖泉先后发掘出10余座汉代墓葬。（《宁夏日报》1972.6.11.②）

5月

1日 据《宁夏日报》报道，宁夏回族自治区煤炭地质勘探队在固原县东部地区找到一个储量丰富的新煤田，面积广、煤层厚、储量大、开发条件较好。现已探明，该煤田储量超过原来已知固原地区煤炭储量的10倍以上，有利于解决固原地区人民生活用煤，发展固原地区工农业生产。（《中共宁夏党史大事记（1925.8~1988.6）》P414）

13日 是日报道，宁夏大学和宁夏医学院、宁夏农学院首批包括回、汉、蒙古、满、朝鲜、东乡、达斡尔等民族的480名工农兵大学生相继于5月2日至8日举行开学典礼。（《宁夏日报》1972.5.13.①）

△ 为纪念毛泽东主席《在延安文艺座谈会上的讲话》发表30周年，广西壮族自治区专业剧团创作节目会演结束，历时24天。参加会演的有自治区，各地、市专业剧团14个代表队，1000多人，共演出大、中、小节目108个，其中中、小节目占90%。（《广西通志·大事记》P407）

15~22日 宁夏回族自治区革委在银川市举行农林科技会议。会议传达全国农林科技座谈会的精神，分析全区农林科技战线的形势，研究推广科技成果和一些重大科研项目的协作问题。（《中共宁夏党史大事记（1925.8~1988.6）》P415）

15~27日 为纪念毛泽东主席《在延安文艺座谈会上的讲话》发表30周年，宁夏回族自治区举行文艺调演大会。22日，《宁夏日报》发表编辑部文章《努力创作更多的社会主义文艺作品——纪念毛主席〈在延安文艺座谈会上的讲话〉发表三十周年》。参加调演的有12个市、县（旗）的业余文艺代表队和6个县的观摩小组，以及专业文艺团体，演出各种节目92个。（《宁夏日报》1972.5.15.①，5.28.①；《中共宁夏党史大事记（1925.8~1988.6）》P415）

18日 为纪念毛泽东主席《在延安文艺座谈会上的讲话》发表30周年，宁夏回族自治区展览馆举办全区美术、摄影作品展览，展出美术作品115件、摄影作品100件。全区一些县、市、旗也分别举办美术、摄影作品展览。（《宁夏日报》1972.6.11.①）

△ 中共云南省委、昆明军区向中共中央、国务院、中央军委上报《关于云南民族工作情况和意见的报告》，同时以《关于加强少数民族工作的几点意见（草案）》下发地州市县委。《意见》决定，西双版纳、德宏、迪庆、怒江4个自治州行政直属省革委，党内仍由省委委托地区党委领导（1973年8月，省委决定并经中央、国务院同意，改由省委、省革委直接领导州委、州各委）；成立云南省民族边疆工作委员会；要求各地区党委和省级各部门确定一位负责同志主管民族工作。（《云南民族团结进步事业光辉历程（1949~2009）》P91）

20日 途经云南省楚雄彝族自治州的罗次铁路支线通车，起自成昆线勤丰营站，迄于罗次鹅头厂，全长31.7公里，为昆明钢铁厂配套工程，主要承担鹅头厂铁矿石运输。（《楚雄彝族自治州志》1卷P204）

22日 西藏自治区拉萨市举行集会，纪念毛泽东主席《在延安文艺座谈会上的讲话》发表30周年。（《中国共产党西藏历史大事记（1949~2004）》P266）

23日 新疆维吾尔自治区歌舞话剧院移植创作演出维吾尔族歌剧——《红灯记》。（《新疆日报》1972.5.23.①）

29日~7月10日 新疆维吾尔自治区文艺调演在乌鲁木齐市举行。维吾尔、哈萨克、汉、回、蒙古、柯尔克孜、锡伯、乌兹别克等民族的600多名演员演出100多个文艺节目。（《新疆日报》1972.5.31.①，7.13.①）

30日 国务院总理周恩来批示，由解放军总后勤部负责组成一支以解放军为主，包括地方工程技术人员、工人和民兵参加的建设队伍，从青海省格尔木至西藏自治区拉萨建设一条长达千余公里的成品油输油管线。这条输油管线是年7月开始勘探设计，次年3月破土动工，1976年11月建成通油。（《中国共产党西藏历史大事记（1949~2004）》P263）

是月 云南省德宏傣族景颇族自治州棉做试验站在陇川县建成，后改建为自治州甘蔗科学研究所。（《德宏州志》综合卷P57）

△ 国家克山病考察组在四川省西昌专区冕宁县调查。（《凉山彝族自治州志》P60）

6月

2~27日 西藏自治区文艺调演大会在拉萨市举行，1200多名专业和业余演员演出190多个节目。（《西藏日报》1972.6.3.①，7.5.①）

10日 北京时间0：58时，美国海军战斗轰炸机2架入侵广西壮族自治区凭祥市，在小青山上空投弹1枚，隘口派出所等5个单位房屋被破坏。20日，美国飞机在公海袭击广西生产渔船2艘，造成20余名渔民伤亡。7月5日，美国飞机3批12架入侵广西宁明县板兰上空，投弹2枚。（《广西通志·大事记》P407~408）

13日 据《广西日报》报道，广西大学、广西农学院、广西医学院、广西中医学院、广西民族学院、广西师范学院、广西艺术学院、桂林医专、百色医专9所高等院校从6月中旬起开始秋季招生。外省市的一些高等院校在广西壮族自治区秋季招生也同时进行。招生对象是：有一定文化程度，2年以上实践经验，身体健康的工人、贫下中农、解放军战士、复退军人、干部、医务人员、教师和上山下乡、回乡知识青年。（《广西通志·大事记》P408）

15日 青海省门源回族自治县浩迈双曲拱大桥建成通车，桥长222.2米。（《海北藏族自治州志》上P72）

19日 据《广西日报》报道，广西壮族自治区恭城县最近发现一批战国时期的文物。这批文物均为青铜器，有鼎、尊、编钟、斧、凿、戈、剑等，计30多件。最大的一件鼎高56厘米，口径65厘米，纹饰工整，造型稳健大方。（《广西通志·大事记》P408）

20日 宁夏回族自治区党委发出《关于甘春雷同志问题的审查报告》，作出了一些错误的结论。（《中共宁夏党史大事记（1925.8~1988.6）》P416）

25日~7月5日 中共中央在北京京西宾馆举行西藏工作会议，西藏自治区革委主任任荣、副主任天宝，西藏军区副司令员陈明义、自治区党委书记处书记杨东生、自治区党委副书记巴桑及那曲地委书记热地参会。会议前期由国务院总理周恩来主持，后期由湖南省委第一书记华国锋、河南省委书记纪登奎召集。会议分析西藏面临的形势，总结教训，就揭批林彪集团反党罪行，落实民族政策、宗教和平叛政策，培养少数民族干部，恢复和发展交通运输，铺设输油管道，恢复被破坏的工农业生产，改善人民生活，扶贫、教育、卫生等重大问题进行讨论。这次会议是中央举行的有关西藏问题的重要会议，对纠正“文革”前期对西藏的冲击和破坏，稳定局势，恢复和发展生产起到一定作用。（《中国共产党西藏历史大事记（1949~2004）》P267~268）

26日 中国农科院主持召开的全国春小麦现场经验交流会在宁夏回族自治区银川市开幕。会议主要总结交流推广小麦生产的科学技术成就和先进经验，促进全国小麦生产的发展。全国27个省、市、自治区代表近200人参加会议，中国农科院革委主任苏格曼、副主任金善宝出席会议。（《中共宁夏党史大事记（1925.8~1988.6）》P416）

27日 内蒙古自治区革委政治部成立蒙古语文编译工作领导小组。（《内蒙古大学四十年》P395）

是月 云南省文山壮族苗族自治州、红河哈尼族彝族自治州联合开展飞播造林。文山州在砚山、丘北、广南3县17个播区飞播3.43万公顷，有效面积2.21万公顷。（《文山壮族苗族自治州志》1卷P57）

△ 青海省海南藏族自治州贵德县瓦加电站竣工。该电站于1970年6月开工，总投资192万元，装机容量1000千瓦，年发电量500万度，经济效益为全州小水电之最。（《海南州志》P43）

△ 新疆维吾尔自治区克孜勒苏柯尔克孜自治州农村牧区普遍实行合作医疗制度。（《克孜勒苏柯尔克孜自治州志》上P40）

7月

1日 广西壮族自治区合山电厂2号机组建成投产，装机容量2.5万千瓦。（《广西通志·大事记》P408）

6日 宁夏回族自治区革委发出《关于恢复建设银行机构的通知》。（《中共宁夏党史大事记（1925.8~1988.6）》P417）

26日 据《新疆日报》报道，新疆军区生产建设兵团农一师建成阿克苏塔里木河拦河闸，是新疆维吾尔自治区最大的拦河闸。该引水枢纽工程的建成，不仅保证塔里木垦区55万余亩土地在枯水期有足够用水，而且对进一步开发塔里木将起到极大作用。（《中国共产党新疆历史大事记（1966.5~1991.12）》下P41，《新疆通志·水利志》36卷P34）

是月 湖北省恩施地区咸丰至利川公路全线建成通车。（《恩施州志》P13）

8月

11日 据《广西日报》报道，广西壮族自治区自行制造成套设备的第一批15座年产3000吨合成氨厂相继建成，大部分投产。（《广西通志·大事记》P408）

13日 内蒙古自治区党委作出《关于财政金融工作若干问题的规定》、《关于手工业若干问题的规定》、《关于商业工作若干问题的规定》和《关于工业交通企业若干问题的规定》。（《内蒙古自治区史》P535）

24日 内蒙古自治区党委发出《关于民族、宗教上层人士阶级成份问题的通知》。《通知》指出，民族、宗教上层人士家庭和本人的阶级成份按当地解放前3年的经济状况划定，不再另划民族、宗教上层分子；已划者也按此精神改划适当的阶级成分；以宗教职业收入为生活主要来源者，划为宗教职业者。（《内蒙古自治区史》P327）

27日 青海省海南藏族自治州氆氇厂建成投产，1990年改称州毛纺织厂。（《海南州志》P44）

是月 云南省怒江傈僳族自治州兰坪县金顶铅矿正式成立。1978年，日采矿100吨的矿山建设工程竣工，可年产粗铅500吨。1982年，年产粗铅能力提高到3000吨。1986年，被评为云南省企业整顿先进单位。1986年10月1日，兰坪县铅矿改称兰坪县铅锌矿。1991年，被云南省工业企业划型领导小组批准为中二型企业。（《怒江傈僳族自治州志》下P213）

△ 云南省红河哈尼族彝族自治州电视转播台（716台）竣工，10月1日开始转播中央、云南台综合节目。（《红河哈尼族彝族自治州志》1卷P90）

9月

7日 新疆维吾尔自治区党委向中央呈送《关于民族政策执行情况的初步检查和今后意见》的报告指出，近几年来由于林彪反党集团的干扰，我们在贯彻执行党的民族政策方面存在的问题是相当严重的，一是对兄弟民族干部的解放使用差；二是“清队”（清理阶级队伍）、“一打三反”扩大化的错误整了不少兄弟民族的干部和群众；三是尊重民族风俗习惯，使用民族语言文字不够；四是生产发展不快，有的地区群众生活还相当困难；五是对民族宗教上层中爱国人士团结教育工作做得不好。（《中国共产党新疆历史大事（1966.5~1991.12）》下P39~40、42）

15日 云南省怒江傈僳族自治州民族师范学校在知子罗创办。（《怒江傈僳族自治州志》上P676）

△ 据《广西日报》报道，广西壮族自治区农村有线广播网基本建成，98%的公社建立广播站，94%的生产队通广播。（《广西通志·大事记》P408）

23~30日 宁夏回族自治区党委在银川市举行农村工作会议。会议要求各级党委加强领导，以路线斗争为纲，深入开展批修整风，进一步开展农业学大寨运动。组织各行各业支援农业，为在较短时间内基本实现农业机械化，迅速发展农业生产而奋斗。（《中共宁夏党史大事记（1925.8~1988.6）》P418）

25日 宁夏回族自治区第一座现代化绒线厂灵武绒线厂投产并举行开工典礼，自治区党委负责人到会祝贺。该厂拥有1000个精纺纱绽，设计能力为年产绒线700吨。全套毛纺设备均由我国自主设计制造，能生产纯毛、混纺、腈纶、膨体等5个品种10多种花色的绒线。（《中共宁夏党史大事记（1925.8~1988.6）》P417~418）

29日 据《宁夏日报》报道，宁夏回族自治区引黄灌区农村电力事业蓬勃发展。全灌区90%的生产大队用上电，已建成电力排灌面积75万亩。（《中共宁夏党史大事记（1925.8~1988.6）》P418）

是月 广西壮族自治区融水民族自治县贝江大桥建成通车，全长480米，是广西第一座铁路、公路两用桥。（《广西通志·大事记》P409）

△ “文革”时期停办的西藏地区体育工作机构得以恢复，各项运动项目逐步开展。（《当代中国的西藏》下P501~523）

10月

1日 西藏自治区阿里高原第一所中学狮泉河中学开学。（《西藏日报》1972.10.9.①）

6日 青海省果洛藏族自治州大武火电厂建成发电。（《果洛藏族自治州志》上P40）

7日 新疆维吾尔自治区党委常委会议决定，撤销自治区体育局，成立自治区体育运动委员会，由自治区革委领导，曹达诺夫兼任体委主任。（《中国共产党新疆历史大事记（1966.5~1991.12）》下P43）

7~16日 宁夏回族自治区革委在银川市举行工业学大庆经验交流会议，交流全区厂矿企业学大庆的初步经验。（《中共宁夏党史大事记（1925.8~1988.6）》P418）

12~18日 新疆维吾尔自治区田径运动员买买提在江苏省南京市举行的全国田径运动会中，获得100米、200米冠军和400米亚军。（《新疆通志·体育志》83卷P36）

13日 湘黔铁路建成通车。该铁路从1970年开始兴建，东起湖南株洲、西至贵州贵阳，全长900多公里。（《新华社新闻稿》1974.9.26）

15日 西藏自治区创立的第一所中级卫生学校在拉萨开学。（《西藏日报》1972.10.15.①）

17日 据《广西日报》报道，云南、贵州、广西3省（区）第15次森林防火联防工作会议在广西河池地区金城江召开。会议要求认真贯彻“自防为主，积极联防，团结互助，保护森林”的方针，做好护林防火联防工作。（《广西通志·大事记》P409）

19日 据《广西日报》报道，广西壮族自治区畜牧研究所引进外国种牛，并多次举办学习班，为南宁、柳州、桂林、梧州等地传授人工授精技术，通过人工授精与本地水牛杂交，培育出役用性能较好的广西新水牛。（《广西通志·大事记》P409）

25~30日 宁夏回族自治区革委政治部举行全区文物工作座谈会。会议提出，今后要加强党对文物工作的领导；大力宣传认真执行党和国家文物工作的有关政策、法令，发动群众积极做好文物保护工作；积极开展文物的调查、发掘和研究陈列等工作；建立健全必要的组织机构，充实和培养骨干力量。（《中共宁夏党史大事记（1925.8~1988.6）》P418~419）

26日 据《宁夏日报》报道，宁夏回族自治区开发治理清水河取得良好成绩。1970年，国家把清水河列为“四五”期间进行黄河治理的重点河流。现在，清水河流域已建成的水平梯田和打坝淤地、引洪漫地形成的田地共38.5万亩，造林19万亩，治理水土流失面积1400多平方公里，泄入黄河的泥沙量已大为减少。在清水河及其支流修建86座中、小型水库，不仅削减洪峰，减轻汛期的黄河洪水灾害，且使清水河流域内农田保灌面积扩大到15万亩。（《中共宁夏党史大事记（1925.8~1988.6）》P419）

△ 新疆维吾尔自治区党委发出《关于当前宗教问题的几点意见》。《意见》要求，加强对宗教活动的管理，对于已废除的收宗教税、干涉婚姻等宗教特权不准恢复；不准开办经文学校，已经开办的，经说服群众后应予取缔；公社、生产大队和生产队以及其他集体经济组织不得负担宗教开支；对宗教的越轨行为要耐心进行群众工作，说服教育，不要采取生硬、粗暴的方法去处理；对于群众正常的宗教习惯不要干涉，要说服教育群众和宗教界人士，不要由于进行宗教活动影响革命和生产。（《中国共产党新疆历史大事记（1966.5~1991.12）》）下P43~44）

27日 新疆维吾尔自治区党委发出《关于巩固农村人民公社发展农牧业生产若干政策问题的规定》。文件对主要问题作出具体规定：人民公社的基本核算单位和社队的规模；维护基本核算单位的权利，反对“一平二调”（平均主义，统一调用社、队和社员的物资劳动力）；正确处理积累和分配的关系；坚持“各尽所能，按劳分配”的原则；社员可以经营家庭副业；人民公社、生产大队办企业问题；勤俭办社，民主办社，实行民主管理，财务公开；生产大队和生产队干部要坚持参加集体生产劳动，严格控制误工补贴；以粮为纲，全面发展；发展畜牧业，落实畜牧政策。（《中国共产党新疆历史大事记（1966.5~1991.12）》下P44）

30日 根据宁夏回族自治区党委常委会议指示，自治区革委政治部召开有关县、市宗教问题座谈会，学习毛泽东主席关于民族宗教问题的论述、中共中央和自治区党委的有关文件，座谈加强对宗教管理的意见。（《中共宁夏党史大事记（1925.8~1988.6）》P419）

31日 广西壮族自治区党委向中共中央上报《广西壮族自治区执行民族政策情况的报告》。《报告》肯定民族工作的成绩，检查在培养民族干部、尊重民族风俗习惯、改善民族关系、民族贸易和财经工作等方面存在的问题。（《广西通志·大事记》P409）

11月

9日 青海省玉树藏族自治州制药厂成

立，隶属州文卫局。1980年6月16日撤销。（《玉树州志》上P44）

19~21日 尼泊尔首相比斯塔偕夫人一行由国务院副总理李先念陪同，在广西壮族自治区桂林市参观访问，自治区党委书记韦国清偕夫人等接待。（《广西通志·大事记》P409）

20日 宁夏回族自治区革委批转自治区生产指挥部《关于加强少数民族特需商品供应工作的报告》的通知，提出加强对少数民族特需商品生产和供应工作的领导；少数民族地区特需商品的经营，凡是过去有专营、专柜已撤销的应尽速恢复；有条件增设应尽速增设；做好产销挂钩，积极组织货源；对少数民族特需商品所需原材料就地安排生产。（《中共宁夏党史大事记（1925.8~1988.6）》P419~420）

22日 新疆维吾尔自治区党委向毛泽东主席、中共中央呈送《关于新疆当前形势和几点措施的报告》。《报告》指出，当前新疆形势总体是好的，4个多月以来的工作是有成绩的。但是由于存在的问题多，资产阶级派性干扰很大，特别是交通运输和煤炭两个关键部门的不少厂矿企业单位处于停产半停产、瘫痪半瘫痪状态，严重影响全区的工农业生产和群众生活。中央根据《报告》反映的情况，决定派李德生、王洪文、于桑率由中央机关、国务院、中央军委几个总部共61人组成的学习调查组到新疆调研，帮助解决问题。（《中国共产党新疆历史大事记（1966.5~1991.12）》下P45）

25日 宁夏回族自治区石嘴山第二矿务局卫东煤矿年产120万吨的一对现代化大型无烟煤矿斜井建成投产。采用我国最新式的皮带运输机，利用液压传动，半导体自动调节平衡，每小时提升能力445吨。（《中共宁夏党史大事记（1925.8~1988.6）》P420）

28日 黑龙江省大兴安岭地区革委批示，阿里河林业局嘎仙沟施业区划归鄂伦春自治旗管辖，成为地方林业所属的唯一国营林场嘎仙林场。（《鄂伦春自治旗志》P821~822）

12月

3日 吉林省延边朝鲜族自治州第一家朝鲜族丝绸厂在延吉市建成投产，共装织机100台，年产丝织品150万米。（《延边朝鲜族自治州志》P76）

15日 新疆维吾尔自治区革委常委会议讨论通过《关于加强劳动纪律，反对无政府主义的紧急通告》、《关于成立新疆维吾尔自治区交通运输指挥部的决定》。30日，自治区党委发出《关于打击阶级敌人现行破坏和整顿社会秩序的安排意见》。（《中国共产党新疆历史大事记（1966.5~1991.12）》下P45）

19日 云南省兰坪县拉马登水沟竣工。工程全长32公里，历时3年，投资327万元，是县内最大的引水工程。（《兰坪白族普米族自治县志》P26）

△ 云南省德宏傣族景颇族自治州革委召开疟疾防治工作会议，针对自治州出现19个疟疾暴发点和盈江近2万人发病的严重情况，研究扑灭和预防疟疾的有效措施。（《德宏州志》综合卷P58）

20日 青海省海北藏族自治州委向省委上报“关于山丹军马场占用门源、祁连草山问题的情况报告”。根据中央28号文件精神，要求山丹军马场归还被占用的80多万亩草山。1973年11月26日，国务院和中央军委以国发（1973）第166号文下发“关于处理青海门源、祁连县与山丹军马场草原纠纷问题的批复”，恢复1969年前的共牧状态。（《海北藏族自治州志》上P73）

24日 据《广西日报》报道，广西壮族自治区革委最近在桂林市召开全区文物工作会议，要求各地正确贯彻执行党和国家文物工作的方针、政策和法令，共同做好文物保护工作，并制订文物保护、调查、发掘、收集和研

究工作的具体规定。国务院有关部门负责人王冶秋出席会议并讲话。（《广西通志·大事记》P409）

25日 广西壮族自治区革委发出《关于农村中若干经济政策问题的通知》，主要内容是：人民公社“三级所有，队为基础”的体制稳定不变；正确执行“以粮为纲，全面发展”的方针，允许生产队在服从统一计划的前提下，因地制宜种植；允许社员经营少量自留地和家庭副业；必须保证农业生产第一线有足够的劳动力；要统一规划，合理利用土地；进一步落实养猪养牛政策；认真搞好分配，克服平均主义；严格控制非生产性用工和开支，在增产的基础上增加社员收入，坚持大队干部“定工生产，定额补助”的制度。（《广西通志·大事记》P410）

29日 川藏公路怒江混凝土大桥建成。大桥横跨怒江两岸绝壁，从桥面到水面高33米，桥长87.77米。1954年公路通车时，怒江大桥为贝雷架桥（即公路钢架桥）。（《中国共产党西藏历史大事记（1949~2004）》P268）

31日 广西壮族自治区钢生产计划已完成。钢、铁、钢材和有色金属产量均创造历史最高水平，钢比1971年增长38%，生铁增长16%，钢材增长51%。（《广西通志·大事记》P410）

是月 宁夏回族自治区银川市至甘肃省兰州市218微波工程破土动工，全长508公里。1977年10月1日竣工投产，宁夏开始利用微波电路传送中央电视台彩色电视节目。（《当代宁夏史通鉴》P28）

△ 西藏自治区革委转发农牧局《关于贯彻全国狩猎生产会议的报告》，在西藏贯彻“加强资源保护，积极繁殖饲养，合理猎取利用”的护养并举的狩猎方针。（《当代中国的西藏》下P84）

1973年

1月

1日 内蒙古自治区环境保护办公室成立。（《中国环境年鉴》1990卷P289）

△ 吉林省延边朝鲜族自治州博物馆正式成立。（《延边朝鲜族自治州志》上P70）

3日 广西壮族自治区革委会发出通知，从2月1日起，在全区内试行《中华人民共和国工商税条例（草案）》。（《广西通志·大事记》P410）

15日 一年来，北京医疗队和中国人民解放军医疗队在宁夏回族自治区固原地区共诊治各种病人325000人次，抢救危重病人680余例，进行各种手术3500多例，培训各科医生120多人、“赤脚医生”649人、卫生员和接生员330多人。（《中共宁夏党史大事记（1925.8~1988.6）》P422）

20日 宁夏回族自治区革委会政治部转发群工组《关于开展工会、贫协、妇女工作座谈情况的报告》。《报告》要求，各级党委和革委会一定要将此项工作列入议事日程，采取自下而上的整顿方法，年内健全地、市、县旗各级工会、贫协和妇女组织。（《中共宁夏党史大事记（1925.8~1988.6）》P422）

是月 云南省德宏傣族景颇族自治州增设潞西芒市、遮放、勐戛中学，盈江第二、三中学，陇川章凤中学，梁河曩宋、芒东中学，畹町中学共9所中学。（《德宏州志》综合卷P58）

2月

6日 四川省甘孜藏族自治州炉霍县境内发生里氏7.9级地震，甘孜、道孚、新龙等县受灾，死亡2175人，伤2756人，死亡各类牲畜4.04万头（只），倒塌房屋1.54万幢。党中央、国务院组织有关部门进行抗灾工作。11

日，青海省玉树藏族自治州医院、玉树军分区卫生科等7个单位22名医护人员组成医疗队，参加抗震救灾工作。12日，西藏自治区党委、自治区革委会和西藏军区委托昌都地区革委会和昌都军分区派出以医务人员为主的慰问团，带着全区各族人民给灾区群众的慰问信、医疗器材、药品和物资，前往灾区慰问。（《人民日报》1973.2.10.①，《中国共产党西藏历史大事记（1949~2004）》P269，《甘孜州志》上P73，《玉树州志》上P45）

7日 广西壮族自治区革委会发出《关于举行全区中、小型文艺节目（分片）调演的通知》，要求以毛泽东《在延安文艺座谈会上的讲话》为指针，坚持政治和艺术两个标准，注意时代精神和民族、地方特点，做好中、小型文艺节目调演。（《广西通志·大事记》P411）

10~27日 新疆维吾尔自治区农业学大寨经验交流会在乌鲁木齐举行，自治区党委作出《关于全党动手，大办农业的决定》，并成立自治区革委会支农领导小组。（《中国共产党新疆历史大事记（1966.5~1991.12）》下P46~47）

22日 宁夏回族自治区党委转发自治区革委会政治部《关于全面落实党的知识分子政策的报告》。《报告》提出：要把批修整风这个头等大事继续抓紧抓好；严格区分和正确处理两类不同性质的矛盾，团结知识分子的大多数；合理地安排使用知识分子，积极培养新生力量；抓紧知识分子的政治再教育和业务再学习；加强党的领导，认真做好知识分子工作。（《中共宁夏党史大事记（1925.8~1988.6）》P422~423）

3月

5日 广西壮族自治区党委、自治区革委会转发生产指挥组《关于发展林业生产的报告》，要求对各地林业政策执行情况进行检查，落实林权，发展林业生产。要维护国家的山林所有权，任何单位和个人不得随便占用国营林场的土地和乱砍国有林木；社、队集体造林，归社、队集体所有；社员在自己房前屋后零星植树，归社员所有。（《广西通志·大事记》P411）

8日 据统计，云南省傈僳、哈尼、傣、藏、彝、苗、瑶、白、怒、佤、拉祜、纳西、景颇、布朗、阿昌、普米、独龙、崩龙等少数民族妇女干部达7000多名。（《人民日报》1973.3.9.①）

15日 云南省迪庆藏族自治州革委会成立计划生育领导小组，开展人口控制工作，对全州计划生育政策措施作详细规定。（《迪庆藏族自治州志》P48）

18日 据《宁夏日报》报道，宁夏回族自治区煤炭工业迅速发展，全区包括地质勘探、建矿、采煤、洗煤、矿山机械制造部门在内的煤炭工业系统已初步形成。1972年全区原煤产量比1965年增长97%以上。（《中共宁夏党史大事记（1925.8~1988.6）》P423）

30日 据新华社报道，西藏自治区牧区普遍建立兽医防治机构。全区71个县除1个县正在筹建外，其余各县均有畜牧兽医站。县以下建立145个兽医防治所，公社和乡都有“赤脚兽医”。全区现有3000多名藏、汉族兽医工作者。自治区畜牧兽医科研所1972年生产2000多万毫升菌疫苗，占全区供应量70%左右。（《中国共产党西藏历史大事记（1949~2004）》P269~270）

是月 广西壮族自治区革委会发布《关于加强市场管理和打击投机倒把的布告》，要求加强集市贸易管理，保护正当交易，严禁私商转手批发；严禁私设地下厂、店、行、栈和地下包工队、地下运输队雇工包工剥削；严禁黑市经济、哄抬物价、牟取高利；严禁走私行贿、投机倒卖国家统购、派购物资和计划分配的工业品；严禁伪造票证，贩卖黄金、白银、外币、毒品等违法行为。除国营、合作商业和有证商贩外，任何个人和部门一律不准从事商业活动。（《广西通志·大事记》P411）

4月

1~9日 宁夏回族自治区革委会生产指挥部在固原举行全区水土保持工作会议。会议总结、交流解放以来水土保持工作的经验，研究今后水土保持治理的方针、政策、任务及科研工作，提出水土保持重点地区的大、中型治理项目，研究修订清水河、葫芦河的治理规划。（《中共宁夏党史大事记（1925.8~1988.6）》P423）

8日 据是日报道，长期居住在西藏自治区察隅县深山老林的僜人，已迁居到河谷地带的新村，并成立人民公社。（《人民日报》1973.4.8.①）

12日 新疆维吾尔自治区伊犁哈萨克自治州首届县（市）体育工作会议召开，决定恢复伊犁州的各级体育工作。（《伊犁哈萨克自治州志》P56）

24日 宁夏回族自治区党委发出《关于做好“三支两军”人员撤回部队工作的通知》，全区各级党委已普遍建立，大批老干部已结合使用，大批新干部在茁壮成长，为加强党的一元化领导，遵照中共中央《关于“三支两军”若干问题的决定》（草案）精神，军区和驻宁部队的“三支两军”人员将分期分批撤回部队。7月2日，宁夏军区决定，撤销军区政治部和各级政治部机关的“三支两军”办公室，并于7月底停止办公。（《中共宁夏党史大事记（1925.8~1988.6）》P424~425）

28日 据《广西日报》报道，广西壮族自治区机制糖产量是年比1972年榨季增长35%，达到18.5万吨，蔗糖产量由过去的全国第五位跃居第二位。（《广西通志·大事记》P412）

是月 为支援广西壮族自治区抗旱，驻桂空军出动2架飞机实施催化降雨，共作业29次。5月7日，自治区革委会发出《关于做好当前生产救灾工作的通知》，要求各地发扬艰苦奋斗、自力更生的精神，依靠集体力量积极开展生产自救，及时发放统销粮、口粮贷款和救济款。（《广西通志·大事记》P412）

△ 云南省文山壮族苗族自治州斗南锰矿成立。（《文山壮族苗族自治州志》1卷P57）

△ 云南省楚雄彝族自治州姚安麻纺厂建成投产，生产机制麻袋。（《楚雄彝族自治州志》1卷P204）

5月

23日 宁夏回族自治区美术、摄影作品展览在银川市开幕。（《宁夏日报》1973.5.24.①）

是月 国务院批准广西壮族自治区桂林市正式对外开放旅游。（《广西通志·大事记》P412）

△ 云南省文山壮族苗族自治州民族师范学校成立。（《文山壮族苗族自治州志》1卷P57）

△ 云南省楚雄彝族自治州第一座电视转播台——楚雄电视转播台装机完毕，开始转播电视节目。（《楚雄彝族自治州志》1卷P204）

△ 西藏自治区日喀则和平机场最后的配套工程完工。该机场于1968年3月开工修建，1972年10月机场跑道完成。（《当代中国的西藏》下P131）

是~6月 宁夏回族自治区少雨，形成连旱。固原、同心等县不少地方旱象持续300多天，造成小河断流，水井、水库干涸，水窖裂缝，干土层达30厘米。据统计，宁南山区受旱灾面积53.3万公顷，其中绝产约占50%，仅同心县当年死亡羊3.6万多只、大牲畜639头。7月，中央派出工作组赴宁夏视察灾情，指导救灾工作。（《中国气象灾害大典·宁

夏卷》P57）

6月

3日 07时57分04秒，新疆维吾尔自治区乌苏县天山北坡发生里氏6.0级地震，震中位置44°21′N、83°32′E，震源深度33公里，震中烈度VII度。震中区陡崖崩塌，山石滚落，地表裂缝。滑坡使道路和河流堵塞，少数房屋倒塌或破坏，多数开裂。（《新疆减灾四十年》P263）

4日 据《广西日报》报道，广西壮族自治区都安瑶族自治县发现数万年前的古人类牙齿化石和哺乳动物的牙齿化石10多种，为我国古人类学和第四纪哺乳动物的研究提供新的实物资料。（《广西通志·大事记》P412）

12~21日 云南省镇雄12个公社出现洪灾，抗洪牺牲4人，农作物受灾37.50万亩。（《中国气象灾害大典·云南卷》P189）

13日 宁夏回族自治区招生委员会在《关于我区高等学校和中等专业学校1973年招生工作的几点意见》中规定："自今年开始在宁夏大学设立民族预科班，招收政治条件好，有培养前途，而实际文化程度略低于初中毕业水平，年龄不超过25岁的少数民族学生，经过一年的文化补习后，进入各专业普通班学习。"是年宁夏大学民族预科班招收340名少数民族学员。（《中共宁夏党史大事记（1925.8~1988.6）》P424）

14日 广西壮族自治区革委会批转政工组统战小组、自治区教育局《关于恢复和建立民族师范学校的报告》。《报告》提出，恢复桂林、南宁2所民族师范学校，新建百色地区民族师范学校，增办河池地区巴马民族师范学校赐福分校，分别由桂林、南宁、百色、河池地区党委、革委会主管。学制暂定3年，下半年招生1000名。（《广西通志·大事记》P413）

15日 新疆维吾尔自治区革委在乌鲁木齐召开维吾尔、哈萨克新文字推行工作会议，决定在最短时间内完成维吾尔、哈萨克新文字的推行任务。《新疆日报》发表社论《加速推行维吾尔、哈萨克新文字》。（《新疆日报》1973.6.15.①）

16日 新疆维吾尔自治区革委会、新疆军区发出《关于调整邮电部门体制问题的通知》。《通知》决定，自治区邮政局、电信局合并，恢复自治区邮电管理局；地、州、县（市）邮政局与电信局合并，恢复邮电局。（《中国共产党新疆历史大事记（1966.5~1991.12）》下P48）

7月

1日 云南省迪庆藏族自治州"优惠地区"贯彻执行省革委会批准省财政局《关于改革边疆兄弟民族地区工商税制问题的报告》及《云南省边疆兄弟民族地区工商税收规定》，合并税种，简化征税，对工商税采取列举税目、税率、征收范围的办法征收。（《迪庆藏族自治州志》P48）

2日 湖南省城步苗族自治县试养新疆细毛羊成功。（《人民日报》1973.7.2.③）

3日 国务院决定全国中等专业学校、技工学校开始招生。新疆维吾尔自治区开始自"文化大革命"停办中专、技校之后的首次招生。（《中国共产党新疆历史大事记（1966.5~1991.12）》下P48）

5日 广西壮族自治区西林县少数民族地区已建成小型水电站41座，装机容量1005千瓦，全县有50%的大队通电。（《广西通志·大事记》P413）

12日 高等院校和中专学校在西藏全区招生工作开始，有14个省、市、自治区的40所高等院校、90多个中专学校在西藏招生。自治区党委成立全区高等院校和中专学校招生工作领导小组。（《中国共产党西藏历史大事记（1949~2004）》P271）

△ 青海省革委会分配黄南藏族自治州招生名额300名，其中高等院校51名、中等专业学校49名、州民族师范学校200名，9月完成招生任务。这是以“推荐”形式招收的首批工农兵学员。（《黄南州志》上P46）

15日 据《宁夏日报》报道，宁夏回族自治区少数民族聚居的固原地区教育事业不断发展。目前，全地区有中等学校（包括小学附设初中班）103所、小学2403所，中、小学在校生比1965年前增长1倍，许多回族聚居的大队和生产队都办起学校，回族儿童入学率显著提高。（《中共宁夏党史大事记（1925.8~1988.6）》P425）

17日 云南省兰坪县拉井、金顶、通甸受雹灾，受灾包谷1.22万亩，其中4000多亩绝收。（《兰坪白族普米族自治县志》P26）

18日~8月6日 新疆维吾尔自治区卫生工作会议举行。会议传达全国卫生工作会议精神，讨论制定《公社卫生院建设三年规划》、《整顿加强卫生防疫机构的意见》、《加强妇幼卫生工作的意见》和《改进和加强医院工作的意见》。10月27日，自治区党委批发《关于新疆维吾尔自治区卫生工作会议情况的报告》，要求各地贯彻执行。（《中国共产党新疆历史大事记（1966.5~1991.12）》下P48~49）

19日 《辽宁日报》以《一份发人深省的答卷》为题，刊登辽宁下乡知青张铁生在当年大学招生考卷背后写的信，此封信提出“教育战线上两条路线、两种思想斗争中的一个重要问题”。12月28日，《人民日报》刊登《北京日报》12月12日发表的北京海淀区中关村第一小学五年级学生黄帅的反对所谓“师道尊严”的来信和日记摘抄。由此，“白卷”与“反修”流毒风靡全国，在教育界造成严重的恶果。调查结果证明，所谓《一个小学生的来信和日记摘抄》，完全是应“四人帮”篡党夺权的反革命政治需要蓄意编造，是一个政治骗局。（《新华社新闻稿》1973.8.11，12.29；《辽宁日报》1977.3.16.①；《中华人民共和国大事记（1949~1980）》P345）

25日 广西壮族自治区革委会发出《关于我区高校1973年普通班毕业生分配问题的通知》。《通知》指出，是年毕业的广西高等院校首届工农兵普通班学员526名，凡是从国家职工中招来的，一般回原单位工作；不是国家职工的，除少数由自治区另行分配外，其余原则上从哪个县招来回哪个县；除自治区或地区决定分配在县级各单位外，一般由县分配到县以下基层单位工作。（《广西通志·大事记》P413）

30日~8月6日 新疆维吾尔自治区防治地方病工作会议在乌鲁木齐举行。会议传达学习中共中央于4月在辽宁省沈阳市召开的北方15省、市、自治区防治地方病工作会议精神，制订《新疆维吾尔自治区防治地方病工作三年规划（草案）》。9月25日，自治区党委批发《关于新疆维吾尔自治区防治地方病工作会议的情况报告》，要求各地贯彻执行。（《中国共产党新疆历史大事记（1966.5~1991.12）》下P49）

8月

10~24日 西藏自治区第三次牧区工作会议在那曲举行。会议讨论研究牧业社会主义改造和加速新牧区建设等问题，并号召以那曲县红旗公社为榜样，努力建设社会主义新牧区。会议确定“以牧为主，多种经营”的生产方针，贯彻“草、水、繁、改、管、防、舍、工”8项管理措施，提倡种收养畜。至1979年，牲畜从1973年的2025万头发展到2349万头。肉食增长0.3%，绵羊毛增长27.4%，奶类增加38.3%，畜牧业产值增长27.3%。（《西藏日报》1973.9.5.①，《当代中国的西藏》下P46）

11日 新疆维吾尔自治区党委决定，在原自治区文字改革委员会的基础上组建自治区民族语言文字工作委员会，司马义·艾买提兼任主任。（《中国共产党新疆历史大事记（1966.5~1991.12）》下P49）

14~29日 广西壮族自治区知识青年上山下乡工作会议在南宁举行。会议指出，全区已有20万城镇知识青年上山下乡，并涌现出大批先进集体和先进人物。会议检查存在的问题，制定统筹解决的措施。（《广西通志·大事记》P414）

16日 北京时间11时58分11秒，云南省普洱东南发生里氏6.3级地震，震中位置23.1°N、101.2°E，震源深度7公里，烈度VIII度。普洱城东南一些村寨受灾较重，思茅受损，伤10多人。极震区南抵那孟孟村一带，西北至南腊、木瓜箐，包括偏伞坡、锅底塘、老郭寨、三棵庄、石膏井、三家村等14个村寨。（《云南省志·地震志》P99~100）

△ 新疆维吾尔自治区党委决定撤销自治区农业局，设立自治区农林局。（《新疆通志·林业志》35卷P42）

24~28日 中共第十次全国代表大会举行，参会代表1249人。会议继续九大的“左”倾错误，并任命王洪文为中共中央副主席。江青、张春桥、姚文元、王洪文在中央政治局内结成“四人帮”。会议错误地认为“九大的政治路线和组织路线都是正确的”，江青集团中的一大批骨干分子进入党的中央委员会和中央领导机构。由于毛泽东主席的支持和周恩来总理的努力，一批久经考验、“文化大革命”中受排斥和打击的老同志，如邓小平、王稼祥、乌兰夫、李井泉、谭震林、廖承志等被选为中央委员。会后，乌兰夫被任命为中共中央统战部部长，所谓“乌兰夫反党叛国集团”事实上得到平反。30日，中共十届一中全会选举韦国清（壮族）为中央政治局委员。（《人民日报》1981.7.17.②③，《中华人民共和国大事记（1949~1980）》P23~24、138、271，《内蒙古自治区史》P329~340）

25日 湖南省湘西土家族苗族自治州龙山县三元水电站第一台机组1250千瓦运行发电。（《湘西州志》上P72）

△ 据《宁夏日报》报道，宁夏回族自治区工业建设蓬勃发展。“文化大革命”以来，全区新建和新投产的县、市属以上厂矿有130多座。全区工业总产值1972年比1965年增长3倍多，其中1966年到1972年，每年递增22%。产品品种逐年增加，质量不断提高。列入国家计划的重点工业产品由1965年的10多种，发展到1972年的40多种。（《中共宁夏党史大事记（1925.8~1988.6）》P426~427）

29日~9月11日 宁夏回族自治区党委举行全区知识青年上山下乡工作会议。会议检查总结知识青年上山下乡工作，制定《关于知识青年上山下乡若干问题的试行规定》和《1973年到1980年知识青年上山下乡的初步规划》。自1968年至该会议前夕，全区共有知识青年7200名上山下乡，连同“文化大革命”前上山下乡的知识青年1.12万多人，共计1.84万多人（包括京、津、浙知识青年7900多人）。（《中共宁夏党史大事记（1925.8~1988.6）》P427）

30日 云南省怒江傈僳族自治州第一座中播转播电台在知子罗试播成功，成为云南省第一座站台合设的广播电台。（《怒江傈僳族自治州志》上P761）

是月 云南省怒江傈僳族自治州碧江经福贡至贡山公路竣工通车。（《怒江傈僳族自治州志》上P30）

△ 是月中旬，宁夏回族自治区第一座生产优质无烟煤的现代化大型露天煤矿——石嘴山第二矿务局大峰露天煤矿建成投产，设计能力为年产90万吨原煤。（《当代宁夏史通鉴》P28）

9月

2日 广西壮族自治区批转《全区卫生工

作会议纪要》，要求全区农村至1974年基本实现合作医疗。（《广西通志·大事记》P414）

21日 1973年全国游泳比赛在广西壮族自治区南宁市开幕，26个代表队600多名运动员参赛。其中，广西运动员获女子100米蛙泳冠军、女子800米自由泳冠军、女子400米个人混合泳冠军。（《广西通志·大事记》P414）

22日 西藏自治区自行设计、施工的第一座大型无支架吊装连拱大跨度双曲拱公路桥岗嘎大桥在雅鲁藏布江建成通车，桥长416米。（《西藏日报》1973.11.28.①）

24日 广西壮族自治区上报国务院《关于我区自然灾害情况报告》。《报告》指出，是年广西天气反常，先后发生风、雹、水灾，特别是八九月间沿海及桂南、桂西不少地区连续遭受台风袭击，暴雨成灾，农田受淹190万亩，冲崩围堤、水库、水坝1540多处，房屋倒塌8000多间，死亡134人。（《广西通志·大事记》P414）

10月

3日 云南省革委会批准成立怒江傈僳族自治州气象台，开始制作州级长、中、短天气预报。1976年10月正式发布各县天气预报，1976年7月正式开展气象通信工作。（《怒江傈僳族自治州志》上P839~840）

5日 据统计，新疆维吾尔自治区少数民族干部已有1.6万多名被选拔到各级领导岗位。县级由少数民族干部担任党委或革委会第一把手的占1/3，公社级少数民族干部担任公社党委和公社革委会第一、二把手的占大多数。（《人民日报》1973.10.6.①，《中国共产党新疆历史大事记（1966.5~1991.12）》下P50）

6日 全国手球邀请赛在广西壮族自治区南宁市举行，北京、天津、上海、安徽以及北京体育学院的男子手球队和广西男女手球队的160多名男女运动员参赛。广西队获男子冠军。（《广西通志·大事记》P414）

6日~11月9日 新疆维吾尔自治区知识青年上山下乡工作会议举行，制定《关于知识青年上山下乡若干问题的试行规定（草案）》。几年来，新疆已有25万各族知识青年上山下乡，加上“文化大革命”前到兵团的10万支边青年，共35万人。（《中国共产党新疆历史大事记（1966.5~1991.12）》下P50~51）

10日 宁夏回族自治区党委发出《关于吸收少数民族干部的通知》，对选拔条件、工资待遇、审批权限和名额分配等问题作具体规定。（《中共宁夏党史大事记（1925.8~1988.6）》P428）

15日 西藏民族学院首批40余名工农兵大学生毕业。（《西藏日报》1973.10.15.①）

16日 西藏自治区第一所财政金融学校开学。本期分设人民公社会计辅导、工业会计、商业会计、税务4个专业班，共有学员160余人，其中藏族学员占57%左右。（《西藏日报》1973.10.16.①）

22日 云南省丽江、怒江、迪庆3个地、州正式分设，丽江地区由辖2州12县改为辖丽江、永胜、华坪、宁蒗4县。（《怒江傈僳族自治州志》上P30）

23日 宁夏回族自治区党委批转自治区文教局党的核心小组《关于改变中小学学制和始业时间问题的请示报告》。《报告》提出：从1974年秋季开始，银川、石嘴山两市的市区中小学实行十年制，即小学5年、中学5年（初中3年，高中2年），农村中学暂实行四年制（初中2年，高中2年）；1974年起，全区城乡中小学的始业时间一律由春季改为秋季。（《中共宁夏党史大事记（1925.8~1988.6）》P428）

24日 云南省怒江傈僳族自治州卫生学校创建。（《怒江傈僳族自治州志》上

P678、680）

26日 广西壮族自治区社办磷矿肥生产建设经验交流会在南宁召开。会议指出，全区目前已有18个县37个公社办起小磷肥厂，生产能力4万吨，其中1至9月生产磷肥2万多吨。会议要求大搞群众运动，大干快上社队小磷肥厂（场），尽快把社队办磷矿粉肥的生产搞上去。（《广西通志·大事记》P415）

是月 北京博物馆、云南省博物馆有关人员和文山壮族苗族自治州文物工作者对1965年在文山州西畴县西洒镇东郊仙人洞发掘和清理出的5枚古人类牙齿化石，以及共生的长臂猿、猩猩、东方剑齿象、中国犀牛等33种哺乳动物化石进行鉴定。（《文山壮族苗族自治州志》1卷P57）

△ 云南省博物馆文物工作队到德钦永芝村进行石棺墓调查，清理出3座墓葬（2座石棺墓，1座土坑墓），收集到青铜器、陶器、银器共26件。（《迪庆藏族自治州志》P49）

△ 新疆维吾尔自治区博尔塔拉蒙古自治州流行病防治所成立。（《博尔塔拉蒙古自治州志》P52）

11月

2日 新疆维吾尔自治区决定成立自治区军事工业局，由自治区革委会领导，管理全疆常规兵器和电子工业的生产、建设和科研工作，撤销自治区革委会新疆军区国防工业办公室。（《中国共产党新疆历史大事记（1966.5~1991.12）》下P51）

8日 据新华社报道，西藏军区生产建设部队澎波农场在海拔3800米高寒地区大面积种植冬小麦获丰收。全场2.74万亩冬小麦，平均亩产超过400斤。该农场的经验打破西藏高原不能大面积种植冬小麦的迷信，对多快好省发展西藏农业具有重要意义。（《新华社新闻稿》1973.11.9，《中华人民共和国大事记（1949~1980）》P217）

11日~12月6日 西藏自治区在拉萨举行专业文艺创作调演。调演期间，召开了全区文艺创作会议，讨论民族、民间文艺遗产的批判、继承和革新等问题。（《西藏日报》1973.11.14.①，12.13.①）

16日 内蒙古自治区革委在乌兰察布盟达茂联合旗召开全区民族教育会议。会议总结民族教育工作的经验，讨论发展民族教育的方向、任务和措施。（《内蒙古日报》1973.11.13.①）

20日 新疆维吾尔自治区县级专业文艺团体调演大会历时1个月闭幕，维吾尔、哈萨克、汉、回、蒙古、柯尔克孜、锡伯、塔吉克、满、乌孜别克等民族的380多名文艺工作者演出了280多个民族歌舞节目。（《新疆日报》1973.11.22.①）

21日 宁夏回族自治区党委批转自治区妇联《关于培养和选拔妇女干部的报告》。（《中共宁夏党史大事记（1925.8~1988.6）》P429）

30日 据《广西日报》报道，广西壮族自治区中小型化肥工业提前51天超额完成是年国家计划，化肥总产量比1972年同期增长63%。（《广西通志·大事记》P415）

12月

2日 国家计委复文新疆维吾尔自治区革委会，同意在乌鲁木齐建设石油化工厂，建设规模为150万吨常减压蒸馏，60万吨催化裂化，10万吨铂铼重整和5万吨合成氨（包括氨加工）4个装置。1974年进行勘测设计等准备工作。（《中国共产党新疆历史大事记（1966.5~1991.12）》下P52）

7日 甘肃省革命委员会通知临夏回族自治州革命委员会，执行国务院1964年6月5日“撤销临夏市，将临夏市行政区域划归临夏县”的决定。临夏县治由韩集迁驻城关镇。

（《临夏回族自治州志》上P62）

△ 新疆维吾尔自治区地、州、市以上科研机构达43所，群众性科学实验小组近6000个。在4万多名科技人员中，维吾尔、哈萨克等少数民族有1万多名，人口较少的柯尔克孜、塔吉克、塔塔尔等民族也都有了本民族的科技人员。（《人民日报》1973.12.8.④）

13日 据新华社报道，西藏自治区农牧业大丰收，拉萨、山南、日喀则等主要农业区绝大部分县的粮食产量创历史最高纪录。堆龙德庆县东嘎公社2400亩耕地，平均克（亩）产250公斤。阿里普兰县当年粮食增长近2成。全年牧区各类幼畜400万头（只），比1972年增长5%。（《中国共产党西藏历史大事记（1949~2004）》P272）

15~27日 云南省怒江傈僳族自治州第三届运动会在碧江县举办，12个代表队参赛，首次进行马拉松比赛。（《怒江傈僳族自治州志》上P802）

18日 青海省革委会转发国务院批复，批准海南藏族自治州同德县巴水公社小泽库滩地区划归黄南藏族自治州泽库县，黄南藏族自治州泽库县宁秀公社的尕群沟以西地区的草山划归海南藏族自治州同德县。（《黄南州志》上P46）

19日 宁夏回族自治区农村掀起农田水利基本建设高潮。秋收以来，全区动工兴建中小型工程2700多处，引黄灌区在抓紧修复原有沟渠的同时，新修支、斗渠4600多条。（《中共宁夏党史大事记（1925.8~1988.6）》P430）

25日 内蒙古自治区在锡林浩特召开蒙医蒙药工作座谈会，座谈几年来发展蒙医、蒙药工作的成绩，总结交流经验，制定发展蒙医、蒙药的措施。（《内蒙古日报》1973.12.25.②）

25~30日 广西壮族自治区党委举行全区民族工作会议，就民族政策教育、培养民族干部、民族地区经济建设等问题进行研究，要求尽快把边境少数民族山区的生产建设搞上去，繁荣经济，改善人民生活。（《广西通志·大事记》P416）

28日 据统计，截至12月，西藏自治区已有医院84个，卫生所346个，并已建立公社卫生室375个、小型制药厂45座。在8省市赴藏医疗队的帮助下，是年又成立西藏医疗器械修配所、西藏药品检验所，并新办2所中级卫生学校。（《中国共产党西藏历史大事记（1949~2004）》P272）

△ 据新华社银川电，宁夏回族自治区工业生产创历史最高水平。至11月底，工业总产值比1972年同期增长12.5%，铁矿石、焦炭、起重设备、锻压设备、柴油机、饲料粉碎机、轮胎、原盐、棉麻、毛毡、毛线、农药、铸铁锅、塑料制品等重点产品均提前1个月完成是年国家计划。（《中共宁夏党史大事记（1925.8~1988.6）》P430）

是月 新疆维吾尔自治区克拉玛依至乌鲁木齐输油管线竣工，年输油能力300万吨。1974年建设复线，对扩大原油生产起到重要作用。（《中国共产党新疆历史大事记（1966.5~1991.12）》下P52）

是年 广西壮族自治区外贸出口额首次超过1亿美元，达1.50亿美元，比1965年增长2.16倍；收购总值超3亿元，比1965年增长64.7%；出口松香36714吨，成为广西出口额突破千万美元的“拳头”商品。（《广西通志·大事记》P416）

△ 西藏自治区建立第一个卫生专业研究机构——西藏医学科学研究所，主办卫生专业杂志《西藏医药》。1974年，该所在《全国医药卫生科学研究重点项目计划》中把开展高山生理和防治高山病的研究列为国家重要科研项目。（《当代中国的西藏》下P480）

△ 青海省海北藏族自治州门源县西滩公社马场大队用牛羊粪、人粪尿、麻渣、过磷酸

钙制成“四合一”有机混合肥料。该成果于1982年被青海省人民政府授予技术改进二等奖。（《海北藏族自治州志》上P74）

△ 宁夏回族自治区博物馆成立。（《当代宁夏史通鉴》P378）

是~1976年 中科院青藏高原综合科学考察队入藏考察。14个省、市、自治区的56个科研、教学、生产单位，包括地球物理、地质、地理、生物、农牧林等50多个专业的400多名科学工作者参加考察，西藏自治区先后有数十名科技人员参加考察工作。1973年，西藏的林业工作者配合考察队对西藏东南部林区的森林资源、林业生产状况等项目进行考察，编写出版了《西藏森林》。1975年，考察队在日喀则和拉萨、山南、那曲、昌都等地区进行考察，获得大量第一手资料，填补了青藏高原部分地区、学科的空白；考察队还建立4个临时地震台，开展地球物理研究，测量5000多公里的地力，收集到较丰富的资料。至1976年，完成西藏自治区内的野外考察，收集大量的珍贵资料，编纂了《青藏高原科学考察丛书》，1986年6月该书获国家科技进步奖。（《当代中国的西藏》下P72、347~348）

1974年

1月

1日 《人民日报》、《红旗》杂志、《解放军报》联合发表的《元旦献词》，提出批判林彪路线的极右实质，就是批判修正主义，批孔是批林的一个组成部分，为开展“批林批孔”大造舆论。（《内蒙古自治区史》P330）

10日 中国人民建设银行云南省迪庆藏族自治州支行成立。（《迪庆藏族自治州志》P49）

17日 广西壮族自治区革委会批转自治区科技局《关于我区应用优选法情况及今后推广意见报告》。《报告》指出，从1972年初开始在全区推广优选法以来，已取得成果4000多项，其中重大成果每年创造的经济价值达100多万元。《报告》对今后的推广工作提出具体意见。（《广西通志·大事记》P416）

18日 中共中央转发由中央文革小组第一副组长江青主持选编的《林彪与孔孟之道》（材料之一），全国开始“批林批孔”运动。江青等人以批“党内的大儒”为名，把矛头对准周恩来和大批被解放的老干部，以批“右倾回潮”否定“九·一三”事件以来各条战线的整顿。2月2日，《人民日报》发表社论《把批林批孔的斗争进行到底》，宣告“一场群众性的深入‘批林批孔’的政治斗争正在各个方面展开”。（《新华社新闻稿》1974.2.2，《中共宁夏党史大事记（1925.8~1988.6）》P430，《内蒙古自治区史》P330）

△ 云南省西双版纳傣族自治州革委会发布《关于加强森林保护和木材采伐管理的布告》，严禁毁林开荒、乱伐滥砍，严禁猎杀珍稀动物。（《西双版纳傣族自治州志》上P55）

22日 新疆维吾尔自治区乌鲁木齐铁路局机械修制厂研制成功0.5吨无芯工频感应电炉。该成果1978年获全国科学大会奖。（《新疆通志·科学技术志》72卷上P52）

28日 广西壮族自治区革委会批转自治区计委、建委《关于环境保护问题的请示》，决定成立自治区环境保护领导小组。（《广西通志·大事记》P417）

30日 广西壮族自治区党委在南宁召开“批林批孔”动员大会，要求各级领导站在斗争的前列，立即掀起声势浩大的“批林批孔”新高潮，搞好上层建筑和意识形态领域的社会主义革命。（《广西通志·大事记》P417）

31日 新疆维吾尔自治区党委发出《关于传达中发［1974］1号文件深入批林批孔运动的通知》，传达国务院总理周恩来的指示。

指示指出，在兄弟民族中开展“批林批孔”，注意不要把兄弟民族的风俗习惯同孔孟之道、四旧一样去批。（《中国共产党新疆历史大事记（1966.5~1991.12）》下P53）

是月 国家建委、国家计委在北京召开南疆铁路协作会议。南疆铁路动工修建。（《中国共产党新疆历史大事记（1966.5~1991.12）》下P53）

△ 湖南省湘西土家族苗族自治州吉首酒厂新建铸铁蒸馏塔，自治州实现机械化液态酿酒。（《湘西州志》上P72）

△ 贵州省黔南布依族苗族自治州农技站从长沙市农科所引进的第一批温州蜜柑4.5万株在都匀、荔波、翁安、三都等县试点种植，在自治州第一次种植温州蜜柑。该项目获省科技成果奖。（《黔南布依族苗族自治州志》上P63）

△ 云南省14个地、州、市近100个县遭遇历史上罕见的强低温霜冻，造成全省农作物受灾近150万亩，甘蔗受灾10万亩左右，约19万亩橡胶树冻死80%，冻死大小牲畜2000多头。（《中国气象灾害大典·云南卷》P445）

是~3月 青海省海北藏族自治州门源县青石嘴公社上吊沟等4个生产队出现麻疹患者540人，死亡44人，其他疾病死亡共131人。（《海北藏族自治州志》上P74）

2月

1~18日 新疆维吾尔自治区经营建设天山会议在石河子举行，讨论经营建设天山规划。（《中国共产党新疆历史大事记（1966.5~1991.12）》下P53）

2日 宁夏回族自治区银川地区举行“批林批孔”运动动员大会，自治区党委第一书记康健民作题为《迅速行动起来，积极投入“批林批孔”斗争》的动员报告。康健民说：“‘批林批孔’运动，是政治思想领域的一场大革命，是对封、资、修的宣战，是对帝、修、反的沉重打击，是全党、全军、全国人民的头等大事。”（《中共宁夏党史大事记（1925.8~1988.6）》P431~432）

28日 西藏自治区党委在拉萨召开1.8万人的“批林批孔”大会，并将批判所谓“刘少奇及其代理人”，批判达赖、班禅的“天命”、“神权”观念联系在一起进行。由此全区“批林批孔运动”展开。（《中国共产党西藏历史大事记（1949~2004）》P273）

是月 广西民族学院数理化系数学72级学员组成的科学实验小组与农场工人技术人员结合，试种玉米杂交种“群单105”成功。（《广西民族学院校史》P282）

3月

7日 四川省甘孜藏族自治州委发出《关于加强珍贵动物资源保护的通知》。（《甘孜州志》上P74）

14日 苏联一架米-4型武装侦察直升飞机侵入我国境内，多次在新疆哈巴河县降落，机上3名军人和飞机被我国边防部队和民兵当场捕获。24日，我国政府就此事向苏联政府提出强烈抗议。（《中国共产党新疆历史大事记（1966.5~1991.12）》下P53）

是月 云南省各地相继降温，降雪。据昭通、昆明、楚雄，曲靖、玉溪等10个地、市统计，农作物受灾约320万亩，冻死耕牛1.77万多头。（《中国气象灾害大典·云南卷》P413）

△ 青海省海西蒙古族藏族哈萨克族自治州都兰、乌兰、天峻县连降大雪。都兰积雪厚120~140厘米，热水、沟里、夏日哈、香加等公社40多万头牲畜受灾。截至5月底，共死亡成畜76445头，占牲畜总数的11.1%，死亡仔畜129712只，产仔成活率34%。（《海西蒙古族藏族自治州志》1卷P447）

4月

1日 广西壮族自治区革委会发出《关于发展油料生产的指示》。《指示》指出，广西的油料总产没有达到历史最高水平，且收购量下降。1973年与1957年同期相比，余油县由45个减少到40个，缺油县由24个增加到42个。《指示》要求，今后凡连片新种10亩以上油茶林，每亩由国家补助原粮2.5公斤指标，每垦复1亩油茶林，由国家补助原粮2.5公斤指标，奖售磷肥15公斤，向国家交售花生油、芝麻油统购任务内的，每市担奖售氮肥70公斤（或原粮100公斤），无偿奖给磷肥15公斤；超任务部分按统购价格加价30%。（《广西通志·大事记》P417）

17日 广西壮族自治区党委召开揭发批判广州军区政委兼广西军区第二政委、广西壮族自治区党委第二书记韦祖珍（壮族）的所谓“罪行”大会。此后，南宁、百色、桂林、梧州、玉林、河池、钦州等地相继召开类似的批判会，给韦祖珍冠以“上了林彪反党集团贼船”、“来广西进行反革命夺权”、“污蔑广西大好形势”等“罪名”。1981年5月20日，自治区党委报经中共中央批准，为其平反，恢复名誉。（《广西通志·大事记》P418）

21日 据《广西日报》报道，最近，由中科院古脊椎动物与古人类研究所、广西壮族自治区博物馆和广西水文工程地质队有关人员组成的野外考察队，在巴马瑶族自治县一个山洞内发现一颗巨猿牙齿化石，以及大熊猫、剑齿象、貘、猩猩和犀等哺乳动物化石。（《广西通志·大事记》P418）

22日 据《广西日报》报道，为贯彻落实“体育运动要从娃娃抓起”的方针，推动广西壮族自治区儿童体育运动的开展，3月在藤县、河池、柳州铁路局分别举行全区少年儿童“三小球”（小篮球、小排球、小足球）比赛。860多名少年儿童运动员参赛，年龄最大的不满13岁，最小的只有10岁。（《广西通志·大事记》P418）

5月

1日 湖南省湘西土家族苗族自治州古丈县罗依溪西水特大桥竣工通车。工程1971年12月开工，投资414.538万元，为全国主孔跨径大、不等跨的双曲拱桥典型。（《湘西州志》上P72）

1日~6月12日 广西壮族自治区第三届运动会在南宁市举行，大部分比赛在各地、市进行。南宁、柳州、桂林、梧州4市和南宁、柳州、桂林、梧州、玉林、百色、钦州、河池8地区以及柳州铁路局等13个单位的2852名运动员参赛。运动会设田径、游泳、体操、篮球、排球、乒乓球、水球、足球、羽毛球9个比赛项目，其中田径比赛全部由少年运动员参加，有3人打破3项自治区纪录。（《广西通志·大事记》P418）

8日 为进一步掀起普及革命样板戏热潮，宁夏回族自治区党委发出举行革命样板戏影片汇映的通知，决定是日至23日，在全区各地汇映《智取威虎山》、《红灯记》、《红色娘子军》、《白毛女》、《沙家浜》、《龙江颂》、《海港》、《奇袭白虎团》等革命样板戏彩色影片。（《中共宁夏党史大事记（1925.8~1988.6）》P434）

9日 广西壮族自治区党委批准在武鸣建立广西民族干部学校，主要任务是轮训民族地区少数民族基层干部。10月30日，该校第一期轮训班正式开学，近400名学员参加学习。（《广西通志·大事记》P418、422）

11日 联合国粮农组织畜牧生产及卫生处处长助理洛斯考克雷耳到广西访问，参观广西畜牧研究所、南宁屯里奶牛场红光分场和南宁地区马潭种畜场等处的杂交水牛群，并作专业技术报告。（《广西通志·大事记》P418）

△ 北京时间03时25分18秒，云南省昭

通地区与其邻近的四川凉山彝族自治州境内发生里氏7.1级地震，震中位置28.2°N、104.1°E，震源深度14公里。大关、永善、盐津、绥江和四川雷波5个县30多个公社受灾，重灾面积约230平方公里，破坏面积2300多平方公里，有感面积约40万平方公里。损坏房屋6.6万多间，其中倒塌约2.8万间，死亡1423人，重伤400多人，轻伤1200多人，损失牲畜2000多头。党中央、国务院组织有关部门进行救灾工作，派出由商业部部长范子瑜任团长的慰问团前往灾区慰问。四川省委和云南省委采取紧急措施，分别组织有关部门防震救灾。（《人民日报》1974.5.13.①，《云南省志·地震志》P101~104）

19日~6月1日 新疆维吾尔自治区体操运动员帕提古丽（女，维吾尔族）获全国体操个人赛跳马冠军。（《新疆通志·体育志》83卷P38）

23日 吉林省延边朝鲜族自治州石岘造纸厂生产出优质彩印新闻纸，为国内造纸工业填补空白。（《延边朝鲜族自治州志》P82）

27日 广西壮族自治区革委会向国务院呈送《关于请将广西防城港扩建为对外开放的贸易港口的报告》，提出广西南濒北部湾，加速扩建防城港，不仅可以大大加快广西国民经济的发展，还可以分担中南、西南一部分进出口物资的吞吐任务，缓和湛江、黄埔等港吞吐能力和黎湛铁路通过能力的紧张局面。《报告》请求中央将防城港作为对外开放的贸易港口，列入国家建港计划，并请交通部支持进行扩建。（《广西通志·大事记》P418~419）

是月 广西壮族自治区承担对卢旺达和加蓬共和国的农业援外任务，并派出以金宝生为组长的专家组70多人赴加蓬工作。6月6日，国家外贸部、商业部下达通知，广西无偿援助老挝1.14万吨大米；同日，国家外贸部、轻工业部下达通知，无偿援助老挝食盐424吨。（《广西通志·大事记》P419）

6月

5日 宁夏回族自治区日用化工厂建成试产，设计年产烧碱1000吨和液氯、盐酸各500吨。（《当代宁夏史通鉴》P28）

5~25日 北方地区（西片）春小麦良种区域试验现场观摩会议在新疆维吾尔自治区乌鲁木齐市举行，陕西、甘肃、宁夏、青海、山西、河北、内蒙古、新疆8个省区的代表参会。会议交流开展春小麦良种区域试验，促进小麦大面积丰产的经验，讨论研究1975年北方（西片）春小麦科学研究协作问题。（《中国共产党新疆历史大事记（1966.5~1991.12）》下P54）

8日 四川省甘孜藏族自治州康定自来水工程竣工供水。（《甘孜州志》上P74）

13日 新疆维吾尔自治区革委会决定成立抗旱防洪指挥部，统管全区抗旱打井和防洪工作。（《中国共产党新疆历史大事记（1966.5~1991.12）》下P54）

22日 据不完全统计，自1973年9月6日以来，上海、江苏、湖南、湖北、河南、山东、辽宁、四川8个省、市445名医务人员组成的中央赴藏医疗队，先后到达拉萨和那曲、昌都、日喀则等地，为当地藏族人民治病，治疗病人达40多万人次，施行各种手术4000余例，抢救危重病人300多名。医疗队由内科、外科、妇产科、小儿科、中医、放射、检验、药剂和卫生防疫、药品制造、医疗器械修理以及医学教育等专业的医务技术人员组成，还协助自治区办4所卫生学校及各种训练班，培训以藏族为主的医务人员1200余名。（《人民日报》1974.6.22.①，《西藏日报》1973.9.6.①）

26日 国务院、中央军委批示，撤销云南生产建设兵团建制，第一师改为云南省西双版纳傣族自治州农垦分局。（《西双版纳傣族自治州志》上P55）

28日 广西壮族自治区革委会发出《关

于1974年高等学校招生工作的通知》，提出要根据保证重点、兼顾一般的原则分配招生名额，理工科重点支援新建厂矿、工业基础薄弱的地区和“三线”建设，农科、医科、文科和师范重点支援农村，民族学院重点支援山区和边远地区少数民族。（《广西通志·大事记》P419）

是月 黑龙江省呼伦贝尔盟第一个饲料地草库伦在鄂温克族自治旗建成，面积3公顷。（《鄂温克族自治旗志》P923）

7月

1日 中共中央根据国家计委关于工农业生产情况的汇报发出通知，表扬全国工业生产较好的12个省、市、自治区，广西壮族自治区名列其中。（《广西通志·大事记》P419）

△ 广西壮族自治区南宁剧场建成投入使用。该剧场占地面积4.2万平方米，建筑面积1.09万平方米，设1725个座位。工程于1972年动工，投资共计520万元。（《广西通志·大事记》P419）

△ 据《西藏日报》报道，西藏自治区的党员比1965年前增长118%。其中，少数民族党员占83.7%，在自治区（市）党委中占35%、县委中占53.4%、县委第一书记中占21%；县辖区的党委基本都是少数民族党员。自治区有80%的乡、社建立了党的基层组织。（《中国共产党西藏历史大事记（1949~2004）》P273~274）

△ 新疆维吾尔自治区革命委员会决定成立自治区对外贸易局，商业局管理的外贸业务划归外贸局管理。（《新疆通志·商业志》61卷P45）

20日 甘肃省甘南藏族自治州舟曲县憨班桥竣工通车，桥长96.04米，是两（河口）郎（木寺）公路上跨越白龙江的最大桥梁。（《甘南州志》上P123）

22日 由国家农林部从墨西哥引进的小麦种子在广西壮族自治区试种成功。全区试种墨西哥小麦4800亩，平均亩产190公斤，在同等条件下，比本地小麦每亩增产40~50公斤。（《广西通志·大事记》P419）

22日~8月3日 国家计委听取新疆维吾尔自治区计委副主任祁果关于当前新疆国民经济情况的汇报。是年新疆旱情较严重，预计全年粮食产量将比1973年减收2亿公斤左右，粮食购销逆差约2.25亿公斤，请求中央调入粮、油、肉。会议研究决定，先调进粮食1亿公斤、食油75万公斤、猪肉1000吨。（《中国共产党新疆历史大事记（1966.5~1991.12）》下P55）

27~28日 云南省楚雄彝族自治州武定县白路公社36小时内降雨220毫米，元谋筑在白路境的向阳水库垮坝，洪水冲垮其下游畔厂地水库及房屋130多间，洪水泛入老城河，沿途冲走71人，其中死亡25人。（《楚雄彝族自治州志》1卷P205）

8月

2日 上海、辽宁、江苏、河南、湖南、四川6省、市和国务院各部委选派89名教师赴西藏自治区支援教育建设。他们将分配到8所中学，加强教学工作，还将协助自治区在拉萨筹建1所师范学院。（《人民日报》1974.8.3.①）

5~17日 上海、江苏、湖南、湖北、河南、山东、辽宁、四川8省市赴西藏自治区医疗工作座谈会在拉萨召开。会议总结和交流经验，研究改进和加强西藏医疗卫生工作的措施。（《中国共产党西藏历史大事记（1949~2004）》P274）

6日 据《西藏日报》报道，西藏自治区革委会副主任天宝率240余名县以上干部组成的西藏自治区农业学习参观团，到山西昔阳县大寨大队及河北、河南、四川等地学习参观。10月底返回拉萨。（《中国共产党西藏历史大事记（1949~2004）》P274）

11日 09时13分57秒，新疆维吾尔自治区阿克陶县乌兹别里山口北发生里氏7.3级地震，震中位置39°14′N、73°50′E。木吉乡一带山石滚落，石砌羊圈倒塌，河谷两岸陡崖崩塌或陷落，地表裂缝，喷水冒沙。（《新疆减灾四十年》P264）

22日 据《广西日报》报道，广西壮族自治区战胜各种自然灾害，夺得早稻丰收。8个地区和3个市郊区普遍比1973年增产，梧州地区增产20%，玉林地区增产10%。（《广西通志·大事记》P420）

28日 西藏自治区革委会制定《全区农牧业五五规划初步设想》，提出西藏农业的重点是建设好雅鲁藏布江中上游、拉萨河、年楚河流域23个县（场），逐步使之成为全区主要粮产区。计划到1980年全区粮食播种面积要达到340万亩，总产粮食6.5亿公斤，油菜子1250公斤，达到粮食自给。牧区重点建设好那曲、安多、当雄3县。（《中国共产党西藏历史大事记（1949~2004）》P274~275）

29日 尼泊尔政府为维护国家独立，对逃往尼泊尔的西藏叛乱武装采取限令上缴武器，到指定地点集中定居等措施。大部分叛乱武装分子已交武器，但以叛乱分子旺堆为首的150余人于8月13日由木斯塘地区西窜，企图逃往印度。中央军委为此指示，西藏军区部队加强警戒巡控。叛首旺堆后被尼军击毙，余众缴械。（《中国共产党西藏历史大事记（1949~2004）》P275）

是月 云南省德宏卫生学校恢复招生。该校创办于1960年8月。（《德宏州志》综合卷P59）

△ 云南省德宏傣族景颇族自治州新建潞西江东中学，梁河河西中学、平山中学，盈江弄璋中学，陇川清平中学、户撒中学和瑞丽第二中学。（《德宏州志》综合卷P59）

9月

2日 广西壮族自治区革委会上报国务院《关于我区抗洪抢险的情况报告》。《报告》指出，因气候反常，从1973年冬至是年6月上旬，曾出现严重春旱；6月中旬后，又发生5次解放以来少见的大暴雨，山洪暴发，大小河流水位猛涨，淹没农田224.69万亩，损失粮食3375万公斤，冲塌房屋1.02万间，冲垮水库193座，死伤184人。各级党政领导带领群众抗洪抢险，开展生产自救，帮助灾区人民重建家园。（《广西通志·大事记》P420）

14日 广西壮族自治区建成第一座现代化万吨冷库——柳州肉类联合加工厂冷库。经过7个月的生产运行，质量良好。（《广西通志·大事记》P420）

△ 宁夏回族自治区固原地区最近从农村选拔300多名回族青年干部，经过4个多月培训后，陆续分配到县、社党政机关工作。（《中共宁夏党史大事记（1925.8~1988.6）》P435）

15日 青海省黄南藏族自治州河南蒙古族自治县柯生公社外斯水利管道工程竣工，总长20多公里，扩大草原利用面积15万亩，解决4.5万头（只）牲畜的饮水问题。（《黄南州志》上P47）

16日 我国自己设计、建造的黄河青铜峡（宁夏回族自治区境内）水利枢纽工程建成，是以灌溉为主，结合发电、防洪、防凌等综合利用的大型水利枢纽工程。该工程包括一座长697米、高42米的混凝土拦河大坝，6个河床闸墩电站，2个渠首电站，7个孔溢流坝，3孔延洪闸和开关站等建筑工程，已基本建成并发挥显著效益。（《中共宁夏党史大事记（1925.8~1988.6）》P435~436）

20日 广西壮族自治区合山电厂3号机组建成投产，装机容量2.5万千瓦。（《广西通志·大事记》P420）

23日 截至目前，广西壮族自治区82个县（市）全部建立农科所，84%的公社建立农业技术推广站，53%的大队建立农业科技领导小组，73%的生产队建立农科组。全区基本形成四级农科网。（《广西通志·大事记》P420）

24日 云南省德宏傣族景颇族自治州委、州革委制定边民互市市场管理规定，确定10个边民互市。（《德宏州志》综合卷P59）

26日 青海省西宁市红湾至海南藏族自治州贵德县贺尔加11万伏高压输电线路架通，全长80多公里。（《海南州志》P46）

29日 国务院总理周恩来在病中致信中共中央副主席王洪文，要求"文革"中受难的中国曲艺工作者协会副主席侯宝林（满族）和全国政协秘书长、中共中央统战部副部长齐燕铭（蒙古族）参加国庆招待会。（《周恩来选集》下卷P457）

△ 据《新疆日报》报道，新疆维吾尔自治区第一座现代化肥厂——新疆军区生产建设兵团化肥厂投产。年产合成氨6.8万吨，尿素13万吨。（《中国共产党新疆历史大事记（1966.5~1991.12）》下P56）

是月 西藏自治区藏北第一所中学——那曲地区中学建成并正式开学。（《中国共产党西藏历史大事记（1949~2004）》P275）

△ 西藏自治区第二届运动会在拉萨举行，11个代表团参加8个竞赛项目。索朗卓玛打破自治区女子射箭纪录，在田径27项比赛中有45人打破16项自治区纪录。本届运动会将民族传统体育项目"古朵"（用牧鞭抛掷石头）作为单项列入投掷比赛项目。（《当代中国的西藏》下P505、527）

10月

1日 吉林省延边朝鲜族自治州延吉电视转播台开播，1977年12月1日改为延边电视台。（《延边朝鲜族自治州志》上P82、84）

△ 宁夏人民广播电台开始播送蒙古语节目。（《宁夏日报》1975.2.8.①）

12日 中国佛协副会长、云南省佛协分会会长、西双版纳傣族自治州佛协分会会长松溜阿嘎牟尼（傣族）病逝，享年75岁。（《西双版纳傣族自治州志》上P55）

△ 广西壮族自治区第一个内燃机务段——柳州铁路局金城江内燃机务段建成。行驶于柳州、麻尾之间的各次旅客列车和金城江、麻尾之间的各次货物列车，已由国产"东风型"内燃机牵引。（《广西通志·大事记》P421）

13日 广西壮族自治区梧州市第一建筑公司制造成功广西第一台大型震动、锤击两用打桩机，并投入生产。（《广西通志·大事记》P421）

14日 西藏自治区300名藏族、回族、门巴族等翻身农奴被选送到内地上大学。他们分别来自牧区、部队以及机关，将进入北京大学、清华大学、复旦大学、南开大学、西安交通大学以及各地医学、矿业、邮电、气象等方面的高等院校学习。1972年以来，有1000多名农奴和奴隶出身的工农兵积极分子进入内地各高等院校学习。（《中国共产党西藏历史大事记（1949~2004）》P275）

17日 中共北京市委、市革委会派慰问团到宁夏回族自治区银川市，慰问来宁安家落户的北京知识青年。（《中共宁夏党史大事记（1925.8~1988.6）》P436）

25日 甘肃省甘南藏族自治州民族学校（后为藏族中等专业学校）建成开学。（《甘南州志》上P124）

31日 广西壮族自治区党委批转自治区除害灭病领导小组办公室《关于制订〈广西壮族自治区根除血吸虫病工作规划（草案）〉的情况报告》。《报告》指出，自治区到1972年

已基本消灭血吸虫病，提出1980年实现全区根除血吸虫病的目标。（《广西通志·大事记》P421）

是月 四川省甘孜藏族自治州已建水利、改土专业队1199个，投入劳力最高时达4.8万人，共改土10446亩，草原灭鼠147万亩。（《甘孜州志》上P75）

△ 青海省海北藏族自治州门源县中学建成。（《海北藏族自治州志》上P74）

11月

11日 广西壮族自治区革委会转发自治区计委、工交办、财办《关于发展小煤窑生产几个问题的请示报告》。《报告》指出，自治区小煤窑生产建设几年来获得较大发展，有小煤窑203个。《报告》提出，要力争在二三年内做到小煤窑产量自给有余，为“扭转北煤南运”作贡献。（《广西通志·大事记》P421）

19日 广西壮族自治区合面狮水电站第一期工程建成，该站坐落在贺江中游，是发电、灌溉、船只排运的综合水电工程。设计装机容量6.8万千瓦，年发电量3.6亿千瓦时。1976年4月，4台机组全部投产，总投资4647万元。（《广西通志·大事记》P422）

△ 1974年全国乒乓球比赛在广西壮族自治区南宁市开幕，27个省、市、自治区和中国人民解放军等34个单位的370多名运动员参赛。（《广西通志·大事记》P421）

28日 青海省黄南藏族自治州泽库县牧业学大寨先进事迹在全国农业学大寨展览馆展出。（《黄南州志》上P47）

30日 甘肃省甘南藏族自治州碌曲县发生“冬坐雪”灾害，造成1975年牲畜春乏死损48.99万头（只、匹），成畜死损率11.3%，仔畜死损率37.3%。（《甘南州志》上P124）

是月 青海省海西蒙古族藏族哈萨克族自治州广播事业局和海西蒙古族藏族哈萨克族自治州人民广播电台成立，实行局台合一的体制。1984年5月，海西州广播事业局更名为海西州广播电视局。（《海西蒙古族藏族自治州志》5卷P455）

12月

2日 《人民日报》发表《农大毕业当农民好——辽宁朝阳农学院实行“社来社去”的调查》，全国吹响所谓“朝农经验”的第一声喇叭。1978年2月21日，《人民日报》发表文章《一个篡党夺权的反革命经验——揭批“四人帮”一伙炮制的所谓“朝农经验”》。在“四人帮”加快篡党夺权步伐的时候，反革命口号“同十七年对着干”就出自“四人帮”及其他们所炮制的“朝农经验”。（《新华社新闻稿》1974.12.3，《中华人民共和国大事记（1949~1980）》P345~346）

3日 云南省德宏傣族景颇族自治州人民广播电台建立，开播汉、傣、景颇语节目，并转播云南省广播电台节目。（《德宏州志》综合卷P59）

3~12日 宁夏回族自治区举行首届上山下乡知识青年积极分子代表大会，参会代表380多人。目前，全区有3万多城镇知识青年到国营农场和农村安家落户。不少知识青年成为学习、宣传毛泽东思想的积极分子，农业战线上的生产能手，他们中有217人加入中国共产党，2720多人加入共青团，1137人参加各级领导班子，并涌现出许多先进集体和个人。（《中共宁夏党史大事记（1925.8~1988.6）》P437~438）

5~25日 国家新药典蒙、藏、维吾尔药品标准审稿会议在内蒙古自治区举行。中央卫生部决定，甘肃省甘南藏族自治州收集整理的“洁白丸”、“八味沉香散”、“九味石灰华散”3种藏成药首次载入《中华人民共和国药典》（1977年版）。（《甘南州志》上P124）

9~24日 西藏自治区教育工作会议在拉

萨召开。会议指出，至1973年底，自治区已有中学（包括小学初中班）32所、学生4000多人，比1959年增长24倍多，比“文化大革命”前的1965年增长4倍多；公办和民办小学3037所，学生14.18万多人，比1959年增长53.5倍，比“文化大革命”前的1965年增长1倍。还有1所西藏民族学院和6所中等专业学校。1971年以来，全区还选送1280多名有实践经验的工农兵积极分子到内地各高等院校和其他学校学习。（《中国共产党西藏历史大事记（1949~2004）》P276）

16日 广西壮族自治区革委会发出《关于全区农村社、队企业和县城街道（公社）企业征收工商所得税减免照顾的暂行规定》，对农村社队企业和县城（包括南宁、柳州、桂林、梧州4市的郊区）的街道（公社）企业，给予减征50%的照顾。对农村社、队企业全年利润不超过2000元（包括2000元）的，免征工商所得税。（《广西通志·大事记》P422）

25日 西藏自治区在拉萨集会庆祝川藏、青藏公路通车20周年。20年来，全区已有公路干线、支线95条，长1.58万多公里，比川藏、青藏公路通车时的1954年增长8倍，97%的县和75%的区通公路。（《中国共产党西藏历史大事记（1949~2004）》P277）

27日 据《宁夏日报》报道，宁夏回族自治区农业丰收，比历史最高水平的1971年增产近3成，平均亩产和总产粮食都创历史最高纪录；油料比1973年增产38.8%，大麻增产23.6%，甜菜增产76.7%。（《中共宁夏党史大事记（1925.8~1988.6）》P438）

30日 广西壮族自治区革委会向财政部呈送《关于请求拨款加速边境建设的报告》。《报告》指出，广西边境6县1市与越南民主共和国毗连，居住167.55万多人。由于过去经济基础薄弱，发展生产比较缓慢，群众口粮较低，工业发展不快，交通不便，文教卫生也存在一些问题，为加速边境建设，请求财政部从1975年开始，每年增拨500万作为边境地区的建设专款补助，并在物资分配上给予照顾。（《广西通志·大事记》P422）

31日 宁夏回族自治区掀起大规模农田基本建设高潮，全年投入农田基本建设52万人，占全区总劳力的一半；开工的工程项目之多、速度之快、质量之好，都超过以往任何一年。截至12月10日，新开沟渠1.7万多条，建成配套建筑物5600座，兴修基本农田105万亩，超过自治区革委会提出的任务。（《中共宁夏党史大事记（1925.8~1988.6）》P438）

是月 宁夏回族自治区贺兰山磷矿建成投产，设计年产10万吨。（《当代宁夏史通鉴》P28）

△ 新疆维吾尔自治区乌鲁木齐机场扩建工程完成，成为中国4个主要国际航空港之一。“文化大革命”期间还新建和扩建一些小型机场，以乌鲁木齐为中心的航空网基本形成，大部分地区、自治州都已通航。（《中国共产党新疆历史大事记（1966.5~1991.12）》下P58）

1975年

1月

5日 据《广西日报》报道，1974年冬，广西壮族自治区水利动工工程有3.29万多处，已完工1.25万多处；新增旱涝保收面积50万亩，造田造地56万多亩。（《广西通志·大事记》P423）

7日 海南岛革命根据地创始人王国兴（黎族）在海口病逝，享年81岁。生前曾任全国政协第一届委员会委员、中央民族事务委员会委员、海南岛黎族苗族自治区主席等职。（《中国历代少数民族英才传》P3707~3711）

8日 国务院总理周恩来受中共中央主席毛泽东委托主持召开中共十届二中全会，会上提出关于实现农业、工业、国防和科学技术现代化的目标，提出基本上正确的政府人选名单，选举邓小平为中共中央副主席、中央政治局常委，挫败了江青一伙妄图“组阁”的阴谋。（《内蒙古自治区史》P332）

13~17日 全国人大四届一次会议举行，大会通过修改后的《中华人民共和国宪法》(第二部)，对民族问题作了具体规定。大会还讨论通过国务院总理周恩来的《政府工作报告》。《报告》指出，在本世纪内，全面实现农业、工业、国防和科学技术现代化，使我国国民经济走在世界的前列，把我国建设成为社会主义的现代化强国。会议选举出人大常委会委员长、委员，任命国务院总理、副总理、各部部长、各委员会主任。朱德当选全国人大常委会委员长，韦国清（壮族）、赛福鼎·艾则孜(维吾尔族)、乌兰夫（蒙古族)、阿沛·阿旺晋美（藏族）等为副委员长；任命以周恩来为总理、邓小平等为副总理的国务院组织人员。会前，毛泽东主席戳穿江青等人篡夺国家最高领导权的阴谋，宣布他们是“四人帮”。会后，周恩来病重，毛泽东主席确定由邓小平主持党政日常工作。邓小平根据四届人大一次会议确定的建设社会主义现代化强国的宏伟目标和毛泽东提出的安定团结，把国民经济搞上去的意见，开始对交通、工业、农业、科技、军事等各条战线进行整顿，同时抓教育和文艺方面的整顿，并在短短一年中取得显著成效。（《中华人民共和国大事记（1949~1980）》P51~52;《新华社新闻稿》1975.1.19，1981.7.1;《人民日报》1981.7.17.②③）

24日~2月7日 青海省玉树藏族自治州杂多、曲麻莱、称多3县发生大雪灾，27个公社120个生产大队314万头（只）牲畜受灾。截至5月4日，全州共减损牲畜41.84万头(只)。（《玉树州志》上P46）

是月 湖南省湘西土家族苗族自治州吉首汽车配件厂试制成功贝拉斯—540型空压机，填补我国重型汽车零配件生产空缺。（《湘西州志》上P73）

△ 广西壮族自治区畜牧研究所开展公猪精液冷冻、保存的研究，经过3000多次试验摸索，制成颗粒冻精。（《广西通志·大事记》P423）

2月

4日 辽宁省海城地区发生里氏7.3级地震，波及内蒙古自治区赤峰市克什克腾旗，烈度5级。翁牛特旗受震感，红山区部分古建筑倒塌。（《内蒙古自然灾害通志》P334）

△ 外贸部、外交部批复新疆维吾尔自治区革委会同意于是年开放阿里地区普兰口岸，每年5月至10月与尼泊尔进行贸易。（《中国共产党新疆历史大事记（1966.5~1991.12）》下P58~59）

10日 中共中央发出《批转1975年国民经济计划的通知》。《通知》要求，全党坚持“抓革命、促生产、促工作、促战备”的方针，把国民经济搞上去。（《中共宁夏党史大事记（1925.8~1988.6）》P441）

18日~3月25日 中共中央、国务院、中央军委在北京京西宾馆举行“关于改变新疆军区生产建设兵团体制会议”。经中央批准，撤销新疆军区生产建设兵团建制，组建自治区农垦总局，属自治区革委会领导，兵团各师与各地、州合并，设立地、州农垦局。（《中国共产党新疆历史大事记（1966.5~1991.12）》下P59）

20日 广西壮族自治区党委批转自治区计划生育领导小组《关于全区计划生育工作会议情况及今后工作意见的报告》。《报告》提出，今后计划生育工作的重点地区是每平方公里人口150人左右的县、公社，人口自然增长率要求1976年下降到15‰以下，其他地区着重做好提倡晚婚和计划生育的宣传工作；在农村提倡每对夫妇生2个孩子。（《广西通志·大事记》P423）

△ 广西壮族自治区革委会向国务院呈报《关于我区局部地区发生冰雹灾害的情况报告》。《报告》指出，2月3日下午，都安、忻城、巴马、柳江、象州、金秀、蒙山7个县（自治县）发生罕见的冰雹灾害，雹粒最大的重30公斤，初步统计有2人死亡、172人受伤，损坏房屋5万间，打坏小麦、玉米、豌豆等农作物2.9万多亩。 （《广西通志·大事记》P423）

22日 《人民日报》、《红旗》杂志发表中共中央主席毛泽东最近关于理论问题的指示和马恩列论无产阶级专政的33条语录，要求在全国开展学习“无产阶级专政理论”运动。 （《新华社新闻稿》1975.2.22）

23日 据《广西日报》报道，广西壮族自治区农机研究所积极开展农机研究工作，取得可喜成果。自1966年以来，研制成功及定型的农机共有15种，如丰收37型拖拉机配套用的水稻联合收割机、广西65—2型大小苗两用插秧机、水田犁系列、水田耙系列、旱地犁耙等。 （《广西通志·大事记》P424）

△ 新疆维吾尔自治区革委会召开落实国家科学技术重点项目会议。中科院将盐碱地大面积改良利用试验、荒地资源综合评价与合理开发利用的研究、地下水合理开发利用、改良草原提高载畜量的研究、沙漠地大面积植树造林试验和寒潮大风预报方法的研究等6个项目列为国家是年科学技术发展计划的重点项目。 （《中国共产党新疆历史大事记（1966.5~1991.12）》下P59~60）

24日 中共西藏自治区委员会发出《关于认真抓好计划生育工作的通知》，各地市迅速建立健全计划生育领导机构，正式把计划生育工作列入议事日程。此期实行计划生育的对象仅是汉族及和汉族结婚的少数民族职工，提倡生育子女“一个不少，两个合适”，对少数民族未实行计划生育。 （《当代中国的西藏》下P495）

25日~3月7日 宁夏回族自治区党委举行教育革命会议。会议学习中共中央主席毛泽东关于理论问题的指示，讨论开展“学朝农”（辽宁朝阳农学院）的问题，提出要把学校办成“无产阶级专政的工具”。 （《中共宁夏党史大事记（1925.8~1988.6）》P441）

28日~5月30日 青海省黄南藏族自治州河南、泽库2县遭严重雪灾和大风降温，各类牲畜大量死亡。河南蒙古族自治县死亡各类牲畜9.52万头（只），占全县牲畜总数的13.43%。泽库县成畜死亡8.74万头（只），死亡率8.5%。 （《黄南州志》上P47）

3月

1日 内蒙古自治区最大的电力扬水站——磴口扬水站扩建工程竣工放水。 （《新华社新闻稿》1975.8.13）

4日 宁夏回族自治区党委转发自治区法院、妇联《关于宣传贯彻党的婚姻政策，反对包办买卖婚姻问题的请示报告》。《报告》指出，包办婚姻在全区普遍存在；买卖婚姻和变相买卖婚姻城乡都普遍存在；早婚、非法同居在山区比较严重；拐骗、贩卖妇女，重婚纳妾，宗教势力干涉婚姻自由时有发生。针对上述情况，提出从“三八”节开始，集中两三个月时间，在全区开展以反对包办买卖婚姻为重点的批判封建的、资本主义的婚姻观点和婚姻制度，宣传贯彻党的婚姻政策的群众运动。（《中共宁夏党史大事记（1925.8~1988.6）》P442）

5日 中共中央副主席、国务院副总理邓小平在省、市、自治区党委主管工业的书记会议上发表《全党讲大局，把国民经济搞上去》的讲话。他说：“现在有一个大局，全党要多讲。大局是什么？三届人大和四届人大的政府工作报告，都讲了发展我国国民经济的两步设想：第一步到1980年，建成一个独立的比较完整的工业体系和国民经济体系；第二步到

20世纪末，也就是说，从现在算起还有25年时间，把我国建设成为具有现代农业、现代工业、现代国防和现代科学技术的社会主义强国。全党全国都要为实现这个伟大目标而奋斗。这就是大局。”（《邓小平文选（1975~1982年）》P4）

20日 新疆维吾尔自治区党委、自治区革委会批转自治区卫生局《关于开展计划生育工作的报告》，并发出通知。通知指出，“人口非控制不行”，在汉族群众中要大力开展计划生育工作，在兄弟民族群众中要注意做好妇幼保健工作，对兄弟民族群众中主动要求节育的要热情支持，做好技术指导。（《中国共产党新疆历史大事记（1966.5~1991.12）》下P60）

23日 内蒙古自治区呼伦贝尔盟鄂伦春自治旗扎文河发生特大森林火灾，过火面积160.5万公顷，历时56天灭火，经济损失严重。（《内蒙古自然灾害通志》P335）

24日 广西壮族自治区革委会批转自治区环境保护领导小组《关于漓江污染情况和治理意见的报告》。《报告》提出，今后所有新建、扩建和改建的工业、科研等项目必须把“三废”（废气、废水、废渣）治理设施与主体工程同时设计、同时施工、同时投产，否则不准建设；对现有污染漓江的工矿企业必须定出规划，在3年内治理好。（《广西通志·大事记》P424）

27日 广西壮族自治区“两管五改”（管水、管粪，改良水井、厕所、畜圈、炉灶、环境）经验交流会在合浦县召开。会议总结交流全区开展“两管五改”的经验，要求大搞农村卫生和肥料基本建设，提高人民健康水平，促进农业生产发展。（《广西通志·大事记》P424）

28日 广西壮族自治区革委会发出《关于加强对稀有珍贵树种保护的通知》。《通知》指出，全区稀有珍贵树种主要有樬木、金丝李、格子、子京、紫檀、银杉、苏木等，现存不多，必须加强保护。（《广西通志·大事记》P424）

4月

3日 据《宁夏日报》报道，宁夏回族自治区卫生部门在各级党委领导下，抽出大批医务人员组成农村卫生工作队，奔赴山区、牧区和川区的部分县、市农村，巩固发展合作医疗，大力培训“赤脚医生”，积极为贫下中农（牧）防病治病。（《中共宁夏党史大事记（1925.8~1988.6）》P442~443）

6日 广西壮族自治区南宁经桂林至湖南省长沙市新航线开航。（《广西通志·大事记》P424）

7~13日 宁夏回族自治区公安工作会议举行。会议学习《中共中央关于加强铁路工作的决定》，讨论明确当前公安保卫工作的主要任务；搞好铁路、工矿企业的保卫工作，打击阶级敌人的破坏活动，保证安全生产。（《中共宁夏党史大事记（1925.8~1988.6）》P443）

25日 广西壮族自治区扶绥发现恐龙化石新种，经中科院古脊椎动物与人类研究所鉴定，分别定名为广西亚洲龙、广西原恐齿龙、扶绥中国上龙。（《广西通志·大事记》P424）

27~30日 新疆维吾尔自治区南疆铁路建设第二次协作会议在北京举行，国务院副总理王震、谷牧到会作指示。会议研究是年南疆铁路施工计划及生活和物资供应问题，重申力争在1978年铺轨通车到库尔勒。（《中国共产党新疆历史大事记（1966.5~1991.12）》下P60~61）

是月~5月 云南省红河哈尼族彝族自治州120万亩保水田中已干水的有31.8万亩，有12万亩旱地作物因旱出苗不齐，有些生产队出现人畜饮水困难的情况。（《中国气象灾

害大典·云南卷》P55）

5月

1日 自是日起，广西柳州铁路局对旅客快车采用国产“东风型”2000匹马力内燃机车牵引。（《广西通志·大事记》P425）

17日 据报道，由卫生部机关、北京市、中国医学科学院、中医研究院和新疆的医务人员组成的北京医疗队阿里队，赴西藏阿里地区巡回医疗，并培养藏族“赤脚医生”，协助办一所卫生学校。（《新华社新闻稿》1975.5.18）

20日 广西壮族自治区革委会向国务院和农业部呈送灾情报告。报告表明，梧州地区连续大雨暴雨，受淹禾苗10.1万多亩，其中禾苗被冲走9100多亩，倒塌房屋103间，淹死15人，伤2人。由于降雨不均，百色、河池地区有6万亩早稻无水插秧，13万亩受旱，春玉米100多万亩受旱。（《广西通志·大事记》P425）

27日 中国男女混合登山队运动员潘多（女）、索男罗布、罗则、侯生福、桑珠、大平措、贡嘎巴桑、次仁多吉、阿布钦9人，14时30分从北坡登上世界最高峰——珠穆朗玛峰，其中8人是藏族。36岁的潘多成为世界上第一个从北坡登顶的女运动员。队员登上顶峰后，在没有使用氧气的情况下坚持70分钟，采集了岩石标本，并以简陋的工具竖起3米高的金属测量规标，实地测得珠峰的准确高度为海拔8848.13米。这个规标也就成了以后一个时期各国登山队登上珠峰后，首先摄取的最有说服力的确认登顶的标志。在这次登山活动中，还有13名女运动员登上7600米以上高度，再次打破女子登山高度的世界纪录。登上8600米的有昌措、桂桑、扎桑3人，登上8100米的有次仁仲巴、旺姆、加力3人，登上7600米以上的有巴桑等7人。（《新华社新闻稿》1975.5.28，《当代中国的西藏》下P510~511，《人民日报》1990.1.12.③）

28日 中央军委授予洛桑丹增“爱民模范”光荣称号。西藏军区建筑工程团第五连副连长洛桑丹增，于1974年12月30日为抢救藏族落水儿童不幸牺牲。西藏军区党委于1975年1月23日为他追记一等功，成都军区于6月25日在拉萨举行命名大会。（《新华社新闻稿》1975.7.11）

29日 青海医学院首届藏、蒙古、土等少数民族的33名工农兵大学生毕业。（《新华社新闻稿》1975.5.30）

△ 根据中共中央、中央军委撤销新疆军区生产建设兵团建制的决定，伊犁哈萨克自治州党委、州革委会决定成立伊犁州农垦局，接管生产建设兵团农四师所属团场，并将州属国营农牧场划归农垦局。此后，塔城、阿勒泰地区分别成立地区农垦局和奎屯农垦局，接管农九师、农十师所属团场。（《伊犁哈萨克自治州志》P57）

6月

1日 云南省怒江傈僳族自治州农机研究所、自治州畜牧兽医站成立。（《怒江傈僳族自治州志》下P192、195）

4日 10时24分31秒，新疆维吾尔自治区和田慕士山西南发生里氏6.1级地震，震中位置36°23′ N、80°03′ E，震源深度31公里，震中烈度VII度。震中区陡崖崩塌，山石滚落，个别房屋倒塌，少数房屋裂缝。（《新疆减灾四十年》P264）

△ 新疆维吾尔自治区地质局实验室研究成功激光微分析仪，填补了新疆激光技术在矿物分析应用上的空白。（《新疆通志·科学技术志》72卷上P52）

12日 青海省玉树藏族自治州地方病防治所改称州卫生防疫站。（《玉树州志》上P46）

17日 据《广西日报》报道，广西壮族

自治区高等学校和中等专业学校招生工作会议最近在南宁召开。会议要求，学习“朝农”（辽宁省朝阳农学院）经验，培养工农兵大学生，热情扶植“社来社去”这一新生事物，搞好1975年招生工作。（《广西通志·大事记》P425）

19日 新疆维吾尔自治区少数民族文字图书翻译出版规划会议召开。会议传达中央领导同志关于加强少数民族文字图书翻译出版工作的指示，检查总结自治区的出版工作，制订1975年至1977年维吾尔、哈萨克、蒙古文图书翻译出版规划。（《新疆日报》1975.6.19.①）

30日 宁夏回族自治区又一座生产主焦煤的矿井——石嘴山第二矿务局乌兰煤矿建成投产。（《宁夏日报》1975.7.9.①）

是月 新疆维吾尔自治区博尔塔拉蒙古自治州境内的新疆生产建设兵团农五师并入博尔塔拉州。（《博尔塔拉蒙古自治州志》P53）

7月

1日 地处宁夏回族自治区六盘山区的泾源县龙潭水利电力工程建成并开始发电。（《当代宁夏史通鉴》P29）

3日 广西壮族自治区党委批转自治区宣传部关于首先在南宁、柳州、桂林、梧州市广泛开展群众性学唱革命样板戏活动的请示报告，力争8月1日前后在各系统、各单位形成学唱样板戏高潮。（《广西通志·大事记》P426）

4~31日 云南省昭通地区干旱，112万亩作物受旱。其中，镇雄13个公社169个大队受灾，农作物受灾基本毁灭的有12万亩。（《中国气象灾害大典·云南卷》P56）

7日 据新华社报道，宁夏回族自治区长城机床厂研制成CSK20数控机床，为全国机床行业增加新产品。（《当代宁夏史通鉴》P29）

8日 广西壮族自治区革委会批转《全区基本建设会议纪要》。《纪要》提出，是年全区基本建设投资6.09亿元（不包括五小企业补助和枝柳铁路投资），全部建设投产的项目42个，收尾配套项目8个，投产单项工程20个，重要建设项目66个，共计136个。（《广西通志·大事记》P426）

9日 四川省甘孜藏族自治州委决定恢复甘孜师范学校，重建州农牧学校。（《甘孜州志》上P75）

15日 广西壮族自治区党委在南宁召开全区贯彻执行毛泽东主席《七二一指示》经验交流会，传达在上海召开的全国“七二一”工人大学教育革命经验交流会精神，研究广西厂办工人大学问题。会后，全区“七二一”工人大学迅速发展。21日，南宁市16所“七二一”工人大学开学。（《广西通志·大事记》P426）

△ 据新华社报道，西藏自治区藏族医务人员队伍发展迅速。全区已有藏族医务工作者1200多人，“赤脚医生”6400多人，分别比1973年增长25%和58%，农牧区医疗卫生网初步形成。（《中国共产党西藏历史大事记（1949~2004）》P279）

16~17日 云南省西双版纳傣族自治州勐腊地区发生60年未遇的大洪水，5个公社16个大队57个生产队的2570户13000人受灾，淹没农田3.6万亩，公路、桥梁、电话线受损坏，直接经济损失260多万元。（《西双版纳傣族自治州志》上P56）

28日~8月4日 云南省红河哈尼族彝族自治州发生震惊中外的“沙甸事件”。沙甸是红河州蒙自县鸡街公社下属的一个生产大队，“四人帮”及其在云南的追随者认为，以沙甸为中心的滇南一些回族村庄要进行反革命武装叛乱，调动部队对沙甸等回民村庄进行武装“平叛”，造成无辜伤亡千余人，毁坏民房千余间。中共十一届三中全会后，落实党的民族政策和宗教政策，中共云南省委先后于1979年2

月和1987年8月发出文件，撤销原错误结论，国家拨款1000多万元帮助恢复和发展生产，重建家园。（《红河哈尼族彝族自治州志》1卷P92）

是月 内蒙古大学与中科院民族研究所协同成立契丹文字研究小组。（《内蒙古大学四十年》P397）

△ 由越南民主共和国副部长胡竹率领的越南教育部代表团访问广西壮族自治区南宁和桂林，就桂林“九二”学校迁回越南一事，与以广西壮族自治区革委会副秘书长江景河为团长的中国教育部代表团举行会谈。（《广西通志·大事记》P426）

△ 新疆维吾尔自治区党委颁布《关于巩固农村人民公社发展农牧业生产若干政策问题的规定（试行草案）》。文件就人民公社的基本核算单位和社队规模，坚持各尽所能、按劳分配的原则，公社社员可以经营家庭副业，社队办企业，以粮为纲全面发展，发展畜牧业，落实畜牧业政策等10个问题作出规定。（《中国共产党新疆历史大事记（1966.5~1991.12）》下P62）

8月

1日 《新疆日报》哈萨克文版全部改用哈萨克新文字。（《新疆日报》1975.7.31.①）

4日 宁夏回族自治区贺兰山东麓出现大暴雨。贺兰山北端防洪工程被冲毁，淹没农田0.13万多公顷，冲毁近0.13万公顷，冲走粮食27万多公斤，死亡8人，淹死牲畜560头，冲走房屋1200多间，倒塌房屋177间，农场渠决口76处，粮食减产约500多万公斤，商业损失100多万元。苏峪口、汝箕沟、大武口山洪暴发，防洪工程被冲毁，沿途公路、铁路被洪水冲毁多处，致运输中断。电杆被冲倒，电话全部中断，部分工矿停产，给工农业生产和人民生命财产造成严重损失。（《当代宁夏史通鉴》P29，《中国气象灾害大典·宁夏卷》P116）

4~6日 内蒙古自治区巴彦淖尔盟普遍降雨，狼山地区、潮格地区2天降雨量145.8毫米。4个旗、县的26个乡受灾，粮食作物受灾面积2.39万公顷，倒塌房屋9397间，6300人无家可归，8人死亡，3人受伤，8776头（只）大小牲畜被淹死。（《内蒙古自然灾害通志》P336~337）

5~19日 宁夏回族自治区党委举行全区卫生工作会议，研究落实卫生工作的任务，坚持把医疗卫生工作的重点放到农村去。（《中共宁夏党史大事记（1925.8~1988.6）》P445）

5~26日 新疆维吾尔自治区在乌鲁木齐举行全区文艺会演。维吾尔、哈萨克、汉、回、蒙古、柯尔克孜、塔吉克、锡伯等十几个民族的800多名业余和专业文艺工作者用不同语言演出了200多个文艺节目。（《新华社新闻稿》1975.9.18）

7日 据统计，西藏自治区成立10年来，出版各种藏文图书531.6万册。（《西藏日报》1975.8.7.②）

7~10日 广西壮族自治区民族工作汇报会在南宁举行，研究民族关系、培训干部、民族补助费使用等问题。（《广西通志·大事记》P426）

8日 青海湖自然保护区建立，并设立管理保护站。该保护区位于青海省海北藏族自治州刚察县境内的青海湖鸟岛，面积49.52万公顷，是以斑头雁、棕头鸥等水禽及生态系统为主要保护对象的国家级自然保护区。（《全国自然保护区名录（2003）》P114，《海北藏族自治州志》上P75）

16日 广西壮族自治区革委会召开全区农田基本建设会议，传达贯彻全国农田基本建设会议精神。会议指出，1974年秋以来，全区投入农田建设最多800多万人，占总劳动力的70%，常年施工队上半年70多万人，比1974年增加20多万人，地、市、县3级自筹农田基本建设资金2000多万元。会议要求把农田基本建设搞得规模更大、速度更快、质量更好，到1980年实现全区按农业人口平均一人一亩旱涝保收、高产稳产农田。（《广西通志·大事记》P426）

27日 四川省革委批准成立甘孜藏族自治州财贸学校并开始招生。（《甘孜州志》上P75）

29日 国务院对新疆维吾尔自治区革委会《关于新疆伊犁哈萨克自治州行政区划问题的报告》作出批复，同意恢复伊犁哈萨克自治州建制，辖伊犁、塔城、阿勒泰3地区，设立奎屯市，州机关由伊宁市迁奎屯市；同时恢复伊犁地区，辖原直属于伊犁哈萨克自治州的伊宁、霍城、尼勒克、新源、巩留、特克斯、昭苏、察布查尔8县和伊宁市，地区机关驻伊宁市。1979年9月2日，国务院批复自治区政府，同意伊犁哈萨克自治州党政领导机关从奎屯市迁回伊宁市，撤销伊犁地区建制。原属地区管辖的9个县（市）归州直接领导，奎屯市归州直辖。博尔塔拉蒙古自治州由自治区领导，不再由伊犁州代管。1984年9月14日，恢复伊犁地区建制，伊犁州辖伊犁地区、塔城地区、阿勒泰地区和奎屯市。（《中国共产党新疆历史大事记（1966.5~1991.12）》下P62~63，《伊犁哈萨克自治州志》P57、P59）

30日 云南省西双版纳傣族自治州勐腊县境内发现稀有珍贵树种——龙脑香科望天树，后被列为国家一级保护植物。（《西双版纳傣族自治州志》上P56）

△ 宁夏大学、宁夏农学院、宁夏医学院首届479名工农兵学员先后毕业，陆续走上工作岗位。（《当代宁夏史通鉴》P28）

31日 据新华社报道，西藏自治区藏、回、门巴、珞巴、僜人、夏尔巴人等少数民族干部已有2.7万多名，占全区干部总数的61%。其中，在地、市党委正、副书记和革委会正、副主任中占23%，在地、市党委常委中占40%，在县党委正、副书记，革委会正、副主任中占43%，在县党委常委中占42%，区以下基层党政组织的干部基本上都是少数民族。少数民族妇女干部1万多名。（《新华社新闻稿》1975.9.1，《中国共产党西藏历史大事记（1949~2004）》P280）

是月 西藏自治区农林牧区实现人民公社化。1974年全区实现粮食自给，粮食总产量和牲畜总头数比试办人民公社前的1965年分别增长48%和25%以上，比1958年分别增长1.5倍和1.3倍。灌溉面积占全区农田总面积的70%。（《新华社新闻稿》1975.9.9，《中华人民共和国大事记（1949~1980）》P218）

△ 新疆维吾尔自治区革命委员会卫生局、自治区生物土壤沙漠研究所、新疆军区后勤部卫生部合编的《新疆中草药》由新疆人民出版社用汉、维吾尔、哈萨克文出版，为全面记述新疆中草药的第一本书。（《新疆通志·科学技术志》72卷上P53）

9月

1日 青海省海北藏族自治州祁连县民族中学建成。（《海北藏族自治州志》上P75）

5日 四川省西昌专区西昌电池厂建成西南地区第一条电池生产联动线，1978年获省重大科技成果奖。（《凉山彝族自治州志》上P62）

△ 为庆祝西藏自治区成立10周年，由国务院副总理华国锋为团长和全国人大常委会副委员长姚连蔚，成都部队政委严政，新疆维吾尔自治区党委书记司马义·艾买提，内蒙古自治区党委书记、革委会主任宝日勒岱，中国人民解放军总参谋长何正文等为副团长的中央代表团前往祝贺。9日，拉萨各族人民5万多人集会和游行，庆祝西藏自治区成立10周年。中央代表团团长华国锋到会致贺词，姚连蔚宣读全国人大常委会、国务院的贺电。中央

代表团赠送用藏、汉两种文字书写的“全国各族人民团结起来，沿着毛主席革命路线胜利前进！”的贺幛。同日，《人民日报》发表社论《社会主义的新西藏在前进》。10日，华国锋向自治区党、政、军负责人转达周恩来总理对西藏工作的重要指示和对西藏人民的深切关怀。（《新华社新闻稿》1975.9.6，9.9，9.10）

7日 中共中央主席毛泽东题字的《西藏自治区画集》正式出版发行。《画集》共收录222幅摄影作品和1幅美术作品，其中有90幅彩色照片。前言和图片说明都用藏、汉2种文字印刷，形象地反映了24年来西藏人民在毛泽东思想指引下所走过的历程和取得的辉煌胜利。（《中国共产党西藏历史大事记（1949~2004）》P281）

△ 西藏自治区农业学大寨和阶级教育展览展出，并展出大型泥塑《农奴愤》。（《西藏日报》1975.9.8.①）

△ 甘肃省兰州市至西藏自治区拉萨航线正式通航。该航线是内地通往西藏的第二条航线，全程1636公里。（《新华社新闻稿》1975.9.13，《中华人民共和国大事记（1949~1980）》P174）

9日 广西壮族自治区党委批转《全区地震工作会议纪要》，确定桂东南地区的南宁市、梧州市和钦州、南宁、玉林、梧州4个地区的23个县（市）为地震重点监视区。以上地、市、县革委会相继于1976年设立地震办公室或防震办公室。（《广西通志·大事记》P427）

△ 西藏自治区第一座化肥厂——昌都化肥厂建成投产。（《新华社新闻稿》1975.9.9）

12~28日 第三届全国运动会在北京举行。全国31个体育代表团共1万多名各族男女运动员和体育工作者参加。比赛中有1个队、4人6次打破3项世界纪录，2人2次平2项世界纪录。广西代表团271名运动员参加，其中224人分别参加成年组15个项目的决赛，47人参加少年组5个项目决赛；肖明祥以抓举110公斤的成绩平举重最轻量级亚洲纪录，射击2人5次打破全国纪录；田径、水球、技巧、举重、武术、游泳6个项目中获14个第一名，田径、游泳、跳水、体操、举重、手球7个项目共获10个第二名。西藏射击运动员宗吉获女子气手枪个人第一名，平亚洲纪录，并与队友合作获女子气手枪第二名。宁夏运动员王新武（回族）获太极拳比赛第一名。新疆维吾尔自治区代表团参加15个项目的比赛，男子速度滑冰选手于学斌获得1金3银。（《新华社新闻稿》1975.9.13，9.16，9.17，9.22，9.29；《当代宁夏史通鉴》P371；《当代中国的西藏》下P526；《广西通志·大事记》P427；《当代宁夏史通鉴》P371；《新疆通志·体育志》83卷P40、343）

13日 湖北省恩施地区第一座无尘粮食加工厂在宣恩建成。（《恩施州志》P18）

△ 内蒙古自治区锡林郭勒盟镶黄旗128.67万公顷草场发生蝗虫，宝格达音高勒苏木每平方米草场有土蝗70多个。（《内蒙古自然灾害通志》P337）

15日 据是日报道，新疆维吾尔自治区84个县、市和610个公社、农场建立广播站，77.2%的生产大队、65%的生产队收到广播。广播喇叭数比1965年增加近15倍，一半以上的农牧户装有广播喇叭。（《新疆日报》1975.9.15.①）

17日 内蒙古自治区革委在呼和浩特召开全区蒙古语文工作会议。（《内蒙古日报》1975.9.17.①）

20日 四川省甘孜藏族自治州雅江至道孚公路竣工通车，全长142公里。（《甘孜州志》上P76）

△ 新疆维吾尔自治区一条新的公路干线——乌鲁木齐五七路正式通车，全长18公

里。（《新疆日报》1975.9.21.①）

24日 据是日报道，广西壮族自治区第一座摄影棚在南宁建成，建筑面积4400平方米。（《广西日报》1975.9.24.①）

△ 据《西藏日报》报道，西藏自治区最大的水库——林周农场虎头山水库竣工。林周农场虎头山水库由拦河大坝、输水遂洞、溢洪道、截水墙和配套工程主干渠5个部分组成，蓄水量1200多万立方米。大坝底宽83米，高18米，全长1000米，为土石混合坝，共动用土石方115万立方米。（《中国共产党西藏历史大事记（1949~2004）》P282~283）

△ 据是日报道，新疆维吾尔自治区成立20年来，出版维吾尔、哈萨克、蒙古民族文字图书达2444种。（《新疆日报》1975.9.24.③）

25日 新疆维吾尔自治区少数民族干部比解放初增长28倍，比自治区成立时增长1倍，塔什库尔干塔吉克自治县塔吉克族干部有383名，察布查尔锡伯自治县锡伯族干部有465名。自治区少数民族党员比自治区成立时增长16倍，在各级党委委员中占65%。（《新华社新闻稿》1975.9.26）

26日 据《广西日报》报道，广西壮族自治区第一座现代化造纸厂——柳江造纸厂建成投产，年产量3.4万吨。（《广西通志·大事记》P427）

28日 宁夏回族自治区银川市自己设计、施工，采用箱涵顶新技术的纬六路与包兰铁路立体交叉工程建成通车。（《中共宁夏党史大事记（1925.8~1988.6）》P446）

28日~10月10日 为庆祝新疆维吾尔自治区成立20周年，由国务院副总理陈锡联为团长和全国人大常委会副委员长乌兰夫、人民解放军副总参谋长张才千、辽宁省革委会副主任毛远新、西藏自治区党委书记巴桑、延边朝鲜族自治州委书记崔海龙、国家计委副主任苏静等为副团长的中央代表团前往祝贺。其间，中央代表团出席庆祝大会，会见各民族500多名工、农、兵代表，并到哈密、伊犁、克拉玛依、喀什和库尔勒等地区访问哈萨克、蒙古、回、柯尔克孜各民族人民，转达党中央、毛主席的关怀和祝贺。27日，新疆维吾尔自治区成立20周年成就展览开幕。29日，自治区党委举行万人干部大会，庆祝新疆维吾尔自治区成立20周年，中央代表团团长陈锡联等莅会祝贺。30日，自治区党委、革委会欢宴中央代表团和庆祝自治区成立20周年，赛福鼎·艾则孜和陈锡联先后发表讲话。10月1日，乌鲁木齐市各族人民10万多人集会游行，庆祝自治区成立20周年。会上，陈锡联团长代表党中央、全国人大常委会、国务院致贺词，乌兰夫宣读全国人大常委会、国务院的贺电，中央代表团赠送用汉、维吾尔两种文字书写的“全国各族人民团结起来，沿着毛主席革命路线胜利前进！”的贺幛。同日，《人民日报》发表社论《新疆在反修防修斗争中前进》。（《新华社新闻稿》1975.9.29，9.30，10.1，10.2，10.3，10.5，10.11；《新疆日报》1975.9.28.①）

30日 宁夏回族自治区第一座大型焦炉在宁夏钢铁厂竣工投产。该座66型焦炉年产冶金焦10万吨，投产后不仅可满足全区工农业生产用焦的需要，而且可支援兄弟省区的部分用焦。（《中共宁夏党史大事记（1925.8~1988.6）》P446）

是月 中央军委副主席叶剑英到广西壮族自治区桂林视察工作。（《广西通志·大事记》P427）

10月

1日 广西民族学院肝素钠研制小组制成首批肝素钠精制品。（《广西民族学院校史》P283）

1~8日 青海省黄南藏族自治州首届农牧民运动会在隆务举行。（《黄南州志》上P47）

3日 据《广西日报》报道，是年广西壮族自治区相继有永福、钟山、宾阳、灵川、田阳、恭城、平乐7个县的小氮肥厂建成投产。（《广西通志·大事记》P427）

4日 据报道，广西壮族自治区农业机械生产大幅度增长。至8月底，丰收37型拖拉机增长91%，柴油机增长59.8%，农机管理、修造和农机技术队伍培训工作蓬勃开展，机耕面积比1974年同期增长31%。（《广西通志·大事记》P427）

14日 宁夏回族自治区较大的火力发电厂——中宁发电厂建成。（《宁夏日报》1975.10.14.①）

14~25日 青海、甘肃、四川、云南、西藏等5省、区首次藏文图书翻译出版协作会议在西藏自治区拉萨市举行。会议总结交流翻译、出版和发行工作经验，协调今后的任务，提出进一步加强藏文图书出版发行工作的意见。会议决定尽快出版中小型《藏语词典》，协商成立藏文协作小组。（《西藏日报》1975.10.15.①，10.26.①）

17日 在全国“农业学大寨”会议上，甘肃省临夏回族自治州康乐县列为“农业学大寨”先进县之一。（《临夏回族自治州志》上P62）

20日 一股印度军队在门隅土伦山口越过实际控制线，侵入西藏自治区错那县勒乡，向我民政检查站人员射击挑衅。我方被迫还击，击毙印军4人。28日，印方代表领回尸体及武器弹药。（《中国共产党西藏历史大事记（1949~2004）》P283）

20日~11月30日 西藏自治区在拉萨举行业余文艺调演，11个单位的藏、门巴、蒙古、回、壮、汉等民族的业余演员，演出节目160多个。（《西藏日报》1975.10.20.①，11.30.①）

24日 据《宁夏日报》报道，宁夏回族自治区固原地区教育事业蓬勃发展。现全区除有3所中等专业学校外，各级中、小学校有3400多所，比解放初期增长67.3倍，比1965年增长1.7倍，在校生20多万，学龄儿童入学率达90%以上。（《中共宁夏党史大事记（1925.8~1988.6）》P446）

是月 国务院政策研究室根据中共中央副主席邓小平多次讲话，编著文章《论全党全国各项工作的总纲》（简称《论总纲》）。文章指出，毛泽东主席提出“学习无产阶级专政的理论，促进安定团结，把国民经济搞上去，是当前和今后全党、全军、全国各项工作的总纲”。（《中共宁夏党史大事记（1925.8~1988.6）》P446）

△ 云南省文山壮族苗族自治州进行林业资源普查，1966~1975年，文山州林地面积减少37.7万公顷。（《文山壮族苗族自治州志》1卷P58）

△ 云南省委对怒江傈僳族自治州边四县实行照顾政策，玉米产区人均玉米不到200公斤，稻谷产区稻谷人均不到250公斤的，国家保证分别供应到200公斤和250公斤。（《怒江傈僳族自治州志》上P31）

11月

5日 宁夏回族自治区第一条全部用水泥砌护的东干渠主体工程竣工并开闸放水，全长54.4公里，是自治区重点基本建设项目之一。从青铜峡水库大坝东侧开始，横贯青铜峡、吴忠、灵武3县，到灵武县杜木桥公社郭家碱滩为止，砌护面积140万平方米。总引水量为54秒立方米，灌溉面积为54.7万亩。东干渠的兴建使银南河东灌溉面积增加1倍。（《中共宁夏党史大事记（1925.8~1988.6）》P448）

6~14日 西藏自治区在拉萨召开首次广播工作会议。会议学习全国农村有线广播宣传工作经验交流会的有关文章，讨论制订“五五”、“六五”期间自治区有线广播网的发展规划。（《西藏日报》1975.11.7.①，11.21.①）

9日 据新华社银川电，宁夏回族自治区黄河灌区350多万亩夏秋粮食作物在1974年大幅度增产的基础上，是年又获丰收。全灌区粮食总产量比1974年增加1成，创造历史最高水平，林、牧、副、渔各业也比往年有较快发展。灌区正在掀起农业学大寨的新高潮，大搞以改土治水为中心的农田水利基本建设。目前，已兴修机耕条田26.6万亩，新开和整修沟渠4650多条，还兴建大批水利工程建筑。（《中共宁夏党史大事记（1925.8~1988.6）》P448）

15日 湖南省湘西土家族苗族自治州泸溪至吉首、吉首至凤凰、花垣至保靖的渣油路基本完工，全长136公里。（《湘西州志》上P73）

22日 广西壮族自治区党委发出《关于加速蔗糖生产的决定》。《决定》指出，国务院把广西列为全国发展蔗糖生产的重要基地之一，各地要以"只争朝夕"的战斗精神，把蔗糖生产搞上去，实现1980年产糖80万吨。（《广西通志·大事记》P428）

29日 广西壮族自治区革委会批转自治区邮电管理局《关于全区邮电工作情况报告》。《报告》指出，目前全区所有公社都设有邮电机构，99.3%的生产大队通电话；邮政直投面，生产大队达99.7%，生产队达54%。但同全国比较，邮电通信能力仍低于全国水平。为改变邮电的落后面貌，《报告》提出大干三五年，实现长途通信载波化，部分地、县市内电话自动化。（《广西通志·大事记》P428）

12月

4日 《人民日报》转载《红旗》杂志第12期刊登的"四人帮"篡党夺权的御用工具——北京大学、清华大学大批判组的文章《教育革命的方向不容篡改》，把矛头指向周恩来总理和邓小平副总理。邓小平在毛泽东主席支持下主持中央工作，着手对多方面的工作进行整顿，使国内形势明显好转。但是毛主席不能容忍邓小平系统地纠正"文化大革命"的错误，《人民日报》、《红旗》杂志、《解放军报》于1976年1月1日发表元旦社论，传达毛主席对邓小平的指责，强调"阶级斗争是纲"，"其余都是目"。由此发动所谓"批邓、反击右倾翻案风"运动。（《邓小平文选（1975~1982年）》注释［14］P375，《新华社新闻稿》1975.12.5，《中国现代史》下P321）

△ 广西壮族自治区革委会向国务院呈送《关于治理桂林市环境污染问题的请示报告》。《报告》说，由于工业"三废"治理工作没有跟上，桂林市受污染，特别是漓江每天约有6万吨工业废水排入，使20多公里的江水发黑，鱼类大量减少，不仅严重影响沿江渔业群众生产生活，同时对外宾的参观游览也极为不利。根据国务院关于做好环境保护工作的指示精神，广西计划在几年内解决桂林市的环境污染问题。但由于地方财力有限，请求国务院把治理桂林市的污染问题作为专案解决，拨给补助投资1250万元。（《广西通志·大事记》P428）

12日 广西壮族自治区煤炭工业提前82天完成是年国家计划，原煤产量比1974年同期增长24%。（《广西通志·大事记》P428）

15~25日 西藏自治区首次农牧业机械化会议举行。会议着重讨论自治区党委四次全委扩大会议提出的《一九七六至一九八〇年基本实现农牧业机械化的规划》，提出今后5年全区农业机械化的主要奋斗目标：在农业的田间作业、场上作业、农田建设、农副产品加工和运输等5方面的机械化和半机械化程度达到70%以上；牧业要在剪毛、奶油加工、提灌运输等方面基本实现机械化、半机械化。具体要求：机耕、保灌面积达到280万亩，占总耕地面积的70%；各型拖拉机达到9800台；农用排灌机达到1.4万台；收获机（包括收割、脱粒、扬场机）达到1.7万台；牧业机械达到5.4

万台；植物保护机达到7万台；农牧产品加工机械达到1550台。会议制定了全区农牧业机械化暂行管理办法。（《西藏日报》1975.12.29.①,《当代中国的西藏》下P39）

16日 西藏自治区第一所农牧学校在拉萨开学。（《西藏日报》1975.12.16.①）

17日 据广西壮族自治区农业部门综合情况，杂交水稻大田试种获得成功。早稻种植面积105亩，验收77亩，平均亩产501公斤，最高亩产571.5公斤；晚稻2400亩，统计1551亩，平均亩产403.5公斤，最高亩产620公斤。全区有66个县试种，岑溪县面积最大，共种843亩。（《广西通志·大事记》P428）

18日 据新华社报道，西藏自治区扩大种植冬小麦并获丰收，有56个县种植冬小麦，总面积60万多亩，大部分单产超过200公斤。（《新华社新闻稿》1975.9.9）

20日 新疆维吾尔自治区各大专院校首届维吾尔、哈萨克、汉、回、蒙古、锡伯、满、塔塔尔、乌孜别克、柯尔克孜、达斡尔等10多个民族的787名工农兵大学生毕业。（《新华社新闻稿》1975.12.21）

21日 据《宁夏日报》报道，宁夏回族自治区农田基本建设蓬勃发展。1974年修建各类基本农田182万亩，相当于1965年的4倍，是年秋季1个多月又修建各类基本农田70万亩。（《中共宁夏党史大事记（1925.8~1988.6）》P448）

22日 四川省西昌专区西昌四零一厂与其它厂合作完成酸法制取人造金红石科研项目，获冶金部科技成果奖。（《凉山彝族自治州志》上P62）

28日 据报道，西藏自治区拉萨、朗县、波密试种冬青稞成功。（《当代中国的西藏》下P593）

31日 据《宁夏日报》报道，宁夏回族自治区煤炭战线取得巨大成绩。全区提前半个月超额完成全年国家原煤和洗精煤生产计划，并创造历史最高水平，原煤产量比1965年增长1.4倍。（《中共宁夏党史大事记（1925.8~1988.6）》P449）

是月 广西壮族自治区除百色地区均受寒潮影响气温普遍下降，最低温度-6℃，50多个县下雪，出现霜冻或冰冻，是解放以来最严重的一次。全区冻死耕牛1.53万头、生猪1640头、塘鱼1.20万公斤，冻伤冻死甘蔗13.85万亩、烤烟26万多亩、香蕉65万株、红薯12万多亩、木薯560万亩。（《广西通志·大事记》P429）

△ 云南省西双版纳傣族自治州勐腊县中波台建成开播，为全州第一座无线电转播电台。（《西双版纳傣族自治州志》上P57）

△ 宁夏回族自治区少数民族干部迅速成长。1958年自治区成立时，全区有回族干部3857人；目前，全区少数民族干部近1万人，其中回族干部7456人、其他少数民族干部2500多人；20%多的少数民族干部担任公社以上领导职务，并注意培养、选拔少数民族妇女干部；少数民族党员比1965年增长1倍。（《中共宁夏党史大事记（1925.8~1988.6）》P449）

是年 湖北省恩施地区撤区并社，撤销66个区，723个公社并为155个公社，8个县辖镇未变。（《恩施州志》P18）

△ 西南民族学会理事、四川省民族研究所研究员马明（彝族）编写出《彝文规范方案》，1980年经国务院批准推行。（《中国少数民族专家学者辞典》P47）

△ 新疆维吾尔自治区1975年科学技术发展计划共安排61个项目，其中新产品试制8项，中间试验8项，重要科研45项。自治区邮电管理局国际无线电台研制成功分支龙形阵天线，此成果1978年获全国科学大会奖。由自治区和新疆生产建设兵团组织14个科研单位完成《新疆重点地区荒地资源综合评价及合理利用》总报告，此成果1983年获中科院重要

成果奖二等奖，1984年获自治区优秀科技成果奖一等奖。（《新疆通志·科学技术志》72卷上P53）

是年~1979年 新疆维吾尔自治区地质局测试研究中心周中华等对铬铁矿和超基性岩标样13个项目的测试质量达到国际水平，填补中国试验标样的空白，此成果1985年获地矿部科技成果奖一等奖和1989年国家科技进步奖二等奖。（《新疆通志·科学技术志》72卷上P53）

四、社会主义现代化建设时期（1976~1993）

1976年

1月

8日 新华社报道，我国第一座大型机械化湖盐场——宁夏回族自治区吉兰太盐场建成。该盐场总面积120平方公里，已有160多年的开采原盐历史，但一直工具落后，产量很低，实现机械化以后，盐场两天的产量比解放前1年的产量还多。（《中华人民共和国大事记（1949~2004）》P503，《当代宁夏史通鉴》P29）

9日 由藏汉干部组成的开发队向藏北无人区双湖进发，开发荒原。（《当代中国的西藏》下P593）

10~21日 宁夏回族自治区农业学大寨会议举行。会议宣布1975年农业学大寨先进县、社、队和国营农场名单。（《中共宁夏党史大事记（1925.8~1988.6）》P450）

20日 青海省玉树藏族自治州委决定成立州农业科学研究所；将原州农牧机械推广站、农机供应门市部合并成立州农牧机械管理供应站；改州马场为州种畜场。（《玉树州志》上P47）

21~22日 广西壮族自治区民族工作汇报会在南宁举行，就各地开办民族基层干部训练班、培训赤脚医生等问题进行汇报和讨论。（《广西通志·大事记》P429）

29日 据统计，甘肃肃南裕固族自治县6个区、23个人民公社和5个林、牧场，全部建立放映队，并培养40多名少数民族放映员。（《新华社新闻稿》1976.1.30）

是月 著名眼外伤、眼底病和老年眼病专家，我国眼内异物研究奠基人，眼内人工晶体手术的主要倡导者和人工晶体研究方面的创始者，河南医学院教授导师张效房（回族）编著的《眼内异物的定位与摘出》由人民卫生出版社出版。张教授1959年提出方格定位法，使眼内异物的定位与摘出成功率达99.47%，其中非磁性异物摘出成功率达98.85%。（《中国少数民族专家学者辞典》P722）

△ 吉林省延边朝鲜族自治州运动员申贞淑（女，朝鲜族）获第三届全国冬运会女子速滑500米和全能第一名，崔燕（女，朝鲜族）获女子速滑1000米第一名。（《延边朝鲜族自治州志》P83）

△ 云南省文物工作队完成楚雄彝族自治州万家坝古墓群发掘工作，共发掘文物1245件，其中铜鼓5面，经鉴定为已知最原始的铜鼓。（《楚雄彝族自治州志》1卷P205）

△ 新疆维吾尔自治区昌吉回族自治州玛纳斯县划归石河子地区管辖。1979年2月复归昌吉州。（《昌吉回族自治州志》P54）

2月

4日 云南省怒江傈僳族自治州妇幼保健站成立，1988年改称自治州妇幼保健所。（《怒江傈僳族自治州志》上P886）

15日 内蒙古、吉林、黑龙江、辽宁、新疆、甘肃、青海、宁夏八省（区）在内蒙古呼和浩特召开蒙古文图书出版协作会议，交流工作经验，调整八省（区）是年到1977年蒙古文字图书出版规划，商定有关编译、印刷和发行等方面的协作问题。（《新华社新闻稿》1976.2.17）

17日 广西壮族自治区党委常委扩大会议召开，67人参会。会议错误地抢先点名批判所谓“右倾翻案风”总代表邓小平，对开展反击“右倾翻案风”运动作了部署。由此全区掀起“批邓、反击右倾翻案风”的高潮。（《广西通志·大事记》P430）

21日 北京市民委、革委召开大会，欢送434名应届大学毕业生到西藏、新疆、青海支援边疆建设。（《新华社新闻稿》1976.2.22）

26~28日 美国前总统尼克松偕夫人一行40人由全国人大常委会副委员长姚连蔚和中国驻美国联络处主任黄镇陪同，到广西壮族自治区桂林市参观访问。（《广西通志·大事记》P430）

是月 在上海等地医疗工作者的协助下，云南省楚雄彝族自治州初步控制“克山病”。（《楚雄彝族自治州志》1卷P205）

△ 新疆维吾尔自治区喀什地区遭雪灾，北部山区积雪1米多深，公路中断行车达月余，95万亩农作物受灾，4000多头牲畜死亡，300间房屋倒塌，5人死亡，6人受伤。（《新疆减灾四十年》P265）

3月

10日 青海省黄南藏族自治州设立农林科学研究所。（《黄南州志》上P48）

17日 西藏自治区党委、自治区革委召开会议，欢迎清华、北大等院校来西藏的105名工农兵大学毕业生和北京首批15名来藏上山下乡的知识青年。该批工农兵大学生和知识青年均自愿要求插队落户到西藏。（《中国共产党西藏历史大事记（1949~2004）》P285）

20~22日 以老挝人民革命党总书记、人民民主共和国总理凯山·丰威汉为团长，政治局委员、政府副总理兼外交部长奔·西巴色为副团长的老挝党政代表团，由中共中央委员、中联部部长耿飚和外交部副部长韩念龙陪同，在广西壮族自治区南宁市参观访问。（《广西通志·大事记》P430）

26日 在福建省福州市举行的全国春季射箭测验比赛结束。内蒙古运动员扎拉嘎等分别打破4项、平1项女子射箭世界记录。（《福建日报》1976.3.27.④）

31日 以越南广宁省行政委员会副主席陈国麟为团长的代表团一行8人到广西壮族自治区南宁市，与以自治区革委会副主任刘重桂为团长的广西代表团，就中越边界广西与广宁段的争议问题举行会谈。（《广西通志·大事记》P431）

△ 宁夏回族自治区党委发出《关于进一步开展反击右倾翻案风斗争的通知》。（《中共宁夏党史大事记（1925.8~1988.6）》P452）

是月~4月 贵州省黔南布依族苗族自治州首次碘缺乏病调查在都匀县凯口、凯西的部分生产队进行，查出地甲病患者941人，患病率34.42%；克汀病155人，患病率5.7%。（《黔南布依族苗族自治州志》上P63）

4月

1~17日 贵州省黔东南苗族侗族自治州第八届业余文艺会演分别在雷山、凯里、黄平、岑巩、从江5个片区举行，16个县的707名代表参加。（《黔东南苗族侗族自治州志·总述·大事记》P217）

6日 0时54分，内蒙古自治区乌兰察布盟和林格尔县新丰、新店子乡一带发生6.3级强烈地震，清水河县、凉城县等地遭不同程度破坏和损失，死亡28人，轻、重伤865人，灾民3.16万人。砸死牲畜3551头（只），房屋、土窑倒塌2.05万间，裂缝11.42万多处，部分农田水利设施、农机具等受不同程度破坏。国家拨款150万元支援灾区。（《内蒙古自然灾害通志》P339～340）

10～12日 新疆维吾尔自治区举重运动员钱玉凯（俄罗斯族）在亚洲举重锦标赛中获冠军。（《新疆通志·体育志》83卷P41）

16日 卫生部组织的第九批北京医疗队离京赴甘肃河西走廊和西藏阿里地区，为少数民族开展医疗服务。（《新华社新闻稿》1976.4.17）

30日 我国政府和尼泊尔政府关于西藏与尼泊尔之间的通商、交通和其他有关问题的协定，从1976年5月2日起延长10年，在加德满都举行换文仪式。（《中国共产党西藏历史大事记（1949～2004）》P285～286）

是月 云南省红河哈尼族彝族自治州建水县羊街坝离地表100米的溶洞中发现无眼鱼。这是我国首次发现的盲鱼，定名为“裸腹盲鲅”。（《红河哈尼族彝族自治州志》1卷P93）

5月

1日 猫儿山自然保护区建立，位于广西壮族自治区资源县、兴安县，面积1.70万公顷，是以典型常绿阔叶林生态系统、水源涵养林为主要保护对象的国家级自然保护区。（《全国自然保护区名录（2003）》P85）

4日 西藏自治区党委、自治区革委会召开欢迎大会，欢迎来西藏插队落户的复员退伍军人。此次来藏插队落户的有北京、南京、沈阳、济南、武汉、兰州、福州等部队的208名复员退伍军人和朝阳农学院的2名应届毕业生、3名上海知青。该批复员退伍军人和知青先后奔赴那曲和昌都地区插队落户。（《中国共产党西藏历史大事记（1949～2004）》P286）

5～14日 宁夏回族自治区党委宣传部举行理论讨论会，学习中共中央主席毛泽东关于“资产阶级就在共产党内”的论断，提出要明确重点“深入批邓”，把“反击右倾翻案风”的斗争进行到底。（《中共宁夏党史大事记（1925.8～1988.6）》P454）

10日 广西壮族自治区党委批转《全区1976年计划会议纪要》。《纪要》指出，1975年全区各条战线都取得重大成就，农业生产持续发展，粮食总产比1974年增长8.9%，工业总产值增长11.4%。（《广西通志·大事记》P431）

13～15日 国家四机部委托湖南省电子工业局组织召开生产定型技术鉴定会议，湘西土家族苗族自治州无线电厂试制的GM—2000型高能起爆器通过鉴定。（《湘西州志》上P74）

16日 青海省黄南藏族自治州供电所成立，与隆务地区电力联网。（《黄南州志》上P48）

20日 新加坡共和国总理李光耀偕夫人率友好代表团一行27人由外交部副部长仲曦东陪同，到广西壮族自治区桂林市参观访问。（《广西通志·大事记》P431）

22日 新疆维吾尔自治区党委决定成立自治区环境保护领导小组，同时建立自治区环境保护监测站，在自治区科委原有环境保护研究力量的基础上建立新疆环境保护科学研究所，担负环境保护的科研项目。（《中国共产党新疆历史大事记（1966.5～1991.12）》下P67）

25日 据新华社报道，内蒙古自治区哈素海灌区水利枢纽主体工程建成，可灌溉内蒙古自治区著名粮川——土默特左旗和托克托县的29万亩农田。（《新华社新闻稿》

1976.5.26，《中华人民共和国大事记（1949～1980）》P218）

27日 据新华社报道，在宁夏回族自治区贺兰山地区新建包括工程设计、矿井建筑安装、采煤、洗精煤、煤矿机械制造等比较完整的煤炭工业体系和煤炭工业基地，是年原煤产量为1965年的2.4倍。（《新华社新闻稿》1976.5.28，《中共宁夏党史大事记（1925.8～1988.6）》P454～455）

29日 云南省西部的龙陵、潞西一带连续发生7.3级地震和7.4级地震。第一次大震7.3级发生前25分钟，发生了两次5.2级前震。同月31日，在芒市东南15公里的大香树一带，发生6.5级强余震。全州5县1镇均受灾，受伤85人，死亡5人，大牲畜死99头，房屋倒塌32.1万平方米，受损农田1万余亩，公路毁坏80余公里。灾情发生后，中共中央、国务院发来慰问电，并派出以国务院副总理吴桂贤为团长，人大常委会副委员长姚连蔚，财政部长张劲夫、副部长张元培为副团长的中央慰问团，在省委、省革委领导陪同下，到德宏进行慰问并指导救灾。（《德宏州志》综合卷P60～61）

30日 广西壮族自治区党委发出《关于集体统一建设农村房屋问题的通知》，计划用10年或稍长时间，把农村的旧居民点改造成社会主义新村。（《广西通志·大事记》P431）

△ 广西壮族自治区党委转发自治区工商行政管理局党组《关于进一步加强农村集市贸易管理意见的报告》。《报告》指出，全区农村现有大小集市1392处，其中每圩赶集数万人的有223处，5000人以上的324处，2000人左右的845处。自1975年开展“批资批修总体战”以来，全区农村集市贸易活动范围缩小，统一的圩期由过去每5天1次改为每7天1次（星期日）后，赶集人数一般比过去减少30%左右。（《广西通志·大事记》P431～432）

是月 湖南省湘西土家族苗族自治州电影公司机械修配厂试制成功铝硅铁磁头，填补湖南省还音磁头生产空白。（《魅力湘西》P186）

6月

7日 据新华社报道，贯穿大兴安岭林区的嫩林（嫩江至古莲）铁路最近建成通车，全长677公里。（《新华社新闻稿》1976.6.8，《中华人民共和国大事记（1949～1980）》P175～176）

7～18日 宁夏回族自治区工业学大庆经验交流会在银川举行，125个工业学大庆先进单位、205个先进集体、90名先进个人受表彰。（《中共宁夏党史大事记（1925.8～1988.6）》P455）

9日 08时20分35秒，云南省腾冲上整顶发生6.2级地震，震中位置24.8°N、98.7°E，震源深度10公里。（《云南省志·地震志》P114～115）

10日 广西壮族自治区党委在南宁召开县委书记会议，动员进一步深入开展“农业学大寨”，普及大寨县的群众运动。强调要把“批资批修总体战”同“反右倾翻案风”结合起来。（《广西通志·大事记》P432）

15日～7月底 中共云南省楚雄彝族自治州委举行历时40多天的常委会议，解决班子的“转弯问题”。在几名进入党委班子的造反派头目操纵下，州委书记余活力和副书记任永被定为“走资派”。8月20日，中共楚雄州委扩大会议通过《关于对余活力同志停职检查点名批判》等两个向省委的请示报告，帮派势力的夺权活动又达高潮。（《楚雄彝族自治州志》1卷P205～206）

16日 甘肃省临夏回族自治州内第一座电视差转台在东乡县锁南坝建成。（《临夏回族自治州志》上P63）

17日 据《宁夏日报》报道，宁夏回族自治区广大农村牧区都已实行合作医疗制度，有回、汉、蒙古等民族组成的6100多名“赤脚医生”和近万名生产队卫生员的农村医疗卫生队伍。全区农村基本做到公社有卫生院，生产大队有合作医疗站，生产队有保健箱，从根本上改变了缺医少药的情况。（《中共宁夏党史大事记（1925.8～1988.6）》P455）

20日 西藏自治区阿里高原第一座煤矿——门土煤矿建成投产，结束了被称为“世界屋脊的屋脊”的阿里高原无煤的历史，对自力更生发展阿里地方小型工业、支援农牧业生产有重要作用。（《新华社新闻稿》1976.6.21）

21日 广西壮族自治区上山下乡知识青年积极分子大会在南宁开幕，1356人出席大会。至此，全区已有33万人上山下乡。（《广西通志·大事记》P432）

是月 广西壮族自治区有76个县、市，12个院、校、所，以及5个农场，共93个单位2000多人，在海南岛进行杂交水稻繁殖制种6000亩，共收获不育系和杂交三代种子15万公斤。其中，杂交种子6.1万公斤，可供晚造种植杂交水稻6万至8万亩。（《广西通志·大事记》P432）

7月

4日 00时33分22秒，云南省龙陵发生6.0级地震，震中位置24.3°N、98.8°E，震源深度22公里。（《云南省志·地震志》P115）

6日 滇（云南下关）藏（西藏芒康）公路建成通车，全长716公里。该公路是继川藏、青藏、新藏公路以后，从内地到西藏的第四条公路干线，于1973年动工修建。（《新华社新闻稿》1976.7.7）

6～27日 河北省唐山市开滦马家沟矿地震台地震物探高级工程师马希融（回族）分别向国家地震局、河北地震局和开滦矿务局提出唐山大地震短临预报。1980年12月被日本《地震预知》引用发表，引起国内外地震专家关注。（《中国少数民族专家学者辞典》P39）

15日 新疆维吾尔自治区革委会发出《关于停止使用维吾尔、哈萨克旧文字，全面使用维吾尔、哈萨克新文字的决定》。（《中国共产党新疆历史大事记（1966.5～1991.12）》下P67）

21日 23时10分47秒，云南省腾冲团田发生6.6级地震。团田公社1148间房屋部分损坏，842间严重破坏，133间倾倒，伤238人，死7人，水库水渠及田地均有破坏。（《云南省志·地震志》P115～116）

28日 新疆维吾尔自治区克孜勒苏柯尔克孜自治州森林普查工作开始。普查结果表明，全州森林面积11.6万亩，木材积蓄量28.4万立方米，森林覆盖率仅为0.1%。（《克孜勒苏柯尔克孜自治州志》上P42）

是月 黑龙江省革委会批准成立伊敏煤田建设指挥部。1973年6月，鄂温克族自治旗伊敏苏木境内发现大型煤田。（《鄂温克族自治旗志》P923～924）

△ 云南省曲靖地区的宣威、会泽、马龙、富源、路南、寻甸、陆良、沾益、曲靖暴雨成灾，全区淹没农作物22万多亩。曲靖地区降大雨、暴雨，淹没庄稼54万亩，冲倒水库、坝塘38个（10万立方米以上水库4个），冲毁桥梁9座，村子被淹139个，决堤36处，倒塌房屋2149间，死亡29人。（《中国气象灾害大典·云南卷》P192）

8月

1日 云南省贡山独龙族怒族自治县嘎拉博电站竣工投产，装机容量2×320千瓦。1985年5月，电站第二次进行改造，新增装机630千瓦，建成400千瓦的二级电站，总装机容量1350千瓦。（《贡山独龙族怒族自治县志》P15、17）

4日　新疆维吾尔自治区党委批转自治区教育局党的核心小组《关于1976年高等学校招生工作的请示报告》。《报告》提出，改革招生和分配制度要结合自治区的实际情况，认真执行党的政策，特别是要认真执行党的民族政策，并规定各类学校招收民族学生的比例。（《中国共产党新疆历史大事记（1966.5～1991.12）》下P68）

9日　新疆维吾尔自治区党委决定，成立自治区广播事业建设领导小组，贾那布尔任组长，李昭明、林渤民任副组长。（《中国共产党新疆历史大事记（1966.5～1991.12）》下P68）

12日　广西壮族自治区党委发出《关于加强防震工作的指示》，指出，目前我国正处于地震活动的高潮期。8月4日，合浦、博白与广东交界处发生4级地震。自治区党委决定，成立自治区防震指挥部，乔晓光任总指挥。要求重点监视区的地、市、县委要把防震工作纳入党委的议事日程，并成立防震指挥部。（《广西通志·大事记》P433）

16日　四川省阿坝藏族自治州松潘、平武一带发生7.2级地震，22日发生6.7级地震，23日再次发生7.2级地震。38人死亡，700多人受伤，多处房屋倒塌，牲畜伤亡严重。四川省委和震区各级党组织采取紧急措施，领导群众投入抗震救灾斗争。（《新华社新闻稿》1976.8.18）

18日　广西壮族自治区革委会发出《关于1976年高等学校招生工作的通知》，要求是年高等学校实行“社来社去、厂来厂去、哪来哪去”的招生、分配原则。（《广西通志·大事记》P433）

31日　云南省西双版纳傣族自治州农业技术学校建立。（《西双版纳傣族自治州志》上P57）

是月　甘肃省临夏回族自治州文物普查工作结束，查明新石器时期古文化遗址、历史文物遗址、遗迹282处。（《临夏回族自治州志》上P63）

△　青康公路青海省海南藏族自治州倒淌河至恰卜恰段沥青路面铺设完工，全长47公里。（《海南州志》P47）

10月

21日　北京150万军民举行声势浩大的庆祝游行，庆祝华国锋任中共中央主席、中央军委主席，庆祝粉碎江青、张春桥、姚文元、王洪文“四人帮”篡党夺权阴谋的伟大胜利，决心最紧密地团结在以华国锋主席为首的党中央周围，把毛主席开创的无产阶级革命事业进行到底。（《人民日报》1976.10.22.①）

11月

3日　青海省玉树藏族自治州广播事业管理局成立。（《玉树州志》上P47）

7日　四川省西昌专区盐源县发生6.9级地震，直接经济损失2000多万元。13日发生6.8级地震。（《凉山彝族自治州志》上P62）

8日　新疆维吾尔自治区党委发出《关于揭批查的通知》。自治区党委决定，成立由新疆军区副政委何林兆、自治区党委秘书长杨克、自治区政法委副书记侯良组成的领导小组，负责领导群众揭发“四人帮”的罪行及其有牵连的人和事。（《中国共产党新疆历史大事记（1966.5～1991.12）》下P72）

16日　广西壮族自治区革委会批转轻工业局《关于1976年至1977年全区机制糖榨季生产会议的情况报告》。《报告》指出，是年全区种蔗180万亩，各级领导要加强对榨季生产的领导，完成和超额完成本榨季机制糖25万吨、酒精440吨的任务。（《广西通志·大事记》P434）

19日　云南省怒江傈僳族自治州农业技术学校在六库创建。（《怒江傈僳族自治州

志》上P678、681）

△ 青海格尔木至西藏拉萨输油管线第一期工程竣工，并初试通油。输油管线长1080公里，是中国最长的成品油输油管线，也是世界海拔最高的输油管线。（《中国共产党西藏历史大事记（1949～2004）》P288）

20日 西藏自治区党委召开全区农牧业学大寨经验交流会。西藏第一书记任荣在会上发表讲话说，西藏农牧业学大寨运动进入一个新的阶段，1980年粮食总产量要达到7.2亿公斤，牲畜总头数达到2500万头（只）。（《中国共产党西藏历史大事记（1949～2004）》P288～289）

28日 宁夏回族自治区党委发出《关于进一步掀起揭发批判清查王张江姚反党集团运动高潮的安排意见》，迅速在全区联系实际，“要彻底清查同‘四人帮’阴谋活动有牵连的人和事”。（《中共宁夏党史大事记（1925.8～1988.6）》P470）

30日 新疆维吾尔自治区党委、革委会决定，喀什地区的伽师县、伽师总场划归克孜勒苏柯尔克孜自治州，自治州的阿克陶县划归喀什地区。（《克孜勒苏柯尔克孜自治州志》上P43）

是月 以柬埔寨共产党中央委员会总书记、民主柬埔寨政府总理波尔布特为团长的柬埔寨共产党代表团由中共中央政治局委员、国务院副总理陈永贵陪同，在广西壮族自治区南宁、武鸣、桂林、灵川参观访问。（《广西通志·大事记》P435）

△ 四川省地质一队在西昌专区冕宁发现一种新矿物，经鉴定命名为中国铀矿物——斜方钛铀矿，为世界上首次发现的斜方铀矿。1978年该发现获全国科技大会科技成果奖、四川省重大科技成果奖。（《凉山彝族自治州志》上P63）

△ 四川省阿坝藏族自治州跨径最大的钢筋混凝土大桥——茂汶大桥竣工。桥长120米，宽10米，离水面高7.9米。（《阿坝州志》上P53）

12月

7日 著名音乐家、《中国人民解放军军歌》与《朝鲜人民军军歌》作者郑律成（朝鲜族）在北京病逝，终年58岁。（《新华社新闻稿》1976.12.18，《中国历代少数民族英才传》P2988～2992）

12日 中国新疆维吾尔自治区歌舞团结束对阿富汗、民主也门共和国、阿拉伯也门共和国、叙利亚、伊拉克、科威特6国的友好访问，回到乌鲁木齐市。通过访问，为发展中国人民同6国人民的友谊和增进文化交流作出了贡献。（《中国共产党新疆历史大事记（1966.5～1991.12）》下P72）

13日 14时36分57秒，云南省宁蒗彝族自治县和盐源县间发生6.4级地震，震中位置27.4° N、101.0° E，震源深度21公里。（《云南省志·地震志》P120～121）

15～17日 澳大利亚共产党（马列）主席爱·弗·希尔及夫人由中共中央联络部副部长冯铉陪同，在广西壮族自治区南宁市参观访问。（《广西通志·大事记》P435）

16日 新疆维吾尔自治区党委发出贯彻执行中央有关文件的通知，要求各级党组织及公安、法院等有关部门对过去纯属反对“四人帮”而被拘留逮捕、判刑、立案侦查、正在审查的案件和给予党、团籍处分的人要认真进行清理，并按照中央规定的政策迅速予以纠正和平反。（《中国共产党新疆历史大事记（1966.5～1991.12）》下P73）

24日 大型彩色纪录片《伟大的领袖和导师毛泽东主席永垂不朽》在西藏自治区拉萨市上映。（《中国共产党西藏历史大事记（1949～2004）》P289）

是年 全国教育经费专拨少数民族地区教育补助费4900万元。（《中国教育年鉴

（1949～1981）》P407）

1977年

1月

2日 贵州省三都水族自治县各族人民1.5万多人集会游行，庆祝自治县成立30周年，韦茂文率黔南布依族苗族自治州代表团到会祝贺。（《贵州日报》1977.1.27.③）

△ 北京时间5时39分44秒，青海省海西蒙古族藏族哈萨克族自治州茫崖东南部（北纬37°56′，东经91°24′）发生6.6级地震，1人死亡。（《海西蒙古族藏族自治州志》1卷P464、467）

8日 八路军驻广西桂林办事处纪念馆揭幕并向公众开放。（《广西通志·大事记》P435）

14日 广西壮族自治区环江县8个社镇的22个大队遭受冰雹、大风灾害，损失房屋1248间，其中倒塌17间，死4人，伤11人；受灾农作物2万多亩，其中重灾4000多亩。（《环江毛南族自治县志》P26）

17日 贵州省松桃苗族自治县苗、汉族人民集会游行并举办20年成就展览，庆祝自治县成立20周年。湖南省湘西、花垣、凤凰、新晃，以及四川省秀山县和贵州铜仁地区代表团等到会祝贺。（《贵州日报》1977.1.27.③）

△ 新疆维吾尔自治区博尔塔拉蒙古自治州广播事业管理局成立。（《博尔塔拉蒙古自治州志》P55）

20日 我国科学工作者在西藏自治区昌都地区首次发现一批珍贵的恐龙化石。昌都地区海拔4200米以上，在这样高的地方发现恐龙化石，在我国和世界上都是第一次。（《新华社新闻稿》1977.1.21）

29日 广西壮族自治区农业局、粮食局、外贸局联合印发《优质谷质量鉴定结果》，选出优质米105个，其中特一级1个、特二级39个、一级65个。（《广西通志·大事记》P435）

2月

4日 内蒙古自治区计划生育领导小组召开计划生育工作汇报会。会议强调蒙古族和其他少数民族计划生育的主要任务是做好妇幼保健工作，繁荣民族人口。（《内蒙古日报》1977.2.4.①④）

5～10日 贵州省黔南布依族苗族自治州“工业学大庆”会议在都匀召开。会议通过全州“工业学大庆”、普及大庆式企业的规划和措施，计划在1至2年内建立一批大庆式企业。（《黔南布依族苗族自治州志》上P64）

6日 广西壮族自治区革委会转发自治区农业局《关于我区玉米生产情况和今后意见的报告》，要求改革玉米耕作制度，加速推广杂交品种，实现自治区党委提出的1980年比1975年翻1番的任务，总产达到20亿公斤。（《广西通志·大事记》P435）

16日 据《新疆日报》报道，最近新疆维吾尔自治区党委、自治区革委会召开计划生育工作汇报会，要求在逐年降低汉族人口自然增长率的同时，做好少数民族妇幼保健工作，以利于少数民族的发展。（《新疆日报》1977.2.16.③）

16～23日 新疆维吾尔自治区第三次民族特需用品生产供应座谈会在乌鲁木齐市举行。会议提出进一步做好民族特需用品的生产、供应工作，改善各族人民生活。（《新疆日报》1977.2.23.①，《中国共产党新疆历史大事记（1966.5～1991.12）》下P76）

19日 吉林省长白朝鲜族自治县的宝泉山水电站建成发电。（《新华社新闻稿》1977.2.20）

26日 广西壮族自治区“工业学大庆”

工作会议在南宁市召开。会议授予45个企业（单位）为大庆式企业（单位），740个企业（单位）为学大庆先进企业（单位），表彰“工业学大庆”先进集体652个、先进生产者299名、先进工作者112名。（《广西通志·大事记》P436）

3月

1～15日 西藏自治区“工业学大庆”会议在拉萨市举行，自治区党委书记热地出席并讲话。（《中国共产党西藏历史大事记（1949～2004）》P291）

6日 新疆维吾尔自治区党委发出《认真做好安全生产工作的紧急通知》。《通知》指出，近两年特别是最近一个时期，有些地方不断发生爆炸、失火、翻车、煤矿冒顶等重大恶性事故，给人民生命财产造成严重损失，在政治上带来极其不良影响。为保证人民生命财产安全，保证农业学大寨、工业学大庆群众运动的顺利进行，各地必须大抓安全生产的宣传教育，开展全面安全生产大检查，建立各种安全生产制度。（《中国共产党新疆历史大事记（1966.5～1991.12）》下P76～77）

10～29日 内蒙古自治区群众业余文艺会演在呼和浩特举行。400多名各族业余文艺工作者演出200多个节目。（《内蒙古日报》1977.3.12.①，3.31.①）

11日 国家地质总局和西藏自治区革委会在拉萨联合授予西藏地质大队1243钻井队“一不怕苦、二不怕死的高原英雄钻井队”称号。（《中国共产党西藏历史大事记（1949～2004）》P291）

22日 据新华社报道，最近在贵州兴义地区（今属黔西南布依族苗族自治州）出土1件珍贵的历史文物——东汉铜车马，这一发现对于了解我国古代西南边疆的交通、车制、冶炼制铜工艺等，具有重要价值。（《新华社新闻稿》1977.3.23）

26～28日 宁夏回族自治区党委常委扩大会议举行，传达贯彻中央工作会议精神，联系宁夏实际，深入揭发批判“四人帮”的反革命罪行。（《中共宁夏党史大事记（1925.8～1988.6）》P473）

26日～4月5日 在英国伯明翰举行的第34届世界乒乓球锦标赛中，广西壮族自治区选手梁戈亮和队友获男子团体冠军，梁戈亮获男子个人单打冠军。杨莹和朴英玉（朝鲜族）获女子双打冠军。（《广西通志·大事记》P436；《新华社新闻稿》1977.3.27,4.6,4.7）

30日 吉林省蒙古语文工作领导小组召开省首届蒙古语文工作会议。会议学习毛泽东关于民族问题、少数民族语言文字问题的论述，传达国务院有关指示和八省（区）蒙古语文工作协作会议精神，听取有关单位的经验介绍，讨论安排了今后的工作。（《吉林日报》1977.3.30.③）

30日～4月11日 新疆维吾尔自治区党委、新疆军区党委工作会议举行。会议贯彻中央3月工作会议和中央军委座谈会议精神，深入批判“四人帮”。会议结合新疆实际，初步揭发自治区革委会副主任杨立业、吴巨轮的问题。4月19日，自治区党委报经中央批准，撤销杨立业、吴巨轮革委会副主任职务。（《中国共产党新疆历史大事记（1966.5～1991.12）》下P77～78、107）

是月 青海省果洛藏族自治州普降大雪，造成严重雪灾。截至24日，全州死亡大畜3万多头（只）、羊羔5万多只。（《果洛藏族自治州志》上P43）

△ 新疆维吾尔自治区阿勒泰地区遭寒冻，20多万头牲畜冻死。博尔塔拉蒙古自治州13.4万亩农作物受灾。（《新疆减灾四十年》P267）

4月

4日 广西壮族自治区革委会批转自治区文化局《关于1977年举行全区文艺会演的请示报告》。要求节目形式以戏剧为主、中小型为主，重视民族风格和广西地方特点。10月7日至11月2日，全区文艺会演在南宁市举行，共演出19台晚会172个剧目。（《广西通志·大事记》P436）

△ 新疆维吾尔自治区教育局召开地、州、市教育局长会议，揭批“四人帮”篡改教育方针的罪行，总结教育革命的经验，确定今后的任务。（《新疆日报》1977.4.4.①）

9日 云南省楚雄禄丰县石灰坝煤场古猿化石地点，发现距今约800万年的1个完整的古猿下颌骨化石、2个古猿额骨化石和40多枚古猿牙齿化石以及丰富的三趾马动物群化石。据鉴定，这种从猿到人过渡类型的下颌骨化石，在我国是第一次发现，国外也还没有发现过。（《新华社新闻稿》1977.4.10，《中华人民共和国大事记（1949～1980）》P362）

15日 上海经兰州至乌鲁木齐航线正式通航，这是目前国内最长的一条航空线，全程3600公里。（《新华社新闻稿》1977.4.16）

16日 上海经杭州、长沙至桂林航线通航。（《新华社新闻稿》1977.4.20）

17日 青海省卫生局抽调240多名医务人员组成32个医疗队和防治队，分赴10个农牧区为少数民族群众防病治病。（《新华社新闻稿》1977.4.18）

22日 广西壮族自治区革委会批转自治区教育局《关于扫盲工作座谈会情况的报告》。《报告》指出，目前许多地方的青壮年文盲、半文盲仍占青壮年人数的40%，必须加快扫盲步伐，力争在1980年基本扫除全区的青壮年文盲。（《广西通志·大事记》P436）

25日 广西壮族自治区党委批转自治区团委党组《关于开展争当雷锋式青少年活动的报告》，要求各地根据具体情况办好“少年宫”、“少年之家”或“青少年活动站”，开展评比活动，表彰一批雷锋式的青少年和学雷锋的先进集体。（《广西通志·大事记》P436）

28日 西藏自治区党委同意组织部意见，撤销自治区党委工农干部学习班和自治区直属机关五七干校，合并到自治区党校。（《中国共产党西藏历史大事记（1949～2004）》P292）

是月 内蒙古自治区党委发出《认真进行民族政策再教育和检查民族政策执行情况》的通知。（《内蒙古自治区史》P428、537）

△ 湖南省湘西土家族苗族自治州船舶厂制造的自治州第一艘钢质输油船顺利下水，船长33米、宽7米，排水量180吨，载油量120吨，亦可作甲板货驳使用。（《湘西州志》上P74）

△ 云南省文山壮族苗族自治州丘北县供销社引进意大利蜂157群，建成自治州第一个养蜂场。（《文山壮族苗族自治州志》1卷P59）

△ 西藏自治区地热地质大队l241钻井队在羊八井地热田的普查和勘探中事迹突出，被地质矿产部、西藏自治区联合授予“高原英雄钻井队”称号。1979年，该队索加（藏族）被国务院授予全国劳动模范称号。（《当代中国的西藏》下P153）

是～6月 云南省大理白族自治州文物工作者在祥云县禾旬公社检村发掘3座西汉时代的古墓葬，出土青铜器80余件，残铁手镯2件及部分陶片、乐器、武器、农具等。在大波那清理发掘1座战国时代的木椁墓，出土青铜器、陶器等41件。这些文物证明各族劳动人民从远古时代就开始有了经济、文化的密切联系。（《云南日报》1978.1.27.③）

5月

2～8日 云南省大理县举行粉碎“四人

帮”后第一次传统的“三月街”盛会。（《新华社新闻稿》1977.5.29）

5日 广西壮族自治区农业局发出《关于认真抓好早稻中后期病虫害防治工作的紧急通知》。《通知》指出，三化螟在南宁、钦州、百色、柳州、河池等地区的大部分县严重发生，预报稻飞虱、纹枯病、卷叶虫也将在各地发生。《通知》要求各地加强预测预报，组织力量做好保苗保穗工作。9月，三化螟再次在全区发生，面积1420多万亩。（《广西通志·大事记》P436）

14日 广西壮族自治区革委会发布《关于整顿铁路治安秩序的布告》，要求全区广大群众和铁路职工立即行动起来，坚决同一切破坏活动作斗争，保障铁路运输安全畅通。（《广西通志·大事记》P437）

15日 宁夏回族自治区蒙古语文工作领导小组在阿拉善左旗召开蒙古语文工作座谈会，传达八省（区）蒙古语文工作协作会议精神，总结工作，研究制定2年工作计划，讨论现代蒙古语基础方言和标准音问题。（《宁夏日报》1977.5.15.②）

16日 内蒙古自治区第一个家畜冷冻精液站在乌兰察布盟建成。（《内蒙古日报》1977.5.16.②）

17日 内蒙古人民出版社邀请黑龙江、吉林、辽宁、甘肃、新疆、青海、宁夏等地民族出版社在内蒙古自治区锡林郭勒盟正蓝旗召开会议，审定《汉蒙名词术语分类辞典》。（《内蒙古日报》1977.5.17.①）

24日 青海省海西蒙古族藏族哈萨克族自治州委决定恢复州委党校。（《海西蒙古族藏族自治州志》1卷P54）

26日 广西壮族自治区巴马、龙州、都安、东兰等县海拔360米到450米的山区发现广西柳。云南省勐腊县海拔760米到1100米的山区发现望天树。（《新华社新闻稿》1977.5.28）

28日 国家重点科研项目——人造金刚石钻探新技术的研究、试验在广西壮族自治区桂林市冶金地质研究所获成功。（《广西通志·大事记》P437）

29日 湖北省第三批43人赴藏医疗队从武汉出发。（《湖北日报》1977.5.30.①）

△ 吉林、黑龙江、辽宁3省在长春市召开首次朝鲜语文工作协作会议。会议讨论了3省朝鲜语文工作协作规划，建立了协作小组，通过了3省朝鲜语文工作协作小组简则。（《新华社新闻稿》1977.5.30）

是～7月 宁夏回族自治区因受暴雨灾害，全区1.33多万公顷农作物遭受不同程度损失，不少房屋、小型水库、拦水坝被冲毁，公路、铁路被冲断，物资被冲走，人畜遭到严重伤亡。其中，7月5日六盘山区的1次特大暴雨，隆德风岭公社降水量255毫米，为宁夏40多年来最大1次暴雨记载，造成隆德县渝河流域特大洪水，冲毁小型水库9座、塘坝43个、渡槽涵洞2个，倒塌房屋2834间，死亡20人，冲毁绝产农田0.33万公顷，不少物资被大水冲走。（《中国气象灾害大典·宁夏卷》P116～117）

6月

7日 新疆维吾尔自治区防疫站试制成功新疆出血热防治疫苗和治疗血清。（《新疆日报》1977.6.7.③）

9日 西藏自治区党委指示，在干部中进行民族政策再教育，要防止和克服狭隘的地方民族主义，进一步加强民族团结。（《中国共产党西藏历史大事记（1949～2004）》P292）

9～16日 新疆维吾尔自治区喀什地区遭洪水和冰雹袭击，28.24万亩农作物受灾，死亡牲畜3510头，倒房427间，冲坏闸口64座，桥涵35座，死3人，伤72人，政府调运各种物资进行抢救。（《新疆减灾四十年》

P267）

12～14日 中共广西壮族自治区三届八次全委（扩大）会议举行，讨论制定《广西落实大治天下八条标准，力争两年大见成效的纲要（草案）》。《纲要（草案）》提出，要搞好整党整风，加强各级领导班子的建设，千方百计把农业搞上去。1980年，全区人均粮食400公斤，1/2的县已建成大寨县。（《广西通志·大事记》P437）

13日 苏丹民主共和国总统加法尔·穆罕默德·尼迈里率苏丹民主共和国政府代表团由全国人大常委会副委员长乌兰夫和外交部副部长何英陪同，从湖南省长沙市到新疆维吾尔自治区乌鲁木齐市进行参观访问。（《中国共产党新疆历史大事记（1966.5～1991.12）》下P79）

13～16日 墨西哥前总统埃切维里亚在西藏自治区参观访问。埃切维里亚说，我们在这里看到一个新的西藏，这里所发生的变化和进步给我们留下深刻的印象。在拉萨市期间，埃切维里亚等参观位于西郊的自治区农业科学研究所、拉萨地毯厂、布达拉宫和大昭寺。（《中国共产党西藏历史大事记（1949～2004）》P293）

14日 罗马尼亚"穆列什"民间歌舞团到达新疆维吾尔自治区进行访问演出。（《中国共产党新疆历史大事记（1966.5～1991.12）》下P79）

15日 《毛泽东选集》第五卷朝鲜文版开始在吉林省延边朝鲜族自治州发行。（《新华社新闻稿》1977.7.1）

16日 西藏自治区革委会、西藏军区发出《关于授予仲巴县偏吉公社民兵连"高原英雄民兵连"称号和给拉吉等三人记战斗一等功的决定》。4月3日，偏吉公社民兵连全歼一股回窜叛乱武装。自治区革委会、西藏军区为拉吉、小白、嘎玛央典3人记战斗一等功。（《中国共产党西藏历史大事记（1949～2004）》P293）

18日 为纪念内蒙古自治区成立30周年，由蒙古族作家玛拉沁夫编剧、上海电影制片厂摄制的彩色故事片《祖国啊，母亲!》制成放映。（《人民日报》1977.6.18.⑥）

19日 甘肃省甘南藏族自治州广播电台正式转出电视信号。（《甘南州志》上P127）

22日 中共中央主席华国锋、副主席叶剑英接见中央民族学院和从事少数民族语言广播的工作人员。华主席对民族工作作重要指示。（《新华社新闻稿》1977.6.23）

△ 党和国家领导人华国锋、叶剑英、李先念、陈锡联、纪登奎、汪东兴、吴德、陈永贵、吴桂贤、苏振华、倪志福、徐向前、乌兰夫和粟裕等，接见《毛泽东选集》第五卷少数民族文版的翻译出版人员和中央民族学院各族师生员工。（《新华社新闻稿》1977.6.23）

△ 科学院召开青藏高原科学考察工作会议。会议讨论10多篇有关西藏地层、古生物、地质构造、地壳深部结构、冰川、地热和农、林、牧、水资源以及自然区划等方面的科学报告。报告表明，西藏资源十分丰富，是我国的一个重要资源宝库。（《新华社新闻稿》1977.6.23）

22～25日 青海省黄南藏族自治州同仁县1014名居民食牛肉中毒，由于发现较早、治疗及时，未造成死亡后果。经省卫生防疫站化验证实，系"圣保罗沙门氏菌"引发中毒。（《黄南州志》上P48）

23日 据统计，内蒙古自治区成立30年来，出版蒙古文、汉文各类书籍4692种22405万册，建有印刷厂12所，城乡租书点近百处，社队图书室7904个，"乌兰包其格"（红色图书包）600个。（《内蒙古日报》1977.6.23.④）

△ 广西壮族自治区革委会作出《坚决把我区糖业生产搞上去的决定》，对发展蔗糖生

产作出重大决策。　（《广西通志·大事记》P437）

24日　据报道，解放军第22医院为青藏高原少数民族办的一所卫生学校，培养出第一批少数民族毕业生。　（《新华社新闻稿》1977.6.25）

27日　新疆军区、自治区“三三一”（卫星转播地面接收站）工程领导小组成立，谭友林任组长，宋致和任副组长。　（《中国共产党新疆历史大事记（1966.5～1991.12）》下P80）

28日　宁夏回族自治区党委、革委会召开向科技进军的广播大会，5万多人参会。会议动员全区广大科技人员大干快上，尽快把科技工作搞上去，为实现四个现代化作出贡献。　（《中共宁夏党史大事记（1925.8～1988.6）》P475）

是月　广西壮族自治区玉米研究所和中科院北京植物研究所共同协作攻关，成功用花粉单倍体培育玉米种。　（《广西通志·大事记》P437）

△　广西壮族自治区革委会在南宁市举行全区药品生产管理会议，要求南宁、桂林、梧州、柳州4市和有条件的药厂大力发展原料生产，并与制剂相应配套，建立和健全医药管理机构，对全区药品生产实行统筹规划、归口管理；把好药品质量关。9月2日，自治区革委会批转会议纪要。　（《广西通志·大事记》P437）

△　中共四川省西昌市地革委发出布告，宣布改革彝族旧的婚姻制度，贯彻《中华人民共和国婚姻法》。　（《凉山彝族自治州志》上P63）

△　四川省甘孜藏族自治州农牧机械研究所建立。　（《甘孜州志》上P78）

7月

1日　《毛泽东选集》第五卷蒙古、藏、维吾尔、哈萨克文版出版发行。　（《新华社新闻稿》1977.7.1）

△　吉林省延边朝鲜族自治州各县、市内电话自动交换机全部开通。　（《延边朝鲜族自治州志》P84）

△　广西壮族自治区革委会转发自治区财办《关于建立蛋品生产基地的报告》，确定柳州、桂林、梧州市郊以及邕宁、武鸣、横县等20个县、市为蛋品生产基地。　（《广西通志·大事记》P437）

5日　宁夏回族自治区固原县城以南一带降暴雨，六盘山东西两侧为暴雨中心，这是宁夏有气象记录40多年中最大的暴雨。隆德凤岭公社雨量最大达255毫米，造成渝河流域发生特大洪水，倒塌房屋2834间，死亡20人，冲毁水库9座、塘坝43个、农田50万亩，致绝产无收。　（《当代宁夏史通鉴》P30）

8日　新疆维吾尔自治区畜牧局召开优良牧草种子繁殖基地会议，研究大力繁殖优良牧草种子，促进草原建设，改良和发展畜牧业的生产问题。　（《新疆日报》1977.7.8.③）

9日　广西壮族自治区党委在南宁召开向科学技术进军广播动员大会。全区职工、科技人员75万人参会。14日，自治区党委成立由刘重桂等10人组成的科技小组。　（《广西通志·大事记》P438）

10～17日　全国中国式摔跤比赛在山西省忻县举行。蒙古、回、维吾尔、锡伯、哈萨克、达斡尔、白、撒拉、藏等少数民族的48名选手参加比赛。　（《新华社新闻稿》1977.7.23）

14日　西藏自治区农牧业机械化领导小组成立，自治区党委书记高圣轩任组长。是年，全区已有农牧业机械、大中型农用拖拉机800混合台，手扶拖拉机1000多台，脱粒机、扬场机5000多台。　（《中国共产党西藏历史大事记（1949～2004）》P293）

15日～8月4日　青海省革委召开全省牧

业区人民公社经营管理和“草库伦”建设现场观摩会议，推广玉树地区建立畜群作业组的办法，交流各地“草库伦”建设经验。（《青海日报》1977.8.18.①）

16日 广西壮族自治区贵县罗泊湾发现1座西汉初期的大型木椁墓，出土漆绘青铜器等珍贵文物1000多件，其中不少器物有“布山”铭文，与历史记载相符，为研究古代岭南地区历史文化提供新资料。（《广西通志·大事记》P438，《新华社新闻稿》1977.8.7）

17日 云南、贵州、四川、西藏4省（区）联合举办少数民族美术作品展览，展出29个民族237件作品。（《新华社新闻稿》1977.7.18）

19日 因受林彪、“四人帮”迫害，“五四”女杰、全国妇联副主席刘清扬（回族）在北京逝世，享年84岁。1979年8月3日，追悼会在北京举行。政协全国委员会副主席兼秘书长刘澜涛主持追悼会，政协全国委员会副主席、全国妇联主席康克清致悼词。（《人民日报》1979.8.4.④）

△ 新疆维吾尔自治区党委召开30万人参加的向科学技术进军广播动员大会。会议号召自治区各族科技人员、干部和群众落实党中央对科学工作的重要指示，努力攀登科学技术高峰，为在本世纪内实现四个现代化，为把我国建设成伟大的社会主义强国而努力奋斗。8月5日至16日，自治区科技工作会议举行。会议传达全国科学工作会议精神，讨论自治区科技发展的长远规划。会上，新疆生土所、物理所、化学所等单位联合向全疆各族科技人员发出开展友谊竞赛的倡议。（《中国共产党新疆历史大事记（1966.5～1991.12）》下P81～82）

20日 内蒙古自治区在毛乌素大沙漠无定河上游建成巴图湾水电站，发电量2800千瓦。（《新华社新闻稿》1977.7.21）

23日 经过2年多的努力，我国第一个沙生植物园（占地1000多亩）在甘肃巴丹吉林大沙漠建成，引进70多种沙生植物种植成功。（《新华社新闻稿》1977.7.24）

△ 宁夏回族自治区暨银川市各族各界群众5万多人集会和游行，庆祝中共十届三中全会召开，拥护全会关于追任华国锋为中共中央主席、恢复邓小平党政军领导职务和《关于王洪文、张春桥、江青、姚文元反党集团的决议》。（《中共宁夏党史大事记（1925.8～1988.6）》P476）

24日 广西壮族自治区南宁市各界6万人集会游行，庆祝中共十届三中全会召开，拥护全会关于恢复邓小平党政军领导职务的决定以及《关于王洪文、张春桥、江青、姚文元反党集团的决议》。会上，自治区党委表示坚决贯彻“抓纲治国”的战略决策，将揭批“四人帮”的斗争进行到底。（《广西通志·大事记》P438）

25日 我国登山队员嘎巴桑（藏族）、达穷（藏族）、边巴（藏族）、罗桑德庆（藏族）、昌措（女，藏族）、多布吉（藏族）、玉珍（女，藏族）等10名男女运动员和1名电影工作者在北京时间15时31分，首次登上7435米的新疆天山最高峰——托木尔峰，并在顶峰插上五星红旗。（《新华社新闻稿》1977.7.30）

30日 我国登山队第二突击队的多吉甫（藏族）、桂桑（女，藏族）、桑珠（藏族）、买买提齐那（维吾尔族）、金俊喜（朝鲜族）、徐新（女，藏族）、扎西（女，藏族）、普美（藏族）、洛桑（藏族）、昂扎（藏族）等17名运动员登上托木尔峰峰顶。（《新华社新闻稿》1977.7.31，《中国共产党新疆历史大事记（1966.5～1991.12）》下P82）

31日 内蒙古自治区社会主义革命和建设成就展览在呼和浩特市开幕。（《新华社新闻稿》1977.8.1）

8月

1~2日 内蒙古自治区呼和浩特市各族人民隆重集会，庆祝内蒙古自治区成立30周年。自治区负责人尤太忠在会上讲话，回顾自治区成立30年来的成就。中央代表团团长陈锡联莅会，代表党中央、全国人大常委会、国务院致贺词。1日，《人民日报》发表社论《把内蒙古建设成反帝反修的钢铁长城》。7月30日，全国人大常委会、国务院致贺电。（《新华社新闻稿》1977.7.31~8.3）

6日 全国人大常委会委员、著名数学家华罗庚率全国推广“优选法”小分队抵新疆维吾尔自治区指导推广运用“优选法”、“统筹法”。自治区革委会和乌鲁木齐市革委会举行推广“优选法”报告会和广播大会，华罗庚作报告。（《中国共产党新疆历史大事记（1966.5~1991.12）》下P82~83）

△ 青海省玉树藏族自治州革委会科学技术委员会成立。（《玉树州志》上P48）

7日 广西壮族自治区钦州地区农业科学研究所采用花粉单倍体方法育成籼稻“早单7301”和“晚单7号”2个新品种。（《广西通志·大事记》P438）

11日 据《宁夏日报》报道，宁夏回族自治区党委最近召开全区科技人员代表座谈会。会议批判“四人帮”干扰科技工作、破坏党的知识分子政策的罪行，号召向科技现代化进军。（《中共宁夏党史大事记（1925.8~1988.6）》P476~477）

15~24日 内蒙古、吉林、黑龙江、辽宁、新疆、甘肃、青海、宁夏八省（区）蒙古文图书出版协作小组会议在乌鲁木齐举行。会议交流经验，批判“四人帮”破坏民族语文翻译出版工作的罪行，确定今后出版发行的任务。（《新疆日报》1977.8.30.②）

18日 据报道，我国科学工作者通过在新疆维吾尔自治区托木尔峰及其周围地区的综合考察，捕捉到数百种、近4000号的昆虫标本，采集到野生高等植物标本200多种属近百科。（《新华社新闻稿》1977.8.19）

24日 宁夏回族自治区铁路、煤矿系统职工历时5个多月，至是日晚18点，除完成218.66万吨计划生产煤的运输外，石炭井各矿有铁路运输条件的存煤全部被运完，提前完成党中央交给自治区拉运石炭井存煤的任务。但因原上报存煤数比实际存煤数多52.4万吨，也造成一定经济损失。（《中共宁夏党史大事记（1925.8~1988.6）》P477）

是月 湖南省湘西土家族苗族自治州7602电视转播台在吉首县建成使用，覆盖人口40万。（《湘西州志》上P75）

△ 四川省甘孜藏族自治州撤销州农牧业科学研究所，分别组建州农业科学研究所、州畜牧兽医科学研究所。（《甘孜州志》上P78）

△ 青海省海西蒙古族藏族哈萨克族自治州蒙古语电影译制站成立。（《海西蒙古族藏族自治州志》5卷P487）

△ 青海省海西蒙古族藏族哈萨克族自治州普降暴雨，冲毁房屋369间、帐房9顶，冲坏600多间，死亡牲畜2098头，死亡5人，重伤11人。（《海西蒙古族藏族自治州志》1卷P454）

9月

4日 著名藏学家刘家驹（又名格桑群觉，藏族）病故，享年77岁。生前曾任九世班禅行辕秘书长、国民政府中央立法委员，解放后出任四川省政协委员。著有《九世班禅全传》、《班禅大师全集》等。（《中国历代少数民族英才传》P3567）

△ 广西壮族自治区南海石油勘探指挥部于7月31日开始钻探北部湾第一口钻井——湾1#完钻，井深2569.1米，发现9层共13.98米油层，试钻日产原油50立方米、天然气9490

立方米，成为北部湾海域第一口工业油气流井。（《广西通志·大事记》P438）

5日 据新华社报道，根据中共中央指示精神，为发展少数民族地区经济建设，全国近200名科技人员汇集宁夏南部山区，分别在18个实验基地进行8个项目23个课题的试验研究。这是宁夏历史上首次进行大规模、多学科的科学实验活动。（《中共宁夏党史大事记（1925.8～1988.6）》P477）

7日 南斯拉夫共产主义者联盟主席、社会主义联邦共和国总统约瑟普·布罗兹·铁托等由中共中央副主席、国务院副总理李先念陪同，从上海市到新疆维吾尔自治区乌鲁木齐市进行访问。8日，铁托总统结束访问回国。（《中国共产党新疆历史大事记（1966.5～1991.12）》下P84）

11日 据新华社报道，内蒙古自治区巴彦淖尔盟河套灌区总排水干渠扬水站建成，每年排水4.5亿立方米，可担负灌区400多万亩农田的排水任务。（《新华社新闻稿》1977.9.12,《中华人民共和国大事记（1949～1980）》P219）

13日 云南省迪庆藏族自治州各族人民集会，庆祝自治州成立20周年。全国人大常委会、国务院电贺，昆明市军区副司令员、兼云南省委书记、省革委会副主任张铚秀率云南省委、革委代表团到会祝贺。（《云南日报》1977.9.15.①）

20日 湖南省湘西土家族苗族自治州各族人民集会，庆祝自治州成立20周年。全国人大常委会、国务院电贺，湖南省军区司令员童国贵率湖南省委省军区代表团到会祝贺。（《湖南日报》1977.9.20.③，9.23.②）

21日 广西壮族自治区革委会发出《关于大搞农田基本建设的指示》，要求各地有计划、有步骤地实行山、水、田、林、路综合治理，计划到1980年，增加旱涝保收面积800万亩，高产稳产农田1800万亩。（《广西通志·大事记》P439）

23日 是日报道，根据周恩来总理生前指示，为西藏、新疆、四川、宁夏、青海5省（自治区）专门选拔培养的维吾尔、哈萨克、蒙古、藏、回、土家、羌、柯尔克孜、锡伯、门巴10个民族的一批少数民族飞行员，完成航校学习任务走向工作岗位。（《新华社新闻稿》1977.7.23）

△ 西藏自治区党委在《人民日报》发表题为《毛主席的旗帜是西藏革命的胜利旗帜》的文章，转引毛泽东关于西藏革命问题的论述。毛主席指出，西藏革命要分两步走，第一步走民主革命的道路。第二步走社会主义道路。对西藏民主革命，毛主席又根据西藏的特殊情况，创造性地把反帝反封建农奴制度的革命任务分作两步解决。首先团结一切可以团结的力量，集中打击帝国主义及其忠实走狗——亲帝分裂主义分子，然后再逐步地改革封建农奴制度。（《中国共产党西藏历史大事记（1949～2004）》P294）

24日 内蒙古、新疆、广西、宁夏、西藏5个自治区摄影展览在北京民族文化宫举行。（《新华社新闻稿》1977.9.25）

28日 是日报道，宁夏回族自治区阿拉善左旗建成千亩以上井灌区8处和3万亩以上井灌区1处。全旗27个公社150个大队办起饲料基地，“草库伦”面积80万亩。（《新华社新闻稿》1977.9.28）

29日 据新华社报道，我国测绘工作者精确测得天山最高峰——托木尔峰的海拔高程为7435.3米。该峰位于天山中部，在新疆维吾尔自治区温宿县。（《新华社新闻稿》1977.9.30,《中华人民共和国大事记（1949～1980）》P326）

是月 湖北省第一座县级体育馆在恩施地区来凤县建成。（《恩施州志》P18）

△ 云南、贵州、广西3省区护林防火工作会议在广西南宁召开。（《广西通志·大

事记》P439）

△ 云南省楚雄彝族自治州“五七大学”工科从南华迁至楚雄，成立楚雄州农机技术培训学校。（《楚雄彝族自治州志》1卷P206）

△ 西藏自治区举行第一次大中专学校统一招生考试。（《当代中国的西藏》下P307）

△ 新疆维吾尔自治区巴音郭楞蒙古自治州天花基本消除，停止接种牛痘。（《巴音郭楞蒙古自治州志》下P1972、2183）

10月

1日 我国第一台1000千瓦级地热电站一号机组——西藏自治区羊八井地热电站试验成功，开始向拉萨市供电。1975年9月，西藏自治区将开发羊八井热田列入全区重点工程；同年12月，国家计委成立羊八井热田开发协调组；1978年7月，国家计委将此工程列入国家计划。（《中国共产党西藏历史大事记（1949～2004）》P297、588，《当代中国的西藏》下P152）

3～15日 新疆维吾尔自治区第三次“工业学大庆”会议在乌鲁木齐市举行，参会代表1500人。大会命名42个大庆式企业，表彰18个学大庆优秀集体，表扬211个学大庆先进企业、277个学大庆先进集体和201名先进生产（工作）者。（《中国共产党新疆历史大事记（1966.5～1991.12）》下P85）

8日 据《宁夏日报》报道，北京至兰州的微波电路延伸至宁夏回族自治区银川市的218微波工程竣工投产，不仅可直接转播北京的电视，还可陆续开展电报、电话、传真、邮传等多项业务，并为长途通讯自动化创造条件。（《中共宁夏党史大事记（1925.8～1988.6）》P478）

△ 新疆维吾尔自治区党委决定，撤销“自治区党委毛泽东思想学习班”和“自治区党委石河子毛泽东思想学习班”建制，恢复“中共新疆维吾尔自治区委员会党校”建制；将原“自治区党委石河子学习班”改为“中共新疆维吾尔自治区委员会党校石河子分校”。（《中国共产党新疆历史大事记（1966.5～1991.12）》下P85）

9～15日 新疆维吾尔自治区田径运动员戴建华在河北省石家庄市举行的全国田径运动会上获女子100米栏、200米栏冠军。（《新疆通志·体育志》83卷P43）

11～17日 宁夏回族自治区“农业学大寨”先进集体和劳动模范代表大会举行。20日，《宁夏日报》公布出席会议的先进集体和劳动模范、先进生产（工作）者名单。（《中共宁夏党史大事记（1925.8～1988.6）》P478）

12日 商业部、供销合作总社、轻工部在广西壮族自治区南宁市召开少数民族特需品生产供应会议，总结交流经验，制订发展民族特需品生产供应工作计划。（《新华社新闻稿》1977.10.13）

△ 新疆维吾尔自治区克孜勒苏柯尔克孜自治州科学技术委员会成立。（《克孜勒苏柯尔克孜自治州志》上P43）

20日 反映我国少数民族斗争生活的云贵川藏少数民族画展在北京举办。（《新华社新闻稿》1977.10.19）

△ 农林科学院在甘肃省武威地区召开西北治沙造林科技经验交流会，总结交流治沙造林科研成果，制订今后的发展规划。（《新华社新闻稿》1977.10.21）

22日 广西壮族自治区桂林市新火车站建成交付使用。（《新华社新闻稿》1977.10.23）

△ 西藏自治区党委报告中央关于清查工作情况。报告指出，清查同“四人帮”篡党夺权阴谋活动有牵连的人和事，已逮捕11人、拘留15人、隔离审查17人、离职审查3人、

停职审查8人、办学习班审查31人、在机关批判审查38人、其他9人，共132人，其中参与“四人帮”阴谋活动的骨干分子16人。（《中国共产党西藏历史大事记（1949~2004）》P295）

24~27日 中共西藏自治区第二次代表大会举行，自治区党委第一书记任荣作工作报告。报告指出，6年来，自治区完成生产资料所有制的社会主义改造，党的建设有很大发展。（《中国共产党西藏历史大事记（1949~2004）》P295）

26日 根据国务院关于恢复高校招生文化考试制度的意见，广西壮族自治区在百色开始进行高等学校、中等专业学校恢复招生文化考试制度的招生试点工作。（《广西通志·大事记》P439）

△ 据《新疆日报》报道，新疆维吾尔自治区召开高等院校招生工作会议，传达全国高等学校招生工作会议精神，具体部署和安排自治区的招生工作。根据新疆特点，会议对招生办法和在招生工作中贯彻民族政策等问题提出补充意见。（《中国共产党新疆历史大事记（1966.5~1991.12）》下P85~86）

是月 全国第三次半细毛羊育种协作会议在内蒙古自治区举行。会议总结经验，开展学术交流，研究科研协作项目，要求在1985年前分别育成东北、内蒙古、青海、安徽、甘肃、山西半细毛羊新品种。（《内蒙古日报》1977.11.14.①）

△ 广西壮族自治区环江县西郊的大环江桥竣工。该桥1976年2月开始动工，1978年4月通车，全长196米，为净跨径100米的双曲拱桥。（《广西通志·大事记》P439）

△ 国家水利电力部及云南省水利局到文山壮族苗族自治州中越边境地区调查群众饮水困难问题。1978年9月，国家水利电力部及云南省再次派人进行调查。云南省政府及有关部门拨专款48万元，解决边境14个生产队人畜饮水困难问题。（《文山壮族苗族自治州志》1卷P60）

△ 云南省贡山独龙族怒族自治县丙中洛电站竣工投产，装机容量2×75千瓦。（《贡山独龙族怒族自治县志》P16）

△ 新疆维吾尔自治区昌吉回族自治州天山化工厂试制成功具有国内先进水平的新型蒸发器——浸没燃油蒸发器，填补国家空白。（《昌吉回族自治州志》P55）

11月

5~12日 宁夏回族自治区1977年高等院校、中等专业学校招生工作会议举行。会议贯彻全国招生工作会议精神，部署改变“文化大革命”期间高等院校、中等专业学校招生不考试的做法，恢复实行统一考试、择优录取。是年全区有5万多青年参加高校和中专学校招生考试，录取4000多人。（《中共宁夏党史大事记（1925.8~1988.6）》P479）

15~21日 中共广西壮族自治区第四次代表大会举行，讨论《广西壮族自治区落实抓纲治国八项战斗任务，力争在1978年作出显著成绩的纲要（草案）》，广西壮族自治区党委书记、第二书记、自治区革命委员会副主任乔晓光作工作报告。会议选举产生新一届委员会，乔晓光任第一书记，刘重桂任第二书记。（《新华社新闻稿》1977.12.9，《广西通志·大事记》P440）

18日 云南省红河哈尼族彝族自治州各族人民集会，庆祝自治州成立20周年。全国人大常委会、国务院电贺，云南省委、革委代表团到会祝贺。（《云南日报》1977.11.20.①）

20日 据《新疆日报》报道，新疆维吾尔自治区博物馆考古队在塔什库尔干塔吉克自治县发现古墓葬，对研究新疆地区的古代历史，特别是原始社会到奴隶社会的历史极有价值。该古墓葬的发现证明，帕米尔地区的少数民族自古以来就是中华民族大家庭中的一员，这个地区自古以来就是我国领土的一部分。（《新疆日报》1977.11.20.③，《中国共产党新疆历史大事记（1966.5～1991.12）》下P86）

21日 据新华社报道，新疆维吾尔自治区各族教师联系28年来边疆民族地区教育事业发展的实际，狠批“四人帮”炮制的“两个估计”（一是攻击教育战线17年基本上没有执行毛主席的革命路线，二是诬蔑广大教师都是资产阶级知识分子），在新疆教育战线打响揭批“四人帮”的第三战役。（《中国共产党新疆历史大事记（1966.5～1991.12）》下P86～87）

22日 新疆维吾尔自治区党委和新疆军区党委常委会议举行，中共新疆维吾尔自治区委第二书记兼新疆军区党委第三书记、新疆维吾尔自治区革委会第一副主任汪锋传达中共中央主席、中央军委主席、国务院总理华国锋，国防部部长叶剑英，中共中央政治局常委、副主席、中央军委常委李先念对新疆工作的指示精神。一、关于揭批“四人帮”问题，中央领导同志讲，你们那里揭批“四人帮”的斗争没有很好地展开，揭批查搞得不彻底，阶级阵线不清。二、关于新疆农业没有上去的问题，关键是自治区党委，你们领导没有树立以农业为基础的思想，你们那里农业投资比例逐年下降，把资金用于修飞机场、宾馆。中央决定，1978年给自治区进口一套年产30万吨化肥的设备，解决30万辆手推车，打井配套2.2万眼，调拨足够数量的农药，解决草场蝗虫危害问题，对所需汽车和来年计划指标都尽量予以满足。（《中国共产党新疆历史大事记（1966.5～1991.12）》下P87）

24日 中科院就恢复新疆维吾尔自治区分院事务向国务院提出请示报告并获批准。（《新疆通志·科学技术志》72卷上P56）

25日 宁夏回族自治区党委召开广播大会，传达中共中央主要负责人关于肯定“文化大革命”前17年教育工作成绩的讲话，批判“四人帮”炮制的“两个估计”（即前17年教育战线是“资产阶级专了无产阶级的政”、知识分子大多数是“资产阶级知识分子”）的错误。（《中共宁夏党史大事记（1925.8～1988.6）》P479）

26日 西藏自治区党委根据党的十一大政治报告和党中央的指示决定，县以上党政机关、群众团体、事业单位自12月至1978年2月底，分批开展整党整风运动。（《中国共产党西藏历史大事记（1949～2004）》P295）

27日 据《新疆日报》报道，历时2年多，新疆维吾尔自治区独山子炼油厂自己设计、施工的分子筛提升管催化裂化炼油装置建成，并一次试车成功。（《中国共产党新疆历史大事记（1966.5～1991.12）》下P87）

28日 广西壮族自治区革委会、广西军区在南宁市召开民兵工作“三落实”先进单位、先进个人代表大会。会议为59个先进单位颁发奖旗、奖状，表彰10名先进个人，奖励45名武装干部和民兵。（《广西通志·大事记》P440）

29日～12月2日 西藏自治区三届人大会议举行，参会代表有11个民族的703人，少数民族占78.4%。中共西藏自治区委第一书记、西藏自治区政协主席任荣作工作报告。会议选举产生98人组成的自治区革委会，选出出席全国第五届人大代表27名。（《新华社新闻稿》1977.12.14）

30日～12月3日 西藏自治区政协三届一次会议举行。会议遵照党中央11月26日批示召开，本届委员共281名，比上届增加84名。上届委员中，凡不属敌我矛盾的都协商提名为本届委员。会议选举产生自治区政协第三届委员会常委53名以及主席、副主席、秘书长人选，选出出席全国五届政协的11名代表。（《新华社新闻稿》1978.1.5）

是月 广西壮族自治区桂林市电表厂与中

国计量科学研究院合作研制成功XQS－5交流阻抗比较装置，桂林市第二机床厂试验成功热处理碳、氮、硼“三元共渗”工艺，均达国内先进水平。（《广西通志·大事记》P439）

△ 中国社会科学院民族研究所、历史研究所，四川省民族研究所和云南省历史研究所等10余个单位的专家学者到云南省西双版纳傣族自治州景洪县基诺山，对基诺人进行民族识别工作。（《西双版纳傣族自治州志》上P58）

12月

3日 据报道，文物考古工作者在辽宁发现一批契丹、鲜卑、匈奴等少数民族的古墓葬和历史文物。（《新华社新闻稿》1977.12.4）

7~15日 宁夏回族自治区党委举行地市旗县、公社党委书记会议，贯彻全国普及大寨县工作座谈会精神。会议号召全党动员，高速度发展农业。17日，自治区党委又召开全区广播动员大会。（《中共宁夏党史大事记（1925.8~1988.6）》P479）

9日 广西壮族自治区革委会发出《关于一九七七年高等学校、中等专业学校招生工作的通知》。《通知》指出，是年是粉碎“四人帮”后首次高等学校招生，在招生对象、条件和办法等方面作出重大改革。计划全区普通高校招生6959人、中等专业学校1.42万人，招应届高中毕业生的比例占全区总数的20%~30%。15至16日，全区共有45.11万名考生参加高校招生统一文化考试。（《广西通志·大事记》P440）

△ 广西壮族自治区革委会发出《关于大力发展油料生产的指示》。《指示》指出，油料生产上得慢，全区仍有35个缺油县；要求贯彻“以粮为纲，全面发展”的方针，把三江、融安、龙胜、永福、昭平、富川、凌云、那坡、凤山、东兰、巴马11个山区县列为重点县，按粮、油、林的次序逐步建设成稳产高产的油茶基地。（《广西通志·大事记》P440）

9~17日 广西壮族自治区政协四届一次会议举行，出席会议委员500人。广西壮族自治区第四届政协副主席钟枫作《政协广西壮族自治区第三届委员会工作报告》。（《新华社新闻稿》1977.12.28）

10日 京剧表演艺术家、“四大须生”之一奚啸伯（满族）在河北石家庄病逝，享年67岁。（《中国历代少数民族英才传》P2920~2924）

11~15日 广西壮族自治区人大五届一次会议举行，参会代表1218人。大会通过中共广西壮族自治区党委第一书记乔晓光作的《关于1968年8月广西壮族自治区革委会成立以来的工作报告》。选举出委员131人，出席第五届全国人大代表84人。（《新华社新闻稿》1977.12.27，《广西通志·大事记》P440）

19日 00时47分12秒，新疆维吾尔自治区伽师县西克尔发生6.2级地震，震中位置39°54′N、77°25′E，震源深度28公里，震中烈度VIII度。陡崖崩塌，山石滚落，地裂冒水，河流堵塞。314间房屋倒塌和严重破坏、裂缝房屋数百间，火墙、烟囱、围墙、羊圈等倒塌许多，重伤2人，轻伤6人，死伤牲畜5头（只）。西克尔水库低洼地带地裂缝成带出现，断续延伸600米。（《新疆减灾四十年》P268）

22日 中共中央在北京召开解决新疆问题会议，揭发自治区党委主要负责人的错误。中共中央主席华国锋，副主席叶剑英、李先念、汪东兴等中央政治局领导在人民大会堂接见参加会议的自治区党委第一书记赛福鼎·艾则孜，第二书记汪锋，书记司马义·艾买提、宋致和、张世功、贾那布尔，新疆军区政委郭林祥等15位同志。30日，李先念传达党中央关于自治区党委主要负责人赛福鼎问题的决定，免去其自治区党委第一书记，自治区革委会主任，新疆军区党委第一书记、第一政委和自治区党内外的其他一切职务，调北京工作。李先念还就如何传达贯彻这次会议精神和新疆今后的工作问题作指示：首要任务是紧紧抓住揭批“四人帮”斗争这个纲，放手发动群众，密切联系新疆实际，抓紧进行揭、批、查斗争，这个问题必须贯彻既要解决问题又要稳定局势的方针，新疆没有很好解决此问题；第二，团结起来把新疆的工农业生产搞上去；第三，加强国家边防建设。（《中国共产党新疆历史大事记（1966.5~1991.12）》下P88~89）

△ 据《新疆日报》报道，新疆维吾尔自治区160万人上阵大搞农田基本建设。至是月上旬，全区开工兴建的水利水电工程共4500多项，已完工2000多项；完成土石方8000多万方，相当于去冬今春完成土石方量的总和，平整土地200多万亩。（《中国共产党新疆历史大事记（1966.5~1991.12）》下P89）

23日 中国人民解放军总后勤部将贺兰山军马场移交宁夏回族自治区农垦局，定名为贺兰山农牧场。（《当代宁夏史通鉴》P30）

是月 广西民族学院恢复参加全国高校统一考试招生工作。学院按计划招收政治、中文、英语、越南语、老挝语、数学、物理、化学8个专业77级353名本科新生。（《广西民族学院校史》P284）

△ 四川省西昌专区冕宁缫丝厂生产的生丝被评为省优质产品，后该厂被定为生丝重点出口厂。（《凉山彝族自治州志》上P63）

△ 四川省甘孜藏族自治州科学技术情报研究所建立。（《甘孜州志》上P79）

△ 云南省第一座小型电视差转台在文山壮族苗族自治州丘北县建成投入使用。（《文山壮族苗族自治州志》1卷P60）

△ 青海省海南藏族自治州卫生学校建立。（《海南州志》P48）

是年 全国教育经费专拨少数民族地区教育补助费5500万元。（《中国教育年鉴（1949~1981）》P407）

1978年

1月

1日 弄岗自然保护区建立，位于广西壮族自治区龙州、宁明2县，面积1.01万公顷，是以亚热带石灰岩季雨林、白头叶猴、黑叶猴等为主要保护对象的国家级自然保护区。（《全国自然保护区名录（2003）》P86）

6~26日 新疆维吾尔自治区党委、新疆军区党委先后举行两个党委书记碰头会议、自治区局以上和军区二级部长以上主要领导干部会议、全疆县团以上党员干部会议、县团以上三级干部会议，传达贯彻党中央对解决新疆问题的指示，揭发批判自治区原主要负责人的错误。在揭发批判过程中，不适当地否定新疆过去的工作成绩，伤害不少干部的感情，对长期担任新疆领导工作的自治区原主要负责人的工作成绩未给予肯定，夸大其错误同时还错误地株连一批少数民族领导干部，使他们受到不应有的打击。1982年3月23日，自治区党委决定，为受错误批判的司马义·艾买提、贾那布尔、吐尔巴依尔等人彻底平反，恢复名誉。（《中国共产党新疆历史大事记（1966.5~1991.12）》下P90）

7日 广西壮族自治区发出《关于加速发展生猪生产的指示》，要求养猪在跨“纲要”的基础上，向“一人一猪”、“一亩一猪”迈进，并积极办好集体养猪场，鼓励社员养猪，坚持“购一留一”政策。（《广西通志·大事记》P441）

△ 《思想战线》编辑部召开云南民族民间文学讨论会，就民族民间文学在社会主义文艺中的重要地位和建国以来的成绩问题、民族民间文学遗产中的精华和糟粕的问题、民族民间文学能否借鉴问题、民族民间文学所反映的爱情和宗教迷信问题，以及收集、整理与改

编、再创作等问题进行讨论。（《云南日报》1978.1.7.③）

19日 塞北文豪、爱国民主人士、前内蒙古文史馆馆长荣祥（蒙古族）在呼和浩特病逝，享年84岁。著有《瑞芝堂诗抄》、《绥远通志》等。（《中国历代少数民族英才传》P3100～3106）

21日 中共云南省委根据省委统战部、省委民边委的请示报告，发出《关于少数民族上层爱国人士工资问题的通知》，决定恢复部分民族上层人士在“文化大革命”前的工资待遇。（《云南民族团结进步事业光辉历程（1949～2009）》P93）

△ 据新华社报道，我国西藏高原上第一座湿蒸汽地热试验电站在羊八井初步建成发电。（《中国共产党西藏历史大事记（1949～2004）》P297）

23日 辽宁、吉林、黑龙江、内蒙古、宁夏、甘肃、青海、新疆八省（区）在吉林省哲里木盟科左中旗保康镇召开蒙古语文专业协作会议，讨论、统一一批常用的名词术语和有关企事业名称的译法，同意由18个符号组成的《蒙古文标点符号》等3项议题。（《内蒙古日报》1978.1.23.①）

△ 国务院召开加速实现西藏农业机械化问题座谈会。国务院农业机械化领导小组召集有关单位和西藏、四川、江苏3省区负责人座谈商定以下问题：一、西藏农业机械化要因地制宜，机械化、半机械化并举。二、西藏今后3年要新增大、中型拖拉机2500台，汽车975辆，手扶拖拉机2500台。只要技术培训、运输能力、资金等能跟上就可以满足需要。三、农业技术培训，除辽宁、陕西省给西藏代培农机人员100名外，由黑龙江、四川、江苏3省进行对口支援，把西藏5个专区、市所在地的农机校（或培训班）和农机修造厂建起来。四、西藏小水电建设所需成套设备，由四川省帮助解决。五、各省支援西藏的主要物资设备，列入国家生产和分配计划。六、购买农机资金，除自力更生外，今后3年需要国家补助2亿元。（《中国共产党西藏历史大事记（1949～2004）》P297）

25～31日 宁夏回族自治区科学大会举行。大会深入揭批“四人帮”，回顾建国后自治区科研事业发展历程，讨论修正全区科技发展规划。中共宁夏回族自治区委员会委员李学智在会上作报告强调，要抓好科研单位的整顿，落实党的知识分子政策，做好3年、8年科学发展规划；提出要把科研的重点放到农业、支农工作以及煤炭、石油、石膏、盐等资源的综合利用方面。（《中共宁夏党史大事记（1925.8～1988.6）》P481）

26日 云南省傣族的“赞哈协会”、白族的“大本曲协会”恢复活动。（《新华社新闻稿》1978.1.27）

是月 贵州省博物馆考古工作者在黔南布依族苗族自治州长顺县广顺镇来远寨神仙洞（岩溶旱洞）发现大量石器、哺乳动物化石、蚌刀、陶片、磨光石片等，专家初步认定属新石器时代文化遗址。（《黔南布依族苗族自治州志》上P64）

△ 根据中国政府同贝宁共和国政府的协议，由宁夏回族自治区医务人员组成的首批援助医疗队赴贝宁共和国开展医疗工作。（《中共宁夏党史大事记（1925.8～1988.6）》P481）

2月

2日 全国高等农林院校畜牧专业会议在内蒙古自治区呼和浩特市举行，会议讨论畜牧专业的学制、教学计划、编审规划及教材编写等问题。（《内蒙古日报》1978.2.2.③）

3日 壮族民间歌舞剧——《刘三姐》在广西壮族自治区南宁市重新上演。歌舞剧《刘三姐》，是广西文艺工作者根据广西壮族关于刘三姐的民间传说，并采集了成千上万首流传在民间的山歌，去粗存精，加工创作而成的。新上演的《刘三姐》，剧本、音乐、舞台美术都做了一些修改，更加突出了刘三姐反对压迫的斗争精神。（《广西日报》1978.2.4.①，《人民日报》1978.2.4.④）

5日 广西壮族自治区建成中小型水电站8700多座，装机容量90万千瓦，相当于1970年前全区中小型水电站装机容量总数的3.2倍。（《广西日报》1978.2.5.①）

△ 广西壮族自治区党委做出决定，要求各级党委从领导机关中继续派出干部下乡下厂蹲点，抓“三分之一”。坚持每年搞1期，每期8个月左右，主要领导亲自挂帅。（《广西通志·大事记》P441）

△ 宁夏回族自治区党委批转自治区高级人民法院党的核心小组《关于青少年犯罪情况和加强对青少年教育的意见》，要求各级党委认真研究，加强对青少年的教育工作。（《中共宁夏党史大事记（1925.8~1988.6）》P481）

7日 云南省红河哈尼族彝族自治州元阳县摔跤运动员高文和（哈尼族）获全国摔跤比赛自由式48公斤级第四名。此后，在多次全运会上均获较好成绩，被授予“运动健将”称号。1985年6月，高文和获伦敦国际摔跤比赛“大不列颠优胜杯”，这是我国在国际摔跤赛上夺得的首枚金牌。（《红河哈尼族彝族自治州志》1卷P94、107）

12日 国务院转发全国国营农场工作会议纪要，其中提出，广西壮族自治区的国营农场应发展成剑麻、农畜土特产品的出口基地及副食品生产基地。（《广西通志·大事记》P441）

13~15日 宁夏回族自治区级机关和宁夏军区、驻宁部队中抽调组成的自治区首期普及大寨县工作队700多人奔赴农村工作，各地、市、县、旗也分别派出工作队，共3000多人。3月11日《宁夏日报》报道，2月22日以来，自治区工业学大庆、普及大庆式企业工作队的200多名队员出发到14个区属工矿企业工作。（《中共宁夏党史大事记（1925.8~1988.6）》P482）

14日 吉林省延边朝鲜族自治州敦化林业机械厂研制成功JC-25型集材拖拉机，填补国内林业机械生产的空白。（《延边朝鲜族自治州志》P84）

△ 中共青海省黄南藏族自治州委成立落实政策办公室，开始进行冤假错案的复查工作。（《黄南州志》上P48）

17日 内蒙古大学被确定为全国第一批88所重点大学之一。（《内蒙古大学四十年》P402）

18日 是日报道，青海省贵南县拉乙亥公社黄河南岸的尕马台发现距今四五千年左右的古代文化遗址和古墓葬，出土的一批石、骨、铜、陶器，分别属于新石器时代的马家窑文化和齐家文化。（《青海日报》1978.2.18.③）

22日 一部总结藏医药学基本经验的重要著作《藏医药选编》在青海省出版，罗桑佩却（蒙古族）著。（《新华社新闻稿》1978.2.23）

26日~3月5日 全国人大五届一次会议举行，国务院总理华国锋作《政府工作报告》。《报告》指出，要深入揭批“四人帮”破坏民族政策的反革命罪行，进一步加强民族团结，进行民族政策再教育，着重克服大民族主义，同时注意克服和防止地方民族主义。国防部部长叶剑英作《关于修改宪法》的报告。通过华国锋的政府工作报告。与会代表对上述两个报告进行讨论，并通过相应的决议。会议通过修改后的《中华人民共和国宪法》（第三部）。《宪法》对民族平等、自主权利和禁止破坏民族团结的行为作了规定。（《新华社新闻稿》1978.2.27，3.2，3.5~8）

3月

1日 中科院新疆分院集会，庆祝党中央批准恢复中科院新疆分院。自治区党委副书记、自治区革委会副主任贾那布尔到会祝贺。18日，科学院新疆分院恢复建制，并选出19项科研成果向全国科学大会献礼。（《新华社新闻稿》1978.3.18，《中国共产党新疆历史大事记（1966.5～1991.12）》下P91）

5日 周总理视察新疆、关心新疆各族人民的摄影展览在新疆乌鲁木齐市展出。1965年，国务院总理周恩来在副总理陈毅和新疆党政军负责人陪同下，视察了新疆维吾尔自治区天山南北，访问了工厂、农村、牧区和生产建设兵团的一些单位，同工人、农民、牧民、知识分子和来自上海等地支援边疆建设的知识青年亲切谈话，给了各族人民极大鼓舞。1976年周总理逝世后，和田、喀什、石河子等地的干部、群众提供了许多珍贵的资料，要求举办展览，寄托对周总理的哀思。但是，由于“四人帮”反革命修正主义路线的破坏和干扰，各族人民的愿望未能实现。粉碎“四人帮”后，中共中央主席华国锋、党中央对新疆工作作重要指示，新疆形势大好，周总理视察新疆的摄影展览举办。（《人民日报》1978.3.15.④）

7～16日 内蒙古自治区党委召开全区落实党的干部政策会议。会议就尽快妥善处理“文化大革命”中审干遗留问题，认真做好安排老干部的工作，关于青年干部的问题，关于落实党的知识分子政策，关于解决下放基层、插厂插队的干部问题等制定具体办法，要求各级党委采取果断措施，全面落实党的各项政策。（《内蒙古自治区史》P362）

8日 新疆维吾尔自治区党委做出《关于加强自治区科学技术委员会的决定》。《决定》指出，自治区科委是自治区党委、革委会直接领导下归口管理全区科技工作的综合部门，它既是自治区党委领导科技工作的办事机构，又是自治区革委会掌管科技工作的职能机构。（《中国共产党新疆历史大事记（1966.5～1991.12）》下P91～92）

13日 西藏自治区农机工作会议在拉萨市举行。会议传达第三次全国农业机械化会议精神，修订和进一步落实1980年基本实现农业机械化的具体规划。（《西藏日报》1978.3.13.①）

16日 新疆维吾尔自治区党委批转自治区科委党组《关于恢复新疆维吾尔自治区科学技术协会的请示报告》。（《中国共产党新疆历史大事记（1966.5～1991.12）》下P92）

17日 新疆博物馆考古队在乌鲁木齐市南山矿区发现一批古代少数民族墓葬。从清理的40座墓葬和近千件的珍贵文物看，主要为西汉时期西域车师人的遗存。（《新疆日报》1978.3.17.④）

18～31日 全国科学大会在北京市召开，出席代表近6000人，中共中央副主席邓小平在开幕式上作重要讲话，他着重阐述“科学技术是生产力”这一马克思主义观点。24日，中共中央主席、中央军委主席、国务院总理华国锋作《提高整个中华民族的科学文化水平》的报告，国务院副总理方毅作有关发展科学技术的规划和措施的报告，会上宣读中国科学院院长郭沫若的书面讲话《科学的春天——在全国科学大会闭幕式上的讲话》。会议制定《1978年至1985年全国科学技术发展纲要（草案）》，表彰先进集体、先进工作者和优秀科技成果的完成单位和个人。大会号召大家树雄心，立壮志，向科学技术现代化进军。（《邓小平文选（1975～1982年）》P83～85；《新华社新闻稿》1978.3.19，3.22，3.25，3.26，3.29，4.1）

20～22日 中国社会科学院在北京市召开民族科学研究规划座谈会，交流我国民族研究工作的情况，讨论8年规划和初步设想等问题。社会科学院副院长邓力群到会讲话。

（《新华社新闻稿》1978.3.26）

23日 全国农牧场会议在内蒙古自治区召开，会议制定1978年至1980年的跃进规划。（《内蒙古日报》1978.3.23.①）

25日 新疆维吾尔自治区畜牧兽医研究所的3名科研人员与牧民一起培养成功一种羔皮羊新品种——新疆羔皮羊。（《新华社新闻稿》1978.3.26）

△ 青海省黄南藏族自治州卫生学校成立。（《黄南州志》上P49）

29日 广西壮族自治区柳州彩调剧团在上海演出彩调剧《刘三姐》，连续演出61场，中央电视台、上海电视台作实况转播。（《广西通志·大事记》P442）

△ 新疆维吾尔自治区党委常委会议决定：一、撤销新疆日报社临时党委和革命领导小组，恢复新疆日报社编辑委员会，编委实行集体领导、分工负责。二、撤销自治区广播局革命领导小组，恢复党委领导下的局长分工负责制。三、同意自治区出版局和新疆人民出版社分开办公。新疆人民出版社建立党委，实现党委领导下的社长、总编辑分工负责制。四、同意恢复自治区文联及各协会组织机构。五、自治区党委召开的会议，凡与报社、电台、新华分社有关的事项要通知他们参加，有关文件、电报和中央指示精神要抄送他们或通知他们到指定的地方阅读文件、电报。（《中国共产党新疆历史大事记（1966.5~1991.12）》下P93）

31日 湖南省湘西土家族苗族自治州洛塔煤矿购进的1台MW-50型联合采煤机投入试采，湘西州开始机械化采煤。（《湘西州志》上P75）

是月 贵州省黔南布依族苗族自治州的“山羊皮浸水脱毛新工艺”等3项科研成果、云南省德宏傣族景颇族自治州防疫站《关于鼠疫源池和蚤类的调查研究》（协作）一文在北京召开的全国科学技术大会上获奖；青海省门源县农科所培育成功的门油1号、门油3号等油菜子新品种，获全国科技大会奖。（《黔南布依族苗族自治州志》上P64，《海北藏族自治州志》上P78，《德宏州志》综合卷P63）

△ 云南省革委会发出通知，重申规范使用少数民族称谓，要求各级革委会和部门，以及报纸、杂志、广播一定要严格使用正式的族别，统一称谓。（《云南民族团结进步事业光辉历程（1949~2009）》P161）

4月

4日 云南省文化局组织专业和业余舞蹈工作者整理该省彝、傣、哈尼、白、景颇、傈僳、纳西、苗、壮、佤等民族的舞蹈资料，并历时6月编成艺术院校新教材。（《新华社新闻稿》1978.4.5）

4~13日 新疆维吾尔自治区革委会外事办公室在乌鲁木齐市举行自治区旅游接待工作会议，决定成立旅游机构，加强对旅游和外宾接待工作的领导。（《中国共产党新疆历史大事记（1966.5~1991.12）》下P94）

7日 据《内蒙古日报》报道，内蒙古大学化学系固体燃料添加剂研制组、物理系副教授罗辽复分获全国科学大会先进集体和先进个人称号。（《内蒙古大学四十年》P403）

11日 西藏自治区党委批转组织部《关于进一步落实党的干部政策的意见》，指出：各级党委要充分认识落实干部政策的重要意义，对落实干部政策的情况要认真检查。《意见》说，“文革”前全区原有县级干部960名，1977年底已安排使用942名；原有地专级以上干部173名，已安排使用169名。对正在审查的干部，可以工作而没分配的可分配适当工作，边工作边审查；严格区分和正确处理两类不同性质的矛盾，对定性不准、结论不当的要实事求是地予以纠正，但决不能否定那些符合事实的正确结论。11月15日，自治区党委发出关于抓紧落实干部政策的指示说，“文革”中立案审查需复查的约1070人，目前已复查落实503人。因部分地、县和单位领导还未引起重视，甚至有抵触情绪，自治区党委要求彻底解放思想，大胆拨乱反正，抓紧复查。自治区党委决定，成立落实政策领导小组，西藏自治区党委书记热地兼任组长；各地、市也要成立相应的组织机构。12月6日，《西藏日报》发表社论《彻底平反纠错、坚决落实政策》。（《中国共产党西藏历史大事记（1949～2004）》P298、305、307）

14日 云南省边疆民族地区第一座人民广播电台——西双版纳人民广播电台建成播音。（《云南日报》1978.4.20.①）

△ 新疆维吾尔自治区党委常委会议决定，同意成立自治区防治地方病领导小组，韩劲草任组长，李嘉玉、巴岱等任副组长；同意建立标准计量管理局，归自治区科委领导。（《中国共产党新疆历史大事记（1966.5～1991.12）》下P94～95）

15日 广西壮族自治区溯河至大化段红水河间155公里长的河段正式通航，沟通红水河与来宾、合山、湘桂铁路间的水路运输。（《广西通志·大事记》P442）

△ 云南省楚雄彝族自治州彝、汉、傈僳、苗、傣、回、哈尼、壮、纳西族4万多人集会，庆祝自治州成立20周年。全国人大常委会、国务院和国家民委电贺，国家民委代表江平及云南省委、革委代表团前往祝贺。（《云南日报》1978.4.17.①③）

△ 新疆维吾尔自治区党委发出《关于做好文化大革命中死亡同志的善后工作的通知》，对“文革”中死亡的一些人，包括自杀、虐待致死、关起来病死都应区别情况做好善后工作；对于受林彪、“四人帮”迫害致死的好同志要作出正确结论，恢复名誉，要开追悼会予以昭雪。（《中国共产党新疆历史大事记（1966.5～1991.12）》下P95）

17日 据报道，新疆维吾尔自治区大力恢复和发展少数民族特需品生产，直接安排生产项目68个，仅乌鲁木齐、伊宁、喀什3市就有290多个品种。（《新华社新闻稿》1978.4.19）

18日 青海省黄南藏族自治州科学技术委员会成立。（《黄南州志》上P49）

20日 中共中央听取关于内蒙古自治区落实政策情况和问题的汇报，并批准内蒙古自治区党委《关于进一步解决好挖“新内人党”问题的意见的报告》（即4·20批示），并作出彻底推倒挖“新内人党”历史错案的批示。（《内蒙古自治区史》P359～360、538～539）

21日 国务院副总理兼外经部部长陈慕华为团长的中国政府代表团结束对罗马尼亚友好访问，抵达新疆维吾尔自治区乌鲁木齐市。在乌鲁木齐期间，陈慕华听取自治区党委的汇报，25日回北京后，就新疆提出要中央解决进口30万吨合成氨设备等5个问题呈报中央，中央同意给予解决。（《中国共产党新疆历史大事记（1966.5～1991.12）》下P95）

22日 青海省海西蒙古族藏族哈萨克族自治州革委会决定成立海西州高原心脏病研究室。（《海西蒙古族藏族自治州志》1卷P55）

22日～5月15日 全国教育工作会议在北京市召开，中共中央副主席邓小平在会上发表讲话。教育部长蒋南翔在开幕式上作报告。全体代表讨论《1978年至1985年全国教育事业规划纲要（草案）》，及全国普通高校、全日制中学、全日制小学的暂行工作条例。（《邓小平文选（1975～1982年）》P100，《中国现代史》下P293）

25日 国务院批准教育部有关报告，在全国恢复和增设55所普通高等学校。其中，民族地区有：广西轻工业学院、曲靖师范专科学校、下关师范专科学校、蒙自师范专科学校、保山师范专科学校、遵义师范专科学校、兴义师范专科学校、铜仁师范专科学校、黔南民族师范专科学校、黔东南民族师范专科学校、延边农学院、西藏农牧学院、青海畜牧兽医学院、延边医学院等。（《新华社新闻稿》1978.4.26）

27日 西藏自治区党委发出贯彻中央关于全部摘掉右派分子帽子的决定的通知，要求迅速组织力量，确定工作机构，查明以下几种情况：一、本地区、本单位现有应摘掉右派分子帽子的；二、正在服刑、劳改或刑满就业、刑满释放而戴右派帽子的；三、定为右派分子遣送原籍而现在戴帽子的；四、内定右派分子尚未撤销的；五、现已死亡尚未摘掉右派分子帽子的；六、右派分子家属子女在入团、入党、参军、升学、招工等问题上仍受到影响的。通知要求，在查明情况的基础上，抓紧摘掉右派分子的帽子；对需要安排工作的，根据他们的德才做适当安排；对他们的家属子女要看本人表现，不要歧视。（《中国共产党西藏历史大事记（1949~2004）》P299）

27~30日 宁夏回族自治区审干和落实政策工作会议举行。会议认为，自治区建立各级落实政策领导小组及办公室，落实政策工作取得显著成绩；对1960年“反坏人坏事”运动中的案件继续进行复查平反工作；对“文化大革命”中受到各种处理以及非正常死亡等方面的案件进行认真复查处理工作；继续纠正固原等地平叛扩大化的错误。会议要求，克服部分领导人在处理审干遗留问题和落实党的干部政策中行动迟缓、等待观望，甚至阻挠的倾向，打碎精神枷锁，尽快把工作做好。截至1983年，共约10万名在历次运动中蒙受冤屈的干部、工人、农民和城镇居民落实政策，平反纠正冤假错案。（《中共宁夏党史大事记（1925.8~1988.6）》P483，《当代宁夏史通鉴》P30）

28日 中共中央批准中央统战部和公安部关于全部摘掉右派分子帽子的请示报告决定。新疆维吾尔自治区党委发出有关文件，对全部摘掉右派分子帽子的工作做了部署。自治区党委同意自治区党委统战部《关于认真贯彻执行中共中央〔1978〕11号文件的意见》。《意见》指出：一、凡在1958年以右派错误而错戴上地方民族主义分子帽子的，这次可与右派分子一起摘掉其地方民族主义分子的帽子，摘掉帽子后在安置等问题上，应与对待右派分子相同。二、凡在1959年后以民族分裂主义错误（主要指犯有里通外国、分裂祖国统一的错误）而戴上地方民族主义分子帽子的，这次在给右派分子摘掉帽子时，对其中一贯表现好的，可摘掉其地方民族主义分子的帽子；表现不好的不摘。摘与不摘应经群众鉴定，报县级以上党委批准。（《中国共产党新疆历史大事记（1966.5~1991.12）》下P94~96）

29日 宁夏回族自治区党委召开传达贯彻全国科学大会精神广播大会，有10万人参加。自治区出席全国科学大会代表团团长马玉槐作传达报告，阐述自治区党委关于贯彻落实全国科学大会精神的决定。他提出，教育全区干部和群众懂得提高整个中华民族的科学文化水平的战略意义；抓紧抓好科研单位的整顿工作，首先是限期搞好领导班子整顿，恢复技术职称，切实解决知识分子中用非所学的问题。会上，还宣读了自治区革委会关于12名教学、科研人员最近被评为高级职称的决定及名单。（《中共宁夏党史大事记（1925.8~1988.6）》P484）

△ 农林部委托河北、辽宁、吉林、黑龙江4省的一些农机院校为西藏培训的第一批193名农机技术人员毕业返藏。（《新华社新闻稿》1978.4.30）

是月 云南省德宏傣族景颇族自治州潞西县农技站风平基地、芒市华侨农场风平分场等3个单位种植的4.27亩小麦高产试验田，亩产小麦依次为585.74千克、511.14千克、502千克，在德宏小麦种植史上尚属首次，获省革委科技成果三等奖。（《德宏州志》综

合卷P63）

△　青海省海南藏族自治州共和、贵德、贵南3县以及海北藏族自治州海晏县被国家列入“三北（东北、西北、华北）防护林体系”建设范围。　（《海南州志》P48，《海北藏族自治州志》上P78）

△　经新疆维吾尔自治区革命委员会批准，全疆实行石油产品统购、统配定量供应。　（《新疆通志·商业志》61卷P46）

5月

1日　中共中央统战部、国家民委系统在北京民族文化宫广场集会，庆祝五一国际劳动节。全国人大常委会副委员长乌兰夫在会上宣读中共中央主席华国锋为民族团结事业的题词：“全国各族人民团结起来，为把祖国建设成为社会主义的现代化强国而奋斗。”（《新华社新闻稿》1978.5.2）

2日　宁夏回族自治区党委发出《关于解决知识分子中“学非所用”问题的通知》。要求各级党委组织部门指定专人负责，抓好本系统知识分子的调整、归队工作。　（《中共宁夏党史大事记（1925.8～1988.6）》P483～484）

△　根据教育部《关于办好一批重点中小学试行方案》，广西壮族自治区革委会确定自治区、地（市）、县3级首批重点中、小学178所（执行结果为189所）。　（《广西通志·大事记》P442）

3日　西藏自治区党委根据中央指示发出通知，自治区各级国家机关党委、党的核心小组一律改称党组，现任党的核心小组组长、副组长、成员，分别改为党组书记、副书记、成员。　（《中国共产党西藏历史大事记（1949～2004）》P299）

4日　北京经乌鲁木齐、贝尔格莱德至苏黎世航空线通航。　（《新华社新闻稿》1978.5.13）

5日　中共青海省海西蒙古族藏族哈萨克族自治州决定成立摘掉右派分子帽子办公室。此后对1957年反右斗争中被错划的137名右派全部给予改正，并根据身体条件分别作安置工作、退职等处理。　（《海西蒙古族藏族自治州志》1卷P55）

5～15日　新疆维吾尔自治区出版发行工作会议在乌鲁木齐市举行。会议传达全国出版和图书发行工作座谈会精神，讨论制订了1978年到1985年的出书规划。　（《新疆日报》1978.5.24.①）

6日　宁夏回族自治区发现11处丰富的玉石资源。　（《新华社新闻稿》1978.5.7）

6～22日　新疆维吾尔自治区党委防治地方病领导小组工作会议在乌鲁木齐市举行。会议根据《北方十六省、市、自治区防治地方病工作规划草案》的要求，结合自治区的实际情况，研究制定自治区防治地方病工作8年（1978～1985年）规划草案。　（《中国共产党新疆历史大事记（1966.5～1991.12）》下P96）

8日　广西壮族自治区发生玉米大斑病、稻纵卷叶螟、稻瘟病，是近几年来最严重的一年。玉米大斑病在南宁地区爆发成灾，面积约70万亩，约占种植面积的33%；第一代稻纵卷叶螟在钦州地区发生，面积38万亩，浦北、合浦发生量比大发生年多7至13倍。（《广西通志·大事记》P443）

△　广西壮族自治区党委在南宁市召开城市工作会议，研究城市生产建设问题。会议初步确定，南宁以轻化工业，柳州以重工业为主，桂林以轻工、电子和旅游服务的土特产加工为主，梧州市以出口加工的轻化工业为主，把北海市建成为渔业基地。　（《广西通志·大事记》P442）

△　宁夏回族自治区摘掉右派分子帽子办公室成立。12月30日，自治区党委转发办公室《关于摘掉右派分子帽子工作几个具体问题

的意见》，要求年底结束这项工作。（《中共宁夏党史大事记（1925.8～1988.6）》P484）

△ 宁夏回族自治区最大的扬水工程——同心电力扬水工程全部竣工并开机扬水。工程于1975年5月下旬动工，总扬程253.1米。（《宁夏日报》1975.9.18.①，《当代宁夏史通鉴》P28）

9日 新疆维吾尔自治区党委批准自治区党委统战部的《关于恢复自治区民族宗教事务机构、自治区工商联及自治区政协机构设施的请示报告》。（《中国共产党新疆历史大事记（1966.5～1991.12）》下P96）

10～19日 西藏自治区首次科学大会在拉萨市召开，讨论自治区科技发展8年规划，对60项科技成果进行奖励。大会提出，要高速发展西藏科技事业，为实现新时期总任务努力奋斗。自治区党委、自治区革委会负责人天宝、巴桑、牛瑞駉等出席大会。（《中国共产党西藏历史大事记（1949～2004）》P299）

12日 边疆少数民族地区高等院校文艺理论教材编写会议在内蒙古自治区呼和浩特市召开。会议批判"四人帮"破坏少数民族文艺理论教学的罪行，讨论如何体现文艺的民族特色、民族形式、民族风格以及各民族文艺的互相交流等问题。（《新华社新闻稿》1978.5.13）

14日 广西壮族自治区党委发出《关于认真落实党的知识分子政策的通知》，要求在深入批判"四人帮"的反革命修正主义路线和他们在文教科技方面的种种谬论的同时，突出地抓好如下几项工作：抓紧恢复各类专业职称，提升一批又红又专、成绩突出的人员；继续抓好专业对口的调整工作；积极地有步骤地改善知识分子的工作条件和生活条件；认真执行党的阶级政策，妥善处理审干中的遗留问题。（《广西通志·大事记》P442）

15日 新疆维吾尔自治区党委批转自治区劳动局党组《关于自治区招工工作若干问题请示报告》，并通知各级党委要正确执行党的民族政策，重视培养少数民族职工队伍，对招收少数民族职工的条件要适当放宽，实行"在同等条件下，优先录用"的原则。（《中国共产党新疆历史大事记（1966.5～1991.12）》下P96～97）

16日 中国天主教总主教皮漱石在北京病逝。皮漱石历任全国政协第三、四、五届委员。（《中国天主教基础知识》P297）

△ 广西壮族自治区党委批转全区血防工作会议情况报告指出，1977年反复查螺面积3200多万平方米，11个县已连续几年未有，6个县发现并消灭33个残存螺点。报告要求把血防工作纳入农业学大寨运动，全面规划，综合治理。（《广西通志·大事记》P443）

△ 新疆维吾尔自治区党委常委会议召开，讨论有关机构、干部等问题。会议决定：成立自治区党委纪律检查委员会；撤销自治区工业交通办公室，成立自治区经济委员会、检察院、人事局；撤销自治区知识青年上山下乡办公室，在自治区计委增设相应的办事机构（处级建制）；成立自治区党委摘掉右派分子帽子工作领导小组，张世功任组长。（《中国共产党新疆历史大事记（1966.5～1991.12）》下P97）

16～25日 广西壮族自治区农业机械化、社队企业会议在南宁市举行。会议确定自治区1980年基本实现农机化的任务和主攻方向，制定各项具体措施。（《广西日报》1978.5.29.①）

18日 西藏自治区广播工作座谈会在拉萨市举行。会议讨论和制订1978年至1985年全区广播、电视事业和广播科技发展规划，落实1978年广播事业建设的具体任务。（《西藏日报》1978.5.18.①）

18～21日 内蒙古自治区文联（扩大）会议在呼和浩特市举行。会议宣布撤销内蒙古创研室，恢复区文联和所属各协会的活动，研

究今后的工作和创作计划。　（《内蒙古日报》1978.5.24.①）

19日　贵州省黔南布依族苗族自治州委成立摘掉右派分子帽子领导小组。全州各县（市）建立相应机构并立即开展工作，11月基本完成。　（《黔南布依族苗族自治州志》上P64）

20～31日　新疆维吾尔自治区体育工作会议在乌鲁木齐市举行。会议传达全国体育工作会议精神，讨论制订自治区体育事业规划和参加第四届全国运动会的方案，通过关于同内蒙古自治区开展体育对口赛的决议，讨论恢复各级体委建制和恢复健全中华全国体育总会新疆分会及12个单项运动协会的问题。（《中国共产党新疆历史大事记（1966.5～1991.12）》下P98）

20日～6月3日　新疆维吾尔自治区农业机械化会议在乌鲁木齐市举行。会议传达贯彻第三次全国农业机械化会议精神，总结交流自治区发展农牧业机械化的经验，修订自治区1980年基本实现农牧业机械化的规划和措施。　（《新疆日报》1978.5.21.①，6.4.①）

23日　新疆维吾尔自治区党委电话会议召开。会议宣读自治区党委《关于当前农村经济政策若干问题的规定》：一、实行定额管理，搞好评工记分，坚持多劳多得；二、鼓励增产，实行超产奖励；三、反对"一平二调"，减轻生产队负担；四、认真清理和收回超支欠款；五、坚持民主办社，勤俭办社；六、办好社队企业；七、坚持干部参加集体生产劳动；八、允许社员经营正当的家庭副业，凡是按中央和自治区党委有关规定划给社员的自留地、自留畜、自留果园和宅基地等一律不再变动。　（《中国共产党新疆历史大事记（1966.5～1991.12）》下P98～99）

24日　新疆维吾尔自治区第一条小型组合机床自动线由新疆十月拖拉机厂、第一汽车配件厂、中科院新疆物理研究所、新疆工学院联合研制成功，填补自治区空白。　（《新疆通志·科学技术志》72卷上P58）

25日　四川省革委同意建立的甘孜藏族自治州工业学校开学。　（《甘孜州志》上P79）

△　据《广西日报》报道，4月以来，越南当局大批驱赶华侨，每日都有成百上千的难侨从东兴、凭祥、北海各口岸返回祖国。截至年底，进入广西的难侨、难民总数达到22万余人。　（《广西通志·大事记》P443）

△　中共中央副主席邓小平接见西藏自治区妇联干部学习参观团、中央民族干部训练班学员、北京医学院少数民族学员等。全国人大常委会副委员长乌兰夫、蔡畅、邓颖超，全国政协副主席康克清、杨静仁参加接见。（《中国共产党西藏历史大事记（1949～2004）》P299～300）

△　新疆维吾尔自治区党委发出《关于深入进行民族政策再教育的通知》：一、要继续深入揭批"四人帮"挑拨民族关系，破坏民族团结，制造民族分裂的反革命罪行；二、认真落实党的民族政策，加强民族团结；三、加强党的领导，各级党委要认真讨论作出具体安排，并应有一名负责同志亲自抓好此项工作。　（《中国共产党西藏历史大事记（1966.5～1991.12）》下P99）

27日～6月5日　全国文联第三届委员会第三次会议在北京市举行扩大会议，宣布文联、作协、剧协、音协、影协、舞协正式恢复工作。全国文联主席郭沫若作书面讲话《衷心的祝愿》。　（《新华社新闻稿》1978.6.6）

28日～6月4日　广西壮族自治区科学大会在南宁市举行，出席大会的代表和特邀代表共1503人。会议要求贯彻全国科学大会精神，动员全区各族人民和全体科技工作者向科学技术现代化进军，为实现新时期的总任务而奋斗。大会奖励建国28年来广西科技成果1197项，其中工业593项、农林牧渔327项；

表彰258个先进集体、188名先进工作者。会议通过《广西壮族自治区1978～1985年科学技术发展规划纲要》。（《广西通志·大事记》P443）

29日～6月4日 云南省文艺工作者第三次代表大会在昆明市举行。会议听取和讨论中共云南省委常委、宣传部部长梁文英作的工作报告，制订创作规划，选举云南文联三届委员会及作协、剧协、美协和音乐舞蹈家协会。梁文英当选为省文联主席，关肃霜（女，满族）、李乔（彝族）、杨明（白族）等9人为副主席。（《云南日报》1978.6.1.①）

30日～6月2日 中国社会科学院举行凉山彝族奴隶社会问题学术讨论会，讨论解放前凉山彝族奴隶社会性质等问题，并对《凉山彝族奴隶社会》的编写提纲提出意见。（《人民日报》1978.7.7.③）

是月 中共云南省委决定恢复省民族事务委员会（1968年8月省革委成立后，省民委撤销）。（《云南民族团结进步事业光辉历程（1949～2009）》P59）

6月

1日 内蒙古、吉林、黑龙江、辽宁、新疆、甘肃、青海、宁夏八省（区）蒙文教材发行工作座谈会在内蒙古自治区呼和浩特市召开。会议揭批“四人帮”破坏蒙文教材编辑、出版和发行工作的罪行，要求把蒙文教材发行工作列入重要议事日程。（《内蒙古日报》1978.6.1.①）

△ 青海省海南藏族自治州贵德黄河大桥通车。该工程于1976年11月开工，全长264.4米，宽7米。（《青海日报》1978.6.7.①）

3日 云南省楚雄彝族自治州中医院成立。（《楚雄彝族自治州志》1卷P206）

△ 宁夏回族自治区在自治区农业科学研究所的基础上，成立宁夏农林科学院。（《当代宁夏史通鉴》P31）

6日 国务院批准教育部《关于1978年高等学校和中等专业学校招生的工作的意见》，恢复全国统考制度。西藏民族学院招生纳入全国统考。（《西藏民族学院校史》P243）

7日 四川省凉山彝族自治州“五七”共产主义劳动大学撤销，恢复凉山民族师范学校、卫校，其农科改办为农业学校。（《凉山彝族自治州志》上P64）

△ 甘肃省天祝藏族自治县党委对“四人帮”及其在青海的代理人制造的冤、假、错案审查平反，重新为161名干部作出实事求是的结论，并为10名科级以上干部和5名尚有工作能力的少数民族中上层爱国人士安排工作。“文化大革命”以来的积案75%结案。1979年6月9日，为原副县长尕巴（藏族）等10名民族宗教中上层爱国人士彻底平反，恢复名誉和工作。（《甘肃日报》1978.6.7.①，1979.6.9.③）

10日 青海省海西蒙古族藏族哈萨克族自治州卫生学校成立，1990年11月19日改称州民族卫生学校。（《海西蒙古族藏族自治州志》5卷P587）

10～14日 新疆维吾尔自治区田径运动员戴建华在全国田径运动会中获女子100米栏冠军。（《新疆通志·体育志》83卷P43）

12日 新疆维吾尔自治区党委发出关于认真贯彻执行《中共中央关于加快工业发展若干问题的决定（草案）》的通知。通知指出，各级党组织一定要切实加强对《工业三十条》试行工作的领导，并把试行工作同整顿企业、学大庆、开展劳动竞赛紧密结合起来，加快自治区工业发展步伐。（《中国共产党新疆历史大事记（1966.5～1991.12）》下P99）

△ 青海省玉树藏族自治州党委对曾审查处理的313名干部复查309名，并对其中10名县级以上干部作适当处理。（《青海日报》1978.6.12.①）

15～22日 广西壮族自治区工业学大庆

会议在南宁市举行，参会代表1590多人。会上，自治区革委会命名142个企业为大庆式企业，授予32人自治区劳动模范称号，表彰一批学大庆的先进企业、先进集体及180名先进生产者。（《广西通志·大事记》P443）

16日 外交部照会越南有关方面，从即日起关闭越南驻南宁总领事馆。截至12月，越南驻南宁总领事馆、越人民军后勤总局凭祥接收班、越交通部铁路总局驻凭祥交接所3机构相继撤离广西回国。（《广西通志·大事记》P443）

16～21日 贵州省民族民间独唱调演在贵阳市举行。7个演出队演出苗、布依、侗、彝、水、仡佬、满等民族的文艺节目。（《贵州日报》1978.6.24.③）

18日 中国援助巴基斯坦建设的喀喇昆仑公路二期工程竣工典礼举行。国务院副总理耿飚剪彩并指出，该公路的建成是中巴友好合作新的里程碑。巴基斯坦政府首脑齐亚·哈克将军参加典礼。喀喇昆仑公路在巴基斯坦境内的一段是从中巴边境的红其拉甫山口至巴基斯坦西北边境省的塔科特，全长616公里，主要由中国工程技术人员施工。（《中国共产党新疆历史大事记（1966.5～1991.12）》下P100）

21日 农业部、全国供销合作总社与南方数省、自治区有关部门商定，建立南方柑橘生产基地，其中广西壮族自治区邕宁、灵山、钦州、浦北、玉林、象州、鹿寨、灵川、兴安、全州、灌阳、恭城、平南和陆川14县被确定为柑橘生产基地，平乐县为沙田柚生产基地。（《广西通志·大事记》P443）

△ 据《新疆日报》报道，新疆维吾尔自治区党委落实党的知识分子政策领导小组汇报会议近日召开。会议要求，各级党委立即行动起来排除阻力落实知识分子政策，本着先易后难的原则落实一批、宣布一批，使落实知识分子政策的工作迅速出现新局面；各单位要在近期内做好恢复技术职称的工作，提升一批科技人员和教学人员，为科技人员做好几件具体工作，以实际行动迎接自治区科学大会的召开。新疆维吾尔自治区党委、革委会批准提升29名在科研、教学、技术等工作上做出突出成绩的科技、教学人员为研究员、教授、副教授等，其中因成绩特别突出越级提拔的有11人。（《中国共产党新疆历史大事记（1966.5～1991.12）》下P100～101）

21～24日 宁夏回族自治区党委举行开展“双打”（打击阶级敌人破坏活动、打击资本主义势力的猖狂进攻）运动会议。会议决定，集中3个月时间开展“双打”运动，并把清理“文化大革命”时期的打砸抢问题、打击打砸抢分子列为“双打”运动的重要内容。28日，自治区批斗打砸抢分子广播大会召开。会上，依法逮捕一批打砸抢首恶分子和现行反革命分子。（《中共宁夏党史大事记（1925.8～1988.6）》P485～486）

21日～7月2日 新疆维吾尔自治区科学大会在乌鲁木齐市举行，参会代表有1200多名。自治区党委第一书记汪锋发表重要讲话，并要求各级党委一定要把科学技术工作纳入党委议事日程，第一书记要亲自抓这一工作。大会制订1978年至1985年科学技术发展规划，表彰160个先进集体，223名先进工作者和610项优秀科技成果。（《中国共产党新疆历史大事记（1966.5～1991.12）》下P100～101，《新疆通志·科学技术志》72卷上P58）

26日 西藏自治区党委报告中央要求整治青藏公路。报告提出，青藏公路是西藏通往内地的一条重要干线，并与中尼公路接通，有重大的国防和国际意义。该线担负进藏物资总运量的80%以上，现在路面搓板、坑槽很多，行车很不安全，已造成自治区供应困难，许多货物和机械运不进来，严重影响了经济、国防建设和人民生活。为此，西藏要求将青藏公路格尔木到拉萨全线整治工程列入国家重点工程

之一，并加快整治步伐，力争1980年完成。（《中国共产党西藏历史大事记（1949~2004）》P300）

28日 内蒙古自治区革委召开全区牧区草原建设工作会议。会议根据新时期总任务的要求，提出畜牧业生产的8年规划和23年设想，安排当年建设的具体任务。（《内蒙古日报》1978.6.28.①）

是月 参加北京中澳植物组织培养学术讨论会的澳大利亚、联邦德国、加拿大、罗马尼亚、朝鲜等国科学家一行12人到广西壮族自治区植物研究所、农学院、玉米研究所、中医药研究所、药用植物园、钦州地区农科所考察交流，并在南宁和桂林市举办专题讲座。（《广西通志·大事记》P443）

△ 西藏自治区人民检察院重建。截至1983年4月，全区已建立79个检察机构。（《当代中国的西藏》上P445）

△ 中共西藏自治区委员会决定筹建自治区社会科学院，多杰才旦（藏族）兼任筹备组组长（1981年7月改任院长）。1980年1月6日，自治区党委会正式批复同意《关于筹建西藏自治区社会科学院的报告》，自治区社会科学院设办公室、科研规划处、民族历史研究所、宗教哲学研究所、语言文学研究所、藏学资料中心6个机构。自治区社会科学院经5年多的筹建，于1985年8月5日宣告正式成立。（《当代中国的西藏》下P416~417）

△ 西藏民族学院编辑的《现代藏汉词典》（初稿）在西藏科学大会获奖。（《西藏民族学院校史》P243）

7月

1日 四川省甘孜藏族自治州报经国务院批准，撤销乾宁、邓柯、义敦3县建制。（《甘孜州志》上P79~80、162）

1~13日 西藏自治区在浪卡子县召开半细毛羊育种工作座谈会，总结交流绵羊育种经验，进一步明确绵羊育种方向，提出育成本区半细毛羊杂交组合的初步措施和任务。（《西藏日报》1978.7.20.①）

5日 内蒙古自治区党委宣传部召开全区哲学社会科学规划会议，传达全国社会科学规划工作座谈会精神，研究拟订与修改哲学、政治经济、历史、考古、教育、文艺理论、语言、民族宗教、畜牧经济等学科的3年、8年规划，讨论了机构设置、队伍建设和资料工作等问题。（《内蒙古日报》1978.7.5.①）

5~15日 新疆维吾尔自治区召开畜牧业工作会议，总结畜牧业生产的经验，制订高速度发展畜牧业的规划和建设新疆细毛羊、三北羔皮羊、阿勒泰大尾羊和商品肉牛4个基地的规划。（《新疆日报》1978.7.16.①）

6日 被禁锢11年之久的优秀藏族话剧《不准出生的人》在西藏自治区拉萨重新公演。（《西藏日报》1978.7.6.①）

6~14日 青海省首届民歌会演在西宁市举行，7个民族16个代表队演出240多个节目。（《青海日报》1978.7.18.①）

7日 《藏汉大辞典》编纂工作座谈会在四川成都市举行。会议明确大辞典的编纂方针和任务，制订争取3年内完成编纂出版的规划。（《新华社新闻稿》1978.7.8）

△ 广西壮族自治区革委会发出《关于1978年高等学校招生工作的通知》。《通知》指出，1978年高考实行全国统一命题、统一考试，由地、市组织评卷，德、智、体全面考核，从高分到低分分段择优录取。20日，全区44.49万多人参加高校招生统一文化考试。（《广西通志·大事记》P443）

8~13日 新疆维吾尔自治区文学艺术联合会全委扩大会议在乌鲁木齐市举行。会议宣布，自治区文学艺术联合会、中国作协新疆分会、中国戏剧家协会新疆分会、中国音乐协会新疆分会、中国美协新疆分会、中国舞蹈家协会新疆分会和中国摄影学会新疆分会恢复工作。会议传达学习中国文联第三届全国委员会第三次扩大会议精神，联系自治区文艺战线的实际，深入揭批“四人帮”，讨论调整党的文艺政策、繁荣文艺创作、建设文艺队伍等问题。　（《新疆日报》1978.7.15.①②，《中国共产党新疆历史大事记（1966.5～1991.12）》下P101～102）

10～15日　内蒙古、吉林、黑龙江、辽宁、甘肃、宁夏6省区在内蒙古自治区呼和浩特市召开蒙古族特需品生产、供应协作会议。会议根据第五次全国少数民族特需品生产供应会议精神，总结交流经验，研究6省区生产基地的布局，商定协作区的定点品种以及商品余缺的调剂办法。　（《内蒙古日报》1978.7.24.①）

13日　据报道，云南省德宏傣族景颇族自治州80%的民族小学开设傣文和景颇文课。自治州的教育部门还为600多所少数民族小学编印傣文和景颇文课本，开办5所民族师范学校。　（《云南日报》1978.7.13.③）

△　内蒙古、辽宁、吉林、黑龙江、甘肃、宁夏、新疆、青海八省（区）蒙古文教材协作会议在青海省西宁市召开。会议研究安排今后蒙古文教材的翻译任务，要求几年内使蒙古文教材配套成龙。　（《青海日报》1978.7.13.①）

14日　西藏自治区党委召开农村人民公社经营管理工作会议，讨论制定《关于落实党在农村经济政策的若干问题的意见》。《意见》明确规定，要加强农业第一线，保证第一线有足够的劳动力，今后国家动用民工和县、社抽调生产队的劳动力组织农田基本建设专业队，必须控制在整半劳动力总数的20%以内；评工记分要体现各尽所能，按劳分配、男女同工同酬的原则，反对平均主义，保证多劳多得。（《新华社新闻稿》1978.7.15）

15日　宁夏回族自治区第一座家畜精液冷冻站建成。　（《宁夏日报》1978.7.15.③）

16～27日　西藏自治区第三届运动会在拉萨市举行，1000多名各族运动员表演“古尕”（牦牛鞭）、赛马、射箭、抱石头、中长跑等传统的民族体育活动。全区11个代表团参赛，田径项目有4人打破自治区纪录，射击项目有男女运动员20人次打破10项自治区纪录。　（《西藏日报》1978.7.17.①，7.28.①）

20～29日　新疆维吾尔自治区第四次工业学大庆会议在乌鲁木齐市举行。会议总结交流近一年来开展工业学大庆的经验，讨论并落实下半年工业学大庆、普及大庆式企业的规划和措施。大会命名新疆石油管理局等52个大庆式企业，表彰一批学大庆的先进企业、先进集体和先进个人。　（《中国共产党新疆历史大事记（1966.5～1991.12）》下P102～103）

26日～8月2日　全国畜牧业经济科学规划座谈会在内蒙古呼和浩特市召开。会议总结交流情况和经验，初步制订牧区畜牧业经济科学规划，成立全国畜牧业经济科学研究会。（《内蒙古日报》1978.7.29.①，8.14.②）

26日～8月4日　内蒙古、黑龙江、吉林、辽宁、甘肃、宁夏、青海、新疆八省（区）蒙古语文工作协作小组（扩大）会议在内蒙古呼和浩特市举行。会议揭批“四人帮”破坏蒙古语工作的罪行，总结了工作，提出了今后任务，通过了《八省、区1978年至1985年蒙古语文工作协作规划要点》（草案）。（《内蒙古日报》1978.7.27.①，8.17.②）

28日　云南省举行第五届运动会，恢复被“四人帮”禁止的西双版纳傣族传统体育项目——拳术、棍术和刀术。　（《新华社新闻稿》1978.7.29）

30日～8月4日　内蒙古自治区鄂温克族自治旗党委、革委举行报告会和那达慕大会，庆祝自治旗成立20周年。国家民委、黑龙江省、内蒙古自治区和呼伦贝尔盟党委、革委派代表团到会祝贺。　（《黑龙江日报》1978.8.23.③）

8月

1日 辽宁省喀喇沁左翼蒙古族自治县各族人民3万余人集会，庆祝自治县成立20周年。国家民委、内蒙古自治区以及辽宁省代表团等到会祝贺。（《辽宁日报》1978.8.10.②）

△ 据报道，广西壮族自治区龙州县弄岗发现一处300年以上、面积5700多公顷的原始森林。（《新华社新闻稿》1978.8.1）

1~17日 新疆维吾尔自治区党委工作会议举行，研究第一阶段的揭、批、查工作。自治区党委主要负责人对一年多来的清查工作成绩肯定不够，错误地认为厅局级单位及各地、州（市）领导班子中85%的人有各种问题，错误地提出"反右倾思潮"斗争，并对清查工作提出不同意见的几位领导进行错误地批判斗争。会后，自治区党委抽调一批干部组成工作团，到所谓重点单位领导揭批查运动，使清查工作发生扩大化，打击伤害一批领导干部。1982年3月23日，自治区党委决定为原自治区党委副书记李恽和、原自治区党委秘书长杨克、原自治区党委常委富文、原自治区党校党委书记张迈远和史光跃平反，恢复名誉。（《中国共产党新疆历史大事记（1966.5~1991.12）》下P103）

5日 中共中央、国务院同意撤销新疆维吾尔自治区石河子地委和地区革委会，成立石河子农垦局，与石河子市实行政企合一合署办公，对外称石河子市，石河子市改为自治区直辖市。（《中国共产党新疆历史大事记（1966.5~1991.12）》下P103~104）

7日 辽宁省阜新蒙古族自治县5万多人集会，庆祝自治县成立20周年。国家民委、内蒙古自治区以及辽宁省代表团等到会祝贺。（《辽宁日报》1978.8.10.②）

△ 新疆大学地理系维吾尔族助教米吉提·胡达拜尔地最近被越级提升为副教授。米吉提·胡达拜尔地是我国维吾尔族第一名从事大学自然科学工作的副教授。（《新华社新闻稿》1978.8.8）

8日 青海省玉树藏族自治州牧业科学研究所、妇幼卫生保健站、草原工作站成立。（《玉树州志》上P48）

8~15日 内蒙古、吉林、黑龙江、辽宁、新疆、甘肃、青海、宁夏等八省（区）蒙文图书出版协作会议在黑龙江省哈尔滨市召开。会议总结工作，讨论交流1978年到1985年的图书出版规划。（《黑龙江日报》1978.8.22.③）

9日 据报道，西藏自治区藏北双湖草原建成面积达12万平方公里的新牧区，由无人区发展到11个公社36个生产队，拥有5000多人口，各种牲畜52万头。（《新华社新闻稿》1978.8.10）

11日 是日报道，西藏自治区阿里地区基本实现粮食自给。（《新华社新闻稿》1978.8.11）

13日 据统计，西藏的藏族和其他少数民族干部已有4万多名，占干部总数的64%；少数民族干部在自治区级领导班子中占44%，在地专级领导班子中占41.9%，在县级领导班子中占58%；县辖区的第一、二把手基本上由少数民族干部担任，公社的领导班子已全部由少数民族干部担当，基本实现周恩来生前将藏、汉干部三七比例倒过来的指示。（《新华社新闻稿》1978.8.14，《中国共产党西藏历史大事记（1949~2004）》P301）

19日 广西壮族自治区革委会批转自治区计划生育领导小组的《关于今后计划生育工作意见的报告》，针对"十年动乱"期间广西每年净增人口70余万的严峻现实，提出凡是汉族地区和人口密度超过每平方公里150人的少数民族地区，都列为大力开展计划生育的重点地区。（《广西通志·大事记》P444）

20日 据报道，吉林省延边朝鲜族自治州党委近日召开广播大会，为“文革”中所谓“暴乱”、“地下国民党”等3大冤案的2900名受害致死者昭雪，为5000多名受害致伤致残者落实政策。同时，由司法部门依法逮捕3大冤案的策划者和害人致死、民愤极大的打、砸、抢分子。（《吉林日报》1978.8.20.①）

21日 云南省德宏傣族景颇族自治州5县1镇查明的冤、假、错案全部予以平反昭雪，对95%以上审干遗留问题作处理，过去被迫离职、退职、被遣送回家和无理开除的干部职工经逐一复查，大部分也已恢复工作。（《云南日报》1978.8.21.③）

25日 甘肃省甘南藏族自治州委召开平反昭雪大会。同时要求各级党组织坚决纠正冤假错案。（《甘南藏族自治州概况》P265）

△ 新疆维吾尔自治区昌吉回族自治州党委和革委召开5000多军民参加的群众大会及全州有线广播大会，为昌吉州“中国青年救国党”假案平反，为假案中的冤狱人刘军、兰吉兴、张润芝、王志远彻底平反昭雪，恢复名誉；对制造假案的主谋、凶手等依法惩处。会议宣读中共中央主席华国锋、中共中央副主席李先念、国务院副总理王震1975年对这起假案所作的重要批示，并宣读自治区党委、新疆军区党委对昌吉州党委《关于“中国青年救国党”假案和昌吉县公安局看守所违法乱纪的处理报告》的批复。（《新疆日报》1978.9.19.①）

26日 著名的阿拉伯语言学家、翻译家、北京大学东方语言学系教授马坚（回族）追悼会在北京举行。马坚先生因病于8月16日逝世，终年72岁。生前曾担任北京大学东方语言学系教授、阿拉伯语教研室主任，第一至五届全国人大代表，中国伊斯兰教协会的发起人之一，后任该会常务委员，中国亚非学会理事等职。（《人民日报》1978.9.8.③，《中国历代少数民族英才传》P3387～3390）

△ 宁夏回族自治区党委召开平反昭雪大会，为遭受林彪、江青反革命集团迫害致死的田涛和所谓“以赵延年为首的反革命右倾翻案集团”、“海原县二·一三反革命抢权事件”等案件彻底平反，并为这3个案件中受到迫害的134人彻底平反。（《宁夏日报》1978.9.1.①，《当代宁夏史通鉴》P31）

27日 新疆维吾尔自治区党委发出《关于迅速建立各级检察机关的通知》。《通知》要求，各地、州、市和各县人民检察院于11月底之前建立；各级人民检察院都要配备专职检察长，其任免按中央是年21号文件规定办理。（《中国共产党新疆历史大事记（1966.5～1991.12）》下P104～105）

28日 据报道，湖南省土家族农民李叶树在小块试验田取得粮食产量相当于每公顷22.5吨的优异成绩，成为我国少数民族农民科学家。（《新华社新闻稿》1978.8.29）

△ 7个国家16位科学工作者组成的联合国环境署治沙考察团到宁夏中卫县沙坡头考察。（《中共宁夏党史大事记（1925.8～1988.6）》P486）

是月 西藏自治区邦达机场建成。至此，在西藏地区形成以当雄、日喀则、贡嘎、邦达4个机场组成的航空网络。工程于1971年5月10日开工建设，是国内海拔最高（4300米）、跑道最长（5500米）的现代化机场。（《当代中国的西藏》下P131～132）

9月

1日 广西壮族自治区革委会发出《关于整顿和发展社队企业的指示》，要求各级革委会加强领导，从资金、物资、设备、技术等方面大力支持社队企业，认真落实党的农村经济政策，调动大队社办企业的积极性，力争1980年社队企业总收入占公社3级经济比重的30%左右，1985年达到50%以上，改变自治区社队企业经济比重低于全国平均水平的状况。（《广西通志·大事记》P444）

2日 西藏自治区少数民族特需商品的地产、地销品种，由1972年的15种发展到1977年的120种；从外省市组织调进的商品品种达48种，比前9年增长1倍多。（《新华社新闻稿》1978.9.3）

2~4日 西北体育协作区武术比赛在宁夏回族自治区银川举行，陕西、甘肃、青海、宁夏等地区的少数民族运动员参加比赛。（《宁夏日报》1978.9.6.②）

3日 据报道，青海省黄南藏族自治州党委认真复查“文化大革命”中被打成“专政对象”的民族、宗教上层人士的案件，其中属冤、假、错案的46人已予以平反昭雪，并恢复其公职或作妥善安置。（《青海日报》1978.9.3.①）

4日 中共中央批复，同意新疆维吾尔自治区在伊犁哈萨克自治州、博尔塔拉蒙古自治州、昌吉回族自治州、巴音郭楞蒙古自治州、克孜勒苏柯尔克孜自治州设立政协地方委员会。（《中国共产党新疆历史大事记（1966.5~1991.12）》下P105）

5日 中共中央主席华国锋结束对新疆维吾尔自治区石河子地区、天山牧区的视察工作返回北京。视察期间，华主席对新疆当前工作和牧区建设作重要指示。（《新华社新闻稿》1978.9.4，9.6）

△ 中国外交部亚洲司司长就越南单方面封锁大桥中断铁路一事向越南驻华大使馆提出强烈抗议。8月30日凌晨3时，越南当局出动公安人员10人，将中国云南省红河哈尼族彝族自治州金平县那发与越南交界处的中越友谊大桥一侧铁路枕木撬掉数根，推一节火车车厢拦住正中通道，并设置铁丝网和铁栏杆封锁通道和人行道。31日，越方又设置路障。（《红河哈尼族彝族自治州志》1卷P95）

6日 建国以来首次举行的部分省、市、自治区民族民间唱法独唱、二重唱会演在北京开幕。（《新华社新闻稿》1978.9.7）

△ 贵州省黔南布依族苗族自治州荔波县邓恩铭（水族）烈士纪念馆建成。邓恩铭为荔波县革命烈士，中共一大代表。1980年1月，邓恩铭烈士故居被列为省级文物保护单位。（《黔南布依族苗族自治州志》上P65）

8~13日 宁夏回族自治区党委举行民族工作会议，传达党中央、中共中央主席华国锋关于民族工作的指示精神，揭批“四人帮”破坏党的民族政策的罪行，总结自治区民族工作经验，研究确定今后的工作任务。（《宁夏日报》1978.9.19.①）

10~19日 宁夏回族自治区教育工作会议举行。会议强调，教育事业要有一个大发展、大提高，中心工作是要提高教育质量。自治区党委第一书记霍士廉在会上指出，要配齐学校的领导班子，培养又红又专的教师队伍，做好教师归队工作。（《中共宁夏党史大事记（1925.8~1988.6）》P487）

10~23日 内蒙古、黑龙江、吉林、辽宁、甘肃、宁夏、新疆、青海八省（区）蒙古语文工作协作小组在辽宁省赤峰召开第一次蒙文翻译科学讨论会议，各族蒙古文翻译工作者交流十多篇学术论文。（《新华社新闻稿》1978.10.20）

10~26日 以西藏自治区党委书记天宝为团长、常委陈竞波为副团长的中国西藏友好访问代表团访问尼泊尔。代表团先后同尼泊尔首相比斯塔、外交大臣克里希纳·拉杰·阿里亚尔、工商大臣比坦巴尔·杜杰·卡蒂、国王比兰德拉进行会谈。（《中国共产党西藏历史大事记（1949~2004）》P1~302）

11~25日 内蒙古自治区召开教育工作会议，揭批“四人帮”及其在内蒙古的追随者破坏自治区教育事业的罪行，讨论全面落实全国教育工作会议精神的实施意见和今后8年发展规划，研究发展民族教育事业和办好重点学校等问题。会议宣读自治区革委《关于提升沙仁格日勒等10名同志为特级教师的决定》。

（《内蒙古日报》1978.9.12.①，9.27.①）

12日 黑龙江省呼伦贝尔、吉林省哲里木、辽宁省昭乌达、宁夏回族自治区和内蒙古自治区人民广播电台等单位在内蒙古自治区呼和浩特市联合召开5省（区）蒙语说书、曲艺创作录制会议，就如何贯彻“古为今用”、“推陈出新”方针，广泛交换意见。（《内蒙古日报》1978.9.12.②）

13日 新疆维吾尔自治区党委发出《关于加强对国营农场的领导、改善管理体制的通知》。（《中国共产党新疆历史大事记（1966.5～1991.12）》下P105）

15日 吉林省长白朝鲜族自治县各族人民集会，庆祝自治县成立20周年。以文正一为团长的国家民委代表团，以任于克为团长的吉林省代表团和以刘影长为团长的通化地区代表团到会祝贺。（《吉林日报》1978.9.17.①）

△ 第四届国际儿童绘画比赛作品展览在芬兰许温凯市开幕，广西壮族自治区5岁儿童谭文西（阿西，毛南族）的作品《桂林山水》获一等奖。（《广西通志·大事记》P444）

16日 据报道，四川省12所高等院校的260多名应届毕业生将赴藏支援西藏建设。（《新华社新闻稿》1978.9.16）

17日 内蒙古自治区召开全区农区、半农半牧区畜牧业工作会议，讨论有关方针、政策和领导思想问题，研究制订发展畜牧业生产的规划和任务。（《内蒙古日报》1978.9.17.①）

20～30日 宁夏回族自治区地、市、县委书记会议举行，主要讨论真理标准问题。会议认为，实践是检验真理的唯一标准，这是马克思主义的一个最基本原则；当前在全国开展的真理标准讨论有利于从根本上澄清被“四人帮”搞混乱的理论问题，有利于在马列主义、毛泽东思想的基础上统一认识和行动。会议指出，在农村工作中要深入批判林彪、“四人帮”对宁夏农村影响最深的谬论；着重解决农村工作要不要以农业生产为中心，要不要切实贯彻按劳分配原则，搞多种经营是不是钞票挂帅等问题；用实践来检验农村政策和措施，迅速把农业搞上去。（《中共宁夏党史大事记（1925.8～1988.6）》P487）

21日 新疆维吾尔自治区党委发出《关于成立自治区党委政法小组的通知》，张世功任组长，阿木冬·尼牙孜、侯良任副组长。政法小组协助自治区党委管理自治区高级法院、检察院、公安局、民政局4个部门的事情。（《中国共产党新疆历史大事记（1966.5～1991.12）》下P105～106）

21日～10月5日 宁夏回族自治区第五次人民司法工作会议举行。会议联系自治区司法战线实际，揭批“四人帮”颠倒敌我关系的反革命罪行，讨论加强社会主义法制问题，提出要狠抓领导班子和司法队伍的整顿建设工作，加强刑事、民事审判工作。（《中共宁夏党史大事记（1925.8～1988.6）》P488）

25日 云南省楚雄彝族自治州革命委员会召开科技干部大会，成立楚雄州农学、医药、机械3个学会，并恢复和授予一部分专业技术人员技术职称。（《楚雄彝族自治州志》1卷P206～207）

△ 轻工部、商业部、纺织部、供销合作总社在新疆维吾尔自治区乌鲁木齐市联合召开全国第六次少数民族特需品生产供应会议。（《新疆日报》1978.9.25.①）

25日～10月6日 广西壮族自治区革委在南宁市召开普通教育工作会议。会议传达全国教育工作会议精神，讨论自治区教育事业8年规划和抓纲治教的主要措施等。（《广西日报》1978.10.15.①）

26日 据报道，吉林省哲里木盟党委遵照党中央和省委的指示精神，为被林彪、“四人帮”打成“反党叛国集团”和“新内人党”的冤、假、错案彻底平反，为受害者和株连者

恢复名誉，并对其工作和生活作妥善安置。（《吉林日报》1978.9.26.①）

△ 黑龙江省呼伦贝尔盟党委决定，对所谓“新内人党”及其“变种组织——民族统一党”等错案彻底平反，为受害致死、致伤、致残者平反昭雪、落实政策，并依法惩处极少数刑事犯罪分子。（《黑龙江日报》1978.9.26.①）

27日 新疆维吾尔自治区政协委员、著名翻译家易抱德（乌孜别克族）病逝。9月30日，在乌鲁木齐市举行追悼会。（《新疆日报》1978.10.14.④）

30日 据统计，广西壮族自治区任地（市）、县、公社党委正副书记的少数民族干部达1670多名；82个县（市）委书记中，少数民族干部占45.1%；全区少数民族干部占干部总数的27.6%。（《广西日报》1978.9.30.①）

△ 西藏自治区山南沃卡水电站建成供电。水电站位于泽当东面，距山南泽当镇30多公里处，总装机容量6400千瓦。沃卡电站1972年开始筹备，1974年6月1日破土动工，历时4年3个月，共投资248万多元，用工180万工日。（《中国共产党西藏历史大事记（1949～2004）》P302）

△ 新疆维吾尔自治区乌鲁木齐市石油化工厂第一期工程建成并一次试车成功，试生产的汽油、柴油、沥青等石化产品达到国家规定标准。（《新华社新闻稿》1978.10.20，《中国共产党新疆历史大事记（1966.5～1991.12）》下P106）

30日～11月13日 粉碎“四人帮”后首次来北京的内蒙古、西藏、广西、宁夏、黑龙江、辽宁、吉林、青海、甘肃、云南、贵州、四川、广东、湖南、河南、河北、山东、安徽、浙江、福建等21个省（自治区）的少数民族国庆节参观团，包括54个少数民族的代表和在民族地区工作多年的汉族干部共552人在北京参观学习。在京期间，各少数民族参观团参加国庆活动，并受到中共中央主席华国锋、副主席邓小平等党和国家领导人接见以及中共中央统战部、国家民委的招待，听取国家民委主任杨静仁关于民族工作的报告。（《新华社新闻稿》1978.10.1，10.2，10.20，11.14）

是月 湖南省湘西土家族苗族自治州卫生防疫站、古丈县卫生防疫站在古丈县断龙山地区开展肺吸虫流行病调查，发现斯氏吸虫的第一中间寄主——中国秋吉螺，经中科院北京动物研究所鉴定为我国首次发现的新螺种。（《湘西州志》上P75）

△ 中共西藏自治区委员会颁布《关于农村经济政策若干问题的规定》，强调贯彻“以粮为纲，全面发展”方针，“各尽所能，按劳分配”的原则，鼓励社员发展家庭副业，建立奖励制度。（《当代中国的西藏》上P392）

△ 甘肃省临夏回族自治州学校革委会（领导小组）相继撤销，恢复校长职责。（《临夏回族自治州志》上P64）

△ 青海省果洛藏族自治州首次科技教育大会举行。32项科技成果获奖，获红旗单位称号的先进单位8个，先进科技单位5个，获标兵称号的先进科技工作者11人。（《果洛藏族自治州志》下P935）

10月

1日 国家民委揭批“四人帮”破坏民族团结事业罪行漫画展览在北京民族文化宫举办。（《新华社新闻稿》1978.10.2）

△ 云南省文山壮族苗族自治州1万多人集会，庆祝自治州成立20周年。州委副书记李铣宣读全国人大常委会、国务院和国家民委的贺电。国家民委代表张杰等到会祝贺。（《云南日报》1978.10.3.①③）

3日 吉林省延边朝鲜族自治州党委和各级党组织组成一支300多人的落实政策队伍，

为2000多名受迫害致死者昭雪，为5000多名致伤致残者落实政策，对受迫害被免职、退职的少数民族干部作重新安排。（《吉林日报》1978.10.3.①）

3~12日 四川省委召开民族地区工作会议，研究如何发挥民族地区的优势，大力发展牧业和林业以及发展民族地区“五小”工业的问题。（《四川日报》1978.10.31.①）

4日 四川省西昌专区撤销，米易、盐边2县划归渡口市（今攀枝花市），西昌、德昌、会理、会东、宁南、冕宁、盐源、木里藏族自治县8县并入凉山彝族自治州，自治州首府由昭觉迁往西昌。（《凉山彝族自治州志》上P64）

7日 西藏自治区党委制定牧区10条经济政策。文件规定，牧区人民公社和生产队必须根据生产需要和个人的不同情况，民主评定每人每年应完成的基本劳动日；在评定基本劳动日时，特别要照顾妇女的生理特点；对于超额完成基本劳动日的，要给予表扬或奖励；生产队要建立畜群作业组，并对畜群作业组实行定产、定工、超产奖励的“两定一奖”制度，坚决纠正死分死记和按人头、性别年龄、出身成分、政治表现、权力大小、评工记分的错误做法。在分配问题上，强调正确贯彻“三兼顾”原则，并实行轻税政策，使90%以上的社员增加收入。在收购牛羊皮时，要考虑群众穿皮衣、住帐篷的需要，不准层层加码，购得过多。鼓励牧民社员从事编织、采集、狩猎等正当的家庭副业，允许饲养一定数量的自留畜。（《中国共产党西藏历史大事记（1949~2004）》P302）

△ 西藏自治区党委向中央提出实行内地各省对口包干、轮换进藏干部的报告。报告提出，请求各省、市包干，1979~1980年为西藏调进干部3000名，轮换在藏干部。（《中国共产党西藏历史大事记（1949~2004）》P303）

△ 新疆维吾尔自治区党委召开全区畜牧工作会议，总结20多年畜牧业生产经验，确定21个县为牧业县，16个县为半农半牧县。会议制定《关于发展牧畜业方针和若干政策的规定》（草案）又称《牧业十二条》（草案），主要包括：正确贯彻执行发展畜牧业的方针；坚持牧区人民公社的现行体制；反对一平二调，减轻牧民负担；鼓励增产，多劳多得；正确执行价格政策和奖励政策；严禁乱宰牲畜，保护和建设牧草场；国营牧场要起示范作用；允许饲养自留畜；关心牧民群众的生活；干部要全心全意为牧民服务；加强党的领导。（《新疆日报》1978.10.9.①②，《中国共产党新疆历史大事记（1966.5~1991.12）》下P106~107）

13日 西藏自治区党委批复自治区组织部《关于进行第四批内调工作的请求报告》。《报告》说，根据国务院、中央军委1971年8月22日《关于西藏转内地的汉族工人和干部安置问题》的批复精神，自治区从1971~1976年，曾先后进行3批干部的内调工作，内调干部共4690人，第四批内调干部控制在2000人之内，内调时间预定1980年上半年结束。内调条件是：年老体弱和患有严重疾病者；家庭有特殊困难，非本人回去不能解决者；因政治历史问题或其他情况特殊不宜在边疆工作者。（《中国共产党西藏历史大事记（1949~2004）》P303~304）

△ 青海省玉树藏族自治州召开教育工作会议，传达全国、全省教育工作精神，讨论修改并通过全州教育事业发展规划，表彰18个先进集体和63名先进个人。（《玉树州志》上P49）

15日 四川省甘孜藏族自治州康定电视差转台建成，正式转播四川电视台节目。（《甘孜州志》上P80）

16日 广西壮族自治区柳州铁路局获全国“质量月”铁路安全、正点、优质、高产竞

赛第一名。（《广西通志·大事记》P445）

17日 青海省海西蒙古族藏族哈萨克族自治州革委会发布《关于保护国家森林和沙区植被的布告》。（《海西蒙古族藏族自治州志》1卷P55）

18日 广西壮族自治区民研所在南宁市召开壮族历史科学讨论会，讨论壮族族源、历史分期、壮族奴隶社会的上下限和侬智高的起兵等问题。（《广西日报》1978.10.18.③）

19日 广西壮族自治区红水河大化公路桥建成通车，桥身长380米、高40米，为钢筋单波双曲拱桥。（《广西通志·大事记》P445）

20日 中共中央主席华国锋、副主席叶剑英，全国人大常委会副委员长乌兰夫等党和国家领导人接见中央民族学院干训班全体师生。（《中央民族大学五十年》P195）

21日 中共中央统战部副部长、全国政协秘书长、中国社会科学院顾问齐燕铭（蒙古族）因病在北京逝世。（《新华社新闻稿》1978.11.3,《中国历代少数民族英才传》P3186~3191）

23日 《人民画报》蒙古、藏、维吾尔、朝鲜文版于1978年第10期复刊，并创刊哈萨克文版。（《新华社新闻稿》1978.10.24）

25日 为庆祝宁夏回族自治区成立20周年，银川市各族人民10万人集会游行。宁夏回族自治区党委第一书记霍士廉发表讲话，回顾了自治区20年来的成就。以中共中央政治局委员、全国人大常委会副委员长乌兰夫为团长，国务院副总理谷牧、全国政协副主席张冲、国家经委副主任郭洪涛、民政部副部长刘景范、兰州军区副司令员刘静海、内蒙古自治区革委会副主任云世英为副团长的中央代表团抵达银川市参加庆祝活动。兰州军区第一政委肖华、副司令员黎原，新疆维吾尔自治区党委第一书记汪锋，甘肃省委第一书记宋平，青海省委第一书记谭启龙，陕西省委第二书记王任重，以及部分省、自治区、直辖市和各回族自治州、县（区）的代表团和特邀代表也参加庆祝活动。27日，乌兰夫在银川市为宁夏回族自治区成立20周年社会主义革命和建设成就展览剪彩；中央代表团分5路，由副团长谷牧等率领，前往六盘山黄灌区、石嘴山和阿拉善左旗，转达党中央、中共中央主席华国锋和人大常委、国务院对各族人民的祝贺和慰问。28日，乌兰夫到银川市郊回族聚居的生产队看望社员。（《新华社新闻稿》1978.10.25~26，10.29，11.3;《中共宁夏党史大事记》（1925.8~1988.6）P488~489）

27日 西藏、四川、甘肃、云南、新疆和青海6省（区）藏药标准审稿和中国民族药志资料汇总会议在青海省西宁市举行。会议对6省、区提交的86种藏药材、260个藏药方剂进行审议，确定6省、区藏药标准第二分册收载52种藏药材，187个藏药方剂。会议还商定藏药标准起草、审稿、统稿的原则并研究今后工作。（《青海日报》1978.10.27.①）

28日 宁夏博物馆举办西夏文物展览，展出文物130多件。（《新华社新闻稿》1978.10.29）

29日 据报道，甘肃省甘南藏族自治州党委为在林彪、“四人帮”横行期间被冤屈的48名民族、宗教上层人士平反昭雪，并对其工作、生活等做出适当安排，其家属、子女问题也作妥善解决。（《甘肃日报》1978.12.29.②）

△ 国家民委举行茶话会，招待出席第十次全国团代会的50多个少数民族200多名代表，国家民委主任杨静仁到会讲话。（《新华社新闻稿》1978.10.30）

30日 新疆维吾尔自治区克孜勒苏柯尔克孜自治州举行首届庆丰收农牧民运动会。（《克孜勒苏柯尔克孜自治州志》上P44）

31日 中央拨给广东省海南地区民族补助款500多万元，拨给手扶拖拉机35台。

（《海南日报》1978.10.31.①）

△ 据《广西日报》报道，广西壮族自治区1978年研究生复试、录取工作结束。广西大学、广西医学院、广西农学院等共录取研究生61名。（《广西通志·大事记》P445）

△ 中共中央批转《国务院环境保护领导小组办公室环境保护工作汇报要点》，将广西壮族自治区桂林市列为全国重点治理环境污染的20个城市之一。12月2日，国务院副总理谷牧在桂林市召开有关部门会议，乔晓光、覃应机出席。会议专门研究桂林风景区污染的治理问题，提出从桂林到阳朔漓江两岸所有构成污染的工厂，不论大小都要限期治理，必要者停产治理，治理无效者要坚决搬迁或转产。今后在桂林风景区内再不准新建或扩建任何工厂，排污工厂的治理均由自治区负责，并决定由国家于1979年安排环保投资300万元。1979年1月8日，中共中央批转国家建委《关于桂林风景区污染治理意见的报告》。（《广西通志·大事记》P445~446）

是月 广西壮族自治区都安瑶族自治县一座公路桥建成通车，桥长380米、宽10米、高40米。（《新华社新闻稿》1978.11.27）

△ 云南省文山壮族苗族自治州文山城安装自动交换机，实现市话自动拨号。（《文山壮族苗族自治州志》1卷P61）

11月

1日 内蒙古自治区兽医学会举行首次学术报告会。报告会宣读10篇论文，介绍国内先进兽医科学技术情况，汇报自治区畜牧业生产研究成果及兽医经验。（《内蒙古日报》1978.11.1.③）

△ 湖北省恩施地区最大的社办电站——来凤西水河水寨电站建成发电，装机容量1000千瓦。（《恩施州志》P18）

3日 据报道，新疆部队某医院二所副所长孟向平采用中西医结合的针拨白内障疗法，使近200名维吾尔、哈萨克等少数民族盲人重见光明。（《新华社新闻稿》1978.11.4）

3～12日 新疆维吾尔自治区教育工作会议在乌鲁木齐市举行。会议传达全国教育工作会议精神，揭批林彪、"四人帮"破坏教育工作的罪行，总结29年来新疆教育工作正反两方面的经验，讨论制订自治区8年教育规划。（《中国共产党新疆历史大事记（1966.5～1991.12）》下P108）

4日 西藏自治区公安机关在拉萨市举行宽大释放大会，宣布释放被宽大处理的西藏上层反动集团的全部在押要犯并发释放证，要犯包括原西藏地方政府官员、寺庙活佛和地方叛匪司令等共24名。同时，被宽大释放的还有10名受外国反动派和外逃叛匪特务机关派遣潜入西藏地区的特务人员。自治区革委会副主任天宝宣布说："流落在国外的藏族同胞，包括逃亡国外的西藏上层人士，凡是愿意回国的，一律欢迎。"5日，全国政协副主席，西藏自治区人民委员会副主席、自治区政协副主席帕巴拉·格列朗杰及西藏自治区党政军和政协的负责人接见被宽大释放的西藏上层反动集团的全部在押要犯。（《新华社新闻稿》1978.11.16）

6日 云南省德宏傣族景颇族自治州首次少数民族语文教学工作会议在瑞丽召开。会议要求凡是有本民族文字的少数民族聚居区的学校，都要尽快开设少数民族语文课。（《德宏州志》综合卷P63）

8日 广西壮族自治区计委召开厅局长会议，传达全国计划会议精神，提出要实现3个转变：把主要精力转到以生产建设为中心；从小生产者封建衙门式的管理方法转到现代化大生产的方法；从不敢与发达的资本主义国家的先进技术进行交流，转变到引进国外的先进技术、设备、资金。会议提出了1979、1980年的经济建设任务。（《广西通志·大事记》P445）

9日　西藏自治区党委报请中央批准继续支付赎买金。报告指出，民主改革时，对未叛领主和领主代理人及未叛寺庙进行了赎买政策，当时全区按政策实行赎买政策的共2590户，赎金1627.3万元。至1966年10月底，已支付857.8万多元，尚未支付的共769.4万多元。1966年10月26日，自治区党委批准对领代分子和寺庙的赎买金及其银行的存款暂停支付。　（《中国共产党西藏历史大事记（1949～2004）》P304）

14日　广西壮族自治区革委会举行授予高校教师职称大会。经自治区革委会批准，全区高校新确定与提升教授17名、副教授76名。这是"文化大革命"后首次恢复高校教师职称评审。　（《广西通志·大事记》P445）

15日　据报道，江苏、四川、黑龙江3省为帮助西藏自治区加快实现农牧业机械化，派出首批技术人员76名，分别到拉萨、山南、昌都、日喀则和那曲地区任技术指导和教学等工作。9月下旬以来，江苏又派13人到西藏举办农机旧件修复工艺等技术短训班，帮助培训技术人才。　（《新华社新闻稿》1978.11.15）

17日　是日报道，云南文物工作队在大理县崇圣寺灵塔顶部发现400余件大理国时代的珍贵文物。　（《新华社新闻稿》1978.11.17）

19日　据新华社报道，国家正式决定在我国西北、华北、东北风沙危害和水土流失严重的地区建设8000万亩防护林体系。从新疆维吾尔自治区到黑龙江省沿万里风沙线，营造1.42万多里长的大型防风固沙林带，形成"绿色万里长城"。　（《新华社新闻稿》1978.11.20，《中华人民共和国大事记（1949～1980）》P220）

△　西藏歌舞团圆满结束对瑞典、芬兰、挪威和冰岛等国的访问演出回到拉萨市。（《当代中国的西藏》下P596）

20日　据统计，广西壮族自治区80个县中的壮、瑶等少数民族干部任县委第一、二把手的有70名，占干部总数的43.7%；任县革委主任的占干部总数的70%以上。全区还有一批少数民族县委书记被提升为地委和自治区党委的领导成员。　（《新华社新闻稿》1978.11.21）

22日　是日报道，广西壮族自治区成立20年来，8个自治县的小学由1957年的2398所发展到1977年的8188所，在校生由15万名发展到28万名；中学由29所发展到173所，在校生由7000名发展到14万名。全区小学教职工中少数民族占39.5%，中学占28.5%。（《广西日报》1978.11.22.①）

△　西藏自治区党委批复同意对未叛领代分子不再以专政对象对待。自治区党委统战部、自治区公安局在报告中说，在1972～1973年的整社建社中，几乎把所有的未叛领主和领主代理人都列为专政对象，交群众公开监督改造。建议把未叛领代分子（约6000人）从专政对象中重新划出来，不再公开进行监督改造，也不与四类分子一起评审，恢复其公民权。自治区党委同意《报告》意见，指出这是落实党的政策的一个重要方面，各级党组织要向广大干部群众做宣传解释工作，切实落实好这项政策。　（《中国共产党西藏历史大事记（1949～2004）》P305）

23日　在全国126家火柴厂产品质量评比会上，广西壮族自治区玉林火柴厂获第一名。　（《广西通志·大事记》P445）

25日　据《广西日报》报道，中共中央副主席叶剑英、邓小平为广西农民运动讲习所旧址、红七军军部旧址、右江工农民主政府旧址题词。　（《广西通志·大事记》P446）

26日　西藏军区生产建设师改称自治区农垦局，自1979年起执行。遵照1975年中央、国务院、中央军委关于改变生产建设兵团和生产建设师体制的精神，自治区党委、西藏军区党委研究决定，将西藏军区生产建设师及其所属单位移交自治区领导。10月1日，将此意见上报中央。11月26日，中共中央、中央

军委批复同意上述意见。（《中国共产党西藏历史大事记（1949～2004）》P306）

△ 新疆维吾尔自治区昌吉回族自治州首次人工降雪成功。全州从东到西平均降雪厚11厘米以上，乌鲁木齐到木垒达15～20厘米。（《昌吉回族自治州志》P55）

28日 据《广西日报》报道，为庆祝广西壮族自治区成立20周年兴建的南宁市10项重点工程陆续竣工，分别为：毛泽东主席接见广西各族人民纪念馆、冬泳纪念馆、自治区博物馆、自治区展览馆扩建工程、南宁火车站、南湖桥、南宁饭店13层大楼、北大路立交桥、南宁棉纺厂第一期5万锭工程和“七一”广场（后改为民族广场）。（《广西通志·大事记》P446）

30日 青海省委宣传部召开大会，为被林彪、“四人帮”打成大毒草的藏族民间史诗《格萨尔》彻底平反，恢复名誉。（《青海日报》1978.12.3.①③）

是月 广西壮族自治区金光农场糖厂建成投产，日榨能力1000吨。（《广西通志·大事记》P446）

△ 日本大洋渔业株式会社代表团团长平章田一行应邀到广西壮族自治区南宁市，就广西引进日本捕鱼船、设备及交流渔业技术问题与广西有关部门商谈。（《广西通志·大事记》P446）

△ 四川省凉山彝族自治州美姑县大风顶自然保护区建立。（《凉山彝族自治州志》上P64）

12月

1日 广西壮族自治区南宁火车站落成。（《广西日报》1978.12.2.①）

2日 据《新疆日报》报道，新疆维吾尔自治区党委批准建立自治区社科院，并建立民族（历史）、宗教、考古、语言、中亚5个研究所，待条件成熟将陆续建立哲学、经济学、文学等研究所。同时，批准建立新疆哲学社会科学联合会和哲学、经济学、史学、语言学等学会；批准成立新疆社科院筹备组，韩劲草任组长，蒋慕竹、阿布力孜·达吾提、谷苞、阿布都拉·沙拉木、陈华任副组长。（《中国共产党新疆历史大事记（1966.5～1991.12）》下P109）

△ 贵州省黔南布依族苗族自治州委决定成立落实干部政策领导小组，全州落实干部政策，冤、假、错案平反工作全面展开。（《黔南布依族苗族自治州志》上P65）

4日 国务院批准，将广西电影译制片厂改建为以生产故事片为主的广西电影制片厂。（《广西日报》1978.12.4.①）

△ 是日报道，广西壮族自治区科研机构由1957年的26个增加到261个，科研人员由200多人增加到4000多人。全区各类专业科技人员达12.4万多名，其中少数民族科技人员2.3万多名。全区取得科研成果1000多项，获自治区科学大会重大科研成果奖600多项，其中100多项获全国科学大会奖。（《广西日报》1978.12.4.①）

△ 西藏自治区党委在《关于当前农牧区对敌斗争中一些政策问题的规定》中说，“文革”中因受林彪、“四人帮”的流毒影响，普遍把富农、富牧分子不加区别地都作为专政对象，其中未参加叛乱，也未划为反动富农、畜牧分子而被作为四类分子专政的有4000余人。今后只把参加叛乱的富农、富牧分子和有重大反革命行为的作为敌我矛盾，一般的富农、富牧分子按人民内部矛盾对待，给予公民权。（《中国共产党西藏历史大事记（1949～2004）》P307）

△ 中央通知西藏自治区党委做好西藏逃印人员返藏探亲的接待工作。通知说：“近来，一些逃印西藏人员多次向我驻印使馆要求返藏探亲。中央批准西藏释放叛乱要犯消息发表后，对达赖集团震动很大，估计要求回来的

人还会增多。中央认为，允许他们回来比较有利，因此请你们及时进行准备做好接待工作，按照回来人员身份情况，要由适当负责人接见，进行谈话，然后组织探亲和适当参观活动。如果他们愿意留在国内，可以安排适当工作。对不愿留下的，仍礼送出境。”18日，自治区党委成立“西藏自治区接待藏族同胞归国和参观委员会”，自治区党委书记天宝任主任。31日，自治区党委、西藏军区党委发出《做好西藏逃印人员返藏探亲的接待工作的通知》，重申中央有关指示精神，强调要给他们充分的时间和机会参观访友，要提供方便，不要限制过严。（《新华社新闻稿》1979.1.8，《中国共产党西藏历史大事记（1949~2004）》P307~308、310）

△ 新疆维吾尔自治区阿勒泰、伊犁等6个重点牧业县新建的6座冷冻库相继投产。（《新华社新闻稿》1978.12.5）

4~12日 贵州省黔东南苗族侗族自治州第九届业余文艺会演在凯里举行，16个县的399名代表参加，共演出12场153个节（剧）目。（《黔东南苗族侗族自治州志·总述·大事记》P228）

5日 广西壮族自治区来宾红水河大桥建成通车。桥长377米，主孔净跨105米，为大跨径箱形拱桥，1977年元月开始动工兴建。（《广西通志·大事记》P446）

6日 广西壮族自治区博物馆举行落成仪式。（《广西日报》1978.12.7.①）

△ 宁夏回族自治区党委发出《关于重申落实党的知识分子政策有关规定的通知》。《通知》要求，各级党委抓紧做好科技人员的冤假错案的平反工作，迅速恢复技术职称，继续调整“用非所学”科技人员的工作，从政治上、工作上、生活上关心科技人员。（《中共宁夏党史大事记（1925.8~1988.6）》P490）

9日 广西壮族自治区阳朔至漓江公路建成通车。（《新华社新闻稿》1978.12.10）

△ 宁夏回族自治区党委转发自治区公安局的报告，同意为因1976年清明节前后悼念周恩来、反对“四人帮”而受到追查迫害的群众予以彻底平反，并对敢于同“四人帮”作斗争的人予以表彰。（《中共宁夏党史大事记（1925.8~1988.6）》P490）

9~20日 第八届亚洲体育运动会在泰国曼谷举行，我国运动员在此届运动会上共获金牌56枚，银牌60枚，铜牌51枚。广西壮族自治区运动员获金牌4枚、银牌4枚、铜牌3枚，其中梁戈亮获乒乓球男子单打冠军；新疆维吾尔自治区田径运动员戴建华获女子100米栏冠军。（《新华社新闻稿》1978.12.10，12.21；《中华人民共和国大事记（1949~1980）》P403；《广西通志·大事记》P447；《新疆通志·体育志》83卷P44）

△ 新疆维吾尔自治区文字改革委员会召开维吾尔、哈萨克语文工作专业会议。会议研究维吾尔、哈萨克新文字推行工作和维吾尔、哈萨克语文中的新词术语等方面问题，提出了解决的原则与方法，统一一批新词术语。（《新疆日报》1979.1.7.②）

10日 内蒙古自治区党委成立运动办公室，统一抓揭批查工作和冤假错案的平反昭雪工作。拨乱反正、推倒冤假错案，落实各项政策的工作在自治区全面铺开。（《内蒙古自治区史》P362、539）

11日 广西南宁市各族群众20万人集会游行，庆祝广西壮族自治区成立20周年。大会宣读了向党中央、中共中央主席华国锋的致敬电；以中共中央政治局委员、解放军总政治部主任韦国清为团长，中央军委常委王震、国家民委主任杨静仁、解放军副总参谋长李达、西藏自治区党委书记天宝、中共中央副主席邓小平的夫人卓琳、中共中央组织部副部长李步新、广州军区副司令员欧致富、国家民委副主任布赫为副团长的中央代表团莅会祝贺。自治区负责人乔晓光讲话，回顾自治区成立20年来的成就。中央代表团团长韦国清讲话，代表党中央、全国人大常委会和国务院对自治区各族人民表示祝贺和慰问。全国人大常委会、国务院电贺。12日，《人民日报》发表社论《发扬革命传统，建设美好广西》。10日，中央代表团团长韦国清在南宁市为庆祝广西壮族自治区成立20周年成就展览剪彩。（《人民日报》1978.12.12.①；《广西日报》1978.12.10.①，12.12.①；《新华社新闻稿》1978.12.11）

11～15日 宁夏回族自治区党委举行全区复查平反冤假错案工作会议。会议用大量事实说明，“文化大革命”中自治区出现大量冤假错案，1970年尤为严重。会议提出，必须坚持“有错必纠”的原则，一律予以平反；还规定平反纠正冤假错案的8项具体政策及先抓大案、要案和影响大的案件的方法步骤。（《中共宁夏党史大事记（1925.8～1988.6）》P490）

13日 西藏自治区党委成立自治区历史资料整理领导小组，抽调和聘请懂古藏文的人员整理原西藏地方政府的300多万件的档案资料和布达拉宫的2万多部经书，以及日喀则、泽当的图书文史资料。（《新华社新闻稿》1978.12.14）

△ 西藏自治区党委发出关于把工作重点转移到社会主义经济建设上来的指示。指示说，从1979年1月1日起，工作重点要转移到大搞社会主义经济上来，各地区、各部门要结合年终总结，普遍进行一次工作重点转移的思想大动员。同时继续抓紧落实政策工作，搞好征购工作，安排好群众生活，因地制宜安排生产，尊重生产队的自主权。各行各业都要把自己的工作转移到以农牧业为基础的轨道上来。（《中国共产党西藏历史大事记（1949～2004）》P308）

15日 内蒙古自治区呼和浩特市恢复“文化大革命”中停办的回民中学。（《内蒙古日报》1979.1.4.①）

16日 中国科学院古脊椎动物与古人类研究所和云南省博物馆联合考察队，在云南省楚雄彝族自治州禄丰发现一个“腊玛古猿”头骨化石。（《楚雄彝族自治州志》1卷P207）

18日 新疆维吾尔自治区革委在乌鲁木齐市召开第二次蒙古语文工作会议，传达八省（区）蒙古语文工作协作小组扩大会议精神，揭批林彪、“四人帮”破坏蒙古语文工作的罪行，讨论制订自治区1979年至1985年蒙古语文工作规划要点（草案）。（《新疆日报》1978.12.18.①）

18～22日 中共十一届三中全会举行，中央委员169人、候补委员112人与会，各地方和中央有关部门的负责人列席会议。三中全会是建国以来我党历史上具有深远意义的历史转折。全会结束1976年10月以来党的工作在徘徊中前进的局面，开始全面地认真地纠正“文化大革命”中及其以前的“左”倾错误，审查和解决党的历史上一批重大冤假错案和一些重要领导人的功过是非问题。全会增选陈云为中央委员会副主席，邓颖超、胡耀邦、王震为中央政治局委员。会议选举产生中央纪律检查委员会，陈云为第一书记，邓颖超为第二书记，胡耀邦为第三书记，黄克诚为常务书记，王鹤寿等为副书记，马信（回族）、文正一（朝鲜族）、多吉才让（藏族）、杰尔格勒（蒙古族）、阿木冬·尼牙孜（维吾尔族）等为委员。（《人民日报》1978.12.24.①②，12.25.①；《中国现代史》下P321～322）

19日 西藏出版社出版《四部医典》、《新编藏医学》和《西藏星算天文学基础知识》等书。（《人民日报》1978.12.28.④）

△ 新疆维吾尔自治区和布克赛尔蒙古自治县阿克赛牧业学校实行寄宿制，解决牧民子女上学的困难。（《新华社新闻稿》1978.12.20）

20日 据《广西日报》报道，广西壮族

自治区平果县发现国内目前最大、世界少有的大型铝土矿。该矿后被列为国家新建的9个有色金属基地之一。（《广西通志·大事记》P446）

22~28日 文化部电影局在广西壮族自治区南宁市召开少数民族语影片涂磁、配音座谈会。（《广西日报》1978.12.29.①）

24日 新疆维吾尔自治区博尔塔拉蒙古自治州首次人工降雪成功。（《博尔塔拉蒙古自治州志》P55）

25日 据新华社报道，黄河上游的青铜峡水电站设计安装的8台共27.2万千瓦水轮发电机组全部安装完毕。（《新华社新闻稿》1978.12.26，《中华人民共和国大事记（1949~1980）》P182）

△ 广西壮族自治区最大的火力发电机组——广西合山电厂6号机组建成投产，容量10万千瓦。该号机组为合山电厂四期工程，1977年动工兴建。（《广西通志·大事记》P447）

△ 国务院批准，广西壮族自治区东兴各族自治县更名为防城各族自治县，县府所在地由东兴镇迁至防城镇。（《广西通志·大事记》P447）

△ 西藏自治区党委发出《关于认真学习贯彻党的十一届三中全会公报的通知》，要求把全党工作重心转移到四化建设上来。（《当代中国的西藏》下P596）

26日 国家民委和社会科学院等部门在北京联合召开民族问题学术座谈会，讨论民族问题与阶级问题的关系，社会主义时期民族问题存在的长期性，社会主义时期如何正确对待少数民族的风俗习惯、语言文字，加强民族团结与实现四化的关系，民族历史和民族学等理论问题。（《新华社新闻稿》1978.12.27）

△ 枝（湖北枝城）柳（广西柳州）铁路与黔桂铁路接轨，建成通车，全长885公里。（《新华社新闻稿》1978.12.27，《中华人民共和国大事记（1949~1980）》P182）

△ 云南省德宏傣族景颇族自治州一座日产500吨的糖厂——瑞丽糖厂建成出糖。（《团结报》1979.1.1.②）

△ 新疆维吾尔自治区第一座外贸冷库在呼图壁建成投产。（《新疆日报》1979.1.8.①）

27日 据报道，内蒙古自治区地质局在巴彦淖尔盟发现一处磷矿，在锡林郭勒盟发现煤矿，在朝不楞、别鲁乌图相继发现铁矿和铜矿。（《内蒙古日报》1978.12.27.③）

27日~1979年1月7日 宁夏回族自治区党委举行商品粮基地重点公社书记会议，研究加快商品粮基地建设的措施。会议提出，为实现党的工作重点转移要把工作中心转移到农业生产上来，把农业生产从手工劳动转到机械化操作，把社队经济的管理从行政管理转到用经济管理。（《宁夏日报》1979.1.10.①，《中共宁夏党史大事记（1925.8~1988.6）》P491）

28日 黄河干流上的青铜峡水电站，安装最后一台发电机组并开始发电。（《新华社新闻稿》1978.12.29）

29日 甘肃省额济纳旗旗委分别召开旗、社两级平反大会，为“新内人党”、“土尔扈特人民党”和所谓“特务集团”等冤假错案中受审查的800多人、致伤致残的300多人以及迫害致死的54人彻底平反昭雪，恢复名誉。会议宣布旗委关于为“额布反党叛国集团”，“额尔登格尔黑线”，“三股黑势力、四个黑班底”3起重大冤假案平反的决定；宣布对在“新内人党”等假案中违法乱纪、问题严重的人的处理决定。（《甘肃日报》1978.12.29.①）

30日 中共四川省凉山彝族自治州委召开常委会，根据党的十一届三中全会精神，讨论如何集中主要精力把农业搞上去，迅速建成畜牧、林业、粮食3个基地。会议决定，根据凉山州的情况，坚持农林牧并举，全面发展，因地制宜，适当集中的生产方针。（《四川

日报》1978.12.30.②)

△ 中华医学会西藏分会、中国防疫协会西藏分会、中国药学会西藏分会、中国护理学会西藏分会、中国防痨协会西藏分会、中医学会西藏中医分会成立。（《当代中国的西藏》下P482、596)

△ 宁夏回族自治区文教局、自治区文联筹备组在银川召开落实政策大会，为秦腔《西吉滩》(包括以后改编的京剧《席芨滩》、越剧《玉凤簪》、没有完稿的剧本《金积堡》以及舞蹈《宴席曲》、《单鼓舞》、长诗《沙原牧歌》、小说《医生的故事》和《宁夏民间歌曲资料》）等作品及其作者姚以壮等彻底平反，恢复名誉。（《宁夏日报》1979.1.12.①)

31日 是日报道，被“四人帮”烧毁和禁锢的贵州省黔西县苗家芦笙、水族民歌、传统的黔剧和花灯重上舞台。（《新华社新闻稿》1979.1.1)

△ 北方6省（区）在吉林省长春市召开蒙药协作会议。会议总结蒙药研究的进展情况，推荐《中国民族药志》第一卷的药物品种，提出今后工作安排意见，并要求采取措施及早解决蒙医队伍后继乏人的问题。（《吉林日报》1978.12.31.③)

△ 贵州省黔东南苗族侗族自治州锦屏县清江公路大桥建成通车。大桥全长310米、高22米，每孔跨度为72米，是当时贵州省最长的公路大桥，结构新颖，富有民族特色。（《黔东南苗族侗族自治州志·总述·大事记》P228)

△ 云南省文山壮族苗族自治州取消不准唱山歌、跳民族舞的“禁令”，壮、苗、瑶、彝等民族的山歌重新获得解放。被林彪、“四人帮”当做“四旧”埋在地下的龙迈彝家人世代相传的独特文化遗产——铜鼓，重见天日。（《新华社新闻稿》1979.1.1)

是月 甑皮岩洞穴遗址博物馆在广西壮族自治区桂林市建成。（《广西通志·大事记》P447)

是年 中国科学院辽宁省沈阳市科学仪器研制中心高级工程师金龙福（朝鲜族）研制成功我国第一台NP－1型X光电子能谱仪并获1981年中国科学院科技成果二等奖。（《中国少数民族专家学者辞典》P765)

△ 中国人民解放军海军第四八〇五工厂高级工程师萨本茂（女，蒙古族）的3项科研项目——“乙炔清洁剂黄粉”、“舰船尾轴包玻璃钢”和“乙炔瓶填料”获全国科学大会重大科技成果奖。其中，“舰船尾轴包玻璃钢”属世界先进技术，“乙炔瓶填料”填补国内空白。国家领导人乌兰夫、康克清曾先后题词赞扬：“优秀的科技战士，忠诚的共产党员”、“科技尖兵，妇女典范”。萨本茂于1979年、1983年两次获全国“三八红旗手”称号。1986年被总后勤部授予全军劳动模范称号，同年被海军授予热爱海军事业的模范共产党员称号。（《中国少数民族专家学者辞典》P1098)

△ 中国化学会理事兼有机化学委员会副主任、中国科学院有机化学研究所研究员蒋锡夔（回族），1978年创立了上海物理有机研究室，全力进行自由基化学和单电子转移反应、有机氟化学、反应机理及新型反应、微环境及溶剂效应、疏水——亲脂作用及分子的簇集和绕曲研究工作，均达到国际水平。（《中国少数民族专家学者辞典》P1141)

△ 我国物探事业早期开拓者、浙江省地质矿产研究所高级工程师、浙江省少数民族知识分子联谊会副会长蓝本洁（畲族）主持的重大科研项目“伽玛—伽玛测井在煤田上的应用”获全国科学大会奖。（《中国少数民族专家学者辞典》P1172)

△ 中国电子学会副秘书长、高级工程师白玉贤（满族）自行设计并研制成功我国第一只同轴磁控管，填补国内空白并获全国科学大会科研成果奖。（《中国少数民族专家学者

辞典》P202）

1979年

1月

1日 甘肃省甘南藏族自治州第一所藏医院夏河县藏医院正式成立并开诊。（《甘南藏族自治州概况》P266）

3日 中共云南省文山壮族苗族自治州委决定取消不准生产队种植“三七”的禁令。（《新华社新闻稿》1979.1.5）

△ 贵州省贵定至大土铁路复线建成通车。（《贵州日报》1979.1.22.①）

3~14日 国家民委在北京召开民族问题五套丛书编辑会议。会议讨论《中国少数民族概况》、《中国少数民族简史丛书》、《中国少数民族语言简志丛书》、《中国少数民族自治地方概况丛书》和《中国少数民族社会历史调查丛书》的编写修订和出版，以及有关少数民族文字的翻译出版工作问题。（《新华社新闻稿》1979.1.21）

4日 新疆维吾尔自治区计划生育战线首次群英会召开，大会发出倡议书，到1980年新疆汉族人口自然增长率降到1%以下。（《中国共产党新疆历史大事记（1966.5~1991.12）》下P112~113）

4日~2月5日 西藏自治区第四届文艺会演和民族民间唱法独唱、二重唱会演在拉萨举行。1000多名文艺工作者参加演出，评选出28个戏剧、歌舞和25个声乐、器乐获奖作品，230名演员分获个人一、二、三等奖。（《西藏日报》1979.1.5.①，2.7.①）

5日 据新华社报，国家林业总局和西北、华北、东北防护林建设局在银川召开11个省（区）林业部门工作会议。会议全面检查各地的工作情况，部署当前各项工作；成立国家林业总局“三北”防护林建设局，规划“三北”防护林体系建设工程。号称北方“绿色万里长城”的这项工程包括宁夏、新疆等11个省、自治区的58个地区300多个县（旗）。会议决定，今后3年内，建设好万里风沙线上的农田防护林和黄河中游地区的水土保持薪炭林，保障甘肃河西走廊、宁夏银川平原、内蒙古河套平原、吉林和黑龙江中部平原等5个新兴商品粮基地的建设，切实解决好宁夏固原和甘肃定西等地区的烧柴问题。（《新华社新闻稿》1979.1.6）

△ 我国一座现代化的大型化肥厂——贵州赤水天然气化肥厂建成投产。（《新华社新闻稿》1979.1.6）

5~24日 内蒙古自治区党委举行工作会议，自治区党委第二书记周惠、常务书记王铎作重要讲话。会议根据三中全会精神，着重研究结束揭批林彪、“四人帮”的群众运动，彻底推倒一切冤、假、错案，加强领导班子建设的问题；讨论如何用党的政策调动农牧民的积极性，把农牧业生产尽快搞上去，以及民主与法制、民族政策再教育等问题。会议对当前农村牧区工作作10条政策决定，并要求各地为促进和保证全党工作着重点转移抓好5项工作。（《内蒙古日报》1979.1.22.①，1.25.①，1.26.①④，1.27.①④）

5~26日 新疆维吾尔自治区党委举行三级干部会议，自治区党委第一书记汪锋、第二书记刘震作重要讲话。会议传达、贯彻党的十一届三中全会和中央工作会议精神，认真学习《中共中央关于加快农业发展若干问题的决定（草案）》和《农村人民公社工作条例（试行草案）》等文件，研究加快自治区农牧业发展措施。但会议没有集中精力讨论贯彻中央关于把工作着重点转移到经济建设上的决策，而是错误地把重点放在继续批判所谓“右倾思潮”，批判自治区的几位领导和1977年8月工作会议提出批评意见的同志，从而干扰了十一届三中全会精神的传达贯彻。会议决定，对自治区在“文化大革命”中和历史遗留下来的一批重大问题平反。这次三干会也没有正确执行中央对新疆战略方针的指示精神，错误地估计形势，决定进行大规模的战略疏散，尤其在部分边境地区大量组织人员后撤，搞得人心惶惶，一度出现社会混乱，造成很坏影响。（《新闻日报》1979.1.30.①，2.4.①，2.10.①；《中国共产党新疆历史大事记（1966.5～1991.12）》下P113～114）

6日 黑龙江省呼伦贝尔盟布特哈旗的扎兰屯糖厂建成投产。（《新华社新闻稿》1979.1.7）

△ 西藏自治区接待藏族同胞归国和参观委员会在拉萨成立，天宝（藏族）任主任，巴桑（女，藏族）、陈卓、李传恩、帕列朗杰（藏族）、陈竞波、德格·格桑旺堆（藏族）、桑顶·多吉帕姆（女，藏族）、拉乌·土登达旦（藏族）和江村罗布（藏族）为副主任。巴桑在会上宣布，欢迎包括达赖喇嘛在内的所有流落在国外的藏族同胞归国定居、省亲、会友和参观访问。（《新华社新闻稿》1979.1.7）

7日 青藏铁路一期工程——西宁至格尔木铁路路基工程基本完工。（《新华社新闻稿》1979.1.8）

7～11日 中宣部召开各省、市、自治区党委宣传部长会议。中宣部部长胡耀邦在会上提出，全党工作着重点转移之后，党的宣传工作的根本任务是，把马列主义、毛泽东思想的普遍真理同实现四个现代化的伟大实践密切结合起来，研究新问题，解决新问题，尽可能使思想理论工作走在实际工作的前头，把毛泽东思想推向前进，加速社会主义现代化建设的进程。他还宣布，党中央决定为“中宣部阎王殿”彻底平反。“中宣部阎王殿”的说法，出自林彪、陈伯达一伙炮制的《一九六五年九月到一九六六年五月文化战线上两条道路斗争大事记》。（《新华社新闻稿》1979.1.16）

7～21日 宁夏回族自治区党委常委（扩大）会议举行，传达贯彻中共十一届三中全会精神，讨论确定把工作重点转移到社会主义现代化建设上来。会议提出，为顺利实现工作重点转移，首先要搞好思想上的转变；其次要抓紧解决“文化大革命”遗留的重大问题并提出处理意见，善始善终结束揭批查运动；同时要抓紧落实党的各项政策，健全党内外民主生活制度，加强各级领导班子的建设。会议决定，从是年起各级党委要把主要精力放到生产建设上来，首先必须把农业搞上去，为此要搞好商品粮基地的建设，办好国营农场，抓紧山区牧区建设。（《中共宁夏党史大事记（1925.8～1988.6）》P492）

8日 吉林省长白山区新建的浑江发电厂又一台10万千瓦的发电机组投入运行。（《新华社新闻稿》1979.1.9）

8～14日 中共广西壮族自治区四届三次全体（扩大）会议在南宁举行。会议学习贯彻中共十一届三中全会和中央工作会议精神，讨论工作重点转移到社会主义现代化建设上来的重要意义和实行转移的措施，研究加快农业生产发展问题。会议通过《贯彻执行中央〈关于加快农业发展若干问题的决定〉（草案）的意见》，宣布在全区停止“批资批修总体战”；决定撤销1975、1976年形成的关于“反击右倾翻案风”文件和领导人讲话，重新审查和解决历史遗留的几个重大案件；对1979、1980年的国民经济计划作出安排。（《广西日报》1979.1.19.①，《广西通志·大事记》P448～449）

9日 国务院批准教育部关于恢复和增设普通高等学校的报告，决定在全国恢复和增设160所普通高等学校。（《人民日报》1979.1.11.①④）

△ 反映我国鄂伦春族革命斗争生活的第一部长篇小说《长长的乌拉银河》出版。（《黑龙江日报》1979.1.9.②）

△ 据新华社报道，1978年始我国恢复研究生制度。（《新华社新闻稿》1979.1.10）

△ 据统计，西藏自治区民主改革以来，医疗卫生机构比改革前增长18倍，医务人员增长15倍，病床增长20倍。现在拉萨和6个地区都建有中心医院，各县都设有医院。自治区还兴办1所医学院和7所中等医药卫生学校。（《新华社新闻稿》1979.1.10）

△ 青海省文联和民间文学研究会成立专门研究小组，重新整理出版著名的藏族民间史诗《格萨尔》。（《新华社新闻稿》1979.1.10）

10日 我国地质工作者在云南省大理白族自治州境内发现一个大型铂矿。（《新华社新闻稿》1979.1.11）

11日 中共中央发出《关于加快农业发展若干问题的决定（草案）》和《农村人民公社工作条例（试行草案）》两个文件。《决定》对于纠正农村工作中长期存在的“左”倾错误和调动农民的生产积极性，促进农业生产，改变农村面貌起到极大作用。（《中国现代史》下P322）

12日 据统计，广西壮族自治区培养的壮族教授、总工程师、工程师、研究员等科技人员已有2.3万多名。（《新华社新闻稿》1979.1.13）

13日 据报道，社会科学院民研所组成的西藏少数民族考察队，从1976年至1977年在西藏察隅、墨脱、米林、错那、隆子等县对门巴、珞巴、僜人等少数民族的社会历史、语言进行考察，并拍摄一些资料影片，初步整理出80万字的研究资料。（《西藏日报》1979.1.13.①）

△ 湖南省少数民族特需品生产供应会议在吉首召开。到会同志畅谈党的民族政策落实后民族特需品的发展情况，总结交流经验，研究发展特需商业的措施，还参观了少数民族特需商品样品展览。（《团结报》1979.1.13.③）

△ 广西壮族自治区第一座利用本地煤生产轻硫焦的西湾焦化厂建成投产。（《广西日报》1979.1.13.①）

△ 中国人民银行西藏分行整理出260多份藏文金融历史资料，其中2/3已译成汉文。（《西藏日报》1979.1.13.③）

17日 新疆维吾尔自治区历史学会成立。大会通过会章，选举谷苞为会长，张东日、胡赛音、陈华为副会长。第一次理事扩大会研究举办“丝绸之路”讨论会的问题。（《新疆日报》1979.1.21.②）

△ 中共新疆维吾尔自治区昌吉回族自治州委坚持贯彻按劳分配政策，逐步推广农业“五定一奖惩”和牧业“四定一奖惩”制度，推动农牧业生产发展。（《新疆日报》1979.1.17.①）

19日 青海省防护林建设领导小组在西宁召开扩大会议，讨论青海省建设防护林的重要性和紧迫性，以及落实320万亩防护林建设任务和措施，研究发展林业的政策性问题。（《青海日报》1979.1.19.①）

△ 中央同意西藏自治区的意见，为崔科·顿珠才仁平反，恢复名誉和级别，补发工资。崔科·顿珠才仁是西藏著名爱国进步人士，为和平解放西藏作出重要贡献，曾担任拉萨市市长、自治区筹委副主任委员、自治区人委副主席。“文革”中被错误批判，戴上反革命分子帽子，撤销一切职务。（《中国共产党西藏历史大事记（1949～2004）》P311）

△ 新疆维吾尔自治区党委作出《关于处理新疆文化大革命中和历史上遗留的一些重大问题的决定》，实事求是地处理“文化大革命”中和历史遗留的一些重大问题，对受到错误处分和受牵连、迫害的同志一律平反，撤销1959年8月党委全委扩大会议关于对武开章、辛兰亭等人的处理决定，不实之词一律推倒，冤、假、错案彻底纠正平反。（《中国共产党新疆历史大事记（1966.5～1991.12）》下P103）

20日　据报道，云南省大理白族自治州积极恢复和发展民族特需品的生产和经营。特需品种类有誉满川藏的下关沱茶、方茶、紧压茶，有深受各族妇女欢迎的结须毛巾，有具有浓厚民族色彩的三塔、洱海、蝴蝶泉等图案的提花枕巾，还有白族人民喜爱的灯芯绒、金丝绒领挂以及彝族、白族人民节日佩戴的银饰等。　（《新华社新闻稿》1979.1.20）

△　云南省文化馆在禄劝县举行工作会议，讨论如何进一步贯彻落实中共中央主席华国锋同志关于“积极发展文化馆、站”等指示，总结本省文化工作，制定《云南省文化馆、站工作条例》。　（《云南日报》1979.1.19.③）

△　据报道，西藏自治区地质工作者在西藏高原找到40多种矿产，其中探明储量的有铁、石油、煤等23种。在藏南和藏北发现几百个品位的铬矿体。在昌都地区发现一个储量为几百万吨的大型铜矿床，发现的地热田和地热显示区有100处左右。近20年来，从全国各地调藏的地质工作者达4000多名，还培养了1257名藏族地质人员。　（《新华社新闻稿》1979.1.20）

△　宁夏回族自治区党委向国务院、中国科学院上报《关于固原县实行“以牧为主，兴牧促农，农牧林全面发展”方针的请示报告》，首次提出在宁夏南部山区改变原来那种单纯抓粮食、就农业抓农业的方针。　（《中共宁夏党史大事记（1925.8～1988.6）》P493）

21日　中共中央批准内蒙古自治区党委《关于彻底推倒“乌兰夫反党叛国集团”和“内蒙古二月逆流”冤假错案的请示报告》，要求彻底推倒这两大冤假错案，为受害者平反昭雪、恢复名誉，并全面肯定“文化大革命”前内蒙古自治区的革命和建设成就。　（《内蒙古自治区史》P360、539）

△　中共云南省委决定，为被林彪、“四人帮”打成“毒草”的一批少数民族文学作品落实政策，准予重新出版发行，为长诗《阿诗玛》的重新修订者李广田和电影《阿诗玛》主要演员杨丽坤及其它被迫害者平反昭雪、恢复名誉。　（《新华社新闻稿》1979.1.22）

△　新疆民族研究所举行《新疆简史》（第一册）讨论会，就新疆社会历史分期、各主要民族的族源和新疆的历史疆域等问题提出修改意见。　（《新疆日报》1979.1.21.②）

23日　吉林省哲里木盟各级党组织为3500多名遭受林彪、“四人帮”迫害的知识分子平反昭雪，落实政策。　（《吉林日报》1979.1.23.①）

△　据报道，新疆维吾尔自治区建立自治区第一所太阳能利用研究所，着手研究、利用太阳能发电、太阳能水泵和太阳能苦水淡化等课题。　（《新华社新闻稿》1979.1.24）

25日～2月3日　西藏自治区党委常委会议举行，决定撤销自治区和各地、市贫下中农（牧）协会。　（《中国共产党西藏历史大事记（1949～2004）》P312）

26日　国家民委在民族文化宫举行春节联欢会，全国人大常委会副委员长乌兰夫、阿沛·阿旺晋美和国家民委主任杨静仁到会向各族代表祝贺新春。阿沛·阿旺晋美在会上发表讲话，向达赖喇嘛和在国外的藏胞致意，并希望他们早日回归祖国。　（《新华社新闻稿》1979.1.27）

△　据新华社报道，全国计划生育办公室主任会议最近在北京举行。会议研究1980年把我国人口自然增长率降到1%以下的具体措施和有关计划生育的经济政策等问题。（《新华社新闻稿》1979.1.27，《中华人民共和国大事记（1949～1980）》P379）

△　据报道，云南省地质局十一地质队在滇西探明1个巨型铅锌矿床，铅锌金属储量1400多万吨。冶金部决定引进先进技术，尽快地把这个矿建成我国一个重要的有色金属基地。　（《新华社新闻稿》1979.1.26）

27日 西藏自治区革委会报国务院豁免1975年前农收贷款。报告说，1959年至1975年实现公社化期间，为帮助广大翻身农奴休养生息，发展生产，改善生活，人民银行和信用社先后给贫苦农牧民、互助组和人民公社生产队发放无息或低息贷款6800多万元。至1978年底，还有1350万元未归还，主要是没有偿还能力的穷户、穷队，我们建议全部予以豁免。3月5日，自治区革委会发出通知，1975年发给群众的贷款可以缓收，对人民公社备荒粮无息贷款抓紧清理收回。（《中国共产党西藏历史大事记（1949~2004）》P312）

28日 据新华社报道，中共中央作出关于地主、富农分子摘帽问题和地、富子女成分问题的决定。公安部发出通知，要求各地迅速贯彻落实中央决定。（《新华社新闻稿》1979.1.29）

是月 内蒙古自治区党委发出《关于尽快地把我区农牧业生产搞上去的意见》，提出10项政策：一、人民公社、生产大队和生产队的所有权和自主权，必须受到国家法律的保护。二、减轻农民负担，严禁“一平二调”。三、认真贯彻执行按劳分配、多劳多得的社会主义原则，克服平均主义。要在加强定额管理的基础上，全面建立生产责任制。四、正确执行粮食政策。五、在巩固和发展集体经济的同时，应当认真贯彻鼓励社员发展家庭副业的政策。六、开放农村牧区集市贸易。七、禁止开荒、保护牧场。八、积极发展社、队企业。九、努力办好国营农牧场。十、调动广大农村牧区基层干部的积极性。（《内蒙古自治区史》P389~391）

△ 吉林省延边朝鲜族自治州速滑运动员朴美姬（女，朝鲜族）获全国速滑锦标赛女子全能第一名，同时打破全国纪录。（《延边朝鲜族自治州志》P85）

△ 中国人民解放军副总参谋长杨勇，昆明军区司令员杨得志、政委刘志坚在云南省文山壮族苗族自治州视察马关、麻栗坡县边防。（《文山壮族苗族自治州志》1卷P61）

△ 西藏军区生产建设师移交西藏地方管理，改建为西藏自治区农垦局。1980年又改为自治区农垦厅。（《当代中国的西藏》下P16）

△ 西藏自治区党委、西藏军区党委联合举行扩大会议，传达贯彻中共十一届三中全会精神，研究如何贯彻执行中共中央关于停止使用“以阶级斗争为纲”的口号和把党的工作重点转移到社会主义现代化建设上来的问题。（《当代中国的西藏》上P393）

△ 新疆维吾尔自治区博尔塔拉蒙古自治州开放集市贸易，允许农民拥有自留地。（《博尔塔拉蒙古自治州志》P56）

2月

1日 内蒙古自治区教育局确定内蒙古师范附中、呼市蒙族学校、土默特左旗民族中学、太仆寺旗第三中学、乌审召学校、西乌旗巴拉格尔学校和呼市蒙族幼儿园等校为自治区第一批民族重点学校，并修改颁发《全日制蒙古族及其他少数民族中小学暂行工作补充条例（草案）》。（《光明日报》1979.2.1.②）

△ 新疆维吾尔自治区经济学会成立，通过学会章程，选举张思明为会长。（《新疆日报》1979.2.1.②）

4日 据报道，新疆维吾尔自治区荒地资源综合考察队经过3年多工作，查明塔里木盆地北部的塔里木河、孔雀河和开都河流域的荒地、草场、原始森林和水利资源等，写出几十万字的考察报告，提出今后开发利用的初步方案。（《新华社新闻稿》1979.2.4）

△ 据报道，云南省牟定县出土一套目前云南最大、最完整的战国时期富有当地少数民族文化特色的6件青铜编钟。（《新华社新闻稿》1979.2.4）

5日 甘肃省临夏回族自治州农村开始推

行包产到组和联产承包责任制。（《临夏回族自治州志》上P64）

7日 内蒙古自治区党委发出《关于进一步解决冤假错案政策问题的原则规定》，其中特别指出，1968年内蒙古自治区农村、牧区重划阶级是错误的，一律予以纠正。从而为广大被错划为剥削阶级的蒙古族及其他民族的劳动农牧民平反，恢复名誉和政治地位。（《内蒙古自治区史》P362、368）

△ 中共吉林省延边朝鲜族自治州委员会改正错划右派工作领导小组宣布为错划右派分子恢复名誉的决定。（《延边朝鲜族自治州志》上P85）

△ 新疆维吾尔自治区农业科学院农业科学研究所开展的黄地老虎组织细胞离体培养试验，取得成功。（《新华社新闻稿》1979.2.8）

8日 内蒙古自治区党委召开工作会议，讨论拟订《关于农村牧区若干政策问题的决定》。明确指出，在牧区实行“两定一奖”，定产、定工指标落实到畜群，责任落实到人；牧民可发展自留畜；开放牧区集市贸易；禁止开荒，保护牧场。牧区和半农半牧区的牧业社队逐步恢复实行“两定一奖”生产责任制。10日，《内蒙古日报》公布这一决定，同时发表社论《狠批极“左”路线，坚决贯彻十项政策》。（《内蒙古日报》1979.2.10.①，《内蒙古自治区史》P397）

8～22日 社会科学院文学研究所在昆明召开全国少数民族文学史编写工作座谈会。会议总结各地组织编写少数民族文学史和文学概况的工作，修订《中国各少数民族文学史和文学概况编写出版计划》（草案）和《中国各少数民族文学资料汇编编辑计划》（草案），并对少数民族文学工作提出4项建议。（《光明日报》1979.3.24.①）

9日 广西壮族自治区党委批转统战部《关于贯彻中央批转上海市委〈关于落实党对民族资产阶级政策的若干问题的请示报告〉的意见》，要求对被查抄的存款应按银行规定发利息，没有发还的要加紧处理；被扣减的工资应恢复和补发；对经过社会主义改造后已明确属于工商业者私有的房屋应承认其个人所有权，凡被占用尚未退还的一律退还本人，资产阶级工商业者中有管理经验和技术专长的，应区别情况适当安排；对下放农村落户的资产阶级工商业者，要按1973年自治区统战会议文件规定，收回企业适当安排工作，其中年老体弱者可作退休处理。（《广西通志·大事记》P448）

△ 据报道，横跨云南、西藏、四川和青海4省交界的金沙江、澜沧江、怒江地区发现一个目前世界上罕见的多金属成矿带，其地理范围大致北起青海乌丽、玉树，南抵云南河口，西起怒江，东至雅砻江、元江，南北长1900余公里，面积约55万平方公里。经地质部门多年探明，铁、铜、铅、锌、锡、汞、锑、钨、钼、稀有金属镍和铂族金属矿产很有远景，硫铁矿、钾盐、云母、石棉、石膏、砷、菱镁矿和石灰石等非金属矿蕴藏量以及水利、地热、森林资源都相当丰富。（《光明日报》1979.2.9.①）

9～13日 因受林彪、“四人帮”的干扰而被迫停止十几年的青海塔尔寺“灯”节恢复。藏、蒙古、土、回、汉等民族4万人参加“灯”节盛会。被关闭十多年的塔尔寺部分殿宇也重新开放，同时举办酥油花展。（《新华社新闻稿》1979.2.14）

10日 内蒙古自治区蒙古语文工作领导小组办公室举行呼和浩特市地区蒙古语文工作者茶话会，座谈讨论蒙古语文工作如何适应党的工作中心转移的问题。（《内蒙古日报》1979.2.13.①）

△ 据报道，广西壮族自治区东部探明一个储量11.8万吨、平均品位1.36%的大型黑钨矿。（《新华社新闻稿》1979.2.10）

11日 新疆维吾尔自治区第一座余热发电站——新疆水泥厂一号窑余热电站建成发电。（《新疆日报》1979.3.9.①）

12～22日 全国第一次宗教学研究规划会议在云南昆明召开。会议讨论宗教学研究的对象、任务和措施，以及人才培养、学风和百家争鸣等问题，制订1979年至1985年全国宗教学研究规划。会议成立中国宗教学学会，选举赵朴初为名誉理事长，任继愈为理事长，丁光训、张杰（回族）等5人为副理事长。（《光明日报》1979.3.22.④）

13～21日 西藏自治区地质工作者在昌都发现一个大型斑岩铜矿，在藏北与藏南发现高品位的铬矿。（《当代中国的西藏》下P596）

14日 新疆维吾尔自治区阿克苏垦区引种美国和日本等国的苹果、梨成功。（《新华社新闻稿》1979.2.15）

14～21日 宁夏回族自治区统战部部长会议举行。会议研究宗教工作，提出尊重信教群众的正常宗教活动，开放少量寺堂，杜绝秘密的地下宗教活动，加强对宗教活动的管理。（《中共宁夏党史大事记（1925.8～1988.6）》P493～494）

15～20日 广西壮族自治区革委会在南宁举行全区知识青年上山下乡工作会议，贯彻全国知识青年上山下乡工作会议精神。会议确定从广西的实际情况出发，3年内城镇中学毕业生少下乡或不下乡，留在城镇安置就业。原已下乡的知识青年，各地要本着“国家关心，负责到底”的精神，逐步返回城镇安排就业。（《广西通志·大事记》P448）

16日 中央统战部在北京召开统战系统干部大会，全国人大常委会副委员长乌兰夫宣读中共中央批准的《中央统战部关于建议为全国统战、民族、宗教工作部门摘掉“执行投降主义、修正主义路线”的帽子的请示报告》。乌兰夫列举建国以来统战、民族工作方面的重大成就和作用后，指出1962、1964年对李维汉同志的批判是错误的，并正式宣布在全国统战、民族、宗教工作部门，包括李维汉同志本人，都不存在执行一条所谓“投降主义、修正主义路线”，凡是因这个问题而受到牵连的同志，一律平反，恢复名誉。对被林彪、“四人帮”迫害致死的徐冰、张经武、高崇民、吴晗、车向忱、阎宝航等同志彻底平反，恢复名誉。全国政协副主席李维汉到会讲话。（《新时期民族工作文献选编》P1～4，《人民日报》1979.3.19.①④）

△ 我国目前最大的冶金炼焦煤基地之一的大型煤炭基地，在贵州省西部乌蒙山区建成。（《新华社新闻稿》1979.2.17）

△ 中共青海省委扩大会议召开。会议提议并报请党中央批准，撤销1967年3月24日《关于青海问题的决定》，对这一决定造成的冤、假、错案一律予以平反昭雪。会议同时对解决青海“文化大革命”中所涉及的11个遗留问题作出正确处理。（《青海日报》1979.2.17.①）

△ 新疆维吾尔自治区党委转发自治区卫生局党组《关于贯彻落实中共中央〔1978〕56号文件的报告》。《报告》提出，为迅速发展自治区中医药、民族医药事业，必须进一步贯彻落实党的中医政策，切实纠正对待中医中药、民族医药人员的错误态度；积极培养中医药、民族医药的新生力量；整顿和举办中医医院、民族医院；认真办好中医研究所；吸收散在民间的、有真才实学的中医药、民族医药人员；加强各级党委对中医药、民族医药工作的领导。（《中国共产党新疆历史大事记（1966.5～1991.12）》下P115）

17日 我国边防部队在广西、云南边境地区，被迫对越南侵略者自卫还击。同日，新华社发表声明宣告：“中国边防部队在忍无可忍的情况下，被迫对越南侵略者奋起还击，完全是正义的行动。”声明指出，仅最近半年，越南的武装挑衅就达700余次，打死打伤我国边防人员和边境居民300余人。现在，我国政府再次建议双方迅速在双方同意的任何地点举行适当级别代表的谈判，讨论恢复两国边境地区的和平与安宁，进而解决有关边界和领土问题的争议。3月5日，我国边防部队奉命撤回国内。25日，中共中央政治局委员、国务院副总理王震，国家科委主任方毅率中央慰问团，赴广西、云南慰问胜利归来的边防部队指战员、民兵和支前民工。（《新华社新闻稿》1979.2.18，3.6，3.17，3.26，5.28）

△ 据新华社报道，京（北京郊区昌平）通（吉林通辽）铁路通车，连同北京郊区怀柔至怀北、河北承德至隆化的2条联络支线，全长870公里。（《新华社新闻稿》1979.2.18，《中华人民共和国大事记（1949~1980）》P183）

17~23日 全国人大常委会第六次会议举行。会议听取农林部副部长兼国家林业总局局长罗玉川关于《中华人民共和国森林法（试行）》的补充说明并原则通过，决定3月12日为我国植树节。（《人民日报》1979.2.18.①，2.24.①）

20日 经国务院批准新疆电影译制片厂改建为新疆电影制片厂，今后将摄制故事片、舞台艺术片和地方科教片、纪录片，并继续译制少数民族语言影片。（《中国共产党新疆历史大事记（1966.5~1991.12）》下P115，《新华社新闻稿》1979.2.21）

△ 国务院批准，西北民族学院和西南民族学院的领导关系分别改由国家民委和甘肃省、四川省双重领导，以国家民委为主。（《西北民族学院校史》P308~P309）

21日 据报道，科学院青海盐湖研究所一支考察队发现，西藏盐湖中的钠、钾、硼、锂、溴、铷、铯及某些放射性元素的含量很高，锂的储量占世界第一位。（《新华社新闻稿》1979.2.21）

△ 广西壮族自治区日处理500吨的糖厂——昌墩糖厂建成投产。（《新华社新闻稿》1979.3.1）

△ 广西壮族自治区社会科学院在南宁成立。（《广西通志·大事记》P449）

△ 西藏自治区拉萨大昭寺、哲蚌寺和色拉寺经修缮重新向藏族群众开放。（《新华社新闻稿》1979.2.22）

△ 西藏自治区地质工作者在西藏高原发现多处储量大、品位高的铬铁矿。这些铬铁矿还普遍伴生有贵重的铂族元素。（《新华社新闻稿》1979.2.21）

△ 新疆维吾尔自治区党委发出《关于我区牧区原划阶级成分问题的通知》，具体内容有：一、自治区牧区的阶级成分要以牧改时内部划分为准，“四清”中进行过划阶级成分试点，未经县委批准的一律无效；已经县委批准以试点中划定为准，但对其中错划的应予纠正。二、1970年自治区牧区所划的阶级成分问题很多，自治区党委决定“一风吹”一律不算，没收、征收的财物一律退赔。三、中央〔1979〕5号文件关于摘除农区地主、富农分子帽子的决定也完全适用于自治区牧区。各地应根据中央精神，切实做好摘除牧主、富牧分子帽子的工作。4月9日，自治区党委又发出《关于清退和补偿牧区一九七〇年划分阶级成分中没收、征收财物问题的通知》。（《中国共产党新疆历史大事记（1966.5~1991.12）》下P115~116）

22日 甘肃省甘南藏族自治州通过文化考核选拔初中文化程度的少数民族干部130名，其中藏族117名、回族13名、妇女23名。临夏回族自治州选拔回、保安、东乡、撒拉4个少数民族干部90名。（《甘肃日报》1979.2.22.①）

△ 宁夏回族自治区革委会转发国务院批转财政部《关于减轻农村税收负担问题的报告》的通知，提出从是年起，川区人均口粮在300斤以下的、山区人均口粮在280斤以下的

免征农业税。（《中共宁夏党史大事记（1925.8～1988.6）》P494）

23日 宁夏回族自治区林业工作会议召开，对自治区建设防护林体系作出初步安排，按照自然条件确定本地区主攻方向：宜农则农，宜林则林，宜牧则牧，不做“一刀切”。（《宁夏日报》1979.2.23.①）

24日 据统计，西藏自治区平叛改革20年来，地、市、县党政领导机关一、二把手少数民族干部有170多名，占自治区同级干部总数的54%。自治区70多个县中，藏族和其他少数民族干部任县委主任的占84%，任县委第一、二把手的分别为40%以上。自治区6个地、市的专员全部为藏族，任地、市委第一书记的为33.3%，任第二把手的为66.6%。（《新华社新闻稿》1979.2.55）

25日 西藏自治区革委发出通知：各机关、工矿企业和学校，藏历新年一律放假3天，各地农牧区按藏族风俗习惯，安排好节日的活动。（《新华社新闻稿》1979.2.26）

26日 国家民委系统1700多藏族同志在北京联合举行联欢晚会，欢庆藏历土羊年新年。中共中央统战部部长乌兰夫代表统战部、国家民委向在京和全国的藏族同胞祝贺。（《新华社新闻稿》1979.2.27）

△ 中共青海省互助土族自治县委根据《中共中央关于加快农业发展若干问题的决定（草案）》和《农村人民公社工作条例（试行草案）》精神，作出坚决纠正“穷过渡”的决定，把突击过渡的13个大队改为生产队核算，把过渡中占用和无偿平调生产队的财产全部退给生产队。（《青海日报》1979.2.26.①）

△ 据报道，西藏自治区人民医院首次成功进行左肩部恶性肿瘤切除、远端肢体再植手术。（《新华社新闻稿》1979.2.27）

28日 据统计，云南省沧源佤族自治县成立15年来，建成工业企业38个，职工3500多人，相当于1965年的9倍，其中少数民族工人超过半数。（《云南日报》1979.3.13.①）

是月 云南省文山壮族苗族自治州对地、富、反、坏分子摘帽18862人，纠正错误戴帽子511人，对地主、富农家庭出身的子女成分和出身一律定为“社员”。至1988年，21292名“四类分子”全部摘帽，享受公民待遇。（《文山壮族苗族自治州志》1卷P61）

△ 青海省黄南藏族自治州委根据中央《关于地主、富农分子摘帽问题和地富子女成分问题的决定》，责成州、县公安机关调查处理，700余人先后摘掉“四类分子”的帽子。（《黄南州志》上P49）

3月

1日 文化部在北京召开全国艺术教育工作会议。会议期间，文化部和国家民委召集出席会议的民族地区代表举行少数民族地区艺术教育座谈会，要求中央直属的艺术院校和面向大区的艺术院校要为民族地区的艺术院校培训师资，民族艺术院校要有自己的民族特色，加强民族艺术的研究工作，为繁荣我国民族艺术培养人才。（《新华社新闻稿》1979.3.2）

△ 内蒙古自治区文化局和文联召开关于为《鄂尔多斯风暴》、《茫茫的草原》彻底平反大会。会上宣读《为内蒙古文联、内蒙古歌舞团、〈花的原野〉编辑部、〈草原〉编辑部等单位平反的决定》，并为被公开点名批判的布赫（蒙古族）、珠岚（蒙古族）、玛拉沁夫（蒙古族）等人和他们的作品彻底平反，恢复名誉。（《内蒙古日报》1979.3.9.①）

△ 吉林省延边朝鲜族自治州3.56万件冤假错案平反结束，91%以上落实经济政策。（《延边朝鲜族自治州志》上P85）

△ 青海省财政厅对牧区民族中学、寄宿小学助学金问题发出通知，全州民族中学助学金每生每月15元，公社寄宿小学每生每月10元，大队寄宿小学每生每月5元。（《黄南

州志》上P49）

△ 据新华社报道，我国科学家最近对西藏自治区那曲和阿里地区的46个盐湖进行考察。这两个地区是青藏高原的最高区域，是我国盐湖最多的地方。考察证实西藏盐湖是具有很大经济价值的大型多种金属和非金属矿床。（《新华社新闻稿》1979.3.2）

2日 宁夏回族自治区党委批转自治区公安局《关于贯彻落实中央［1979］5号文件的意见》。《意见》要求在较短时间内，全部做好对绝大多数改造好的"四类分子"一律摘掉帽子和对地、富子女新定成分的工作。（《中共宁夏党史大事记（1925.8～1988.6）》P494）

3日 广西壮族自治区革委会发出《关于对茶油等特产免征特产税的通知》，决定对油茶、油桐、茶叶、果类、八角、桂圆、竹等特产免征特产税。（《广西通志·大事记》P449）

△ 广西壮族自治区召开"三养"（牛、羊、蜂）座谈会，讨论如何帮助山区、边境地区、革命老根据地和少数民族聚居区的困难队，改变面貌和发展"三养"的一些具体措施，决定1979年投资1000万元，重点扶助困难队发展"三养"。（《广西日报》1979.3.3.①）

4～9日 吉林省延边朝鲜族自治州速滑运动员孔美玉（女，朝鲜族）获第四届全国冬运会女子速滑3000米第一名，孔美玉、金贞莲（女，朝鲜族）、申贞淑（女，朝鲜族）3人8次打破全国纪录。（《延边朝鲜族自治州志》P85）

6日 中共中央同意阿里地区仍归西藏自治区领导，今后阿里地区的物资供应和运输等问题仍由新疆负责解决。（《中国共产党西藏历史大事记（1949～2004）》P313）

6～10日 宁夏回族自治区文联在银川召开一届三次全委扩大会，宣布"文革"中被迫停止活动13年的宁夏文联恢复工作。会议增补文联委员，成立作家、戏剧家、美术家等9个协会的宁夏分会，以及宁夏民间文艺研究会和音乐、舞蹈、摄影3个协会宁夏分会的筹备组。（《宁夏日报》1979.3.22.①）

△ 新疆维吾尔自治区革委会五届二次会议举行。会议学习和讨论《中华人民共和国森林法（试行）》等有关文件，听取自治区党委第一书记汪锋作的关于认真落实民族政策、加强民族团结的报告，审议通过关于成立自治区农牧委员会、民族事务委员会以及10余个局的机构设置、干部任免名单的提案等。任命木沙也夫（维吾尔族）为民委主任。（《新疆日报》1979.3.7.①，3.11.①，3.12.①）

7日 四川省甘孜藏族自治州委成立落实政策领导小组。至1982年底，落实政策工作基本结束。（《甘孜州志》上P81）

9日 科学院昆明动物研究所野生动物科学考察队，在云南西南部边沿地区首次发现4种热带鸟。（《新华社新闻稿》1979.3.11）

10日 中共青海省果洛藏族自治州委研究决定，对"文化大革命"中的所有冤假错案进行复查纠正。（《果洛藏族自治州志》上P45）

△ 甘肃省临夏回族自治州委、州革委取消限制社员家庭养羊的禁令，积极扶持少数民族发展养羊业，宣布少数民族养羊同汉族养猪一样，由集体划给饲料地，并引进1400余只优良品种分配给临夏、东乡、和政、永清等县一些公社的生产队社员。（《甘肃日报》1979.3.10.①）

△ 青海省委决定，不宜以农为主的公社弃农还牧。牧业区除原有的小块农业区69个公社实行农牧林并举、全面发展的方针外，1958年以后新发展的65个农业公社一律恢复以牧为主。（《青海日报》1979.3.10.①）

△ 四川省阿坝藏族自治州党委和各县党委先后召开会议，研究工作重点转移，确定全州牧区实行"以牧为主"的生产方针，并决定

以若尔盖县为点，办好牧、工、商联合企业。（《四川日报》1979.3.10.①）

13日 湖南省湘西土家族苗族自治州革委公布州级以上重点文物保护单位45处，其中国家级1处、省级4处。（《湘西州志》上P76）

△ 据报道，云南省沧源佤族自治县成立15年来，小学发展到274所，在校生1.8万多名，占适龄儿童的88%；中学9所，在校生3700多名。（《云南日报》1979.3.13.①）

14日 据《青海日报》报道，青海省海西蒙古族藏族哈萨克族自治州被确定为我国名贵蚕豆——"青海蚕豆"的重点产地之一，实行定点生产。（《海西蒙古族藏族自治州志》1卷P55）

15日 河北、山西、内蒙古、宁夏、甘肃、青海、新疆7省区在内蒙古太仆寺旗召开胡麻科研协作座谈会，总结交流近年来华北、西北地区胡麻育种和丰产栽培经验，制订《一九七九年至一九八五年全国胡麻科研规划（草案）》。（《新华社新闻稿》1979.3.16）

17日 经党中央批准，西藏自治区司法机关和昌都、日喀则、山南等地区行政公署分别召开大会。会议宣布，宽大释放在押的1959年3月参加原西藏上层反动集团发动武装叛乱的376名罪犯，并给予释放证；对刑满后戴帽就业人员和社会上戴帽监督改造的6000余人一律摘掉帽子，发摘帽通知书，并给予公民权，其中有原西藏地方政府七品以上的参叛官员16人，参叛活佛、堪布9人。至此，1959年西藏参叛人员全部得到宽大处理。18日，《西藏日报》发表评论员文章《加强安定团结的重大措施》。（《新华社新闻稿》1979.3.20，《西藏日报》1979.3.18.①）

20日 据报道，广东省博物馆考古人员在高要县的金利公社茅岗大队石岗生产队干涸的鱼塘中，试掘一处古代水上民族居住的木结构建筑遗址，为研究南方水上民族提供重要资料。（《南方日报》1979.3.20.③）

22日 四川省甘孜藏族自治州司法机关在康定县举行宽大处理参叛人员大会，宣布宽大释放1960年前参叛的448名在押犯，对刑满就业后继续戴反革命帽子、监督改造的279人一律摘掉帽子。至此，1960年前该地区的参叛人员全部获宽大处理，给予公民权，并根据具体情况分别安置就业。（《四川日报》1979.3.28.③）

△ 四川省阿坝藏族自治州司法机关在汶川县举行宽大释放大会，宣布释放因叛乱被判刑的140名全部在押犯和84名清理放回劳改就业的人员，并发裁定书、证明和释放证。被宽大释放人员有：原若尔盖县达扎寺庙活佛邓比降采、原马尔康县松岗头人彭措扎西和原黑水县龙坝头人的大管家格西头等。（《四川日报》1979.3.28.③）

23日 西藏自治区党委向中央报告，为江措林·土登格桑平反。江措林·土登格桑原是边坝县江措林寺活佛，十四世达赖侍读。解放后任西藏政协副主席、佛协副会长，中国佛协常务理事等职。"文革"初期，以其"里通外国"、"支援边坝叛匪物资"、"破坏文化大革命"问题停止一切职务，戴上反革命分子帽子，1974年3月13日病故。经复查，以上问题均无实据，应予以平反，恢复名誉。4月1日，中央批复同意，并提出可考虑为他开追悼会，在地方报纸上发表消息。（《中国共产党西藏历史大事记（1949～2004）》P314～315）

24日 四川省阿坝藏族自治州汶川县威州公社一座设计能力年产万吨的水泥厂建成投产。（《四川日报》1979.3.24.①）

25日 以中共中央政治局委员、国务院副总理王震为团长，全国人大常委会副委员长姬鹏飞为副团长的中央慰问团到广西壮族自治区慰问边防部队，广州军区司令员许世友等陪同深入各地进行慰问。（《广西通志·大事

记》P449）

26日 青海省少数民族干部已有1.5万多名，其中任县、自治州和省级领导工作的有362名。最近又有4名藏族干部被任命为玉树、果洛、海北、海南4个藏族自治州的州委书记。全省6个自治州的第一、二把手中，少数民族干部占75%；5个自治县县委正副书记、革委会正副主任中，少数民族干部占60.6%。（《新华社新闻稿》1979.3.27）

27日 杰出的京剧表演艺术家马连良（回族）骨灰安放仪式在北京举行，并宣布为其平反昭雪，恢复名誉。（《中国新闻》1979.3.30，《北京日报》1979.4.12）

27～29日 贵州省政协民族组、省民委和省民研所在贵阳举行民族问题学术讨论会，就民族工作如何为四化服务，以及民族学的任务、对象和范围等问题进行讨论，并研究成立省民族学会。（《贵州日报》1979.3.31.①）

29日 10时01分32秒，新疆维吾尔自治区库车县城北发生6.0级地震，震中位置41°54′N、53°27′E，震源深度32公里，震中烈度VIII度。震中位于山区，情况不明。库车县房屋裂缝，烟囱、火墙开裂或局部倒塌，马扎瓦克水库西坝边坡及土坝中段坝顶出现裂缝，数条裂缝呈雁行状排列，总长45米。（《新疆减灾四十年》P270～271）

31日 吉林省延边朝鲜族自治州生产少数民族特需品企业由建国初期的8个发展到65个，主要产品由泥盆、大缸、小锅等10多种发展到现在的丝绸、针织、鞋、陶瓷、塑料等110多种。1978年的民族特需品总产值比1977年增长10%，比1976年增长34.7%。（《吉林日报》1979.3.31.③）

是月 内蒙古自治区党委、内蒙古军区作出《关于撤销“内蒙古军区1968年5月对内蒙古体委系统命令”的决定》，彻底推倒强加给内蒙古体委“独立王国”的罪名和一切诬陷不实之词，为由此而造成的一切冤、假、错案以及受迫害、受株连的人予以彻底平反，恢复名誉。（《内蒙古自治区史》P365、539～540）

△ 始于1978年12月的西北民族学院错划右派改正工作至是月基本结束，共为55人平反。学院共收到申诉材料930份（包括1人多份），受理各种案件涉及153人。其中错划右派案件53人，“文革”中案件64人，“文革”前历史遗留案件36人，均根据中央和甘肃省委有关文件精神复查落实，全部平反或改正74人，部分纠正24人，维持原案2人。（《西北民族学院校史》P310、P313～314）

△ 青海省海北藏族自治州“四类分子”摘帽工作全部结束。参加评审的四类分子共1026人，批准摘帽的987人，纠正错戴帽子的14人，不能摘帽仍需继续监督改造的25人。取消社教运动中划定的六类人员146人。（《海北藏族自治州志》上P80）

△ 云南省楚雄彝族自治州对地、富、反、坏“四类”分子进行摘帽，全州共摘帽39585人。（《楚雄彝族自治州志》1卷P207）

△ 云南省委民族工作部成立。经云南省委批准，省委统战部、省委民族部向边疆地州下发《关于进一步做好民族上层爱国人士统战工作的意见的通知》，要求地（州）、县党委抓紧落实民族上层爱国人士的政策，平反冤假错案，妥善处理善后问题。重申做好边疆上层爱国人士统一战线工作，是党的民族、统战工作的重要组成部分，是党的一项重要的民族政策，各级党委要认真抓紧贯彻落实。（《云南民族团结进步事业光辉历程（1949~2009）》P59、93）

4月

1日 根据广西壮族自治区计委决定，是日起提高猪、牛、羊、鸡、鸭收购价格，分别调高28.04%、40.3%、33.3%、5.26%、10%，市场销价暂时不动；是年提高粮、油等农副土特产品收购价格70余种，农产品收购价格指数上升17.76%。（《广西通志·大事记》P449）

2日 贵州省罗甸县委纠正林彪、“四人帮”横行期间侵犯少数民族利益的错误规定，宣布恢复少数民族器乐、歌舞和甩花包等活动，被没收的唢呐、长号、锣、鼓等民族乐器全部退还群众，被没收的马匹进行清理退赔。（《贵州日报》1979.4.2.①）

3日 内蒙古自治区呼和浩特市东郊发现一个石器时代石器制造场，经鉴定命名为“大窑文化”。（《新华社新闻稿》1979.4.4）

△ 甘肃省东乡族自治县人民法院将1966年以来处理的79件政治案件全部复查完毕，其中平反的60件、改判的8件、维持原判的11件，对有些因冤狱造成经济困难者，给予适当帮助。（《甘肃日报》1979.4.3.①）

4日 内蒙古自治区党委作出《关于为土左旗“黑四清”平反的决定》，对因此而遭株连的干部、群众一律平反。（《内蒙古自治区史》P369、540）

△ 据报道，云南省大理白族自治州祥云、云龙两县基本消灭血吸虫病。（《云南日报》1979.4.4.③）

5日 中共吉林省委召开统战系统平反、恢复名誉大会，传达党中央批准的中央统战部《关于建议为全国统战、民族宗教工作部门摘掉“执行投降主义、修正主义路线”的帽子的请示报告》。会上，省委书记阮泊生宣布，强加在宋任远、朱德海（朝鲜族，1978年6月20日，延边州委为朱德海平反，恢复名誉）等同志身上的诬蔑不实之词一律推倒，为他们平反，恢复名誉；对从事统战、民族、宗教工作而遭到诬蔑、迫害的干部和爱国人士也一律平反，恢复名誉；对所有被迫害致死同志的家属、子女表示亲切慰问。（《吉林日报》1978.6.26.①，1979.4.9.①）

△ 湖南省湘西土家族苗族自治州吉首县在丹青公社恢复清明歌会。歌会评选出12名优秀歌手，有关部门为其颁发银牌。（《团结报》1979.4.19.③）

5~6日 据报道，西藏自治区门巴族聚居区之一的错那县勒布区的医院实行免费医疗，天花、梅毒、瘟疫等疾病已被消灭。1959年民主改革后出生的人口已占该县门巴族总人口的50%以上。门巴族人民开始使用拖拉机等现代化农业机械，粮食产量由过去的每亩25公斤增长到230多公斤。（《新华社新闻稿》1979.4.6）

6日 广西壮族自治区昭平县出土一批珍贵的汉代文物。（《人民日报》1979.4.6.④）

△ 广西壮族自治区革委会批转自治区经委《关于权力下放，扩大工业企业经营管理自主权的请示报告》。《报告》提出，要从10个方面下放权力，扩大企业的自主权。（《广西通志·大事记》P449）

6~12日 全国考古学工作会议在西安举行。会议讨论制订考古研究工作八年规划纲要，并确定以中华民族共同体形成的过程和发展、国内主要少数民族早期历史等问题作为今后若干年内探讨的主要课题。（《新华社新闻稿》1979.4.13）

8日 据报道，湖南省湘西土家族苗族自治州轻工业部门11个生产少数民族特需品的工厂，恢复70多种传统工艺品，花色品种达230多种。（《湖南日报》1979.4.8.②）

9日 西藏自治区拉萨建成一座4200平方米的邮电通信大楼，设有市内电话、长途台、国际电话台、电话会议室、电传电报和传真等部门。（《新华社新闻稿》1979.4.9）

10日 西伯利亚的一股强寒流侵入新疆维吾尔自治区，“百里风区”、“三十里风口”和吐鲁番至鱼儿沟一带风力达12级以上，气温下降至-18℃。由于雪、沙埋道，1402次列车、1512次列车颠覆脱轨，兰新线中断行车8小时。吐鲁番大河沿车站货场失火，运输设备遭严重破坏，损失2583万多元，运输中断37小时47分。南疆线140多根通讯电线杆被刮断，通讯中断122小时30分，运输中断167小时。基地站待装运的3000多吨芦苇失火，连同10辆车箱全部烧毁；大火顺风蔓延到铁道兵五师仓库及木材加工连，价值1698.4万元的设备、物资被烧毁，2名战士牺牲。（《新疆减灾四十年》P271）

11日 西藏自治区佛教研究会在北京成立，任继愈当选会长，牙含章、东噶·洛桑赤列（藏族）、法尊法师、于道泉为副会长。（《新华社新闻稿》1979.4.13）

12~20日 全国射击分区赛在宁夏回族自治区银川市举行。宁夏队以2190环的成绩获男子小口径自选手枪60发慢射团体第一名，宁夏运动员郜永武以384环的成绩获男子气手枪个人第一名。（《当代宁夏史通鉴》P31）

13日 据报道，广西壮族自治区又有30个县成立国营拖拉机站，占全区县市的90%。（《新华社新闻稿》1979.4.14）

14~16日 贵州省民族研究所在贵阳举行苗族历史讨论会，围绕编写《苗族简史》一书进行探讨。（《贵州日报》1979.6.20.③）

15日 四川省凉山彝族自治州司法机关在布拖举行大会，宣布宽大释放1961年前参加武装叛乱的109名服刑在押犯；对刑满就业仍继续戴反革命叛乱分子、奴隶主分子帽子监督改造的92名人员一律摘掉帽子。至此，凉山彝族地区参与叛乱的人员全部得到宽大处理。（《四川日报》1979.4.24.③）

△ 新疆维吾尔自治区克孜勒苏柯尔克孜自治州恢复使用柯尔克孜文，恢复自治州语言文字工作委员会。《克孜勒苏报》自7月1日起恢复柯尔克孜文版，同时要求柯尔克孜族中小学使用柯尔克孜文文字教学。（《克孜勒苏柯尔克孜自治州志》上P44）

18日 中共云南省委统战部召开落实政策大会，省高级人民法院院长何晓光宣布：为惨遭林彪、“四人帮”迫害致死的第三届全国人大代表胡忠华（佤族）、裴阿欠（傈僳族）、更觉（藏族）、李扎克（拉祜族），第四届全国政协委员松谋（藏族）、高耀星（佤族）、刀承宗（傣族）、吴忠烈（苗族），第三届省政协常委尚自贵（景颇族）、多永安（傣族）等13人平反昭雪；为被诬陷迫害的原民盟云南省委副主任委员、现任代主任委员杨明（白族），原省政协常委、现第五届全国人大代表、省政协副主席司拉山（景颇族），原省政协常委、现第五届全国政协常委项朝宗（苗族），原第三届全国人大代表、现第五届全国政协委员孔志清（独龙族），原省政协委员、现第五届全国政协委员衎景泰（傣族）和第三、第四届全国政协委员胡玉堂（佤族）等9名爱国人士恢复名誉。他们所受诬陷迫害而形成的各种文字材料一律无效，清理销毁，家属子女受到株连和影响的，分别不同情况给予解决。（《云南日报》1979.4.21.①）

19日 新疆维吾尔自治区沙漠考察研究成果，专著《新疆沙漠和改造利用》一书出版。（《新华社新闻稿》1979.4.20）

20日 内蒙古自治区准格尔旗发掘出一处4000年前的原始社会村落遗址，面积约10万平方米，出土3000多件文物。据初步分析，为我国“龙山文化”的一部分。（《新华社新闻稿》1979.4.22）

21日 黑龙江省杜尔伯特蒙古族自治县为在“文化大革命”中81起冤、假、错案所株连的159人全部平反，恢复名誉。（《黑龙江日报》1979.5.17.②）

△ 据报道，新疆维吾尔自治区新建自治区化工、林业，乌鲁木齐有色金属，哈密煤矿，哈密地区及巴音郭楞蒙古自治州等6所技工学校。（《新疆日报》1979.4.21.①）

22日 黑龙江省呼伦贝尔草原探明一个大型煤田———伊敏煤田。（《新华社新闻稿》1979.4.23）

△ 四川省为改变彝、藏、羌、回等少数民族居住的凉山、阿坝和甘孜地区落后面貌，决定在牧业地区建设机械化牧场和牧、工、商联合企业；在适宜甘蔗生长的亚热带地段建设糖料基地；在适宜油菜生长的高原地区建设油料基地；在宜于耕作的地方以农为主，并充分利用1000万公顷的草场发展畜牧业；在保护670万公顷森林的同时，还在宜林荒山建设林场。为加快民族地区的建设，一些畜产、木材和药材加工企业正在兴建。省人民政府除增加对少数民族地区建设投资外，是年给这些地区补助性投资比上年多1000万元，还将供应更多的汽车和拖拉机。（《新华社新闻稿》1979.4.22）

△ 据报道，新疆维吾尔自治区木垒四道沟地区发掘出一处距今2400年至3000年左右的原始社会村落遗址，清理出6座古墓葬，出土遗物100多件，还清理出一座古代彩绘狩猎纹棺墓。（《新疆日报》1979.4.22.③）

24日 据报道，1977年以来，新疆人民出版社编译的维吾尔、哈萨克、蒙古等少数民族文字科技图书达百种，出版发行54种。（《光明日报》1979.4.24.②）

25日 内蒙古、新疆、西藏、广西、宁夏、黑龙江、辽宁、吉林、青海、甘肃、云南、贵州、四川、广东、湖南、河北、山东、河南、陕西、安徽、福建、浙江22个省（自治区），包括54个少数民族的代表和在少数民族地区工作多年的汉族干部，共560多人组成少数民族“五一”参观团抵达北京。4月30日，全国人大常委会副委员长乌兰夫接见各参观团代表。（《新华社新闻稿》1979.4.27，5.1，5.12）

△ 新疆维吾尔自治区文艺界落实政策大会举行，自治区党委副书记、自治区人民政府主席司马义·艾买提发表讲话。会议宣布自治区党委关于坚决推倒“文艺黑线专政”论，为自治区文联“反党黑帮”错案彻底平反的决定，撤销1966年8月8日《关于撤销刘肖芜党内外一切职务的决定》，为在“文化大革命”中被打成“反党黑帮”的刘肖芜、王玉胡、王谷林、铁衣甫江、克里木·霍加等同志彻底平反，恢复名誉；为被打成“牛鬼蛇神向党向社会主义进攻工具”的《新疆文学》和被打成毒草的大批作品平反。（《新疆日报》1979.4.2.8.①，《中国共产党新疆历史大事记（1966.5～1991.12）》下P118）

25日～5月6日 社会科学院在昆明召开全国民族研究工作规划会议，讨论民族研究工作如何为“四化”服务和一些学术理论问题，制订《全国民族研究工作1979年至1985年规划》。会议成立中国民族研究学会，选举由129人（包括22个民族）组成的理事会。牙含章为理事长，白寿彝（回族）、方国瑜（纳西族）、张养吾、傅懋勣、翁独建、费孝通为副理事长。会议期间，民族理论、世界民族、民族语言、民族学和民族史等学科，分别成立研究会、学会、学会筹委会。（《光明日报》1979.5.13.②）

26日 甘肃省民委在酒泉召开全省少数民族语文工作会议。会议总结讨论当前少数民族的语文工作，以及培养少数民族师资队伍、党政机关行文、会议使用少数民族语文等问题。（《甘肃日报》1979.4.26.③）

28日 据《广西日报》报道，广西壮族自治区花坪自然保护区成功点播培植古生稀有珍贵树种银杉。（《广西通志·大事记》P450）

是月 林业部批准宁夏回族自治区新建盐池机械化林场。该林场贯彻“以林为主，多种经营”的方针和因地制宜、因害设防的原则，积极营造防风固沙林。（《当代宁夏史通鉴》P244）

△ 中央提出“要组织内地省市实行对口支援边境地区和少数民族地区”，并确定全国支援西藏，浙江、上海、天津、四川省市为重点支援西藏的单位。（《当代中国的西藏》下P597）

△ 第35届世界乒乓球锦标赛在朝鲜平壤举行，广西壮族自治区选手梁戈亮和队友获混合双打金牌。（《广西通志·大事记》P450）

△ 国务院批准，提高西藏自治区11种主要农牧产品收款价格，平均提高25.4%，使全区农牧民年增收1600多万元。（《当代中国的西藏》下P597）

△ 西藏自治区和拉萨市委统战部门分别召开落实赎买政策会议，为60多名原上层人士支付“文化大革命”中停发的赎买金。据有关部门统计，全区将有2300多名上层人士领到赎买金，总金额约人民币770万元。（《新华社新闻稿》1979.4.15）

5月

1日 贵州省横跨柳江的榕江公路大桥建成通车，加桥头引道总长1316米。（《新华社新闻稿》1979.5.8）

2日 中央指示，关于达赖集团人员回国“探亲”问题，请按照中央批准的中央统战部《关于争取达赖集团和外逃人员回国问题的请求报告》的精神办理。这些人到达各地时，可由适当负责人接见、谈话，不搞群众性的迎送。对他们要去的地方，要接见的人，一般尽可能满足他们要求为好。入境口岸，可以同意他们从亚东乃堆拉山口入境。这批藏人回国的名义，不管他们是什么身份或者自称什么名义，我们均应以私人回国探亲对待，并向他们说明不承认他们是什么“代表团”，或是“西藏流亡政府”的代表，也不称呼他们什么官衔。只称他们是“从国外回国探亲参观的藏胞”，对个人可称先生。对这些人的活动，可以在报纸或广播电台作适当报导。（《中国共产党西藏历史大事记（1949~2004）》P315）

△ 据新华社报道，北京、四川、陕西、山西、甘肃、河北等省、市几十所大专院校的1000多名大学生志愿到西藏工作，其专业多为自然科学，其中包括农学、畜牧兽医、植物保护、水利、水电、农机、林业、园艺、气象、矿业等。（《中国共产党西藏历史大事记（1949~2004）》P315~316）

3~15日 新疆维吾尔自治区党委工作会议举行，听取自治区革委会副主任张思明《关于新疆国民经济调整问题的报告》，着重讨论国民经济调整工作。会议强调，继续集中力量搞好农牧业生产，围绕农牧业办工业的方针，调整农、轻、重的比例关系，农业投资比重由1978年的14%提高到是年的17.4%，轻工业的投资比重由2.2%提高到2.8%，重工业的投资比重则由48.2%调低到43.9%。在农业内部强调提高单产，适当压缩粮食作物面积，扩大经济作物面积，力争农、林、牧、副、渔全面发展，粮、油、肉、糖实现自给。（《中国共产党新疆历史大事记（1966.5~1991.12）》下P118~119）

5日 据报道，解放以来，广西壮族自治区京族地区先后兴办10所中、小学，适龄儿童全部入学，基本普及7年制教育。根据国务院公布的条件进行检查，京族原有的文盲全部达到脱盲标准。（《新华社新闻稿》1979.5.6）

△ 据报道，西藏自治区拉萨市藏医院收集整理出24种（套）藏医古籍的木刻原版3004块，其中有公元8世纪古代藏医学家宇妥·宁玛云登贡布等著《居悉》（《四部医典》），历代藏医名家撰写的藏医理论、临床经验、藏药方剂的著作《晶珠本草》、《实践总论》和《藏医临床学》等。（《新华社新闻稿》1979.5.6，5.11）

7日 云南省彝良县举办罗炳辉（彝

族）将军文物资料展览，展出中共中央主席、中央军委主席毛泽东，中国人民解放军总司令朱德，国务院总理周恩来和副总理陈毅同志等给罗炳辉同志的题词、文件，以及其它文物照片和有关革命文物资料100余件。（《云南日报》1979.5.7.①）

7~16日 宁夏回族自治区文联、宁夏大学在银川召开《中国回族文学作品选》编写工作会议，就编选回族文学作品进行讨论。会议还就落实政策和发掘、整理回族文学遗产提出意见。（《光明日报》1979.5.27.③）

9日 据报道，西藏自治区察隅县7个僜人生产队，粮食总产6年增长2倍，人均产粮1300斤以上。兼种茶叶的呷腰生产队和自更队基本实现茶叶自给。（《西藏日报》1979.5.9.②）

△ 新疆维吾尔自治区召开民族药调查整理座谈会，就贯彻党的中医政策，解决民族医药队伍后继乏人，以及继承、发掘、整理、提高新疆少数民族医药学，走中西医结合的道路等问题进行讨论。（《新疆日报》1979.5.19.③）

11日 据统计，甘肃省肃北蒙古族自治县的蒙古、裕固、回、藏等少数民族干部已达190余名，占全县干部总数的39%，其中任县委、县革委领导的少数民族干部有6名。（《甘肃日报》1979.5.11.①）

△ 据报道，新疆维吾尔自治区拜城和库车2县发现千佛洞。拜城千佛洞属公元4世纪我国两晋时期，洞里有一尊身长6.5米的卧佛，是自治区石窟保存的塑像中最大的一尊。库车县的7个佛洞是盛唐时期僧徒修行、起居用和供养佛像作参禅用的支提窟。新疆境内已发现和保存较好的千佛洞共有900多个。（《新华社新闻稿》1979.6.2，6.5；《新疆日报》1979.5.11.③）

12~21日 西藏自治区党委工作会议举行，传达贯彻中央工作会议精神。会议认为，十一届三中全会以来，西藏落实政策进展较快，“文革”中被审查处理的干部、职工案件已复查并作出结论的占83.6%，纠正一批冤假错案，并处理许多历史遗留下来的问题。自治区委第一书记任荣在会上讲话强调，地方和部队各级党组织都要根据党中央的指示，把民族政策再教育作为思想政治工作的一项重要内容，首先要对汉藏领导干部和机关工作人员做好这一教育，注意克服大民族主义和地方民族主义。（《中国共产党西藏历史大事记（1949~2004）》P315~316）

15日 据报道，青海省海南藏族自治州8个县的商店民族特需品专柜全部恢复开放。广东保亭县纺织厂从1977年开始试产的民族裙布于1978年已生产1.7万多米。（《新华社新闻稿》1979.5.15）

18~24日 宁夏回族自治区知识青年工作会议举行。会议根据中发〔1978〕84号文件精神，确定今后自治区一般不再动员上山下乡，对下乡知识青年和按政策留城的知识青年争取在二三年内逐步安置好。1968~1978年，全区动员安置5.6万多名下乡知识青年，还有1.5万多人在农业第一线。（《中共宁夏党史大事记（1925.8~1988.6）》P496）

20日 湖南省湘西土家族苗族自治州召开全州畜牧生产流动现场会，传达全国商品牛生产基地建设会议精神，确定自治州建设畜牧基地规划和措施。（《团结报》1979.5.20.①）

21日~6月7日 新疆维吾尔自治区党委召开宣传工作会议。讨论坚持四项基本原则，继续解放思想，落实党的三中全会精神，做好理论宣传工作等问题。（《新疆日报》1979.6.9.①③）

21~30日 新疆维吾尔自治区首次环境保护工作会议在石河子举行。会议学习中共中央有关文件和全国环境保护工作会议文件，研究自治区控制和解决环境污染的奋斗目标和具体措施及加强环境保护机构建设的意见，修改自治区环保局提出的几项环境保护规章制度。（《中国共产党新疆历史大事记（1966.5～1991.12）》下P119）

22日～6月7日 国家民委第一次委员（扩大）会议在天津市举行。会议总结建国以来民族工作经验，揭批林彪、“四人帮”破坏民族工作的罪行，研究确定新时期民族工作的任务，讨论少数民族杂居、散居地区的民族问题。会上，国家民委主任杨静仁作题为《社会主义现代化建设时期民族工作的任务》的讲话。《讲话》是十一届三中全会后，我党民族工作拨乱反正的重要论述。（《新时期民族工作文献选编》P5～13，《新华社新闻稿》1979.5.28，6.5，6.11）

24日 新疆维吾尔自治区党委、自治区革委会联合发出《关于农村牧区若干政策问题的补充规定（试行草案）》，对自治区党委1978年制定“农村八条”和“牧区十二条”作了补充。《规定》进一步放宽政策，允许生产队实行包工到作业组、联产计酬的“几定一奖”生产责任制，从此“五定一奖”（即定面积、定产量、定征购任务、定费用、定工分，超产奖、减产赔）生产责任制普遍推行。（《中国共产党新疆历史大事记（1966.5～1991.12）》下P120）

25日 新疆维吾尔自治区党委批转自治区党委统战部提出的《关于恢复自治区各县（市）政协的报告》。（《中国共产党新疆历史大事记（1966.5～1991.12）》下P120）

25日～6月5日 宁夏回族自治区党委工作会议举行，部署贯彻中共中央关于集中3年时间搞好国民经济调整的方针。自治区人民政府主席马信作关于调整自治区国民经济的讲话，他指出，自治区主要任务是调整好农业同工业和其他方面的比例，同时调整工业内部结构，使轻工业有较快发展，要合理利用本区资源，坚决缩短基本建设战线，搞好劳动力安排和物价管理工作。（《中共宁夏党史大事记（1925.8～1988.6）》P496～497）

27日 据报道，苏联阴谋邀请在印度的达赖访苏，达赖还将应邀参加6月中旬在蒙古首都乌兰巴托举行的“亚洲佛教徒争取和平会议”。5月21日，达赖的秘书在新德里作同样的宣布。（《新华社新闻稿》1979.5.28）

△ 据报道，内蒙古自治区文化局、文联和广播事业局对本地一些民族民间戏曲、曲艺、民歌，进行抢救录音，新发掘蒙古族古筝以及濒于失传的蒙古族民歌唱法“超耳”等。（《光明日报》1979.5.27.③）

△ 据报道，湖南省成立民族医药办公室，在14个少数民族聚居的县分别成立民族医药调查小组。调查组近一年来走访100多个公社、200多个大队，收集单方、验方、秘方3400多个，采集草药标本3300余种。（《湖南日报》1979.5.27.①）

27日～6月3日 蒙古国境内大黑山以西75公里处起火，大火乘8级西北风分3处突破中蒙边界烧入内蒙古自治区兴安盟科尔沁右翼前旗境内，沿国境线总长80公里，纵深蔓延宽15公里，燃烧面积14.57万公顷，其中林地3.85万公顷。此次救火共出动扑火人员6423人次、汽车135台、马114匹、“运五”飞机4架次，消耗粮食4万公斤、汽油6万公斤，经7昼夜将火扑灭。（《内蒙古自然灾害通志》P358）

31日 四川省阿坝藏族自治州畜牧兽医所与有关单位协作，用普通良种牛冷冻精液改良牦牛见成效，犊牛成活率平均为82.1%，最高达96.3%。（《光明日报》1979.5.31.②）

△ 国务院正式批准居住在云南省西双版纳傣族自治州景洪县的基诺人为基诺族。至此，我国正式确认的单一少数民族共有55个。（《西双版纳傣族自治州志》上P60）

是月 全国民族院校汉语教学经验交流会在南宁举行。会议交流民族院校汉语教学等方面的经验，讨论民族院校加强汉语教学的科学研究和编写汉语教学教材与参考资料等问题。会议同时成立“民族院校汉语教学研究会”，吕叔湘为名誉理事长，马学良为理事长。（《光明日报》1979.6.7.②）

6月

1日 全国第一次牧区畜牧业经济理论研究会在成都举行。会议批判林彪、“四人帮”破坏草原、以农代牧的罪行，研究探讨我国牧区畜牧业的恢复和发展问题，并提出许多意见和建议。国家计划委员会经济研究所所长于光远到会作畜牧业经济问题的报告。（《新华社新闻稿》1979.6.2）

△ 岜盆自然保护区建立，位于广西壮族自治区扶绥县，面积8000公顷，是以白头叶猴、黑叶猴等珍稀动物为主要保护对象的省级自然保护区。板利自然保护区建立，位于广西崇左县，面积1.85万公顷，是以白头叶猴、黑叶猴、猕猴等珍贵动物为主要保护对象的省级自然保护区。恩城自然保护区建立，位于广西大新县，面积2.09万公顷，是以黑叶猴、猕猴等珍稀动物为主要保护对象的省级自然保护区。（《全国自然保护区名录（2003）》P85~86）

2日 青海省高级人民法院宣布：宽大释放因1958年参加反革命武装叛乱的112名全部在押人员。省公安局同时决定：刑满留场就业的277名参叛人员全部遣送原籍，另行安排。对这些宽大处理人员一律恢复公民权，根据不同情况分别予以适当安置。（《青海日报》1979.6.14.①）

3日 国务院副总理乌兰夫、中央统战部顾问李维汉、政协第五届全国委员会机关党组书记刘澜涛等领导接见参加国家民委第一次委员（扩大）会议的全体代表。乌兰夫强调指出：“在民族工作上特别需要发扬民主和解放思想，尊重少数民族的平等自治权利，坚持少数民族地区的工作必须从实际出发，照顾地区特点和民族特点。”（《新华社新闻稿》1979.6.5）

3~10日 新疆维吾尔自治区少数民族参观团一行32人访问吉林省延边朝鲜族自治州。（《延边朝鲜族自治州志》上P85）

4日 歌颂民族团结的郭沫若名著历史剧《孔雀胆》在成都重新上演。（《新华社新闻稿》1979.6.5）

△ 新疆维吾尔自治区党委召开工作会议，讨论通过关于允许各族农牧民饲养和经营比以前数量多的自留畜和自留果园的新规定。（《新华社新闻稿》1979.6.5）

4~15日 云南省委组织5个民族工作检查组，分别到红河、文山、西双版纳、德宏、怒江、大理、楚雄自治州和思茅、临沧、昭通、曲靖地区以及宁蒗彝族自治县等地，检查党的民族政策执行情况。《云南日报》为此发表社论《普遍深入进行党的民族政策再教育》。（《云南日报》1979.6.17.①）

5日 广西壮族自治区历史学会在南宁召开理事（扩大）会议。会议听取广西壮族自治区人民政府副主席莫乃群作的工作报告，讨论和修改《广西历史学会章程》。会后分别成立广西太平天国史研究会、广西辛亥革命史研究会、广西新民主主义革命史研究会和广西民族史研究会。（《广西日报》1979.6.5.②）

6日 国家体委将吉林省延边朝鲜族自治州列为全国16个开展足球运动重点地区之一。（《延边朝鲜族自治州志》P85）

7日 据报道，1977年以来，广东省连南瑶族自治县采取迁村移户和就地改建的办法，在塘中、军寮等地新建6个瑶族新村，5000多户瑶族同胞住进新房。（《新华社新闻稿》1979.6.7）

△ 新疆维吾尔自治区乌鲁木齐至塔里木盆地且末的航线正式通航，全程741公里。（《新华社新闻稿》1979.6.14，《中华人民共

和国大事记（1949～1980）》P183）

8日 西藏自治区拉萨至自治区各地区（除阿里）会议电话试通。（《西藏日报》1979.6.17.①）

△ 据报道，云南省50多个县、市的100多个厂、社专门生产铝制品、丝制品、木制品、银饰品、陶瓷和五金制品等160多个少数民族特需品种，比1973年增长7倍。（《云南日报》1979.6.8.③）

9日 据报道，广大蒙医蒙药工作者发掘、整理、编辑的《四部医典》、《蒙药学》等20余部有关蒙医蒙药典籍出版发行。（《新华社新闻稿》1979.6.10）

△ 新疆维吾尔自治区著名的维吾尔族民间叙事长诗《艾里甫—赛乃姆》由新疆歌剧团改编成大型歌剧搬上舞台。（《新华社新闻稿》1979.6.10）

10日 据报道，西藏传统手工艺品壁毯、卡垫、围裙、氆氇、藏刀、木碗、石碗等恢复生产。（《新华社新闻稿》1979.6.10）

11日 据统计，湖南省湘西土家族苗族自治州建成油桐基地119处，总面积125万多亩。（《新华社新闻稿》1979.6.11）

△ 宁夏回族自治区固原地区一座专门加工出口冻兔肉的冷库建成。（《新华社新闻稿》1979.6.11）

12日 据报道，广西壮族自治区在20个少数民族县建立国营农田基建机械施工队。（《新华社新闻稿》1979.6.12）

13日 自1978年9月以来，甘肃省各少数民族自治州和自治县（旗）选拔、吸收300名回、藏、蒙古、东乡、哈萨克、撒拉、保安、裕固、土等民族的脱产干部。（《甘肃日报》1979.6.13.①）

14日 北京经武汉至南宁航线通航。（《广西日报》1979.6.16.④）

15日 新疆维吾尔自治区天山牧区现代化草原畜牧业试验取得新成果，退化的草场又长出新草。（《新华社新闻稿》1979.6.15）

△ 据报道，新疆维吾尔自治区巴音郭楞蒙古自治州拥有鹿茸、酒花、甘草膏、三北羊、水貂、麝鼠等农副产品出口生产基地和地毯、细尾毛、罐头、香梨、甘草节子等出口加工网点80多个，出口商品170多种。（《新疆日报》1979.6.15.①）

15～19日 中共中央北方防治地方病领导小组在沈阳召开会议。会议总结1979年以来的工作，要求北方16个省、市、自治区各级党委加强领导，依靠群众，加快防治地方病的步伐。会议期间，成立北方地方病科学委员会，于维汉任主任委员。（《人民日报》1979.7.4.④，《新华社新闻稿》1979.6.27，7.1）

15～29日 内蒙古自治区在呼和浩特举行粉碎“四人帮”以来的首次乌兰牧骑会演，评出获奖集体和个人136个。会演期间，召开全区乌兰牧骑队长会议，总结经验，交流情况，讨论进一步发展乌兰牧骑队伍等问题。自治区党委宣传部部长潮洛濛到会作题为《解放思想，勇于创新，实现乌兰牧骑工作的新跃进》的报告。（《内蒙古日报》1979.6.16.①，7.11.①）

15日～7月2日 全国政协五届二次会议举行，全国政协主席邓小平致题为《新时期的统一战线和人民政协的任务》的开幕词。他指出：“今年是伟大的中华人民共和国建国30周年，也是中国人民政治协商会议成立30周年。我们的国家进入以实现四个现代化为中心任务的新的历史时期，我们的革命统一战线也进入一个新的历史发展阶段。在实现四个现代化进程中，各民族的社会主义一致性将更加发展，各民族的大团结将更加巩固。”会议增选刘澜涛、陆定一、李维汉、胡愈之、王昆仑、班禅额尔德尼·确吉坚赞（藏族）为政协副主席；朱蕴山、史良已由全国人大五届二次会议增选为人大常委会副委员长，不再兼任政协副主席；文正一（朝鲜族）等40人为常委。

（《邓小平文选（1975～1982年）》P171～173；（《新华社新闻稿》1979.6.16，7.3；《人民日报》1979.7.3.①）

16日 内蒙古自治区党委发出《关于进一步解决冤、假、错案政策问题的原则规定的补充规定》的通知，为遭受林彪、江青反革命集团及其在内蒙古的追随者迫害致死的自治区党政机关负责人平反昭雪，恢复名誉，并陆续为他们举行追悼会。（《内蒙古自治区史》P362）

△ 党的十一届三中全会以来，新疆维吾尔自治区有数以万计的少数民族干部，包括近500名县级以上的领导干部，分期分批输送到中央党校、中央民族学院、西北民族学院、自治区党校、新疆大学等单位学习。（《新华社新闻稿》1979.6.17）

17日 国务院批准内蒙古电影译制片厂改建为内蒙古电影制片厂。内蒙古的电影事业发展成为一个包括电影制片、民族语译配、发行、放映、器材供应、修配和管理等比较完善的综合体系。（《内蒙古自治区史》P478，《内蒙古日报》1979.6.17.①）

△ 青海省刚察县被农业部确定为全国第二批农机化综合试点单位，成为全国第一个畜牧业机械化综合试点县。（《海北藏族自治州志》上P80）

18日~7月1日 全国人大五届二次会议举行，全国人大常委会委员长叶剑英致开幕词和闭幕词，国务院总理华国锋作《政府工作报告》，国务院副总理余秋里作《关于一九七九年国民经济计划草案》的报告，财政部部长张劲夫作《关于一九七八年国家决算和一九七九年国家预算草案》的报告，全国人大常委会法制委员会主任彭真作《关于七个法律草案的说明》。会议就上述报告通过决议，还通过《关于全国人民代表大会常务委员会工作报告的决议》、《关于最高人民法院工作报告和最高人民检察院工作报告的决议》、《关于修正〈中华人民共和国宪法〉若干规定的决议》、《地方各级人民代表大会和地方各级人民政府组织法》、《全国人民代表大会和地方各级人民代表大会选举法》、《人民法院组织法》、《人民检察院组织法》、《刑法》、《刑事诉讼法》。（《人民日报》1979.6.19.①，7.2.①，7.7.①③④）

19日 内蒙古自治区革委决定，恢复和新建19所技工学校。（《内蒙古日报》1979.6.19.③）

20日 云南省文山壮族苗族自治州人民广播电台建成。自1980年6月20日，用汉、壮、苗、瑶4种民族语广播。（《文山壮族苗族自治州志》1卷P62）

21日 据《宁夏日报》报道，随着农村经济政策的落实，从1978年12月陆续开放粮油市场以来，宁夏回族自治区的农村集市贸易已发展到101个，基本恢复到“文化大革命”前的水平。（《中共宁夏党史大事记（1925.8～1988.6）》P497）

23日 内蒙古文化部门录制蒙古族民歌800多首，整理民族民间戏曲节目100多个，并对在蒙古族民间广泛流传的《嘎达梅林》、《英雄陶克陶》、《森吉德玛》、《辽阔的草原》、《海留马》等有代表性的歌曲进行整理。（《新华社新闻稿》1979.6.24）

△ 青藏铁路通过我国最大的察尔汗盐湖，盐湖上的铁路长32公里，铺轨至盐湖南岸。（《新华社新闻稿》1979.6.25）

26日 据报道，内蒙古自治区包头市发现2面宋、元时代的铜镜。（《包头日报》1979.6.26.②）

27日 据统计，广西壮族自治区三江侗族自治县拥有油茶林67.9万多亩，按农业人口计算平均每人近3亩。1970年以来，全县共向国家提供商品油1800多万斤。（《广西日报》1979.6.27.②）

△ 据统计，贵州省黔东南布依族苗族自治州、县级企业已达226个，可生产700多个

花色品种的轻工产品，并试制成功国画纸、果汁酒等20多种新产品。（《新华社新闻稿》1979.6.27）

28日 广东省委召开民族地区工作座谈会，传达中央有关会议精神，听取关于改进民族地区工作，加强民族地区经济、文化建设的意见，着重研究和部署在全省进行民族政策再教育的问题。（《南方日报》1979.6.28.②）

△ 据统计，云南省孟连傣族拉祜族佤族自治县的县委领导成员中，少数民族干部占54%，少数民族党员占全县党员总数的80%。（《云南日报》1979.6.28.②）

30日 农业部确定甘肃省甘南藏族自治州夏河县为全国现代化牧业综合试点县之一。（《甘肃日报》1979.6.30.①）

30日~7月7日 新西兰牧草和牲畜考察团在广西壮族自治区扶绥种畜场、武宣种畜场进行考察，初步确定武宣种畜场搞草改试验，兴办具有一定规模、具有我国南方特点的现代化示范牧场。（《广西通志·大事记》P450）

是月 广西壮族自治区科委组织区内外科研院所、大专院校31个单位114名科技人员组成弄岗自然保护区综合考察队，对保护区内的地质、水文、气候、土壤、植物区系、植被、森林资源、昆虫等12个专业进行考察。广西电影制片厂随队摄制科教纪录片《弄岗林区考察》。随后，自治区人民政府批准建立弄岗自然保护区（宁明、龙州）及弄廪（扶绥）、罗白（崇左）、弄梅（大新）3个珍稀动物保护区。（《广西通志·大事记》P450、454）

△ 云南省德宏傣族景颇族自治州1843名地主和富农分子摘帽，8773名地主富农子女改为公社社员成分，15475名地主富农家庭出身的第三代改变为公社社员家庭出身。（《德宏州志》综合卷P65）

△ 西藏自治区生物研究室成立。1981年，在生物研究室的基础上成立自治区生物研究所。1982年至1983年期间，生物研究所对自治区植物资源进行重点考察。1984年至1986年由该所主持，自治区畜科所配合完成《那曲地区羔羊典古病病源及其防治的研究》。1987年起，该所开展藏红花的人工栽培试验，编著《西藏植物名录》、《西藏经济植物》等。（《当代中国的西藏》下P351~352）

△ 宁夏回族自治区大峰煤矿发掘出距今七八百年的北宋和西夏货币。（《新华社新闻稿》1979.10.15）

△ 宁夏回族自治区党委和革委会发出《关于当前农村若干政策问题的补充规定（试行草案）》，要求稳定三级所有、队为基本核算单位的制度，尊重生产队的自主权，建立以生产责任制为中心的管理制度，规定可以在生产队"五统一"的前提下，包工到作业组，实行联产计酬。（《中共宁夏党史大事记（1925.8~1988.6）》P498）

是月~8月 科学院青藏高原综合考察队，通过3个月的考察，采集标本和样品达1万多件（个），取得各种数据和资料1500多件，收集900多种植物的当地藏文名称，还发现一批植物和古生物的新品种。（《新华社新闻稿》1979.10.18）

7月

1日 党中央、国务院决定，恢复内蒙古自治区1969年7月前的原行政区划，将1969年7月划属辽宁省的昭乌达盟，吉林省的哲里木盟和科尔沁右翼前旗、突泉县，黑龙江省的呼伦贝尔盟和鄂伦春自治旗、莫力达瓦达斡尔族自治旗，甘肃省的额济纳旗、阿拉善右旗，宁夏回族自治区的阿拉善左旗，自是年7月1日起正式划归内蒙古自治区。（《内蒙古日报》1979.7.15.①）

△ 广西壮族自治区第一座最大路径石肋双曲拱桥灵山县龙武大桥建成通车。桥长331.5米，主孔一孔径跨100米。（《广西日报》1980.1.6.①）

△ 新疆维吾尔自治区克拉玛依油田高速建成百口泉新油区的30口新开油井投产，为全国重点建设的新油区之一。（《新疆日报》1979.7.8.①）

2日 全国政协举行常委座谈会，讨论民族、宗教工作问题。全国政协副委员长乌兰夫在会上指出，要发扬各民族一律平等、团结进步的传统，要注意反映各民族和宗教界人士的意见和要求，协助党和政府宣传、贯彻民族政策和宗教政策，为加强各民族的大团结，为各民族的共同繁荣、进步，作出自己的努力。（《新华社新闻稿》1979.7.3）

△ 广西壮族自治区革委会作出改进财政管理制度的决定。是年起，市、县财政由1978年的“增收分成”办法改为“每年定收定支，收支挂钩，超收分成比例三年不变”的办法。自治区每年核定市、县财政收支指标，超收可以多留，短收要相应紧缩开支，自求平衡，还规定各地超收部分不同的留成比例。（《广西通志·大事记》P450）

4日 全国人大常委会委员长叶剑英发布命令，公布施行全国人大五届二次会议通过修正的《中华人民共和国地方各级人民代表大会和地方各级人民政府组织法》。（《人民日报》1979.7.5.①③）

5日 全国人大常委会委员长叶剑英发布命令，公布施行全国人大五届二次会议通过修正的《中华人民共和国人民法院组织法》。《组织法》对各民族使用本民族语言文字的权利作出规定。（《人民日报》1979.7.6①④）

6日 全国人大常委会委员长叶剑英发布命令：全国人大五届二次会议通过的《中华人民共和国刑法》公布施行。《刑法》规定：“民族自治地方不能全部适用本法规定的，可由自治区或省的国家权力机关根据当地民族的政治、经济、文化的特点和本法规定的基本原则，制定变通或者补充的规定，报请全国人民代表大会常务委员会批准施行。”“国家工作人员非法剥夺公民的正当的宗教信仰自由和侵犯少数民族风俗习惯，情节严重的，处2年以下有期徒刑或者拘役。”（《人民日报》1979.7.7.①③④）

△ 青海省门源回族自治县创办1所回族女子中学。（《青海日报》1979.7.6.①）

7日 西藏自治区拉萨、日喀则、那曲3地区市内自动电话先后建成使用。（《西藏日报》1979.7.7.②）

△ 全国人大常委会委员长叶剑英发布命令公布施行，全国人大五届二次会议通过的《中华人民共和国刑事诉讼法》。《诉讼法》对各民族公民都有用本民族语言文字进行诉讼的权利作出规定。（《人民日报》1979.7.8.①②③）

8日 五届全国人大二次会议通过的《中外合资经营企业法》公布。（《中华人民共和国大事记（1949～1980）》P53～54）

△ 云南省德宏傣族景颇族自治州党委和有关部门认真落实党的民族政策，恢复被林彪、“四人帮”禁止的民间歌舞和专业文艺团体，并在自治州首府芒市举办象脚鼓比赛。（《新华社新闻稿》1979.7.9）

△ 据报道，粉碎“四人帮”以来，新疆维吾尔自治区在乌鲁木齐、喀什、和田等地建立民族医院，在伊宁、库车、于田等地建立民族医联合诊所，在一些县人民医院和卫生所配备民族医药人员和民族病床。1978年自治区拨出专款在擅长“刺络拔罐”的哈萨克医生居奴斯行医销药的吉木萨尔县天山公社新地大队牧场修建56间病房。（《新华社新闻稿》1979.7.10）

9日 西藏自治区党委召开工作会议，分析西藏经济特点，总结经验教训，决定在藏北高原的安多、那曲和当雄3县建成商品肉畜基地，浪卡子县作为全区绵羊改良试点基地。（《新华社新闻稿》1979.7.10）

13日 中国民族研究学会在北京召开首

次常务理事会议，总结学会成立以来的工作，研究开展学术活动、办好会刊和举办学术讨论会等问题。（《民族研究》1979.2 P8）

14日 《中国少数民族文学作品选》教材编选会第二次会议举办，初步评选出44个民族的文学作品共643篇。会议举行学术报告会，成立中国少数民族文学研究会。（《新华社新闻稿》1979.7.15）

14~18日 青海省海南藏族自治州首届民歌汇演与贵德县的“六月会”同时举行。84名各族民歌手演唱各具特色的花儿、酒曲和“拉伊”。（《青海日报》1979.7.21.①）

17日 青海省果洛藏族自治州举行首届群众业余文艺会演，300多名业余演员演出民族文艺节目11台。（《青海日报》1979.7.17.③）

18日 黔桂铁路全线实现牵引内燃化，全部客、货列车都由国产的“东风型”内燃机车牵引。（《广西日报》1979.7.19.①）

19日 新疆维吾尔自治区木垒哈萨克自治县邮电所已增加到6个，邮电职工增加到57人。通电话的大队占大队总数的91%。邮路达853公里，通生产队184个，占生产队总数的92.5%。（《新疆日报》1979.7.19.②）

△ 西藏自治区著名黄教寺院扎什伦布寺，经国家拨款70多万元进行大规模修缮后重新开放。（《西藏日报》1979.7.22.①）

20日 据统计，贵州省黔东南苗族侗族自治州已培养苗族和侗族干部1.7万名，占全州干部总数的44.75%，其中州级领导有11名。（《新华社新闻稿》1979.7.21）

20~28日 新疆维吾尔自治区党委落实知识分子政策工作会议举行，自治区党委书记韩劲草作题为《充分认识知识分子在新长征中的重要作用，进一步做好落实知识分子政策的工作》的报告。他在《报告》中强调，社会主义的知识分子和社会主义的工人、农民一样，是社会主义国家的主人翁，是无产阶级的一部分，是“四化”建设的尖兵、骨干和依靠力量，是党和国家的宝贵财富。（《中国共产党新疆历史大事记（1966.5~1991.12）》下 P121~122）

21日 中央、西南、西北、西藏、青海等民族学院和西藏师范学院的代表在西宁召开汉、藏翻译教材会议，讨论、修改和制定《汉藏翻译教材》编写提纲，落实编写任务。（《青海日报》1979.7.21.③）

△ 据报道，内蒙古自治区莫力达瓦达斡尔族自治旗成立以来，达斡尔族党员发展到近千名，干部740多名。（《内蒙古日报》1979.7.21.①）

22日 据统计，新疆维吾尔自治区克孜勒苏柯尔克孜自治州18个农村人民公社和17个牧区人民公社通汽车，部分公社还有定期班车。全州农村牧区已建立43个邮电机构，比自治州成立时增长6.9倍，邮路长3700多公里，长途电话线路22条。（《新疆日报》1979.7.22.③）

△ 据统计，新疆维吾尔自治区克孜勒苏柯尔克孜自治州各级干部中，少数民族干部占72%，比建州初期增长9.1倍；在公社、县级领导干部中，少数民族干部分别占51%和41.5%。全州4个县的主要领导干部中，少数民族干部占52%，其中柯尔克孜族干部占35%；自治州党政领导成员中，少数民族干部占50%，其中柯尔克孜族干部占40%。（《新疆日报》1979.7.22.②）

23日 贵州省探明大型无烟煤田——织纳煤田，储量150亿吨。（《新华社新闻稿》1979.7.24）

24日 外交部照会苏联驻华大使馆，就苏联边防军7月16日在新疆塔城县铁尔沙地地区开枪打死打伤我国公民，蓄意制造边界挑衅和流血严重事件，向苏联政府提出严重抗议。9月27日，中苏国家关系谈判预备会议在莫斯科开始举行，我国代表团团长王幼平和苏联代表团团长伊利切夫出席会议。双方决定，国家关系谈判和中苏边界问题谈判轮流在两国首都举行。1987年2月9~23日，谈判在莫斯科举行，双方同意核定中苏边界全线走向，并从东段开始。（《新华社新闻稿》1979.7.25，9.29；《中华人民共和国大事记（1949~2004）》P812~813）

25日 中央从19个省、市和中央国家机关49个部委抽调的3092名干部进西藏工作基本结束。这批进藏人员中有党政干部1556名（地级50人、县级586人），专业技术干部1536名。（《中国共产党西藏历史大事记（1949~2004）》P317~318）

25日~8月4日 内蒙古自治区在呼和浩特举行民族宗教工作会议。会议传达国家民委第一次委员（扩大）会议精神和全国人大常委会副委员长乌兰夫、国家民委主任杨静仁在会上的讲话，讨论如何结合本区实际，进一步贯彻落实党的民族政策，加强民族团结，加速“四化”建设的问题。会议揭批林彪、“四人帮”破坏民族工作的罪行，安排民族政策再教育的工作。（《内蒙古日报》1979.8.15.①）

26日 西藏自治区年楚河大桥建成并举行通车典礼。江孜年楚河大桥为永久型钢筋水泥大桥。（《中国共产党西藏历史大事记（1949~2004）》P317）

27日 新疆维吾尔自治区党委发出《关于进一步认真落实党对民族资产阶级政策的几个问题的通知》，对10个方面的问题作政策性说明：一、关于被查抄的巨额存款和其他财物的处理问题；二、关于被扣减高薪的处理问题；三、关于被占用房屋的处理问题；四、关于安排使用问题；五、关于参加企业社会主义劳动竞赛和评比问题；六、关于生活福利待遇问题；七、关于未领的定息问题；八、关于对待原资本家阶级子女的政策问题；九、关于冤、假、错案的处理问题；十、关于原公私合营牧场私方代表的对待问题。（《中国共产党新疆历史大事记（1966.5~1991.12）》下P122~123）

28日 青藏铁路铁轨铺至格尔木，西藏物资运输将比从甘肃敦煌柳园站起运运程缩短600余公里。（《中国共产党西藏历史大事记（1949~2004）》P317）

28日~8月2日 西藏自治区农作物品种审定委员会召开第一次会议。会议通过《西藏自治区农作物品种审定办法（草案）》和《西藏自治区农作物品种区域试验规程（草案）》，确定1979年至1980年度冬小麦的区域试验方案。（《西藏日报》1979.8.31.①）

29日 农业部在内蒙古自治区巴林右旗召开全国牧区草原建设现场会议。与会的14个省区畜牧业工作者代表参观巴林右旗3个公社的基本草场、旗草籽繁殖场和国营种畜场。会议要求各地在草原建设中处理好几个方面的关系，认真贯彻落实牧区“以牧为主，围绕畜牧业生产，发展多种经济”的方针。《人民日报》为此发表评论员文章《下大力建设好草原》。（《人民日报》1979.8.2.①，《新华社新闻稿》1979.7.30）

30日 经国务院批准，云南省墨江县改称墨江哈尼族自治县。（《云南日报》1979.10.17.①）

31日 以颂扬匈汉和亲、民族团结的曹禺新作历史剧《王昭君》在北京公演。8月31日，国家民委和剧协联合召开座谈会，讨论该历史剧的创作和演出问题。国家民委主任杨静仁到会讲话，曹禺同志应邀参加。（《光明日报》1979.8.31.③）

是月 内蒙古自治区党委作出《关于为“联社”彻底平反的决定》。“文化大革命”中，一些干部群众为维护党的民族政策，抵制林彪、江青反革命集团及其在内蒙古的追随者在内蒙古的罪恶活动，发起组织“东方红联社”等群众组织。1968年的内蒙古自治区革委会曾错误地把“联社”定为“为乌兰夫翻案的反动组织”，使参加“联社”及“卫东”、“星火燎原”、“土中革纵”、“一一一”等所谓“变种组织”的各族干部、群众遭到残酷镇压、迫害，不少人致残、致死。1974年初，自治区革委会曾对“联社”等组织进行过平反，但平反工作不彻底。（《内蒙古自治区史》P364~365、540）

8月

1日 四川省凉山彝族自治州在西昌举办首届“火把节”运动会。（《凉山彝族自治州志》上P65）

2日 云南省回民参观团一行131人结束在昆明历时15天的参观学习，返回各地。（《云南日报》1979.9.6.②）

△ 据报道，甘肃省甘南藏族自治州党委已完成全州爱国宗教界人士的冤、假、错案平反工作，并安排适当的岗位。被撤销的宗教机构已于上半年得到恢复，各县也有相应的机构或人员主管宗教事务工作。（《甘肃日报》1979.8.2.①）

△ 据报道，甘肃省肃南裕固族自治县成立25年来，中、小学和村学、牧读小学发展到112所，在校生7600多名。自治县1000多名干部中，少数民族干部已占36%，少数民族党员占54%。（《甘肃日报》1979.8.2.③）

3日 内蒙古自治区土默川平原新建的高压输变电工程竣工投产，全长71.6公里。（《新华社新闻稿》1979.8.4）

△ 广东省乳源瑶族自治县建成小水电站112座，装机总容量8338千瓦，架设输电线路560多公里。全县70%的农户用上电。（《新华社新闻稿》1979.8.4）

△ 贵州省黔南布依族苗族自治州委决定，凡在1959年以来因反映实际情况或在党内提出不同意见而被定为右倾机会主义分子或右倾错误，组织上作过结论和处理的，一律给予平反纠正。（《黔南布依族苗族自治州志》上P65）

△ 据报道，宁夏回族自治区开放或准备开放158座清真寺，同时维修著名的银川市大清真寺和有800多年历史的同心县大清真寺。（《新华社新闻稿》1979.8.4）

4日 广西壮族自治区第一个化学除草剂生产车间——贺县农药厂除草剂车间建成投产。（《广西通志·大事记》P451）

4~14日 国家民委在北京召开全国第五次民族学院院长会议。会议总结办学经验，讨论新时期民族学院的方针任务和发展规划，要求大力培养少数民族政治干部和专业技术人才，认真执行关于高等教育60条的规定，把教学作为学院的经常工作。国家民委主任杨静仁、副主任胡嘉宾和教育部副部长张承先在会上讲话。（《新华社新闻稿》1979.8.18）

5日 广西壮族自治区巴玛瑶族自治县没有供销社的96个生产大队全部办起代购代销店。（《新华社新闻稿》1979.8.6）

7日 据新华社报道，一年多来新疆维吾尔自治区，有250多名少数民族知识分子被授予副教授、副总工程师、讲师、工程师、助理研究员、农（牧）业技师、主治医师等技术和教学职称。这批新提升的技术、业务骨干，包括维吾尔、哈萨克、回、蒙古、锡伯、满、乌孜别克、塔塔尔8个民族，他们绝大多数是50年代和60年代初期的大学毕业生，具有较丰富的实践经验，业务上有一定成就，在新疆的社会主义建设中作出贡献。（《中国共产党新疆历史大事记（1966.5~1991.12）》下P123）

8日 据报道，内蒙古自治区27名蒙古族等少数民族讲师由助教提升为教授和副教授。（《新华社新闻稿》1979.8.8）

△ 新疆维吾尔自治区塔什库尔干塔吉克自治县成立以来，设有小学69所，中学6所，在校生4500多名，92%以上的学龄儿童入学。（《新疆日报》1979.8.8.③）

9日 西藏自治区第一座奶粉厂在那曲牧

区建成投产，日产奶粉1500公斤，奶油700公斤。（《新华社新闻稿》1979.8.24）

△ 南疆铁路胜利铺轨至库尔勒。该铁路从吐鲁番到库尔勒全长456.9公里（不包括支线等在内），沿途穿过29座隧道（总长33公里），架设492孔桥梁（总长10公里），修筑251公里的长大坡道。（《中国共产党新疆历史大事记（1966.5～1991.12）》下P123）

10日 江苏省民族宗教事务局在南京召开民族宗教工作会议。会议讨论确定今后的民族工作任务：加强民族政策再教育、保障少数民族平等权利、积极帮助少数民族发展经济文化、尊重少数民族的风俗习惯。当前需要抓紧做好的几项工作是：继续肃清林彪、“四人帮”在宗教工作方面的流毒和影响；向广大干部群众进行党的宗教政策再教育；合理解决信教群众的正当宗教生活的合法权利和场所；加强对信教群众的工作；抓紧做好对宗教人士落实政策的工作，妥善解决他们的政治和生活待遇问题。（《新华日报》1979.8.10.①）

11日 据报道，新疆维吾尔自治区考古研究所在哈密县荒漠发现一处3000年前的古代新疆少数民族墓地。发掘的29座墓葬资料说明，这是原始社会晚期阶段的氏族公共墓地。（《新华社新闻稿》1979.8.12）

11日～10月25日 广西民族学院恢复教师职称评定工作。（《广西民族学院校史》P286）

13日 内蒙古自治区增开的哲里木盟通辽至呼伦贝尔盟扎兰屯十二路载波电话开始通话。（《内蒙古日报》1979.8.13.②）

14日 吉林省少数民族参观团，包括朝鲜、满、回、蒙古等少数民族代表共62人，结束在省内历时14天的参观学习，返回各地。（《吉林日报》1979.8.19.①）

15日 甘肃省甘南藏族自治州玛曲至阿万仓公路上的甘南境内第一座黄河大桥——玛曲黄河公路大桥建成通车，把被黄河分成两半的玛曲县连在一起。（《甘南藏族自治州概况》P196、266）

△ 西藏自治区昌都卡若新石器时代遗址发掘工作结束。出土的大量文物说明，四五千年前，西藏高原的原始居民就和黄河流域的人们有着密切的联系。（《西藏日报》1979.11.9.①）

15日～9月3日 中共中央统战部举行全国统战工作会议，全国政协副主席刘澜涛主持并致开幕词。会议回顾建国以来统战工作的成就和经验教训，讨论当前国内阶级状况的根本变化和统战工作的基本任务，明确新时期统战工作的性质、任务、方针和基本政策等问题，讨论制定一些相应的政策文件。全国人大常委会副委员长乌兰夫作总结发言，阐述新时期统战工作的几个主要问题：新时期统一战线的重要作用，新时期统一战线的性质、任务、方针和基本政策，统战部门的工作范围、对象和当前工作中的几个问题，加强党对统战工作的领导。乌兰夫在讲话的第三部分，着重阐述了民族工作和宗教工作的问题。（《人民日报》1979.9.15.①）

16日 据统计，西藏自治区已培养出9300多名藏族和其他少数民族的畜牧兽医和兽医科研人员。（《新华社新闻稿》1979.8.17）

17日 内蒙古自治区革委颁布《关于学习与使用蒙古语文的奖励办法》。（《内蒙古日报》1979.8.17.①）

20日 云南省德宏傣族景颇族自治州革委批转州科委《关于做好科技人员恢复和晋升技术职称工作意见》的报告。（《德宏州志》综合卷P66）

21日 广西壮族自治区革委会批转自治区卫生局《关于当前农村合作医疗情况及今后工作意见的报告》，指出农村合作医疗和“赤脚医生”人数发展很快，至1977年底，实行合作医疗的大队已占全区生产大队总数的98.7%，“赤脚医生”有4.81万人，不脱产卫生员26万多人。但自1978年秋以来，由于部分干部认为“办合作医疗是增加农民的不合理负担”，是“社会主义阶段办共产主义的事”，使合作医疗出现大幅度的停办状况。（《广西通志·大事记》P451）

22日 广西壮族自治区革委决定，拨专款和采取一系列措施，扶助山区33个县的穷队和困难户发展养牛业，并允许社员饲养菜牛，宰杀自食或自由出售。（《新华社新闻稿》1979.8.23）

△ 甘肃省革委会发出通知，重申少数民族的传统节日“尔德”节放假和食品照顾的具体规定。（《甘肃日报》1979.8.22.①）

22～28日 贵州省委在贵阳举行民族工作会议。会议批判林彪、“四人帮”否定民族工作、破坏民族团结的罪行，听取和讨论省委副书记苗春亭的民族工作报告，总结和检查民族工作，并提出批评和建议。（《贵州日报》1979.8.30.①④）

24～25日 据报道，我国穆斯林主要聚居地新疆、宁夏、青海、甘肃，以及广州、上海、呼和浩特等地的穆斯林在当地清真寺聚礼，欢度“开斋”节。新疆的1900多座清真寺于25日全部开放。节前，自治区革委还用维吾尔文和汉文发出通知，各少数民族职工和公社社员放假1天。宁夏回族自治区政协和甘肃省、兰州市的有关部门，分别举行节日茶话会。（《新华社新闻稿》1979.8.27）

24日～9月6日 新疆维吾尔自治区政协四届二次会议举行，讨论通过《中国人民政治协商会议新疆维吾尔自治区第四届委员会第二次会议政治决议》和关于工作报告的决议。（《新疆日报》1979.8.25.①，9.7.①）

25日 内蒙古自治区五原县境（北纬41度，东经108度）发生6级地震，伤104人，倒房400多间。国务院副总理薄一波在内蒙古自治区慰问团团长王逸伦和巴盟第一书记宝音图陪同下，于28、29日到灾区五原县向阳公社宏伟四队、团结四队及社员家庭，查看灾情和慰问群众。29日，五原县城举行慰问大会，薄一波宣读中共中央、国务院给五原地震灾区各族人民的慰问电，代表党中央、国务院慰问灾民。（《内蒙古日报》1979.8.30.①）

27日 党中央为张经武、徐冰、吴溉之、邹大鹏、伍云甫5人举行追悼会，并予以平反昭雪，恢复名誉。国家副主席李先念主持追悼会，中共中央纪律检查委员会第三书记胡耀邦分别为5人致悼词。张经武，湖南酃县（今炎陵县）人，1906年出生，1971年10月27日逝世，终年65岁，历任中央军委办公厅主任、中央人民政府驻西藏代表、中华人民共和国主席办公厅主任、中共西南局书记处书记、西藏工委第一书记、西藏军区第一政委。（《中国共产党西藏历史大事记（1949～2004）》P318）

是月 青海省第一所蒙藏医院在海西蒙古族藏族哈萨克族自治州德令哈建成。（《海西蒙古族藏族自治州志》1卷P56）

△ 西藏自治区党委批转《全区人民公社经营管理座谈会纪要》，提倡推广包工到组，联系产量责任制。（《当代中国的西藏》上P393）

9月

1日 中国林业科学院广西壮族自治区大青山实验局成立。1990年改为林科院热带林业实验中心。（《广西通志·大事记》P451）

△ 广西壮族自治区党委同意恢复全州、临桂、灵川、荔浦、恭城、灌阳、资源、田林、西林、田东、平果、那坡、凌云、凤山、东兰、环江、罗城、南丹、上思、富川、贺县等21个县的民族事务委员会。（《广西通志·大事记》P451）

△ 据报道，云南省双柏县74岁的彝族医生杨思有献出一本珍藏的明嘉靖四十五年

（1566年）的彝文医药书。全书共4962个彝文字，载有54个病种、87个处方、324味药。（《云南日报》1979.9.1.①）

△ 青海省海晏至格尔木火车客运开始营运。（《海北藏族自治州志》上P80）

1~19日 广东省民委在广州市举行扩大会议，省委书记刘田夫发表讲话。会议贯彻落实国家民委第一次委员（扩大）会议精神，讨论社会主义新时期民族工作的任务，检查部署民族政策再教育工作，研究省内民族杂居、散居地区的民族工作。（《南方日报》1979.9.16①）

3日 中共中央、国务院电复同意新疆维吾尔自治区党委、自治区革委会：一、拟撤销伊犁地委和伊犁行政公署。伊犁哈萨克自治州党委直接领导伊宁、霍城等8个县委以及伊宁、奎屯2市和2农垦局党委。塔城和阿勒泰地委主要由自治区党委领导。在行政上，塔城、阿勒泰两地区和直属县、市及农垦局均由伊犁哈萨克自治州革委会领导。博尔塔拉蒙古自治州党委和革委会由自治区党委和革委会领导，不再由伊犁哈萨克自治州代管。二、伊犁哈萨克自治州机关驻地由奎屯市迁回伊宁市。三、关于奎屯市同奎屯农垦局实行政企合一问题，由自治区党委、革委会决定。（《中国共产党新疆历史大事记（1966.5~1991.12）》下P124~125）

△ 据报道，新疆伊犁哈萨克自治州少数民族干部占全州干部总数的31.3%，其中哈萨克族干部占16.4%。在全州公社和县级领导干部中，少数民族干部分别占59.5%和45.6%，其中哈萨克族干部分别占35.1%和29.9%。自治州和所属24个县、市政府的主要领导均为少数民族干部。（《新疆日报》1979.9.3.②）

3~11日 中共西藏自治区纪律检查委员会第一次全体会议举行。会议统计，全区脱产干部在"文革"中受处分的共2686人，需复查的2374人，已复查落实2183人，占92%；复查后维持原结论的574人，改变结论的1000人；纠正冤、假、错案473件，为136名被迫害致死的干部落实政策。（《中国共产党西藏历史大事记（1949~2004）》P319）

5日 农业部确定广西壮族自治区桂平、大新、武鸣3县和南宁市为南方水果基地。其中，桂平县为荔枝基地，大新县为龙眼基地，武鸣县和南宁市为香蕉、菠萝基地。（《广西通志·大事记》P451）

△ 据新华社报道，1978年12月，在云南省禄丰县（禄丰今属楚雄彝族自治州）发现一具800万年前的古猿头骨化石。据鉴定，这具珍贵的头骨化石可归入"云南西瓦古猿"的类型，它是迄今世界上所发现的晚中新世到早上新世各类古猿中的第一个古猿头骨。（《新华社新闻稿》1979.9.6）

6日 山东省民委在济南召开第一次委员（扩大）会议，讨论研究新时期的民族工作。会议指出，当前进行民族政策再教育的重点是：克服大汉族主义，同时克服地方民族主义；积极帮助支持少数民族搞好经济文化建设；切实保障少数民族的平等权利，注意培养少数民族干部，尊重少数民族的风俗习惯，全面正确地贯彻党的宗教政策。（《大众日报》1979.9.6.①）

△ 宁夏回族自治区党委在批转自治区计划生育领导小组《关于我区计划生育工作情况及今后意见的报告》的通知中指出，1978年全区人口自然增长率22.97‰，出生率居全国最高，要求各级党委力争在较短的时间内把计划生育工作抓出成效。（《中共宁夏党史大事记（1925.8~1988.6）》P499）

7日 云南省文山壮族苗族自治州从参加自卫还击、保卫边疆战斗的参战民兵和支前民工中，选拔299名优秀的少数民族青年骨干（壮、苗、瑶、彝、回等少数民族占72%）到州党校培训。（《云南日报》1979.9.7.③）

△ 新疆维吾尔自治区党委发出《关于认真落实党的民族政策，加强民族团结的指示》，强调在全党工作重点转移到社会主义现代化建设上来的历史新时期，在新疆这样一个多民族地区认真落实党的民族政策，加强民族团结具有重大意义。《指示》提出，进行民族政策再教育就是要宣传马列主义、毛泽东思想关于民族问题的基本观点，宣传党的民族政策，包括坚持各民族一律平等的原则，实行民族区域自治，保障民族自治权利，培养少数民族干部，使用和发展少数民族的语言文字，尊重少数民族的风俗习惯，发展少数民族的经济和文化等。（《新疆日报》1979.7.23.①④，《中国共产党新疆历史大事记（1966.5~1991.12）》下P125）

8日 云南省西双版纳傣族自治州革委会在允景洪为被林彪、江青反革命集团迫害致死的原全国第一、二、三、四届政协委员、自治州副州长刀承宗（傣族）和原全国第一、二、三、四届政协委员、中国佛协副会长、佛协云南省分会会长松溜阿戛牟尼（傣族）举行追悼会。追悼会宣读州委为他们平反昭雪、恢复名誉的决定，并分别致悼词。（《云南日报》1979.9.16.③）

12日 据统计，新疆维吾尔自治区和布克赛尔蒙古自治县少数民族干部有784名，占干部总数的64.3%。其中，蒙古族干部363名，占干部总数的30%，比自治县成立时增长2.6倍；9名县级干部中，少数民族干部有6名，其中蒙古族干部占4名。全县9个公社、牧场中，8个公社、牧场的少数民族干部任第一把手，其中5个公社、牧场的第一把手为蒙古族干部。全县共有少数民族科技干部165名，约占科技干部总数的70%。（《新疆日报》1979.9.12.②）

13日 中共中央批转全国统战工作会议文件《新的历史时期统一战线的方针任务》。在谈到新时期的民族工作与宗教政策时指出："新时期党对民族工作的任务是：高举毛泽东思想的伟大旗帜，贯彻执行新时期的总路线总任务，坚持贯彻党的民族政策，加强民族团结，巩固祖国统一，维护边疆、少数民族地区的安定，充分调动各少数民族人民的社会主义积极性，为把我国建设成为社会主义现代化强国而奋斗；在实现现代化的过程中，要大力帮助少数民族加速发展经济和文化建设，大力培养少数民族干部和各种专业技术人才，逐步消除历史遗留下来的事实上的不平等，使各少数民族能够赶上或接近汉族的发展水平。"《任务》是新时期我党民族工作与宗教工作的纲领性文件。（《新时期民族工作文献选编》P18～19）

△ 全国人大常委会五届十一次会议通过《关于省、自治区、直辖市可以在一九七九年设立人民代表大会常务委员会和将革命委员会改为人民政府的决议》，同日公布。（《新华社新闻稿》1979.9.14）

14日～10月10日 由32个少数民族代表以及夏尔巴人、僜人和长期在少数民族地区工作的汉族干部共147人组成的西藏、云南、贵州、安徽、河北、山西、北京7省、市、自治区各少数民族"国庆"参观团，由21个少数民族代表和长期在民族地区工作的汉族干部组成的新疆、青海、甘肃、辽宁，吉林、黑龙江和天津7省、市、自治区的少数民族"国庆"参观团，以及由26个少数民族的代表和长期在少数民族地区工作的汉族干部共230多人组成的内蒙古、宁夏、广西、湖北、湖南、广东、江苏、浙江、上海、福建、山东、四川、陕西、江西、河南15个省、市、自治区的少数民族"国庆"参观团在北京参观学习。10月1日，国家民委举行招待会，招待各参观团和来京参加全国少数民族民间歌手、民间诗人座谈会的代表。国家民委主任杨静仁讲话，全国人大常委会副委员长乌兰夫、阿沛·阿旺晋美、班禅额尔德尼·确吉坚赞，全国政协副主席刘澜涛、李维汉等出席招待会。2日，国家主席华国锋，副主席叶剑英、邓小平、李先念等党和国家领导人接见各参观团成员、座谈会人员和参加全国民族工作展览的少数民族同志，并合影留念。（《新华社新闻稿》1979.10.2，10.11）

15日 云南省德宏傣族景颇族自治州美术作品展览在昆明展出。共展出傣、景颇、阿昌、傈僳、纳西、回、汉等7个民族作者的作品80余件。（《云南日报》1979.9.15.③）

15~30日 第四届全国运动会在北京市举行，为建国以来规模最大的运动会。包括台湾省在内的各省、市、自治区和解放军共31个体育代表团1万多名运动员参加，大会共进行34个项目的比赛，有5人5次打破5项世界纪录，2人3次打破3项青年世界纪录，3人3次平3项世界纪录，12人24次打破8项亚洲纪录，204人和34个队376次打破102项全国纪录。内蒙古摔跤选手董雅臣蝉联四届全运会中国式摔跤冠军，乌力吉（蒙古族）获82公斤级金牌，钢特木尔（蒙古族）获48公斤级冠军，图布敦（蒙古族）获古典式摔跤100公斤级冠军。广西壮族自治区237名运动员参加18个项目的比赛，获14个第一名、16个第二名、15个第三名，列全国第十二位，吴数德等15名运动员打破2项世界青年纪录、10项全国纪录。新疆运动员共获金牌15枚、银牌9枚、铜牌3枚，有4人4次打破4项全国纪录，2人4次平4项全国纪录，2人5次打破5项亚运会纪录，7人17次打破自治区田径、射击、举重纪录；戴建华获得女子田径100米栏冠军，汝光（锡伯族）获射箭男子双轮全能、双轮90米、双轮30米冠军及双轮50米亚军，郭梅珍（女，锡伯族）获射箭女子双轮全能、双轮70米、双轮60米、双轮50米冠军及双轮30米亚军，阿力木江（维吾尔族）获古典式摔跤男子48公斤级冠军，杨生年获古典式摔跤男子52公斤级冠军，马开（锡伯族）获古典式摔跤男子62公斤级冠军，顾景林（锡伯族）获古典式摔跤男子68公斤级冠军，阿不力江（维吾尔族）获古典式摔跤男子82公斤级冠军，郑林（锡伯族）获古典式摔跤男子100公斤以上级冠军，于伟获射击女子气手枪冠军；道力提汗获古典式摔跤男子52公斤级亚军，加帕尔（维吾尔族）获古典式摔跤男子82公斤级亚军，库力斯坦（哈萨克族）获古典式摔跤男子90公斤级亚军，哈力（哈萨克族）获自由式摔跤男子82公斤级亚军，索里地肯（哈萨克族）获自由式摔跤男子100公斤级亚军，哈山获自由式摔跤男子100公斤以上级亚军，自治区代表队获射击女子气手枪团体亚军、射箭男子双轮团体赛冠军铜牌，巴音克其克（蒙古族）获古典式摔跤男子100公斤以上级铜牌，乌买尔江获花样滑冰男子规定自由滑铜牌。西藏运动员普布次仁（藏族）以77.98米的成绩获手榴弹亚军；1980年在青岛举行的全国单项比赛中，他以78.80米的成绩夺魁；1982年参加北京优秀选手比赛，以82.78米的成绩获冠军；1985年选入国家代表队参加第六届亚洲田径锦标赛，获冠军，并被选为亚洲田径队的标枪手参加世界田径锦标赛，获第七名；1987年荣获国际田联75周年纪念奖章。国家体委授予广西举重队、新疆射箭队为“勇攀高峰运动队”称号。（《当代中国的西藏》下P525，《新华社新闻稿》1979.9.16，9.18，10.1；《内蒙古日报》1979.9.20.①，9.21.①；《广西通志·大事记》P452；《新疆通志·体育志》83卷P344~345）

16日 广西壮族自治区西湾选矿厂生产的精锡、柳州水泥厂生产的五羊牌水泥获国家金质奖，梧州松脂厂的帆船牌松香、桂林无线电一厂的塑料封袋硅高频小功率三极管3DC201和桂林量具刃具厂的0-10MM百分表获国家银质奖。（《广西通志·大事记》P452）

17日 据统计，西藏自治区有公路2.22

万多公里。全藏98%的县、83%的区和62%的人民公社都通汽车。（《西藏日报》1979.9.17.①）

20日 据报道，吉林省延边朝鲜族自治州基本普及高中教育。（《吉林日报》1979.9.20.①）

△ 据报道，吉林省延边朝鲜族自治州已拥有农用拖拉机和手扶拖拉机8600多台，万亩以上灌区22处。1978年，自治州粮豆总产10.9亿多万斤，比建国初期增长1.4倍。少数民族干部已有2.60万名，占干部总数的59%。现有州、县、市级以上的医院41所，公社级卫生院108所，合作医疗站1200多个，共有医务人员8328名，"赤脚医生"3031名和卫生员3401名。（《吉林日报》1979.9.20.①）

22日 据报道，吉林省延边人民出版社建社30年来，出版朝文一般图书4100多种，课本教材3400多种，共1.19亿多册。（《吉林日报》1979.9.22.③）

△ 据报道，30年来，延边大学为国家培养出5300多名少数民族人才。（《吉林日报》1979.9.22.③）

△ 湖南省委党校韶山分校首期少数民族干部训练班开学，有土家、苗、侗、瑶、回、壮、黎等100名少数民族干部参加学习。（《湖南日报》1979.10.10.①）

△ 据报道，贵州省三都水族自治县1025名公办教师中，少数民族占659名。其中，党员52名，团员147名，并有142名任中、小学校长、副校长、教导主任、副主任和指导员职务。全县252名女教师中，少数民族占50%以上。（《贵州日报》1979.9.22.①）

24日 国家民委主任杨静仁在政协礼堂举行中外记者招待会，就我国民族问题发表谈话说，我国各民族已经在根本利益一致的基础上，形成平等团结、友爱合作的新型的社会主义民族关系，并正在为积极消除历史上遗留下来的事实上的不平等而努力。我国"四化"建设时期民族工作的基本点一是调动各少数民族人民的社会主义积极性，安定团结搞"四化"；二是在实现"四化"过程中，国家大力帮助少数民族加速发展经济和文化建设，大力培养少数民族干部和各种专业技术人才，逐步消除历史上遗留下来的事实上的不平等，使各少数民族能够赶上或接近汉族的发展水平。（《人民日报》1979.9.26.①）

△ 云南省西双版纳傣族自治州文工团《召树屯与楠木诺娜》剧组赴北京参加国庆30周年文艺调演。（《西双版纳傣族自治州志》上P60）

25日 四川省民族研究学会在成都成立。同时举行首次学术活动，就该省平武、南坪、松潘和甘肃文县接壤地区被称为"布达人"的族属问题进行讨论。（《四川日报》1979.9.25.③）

△ 达赖集团图登朗吉、彭措扎西（达赖姐夫）、洛桑三旦（达赖之三兄）、扎西多吉、洛桑达杰5人参观团抵达西藏。他们先后在拉萨、那曲、日喀则、江孜、泽当、林芝、昌都等地区进行参观，11月5日离昌都赴四川。他们在参观访问中，到处招引群众围观，发表煽动性和反动性的讲话，并在大昭寺聚集1200多人（拉萨外逃人员的亲属基本到场）进行煽动。洛桑三旦在罗布林卡竟向围观群众公开煽动，"吃糌粑的人，说藏话的人团结起来。"他们的活动造成很坏影响。（《中国共产党西藏历史大事记（1949～2004）》P320）

△ 新疆维吾尔自治区党委统战部和自治区政协举行座谈会，纪念新疆和平解放30周年。区政协主席张世功到会讲话，希望原国民党起义人员为四化建设和祖国统一大业贡献力量。（《新疆日报》1979.9.25.①）

25日～10月4日 国家民委、文化部和中国民间文艺研究会在北京召开全国少数民族民间歌手、民间诗人座谈会，批判林彪、"四人帮"罪行，为受迫害的各族民间歌手、诗人落实政策、恢复名誉；通过向全国各族民间歌手、民间诗人的四项《倡议书》，并宣布民间文艺研究会正式恢复工作。中共中央宣传部副部长周扬同志到会讲话。（《新华社新闻稿》1979.9.26，10.6）

26日~10月8日 云南省怒江傈僳族自治州连续降雨，山洪暴发，山崩滑坡，泥石流泛滥。143人死亡，88人重伤，大小牲畜损失2371头（只），冲毁房屋574间、集体仓库48间、公路桥梁41座，冲塌公路1020处、房屋404间1069户，冲毁农田61935亩，淹没农作物117303亩，损失粮食1812万斤，毁坏路基总长14.7公里、通讯线路323杆公里、线路604对公里、水沟2200多条，26座电站受严重破坏。（《怒江傈僳族自治州志》上P32、69）

27日 广西壮族自治区第一个大型现代化高效磷肥厂——柳城磷肥厂建成投产。它是我国自行设计、制造和施工安装的第一个采用热法生产流程的工厂，年产过磷酸钙5万吨。（《广西通志·大事记》P452）

△ 贵州省民委举行“国庆”少数民族座谈会，总结民族工作成就，批判林彪、“四人帮”破坏党的民族政策的罪行。座谈会就当前民族工作，特别是落实民族政策方面的问题提出意见和建议。省委副书记苗春亭、省革委副主任王朝文到会讲话。（《贵州日报》1979.9.28.①）

△ 新疆维吾尔自治区昌吉回族自治州第一所回民中学——米泉县回民中学成立。（《昌吉回族自治州志》P56）

28日 中共中央统战部提出《关于地方民族主义分子摘帽问题的请示》。《请示》说，中共中央批准的《关于全部摘掉右派分子帽子的请示报告》和《贯彻中央关于全部摘掉右派分子帽子决定的实施方案》的文件下达后，右派分子的帽子已经全部摘掉，许多地方提出也要为地方民族主义分子摘帽子。对此，我们的意见是，凡是当时划为地方民族主义分子的，不论是按照敌我矛盾或者人民内部矛盾对待的，都应根据中央的精神，全部摘掉地方民族主义分子的帽子；对确实划错的，也要实事求是地改正过来。对于摘掉地方民族主义分子帽子和改正过来的人，都应按照中央同意的《贯彻中央关于全部摘掉右派分子帽子决定的实施方案》的文件精神妥善处理。《请示》经中共中央同意于10月14日转发。（《新时期民族工作文献选编》P21~22）

△ 中共中央十一届四中全会通过《中共中央关于加快农业发展若干问题的决定》。《决定》对民族地区发展经济作物、土特产、畜牧业和加工业，以及从财力物力加以重点扶持帮助等问题作出明确的规定，同时要求国务院设立一个由有关部门负责同志参加的专门委员会统筹规划，组织力量，解决这一经济和政治问题。（《新华社新闻稿》1979.10.6）

△ 湖南省湘西土家族苗族自治州装机容量最大的水电站——花垣县塔里水电站2台共6300千瓦机组装机发电，同时架通至吉首110千伏输电线路42.5公里。（《湘西州志》上P77）

28日~10月11日 云南省兰坪县连降14天大暴雨，造成严重洪涝灾害，损失巨大，4人死亡、5人重伤。（《兰坪白族普米族自治县志》P28）

29日 国庆节前夕，被林彪、“四人帮”剥夺歌唱和创作权利的云南彝、白、傣、纳西、景颇、傈僳、哈尼、佤、拉祜、崩龙、独龙、怒、阿昌、普米、布朗、苗、瑶等17个少数民族18名歌手在首都登台演出。（《新华社新闻稿》1979.10.2）

△ 新疆维吾尔自治区人民政府召开优秀科技成果颁奖大会，奖励117项优秀科技成果。（《新疆通志·科学技术志》72卷上P63）

是月 中共中央统战部副部长兼国家民委

主任杨静仁在广西民族学院视察民族教育工作。（《广西民族学院校史》P286）

△ 广西壮族自治区电视台用彩色中心代替黑白中心，并于12月生产和播出广西第一部电视剧《百灵鸣春》。（《广西通志·大事记》P452）

△ 云南省文山壮族苗族自治州组建自治州电影公司苗语译制组和广南、富宁壮语译制组。（《文山壮族苗族自治州志》1卷P62）

10月

1日 国家民委举办的全国民族工作展览在民族文化宫开幕。国家民委主任杨静仁主持开幕式，全国人大常委会副委员长乌兰夫剪彩，全国人大常委会副委员长阿沛·阿旺晋美、班禅额尔德尼·确吉坚赞及国庆节少数民族参观团成员，少数民族民间诗人、民间歌手，在北京的少数民族干部等1000多人参加。（《新华社新闻稿》1979.10.2）

△ 广西壮族自治区合浦县石湾大桥竣工通车，全长605.3米，总投资108万元。（《广西通志·大事记》P452）

△ 四川省人民广播电台开办彝语广播。（《四川日报》1985.9.28.①）

2日 中共中央主席华国锋，副主席邓小平、叶剑英、李先念等党和国家领导人接见中央民族学院干训班全体师生。（《中央民族大学五十年》P195）

△ 据新华社报道，国内县县都有医院，5万多个人民公社建立卫生院，82%的生产大队建立合作医疗站，实行合作医疗，有不脱产的“赤脚医生”160多万人，有卫生员、接生员380多万人。形成县、公社到生产大队3级医疗卫生网。（《新华社新闻稿》1979.10.3）

△ 贵州省民族民间蜡染、织绣、陶器展览在贵阳市开幕。（《贵州日报》1979.10.12.③）

△ 青海省召开畜牧工作会议，调整畜牧业内部比例关系，确定在今后一段时间以提高牲畜质量为主的方针。（《人民日报》1979.10.4.②）

4日 白音敖包云杉林自然保护区建立，位于内蒙古自治区克什克腾旗，面积4200公顷，是以冰臼群为主要保护对象的省级自然保护区。（《全国自然保护区名录（2003）》P34）

△ 据报道，云南省金平县拉祜族聚居的25个村寨兴办小学20所，中学1所，90%以上的适龄儿童入学，并有自己的大学生、教师和各种专业技术人才。（《云南日报》1979.10.4.②）

△ 新疆维吾尔自治区基本建成以乌鲁木齐为中心的四通八达的公路网，通车里程2.38万多公里，比解放前增长近8倍。全区各县90%的公社、80%的生产大队通汽车。近3年来，黑油路面铺建4000多公里；建有航空线8条，航程5521公里，比解放初增长4倍以上。（《新疆日报》1979.10.4.①，《中国共产党新疆历史大事记（1966.5～1991.12）》下P127）

5日 内蒙古自治区呼和浩特至乌兰浩特、海拉尔、赤峰、通辽的民航班机开航。（《内蒙古日报》1979.10.3.①）

6日 内蒙古自治区农牧总局在通辽召开全区国营农牧场畜牧业生产会议，研究国营农牧场畜牧业生产调整问题。会议要求全区国营农牧场，坚定不移地贯彻执行“以牧为主，农牧林结合，因地制宜，全面发展”的方针，在3年调整期间，迅速把国营农牧场的畜牧业生产恢复和发展起来。（《内蒙古日报》1979.10.6.③）

8日 广西壮族自治区畜牧研究所与南宁地区种畜场、柳州地区畜牧研究所和百棚种畜场等单位的科技人员，选育出一种奶、肉兼用型杂交水牛。（《新华社新闻稿》1979.10.9）

△ 青海省塔尔寺经整修重新开放。（《新华社新闻稿》1979.10.9）

9日 经中共中央批准，国家科委最近召开大会，为《科研四十条》、“广州会议”等一些重大冤假错案彻底平反，对在这些冤案中遭受迫害和打击的干部、科技人员一律恢复名誉，平反昭雪。（《新华社新闻稿》1979.10.10）

△ 云南省西双版纳傣族自治州景洪县基诺洛克公社已有基诺族干部200多名。全公社设有小学40所，附设初中班3个，在校生达2280名。（《新华社新闻稿》1979.10.10）

10日 据统计，内蒙古自治区社队企业发展到16064个，1978年总收入3.75亿多元，约占人民公社3级经济收入的16%。（《内蒙古日报》1979.10.10.①）

△ 湖南省新晃侗族自治县党委三级干部会议宣布：改变以前全县农业生产方针的决定，撤销发出的错误文件，决定从实际出发，全县分成大山区和小山区2种类型。大山区实行“以林为主，粮林牧并举”的方针，小山区实行“以粮为主，林粮牧并举”的方针。（《湖南日报》1979.10.10.①）

△ 据报道，云南省昆明市恢复民族贸易商店，经营的商品增加到700多种。（《人民日报》1979.10.10.②）

△ 据报道，在国家的大力扶持下，新疆维吾尔自治区生产民族特需品的厂、社和车间达190多个，生产60多个品种300多个花色的产品。（《人民日报》1979.10.10.②）

△ 据统计，新疆维吾尔自治区察布查尔锡伯自治县锡伯族干部占全县干部总数的32%。其中，任公社以上领导职务的37名，占干部总数的34%。（《新疆日报》1979.10.10.③）

△ 据报道，新疆维吾尔自治区许多地区消灭或基本上控制甲状腺肿、布氏杆菌等地方病。（《新疆日报》1979.10.10.③）

12日 中共中央、国务院批转国家民委党组7月9日《关于做好杂居、散居少数民族工作的报告》。《报告》称：“我国的少数民族，除大部分聚居在边疆和民族自治地方外，还有回、满、蒙古、朝鲜、苗、瑶、畲、土家等民族的约1000万人杂居、散居在全国的城镇和农村。杂居、散居少数民族的工作是整个民族工作的一个重要组成部分。”《报告》提出应认真做好以下5个方面的工作：切实保障他们的平等权利；积极帮助少数民族发展经济文化；认真尊重少数民族的风俗习惯；贯彻执行宗教信仰自由政策；加强党的领导，恢复与健全各级民族工作机构。11月15日，《人民日报》发表评论员文章《认真做好杂居散居少数民族工作》。（《新时期民族工作文献选编》P23～32，《人民日报》1979.11.15.③）

△ 中共肃北蒙古族自治县委、县革委召开平反大会，为1958年在反封建斗争中所谓“以尕布曾为首的阴谋叛乱”冤案彻底平反。在该案中，被列为阴谋叛乱分子怀疑对象的393人及其受株连的亲属、子女，一律恢复名誉，被开除或逼迫离职的国家职工和被迫害致死的32人的家属，因丧失工作能力和家庭生活有困难者，则按照党的政策进行适当安置。（《甘肃日报》1979.10.12.①）

12～17日 全国人大民委第一次办公会议举行，听取和讨论全国人大常委会副委员长阿沛·阿旺晋美关于人大民委的工作任务和当前主要工作的讲话及全国人大常委会副委员长乌兰夫的重要讲话。乌兰夫强调指出，加强法制，用法律来保护少数民族权利，实现民族平等，是加强民族团结，调动各族人民的积极性，实现四化的重要保证。乌兰夫还提出人大民委具体工作任务中应包括：审查全国人大或常委会交付的关于民族事务的议案；审查民族自治地方报请人大常委会批准的自治条例和单行条例；向全国人大或其常委提出关于民族事务的议案和意见；调查研究关于民族事务的同题，督促检查国家的民族政策、法令的执行情况。全国政协副主席、国家民委主任杨静仁到会讲话。（《新华社新闻稿》1979.10.18）

14日 中国第一部《汉哈词典》出版发行。（《新华社新闻稿》1979.10.16）

△ 四川省生产民族用品的厂社达140多个，生产丝绸、棉织、皮毛、服装、搪瓷、五金、首饰等各类产品300多种，规格花色上千种。（《四川日报》1979.10.14.①）

15日 新疆维吾尔自治区克孜勒苏柯尔克孜自治州阿图什至阿合奇公路全线通车。（《克孜勒苏柯尔克孜自治州志》上P45）

16日 据统计，广西壮族自治区公路通车里程2.9万多公里，比解放前增长7倍多。全区所有的县和98%以上的公社通汽车。（《新华社新闻稿》1979.10.16）

△ 据新华社报道，是年夏季，中科院青藏高原综合科学考察队对西藏高原进行一次成功的科学考察，在地理、地质、植物、气象等多种项目中取得成果。另外，我国第一幅青藏高原地质图已在8月编纂完稿。（《新华社新闻稿》1979.10.18，10.19）

△ 据报道，西藏自治区江孜农业试验场1979年再创春小麦亩产842.25公斤的高产纪录，同时创造油菜亩产339.25公斤的全国新纪录。（《当代中国的西藏》下P596）

△ 据报道，宁夏回族自治区固原县城墙中发现一块明代砖碑（1451年），碑文记有固原地区重要的地震史料。（《新华社新闻稿》1979.10.17）

17日 湖南省湘西土家族苗族自治州的州、县、社3级领导中，少数民族干部占40%。该州先后选拔少数民族干部1400多名。（《新华社新闻稿》1979.10.18）

18日 是日报道，广西壮族自治区龙胜各族自治县南山畜牧场试养新疆细毛羊成功。（《新华社新闻稿》1979.10.18）

19日 据报道，内蒙古自治区双峰驼总数发展到38万多峰，超过历史最高水平。（《新华社新闻稿》1979.10.20）

21日 湖南省城步苗族自治县南山畜牧良种繁殖场引种外国5种牧草成功。（《湖南日报》1979.10.22.③）

△ 国家重点建设项目广西壮族自治区大厂矿务局长坡锡矿首期采选工程竣工投产。（《广西通志·大事记》P452）

△ 西藏农科所的1.27亩试验田收获油菜子1044斤，平均亩产822斤，创历史记录。（《新华社新闻稿》1979.10.22）

21~29日 全国政协副主席、中央统战部副部长、国家民委主任杨静仁在湖南省湘西土家族苗族自治州视察。（《湘西州志》上P77）

22日 据《新疆日报》报道，粉碎"四人帮"3年来，新疆维吾尔自治区共建成中小水电站314处，装机容量为1975年以前26年间投产电站容量的总和。至是年，全区有中小水电站633座，年发电量5亿度，90%以上的县有水电站，装机容量1千瓦的有36个县，80%以上的公社、40%以上的生产大队已用上电。（《中国共产党新疆历史大事记（1966.5~1991.12）》下P128~129）

23日 新疆维吾尔自治区哈密至雅满苏铁矿的110千伏输变电线路工程竣工，全长132公里。（《新疆日报》1979.11.8.①）

24日 据报道，一年多来，贵州省毕节地区民委组织力量抢救、整理、翻译出版有关彝族奴隶制和手工业方面的历史资料——《奴仆工匠记》和记载彝族古代哲学、天文历算、原始人体解剖及医学等内容的《宇宙人文记》等。（《新华社新闻稿》1979.10.24）

25日 青海省草原工作者完成全省5亿多亩草场资源的勘察任务。（《新华社新闻稿》1979.10.26）

26日 广西壮族自治区桂江航务有限公司在香港正式营业，公司为广西在港航务机

构。　（《广西通志·大事记》P452）

28日　据报道，吉林省延边朝鲜族自治州博物馆考古队在延吉县金谷水库附近，发掘出古居住遗址和古墓葬珍贵文物700余件。（《吉林日报》1979.10.28.①）

29日　广西壮族自治区龙胜各族自治县经营的民族特殊商品品种由7年前的140种增至275种。　（《广西日报》1979.10.29.②）

△　广西壮族自治区革委会教卫办在岑溪县召开农村普通教育调整工作座谈会，提出调整学校布局和改革中学结构，采取“压缩高中，调整初中，发展农中，加强小学”的方针。此后，全区农业中学由是年的180所增加到1980年的227所。　（《广西通志·大事记》P452）

△　云南省红河哈尼族彝族自治州组成5个工作组，分别到各地调查并举行学习座谈会，批判林彪、“四人帮”帮派体系于1969年在瑶山地区制造的“瑶山事件”大冤案和乱划阶级，禁止哈尼、瑶族招女婿，迫使屏边苗族大搬家等罪行。　（《云南日报》1979.10.31.①）

30日　内蒙古自治区赤峰火车站正式交付使用。　（《内蒙古日报》1979.12.4.①）

30日~11月6日　全国文学艺术工作者第四次代表大会在北京召开，共有3200名代表出席大会，中共中央副主席邓小平在会上致祝词。中共中央宣传部副部长周扬作题为《继往开来，繁荣社会主义新时期的文艺》的报告，大会讨论通过中国文联新章程，选举产生由456人组成的全国文联第四届委员会，茅盾为中国文联名誉主席，周扬为主席，康巴尔汗（维吾尔族）等11人为副主席。　（《邓小平文选（1975~1982）》P179~182;《新华社新闻稿》1979.10.31，11.17，11.20）

31日　据新华社报道，我国从1980年起对外开放8座山峰，用收费办法接待外国登山队来我国登山。这8座山峰是珠穆朗玛峰（中国和尼泊尔边界）、希夏邦马峰（西藏）、慕士塔格山、公格尔山、公格尔九别峰、博格达峰（以上新疆）、贡嘎山（四川）、阿尼玛卿峰（青海）。　（《新华社新闻稿》1979.11.2）

△　新疆维吾尔自治区克孜勒苏柯尔克孜自治州文字改革委员会成立。　（《克孜勒苏柯尔克孜自治州志》上P45）

是月　国家外汇管理局广西分局成立，与中国银行南宁分行合署办公。　（《广西通志·大事记》P453）

△　经国家经委、财政部批准，宁夏回族自治区确定在银川橡胶厂、西北煤矿机械总厂、银川通用机械厂、银川电表厂、灵武绒线厂、青铜峡造纸厂、青铜峡水泥厂、宁夏电力局（电网部分）8个大中型企业，进行扩大企业自主权试点。　（《当代宁夏史通鉴》P31）

△　由新疆维吾尔自治区巴音郭楞蒙古自治州库尔勒县析置库尔勒市。　（《巴音郭楞蒙古自治州志》上P41）

11月

1日　北京市、新疆维吾尔自治区、宁夏回族自治区、广东省、内蒙古自治区呼和浩特市等地各民族的穆斯林欢度“古尔邦”节。国家民委副主任杨东生和在北京工作、学习的维吾尔、回、哈萨克等少数民族的干部、工人和学员300多人，在民族文化宫欢度节日。（《新华社新闻稿》1979.11.2）

△　根据国务院提高8种主要副食品销售价格的决定，广西壮族自治区革委会结合广西实际情况，决定只提高猪、牛、羊、家禽、鲜蛋、水产品6种副食品的销售价格，其中猪肉提高26.17%、牛肉提高39.2%、鲜蛋提高32.28%。为不影响职工生活，决定相应发给职工每人5元的副食品价格补贴，给40%的职工提高工资，三、四类工资区分别提为五、六类工资区。　（《广西通志·大事记》P453）

4日　宁夏回族自治区政府拨出350万元

专款，制作10万套桌凳设备，扶助山区和少数民族聚居区解决中小学校课堂困难问题。（《光明日报》1979.11.3.②）

6日 农业部在湖南省城步苗族自治县召开全国农区畜牧业、草山利用建设和发展草食牲畜会议，研究进一步贯彻党的十一届三中全会精神，全面落实农业政策，推动我国农区畜牧业和草食牲畜快速发展的问题。会议专门讨论草山草坡的勘察利用、建设和商品牛基地建设，以及办好种畜场、搞好种畜改良和加强牲畜防疫灭病等工作。（《新华社新闻稿》1979.11.7）

△ 广西壮族自治区革委会印发《广西壮族自治区革命委员会关于计划生育工作若干问题的规定（试行草案）》。《规定》指出，一对夫妇最好只生1个孩子，最多不超过2个；发《独生子女优待证》；对不实行计划生育者要实行必要的经济制裁。（《广西通志·大事记》P453）

6~11日 新疆维吾尔自治区党委防治地方病领导小组扩大会议在乌鲁木齐举行。12月7日，自治区党委转发该会议《纪要》，要求各级党委要把防治地方病工作列入议事日程，大力宣传群众、依靠群众，加强科研工作，认真落实知识分子政策，调动广大防疫和医疗人员的积极性，迅速控制以至消灭地方病，增进人民身体健康。（《中国共产党新疆历史大事记（1966.5~1991.12）》下P129）

7日 云南省委和省革委决定，把一部分宜林荒山划给社员植树造林，并由各县革委发给社员自由山林地使用证。（《新华社新闻稿》1979.11.7）

△ 宁夏回族自治区党委和革委会向中共中央和国务院上报的《关于改变宁夏南部山区干旱低产贫困落后面貌的报告》中提出，宁夏南部山区应改变单纯抓粮食和照搬治水改土为中心的方针，实行“大力种树种草，兴牧促农，农林牧副全面发展”的方针，用10年时间基本改变宁南山区农业面貌。（《中共宁夏党史大事记（1925.8~1988.6）》P500）

9日 国务院总理华国锋由新疆维吾尔自治区委第一书记汪锋等陪同，视察新疆吐鲁番地区，看望铁路职工，分别听取吐鲁番地委书记张稼夫、专员司马义·铁木尔关于生产情况的汇报和石河子农工商联合企业负责人的工作汇报，并作指示。（《新疆日报》1979.11.10.①）

△ 宁夏回族自治区第一台5万千瓦高温高压汽轮发电机组安装完毕，并网发电。（《新华社新闻稿》1979.11.11）

14日 经甘肃省临夏回族自治州革委会批准，临夏县成立保安族中学。1980年2月，甘肃省拨款22万元修建校舍，同年秋首届高中班招生。（《积石山保安族东乡族撒拉族自治县志》P55）

14~25日 内蒙古自治区党委在呼和浩特召开全区畜牧业工作会议，总结自治区畜牧业工作的经验教训，讨论贯彻执行“以牧为主，农牧林结合，因地制宜，各有侧重，多种经营，全面发展”的生产建设方针和有关政策问题。会议制订出畜牧业3年调整中的任务和生产规划，确定北部26个牧业旗以牧为主；阴山以北丘陵地带、黄河中游水土流失严重地区实行半农半牧；黄河后套、土默川平原、伊克昭盟沿黄河地区、哲里木盟辽河灌区、呼伦贝尔盟嫩江西岸、乌兰察布盟阴山南麓、昭乌达盟南部以农为主，逐步发展畜牧业比重；以大兴安岭为中心的林区以林为主；呼和浩特和包头等城市郊区逐步建成以肉、蛋、奶、禽、菜为主的副食品基地。全区建有10个良种畜牧基地。（《内蒙古日报》1979.11.28.①）

15日 四川省阿坝藏族自治州党委在总结经验的基础上，发挥民族地区经济优势，贯彻国民经济八字方针，调整全州农业结构，实行“以牧为主，农牧林结合”的生产方针。（《四川日报》1979.11.15.①）

△ 四川省委决定，成都、重庆2市对口支援阿坝、甘孜2个藏族自治州发展民族经济。（《人民日报》1979.11.15.③）

16日 内蒙古自治区正镶白旗草原建成我国第一座太阳能电围栏，围建草库伦面积达6300亩。（《人民日报》1979.11.16.①）

△ 甘肃省委统战部在兰州召开统战、民族工作会议。会议听取省政协秘书长王登玉传达的全国统战工作会议和国家民委第一次委员（扩大）会议精神，学习有关文件，回顾建国以来全省的统战民族工作，明确新时期统战的性质、方针、政策和任务，反映统战、民族、宗教工作中存在的问题，并提出解决办法和意见。中央委员宋平、甘肃省第四届政协主席王世泰到会讲话。（《甘肃日报》1979.11.16.①）

17~18日 宁夏回族自治区民族事务委员会首次会议举行，讨论新时期的民族工作，成立以苏冰为主任的自治区民族事务委员会。（《中共宁夏党史大事记（1925.8~1988.6）》P501）

17日~12月2日 内蒙古自治区党委召开14年来的首次全区统战工作会议。会议明确新时期统战工作的性质、任务、方针和基本政策，在以社会主义现代化建设为中心任务的新时期，统一战线的内容也发生新的变化，已经发展为革命的爱国的统一战线。新时期统战工作的根本任务，就是要团结一切可以团结的力量，调动一切积极因素，同心同德，群策群力，维护和发展安定团结的政治局面，为把我国建设成为现代化的社会主义强国，为台湾回归祖国，实现祖国统一大业而奋斗。这次会议的召开，标志着全区统战工作进入一个新阶段。（《内蒙古自治区史》P449~450、541）

19日 据报道，青海省油料总产量比上年增加1000万斤以上。仅这一项可使油料产区的社员增加400多万元的收入。（《新华社新闻稿》1979.11.19）

△ 青海省果洛藏族自治州畜牧兽医学会成立，这是第一个全州性的学术团体。（《果洛藏族自治州志》上P328）

20日 陕西省西安市至西藏自治区拉萨市航线正式通航，全程2300公里。（《内蒙古日报》1979.12.12.④）

22日 内蒙古社会科学院蒙古史研究所举行学术讨论会，就我国蒙古史研究和北方民族史研究中存在的问题进行探讨。（《内蒙古日报》1979.11.22.①）

23日 内蒙古自治区包头冶金研究所研制成功我国第一批单晶六硼化镧。（《内蒙古日报》1979.11.23.①）

△ 据报道，青海省教育部门在6个少数民族自治州新办起公社、大队2级寄宿学校338所。（《新华社新闻稿》1979.11.24）

△ 新疆维吾尔自治区北部乌伦古河和古尔班通古特沙漠之间的南戈壁牧道，第一次设置7个大口井、3个蓄水窖和2个新开的水泉。（《人民日报》1979.11.23.②）

24日 据报道，内蒙古自治区党委认真落实党的民族政策，积极采取各种措施，帮助鄂伦春人民解决生产、生活上的困难。7月间，自治区党委第一书记周惠等深入鄂伦春自治旗，慰问全旗人民。区党委专门召开2次会议，研究决定拨款40万元，拨给猎民150支枪、25万发子弹，每户社员奶牛1头。此外，还决定由盟派医疗队进驻鄂伦春人地区治疗疾病，协助猎民点办卫生所、敬老院。（《内蒙古日报》1979.11.24.①）

△ 宁夏回族自治区革委会发出《关于认真落实党的民族政策的通知》，要求向广大干部群众普遍进行民族政策再教育，并对民族工作中出现的问题深入进行检查，迅速加以改正。（《中共宁夏党史大事记（1925.8~1988.6）》P502）

25日 西藏地质局第一大队在西藏东部马拉松多发现一个大型班岩铜矿。（《人民

日报》1979.11.25.①）

△ 甘肃省嘉峪关市黑山峡谷发现大量古代游牧民族浅石刻岩画。（《甘肃日报》1979.11.25.④）

△ 青海省塔尔寺展出建寺400多年来收藏的350多件珍贵文物。（《新华社新闻稿》1979.11.25）

26日 新疆维吾尔自治区人大常委会五届二次会议举行，听取并审议《关于加强边境管理区安全保卫工作的通告》、《关于继续推行维、哈新文字和同时使用维、哈老文字的报告》。（《新疆日报》1979.11.27.①）

28日 云南省墨江县各族各界群众3万多人集会，庆祝墨江哈尼族自治县成立。县委书记、县革委主任高希峰在会上讲话，省委、省革委代表团团长刀国栋等到会祝贺。（《云南日报》1979.12.2.①）

29日 广西壮族自治区21个民族杂居、散居的县，自10月起陆续恢复县民委，处理民族事务，贯彻落实党的民族政策，增强民族之间的团结。（《新华社新闻稿》1979.11.30）

△ 中央批准，恢复尧西·贡保才旦（十世班禅大师之父）西藏自治区政协副主席职务。（《中国共产党西藏历史大事记（1949～2004）》P321）

△ 据报道，贵州省威宁彝族回族苗族自治县实行公养私养并举的方针，至10月底全县40%的农户养羊近8万只。全县存栏羊40.22万只，比1977年增长13.73%。（《贵州日报》1979.11.29.①）

30日 我国第一次用蒙文翻译的《世界文学译丛》在呼和浩特出版发行。（《新华社新闻稿》1979.12.1）

30日～12月6日 内蒙古自治区在呼和浩特召开蒙古文学工作者会议，传达第四次全国文代会精神，进行学术交流，成立内蒙古自治区蒙古文学学会，确定今后研究工作的方向和任务。会议通过布赫（蒙古族）、云照光（蒙古族）、戈瓦（蒙古族）、陶尔敦陶克陶（蒙古族）为文学会名誉理事长，选举珠兰（蒙古族）为理事长，巴雅尔（蒙古族）、色道尔吉（蒙古族）、索德那木拉布坦（蒙古族）、扎拉嘎胡（蒙古族）、巴·布林贝赫（蒙古族）为副理事长。（《内蒙古日报》1979.12.7.①）

是月 第33届世界举重锦标赛在希腊萨洛尼卡举行，广西壮族自治区运动员吴数德获52公斤级抓举第一名。（《广西通志·大事记》P453）

△ 彝族社会历史学术讨论会在西昌召开。会议就《凉山彝族奴隶社会》一书初稿进行讨论，探讨四川凉山彝族历史上关于兹莫族源、等级、家支、曲诺，以及关于家庭婚姻、凉山彝族的社会性质和关于意识形态等重大问题。（《民族研究通讯》1980.1 P41）

△ 青海省海南藏族自治州日月山吊庄至龙羊峡二级标准公路建成通车，全长61公里。（《海南州志》P50）

12月

1日 广西壮族自治区党委统战部在南宁召开统战、民族工作会议。会议传达全国统战工作会议和国家民委第一次扩大会议精神及中央有关文件，讨论统战民族工作如何适应全党工作着重点转移的问题，明确自治区民族工作的重点，部署今后工作的具体任务。自治区人民政府主席覃应机到会讲话。（《广西日报》1979.12.1.①）

△ 云南省红河哈尼族彝族自治州民族干部学校在建水建立，1980年招收首批少数民族学员。（《红河哈尼族彝族自治州志》1卷P97）

△ 青海省玉树藏族自治州图书馆成立。（《玉树州志》上P50）

△ 据《宁夏日报》报道，宁夏回族自治区电力局试验所和银川修造厂研制成功60万

伏轻便式可控硅直流高压试验器，为我国直流高压技术赶超世界先进水平作出贡献，并受到电力工业部嘉奖。（《中共宁夏党史大事记（1925.8～1988.6）》P502）

△ 经新疆维吾尔自治区党委批准，停止使用19年的柯尔克孜文恢复使用。柯尔克孜文版《克孜勒苏报》复刊。（《新疆日报》1979.12.13.①，《中国共产党新疆历史大事记（1966.5～1991.12）》下P130）

2日 据统计，临夏回族自治州少数民族干部已有3200多名，县、社两级领导干部中少数民族分别占50%和41%。（《新华社新闻稿》1979.12.3）

3日 广西壮族自治区革委会批转自治区经委《关于今年工业生产情况和抓好明年生产工作的报告》。《报告》提出4条搞活经济措施：一是扩大企业自主权；二是充分利用市场的调节作用；三是很好地体现按劳分配政策；四是整顿企业管理，加强职工教育培训。（《广西通志·大事记》P453）

4日 据报道，内蒙古自治区落实自留畜政策，全区农牧民自留畜增加140多万头（只）。（《人民日报》1979.12.4.②）

△ 青海省教育局根据教育部制定的全国《全日制中学暂行工作条例》和本省少数民族的实际情况，制定出《少数民族中小学暂行工作条例》，对民族学校的办学方针、办学形式、学校布局、课程设置等问题作出具体规定。（《新华社新闻稿》1979.12.5）

5日 我国冰川学家绘制的比例为1/50000的第一幅《珠穆朗玛峰地区图》出版。（《新华社新闻稿》1979.12.6）

△ 据新华社报道，我国科学工作者已查清祁连山的冰川资源，取得新的科研成果。祁连山地区冰川资源丰富，是甘肃河西走廊发展农田水利的天然大水库。（《新华社新闻稿》1979.12.6）

△ 据报道，从事地理研究的老专家杨利普，通过近3年来的考察研究，获得接近实际的新疆河流资料，即320条河流，总径流量777亿立方米，为开发利用新疆水利资源，提供规划设计提供依据。（《新华社新闻稿》1979.12.5）

7日 四川省成都部队空军某部党委正式任命包括藏、土、羌、门巴和锡伯等民族的12名少数民族飞行员为机长。（《解放军报》1979.12.31.①）

8日 新疆维吾尔自治区煤田地质勘探人员在南疆铁路沿线探明柯尔碱、南山、塔什店和俄霍布拉克4个煤田，总储量44.6亿多吨。（《新疆日报》1979.12.10.①）

9日 冶金部自动化研究所和包钢设计处、无缝钢管厂协作研制的我国第一套最大功率的可控硅供电装置试制成功。（《内蒙古日报》1979.12.9.①）

9～16日 贵州民族历史学术讨论会在贵阳举行。会议讨论苗族、布依族、侗族、水族和仡佬族5本民族简史编写过程中提出的问题，提出发掘民间文学遗产和要求推行本民族的新文字及创制新水族文字等建议。（《民族研究通讯》1980.1 P50）

11日 六世达赖仓央嘉措所著《仓央嘉措情歌》藏、汉文对照本出版，由西北民族学院王沂暖教授译。（《青海日报》1979.12.11.③）

12日 国务院批准内蒙古自治区新设置阿拉善盟，中共阿拉善盟委、阿拉善盟行政公署自1980年4月1日起正式办公，盟公署驻阿拉善左旗巴彦浩特镇。全盟辖阿拉善左旗、阿拉善右旗、额济纳旗。（《内蒙古自治区史》P371～372、541）

△ 据报道，内蒙古、宁夏、新疆、广西、西藏5个少数民族自治区以及8个省内的民族自治州先后建立17所高等医学院校和78所中等卫生学校，同时还建立藏医、蒙医、维医的教学和研究机构。（《新华社新闻稿》

1979.12.13）

△ 一年多来，宁夏搜集到50多位古代回族作家和80多位现代回族作者的作品共200多万字，初步编出一部《中国回族文学作品选》。同时创办《回族文学》丛刊。 （《新华社新闻稿》1979.12.13）

13日 贵州省黔南、黔东南自治州和广西壮族自治区百色、柳州、河池等地区的15个县，在黎平县召开1979年度灭疟联防会议。会议总结灭疟联防工作的成绩，进行学术交流，制定1980年灭疟联防协议书，增加广西的天峨、南丹和贵州的兴义、安龙、册亨、望谟县为联防区成员县。 （《贵州日报》1979.12.13.①）

△ 据报道，青海省牧区普遍恢复"打一只狼，奖一只羊，狼皮归己"的政策。1977年以来，全省牧区共打狼6755只。 （《人民日报》1979.12.16.②）

△ 新疆维吾尔自治区林业科学研究工作者经过2个月的航视调查证明，塔里木盆地胡杨林总面积达300万亩以上。 （《人民日报》1979.12.14.①）

13~29日 青海省统战工作会议在西宁举行。会议听取中共青海省委书记马万里、省第四届政协副主席郭廷藩等的专题发言及省委统战部副部长生根达结作省委统战工作报告，传达中央统战部工作会议精神，研究贯彻执行党的民族政策、宗教政策以及开展民族政策再教育等问题。省委第一书记梁步庭，书记张国声、扎喜旺徐（藏族），省委常委希候巴（藏族）等到会并分别作重要讲话或专题报告。（《青海日报》1980.1.3.①）

14日 据报道，西藏自治区建有羊毛加工企业40多个，每年可加工羊毛600多万斤。 （《新华社新闻稿》1979.12.14）

△ 据《新疆日报》报道，新疆维吾尔自治区旅游业有较大发展。自3月份乌鲁木齐、吐鲁番、石河子等地对外国旅游者开放后，中国国际旅行社乌鲁木齐分社接待日本、印度、法国、英国、联帮德国、瑞典、瑞士、美国、澳大利亚等十多个国家的近1500名旅游者和大批港澳台同胞、华侨和外籍华人。 （《中国共产党新疆历史大事记（1966.5~1991.12）》下P130~131）

15日 广西民族学院改由广西壮族自治区民委和教卫办双重领导，以自治区民委为主。 （《广西民族学院校史》P286）

17~18日 西藏自治区党委二届四次全委扩大会议召开。会议决定，对全区国民经济进行调整：一、调整好农业的比例关系，充分发挥畜牧业在国民经济中的作用。除确定牧区继续坚持"以牧为主"的方针外，半农半牧区由原来的"以农为主"改为"以牧为主，牧农结合"的方针，农区实行"以农为主，农牧林三结合"的方针。二、贯彻农村牧区的各项经济政策，让群众放开手脚发展生产。西藏是个边疆少数民族地区，在政治、经济、群众生活等各方面都有一定的特殊性。因此，党在农村、牧区的经济政策应当认真贯彻落实，纠正过去那种统得过多、限制过严、卡得过死的错误做法，把那些束缚群众手脚、不适应生产发展、不利于改善人民生活的极"左"做法，坚决改正过来。三、从满足少数民族需要出发，大力发展投资少、收效快、盈利多、就地取材、有销路的毛纺、制革等工业，特别要大力发展民族特需用品和传统手工业产品的生产。同时，要大力发展民间运输，加快全区内商品流通，增设商业网点，满足群众生产、生活需要。 （《中国共产党西藏历史大事记（1949~2004）》P321）

18日 据报道，经卫生部丝虫病调查组考核，广西壮族自治区龙胜各族自治县基本消灭马来丝虫病，被列入全国消灭地方病先进县行列。自1958年以来，该县对16.2万多人次进行血液检查，4000多名丝虫病患者进行治疗。 （《新华社新闻稿》1979.12.19）

△ 青海省成立中藏医药研究所。至此，全省建立蒙藏医院1所，藏医门诊部和县医院的藏医科8个，共有藏医、藏药人员500多名。（《新华社新闻稿》1979.12.19）

△ 据报道，新疆维吾尔自治区发掘、整理出大量被淹没的少数民族文学遗产，其中有维吾尔族古典名著《福乐智慧》、蒙古文学三大巨著之一的《江格尔传》、哈萨克族民间叙事长诗《阿尔哈勒克》等20多部民间文艺作品。（《新华社新闻稿》1979.12.19）

19日 内蒙古自治区在乌兰恰特召开直属机关学习与使用蒙古语文先进集体和个人发奖大会，奖励23个先进集体、539名先进个人。（《内蒙古日报》1979.12.27.①）

△ 国务院批准湖北省恩施地区建立来凤土家族苗族自治县，撤销来凤县。1980年5月21日举行成立大会。（《恩施州志》P19）

20日 云南省寻甸回族彝族自治县回、彝、苗、汉等各族代表和群众6万多人集会，庆祝寻甸回族彝族自治县成立。县委书记杨建有宣读国务院关于成立寻甸回族彝族自治县的批示，县革委主任丁德良（回族）讲话。云南省代表团团长刀国栋到会祝贺。（《云南日报》1979.12.27.①）

21日 云南省昭通地委组成山区民族慰问团，分赴10个县的山区民族社队，传达党中央对各族人民的关怀，宣传党的民族政策，组织群众发展山区经济和文化。（《云南日报》1979.12.21.①）

△ 据报道，1964年以来，青海省海南藏族自治州建有洪水管道80余条，总长700多公里，解决近百万头牲畜和3万多人的饮水与400余万亩冬春草场缺水问题。（《青海日报》1979.12.21.①）

△ 新疆维吾尔自治区克孜勒苏柯尔克孜自治州首次民间艺人弹唱会在阿图什召开。（《克孜勒苏柯尔克孜自治州志》上P45）

25日 国家民委召开全国民族政策宣传工作座谈会，讨论今后如何继续进行民族政策再教育的问题。全国人大常委会副委员长乌兰夫到会作重要讲话。（《新华社新闻稿》1979.12.26）

△ 据新华社报道，南方13个省、市、自治区防治血吸虫病工作会议最近在上海举行。经过20多年的努力，我国已经解决2/3以上的有钉螺面积，治愈2/3以上的血吸虫病人，有200个左右的县（市）基本上消灭血吸虫病。（《新华社新闻稿》1979.12.26）

26日 经国务院批准，云南省新平县改称新平彝族傣族自治县，元江县改称元江哈尼族彝族傣族自治县。（《云南日报》1980.1.17.①）

△ 云南省弥勒县彝族支系阿细人、撒尼人聚居的山区恢复建立西山民族中学和西山文化馆。（《云南日报》1980.1.26.①）

△ 青海互助土族自治县革委发出通知，征求对《土族文字方案》（草案）的意见。（《新华社新闻稿》1979.12.27）

27日 西藏自治区党委办公厅和政府办公厅联合通知，请各级党政军部门和各企事业单位的负责人，在近期对上级颁布的法令、条例和本单位制定的规章制度认真进行检查。凡不利于民族团结的，属本单位制定的，应即修改或停止执行；属上级制定的，请提出撤销或修改意见，分别上报。（《中国共产党西藏历史大事记（1949～2004）》P321～322）

27～29日 新疆维吾尔自治区民委第一次委员扩大会议举行。会议传达学习国家民委第一次委员（扩大）会议、全国人大民委第一次办公会议、全国民族政策宣传工作座谈会和自治区五届二次人代会议的精神，总结检查前阶段的工作，安排民族政策再教育，讨论有关少数民族地区补助费的管理规定及其使用等问题。（《新疆日报》1980.1.6.①）

28日 据报道，相传刘三姐传歌的地方——广西龙江两岸的柳城、融安等县恢复

赛歌会。10月初，柳州市首次恢复鱼峰山传统的民族歌节“中秋山歌会”。（《新华社新闻稿》1979.12.29）

△ 据报道，2年来，新疆维吾尔自治区恢复原有高等院校8所、新建高等院校2所，在校生1.13万多名；增办中专学校11所。全区中专共90所，在校生3.8万多名；中学近2000所，在校生79.4万多名；小学9100多所，在校生超过200万。1979年全区94%以上的学龄儿童入学。（《新华社新闻稿》1979.12.29）

30日 广西壮族自治区南宁至钦州22万伏超高压送电线路和钦州降压站建成投产。（《广西日报》1980.1.6.①）

31日 据新华社报道，中国科学院登山科学考察队的科学工作者最近在乌鲁木齐宣布：天山最高峰托木尔峰地区有现代冰川629条，冰雪总储量5052亿立方米。（《新华社新闻稿》1980.1.1）

是月 广西壮族自治区兽医研究所任鹏等研制出猪溶血性链球菌病弱毒疫苗，为国内首创，获国家农业科技改进一等奖。（《广西通志·大事记》P454）

△ 西藏自治区人民政府发布《关于对在藏工作的汉族干部、职工实行计划生育的暂行规定》，并从1980年1月1日起在汉族干部职工中正式实行有指标生育，要求将出生率控制在10‰以内，大力提倡晚婚、晚育，少生、优生，鼓励生1胎，控制2胎，杜绝3胎。1987年，全区汉族女职工晚婚率为84.3%，独生子女领证率为68%，出生率为10.7‰，其中1胎率87.49%、2胎率12.3%、3胎率0.3%、节育率6.16%；全区藏族及其他少数民族干部职工节育率为54.7%，日喀则地区农牧民群众节育率为22.5%，藏族女职工晚婚率为64.3%，藏族等少数民族出生率为14‰。（《当代中国的西藏》下P495～496）

△ 宁夏回族自治区第一台全数字化直读式的大型精密仪器电子万能试验机由青山试验机器厂试制成功。（《当代宁夏史通鉴》P32）

△ 宁夏回族自治区银川市电信局首次开通利用微波传送长途电话。（《当代宁夏史通鉴》P32）

是年 为探索我国牧区畜牧业现代化的途径，农业部协同9个有关省（区）建立4种类型的18个牧区现代化试点。这18个试点是：黑龙江杜尔伯特蒙古族自治县等现代化草原建设试点；内蒙古镶黄旗、正镶白旗、乌审旗、鄂温克族自治旗，四川石渠县，新疆新源县，青海泽库县、海晏县，甘肃夏河县和宁夏盐池县等畜牧业现代化综合试点；四川若尔盖县，内蒙古巴林右旗、科尔沁左翼后旗和新疆富蕴县等牧工商联合企业试点；内蒙古翁牛特旗示范牧场和湖南城步苗族自治县南山示范牧场等国外援建项目试点。以上试点，有11个是在1978年筹办的草原建设试点基础上续办。（《人民日报》1980.2.1.②）

△ 中国光学学会电子专业委员会委员、南开大学现代光学研究所教授张延炘（回族）研制的“2Mer电子静电加速器”获首届全国科技大会表彰奖。（《中国少数民族专家学者辞典》P704）

△ 对外经济贸易部计算中心主任、中国电子工程学会计算机应用工程学会理事、高级工程师荣兴全（满族）创建对外经济贸易部计算中心。（《中国少数民族专家学者辞典》P911）

△ 经国务院批准，教育部成立民族教育司。（《中国教育年鉴（1949～1981）》P398）

1980年

1月

1日 国务院规定广西等八省区从是年起实行民族自治地方财政管理体制。广西即日起实行，实施办法：地方固定收入和调剂收入（工商税收）全部留给地方，收入仍小于支出部分，由中央给予定额补助，作为对民族地区的特殊照顾。是年中央对广西定额补助2.7亿元。（《广西通志·大事记》P454）

△ 国家民委举行新年茶话会，招待400多位各族代表。全国人大常委会副委员长乌兰夫、阿沛·阿旺晋美，全国政协副主席李维汉、班禅额尔德尼·确吉坚赞，国家民委主任杨静仁等到会讲话。会议要求，各族人民和民族工作者要认真学习国务院总理周恩来在青岛民族工作座谈会上的讲话，为积极发展民族地区的经济文化建设事业，为建设祖国边疆作出新贡献。（《人民日报》1980.1.2.④）

△ 内蒙古自治区党委发出《关于进行民族政策再教育的通知》。（《内蒙古自治区史》P541）

△ 天池自然保护区建立，位于新疆维吾尔自治区阜康县，面积3.81万公顷，是以森林生态系统、高山湖泊为主要保护对象的省级自然保护区。托木尔峰自然保护区建立，位于新疆温宿县，面积23.76万公顷，是以野生动植物为主要保护对象的国家级自然保护区。塔城巴旦杏自然保护区建立，位于新疆裕民县，面积1500公顷，是以野巴旦杏及其生境为主要保护对象的省级自然保护区。布尔根河狸自然保护区建立，位于新疆哈巴河县，面积5000公顷，是以河狸及其生境为主要保护对象的省级自然保护区。（《全国自然保护区名录（2003）》P115～116）

2日 据报道，1979年4月以来，西藏自治区收集整理民间文学遗产领导小组在拉萨、山南、日喀则等地搜集到民间故事近百万字、情歌700余首。（《光明日报》1980.1.2.①）

2～12日 国家民委和科学院在北京联合举行第三次全国民族语文科学讨论会。会议总结建国以来民族语文工作的经验，探讨民族语文工作中的重要理论问题，分析新时期民族语文工作的新情况和新问题，修订落实民族语文重点研究规划。全国人大常委会副委员长乌兰夫接见与会代表并讲话。（《新华社新闻稿》1980.1.27）

3日 云南省人大民委五届一次会议举行，听取省民委副主任王连芳关于民族工作的汇报，着重讨论人大民委的工作任务。省委副书记、省人大常委会副主任孙雨亭就省人大民委的重要性及其性质、任务等讲话。（《云南日报》1980.1.4.①）

△ 西藏自治区党委发出指示，要求广泛深入进行民族政策再教育，领导干部带头接受再教育，带头检查自己执行民族政策的情况，严肃认真地解决问题。（《西藏日报》1980.1.4.①）

△ 西藏自治区扶贫领导小组和各地（市）、县扶贫领导小组，抽调2180多人组成522个工作组，深入贫困社、队和困难户，帮助解决生产、生活问题。自治区拨专款1000万元，各地（市）、县自筹扶贫救济款353万多元。（《西藏日报》1980.1.3.①）

△ 据报道，西藏自治区江孜白居寺全面维修，修复部分已于1979年12月开放。（《西藏日报》1980.1.3.①）

△ 青海省格尔木至西藏自治区拉萨市的新航线正式通航，航程1200多公里。（《青海日报》1980.1.16.①）

4日 新疆维吾尔自治区首次教育科学规划会议召开。会议制订1979年至1985年《教育科学发展规划纲要》（草案），讨论少数民族教育的普及和提高以及少数民族师资的培养和训练等问题，成立自治区教育学会，张梵当选会长。（《中国共产党新疆历史大事记（1966.5～1991.12）》下P132）

5日 西藏自治区党委、自治区人民政府向党中央、国务院报告说，1979年西藏农牧业受灾减产，农业因全区干旱总受灾200多万亩，其中减产1/3以上的近80万亩，占总播面积的1/4，全区粮食减产约0.75亿公斤。牧区有25个牧业县和半农半牧业县不同程度受灾，7万多牧民生活困难，疾病增多，冻伤不少。300多万头（只）牲畜严重缺草，膘情急速下降，孕畜流产，开始死亡。报告中说，除西藏已采取措施外，请中央今年再给扶贫费、救灾费各1000万元。（《中国共产党西藏历史大事记（1949～2004）》P323）

5～23日 教育部在北京举行教育工作会议。会议要求加强边疆和民族地区的教育工作。（《新华社新闻稿》1980.1.26）

6日 云南省委召开山区经济建设和民族工作座谈会，讨论山区经济建设的方针、政策、措施和民族政策再教育等问题。（《云南日报》1980.1.6.①）

7日 贵州省革委会发出通知，党的一大代表邓恩铭（水族）烈士诞生地——水族村寨水浦故居列为省级文物保护单位。（《贵州日报》1980.1.7.①）

△ 据报道，截至1979年底，新疆维吾尔自治区各级人民法院已复查纠正冤、假、错案2.9万多件，占应复查案的95%。（《新疆日报》1980.1.7.①）

7～11日 新疆维吾尔自治区举行首届玉石工作会议。会议讨论如何加快自治区玉石开采和玉雕生产等问题，制订出1980年至1985年生产发展规划。（《新疆日报》1980.1.14.①）

8日 内蒙古自治区乌兰察布盟自行设计、施工的集宁至张家口干线公路大桥在兴和后河地段落成，总长245米，桥面净宽9米。（《内蒙古日报》1980.1.8.①）

△ 内蒙古电子仪器厂试制成功我国第一台200MHE示波器，填补我国示波器系列中一项空白。（《内蒙古日报》1980.1.8.①）

9日 内蒙古文化局拨专款修缮乌兰浩特内蒙古人民代表会议会址。1947年4月23日在该址召开此会，宣告成立我国第一个省级民族自治区地方政权——内蒙古自治政府，并确定5月1日为诞生纪念日，故会议通称“五一”大会。（《内蒙古日报》1980.1.31.③）

△ 贵州省三都水族自治县各族人民隆重集会，庆祝横跨柳江上游的三都大桥建成通车。（《贵州日报》1980.2.14.①）

△ 西藏自治区教育厅决定把工作重点放在普及小学教育上，并拟订出自治区普及小学教育暂行规定、中小学教学计划、学校体制和人民助学金改革意见等。（《西藏日报》1980.1.9.①）

10日 内蒙古自治区哲里木盟雨后降雪，90%的草场被积雪覆盖，造成多年未遇的“白灾”。内蒙古抗灾保畜指挥部决定派出工作组，前往帮助解决抗灾救灾问题。（《内蒙古日报》1980.2.3.①）

△ 吉林省延边朝鲜族自治州长白山自然保护区加入国际生物圈保护区网，被列为世界自然保留地。（《延边朝鲜族自治州志》P86）

△ 据报道，广西壮族自治区植物研究所新发现小果微花藤、东京桐、叉指叶括楼、掌叶木和茶条木等10种油料植物。（《广西日报》1980.1.10.①）

△ 广西壮族自治区牧草良种繁殖场在扶绥县渠黎乡建立。该场生产繁殖优良牧草种子，供自治区内牧草改良需要。同年，在南宁、桂林、玉林、梧州、百色、河池6地区创办良种牧草繁殖基地。（《广西通志·大事记》P455）

10～19日 新疆维吾尔自治区首次农业现代化学术讨论会在乌鲁木齐举行。会议对农业现代化的若干理论问题和基本原则问题，对实现新疆农业现代化的方针、目标、道路等问题进行认真讨论。自治区党委书记李嘉玉在闭幕式上发表讲话指出，今后党政领导要和专家、教授、科技人员交朋友，向内行学习，尊重和关心知识分子。（《中国共产党新疆历

史大事记（1966.5～1991.12）》下P132）

11日 地质学会、地球物理学会和石油学会在北京联合举行塔里木盆地石油资源座谈会，全国31个不同学科、不同专业的几十位专家、学者共同探讨了塔里木盆地的石油资源问题。（《新疆日报》1980.1.12.①）

△ 西藏自治区拉萨至阿里邮路正式通邮，全长1740公里。（《西藏日报》1980.1.12.①）

△ 据新华社报道，我国最大的沉积岩盆地——新疆维吾尔自治区南部的塔里木盆地接连打出3口高产油气井，喷势猛，压力高，产量稳定，是我国目前少见的高产井。（《中国共产党新疆历史大事记（1966.5～1991.12）》下P132）

13日 据报道，在内蒙古自治区扎赉诺尔发现对研究中华民族祖先活动踪迹和古代地理环境具有重要价值的头骨、牛骨、象牙化石。（《内蒙古日报》1980.1.13.①）

14日 广西壮族自治区党委、自治区政府向中共中央、国务院作《关于1980年农村工作部署的报告》。《报告》提出，农村工作着重抓3方面的政策落实：一、建立健全生产责任制，在坚持由生产队“五统一”的前提下，推广灵活多样的责任制形式，包括在大石山居住分散地区建立包产到户责任制。但主要是大力推广划分专业组，搞“几定一奖”的责任制。二、切实尊重生产队自主权，由生产队自主决定管理形式和分配办法。三、因地制宜，发展商品粮基地公社和建立一批林业、甘蔗等基地，争取在几年内使农业布局合理、全面发展。由于全区许多地方群众包产到户的要求得不到上级领导支持，纷纷将生产队划小，至5月，全区生产队数量由18万多个增加到25万多个。同时，占全区生产队总数7.1%的队还坚持实行包产到户责任制。（《广西通志·大事记》P455）

△ 由铁道部电化工程局和柳州铁路局共同研制完成的全国第一套安全好、效率高的调车区域电气集中设备在广西壮族自治区黎塘、贵县火车站试点成功。（《广西通志·大事记》P455）

15日 新疆维吾尔自治区发掘、整理、翻译和出版《福乐智慧》、《突厥语大词典》和《玛纳斯》等少数民族文学遗产。（《新疆日报》1980.1.15.①）

△ 新疆维吾尔自治区党委宣传部发出通知，要求广大干部群众认真学习和贯彻国务院总理周恩来《关于我国民族政策的几个问题》的重要讲话精神，进一步落实民族政策，加强各民族之间的团结，促进“四化”建设。（《新疆日报》1980.1.15.①）

16日 据报道，广西壮族自治区党委积极改革林业管理体制，把林业建设、木材加工、产品销售有机地结合起来，兴办林、工、商联合企业。（《人民日报》1980.1.16.②）

17日 在北京的各少数民族人士举行座谈会，学习讨论国务院总理周恩来在青岛民族工作座谈会上的讲话。（《新华社新闻稿》1980.1.18）

△ 西藏自治区人民政府决定，在森林国有权不变的原则下，林业部门可将部分国有林委托社队经营，少数荒山荒坡划给社员植树造林，林权归种者所有。（《西藏日报》1980.1.18.①）

△ 据有关部门统计，广西壮族自治区扩大企业自主权的企业经济效益显著，南宁、柳州、桂林、梧州4市50个试点企业1979年产值增长18%，上缴利润增长17.5%。（《广西通志·大事记》P455）

17～19日 宁夏回族自治区人大常委会一次会议举行，听取和讨论通过自治区人民政府关于落实民族政策的报告。（《宁夏日报》1980.1.20.①）

18日 1979年，青海省海北藏族自治州选拔年富力强的业务骨干和少数民族干部178

名任各级领导职务。其中，任州委、州革委领导的3名，任县级党政和业务局委领导的22名；任公社党政领导的29名。州、县、社3级党政领导的主要领导成员中，少数民族干部约占50%。海南藏族自治州从少数民族干部中提拔21名任公社、县、州级领导干部。（《新华社新闻稿》1980.1.19，《青海日报》1980.1.21.①）

19日 内蒙古自治区第一部蒙文解释词典《蒙语学生词典》出版。（《内蒙古日报》1980.1.19.①）

△ 新疆维吾尔自治区考古研究所考古队完成位于塔里木盆地的古楼兰遗址的考察，发现多种木器、陶器、玉器、铜器以及西汉（前206年—公元24年）铸造的5株钱数十枚和“贵霜帝国”（大月氏于公元2世纪在中亚建立政权）的钱币1枚。还在库鲁克山的峡谷发现岩画。（《新华社新闻稿》1980.1.20）

20日 据报道，国务院总理周恩来于1957年8月4日在青岛民族工作座谈会上作的《关于民族政策的几个问题讲话》，先后以汉、蒙古、藏、维吾尔、哈萨克、朝鲜等民族文字出版发行。（《新华社新闻稿》1980.1.21，1.22）

△ 黑龙江省考古工作者在蒲峪首府的遗址上，发掘出一座距今800年的金朝建筑遗址，出土文物200余件，其中有宋代瓷器的典型作品定白瓷和出自女真族匠人之手的雕砖花边板瓦等。（《新华社新闻稿》1980.1.21）

21日 北京市确定建于公元996年的牛街清真寺和建于公元1785年的喇嘛寺西黄寺等为重点文物保护单位。（《新华社新闻稿》1980.1.22）

△ 据报道，1979年底青海省群艺馆在民和县举办全省第一次民歌“花儿”讲习会，40多名各族民间歌手和专业文化工作者交流经验，并在会上创作300余首新“花儿”。（《青海日报》1980.1.21.③）

△ 新疆维吾尔自治区政府发出通告，解散“阿克苏垦区上海青年联络总部”等非法组织，要求擅自外出的人员立即返回原单位，坚守生产工作岗位，恢复正常秩序。1979年11月，少数为首分子不听劝告又聚众闹事，要求返回上海，经耐心教育后多数回场劳动，个别不遵守命令的收容管制。事态最终得以平息。（《中国共产党新疆历史大事记（1966.5～1991.12）》下P132）

22日 据报道，内蒙古自治区克什克腾旗新井公社水晶石矿工人挖出1窝重330斤，价值6600元的水晶石。敖汉旗出土重31.42公斤的馒头状秦权（秦权即秦代制作的秤锤）一件。（《内蒙古日报》1980.1.22.①）

△ 宁夏回族自治区地质局野外地质队在同心县境内发现一个特大型石膏矿床，初步查明矿区范围10余平方公里，矿层厚度50至100米。（《宁夏日报》1980.1.23.①）

22～24日 农业部畜牧总局牧场与新西兰中新农业咨询公司签订协定，拟在广西壮族自治区来宾县南泗公社建立广西黔江示范牧场。该牧场引进外国技术、设备，由新西兰专家主持建设。据1981年底测定，围栏草场1.73万亩，改良草地1.67万亩，牧草覆盖率90%以上，平均亩产鲜草2000公斤，比天然草地提高2.8倍。该场于1983年3月10日建成并通过验收，交广西有关部门经营管理。（《广西通志·大事记》P455）

23日 西藏自治区政府公布《关于对在藏工作的汉族干部职工实行计划生育的暂行规定》。（《当代中国的西藏》下P597）

25日 江西省历史博物馆考古队等在泸溪河岸发掘出13座距今2200至2600年春秋战国时期的少数民族崖墓，清理出文物200余件。（《新华社新闻稿》1980.1.29）

△ 青海省民委召开学习讨论会，学习国务院总理周恩来关于民族政策的重要讲话，畅谈民族政策再教育的重要性和迫切性，呼吁有

关单位把执行党的民族政策，加强民族团结，使用和发展少数民族语言文字，培养少数民族专业技术人才，提高少数民族的科学文化水平落到实处。（《青海日报》1980.1.30.①）

△ 新疆维吾尔自治区农垦总局决定，在机械化程度较高的51个农场实行区域化专业化生产，分成粮食、棉花、油料、甜菜、葡萄生产基地。（《新疆日报》1980.1.23.①）

26日 内蒙古自治区拟订《家畜改良方向区域规划》，对羊、牛、马、驴、骆驼、猪、兔和家禽等畜种的改良提出要求。（《光明日报》1980.1.26.②）

△ 广西壮族自治区1978年至1979年科技成果颁奖大会在南宁召开，奖励一等奖10项、二等奖15项、三等奖40项。（《广西通志·大事记》P455）

26日~2月2日 新疆维吾尔自治区文联和文化局在乌鲁木齐联合召开文学、戏剧座谈会，给152篇（幅）优秀的文学、戏剧、美术作品的作者颁发奖金和奖品。（《新疆日报》1980.2.5.③）

28日 西藏自治区党委召开直属机关关于民族政策再教育座谈会，听取前阶段民族政策再教育情况和执行民族政策检查情况的汇报。座谈会肯定成绩，对存在的问题提出批评和建议。自治区党委书记天宝到会讲话。2月14日，《西藏日报》发表社论《民族政策再教育要普遍深入下去》。（《西藏日报》1980.2.1.①，2.14.①）

△ 青藏公路科研组通过多年科研，初步获得青藏高原多年冻土地区修筑沥青路面的施工经验，写出多种应用文件和图表。（《青海日报》1980.1.28.①）

28~30日 吉林省委宣传部、统战部和省民委联合举行民族政策宣传工作座谈会，传达和学习全国人大常委会副委员长乌兰夫在全国民族政策宣传工作座谈会上的讲话和会议纪要，交流各地开展民族政策再教育的情况，着重讨论在春节前后集中一段时间深入进行民族政策再教育的工作。（《吉林日报》1980.2.4.①）

29日 据报道，自1979年11月以来，中央人民广播电台举办2次《民族政策讲话》，用汉、蒙、藏、维、哈、朝6种语言进行广播。（《人民日报》1980.1.29.④）

△ 广西壮族自治区党委宣传部、统战部发出通知，要求全区各族干部群众，学习国务院总理周恩来在青岛民族工作座谈会上的讲话，并进行一次民族政策再教育，检查民族政策执行情况，妥善解决存在的问题，进一步贯彻落实党的民族政策，加强民族团结，为“四化”作贡献。（《广西日报》1980.1.29.①）

△ 广西壮族自治区民族史研究会和广西民族研究所在南宁召开瑶族历史学术讨论会，讨论瑶族的族源、社会历史分期、解放前瑶族的社会性质和社会历史特点等问题。（《广西日报》1980.1.29.③）

△ 新疆维吾尔自治区伊犁、塔城和乌鲁木齐等地，陆续发现稀有千年夏橡树。（《新华社新闻稿》1980.1.30）

△ 新疆维吾尔自治区民委、《新疆日报》编辑部、新疆人民广播电台编辑部联合召开座谈会，进一步学习国务院总理周恩来在青岛民族工作座谈会上的讲话，讨论搞好党的民族政策再教育问题。2月6日，《新疆日报》发表评论员文章《切实抓紧民族政策再教育》。（《新疆日报》1980.2.6.①）

30日 内蒙古自治区人民政府决定，在“开司米”优质原料产地——鄂托克旗建立绒山羊种羊基地。（《新华社新闻稿》1980.1.31）

△ 据统计，西藏自治区党委和统战部门安排有工作能力和技术专长的爱国人士参加实际工作。在“文革”中受冲击的550多名爱国人士中，任全国人大代表，全国政协委员，自治区人大常委会副主任、委员，自治区各级政

府副主席、常委、委员的达258名；任全国妇联副主席、全国工商联常委和全国文联委员等职务的多名；安排在自治区文史资料编写委员会或小组的达百余名；安排在自治区人民政府各部门工作的爱国人士达50多名。自治区党委和统战部门还安排一些有专长的爱国人士，在院校、医院、银行和文物管理委员会等单位工作。（《新华社新闻稿》1980.1.31）

30日~2月1日 河南省伊斯兰教协会等3个宗教团体筹备组在郑州召开筹备会议，筹备恢复3个宗教团体的工作。会议通过3个筹备组向全省教徒群众发出的遵守政府法令，大搞四化建设“倡议书”。河南省民委主任金少英在会上阐述了党的宗教信仰自由政策。（《河南日报》1980.2.3.①）

31日 北京地区民族古文字研究者座谈会在中央民族学院召开，就筹备成立中国民族古文字研究会和开展学术活动等问题进行磋商。（《中国史研究动态》1980.5 P7）

△ 内蒙古自治区阴山西段发现几千年来逐步形成的一个岩画宝库。初步考证，“阴山岩画”为古代游牧民族的文化珍品。（《内蒙古日报》1980.2.2.①）

31日~2月20日 《西藏日报》连续刊载长篇文章《民族政策讲话》。文章从“新时期民族工作的任务”、“普遍深入地进行民族政策再教育”、“坚持民族平等，加强民族团结”、“认真执行民族区域自治政策”、“大力培养少数民族出身的共产主义干部”、“重视和使用少数民族的语言文字”、“认真执行尊重少数民族风俗习惯的政策”、“认真贯彻执行党的宗教信仰自由政策”、“积极帮助少数民族发展经济建设”、“大力帮助少数民族发展文化教育事业”、“认识民族问题的长期性，坚定正确地贯彻党的民族政策”等方面，论述党在西藏的民族政策。（《中国共产党西藏历史大事记（1949~2004）》P323）

是月 内蒙古自治区五种丛书领导小组和《内蒙古自治区概况》编委会在呼和浩特召开编写鄂伦春、鄂温克族和莫力达瓦达斡尔族3个自治旗概况的会议。会议成立3个旗的编写小组，确定《达斡尔族简史》、《鄂伦春族简史》等书的编辑、修改人员。（《内蒙古日报》1980.4.15.①）

△ 云南省怒江傈僳族自治州委、州革委作出“以林为主，林、粮、牧、药全面发展”的农业生产方针。（《怒江傈僳族自治州志》上P32）

△ 云南省迪庆藏族自治州恢复粮油集市贸易，粮食部门开展粮油议购议销活动，参与市场调节，发挥主渠道作用。（《迪庆藏族自治州志》P53）

△ 云南省红河哈尼族彝族自治州影片公司设民族语电影译配组，至1984年共翻译配音哈尼族语长短片24部。（《红河哈尼族彝族自治州志》1卷P98）

△ 柯尔克孜民间史诗《玛纳斯》工作组成立，由中国民间文艺研究会、中央民族学院、新疆维吾尔自治区文联和克孜勒苏柯尔克孜自治州有关部门组成。（《克孜勒苏柯尔克孜自治州志》上P45）

是月~2月 新疆维吾尔自治区党委宣传部连续4次举行出版工作座谈会，专门检查、讨论少数民族文字图书的出版发行工作，研究解决工作中存在的问题，以促进少数民族文字出版工作的进一步繁荣。会议强调，自治区的图书出版发行工作一定要坚定不移地贯彻以少数民族文字图书翻译出版发行为主的方针，努力为“四化”建设服务。（《中国共产党新疆历史大事记（1966.5~1991.12）》下P133）

2月

1日 据报道，1978年以来，湖南省湘西土家族苗族自治州帮助13所民族中学建设1万多平方米的校舍和宿舍，添置440多套课堂桌椅，增加价值4万多元的教学设备。自治州13

所民族中学学生达5200多名，其中少数民族学生占80%以上。（《光明日报》1980.2.3.②）

△　四川省牦牛资源调查队在海拔4000米以上的九龙县牦牛主产区，发现体高、体重冠居全国，胜过国外的肉用型良种牦牛。据测定，最大的牦牛体高156厘米，体重930公斤。（《四川日报》1980.2.2.①）

△　据新华社报道，云南省西双版纳傣族自治州境内的澜沧江航道经整治通航，全长158公里。此段航道的通航，对促进沿河两岸各民族的物资交流和工农业生产的发展将起很大作用。（《新华社新闻稿》1980.2.2，《中华人民共和国大事记（1949～1980）》P189）

4日　广西壮族自治区建委召开自治区施工、设计工作会议，总结1979年基建情况，停建105个项目，清理出计划外项目893个。（《广西通志·大事记》P456）

△　贵州省黔东南苗族侗族自治州党委决定成立“黔东南州少数民族经济文化建设领导小组”，负责统一领导和研究支援少数民族地区的经济文化建设的具体工作。（《贵州日报》1980.2.4.①）

△　新疆维吾尔自治区党委转发《关于贯彻中央［1979］84号文件，开展把原工商业者中的劳动者区别出来的工作的安排意见》。《意见》说，1956年对私营工商业进行社会主义改造时全疆私营工商业共计8.40万户，其中资本主义性质的工业约30户、资本主义性质的商业约900户。在实行按行业公私合营时，一批小商、小贩、小手工业者及其他劳动者也参与公私合营企业，他们统称为私方人员，按资产阶级工商业者对待。因此，把这批劳动者区别出来是完全必要。（《中国共产党新疆历史大事记（1966.5～1991.12）》下P134～135）

4～7日　甘肃省临夏回族自治州人大七届二次会议举行。会议决定设立临夏回族自治州人大常委会，改州革命委员会为州人民政府。（《临夏回族自治州志》上P65，下P849）

5日　青海省海北藏族自治州召开牧区教育工作会议，确定寄宿学校为今后牧区办学的主要形式，制定今后两年全州牧区教育发展规划和寄宿学校管理条例。（《青海日报》1980.2.5.③）

6日　宁夏回族自治区党委批准，转发宣传部、统战部和自治区民委的报告，要求自2月20日至3月底，全区普遍深入地开展民族政策再教育，提高执行党的民族政策的自觉性，检查民族政策执行情况。《宁夏日报》为此发表评论员文章《认真搞好民族政策再教育》。（《宁夏日报》1980.2.6.①）

9～10日　新疆维吾尔自治区射箭运动员郭梅珍（女，锡伯族）与队友在印度加尔各答举行的首届亚洲杯射箭比赛中获女子团体、单轮50米冠军。（.《新疆通志·体育志》83卷P47）

10日　中共黑龙江省委、省人大常委会、省政府、省政协联合组成少数民族春节慰问团，结束在齐齐哈尔、牡丹江等地对满、朝鲜、回、蒙古、达斡尔、柯尔克孜、鄂温克等少数民族的慰问活动，返抵哈尔滨。其间，慰问团传达党中央对少数民族的关怀，揭批“四人帮”破坏民族政策的罪行，宣传和解释党的政策，帮助安排和部署少数民族地区的生产建设和民族工业的发展。同时在部分地区研究发展民族教育、卫生事业等问题。（《黑龙江日报》1980.2.11.①）

11日　中共黑龙江省委统战部、省民委举行少数民族春节茶话会。与会各族代表就培养少数民族干部，发展少数民族地区经济、文化，尊重和照顾少数民族风俗习惯等问题，提出意见和要求。（《黑龙江日报》1980.2.12.①）

△　河南省各民族代表在郑州举行迎春联

欢会。省委书记赵文甫到会讲话指出，根据中央指示，春节前后要集中一段时间继续进行民族政策的宣传教育，认真学习国务院总理周恩来在青岛民族工作座谈会上的重要讲话，检查民族政策执行情况，切实解决河南民族工作中存在的问题。（《河南日报》1980.2.12.①）

12日 第五届全国人大常委会第十三次会议通过并公布《中华人民共和国学位条例》，自1981年1月1日起施行。（《新华社新闻稿》1980.2.14，《中华人民共和国大事记（1949～1980）》P348）

14日 全国人大民委、国家民委、北京市民委在人民大会堂联合主办春节联欢会，国务院副总理李先念，全国人大常委会副委员长乌兰夫、阿沛·阿旺晋美，全国政协副主席班禅额尔德尼·确吉坚赞，国家民委主任杨静仁等出席并接见部分少数民族先进工作者和劳动模范。（《人民日报》1980.2.15.④）

△ 据报道，青海省柴达木盆地西南部发现一个储量丰富的新油田。（《新华社新闻稿》1980.2.15）

20日 广西壮族自治区人民政府发出《关于发展山区生产若干经济政策问题的规定》，确定天等、马山、龙州、凌云、乐业、那坡、西林、隆林、田林、德保、百色、东兰、巴马、凤山、天峨、南丹、都安、环江、融水、金秀、忻城、三江、融安、龙胜、资源、富川、昭平、上思28个县（自治县）为山区县。明确提出靠山吃山，因地制宜，扬长避短，发挥优势的山区经济建设方针。按照发挥山区优势的要求，以发展油茶、油桐、木材、菜牛、菜羊、八角、茴香、云木耳、香菇、田七、桂皮、罗汉果等林、牧、土特产品为主，制定发展山区粮食和土特产的具体政策，调减粮食征购任务，提高部分农副土特产品的化肥奖售标准和收购价格。（《广西通志·大事记》P456）

21日 内蒙古自治区鄂尔多斯高原东缘准格尔旗境内发现一大煤田，探明储量146亿吨，远景储量超过360亿吨。（《人民日报》1980.2.23.①）

21～26日 青海省农牧委员会在西宁召开农牧业现代化综合科学实验试点会议，决定在互助和海晏两县建立省农牧业现代化试点。会议研究了试点工作的步骤、方法以及组织领导、队伍组建、人员培训和经费等问题。（《青海日报》1980.2.27.①）

23日 北京市民委和各级民政部门把党的民族政策落实到基层，在全市抓尊重少数民族风俗习惯方面的工作，恢复"东来顺"、"又一顺"、"月盛斋"等一批清真风味商店的名称，增加清真饭馆和小吃店，并在清真饮食副食店安排回民职工。进行民族政策再教育中恢复北京市回民中学，重点扶持通县民族小学和顺义县回民营、大兴县东白塔和西红门等回民小学。（《人民日报》1980.2.25.①）

23～25日 云南省德宏傣族景颇族自治州恢复在林彪、"四人帮" 横行时期被禁止的景颇族人民一年一度传统的木脑活动。省政协和民委、自治州的领导人及国家民委派出的中央民族歌舞团赴云南春节慰问演出队的全体同志参加这一活动。（《云南日报》1980.3.13.③）

24日 上海市为贯彻党的民族政策，恢复清真屠宰厂，调整和增设清真网点，恢复原来的店名和经营特色。并对信仰伊斯兰教的回、维吾尔等少数民族群众，在牛羊肉供应上切实加以照顾。（《人民日报》1980.2.25.①）

△ 天津市为贯彻党的民族政策，恢复和新建回民糕点厂、副食品店和饭馆等。红桥区、河西区还组织少数民族人民代表和政协委员分别对饮食、副食、糕点行业执行民族政策情况进行检查。（《人民日报》1980.2.25.①）

△ 广西壮族自治区龙州县武德公社发现

一棵树冠幅达28米，胸径2.96米的我国目前最大的桄树，被称为“桄树王”。（《光明日报》1980.2.25.①）

△ 据报道，目前，西藏自治区党委和人民政府所辖30多个主要部、厅、局（委）党政领导班子中，由少数民族干部担任党组书记并兼任行政第一把手职务的有7人，单独担任行政第一把手职务的有6人。全区6个地（市）党政领导班子中，担任行政专署（市人民政府）第一把手的有6人；73个县中，担任县委第一把手职务的有20人，担任县革委会第一把手职务的有70人。合计113人，占同级干部总数的50%。藏族女干部任县委书记、副书记、县长、副县长的共有78名，山南地区9个县有3个藏族女干部任县委第一把手。（《人民日报》1980.2.25.③，《西藏日报》1980.2.25.①）

25日 据报道，辽宁省阜新蒙古族自治县蒙医研究所挖掘、整理出版几近失传的《玛娜仁钦宗乃》密卷。（《辽宁日报》1980.2.25.③）

△ 宁夏回族自治区党委派出以自治区副主席马思忠为团长的民族政策执行情况检查团，分赴固原、银南地区和银川、石嘴山市，协助各地、市、县党委检查民族政策执行情况。（《宁夏日报》1980.2.26.①）

26日 新疆维吾尔自治区党委召开常委扩大会议，检查总结1979年的工作，部署1980年任务。会议决定，农业地区以农为主，大力抓畜牧业，实行农牧结合的方针；半农半牧区，实行以牧为主，农牧结合，全面发展的方针；牧区实行以牧为主，围绕畜牧业生产，发展多种经济的方针；种植经济作物为主的地区，以种植规定的经济作物为主，实行多种综合经营的方针。一切能植树的地方都要积极植树造林。（《新疆日报》1980.2.26.①）

27日 据报道，广西壮族自治区24个少数民族聚居的山区县，60%的大队通汽车。自治区政府决定从1980年至1985年，每年拨出500万元专款，扶持少数民族山区县兴建公路。（《广西日报》1980.2.27.①）

△ 云南省大理白族自治州13个县（市）中有11个县（市）恢复传统的集市街期。（《云南日报》1980.2.27.②）

28日 西藏自治区林芝县尼洋河北岸海拔3100米的阳坡上发现一棵树高52米、胸围14.2米、胸径4.5米的生长1000多年的巨柏。（《光明日报》1980.2.29.①）

29日 甘肃省委第一书记宋平在河西走廊听取天祝藏族自治县、肃南裕固族自治县、肃北蒙古族自治县和阿克塞哈萨克自治县汇报情况，就如何培养少数民族干部和专家的问题作出指示。（《甘肃日报》1980.3.4.①）

是月 吉林省延边朝鲜族自治州速滑运动员孔美玉（女，朝鲜族）参加第13届冬奥会比赛，打破女子速滑1500米全国纪录。（《延边朝鲜族自治州志》P86）

△ 宁夏回族自治区党委、人民政府制定《关于当前农村若干政策问题的补充规定（修改草案）》提出，保护生产队的所有权是稳定三级所有制、稳定人心、发展生产的基础；不许搞“穷过渡”和“一平二调”；也不许搞分田单干；对经营林、牧、副、渔业的可实行专业组等责任制，对农业田间管理可实行单项农活定额管理、小段包工或联产计酬等责任制；“个别边远山区、交通不便的单家独户，也可以实行包工到户”。（《中共宁夏党史大事记（1925.8～1988.6）》P505）

3月

1日 中共中央高级党校成立西藏民族干部训练班。训练班分高级班和中级班，13人参加学习，其中高级班3人、中级班10人。学习时间为3个月。9月，中央高级党校又为西藏民族干部举办2个训练班，分高级班和中级班，30多人参加学习，主要是西藏各地区的县级藏族干部，也有个别优秀区级干部。直至1992年，中央高级党校每年都为西藏举办1期训练班。（《中国共产党西藏历史大事记（1949~2004）》P324）

△ 广西壮族自治区人民政府决定，从民族补助费中拨出756万元专款给少数民族山区和革命老根据地发展地方工业。（《新华社新闻稿》1980.3.13）

3~11日 中共黑龙江省委举行统战、民族工作会议。会议学习中共十一届五中全会公报，总结建国30年来统战、民族工作，明确新时期统一战线的性质、任务、范围、方针和政策。会议还给全省的各级统战部门和统战干部摘掉林彪、“四人帮”强加给他们的“执行投降主义、修正主义路线”的帽子，为他们平反、恢复名誉。省委书记陈雷作会议总结。（《黑龙江日报》1980.3.14.①）

5日 中共中央、国务院发布关于大力开展植树造林的指示，指出本世纪末要力争使全国森林覆盖率达20%。（《新华社新闻稿》1980.3.9,《中华人民共和国大事记（1949~1980）》P223）

6~18日 “三北”防护林体系建设领导小组在北京召开会议，研究防护林体系建设中一些根本性问题，形成《“三北”防护林建设领导小组会议纪要》，要求“三北”地区的11个省、自治区政府和国务院有关部委等部门参照执行。《纪要》提出，“三北”地区今明2年的主要任务是，切实保护好现有森林植被，努力提高造林质量，完成造林计划，力争在3~4年内将风沙区1亿多亩的农田防护林建成。会议确定祁连山、贺兰山、罗山、六盘山、子午岭、乔山、黄龙山和天山等林区为水源涵养林区，内蒙古潮格旗的天然梭梭林、克什克腾旗的红皮云杉林、哲里木盟大青沟珍贵阔叶林和新疆塔里木河中游的胡杨林为自然保护区。（《新华社新闻稿》1980.3.18，6.18）

8~21日 全国9省（区）的文艺刊物《边疆文艺》、《草原》、《朔方》、《花的原野》（蒙文）、《新疆文学》（维吾尔、哈萨克、汉、蒙古文）、《广西文艺》、《山花》、《青海湖》、《甘肃文艺》、《西藏文艺》和《延边文艺》（朝文）编辑部在昆明举行编辑工作会议。会议讨论了民族省（区）文艺刊物的民族特色和地方特色的问题，还就扶持和发展少数民族文字的文艺期刊，加强少数民族文字的翻译工作和培养用少数民族文字写作的作者，以及经费、编制人员等问题提出意见。（《边疆文艺》1980.5 P78）

9日 青海省医学院开设地方病专科班，为西藏、新疆、甘肃、青海4省区的藏、维吾尔等民族培养48名地方病专业人才。（《青海日报》1980.3.9.①）

10日 新疆维吾尔自治区经济委员会举办少数民族企业领导干部训练班，首批培训了维吾尔、哈萨克和乌孜别克族的企业管理干部60多名。（《人民日报》1980.3.10.③）

14~15日 中共中央书记处举行西藏工作座谈会，听取西藏自治区在北京的几位负责人的工作汇报，中央有关部门的负责人与会。会议形成《西藏工作座谈会纪要》。《纪要》对西藏农业、牧业、工业、交通运输业、商业、文教、卫生事业的发展方针做出了规划。《纪要》指出，要加快西藏建设，必须进一步解放思想，落实党在农村的经济政策，坚决执行党的民族政策，全面贯彻党的宗教政策，巩固和发展革命的爱国统一战线，坚持和改善党的领导。《纪要》是我党在十一届三中全会后，总结历史经验，拨乱反正而提出的解决西藏问题的重要历史文献。（《新时期民族工作文献选编》P38~47）

15~23日 中国科协第二次代表大会在北京举行，中国科协代主席周培源作《同心同德，鼓足干劲，为实现我国科学技术现代化而奋斗》的工作报告。中共中央总书记胡耀邦代表党中央作重要讲话。（《新华社新闻稿》

1980.3.16，3.24，3.25，3.28）

17日 外交部照会越南驻华大使馆，强烈抗议越南加剧中越边境的紧张局势，要求越方立即停止对中国的挑衅行为。7月5日，外交部再次照会越南驻华大使馆，强烈抗议越南武装挑衅。10月16日，外交部照会越南驻华大使馆，就越南当局加剧中越边境地区紧张局势，杀害中国边境军民提出强烈抗议。（《新华社新闻稿》1980.3.18，7.6，10.17）

△ 云南省禄劝县发掘出古代木刻印刷本《彝木素书》，以及有关农业、畜牧、天文、民间传说故事、说唱、祭文等300多册彝文刻本和抄本。（《云南日报》1980.3.17.①）

17~22日 新疆维吾尔自治区党委常委扩大会议举行，自治区党委书记李嘉玉作题为《关于加快发展南疆农牧业生产、改善农牧民生活的初步意见》的发言。会议讨论加快发展南疆农牧业生产，改善当地农牧民生活的问题。会议认为要改变南疆面貌，最根本的是要加快发展那里的农牧林业生产，给南疆各族农牧民以休养生息的机会。4月2日，自治区党委转发李嘉玉的发言指出，南疆主要是维吾尔族聚居地区，现仍有约100万人缺吃少穿，不尽快改变南疆的贫穷落后面貌，不仅对不起南疆几百万各少数民族人民，而且对巩固和发展安定团结的大好形势也极为不利。夏季，自治区党委在喀什召开南疆片汇报会，使“口粮田加责任田”和包产到户责任制很快在南疆各地推广，成为生产责任制的主要形式。（《中国共产党新疆历史大事记（1966.5~1991.12）》下P136~137）

18日 湖南省湘西土家族苗族自治州革委召开全州1979年度自然科学技术成果奖励大会，77项科技成果获奖。（《湘西州志》上P77）

18~20日 中共中央政治局常委、国务院副总理赵紫阳在云南省西双版纳傣族自治州视察。（《西双版纳傣族自治州志》上P61）

20日~4月3日 我国首次古代铜鼓学术讨论会在南宁举行。会议讨论了古代铜鼓的起源、类型、分布、年代、族属、用途、装饰艺术和铸造工艺等问题。讨论会期间，成立中国古代铜鼓研究会，选举夏鼐为名誉理事长，闻宥等7人为名誉理事，石钟健为理事长。（《广西日报》1980.4.8.①）

21日 据报道，四川省阿坝藏族自治州为解决全州藏文工作人员青黄不接的问题，举办2期“藏文语法学习班”，培训从事藏文工作的人员157名。在2个中等专业学校设立藏文师资班和藏医培训班，并恢复藏族小学的藏文课。（《四川日报》1980.3.22.③）

22~30日 新疆维吾尔自治区教育局召开教育工作会议，确定以少数民族教育为重点，努力提高教育质量等为年内主要任务。（《新疆日报》1980.4.6.①）

23日 新疆维吾尔自治区卫生局召开各地州市卫生局长、防疫站长会议，传达全国卫生局长会议、全国卫生防疫工作会议和全国爱委会办公室主任会议精神，确定乌苏、霍城、博乐、布尔津、阜康、吐鲁番、巴里坤、伽师、和静、墨玉、莎车、温宿、乌鲁木齐为自治区卫生事业整顿建设的第一批重点县。（《新疆日报》1980.3.23.①）

25~31日 新疆维吾尔自治区党委落实政策工作座谈会举行。会议提出，应迅速平反因刘少奇一案株连而造成的案件；彻底完成文化大革命中案件的复查平反工作；抓紧复查已受理的“四清”、“反右倾”、1962年伊宁“五二九”事件中处理的案件及其他历史老案；认真搞好复查补课等工作。据《新疆日报》报道，截至7月上旬，全疆清查案件659件、复查642件。其中，平反555件，占复查总数的86.4%；改判70件，占10.9%。（《中国共产党新疆历史大事记（1966.5~1991.12）》下P137、144）

27日 据报道，云南省西双版纳傣族自治州农科部门为尊重傣族风俗习惯，加强民族团结，根据傣族人民生产生活的传统习惯，经过反复试验，育成抗病高产的“6×井”糯谷品种，解决了一些地区傣族群众吃糯米难的问题。（《云南日报》1980.3.27.①）

△ 据新华社报道，经国务院批准，并经联合国教科文组织人与生物圈理事会执行局通过，我国长白山、卧龙、鼎湖山3处自然保护区已被列为国际生物圈保护区。（《新华社新闻稿》1980.3.28）

27日~4月3日 内蒙古自治区文物考古学会在赤峰举行会议，成立内蒙古自治区考古学会，推选席宣政为理事长。（《内蒙古日报》1980.4.30.①）

28日 宁夏回族自治区暨银川市各有关部门征求回族人民的意见，采取一系列措施，恢复和新设立一批为回民服务的馆、店、厂。据不完全统计，银川市现有回民饭馆、副食店、肉食店、甜食店、糕点加工厂等几十家，比1976年增长1倍多。（《宁夏日报》1980.3.28.①）

28日~4月5日 新疆维吾尔自治区党委举行统战工作会议，总结30年来统战、民族工作，提出10项具体任务。会议指出，当前和今后一个时期自治区统战部的中心任务是，贯彻执行全国统战工作会议精神，继续落实党的民族政策、宗教政策和各项统战政策。自治区党委第一书记汪锋、书记周仁山、副书记司马义·艾买提，自治区政协主席张世功分别在会上讲话。（《新疆日报》1980.4.18.①）

29日 全国草原考察会议在内蒙古呼和浩特举行。会议决定，内蒙古、新疆、青海、四川、黑龙江、吉林、甘肃等省、区的科技人员将历时1年半，实地考察11片天然草原，绘出草场类型图和等级图，并对每一片草场作出科学报告。（《甘肃日报》1980.3.30.①）

△ 国家科委和国家农委在西安联合召开黄土高原水土流失综合治理科学讨论会，讨论确定在原有6个试验基地县的基础上，把陕西、甘肃、宁夏、山西、内蒙古等省（区）的14个县（旗）扩大为黄土高原水土流失综合治理的试验基地县。（《光明日报》1980.4.17.①）

31日 内蒙古自治区从集体所有制单位和分散在城乡民间的医生中，选拔300多名蒙中医药人员到医疗机构及教学和科研单位工作。（《内蒙古日报》1980.3.31.③）

是月 根据中美关于水利发电和水利资源利用合作协议，由美国陆军工程师团司令莫里斯中将率领的美国政府水电代表团到广西壮族自治区龙滩、西江大藤峡进行水电工程考察，并研究确定中美合作开发红水河和黔江水电资源问题。随后中美在北京签署合作议定书附件，将合作开发红水河工程列为第一条款。（《广西通志·大事记》P457）

△ 云南省政府派出处理林权工作队对自然保护区进行划界定桩，西双版纳傣族自治州共划定勐养、勐仑、勐腊、尚勇、曼稿5个自然保护区，总面积20多万公顷。（《西双版纳傣族自治州志》上P61）

△ 广西壮族自治区人民政府向国务院呈送《红水河综合利用规划报告》，提出在红水河建立10座梯级电站的规划。（《广西通志·大事记》P457）

△ 新疆维吾尔自治区伊犁哈萨克自治州农牧区民办教师逐步转为公办教师，重点照顾边境县，州直属县市2555名民办教师首批转正。（《伊犁哈萨克自治州志》P59）

△ 新疆维吾尔自治区博尔塔拉蒙古自治州蒙医鲁宗·加木措编著的《蒙医验方》，由新疆人民卫生出版社出版。（《博尔塔拉蒙古自治州志》P57）

4月

1日 孟达自然保护区建立，位于青海省循化撒拉族自治县，面积1.73万公顷，是以森林生态系统及珍稀生物物种为主要保护对象的国家级自然保护区。（《全国自然保护区名录（2003）》P114）

2~5日 内蒙古自治区社会科学院哲学研究所在呼和浩特举行会议，讨论研究《蒙古哲学及社会思想史》编写问题。（《内蒙古日报》1980.4.6.①）

3日 辽宁省阜新蒙古族自治县执行"谁造谁有"的政策，人工造林面积260多万亩，名列全国县级前茅。（《辽宁日报》1980.4.3.①）

△ 宁夏回族自治区第一座啤酒厂——银川啤酒厂建成投产，年产5000吨。（《当代宁夏史通鉴》P32）

5~12日 全国举重锦标赛在广西壮族自治区南宁市举行，广西运动员吴数德以112公斤打破抓举111.5公斤的世界纪录，获52公斤级冠军。（《广西通志·大事记》P457）

6日 据报道，贵州省文化局和有关单位拨出专款100多万元，新建和扩建27个自治县文化馆，已有17个新馆落成。（《贵州日报》1980.4.6.①）

△ 青海省果洛、玉树、海南、海北、黄南藏族自治州和海西蒙古族藏族哈萨克族自治州，陆续恢复少数民族语言文字翻译机构。（《光明日报》1980.4.7.③）

6~15日 中国伊协第四次代表会议在北京举行。全国政协副主席包尔汉致开幕词，张杰作工作总结报告，国务院宗教事务局局长萧贤法和国家民委副主任江平分别作宗教政策和民族政策报告。会议讨论确定今后的工作任务；修订协会简章；选举包尔汉（维吾尔族）为伊协名誉主任，张杰（回族）为主任，白寿彝（回族）、言木力哈·阿木提大毛拉（维吾尔族）、安士伟（回族）、马腾霭（回族）、沈遐熙（回族）、马松亭（回族）、刘品一（回族）、王赛音阿吉（维吾尔族）、马进成（回族）、张秉铎（回族）、马贤（回族）为副主任。中共中央统战部部长乌兰夫、中共中央书记处书记彭冲等接见全体代表。（《人民日报》1980.4.8.②，4.17.②）

7日 中共中央发出《关于转发西藏工作座谈会纪要的通知》。《通知》确定西藏自治区新时期的中心任务和奋斗目标是："以藏族干部和藏族人民为主，加强各族干部和各族人民的团结，调动一切积极因素，从西藏实际情况出发，千方百计地医治林彪、'四人帮'造成的创伤，发展国民经济，提高各族人民的物质生活水平和文化科学水平，建设边疆，巩固边防，有计划有步骤地使西藏兴旺发达、繁荣富裕起来。"《通知》澄清了一个重大理论问题，指出："各民族的存在，多数是千百年历史形成的，在今后很长期间也将继续存在。在我国各民族都已实行了社会主义改造的今天，各民族间的关系都是劳动人民间的关系。"中央着重指出："巩固汉族同藏族、维吾尔族、蒙古族和其他边疆以及内地的各少数民族的团结，改善各少数民族的政治经济文化状况，是一个具有伟大历史意义和战略意义的重要任务。由于林彪、'四人帮'的十年浩劫，我们党的民族政策（包括宗教政策）受了很大摧残，汉族和许多少数民族之间又产生了相当的隔阂，必须用极大的努力才能恢复各民族间的相互信任和团结。我们建国已经30多年了，加以目前国际形势复杂，我们如再不抓紧时间迅速大力改善民族关系，就将犯极大的错误。全党对于这个问题的严重性必须有统一的充分的认识。"中央认为："本通知的基本精神，同样适用于全国其他民族自治区和自治州、县。由于各民族自治地方又各有自己的特殊情况，所以《西藏工作座谈会纪要》的各项具体内容，只供参考。"《通知》提出了中央解决西藏问题的八项方针的具体内容。（《新时期民族工作文献选编》P33~41）

△ 被林彪、"四人帮"取缔的布依族地

方戏于农历正月十五日在贵阳市花溪公社重上舞台。（《贵州日报》1980.4.7.③）

△ 青海省海北藏族自治州党校举办少数民族干部训练班，100名藏、蒙古、回、土等少数民族干部参加学习。（《青海日报》1980.4.7.①）

8日 文化部主持的国庆30周年献礼演出颁奖大会在北京举行。话剧《王昭君》、黔剧《奢香夫人》等16个节目获得创作和演出一等奖，舞剧《召树屯与楠木诺娜》、歌剧《刘三姐》、舞蹈《看水员》、《泉边》、《彩虹》、《达拉根巴雅尔》、《难忘的泼水节》等获创作一等奖，延边州歌舞团、新疆歌舞演出团分别演出的音乐舞蹈综合节目和京剧《佤山雾》等获演出一等奖。文化部副部长黄镇向获奖的231个节目演出单位的代表颁发奖状和奖金。（《人民日报》1980.4.9.①④）

△ 广西壮族自治区最长的一座公路桥——合浦县石湾大桥建成通车，全长625米。（《广西日报》1980.4.8.①）

8～14日 中共宁夏回族自治区四届二次全委（扩大）会议举行。会议一致拥护中共十一届五中全会通过的各项重要决议和采取的重大措施，讨论自治区党委常委《对康健民、王志强、赵志强、安建国四人所犯错误的定性和处理意见》。会上，自治区党委第一书记李学智讲话指出，全区平反"文化大革命"中的冤假错案和解决历次政治运动中遗留问题取得重大成绩；对因受到刘少奇冤案株连，被戴上各种政治帽子而打倒的各级领导人和受到打击迫害的干部已作复查结论；清理干部档案后，剔除诬蔑不实的材料；对冤假错案进行平反昭雪。5月19日，据《宁夏日报》报道，因刘少奇冤案株连的错判案件97.8%得到平反，并对这些同志做了妥善安排。（《宁夏日报》1980.5.19.①，《中共宁夏党史大事记（1925.8～1988.6）》P506）

10日 据《广西日报》报道，广西壮族自治区柳州钢铁厂由于试行承包经营责任制，使这一连续亏损14年，平均年亏损1350万元的企业一举扭亏，盈利367万元。（《广西通志·大事记》P458）

11日 中央批转西藏自治区党委《关于汉族干部、职工学习藏语文的意见》的通知。《通知》指出，我们党要求在少数民族地区工作的汉族干部要学习当地民族的语言文字，少数民族干部学习汉文汉语。而实际情况是，少数民族学习汉语汉文一般学得较好，而汉族学习当地民族语文一般学得很不好，这种状况应当认真加以纠正。在少数民族地区工作的汉族干部，学习当地的民族语言文字是密切联系当地民族人民群众，正确宣传贯彻执行党的方针政策，切实做好工作，更好地为少数民族服务的一个重要条件。中央将自治区党委的意见同时批转其他几个自治区。西藏自治区党委和政府又多次下发关于政府机关学习使用藏语，出版藏文刊物的指示或通知。自治区人大通过的决议、法规、法令，自治区政府下达的正式文件、发布的布告，都用藏、汉两种文字。（《中国共产党西藏历史大事记（1949～2004）》P326～327，《当代中国的西藏》上P441）

12日 云南省教育工作会议闭幕。会议确定当前发展民族教育的迫切任务是普及小学教育，建立健全民族教育的管理机构，采取多种措施培养各民族的专业人才。（《云南日报》1980.5.4.①）

13日 广西壮族自治区鹿寨、柳城出现罕见风雹灾。其中，鹿寨县毁坏房屋800多间，死2人；柳城县冰雹直径5至7厘米，毁坏农作物7399亩、房屋7062间，死7人，伤14人。（《广西通志·大事记》P458）

△ 青藏公路西藏自治区境内的53座桥梁全部实现永久化，川藏公路的256座桥梁有216座改建成钢筋混凝土。（《西藏日报》1980.4.14.①）

△ 新疆维吾尔自治区在乌鲁木齐召开各地州市计划生育办公室主任会议，决定少数民族中子女多、间隔密、有节育要求的应给以支持，对居住在城市的少数民族应加强教育使其自愿节育。 （《新疆日报》1980.4.13.①）

14日 据报道，广西壮族自治区第六地质队在玉林县初步探明1个大型优质萤石矿。 （《人民日报》1980.4.14.①）

15日 广西壮族自治区第二地质队在大新县探明1个品位富、质量高的全国最大的锰矿床。 （《广西日报》1980.4.15.①）

16日 全国人大常委会五届十四次会议通过《关于修改宪法第四十五条的议案》，取消了原条文中公民有运用“大鸣、大放、大辩论、大字报”的权利的规定，即日公布。（《新华社新闻稿》1980.4.17）

17日 广西壮族自治区恢复有1000多年历史的民族传统“歌”节。都安瑶族自治县组织万人山歌比赛，连唱3天3夜，来自全国各地的诗人和诗歌工作者参加这一盛会。（《新华社新闻稿》1980.5.13）

△ 甘肃省民族政策执行情况检查团所属5个分团赴各地检查民族政策执行情况。（《甘肃日报》1980.4.17.①）

△ 甘肃省甘南藏族自治州藏医药研究所成立。 （《甘肃日报》1980.4.24.①）

19日 新疆维吾尔自治区输送5000多名公社级以上干部到自治区各级党校、干校、干训班和中央党校、中央民族学院学习和轮训。 （《新疆日报》1980.4.29.①）

△ 新疆维吾尔自治区准噶尔盆地扎依尔山发现1个大型铬矿，目前探明储量已突破100万吨。 （《新疆日报》1980.4.20.①）

20日 国务院批准湖北省恩施地区建立鹤峰土家族苗族自治县，撤销鹤峰县。5月25日举行成立大会。 （《恩施州志》P20）

△ 云南省红河哈尼族彝族自治州生产少数民族特需商品150多种，其中银制品的品种和数量为全省首位。 （《云南日报》1980.4.20.①）

△ 据报道，青海省互助土族自治县出土一座汉代少数民族墓葬和一批珍贵历史文物。 （《青海日报》1980.4.20.③）

21日 新疆维吾尔自治区开展民族特需品生产、供应情况的调查活动，根据群众需要和市场变化，安排是年的生产和供应。（《新疆日报》1980.4.21.①）

22日~5月1日 新疆维吾尔自治区摔跤队在吉林省长春举行的全国国际式摔跤锦标赛中获6金2银3铜，其中顾景林（锡伯族）、郑林（锡伯族）、巴音克其克（蒙古族）、阿斯哈尔（维吾尔族）、哈力（哈萨克族）获冠军，古典式摔跤队获团体总分第一名。 （《新疆通志·体育志》83卷P48）

23日 地质科学院在西藏自治区地质局等单位的协助下，在西藏安多县和曲松县的2个超基性岩体的天然和人工重砂中发现100余颗金刚石。 （《光明日报》1980.4.23.①）

26日 广西壮族自治区人民政府颁发《广西壮族自治区海洋水产资源繁殖保护实施细则暂行规定》。《规定》列举实行重点保护的珍稀、名贵海洋动、植物，划定北部湾禁渔区和禁渔期，并对水域环境保护、渔政组织管理等做具体规定。 （《广西通志·大事记》P458）

28日 由15个省、市、自治区的54个少数民族代表共500多人组成的少数民族“五一”节参观团抵北京参观学习。5月8日，全国政协和中共中央统战部举行晚会，招待各少数民族参观团。全国政协副主席康克清、杨静仁和中央统战部副部长平杰三、张执一等会见各少数民族参观团的正副团长。10日，国务院副总理邓小平、全国人大常委会副委员长彭真等党和国家领导人接见各少数民族参观团，并合影留念。 （《新华社新闻稿》1980.4.30）

30日 《人民日报》发表《国务院关于

地名命名、更名的暂行规定》。《规定》第三章第十一条规定："带有民族歧视性质、妨碍民族团结的地名，必须予以更改。"第十三条规定："一地多名，一名多写，以及少数民族地区的地名音译不准（译名还不稳定），用字不当的，应予调整。" （《人民日报》1980.4.30.④）

△ 据报道，全国第一所保安族完全中学高、初中学生达280名。其中保安、撒拉、土、回、东乡等少数民族学生占80%以上。19名教职员工中少数民族占15名。 （《甘肃日报》1980.4.30.①）

△ 内蒙古自治区语文工作委员会召开工作会议，传达第三次全国民族语文科学讨论会精神，听取《三年多来蒙古语文工作情况和今后任务》通报，讨论蒙古语文的工作任务。（《内蒙古日报》1980.4.30.①）

是月 国家民委、商业部、轻工业部、纺织部、供销总社和医药总局6个单位在内蒙古自治区通辽市联合召开北方八省、区民族贸易和民族特需品生产汇报会议。各省、区汇报了当前少数民族贸易工作情况和存在的问题，研究进一步做好民贸工作的措施和有关政策性问题。 （《内蒙古日报》1980.5.22.①）

△ 根据1979年国家安排，山东省与青海省实行对口支援，青海省党政负责人张国声、扎西旺徐率有关人员到山东一些工厂、农村参观学习、调查研究，与山东商讨对口支援的近期措施和长远计划。 （《新华社新闻稿》1980.5.1）

5月

1日 京通铁路建成并交付使用。该铁路自北京郊区昌平至内蒙古通辽，全长806公里，从1973年下半年动工兴建，1977年底全线接轨通车，并进行临时运营。 （《新华社新闻稿》1980.5.2,《中华人民共和国大事记（1949～1980）》P190）

△ 内蒙古自治区呼和浩特至海拉尔直达旅客快车通车。 （《内蒙古日报》1980.5.2.①）

△ 内蒙古自治区恢复祭奠成吉思汗的活动。当地干部和近万名群众在成吉思汗陵园隆重集会，按照蒙古族习俗于农历三月十七日举行祭奠成吉思汗的"苏鲁锭"（长矛）仪式。（《人民日报》1980.5.12.④）

△ 哈纳斯自然保护区建立，位于新疆维吾尔自治区布尔津、哈巴河县，面积22万公顷，是以西伯利亚动植物区系及自然景观为主要保护对象的国家级自然保护区。 （《全国自然保护区名录（2003）》P116）

2日 新疆维吾尔自治区东部大戈壁发现1个大型富铁矿和6个中型铁矿。 （《新疆日报》1980.5.4.①）

3日 据报道，内蒙古自治区恢复建立各级各类职工业余学校1300多所，开设各种文化、技术培训班3000多个，20多万职工参加学习。 （《内蒙古日报》1980.5.3.①）

6～10日 广西壮族自治区史学会在南宁召开第二次代表大会和1980年年会，讨论通过《广西壮族自治区历史学会章程》，推选莫乃群（壮族）为会长。会议宣读关于太平天国史、广西地方史和民族史等论文64篇。（《广西日报》1980.5.14.①）

7日 农业部、商业部、全国供销总社和国家民委联合发出通知，要求各地积极支持和鼓励杂居、散居地区禁猪的少数民族发展养羊、养牛业，并认真做好收购和供应工作。（《新华社新闻稿》1980.5.8）

△ 新疆维吾尔自治区阿图什县发现1处冶铸遗址，挖出古代铜钱币130余公斤，其中有宋代铜钱及本地铸造刻有古兰经字句的圆铜币。 （《新疆日报》1980.5.7.③）

9日 内蒙古自治区党委和人民政府采取措施，尊重和保护牧区社队的所有权和自主权，纠正在"文化大革命"中随意改变牧区社队所有制性质的错误做法，号召牧区社队干部和牧民抵制上面的瞎指挥和侵犯牧民利益的行为。（《新华社新闻稿》1980.5.10）

△ 巴音布鲁克自然保护区建立，位于新疆维吾尔自治区和静县，面积10万公顷，是以天鹅等珍稀水禽、沼泽湿地为主要保护对象的国家级自然保护区。（《全国自然保护区名录（2003）》P116）

11日 四川省人民政府决定，从实际出发，阿坝、甘孜、凉山3个少数民族自治州实行以林牧为主的生产方针。还具体规定，营造冷、云杉林每亩由国家补助10元，育苗每亩补助100至200元等。（《新华社新闻稿》1980.5.12）

△ 云南省委民族工作部和省民委在昆明召开民族干部学校工作座谈会，讨论民族干部学校的方针和任务，决定近2年着重提高约3万名小学以下文化程度的在职民族干部的文化水平。会议还就如何办好民族干校进行了研究。（《云南日报》1980.5.11.①）

13日 吉林省延边朝鲜族自治州直属机关为汉族干部、职工举办为期1年的朝鲜语学习班。（《吉林日报》1980.5.13.③）

△ 据报道，云南省元江县文化馆协同省博物馆在元江县进行民族文物和历史文物调查，征集和出土青铜器39件、陶器2件、新石器1件。（《云南日报》1980.5.13.③）

14日 宁夏回族自治区党委、人民政府批转自治区经济委员会《关于集体所有制工业企业有关政策的几项补充规定》，提出对实行统负盈亏的集体所有制工业企业，通过试点逐步改为企业自负盈亏等8项具体政策。（《中共宁夏党史大事记（1925.8~1988.6）》P507）

15日 卫生部顾问、中国籍美国人、麻风病专家马海德到广西壮族自治区玉林县指导麻风病防治工作。（《广西通志·大事记》P458）

15~29日 西藏自治区举行首届藏戏汇演，拉萨、日喀则、山南等分别演出了5台藏戏节目，有《文成公主》、《卓娃桑姆》、《洛桑王子》等传统藏戏和《雪山小英雄》、《宗山激战》等现代藏剧及新编历史剧。全国人大常委会副委员长阿沛·阿旺晋美给获奖者分别颁发了奖旗、奖状和奖金。国家民委主任、党组书记，中央统战部副部长杨静仁代表中央统战部、国家民委向汇演单位祝贺。（《西藏日报》1980.6.3.①）

15日~6月3日 中共西藏自治区二届五次全委扩大会议举行，传达贯彻党的五中全会精神和中央转发的《西藏工作座谈会纪要》，以及转发该纪要的《通知》。具体内容有：一、坚定贯彻执行中央对西藏工作的重要指示，不能有任何怀疑和动摇，更不能抵触和反对。二、总结经验和教训，端正思想路线，必须充分认识林彪、“四人帮”造成的十年浩劫给西藏带来的严重灾难。三、放宽政策，休养生息，使西藏人民尽快富裕起来。自治区党委第一书记阴法唐讲话提出，要用中央31号文件统一干部、群众的思想，统一对西藏形势的认识，解放思想，贯彻中央的方针、政策，使西藏各族人民尽快富裕起来。9月7日，《西藏日报》发表评论员文章《切实抓好关于真理标准问题讨论的补课》。（《人民日报》1980.5.27.①，《西藏日报》1980.6.5.①，《中国共产党西藏历史大事记（1949~2004）》P339）

16~23日 宁夏回族自治区文学艺术工作者在银川召开第二次代表大会，自治区文联主席石天作题为《为繁荣社会主义文艺而努力奋斗》的工作报告。会议选举自治区文联及所属各协会分会和研究会新的领导机构，修订通过《宁夏回族自治区文学艺术界联合会章程》以及各协会分会的章程，同意成立中国书法学会宁夏分会和宁夏艺技曲艺协会筹备组的建议。会议期间，自治区党委统战部、自治区民

委邀请少数民族代表座谈如何反映回族等少数民族文艺等问题。（《宁夏日报》1980.5.17.①，5.25.①）

17日 据报道，从1月开始，宁夏回族自治区人民政府拨出专款提高南部山区（多数是回族聚居地区或原是陕甘宁老解放区）各县中小学民办教师的国家补助费标准，决定由原来的每人每月补助15元，分别提高到中学30元至40元，小学25元至35元。（《光明日报》1980.5.17.①）

18日 西藏自治区党委发出通知，要求在西藏工作的汉族干部、职工学习藏语、藏文，并把藏语文学习列为干部、职工考核、晋级、提升的项目。（《人民日报》1980.5.23.④）

19日 据报道，西藏自治区萨迦寺发现20部用藏、蒙、梵3种文字针刺或墨写的贝叶经，极其珍贵。（《西藏日报》1980.5.20.①）

△ 西藏自治区水利电力工作会议在拉萨举行。会议总结全区水利电力建设工作的经验，部署1980年工作，讨论全区水利电力建设的10年规划，决定从当年起，着手解决“一江四河”流域中间地带约70万亩耕地的灌溉问题。（《西藏日报》1980.5.19.②）

△ 中共新疆维吾尔自治区和田县委召开表彰大会，表彰150名积极参加集体生产、辛勤经营家庭副业而致富的维吾尔族社员。1979年，全县人均收入56.6元，被表彰的社员人均收入超过300元。（《新疆日报》1980.5.22.①）

△ 新疆维吾尔自治区卫生局陆续派出5个医疗队和31个防疫队（组）分赴喀什、和田、克孜勒苏、阿克苏等地、州及北疆部分地区巡回医疗。（《新疆日报》1980.5.19.①）

19~27日 广西壮族自治区工交工作会议在南宁举行。会议总结1979年扩大企业自主权的试点经验，决定扩大试点范围和内容，加快工交企业改革步伐，新增扩大企业自主权的试点企业83个。（《广西通志·大事记》P458~459）

20日 内蒙古自治区西部一条为畜牧业生产服务的高压输电线路架设成功，始于甘肃山丹县，跨越龙首山，直到阿拉善右旗，全长148公里。（《人民日报》1980.5.20.③）

△ 广西壮族自治区党委批转自治区教育局党组关于尽早普及小学5年教育的请示报告。报告说，据1979年统计，广西适龄儿童入学率为95%，但读满5年的巩固率仅为55%，小学毕业生成绩合格率仅为20%~30%，低于全国平均水平，经济文化基础较差的老、少、边、山、穷地区入学率、巩固率、合格率更低。由于小学教育不普及，至1979年上半年，全区少青壮年文盲360万人，约占少青壮年人数的1/4。报告要求，全区3年内30%的县、5年内80%的县、7年内所有的县完成普及小学教育任务。（《广西通志·大事记》P459）

△ 西藏自治区召开文化工作会议，决定把自治区文化艺术工作的重点转移到为生产建设服务、为西藏人民群众服务上来，要求培养一支以藏族为主并能用藏文写作的创作队伍，开展具有民族特色的群众文化活动，以及搞好民族民间文化遗产的收集、整理工作。（《西藏日报》1980.5.20.①）

△ 新疆维吾尔自治区人民政府批准《一九八〇年自治区招生工作的补充规定》，规定参加汉文统考和民族文字考试的维吾尔、哈萨克、蒙古、柯尔克孜等少数民族考生降低录取分数线和分数段，并注意选拔人口少和居住在偏僻高寒地区的少数民族考生。（《新疆日报》1980.5.20.②）

△ 新疆维吾尔自治区党委常委扩大会议召开，学习讨论《中共中央关于转发〈西藏工作座谈会纪要〉的通知》。会议决定根据《通知》精神，结合当前工作进行民族政策再教

育，要求各级、各部门党组织对执行民族政策问题进行一次检查，对存在的问题切实认真地加以解决。（《新疆日报》1980.5.31.①）

21日 湖北省来凤土家族自治县宣告成立，各族人民集会庆祝。全国人大民委、国家民委代表文正一和中共湖北省委、省人大常委会、省政府、省军区的代表团前往祝贺。省人大常委会副主任刘晋宣读国务院关于设立来凤土家族自治县的批复，县人大常委会主任田恩波（土家族）作题为《各族人民团结起来建设繁荣富裕新来凤》的讲话。（《湖北日报》1980.5.26.①）

△ 据报道，新疆维吾尔自治区探明的云母储量占全国储量的70%。（《新华社新闻稿》1980.5.21）

22日 内蒙古自治区重点建设工程呼和浩特钢厂六五〇轧机建成投产。（《内蒙古日报》1980.5.23.①）

△ 广西壮族自治区因刘少奇同志冤案受株连而错判的案件已复查纠正达408件，占案件总数的88.5%。（《广西日报》1980.5.22.①）

22~24日 辽宁省民委、省文化局和省文联在沈阳举行满族文艺座谈会，座谈挖掘和发展满族的文化艺术问题。（《辽宁日报》1980.5.27.①）

22~30日 中国天主教爱国会第三届代表会议在北京举行，全国26个省、市、自治区的198位主教、神父、修女和教徒代表出席。这是“文化大革命”后中国天主教的第一次盛会。会议修订了该会章程，章程规定中国天主教爱国会是“中国天主教神长教友组成的爱国爱教的群众团体。其宗旨为：团结全国神长教友，在中国共产党和人民政府领导下，发扬爱国主义精神，遵守国家政策法令，积极参加祖国社会主义现代化建设，促进与国际天主教人士的友好往来，反对帝国主义、霸权主义，保卫世界和平，并协助政府贯彻宗教信仰自由政策”。会议选举出以宗怀德为主席的新的领导机构，通过《告台湾天主教神长教友书》和《告全国天主教神长教友书》。（《新华社新闻稿》1980.5.23，5.31）

22~31日 由中共中央总书记胡耀邦和国务院副总理万里、全国人大常委会副委员长阿沛·阿旺晋美、全国政协副主席杨静仁率领的中央工作组在西藏自治区拉萨市进行考察。《西藏日报》为欢迎中央工作组发表社论《党中央和西藏各族人民心连心》。其间，中央工作组与自治区党政领导人共同商讨制定落实中央对西藏的重要指示的政策和措施，提出建设西藏的6条具体任务。同时，胡耀邦向自治区4500多名干部作题为《为建设一个团结、富裕、文明的新西藏而奋斗》的重要报告。7月9日，工作组在拉萨举行招待会，招待300多名西藏各地的民族、宗教上层爱国人士。（《新华社新闻稿》1980.7.11，《西藏日报》1980.5.22.①，5.28.①，6.1.①）

23日 内蒙古自治区卫生局在呼和浩特市召开全区中蒙医和中蒙西医结合工作会议，总结30多年来工作的经验教训，贯彻党的中医政策，大力发展蒙医药事业。（《内蒙古日报》1980.5.23.①）

△ 据报道，青海省牧区兴办藏语文寄宿学校350所，在校少数民族牧民子女1.7万多人。西宁市和其它城市还兴办15所中等专业学校，培训少数民族技术人才。（《新华社新闻稿》1980.5.28）

24日 云南省文山壮族苗族自治州委决定将一半旱地（约100万亩）实行包产到户，责任到人，超出奖励；允许社员在集体土地内套种矮棵作物；零星分散土地、二荒地、秋田包产到户；允许马关、麻栗坡、富宁3县和内地分散、贫瘠山区部分耕地包产到户，超产奖励；已包产到户的承认现状。（《文山壮族苗族自治州志》1卷P63）

25日 湖北省鹤峰土家族自治县各族代

表6000多人集会庆祝自治县成立。湖北省委统战部副部长何定华宣读全国人大民委和国家民委的贺电。国家民委代表文正一，省委副书记、省代表团团长黎韦和恩施地区代表团副团长董昌到会祝贺。（《湖北日报》1980.5.26.①）

△ 西藏自治区召开全区首次工农教育会议，确定以扫盲教育为重点，把扫盲和普及小学教育与发展业余初等教育结合起来。（《西藏日报》1980.5.25.①）

△ 青海省柴达木盆地探明储藏600亿吨盐，约占我国盐总储量的一半。（《新华社新闻稿》1980.5.26）

25～31日 青藏高原科学讨论会在北京举行。我国在内的17个国家近300名科学家参加讨论会。会上宣读250多篇论文，对青藏高原的隆起及其对自然环境和人类活动的影响等一系列问题进行探讨。我国地质学家刘东生在开幕式上作题为《对我国青藏高原综合科学考察工作的回顾与展望》的报告。（《新华社新闻稿》1980.5.26，6.1）

26日 贵州省黔南布依族苗族自治州拨专款27万元和种牛400余头、种羊300余只，支援都匀、独山、罗甸等10个县兴办25个养牛专业队和7个养羊专业队。（《贵州日报》1980.5.26.①）

26日～6月4日 新疆维吾尔自治区举行农村牧区宣传文化工作会议，分析当前农村牧区的新情况和新问题，确定8个方面的宣传工作。（《新疆日报》1980.6.20.①②）

27日 广西壮族自治区人民政府和中央有关部门拨专款8900多万元，扶助瑶、侗等少数民族地区发展经济文化建设事业。（《新华社新闻稿》1980.5.28）

△ 四川省茂汶羌族自治县歌舞团成立，并招收羌族第一代演员。（《四川日报》1980.5.27.③）

△ 贵州省招生委员会决定，贵阳、遵义和安顺3市报考高校的少数民族考生降低1个分数段，其他地区的少数民族考生一律降低2个分数段，择优录取。（《贵州日报》1980.5.31.①）

△ 中共贵州省贞丰布依族苗族自治县委决定恢复巧贯、沙坪2所民族小学，将者相区的新寨小学和白层区的鲁容小学改为民族小学建制，并规定在民族小学上学的学生全部免费。（《贵州日报》1980.5.27.③）

28日 甘肃省肃北蒙古族自治县培养的第一批蒙文高中生毕业。（《甘肃日报》1980.5.28.①）

28日～6月3日 宁夏回族自治区党委在银川召开全区教育工作会议，研究加强和改善党对教育工作的领导问题，并讨论民族教育和普及教育问题，决定办好“民族公学”。会议强调，要把普及小学教育真正作为一项大事来抓，要尽可能创造条件提高教师的社会地位和政治待遇，要调派选拔业务水平较高、有组织才能、作风正派的人当书记、校长、教育局长。（《宁夏日报》1980.6.15.①）

29日 原全国政协四届委员会委员爱新觉罗·溥仪（满族）的追悼会在全国政协礼堂举行。追悼会由全国政协副主席王首道主持，中共中央书记处书记刘宁一致悼词。爱新觉罗·溥仪（1906年2月7日～1967年10月17日），是清朝最后一位皇帝，其年号为“宣统”，通称宣统皇帝，在伪满洲国皇帝位时年号“康德”，又称康德皇帝。（《人民日报》1980.5.30.④）

△ 国家石油部海洋石油总公司与法国道达尔公司签订合作勘探开发北部湾东北部和北部海域石油的合同。此前1979年与道达尔公司合作勘探，在该区域发现5个含油气构造，是广西壮族自治区主要的近海油气开发区。（《广西通志·大事记》P459）

30日 湖南省湘西土家族苗族自治州林业部门编辑出版全州县森林资源分布地图册。

共10册，含图300多幅。（《湘西州志》上P77）

△ 四川省五届四次人大常委会通过《关于组织四川省民族政策执行情况检查团的决议》。（《四川日报》1980.5.31.①）

△ 据报道，国家拨出12万元专款为甘肃省玛曲县曼日和阿万仓2个公社各修建牧区寄宿学校1所。国家每月还发给每个学生助学金6元，生产队拨给每个学生1头奶牛，以保证学生奶食。（《甘肃日报》1980.5.30.①）

是月 全国民族教育工作会议在北京举行。（《西北民族学院校史》P314）

△ 根据国务院《基本建设贷款试行条例》，广西壮族自治区确定恶滩水电站为“拨改贷”试点单位，发放贷款2467万元。从1983年起，施工企业所需流动资金全部由建设银行贷款。至1985年，广西的中央级“拨改贷”项目190个，累计发放贷款5.35亿元，当年累计还贷1288万元，贷款回收率为2.4%。（《广西通志·大事记》P459）

△ 云南省政府批准马关县原归系为壮族的1111人摆衣支系，恢复傣族族称。（《文山壮族苗族自治州志》1卷P63）

△ 青海省海南藏族自治州州、县科学技术干部职称评审委员会成立。至1983年，共有793人获得各级技术职称，其中高级4人、中级140人、初级649人。（《海南州志》P51）

是月~8月4日 湖北省恩施地区遭受特大暴雨袭击，农作物受灾面积112万亩，其中无收面积22万亩；冲毁基本农田10.8万亩，垮坝14080条、长148公里；2266处水利工程受到不同程度损坏；冲垮民房6108间，死亡95人；冲毁猪牛栏3289处，死亡176头；98个生产队发生滑坡，面积10万平方米，毁田1.2万亩。（《恩施州志》P263、264）

6月

1日 龙虎山自然保护区建立，位于广西壮族自治区隆安县，面积2766公顷，是以广西猕猴、珍贵药用植物及自然景观为主要保护对象的省级自然保护区。（《全国自然保护区名录（2003）》P85）

2日 甘肃省人民政府作出《关于在民族自治地方开办矿点的规定》。（《新华社新闻稿》1980.6.3）

4日 据报道，内蒙古自治区各旗县和一些城镇都设立民族用品商店或专柜，经营的少数民族特需品由170多种增至430多个花色品种。（《内蒙古日报》1980.6.4.①）

5日 云南省德宏傣族景颇族自治州第一座泵船提灌站——畹町镇回环提灌站建成并试机提水。（《德宏州志》综合卷P68）

6~12日 四川省委举行甘孜藏族、阿坝藏族羌族、凉山彝族自治州工作会议，学习中央转发《西藏工作座谈会纪要》的通知和中共中央总书记胡耀邦、国务院副总理万里在西藏考察时的讲话。会议确定在新的历史时期，三自治州的中心任务是：各族干部和人民紧密团结，调动一切积极因素，同心同德，加快经济文化建设步伐，不断提高各族人民的物质文化生活水平，使三州尽快繁荣富裕起来。省长鲁大东就如何发展三州经济问题讲话，省委第一书记谭启龙作总结发言。（《四川日报》1980.6.14.①）

9日 文化部部长黄镇向新华社记者发表谈话，以国家民委主任杨静仁和他本人的名义，邀请台湾高山族文艺工作者回大陆参加文化部将于9月份在北京举行的全国少数民族文艺会演。（《新华社新闻稿》1980.6.10）

11日 西藏自治区文化局、自治区文联筹备组发出通知，为《格萨尔王传》恢复名誉，并决定成立抢救、整理《格萨尔王传》领导小组，对《格萨尔王传》进行全面系统的搜集、整理和研究。《格萨尔王传》是著名的藏族民间说唱体英雄史诗，这部史诗有数十部，上千万字，是世界上最长史诗。（《西藏日报》1980.6.11.①）

12日 云南省德宏傣族景颇族自治州党委和州政府召开山区工作会议，总结经验，从当地具体情况出发，确定“宜农则农，宜林则林，宜牧则牧”的发展山区经济的方针。（《新华社新闻稿》1980.6.13）

13日 新疆维吾尔自治区吐鲁番盆地发现一种神奇的矿石——钠基膨土。（《新华社新闻稿》1980.6.14）

△ 西藏自治区党委根据中央指示和自治区党委二届五次全委扩大会议精神，发出《关于农牧区若干经济政策的规定（试行草案）》。《规定》共10条，主要内容是：实行休养生息政策，减轻农牧民负担。全区从1980年起，2年内免征农牧税，取消农、牧、副产品的统购、派购任务。取消一切形式的摊派任务，废除一切额外负担，任何单位和个人不得侵占和调用生产队的劳力、土地、牲畜、资金、产品和其它物资。免征城乡集体经营的手工业、建筑业、运输业、服务性行业等企业和个体手工业、小商小贩的工商税2年。发展国民经济，以农牧业为主。放宽政策，充分尊重生产队、作业组和社员的自主权，自治区、地、县不再下达指令性生产计划和种植计划。建立健全各种形式的生产责任制。生产队一般以20至30户为宜。在不改变集体所有制的前提下，可采取分“口粮田”或包产到户的办法。充分关心社员的物质利益，坚决纠正分配中的平均主义，允许一部分社员先富起来。认真落实“四留一副”政策，积极鼓励或扶持社员搞好自留地、自留畜、自留树、自留山和社员的家庭副业。发展多种经营，广开生财之道。放宽商业政策，活跃城乡经济。（《中国共产党西藏历史大事记（1949～2004）》P331）

△ 西藏自治区党委、人民政府向中央报告请示调出进藏干部、工人的计划。报告指出，全区现有干部5.5万人，其中汉族干部3.1万人，计划调出2.1万人；现有工人8万多人，其中汉族工人4万，计划内调2.5万人。以上共内调汉族干部、工人4.6万人（包括离退休3000人），连同家属子女共9.2万人。西藏需要的医务人员和中学以上的教学人员，请卫生部、教育部继续采取援藏办法解决；新建工程所需技术骨干，请中央有关部门选派，工程完后返回；生产技术骨干，根据实际需要专门报请调派。8月6日，中共中央、国务院通知原则同意并向各省、市、自治区批转该报告。（《中国共产党西藏历史大事记（1949～2004）》P331～332）

13～17日 西藏自治区三届人大常委会第三次会议举行。会议听取全国人大常委会副委员长、全国人大民族委员会主任委员，西藏自治区人大常委会主任阿沛·阿旺晋美，自治区人大常委会副主任陈竞波作的工作汇报，讨论《中华人民共和国婚姻法（修改稿）》，通过落实中央对西藏工作指示的决议、《关于自治区各级人代会组成代表小组的决定》和《关于成立自治区人大常委法制小组的决定》。（《西藏日报》1980.6.18.①）

13～28日 教育部召开全国师范教育工作会议。会议讨论加速培养少数民族的中小学师资问题，提出在民族自治区和少数民族较多的省，要逐步形成自己的民族师范教育体系。（《新华社新闻稿》1980.7.1，7.3）

△ 被列为全国重点项目的混凝土空心大板住宅建筑成套技术鉴定会在广西南宁举行。会议认为，广西在研究、应用技术方面已达国内先进水平，并有所创新和突破。（《广西通志·大事记》P459）

14日 宁夏回族自治区教育学会首届代表大会在银川召开。会议进行学术交流，讨论《宁夏回族自治区教育学会章程（草案）》，确定《民族教育》、《智力在全面发展中的作用》等9个教育科研项目。大会成立自治区教育学会，选举李微冬、黄执中为名誉会长，崔阶平为会长。　（《宁夏日报》1980.6.14.①）

△　国务院批准甘肃省设立积石山保安族东乡族撒拉族自治县，下辖原临夏县乩藏区的乩藏、小关、中嘴岭、居集、郭干、铺川、银川7个公社，吹麻滩区的吹麻滩、寨子沟、安集、胡林家、关家川、柳沟、石塬、刘集、大河家9个公社，共136个大队1297个生产队，2.96万户16.44万人。　（《积石山保安族东乡族撒拉族自治县志》P54）

15日　从6月上旬起，西藏自治区调低藏族群众日常必需的藏帽、酥油壶、铝壶、铝锅、烟叶、日用陶器等7种商品的销售价格，分别降低12%到21%。　（《新华社新闻稿》1980.6.15）

16~21日　内蒙古自治区第一次归国华侨代表大会召开，通过《内蒙古自治区归国华侨联合会章程》，选举产生第一届侨联的领导机构。几年来，全区有34名归侨、12名侨眷被授予全国或全区先进生产（工作）者光荣称号，2人被评为全国"三八红旗手"，2人被评为全国"边陲优秀儿女"。中共十一届三中全会以来，有328名归侨和侨眷光荣加入中国共产党。他们为扩大爱国统一战线、实现祖国统一作出了贡献。　（《内蒙古自治区史》P469~470）

16~22日　宁夏回族自治区中医、中西医结合工作会议在银川举行。会议传达、贯彻全国中医、中西医结合工作会议精神，研究如何贯彻落实党的中医政策，尽快把自治区中医、中西医结合工作搞上去。　（《宁夏日报》1980.6.30.①）

△　新疆伊斯兰教第二次代表会议在乌鲁木齐举行。会议总结新疆伊协成立以来的工作，讨论确定今后的工作任务，传达中国伊斯兰教第四次代表会议精神，修订新疆伊协简章。会议选举牙合甫大毛拉·沙得尔阿吉（维吾尔族）为自治区伊协主任，阿木提大毛拉·买买提明（维吾尔族）、坝吉（维吾尔族）等为副主任。　（《新疆日报》1980.6.18.①，6.30.①）

17日　我国著名科学家、中科院新疆分院副院长、上海生物化学研究所研究员彭加木同志在新疆罗布泊洼地进行科学考察时不幸遇难，以身殉职。1981年10月13日，新疆维吾尔自治区党委、自治区人民政府作出《关于开展向革命烈士彭加木同志学习活动的决定》。（《中国共产党新疆历史大事记（1966.5~1991.12）》下P171，《新华社新闻稿》1980.6.25）

△　据《广西日报》报道，针对广西壮族自治区计划生育形势严峻的局面，自治区计生工作会议提出要采取有力措施控制人口增长，各地都要根据自治区下达的人口计划，大力提倡只生1胎、控制2胎、坚决杜绝3胎。1979年自治区人口自然增长率18.37‰，比全国平均水平高出6.67‰，落后于全国27个省、市、自治区。　（《广西通志·大事记》P458）

17~21日　全国首届世界民族研究学术讨论会在北京举行。会议交流各地世界民族研究工作的经验，总结近年来取得的科研成果，确定新时期学术研究的课题。　（《新华社新闻稿》1980.6.22）

17~24日　厦门大学举行百越民族史学术讨论会。讨论会交流学术论文51篇，讨论百越民族的名称、来源、地理分布和文化特征，以及中原民族同现代南方少数民族的关系等问题。讨论会同时成立百越民族史研究会。　（《民族研究》1980.6 P69）

19日　贵州省在贵阳举行少数民族文艺会演，300名各民族文艺工作者和业余文艺爱好者演出40多个歌舞节目。　（《新华社新闻稿》1980.6.20）

△　根据党中央关于西藏工作的指示，西

藏自治区人民政府决定：本年区内高等院校招收新生以少数民族为主，保证藏族和其他少数民族学生占60%。为确保少数民族新生的数量，决定自治区高等院校系（科）在全国统考中招生的实行少数民族和汉族考生分别划线，适当照顾没有进入最低录取分数线的地区和教育基础薄弱的农牧区考生。（《新华社新闻稿》1980.6.20）

△ 西藏自治区党委发出《关于纠正错划富农牧成分的通知》，凡是在农牧业社会主义改造中被划为富农、富牧阶级成分的，或富裕农奴被划为领主、牧主代理人成分的，一律予以纠正，恢复原来的阶级成分；被定为富农（牧）分子或反动富农（牧）分子的，一律平反。（《西藏日报》1980.6.20.①）

△ 新疆维吾尔自治区开始敞开供应少数民族的生活必需品——砖茶。（《新华社新闻稿》1980.6.22）

20日~7月1日 宁夏回族自治区党委举行地市县委书记会议，学习贯彻中央书记处对宁夏工作的意见。会议决定，今后的中心任务和奋斗目标是在中央统一领导下，从宁夏实际出发，充分发挥区域自治的作用，加强回汉各族干部和人民的团结，千方百计发展经济，提高各族人民的物质生活和文化科学水平。会议强调，放宽经济政策，以利群众休养生息，发展生产，从今年起对南部山区各县及中卫、灵武县的山区，实行粮食免征免购5年；改变对过去穷社穷队单纯救济的办法，把国家回销粮和支援生产建设资金逐步变为生产奖励粮和补助金，以促进生产发展。会议提出采取特殊办法，大力培养回族知识分子，在社、县兴办回民中小学，从是年起在宁夏大学、固原师范专科学校开办回族学生预备班。（《中共宁夏党史大事记（1925.8~1988.6）》P508）

21日 教育部发出《1980年全国重点高等学校试办少数民族班的通知》，指出：为了更好地培养少数民族人才，决定从是年开始，有计划、有重点地在部分全国重点高等学校举办民族班，以后视情况逐步扩大。这是为发展少数民族教育而采取的一项特殊措施，希望各有关高等学校和省、自治区大力支持。（《中国教育年鉴（1949~1981）》P411）

22日 内蒙古自治区呼和浩特市第三机床厂研制成功具有国内先进水平的研磨机——MB4363A双盘半自动研磨机，并投入生产。（《内蒙古日报》1980.6.22.①）

△ 据报道，在吉林延吉县朝鲜族聚居的德新公社发现2处距今4000年的原始社会遗址，发掘出700多件珍贵文物和十几座墓葬。（《新华社新闻稿》1980.6.23）

△ 云南省昆明市郊区发掘一座距今2300年的战国古墓，出土各种文物1000多件，对研究滇族（云南古代的一个少数民族）文化具有重要价值。（《新华社新闻稿》1980.6.24）

24日 广东省连山壮族瑶族自治县适龄儿童入学率达98%；少年、青壮年的非文盲人数占93%，为全省少数民族地区第一个基本扫除文盲县。（《新华社新闻稿》1980.6.25）

△ 甘肃省委常委会召开，学习中共中央关于转发《西藏工作座谈会纪要》的通知和中共中央总书记胡耀邦、国务院副总理万里在西藏考察时的讲话，讨论确定落实中央指示精神要切实抓好三项工作：一、认真落实民族区域自治政策，尊重民族自治权利，搞好民族团结；二、帮助少数民族地区发展经济、文化，提高当地各族人民的物质、文化生活；三、做好培养少数民族干部的工作。（《甘肃日报》1980.6.24.①）

25日 广西壮族自治区党委、人民政府召开8个民族自治县工作会议。会议根据中共中央关于西藏工作的指示精神，研究如何发挥民族自治县的优势、加快经济发展问题。会议提出，各自治县应根据实际情况扬长避短，发展林业和土特产品、畜牧业等；扶持县社工业和交通运输业，从财政贸易上照顾少数民族地区；加强对少数民族干部及科技人才的培养。8月21日，自治区党委和自治区人民政府转发该会议纪要。（《广西通志·大事记》P460）

△ 广西壮族自治区党委决定恢复少数民族语言文字工作委员会，开展壮文推广试点工作，并在广西人民广播电台设立壮语编辑部。（《广西通志·大事记》P460）

△ 宁夏回族自治区第一条220千伏高压输电线路从大武口架通至银川，全长175.5公里。（《宁夏日报》1980.8.2.①）

26日 青海省委发出《关于进一步落实民族政策，保障民族自治地方充分行使自治权利的指示》。（《青海日报》1980.6.27.①）

△ 西藏自治区党委决定成立落实政策领导小组，宋子元任主任，张向明、吴逢惠任副主任。（《中国共产党西藏历史大事记（1949～2004）》P332）

29日 宁夏回族自治区人民政府决定，从本年度起，在宁夏大学开设民族班，择优录取略低于高等院校录取分数线的少数民族学生。（《宁夏日报》1980.6.29.①）

30日 经国务院批准，内蒙古自治区18个边境旗（市）中的1.1万名中小学民办教师，经过考核，分期分批全部转为公办教师。第一批3600多名转为公办的教师中蒙古族和其他少数民族占1800多名，用蒙古语授课的教师占950名。（《新华社新闻稿》1980.7.1）

△ 新疆维吾尔自治区党委颁布《加强民族团结守则》和《执行宗教政策守则》，并在全区试行。（《中国共产党新疆历史大事记（1966.5～1991.12）》下P142）

是月 广西壮族自治区颁布《南宁市排放污染物收费和罚款条例（试行）》，同年10月开始征收排污费，成为广西第一个开征排放污染物收费的城市，当年征收排污费14.84万元。（《广西通志·环境保护志》P370）

△ 四川省甘孜藏族自治州委下发《关于贯彻执行宗教政策的意见》，恢复州政府宗教事务局，全州开放寺庙和宗教活动场所438座（处），恢复和成立州佛教协会和部分县佛教协会。（《甘孜州志》上P83）

△ 云南省楚雄彝族自治州人民政府召开科技干部技术职称评定会议，布置对全州5000多名科技人员进行职称评定。（《楚雄彝族自治州志》1卷P207）

△ 云南省楚雄彝族自治州体操运动员陈小红（13岁）在世界第四届中学生运动会上获4枚金牌。（《楚雄彝族自治州志》1卷P207）

△ 西藏自治区党委成立两案审理办公室，清查林彪、江青两个反革命集团造成的冤、假、错案。审理工作历时5个月，对复查审理的冤、假、错案作出结论，并帮助有关单位做好清理材料、补发工资、调级等善后工作。（《中国共产党西藏历史大事记（1949～2004）》P330）

7月

1日 民族文化宫图书馆恢复对外开放。后改称中国民族图书馆。（《新华社新闻稿》1980.10.1）

△ 内蒙古自治区党委常委学习中共中央关于西藏工作的指示精神，讨论决定做好以下几项工作：一、培养选拔蒙古族和其他少数民族干部；二、在经济领域继续批极“左”，进一步放宽经济政策；三、积极发展民族科学文教事业；四、深入进行民族政策教育，加强民族团结；五、对自治区内鄂伦春、达斡尔、鄂温克3个少数民族自治旗要保障他们享有充分的民族自治权利，国家给予更多的特殊照顾，千方百计满足其生产、生活资料的供应，使他们的经济文化事业迅速发展起来。（《新华社新闻稿》1980.7.2）

△ 据报道，3年来，湖南省城步苗族自

治县共提拔少数民族干部192名，其中公社书记以上21名；县委常委中少数民族干部有5名，占常委总数的45%。（《湖南日报》1980.7.1.①）

1~4日 内蒙古自治区高等学校蒙文教材编委会在呼和浩特召开会议，组织编译出版自治区高等院校文理科蒙语授课班的教材，研究确定1980年至1981的出版计划。（《内蒙古日报》1980.7.13.①）

2日 广西壮族自治区党委批转自治区党委宣传部《关于贯彻中宣部5号文件及有关指示的情况报告》。《报告》指出，广西思想文化领域出现一些值得注意的情况和问题。如擅自办刊物、印刷图书、翻印内部资料，随意扩大一些内部资料发行范围，文艺演出中表演低级庸俗的节目，市场上公开摆卖裸照等。《报告》强调，文化工作中贯彻"双百"方针要坚持以马列主义、毛泽东思想为主导地位，文艺演出活动要注重社会效果。（《广西通志·大事记》P460）

△ 新疆维吾尔自治区人民政府重新制定和颁布《新疆维吾尔自治区牧业税征收办法（试行）》，以减轻牧民负担，加快牧区的经济发展。（《新华社新闻稿》1980.7.3）

2~9日 全国政协副主席班禅额尔德尼·确吉坚赞参观访问河北承德市，在须弥寺福寿之庙进行佛事活动，并对当地的寺庙管理提出一些建设性意见。（《新华社新闻稿》1980.7.16）

2~10日 中国作协、国家民委联合举办的全国少数民族文学创作会议在北京举行。会议讨论我国少数民族文学创作中坚持为人民服务、为社会主义服务的方向和贯彻"百花齐放、百家争鸣"的方针，以及进一步落实党的民族政策，充分调动各民族作家的创作积极性，增强我国民族文学队伍团结等问题。会上，作协副主席冯牧作《大力发展和繁荣我国各少数民族的社会主义文学》的报告，陈荒煤、周扬、胡嘉宾、江平等到会讲话。9日，国家民委、中国作协在民族文化宫联合举行联欢茶话会，祝贺会议的召开。（《新华社新闻稿》1980.7.3，7.10，7.11）

4日 广西壮族自治区人民政府发出1980年高等学校、中等专业学校招生工作的通知。通知规定民族院校录取的学生，少数民族要占入学人数的90%以上，其他院校要占20%~30%。通知还就放宽少数民族考生录取分数线作出具体规定。（《广西通志·大事记》P460）

△ 西藏自治区党委发出《关于纠正一九六九年平息暴乱扩大化问题的指示》。《指示》说，1969年一些地方所发生的反革命武装暴乱是极少数反动农奴主分子搞起来的。在发生暴乱的地方，真正死心塌地地参加武装暴乱并犯有严重罪行的只有极少数，绝大部分群众是被裹胁或上当受骗的。暴乱严重的尼木、比如、边坝、丁青4县并非全县发生，所以将暴乱的地方划为"暴乱县"、"暴乱区"、"暴乱乡（社）"是错误的，特别是将群众组织的一些错误行动定为"暴乱"或"预谋暴乱"更是错误的。因此，凡是过去在文件或讲话中划某些地方为"暴乱"或"预谋暴乱"的地区，都一律予以推倒。《指示》对纠正打击面过宽，对错案进行平反的政策也作出具体规定。（《中国共产党西藏历史大事记（1949~2004）》P332~333）

△ 宁夏回族自治区党委召开地、市、县委书记会议，学习贯彻中共中央对西藏工作的指示，传达中央书记处对宁夏工作的意见。10日，自治区党委发出《关于贯彻中央对西藏工作的指示精神，加强民族工作的决定》，主要有以下几项内容：一、认真落实民族区域政策；二、大力发展经济，不断提高少数民族人民物质生活水平；三、大力发展民族地区的教育事业，提高回族人民的科学文化水平；四、大力培养少数民族干部；五、继续落实党的民

族、宗教、统战政策；六、加强党对民族工作的领导。（《新华社新闻稿》1980.7.5，《中共宁夏党史大事记（1925.8～1988.6）》P509）

5日 昆畹公路（解放前称滇缅公路）东段昆明至宝山改建工程竣工通车，原全长678公里，现缩减到584公里。（《新华社新闻稿》1980.7.8）

△ 据报道，内蒙古自治区鄂伦春自治旗鄂伦春族适龄儿童全部免费入学。高中在校生有18名，初中101名，小学315名。（《内蒙古日报》1980.7.5.①）

△ 据报道，云南省委在红河、文山、怒江自治州和思茅、临沧、保山地区分别设立民族干部学校。并决定扩建原有的德宏、西双版纳和迪庆3个自治州民族干部学校。在昆明建立省民族干部农业科技学校。（《光明日报》1980.7.5.①）

6日 青海省黄南藏族自治州党委结合进行民族政策再教育，为236名民族干部和66名爱国民主、宗教人士恢复名誉。（《青海日报》1980.7.6.①）

7日 广西壮族自治区党委常委召开8个少数民族自治县工作会议，研究贯彻落实中央关于西藏工作的指示精神，讨论决定要抓好几项工作：一、坚持从实际出发，各自治县根据自己的特点，宜林则林，宜粮则粮；二、进一步落实经济政策；三、从财政上给穷队以大力支持；四、加强对少数民族干部的培养。（《新华社新闻稿》1980.7.8）

△ 宁夏回族自治区林业局《关于加强三个天然林区森林保护坚决制止毁林的报告》称，六盘山林区1964年前有林面积3.33万多公顷，1975年降至2.8万公顷；罗山林区50年代管辖面积1.2万公顷，现只剩0.72万公顷；贺兰山林区北部畜群进入15公里多，林区面积减少1.2万多公顷。报告建议采取有力措施，严加制止乱砍滥伐，进山的羊畜、林区的“吊庄”要限期撤出，退耕还林，恢复封山育林制度。（《当代宁夏史通鉴》P255）

8日 据报道，云南省西北部的藏族地区发现藏族长篇史诗——《格萨尔王传》的2篇被遗忘的诗章。昆明石林风景区发现《阿诗玛》的彝文本故事集和诗歌集，同时还发现12部彝文诗集。（《新华社新闻稿》1980.7.9）

△ 云南省少数民族文艺会演在昆明举行。20多个少数民族的专业、业余演员和民间艺人演出150个歌舞、音乐节目。（《新华社新闻稿》1980.7.9）

8～11日 广西壮族自治区五届人大常委会第四次会议举行。会议听取和讨论通过自治区选举委员会提交的《广西壮族自治区各级人民代表大会实施细则》，关于县、市辖区、人民公社、镇人民代表建立代表小组的决议及人事任命事项；听取关于自治区民族工作的汇报；自治区人民政府主席覃应机就发挥自治区优势和加快经济建设步伐问题发表的讲话。（《广西日报》1980.7.15.①）

9日 据报道，云南省编写出彝、白、傣、哈尼、佤、傈僳、纳西、拉祜、景颇、布朗、阿昌、普米、怒、独龙、基诺等16个少数民族的《文学概况》。（《新华社新闻稿》1980.7.10）

10日 内蒙古自治区电视台摄制完成第一部蒙古语电视剧——《母亲》。（《内蒙古日报》1980.7.10.①）

△ 广西壮族自治区防城各族自治县决定，将缺乏淡水灌溉而丢荒多年的1.1万多亩围垦海湾田，分期分批退田还海，兴建虾塘。现已建成精养和粗养虾塘4700多亩。（《新华社新闻稿》1980.7.11）

△ 云南省丽江纳西族自治县减免80多个高寒山区的生产队粮食征购任务，逐步恢复以种植药材为主，改变过去实行的“以粮为主”的生产方针。（《新华社新闻稿》1980.7.11）

△ 宁夏回族自治区党委发出《关于选拔优秀中青年干部，加强各级领导班子建设的意见》，要求解决各级领导班子成员年龄偏高、文化程度较低、专业知识和业务能力缺乏、少数民族领导干部偏少的问题，在二三年内逐步使各级领导班子达到年轻化、专业化和精干的要求。（《中共宁夏党史大事记（1925.8～1988.6）》P509）

10～14日 中共中央书记处举行会议，听取新疆维吾尔自治区党委第一书记汪锋、副书记司马义·艾买提、司马义·买合苏提等关于新疆工作情况的汇报，并认真讨论，产生《中央书记处会议讨论新疆工作问题的纪要》。8月21日，中共中央在给自治区党委的指示中明确指出，《纪要》基本精神是认真总结历史经验，抓紧落实党的政策，加强民族团结，改善民族关系，集中力量发展生产，努力解决好新疆各族人民迫切需要解决的吃饭、吃肉和用钱问题，这是新疆当前的中心任务。实现这一中心任务的前提是安定团结、稳定大局，我们的一切工作都要围绕这个中心，服从这个大局。（《中国共产党新疆历史大事记（1966.5～1991.12）》下P142～143）

11～15日 北京市经济协作代表团同西藏自治区经济协作代表团就发展相互间经济协作问题在拉萨达成协议：西藏逐步增加向北京市提供畜牧产品和中药材；北京市向西藏提供民族特需商品、日用工业品和轻工业、手工业机具设备，并在今后5年内为西藏培训一批地方民族轻工业、手工业的技术工人。（《新华社新闻稿》1980.7.19，《西藏日报》1980.7.18.①）

12日 西藏自治区拉萨市3位藏族少年在罗布林卡公园一个地洞里，挖出22幅明代珍贵文物——唐嘎（卷轴画）献给国家。（《新华社新闻稿》1980.7.14）

13日 国务院批准甘肃省成立积石山保安族东乡族撒拉族自治县。（《甘肃日报》1980.7.13.①）

13～19日 湖南省湘西土家族、苗族历史学术讨论会在吉首召开。会议交流学术论文31篇，讨论了湘西土家族、苗族的来源、形成、迁徙、风俗习惯和民族语言等问题。（《民族研究》1980.5 P10）

15日 《人民日报》发表特约评论员文章《评所谓“民族问题的实质是阶级问题”》。文章分设3个标题，“民族问题和阶级问题不能混淆”、“社会主义时期的民族问题，基本上是各族劳动人民间的关系问题”和“社会主义时期民族问题的内容和根源”。在今后很长的历史时期，我国的民族问题基本上包括如下3个方面的内容：一、实行民族区域自治，巩固各民族民主平等的团结统一。二、逐步消除各民族间政治、经济、文化事实上的不平等。三、承认民族差别，照顾民族特点，正确对待和处理民族矛盾。（《新时期民族工作文献选编》P48～61）

15～24日 内蒙古自治区第三次文代会在呼和浩特举行。大会传达全国第四次文代会精神，听取和讨论自治区政协副书记兼文史委员会主任云照光作的《团结起来，为繁荣社会主义文艺而努力》的报告，通过《内蒙古自治区文学艺术工作者第三次代表大会决议》和《内蒙古自治区文学艺术界联合会章程》。（《内蒙古日报》1980.7.16.①，7.25.①）

15～26日 中国蒙古史学会1980年年会在内蒙古自治区海拉尔市举行。年会交流学术论文60多篇，重点研究了800年前蒙古族的社会是否经历过奴隶制阶段问题和800年以来蒙古史上有争议的历史人物的评价问题。（《新华社新闻稿》1980.7.27）

19日 广西壮族自治区举行少数民族文艺会演，少数民族文艺工作者演出了苗、侗、壮和其他民族的传统舞蹈和音乐等节目。（《新华社新闻稿》1980.7.20）

20日 据报道，国家每年拨款27万元作为四川省凉山彝族自治州的扫盲经费。自1976年推广规范彝族文字以来，农民中的文盲从1977年的90%已下降到62%。（《新华社新闻稿》1980.7.21）

△ 云南省德宏傣族景颇族自治州文化局和德宏民族出版社成立。（《德宏州志》综合卷P68）

△ 宁夏回族自治区医学院附属医院用羊皮移植治疗回族烧伤病人获得成功。（《新华社新闻稿》1980.7.21）

△ 新疆维吾尔自治区伊宁市郊第一座利用地下热能治疗疾病的地热医院建成，开始接纳病员。（《新华社新闻稿》1980.7.21）

△ 新疆维吾尔自治区人民政府决定，免征社员自养牲畜交易税和屠宰税，并在自治区范围内，对个人出售猪、羊暂免征集市交易税。8月1日，自治区政府决定，从是年起，进一步降低部分少数民族特需品税收。（《新华社新闻稿》1980.7.21）

21日 据报道，1720年写成的藏医药巨著《晶珠本草》经青海省药物研究所整理，交青海民族出版社用藏文出版。该书又译《药物学广论》，藏名《智麦协称》，为藏医学家帝玛·丹增彭措著述，公元1840年以木刻版印刷问世。（《新华社新闻稿》1980.7.23）

22日 广西壮族自治区畜牧研究所和15个省（区）的有关部门协作研究培育"三品杂"水牛，获初步成果。（《广西日报》1980.7.22.①）

△ 宁夏回族自治区银河仪表厂和清华大学合作，历时7年研制成功我国第一台激光流速计。（《当代宁夏史通鉴》P32）

△ 南疆铁路中段鱼儿沟至和静开始试运，全长270公里。（《新华社新闻稿》1980.7.25，8.1）

23日 中国科学院和宁夏回族自治区人民政府确定固原县为黄土高原丘陵沟壑区农业现代化综合科学实验基点县，同时还提出了固原县农业自然资源考察及农业区划工作的安排意见。（《宁夏日报》1980.7.23.①）

△ 应中共中央统战部邀请，由国外抵京的达赖喇嘛的二哥嘉乐顿珠及其子女共3人，在北京参观后赴东北。统战部副部长杨静仁接见并设宴欢迎。24日至29日应国家民委邀请，诺尔布偕一行到青海西宁探亲。青海省省长张国声、省政协主席扎西旺徐会见他们，省委统战部、省民委设宴款待。（《新华社新闻稿》1980.8.1，《青海日报》1980.7.31.①）

△ 哈尔滨医科大学藏族班公共卫生专业31名学生毕业回藏工作。从此，西藏自治区有了第一代公共卫生专业的大学毕业生。（《光明日报》1980.7.23.①）

△ 西藏自治区党委发出给几大案件平反的决定，不再逐案复查。几大案件即："七星党案"，"中华民族党案"，"三教"、"社教"挖出的"地下寺庙、经堂案"，"复叛组织案"，拉萨"回民叛国集团案"。（《中国共产党西藏历史大事记（1949~2004）》P333）

24日 新疆维吾尔自治区体委27岁的古拉热木（维吾尔族）经过考核，由国际乒联正式批准为国标裁判员，为我国第一个少数民族女国际裁判。（《新华社新闻稿》1980.7.25）

25日 广西壮族自治区党委决定，恢复自治区少数民族语言文字工作委员会，成立推行壮文试点工作组，在壮语北部方言和南部方言地区各选择一个县进行试点。同时决定在广西人民广播电台设立壮语编辑部，加强壮文、壮语宣传教育工作。（《广西日报》1980.7.25.①）

26日 国家民委主任杨静仁在《红旗》杂志1980年第15期发表文章《坚决贯彻中央指示，做好西藏工作》。全文分为7个部分：一、近30年来中央对西藏工作的几次大的决策；二、近几年西藏工作中的问题；三、加强民族团结；四、坚决贯彻民族区域自治政策；

五、发展西藏的经济、文化、教育事业；六、加强统一战线工作；七、端正思想路线。（《新时期民族工作文献选编》P63～77）

△ 国务院决定恢复内蒙古自治区兴安盟建制，辖原属呼伦贝尔盟的扎赉特旗、科尔沁右翼前旗、突泉县和原属哲里木盟的科尔沁右翼中旗，并恢复乌兰浩特市。中共兴安盟委和盟公署驻乌兰浩特市。（《内蒙古自治区史》P372、541）

27日 北京市与内蒙古自治区达成对口支援协议，决定北京在教学、教育、卫生等方面支援内蒙古，并落实了一些重要支援事项。（《新华社新闻稿》1980.7.28）

28日～8月7日 内蒙古自治区党委召开常委扩大会议，总结全区30年经济建设的主要经验教训，集中讨论如何尽快把内蒙古经济做活的问题，提出要放宽经济政策，在农村允许“包产到户”、“包产到劳力”、“口粮田”等一切可以增产增收的多种所有制经济成分和多种经营方式并存。1979年，全区实行“包产到户”的只占5%，1980年达20%，1981年则在内蒙古各地迅猛兴起。（《内蒙古自治区史》P391～392、541～542）

29日 内蒙古自治区召开农林牧业现代化学术讨论会。会议总结发展农牧业的经验教训，讨论如何发挥草原优势，加快以畜牧业为主的经济建设问题。会议提出继续放宽党的政策，抓好3点工作：一、坚定不移地贯彻“以牧为主”的方针；二、改变不合理的畜牧业生产布局，搞好家畜品种改良区域规划；三、改良畜种，实行短期育肥，搞季节畜牧业。（《新华社新闻稿》1980.7.30）

△ 内蒙古自治区西部沙漠地区初步探明15个大型自流水盆地。其中，最大的吉兰泰盆地面积约1.59万多平方公里，自流区域5000多平方公里，整个盆地含水层较厚。（《新华社新闻稿》1980.7.30）

△ 以西藏自治区政协副主席崔科·顿珠次仁为团长、自治区人大常委会副主任生钦·洛桑坚赞和江中·扎喜多吉为副团长的自治区政协参观团一行36人抵达北京。8月8日，全国政协设宴招待参观团。中共中央总书记胡耀邦、全国政协副主席彭冲接见参观团全体成员。（《新华社新闻稿》1980.8.9）

30日 据报道，内蒙古自治区人民政府颁布全区家畜改良方向区域规划：东部条件比较好的草甸草原和典型草原，主要发展乳肉兼用良种牛、细毛羊以及地方良种牛羊；中部条件一般的荒漠、半荒漠草原区，主要发展半细毛羊、细毛羊，城镇周围多发展乳用牛，农区、半农半牧区多发展肉用牛；西部条件差的荒漠地带以及沙漠戈壁地区，主要发展骆驼、三北羊、山羊等。为保证规划的实施，区畜牧部门还提出4条措施。（《新华社新闻稿》1980.7.30）

△ 内蒙古自治区呼伦贝尔盟文物站考古工作者米文平在鄂伦春自治旗政府驻地阿里河镇西北9公里处嘎仙洞内，发现太平真君四年（443年）北魏皇帝派人祭祖时刻在石壁上的祝文，证明嘎仙洞即拓跋鲜卑祖居旧墟石室。（《鄂伦春自治旗志》P825）

31日 广东、广西、湖南毗连的瑶、苗、壮、汉等民族杂居的11个县在广西壮族自治区富川县联合举行物资交流会，成交额1900多万元。（《新华社新闻稿》1980.7.31）

△ 新疆维吾尔自治区党委批转自治区党委组织部、统战部《关于在人大、政府、政协中重视安排少数民族和党外人士的意见》。《意见》指出，在各级人大、政府、政协中必须十分重视当地少数民族代表、成员的安排，特别是自治州、自治县的自治民族要占相应比例，体现党的民族区域自治政策，使各少数民族充分行使当家做主的权利。（《中国共产党新疆历史大事记（1966.5～1991.12）》下P144）

是月 国务院批转国家宗教事务局、国家建委等5个单位《关于落实宗教团体房产政策等问题的报告》。广西壮族自治区首先在南宁、桂林、柳州、梧州、北海等市开展落实宗教团体房产政策的工作，然后在各县城及农村普遍进行。至1990年底，全区共清退宗教团体房产面积19万平方米，占应清退面积的95%。与此同时，先后恢复和开放寺庙教堂92座，对一些年久失修的寺庙教堂由政府拨专款进行维修或重建。（《广西通志·大事记》P461）

△ 内蒙古自治区人民政府批准八省区蒙古语文工作协作小组讨论通过的《关于蒙古语基础方言、标准音和音标（试行）方案》，并开始推广。方案指出，以内蒙古中部方言为我国蒙古语的基础方言、以内蒙古正蓝旗为代表的察哈尔土语为标准音。以拉丁字母为基础的蒙古语音标试行方案的确定，是30年来广大蒙古语文工作者精心研究所取得的重大成果，对于进一步规范我国蒙古语，迅速提高蒙古族人民的科学文化水平，促进蒙古语文的繁荣发展，具有重要意义。（《内蒙古自治区史》P439、542）

△ 湖南省湘西土家族苗族自治州开展对麻风、头癣、地方性甲状腺肿、精神病和鼻咽癌5种病的普查工作。普查人数240万人，受检率95.4%，查出地方性甲状腺肿13万人、头癣病8363人、精神病7975人、麻风病119人、鼻咽癌138人。（《湘西州志》上P77）

△ 比利时、新西兰烤烟专家在贵州省黔南布依族苗族自治州贵定新铺参观烤烟生产和气流下降式烤房，认为已达国际先进水平。（《黔南布依族苗族自治州志》上P65～66）

△ 青海省海南藏族自治州贵南县杂马台墓地第25号墓出土铜镜1面，直径9厘米，厚0.4厘米。经中国社会科学院考古研究所鉴定，为我国出土的最早青铜镜。（《海南州志》P51）

△ 新疆维吾尔自治区昌吉回族自治州第一次回族“花儿”演唱会在米泉县举行，第一次哈萨克族“阿肯”弹唱会在昌吉县举行。（《昌吉回族自治州志》P57）

8月

1日 西藏自治区党委向中央统战部报告关于达赖所派第二批5人参观团活动情况。报告说，该团于7月24日抵拉萨，次日晨即向围观群众发表煽动性演讲。27日，到甘丹寺举行宗教活动，煽动一些人唱“西藏独立”歌。28日，他们在街上散发反动传单，向部分爱国人士、藏族干部发恐吓信。报告提出终止他们的活动，限期责令他们离开西藏。中共中央统战部同意自治区党委意见。29日，自治区政府宣布终止他们的参观活动，限于30日前离开拉萨。这一措施打击了他们的反动气焰，得到群众拥护。（《中国共产党西藏历史大事记（1949～2004）》P334～335）

△ 甘肃省天祝藏族自治县各族群众4万多人集会，庆祝自治县成立30周年。天祝县委书记刘延礼在会上讲话，总结自治县30年来的成就，指出今后的奋斗目标。全国人大民委、国家民委代表李鸿范到会祝贺。（《甘肃日报》1980.8.2.①）

1～6日 中国民族古文字研究会成立大会及首次学术讨论会在河北省承德举行。会议收到学术论文40多篇，通过研究会章程，选举包尔汉（维吾尔族）、季羡林为名誉会长，傅懋勣为会长，阿不都萨拉木（维吾尔族）、林沉（蒙古族）、和志武（纳西族）、哈米提（维吾尔族）、彭哲（藏族）、照那斯图（蒙古族）为副会长。全国政协委员翁独健、全国人大常委会委员、法律委员会副主任江平等到会讲话。会议期间，举办民族古文字珍贵资料展览。（《光明日报》1980.8.14.③）

△ 云南省地名普查试点会在德宏傣族景颇族自治州芒市召开，决定在德宏州潞西县进行民族地区的地名普查试点工作。（《德宏州志》综合卷P68～69）

2日 根据中央关于西藏工作指示的精神，四川省甘孜、阿坝、凉山自治州调整、改革民族聚居区的教育结构，以民族语文为学校的主课之一，延长学制，缩短战线，恢复寄宿制民族学校，在一些中小学开办民族班。（《新华社新闻稿》1980.8.3）

3日 北京市经济协作代表团同新疆维吾尔自治区政府代表团在乌鲁木齐达成协议：北京向新疆提供花锦纶丝袜、涤纶百褶裙、双菱手表、铅丝、钢材及虎骨酒、乌鸡白凤丸等，新疆向北京提供华达呢坯布、咔叽坯布、白山羊绒、改良羊毛、细羊毛、羊皮、葡萄干、红花、鹿角等产品。北京还将在新疆投资联合经营农牧业基地，为北京提供急需的啤酒花、羊毛和皮革等原料。（《新华社新闻稿》1980.8.3）

△ 据报道，内蒙古自治区气象局研制成功WX—2型遥控防霜机，并由呼和浩特电子设备厂生产出第一部样机。（《内蒙古日报》1980.8.3.①）

△ 西藏自治区党委发出关于《手工业的几项政策规定》(试行草案)。《规定》主要内容有：大力恢复和发展民族手工业，积极创造条件，扩大手工业生产门路，使民族特需商品的产量、质量和花色品种尽快增加和提高。集体手工业生产单位和个体手工业者的劳力、财力、物资和产品受到法律保护。手工业合作社、合作组等生产单位独立核算，自负盈亏。集体手工业和个体手工业者的产品，可以直接与用户挂钩，直接设店或走乡串户出售，可以销外地。可以物易物，等价交换。手工业产品的收购和销售应以质论价，买卖公平。贯彻按劳分配原则，坚决纠正平均主义分配方法。对手工业老艺人和技术工人要注意生产上发挥他们的专长，分配上给以较高的报酬，生活上予以适当照顾。集体手工业生产单位和个体手工业生产和销售民族特需商品，经主管部门核准后，免征所得税，从8月1日起，2年内免征工商税。汽车、拖拉机、马车以及其它营运机动车辆，从8月1日起免收养路费。（《中国共产党西藏历史大事记（1949～2004）》P335）

3～13日 全国第二次畜牧业经济理论讨论会在西宁举行。会议听取农业部畜牧总局局长祁果作题为《坚持走三中全会的路线，继续加快发展畜牧业》的报告和中国社会科学院农业经济研究所所长詹武作题为《把畜牧业经济理论研究工作推进一步，为加快畜牧业现代化步伐而奋斗》的发言，研究关于畜牧业经济结构的调整、所有制和生产责任制、畜牧业的生产与流通、牧工商一体、拟订畜牧业长期规划的指导思想和实现规划的方针政策等问题。会议认为，实行鼓励、扶持社员家庭养畜和集体牲畜分户包养，是加快发展我国畜牧业生产的两项有效措施。（《新华社新闻稿》1980.8.19；《青海日报》1980.8.4.①，8.14.①）

4日 广西壮族自治区科技成果推广领导小组决定，在全区推广25项新技术和科技成果，其中农业16项、工业9项。（《广西通志·大事记》P461）

5日 据报道，1978年以来，云南省在5个自治州兴办6所财贸中等专业学校和1所技术学校。省属2所财贸学校和各地区的11所中等财贸学校注意从少数民族中招收新生，全省各中等财贸专业学校已有少数民族学生800多名。（《光明日报》1980.8.6.①）

△ 据报道，在云南省绿春县一个彝族农民家里，发现民间故事《梁山伯与祝英台》及唐代、明代的故事彝文手抄本。（《新华社新闻稿》1980.8.6）

△ 西藏自治区党委常委会议认真研究扎囊县严重违法乱纪问题。该县大搞逼供信，打人成风，破坏干群之间、藏汉之间的关系，致使扎囊县生产落后，群众生活贫困。会议决定，撤销冯秉义扎囊县委第一书记、民兵团政委、地委委员职务；撤销张治辉山南地委党校

副校长职务，给予留党察看2年处分；撤销曾心全党内外一切职务，给予留党察看2年处分；给予噶玛党内严重警告，行政降职处分。（《中国共产党西藏历史大事记（1949~2004）》P335~336）

△　青海省果洛藏族自治州大武江坭水电站建成送电，总装机容量1890千瓦。（《青海日报》1980.10.17.③）

6日　北京市第一个出售少数民族日用品的专柜在西单百货商场营业。（《新华社新闻稿》1980.8.7）

△　黑龙江省杜尔伯特蒙古族自治县一座大型草原太阳能电围栏建成，可育草原面积5892亩。（《黑龙江日报》1980.8.19.①）

△　青海省黄南藏族自治州技术职称评审委员会成立。（《黄南州志》上P50）

7日　国务院副总理赵紫阳视察吉林省延边朝鲜族自治州。（《延边朝鲜族自治州志》上P86）

△　新疆维吾尔自治区人民政府决定，从是年起，南疆农牧民人均口粮在160公斤以下的生产队一律免粮、油征购任务；社员人均收入在40元以下的生产队，历年所欠贷款予以减免或豁免每年的利息；户均收入不到500元的牧民给予免税照顾。此外，穷社穷队的社员子女实行免费教育，定期派巡回医疗队对社员实行免费医疗。自治区人民政府还向南疆4个地区、自治州先后投放救济款和穷队补助款650多万元及救济粮0.5亿公斤。（《新华社新闻稿》1980.8.8,《中国共产党新疆历史大事记（1966.5~1991.12）》下P144~145）

8日　宁夏回族自治区石嘴山发电厂第四期扩建工程的2台10万千瓦机组全部建成发电。（《当代宁夏史通鉴》P32）

△　中共青海省海北藏族自治州委同意刚察县、祁连县、门源县1958年反革命武装叛乱问题的复查报告，指出此案属于错案，应予彻底平反。（《海北藏族自治州志》上P81）

9日　云南省德宏傣族景颇族自治州党委决定，边境一带社员口粮不到500斤、其他地区社员口粮不到400斤的，免除征购任务，其不足部分由国家补足。自治州各级党委还根据各民族的不同生活习惯，放宽“小自由”政策，取消不准私人养大牲畜的禁令，允许母畜公有私养，繁殖的幼畜对半分成；支持阿昌族社员私人打刀卖刀。（《新华社新闻稿》1980.8.10）

△　云南省德宏傣族景颇族自治州文学艺术工作者第一次代表大会在芒市召开，自治州文学工作者的第一个群众性组织——德宏州文联成立。（《德宏州志》综合卷P69）

9~11日　新疆维吾尔自治区田径运动员戴建华、傅建萍（俄罗斯族）在北京举行的全国田径冠军赛中，分获女子100米栏、标枪冠军。（《新疆通志·体育志》83卷P49）

11日　宁夏回族自治区党委办公厅批转自治区党委组织部、妇联党组《关于培养选拔妇女干部的情况和今后的意见》。《意见》指出，选拔妇女干部的工作取得一定成绩，1979年全区妇女干部有2.1万人，占干部总数的24.2%。（《中共宁夏党史大事记（1925.8~1988.6）》P509~510）

11~17日　首届全国民族理论科学讨论会在北京举行。会议交流论文78篇，要求制定一套适合中国民族问题发展规律的研究方针、政策和办法。（《新华社新闻稿》1980.8.18）

12日　据《宁夏日报》报道，宁夏回族自治区人民政府最近作出《关于尊重少数民族风俗习惯的六项规定》。《规定》提出，回族职工较多的单位都要设置回民食堂；在“尔德”节和“古尔邦”节，给回族和其他禁猪的少数民族职工各放假1天，并增供肉、油；牛羊肉冷库和经营回民肉食等食品的商店、柜台要有明显的清真或回民标志。（《中共宁夏党史

大事记（1925.8～1988.6）》P510）

13日 内蒙古自治区呼和浩特市区发现一座北魏时期的男女合葬墓，从中出土一批古代陶俑及其他陶质随葬品，为了解1500多年前当地的民族、政治、经济、文化发展状况，研究我国北魏时期内蒙古地区的民族关系，提供新的实物资料。（《光明日报》1980.8.14.③）

△ 广西壮族自治区生产的正骨水、盐酸左旋咪唑、金鸡冲服剂、跌打丸在全国医药评比中被评为优质产品。（《广西通志·大事记》P461）

△ 广西壮族自治区桂江造船厂为港商订造的950吨干货驳船完工交货，这是广西首次出口船舶。16日，南宁船舶修造厂制造载重最大排水量636吨的多种用途工程船完工下水。（《广西通志·大事记》P461）

16日 青海省委和省人民政府发出通知，要求西宁地区凡与少数民族群众经常接触的单位，50岁以下的汉族干部、职工都要学习少数民族语言；35岁以下的要学习少数民族文字。（《新华社新闻稿》1980.8.17）

17日 据报道，新疆维吾尔自治区乌鲁木齐市第五、第十四两所民、汉合校中学改为民族中学。至此，全市已有6所市属民族中、小学。（《新疆日报》1980.8.17.①）

17～19日 中共中央总书记胡耀邦在宁夏回族自治区视察工作，并作重要指示。胡耀邦指出，对农田基本建设投资可以拿出点钱来搞沼气和太阳能，不应像过去搞工业总想一个钢，搞农田光想一个水；西北大部分地区包括宁夏要大力种树种草，增加覆盖，减少风沙；宁夏的优势究竟在什么地方，还要摸索。在培养少数民族干部问题上，第一，汉族干部要认真弄懂对少数民族的政策；第二，要认真培养回族干部；第三，汉族干部要尊重回族的习惯。在治安问题上，要把治安观念改过来，有了安居乐业就有了治安。在生产责任制问题上，原则是赞成各种形式的生产责任制，个别地方允许包产到户。（《中共宁夏党史大事记（1925.8～1988.6）》P510）

18日 西藏自治区党委发出《关于纠正城镇错划资本家的通知》，城镇划资本家是自治区党委1975年在城镇私营商业、手工业社会主义改造中进行的，全区共划资本家200多户，其中拉萨140户。9月24日，自治区政府宣布，1975年错划的资本家全部纠正，恢复原来成分。（《中国共产党西藏历史大事记（1949～2004）》P337～338）

19日 广西壮族自治区党委印发8日至11日在南宁举行的《自治区党委常委扩大会议纪要》。《纪要》在谈到农村经济政策时指出，从现在到秋收，各生产队规模不论大小，生产责任制不管哪种形式，不要再变动。确实不当的，待秋后总结经验，进行适当调整。已实行包产到户的，可按照各队原定办法进行分配。生产责任制方面，提倡在生产队统一领导、专业化分工协作的基础上，责任到组、到人。工副业和多种经营可根据不同情况，包产到组、到户、到人，粮、蔗等大田作业可由队统一犁、耙、种、收，实行定额管理；田间管理，可实行大段包工，责任到人。这种办法，有利于巩固队为基础，有利于巩固和发展农业机械化。（《广西通志·大事记》P461）

20～22日 吉林省延边朝鲜族自治州财贸工作会议召开，讨论制定《搞活城乡市场的十项措施》。（《延边朝鲜族自治州志》P86）

21日 广西壮族自治区综合设计院在香港荃湾屠房有限公司组织的投标中，以先进的屠房工艺设计方案中标，使广西的设计安装首次进入香港。（《广西通志·大事记》P461）

△ 中共青海省海北藏族自治州委关于检查验收落实党的干部政策工作的情况指出，全州受理申诉1905人，其中“文化大革命”中440人，“文化大革命”以前1465人，复查结

案1856人。（《海北藏族自治州志》上P81）

22日 据报道，新疆维吾尔族大型古典音乐——《十二木卡姆》整理研究小组成立。（《光明日报》1980.8.22.②）

24日 广西壮族自治区人民政府批转自治区人事局《关于我区闲散在社会上的科技人员安排使用意见的报告》，计划1980年安排1000名闲散科技人员，1981年安排3000人，主要解决广西缺乏的机械、土建、纺织、农科、医科，以及师范的数、理、化、英语等专业人员。（《广西通志·大事记》P461）

26日 广西壮族自治区轻工研究所利用甘蔗废糖蜜制成L—赖氨酸，经鉴定产酸率在国内领先。（《广西通志·大事记》P461）

△ 青海省海北藏族自治州组织民族教育工作队，协助文化落后的少数民族牧区创办20多所寄宿小学，培训100多名少数民族教师。（《新华社新闻稿》1980.8.27）

26~30日 新疆维吾尔自治区学联（1956年成立）首届代表大会举行，确定今后任务。会议选举艾尔肯·司的克为学联主席，张幼怡、阿曼太·塔里甫、韩全学、艾沙·赛来为副主席。（《新疆日报》1980.9.1.①）

27日 青海省第一座大型喷灌工程——贵南县森多公社喷灌站建成。该工程安装了美国凡尔蒙特公司4071型电动自走清水式喷灌机，喷水量277立方米／小时，喷水半径491.8米。（《海南州志》P51）

28日 西藏自治区高校招生工作结束。本年度共录取新生416名，其中少数民族214名，区内院校共录取新生234名，其中少数民族168名。（《西藏日报》1980.8.28.①）

△ 甘肃省临夏回族自治州人民政府决定，从1980年秋季开始，对少数民族中、小学生一律免收学费和课本费，同时恢复农村高中学生按国家标准供应口粮。（《光明日报》1980.8.28.①）

28日~9月12日 全国政协五届三次会议举行，全国政协主席邓小平致开幕词，全国政协副主席许德珩作工作报告。会议通过政治决议、章程和4个法律，通过常委和修改后的委员会名单，增选包尔汉（维吾尔族）等8人为政协副主席。会议决定杨静仁（回族）、班禅额尔德尼·确吉坚赞（藏族）等6人因任其它领导职务，不再兼任政协副主席。（《人民日报》1980.8.29.①，8.31.①，9.11.①，9.13.①）

30日~9月10日 全国人大五届三次会议举行。全国人大常委会委员长叶剑英致开幕词，中共中央主席、国务院总理华国锋发表讲话。会议通过关于修改《中华人民共和国宪法》第45条的决议，决定取消宪法原规定的“有运用大鸣、大放、大辩论、大字报的权利”；补选班禅额尔德尼·确吉坚赞（藏族）等为人大常委会副委员长。会议决定，任命赵紫阳为国务院总理，杨静仁（回族）、张爱萍、黄华为副总理；解除陈永贵国务院副总理职务；通过《关于华国锋辞去国务院总理职务和邓小平、李先念、陈云、徐向前、王震、王任重辞去国务院副总理职务的决议》和《关于聂荣臻、刘伯承、张鼎丞、蔡畅、周建人辞去全国人大常委会副委员长职务的决议》，上述两项《决议》于当日公布。（《新华社新闻稿》1980.8.31，9.11~17）

是月 内蒙古自治区天主教爱国会第二届代表会议举行，这是粉碎“四人帮”后自治区天主教界的首次盛会。会议重新制定自治区天主教爱国会章程，确定自治区天主教爱国会任务，通过决议和《告全区天主教神长教友书》，选举爱国会领导机构。（《内蒙古自治区史》P472、542）

△ 云南省首届民族文学翻译讲习班在德宏傣族景颇族自治州芒市举办，为期2个月。讲习班收集、整理、翻译一批民族民间文学作品，其中傣族民间故事60多个，景颇族民间

故事50多个，德昂族民间故事15个，诗歌1000多行。同时编印傣文《阿銮故事选》和景颇文《景颇族民间故事集》。（《德宏州志》综合卷P69）

△ 云南省委、省政府决定，对迪庆藏族自治州1980~1984年粮食超购基数全部减免。从当年起，实行超购加价办法，加价幅度为50%。（《迪庆藏族自治州志》P53）

△ 中共云南省委贯彻中央西藏工作座谈会精神，把改革开放以来省委坚持分类指导所采取的稳定边疆、发展民族经济文化的政策措施概括为14条，要求各级认真贯彻执行。主要内容有：调减公余粮负担，贯彻休养生息的方针（怒江和迪庆自治州全部免除征购任务）；对边境一线社员口粮继续坚持200公斤、250公斤的政策；边疆经济文化落后的地区和内地高寒分散贫瘠山区，坚决实行包产到户和包干提留到户责任制；减免税收；扩大民贸“三照顾”范围，由44县增加到55县；加强边疆、内地高寒山区的商业工作，搞活流通领域，促进商品经济发展；重视林业和畜牧业的发展；采取措施，办好民族教育；进一步落实好党的各项政策，解决好历史上遗留的外出边民回归等问题；大力培养和选拔少数民族干部；加强边疆地区的对敌斗争；加强各级党委对边疆、民族工作的领导，坚持从各民族特点、民族地区自然条件、经济结构、群众思想觉悟及生产生活的实际出发，实事求是地解决问题。（《云南民族团结进步事业光辉历程（1949~2009）》P95）

9月

1日 广西壮族自治区弄岗自然保护区被国务院列为国家级重点自然保护区，面积1.01万公顷，主要保护对象是国家一级保护动物白头叶猴和北热带石灰岩山地常绿四季雨林生态系统。该保护区内有植物1454种，其中包括金花茶新种18种，有脊椎动物123种。（《广西通志·大事记》P462）

△ 四川省甘孜藏族自治州各族人民在康定集会，庆祝自治州成立30周年。州长钦饶在会上讲话，介绍自治州30年来的成就。国家民委副主任谢鹤筹，四川省委、省政府祝贺团，阿坝、凉山、重庆等祝贺团到会祝贺。（《四川日报》1980.9.3.①）

△ 西藏自治区第一所艺术学校在拉萨成立。学校分藏戏、歌舞和声乐3个班进行学习，学制为5年或3年。学员在学习期间的食宿和学习费用均由国家负担。（《新华社新闻稿》1980.9.3）

2日 广西壮族自治区钦州市的泥兴陶茶具、玉林市的玉林牌正骨水和大新铅锌矿的铅精矿获国家银质奖。15日，轻工业部美术公司在北京展出钦州泥兴陶。泥兴陶当时已远销世界30多个国家和地区。（《广西通志·大事记》P462）

△ 新疆维吾尔自治区党委对自治区外贸局党组《关于邮寄进口伊斯兰教印刷品情况与核放尺度的请示报告》作批复指出，应明确我国的宗教信仰自由政策与必须遵守我国的其他政策、法令是统一的；正确执行宗教信仰自由政策，有利于加强各民族人民之间的团结，凡以宗教名义违反国家利益，有损于各族人民团结都不允许。（《中国共产党新疆历史大事记（1966.5~1991.12）》下P146）

4日 广西壮族自治区物资系统决定改进物资供应办法，将原属统一计划分配供应的205种物资，除保留38种继续统一分配外，其余160多种改为核实供应和敞开供应。（《广西通志·大事记》P462）

4~12日 全国国际式摔跤冠军赛举行，新疆维吾尔自治区摔跤队获得6个冠军、4个亚军，2个第三名，其中顾景林（锡伯族）获古典式摔跤男子68公斤级冠军，郑林（锡伯族）获古典式摔跤男子100公斤以上级冠军，阿斯哈尔（维吾尔族）获自由式摔跤男子57

公斤级冠军，哈力（哈萨克族）获自由式摔跤男子82公斤级冠军，阿吉（维吾尔族）获古典式摔跤男子68公斤级青年组冠军，买买提江（维吾尔族）获自由式摔跤男子100公斤级青年组冠军。（《新疆通志·体育志》83卷P50）

5日 西藏自治区人民政府发出《关于发展边境小额贸易有关问题的通知》。《通知》共3条：一、禁止下列物品进入边境贸易市场。即：不准携带（自用除外）外国手表、照相机、录音机、电视机和其他违禁品进入我境，更不得在我境内边境贸易市场上进行交换活动；严禁黄金、白银、珠宝、文物和麝香、牛黄、鹿茸、虫草、贝母等进入市场交换或携带出境；严禁携带人民币出入国境，禁止外币在我境内流通，边境贸易主要是以物易物交换。二、各机关、团体、企事业单位和部队以及干部、战士、职工均不得擅自进入边境市场以货币购买或交换物品；参与或包庇走私、投机倒把活动者，要从严查处；数额巨大、情节严重、触犯刑律的，交司法机关依法惩办。三、各地、市、县要加强对边民贸易的领导和管理，依靠边境地区的基层组织和群众，迅速建立健全边境市场管理机构；不准外国人走乡串户交换，必须在市场内交换。（《中国共产党西藏历史大事记（1949～2004）》P339）

△ 据《西藏日报》报道，最近召开的西藏自治区人民公社经营管理工作座谈会决定，在社会主义集体所有制不变的前提下，各生产队可以根据自己的情况，选择群众易于接受的生产责任制。（《中国共产党西藏历史大事记（1949～2004）》P339）

6日 据报道，广西民族学院化学系和南宁市石英玻璃厂共同研制成功透明石英玻璃新原料——人造石英粉。（《广西日报》1980.9.6.①）

6～20日 黎族服饰展览首次在北京举办，展出服饰实物、临摹图案、生活照片1000多件。（《新华社新闻稿》1980.9.7）

8日 广西壮族自治区人民政府批准在百色地区的百色高中、河池地区的宜山高中（后改河池）、柳州地区的融水中学（后改柳州）、南宁地区的武鸣中学、桂林地区的龙胜中学5所中学开设8个少数民族高中班，每年拨款50万元，重点招收边远山区少数民族学生，年龄放宽，学制4年，在校享受助学金及其他补助。24日，自治区有关部门决定，对8个民族自治县在县城中学学习的少数民族学生恢复“文化大革命”前规定的享受助学金待遇及其它照顾，在8个民族自治县任教的民办教师从1981年起增加生活补助费。（《广西通志·大事记》P462）

8～12日 轻工部、纺织部、商业部、供销合作总社联合在长沙召开第八次全国少数民族特需品生产供应会议。会议检查是年供应计划的执行情况，安排下年工作，根据销区市场需要，衔接了1981年72种少数民族特需品的生产和调拨计划。（《新华社新闻稿》1980.9.22,《民族团结》1980.11 P28）

10日 宁夏回族自治区第一座可储存6种标号、总容量5000吨的散装水泥储存库建成使用。（《宁夏日报》1980.11.13.②）

11～14日 全国射箭锦标赛在山西省太原市举行，新疆维吾尔自治区射箭运动员郭梅珍（女，锡伯族）获50米冠军。（《新疆通志·体育志》83卷P50）

13日 全国人大五届三次会议讨论通过《中华人民共和国国籍法》，是日公布；讨论通过《中华人民共和国婚姻法》，9月15日公布。两法规对有关民族问题均做出具体规定。（《新华社新闻稿》1980.9.13，9.14，9.15）

15日 全国人大五届三次会议通过的《中华人民共和国中外合资经营企业所得税法》、《中华人民共和国个人所得税法》公布。（《新华社新闻稿》1980.8.31，9.11~17）

15~22日 全国人大民委二次会议举行。会议听取全国人大常委会副委员长乌兰夫关于认真做好民族立法工作的报告、副委员长阿沛·阿旺晋美关于人大民委一年来的工作报告和国家民委副主任江平的国家民委的工作报告，以及延边朝鲜族自治州自治条例和林业管理条例的说明。会议对《内蒙古自治区自治条例（草案）》、《延边朝鲜族自治州自治条例（草案）》、《关于（内蒙古自治区草原管理条例）的修改意见》、《延边朝鲜族自治州林业管理条例（草案）》进行讨论，并提出修改意见。会议还讨论关于规定一个“民族节”的问题。（《新华社新闻稿》1980.9.16，9.23；《中国共产党西藏历史大事记（1949~2004）》P340）

15~23日 1980年全国公路自行车锦标赛在甘肃省兰州市举行，宁夏回族自治区队获男子180公里个人和团体2项第一名。（《当代宁夏史通鉴》P32）

16日 1978年以来，河北省大厂回族自治县委先后4次召开民族工作会议，落实党的民族政策和宗教政策，纠正过去提倡回民养猪和强迫回民火葬的错误。同时，开放北坞清真寺，建造回民淋浴的“水屋子”，恢复屠宰牛羊由阿訇或“刀师傅”下刀和供应回民“亡人”用布等。（《新华社新闻稿》1980.9.17）

17日 新疆维吾尔自治区举行首次荒漠梭梭林学术讨论会。会议要求把梭梭林作为“三北”防护林体系工程中风沙前沿的防风固沙林带，加以认真保护和发展。（《新疆日报》1980.9.17.①）

18~26日 新疆维吾尔自治区五届人大常委会六次会议在乌鲁木齐举行。会议审议通过自治区《水产资源繁殖保护管理条例》。（《新疆日报》1980.9.19.①，9.27.①）

18~28日 新疆维吾尔自治区第三次文代会在乌鲁木齐举行。会议总结自治区文艺工作的经验教训，明确新的历史时期文艺工作的任务，讨论通过区文联及各协会的章程，选举刘肖芜为区文联名誉主席，亚生·胡达拜尔地（维吾尔族）为主席，王玉胡、库尔班·阿里（哈萨克族）等13人为副主席。国务院副总理王震、全国政协常委贺绿汀等到会讲话。（《新疆日报》1980.9.22.①，9.29.①③；《中国共产党新疆历史大事记（1966.5~1991.12）》下P147、373）

20日 据报道，同1976年相比，新疆维吾尔自治区出版发行的维吾尔、哈萨克、蒙古、柯尔克孜、锡伯等文字报纸由17种文版增加到21种，杂志由8种文版增加到16种。（《新疆日报》1980.9.20.①）

△ 内蒙古自治区投资、昭乌达盟设计和施工的宁城八里罕（全长85.1米）、黑城河（长124.2米）2座公路桥建成通车。（《内蒙古日报》1980.10.15.①）

20~27日 贵州省少数民族文学创作会议在贵阳召开。会议传达学习全国少数民族文学创作会议的精神，听取和讨论蹇先艾作的题为《努力繁荣我省少数民族文学》的报告，通过《会议纪要》。（《贵州日报》1980.10.7.①）

20日~10月20日 全国少数民族文艺会演在北京举行，55个少数民族2000余名专业、业余演员演出109场共400多个文艺节目，其中包括僜人、夏尔巴人、苦聪人，是建国以来最有代表性、规模空前的一次全国少数民族文艺会演。文化部部长黄镇在闭幕会上讲话。全国人大常委会副委员长乌兰夫、赛福鼎、阿沛·阿旺晋美，国务院副总理杨静仁，全国人大常委会委员刘澜涛、包尔汉，全国政协常委杨东生等出席闭幕大会。中央统战部、全国人大民委、文化部、国家民委、中国文联在人民大会堂联合举行茶话会，招待参加会演的各民族文艺工作者。西藏自治区的藏戏《朗萨雯波》获优秀剧目奖。广西代表团演出壮、瑶、苗、京等9个民族的22个歌舞节目，其中

14个节目由中央电视台、中央人民广播电台录音、录像，中央新闻纪录电影制片厂拍摄壮族舞蹈《花山战鼓》等3个节目。（《新华社新闻稿》1980.9.21，10.21；《当代中国的西藏》下P377；《广西通志·大事记》P462；《民族画报》1983 P5）

22日 建国以来第一部系统研究凉山彝族社会历史的学术著作——《凉山彝族奴隶社会》出版发行。（《光明日报》1980.9.22.③）

23日 中共中央召开新疆工作座谈会，中央委员会总书记胡耀邦主持，中央委员会主席华国锋、副主席李先念，国务院副总理王震、王任重和中央委员王鹤寿等出席会议。会议听取新疆军区党委第一书记汪锋、新疆维吾尔自治区人大常委会主任铁木尔·达瓦买提《关于贯彻中央书记处讨论新疆工作会议纪要》情况的汇报。会议明确指出，当前新疆各级党委的第一位工作是发动广大干部、广大指战员和人民群众，充分讨论搞好各族人民大团结的重大意义。新疆民族众多，幅员辽阔，资源丰富，战略地位十分重要。要使大家从切身经验中认识到团结是新疆各族人民的生命线，是共同利益所在，是建设富裕、文明的新疆的关键所在。为了进一步搞好新疆工作，要坚决地、大胆地、有计划地培养和提拔少数民族干部，这是我们党的一项基本方针，必须认真落实。要进一步贯彻落实中央书记处讨论新疆工作会议纪要所提出的发展新疆经济的各项意见，解放思想，调动各方面的积极性，发挥新疆的优势，把新疆的工农业生产搞好，把新疆的经济搞活。（《中国共产党新疆历史大事记（1966.5～1991.12）》下P147～148）

△ 据报道，根据中央指示，由四川、江苏、河南、湖南、湖北、山东、辽宁、上海8省、市派出援藏的500多名中学教师到达西藏各地中学。（《新华社新闻稿》1980.9.23）

△ 为帮助内蒙古自治区培养蒙古族高等院校师资和专门人才，北京大学从内蒙古自治区招收一个少数民族班，共31人。（《人民日报》1980.9.23.③）

24日 公元8世纪下半叶藏医“医圣”宇妥·宁玛云登贡布编著的《四部医典》汉译稿审稿会议在西藏自治区拉萨召开。会议讨论了汉译稿的修改原则，决定年底修改完毕出版。（《西藏日报》1980.9.24.①）

24～27日 新疆维吾尔自治区举行民间文艺工作者第一次代表大会，会上成立民间文艺研究会新疆分会。（《新疆日报》1980.9.29.③）

25日 据初步统计，近几年，新疆维吾尔自治区恢复和新办寄宿制中小学70多所。国家最近拨款1400多万元，扶持新疆农牧区建立寄宿制学校，发展少数民族教育事业。（《新华社新闻稿》1980.9.26）

26日～12月11日 全国人大常委会副委员长班禅额尔德尼·确吉坚赞视察青海省海南、海北、黄南藏族自治州和甘肃省甘南藏族自治州的部分地区。29日，在西北民族学院视察指导工作。（《西北民族学院校史》P316，《新华社新闻稿》1980.12.12）

28日 由55个民族570多名代表组成的全国各省、市、自治区少数民族“国庆”节参观团抵达北京参观学习。10月9日，国务院总理华国锋、中共中央总书记胡耀邦、全国人大常委会副委员长乌兰夫等在人民大会堂会见参观团全体成员，以及中央民族学院干训部学员、西北民族学院的部分师生和中央团校新疆班学员。全国政协和全国人大先后于10月8日、9日举行晚会，招待参观团。全国政协副主席刘澜涛、康克清、包尔汉等会见参观团团长。（《新华社新闻稿》1980.9.29，10.9，10.15）

29日 据报道，由农业部委托内蒙古自治区畜牧局主办的草原建设训练班（第二期），为15个省、市、自治区训练130多名牧

业旗、县和农区草山草坡重点县有关部门、单位的负责人和技术干部。（《新华社新闻稿》1980.9.29）

△ 据报道，第一部新疆通史著作——《新疆简史》第一、二册出版。（《新疆日报》1980.9.29.①）

是月 为帮助少数民族地区发展经济和文化，国家专门组织内地工业较发达、科学技术较先进的省、市对口支援少数民族地区。确定北京支援内蒙古，上海支援云南、宁夏，天津支援甘肃，河北支援贵州，江苏支援广西、新疆，山东支援青海，全国支援西藏。四川省组织4个省辖市对口支援甘孜、阿坝和凉山3个民族自治州。7月，广西与江苏省初步商定，江苏对广西5个方面的支援项目共177项，并确定南宁、桂林、柳州、梧州、北海市分别同南京、常州、无锡、苏州、南通、连云港等市结成对口支援城市。（《民族团结》1980.9 P39，《广西通志·大事记》P462）

△ 西藏自治区人民政府决定把拉萨藏医院改为自治区藏医院。（《当代中国的西藏》下P489～490）

10月

1日 中国民族古文字展览在民族文化宫举行，由国家民委文化司、中国民族古文字研究会和民族文化宫主办。展出了我国民族古文字中的16种：佉卢文、焉耆文、龟兹文、于阗文、突厥文、回鹘文、察合台文、西夏文、古藏文、傣文、纳西文、契丹文、女真文、古蒙文、巴思八文、满文。（《新华社新闻稿》1980.10.2）

△ 中央民族学院开设彝语文班，为四川、云南、贵州、广西地区培训40多名彝族彝语干部。（《光明日报》1980.10.1.②）

△ 内蒙古自治区通霍铁路通辽北站至西哲里木段开通旅客列车。通霍铁路自内蒙古的通辽至霍林河，全长419公里，是运输霍林河露天煤的铁路，1978年5月开工，1984年通车，1989年12月31日交付运营。（《内蒙古日报》1980.10.15.①）

△ 中国人民银行西藏分行9月23日决定，从是日起，3年内对全区农牧业、手工业贷款实行免息政策。（《新华社新闻稿》1980.10.3）

△ 甘肃省东乡族自治县各族群众3000多人集会，庆祝自治县成立30周年。县委书记马进福介绍自治县30年来的成就。（《甘肃日报》1980.10.2.①）

△ 宁夏回族自治区决定，对大河机床厂、银川毛纺厂试行“独立核算、国家征税、自负盈亏”的改革办法。（《当代宁夏史通鉴》P32）

△ 宁夏回族自治区水利科研所经过20多年试验研究，总结出利用苦水灌溉的综合技术措施。（《光明日报》1980.10.1.①）

3日 天津市医学院和贵阳医学院组成联合调查组，深入贵州省紫云苗族布依族自治县猴场公社调查研究地方性甲状腺肿病和地方性呆小病（又名克汀病），并研究制定出防治措施。（《贵州日报》1980.10.3.①）

△ 贵州省三都水族自治县人大常委会审议通过县人民政府撤销1964年制定的关于水族人民“统一过‘端’”的决定，恢复水族人民可以按照本民族传统的风俗习惯过“端”节。为尊重水族人民的风俗习惯，上级机关拨款修复年久失修的“年坡”跑马道，有关部门还为水族人民准备了节日商品。（《人民日报》1980.10.3.④）

△ 中共西藏自治区日喀则地委召开落实政策会议，宣布取消政协副主席吉普·阿旺白姆、政协常委德伦·桑吉安培、江萨次多等25人过去的领主成分；自9月起，他们正式作为国家干部参加政府工作，并颁发证书。（《西藏日报》1980.10.3.①）

4日 据报道，云南省楚雄彝族自治州普查、鉴定彝族药达1100多种，发现和收集彝文医书20多本。1979年，发掘出一本明朝的彝文医药书，收载了54个病种、87个处方、324味药，并已译成汉文。（《光明日报》1980.10.4.①）

5日 西北民族学院庆祝建院30周年。举行校庆学术报告会，交流有关少数民族的语言、文学、艺术、历史、宗教等方面的研究成果。甘肃省省长冯纪新到会祝贺，中共中央统战部致贺电，原中央统战部部长李维汉为校庆题词。西北民族学院建院30年来，为西北5省区和西藏、内蒙古等培养、输送包括26个民族的1万多名政治干部和各科专业人才，其中少数民族占80%以上。（《光明日报》1980.10.12.①；《甘肃日报》1980.10.6.①，10.11.①）

△ 贵州省拨款1000万元，为30余个重点县的少数民族地区修筑县社公路。（《贵州日报》1980.10.5.①）

△ 贵州省委决定，今后5年内，每年由省拨出600名指标，招收农村少数民族初中学历以上知青，由贵州民院和黔东南、黔南州负责培训民族地区的公社干部；决定在黔东南和黔南州各建立1所民族干校，负责轮训少数民族干部。（《光明日报》1980.10.5.①）

△ 西藏自治区首届曲艺会演在拉萨举行，演出16个自编的藏语曲艺节目。（《西藏日报》1980.10.5.①）

6日 外交部照会苏联驻华大使馆，就苏联武装人员入侵内蒙古自治区境内并制造流血事件提出强烈抗议。（《新华社新闻稿》1980.10.7）

△ 四川省举行首届少数民族语译制影片讲习会，为阿坝、甘孜、凉山3个自治州从事电影译制工作的40多名藏、彝族专业工作者进行讲习活动。（《四川日报》1980.10.15.①）

△ 据报道，云南省滇西发现一个大型石膏矿床。体长1600米，宽1000米，平均厚度55.68米，平均品位含石膏78.17%。（《云南日报》1980.10.6.①）

△ 西藏境内雅鲁藏布江上的第一座钢丝柔性吊桥——加查大桥建成通车。大桥长107米，宽4.7米，承受压力40吨以上。（《西藏日报》1980.10.6.①）

△ 甘肃省甘南藏族自治州卫生局从民间选拔录用100名藏医药、中医药人才，其中95名已被授予技术职称和安排工作。（《新华社新闻稿》1980.10.7）

6~8日 贵州省教育厅、省民委在贵阳联合召开民族教育工作座谈会，讨论恢复、建立民族中、小学和民族师范的3年规划。（《贵州日报》1980.10.13.①）

6~14日 宁夏回族自治区伊协二届二次委员（扩大）会议在银川举行。会议传达中国伊协第四次代表大会的主要文件，讨论自治区伊协一年来的工作和今后任务，修改和通过协会简章，增选委员、常委和副主任。（《宁夏日报》1980.10.19.①）

7日 中央民族学院举办首期法律专业干部训练班，为19个省、自治区的28个民族培训140名法律干部。（《新华社新闻稿》1980.10.8）

△ 据报道，广西壮族自治区冶金地质勘探公司在隆林各族自治县找到我国目前品位最高的一个中型锑矿。（《广西日报》1980.10.7.①）

△ 青海省农牧业区划委员会成立。尕布龙任主任，景清波等3人任副主任。9月26日，首次全委会汇报1年来本省农牧业资源调查和区划工作情况，提出今后主要工作任务的初步意见。（《青海日报》1980.10.7.①）

7~15日 宁夏回族自治区党委举行地市县委书记会议，总结交流实行农业生产责任制的经验教训。会议指出，不管采取哪种生产责任制，只要它有利于增加生产和收入都可行，不可拘泥于一种模式。各地采取哪种形式的责任制，根据群众意愿决定，并要善于引导。同时强调，专业承包联产计酬责任制较之其他包产形式有更多的优点，应当大力提倡，积极、稳妥、逐步推广。（《中共宁夏党史大事记（1925.8～1988.6）》P511）

8日 据报道，1979年以来，云南省边疆民族地区和内地贫困山区2万多名民族民办教师转为公办教师。（《新华社新闻稿》1980.10.8）

△ 西藏自治区党委作出《关于安置原班禅近侍人员的意见》。根据中央统战部6月23日向中央书记处报告的《关于做好班禅工作的意见》中有关落实班禅周围人员的政策精神，对原自治区劳改局和山南农场的班禅近侍人员66人重新安置。总的精神是，根据他们的特长、才能和意愿以及身体状况分散安置，对其中有代表性的班禅堪厅官员做适当政治安排。原班禅堪布会议厅列赞巴敏日·旦真加布、达那·尼玛瓦达等18名官员和13名工作人员安排在日喀则地区政协工作。（《西藏日报》1980.10.11.①，《中国共产党西藏历史大事记（1949～2004）》P342）

△ 新疆维吾尔自治区巴音郭楞蒙古自治州在焉耆、和硕、博湖3县新办3所蒙古族中学。（《新疆日报》1980.10.8.①）

9日 中共中央主席华国锋、全国人大常委会副委员长乌兰夫，中央委员会总书记胡耀邦，全国人大常委会副委员长赛福鼎？艾则孜、阿沛·阿旺晋美以及国家民委主任杨静仁等接见中央民族学院部分师生。（《中央民族大学五十年》P196）

△ 据报道，湖南省湘西土家族苗族自治州生产民族特需品的企业由3个厂发展到18个厂，工人由243人发展到1584人。上年总产值比1973年增长4倍多，花色品种由11种105个花色发展到65种427个花色。（《人民日报》1980.10.9.②）

△ 据报道，贵州省三都水族自治县和区的主要领导都已是本地少数民族干部。全县38个公社（镇）的主要领导，除3名外，均为少数民族干部。少数民族干部在区委、公社党委正副书记中占92%，在全县干部中占63%。（《贵州日报》1980.10.9.①）

10～13日 全国田径锦标赛在湖北省武汉市举行，新疆维吾尔自治区田径运动员戴建华获女子100米栏冠军。（《新疆通志·体育志》83卷P50）

11日 中央政法干校第八期西藏班100名藏族学员毕业返藏。1957年以来，该校共为西藏培训1500多名西藏政法干部。（《人民日报》1980.10.11.③）

△ 新疆维吾尔自治区乌鲁木齐市文化馆举办少数民族美术工作者作品展览，共展出维吾尔、哈萨克、乌孜别克、锡伯、达斡尔、蒙古等民族30多位作者的作品170多幅。（《光明日报》1980.10.11.③）

12日 第四批14个省市的517名援藏教师抵达西藏。（《西藏日报》1980.10.13.①）

△ 据统计，近2年来，中央和地方拨款740万元，扩建云南省27个生产民族特需纺织品的工程，并对一些企业采取减税、免税等办法，使云南省民族特需纺织品逐年递增9%。（《云南日报》1980.10.12.①）

13日 中共中央政治局委员王震结束在新疆慰问各族军民的活动，返回北京。其间，王震会见喀什、和田和克孜勒苏等地的各族干部，并对新疆工作作重要指示。（《新疆日报》1980.10.5.①，10.14.①）

13～20日 由中央民族学院主持的《中国少数民族经济学概论》教材讨论会在北京举行。会议决定成立中国少数民族经济研究会。（《人民日报》1980.10.24.③）

15日 四川省平武县藏区发现秦汉时期文物，为研究当地少数民族的历史和探讨平武

等“地达布”人的族属问题，提供有价值的资料。（《四川日报》1980.10.15.①）

△ 甘肃省人民政府批转省文办《关于加强我省民族教育工作的报告》，就发展本省民族教育工作提出5点意见。（《甘肃日报》1980.11.1.①）

16日 报称，贵州省威宁彝族回族苗族自治县少数民族干部有1467名，占全县干部总数的32.7%；县委和县属各部、办、局、委中的少数民族领导干部占50%；区委常委、区革委副主任以上干部中，少数民族干部占39.6%；公社党委副书记、革委副主任级干部中，少数民族干部占32.4%。（《贵州日报》1980.10.16.③）

18日 贵州省安龙布依族苗族自治县文物管理所建立。（《贵州日报》1980.10.18.①）

△ 据《宁夏日报》报道，党的十一届三中全会以来，宁夏回族自治区党委先后提拔30多名有专业知识和组织领导能力的科技人员担任自治区厅局级领导职务，占同期被提拔厅局级干部人数的25%。（《中共宁夏党史大事记（1925.8～1988.6）》P512）

△ 新疆维吾尔自治区牧区最大的一座冷藏库在和静县建成，库容1500吨。（《新华社新闻稿》1980.10.19）

18～20日 新疆、宁夏、青海、甘肃和广州等地信仰伊斯兰教的各族人民欢度“古尔邦”节。新疆党政领导汪锋、司马义·艾买提等同各界人士共同联欢。（《新华社新闻稿》1980.10.22）

20日 青海省化隆回族自治县新建的一所少数民族女子中学开学。（《青海日报》1980.11.10.①）

20～26日 首届全国民族学学术讨论会在贵阳举行。会议交流学术论文170多篇，建议在更多的民族院校设立民族学系或开设民族学专业课。会议要求迅速组织力量对少数民族进行深入调查，对一些少数民族如何行使区域自治权利、消除民族间事实上的不平等和社会主义民族的形成等问题作认真的研究。会议成立中国民族学研究会，秋浦当选理事长。（《新华社新闻稿》1980.11.1）

21日 中共中央、国务院批准教育部、国家民委《关于加强民族教育工作的意见》。《意见》指出：当前，少数民族教育也要认真贯彻执行“调整、改革、整顿、提高”的方针，并在尽快恢复和进行必要调整的基础上，积极稳步地加以发展，逐步建立适合少数民族地区特点的民族教育体系。《意见》要求办好和发展民族学院，加强民族地区的大专和中专教育工作。（《西北民族学院校史》P317）

△ 据报道，1979年以来，青海省人民政府从地方财政中拨款500万元作为民族教育补助经费。本年，省人民政府又从中央拨给的3000万元“支援不发达地区资金”中拨出246万元作为牧区少数民族教育经费；还拨给牧区6个州114万元，以扶持新开办的18所寄宿小学。2年来，青海省11个县新办民族中学，牧区新办42所寄宿小学。全省有民族中学22所，寄宿小学363所。（《人民日报》1980.10.21.③）

22日 据报道，科学院文学研究所、黑龙江省民间文艺研究会等单位组成的联合调查组，前往饶河四排、抚远城区、同江八岔和街津口等地挖掘赫哲族民间文学遗产，录制5部“伊玛堪”（说唱文学）和10余首“加令阔”（民歌）音响资料。（《黑龙江日报》1980.10.23.①）

△ 广西壮族自治区党委工作会议在南宁召开，研究农业生产责任制问题。会议强调，专业承包联产计酬责任制具有生命力和广阔前途，要求各地、县、社积极办点，典型示范。同时明确，目前各种形式的生产责任制都应允许存在，允许特殊条件下实行包产到户，不搞“一刀切”。是年底，全区实行包产到户或包干

到户的生产队，由上半年全区生产队总数的15.0%发展到16.6%；至1981年初发展到35.0%。（《广西通志·大事记》P463）

24～25日 中共中央总书记胡耀邦在云南省西双版纳傣族自治州、红河哈尼族彝族自治州视察。（《西双版纳傣族自治州志》上P62，《红河哈尼族彝族自治州志》1卷P99）

25日 广西壮族自治区大化水电站截流成功，比原计划提前1个月。（《广西通志·大事记》P463）

27日 据报道，西藏自治区人民政府决定从地方财政中增拨200万元专款，集中购置中小学教学设备。是年自治区下达给教育部门的事业经费指标737万元，比上年增长30%。（《光明日报》1980.10.27.①）

27～31日 贵州省首次地名工作会议在贵阳举行。会议要求在地名工作中，必须改正过去那些重名、多名、错名，带有封建主义、民族歧视等地名。（《贵州日报》1980.11.2.①）

28日～11月3日 新疆维吾尔自治区党委、自治区人民政府在乌鲁木齐举行农村工作会议，讨论修改《关于当前农牧区经济政策的若干试行规定》。《规定》明确提出，在贫穷或边远的地方和长期吃粮靠返销、生产靠贷款、生活靠救济的生产队，允许包产到户和包干到户。（《中国共产党新疆历史大事记(1966.5～1991.12)》下P150～151）

29日 内蒙古自治区第一座太阳能木材干燥室在赤峰县木制品厂建成。（《内蒙古日报》1980.10.29.①）

△ 据报道，内蒙古自治区7所高等院校14个专业设有蒙古语授课班。全区在校蒙古族大学生包括大专班在内，已达4117名，占在校大学生总数的23.7%。（《内蒙古日报》1980.10.29.①）

△ 我国第一家哈萨克文出版社——伊犁人民出版社在新疆奎屯市成立。（《新华社新闻稿》1980.10.30）

30日 全国政协副主席、人大民委副主任，云南省人大常委会副主任张冲（彝族）在北京病逝，享年81岁。11月21日，追悼会在北京举行，全国人大常委会副委员长彭真主持，全国人大常委会副委员长乌兰夫致悼词。（《新华社新闻稿》1980.11.22）

△ 青藏铁路哈尔盖至连湖段35千伏输电线路竣工。（《青海日报》1980.10.30.②）

30日～11月 中共中央总书记胡耀邦在广西壮族自治区百色、北海、南宁等地视察工作。（《广西通志·大事记》P463）

31日 内蒙古自治区畜牧研究所研制成功“诱乳激素一号”和“诱乳激素二号”。（《光明日报》1980.10.31.②）

△ 广西壮族自治区人民政府发出《关于贯彻执行〈国务院批转国家经委关于扩大企业自主权试点工作情况和今后意见的报告〉的通知》。《通知》指出，1979年以来，全区试行扩大企业自主权的企业已达180个，约占全区预算内国营工业企业数的11%，产值占46%，利润占80%。实践证明，扩大企业自主权经济效果显著，方向正确，《通知》要求，进一步扩大试点企业的产品销售权。（《广西通志·大事记》P463）

是月 经山东省人民政府批准，淄博市临淄区齐陵公社刘营大队的176户740多名社员被确认为蒙古族。据考察，他们是元朝蒙古族军役的后裔，刘营是当时的驻淄营地。（《民族团结》1980.10 P21）

△ 广西壮族自治区人民政府批准组建广西建筑工程总公司，直接管理自治区直属十大建筑企业及代行政府的部分职能。（《广西通志·大事记》P463）

11月

1日 国务院宗教事务管理局拨专款50万

元，修复在“文革”中遭破坏的拉萨甘丹寺的部分主要殿堂。（《新华社新闻稿》1980.11.2）

△ 据报道，为抢救和整理西藏文化遗产，西藏自治区文联（筹）和文化局组织美术工作者（一半以上是藏族）从是年7月开始临摹布达拉宫、大昭寺、桑鸢寺、扎什伦布寺、萨迦寺、白居寺、夏鲁寺等著名寺庙的现存壁画。（《西藏日报》1980.11.1.①）

△ 据报道，西藏自治区教育部门从社会上的爱国人士、宗教人士和闲散人员中，招聘106名藏语水平较高的人担任学校教师。（《新华社新闻稿》1980.11.2）

2日 辽宁省首批朝鲜语文大专毕业生——沈阳师范学院朝鲜族师专班数学专业和政史专业共82名学生毕业。（《辽宁日报》1980.11.5.①）

△ 据报道，是年，国家拨专款7000万元，调粮食50万吨，帮助云南少数民族地区的农民发展各项建设事业。同时，免除怒、独龙、基诺和苦聪农民的农业税，减免藏、傈僳、普米、苗、瑶、布朗等民族大部分公、余粮负担。（《新华社新闻稿》1980.11.4）

3日 是年，湖南省通道侗族自治县选拔36名中青年干部任各公社正副书记和正副主任，其中少数民族占67%。（《新华社新闻稿》1980.11.4）

4日 四川人民出版社搜集、整理的藏文版本《格萨尔王传》前三部——《仙界遣使》、《英雄的降生》和《赛马登位》首次铅印出版。（《四川日报》1980.11.4.③）

5日 据报道，内蒙古自治区鄂托克旗西部发现估算远景矿石储量10亿吨以上的一个大石膏矿。（《内蒙古日报》1980.11.5.①）

△ 新疆维吾尔自治区重点建设项目之一的喀什一级水电站建成发电。（《中国共产党新疆历史大事记（1966.5～1991.12）》下P151）

6日 据新华社报道，昆仑山中发现一块特大的“和田白玉”。玉石重近600公斤，长82厘米，宽80厘米，厚36厘米，呈方桌状。（《新华社新闻稿》1980.11.7）

△ 湖南省委召开自治州、自治县党委书记会议，根据中共中央关于西藏工作的指示精神，讨论研究如何进一步做好民族地区工作问题，制定加快民族自治地区经济和文化事业发展的措施。（《湖南日报》1980.11.6.①）

△ 云南省潞西县文化馆搜集到傣族民间长诗《朗腿罕》、《晃桑养》、《兵几兵尼》、《三支象的牙》、《月罕座与冒弄养》、《海罕》、《象勐》和剧本《朱成灯》等文学作品26件。（《云南日报》1980.11.6.③）

6～8日 首次满学讨论会在辽宁省丹东市召开。会议讨论了满族历史、文化艺术和风俗习惯等问题。（《辽宁日报》1980.11.11.①）

7日 据新华社报道，西北五省区确定按照经济区域组织商品流通。（《新华社新闻稿》1980.11.8）

△ 青海省黄南藏族自治州革委会印发《关于扩大国营工交企业自主权的试行办法》。（《黄南州志》上P51）

8日 内蒙古自治区人大五届六次会议通过《内蒙古自治区旗县级直接选举实施细则（试行）》、《关于起草内蒙古自治区自治条例和成立内蒙古自治区自治条例起草委员会名单》。自治区条例起草委员会由廷懋（蒙古族）任主任，王铎、沈新发、克力更（蒙古族）、奇峻山（蒙古族）、色音巴雅尔（蒙古族）任副主任。（《内蒙古自治区史》P442、542）

△ 贵州省委根据中共中央关于转发《西藏工作座谈会纪要》的通知精神，检查1979年8月以来民族政策执行情况，作出发展民族地区经济文化建设的决定。（《贵州日报》1980.11.8.①）

9日 据新华社报道，宁夏回族自治区党委和政府从实际出发，根据社会需要培养人才，全区已拥有各类大、中专学校24所，比1977年的11所增长1倍多，在校生比1977年的6500人增长87%，并在招生时优先照顾少数民族学生。（《中共宁夏党史大事记（1925.8～1988.6）》P513）

10日 内蒙古自治区高等院校蒙语教材编委会在集宁召开《现代蒙语》学术讨论会，就现代蒙语的发展进行讨论，并为《现代蒙语》课本的定稿、出版进行准备。（《内蒙古日报》1980.11.10.①）

△ 广东省乳源瑶族自治县附城中学开办2个少数民族班，培养瑶、壮族青少年。（《南方日报》1980.11.10.②）

△ 西藏自治区党委上报《关于纠正社会主义改造期间征收、没收未叛领主、牧主牲畜的处理问题》的报告。报告说，"文革"期间，根据中央《关于西藏进行社会主义改造的指示》精神，对未叛领主、牧主的牲畜采取赎买办法较为恰当，具体手续可由自治区政府拟定，请中央财政部拨专款处理。12月13日，中央批复同意自治区党委意见，赎买金支出要从严掌握，不要超过1000万元。如有相差悬殊，需个别补偿的款项由地方财政开支。1981年3月，自治区党委和政府作出《关于我区社改期间没收未叛领主、牧主、寺庙的牲畜改为赎买的规定》。（《中国共产党西藏历史大事记（1949～2004）》P343，《当代中国的西藏》上P398）

10～20日 第一届西北五省（区）伊斯兰学术讨论会在宁夏银川举行，中心议题是"十八世纪中国伊斯兰教问题"。与会代表80多人，提交论文47篇。会议讨论了伊斯兰教的教派与门宦制度、伊斯兰教在回族形成中的作用、伊斯兰教传入我国后在一些少数民族中的演变与特点、伊斯兰教的来源与中西文化交流以及伊斯兰教与清代回族起义等问题，建议社会科学院世界宗教研究所积极筹备建立"中国伊斯兰学研究会"。会后编辑出版《清代中国伊斯兰教论集》。（《宁夏日报》1980.11.30.①）

11日 西藏自治区文化局和文联（筹）在拉萨联合召开西藏壁画艺术座谈会，讨论贯彻执行中央对西藏工作的指示精神，抢救自治区民间文化遗产及继承和发展西藏壁画艺术等问题。（《西藏日报》1980.11.11.①）

△ 据统计，广东省连山壮族瑶族自治县少数民族干部有497名，占干部总数的21%，其中副科级以上职务的占23%。（《南方日报》1980.11.11.①）

12日 据报道，1978年以来，广西壮族自治区柳州地区各族文艺工作者收集、整理各族民间故事600多篇、民歌500多首、叙事长歌40多篇和曲艺词牌40多种，并创制改革了一些具有民族特色的乐器。瑶族长鼓"吉冬诺"、苗族"果哈"、侗族"牛腿琴歌"、壮族"横鼓说唱"等民族文化艺术均以崭新的姿态登上舞台。（《人民日报》1980.11.12.③）

12～17日 中国铁道学会、铁道工程委员会及四川省铁道学会在成都召开滇藏铁路勘测选线的学术讨论会。会议讨论研究滇藏线上如何克服雪崩、冰川、泥石流、地热等问题，探讨路线方案及主要技术标准，交流测量经验，提出修筑、设计等方面的意见。（《四川日报》1980.11.20.①）

13日 宁夏回族自治区研制成功一种不用胶卷的显微摄影装置。（《新华社新闻稿》1980.11.15）

△ 新疆维吾尔自治区党委作出《关于当前农牧区经济政策的若干试行规定》。（《新疆日报》1980.11.13.①）

15日 内蒙古自治区呼和浩特郊区建成第一座蔬菜工厂化育苗温室。（《内蒙古日报》1980.11.15.①）

16日 西藏自治区决定，自即日起，在

全区降低牛羊肉、内地冻猪肉、当地猪肉和猪肉罐头的销售价格。（《新华社新闻稿》1980.12.16）

16~21日 宁夏回族自治区首届民歌演唱会在吴忠市举行，各族民间歌手共演唱和交流“花儿”等各种形式的民歌小调400余首。（《宁夏日报》1980.11.27.①）

16~25日 全国部分省、区少数民族文艺广播协作会议在云南昆明举行。会议要求在大力发展少数民族地区经济文化事业的同时，重视支持民族文艺广播事业的发展，培养一支又红又专的民族文艺广播人才队伍，探索民族文艺广播的规律，搞好节目的采录编播工作。（《新华社新闻稿》1980.12.3）

17日 云南省富源县老厂公社发现一个大型优质萤石矿床，面积约35平方公里。（《云南日报》1980.11.17.①）

△ 青海省果洛藏族自治州技术职称评定委员会成立。（《果洛藏族自治州志》上P46）

△ 新疆维吾尔自治区恢复少数民族习惯使用的300多个公社和农、牧场的地名。（《新华社新闻稿》1980.11.18）

17~23日 新疆维吾尔自治区首届突厥语科学讨论会在乌鲁木齐举行。会议听取依不拉音·穆提依（维吾尔族）题为《我国的突厥语族诸语言及其研究》的学术报告，总结过去1年的工作，确定今后的重点工作任务。（《新疆日报》1980.11.27.①）

18日 据报道，广东省民族学院中文系组织部分师生到海南黎族苗族自治州等地区采风，采集民间歌谣400余首和民间故事、传说、神话50多篇，编出《黎族民歌选》和《黎族民间故事选》。（《南方日报》1980.11.18.②）

19日 经过4年研究试验，新疆维吾尔自治区第一个沙生植物园培育出一批能适应沙漠环境的植物。（《新华社新闻稿》1980.11.20）

20日 广西壮族自治区人民政府决定，钦州淡水养殖场、区水产养殖试验场和贵县、灵川和罗城县鱼种场等5个单位为自治区水产良种基地。（《广西日报》1980.11.20.①）

△ 云南省文山壮族苗族自治州召开少数民族文学创作和期刊编辑工作会议，探讨如何繁荣文艺创作、尽快把文山州文艺工作搞上去等问题。（《云南日报》1980.11.20.③）

△ 据报道，新疆维吾尔自治区伊犁哈萨克自治州直属县市有300多名维吾尔、哈萨克、回、满、蒙古、锡伯、乌孜别克等少数民族科技干部被评定为工程师、农艺师、畜牧兽医师、助理研究员和助理工程师。（《新疆日报》1980.11.20.③）

20~27日 宁夏回族自治区农业现代化学术讨论会在银川举行。会议探讨了自治区的地理特点、水利气象条件、农业产生发展的历史和现状，以及如何实现农业现代化等问题，提出了农林牧紧密结合的战略措施。（《宁夏日报》1980.12.7.①）

21日 停办15年的广西壮文学校重新恢复。（《广西日报》1980.11.27.①）

△ 广西壮族自治区在12所重点中学开设少数民族班，为少数民族培养1100多名中学生。（《新华社新闻稿》1980.11.22）

△ 西藏自治区党委批转阴法唐《关于贯彻落实生产责任制应注意的几个问题》。自治区党委指出，落实生产责任制主要还是肃清“左”的影响，继续解放思想问题。自治区生产责任制要从实际出发，因地制宜，比其他省、市宽一些，有条件的搞专业承包联产计酬和包干到组联产计酬。没有条件的不要勉强搞，可以搞小段包工，定额计酬。对困难户队可实行包产到户，牲畜队有户养。群众坚决要退到互助组、单干也允许，要放开，不要怕，要尊重群众意见。（《中国共产党西藏历史大事记（1949~2004）》P344）

22日 广西壮族自治区人民政府批转《全区林业工作会议纪要》，要求抓紧落实山林使用权，搞好林业发展规划。初步设想到本世纪末，全区森林覆盖率提高到37%，森林面积1.32亿亩。（《广西通志·大事记》P464）

△ 云南省元江哈尼族彝族自治县各族各界群众3万多人集会，庆祝自治县成立。县委副书记杨家禄（傣族）宣读国务院关于改元江县为元江哈尼族彝族傣族自治县的批示，县委书记马跃岐介绍元江县解放以来的成就。国家民委代表、省人大常委会和省人民政府代表团到会祝贺。（《云南日报》1980.12.2.①）

△ 西藏自治区党委发出《关于进一步全面贯彻落实党的宗教政策的指示》。《指示》要求当前要注意做好以下几项工作：一、继续认真、全面正确地贯彻执行党的宗教政策，切实重视信教群众的合理要求。遵照因地制宜和方便群众的原则，适当解决宗教活动的场所。对正当的宗教活动，任何人不得干涉，对僧尼不得歧视。对宗教界上层人士，要继续团结他们，政治上妥善安排，生活上给予照顾。二、针对当前出现的问题要采取措施，加以解决，以保护正常宗教活动。对长期脱离生产去朝佛的人和参加宗教活动妨碍生产、干扰社会治安的，要事先劝阻；对个别利用宗教影响干涉行政教育，干涉群众婚姻、家务的，要进行教育，加以制止；对利用宗教迷信，冒充活佛、喇嘛，诈取钱财，奸污妇女，残害人命，或散发所谓的“神药”危害人身健康的，要坚决取缔，对触犯刑律的要追究刑事责任；对披着宗教外衣进行反革命活动，破坏“四化”建设的，要发动群众揭露打击。三、加强宣传教育和宗教管理，对宗教活动中出现的谣言邪说要及时揭批，充分发挥宗教上层人士在信教群众中的作用，建立健全宗教管理机构。党团员不准参加宗教迷信活动。（《中国共产党西藏历史大事记（1949～2004）》P344～345）

△ 青海省果洛藏族自治州委研究同意，开放甘德县夏日乎、冬季多卡和玛沁县拉加3个寺院。（《果洛藏族自治州志》上P46）

△ 新疆维吾尔自治区天山公路北段工程全部竣工。工程北起独山子，中经“老虎口”，翻越哈希勒根冰大坂，跨过喀什河，向南延伸至乔尔马草原，全长135公里。（《新疆日报》1980.11.22.①）

23日 中共云南省委民族政策检查团分赴各地检查民族政策执行情况。《云南日报》为此发表社论《深入开展民族政策检查，大力加强民族团结》。（《云南日报》1980.11.23.①）

△ 广西壮族自治区百色、柳州、南宁、河池4个地区的中等卫生学校新设少数民族班，免费培养300名壮、苗、瑶、侗、仫佬、毛难（毛南）、回、京、彝等10个少数民族的医务人员。（《新华社新闻稿》1980.11.24）

23日～12月3日 全国人大常委会副委员长班禅额尔德尼·确吉坚赞一行在甘肃省甘南藏族自治州夏河等地视察工作并进行佛事活动。（《甘南州志》上P134）

24日 宁夏回族自治区人民政府拨出免费医疗专款30万元，派出6个医疗队分赴南部山区各县农村，为回、汉族群众治疗疾病。（《宁夏日报》1980.11.24.①）

24日～12月3日 国家民委召开的《民族问题五种丛书》工作会议在北京举行。会议研究五种丛书编写出版工作情况，交流经验，讨论存在的问题，调整编写出版工作规划。（《人民日报》1980.12.8.④）

25日 云南省新平彝族傣族自治县各族各界群众3万多人集会，庆祝自治县成立。自治县党委负责人赵家贵在会上讲话，回顾解放以来该县发生的深刻变化。全国人大民委、国家民委、云南省人大常委会和省人民政府分别电贺。（《云南日报》1980.11.29.①）

△ 据新华社报道，经国务院批准，西藏自治区调整海关征收进口税的税率。这一新税

则，只适用于西藏地区。（《新华社新闻稿》1980.11.27）

△ 甘肃省曲玛县新建一所免费寄宿的民族中学开学。（《甘肃日报》1980.12.9.②）

△ 报称，新疆维吾尔自治区巴里坤哈萨克自治县恢复和健全“包产到群，一户一群”畜牧生产责任制，普遍实行“五定一奖”，出现不少成畜保活100%、幼畜成活100%的“双百群”。（《人民日报》1980.11.25.②）

25~27日 宁夏回族自治区人大常委会六次会议举行，通过制定《宁夏回族自治区自治条例》的决议，成立由马青年（回族）任主任的《条例》起草委员会。（《宁夏日报》1980.11.28.①）

△ 广西壮族自治区曲艺工作者代表在南宁聚会，成立中国曲艺家协会广西分会。（《广西日报》1980.11.29.①）

26日~12月3日 四川省少数民族文学创作会议在成都召开。会议传达全国少数民族文学创作会议精神，听取省民委负责人关于党的民族政策的报告，讨论如何繁荣本省少数民族文学创作的问题。会上成立作协四川分会民族文学委员会，高缨任主任委员，王月升、吴琪拉达、意西泽仁（藏族）任副主任委员。（《四川日报》1980.12.9.①）

27日 冶金部首次公布1980年全国冶金工业优质产品，广西壮族自治区大新铅锌矿的铅精矿和锌精矿、柳州锌品厂的芭蕉牌氧化锌、平桂矿务局西湾选炼厂和大厂矿务局柳州冶炼厂的精锡获优质产品称号。（《广西通志·大事记》P464）

△ 四川省阿坝藏族自治州革委决定对养獐、种贝母等农户实行扶持与奖励政策。（《人民日报》1980.11.27.③）

△ 青铜峡水库区捕获一条大鲵，重4.7公斤，这是宁夏回族自治区黄河中首次发现大鲵。（《当代宁夏史通鉴》P32）

27日~12月6日 国家民委和国家出版局在北京召开全国少数民族文字图书出版工作座谈会，参加会议的有内蒙古、辽宁、吉林、黑龙江、广西、四川、贵州、云南、西藏、甘肃、青海、新疆等12个省区出版局、出版社和民委的负责人以及有关方面的代表共90多人。会议讨论加强民族出版工作，提高各少数民族科学文化水平，制订今后二三年的出版规划，决定在内蒙古、新疆、西藏建立专门的蒙古文、维吾尔文、藏文出版社。（《新时期民族工作文献选编》P79~80，《新华社新闻稿》1980.12.8）

28日 据报道，新疆维吾尔自治区准噶尔盆地西部的萨尔托海矿区发现一个大型铬铁矿床。阿勒泰地区哈拉通沟的铜、镍、钴矿石品位达到工业要求，铜矿石品位高出国家标准10倍。同时还在天山腹地的艾尔滨铁矿区发现高品位的菱铁矿和磁铁矿，东疆发现有玛瑙、哈密玉，阿勒泰地区发现有石榴石、芙蓉石、碧玉，阿克苏地区发现有天河石、刚玉，托里地区发现有独山玉等。（《新华社新闻稿》1980.12.1）

28日~12月5日 四川省民委举行（扩大）会议，讨论通过省民族工作总结和今后工作任务的报告，听取省人大常委会、计委、教育局负责人关于民族立法工作、搞活民族地区经济和重视民族教育问题的发言。（《四川日报》1980.12.13.①）

29日 据报道，广西壮族自治区岑溪县境内探明一个中型铅锌矿——佛子冲铅锌矿。（《广西通志·大事记》P464）

△ 云南省大理白族自治州白剧团在首都公演九场神话白剧《望夫云》。（《新华社新闻稿》1980.11.30）

30日 新疆维吾尔自治区第一座坎儿井式水电站——托乎拉克水电站在于田建成发电。（《新疆日报》1980.11.30.①）

是月 中国茶叶学会、广西壮族自治区茶叶学会联合召开茶叶生产讨论会，提出《发展广西茶叶生产的意见》，并成立广西茶叶评审委员会，定期对广西茶叶品质进行评审，以保证茶叶销售及出口质量。（《广西通志·大事记》P464）

△ 漓江出版社在广西桂林成立。（《广西通志·大事记》P464）

△ 新疆维吾尔自治区邮电学校被国家教育部列为新疆6个重点中专学校之一。（《新疆通志·邮电志》51卷P49）

12月

1日 云南省31个边疆县在昆明共同兴办的边疆民族贸易联合货栈开业 （《新华社新闻稿》1980.12.30）

△ 广西壮族自治区自行设计、建设、安装的第一个较大的棉纺织企业——南宁棉纺织厂首期工程竣工投产，生产规模5万纱锭。（《广西日报》1980.12.24.①）

△ 贵州省遵义县人民政府决定拨款5.5万元，帮助仫佬族聚居的平正公社及苗族聚居的2个公社兴办1所民族中学和3所民族小学。（《贵州日报》1980.12.1.③）

1~15日 内蒙古自治区在呼和浩特举办首届社队企业产品展销会，展出各具特色的产品1000多种，成交总额近700多万元。（《内蒙古日报》1980.12.2.①，12.16.①）

3日 传统出口名贵鱼类——塘角鱼在广西壮族自治区人工繁殖成功。（《新华社新闻稿》1980.12.4）

4日 据报道，国家为扶持云南省怒江傈僳族自治州发展生产，1980年给予各种特殊照顾共470多万元，全州每人平均13元多。（《云南日报》1980.12.4.①）

△ 据新华社报道，我国第一条有“防雪走廊”的公路最近在天山深处建成。这条公路北起独山子，南至天山腹地乔尔马草原，全长135公里。（《新华社新闻稿》1980.12.5）

5日 国务院发出《关于坚决制止乱砍滥伐森林的紧急通知》。（《新华社新闻稿》1980.12.6）

△ 内蒙古自治区土默特右旗第一民族中学落成开学。（《内蒙古日报》1980.12.5.③）

△ 据《广西日报》报道，是年广西壮族自治区压缩基本建设规模，已停、缓建投资在100万元以上小型建设项目58个，占在建小型项目的1/4，压缩投资额1.49亿元，占全部投资额的23%。（《广西通志·大事记》P464）

6日 内蒙古自治区呼伦贝尔盟第一座太阳能电围栏在鄂温克族自治旗建成。（《鄂温克族自治旗志》P927）

△ 西藏自治区党委和人民政府决定关、停、并、转一批长期亏损的工业企业，把工业建设的重点调整到发展适合藏族人民需要的轻工业、手工业和水电建设上来。（《西藏日报》1980.12.7.①）

7日 据统计，我国已有17家用少数民族文字出版图书的出版社。1980年，各出版社分别用蒙古、藏、维吾尔、哈萨克、朝鲜、傣、景颇、傈僳、拉祜、彝、佤等15种少数民族文字出版1500多种图书，发行的图书和课本达2700多万册，各种图片1.4亿多万张。（《新华社新闻稿》1980.12.8）

8日 云南省江城哈尼族彝族自治县瑶家山铜矿新建一座日处理原矿300吨，年产金属铜900吨的选矿厂首期工程竣工。（《云南日报》1980.12.8.①）

8~14日 国务院副总理万里视察吉林省延边朝鲜族自治州，对如何搞好长白山建设、农业生产等做重要指示。（《延边朝鲜族自治州志》上P87）

△ 新疆维吾尔自治区五届人大三次会议举行，铁木尔·达瓦买提致开幕词，司马义·艾买提做《政府工作报告》。会议审议通过关于起草自治区民族区域自治条例和成立条例起草委员会的决议，以及自治区执行婚姻法的补充

规定。　（《新疆日报》1980.12.9.①，12.14.②）

9日　云南民族服饰展览和新疆古尸展览在北京自然博物馆展出，同时展出各民族的一些生活用品、工具、乐器、出土文物、拓片、老彝文抄本和贝叶经抄本等。　（《新华社新闻稿》1980.12.10）

9~13日　青海省第一次草原水利学术讨论会在西宁举行。会议介绍了本省草原水利建设情况，就牧区草原水利如何贯彻“调整、改革、整顿、提高”的方针，促进畜牧业发展等问题提出意见。　（《青海日报》1980.12.17.①）

10日　新疆维吾尔自治区柯坪县马孜牙河公路大桥建成通车。桥长85.3米，宽9米，引桥长575米，宽12米。　（《新疆日报》1981.1.3.①）

10~15日　宁夏回族自治区人民政府首次举行农民教育会议。会议针对全区目前12到40岁的人中文盲占50%左右，在一些回族聚居的县甚至高达80%的状况，要求下大力气抓好农民教育。　（《中共宁夏党史大事记（1925.8~1988.6）》P514）

10~19日　甘肃省民委六次委员（扩大）会议举行，听取和讨论沙里士的工作报告，总结省民委恢复两年多来的工作，并安排今后的工作任务。会议选举沙里士（回族）为省民委主任，邢树义（藏族）、马德祥（回族）为副主任。　（《甘肃日报》1980.12.26.②）

11日　天津市各级人民政府为落实少数民族代表的提案，分别对饮食、副食、糕点等行业执行民族政策的情况进行检查。　（《新华社新闻稿》1980.12.12）

△　云南省楚雄彝族自治州决定，从地方财政拨出90多万元专款作为教育经费，免去638个特别困难的少数民族聚居的生产大队小学生的学杂费，给生活困难的小学生发放生活补助费。州人民政府还在师范学校、卫生学校、财贸学校开办民族班。　（《新华社新闻稿》1980.12.12）

△　据报道，新疆维吾尔自治区边境各县中小学1万余名民办教师经考核转为公办教师，其中少数民族教师占60%以上。喀什、伊犁、阿克苏、阿勒泰等地、州的维吾尔、哈萨克、蒙古、柯尔克孜、塔吉克等民族的转级教师占教师总数的80%~90%。　（《新疆日报》1980.12.11.①）

11~15日　中国民族语言学术讨论会在北京举行。会议交流汉、藏语方面的论文35篇，阿尔泰语方面的论文43篇。　（《光明日报》1981.1.2.③）

12日　青海省海西蒙古族藏族哈萨克族自治州革委会制定《海西自治州保护森林和沙区植被实施办法》（试行）。　（《海西蒙古族藏族自治州志》1卷P57）

12~17日　广西壮族自治区民族研究学术讨论会在南宁举行。会议交流关于民族史、民族学、民族理论政策和民族语言方面的学术论文60多篇，讨论壮、瑶族古代史中的若干问题和推行壮文的问题。会议成立广西民族研究学会。　（《广西日报》1980.12.26.①）

13日　中国满族文学史1980年学术年会在沈阳举行。会议交流学术论文39篇，阐述满族的历史渊源、民族现状、文化艺术、政治经济、风俗习惯和宗教信仰等问题。　（《新华社新闻稿》1980.12.14）

△　内蒙古蒙古文学学会在呼和浩特举办蒙古族古代杰出作家尹湛纳希及其作品首次学术报告会，内蒙古大学蒙古语言文学系副教授那木吉勒舍旺（蒙古族）作学术报告。（《内蒙古日报》1980.12.13.①）

△　据报道，西藏自治区近几年来恢复宗教活动后，已有40多名喇嘛返回修缮后的大昭寺和哲蚌寺等著名寺庙。　（《新华社新闻稿》1980.12.14）

15日 云南省河口瑶族自治县在普通中学中增设寄宿制民族班，学生伙食、学习、医疗均实行免费。（《新华社新闻稿》1980.12.16）

△ 中共青海省黄南藏族自治州委印发《全州农村牧区经济政策座谈会纪要》。（《黄南州志》上P51）

16~23日 中国佛协第四届代表会议在北京召开，赵朴初作《中国佛教协会第三届理事会工作报告》。会议修改《中国佛教协会章程》，通过《中国佛教协会第四届全国代表会议的决议》。会议选举班禅额尔德尼·确吉坚赞为名誉会长，赵朴初为会长，帕巴拉·格列朗杰（藏族）、坚白赤列（藏族）、嘉木样·洛桑久美·图丹却吉尼玛（藏族）、夏茸尕布（藏族）、巨赞、正果、明真、宫明·姜巴曲日木（蒙古族）为副会长。会议宣布为前佛协会长喜饶嘉措平反昭雪，恢复名誉。喜饶嘉措因遭受林彪、“四人帮”一伙的迫害，于1968年含冤逝世。（《新华社新闻稿》1980.12.17，12.20，12.24，12.25）

17日 为改变草原牧民历来无床的状况，内蒙古自治区拨款60多万元加工生产1000套蒙古包床，分期分批无偿送给锡林郭勒盟、乌克昭盟、巴彦淖尔盟等地的牧民使用。（《内蒙古日报》1980.12.17.①）

△ 经国务院批准，《彝文规范方案》在四川凉山彝族自治州推行。（《四川日报》1980.12.17.①）

18日 内蒙古自治区发现一座储量丰富的珍贵石矿——叶蜡石矿，其中还有鸡血石和优质高岭土。（《新华社新闻稿》1980.12.20）

19日 据报道，一年多来，贵州省黔东南苗族自治州农业、科委系统，考察征集当地植物品种资源2468份，登记引进的品种771份，并在14个县首次发现不同生态型野生大豆的分布。（《贵州日报》1980.12.19.①）

20日 青海省海北藏族自治州兴办4所民族寄宿中学和42所社队民族寄宿小学，牧区50%的学龄儿童转入寄宿学校。一些条件较好的牧业定居点，兴办了26所民族走读学校。（《新华社新闻稿》1980.12.21）

△ 新疆维吾尔自治区克孜勒苏柯尔克孜自治州三中成立，专门招收柯尔克孜族学生，并用柯尔克孜语授课。（《克孜勒苏柯尔克孜自治州志》上P46）

20~29日 新疆维吾尔自治区维吾尔族史学术讨论会在乌鲁木齐举行。会议交流学术论文近30篇，就维吾尔族族源、新疆近代史上有关人物的评价和农民起义等问题进行了讨论。（《新疆日报》1981.1.16.③）

21日 新疆维吾尔自治区歌舞团首次在北京公演维吾尔族古典歌剧《艾里甫—赛乃姆》。（《新华社新闻稿》1980.12.22）

△ 新疆维吾尔自治区在塔克拉玛干大沙漠南沿建成第一座地下水电站。（《新华社新闻稿》1980.12.23）

22日 林彪、“四人帮”横行期间停办的中国佛学院举行开学典礼，招收40名学僧。全国人大常委会副委员长班禅额尔德尼·确吉坚赞、全国政协副主席帕巴拉·格列朗杰、全国政协常委张执一、国务院宗教事务局局长萧贤法出席典礼，中国佛教协会会长赵朴初等到会讲话。（《新华社新闻稿》1980.12.23）

△ 宁夏回族自治区人民政府决定，从地方财政拨款260万元，给8000多名中、小学民办教师增加生活补助费，并将考试合格的1000多名民办和代课教师转为公办教师。（《新华社新闻稿》1980.12.23）

22~26日 宁夏史学学术交流会在银川举行。会议交流学术论文、资料21篇，其中地方史方面的论文13篇。会上成立宁夏历史学学会，马青年（回族）任名誉会长。（《宁夏日报》1980.12.31.①）

22~30日 中国蒙古语文学会在呼和浩

特举行学术年会。会议讨论蒙古语、现代蒙语、蒙古语族语言、方言和蒙古文字辞书编纂翻译等问题，以及蒙古语文的现行方针政策、当前学习使用蒙古语文存在的问题和蒙古语文发展方向的问题。（《内蒙古日报》1981.1.4.①）

23日 云南省人民政府决定，拨款555万元，在民族地区选择办学条件较好的40所中小学，改建为寄宿制民族学校；高等学校采取特殊措施，为少数民族培养大学生。（《人民日报》1980.12.23.③）

24日 我国首批生产盐酸甜菜碱的车间在新疆石河子农工商联合企业八一糖厂建成投产，年产200吨。（《人民日报》1980.12.24.①）

△ 据报道，西藏自治区5个地区和拉萨市的党、政主要领导已全部由藏族干部担任。自治区的75个县中，71个县的县长为藏族干部。地、市、县级藏族干部的比例，已由原来的47%上升至76%。（《新华社新闻稿》1980.12.26）

△ 云南省迪庆藏族自治州举行首次民间歌舞汇演，藏、傈僳、纳西、普米、白、怒、彝、回、汉等10多个民族的演员演出85个节目。（《云南日报》1980.12.24.③）

24~28日 广西壮族自治区民委在龙胜各族自治县举行全区民族工作经验交流会，总结交流经验，讨论安排1981年的民族工作。（《广西日报》1981.1.4.①）

25日 云南省地质局在西双版纳傣族自治州景洪县小勐养盆地探明一个储量2130万吨的褐煤矿床。（《云南日报》1980.12.25.①）

△ 黑龙江省人民政府决定，建立黑龙江省牡丹江朝鲜民族歌舞团。（《黑龙江日报》1980.12.26.①）

26日 内蒙古自治区成立中等教育结构改革领导小组，杰尔格勒（蒙古族）任组长，乌力吉那仁（蒙古族）、郭奇云任副组长。（《内蒙古日报》1980.12.26.①）

27日 内蒙古自治区包头至呼和浩特的送变电工程并网发电，电压为22万伏的。（《内蒙古日报》1981.1.2.①）

△ 据新华社报道，我国考古工作者于4月9日、12月1日在云南省禄丰县（禄丰今属楚雄彝族自治州）石灰坝先后发现2具腊玛古猿头骨化石。（《新华社新闻稿》1980.12.28）

28日 云南省元江哈尼族彝族傣族自治县召开民族医药工作交流会。交流会献出药方、药物328个，草药494棵。（《云南日报》1980.12.28.①）

29日 宁夏回族自治区民委、计委、商业局在银川联合召开全区民族贸易工作座谈会，交流各地落实党的民族政策、开展民族贸易工作方面的经验，检查民族贸易工作和尊重少数民族风俗习惯方面存在的问题，研究改进工作的意见和措施。（《宁夏日报》1980.12.29.①）

△ 据统计，党的十一届三中全会以来，云南省德宏傣族景颇族自治州有229所农村民族小学开设傣文、景颇文教学课。（《云南日报》1980.12.29.③）

30日 广西壮族自治区科委举行大会，奖励1980年全区优秀科技成果142项，其中一等奖5项、二等奖18项、三等奖49项、四等奖70项。（《广西通志·大事记》P464）

△ 贵州省黔南布依族苗族自治州拨款47万元，资助首批恢复和新建的41所民族中、小学及民族师范学校。（《贵州日报》1980.12.30.①）

△ 据《新疆日报》报道，新疆各级人民法院复查纠正“文革”期间冤假错案的任务基本完成。据统计，全区共判处各类刑事案3.04万件，已复查2.97万件，约占98%，其中宣告无罪、予以平反和改判减刑的占已复查总数的

30%。除全面复查“文革”中的刑事案外，各级人民法院还积极配合有关部门，对原国民党起义投诚人员和错划为右派、地方民族主义分子的人落实政策。此外，还复查一大批“文革”前判处的刑事申诉案件。（《中国共产党新疆历史大事记（1966.5~1991.12）》下P152~153）

31日 内蒙古自治区人民政府决定成立自治区新能源领导小组，统一管理协调全区各地新能源的开发利用工作。陈炳宇任组长，古伟任副组长。（《内蒙古日报》1980.12.31.①）

是月 据报道，教育部决定从1980年开始，在北大、清华、北师大、陕西师大和大连工学院5所重点大学试办民族班，为少数民族培养人才。到9月，各校已招收维吾尔、哈萨克、蒙古、回、苗、彝、壮、布依、侗、土家、瑶、纳西、傣、哈尼、羌、毛南等民族的学生151名。（《民族团结》1980.12 P11）

△ 云南省政府决定在全省办40所（后增至41所）寄宿制民族中小学，并以此为示范，促进全省民族地区基础教育的发展。（《云南民族团结进步事业光辉历程（1949~2009）》P101）

△ 青海省海南藏族自治州共和县曲沟公社菊花台移民安置电灌工程竣工，装机645千瓦，最大扬程61.2米，扩大灌溉面积6200亩，改善灌溉面积1500亩，总投资193万元。（《海南州志》P51）

是年 国家民委派北京结核病防治研究所裘祖源教授与内蒙古自治区和呼伦贝尔盟的结核病专家组成调查队，深入鄂伦春自治旗猎民聚居区开展以鄂伦春族为主要对象的结核病普查，共检查4332名，其中鄂伦春族1094名。（《鄂伦春族自治旗志》P825）

△ 马坚译《古兰经》，由中国社会科学出版社出版。（《中国伊斯兰百科全书》P172）

1981年

1月

1日 内蒙古自治区民族美术研究会成立，达楞古日布（蒙古族）任理事长。（《内蒙古日报》1981.1.5.①）

△ 贵州省松桃苗族自治县至湖南省湘西土家族苗族自治州首次开通班车。（《贵州日报》1981.1.10.①）

△ 贵州省民族民间工艺美术作品展览在贵阳举行，展品反映了苗、布依、侗、水、仡佬、瑶、彝等少数民族的艺术才能和对生活的热爱。（《新华社新闻稿》1981.1.21）

△ 云南省地质局在兰呼县首次发现2个大型天青石矿床，总储量大于10万吨。（《云南日报》1981.1.1.①）

△ 云南省迪庆藏族自治州贯彻中央西藏会议精神，除保留森林采伐、酒、商业零售、服务行业、交通运输的工商税外，其余税目一律免征2年；手工业合作组织、运输合作组织、集体建筑修缮企业免征所得税2年。（《迪庆藏族自治州志》P54）

△ 新疆维吾尔自治区公布新婚姻法的补充规定：居住在新疆的少数民族男女青年结婚年龄为男20岁、女18岁，少数民族不提倡计划生育。（《新华社新闻稿》1981.1.2）

3日 据报道，近2年，国家民委、轻工部、纺织部和云南省民族工作部等部门分别对楚雄、大理、丽江、迪庆等边疆民族地区进行调查，采取措施，发展云南省民族特需商品生产。目前，全省已有56个地（州）、市、县120个厂、社，生产218个品种1000多个花色的民族特需品。（《云南日报》1981.1.3.①）

3~8日 西藏自治区党委常委扩大会议召开。会议传达中央工作会议精神，研究搞好西藏经济调整工作意见，把自治区是年的基本建设投资从1980年的1.82亿元压缩到8000万元以内，要求继续搞好企业的关、停、并、转和汉族干部、职工内调工作。（《中国共产党西藏历史大事记（1949～2004）》P347）

4日 据报道，1978年以来，内蒙古自治区莫力达瓦达斡尔族自治旗搜集、整理出民歌300首，编印《达斡尔族民歌》、《达斡尔族简介》，并发现古石碑13处和古墓1处、古箭1支。（《内蒙古日报》1981.1.4.①）

5日 内蒙古自治区卫生防护所研制成功一套热释光脉冲计数测量装置，解决了自治区急需的小剂核辐射的监测问题。（《内蒙古日报》1981.1.5.①）

△ 中国苗族研究会筹委在贵州省凯里成立，云南、湖南、广西、湖北、四川和北京均设联络站。（《贵州日报》1981.1.5.①）

△ 党中央、国务院决定，1980年贵州省按自治区财政体制待遇对待，民族费多于往年，达6600多万元。（《贵州日报》1981.1.5.①）

△ 云南省楚雄彝族自治州收集到191册清乾隆年间的彝文书籍，其中有《彝文治家格言》、《好药医病书》、《彝族民歌》等。（《云南日报》1981.1.5.①）

△ 云南省大理三塔维修竣工。在维修施工中，塔内发现唐、宋时期的重要文物600多件。（《新华社新闻稿》1981.2.25，《云南日报》1981.1.5.①）

6日 蒙古语文学术讨论会在内蒙古自治区呼和浩特召开。会议讨论了蒙古语言和文学在汉族语文的影响下如何发展的问题，决定本年重点研究蒙古语、蒙古语族语言的比较研究和蒙古语规范化问题。（《新华社新闻稿》1981.1.7）

7日 甘肃省天祝藏族自治县召开民族立法工作会议，拟制《天祝藏族自治县民族区域自治条例》及草原、森林、矿山资源管理条例。（《甘肃日报》1981.1.7.①）

△ 中共中央纪律检查委员会同意宁夏回族自治区党委于1980年10月呈送的《关于我区一九六〇年反地方民族主义中十二名同志受处分和复查平反的情况报告》，批准为王志强、马思义等12人彻底平反。同时指出，自治区党委曾于1972年4月将该案定为“政治陷害案”也是不对的，应予纠正。4月3日，中纪委批准自治区党委发出《关于为反地方民族主义一案中受到处分的12名同志平反的通知》。（《中共宁夏党史大事记（1925.8～1988.6）》P514～515，《当代宁夏史通鉴》P106）

9日 黑龙江省首次少数民族文学创作座谈会在哈尔滨举行。会议传达全国少数民族文学创作的经验和教训，探讨如何充分调动各族文学工作者的积极性，培养和壮大创作队伍，搜集、整理、抢救少数民族文学遗产等问题。（《黑龙江日报》1981.1.9.①）

△ 湖南省新晃侗族自治县少数民族干部已达943名，占干部总数的50.2%。（《新华社新闻稿》1981.1.9）

△ 新疆维吾尔自治区卫生厅组织部分维吾尔族医务人员编纂完成维吾尔族医学史上第一部医学著作——《中国医学百科全书·维吾尔医卷》，历时1年多。该著作包括维吾尔族医学史、理论基础、医书、常用药、常用单方、内科、外科、妇科、儿科、包扎10大内容，并介绍600多种维吾尔医学临床疗效高的药物。（《新疆日报》1981.1.9.①）

10日 内蒙古自治区蒙文图书出版工作座谈会在呼和浩特召开。会议学习讨论关于民族问题和民族政策以及少数民族文字图书出版发行等有关文件，研究确定今后的任务，调整制订了1981年选题计划，对制订长远规划提出方向和要求。（《内蒙古日报》1981.1.10.①）

△ 据统计，广西壮族自治区龙胜各族自治县2857名干部中，少数民族干部占1814

名。其中，具有大专文化水平的有553名，高、初中文化水平的911名。（《广西日报》1981.1.10.①）

△ 据报道，云南省元江哈尼族彝族傣族自治县建成小水电站107座，装机容量达5560多千瓦，401个生产队用上电，占全县生产队总数的57%。（《云南日报》1981.1.10.①）

11日 甘肃省甘南藏族自治州决定，成立“甘南藏族自治州民族立法工作领导小组”，着手《甘南藏族自治州自治条例》及草原管理、民族教育等项条例的起草工作。（《甘肃日报》1981.1.11.①）

12日 全国水利化区划川滇青藏高原区汇审工作会议在西宁举行。会议提出本区内各个二级区、三级区的水利建设主攻方向和主要措施，拟订本区简明水利化区划报告及附图、附表。（《青海日报》1981.1.12.①）

14日 据报道，甘肃省教育局在甘南州、临夏州、武威、张掖、酒泉等地区的5所重点中学和甘肃师大等14所高等院校设立民族班，兰州市还在回族居民较多的地方恢复3所回民小学。（《新华社新闻稿》1981.1.15）

15日 吉林省榆树县松花江右岸发现一处汉代北方少数民族墓群。出土文物有陶器、铜器、铁制农具、金银饰器和马具等1000多件。从出土文物和殡葬形式可以看出，早在1760年前，中原地区汉族就同北方少数民族有着密切的联系。（《新华社新闻稿》1981.1.16）

△ 青海省《民族问题五种丛书》编写工作会议在西宁召开。会议传达全国五种丛书编写工作会议精神，介绍兄弟省、区的编写经验，检查了本省五种丛书的编写工作，研究落实了编写规划。（《青海日报》1981.1.15.①）

16日 广西壮族自治区人民政府发出通知，为使16个老、少、边、穷县改变落后面貌，从是年起适当调减这些县的粮食征购任务，同时实行购、销、调包干的办法，一定3年不变。（《广西通志·大事记》P466）

18日 新疆维吾尔自治区教育部门完成重新编写的维吾尔语中小学各年级第一册语文课本和中学语法课本。（《新疆日报》1981.1.18.①）

△ 新疆维吾尔自治区人民政府批准企、事业单位创办10所职工高等学校，包括新疆联合收割机厂职工大学、新疆第三汽车配件厂职工大学、自治区建工局建筑工程学院、昌吉州汽车改装制配厂职工大学、乌鲁木齐卡子湾职工联合大学、自治区轻工业厅职工大学、新疆钢铁公司职工大学、乌鲁木齐石油化工厂职工大学、新疆化肥厂职工大学。这些职工大学分别开设机械制造、工业与民用建筑、漂染、工业电气、自动化、医疗、化工机械等专业。（《中国共产党新疆历史大事记(1966.5～1991.12)》下P156～157）

20日 西藏自治区昌都地区文教局拨款10.5万元，为波密、察隅、昌都等7县兴办农牧民子女预科班。（《光明日报》1981.1.20.②）

22～25日 新疆维吾尔自治区速滑运动员敬永平在吉林省延吉市举行的全国青少年速滑比赛中获得5000米冠军和3000米、全能两个亚军。（《新疆通志·体育志》83卷P51）

24～29日 四川省甘孜藏族自治州道孚县发生6.9级强烈地震，死亡150多人，受伤300多人。四川省副省长乔志敏率慰问团前往灾区进行慰问和指导抗震救灾工作。29日，国务院副总理杨静仁率中央慰问团到灾区慰问。（《新华社新闻稿》1981.1.25，1.30）

25日 据统计，1980年以来，甘肃省新办5所寄宿中学和19所寄宿小学，为学生提供免费教育和住宿。甘肃主要少数民族地区，设有中专学校7所，中学142所，小学3787所。（《新华社新闻稿》1981.1.27）

26日 广西壮族自治区人民政府颁发

《关于加强集市贸易管理的布告》，规定不许上市出售的商品主要有：完成国家任务前的国营农、林、牧场生产的一类农副产品和生产队集体生产的一、二类农副产品，金、银、铜、锡、锑、铝等有色金属，珠宝、玉器、古董、文物、牛、马以及其他违禁品等；并决定关闭木材市场。（《广西通志·大事记》P466）

28日 受国家民委、国家体委委托，《体育报》社、《新体育》杂志社、人民体育出版社联合举办少数民族传统体育摄影及其历史考证作品的评选活动。（《新华社新闻稿》1981.1.29）

△ 国务院批转中央气象局《关于巩固西藏气象工作的请示报告》，决定从1982年起，南京气象学院承担为西藏培养大学本科气象专业人才的任务。1989年，有3届藏族大学生57名返藏工作，另有在校生50名。1981年兰州气象学校开办藏族班，每年招生40人左右，1989年已毕业5届148名，在校生126名。（《当代中国的西藏》下P259）

△ 甘肃省甘南藏族自治州藏剧团成立。（《甘肃日报》1981.1.28.①）

31日 中央核定广西壮族自治区是年基建投资总规模比上年降低56%。其中，中央投资降低50%，预算内地方统筹降低47%，自治区财政自筹降低67.5%。自1980年12月中旬以来，广西又停、缓建项目150个，压缩资金1.8亿元。（《广西通志·大事记》P466）

2月

2日 据报道，西藏民族学院教师调查组深入门巴族和珞巴族居住的地区，搜集到门巴族和珞巴族的民谣300多首，神话、传说40多则，1部长篇叙事诗和1部5场民间戏剧。（《新华社新闻稿》1981.2.4）

5日 可爱的西藏摄影展览在西藏拉萨公展，共展出作品200多幅。（《西藏日报》1981.2.9.①）

7日 内蒙古自治区蒙古文学学会举办蒙文诗歌节奏法学术研究会，纳·赛西雅拉图（蒙古族）用蒙语作蒙古诗歌的节奏法研究的专题学术报告。（《内蒙古日报》1981.2.7.①）

9日 据报道，广西平乐县挖掘出唐、宋两代，包括10多个皇帝的30多个年号的古铜钱1600多斤，约18万枚。（《人民日报》1981.2.9.⑥）

10日 我国第一部专门研究女真人语言和文字的专著——《女真语言文字研究》出版。（《光明日报》1981.2.10.④）

11日 青海省各民族版画作品首次在西宁公展，共展出作品122幅。（《新华社新闻稿》1981.2.12）

13日 新疆维吾尔自治区人民政府批准成立7所业余大学和函授大学，即新疆大学附设业余大学、新疆工学院附设业余大学、新疆医学院附设业余大学、新疆八一农学院附设函授大学、新疆职工业余大学、自治区卫生厅业余医科大学、自治区科委及中科院新疆分院联办职工业余科技大学。（《中国共产党新疆历史大事记（1966.5～1991.12）》下P157）

15日 广西壮族自治区梧州市电池厂生产的新华牌电池，在1980年度全国大号锌锰电池全面质量评比中获第一名。（《广西通志·大事记》P466）

15～19日 中国少数民族文学学会首届年会在北京举行。会议宣读70多篇论文，讨论少数民族文学的界限划分和民间文学的搜集、整理、翻译、出版与研究等问题，交流学术经验。会后编辑出版《中国少数民族文学研究集刊》。（《新华社新闻稿》1981.2.20）

16日 据报道，西藏自治区党委复查案件已占全部立案数的95.7%，其中“文化大革命”中被错判的冤、假、错案基本平反。（《新华社新闻稿》1981.2.17）

16～25日 教育部、国家民委在京召开全国民族教育工作会议，总结交流经验，研究调整和发展民族教育的方针、任务。国务院副总理方毅到会讲话。《人民日报》发表社论《民族教育事业要在调整中前进》。（《人民日报》1981.3.6.①）

17日 内蒙古自治区人民政府发布《关于农村牧区若干经济政策问题》布告。（《国务院公报》1981［2号］P60～64，《内蒙古日报》1981.2.17.①）

△ 西藏自治区教育厅召开座谈会，商讨西藏全日制12年制民族中小学汉语文教学大纲的修订工作。（《光明日报》1981.2.17.②）

17～28日 贵州省民族民间工艺美术展览在北京公展，展品450多件。（《新华社新闻稿》1981.2.18）

20日 上海支援宁夏回族自治区的43名中学教师到达宁夏石嘴山市，将在教育比较落后的11所中学任教2年。（《新华社新闻稿》1981.2.22）

△ 青海省委和人民政府发出指示，要求少数民族地区首先抓好普及小学教育，争取10年或稍长一些时间基本完成；回族和撒拉族聚居地区，要开办本民族女子学校或女生班，提高女童入学率；办好民族师范教育，加强民族师资培养和培训工作。从是年起，每年从支援经济不发达地区发展资金中拿出30%用于民族教育事业。（《青海日报》1981.2.20.①）

21日 据统计，截至1979年，全国10所民族学院培养各民族政治和专业干部9.7万多名。1980年，全国各级各类学校中有少数民族教师46万多名，在校少数民族学生970万名，比解放初期增长8.8倍。（《新华社新闻稿》1981.2.21）

△ 据报道，贵州省册亨布依族自治县少数民族干部已占全县干部总数的48%。在县委、县人大常委会和县人民政府的领导成员中，少数民族干部占76.8%。区、社级领导中，少数民族干部分别占61%和78%。（《贵州日报》1981.2.21.①）

23日 据《宁夏日报》报道，宁夏回族自治区纠正“左”倾错误影响，大批知识分子入党。1979年、1980年两年发展知识分子党员1200多名，全区各类专业技术干部中，党员已占总人数的19%。（《中共宁夏党史大事记（1925.8～1988.6）》P516）

△ 贵州省黔南布依族苗族自治州瓮安县江界河红军强渡乌江战斗遗址、玉华山咸同农民起义遗址（营垒）被列为省级重点文物保护单位。（《黔南布依族苗族自治州志》上P66）

24日 据报道，内蒙古自治区有蒙古族学校、蒙汉合校和其他少数民族学校4900多所，其中民族中学500所，民族师范学校12所，民族小学4380多所。在校少数民族小学生近38万人，其中蒙古族33.6万多人；少数民族中学生和中专学生19万人，其中蒙古族学生16万人；在校少数民族大学生近4000人，其中蒙古族3300多人。（《内蒙古日报》1981.2.24.①）

△ 云南省寻甸县发现一个大硅藻土矿床，面积为6平方公里，厚度95至330米，平均厚130米。（《云南日报》1981.2.24.①）

△ 青海省果洛藏族自治州举办首次藏文书法展览，展品34件。（《青海日报》1981.2.24.①）

25日 内蒙古自治区人大常委会五届七次会议通过《关于在交通十分不便的边远旗实施刑事诉讼法问题的决定》。（《内蒙古日报》1981.2.26.①）

25日～3月6日 新疆维吾尔自治区阿勒泰滑雪队在黑龙江省尚志县举行的全国滑雪比赛中获4金4银1铜，其中也尔扎提（哈萨克族）获滑降冠军和回转亚军，也尔买克（哈萨克族）获少年大回转、回转冠军和滑降亚军，

布拉提（哈萨克族）获越野5公里冠军和10公里亚军，叶尔保获少年滑降第三名。 （《新疆通志·体育志》83卷P51）

26日 四川省阿坝藏族自治州首届藏族民间绘画艺术展在马尔康举行，17位藏族民间艺人的112幅作品参展。 （《阿坝州志》上P57）

△ 西藏自治区党委在批转中央统战部《关于进一步落实“文革”期间爱国人士的私人房屋、院落被占用政策的请示报告》的通知中提出，凡机关、部队、企事业单位或国家职工个人占用的，要在6月底以前退完，城市居民占用的也要尽快按规定解决。 （《中国共产党西藏历史大事记（1949～2004）》P349）

是月 青海省海南藏族自治州共和县科委在切吉公社试验太阳能采暖获得成功。（《海南州志》P51）

3月

2日 云南省剑川县发现210座2000多年前各种不同埋葬方式的竖穴土坑墓，在墓上面和地下面，还发现120座瓮葬墓和火葬墓。（《新华社新闻稿》1981.3.5）

△ 甘肃省临夏回族自治州民族学校开学。 （《甘肃日报》1981.3.18.①）

△ 青海省门源回族自治县回族女子学校建成开学。 （《新华社新闻稿》1981.3.8）

4日 新疆维吾尔自治区社科院在乌鲁木齐正式成立，自治区党委副书记韩劲草发表讲话，自治区社科院院长谷苞作自治区社科院筹备工作汇报。会议宣读中国社科院的贺电。（《新疆日报》1981.3.6.①②，《中国共产党新疆历史大事记（1966.5～1991.12）》下P158）

7日 据报道，内蒙古自治区著名蒙医于庆祥（蒙古族）撰写出《临床医药集锦》、《药性赋》等10多部蒙医药学书稿，计100多万字。 （《人民日报》1981.3.7.③）

10日 云南、贵州、四川、湖南、广西5省（自治区）机械设备进出口分公司联合主办的中国机械设备南宁交易会开幕。国外98家企业172人参加交易会，签订合同47项，成交额672万美元。 （《广西通志·大事记》P467）

△ 陕西省委统战部召开民族工作座谈会，由省民委和西安市民委的负责同志分别汇报省、市民族工作。省委书记吕剑人到会讲话。 （《陕西日报》1981.3.10.①）

10～31日 西藏自治区文化工作会议在拉萨召开。会议研究自治区文化战线的调整问题，确定把自治区文化工作的重点转移到加强农牧区群众文化工作、改善农牧群众文化生活上来。 （《西藏日报》1981.4.4.①）

12～30日 新疆维吾尔自治区人民政府和上海市政府在北京举行会议。会议商定《关于解决新疆垦区农场上海支边青年问题的具体规定》，共10条，要求坚决贯彻把大部分“上海支边青年”稳定在新疆的方针，分期分批地把一部分符合条件的“上海支边知识青年”商调或迁回上海。 （《中国共产党新疆历史大事记（1966.5～1991.12）》下P159）

14日 国务院批转1月13日《国家民委、国家出版局关于大力加强少数民族文字图书出版工作的报告》。《报告》对少数民族文字图书出版工作的方针任务、出版机构的设置与调整、加强编译队伍建设、大力扩充民族文字图书印刷生产能力、妥善解决民族文字图书出版经费等问题提出意见。 （《国务院公报》1981［4号］P143）

15日 由广西壮族自治区合山电厂至柳州的一条22万伏超高压输电线路竣工送电，全长90多公里。 （《广西日报》1981.3.15.①）

16日 黑龙江省人民政府公布，800多年前金代女真族的石刻图像、建于清朝的衍福寺双塔、清真寺、佛教寺院、东正教圣母升天教堂以及一些辽、金、元等朝代的古城遗址，被

列为省级重点文物保护单位。（《新华社新闻稿》1981.3.19）

16～17日 湖南省湘西土家族苗族自治州卫生局、州科委在古丈县举行恙虫病阶段性成果鉴定会。该县隆鼻大队13例病人被确诊为恙虫病，属湖南省首次发现。（《湘西州志》上P78）

17日 贵州省社会科学院文学研究所等单位编辑完成《布依族民间文学丛书》。（《贵州日报》1981.3.17.①）

19日 黑龙江省首次发掘唐代渤海国窖址，解开了渤海国首都上京龙泉府庞大建筑群所使用的大量砖瓦物料来源之谜，为研究渤海社会经济提供重要资料。（《新华社新闻稿》1981.3.21）

△ 云南省大理白族自治州人民政府决定从地方财政中拨款30万元，作为少数民族教育补助经费。1980年秋，自治州在巍山、南涧、云龙、永平、宾川、祥云、洱源、剑川、鹤庆等县的民族地区，兴办9所民族小学，部分普通中学增办民族班。大理师范学校还开办2个民族师范班，重点招收少数民族聚居村寨和文化较落后地区的学生。（《云南日报》1981.3.19.②）

△ 新疆维吾尔自治区人民政府批准自治区教育厅根据国务院有关评选特级教师的规定，评出新疆首批18名特级教师，其中小学教师5名、中学教师13名（含8名少数民族教师）。4月27日，自治区特级教师命名大会召开，自治区主席司马义·艾买提向特级教师们颁发证书。（《中国共产党新疆历史大事记（1966.5～1991.12）》下P159）

22日 中国少数民族一种特殊的葬俗——"悬棺葬"学术讨论会在四川珙县举行。会议讨论了"悬棺葬"的命名、分布、分类、族属、习俗和文化内涵等问题，交流学术论文70多篇。（《新华社新闻稿》1981.3.24）

△ 据统计，贵州省黔东南苗族侗族自治州已建成小水电站1391座，总装机容量46565千瓦，发电量5830万度，架设农村高压线3128公里，低压线路4570公里，初步形成输电网。全州50%的生产队和半数以上的农户用上电。（《贵州日报》1981.3.22.①）

23日 中共中央批准青海省委《关于解决一九五八年平叛斗争扩大化遗留问题的请示报告》。（《中华人民共和国大事记（1949～2004）》P646）

△ 云南省西双版纳、思茅、临沧、德宏、怒江、迪庆、红河、文山、保山等地的9所民族干部学校开课。（《新华社新闻稿》1981.3.24）

25日 贵州省黔东南苗族侗族自治州最大的水电站——红旗水力发电站建成。（《贵州日报》1981.3.29.①）

26日 据报道，云南省楚雄彝族自治州已有8000多个农副产品加工站，全州农村基本实现农副产品加工机械化。（《新华社新闻稿》1981.3.27）

27日 中国社会科学院少数民族文学研究所云南分所等单位发掘出《哇雷麻约甘哈傣》（直译《论傣族的各种诗歌》）等几部傣族文学论著。（《光明日报》1981.3.27.③）

△ 我国第一部记叙回族人民生活习俗、风土人情的彩色艺术纪录片《回乡风情》，由宁夏电影摄制队摄制完成，并在宁夏各地上映。（《光明日报》1981.3.27.③）

△ 新疆维吾尔自治区准噶尔盆地发现久已绝迹的珍兽——蒙古野马。（《新华社新闻稿》1981.3.29）

28日 新疆维吾尔自治区林业部门推广"窄林带、小网络"，"乔、灌、草"相结合的农田防护林体系和选引优良沙生耐旱灌木等林业科技成果。从1978年到1981年，全区共营造农田防护林120万亩，比4年前增长4倍。（《新华社新闻稿》1982.3.29）

30日 广西壮族自治区有117名妇女干部

被选为县人大常委会主任、副主任和副县长，其中壮、瑶、苗、侗、仫佬、毛难（毛南）、彝、京等少数民族干部占40%以上。（《新华社新闻稿》1981.3.31）

△ 青海省湟中县第一所回族女子学校在上五庄公社建成开学。（《青海日报》1981.3.30.③）

30日～4月6日 内蒙古自治区首届民族理论科学讨论会在呼和浩特举行。会议就民族问题与“四化”的关系、民族区域自治和民族自主权等问题展开讨论。（《内蒙古日报》1981.4.16.①）

31日 我国北方地区沙漠化治理区划科研成果汇报和鉴定会议在内蒙古自治区集宁举行。会议通过“我国北方地区沙漠化过程及其治理区划”的科研成果报告。（《内蒙古日报》1981.3.31.①）

△ 云南省西盟佤族自治县兴建的第一座电影院竣工。（《云南日报》1981.3.31.①）

是月 云南省楚雄彝族自治州永仁菜园子发掘出新石器遗址。（《楚雄彝族自治州志》1卷P208）

△ 我国第一所4年制中等藏文专业学校——四川省藏文学校建立。（《四川日报》1991.3.18.①）

4月

1～4日 云南省第一次民族理论讨论会在云南民族学院举行。会议交流关于民族理论学术研究的论文，着重探讨民族自治地方的自治权、自主权和自治机关民族化的问题。（《云南日报》1981.4.17.③）

2日 广西壮族自治区西江造船厂试制成功吨位6.4吨、载重量1.4吨，可载客22人，航速每小时70公里的气垫船，达到国内先进水平。（《广西通志·大事记》P468）

5日 据《宁夏日报》报道，宁夏回族自治区首次县级直接选举工作结束，16个县、7个市辖区的92.2%的选民参加选举。宁夏回族自治区固原、西吉、海原、泾源、同心、灵武和吴忠7个回族人口比较集中的县，分别选出7名回族干部任县长、17名回族干部任副县长，其中3名为妇女干部。（《新华社新闻稿》1981.4.11，《中共宁夏党史大事记（1925.8～1988.6）》P517）

7日 国家农业委员会、民政部转发《广西壮族自治区人民政府关于切实抓好农村老弱孤寡残疾社员供给政策落实》的通知。（《国务院公报》1981［7号］P225）

△ 西藏自治区文管会在洛扎县召开授奖大会，向为国家捐献古经书、唐卡等文物的群众颁发奖品和奖金。据统计，1980年以来，洛扎县群众共献出各种古经书22部、唐卡68幅，还有一些其他珍贵文物。（《光明日报》1981.4.7.①）

8日 云南省农民业余文艺调演在昆明举行，14个民族的350多个农民自编自演50多个文艺节目。（《新华社新闻稿》1981.4.9）

△ 内蒙古自治区党委和人民政府发出关于抓紧落实好生产责任制的紧急通知，要求全区农村和半农半牧区尽快落实生产责任制，大力组织群众投入春季生产。（《内蒙古日报》1981.4.10.①）

13日 我国第一个民俗博物馆——延边朝鲜族民俗博物馆在吉林省延边朝鲜族自治州延吉县龙井镇建成，共搜集整理朝鲜族民俗文物3672件，展出862件。（《延边朝鲜族自治州志》上P88）

△ 西藏自治区民政工作会议汇报扶贫救灾情况。一年来，着重对22个较穷县的严重困难户进行扶持，同时兼顾面上的扶贫工作。据不完全统计，1980年全区在850个公社、2339个生产队扶持和救济6.6万余户32万余人，扶持口粮1621万斤、衣被30.69万余件（床）、生活用具4.94万件、生产工具1.62万件、自留畜11.81万头（只）、帐篷669项，同

时修建住房1.29万间。自治区拨扶贫款1015万元，各地、市自筹260万元。全区已有2.26万余户10.4万余人初步脱贫。关于救灾工作，向农牧民返销口粮2655万公斤，拨救济款496万元。关于城市救济工作，对622户1337人长期救济对象提高标准，普遍由每人每月11元提高到18元至20元。（《中国共产党西藏历史大事记（1949～2004）》P350）

16～18日 西藏自治区人大常委会三届五次会议举行。会议讨论通过《西藏自治区施行〈中华人民共和国婚姻法〉变通条例》（11月7日颁布），共8条，主要规定有废除一夫多妻、一妻多夫等封建婚姻，对执行本条例之前形成的上述婚姻关系，凡不主动提出解除婚姻关系者，应予维持；对各少数民族传统的婚嫁仪式，在不妨害婚姻自由原则的前提下，应予尊重；禁止利用宗教干涉婚姻家庭；对非婚生子女生活费和教育费的负担，应按《中华人民共和国婚姻法》第19条的规定执行，改变全由生母负担的习惯。会议还通过《西藏自治区各级人民代表大会选举实施细则》、《西藏自治区实施〈中华人民共和国刑事诉讼法〉的若干变通办法》（上述两项法规于11月7日颁布）、《西藏自治区实施〈中华人民共和国治安管理处罚条例〉暂行办法》。（《人民日报》1981.11.7.④；《西藏日报》1981.4.18.①，4.19.①）

17日 据统计，新疆维吾尔自治区农牧区小水电站达540座，总装机容量近7万千瓦，年发电量达1亿度以上。（《新华社新闻稿》1981.4.18）

△ 为培养少数民族作家，作协文学讲习所主办的少数民族文学创作班在民族文化宫举行开学典礼，19个少数民族的33名学员参加学习。国务院副总理杨静仁，中共中央宣传部副部长、中国文联主席周扬等到会祝贺。（《新华社新闻稿》1981.4.18）

19日 广西壮族自治区大新县发现一种稀有的白叶猴。（《新华社新闻稿》1981.4.20）

△ 国务院副总理万里在湖南省湘西土家族苗族自治州视察。（《湘西州志》上P78）

21日 中共中央书记处批准《云南民族工作汇报会纪要》。《纪要》指出，党的民族工作的总方针是，坚定不移地关心、帮助各少数民族的政治、经济和文化的全面发展，沿着社会主义道路不断前进，逐步实现各民族事实上的平等。（《新时期民族工作文献选编》P85～86）

△ 黑龙江省首次发掘15座清代早期赫哲族墓葬，出土300多件随葬品，为研究明末清初松花江中下游民族分布和社会状况增添重要资料。（《新华社新闻稿》1981.4.22）

22日 广西壮族自治区选手谢赛克与队友在南斯拉夫诺维萨德举行的第36届世界乒乓球锦标赛中获男子团体比赛冠军，26日再获混合双打冠军。（《广西通志·大事记》P468）

23日 广西壮族自治区8岁小画家谭文西（阿西，毛南族）的《好猫，抓住它》，获1980年新加坡“亚洲儿童画观摩展”金牌奖。（《广西通志·大事记》P468）

23～24日 中共湖南省湘西土家族苗族自治州委召开全州县委书记紧急会议，讨论农业生产责任制问题。会后全州农村推行联产承包责任制。（《湘西州志》上P78）

24日 广西壮族自治区人民政府批转自治区高等学校招生委员会《关于一九八一年高等学校、中等专业学校招生工作报告》，重申关于民族院校和一般院校招收少数民族学生的比例，以及降低录取分数线录取少数民族学生的办法。（《广西通志·大事记》P468）

25日 广西壮族自治区红水河第一座水力发电站——恶滩水电站（位于忻城县）并网发电。该电站装机容量6万千瓦，平均年发电量3.28亿千瓦小时。电站于1977年1月动工兴建，是年12月竣工，由广西自行设计并施工兴建，总投资5655万元。（《广西通志·大事记》P468）

26日 广西壮族自治区桂林机场扩建工程竣工。扩建后的机场可停放10架三叉戟飞机，客运能力增长1倍以上。（《广西通志·大事记》P468）

△ 西藏自治区民族手工业工作会议在拉萨召开。会议传达全国轻工业厅（局长）会议精神和中央领导同志的讲话，总结贯彻中央对西藏工作的重要指示，恢复和发展民族手工业，研究制定办好全区民族手工业的有效措施。（《西藏日报》1981.4.26.①）

27日 新疆维吾尔自治区科学技术协会第二次代表大会闭幕。大会选举产生自治区科协第二届委员会通过《新疆维吾尔自治区科学技术协会章程》、《新疆维吾尔自治区科协学会组织通则》。（《中国共产党新疆历史大事记（1966.5～1991.12）》下P160，《新疆通志·科学技术志》72卷上P73）

28日 国家民委组织9个边疆省、自治区30多个少数民族200多名代表组成的各少数民族参观团抵达北京参观学习。5月9日，各少数民族参观团结束参观活动，离京前往天津、南京、杭州、上海等地参观访问。（《新华社新闻稿》1981.5.10，《人民日报》1981.4.29.④）

△ 1981年全国国际式摔跤锦标赛在昆明举行，新疆维吾尔自治区摔跤运动员获8块金牌、1块银牌、7块铜牌。其中，顾景林（锡伯族）获古典式摔跤男子68公斤级冠军，郑林（锡伯族）获古典式摔跤男子100公斤以上级冠军，金平（达斡尔族）获自由式摔跤男子52公斤级冠军，阿斯哈尔（维吾尔族）获自由式摔跤男子57公斤级冠军，哈力（哈萨克族）获自由式摔跤男子82公斤级冠军，努尔拉（哈萨克族）获自由式摔跤男子90公斤级冠军，买买提江（维吾尔族）获自由式摔跤男子100公斤级冠军，索里地肯（哈萨克族）获自由式摔跤男子100公斤以上级冠军。（《中国共产党新疆历史大事记（1966.5～1991.12）》下P160～161，《新疆通志·体育志》83卷P51）

△ 内蒙古自治区文化局举办专门培养蒙古族舞编导人才的研究班，50名各民族学员参加学习，其中蒙古族学员30名。（《新华社新闻稿》1981.4.29）

是月 内蒙古自治区党委、自治区政府作出《关于大力种草种树的决定》，提出种树种草，加快绿化步伐，努力扩大林草覆盖面积，恢复自然生态平衡，要经过几十年的努力，把全区森林覆盖率由12.1%提高至30%以上。（《内蒙古自治区史》P387）

△ 湖南省最大的畜牧冷冻精液站在湘西土家族苗族自治州吉首建成投产。（《湘西州志》上P78）

△ 广西壮族自治区武鸣县华侨农场机械化养猪场建成试产。该场设计年产猪肉60万公斤，从碎料、拌料、送料、喂料到产品加工全部机械化生产。（《广西通志·大事记》P468）

△ 广西壮族自治区人民政府批准自治区教育局《关于贯彻执行教育部〈关于分期分批办好重点中学的决定〉的意见》，决定将189所重点中学调整为96所，其中南宁二中、南宁三中、柳州高中、柳铁一中、桂林一中、广西师范学院附中、梧州高中、玉林高中、百色高中、宾阳中学、廉州中学、岑溪中学、河池地区高中、兴安中学为自治区首先办好的重点中学，另各县办好县重点中学1所。（《广西通志·大事记》P469）

5月

1日 内蒙古电影制片厂摄制的第一部彩色故事片《阿丽玛》首次在呼和浩特上映。

（《新华社新闻稿》1981.5.2）

△ 广西壮族自治区最长桥——贵县西江大桥正式通车，总长786.3米。（《新华社新闻稿》1981.5.2）

1日~12月6日 全国少数民族服饰展览在北京举行，由民族文化宫博物馆举办，55个少数民族的服饰有近千件作品。（《新华社新闻稿》1981.5.1）

2日 广西壮族自治区玉林地区罐头厂生产的象山牌荔枝罐头获全国罐头质量评比第一名，产量居同类产品之首。（《广西通志·大事记》P469）

3日 香港至广西壮族自治区桂林市首次直达旅游包机通航，另新增桂林至北京、桂林至上海、桂林至杭州直达航班。（《广西通志·大事记》P469）

△ 广西壮族自治区柳州汽车制造厂试制成功东风LZ［4］型5吨柴油载重汽车。（《广西通志·大事记》P469）

5日 广西壮族自治区人民政府批准柳州钢铁厂职工大学、柳州市开关厂职工大学、南宁机械厂职工大学、永红机械厂职工大学4所学校为职工高等学校，国家承认其大专学历。6月，桂林职工业余大学亦经自治区人民政府批准成立。（《广西通志·大事记》P469）

6日 青海省海西蒙古族藏族哈萨克族自治州委决定成立海西州处理平叛扩大化遗留问题领导小组，着手解决1958年至1960年防叛期间全州错捕、错判、错集训造成的冤错案件，至1982年1月，对涉及的1821人予以全部平反。（《海西蒙古族藏族自治州志》1卷P57）

7日 国务院批复广西壮族自治区人民政府，同意桂林地区阳朔县划归桂林市领导，将灵川县大圩公社的潜经、草坪2个大队及茯荔大队的吴家、杨家2个生产队划归桂林市管辖。（《国务院公报》1981［11号］P352）

10~20日 云南省迪庆藏族自治州政协五届一次会议举行，自治州政协组织正式恢复。杨廷桂当选为自治州政协主席。（《迪庆藏族自治州志》P54）

△ 云南省迪庆藏族自治州恢复召开人民代表大会，正式将各级革命委员会改为各级人民政府。（《迪庆藏族自治州志》P54）

11日 我国第一部《蒙古族文学简史》由齐木道古（蒙古族）、梁一儒等人编写完成，共23章，25万字，后由蒙古人民出版社出版。（《新华社新闻稿》1981.5.12）

12日 国家民委学术委员会第一次（扩大）会议在北京召开，初步审定各民族学院学士、硕士学位授予点。（《广西民族学院校史》P287）

△ 云南省沧源佤族自治县勐董镇古庙中发现一架年代最早、体积最大、用大红毛树树干刻制成的佤族大木鼓，全长2.62米，直径0.59米，中间上端有长2.17米发音孔。（《新华社新闻稿》1981.5.13）

14~22日 全国公路自行车多日赛在宁夏回族自治区固原地区举行。宁夏队顾兰香获女子20公里个人赛第一名，李宁生获男子第一名。（《当代宁夏史通鉴》P33）

15日 全国民族民间工艺美术品展销会在民族文化宫开幕，共展出11大类近3000件展品，销售600多种民族民间工艺品。（《新华社新闻稿》1981.5.16）

17日 在北京工作和学习的蒙古族同胞1000多人在中央民族学院举行“那达慕”大会。全国人大常委会副委员长乌兰夫、国务院副总理杨静仁、内蒙古自治区人民政府主席孔飞等出席。（《新华社新闻稿》1981.5.18）

△ 云南省沧源佤族自治县发现一个2.5米见方的古代崖画点。至目前，沧源已先后发现9个崖画点。（《光明日报》1981.5.19.③）

18日 据报道，青海省新建2所州藏医院和1所州蒙藏医院，正在筹建的有3所州藏医院。全省县一级综合医院开设9个藏医科，有的公社、大队还新建藏医诊疗所和合作医疗站。（《新华社新闻稿》1981.5.19）

20日 中共中央政治局委员王震率中央巡视团视察新疆维吾尔自治区昌吉回族自治州。（《昌吉回族自治州志》P57）

20日~6月1日 国家民委、商业部等11个部门联合举办全国民族贸易和民族用品生产工作会议。25个省、市、自治区的代表380人参加会议，其中少数民族代表72人。有4个自治区的副主席、6个省的副省长，及各有关省、自治区民委、计委、经委、财办等部门的负责人参加会议。形成《全国民族贸易和民族用品生产工作会议纪要》，《纪要》明确民族贸易和民族用品生产的政策："一、扶持和发展民族地区的经济政策；二、尊重少数民族风俗习惯的商品生产和供应政策；三、培养、使用和选拔民族职工的干部政策；四、坚持民族贸易的'三项照顾'政策。对今后民贸与民族用品生产作出了布置。""三项照顾"政策系指国家对边远山区、边远牧区民贸企业的"自有资金、利润留成、价格补贴"三项照顾（《国务院公报》1981［17号］P522~529）

22日 上海戏剧学院藏族毕业班学生用藏语演出的大型音乐神话剧——《杰赛达森》在北京公演。（《新华社新闻稿》1981.5.23）

22~26日 甘肃省甘南藏族自治州首次文代会举行，同时成立甘南州文学艺术工作者联合会。（《甘南州志》上P135）

23日 首都各界人士集会庆祝和平解放西藏协议签订30周年。全国人大常委会副委员长乌兰夫代表中共中央、全国人大常委会、国务院向西藏人民、驻藏人民解放军和各族干部祝贺和慰问。全国政协副主席李维汉、全国人大常委会副委员长班禅额尔德尼·确吉坚赞在会上讲话，全国人大常委会副委员长阿沛·阿旺晋美作书面发言。25日，《西藏日报》发表李维汉题为《西藏民族解放的道路》的文章和班禅的讲话《西藏民族发展繁荣的伟大转折》。（《中国共产党西藏历史大事记（1949~2004）》P353，《新时期民族工作文献选编》P87~106）

25日 云南省楚雄彝族自治州人大、政府决定将"火把节"定为自治州的法定节日，放假1天。（《楚雄彝族自治州志》1卷P208）

△ 据报道，西藏和平解放30年来，中央、西北、西南、西藏4所民族学院及清华、北大、北师大、兰大等高等院校，为西藏培养干部1.5万多名，其中西藏民族学院培养9000多名。（《光明日报》1981.5.25.①）

25~31日 中国民族关系史研究学术座谈会在北京举行，13个民族的140多位专家和史学工作者进行学术交流。（《新华社新闻稿》1981.6.1）

26日~6月4日 内蒙古自治区党委、人民政府召开牧区经营管理座谈会。会议根据内蒙古民族特点和畜牧业生产特点，从生产力发展水平和干部管理水平的实际出发，肯定了十一届三中全会以来牧区实行的"两定一奖"或"三定一奖"、新"苏鲁克"、队有户养、专业承包、以产计酬等牧业生产责任制形式。会后，上述几种形式的牧业生产责任制，特别是新"苏鲁克"责任制，很快在全区推开。（《内蒙古自治区史》P398、542）

27日 新疆维吾尔自治区喀什地区伽师县发生极少数民族分裂主义分子策划的反革命武装暴乱事件。事发后，在自治区党委的领导和各有关部门的协力配合下果断采取措施，一举平息暴乱，挖出"东突厥斯坦燎原党"和"东突厥斯坦人民解放阵线"等反革命组织，受到国务院和中央军委的表扬。（《中国共产党新疆历史大事记（1966.5~1991.12）》下P161~162）

28日 据报道，从1952年到1980年，中央给西藏地方财政援助50.73亿元，拨出的价格亏损补贴和直接用于农牧民群众方面的支出达5.19亿元。（《新华社新闻稿》1981.5.28）

31日 西藏自治区高等院校招生工作会议在拉萨召开。会议决定本年自治区高校招生以少数民族学生和自治区建设事业急需的专业为主，保证少数民族学生占新生总数的60%以上；中专和技工学校的新生，少数民族应占70%以上。（《西藏日报》1981.5.31.③）

是月 清华大学环境工程系主任井文涌（满族）创建我国第一个环境工程研究所。（《中国少数民族专家学者辞典》P102）

△ 广西壮族自治区民委、民族研究所在南宁市召开瑶族历史暨自治地方概况学术讨论会。（《广西通志·大事记》P470）

6月

4日 国家民委和文化部在北京举行茶话会，祝贺上海戏剧学院藏族班在北京演出神话剧《杰赛达森》、世界名剧《罗密欧与朱丽叶》，成都市歌舞剧团演出藏族神话舞剧《卓瓦桑姆》获得成功。（《新华社新闻稿》1981.6.5）

9~15日 宁夏回族自治区四届人大三次会议举行，通过《宁夏回族自治区执行〈中华人民共和国婚姻法〉补充规定》和提案审查委员会关于提案的审查报告。（《宁夏日报》1981.6.10.①，9.16.①）

11日 中央民族学院举行成立30周年庆祝大会。会议宣布学院新成立的5个研究所：民族研究所、少数民族语言研究所、少数民族文学艺术研究所、少数民族经济研究所和藏学研究所。（《中央民族大学五十年》P197）

16日 中国民族语言学会和《民族语文》杂志社邀请首都部分民族语文工作者，就如何开展“语言美”活动进行座谈。（《人民日报》1981.6.16.⑤）

△ 据报道，四川省阿坝藏族自治州黑水县解放前的大头人苏永和（藏名多吉巴桑）于1980年12月自愿放弃加拿大国籍回成都定居，并于5月补选为省政协常委。（《新华社新闻稿》1981.6.17）

17日 云南省人民政府决定，本年从地方财政中拨出2.4亿多元，用于发展民族教育事业。（《新华社新闻稿》1981.6.19）

△ 据统计，西藏自治区县级和县级以下的医院发展到508所，自治区74个县都建有粗具规模的县医院，病床1200多张。全区共有医务人员6600多名。（《新华社新闻稿》1981.6.18）

18日 国务院批复广西壮族自治区人民政府，同意将宁明县夏石公社划归凭祥市管辖。（《国务院公报》1981［15号］P471）

20~25日 贵州省民委、教育厅在贵阳联合召开民族教育工作会议。会议根据省人民政府的决定，讨论制定具体措施，在民族地区分期分批恢复、建立民族中小学和民族师范学校。（《贵州日报》1981.6.27.①）

22日 内蒙古自治区电子研究所进行草原牧区无线电话组网试验成功，并在乌拉特中后联合旗巴音哈太现代化草原投入使用。（《内蒙古日报》1981.6.22.①）

22~28日 青海省果洛藏族自治州人大七届一次会议举行。会议将果洛藏族自治州革命委员会改为果洛藏族自治州人民政府，并通过《果洛藏族自治州自治条例》。（《果洛藏族自治州志》上P47、340）

25日 宁夏回族自治区党委在关于批转4月6日至13日举行的全区农村工作部部长会议纪要的文件中指出，从前段实践中看，专业承包、联产计酬责任制一般适合那些生产水平和经营管理水平较高的队，统一经营、联产到劳责任制比较适宜生产水平和经营管理水平处于中间状态的社队，包产到户、包干到户在一些长期贫困社队取得较好效果。文件强调指出，就是同一个生产队里也应从实际需要和实际可能出发，允许有多种经营形式、多种劳动组织、多种计酬办法存在，不搞“一刀切”。（《中共宁夏党史大事记（1925.8~1988.6）》P518）

27日 据《广西日报》报道，广西壮族自治区食品工业在调整中取得新发展，产量提高，品种增多，质量和包装装潢大有改进。1980年，为国家提供利润和税收4亿多元，出口创汇3000多万美元。（《广西通志·大事记》P470）

29日 国务院批复广西壮族自治区人民政府，同意设立合山市（县级），将合山煤矿和电厂所在地来宾县的北泗公社划为合山市的行政区域，市政府设在里兰地区，合山市委托柳州行署领导。（《国务院公报》1981［18号］P558）

29日~7月25日 广西壮族自治区陆川县发生特大洪水，被淹水稻13万亩，失收2.15万亩，损失稻谷1687万公斤，发芽霉坏稻谷1200万公斤，倒房屋17271间。房屋全部崩塌261户1421人，死亡10人，伤25人，死猪、牛36头，冲走化肥529吨、农药20吨。（《中国气象灾害大典·广西卷》P93）

30日 新疆维吾尔自治区党委批转自治区农委党组《关于农牧区经济政策几项意见的报告》并发出通知。通知要求，各地“从实际出发，根据群众的意见选择生产责任制，包产到户、包干到户或口粮田加责任田不一定限在‘三靠队’实行”。这一规定从政策上完全解除了群众在选择生产责任制上的框框。至是年底，全区实行联产到组的生产队由1980年的31.5%下降至14.4%，联产到劳的由零上升到22.8%，包干到户的从11%上升到19.4%，专业承包、包干到组等形式的生产责任制也有出现。（《中国共产党新疆历史大事记（1966.5~1991.12）》下P164）

是月 广西壮族自治区水产研究所、中国科学院动物研究所编著的《广西淡水鱼类志》由广西人民出版社出版。该书记述广西淡水鱼类200余种，分属116属33科14目，包括首次发现的7个新种。该书获全国优秀图书一等奖。（《广西通志·大事记》P470）

△ 广西壮族自治区籼型杂交水稻协作组获国家科委、农委特等发明奖，研究人员张先程、李鼎民、郑恒受、韦裕廉（壮族）等获发明一等奖。（《广西通志·大事记》P470）

7月

1日 广西壮族自治区梧州市锅炉厂以最高分获8大经济技术指标为内容的1980年全国工业锅炉厂际竞赛第一名。（《广西通志·大事记》P470）

3~10日 贵州省首届民族识别工作座谈会在贵阳举行。会议指出，全省各种族称达80多种，待识别或返本归源的人口近90万人，要求各级领导部门组织力量制订计划，做好民族识别工作。省民委主任熊天贵就民族识别的任务、要求等问题发言。（《贵州日报》1981.7.12.①）

5日 中央拨款40万元支持贵州省发展少数民族用品生产。（《贵州日报》1981.7.5.①）

△ 新疆维吾尔自治区少数民族文学评奖委员会举办评奖活动，评奖范围为从31年来各民族创作的作品中选出145篇作品获奖，作者有维吾尔、哈萨克、蒙古、柯尔克孜、回、锡伯、乌孜别克、塔吉克、达斡尔9个民族。新疆共有少数民族作者1000多名。（《新华社新闻稿》1981.7.6）

6日 中央书记处会议召开，根据党的十一届六中全会通过的《关于建国以来党的若干历史问题的决议》，再一次讨论新疆的工作问题，并形成《中央书记处讨论新疆工作问题的纪要》。会议一致作出以下结论：一、《决议》中有关民族工作经验的正确总结是今后民族工作的正确方向，各个民族地区的党组织，特别是各级党委都要坚决执行。二、一年来，新疆的工作情况，生产情况，干部、群众的思想情况又有新的成绩、新的进步；在局部地方曾经发生和存在的某些混乱现象已经并正在好转。三、搞好民族关系，加强民族团结是进一步做好新疆各项工作的关键。新疆的汉族干部要确立这样一个正确观点，即离开了少数民族干部，新疆各项工作搞不好；新疆的少数民族干部也要确立这样一个正确观点，即离开了汉族干部，新疆各项工作也搞不好。四、要解决好自治区党委的领导班子问题。五、新疆全区，尤其是在民族聚居地区，要继续放手培养和提拔少数民族干部。六、新中国成立初期和1949年以后进疆的老同志，新疆三区革命的老同志，陶峙岳部起义的老同志，对新疆的革命和建设事业都作出了很大贡献，要给他们发纪念章，要对他们加以照顾和妥善安排。七、新疆是我国神圣领土不可分割的一部分，新疆各民族是中华民族大家庭的重要成员，新疆是我国西部国防的战略要地。在把我国建设成为社会主义现代化强国的伟大事业中，在巩固边防、保卫祖国的光荣斗争中，新疆有特殊重要的地位。16日，中共中央转发该《纪要》。（《新时期民族工作文献选编》P147～149）

△ 中国语言学会与青海省民委联合举办的“中国民族语言调查研究学习班”在西宁开学，青海省内翻译人员和教师等共45名参加为期45天的学习。（《青海日报》1981.7.12.①）

△ 甘肃省统战、民族、宗教工作干部轮训班在省委党校开学，地、州、市、县统战、民族、宗教工作部门的领导干部参加学习。（《甘肃日报》1981.7.13.①）

△ 青海省人民政府决定，成立省少数民族语文工作领导小组，副省长希候巴（藏族）任组长，省民委副主任东主才郎（藏族）任副组长兼办公室主任。（《青海日报》1981.7.6.①）

7日 北京市文物工作队在北京西郊八宝山革命公墓发掘出一座近千年前的大契丹国“壁画墓”。据墓志记载，墓主是大契丹国故始平年节度使韩佚和夫人王氏。（《新华社新闻稿》1981.7.9）

11日 国家出版局同意恢复广西民族出版社。（《广西通志·大事记》P470）

△ 青海省人民政府决定，拨专款20万元，从下学期起免费供应少数民族学生藏文、蒙古文和哈萨克文中小学课本。（《新华社新闻稿》1981.7.12）

12日 云南省西双版纳傣族自治州人民政府拨款116万元，为州、县民族干校、民族中学、农业学校、卫生学校，以及勐腊县瑶区中学、景洪县基诺山小学等，新建教学楼和师生宿舍。（《云南日报》1981.7.12.①）

12～19日 四川省普降暴雨，山洪暴发，江河猛涨，岷江、沱江、嘉陵江都出现大洪水，长江上游干流洪峰超过建国以来最高纪录。全省有33个县市132万人遭灾。18日，党中央国务院致电慰问四川灾民。8月中旬，四川部分地区再次暴雨成灾。22～27日，中央书记处书记彭冲为团长、国务院副总理杨静仁为副团长的中央慰问团到四川慰问受灾人民。（《中华人民共和国大事记（1949～2004）》P653）

13日 据报道，广西壮族自治区体委和民委最近深入到15个县（自治县）调查少数民族体育，据调查全区有20多种少数民族传统体育项目，这些项目有壮族的打扁担、投绣球，苗族的爬竿、赛马，侗族的抢花炮、舞龙头，瑶族的打陀螺等。（《广西日报》1981.7.13.①）

14日 国务院批转《全国民族贸易和民族用品生产工作会议纪要》的通知。通知称：“发展民族贸易和民族用品生产，对发展少数民族地区经济，改善少数民族人民的生活，增强民族团结，有着重要的意义。解放以来，民族贸易和民族用品生产工作，总的说来，取得了很大成绩。但是，长期以来，在‘左’的思想影响下，不少地区和部门忽视了这项工作，给少数民族的生产和生活造成了一定困难。国务院要求各省、市、自治区和国务院有关部门加强对这项工作的领导，采取有力的措施，切实改变这种状况。会议纪要中提到的有关政策和措施，例如减免税收和降低贷款利率，在国家拨给民族地区补助款中每年划出一定比例作为扶持资金，解决民族用品生产经营赔钱问题，以及专项安排一些商品和原材料等，有关部门和地区都要尽快提出具体办法，认真贯彻落实。”（《新时期民族工作文献选编》P110）

△ 为庆祝内蒙古自治区成立35周年，中共中央政治局委员、全国人大常委会副委员长乌兰夫在《人民日报》发表题为《民族区域自治的光辉历程》的文章。该文是我党关于民族区域自治问题的重要论著。（《新时期民族工作文献选编》P121～143）

△ 黑龙江省少数民族文学作品授奖大会在哈尔滨举行。27篇少数民族作者的作品获奖，其中满族的关沫南、满锐、关守中，蒙古族的巴彦布，朝鲜族的洪浩和韩春的6篇作品获一等奖。（《黑龙江日报》1981.7.15.①）

△ 据报道，甘肃省甘南藏族自治州的州、县、社党政领导中，少数民族干部超过半数。全州7个县中，6个县的县长是少数民族干部。少数民族聚居的县、社主要领导基本上是少数民族。州委还制订了培养训练少数民族干部的5年计划。（《甘肃日报》1981.7.14.①）

14～17日 宁夏回族自治区少数民族教育工作座谈会在同心县召开。会议学习有关民族教育的文件，座谈全区民族教育工作的成绩和不足以及今后如何办好回民中小学等问题。全区现已兴办寄宿制回民中学7所，在校学生670多名；回民小学65所，在校学生7000多名。（《宁夏日报》1982.7.26.①）

14～20日 内蒙古自治区蒙古文学学会1981年度年会在呼和浩特举行，与会代表提交学术论文89篇，其中蒙文67篇。（《内蒙古日报》1981.7.21.①）

15日 我国为探索治疗因高原缺氧引起的人体心脏血管疾病，在青藏高原柴达木盆地修建的一座高原高压氧仓（总面积为1600平方米）投入使用，至9月4日，手术成功率达97%。（《新华社新闻稿》1981.9.6）

△ 广东省海南黎族苗族自治州拨出临时救灾款15万元，救济受台风袭击的陵水、崖县、保亭、乐东等县的灾民。（《南方日报》1981.7.16.①）

17日 我国第一个大型“流动剧场”在内蒙古自治区乌兰察布盟歌舞团建成。（《新华社新闻稿》1981.7.19）

18日 广东省连山壮族瑶族自治县拨款55.5万元，兴建县民族中学和民族影剧院。（《南方日报》1981.7.18.①）

19～20日 广西壮族自治区民委组织的民族识别调查组分9个小组赴桂林、柳州等6个地区，调查19个县、43个公社、80多个大队自报的瑶、苗、彝、傈僳及民族成分不详的2.7万多人口，写出调查报告24篇。（《广西日报》1981.7.26.①，12.4.①）

21日 横贯陕西、甘肃、宁夏3省、区的宜川至兰州公路正式通车，全长949公里。（《中华人民共和国大事记（1949～2004）》P654）

△ 云南省丽江地区首次开办傈僳文师资培训班，培训傈僳族教师50名。（《云南日报》1981.8.24.③）

22日 据报道，西藏高原第一艘载重量为20吨（354马力）的“珠峰号”钢质内燃机机动船，最近在海拔4700米的西藏马泉河里孜渡口航行渡车。（《新华社新闻稿》

1981.7.24）

24日 广西壮族自治区考古工作者通过对大新县五山公社邕淋山陡壁和全茗公社古江村前的丛山绝壁2处崖洞的考察，认为是2处崖洞葬，崖葬是古代越族和濮族的葬俗。这一发现对探讨我国南方各少数民族的起源、形成和发展以及各民族间的关系均有重要意义。（《新华社新闻稿》1981.7.25）

25日 广西壮族自治区党委任命韦章平（壮族）为广西民族学院院长，免去梁华新（壮族）兼任的学院院长职务。（《广西民族学院校史》P287）

25～27日 青海省玉树藏族自治州各族人民集会，庆祝自治州成立30周年。州委书记朱清明（藏族）发表讲话，介绍自治州成立以来所取得的成就。全国人大民委、国家民委代表田富达和青海省委常委、副省长尕布龙（蒙古族）等到会祝贺。（《新华社新闻稿》1981.7.31）

26日 据报道，甘肃省甘南藏族自治州调整普通教育与民族教育的关系，把发展民族教育放在优先地位，把寄宿制学校作为发展普及小学教育的主要办学形式。新设寄宿民族中学4所（已建成2所），重点中学设寄宿民族班1个，寄宿制民族小学13所（已建成7所），在藏汉杂居区改设民族小学69所。自1979年以来，选招分配308名藏语文教师，在甘南师范举办藏文教师进修班，培训37名用藏文教数学的师资。自治州政府决定，寄宿制中、小学生免收学费并发放助学金；牧区中、小学生按城镇学生标准供应口粮，少数民族学生一律免费供应课本。（《甘肃日报》1981.7.26.①）

27日 中共中央总书记胡耀邦发表关于达赖问题的五条方针：一、我国家已走上政治长期安定、经济不断繁荣、各民族更好地团结互助这样一个新时期。达赖喇嘛和跟随他的人都是聪明的，应该相信这一条，如果不相信，也可以再多看几年。二、达赖喇嘛和他派来同我们接触的人应开诚布公，不要采取捉迷藏或者是做买卖的办法。对1959年那段历史可以不再纠缠，忘记过去，展望未来。三、我们诚心诚意欢迎达赖喇嘛和跟随他的人回来定居，其目的是欢迎他能为维护国家统一、增进汉藏民族和各民族团结以及实现四个现代化作贡献。四、达赖喇嘛回来定居后的政治待遇和生活待遇照1959年以前不变。党中央可以向全国人大建议他还当全国人大常委会副委员长，并经过协商，当全国政协副主席。至于西藏就不要回去了，西藏的职务就不要兼了。当然也可以经常回西藏去看看。对跟随他的人我们也会妥善安置，不要担心工作和生活安排，只会比过去更好。五、达赖喇嘛什么时候回来，他可以向报界发表一个简短声明，声明怎么说由他自己定。他哪一年、哪一月、哪一天回来，给我们一个通知。如果经香港从陆路到广州，我们就派一个部长级干部到边界去迎接他，也发表一个消息。如果坐飞机回来，我们组织一定规模的欢迎方式并发表消息。1982年4月14日，西藏自治区党委转发中央统战部关于嘉乐顿珠（达赖喇嘛二哥）来北京的通报，并传达了五条方针。（《人民日报》1984.11.28.①，12.1.①，12.2.④；《中国共产党西藏历史大事记（1949～2004）》P371～372）

△ 全国射箭达标赛在青海省西宁市举行，新疆维吾尔自治区射箭队的锡伯族运动员汝光以572环的成绩打破男子双轮90米射箭全国记录。（《新华社新闻稿》1981.7.28）

28日 中国佛协内蒙古分会召开座谈会，恢复佛协工作。自治区党委统战部副部长、自治区民委副主任赵俞廷出席。（《内蒙古日报》1981.8.4.①）

28日～8月3日 甘肃省人大常委会五届八次会议举行，通过关于甘南藏族自治州、天祝藏族自治县、阿克塞哈萨克族自治县、肃北蒙古族自治县、肃南裕固族自治县、东乡族自

治县和积石山保安族东乡族撒拉族自治县实施刑事诉讼法有关办案期限的决定。（《甘肃日报》1981.8.4.①）

29日 中央民族学院组织编写的《中国少数民族》出版。该书1987年获北京市哲学社会科学科研优秀成果一等奖，1998年获全国普通高等学校第二届人文社会科学研究成果一等奖。（《中央民族大学五十年》P74）

29日~8月6日 新疆维吾尔自治区首次翻译工作会议在乌鲁木齐举行。会议通过自治区翻译工作者协会章程，成立自治区翻译工作者协会，选举产生协会理事会，修改《关于评定新疆民族语文翻译干部职称实施办法》，讨论自治区翻译干部职称评定委员会名单。（《新疆日报》1981.7.30.①，8.6.①）

30日~8月15日 云南省民族民间文学工作者第一次代表大会在昆明召开。会议总结32年的经验教训，研究制订今后的工作计划，并制定中国民间文艺研究会云南分会章程，选出领导机构，同时成立中国少数民族文学学会云南分会。（《云南日报》1981.7.31.①，8.16.①）

是月 广西壮族自治区玉林、钦州2地区及贺县、都安大暴雨成灾。其中，灵山县冲垮江堤、鱼塘、水坝、桥梁等2611处，死亡13人；浦北倒塌房屋1290间，死亡5人。23日、24日，北海降雨量509毫米，为解放以来最高纪录。（《广西通志·大事记》P471）

△ 青海省海南藏族自治州同德县南巴滩草原管道供水工程竣工。该工程1980年5月25日开工，铺设干、支管41公里，控制草原面积10万亩，解决2.7万头（只）牲畜和6400人的饮水问题。（《海南州志》P52）

8月

1日 大明山自然保护区建立，位于广西壮族自治区武鸣山县、马山县、上林县，面积16994公顷，是以季风常绿阔叶林、水源涵养林及自然景观为主要保护对象的国家级自然保护区。（《全国自然保护区名录（2003）》P84）

1~18日 宁夏回族自治区首届青年演员观摩演出在银川举行。460多名各族青年演员演出京剧、秦腔、舞蹈等20台节目，95名演员获表演奖，9个剧组获集体奖。（《宁夏日报》1981.8.2.①，8.20.①）

3日 据报道，中国人民银行最近发出通知，决定对民族贸易和民族用品生产企业给予低息贷款。（《内蒙古日报》1981.8.3.①）

△ 中共中央同意并转发《中央书记处讨论内蒙古自治区工作的纪要》。《纪要》对内蒙古自治区三中全会以后的工作成绩给予充分肯定，把自治区党委和人民政府提出的“以牧为主，农林牧结合，因地制宜，各有侧重，多种经营，全面发展”25字生产建设方针，概括为“林牧为主、多种经营”8个字。并明确要求内蒙古自治区在实现今后的战略目标时，要树立足够的信心，充分发挥自然资源等各方面的优势和主观能动性。（《新时期民族工作文献选编》P150，《内蒙古自治区史》P381、542）

△ 广东省海南黎族苗族自治州教育局拨救济款38万元，扶持陵水、崖县、保亭、乐东等县的灾区学校抢修和重建校园。（《南方日报》1981.8.3.①）

△ 广西壮族自治区桂林电力电容器厂打破区域界线联合经营，与西安、北京、无锡、锦州等地的同行厂（所）联合成立中国电力电容器总公司。（《广西通志·大事记》P471）

△ 西藏自治区藏医院首届藏医进修班举行开学典礼，全区县以上藏医科和藏医院的在职藏医技术人员43名参加为期6个月的学习。（《西藏日报》1981.8.4.①）

△ 宁夏回族自治区党委和人民政府发出《关于适当扩大自留地若干具体规定》。《规定》提出，不搞包产到户的生产队，自留地、

饲料地加在一起可扩大到生产队耕地面积的12%~15%。（《中共宁夏党史大事记（1925.8~1988.6）》P519~520）

3~8日 第一次西夏研究学术讨论会在银川举行。与会代表提交46篇论文和资料，就党项族族源、西域文化对西夏文化的影响等问题进行探讨。（《宁夏日报》1981.8.13.①）

3~12日 青海省佛协第一届代表会议在西宁举行。会议听取和讨论孙果作的筹委工作报告，研究省佛协今后的工作任务，制定省佛协章程。会上成立省佛协，选举夏茸尕布为会长。（《青海日报》1981.8.4.①，8.13.①）

4日 中央党校组织藏、回、白、门巴等5个少数民族60人组成的西藏民族班学员参观团赴辽宁省参观。（《辽宁日报》1981.8.5.①）

5日 宁夏回族自治区重点建设项目——宁夏第二毛纺织厂投料试车，于1982年9月4日竣工交付使用。年产能力为精纺5000锭120万米呢绒。（《当代宁夏史通鉴》P33）

5~11日 吉林省民族贸易和民族用品生产工作会议在延吉举行。会议传达全国民族贸易和民族用品生产工作会议精神，研究如何进一步发展和改善本省民族贸易和民族用品生产供应工作。副省长李振江就发展本省民贸和民族工业问题讲话。（《吉林日报》1981.8.20.①）

6日 报称，根据湖南省委决定，湘西土家族苗族自治州，通道、新晃侗族自治县，江华瑶族自治县和城步苗族自治县，是年招收740名新干部，其中少数民族占70%，比1976年增长3.5%。（《湖南日报》1981.8.6.①）

△ 广西壮族自治区成立社会科学业务技术职称评定工作领导小组。（《广西民族学院校史》P287）

△ 据报道，云南省大理白族自治州人民政府于上年拨款11万元，在9个县兴办9所民族寄宿小学，在南涧等7个县的第一中学增办7个民族班、购置部分教具。是年拨款100万元，除作为各县中、小学经费外，又在下关市兴建1所民族中学。此外，拨款8.4万元帮助山区小学整修校舍和添置设备。（《云南日报》1981.8.6.③）

7~9日 西藏自治区党委举行各地、市委书记座谈会。10日，自治区党委发出座谈会议纪要。《纪要》指出，目前，自治区干部结构存在问题有年龄偏大，文化较低，缺乏理论、专业技术和管理知识，对知识分子选拔使用重视不够。会议提出了解决这些问题的意见。（《中国共产党西藏历史大事记（1949~2004）》P355~356）

9日 全国各民族抽纱刺绣品展销会在民族文化宫开幕，展出的产品有汉、蒙古、藏、朝鲜、回、苗、壮、傣、侗、瑶、彝等民族的传统抽纱刺绣精品，共3600多件（套）。（《新华社新闻稿》1981.8.9）

△ 《汉景词典》（景即景颇文）由云南民族出版社出版发行。词典所收条目包括字、词、词组、成语等共2.2万余条。全书80余万字（《云南日报》1981.8.9.①）

△ 青海省支援不发达地区发展资金管委会和省财政厅拨放45万元，资助海西、海南、海东等少数民族地区发展文化站及建设6个集镇文化中心。（《青海日报》1981.8.9.①）

10日 内蒙古自治区额尔古纳左旗敖鲁古雅鄂温克族乡的50名青年组成自费参观团，分3批结束在北京的参观活动返回内蒙古。其间，国务院副总理杨静仁接见首批到京的25名青年，国家民委、团中央先后举行茶话会招待参观团成员。（《内蒙古日报》1981.8.31.①）

10~19日 中央军委主席邓小平，国务院副总理王震、王任重在新疆视察工作。邓小平在听取自治区党委第二书记谷景生汇报后，对新疆工作作重要指示。他指出："新疆的根本问题是共和国还是自治区的问题。我们和苏联不同，我们不能搞共和国，我们是自治区。法律上要解决这个问题，要有民族区域自治法。""新疆稳定是大局，新疆一定要稳定，不稳定一切事情都办不成。""不允许搞分裂，谁搞分裂就处理谁。"邓小平在听取新疆党政军主要负责同志对恢复新疆生产建设兵团的意见后指出："新疆生产建设兵团就是现在的农垦部队，是稳定新疆的核心，生产建设兵团恢复起来确有必要。" （《中国共产党新疆历史大事记（1966.5～1991.12）》下P166～167，《新疆通志·科学技术志》73卷上P74）

10～24日 1981年全国少数民族青少年科技夏令营在北京举行，16个省（区）54个民族的215名青少年和25名辅导员参加活动。国家民委主任杨静仁于8月10日出席开营式并授营旗。8月17日，中央领导同志李先念、方毅等在人民大会堂会见夏令营的青少年和辅导员，并合影留念。 （《新华社新闻稿》1981.8.11，8.18，8.25）

11～15日 甘肃省甘南藏族自治州1981年民族体育运动会在碌曲举行，150多名藏族运动员参加赛马、赛牦牛、"大象拔河"等传统的民族体育比赛。 （《甘肃日报》1981.8.29.①）

12日 湖南省湘西土家族苗族自治州农校种植新疆哈密瓜成功。 （《湖南日报》1981.8.12.①）

△ 以甘肃省委顾问杨植霖为团长，省民委主任沙里士等4人为副团长的省委民族政策执行情况检查团，分赴临夏、甘南等9个地、州、市和省级机关进行检查。 （《人民日报》1981.8.12.③）

13日 辽宁省民委决定，在我国著名蒙古族作家尹湛纳希的故乡——北票县惠宁寺建立尹湛纳希纪念堂。 （《内蒙古日报》1981.8.13.①）

14日 云南省德宏傣族景颇族自治州第二次地名普查会议在芒市召开，会议通过民族语地名汉字译音规范化的第二套方案。（《德宏州志》综合卷P71）

15日 国家民委在民族文化宫举行茶话会，招待出席共青团十届三中全会和全国青联五届二次会议的各少数民族委员。国家民委主任杨静仁出席茶话会，国家民委副主任文正一发表讲话。 （《新华社新闻稿》1981.8.16）

16日 西藏自治区试制成功重17公斤采光面积1平方米、自带水箱的携带式太阳能开水器和重30公斤采光面积2平方米的携带式太阳能烤饼箱。 （《新华社新闻稿》1981.8.17）

16～26日 全国少数民族文艺广播第二次协作会议在内蒙古呼和浩特召开。会议交流各民族地区近年来少数民族文艺广播的情况和经验，探讨少数民族文艺广播如何贯彻和体现党的六中全会精神，坚持四项基本原则等问题。 （《内蒙古日报》1981.8.17.①，8.31.①）

17日 中共中央副主席李先念，中央书记处第一书记倪志福、书记彭冲，国务院副总理万里、杨静仁，全国人大常委会副委员长习仲勋、全国政协副主席周培源等党和国家领导人会见新疆、西藏等8省区17个民族的57名少数民族优秀教师参观团。 （《新华社新闻稿》1981.8.18）

△ 广西壮族自治区运动员吴数德在日本名古屋举行的亚洲第13届举重锦标赛中以126.5公斤的成绩打破56公斤级抓举世界纪录，并获该级别抓举、挺举和总成绩3项冠军。 （《广西通志·大事记》P471）

△ 新疆维吾尔自治区举行蒙古族英雄史诗《江格尔传》演唱会，200多位民间艺人及有关人士参加。 （《新疆日报》1981.8.17.①）

17～27日 西藏、四川、云南、甘肃、新疆、青海六省（区）首次藏族文学创作座谈会在西宁举行，会议通过《六省区藏族文学创作座谈会记要》（草稿）。（《青海日报》1981.8.18.①，8.28.①）

17日~9月1日 中共中央书记处书记宋任穷在宁夏回族自治区视察工作。他强调，要发展粮食和油料作物、植树造林等发挥宁夏农业优势的10项具体工作，希望宁夏要稳定，干部要稳定，特别希望知识分子在宁夏安心工作。（《中共宁夏党史大事记（1925.8~1988.6）》P520）

18日 宁夏回族自治区人民医院外科医护人员首次采用离体肾手术，为石嘴山电厂青工周怡华左肾多发性结石做离体肾切开取石、自体肾移植术成功。（《宁夏日报》1981.10.3.①）

18~22日 全国曲棍球比赛在内蒙古自治区呼和浩特市举行，内蒙古一队再获冠军。该队自1978年以来6次全国性比赛中获5次冠军。（《新华社新闻稿》1981.8.23）

19日 广西壮族自治区龙胜各族自治县各族代表1000多人集会，庆祝自治县成立30周年。全国人大民委、国家民委代表费孝通和自治区代表团团长梁华新到会祝贺。（《广西日报》1981.8.20.①）

△ 宁夏回族自治区党委常委会议决定，在原宁夏哲学社会科学研究所的基础上成立宁夏社会科学院。（《中共宁夏党史大事记（1925.8~1988.6）》P520）

20日 蒙古史学术讨论会在乌鲁木齐举行。与会的专家学者交流了蒙古史研究的成果，建议进一步开展对蒙古史的研究。（《新华社新闻稿》1981.8.22）

△ 内蒙古自治区一座年生产能力为120万吨的大型露天煤矿建成投产。（《新华社新闻稿》1981.8.21）

20~21日 云南省峨山彝族自治县庆祝自治县成立30周年。全国人大民委、国家民委和云南省人大常委会、省政府电贺。（《云南日报》1981.8.23.①）

20~25日 青海省海西蒙古族藏族哈萨克族自治州文学艺术界联合会第一次代表大会在德令哈举行。会议选举产生33名委员会组成的第一届委员会，王贵如任主席，张家斌、齐·布仁巴雅任副主席；通过《海西州文学艺术界联合会章程（草案）》、《海西州文学工作者协会章程（草案）》、《海西州艺术工作者协会章程（草案）》。会议期间，文学工作者协会和艺术工作者协会成立。10月22日，青海省政府批准成立海西州文学艺术界联合会。（《海西蒙古族藏族自治州志》1卷P58，4卷P101~102）

20~26日 辽宁省首届民俗学学术讨论会在丹东举行。会议交流40余篇论文，就民俗学的某些问题进行讨论。会议期间，成立省民俗学学会。（《辽宁日报》1981.8.29.①）

20~27日 四川省人民政府在成都召开全省民族教育工作会议。会议传达全国第三次民族教育工作会议精神，听取四川省委书记天宝题为《从民族地区特点出发，扎扎实实办好民族教育》的报告，并总结交流经验。（《四川日报》1981.9.1.①）

21日 国务院批复内蒙古自治区人民政府，同意将乌拉特中后联合旗更名为乌拉特中旗，潮格旗更名为乌拉特后旗。（《国务院公报》1981［19号］P606）

23日 国家民委、湖北省政府民族事务处、恩施地委统战部联合组成鄂西少数民族成份考察工作组抵恩施地区利川县。（《恩施州志》P20）

△ 据《广西日报》报道，广西壮族自治区向国家上调食糖27.79万多吨，超额23.8%完成国家年度上调计划，创历史最高水平。（《广西通志·大事记》P471）

△ 新疆维吾尔自治区于田县城西南发现一处距今1400多年前的北朝佛寺遗址。这一

发现对研究西域佛教历史沿革和丝道支路的走向具有重要价值。（《新华社新闻稿》1981.8.24）

24日 云南省教育厅宣布，是年云南省8个自治州的教育经费为8700多万元，占全省普通教育经费的43%。全省少数民族大学生2100人，占全省大学生总人数的12%。全省少数民族学龄儿童在校130万人，占全省少数民族学龄儿童总数的77.4%。（《新华社新闻稿》1981.8.28）

25日 广西壮族自治区人民政府发出《关于增加太平天国在永安活动旧址（武庙）等86个单位为自治区级重点文物保护单位的通知》。此次新增的重点文物保护单位中，有革命遗址及革命纪念建筑物11处、石窟造像1处、古建筑及历史纪念建筑物13处、石刻8处、古遗址25处、古墓群26处、其他2处。（《广西通志·大事记》P471）

26日～9月4日 中国北方少数民族哲学及社会思想史首届学术讨论会在乌鲁木齐举行。会议收到40余篇论文，交流科研成果，讨论少数民族哲学史研究的目的、意义及如何开展这项学术活动的问题，并成立学会。（《内蒙古日报》1981.9.5.①）

是月 云南省楚雄彝族自治州元谋县丙间水库建成。工程于1977年8月始建，历时5年，投资440万元，可容水1784万立方米。（《楚雄彝族自治州志》1卷P208）

△ 甘肃省甘南藏族自治州第一座小型风力发电站安装成功。（《甘肃日报》1981.8.21.①）

△ 银川南关清真寺重建。该寺位于宁夏回族自治区银川市南关，相传始建于明朝末，“文化大革命”时被毁。（《中国伊斯兰百科全书》P709）

是月～1982年4月 由广西壮族自治区区内外科研院所、大专院校等40家单位114名科技人员组成的广西大瑶山自然资源综合考察队对大瑶山进行多学科综合考察，考察内容包括地貌、地质、水文、土壤、气候、植物区系、植被、林业、综合自然地理等14个专业。根据这次考察成果撰写的14篇考察报告，记述了大瑶山丰富的自然资源并考证其价值。考察中新发现的树种有银杉、长苞铁杉、广东松、福建柏、短叶罗汉松、鸡毛树、红豆杉等10种。此次考察中发现的瑶山鳄蜥，后被列为国家一级保护动物。（《广西通志·大事记》P471）

9月

1日 湖北省恩施地区行署决定，恩施、来凤、鹤峰、巴东县城关镇分别改称施南镇、翔凤镇、容美镇和信陵镇。（《恩施州志》P21）

△ 广东省乳源瑶族自治县采取一系列措施，大力发展少数民族地区的教育事业。措施有：改原附城中学为民族中学，免收瑶族学生的学杂费，给寄宿的瑶族学生每人每月4元伙食补助，免收全县少数民族中、小学生的学费。（《南方日报》1981.9.1.①）

△ 广西壮族自治区南宁市电信局国际用户电报交换机安装调测完毕并与全国接网，用于开放国际用户电报，桂林、柳州、梧州和北海等市可通过南宁开放国际用户电报。（《广西通志·大事记》P472）

△ 中国自己设计并施工的第一座预应力混凝土铁路斜拉桥——湘桂铁路广西壮族自治区来宾县境内的红水河大桥建成通车。全桥总长398米，正桥最大跨度96米，是目前世界上已经建成的同类桥梁中的第四座，1977年动工兴建，投资502万元。（《中华人民共和国大事记（1949～2004）》P656）

△ 藏族古典文学名著——《格萨尔王传》（贵德分章本）由王沂暖、华田译，甘肃人民出版社出版。（《甘肃日报》1981.9.1.①）

△ 据报道，西藏自治区大力恢复和发展氆氇、藏鞋、藏帽、藏刀、民族首饰等手工业生产。目前全区国营和纳入国家计划的集体所有制手工业企业已有60多个，职工近6000人；从事各种手工业生产的农牧区社员3万人。（《新华社新闻稿》1981.9.1）

4日 全国田径冠军赛最近在大连举行。青海省蒙古族运动员罗玉秀获女子3000米冠军。（《青海日报》1981.9.4.①）

5日 据报道，广西壮族自治区龙胜各族自治县在国家的支援下，办起124座小水电站。三中全会以来，建成投产的小水电站的装机容量共7000多千瓦，超过前20年的总和。全县80%的生产队用上电。（《新华社新闻稿》1981.9.6）

6日 新疆维吾尔自治区准噶尔盆地托里县境内探明一中型金矿，阿尔泰山区东部的富蕴、青河2县发现3处含金石英脉，均见到明金。这一发现为阿尔泰山区寻找原生金矿打开新局面。（《新华社新闻稿》1981.9.8）

△ 据报道，西藏自治区荒无人烟的双湖草原（面积8.7万多平方公里），经过西藏牧民的5年努力，建成拥有79.4万多头（只）牲畜的新牧场。（《新华社新闻稿》1981.9.7）

6~17日 四川省暨甘孜藏族自治州首届业余藏戏调演在巴塘县举行，甘孜州部分县及阿坝州部分代表350人演出藏戏12台。（《四川日报》1981.9.28.①）

7日 内蒙古自治区蒙古语标准音推广工作会议在赤峰举行。会议讨论和修改了《关于全区推广蒙古语标准音的几点意见》和《关于推广蒙古语标准音的宣传要点》。会议确定以中部方言为我国蒙古语的基础方言，以正蓝旗为代表的察哈尔土语为标准音，以拉丁字母为基础的蒙古语音标方案。（《内蒙古日报》1981.9.7.①）

7~16日 青海省伊协首届代表会议在西宁举行。会议听取白玉祥作的筹委工作报告，讨论通过伊协章程，选出马明基为省伊协主任，马文奎、白玉祥等7人为副主任。（《青海日报》1981.9.8.①，9.17.①）

8日 据报道，西藏自治区日土县平均每人分配收入488.47元，名列全国之首。（《西藏日报》1981.9.8.①）

10日 云南省红河哈尼族彝族自治州文联、文教局和民间文学工作者挖掘、整理出哈尼族、彝族史诗《哈尼先祖过江来》、《十二奴局》、《彝族叙事诗》、《力芝与索布》等民族民间文学。（《云南日报》1981.9.10.③）

△ 甘肃省政府批准成立临夏回族自治州民族学校。（《临夏回族自治州志》上册P66）

11日 广西壮族自治区党委召开全区思想战线问题座谈会，研究改变思想战线领导的涣散软弱状态。会议认为，当前理论界、文艺界和新闻出版界不同程度存在脱离社会主义轨道，脱离党的领导，搞资产阶级自由化倾向。要求思想战线认真学习中共十一届六中全会文件，对理论、文艺、新闻出版界工作进行一次检查，总结经验教训，开展正常的文艺批评，恢复和建立行之有效的出版审批制度。（《广西通志·大事记》P472）

11~26日 宁夏回族自治区境内黄河发生特大洪水，17日前后青铜峡段实测最大流量6040立方米/秒，近20万军民参加抗洪。26日，中共中央、国务院、中央军委致电宁夏、青海、甘肃、内蒙古4省区领导机关，祝贺防洪抗险取得决定性胜利。10月15日，自治区举行抗洪胜利表彰大会。（《中共宁夏党史大事记（1925.8~1988.6）》P521）

14日 内蒙古自治区乌海市老石旦煤矿东侧居民区发现一座匈奴墓，为研究鄂尔多斯青铜器和匈奴文化的分布范围等问题提供重要依据。（《内蒙古日报》1981.9.14.③）

15日 西双版纳风情摄影作品展览在北京展出，共展出云南省23位专业、业余摄影

工作者的作品51幅。（《云南日报》1981.9.16.①）

17日 贵州省举办的“苗岭之声”音乐节结束，苗、侗、彝、回、水、布依、仡佬、汉等民族的近千名专业和业余文艺爱好者参加演出。（《新华社新闻稿》1981.9.18）

17~23日 湖南省民族贸易和民族用品生产工作会议在长沙召开。会议要求从民族地区实际出发，继续放宽政策，大力发展民族贸易和民族用品生产，坚持对民族贸易实行自有资金、利润留成、价外运费补贴的“三项照顾”政策。（《湖南日报》1981.9.29.①）

△ 中科院和宁夏回族自治区党委、人民政府在银川联合举行农业现代化基地县工作会议。中科院在宁夏固原、盐池县，林业部同宁夏联合在西吉县，宁夏在平罗县分别搞现代化基地县试点。这4个县的人口、面积都约占全区的1/3左右。会议提出，搞好4个基地县的建设带动其余地区，改变全区农业生产面貌。（《中共宁夏党史大事记》（1925.8~1988.6）P521）

19日 据报道，党的十一届三中全会以来，新疆民族特需商品供应品种达290多个，地方工业生产的民族商品有的已自给有余，对边境少数民族聚居地区除正常计划供应外，区商业部门还专项增拨大量商品。（《新疆日报》1981.9.19.①）

20日 云南省德宏傣族景颇族自治州第一座农村集镇电影院——瑞丽县弄岛电影院落成。（《德宏州志》综合卷P72）

21日 国务院批复贵州省人民政府，同意撤销兴义地区，设立黔西南布依族瑶族自治州，以原兴义地区的行政区域为黔西南布依族瑶族自治州的行政区域，人民政府驻兴义县；撤销贞丰布依族瑶族自治县，设立贞丰县，以原贞丰布依族瑶族自治县的行政区域为贞丰县的行政区域；撤销望谟布依族瑶族自治县，设立望谟县，以原望谟布依族瑶族自治县的行政区域为望谟县的行政区域；撤销册亨布依族自治县，设立册亨县，以原册亨布依族自治县的行政区域为册亨县的行政区域；撤销安龙布依族瑶族自治县，设立安龙县，以原安龙布依族瑶族自治县的行政区域为安龙县的行政区域。（《国务院公报》1981［21号］P684）

△ 内蒙古自治区人大常委会会议通过《中华人民共和国婚姻法》的补充规定。（《新华社新闻稿》1981.9.29）

21~28日 国家体委和国家民委联合召开全国少数民族体育工作座谈会，就当前少数民族传统体育进行座谈。国务院副总理杨静仁到会讲话，体委主任李梦华、民委副主任杨东生就民族体育和民族工作作报告。（《新华社新闻稿》1981.9.30）

△ 中共青海省海西蒙古族藏族哈萨克族自治州委举行全州农业责任制工作会议。会议交流推行联产责任制的情况和经验，修订“统一经营、联产到劳”、“包产到户、包干到户”两种试行办法，讨论多种经营和落实扩大自留地政策等问题。（《海西蒙古族藏族自治州志》1卷P58）

23日 据统计，内蒙古自治区从事自然科学工作的蒙古族科技人员达1.25万多名，占自治区蒙古族人口的6‰。其中，有50名被授予高级职称，89名获自治区1980年科技成果奖。（《新华社新闻稿》1981.9.25）

24~30日 中国蒙古语文学会1981年年会在青海省西宁举行。年会以蒙古语言文学的理论和实践为中心，讨论了蒙古语文规范化和蒙古语族语言比较研究等问题。年会交流50篇学术论文。（《青海日报》1981.10.3.①）

25日 广西壮族自治区南宁绢纺厂的华锦牌涤麻提花漂色布、柳州空气压缩机厂的环宇牌9立方空气压缩机和桂林腐乳厂的象山牌出口圆枝腐乳3个产品获1981年度国家银质奖。（《广西通志·大事记》P472）

28日 公安部授予吉林延边图们铁路公

安处乘警金正一（朝鲜族）一级英雄模范称号，授予韩昌锡治安英雄模范称号。（《延边朝鲜族自治州志》上P88）

28日~10月11日 29个省（区）和直辖市的50多个民族共631名代表组成的各少数民族参观团在北京参观学习。10月4日，中共中央主席胡耀邦在人民大会堂接见参观团全体成员，并合影留念。（《新华社新闻稿》1981.9.29，10.5，10.9，10.12）

29日 广西壮族自治区开展农业技术承包试点工作。上半年有20个县、60个公社、97个大队、347个生产队、27个组和469家农户，承包面积2.55万亩。参加技术承包人员共329人，实行承包的1.49万亩旱稻产量比合同规定增产14.9%。（《广西通志·大事记》P473）

30日 经国务院批准，甘肃省积石山保安族东乡族撒拉族自治县宣告成立。人大民委、国家民委代表沈遐熙（回族）和省代表团团长吴鸿宾（回族）等到会祝贺。（《甘肃日报》1981.10.3.①）

△ 据报道，近2年的地质普查表明，新疆维吾尔自治区发现的宝石和玉石资源大约有28类50多个品种，首次发现了绿柱石质宝石类中的猫眼海兰宝石和石榴石质宝石类中的绿色钙铝榴石。（《新华社新闻稿》1981.10.1）

是月 第三届世界杯技巧赛在瑞士威诺德举行，广西壮族自治区运动员何继东、梁建坤、林远向、陈铁获男四全能及男四单套第一套冠军，曾建华、印武获女双单套第二套冠军。（《广西通志·大事记》P473）

△ 内蒙古自治区98%以上的社队实行各种形式的生产责任制，其中包产到户的占65%左右。包产到户成为全区农村的普遍要求。（《内蒙古自治区史》P392）

△ “文化大革命”中被撤销的广西民族出版社恢复建制。（《广西日报》1981.10.17.①）

△ 贵州省民委和黔南、黔东南自治州民委在凯里联合召开仫佬族别讨论会，就木佬人的历史、现状、语言、文化和地域等方面的调查研究进行探讨。（《贵州日报》1981.9.24.①）

10月

1日 内蒙古自治区纺织工业公司与日本三井物产株式会社合建的东胜羊绒衫厂投产。（《新华社新闻稿》1981.10.3）

△ 内蒙古自治区鄂伦春自治旗各族群众集会，庆祝自治旗成立30周年。全国人大民委、国家民委代表史筠和以王铎为团长、陈炳宇、赵俞廷为副团长的内蒙古自治区代表团等到会祝贺。（《内蒙古日报》1981.10.2.①）

2日 广西壮族自治区第一座立体电影院——南宁市江南电影院装修竣工。（《广西日报》1981.10.2.①）

△ 贵州省黔南布依族苗族自治州人民政府拨款51万元，扶持边远地区发展轻工手工产品和少数民族特需用品的生产。（《贵州日报》1981.10.2.②）

3日 北京市人民政府批准回民中学列为市属重点中学。宣武区、昌平县人民政府也分别将牛街第二小学和阳坊公社西贡市小学列为区县属重点小学。朝阳、通县、顺义、大兴、密云等区县，恢复和新建7所回民及蒙古族、满族小学。北京市民委是年拨款数万元，资助这些学校添置教学设备。（《光明日报》1981.10.3.①）

△ 据报道，贵州省人民政府决定是年少数民族教育经费拨款1440万元。党的十一届三中全会以来，贵州省恢复和重建省民族学院，在黔东南和黔南各兴建1所民族干校，恢复和兴建各类民族学校160所，其中民族小学100所、民族中学25所、民族师范11所、民族学校24所。（《光明日报》1981.10.3.①）

△ 新疆维吾尔自治区第一家中外合资企业——新疆天山毛纺厂正式投产。该厂是1979年11月由新疆技术引进部门与香港半岛针织有限公司、香港国际棉业有限公司、日本东洋纺系工业株式会社签订合营合同，成立天山毛纺织品有限公司以后开始兴建。（《中国共产党新疆历史大事记（1966.5~1991.12）》下P170）

3~10日 青海省民族语文教育工作座谈会在黄南藏族自治州举行。（《黄南州志》上P52）

4日 中共中央主席胡耀邦，中央书记处书记万里、习仲勋等党和国家领导人接见中央民族学院干训部师生。（《中央民族大学五十年》P197~198）

△ 青藏高原孟达林区的科学考察结束。考察证明，孟达林区汇集了3个地区的植物，有青藏高原的青海云杉、柴果云杉、大果园柏等，秦岭山系的华山松、侧柏、猕猴桃等，华北平原的青杆、辽东栗、毛果旱榆等。经济植物有人参、三七、羌活、贝母等名贵药材与红瑞木等油脂植物等。野生植物分布面广，生长速度快，比青海高原同类植物快2至3倍。这里还有如苏门羚等大量珍稀动物10余种，各种鸟类30余种。所采集到的种子植物达360多种250个属。其中，小叶朴、扁核木、芍药等在青海高原其它地方从未发现。（《新华社新闻稿》1981.10.6）

△ 据统计，宁夏回族自治区地、市委常委中，少数民族干部占45%；地、市人民政府正副市长和正副专员中，少数民族干部占50%；16个县、7个市辖区党委常委中，少数民族干部占22%；县、市辖区人民政府正副县长和正副区长中，少数民族干部占33.3%。（《宁夏日报》1981.10.4.①）

5日 甘肃省人民政府批准临夏回族自治州新设1所民族学校，310名民族干部入学。（《甘肃日报》1981.10.5.①）

△ 青海省循化撒拉族自治县新建的1所撒拉族女子中学开学，50人入学，其中撒拉族30名、藏族14名、回族6名。（《青海日报》1981.10.18.①）

△ 青海省玛沁县新建的第一所民族中学开学，60名少数民族学生入学。（《青海日报》1981.10.22.①）

6日 内蒙古、黑龙江、吉林、辽宁、甘肃、宁夏、新疆、青海八省（区）蒙古语文工作协作小组第三次会议在呼和浩特结束。黑龙江省政协委员、常务委员王铎代表协作小组在会上作题为《进一步贯彻党的民族语文改革，使八省（区）蒙古语文工作更好地开展起来》的讲话。会议就八省（区）蒙古语文工作今后的协作范围、步骤和协作简则进行了讨论，对有关省区的蒙古族中小学蒙语师资的培训、蒙文教材的供应、出版发行和蒙古语文的科研等协作工作作具体安排。（《内蒙古日报》1981.10.6.①）

6~16日 西藏自治区文学艺术工作者首次代表大会在拉萨举行。会议宣告西藏自治区文联成立。自治区党委第一书记阴法唐到会讲话，号召文艺工作者努力为农牧民服务，为建设团结、富裕、文明的社会主义新西藏服务。会议通过自治区首次文代会决议，选举德格·格桑旺堆（藏族）、夏川为区文联名誉主席，才旦卓玛（女，藏族）为主席，拉巴平措（藏族）等6人为副主席。同时，中国作家、民间文艺家、曲艺家、音乐舞蹈家、美术摄影家协会西藏分会分别成立，有会员300多人，办有藏汉文刊物《西藏文艺》、《西藏文学》、《邦锦花》、《西藏歌舞》等。（《西藏日报》1981.10.7.①，10.17.①；《当代中国的西藏》下P369）

7日 《周恩来选集》（上卷）以蒙古、藏、维吾尔、朝鲜、哈萨克民族文字出版发行。（《新华社新闻稿》1981.10.8）

△ 我国首次民族艺术教育工作座谈会在

京结束。会议总结建国以来发展民族艺术教育事业和培养少数民族艺术人才的经验，研究当前民族艺术教育工作中的问题，讨论在新的历史时期如何贯彻党的民族政策，进一步发展民族艺术教育事业的措施。（《新华社新闻稿》1981.10.16）

△ 青海省果洛藏族自治州人大常委会第二次会议审议批准《果洛藏族自治州牧区集市和城镇市场管理暂行办法》。（《果洛藏族自治州志》上P47）

△ 据报道，宁夏回族自治区人民银行和农业银行决定，从今年7月1日起，对从事生产民族用品的企业和民族贸易的企业优先提供贷款，并实行低息优惠。（《宁夏日报》1981.10.7.①）

9日 湖南衡阳医学院创办少数民族班，首届来自8个县的25名少数民族新生入学。（《湖南日报》1981.10.9.①）

12日 据报道，建国以来，我国培养1.5万名少数民族艺术人才，其中7000多人受过艺术院校的正规教育。全国5个自治区和少数民族人口较多的省份均建有艺术院校。北京电影学院培养了一批维吾尔、哈萨克、蒙古、苗、藏、朝鲜、回、白、满、锡伯等少数民族的导演、表演、摄影、美工及发行、放映等人才。（《新华社新闻稿》1981.10.13）

13日 宁夏回族自治区人民政府在贯彻执行中共中央、国务院《关于保护森林发展林业若干问题的决定》的有关规定中明确指出，山区和沙荒地区每户可划给0.2~0.33公顷宜林荒山荒地，不论采取哪种形式的责任制，都不得撤销、拆散、削弱社队办林场、专业队和苗圃。在3个天然林区内，所有“吊庄”、农场、牧场、药场一律限期撤出。停耕退牧还林，人工幼林、封山封沙育林育草区和天然毛条、柠条、花棒等种子基地，现有羊群、畜群一律撤出，林区木材市场一律关闭。（《当代宁夏史通鉴》P255~256）

13~19日 西北五省（区）伊斯兰教学术讨论会在兰州召开，与会代表150人，提交论文65篇。会议听取中国科学院民族研究所所长牙含章作的关于民族宗教问题的学术报告。会后编辑出版《伊斯兰教在中国》。（《中国伊斯兰百科全书》P600；《甘肃日报》1981.10.14.①，10.20.①）

14日 据报道，党的十一届三中全会以后，内蒙古自治区人民政府拨给莫力达瓦达斡尔族自治旗少数民族饲养的近千头乳牛已发展到1.45万头，比历史最高水平增加5000头，基本达到户均乳牛1头。（《内蒙古日报》1981.10.14.①）

15日 由国家和地方投资，在黑龙江省爱辉县鄂伦春族新生公社建设的一所少数民族文化站落成。（《黑龙江日报》1981.10.15.①）

△ 傣族文学学术讨论会最近在昆明召开。会议收到学术论文64篇，就傣族文学的起源、分期、发展规律，与国内其他民族文学的关系，与佛教文学的关系，与印度和东南亚诸国文学的关系，傣族叙事长诗繁荣的原因和如何继承、发扬优良传统，繁荣傣族社会主义文学等问题进行了讨论。（《云南日报》1981.10.15.③）

15日~12月19日 由文化部民族文化司举办的广东省少数民族声乐舞蹈训练班在海南黎族苗族自治州通什镇举行，全省黎、苗、瑶、壮专业歌唱演员和舞蹈演员57人参加为期两个半月的训练。（《南方日报》1981.12.20.①）

16日 广西壮族自治区崇左驮芦左江大桥建成通车。该桥为预应力简支梁公路桥，全长253.8米。（《广西通志·大事记》P473）

△ 四川省凉山彝族自治州发现一个原岩盐体，氯化钠含量达75%以上。（《新华社新闻稿》1981.10.18）

△ 贵州省人民政府作出加强少数民族和

边远不发达地区卫生事业建设的决定，在各卫校增设民族医士班，苗、布依、水、侗等民族的210名学员，分别进入都匀、兴义、毕节、铜仁、六盘水5所卫校学习。（《贵州日报》1981.10.16.①）

16～19日 西北五省区在银川召开防治地方甲状腺肿、克汀病科研协作会议，探讨进一步搞好地方性甲状腺肿和克汀病的防治、早日控制和消灭问题。会上宣读论文16篇。（《宁夏日报》1981.10.20.①）

18日 全国少数民族用品生产供应会议结束。会议主要检查各地贯彻落实全国民族贸易和民族用品生产工作会议情况，安排民族用品的生产和衔接产销计划。（《云南日报》1981.10.19.①）

△ 黑龙江省少数民族美术展览在哈尔滨开幕，共展出作品120件。（《黑龙江日报》1981.10.18.①）

△ 据报道，云南省人民政府上年决定兴建的40所寄宿制民族中小学，34所开始招生。其中，19所寄宿制民族中学已有16所招生，21所寄宿制民族小学已有18所招生。（《云南日报》1981.10.18.①）

18日～11月5日 以内蒙古自治区政府主席孔飞为团长、国家民委副主任江平为副团长，由蒙古、藏、维吾尔、回、壮5个少数民族代表组成的中国少数民族畜牧业代表团访问澳大利亚。（《新华社新闻稿》1981.11.6）

19日 党的十一届三中全会以来，云南省德宏傣族景颇族自治州有4800多名少数民族干部经过培训，其中844名达到相当于技术员和高于技术员的水平。（《新华社新闻稿》1981.10.20）

20日 据报道，西藏自治区地质部门最近勘测查明西藏境内共有温泉600余处，其中低于当地沸点（西藏地区沸点为摄氏85度）的570余处，高于当地沸点的30余处。西藏地热资源储量居全国之首。（《新华社新闻稿》1981.10.22）

△ 广西壮族自治区柳州冶炼厂年产粗锡3200吨的炼锡反射炉建成投产。（《广西通志·大事记》P473）

20～26日 云南省民族理论研究学会成立大会暨云南省第二次民族理论学术讨论会在昆明召开。会议着重探讨了发展民族地区经济与四化建设的关系问题，以及社会主义时期民族问题的实质与民族关系、民族教育和民族宗教等问题。会议通过《云南民族理论研究学会会章》，选举产生理事会。王连芳（回族）当选为名誉会长，李铁（彝族）为会长，刀育才（傣族）、石有才（景颇族）、王正芳（哈尼族）等为副会长。（《云南日报》1981.12.27.①）

20～31日 新疆维吾尔自治区摔跤队在全国摔跤冠军赛中获6金2银5铜，其中哈力（哈萨克族）、努尔拉（哈萨克族）、索里地肯（哈萨克族）、马木尔别克（哈萨克族）、艾尼瓦尔、卡哈尔获冠军。（《新疆通志·体育志》83卷P54）

20日～12月15日 黑龙江省在双城举办首期满语学习班。北京、辽宁、吉林、黑龙江等省、市的大专院校教师、社科院学者、专家以及图书档案、文物考古、地名地志工作人员共60余人参加为期2个月的学习。（《黑龙江日报》1981.10.21.①，12.17.①）

21日 据报道，前往西藏进行喜马拉雅地质联合考察的中法科学家经分析认为，中部地壳浅层有3个低阻层，可能就是热田3个不同深度的储热量。这一发现为西藏寻找地热和其他矿藏资源提供了线索。（《新华社新闻稿》1981.10.21）

△ 湖南省人大常委会五届十一次会议举行，讨论通过省人大民委副主任车大光《关于我省民族工作的汇报》。（《湖南日报》1981.10.22.①）

△ 西藏自治区桑嘎古都寺发现大量吐蕃

时期的古藏文手抄本佛经和文献。这对研究藏文文学和藏文文法产生的过程、时间和原因等提供了新的实物依据。（《新华社新闻稿》1981.10.23）

21～27日 甘肃省甘南藏族自治州人大八届三次会议举行，讨论通过《甘南藏族自治州自治条例》。（《甘南州志》上P136）

22日 据报道，新疆维吾尔自治区各族农牧民的自留畜发展到1000多万头，占全区牲畜总头数的1/3。（《新华社新闻稿》1981.10.24）

23日 青海省五屯藏族民间绘画、彩塑艺术展览在民族文化宫展出。（《新华社新闻稿》1981.10.25）

△《突厥语大词典》第一卷现代维吾尔文译本问世，这是发掘整理少数民族历史文化遗产的又一重大成果。（《中国共产党新疆历史大事记（1966.5～1991.12）》下P173）

24日 青海省首次民族语言文字教学工作座谈会历时5天结束。会议总结交流民族语文教学工作经验，省教育厅副厅长扎西东周作总结报告。（《青海日报》1981.10.24.①）

25日 广西农学院张先程科研小组对杂交水稻“三系”（不育系、保持系、恢复系）提纯复壮简化程序、缩短周期研究获得成功。（《广西通志·大事记》P473）

△ 西藏自治区人民政府发布加强文物保护的布告。（《当代中国的西藏》下P601）

△《新疆日报》报道，中科院新疆分院于1980年5月、11月和1981年5月，3次深入罗布泊洼地进行地质、地貌、土壤、植物、动物、化学和历史地理等多学科综合考察，直接参加考察的有110多人次，历时近6个月。罗布泊综合科学考察在国际上引起很大反响，新华社把它列为新疆1981年五大科技成就之一。（《新疆通志·科学技术志》72卷上P75）

26日 云南民族学院20多个民族的师生员工集会，庆祝建校30周年。国家民委、中央民族学院等单位代表、省党政负责人安平生等到会祝贺。云南民院30年来为本省23个民族培养政治干部和专业人才1.2万多名。（《云南日报》1981.10.27.①③）

△ 西藏自治区党委发出《关于全面贯彻党的宗教信仰自由政策和加强对宗教活动管理的意见》。《意见》提出3个方面的问题：一、全面正确地贯彻执行宗教信仰自由政策。其中，对尊重和保护正常宗教活动、保护历史文物、解决宗教活动场所、维修寺庙、给予宗教人员职称等作规定。二、加强对宗教活动的管理。其中，对应劝阻的、应禁止的、应依法打击的作出规定。三、加强对宗教工作的领导。各级党委要认识宗教工作是一项非常复杂的政策性很强的工作，应列入议事日程，认真研究，加强领导。（《中国共产党西藏历史大事记（1949～2004）》P361）

27日～11月1日 云南省人大常委会五届十次会议举行，讨论省民委副主任王连芳《关于我省民族工作情况和今后意见的报告》，通过关于加强民族工作的决议，批准任命名单。（《云南日报》1981.11.2.①，11.4.①）

28日 中国政府与世界粮食计划署签订宁夏西吉县的防护林工程——“西吉防护林工程”（简称“2605”项目）协议，总费用2348.95万美元；世界粮食计划署援助小麦价值1891.32万美元，中国政府承担援粮在国内运输所需的各种费用，苗木种子、补助费及劳务、技术、行政管理等各项服务共457.63万美元；要求1982～1986年通过种植树木、牧草来控制侵蚀和促进发展，规定种树4.3万公顷、种牧草4.55万公顷。（《当代宁夏史通鉴》P33、246）

△ 广西壮族自治区党委、自治区人民政府印发《广西壮族自治区农村生产队统一经营联产承包责任制试行办法》和《广西壮族自治区农村生产队统一管理包干到户责任制试行办

法》。这种责任制是社会主义性质的，其特点是生产队把耕地承包到户耕作，把牲畜、农具固定到户管理使用；在分配上，上交国家任务和集体提留后剩下的全是农户自己的。随后，各级党委、政府抽调5万多名干部组成工作队，深入农村帮助建立、落实、稳定和完善责任制。（《广西通志·大事记》P473～474）

29日 青海省果洛藏族自治州人大常委会七届二次会议审议批准《果洛藏族自治州城镇公共卫生管理条例》。（《果洛藏族自治州志》上P48）

30日 新疆维吾尔自治区喀什市发生少数坏人利用一起刑事案件，煽动不明真相的群众大搞打砸抢，严重破坏民族团结的流血事件。事发后，自治区党委及时分析事件的性质，提出正确区分两类不同性质的矛盾，采取政治解决和思想教育的处理方针，很快平息了事件。（《中国共产党新疆历史大事记（1966.5～1991.12）》下P174）

31日 据报道，我国第一次用蒙古、藏、维吾尔、哈萨克和朝鲜5种少数民族文字分别翻译的《马克思恩格斯选集》、《列宁选集》、《斯大林选集》等著作出版发行。（《新华社新闻稿》1981.11.1）

△ 据报道，广东省海南黎族苗族自治州最近选拔一批少数民族干部任县、社的主要领导职务。全州共8个县，在7个县委的30名正副书记中，少数民族占50%；7名县长和7名县人大常委会主任中，有5名县长和6名人大常委会主任是少数民族。全州有84个公社，担任公社书记的少数民族由原来的26名增至71名。（《南方日报》1981.10.31.①）

是月 西北民族学院将民族研究室扩大并改称民族研究所，下设《格萨尔》研究室。1984年7月，国家民委批准该所改称西北民族研究所，增设安木多藏学研究室、回族伊斯兰教研究室、民族教育研究室、西北少数民族文献资料中心。（《西北民族学院校史》P323、337）

△ 经青海省卫生厅验收，海南藏族自治州贵德县成为全省第一个地方性甲状腺肿控制标准县。（《海南州志》P52）

11月

1日 据《广西日报》报道，广西壮族自治区工业管理体制改革试点——灵山县的改革取得显著经济效果。1980年，15个国营工业企业实现利润比1979年增长65%，是年1月至9月产值和利润又分别比1980年同期增长18.8%和40.9%。（《广西通志·大事记》P474）

△ 据统计，到目前，云南省楚雄彝族自治州共建成小水电站395座，总装机容量1.8万多千瓦，发电量2400多万度；141个公社（镇）已通电，840个大队、8175个生产队用上电灯。（《云南日报》1981.11.1.①）

△ 青海省少数民族美术作品展览在西宁展出，共展出国画、油画等各类作品145件。（《青海日报》1981.11.7.①）

1～9日 四川省阿坝藏族自治州若尔盖县巴西地区兴办全县第一个藏族小学生寄宿班，45名藏族学生入学。若尔盖另兴办第一所公费寄宿制藏文中学，首届60多名新生入学。（《四川日报》1981.11.23.③，11.9.①）

2～9日 新疆维吾尔自治区民族教育工作会议在乌鲁木齐举行。会议确定，当前自治区民族教育工作的主要任务是，集中力量，抓住重点，努力办好全区公社以上的民族小学、县以上的民族中学，适当发展民族高中和具有民族特点的高等学校。（《中国共产党新疆历史大事记（1966.5～1991.12）》下P175）

2～10日 甘肃省委民族工作会议举行，集中研究发展少数民族地区经济和加强民族团结问题。省委代理第一书记冯纪新在会上作题为《加强民族团结，大力发展少数民族地区社

会主义经济文化建设事业》的报告，省委书记、省长李登瀛作会议总结。（《甘肃日报》1981.11.20.①）

3日 国务院批准中央民族学院为全国首批硕士学位授予单位，授予硕士学位的学科、专业有：民族学、语言学、藏缅语族语言文学、蒙古语族语言文学、突厥语族语言文学、侗傣语族语言文学、苗瑶语族语言文学、考古学、中国民族史。西北民族学院藏语言文学专业为首批授予硕士学位专业之一（《中央民族大学五十年》P198，《西北民族学院校史》P323）

△ 中国西南民族研究学会在昆明成立。首届年会讨论民族研究的规划协作项目，组织综合考察队等问题；选举产生学会理事会，马曜（白族）为理事长，多吉才旦（藏族）、向零（侗族）、张景宁、尚理为副理事长。（《云南日报》1981.11.12.①）

△ 青海省果洛藏族自治州第二次科学技术成果奖励大会举行，51项科技成果和81名科技工作者获奖。（《果洛藏族自治州志》上P48，下P935）

5日 全国瑶族文学史讨论会历时半月，在广西金秀瑶族自治县结束。与会者就瑶族文学的相关议题进行探讨。（《广西日报》1981.11.9.①）

△ 据报道，由黑龙江省医药卫生部门16人组成的赴青海省医疗队完成为藏胞防病治病的工作。在青海期间，他们进行有关疫源探索和动物生态等方面考察，对3670多人次进行防病治病知识教育，培训“赤脚医生”，为4100多人进行预防接种或预防投药，为藏胞诊治各种疾病达1860余人次。（《黑龙江日报》1981.11.5.①）

5～11日 宁夏回族自治区伊协二届三次委员（扩大）会在银川举行。会议听取和讨论自治区伊协的工作和今后意见的报告，增选伊协常委，讨论制订《宁夏回族自治区伊斯兰教界人士爱国公约》，通过《致台湾穆斯林同胞的公开信》。自治区党委统战部部长、民委主任苏冰到会就关于贯彻执行党的宗教政策的情况和问题讲话。（《宁夏日报》1981.11.16.①）

6日 据新华社电称，中共中央对内蒙古工作最近作出重要指示，主要内容是：一、肯定内蒙古自治区从本地区的实际情况出发，确定以林牧为主、多种经营的经济建设方针，在发展林牧业和多种经营的基础上，发展工业和其他各项事业。二、要求进一步搞好民族区域自治，调解民族关系，加强民族团结。不论是政治问题还是经济问题，都要处理好“主体”（蒙古族）和“大多数”（汉族）的关系。（《新华社新闻稿》1981.11.7）

△ 云南省政府发出《关于建立自然保护区的通知》，西双版纳傣族自治州自然保护区被列为4个大型重点保护区之一。文山壮族苗族自治州西畴县小桥沟、法斗和马关、麻栗坡两县老君山林区列入省级自然保护区，并派省森林资源调查管理处勘查设计。（《西双版纳傣族自治州志》上P63，《文山壮族苗族自治州志》1卷P64）

7日 国务院批准湖北省成立恩施市，辖区为原施南镇，市、县分设。1982年4月30日举行成立大会。（《恩施州志》P21）

9日 云南省少数民族文学创作获奖作品颁奖会在昆明举行，孙雨亭、刀国栋、张光年等有关领导为白、彝等19个民族获奖作者颁发奖状和奖金。（《云南日报》1981.11.11.①）

△ 西藏自治区太阳能研究所和太阳能学会成立，用专款500万元进行太阳能电围栏、太阳能混凝土养护、太阳能牧畜越冬暖圈和太阳能化雪等项目的研究和试验。（《新华社新闻稿》1981.11.10，《当代中国的西藏》下P349～350）

11日 据报道，据中央有关指示精神，

上海市科技小组与宁夏回族自治区科委及有关研究所达成具体支援项目协议。（《宁夏日报》1981.11.11.①）

11～21日 贵州省县以上民委主任业务会议在安顺举行。会议总结交流全省一年来的民族工作经验，确定以发展繁荣民族经济工作作为本省民族工作的中心任务。（《贵州日报》1981.11.25.①）

12日 广西壮族自治区平桂长营岭钨锡采选工程建成，年产钨精矿4000吨、锡精矿1760多吨、铜精矿170多吨、锌精矿470多吨。（《新华社新闻稿》1981.11.13）

△ 据报道，1980年以来，青海省海北藏族自治州新建和扩建寄宿制中、小学59所，牧区儿童入学率从1975年的24%提高到现在的55.8%。（《青海日报》1981.11.12.①）

13日 据报道，贵州省在38个民族县普查民族文物2000多件，征集文物1000多件，整理文物资料800多万字。（《贵州日报》1981.11.13.①）

△ 据报道，宁夏回族自治区各地、市县是年拨款600万元，为中、小学校修缮危险房屋3300间，面积6.6万多平方米。（《宁夏日报》1981.11.13.①）

14日 据报道，内蒙古自治区最近与北京、天津、河北、山西、上海、江苏、浙江、辽宁、吉林、湖北10个省市商定67项经济联合和技术协作项目。（《新华社新闻稿》1981.11.14）

△ 由中国社科院民族研究所主编的《佤族简明词典》正式出版。（《新华社新闻稿》1981.11.15）

15日 据统计，党的十一届三中全会以来，内蒙古自治区新提拔的自治区直属机关厅局级干部中，少数民族占57.3%；自治区党委正副书记、人大常委会正副主任和人民政府正副主席中，蒙古族等少数民族占50%；自治区党委和政府各部委办厅局级干部中，蒙古族等少数民族占42.2%，其中第一把手占39.5%；各盟市委正副书记中，蒙古族等少数民族占52.6%；12个盟市的盟长、市长，有11名是少数民族干部。莫力达瓦达斡尔族自治旗、鄂伦春自治旗和鄂温克族自治旗的旗委书记、人大常委会主任和旗长都由本民族干部担任。（《内蒙古日报》1981.11.15.①）

△ 报称，云南省110个县中，被选为人大常委会主任、副主任、委员和正副县长的少数民族干部达1000名，占县领导成员总数的41%。其中，已结束选举的17个自治县的人大常委会主任、县长、法院院长共51名，全部由少数民族干部担任。（《云南日报》1981.11.15.①）

△ 西藏自治区人民政府决定，为全区社队集体和社员个人颁发林业所有证。（《新华社新闻稿》1981.11.16）

△ 青海省果洛藏族自治州政府发布《关于果洛州科学技术推广成果奖励试行办法》。（《果洛藏族自治州志》上P48，下P935）

16日 中共青海省海北藏族自治州委关于解决1958年平叛扩大化问题遗留问题的总结报告指出，1958年平叛扩大化中，全州共处理2363人，占总人口数的2.1%。其中，错捕错判1806人，拘留、集训550人，错杀7人。在关押、集训、劳改期间死亡1263人，占捕办人员的53%，经复查给予平反。拨款90万元，用于困难户补助。（《海北藏族自治州志》上P83）

18日 国务院批复云南省人民政府，同意将开远县改设为开远市，开远市由红河哈尼族彝族自治州领导；设立昭通市，以昭通县城关镇及蒙泉、守望、博禄、北闸4个公社的14个大队137个生产队为昭通市的行政区域，昭通市委托昭通地区行政公署领导。（《国务院公报》1981［27号］P899）

20日 由贵州省民委、省作协联合举办的贵州省首次少数民族文学创作（包括民族民间文学搜集整理）授奖大会在贵阳举行。评委会评出69件作品，计有苗、布依、侗、彝、满、水、纳西、回、仡佬9个民族的71人获奖。（《贵州日报》1981.11.24.①）

21日 云南省少数民族美术作品展览在昆明展出，展出全省22个少数民族和苦聪人（拉祜族）作品230余件（幅）。（《云南日报》1981.11.23.①）

23日 据报道，内蒙古建筑科学研究所和内蒙古第一机械制造厂最近联合设计试制成功一种适合牧民居住的半固定房屋，获全国农村住宅设计二等奖。（《新华社新闻稿》1981.11.24）

△ 湖南省通道侗族自治县大力发展少数民族文化，并促成8件好事：县广播站增加侗语广播；恢复侗族人民喜爱的侗戏；恢复侗族传统节日——大雾梁歌会；举办侗文讲习班，培训侗文骨干；准备编写新的《通道县志》；用侗语翻译了16部电影对白；维修、保护侗族文物；培训少数民族教师303人。（《湖南日报》1981.11.23.①）

24日 据报道，自1979年上海市34家工厂企业同宁夏回族自治区的31家工厂企业建立对口支援关系以来，先后为宁夏培训技术工人360多名，代培技校学生200名，支援各种设备67台（件），还组织纺织、轻工、手工等系统的工程技术人员分批到宁夏对口企业进行现场指导。（《新华社新闻稿》1981.11.24）

△ 国务院批复国家能源委、国家计委《关于红水河综合利用规划审查会议的报告》。《报告》提出开发红水河的方针是，即以发电为主，兼顾防洪、航运、灌溉、水产等综合效益。国务院批复，同意将红水河水力资源开发列入国家“六五”计划长远规划，有计划、有步骤地进行开发。（《广西通志·大事记》P474）

△ 云南省金平县拉祜族聚居的山区兴办1所寄宿制民族小学。（《云南日报》1981.11.24.③）

25日 据报道，党的十一届三中全会以来，我国5个自治区的政府和人大常委会主要负责人均由实行自治的民族干部担任。（《人民日报》1981.11.25.③）

△ 据报道，内蒙古自治区首批出国进修的18名留学生陆续抵达美国，其中少数民族学员8名、女学员4名。（《内蒙古日报》1981.11.25.①）

26日～12月2日 宁夏社会科学联合会举行成立大会，自治区党委副书记申效曾当选为主席。1日，宁夏首次社会科学论著颁奖仪式举行，62篇论著获奖。（《中共宁夏党史大事记（1925.8～1988.6）》P523）

29日 全国人大五届四次会议预备会议增补平措汪阶（藏族）为全国人大民委副主任委员，阿米（蒙古族）、金学文（景颇族）为委员。（《新华社新闻稿》1981.11.30）

△ 据报道，西藏自治区卫生部门为发掘传统藏医藏药、培养藏医人才，在6所地区医院和74所县医院设立藏医科，招录70名藏医到县以上医院工作，对一些名老藏医授予主任医师等职称，并抽调老藏医建立藏医研究所，从事藏医药的资料整理和研究工作。（《新华社新闻稿》1981.12.1）

是月 中国现代斜视鼻祖、全国著名眼科专家、原天津眼科医院院长赫雨时（满族）逝世，终年59岁。赫教授1963年出版《临床眼肌学》（上海科学技术出版社出版），为我国第一部关于斜视与双眼视的专著。（《中国少数民族专家学者辞典》P1189）

△ 全国第二次麻风病防治工作会议举行，云南省文山壮族苗族自治州砚山县皮肤病防治站被评为全国63个先进集体之一，获国家卫生部“麻风病防治工作先进单位”称号。（《文山壮族苗族自治州志》1卷P64）

12月

1日 广西壮族自治区维尼纶厂在宜山建成试车，设计能力为年产1万吨维尼纶丝，可织布约9533万米。（《广西日报》1981.12.1.①）

1~3日 新疆维吾尔自治区博尔塔拉蒙古自治州第一次蒙古语文工作会议举行。（《博尔塔拉蒙古自治州志》P59）

3日 中共中央、国务院、中央军委作出《关于恢复新疆生产建设兵团的决定》。（《中国共产党新疆历史大事记（1966.5~1991.12）》下P169）

△ 经文化部批准，中国电影发行放映公司拨款购买1万台8.75毫米电影放映机，免费供给少数民族地区。（《新华社新闻稿》1981.12.4）

3~8日 中国少数民族经济研究会成立大会暨首届年会在北京召开。参加大会的有国家民委、全国人大民委、中国社会科学院等中央有关单位，全国经济学团体联合会、中国民族研究会以及来自17个省市自治区、7个自治州的民族工作部门、民族院校和有关科研机构的代表，13个民族共124人。年会讨论了发展少数民族地区的生产和改善少数民族人民物质和文化生活的问题，选举了研究会的领导机构。邓力群、于光远、杨东生（藏族）等7人为顾问，张养吾为会长，刘三源、罗炳正等为副会长。（《新华社新闻稿》1981.12.4，12.9；《中央民族大学五十年》P198）

4日 四川省盐边县兴办一所民族中学，首届45名少数民族学生入学。（《四川日报》1981.12.4.①）

△ 四川省人民政府在成都召开全省民族贸易和民族用品生产工作会议，总结交流经验，讨论进一步发展少数民族地区商品经济，扩大商品流通，增进民族团结。会议要求大力发展民族用品生产，从民族地区人民的需要出发，搞好商品生产和供应工作。（《四川日报》1981.12.4.①）

5日 据报道，内蒙古自治区陈巴尔虎旗西乌株尔公社第三生产队蒙古族牧民乌力吉承包的马群获特大丰收，是年总收入4.35万多元，平均每人收入5437元，由过去的贫困户，一跃而为全盟的"冒尖户"。（《新华社新闻稿》1981.12.5）

△ 广西壮族自治区轻工研究所和南宁有机化工厂共同协作，利用木薯片制成梨醇成功。（《新华社新闻稿》1981.12.7）

5~11日 辽宁省民族教育、民族语文工作会议在沈阳召开，会议交流民族教育、民族语文的工作经验，讨论今后工作。（《辽宁日报》1981.12.12.①）

8日 中央人民广播电台报道，国务院已批准把整治西江列入国家计划，重点放在中下游的广西南宁至广州段。第一期工程主要是建设广西桂平航运阶梯，整治东平水道，建设桂县港和扩建广州港。（《广西通志·大事记》P475）

9日 广西壮族自治区劳动就业会议在南宁召开。会议指出，广西3年来共安置38万人就业，其中通过集体、个体经济安置17万人，到是年底还有12万待业人员要转到1982年安置。今后解决城镇劳动就业的根本途径是发展种养业、传统性工艺、手工业以及与人民生活有密切关系的消费品生产、商业、服务行业等。（《广西通志·大事记》P475）

△ 据报道，青海省藏族、蒙古族等少数民族地区农村建立6个设有图书室、电视室、游艺室、影剧院等文化中心。（《新华社新闻稿》1981.12.10）

10日 辽宁省民族语文先进工作者表彰大会在沈阳举行，表彰蒙古族、朝鲜族中小学教师和从事其他民族语文工作的先进工作者47名。（《辽宁日报》1981.12.11.①）

10~16日 内蒙古自治区达斡尔历史语

言文学学会在呼和浩特召开首届年会。大会交流论文20篇，总结学会成立以来学术活动的成绩和经验，讨论今后的科研任务。（《内蒙古日报》1981.12.24.①）

11日 全国人大民委五届三次会议举行。会议讨论全国人大常委会副委员长阿沛·阿旺晋美的工作报告，总结一年来的工作，确定抓好民族立法工作的任务。（《新华社新闻稿》1981.12.12）

12日 国家投资为青海省果洛藏族自治州兴建一座机械化优良牧草草籽繁殖场，拥有1.5万亩耕地，各种牧业机械60多台。（《青海日报》1981.12.12.①）

14日 以奥尔特·卡特为组长的澳大利亚发展援助局林业考察组就援助广西壮族自治区扶绥东门林场速生桉树示范林项目在北京签署"备忘录"，澳方投入资金682万澳元（折665万美元），发展种植面积1400公顷。该项目1982年开始实施，由澳方派常驻及短期专家指导。到1985年，营林面积达618.3公顷，并从引进品种中选育良种6个在全区推广。（《广西通志·大事记》P475）

15日 广西壮族自治区桂林化工厂与江苏南京林产工业学院合作研制成功松香胺。（《广西通志·大事记》P464）

△ 云南省组成医疗、教育、文化、科技和财经5个民族工作队，共239人，分赴武定、禄劝、富民、陇川、盈江、澜沧、福贡县，帮助各族人民发展经济和文化。25日，省委又派出5个民族工作队和2个医疗队分赴边疆民族地区，宣传和落实民族政策、宗教政策、经济政策，落实生产责任制，发展商品生产，健全和发展党、团组织，开展医疗卫生、文化教育和救济贫困工作。（《新华社新闻稿》1981.12.26，《云南日报》1981.12.16.①）

△ 西藏自治区人民政府决定对阿里地区实行更加放宽的政策帮助其发展。这些政策是：1980年至1985年免征阿里地区农业税；1985年以后，在阿里地区将实行轻税政策；自留地、自留畜的比例可略高于其它地区；在国营商业的指导下，阿里地区可以发展集体与个体商业，发展边民小贸易和发展民办公助的民间交通；推广包产到户、包干到户的生产责任制。（《新华社新闻稿》1981.12.17）

20日 据统计，新疆维吾尔自治区牧区现有电影放映队2100多个，平均每个公社有3.5个放映队。（《新华社新闻稿》1981.12.21）

21日 据报道，内蒙古自治区昭乌达盟进行大规模的防氟改水工作。自1974年以来共拨资金700多万元，在11个县打防氟深井700多眼，建设引水、改水工程45处，使全盟高氟区20万余群众喝上正常水。（《新华社新闻稿》1981.12.21）

△ 湖南省少数民族特需商品生产供应工作会议在湘西土家族苗族自治州凤凰县召开。（《湘西州志》上P79）

21～26日 四川省人大常委会十三次会议举行，听取省民委副主任孙自强关于省民族工作情况的汇报，甘孜藏族自治州人大常委会主任罗通达关于甘孜州实行《中华人民共和国婚姻法》补充规定的说明，并通过有关决议。（《四川日报》1981.12.22.①，12.23.①，12.25.①，12.27.①）

21～26日 西藏自治区三届人大常委会第十二次会议举行。会议通过《关于在本区开展全民义务植树运动的决议》。（《西藏日报》1981.12.27.①）

22日 广西壮族自治区人民政府召开进出口工作会议，对广西1982年外贸工作提出如下意见：扶持生产，扩大货源，1982年外贸计划按10%左右的增长速度安排；大胆而谨慎地利用外资，积极引进技术；大力发展来料加工成品出口；积极改革外贸体制。经国务院批准，自1982年起广西外贸将开始试行自营出口、自负盈亏。1981年度广西外贸创历史最高水平，收入约为4亿美元。（《广西通

志·大事记》P475）

△ 《广西文学》编辑部等6个部门倡议召开的邕江诗会在南宁举行，广西壮族自治区的壮、苗、瑶、侗、彝、仫佬、回等民族的诗人、歌手、业余作者90多人参加。（《广西日报》1981.12.24.①）

△ 西藏羊八井地热试验电站建成发电，每天给拉萨供电2000千瓦以上。（《西藏日报》1981.12.30.①）

△ 据报道，甘肃省最近在兰州召开民族学、宗教学学会年会。会议就喇嘛教和伊斯兰教等问题进行讨论，交流论文、资料近40篇，就民族关系、蒙古族史、东乡族史、保安族史、回族史、藏族史、维吾尔族史等问题进行讨论。（《甘肃日报》1981.12.22.①）

23～27日 内蒙古自治区人大常委会五届十次会议举行。会议听取和审议旺新《关于自治区旗县级直接选举工作报告》，通过关于1982年3月召开自治区人大五届四次会议的决定和关于自治区县级直接选举工作报告的决议。（《内蒙古日报》1981.12.28.①）

23～28日 广西壮族自治区科协第一次代表大会在南宁举行。大会提出科协工作的5项任务，包括积极开展学术活动，开展科学技术普及工作和丰富多彩的青少年科技活动，重视开发智力资源等。大会制定《〈中国科学技术协会章程〉广西壮族自治区实施细则》和《〈中国科学技术协会自然科学专门学会组织细则〉广西壮族自治区实施条例》。大会选举产生自治区科协第一届委员会，叶馥荪当选科协主席。（《广西通志·大事记》P475）

24日 广西壮族自治区灵川钢铁厂大量含氰剧毒污水外溢，漓江7公里长河段受到污染。（《广西通志·大事记》P475）

△ 西藏自治区人民政府批转自治区教育厅《关于我区中、小学教育调整的报告》。《报告》提出调整的原则：从西藏实际出发，按教育规律办学，继承和发展民族文化，加强藏语文学习，重视用民族语言教学，以公办为主、民办为辅，把需要与可能科学地结合起来，集中人、财、物，抓好重点地区和办好重点学校。《报告》对区（县辖区）办小学、县办完小、城镇小学、社队民办小学、普通中学、重点中小学的调整提出具体意见，并提出教师考核、校舍和教学设备、学校管理、助学金标准、学生住校等方面的调整措施。（《中国共产党西藏历史大事记（1949～2004）》P364）

25日 据报道，贵州省民委最近组织工作组深入关岭县仫佬族聚居的龙江、文山、鸡场和上关等地，搜集整理仡佬族语言、词句共3400多条。（《贵州日报》1981.12.25.③）

△ 四川省民族研究会在成都举行第二届年会，讨论本省少数民族地区人口和经济问题。（《四川日报》1982.1.10.①）

26日 内蒙古自治区包头棉纺织厂印花车间第一台版印花工程竣工投产，结束内蒙古不能生产花布的历史。（《新华社新闻稿》1981.12.27）

△ 广西壮族自治区枝城至柳州铁路全线铺通，全长885公里。（《新华社新闻稿》1981.12.27）

27日 广西壮族自治区科委在南宁举行1981年全区优秀科研成果颁奖大会，获区科委奖励的科研成果共139项。（《广西日报》1981.12.28.①）

28日 云南省西部的阿佤山区发现一个富锡矿床，这一发现对繁荣边疆民族经济及研究我国西部地区锡矿的地质特征和成矿规律具有重要价值。（《新华社新闻稿》1981.12.30）

28～30日 贵州省人大民委首次会议举行，确定民族立法工作为当前的主要任务，并安排1982年上半年的工作。（《贵州日报》1981.12.31.①）

28日～1982年1月6日 甘肃省人大五届四次会议举行，省长李登瀛作政府工作报告。报告指出，要求对少数民族地区的计划生育工作要区别对待，不搞“一刀切”；要求继续贯彻民族区域自治政策，切实保障民族自治地方政府充分行使自治权；加强民族之间、宗教内部、门宦之间的团结，尊重少数民族的风俗习惯和宗教信仰。（《甘肃日报》1982.1.7.①）

30日 内蒙古农牧学院兽医系副教授罗家铸等研究的“干扰素诱导剂”在应用上初获成功，为我国采用“干扰素诱导剂”治疗家畜病毒性疫病，提供宝贵经验。（《内蒙古日报》1981.12.30.③）

△ 内蒙古文学创作评奖会评出获奖作品204篇（部），其中用蒙古文创作的占40%，蒙古、满、回、达斡尔、鄂温克等少数民族获奖作者占53%。（《新华社新闻稿》1981.12.31）

△ 新疆维吾尔自治区党委批转自治区少数民族用品生产供应领导小组《关于大力恢复和发展自治区民族贸易和民族用品生产问题的纪要》并发出通知。通知指出，发展民族贸易不仅是经济工作，而且是重大的政治问题。发展民族贸易和民族用品生产对促进新疆经济发展，改善少数民族人民的生活，增强民族团结，巩固边防都有重要意义。（《中国共产党新疆历史大事记（1966.5~1991.12）》下P177~178）

31日 据统计，我国10所民族学院（中央民族学院、西北民族学院、中南民族学院、西南民族学院、贵州民族学院、云南民族学院、广东民族学院、广西民族学院、青海民族学院、湖北民族学院）自成立以来，培养出56个民族成分的毕业生10万多名，为解放初全国少数民族干部的10倍。（《新华社新闻稿》1982.1.1）

△ 据报道，云南省金平县顶青公社六六新寨拉祜族姬老三一家，承包集体耕地产粮超万斤，交售国家粮食3020斤，成为拉祜族第一个“冒尖户”。（《新华社新闻稿》1981.12.31）

31日~1982年1月9日 云南省五届人大四次会议在昆明举行。会议听取和讨论通过《政府工作报告》。报告中要求加快边疆、民族地区和高寒贫瘠山区的经济发展，做好7个方面的工作：制定正确的生产方针，积极发展边疆、民族地区的工业，研究制定更切合实际的政策措施，加强科学技术支援，改善交通运输条件，加强商业工作，管好用好国家帮助的资金。（《云南日报》1982.1.11.③）

是月 四川省甘孜藏族自治州森林病虫普查队完成全州森林病虫普查工作，汇编《四川省甘孜州森林病虫普查资料》。（《甘孜州志》上P82）

△ 中国伊斯兰教古墓群——临夏大拱北再建。该墓群以中国苏非主义戛迪林耶门宦创始人祁静一（1656~1719年）陵墓为中心，始建于清康熙五十九年（1720年），初称祁家拱北，位于甘肃省临夏回族自治州临夏市红园路。（《中国伊斯兰百科全书》P315~316）

△ 宁夏回族自治区第一座毛精纺厂——银川第二毛纺厂建成投产，产精纺呢绒120万米。（《新华社新闻稿》1982.1.16）

1982年

1月

1日 全国少数民族美术作品展览在民族文化宫展出，共展出作品376件。2月20日展览评奖发奖大会在民族文化宫举行，全国人大常委会副委员长班禅额尔德尼·确吉坚赞、国家民委主任杨静仁、全国政协副主席刘澜涛等发奖，中国社会科学院副院长周扬到会讲话。（《新华社新闻稿》1982.1.2，《新华社新闻稿》1982.2.21）

△ 以销售少数民族特需品为主的中国民族友谊商店在北京民族文化宫开业。（《新华社新闻稿》1982.1.1）

△ 根据国务院有关文件精神，西藏自治区民族贸易企业实行贷款优惠利率，年利率由7.2%降低为3.96%。（《新华社新闻稿》1982.4.18）

2日 西藏自治区电视转播台开始播放中央电视台录像节目。（《当代中国的西藏》下P602）

3日 是日报道，云南省首次少数民族体育工作座谈会最近在昆明举行。会议回顾本省开展民族体育工作的情况，讨论贯彻全国少数民族体育工作的方针和发展本省民族体育事业的重要性，提出发展本省民族体育事业的具体措施。（《云南日报》1982.1.3.④）

△ 据《新疆日报》报道，新疆维吾尔自治区有3所高等院校的11个学科、专业被国务院批准为有权授予硕士学位的单位。这些单位是：新疆大学维吾尔族、哈萨克族语言文学和基础数学专业，新疆工学院矿产普查及勘探专业，新疆医学院生理学、病理生理学、内科学（心血管、呼吸道专业）、外科学（普通外科、胸外科、神经外科、泌尿外科专业）。（《中国共产党新疆历史大事记（1966.5~1991.12）》下P178~179）

4日 是日报道，内蒙古自治区最近召开全区民族贸易民族用品生产工作会议，强调按计划优先安排民族特需品的生产和供应工作，以满足蒙古族和其它少数民族生产和生活的需要。目前，全区生产的民族特需用品已恢复和发展到150种以上，专、兼营民族用品的厂、社已发展到130来个。（《内蒙古日报》1982.1.4.①）

5日 经国务院批准，广西壮族自治区恢复中断33年的梧州至香港、澳门的国轮直达客运业务。这是解放以来广西首次恢复开通至港澳地区的客运业务，梧州水运离香港438公里。（《广西通志·大事记》P475）

6日 我国第一部达斡尔族电影《傲蕾·一兰》由内蒙古呼盟电影公司译成达斡尔语对白。（《新华社新闻稿》1982.1.17）

△ 重建后的贵州民族学院举行首届毕业典礼，苗、布依、侗、彝、水、回、满、黎、汉等民族的85名本科毕业生毕业。（《贵州日报》1982.1.7.①）

△ 云南省人大民委五届三次会议举行。会议传达全国人大五届三次会议精神，讨论通过省人大民委主任张子斋的工作报告和省民委副主任李铣的省民委工作报告，确定今后的工作任务。（《云南日报》1982.1.7.①）

8日 据统计，党的十一届三中全会以来，内蒙古自治区为1500多名蒙医、蒙药人员平反恢复名誉，1200多名被驱赶回乡和强迫劳动的蒙医、蒙药人员重新请回安排工作，为60多名著名的老蒙医配备助手。全区恢复和建立了蒙医院、研究所20余处，设病床近千张。全区20余名蒙医晋升为正、副主任，150多名晋升为主治医师。约200多名任各级医疗单位的领导，近百名入党。（《内蒙古日报》1982.1.8.①）

11~17日 西藏自治区民委首次委员（扩大）会议举行。大会听取自治区党委第一书记阴法唐的为什么成立民委、加强民族大团结和搞好边境地区工作3个问题的讲话和雍丕作的《我区民族工作情况和今后任务》的报告，讨论研究当前和今后一个时期全区民族工作的任务。会议选举雍丕（藏族）为自治区民委主任，措姆（门巴族）、索朗群宗（藏族）等3人为副主任。（《西藏日报》1982.1.18.①）

12日 广东省连南瑶族自治县桂坑水电站建成。该县有5座装机容量1000千瓦以上的水电站。（《南方日报》1982.1.13.①）

13日 西藏自治区培养的首批本科大学毕业生——西藏师范学院91名应届毕业生毕

业。（《新华社新闻稿》1982.1.14）

14日 青藏铁路哈尔盖至格尔木东站开通临时客运，从而密切了柴达木盆地与祖国内地的联系。（《新华社新闻稿》1982.1.16）

15日 国内第一套240万伏特冲击电压发生器在广西壮族自治区桂林电力容器厂试制成功。（《广西通志·大事记》P476）

16～22日 新疆维吾尔自治区滑雪队在吉林省通化市举行的全国高山滑雪、越野滑雪、冬季两项竞赛中获得3个冠军、1个亚军、1个季军，其中也尔灭克（哈萨克族）获男子短线路冠军，木拉提（哈萨克族）获男子越野5公里、10公里冠军。（《新疆通志·体育志》83卷P54）

17日 云南省文山壮族苗族自治州委批准成立林业“三定”（确定山权、林权、划定自留山）领导小组及办公室，负责解决山林纠纷，划定自留山，确定责任山。（《文山壮族苗族自治州志》1卷P64）

19日 云南民族学院建校以来首批21名少数民族本科大学生毕业。（《云南日报》1982.1.19.①）

24日 是日报道，广东省海南黎族苗族自治州最大的电视转播台——阿陀岭电视转播台于本月中旬建成。（《南方日报》1982.1.24.②）

25日 新疆维吾尔自治区第一个专门出版维吾尔文书籍、刊物的出版社——喀什维吾尔文出版社成立。（《新疆日报》1982.1.25.①）

28日 国家民委、教育部、财政部《关于民族学院干训、预科的经费问题》规定：根据国务院批准的办学方针，民族学院是培养少数民族政治干部和专业技术干部的社会主义新型大学，它既有培训政治干部的部分，又有培养各种专业技术人才的系、科。因此，民族学院的干训、预科是它的重要组成部分，与一般高等院校有所不同，其经费渠道仍参照1963年11月8日财政部、教育部、民委财文王字第1063号、教计财字第941号、民财谢字第604号《关于民族学院经费划分和预算管理的几点规定》执行。为加强计划、财务管理，财政部门应根据同级教育部门和民委商定的各项事业计划核拨经费。（《中国教育年鉴（1949～1981）》P411）

29日 天津市高等院校21名教师赴拉萨支援西藏自治区发展教育事业。（《新华社新闻稿》1982.1.30）

2月

1日 云南省德宏傣族景颇族自治州的盈江平原糖厂和芒市华侨农场遮杨糖厂相继建成并试车投产。（《云南日报》1982.2.1.①）

2日 是日报道，《新疆维吾尔医学简史》初稿脱稿，为我国医学史填补一项空白。（《新疆日报》1982.2.2.①）

3日 内蒙古自治区电视机厂最近成功组装、调试出CTP－236D型20吋彩色电视接收机，填补自治区电子行业的空白。（《内蒙古日报》1982.2.3.①）

4日 广西壮族自治区10所高等学校经国务院批准有权授予学士学位，分别是：广西大学、广西机械学院、广西师范学院、南宁师范学院、广西艺术学院、广西民族学院、广西农学院、广西医学院、广西中医学院、桂林冶金地质学院。（《广西通志·大事记》P476）

5日 广西壮族自治区南宁市农工商联合公司与澳大利亚亨利·琼斯有限公司合资经营的南宁－琼斯有限公司正式开业，是广西第一个经营菠萝种植、加工和销售一体化的合资企业。（《广西通志·大事记》P476）

6日 是日报道，经过考试、考核和审查批准，宁夏回族自治区各地（市）2444名“赤脚医生”获乡村医生证书。（《宁夏日报》1982.2.6.①）

8日 国务院批准国家第一批历史文化名

城24个，其中民族地区有3处：大理市，南诏及宋代大理国都城所在地，又是我国与东南亚诸古国文化交流、通商贸易的重要门户。拉萨市，公元7世纪初，成为西藏地区的政治经济中心。桂林市，历史上是广西政治、文化中心和军事重镇。（《国务院公报》1982［4号］P137~142，《广西通志·大事记》P476）

△ 西南民族学院首届彝语文专业48名大学生毕业。（《光明日报》1982.2.8.②）

△ 云南省保山县发现1座距今1900多年前的永昌郡古城遗址。（《云南日报》1982.2.8.①）

9日 经湖南省人民政府批准，少数民族散居杂居地区的蓝山县荆竹瑶族、紫良瑶族、江源瑶族、浆洞瑶族，江永县源口瑶族、新田县门楼下瑶族，绥宁县关峡苗族、黄桑坪苗族、长铺子苗族，隆回县茅坳瑶族、虎形山瑶族、山界回族，新宁县麻林瑶族、黄金瑶族，洞口县那溪瑶族，靖县三锹苗族、大堡子苗族，平茶苗族、侗族、藕团苗族、新厂苗族、侗族，藏江县大洪山侗族，辰溪县罗子山瑶族，宜章县莽山瑶族，资兴县团结瑶族等24个人民公社改建为民族人民公社。这些公社享有比一般公社更大的自主权，并实行粮食基数任务减50%，3年不变；人均纯收入不到60元的，1983年前免征农业税。（《湖南日报》1982.2.9.①）

△ 广西壮族自治区龙胜各族自治县发现1处大型滑石矿床，储量占全国探明的滑石总储量的25%，含矿率70%以上。（《新华社新闻稿》1982.2.13）

10日 我国野马、野骆驼科学考察队在新疆维吾尔自治区伊吾县东部境内查明1个野生双峰驼分布区。（《光明日报》1982.2.10.①）

11日 新疆维吾尔自治区克孜勒苏柯尔克孜自治州兴办13所寄宿制中、小学校，世代游牧的牧民子弟有了稳定、良好的学习环境。（《中国共产党新疆历史大事记（1966.5~1991.12）》下P181）

13日 国务院公布第二批全国重点文物保护单位，共计62处。其中，少数民族地区石窟寺2处：宁夏回族自治区固原县的须弥山石窟、新疆维吾尔自治区吐鲁番县的柏孜克里克千佛洞；少数民族地区古建筑及历史纪念建筑物5处：内蒙古自治区呼和浩特市的万部华严经塔（辽）、西藏自治区拉萨市的哲蚌寺（明朝）、西藏自治区拉萨市的色拉寺（明朝）、广西壮族自治区容县的经略台真武阁（明朝）、广西壮族自治区三江侗族自治县的程阳永济桥（民国）；少数民族地区古墓葬1处：内蒙古自治区伊金霍洛旗的成吉思汗陵（1954年迁建）。（《国务院公报》1982［7号］P277~281）

14日 广西壮族自治区首次在涠洲岛利用风力发电获成功。（《广西通志·大事记》P476）

16日 我国少数民族地区第一个木偶剧团——呼和浩特市玉泉区民族木偶剧团成立，并先后在北京和呼和浩特演出第一个大型民族木偶剧《巴拉根仓》。（《新华社新闻稿》1982.2.17）

20日 据报道，云南省怒江傈僳族自治州有147名傈僳、独龙等少数民族干部分别任州、县、社领导职务。2年来，在职的民族干部先后有1200多人分别到州以上各类学校学习。（《云南日报》1982.2.20.①）

△ 云南省文山壮族苗族自治州七届人大常委会第七次会议通过《文山州农村人民公社大包干到户生产责任制试行办法》。（《文山壮族苗族自治州志》1卷P65）

△ 是日报道，党的十一届三中全会以来，特别是贯彻中央对西藏自治区工作的重要指示以来，西藏自治区一批穷县摘掉了贫困帽子。其中，扎襄、南木林、墨竹工卡、比如、改则、措勤等县的人均收入超过150元。

（《新华社新闻稿》1982.2.20）

21日 云南省建在少数民族聚居地区的4个机制糖厂相继建成投产。（《新华社新闻稿》1982.2.21）

△ 西藏自治区党委制定《贯彻执行中央关于加强政法工作指示的意见》，共6条。《意见》主要内容：全党动手，认真贯彻综合治理的方针，争取今年内使社会治安有一个决定性好转。当前整顿社会治安的重点是，坚决打击走私贩私、贪污盗窃、行贿受贿等犯罪分子，坚决打击各种破坏西藏社会主义建设和民族团结的反革命分子，打击和防范、制止其他各种刑事犯罪活动。切实抓好边境斗争，进一步加强边境管理，健全制度，堵塞漏洞，保障内部安全、边境安全。（《中国共产党西藏历史大事记（1949～2004）》P368）

23日 广西壮族自治区百色山城建立一所商业学校，面向少数民族山区，培养少数民族商业干部。（《光明日报》1982.2.23.②）

△ 云南省最近授予47名白、彝、傣、回、纳西等少数民族教育、科技人员正副教授、高级工程师、正副主任医师和正副研究员等高级技术职称。（《新华社新闻稿》1982.2.24）

是月 贵州省政府公布兴义地区兴义县顶效镇猫猫洞为省级重点文物保护单位。猫猫洞文化遗物属旧石器时代晚期，距今约1.2万年。（《黔西南布依族苗族自治州志·政权政协志》P22）

△ 中共云南省委批转省委宣传部、民族工作部《关于深入进行民族政策再教育的报告》，并决定组织5个民族政策检查组赴边疆民族地区开展调查，进行民族政策再教育。（《云南民族团结进步事业光辉历程（1949～2009）》P105）

3月

1日 西藏自治区绿化委员会在拉萨成立并举行第一次会议。（《中国共产党西藏历史大事记（1949～2004）》P369）

1～2日 新疆维吾尔自治区射箭运动员巴永善（锡伯族）在广西壮族自治区武鸣市举行的全国室内射箭比赛中，获得男子双轮25米冠军和18米亚军。（《新疆通志·体育志》83卷P54）

3日 新疆维吾尔自治区党委召开厅局以上干部大会，传达1月11日《中央紧急通知》和自治区党委常委会议讨论贯彻《通知》的精神，对自治区开展打击经济领域严重违法犯罪活动的斗争进行动员和布置。（《中国共产党新疆历史大事记（1966.5～1991.12）》下P183）

4日 上海108名中学教师赴新疆维吾尔自治区任教。（《人民日报》1982.3.4.④）

△ 西藏话剧团一批年轻藏族话剧演员在首都剧场用汉语演出8场历史话剧——《松赞干布》，国务院副总理万里、中央书记处书记习仲勋观看演出。（《新华社新闻稿》1982.3.5）

△ 新疆维吾尔自治区县级直接选举工作基本结束。经选举产生的正、副县长均具有中学以上文化程度，其中26名为大专毕业；少数民族干部占61.1%，平均年龄43岁。（《新华社新闻稿》1982.3.5）

5日 四川省民委和省文化局联合组织藏文典籍印版征集组，在甘孜藏族自治州的德格、白玉、新龙、甘孜4县征集到藏文典籍1.26万多包（手抄本670多包，印本1.1万多包）、唐卡2100多幅、铜塑镏金佛像680尊，以及其它历史文物。其中许多具有重要研究价值。（《光明日报》1982.3.5.①）

△ 云南省德宏傣族景颇族自治州傣戏讲习班举办，60多名农村傣戏文艺骨干参加为期40天的培训。（《德宏州志》综合卷P73）

6～14日 西藏自治区、青海、四川、甘肃、云南5省区藏文教材第一次协作会议在西宁召开。会议交流藏文编译工作的情况和经验，讨论编译教材的指导思想原则、语言规范化和队伍建设等问题。会议决定于1983年秋供应统一的藏文教材，创办《藏文教材建设动态》刊物。（《光明日报》1982.4.23.②）

9日 国家民委举行座谈会，讨论民族问题的调查研究和《民族问题五种丛书》的编写出版工作。国家民委主任杨静仁主持会议，中央统战部顾问李维汉等到会讲话。（《新华社新闻稿》1982.3.10）

10~12日 新疆维吾尔自治区博尔塔拉蒙古自治州科学技术工作者第一次代表大会举行，自治州科协成立。（《博尔塔拉蒙古自治州志》P59）

10~14日 广东省首次少数民族体育工作会议在乐东县召开。会议要求按照积极提倡、加强领导、改革提高、稳定发展的方针，推动民族传统体育的健康发展。（《南方日报》1982.3.15.①）

11日 新疆维吾尔自治区巴楚县以东70多公里的沙漠中发现1座古城和3座较小城堡的古代遗址，出土了大量唐代货币和古龟兹国钱币等文物。（《新华社新闻稿》1982.3.13）

11~18日 四川省举行接待安置归国藏胞工作座谈会，学习中央和省委关于国外藏胞回归的指示精神，总结接待安置工作，讨论研究今后的工作。省人大民委主任伍精华等出席座谈会。（《四川日报》1982.3.20.①）

14日 是日报道，内蒙古自治区呼伦贝尔盟发现1个储量45亿吨的大煤田，乌兰察布盟发现1个储量20亿吨的大煤田，伊克昭盟发现1个储量1700多万吨的大型石膏矿，呼和浩特近郊发现1个优质石墨矿。全区探明的煤炭储量超过1900亿吨，居全国第二位，其中百亿吨以上的大煤田4个。3年来，白云鄂博铁矿储量又增加1.5亿吨。（《新华社新闻稿》1982.3.14）

△ 广西壮族自治区北海市渔港建成使用。（《广西通志·大事记》P477）

△ 是日报道，广西壮族自治区最大的海港防城港基本建成，2个万吨级泊位最近试投生产。该厂于1976年7月动工修建。（《广西日报》1982.3.14.①）

△ 云南省发现17个锡矿床，其中大型规模矿床1个、中型规模矿床5个。（《新华社新闻稿》1982.3.14）

15~19日 贵州省在贵阳召开民族经费业务工作座谈会，根据是年民族经费重点放在帮助边远少数民族地区经济文化建设的要求，提出安排意见。（《贵州日报》1982.3.23.③）

16日 内蒙古自治区党委和人民政府发出指示：现有的草牧场所有权固定为国营农牧场、人民公社的基层核算单位，使用权按不同的牧业生产责任制形式，分别固定到作业组、畜群、专业养畜户，长期不变。（《新华社新闻稿》1982.3.17）

17日 据统计，解放30多年来，湖南省湘西土家族苗族自治州共修建公路4110公里、架桥640座，并添置民用汽车2000多辆。全州建有化工、机械、煤炭、造纸、卷烟、纺织、建材等10多种行业的厂矿1000多个。（《人民日报》1982.3.17.③）

20日 青海省黄南藏族自治州卫生学校新设的藏医士专业班开学。（《青海日报》1982.3.27.①）

23日 湖南省通道侗族自治县的民族棉织厂建成投产。（《湖南日报》1982.2.23.①）

25日 西藏自治区墨竹工卡县民间藏医昂贡，献出900年前的珍贵医学藏文手抄本《秘传经典》、《祖传教诫金鬘格言》和《直贡医学全集》3部名著。（《西藏日报》1982.3.25.①）

26日 新疆大学14名突厥语族语言文学

专业和基础数学专业研究生获硕士学位，其中7名为少数民族。（《新疆日报》1982.3.27.①）

27日 新疆维吾尔自治区党委批转统战部《关于对经文学校处理意见的报告》并发出通知。指出，近几年来，一些地方出现私自举办经文学校，引诱、强迫青少年学习经文的情况比较严重，影响小学教育的普及和教学质量，也影响青少年的身心健康。通知要求，各级党委要正确贯彻执行党的宗教信仰自由政策，有效地制止宗教干预教育、干预政治的活动。（《中国共产党新疆历史大事记（1966.5～1991.12）》下P183）

31日 中共中央印发《关于我国社会主义时期宗教问题的基本观点和基本政策》的通知。（《新时期民族工作文献选编》P154～174）

△ 青海民族学院培养的第一批少数民族研究生（藏族3名、土族1名）毕业。（《新华社新闻稿》1982.4.1）

是月 我国第一个以木薯为原料、年产600吨赖氨酸蛋白饲料添加剂工厂——广西壮族自治区上思县赖氨酸厂建成投产。（《广西日报》1982.6.5.①）

△ 贵州省兴义地区册亨县边坡桥至双江公路验收通车。至此，全地区实现县县通公路。（《黔西南布依族苗族自治州志·政权政协志》P22）

△ 云南省德宏傣族景颇族自治州民族歌舞团演员龚全国（傣族），在全国民族乐器独奏比赛中演奏的葫芦丝和“琴光”（即象脚鼓琴）获一等奖。（《德宏州志》综合卷P73）

△ 云南省德宏傣族景颇族自治州垦区与省内有关垦区一同获国家科委、农委授予的“抗寒植胶及技术推广”奖和国家科学技术发明委员会授予的“橡胶树北纬18°～24°大面积种植技术一等发明奖”。（《德宏州志》综合卷P73）

△ 南疆第一座2000瓦风力发电机在新疆维吾尔自治区克孜勒苏柯尔克孜自治州乌恰投入使用。（《克孜勒苏柯尔克孜自治州志》上P48）

是～4月 青海省海南藏族自治州贵南、同德、兴海3县发生近半个世纪以来特大风雪灾害。持续降雪23天，积雪60厘米至1米以上。年底，全州仔畜成活率仅为67.59%，大畜死亡率高达8.18%。果洛藏族自治州遭受雪灾，积雪60厘米，减损牲畜32.2万头（只）。（《海南州志》P53,《果洛藏族自治州志》上P48）

是～6月2日 宁夏回族自治区1982年全区文艺创作调演在银川举行，14个剧团演出具有回汉人民历史和现实生活的17台剧（节）目。（《宁夏日报》1982.6.4.①）

4月

1日 中国古代铜鼓展览在北京民族文化宫开幕，中央政治局委员乌兰夫、国务院副总理、国家民委主任杨静仁等出席开幕式。（《新华社新闻稿》1982.4.2）

△ 位于宁夏回族自治区固原县的云雾山自然保护区建立，面积4000公顷，是以干旱草原生态系统为主要保护对象的省级自然保护区。（《全国自然保护区名录（2003）》P115）

1～6日 新疆维吾尔自治区射箭运动员汝光（锡伯族）在四川省成都市举行的全国射箭冠军赛中获男子双轮30米冠军，70米季军；郭梅珍（女，锡伯族）获女子双轮70米亚军和全能季军，巴永善（锡伯族）获男子双轮90米季军；自治区男子射箭队获双轮团体赛第三名。（《新疆通志·体育志》83卷P55）

2日 新疆维吾尔自治区人民政府批准我国第一批7名维吾尔医师为维吾尔医主任医

师。（《光明日报》1982.4.2.②）

2~14日 国家民委第二次委员（扩大）会议举行。会议讨论通过国家民委副主任江平的工作报告，总结第一次委员（扩大）会议以来的工作，确定是年的民族工作任务，建议通过立法建立“民族节”。国家民委主任杨静仁在闭幕会上作重要讲话。（《新华社新闻稿》1982.4.10）

4日 湖南省湘西土家族苗族自治州龙山县发现1处储量丰富的紫砂陶矿。（《新华社新闻稿》1982.4.5）

△ 青海省1.37万多户牧民（占全省牧民总户数16%）实现定居或半定居，结束了祖祖辈辈逐水草而居的游牧生活。（《新华社新闻稿》1982.4.5）

5日 四川省凉山彝族自治州在昭觉县建成第一座500吨规模的冷冻库。（《四川日报》1982.4.5.②）

6日 据报道，回鹘文《弥勒会见经》、《金光明经》、《对十种善德的赞美》等一批古维吾尔文佛教典籍和诗歌已译成汉文和现代维吾尔文。（《新华社新闻稿》1982.4.8）

7日 广西壮族自治区党委、人民政府发出《关于立即制止群众乱砍滥伐树木，乱挖滥采矿产资源的紧急通知》，指出近年来一些群众乱砍滥伐国营、集体林场的树木，乱挖滥采国家矿山，甚至哄抢国家矿产品的事件时有发生。《通知》要求，各地大张旗鼓地对群众进行教育，提倡劳动致富，不能用非法手段增加收入，性质严重的情况再发生要依法处理。15日，自治区党委、人民政府发出《坚决贯彻执行中共中央、国务院〈关于打击经济领域中严重犯罪活动的规定〉的通知》，要求各地区、各部门把打击经济领域严重犯罪活动作为一项中心任务来抓。（《广西通志·大事记》P477）

7~10日 东北古代各族社会性质学术讨论会在辽宁沈阳召开。会议讨论了东北古代各族的族源和社会性质问题。（《光明日报》1982.6.21.③）

8日 是日报道，贵州省人民政府最近增拨各地、州、市民族经费1000万元，用于扶持发展少数民族地区农业生产及教育卫生事业。（《贵州日报》1982.4.8.①）

8~12日 云南省第二届少数民族传统体育运动会在大理举行，22个少数民族的300多名运动员进行了民族摔跤、射弩、武术、掷沙包、倒爬竿和赛马等项目比赛和表演。（《新华社新闻稿》1982.4.15）

10日 据统计，湖南省湘西土家族苗族自治州建有23家民族工艺厂，生产花边、绣花彩丝、丝帕和银器等60多个品种、420多个花色的民族特需工艺品，供应自治州和贵州、四川、湖北等地少数民族。（《新华社新闻稿》1982.4.10）

10~17日 云南省德宏傣族景颇族自治州运动员陈宏伟（景颇族）、杨洪舟代表中国跳伞队参加在新西兰举行的太平洋飞机跳伞比赛，获集体定点跳伞比赛冠军。（《德宏州志》综合卷P73）

11~12日 甘肃省积石山保安族东乡族撒拉族自治县普降罕见大暴雪，地面积雪厚约35厘米，气温由11℃降至-2℃。全县28万亩农作物受冻害，5.51万亩严重受灾，其中粮食作物4.61万亩、经济作物9066亩；冻死大牲畜233头（匹）、羊1195只，雪压摧折成材树和经济树100万多株；全县除四堡子、大河家外，其余社队的核桃树、花椒树花蕾和嫩枝条大多被冻干枯死，房屋倒塌143间，压倒高低压电线杆320根，压断电线2.5万米，损坏各种电器设备360件（处），停电6天。（《积石山保安族东乡族撒拉族自治县志》P58）

12日 青海省玉树藏族自治州电视转播台建立。（《玉树州志》上P53）

13日 据统计，自1981年以来，新疆维吾尔自治区提拔使用589名少数民族干部。其中，4人任自治区党委常委；110人任地、州、市、县党政主要领导，占该级提拔干部总数的68.7%。全疆现有少数民族地委、州委书记2人，专员或州、市长13人，县委书记14人，县长76人，厅（局）长28人。（《人民日报》1982.4.13.①）

13～19日 宁夏回族自治区党委防治地方病领导小组会议和全区卫生行政会议在银川召开。会议确定继续加强布鲁氏菌病和地方性甲状腺肿等地方病的防治，在做好地方性氟中毒普查工作的基础上，定出了改水计划，争取在1985年完成重病区的改水防氟工作。（《宁夏日报》1982.4.23.①）

13～23日 全国部分省（区）少数民族多声部民歌座谈会在南宁举行。会议进行交流性演唱活动，并通过座谈交流提出了多声部民歌今后发展的设想和建议。（《广西日报》1982.4.14.①，4.24.①）

15日 据有关统计，建国以来，国家共投资3亿多元发展新疆维吾尔自治区煤炭工业，先后建成设计年产原煤30万吨以上的大中型矿井7处，9万吨以上的小矿井22处，5万吨以上的小矿井12处。1981年煤炭工业总产值2.5亿元，占全区工业总产值的6.1%。现有煤矿职工8万多人和一支1800多人的地质勘探队。（《新华社新闻稿》1982.4.15）

△ 西藏自治区昌都至拉萨无线电话正式使用。（《西藏日报》1982.5.10.①）

15～24日 新疆伊协二届二次委员扩大会议在乌鲁木齐举行。会议讨论通过《关于信教群众自己管理好清真寺的几点意见》和《新疆伊斯兰教界人士爱国公约》，确定了今后的任务。（《新疆日报》1982.4.26.①）

17日 西藏自治区党委、自治区人民政府决定延长免征农牧工商税期限。一、免征农牧业税5年，从1980年起至1984年底止。对阿里地区免征农业税6年，从1980年起至1985年底止。二、免征集体、个体工商税3年，从1980年7月起至1983年6月底止。三、社员自留地、自留畜、家庭副业不征农牧工商税。四、人民公社（队）办企业，继续免征工商税。1980年与1981年，全区共免征农牧业税和工商税1375万元。还决定对70年代初被错误没收的未参加1959年叛乱的1158户领主、牧主和寺庙的牧业生产资料实行赎买，发放赎买金和赎买证，政府共支付赎金314.65万多元。（《新华社新闻稿》1982.5.14）

17～21日 西北5市回族文学讨论会在宁夏银川举行。会议总结了回族文学研究成果，讨论了回族文学的民族特色和心理素质等问题。（《宁夏日报》1982.4.23.①）

18日 广西壮族自治区红水河建成1座7孔预应力钢筋混凝土公路桥。孔跨50米，全长368米。（《广西日报》1982.4.18.①）

19日 据报道，北京阜外医院近年为青海海西蒙古族藏族哈萨克族自治州医院培养13名心血管外科专业医护人员。（《新华社新闻稿》1982.4.20）

21日 广西壮族自治区首届少数民族传统体育运动会在南宁市举行，11个少数民族的204名运动员参赛，表演33个少数民族传统体育项目。（《广西通志·大事记》P478）

22日 西藏自治区在青海省格尔木市建成的大型货物转运站，开始承接进出藏物资。（《西藏日报》1982.4.22.①）

25日 是日报道，青海省已培养3000多名少数民族牧民畜牧技术员。（《青海日报》1982.4.25.①）

27日 中央统战部、国家民委、农业部畜牧总局联合组织的工作组一行6人，到青海果洛、海南、玉树自治州灾区慰问受灾群众，转达党和政府的关怀。（《青海日报》1982.4.30.①，5.15.①）

△ 中央民族学院少数民族古籍整理出版规划领导小组成立，副院长宋蜀华兼任组长，马学良、王钟翰教授兼任副组长。（《中央

民族大学五十年》P199）

△　广西壮族自治区人民政府公布壮文方案（修订案），要求壮族聚居区组织壮族群众学习壮文，并做好壮文书刊的出版工作。（《新华社新闻稿》1982.4.29）

△　史上第一个经商的独龙族——云南贡山独龙族怒族自治县独龙族妇女昆秀英代售烟、酒、茶叶等生活日用品的小商店开业。（《云南日报》1982.5.15.①）

27~28日　内蒙古自治区鄂尔多斯市鄂托克前旗发生沙尘暴，刮10级大风，降温12℃，结冰2~3厘米。962人被风沙刮散走失。沙压15厘米，风蚀平均11厘米，最多1.5米。沙埋水井5507眼、民房2235间、棚圈1770间。沙暴中丢失牲畜10.57万头（只），3.55万头（只）牲畜被沙埋而死，死亡率占年底牲畜总数的12.7%。丢失猪185口、鸡1538只。风蚀和沙压农田886公顷，沙埋林业育苗地8.7公顷，破坏草场9.33万公顷，公路被间断性沙埋48公里，积沙平均30厘米以上。邮电线路被刮坏，北大池80公顷盐田被埋，全旗损失1560万元。（《内蒙古自然灾害通志》P383）

28日　由国家民委、共青团中央、全国青联组织的内蒙古自治区、新疆维吾尔自治区、西藏自治区、广西壮族自治区、云南、广东、福建、辽宁、吉林、黑龙江和甘肃11个省（区）的45个民族和僜人、夏尔巴人共400多人的边疆少数民族青年参观团抵达北京。5月1日，中央军委主席邓小平、中共中央副主席赵紫阳等党和国家领导人在人民大会堂会见参观团全体成员，并合影留念。5日，全国政协副主席王首道、包尔汉等会见参观团全体成员，全国人大常委会副委员长乌兰夫发表讲话。13日，参观团离京去外地参观。（《新华社新闻稿》1982.4.29，5.2，5.6，5.14，6.3）

△　据报道，广西壮族自治区探明1个总储量1亿多吨的我国最大的锰矿床。近几年陆续探明环江北山锌铅硫铁矿、藤县翰池——塘村钛铁砂矿、资源双滑江萤石石矿、象州潘村重晶石矿等7座大型金属和非金属矿床。（《新华社新闻稿》1982.4.29，《广西通志·大事记》P478）

是月　湖北省恩施地区首届民族运动会举行，来凤、鹤峰、宣恩、利川、咸丰、恩施和地直7个代表队的62名运动员参加，表演土家拳、抛刀、踢毽等百余项节目。（《恩施州志》P1019）

△　云南省楚雄彝族自治州恢复民族传统节日“三月会”。（《楚雄彝族自治州志》1卷P208）

△　西藏自治区那曲地区科委从内蒙古引进2台FD-4型2千瓦、1台FD-1.5型50瓦风力发电机，当月运行发电。（《当代中国的西藏》下P350~351）

△　宁夏回族自治区固原县建立云雾山自然保护区，旨在保护长芒草及其草原生态环境，由自治区畜牧局指导。保护区位于固原县城东北，属半干旱草原地区，是西北黄土高原以长芒草为主的草原植被区。保护区内有野生植物51科131属181种，其中草本140多种、木本31种，可作饲料用的有110多种。（《当代宁夏史通鉴》P240）

是~5月　青海省果洛藏族自治州久治县连降5场大雪，为历史罕见，48万头（只）牲畜被围困，死亡各类牲畜3.88万头（只）。（《果洛藏族自治州志》上P48）

5月

1日　少数民族文物展览在北京展出，共展出45个民族500多件文物，再现了旧中国各民族不同的社会发展状况。（《新华社新闻稿》1982.5.8）

△　云南丽江至永胜公路通车，全长102公里。（《云南日报》1982.5.12.①）

2日　全国少数民族传统体育摄影及其历史考证作品展览、优秀作品授奖大会在北京民族文化宫举行，有8篇历史考证和15幅摄影作品获奖。国务院副总理杨静仁、全国人大常委会副委员长班禅额尔德尼·确吉坚赞等到会参观并发奖。（《新华社新闻稿》1982.5.3）

△　辽宁歌舞团创作的我国第一部大型满族神话舞剧——《珍珠湖》在北京上演。（《新华社新闻稿》1982.5.3）

△　据统计，四川省凉山彝族自治州建立以来，共建小水电站1400多座，装机6.9万多千瓦，年发电量1.16亿度。全州国营工业企业313个，是1949年工业企业的78.3倍；农村小型企业达3600多个。（《新华社新闻稿》1982.5.2）

4日　全国人大常委会五届二十三次会议决定：免去杨静仁（回族）国务院副总理职务，任命杨静仁为国家民委主任。（《国务院公报》1982［9号］P393）

5日　我国第一座农作物品种资源库在广西农业科学院建成使用，目前入库的品种资源7000多份。（《新华社新闻稿》1982.5.7）

△　新疆维吾尔自治区党委印发《关于认真学习贯彻中共中央〔1982〕19号文件和胡耀邦同志对第九次全国宗教工作会议指示的通知》。《通知》指出，新疆是一个多民族地区，宗教问题同民族问题有密切关系，做好宗教工作，有利于动员和团结广大群众和宗教界人士积极参加四化建设，有利于促进民族团结和维护祖国统一。（《中国共产党新疆历史大事记（1966.5～1991.12）》下P186）

6日　山西省太原郊区发现1400年前的北齐壁画。画面描绘的北齐贵族的生活，反映了当时汉族、鲜卑族和西域各民族之间的文化交融。（《新华社新闻稿》1982.5.8）

6～12日　四川省民委在成都举行第二次全委（扩大）会议，传达国家民委二次全委（扩大）会议精神和省委对当前民族工作的指示，总结一年来的工作，确定今后的任务。会上，省民委副主任扎西泽仁作本省民族工作情况和今后任务的工作报告。（《四川日报》1982.5.14.①）

7日　据《广西日报》报道，广西壮族自治区已同近百家外商建立业务关系，在轻工、电子、冶金、交通、农业、渔业、旅游等行业，广泛开展来料加工、来件装配、补偿贸易等业务。（《广西通志·大事记》P478）

△　广西壮族自治区党委、人民政府批转自治区经委党组《关于发展山区县工业的报告》。《报告》指出，广西壮族自治区83个县（市）中有47个县（市）财政需要补贴，其中43个县（市）属老、少、边、山、林地区。为解决这些县（市）的财政问题和增加青年就业门路，必须立足于本地资源，发展地方工业，开发传统、有特色、有竞争能力的产品。（《广西通志·大事记》P478）

8日　是日报道，近几年来，宁夏回族自治区建成、完善4座大、中功率电视转播台和20座小功率电视差转台。1981年全区电视覆盖率占总人口的76.6%，比1978年扩大28.5%。（《宁夏日报》1982.5.8.①）

9日　宁夏回族自治区六盘山自然保护区建立，面积2.67万公顷，是以野生动物及水源涵养林为主要保护对象的国家级自然保护区。（《全国自然保护区名录（2003）》P115）

10日　是日报道，西藏自治区自1980年5月贯彻中央对西藏自治区工作的重要指示以来，采取7方面措施，使农牧民得到经济利益2.8亿元。措施有：一、免征农牧业税收共1090万元，贷款给农牧区社、队集体和个人达4419.2万多元；二、提高农、牧产品收购价格，使农牧民群众比1979年多收入1950万元；三、对农用柴油和化肥给予财政补贴，使农民得到经济利益2527万元；四、从1980年起，国家拨出专款作为农牧区小学教师的待遇，使农牧民减少支出300万元；五、3年来拨出防治农牧业病虫害的专款1665万元；六、3年来用于扶贫的资金3259万元；七、3年来用于发展边境地区经济和群众生活、生产的各种经费1.72亿元。（《西藏日报》1982.5.10.①）

12日 西藏自治区抽调大批民族干部脱产学习文化与专业知识。据自治区组织部门统计，自1980年下半年到1981年，参加学习的少数民族干部有7000多人，1982年又有5000多人到各类学校或专业班学习。在已参加学习的7000多名干部中，地委、专署级以上干部有55人、县级干部383人、区级干部4200余人。（《中国共产党西藏历史大事记（1949~2004）》P374）

13日 广西壮族自治区第一座现代化的饲料加工厂——南宁饲料厂最近建成投产。（《广西日报》1982.5.13.①）

14日 是日报道，青海省海南藏族自治州贵德县成为青海省第一个基本消灭地方性甲状腺肿病的县，患病率由原来平均25.86%下降至7.09%，1.04万名患者恢复健康。（《青海日报》1982.5.14.①）

△ 经新疆维吾尔自治区人民政府批准，从是年开始，以胡都木蒙文作为自治区蒙古族的通用文字。（《新疆日报》1982.5.14.①，《中国共产党新疆历史大事记（1966.5~1991.12）》下P187）

14~16日 内蒙古自治区呼伦贝尔盟新巴尔虎左旗、新巴尔虎右旗和满洲里市发生暴风雪，风力8~10级，持续25~35小时，电话线路被刮断，交通受阻。平地雪厚30多厘米，38个社场受灾，1.16万户5.2万人受灾，死亡7人、7万头（只）牲畜，直接经济损失2000万元。（《内蒙古自然灾害通志》P384）

15日 广西壮族自治区首次科技成果交流大会在南宁召开，有工业、农业、基建、医疗、卫生、文教和财贸等方面的1772项以应用技术为主的科技新成果参加展览交流。大会还举行科技成果有偿转让以及关键技术难题招标等活动。（《广西通志·大事记》P478）

△ 云南省大理白族自治州南诏史研究会最近在下关市成立，并选举产生首届理事会。（《云南日报》1982.5.15.①）

△ 西藏自治区党委下发通知，要求贯彻中央《关于我国社会主义时期宗教问题的基本观点和基本政策》。《通知》说，中央文件是党在社会主义时期进行宗教工作的纲领性文件，坚决贯彻执行这个文件对于加强民族团结，巩固和发展安定团结的政治局面，进一步调动广大信教群众和宗教职业者的积极性，建设团结、富裕、文明的新西藏，具有特殊重要的意义。要求各级党委应认真组织党员、干部学习中央文件，各级领导要首先带头学好，把宗教工作逐步纳入正常轨道。各地要对宗教工作进行一次检查总结，从本地实际出发，既要克服“左”的倾向，又要防止右的倾向。（《中国共产党西藏历史大事记（1949~2004）》P374）

△ 宁夏回族自治区人大常委会第十三次会议通过《关于打击经济领域中严重犯罪活动的决议》。（《中共宁夏党史大事记（1925.8~1988.6）》P527）

16~22日 贵州省第一届少数民族传统体育运动会在贵阳举行，苗、布依、侗、彝、水、回、仫佬、壮、瑶等民族的870多名运动员参加。（《新华社新闻稿》1982.5.17，5.23）

18日 西藏自治区计划生育工作座谈会在拉萨召开。会议学习中央有关计划生育的指示，讨论《西藏自治区计划生育暂行条例草案》。根据中央关于“对于少数民族，也要提倡计划生育，在要求上可适当放宽一些”的指示，确定在全区藏族干部、职工和广大群众中开展计划生育工作。（《西藏日报》

1982.5.22.①，《中国共产党西藏历史大事记（1949～2004）》P374）

18～21日 全国妇联举行少数民族地区妇女工作座谈会。会上，中华全国妇女联合会党组副书记、全国妇联副主席罗琼要求少数民族地区妇联组织重视培养德才兼备的少数民族妇女干部，国家民委主任杨静仁介绍民族工作情况，并解答大家提出的问题。（《新华社新闻稿》1982.5.22）

19日 西藏自治区初步探明的锂矿储量占世界近一半。（《人民日报》1982.5.19.①）

△ 广西壮族自治区第一座橡胶坝发电站在北流县建成。（《人民日报》1982.5.19.①）

20日 广东省第一次民族教育会议在广州召开。会议决定增拨教育经费100万元，分期分批举办寄宿制民族中小学校（班），由国家负责学生的生活费用。（《南方日报》1982.5.26.①）

△ 贵州省黔南布依族苗族自治州七届人大二次会议决定，每年8月定为黔南州民族团结月。（《黔南布依族苗族自治州志》上P67）

△ 云南省马龙县首次发现1个重晶石矿，填补云南矿产资源一项空白。（《云南日报》1982.5.20.①）

21～22日 黑龙江省民委第一次全体委员会议举行。会议宣读经省委批准的36名民委委员名单，传达中共中央主席胡耀邦在接见全国少数民族参观团的讲话，总结3年来的民族工作，确定是年的民族工作任务。（《黑龙江日报》1982.5.24.①）

22日 新疆维吾尔自治区党委印发《关于进一步贯彻中共中央、国务院〈关于普及小学教育若干问题的决定〉的通知》。（《中国共产党新疆历史大事记（1966.5～1991.12）》下P187）

23日 广西壮族自治区党委、人民政府发出《关于进一步办好商品粮基地的指示》。（《广西通志·大事记》P479）

△ 西藏自治区第四届美术、首届书法作品展览在拉萨展出。展出美术作品74幅、藏汉文书法72幅及其它作品41件，大部分作品为少数民族业余作者创作。（《西藏日报》1982.5.25.①）

23～27日 黑龙江省民族工作会议举行。会议学习中央关于民族工作的指示，传达国家民委第二次委员（扩大）会议精神，听取和讨论省民委3年来的民族工作报告。会议确定当前和今后的民族工作任务是：围绕建设两大文明，把发展少数民族经济摆在首位，进一步加强民族团结，抓好少数民族文教卫生，培养少数民族干部。（《黑龙江日报》1982.5.29.①）

24日 青海省人民政府作出关于进一步发展民族贸易和民族用品生产的15条决定，要求各地切实加强对民族贸易和民族用品生产工作的领导，把这项工作搞好。（《青海日报》1982.5.24.①）

△ 据统计，1979年以来，青海省委及各自治州、县党委普遍开办少数民族干部文化学习班，培训少数民族干部500多名。青海民族学院恢复干训部后，2届毕业生共有108名。（《新华社新闻稿》1982.5.25）

24～31日 贵州省民族语文工作会议在贵阳召开，传达第三次全国民族语文科学讨论会精神，讨论本省民族语文工作，提出了今明两年工作安排的意见。（《贵州日报》1982.6.4.①）

25日 广西壮族自治区1座220千伏变电站在黎塘建成运行。（《广西日报》1982.6.14.①）

△ 西藏自治区党委指示，加强拉萨城市的建设工作。指示说，拉萨现在已是拥有12万人口、粗具规模的新型高原城市，但还不能

适应全区形势发展的需要和对外开放的要求。指示要求，要全面规划，加强领导，采取保证重点，稳步发展的方针，把拉萨建设成团结、繁荣、文明、美丽的社会主义现代化的高原城市。拉萨市委成立城市工作部，统一领导指挥拉萨的城市建设工作。（《中国共产党西藏历史大事记（1949~2004）》P375）

26日 青海省回族、撒拉族女子中学工作会议最近在门源回族自治县召开。（《青海日报》1982.5.26.①）

27日 是日报道，吉林省延边朝鲜族自治州和青岛市人民政府于1981年签订技术协作议定书以来，首批建立协作关系的有纺织、丝绸、卷烟、啤酒、橡胶、化工等7个企业；青岛先后派出企业管理、工程技术和技术工人52名为延边企业培训职工220人，提出各种合理化建议238项716条，实现设备改革22项，为国家节约资金52万多元。（《吉林日报》1982.5.27.①）

28日 青海湖周围新发现西汉末年的7处古代城堡遗址，青海湖南约15华里处还发现1处吐谷浑古城遗址。（《新华社新闻稿》1982.5.30）

△ 新疆维吾尔自治区600公里长的若羌经且末至民丰公路干线建成通车。（《新华社新闻稿》1982.5.30）

30日 吉林省民委、省体委在延吉市举行全省少数民族传统体育项目选拔赛。全省朝鲜族、蒙古族、回族共65名运动员进行秋千、跳板、摔跤等4个项目比赛。延边的李学哲获摔跤第一名，通化的金福花获秋千第一名，延边的石贞勇、文英玉获跳板第一名，延边朝鲜族自治州的崔光洙、吉林的玄龙哲、通化的高云甲、吉林的张维营分别获得中国式摔跤52公斤、62公斤、68公斤、74公斤第一名。（《吉林日报》1982.5.30.①）

△ 广西壮族自治区和国家农业部畜牧总局合资经营的牧工商联合公司在南宁成立。每年生产300万只鸡。（《广西通志·大事记》P479）

是月 国务院批准广西壮族自治区自营出口、自负盈亏，纳入地方财政。在此基础上，自治区党委和政府提出“积极利用外资和引进国外先进技术，发展‘三来一补’（来料加工、来件装配、来样加工、补偿贸易）和‘三资企业’（中外合资、中外合作、外商独资办企业）”，并制定相应鼓励外商投资的优惠政策。6月4日，自治区对外贸易总公司成立。（《广西通志·大事记》P479）

△ 根据云南省政府建立高黎贡山自然保护区的决定，怒江傈僳族自治州从泸水县境内划定74万亩作为保护区面积。（《怒江傈僳族自治州志》上P33）

△ 青海省文物考古队在刚察县吉尔孟公社黄仓大队春季草山发现了2处岩刻画。据专家分析是古代以游牧为主的少数民族的创作，主要是羌、吐谷浑等少数民族。这一发现，对于研究青海地方和民族发展史，提供了新的资料。（《青海日报》1982.8.4.②）

△ 南疆地区第一座中型太阳能电围栏在新疆维吾尔自治区克孜勒苏柯尔克孜自治州吐古买提公社建成使用。（《克孜勒苏柯尔克孜自治州志》上P48）

6月

1日 广西壮族自治区在上思、钦州、防城建立十万大山自然保护区，面积5.83万公顷，是以水源涵养林为主要保护对象的国家级自然保护区。在桂平市建立大平山自然保护区，面积1867公顷，是以水源涵养林、桫椤、瑶山鳄蜥为主要保护对象的省级自然保护区。那林自然保护区，位于广西武鸣山县、马山县、上林县，面积1.99万公顷，是以野生动植物及其生境为主要保护对象的省级自然保护区。青狮潭自然保护区，位于广西灵川县，面积4.74万公顷，是以水源涵养林为主要保护对象的省级自然保护区。海洋山自然保护区，位于广西全州、灌阳、恭城等县，面积9.40万公顷，是以森林生态为主要保护对象的省级自然保护区。五福宝顶自然保护区，位于广西全州县，面积8567公顷，是以水源涵养林及野生动植物为主要保护对象的省级自然保护区。架桥岭自然保护区，位于广西永福、荔浦、阳朔等地，面积6.7万公顷，是以水源涵养林为主要保护对象的省级自然保护区。寿城自然保护区，位于广西永福、临桂县，面积7.59万公顷，是以水源涵养林为主要保护对象的省级自然保护区。千家洞自然保护区，位于广西灌阳县，面积2.38万公顷，是以水源涵养林及野生动植物为主要保护对象的省级自然保护区。建新鸟类自然保护区，位于广西龙胜县，面积4860公顷，是以迁徙候鸟为主要保护对象的省级自然保护区。银竹山自然保护区，位于广西资源县，面积2.87万公顷，是以冷杉、珍稀动物为主要保护对象的省级自然保护区。银殿山自然保护区，位于广西恭城县，面积4.8万公顷，是以水源涵养林及野生动植物为主要保护对象的省级自然保护区。涠洲岛鸟类自然保护区，位于广西北海市，面积2600公顷，是以各种候鸟和旅鸟为主要保护对象的省级自然保护区。西大明山自然保护区，位于广西扶绥、隆安、大兴等县，面积6.01万公顷，是以水源涵养林为主要保护对象的省级自然保护区。下雷自然保护区，位于广西大新县，面积7920公顷，是以水源涵养林及野生动植物为主要保护对象的省级自然保护区。大瑶山自然保护区，位于广西金秀瑶族自治县，面积2.49万公顷，是以水源涵养林及瑶山鳄蜥、银杉为主要保护对象的国家级自然保护区。滑水冲自然保护区，位于广西贺州市，面积1.2万公顷，是以水源涵养林、野生动物为主要保护对象的省级自然保护区。姑婆山自然保护区，位于广西贺州市，面积6550公顷，是以水源涵养林为主要保护对象的省级自然保护区。大王岭自然保护区，位于广西百色市，面积8.19万公顷，是以水源涵养林为主要保护对象的省级自然保护区。凌云泗水河自然保护区，位于广西凌云县，面积2.10万公顷，是以水源涵养林为主要保护对象的省级自然保护区。岑王老山自然保护区，位于广西田林、凌云县，面积2.98万公顷，是以季风常绿阔叶林为主要保护对象的省级自然保护区。金钟山自然保护区，位于广西隆林自治县，面积2.73万公顷，是以鸟类为主要保护对象的省级自然保护区。三匹虎自然保护区，位于广西南丹县、天峨县，面积3105公顷，是以水源涵养林及珍稀动植物为主要保护对象的省级自然保护区。龙滩自然保护区，位于广西天峨县，面积4.88万公顷，是以猕猴及水源涵养林为主要保护对象的省级自然保护区。（《全国自然保护区名录(2003)》P85~87）

△ 全国第一家用少数民族语言、单独使用1个频道播出成套电视节目的电视台——新疆电视台，开始在乌鲁木齐播出维吾尔语电视节目。（《新华社新闻稿》1982.6.2）

△ 根据中共中央、国务院、中央军委的决定，恢复新疆生产建设兵团庆祝大会在乌鲁木齐举行。自治区党委第一书记王恩茂宣读中共中央、国务院、中央军委关于恢复兵团的决定以及任命兵团领导干部的名单，王震代表党中央、人大常委会、国务院、中央军委到会祝贺。（《人民日报》1982.6.3.①④，《中国共产党新疆历史大事记（1966.5~1991.12）》下P189）

2~6日 我国辽金史研究会成立大会暨第一次学术讨论会在辽宁沈阳召开。会议讨论了辽、金两朝在我国历史上的地位，宋辽、宋金关系以及爱国主义与民族英雄等问题，交流了建国以来辽、金考古方面所取得的成就，拟订了辽、金史的研究初步规划。会议选举陈述为研究会会长。（《光明日报》1982.7.5.③）

△ 宁夏回族自治区党委检查组先后到科研、大学、工厂等20多个基层单位举行22次知识分子座谈会，听取对知识分子工作的意见，又相继听取地市和区直56个厅局检查知识分子工作的汇报。检查情况表明，党的十一届三中全会以来，全区知识分子工作取得一定成绩，其中包括：平反知识分子中的冤假错案3211人，调整用非所学1320人，套改评定晋升各类技术职称1.76万人，在知识分子中发展党员2614人，选拔使用处以上干部645人，解决知识分子夫妻长期分居两地的1981人，解决专业技术干部农村家属转为城镇户口的310户等。但也存在着县以上领导班子配备知识分子比例太少，知识分子队伍不够稳定等问题。8月15日，自治区党委在给党中央的报告中提出，改进知识分子工作的3项措施。（《中共宁夏党史大事记（1925.8~1988.6）》P529）

3日 用来亨鸡和西藏鸡杂交的具有产蛋、产肉率高等特点的拉萨白鸡培育成功，并获有关部门颁发的农业科技推广奖。（《新华社新闻稿》1982.6.3）

3~6日 新疆维吾尔自治区田径运动员傅建苹（女，俄罗斯族）在陕西省西安市举行的全国田径分项赛中获女子标枪冠军。（《新疆通志·体育志》83卷P55）

4~5日 宁夏回族自治区民委第二次委员（扩大）会议举行。会议传达了国家民委第二次（扩大）会议精神，听取和讨论了宁夏回族自治区党委统战部副部长苏冰作的工作报告，通过了关于民委工作和今后任务及学习讨论宪法修改草案的决议。（《宁夏日报》1982.6.18.①④）

6日 青海省第一个被选送出国的少数民族青年——藏族兽医麻志军赴日本学习。（《新华社新闻稿》1982.6.7）

7日 是日报道，新疆生产建设兵团经过30年的艰苦奋斗，把准噶尔盆地和塔克拉玛干沙漠的边缘地带的近百万公顷荒漠建成绿洲，兴建现代化国营农场170个，工矿企业691个；营造防护林带4万公顷；建引水渠道5.4万公里、水库78座和机井7000多眼；整治了兵团辖区62.5%的盐碱地。兵团的产品除自给以外，每年向国家提供20万吨的商品粮，4万吨棉花，5000吨羊毛，6000吨油料作物，5000多吨肉食、蛋禽及大量的瓜果、蔬菜和经济作物。农业产值占自治区农业总产值的25%。（《新华社新闻稿》1982.6.7）

7~14日 新疆维吾尔自治区民委第二次（扩大）会议在乌鲁木齐举行。会议传达国家民委第二次（扩大）会议和第九次全国宗教会议精神，听取和讨论买买提明·托乎提的工作报告，讨论制定在全区进一步贯彻落实党的民族政策和宗教政策，增强民族团结的具体措施。（《新疆日报》1982.6.15.①）

8日 广东省海南黎族苗族自治州1座年产8万吨的水泥厂建成投产。（《南方日报》1982.6.8.②）

△ 青海省黄南藏族自治州卫生防疫人员在河南蒙古族自治县宁木特地区首次从喜马拉雅的旱獭体表中采到青历螨（属新种），在国内外首次建立“青历螨属”。（《黄南州志》上P52）

8~14日 广西壮族自治区民委、语委举行全区民族工作会议。会议听取自治区民委主任余达佳传达国家民委第二次委员（扩大）会议精神和贯彻意见，讨论今后如何把民族经济搞上去和壮文的推行问题。7月3日，自治区政府批转《全区民族工作会议纪要》，要求认真搞好民族团结，继续克服民族问题“左”的影响；把发展少数民族地区经济建设作为当前及今后民族工作的第一任务；搞好壮文的恢复和推行工作；大力培养少数民族干部，有计划地把德才兼备的少数民族中青年干部提拔到领导岗位上来。（《广西日报》1982.6.15.①，《广西通志·大事记》P480）

11日 我国南疆大陆第一个油田——广

西壮族自治区百色田东油田竣工投产。(《广西日报》1982.6.13.①)

11～16日 青海省民委第一次委员(扩大)会议在西宁举行，宣布由才培多杰(藏族)等55人组成省民委。会议传达国家民委第二次(扩大)会议和全国第九次宗教工作会议精神，总结省民委机构恢复以来的工作，讨论确定本省民族工作的任务。省委书记扎喜旺徐和省委常委希候巴在会上讲了话。(《青海日报》1982.6.19.①②)

12日 黑龙江省同江县发现多处赫哲族古墓和8处古城遗址，挖掘出陶片、瓷片、骨箭头、石斧、铜器、铜钱和网锤等许多古文物，为研究赫哲族历史提供了宝贵资料。(《黑龙江日报》1982.6.13.①)

12～20日 吉林省人大五届四次会议举行。会议通过副省长张士英的政府工作报告。报告要求进一步贯彻党中央、国务院关于民族工作的指示，积极帮助少数民族地区发展经济，按照少数民族地区的特殊需要，从人力、物力、财力上给予有力支持；积极发展少数民族地区的教育、文化、科学、卫生、体育和广播事业；培养少数民族干部，保障民族自治权利，增强民族团结。(《吉林日报》1982.6.12.①，6.20.①，6.29.④)

13日 新疆维吾尔自治区人民政府批准《关于中等教育结构改革的意见(试行草案)》，要求自治区中等教育结构要逐步达到城市普通高中、中专与技校、职业(技术)学校、职业中学各占50%；县镇普通中学与职业学校各占50%；农牧区普通中学与农(牧)业中学各占50%。(《新疆日报》1982.6.13.①)

14日 据报道，广东省财政厅、水电厅最近拨专款35万元给广东省海南黎族苗族自治州建设县办小水电站，新增装机容量3800千瓦。(《南方日报》1982.6.14.①)

15日 重庆市政府召开大会，表彰支援甘孜藏族自治州经济文化建设中的46个先进集体和211名先进个人。从1978年10月以来，重庆先后派出由149个单位参加的支甘小分队77个，80个部门和单位为甘孜培训了各类技术业务人员995名。(《新华社新闻稿》1982.6.19)

△ 是日报道，新疆维吾尔自治区除每年的专项拨款外，是年从国家“支援不发达地区资助资金”中拨款110万元用来新建、扩建一批生产供销民族用品企业。(《新疆日报》1982.6.15.①)

16日 是日报道，广西壮族自治区决定采取资金上扶持、技术上帮助、政策上照顾等措施，从是年起若干年内，每年拨给几百万元资金扶持47个穷县发展地方工业。(《新华社新闻稿》1982.6.16)

△ 四川省甘孜藏族自治州甘孜县生康绒巴岔一带发生6.1级地震，52户房屋倒塌，死亡11人，伤13人，牲畜损失严重。(《甘孜州志》上P86,《新华社新闻稿》1982.6.18)

17日 据报道，青海省卫生工作会议最近在西宁召开。会议就进一步加强农村牧区基层卫生事业的建设提出了6项措施，要求把提倡民族医、用民族药作为解决目前少数民族地区缺医少药的重要途径。会议还对防病、治病和计划生育3大任务提出了新的要求。(《青海日报》1982.6.17.①)

△ 1979年以来，青海省各级水利部门为氟中毒、地甲等病区兴建了各类改水工程106项，拨补助费245万元，改善了5万人、6万多头牲畜的饮水条件。(《青海日报》1982.6.17.①)

22日 云南省迪庆藏族自治州文学艺术工作者第一次代表大会在中甸召开，成立自治州文学艺术工作者联合会。(《迪庆藏族自治州志》P55)

△ 青海省人民政府决定从是年起在3至5年内，每年支援藏族聚居的囊谦、班玛、泽

库3个县600万元发展生产，以尽快改变贫困面貌。（《新华社新闻稿》1982.6.23）

△ 新疆广播电视大学录取首批用维吾尔语授课的学员3281名，包括维吾尔、哈萨克、乌孜别克、塔塔尔、柯尔克孜、蒙古、锡伯、回、汉等民族的学员。（《新疆日报》1982.6.22.①）

23日 西藏自治区在拉萨举行第四届运动会，赛马、藏式摔跤和射响箭等传统体育项目首次参加比赛。西藏自治区副主席帕巴拉·格列朗杰和西藏体委副主任贡布分别给比赛获胜者发奖。（《新华社新闻稿》1982.6.24）

24日 是日报道，1957年以来，国家先后拨给云南贡山独龙族怒族自治县40万元资金，使这个县运输驮马发展到866匹。国家还拨出资金，先后修筑351公里长的人马驿道。在怒江、独龙江等大小河流上架起1座钢索车马吊桥、14座钢索人马吊桥和40多座木板桥，改变了交通闭塞状况。（《云南日报》1982.6.24.①）

△ 西藏自治区人民政府决定：从是年起，每年增拨700万元教育经费，为少数民族中、小学生提供助学金；上初中的少数民族农牧民子女，住校生全部享受助学金，走读生80%享受助学金；农牧民子女入读公办小学的住校生全部享受助学金；4年级以上走读生60%可以享受助学金。（《新华社新闻稿》1982.6.26）

△ 经国务院批准，国家计委、教育部、劳动人事部最近作出新政策规定：从1982年起对分配去西藏自治区工作的高校毕业生和研究生在藏连续工作满8年以上者，如本人申请回内地时，可在其原籍或爱人所在地区安排工作。（《新华社新闻稿》1982.6.25）

25日~7月20日 广西壮族自治区少数民族生活画展在民族文化宫展出。（《广西日报》1982.7.2.①）

27日 云南省景洪县基诺公社20个生产队的881户基诺族社员用上自来水，结束了祖祖辈辈靠饮小井水和箐水生活的历史。（《云南日报》1982.6.27.①）

28日 新疆人民广播电台即日起开办柯尔克孜语广播。该电台从1949年建台时就用维吾尔族、汉族2种语言播音，1955年和1958年又分别开办哈萨克语和蒙古语广播。（《新华社新闻稿》1982.6.29）

29日~8月25日 全国人大常委会副委员长班禅额尔德尼·确吉坚赞由国家民委副主任薛剑华陪同，一行45人在西藏自治区进行视察。其间，班禅在拉萨、日喀则、江孜等地视察农村、牧区、工厂、学校、部队和寺庙，并进行佛事宗教活动，拉萨和日喀则两地接受摸顶的群众就达30万人次。班禅发表讲话，号召群众听党的话，走社会主义道路，维护民族团结和祖国统一，强调藏族和汉族“两个离不开”，提出爱民族必须爱国家。批驳了打着民族旗帜，鼓吹“高度自治”和“西藏独立”的反动观点。（《新华社新闻稿》1982.7.19，8.25；《中国共产党西藏历史大事记（1949~2004）》P377~378）

30日 内蒙古自治区五届人大常委会第十二次会议通过《内蒙古自治区环境保护条例（试行）》。（《内蒙古自治区史》P422）

是月 内蒙古自治区赤峰市阿鲁科尔沁旗、巴林左旗、巴林右旗、翁牛特旗、敖汉旗、宁城县、红山区、松山区降大到暴雨，农田受灾面积18.99万公顷，成灾5.43万公顷，倒塌房屋1900间，造成危房1000多间，冲毁机井396眼，损失粮食16.15万公斤，死亡71人、大小牲畜3.6万头（只）。（《内蒙古自然灾害通志》P386）

△ 湖南省湘西土家族苗族自治州桑植县开展恢复土家族的民族成分工作。截至年底，桑植2.3912万户83054人、大庸13751户4.8841万人恢复土家族成分。（《湘西州志》上P79）

△ 甘肃省甘南藏族自治州公布《甘南藏族自治州计划生育实施办法》。（《甘南藏族自治州概况》P233）

是月~7月 新疆维吾尔自治区和田、喀什、阿克苏、巴音郭楞、伊犁、塔城等14个地、州的20多个县连续发生洪水、冰雹、干旱等灾害。据不完全统计，受灾面积240多万亩，其中16万亩颗粒无收。395座桥梁、涵闸、667座渡槽、772座跌水、190公里渠道、24公里防洪堤坝被冲毁，损失2200万元。11人死亡，损失1.5万头牲畜，倒塌房屋3300多间。（《新疆减灾四十年》P278）

7月

1日 宁夏回族自治区图书馆建成开馆。1963年郭沫若为该馆题名。（《宁夏日报》1982.7.18.③）

△ 宁夏回族自治区在银川市建立贺兰山自然保护区，面积20.63万公顷，是以森林生态系统、野生动植物资源为主要保护对象的国家级自然保护区。在同心县建立罗山自然保护区，面积3.37万公顷，是以水源涵养林为主要保护对象的国家级自然保护区。（《全国自然保护区名录（2003）》P115）

2日~8月15日 新疆维吾尔自治区科委举办全区首次少数民族科技管理干部培训班，28名学员参加学习。（《新疆日报》1982.8.24.①）

3日 据报道，贵州省人民政府最近拨给黔西南布依族苗族自治州补助款130万元，帮助少数民族发展经济建设。（《贵州日报》1982.7.3.）

△ 第一届贵州省少数民族摄影艺术作品展览在贵阳展出，共展出239幅作品。（《贵州日报》1982.7.5.①）

△ 据初步统计，新疆维吾尔自治区恢复和新建的少数民族中、小学160多所，在校生2.79万多名。从1980年起，免收南疆农村少数民族贫困社队和边境少数民族学生的学杂费，免费供应小学课本，每年支出经费250多万元。（《新华社新闻稿》1982.7.4）

4日 是日报道，1980年以来，西藏自治区采取更加灵活的优惠政策，给边境居民更多的自主权。22个边境县中，噶尔县和日土县人均年收入450元，7个县人均收入超过300元，18个县人均收入超过200元。流落到境外的一些藏胞也纷纷返回家园定居。（《新华社新闻稿》1982.7.4）

4~17日 1982年新疆戏剧调演在乌鲁木齐举行。14个专业团体、12个民族的800余名演员，共演出21个剧目。（《新疆日报》1982.7.5.①，7.19.①）

5日 据教育部统计，全国少数民族教师超过45万人。（《新华社新闻稿》1982.7.6）

△ 贵州省少数民族经济研究会筹委会在贵阳召开成立大会。会议宣布成立筹委会办事机构，要求开展对本省少数民族地区的经济现状和历史进行调查研究。（《贵州日报》1982.8.10.③）

△ 青海省门源回族自治县门源回族女中首届42名毕业生举行毕业典礼。（《青海日报》1982.7.14.①）

△ 西北民族学院段克兴教授因病逝世，享年76岁。段克兴教授对藏学研究有较深的造诣，著有《西藏奇异志》、《西藏经行记》和《川康记游》等著作，曾参加《共同纲领》和《中华人民共和国宪法》的藏文翻译工作，并合译《论人民民主专政》、《新民主主义论坛》等著作。（《西北民族学院校史》P327~328）

6日 新疆维吾尔自治区在上海自行车公司协助下，试制出鸵鸟牌自行车，填补自治区自行车生产空白。（《新疆日报》1982.7.6.①）

7日 内蒙古自治区首次党政机关翻译工作会议最近在呼和浩特召开。会议总结交流了工作经验，研究了今后如何进一步做好翻译工作的方法和措施，讨论修改了《内蒙古自治区党政机关翻译工作条例（草案）》等。（《内蒙古日报》1982.7.7.①）

△ 1979年以来，西藏自治区人民政府拨款1.7亿多元，扶持边疆居民生产和改善生活条件。（《新华社新闻稿》1982.7.7）

8日 中央民族学院举办的全国少数民族地区、州、县（旗）重点中学教师进修班培训的180余名学员结业。（《光明日报》1982.7.8.②）

△ 广东民族学院举行82届黎、苗、瑶、壮、回、满、畲、白、傣等10个民族143名毕业生的毕业典礼，省委及有关部门负责人到会祝贺。（《南方日报》1982.7.8.①）

11日 宁夏回族自治区国营清河机械厂生产出首批“百合”牌自行车，填补自治区轻工产品的一项空白。（《宁夏日报》1982.7.11.①）

12日 广西壮族自治区涠洲岛南部海区打出一口日产量135立方米轻质、低蜡、不含硫的优质高产油井。（《广西通志·大事记》P480）

△ 据统计，西藏自治区地、市委第一书记和政府主要负责人均由少数民族干部担任，86%的县委第一书记和所有县长、县人大常委会主任和政协负责人都是少数民族干部。自治区直属各地专级的机关和单位的主要负责干部中，近70%是少数民族干部。在科研、教育、文化艺术、新闻、出版、工交财贸、基建等部门和单位，均配备了相当数量的比较熟悉本行业的少数民族干部。全区有一支近万人的少数民族科研队伍。地专级机关任负责工作的少数民族干部中，35岁以下的占3.4%，35~55岁的占89.7%，年龄在56岁以上的仅占6.9%。（《西藏日报》1982.7.12.①）

△ 据报道，近几年，青海省办起4所回族女子中学和1所撒拉族女子中学，改变了这一地区不让女孩子上学的旧习俗。（《新华社新闻稿》1982.7.13）

△ 据《新疆日报》报道，近4年来，新疆维吾尔自治区北部地区“三北”防护林建设取得显著成绩。据北疆地区“三北”防护林建设县造林成果汇报会的统计，1979~1981年，北疆20个“三北”防护林建设县累计造林17.9万多亩，平均保存率76.6%，3年累计造林保存面积13.7万多亩，是1949~1978年造林保存面积总数的64.5%。在全民义务植树活动的推动下，今春20个县造林面积8.6万多亩，接近过去3年累计造林面积的50%；伊宁等5县恢复次生林近17万亩。（《中国共产党新疆历史大事记（1966.5~1991.12）》下P191）

13日 内蒙古自治区人民政府决定：从是年起，连续4年拨专款用于解决边境牧区18个旗、市群众吃水、听广播、看电视、通电话和边境旗、市所在地城镇建设问题。是年已拨款1000万元。（《内蒙古日报》1982.7.13.①）

△ 新疆维吾尔自治区党委常委会议举行，听取自治区纪委关于自治区打击经济领域严重违法犯罪活动情况的汇报。据不完全统计，截至6月底，全区共揭发各类经济案件1240件。其中，走私贩私案53件，占4.2%；贪污受贿案577件，占46.7%；投机诈骗案289件，占23.3%；其他盗窃国家资财案321件，占26%。已结案187件，自动投案自首150起，大案要案74件，犯罪金额共计670多万元。（《中国共产党新疆历史大事记（1966.5~1991.12）》下P191~192）

14日 青海省蒙古族女运动员、23岁的罗玉香在全国田径冠军赛中以9分21秒66的成绩打破3000米全国纪录。（《青海日报》1982.7.14.①）

15日 广西壮族自治区少数民族文学创作评奖结束，评出荣誉奖2篇和创作奖37

篇。（《广西日报》1982.7.15.①）

△ 青藏铁路哈尔盖至格尔木段第一期工程全部建成并投入运营。（《新华社新闻稿》1982.7.17）

21日 辽宁省30名援藏教师启程前往西藏自治区那曲地区，支援西藏发展教育事业。（《光明日报》1982.7.22.①）

21~23日 全国少数民族珠算邀请赛在吉林省延边朝鲜族自治州延吉市举行，12个省、自治区和延边朝鲜族自治州的13个代表队，包括藏、蒙古、回、满、维吾尔、壮、苗、白、朝鲜、布依等21个少数民族的74名选手参加。延边代表队、吉林代表队、广西壮族自治区代表队分获团体赛第一、二、三名。（《吉林日报》1982.7.24.①，《延边朝鲜族自治州志》上P89）

23日 广东省委、省政府决定，在海南黎族苗族自治州和粤北3个自治县以及琼海、万宁等县的民族地区试办寄宿制中、小学民族班，并拨给海南黎族苗族自治州试办经费55万元。（《南方日报》1982.7.23.①）

△ 广州美术学院附中增设民族班，首次招收海南黎族苗族自治州黎、苗、壮族学生16名。（《南方日报》1982.7.32.①）

24日 广西壮族自治区政府批准自治区教卫办、自治区民委《关于在我区扩大民族预科班招生和直升问题的请示报告》。从1980年起，广西民族学院、广西大学、广西农学院等多所院校开始举办民族预科班，招生对象是"老、少、边、山、林"地区43个县当年高考落榜的少数民族考生，从中择优录取一部分学生进行培养，并将实际招生人数列入第二年的招生计划。广西民族学院、广西医学院、广西中医学院招收的民族预科班由广西民族学院集中代培。（《广西通志·大事记》P480）

26日 云南省民委和科协联合举办少数民族干部科技训练班，专门培训边疆民族地区及山区民族聚居的公社党委书记、副书记和公社主任。目前，已有200多名民族干部接受训练。（《新华社新闻稿》1982.7.27）

△ 新疆维吾尔自治区首次举办的新疆民族民俗陈列展在自治区展览馆正式展出。从1980年起，自治区先后派出20个调查民族风俗文物征集组分赴全疆各地进行征集工作。（《新疆日报》1982.7.28.①，《中国共产党新疆历史大事记（1966.5~1991.12）》下P192）

27日 四川省民委、省卫生厅联合召开藏医药工作座谈会，对藏医药的继承和发展进行讨论。甘孜藏族自治州德格县卫生局组织翻译一批古代藏医典籍，有《四部医典》、《蓝琉璃》等版本，由省民族出版社出版。（《甘孜州志》上P87）

29~30日 中共中央副主席、国务院总理赵紫阳在宁夏回族自治区视察。他先后听取自治区党委的汇报，视察青铜峡水电厂，访问青铜峡县的一些农户。他指出，大力种草种树，恢复大地植被，改变生态环境是改变山区面貌的第一位任务；川区可以多种一些粮食，多卖余粮救济山区。他针对宁夏煤运不出去的状况指出，这段铁路要解决电气化，目前在车皮不能增加的情况下可增加车皮的载运量，要做坑口电站、铝厂扩建。（《中共宁夏党史大事记（1925.8~1988.6）》P529~530，《当代宁夏史通鉴》P33）

31日 吉林省11位援藏高校教师赴拉萨工作。（《光明日报》1982.8.5.①）

△ 我国最大的冻土区桩基试验场在青藏公路唐古拉山口建立。（《当代中国的西藏》下P603）

是月 据广西壮族自治区渔业调查所得数据，全区海水可养殖面积40万亩，是年全区海水养殖面积23万余亩。（《广西通志·大事记》P480）

△ 中国科学院物理研究所和四川省地质调查队在甘孜藏族自治州理塘县麦洼热鲁村发现桉树植物化石群。（《甘孜州志》上P87）

△　新疆维吾尔自治区博尔塔拉蒙古自治州电视转播台建成试播。（《博尔塔拉蒙古自治州志》P59）

8月

1~2日　辽宁省民委邀请11个省、市、自治区的专家、学者在沈阳召开座谈会，就今后如何进一步开展满族文化工作进行筹措、协商。会议提出了关于建立开展满族文化研究的组织机构和创办满族文化研究刊物的倡议。国家民委副主任文正一等到会。（《辽宁日报》1982.8.3.①）

1~7日　中国北方少数民族哲学及社会思想史学会首届年会在内蒙古自治区海拉尔召开。会议交流了不同民族、不同文字的论文和资料40余篇，讨论了少数民族哲学及社会思想史的特点、规律及其研究方法等问题。（《内蒙古日报》1982.8.13.①）

2日　经国家出版事业管理局和内蒙古自治区党委批准，内蒙古自治区成立文化、少年儿童和科学技术3个蒙古文专业出版社，分别设于海拉尔、通辽和赤峰，极大地促进了蒙古文出版事业的发展。（《内蒙古日报》1982.8.2.①，《内蒙古自治区史》P543）

△　国务院批复广西壮族自治区人民政府，同意邕宁县那龙、江西、坛洛公社划归南宁市管辖。（《国务院公报》1982［13号］P589）

△　据报道，新疆文物工作队发掘巴里坤县一古代墓葬群，清理出一批文物，其中有新疆迄今发现最早的丝织品。（《新华社新闻稿》1982.8.3）

3日　吉林省延边朝鲜族自治州政府举行民族团结表彰大会，92个民族团结先进集体和244名民族团结先进分子受表彰。（《新华社新闻稿》1982.8.4）

△　国务院批复湖南省人民政府，同意撤销湖南省湘西土家族苗族自治州吉首县，设立吉首市，以原吉首县的行政区域为吉首市的行政区域，由湘西州领导。（《国务院公报》1982［15号］P675，《湘西州志》上P79）

3~7日　青海省人大五届十九次会议举行，审议通过黄南藏族自治州、河南蒙古族自治县《关于施行中华人民共和国婚姻法的补充规定》。（《青海日报》1982.8.9.①）

3~8日　贵州省民族贸易和民族用品生产工作会议在贵阳召开。会议要求有关部门落实民族政策和经济政策，研究解决当前存在的问题。（《贵州日报》1982.8.10.①）

△　广西壮族自治区天峨县文化馆仫佬族青年美术工作者谢新荣的版画——《仫佬山的秋色》在全国首届少数民族美术作品展览中荣获佳作奖，并被选为仫佬族第一幅国家藏画作品。（《光明日报》1982.8.4.②）

4~7日　云南省人大常委会举行6个自治州、19个自治县人大工作座谈会，交流民族工作情况，讨论民族自治地方的人大常委会如何依照法律行使好职权，以保障党的民族政策贯彻执行，促进民族地区经济文化事业的发展和增强民族团结。（《云南日报》1982.8.11.①）

5日　是日报道，1980年以来，国家拨给青海省海西蒙古族藏族哈萨克族自治州的资金964.1万元，建成羊药浴池14座、半细毛羊配种站14处、修建草原灌水渠37公里，扩大草原灌溉面积17.9万亩。（《青海日报》1982.8.5.①）

6日　据报道，四川省4个市对口支援甘孜藏族自治州、阿坝藏族羌族自治州、凉山彝族自治州发展经济文化获得显著成效：一、为3个民族自治州培训人才1900多人次；二、帮助工矿企业搞好管理，改进工艺设计，促进生产，提高效益；三、互通有无，4市为3州提供设备材料、轻工产品，3州为4市提供林畜产品、中药材；四、发挥各自优势，发展联合经营。（《四川日报》1982.8.6.①）

△ 贵州省黔东南苗族侗族自治州苗、侗文师资培训班开学，100名学员入学。（《贵州日报》1982.8.24.①）

7日 云南省西双版纳傣族自治州景洪农场流沙河电站竣工。电站1978年10月6日开工，投资1700万元，装机1.7万千瓦，为州境和全国农垦系统最大的径流式水力发电站。（《西双版纳傣族自治州志》上P59）

8日 据统计，新疆维吾尔自治区小水电站发展到近600座，装机容量31万千瓦，现在全区70个县579个公社2900多个大队用上电。（《新华社新闻稿》1982.8.8）

10日 贵州省黔西南布依族苗族自治州拨款6000元，在查白场修建1座歌台，供布依族同胞每年欢度民族节日。（《贵州日报》1982.8.10.③）

11日 报讯，被誉为蒙古族古典文学“三座高峰”之一、一度濒临绝迹的卫拉特蒙古民间文学巨著——《江格尔传》的抢救工作获重大成绩，搜集到《江格尔传》完全或不完全章节、变体50余篇。（《新疆日报》1982.8.11.①）

11～22日 甘肃省民委第七次委员（扩大）会议在兰州举行。会议传达国家民委第二次会议精神，就进一步加强民族团结，扶持少数民族发展经济文化建设问题进行讨论。（《甘肃日报》1982.8.25.①）

12日 据《广西日报》报道，自1978年中共中央十一届三中全会以来，广西壮族自治区蔗糖生产连续4年榨季增产，共上调给国家机制糖101万吨，居全国首位。（《广西通志·大事记》P481）

13～21日 中共中央主席胡耀邦在内蒙古自治区呼伦贝尔盟、兴安盟、哲里木盟考察时指出，内蒙古有辽阔丰美的草原，要充分利用这个资源优势，把发展畜牧业提到更高的地位上来，放手大胆地实行专业承包责任制。（《新华社新闻稿》1982.8.26）

14日 据《新疆日报》报道，北京大学、复旦大学等内地29所高等院校决定对口支援新疆维吾尔自治区培养高校师资。形式有：一、分期分批接收新疆高等院校进修教师；二、根据新疆高等院校教学和科研的需要，派骨干教师到新疆讲学或短期任教；三、向新疆提供有关教材和图书资料；四、内地院校与新疆高等院校相互交流思想政治、教学科研和后勤等方面工作的经验。（《中国共产党新疆历史大事记（1966.5～1991.12）》下P194）

15日 青海省海北藏族自治州612个农业生产队中实行包干到户的482个，占78.76%；统一经营、联产到劳的87个，占14.21%；37个生产队仍实行定额计酬，占6.05%。（《海北藏族自治州志》上P84）

15～18日 黑龙江省首届少数民族传统体育运动会在牡丹江市开幕。关秀峰、陈火运、傅春彦、佟强获中国式摔跤第一名，李勇焕、包火宇分别获朝鲜族摔跤与蒙古式摔跤第一名，申贤淑获秋千第一名，李宝今、安贤玉获跳板第一名，陶卫、金洪月获男女小口径步枪射击第一名。（《黑龙江日报》1982.1.16.①，1.20.①）

16日 社会科学院研究生院首次授予硕士学位的81届37名研究生中，满、蒙古、回、藏、壮、达斡尔等6个少数民族的研究生占12名。（《新华社新闻稿》1982.8.18）

17日 据报道，党的十一届三中全会以来，云南省傣、景颇、傈僳、拉祜、彝、佤、藏、苗、哈尼9个民族，使用本民族的语言文字教学和扫盲。德宏、楚雄、西双版纳、红河4个自治州和路南、丽江2个自治县还建立专门从事民族语文工作的机构，恢复成立少数民族语文指导工作委员会，开办民族文字的师资培训班。（《云南日报》1982.8.17.①）

△ 贵州省黔南布依族苗族自治州委决定将茂兰喀斯特森林、斗篷山列为自治州级自然

保护区。（《黔南布依族苗族自治州志》上P67）

17～19日 第15届国际汉藏语言学会会议在北京举行，来自美、英、法、加拿大、澳大利亚等国的百名学者和我国各地的80多名学者参加。（《中央民族大学五十年》P201）

17～20日 广东省海南黎族苗族自治州文学艺术工作联合会第一次代表大会在通什镇举行。会议选出55名委员（其中黎族13人，苗族2人），成立州文联。（《南方日报》1982.8.18.①，8.22.①）

18～26日 第三届西北5省（区）伊斯兰学术讨论会在青海西宁举行，中心议题是"西北地区伊斯兰教派、门宦及其渊源问题"。出席代表140人，提交论文77篇。会后编辑出版《中国伊斯兰教研究》。（《中国伊斯兰百科全书》P600）

△ 据报道，党的十一届三中全会以来，青海省兴建7所蒙藏医院和1所藏医药研究所，民族医药队伍达640多人，编著出版《藏药标准》、《藏医临床札记》和《藏医药选编》等书籍。（《青海日报》1982.8.21.①）

21～27日 中国民族学研究会第二届学术讨论会在西宁召开。会议以民族学与现代化为中心议题，围绕中国少数民族的社会形态和中国少数民族向社会主义过渡问题进行讨论。（《青海日报》1982.10.4.①）

22日 是日报道，党的十一届三中全会以来，内蒙古自治区农村涌现出12万养殖专业户、重点户。（《内蒙古日报》1982.8.22.①）

△ 据统计，青海省已有5名少数民族干部任省委常委，4人任副省长，30人任省委和省政府部、厅（局）的领导；6个自治州中，少数民族担任州委书记的5人、州长6人；29个州属县和3个自治县中，任县委书记的26人，任县长的32人。（《人民日报》1982.8.22.②）

△ 中国政府和巴基斯坦伊斯兰共和国政府签署关于开放红其拉甫山口的议定书。（《中华人民共和国边界事务条约集·中阿·中巴卷（2004）》P43）

23日 西藏自治区规模最大的1座面粉厂在拉萨投产。全厂职工197名，其中藏族143名。（《新华社新闻稿》1982.8.25）

△ 设计能力为年产毛条2500吨的毛条厂在宁夏回族自治区银川建成。（《新华社新闻稿》1982.8.25）

24日 据报道，国家帮助边疆少数民族地区开发利用新能源工作在内蒙古自治区启动。（《新华社新闻稿》1982.8.25）

25日 据报道，4年前内蒙古发现的铋复硫盐矿，最近被国际矿物学会承认为一种新矿物。内蒙古境内发现的黄河矿和大青矿已获得国际承认。（《新华社新闻稿》1982.8.27）

△ 据报道，内蒙古自治区察哈尔右翼前旗辽代墓葬群里发现一具900多年前的辽代契丹族女尸。（《新华社新闻稿》1982.8.26）

△ 西安至银川新航线通航。（《宁夏日报》1982.8.26.①）

27日 新疆维吾尔自治区喀什地区塔什库尔干塔吉克自治县红其拉甫口岸正式开放并举行仪式。（《中国共产党新疆历史大事记（1966.5～1991.12）》下P194～195）

28日 党的十一届三中全会以来，我国建立11个民族用品生产基地，1700多个企业，生产的民族用品1100多种，产值4.09亿万元。（《新华社新闻稿》1982.8.28）

△ 广西壮族自治区党委、人民政府发出《关于贯彻执行〈中共中央、国务院关于禁绝鸦片烟毒问题的紧急指示〉的紧急通知》，要求严格边境管理，严防鸦片烟毒、罂粟秧苗和种子流入，堵死贩运鸦片烟毒经广西到港澳的线路。（《广西通志·大事记》P482）

△ 广西壮族自治区金秀瑶族自治县各族

各界代表集会，庆祝自治县成立30周年。自治县县长赵进贵（瑶族）在会上总结了30年来全县各行各业所取得的成就，自治区代表团团长自治区政府副主席甘苦（瑶族）、著名社会活动家费孝通等到会祝贺。（《广西日报》1982.8.29.①）

△ 据报道，云南省少数民族特需用品的自给率和基本自给率达到70%左右。全省现有专门生产民族特需用品的企业160多个，能成批生产650多种3000多个规格花色的民族用品。1981年的总产值比1978年增长2倍以上。（《新华社新闻稿》1982.8.29）

31日 据统计，国家在民族自治地方全民所有制单位基本建设投资，1950年到1981年，累计729亿多元。1979年到1981年，累计148.8亿元，相当于建国后30多年投资总额的20.4%。1981年，全国民族自治地方的工农业总产值比1978年增长13.3%，农牧民社员的收入，仅集体分配就比1979年增长13%。（《新华社新闻稿》1982.8.31）

△ 据统计，党的十一届三中全会以来，云南边远的民族地区新建农村集镇电影院130多座，新增电影放映机800多台。全省电影放映点达3224个，各民族的放映员达1万多名。（《新华社新闻稿》1982.9.1）

△ 是日报道，党的十一届三中全会以来，云南省贫困落后地区的1000万各族人民摆脱依靠返销粮过日子的状况。上年全省贫困地区中，不再需要供应返销粮的人口比1979年降低73.7%。全省原来平均每人口粮在300斤，收入在40元以下的30个穷县，已有27个县基本摘掉"穷帽子"，并有一些贫困地区开始向国家提供商品粮。据曲靖、怒江、迪庆、思茅、丽江、保山、玉溪等地（州）的不完全统计，上年在这类地区中，约有78%的社队提供5000多万斤超购粮和议价粮。（《新华社新闻稿》1982.8.30～31）

是月 内蒙古自治区党委宣传部发出《关于恢复和加强民族理论和民族政策的通知》，要求全区大专院校在9月1日开学以后，全部恢复民族理论和民族政策课。（《内蒙古自治区史》P430、543）

△ 甘肃省甘南藏族自治州首届藏戏调演在夏河县举行。（《甘南州志》上P137）

△ 青海省地质7队探明海南藏族自治州同德县秀麻地区有1条长达35公里的汞矿带，主要矿床有穆合、什木沟、沙尔诺、贡布等，穆合矿床储量在4000吨以上。（《海南州志》P53）

9月

1日 内蒙古自治区招生委员会决定，自治区内主体少数民族文理科考生均降低1个分数段录取；其他少数民族考生与汉族考生同等的条件下优先录取；注意录取边远地区、牧区、林区，以及鄂温克、鄂伦春、莫力达瓦、达斡尔3个自治旗敖力古雅民族乡的考生。（《内蒙古日报》1982.9.1.①）

△ 西藏自治区人民政府决定，自即日起，一律免收全区城镇中、小学学生的学杂费（此前已免收农牧区民办中、小学学生的学杂费）；并决定每年拨出300万至500万公斤粮食，作为中、小学住校生的口粮补贴。（《中国共产党西藏历史大事记（1949~2004）》P379）

1~8日 由教育部、国家民委和全国教育工会联合组织的10个省（区）33个民族共110名少数民族优秀教师组成的参观团在北京参观学习。（《光明日报》1982.9.7.②）

2日 据《广西日报》报道，近3年，广西壮族自治区拨出3000多万元专款，帮助8个民族自治县修建了总长为922.7公里，包括11座公路大桥的74条公路。为此，国家共拨款2100万元，并派出大批工程技术人员帮助筑路。（《广西通志·大事记》P482，《新华社新闻稿》1982.9.11）

3日 广西壮族自治区金秀瑶族自治县瑶

族干部发展到772名，县委书记、县人大常委会主任、县长均由瑶族干部担任。（《广西日报》1982.9.3.②）

△ 西藏自治区人民政府划定总面积十多万亩的下察隅、墨脱、波密岗乡、吉隆县江村、林芝县巴结乡和樟木口岸6地为自然保护区。（《新华社新闻稿》1982.9.4）

4日 吉林省延边朝鲜族自治州各族群众8万多人集会，庆祝自治州成立30周年。（《新华社新闻稿》1982.9.5）

6日 全国首次少数民族用品、轻纺产品和中药材展销会在北京民族文化宫举行开幕式。党和国家领导人万里、阿沛·阿旺晋美及各族代表1000多人参加开幕式。全国25个省、市、自治区的有关单位为展销会提供了大量展销品。（《新华社新闻稿》1982.9.7）

8日 广西壮族自治区民族文化工作参观团一行27人抵云南省德宏傣族景颇族自治州参观。（《德宏州志》综合卷P74）

9日 广东省政府增拨普教经费71.3万元，帮助海南黎族苗族自治州解决中小学校舍和设备的困难。（《南方日报》1982.9.9.③）

11日 据统计，广西壮族自治区环江县毛南族平均315人有1名大学生。（《广西日报》1982.9.11.②）

13日 广东民族学院恢复大学预科班。本届共招新生131名，其中黎、苗、瑶、壮、满、畲、蒙古族等新生123名。（《云南日报》1982.9.15.①）

△ 新疆维吾尔自治区五届人大常委第十七次会议通过《关于全面使用维吾尔、哈萨克老文字的决议》。（《新疆日报》1982.9.15.①）

14日 据统计，西藏自治区藏族和其他少数民族干部已有2.9万多人，占全区干部总数近60%，比1965年增长3倍。藏族和其他少数民族，在自治区一级的领导干部占63%，县委书记中占83%；自治区和各县人大常委会主任、自治区人民政府主席和各县县长已全部由民族干部担任。解放前，西藏的科技人员不到10名，现在藏族和其他少数民族的科技干部有5900多名，其中工程师有146名。1977年以来，被送到内地和西藏高等院校培训的县级以上干部达900多名。（《新华社新闻稿》1982.9.16）

15～20日 新疆维吾尔自治区射箭运动员汝光（锡伯族）、郭梅珍（女，锡伯族）在上海市举行的全国射箭锦标赛中获得8枚金牌。（《新疆通志·体育志》83卷P58）

16～22日 宁夏回族自治区第二届民歌（花儿）演唱会在固原举行。14个市县的140名回、汉等民族歌手，以独唱、重唱、对唱、表演唱等形式演唱了170多首民歌（花儿）。（《宁夏日报》1982.10.8.①）

16日～11月8日 全国人大常委会副委员长班禅额尔德尼·确吉坚赞由国家民委副主任薛剑华等陪同，到甘肃、四川视察工作。（《新华社新闻稿》1982.9.17；《四川日报》1982.11.15.①，11.19.①）

17～29日 青海、甘肃、四川、云南、西藏5省区藏族文学创作座谈会在拉萨举行。与会同志学习十二大文件，交流创作经验，讨论和研究如何繁荣和发展社会主义藏族文学问题，通过《积极行动起来，开创社会主义藏族文学的新局面》的倡议书。（《西藏日报》1982.10.6.①）

18日 据报道，解放以来，我国出版19种民族文字的3万多种图书，印刷5亿多册。党的十一届三中全会以来，除原有的北京、新疆、内蒙古、延边等民族出版社外，又陆续成立四川、青海、黑龙江、广西、云南、新疆伊犁和喀什、内蒙古东三盟等23个民族出版社。（《光明日报》1982.9.18.②）

19日 西藏自治区人民政府批转《关于建设商品粮和畜产品基地的意见》。（《中

国共产党西藏历史大事记（1949~2004）》P381）

20~21日 中共中央总书记胡耀邦在四川省凉山彝族自治州视察。（《凉山彝族自治州志》上P67）

21日 青海省人民政府决定，从是年秋季开始，青海师范学院、青海医学院和青海畜牧兽医学院，分别开设少数民族班，招收少数民族新生110名。（《新华社新闻稿》1982.9.22）

22日 新疆维吾尔自治区克孜勒苏柯尔克孜自治州民族团结表彰大会召开，大会表彰52个先进集体、117名先进个人，并通过《自治州民族团结公约》。（《克孜勒苏柯尔克孜自治州志》上P49）

△ 党的十一届三中全会以来，内蒙古自治区地质部门新找到大中型矿产地8处，其中有储量20亿吨以上的煤田，100万吨的硫铅锌矿，3000万吨的硫铁矿，33亿吨的石膏矿床和近20个其他矿种。同时完成重要科研项目20余项。（《内蒙古日报》1982.9.22.①）

23日 广西壮族自治区人民政府发出关于同意增加龙州、宁明、凭祥、靖西为民族贸易县（市）的通知。至此，全区已有民族贸易县（市）35个。（《广西通志·大事记》P482）

25日 国务院委托国家计委正式批准湖南省湘西土家族苗族自治州张家界为首个国家森林公园。（《湘西州志》上P80）

△ 广西壮族自治区电网中第一座装配有载自动调压电力变压器的变电站——柳州河东变电站一期工程竣工投产。（《广西通志·大事记》P482）

26日 广东省连山壮族瑶族各族人民集会，庆祝自治县成立20周年。（《南方日报》1982.9.27.②）

28日 青海省海北州祁连县柯柯里公路贯通，黑河大桥竣工，公路全长24.6公里，至此，海北藏族自治州各乡均有公路。（《海北藏族自治州志》上P84）

△ 据新华社报道，宁夏回族自治区国营农（牧）场大力种植树、草、灌木，逐步改善生态环境。据14个国营农（牧）场统计，是年共营造成片林2.5万多亩，相当于30年累计造林面积的54%，播种牧草、绿肥4.8万多亩，种植各种灌木3800多亩。（《中共宁夏党史大事记（1925.8~1988.6）》P531）

28日~10月13日 13个省（区）28个民族的450多名代表组成的少数民族“国庆”参观团在北京参观学习。10月1日，各参观团的32名代表分别看望中共中央政治局常委叶剑英、中央军委副主席徐向前、中央顾问委员会副主任谭震林和全国政协副主席李维汉4位老同志。9日，全国人大常委会副委员长乌兰夫、中国人民解放军总参谋长杨得志等党和国家领导人会见各参观团全体成员。11日，全国妇联邀请各参观团的女团员进行座谈。（《新华社新闻稿》1982.9.29，10.2，10.10）

30日 广西壮族自治区、新疆维吾尔自治区、内蒙古自治区、宁夏回族自治区、西藏自治区和青海、甘肃、云南、吉林等地的代表在宁夏银川聚会，讨论民族教育问题，就如何发展少数民族教育提出建议，要求编写适合少数民族儿童的教材；适当延长学制，以保证少数民族的学生接近全国学生的水平；在高考中，适当放宽少数民族考生的入学条件，以及增加民族教育的经费等。（《新华社新闻稿》1982.10.12）

是月 贵州省黔东南苗族侗族自治州民族干部学校建成并招生，首批招收苗、侗、布依等少数民族农村学生300名。（《黔东南苗族侗族自治州志·总述·大事记》P240、254）

△ 青海省海南藏族自治州实行林业“三定”（稳定山林权、划定社员造林地、确定林业生产责任制），并划定自留山、责任山。（《海南州志》P53~54）

△ 青海省牧区寄宿小学经验交流会在河南蒙古族自治县举行，讨论修改《青海省牧区寄宿小学暂行管理条例（草案）》。（《黄南州志》上P52）

△ 新疆维吾尔自治区博尔塔拉蒙古自治州维吾尔族、哈萨克族学校恢复维吾尔文、哈萨克老文字教学。（《博尔塔拉蒙古自治州志》P60）

10月

1日 广西壮族自治区红水河最高的红渡公路大桥建成通车，全长403.4米。（《广西通志·大事记》P482）

△ 四川省凉山彝族自治州举行集会，庆祝自治州成立30周年。（《新华社新闻稿》1982.10.2）

△ 云南省德宏傣族景颇族自治州人民广播电台由试播转为正式播音，除转播中央台和省台的节目外，还自办汉语、傣语、景颇语节目。（《德宏州志》综合卷P74）

△ 西藏自治区第三所藏医院在泽当建成。面积1000余平方米，设内、外科，藏医13名。（《新华社新闻稿》1982.10.2）

2日 贵州省在凯里举办的苗族民间文学讲习会结束，有50名学员结业。（《贵州日报》1982.10.9.①）

3日 是日报道，党的十一届三中全会以来，内蒙古自治区民族小学发展到3700多所，比1947年增长9倍，比1965年增长35%以上；民族中学420多所，比1947年增长141倍；在校民族中、小学生48.4万人，比1947年增长21.2倍；民族幼儿园60所，4200多少数民族幼儿受教育。同时恢复和新建民族师范学校8所，在校生2500多名。1981年全区初中毕业生的升学率为31.8%，小学毕业生升学率为79.3%，每万人中平均有蒙古族大学生25人，高中生107.7人。（《内蒙古日报》1982.10.3.①）

△ 西藏自治区拉萨药王山自来水厂建成投产，日产自来水1万吨。（《西藏日报》1982.10.3.①）

4日 据报道，四川省甘孜、阿坝、凉山自治州重视选拔培养少数民族干部，3个州人大常委会主任、州长均为民族干部，州委书记中民族干部占68%，正副州长中民族干部占62%，40个县的县委书记有30名是民族干部。县级以上民族干部60%的人得到政治、文化业务培训。四川省委党校为3个州培训了县、区级民族干部180余名，还选送100多名到中央民族学院和西南民族学院深造。其中，凉山彝族自治州推选500余名彝、藏、傈僳、纳西等族中青年干部到民族干部学校和专业干部学校学习。（《四川日报》1982.10.4.①③）

△ 据统计，目前，云南省少数民族干部已发展到11.2万多人，比1978年增长26%，担任各级领导有1740多人，比1978年增长68%。各州、县领导普遍由少数民族干部担任。近几年，平均每年增加少数民族干部7300多人，科技干部由1978年的1.68万人增加至2.79万人。（《云南日报》1982.10.4.②）

5日 据报道，广西民族学院建院30年来，培养各种人才1.6万多名，其中少数民族1.3万多名。（《广西日报》1982.10.5.①）

5~9日 我国南方少数民族哲学及社会思想史学术讨论会在广西南宁举行。会议交流研究经验和成果，讨论哲学的民族性与阶级性的关系，成立中国南方少数民族哲学及社会思想史学会筹委会。（《光明日报》1982.11.29.③）

6日 云南省怒江傈僳族自治州1座年产7000吨的水泥厂在六库建成投产。（《云南日报》1982.10.6.①）

△ 是日报道，云南省沧源崖画联合调查组在沧源佤族自治县崖画区域又有新发现。迄

今共发现10个崖画点，经专家测定，初步认为是新石器时代的作品，距今约3000年以上。这是我国迄今发现时代较早的原始崖画。　（《云南日报》1982.10.6.①）

7～14日　国家计划委员会和国家民族事务委员会在银川联合举行经济发达省市同全国少数民族地区对口支援和经济技术协作座谈会。　（《中共宁夏党史大事记（1925.8～1988.6）》P532）

8日　内蒙古自治区鄂伦春自治旗第一所中学——鄂伦春中学，在大兴安岭南阿里镇建成开学。　（《内蒙古日报》1982.10.8.①）

9日　国家副主席乌兰夫，中央书记处书记杨得志、余秋里，全国人大常委会副委员长赛福鼎·艾则孜、阿沛·阿旺晋美，国家民委主任杨静仁等在人民大会堂接见中央民族学院干训部全体学员。　（《中央民族大学五十年》P201）

△　是日报道，湖南省湘西土家族苗族自治州公路由解放前的177公里增加到4300多公里，新开辟农村客运线路13条，增设站点129个，营运里程1256公里。　（《湖南日报》1982.10.9.①）

14～19日　新疆维吾尔自治区摔跤队在全国国际摔跤冠军赛中获得5金3银4铜，18名运动员进入前5名。其中顾景林（锡伯族）获古典式摔跤男子68公斤级冠军，阿斯哈尔（维吾尔族）获自由式摔跤男子57公斤级冠军，哈力（哈萨克族）获自由式摔跤男子82公斤级冠军、努尔拉（哈萨克族）获自由式摔跤男子90公斤级冠军，乌恰（蒙古族）获自由式摔跤男子68公斤级亚军，马木尔别克（哈萨克族）获古典式摔跤男子82公斤级第三名。　（《新疆日报》1982.11.1.①）

15日　据调查，四川省甘孜、阿坝、凉山3州现有森林面积6000万亩，占全省森林面积的57%，立木蓄积量占全省立木蓄积量的78%。3年来，人工造林34万亩，增长50%。　（《四川日报》1982.10.15.②）

△　科学院云南热带植物研究所与西双版纳傣族自治州林业局、勐腊县林业局联合组成的自然保护区科学考察队，在云南省首次发现热带典型乔木树种——龙脑香料青梅属“版纳青梅”。　（《云南日报》1982.10.15.①）

△　新疆维吾尔自治区东疆地区土墩至黄山一带发现1处铜、镍、钴矿成矿带，断续分布长50余公里，宽约8公里范围。　（《新疆日报》1982.10.15.①）

16日　西藏自治区党委转发组织部《干部队伍建设五至十年规划》。《规划》指出，西藏和平解放以来，一支以藏族为主的干部队伍已基本形成。1981年统计，全区干部总数5.4万名，其中藏族和其他少数民族干部占54.5%。干部队伍存在的主要问题是文化水平低（高小以下程度的占30.3%），缺乏专业人才和专业知识（业务技术干部占37.6%，其中高、中级技术骨干很少），藏族干部分布不平衡（县区机关藏族干部多、自治区和地市机关藏族干部少），革命化方面也存在不少问题。《规划》提出，要努力建设一支以藏族干部为主体的具有一定文化水平、一定专业知识和管理才能的干部队伍，争取在5～10年内做出显著成绩。　（《中国共产党西藏历史大事记（1949～2004）》P381～382）

△　是日报道，新疆维吾尔自治区恢复和兴建牧区寄宿制学校200所。还在乌鲁木齐恢复蒙古师范学校，在伊犁师范学院、喀什师范学院、和田师范专科学校各设1个班，专为边远农村牧区培养师资。从1980年以来，自治区除正常拨款外，还从少数民族事业补助费等4项资金中抽出29%，用于发展牧区教育事业。　（《新疆日报》1982.10.16.①）

17日　按教育部下达的计划，东北师范大学举办少数民族预科班，招收东北的朝鲜、蒙古、达斡尔、鄂温克、鄂伦春等少数民族的40名学生。　（《吉林日报》1982.10.17.①）

18～20日 新疆维吾尔自治区昌吉回族自治州首届民族团体先进集体、先进个人表彰大会举行，67个先进集体和156名先进个人受表彰。（《昌吉回族自治州志》P58）

19日 青海、甘肃、四川、云南和西藏自治区5省（区）在拉萨召开的民族出版工作会议结束。会议交流了1983年图书出版选题计划，确定了藏文图书出版应以通俗读物为主的方向。（《新华社新闻稿》1982.10.20）

△ 新疆维吾尔自治区最大的饭店——新疆饭店竣工，建筑面积1.8万平方米，可接待850人住宿，1000人就餐。（《新疆日报》1982.10.19.①）

20日 中共中央、国务院发出《关于制止乱砍滥伐森林的紧急指示》。（《中华人民共和国大事记（1949～2004）》P684）

20～30日 黔东南苗族侗族自治州第九届民族文艺会演在凯里举行，苗、侗、布依、水、瑶、壮、土家等9个民族的演员500多人演出110多个节目。（《贵州日报》1982.11.6.③）

22日 经内蒙古自治区人民政府批准，内蒙古师范学院改名为内蒙古师范大学。该校用蒙古语文讲授的课程有248门，是全国蒙古语文授课班最多的学校，30年来共培养出1.07万多名毕业生和1万名函授生，其中少数民族学生占1/3以上。（《新华社新闻稿》1982.10.23）

22～24日 第六届世界杯体操比赛在南斯拉夫萨格勒布举行。中国运动员夺得6项冠军，7枚金牌，2枚银牌，4枚铜牌。广西运动员李宁（壮族）获男子全能、自由体操、单杠、鞍马、吊环、跳马6枚金牌，成为世界体操史上个人在一次比赛中获金牌最多的运动员。（《中华人民共和国大事记（1949～2004）》P684，《广西通志·大事记》P483）

23日 内蒙古自治区举行乌兰牧骑建立25周年纪念大会和乌兰牧骑建立25周年文艺调演，自治区80个乌兰牧骑的队长或指导员、参加调演的17个乌兰牧骑的全体队员参加大会。内蒙古自治区党委副书记布赫在会上作题为《发扬乌兰牧骑的光荣传统，为建设社会主义精神文明作贡献》的讲话。（《内蒙古日报》1982.10.24.①）

△ 广西壮族自治区文物工作者在右江盆地发现旧石器时代遗址75处，采集到打制的砾石石器标本1100多件。这一发现说明，至少在数万年前，已有较多的古人类在广西右江两岸劳动生息。（《新华社新闻稿》1982.11.2）

△ 青海省在格尔木市和阿尔顿曲克区成立2所民族中学，在互助土族自治县建成1所完全民族中学，入学的藏、回、土族学生共达100多名，每人每月享受助学金20元。（《青海日报》1982.10.23.①）

25日 西藏自治区日喀则农科所播种的1.15亩青稞，总产1603.96斤，创全国青稞高产新纪录。（《新华社新闻稿》1982.10.27，《当代中国的西藏》下P603）

△ 新疆维吾尔自治区塔里木河上第一座公路桥——阿拉尔塔里木河大桥竣工通车。大桥为钢筋混凝土公路桥，全长1600米。（《人民日报》1982.10.29.①，《中国共产党新疆历史大事记（1966.5～1991.12）》下P198）

△ 新疆维吾尔自治区伊犁哈萨克自治州党委召开直属县（市）和州级机关民族团结表彰大会，42个先进集体和156名先进个人受表彰，并选出出席自治区民族团结表彰大会的11个先进集体和22名先进个人代表。（《伊犁哈萨克自治州志》P60）

28日 全国牧区山区寄宿制民族中、小学经验交流会在新疆维吾尔自治区伊宁市结束。会议确定在牧区、山区办学采取寄宿制学校和全日制固定学校为主的多种形式、多种层次、多种规格的办学措施，开创民族教育的新局面。（《新疆日报》1982.10.28.①）

29日 是日报道，本年度青海省被全国各高等院校录取少数民族学生685名，占全省新生总数的24.5%。（《青海日报》1982.10.29.①）

31日 据报道，贵州省黔南布依族苗族自治州采取特别措施帮助全州77个边远公社兴办113所简易小学，增补152名教师。（《贵州日报》1982.10.31.①）

是月 广西壮族自治区田东仑圩油田正式投产。开采设计含油面积2.03平方公里，布井22口，稳产10年，年产原油1.8万吨。（《广西通志·大事记》P483）

△ 贵州省黔东南苗族侗族自治州第十届民族业余文艺会演在凯里举行，16个县的464名代表参加，演出18场140多个节（剧）目。（《黔东南苗族侗族自治州志·总述·大事记》P254）

△ 云南省楚雄彝族自治州文物普查队在永仁县发掘出30座石棺墓，为研究云南少数民族的历史和族属提供了新的资料。（《光明日报》1982.11.18.②）

11月

1~5日 贵州省民族工作会议在贵阳举行，会议要求民族工作部门和干部，切实帮助少数民族发展民族经济文化建设。（《贵州日报》1982.11.6.①）

2日 新疆维吾尔自治区阿尔金山区（海拔2500米）发现稀有的有蹄类野生珍兽牦牛、藏野驴、藏羚、原羚和野骆驼。（《新疆日报》1982.11.23.）

3日 是日报道，党的十一届三中全会以来，云南省民族地区已有20多万名少数民族基层干部和科技人员经过科普培训。6个民族自治州恢复和建立科协、科委等机构，科技户、示范户有2万多名，成立农民技术夜校20余所。（《云南日报》1982.11.3.②）

△ 中国农科院和西藏自治区农科院等单位联合组成的西藏农作物品种资源考察队，结束在西藏昌都地区5个多月的考察。考察结果表明，昌都地区资源十分丰富，不但有茂密的原始森林，而且有大量的野生农作物、种类繁多的果树和稀有的蚕桑等，其中不少世界上从未报道过。（《新华社新闻稿》1982.11.4）

4日 是日报道，党的十一届三中全会以来，云南省迪庆藏族自治州3个县医疗卫生机构发展到50多个，各县、社均有医院或卫生所，绝大多数大队建立合作医疗站，国家医务人员达600多名，新建1所卫校，并在2所医院开设藏医科。（《云南日报》1982.11.4.②）

6日 云南省楚雄彝族自治州武定县搜集到1部彝族社员杨崇德祖传32代的家谱，为研究彝族历史提供了重要资料。据统计，全自治州近几年搜集到各种彝文古籍500多本。（《新华社新闻稿》1982.11.7）

7日 广西壮族自治区第五届体育运动会在南宁举行，4个市、8个地区及柳铁13个代表队的2001名运动员参赛14个项目，表演少数民族传统体育项目7项。（《广西通志·大事记》P483）

△ 新疆维吾尔自治区第一条具有国际70年代水平的水泥生产工艺线——新疆水泥厂3号窑扩建工程投产。该工程历时4年多，每年可增产水泥20万吨，增加总产量近1倍。（《中国共产党新疆历史大事记（1966.5～1991.12）》下P199）

8日 国务院批转城乡建设环境保护等部门《关于审定第一批国家重点风景名胜区的请示》。《请示》提出，第一批国家重点风景名胜区共44个，其中少数民族地区5个：桂林漓江风景名胜区、路南石林风景名胜区、大理风景名胜区、西双版纳风景名胜区、天山天池风景名胜区。（《中华人民共和国大事记（1949～2004）》P684～685）

9日 根据《中国南斯拉夫科技合作协

议》，由农牧渔业部投资和南斯拉夫一个农业科学研究所提供技术咨询而兴建的我国西北地区最大的综合性农业科学测试中心——新疆农科院中心实验室建成，实验室年分析能力达2.5万个样品25万项次，仪器设备均为七八十年代国内外最新产品。（《新疆日报》1983.11.3.①，《新华社新闻稿》1982.11.12）

10日 是日报道，我国边疆少数民族地区积极发展对外经济贸易，1977年至1981年连续5年超额完成对外贸易出口收购计划，平均每年递增20%。（《新华社新闻稿》1982.11.10）

△ 西藏自治区洛扎县社员单增献出一批珍贵文物——700多年前的人骨雕佛像，大的高1厘米左右，小的不足半厘米。据初步考证，这是西藏历史上著名活佛珠多江布的遗骨。他死后火化时未被化尽的部分骨块，被后人作为圣物保存了下来。（《新华社新闻稿》1982.11.11）

10～15日 新疆维吾尔自治区首届民族团结先进集体、先进个人表彰大会在乌鲁木齐举行，183名先进集体和322名先进个人受表彰，其中19名先进集体和先进个人的代表介绍搞好民族团结的经验体会。会议决定每年5月为《民族团结教育月》。（《新疆日报》1982.11.10.①，11.16.①）

11日 宁夏回族自治区清真冷库在银川建成投产，库容1800吨。（《宁夏日报》1982.11.24.①）

△ 1978年以来，新疆维吾尔自治区畜牧业生产以平均增长4.5%的速度不断发展。本年全区牲畜最高饲养量（截至6月底的统计数）2450万头，比上年同期增加154万头，增长4.68%。（《新华社新闻稿》1982.11.11）

12日 据报道，云南民族理论研究学会最近在昆明召开理事扩大会议。会议讨论了开创民族理论研究新局面的问题，决定以研究边疆和少数民族地区经济建设为重点，同时研究少数民族的政治、文化教育、卫生事业、人口、宗教、历史和现状等问题。（《云南日报》1982.11.12.④）

△ 广西壮族自治区梧州市被列为中国对外开放城市。（《广西通志·大事记》P483）

13日 新疆维吾尔自治区党委第一书记王恩茂宣布：新疆维吾尔自治区已建立起一支人数达15.88万多人的少数民族干部队伍。全区14个地区、自治州和市，除石河子市外，州长、专员、市长均由少数民族干部担任；79个县长中，有76个由少数民族干部担任。这些少数民族干部包括维吾尔、哈萨克、蒙古、塔吉克等10多个民族成分。（《新华社新闻稿》1982.11.14）

△ 中国第一条新疆维吾尔自治区天山高山公路基本建成。公路全长560公里，宽7米，北起独山子，南到库车。（《新华社新闻稿》1982.11.16）

15日 我国设计组装的第一座最大的太阳能充电站在内蒙古自治区巴林左旗建成投产，充电功率560瓦。（《新华社新闻稿》1982.11.16）

16日 “文化大革命”中被关闭的中国伊斯兰教经学院恢复并举行开学典礼，42名学生入学。（《新华社新闻稿》1982.11.7）

△ 据报道，青海省海北藏族自治州寄宿小学和走读小学发展到86所，新建4所民族中学和1所中专学校，在校中、小学生达7400名，学龄儿童入学率提高到50%。4年来，全州用于牧区的教育基建投资共243万元，占29年来该项总额的42%。教育部门还为各校选调232名公办教师。全州牧区初步形成一个以寄宿制学校为主体的民族教育体系。（《人民日报》1982.11.16.③）

17日 据报道，内蒙古自治区达尔罕茂明安联合旗一带丘陵草地发现了上千幅草原岩画。（《新华社新闻稿》1982.11.18）

18日 是日报道，3年来，贵州省各级人民政府拨出专款160多万元，用于保护维修具有民族风格和地方特色的历史文物。全省50多个县、市被列为保护文物的有400多处，其中苗、侗、彝、布依、回等民族的文物占1/3。并对反映少数民族历史、风俗和艺术特色的摩崖、碑碣、崖壁画进行了捶拓和装裱。（《光明日报》1982.11.18.②）

△ 是日报道，西藏自治区班戈县在海拔4760多米处试种400多亩人工草场，长出70厘米高的优质牧草。（《新华社新闻稿》1982.11.18）

18～28日 云南省基督教“三自”爱国会、南京金陵协会神学院3位牧师在云南省德宏傣族景颇族自治州按立3名景颇族、傈僳族牧师。（《德宏州志》综合卷P74）

25日 广西壮族自治区党委、人民政府颁发《关于贯彻执行国家计划生育政策的若干规定（试行）》，提出争取在本世纪末人口控制在4380万人以内。（《广西通志·大事记》P483）

26日～12月3日 内蒙古自治区在呼和浩特召开蒙文高等学校教材编译委员会学术讨论会。会议审定2000多个蒙文名词术语，成立名词术语委员会哲学名词术语专业小组和政治经济学名词术语专业小组。（《内蒙古日报》1983.1.18.③）

26日～12月10日 全国人大五届五次会议举行，讨论通过全国人大常委会委员长彭真《关于中华人民共和国宪法修改草案的报告》和国务院总理赵紫阳《关于我国国民经济和社会发展第六个五年计划的报告》。会议讨论通过《中华人民共和国宪法》，这是我国在三中全会以后加强法制建设所取得的重大成果。我国对外开放政策的基本方针被写入《中华人民共和国宪法》，成为一项长期的基本国策。会议还讨论通过各项报告、说明等，并通过相应的各项决议。4日，会议批准《中华人民共和国国民经济和社会发展第六个五年计划》和《一九八三年国民经济和社会发展计划》，通过《中华人民共和国代表大会组织法》、《中华人民共和国国务院组织法》，还通过关于本届全国人大常委会职权的决议和关于恢复《义勇军进行曲》为中华人民共和国国歌的决议等。（《人民日报》1982.11.27.①，《中华人民共和国大事记（1949～2004）》P686，《内蒙古自治区史》P410、416）

27日 国家和新疆维吾尔自治区重点建设项目之一红雁池电厂5万千瓦6号机组建成投产发电。（《中国共产党新疆历史大事记（1966.5～1991.12）》下P201）

是月 内蒙古自治区鄂温克族自治旗蒙医医院开诊。（《鄂温克族自治旗志》P929）

12月

2日 据统计，新疆维吾尔自治区各级医疗卫生机构中的少数民族卫生技术人员达1.55万余名，比1978年增加4000余名。获药医师、药剂师、检验师及其他技师职称的有2560名。全区现有民族医院3所，病床280张，比1978年增加100余张；卫生技术人员182名，比1978年增加79名。（《光明日报》1982.12.2.②）

3日 据《广西日报》报道，由广西梧州桂江造船厂制造，总载重量1700吨的“大华1号”驳船新近下水。（《广西通志·大事记》P483～484）

4日 四川省凉山彝族自治州越西县乃托建成全州第一座年产1.5万吨磷肥厂。（《凉山彝族自治州志》上P68）

△ 是日报道，中国社会科学院少数民族文学研究所和内蒙古社会科学院研究人员，最近在青海省蒙古族聚居区搜集到25篇珍贵的蒙古史诗《格斯尔传》的民间传说。（《内蒙古日报》1982.12.4.①）

△ 是日报道，目前青海省牧区234个公社93%通公路。从1978年起，全省每年投资

1000万元，共新建、改建公路4200多公里，架设桥梁144座，修涵洞420个。（《新华社新闻稿》1982.12.4）

△ 同日报道，青海省果洛藏族自治州玛多县是年人均收入突破500元，达501.56元，并出现3个万元户。（《青海日报》1982.12.4.①）

4~8日 全国少数民族科普创作工作调研会在南宁召开首次会议。（《广西日报》1982.12.9.①）

6日 青海省海南藏族自治州政府发布《海南藏族自治州计划生育实施办法》。（《海南州志》P54）

△ 甘肃省首次少数民族文学创作评奖会在兰州召开，8个民族的25位作者获奖。（《甘肃日报》1982.12.12.④）

7日 青海省黄河上游第一座双曲拱桥在海南藏族自治州尕马羊曲峡谷建成通车，桥长131.35米。（《青海日报》1982.12.18.①）

8日 贵州省黔南布依族苗族自治州人大常委会七届第十一次会议通过《黔南布依族苗族自治州计划生育实施办法》。（《黔南布依族苗族自治州志》上P67）

△ 是日报道，2年来，甘肃省临夏回族自治州党校开设的民族中青年干部专训班，培训180名州、县、社三级回、东乡、撒拉、保安、藏等民族中青年干部。（《甘肃日报》1982.12.8.①）

△ 宁夏回族自治区伊协和自治区民委联合举办的第一期阿訇进修班，在银川市中大寺开学，全区各地、市、县的32名阿訇入学。（《宁夏日报》1982.12.8.③）

9日 国务院批复辽宁省、吉林省、黑龙江省、内蒙古自治区人民政府，同意成立东北内蒙古煤炭工业联合公司。（《国务院公报》1982［21号］P1049~1050）

9~11日 吉林省民族理论讨论会在延吉举行。会议收到学术论文14篇，就社会主义民族关系、民族自决权、民族干部的培养提高、民族教育和民族贸易等问题进行探讨。（《吉林日报》1982.12.20.①）

9~15日 湖南省首次少数民族经济理论讨论会在长沙举行。（《湖南日报》1982.12.18.①）

9~19日 广西壮族自治区首次壮族文艺节目调演在南宁举行。（《广西通志·大事记》P484）

10日 科普出版社新疆维吾尔、哈萨克文分社最近在乌鲁木齐成立。（《新华社新闻稿》1982.12.11）

12日 湖南省湘西土家族苗族自治州古丈县人民医院李光密的《首次发现华南沼泽田鼠自然感染恙虫病立克次体的报告》通过鉴定，为国内首创。（《湘西州志》上P80）

14日 内蒙古自治区包头市阿善沟门村发现1座原始社会晚期的石筑墙遗址。这处距今4000多年前的遗址共24座，窖穴220个，出土的各类文物1600多件。阿善石筑城墙是中国古代城邑的雏形，它的出土对于探讨中国城邑的起源和氏族社会的解体有着重要的价值。（《新华社新闻稿》1982.12.15）

△ 据统计，党的十一届三中全会以后，云南省绝大多数的地、州、市和所有县都成立群众艺术馆和县文化馆，新建公社文化站700多个，大队文化室2000多个。同时，搜集民歌、民间乐曲1万多首，整理改编和创作各种民族近百个音乐舞蹈节目；创办16种民族文化刊物，发表23个民族的文学作品2000余件。业余傣剧队有230多个，业余白剧队有近30个，业余文艺宣传队共2000多个。边疆的35个县实现县县有电影院。农村集镇电影院由原来的16座增加到182座。（《新华社新闻稿》1982.12.26）

15日 中法合作在广西壮族自治区北部湾打出高产油田。（《广西通志·大事记》P484）

17日 据报道，甘肃省杂散居少数民族工作座谈会最近在兰州举行。（《甘肃日报》1982.12.17.①）

19日 青海省人民政府拨出专款55万元，给门源回族自治县、大通县、化隆回族自治县、湟中县、循化撒拉族自治县5所回族、撒拉族女子中学改善办学条件，以招收更多的回族、撒拉族女子入学。（《青海日报》1982.12.19.①）

20日 据报道，内蒙古自治区鄂温克族自治旗采取各项措施，扶持社队和个人发展养牛业。全旗牛的总头数52697头，其中自留牛2.33万多头、繁殖母牛16969头、产奶母牛13570头。牛奶产量超万吨，比1978年增长1倍多。全旗牧民的人均年收入由1978年的97元提高到400多元。全旗牛奶年收入284.36万多元，有52户牧民年终收入超万元，牧业人口人均收入186元，有的户仅牛奶收入就达5000多元。（《内蒙古日报》1983.1.8.①，1.10.①）

21日 内蒙古自治区首届民族民间文学评奖授奖大会在呼和浩特举行，颁发民族民间文学搜集整理奖、演唱奖、创作奖、翻译奖43个，先进单位20个获奖。（《内蒙古日报》1982.12.26.①）

22~27日 全国少数民族地区经济发展战略问题讨论会在云南昆明举行，交流少数民族经济论文61篇。（《云南日报》1983.1.5.②）

23日 建国以来，我国最大的一次草场普查工作结束。共普查草场面积9.8亿亩，采集各种牧草和植物标本11万份，写出调查报告330卷，绘制省（区）、地（州）、县（旗）级草场类型图、资源图706幅。（《新华社新闻稿》1982.12.24）

23~28日 四川省伊协第一次代表会议在成都召开。会议制定省伊协章程和爱国公约，宣告省伊协成立。会议通过省伊协第一次代表会议决议，选举省伊协第一届委员会。马慎之（回族）当选主任，余子云、妥善等5人为副主任。省委领导冯元蔚、天宝等到会并讲话。（《四川日报》1982.12.30.①）

24日 据《广西日报》报道，广西壮族自治区贺县境内探明1座储量达到大型银矿和中型金矿的金银矿。（《广西通志·大事记》P484）

△ 广西壮族自治区党委常委会议召开，对武鸣县自1980年以来发生的乱砍滥伐高峰林场林木7700多亩、损失林木5500立方米的重大案件进行审议；决定给制止这股歪风不力的原武鸣县委书记和现任县委书记分别予以党内严重警告和撤销县委书记职务处分。（《广西通志·大事记》P484）

24~31日 云南省出现全省性的低温冷害，小春作物受霜冻灾害1000万亩、蔬菜受灾2.34万亩、甘蔗受灾18.7万亩。（《中国气象灾害大典·云南卷》P450）

25日 全国首次民族药学讨论会在云南省西双版纳傣族自治州允景洪举行。（《云南日报》1982.12.25.①）

△ 西藏首次文学评论座谈会在山南泽当结束，交流19篇论文。（《西藏日报》1982.12.25.①）

△ 据报道，1976年以来，中央民族翻译局、民族出版社已从蒙古、藏、维吾尔、哈萨克、朝鲜等少数民族中培养300多名马列著作和其他著作的翻译人员。（《新华社新闻稿》1982.12.26）

26日 枝（湖北枝城）柳（广西柳州）铁路广西壮族自治区境内的水团至柳州南编组站全部竣工并通过国家验收，长度251.89公里。（《广西通志·大事记》P484）

27日 内蒙古自治区乌兰察布大沙漠发现面积5300多平方公里的大型“地下水库”，全年蓄水量23.4亿立方米，每日涌水量500吨至1000吨。（《新华社新闻稿》

1982.12.28）

△ 云南省思茅专区哈尼族自治县成立以来，实行“包产到户”责任制，发展多种经济，结束了“刀耕火种”的生产方式和吃返销粮的局面，90%的农民实现粮食自给。人均收入由1979年的70至80元提高到130元至150元。（《光明日报》1982.12.26.②）

28日 据报道，近一年来，中国社会科学院民族研究所完成科研项目681项，比上年增加192项，包括民族理论、民族历史、民族语言、民族学和世界民族等学科。（《新华社新闻稿》1982.12.29）

29日 辽宁省首次民族团结先进集体和模范个人表彰大会在沈阳召开，国家民委顾问文正一（朝鲜族）代表统战部、全国人大民委、国家民委到会祝贺。会上，副省长左琨作题为《加强民族团结，为开创辽宁民族工作新局面而奋斗》的报告，省委书记徐少甫等领导为先进集体和个人颁发奖状和荣誉证书。大会向全省各族人民发出《倡议书》，号召全省人民同心协力，开创民族工作新局面。（《辽宁日报》1982.12.29.①）

△ 据统计，1981年，云南省科技成果获奖157项，边疆和少数民族地区的科技成果占获奖成果总数的31%。（《云南日报》1982.12.30.①）

△ 经探明，宁夏回族自治区石青矿藏储量居全国前列。（《宁夏日报》1982.12.29.①）

30日 青藏高原上第一条铁路——青藏铁路哈尔盖至柯柯段建成通车。（《新华社新闻稿》1982.12.31）

是月 文化部在北京举办全国少数民族独唱演员观摩评比演出。（《德宏州志》综合卷P74~75）

△ 四川省凉山彝族自治州工业总产值首次突破3亿元。（《凉山彝族自治州志》上P68）

△ 青海省海北藏族自治州祁连县峨堡公社推行季节性畜牧业生产，3年总收入增长1.13倍，人均收入增长1.3倍，总产值增长71%，为全州之冠。（《海北藏族自治州志》上P84）

△ 新疆维吾尔自治区喀什地区1座中型水电站——喀什一级电站建成发电。（《人民日报》1982.12.28.①）

是年 全国民族地区的医药卫生机构已由1952年的1100多个发展到2.82万多个，增长23倍；专业卫生技术人员由1952年的1.78万多人发展到3.88万多人，增长19倍多，其中少数民族卫生技术人员8.05万多人。（《新华社新闻稿》1983.5.6）

1983年

1月

1日 广西壮族自治区在北流市建立北流风门泥盆系自然保护区，面积8公顷，是以泥盆系地质剖面为主要保护对象的省级自然保护区；在横县建立六景泥盆系地质自然保护区，面积5公顷，是以泥盆系地质剖面为主要保护对象的省级自然保护区；在南丹县建立罗福泥盆系剖面自然保护区，面积12公顷，是以泥盆系地质剖面为主要保护对象的省级自然保护区；在象州县建立大落泥盆系剖面自然保护区，面积12公顷，是以泥盆系地质剖面为主要保护对象的省级自然保护区。（《全国自然保护区名录（2003）》P85~86）

△ 新疆维吾尔自治区在尉黎、轮台县建立塔里木胡杨林自然保护区，面积39.54万公顷，是以胡杨、灰杨林为主要保护对象的省级自然保护区；在若羌县建立阿尔金山自然保护区，面积450万公顷，是以三大有蹄类野生动物及高原生态系统为主要保护对象的国家级自然保护区；在伊宁县建立伊犁小叶白蜡自然保护区，面积405公顷，是以小叶白蜡树及生态

系统为主要保护对象的省级自然保护区；在霍城县建立霍城四爪陆龟自然保护区，面积2.7万公顷，是以四爪陆龟及其生境为主要保护对象的省级自然保护区；在巩留县建立巩留野核桃自然保护区，面积1180公顷，是以野核桃及其生态系统为主要保护对象的省级自然保护区；在巩留县建立西天山自然保护区，面积3.12万公顷，是以雪岭云杉林森林生态系统为主要保护对象的国家级自然保护区。（《全国自然保护区名录（2003）》P116）

2日 中共中央批复广西壮族自治区党委《关于进一步处理好广西“文化大革命”遗留问题的请示报告》指出，广西是历史遗留问题较多的一个省区，要求以中共十一届六中全会《关于建国以来党的若干历史问题的决议》统一全体党员和群众的认识，大力发扬党性，坚决克服派性，本着“实事求是，有错必纠”和“宜粗不宜细”的精神，抓紧平反一切冤假错案，促进安定团结，并以此作为全区工作的首要任务。（《广西通志·大事记》P485）

6日 内蒙古自治区党委发出通知，要求全区各地、各单位、各部门从实际出发，进一步做好贯彻党的民族政策和加强民族团结的宣传教育工作。（《内蒙古日报》1983.1.6.①）

△ 西藏自治区拍摄第一部电视剧——《还愿》，导演和演员均为藏族，该片获全国第三届剧本特别奖和大众电视荣誉奖。（《光明日报》1983.1.6.①）

7日 青海省互助土族自治县最大的引水工程之一——沙塘川五其后山人畜引水工程建成。（《青海日报》1983.1.7.②）

8日 经内蒙古自治区政府批准，自治区蒙古语名词术语委员会成立。（《内蒙古日报》1983.1.8.①）

9~12日 广西壮族自治区第二届少数民族传统体育运动会在百色举行，11个民族的296名运动员参赛，设表演项目45个。（《广西通志·大事记》P485）

10日 四川省凉山彝族自治州第一所乡村农民文化技术学校在喜德县建成开学。（《四川日报》1983.2.28.③）

10日~2月5日 青海省州、地、市、县公社书记会议在西宁举行。在牧业生产包干到户责任制问题上，指出要坚持两条：一是允许多种形式的责任制并存，不搞“一刀切”；二要尊重大多数群众的意愿，由群众自己选择。（《青海日报》1983.1.26.①）

11日 国务院转发《经济发达省、市同少数民族地区对口支援和经济技术协作工作座谈会纪要》。（《新时期民族工作文献选编》P181~184）

11~17日 吉林省人大常委会第十五次会议举行。会议通过关于省第六届人大代表名额和选举问题的决议，规定少数民族省人大代表的名额应占代表总数的14%左右。（《吉林日报》1983.1.18.①）

14日 据《人民日报》报道，国务院最近拨出专项建设基金成立“三西”地区农业建设领导小组，帮助甘肃开发建设河西商品粮基地，改变甘肃河西、定西、宁夏西海固地区的贫困面貌。（《甘肃日报》1989.5.5.④，《中共宁夏党史大事记（1925.8~1988.6）》P535，《当代宁夏史通鉴》P33）

△ 内蒙古自治区党委、人民政府作出《关于改善知识分子政治、工作和生活待遇的暂行规定》。（《内蒙古日报》1983.1.21.①）

15日 教育部向国务院上报《教育部关于正确处理少数民族地区宗教干扰学校教育问题的意见》。指出，在一些少数民族地区，近年来出现了宗教干预教育、争夺学生、冲击学校的问题。在一些信仰伊斯兰教的民族地区有人擅自开办经文学校，已有大批学龄儿童弃学念经。在一些信奉小乘佛教和喇嘛教的傣、藏族地区，大批学龄儿童退学到寺里当喇嘛、当和尚。为了正确处理好宗教与教育的关系，特提出以下几点意见：一、必须坚持宗教与教育分离的原则。二、必须坚持宗教不得干预教育的原则。三、要正确处理各地擅自开办的经文学校或经文班。四、对某些信奉伊斯兰教地区的民族中、小学要求开设阿拉伯文课的问题，不能予以同意。五、关于学校占用寺产的遗留问题，应根据有关政策规定，分别不同情况，经当地政府同有关方面充分协商，妥善加以解决。今后，任何人不得强占学校，强拆校舍，毁坏设备，任何人都不得以任何理由强迫学校停课、停办。六、我们一定要按照十二大的精神，切实加强少数民族地区的中、小学教育，采取各种有力措施，吸引更多的学龄儿童入学读书。七、处理好宗教冲击、干扰学校教育的问题，关键在于领导。2月17日，中共中央办公厅、国务院办公厅批转教育部《关于正确处理少数民族地区宗教干扰学校教育问题的意见》，并指出："望各地结合贯彻《中共中央关于印发〈关于我国社会主义时期宗教问题的基本观点和基本政策〉的通知》，在充分地耐心细致地做好信教群众的思想工作，做好爱国宗教职业人员和宗教界上层人士工作的基础上，通过民主程序，制定必要的行政性法规或地方性法规，认真加以解决。"（《凝聚》P84~86）

17日 经国务院批准，吉林省属延边朝鲜族自治州师范专科学校在延吉市成立。（《延边朝鲜族自治州志》P89）

18日 据报称，是年新疆维吾尔自治区已同江苏、上海等20多个省、市、自治区和轻工业部达成400多个经济协作和经济联合项目。涉及教育、纺织、轻工、机械、交通、建材、化工、煤炭、农林、商业等方面。（《新华社新闻稿》1983.10.19）

19日 第一部彝语译制影片——《喜盈门》在贵州省威宁彝族回族苗族自治县试映。（《贵州日报》1983.1.28.①）

△ 青海省社会科学院塔尔寺藏族文献研究所在湟中县成立。（《青海日报》1983.1.23.①）

20~24日 云南省德宏傣族景颇族自治州首届地方轻工业产品展销会在芒市举办，52个单位的2080个品种参展。（《德宏州志》综合卷P75）

22日 据统计，云南省西双版纳傣族自治州成立30年来，建设煤矿、铜矿、水电站、农具修造、水泥、砖瓦、木材、造纸、香料、陶瓷、制鞋、缝纫、竹藤、编织、茶叶、罐头、面粉、糕点、盐、糖、酒、酱菜等160多个厂矿企业。1982年，自治州工业总产值达4100多万元，比1952年增长19倍；职工5900多人，增长17倍。（《云南日报》1983.1.22.①）

23日~2月1日 宁夏回族自治区农村工作会议在银川举行。会议交流放宽农村政策，推行生产责任制，搞好两个文明建设的经验。（《宁夏日报》1983.2.2.①）

25日 黑龙江省蒙古语文学会成立大会暨首届学术讨论会在大庆市闭幕。会议讨论通过学会章程，选举巴图（蒙古族）为名誉理事长，宫布（蒙古族）为理事长。会上宣读20篇学术论文。（《黑龙江日报》1983.1.27.①）

△ 广东省连南瑶族自治县各族人民集会，庆祝自治县成立30周年。（《南方日报》1983.1.26.①）

28日 内蒙古自治区昭乌达盟北部地区首次发现细脉带型锡钨矿。（《内蒙古日报》1983.1.28.①）

是月 教育部批准西藏高校调整方案：一、在西藏师范学校原有专业的基础上筹建西藏大学，撤销西藏师范学院。西藏大学成立后新办藏医系、藏语言文学专业和英语专业。在一定时期内，西藏大学仍以培养培训全区需要的中学师资为主要任务；二、保留西藏民族学院。将西藏医学院医疗专业并入民院成立医学系，西藏师院体育专业并入民院成立体育系，民院藏文专业并入西藏大学藏文系；三、因办学条件不具备，撤销西藏医学院，改办卫生学校；四、保留西藏农牧学院。院属农业机械、水电和林学3个专业暂停招生；五、撤销西藏师范学院附中和西藏农牧学院预科，只保留西藏民族学院预科；六、压缩3所保留的高等院校的规模，明确了各校的任务和发展方向；七、将保留的3所高校全部划归自治区教育厅主管。经调整，初步理顺了高等教育内外部的关系。（《当代中国的西藏》下P320，《西藏民族学院校史》P247）

△ 宁夏回族自治区作出隆德、泾源、固原3县在引黄灌区建立吊庄生产基地的决定，将部分山区贫困群众有计划地移到灌区开发建设。（《当代宁夏史通鉴》P34）

2月

1日 广西壮族自治区柳州冶炼厂年产3000吨的大型炼锡反射炉建成投产。（《广西通志·大事记》P486）

4日 据报道，广西壮族自治区扶绥县探明一个储量100多万吨的大重晶石矿。（《广西通志·大事记》P486）

7日 新疆锡伯语新词术语讨论会最近在乌鲁木齐召开。会议讨论审定621个新词术语，并讨论有关创制和规范锡伯新词术语问题。（《新疆日报》1983.2.7.③）

7~9日 宁夏回族自治区第一次知识分子工作会议在银川召开。（《宁夏日报》1983.2.10.①）

8日 云南省楚雄彝族自治州民委召开第一次委员（扩大）会议。会议总结党的十一届三中全会以来的民族工作，讨论今后如何发展民族经济和民族教育等问题。（《云南日报》1983.2.8.③）

9~17日 新疆、西藏、宁夏、内蒙古和广西5个自治区举办的民族团结杯足球赛在广西壮族自治区柳州市举行。维吾尔、哈萨克、乌孜别克、藏、回、蒙古、壮、满、汉9个民族的100多名运动员参加，宁夏队获团体冠军。（《人民日报》1983.2.19.③）

10日 贵州省黔东南苗族侗族自治州召开民族工作座谈会决定，每年7月为全州“民族团结活动月”。（《贵州日报》1983.2.10.③）

12日 是日报道，云南省人民政府拨款60万元，给边境少数民族地区免费放映电影。（《云南日报》1983.2.12.①）

13日 北京时间09时40分11.5秒，新疆维吾尔自治区乌恰县托云西南发生6.8级地震，震中位置40°11′N、75°10′E，震源深度35公里，震中烈度VIII度。（《新疆减灾四十年》P278）

15日 中共中央总书记胡耀邦在湖南省湘西土家族苗族自治州视察，听取湘西州委、州政府的工作汇报。（《湘西州志》上P80）

18日 湖南省湘西土家族苗族自治州凤凰县举办首届少数民族传统文化体育活动，120多名土家族、苗族社员表演滚龙、舞狮、武术、苗家花鼓、唢呐等30多项传统文体节目。（《湖南日报》1983.2.19.①）

18~26日 黑龙江省齐齐哈尔市达斡尔历史语言文学学会组织20余名大中专学校教师及民族文艺工作者，在哈拉、莽格吐、后罕伯岱和洪哥等4个有300年以上历史的达斡尔族村屯调查研究，收集大量资料。（《黑龙江日报》1983.3.1.①）

20~26日 新疆维吾尔自治区首届少数民族古典文学学术讨论会在乌鲁木齐市举行，来自天山南北以及北京、内蒙古、甘肃等地12个民族的120位代表和专家、学者参加。会议提交论文86篇，较完整地介绍新疆12个少数民族悠久而灿烂的古代文化遗产和近年来的

研究成果。（《新疆日报》1983.2.21.①，2.27.①）

20～27日 中共中央统战部、国家民委邀请民盟、民进、农工、九三、民革5个民主党派中央负责人和边疆、沿海地区统战、民族部门以及中央有关部门负责人，举行民主党派为边疆和少数民族地区四化建设服务的挂钩会议。会议经过认真磋商，初步达成“智力支边”的协议共151项，计各科讲学62项，各种讲座28项，各类培训班31项，经济、科技咨询30项。（《新时期民族工作文献选编》P194～196）

21日 宁夏回族自治区党委发出《关于清理领导班子中“三种人”问题的通知》，在少数单位和部门仍有“三种人”（追随林彪、江青反革命集团造反起家的人，帮派思想严重的人，打砸抢分子）留在领导班子或要害岗位中，有的还被作为接班人提拔或准备提拔，必须把他们坚决清理出去，同时规定清理工作的原则和政策。（《中共宁夏党史大事记（1925.8～1988.6）》P537）

22日 贵州省教育厅决定采取5项特殊措施加强少数民族教育：一、切实办好已恢复和新建的100多所民族中、小学；二、边远、高寒山区的民族学生全部实行免费；三、在地州、市重点中学和中专开设民族班，选拔农村少数民族优秀学生重点培养；四、在省有关院校和黔南、黔西南、黔东南3个自治州及毕节师专举办民族预科班，定点招收边远高寒民族地区的学生，学习合格者直升大专院校；五、到边远高寒民族地区任教的大学和中专毕业生给予适当补贴，中心地区教师定期轮换支援边远民族地区。（《光明日报》1983.2.22.②）

24日 国务院副总理李鹏一行8人到广西壮族自治区考察红水河开发问题。（《广西通志·大事记》P486）

28日 西藏自治区完成第三批干部、职工内调工作。共内调干部2762人，比原计划减少800人；内调干部中，地专级以上17人、县级149人、相当于工程师的83人。工人内调指标2700人，已完成2650人。（《中国共产党西藏历史大事记（1949～2004）》P387）

是月 四川省凉山彝族自治州文物考察组在昭觉县发现东汉石表和石阙各1座。石表有400余字，各段文字似后世的公文“摘由”，这在我国古代金石铭刻中为首次发现。（《光明日报》1983.6.12.③）

3月

1日 宁夏回族自治区党委和人民政府发出《关于进一步放宽农村经济政策问题的规定》（试行草案），明确提出以大包干为主要形式的联产承包责任制在宁夏有广泛的适应性，要进一步完善和提高，不再规定哪些地方不可以实行这种责任制。（《中共宁夏党史大事记（1925.8～1988.6）》P538）

△ 是日报道，内蒙古自治区伊敏河、霍林河、元宝山、准格尔四大露天煤矿进入全面开发阶段。四大露天煤矿储量在100亿吨以上，国家计划要求到本世纪末年产煤1.7亿吨。（《内蒙古日报》1983.3.1.①）

2日 黑龙江省朝鲜语言学会最近在鸡西举行年会，交流学术论文30篇。（《黑龙江日报》1983.3.3.①）

3日 青海省水利水文部门测定：青海湖水面海拔3194.9米，比1957年下降2.2米，平均每年下降8.8厘米。水域退缩300至500米，最多达3公里，总面积减少70余平方公里。（《海北藏族自治州志》上P84）

5日 全国人大五届常委会第二十六次会议通过第六届人大会议少数民族代表名额分配方案。方案规定：直接分配到各省、自治区、直辖市的少数民族代表为319名，加上分配给中央机关提名的26名少数民族代表候选人，共345名，占全国人大代表总数的11.5%。（《新华社新闻稿》1983.3.6）

7日 北京时间17时46分，甘肃省临夏回族自治州东乡族自治县果园公社宗罗大队附近洒勒山体大滑坡，山坡滑塌积压面积长约1700米，宽约1600米，3000多亩农田被毁，2个大队10个生产队受害，死亡237人（包括行人），压死大牲畜153头、羊280只，房屋倒毁585间。（《新华社新闻稿》1983.3.13，《临夏回族自治州志》上P67）

9～12日 国家民委学术委员会第二次（扩大）会议在北京举行。会议总结学位、学术工作的经验，讨论新的一年如何做好学位工作和进一步开展学术活动等问题。会议提供的材料表明，全国10所民族学院1981年至1982年授予硕士学位19人，授予学士学位3204人。会议批准广西民族学院壮语文学专业为授予硕士学位单位。国家民委学术委员会主任胡嘉宾，副主任白寿彝、黄颖等到会讲话。（《新华社新闻稿》1983.3.10，3.13；《广西通志·大事记》P487）

10日 中央民族歌舞团建团30周年庆祝会在民族文化宫举行。党和国家领导人万里、习仲勋、韦国清、乌兰夫、赛福鼎、阿沛·阿旺晋美、班禅额尔德尼·确吉坚赞、包尔汉，统战部、人大民委、国家民委、文化部、全国文联有关协会及北京市有关负责人，首都文艺团体代表和在北京32个民族的300余名演职人员参加。（《新华社新闻稿》1983.3.11）

12日 西藏自治区首届戏剧创作年会在拉萨结束。会议讨论西藏戏剧如何反映现实生活和民族化以及抢救发展藏戏传统剧目的问题。（《新华社新闻稿》1983.3.13）

△ 西藏自治区错那县建成一座电视转播台，当地藏族和门巴族群众首次看上电视。（《新华社新闻稿》1983.3.13）

13日 是日报道，云南省昆明电影制片厂第一部遮幅式彩色佤族故事片《叶赫娜》摄制成功。（《云南日报》1983.3.13.③）

14日 广西壮族自治区西江造船厂建成广西第一艘200吨钢质沿海货轮。（《广西通志·大事记》P487）

15日 中国民主建国会和全国工商联开展少数民族地区经济咨询座谈会在北京举行。座谈会根据以提高经济效益为中心，帮助提高生产技术和经营管理水平，培训技术和管理人才的方针，商讨如何进一步开展对少数民族地区经济咨询服务活动的问题。与会的天津、北京、黑龙江、河北、江苏、浙江等17个省、市的两会组织，同内蒙古、宁夏、新疆、广西、贵州、云南6个少数民族地区联系挂钩和磋商支援的协作项目共129个。（《新华社新闻稿》1983.3.16）

△ 蒙古族演员斯琴高娃因成功塑造电影《骆驼祥子》中虎妞一角获第三届中国电影金鸡奖最佳女主角奖。（《新华社新闻稿》1983.3.16）

△ 广西壮族自治区党委、人民政府发出《关于坚决打击拐卖妇女犯罪活动的通知》。（《广西通志·大事记》P487）

△ 西藏自治区阿里地区发现新的地热田——朗久地热田。（《新华社新闻稿》1983.3.17）

16日 广西壮族自治区完成第六届人大代表的选举工作。全区共选出代表984名，其中壮族347名，占代表总数的35.2%；瑶、苗、侗等民族97名，占代表总数的9.85%。（《广西日报》1983.4.16.①）

17日 辽宁省沈阳伊斯兰教经学院在沈阳清真南寺举行开学典礼，首批招收60名学员。（《辽宁日报》1983.3.19.①）

20日 是日报道，西藏自治区乡村邮路已达1250多条，专门负责农牧区投递工作的专职乡村邮员和亦工亦农邮员860多人。（《新华社新闻稿》1983.3.20）

△ 湖南省通道侗族自治县北部发现3000余亩的马尾松原始次森林。（《新华社新闻稿》1983.3.20）

△ 据报道，新疆维吾尔自治区为鼓励社员个人植树造林，确保“谁种谁有”政策的贯彻落实，向110多万农户发林权证，占全区农户的65%。（《新华社新闻稿》1983.3.20）

21日 据报道，乌热尔图（鄂温克族）的短篇小说——《七岔犄角的公鹿》获1982年全国短篇小说奖。（《内蒙古日报》1983.3.21.①）

△ 广西壮族自治区发现一种新的矿物——自然铝。（《广西日报》1983.3.21.①）

△ 据报道，四川省阿坝藏族自治州逐步建立学历考核制，采取正规化培训为主、民族干部为主、就地培训为主的方针，自1980~1982年间培训干部1万多名。（《四川日报》1983.3.21.③）

△ 新疆维吾尔自治区克拉玛依市从江苏、山东等省招聘127名教师，加强该市的高中教学工作。这些教师任期2年，享受当地教师的工资、福利待遇，还有出差补助。（《光明日报》1983.3.21.①）

23日 是日报道，中国科学院南迦巴瓦峰登山科学考察队在西藏自治区南部的南迦巴瓦峰东坡发现了原始人活动的遗迹——石斧、石凿等。（《新华社新闻稿》1983.3.23）

26日 广西壮族自治区27个边远山区和少数民族聚居的县开展以电代柴的工作，已有6300多户安装电炉、电饭锅等。（《广西日报》1983.3.26.①）

△ 据报道，云南省楚雄彝族自治州已有公路133条，总长6200公里，已有98%的公社（镇）和54%的大队通公路，基本形成以州首府所在地鹿城为中心的交通网。（《云南日报》1983.3.26.①）

△ 西藏自治区党委作出对回归祖国的藏胞进一步放宽政策的决定，要求各级党委、人民政府对回归人员要热情接待，妥善安置，在政治上一视同仁，经济上给予照顾，鼓励他们积极参加社会主义建设。（《西藏日报》1983.3.31.①）

28日 劳动人事部、国家民委提出《关于加强边远地区科技队伍建设若干政策问题的报告》。（《新时期民族工作文献选编》P190~193）

△ 据报道，新疆考古工作者最近在喀什地区疏附县乌帕公社发现900年前维吾尔族语文学家、《突厥语大辞典》的作者马赫穆德·喀什噶尔的陵墓。（《新华社新闻稿》1983.3.29）

29日 是日报道，广西壮族自治区三江侗族自治县建成大小电站180处，80%的农户用上电。（《广西日报》1983.3.29.⑧）

29日~4月1日 广西壮族自治区召开大中专院校招生工作会议。会议要求自治区是年大中专院校招生要打开人才通向农村的路子，打开培养单位和用人单位直接联系的渠道，保证更好地为本区培养少数民族专业人才，继续办好预科班，提高少数民族学生的入学文化水平。（《广西日报》1983.4.2.①）

30日 西藏自治区党委、自治区人民政府批转《改善科技干部工作条件和生活待遇的意见》，对科技人员的边疆津贴、生活待遇、居住条件、农村家属户口迁往城镇、建立科技奖励制度、已雇佣的藏族学者转为聘请并确定职称方面，都做出明确规定。（《中国共产党西藏历史大事记（1949~2004）》P387~388）

31日 内蒙古自治区中部出土5件古代金器。经考证，确认为公元6世纪的民族文物珍品，制作和使用年代约在北朝中晚期至隋代，距今约1300年。（《新华社新闻稿》1983.4.1）

△ 贵州省委、省人民政府决定，采取措施加快培养少数民族科技人员。一、拨出80万元经费扩建省民族学院干训部，在省内高等院校，各级党校和各类专业干部学校开办民族班；同时在3个民族自治州兴办符合当地经济

发展需要的专业学校，使具有初中文化程度、年龄在35岁以下的民族干部能够离职学习2年，以提高文化水平。二、调查民族地区的能工巧匠，生产能手和其他有一技之长的人才，为他们中有一定文化基础的人提供学习机会。三、抓好民族地区的普及教育，各地、州的大专和中等专业学校对边远山区和落后的民族聚居区实行定点招生。四、增加民族干部教育经费。（《贵州日报》1983.4.1.①）

△ 据报道，贵州省黔东南苗族侗族自治州教育局改变“一刀切”的做法，实行重点招生，规定录取农村人口学生不得少于90%，积极培养民族地区教师。目前，全州已招收中师学生1200名，其中农村学生占94%，少数民族学生占58.3%。（《光明日报》1983.3.31.②）

是月 内蒙古自治区鄂温克族自治旗第一个乡镇企业——巴彦托海乳品厂建成投产。（《鄂温克族自治旗志》P929）

△ 吉林省延边朝鲜族自治州速滑运动员孔美玉（女，朝鲜族）获第五届全国冬运会女子速滑1500米、3000米和全能3项第一名。（《延边朝鲜族自治州志》P89）

△ 广西壮族自治区黎塘水泥厂建成，为广西骨干水泥厂之一。（《广西通志·大事记》P487）

△ 四川省甘孜藏族自治州农村实行包干到户生产责任制的生产队占98%，专业户、重点户开始出现。牧区在年内普遍实行包干到户的生产责任制。（《甘孜州志》上P88）

△ 西藏自治区发出《关于在全区开展计划生育工作的指示》，提出藏族及其他少数民族干部、职工、家属提倡1对夫妇生育1个孩子，允许生育2胎，但必须间隔3年以上，对自愿领取独生子女证的予以鼓励，并享受与汉族相同待遇。对腹心地区的农牧民宣传人口理论知识，提倡1对夫妇生育1胎或2胎，允许生3胎，控制生4胎。对于边境地区、人口稀少的民族和地区，如门巴族、珞巴族等不实行指标限制，而进行合理生育、优生、优育宣传，努力提高人口素质。（《当代中国的西藏》下P496）

4月

1日 我国培养的首批10名朝鲜族研究生在延边大学获硕士学位。（《光明日报》1983.4.16.②）

△ 西藏色拉寺喇嘛阿旺列西把珍藏多年的49部经书和8幅唐卡（轴画）、3尊镀金铜佛像献给国家，其中黄教创始者宗喀巴及其2个弟子克珠和结曹的著作问世于14世纪末、15世纪初。（《新华社新闻稿》1983.4.2）

△ 青海省柴达木盆地探明一个储量4878万吨的朵斯库勒油田，同时在大浪滩盐湖首次发现2层厚达2米和60厘米的富含钾的杂卤石。（《新华社新闻稿》1983.4.2）

2~6日 新疆维吾尔自治区摔跤队在全国古典式摔跤比赛中获1金3银，其中顾景林（锡伯族）获古典式摔跤男子68公斤级金牌，马木尔别克（哈萨克族）获古典式摔跤男子82公斤级银牌，阿曼（柯尔克孜族）获古典式摔跤男子亚军，郑林（锡伯族）获古典式摔跤男子100公斤以上级亚军。内蒙古自治区摔跤队选手巴斯尔（蒙古族）、敖荣（蒙古族）、巴图敖其尔（蒙古族）、额尔敦朝鲁（蒙古族）分获成年组不同级别冠军，自治区摔跤队获精神文明先进集体奖。（《新疆通志·体育志》83卷P58，《内蒙古日报》1983.4.8.①）

3日 广西壮族自治区上林县发现一个大型富钒矿。在30公里长的矿层中，经探明的2公里范围内储量达30万吨。（《新华社新闻稿》1983.4.4）

△ 云南省招生工作会议决定：是年高考采取新的定向招生措施，打开人才通向边疆和农村的路子，要求各大专院校进一步办好民族预科班，不断增加少数民族的大学生名额。

（《新华社新闻稿》1983.4.4）

4日 福建省永安县洪田公社畲族聚居的高山地区发现一幅畲族族谱珍画。画卷描绘畲族的生活习惯和独特的民族风情，为研究畲族族史提供重要历史资料。（《新华社新闻稿》1983.4.5）

△ 国务院批复四川省人民政府，同意设立秀山土家族苗族自治县，撤销秀山县，以原秀山县的行政区域为秀山土家族苗族自治县行政区域，自治县人民政府驻中和镇；设立酉阳土家族苗族自治县，撤销酉阳县，以原酉阳县的行政区域为酉阳土家族苗族自治县的行政区域，人民政府驻钟多镇。（《国务院公报》1983［9号］P411）

5日 内蒙古自治区招生委员会召开1983年自治区大、中专院校招生工作会议，就本区是年高校招生的改革提出实施意见：蒙古族、达斡尔族、鄂伦春族、鄂温克族考生可根据实际情况降低一、二个分数段录取；其他少数民族考生在与汉族考生同等条件下优先录取；区内高等院校录取少数民族学生占20%~25%；蒙古语授课专业单独划线录取。（《内蒙古日报》1983.4.5.①）

△ 广西壮族自治区党委召开工作会议，传达中共中央书记处《关于处理好广西“文革”遗留问题的指示》。会议认为，过去几年广西在落实党的各项政策，平反冤、假、错案方面做了不少工作，但采取的措施不够有力，许多重要问题还未解决，特别是对“文化大革命”中的“三种人”和严重违法乱纪的人处理不得力，一些重大的冤、假、错案也没有彻底平反。会议表示，一定要按照中央精神采取有力措施，把“三种人”从各级领导班子中清除出去，争取在年底解决好广西“文化大革命”遗留问题。（《广西通志·大事记》P487、492、496）

6日 云南省地质局在富宁县发现具有工业价值的煤炭资源，储量约1000万吨。（《云南日报》1983.4.6.①）

△ 贵州省黔东南苗族侗族自治州拨专款46.85万元，帮助兴办小水电的社队购买设备。（《贵州日报》1983.4.6.①）

△ 据新华社西宁电，青藏高原第一只人工饲养的金丝猴在青海省西宁市人民公园出生。这只黑灰色雄性仔猴的父母在上年8月从秦岭迁居西宁。金丝猴是我国特有的珍稀动物，仅分布于我国陕西、甘肃、四川和云贵高原部分地区。（《新华社新闻稿》1983.5.16）

△ 是日报道，青海省柴达木盆地探明的钾盐、池盐、镁盐、锂、溴、碘、石棉等7种矿产资源居全国首位，仅钾盐矿储量占全国的98%，硼和天然碱储量居全国第二位。（《新华社新闻稿》1983.4.6）

△ 新疆维吾尔自治区乌恰县托云公社发生6.2级地震。（《新华社新闻稿》1983.4.7）

7日 吉林省延边朝鲜族自治州延吉县改称龙井县。（《延边朝鲜族自治州志》P89）

△ 四川省昭觉县湾长公社发现一处900年以前的唐末宋初的古代石刻壁画群。这一发现对于研究大凉山古代文化和各民族间的文化交流史具有很大参考价值。（《新华社新闻稿》1983.4.8）

8日 是日报道，内蒙古大学学位委员会最近授予29岁的蒙古族女科研人员乌兰历史学硕士学位。她是内蒙古自治区第一个蒙古族女硕士。（《内蒙古日报》1983.4.8.①）

△ 西藏自治区政府发言人宣布：从5月份起，在西藏工作的各族科技干部将享受优惠待遇。根据业务职称的高低和所在工作地点海拔高度的不同，每人每月将分别发给10至35元的边疆岗位津贴；获得高、中级业务职称的专业技术干部在医疗、休假、住房、用车等方面分别享受地专级和县级干部的同等待遇；从内地招聘的科技人员，并志愿在藏工作5年以上者亦可享受长期在藏科技人员的待遇。（《新华社新闻稿》1983.4.10）

△ 新疆运动员穆拉提（维吾尔族）在广西南宁国际游泳邀请赛中以52秒8打破53秒2的100米自由泳全国纪录，比1982年第九届亚运会冠军、新加坡运动员创造的亚洲最好成绩快0.2秒。（《中国共产党新疆历史大事记（1966.5～1991.12）》下P209）

9日 反映云南少数民族历史、宗教、生活情况以及云南边疆风土人情的139幅大型壁画在民族文化宫展出。国家领导人阿沛·阿旺晋美、杨静仁等参观展览。（《新华社新闻稿》1983.4.10）

△ 是日报道，1983年，新疆维吾尔自治区中小学基建投资总额达6000万元，其中地、县自筹资金约2000万元，比上年翻一番。全区民族中学由1980年的640所发展到1982年808所，民族小学由4524所发展到5009所，牧区寄宿制学校由基本空白发展到291所。（《新疆日报》1983.4.9.①）

△ 新疆维吾尔自治区建成一座机械化金矿——右图金矿，从而结束新疆靠人工采金的历史。（《新华社新闻稿》1983.4.11）

10日 中共中央、国务院办公厅原则同意《新疆维吾尔自治区党政群机关机构改革方案》。《方案》提出，自治区人民政府工作部门由现有69个调整为36个，自治区党政群机关总编制由1982年末实有7000名基础上减少2000多名，减30%以上。（《中国共产党新疆历史大事记（1966.5～1991.12）》下P209～210）

10～14日 贵州省伊斯兰教第一次代表会议在贵阳市举行。会议成立贵州省伊斯兰教协会，选举纳星斋（回族）为主任。（《贵州日报》1983.4.15.①）

10～15日 云南省楚雄彝族自治州举行首届彝剧调演，大型彝族舞剧《咪依噜》在调演会上首演。（《楚雄彝族自治州志》1卷P209）

12日 云南省社会科学院东巴文化研究所在丽江召开东巴、达巴座谈会，围绕民族古文字文献、民族音乐、民族舞蹈和民族宗教等问题进行学术交流。（《云南日报》1983.4.12.③）

13日 中国民族研究团体联合会在成都成立并举行第一次理事会。会议选举黄光学（朝鲜族）为理事长，吴向必（苗族）、江云、牙含章为副理事长，严雄克为秘书长。（《光明日报》1983.4.21.②）

△ 贵州省黔西南布依族苗族自治州人大一届二次会议通过每年5月为“黔西南州民族团结月”的决议。（《黔西南布依族苗族自治州志·政权政协志》P23）

13～14日 由文化部、国家民委、广播电视部、中国音乐家协会联合组织的民族音乐家演出团在北京举行汇报演出，维吾尔、苗、朝鲜、满、畲、傣、蒙古、回、藏、汉等十个民族的十余名独唱、独奏演员演出各民族的音乐节目。（《人民日报》1983.4.15.③）

14日 宁夏回族自治区银川市伊斯兰教协会成立。（《宁夏日报》1983.4.18.①）

15日 广西壮族自治区五届人大常委会第十八次会议通过《广西壮族自治区水源林动植物自然保护区管理条例（试行）》。（《广西通志·环境保护志》P353）

16日 经国家民委、教育部批准，中央民族学院增设经济管理、壮语言文学、彝语言文学专业，设立民族民间舞蹈专科，恢复民族学、理论作曲专业，并开始招生。（《中央民族大学五十年》P202）

17日 是日报道，从是年起，宁夏大、中专院校招生制度作如下改革：应届高中毕业生报考大学、中专，须具有高中阶段完备的档案；农、林、医、师院校实行部分或大部分定向招生，毕业后定向分配；对少数民族考生继续实行其最低录取分数线放宽1个分数段；固原地区5县和同心、盐池等教育基础比较薄弱的山区、边远地区考生，其最低录取分数线亦

可放宽1个分数段。（《宁夏日报》1983.4.17.①）

18日 国务院批转劳动人事部、国家民委《关于加强边远地区科技队伍建设若干政策问题的报告》的通知。（《国务院公报》1983［11号］P484）

△ 是日报道，云南省文山壮族苗族自治州最近举行第二届民族传统体育表演大会。与会8个县的壮、苗、瑶、彝、汉等民族的187名代表表演了赛马、摔跤、射弩、吹芦笙翻刀等50个民族民间传统项目。（《云南日报》1983.4.18.③）

19日 新疆维吾尔自治区党委、政府批转《关于改革农村人民公社体制，实行政社分开，建立乡政权的报告》，提出，改革农村人民公社体制，实行政社分开，建立乡政权这项工作是年先搞试点，1984年分期分批完成。（《中国共产党新疆历史大事记（1966.5～1991.12）》下P210）

△ 宁夏回族自治区人大五届一次会议在银川举行，讨论通过《自治区国民经济和社会发展第六个五年计划》。（《中共宁夏党史大事记（1925.8～1988.6）》P539～540）

20～30日 新疆维吾尔自治区六届人大第一次会议举行，自治区主席司马义·艾买提作《关于自治区国民经济和社会发展第六个五年计划的报告》。（《新疆日报》1983.4.23.①）

23日 国务院批准西藏自治区拉萨市建设总体规划，要求把拉萨建设成民族团结、文明整洁、繁荣富强和具有历史文化名城特色的社会主义城市。（《中国共产党西藏历史大事记（1949～2004）》P390）

23～29日 云南省人大六届一次会议举行，通过《关于云南省第六个五年计划的报告》的决议。（《云南日报》1983.4.30.①）

23～30日 广西壮族自治区人大六届一次会议举行，通过《关于广西壮族自治区第六个五年计划的决议》等。（《新华社新闻稿》1983.5.1，《广西通志·大事记》P488）

25～28日 湖南省湘西土家族苗族自治州发生罕见大风暴和冰雹灾害。吉首、永顺、桑植、龙山、花垣、凤凰、保靖7县的117个公社受灾，其中重灾48个公社。造成4人死亡、53人受伤，倒塌房屋254栋，打烂房屋1.98万栋，春收作物及早中稻秧田、包谷损失严重。（《湘西州志》上P81）

25～29日 新疆维吾尔自治区摔跤队在全国自由式摔跤比赛中获1金2银1铜，其中巴哈迪（哈萨克族）获自由式摔跤男子62公斤级金牌，索里地肯（哈萨克族）获自由式摔跤男子100公斤级银牌，麦克西获银牌，哈力（哈萨克族）获自由式摔跤男子82公斤级第三名。（《新疆通志·体育志》83卷P59）

26日 广西壮族自治区少数民族图案展览在南宁市开幕，展品有本区各民族织锦图案实物90余件，临摹描绘图案近300件。（《广西日报》1983.4.27.①）

△ 广西壮族自治区南宁市无线电三厂试制成功飞燕牌DUC—C型37厘米全频道彩色电视机。（《广西通志·大事记》P488）

27日 云南省政府批准建立高黎贡山自然保护区，在怒江傈僳族自治州泸水县设立自然保护所。（《怒江傈僳族自治州志》下P278）

28日 宁夏回族自治区电影制片厂摄制的第一部彩色故事片——《龙种》首映式在银川市举行。（《宁夏日报》1983.5.1.①）

29日 内蒙古自治区人民政府转拨国家支援经济不发达地区的资金3000万元，帮助革命老根据地、山区、少数民族聚居区和边远贫困地区发展生产。（《内蒙古日报》1983.4.29.①）

30日 中共中央办公厅、国务院办公厅转发《关于民主党派为边疆地区建设服务挂钩会议的报告》。（《新时期民族工作文献选

编》P194~196）

△ 沟通天山南北的交通干道——天山公路基本建成。公路全长560多公里，北起独山子，南至库车城。（《新华社新闻稿》1983.5.3）

5月

1日 经教育部批准，列入国家计划的全国13所高等院校从是年起陆续为新疆维吾尔自治区举办民族班。这些学校有大连工学院、上海交通大学、北京师范大学、南京大学、西安交通大学、西北政法学院等。（《新疆日报》1983.5.4.①）

3日 国家民委召开的全国民族学院干部培训工作会议在四川成都举行。会议确定全国10所民院从下半年起，将按正规化要求招收学员。会议决定改少数民族干部短期轮训为正规化培训，以加快少数民族知识分子和少数民族干部的成长。（《新华社新闻稿》1983.5.4）

△ 内蒙古自治区中部凉城蛮汗区出土春秋战国时代的青铜器、陶器和骨器文物，经鉴定为2000多年前匈奴墓的随葬品。（《新华社新闻稿》1983.5.4）

4日 西藏自治区政协四届常委一次会议决定，成立学习委员会、文史资料研究委员会和农牧、文教、科技、工商、宗教、宣传、体育卫生等7个工作小组。（《西藏日报》1983.5.5.①）

△ 九三学社中央科技支边工作组一行10人赴内蒙古自治区呼和浩特支边，先后在呼和浩特、银川、兰州、乌鲁木齐等地进行讲学活动，并和有关方面具体研究落实科技支边项目。（《内蒙古日报》1983.5.6.①）

5~9日 四川省委统战部、省委民族工作委员会在成都召开各民主党派、工商联为甘孜、阿坝、凉山州四化建设服务挂钩会议。（《四川日报》1983.5.11.①）

6日 新疆维吾尔自治区增拨4000多万元专项资金，发展维吾尔、柯尔克孜等少数民族聚居的天山南部农村文化、卫生和教育事业。（《新华社新闻稿》1983.5.7）

7日 中共中央副主席李先念、中央书记处书记万里、全国人大常委会副委员长乌兰夫等党和国家领导人会见少数民族参观团和新疆伊斯兰教宗教职业者参观团。（《新疆日报》1983.5.8.①）

△ 青海省玉树藏族自治州委和人民政府决定，从地方财政中拨款74万元，发展民族教育事业。（《新华社新闻稿》1983.5.8）

8日 西藏第一部研究民族手工艺编织品的专著《西藏冲丝》编写完成。（《西藏日报》1983.5.8.①）

8~14日 卫生部和国家民委联合召开的全国少数民族卫生工作会在北京举行。内蒙古、新疆、广西、宁夏、西藏、青海、云南、贵州、甘肃、四川、湖南、湖北、广东、浙江、福建、辽宁、吉林、黑龙江、河北、北京等20个省、自治区、直辖市的卫生厅（局）长、民委主任，有关医学院校、民族学院的代表，以及中央有关部、委的代表和首都部分新闻工先作者共120人参加。会议总结30多年来民族卫生工作的历史经验，提出开创民族卫生工作新局面的具体任务和政策措施，讨论《关于加速培养少数民族高级医学人才的实施方案》、《关于继承发扬民族医药学的意见》和《关于经济发达省市对口支援边远少数民族地区卫生事业建设的实施方案》。（《人民日报》1983.5.13.③）

9日 我国第一部用锡伯语配音的影片——《但愿人长久》上映。（《新华社新闻稿》1983.5.10）

11日~6月17日 全国少数民族文学翻译、创作会议在贵州贵阳花溪召开。16个省（区）的26个民族的50位作家进行为期40天的创作活动，共创作129万字，翻译26万字文

学作品。（《贵州日报》1983.5.13.①，6.20.①）

12～15日 中国伊协四届三次常委会在北京举行。会议听取伊协主任沈遐熙作的工作报告，就伊斯兰教如何适应新形势、开创新局面进行讨论。（《新华社新闻稿》1983.5.16）

13日 湖南省计划生育办公室、省人口学会和省民委在长沙联合召开省首次少数民族人口调查研究会。会议认为，少数民族地区要发展经济，必须实行计划生育、控制人口增长速度，少数民族地区在今后计划生育工作中，应采取宣传教育为主、奖励为主的方针，建立健全稳定的专业队伍，做到无多胎生育、无计划外生育、无大月份流产。（《湖南日报》1983.5.13.①）

14日 福建省泉州市政府拨专款整修2个在元代以前泉州的穆斯林坟墓和我国伊斯兰寺院最早的建筑之一——清泉寺。（《新华社新闻稿》1983.5.17）

14～22日 中国少数民族文学学会第二届年会在广西壮族自治区武鸣县举行，北京、内蒙古、云南、甘肃、新疆、宁夏、青海、西藏、贵州、湖南、河南、湖北、吉林、辽宁、上海、广东、四川、广西等18个省、市、自治区的汉、满、蒙古、藏、维吾尔、哈萨克、壮、白、回、瑶、朝鲜、土、锡伯、仫佬、纳西、土家、布依等25个民族的少数民族文学研究工作者、教学工作者及一些作家共145人参加。与会代表对部分少数民族文学发展史、各族文学史上一些重要作家和作品以及学科中一些理论问题进行探讨。学会名誉理事长周扬、中国社会科学院党组第一书记梅益等致贺电。大会收到论文112篇。（《广西日报》1983.5.15.①）

16日 是日报道，近几年来，云南省政府投资600多万元，省交通运输部门在技术、物资、器材等方面给各地以扶持，接通一些断头公路，建成8座大中桥梁，把边疆20多个少数民族自治县和边远县建成四通八达的县际公路网络。（《新华社新闻稿》1983.5.16）

△ 新疆维吾尔自治区人民政府发出通知，决定成立阿尔金山自然保护区，在若羌县设立管理处。这是新疆境内第十个自然保护区，也是目前我国最大的自然保护区，总面积4.5万平方公里。（《中国共产党新疆历史大事记（1966.5～1991.12）》下P213）

16～20日 中共中央总书记胡耀邦在新疆乌鲁木齐视察。他先后到乌鲁木齐、兵团农六师、伊犁哈萨克自治州、克拉玛依等地视察工作，并在乌鲁木齐的干部会上发表重要讲话。（《新华社新闻稿》1983.5.21，《中国共产党新疆历史大事记（1966.5～1991.12）》下P213）

17日 中共中央副主席李先念、全国政协主席邓颖超等党和国家领导人在人民大会堂会见黑龙江等11个省、市16个民族180人的少数民族参观团全体成员，并合影留念。（《新华社新闻稿》1983.5.18）

△ 内蒙古自治区首届蒙医研究班在呼和浩特开学。研究班学制为2年，学员30名。（《内蒙古日报》1983.5.24.①）

△ 上海市的上海、嘉定、南汇3县与云南省的德宏、楚雄、文山3个自治州建立长期对口支援关系，双方签订第一批包括养殖、食品、化肥、水泥等24个技术支援项目的协议。（《新华社新闻稿》1983.5.18）

19日 中共中央作出关于实现党校教育正规化的决定，规定中央党校、各自治区和少数民族较多的地方党校要加强对少数民族干部的培训工作。设立相当班次，根据需要和可能，开办短期读书班、专修班。（《新华社新闻稿》1983.5.20）

△ 广西壮族自治区合山矿务局东斜井建成投产，年产煤能力60万吨，是广西采煤机械化程度最高的矿井。（《广西通志·大事

记》P489）

△ 新疆维吾尔自治区首届维吾尔医护士培训班结业。（《新疆日报》1983.5.19.①）

19～29日 新疆维吾尔自治区和田县建成自治区第一个农田林网化县。（《中国共产党新疆历史大事记（1966.5～1991.12）》下P213）

20日 据报道，湖南省湘西土家族苗族自治州凤凰县和贵州省松桃苗族自治县等地恢复中断100多年的“跳花跳月”活动，上万名苗族男女欢度苗家传统节日。（《新华社新闻稿》1983.5.21）

20～30日 全国民族院校文艺理论研究会第四次学术讨论会在陕西省咸阳市西藏民族学院举行，全国10所民族院校，全国民族地区26所大专院校，9个科研、文艺、出版、新闻等单位的65名代表参加。讨论会收到论文28篇。（《西藏日报》1983.6.9.①）

21日 中国民俗学会在北京举行成立大会。中国民俗学会筹备会主任委员钟敬文致开幕词，希望专家们团结协作，积极调查、搜集整理和研究我国各民族的民俗，为发扬民族文化的优良传统作出贡献。（《新华社新闻稿》1983.5.22）

△ 据报道，中共中央办公厅、国务院办公厅最近转发中央统战部、国家民委《关于民主党派为边疆地区建设服务挂钩会议的报告》。报告按语说，中央书记处、国务院要求各地、各有关部门积极支持和帮助民主党派开展“智力支边”工作，并认真安排落实此事。（《新华社新闻稿》1983.5.22）

24日 广东省人民政府决定，组织本省经济发达地区同少数民族地区开展对口支援和经济技术协作。确定广州市支援海南黎族苗族自治州，南海县支援连南瑶族自治县，中山县支援连山壮族瑶族自治县，顺德县支援孔源瑶族自治县。（《南方日报》1983.5.24.①）

△ 经国务院批准，西藏第一所佛教学院在拉萨筹建。（《新华社新闻稿》1983.5.25）

24日～6月9日 新疆维吾尔自治区副主席托乎提·沙比尔率代表团参观考察南京、常州、无锡、苏州、南通5个城市后，同江苏省人民政府达成“关于对口支援和经济技术协作的协议”。（《中国共产党新疆历史大事记（1966.5～1991.12）》下P216）

25日 清江最大的发电站——湖北省恩施地区利川县雪照河水电站建成发电，装机容量8000千瓦。（《恩施州志》P21）

25～31日 内蒙古自治区蒙古族哲学及社会思想史研究会首届年会在呼和浩特市举行。会议交流和讨论一年来的研究成果，探讨蒙古族哲学及思想史研究的方法论问题，对如何进一步搞好资料的搜集、整理、开发和利用进行研讨，并对今后科研工作的任务提出初步设想。（《内蒙古日报》1983.6.6.①）

26日 中共福建省委、省人民政府宣布福建省民族事务委员会成立。福建省军区副政委钟大湖（畲族）、福建省科协主席陆维特（回族）任顾问，福建省民政厅副厅长、省政协常委雷恒春（畲族）任主任委员，福建省计划委员会副主任方平斌等25人任委员。福建省民委与省民政厅合署办公，编制15人，其中行政编制10人、事业编制5人。委员会内设办公室、经济文化处、研究室。（《新华社新闻稿》1983.6.4）

△ 新疆维吾尔自治区乌鲁木齐市维吾尔医院开业。（《新华社新闻稿》1983.5.26）

26～30日 吉林省各民主党派、工商联为边疆少数民族地区四化建设服务挂钩会议在长春举行，初步拟定112个挂钩项目。（《吉林日报》1983.5.31.①）

27日 据报道，西藏自治区卫生部门最近对拉萨市区6600多名藏族学龄儿童进行一次体格检查，与1965年体检的结果相比，同龄儿童的平均身高增长9.28厘米，体重增加

3.87公斤。（《新华社新闻稿》1983.5.28）

△ 贵州省黔西南布依族苗族自治州人大常委会批准州政府对边远少数民族地方的教育事业采取特殊措施：办好民族学校，提高少数民族儿童的入学率，对边远少数民族地方的一些公社放宽学杂费的减免，经济特别困难的边远少数民族山区还可以补助书籍费；县城中学有条件的办民族班；加快培养少数民族师资；动员、奖励城镇和中心区的教师到边远少数民族地方去担任领导和教学工作。（《贵州日报》1983.6.8.①）

△ 西藏自治区招生工作会议决定，西藏是年高考首次增加藏语文试卷。除汉语文试卷外，其他各科均可用藏文答卷。规定放宽考生年龄限制，少数民族考生的一切路费由国家补贴等。（《新华社新闻稿》1983.5.28）

27～29日 陕西、甘肃、青海、宁夏四省（区）开发西北能源学术讨论会在陕西西安举行。与会学者、专家从不同角度论证西北能源的优势，并就加速西北能源开发、振兴西北经济，为全国“四化”建设作出贡献提出建议。（《新华社新闻稿》1983.6.2）

27～30日 由国家建设局主持的14个省（区）少数民族地区村镇建设工作座谈会在广西壮族自治区南宁市举行。会议了解和讨论少数民族地区村镇建设的情况和问题，提出解决少数民族居住条件的设想和有关政策的意见。（《广西日报》1983.5.31.①）

28日 湖南省民盟、民建为帮助少数民族地区发展经济、文教、卫生和科技事业，组织部分成员前往湘西土家族苗族自治州进行调查研究，与当地有关部门商定具体咨询项目。（《湖南日报》1983.5.29.①）

28～31日 四川省人大民委第二次（扩大）会议举行。会议听取和讨论省人大常委会副主任扎西泽仁关于《四川省人大常委民族委员会工作报告》，总结交流民族立法工作的经验，并研究今后的工作。（《四川日报》1983.6.1.①）

30日～6月3日 新疆维吾尔自治区第二次计划生育先进集体、先进个人代表大会在乌鲁木齐举行。据了解，几年来，自治区有计划地控制汉族人口自然增长，取得很大成绩，1982年汉族人口自然增长率下降到10.21‰，比全国平均自然增长率低3‰。（《中国共产党新疆历史大事记（1966.5～1991.12）》下P214）

是月 广东省海南行署召开县委书记、县长会议，学习、贯彻中共中央、国务院关于《加快海南岛开发建设问题讨论纪要》精神，拟订和落实具体建设规划、建设布局，初步确定岛内分为海口、三亚、洋浦港、八所港、文昌、清澜和通什等经济片，争取3年看清眉目，5年有明显变化。（《南方日报》1983.6.3.①）

△ 内蒙古自治区党委、人民政府通知，所有国营盈利企业从6月1日起，一律实行利改税政策。（《内蒙古自治区史》P543）

△ 截至目前，民革、民盟、民进、农工、九三、民建6个民主党派和全国工商联为云南省边疆、民族地区提供包括教育、卫生、科技方面的讲学和培训，以及农、林、牧和轻工食品工业的技术传授和咨询等“智力支边”和经济咨询项目达400个，并已落实到地州市。（《新华社新闻稿》1983.6.1）

△ 云南省怒江傈僳族自治州农业、卫生等系统首次技术职称评定工作结束。自治州自然科学技术人员1400人，评定职称105人，其中中级职称32人、助理级280人、技术员级738人。（《怒江傈僳族自治州志》上P605～606）

是～8月 西藏自治区地质调查大队通过对那曲、阿里2个专区境内的羌塘高原“无人区”的大规模地质调查，共完成地质路线4200多公里，地质成图面积15万平方公里，采集标本、取样1.2万多块（件），实测地质剖

面6万多米，新发现矿点18个。其中，石膏矿蕴藏丰富，总储量2亿多吨。（《新华社新闻稿》1983.10.29）

6月

1日 是日报道，1982年以来，广西壮族自治区政府增拨给少数民族山区县的工业建设投资4000多万元，比1981年增加1700多万元，帮助43个少数民族山区县新建、扩建糖厂、水泥厂、食品厂等近100个，重点发展直接为群众服务的小食品、传统日用品和民族纺织品的生产。（《新华社新闻稿》1983.6.1）

2日 天津市民建和工商联开展"智力支边"，派咨询服务组赴内蒙古自治区呼和浩特和包头，帮助少数民族地区发展经济。（《新华社新闻稿》1983.6.4）

3日 据报道，科学院水生物研究所和广西钦州水产局的科技人员最近在钦江中首次发现名贵上等食用鱼种——香鱼，并把它列为重点饲养鱼种。（《新华社新闻稿》1983.6.4）

△ 全国重点扬水工程项目之一的宁夏回族自治区固海扬水工程上段工程试水成功。渠线北起中宁县的泉眼山，经同心县、海原县，南止固原县土营公社，全长1300多公里。全部工程完工后可使上述4县30多万亩土地得到灌溉，保证沿线人畜用水。（《新华社新闻稿》1983.6.4）

4日 国家民委组织《人民日报》、《光明日报》、中央人民广播电台、中央电视台等首都赴滇新闻记者团，深入傣、景颇、崩龙、白、佤、拉祜等少数民族地区进行为期1个月的采访活动，采写和拍摄一批反映这些地区新面貌的稿件和纪录片。（《光明日报》1983.6.4.①）

4~8日 新疆维吾尔自治区男子射箭队在辽宁省沈阳市举行的全国射箭锦标赛中获团体赛季军。汝光（锡伯族）获男子双轮30米冠军，全能、50米亚军和70米季军。（《新疆通志·体育志》83卷P59）

5日 我国第一个沙漠植被类型自然保护区——沙坡头自然保护区由宁夏回族自治区人民政府批准建立。该保护区位于宁夏中卫县城西部，腾格里沙漠东南缘，长30公里，宽5公里，总面积1.37万公顷。沙坡头是沙漠生态类型的自然综合体，也是闻名中外的治沙典型和科研教学基地。（《当代宁夏史通鉴》P239）

6日 广东省连南瑶族自治县人民政府为培养少数民族人才，复办连南民族小学，并由国家拨专款负担学生的生活费和学费。（《南方日报》1983.6.6.①）

6~11日 全国少数民族古籍整理工作座谈会在北京举行，讨论我国少数民族古籍整理出版工作，要求各地有关部门设立专门机构和组织人员收集整理少数民族古籍。（《新华社新闻稿》1983.6.13）

6~21日 全国人大六届一次会议在北京举行，任命杨静仁（回族）为国家民委主任。（《新华社新闻稿》1983.6.7，6.22）

8日~7月10日 鄂伦春民族装饰艺术展览在民族文化宫举办，展出图片280幅，实物76件。国家副主席乌兰夫剪彩，国家民委副主任伍精华主持开幕式。展览共接待国内外观众1.6万余人次。（《鄂伦春自治旗志》P826~827）

10日 据报道，青海省藏、蒙医发展到640多人，很多州、县、公社都有藏、蒙医疗机构，10名藏、蒙医生被授予主治医生以上职称。（《新华社新闻稿》1983.6.11）

11日 贵州少数民族服饰图案展览在民族文化宫举办，展出苗、侗、布依等少数民族服饰刺绣、挑花、蜡染、编织等工艺品150件和部分风情照片。（《贵州日报》1983.6.20.①）

△ 据《宁夏日报》报道，宁夏回族自治区吴忠微型试验仪器厂研制成功LI-OI型电子

拉力试验机，填补我国试验机行业一项空白。（《中共宁夏党史大事记（1925.8~1988.6）》P541）

12~13日 青海省藏族艺术团在北京演出大型藏戏《意乐仙女》。（《新华社新闻稿》1983.6.15）

15日 广西壮族自治区政府发出通知，要求各地严格保护珍贵稀有野生动物。（《广西通志·大事记》P489）

20日 新疆、内蒙古等8省市自治区剪纸展览在乌鲁木齐开幕。展出汉、回、维吾尔、哈萨克、蒙古、柯尔克孜、傣、彝、苗、塔吉克10个民族民间剪纸艺人和专业美术工作者近600幅作品。（《新华社新闻稿》1983.6.21）

△ 西藏风情摄影作品展览在北京举办。（《光明日报》1983.6.26.①）

△ 西藏自治区党委决定试行恢复征收工商税。（《中国共产党西藏历史大事记（1949~2004）》P392）

△ 首都文艺工作者李淑子（朝鲜族）、吴安妮、李敏受文化部艺术局的委托，赴新疆维吾尔自治区阿勒泰地区开办为期半年的艺术训练班，为边疆各族人民培养艺术人才。（《新华社新闻稿》1983.6.21）

20~27日 湖南省民委邀请湖北、四川、贵州、河南和本省研究土家族历史的有关人员在长沙召开《土家族简史》讨论会，讨论《土家族简史》（初稿）的修改和补充问题。（《湖南日报》1983.6.29.①）

22日 国家主席李先念、副主席乌兰夫，全国人大常委会委员长彭真，国务院总理赵紫阳，全国政协主席邓颖超等党和国家领导人在人民大会堂会见出席全国人大六届一次会议和全国政协六届一次会议的少数民族代表、委员，并合影留念。（《新华社新闻稿》1983.6.23）

24日 西藏自治区党委常委同意自治区公检法党组《关于贯彻中央办公厅九号文件，进一步抓好复查冤、假、错案的意见》。指出，目前全区还有317件冤、假、错案需要进一步复查，复查范围包括："文革"中冤假错案有多少，平反纠正多少；1969年的暴乱案件和"三教"等历次政治运动中的冤假错案进行复查，留尾巴的坚决去掉；1959年的叛乱不全面复查，对提出申诉和发现明显是冤、假、错案的要进行复查；"文革"后发生的冤、假、错案，一经发现必须迅速主动纠正。（《中国共产党西藏历史大事记（1949~2004）》P392）

25~29日 青海省果洛藏族自治州第一次民族团结表彰大会召开，19名先进集体代表、42名先进个人、6名特邀代表参加。（《果洛藏族自治州志》上P49）

25~30日 根据中央批准同意的中共中央统战部《关于争取达赖集团和国外藏胞工作座谈会若干问题的报告》精神，西藏自治区党委举行全区争取国外藏胞回归工作座谈会。自治区党委书记热地在会上讲话指出，争归工作是全区一项长期的政治任务，各级党委必须抓紧做好。几年来，对国外藏胞的争取工作已取得一定成绩，1979年初至1982年底，全区先后接待达赖派来的3个参观团和国外藏胞2287人，其中定居770人；是年上半年归国藏胞1000余人。热地还就如何加强争归工作讲了7点意见。（《西藏日报》1983.8.3.①，《中国共产党西藏历史大事记（1949~2004）》P392）

26日~7日1日 内蒙古自治区首次音乐理论创作座谈会在呼和浩特举行，着重讨论继承和发展民族音乐传统问题。（《内蒙古日报》1983.7.5.①）

30日 据《广西日报》报道，广西壮族自治区藤县探明一处大型钛铁矿，矿层平均厚度16米多，每立方米矿石含钛铁40多公斤。同时还在该矿中查明一个品位高、储量大的伴

生钪矿床，探明的钪矿经济价值比钛铁矿大8倍。（《广西通志·大事记》P490）

△ 据报道，新疆维吾尔自治区和田地区新近探明一座储量6000万吨的煤田。（《新华社新闻稿》1983.7.1）

30日~7月4日 新疆维吾尔自治区察布查尔锡伯族自治县参观团一行24人在吉林省长春市参观访问。（《吉林日报》1983.7.5.①）

是月 广西壮族自治区人民政府批准成立大瑶山自然保护区。（《广西通志·大事记》P490）

△ 广西壮族自治区人民政府同意在南宁、桂林、百色、巴马4所民族师范学校三、四年级开设壮文课。（《广西通志·大事记》P490）

7月

1日 广东省海南黎族苗族自治州人民政府决定拨款175万元作为民族地区的智力投资。其中，以145万元资助乐东、保亭、陵水、田独等4所民族中学和各县重点中学的基建，以30万元援助乐东和崖县办好革命老区的中、小学。（《南方日报》1983.7.6.①）

△ 四川省甘孜藏族自治州第一座横跨大渡河起点的新型拱桥——丹巴大桥建成通车。大桥全长144.5米，连接瓦丹、小丹公路。（《四川日报》1983.7.17.②）

2日 中共中央宣传部、中央书记处研究室发出《关于加强爱国主义宣传教育的意见》，将宣传各族人民对祖国的历史贡献作为爱国主义教育的10项内容之一。（《中华人民共和国大事记（1949~2004）》P704~705）

△ 广西壮族自治区人民政府批转自治区语委、民委、教育局《关于在马山等22个县的部分小学使用壮文教学试点和农村使用壮文扫盲的报告》。（《广西通志·大事记》P490）

△ 是日报道，云南省贡山独龙族怒族自治县人民政府采取措施发展骡马运输专业户、重点户。一是把国家无偿支援社队的400多匹骡马全部承包到个人，集体的200多匹骡马一次折价处理到户，在全县农村发展105户骡马运输专业户、重点户；二是国家拨款在县城和主要驿道上修建6个马店供马帮食宿；三是物资供应同国营马帮一视同仁；四是适当提高骡马运输价格，特别偏僻的地区零星物资允许议价运输；五是发动群众民办公助修护乡间人马驿道、架设桥梁。去冬以来共新修驿道25公里，架设河桥5座，使通马帮的大队由24个增加到25个。（《云南日报》1983.7.2.②）

4日 是日报道，云南省德宏傣族景颇族自治州的630多所傣族、景颇族小学一半左右用傣语、傣文或景颇语、景颇文教学。（《新华社新闻稿》1983.7.4）

5日 广西壮族自治区人民政府批转自治区教卫办、民委、语委、人事局《关于我区大专、中专毕业生中的壮族学生学习壮文的请示》。（《广西通志·大事记》P490）

△ 据报道，云南省楚雄彝族自治州采取“三上山”措施，发展山区民族教育事业。是年国家拨款和州拨款分别比上年增加200万元和70%，在全州11个县办教师轮训班，修缮山区学校危险校舍6万平方米，经济困难的少数民族学生享受免费学习。（《新华社新闻稿》1983.7.6）

5~12日 四川省人大六届二次会议在成都举行。会议通过关于批准阿坝藏族自治州施行《中华人民共和国婚姻法》的补充规定的决议和关于设立农业委员会的决议。（《四川日报》1983.7.13.①）

6日 据本报讯，截至目前，贵州省民族识别调查工作基本完成。自1980年开始以来，先后在本省各地区和广西、云南、江西、湖北、湖南等省（区），对穿青人、里民人

（自报为黎族）、南京人、喇叭人、六甲人、木老人、辰州人、卢人、刁人、三锹、下路司、七姓民、俫家、东家、绕家、西家、蔡家、龙家、莫家、伢僙、长袍徭、油迈人、六人23种人的共同体进行了调查，认定六甲人为汉族，喇叭人为苗族，七姓民为白族，六人为满族，油迈人为瑶族。其余18种人写出调查报告讨论稿，尚待讨论确定。　（《贵州日报》1983.7.6.①）

△　青海省海北藏族自治州印发牧业大包干生产责任制试行办法。　（《海北藏族自治州志》上P85）

6～12日　首次全国少数民族地区图书馆工作座谈会在北京举行。5个自治区和8个多民族省的70名图书馆工作者出席。　（《新华社新闻稿》1983.7.7）

7日　广西壮族自治区日榨蔗能力1000吨以上的邕宁蒲庙糖厂、宾阳大桥糖厂、玉林雅桥糖厂、苍梧龙圩糖厂、博白糖厂，日榨蔗能力500吨的宁明海渊糖厂、钦州犀牛脚糖厂、忻城新村糖厂、贺县八步糖厂、平乐糖厂10座糖厂列入广西是年重点建设项目。此外，贵县糖厂由日榨蔗2500吨扩建至4000吨工程也列入广西1983年重点建设项目。　（《广西通志·大事记》P490～491）

△　广西壮族自治区都安瑶族自治县地苏岩溶地下河研究开发取得重大成果，探明该河系主流全长57.2公里，12条干支流总长230多公里，地下河系补给面积1000多平方公里，出露各种天然水点310处，水资源可采量近3亿立方米。　（《广西通志·大事记》P491）

△　云南省屏边苗族自治县各族人民近万人集会，庆祝自治县成立20周年。　（《云南日报》1983.7.9.①）

△　全国民族语文论文撰写进修班在青海西宁开学，藏、蒙古、维吾尔、景颇、朝鲜、哈萨克、塔塔尔等12个民族近40名学员参加学习。　（《新华社新闻稿》1983.7.8）

8～9日　宁夏回族自治区首次计划生育先进集体和先进个人会议在银川举行。会议要求全区1983年底人口自然增长率降到18‰，多胎率下降到15%左右。　（《宁夏日报》1983.7.10.①）

8～11日　国务院总理赵紫阳在内蒙古自治区呼伦贝尔盟考察访问时指出，一定要增强团结和搞好建设。他强调说："内蒙古自治区呼伦贝尔盟是我国少有的富饶、美丽的地方，在地位上有重要的战略意义。把这个地方的工作进一步做好，无论在政治上还是在经济上，对我们国家都是很大的贡献。"　（《新华社新闻稿》1983.8.15）

9日　为支援边疆地区少数民族的经济建设，天津市民主建国会和天津市工商联合会选派"工业企业管理讲座辅导小组"到吉林省延边朝鲜族自治州延吉市举办讲座，并提供咨询服务。　（《吉林日报》1983.7.9.①）

△　是日报道，内蒙古自治区包头市郊新近发现一处国内迄今发现的最大的元代窑场。　（《新华社新闻稿》1983.7.9）

△　广西壮族自治区龙胜各族自治县举行首届民歌会演。参加会演的有壮族酒歌、侗族琵琶歌、瑶族号子歌、苗族庆宝山歌等。（《广西日报》1983.7.22.①）

10日　据报道，近4年来，四川省凉山彝族自治州通过办培训班，使30万彝族群众掌握彝文。　（《新华社新闻稿》1983.7.14）

△　西藏自治区扎布耶盐湖中首次发现大面积嗜盐藻、菌。　（《新华社新闻稿》1983.7.11）

11日　广西壮族自治区地质部门在藤县圹村探明一处大型钛铁矿。　（《新华社新闻稿》1983.7.12，7.17）

△　云南省河口瑶族自治县各族人民集会，庆祝自治县成立20周年。　（《云南日报》1983.7.13.①）

△　是日报道，云南省西双版纳傣族自治

州有19个公社84个大队461个生产队办起橡胶园，共定植橡胶84855亩，平均年产干胶片380多吨，总产值213万余元。（《云南日报》1983.7.11.②）

△ 宁夏回族自治区人民政府再次拨款50万元为南部山区人民防病治病，分别拨给固原、隆德等县用于治疗结核病、地方病、妇女病，以及为困难户解决重病住院治疗。（《宁夏日报》1983.7.11.①）

12日 中国社会科学院民研所壮傣语组8名研究室人员结束在云南调查傣语方言、土语和傣文字使用情况的工作，摸清9个重点、12个副点的壮傣语音、词汇和语法的情况。（《光明日报》1983.7.12.②）

13日 国务院批准广西壮族自治区防城港市为对外国籍船舶开放口岸。（《广西通志·大事记》P491）

16日 青海省归国藏胞接待委员会举行茶话会，欢迎归国定居的原青海省黄南藏族自治州同仁县隆务寺活佛、泽库县关秀寺寺主、同仁县政协委员、省宗教界上层人士赤干仓及其亲属一行11人。（《青海日报》1983.7.19.①）

17~28日 西藏自治区手工业管理局主办的全区首届民族手工业产品质量评比会在拉萨举行，山南、日喀则、昌都、那曲、拉萨5个地市手工业管理部门、企事业单位和自治区手工业管理局的直属工厂参加。评比会采取评比和展销相结合的方式，对“冲丝”（地毯、卡垫类织品）、毛纺织品、服装、铁、铜、木器制品（包括小型农具）和工艺美术品等进行评选，共有97个品种被评为优质产品。（《西藏日报》1983.7.17.①，7.31.①）

18日 吉林省政府拨出1100多万元修建一座大型水库，解决延边朝鲜族自治州图们市6万多居民的吃水问题。（《吉林日报》1983.7.18.①）

△ 经国务院批准，广西梧州到香港客运复航。（《广西日报》1983.7.19.①）

△ 贵州省黎平县7位苗族民兵自费建起一个5000瓦的小型电站，苗寨第一次点起电灯。（《贵州日报》1983.7.18.①）

△ 是日报道，《西双版纳傣药志》由云南省西双版纳傣族自治州民族医药调研办公室和中国科学院云南热带植物研究所等单位整理并分集出版。（《云南日报》1983.7.18.①）

18~21日 内蒙古自治区六届人大第二次会议举行，通过《内蒙古自治区草原管理（试行）》，21日起施行。条例规定，可将草原的使用权承包给所属的基层生产单位或个人长期使用，落实草原管理、保护、利用、建设责任制，使其同牲畜的承包责任制统一起来。草原的所有权和使用权受法律保护，任何单位和个人不得侵犯。（《新华社新闻稿》1983.7.26；《内蒙古日报》1983.7.9.①，7.22.①）

19日 西藏自治区党委、自治区人民政府向中央报告，西藏连续3年干旱，灾情严重。是年年楚河已断流1个多月，各种病虫害已发生十多种。牧区受灾更为严重，牧草生长比正常年景减少50%以上，受灾地区部分群众生活困难，少数人外出乞讨。农业受灾面积236万亩，占粮食播种面积的75.4%，还有一些地区不同程度的遭受风灾、雪灾和洪灾。因灾减产50%左右的56万亩，颗粒无收的35万亩。牧业成畜死亡占1982年存栏数的7.8%。幼畜成活率只有66%，比1982年同期减少25.5%。畜产品大幅度下降，酥油预计比1982年减产1/3。（《西藏日报》1983.7.15.①，8.3.①，9.9.①；《中国共产党西藏历史大事记（1949~2004）》P393）

△ 西藏自治区第二届藏医药学术交流会结束。会议交流80多篇论文，就藏医史、藏医理论、藏医临床、藏药等进行研究讨论。（《西藏日报》1983.7.19.①）

△ 据《新疆日报》报道，新疆维吾尔自

治区农村出现多种形式技术承包责任制。至上半年，已建立的技术承包责任制有联产技术承包，超产分成、减产赔偿、专项技术承包，定额收费、事故赔偿、有偿技术服务、只奖不赔、全面承包、收费服务等多种形式，有力推动农业技术推广工作，使各项科技成果较快转化为生产力。（《中国共产党新疆历史大事记（1966.5～1991.12）》下P217）

20日 是日报道，吉林省延边朝鲜族自治州政府同广州市政府最近就开展经济技术协作一事达成协议。（《吉林日报》1983.7.20.①）

△ 是日报道，2年多来，广西壮族自治区已有24所地、市以上城市医院先后派出47批医疗队共340名医疗卫生人员分别到20个边远山区和少数民族聚居区医院进行业务挂钩对口支援，同时优先安排受援医院的人员到城市医院或卫校进修培训，以提高这些地区的医疗技术水平和管理水平。（《广西日报》1983.7.22.②，《广西通志·大事记》P491）

20日～8月3日 西藏自治区召开首届戏剧剧本创作讨论会，讨论和修改自治区近期新创作的13个剧本（包括藏剧、话剧、电视戏、电影剧本）。（《西藏日报》1983.7.22.①）

21日 广西壮族自治区柳州地区民族歌舞团在南宁演出苗族神话舞剧——《灯花》获得成功。（《新华社新闻稿》1983.7.22）

△ 云南省德宏傣族景颇族自治州召开首届景颇族文学讨论会，景颇族文学爱好者46人参加。（《德宏州志》综合卷P76）

△ 国务院批复新疆维吾尔自治区人民政府，同意撤销昌吉县，成立昌吉市。（《国务院公报》1983［17号］P790）

21～26日 首届“民族团结杯”篮球赛在宁夏回族自治区银川市举行。广西、新疆、内蒙古、西藏和宁夏5个自治区的10支男女篮球队参加比赛，广西男女篮双获冠军。（《宁夏日报》1983.7.22.①，7.27.①）

21～28日 中国西南民族研究学会藏族学术讨论会在拉萨举行。会议收到学术论文100多篇，探讨我国藏族地区的政治、经济、文化、宗教以及社会主义现代化建设中的理论和实际问题。（《新华社新闻稿》1983.8.2）

22～25日 中共中央总书记胡耀邦在甘肃省临夏回族自治州，青海省海南藏族自治州以及海北藏族自治州的海晏县、国营221厂、刚察县视察工作。（《临夏回族自治州志》上P67，《海南州志》P54，《海北藏族自治州志》上P85）

23日 据报道，民建、工商联上海市地方组织于是年4月至7月分别组织2期赴宁夏回族自治区经济咨询服务队到银川市和固原、灵武等县，对日用化工、皮革、服装、食品、印刷等进行调查并开展技术咨询工作，帮助少数民族地区发展生产，提高企业管理水平，为当地工厂“铺路搭桥”，搞活经济。（《新华社新闻稿》1983.6.3，7.23）

25～29日 全国少数民族地区先进科技工作者代表座谈会在北京举行。会议为全国17个省、自治区32万名在少数民族地区工作20年以上的科技工作者颁发荣誉证书，并给2000多名少数民族地区各族先进科技工作者发奖。（《新华社新闻稿》1983.7.27，7.29，8.1）

26日 国家副主席乌兰夫为纪念《内蒙古青年》（蒙古文版）创刊30周年题词：“内蒙古青年要为祖国边疆的四化建设做出贡献。”（《新华社新闻稿》1983.7.28）

△ 辽宁省发现一部满族16代族谱——马佳氏族谱，为研究清史、满族史提供重要资料。（《新华社新闻稿》1983.7.27）

△ 是日报道，到目前为止，云南省丽江地区办彝文夜校扫盲班29个，学员1100多人；傈僳文班129个，学员5200多人；纳西文试点班3个，学员200多人。1981年以来，培

训彝文、傈僳文、纳西文师资和扫盲骨干700多人。（《云南日报》1983.7.26.③）

26日~8月1日 广西壮族自治区民委在南宁召开部分边、老、山区少数民族公社生产工作座谈会。会议交流经验，传达中央有关指示，讨论扶持上述公社发展生产，尽快改变贫穷面貌的问题。（《广西日报》1983.8.4.①）

26日~8月10日 西藏、青海、四川、云南、甘肃五省区藏族文学期刊会议在兰州市举行，50多名代表与会，磋商进一步繁荣藏族文学事业等问题。（《甘肃日报》1983.8.13.①）

27日 湖南省资兴县发现一件南方古越族的遗物——西周晚期铜角钟。（《湖南日报》1983.7.27.①）

28~30日 贵州省苗族服饰照片展览在贵阳举行。展出800多张照片，基本包括贵州省各地苗族服饰的样式。（《贵州日报》1983.8.4.①）

29日 国务院批复宁夏回族自治区人民政府，同意设立彭阳县，辖原固原县东部地区的15个公社，县人民政府驻彭阳。10月18日该县正式成立。（《国务院公报》1983［17号］P793，《中共宁夏党史大事记（1925.8~1988.6）》P547）

△ 中国企业管理成都培训中心同西藏自治区在成都签订协议：自1984年起，每年为西藏培训130名高中级企业管理干部。（《新华社新闻稿》1983.8.3）

30日 是日报道，湖南省各民主党派先后组织两批“智力支边小组”，第一批11人于7月16日赴湘西土家族苗族自治州，第二批8人于29日赴通道侗族自治县。这次支边项目包括举办中学英语、地理、心理学教师培训班，中药鉴别训练班、X线诊断学习班及皮革制作工艺，纺织印染工艺等。（《湖南日报》1983.7.30.①）

△ 是日报道，新疆维吾尔自治区发现110多种有共生固氮根瘤菌的野生植物。（《新华社新闻稿》1983.7.30）

31日 贵州省黔东南苗族侗族自治州决定：从是年起，建州纪念日所在的7月定为“民族团结月”。（《贵州日报》1983.7.31.①）

△ 国务院批准恢复甘肃省临夏回族自治州临夏市，以临夏县的城关镇和城关、南龙、折桥、枹罕4个公社为临夏市行政区域。临夏县治迁韩家集。（《临夏回族自治州志》上P67）

31日~8月4日 云南省楚雄彝族自治州首届民族团结表彰大会在楚雄鹿城举行，37个先进集体和50名先进个人受表彰。（《楚雄彝族自治州志》1卷P209，422~423）

是月 四川省民族地区农业现代化研究会第二次代表会在马尔康举行。会议就民族地区经济发展、科研成果推广等问题进行学术交流，建立和健全8个农林牧经济学术工作专业委员会，并确定研究课题。（《四川日报》1983.7.27.①）

△ 云南省少数民族语文指导工作委员会和省民族学院合办的彝文工作短训班结业。34名各族学员调查28个语言点，编印《云南彝语方言词语汇编》。（《云南日报》1983.8.16.③）

△ 云南省红河哈尼族彝族自治州撤销农村人民公社，恢复区、乡政权建制。截至7月，全州共设138个区、11个镇、1167个乡、36个区属镇。（《红河哈尼族彝族自治州志》1卷P103）

8月

1日 广西壮族自治区三江侗族自治县古宜大桥建成通车。大桥为双曲拱桥，全长290.6米。（《广西日报》1983.9.4.①）

1~3日 云南省楚雄彝族自治州首届民族传统体育运动会在鹿城举行。比赛项目有拔河、火药枪射击和登山等，表演项目有摔跤、爬油杆、磨担秋、顶肩等30多个。（《楚雄彝族自治州志》1卷P209，5卷P481~482）

△ 青海省首届少数民族摔跤运动会在海西蒙古族藏族自治州德令哈市举行，蒙古、藏、回、撒拉、满、土、裕固7个民族运动员组成的6个代表队参加。（《青海日报》1983.8.6.①）

2日 是日报道，随着农村经济的复兴，新疆维吾尔自治区维吾尔族聚居的南疆出现20多个万人以上的大“巴扎”（集市），其中10万人以上的特大“巴扎”4个。（《新华社新闻稿》1983.8.2）

3日 湖南师范学院46名应届毕业生离湘赴藏。这是教育部委托湖南师院为西藏培养的首批大学毕业生。该校还计划从是年起每年招收50名赴藏生。（《新华社新闻稿》1983.8.8）

3~6日 青海省玉树藏族自治州举行民族团结先进集体和先进个人表彰大会，29个先进集体和89名先进个人受表彰。大会推选出出席全省民族团结表彰大会的6个先进集体和16名先进个人。（《玉树州志》上P54）

△ 新疆维吾尔自治区经济协作会议在乌鲁木齐举行。会上，新疆与江苏、上海、浙江、山东、天津、北京6个省市达成的第一批131项经济技术协作项目逐项落实。（《中国共产党新疆历史大事记（1966.5~1991.12）》下P219）

4日 湖南省湘西土家族苗族自治州政府在吉首召开苗族历史研讨会。会议共收到学术论文30篇，调查报告22篇，参考资料7篇。（《新华社新闻稿》1983.8.19，《湘西州志》上P81）

△ 据报道，20多年来，穿越宁夏回族自治区腾格里沙漠的包兰铁路两旁共铺设固沙草障6.7万多亩，植树1.4亿多株，目前铁路两旁已出现一条长55公里，宽500米的绿色长廊。包兰铁路的固沙成就被各国治沙专家称为“中国人创造的奇迹”。（《新华社新闻稿》1983.8.4）

△ 新疆维吾尔自治区党委和自治区政府批准自治区劳动人事厅《关于一九八三年暑期毕业的研究生、大专毕业生工资待遇问题的通知》。《通知》规定，从1983年7月起，内地院校和新疆境内院校的研究生、大中专毕业生分配到新疆工作的（包括中央驻疆单位），自报到之日起即享受转正定级的工资待遇，到自治区边远地区和县以下农村牧区工作的可向上浮动1级工资。（《新疆日报》1983.8.4.①）

4~19日 全国民族文化工作会议在吉林省延边朝鲜族自治州延吉市举行，19个省、自治区和30个自治州的170多名代表出席。会议总结交流全国55个少数民族文化工作的经验，研究落实“六五”计划中关于民族文化事业发展的具体措施，提出“七五”计划的初步设想。（《新华社新闻稿》1983.8.20，《延边朝鲜族自治州志》上P90）

5~9日 广西壮族自治区部分乌兰牧骑式演出队的汇报演出会在南宁举行。都安瑶族自治县演出队被选为代表，参加9月在北京举行的全国民族地区乌兰牧骑式演出队文艺会演。（《广西日报》1983.8.12.①）

5~11日 黑龙江、吉林、辽宁、北京、内蒙古、甘肃、青海、新疆八省（区）蒙古语文第四次协作会议在内蒙古自治区阜新市举行。会议讨论修改1983年至1985年的协作规划，就今后一段时期内在民族教育、蒙古文教材、蒙古文图书出版发行、蒙古语文科研、蒙古语文的文化艺术、新闻宣传和蒙古族古籍整理等方面的协作做出具体部署。（《内蒙古日报》1983.8.23.③）

6日 广西壮族自治区第一座自控喷灌站最近在柳州市农科所建成，总喷灌面积60

亩。（《广西日报》1983.8.6.①）

△ 广西壮族自治区右江民族医学院开设民族预科班，从百色、河池2地区考生中择优录取40名，学制1年。（《广西日报》1983.8.6.①）

△ 云南省农科院蜜蜂研究所新近分别在澜沧拉祜族自治县和勐腊县发现2个野生蜜蜂种——“大蜜蜂”和“小蜜蜂”。科学家鉴定，“大蜜蜂”是世界上目前发现的最大蜜蜂，定名为“大排路蜂。”上述2种野生蜜蜂的发现，证明云南南部、西南部是蜜蜂的起源地。（《云南日报》1983.8.6.①）

6~30日 著名科学家、全国政协常委、民盟中央常委、上海工业大学校长钱伟长一行十余人由新疆维吾尔自治区乌鲁木齐市出发，考察开都河、伊犁喀什河、额尔齐斯河、玛纳斯河等流域，行程1万里。31日，自治区党委负责人听取考察自治区水利、水电工作情况汇报，并提出合理化建议。（《中国共产党新疆历史大事记（1966.5~1991.12）》下P220~221）

8日 广西壮族自治区人民政府批转自治区计委《关于压缩1983年地方基本建设投资规模和第一批停缓建项目的报告》，地方基建投资实际安排4.92亿元，超过国家计委下达控制指标7750万元。《报告》确定停缓建项目89个，合计980万元；压缩投资项目72个，合计3019万元。（《广西通志·大事记》P491）

8~22日 国务院总理赵紫阳和中共中央书记处书记胡启立、书记处候补书记郝建秀等在新疆维吾尔自治区考察。（《新华社新闻稿》1983.9.2）

10日 是日报道，一年来，广西壮族自治区巴马瑶族自治县办起一批多种形式的小学简易班，使全县适龄儿童入学率由1981年的74.5%提高到90%以上。（《广西日报》1983.8.10.①）

11日 据报道，新疆维吾尔自治区农业厅最近拨出专款150万元，改善各族农村科技人员的工作和生活条件。并决定从是年起，每年拨一部分专款。（《新华社新闻稿》1983.8.12）

12日 四川省少数民族古籍整理工作座谈会在成都举行。会议学习中央有关文件，商讨本省少数民族古籍的收集、整理和出版工作，并成立四川省少数民族古籍整理出版规划领导小组。（《四川日报》1983.8.12.①）

13日 中央政治局常委、中央军委主席邓小平视察吉林省延边朝鲜族自治州。（《延边朝鲜族自治州志》上P90）

△ 广东省人民政府拨专款200万元给海南黎族苗族自治州，重点帮助琼中、保亭、白沙等县的中、小学校，解决改造茅房资金不足的困难。（《南方日报》1983.8.13.①）

△ 云南省怒江傈僳族自治州贯彻执行党的民族政策和统战政策，对原有职务的20名民族、宗教上层爱国人士全部安排适当职务。其中，安排任职州、县一级领导7名，州、县部委办局13名。（《云南日报》1983.8.13.①）

△ 是日报道，云南省红河哈尼族彝族自治州按照边疆民族物资交流传统习惯组织商品流通，开辟和扩大82个村镇集市贸易场，成交额比上年同期增长56%。（《云南日报》1983.8.13.①）

△ 据报道，是年以来，宁夏回族自治区固原县官厅公社在一些散落的村庄兴办23所农民家庭学校，使552名回、汉族青少年就近入学。（《新华社新闻稿》1983.8.14）

△ 据报道，1981年来，民革、民进、民盟宁夏地方组织为边远少数民族地区的四化建设培养人才，先后创办银川中山业余学校等7所业余学校（班），有452人结业。（《新华社新闻稿》1983.8.14）

13~15日 中共中央政治局常委、国务院总理赵紫阳，中共中央书记处书记胡启立一行在新疆维吾尔自治区伊犁哈萨克自治州、博尔塔拉蒙古自治州考察。20日，赵紫阳在昌吉回族自治州视察。（《伊犁哈萨克自治州志》P61，《博尔塔拉蒙古自治州志》P60，《昌吉回族自治州志》P59）

14日 据《广西日报》报道，广西壮族自治区有色金属勘探公司第215地质队探明的大厂100号矿体，为世界罕见的共生富矿。这一发现使位于南丹县的大厂锡金属矿储存量跃居全国首位。（《广西通志・大事记》P491）

15日 据《广西日报》报道，经国家外贸部批准，广西壮族自治区玉林地区被列为出口商品生产综合基地。这是广西第一个出口商品生产基地。（《广西通志・大事记》P491）

△ 全国首届少数民族史诗学术讨论会在青海西宁举行。与会者听取中国社会科学院少数民族文学研究所所长王平凡作的题为《史诗研究要为建设社会主义精神文明服务》的报告，同时还探讨了史诗研究的课题。（《青海日报》1983.8.17.①）

15～22日 中国敦煌吐鲁番学会成立大会和1983年敦煌学术讨论会在甘肃省兰州市举行。会议就如何进一步开展吐鲁番学研究进行讨论，并推选季羡林为会长，唐长孺等5人为副会长，聘请李一氓等27位专家学者和有关领导为顾问。（《新华社新闻稿》1983.8.17，8.23）

15～29日 全国农垦工作汇报会议在新疆维吾尔自治区石河子市举行。国务院总理赵紫阳等听取会议情况汇报，并就国营农场的改革和实行家庭承包、办家庭农场等问题作重要指示。（《中国共产党新疆历史大事记（1966.5～1991.12）》下P219～220）

16日 国家民委在民族文化宫举行招待会，祝贺以朝鲜族小朋友为主组成的吉林铁路局图们铁路小学红领巾文艺演出队在北京演出成功。中央政治局委员宋任穷、国家民委主任杨静仁等领导观看演出。（《新华社新闻稿》1983.8.17）

△ 我国首届当代少数民族文学讲习班历时25天结束，18个省、区35个民族的400多名学员在北京结业。学习班由中国当代文学研究会少数民族文学分会委托中央民族学院举办。（《新华社新闻稿》1983.8.18）

16～22日 中国南方少数民族哲学社会思想史学会成立大会暨首届学术讨论会在四川成都举行。与会百余位专家、教授结合我国南方少数民族发展历史和特点，围绕有关哲学思想、社会历史、婚姻习俗和伦理道德等问题进行广泛学术交流。学会理事会由70名专家、学者组成。（《新华社新闻稿》1983.8.23）

17日 据报道，新疆维吾尔自治区伊犁哈萨克自治州自1981年进行教育体制改革以来，所属中等专业学校定向招生657名，为农牧区培养各类专业人才。哈萨克族、蒙古族聚居的昭苏县近两年被录取的学生比过去多达近1倍。（《新华社新闻稿》1983.8.19）

17～20日 云南省逻辑学会第一届年会在昆明举行，提出开展本省少数民族逻辑思维特点研究的设想和安排。（《云南日报》1983.8.26.③）

18日 内蒙古自治区首届中专民族教育座谈会在锡林浩特举行。会议着重研究自治区中专蒙古语授课专业教材的编译、出版及师资培养等方面的相互协作问题，并成立自治区中专民族教育研究会筹备组。（《内蒙古日报》1983.8.18.③）

△ 甘肃省第二届少数民族珠算技术比赛结束，省内回、藏、蒙古、满、东乡、裕固、朝鲜等民族的数十名选手参加。（《甘肃日报》1983.8.19.①）

19日 国家民委在民族文化宫邀请出席全国青联六届一次会议的少数民族委员举行座谈会。国家民委副主任薛剑华向55个少数民族的100多名青联委员介绍我国民族工作情况，希望委员们在少数民族中进行爱国主义教

育，做民族团结的模范。（《新华社新闻稿》1983.8.20）

△ 据报道，内蒙古自治区阿拉善左旗腰坎滩成为牧业粮草基地。13公里长的风沙线上筑起防风固沙林带，开垦土地4.6万亩，其中有林面积5000多亩，种植饲料2.7万亩，饲草3000多亩，经济作物1万多亩。1982年公社总收入730558元，人均收入430元。（《人民日报》1983.8.19.①）

△ 国务院批复新疆维吾尔自治区人民政府，同意撤销阿克苏县，设立阿克苏市（县级），以阿克苏县的行政区域及温宿县的红旗坡农场和实验林场的五、六两个队为阿克苏市的行政区域；撤销库尔勒县，将库尔勒县的行政区域并入库尔勒市；撤销湖北省恩施地区，设立鄂西土家族苗族自治州，以恩施地区的行政区域为鄂西土家族苗族自治州的行政区域，12月1日自治州正式成立；撤销鹤峰土家族自治县，恢复鹤峰县；撤销来凤土家族自治县，恢复来凤县。（《国务院公报》1983［18号］P825~826）

20日~9月2日 云南省首届民族音乐理论工作座谈会在昆明举行。与会者探讨民族音乐的人民性、社会影响、审美意义、调式、旋律、唱法、奏法的特点和规律等问题，收到论文80余篇，并对其中的56篇进行评议。（《云南日报》1983.9.4.①）

21日 我国第一个为牧民开设的肿瘤防治研究所在内蒙古自治区海拉尔建成并开始门诊。国家民委拨款100多万元资助。（《新华社新闻稿》1983.8.22）

△ 宁夏回族自治区党委决定，全区于10月开展"民族团结月"活动。9月1日，自治区"民族团结月"活动领导小组召开会议，号召全区各族人民为民族团结多作贡献，以优异成绩迎接自治区成立25周年。（《宁夏日报》1983.8.21.①，9.11.①，10.1.①）

22日 北京市毛麻丝工业公司向内蒙古自治区赤峰市毛纺厂提供经济技术咨询服务协议在北京签订。双方商定，北京毛麻丝工业公司将指导赤峰毛纺厂的设备安装和调试，为其培养技术骨干，提供产品工艺设计和企业经营管理等咨询服务。（《内蒙古日报》1983.10.11.①）

△ 据统计，吉林省延边朝鲜族自治州110个社镇全部通汽车，99%以上的生产队通电。（《吉林日报》1983.8.22.①）

△ 广西壮族自治区电子工业科学研究所研制成功一种可供县级广播站使用的双节目调频转播接收机，并通过技术鉴定。（《新华社新闻稿》1983.8.23）

△ 是日报道，广东省海南行署保亭县橡胶林有9.03万亩，比1979年增长1倍。人均1.02亩，居海南岛各县之冠。（《南方日报》1983.8.22.①）

△《海西蒙古族藏族哈萨克族自治州计划生育暂行规定》公布实施。（《海西蒙古族藏族自治州志》1卷P59）

△ 宁夏回族自治区党委召开干部大会，传达中共中央总书记胡耀邦视察甘肃、青海、陕西时的重要讲话精神。胡耀邦指出，到本世纪末和下世纪初，我国经济开拓的重点势必转移到大西北来，包括宁夏南部山区的西北干旱高原地区的经济建设是一个重要问题。他提出，西北干旱地区要治穷致富，必须走种草种树的路子，从"草木经"念起。（《中共宁夏党史大事记（1925.8~1988.6）》P544~545）

23日 中国北方少数民族哲学社会思想史学会在新疆维吾尔自治区乌鲁木齐市成立。（《新华社新闻稿》1983.8.24）

24日 是日报道，青海省海南藏族自治州共和县哈乙亥大队藏族牧民拉夫旦为解决牧区"买难卖难"的问题，于是年办起全省第一家个体商店，经营百货、食品、民族用品和畜产品的购销业务，不仅使牧民们能就近买到需要的商品，还使牧民增加了收入，提高了改良

畜种的积极性。（《新华社新闻稿》1983.8.24）

25日 北京市民委、团市委、市高教局、市青联、学联在民族文化宫联合召开有数百名各界代表参加的欢送会，欢送37名家在北京的高校毕业生前往青海、甘肃、新疆、西藏、内蒙古、四川、贵州等边疆少数民族地区工作。（《新华社新闻稿》1983.8.27）

△ 内蒙古自治区文史研究馆在呼和浩特市建立。（《内蒙古日报》1993.8.27.①）

△ 是日报道，黑龙江省14个少数民族的278名考生高考被录取。其中，朝鲜族132名，满族85名，蒙古族28名，回族13名。（《黑龙江日报》1983.8.26.①）

△ 黑龙江省人民政府是年拨款320万元为300多户鄂伦春人建造砖瓦房。（《新华社新闻稿》1983.8.27）

△ 据报道，2年来，广西壮族自治区各民主党派地方组织在广西南宁、桂林、柳州、梧州创办十多所业余大学、中专、职业学校、文化学校和几十个文化、科技短训班，为自治区各地培养千余名专门人才。派出智力支边人员100多人次，足涉百色、德保、都安、融水、三江等山区少数民族县，举行33次学术报告会和20次专业座谈会，参加听讲和座谈的技术干部达5500多人次。（《新华社新闻稿》1983.8.27）

△ 新疆维吾尔自治区伊犁河雅玛图大桥建成通车。（《伊犁哈萨克自治州志》P61）

26日 据报道，内蒙古牧区出现一种新型的文化设施——文化车。小文化车一般配备3至4名文化工作人员，大型文化车还带文艺演出队，车上有图书报刊、展览图片等资料，还有放映电影和幻灯、录音机等设备。（《新华社新闻稿》1983.8.28）

△ 是日报道，全国有470多名大专院校毕业生从各省前往西藏自治区参加建设。（《光明日报》1983.8.27.①）

△ 据报道，从1980年下半年开始，国家每年拨款100多万元维修西藏自治区境内的寺庙建筑、寺内壁画和佛像等珍贵文物，近3年来，共拨款500多万元。（《新华社新闻稿》1983.8.27）

△ 新疆运动员阿斯哈尔（维吾尔族）和奴尔拉（维吾尔族）在第五届全运会自由式摔跤决赛中获2块金牌。（《新疆日报》1983.8.27.①）

27日 是日报道，是年内蒙古自治区牧区飞机播种牧草43万亩，相当于前4年飞播牧草面积的总和。（《新华社新闻稿》1983.8.27）

△ 黑龙江省黑河地区新生、新鄂、新兴3个鄂伦春定居地的鄂伦春同胞连日举行庆祝定居30周年活动。全国人大民委、国家民委和省代表团到会祝贺。（《黑龙江日报》1983.8.28.①）

△ 青海省在西宁建成一座电影译制综合楼，为译制藏、蒙古、土语影片提供条件。（《青海日报》1983.8.27.②）

28日 云南省楚雄彝族自治州从民族经费中拨出20余万元扶持楚雄、武定、南华等县的民族用品厂发展生产，以满足各民族特需品的需要。（《云南日报》1983.8.28.①）

29日 内蒙古自治区摔跤选手傲荣（达斡尔族）在第五届全运会上第九次蝉联全运会摔跤竞赛古典式100公斤级冠军，布和（蒙古族）获90公斤级冠军。（《内蒙古日报》1983.8.30.①）

△ 广西壮族自治区桂林市阳朔县发现一座距今800多年的宋代石拱桥。经鉴定，这座古桥原名仙桂桥，始建于北宋宣和五年，南宋绍兴七年重建。（《新华社新闻稿》1983.8.30）

29日～9月2日 云南省第一届民族团结进步表彰大会在昆明举行。会议通过给全省各族人民、驻云南人民解放军和人民武装警察部队全体指战员的倡议书。77个单位和集体被授予云南省民族团结先进单位和先进集体称号，121人被授予云南省民族团结模范称号。（《云南日报》1983.8.30.①，《云南民族团结进步事业光辉历程（1949～2009）》P3）

30日 国务院批复广西壮族自治区人民政府，同意设立罗城仫佬族自治县，撤销罗城县，以原罗城县的行政区域为罗城仫佬族自治县的行政区域，人民政府驻东门镇，1984年1月10日自治县正式成立；设立富川瑶族自治县，撤销富川县，以原富川县的行政区域为富川瑶族自治县的行政区域，人民政府驻富阳镇。（《国务院公报》1983［20号］P946，《广西日报》1984.1.11.①）

△ 是日，中共中央统战部、国家民委和国务院宗教局负责人李贵、江平、黄光学、乔连升等人会见由云南省傈僳、苗、彝、景颇、傣、拉祜、佤、哈尼、怒、独龙等少数民族的25位基督教爱国人士组成的参观团，并合影留念。参观团于8月29日到京，此前他们在上海、杭州、南京等地参观访问。（《新华社新闻稿》1983.9.1）

△ 据报道，云南省玉溪地委是年拨款20万元，给元江、新平、峨山、华宁、易门5个山区县的少数民族小学生实行免费教育。元江哈尼族彝族傣族自治县命利公社原适龄儿童入学不到一半，实行免费教育后入学率增至84.3 %，巩固率达到100%。（《新华社新闻稿》1983.9.1）

31日 广东省海南黎族苗族自治州政府拨款6万元在崖县三亚镇兴建一座回民旅游宾馆。（《南方日报》1983.8.31.①）

△ 西藏自治区党委常委讨论并批转公安厅的报告，决定为现有“四类分子”全部摘掉帽子。（《中国共产党西藏历史大事记（1949～2004）》P395）

是月 由卫生部组织、上海结核病防治专家参加的医疗组结束黑龙江省黑河地区新生、新鄂、新兴3个鄂伦春族定居地普查防治的工作，结核病患病率已由定居初期的12.8%下降到2.5%。（《黑龙江日报》1983.8.28.①）

△ 东北师范大学历史系教授傅朗云编著的我国第一部东北民族史《东北民族史略》由吉林人民出版社出版。（《人民日报》1983.10.10.⑤）

△ 湖南省湘西土家族苗族自治州完成全州地名普查工作，县、市《地名录》编纂成书。（《湘西州志》上P81）

△ 广西壮族自治区高等学校招生委员会通知，对全区（4市除外）瑶、苗、侗、毛南、仫佬、回、彝、京、水家、仡佬10个少数民族考生及融水、三江、金秀、都安、巴马、隆林、防城、龙胜8个民族自治县的少数民族考生，总分降20分录取；对上述县的壮族考生及百色、凌云、乐业、田东、田阳、田林等40个山区县和边境县的少数民族考生，总分降10分录取。（《广西通志·大事记》P492）

△ 四川省考古队和甘孜藏族自治州文管会在甘孜县仁果公社发掘出8座流行于东北、西北和西南少数民族地区的石棺墓。甘孜县的石棺墓群面积约2000平方米，经初步鉴定建于西汉时期。墓葬中的实物对研究康巴地区古代经济文化的发展、民族的起源和融合具有很高价值。（《四川日报》1983.10.9.①）

△ 云南省第三届民族理论学术讨论会在大理白族自治州下关市举行。与会者围绕如何发展本省少数民族地区的经济建设、进一步改善和发展社会主义民族关系进行讨论。会议交流论文40多篇。（《云南日报》1983.8.23.①）

△ 青海省文物考古队和黄南藏族自治州泽库县文卫科在泽库县利日寺院发现4处刻有《丹珠尔》和《甘珠尔》的罕见大型石经墙。（《青海日报》1983.10.10.③）

△ 新疆维吾尔自治区伊犁河上一座新疆目前路径最大的桥梁——雅马渡大桥通车。桥长174米，共3孔，中间1孔跨径为75米。（《新华社新闻稿》1983.9.17）

9月

1日 云南省委邀请出席省民族团结表彰大会、省委民族山区工作座谈会和省少数民族地区先进科技工作者授奖大会的部分代表座谈，省人大常委会主任安平生就民族团结、军民团结和风俗习惯等问题讲话。（《云南日报》1983.9.2.①）

△ 是日报道，藏北高原当雄县2.5万多名牧民中，80%从帐篷搬入房屋，结束逐水草而居的游牧生活。（《新华社新闻稿》1983.9.1）

1~4日 国家民委第三次委员扩大会议举行。国家民委主任杨静仁、副主任伍精华分别传达中共中央总书记胡耀邦、国务院总理赵紫阳在青海、甘肃、新疆等地考察时的讲话精神，总结几年来的民族工作。（《人民日报》1983.9.15.①④）

2~6日 吉林省首届朝鲜族运动会在延边朝鲜族自治州延吉市举行，长春、吉林、四平、通化、白城、延边6个代表队340名运动员参加足球、排球、摔跤、秋千、跳板等项目的比赛。（《吉林日报》1983.9.3.③，9.7.①）

3日 宁夏回族自治区党委召开自治区、银川市机关干部大会和各地、市、县党政负责干部电话会议，传达中共中央总书记胡耀邦在青海、甘肃、陕西的重要讲话，号召全区共产党员和各族人民立下愚公志，大念“草木经”。（《新华社新闻稿》1983.9.5）

3~29日 湖南省民族干部学习团赴贵州、四川参观。该团由省民委、计委、经委及有关厅局和省民族自治地方、少数民族杂居散居地区的有关负责干部、经济师、畜牧师等组成。（《湖南日报》1983.9.30.①）

5日 西藏自治区为开发利用丰富的风能资源培训技术力量，在藏北草原举办第一期风力发电训练班，训练学员50名，主要是藏族。（《新华社新闻稿》1983.9.6）

△ 是日报道，新疆维吾尔自治区博尔塔拉蒙古自治州依靠国家、集体和社员三方面建小水电站，总投资585万元中，国家投资52%，社队投资16%，社员投资（主要是投工）32%。建成小水电站19处，装机容量10094千瓦，年发电量1300多万度。所有大队通电，90%以上的农民用电照明，80%的农户用电动鼓风机做饭、烧水。（《新华社新闻稿》1983.9.5）

△ 中国科学院考古研究所新疆工作队在吉木萨尔县发现一座回鹘佛教寺庙遗址。（《新疆日报》1983.9.5.①）

6日 一批距今1000年左右的辽代珍贵文物在内蒙古自治区察哈尔右翼前旗境内出土。（《新华社新闻稿》1983.9.7）

△ 西藏现行的天文历算专著——《第十七“饶迥”时轮历精要》由西藏天文历算学家用藏文编写完成。（《新华社新闻稿》1983.9.7）

△ 据报道，新疆维吾尔自治区拥有一支600多名医药人员的维吾尔医医疗队伍，建立专门医疗机构14所。还成立维吾尔医学研究室，挖掘整理维吾尔医学遗产，在卫校增设维吾尔医士专业。（《新华社新闻稿》1983.9.7）

7日 国务院批复贵州省人民政府。同意设立玉屏侗族自治县，撤销玉屏县，以原玉屏县的行政区域为玉屏侗族自治县的行政区域，人民政府驻城关镇。1984年11月7日正式成立。（《国务院公报》1983［3号］P949；《贵州日报》1984.11.6.①，11.8.①）

8日 宁夏回族自治区政府副主席、中国伊协副主任马腾霭为团长的中国穆斯林朝觐团一行23人离开北京赴沙特阿拉伯王国伊斯兰

教圣地麦加朝觐。（《新华社新闻稿》1983.9.10）

9日 国务院批复云南省人民政府，同意曲靖地区的宜良县、嵩明县、路南彝族自治县和楚雄彝族自治县的禄劝县划归昆明市管辖；撤销曲靖县、沾益县，设立曲靖市（县级），以曲靖、沾益两县的行政区域为曲靖市的行政区域；撤销玉溪县，设立玉溪市（县级），以玉溪县的行政区域为玉溪市的行政区域；撤销楚雄县，设立楚雄市（县级），以原楚雄县的行政区域为楚雄市的行政区域；撤销保山县，设立保山市（县级），以保山县的行政区域为保山市的行政区域；撤销下关市、大理县，设立大理市（县级），以下关市、大理县的行政区域为大理市的行政区域；撤销昭通县，将昭通县的行政区域并入昭通市。（《国务院公报》1983［3号］P952）

△ 西藏自治区政府拨款50多万元，从内地引进少量小型风力发电机，在西藏高原开始利用风能资源发电。（《新华社新闻稿》1983.9.11）

△ 国务院批复新疆维吾尔自治区人民政府，同意设立和田市（县级），以和田县的和田镇及肖尔巴克公社、拉斯奎公社之一部和县良种场的行政区域为和田市的行政区域；撤销哈密县，将哈密县的行政区域并入哈密市。（《国务院公报》1983［3号］P950）

10日 新疆维吾尔自治区党委召开干部大会，动员各族干部认真贯彻落实中共中央总书记胡耀邦、国务院总理赵紫阳开发新疆、开发大西北的讲话精神。（《新华社新闻稿》1983.9.12）

11日 据有关统计，我国生产少数民族特需用品的工厂已发展到1000多家，可生产20多个门类3000多个花色品种，基本上可以满足少数民族的需要。（《新华社新闻稿》1983.9.15）

△ 福建省伊斯兰教协会在福州成立。（《新华社新闻稿》1983.9.12）

△ 云南省人大民委六届二次会议举行，讨论加强内地民族山区经济建设问题，同时还就民族自治地方制定自治条例和一些自治州、自治县制定的单行条例等问题进行讨论。（《云南日报》1983.9.14.①）

12日 国家民委在民族文化宫举行茶话会，招待出席第五次全国妇代会的55个少数民族的260多位代表。国家民委主任杨静仁和代表们畅谈民族地区形势，国家民委副主任伍精华介绍国家民委当前的工作，希望代表们为加强民族地区的团结和建设事业继续努力。（《新华社新闻稿》1983.9.13）

12～16日 全国民族语译影片工艺改革会议在新疆维吾尔自治区乌鲁木齐市举行。会议着重帮助新疆、内蒙古改进民族语译影片的工艺。（《新疆日报》1983.9.21.①）

13日 是日报道，贵州省少数民族的苗、布依、侗、彝、水、回、仫佬、壮、瑶、满、白、土家等民族学生902人考取省内外高等院校，占全省本科新生18%，其中270人考上清华、北大等重点院校。（《光明日报》1983.9.13.①）

△ 甘肃省临夏回族自治州甘肃光学仪器厂生产出一种可以对影片随时进行民族语言同步配音的电影放映机。（《新华社新闻稿》1983.9.15）

△ 据报道，新疆维吾尔自治区建成全长2900多公里的塔克拉玛干大沙漠环形公路，其中1500多公里改建成沥青路面。（《新华社新闻稿》1983.9.13）

14日 据报道，内蒙古自治区在党政机构改革中选拔102名少数民族干部担任盟、市和厅局级以上领导工作，其中中青年干部95名。（《新华社新闻稿》1983.9.16）

△ 黑龙江省饶河县四排大队赫哲族渔业队口粮承包组4户社员，除为渔业队每人提供600斤口粮外，还向国家交售12万斤小麦，平

均每户交售3万斤。 （《黑龙江日报》1983.9.22.①）

15日 上海市民委、民族文化宫民族友谊商店和上海自然博物馆联合主办的民族服饰与用品展览在上海开幕，展出我国55个民族的服饰400多件。 （《新华社新闻稿》1983.9.17）

△ 是日报道，内蒙古自治区已建成15个商品粮基地，涌现出5.6万个商品粮专业户。 （《新华社新闻稿》1983.9.15）

△ 建国以来首次举办的全国民族学讲习班在中南民族学院开课，20个省、市、自治区22个民族的60多名学员入学。 （《新华社新闻稿》1983.9.17）

△ 广东舞蹈学校为西藏自治区开办的民族班开课，藏族学员30名。 （《南方日报》1983.9.18.①）

△ 西藏自治区新建立的第一所藏医学校在拉萨藏医院举行开学典礼，学制4年（中专），第一批招收藏族学生40名。 （《新华社新闻稿》1983.9.18）

15~19日 内蒙古自治区首届民族团结表彰大会在呼和浩特举行。全区27个民族的1034名代表出席，其中先进集体代表201名，先进个人557名，特邀代表46名，列席代表230名。会议听取自治区党委副书记布赫题为《进一步巩固和发展民族团结的新局面》的报告，总结贯彻执行党的民族政策、维护和加强民族团结的经验，讨论进一步开创自治区民族团结新局面的任务和措施。 （《内蒙古日报》1983.9.16.①，9.20.①；《内蒙古自治区史》P433~434、543）

15~26日 新疆维吾尔自治区经济技术协作邀请会在乌鲁木齐举行，国务院10部委和20个省市区负责同志或代表应邀与会。会上，自治区与19个省市区和轻工业部初步议定279个经济联合、技术协作和智力开发项目。至此，自治区横向挂钩的经济技术协作网初步形成。 （《中国共产党新疆历史大事记（1966.5~1991.12）》下P221）

16日 广西民族学院首届壮族语言文学专业班开学，南宁、百色、河池、柳州、玉林、钦州、梧州等地区的35名学生经高考择优录取入学。 （《广西日报》1983.9.20.①）

△ 是日报道，广西壮族自治区文物工作队在桂平县发现2处自治区最大的新石器时代文化遗址，在钦州县犀牛脚公社发现1处新石器时代文化遗址。 （《广西日报》1983.9.16.①）

△ 是日报道，广西壮族自治区地质部门在藤县塘村找到一个品位高、储量大、与钛铁矿伴生的钪矿床，属我国首次发现。同时，自治区西北地区还发现一个罕见的多金属共生富矿体。这一发现，使该地区锡金属保有储量跃居全国之冠。 （《新华社新闻稿》1983.9.16）

△ 是日报道，西北地区石油勘探会议最近在新疆维吾尔自治区克拉玛依举行。会议决定加速西北地区石油资源勘探的步伐，为开发大西北提供更多能源。 （《新华社新闻稿》1983.9.16）

16~21日 全国少数民族经济理论问题讨论会在宁夏回族自治区银川市举行。会议认为，少数民族地区资源丰富，应根据各地特点和实际情况，发展民族地区经济建设。 （《新华社新闻稿》1983.9.24）

16~22日 中国蒙古学会第四届年会暨学术讨论会在云南省昆明市举行。会议收到论文65篇，就蒙古史和北方民族的政治、经济、社会制度、民族关系、人民起义和宗教文化等方面问题进行交流。 （《云南日报》1983.9.28.②）

17日 是日报道，一年多来，广西壮族自治区民委使用民族补助费460多万元，扶助少数民族地区发展粮食、各种经营、小水电、农副产品加工和交通。 （《新华社新闻稿》1983.9.17）

△　中国林木种子公司资助的广西壮族自治区第一座低温低湿林木种子库在南宁建成。　（《广西日报》1983.9.17.①）

18日　内蒙古自治区党委和自治区人民政府举办的首次内蒙古民族团结展览在呼和浩特市举行。　（《新华社新闻稿》1983.9.19）

18～29日　全国乌兰牧骑式演出队文艺会演在北京举行，内蒙古、新疆、广西、宁夏、西藏、云南、贵州、青海、吉林、广东、四川、甘肃、湖南、湖北和辽宁15个省、区的16支“乌兰牧骑式演出队”包括29个民族的400多名队员参加。文化部副部长丁峤和国家民委副主任任英在开幕式上讲话，赞扬乌兰牧骑全心全意为人民服务的精神，并勉励全国的乌兰牧骑保持和发扬这一精神。青海循化撒拉族自治县文工队、广东连山壮族瑶族自治县民歌舞剧团、贵州省雷山县民族文化工作队、四川凉山彝族自治州普格县演出队、拉萨市歌舞团演出队获先进集体奖；青海循化撒拉族自治县文工队演出的撒拉族舞蹈《打墙》、《驼泉》，广东连山壮族瑶族自治县民族歌舞剧团演出的瑶族舞蹈《牛铃舞》，拉萨市歌舞团演出的5个节目分获优秀节目奖；贵州省代表队演出的苗族、布依族、仡佬族舞蹈及苗族女歌手的独唱获优秀演出奖。　（《光明日报》1983.10.2.①）

20日　新疆维吾尔自治区巴音郭楞蒙古自治州第一所蒙古族高级中学教学楼竣工。首届6个班的300余名学生入学就读。　（《新疆日报》1983.9.20.①）

20～23日　甘肃省临夏回族自治州举行首届民族团结表彰大会，128个先进集体和251名先进个人获表彰。　（《甘肃日报》1983.9.28.①）

21日　内蒙古自治区重点建设项目之一——兴安盟布敦花铜矿正式建成投产。（《内蒙古日报》1983.10.8.①）

21～25日　内蒙古自治区民委工作会议举行，传达中央领导的重要指示和国家民委第三次委员（扩大）会议精神。会议根据全区民族团结表彰大会提出的任务，研究如何做好民族工作等问题。　（《内蒙古日报》1983.9.28.①）

△　青海省民族团结先进集体、先进个人表彰大会在西宁举行，青海省政协主席赵海峰、省委书记黄静波、省人大常委会主任扎喜旺徐等为52个先进集体、150名先进个人授奖。黄静波作题为《进一步加强各民族大团结，为开拓青海省而奋斗》的报告。　（《青海日报》1983.9.22.①，9.26.①）

22日　据新华社报道，宁夏回族自治区机构改革自1982年11月5日开始至今，自治区党委和人民政府共有部、委、厅、局44个，有65名少数民族干部担任正副厅长、部长或主任，其中任一把手的少数民族干部已由改革前的18%上升至41%；银南地区、固原地区和石嘴山市的人大常委会、政府部门的一把手均为少数民族干部。此次选拔的少数民族干部大多具有大专水平或一定的专业知识。（《新华社新闻稿》1983.9.25）

23日　是日报道，党的十一届三中全会后，内蒙古自治区404个牧区公社的7900多个生产队实行以集体牲畜分户包养的联产承包制。据统计，推行承包制以来的4年中，全区牲畜增加660万头（只），年均递增4.84%。（《新华社新闻稿》1983.9.23）

△　据报道，2年来，广东省白沙县黎族社员符亚宏一家共种橡胶145亩4777株，成为白沙县私人种植橡胶最多的农户。　（《南方日报》1983.9.23.①）

△　是日报道，广东省海南黎族苗族自治州群众艺术馆开展抢救黎族民间音乐艺术遗产工作，采集、录制口头流传的历代民歌民调，并汇编成《黎族民歌民调》一书。　（《南方日报》1983.9.23.①）

△　云南省民委决定：是年首先在元阳、

马关、富宁、孟连、耿马、沧源、梁河、丽江、福贡、中甸10个边疆民族县成立科技培训中心，重点抓农、林、牧、渔业等技术推广和应用工作。并计划到1985年把35个边疆民族县的科技培训中心全部建立起来。（《新华社新闻稿》1983.9.26，《云南日报》1983.9.25.①）

△ 是日报道，国家有关部门和西藏自治区最近决定，加速开发利用羊八井地热能源。（《新华社新闻稿》1983.9.23）

△ 西藏自治区第一家民族旅行社在拉萨开业。（《新华社新闻稿》1983.9.23）

23～29日 宁夏回族自治区伊斯兰教第三次代表会议在银川举行。会议传达中共中央总书记胡耀邦视察大西北的重要讲话和中国伊协四届三次常委会议精神，听取自治区伊协二届委员会的工作报告和区党委统战部负责人关于宗教工作的形势和政策的讲话，通过修改的《宁夏回族自治区伊斯兰教界爱国公约》和自治区伊斯兰教第三次代表会议决议。会议选举自治区伊协三届委员会，穆易兰（回族）任主任。（《宁夏日报》1983.10.8.①）

24日 中国教育学会少数民族教育研究会在吉林省延边朝鲜族自治州延吉市成立。中央民族学院副院长张养吾当选为学会理事长，朴胜一、哈炯磊、龙干、努尔提也夫为副理事长。（《新华社新闻稿》1983.9.27）

△ 广西壮族自治区农业环境保护会议决定，在四市八个重点县展开农业环境质量调查工作，以掌握农业环境受工业“三废”和农药、化肥大量使用造成的污染和农业资源和生态平衡遭受破坏的情况。（《广西通志·大事记》P493）

25日 是日报道，科学院登山科考队5月至9月上旬在西藏东南部南迦巴瓦峰地区组织2年来第三次大规模的综合考察，为西藏东南部自然资源的合理开发利用与保护提供科学依据。（《西藏日报》1983.9.25.①）

△ 青海省新提拔20名既有较高文化水平，又有较丰富的基层工作经验的少数民族中青年干部任地、州、市和省属部、委、厅、局的党政领导。以前6个自治州的正副书记和正副州长中只有1名少数民族干部是大学生，现已增至6名。（《新华社新闻稿》1983.9.28）

△ 新疆维吾尔自治区独山子至库车公路竣工，验收质量优良，正式交付使用。该公路是根据1974年中共中央委员会主席毛泽东“搞活天山”的批示修建的，横贯天山中段，北起油城独山子，南至南疆重镇库车，全线562公里，是中国公路史上难度最大的工程之一。（《中华人民共和国大事记（1949～2004）》P710，《中国共产党新疆历史大事记（1966.5～1991.12）》下P222）

26日 新疆大学新设的哈萨克语言文学专业开课，40名农牧区学生开始为期5年的大学生活，成为新疆第一代由高等院校专门培养的哈萨克族语言文字工作者。（《新华社新闻稿》1983.9.29）

27日 民族文化宫图书馆影印的梵文《妙法莲华经》贝叶写本发行赠送仪式在北京举行。全国政协副主席、中国佛教协会会长赵朴初，中央统战部副部长江平，北京大学副校长、著名梵文学者季羡林出席并讲话。赵朴初和季羡林接受赠书。（《光明日报》1983.9.28.①）

△ 广西壮族自治区公路重点工程之一的武鸣至五海公路大桥建成通车。（《广西日报》1983.9.30.①）

△ 据报道，广西壮族自治区柳州市东岸岭探明一个大型水泥用砂页岩矿，工业储量3000多万吨。（《广西通志·大事记》P493）

28日 是日报道，1980年以来，国家共拨给西藏自治区教育经费18128.4万元，资助西藏发展教育事业。（《西藏日报》1983.9.28.①）

29日 云南省德宏傣族景颇族自治州各族群众在潞西县集会，庆祝自治州建州30周年。（《云南日报》1983.9.30.①）

△ 云南省大理地区举办白族人民的传统交易盛会——洱源渔谭会。8天会期交易额420多万元，比上年10天的交易额增长11.7%。全国9个省市的近40万人次到会。国营和供销部门设立贸易网点1600多个，个体商贩也从上年的500多个增加到1200多个。（《新华社新闻稿》1983.10.5）

30日 四川省甘孜藏族自治州举办民族民间文艺调演。13个县的250名各族业余文艺工作者演出弦子、踢踏和藏戏等节目。（《四川日报》1983.10.1.①）

是月 中央民族歌舞团派出120人的演出团赴青海、甘肃、四川等地演出。（《民族团结》1984.1 P36）

△ 云南省怒江傈僳族自治州计划生育委员会在泸水县成立。（《怒江傈僳族自治州志》上P116）

△ 云南省迪庆藏族自治州计划经济委员会在中甸县成立。（《迪庆藏族自治州志》P56）

△ 青海省黄南藏族自治州藏医院建成。（《黄南州志》上P53）

△ 新疆克孜勒苏柯尔克孜自治州柯尔克孜语转播台建成启用。（《新疆日报》1983.10.29.①）

10月

1日 四川省阿坝藏族自治州成立30周年庆祝会在马尔康举行。中央军委副主席徐向前、聂荣臻，国防部长张爱萍分别题词。（《四川日报》1983.10.2.①）

△ 云南省西双版纳傣族自治州民族用品工艺厂建成投产。（《云南日报》1983.12.8.①）

△ 西藏歌舞团创作、排演的第一部大型民族舞剧《热巴》在拉萨首场演出。（《新华社新闻稿》1983.10.10）

△ 甘肃省甘南藏族自治州数万干部群众在合作镇集会，庆祝自治州建立30周年。国家民委顾问文正一、中共甘肃省委书记李琦分别率人大民委、国家民委代表团和甘肃省代表团到会祝贺。全国人大常委会、国务院致贺电。（《新华社新闻稿》1983.10.10）

△ 据报道，新疆维吾尔自治区已有190个工厂为40多个少数民族的800多万人民生产特需用品，全区少数民族用品的年产值6000多万元，乌鲁木齐市、喀什市和伊宁市已成为少数民族特需用品生产基地。（《新华社新闻稿》1983.10.4）

△ 新疆维吾尔自治区在乌苏县建立甘家湖梭梭林自然保护区，面积5.47万公顷，是以梭梭林及其生境为主要保护对象的国家级自然保护区。（《全国自然保护区名录(2003)》P116）

2日 据报道，广西壮族自治区107名壮、瑶、苗、仫佬、毛南、京、侗、满等少数民族中青年领导干部和业务骨干进入广西大学等高等院校干部专修科学习。（《新华社新闻稿》1983.10.10）

△ 据报道，四川省成都市和阿坝藏族自治州开展对口支援以来，已完成和基本完成128个项目。（《四川日报》1983.10.2.①）

4日 经内蒙古自治区人民政府批准，自治区农牧渔业厅开办牧业干部培训中专班，设立蒙、汉语授课班各1个，为少数民族干部入学创造条件。录取69名学员，其中少数民族占65%。（《内蒙古日报》1983.10.4.①）

△ 宁夏回族自治区党委为贯彻中共中央总书记胡耀邦视察西北的指示精神，作出《关于大力种草种树的决定》，号召全区各级党组织、全体共产党员、共青团员和各族人民群众大念“草木经”，为建设各民族团结友爱，共同繁荣富裕的新宁夏而努力奋斗。（《宁夏

日报》1983.10.15.①）

△ 据报道，新疆荒地资源综合考察队历时8年，先后考察塔里木盆地北部、南部、阿尔泰地区、伊犁地区等4个重点地区的47个县，考察面积达65万多平方公里，约占新疆总面积的40%。通过考察，基本摸清4个重点地区的水、土、气候、草场、森林、渔业等农业自然资源的数量、质量及其分布规律，改变土地资源评价中偏向于种植业的传统做法，提出土地资源评价的新原则和新系统，为开发利用新疆农业资源提供科学依据。（《新华社新闻稿》1983.10.4）

5日 广东省首届民族文化工作会议在广州市举行，传达贯彻全国民族文化工作会议精神，总结交流民族文化工作经验，研究落实民族地区文化事业发展规划。（《南方日报》1983.10.6.②）

△ 贵州省政府发出通知，决定今后5年内每年拨出专门指标，在农村实行定点、定向招收具有初中以上文化水平的少数民族青年分配到少数民族地区任社、乡级干部。（《贵州日报》1983.10.5.①）

△ 中国作协甘肃省分会民族文学委员会主办的全省第二期少数民族文学创作讲习班在兰州结束，来自基层8个民族的17名学员结业。（《甘肃日报》1983.10.9.①）

6日 内蒙古自治区党委、人民政府召开电话会议，贯彻中共中央总书记胡耀邦关于种草种树的讲话精神，部署全区秋季造林工作，要求是年造林突破800万亩。（《内蒙古日报》1983.10.8.①）

△ 经湖南省委、省人民政府批准，湘西土家族苗族自治州民委成立。（《湖南日报》1983.10.6.①）

△ 广东省海南州东方黎族自治县新建的一所民族中学开学，学生390名，其中黎族学生168名，苗族学生4名。学校实行寄宿制，由国家负担少数民族学生生活费和学费。（《南方日报》1983.10.19.②）

△ 我国首届民族心理学和精神医学学术会在新疆维吾尔自治区乌鲁木齐市召开。会议总结近几年来我国少数民族精神卫生状况的调查研究成果，研究如何为少数民族精神健康服务的问题。（《新疆日报》1983.10.7.①）

6～12日 云南省人民政府召开全省边疆民族地区副食品生产、供应工作会议。会议提出建立商品生产基地，加强技术培训和对口支援，改善副食品生产的条件，搞活流通，以及调动积极性等5项措施，积极发展边疆民族地区副食品生产。（《云南日报》1983.10.14.①）

7日 全国民族团结征文活动在民族文化宫举行发奖会。国家副主席乌兰夫、全国人大常委会副委员长阿沛·阿旺晋美、全国政协副主席杨静仁等到会祝贺，并向30名获奖作者颁发奖品和证书。乌兰夫为活动题词："民族团结，祖国兴旺。"活动共收到来自全国的应征作品4000多篇，其中获一等奖的10篇、二等奖20篇、三等奖100篇。（《新华社新闻稿》1983.10.17）

8日 国务院批复广西壮族自治区人民政府，同意南宁地区的邕宁、武鸣两县划归南宁市管辖；柳州地区的柳江、柳城两县划归柳州市管辖；桂林地区的临桂县划归桂林市管辖；梧州地区的苍梧县划归梧州市管辖；钦州地区的北海市改由自治区直接领导；撤销玉林县，设立玉林市（县级），以玉林县的行政区域为玉林市的行政区域；撤销钦州县，设立钦州市（县级），以钦州县的行政区域为钦州市的行政区域；撤销百色县，设立百色市（县级），以百色县的行政区域为百色市的行政区域；撤销河池县，设立河池市（县级），以河池县的行政区域为河池市的行政区域。（《国务院公报》1983［24号］P1093～1094）

△ 是日报道，贵州省遵义地区文工团演出反映仡佬族人民生活的黔剧《桐花》，获贵

州省1983年创作剧目汇报演出会好评。（《光明日报》1983.10.8.①）

△ 国务院批复西藏自治区人民政府，同意设立隆格尔县，辖仲巴县的隆格尔区和该县新划的仁多区、吉央区，县人民政府驻隆格尔公社，由阿里地区管辖；设立盐井县，辖芒康县的盐井、莽岭、邦达、徐中4个区和该县的恩曲卡、安麦西、拉久西3个区，县人民政府驻下盐井公社，由昌都地区管辖；设立碧土县，辖左贡县的扎玉和该县新划的碧土区，察隅县的察瓦龙区和该县新划的门空区，县人民政府驻碧土公社，由昌都地区管辖；设立妥坝县，辖昌都、察雅、江达3县结合部的拉多、妥坝、扩达、青泥洞4个区，县人民政府驻妥坝公社，由昌都地区管辖；设立生达县，辖昌都县的面达区，江达县的生达、德登、字嘎、西邓柯4个区和该县新划的白玛区，县人民政府驻生达公社，由昌都地区管辖；设立尼玛县，辖申扎县的查桑、文布、邦多、甲谷、卓瓦、尼玛6个区，班戈县的荣玛区和新建的嘎琼区，县人民政府驻尼玛，由那曲地区管辖；恢复江孜地区，辖日喀则地区的亚东、康马、岗巴、江孜、仁布、白朗6个县和山南地区的浪卡子县共7个县，地区行政公署驻江孜县的江孜镇；恢复林芝地区，辖拉萨市的墨脱、米林、林芝、工布江达4个县，昌都地区的波密、察隅（将昌都地区八宿县的然乌、康沙、雅则3个公社划归波密县管辖）2个县，山南地区的朗县共7个县，地区行政公署驻林芝县八一镇，筹建期间暂驻拉萨市；将班戈县的新吉尔区划归申扎县管辖。（《国务院公报》1983［23号］P1065）

9日 云南省西盟佤族自治县第一个机械化锡矿选厂建成投产。（《云南日报》1983.10.9.①）

△ 宁夏回族自治区人大常委会举行“民族团结”座谈会，畅谈自治区25年来的工作成就和回汉民族团结的兄弟情谊。（《宁夏日报》1983.10.11.①）

10日 国务院批复内蒙古自治区人民政府，同意撤销昭乌达盟，将宁城县、林西县、喀喇沁旗、敖汉旗、翁牛特旗、巴林右旗、巴林左旗、阿鲁科尔沁旗、克什克腾划归赤峰市管辖；撤销赤峰县，将该县的行政区域及喀喇沁旗的山前公社，马蹄营子公社的公格营子、西六家、四家、喇嘛地、岭上5个大队，娄子店公社的三道营子、四道营子、乔家窝铺3个大队，甸子公社的望甘池、昌盛远2个大队并入赤峰市；赤峰市设红山区、元宝山区、郊区；撤销喜桂图旗，设立牙克石市（县级），以喜桂图旗的行政区域为牙克石市的行政区域；撤销布特哈旗，设立扎兰屯市（县级），以布特哈旗的行政区域为扎兰屯市的行政区域；撤销阿巴哈纳尔旗，设立锡林浩特市（县级），以阿巴哈纳尔旗的行政区域为锡林浩特市的行政区域；撤销东胜县，设立东胜市（县级），以东胜县的行政区域为东胜市的行政区域；核定8个盟、4个市（呼和浩特、包头、乌海、赤峰）党政机关编制总额（不包括公安、检察、法院、司法行政机关的编制）为2.03万人。（《国务院公报》1983［24号］P1094）

△ 新疆维吾尔自治区首届少数民族用品和工艺美术品展销会在乌鲁木齐闭幕。哈萨克族牧民组装家具荣获展销会创新奖，喀什地区的维吾尔族花帽、和田地区的民族丝绸和乌鲁木齐市的民族茶具等25种少数民族用品被评为优秀产品。展销期间销售额65万多元。（《新华社新闻稿》1983.10.16）

△ 是日报道，新疆维吾尔自治区“三北”防护林体系工程建设取得成绩。是年全区造林50.4万亩，其中列入“三北”防护林建设的53个县造林37.5万亩，占总造林面积的74%。1978年以来，这53个县共造林192万亩，占护林体系建设工程第一期任务的81%。（《新疆日报》1983.10.10.①）

10～15日 内蒙古自治区种草种树会议在呼和浩特举行。会议贯彻中共中央总书记胡耀邦和国务院总理赵紫阳视察大西北和内蒙古自治区的重要讲话精神，总结贯彻“林牧为主，多种经营”方针的经验，确定把全区种草种树工作推向新阶段的规划和措施。据统计，内蒙古植树造林面积由1981年571万亩提高到1982年774万亩，比上年增长36%，超历史最高水平。（《内蒙古日报》1983.10.17.①）

11日 据报道，广东省乳源瑶族自治县委、县政府、县人大常委会、县政协的瑶族领导干部占同级领导干部人数的25%。全县4个瑶族公社基本实现干部民族化，占同级干部总数的85%以上。（《南方日报》1983.10.11.①）

△ 贵州省牧草种子繁殖场在黔南布依族苗族自治州独山县正式建成，成为自治州第一座现代化牧草种子繁殖场。（《黔南布依族苗族自治州志》上P68）

12日 西藏自治区党委作出《关于开展向蒋英同志学习活动的决定》。《决定》指出，日喀则地区人民医院妇产科主任、副主任医师、共产党员蒋英，她热爱西藏，长期建藏，全心全意为西藏人民服务，把自己的一生献给西藏医疗卫生事业。大学毕业后她自愿到西藏工作，在藏工作近30年，1982年12月不幸病逝。当她在内地治病得知自己患不治之症时，向女儿交代：我死后，将骨灰的一半留在内地，一半送回西藏。自治区政府授予蒋英“西藏人民的好门巴”、“民族团结的好榜样”和“劳动模范”等光荣称号。（《中国共产党西藏历史大事记（1949～2004）》P396）

△ 我国首届回族史讨论会在宁夏回族自治区银川市闭幕。会议就回族的来源与形成、回族的社会历史发展、回族同其他民族的关系和回族同伊斯兰教的关系等问题进行广泛讨论和交流。（《新华社新闻稿》1983.10.18）

12～19日 藏文教材协编讨论会第五次会议在四川成都举行。会议就原协编的藏文教材提出修改意见，交流藏语文专业的培养目标和课程设置，商讨5所民族学院今后在更大范围内的合作问题。（《西藏日报》1983.11.12.①）

12～24日 宁夏回族自治区“民族团结月”山川互访团举行座谈会。自治区党委副书记黑伯理在会上指出，这次山川互访使我区的民族团结进入一个“山川共济、共同发展”的新阶段，要坚持“山川共济”的方针，建设新宁夏。（《宁夏日报》1983.10.25.①）

13日 宁夏回族自治区各院校、研究所联合组织对宁夏三山（贺兰山、六盘山、云雾山）自然保护区综合科学考察，历时半年，采集7000件植物标本、万余件各类昆虫标本和大量资料，为弄清保护区的资源现状，确定今后建设规划提供科学依据。（《新华社新闻稿》1983.10.14）

△ 是日报道，新疆维吾尔自治区已探明的黄金矿床、矿点有170多处，分布于50多个县。（《新华社新闻稿》1983.10.13）

14日 新疆维吾尔自治区人民政府公布维吾尔、哈萨克和柯尔克孜文字字母表。同时决定，从1984年1月1日起，所有机关、学校、企事业单位和新闻出版印刷部门使用维吾尔、哈萨克、柯尔克孜文字印刷的公文、报纸和书刊，一律以此字母表为准。（《新疆日报》1983.10.14.①）

15～21日 辽宁省民委举行市、地、县民委主任会议，传达国家民委第三次委员扩大会议精神，总结省民委五年来的工作和经验。（《辽宁日报》1983.10.26.①）

16日 据报道，截至目前，西藏自治区已发现60多种矿产，占全国已知矿种的40%。其中，探明储量的26种矿产，有5种矿产的储量名列各省、市、自治区的前5位，铬铁矿远景储量居全国之冠，锂矿潜在储量居世界前列，铜矿远景储量居全国第二位，硼矿的

探明储量居全国第三位，还有储量丰富的天然盐库。（《新华社新闻稿》1983.10.18）

18日 据报道，西藏自治区拉萨市最近举办物资交流会，参加这次交易会的有70多家国营、集体零售商店和540多个个体商贩的民族特需用品1226种，比上年增加96种，成交额126万多元。（《新华社新闻稿》1983.10.18）

19日 新建的包头黄河大桥举行通车典礼，全长810米。内蒙古自治区副主席刘作会为通车仪式剪彩。（《内蒙古日报》1983.10.21.①）

△ 广西壮族自治区党委发出《关于加强民族工作和搞好山区文化建设的通知》，要求进行民族政策的再教育，并对民族政策执行情况进行一次检查总结。（《广西通志·大事记》P493）

△ 新疆维吾尔自治区首届民间文学作品颁奖大会在乌鲁木齐举行。维吾尔、哈萨克、回、蒙古、柯尔克孜、锡伯、满等民族的54件作品获奖，并从获选作品中选出13件向全国推荐。（《新疆日报》1983.10.20.①）

19~27日 西藏、青海、甘肃、四川、云南五省区第三次藏文教材协作会议在拉萨举行。会议交流一年来藏文教材编译情况，研究教材出版、供应和发行等有关问题，通过第三次藏文教材协作会议纪要。（《西藏日报》1983.10.29.①）

20日 青海省藏医院在西宁市成立。该院共有医护、研究人员21名，设有内、外、妇儿、药剂等6个门诊科室，50张病床，全部采用藏医藏药治疗病人。（《光明日报》1983.10.27.①）

△ 新疆维吾尔自治区招生委员会宣布，新疆是年秋季高等院校招生创解放以来最高纪录，共录取大学生7761人，比上年增长39%，其中少数民族占44%。只有2600多人口的俄罗斯族，被录取的新生有43名，比上年增长1倍多。（《新华社新闻稿》1983.10.21）

△ 新疆维吾尔自治区和江苏省高校就定向招生和培养师资等事项签订对口支援协议。（《新疆日报》1983.10.26.①）

20日~11月8日 中国少数民族服饰展览在罗马尼亚布加勒斯特举办，展出30多个少数民族的服装、装饰品和手工艺品共248件(套)。（《新华社新闻稿》1983.11.11）

21日 国家经委组织的对口支援西藏代表团一行26人抵达拉萨。24日，确定建立10个对口支援单位。29日，商定70个对口支援和经济技术协作项目，包括能源开发、公路建设、资源调查、农牧业资源规划、毛纺、制药、服装、食品等工业和科研、技术力量培训等方面，由四川、浙江、天津、上海等省市分别承担。（《新华社新闻稿》1983.10.25，10.31，11.3）

△ 中国作协西藏分会和西藏社会科学院在拉萨联合举办藏族著名诗人仓央嘉措诞辰300周年纪念会。（《新华社新闻稿》1983.10.22）

△ 宁夏回族自治区党委统战部、自治区民委召开散居在银川的少数民族座谈会。畅谈落实党的民族政策取得的成就，并就开创民族工作新局面提出建议。（《宁夏日报》1983.10.23.①）

△ 据《新疆日报》报道，新疆维吾尔自治区部、委、厅、局和地、州、市机构改革和领导班子调整工作业已完毕。调整后，原有14个地、州、市没有变动，部、委、厅、局由原来的115个减至97个。少数民族干部的比例由原来35.3%升至43.5%，政府部门的厅局正职中少数民族干部占67.6%。（《中国共产党新疆历史大事记（1966.5~1991.12）》下P224~225）

22日 国务院批准新疆维吾尔自治区撤销4县新设5市。撤销昌吉县，设立昌吉市；撤销阿克苏县，设立阿克苏市；撤销库尔勒县，将其行政区域并入库尔勒市；撤销哈密县，将其行政区域并入哈密市；新设和田市。新设立的昌吉市、阿克苏市、和田市为县级市。至此，全区地州一级市和县一级市共有11个。（《中国共产党新疆历史大事记（1966.5～1991.12）》下P225）

△ 新疆维吾尔自治区文化厅和新疆日报社举办的1983年度民族团结征集歌曲、歌词评奖揭晓，用维吾尔文、汉文、哈萨克文、蒙古文写作的38首歌曲、14首歌词获奖。（《新疆日报》1983.10.22.①）

23日 山西省考古工作者在太原市南郊、古代鲜卑族政权北齐的东安郡王娄睿的大型墓葬中发现一组大型壁画。（《新华社新闻稿》1983.10.25）

23～25日 宁夏回族自治区民族团结表彰大会在银川举行，中共中央书记处候补书记乔石作题为《在党的十二大精神指导下建设团结、富裕、文明的新宁夏》的讲话，自治区党委副书记黑伯理作题为《进一步增强民族大团结，建设文明富裕的新宁夏》的报告。大会宣读自治区党委、政府关于表彰民族团结先进集体和个人的决定，通过给全区各族人民和人民解放军指战员的倡议书，并向250名民族团结先进集体和个人颁奖。（《宁夏日报》1983.10.24.①，10.26.①）

23～29日 全国首届少数民族用品优质产品评选会在长沙举行，评选出41种全国少数民族用品轻工优质产品。（《湖南日报》1983.10.30.①）

24日 广西壮族自治区第一条11万伏充油电缆在大化水电站安装完成，耐压成功。11月8日，大化22万伏高压输电线路建成。（《广西通志·大事记》P493）

△ 是日报道，云南省屏边苗族自治县百货公司经营民族特需商品220多种，比上年增加30多种。（《云南日报》1983.10.24.①）

△ 是日报道，新疆维吾尔自治区面积最大的高山冷、咸水湖——赛里木湖放养鱼苗成功。（《新华社新闻稿》1983.10.24）

25日 是日报道，内蒙古自治区察哈尔右翼后旗发现一批距今1500多年的古代鲜卑人的文化遗存。这些鲜卑古墓随葬品，大部分与满洲里附近鲜卑墓出土的遗物极为相似，对研究中国古代北方民族历史很有学术价值。（《新华社新闻稿》1983.10.23，10.27）

△ 广东省韶关市委统战部举办少数民族干部培训班，培训连山、连南、乳源3个少数民族自治县级所属各部、委、办、局、公司和公社一级的少数民族领导干部。（《南方日报》1983.10.28.①）

△ 贵州省黔西南布依族苗族自治州在贞丰、望谟两县分别举办首期布依、苗文讲习班，培训推行布依文、苗文的骨干。（《贵州日报》1983.10.25.①）

26日 据报道，上海、江苏、北京3省市最近与新疆维吾尔自治区初步达成22个卫生协作项目，以提高边疆地区的医疗技术水平。这些协作内容包括传授先进的医疗技术、培训医疗技术人员、帮助掌握使用现代化的医疗器械。（《新华社新闻稿》1983.10.27）

△ 据报道，广西壮族自治区龙胜各族自治县人口自然增长率从1974年的20.61%降到上年的10.57%，是年1至9月份又降至9.6%，前不久被评为全国计划生育红旗单位。（《广西日报》1983.11.1.①）

△ 经国务院批准，位于海南岛南端的三亚湾为对外开放口岸。（《新华社新闻稿》1983.10.27）

△ 新疆维吾尔自治区县级土壤普查工作历时4年10个月完成。共普查县级土壤面积1.34亿亩，其中耕地4419.5万亩；兵团土壤面积4708万亩，其中耕地1561万亩；区林业厅还普查林区面积2400万亩。查出的全疆各县耕地土壤有机质含量平均为1.11%，属全国耕地土壤养分含量6级分级标准中的第五级，十

分贫瘠；查出的盐碱土、板土、水蚀、风蚀等各种低产土壤1914.9万亩，占全疆各县耕地面积的43%。（《新疆日报》1983.10.26.①）

△ 据报道，新疆生产建设兵团采用一系列草原再生的技术措施，使数十万亩植被稀疏、牧草退化的荒漠、半荒漠草场得到改良。兵团共建刺网、壕沟等各种围栏草场20多万亩，建设电围栏草场5万亩，围栏后的鲜草亩产达1600斤，比原来增长5倍。（《新华社新闻稿》1983.10.28）

27日 据统计，吉林省延边朝鲜族自治州已有37座电影院和486个电影放映队，形成县、社、大队三级电影放映网。（《新华社新闻稿》1983.11.9）

△ 广西壮族自治区人民政府批转自治区民政局《关于少数民族贫困山区群众生活救济工作座谈会的情况报告》。据广西37个少数民族贫困山区县的不完全统计：缺少棉被的有12.75万户、57.8万人，缺少棉衣的有45.68万多人，缺少卫生衣的有28.6万多人，缺少单衣的有50.94万多人；仍住岩洞的群众有272户。《报告》提出，是年冬要把少数民族贫困山区群众的生活问题当做关心群众疾苦的一件大事来抓，争取做到人人有棉被盖，个个有冬衣穿，每人有单衣换，居住岩洞的都能离洞建房。（《广西通志·大事记》P494）

△ 是日报道，3年来，贵州省少数民族地区各级党组织和人民政府投资2500万元，解决了62万人和36万头牲畜的饮水问题。（《贵州日报》1983.10.27.①）

△ 是日报道，贵州省黔东南苗族侗族自治州开展推行苗、侗文字试点工作，兴办苗文、侗文学习班300个，学员近万人。（《贵州日报》1983.10.27.①）

△ 青海藏族学术讨论会在西宁结束。会议交流藏族历史、文学、语言文字、风俗习惯、宗教及畜牧业经济等方面的论文23篇。（《青海日报》1983.10.27.①）

27日～1984年5月 中国内蒙古北方游牧民族文物展览在日本举办。展品包括东胡、匈奴、乌桓、鲜卑、突厥、契丹、女真、党项和蒙古等民族的文物，上至石器时代，下至现代。这是内蒙古自治区首次出国举办文物展览。（《新华社新闻稿》1983.10.28，《内蒙古日报》1984.11.21.①）

28日 国家计委、教育部决定，拨款1000万元，补助贵州省边远少数民族地区和边远落后地区修建小学校舍。（《贵州日报》1983.10.28.①）

△ 新疆维吾尔自治区推广胡都木蒙文交流经验表彰先进大会和蒙古语文学会新疆分会首届年会同时在博乐举行，大会表彰推广胡都木蒙古文的5个先进县、29个先进集体和33名先进个人。（《新疆日报》1983.10.28.①）

29日 据报道，云南省委最近决定，从下年起，每年从支援不发达地区资金和地方机动财力中拿出1500万元，用于边疆、山区兴办半寄宿制高小。（《新华社新闻稿》1983.11.13）

△ 据《新疆日报》报道，最近新疆维吾尔自治区人民政府决定新建4个自然保护区：巩留云杉自然保护区，巩留野核桃林自然保护区，伊犁小叶白蜡林自然保护区，地跨尉犁、轮台2县的胡杨林自然保护区。至此，全区已建立13个自然保护区。（《中国共产党新疆历史大事记（1966.5～1991.12）》下P226）

30日 国家民委在民族文化宫举行茶话会，招待出席全国总工会第十次代表大会的少数民族地区300多名代表，全国政协副主席杨静仁、全国总工会副主席蒋毅等出席。国家民委第一副主任伍精华发表讲话，希望在少数民族地区从事工会工作的同志为祖国的“四化”建设作出新的贡献。（《新华社新闻稿》1983.10.13）

△ 据统计，到目前为止，新疆维吾尔自

治区建成电视录像转播台和差转台125座，全区80多个县、市已有58个县可看到电视节目。（《新华社新闻稿》1983.10.31）

31日 是日报道，云南省是年在峨山彝族自治县、大理市和永胜县等地新建4所民族中学。（《云南日报》1983.10.31.③）

△ 是日报道，新疆维吾尔自治区已有一支200多万人的职工队伍，其中产业工人90万人，各级工会拥有80多万会员。维吾尔、哈萨克、蒙古、塔吉克、回、锡伯等少数民族职工占30%，工会组织正发挥着维护祖国统一和民族团结的重要作用。（《新华社新闻稿》1983.10.31）

是月 内蒙古自治区毛乌素沙漠试验研究中心在乌审旗图克公社陶包大队设立。（《内蒙古日报》1983.11.5.①）

△ 湖南省城步苗族自治县决定，以最低利息给苗、瑶、侗、黎等民族聚居的长安公社贷款19万元，发展养牛业。（《湖南日报》1983.10.10.④）

△ 中国政府决定在广西壮族自治区沿边境地段开设圩市，允许越南边民过境参加互市。从是月起，大新县的硕龙，龙州县的水口、科甲、横罗，宁明县的爱店、峙浪，凭祥市的油隘、平而，防城各族自治县的峒中，靖西县的湖润等地陆续选择与越南边境相邻的村屯、山头或地角，按圩日开设边民互市点。中断4年的中越边贸互市重新恢复。（《广西通志·大事记》P494）

△ 贵州省黔南布依族苗族自治州贵定县残疾青年刘文华（苗族）在全国第一届伤残人运动会上获50米自由泳、100米蛙泳冠军。（《黔南布依族苗族自治州志》上P68）

△ 甘肃省甘南藏族自治州佛教、伊斯兰教代表会议举行，成立州佛教协会和伊斯兰教协会。全州在“两协”组织中安排宗教人士190多人。（《甘南藏族自治州概况》P103）

△ 青海省海北藏族自治州政府与祁连、刚察、海晏3县的传真通讯开通。（《海北藏族自治州志》上P85）

△ 新疆维吾尔自治区巴音郭楞蒙古自治州政府批准成立阿尔金山自然保护区管理处。（《巴音郭楞蒙古自治州志》上P129、2186）

11月

1日 广西壮族自治区南宁直达香港、澳门的微波电话电路开通。（《广西通志·大事记》P494）

△ 西藏自治区第一座太阳能采暖办公试验大楼在那曲建成，建筑面积927平方米，采暖面积360平方米。（《西藏日报》1983.11.1.①）

△ 宁夏回族自治区汝箕沟煤矿二期扩建工程竣工，生产能力由年产原煤60万吨提高到90万吨。（《当代宁夏史通鉴》P34）

2~6日 吉林省民委主任会议在长春举行。会议传达中共中央总书记胡耀邦、国务院总理赵紫阳视察西北时的讲话和国家民委第三次委员（扩大）会议精神，讨论研究贯彻落实的意见。会议要求，把加强民族团结作为民族工作的头等大事抓紧抓好；注意发挥当地资源优势，讲究实效，认真贯彻国家支援和自力更生相结合的方针，实行经济技术协作、咨询服务和智力支边，加快少数民族地区建设。（《吉林日报》1983.11.7.①）

3日 四川省第一所藏文中等专业学校——德格藏文学校开课，首届80名藏族新生入学，学生的食宿和学杂费全部由国家供给。（《新华社新闻稿》1983.11.4）

3~6日 广西壮族自治区党委举行经济工作会议，确定把国营工业企业的扭亏增盈列为1983、1984年企业整顿的重点，要求把自治区政府下达的1983年扭亏指标层层分解落实到企业，限期完成。至是年底，全区预算内国营工业总产值增长6%，实现利润增长

4.3%，117个企业扭亏为盈，减亏27.1%。（《广西通志·大事记》P494）

3日~11月5日 全国少数民族珠算技术友好邀请赛在广西壮族自治区南宁市举行。吉林队、广西队分获团体冠亚军，内蒙古队获第三名。赵美子（朝鲜族）、王力军（蒙古族）、阳丽宁（壮族）获个人全能前三名。（《广西日报》1983.11.6.①）

4日 西藏自治区萨迦县具有715年历史的萨迦寺完成修缮工作。（《西藏日报》1983.11.4.①）

△ 国务院拨专款57万元，扶持西藏自治区边境地区的门巴族、珞巴族、僜人、夏尔巴人发展民族特需商品生产。目前，这些地区的民族特需品已增至50多个品种。（《新华社新闻稿》1983.11.5，《中国共产党西藏历史大事记（1949~2004）》P398）

△ 青海省化隆回族自治县苏合加村建立全省第一个新能源示范村。（《新华社新闻稿》1983.11.5）

5日 经有关部门探明，广西壮族自治区地下水的年天然资源量730余亿方，年最枯排水量260余亿方。（《新华社新闻稿》1983.11.6）

△ 云南省贡山独龙族怒族自治县举办小学教材教法培训班，培训当地独龙、怒、傈僳等少数民族的小学教师200余名。（《云南日报》1983.11.5.③）

△ 中共西藏自治区委和自治区人民政府作出《关于开展种草、种树的决定》。（《当代中国的西藏》下P50、605）

5~12日 滇、川、黔、桂四省区首届彝文古籍整理协作会议在云南昆明举行。交流各省区彝文整理情况，讨论制定整理、翻译和出版彝文古籍的规划，商定建立协作机构。（《新华社新闻稿》1983.11.13）

7日 四川省秀山土家族苗族自治县举行成立大会。全国人大民委、国家民委、省民委、涪陵地区行署、湖南省民委、湖北省民委、贵州省民委、周边友邻地（州）县（自治县）的领导以及曾为解放和建设秀山作出贡献的有功人员共400多人参加。县人大常委会主任赵云奎主持大会，县长杨万和（土家族）致欢迎词。（《四川日报》1983.11.9.①）

△ 是日报道，甘肃省临夏回族自治州34座小水电站的总装机容量达4800多千瓦，每年可发电430多万度，其中17座小水电站向农民提供生活用电。（《新华社新闻稿》1983.11.7）

8日 是日报道，近2年来，内蒙古自治区与内地22个省、市和中央单位签订多种形式的经济协作22项，包括糖、玻璃、纯碱工业、开发有色金属、改造煤矿和综合利用林产品等方面，总金额2亿多元。（《新华社新闻稿》1983.11.8）

8~10日 内蒙古自治区呼伦贝尔盟鄂温克族自治旗普遍出现暴风雪，形成白灾，持续150天，全旗积雪平均深70~80厘米，草场被雪覆盖，死亡牲畜4.44万头（只），受灾1.7万人，是鄂温克族自治旗历史上最严重的白灾。（《内蒙古自然灾害通志》P398）

8~12日 广西壮族自治区首届民族学学术讨论会在广西民族学院举行。会议讨论了在社会主义精神文明建设中如何继承少数民族的伦理道德和风俗习惯的问题。（《广西日报》1983.11.12.①）

9日 是日报道，云南省大理白族自治州洱海县大力发展商品生产，多种经营收入从1978年的1600多万元增加到1982年的3200多万元，4年翻一番。（《新华社新闻稿》1983.11.9）

△ 同日报道，新疆维吾尔自治区98%左右的公社和大队通汽车。公路总长2.2万多公里，相当于新疆解放前夕公路总长的7倍。（《新疆日报》1983.11.9.①）

10日 国务院批准1983年度追加教育事

业基建投资1亿元，补助革命老区、少数民族聚居区及边境地区中的贫困地区普及初等教育。内蒙古、广西、贵州、云南、甘肃、宁夏、青海、新疆等14个省、自治区获补助。（《人民日报》1983.11.10.③）

△ 国务院批复宁夏回族自治区人民政府，同意撤销吴忠县，恢复吴忠市（县级），以吴忠县的行政区域为吴忠市的行政区域。（《国务院公报》1983［24号］P1095）

△ 新疆考古工作者在天山南部新发现一处古墓葬区，年代大致为战国到西汉时期（前475年~公元25年），属古焉耆国的范围。300座古墓保存完好。（《新华社新闻稿》1983.11.11）

11日 四川省酉阳土家族苗族自治县举行成立大会，国家民委政法司司长张尔驹，四川省祝贺团团长、副省长罗通达，省委、涪陵地委、重庆市委、甘孜、阿坝、凉山三州和湖南、湖北、贵州的地、市、县以及涪陵地区各县祝贺团、代表团的代表出席。中央顾问委员会委员天宝在会上讲话。（《四川日报》1983.11.12.①）

△ 四川省甘孜藏族自治州委决定进一步放宽农村牧区经济政策。社员承包的牲畜一律归承包者所有，畜产品自己支配；从1983年起，集体不提留公积金和储备粮；集体和国有荒山坡承包给社员经营。（《甘孜州志》上P89）

12日 是日报道，西藏自治区实现“三年一小变”。1982年同1979年比较，农牧业总产值增长18.76%，工业总产值由450万元增长到1500万元，全区农牧民平均收入增加73元，达到220元。（《人民日报》1983.11.12.②）

△ 西藏自治区党委、自治区人民政府发出认真学习和使用藏语文的指示。《指示》强调，学习和使用藏语文对行使民族区域自治权利，全面贯彻落实党的民族政策等都具有重要意义。规定自治区和地市县领导机关发至县以下带全局性、政策性的重要文件和材料，县以上党、政、群机关组织的重要会议，都必须使用藏、汉两种文字。50岁以下进藏干部、职工必须努力学习和使用藏语文。中小学都要用藏、汉两种文字课本进行教学。全区内的各种票证、路标、商标、门牌、广告、布告、印章等都必须使用藏、汉两种文字。（《中国共产党西藏历史大事记（1949~2004）》P398~399）

13日 据统计，湖南湘西土家族苗族自治州有圩场188个，每月赶集群众达280多万人次。目前，这些圩场建有农村电影院158个、业余剧团131个、图书室109个、电影放映队343个、广播室88个和电视室91个。（《湖南日报》1983.11.14.①）

13~16日 黑龙江省首届民族团结先进集体和先进个人表彰大会举行，109个先进单位和51名先进个人受表彰。会上，省民委主任李敏作题为《发扬成绩，乘胜前进，为开创我省民族团结新局面而奋斗》的报告。会议通过给全省各族人民的倡议书。（《黑龙江日报》1983.11.14.①，11.17.①）

14日 国务院批复四川省人民政府，同意设立黔江土家族苗族自治县，以原黔江县的行政区域为黔江土家族苗族自治县的行政区域，人民政府驻联合镇，撤销黔江县；设立彭水苗族土家族自治县，以原彭水县的行政区域为彭水苗族土家族自治县的行政区域，人民政府驻汉葭镇，撤销彭水县；设立石柱土家族自治县，以原石柱县的行政区域为石柱土家族自治县的行政区域，人民政府驻城关镇，撤销石柱县。（《国务院公报》1983［24号］P1095）

△ 是日报道，西藏自治区人民政府最近决定，从1984年起，自治区的农区和半农半牧区的居民平均每户每年要种草半亩，种树50株，牧区居民平均每户每年要建设草场2

亩。凡是适合家庭经营的荒滩、荒地一律划给群众种草种树，谁种谁有，长期不变，子女继承。要求全区各族人民积极投入种草种树的活动，争取30年到50年内把宜林宜草的荒滩、荒坡、荒山全部绿化起来。20多年来，全区已成片造林24万亩，零散植树4000多万株，建设网围栏人工草场40多万亩。近年来又在海拔4500米以上地区人工试种1万多亩牧草成功。（《新华社新闻稿》1983.11.14）

△ 据《宁夏日报》报道，宁夏回族自治区贺兰山被国家列为全国52个重点自然保护区之一。（《当代宁夏史通鉴》P34）

16日 是日报道，一年来，各民主党派、全国工商联中央及地方组织先后派出43个支边小组共306人次到内蒙古自治区，为8万多人举行各种报告会、讲座、学术交流会90场次，举办各类培训班5期，还在6个盟市对57个工业企业和15个食品加工业进行经济技术咨询。（《内蒙古日报》1983.11.16.①）

17日 日本立命馆亚洲太平洋大学教授爱新觉罗·乌拉熙春（女，满族）编纂的建国以来首部满语工具书——《满语语法》由内蒙古人民出版社出版。（《新华社新闻稿》1983.11.18）

△ 据报道，云南省林业部门组织100多名科技人员对西双版纳进行多学科综合考察，基本弄清亚洲象、印度野牛、印度支那虎和麋鹿、白颊长臂猿等哺乳动物的种群数量、分布范围及其生活环境条件。在鸟类标本中，发现17个当地未有记载的种和亚种。首次系统列出西双版纳1400种森林益鸟、害虫的标本及名录，其中有5种国内未记录过。（《新华社新闻稿》1983.11.18）

18～23日 湖南省少数民族地区工业经济讨论会在泸溪县召开。会议收到论文35篇，就如何发展本省少数民族地区工业经济的理论和实际问题进行广泛讨论。会议认为，全省少数民族地区1200多个企业，工业年总产值达4亿元，今后一要立足本地资源，发展民族地方工业；二要加强科学管理，培养人才，提高经济效益；三要采取特殊政策，扶助少数民族地区发展工业，并继续抓好城市和先进地区对少数民族地区的物资技术支援和协作。（《湖南日报》1983.11.26.①）

20日 据不完全统计，广西壮族自治区农机专业户、重点户已达8300多户，1982年农机纯收入3000到5000元的有1367户，5000至1万元的有332户，万元以上的25户。（《广西日报》1983.11.20.①）

△ 据统计，宁夏回族自治区集体和个体经商户已达6500多个，就业人员7.5万多人。（《新华社新闻稿》1983.11.20）

21日 内蒙古自治区第一所正规化培训在职干部的高等院校——内蒙古管理干部学院成立暨首期开学典礼大会在呼和浩特举行。首批学员649名，其中少数民族学员156名。（《内蒙古日报》1983.11.22.①）

△ 青海省隆化回族自治县第一所民族中学建成开学。回、藏、撒拉、土、东乡、蒙古6个民族的300多名学生入学。（《青海日报》1983.12.1.①）

21～27日 四川省委、省政府举行民族工作会议，贯彻中央关于开发民族地区的指示，动员全省党员重视民族工作，研究发展民族地区经济文化的措施。（《四川日报》1983.11.22.①，11.28.①）

△ 宁夏回族自治区南部山区农业生产建设会议在固原举行。自治区党委书记李学智在会上提出4个转变：一、指导思想上，从“以粮为纲”转变到种草种树，发展畜牧业，治穷致富；二、立足点上，从“等、靠、要”转变到自力更生，艰苦奋斗，坚持“自力更生为主，国家支援为辅”的原则，开发建设山区；三、管理方法上，从单纯依靠行政手段，转变为用经济办法管理经济；四、领导思想上，从

领导小农经济思想转变为领导大农业，发展商品经济的思想。他还指出，党中央、国务院决定把南部山区的“西海固”地区纳入“三西”农业建设计划，每年拨给宁夏3000万元专项资金，要把这些钱用在最紧迫、最需要的重点项目上。（《新华社新闻稿》1983.12.28）

21～28日 全国民族地区财政研究会第三次讨论会在贵州贵阳举行，新疆、宁夏、内蒙古、广西、云南、青海、四川、甘肃、贵州等省、自治区从事财政实务、财政科研和教育工作的代表75人参加。会议总结民族地区财政工作的历史经验，探讨民族地区财政工作的若干理论问题。（《贵州日报》1983.11.29.①）

22日 据报道，藏北草原上的第一所藏医院——西藏自治区那曲藏医院最近建成开业。至此，除昌都藏医院正在筹建外，西藏自治区6个地、市已有5个地、市建有藏医院，大多数县人民医院开设藏医科。自治区还培训600名藏医人员，使全区藏医人员达到1100多人；在拉萨和山南各创办1所藏医中等专业学校，全区藏医人员中，目前已有300多人获得各级技术职称，其中10人获主任医师或副主任医师职称。（《新华社新闻稿》1983.11.23）

22～29日 第四届西北五省（区）伊斯兰学术讨论会在陕西西安举行，中心议题是“伊斯兰教与中国回、维吾尔、哈萨克、东乡、撒拉等10个少数民族的关系问题”。与会代表88人，提交论文80余篇。（《中国伊斯兰百科全书》P600）

23日 中国第一个民族学系在中央民族学院成立。首届包括16个民族成分的新生开始上课。（《新华社新闻稿》1983.11.24）

△ 据报道，新疆维吾尔自治区从事种植业、养殖业和农林牧副产品加工、建材生产、农机、运输、科技、商业、服务业等各种专业户、重点户有10万多户，占农户总数的6%左右。（《新疆日报》1983.11.23.①）

23～26日 云南省红河哈尼族彝族自治州首届民族团结表彰大会在个旧举行，52个先进集体和74名先进个人受表彰。（《红河哈尼族彝族自治州志》1卷P103）

23～27日 湖南省民委举行全省杂居散居少数民族工作座谈会，讨论散居民族工作问题。（《湖南日报》1983.11.28.①）

23～29日 广东省民族团结表彰大会、民族地区先进科技工作者表彰大会和省民委第三次委员（扩大）会议在广州举行。省委书记、省长梁灵光发表讲话，阐述汉族和少数民族“两个离不开”的意义，号召党员、干部珍惜民族间的团结。会议听取省民委、省科协分别作的有关增强民族团结和开创民族地区科技工作新局面的报告，表彰20个民族团结先进单位、30名民族团结先进个人和77名少数民族先进科技工作者。（《南方日报》1983.11.24.①，11.28.①，11.30.①）

24日 据报道，内蒙古大学蒙古语文研究所与内蒙古电子计算机中心合作，借助电子计算机编纂出《蒙古秘史》词典和用词频率表，成为中国蒙古语言学研究方面的一项创举。（《内蒙古日报》1983.10.23.①，《新华社新闻稿》1983.11.25）

25日 据报道，福建省福安县根据畲族地区村落分散的特点，在办好全日制小学的同时，采取半日制、隔日制和巡回制等各种形式兴办教学班，方便畲民子女就近入学。少数困难户可免交学杂费，或给予适当补贴，在特别困难的村庄，实行全村儿童免费入学。是年，省教育厅和福安县委共同拟定《关于加速普及少数民族地区初等教育的几点意见》，拨出专款支持畲村办学。据统计，本学期全县少数民族在校小学生有6058人，学龄儿童入学率83%。（《新华社新闻稿》1983.11.26）

△ 四川省资阳县机械厂和新疆维吾尔自治区米泉县铸造厂合资经营的川疆铸铁管联合生产公司在米泉县成立。1984年5月1日公司

正式投产，填补新疆铸管生产的空白。（《四川日报》1984.5.7.①）

26日 据报道，西藏自治区岗巴县吉汝公社藏族农民在海拔4730米高的地方种植的青稞生长良好，日土县多玛区在海拔4600多米高的地方种植的青稞、小麦以及海拔4000多米地带栽种的苹果均良好。这在我国植培史上极为罕见。（《新华社新闻稿》1983.11.26）

28日 是日报道，我国少数民族地区各省、自治区和自治州都建有群众艺术馆，各类专业剧团已达560多个，80%以上的县（旗）有电影院。我国55个少数民族都有自己的文艺人才，其中不少人成为蜚声中外的艺术家。（《新华社新闻稿》1983.11.28）

28日~12月4日 新疆维吾尔自治区教育厅与自治区教育学会召开自治区第二次教育科学规划会议。会议确定，今后要以民族教育研究为重点加强教育理论研究。会议交流论文44篇，成立自治区教育学会教育学研究会。（《新疆日报》1983.12.8.①）

29日 青藏铁路第一期工程的最后一段——柯柯至格尔木段最近验收。至此，青藏铁路第一期工程基本完工。（《新华社新闻稿》1983.11.30）

30日 据报道，100多万字的彝族大百科全书《彝文丛刻》已翻译成汉文，大型史籍《西南彝志》及其他40多部彝文古籍也已翻译、整理完毕。（《新华社新闻稿》1983.12.1）

是月 内蒙古自治区最大的草原灌区——翁牛特示范牧场水利工程竣工。（《内蒙古日报》1984.1.31.①）

△ 内蒙古自治区鄂温克族自治旗蒙医医院开诊。（《鄂温克族自治旗志》P929）

△ 广西壮族自治区党委决定建立自治区民族工作领导小组，自治区党委副书记金宝生（瑶族）任组长，自治区政府副主席、党委常委张声震（壮族）任副组长。（《广西通志·大事记》P495）

△ 贵州省黔南布依族苗族自治州都匀县基场公社麻拱寨麻疹暴发流行，死亡100余人，是建国以来自治州流行麻疹病最严重的一次。（《黔南布依族苗族自治州志》上P68）

△ 是年冬，西藏自治区教育厅创立第一个教育研究机构——民族教育研究室。1987年冬，改建为自治区民族教育研究所。（《当代中国的西藏》下P312）

12月

1日 中央民族学院教师戴庆厦与人合著的《汉景词典》和《景汉词典》由云南民族出版社出版发行，这是我国首次出版的景颇语和汉语对照词典。（《中央民族大学五十年》P67）

△ 湖北省鄂西土家族苗族自治州成立大会在自治州首府恩施举行，全国人大常委会、国务院、国家民委以及湖北省委、省人大、省政府、省政协、省军区等致贺电，国家民委副主任洛桑、湖北省委书记关广富、省人大常委会主任韩宁夫、省长黄知真等出席。会议听取和讨论李辉轩代表自治州筹委作的题为《振奋革命精神，加强民族团结，全面开创我州社会主义现代化建设新局面》的工作报告，选举产生州人大常委和州人民政府，选举田恩波（土家族）为自治州人大常委会主任，贾兰祥、杨久富、张植弟、刘启政、程中华、陈博、范前炎、龙子建为副主任；李辉轩（土家族）为自治州州长，及树华、王仕才、熊顺奇、陈永葆、田寿延、陈德贵为副州长；黄兆沛为自治州中级人民法院院长，李保唐为自治州人民检察院检察长。自治州辖恩施市及巴东、建始、利川、宣恩、咸丰、来凤、鹤峰7个县，土家族、苗族等20多个少数民族人口占全州总人口的42.83%。（《新华社新闻稿》1983.12.3；《湖北日报》1983.12.2.①，11.30.①；《恩施州志》P22）

△ 据报道，湖南省少数民族用品工业已形成以湘西为中心的生产基地，生产少数民族用品的企业由1978年29个发展到77个，职工由2400人发展到5400人，年产值由700万增长到3250万。（《湖南日报》1984.4.18.①，8.31.①，12.1.②）

△ 广西壮族自治区大化水电站枢纽工程基本建成，装机容量10万千瓦的1号机组正式并网发电。该电站1975年10月28日开工兴建，总投资6.28亿元。（《广西通志·大事记》P495）

△ 据报道，四川省民族地区州县两级机构改革基本完成。州、县两级领导中，民族干部超过半数。（《四川日报》1983.12.1.①）

1~6日 黑龙江省首届少数民族文艺会演在哈尔滨举行。赫哲、达斡尔、鄂温克、柯尔克孜、回、满、蒙古、朝鲜等16个民族的14个代表队400余人演出140多个声乐、器乐、舞蹈和民间说唱节目。（《黑龙江日报》1983.12.2.①，12.7.①）

2日 新疆维吾尔自治区地质局区域地质调查大队实验室地质工程师吴慕在阿尔泰山发现一种新矿物——“青河石”。国际地质联合会新矿物与矿物命名委员会批准，确认这一发现。（《新华社新闻稿》1983.12.3）

2~5日 全国部分高等学校民族班经验交流会在贵州省贵阳市举行。会议学习中共中央总书记胡耀邦、国务院总理赵紫阳考察青海和新疆时的重要讲话，讨论教育部和国家民委《关于加强领导，进一步办好高等院校少数民族班的意见》，交流各地区民族教育情况。（《贵州日报》1983.12.7.①）

3日 是日报道，内蒙古自治区党委宣传部、内蒙古军区政治部、自治区卫生厅、计划生育委员会、文化厅、广播电视厅、总工会、团委、妇联最近联合发出通知，要求以农村为重点在全区开展一次新的计划生育宣传月活动。通知说，对于少数民族的生育政策，要贯彻中央规定的“对少数民族，也要提倡计划生育，在要求上可以适当放宽一些”的精神。（《内蒙古日报》1983.12.3.①）

△ 由赫哲、朝鲜、蒙古、满等少数民族组成的黑龙江省同江县少数民族文工团举行建团首次演出。（《黑龙江日报》1983.12.4.①）

4日 是日报道，位于青海省的柴达木盆地西北部新发现一个钾矿床；在盆地东部还探明2条储量丰富、品位在40%到73%的硅灰石矿带，为青海省发展陶瓷工业提供材料。（《新华社新闻稿》1983.12.4）

5日 国务院决定，从1983年起，每年拨专项资金2亿元，用10年时间，扶持开发甘肃省河西地区和宁夏回族自治区河套地区，改造自然条件最差的甘肃中部干旱地区18个县和宁夏西海固干旱高寒山区的8个县。（《新华社新闻稿》1983.12.6）

△ 青海省电影公司免费调拨给本省6个自治州和3个自治县50台16毫米光磁两用电影放映机，以提高少数民族语影片的放映质量。（《新华社新闻稿》1983.12.6）

6日 西北最大的清真寺在青海循化撒拉族自治县建成，大殿建筑面积1200多平方米，可同时容纳2000多人做礼拜。（《新华社新闻稿》1983.12.7）

△ 新疆维吾尔自治区地质工程师张永华在新疆玛纳斯县发现一种新矿物——“四方铜金矿”，并经国际地质联合会新矿物与矿物命名委员会通过决定，确认这一发现。（《新华社新闻稿》1983.12.6）

6~9日 青海省民委在西宁召开全省少数民族古籍整理、出版工作座谈会。与会代表商讨开展这一工作的具体办法，提出初步设想和规划。（《青海日报》1983.12.13.①）

7日 青海省文物考古队在位于柴达木盆地东南缘的海西蒙古族藏族自治州都兰县热水乡发现并首次挖掘一处唐代早期吐蕃大型墓葬

群200余座，出土大量丝绸、皮靴、织机构件、金饰品、陶罐、木碗、古藏文木片和木牍等，对研究吐蕃文明史、中西文化交流史以及对藏族族源的探讨均有重要价值。（《新华社新闻稿》1983.12.8）

8日 是日报道，西藏自治区国营、集体和个体商业网点已达7000个，比年初增长40%。目前全自治区由社队自筹资金和国家贷款扶持的社队办商店1400多个，走村串户的个体户4352个。（《新华社新闻稿》1983.12.8）

10日 云南省文山壮族苗族自治州文物工作者在麻栗坡县大王岩和丘北县狮子山洞穴发现原始彩色崖画。据初步考察，这些崖画应属古代氏族社会的作品。（《云南日报》1983.12.10.①）

11日 广西壮族自治区红水河第一座大型电站——大化水电站枢纽工程基本建成，一号机组正式并网发电。（《广西日报》1983.12.12.①）

14日 据报道，西藏自治区最近划定的波密岗乡自然保护区总面积为4600公顷，林木总蓄积量252万立方米，位居世界之冠。（《新华社新闻稿》1983.12.15）

△ 西藏自治区山南地区举办的物资交流会历时7天结束，总成交额378万元，比前两届物资交流会增加近40万元和20万元。（《新华社新闻稿》1983.12.15）

14~20日 青海省人大六届四次会议举行，通过关于批准《互助土族自治县关于施行中华人民共和国婚姻法的补充规定》的决议。（《青海日报》1983.12.14.①，12.21.①）

15日 广西壮族自治区壮文学校首届壮族大专毕业生壮文学习班290多名大学生经过95天的学习结业。（《广西日报》1983.12.21.①）

△ 云南省怒江傈僳族自治州境内探明储量1.5亿多立方米的露天大理石矿。（《云南日报》1983.12.15.①）

15~16日 辽宁省阜新蒙古族自治县举行蒙古剧调演大会，演出4台蒙古剧和1台蒙古族歌舞节目。（《辽宁日报》1983.12.20.①）

16日 我国少数民族地区规模最大的一座科学技术馆在内蒙古自治区呼和浩特开馆。（《新华社新闻稿》1983.12.17）

△ 福建省召开民族团结表彰大会，畲、回、满、高山、蒙古、汉6个民族的74个先进集体和47名先进个人受表彰。（《民族团结》1984.2 P5）

△ 广西壮族自治区少数民族卫生工作会议在南宁闭幕。会议要求大力培养少数民族卫生技术干部，加强少数民族地区卫生队伍建设。百色地区民族卫校等5所卫校原有的民族班要增设专业，并坚持定向招生，定向分配。有关院校要增设和扩大民族预科班，为医学院提供更多的少数民族学生来源。同时要安排好43个老、少、边、山、林区县卫生干部到区内外进修。（《广西日报》1983.12.17.①）

△ 云南省红河哈尼族彝族自治州歌舞团首次赴北京演出。（《新华社新闻稿》1983.12.17）

△ 中国美协，新疆维吾尔自治区文化厅、自治区民委，美协新疆分会联合举办的“新疆好”画展在中国美术馆展出，这是自治区首次在北京举行画展，展出十多个民族的画家共160幅作品。（《新疆日报》1983.12.17.①，《中国共产党新疆历史大事记（1966.5~1991.12）》下P229）

16~25日 云南省少数民族语文指导工作委员会第二次全委（扩大）会议在昆明召开，19个民族的192名委员出席。（《云南日报》1984.1.5.①）

16~26日 全国少数民族地区生产生活会议在北京举行。国务院副总理田纪云在会上就如何加速少数民族地区的经济发展提出三点意见：努力发展少数民族地区的经济，实现各民族共同繁荣；发扬自力更生和互助精神，促进经济文化全面发展；进一步落实和完善少数民族地区的多项经济政策，促进工农业生产的发展。党和国家领导人胡耀邦、邓小平、李先念、彭真等会见与会代表。（《新华社新闻稿》1983.12.24）

18日 中国科学院考古研究所组建的南疆文物考古工作队在新疆维吾尔自治区塔里木盆地西部、叶尔羌河上游的古墓群发掘出1个公元7世纪的彩色木棺，在莎车县的沙漠地带发现1座公元5世纪至11世纪的古城。（《新华社新闻稿》1983.12.19）

19日 由民盟内蒙古自治区筹委在呼和浩特创办的青城大学开学，包括蒙古、达斡尔、回、满、鄂伦春等民族的210多名学生入学。（《新华社新闻稿》1983.12.20）

19~23日 内蒙古自治区台湾同胞第一次代表会议召开，正式成立自治区台湾同胞联谊会。（《内蒙古自治区史》P470、543）

20日 内蒙古自治区最大的现代化矿井——大雁一号皮带斜井建成投产。（《内蒙古日报》1984.1.9.①）

△ 据报道，国家计委最近批准，在宁夏银川建设一座年产30万吨合成氨的大型化工企业——宁夏化工厂。（《宁夏日报》1983.12.20.①）

21日 宁夏回族自治区党委、人民政府发出《关于种草种树若干政策的规定》。（《中共宁夏党史大事记（1925.8~1988.6）》P549~550）

22日 全国干旱半干旱地区种草种树展览在民族文化宫开幕。中共中央党校校长王震为展览剪彩。（《新华社新闻稿》1983.12.23）

△ 据报道，西藏自治区山南地区文管会征集到一件明朝宣德年间（1426~1435年）制造的铜铃，上铸古藏文、汉文、蒙古文3种铭文，其中汉文写着“大明宣德年施”。（《西藏日报》1983.12.22.①）

22~24日 内蒙古自治区民族团结广播征文活动获奖作者经验交流会在呼和浩特市举行。共有全区各地蒙古、汉、回、满、朝鲜、达斡尔、鄂伦春、鄂温克等各族作者寄来的900多篇征文稿，选用播出88篇，其中4篇获全国民族团结征文奖。（《内蒙古日报》1983.12.27.①）

24日 是日报道，内蒙古自治区新近发现3处大煤田：锡林郭勒盟东乌珠穆沁旗乌尼特盆地煤田，面积约200平方公里，储量20亿吨左右；西乌珠穆沁旗吉林郭勒煤田，储量15亿吨以上；呼伦贝尔满洲里西南煤田，储量10亿吨以上。（《新华社新闻稿》1983.12.24）

△ 广西壮族自治区教育厅在南宁召开自治区教育科学规划会，同时召开广西民族教育研究会成立大会。（《广西日报》1983.12.30.①）

△ 宁夏回族自治区五届人大常委会第四次会议通过《宁夏回族自治区土地管理暂行条例》。（《宁夏日报》1984.1.21.③）

26日 西藏自治区党委决定妥善处理藏军第九代本起义人员的遗留问题。自治区党委常委会议认为，藏军第九代本起义人员对和平解放西藏起了很大作用，过去规定全部由国家包起来，但“文革”中多数被遣送回家，现在这些人生活上发生不少困难，要区别不同情况，妥善安置好，并由统战部、民政厅、军区政治部组织检查落实。常委会还决定，对1950年率领第九代本起义的德格·格桑旺堆给予一次性补助10万元。（《中国共产党西藏历史大事记（1949~2004）》P402）

27日 甘肃省临夏回族自治州完成全州7个县129个乡的天然草场调查，调查面积达787.49万多亩，采集植物标本910余种。编绘出临夏州草场类型图、草场等级图、草场利用现状图，并编写草场资源调查报告、植物名录及优良牧草描述等资料。（《甘肃日报》1983.12.27.②）

28日 是日报道，是年以来，云南省楚雄彝族自治州人民政府分别与上海、江苏等沿海省市和昆明市商定经济技术协作项目14个，其中8个项目取得明显效益。（《云南日报》1983.12.28.②）

△ 西藏自治区拉萨市与浙江省杭州市缔结姐妹城市签字仪式在杭州举行。（《西藏日报》1984.1.2.①）

△ 新疆维吾尔自治区佛教协会在乌鲁木齐成立，宫明·姜巴曲日木活佛任首届会长兼秘书长。（《新华社新闻稿》1983.12.30，《人民日报》1984.1.9.④）

29日 国务院发布《关于建立民族乡问题的通知》。（《人民日报》1984.1.12.④）

30日 中南民族学院举办鄂西土家族苗族自治州干部短训班，训练48名自治州各级负责干部。（《湖北日报》1983.12.30.①）

△ 据报道，广西壮族自治区罗城仫佬族自治县仫佬族干部有894名，占干部总数的21.7%。其中，任科、局级（包括公社、镇党委、管委会正、副职领导）以上领导干部80名，占总数的38.6%；县委、县人大常委会、县政府、县政协中，仫佬族干部占35%。全县有知识分子干部1800人，其中仫佬族641人，占35.6%。（《广西日报》1983.12.30.①）

△ 是日报道，新疆维吾尔自治区年内投资178万元，新建扩建牧区医疗点47个，分布在和田、喀什、伊犁、博尔塔拉等12个地区和自治州。（《新疆日报》1983.12.30.①）

31日 中共中央下发《关于在清除精神污染中正确对待宗教问题的指示》，指出："在思想战线上清除精神污染的过程中，对待宗教问题，需要采取十分慎重的态度。要坚持党对宗教的基本政策，遵守宪法的有关规定，团结广大的信教群众和爱国的宗教界人士，加强民族团结，共同建设社会主义的物质文明和精神文明"。为此，中央重申保护宗教信仰自由，保护正常的宗教活动，把尊重宗教信仰自由和保护正常的宗教活动同清除精神污染区别开来等4项具体政策。《指示》强调："在世界观上，马克思主义同任何有神论都是对立的；但是在政治行动上，马克思主义者和爱国的宗教信徒完全可以而且必须结成为社会主义现代化建设共同奋斗的统一战线。在清除精神污染中，要继续加强同爱国宗教组织和爱国宗教人士的团结，发挥他们的积极作用，巩固和发展党领导下的广泛的爱国统一战线。"（《凝聚》P82～83）

△ 广西壮族自治区1座电视调频转播台试播，是继1982年玉林地区电视调频转播台建成后的又一成果。（《广西日报》1984.1.7.①）

△ 截至年底，新疆维吾尔自治区有自然科学技术人员15.3万人，其中少数民族3.93万人。（《新疆通志·科学技术志》72卷上P85）

是月 中共内蒙古自治区三届十三次全委（扩大）会议和全区旗县委书记会议召开。会议肯定牲畜作价承包的办法。会后，牧区不少社队在作价承包的基础上，又逐步实行"作价归户，分期偿还，私有私养"的责任制。从此，牧区生产责任制形式发生根本性变化。"牲畜作价归户"是畜牧业生产责任制形式的新发展，是牧区生产关系的重大变革。1982年底，内蒙古自治区实行"大包干"的牧业队占71%，到是年底，在全区牧业基本核算单位中，实行"大包干"的已达91%。（《内蒙古自治区史》P399）

1984年

1月

1日 彝族风情摄影艺术展览在云南省楚雄彝族自治州楚雄市举行。 （《云南日报》1984.1.14.①）

△ 中共中央发出《关于1984年农村工作的通知》（通称“一号文件”）后，甘肃省甘南藏族自治州委和州人民政府宣布，耕地承包期在15年以上，三荒地、小区域治理承包期在50年以上，并积极鼓励群众种草种树，谁种谁有，允许继承。牧区在进一步完善牲畜家庭联产承包责任制的同时，实行草场管理到户，使畜、草的责、权、利紧密结合，牧民群众管理草场的积极性普遍提高。 （《甘南藏族自治州概况》P117）

△ 青海省玉树藏族自治州人民广播电台建成开播。 （《玉树州志》上P55）

2日 据本报讯，新疆社会科学院考古研究所不久前在天山南麓发现一处2000多年前的巨大墓葬区，年代大致为战国到西汉时期。古墓地位于新疆维吾尔自治区和静县西北查布河沟口的岛状台地上，距离古代西域焉耆所在地——现新疆焉耆回族自治县80多公里。（《人民日报》1984.1.2.③）

5日 据新华社称，广西壮族自治区科委组织的大瑶山综合考察队林业组在地处大瑶山的金秀瑶族自治县罗香公社发现一片面积约200公顷（3000亩）的青钩栲林，已被国家列为国家重点自然保护区。 （《人民日报》1984.1.21.①，《广西通志·大事记》P496）

6日 宁夏回族自治区党委决定采取10项措施，把引黄灌区建设成为社会主义大农业的商品基地，引黄灌区11个县区的农业总产值占自治区农业总产值70%以上。10项措施是：一、搞好11个县区的商品粮生产，使商品率达到40%左右；二、加强林草建设，实现农田林网化和建设百万亩防护林工程；三、发展以猪、牛、羊为主的畜牧业生产；四、在国营农场、银川市郊区、青铜峡县等地，逐步建设奶牛基地；五、充分利用18.5万亩水面，扩大水产品生产；六、增加甜菜和食糖生产；七、发展果品生产；八、发展酿酒、奶制品等食品加工业；九、大力种植玫瑰花，种植面积扩大10倍，建设玫瑰油提炼厂；十、建立饲料加工业，为发展畜牧业和家畜家禽饲养业创造条件。 （《人民日报》1984.1.7.①）

8日 据新华社电，目前，我国高校少数民族在校生5.33万人，比1979年的3.7万人增长44%。 （《宁夏日报》1984.1.8.①）

△ 中共中央总书记胡耀邦在湖南省湘西土家族苗族自治州凤凰县视察。 （《湘西州志》上P81）

△ 云南省红河哈尼族彝族自治州民族语文古籍研究所成立。 （《红河哈尼族彝族自治州志》1卷P104）

9日 黑龙江省佳木斯市第二职业高中青年美术教师哈普都·隽明（赫哲族）被中国书法家协会发展为会员，成为我国第一个赫哲族篆刻家。 （《人民日报》1984.1.9.④，《内蒙古日报》1984.1.10.③）

△ 广西壮族自治区第二届少数民族传统体育运动会在百色召开，壮、苗、瑶、彝、回、侗等11个民族的400多名运动员参加。（《广西日报》1984.1.9.①）

△ 广西壮族自治区柳州木材厂设计制造成功的国内第一条生产2300立方米刨花单层平压机械化连续生产线通过鉴定。 （《广西通志·大事记》P496）

△ 据报道，截至目前，青海省海南藏族自治州有各类小学511所，其中牧区寄宿制小学68所，牧读小学173所，民族中学5所。全州中、小学学生5万多名，其中少数民族学生1.8万多名。 （《青海日报》1984.1.9.①）

△ 据本报讯，宁夏回族自治区工业设计

院近日成立。　（《宁夏日报》1984.1.9.①）

9~18日　内蒙古自治区文化工作会议在呼和浩特举行。此次会议是自治区和各盟市文化主管部门机构调整、新班子配备后的第一次全区工作会议，各盟（市）、旗（县、区）行政部门和自治区直属文化单位负责人150多人参加。会议以党的十二大精神为指针，学习党的十二届二中全会精神和中央有关会议文件，总结过去工作，交流情况和经验，研究并明确今后的工作任务。自治区党委副书记、自治区人大常委会主任巴图巴根出席并讲话。（《内蒙古日报》1984.1.19.①）

△　西藏自治区四届人大常委会第四次会议举行，讨论通过《西藏自治区县、乡（镇）人民代表大会换届选举工作的安排部署》，修订《西藏自治区各级人民代表大会选举实施细则》。　（《西藏日报》1984.1.10.①，1.19.①，2.25.①②，2.28.③，2.29.③）

10日　我国最大的朝鲜族商店在辽宁省沈阳市开业。　（《西藏日报》1984.1.12.③）

△　据本报讯，苗歌剧《带血的百鸟图》最近由湖南省湘西土家族苗族自治州花垣县苗歌剧团演出。　（《内蒙古日报》1984.1.10.③）

△　据本报讯，广西壮族自治区柳江县里雍公社新安大队最近发掘出一批东汉古墓群，出土的陪葬品除陶器和铜灯、铁灯等外，最有价值的是4具滑石人面具。　（《广西日报》1984.1.10.①）

△　据本报讯，目前，广东省海南黎族苗族自治州辖8县1镇，少数民族人口占全州人口的40.5%。少数民族干部占全州干部总数的25.4%，比“文革”前增长15.3%。　（《人民日报》1984.1.10.④）

10日~2月10日　呼伦贝尔画展在民族文化宫展出。展览汇集呼盟蒙古、汉、鄂温克、达斡尔、锡伯、满等民族美术工作者近年来创作的国画、油画、版画等美术作品97幅。　（《人民日报》1984.1.10.③，《内蒙古日报》1984.1.13.①）

12~18日　云南省首届民族舞蹈会演在昆明举行，全省20多个民族的500多名舞蹈艺术工作者出席，昆明市代表队的景颇族舞蹈《出征》等7个节目获优秀奖。　（《云南日报》1984.1.13.①）

13日　西藏自治区党委、自治区人民政府发出实行政社分开，建立乡政府的意见。（《中国共产党西藏历史大事记（1949~2004）》P403~404）

14日　中国民间文学研究协会和人民文学出版社在民族文化宫召开座谈会，庆祝蒙古族民间英雄史诗《江格尔传》（十五章）汉文版首次出版。　（《新疆日报》1984.1.30.①）

△　北京农业机械化学院开办的以西藏自治区学员为主的系统工程与数据处理讲习班结业，26名西藏学员获结业证。　（《西藏日报》1984.2.12.①）

16日　全国人大民委会议召开。全国人大常委会委员长彭真出席并讲话，指出当前少数民族地区主要工作一要抓经济，主要是生产，二要抓文化，主要是教育。　（《新时期民族工作文献选编》P203~205）

18日　据本报日喀则讯，西藏自治区第一座太阳能育种温室最近在日喀则地区通过自治区级验收。　（《西藏日报》1984.1.18.①）

△　新疆维吾尔自治区教育厅发出《关于改革我区中小学学制问题的通知》。规定，从秋季起，对用汉语教学的小学一年级新生实行六年制，高中分批改为三年制。　（《中国共产党新疆历史大事记（1966.5~1991.12）》下P232）

19日　全国人大常委会副委员长阿沛·阿旺晋美、班禅额尔德尼·确吉坚赞，全国政协副主席杨静仁、康克清、胡子昂、钱昌照、费孝通在北京会见西藏自治区爱国人士参观团。　（《人民日报》1984.1.20.④，《西藏日

报》1984.1.21.①）

△ 是日报道，西藏自治区山南地区文管会自1981年初成立以来已搜集各种文物4000多件，其中有1000多页珍品贝叶经和用3万多颗珍珠宝石缀成的珍珠“唐卡”等。（《人民日报》1984.1.19.③）

20日 西藏自治区气象局决定在拉萨、波密、林芝、泽当、日喀则等台站开展农业气象情报服务。（《当代中国的西藏》下P253）

21日 云南省文山壮族苗族自治州人民政府批准西畴县鸡街乡、西洒，广南县曙光乡3个公社23个村108户余姓，麻栗坡县铁厂、八布，马关县都龙4个公社和文山城101户伙姓，共计209户1449人恢复蒙古族族称。（《文山壮族苗族自治州志》1卷P66）

23日 广西壮族自治区化肥工业公司正式成立，是广西第一个化肥行业的经济实体。（《广西通志·大事记》P496）

23～27日 云南省西双版纳傣族自治州首次民族团结、军民共建社会主义精神文明先进集体和先进个人表彰大会在景洪举行，18个民族团结先进集体、43名民族团结模范和18个军民共建精神文明先进集体、25名先进个人受表彰。（《云南日报》1984.2.8.①）

24日 湖南省民委和长沙市政府举行省会各民族大团结联欢会，土家、苗、侗、瑶等37个少数民族和汉族同胞共2200多人参会。（《湖南日报》1984.1.25.①）

26日 广西壮族自治区党委在南宁召开工作会议，强调要扩大承包范围，除土地承包外，荒山、水面、滩涂都可搞承包；要搞好农工商联营以及开展区内外联营，发展社队企业和各种服务业，大搞农副产品加工和综合利用，大力发展商品生产。（《广西通志·大事记》P496）

29日 在北京少数民族迎春会在民族文化宫举行，中共中央书记处书记习仲勋、全国人大常委会副委员长班禅额尔德尼·确吉坚赞、全国政协副主席包尔汉以及在京的少数民族各界知名人士、民族工作者300多人出席。（《人民日报》1984.1.30.④）

30日 据新华社拉萨电，截至目前，西藏自治区农牧区建成小水电站705座，总装机容量4.2万多千瓦，比1979年增长6倍，全区600多个公社、2300多个生产队用上电。（《人民日报》1984.1.31.①）

31日 中共中央总书记胡耀邦、总政治部主任余秋里、空军司令员张廷发等到广西边防部队视察，看望法卡山部队指战员。2月1日，胡耀邦等领导视察南宁、桂林等地并发表讲话。（《人民日报》1984.2.2.①，《广西通志·大事记》P496）

△ 广西壮族自治区人民政府发出《关于支援最贫困公社发展生产的通知》，决定从国家分配给自治区的3000万元“支援不发达地区发展基金”和自治区财政增加安排的500万元中，将2500万元重点支援155个贫困公社，经农业银行发放到户，定期收回；将1000万元分配给43个不发达县，由县统筹安排。（《广西通志·大事记》P496）

是月 国务院学位委员会批准内蒙古大学为博士学位授予单位，蒙古语族语言文学、应用数学2个学科专业为博士学位授予点，教授清格尔泰（蒙古族）、陈天权为博士生导师。该校为内蒙古自治区首批具有博士学位授予权的单位。（《内蒙古大学四十年》P413）

△ 四川省重庆市伊斯兰教协会首次代表大会举行，制定协会章程和爱国公约。丁肇岐（回族）当选协会主任，沙仁斋（回族）、温厚成为副主任。（《四川日报》1984.2.3.②）

△ 全国少数民族舞蹈创作讨论会暨全国少数民族舞蹈研究会成立大会在云南昆明举行。（《云南日报》1984.1.26.①）

2月

4日 据本报讯，最近，内蒙古自治区在全国农民画展中展出的《草原文化车》、《送马图》获二等奖。（《内蒙古日报》1984.2.4.①）

5日 据本报锡林浩特讯，内蒙古自治区研制的MN-2蒙古包暖气、PN-10型排房采暖设施最近通过自治区级鉴定。（《内蒙古日报》1984.2.5.①）

△ 农牧渔业部和湖南省决定，在湘西土家族苗族自治州吉首市丹青、泸溪县麻溪口片草场和龙山县八面山公社联合投资建立新的草食畜牧业基地。（《湘西州志》上P81）

△ 据本报讯，云南省县级领导班子调整工作日前结束。新选拔的党政领导共960人，其中少数民族359人，大多数年龄在40岁以下且具有高中以上文化程度；大理白族自治州12个县（市）委常委93名，其中少数民族51人，占常委总数的54.8%；怒江傈僳族自治州5个县委常委39名，少数民族占87.2%，平均年龄为40.5岁，比调整前下降5岁多，高中以上文化程度占48.7%，大专文化程度占20%多。（《人民日报》1984.2.5.④）

6日 据报道，西藏社会科学院自1979年底筹建以来，收集整理有关西藏问题的史料和科学研究取得初步成果。目前，共14种23册500多万字的《西藏研究丛刊》第一辑已基本编成；编录4000多种藏文古籍的《藏文书目》已写出初稿，准备以藏、汉对照本出版；主编的长达80多万字的《西藏地震史料汇编》一、二卷出版后，获业内人士好评；主办的学刊《西藏研究》以藏、汉两种文字出版，先后发表100多篇论文和资料。（《人民日报》1984.2.6.③）

△ 据新华社乌鲁木齐电，新疆生产建设兵团最近召开三级干部会议，决定改变高度集权型的管理体制，从经营方式、分配方式和管理方式等方面进行改革。（《人民日报》1984.2.7.①）

7日 西藏自治区党委整党工作指导小组在通报中指出，某些党员、干部、职工占用社会公房很多，非法户口突出，招工招干舞弊严重和以权谋私四方面也有不正之风。（《中国共产党西藏历史大事记（1949~2004）》P405）

△ 据本报讯，新疆维吾尔自治区政府最近批准在霍城县建立四爪陆龟保护区。四爪陆龟是我国珍奇爬行动物。（《宁夏日报》1984.2.3.②，《甘肃日报》1984.2.7.③）

8日 据新华社讯，我国第一台大型牧草籽联合收割机在新疆维吾尔自治区联合收割机厂研制成功，可收获苜蓿、老芒麦、沙打旺等多种牧草籽。（《人民日报》1984.2.8.②）

10日 河北省政府在石家庄举行抗日民族英雄马本斋（回族）逝世40周年纪念会。2月7日为马本斋逝世40周年祭日。（《人民日报》1984.2.12.④，《民族团结》1984.2 P2~5，《中共宁夏党史大事记（1925.8~1988.6）》P552）

△ 西藏自治区政协第二十一次主席会议决定，成立自治区政协落实政策办公室，其领导班子由自治区政协和党委统战部有关人员组成。（《西藏日报》1984.2.13.①）

11日 赫哲族渔猎生活展览在北京自然博物馆开幕，全国人大常委会副委员长班禅额尔德尼·确吉坚赞，全国政协副主席杨静仁、包尔汉出席，中国社科院院长马洪致词。（《人民日报》1984.2.13.④，《民族团结》1984.4 封二，《西藏日报》1984.2.14.③）

12日 内蒙古自治区首届水彩画展在呼和浩特举办。（《内蒙古日报》1984.2.13.①）

△ 是日报道，中国科学院青藏高原综合科学考察队经过考察发现，横断山地有温泉区948处，居全国之冠，并与西藏高原上的温泉

区连成一片。（《人民日报》1984.2.12.①）

13日 云南省德宏傣族景颇族自治州召开先进科技工作者表彰暨科学技术协会成立大会。会议通过自治州科协章程，选举产生自治州科协首届委员会，授予100人"先进科技工作者"称号。（《德宏州志》综合卷P77）

△ 西藏自治区党委发出《关于清除精神污染中必须注意的几个问题的通知》，提出：清除精神污染就是解决思想战线，主要是理论、文艺战线的一些人用不健康的思想、作品和表演污染人们灵魂的问题。在农牧区坚持正面教育，不提清除精神污染的口号，对于淫秽物品，必须坚决查禁。宗教和精神污染是两回事，要把正常的宗教活动和精神污染区别开来，把精神污染和人民群众的生活爱好、情趣区别开来。（《中国共产党西藏历史大事记（1949~2004）》P405）

13~22日 新疆维吾尔自治区地方志编纂委员会在乌鲁木齐举办第一期地方志干部学习班，北疆地区40多个地州市县的50多名学员参加。（《新疆日报》1984.2.23.①）

14日 经国务院有关部门批准，广西医学院儿科获博士学位授予权，梁徐（壮族）教授为该学科博士生导师。这是广西第一个有权招收博士生学位、研究生并获博士学位授予权的学科。（《广西通志·大事记》P497）

△ 新疆维吾尔自治区滑雪队的叶尔扎提（哈萨克族）以34秒89的成绩获1984年全国高山滑雪比赛成年男子组滑降金牌，这是新疆队成立以来获得的首枚金牌。（《新疆日报》1984.2.21.①）

14~19日 云南省怒江傈僳族自治州四届人大常委会第九次会议召开。会议通过自治州政府《关于我州划分"三山一地"植树造林和发展林业情况的报告》和《关于清除精神污染情况的报告》。（《怒江傈僳族自治州志》上P33）

16日 内蒙古自治区民族民俗文物巡回展览在云南省博物馆开幕，展出蒙古、达斡尔、鄂伦春、鄂温克等族的民俗文物190多件（套）、图版40多块、照片100多幅以及部分民俗的实况录像。（《云南日报》1984.2.17.①）

△ 据新华社呼和浩特电，内蒙古自治区担负治理水土流失任务的19个重点旗（县）最近给50万户各族农牧民发放承包治理小流域资源使用证。（《人民日报》1984.2.17.②）

△ 是日报道，只有7名师傅、40多名工人的云南省通海县民族银饰制品厂通过提高生产技艺，可为边疆少数民族提供180多个品种、400个花色的首饰。（《人民日报》1984.2.16.③）

17日 西藏自治区党委下发通知，要求进一步抓好藏语文学习，并把藏族干部藏文学习列入议事日程。通知说，在各级领导岗位上的藏族干部必须带头学习，力争在3至5年内达到初中以上水平。（《中国共产党西藏历史大事记（1949~2004）》P406）

18日 中央绿化委员会第三次全体会议通过全国全民义务植树先进单位名单。其中涉及少数民族地区的单位有：内蒙古自治区呼和浩特市郊区乌素图林场、通辽市、克什克腾旗、科尔沁左翼后旗、临河县、包头202工厂、内蒙古军区、阿尔山林业局，广西壮族自治区南宁市、桂林市、玉林市、合浦县、昭平县，西藏自治区江孜县、贡嘎县、达孜县，青海省互助土族自治县，宁夏回族自治区中宁县、隆德县、石嘴山市大武口区、国营暖泉农场，新疆维吾尔自治区乌鲁木齐市、石河子市、麦盖提县、伊宁县、和田县，新疆生产建设兵团哈密农场管理局黄田农场。（《国务院公报》1984［3号］P89~91）

△ 宁夏回族自治区党委发出《关于进一步减轻农民负担的几项规定》。强调，制止和纠正一些地方存在的向农民乱摊派、乱提留、

乱收费、乱征工等现象。（《中共宁夏党史大事记（1925.8～1988.6）》P552）

19日 据新华社北京电，四川、浙江、上海、天津四省市积极支援西藏自治区发展经济。自1983年10月至今，四省市同西藏商定70个经济技术协作项目。（《人民日报》1984.2.20.①）

19～24日 广西壮族自治区代表团和江苏省代表团在桂林市商谈支援项目有关事宜，初步确定是年江苏省支援广西187个项目。（《广西通志·大事记》P497）

20～23日 甘肃省首届民族团结表彰大会在兰州举行，131个先进集体和234名先进个人受表彰。（《人民日报》1984.2.25.④，《民族团结》1984.3 P15）

21日 据本报呼和浩特讯，内蒙古自治区第一部《畜牧业区划》最近汇编成集。（《内蒙古日报》1984.2.21.①）

△ 据报道，广西壮族自治区地质矿产局第七地质队在广西西北部探明一个银、锑、铅、锌、镉多金属大型共生矿，矿石品位较高，其中锌精矿达到国家一级品标准。（《人民日报》1984.2.21.①）

22日 据报道，新疆维吾尔自治区在区域调查方面的一批科研成果已被北京、武汉、长沙、兰州、西安等地的100多个生产、科研、教学单位广泛应用。（《人民日报》1984.2.22.①）

24～27日 中共中央政治局委员、沈阳军区司令员、中央地方病防治领导小组组长李德生在吉林省延边朝鲜族自治州视察地方病区。（《延边朝鲜族自治州志》P91）

27日～3月7日 新疆维吾尔自治区文化厅、自治区广播电视厅、中国音乐家协会新疆分会联合举办的第二届天山之声音乐会在乌鲁木齐举行。（《新疆日报》1984.2.28.①，3.8.①）

27日～3月28日 中共中央书记处在北京召开西藏工作座谈会，中央和中央有关部门负责人以及西藏自治区党、政、军领导机关和各地、市委负责人70余人参加。中共中央总书记胡耀邦主持会议并发表讲话。会议总结近几年的西藏工作，对进一步解放思想、放宽政策、加快西藏建设步伐作出新的重要部署，并决定由北京、上海、天津、江苏、浙江、福建、山东、四川、广东九省市分两批帮助西藏建设43项当前急需的中小型工程项目。会议讨论形成《西藏工作座谈会纪要》。《纪要》重点阐述了怎样更深刻、更正确地认识西藏，高度重视和切实做好统战、民族、宗教工作，认真培训民族干部，提高思想、工作水平三个问题。（《新时期民族工作文献选编》P208～215；《中国共产党西藏历史大事记（1949～2004）》P406～407、409；《民族团结》1984.4 P11；《西藏日报》1984.3.31.①，4.15.①；《当代中国的西藏》下P277、606）

28日 全国政协副主席、中国伊协名誉主任包尔汉（维吾尔族）撰写的回忆录《新疆五十年》由文史资料出版社出版。（《新疆日报》1984.4.3.①，《中国共产党新疆历史大事记（1966.5～1991.12）》下P235）

△ 据新华社拉萨电，截至目前，西藏自治区已培养少数民族畜牧兽医9700多人。（《人民日报》1984.3.4.③，《西藏日报》1984.3.3.①）

28日～3月3日 宁夏回族自治区党委和人民政府举行全区农村工作会议，自治区党委书记李学智作题为《统一思想，加强领导，开创我区农村商品生产的新局面》的讲话。会议讨论制定《关于贯彻执行中共中央一九八四年一号文件的若干规定》，规定继续稳定和完善土地承包制度、完善统一经营和分散经营相结合的体制，大力发展和扶持专业户，广辟商品流通渠道，收购农副产品实行购销合同制，大力发展乡镇工业和大力发展小集镇等14条具体政策。3月24日，《规定》正式发布。

（《中共宁夏党史大事记（1925.8~1988.6）》P553）

是月 广西壮族自治区党委召开自治区直属机关处以上党员干部大会，宣布开始进行全面整党。全区参加整党的有5.99万个党支部115万多名党员。整党工作于1987年4月基本结束。（《广西通志·大事记》P497）

3月

2日 四川省六届人大常委会第五次会议通过《关于批准凉山彝族自治州施行〈中华人民共和国全国人民代表大会和地方各级人民代表大会选举法〉的变通规定的决议》。（《四川日报》1984.3.3.①）

△ 国务院批复云南省人民政府，同意寻甸回族彝族自治县阿旺公社划归东川市管辖。（《国务院公报》1984［9号］P303）

4日 西藏自治区首次地方图书展销会在拉萨举办，共设7个书摊，主要展销西藏出版的藏、汉文书籍，其中包括各类文艺期刊、西藏藏族文史研究书籍杂志、西藏的各种科学技术读物、西藏藏族音乐戏剧的录音磁带等。自治区党委常委、宣传部长李文珊为书展撰写题为《祝贺和希望》的文章。（《西藏日报》1984.3.5.①）

5日 中共中央、国务院成立西藏自治区经济工作咨询小组，国家计委主任黄毅诚为组长，国家经委副主任赵维臣、财政部副部长迟海滨为副组长。（《中国共产党西藏历史大事记（1949~2004）》P407~408）

5日~4月5日 新疆维吾尔自治区气象话语广播电台首次开办对农牧区天气预报及警报广播，重点预报北疆牧区牲畜转场期间的天气。（《人民日报》1985.3.2.③）

6日 国家副主席乌兰夫视察中央民族学院附中（原蒙藏专门学校，乌兰夫曾就读于此）。（《民族团结》1984.5 P2~3）

△ 首次锡伯族文史资料、文化古籍编辑整理工作讨论会在沈阳召开，北京、新疆、内蒙古、黑龙江、吉林、辽宁六省、市、自治区的60余名专家参加。（《民族团结》1984.4 P43）

8~12日 全国古典式摔跤比赛在黑龙江省牡丹江市举行。获成年组各个级别冠军的少数民族地区选手有：内蒙古选手呼日查（蒙古族）获52公斤级冠军，巴斯尔（蒙古族）获57公斤级冠军，布和（蒙古族）获82公斤级冠军，达来（蒙古族）获90公斤级冠军，敖荣（蒙古族）获100公斤级冠军，白乙拉（蒙古族）、达瓦（蒙古族）并列青年组75公斤级冠军；新疆选手阿吉（维吾尔族）获古典式摔跤男子68公斤级冠军。（《人民日报》1984.3.14.③，《内蒙古日报》1984.3.14.①，《新疆通志·体育志》83卷P62）

10~21日 新疆维吾尔自治区党委举行全区农村工作会议。会议传达贯彻全国农村工作会议精神，检查总结自治区贯彻执行中共中央1983年1号文件的情况，部署是年的农村工作。会上，自治区党委第一书记王恩茂作题为《总结新经验，解决新问题，开创农村工作新局面》的讲话。指出："家庭联产承包责任制不但适合南疆，也适合北疆；不但适合贫困地区，也适合较富地区；不但适合机械化水平较低的地区，也适合机械化水平较高的地区；不仅适合合作经济，也适合国营农牧场。"（《中国共产党新疆历史大事记（1966.5~1991.12）》下P236）

11日 据新华社呼和浩特电，内蒙古自治区旗（县）机构改革工作基本完成。在新领导班子中，新提拔的中青年干部有753人，占新领导班子成员总数的62.9%，其中大专以上文化程度427人，占35.7%，少数民族干部占44%，妇女干部占3.4%。（《人民日报》1984.3.12.④）

△ 内蒙古自治区运动员马丽琴（蒙古族）以2小时48分04秒的成绩获全国春季马

拉松比赛女子冠军，打破2小时48分29秒的全国纪录。（《人民日报》1984.3.12.③，4.1.③；《内蒙古日报》1984.3.13.①）

△ 广西壮族自治区忻成县画家、中国美协会员罗鼎华（壮族）三代画展在民族文化宫展出。全国政协副主席、中共中央统战部部长、国家民委主任杨静仁出席并剪彩，自治区民委主任余达佳讲话。（《人民日报》1984.3.27.③，《广西日报》1984.3.17.①）

△ 是日报道，云南省丽江纳西族自治县（现玉龙纳西族自治县）图书馆古文献管理员周耀华（纳西族）在整理纳西族典籍“东巴经”时发现4册《东巴舞谱》。经有关专家鉴定，它是世界上独一无二的图画象形文字舞谱，与唐代的《敦煌舞谱》和宋代的《德寿宫舞谱》同为国宝。（《人民日报》1984.3.11.③，《内蒙古日报》1984.3.22.③）

14日 贵州省黔东南苗族侗族自治州地方志编纂委员会成立。（《黔东南苗族侗族自治州志·总述·大事记》P267）

△ 据新华社电，2年来，新疆维吾尔自治区新探明煤炭工业储量50.2亿吨，相当于自治区前32年探明煤炭储量的30%。（《宁夏日报》1984.3.14.①）

14～16日 天津市举行民族团结表彰大会，79个先进集体和113名先进个人受表彰。（《民族团结》1984.4 P24）

15日 国务院总理赵紫阳在湖南省湘西土家族苗族自治州张家界视察。（《湘西州志》上P81）

15日～4月2日 西藏自治区党委第一书记阴法唐率西藏参观团一行52人在广东省参观。（《西藏日报》1984.3.26.①）

17日 广西壮族自治区民委和区文化厅联合举办的首届全区少数民族歌手学习班在广西民族干校开学，壮、瑶、侗、苗、京、彝、仫佬、毛南、仡佬、水10个少数民族的76名男女歌手参加。（《广西日报》1984.4.3.①）

18日 中国畜牧兽医学会副理事长、著名家畜繁殖生物学与生物技术专家、内蒙古大学生物系留日教师旭日干（蒙古族）在日本成功进行山羊、绵羊体外受精的研究，同日本学者合作培育出世界上第一胎体外受精的“试管山羊”，被评为国家有突出贡献的专家并获全国“五一”劳动奖章。10月24日，内蒙古自治区政府授予旭日干科学技术发明创造特别奖。旭日干在国际上首次提出试管内杂交育种技术，为家畜改良和育种开创了新的技术途径。1995年当选为中国工程院院士。（《内蒙古大学四十年》P413，《中国少数民族专家学者辞典》P428）

18～28日 第二届“民族团结杯”足球赛在广西桂林举行，西藏队、内蒙古队、宁夏队分获一、二、三名。（《人民日报》1984.3.31.③，《民族团结》1984.6 P39）

21日 新疆维吾尔自治区博尔塔拉蒙古自治州地方志办公室成立。（《博尔塔拉蒙古自治州志》P62）

21～24日 全国自由式摔跤比赛在内蒙古自治区呼和浩特市举行。内蒙古运动员丹毕（蒙古族）、官布尼玛（蒙古族）、仁钦（蒙古族）、官其格扎布（蒙古族）分获成年组52、62、68、100公斤级第一名，奥勒格勒巴图（蒙古族）获90公斤级第二名，艾春（蒙古族）、扎木苏荣（蒙古族）分获52、82公斤级第三名，陶日（蒙古族）、僧格（蒙古族）分获青年组48公斤、75公斤以上级第二名。新疆运动员阿斯哈尔（维吾尔族）、哈力（维吾尔族）分获成年组57、82公斤级第一名，王海军（蒙古族）获青年组70公斤级第一名，麦克西（蒙古族）获第二名，阿力木哈孜（哈萨克族）获自由式摔跤男子90公斤级第三名。（《内蒙古日报》1984.3.21.①，3.24.①；《新疆通志·体育志》83卷P62）

26日～4月1日 贵州省黔东南苗族侗族

自治州人大七届四次会议举行。大会通过《关于建州纪念日的决定》，规定每年7月23日为建州纪念日，放假1天；每年7月为民族团结活动月。（《黔东南苗族侗族自治州志·总述·大事记》P267）

30日 中共青海省果洛藏族自治州委决定成立清理"三种人"领导小组。1987年10月，果洛藏族自治州清理"三种人"工作基本结束。列审查对象135人，定位有严重错误的6人，一般性错误的60人。"文革"中死亡18人、致残11人的起因全部查清，对直接责任人作了处理。（《果洛藏族自治州志》上P50、55）

31日 云南省红河哈尼族彝族自治州民族理论研究会成立。（《红河哈尼族彝族自治州民族志》P29）

△ 据《新疆日报》报道，1983年，新疆维吾尔自治区汉族人口出生率、自然增长率分别降到11‰和8‰，少数民族中计划生育宣传教育已逐步展开。（《中国共产党新疆历史大事记（1966.5～1991.12）》下P237～238）

是月 内蒙古自治区鄂温克族自治旗遭受历史罕见风雪袭击，牲畜死亡75285头（只），占当年牲畜存栏数的22.5%。（《鄂温克族自治旗志》P930）

△ 上海金星彩色电视机厂协助四川省在凉山地区建成第一个彩电村——昭觉县南坪公社乃托村。（《四川日报》1984.8.1.①）

△ 宁夏回族自治区考古工作者在固原县南郊发现我国第一座北周时期的大型古墓，墓中有一批北周时期的壁画和一只罕见的外国古代雕花鎏金铜壶。（《人民日报》1984.3.12.③）

4月

1日 宁夏回族自治区首座生产硅钙合金的电炉试产成功。（《宁夏日报》1984.1.9.①）

2日 据本报讯，内蒙古自治区乡镇企业工作会议召开。会议提出1984年工作重点是推广经济承包制，开创生产新局面。（《内蒙古日报》1984.4.2.①）

△ 据本报讯，内蒙古自治区出土4套距今1400多年的南北朝时期北魏带饰文物珍品。（《宁夏日报》1984.4.2.①）

△ 据新华社广西边防前线电，广西壮族自治区防城、宁明、靖西等地边防部队对武装挑衅的越军进行炮火还击。30日，云南边防部队向侵占我者阴山地区（该地区居住着壮、苗、瑶等少数民族同胞）的越军发起还击并消灭入侵敌人。（《人民日报》1984.4.3.①，5.1.②，5.3.③）

△ 据本报讯，西藏自治区目前有藏族气象科技人员260多名，占自治区气象科技总人数的33%。（《宁夏日报》1984.4.2.①）

3日 广西壮族自治区壮族"三月三"歌节首次在南宁举行。各地700多名壮族和其他少数民族歌手在人民公园表演对歌、抛绣球等节目，自治区党政军领导以及93家港、澳和外国旅行社嘉宾观看节目。（《广西通志·大事记》P498）

5～10日 中共中央总书记胡耀邦视察湖北省鄂西土家族苗族自治州，接见州直县级以上干部和全州知识分子代表，勉励自治州党政领导继续解放思想，进一步放宽政策，使山区农民尽快脱贫致富，并提出"要把鄂西建设成为一个最先进的自治州"的口号。考察期间，胡耀邦还为鄂西大学题写校名，为《鄂西报》题写报名。中共中央书记处候补书记乔石、共青团中央书记胡锦涛、湖北省委书记关广富等陪同视察。（《恩施州志》P23）

6日 中共中央、国务院确定广西壮族自治区北海市（含防城港区）为全国14个开放沿海港口城市之一，规定国家对北海市在引进外资、进口物资及关税方面均实行优惠政策。19日至22日，自治区党委在南宁召开会议，讨论北海市经济开发问题，提出以深圳速度建设北海经济开发区，把北海建设成广西对外开放的窗口。（《广西通志·大事记》P498）

△ 四川省民委举行少数民族地区劳动模范茶话会，3个自治州和川东南5个自治县彝、藏、回等9个民族的劳模和先进集体代表参加。（《四川日报》1984.4.7.①）

7日 教育部同意筹建东北民族学院，校址初定吉林省长春市。1985年2月15日，辽宁省政府致函国家民委，愿将东北民族学院改设辽宁省大连市。1985年3月19日，国家民委、辽宁省政府和大连市政府形成《在大连市兴建东北民族学院的协商纪要》。（《大连民族学院校史》P145）

8～14日 湖南省首次少数民族地区生产生活会议在长沙召开。会议宣布，该省少数民族用品基本实现自给，部分产品可以支援其他省区的少数民族地区。（《湖南日报》1984.4.15.①，4.18.①）

9日 国务院批复四川省人民政府，同意设立马边彝族自治县，撤销马边县，以原马边县的行政区域为马边彝族自治县的行政区域，自治县人民政府驻城关镇，10月9日自治县正式成立；设立峨边彝族自治县，撤销峨边县，以原峨边县的行政区域为峨边彝族自治县的行政区域，自治县人民政府驻城关镇，10月5日自治县正式成立；马边彝族自治县和峨边彝族自治县划归乐山地区。（《国务院公报》1984［11号］P367；《四川日报》1984.10.6.①，10.10.①）

△ 据新华社电，新疆维吾尔自治区和田地区最近发现一处汉代墓葬群。墓葬形制多样，仅棺木就有胡杨原木镂空的船形棺、自然树身凿成的空心棺等。随葬品有陶罐、木碗、木盆等。在一具干尸手上发现刺有人物形象，这说明一两千年前这里居民就有文身的习惯，这在新疆地区尚属首次发现。（《宁夏日报》1984.4.9.③）

10日 据报道，截至目前，内地支援西藏自治区工程建设的首批工程技术人员共235人已抵达拉萨，其中福建省186人、广东省24人、浙江省3人、江苏省22人。为庆祝自治区成立20周年，中共中央和国务院批准由内地九省、市支援西藏建设一批工程项目。（《西藏日报》1984.4.12.①）

11日 海南省选手吉泽标（黎族）在广州举办的全国撑竿跳高集训比赛中跃过5.46米，成为第一个打破全国纪录的黎族运动员。（《人民日报》1984.7.19.③）

12日 据新华社北京电，国家民委最近决定将系统内部使用的民族文化宫图书馆改为面向全国的“民族图书馆”。该馆目前藏书40多万册，其中藏文书籍十多万册，其他民族和外文书籍20多万册，还有部分汉文新书。（《西藏日报》1984.4.14.③）

△ 蒙古文版《马的饲料管理》、《牛的饲料管理》、《羊的饲料管理》获全国优秀科技图书奖。（《宁夏日报》1984.4.12.①）

△ 广西壮族自治区人民政府作出《关于改善科技人员工作条件和生活待遇的若干规定》，对科技人员的专业技术书刊费、在48个边远地区县工作的技术津贴、外籍人员探望父母的假期、退休金、农业户口的配偶及子女转为非农户口等问题均作出较为优惠和照顾的规定。（《广西通志·大事记》P499）

13日 广西壮族自治区人民政府正式颁布《关于搞活工业经济的若干规定》。《规定》主要内容是，力争在短期内使集体经济有一个较大发展，至1987年全区集体所有制工业的总产值比1982年增长1.03倍。（《广西通志·大事记》P499）

△ 据新华社电，西藏自治区新华印刷厂最近在拉萨建成。（《宁夏日报》1984.4.13.①）

△ 新疆维吾尔自治区党委、自治区人民政府发出《关于大力发展植树种草绿化新疆的

决定》。《决定》指出，种树种草、绿化新疆是实现全区自然生态系统良性循环的首位工作，是开发建设新疆的一件大事。（《中国共产党新疆历史大事记（1966.5～1991.12）》下P235～236）

14日 由农牧渔业部和广西壮族自治区农牧渔业厅联合投资建设的广西第一所现代化土地勘测利用技术中心在南宁兴建。（《广西通志·大事记》P499）

15～19日 四川、云南、贵州、广西、重庆四省区五方经济协调会议在贵州贵阳召开。会议达成228项双边或多边协议，包括经济、技术、物资协作和人才培训等。（《人民日报》1984.4.20.①，《广西日报》1984.4.20.①）

16日 全国政协副主席、国家民委主任杨静仁在人民大会堂会见以伊斯兰世界联盟副秘书长穆罕默德·本·纳赛尔·阿布迪为团长的伊盟代表团。28日至5月6日，代表团一行7人赴甘肃、宁夏参观访问。（《人民日报》1984.4.17.④；《宁夏日报》1984.5.1.①，5.4.①）

△ 贵州省人大常委会六届七次会议批准《黔南布依族苗族自治州执行〈中华人民共和国全国人民代表大会和地方各级人民代表大会选举法〉的变通规定》，由黔南州人大常委会公布施行。（《黔南布依族苗族自治州志》上P68）

16～20日 湖南省政协、省委统战部、省民委邀请各民主党派、工商联和少数民族地区及省属有关部门负责人100多人共商振兴少数民族地区经济文化大计并洽谈开展智力支援少数民族建设事宜。会议达成智力支援少数民族地区建设协议83项，其中讲学2项、培训班40项、经济技术咨询41项。（《湖南日报》1984.4.25.①）

16～27日 中共西藏自治区三届二次代表大会举行，传达西藏工作座谈会精神。自治区党委第一书记阴法唐在会上发表讲话指出：一、从认识论的高度再认识西藏，继续肃清"左"的影响，一切从实际出发。二、千方百计把经济搞上去，在3～5年内使农牧民平均收入翻一番。要在转、放、活、改4个字上狠下工夫：转，首先从指导思想上转；放，首先从指导思想上放，让群众放开手脚，广开生产门路，勤劳致富，把适合农牧民生产经营的各种生财之道、致富门道首先让给群众，并尽量为群众致富搞好服务工作，扶持和帮助群众尽快地富起来；活，"无商不活"的道理越来越被大多数人所认识，要发展经济，就必须抓好流通这个环节；改，是历史发展的必然，不改革就没有出路。三、办好教育，发展文化，建设具有西藏民族特点的社会主义精神文明。四、高度重视和切实做好统战、民族、宗教工作。（《西藏日报》1984.4.17.①，4.26.①，4.27.①，4.29.①）

17日 据本报讯，西藏自治区文化局和北京舞蹈学院教育系在拉萨举办的自治区首届中国民族民间舞蹈训练班和舞蹈基本功教员训练班结业。（《西藏日报》1984.4.17.①）

18日 全国首次苗族服饰展览在民族文化宫举办。（《贵州日报》1984.4.19.①）

△ 宁夏回族自治区美术、书法、摄影作品展览在民族文化宫首次举办。（《宁夏日报》1984.4.19.①，9.25.①）

△ 新疆维吾尔自治区乌鲁木齐卫星站接收我国试验通信卫星转播中央电视台节目成功。乌鲁木齐市民过去看中央电视台新闻节目比北京晚一个星期，现在可当天看到。（《人民日报》1984.4.19.③，《新疆日报》1984.4.19.①）

19日 新华社报道，四川省是年支援西藏建设的万名建筑工人已经全部开赴西藏。四川农村建筑队已发展到3400个，约36万人。（《人民日报》1984.4.20.②）

21～28日 党中央、国务院西藏经济工作咨询小组组织的赴藏咨询组在西藏自治区了解43项工程落实情况。（《西藏日报》1984.4.30.①，5.18.①，5.31.①，8.8.①，8.12.①，8.15.①，8.18.①，8.22.①）

23日 据本报讯，宁夏回族自治区首家外贸包装专业公司——中国包装进出口公司宁夏分公司在银川成立。（《宁夏日报》1984.4.23.①）

24日 中国作家协会书记处书记玛拉沁夫（蒙古族）率中国少数民族作家代表团访问南斯拉夫。（《宁夏日报》1984.4.26.③）

△ 据报道，中央和地方投资安排广西壮族自治区是年重点建设项目22个，其中包括天生桥坝索水电站、岩滩水电站、大化水电站、合山电厂、南防铁路、防城港散杂货泊位、柳州水泥厂扩建工程、南宁平板玻璃厂、大厂矿务局、佛子冲铅锌矿、柳州化肥厂、贵县冷库、自治区广播电视中心、广西肿瘤研究所、贵县糖厂等。（《广西通志·大事记》P499）

△ 据本报报道，云南省最近增拨教育补助专款3500万元，用于购置中小学课桌椅，修缮校舍和新建半寄宿制民族小学。（《人民日报》1984.4.24.③）

△ 北京时间15时2分至44分，新疆维吾尔自治区昌吉回族自治州昌吉市区刮西北风，风速30米/秒，风力11级。16时，相继降阵雨、冰雹、雪，积雪厚4厘米，气温骤降至-6.6℃。同日，阿魏滩遭暴风雪袭击，风速31米/秒，气温骤降11.8℃，为昌吉市有气象记载以来所罕见。（《昌吉回族自治州志》P59）

24~26日 北京市援藏工程技术考察组一行20余人分两批先后抵达拉萨。北京承包的4项援藏工程项目是：设计、铺设拉萨城区供热管道和管网，在阿里建设1座太阳能采暖楼，在日喀则建设1座太阳能试验站，研制、安装适合高原气候的太阳能灶。（《西藏日报》1984.5.4.①）

25日 西藏自治区党委第一书记阴法唐在党委三届二次全委扩大会议上讲话指出，自治区各级党政机关和人民团体的文件一律翻译成藏文，并逐步做到藏文起草；自治区编译处升为编译局，地区和自治区有关厅、局成立编译处（科），县设翻译科。（《西藏日报》1984.4.28.①）

25~27日 湖南省首次少数民族古籍整理工作座谈会召开。（《湖南日报》1984.4.28.①）

25~29日 内蒙古自治区运动员布敦（蒙古族）获全国男子柔道锦标赛成年组95公斤级冠军，特木勒（蒙古族）获青年组86公斤级冠军。（《内蒙古日报》1984.5.3.①）

△ 宁夏回族自治区人大五届二次会议在银川举行，审议批准自治区主席黑伯理作的《关于全区经济工作的报告》。《报告》提出，当前必须抓好的几项工作：一、大力发展农村商品生产；二、要全力开创工交生产的新局面；三、要有效地组织好商品流通；四、要积极推进科学技术进步。（《中共宁夏党史大事记（1925.8~1988.6）》P554）

26日 中国民族院校汉语写作研究会在贵州贵阳成立，著名作家李准（蒙古族）任会长。（《贵州日报》1984.4.27.①）

△ 广西壮族自治区百色盆地田东油田以西打出一口高产油井。经测试，油层厚23米，可日产原油33吨。（《广西通志·大事记》P499）

27日 广播电视部和国家民委发出关于举办“边疆万里行”宣传活动的通知。（《民族团结》1984.6 P38）

△ 四川省甘孜藏族自治州炉霍县卡沙湖畔发现大规模的石棺墓葬群，判定为春秋战国至西汉间游牧部落氏族公墓。（《甘孜州志》上P90）

△ 中共西藏自治区党委召开三届二次常

委扩大会议，作出《关于农牧业若干政策规定》（试行）。是日，自治区人民政府发布旨在让群众休养生息的9条布告：一、免征农业税政策延长到1990年。二、土地、牲畜的承包期30年不变，集体果树、集体林木、荒山、荒滩、荒地的承包期50年不变，可以转包。荒山、荒滩、荒地的开发性经营，允许继承。三、取消粮食、酥油、肉类的计划收购或变相计划收购。常年开放农、牧、副产品（除国家规定的少数贵重药材外）市场，实行自由买卖，自由交换。四、任何单位、任何个人不得向群众摊派和提取任何财物。公社（乡）、生产队（村）干部的补贴，由地方财政开支。五保户的生活费用由社会救济金解决。五、保障农牧民在生产和经营上的自主权，绝不许强迫群众做什么或不做什么。不再下达或变相下达种植和养殖计划。六、县、区办的中、小学全部实行寄宿制，包吃、包穿、包住，所需经费由国家开支。七、鼓励发展多种经营，扶持、帮助各种专业户、重点户。提倡农牧民发展多种形式的联营、集体经营和个体经营的民族手工业、商业、服务业、修理业、运输业、建筑业。允许雇请帮工、招聘技师和学徒，工资待遇由双方议定。八、允许农牧民串乡、跨县或到区外从事商业和其他经营活动。鼓励长途贩运，对集体或个体从事农、牧、副业生产和运输业的汽车、拖拉机，继续免收养路费。九、欢迎其他省、市、自治区的个体劳动者、集体和国营企业来藏设店、建厂，参加物资交流会，举办展销会，从事加工、运输、建筑以及服务性活动，为他们提供方便，保护其合法利益。（《中国共产党西藏历史大事记（1949~2004）》P410~411）

28日 中国边防部队收复被越军侵占的云南省文山壮族苗族自治州麻栗坡县老山。30日，收复麻栗坡县者阴山。（《文山壮族苗族自治州志》1卷P66）

△ 西藏自治区第一座现代化旅游宾馆——西藏宾馆开工典礼在拉萨举行，全国政协副主席帕巴拉·格列朗杰和西藏自治区领导参加。宾馆位于拉萨市郊外罗布林卡公园北侧，总建筑面积1.17万平方米。（《人民日报》1984.5.2.②）

29日~5月31日 西藏歌舞团编导的我国藏族第一部大型舞剧《热巴情》在北京、天津、成都等地演出。（《西藏日报》1984.5.3.①，5.5.①②，5.10.①，5.12.①，5.29.①，6.11.①）

是月 内蒙古自治区党委、人民政府决定，从1984年起，每年9月作为自治区民族团结表彰活动月。6月12日，自治区党委、人民政府联合发出《关于开展“民族团结表彰活动月”的通知》。（《内蒙古自治区史》P435、544）

△ 湖南省政协、各民主党派和工商联签订83个智力支援少数民族地区建设项目的协议。（《人民日报》1984.7.17.④）

5月

1日 广西壮族自治区柳州市河东大桥建成通车。该桥是我国最长最重的箱梁形公路桥，总长1300米，主桥长541.6米，桥面宽20米。（《广西通志·大事记》P500）

△ 澜沧江上第一座公路凸桥在云南省怒江傈僳族自治州兰坪建成，全长132.9米，桥面宽8.5米，可同时通行2部载重80吨的大型挂车。（《云南日报》1984.5.22.①）

△ 我国第一条高原铁路——青海省西宁至格尔木铁路正式交付国家运营。铁路全长834公里，是世界上海拔最高的铁路之一。（《中华人民共和国大事记（1949~2004）》P725）

△ 据本报讯，截至目前，甘肃省已建立2个民族自治州、7个民族自治县，在少数民族杂居地方分别恢复和建立民族乡24个，其中回族乡16个、藏族乡4个、蒙古族乡1个、

裕固族乡1个。（《甘肃日报》1984.5.1.①）

1~4日 贵州省黔西南布依族苗族自治州首届民族团结进步表彰大会举行，51个先进集体和118名先进个人受表彰。（《黔西南布依族苗族自治州志·政权政协志》P23）

4日 西藏自治区通过《西藏自治区党委关于农村牧区若干政策规定（试行）》。（《西藏日报》1984.5.18.①）

△ 宁夏回族自治区党委召开科技工作座谈会。会议原则同意自治区科委关于改事业费开支为有偿合同制、科研任务实行合同制等有关科技体制改革的意见。会议强调，科研单位要抓好改革，使科技工作面向经济建设。（《中共宁夏党史大事记（1925.8~1988.6）》P555）

5日 四川省甘孜藏族自治州进一步放宽农村牧区经济政策。牲畜折价到户，私有私养，草场固定到户使用；农业延长承包期，15年不变；三类农副土特产品，允许多渠道经营；允许社员农副产品上市；允许社员务工、经商、办服务行业等。（《甘孜州志》上P90）

5~9日 全国八省区民族文化、教育专业协作会议在内蒙古自治区呼和浩特市召开。（《内蒙古日报》1984.5.19.①）

6日 青海省民族歌舞剧团前往宁夏、内蒙古、北京、河北、河南、陕西等省、市、自治区巡回演出藏族神话舞剧《智美更登》。（《西藏日报》1984.5.14.④，6.10.①；《青海日报》1984.5.20.①，6.7.①）

6~10日 内蒙古自治区六届人大常委会六次会议举行，讨论通过《内蒙古自治区选举实施细则》、《内蒙古自治区嘎查、村民委员会工作简则（试行）》。（《内蒙古日报》1984.5.11.①②）

8日 新疆维吾尔自治区在塔什库尔干塔吉克自治县建立塔什库尔干野生动物自然保护区，面积150万公顷，是以雪豹、盘羊等高山野生动物为主要保护对象的省级自然保护区。（《全国自然保护区名录（2003）》P116）

8~12日 甘肃省平凉市的西阳、寨河、大秦、白庙、麻川、峡门、上阳、康庄、大寨9个乡庆祝改建为回族乡。（《甘肃日报》1984.5.18.①）

△ 青海省黄南藏族自治州举行民族团结先进集体和先进个人表彰大会，15个先进集体和105名先进个人受表彰。（《黄南州志》上P54）

9日 湖南省民革、民盟、民建、农工民主党、民进、九三学社、工商联和衡阳市政协先后组织6个考察组，分赴湘西土家族苗族自治州和城步苗族自治县、江华瑶族自治县、新晃侗族自治县考察，进一步落实智力支援项目。（《湖南日报》1984.6.14.①）

△ 广西壮族自治区党委整党办公室批转自治区民委党组《关于自治区直属机关在机构改革中要注意选拔配备少数民族中层干部的建议》。（《广西通志·大事记》P500）

△ 据本报讯，截至目前，四川省在渡口、宜宾、阿坝、绵阳、甘孜、雅安、乐山、凉山等地、市、州恢复和建立民族乡88个，涉及彝、苗、回、藏、羌、傈僳6个少数民族、16.3万多人口。（《四川日报》1984.5.9.①）

△ 据本报讯，西藏自治区科委最近在拉萨市郊区堆龙德庆县色玛公社江嘎村建立西藏第一个自然能源示范村。江嘎村自然条件较差，过去人们烧水、做饭主要用柴和牛粪。（《人民日报》1984.5.9.②）

10日 距贵州省贵阳市约150公里的黔西、大方地区发现一片绵延百里的杜鹃林带。这座杜鹃林带起自黔西县纸厂区苗族聚居的金坡公社，伸向大方县百纳区彝族聚居的普底公社，或密聚，或分散，长百余里，横向十余里，形成一座天然的杜鹃花大公园。（《人

民日报》1984.5.10.①）

10～12日　中共中央政治局委员兼沈阳军区司令员李德生及中共中央书记处书记胡启立视察吉林省延边朝鲜族自治州。中共中央总书记胡耀邦结束对朝鲜民主主义人民共和国的友好访问，同中央政治局委员、中央军委副主席杨尚昆等回国到吉林省延边朝鲜族自治州视察，并接见延边党政军负责人。胡耀邦为朱德海纪念碑题写碑名，为延边大学题词："努力培养民族人才。"　（《延边朝鲜族自治州志》上P91）

11日　宁夏回族自治区党委、人民政府发布《关于进一步放宽经济政策、搞活经济的暂行规定》，就自治区国营企业放宽经济政策作出改革奖金制度等7项规定。（《中共宁夏党史大事记（1925.8～1988.6）》P555）

△　新疆维吾尔自治区党委批转自治区教育厅《关于调整改革和加速发展我区高等教育的意见》并发出通知。《意见》对1990年前调整与发展自治区高等教育的主要目标作出规划。　（《中国共产党新疆历史大事记（1966.5～1991.12）》下P241）

11～14日　山东省民族团结表彰大会举行，70个先进集体和112名先进个人受表彰。　（《民族团结》1984.5 P10）

12日　云南大学民族干部政治理论专修班开学，95名民族干部参加。　（《云南日报》1984.5.14.①）

△　是日报道，全国有96个科研与教学单位的527名科技人员参加开发新疆的科研工作，内容涉及地学、生物学、化学、水文、地质、气候等20多个学科和电子、遥感等新技术。　（《人民日报》1984.5.12.③）

13日　是日报道，全国九省市和国务院有关部门支援西藏建设的600余名先遣人员抵达西藏，全面铺开电站、旅馆、学校、医院、文化中心等43项援藏建设工程的前期准备工作。　（《人民日报》1984.5.14.①，7.26.①）

13～18日　新疆维吾尔自治区伊斯兰教第三次代表会议在乌鲁木齐举行。会议修订《新疆维吾尔自治区伊斯兰教协会章程》、《清真寺民主管理准则》和《宗教人士爱国公约》，选举成立自治区伊斯兰教第三届委员会。　（《中国共产党新疆历史大事记（1966.5～1991.12）》下P241）

15日　中国计划生育协会内蒙古自治区分会在呼和浩特成立，大会通过《中国计划生育协会内蒙古自治区分会章程（草案）》。（《内蒙古日报》1984.5.25.①）

△　中国边防部队收复被越军侵占的云南省文山壮族苗族自治州麻栗坡县八里河东山。　（《文山壮族苗族自治州志》1卷P66）

△　雅鲁藏布江上架起的第四座大桥、西藏自治区跨度最大的吊桥——"单嘎"吊桥建成通车，桥身长150米，宽3.5米，跨径190米。　（《西藏日报》1984.5.19.①，《中国共产党西藏历史大事记（1949～2004）》P413）

△　据《宁夏日报》报道，宁夏回族自治区第一座大型体育场——宁夏体育场基本建成，总建筑面积为9000多平方米，可容纳观众3万人。　（《中共宁夏党史大事记（1925.8～1988.6）》P555）

16日　据新华社南宁电，广西壮族自治区南宁市和云南省大理白族自治州最近签订开展经济技术协作的协议。　（《广西日报》1984.5.17.①）

17日　西藏自治区政府批准成立自治区公证处，昌都、山南、日喀则、那曲4个地区公证处同时成立。　（《西藏日报》1984.6.10.①）

△　新疆维吾尔自治区运动员阿吉（维吾尔族）参加在埃及举行的国际古典式摔跤赛，获男子68公斤级冠军。　（《新疆日报》1984.6.3.①，《新疆通志·体育志》83卷P63）

18日　云南省江城哈尼族彝族自治县各族各界群众1万多人在县城集会，庆祝自治县成立30周年。国家民委、云南省委民族工作部、云南民委及邻近的红河、西双版纳、墨江、绿春等州、县代表应邀参加。（《云南日报》1984.5.25.①）

21日 据新华社兰州电，西北民族学院翻译的世界上最长的史诗《格萨尔王传》中的《格萨尔王传·卡切玉宗之部》汉文版最近由甘肃人民出版社出版。（《西藏日报》1984.5.22.①）

22日 全国人大民委主任阿沛·阿旺晋美在全国人大六届二次会议上就关于《中华人民共和国民族区域自治法（草案）》的说明发表讲话：一、民族区域自治是我国的一项基本的政治制度；二、关于制定民族区域自治法的基本原则；三、关于自治机关的组成；四、关于民族自治地方自治机关的自治权；五、关于上级国家机关的帮助；六、关于大量培养、配备少数民族干部、专业人才和技术工人；七、关于加强和发展社会主义民族关系。（《新时期民族工作文献选编》P222~232）

23日 据本报讯，国家财政体制实行“划分收支、分级包干”。有关民族地区政策是：每年按照民族自治地方上年的经济建设事业费、社会文教事业费、行政管理事业费及其它事业费的支出决算数，另加5%的民族机动金；对民族自治地方财政预算安排的预算费高于一般地区，规定自治区的预算费占当年支出总额的5%，自治州占4%，自治县占3%，分别比一般省、地、县高出2%。少数民族地区补助费主要用于少数民族地区发展生产、文化教育和医疗卫生等方面的特殊开支，每年约5000万元。国家对民族自治地方税收实行特殊政策，对民族贸易给予特殊照顾，对边远山区和边远牧区民族贸易企业在资金、利润、价格上实行照顾，规定零售企业自有流动资金可占80%，批发企业自有流动资金可占50%，其余流动资金由银行按低息贷款照顾。民族贸易企业利润留成比例定为50%，一般地区纯商业占27%。（《宁夏日报》1984.5.23.①）

23~27日 伊斯兰教、佛教、道教等宗教界爱国人士组成的甘肃省临夏回族自治州宗教参观团在兰州参观访问。（《甘肃日报》1984.5.29.①）

25日 西藏自治区政府发布《关于进一步扩大企业自主权的暂行规定》，自7月1日起试行。（《西藏日报》1984.6.13.①）

25日~6月1日 中华医学会那曲地区藏医分会召开首届藏医藏药学术讨论会，50多名藏医藏药工作者参加。（《西藏日报》1984.6.7.①）

26日 据本报讯，云南省耿马傣族佤族自治县境内发现一处原始崖画，据考证是新石器时期作品。（《人民日报》1984.5.26.③）

△ 据新华社乌鲁木齐电，新疆维吾尔自治区地质工作者在额尔齐斯河支流库威河畔发现的世界新矿物最近被国际矿物学会批准命名为额尔齐斯石。（《甘肃日报》1984.5.27.③）

26~31日 四川省首届民族团结先进集体和模范人物表彰大会在成都举行，136个先进集体和253名模范人物受表彰。（《民族团结》1984.5 P10；《四川日报》1984.5.27.①④，5.30.②，6.1.①）

27日 据本报西昌电，四川省凉山彝族自治州药检所研究人员贺延超、李耕冬承担的彝族医药考察课题第一、第二阶段成果《彝族医药史》和《彝族动物药》通过省级鉴定，填补我国民族医药学研究的一项空白。（《四川日报》1984.5.28.①）

△ 公元11世纪维吾尔学者、思想家和诗人玉素甫·哈斯·哈吉甫创作的长诗《福乐智慧》由新疆社会科学院民族文学研究所用现代维吾尔语诠释，民族出版社出版。该书与《突厥语大词典》被认为是维吾尔族文化史上的两个里程碑，是中华民族文化宝库的一份珍贵遗产。（《中国共产党新疆历史大事记

（1966.5～1991.12）》下P210、242）

27日～6月24日 云南省红河哈尼族彝族自治州民族服饰风情图案展览在民族文化宫举办，展出服饰风情图案彩照175幅、图案262幅、服装32套。（《红河哈尼族彝族自治州民族志》P29）

30日 西藏自治区牧业参观团一行16人赴内蒙古、青海、新疆三省区参观。（《西藏日报》1984.6.2.①）

31日 第六届全国人大第二次会议通过《中华人民共和国民族区域自治法》，分序言、第一章总则、第二章民族自治地方的建立和自治机关的组成、第三章自治机关的自治权、第四章民族自治地方的人民法院和人民检察院、第五章民族自治地方内的民族关系、第六章上级国家机关的领导和帮助、第七章附则，共67条，1984年10月1日起施行。会议还通过《中华人民共和国兵役法》。其中，第三条规定："中华人民共和国公民，不分民族、种族、职业、家庭出身、宗教信仰和教育程度，都有义务依照本法的规定服兵役。"（《国务院公报》1984［13号］P419～429，《凝聚》）P37）

是月 内蒙古自治区最大的工业硫酸钠生产线在包头建成。（《内蒙古日报》1984.6.17.①）

△ 贵州省黔东南苗族侗族自治州民族医药研究所成立。（《黔东南苗族侗族自治州志·总述·大事记》P162）

△ 甘肃省农民王福详（保安族）创作的绘画作品《保安刀艺》获全国农民画二等奖，并送往日本展出。（《民族团结》1984.5 P6）

△ 西北民族学院文史研究所成立，郭卿友教授任所长。（《西北民族学院校史》P383）

△ 新疆维吾尔自治区党委、自治区政府联合发出《关于搜集整理和出版新疆少数民族古籍的通知》。（《新疆日报》1984.5.7.①）

6月

1日 中共中央统战部、全国人大民委和国家民委在人民大会堂举行茶话会，庆祝全国人大、政协六届二次会议闭幕和《中华人民共和国民族区域自治法》的通过。全国人大常委会委员长彭真，国家副主席乌兰夫，全国人大常委会副委员长陈丕显、班禅额尔德尼·确吉坚赞、赛福鼎·艾则孜，全国政协副主席杨静仁、刘澜涛、帕巴拉·格列朗杰、包尔汉等党和国家领导人和出席全国人大、政协会议的少数民族代表、委员，自治地方的汉族代表、委员以及在北京的少数民族代表等1500多人进行座谈。全国人大常委会副委员长、人大民委主任阿沛·阿旺晋美主持茶话会，国家副主席乌兰夫、全国政协副主席杨静仁、国家民委副主任伍精华分别讲话。（《人民日报》1984.6.2.④）

△ 中国人民银行西藏分行开始实行《关于支持农牧业承包户、专业户（重点户）贷款的试行办法》。（《西藏日报》1984.6.16.①）

△ 据本报讯，西藏自治区政府最近拨款收回一批佛教寺庙用品调给西藏佛协，清理修整后运回寺庙。（《西藏日报》1984.6.1.①）

△ 20世纪30～40年代被迫流离到青海的哈萨克族群众900多人迁回新疆定居，自治区党政领导贾那布尔等及各族各界代表300多人到乌鲁木齐车站迎接。（《中国共产党新疆历史大事记（1966.5～1991.12）》下P242）

2～4日 湖南省首届民族团结先进集体和先进个人表彰大会在长沙举行，86个先进集体和152名先进个人受表彰。（《民族团结》1984.6 P7，《湖南日报》1984.6.5.①）

3日 据本报讯，广西壮族自治区第二地质队最近在田东县探明一座工业储量4300多

万吨的大型膨润土矿。（《人民日报》1984.6.3.①）

3~7日 内蒙古自治区运动员巴根纳（蒙古族）、扎那（蒙古族）、巴图那顺（蒙古族）、忙来（蒙古族）、宝音图（蒙古族）分获全国中国式摔跤锦标赛90公斤级、100公斤级、82公斤级、57公斤级、68公斤级冠军。（《内蒙古日报》1984.6.9.①）

4~10日 西北地区经济技术协作联席会议在宁夏回族自治区银川市举行，达成协议187项。会议期间，自治区人民政府决定对同宁夏进行经济技术合作的外省、市、自治区实行优惠待遇。（《中共宁夏党史大事记（1925.8~1988.6）》P556）

5日 据本报讯，广西壮族自治区百色地区采取民办公路的办法，近2年兴建和改建12条总长560多公里的山区公路。（《广西日报》1984.6.6.①）

△ 墨西哥土木工程师学院发起主办的世界屋脊——西藏摄影展览在墨西哥举办，这是关于今日西藏的照片首次在拉美国家展出。（《西藏日报》1984.6.10.①）

5~9日 喜马拉雅山地质科学国际讨论会在四川成都举行。1980年至1983年，中法两国地质学工作者先后出动200多人次，对西藏南部、中部和北部喜马拉雅山脉进行多条线路、多学科、多专业的考察，取得许多重要成果。（《人民日报》1984.6.8.③，《西藏日报》1984.6.11.①）

5~11日 中共青海省海西蒙古族藏族哈萨克族自治州委举行全州农牧区工作会议，作出《关于进一步放宽政策，搞活农村牧区经济的若干规定》。（《海西蒙古族藏族自治州志》1卷P60）

5~12日 四川省宗教局、省民委在成都联合举行甘孜、阿坝、凉山三自治州佛教界人士学习会。（《四川日报》1984.6.16.①）

6日 基诺族有史以来的第一次物资交易集市在云南省西双版纳傣族自治州景洪县基诺山区举办。（《云南日报》1984.6.17.①）

6~10日 全国田径冠军赛举行。青海省运动员罗玉秀（女，蒙古族）以16分16秒46的成绩获5000米冠军，创全国纪录；西藏自治区运动员普布次仁（藏族）以80.66米的成绩获标枪冠军。（《青海日报》1984.6.13.①，《西藏日报》1984.6.9.①）

7日 内蒙古自治区人大六届二次会议通过《内蒙古自治区草原管理条例》。（《内蒙古日报》1984.12.26.②）

△ 西藏自治区政府发布《关于商业税的几个问题的暂行规定》，自7月1日起执行。（《西藏日报》1984.6.13.①）

△ 新疆维吾尔自治区党委公布《关于贯彻执行中央两个一号文件若干政策问题的具体规定》。（《中国共产党新疆历史大事记（1966.5~1991.12）》下P242~243）

8日 宁夏回族自治区党委、人民政府批转自治区企业整顿领导小组、自治区党委组织部《关于进一步整顿调整企业领导班子的十条意见》，强调要调整企业领导班子的文化和专业知识结构，特别要改变24个大中型骨干企业的党政一把手年龄偏大、文化偏低的状况。（《中共宁夏党史大事记（1925.8~1988.6）》P556）

9日 西藏自治区政府批转《西藏分行关于放宽金融政策，促进我区经济发展意见的报告》。（《西藏日报》1984.6.19.①）

11日 湖北省鄂西土家族苗族自治州第一所民族中学——恩施市新塘民族中学成立。（《恩施州志》P23）

12日 中共吉林省延边朝鲜族自治州委发出《关于认真学习、宣传、贯彻民族区域自治法的通知》。10月1日，《中华人民共和国民族区域自治法》在自治州正式施行。（《延边朝鲜族自治州志》上P91）

△ 据本报讯，中国作协西藏分会召开第

四次常务理事会。会议通过向全国五省区藏族文学评奖委员会推荐的87件作品，其中汉文37篇、藏文50篇。（《西藏日报》1984.6.12.①）

15日 党和国家领导人乌兰夫、习仲勋、宋任穷、阿沛·阿旺晋美、班禅额尔德尼·确吉坚赞等在北京人民大会堂会见中央民族学院干训部83级和藏文班、彝文班等学员。（《人民日报》1984.6.17.③）

△ 据《广西日报》报道，广西壮族自治区柳州市大胆改革城市住房分配制度，积极推行住房商品化。（《广西通志·大事记》P500）

△ 青海省人民政府批准撤销黄南藏族自治州尖扎县康杨公社，在原行政区域内建立康杨回族乡。1988年8月2日撤销回族乡，设置康杨镇。（《黄南州志》上P54）

15~26日 新疆维吾尔自治区人大六届二次会议举行，通过关于认真实施《中华人民共和国民族区域自治法》等6项决议。（《人民日报》1984.7.3.④；《新疆日报》1984.6.16.①，6.27.①）

17~20日 中共中央政治局常委、国务院总理赵紫阳在广西壮族自治区南宁市视察。（《广西通志·大事记》P500）

18日 内蒙古自治区城镇经济改革座谈会在呼和浩特召开。（《内蒙古日报》1984.6.19.①）

△ 国务院批复湖南省人民政府，同意江华瑶族自治县驻地由水口镇迁至沱江镇。（《国务院公报》1984［15号］P543）

19日 在广西壮族自治区右江盆地探明一座大型铝土矿——田阳铝矿，初步探明该矿品位高，含硫量低，铝与硅的比例达到国家规定的一级品和二级品标准。（《广西通志·大事记》P500）

20~24日 内蒙古自治区朝鲜族教育工作会议在乌兰浩特举行，吉林省延边朝鲜族自治州教育局顾问李容讷以及乌兰浩特朝鲜族中学和自治区其他一些朝鲜族学校代表应邀参加。会议就今后如何办好朝鲜族教育提出初步意见。（《内蒙古日报》1984.7.10.②）

21日 新疆维吾尔自治区党委和自治区人民政府决定对知识分子及边疆职工实行浮动工资、知识分子补贴、边疆工作年限补贴，鼓励各族职工长期安心边疆工作。（《中国共产党新疆历史大事记（1966.5~1991.12）》下P243~244）

21~24日 第27届国际射箭比赛在波兰举行。新疆维吾尔自治区射箭运动员郭梅珍（女，锡伯族）获女子双轮30米冠军、双轮个人全能亚军，巴永善（锡伯族）获男子双轮全能冠军、双轮团体赛亚军。（《新疆通志·体育志》83卷P54）

22日 宁夏回族自治区党委办公厅和政府办公厅转发自治区党委组织部、劳动人事厅《关于改变自治区党政机关直接从应届大专毕业生中吸收干部的办法的报告》。指出，从是年起，自治区党政机关所需干部应从县及县以下单位中经过3年以上基层工作锻炼、具有大专文化程度的干部中提拔。（《中共宁夏党史大事记（1925.8~1988.6）》P557）

23日 新疆维吾尔自治区克孜勒苏柯尔克孜自治州地方志编纂委员会成立。（《克孜勒苏柯尔克孜自治州志》上P51）

24日 交通部批准湖南、广西开发湘桂运河梯级航道规划。运河北起湖南城陵矶，南至广西梧州，全长1321公里，其中广西境内548公里。（《广西通志·大事记》P500）

△ 据新华社兰州电，一家由穆斯林发起成立的民间经济组织——丝路穆斯林经济开发公司近日在甘肃兰州成立。（《人民日报》1984.6.25.②）

24~29日 广西壮族自治区民族地区群众文化工作会议在三江召开。会议要求大力扶植、发展民族文化，在民族地区普遍开展群众

文化活动，迅速改善少数民族群众的文化生活。（《广西日报》1984.7.3.①）

25日 广西壮族自治区党委、自治区人民政府发出《关于政社分开，建立乡政府的通知》。规定，乡的规模以原有公社的管辖范围基本不动，一乡一社；具有一定条件的集镇可以成立镇政府，少数民族人口在总人口中占30%左右的可以成立民族乡。12月底，该工作全部完成，结束自1958年开始的农村人民公社历史。（《广西通志·大事记》P500）

△ 广西壮族自治区党委、自治区人民政府发出《关于贯彻中央1号文件，搞活农村经济的若干规定》。《规定》要求，继续稳定和完善联产承包责任制，耕地承包期延长到15年以上；强调全区要大规模地发展农村商品生产，破除只重视种植业的狭隘观念，实行农林牧副渔并举，农工商综合经营，打开农村致富的道路。（《广西通志·大事记》P501）

△ 据报道，青海省民族自治地方目前已有956所小学和民族中学采用藏语文和蒙古语文进行教学，参加教学的教师2900多人，学生5.1万多人。（《人民日报》1984.6.25.③）

26日~7月4日 广西壮族自治区六届人大常委会第九次会议举行，通过关于《广西壮族自治区、乡两级人民代表大会选举实施细则》、《学习、宣传、贯彻执行〈中华人民共和国民族区域自治法〉》等决议。（《广西日报》1984.6.27.①，7.5.①，7.13.②）

27日 吉林省延边朝鲜族自治州史志编纂委员会成立。（《延边朝鲜族自治州志》上P92）

△ 湖北省鄂西土家族苗族自治州设区建乡工作完成，共建乡687个、区辖镇66个、县辖镇16个，设区78个。（《恩施州志》P23）

△ 广西壮族自治区教育厅发出《关于广西民族学院、广西师范大学附设民族高中班的通知》，规定民院民族高中班招生范围为百色、南宁、钦州地区的24个县（市）。（《广西民族学院校史》P291）

△ 广西壮族自治区大化水电站第二台10万千瓦机组投产发电。（《人民日报》1984.7.1.②）

28日 上海教育学院编制的计算机辅助藏文信息处理系统操作表演在民族文化宫举行。8月6日，该系统编制者俞乐副教授等在拉萨操作表演。（《西藏日报》1984.7.9.①，8.7.①）

△ 云南省怒江傈僳族自治州第一次文学艺术工作者代表大会召开，122名代表参加。（《怒江傈僳族自治州志》上P34）

29日 中共中央办公厅通知，中央同意西藏自治区党委于6月18日提出的将自治区成立纪念日由9月9日改为9月1日。7月20~30日，自治区四届人大第二次会议通过该决定，并报全国人大常委会和国务院备案。（《中国共产党西藏历史大事记（1949~2004）》P415）

29日~7月3日 西藏自治区政协四届四次常委会举行。会议增补自治区政协委员175人，大都是归国藏胞、国外藏胞的家属以及宗教界人士。至此，西藏政协委员人数由342人增至517人。（《西藏日报》1984.6.30.①，7.3.①③，7.4.①，7.12.④；《中国共产党西藏历史大事记》（1949~2004）P415）

30日 国务院批复内蒙古自治区人民政府，同意撤销临河县，设立临河市（县级），以原临河县的行政区域为临河市的行政区域。（《国务院公报》1984［31号］P1056）

△ 国务院批复浙江省人民政府，同意设立景宁畲族自治县，以原云和县的景宁、渤海、东坑、沙湾、英川5个区、1个镇、35个公社为景宁畲族自治县的行政区域，县人民政府驻鹤溪镇。（《国务院公报》1984［19号］P656）

30日~7月10日 航空工业部组织2架国产运八飞机，先后在成都至拉萨、格尔木至拉萨航线上飞行18架次，进行商载试航。（《人民日报》1984.7.12.①）

是月 据本报讯，内蒙古自治区中蒙医研究所蒙医药研究室副主任武绍新（蒙古族）编著的我国第一部汉文蒙医专著《蒙医成方选》最近由内蒙古人民出版社出版。（《人民日报》1985.7.2.③）

△ 西藏自治区射箭运动员多吉秋云（藏族）代表中国射箭队获保加利亚国际射箭比赛团体第二名，并刷新西藏自治区30米单双轮、50米单双轮、90米单双轮及全能单轮射箭纪录。（《西藏日报》1985.1.3.②）

△ 甘肃省甘南藏族自治州委、州政府作出关于在牧区实行家庭草场承包责任制的决定。（《甘南藏族自治州概况》P268）

△ 青海省黄南藏族自治州政社分设，建立乡级政权。全州四县共建乡（镇）39个，其中牧业乡18个。（《黄南州志》上P54）

△ 青海省果洛藏族自治州政社分设，撤销人民公社体制，改为乡级政权体制。（《果洛藏族自治州志》上P50）

△ 新疆维吾尔自治区博尔塔拉蒙古自治州群众艺术馆、博物馆成立。（《博尔塔拉蒙古自治州志》P62）

7月

1日 四川省甘孜藏族自治州乡城至得荣公路竣工通车。至此，全州实现县县通车。（《甘孜州志》上P91）

△ 中国作协西藏分会举办的自治区首届文学创作讲习班开班。（《西藏日报》1984.7.8.①）

△ 我国首次在新疆维吾尔自治区乌鲁木齐农牧区成功利用太阳能发电接收彩电节目。（《新疆日报》1984.7.5.①）

3日 据报道，广西壮族自治区政府最近拨出200万元建房补助费，帮助部分山区无房、少房的少数民族困难户盖新房。（《人民日报》1984.7.3.④）

4日 内蒙古自治区牧区工作会议在呼和浩特召开。会议决定进行2项改革：改革人畜关系，把牲畜由按群承包到户改为“作价承包，比例分成”或“作价归户”；改革牲畜和草原的关系，把草场分片承包到户与联户、浩特（村）以及苏木（乡），由他们自用、自管、保护和建设，使牧民不仅有发展牲畜的自主权，也有管理、保护、使用和建设草原的主动权。（《人民日报》1984.7.16.①，《内蒙古日报》1984.7.5.①）

△ 广西壮族自治区人民政府作出《关于改革科学技术工作的十条规定》：科技发展与经济发展要相互协调；扩大单位的自主权；组织技术转让，加快科技成果推广应用；重视研究和采用新技术；实行科技对外开放；尊重知识，尊重人才，发挥科技人员的作用；重视智力开发，提高科技水平；改正科技经费管理，设立科技发展基金；重视科技信息工作；充分发挥各级科技管理部门的职能。（《广西通志·大事记》P501）

5日 广西壮族自治区青年摔跤选手黄文贵（壮族）、邓学文（壮族）在美国华盛顿举行的世界青年摔跤锦标赛上分获古典式摔跤48公斤级和56公斤级金牌。这是中国运动员首次获世界摔跤锦标赛冠军。（《广西通志·大事记》P501）

5~14日 西藏自治区农机工作会议召开，会议决定改革企业管理体制、经济体制、经营范围，农机、农资供应工作。（《西藏日报》1984.7.19.①）

6日 据新华社讯，我国第一部少数民族药物志——《中国民族药志》（第一卷）最近由人民卫生出版社出版。（《西藏日报》1984.7.6.①，《内蒙古日报》1984.7.16.③）

△ 据本报讯，我国第一个荒漠研究机

构——内蒙古阿拉善荒漠研究中心最近成立。（《人民日报》1984.7.6.①）

△ 广西壮族自治区第一个石油炼制工厂——田东炼油厂投产，设计年加工原油3万吨，结束广西不能生产汽油、柴油等轻质油的历史。（《广西通志·大事记》P501）

6～7日 湖南省批准建立常宁县蒲竹瑶族乡，桃江县鲊埠回族乡，新晃侗族自治县米贝苗族乡、步头降苗族乡，芷江县板山侗族苗族乡、梨溪口侗族乡，通道侗族自治县大高坪苗族乡、传素瑶族乡、锅冲苗族乡，郴县月峰瑶族乡，道县横岭瑶族乡、洪塘营瑶族乡，江永县界牌瑶族乡、大远瑶族乡、兰溪瑶族乡、清溪瑶族乡，双牌县上梧江瑶族乡，蓝山县梨头瑶族乡，祁阳县晒北滩瑶族乡，江华瑶族自治县清塘壮族乡，宁远县棉花坪瑶族乡、荒塘瑶族乡、鲁灌瑶族乡、九嶷山瑶族乡、桐木累瑶族乡共25个民族乡。（《湖南日报》1984.7.17.①，10.5.①）

7日 中国医学科学院首都医院、阜外医院、肿瘤医院和整形外科医院组成的第一批对口支援西藏自治区人民医院的医疗组一行11人抵达拉萨。（《西藏日报》1984.7.24.①）

7～12日 宁夏回族自治区乡镇企业工作会议举行，强调大力发展乡镇企业。24日，自治区党委、人民政府发出《关于大力发展乡镇企业若干问题的规定》，提出，加强对乡镇企业的领导，大力支持乡镇企业的发展，切实保护乡镇企业的合法权益，减免乡镇企业的税收等10项规定。（《中共宁夏党史大事记（1925.8～1988.6）》P557）

8日 据《宁夏日报》报道，宁夏回族自治区隆德、泾源、固原、彭阳4县从1983年秋季开始，在引黄灌区的潮湖、芦草洼、大战场滩等地建设吊庄，4个县已向吊庄搬迁700多户4000多人，已有20多万人报名要求参加新灌区的开发。（《中共宁夏党史大事记（1925.8～1988.6）》P557）

△ 新疆维吾尔自治区地质矿产局第四地质大队在额尔齐斯河畔的荒漠上探明一处大型铜镍矿，其储量居全国同类矿床第三位。（《人民日报》1984.7.8.①）

9日 据新华社西宁电，青海果洛藏族自治州新发现3种《格萨尔王传》手抄本：《征服北方格拉国》、《征服北方妖魔国》和《征服白拉国》，共24万字，全部为藏文写本。目前我国有关《格萨尔王传》的资料约60多部150多万行1500多万字。1983年，中国社会科学院把《格萨尔王传》列为国家重点科研项目。（《人民日报》1984.7.10.③）

△ 据新华社兰州电，我国电子计算机藏文文字处理系统最近通过国家级技术鉴定。（《西藏日报》1984.7.10.①）

9～14日 宁夏回族自治区城市经济体制改革座谈会在银川召开。（《宁夏日报》1984.7.17.①）

10日 湖南省首批少数民族干部中文专修科99名学员在吉首大学毕业。（《湖南日报》1984.7.15.①）

△ 新疆维吾尔自治区最大的工贸中心——新疆工业品贸易中心在乌鲁木齐开业，营业厅面积1500平方米，经营1.4万多种消费工业品。该中心实行开放式交易，凡持有营业执照者均可参加，工厂的产品可以直接在此批发出售。（《人民日报》1984.7.14.②，《西藏日报》1984.7.14.①）

11日 浙江、安徽两省援藏医疗队共33人抵达西藏自治区日喀则地区，开展医疗卫生对口支援工作。他们分别在日喀则地区医院、防疫站、藏医院药厂、拉孜县人民医院、樟木口岸医院帮助藏族同胞和尼泊尔边民防治疾病，同时培训当地医务人员。（《西藏日报》1984.7.20.①）

△ 第二届全国少数民族自治区团结杯篮球赛在呼和浩特闭幕。男队前三名分别为广西、宁夏、内蒙古，女队前三名分别为广西、

内蒙古、新疆。（《人民日报》1984.7.12.③）

12~15日 西藏自治区商业工作会议在拉萨召开，提出商业、外贸体制的改革措施。（《西藏日报》1984.7.13.①，7.16.①）

12~21日 全国民族音乐学第三届年会在贵州省贵阳市举行，会议主题为少数民族音乐专题。（《贵州日报》1984.7.22.①）

12~27日 浙江省杭州市党政代表团一行16人在西藏自治区拉萨市参观访问。（《西藏日报》1984.7.13.①，7.28.①）

12日~9月11日 全国人大常委会副委员长班禅额尔德尼·确吉坚赞在新疆维吾尔自治区考察，走访5个自治州、6个专区、26个县（市）。（《西藏日报》1984.9.14.①）

13日 国务院批复湖北省人民政府，同意设立五峰土家族自治县，撤销五峰县，以原五峰县的行政区域为五峰土家族自治县的行政区域，自治县人民政府驻城关镇，12月12日自治县正式成立，总人口19万，其中土家族近11万；设立长阳土家族自治县，撤销长阳县，以原长阳县的行政区域为长阳土家族自治县的行政区域，自治县人民政府驻城关镇，12月8日自治县正式成立，地处鄂西南山区，人口40万，其中土家族19万人。（《国务院公报》1984［20号］P704；《人民日报》1984.12.10.①，12.13.①）

△ 新疆维吾尔自治区博尔塔拉蒙古自治州各族军民1万余人在博乐集会，庆祝自治州成立30周年。自治区党委书记贾那布尔、自治区顾问委员会副主任吐尔逊·阿塔吾拉和自治区政协副主席李静轩率自治区党政代表团参加，国家民委副主任铁木尔·达瓦买提代表全国人大民委和国家民委到会祝贺。参加庆祝活动的还有内蒙古自治区人民政府副秘书长金海如率领的内蒙古代表团，自治区各兄弟自治州、有关自治县以及北疆军区的代表团。铁木尔·达瓦买提和贾那布尔分别讲话。全国人大常委会、国务院和全国人大民委、国家民委致贺电。（《人民日报》1984.7.15.⑤，《新疆日报》1984.7.15.①）

14日 广西壮族自治区党委常委会议决定，自治区内各大专院校民族预科班、民族高中班从是年起采取由本校考试、直升大学的办法。（《广西通志·大事记》P502）

15日~8月5日 西藏自治区墨脱县和林芝县排龙区藏、门巴、珞巴等民族组成的少数民族参观团一行54人在拉萨参观访问。（《西藏日报》1984.8.3.①，8.4.①，8.6.①）

17日 据报道，湖南省各民主党派和工商联先后到少数民族地区举办经济管理、工业技术、农业、水利工程和教育方面的学术报告，听众近5000人次；培训中学老师550名，培训医药、财会、饮食副食等专业技术人员199名；开展经济、技术咨询服务，帮助2个工厂扭亏为盈，7个企业增产增收。（《人民日报》1984.7.17.④）

△ 国务院批复广西壮族自治区人民政府，同意鹿寨县的头排区、象州县的桐木公社划归金秀瑶族自治县管辖。（《国务院公报》1984［23号］P813）

△ 西藏自治区藏医院和藏医学校联合举办的第四期藏医进修班开学，四川、青海、甘肃、云南等五省区的50名藏族学员参加。（《西藏日报》1984.7.19.①）

17~21日 中国少数民族神话学术讨论会在贵州省黔西南布依族苗族自治州兴义县举行。（《贵州日报》1984.7.23.①，《黔西南布依族苗族自治州志·政权政协志》P24）

17~22日 南方少数民族山区经济座谈会在贵州省贵阳市召开。（《贵州日报》1984.7.24.①）

17日~8月7日 内地新闻单位组织的最大规模的赴藏采访团——全国记协西藏采访团在西藏自治区采访。采访团由16个省、市、区19家新闻单位的20名编辑、记者组成，其

中少数民族3人。（《西藏日报》1984.7.18.①，8.8.①）

18日 中央统战部电告西藏自治区党委，中央书记处同意自治区党委6月20日的报告，对前世班禅遗留下来的财物（包括日常用具200余种，皇帝敕封、赠送的金册、金印、玉册、玉印和珍珠披衫等珍贵文物50余种），班禅有继承权（实际上是使用权）和妥善保管文物的义务。（《中国共产党西藏历史大事记（1949~2004）》P416）

△ 广西壮族自治区人民政府批转自治区工商行政管理局《关于进一步放宽工商行政管理政策的报告》。（《广西通志·大事记》P502）

19日 据新华社长春电，东北内蒙古煤炭公司（简称东煤公司）向煤炭部承包了1985年至1990年的煤炭产量指标、基本建设规模和吨煤投资指标。1984年，东煤公司计划产煤9115万吨。到1990年，原煤产量12400万吨。（《人民日报》1984.7.20.②）

△ 据报道，内蒙古自治区锡林郭勒盟富裕起来的农牧民集资1665万元办学。（《人民日报》1984.7.19.③）

△ 西藏自治区党委、自治区人民政府发出加快建立乡政府步伐的通知，提出政社分开，建立乡镇人民政府、村民委员会，不再保留人民公社和生产队的名称。乡的规模原则上一社一乡，一般1个生产队为1个村民委员会，建乡要结合县、乡换届进行。（《中国共产党西藏历史大事记（1949~2004）》P403~404）

△ 宁夏回族自治区五届人大常委会第七次会议决定，设立自治区人大常委会民族事务委员会。（《宁夏日报》1984.7.20.①）

△ 全国人大常委会副委员长班禅额尔德尼·确吉坚赞视察新疆维吾尔自治区昌吉回族自治州。（《昌吉回族自治州志》P60）

20日 四川省阿坝藏族羌族自治州首次业余藏戏调演在红原举行。（《四川日报》1984.7.21.①）

△ 国务院副总理万里、中共中央书记处书记胡启立、国务院副总理李鹏到宁夏回族自治区视察工作。（《当代宁夏史通鉴》P35）

△ 宁夏回族自治区海原贾埫发生一次特大雹灾，绝产0.8万公顷，砸死大家畜10头、羊4000多只，受伤200多人、死亡2人，砸坏民房3000多间。（《中国气象灾害大典·宁夏卷》P193）

20~26日 宁夏回族自治区首次文物考古学术会议——固原北周李贤墓学术座谈会在银川召开。（《宁夏日报》1984.7.24.①，8.4.①）

21日 内蒙古自治区牧区工作会议决定，采取多项优惠政策把专业人员招聘到牧区，发展教育事业。（《人民日报》1984.7.21.③）

△ 四川省九龙县宣布建立湾坝、小金、俄尔、三垭、垛洛、踏卡、子耳7个彝族乡。（《四川日报》1984.7.22.①）

21~26日 四川省凉山彝族自治州首届“火把节物资交流会”在西昌举行，全国24个省、区、市的5000多位代表参加。（《四川日报》1984.7.28.①，《凉山彝族自治州志》上P70）

21~27日 西北五省区图书馆首次科学讨论会在青海西宁召开。（《青海日报》1984.7.26.①）

22日 据新华社电，广西壮族自治区地质勘探部门近日在百色地区探明一个储量达4亿多吨的优质煤田。（《人民日报》1984.7.22.①）

23日 我国民族地区开办的第一所民办公助大学——凉山大学在四川西昌开学。（《四川日报》1984.7.26.①）

△ 是日报道，我国第一条低铁锂辉石生产线在新疆维吾尔自治区可可托海矿务局建成

投产。（《人民日报》1984.7.23.②）

23~26日 贵州省黔东南苗族侗族自治州首届芦笙会演在凯里举行。（《贵州日报》1984.7.24.①）

26日~8月9日 甘肃省临夏回族自治州经济文化赴藏考察参观团一行26人在西藏自治区参观访问。（《西藏日报》1984.8.3.①，8.11.①）

26日~8月23日 为贯彻党的宗教政策，进一步搞好宗教界内部团结，宁夏回族自治区宗教局、伊斯兰教协会联合举行西吉宗教问题座谈会，通过《西吉宗教问题座谈会纪要》和贯彻会议《纪要》的协议书。（《中共宁夏党史大事记（1925.8~1988.6）》）P558）

27日 湖南省少数民族体育工作座谈会在桑植县结束，提出挖掘整理民族传统体育项目。（《湖南日报》1984.7.31.①）

28日 西藏自治区党校66名藏族及其他少数民族干部毕业，达到初中毕业水平。学员中县以上干部占77.8%，40岁以上的占70%。（《西藏日报》1984.7.29.①）

28日~8月12日 第23届夏季奥林匹克运动会在美国洛杉矶举行，中国选手李宁（壮族）获男子鞍马、自由体操、吊环金牌，男子体操团体、跳马银牌，男子个人全能铜牌，是本届奥运会8000名选手中获奖牌最多的运动员。（《中华人民共和国大事记（1949~2004）》P732，《广西通志·大事记》P502）

29日 据《新疆日报》报道，新疆维吾尔自治区塔里木盆地110万亩天然胡杨林恢复生机。据1958年调查，该地区有胡杨林780万亩，由于毁林开荒、放牧，胡杨林遭受严重破坏，到1978年面积减少约一半。党的十一届三中全会以来，胡杨林迅速恢复，1983年统计总面积443万多亩。（《中国共产党新疆历史大事记（1966.5~1991.12）》下P244）

30日~8月8日 新疆维吾尔自治区利改税第二步改革工作会议举行。会议决定，从10月1日起，全区普遍推行利改税第二步改革，进一步解决企业吃国家“大锅饭”的问题。（《中国共产党新疆历史大事记（1966.5~1991.12）》下P245）

31日~8月6日 广西壮族自治区人民政府举行第二步利改税会议。会议决定，10月1日起，正式在国营企业推行利改税第二步改革，从税利并存逐步过渡到完全的以税代利；对税后人均留利不到500元的大中型工业企业实行减免调节税的照顾。（《广西通志·大事记》P502）

是月 内蒙古自治区一批工矿企业和城市积极响应自治区党委和政府的号召，与24个牧区旗达成31个援建项目的协议，总投资1.2亿元。（《人民日报》1984.7.16.①）

△ 全国锡伯族研究会议确认，锡伯族源于黑龙江省大兴安岭阿里河地区嘎仙洞，为拓跋鲜卑的直系后裔。（《新疆日报》1984.8.7.①）

△ 湖南省湘西土家族苗族自治州开始给全州国家干部、各类专业人员和工人发放少数民族地区生活补贴。（《湖南日报》1984.7.21.①）

△ 四川省藏语佛学院在甘孜藏族自治州康定县塔公成立并开学。（《甘孜州志》上P91）

△ 云南省怒江傈僳族自治州委批转《关于稳定和完善农业生产责任制工作一些具体政策的意见》，规定土地承包期可延长至20年以上，责任山可延长到50年以上，经济林木承包期可延长至20年以上。（《怒江傈僳族自治州志》下P125）

△ 云南省西双版纳傣族自治州完成农村体制改革工作，撤销人民公社组织，恢复区乡建制，改公社为区、大队为乡、生产队为村或合作社。（《西双版纳傣族自治州志》上P68）

△ 青海省果洛藏族自治州委举行落实8

座寺院“文革”期间被查抄财物的补偿工作会议，坚持“补偿重点是寺院，同时照顾当时被批准在寺宗教人员的经济损失”的原则。其中，拉加、白玉、查郎等8座寺院补偿17.42万元，当时被批准在寺宗教人员补偿5805元。11月，补偿拉加寺7万元和白玉寺5万元。（《果洛藏族自治州志》上P297）

△ 新疆维吾尔自治区博尔塔拉蒙古自治州蒙医院建成开诊。（《博尔塔拉蒙古自治州志》P62）

8月

1日 青海省果洛藏族自治州各族各界群众1万多人在自治州首府大武集会，庆祝自治州成立30周年。全国人大常委会、国务院和全国人大民委、国家民委分别致贺电，国家民委副主任薛剑华代表人大民委和国家民委出席庆祝会并讲话。（《人民日报》1984.8.2.④）

2日 全国民族院校公共哲学课教材再版修订会议结束，11所民族院校和甘肃人民出版社的32名哲学教师和理论工作者对1982年出版的民族院校公共哲学课教材《辩证唯物主义历史唯物主义》一书进行修订，这是建国以来民族院校联合编写的第一部公共哲学课教材。（《甘肃日报》1984.8.3.②）

△ 据《广西日报》报道，解放以来，广西壮族自治区探明储量的矿种共59种，其中锰、铝、锡、铅、锌、钨、水晶等储量均居全国前列。（《广西通志·大事记》P503）

2~8日 内蒙古自治区首届伊斯兰教代表大会暨自治区伊斯兰教协会成立大会在呼和浩特举行。（《内蒙古自治区史》P472、544，《内蒙古日报》1984.8.13.①）

2~9日 全国首届金史及女真史学术讨论会在黑龙江省哈尔滨市举行，黑龙江等省、市、自治区代表100多人及满族和其他少数民族代表参加。大会就女真的源流问题，金朝的政治、经济和文化以及金朝的考古和历史地理等问题进行讨论。（《人民日报》1984.9.14.⑤）

3日 据本报讯，广西壮族自治区地质勘探公司二七三地质勘探队近日在天等县东平探明一座大型氧化锰矿床。（《人民日报》1984.8.3.①，《广西通志·大事记》P503）

△ 据新华社拉萨电，西藏自治区有关部门为发展民间运输业，积极帮助群众购买车辆，银行提供大笔低息贷款，各地、市和绝大多数县还免费培训农牧民驾驶员和修理工2300多人。目前全区群众已拥有汽车680多辆，四轮拖拉机1300多台，手扶拖拉机2500多台。（《人民日报》1984.8.4.②）

4日 广西壮族自治区人民政府发出《关于改革教育的十条规定》：初等教育试行分级办学，分级管理；发展民族教育；改革中等教育结构，发展职业技术教育；发展成人教育；进一步落实知识分子政策；增加智力投资；加强师范教育；扩大高校管理权限；调整学校领导管理体制；加强对教育工作的领导。（《广西通志·大事记》P503）

4日~9月10日 中共青海省海北藏族自治州委、州政府经济考察团赴四川、湖北两省进行农村经济体制改革的考察学习。（《海北藏族自治州志》上P86）

5~14日 全国少数民族、边远地区共青团工作座谈会在内蒙古自治区海拉尔市举行，共青团中央书记处书记胡锦涛、克尤木·巴吾东等出席会议。这是团中央举行的首次全国性专门研究探讨少数民族和边远地区共青团工作的会议。（《民族团结》1984.9 P24；《内蒙古日报》1984.8.11.①，8.21.①；《云南日报》1984.8.5.①）

5~15日 中共中央政治局委员、国务委员方毅在新疆维吾尔自治区检查工作。他指出，有色金属是新疆经济发展的重要支柱之一，必须以改革精神把有色金属工业迅速搞上去；要以各种方式从内地和国外引进先进技术，加快有色金属工业的发展速度。（《中国共产党新疆历史大事记（1966.5~1991.12）》下P246）

7日 据本报西宁讯，目前，青海省有民族学院1所，学生1300多人；民族中学51所，学生2.75万多人；民族中专13所，学生3500多人；民族小学1200所，学生15.9万多人。各级各类学校比解放初期增长10.5倍，在校生由4900多人增加到18.40万人，增长34倍。（《青海日报》1984.8.7.①）

△ 据《宁夏日报》报道，宁夏回族自治区党委最近决定，撤销1981年11月17日陶乐县煤矿瓦斯爆炸事故的主要责任者杨国柱县委副书记职务，建议行政撤销其县长职务；给予另一主要责任者罗学辉留党察看2年处分，建议行政撤销其副县长职务。由于这2人不执行上级决定，对人民生命和国家财产极不负责，造成死亡8人、损失2万余元的重大事故。虽然石嘴山有关部门于1983年1月处理此案，但群众强烈反映处理偏轻，后复议重新处理。（《中共宁夏党史大事记（1925.8~1988.6）》P559）

△ 横贯天山、沟通南北疆的铁路大动脉——南疆铁路吐鲁番至库尔勒段正式通过国家验收，即日起交付乌鲁木齐铁路局投产使用。南疆铁路吐库段自兰新线的吐鲁番至南疆重镇库尔勒，全长476.5公里，修建10年，国家共投资11.2亿元。南疆铁路的建设对发展新疆的工农业生产、加强民族团结、巩固国防都具有重要意义，是沟通南疆地区同内地联系的一条重要铁路干线。30日，在库尔勒市火车站广场举行庆祝南疆铁路吐库段通车典礼大会。（《人民日报》1984.8.8.①，《新疆日报》1984.8.8.①，《中国共产党新疆历史大事记（1966.5~1991.12）》下P246）

8日 西藏自治区党委、自治区政府同意自治区党委统战部关于新建第五世至第九世班禅遗骸合葬灵塔祀殿事宜的报告，行政经费由自治区财政厅予以解决。（《中国共产党西藏历史大事记（1949~2004）》P418）

8~12日 全国人大常委会副委员长班禅额尔德尼·确吉坚赞在新疆维吾尔自治区博尔塔拉蒙古自治州视察。（《博尔塔拉蒙古自治州志》P62）

10日 我国首家民族贸易中心——甘肃省民族贸易中心在兰州市开业。（《甘肃日报》1984.8.12.①）

△ 新疆生产建设兵团下发《推行家庭联产承包责任制和办家庭农场的基本内容、办法》。（《中国共产党新疆历史大事记（1966.5~1991.12）》下P246）

11日 新疆维吾尔自治区经济协作会议闭幕。会议期间，落实自治区内协作项目90多项，物资协作总金额138万元，首开地区、城市间长期经济技术协作的新局面。（《中国共产党新疆历史大事记（1966.5~1991.12）》下P246~247）

11~13日 青海省海西蒙古族藏族哈萨克族自治州首次民族团结先进个人、先进集体表彰大会在德令哈举行，13个集体和150名先进个人受表彰。（《海西蒙古族藏族自治州志》1卷P60）

11~15日 西南西北地区成人教育协作会首次会议在贵州安顺召开，探讨如何加快边远地区和少数民族地区扫盲工作的问题。（《贵州日报》1984.8.19.①）

11日~9月9日 国家农牧渔业部组织的土地资源调查赴藏考察组在西藏自治区考察。（《西藏日报》1984.8.14.①，9.13.①）

12日 青海省黄南藏族自治州同仁县保安乡新城村自来水供水管道正式通水，是全州农村第一个户户通自来水的村庄。工程于6月10日启动，国家投资3.5万元，群众集资2.8万元。（《黄南州志》上P54）

13日 西藏自治区整党工作指导小组在

拉萨召开关于彻底否定“文化大革命”报告大会。（《西藏日报》1984.8.14.①）

14日 湖北省鄂西土家族苗族自治州地方志编纂委员会成立。（《恩施州志》P23）

15日 广西壮族自治区党委、自治区人民政府发出《关于开创我区旅游新局面的若干规定》。（《广西通志·大事记》P503）

△ 西藏自治区人民政府发布《自治区工商和城乡市场管理的暂行规定》，自8月17日起试行。主要内容：允许区内外国营、集体和个体工商户在市场设店摆摊；农牧民群众、城镇的居民可以从事民族手工业、商业、饮食、服务、修理、运输、建筑等行业的经营，可雇佣帮工和带学徒；外省区的国营、集体或个体工商户来西藏从事经营的，到工商行政管理机关申请登记，经核准发营业执照；集体和个体工商户出售各种商品，由买卖双方自由议价，自由成交，经营方式不受限制。（《西藏日报》1984.8.17.①，《中国共产党西藏历史大事记（1949～2004》）P418）

△ 青海省海西蒙古族藏族哈萨克族自治州各族各界群众1.5万人在自治州首府德令哈集会，庆祝自治州成立30周年。青海省省长黄静波和国家民委副主任薛剑华出席庆祝会并讲话。全国人大常委会、国务院和全国人大民委、国家民委分别致贺电。（《青海日报》1984.8.17.①）

15～18日 云南省伊斯兰教协会成立会暨首次代表会议在昆明举行。（《云南日报》1984.8.21.①）

15～19日 内蒙古自治区首次蒙文档案工作现场会在苏尼特右旗召开。（《内蒙古日报》1984.8.31.①）

16日 据呼和浩特讯，截至目前，内蒙古自治区少数民族干部超过10万人，是1978年的3.4倍。（《内蒙古日报》1984.8.16.①）

△ 据新华社电，广西壮族自治区地质矿产局第七地质队最近在象州县探明一座大型重晶石矿。（《人民日报》1984.8.16.①）

△ 西藏自治区政府颁布《关于民族手工业若干政策的暂行规定》。《规定》共13条，主要内容：对集体和个体民族手工业，近期内免收工商业税；对集体手工业和个体民族手工业从事经营活动的汽车、拖拉机继续免收养路费。对民族特需商品，民族手工业工艺品和名牌产品、旅游产品的生产，要重点扶持。国家依法保护民族手工业集体企业和个体户的合法权益；任何单位和个人不得平调、挪用、侵占或私分他们的资产和无偿动用他们的劳动力；也不得向民族手工业集体企业或个体户摊派和提取财物。国家保障集体和个体民族手工业经营上的自主权；允许个体手工业者雇请帮工、带徒弟，工资待遇由双方议定。对民族手工业老艺人，工资待遇从优，并可以给他们授予技术职称。（《中国共产党西藏历史大事记（1949～2004）》P418～419）

16～20日 贵州省黔东南苗族侗族自治州首届侗戏调演在黎平举行，从江、榕江、天柱、黎平4县组队参加，共演出7个侗戏。（《黔东南苗族侗族自治州志·总述·大事记》P271）

17日 广西壮族自治区大化至恶滩22万伏输电线路联网成功。（《广西通志·大事记》P503）

△ 宁夏回族自治区党委、人民政府发布《关于加强普通教育工作的决定》，要求力争在1990年以前全区基本实现普及初等教育的任务，大力发展职业技术教育，采取特殊措施发展民族教育，加强师资队伍建设，采取多种渠道增加教育投资。（《中共宁夏党史大事记（1925.8～1988.6）》P559～560）

17～23日 全国第二次少数民族作家文学讨论会在云南省白族自治州大理市下关举行，15个省、市、自治区13个少数民族的80多位民族文学创作者（作家）、研究者、教学

者参会。（《云南日报》1984.9.2.①）

18日 据本报南宁讯，广西壮族自治区目前有各类少数民族科技干部6.7万多人，占民族干部总数的30%，其中高、中级科技人员920名。（《广西日报》1984.8.18.②）

△ 宁夏回族自治区党委召开区级机关党员负责干部会议，强调认真贯彻中央精神，把清理“三种人”工作抓紧、抓好、抓到底。27~31日，自治区党委在吴忠市举行全区核查“三种人”工作会议。（《中共宁夏党史大事记（1925.8~1988.6）》P560）

18~24日 广西壮族自治区人民政府在南宁举行壮文工作会议。会议要求壮族地区各级学校使用壮文教学，农村用壮文扫盲，自治区和壮族地区的地、市、县机关行文逐步做到壮汉两种文字并行。（《广西通志·大事记》P503）

19日 中国体操运动员李宁（壮族）和中国女排运动员郎平（满族）获国家体委颁发的体育运动荣誉奖章和总政治部赠予的一等军功奖章，郎平还获全国妇联授予的全国“三八”红旗手称号。（《贵州日报》1984.8.20.①）

△ 据新华社拉萨电，北京、天津、上海、南京、广州等地40所军队院校和地方大专院校1000多名应届毕业生志愿到西藏边防部队工作，是建国以来大学和中专应届毕业生赴西藏边防部队工作人数最多的一年。（《西藏日报》1984.8.20.①）

△ 西藏自治区政府批转《关于发展农牧民个体和集体运输业的暂行规定》。规定指出，对农牧民个体或集体从事运输业，总的原则是放宽、搞活、扶持、发展。允许运输专业户参观区内外、客货运输，对个体和集体运输户和国营运输企业一视同仁。农牧民购买汽车，可向县经计委申请纳入计划，也可以自行购车。农牧民个体和集体的汽车所需油料，所在地县按标准、按合同计划供应。采取多种途径，多种形式为农牧民培训驾驶员。（《中国共产党西藏历史大事记（1949~2004）》P421）

19~31日 中共中央书记处书记胡启立、国务院副总理田纪云等在西藏自治区调研、指导工作。在藏期间，多次与自治区党、政、军负责人座谈，同各族各界干部、群众、爱国人士交谈。胡启立、田纪云返京后，于9月14日向党中央、国务院写出调查报告。10月30日，中共中央、国务院同意并批转该《报告》。（《西藏日报》1984.8.20.①，8.23.①，8.24.①，8.25.①，8.26.①，8.27.①，8.30.①，8.31.①，9.1.①，9.2.①；《中国共产党西藏历史大事记（1949~2004）》P419~420；《当代中国的西藏》上P412）

20日 据新华社电，内蒙古自治区文物工作队最近在伊金霍洛旗纳林塔乡朱开沟沟掌处发现许多从原始社会至夏商时期的村落遗址，发掘墓穴250座，房屋60多座，灰坑（窖穴）170个，陶窑7处，以及完整的石器、骨器、铜器和陶器等文物1000多件。（《人民日报》1984.8.20.①）

△ 据新华社电，湖南省最近在湘西土家族苗族自治州古丈县茄通乡白鹤湾发掘出42座战国墓葬，出土文物223件，其中陶器有鼎、壶、簋、缸等，铜器有剑、戈、矛、箭镞等，铁器有剑、刮等。（《人民日报》1984.8.20.①）

20~22日 宁夏回族自治区改革中等教育结构、发展职业技术教育会议召开。（《宁夏日报》1984.9.1.①）

20~30日 全国“格萨尔”工作领导小组和西藏社会科学院等单位在西藏拉萨联合召开七省（区）《格萨尔王传》民间艺人演唱会。新疆、内蒙古、青海、甘肃、四川、云南和西藏各地（市）代表共70余人参加，其中“格萨尔”民间说唱艺人40余人。（《西藏日报》1984.8.22.①，8.31.①）

22日 由藏戏改编的彩色宽银幕舞台艺术片《卓瓦桑姆》在中南海试映。 （《西藏日报》1984.8.24.①）

△ 中国花腔女高音歌唱家迪里拜尔（维吾尔族）获芬兰国际声乐比赛女声组二等奖，这是她首次参加国际大赛并获奖。 （《新疆日报》1984.8.25.①）

24日 西藏自治区党委发出认真贯彻“以牧为主”的生产方针的指示。提出，进一步肃清“左”的影响，一切从西藏的实际出发，是贯彻执行“以牧为主”生产方针的思想基础。要克服重农轻牧思想，认真解决好以牧为主的指导思想，把农村牧区的工作重点彻底转移到以牧为主的生产方针上来。 （《中国共产党西藏历史大事记（1949～2004）》P421～422）

△ 据新华社电，新疆维吾尔自治区最大的饲料加工厂最近在乌鲁木齐市建成并开始试生产，年产能力3万吨。 （《人民日报》1984.8.24.②）

26日 新疆维吾尔自治区昌吉回族自治州各族军民3万多人在昌吉市集会，庆祝自治州成立30周年。自治区党委书记祁果、自治区人大常委会副主任禹占林、自治区政协副主席马明亮率自治区党政代表团，乌鲁木齐军区政委谭善和、副司令员艾则佐夫·哈斯木率乌鲁木齐军区代表团，以及新疆生产建设兵团、伊犁哈萨克自治州、克孜勒苏柯尔克孜自治州、东疆军区代表团参加。全国人大常委会委员、全国人大民委副主任平错旺阶，自治区党委第一书记王恩茂出席大会并讲话。参加庆祝活动的还有宁夏回族自治区人民政府副主席马腾霭率领的宁夏代表团。全国人大常委会、国务院和全国人大民委、国家民委致贺电。 （《人民日报》1984.8.27.④，《新疆日报》1984.8.28.①）

27日 贵州省政府批准黔南布依族苗族自治州长顺县睦化乡地层剖面列为省级文物保护单位。 （《黔南布依族苗族自治州志》上P68）

28日 新疆维吾尔自治区党委发出《关于进一步认真贯彻执行中央〔1982〕19号文件，正确处理宗教问题的通知》。通知指出，宗教问题在新疆具有一定的群众性，而且常常同民族问题交织在一起，正确处理好宗教问题对于促进自治区的安定团结和社会主义现代化建设具有重要意义。 （《中国共产党新疆历史大事记（1966.5～1991.12）》下P247）

29日 广西壮族自治区党委决定成立自治区体制改革委员会。 （《广西通志·大事记》P503）

△ 四川省首届少数民族干部大专培训班开学。 （《四川日报》1984.8.31.①）

△ 云南省德宏傣族景颇族自治州第一部傈僳语配音影片《咱们的牛百岁》首映。 （《德宏州志》综合卷P78）

是月 云南省民族曲艺讨论会在大理举行，北京、内蒙古、湖南、广东等省、市、自治区代表和云南省各地州市曲艺界代表共56人参会。 （《云南日报》1984.9.16.③）

△ 云南省红河哈尼族彝族自治州金平县一中学生杨自林（苗族）获全国第二届青年科学发明比赛一等奖。 （《红河哈尼族彝族自治州志》1卷P105）

△ 民政部、解放军总政治部授予云南省文山壮族苗族自治州麻栗坡县“拥军支前模范单位”称号。 （《文山壮族苗族自治州志》1卷P67）

△ 西藏自治区党委通知调整全区农牧业生产责任制。通知指出，自治区党委农村牧区20条试行规定和地区领导座谈会上已明确自治区的牧业生产责任制，可以借畜到户，仔畜归己，自主经营，也可以牲畜作价归户，分期偿还；某些地区也可以实行分畜到户，现在可称牲畜归户，私有私养，自主经营，长期不变。农业生产责任制，一般可实行借地到户，

自主经营。在调整生产责任制时，要坚持大稳定、小调整的原则。当前要抓紧落实草场承包制，首先把冬春草场的使用权承包到户、联户或自然村，30年不变。（《中国共产党西藏历史大事记（1949～2004）》P417～418）

9月

1日 广西壮族自治区人民政府发出《关于解决部分贫困地区群众生产生活困难若干问题的规定》，主要内容是：免除天峨、凤山、东兰、南丹、巴马、那坡、乐业、凌云、西林、田林、隆林、融水、金秀、三江、融安、宁明、龙州、上思、防城、龙胜等县（自治县）上调生猪任务；免除155个受援公社农民购买国库券任务；河池、百色两地区和金秀瑶族自治县，免除木材统购任务；桐油由二类物资改为三类物资，实行议购议销；10个民族自治县和东兰、凤山、那坡县的大队干部和民办教师工资由自治区负担；在老少边山区县（自治县）、市的自治区管理企业（厂矿），分期分批下放给当地市、县管理；认真执行民族地区“三照顾”（自有资金照顾、利润留成照顾、运输补替照顾）政策。（《广西通志·大事记》P503～504）

△ 宁夏回族自治区在中宁县建立沙坡头自然保护区，面积1.37万公顷，是以自然沙生植物及人工植被、野生动物为主要保护对象的国家级自然保护区。（《全国自然保护区名录（2003）》P115）

△ 据本报讯，截至目前，新疆维吾尔自治区有邮电局（所）1000多个，邮路近10万公里，邮车449辆，邮车数量居全国各省区之冠。（《新疆日报》1984.9.1.①）

△ 新疆维吾尔自治区伊犁哈萨克自治州各族军民3万多人在伊宁市集会，庆祝自治州成立30周年。自治区党委书记、自治区主席司马义·艾买提率自治区党政代表团参加。全国人大常委会委员、人大民委副主任平错旺阶，自治区党委第一书记王恩茂到会祝贺。平错旺阶和司马义·艾买提分别讲话。全国人大常委会、国务院和全国人大民委、国家民委致贺电。（《人民日报》1984.9.2.④，《新疆日报》1984.9.3.①）

1～3日 新疆维吾尔自治区首届赛马运动会在伊犁哈萨克自治州首府伊宁市举行，博尔塔拉蒙古自治州、巴音郭楞蒙古自治州、伊犁哈萨克自治州、乌鲁木齐市、特克斯军马场等地、州、市和单位的90多名运动员参加。比赛项目有速度赛马、走马、叼羊、马上拾银等。（《新疆通志·体育志》83卷P65）

1～5日 全国首届民族医药工作会议在内蒙古自治区呼和浩特市举行，5个自治区、12个省以及部分自治州的代表出席会议。（《人民日报》1984.9.6.②，《内蒙古日报》1984.9.6.①）

3日 广西壮族自治区党委转发《利用外资领导小组第一次会议纪要》，决定下放利用外资审批权限，争取二三年内在水电、建材、有色金属和旅游等方面利用外资有较大突破。18日至23日，自治区利用外资工作会议在南宁举行，提出要解放思想，改革管理体制，放宽政策，打开利用外资的新局面。自此，全区利用外资工作大为加快，至年末全年签订的利用外资合同为78项，总金额1.83亿美元，超过1979年至1983年的总和。（《广西通志·大事记》P504）

3～6日 内蒙古自治区召开首次学习使用蒙古语文先进集体、先进个人表彰大会，29个先进集体和274名先进个人受表彰。（《民族团结》1984.10 P25；《内蒙古日报》1984.9.4.①，9.7.①）

4日 据新华社北京电，我国专门培养少数民族人才的11所民族学院自建立以来共培养少数民族干部和专业人才11.43万多人。（《四川日报》1984.9.5.③）

5日 广西壮族自治区党委批转农村政策

研究室《关于沿袭土地承包期、完善联产承包责任制问题的报告》，决定延长土地承包期15年。（《广西通志·大事记》P504）

△ 青海运动员罗玉秀（女，蒙古族）以16分05秒38的成绩获全国田径运动会5000米冠军。8日，她又以33分52秒84的成绩获1万米冠军。（《青海日报》1984.9.7.①，9.9.①）

6日 国家民委新闻发言人任英就外国驻北京记者提出的有关达赖喇嘛派代表来京问题发表谈话，同意达赖喇嘛派3位代表来京。10月21日，达赖喇嘛派出的3位代表图登朗杰、彭措扎西、洛卓坚赞由印度抵京。11月27日，中共中央统战部部长杨静仁接见3位代表，表示欢迎达赖喇嘛回国做有利于祖国统一和民族团结的事，并重申胡耀邦总书记讲的五条方针不变。30日，中共中央政治局委员、中央书记处书记习仲勋在人民大会堂接见3位代表，重申五条方针，并欢迎达赖喇嘛回国。12月1日，3位代表向新华社记者发表声明表示，他们深信达赖喇嘛回国访问将会增进他同中央领导人之间的相互了解。（《人民日报》1984.11.28.①，12.1.①，12.2.④；《西藏日报》1984.9.9.①）

△ 广西壮族自治区石油勘测指挥部援藏技术小组赴西藏援助开发高原热地。（《广西日报》1984.9.10.①）

△ 云南省文山壮族苗族自治州人民政府批准居住在麻栗坡、富宁、马关、文山、砚山、广南6县13个区19个乡35个自然村的332户2082人恢复仡佬族族称。（《文山壮族苗族自治州志》1卷P67）

△ 新疆维吾尔自治区供销合作社联合社在乌鲁木齐成立。（《新疆日报》1984.9.7.①）

6～12日 第12次全国少数民族特需用品生产供应会议在贵州贵阳举行。（《贵州日报》1984.9.15.①）

△ 广西壮族自治区六届人大常委会第十次会议举行，通过《关于乡、镇人民代表大会名额的补充规定》、《关于延长在“文化大革命”期间发生的重大刑事案件办案期限的决定》、《关于可以延长刑事案件办案期限的交通十分不便的边远地区的决定》。（《广西日报》1984.9.7.①，9.13.①）

6～18日 国家科委组织的西藏新能源开发利用专家咨询小组在西藏自治区考察。（《西藏日报》1984.9.19.①）

6～20日 卫生部部长崔月犁率卫生部赴藏考察团一行13人考察西藏自治区拉萨、日喀则、山南等地区的10个县35个医疗卫生单位。（《西藏日报》1984.9.7.①，9.9.①，9.10.①，9.13.①，9.15.①，9.25.①）

7日 据南宁讯，广西壮族自治区第一座由电脑控制的3.5万伏变电站在南宁建成。（《广西日报》1984.9.7.①）

8日 川藏公路纪念碑奠基典礼在拉萨举行。纪念碑将矗立在拉萨市民族路、沿河西路的交叉口上，建筑面积6000平方米。（《中国共产党西藏历史大事记（1949～2004）》P422）

9日 广西壮族自治区党委、自治区人民政府批转《全区地市县计划生育委员会主任会议纪要》，要求继续搞好计生工作，到本世纪末全区人口控制在4400万以内，使人口自然增长率降至10‰左右。12日，自治区计生委和自治区民委联合召开少数民族计生工作座谈会，强调壮族的计生工作，原则上与汉族同样要求。（《广西通志·大事记》P504）

10～12日 广西壮族自治区首次人才交流洽谈会在南宁举行，同时成立自治区人才交流服务中心。（《广西通志·大事记》P504）

10～15日 全国民族自治地区地方志工作会议在新疆乌鲁木齐举行，25个省、市、区和中央有关部门负责人、专家、学者和地方志编辑人员86人参加。（《新疆日报》

1984.9.17.①,《西藏日报》1984.9.29.③）

11日 新疆维吾尔自治区第一家科研生产联合体——中科院新疆物理研究所科技开发公司诞生。（《新疆通志·科学技术志》72卷上P93）

△ 新疆维吾尔自治区巴音郭楞蒙古自治州各族军民5000人在库尔勒市集会，庆祝自治州成立30周年。自治区党委书记、人大常委会主任铁木尔·达瓦买提率自治区党政代表团参加。全国人大常委会委员、人大民委副主任平错旺阶到会祝贺。平错旺阶和铁木尔·达瓦买提分别讲话。全国人大常委会、国务院和全国人大民委、国家民委致贺电。（《新疆日报》1984.9.3.①）

13日 据本报讯，广西壮族自治区罗城仫佬族自治县政府最近决定，每年中秋节定为仫佬族歌节。10日，仫佬族同胞第一次欢度这个节日。（《广西日报》1984.9.13.①）

13～17日 贵州省民族团结表彰大会在贵阳举行，132个先进集体和226名先进个人受表彰。（《民族团结》1984.10 P11;《贵州日报》1984.9.13.①，9.14.①，9.17.①）

14日 国家拨款3.38亿元作为广西壮族自治区西江航运第一期工程建设经费。第一期包括贵县中转港、马骝滩航运枢纽、桂平至梧州段整治工程，工期为6年。（《广西通志·大事记》P504）

△ 国务院批复新疆维吾尔自治区人民政府，同意恢复伊犁地区，将原伊犁哈萨克自治州直辖的伊宁市、伊宁县、尼勒克县、新源县、巩留县、特克斯县、昭苏县、霍城县、察布查尔锡伯自治县划归伊犁地区，伊犁地区行政公署驻伊宁市；伊犁哈萨克自治州管辖伊犁地区、塔城地区、阿勒泰地区和奎屯市（县级）。（《国务院公报》1984［24号］P862）

15日 据《广西日报》报道，广西壮族自治区首届纺织产品展销订货会在柳州举行，全国27个省、市、自治区的1000多名代表到会，3天成交额8000万元。（《广西通志·大事记》P504）

△ 据《西藏日报》报道，西藏民族干部和专业技术队伍迅速发展。截至目前，少数民族干部占全区干部总数的59%，占少数民族各类专业技术人员总数的58%。（《中国共产党西藏历史大事记（1949～2004）》P422～423）

△ 青海省黄南藏族自治州第一座电视差转台建成并试播成功。（《黄南州志》上P54）

△ 新疆维吾尔自治区克孜勒苏柯尔克孜自治州各族军民1万多人在阿图什集会，庆祝自治州成立30周年。自治区党委常委阿木冬·尼牙孜率自治区党政代表团参加，全国人大常委会委员、人大民委副主任平错旺阶，自治区党委书记、自治区人大常委会主任铁木尔·达瓦买提到会祝贺。平错旺阶和阿木冬·尼牙孜分别讲话。参加庆祝会的还有新疆生产建设兵团和南疆军区的负责人以及自治区各兄弟自治州、自治县的代表。全国人大常委会、国务院和全国人大民委、国家民委致贺电。（《新疆日报》1984.9.17.①）

16日 贵州省首届少数民族戏曲研究汇报演出在贵阳举行，黎平、榕江、从江、册亨、贞丰5个县的业余演出队表演侗戏《善郎娥梅》、《丁郎龙女》、《送礼》和布依戏《罗细杏》、《金竹情》。演出期间，省文化出版厅、省民委、省剧协邀请部分少数民族干部、民族文学艺术专业人员、文艺界的戏剧、音乐工作者参加观摩和座谈，对侗戏、布依戏两剧种的挖掘和整理等学术问题进行探讨和研究。（《贵州日报》1984.9.18.①）

17日 据报道，中国北方少数民族哲学及社会思想史学会第三次学术讨论会在吉林省延边朝鲜族自治州延吉市召开。与会人员就如何正确认识北方少数民族与中原王朝的关系问题、如何正确评价涉及民族关系的历史人物和民族英雄问题、在哲学及社会思想史的研究过程中如何贯彻和体现民族平等和促进民族团结等问题进行讨论。（《人民日报》1984.9.17.⑤）

△ 据本报讯，青海省化隆回族自治县目前有少数民族干部652人，占全县干部总数的31.5%；县级领导干部17人，其中少数民族11人。（《青海日报》1984.9.17.①）

△ 新疆维吾尔自治区人民政府和中国有色金属总公司签订加快发展新疆有色金属工业协议。（《中国共产党新疆历史大事记（1966.5~1991.12）》下P250）

18日 据本报讯，云南省目前有少数民族干部12.4万人，比1952年增长16.5倍，其中科技干部3万人，占少数民族干部总数的24%。（《云南日报》1984.9.18.①）

△ 电子工业部援藏重点建设项目——拉萨卫星通信地面站建成并提前完成试收任务，拉萨的藏汉同胞第一次在当地收看到通过我国试验卫星转发的中央电视台节目。（《人民日报》1984.9.21.①，《西藏日报》1984.9.20.①）

19日 据《西藏日报》报道，30多年来西藏科技事业蓬勃发展。至1983年底，全区实有县推广站37个，山南、拉萨、日喀则、昌都四地（市）建立农业技术推广总站。1981年，自治区7个业务局（农牧、卫生、地质、交通、工业、农垦与农牧学院）都成立科技管理处，加强科技管理工作。全区共有各类自然科学技术人员1万余人（不包括邮电、地质、气象、以及集体单位的科技人员），其中以藏族为主的少数民族技术人员占50%以上。（《中国共产党西藏历史大事记（1949~2004）》P423）

19~21日 全国人大常委会副委员长班禅额尔德尼·确吉坚赞在宁夏回族自治区视察。在与宁夏宗教界人士座谈时，班禅赞扬自治区党委认真落实党的民族政策和宗教政策，使全区出现各族人民安居乐业的大好局面，他希望宗教界人士带头做维护和加强民族团结的模范。（《中共宁夏党史大事记（1925.8~1988.6）》P560）

20日 全国六届人大常委会第七次会议通过《中华人民共和国森林法》。第一章《总则》第七条要求，国家和省、自治区人民政府对民族自治地方的林业生产建设，依照国家对民族自治地方自治权的规定，在森林开发、木材分配和林业基金使用方面，给予比一般地区更多的自主权和经济利益；第七章《附则》第四十一条，民族自治地方不能全部适用本法规的，自治机关可根据本法的原则，结合民族自治地方的特点，制定变通或补充规定，依照法定程序报省、自治区或全国人大常委会批准施行。（《国务院公报》1984［23号］P771~778）

△ 湖北省鄂西土家族苗族自治州宣恩县茅坡营民族小学开设苗语课。（《恩施州志》P24）

20~26日 1984年全国古典式、自由式摔跤冠军赛在新疆维吾尔自治区乌鲁木齐市举行。新疆队共获3金6银3铜，运动员阿吉（维吾尔族）和阿斯哈尔（维吾尔族）分获全国摔跤冠军赛68公斤级、自由式成年组57公斤级冠军。内蒙古自治区运动员银山（蒙古族）、布和（蒙古族）、达来（蒙古族）、敖荣（蒙古族）、宝玉（蒙古族）分获全国摔跤冠军赛古典式比赛成年组62公斤级、82公斤级、90公斤级、100公斤级、100公斤以上级冠军。（《人民日报》1984.9.30.③，《新疆日报》1984.9.27.①，《内蒙古日报》1984.9.25.①）

21日 内蒙古自治区翻译工作者协会在呼和浩特成立。（《内蒙古日报》1984.9.24.①）

23~27日 四川省甘孜藏族自治州首届文学艺术工作者代表大会在康定召开，全州文

艺工作者200多人出席大会，正式成立甘孜州文学艺术界联合会及所属各个协会。（《甘孜州志》上P91）

23日~10月22日 甘肃省甘南藏族自治州赴藏经济文化学习考察团一行20人在西藏自治区考察。（《西藏日报》1984.9.28.①，10.23.①）

24日 云南省红河哈尼族彝族自治州五届人大常委会第十次会议作出《关于哈尼族彝族民族节日的规定》，决定哈尼族以传统的“矻扎扎”为民族节日，在农历六月内欢度；彝族以传统的“火把节”为民族节日，在农历六月二十四日欢度。（《红河哈尼族彝族自治州志》1卷P105）

24~27日 新疆维吾尔自治区柔道运动员卡哈尔（维吾尔族）在全国柔道冠军赛上获冠军。（《新疆通志·体育志》83卷P66）

25日 广西壮族自治区人民政府发布《关于城镇集体所有制工业若干政策问题的规定》，要求大力扶持和发展城镇集体所有制经济，并制定16条具体规定。（《广西通志·大事记》P504）

△ 广西壮族自治区南宁平板玻璃厂建成试产，1986年8月2日移交使用。该厂是国家重点建设工程，是国内第三座现代化大型平板玻璃生产企业，设计能力年产平板玻璃120万标箱。（《广西通志·大事记》P504）

25~29日 广西壮族自治区首届民族团结先进集体、先进个人表彰大会在南宁举行，165个先进集体和840名先进个人受表彰。（《广西日报》1984.9.25.①，9.30.①；《广西通志·大事记》P505）

25~30日 全国射箭锦标赛在山东济南举行。新疆维吾尔自治区射箭运动员汝光（锡伯族）获男子双轮全能、90米、50米3个冠军，永玉平（锡伯族）获冠军。西藏自治区射箭运动员多吉秋云（藏族）获70米双轮全能第二名，次年他又以2433环的成绩获全国冠军、双轮全能第一名。（《当代中国的西藏》下P525，《西藏日报》1985.1.3.②，《新疆通志·体育志》83卷P66）

28日 国家民委和5个自治区联合举办的十一届三中全会以来民族工作展览在北京民族文化宫开幕。（《民族团结》1984.10 P42，11彩一；《西藏日报》1984.10.10.①，12.18.①）

△ 据本报呼和浩特讯，截至目前，内蒙古自治区已译制各种蒙古语影片440多部，其中包括我国第一部达斡尔语影片《傲蕾·一兰》。（《内蒙古日报》1984.9.28.①）

△ 据本报讯，宁夏回族自治区目前有少数民族干部1.5万多名，比自治区成立时增长4倍；自治区人大常委会正、副主任和自治区正、副主席中，回族干部分别占44.4%、71.4%。（《宁夏日报》1984.9.28.①）

29日 中共中央、国务院发出《关于帮助贫困地区尽快改变面貌的通知》。通知指出，我国还有几千万人口的地区仍未摆脱贫困，群众的温饱问题尚未完全解决，其中绝大部分是山区，有的还是少数民族聚居区和老革命根据地，有的是边远地区。解决好这些地区的问题有重要的经济意义和政治意义。（《中华人民共和国大事记（1949~2004）》P737）

是月 内蒙古自治区学习使用蒙古语文先进集体、先进个人表彰会议在呼和浩特举行，26个先进集体和274名先进个人受表彰。（《内蒙古自治区史》P440）

△ 广西壮族自治区县级以上党政机关机构改革基本完成。改革后的自治区部委办厅局级机构及直属事业单位67个，比原有98个单位减少31个。中央核定自治区直属机关总编制为4500人（不含公安、检察、法院、司法行政机关），比1982年末实有人数6494人减少1994人。（《广西通志·大事记》P505）

△ 甘肃省委、省政府作出关于促进甘南

藏族自治州经济发展的若干政策规定。（《甘南藏族自治州概况》P269）

10月

1日 吉林省延边朝鲜族自治州和新疆维吾尔自治区昌吉回族自治州结为姊妹州仪式在延吉市举行。（《延边朝鲜族自治州志》上P91）

△ 湖南省桑植县庆祝芙蓉桥、马合口、麦地坪、走马坪、刘家坪、洪家关、瑞塔铺7个白族乡成立。（《湖南日报》1984.10.4.①）

△ 四川省凉山彝族自治州峨边、马边两县正式划归乐山地区。（《凉山彝族自治州志》上P70）

△ 云南省少数民族风物志展览在省博物馆举办。（《云南日报》1984.9.30.①）

△ 位于新疆维吾尔自治区帕米尔高原腹地的塔什库尔干塔吉克自治县电视录像转播台试机播放成功，当地各族居民首次看上电视节目。（《新疆日报》1984.11.1.①）

2日 中央军委主席邓小平、中共中央总书记胡耀邦、国务院总理赵紫阳、国家主席李先念、全国人大常委会委员长彭真、全国政协主席邓颖超、国家副主席乌兰夫等党和国家领导人在北京会见各民族组成的国庆观礼团代表。5日至11月17日，各观礼团先后在华北、华东、华南等地参观访问。（《人民日报》1984.10.6.④，11.19.④；《甘肃日报》1984.10.3.①）

△ 西藏自治区党委印发中央关于对达赖集团的方针政策，主要内容如下：一、达赖出走外逃，在国外搞“西藏独立”并散布了许多错误言论，这两件事干得不好，他对不起国家，对不起西藏人民，也败坏了他自己的名誉。二、我们对达赖仍然是继续做工作，争取他向好的方向转化，跟着达赖外逃的一批人，愿意回归祖国的，我们一律欢迎；回来不走的，妥善安排；回来又要走的，礼送出境；早回来，我们欢迎；迟回来，我们等待；不回来，我们争取；搞分裂，我们反对。三、中央对达赖喇嘛的五条方针不变。四、西藏是中华人民共和国不可分割的一部分，不能搞独立，也不能搞半独立。对台湾的“九条”不适用于西藏，西藏和台湾都是中国不可分割的一部分，但区别很大，西藏解放30多年，已实行了民主革命和社会主义改造，废除了旧制度，是中央统一领导下的自治地方，因此西藏和台湾是两个性质完全不同的问题，根本不能相提并论。美国在搞“一中一台”，还有人想搞“一中一台一藏”，这是绝对不能允许的。要搞什么“大藏族自治区”也是不现实，不可能的。五、达赖集团一再提出要派国外藏胞中的青年知识分子回藏教学，有他们的目的。我们的答复：愿意回国工作，我们欢迎，但必须承认是中国公民，服从分配，有长期打算。六、中央和达赖之间不存在谈判问题。（《中国共产党西藏历史大事记（1949～2004）》P423～424）

2～28日 广西壮族自治区首届戏剧展在南宁举行，12个艺术表演团体参加演出。苗族神话舞剧《灯花》、粤剧《潮涨潮落》、桂剧《玉蜻蜓》、壮剧《金花银花》4个剧目获“优秀演出奖”。（《广西通志·大事记》P504）

3日 是日报道，西藏自治区文物普查队在乃东县境内发现一批1000多年前的古墓群，为研究西藏古代的文化、经济和风俗习惯提供了宝贵的实物资料。这批古墓群共18处，有1007座墓葬。（《人民日报》1984.10.3.③）

4～10日 中国蒙古史学会第五届年会暨学术讨论会在山东青岛召开，北京、新疆、内蒙古、青海等20多个省、市、自治区的蒙古史专家、学者参加。（《人民日报》1984.12.7.⑤）

5日 据本报讯，内蒙古自治区蒙古文学

学术座谈会最近在呼和浩特召开。（《内蒙古日报》1984.10.5.①）

△ 西藏自治区那曲镇附近发现西藏第二个大地热田。（《当代中国的西藏》下P607）

△ 新疆维吾尔自治区克孜勒苏柯尔克孜自治州少数民族古籍搜集、整理、出版规划领导小组成立。（《克孜勒苏柯尔克孜自治州志》上P52）

6日 青海省海北藏族自治州经济体制改革办公室和州经济开发协作办公室成立。（《海北藏族自治州志》上P87）

7~9日 全国首次少数民族语言文字信息计算机处理学术讨论会在内蒙古自治区呼和浩特召开。（《内蒙古日报》1984.10.15.①）

8日 我国首个太阳能热能利用技术藏族干部培训班在甘肃兰州开学，西藏自治区和甘南藏族自治州的近20名藏族学员参加培训。（《西藏日报》1984.10.10.①）

8~14日 全国边疆少数民族省区轻工业改革工作座谈会在云南昆明举行。（《云南日报》1984.10.25.①）

9~11日 东北三省朝鲜族特需商品供货会议在吉林省延边朝鲜族自治州延吉市举行。供货会总交易额280多万元，延边产品占95%以上。（《延边朝鲜族自治州志》P92）

9~13日 内蒙古自治区运动员哈达铁（达斡尔族）获全国十单位马术锦标赛场地障碍赛马冠军，新疆维吾尔自治区运动员巴吾尔江（哈萨克族）、吉恩斯（哈萨克族）分获5000米速度赛马冠军、1万米速度表演赛马冠军。（《新疆日报》1984.10.10.①，10.14.①；《宁夏日报》1984.10.19.③）

10日 据本报讯，广西壮族自治区第一家民族书店最近在南宁开业。（《广西日报》1984.10.10.①）

△ 据本报讯，四川省凉山彝族自治州首家出租汽车队——公共交通公司出租车队最近开业。（《四川日报》1984.10.10.②）

△ 西藏自治区那曲地区经济文化考察团赴内地参观考察。（《西藏日报》1984.10.14.①）

△ 西藏自治区阿里地区第一座藏医院成立。至此，西藏全区各地、市均有藏医院（科）。（《西藏日报》1984.10.14.①）

10~15日 宁夏回族自治区伊斯兰教界人士为四化建设服务表彰大会举行，25个宗教单位和63名宗教人士受表彰。会议号召全区穆斯林爱国爱教，团结一致，振兴宁夏。（《中共宁夏党史大事记（1925.8~1988.6）》P561）

11日 湖北省鄂西土家族苗族自治州恩施市私立清江学校开学上课，为全州设立的第一所私立中学。（《恩施州志》P24）

12日 新疆维吾尔自治区克孜勒苏柯尔克孜自治州委、州人民政府决定恢复康苏镇的行政建制，隶属乌恰县管辖。（《克孜勒苏柯尔克孜自治州志》上P52）

15日 新疆维吾尔自治区党委、自治区人民政府决定成立自治区科技干部管理局，作为自治区党委、自治区人民政府统一管理全区科技干部的职能部门。（《中国共产党新疆历史大事记（1966.5~1991.12）》下P251，《新疆通志·科学技术志》72卷上P94）

16日 上海市民族团结表彰会举行，65个先进集体和158名先进个人受表彰。（《民族团结》1984.11 P33）

△ 广西壮族自治区南宁职业大学正式成立，是广西第一所实行自费走读、不包分配的职业大学。（《广西通志·大事记》P505）

△ 宁夏回族自治区首个共用电视天线系统最近建成。（《宁夏日报》1984.10.16.①）

18日 中共甘肃省委、省政府召开临夏回族自治州经济开发会议，确认临夏州提出的

“东进西出、南来北往”的开放方针，要求力争在1990年工农业总产值、财政收入、人均国民收入提前翻番。（《临夏回族自治州志》上P68）

18～19日 四川省重庆市民族团结表彰大会举行，233个先进集体和127名先进个人受表彰。（《四川日报》1984.10.20.①）

18～25日 新疆维吾尔自治区少数民族古籍工作会议在乌鲁木齐举行。会议要求加强对少数民族古籍的搜集、整理和保管，培养古籍研究人才，组织出版重要著作。会议讨论制定《新疆维吾尔自治区近期少数民族古籍搜集整理出版规划工作计划要点》，提出近二三年内要以抢救收集民族古籍为重点，同时组织影印、复制、整理、翻译、出版《突厥语大词典》、《福乐智慧》、《弥勒会见记》、《乌古斯传》、《哈萨克民间长诗集》、《卫拉特蒙古史料集》、《江格尔》、《玛纳斯》、《锡伯族史料集》等30种各民族的重要古籍著作。（《新疆日报》1984.11.5.①）

20日 宁夏回族自治区首家中美合资企业——宁加农业环境仪器设备有限公司在银川开业。（《当代宁夏史通鉴》P35）

20日～12月10日 四川省归国藏胞首批参观团在重庆、武汉、北京、天津、南京、苏州、常熟、无锡、杭州、绍兴、福州、泉州、厦门、上海14个城市及乐山、峨眉山参观。这是我国首次组织回国定居藏胞参观访问。（《四川日报》1984.12.12.①）

24日 中共中央书记处会议讨论广西壮族自治区的经济建设问题。《会议纪要》指出，在“文化大革命”中广西是受林彪、“四人帮”破坏的“重灾区”之一，由于受“左”的思想和其他因素影响，在相当长一段时间内，各项工作特别是经济工作进展不大；广西彻底否定“文化大革命”、彻底否定派性和完成整党任务仍很艰巨。经济工作的指导思想必须从实际出发，弄清经济上的特点，把立足点和着眼点放在放宽政策上，挖掘潜力，把经济工作搞上去；要加强领导班子建设，选拔好干部。（《广西通志·大事记》P505）

△ 据新华社拉萨电，西藏自治区重视解决藏族老知识分子和民间艺人的学历、职称和待遇问题。自治区政府最近规定，藏族老知识分子和民间艺人经认定学历或评定职称后，可享受国家规定的待遇。（《人民日报》1984.10.25.③）

△ 青海省伊斯兰教协会举办第一期阿訇进修班，于1985年4月23日在西宁东关清真大寺举行结业典礼。33名阿訇领取《阿訇合格证书》。（《青海日报》1984.10.28.①，1985.4.24.①）

25日 据《宁夏日报》报道，宁夏银川市在工业管理体制改革中将市属97个工业企业按行业、产品归口组建10个专业公司，以打破过去行政部门之间的条块隶属关系。一年来，专业公司已显出优越性。（《中共宁夏党史大事记（1925.8～1988.6）》P562）

26～30日 内蒙古自治区少数民族教育研究会成立大会暨首届年会在呼和浩特召开。（《内蒙古日报》1984.11.4.①）

26～31日 中国民族学会第三届学术讨论会在广西壮族自治区南宁市召开，讨论民族学为现实服务，为解决我国新时期的民族问题服务的问题。（《广西日报》1984.10.27.①，11.1.①）

27日 西南民族学院研究成功的“计算机彝文处理软件”在四川省成都通过省级技术鉴定，这是我国首次开发计算机彝文处理软件。（《四川日报》1984.10.28.①）

△ 西藏自治区党委、自治区人民政府发出进一步抓好学习藏语文的指示，指出，各级党委和政府机关对不同民族、不同年龄、不同工作的干部和职工提出具体学习要求，培养一批高级翻译人才；要加强领导，分工负责，实行岗位责任制和奖惩制度。（《中国共产党

西藏历史大事记（1949～2004）》P425）

27日～11月2日 全国少数民族文物工作会议在北京召开。会议总结、交流各地少数民族文物工作的经验，讨论筹建中国民族博物馆的有关事宜，并向全国人民发出保护和管理好少数民族文物的呼吁书。（《人民日报》1984.10.28.④，11.3.③；《民族团结》1984.12 P3，《宁夏日报》1984.11.3.③）

28日 首都民族团结表彰大会办公室举办的民族政策咨询活动在北京举行，10个接待站共向4万多名少数民族同胞解答有关落实民族政策、发展民族文化教育事业等方面的问题。国家民委副主任黄光学、洛布桑等在咨询站解答部分少数民族同胞提出的问题。（《人民日报》1984.10.29.④）

△ 湖北省卫生厅丝虫病考核验收小组认定鄂西土家族苗族自治州基本消灭丝虫病，为全省第二个消灭该病的地区。（《恩施州志》P24）

29日 西藏自治区阿里地区朗久地热试验站打出第一口地热生产井——“朗久1号”。（《西藏日报》1984.11.1.①）

△ 西藏自治区政府颁布《西藏自治区人民政府关于保护水产资源的布告》，为扶持渔业，鼓励捕捞，对久居江河湖泊附近的渔民实行放宽、免税政策，调动渔民的生产积极性。（《当代中国的西藏》下P66）

△ 据本报讯，青海省藏语文学会最近在西宁成立。（《青海日报》1984.10.29.①）

30日 据新华社拉萨电，西藏自治区用于牧区修建网围栏草场等牧业基本建设的投资由往年的一二百万元增到2000万元。（《人民日报》1984.10.31.②）

是月 国家科委和农牧渔业部重点科研项目——西藏作物品种资源考察完成。（《西藏日报》1984.12.18.①）

△ 西藏自治区党委进一步调整农业生产责任制，决定将农业生产责任制原来的“借地到户，自主经营”的提法，改为“土地归户使用，自主经营，长期不变”。（《中国共产党西藏历史大事记（1949～2004）》P423）

11月

1日 据新华社北京电，中共中央宣传部、统战部最近联合印发《中华人民共和国民族区域自治法宣传提纲》，要求各地宣传、统战和有关部门向干部、群众广为宣传。（《西藏日报》1984.11.2.①）

△ 据本报讯，四川省民委研究所等单位在成都联合召开省少数民族地区商品经济理论讨论会。会议围绕如何搞活少数民族地区商品流通这个中心环节，讨论发展商品生产与搞活商品流通的关系问题。（《四川日报》1984.11.1.④）

△ 据《西藏日报》报道，西藏自治区人民政府是年给牧区投资2000万元，直接用于建设草场和草籽繁殖基地，以及改良牲畜品种，防止牲畜疾病等。（《中国共产党西藏历史大事记（1949～2004）》P425）

△ 西藏自治区拉萨市佛教协会成立大会举行。会议选举产生协会的组织机构，通过协会章程和决议。（《西藏日报》1984.11.4.①）

1～21日 内蒙古自治区经委、科委、科协、教育厅联合举办的全区首次科技成果交易会在呼和浩特举行，266项科技成果向使用单位转让，250项技术难题公开招标，264个技术咨询项目向用户提供服务。全区各有关高等院校、科研单位、厂矿企业及中央驻自治区的科研单位、工厂以及航天工业部、北京、天津、上海等省市一些单位的100多项科技成果和新产品参展。（《内蒙古日报》1984.11.2.①）

2日 新疆维吾尔自治区六届人大常委会第九次会议通过《新疆维吾尔自治区草原管理暂行条例》，于12日公布。（《中国共产党

新疆历史大事记（1966.5～1991.12）》下 P252）

3日 贵州省少数民族教育研究会在贵阳成立。（《贵州日报》1984.11.6.①）

△ 据新华社银川电，长期不得温饱的宁夏回族自治区西海固地区从单一经营粮食生产，向以种草种树、发展畜牧为主的多种经营和工副业方面发展。（《人民日报》1984.11.4.①）

4日 内蒙古自治区鄂温克族自治旗民族中学建成并开学。（《鄂温克族自治旗志》P930）

△ 据新华社乌鲁木齐电，新疆维吾尔自治区最近2年间与北京、天津、上海、江苏、山东、浙江等19个省市商定经济技术协作项目1200多个，加强了同省市的联系，从而改变了半封闭式经济状况，推动了自治区经济建设的发展。目前许多项目已取得较好经济效益。据统计，新增加产值1亿多元，增加利润1200多万元。（《人民日报》1984.11.5.①）

4～12日 云南省怒江傈僳族自治州首届民族体育运动会在六库举行，项目以篮球为主。（《怒江傈僳族自治州志》上P784）

5日 青海省海北藏族自治州与青岛化工学院草签关于共同开发海北智力资源和经济资源协议书，初步建立教学—科研—生产联合体。（《海北藏族自治州志》上P87）

5～11日 宁夏回族自治区党委五届三次全体（扩大）会议举行，传达党的十二届三中全会精神，学习讨论《中共中央关于经济体制改革的决定》。（《中共宁夏党史大事记（1925.8～1988.6）》P563）

6日 据新华社北京电，反映现代我国崭新民族关系的图书《同心集》由中国广播电视出版社出版发行，收集的130篇文章均为1983年第一次"全国民族团结征文"活动获奖作品。（《人民日报》1984.11.7.③）

△ 穆斯林建设北京牛街基金会在牛街礼拜寺成立。基金会由中国穆斯林中的民族、宗教、文化、卫生、教育、科技、企业等各方面代表人士组成，宗旨是发展牛街地区的民族经济、文化事业，逐步把牛街地区建设成为现代化的具有中国穆斯林特色的民族街道。（《人民日报》1984.11.7.④，《民族团结》1984.12 P9）

6～18日 广西壮族自治区北海市代表团参加在香港举办的中国开放城市招商洽谈会，共签订合同、协议、意向书24项，投资总额2.05亿港元。（《广西通志·大事记》P506）

7日 据新华社呼和浩特电，以畜牧业为主的内蒙古自治区出现近4000个养鱼专业户，使自治区20多万亩荒废的水面得到开发利用。近3年来，内蒙古不断放宽政策，陆续把中小水面承包给个人经营管理，并在资金、技术、鱼种供给等方面予以扶持，使一批农牧民走上致富之路。（《人民日报》1984.11.9.①）

△ 广西壮族自治区政府颁发《关于加速发展我区广播电视大学教育的决定》。此后，各地市相继办起电大分校。（《广西通志·大事记》P506）

8日 西藏自治区政协举办"囊马音乐会"，这是建国以来第一次举办以"囊马"为主，包括部分堆谐、嘎鲁等节目的音乐会。（《西藏日报》1984.11.10.①）

10日 四川省彭水苗族土家族自治县成立大会举行，四川省委副书记冯元蔚率四川省党政代表团出席并发表讲话，国家民委文化司司长贾春光宣读全国人大民委和国家民委的贺电。中央顾问委员会委员天宝和彭水苗族土家族自治县县长秦贵太分别在会上讲话。（《四川日报》1984.11.11.①）

13日 四川省黔江土家族苗族自治县成立大会举行，四川省祝贺团团长、四川省委副书记冯元蔚，黔江土家族苗族自治县县长王道

奎等出席大会并讲话，国家民委文化司司长贾春光宣读全国人大民委和国家民委的贺电。（《四川日报》1984.11.14.①）

14~18日　中国民族史学会工作会议在北京召开，会议讨论通过《中国民族史学会章程》。（《民族团结》1984.12 P28）

14~24日　云南省第二届民族戏剧会演在昆明举行，全省350多名民族戏剧工作者出席，共演出傣、白、壮、彝等民族戏剧节目10场。（《云南日报》1984.11.15.①）

15~17日　全国轻工业系统民族用品生产先进企业代表会在广州举行，16个少数民族聚居省、自治区及天津市的43个民族用品生产先进企业和民委、轻工业部门共100多位代表出席。（《贵州日报》1984.12.8.①）

15~21日　青海省玉树藏族自治州人大六届五次会议举行，审议通过《玉树藏族自治州自治条例》。（《玉树州志》上P56）

15~24日　全国少数民族剧种录像、演出观摩会暨全国少数民族戏曲志编纂工作会议在云南昆明举行。（《云南日报》1984.11.26.①，《四川日报》1984.11.15.①）

17日　川鄂湘黔四省边区六家地、州报纸协作会成立。参加协作的有：四川省《万县日报》、《群众报》（涪陵地区），湖北省《宜昌报》、《鄂西报》（鄂西土家族苗族自治州），湖南《团结报》（湘西土家族苗族自治州），贵州《黔东南报》（黔东南苗族侗族自治州）。（《湖南日报》1984.11.18.①）

△　宁夏回族自治区党委发出《关于开发改造银北百万亩荒地的几项政策的试行规定》，提出对改造以西大滩为主的银北百万亩荒地采取优惠、灵活、特殊的政策。（《中共宁夏党史大事记（1925.8~1988.6）》P563）

△　国务院批复新疆维吾尔自治区人民政府，同意撤销塔城县，设立塔城市（县级），以原塔城县的行政区域为塔城市的行政区域；撤销阿勒泰县，设立阿勒泰市（县级），以原阿勒泰县的行政区域为阿勒泰市的行政区域。（《国务院公报》1984［30］P1038~1039）

18日　四川省石柱土家族自治县成立大会在县城民族广场举行，四川省委副书记冯元蔚率四川省党政代表团出席并发表讲话，国家民委文化司司长贾春光宣读全国人大民委和国家民委的贺电。（《四川日报》1984.11.19.①）

△　据新华社电，台湾最近拍摄完成首部高山族生活习俗纪录片——《神祖之灵归来》。（《宁夏日报》1984.11.19.③）

19~29日　中共西藏自治区三届三次全委扩大会议在拉萨举行。会议深入研究西藏经济建设的特殊性，提出加速西藏经济发展、进行经济体制改革的首要任务和中心环节。会议讨论修改自治区党委《关于改革经济体制、加快经济发展的意见》和《关于1984年工作的简要回顾与1985年工作要点的安排意见》。（《西藏日报》1984.11.20.①，11.23.①，11.30.①，12.2.①；《人民日报》1984.11.29.①，12.2.①；《中国共产党西藏历史大事记（1949~2004）》P426）

19日~12月28日　宁夏回族自治区党委书记李学智、副书记郝廷藻率自治区地、市委书记、部分县委书记和自治区直属机关有关部门人员组成的首批考察团，赴陕西、四川、广东、福建、浙江五省考察学习全面开展经济体制改革的情况和经验。考察团同有关省市就32个经济、技术合作或联合的项目达成初步协议或意向性协议。（《中共宁夏党史大事记（1925.8~1988.6）》P563~564）

20~27日　中共新疆维吾尔自治区三届三次全体（扩大）会议在乌鲁木齐举行。会议传达、学习、贯彻中共十二届三中全会精神和《中共中央关于经济体制改革的决定》，讨论修改自治区党委贯彻中央《决定》的意见（讨论稿）。文件提出，一定要把企业真正搞活，坚决稳妥地搞好价格体制的改革，切实搞好政企职责分开，大力发展城市集体企业和乡镇企业，放手实行对外开放政策，大胆起用和培养经济建设人才，加强党对经济体制改革的领导。（《中国共产党新疆历史大事记（1966.5～1991.12）》下P254）

22日 据本报讯，截至目前，甘肃省有9所重点中学开办少数民族高中班，在校学生599名。（《甘肃日报》1984.11.22.①）

22日～12月4日 云南省曲靖地区行署民委首次开办民族乡乡长培训班，彝、回、壮、苗、瑶、布依、水7个少数民族的230名乡长参加。（《云南日报》1984.12.6.①）

23日 文化部和国家民委联合组织的全国少数民族语译制片表彰大会在人民大会堂举行，20个省、市、自治区18个民族的115名代表参加。大会评出20个先进集体、28部民族语优秀译制故事片、科教片及方言优秀配音影片。（《人民日报》1984.11.24.③，《青海日报》1984.11.24.④，《西藏日报》1984.11.27.③）

24～28日 侗族文学史学术讨论会在湖南怀化召开，贵州、湖南、广西、湖北、北京、天津、云南7个省、区、市的专家、学者、作家、歌手共70多人参加，提交学术论文50多篇，并就湘黔桂鄂四省（区）联合编写侗族文学史展开讨论。（《湖南日报》1984.12.6.①）

25日～12月4日 湖南省湘西土家族苗族自治州吉首市经济代表团在上海市南市区考察访问，双方签订豆制品和塑料纽扣生产等4个合作项目。至此，两地经济技术合作项目已有33个。是年9月9日，南市区和吉首市达成经济技术合作协议。（《人民日报》1984.12.21.②，《湖南日报》1984.12.19.①）

26日 四川省凉山彝族自治州地方志编纂委员会成立。（《凉山彝族自治州志》上P70）

27日 国务院批复广西壮族自治区政府关于《开发建设北海、防城港的规划报告》。（《人民日报》1984.12.7.②）

27日～12月2日 青海省民族文化遗产抢救、搜集、整理和研究工作座谈会召开。（《青海日报》1984.12.10.①）

27日～12月3日 广西壮族自治区经济技术协作和对口支援会议在南宁举行，讨论自治区与中南、西南各省特别是广东的经济技术协作问题，并就自治区内的经济技术协作和对口支援达成有关协定。（《广西通志·大事记》P506）

28日 中共中央政治局委员、国务院副总理万里抵达新疆维吾尔自治区乌鲁木齐市考察。（《人民日报》1984.12.2.①）

29日 据新华社重庆电，卫生部最近在重庆召开卫生系统支援西藏协商会议，卫生部直属单位和北京、上海、湖北、湖南、广东、河南、四川、安徽、浙江、山西、陕西、黑龙江、吉林、辽宁、山东15个省市卫生部门决定大规模支援西藏卫生事业建设。（《西藏日报》1984.11.30.①）

30日 据新华社北京电，中国体操运动员李宁（壮族）获东京国际体操赛男子自由体操和跳马两项冠军。（《西藏日报》1984.12.2.③）

是月 贵州省民委民族识别办公室在黔东南苗族侗族自治州黎平县召开黎平、从江、锦屏3县“三撬”（也作“三鳌”）人代会，认定“三撬”为苗族。（《黔东南苗族侗族自治州志·总述·大事记》P275）

△ 西藏自治区文物管理委员会文物普查队最近在拉萨北郊曲贡附近发现一处距今约3000年的新石器时代文化遗址，清理出窑穴1座、灰坑2座，出土大量打制石器、石片、磨制石器、陶器、陶片和少量骨器，其中刻有菱形图案的陶片在西藏尚属首次发现。这是继昌都卡若遗址后又一处重要的新石器时代遗

址。（《当代中国的西藏》下P408、607，《西藏日报》1984.12.17.①）

△ 西藏自治区那曲县德吉乡211户牧民全部靠风力发电用上电灯，成为自治区第一个风力发电乡。（《人民日报》1984.11.28.①，《西藏日报》1984.11.17.①）

△ 新疆维吾尔自治区乌鲁木齐市有846名少数民族应届毕业生被录取到内地高等院校学习，创新疆民族教育史纪录。1980年秋至今，北京、上海、江苏、陕西、辽宁、甘肃等省市的21所高等院校开办新疆民族班28个，招收少数民族学员1100多人。（《人民日报》1984.11.14.③）

12月

1日 我国最大跨径吊桥——达孜大桥竣工通车。吊桥位于西藏自治区拉萨河上游达孜县渡口，桥面长415米，宽4.5米，南北主索跨径500米，1983年5月开工，由西藏自治区交通厅公路管理局、四川省汉源县、崇庆县等单位主建。（《人民日报》1984.12.2.①，《中国共产党西藏历史大事记（1949~2004）》P426，《西藏日报》1984.12.2.①，《四川日报》1985.1.7.①）

1~3日 经湖南省政府批准，省民政厅、省民委先后联合批复新建酃县龙渣瑶族乡、常德县许家桥回族维吾尔族乡等25个民族乡。（《湖南日报》1984.12.12.①）

2~6日 湖南省少数民族经济研究会在长沙成立并举行首届年会。（《湖南日报》1984.12.7.①）

3日 云南省伊斯兰教经学院在昆明成立。（《云南日报》1984.12.20.①）

△ 宁夏回族自治区党委和自治区政府最近作出多项放宽政策的规定，帮助贫困地区尽快改变面貌。这些规定是：在坚持土地公有制的前提下，允许由群众选择最适宜的经营方式，将耕地承包期延长30年，荒地、林地延长到50年；贫困县从下年起，免征农牧业税5年。对现有乡镇企业、农民联办企业、家庭工厂、个体商贩，免征所得税5年。农贸地区商业、零售企业免收承包费，基层供销社免征批发税；对1978年以前的一些农村贷款、社员欠款，规定延长5年偿还，并决定从明年起，5年内一般不再提取公积金。对帮助贫困地区发展交通、电力和组织劳务输出，解决最困难地区部分群众搬迁到黄河灌区等问题也做了具体规定。（《人民日报》1984.12.3.①）

△ 我国第一辆餐车清真化列车——北京至银川169/170次列车餐车挂上用汉文和阿拉伯文书写的“穆斯林之家”的匾额。该匾为宁夏回族自治区民委和自治区伊协共同赠送。（《人民日报》1984.12.7.④，《甘肃日报》1984.12.6.③）

3~6日 山西省首次民族团结表彰大会在太原举行，汉、回、满、蒙古、藏等13个民族的210名代表出席，其中先进集体代表30名、先进个人77名。（《民族团结》1985.1 P30）

4日 云南省大理白族自治州州志编纂委员会成立。（《云南日报》1984.12.9.①）

△ 据新华社银川电，宁夏回族自治区目前已有340多名回族妇女担任市长、副市长、副县长和正副乡长的领导职务，人数比3年前增长1倍。她们在近年自治区各级政府换届选举中当选，大多数年龄在40岁以下，具有大中专文化程度。（《人民日报》1984.12.5.④）

△ 新疆维吾尔自治区少数民族教育研究会在乌鲁木齐成立。（《新疆日报》1984.12.10.①）

4~8日 西藏自治区四届人大第九次常委会举行，审议《西藏自治区自治条例》（讨论稿），通过《西藏自治区人大常委会工作条例》（试行）。（《西藏日报》1984.12.5.①，12.6.①④，12.8.①，12.9.①）

5日 广西壮族自治区人民政府发出《关于利用外资、引进技术的若干规定》，在审批权限、税收等方面给予地、市、区直厅局、合营企业特别照顾和优惠，并要求充分保障合营企业的自主权，对港澳台胞、海外华侨给予优惠政策。南宁市委、市政府举行记者招待会，宣布《南宁市人民政府关于利用外资实行优惠政策的规定》、《南宁市人民政府关于外地来投资的优惠办法》。（《广西通志·大事记》P506）

△ 国务院批复云南省人民政府，同意红河县哈阿乡梅普村划归元江哈尼族彝族傣族自治县管辖。（《国务院公报》1985［2号］P43）

5~8日 新疆维吾尔自治区哲学社会科学联合会首届代表大会在乌鲁木齐举行，自治区党委第一书记王恩茂强调，社会科学要坚持四项基本原则，加强调查研究，为新疆当前的经济体制改革和开发建设服务。会议选举产生自治区社联首届委员会。（《中国共产党新疆历史大事记（1966.5~1991.12）》下P255~256）

6日 据新华社电，最近在宁夏回族自治区贺兰山东麓首次发现1座埋葬骨灰的西夏墓，从而印证西夏党项族有火葬习俗的史料记载。还发掘出另外3座砖墓。考古工作者认为，这4座都是西夏国平民的墓葬，从而填补过去对西夏社会中、下层百姓墓葬研究的空白。（《人民日报》1984.12.6.①，《甘肃日报》1984.12.6.③，《云南日报》1984.12.6.①）

△ 新疆维吾尔自治区人民政府和中科院开发新疆科研工作联合领导小组成立。自治区副主席宋汉良任组长，中科院副院长孙鸿烈任副组长。（《新疆通志·科学技术志》72卷上P95）

6~8日 宁夏回族自治区首届个体劳动者代表大会举行。会议选举产生宁夏个体劳动者协会第一届委员会。至9月底，全区个体工商户发展到2.09万多户，从业人员有3万多人，其中2/3是农民。（《中共宁夏党史大事记（1925.8~1988.6）》P564）

8日 广西壮族自治区金秀瑶族自治县首次庆祝瑶族“盘王节”。广西瑶族同胞在广西民族学院欢度“盘王节”，应邀前来参加的有广东、云南、湖南、贵州、北京、湖北、河北等省市的瑶族代表。（《广西日报》1984.12.9.①，《广西通志·大事记》P506）

△ 宁夏回族自治区重点建设项目——平罗糖厂投产，1985年10月5日竣工验收。该厂于1983年5月25日动工兴建，设计日处理甜菜1000吨、日产酒精1.2万公升。（《当代宁夏史通鉴》P34）

10日 全国重点工程——京包铁路丰（台）沙（城）大（同）段电气化改造工程完工，使这条铁路每年的煤炭外运能力增加1000万吨。丰沙大铁路全长379公里，是山西、内蒙古、宁夏等地货物外运的重要通道。（《人民日报》1984.12.13.①）

△ 宁夏回族自治区党委、人民政府发出《关于贯彻中共中央、国务院〈关于帮助贫困地区尽快改变面貌的通知〉的决定》。《决定》根据宁南山区8县的实际情况，作出在坚持土地公有制的前提下，由群众选择最适宜的经营方式，允许个体经营；从1985年起继续免征农业税5年；组织劳动输出等13项具体规定。（《中共宁夏党史大事记（1925.8~1988.6）》P564）

11日 广西壮族自治区党委和政府在南宁举行百色起义、龙州起义55周年纪念暨李明瑞、韦拔群（壮族）烈士塑像揭幕典礼，原红七军、红八军的部分老同志和曾在广西从事革命活动的老干部等500多人参会。邓小平亲书“纪念李明瑞、韦拔群等同志，百色起义的革命先烈永垂不朽”的题词被刻在塑像的大理石基座上。（《人民日报》1984.12.12.④，《广西通志·大事记》P506）

11～14日 广西壮族自治区社会科学联合会正式成立，并在南宁市举行首次代表大会。（《广西通志·大事记》P506）

12日 青海省果洛藏族自治州《格萨尔》史诗收集整理办公室成立。（《果洛藏族自治州志》上P51）

12～15日 内蒙古自治区奶牛协会成立大会在呼和浩特召开。（《内蒙古日报》1984.12.21.①）

13日 宁夏回族自治区党委办公厅、政府办公厅发出《关于认真贯彻〈中共中央、国务院关于严禁党政机关和党政干部经商、办企业的决定〉的通知》。（《中共宁夏党史大事记（1925.8～1988.6）》P564）

15～22日 庆祝新疆生产建设兵团成立30周年暨兵团先进集体、先进个人代表大会在新疆维吾尔自治区乌鲁木齐市举行，72名劳动模范、183个先进集体和412名先进个人受表彰。（《中国共产党新疆历史大事记（1966.5～1991.12）》下P256）

17日 内蒙古自治区文学艺术创作首届索龙嘎、萨日纳奖颁奖大会在呼和浩特召开，获奖作品320件，其中索龙嘎奖150件、萨日纳奖170件。获奖作品中，一等奖39件，二等奖115件，三等奖166件，特别奖2人，荣誉奖76人，纪念奖108人，获奖作者共566人。（《内蒙古日报》1984.12.18.①）

△ 据本报讯，四川省少数民族地区首次经济建设信息交流会最近在成都举行。这是省民委新成立的少数民族地区经济建设服务中心开展的第一次活动，辽宁、浙江、武汉等十多个省、市到会洽谈业务。（《四川日报》1984.12.17.①）

△ 国家民委批复西藏自治区政府关于拟宣布僜人为一个民族的报告时说，我们邀请一些单位和专家、学者两次进行研究，有不同意见：一、僜人具备了一个民族的条件，应予承认；二、可承认为一个民族，但僜人与门巴、珞巴、独龙、藏族有何区别，需要有充分的科学依据；三、目前提供的资料依据不足，难以结论。报告中叙述僜人的族源大部分来自义都人，而义都人是珞巴族姓氏的一支，许多方面的特征与珞巴人相似；四、僜人就是珞巴民族的一个支系。因此，对僜人的认识问题还需要继续研究，如果一时还不能搞清，建议你们组织专家再进行实地考察。（《中国共产党西藏历史大事记（1949～2004）》P426）

△ 甘肃省第一所宗教高等院校——兰州伊斯兰教经学院开学。（《甘肃日报》1984.12.18.①）

△ 国务院批复宁夏回族自治区人民政府，同意撤销青铜峡县，恢复青铜峡市（县级），以原青铜峡县的行政区域为青铜峡市的行政区域。（《国务院公报》1985［2号］P45）

17～20日 国务院经济工作咨询小组在北京召开援藏43项工程建设工作会议，九省市援藏工程负责人、西藏自治区有关负责人和国家有关部委及中国人民解放军后勤总部、空军等单位负责人共250多人参加。（《西藏日报》1984.12.21.①）

18日 内蒙古自治区最大的牛羊肉冷库——赤峰市5000吨冷库建成投产。（《内蒙古日报》1985.1.3.①）

△ 西藏自治区图书发行工作会议决定，大力发展集体、个体书店、书摊、书贩，以扩大藏文图书发行。（《西藏日报》1984.12.21.①）

△ 西藏自治区阿里郎久地热试验电站打出2号地热井。（《西藏日报》1985.1.2.①）

18～21日 国家民委在四川成都举行全国民族学院理科科研先进集体和先进个人表彰会，14个先进集体和49名先进工作者受表彰。（《四川日报》1984.12.25.①）

20日 云南省印刷技术研究所研制的汉傣英电脑处理系统在昆明通过鉴定，首次建立

西双版纳傣文字库。（《云南日报》1984.12.23.①）

20~25日 中国教育工会西藏自治区第一次代表大会、西藏自治区教育学会成立大会在拉萨举行。（《西藏日报》1984.12.23.①，12.25.①③，12.26.①）

△ 青海藏学研究会成立大会暨第一届学术讨论会在西宁举办。（《青海日报》1985.1.10.①）

20日~1985年1月2日 全国人大常委会副委员长赛福鼎·艾则孜在广西考察民族工作。26日，赛福鼎·艾则孜视察广西民族学院。（《广西通志·大事记》P506，《广西民族学院校史》P291）

21日 中共中央总书记胡耀邦在北京会见援藏工程建设工作会议代表时提出，43项援藏工程只是援藏工作的起点，新的任务还在后头。1985年是西藏自治区成立20周年，现在就要考虑到西藏自治区成立35周年期间应该认真抓好的几件事情，比如加快实现西藏电气化、解决交通运输、种草种树、逐步把房子改造好等问题。中央政治局委员、书记处书记万里，中央书记处书记胡启立，全国人大常委会副委员长阿沛·阿旺晋美、班禅额尔德尼·确吉坚赞等参加会见。（《人民日报》1984.12.21.①）

21日 云南省大理白族自治州七届人大常委会第七次会议审议批准《大理白族自治州普及初等教育暂行条例》和《大理白族自治州扫除文盲暂行条例》。（《云南日报》1985.1.17.③）

△ 我国第四座、世界上海拔最高的大型卫星通信地面站——拉萨卫星通信地面站建成。拉萨卫星通信地面站交接验收并正式投入使用对于加强西藏同北京的联系，沟通西藏与内地的交流，繁荣边疆，巩固边防，有着十分重要的意义。（《人民日报》1984.12.22.①，《西藏日报》1984.12.22.①，《中国共产党西藏历史大事记（1949~2004）》P427）

21~26日 广西壮族自治区第三届少数民族传统体育运动会在河池市举行。南宁、柳州、桂林、梧州、河池、百色、钦州七市区11个民族的365名运动员参赛，设4个比赛项目、33个表演项目。获投绣球团体前三名的是百色地区、梧州市、南宁地区，抢花炮团体前三名的是柳州市、南宁地区、河池地区，大象拔河团体前三名的是河池地区、南宁地区、梧州地区。（《广西日报》1984.12.22.①，12.27.①；《广西通志·大事记》P507）

22日 内蒙古自治区六届人大常委会第九次会议通过《内蒙古自治区森林管理条例》（试行）。（《内蒙古日报》1984.12.23.①）

22~29日 内蒙古自治区文艺团体体制改革座谈会暨乌兰牧骑工作会议在呼和浩特召开。（《内蒙古日报》1985.1.4.①）

25日 为庆祝川藏、青藏公路通车30周年，西藏自治区人民政府在拉萨树碑纪念，编辑《纪念川藏、青藏公路通车30周年文献集》与《金桥》画册。（《当代中国的西藏》下P113）

△ 新疆维吾尔自治区昌吉回族自治州伊斯兰教首次代表会议举行，自治州伊协同时成立。（《新疆日报》1985.1.3.①）

25~30日 内蒙古自治区蒙古文学学会第二届年会在呼和浩特举行。（《内蒙古日报》1985.1.5.①）

26日 国务院批复新疆维吾尔自治区人民政府，同意撤销吐鲁番县，设立吐鲁番市（县级），以原吐鲁番县的行政区域为吐鲁番市的行政区域。（《国务院公报》1985［2号］P46）

28日 西藏自治区党委、自治区人民政府上报中共中央、国务院的干部、工人内调工作总结报告中说，1980至1983年，西藏对进藏干部、工人分3批内调，现基本结束。（《中国共产党西藏历史大事记》（1949~

2004）P428）

△　全国首家地方航空公司——新疆航空公司成立。　（《新疆日报》1984.12.29.①）

△　新疆维吾尔自治区乌鲁木齐市速冻新鲜蔬菜通过应用研究技术鉴定，填补自治区蔬菜速冻保鲜技术的空白。　（《新疆日报》1985.1.5.①）

28～30日　首都民族团结表彰大会在北京举行，88个先进集体和193名先进个人受表彰。　（《人民日报》1984.12.29.④，12.31.④）

29日　广西壮族自治区人民政府决定，撤销自治区环保领导小组，成立自治区环境保护委员会（简称环委会），自治区人民政府副主席甘苦（壮族）任主任。　（《广西通志·环境保护志》P339～340）

29～31日　内蒙古自治区鄂温克族研究会在呼和浩特成立。　（《内蒙古日报》1985.1.2.①）

31日　体操运动员李宁（壮族）被广西壮族自治区政府授予特等劳动模范称号。（《广西日报》1985.1.3.①）

△　广西壮族自治区摔跤选手黄文贵（壮族）、邓学文（壮族）在世界青年摔跤锦标赛中各获1枚金牌，这是我国选手首次在世界级摔跤赛上夺冠。　（《广西日报》1985.1.3.①）

△　据《宁夏日报》报道，宁夏回族自治区政社分开建立乡人民政府的工作已顺利完成。全区原有251个人民公社14个镇2289个生产大队1.82万个生产队，体制改革后，建立264个乡人民政府、2421个村居民委员会，新建4个镇。　（《中共宁夏党史大事记（1925.8～1988.6）》P565）

是月　经国务院批准，国家计委决定从是年冬开始，在3年内动用部分国家库存粮、棉、布，采取以工代赈方式帮助严重缺粮、缺衣、缺被的困难地区，重点是交通闭塞的民族地区，修筑道路和兴修水利。是月初，拨给广西粮食3亿公斤、棉花16万担、棉布3400多万米，自治区人民政府决定将这批物资拨给民族自治县、革命老区及最贫困的155个乡。（《广西通志·大事记》P507）

△　教育部、国家计委联合发出《关于落实中共中央关于在内地为西藏培养人才的通知》，决定在北京、兰州（后改为天津）、成都3市建立3所西藏中学，在上海、天津、辽宁、河北、河南、山东、江苏、陕西、湖北、重庆、安徽、山西、湖南、浙江、江西、云南16个省、市的中等以上城市的重点学校办西藏班，每年招生1300名。1987年改为面向西藏农牧区，主要招收农牧民子女。学生学习、生活、住宿费用等由国家承担。各西藏班除开设普通中学规定的课程外，还重点开设藏语文课。至1989年底，有5250名西藏各少数民族学生在内地的108个西藏班学习，北京、成都、天津3所西藏中学也相继开学招生。（《当代中国的西藏》下P317）

△　西藏自治区拉萨市电视台成立并开始试播，1年后正式开播。　（《当代中国的西藏》下P448）

△　新疆维吾尔自治区博尔塔拉蒙古自治州电视台成立。　（《博尔塔拉蒙古自治州志》P63）

1985年

1月

1日　首届“民族杯”小歌手邀请赛在上海举行授奖大会，彝、壮、白、维吾尔、哈萨克、蒙古、回、朝鲜、藏9个少数民族代表参赛。　（《人民日报》1985.1.3.③）

△　内蒙古自治区六届人大常委会第九次会议通过《内蒙古自治区森林管理条例（试行）》。　（《内蒙古自治区史》P422）

△　据本报讯，吉林省延边朝鲜族自治州

基本控制小儿麻痹、麻疹、白喉和百日咳4大传染病，提前6年达到国家计划免疫指标。（《云南日报》1985.1.1.③）

△ 中国美协会员、美协贵州分会理事、贵州省现代民间绘画研究会副会长、黔东南苗族侗族自治州美协主席杨念一（侗族）开办的业余艺术学校在黔东南州府凯里开学。（《贵州日报》1985.1.7.①）

△ 西藏自治区在林芝县建立巴结自然保护区，面积8公顷，是以巨柏及森林生态系统为主要保护对象的省级自然保护区；在察隅县建立察隅慈巴沟自然保护区，面积10.14万公顷，是以山地亚热带森林生态系统为主要保护对象的国家级自然保护区。（《全国自然保护区名录（2003）》P111）

△ 新疆维吾尔自治区最大的少数民族文字图书发行中心——乌鲁木齐市新华书店少数民族文字图书发行中心举行开业典礼。该中心向国内外发行维吾尔、哈萨克、蒙古、柯尔克孜、锡伯5种少数民族文字的各类图书。（《人民日报》1985.1.2.③，《新疆日报》1985.1.2.①，《内蒙古日报》1985.1.22.③）

△ 经国务院批准，新疆航空公司成立。（《中国共产党新疆历史大事记（1966.5～1991.12）》下P257）

△ 中国工商银行新疆维吾尔自治区分行成立。（《中国共产党新疆历史大事记（1966.5～1991.12）》下P257）

2日 据新华社拉萨电，西藏自治区区域地质调查大队提前5年完成羌塘高原无人区地跨西藏阿里、那曲地区的地质调查任务，共完成1%的地质填图49万平方公里、地质路线2.1万多公里，实测地质剖面791公里，采集各种化石1.1万多件；发现28个矿种、200多处矿点和找矿线索，其中铬、锂、硼、砂、钾盐、石膏、金等矿蕴藏丰富。此次地质调查对青藏高原的地质研究，明确找矿方向都具有重要意义。（《西藏日报》1985.1.7.①）

△ 新疆维吾尔自治区建筑行业的第一个综合性技术服务机构——新疆建筑技术发展中心成立。（《新疆日报》1985.1.4.①）

3日 据报道，广西壮族自治区第七地质队在象州县探明一个大型重晶石矿床。矿区面积30平方公里，大小矿脉108条，矿体厚1米至8.7米。（《广西通志·大事记》P507）

△ 是日报道，西藏运动员扎西次旦（藏族）、丁旺（藏族）、扎西玉珍（藏族）、周琴、吴桂花达全国一级运动员标准。（《西藏日报》1985.1.3.②）

4日 宁夏回族自治区在灵武市建立白芨滩自然保护区，面积8.18万公顷，是以天然柠条母树林及沙生植被为主要保护对象的国家级自然保护区。（《全国自然保护区名录（2003）》P115）

△ 新疆维吾尔自治区伊犁哈萨克自治州党委发出《关于伊犁地委、地区行署领导班子的通知》，正式成立伊犁地委和伊犁地区行政公署。（《伊犁哈萨克自治州志》P63）

5日 内蒙古自治区牧区经济开发总公司在呼和浩特成立，为内蒙古第一个全区性集体所有制牧民联营公司。（《内蒙古日报》1985.1.15.①）

△ 湖南省民族研究学会在长沙成立，土家、苗、侗等8个少数民族的120多名首批会员参加。会议选举杨昌嗣（侗族）为会长。（《湖南日报》1985.1.6.①）

△ 西藏自治区最大的以藏文为主的现代化书刊印刷厂——西藏新华印刷厂正式投产。（《西藏日报》1985.1.6.①）

△ 新疆维吾尔自治区党委批转《关于落实统战政策中几个问题的处理意见》，其中规定：在落实统战对象的政策中，必须坚持“有错必纠”的原则；认真处理统战对象在“文革”中被查抄财物的问题；进一步落实好原国民党起义、投诚人员和台胞台属的政策；进一步做好清退“文革”中占用统战对象私人房屋

的工作；认真处理所谓“二次改造”问题；妥善解决原工商业者和知识分子中一些人的工资待遇及公私合营企业的定息、股金问题；关于“四清”运动和“文化大革命”交叉时期处理的一些问题。（《中国共产党新疆历史大事记（1966.5～1991.12）》下P257～258）

6日 内蒙古自治区第一家民办经济法律服务中心在呼和浩特成立。（《内蒙古日报》1985.1.8.①）

6～8日 宁夏回族自治区经济信息市场首次在银川开放。市场上就难题招标、技术转让、新产品销售、物资交流4个方面的信息达成500多项协议，成交额超过1000万元。（《中共宁夏党史大事记（1925.8～1988.6）》P565）

7日 据本报讯，轻工业部和国家民委最近召开全国轻工业系统民族用品先进企业代表会。（《云南日报》1985.1.7.②）

△ 据本报讯，第一部介绍和总结蒙古族传统正骨术的医学著作《祖传正骨》，最近由内蒙古人民出版社出版。（《内蒙古日报》1985.1.7.①）

△ 据本报讯，新疆维吾尔自治区第一座煤气发电站在兵团农四师六十二团建成。（《新疆日报》1985.1.7.①）

7～10日 内蒙古自治区首次民族教育表彰大会在呼和浩特召开，47个先进集体和235名先进工作者受表彰。（《内蒙古日报》1985.1.12.①）

7～25日 西藏自治区统战、宗教工作会议在拉萨市举行，自治区党政领导杨岭多吉、金中·坚赞平措等出席。（《西藏日报》1985.1.26.①）

8日 据本报讯，内蒙古自治区首家彩色照相馆——内蒙古彩色摄影扩印中心最近在呼和浩特开业。（《内蒙古日报》1985.1.8.①）

△ 广西壮族自治区计划委员会、财政厅、建设银行广西分行联合发出通知，规定国家预算内基本建设投资全部由拨款改为贷款。（《广西通志·大事记》P508）

9日 广西壮族自治区人民政府批转自治区计委《关于改进我区计划体制的暂行规定》，要求适当缩小指令性计划范围，扩大指导性计划和市场调节的范围；对农业生产实行指导性计划，对工农业产品的收、购、调拨以及供应出口的主要商品实行指令性计划；计划外商品及完成国家收购、调拨和出口计划的商品，除国家有特殊规定者外，实行市场调节；放宽区直各部门、各地市自筹生产性建设和技术改造项目的审批权限。（《广西通志·大事记》P508）

10日 西藏自治区水产供销公司在拉萨正式开业，自治区党委书记巴桑及有关厅局和拉萨市的负责同志参加开业典礼，四川、甘肃、青海等省区的30多个单位前往祝贺，国家水产总局致贺电。供销公司的开张营业，将改善西藏各种水产品和土特产品的供应状况。（《西藏日报》1985.1.13.①）

11日 云南省德宏傣族景颇族自治州首届民族医药代表大会在芒市举行，傣、景颇等少数民族医药代表22人与会。（《德宏州志》综合卷P79）

12日 云南省西双版纳傣族自治州第一个油漆厂建成投产。（《云南日报》1985.2.5.①）

13日 据本报讯，广西壮族自治区环境保护委员会在南宁成立。（《广西日报》1985.1.13.①）

15日 西藏自治区党委决定，在原自治区党委机构改革领导小组和经济体制改革工作小组合并的基础上，成立自治区体制改革工作领导小组。在自治区党委、自治区人民政府的直接领导下具体负责机构改革、经济体制改革和工资改革的工作任务。（《中国共产党西藏历史大事记（1949～2004）》P431）

△ 青海省玉树藏族自治州民族贸易中心在结古镇开业。（《青海日报》1985.3.5.①）

△ 新疆维吾尔自治区文化厅举行颁奖大会，表彰我国第一位在国际歌赛中获奖的少数民族花腔女高音歌唱家迪里拜尔（维吾尔族）。（《新疆日报》1985.1.16.①）

15~21日 广西壮族自治区六届人大常委会第十二次会议举行。会议通过《广西壮族自治区自治条例（初稿）》。（《广西日报》1985.1.16.①，1.22.①）

15~23日 宁夏经济技术协作代表团访问浙江省。双方达成科技、文教、卫生及工农业等方面的协作项目199项。4月，宁夏和浙江又签订87项经济技术协作项目。（《中共宁夏党史大事记（1925.8~1988.6）》P566）

15~26日 新疆维吾尔自治区主席司马义·艾买提率新疆经济考察团在香港考察访问。（《新疆日报》1985.2.5.①）

17日 据本报讯，国家民委和省管的11所民族学院初步统计，现有10所学院设置数学、物理、化学等专业，在校生3800多人。近5年来，已有上千名理、医、农科毕业生回到少数民族地区工作。（《人民日报》1985.1.17.④）

△ 国务院批复辽宁省人民政府，同意撤销岫岩县，设立岫岩满族自治县，以原岫岩县的行政区域为岫岩满族自治县的行政区域，6月11日自治县正式成立；撤销凤城县，设立凤城满族自治县，以原凤城县的行政区域为凤城满族自治县的行政区域，6月13日正式成立；撤销新宾县，设立新宾满族自治县，以原新宾县的行政区域为新宾满族自治县的行政区域，6月7日正式成立。（《国务院公报》1985［4号］P94）

△ 广西壮族自治区首次政协工作会议在南宁市召开，自治区政协副主席黄启汉主持，自治区政协主席覃应机，副主席莫乃群、卢燕南、刘国平、黄独峰、孙仲逸、秦似、莫树杰及自治区党委统战部部长黄语扬出席会议，各市、县政协负责人等参会。会上，自治区政协副主席廖联原发表讲话指出，要以中共中央关于经济体制改革的决定为方针，学习中共中央领导同志最近关于统战工作的讲话精神，振兴我区经济建设两个文明、完成三大任务，探讨做好政协工作的新路子和新办法，开创政协工作新局面。自治区有87个市、县建立政协组织，委员9000余人。（《广西日报》1985.1.18.①）

△ 贵州省民族发展总公司在贵阳市成立，省委统战部副部长、省民委主任熊天贵任总公司董事长，省民委副主任刘广洛、黔东南苗族侗族自治州副州长吴德海、黔南布依族苗族自治州副州长申连尧、黔西南布依族苗族自治州负责人黄义勇任副董事长，国家民委副主任薛剑华、副省长罗尚才、省委组织部部长李冀峰前往祝贺剪彩。总公司是以省内3个自治州、7个自治县为主体的经济联合体，旨在发展民族地区的经济优势，开发民族地区的资源，促进商品流通，实行对外引进、对内联合的经济政策。（《贵州日报》1985.1.21.①）

△ 云南省红河哈尼族彝族自治州发现距今5万年左右的古人类化石，填补红河州古人类化石的空白。这是我国目前发现的地理位置最南的一个古人类化石点。（《云南日报》1985.1.25.①）

△ 新疆维吾尔自治区第一个综合性学术团体——新疆农业工程学会成立。（《新疆日报》1985.1.26.①）

18日 据新华社讯，国家民委、中国科协为出席农村科普工作先进集体、先进个人表彰大会的少数民族地区代表举办茶话会，全国13个省、区的科协主席以及国家科委、劳动人事部等有关方面负责人和150多名为少数民族地区科技发展做出贡献的先进科普工作者代表出席，中国科协主席周培源在会上讲话。

（《云南日报》1985.1.21.④，《内蒙古日报》1985.1.21.③）

△ 内蒙古自治区自行制造出国内最大的载重汽车——33-07型36吨自卸汽车。（《内蒙古日报》1985.2.25.①）

19日 据本报讯，广西壮族自治区基本消灭丝虫病，成为全国第三个基本消灭丝虫病的省区。（《广西日报》1985.1.19.①）

20日 广西壮族自治区北海海洋环境监测中心站成立。（《广西通志·环境保护志》P342）

△ 据本报禄劝电，云南省禄劝县战士杨兴朝（彝族）在老山、者阴山抗越战斗中牺牲，被昆明军区授予“英雄通信兵”称号。（《云南日报》1985.1.22.①）

21日 据本报讯，广西壮族自治区落实民族区域自治政策，最近在瑶、苗、侗、毛难（毛南）、回等少数民族聚集地方建立51个民族乡。（《人民日报》1985.1.21.④）

22日 据新华社北京电，截至目前，全国设立民族乡2700多个。（《云南日报》1985.1.23.④）

22~31日 广西壮族自治区农村工作会议在南宁举行。会议确定，力争农业生产赶上全国发展速度，乡镇企业总收入二三年内翻一番。（《广西通志·大事记》P508）

△ 宁夏回族自治区农村工作会议举行，强调把农村生产转入商品经济轨道。（《中共宁夏党史大事记（1925.8~1988.6）》P566）

23日 据本报讯，新疆拜城克孜尔千佛洞文管所工作人员发现一个新窟，开凿时间约在公元6至7世纪。窟内保存有3尊佛像，1尊佛涅槃像头部已残失，2尊立佛只存下身，余部高5.3米。（《人民日报》1985.1.23.③）

24日 中共中央政治局委员、国务院副总理万里到广东省海南黎族苗族自治州保亭县陡水河乡的苗寨、通什镇的黎村番茅视察。（《民族团结》1985.4 P3）

26日 据本报讯，经新疆维吾尔自治区政府批准，原新疆生产建设兵团农八师一四三团场建成新疆华侨农场。（《新疆日报》1985.1.26.①）

26日~2月2日 宁夏经济技术协作代表团访问江苏省，双方商定协作项目36个。（《中共宁夏党史大事记（1925.8~1988.6）》P566）

27日~2月5日 内蒙古自治区教育工作会议在呼和浩特举行。讨论自治区教育厅草拟的教育改革试行方案、教育部门简政放权的职责条例等。（《内蒙古日报》1985.2.8.①）

29日 据《新疆日报》报道，新疆维吾尔自治区少数民族艺术表演团体迅速发展，已从1979年的63个增加到94个，维吾尔、哈萨克、柯尔克孜、蒙古、塔吉克、锡伯、回等少数民族都有自己的专业艺术表演团体。（《中国共产党新疆历史大事记（1966.5~1991.12）》下P259）

31日 云南省德宏傣族景颇族自治州畹町镇改为市，成为全国最小的县级市。（《德宏州志》综合卷P79）

31日~2月2日 新疆维吾尔自治区个体劳动者首次代表大会举行，讨论并通过《新疆维吾尔自治区个体劳动者协会章程》。至7月底，全区16个地、州、市级协会和94个县级协会先后成立。（《新疆日报》1985.2.3.①，《中国共产党新疆历史大事记（1966.5~1991.12）》下P259~260）

是月 内蒙古自治区党委和自治区人民政府发出《关于帮助贫困地区尽快改变面貌的几项规定》。（《内蒙古自治区史》P396）

△ 贵州省黔南布依族苗族自治州政府公布施行《黔南州科学技术研究成果管理办法》和《黔南州科学技术成果奖励办法》。（《黔南布依族苗族自治州志》上P69）

△ 西藏自治区拉萨至青海省格尔木长途客运汽车开通。（《西藏日报》1985.4.18.①）

2月

1日 内蒙古自治区呼和浩特开往北京的首班客运汽车抵达北京。（《人民日报》1985.2.5.②）

△ 国务院办公厅转发国家旅游局和西藏自治区人民政府的《西藏旅游事业发展规划的报告》，要求各有关地区和各有关部门大力支持西藏办好旅游事业。（《中国共产党西藏历史大事记（1949～2004）》P432）

△ 北疆铁路公司在新疆维吾尔自治区乌鲁木齐成立。（《新疆日报》1985.2.3.①）

2日 据新华社石家庄电，最近，内蒙古自治区在阿拉善左旗年降雨量250毫米以下的腾格里大沙漠飞播沙拐枣、沙蒿成功。（《甘肃日报》1985.2.3.③）

△ 据《中国民族报》讯，全国伊协副主席、阿訇马进成（东乡族）捐款5000元为甘肃省东乡族自治县春台乡兴办1所小学。（《甘肃日报》1985.2.2.②）

4～10日 西藏自治区勤劳致富先进个人、先进集体经验交流大会在拉萨举行。参加大会的有西藏农牧区的专业户、重点户、各种经济联合体和劳动致富的万元户、万斤粮户以及农牧业科技工作者的先进代表共100人。（《西藏日报》1985.2.4.①，《中国共产党西藏历史大事记（1949～2004）》P432）

5日 广西壮族自治区少数民族语言影片译制工作先进集体和先进个人颁奖会在南宁举行。（《广西日报》1985.2.6.①）

6日 据《宁夏日报》报道，宁夏回族自治区财政工作会议最近结束。提出自治区在当前实行“划分税种，核定收支，分期包干，一定5年不变”的新的财政管理体制。（《中共宁夏党史大事记（1925.8～1988.6）》P567）

6～11日 云南省怒江傈僳族自治州委扩大会议召开，提出农村产业结构调整方案，即建立以林业、采矿业为主的产业结构。（《怒江傈僳族自治州志》上P34）

8日 宁夏回族自治区人民政府在民族文化宫举行伊斯兰国家驻华使节友好人士招待会，30多个伊斯兰国家和组织的大使及其他外交官员应邀出席。自治区主席黑伯理在会上发表讲话，欢迎伊斯兰国家的官员、金融界和工商界的朋友及穆斯林兄弟光临宁夏观光游览，投资兴业。（《人民日报》1985.2.9.④，《中共宁夏党史大事记（1925.8～1988.6）》P567）

△ 新疆维吾尔自治区人民政府下发《关于改革建筑业和基本建设管理体制若干问题的暂行规定》，要求全面推行建设项目投资包干责任制，大力推行工程招标承包制，建立工程承包公司、城市建设综合开发公司，勘察设计单位向企业化、社会化方向发展。（《中国共产党新疆历史大事记（1966.5～1991.12）》下P260）

9日 《边疆万里行》办公室会同中央人民广播电台民族部、国家民委文化司等联合举办的“边疆·民族知识有奖测试”结果在北京揭晓，627人分获一、二、三、四、五等奖和纪念奖。（《民族团结》1985.3 P27）

△ 据本报讯，1972年至1984年，广西壮族自治区用壮、苗、侗、粤、客家民族语言和方言译制配音科教纪录片、故事片469部。（《西藏日报》1985.2.9.④）

△ 据本报讯，云南省政府最近发出通知，西双版纳自然保护区包括勐养、勐仑、勐腊、尚勇和曼稿5片，森林面积20万公顷，暂列为省级重点保护区。可成立西双版纳傣族自治州政府直接领导的自然保护区管理局，下设5个管理所和7个森林公安派出所。（《云南日报》1985.2.9.①）

10日 1984年全国“十佳”运动员评选揭晓，体操运动员李宁（壮族）以156.82万票荣登榜首，排球运动员郎平（满族）以150.24万票名列第二。（《广西日报》1985.2.11.

①,《西藏日报》1985.2.13.④)

△　据本报合作讯，目前，甘肃省甘南藏族自治州有237个乡镇企业，其中第三产业占60%。　（《甘肃日报》1985.2.10.②)

10~24日　中共中央总书记胡耀邦视察云南省偏远深山区和边境、少数民族地区。10日，胡耀邦和中共中央政治局委员、中国人民解放军总政治部主任余秋里到文山壮族苗族自治州视察并看望边防部队。15至19日，胡耀邦在怒江傈僳族自治州、德宏傣族景颇族自治州、楚雄彝族自治州视察。其间，胡耀邦题写“片马人民抗英胜利纪念碑”，并对建立片马纪念馆作出具体指示，观看彝州文化和民族风情的录像，听取楚雄州委书记张松的工作汇报后作重要讲话，并为龙江公园题书，和彝族群众共度春节。　（《民族团结》1985.5 封二；《云南日报》1985.2.21.①，4.16.①②；《文山壮族苗族自治州志》1卷P68；《怒江傈僳族自治州志》上P34；《德宏州志》综合卷P80；《楚雄彝族自治州志》1卷P210)

11日　国务院批准吉林省延边朝鲜族自治州撤销敦化县，设敦化市（县级）。（《延边朝鲜族自治州志》P93)

11~15日　西藏自治区四届人大常委会第十次会议举行。大会制订《西藏自治区人大常委会人事任免暂行办法》。　（《西藏日报》1985.2.13.①，2.14.①，2.16.①)

13日　中国民航西藏自治区管理局在拉萨成立。　（《西藏日报》1985.2.14.①)

14日　公安部出入境管理局新增乌鲁木齐、银川、呼和浩特、北海、柳州、梧州等67个县市为不需办理旅行证的开放市。（《西藏日报》1985.2.16.④，《广西通志·大事记》P508)

14~15日　湖南省政协、民主党派和工商联智力支援少数民族地区工作总结表彰大会召开。21个先进单位和40名先进个人受表彰。　（《湖南日报》1985.2.16.①)

15日~3月15日　楚雄——神奇美丽的彝州摄影展览在北京民族文化宫展出。（《云南日报》1985.2.2.①，2.17.①)

17日　据新华社呼和浩特电，内蒙古自治区赤峰市成为内蒙古第一个基本无文盲市。　（《人民日报》1985.2.19.③，《甘肃日报》1985.2.18.③)

18日　据本报讯，张西新（藏族）、韩书力合作的《采云图》获第六届全国美术展览评奖活动银奖。　（《西藏日报》1985.2.18.①)

20日　西藏自治区首部由藏族创作、导演、演出的藏语电视剧《一个妻子的自白》在西藏电视台上演。　（《西藏日报》1985.2.22.①，《云南日报》1985.2.22.②)

21日　中共中央政治局委员、中央地方病防治领导小组组长李德生赴云南省楚雄彝族自治州视察工作，并看望克山病人。　（《楚雄彝族自治州志》1卷P210)

22日　中央民族学院、民族文化宫及贵州省文化出版厅领导及专家、教授、学者组成的民族文物考察团赴贵州省黔东南苗族侗族自治州黎平县肇兴、地坪鼓楼和风雨桥进行考察。　（《黔东南苗族侗族自治州志·总述·大事记》P279)

24日　中共中央总书记胡耀邦到广西壮族自治区邕宁县新村坡和龙岗村给农民拜年。　（《广西通志·大事记》P508)

25日　据本报兰州讯，5年以来，甘肃省少数民族地区共发行各类图书4614万册，约等于前30年总和，其中少数民族文字图书3297种139万册。　（《甘肃日报》1985.2.25.①)

△　据本报湟中讯，青海省佛协开办的省藏语佛学院最近成立。　（《青海日报》1985.2.25.①)

26日　自1981年以来，内蒙古自治区先后与28个省、市、自治区谈成经济技术协作项目164项，进出物资金额4.3亿元。

（《内蒙古日报》1985.2.26.①）

△ 宁夏回族自治区党委、人民政府发布《贯彻执行中共中央（1985）1号文件的若干规定》。提出改革农产品统派购制度，调整农村产业结构，进一步放宽山区政策，积极兴办交通事业，鼓励城市技术、人才下乡，大力发展农村职业技术教育，放活农村金融政策，积极发展和完善农村合作制，增强县级政府管理和协调经济的能力等10项具体政策规定。（《中共宁夏党史大事记（1925.8～1988.6）》P567～568）

26日~3月2日 新疆维吾尔自治区卫生局长会议举行。提出1985年全区县和县以上城市卫生工作要全面实行改革。（《新疆日报》1985.3.5.①）

28日 广西壮族自治区人民政府批转自治区粮食局《关于我区1985年度合同定购粮食问题的报告》，决定从1985年粮食年度起，取消粮食统购，改为合同定购，定购的粮食国家实行优价收购，即按倒三七比例（三成按原统购价，七成按原超购价）计价，定购以外的粮食可以自由上市。至此，广西结束从1953年起实行的粮食统购统销体制。（《广西通志·大事记》P508）

△ 贵州省黔西南布依族苗族自治州政府制发《黔西南州科学技术发展基金暂行管理办法》，决定建立黔西南州科学技术发展基金，以推动全州科技进步和经济发展。（《黔西南布依族苗族自治州志·政权政协志》P24）

△ 西藏自治区首届桥牌比赛举行，44名藏、汉族选手参加。（《西藏日报》1985.3.2.①）

28日~3月4日 新疆维吾尔自治区六届人大常委会第十一次会议举行，通过《新疆维吾尔自治区保护妇女、儿童合法权益的若干规定》和《新疆维吾尔自治区人大常委会关于召开新疆维吾尔自治区第六届人民代表大会第三次会议的决定》。（《新疆日报》1985.3.1.①，3.5.①）

是月 中共云南省怒江傈僳族自治州委批准撤销怒江傈僳族自治州广播管理站，分别成立怒江州广播站、怒江州电视台。（《怒江傈僳族自治州志》上P757）

△ 从1984年12月上旬至是月，宁夏回族自治区首次开展党风大检查，解决党风方面存在的突出问题。（《中共宁夏党史大事记（1925.8～1988.6）》P568）

△ 据报道，西藏自治区人民医院编写的自治区第一部医学专著《实用高原医学》最近由西藏人民出版社出版。（《西藏日报》1985.2.19.③，《青海日报》1985.2.16.①）

3月

1日 内蒙古首届书法篆刻展览在呼和浩特展览馆举办，展出蒙汉文书法作品和篆刻作品160多件，其中蒙文书法作品20多件。（《内蒙古日报》1985.3.4.①）

△ 新疆维吾尔自治区纪委根据目前党政机关和党政干部存在经商办企业的歪风，提出5条具体措施，深入贯彻落实中央《关于严禁党政机关和党政干部经商办企业的决定》。（《中国共产党新疆历史大事记（1966.5～1991.12）》下P261）

2日 中共中央书记处、国务院在北京召开会议，听取水电部关于建设羊卓雍湖水电站的汇报并批准此项工程。修建羊卓雍湖水电站问题，西藏自治区党委早向中央提出。水利部曾在北京、成都、拉萨分别召开多次专家论证会，时间长达20年之久，1983年已完成初步设计，报水电部审查批准。工程设计电站装机容量12万千瓦，年发电量2亿度。会议决定，将羊湖水电站建设列入国家计划，力争“七五”期间完成。（《中国共产党西藏历史大事记（1949～2004）》P433）

△ 广播电视部和国家民委在民族文化宫召开表彰大会，为18个优秀《兄弟民族》电

视节目和2个摄制《兄弟民族》电视节目的先进集体颁奖，其中一等奖2个、二等奖6个、三等奖10个。1983年10月，中央电视台开办《兄弟民族》栏目，目前已播出60多集。（《甘肃日报》1985.3.3.③，3.4.①）

△ 据本报讯，新疆维吾尔自治区第一所培养工会工作专门人才的学校——新疆工运干部中等专业学校最近成立。（《新疆日报》1985.3.2.①）

2~8日 黔桂两省区六县第二届"民族团结杯"传统体育比赛在广西田林举行，壮、苗、布依、瑶等民族的197名运动员参加。（《贵州日报》1985.3.24.①）

4日 据本报讯，广西壮族自治区在国内首创从工业废液中提取高纯度氧化钪。（《广西日报》1985.3.4.①）

4~10日 新疆维吾尔自治区人民政府举行自治区州长、市长、专员、县长会议，传达贯彻全国省长会议、全国经济工作会议精神，着重研究如何进一步搞好城市经济体制改革和物价工资改革等问题。（《中国共产党新疆历史大事记（1966.5~1991.12）》下P262）

4~20日 广西壮族自治区经济代表团访问香港，向香港各界介绍广西的资源和投资环境、利用外资引进技术的优惠政策等情况，公布第一批120多项合作洽谈项目。（《广西通志·大事记》P509）

5日 国务院批复新疆维吾尔自治区人民政府，同意阿尔金山自然保护区列为国家级自然保护区。（《国务院公报》1985［9号］P236）

△ 新疆维吾尔自治区党委作出《中共新疆维吾尔自治区委员会关于改进领导作风的若干规定》。（《中国共产党新疆历史大事记（1966.5~1991.12）》下P262~263）

5~12日 内蒙古自治区经济工作会议召开。研究部署进一步搞好全区城市经济改革的工作，制定搞活企业的措施。（《内蒙古日报》1985.3.14.①）

6日 云南省文山壮族苗族自治州第一台风力发电机在丘北县安装发电，功率50千瓦，投资615万元。（《文山壮族苗族自治州志》1卷P68）

7日 广西壮族自治区设于香港的经济贸易代理机构——桂江企业有限公司在香港正式开业。（《广西通志·大事记》P509）

△ 据报道，次多杰（藏族）将370块五世达赖时期的藏文典籍木刻书板献给国家，书板上镌刻着《四部医典十八支》、《藏医史》、《祖先教诫》、《白琉璃》、《音韵学》等藏医藏药、天文历法等方面书籍的部分内容。（《人民日报》1985.3.7.③）

8日 广西壮族自治区人民政府印发《广西壮族自治区人民政府关于集体和个人采矿暂行办法》，规定除黄金、白银、水晶等全部卖给国家外，其他矿产可自行销售。（《广西通志·大事记》P509）

9日 中国体操运动员李宁（壮族）和俞枫获芝加哥国际体操配对赛冠军。（《广西日报》1985.3.11.①）

10日 据新华社北京电，中国考古学会新近提供资料，辽宁省喀喇沁左翼蒙古族自治县和建平县交界处的牛河梁一带发现红山文化祭祀遗址及女性陶塑像；广州发现第二代南越王墓，南越王系西汉初年岭南地方政权。（《人民日报》1985.3.11.①）

10~17日 全国越野滑雪、冬季两项比赛在内蒙古海拉尔举行。内蒙古滑雪队员张宝成（蒙古族）获青年男子8公里越野滑雪冠军，新疆滑雪运动员达姆（哈萨克族）获女子青年组3公里冠军。（《内蒙古日报》1985.3.21.①，《新疆通志·体育志》83卷P67）

12日 广西壮族自治区民革委员会创办的邕江大学正式成立，定于秋季招生开学。（《广西通志·大事记》P509）

15日 中国人民公安大学西藏大专预科

班在北京开学。（《西藏日报》1985.3.25.①）

15~19日 国家主席李先念在贵州省民族地区视察。（《云南日报》1985.3.22.①）

16日 据西宁讯，青海省轻纺工业厅、省民委、省手工业联社日前在西宁市举办全省民族用品展销会。（《青海日报》1985.3.16.①）

△ 据新华社乌鲁木齐电，新疆维吾尔自治区出现4000多公里绿荫掩映的公路长廊，全区已绿化公路占宜林公路的50%以上。（《人民日报》1985.3.18.②）

17日 西藏自治区编译局成立。（《中国共产党西藏历史大事记（1949~2004）》P433）

18日 据本报泽当讯，西藏自治区山南地区第一批风力发电机在哲古乡正式运转。（《西藏日报》1985.3.18.①）

19日 据新华社电，广东省政府最近拨专款30万元，为少数民族地区创办乡村医疗站。（《青海日报》1985.3.19.①）

△ 广西壮族自治区重点基建项目——年产11万吨尿素的柳州化肥厂尿素车间建成投产。（《广西通志·大事记》P509）

20日 广西壮族自治区党委、政府批转自治区党委宣传部等8个单位《关于整顿小报，加强报刊管理的意见》。（《广西通志·大事记》P509）

21日 六届全国人大常委会第十次会议通过《改善四川省少数民族地区经济待遇议案》。（《西藏日报》1985.3.22.①）

△ 据本报讯，云南省政府最近批准昆明电影制片厂改建为云南民族电影制片厂。（《云南日报》1985.3.21.①）

21~26日 全国古典式摔跤锦标赛举行。内蒙古自治区青年组运动员苏亚拉图获48公斤级冠军，呼日查（蒙古族）获52公斤级冠军，红伟获56公斤级冠军，额布日图（蒙古族）获75公斤级冠军，苏和（蒙古族）获82公斤级冠军，达来（蒙古族）获90公斤级冠军，敖荣（蒙古族）获100公斤级冠军，宝玉（蒙古族）、希和（蒙古族）、苏亚拉、哈申达来分获100公斤以上级和82公斤级、70公斤级、52公斤级亚军，银山（蒙古族）获62公斤级第三名；成年组运动员艾春、关布尼玛、仁钦、扎木苏荣分获57公斤级、62公斤级、68公斤级和90公斤级冠军，丹毕获52公斤级亚军，朝鲁门获100公斤以上级第三名。内蒙古队获团体总分冠军，并被评为精神文明队。甘肃摔跤队队员福占（蒙古族）获81公斤级亚军。新疆运动员艾里肯牙生获青年组65公斤级第二名；阿里木哈孜（哈萨克族）、买然别克（哈萨克族）分获成年组100公斤级第二名和90公斤级第三名。（《内蒙古日报》1985.3.28.③，4.1.①，4.8.①；《新疆日报》1985.4.27.①；《青海日报》1985.4.5.①；《甘肃日报》1985.3.26.①；《新疆通志·体育志》83卷P536~537）

23日 广西壮族自治区人民政府颁发《广西壮族自治区科学技术进步奖励暂行办法》。（《广西通志·大事记》P510）

△ 广西壮族自治区在南宁召开专员、市长、县长会议，针对全区人口出生率、自然增长率、多胎率全面回升的问题，要求各级政府采取有力措施，控制人口增长。（《广西通志·大事记》P510）

△ 西藏自治区第二次文物工作会议举行。会议指出，文物是增强民族自信心和自豪感，培养人民的爱国主义，维护民族团结、国家统一，鼓舞人民为振兴中华而奋斗的强大精神力量。为适应改革开放的新形势，将过去“集中起来保管好”的文物工作方针改为“加强保护，积极利用”。（《中国共产党西藏历史大事记（1949~2004）》P433~434）

23~24日 中国内蒙古选手高凤莲（女，蒙古族）获第二届亚洲女子柔道锦标赛

72公斤以上级冠军和无差别级比赛冠军。（《内蒙古日报》1985.3.25.①，3.26.①）

24～29日 全国男子柔道锦标赛举行，内蒙古队的伊得新（蒙古族）获71公斤级冠军。（《内蒙古日报》1985.3.26.①，3.29.①）

26日～4月5日 广西壮族自治区民委主任会议在南宁市举行，部署是年的民族工作。会上，自治区副主席张声震强调，在两三年内解决少数民族地区的温饱问题，抓好治穷致富，这是民族工作的重要内容；今后要从国家支援经济不发达地区发展资金中抽出一部分来重点扶持少数民族地区搞商品经济性开发生产，加强多种经营管理，发展农副产品加工。（《广西日报》1985.4.7.①）

28日 云南省楚雄彝族自治州姚安县"二月初八龙华会"恢复。同月，州永仁苴却赛装节恢复。（《楚雄彝族自治州志》1卷P210）

28～31日 广西壮族自治区个体劳动者第一次代表大会在南宁举行，审议通过《广西壮族自治区个体劳动者协会章程》和《致全区个体劳动者的倡议书》等。（《广西日报》1985.4.1.①）

29日 据本报讯，西藏自治区标枪运动员普布次仁（藏族）以80.34米的成绩获广州田径冠军赛男子标枪冠军。（《西藏日报》1985.3.29.①）

30日 据本报讯，新疆维吾尔自治区第一个中专函授部——新疆纺织工业学校经济管理函授部最近成立。（《新疆日报》1985.3.30.①）

31日 浙江省绍兴市人民政府代表团与湖南省湘西土家族苗族自治州人民政府签署10项经济技术合作协议和4项技术管理援助协议。（《湘西州志》上P83）

是月 卫生部、全国妇联、国家民委组织的少数民族地区妇女和儿童问题调查组在四川省阿坝藏族自治州汶川县、理县、茂汶羌族自治县调查。（《四川日报》1985.4.10.②）

△ 湖北省教育厅批准成立鄂西土家族苗族自治州广播电视大学，9月开学。（《恩施州志》P888）

△ 云南省盈江民族织染厂的傣族漂蓝傣布和阿昌族裙布以及新制作的景颇族提花筒裙，填补我国漂蓝傣布和景颇族提花筒裙的空白。（《民族团结》1985.3 P12）

△ 西藏自治区拉萨至青海省西宁直达客运汽车开通。（《西藏日报》1985.4.18.①）

△ 青海省果洛藏族自治州首次藏文书法展览在玛沁县大武镇举办。（《青海日报》1985.4.8.②）

△ 宁夏回族自治区伊斯兰国际信托投资公司成立。（《当代宁夏史通鉴》P185）

4月

1日 据新华社南宁电，国务院最近决定采取"以工代赈"的办法，帮助广西壮族自治区48个山区县修筑山区公路、驿道和水利工程，以解决山区交通运输、农田灌溉和人畜饮水问题。（《人民日报》1985.4.2.①）

△ 贵州省黔西南布依族苗族自治州政府决定，从即日起取消对全州农民的生猪派购任务，实行合同订购和市场收购，随行就市，议购议销。（《黔西南布依族苗族自治州志·政权政协志》P24）

3日 广西中医学院设立广西壮族自治区第一间壮医门诊部。（《广西通志·大事记》P510）

△ 据本报讯，3年来，贵州省黔东南苗族侗族自治州共涂磁录音影片55部，其中苗语故事片21部、侗语故事片9部。（《贵州日报》1985.4.3.②）

7日 湖北省鄂西土家族苗族自治州来凤县图书馆建成，建筑面积1451平方米，是湘、鄂、川、黔4省边区30多个县中最大的图

书馆。（《恩施州志》P24）

△ 据《新疆日报》讯，新疆维吾尔自治区目前已开放乌鲁木齐机场、红其拉甫、伊犁霍尔果斯、克孜勒苏托云4个口岸。（《新疆日报》1985.4.7.③）

△ 新疆维吾尔自治区乌鲁木齐市至广东省广州航班开通。（《人民日报》1985.4.8.①）

9日 四川省委民工委、省民委举办的省民族工作干部培训班开学，63名学员参加。（《四川日报》1985.4.15.④）

△ 据本报讯，最近，甘肃省甘南藏族自治州决定将1085个村分期退农还牧、128个村退农还林。（《甘肃日报》1985.4.9.①）

△ 新疆维吾尔自治区供销社系统第一个农副产品贸易服务中心——乌鲁木齐农副产品贸易服务中心开业。（《新疆日报》1985.4.12.①）

10日 全国人大六届三次会议通过《中华人民共和国继承法》，其中第五章第三十五条规定："民族自治地方的人民代表大会可以根据本法的原则，结合当地民族财产继承的具体情况，制定变通的或者补充的规定。自治区的规定，报全国人民代表大会常务委员会备案；自治州、自治县的规定，报省或者自治区人民代表大会常务委员会批准后生效，并报全国人民代表大会常务委员会备案。"（《新疆日报》1985.4.14.②）

△ 国内第一座双伴音电视发射台——云南省西双版纳傣族自治州电视台试播成功。（《西双版纳傣族自治州志》上P69）

△ 西藏自治区人民政府批转自治区教育厅、财政厅《关于全区重点中小学实行"三包"的试行办法》，对全区225所重点中小学和国境沿线的边境学校的32482名少数民族学生实行"三包"（包吃、包穿、包住）。"三包"学生占全区中小学在校生总数的1/4以上，内地16省市开办的西藏班全都实行"四包"（另包学习费用）。在拉萨中学还特设珞巴族、门巴族、僜人、夏尔巴人初中班，也实行"三包"。《办法》对"三包"学校应具备的条件，享受"三包"学生的范围和条件，"三包"的费用标准、粮油供应以及考核验收办法等都作出具体规定。（《当代中国的西藏》下P319）

13日 著名演员斯琴高娃（女，蒙古族）获第四届香港电影金像奖最佳女主角奖。（《内蒙古日报》1985.4.16.①，《甘肃日报》1985.4.15.③）

15日 全国高等院校民族班教材审订会在广西南宁召开。（《广西日报》1985.4.19.①）

△ 据本报讯，新疆维吾尔自治区乌鲁木齐市天山食品厂从罗马尼亚引进的西北地区第一家万吨饮料灌装生产线安装完毕。这是新疆食品行业从国外引进的第一条流水生产线。（《新疆日报》1985.4.15.①）

18日 13时52分51秒，云南省禄劝发生6.3级地震，震中位置25°52′N、102°51′E。禄劝、寻甸2县13个区遭灾，转龙、九龙、倘甸3个区为重。倒塌民居13070多间，墙体开裂变形21780多间，倒、损校舍820多间。死22人，伤300多人，压毙大小牲畜90多头。（《云南省志·地震志》P133~136）

20日 据本报讯，现代著名藏学家、语言学家张怡荪主编的我国第一部兼有藏文字典和藏学百科全书性质的藏汉双解大型综合性工具书《藏汉大辞典》由民族出版社出版，共收词目5.3万多条，是目前我国收词目最多的藏汉辞典。（《云南日报》1985.4.20.①）

△ 宁夏回族自治区党委办公厅批转自治区党委组织部《关于选派专业技术干部到各县工作的报告》。（《中共宁夏党史大事记（1925.8~1988.6）》P569）

△ 新疆维吾尔自治区首次蒙古语采访、编辑、播音训练班结业。（《新疆日报》

1985.4.21.①）

△ 新疆维吾尔自治区党委决定，商业厅与供销社合并为商业厅，统管城乡商业。（《新疆通志·商业志》61卷P49）

20~25日 新疆维吾尔自治区首届技术成果交流交易会举行。本次交易会提供可转让技术成果6000多项，洽谈项目1043个，技术咨询服务1443项，技术信息服务1339项，成交额410万元。（《新疆通志·科学技术志》72卷上P99）

21日 新疆维吾尔自治区消费者协会在乌鲁木齐成立。（《新疆日报》1985.4.22.①）

21~28日 广西壮族自治区首届"三月三"音乐舞蹈节在南宁举行。（《广西日报》1985.4.22.①，4.25.①，4.29.①）

22日 据本报讯，云南省红河哈尼族彝族自治州最近发现一卷古代彝文医书。医书共5039个彝文字，记载80个病症，200余种动、植药物，以及一些简易的外科手术。（《云南日报》1985.4.22.①）

24日 国务院批复青海省人民政府，同意海西蒙古族藏族哈萨克族自治州改称海西蒙古族藏族自治州。（《国务院公报》1985［18号］P648）

24~26日 新疆维吾尔自治区伊犁哈萨克自治州首次文学艺术工作者代表大会在伊宁举行。（《伊犁哈萨克自治州志》P63）

25日~5月5日 广西壮族自治区历史上第一次大规模的对外经济交流会——广西国际经济技术合作洽谈会在桂林举行，20多个国家和地区的700多名客商参加。（《广西日报》1985.4.25.①，4.26.①，4.28.①，5.2.①，5.6.①）

26日 经广西壮族自治区北海地质矿产勘察公司勘察证实，北海市地下是一个巨大的淡水库，储水量达22亿立方米。（《广西通志·大事记》P510）

27日 新疆维吾尔自治区乌鲁木齐市天山百货大楼试办的自治区第一家"自选商场"开业。（《新疆日报》1985.4.27.①）

27日~5月3日 广西壮族自治区六届人大常委会第十四次会议举行，通过《关于在全区各族人民中基本普及法律常识的决议》。（《广西日报》1985.4.28.①）

29日 湖北省鄂西土家族苗族自治州首家纯碱厂——奇洋坝纯碱厂建成投产，计划年产量3000吨。（《恩施州志》P24）

是月 云南省碧罗雪山海拔2400米处的岩壁上，发现1幅由100多个人物、动物、飞禽、日月、象形文字组成的摩崖壁画。这是云南省第二次发现的原始壁画。壁画共3组，整幅画面长14米、高1米至1.2米。图像用黑色颜料绘制而成，最大的高0.5米，最小的高0.12米，具有明显宗教色彩。另，在高黎贡山海拔2000多米处，发现1处用赤铁矿粉绘制的原始崖画。画面长5米、高1米，有人物、动物、太阳等图像。（《云南日报》1985.5.14.①）

△ 云南省楚雄彝族自治州电视制作中心成立。（《楚雄彝族自治州志》1卷P210）

5月

1日 云南省德宏傣族景颇族自治州人民广播电台增设景颇族载瓦语节目。（《德宏州志》综合卷P80）

△ 北京时间17时50分，中国西藏卓奥友峰登山队副队长兼突击队长仁青平措带领拉旺、大次仁、格桑、小多布吉、大多布吉、单增多吉、旺加、边巴等9名藏族运动员，沿卓奥友峰西北坡的冰雪地带和西山脊，在没有使用氧气的情况下登上海拔8201米的卓奥友峰顶。该峰位于珠穆朗玛峰和希夏邦玛峰之间，号称世界第六高峰。西藏卓奥友峰登山队是西藏第一支全部由藏族队员组成的登山队，此次为西藏第一次独家组织的大型登山活动。

（《当代中国的西藏》下 P513~514）

2日 据本报讯，建国以来首次组织的老一代高山族台胞参观学习团与首都各族人民共度“五一”国际劳动节。（《人民日报》1985.5.2.④，5.12.④）

△ 内蒙古男子曲棍球队获全国男子曲棍球联赛冠军。（《内蒙古日报》1985.5.3.①）

3日 上海教育学院为西藏自治区首次培训的16名藏族计算机专业人员结业。（《西藏日报》1985.5.6.①）

△ 云南省大理白族自治州大理市图书馆落成开馆。（《云南日报》1985.5.7.①）

△ 据新华社乌鲁木齐电，迄今为止，新疆维吾尔自治区粮食部门在阿尔泰山、天山和准噶尔盆地等集中放牧和转场途经的草原上，兴办73个牧业粮站，改善和方便了哈萨克、柯尔克孜、蒙古等少数民族牧民的生活。（《人民日报》1985.5.4.①）

4日 湖南省湘西土家族苗族自治州民族青少年宫科技艺术馆落成。（《湘西州志》上P83）

4~9日 云南省第三届少数民族传统体育运动会在大理举办。这是云南省历届民运会规模最大的一次，全省17个地、州、市24个少数民族及苦聪人的573名运动员、教练员、裁判员和工作人员参加。运动会设赛马、赛龙舟、摔跤、射弩、射箭、中长跑6个竞赛项目和秋千、民族武术、阿细跳月、跳热巴舞、打歌等143个表演项目。（《云南日报》1985.5.5.①，5.11.①）

4~31日 新疆维吾尔自治区举办《中华人民共和国民族区域自治法》和民族知识有奖竞赛，收到维吾尔、汉、哈萨克、蒙古4种文字答卷2621份，评出一等奖3名、二等奖20名、三等奖50名。（《新疆日报》1985.8.10.①）

5日 云南省少数民族传统体育协会在大理市成立。（《云南日报》1985.5.8.①）

5~10日 西北五省区藏语影片译制工作协作会在青海西宁召开。会上成立五省区藏语影片译制工作协作委员会，下设安多、康巴、拉萨方言3个协作组。（《西藏日报》1985.5.25.①,《青海日报》1985.5.21.①）

7日 据本报讯，云南省西双版纳傣族自治州环境监测中心站最近建成。（《云南日报》1985.5.7.②）

△ 新疆维吾尔自治区登山队在乌鲁木齐成立。（《甘肃日报》1985.5.8.③）

10日 内蒙古自治区卫生工作会议结束。会议提出在进一步巩固和完善城乡基层卫生组织改革的成果和责任制的同时，全面开展旗县以上城镇医疗卫生机构的改革，放宽政策，简政放权，多方集资，开拓发展卫生事业的新路，把城乡卫生工作搞活。（《内蒙古日报》1985.5.13.①）

△ 云南省怒江傈僳族自治州发布《怒江州人民政府关于向国内外开放的公告》，提出3条投资或联营措施。（《怒江傈僳族自治州志》上P34~35）

14~19日 广西壮族自治区科技工作会议在南宁举行。会议着重研究如何贯彻实施科技体制改革，开拓技术市场，促进研究机构和企业的联合，创造尊重知识、尊重人才的良好环境及有关科技政策规定等问题。（《广西通志·大事记》P510）

15日 广西壮族自治区柳州至黎塘铁路双线建设全段验收交接，全长124公里。（《广西通志·大事记》P511）

15~24日 第11届内蒙古摄影艺术展览在自治区美术馆举办，展出的102幅彩色、黑白艺术照片反映了自治区近年来在社会主义物质文明和精神文明建设中取得的新成就以及各族人民新的精神面貌。（《内蒙古日报》1985.5.17.①）

16日 据本报讯，云南省德宏傣族景颇

族自治州政府最近做出决定，将全州5县、1市全部开放为边境贸易区。（《云南日报》1985.5.16.①）

△ 甘肃省甘南藏族自治州政府决定成立甘南州地方史志编纂委员会。（《甘南州志》上P143）

16~20日 广西首届乡镇企业科技咨询和技术交易洽谈会在邕宁举行，出席会议2600人，洽谈项目2000多个，签订合同或意向书320项，销售各种资料5890多册。（《广西通志·大事记》P511）

17日 据本报讯，全国首届少数民族天文历算学术会议于4月上旬在云南昆明召开，各地天文历算学会会员代表与会。会上，中科院自然科学史研究所副研究员陈久金作题为《建国以来研究我国少数民族天文史工作的进展》的报告，专述近年来藏族天文历算研究工作和取得的成绩。（《西藏日报》1985.5.17.①）

17~22日 全国民族广播工作经验交流会在北京召开。目前，中央台每天用藏、蒙古、朝鲜、维吾尔、哈萨克、壮6种语言广播10多个小时。据统计，黑龙江、内蒙古、新疆、青海、西藏、四川、云南和广西8个省、自治区以及部分地、市广播电台也开办了民族语言广播，采用的民族语言达16种。（《人民日报》1985.5.24.③，《西藏日报》1985.5.24.③，《新疆日报》1985.5.23.③）

18日 北京时间9时，西藏自治区通麦县帕隆藏布的支流培龙沟因暴雨引发泥石流，流速每秒1~2米，5幢民房被损坏，死亡17人，吞没汽车79辆，造成经济损失500万元，在汇入帕隆藏布处形成长1~2公里、宽400~500米的泥石流堆积扇，堆积厚30~40米，川藏公路被淹没阻断。11月23日，川藏公路全线恢复畅通。（《西藏日报》1986.1.29.①，11.26.①）

18~22日 全国中等藏医教材编审工作会议在青海西宁举行。我国藏医学教育由喇嘛教寺院转到中等专业学校，已毕业的学生470余人。西藏藏医学校已编写《藏医学概论》等11种教材。（《青海日报》1985.5.31.①，《云南日报》1985.6.5.①）

19日~6月2日 甘肃省民族工作考察团一行19人在云南省参观访问。（《云南日报》1985.6.3.①）

22日 云南省怒江傈僳族自治州委对农民承包土地退耕补助问题作11条具体规定。（《怒江傈僳族自治州志》上P35）

23日 据新华社呼和浩特电，内蒙古自治区锡林郭勒草原新近发现6条地下优质矿水带。（《西藏日报》1985.5.24.③）

24日 国务院批准撤销湖南省湘西土家族苗族自治州大庸县，设立大庸市，行政区划不变。（《湘西州志》上P83）

△ 广西壮族自治区壮语文学校第十期壮文培训班结业，366名学员获结业证。（《广西日报》1985.5.25.①）

26日 中日联合登山队8名队员于北京时间11时45分至12时4分登上海拔7694米的纳木那尼峰（位于西藏西部冈仁波钦神山和玛法雍错圣湖附近，是一座未被人类征服过的“处女峰”）。8名队员中有3名中国少数民族队员，分别为：金俊喜（朝鲜族）、加布（藏族）、次仁多吉（藏族）。北京时间28日10时15分和13时4分，第二批登山队员中5名中国队员登顶，齐米（女，藏族）名列其中。（《人民日报》1985.5.27.①，5.29.③；《西藏日报》1985.5.27.①；《当代中国的西藏》下P514）

26~27日 广西壮族自治区兴安、资源、全州、灌阳、灵川、荔浦、龙胜等县（自治县）连下暴雨，山洪暴发，造成死亡59人，30多万亩农田被冲刷淹没，大量水利设施、公路等被毁坏。这是桂林自1908年以来最严重的一次水灾。（《广西通志·大事

记》P511）

27日 中国佛协西藏分会在拉萨举行甘珠尔印经院开馆仪式。（《西藏日报》1985.5.28.①）

△ 新疆对外经济技术合作项目发布会在北京举行，宣布新疆对外资、合资企业实行8项优惠政策：给予外资企业更大的自主权和优待；实行合理的价格政策；减征和免征赋税；提供优惠贷款和国际金融服务；土地、劳务费用予以特殊优惠；允许部分产品内销；适当延长合资经营期限；欢迎外商、侨商在自治区设立办事机构。（《中国共产党新疆历史大事记（1966.5～1991.12）》下P266）

△ 新疆维吾尔自治区第一个生产添加剂的新沪添加剂联营厂投产。（《新疆日报》1985.6.4.①）

27～31日 西藏自治区教育学会藏语文研究会代表大会在日喀则举行。（《西藏日报》1985.6.5.①）

30日 西藏自治区党委发出《关于纠正新的不正之风的若干政策界限的规定》（试行），共10条。《规定》主要内容有：党政机关、人民团体以及这些单位的工作人员一律不准经商办企业；任何单位、个人不准套购国家的紧俏物资及其他紧缺物资就地转手倒卖；国家行政机关、事业单位，除经国务院批准统一制装、或经区人民政府批准制装的以外，一律不准用公款制作服装或发放制服款；离退休干部、职工可以从事民族手工业、商业、饮食、服务、修理、运输、建筑等行业的经营以及从事家庭养殖、种植业，出售自己的产品；国营和集体商业、物资部门不准任意提价等。（《中国共产党西藏历史大事记（1949～2004）》P436）

是月 32844钻井队在准噶尔盆地东部火山打出1口自喷高产油井，经试油获得49立方的较高工业油流，这是新疆维吾尔自治区东部探区第一口自喷高产油井。（《新疆日报》1985.6.12.①）

△ 新疆维吾尔自治区第一条岩巷施工机械化作业线在自治区焦煤基地——艾维尔沟建成并投入使用。（《新疆日报》1985.7.9.②）

6月

1日 湖北省鄂西土家族苗族自治州民族歌舞团演出的大型民族歌舞《烈烈巴人》获湖北省首届戏曲节目演出金牌奖。（《恩施州志》P25）

△ 西藏自治区第一座机械化养鸡场在拉萨建成投产。该鸡场年存栏鸡2.5万至3万只，年孵化量为40万只，可向市场提供鲜蛋、肉鸡、种鸡。（《人民日报》1985.6.5.②，《中国共产党西藏历史大事记（1949～2004）》P437）

1～3日 雍和宫为纪念释迦牟尼举行千供法会。中国佛协名誉会长班禅额尔德尼·确吉坚赞、会长赵朴初、西藏的2位活佛以及700多名僧尼、信徒参加。（《人民日报》1985.6.4.④）

1～4日 青海省藏传佛教寺院舞蹈史源讨论会在塔尔寺召开。（《青海日报》1985.6.12.②）

1～15日 广西壮族自治区首届轻工名牌、优质、新产品展览评比在南宁举行，评出食品、皮塑、家具、包装行业优质产品100项，优秀新产品101项。（《广西通志·大事记》P511）

1～30日 贵州侗族建筑及风情展览在民族文化宫举办。（《贵州日报》1985.6.3.①）

3日 据《西藏日报》讯，西藏自治区第一家城市住宅建设开发总公司最近在拉萨成立。（《人民日报》1985.6.3.①）

3～7日 全国中国式摔跤锦标赛举行，内蒙古队以总分42.5分获团体冠军，蒙古族运动员宝音图、孟克巴特尔、巴根那、扎那、浩毕斯嘎拉图分获68公斤级、82公斤级、90公斤级、100公斤级和100公斤以上级第一名。（《内蒙古日报》1985.6.9.①）

3~8日 中共广西壮族自治区四届八次全委（扩大）会议举行。会议审议通过《全区处理“文化大革命”遗留问题工作总结》，指出“处遗”工作的主要成果是：思想上政治上的拨乱反正有很大收获；平反冤假错案工作取得成果；“文革”中打死人的问题得到妥善解决；对“三种人”和严重违法乱纪的人进行严肃处理。至此，历时两年多的“处遗”工作结束。（《广西日报》1985.6.9.①，《广西通志·大事记》P511）

4日 国务院批准撤销新疆维吾尔自治区博尔塔拉蒙古自治州博乐县，在原博乐县行政区域设立博乐市，9月21日正式成立。（《博尔塔拉蒙古自治州志》P64）

4~8日 湖南省六届人大常委会第十二次会议举行，听取关于1984年全省散杂居少数民族工作情况和今后意见的汇报。（《湖南日报》1985.6.5.①，6.9.①，6.14.①）

△ 新疆维吾尔自治区经济工作会议举行。根据中央关于经济体制改革的决定及全国经济工作会议、全国城市经济体制改革试点工作座谈会精神，围绕增强企业活力这个中心环节，讨论修订自治区经委起草的《关于贯彻国务院增强企业活力有关规定补充规定》，落实搞活企业的措施。（《中国共产党新疆历史大事记（1966.5~1991.12）》下P266~267）

5日 据本报讯，云南省丽江纳西族自治县石鼓区拉巴支乡、兰香乡实现傈僳文无盲乡，成为云南省使用民族文字扫盲的“状元”。（《云南日报》1985.6.5.①）

6日 内蒙古自治区人民政府印发《内蒙古自治区关于实行新的“划分收支，分级包干”财政管理体制的规定》的通知，规定从1985年开始，对盟、市一律实行新的财政管理体制。（《内蒙古自治区史》P545）

6~14日 全国首次少数民族计划生育工作汇报座谈会在新疆乌鲁木齐市举行。会议指出，少数民族中除壮族外，原则上都可以生2个孩子。（《新疆日报》1985.6.16.①）

7日 据本报讯，我国第一部《京族民间故事选》由中国民间文艺出版社出版。（《广西日报》1985.6.7.①）

8~18日 全国人大常委会六届第十一次会议举行，通过《中华人民共和国草原法》。（《中华人民共和国大事记（1949~2004）》P762）

10日 全国首个以培养少数民族师资为目标的培训中心——教育部西北少数民族师资培训中心在甘肃兰州成立。（《人民日报》1985.6.11.③）

△ 新疆维吾尔自治区政府颁发《新疆维吾尔自治区科学技术进步奖励暂行办法》，并自颁发之日起施行。（《新疆日报》1985.7.8.①）

△ 据本报讯，目前，新疆维吾尔自治区已建立起自治区、地（州）、县、乡4级地方病防治网，专业防疫人员1100多人。（《新疆日报》1985.6.10.①）

11日 据本报讯，上海科学教育电影制片厂拍摄的《西藏——西藏》获第19届国际旅游电影节“金比雷娜”大奖。（《云南日报》1985.6.11.①）

△ 国务院批复云南省人民政府，同意撤销双江县，设立双江拉祜族佤族布朗族傣族自治县，以原双江县的行政区域为双江拉祜族佤族布朗族傣族自治县的行政区域，12月30日自治县正式成立；撤销维西县，设立维西傈僳族自治县，以原维西县的行政区域为维西傈僳族自治县的行政区域，10月13日自治县正式成立；撤销景东县，设立景东彝族自治县，以原景东县的行政区域为景东彝族自治县的行政区域，12月20日自治县正式成立；撤销景谷

县，设立景谷傣族彝族自治县，以原景谷县的行政区域为景谷傣族彝族自治县的行政区域，12月25日自治县正式成立；撤销普洱县，设立普洱哈尼族彝族自治县，以原普洱县的行政区域为普洱哈尼族彝族自治县的行政区域，12月15日自治县正式成立；撤销漾濞县，设立漾濞彝族自治县，以原漾濞县的行政区域为漾濞彝族自治县的行政区域，11月1日自治县正式成立；撤销禄劝县，设立禄劝彝族苗族自治县，以原禄劝县的行政区域为禄劝彝族苗族自治县的行政区域，11月25日自治县正式成立；撤销金平县，设立金平苗族瑶族傣族自治县，以原金平县的行政区域为金平苗族瑶族傣族自治县的行政区域，12月7日自治县正式成立。（《国务院公报》1985［18号］P655）

13日 据新华社拉萨电，西藏自治区山南地区藏族群众最近把“文革”中失散的4000多件经书、唐卡、各类佛像和古瓷器等珍贵文物归还给国家和寺庙。归还文物中，国家一级文物7件，国家二级文物30件，国家三级文物80件，其他文物3800多件。（《人民日报》1985.6.14.③，《西藏日报》1985.6.11.②）

13～17日 广西壮族自治区基督教三自爱国运动委员会第五届代表会议在南宁举行，成立广西基督教协会。（《广西通志·大事记》P511）

15日 “为边陲优秀儿女挂奖章”大会在人民大会堂举行，11个边陲先进集体代表获奖牌，5000名边陲优秀儿女分获金、银、铜质奖章。（《云南日报》1985.6.16.①④，6.18.①，6.20.①；《西藏日报》1985.6.26.①）

△ 西藏自治区日喀则地区举办第二届民族手工业产品质量评比会，600多种3000多件民族手工产品参评。（《西藏日报》1985.6.23.①）

△ 甘肃民族风情版画展览和民族民间窗花展览在北京展出。（《甘肃日报》1985.6.25.①）

15～24日 云南楚雄彝族自治州歌舞团创作的彝族舞剧《咪依鲁》在民族文化宫举行首场演出。该剧取材于彝族民间传说，是建国以来第一部反映彝族人民生活的大型彝族舞剧。（《人民日报》1985.6.16.③；《云南日报》1985.5.21.①，6.8.①，6.12.③，6.17.①，6.28.①）

16日 云南省德宏傣族景颇族自治州首期景颇族载瓦文教师培训班结业，56名学员参加。（《德宏州志》综合卷P81）

△ 中国新疆选手乌恰（蒙古族）获南斯拉夫自由式摔跤国际邀请赛68公斤级亚军。（《新疆日报》1985.6.18.①）

17日 据新华社拉萨电，来自内地的2000多个体商户在海拔4500米以上的藏北高原经商，活跃了这里长期处于封闭状态的商品经济。（《人民日报》1985.6.19.②）

△ 据本报海西讯，自1980年以来，青海省海西蒙古族藏族自治州电影公司蒙古语译制组已译制发行故事片12部、科教片6部。（《青海日报》1985.6.17.②）

18日 四川省有关部门决定，将国务院赠送的3套卫星电视地面站设备转赠给阿坝、甘孜、凉山3个自治州。（《四川日报》1985.6.21.①）

19日 据新华社拉萨电，西藏自治区藏文古籍出版社最近在拉萨成立。（《西藏日报》1985.6.20.①）

△ 据《新疆日报》报道，新疆维吾尔自治区的出版工作坚持以少数民族文字为主的方针。截至1984年底，共出书1046种，其中少数民族文字图书913种，占总数的87.3%。全区各民族编译人员有425人，少数民族编译人员占编译人员总数的86.1%。自治区成立11个专业出版社和地区出版社，用维吾尔、汉、哈萨克、蒙古、柯尔克孜和锡伯族6种文字出版图书。（《中国共产党新疆历史大事记

（1966.5～1991.12）》下P267）

20日 国家重点项目之一的华北地区联网工程——呼丰大22万伏高压输电线路工程通过验收，自呼和浩特经丰镇至大同，全长203公里。（《内蒙古日报》1985.8.16.①）

20～27日 内蒙古自治区六届人大常委会第十二次会议举行。会议通过《内蒙古自治区人民代表大会常务委员会工作条例（试行）》、《内蒙古自治区人民代表大会常务委员会任免国家机关工作人员办法（试行）》、《内蒙古自治区人民代表大会常务委员会制定地方性法规的若干规定（试行）》、《内蒙古自治区保护妇女儿童合法权益的规定》，通过关于废止《内蒙古自治区民事诉讼收费办法（试行）》和《内蒙古自治区各级人民法院审理经济纠纷案件征收诉讼费用暂行办法》的决定。（《内蒙古日报》1985.6.21.①，6.25.①，6.26.①，6.28.①）

22日 内蒙古自治区直属机关使用蒙汉2种文字检查总结大会召开，22个先进集体和42名先进个人受表彰。（《内蒙古日报》1985.7.17.①）

△ 广西壮族自治区人民政府发出《关于对贫困地区减免农业税问题的通知》，决定对贫困地区的254个乡镇、常年现金收入在100元以下的困难户，免征农业税5年；人均收入在120元以下的免征农业税3年；属其他地区的困难农户、常年现金收入人均在100元以下的，免征农业税1年，一年一定。（《广西通志·大事记》P512）

24日 新疆塔里木河、开都河、和田河中下游流域农业资源考察成果通过鉴定，填补我国科学史和田中下游地区研究的空白。（《新疆日报》1985.6.26.①）

25～28日 新疆维吾尔自治区房地产工作座谈会在石河子市召开，提出要积极推行住宅商品化。（《新疆日报》1985.7.12.②）

25～29日 巴基斯坦北部地区专员哈里涅·穆罕默德率巴基斯坦政府代表团一行4人在新疆访问，商谈有关新疆穆斯林经巴基斯坦去沙特阿拉伯朝觐事宜。7月15日，乌鲁木齐市穆斯林自费朝觐团一行30人前往沙特阿拉伯麦加朝觐。（《新疆日报》1985.6.30.①，7.17.①）

26日 新疆维吾尔自治区党委发出《关于深入开展以理想、纪律为重点的“四有”教育的通知》。（《中国共产党新疆历史大事记（1966.5～1991.12）》下P268）

27日 云南省大理白族自治州第一期山区民族干部培训班开学。云龙、永平、漾濞、剑川、浦源5个县白、彝、苗、傈僳等民族的50名正、副乡长参加。（《云南日报》1985.7.2.①）

27～29日 中国民主促进会内蒙古自治区首次代表大会举行。大会选举产生自治区第一届委员会。（《内蒙古自治区史》P453、455）

28日 宁夏回族自治区决定重新修建沿山公路。新线北起崇岗，南至青铜峡土墩梁接109国道，全线采用二级公路标准，沥青路面。（《当代宁夏史通鉴》P316）

28日～7月2日 西藏自治区首届科技咨询论证会在拉萨召开，全区90多名科技工作者与会。（《西藏日报》1985.7.5.①）

29日 国家重点建设项目——内蒙古自治区通辽发电厂第一台国产20万千瓦汽轮发电机组正式并网发电。（《内蒙古日报》1985.7.11.①）

△ 西藏自治区拉萨至贡嘎机场公路铺设沥青路面竣工通车。此段公路总长85公里，涵洞202个，桥梁20多座。（《中国共产党西藏历史大事记（1949～2004）》P439）

△ 据本报讯，新疆维吾尔自治区政府最近发出《关于调整猪、牛、羊购销政策和价格的通知》，决定取消对猪、牛、羊的派购和计划收购，实行有指导的议购议销政策。

（《新疆日报》1985.6.29.①）

29日～7月2日 青海省举行青年民歌手汇演，藏、回、土、撒拉等民族歌手参加。（《青海日报》1985.7.5.①）

30日 广西运动员韦晴光（壮族）和周宏获全国首届“乒协杯”乒乓球赛男子双打冠军。（《青海日报》1985.7.2.②）

△ 西北农学院举办的西藏自治区农业专科班结业，35名学员获结业证，这是为西藏培养的第一批以藏族学员为主体、具有大专程度的农业科技人才。（《人民日报》1985.7.6.①）

△ 新疆维吾尔自治区少数民族语言名词术语规范工作会议在乌鲁木齐结束，选举产生由41人组成的自治区民族语言规范审定委员会。（《新疆日报》1985.7.3.①）

30日～7月6日 黔桂湘三省（区）侗戏会演在广西壮族自治区三江侗族自治县举行，这是首次全国性侗戏会演。（《广西日报》1985.7.11.①，《湖南日报》1985.7.12.①）

是月 广西壮族自治区柳州市北鹊路基督教堂竣工，并恢复宗教活动。该教堂是当时广西最大的礼拜堂。（《广西通志·大事记》P512）

△ 宁夏回族自治区首期整党工作基本结束，有5808名党员符合或基本符合党员标准，并进行登记；有25名党员受到各种不同处理，占首期参加整党党员总数的0.43%。（《中共宁夏党史大事记（1925.8～1988.6）》P571）

△ 新疆维吾尔自治区重点水建工程——叶儿羌卡群饮水枢纽工程首期主体工程竣工。（《新疆日报》1985.7.19.①）

7月

1日 国务院办公厅同意并转发5月24日《商业部关于进一步发展少数民族地区商业若干问题的报告》的通知。建议实行特殊优惠政策，采取如下措施：对“三项照顾”县（旗）的商业（含供销社，下同）企业继续实行减税、免税；对少数主要工业品和农牧土特产品继续实行价格补贴；对自有资金不足的尽可能给予照顾；对民族贸易企业继续给予低息贷款；对部分供应偏紧的商品继续实行专项安排；进一步帮助少数民族地区搞好商业网点设施建设；大力加强少数民族地区商业职工培训；大力发展集体、个体商业；大力发展少数民族用品的生产；统一认识，加强领导。（《国务院公报》1985［20号］P736，《新时期民族工作文献选编》P264～267）

△ 据新华社电，云南省怒江傈僳族自治州境内最近发现1个锡和铅、锌、银多金属沉矿带，南北长约200多公里。省地矿局地质人员在矿带上初步找到14处原生锡和铅、锌、银多金属矿产地，矿化面积大，矿石品位高，矿物颗粒大，易采易选，具有重大经济意义和科学研究价值。（《甘肃日报》1985.7.1.③）

1～3日 西藏自治区日喀则僧俗人民欢度中断20年的大佛瞻仰节。（《西藏日报》1985.7.5.①）

1～9日 四川省文化厅、中国舞协四川分会联合举办的四川省民族民间舞蹈会演在成都举行，17个代表队以反映汉、藏、彝、羌、土家、布依、蒙古7个民族的生活演出了87个舞蹈新作。会演的58个舞蹈（剧）节目分获139项奖，其中成都市歌舞剧团的《鸣凤之死》获舞剧创作一等奖，重庆市歌舞团的《拉纤的人》、成都军区战旗歌舞团的《春潮》等5个节目获舞蹈创作一等奖，《鸣凤之死》、《拉纤的人》等5个节目获表演一等奖，《鸣凤之死》等3个节目获舞蹈音乐一等奖，《鸣凤之死》、《春潮》等3个节目获舞美和服装设计一等奖，成都军区战旗歌舞团获精神文明单位奖。（《四川日报》1985.7.2.①，7.10.①）

2日 吉林省延边朝鲜族自治州社会科学

院成立。（《延边朝鲜族自治州志》上P93）

3日 北京、天津、上海、杭州、武汉、大连、青岛、云南组成的八省市青联慰问团一行40人赴云南省德宏傣族景颇族自治州进行慰问演出。（《德宏州志》综合卷P81）

4日 湖南省民族用品质量评比会议在长沙举行，湘西土家族苗族自治州“张家界”土家族织锦挂毯和“庆丰收”土家族织锦挂毯被评为第一名，“叠翠牌”山水画屏和提花沙发被评为第二名，猴头菌酒被评为第三名。（《湘西州志》上P83）

4～30日 四川省凉山彝族自治州歌舞团访问土耳其，并参加布尔萨国际艺术节演出活动。（《四川日报》1985.7.20.①，9.23.③）

5日 湖南省民委举行民族工作座谈会，与参加省人大、政协六届三次会议的160多名少数民族代表和委员座谈。（《湖南日报》1985.7.6.①）

△ 新疆维吾尔自治区首例胰腺移植手术在新疆医学院第一附属医院获成功，填补自治区胰腺移植技术上的一项空白。（《新疆日报》1985.7.28.①）

6日 国务院批准发布《关于森林和野生动物类型自然保护区管理办法》，自即日起施行。（《中华人民共和国大事记（1949～2004）》P764）

7日 广西图书馆新馆在南宁正式开放接待读者。新馆占地面积4.77万平方米，建筑面积2万多平方米，阅览大楼内设阅览室20个，读者座位1000多个。（《广西通志·大事记》P512）

8日 据本报讯，我国第一部《毛南族民间故事集》由中国民间文艺出版社出版。（《广西日报》1985.7.8.①）

△ 据本报讯，新疆维吾尔自治区伊犁哈萨克自治州与江苏省连云港市最近结为友好地市。（《新疆日报》1985.7.8.②）

9日 贵州省六届人大常委会第十三次会议批准《黔南布依族苗族自治州执行中华人民共和国婚姻法变通规定》的决议。（《贵州日报》1985.7.10.①②）

△ 西藏自治区在墨脱县建立雅鲁藏布大峡谷自然保护区，面积91.68万公顷，是以热带山地植被垂直带谱及珍贵动植物为主要保护对象的国家级自然保护区。（《全国自然保护区名录（2003）》P111）

△ 据本报讯，截至目前，新疆维吾尔自治区农牧区已有8个县175个乡2065个村（队）基本扫除文盲，129万青壮年农牧民领到脱盲证书，文盲率由解放初的90%下降为18.6%，成为西北地区农牧民扫盲工作做得较好的省区。自治区人民出版社、教育出版社共出版维吾尔、汉、哈萨克、蒙古、锡伯、柯尔克孜5种文字的扫盲课本300多万册供农牧民学习。（《新疆日报》1985.7.9.①）

9～11日 中国科协普及部主办的全国少数民族边远地区科普工作队工作座谈会在宁夏回族自治区银川市举行，云南、新疆、内蒙古、宁夏4省区科协主管领导及科普工作队的负责人参会。会议讨论了工作队的方针、性质、任务、领导体制、宣传设施的配备、管理办法和组织建设等方面的工作，并对今后的工作提出初步设想和建议。科普工作队于1983年试办成立，主要宣传党的路线、方针、政策，普及推广新的科学技术知识，传播科技、经济信息，开展科技咨询服务，帮助地方培养建立少数民族科技队伍，重点建立少数民族边远地区科普基点。现建队并开展工作的有云南、新疆、内蒙古、宁夏4省区。（《宁夏日报》1985.7.13.①）

11日 据本报讯，截至目前，新疆维吾尔自治区广播电视网初步形成并日趋完善。新疆人民广播电台每天用维吾尔、汉、哈萨克、蒙古、柯尔克孜5种语言播音，播音时间每天累计长48小时，18个国家和地区都可收听。

自治区已有电视台18个，电视录像转播台79个，电视差转台139个，全区电视人口覆盖率50%。农村有线广播方面，1982年以来，全区共修整有线广播线路6000多公里，新架设广播线路2000多公里，在30个县建立调频广播台。全区88个县、市和184个县级农垦团场都建立广播站，90%以上的城镇建立广播放大站，60%以上的村通有线广播，共安置喇叭61万多只。（《新疆日报》1985.7.11.①）

△ 新疆维吾尔自治区乌鲁木齐市和巴基斯坦伊斯兰共和国白沙瓦市签订友好城市协议书。（《新疆日报》1985.7.13.①，《中国共产党新疆历史大事记（1966.5~1991.12）》下P269）

12日 据新华社呼和浩特电，我国第一台蒙古文照相排字印刷机最近在内蒙古自治区呼和浩特蒙古文印刷厂投入使用。（《人民日报》1985.7.13.③）

13日 广西壮族自治区党校正规化教育首届毕业典礼在南宁举行，108名毕业生获大学专科毕业证书。（《广西日报》1985.7.14.①）

△ 新疆维吾尔自治区人民警察学校举行首届毕业班毕业典礼，100名学员毕业。（《新疆日报》1985.7.14.①）

△ 在湖南长沙师范幼师班学习的10名藏族学员最近毕业，成为西藏自治区第一批经过正规系统学习的藏族幼儿教师。（《湖南日报》1985.7.14.①）

△ 新疆维吾尔自治区东部星星峡与马莲井之间初步探明一座中型金矿。（《新疆日报》1985.7.14.①）

14~18日 吉林、辽宁、黑龙江、内蒙古、宁夏、甘肃、青海、新疆八省区蒙古语文协作小组第五次会议及成立10周年纪念会在吉林长春举行。（《内蒙古日报》1985.8.4.①，《内蒙古自治区史》P441）

14~19日 首届全国民委系统民族理论工作座谈会在北京举行。中央和地方15个民族的110名民族理论工作者和有关方面人士参加。会议提出，民族理论研究工作要坚持为各民族平等团结和共同繁荣事业、为社会主义现代化建设服务的方向，加强民族理论与民族政策的研究，把中央关于改革的原则、方针和政策同少数民族地区实际结合，提出正确指导民族地区改革的理论，促进和做好民族地区的改革。（《人民日报》1985.7.20.④）

15日 国家计委批复，广西壮族自治区郁江流域应以防洪、航运、发电为主，兼顾灌溉、供水、水产及其他方面的需要，进行综合开发、综合治理。（《广西通志·大事记》P508）

△ 新疆维吾尔自治区博尔塔拉蒙古自治州第一个现代化大型乡镇企业——自治区第六乳品厂在伯乐县阿热勒托牧场投产。（《新疆日报》1985.7.25.①）

15~21日 新疆维吾尔自治区科技工作会议举行。学习、讨论《中共中央关于科学技术体制改革的决定》和中央领导讲话，并对自治区贯彻中央《决定》的意见稿进行讨论修改。（《新疆日报》1985.7.21.①，《中国共产党新疆历史大事记（1966.5~1991.12）》下P269~270）

17日 据报道，国家民委主持编辑的大型摄影画集——《中国少数民族地区画集丛刊》由民族出版社出版，分内蒙古、新疆、广西、宁夏、西藏、甘肃、青海、四川、贵州、云南、广东、湖南、湖北、福建、辽宁、吉林、黑龙江17分册。（《人民日报》1985.7.17.③）

△ 新疆维吾尔自治区在570多条大小河流的干流上建起120多个水文站，形成完备的水情网。（《新疆日报》1985.7.18.①）

18日 北京时间14时，广西壮族自治区漓江一艘游船因突遇10级龙卷风袭击而翻沉，死亡32人。（《广西通志·大事记》

P512）

△ 我国目前跨度最长的吊桥——广西壮族自治区南宁邕江牛湾大型组合吊桥竣工并通过验收。桥全长306米，其中主桥长274米，桥面宽4.5米，载重量120吨。（《广西日报》1985.7.19.①，《广西通志·大事记》P512）

△ 云南省红河哈尼族彝族自治州第一座电信大楼竣工。（《云南日报》1985.8.3.②）

△ 据报道，新疆维吾尔自治区七一棉纺二厂生产的“天山牌”筒子纱进入国际市场，畅销欧美各国，位列出口纱之冠。（《新疆日报》1985.7.18.①）

19~27日 参加中美大学校长会议的代表在新疆维吾尔自治区参观访问。出席会议的我国内地10所高等院校与新疆高等院校达成协议，项目有：1990年以前在新疆定向招收和委培研究生160名，为新疆开办20个少数民族学生班，在国家计划内每年从新疆多招一些学生，派骨干教师讲授部分研究生课程，在合作开展科研、合招硕士研究生等方面给予特殊照顾。（《新疆日报》1985.7.20.①，7.22.①，7.27.①）

20日 青海省六届人大常委会第十三次会议批准《海南藏族自治州施行中华人民共和国婚姻法的变通规定》的决议。（《青海日报》1985.7.21.①）

20日~8月2日 中共中央总书记胡耀邦在新疆维吾尔自治区视察。其间，胡耀邦同各地干部着重研究新疆进一步开发的方针和战略布局问题，他要求新疆进一步放开政策，充分利用新疆的资源优势，加快各地区的开发、建设步伐，尽快地使各族人民富裕起来，使整个新疆富裕起来。（《中国共产党新疆历史大事记（1966.5~1991.12）》下P270）

21日 西藏自治区第一座佛教学院——西藏佛学院在拉萨正式成立并举行开学典礼。全国人大常委会副委员长、自治区人大常委会主任阿沛·阿旺晋美，自治区党政领导帕巴拉·格列朗杰、杨岭多吉、生钦·洛桑坚赞、郎杰、伦珠陶凯、桑顶·多吉帕姆（女）、吉普·平措次登等出席开学典礼。（《西藏日报》1985.7.22.①）

△ 西藏自治区堆龙德庆县的藏传佛教噶举派主要寺庙——楚布寺修缮完毕，正式对外开放。（《西藏日报》1985.8.10.①）

21~26日 甘肃省首届少数民族传统体育运动会举办，全省13个地、县7个民族的236名运动员参加比赛。甘南藏族自治州选手夺得藏式摔跤，单人、双人、三人“大象拔河”和赛马、赛牦牛项目冠军，肃南、肃北、临夏等地选手获中国式摔跤、自由式摔跤等项目冠军。（《甘肃日报》1985.8.2.①）

21~30日 青海省民族文化遗产搜集整理研究成果展览在西宁举办。展览包括青海省民族民间文艺和热贡藏传佛教艺术等。（《青海日报》1985.7.22.①）

22日 据报道，新疆维吾尔自治区伊犁哈萨克自治州药材公司和伊犁畜牧学校人工培植牛黄获成功。（《新疆日报》1985.7.22.①）

△ 据本报伊宁讯，新疆伊犁地区世代流行的疟疾基本消灭。（《新疆日报》1985.7.22.④）

22~27日 全国民族文化遗产搜集、整理、研究工作经验交流会在青海西宁举行，18个省、自治区的110多位代表参加。（《青海日报》1985.7.23.①，7.29.①）

23~27日 新疆维吾尔自治区六届人大常委会第十三次会议举行。会议审议通过并公布《新疆维吾尔自治区人大常委会关于制定自治区地方法规程序的规定》，审议并授权自治区政府公布试行《新疆维吾尔自治区牧业税暂行办法》，根据试行的经验加以修订。（《新疆日报》1985.7.24.①，7.28.①②）

23日~8月7日 新疆维吾尔自治区为庆

祝自治区成立30周年进行全区文艺调演，22个专业和业余文艺团体的演员及600余名各族文艺工作者参加，共演出节目16台。（《新疆日报》1985.7.24.①，8.9.①）

24~29日 新疆维吾尔自治区党委、自治区人民政府举行教育工作会议，部署自治区教育改革工作。（《中国共产党新疆历史大事记（1966.5~1991.12）》下P270~271）

25日 国家民委在北京召开少数民族贫困地区座谈会，交流贯彻落实中共中央、国务院《关于帮助贫困地区尽快改变面貌的通知》的经验。全国政协副主席、中共中央统战部部长、国家民委主任杨静仁出席并讲话。（《云南日报》1985.7.28.④）

△ 达斡尔历史语言文字学会举办的第一期达斡尔语记音符号培训班开学典礼在内蒙古妇女干部学校举行。首批30名学员来自呼盟、锡盟和呼市以及新疆等地。（《内蒙古日报》1985.8.5.②）

△ 中国少数民族戏剧学会四川分会在成都成立。（《四川日报》1985.7.28.①）

25~28日 中国南方少数民族哲学社会思想史第二届学术讨论会在贵州贵阳举行，蒙古、满、壮、苗、布依、侗、水、彝、土、瑶、仡佬、白、纳西13个民族的110名理论工作者参加。（《贵州日报》1985.8.4.①）

25~29日 内蒙古自治区科技教育工作会议在呼和浩特举行，自治区和8盟4市科技教育方面负责人和一些旗县、科研单位、学校的代表共300多人出席。（《内蒙古日报》1985.7.26.①，7.30.①）

26~31日 中国西部文艺研讨会在新疆伊宁召开，西北5省区以及北京、辽宁、江苏等省市汉、维吾尔、哈萨克、回、藏、满、撒拉等民族的100余名文艺理论家、作家、艺术家与会。（《新疆日报》1985.8.7.①）

28日 据报道，航天工业部第一台国产化卫星电视地面接收站最近在内蒙古呼和浩特组装成功。（《内蒙古日报》1985.7.28.①）

28~29日 中央代表团艺术团在西藏拉萨、日喀则、那曲、山南的牧区、农村和边防所慰问演出。（《人民日报》1985.7.31.③）

30日 我国第一座特大跨度预应力混凝土悬臂桁架拱桥——贵州省黔东南苗族侗族自治州剑河县剑河大桥竣工通车。大桥主孔跨度150米，全长241.1米，桥面宽11.8米，是迄今国内同类桥型中最大的一座，在世界预应力混凝土桁式桥中跨径居第三位。（《黔东南苗族侗族自治州志·总述·大事记》P283）

31日 吉林省六届人大常委会第十四次会议批准《延边朝鲜族自治州自治条例》，自10月1日正式施行。（《延边朝鲜族自治州志》P93）

△ 位于西藏自治区拉萨市罗布林卡中的达赖书库向游客开放。这座书库建于十三世达赖喇嘛土登嘉措时期，内藏历世达赖收藏的有关宗教、历史、天文、医学等方面书籍6000多部。（《甘肃日报》1985.8.4.②）

△ 全国70项大中型重点建设项目之一的乌鲁木齐石油化工总厂化肥厂建成并试车成功。投产后年产尿素达52万吨，相当于现在全疆每年的需求总量。（《人民日报》1985.8.2.①，《新疆日报》1985.8.1.①）

8月

1日 西藏自治区原拉萨胜利电影院改为藏语电影院并举行首映仪式。这是全国第一家民族语言专业电影院。（《西藏日报》1985.8.2.①）

1~6日 四川省第七届少数民族地区运动会在阿坝藏族自治州马尔康举办，甘孜藏族自治州、凉山彝族自治州、阿坝藏族自治州和乐山、涪陵地区9个民族近900人参加。（《四川日报》1985.8.2.①）

3日 据《西藏日报》报道，西藏自治区三级藏医网已形成，藏医门诊看病率达中西医门诊看病率的50%以上。目前，全区各地除昌都外，山南、日喀则、那曲、阿里都有地区藏医院，全区74个县的县人民医院均设有藏医科，民间藏医遍及全区，专业和民间从事藏医工作的人员达1330多名。自治区成立20年来，国家拨款用于发展藏医药事业经费逐年增加，每年平均140万元。（《中国共产党西藏历史大事记（1949～2004）》P443）

△ 据本报报道，新疆维吾尔自治区大力开发利用农村能源，全区有14个县、市推广太阳灶1650台，建立沼气池1260座，35个县、市的21.74万家农户使用各种类型的多功能省柴灶。（《新疆日报》1985.8.3.①）

3～5日 全国少数民族地区结核病防治工作座谈会在新疆维吾尔自治区乌鲁木齐举行，22个省、市、自治区的防痨专业工作者参加。（《新疆日报》1985.8.14.①）

3～8日 全国首届彝族学术讨论会暨中国西南民族研究学会第二次会员代表大会在四川省凉山彝族自治州西昌市举行。会议由中国西南民族研究学会和凉山州人民政府联合召开，250人参加。（《四川日报》1985.8.14.①，《贵州日报》1985.8.21.②）

3～9日 中国敦煌吐鲁番学会首次学术讨论会在乌鲁木齐举行，参加学术讨论会的有全国各地和日本、美国、印度等国及香港地区的100多位专家、教授、科学工作者。会议收到论文100余篇，150名专家介绍了各自的科研成果。（《新疆日报》1985.8.6.①，8.9.①；《中国共产党新疆历史大事记（1966.5～1991.12）》下P271）

4日 四川省首个民族博物馆——凉山彝族自治州彝族奴隶社会博物馆建成并开馆。（《四川日报》1985.8.7.①，《凉山彝族自治州志》上P71）

5日 据本报讯，目前，四川省凉山彝族自治州有彝文小学330所，38所中学开设彝文课，在校生1.7万人。自十一届三中全会后，彝族人口识字人数上升到65%。（《四川日报》1985.8.5.①）

△ 西藏自治区社科院在拉萨正式成立。该院于1978年6月开始筹建，并同时开展研究工作，出版了藏、汉2种文字的《西藏研究》季刊，整理、编辑、出版了一批藏、汉文有关西藏历史文化的古籍文献书籍。社科院以研究西藏学为主要任务，设立民族历史、宗教、语言文学、情报、经济5个研究所和1个藏文古籍出版社。（《西藏日报》1985.8.6.①，《中国共产党西藏历史大事记（1949～2004）》P444）

5～10日 中国辽、金及契丹、女真史第三次学术讨论会在吉林省吉林市召开。全国各地的专家学者114人参加大会，提交论文70余篇，着重讨论辽代、金代文化和宋、辽、金时期的民族关系。（《人民日报》1985.10.11.⑤）

5～12日 全国首次少数民族语文翻译学术讨论会在乌鲁木齐召开，18个民族的代表参会。（《新疆日报》1985.8.6.①，8.14.①）

6日 全国第一个草地资源保护地——内蒙古锡林郭勒草原自然保护区在锡林郭勒盟东部的白音希勒牧场建成，总面积1.09万平方公里。（《人民日报》1985.8.21.③）

△ 新疆地矿局完成对昆仑山主峰——木孜塔格峰一带海拔5000米以上最后一块空白区的地质考察。（《新疆日报》1985.8.21.①）

7日 中国投资银行内蒙古自治区分行举行开业典礼。（《内蒙古日报》1985.8.11.①）

△ 革命英雄、伊克昭盟独贵龙运动杰出领导人席尼喇嘛（蒙古族）纪念塔在内蒙古自治区乌审旗达布察克镇重建落成。（《人民日报》1985.8.13.④，《内蒙古日报》1985.8.16.①）

△ 中科院在新疆乌鲁木齐召开干旱区资源开发利用国际学术交流会，10个国家和地区的120多位科学家参加，收到学术论文200余篇。（《中国共产党新疆历史大事记（1966.5～1991.12）》下P272）

7～18日 第三届全国“民族团结杯”足球赛在贵州省贵阳市举行，8个省、自治区13个民族的150多名运动员参加。西藏队获冠军，广西队获亚军，内蒙古队、新疆队、宁夏队分获第四、六、七名。（《西藏日报》1985.7.19.①，《四川日报》1985.8.19.③，《青海日报》1985.8.20.④）

8日 内蒙古自治区在锡林浩特市建立锡林郭勒草原自然保护区，面积58万公顷，是以草甸草原、沙地疏林为主要保护对象的国家级自然保护区。（《全国自然保护区名录（2005）》P40）

8～16日 内蒙古自治区牧区工作会议在呼和浩特举行，全区各盟市、旗县、国营农牧场、大型企业和厂矿的领导，自治区有关部、委、厅、局的负责人以及在牧区工作中取得显著成绩的单位代表共290多人参加。（《内蒙古日报》1985.8.9.①，8.16.①）

10日 云南省西双版纳傣族自治州境内目前最大的单孔跨径石拱桥——南朗河石拱桥建成通车。（《云南日报》1985.8.13.①）

△ 西藏自治区第一个心血管科在自治区人民医院成立。（《西藏日报》1985.8.19.①）

11日 云南省怒江傈僳族自治州召开代表大会，选举产生自治州科学技术协会第一届委员会。（《怒江傈僳族自治州志》上P852）

△ 维吾尔族诗人、作家，新疆维吾尔自治区人大常委会主任铁木尔·达瓦买提的诗集《心中的歌》汉文版出版发行。（《新疆日报》1985.8.13.①）

12～15日 中国少数民族文学会第三届年会在新疆举行，全国17个省、市、自治区20个民族的100多位专家、学者参会，提交论文110篇。（《新疆日报》1985.8.16.①）

13日 内蒙古自治区呼准公路南段的重要桥梁——全长416.42米的喇嘛湾黄河公路大桥竣工通车。（《内蒙古日报》1985.8.15.①）

13～27日 新疆维吾尔自治区首次在香港举办出口商品展览会，近2000种各类产品参展，展现新疆的地方特色和民族风格，出口成交额5000万美元。（《新疆日报》1985.8.13.①，9.14.①；《中国共产党新疆历史大事记（1966.5～1991.12）》下P272）

14日 据本报讯，内蒙古自治区察哈尔右翼后旗蒙医医院恢复和发展民族传统医疗技术，逐步完善蒙医传统拔火罐子、针灸、艾灸、放血和药浴5项疗法，结合西医现代诊断技术，专治牧区常见病、多发病。（《人民日报》1985.8.14.③）

15日 内蒙古自治区第一个固定技术市场——内蒙古呼和浩特技术信息市场正式开业。（《内蒙古日报》1985.8.18.①）

△ 四川省甘孜藏族自治州首届藏族艺术节在甘孜举行，甘孜、巴塘等10县的业余藏戏团和乌兰牧骑式演出队演出藏戏、民族歌舞，同时还举办摄影展览、藏语配音电影影展、藏文图书展销和物资交流。（《四川日报》1985.8.16.①）

△ 贵州省黔东南苗族侗族自治州首届技术成果交易会在凯里举办，省内地、州、市、县以及云南、广西等省区的科研机构、大专院校、工商企业应邀参会。交易会项目设有技术、人才引进，技术转让，技术咨询服务，难题招标，新产品、新技术开发，科技情报信息交流，地方名特产品展销。（《贵州日报》1985.8.17.①）

15～29日 回、藏、蒙古、裕固、东乡、哈萨克、满、保安8个民族演员组成的甘

肃省乌兰牧骑演出队一行28人在贵州省访问演出。（《贵州日报》1985.8.17.①）

17~18日 中直和国家机关赴新疆维吾尔自治区培训中小学教师讲师团抵达乌鲁木齐。（《新疆日报》1985.7.20.①）

18日 西藏自治区自行设计建造、总建筑面积1.26万平方米的自治区藏医院工程竣工剪彩。（《西藏日报》1985.8.19.①）

19日 据本报讯，甘肃省第四届少数民族珠算比赛最近在合作结束，回、满、藏、朝鲜、东乡、裕固、彝等8个民族的40名选手参加。（《甘肃日报》1985.8.19.①）

△ 全国民族贸易理论讨论会在新疆维吾尔自治区乌鲁木齐市举行，明确指出开放、搞活是党和国家的基本国策，也是今后民族贸易工作的方向。会议认为，发展民族贸易要实现三大转变，一是把“无商不奸”、耻于经商的旧观念转变为无商不活、经商光荣的新思想，二是把少数民族群众只把产品供自己消费而耻于上街出售的旧观念转变为把产品当商品的新思想，三是把同行当冤家、互相挖墙脚的旧观念转变为携手合作、互相帮助的新思想。（《新疆日报》1985. 8.28.①）

△ 新疆维吾尔自治区的中外合资企业——新疆长绒棉纺织有限公司成立。（《人民日报》1985.8.20.③，《新疆日报》1985.8.20.①）

△ 历时2年的新疆维吾尔自治区地名普查工作结束，普查各类地名近10万条，标绘各种比例尺地图4900余张，编写重要材料4733份，新命名各类地名4333条，更名3152条。（《新疆日报》1985.8.29.①）

20日 广西壮族自治区南宁至北海微波干线工程开工，全长184公里，总投资1200多万元。1987年5月1日正式开通使用，是广西第一条二级微波通信线路。（《广西通志·大事记》P513）

△ 西藏电视台正式成立，播出2套彩色电视节目，一套是自办的以藏语为主的综合性节目，另一套是当天中央电视台的节目。（《西藏日报》1985.8.21.①，《当代中国的西藏》上P447）

△ 西藏自治区群艺馆举办新馆开馆以来的第一次艺术展览西藏风情画展。（《西藏日报》1985.8.22.①）

20日~9月5日 新疆维吾尔自治区30年来首次对外经济技术合作和贸易洽谈会在乌鲁木齐举行。22个国家、地区的436位客商和来宾参加洽谈会。其间，签署7份合同、14份协议、106项备忘录和意向书。（《新疆日报》1985.8.21.①，8.24.①，9.6.①；《中国共产党新疆历史大事记（1966.5~1991.12）》下P273）

21日 广西壮族自治区党委在南宁召开落实知识分子政策工作座谈会。（《广西通志·大事记》P513）

△ 西藏自治区党委批转统战部、宗教局《关于清退“文革”中没收寺庙珠宝、玛瑙的意见》。意见指出：自治区20周年大庆前，在“文革”中被没收的哲蚌寺、色拉寺、甘丹寺、大昭寺、小昭寺和日喀则的扎什伦布寺6个寺庙的珠宝、玛瑙，现存银行以及文物管理、财政等部门的应一律退还。全区各地应于年底前，对银行、财政和文管等部门存放的“文革”中查抄的寺庙珠宝、玛瑙、佛像、法器、金银宗教用品等，彻底清查，全部退给寺庙和宗教部门。各机关、团体、学校和企事业部门以及干部、职工，都不得存放和占有寺庙文物、宗教用品。（《中国共产党西藏历史大事记（1949~2004）》P444）

21日~9月3日 由国家出版局和中国出版工作者协会举办的全国民族文字书籍编辑研究会议在青海西宁举行，11省区的民族文字书籍出版部门代表参会。会议讨论了民族出版工作面临的新问题、新形势，如何克服困难做好选题，提高民族文字书籍的质量，加强民族

文字书籍出版的系统性，进一步繁荣民族文字书籍出版事业等问题，并宣读12篇论文。（《青海日报》1985.9.7.①）

22日 据本报讯，目前，西藏自治区可独立采用涂磁录音方法译制藏语影片，全区已转录藏语拷贝2000多个。（《人民日报》1985.8.22.②）

△ 新疆维吾尔自治区选调95名维吾尔、汉、哈萨克、蒙古等民族的优秀大学毕业生到基层培养锻炼。据统计，到目前为止，已选调优秀大学毕业生460名。（《人民日报》1985.8.24.④）

22～27日 广西壮族自治区农村工作会议在南宁举行。提出要合理调整农村产业结构。（《广西日报》1985.8.28.①）

23日 广西壮族自治区农村壮文扫盲工作汇报会在田阳县召开，53个县语委主任等110人参会，田阳县等5个单位的代表汇报发言。（《广西日报》1985.8.28.①）

△ 西藏文联、中国美协和美协西藏分会联合举办的西藏民间雕刻艺术展在中国美术馆开幕，共展出西藏自吐蕃时期至近代1000多年来的石雕、木雕、泥陶塑及青铜雕刻艺术精品175件，其中多数展品为首次公开。全国人大常委会副委员长班禅额尔德尼·确吉坚赞出席开幕式。（《人民日报》1985.8.24.③，《西藏日报》1985.8.26.①）

△ 北京时间20时41分58秒，新疆维吾尔自治区乌恰县南部、疏附县西部发生7.4级地震，震中位于东经75°36′00″、北纬39°18′38″，乌恰县西南约50公里处，距乌鲁木齐有1000多公里。地震造成60人死亡，100多人受伤。9月12日，灾区又发生6.9级地震，疏附县、英吉沙县、疏勒县、喀什市也受损。自8月23日以来，灾区共发生余震1400多次，其中4～6级地震30多次。（《人民日报》1985.8.25.①，8.26.①，8.27.①；《新疆日报》1985.9.13.①）

23～28日 广西壮族自治区南部有8站出现大风，共出现20站次。暴雨引起山洪暴发，南流江、钦江、茅岭江水位均超过警戒线，邕江南宁大坑口洪峰水位75.98米，是1949年以来第二大洪水。（《中国气象灾害大典·广西卷》P97、237）

24日 据报道，内蒙古自治区经济律师事务所最近在呼和浩特正式成立。（《内蒙古日报》1985.8.24.①）

△ 西藏概况展览在西藏革命展览馆展出。展览分5个部分，展出600多幅图片和近3000件实物。（《人民日报》1985.8.29.④，《西藏日报》1985.8.26.①）

△ 新疆维吾尔自治区和钢玻璃厂建成投产，建筑总面积3.5万多平方米，设计生产能力为80万标箱，总投资近3000万元。（《中国共产党新疆历史大事记（1966.5～1991.12）》下P274）

25日 据本报讯，截至目前，广西壮族自治区退耕还林的土地面积有95万亩。（《广西日报》1985.8.25.①）

△ 西藏自治区政府发布布告：尊重藏族人民的风格习惯，不准围观天葬仪式。（《当代中国的西藏》下P608）

26日 通过560多公里多年冻土地区、全长1155公里的青藏公路南段（格尔木至拉萨）改建工程通过国家验收，这是世界上海拔最高的公路。公路的沥青路面于7月30日全线铺通。（《人民日报》1985.8.27.①；《西藏日报》1985.7.31.①，8.27.①；《青海日报》1985.8.29.①；《四川日报》1985.8.30.①）

△ 新疆维吾尔自治区乌鲁木齐市开设第一家少数民族特需用品商场，营业面积2700多平方米，经营1700多种少数民族特需用品和1万多种通用商品。（《人民日报》1985.8.27.②）

27日 全国首个在地区所在地建立的卫星地球站——西藏自治区昌都卫星地球站一期

工程部分竣工；11月，阿里卫星地球站一期工程部分竣工，开始接收中央电视台节目。（《当代中国的西藏》下P240）

27~31日 内蒙古自治区六届人大常委会第十三次会议举行，审议并通过《内蒙古自治区矿产资源开发管理条例（试行）》和《内蒙古自治区人民代表大会代表工作办法（试行）》。（《内蒙古日报》1985.8.28.①，8.30.①，9.1.①）

△ 广西壮族自治区六届人大常委会第十六次会议举行，通过《广西壮族自治区人民代表大会常务委员会关于设区的市的人民代表大会代表选举的若干规定》。（《广西日报》1985.8.28.①，9.1.①）

28日 广西壮族自治区人民政府颁发《广西壮族自治区劳动保护暂行办法》。（《广西通志·大事记》P513）

△ 四川省凉山彝族自治州西昌卫星电视接收站安装完成。（《四川日报》1985.8.29.①）

△ 西藏自治区第一个全部利用现代化仪器测试太阳能设施的日喀则太阳能试验站建成并通过验收。（《西藏日报》1985.10.14.①）

29日 据报道，新疆维吾尔自治区第一个国土综合规划——《巴音郭楞蒙古自治州国土综合规划》通过验收。（《新疆日报》1985.8.29.②）

△ 据报道，新疆维吾尔自治区计算机应用开发中心成立。（《新疆日报》1985.8.29.①）

29日~9月2日 全国少数民族第四届珠算比赛在银川举行，18个民族组成的15支代表队共99名选手参赛。吉林、贵州、内蒙古代表队分获团体前三名，吉林代表队年仅10岁的郭仁花（朝鲜族）获个人全能冠军。（《贵州日报》1985.9.15.①；《宁夏日报》1985.8.31.①，9.3.①）

是月 云南省文山壮族苗族自治州西畴、麻栗坡、马关、广南、富宁等县发生特大洪灾。15万多户90万多人受灾，毁坏房屋5878间、水利设施299件、桥梁16座，死亡101人、伤26人，损失大牲畜4000多头、猪1万多头，农作物受灾142万多亩。（《文山壮族苗族自治州志》1卷P68~69）

△ 新疆维吾尔自治区昌吉回族自治州创作的全国第一部反映哈萨克族人民生活的电视剧《沙哈曼》拍竣。（《昌吉回族自治州志》P61）

△ 新疆维吾尔自治区首座现代化大型焦炉——八一钢铁厂42孔焦炉落成。（《新疆日报》1985.8.26.①）

是~9月 宁夏回族自治区同心、盐池、固原、西吉、海原、彭阳、隆德、泾源、中卫、灵武、中宁等地遭受连阴雨灾害。11个县的155个乡10209个自然村41.89万人受灾，受涝害作物面积7.53万公顷。倒塌民房9143间、窑洞12834孔、公房及校舍681间，畜棚圈6461个。中宁县鸣沙乡洪柳河半小时暴雨洪水水位高达5.5米，是1949年以来最大一次山洪。（《中国气象灾害大典·宁夏卷》P130）

9月

1日 西藏自治区各族各界3.5万人在拉萨集会，庆祝自治区成立20周年。中央代表团团长胡启立到会祝贺并赠送贺幛，自治区政府主席多杰才旦、中央代表团副团长班禅额尔德尼·确吉坚赞等先后讲话，中共中央、国务院致贺电。8月27日，以中共中央书记处书记胡启立为团长，全国人大常委会副委员长班禅额尔德尼·确吉坚赞、国务院副总理李鹏、中央办公厅副主任王兆国、解放军总政治部副主任周克玉、解放军二炮副政委阴法唐、国家经委副主任赵维臣、全国人大民委副主任平措旺阶、中共中央统战部副部长江平为副团长的中央代表团抵达拉萨，拉萨各族各界2万多人欢迎中央代表团；31日，庆祝大会在拉萨召开，胡启立、李鹏分别发表重要讲话。9月3日，中央代表团返回北京。（《人民日报》1985.8.31.④；《西藏日报》1985.9.2.①②，9.12.①；《中国共产党西藏历史大事记（1949~2004）》P445）

△ 中国人民银行发行西藏自治区成立20周年纪念币1套2枚，1枚为银币，1枚为镍币。（《西藏日报》1985.8.31.①）

△ 国家赠送宁夏回族自治区的银川、盐池、六盘山3个卫星地面接收站开通。（《宁夏日报》1985.9.13.①）

△ 据《新疆日报》报道，新疆维吾尔自治区第一座现代化双层互通式立交桥——乌鲁木齐市人民路立交桥建成通车。（《中国共产党新疆历史大事记（1966.5~1991.12）》下P274）

△ 据本报讯，新疆维吾尔自治区科研体制改革全面展开，108个区属和中央部属科研单位大部分实行所长负责制、技术项目合同制和课题承包制。（《新疆日报》1985.9.1.①）

2日 吉林省延边朝鲜族自治州和新疆维吾尔自治区伊犁哈萨克族自治州结为友好州。（《延边朝鲜族自治州志》上P93）

3日 宁夏银川至北京直达航空班机正式通航。（《当代宁夏史通鉴》P36）

4日 新疆维吾尔自治区与巴基斯坦开始直接通邮。（《中国共产党新疆历史大事记（1966.5~1991.12）》下P274）

△ 据新华社北京电，新疆维吾尔自治区最早创办的高等学府——新疆大学现有文、理、法、经4科11系、22个专业。全校有少数民族教师500多人，其中副教授20人，讲师141人，在校维吾尔、汉、哈萨克、回、蒙古、柯尔克孜、锡伯、塔吉克、满、乌孜别克、塔塔尔、达斡尔等15个民族的学生共5500多人，其中研究生30人。该大学是我国少数民族地区最大的一所多民族多学科的综合性大学。（《人民日报》1985.9.6.③）

6~10日 全国首次少数民族和边远地区金融理论讨论会在新疆维吾尔自治区乌鲁木齐市举行，讨论交流我国少数民族和边远地区经济发展，资金的特点和规律、特别是信贷资金运动，货币流通的特点和规律，银行在宏观控制和微观搞活中如何发挥作用等问题。（《新疆日报》1985.9.19.②）

7日 广西壮族自治区党委、政府发出《关于加强农村基层组织建设几个问题的决定》，提出要健全村民委员会组织，落实村干部的报酬；加强农村党支部建设；健全地区性合作经济组织；大力抓好干部轮训；建立村干部岗位责任制。（《广西通志·大事记》P514）

△ 贵州省黔东南苗族侗族自治州环境保护委员会成立。（《黔东南苗族侗族自治州志·总述·大事记》P285）

△ 据新华社讯，新疆维吾尔自治区传统民族用品生产体系初步形成。近10年来，国家给新疆拨款1600万元用于发展民族用品工业，建立起一批民族用品生产基地，可生产28大类2600多个花色品种的特需商品，年总产值1.3亿元。是年，国家又拨给新疆用于制作首饰的黄金、白银各3000两，以满足新疆各族人民的需要。（《新疆日报》1985.9.21.①）

8日~10月20日 北京市首届民族传统体育运动会举行，35个少数民族的1751名运动员参加。运动会设7个竞赛项目和30个表演项目，西城区、东城区、北京体育学院分获团体总分第一、二、三名。（《人民日报》1985.9.13.③，10.21.③；《四川日报》1985.10.21.③）

9日 我国第一所以培养少数民族管理干部为主要任务的高等学校——中央民族管理干

部学院在北京成立。（《人民日报》1985.9.10.③）

△ 国务院、中央军委正式批复，同意建立湖南省湘西土家族苗族自治州大庸民用机场。（《湘西州志》上P83）

△ 广西壮族自治区首届教师节暨表彰先进教育工作者、尊师重教先进单位大会在南宁举行。表彰62名教育模范、412个先进教育工作者和16个尊师重教先进单位。（《广西通志·大事记》P514）

△ 新疆维吾尔自治区暨乌鲁木齐市举行大会，庆祝首个教师节并表彰67名获园丁奖的各族优秀教师。（《新疆日报》1985.9.10.①，《中国共产党新疆历史大事记（1966.5~1991.12）》下P275）

10日 国务院拨款建设的湖南省湘西土家族苗族自治州吉首市和大庸市的2座卫星地面接收站建成。（《湖南日报》1985.9.13.①）

△ 中共四川省委、省政府在成都召开第一个教师节庆祝大会，604名优秀教师受表彰，其中凉山彝族自治州22名、甘孜藏族自治州18名、阿坝藏族自治州14名。（《四川日报》1985.9.11.①②）

△ 青海省果洛藏族自治州举行大会，庆祝第一个教师节，表彰29名先进教师和2名基层办学有突出成绩的学校领导，并对在果洛地区工作20年以上的教师颁发荣誉证书。（《果洛藏族自治州志》上P52）

12日 云南省文山壮族苗族自治州第一个地面卫星接收站在薄竹山建成。（《文山壮族苗族自治州志》1卷P69）

12~15日 党中央、国务院赠送青海省果洛藏族自治州的卫星地面接收设备安装开通。（《果洛藏族自治州志》上P52）

13日 全国第三次藏语文艺广播会议在四川省南坪县举行，探讨藏语文艺广播的采制艺术，复制、交换文艺节目等方面的问题。（《四川日报》1985.9.15.①）

14日 鄂温克族民俗及文化艺术展览在民族文化宫开幕，展出图片300多幅，实物近200件。（《人民日报》1985.9.16.④，《鄂温克族自治旗志》P931）

△ 广西首届科学技术进步奖评审揭晓，86项重大科技成果获奖，其中一等奖2项、二等奖15项、三等奖69项。（《广西通志·大事记》P514）

△ 据报道，国务院赠送的拉萨卫星电视地面接收站最近正式开通。（《西藏日报》1985.9.14.①）

△ 新疆维吾尔自治区乌鲁木齐市与广东省广州市结为兄弟城市。（《新疆日报》1985.9.16.①）

15日 西藏银行学校首届45名新生报到入学。（《西藏日报》1985.9.30.①）

15~21日 宁夏回族自治区伊斯兰国际经济技术合作洽谈会在银川举行，12个国家和地区的穆斯林、经济界人士、驻华外交官员、国家有关部委和自治区领导及兄弟省、市、自治区的代表共500多人出席。洽谈会共签订合同和协议28项，引进外资1500万美元，引进技术、设备成交额700多万美元。（《宁夏日报》1985.9.16.①）

16日 云南省红河哈尼族彝族自治州民族中学在建水开办。（《红河哈尼族彝族自治州志》1卷P107）

17日 国务院批复云南省人民政府同意将“崩龙族”改称“德昂族”。（《国务院公报》1985［28号］P975）

△ 中央民族学院在民族地区开办的第一个大专班——首届广西壮文大专班开学典礼在广西壮文学校举行。（《广西日报》1985.9.20.①）

△ 贵州省少数民族古籍整理出版规划小组成立。（《贵州日报》1985.9.21.②）

18日 世界屋脊上第一艘游艇“珠峰一

号”在海拔4300多米的羊卓雍湖下水。（《西藏日报》1985.9.14.①）

20~27日 全国摔跤冠军赛古典式比赛在昆明举行。内蒙古队呼日查（蒙古族）、巴斯尔（蒙古族）、敖荣分获52、62、100公斤级冠军，新疆队阿吉（维吾尔族）、谷茂盛（锡伯族）分获68公斤级、90公斤级冠军。（《四川日报》1985.9.24.②，《新疆日报》1985.9.24.②，《新疆通志·体育志》83卷P71）

20~30日 新疆维吾尔自治区首届少数民族传统体育运动会在乌鲁木齐举行。90多名少数民族运动员分获速度赛马、赛走马、赛骆驼、民族式摔跤等项目的单项奖。10个少数民族运动队分获叼羊、速度赛马、民族式摔跤集体奖，3支运动队和48名运动员获精神文明奖。（《人民日报》1985.10.1.②，《新疆日报》1985.10.3.①）

21日 据新华社乌鲁木齐电，新疆社会科学院历史研究所所长刘志霄历时18年撰写的我国第一部维吾尔族历史专著《维吾尔族历史》，最近由民族出版社用汉文和维吾尔文同时出版，填补我国西北史地研究方面的空白。全国人大常委会副委员长赛福鼎·艾则孜为此书作序。（《人民日报》1985.9.22.③，《新疆日报》1985.9.24.②）

21~23日 广西壮族自治区玉林、梧州两地区受17号台风影响，普降暴雨、特大暴雨，导致山洪暴发，河水猛涨，南流江、九州江、圭江和绣江均达到或超过历史最高水位，造成严重洪涝灾害。两地区农作物240多万亩受淹。（《广西通志·大事记》P514）

21~25日 全国首届藏医院工作会议在拉萨举行。会议通过《全国藏医院工作条例（试行）》、《藏医病历书写规范（草案）》及《藏医护理操作规程（草案）》。其间，还召开了全国中等藏医药语文教材审稿会，成立了全国藏医学会筹备组。这些规程、条例得到国家卫生部同意，下发全国藏族地区各藏医院试行，推进藏医院管理工作向规范化科学化发展。（《西藏日报》1985.9.27.①，《中国共产党西藏历史大事记（1949~2004）》P449）

21~28日 西藏自治区山南、那曲、日喀则和林芝卫星电视地面接收站相继建成开通，其中那曲卫星电视地面站为世界上最高的卫星电视地面接收站。（《人民日报》1985.9.27.③；《西藏日报》1985.10.1.②，10.4.①）

21日~10月7日 西北地区第三次经济技术协作会议在青海西宁举行，决定在兰州设立西北五省区经济技术协作办事处。会议期间，五省区签署的正式合同或达成意向性协议的项目共425项。（《人民日报》1985.10.8.②，《青海日报》1985.9.22.①）

22日 据本报讯，内蒙古自治区首届水土保持经济效益学术讨论会近日在呼和浩特举行。与会代表就经济效益和生态效益的有机结合进行重点探讨。（《内蒙古日报》1985.9.22.①）

△ 新疆维吾尔自治区阿勒泰机场建成自治区第一条橡胶混凝土飞机跑道。（《新疆日报》1985.10.15.①）

△ 新疆维吾尔自治区电视台哈萨克语节目开播。截至目前，该台已开办维吾尔、汉和哈萨克3个语种的电视节目。（《人民日报》1985.9.25.③，《新疆日报》1985.9.22.①）

22~24日 中断20多年西藏自治区日喀则传统节日斯摩钦莫恢复举行。（《西藏日报》1985.9.28.①）

23日 西北少数民族师资培训中心成立大会暨首届学生开学典礼在西北师范学院举行。（《甘肃日报》1985.10.2.①）

△ 西藏自治区人民政府下发《关于建立自然保护区批复》文件，批准建立墨脱（面积62620公顷，有热带到寒带的植被类型，国家一级保护植物木桫椤等）、察隅（面积101400公顷，亚热带山地综合生态以及稀有动植物羚

羊、虎豹、小熊猫、藏马鸡、云南松等）、波密岗乡（面积4600公顷，有森林生态系及云杉高产林）、林芝巴结（面积8公顷，有珍稀植物巨柏）、聂拉木樟木沟（面积8652公顷，有亚热带自然景观及珍稀动物喜马拉雅塔尔羊）、吉隆江村（面积34060公顷，有珍稀植物西藏长叶松、长叶云杉、喜马拉雅红豆杉等）6个以保护森林生态系统及珍稀野生动植物为主的自治区级自然保护区。 （《当代中国的西藏》下P83～84）

△ 甘肃省肃南裕固族自治县地方志编纂委员会成立。 （《肃南裕固族自治县志》P429）

△ 据本报讯，新疆维吾尔自治区党委防治地方病领导小组和自治区畜牧厅召开联合现场会，强调要根治人畜共患的地方病布鲁氏菌病。 （《新疆日报》1985.9.23.②）

24～27日 西藏自治区四届人大常委会第十三次会议在拉萨举行，通过《关于在全区各族人民中普及法律常识的决议（草案）》。（《西藏日报》1985.9.26.①）

25日 内蒙古自治区第一架自产的超轻型飞机“蜜蜂五号”试验机在呼和浩特试飞成功。这架由北京航空学院研究设计、呼和浩特油泵嘴厂加工生产的飞机，自重200公斤，可载3人，最大时速102公里，升限2000米至4000米。 （《内蒙古日报》1985.9.27.①）

△ 湖南省湘西土家族苗族民俗展览在民族文化宫开幕，展出民俗文物700多件。（《人民日报》1985.9.27.④，《湖南日报》1985.9.27.①，《湘西州志》上P83）

△ 科威特阿拉伯发展基金会援建的新疆维吾尔自治区乌鲁木齐石油化工总厂化肥厂竣工。 （《新疆日报》1985.10.3.①）

△ 据新华社乌鲁木齐电，国家赠送新疆维吾尔自治区的5个卫星地面接收站在自治区成立30周年前接通，新疆西部的伊宁、阿勒泰、喀什及和田一带可直接收看中央电视台节目。 （《人民日报》1985.9.27.③，《新疆日报》1985.9.29.①）

26日 内蒙古自治区民族团结书法篆刻展览在自治区博物馆举办。 （《内蒙古日报》1985.9.28.①）

△ 新疆维吾尔自治区第一条一级公路——乌鲁木齐西郊干线一级公路建成通车。（《新疆日报》1985.9.27.①）

26日～10月10日 新疆维吾尔自治区征集文物展在乌鲁木齐市举办，展出文物1500余件，其中大部分少数民族文物首次与观众见面。 （《新疆日报》1985.9.29.①）

27日 中共中央总书记胡耀邦在四川省甘孜藏族自治州视察。 （《甘孜州志》上P93）

△ 新疆维吾尔自治区顾问委员会编辑、新疆人民出版社出版的《写在天山上的碑文》在新疆维吾尔自治区发行。胡耀邦题词“英名与天山永存”，陈云题词“天山埋忠骨，英名万里存”，王震题词“向为解放新疆建设新疆献身的烈士们致以崇高的敬意”。该书选辑王震、王恩茂、罗元发等撰写的35篇文章和回忆录，记述已逝世的原自治区党政军各方面领导人的生平事迹，并附有其照片和传略。书中介绍的25位人物都是建国后新疆第一代开拓者。 （《人民日报》1985.9.29.③）

△ 据报道，新疆维吾尔自治区测绘局编绘印刷的《新疆维吾尔自治区地图》发行。（《新疆日报》1985.9.27.①）

△ 新疆维吾尔自治区人民会堂竣工。（《新疆日报》1985.9.28.①）

28日 据新华社呼和浩特电，内蒙古自治区文物考古工作者最近在赤峰市宁城县发现西周时期少数民族古墓群。该墓群共有13座石砌墓，个别墓里有木棺。共出土青铜器900多件，其中有生活用品盘、碟、酒壶、兵器戈、刀、箭头以及祭祀用品等，在一个青铜器皿里还盛有干涸的鱼、牛肉、羊肉。 （《人

民日报》1985.9.29.③，《甘肃日报》1985.9.29.③）

△ 青海省格尔木卫星地面接收站建成并正式开通，这是格尔木市军民自筹资金45万元建成的青海第一家卫星地面接收站。（《人民日报》1985.10.3.③）

△ 新疆维吾尔自治区呢绒厂引进的第一条西服生产线正式投产。（《新疆日报》1985.10.4.①）

△ 新疆维吾尔自治区无线电厂组装的金星牌电视机上市。（《新疆日报》1985.10.7.①）

△ 新疆维吾尔自治区以补偿贸易形式与日本、中国香港合作的昌吉棉纺厂投产。（《新疆日报》1985.9.29.①）

29日 据本报讯，新疆生产建设兵团把军垦方式和家庭经营结合，以兴办家庭农场为突破，进行经济体制全面改革。（《人民日报》1985.9.29.①）

30日 为庆祝新疆维吾尔自治区成立30周年，自治区干部大会在乌鲁木齐举行。以中共中央顾问委员会副主任王震为团长的中央代表团到会祝贺，并向自治区赠送贺幛和礼单，贺幛以维吾尔文、汉文绣着“各族人民团结起来，为建设繁荣富强的新疆而奋斗”。王震在大会上发表讲话。10月1日，乌鲁木齐15万人举行庆祝集会；2日，庆祝自治区成立30周年成就展览在乌鲁木齐开幕。（《人民日报》1985.10.1.②，10.4.④，10.8.④，10.12.④；《中国共产党新疆历史大事记（1966.5~1991.12）》下P278）

△ 青海民族学院在玉树藏族自治州开设藏语文大专班。（《青海日报》）1985.10.15.①）

30日~10月12日 西藏自治区第五届专业文艺会演在拉萨举行，6个专业文艺团体共演出节目6台、晚会20场（次）。（《西藏日报》1985.10.1.①，10.14.①）

是月 第六届亚洲田径锦标赛在印度尼西亚雅加达举行，西藏运动员普布次仁（藏族）获标枪金牌。（《民族团结》1986.2 P17，《广西通志·大事记》P514）

△ 内蒙古大学被确定为内蒙古自治区唯一具有免试攻读硕士学位推荐权单位。（《内蒙古大学四十年》P415）

△ 西藏自治区首届民族传统体育运动会在拉萨举行，拉萨、山南等6个代表队的138名运动员参加“吉韧”（弹克郎球）、赛马、马术比赛和“碧秀”（射响箭）表演。同时成立“吉韧协会”。（《当代中国的西藏》下P505）

10月

1日 内蒙古自治区在乌拉特后旗建立乌拉特梭梭林——蒙古野驴自然保护区，面积6.8万公顷，是以梭梭林、蒙古野驴及荒漠生态系统为主要保护对象的国家级自然保护区。（《全国自然保护区名录（2003）》P40）

1~6日 为繁荣民族经济、增进民族团结，青海省轻纺工业厅、省民委在西宁市举办少数民族用品展销会，展出200多个花色20余种民族服装，上千个花色500多种鞋帽、金银首饰、铝制品等产品。（《青海日报》）1985.10.5.①）

1~15日 新疆画院、乌鲁木齐市群艺馆联合举办新疆画院美术作品展览。（《新疆日报》1985.10.5.①）

3日 云南省红河哈尼族彝族自治州政府决定恢复“苦聪人”的自称——拉祜。（《红河哈尼族彝族自治州志》1卷P107）

5~30日 由14个省、自治区、直辖市及中国预防医学科学院寄生虫病研究所的44名专家和专业人员组成丝虫病考核组，对广西基本消灭丝虫病进行考核验收，认为“广西已达到卫生部规定的基本消灭丝虫病标准”。

（《广西通志·大事记》P515）

6日 据报道，新疆维吾尔自治区组装出第一架多用途轻型飞机，适用于航测、喷洒农药、森林监护、急救、交通运输、观光游览和边防巡逻等。（《新疆日报》1985.10.6.①）

△ 新疆乌鲁木齐市与四川成都市结为兄弟城市。（《新疆日报》1985.10.10.①）

6~17日 首届全国青少年运动会在河南郑州举行。新疆选手伊力巴图（蒙古族）获古典式摔跤65公斤级亚军，内蒙古选手苏雅拉图（蒙古族）获自由式摔跤48公斤级冠军。（《新疆日报》1985.10.9.①，10.12.①，10.13.①；《内蒙古日报》1985.10.22.①）

7~13日 上海市南市区、南京市建业区、浙江省嘉兴市、江西省吉安地区、四川省自贡市、湖南省湘潭市、湘西土家族苗族自治州及湘西州吉首市政府多边经济协作会在吉首成立。（《湘西州志》上P84）

8日 据新华社讯，中美木孜塔格峰联合登山队科考人员在新疆东昆仑山深处，在乌鲁克苏河上游到阿其克湖一带4200平方公里的范围内发现数以千计的低温矿泉，水温0.1℃~2℃，总流量11立方米/秒，泉眼数量之多，水温之低，流量之大，属世界罕见。17日，登山队地质专家在考察中发现丰厚煤层和大量植物化石。另外，还发现大型超基性岩体和全疆最大的冰川。（《新疆日报》1985.10.9.②，10.18.①，11.19.①）

8~13日 中国藏族历史学术讨论会在四川温江举行，北京、西藏、青海等地各族藏学专家、学者100多人参加会议，提交学术论文70多篇，内容涉及藏族的历史、文学、宗教、哲学、语言、考古等领域。（《人民日报》1985.10.14.④）

10~31日 内蒙古自治区第二届技术成果交易会在呼和浩特举行，成交技术项目341个。（《内蒙古日报》1985.10.11.①，10.15.①，10.25.①，11.2.①）

11日 上海市红十字会血液中心土家族血型普查组抵达湖北省鄂西土家族苗族自治州恩施市巴东县，展开对土家族血型的普查工作，为研究土家族遗传医学提供资料。（《恩施州志》P25）

△ 国务院批复云南省人民政府，同意勐腊县的“广腊坎”改称“广贺南”。（《国务院公报》1985［32号］P1101）

△ 据报道，新疆维吾尔自治区第一所少数民族小学教师培训中心落成。该培训中心是我国和联合国儿童基金会加强小学、幼儿师资培训合作项目的组成部分。（《新疆日报》1985.10.11.①）

11~16日 轻工部、重工业部、纺织工业部、丝绸公司和国家民委在武汉联合召开全国少数民族用品生产供应会议和全国少数民族用品优质产品评选会议。会议评选出56个优质产品。（《民族团结》1985.11 P21，《湖南日报》1985.10.27.①）

11~30日 新疆民族音乐乐律与调式问题研讨会在乌鲁木齐举行。（《新疆日报》1985.11.4.①）

12日 蒙古族民间史诗托忒蒙文资料版本《江格尔》在新疆乌鲁木齐出版。（《新疆日报》1985.10.15.①）

13日 云南省维西傈僳族自治县成立。（《云南民族团结进步事业光辉历程（1949~2009）》P96）

△ 据本报讯，青海省六届人大常委会第十五次会议批准《化隆回族自治县普及初等义务教育暂行条例》。（《青海日报》1985.10.13.①）

13~19日 第三届全国民族理论学术讨论会在福建厦门举行，17个省、市、自治区12个民族从事民族理论研究、教学等工作的94位专家与会。（《民族团结》1985.12 P37）

14日 新疆维吾尔自治区农村最大的防

氟改水工程在乌苏县车排子地区竣工。（《新疆日报》1985.10.20.④）

14～23日 青海、四川、甘肃、云南和西藏五省区第六次藏文图书编辑、出版、发行协作会议在拉萨举行。（《西藏日报》1985.10.16.①，10.24.①）

15～25日 宁夏回族自治区伊斯兰国际技术合作洽谈会在银川举行，20个国家和地区的110多位外宾到会。共签订28项合同和协议。（《中共宁夏党史大事记（1925.8～1988.6）》P574）

15日～1986年3月20日 广西文物工作队等单位先后发掘武鸣县马头乡安等秧、元龙坡两处先秦墓葬群。安等秧墓葬群的年代为战国时期，元龙坡墓葬群年代为西周晚期至春秋时期。（《广西通志·大事记》P515）

16日 广西、广东电力联网重点工程合山经来宾至梧州22万伏高压输电线路架通，线长298公里。（《广西通志·大事记》P515）

△ 据新华社银川电，宁夏回族自治区同心县王团乡到墩子村最近发掘出27座西汉匈奴墓。（《人民日报》1985.10.17.③，《青海日报》1985.10.17.④）

△ 国务院批准新疆乌鲁木齐市总体规划，规划土地面积共1600平方公里，中心市区建设用地28.64平方公里。（《中国共产党新疆历史大事记（1966.5～1991.12）》下P280）

16～18日 第二届全国少数民族文字信息处理学术讨论会暨中国中文信息研究会少数民族专业委员会成立大会在内蒙古呼和浩特举行。全国14个省、市、自治区蒙古、达斡尔、朝鲜、满、壮、彝、维吾尔、乌孜别克、藏、回和汉11个民族的70多名专家、学者与会。（《内蒙古日报》1985.10.19.①）

17日 贵州省黔西南布依族苗族自治州创办的民族中等学校黔西南民族行政管理学校开学。（《贵州日报》1985.10.30.①）

18日 文化部、国家民委、中国剧协、中国少数民族戏剧学会联合举办的首届全国少数民族题材剧本颁奖大会在广西南宁举行。话剧《黑俊妮告状》、《白雨》，京剧《康熙出政》，壮剧《金花银花》，滇剧《关山碧血》获金奖，另有20个剧本获银奖，36个剧本获团结奖。（《人民日报》1985.10.19.③，《四川日报》1985.10.21.①，《湖南日报》1985.10.14.①）

22日 据新华社贵阳电，首次全国少数民族地区妇幼卫生工作会议近日在贵州遵义举行。（《青海日报》1985.10.23.②）

23日 国务院批准广西壮族自治区桂林市城市总体规划。（《广西通志·大事记》P515）

25日 据报道，新疆维吾尔自治区农村科技改革试点工作全面展开。（《新疆日报》1985.10.25.①）

△ 苹果Ⅱ微型计算机维吾尔文字处理系统通过成果鉴定，由新疆工学院电气工程系沈家荦、黄志祥2位讲师主持课题，华南师范大学微电子研究所协作完成。该项目首次将阿拉伯语系的维吾尔文引入计算机高级语言，使微机可同时处理维吾尔文、汉文、英文3种文字，并扩展到哈萨克、柯尔克孜等几种文字，在同类研究成果中居国内领先地位。（《新疆日报》1985.10.28.①）

25～29日 广西壮族自治区第四届少数民族运动会在融水苗族自治县举行。南宁、柳州、桂林、梧州4市和南宁、柳州、桂林、梧州、玉林、河池、百色、钦州8地区11个民族的341名运动员参赛，设4个比赛项目、16个表演项目。（《广西通志·大事记》P515）

28日 内蒙古自治区马术选手朝鲁（蒙古族）、额尔登木图（蒙古族）和孟克（蒙古族）分获国际马术联合会障碍通讯赛一、二、三名。（《内蒙古日报》1985.10.30.①）

29日~11月1日 广西壮族自治区环江县八届人大二次会议举行。会议作出关于成立环江毛南族自治县和要求把“毛难族”改称“毛南族”的决议。1986年6月5日，国务院批准“毛难族”改称“毛南族”。（《环江毛南族自治县志》P29）

30~31日 甘肃省少数民族经济学会成立大会暨首届年会在兰州召开，全省各条战线从事少数民族经济实际和研究工作的专家、学者、代表70多人参加。（《甘肃日报》1985.11.3.①，11.6.④）

30日~11月3日 贵州省民族研究学会第三届年会在贵阳举行，12个少数民族的152名代表参加。（《贵州日报》1985.11.4.①）

是月 彝族第一所彝文中等专业学校四川省彝文学校在凉山彝族自治州首府西昌市建成。（《四川日报》1985.12.3.②）

△ 新疆维吾尔自治区巴音郭楞蒙古自治州第一家外商投资企业库尔勒香梨开发有限公司成立，中方为巴州农工商联合总公司，外方为美国玛维斯国际公司。（《巴音郭楞蒙古自治州志》P1239、2188）

△ 喀拉塔姆铁索桥在伊犁河上游建成通车，是新疆维吾尔自治区目前最大的铁索桥，全长130多米，净跨径120米，桥面宽4.8米，可载重20吨。（《人民日报》1985.10.31.②）

11月

1日 《广西壮族自治区公路管理条例》正式施行，这是广西交通管理方面的第一个法规。（《广西通志·大事记》P515）

△ 云南省漾濞彝族自治县成立。（《云南民族团结进步事业光辉历程（1949~2009）》P96）

2日 西北五省区首届藏族文学评奖授奖仪式在四川成都举行，104篇作品获奖。（《四川日报》1985.11.3.①）

△ 贵州省政府批准黔南布依族苗族自治州荔波县瑶麓乡婚姻规碑列为省级文物保护单位。（《黔南布依族苗族自治州志》上P69）

△ 国际自然医学学会会长松下敬一在东京宣布，将新疆维吾尔自治区正式列为世界长寿地区。据1982年人口普查统计，新疆有865名百岁以上老人，占全国总数的22.27%，全区每百万人口中有66名百岁老人，居全国之首。（《中国共产党新疆历史大事记（1966.5~1991.12）》下P281~282）

3~7日 全国马术锦标赛在山东省举行。内蒙古一队赛音那（蒙古族）和新疆一队吉恩斯（哈萨克族）分获速度赛马1000米比赛冠亚军，新疆队的亚里坤（哈萨克族）获速度赛马5000米冠军。（《四川日报》1985.11.5.③，《新疆日报》1985.11.9.①）

4日 西藏自治区第一个由社会举办的刊授大学——西藏辅导站藏语文中等专业辅导班在西藏大学正式开学。此次共招收藏族学员45人，学期2年。（《西藏日报》1985.11.5.①）

5日 全国运动会全能单轮射箭调赛在成都举行，西藏运动员多吉秋云（藏族）以2493环成绩获全能冠军。（《中国共产党西藏历史大事记（1949~2004）》P451，《当代中国的西藏》下P526）

△ 内蒙古自治区与蒙古人民共和国第一个边境贸易协定书在乌兰巴托签订。（《内蒙古日报》1985.11.11.①）

△ 新疆维吾尔自治区乌鲁木齐客运汽车站落成，12月10日起正式运营。（《新疆日报》1985.11.8.①，12.12.①）

△ 国务院批复新疆维吾尔自治区人民政府，同意“图噜噶尔特山口”和“托云口岸”分别改称“吐尔尕特山口”和“吐尔尕特口岸”。该山口和口岸原用的其他名称及书写形式一律废止。（《国务院公报》1985［36

号］P1198）

5~7日 内蒙古自治区少数民族青年歌手声乐比赛在呼和浩特举行，21位各族选手参赛。那顺（蒙古族）、于红（满族）、乌日柴乎（蒙古族）、娜仁托娅（蒙古族）、乌云毕力格（蒙古族）获优秀奖，杜·其木格（蒙古族）、查干乎（蒙古族）、包斯尔（蒙古族）、通嘎拉（蒙古族）、格日乐图（蒙古族）、仁钦诺尔布（蒙古族）、娜拉（蒙古族）、葛玉兰（鄂伦春族）、达瓦桑布（蒙古族）获优良奖。（《内蒙古日报》1985.11.10.①）

△ 贵州省民族志学术讨论会在贵阳举行，42个地、州、市、县民委或民族志编写组负责人参会。会议交流编写新民族志的经验，讨论各民族的族源族称、语言文字、风俗习惯、文化艺术以及经济、政治、社会等问题。（《贵州日报》1985.11.11.①）

5~9日 中国少数民族经济研究会第二届年会在四川乐山举行，13个省、市、自治区15个民族的56名代表参加。会议围绕民族地区经济体制改革问题进行讨论，交流论文50多篇。（《民族团结》1985.12 P41）

6日 国务院批复青海省人民政府，同意撤销民和县，设立民和回族土族自治县，以原民和县的行政区域为民和回族土族自治县的行政区域，1986年月6月27日自治县正式成立；撤销大通县，设立大通回族土族自治县，以原大通县的行政区域为大通回族土族自治县的行政区域，1986年月7月10日自治县正式成立。（《国务院公报》1985［32号］P1101~1102，《民族团结》1987.4 P42，《青海日报》1886.7.11.①）

7日 吉林省延边朝鲜族自治州民族学习考察团赴云南省德宏傣族景颇族自治州考察，并与德宏州签订经济协作、文化交流议定书。（《德宏州志》综合卷P82）

9日 据本报讯，最近，北京市人大少数民族和宗教界代表60余人视察本市民族宗教政策落实情况，听取市民委、市饮食服务总公司、市第二商业局的汇报，分别视察通县和西城区的民族宗教工作。（《人民日报》1985.11.9.④）

△ 国务院批复内蒙古自治区人民政府，同意设立霍林郭勒市（县级），以哲里木盟扎鲁特旗的部分行政区域为霍林郭勒市的行政区域，霍林郭勒市由哲里木盟领导，市人民政府驻珠斯花。（《国务院公报》1985［32号］P1102）

△ 内蒙古自治区首届蒙文文艺理论学习班在呼和浩特开学，全区各盟市和外省区的32名蒙古族学员参加。（《内蒙古日报》1985.11.12.①）

10日 第23届世界体操锦标赛在加拿大蒙特利尔举行，中国运动员李宁（壮族）获吊环金牌。（《广西日报》1985.11.12.①，《中华人民共和国大事记（1949~2004）》P775，《广西通志·大事记》P516）

△ 据新华社乌鲁木齐电，华南师范大学微电子研究所协助新疆工学院完成的微型电子计算机维吾尔文字处理系统最近通过鉴定。系统兼容维吾尔文、汉文、英文并广泛应用于计算机辅助教学等方面。（《人民日报》1985.11.10.③）

10~16日 全国少数民族汉语教学研究会第五届学术讨论会在贵州省贵阳市举行，副省长张玉芹，全国政协常委陆镇藩，省民委主任熊天贵，省民委副主任刘广洛、张人位等领导出席会议，14个省、市、自治区22个民族的专家、学者130余人参会。会议中心议题为双语现象和双语教学，讨论交流少数民族双语教学的现状与问题，并强调在少数民族地区开展双语教学的必要性。（《贵州日报》1985.11.19.①）

10~24日 广西壮族自治区组织考察团对左江流域崖壁画进行多学科综合考察，发现左江及其支流明江两岸约200公里长的陡峭崖

壁上共有崖壁画287组。（《人民日报》1985.11.29.①）

11日 贵州省关岭布依族苗族自治县在八德乡举行首期苗文学习班。（《贵州日报》1985.11.12.①）

11~25日 四川省民族地区经济工作会议在凉山彝族自治州西昌市举行，省长蒋民宽、副省长罗通达出席会议并讲话。会议认为，民族地区当前应主要抓投资少、见效快的项目，继续执行找开山门、寨门，外引内联的政策。（《四川日报》1985.11.28.①）

12日 据本报讯，内蒙古自治区中蒙医研究所首次将我国古典医学名著《碧光琉璃医鉴》、《医宗要旨》由古藏文译成蒙文并通过医药专家审议鉴定。（《内蒙古日报》1985.11.12.①）

△ 宁夏回族自治区重点建设项目——宁（夏）甘（肃）电网联网工程（330千伏线路工程）正式投入运行，结束宁夏电网长期孤立运行的状况，使陕、甘、宁、青4省区电网联成一片。（《宁夏日报》1985.10.16.①，《当代宁夏史通鉴》P36）

13日 我国第一台60万千瓦汽轮发电机组——内蒙古自治区元宝山发电厂二期工程正式并网发电。（《内蒙古日报》1985.11.15.①）

△ 红军“彝海结盟”纪念碑在四川省凉山彝族自治州西昌市落成。（《四川日报》1985.11.14.①）

14日 吉林省延边朝鲜族自治州与云南省大理白族自治州结为姊妹州。（《延边朝鲜族自治州志》上P94）

20日 在第四届世界杯女子排球赛中，中国女子排球队队长郎平（满族）获最佳运动员及优秀运动员奖。（《四川日报》1985.11.21.③）

△ 四川省成都市经广东省广州市至新疆维吾尔自治区乌鲁木齐市航线开通。（《新疆日报》1985.11.27.①）

21~25日 湖南省少数民族地区农业经济和民族贸易经济讨论会在凤凰县召开。（《湖南日报》1985.11.28.③）

23日 宁夏回族自治区五届人大常委会第十四次会议通过《宁夏回族自治区保护妇女儿童合法权益的若干规定》。（《中共宁夏党史大事记（1925.8~1988.6）》P576）

△ 中国作协湖南分会在龙山县里耶镇举办湖南省少数民族文学作者笔会，同时成立湖南少数民族文学委员会，孙健忠（土家族）任主任委员，石太瑞（苗族）、李鸣高（侗族）、吴雪恼（苗族）、钟铁夫（白族）、贺晓彤（苗族）、颜家文（土家族）任副主任委员。（《湖南日报》1985.11.25.①）

23~24日 内蒙古歌舞团交响乐团建团首场音乐会在呼和浩特举行。（《内蒙古日报》1985.11.30.①）

24日 四川省甘孜藏族自治州首届民族团结表彰大会在康定召开，27个先进集体和194名模范人物受到表彰。（《甘孜州志》上P93）

25日 云南省禄劝彝族苗族自治县成立。（《云南民族团结进步事业光辉历程（1949~2009）》P96）

△ 宁夏回族自治区银川涤纶厂投入试生产。（《当代宁夏史通鉴》P34）

25~26日 湖南省江华瑶族自治县庆祝瑶族“盘王节”。（《人民日报》1985.11.28.④）

26日 宁夏回族自治区大武口电厂一号机组正式投入生产。（《人民日报》1985.11.28.②）

27日 四川省凉山彝族自治州木里藏族自治县卫星电视接收站开通。（《四川日报》1985.12.12.①）

△ 云南省首次瑶族“盘王节”在文山壮族苗族自治州富宁县城举行。（《文山壮族

苗族自治州志》1卷P69）

△ 据报道，新疆维吾尔自治区昌吉回族自治州教育局教研室周文杰开发的“少数民族地区招生考试成绩统计”软件，被评为全国科技、教育优秀软件。（《新疆日报》1985.11.27.①）

28日 据本报讯，四川、云南、西藏、青海、甘肃5省（区）藏族文学创作会议举行。云南省5位藏族业余作者的作品获奖，查拉独几的《初雪》、饶阶巴桑的《石烛》获一等奖，喻国贤的《月园》、立青多吉的《鲜花悦目》、喻德贵的《萦绕心灵的琴声》获二等奖。（《云南日报》1985.11.28.③）

28日~12月11日 广西壮族自治区首次大型出口商品展销会在香港举行。展出五金矿产、机械设备、轻工、化工、纺织、土畜产品达1600余种。（《广西通志·大事记》P516）

29日 宁夏回族自治区党委和人民政府正式发布《贯彻中共中央〈关于科学技术体制改革的决定〉的若干规定》。《规定》提出，改革对科研机构的拨款制度；促进技术成果商品化，大力开拓技术市场；增强企业的技术吸收和开发能力；改革农业科技体制，推动农村经济向专业化、商品化、现代化转变；扩大研究所的自主权；改革科技人员管理制度，促进科技人才的合理流动；精心指导，稳步前进7项政策性规定。（《中共宁夏党史大事记（1925.8~1988.6）》P570）

是月 吉林省延边朝鲜族自治州延吉市被国家列为甲级对外开放城市。（《延边朝鲜族自治州志》上P94）

12月

1日 中国体操运动员李宁（壮族）获第三届瑞士杯国际体操邀请赛男子个人全能冠军。（《广西日报》1985.12.6.①）

1~19日 湖北省鄂西土家族苗族自治州第五届运动会举行，643人参加田径、球类、棋类等项目比赛，33人次打破13项自治州纪录。（《恩施州志》P25）

2~20日 西藏自治区四届人大常委会第十四次会议举行。会议通过《西藏自治区地方性法规制定程序》，审议《西藏自治区自治条例》（征求意见稿）。（《人民日报》1985.12.15.④；《西藏日报》1985.12.3.①，12.5.①，12.8.①，12.21.①）

3日 据本报讯，四川省民委最近在成都召开《彝文规范方案》应用研究总结讨论会。（《四川日报》1985.12.3.②）

△ 新疆维吾尔自治区农业标准化委员会成立。（《新疆日报》1985.12.7.①）

3~10日 内蒙古自治区首届蒙古语戏剧调演在呼和浩特举行，300多名蒙古族演员参加10个剧目的调演。（《人民日报》1985.12.11.③；《内蒙古日报》1985.12.4.①，12.10.①，12.11.①）

4日 西藏自治区党委决定自1986年起恢复举行一年一度的传召法会。16日，自治区政府发布通告，决定从1986年开始恢复拉萨祈祷大法会。（《中国共产党西藏历史大事记（1949~2004）》P453、456）

4~8日 国家民委召开的全国少数民族古籍整理工作会议在北京举行，甘肃、青海、云南、新疆、北京、河北、河南、山东9省、市、自治区代表出席。据统计，迄今已出版民族古籍233种，其中蒙古文55种，藏文112种，彝文6种，朝鲜文20种，维吾尔文9种，哈萨克文7种，满、景颇文各1种，汉文22种。（《人民日报》1985.12.10.③）

5~10日 内蒙古民族教育研究会第二次年会在通辽召开，讨论修改自治区教育厅提出的《民族教育工作条例》、《民族教育改革实施细则》和《关于提高自治区民族教育质量的意见》3个征求意见稿。（《内蒙古日报》1985.12.21.①）

7日 中国佛协名誉会长班禅额尔德尼·确吉坚赞大师在拉萨大昭寺举行佛事活动，纪念佛教格鲁派祖师宗喀巴圆寂566周年。（《西藏日报》1985.12.8.①）

△ 云南省金平苗族瑶族傣族自治县成立。（《云南民族团结进步事业光辉历程（1949～2009）》P96）

△ 西藏自治区机构改革、班子调整办公室成立。（《中国共产党西藏历史大事记（1949～2004）》P453、463）

△ 据新华社北京电，最近，西藏自治区主席多杰才旦（藏族）被中国社科院聘请为世界宗教研究所特约研究员，西藏历史档案馆馆长格桑卓嘎（藏族）被聘请为特约副研究馆员。这是中国社科院首次聘请藏族人士担任高级研究人员。（《人民日报》1985.12.10.③）

△ 我国政府与巴基斯坦伊斯兰共和国政府就关于红其拉甫山口对第三国人员开放换文。（《中华人民共和国边界事务条约集·中阿·中巴卷（2004）》P55）

9日 据本报讯，中国少数民族作家学会最近在北京成立。会议推举赛福鼎·艾则孜（维吾尔族）、沈从文（苗族）为名誉会长，选举玛拉沁夫（蒙古族）为会长，金哲（朝鲜族）、周民震（壮族）、扎拉嘎胡（蒙古族）、巴·布林贝赫（蒙古族）、李乔（彝族）、晓雪（白族）、杨苏、柯尤慕·吐尔迪（维吾尔族）、贾合甫·米尔扎汗、益希单增（藏族）、降边嘉措（藏族）、高深（回族）、霍达（女，回族）、李传锋（土家族）、赵大年（满族）为副会长，白崇人（回族）、李鸿然为秘书长。（《人民日报》1985.12.9.⑦）

△ 中国作协和国家民委举办的第二届全国少数民族文学创作评选颁奖活动在北京举行。这一评选活动检阅了1981~1984年间全国少数民族文学创作成果，有41个民族的100多位文学作者获奖。本次评选出长篇、中篇、短篇小说，长诗、短诗、散文，报告文学，文学评论的获奖作品105篇，另有12篇作品获荣誉奖。此次评选增设了评论和翻译奖。过去没有本民族文学作者的裕固、土家、鄂伦春、仫佬、撒拉、阿昌、水、保安、德昂等9个民族的作者首次获奖。冯牧、任英为第二届全国少数民族文学创作评奖委员会主任委员。铁依甫江（维吾尔族）、玛拉沁夫（蒙古族）、贾春光（回族）、殷海山、乌热尔图（鄂温克族）为副主任委员。（《人民日报》1985.12.10.③）

10日 青海省海南藏族自治州卡力岗黄河悬索桥建成通车。（《海南州志》P57）

10～12日 宁夏回族自治区首次散居少数民族工作座谈会在银川举行，自治区党委副书记申效增、自治区副主席马腾霭、自治区政协副主席马立凯等出席会议，56名代表参会。会议指出，各级民族工作部门要重视做好散居少数民族的工作，把党的民族政策真正落到实处。自治区现有回、满、东乡、蒙古等31个民族，10145人，占全区总人口的0.25%。（《宁夏日报》1985.12.15.①）

11～15日 云南省楚雄、临沧、丽江、大理、迪庆、保山、怒江、德宏8地、州在腾冲召开首次滇西片农村金融理论讨论会。（《云南日报》1985.12.12.①）

12日 据新华社南宁电，广西壮族自治区抽调200多名干部组成讲师团分赴8个地区、36个县，支援山区发展教育事业。（《人民日报》1985.12.13.①）

14日 贵州省黔南布依族苗族自治州都匀针织内衣厂生产的16万件汗衫运销海外，为贵州省针织行业首批出口的针织产品。（《黔南布依族苗族自治州志》上P69）

14～15日 全国少数民族计划免疫工作座谈会在湖南长沙举行，联合国儿童基金会驻华代表和世界卫生组织驻华代表出席。会议讨论《关于发展少数民族边远地区计划免疫工作的意见》。（《湖南日报》1985.12.18.①）

15日 云南省普洱哈尼族彝族自治县成立。（《云南民族团结进步事业光辉历程（1949~2009）》P96）

18日 据本报讯，内蒙古自治区文化厅主持的“乌力格尔”研讨会最近在呼和浩特召开，全区近30名民间文艺工作者参加。“乌力格尔”即蒙语说书。（《内蒙古日报》1985.12.18.①）

△ 贵州省委书记胡锦涛到黔南布依族苗族自治州都匀市视察振华电子工业公司。（《黔南布依族苗族自治州志》上P69）

△ 贵州省六届人大常委会第十六次会议批准《镇宁布依族苗族自治县执行中华人民共和国婚姻法变通规定》的决议。（《贵州日报》1985.12.20.②）

△ 甘肃省佛学院在夏河县拉卜楞寺正式开学。（《甘肃日报》1985.12.25.①）

18~24日 首届全国民族文化遗产抢救工作会议在西藏自治区拉萨市举行，通报《中国戏曲·西藏卷》的资料收集、整理编纂工作进展顺利。（《西藏日报》1986.1.14.①）

18~30日 内蒙古艺术团赴蒙古人民共和国访问演出。（《内蒙古日报》1985.12.19.①，12.22.①，12.31.①）

20日 云南省景东彝族自治县成立。（《云南民族团结进步事业光辉历程（1949~2009）》P96）

△ 西藏自治区党校举行第一期干部培训班、第一期藏语文进修班毕业典礼，自治区党委宣传部部长、党校常务副校长李维伦主持，自治区党委书记伍精华，副书记热地、丹增出席会议。会上伍精华讲话指出，要深入贯彻自治区党委常委扩大会议精神，抓好“三个进一步”，带头清除“左”的思想影响，彻底清除“文革”的遗迹和流毒，开创1986年工作的新局面。（《西藏日报》1985.12.22.①）

21日 据报道，新疆电子计算中心撰写的《新疆少数民族人体型规律和服装规格标准化的计算机辅助研究》，在全国微型计算机应用学术会议上获优秀论文二等奖。（《新疆日报》1985.12.21.①）

22日 据报道，新疆维吾尔自治区水文地质工作者经过5年的综合研究，全面查清乌鲁木齐河流域地下水总补给资源4.5亿方/年，可采资源4.36亿方/年。由于市区下游平原布井失控，超采约0.5亿方/年，造成地下水位每年下降0.5~1.2米，许多泉眼干涸。乌鲁木齐河中、下游已发现地下水不同程度的污染。（《新疆日报》1985.12.22.①）

24~27日 文化部、国家民委、广播电视部和中国音协主办的全国首届部分省、自治区少数民族青年声乐比赛颁奖大会在民族文化宫举行。湖北的傅祖光（土家族）、贵州的蓝婷菊（女，苗族）、云南的宗庸卓玛（女，藏族）、西藏的丹增（藏族）、中央民族学院的肖玫（女，侗族）和乌日娜（女，鄂温克族）获金凤奖，10人获银雀奖，青海的马文娥（女，撒拉族）等8人获优秀奖、马金山（回族）等6人获优良奖。（《人民日报》1985.12.28.③，《贵州日报》1985.12.29.④，《青海日报》1985.12.31.①）

25日 云南省景谷傣族彝族自治县成立。（《云南民族团结进步事业光辉历程（1949~2009）》P96）

△ 据报道，新疆人民出版社30多年来出版少数民族文字图书品种9807种，占全部出书品种的78%。（《新疆日报》1985.12.25.①）

26日~1986年1月1日 新疆维吾尔自治区昌吉回族自治州民族宗教工作学习考察团在宁夏回族自治区参观考察。（《宁夏日报》1986.1.4.①）

27日 广西壮族自治区地方志编纂委员会成立。（《广西通志·大事记》P516）

△ 据《广西日报》报道，“六五”计划（1981~1985年）期间，广西壮族自治区共建

成投产重点项目56项。其中，电力9项，轻工21项，煤炭5项，建材、化工、商业各3项，城建、广播电视、纺织各2项，交通、冶金、林业、粮食、高等教育、卫生各1项。（《广西通志·大事记》P516）

28日 中央书记处书记习仲勋、胡启立，国务院副总理田纪云，全国人大常委会副委员长班禅额尔德尼·确吉坚赞等党和国家领导人在民族文化宫会见以西藏自治区政协副主席、统战部部长郑英为团长的西藏上层人士参观团一行40人。30日，全国政协民族组、宗教组召开座谈会，欢迎西藏上层人士参观团。全国政协副主席杨静仁、胡子昂、包尔汉、赵朴初出席会议。（《人民日报》1985.12.29.④，12.31.④；《甘肃日报》1985.12.29.③）

△ 新疆维吾尔自治区第一座生产工艺现代化的粮食仓储设施——乌鲁木齐八一面粉厂立筒库交付使用。（《新疆日报》1986.2.13.①）

29日 新疆维吾尔自治区本垒哈萨克自治县粮食局粮油加工厂面粉车间建成投产。（《新疆日报》1986.1.8.①）

30日 云南省双江拉祜族佤族布朗族傣族自治县成立。（《云南民族团结进步事业光辉历程（1949~2009）》P96）

是月 内蒙古西部地区锡林郭勒盟、乌兰察布盟、伊克昭盟、巴彦淖尔盟、阿拉善盟、呼和浩特市、包头市、乌海市五盟三市科技开发协作网在包头成立。（《内蒙古日报》1986.1.16.①）

△ 由内蒙古自治区图书馆蒙文部、技术组和内蒙古计算机蒙文信息室联合研制的蒙文图书目录微机管理系统研制成功。该项目研制小组于1984年5月成立。（《内蒙古日报》1986.2.18.①）

△ 内蒙古自治区首次档案馆工作会议在呼和浩特召开，全区112个地方综合档案馆、15个专业档案馆和各级档案局负责人参加。（《内蒙古日报》1985.12.23.①）

△ 内蒙古自治区哲里木盟发现一种稀有矿藏——麦饭石矿，储量约3600万立方米。（《内蒙古日报》1985.12.22.①）

△ 湖北省鄂西土家族苗族自治州第二届少数民族传统体育运动会在来凤县民族体育馆举行，80多名土家、苗、侗、壮等少数民族运动员参加，表演火棍、花棍、抛刀、踢毽等节目。（《恩施州志》P1019）

是年 西藏自治区人民政府颁布《西藏自治区草原管理暂行规定》，使草原管理初步走上行政和法律相结合的道路。（《当代中国的西藏》下P50）

1986年

1月

1日 新疆维吾尔自治区在奇台县、富蕴县建立卡拉麦里山自然保护区，面积180万公顷，是以野驴等有蹄类野生动物及生境为主要保护对象的省级自然保护区；在若羌县建立罗布泊野骆驼自然保护区，面积780万公顷，是以野骆驼及其生境为主要保护对象的国家级自然保护区。（《全国自然保护区名录（2003）》P115~116）

2日 中共中央总书记胡耀邦由中央办公厅副主任杨德中、广东省委书记林若陪同，到广西岑溪县筋竹乡考察。胡耀邦就如何进一步解放思想，搞活经济，把经济搞上去，以及领导要多下去，到老百姓那里去访贫、访富、访贤等作出指示。（《广西通志·大事记》P517）

3日 国际通信卫星组织批准新疆维吾尔自治区乌鲁木齐“Z”标准地面站入网。（《新疆日报》1986.1.18.①）

4日 宁夏回族自治区党委书记李学智接受《宁夏日报》记者采访，阐述自治区党委是年要抓好6件大事：一、加强宏观控制，理顺各种经济关系，繁荣城市经济；二、认真贯彻执行农业是国民经济基础的战略方针，进一步落实各项农村政策，深入进行农村第二步改革；三、积极抓好科技、教育的改革；四、进一步搞好对外开放；五、根据中央关于制订“七五”计划的建议，充分发动群众制订科学的、符合全区实际的“七五”计划；六、加强思想政治工作，实现党风和社会风气的根本好转。（《中共宁夏党史大事记（1925.8~1988.6）》P577）

6日 据本报南宁讯，目前，广西壮族自治区高等院校、科研、设计单位与厂矿企业建立的联合体有150多个。（《广西日报》1986.1.6.①）

△ 广西壮族自治区政府批转自治区宗教事务处、建委、财政厅《关于进一步落实宗教团体房产政策的意见》，提出通过对宗教团体的房屋产权清理，除解放初期依法由国家接管教会办的学校、医院、诊所、托儿所、孤儿院等文教卫生慈善机构和土改已分给群众的房屋外，均应将宗教团体的房屋产权退还，无法退还的折价付款。（《广西通志·大事记》P517）

△ 据本报讯，新疆维吾尔自治区木垒哈萨克自治县第一所民族小学最近建成。（《新疆日报》1986.1.6.①）

7日 广西壮族自治区经济体制改革研究会、经济社会发展战略研究会和生态经济学会在南宁成立。（《广西日报》1986.1.8.①）

8日 国家经济委员会批准，上海市和新疆维吾尔自治区建立对口支援市、区关系。（《中国共产党新疆历史大事记（1966.5~1991.12）》下P288）

△ 据本报讯，新疆维吾尔自治区地矿局第一地质队六分队最近在伊犁地区发现一座优质大型煤矿，探明储量22.12亿吨。（《新疆日报》1986.1.8.①）

10日 广西壮族自治区重点建设项目贵县港改建工程历时3年多顺利完工，并正式投入使用。贵县港年吞吐能力可由原来的120多万吨提高到257万吨，成为广西内河的第一大港。（《广西通志·大事记》P517）

△ 广西壮族自治区第一条绿蜡防水帆布自动生产线在柳州投产。（《广西日报》1986.1.20.②）

11~25日 西藏自治区首次在香港举行对外经济贸易洽谈会。接待客户739家，签订合同17份，成交额173万美元。（《当代中国的西藏》下P610）

13日 吉林省延边朝鲜族自治州延吉市伊斯兰教协会成立。（《延边朝鲜族自治州志》上P94）

△ 广西壮族自治区贵县糖厂扩建工程历时3年多竣工投产。该厂是目前广西最大的机糖厂，每年可榨甘蔗60万吨，产糖6万吨，为国家提供利税3000多万元。（《广西通志·大事记》P517）

17日 宁夏回族自治区党委、人民政府发出《关于改革和加强教育工作的决定》。提出采取特殊政策和措施加强民族教育的发展；在南部山区对小学生继续免费义务教育；要在一些重点中学开设寄宿制回族女子学校（班），提高女生入学比例，创办民族师范学校，加速培养民族教师，创造条件，在一些高等院校和中专学校开设民族预科班等9项内容。（《中共宁夏党史大事记（1925.8~1988.6）》P578，《当代宁夏史通鉴》P339）

18日 吉林省延边朝鲜族自治州环境保护委员会成立。（《延边朝鲜族自治州志》P94）

19日 据本报讯，四川省凉山彝族自治州伊斯兰教协会近日成立。（《四川日报》1986.1.19.①）

△ 青海省目前最高的商业大楼——青海省民族贸易大楼开业。（《青海日报》1986.1.22.①）

△ 新疆维吾尔自治区阿勒泰地区最大的贸易中心——北屯贸易中心开业。（《新疆日报》1986.1.22.①）

23日 新疆维吾尔自治区党委政法委员会与自治区纪律检查委员会联合召开“打击严重经济犯罪活动情况汇报会”。（《中国共产党新疆历史大事记（1966.5～1991.12）》下P290）

24日 新疆维吾尔自治区民族语言文字工作委员会在乌鲁木齐举办第一期维吾尔文正字法学习班。（《新疆日报》1986.1.25.①）

25～31日 宁夏回族自治区党委、人民政府举行全区农村工作会议，决定采取完善粮食合同定购，降低小化肥销售价格；实行粮肥挂钩，增加农业投资，实行“以工补农”等8条措施，保护和调动农民种粮售粮的积极性。（《中共宁夏党史大事记（1925.8～1988.6）》P578）

26～30日 中央军委主席、中顾委主任邓小平和中顾委副主任王震在广西壮族自治区桂林市视察。（《广西通志·大事记》P518）

28日 中央统战部举办在北京中青年少数民族知识分子座谈会，29个民族的160位知识分子参会，畅谈近年来在四化建设中所取得的成绩。（《人民日报》1986.1.29.④）

△ 西藏万里行摄影展在民族文化宫举行。全国人大常委会副委员长班禅额尔德尼·确吉坚赞出席并剪彩。（《人民日报》1986.1.29.③）

29日 据本报博白讯，广西壮族自治区第一家小型无塔自控自来水厂最近在博白建成投产。（《广西日报》1986.1.29.①）

30日 新疆维吾尔自治区六届人大常委会第十八次会议通过《新疆维吾尔自治区扫除文盲条例》。（《新疆日报》1986.1.31.①）

△ 新疆维吾尔自治区党委办公厅下发《印发王恩茂同志向中央书记处汇报关于新疆发生的部分少数民族学生上街游行事件的情况和中央书记处讨论新疆问题的通知》。王恩茂在北京期间，向中央书记处汇报关于1985年12月12日新疆发生的部分少数民族学生上街游行事件的情况和今后解决新疆民族问题的若干意见。中央书记处认为，新疆工作是有基础的，处理这次事件的方针方法是正确的，中央对新疆是放心的。（《中国共产党新疆历史大事记（1966.5～1991.12）》下P290～291）

是月 贵州省黔东南苗族侗族自治州第一座卫星地面接收站在凯里市区龙井山建成，首次启用第六频道直接收送中央电视台节目。同年11月3日，建成49米高的电视发射铁塔，扩大了覆盖率，同时试办黔东南新闻节目。（《黔东南苗族侗族自治州志·总述·大事记》P291）

2月

1日 广西壮族自治区第一座大型多功能的综合商场——广西南宁交易商场大楼开业。（《广西通志·大事记》P518）

△ 国务院总理赵紫阳等在四川省凉山彝族自治州西昌考察，并接见州党、政、军负责人。（《凉山彝族自治州志》上P72）

△ 云南省楚雄彝族自治州楚雄市正式对外开放。（《楚雄彝族自治州志》1卷P211）

△ 云南省楚雄彝族自治州楚雄市市话电缆和2000门自动电话开通使用。（《楚雄彝族自治州志》1卷P211）

4日 新疆维吾尔自治区第一座蛋禽冷库——乌鲁木齐2000吨蛋禽冷库竣工。（《新疆日报》1986.3.23.①）

4～20日 中共中央总书记胡耀邦率27个部委有关负责人组成的中央机关考察访问组赴贵州、云南、广西3省区考察访问，并同当地各族干部群众共度春节。（《民族团结》1986.5 P4～6）

10日 云南省文山壮族苗族自治州举办

首届集邮展，共展出展品128部，邮票、邮品8000多枚。（《云南日报》1986.2.12.①）

15日 据新华社银川电，宁夏回族自治区建有244所敬老院，入院老人1600多人，在我国少数民族自治区中第一个实现乡乡建有敬老院。（《人民日报》1986.2.16.④）

16日 据本报呼和浩特讯，内蒙古自治区最近召开蒙古舞教材讨论会，编订并通过全区统一的蒙古舞教材。（《内蒙古日报》1986.2.16.①）

17~26日 中断20年的西藏传统拉萨祈祷大法会（藏历火虎年正月初八）在大昭寺前举行，全国人大常委会副委员长、中国佛协名誉会长班禅额尔德尼·确吉坚赞主持，并接见6位获拉让巴格西学位的高僧。自治区党政领导参加大法会并向僧侣发放布施，自治区党委、人大、政府和政协向大法会发出祝词。（《西藏日报》1986.2.18.①，2.27.①）

20日 西藏自治区拉萨卫星地面接收站20日下午6：30时成功地接收到我国2月1日自行研制发射的实用通信卫星转播的中央电视台节目，图像清晰，伴音清楚。（《中国共产党西藏历史大事记（1949~2004）》P456）

21日 广西壮族自治区第一座畜牧兽医技术服务中心大楼在灵山落成。（《广西日报》1986.2.24.①）

26日 新疆维吾尔自治区党委、自治区人民政府发出《关于大力发展乡镇企业若干问题的规定》。主要内容有：一、乡镇企业是国民经济的重要组成部分，是振兴农村经济的必由之路，也是建设具有中国特色社会主义的具体体现；二、调整农村产业结构，大力发展农村工业和第三产业；三、开放搞活，取消不合理的限制；四、放宽乡镇企业的税收政策；五、要采取多种方法，解决发展乡镇企业的资金；六、重视智力投资，提高技术水平；七、要充分发挥乡镇企业供销部门的作用；八、乡镇企业要进行整顿和改革；九、尊重乡镇企业的自主权，切实保护其合法利益；十、各行各业都要扶持乡镇企业的发展；十一、强化管理机构，做好服务工作。（《中国共产党新疆历史大事记（1966.5~1991.12）》下P292）

28日 新疆维吾尔自治区首届农村科普工作先进集体、先进个人表彰大会闭幕，79个先进集体和275名先进个人受表彰。（《中国共产党新疆历史大事记（1966.5~1991.12）》下P293）

3月

1日 新疆维吾尔自治区党委发出《关于在整党中处理党员信仰宗教问题的通知》。通知指出，党的宗教信仰自由政策是对我国公民而言，并不适用于共产党员，共产党员应是无神论者，而不应是有神论者；要划清民族风俗习惯同宗教活动的界限；一般地能履行党员义务，但不能完全摆脱宗教影响，对问题有认识可予以登记；笃信宗教，热衷于参加宗教活动的批准退党；担任神职的党员予以除名；参与煽动宗教狂热，反对四项基本原则的清除出党。（《中国共产党新疆历史大事记（1966.5~1991.12）》下P293）

2日 宁夏回族自治区党委、人民政府发布《关于减轻农民负担的规定》。（《中共宁夏党史大事记（1925.8~1988.6）》P579）

3日 广西壮族自治区农业环境监测管理站成立。（《广西通志·环境保护志》P348）

3~6日 我国第一个高原生态学会在西藏自治区拉萨成立。（《西藏日报》1986.3.12.②）

3~7日 新疆维吾尔自治区伊犁哈萨克自治州政府举行全州教育、科技体制改革工作座谈会。（《伊犁哈萨克自治州志》P63）

5日 西藏自治区区域中心级卫星地球站——西藏拉萨国内卫星地球站一期工程竣工并投入正式运行，6条半自动长途电话电路和4条人工长途电话电路交付使用。（《当代

中国的西藏》下P240）

8日 民航乌鲁木齐管理局图—154大型客机首航北京，结束乌鲁木齐至内地的国内干线全由区外管理局飞机飞行的历史。7月18日，154大型客机试飞成都、桂林、广州、合肥；8月18日，首航西安；26日，首航兰州；10月2日，首航上海。（《中国共产党新疆历史大事记（1966.5～1991.12）》下P294）

11日 广西壮族自治区党委、自治区人民政府发出《关于加强扶贫工作的决定》，提出用5年左右的时间基本解决全区贫困地区群众的温饱问题，使80%以上的贫困户年人均口粮达到200公斤、纯收入200元左右。（《广西通志·大事记》P518）

11～14日 广西壮族自治区科技工作会议在南宁举行。会议要求组织一支科技大军，把科学技术送到农村和工矿企业中去，以加快广西的经济建设步伐。会议重点研究和讨论广西第一批“星火计划”项目及其暂行管理办法，讨论“广西石山地区综合治理和开发的战略研究计划”。（《广西通志·大事记》P519）

△ 宁夏回族自治区五届人大常委会第十六次会议在银川举行，通过关于《宁夏回族自治区普及初等义务教育暂行条例》的决议。（《宁夏日报》1986.3.15.①）

12日 中共中央办公厅、国务院办公厅发出《关于成立中国藏学研究中心的通知》。5月20日，中国藏学研究中心成立。（《中国共产党西藏历史大事记（1949～2004）》P457）

△ 据本报讯，新疆维吾尔自治区汉语文字办公室最近成立。（《新疆日报》1986.3.12.①）

13日 经广西壮族自治区人民政府批准，广西消费者协会在南宁召开成立大会，并选举产生第一届理事会。（《广西通志·大事记》P519）

14日 广西柳州民航开航，已开辟柳州至广州航线。（《广西通志·大事记》P519）

14～18日 由西藏自治区经济学会和西藏社会科学院经济研究所联合举办的西藏经济体制改革理论讨论会在拉萨举行，探讨全区经济体制改革中出现的理论问题和实践问题，总结经济工作中的经验教训，收到论文20多篇。（《西藏日报》1986.3.16.①，3.20.①）

20～25日 贵州省毕节地区少数民族传统体育运动会举行，76名少数民族运动员获比赛名次奖，260人获表演项目奖。大方县代表队获精神文明荣誉奖，威宁、纳雍、织金、黔西4个县代表队获集体组织奖，全地区9个单位被授予少数民族传统体育运动先进奖。（《贵州日报》1986.3.27.①）

25～26日 贵州省黔南布依族苗族自治州第二届少数民族传统体育龙舟赛在都匀举行，三都、平塘、荔波、独山、都匀9个男女代表队参加比赛。独山女队、平塘女队分获女子600米、女子1000米冠军，平塘男队获男子1000米、2000米冠军。（《贵州日报》1986.3.28.①）

25日～4月1日 西藏自治区首次旅游工作会议在拉萨举行。自治区党委书记伍精华指出，要把旅游事业作为西藏经济工作的中心来抓。（《西藏日报》1986.3.26.①，4.3.①）

28日 据新华社北京电，“七五”计划草案提出，对5个少数民族自治区和3个在财政上按照少数民族自治区对待的省，要继续执行财政包干补贴和民族贸易3项照顾及机动金与预备费照顾的政策。（《人民日报》1986.3.29.②）

29日 西藏自治区党委发出《关于定期召开爱国人士座谈会的决定》。（《中国共产党西藏历史大事记（1949～2004）》P457）

31日 据《广西日报》报道，广西壮族自治区已有45个县推广安装微型水力发电机组1876台，总装机容量3033千瓦，居全国首

位。（《广西通志·大事记》P519）

是月 内蒙古自治区党委统战部与自治区民委联合举行全区宗教工作会议。会议强调，要坚决克服和纠正“左”和“右”的思想，认真贯彻落实党的宗教信仰自由政策，加强对宗教活动场所的行政领导和宗教活动管理，加强党对宗教工作的领导，积极引导和推动宗教界人士和信教群众参加社会主义现代化建设，使宗教工作更好地为实现党的总任务、总目标服务。（《内蒙古自治区史》P473）

4月

4日 据《广西日报》报道，广西壮族自治区壮文推行工作已在壮族聚居的53个县（自治县）、市铺开，使用壮语文授课的小学试点班学生达1.7万多人，在校的壮语文专业大中专学生600余人。（《广西通志·大事记》P519）

△ 据本报讯，甘肃省临夏回族自治州调频转播台最近建成，可覆盖全州70%的地区。（《甘肃日报》1986.4.4.①）

5日 第一部反映吉林省延边朝鲜族自治州民族教育发展情况的电视片——《蓬勃发展的延边朝鲜族教育》由吉林电视台播出。（《延边朝鲜族自治州志》P95）

△ 广西壮族自治区在防城市防城区建立上岳金花茶自然保护区，面积9195公顷，是以金花茶及森林生态系统为主要保护对象的国家级自然保护区。（《全国自然保护区名录(2003)》P85）

△ 新疆维吾尔自治区各邮电局恢复中断33年的邮政储蓄业务。（《新疆通志·邮电志》51卷P54）

6日 江苏省首届民族团结表彰大会在南京召开，42个先进集体和201名先进个人受表彰。（《民族团结》1986.6 P33）

6~8日 贵州省彝文古籍整理工作协作会在毕节地区召开，省民委等有关部门领导出席会议。（《贵州日报》1986.3.28.①）

7日 国务院批复西藏自治区人民政府，同意“穷结县”改称“琼结县”。（《国务院公报》1986［17号］P544）

10日 据本报讯，贵州民族文化工作队近日成立，由苗、布依、侗、彝、水、回、土、蒙古、壮、仡佬、满、土家、汉等民族的40多名演职员组成。（《贵州日报》1986.4.10.①）

11~17日 湖北省武汉市政府代表团在云南省德宏傣族景颇族自治州考察，双方达成意向性经济协作项目25项。（《德宏州志》综合卷P83）

13~17日 上海市市长江泽民率上海经济技术贸易代表团一行19人在内蒙古自治区访问并签订经济技术协作纪要。（《内蒙古日报》1986.1.21.①）

21日 据报道，是年起，国家拨专款270万元扶持新疆维吾尔自治区生产民族特需用品的企业发展生产。对民族特需用品中的民族花帽、皮帽、花毡、丝绸、长筒袜、绣品、乐器、陶瓷器、铜器、木具、马鞍具、蒙古包12类产品，免征产品税3年。中国人民银行和中国农业银行已决定，给发展民族特需用品的企业提供低息贷款。（《中国共产党新疆历史大事记（1966.5~1991.12）》下P297）

22~26日 蒙古族古代军事思想研究会成立大会暨学术讨论会在内蒙古自治区呼和浩特举行。大会认为全区蒙古族古代军事思想研究取得重大进展，由资料收集整理转入专题研究阶段。（《内蒙古日报》1986.5.6.①）

23日 据本报北京讯，1979年至1986年，国家对民族自治地方财政补贴558亿元，机动金、预备费、补助费、发展资金等专款每年达八九亿元，扶持“老、少、边、穷”地区的贴息或低息贷款每年30多亿元。在税收、商业、原材料供应、民族用品生产、外汇留成、对外贸易等方面，国家对少数民族地区实

行了优惠政策，某些边境地区群众看病、儿童上学、群众看电影也实行免费。（《人民日报》1988.4.25.①）

24日 全国政协副主席、中共新疆维吾尔自治区顾问委员会主任王恩茂就“突厥学问题”与自治区社科院负责人谈话。他指出：“如何处理好这个有争议的问题？要做到有利于祖国统一，有利于民族团结，有利于现代化建设，而不是相反。有‘东土耳其斯坦’思想的人是少数，但这种思想是企图分裂祖国的。”他强调指出：“维吾尔族不是‘突厥族’大树上的树枝，维吾尔族是中华民族大树上的树枝。突厥学不是纯学术问题，里面有政治问题。要搜集历史的和现实的材料，继续写民族团结的文章。”（《中国共产党新疆历史大事记（1966.5～1991.12）》下P297～298）

25日 据新华社拉萨电，西藏自治区新建8个民族乡，分别是错那县勒布区门巴族民族乡、麻玛门巴族民族乡、贡日门巴族民族乡、基巴门巴族民族乡、林芝县门中门巴族民族乡、南伊珞巴族民族乡、芒康县下盐井纳西族民族乡、墨脱县达木珞巴族民族乡。（《人民日报》1986.4.26.④）

△ 新疆维吾尔自治区民族民俗展在民族文化宫举办。党和国家领导人习仲勋、王震为展览剪彩，阿沛·阿旺晋美、班禅额尔德尼·确吉坚赞、赛福鼎·艾则孜、杨静仁、包尔汉等观看展览。（《人民日报》1986.4.26.③）

27日 广西壮族自治区在合浦县建立儒艮自然保护区，面积3.5万公顷，是以儒艮及海洋生态系统为主要保护对象的国家级自然保护区。（《全国自然保护区名录（2003）》P85）

27～28日 湖南省六届人大常委会第十八次会议举行，批准《湖南省新晃侗族自治县自治条例》。（《湖南日报》1986.4.28.①，4.29.①）

28日 中共云南省委召开座谈会，确定怒江傈僳族自治州经济发展方针：在粮食生产上主要是固定耕地，提高单产，逐步将一些坡地退耕还林还牧，不再做毁林开荒；全州的发展重点是经济林木、畜牧业和药材等项目；大力开发自治州的矿产资源。（《怒江傈僳族自治州志》上P35）

△ 西藏登山队队长罗则、副队长兼突击队长桑珠率领单增多吉、小格桑、边巴、拉旺、加布、小次仁、边巴扎西、小加措、普布、旺多、丹增等12名运动员攀登海拔7206米的宁金抗沙峰成功，创下时间最短、全体队员登顶的纪录。（《民族团结》1991.6 P34，《当代中国的西藏》下P514）

30日 国家副主席乌兰夫在北京家中接见内蒙古自治区赤峰市民族歌舞团演职人员，称赞该团在挖掘整理失传蒙古族乐器方面的工作。（《新疆日报》1986.5.1.③）

△ 在澳大利亚访问的全国人大常委会副委员长、中国佛教协会名誉主席班禅额尔德尼·确吉坚赞主持旅澳西藏侨民的一次宗教仪式，并向澳大利亚宗教界发表讲话。（《人民日报》1986.5.2.⑥）

△ 西藏自治区拉萨牛奶公司试产消毒牛奶、酸奶成功。（《西藏日报》1986.5.3.①）

是月 据《中国商业报》和《信息日报》讯，西藏日喀则扎什伦布寺成立西藏第一家寺庙办的企业，以寺养寺，改善寺庙经济条件。在进行正常宗教活动同时，办起木柴加工厂、运输队、商店等，经营民族用品、日用百货、宗教用品、客货运输、旅游服务等，促进寺庙从寄生型向自养型转变。（《宁夏日报》1987.6.4.①，7.3.①）

△ 宁夏回族自治区第一家净水剂厂——宁夏原种场农青环保净水剂厂投产。（《宁夏日报》1986.5.23.①）

△ 新疆维吾尔自治区伊犁哈萨克自治州新源、尼勒克、塔城、额敏4县（市）被列为

首批国家优质细毛羊商品生产基地。（《伊犁哈萨克自治州志》P63）

是~5月 新疆维吾尔自治区人民政府在全区抽调100余人组成上海、北京、西安、成都4个招贤引才团，分别在22个省市的145所院校开展招贤引才工作。内地116所院校是年有新疆籍毕业生1700名，除国家留用外，80%回新疆；上海有300多名科技人员表示愿意应聘；是年内地院校应届毕业生愿赴新疆的有1500人左右。（《中国共产党新疆历史大事记（1966.5~1991.12）》下P299）

5月

1日 中国和巴基斯坦两国政府根据红其拉甫口岸向第三国开放的换文精神，在红其拉甫口岸举行庆祝仪式，宣布红其拉甫口岸正式向第三国开放。（《中国共产党新疆历史大事记（1966.5~1991.12）》下P299）

△ 1986年江苏省对口支援广西壮族自治区洽谈会在南宁结束。江苏对口支援广西已6年，共实施600多个项目。此次双方商定对口支援和协作联合项目共167个。（《广西通志·大事记》P520）

1~4日 湖南省首届少数民族传统体育运动会在吉首举行，国家民委、国家体委等有关负责人出席开幕式。（《湖南日报》1986.5.2.①，5.5.①）

2日 国际女子射击邀请赛在波兰举行，宁夏射击运动员祁春霞以587环的成绩获女子标准手枪慢加速射30×30比赛第三名。随后，经国家体委批准，祁春霞成为宁夏首个获“国际级运动健将”称号的运动员。（《当代宁夏史通鉴》P36）

2~9日 西藏自治区税务工作会议在拉萨举行，研究自治区第一个工商税收征收管理办法，讨论改进工商税的几个政策问题等。（《西藏日报》1986.5.10.①）

3日 11时32分，内蒙古自治区包头市发生6.4级地震。震中为哈业胡同乡、阿嘎如泰苏木一带，郊区受灾农户1.84万户7万人，其中重灾户8710户3.2万人。全区损坏房屋2.1万间、机电井35眼、水塔12座、变压器6台。全区乡、镇企业累计损失1.1亿元。（《内蒙古自然灾害通志》P419）

△ 新疆维吾尔自治区在福海县建立金塔斯山地草原自然保护区，面积56.7万公顷，是以山地草原及其生态系统为主要保护对象的省级自然保护区。（《全国自然保护区名录（2003）》P116）

△ 中共新疆维吾尔自治区喀什地委、喀什行署举行大会，命名泽普县为自治区第一个民族团结模范县。（《新疆日报》1986.5.4.①，《民族团结》1988.4 P20）

5日 新疆维吾尔自治区少数民族经济研究会在乌鲁木齐成立。（《新疆日报》1986.5.8.①）

5~11日 新疆维吾尔自治区党委、自治区人民政府在喀什召开南疆三地州脱贫致富座谈会。会议确定三地州脱贫致富必须抓好五项工作：一、教育各族干部群众树立自力更生、艰苦奋斗的思想；二、发挥各自优势，调整好产业结构；三、坚持不懈地抓以水利为中心的农田基本建设，改善农业生产条件；四、依靠科学技术进步，走集约化经营的道路；五、大力发展乡镇企业。（《新疆日报》1986.5.13.①，5.15.①，5.16.①；《中国共产党新疆历史大事记（1966.5~1991.12）》下P299~300）

6~9日 宁夏回族自治区首届少数民族传统体育运动会在吴忠市举行。固原代表队获摔跤、方棋和女子毽球团体第一名，石嘴山代表队获木球团体第一名、摔跤团体第二名，银南代表队获男子毽球第一名、方棋第二名，吴忠市代表队获木球第二名，西北第二民族学院代表队获“精神文明”奖。（《宁夏日报》1986.5.7.①，5.10.①）

7日 广西壮族自治区运动员黄秋霞（壮族）在全国青年田径锦标赛中以12秒的成绩打破女子100米纪录并获冠军。（《广西日报》1986.5.11.①）

8日 西藏旅游总公司和美国假日酒店有限公司合作经营管理拉萨饭店合同书签字仪式在拉萨举行。拉萨饭店成为西藏与外国合作管理的第一个企业。（《西藏日报》1986.5.9.①）

10～11日 中、日两国24名登山运动员分2批登章子峰（位于珠穆朗玛峰北侧，海拔7543米）成功。西藏登山队突击队长仁青平措率领次仁多吉、大齐米、桂桑（女）、旺加、嘎亚、多布吉、洛泽、大次仁、拉巴、开尊、仁那、达穷、加拉、小齐米、扎西次仁等16人登上顶峰。当时西藏登山队仅有19名运动员，在12天之间，相继征服宁金抗沙与章子两座7200米以上的高峰，有28人次登顶成功，在世界登山史上罕见。（《西藏日报》1986.5.11.①）

12日 全国男子青年柔道锦标赛在安徽结束。内蒙古队选手哈斯木仁和布赫分获60公斤和86公斤级冠军。（《内蒙古日报》1986.5.18.①）

△ 据本报呼和浩特讯，内蒙古林学院最近建成我国第一台野外风洞。野外风洞是国外专门用于土壤风蚀模拟研究和实验的一种大型实验设备。（《内蒙古日报》1986.5.12.①）

13日 广西壮族自治区人民政府发出通知，鼓励出口商品生产，扩大出口创汇，规定凡出口商品一律给出口企业退（免）产品税或增值税。（《广西通志·大事记》P520）

△ 新疆维吾尔自治区团委举行首届青少年民族团结先进集体、先进个人表彰大会，97个先进集体和173名先进个人受表彰。（《新疆日报》1986.5.14.①）

15～30日 西藏唐卡展览在民族文化宫举办。展览由西藏自治区文管会和民族文化宫联合举办，展出宋、元、明、清等不同时期的真品百余幅。（《西藏日报》1986.7.10.①）

16日 中国少数民族经济研究会在北京召开少数民族地区商品经济研讨会。（《民族团结》1986.6 P33）

△ 据新华社乌鲁木齐电，新疆维吾尔自治区最大的草原灌渠在天山中部牧区建成，全长39.5公里。（《新疆日报》1986.5.17.①）

16～19日 贵州省第二届少数民族传统体育运动会在贵阳举行。黔东南苗族侗族自治州一队分获男子龙舟1000米和2000米冠军，女队分获600米和1000米冠军；黔南布依族苗族自治州代表团获男子赛马1000米、3000米和女子1000米、3000米冠军；贵阳队获抢花炮冠军，黔西南布依族苗族自治州代表队获亚军。（《贵州日报》1986.5.17.①，5.18.①，5.19.①，5.20.①）

18日 广西壮族自治区柳州铁路局在南宁举行新闻发布会，宣布从是年起在全局实行经济大承包。（《广西通志·大事记》P520）

19～25日 宁夏回族自治区党委和人民政府举行首次全区城市经济体制改革工作会议。（《中共宁夏党史大事记（1925.8～1988.6）》P582）

20日 中国藏学研究中心成立大会在民族文化宫举行。习仲勋、胡启立、阿沛·阿旺晋美、班禅额尔德尼·确吉坚赞、杨静仁等出席成立大会。中国藏学研究中心是领导和协调全国藏学研究工作的机构，多杰才旦（藏族）任总干事。（《人民日报》1986.5.21.③，《民族团结》1986.6 P33）

△ 据本报呼和浩特讯，内蒙古自治区目前有各级图书馆94个，其中自治区馆1个，盟（市）馆10个，旗、县馆82个，初步形成全区公共图书馆事业体系。（《内蒙古日报》1986.5.20.①）

20～22日 中共中央政治局委员、国务院副总理田纪云在国务院“三西”建设领导小组组长林乎加等人陪同下，在宁夏回族自治区固原、西吉等县视察。（《中共宁夏党史大事记（1925.8~1988.6）》P582）

20~24日 四川、云南、贵州、广西、重庆四省区五方经济协调会第三次会议在昆明举行。中共云南省委书记普朝柱主持会议，宣布四省区五方经济协调会代表团团长会议决定，吸收西藏自治区为协调会正式成员。会议期间共达成各种经济技术协作项目228项。（《云南日报》1986.5.21.①，5.25.①；《广西通志·大事记》P521）

21日 新疆维吾尔自治区第一次利用外资会议结束，提出在引进外资的同时加强利用外资的宏观控制和计划管理。（《新疆日报》1986.5.30.①）

21~28日 新疆维吾尔自治区第三届“天山之音”音乐会举行，全区20个地、州、市300名各族文艺工作者参加演出。28人获声乐表演金百灵、银百灵、百灵奖和鼓励奖，25人获器乐演奏一、二、三等奖和鼓励奖，27个器乐作品和声乐作品获二、三等奖和鼓励奖，伊犁、和田、兵团杂技团3个代表队获集体演奏、伴奏奖。（《新疆日报》1986.5.22.①，5.29.①）

23~25日 卫生部在北京召开全国地方病防治工作会议。明确坚持防病治病与脱贫致富一起抓的方针，使防治地方病的措施适应农村生产发展的新形式。（《国务院公报》1986［35号］P1075~1086）

25日~6月3日 西藏自治区首届边境贸易进出口交易会在日喀则举行，签订进出口合同101份，成交总额合人民币1200多万元。（《中国共产党西藏历史大事记（1949~2004）》P461）

26~28日 广西少数民族经济研究会成立大会暨首届学术讨论会在南宁举行。（《广西日报》1986.5.30.①）

26~29日 第一届瑶族国际研讨会在香港举办。研讨会由香港中文大学人类学系发起，中国大陆、法国、英国、瑞典、澳大利亚、美国及香港地区的学者参加，共收到论文26篇。（《人民日报》1986.5.31.③）

27日 青海省黄南藏族自治州同仁县隆务寺和海北藏族自治州祁连县峨堡古三角城（宋代）、下塘台遗址（青铜时代）被列为省级文物保护单位。（《黄南州志》上P55，《海北藏族自治州志》上P90）

27~28日 新疆大学物理系信息科学研究室研制的维、哈、柯、汉、英多种文字信息IBMPC/Xt微型计算机处理系统通过技术鉴定。（《新疆日报》1986.5.29.①）

31日 宁夏回族自治区党委和人民政府发出《关于贯彻中共中央、国务院〈关于加强土地管理，制止乱占耕地的通知〉的通知》。（《中共宁夏党史大事记（1925.8~1988.6）》P583）

是月 国家民委发文，认定贵州省黔东南苗族侗族自治州的“僅家”、“东家”、“绕家”各为苗族一分支，“刁家”为侗族一分支，“木佬人”为仡佬族一分支，其族别分属苗族、侗族、仡佬族。（《黔东南苗族侗族自治州志·总述·大事记》P294）

△ 西藏自治区成立第一家现代奶制品加工制作企业——拉萨市牛奶公司。（《人民日报》1992.2.21.③）

△ 中共青海省果洛藏族自治州委、州政府制定《果洛藏族自治州乡级民族寄宿制小学暂行管理条例》和《果洛州中小学校长负责制暂行条例》。（《果洛藏族自治州志》下P892）

6月

1日 内蒙古自治区在科尔沁右翼中旗建立科尔沁自然保护区，面积12.70万公顷，是以湿地珍禽、灌丛及疏林草原为主要保护对象的国家级自然保护区；广西壮族自治区在靖西县建立靖西底定自然保护区，面积900公顷，是以水源涵养林及野生动植物为主要保护对象的省级自然保护区。（《全国自然保护区名录（2003）》P36、86）

△ 由宁夏回族自治区作家协会主办的自治区首届青年诗作者作品讨论会在银川召开。30余名作者对如何繁荣自治区诗歌创作和成立全区青年诗歌创作组织进行讨论。（《宁夏日报》1986.6.13.①）

1~7日 国家民委少数民族参观团在上海参观学习，参观团成员由54个民族组成。（《民族团结》1986.8 P26）

3日 据本报讯，国家教育委员会最近在湖南省召开全国西藏班教育工作会。（《西藏日报》1986.6.3.①）

△ 青海省海南藏族自治州职称改革领导小组成立。至1988年，共评定专业技术职称3648人，其中高级职称68人、中级职称708人、初级职称2872人。（《海南州志》P58）

△ 新疆维吾尔自治区少数民族文字出版印刷技术的一项新成果——微型电子计算机维吾尔文照相排版自动控制系统研制成功并通过鉴定。（《新疆日报》1986.6.11.①）

4日 广西壮族自治区最大的邮政处理中心——南宁邮政枢纽工程全部竣工并通过验收，邮政处理能力将比过去提高5至6倍。（《广西通志·大事记》P521）

△ 在全国田径锦标赛男子标枪决赛中，西藏自治区运动员普布次仁以70.88米获第一名。（《西藏日报》1986.6.8.①）

4~10日 新疆维吾尔自治区商业工作会议举行，研究商业体制改革和安排市场问题。（《新疆通志·商业志》61卷P50）

5~8日 广西壮族自治区农业环保学会成立暨第一次学术讨论会在南宁举行。会议收到学术论文（报告）71篇，交流17篇。（《广西通志·环境保护志》P351）

5~11日 全国少数民族地区和边远地区整党工作座谈会在甘肃省兰州举行，内蒙古、新疆、宁夏、西藏、青海、甘肃、四川、贵州、云南、广西、湖南11个省、自治区的代表参会。会议指出，整党重点是解决区、乡、村三级党员干部严重以权谋私和严重违法乱纪问题，要建设好的领导班子。（《宁夏日报》1986.6.14.①）

6日 国务院批复四川省人民政府，同意撤销西昌县，将其行政区域并入西昌市。（《国务院公报》1986［26号］P781）

7日 国务院批准新疆维吾尔自治区克孜勒苏柯尔克孜自治州阿图什县撤销，以其行政区域建立阿图什市，仍为县级建制。10月14日，阿图什市正式成立。（《克孜勒苏柯尔克孜自治州志》上P56~57）

8日 宁夏回族自治区党委办公厅批转自治区党委宣传部、组织部，自治区教育厅党组《关于组建自治区区直机关讲师团的报告》。《报告》提出，每年从区直机关抽调100名政治素质好、具有大专以上文化程度、身体健康的党政、科技干部组成讲师团，到回族聚居地区的中小学任教，从而促进各方面对教育工作的重视和支持。9月2日，区直机关首批讲师团成员分赴彭阳、隆德、西吉、海原、同心等回族聚居县和石炭井矿务局所辖矿区学校以及农垦局所辖农场学校任教。（《中共宁夏党史大事记（1925.8~1988.6）》P583~584）

10~17日 中共贵州省委书记胡锦涛在黔西南布依族苗族自治州望谟、册亨、贞丰、兴仁、普安、晴隆等县调研。（《黔西南布依族苗族自治州志·党派群团志》P33）

12日 国务院批复广东省人民政府，同意设立通什市（县级），以保亭县的通什镇及畅好、红山、毛道、南圣区，琼中县的五指山、毛阳区，乐东县的番阳区8个区、镇的行政区域为通什市的行政区域，通什市由海南黎族苗族自治州领导。（《国务院公报》1986

［28号］P846）

12～19日 国家民委第一次内部审计工作会议在北京举行，国家民委系统各直属单位的领导和审计机构的40名负责人参加。（《民族团结》1986.7 P48）

13日 据《人民日报》报道，国务院对9省市4部门近2万进藏建设人员颁发《援藏43项工程建设纪念证书》。（《中国共产党西藏历史大事记（1949～2004）》P461）

14日 广西壮族自治区人民政府决定，在凌云、靖西、德保、百色4个山区县、市分别建立各1万亩的白毛茶出口基地。（《广西通志·大事记》P521）

20日 西藏自治区党委、自治区人民政府报中共中央书记处、国务院关于自治区直属机关机构改革方案的请示。9月30日，中共中央办公厅、国务院办公厅发出《关于批复区党委机构改革方案的通知》。《通知》说，中共中央、国务院原则同意西藏机构改革方案。西藏是一个情况比较特殊的民族自治地区，机构改革必须从本地的实际出发，要本着宜粗不宜细、宜简不宜繁的原则，根据实际工作任务的需要确定设置和人员编制。整个改革工作应当慎重、稳步进行，确保工作、改革两不误。（《中国共产党西藏历史大事记（1949～2004）》P461、465）

21日 青海省黄南藏族自治州人民政府决定设立李家峡办事处。1990年5月改称李家峡行政委员会。（《黄南州志》上P55）

△ 由日本引进设备、技术，具有80年代国际先进水平的宁夏回族自治区第一塑料厂在银川试车投产。（《当代宁夏史通鉴》P36）

22日 600多名塔塔尔族群众在乌鲁木齐市南郊的乌拉泊公园庆祝“萨邦节”。“萨邦节”是塔塔尔族祖先为纪念一种先进农具“萨邦”的发明而确立的，由于历史原因中断多年，这是第一次恢复庆祝。（《人民日报》1986.6.24.④）

23～28日 全国少数民族古籍整理出版规划会议在辽宁沈阳举行，21个省、市、自治区包括16个民族成分的代表参加。（《民族团结》1986.8 P42）

25日 广西壮族自治区柳州至象州县110千伏输电线路建成投产，该项目由自治区投资兴建，全长47公里。（《广西通志·大事记》P521）

27日～7月3日 云南省六届人大常委会第二十二次会议举行。会议批准《云南省楚雄彝族自治州自治条例》，自10月1日起施行。（《云南日报》1986.6.28.①，7.4.①）

29日 福建省各地的畲族歌手聚集在福安县富春公园欢度畲族人民的传统节日分龙节，并参加首届畲族歌会。（《人民日报》1986.7.29.④）

△ 西北地区最大的覆盖式农贸市场——宁夏吴忠市场开业。（《当代宁夏史通鉴》P36）

29日～7月3日 中国和蒙古贸易代表团在呼和浩特举行第二次边境贸易会谈。双方签订当年边境贸易合同，决定互相提供轻纺工业品。（《人民日报》1986.7.5.④）

30日 据新华社南宁电，广西壮族自治区环江县毛南族群众庆祝传统节日分龙节。分龙节是毛南族于农历五月敬拜祖先、预祝农业丰收的特有节日。（《人民日报》1986.7.2.④）

△ 北京至拉萨公路总干线上的宁夏回族自治区中宁黄河大桥完工。大桥于1983年12月22日动工兴建，1986年7月15日正式贯通。该桥是宁夏投资最多的一座公路桥，总投资2358元，全长926米，宽12米。（《人民日报》1986.7.16.①，《宁夏日报》1983.12.23.①，《当代宁夏史通鉴》P34）

30日～7月8日 内蒙古自治区六届人大常委会第十七次会议举行，通过关于设立自治

区人大常委会法制工作小组等项决议。（《内蒙古日报》1986.7.1.①，7.9.①）

是月 广西壮族自治区南宁地区人民医院改建为自治区民族医院。（《广西通志·大事记》P521）

7月

1日 据新华社南宁电，广西民俗展在自治区博物馆举行。展览介绍了居住在广西的少数民族服饰、织锦、蜡染、刺绣、挑花、建筑模型以及生活习俗。（《人民日报》1986.7.2.④）

△ 宁夏回族自治区第一所妇女保健院——银川市妇女保健院开院。（《宁夏日报》1986.7.3.①）

△ 新疆维吾尔自治区乌鲁木齐国内卫星通信地球站的卫星电视设备安装调试完毕并正式开通。新疆电视台即日起利用中央电视台每晚卫星转播电视结束后的空当，通过邮电部新疆米泉卫星上行站传送新疆电视台用维吾尔语译制的中央台《新闻联播》、维吾尔汉语《新疆新闻》和哈萨克语译制的《一周国内外要闻》、《一周新疆要闻》以及新疆电视台的其他节目，使全国全疆和亚太地区的电视卫星接收站都能收到新疆电视台的节目。使用国际卫星传送省级电视台节目在全国属首次。（《中国共产党新疆历史大事记（1966.5～1991.12）》下P303～304）

1～2日 据新华社乌鲁木齐电，国务院总理赵紫阳在赴罗马尼亚访问途中视察新疆维吾尔自治区，在乌鲁木齐市听取自治区党委的工作汇报。（《人民日报》1986.7.3.①）

2日 国家副主席乌兰夫、全国人大常委会副委员长阿沛·阿旺晋美等在人民大会堂接见少数民族学习参观团全体成员并合影留念。学习参观团由19个省、自治区240多人组成，有55个民族成分。（《人民日报》1986.7.6.④）

3日 云南省六届人大常委会第二十二次会议审议批准《楚雄彝族自治州自治条例》，7月6日正式公布，10月1日起施行。（《楚雄彝族自治州志》1卷P211）

3～11日 贵州省六届人大常委会第十九次会议举行，批准《黔南布依族苗族自治州自治条例》。（《贵州日报》1986.7.4.①，7.12.①）

4日 据新华社大连电，辽宁省大连最近发现一批清代总管内务府珍贵档案。初步整理结果，完整的有2015件，其中满文861件，多属顺治、康熙年间；满汉文1190件，以雍正、乾隆以后的占多数。（《人民日报》1986.7.5.③）

△ 据新华社电，宁夏回族自治区银川市加快住宅建设速度，使全市23万回、汉族居民的住房条件得到改善，30%以上的居民住进新居，人均住房面积5.56平方米。（《人民日报》1986.7.4.②）

5日 中国民族贸易经济研究会在四川省成都成立。全国各少数民族地区的代表，国家民委、商业部和四川省的领导共200多人参加成立大会，国家副主席乌兰夫为研究会成立题词。（《四川日报》1986.7.6.①）

△ 在广西壮族自治区岑溪探明“长岗岭”型花岗岩矿体，面积176平方公里，贮量1.31亿多立方米，属高级建筑材料。（《广西通志·大事记》P521）

△ 新疆维吾尔自治区在奇台县建立奇台荒漠类草地自然保护区，面积3.8万公顷，是以荒漠及荒漠草原生态系统为主要保护对象的省级自然保护区；在新源县建立新源山地草甸类草地自然保护区，面积6.53万公顷，是以草原草甸、野生牧草近缘种为主要保护对象的省级自然保护区。（《全国自然保护区名录（2003）》P115～116）

6日 据本报报道，目前，我国人数最少民族赫哲族适龄儿童已全部入学。赫哲族主要居住在黑龙江省东部同江和饶河2县，1949年前没有学校，只有2名小学生，20世纪70年代，仅有校舍200平方米。现在，赫哲族居住比较集中的3个民族乡已先后建立3所赫哲族小学、3所中学，校舍增至2500多平方米，90%的小学生受过学龄前教育。1985年，有3名赫哲族学生考入高等院校，现在有35名本民族的大中专生。（《人民日报》1986.7.6.⑤）

7日 北京夏令时4时24分，西藏自治区日土县发生6.3级地震，震中位于自治区日土县境内北纬34.6°、东经80.5°。（《人民日报》1986.7.8.①）

8日 北京中央卫星地球站，乌鲁木齐、呼和浩特、拉萨国内卫星通信站同时举行国内卫星通信网开通仪式，国务院副总理李鹏出席开通仪式。（《人民日报》1986.7.9.①）

8~12日 四川省六届人大常委会第二十次会议举行，通过《四川省阿坝藏族自治州自治条例》和《四川省甘孜藏族自治州自治条例》。（《四川日报》1986.7.9.①，7.13.①）

9日 国务院批转林业部《关于审定国家级森林和野生动物类型自然保护区请示》的通知。通知称，国务院批准20个自然保护区为国家级森林和野生动物类型自然保护区，涉及民族地区的有9处：长白山自然保护区、神农架自然保护区、梵净山自然保护区、西双版纳自然保护区、墨脱自然保护区、隆宝自然保护区、哈纳斯自然保护区、巴音布鲁克自然保护区、高黎贡山自然保护区。（《国务院公报》1986［20号］P601~603、608）

△ 国务院下发促进科技人员合理流动的通知，鼓励科技人员到边远地区工作，边远省、自治区可以在国家规定的政策范围内给予优惠待遇。边远地区的范围和到边远地区工作的科技人员工作期限、工作条件、生活待遇、离退休待遇及安置等问题，按照国务院有关规定执行。（《国务院公报》1986［20号］P599~601）

10日 据新华社北京电，《新时期统一战线文献选编》最近由中央党校出版社出版发行，书中收入党的十一届三中全会以来中共中央、全国人大、国务院和有关部委关于统一战线、民族和宗教工作等方面的重要文件以及党和国家领导人的讲话、文章、书信和批语共87篇。该书同时翻译成5种少数民族文字出版发行。（《人民日报》1986.7.11.④）

12日 据《广西日报》报道，“七五”计划期间，国家增加广西壮族自治区有色金属找矿投资，是年人均地质勘探事业费居全国首位。（《广西通志·大事记》P521）

13日 据新华社电，宁夏大学为培养更多的少数民族师资，从1980年起扩大少数民族学生的比例，同时增设民族预科班，已为自治区培养600多名回族教师。（《人民日报》1986.7.13.③）

15日 新疆维吾尔自治区党委、新疆军区党委发出《关于进一步深入开展军民共建社会主义精神文明活动的通知》。（《中国共产党新疆历史大事记（1966.5~1991.12）》下P305）

15~19日 《民族团结》杂志社首次全国特约通讯员代表会议在贵州安顺举行，28个省、自治区和直辖市18个民族的70余名代表参加。（《民族团结》1986.9 P24）

16日 据新华社乌鲁木齐电，新疆维吾尔自治区人民政府最近做出决定，撤离移居到阿尔金山自然保护区的所有牧民和牲畜，禁止在其中从事探、采矿等人类活动，以使流离失所的稀有野生动物重返家园，安然栖息。（《人民日报》1986.7.17.③）

16~21日 我国第一个博士讲师团——首都中青年博士学术促进会一行5人在宁夏回族自治区进行为期6天的讲学活动。该促进会于3月成立，此次赴宁夏讲学的分别来自中国人民大学、清华大学、中国科学院，其中有哲

学、医学、工学博士。（《人民日报》1986.7.23.③）

17日 朝鲜族美术作品·延边摄影作品展在民族文化宫开幕。（《人民日报》1986.7.18.③）

△ 吉林省延边朝鲜族自治州第一部程序控制自动转报电话系统在延吉市邮电局正式开通。（《延边朝鲜族自治州志》P95）

△ 据新华社拉萨电，西藏自治区4890多名干部最近组成下乡工作组，宣传党在农牧区各项经济政策，帮助群众开辟生产门路，治穷致富。（《人民日报》1986.7.18.①）

18日 据新华社讯，西藏自治区第一批商品住房最近在拉萨建成。（《人民日报》1986.7.18.②）

18～24日 中国少数民族经济研究会与新疆维吾尔自治区民委联合在乌鲁木齐举行西部少数民族地区经济发展问题研讨会，探讨如何结合少数民族地区特点进行经济体制改革，正确处理东、中、西3个经济地带的关系，加快少数民族地区商品经济发展，确定发展战略、调整产业结构，以及少数民族地区对外开放等问题。（《新疆日报》1986.7.27.①）

19日～8月2日 全国政协民族组副组长薛剑华、地质部副部长李轩率全国政协参观考察团一行10人在宁夏回族自治区参观考察。（《宁夏日报》1986.8.7.①）

21日 国务院批复内蒙古自治区人民政府，同意撤销通辽县，将其行政区域并入通辽市。（《国务院公报》1986［28号］P847）

△ 9号台风在广西壮族自治区合浦县沿海登陆，桂南、沿海地区受到罕见风暴潮袭击，造成内陆特大洪涝，北海、防城、合浦、钦州、南宁、宁明、龙州、崇左、扶绥、贵县等市县受灾尤为严重。据不完全统计，受灾人口210多万，死伤900多人。（《广西通志·大事记》P521～522）

△ 据本报讯，贵州省黔东南苗族侗族自治州目前有少数民族干部2万多人，占全州干部总数的52.8%，比建州时增长5.4倍。（《贵州日报》1986.7.21.①）

22日 全国少数民族乐器展在民族文化宫开幕。展品分打击乐器、管乐器、弦乐器和改良乐器4部分，共400多件。（《人民日报》1986.7.23.④）

△ 据新华社讯，我国第一部研究锡伯族历史的专著《锡伯族简史》（汉文）最近由新疆人民出版社出版发行。（《人民日报》1986.7.22.③）

△ 贵州省黔东南苗族侗族自治州庆祝成立30周年。贵州省委、省人大、省政府、省政协、省军区致贺信。（《贵州日报》1986.7.24.①）

△ 据新华社拉萨电，20世纪70年代中期，我国地质工作者第一次采用“板块构造学说”解释青藏高原隆起和喜马拉雅山脉的形成。1980年以来，西藏地质工作者先后进行对日土、改泽、噶大克等青藏高原上最后几个地质图幅（百万分之一）调查，提出印度大陆与欧亚大陆的碰撞缝合带应移至班公至怒江断裂带的新证。（《人民日报》1986.7.22.③）

22～24日 宁夏回族自治区生态经济学会在银川成立并召开首次会议。（《宁夏日报》1986.7.30.①）

22～27日 湖南省六届人大常委会第二十次会议举行。会议批准《湘西土家族苗族自治州自治条例》，自9月20日起实施。（《湖南日报》1986.7.23.①，7.28.①）

23日 据新华社讯，长白山自然博物馆最近在吉林省延边朝鲜族自治州安图县二道白河镇建成并开放，建筑面积2200多平方米。（《人民日报》1986.7.24.①）

△ 甘肃省计算中心周仲宁和西北民族学院于洪志、山夫旦（藏族）等人共同研究的“微机藏文信息处理系统”通过甘肃省省级鉴定。（《西北民族学院校史》P346）

△ 据本报讯，宁夏回族自治区海原县最近发掘出一处新石器时代中晚期的氏族墓地，为研究齐家文化的发源提供重要佐证。（《人民日报》1986.7.24.①）

24日 据本报讯，广西壮族自治区第一地质队最近在平乐探明全区第一个达到工业规模的硅灰石矿，填补自治区矿产资源空白。（《广西日报》1986.7.24.①）

△ 云南省怒江傈僳族自治州第一座卫星电视收转站在六库建成开通。（《怒江傈僳族自治州志》上P764）

△ 据新华社电，目前，西藏自治区的拉萨、日喀则、山南、昌都、那曲等地办起20多所党校，以区内培训和培养少数民族干部为主，除传授马列主义毛泽东思想外，还举办藏文大专班、干部培训班、宣传干部班、进修班和师资班，全区已有300多名学员毕业回到工作岗位。（《人民日报》1986.7.25.④）

△ 宁夏回族自治区计划生育协会成立大会在银川举行。（《宁夏日报》1986.7.25.①）

△ 据新华社乌鲁木齐电，新疆历史博物馆在昆仑山考古调查中发现数千幅岩画。经研究确认，这些岩画是古代新疆少数民族游牧部落的文化遗存。（《人民日报》1986.7.24.①）

25日 据新华社北京电，近3年，国家给内蒙古、宁夏、新疆、西藏和广西的财政定额补贴达120多亿元，银行为发展少数民族地区经济贷款12亿多元。（《人民日报》1986.7.26.①）

△ 据本报讯，青海省牧区少数民族从游牧生活开始向半定居半游牧转化。（《人民日报》1986.7.25.④）

△ 据新华社乌鲁木齐电，新疆维吾尔自治区伊犁教育学院首届166名哈萨克族学员经过2年学习毕业。该学院是我国第一所用哈萨克语教学的学校，专门培养哈萨克族中学教师。（《人民日报》1986.7.26.③，《新疆日报》1986.7.26.①）

25~30日 四川省和云南省大理、德宏、临沧、保山、丽江、迪庆、怒江、楚雄九地州市经济协作会第三次联系会议在楚雄举行。会议达成151项双边和多边协作项目。（《云南日报》1986.8.6.①）

25~31日 新疆维吾尔自治区党委、自治区人民政府在阿勒泰举行加快发展北疆牧区经济工作会议。9月18日，自治区党委向党中央、国务院作《关于加强发展北疆牧区经济工作情况》的报告。（《新疆日报》1986.7.26.①，8.1.①；《中国共产党新疆历史大事记（1966.5~1991.12）》下P306~307）

26日 据新华社呼和浩特电，解决我国蒙古文信息处理交换的3项国家标准最近通过技术鉴定。分别是《蒙古文编码图形字符集》、《蒙古文键盘布局》和《蒙古文点阵字模集及点阵数据库》。（《人民日报》1986.7.27.③）

△ 据本报讯，内蒙古自治区第五次地名工作会议最近在海拉尔召开。部署《中华人民共和国地名辞典》中“内蒙古分卷”及《内蒙古自治区地名志》各盟市分册的编纂出版工作。（《内蒙古日报》1986.7.26.①）

△ 西藏自治区拉萨至达孜段公路沥青路面铺设竣工。（《当代中国的西藏》下P610）

26~31日 西藏自治区四届人大常委会第十七次会议在拉萨举行，通过《拉萨市城市环境卫生管理条例》、《拉萨市城市绿化管理条例》。（《西藏日报》1986.7.27.①，8.1.①）

△ 新疆维吾尔自治区宗教局（处）长会议举行。会议提出自治区宗教工作的主要任务是，继续狠抓落实党的宗教政策，加强对宗教活动场所的管理和对宗教职业人员的团结教育培养工作，积极引导和推动宗教界人士参加社会主义现代化建设，维护祖国统一和民族团

结，使宗教工作更好地为党的总任务、总目标服务，为统一祖国、振兴中华服务。（《中国共产党新疆历史大事记（1966.5~1991.12）》下P307）

29日 据本报讯，兰州军区测绘大队完成我国陕西、甘肃、宁夏、青海、西藏、新疆等省、区的第一代地图测绘任务。这次测绘总面积达415万平方公里，测绘的地图资料对西北的经济、国防建设有重要作用。（《人民日报》1986.7.29.②）

30日 浙江、湖南、上海和杭州的53位中学教师抵达西藏拉萨，开始为期2年的教学工作。（《西藏日报》1986.8.16.①）

△ 广西壮族自治区人民政府发出通知，要求全区初中、小学教育免收学费，并调整中小学杂费的收费标准。（《广西通志·大事记》P522）

30日~9月4日 全国人大常委会副委员长班禅额尔德尼·确吉坚赞在四川省甘孜藏族自治州视察访问，国家民委副主任卓加陪同。（《四川日报》1986.7.31.①，9.5.①）

31日 卫生部部长崔月犁视察内蒙古自治区鄂伦春自治旗。（《鄂伦春自治旗志》P829）

△ 据本报讯，近几年来，四川省凉山彝族自治州邮电通信事业发展迅速，从根本上改变了过去靠“马帮”传递信息的状况，全州95%的乡通电话。（《人民日报》1986.7.31.②）

是月 内蒙古自治区首次横向经济联合理论与实践讨论会在呼和浩特举行。会议讨论研究如何进一步推动全区横向经济联合，力求从理论与实践的结合上进一步认识横向经济对全区经济振兴的重要意义和作用，并有针对性地探讨几个全区横向联合中的问题。会上收到论文35篇。（《内蒙古日报》1986.8.8.①）

△ 内蒙古自治区哲里木盟科尔沁左翼后旗东大荒地区遭特大洪水灾害。东辽河水位急剧上涨，流量由337秒立方米，增至1010秒立方米，洪峰流量超过东大荒国堤，冲毁平齐线铁路，100多个村屯被洪水围困，几十万亩农田被淹。（《内蒙古日报》1986.8.7.①）

8月

1日 广西壮族自治区桂林市至福建省厦门市空中航线开通。（《广西通志·大事记》P522）

1~8日 西藏自治区社会科学院等单位主办的拉萨藏学讨论会在拉萨举行，西藏、北京、青海、四川、云南等省市区的90名藏学家参加会议，参会论文117篇。（《西藏日报》1986.8.2.①，8.9.①）

2日 中国第三座现代化大型玻璃生产企业——广西壮族自治区南宁平板玻璃厂正式交付使用。（《广西通志·大事记》插图13页）

△ 据本报讯，宁夏回族自治区第一个乳化沥青站最近建成投产。（《宁夏日报》1986.8.2.①）

△ 据新华社乌鲁木齐电，兰州军区驻新疆某部重视在少数民族干部战士中培养军地两用人才。目前，全区83%的县有该部队培养的少数民族干部。（《新疆日报》1986.8.3.①）

4日 宁夏回族自治区第七届运动会闭幕。运动会历时40多天，共有2000多名运动员参赛。（《中共宁夏党史大事记（1925.8~1988.6）》P585）

5日 据本报赤峰讯，内蒙古自治区赤峰市多胎率下降到0.9%，成为全区第一个达到国家计划生育甲级一类标准的盟市。（《内蒙古日报》1986.8.5.①）

△ 贵州省黔南布依族苗族自治州图书馆建成开馆。该馆面积5300多平方米，藏书50万册，有16个阅览室，是全州最大的公共文化设施。（《贵州日报》1986.8.6.①）

5～9日 四川、贵州、广西、重庆、云南四省区五方第二届商品交流会在昆明举行，成交额5.4亿元。（《云南日报》1986.8.6.①，8.10.①）

5～12日 内蒙古自治区对外经济技术合作项目洽谈会暨进口商品展销会在呼和浩特举行，签订合同27项，成交额1600多万美元，出口商品成交总额5380万美元。（《内蒙古日报》1986.8.13.①）

6日 中国少数民族音乐学会最近在黑龙江齐齐哈尔成立。（《新疆日报》1986.8.22.①）

7日 西藏自治区藏学学会在拉萨成立。西藏文管会副主任索朗旺堆在藏学讨论会上强调，经研究认证藏族的发源地在西藏本土。（《人民日报》1986.8.8.③，《西藏日报》1986.8.8.①）

8日 文化部部长王蒙在西藏自治区拉萨就文化工作作报告。他强调，要从西藏实际出发，继承和发展民族文化，同时要面向世界，面向未来，面向现代化。（《中国共产党西藏历史大事记（1949～2004）》P464）

△ 贵州省黔南布依族苗族自治州庆祝成立30周年。贵州省委、省人大、省政府、省政协、省军区致贺信。（《贵州日报》1986.8.9.①）

9日 据统计，西藏自治区目前已建卫生防疫站（组）74个，卫生防疫人员达500多人，初步形成一定规模的卫生防疫网。（《人民日报》1986.8.9.①，《西藏日报》1986.3.9.①）

△ 青海省在玉树县建立隆宝自然保护区，面积1万公顷，是以黑颈鹤、天鹅等水禽及草甸生态系统为主要保护对象的国家级自然保护区。（《全国自然保护区名录（2003）》P115）

9～21日 宁夏回族自治区首次在香港举办综合性出口商品展览会。共接待港澳地区和14个国家1600多家客商，出口成交额1082万美元，完成计划的270.5%。（《宁夏日报》1986.8.9.①，9.6.①）

11日 西藏自治区第一台自动化藏药粉碎机投产。（《西藏日报》1986.8.13.①）

12日 西藏、青海、甘肃、四川、云南五省区藏戏研究学会在西藏拉萨成立。（《西藏日报》1986.8.13.①）

△ 中顾委常委江华、全国政协副主席杨静仁、中央统战部副部长武连元到新疆维吾尔自治区昌吉回族自治州指导工作。（《昌吉回族自治州志》P63）

△ 宁夏回族自治区党委宣传部，自治区教育厅、民委联合召开马克思主义民族理论和党的民族政策课程备课会议。根据自治区党委决定，从是年到1987年新学年起，自治区的党校、高等院校、中专和中学开设马克思主义民族理论和党的民族政策课程。（《中共宁夏党史大事记（1925.8～1988.6）》P585）

14日 水电部副部长姚振炎率国家赴藏能源综合考察组在西藏自治区拉萨考察。（《西藏日报》1986.8.15.①）

△ 新疆画院作品展在民族文化宫举办，展出维吾尔、哈萨克、蒙古、苗等民族的17位画家的100多幅作品。国家民委副主任赵延年等出席开幕式。（《新疆日报》1986.8.19.①）

15日 新疆维吾尔自治区党委、自治区政府举行招待会，同第三届全国少数民族体育运动会的各民族代表欢度穆斯林传统节日——古尔邦节。（《中国共产党新疆历史大事记（1966.5～1991.12）》下P309）

15～26日 西藏自治区第五届运动会在拉萨举行，11个代表队、980多名运动员和裁判员参加，共20多个比赛项目。（《西藏日报》1986.8.16.①，8.26.①，8.27.①）

16日 经济贸易部部长郑拓彬率赴藏经贸工作组在西藏自治区拉萨考察。（《西藏

日报》1986.8.17.①，8.21.①）

△ 新疆维吾尔自治区首届美术理论年会在阿克苏召开。就全区美术遗产的发展与继承及现代美术创作中的诸多问题进行讨论和学术交流。（《新疆日报》1986.8.22.①）

16~17日 中共中央政治局委员、国务院副总理万里在新疆维吾尔自治区伊犁、阿勒泰地区考察。（《伊犁哈萨克自治州志》P64）

18日 由北京市和宁夏回族自治区联合投资修建的贺兰县立岗镇至京星农牧场的立京公路竣工通车。（《宁夏日报》1986.8.27.①）

18~20日 新疆维吾尔自治区社会学学会成立大会暨首届学术讨论会在乌鲁木齐举行。（《新疆日报》1986.8.22.①）

18~22日 东北经济区社会发展战略第四次讨论会在内蒙古呼和浩特举行。会议对东北经济区经济社会发展战略和跨省区、多层次、多形式的横向联合问题进行讨论，大会收到报告、论文125篇。（《内蒙古日报》1986.8.19.①）

20日 中共中央政治局委员、国务院副总理万里在宁夏回族自治区视察西吉县西部山区、固海扬水新灌区、中卫县南山台子开发区、沙坡头固沙工程等。（《中共宁夏党史大事记（1925.8~1988.6）》P586）

20~24日 经中共西藏自治区委员会和西藏自治区人民政府批准，纪念“门孜康”藏医星算学院建院70周年暨振兴藏医事业大会在拉萨召开。西藏自治区党政机关和有关部门负责人及学术界人士，卫生部及中国中医研究院、四川、青海、甘肃、云南、贵州、内蒙古等省区卫生、医学部门负责人、专家、学者共500多人与会。大会对有关藏医史、藏医基础理论、藏医临床应用及星算等方面的学术问题进行讨论。会议总结过去30年来藏医工作经验，提出8项振兴藏医的措施。22日，西藏自治区藏医院举行藏医学创始人宇妥宁玛·云丹贡布花岗岩雕像落成典礼，自治区党委书记伍精华、自治区人大常委会副主任帕巴拉·格列朗杰向塑像献哈达。（《西藏日报》1986.8.21.①，8.22.①，8.25.①）

21日 中央组织部通知，广西民族学院院长江家福（壮族）调任国家民委副主任。（《广西民族学院校史》P296）

△ 国务院批复贵州省人民政府，同意撤销务川县，设立务川仡佬族苗族自治县，以原务川县的行政区域为务川仡佬族苗族自治县的行政区域。1987年11月26日正式成立。（《国务院公报》1986［31号］P940，《人民日报》1987.11.27.③）

△ 云南省怒江傈僳族自治州地方志编纂委员会成立。（《怒江傈僳族自治州志》上P36）

△ 云南省大理白族自治州图书馆竣工。图书馆建筑面积6000多平方米，藏书108万册。（《云南日报》1986.8.28.②）

21~22日 中共中央总书记胡耀邦在青海省黄南藏族自治州视察，为尖扎县题词：“立足本地资源、着眼普遍致富”，为黄南州题词：“增强民族团结、带领群众致富”，并给热贡艺术馆题写馆名。（《黄南州志》上P56）

21~25日 山东省经济技术代表团在宁夏回族自治区访问，两省（区）初步商定13个协作项目，并建立物资协作关系。（《中共宁夏党史大事记（1925.8~1988.6）》P586）

21~30日 广西壮族自治区出口商品展销会首次在新加坡举行，展出粮油食品、纺织、土畜产、轻工等12类产品2500多种。（《广西通志·大事记》P522）

22日 新疆维吾尔自治区第一个大型牧工商联合企业——新疆畜产品贸易中心在乌鲁木齐开业。（《新疆日报》1986.8.23.①）

22~26日 中共中央书记处书记胡启立

在宁夏回族自治区视察。 （《宁夏日报》1986.8.28.①）

△ 西北五省（区）伊斯兰教学术讨论会在新疆维吾尔自治区乌鲁木齐市举行，出席代表112人，参会论文79篇。讨论伊斯兰教与两个文明及历史研究的现状等问题。 （《新疆日报》1986.8.27.①）

22~28日 全国少数民族地区建筑创作学术讨论会在新疆维吾尔自治区乌鲁木齐市举行，就如何繁荣少数民族地区的建筑创作，进一步突出地方特色，以鼓励各种建筑学派在创作上开创新局面等进行研讨。 （《新疆日报》1986.9.5.①）

22日~9月26日 内蒙古、青海、西藏、宁夏、甘肃、黑龙江、四川、新疆八省区畜牧经济考察团先后在吐鲁番、巴音郭楞蒙古自治州、和静县、伊犁地区、博尔塔拉蒙古自治州、阜康县等地进行考察，并整理编写《关于八省区草原畜牧业的情况汇报及建议》，为全国牧区工作会议做准备。 （《中国共产党新疆历史大事记（1966.5~1991.12）》下P309）

23日 中共中央总书记胡耀邦到青海省海北藏族自治州视察工作，在听取州委的工作汇报后，作出指示：一、要进一步解放思想，坚持改革；二、围绕畜牧业来调整农业结构；三、重视畜种改良和畜产品加工，总结出符合海北特点的畜牧业经验；四、关心人民生活，致力于群众致富；五、实行开放，引进人才，重视小城镇建设。 （《海北藏族自治州志》上P90）

△ 湖南省湘西土家族苗族自治州土家族民族博物馆竣工，建筑面积1100多平方米。（《湘西州志》上P85）

23~25日 全国政协副主席杨静仁在新疆维吾尔自治区伊犁地区考察。 （《伊犁哈萨克自治州志》P64）

24日 青海省海北藏族自治州门源县发生6.7级地震，未致人、畜伤亡。 （《海北藏族自治州志》上P90）

24~28日 吉林省延边朝鲜族自治州友好访问团在新疆维吾尔自治区昌吉回族自治州访问。 （《昌吉回族自治州志》P63）

25日 全国政协赴疆参观考察团第一分团一行58人赴新疆维吾尔自治区参观考察。（《新疆日报》1986.8.26.①）

△ 据本报桂平讯，广西壮族自治区第一条改性桐油维纶三防（防水、防火、防霉）涂层布生产线在桂平建成投产。 （《广西日报》1986.8.25.①）

△ 西藏自治区人民政府就天葬有关问题发出公告。指出，为认真执行党的民族政策，维护民族团结，尊重藏族人民的传统习俗，现就天葬的有关问题公告如下：一、天葬是藏族人民通行的一种丧葬仪式，受国家法律保护。二、天葬场是进行丧葬的场所、任何人不得擅自前往、干扰丧葬的正常进行。三、任何人不得对天葬仪式进行围观、拍照、录像等活动。四、任何单位和个人，不得在天葬场周围放炮、采石、挖取沙石、射击、打靶。五、严禁用任何方式打杀（伤害）秃鹫。六、违犯上述规定者，视情节以批评教育、处分，触犯刑律者，依法惩处。 （《中国共产党西藏历史大事记（1949~2004）》P464）

△ 新疆维吾尔自治区最高电压等级、最大容量的输变电工程——红雁池发电厂至米泉变电站22万伏输电线路和米泉变电站通过自治区验收并投入使用。 （《新疆日报》1986.8.30.①）

25~30日 云南省六届人大常委会第二十三次会议举行，通过《云南省红河哈尼族彝族自治州自治条例》。 （《云南日报》1986.8.26.①，8.31.①）

26~30日 中共中央宣传部、国家民委和中国记协联合在内蒙古呼和浩特召开全国少数民族文字报纸经验交流会，来自全国17个省、市、自治区的59家少数民族文字报纸负责人与会。会议认为，少数民族文字报纸绝大多数是各级党委和机关报，是沟通党和少数民族群众的桥梁和纽带，因此要大力宣传改革，把改革放在宣传报道工作的重要位置，以增强报纸的指导性。目前，我国有84家用17种少数民族文字出版的报纸，发行量83万多份。会议总结交流办报经验，探讨少数民族文字报纸在改革时出现的新情况、新问题并提出意见和建议。（《内蒙古日报》1986.8.27.①，8.31.①；《西藏日报》1986.9.2.①）

27日 全国首次《福乐智慧》学术讨论会在新疆维吾尔自治区喀什召开。（《新疆日报》1986.8.30.①）

28～30日 广西壮族自治区经济研究中心和自治区经济社会发展战略研究会在南宁联合举行“如何把广西经济搞上去”专题讨论会，参加会议的有研究机构、大专院校、自治区直属机关以及地市县有关单位的代表200多人。（《广西通志·大事记》P522）

29日 新疆维吾尔自治区克孜勒苏柯尔克孜自治州电视台卫星地面接收站落成开通。（《克孜勒苏柯尔克孜自治州志》上P56）

30日 广西壮族自治区党委、自治区人民政府发出《关于发展乡镇企业若干问题的规定》，要求从税收、贷款、原材料供应等方面对乡镇企业给予扶持照顾；规定凡是新办的乡（镇）、村集体工业企业从投产之日起，免征所得税3年；从事劳务的，同时免征营业税3年等。（《广西通志·大事记》P523）

△ 云南省六届人大常委会第二十三次会议批准公布《红河哈尼族彝族自治州自治条例》，自1987年1月18日起施行。（《红河哈尼族彝族自治州志》1卷P105）

△ 甘肃省临夏回族自治州科学宫建成开放。（《甘肃日报》1986.9.5.①）

31日 据本报呼和浩特讯，内蒙古自治区赤峰市进行无公害蔬菜开发试验成功，目前郊区种植面积2400多亩。（《内蒙古日报》1986.8.31.①）

是月 内蒙古自治区党委办公厅和自治区政府办公厅发出《关于全面检查贯彻执行党的民族语文政策情况的通知》，各盟市、旗县及自治区各部门、大专院校、厂矿企业、军区、武警总队等均成立由主管蒙古语文工作的党政领导参加的民族语文政策检查领导小组，并派出自治区民族语文政策检查组，分赴全区12个盟市和自治区直属机关进行抽查。（《内蒙古自治区史》P441～442）

△ 内蒙古自治区第一座污水处理工程——通辽污水厂主要工程项目竣工运行。（《内蒙古日报》1986.9.26.①）

9月

1日 云南省德宏傣族景颇族自治州第二民族中学建立。（《德宏州志》综合卷P84）

△ 云南省楚雄彝族自治州第一所群众投资兴办的民族中学——禄丰县干海资民族中学成立。（《楚雄彝族自治州志》1卷P211）

△ 甘肃省临夏回族自治州庆祝成立30周年。国家民委副主任洛布桑率中共中央统战部、全国人大民委、国家民委代表团参加出席庆祝大会。（《甘肃日报》1986.9.2.①）

△ 宁夏回族自治区“六五”计划重点工程——石炭井矿务局太西洗煤厂建成投产。该厂于1983年9月10日动工兴建，设计年入洗原煤210万吨。（《宁夏日报》1986.9.2.①，《当代宁夏史通鉴》P34）

2日 新疆维吾尔自治区党委常委会召开，听取中科院新疆开发综合考察队提出的南疆各地州经济发展战略报告。报告指出，喀什、和田和克孜勒苏三地州经济发展战略是，要在保护绿洲生态环境的前提下发挥资源优势，建立棉花、瓜果、蚕桑、畜产品4个商品基地“一条龙”生产体系；在发展生产的基础上，建立一个良性循环的绿洲生态环境，发挥生态系统的综合效益，实现国民经济的良性循环。（《中国共产党新疆历史大事记（1966.5～1991.12）》下P311）

3日 宁夏回族自治区第一座大流量、高扬程的水利骨干工程——固（原）海（原）扬水工程全线竣工通水。工程于1978年6月1日破土动工，先后修建扬水泵站17座、渠道204公里。干渠流经中宁、同心、海原和固原4县，灌溉面积40万亩。（《宁夏日报》1978.6.7.①，《中共宁夏党史大事记（1925.8～1988.6）》P587）

4日 据报道，广西壮族自治区第二地质队高级工程师李正海等在桂西北某地首次发现微粒型金矿，含矿带长2公里多。（《广西通志·大事记》P523）

6日 广西壮族自治区人民政府颁布《广西壮族自治区工业企业上等级工作暂行办法》。（《广西通志·大事记》P523）

8日 司法部部长邹瑜在宁夏回族自治区考察少数民族地区法制建设情况。（《中共宁夏党史大事记（1925.8～1988.6）》P587）

9日 国务院批准贵州省撤销道真县，设立道真仡佬族苗族自治县。1987年11月29日正式成立。（《国务院公报》1986［31号］P940，《人民日报》1987.12.1.③）

△ 新疆维吾尔自治区在巴音郭楞蒙古自治州建立阿尔金山野骆驼保护区。（《巴音郭楞蒙古自治州志》上P126、128，下P2189～2190）

10～17日 新疆维吾尔自治区城市经济体制改革工作会议在乌鲁木齐举行。会议认为，要把改革推向前进必须更新旧的传统观念，树立商品经济观念；增强企业活力是经济体制改革的中心环节，是城市经济改革的出发点和落脚点；切实加强领导，是搞好经济体制改革的关键。（《中国共产党新疆历史大事记（1966.5～1991.12）》下P312～313）

11日 西藏自治区党委书记伍精华在自治区地专干部大会上谈对宗教的几点认识。一、宗教爱国人士和信教群众同我们在信仰上确有差异，但在维护祖国统一、发展西藏经济、建设社会主义祖国这个根本点上是一致的。所以，信仰马列主义的要和信仰宗教的，要和既不信仰马列主义，又不信仰宗教的群众联合起来，组成浩浩荡荡的大军，共同建设团结、富裕、文明的新西藏。二、不要提宗教是精神污染。三、现在宗教界爱国人士是西藏知识分子的一个重要组成部分，是劳动人民的一部分，是自己人，他们应该成为西藏经济和文化建设的重要力量。四、要把在社会主义条件下如何管理好寺庙这件事，列入各级党委和政府的议事日程，改变宗教工作消极被动的局面。五、办好佛学院，培养和造就政治上热爱祖国、维护党的领导和社会主义制度，又有相应宗教学识的年轻宗教职业人员队伍，佛学院应该纳入西藏教育部门的管理范围。（《中国共产党西藏历史大事记（1949～2004）》P465）

△ 新疆维吾尔自治区第一期少数民族公安局长法制培训班开学。有维吾尔、哈萨克、蒙古、回、柯尔克孜5个民族的40名学员参加。（《新疆日报》1986.9.13.①）

12日 国务院批复西藏自治区人民政府，同意撤销江孜地区，将原划归江孜地区所辖的亚东、康马、岗巴、江孜、仁布、白朗6县划归日喀则地区，浪卡子县划归山南地区。（《国务院公报》1986［31号］P940）

13日 云南省德宏傣族景颇族自治州背阴山卫星地面接收站建成转播，接收中央电视台3套节目。（《德宏州志》综合卷P84）

14日 全国人大常委会副委员长阿沛·阿旺晋美在民族文化宫接见西藏自治区归国藏胞参观团。（《西藏日报》1986.9.15.①）

15日 云南省楚雄彝族自治州第一所民

族干部学校成立。（《云南日报》1986.9.17.①）

△ 我国第一个研究设计少数民族服装的机构——中国服装研究设计中心新疆民族服装分中心在乌鲁木齐成立。（《人民日报》1986.10.13.②，《内蒙古日报》1986.9.17.③）

20日～10月5日 第十届亚洲运动会在韩国汉城举行。广西运动员李宁（壮族）获男子体操团体、全能、吊环、自由体操4枚金牌，鞍马、单杠2枚银牌；黄群（女，壮族）获女子体操团体、高低杠2枚金牌，女子全能、平衡木2枚银牌；覃奇志与队友获女子体操团体金牌；海南运动员吉泽（黎族）获汉城亚运会撑竿跳高金牌。（《中华人民共和国大事记（1949～2004）》P800，《人民日报》1986.10.1.②，《广西通志·大事记》P524，《新疆通志·体育志》83卷P78）

21日 据本报讯，太阳能红泥塑料沼气袋发酵技术最近在西藏试验成功。（《西藏日报》1986.9.21.①）

22日 国务院批准湖南省设立芷江侗族自治县，撤销芷江县，以原县行政区域为芷江侗族自治县的行政区域。1987年9月24日正式成立。（《中华人民共和国国务院公报》1986［31号］P942，《人民日报》1987.10.17.④）

23日 据《广西日报》报道，广西壮族自治区已有少数民族干部23万多人，比自治区成立前的1957年增长4倍多。（《广西通志·大事记》P523）

23～29日 第二届全国少数民族文学创作会议在北京举行。全国人大常委会副委员长赛福鼎·艾则孜、全国政协副主席包尔汉等出席开幕式，50多个民族的近300名作家、评论家、翻译家参会。（《民族团结》1986.11 P26）

23日～10月1日 中国西藏藏戏假面舞蹈艺术团赴日本参加国际艺术节演出。（《西藏日报》1986.9.4.①）

24日 国务院批复云南省人民政府，同意撤销碧江县，将原碧江县的古登、洛本卓2个区仍划归泸水县，架科底、子里甲、匹河3个区划归福贡县。（《国务院公报》1986［31号］P942）

25日 羌族博物馆在四川省茂汶羌族自治县落成。（《四川日报》1986.10.12.①）

△ 据本报讯，云南省西双版纳傣族自治州卫校开办傣族医生中专班。（《云南日报》1986.9.25.①）

26日 据本报讯，宁夏回族自治区少数民族第一期文学讲习所最近开学。（《宁夏日报》1986.9.26.①）

27日 西北五省区第四次经济协作联席会议结束。围绕进一步开发、利用西北地区的资源优势，加强西北地区内部的协作和联合，充分发挥人才、技术、产品、行业优势，逐步建立起纵横交错、以横向经济联合为主的新经济体制这一总目标，结合各省区的"七五"发展规划，提出在纺织、电子、旅游、教育、物资和边境贸易6个领域加强横向联合的规划方案。（《中国共产党新疆历史大事记（1966.5～1991.12）》下P314）

△ 历史影片《成吉思汗》首映式在内蒙古自治区东胜举行。（《内蒙古日报》1986.10.1.①）

△ 贵州省黔南布依族苗族自治州第一个教育电视地面卫星接收站建成。（《贵州日报》1986.9.30.①）

28日 青海省藏语佛学院在塔尔寺成立。（《青海日报》1986.9.30.①）

28日～10月4日 西北五省区新华书店协作会议在新疆乌鲁木齐举行。会议就如何认识图书发行工作在两个文明建设中的地位，做好老区、边远地区、少数民族地区的图书发行工作，适应改革加强图书发行管理等方面的问题进行交流。（《新疆日报》1986.10.6.①）

31日 鄂伦春族研究会在内蒙古自治区鄂伦春自治旗成立。（《鄂伦春自治旗志》P830）

是月 内蒙古自治区规模最大的精密塑料注塑加工技改项目——内蒙古电视机厂机箱分厂投入试生产。（《内蒙古日报》1986.9.19.①）

△ 国务院学位委员会批准内蒙古大学6个学科专业硕士学位授予权。（《内蒙古大学四十年》P417）

△ 新疆维吾尔自治区自9月中旬起，陆续放开电冰箱、洗衣机、收录机、黑白电视机、自行车、80支以上纯棉纱及其织物、中长纤维布7种工业品价格。（《新疆通志·商业志》61卷P51）

10月

1日 《延边朝鲜族自治州自治条例》正式实施。（《民族团结》1986.1 P17）

△ 云南省楚雄彝族自治州楚雄人民广播电台正式开播。（《楚雄彝族自治州志》1卷P211）

2日 广西壮族自治区第四地质队在广西宁明探明一处膨润土矿床，面积20平方公里。（《广西通志·大事记》P524）

3日 据新华社乌鲁木齐电，中国地质科学工作者在天山西段发现近200个种属的寒武纪三叶虫化石和其他海洋生物化石，证实天山曾是浩瀚的大海。（《人民日报》1986.10.4.③）

4日 广西壮族自治区现存飞播马尾松林1185万亩，木材蓄积量3282万立方米，经济效益居全国首位。（《人民日报》1986.10.4.②）

△ 新疆维吾尔自治区党委和自治区人民政府在石河子召开大会，庆祝北疆铁路铺轨至石河子。北疆铁路由铁道部和自治区集资合建，从乌鲁木齐西站出线，经昌吉、呼图壁和玛纳斯到石河子，全长124公里。（《中国共产党新疆历史大事记（1966.5～1991.12）》下P314）

5日 据新华社加拿大里士满电，贵州省麻江县75岁的布依族农民李发品在加拿大以42分32秒82的成绩获第九届世界老年人长跑锦标赛男子10公里长跑75～79岁组冠军。（《人民日报》1986.10.8.③）

6日 “七五”期间开发建设准格尔煤电基地的前期工程之一——呼（呼和浩特）喇（喇嘛湾）公路竣工通车，全长90.1公里，路面宽9米，为内蒙古自治区第一条标准二级公路。（《人民日报》1986.10.8.②）

△ 据本报讯，广西壮族自治区计算机中心和人才交流中心最近联合研制成功全区第一套“人才交流信息电子计算管理系统”并投入使用。（《广西日报》1986.10.6.①）

7日 第三届西北音乐周——兰州音乐会落下帷幕，西北五省区汉、回、藏、蒙古、维吾尔、哈萨克、撒拉、东乡、保安等14个民族的800多名音乐工作者参加演出。（《人民日报》1986.10.10.①）

△ 国务院批准贵州省设立沿河土家族自治县，县府设于和平镇，1987年11月23日正式成立。（《国务院公报》1986［33号］P1037，《人民日报》1987.11.24.③）

△ 新疆经济管理干部学院在乌鲁木齐成立。（《新疆日报》1986.10.12.①）

9日 据本报讯，卫生部部长崔月犁在青海、宁夏、内蒙古、新疆等6省区调研后提出，向少数民族地区派遣巡回医疗队是当前卫生工作的一项紧迫任务。（《人民日报》1986.10.9.③）

△ 由广西壮族自治区民委、百色地区行署和民族文化宫共同举办的广西右江流域民族经济开发展示和民族风情美术摄影作品展在北京开幕。（《广西日报》1986.10.10.①）

△ 我国首次大面积探查西藏高寒地区

水源水质情况的工作结束，首次发现高原雪水中含有多种低温细菌。（《人民日报》1986.10.10.③）

9~17日 全国人大常委会副委员长、全国佛协名誉会长、第十世班禅额尔德尼·确吉坚赞视察云南省迪庆藏族自治州。（《迪庆藏族自治州志》P60）

11日 宁夏回族自治区银川汽车站建成投运。（《当代宁夏史通鉴》P36）

△ 新疆维吾尔自治区初步形成以克拉玛依油田为中心的经济技术辐射网络。（《中国共产党新疆历史大事记（1966.5~1991.12）》下P315）

13日 据本报讯，广西壮族自治区积极开发蛇毒资源，能生产蛇毒粉、蛇酶等24种蛇毒产品，其中11种可供出口，成为我国唯一生产出口蛇毒制品的地区。（《人民日报》1986.10.13.②）

△ 宁夏回族自治区送变电公司承担的大武口至银川22万伏和银川两变出线输电线路工程竣工。（《宁夏日报》1986.11.2.①）

14~19日 西南民族地区经济发展战略讨论会在四川成都召开。会议由西南民族研究学会主办，共收到论文70多篇。（《民族团结》1986.12 P20）

15日 国务院批准第一批全国重点烈士纪念建筑物保护单位32处，其中民族地区有3处：广西壮族自治区烈士陵园，建于1974年，位于广西南宁市；东兰烈士陵园，建于1956年，位于广西东兰县；乌鲁木齐烈士陵园，建于1956年，位于新疆乌鲁木齐市。（《国务院公报》1986［32号］P965~966）

△ 内蒙古自治区第一条制版彩印生产线在呼和浩特投产。（《内蒙古日报》1986.10.16.①）

18日 青海省民族贸易经济研究会在西宁成立，是研究少数民族地区商品经济的群众性学术团体。（《青海日报》1986.10.26.①）

20日~11月1日 中共贵州省委书记胡锦涛在贵州省黔东南苗族侗族自治州的雷山、榕江、从江、黎平、锦屏、天柱、黄平、施秉、镇远、三穗、剑河、台江等县检查工作，考察了72个国营、集体、个体企业及部分林场、果园场、茶场、水电站和民族中学。（《黔东南苗族侗族自治州志·总述·大事记》P299）

21~25日 新疆维吾尔自治区运动员程守国在河南省郑州市举行的全国田径冠军赛中获得男子3000米障碍赛冠军，努尔浪获男子铁饼亚军。（《新疆通志·体育志》83卷P78）

22日 据新华社电，外交部新闻发言人指出，美国国会最近在通过进出口银行法修正案时把西藏作为“国家”列出，粗暴干涉中国内政。22日，美国政府重申，承认西藏是中华人民共和国的一部分，美国国会在通过进出口银行法修正案时把西藏作为“国家”列出是由于“技术上的疏忽”。（《人民日报》1986.10.23.①，10.24.①）

△ 宁夏回族自治区党委转发自治区党委宣传部、政法委和自治区团委《关于加强青少年教育，预防青少年违法犯罪有关问题的请示报告》提出：一、恢复自治区青少年教育领导小组；二、建立研究团体，制订总体规划；三、抓好青少年活动场所的建设；四、切实加强学校思想教育工作；五、落实综合治理，促成全社会关心下一代；六、加强青少年教育工作队伍建设。（《中共宁夏党史大事记（1925.8~1988.6）》P589）

22~24日 全国人大常委会副委员长班禅额尔德尼·确吉坚赞在云南省楚雄彝族自治州视察工作。（《楚雄彝族自治州志》1卷P210）

23日 中国政府和苏联政府签署关于组建中苏指导编制额尔古纳河和黑龙江河段水资

源综合利用规划委员会的协定。（《中华人民共和国边界事务条约集·中俄卷（2004）》P86）

23～29日 云南省六届人大常委会第二十四次会议举行，批准《云南省路南彝族自治县自治条例》。（《云南日报》1986.10.24.①，10.31.①）

24日 宁夏回族自治区同心县各族各界群众集会，纪念中国工农红军长征胜利和我党领导下的第一个回民自治政权——陕甘宁省豫海县回民自治政府建立50周年。（《人民日报》1986.10.24.④）

24日～11月3日 全国民委主任（扩大）会议举行，19个民族的185名代表参会，学习《中共中央关于社会主义精神文明建设指导方针的决议》、中央书记处和中央领导对民族工作的指示。中共中央书记处书记习仲勋在会上作题为《少说空话，多办实事，把少数民族地区的经济文化建设搞上去》的重要讲话，他要求各级民委要从思想观念到实际工作中真正把发展少数民族的经济放在民族工作的首位；贯彻改革的方针，促进少数民族的发展进步；认真贯彻执行《民族区域自治法》，切实尊重和保障民族自治地方的自治权利；加强民族政策和民族团结的教育；大力培养少数民族干部；进一步加强对民族工作的领导。（《新时期民族工作文献选编》P291、293～301；《人民日报》1986.10.26.①，11.4.①；《民族团结》1986.12 P6）

24日～11月8日 湖北省政府经济技术协作考察团一行17人在广西壮族自治区考察访问，双方签订经济技术协作项目62个。（《广西日报》1986.11.11.①）

25日 青海省海北藏族自治州刚察县砖瓦厂西侧首次发现全省唯一一处卡约文化时期石棺墓葬群。（《海北藏族自治州志》上P90）

27日 广西壮族自治区合山火力发电厂最后一台机组正式投产发电。至此，该厂总装机容量49.5万千瓦，成为广西最大的火力发电厂。（《广西通志·大事记》P524）

28日 据新华社呼和浩特电，呼伦贝尔大草原以现代化手段经营畜牧业，棚圈成为发展集约化经营的基地，畜产品加工成为牧区的重要经济支柱。（《人民日报》1986.10.30.②）

△ 据本报讯，宁夏回族自治区人民政府最近发布《宁夏回族自治区森林和野生动物类型自然保护区管理细则》。（《宁夏日报》1986.10.28.①）

是月 经广西壮族自治区党委、自治区人民政府批准，由自治区老龄问题委员会、自治区老干部局、自治区教育厅联合主办的广西老年大学在南宁创办。（《广西通志·大事记》P524）

11月

1日 国务院批复广西壮族自治区人民政府，同意撤销环江县，设立环江毛南族自治县，以原环江县的行政区域为环江毛南族自治县的行政区域。1987年11月24日，自治县正式成立。（《国务院公报》1986［33号］P1037，《环江毛南族自治县志》P29～30）

△ 据本报南宁讯，广西壮族自治区水力发电学会为全区水力资源开发积极提供科技咨询，仅红水河下游浔江河段就为国家节省投资8.8亿元。（《广西日报》1986.11.1.①）

1～5日 新疆维吾尔自治区支援边远地区、重点项目，支援乡镇企业人才交流、智力交流、技术交流大会在乌鲁木齐举行。（《中国共产党新疆历史大事记（1966.5～1991.12）》下P316～317）

2日 在北京的羌族同胞在中央民族学院首次欢度传统节日“羌历年”，国家民委副主任洛布桑出席庆祝活动。（《民族团结》1986.12 P31）

△ 据新华社沈阳电，我国近代杰出的蒙古族作家、史学家尹湛纳希纪念馆最近在辽宁揭幕。国家副主席乌兰夫为纪念馆题字。（《内蒙古日报》1986.11.3.①）

4日 据新华社讯，山西、河北、内蒙古的8个地（盟）、市近日组成经济协作区，包括山西省的雁北地区、大同市，河北省的张家口地区、张家口市，内蒙古自治区的乌兰察布盟、锡林郭勒盟、巴彦淖尔盟和呼和浩特市。这8个地（盟）、市风土人情相近，山川土地相连，素有“鸡啼一声惊三省”的说法，历来经济往来频繁。（《人民日报》1986.11.4.②）

△ 广西壮族自治区六届人大常委会第二十三次会议通过《广西壮族自治区乡镇集体矿山企业和个体开采矿产资源管理条例》。（《广西通志·环境保护志》P353）

△ 在全国医药系统首届“双先”表彰大会上，新疆制药厂和新疆克孜勒苏柯尔克孜自治州医药药材公司经理肉孜·艾乃木分获“先进集体”和“劳动模范”称号。（《新疆日报》1986.11.11.①）

4~12日 中国西藏友好代表团一行13人访问尼泊尔。双方决定在经济、贸易、旅游和运输方面扩大合同，并同意在拉萨和加德满都之间建立空中航线。（《西藏日报》1986.11.7.①）

5~8日 新疆维吾尔自治区克孜勒苏柯尔克孜自治州召开文学艺术工作者第一次代表大会，选举产生自治州文学艺术工作者联合会并成立文联下属的文学工作者、音乐舞蹈工作者、美术书法工作者、摄影工作者等协会。（《克孜勒苏柯尔克孜自治州志》上P57）

6~8日 国务院经济技术社会发展研究中心、国家经委经济管理研究中心和新疆维吾尔自治区人民政府在北京联合举行新疆维吾尔自治区经济与社会发展战略研讨会，自治区党委书记宋汉良、自治区政府主席铁木尔·达瓦买提以及中央、国务院各部委、科研部门、高等院校等130多个单位的负责人、专家、学者250多人参会。研讨会围绕新疆经济发展的目标方针、战略重点、战略步骤及其对策和措施，广泛听取中央、国务院有关部门和专家们的意见，力求找出一条符合新疆实际的经济社会发展正确道路，并使新疆经济发展战略同全国经济发展的总体战略相衔接。（《中国共产党新疆历史大事记（1966.5~1991.12）》下P317）

8日 新疆维吾尔自治区首届民族语言文字工作会议在乌鲁木齐结束。会议倡议全区各族人民积极互相学习语言文字，各级学校加强少数民族语言和汉语双语教育。会议表彰18个民族语言文字工作先进集体和81个先进个人。（《中国共产党新疆历史大事记（1966.5~1991.12）》下P318）

9~20日 广西壮族自治区第六届运动会在南宁举行。比赛设20个大项，共有17人2队37次破22项自治区纪录。（《广西通志·大事记》P525）

11日 新疆维吾尔自治区巴音郭楞蒙古自治州首届伊协代表大会在库尔勒市召开。会议审议通过《巴音郭楞蒙古自治州伊斯兰教协会章程》，选举依达也提（维吾尔族）大毛拉为会长，库尔班艾孜木（维吾尔族）为副会长。（《巴音郭楞蒙古自治州志》上P316，下P2189）

12日 宁夏回族自治区纪律检查委员会就原自治区经委副主任、党组成员王兴家贪污公款一案发出通报，要求全区各级党组织和全体党员干部从该案中吸取教训。（《中共宁夏党史大事记（1925.8~1988.6）》P589）

△ 据新华社讯，宁夏回族自治区采用钻孔深栽技术，在干旱风沙区营造速生丰产林初步成功。（《人民日报》1986.11.12.②）

12~16日 广西壮族自治区科学技术协会第一次代表大会在南宁举行，出席会议代表

602人。　（《广西通志·大事记》P525）

13日　宁夏回族自治区纸布复合生产线在中宁投产。　（《宁夏日报》1986.11.20.①）

14日　据本报讯，内蒙古自治区伊克昭盟达拉特旗北部最近发现一处国内罕见的特大型芒硝矿床。　（《人民日报》1986.11.14.②）

15日　航天部710所和中国社科院语言文字应用研究所合作研制的TCES藏、汉、西文混合输入和编辑处理系统在北京通过部级鉴定。　（《西藏日报》1987.1.21.③）

△　贵州省黔南布依族苗族自治州拨款36万元，在三都、荔波、罗甸、长顺、都匀等9个县、市的民族聚居乡恢复建立9所民族小学、1所民族戴帽初中。　（《贵州日报》1986.11.17.①）

△　据《宁夏日报》报道，宁夏回族自治区首次生产黄金201两，填补宁夏历史上生产黄金的空白。　（《中共宁夏党史大事记（1925.8～1988.6）》P589）

15～19日　云南省大理白族自治州人大七届五次会议举行。通过《大理白族自治州自治条例》，并经省六届人大常委会第二十五次会议批准，于1987年3月1日起施行。（《云南省大理白族自治州党政军统群组织史资料（1947.12～1987.12）》P360）

17日　国务委员兼国家民委主任司马义·艾买提在云南省西双版纳傣族自治州视察。（《西双版纳傣族自治州志》上P71）

18日　广西壮族自治区桂林至辽宁省大连空中航线正式通航，全程4381公里。（《广西通志·大事记》P525）

△　据新华社讯，西藏自治区建成61座地方电视地面卫星接收站，全区32%的军民看到了电视节目。　（《人民日报》1986.11.18.①）

18～19日　国务院总理赵紫阳、副总理李鹏在滇桂黔三省（区）接壤地视察鲁布革电站和天生桥水电站。其间，赵紫阳、李鹏与中共贵州省委书记胡锦涛一起接见黔西南布依族苗族自治州党政领导，并听取工作汇报。（《黔西南布依族苗族自治州志·政权政协志》P26）

18～24日　云南省大理白族自治州大型物资交流会在下关举行，全国20个省、市、自治区和27个地州、市、县的330多个工商、贸易、展销代表团参加，成交额7400多万元。　（《云南日报》1986.11.29.①）

19～24日　内蒙古自治区横向经济联系代表团在宁夏回族自治区考察访问。其间，双方就内蒙古向宁夏提供铁矿石、精盐、豆饼饲料和宁夏为内蒙古西部地区加入西北协作区做好协调工作达成协议。　（《宁夏日报》1986.11.26.①）

19～25日　国务院总理赵紫阳、副总理李鹏先后在广西壮族自治区百色、南宁、柳州和桂林视察。　（《广西通志·大事记》P525）

20～26日　湖南省湘西土家族苗族自治州民族歌舞团分别在民族文化宫和中南海演出。　（《湖南日报》1986.11.23.①，《湘西州志》上P85）

21日　云南省西双版纳傣族自治州地方志编纂委员会成立。　（《西双版纳傣族自治州志》上P71）

22日　中央爱委会专家鉴定委员会鉴定确认内蒙古自治区呼和浩特市为我国第一个无鼠害城市。　（《内蒙古日报》1986.11.23.①）

△　云南省大理白族自治州庆祝成立30周年。全国人大常委会、国务院致贺电，国家民委主任司马义·艾买提出席庆祝大会并讲话。　（《云南日报》1986.11.23.①）

△　由宁夏银川群艺馆、上海静安区文化馆联合举办的塞上风情版画展在上海举行。宁夏回族自治区回族画家马建军等37位青年作

者的70幅作品参展。（《宁夏日报》1986.11.28.①）

23日 据报道，全国13个省市的160多户客商在玉林市争订广西壮族自治区玉林自行车总厂生产的飞跃牌和凤凰牌自行车，订货总额150万辆，远远超出该厂40万辆的生产能力。（《广西通志·大事记》P525）

24日 广西壮族自治区人民政府印发《广西壮族自治区“星火计划”1986年至1990年实施纲要》。（《广西通志·大事记》P525）

26日 反映宁夏回族自治区林业建设成就的塞上绿云摄影艺术展在中国美术馆展出。（《宁夏日报》1986.11.28.①）

27日 宁夏回族自治区食品工业标准化技术委员会在银川成立。（《宁夏日报》1986.11.28.①）

28~30日 中共新疆维吾尔自治区三届八次全委（扩大）会议举行，讨论通过自治区党委《贯彻〈中共中央关于社会主义精神文明建设指导方针的决议〉的决定》，强调要用共同理想和社会主义道德团结教育各族人民，巩固和发展社会主义民族关系，促进各民族共同繁荣进步。（《中国共产党新疆历史大事记（1966.5~991.12）》下P319）

29日 湖南省第一份国土规划——《湘西土家族苗族自治县国土规划》通过科学评审鉴定。（《湖南日报》1986.12.2.①）

30日 据本报讯，广西壮族自治区一种新兴的农村技术力量——农民专业技术研究会正创造着商品生产的新格局。研究会由具有商品观念和掌握一定技能的农民自发组织，全区有400多个。（《人民日报》1986.11.30.③）

△ 据新华社讯，新疆生产建设兵团在乌鲁木齐陆续办起100多个大中型商业经销点，为城市人民提供了丰富的农副产品和各项服务。（《人民日报》1986.11.30.②）

是月 云南省双江拉祜族佤族布朗族傣族自治县被列为国家重点扶贫县。（《双江拉祜族佤族布朗族傣族自治县志》P52）

△ 青海省海南藏族自治州拉加黄河大桥建成通车。（《海南州志》P58）

是~12月6日 青海省舞蹈协会举办全省首届民族民间舞蹈学习交流会，藏、回、撒拉、土等民族的50多位代表参加。（《青海日报》1987.1.6.②）

12月

1日 据本报讯，全国少数民族文学史学术讨论会近日在北京召开。会议由中国社会科学院少数民族文学研究所主持召开，确定《中国少数民族文学史文学概况丛书》的编写原则和项目分工。（《人民日报》1986.12.1.⑦）

△ 内蒙古自治区在鄂托克旗、乌海市建立西鄂尔多斯自然保护区，面积55.58万公顷，是以古老残遗濒危植物为主要保护对象的国家级自然保护区。（《全国自然保护区名录（2003）》P40）

△ 四川省凉山彝族自治州昭觉县被评为全国少数民族传统体育项目先进县。（《凉山彝族自治州志》上P73）

1~3日 内蒙古自治区党委召开四届三次全委会议，讨论并原则通过《关于“念草木经、兴畜牧业”的实施方案（草案）》。（《内蒙古自治区史》P546）

2日 国务院批复河北省人民政府，同意撤销青龙县，设立青龙满族自治县，以原青龙县的行政区域为青龙满族自治县的行政区域，1987年5月10日正式成立；同意撤销丰宁县，设立丰宁满族自治县，以原丰宁县的行政区域为丰宁满族自治县的行政区域。（《国务院公报》1986［34号］P1072，《人民日报》1987.5.19.④）

3日 据本报讯，最近经交通部审定，广西壮族自治区97艘船舶获准从事国际海运。（《广西日报》1986.12.3.①）

5日 中国体操运动员李宁（壮族）以57.40分的总成绩获第四届联邦德国体操协会杯国际体操邀请赛男子个人全能冠军。（《人民日报》1986.12.7.③）

6日 中共云南省德宏傣族景颇族自治州委党史领导小组及办公室成立。（《德宏州志》综合卷P84）

△ 青海省海南藏族自治州地方志编纂委员会及编辑室成立。（《海南州志》P58）

8日 国务院公布第二批国家历史名城共38座，其中少数民族地区有6座：呼和浩特、镇远、丽江、日喀则、银川、喀什。（《国务院公报》1986［35号］P1075~1086）

△ 由广西壮族自治区物资局和南宁地区、南宁市物资局联合开办的广西第一家金属材料交易市场在南宁物资贸易中心开业，打破广西生产资料全由国家统一调配的局面。（《广西通志·大事记》P526）

9~12日 首届全国民族贸易经济理论讨论会在海南三亚举行。（《民族团结》1987.2 P8）

10~15日 四川省民族经济研究会在黔江县举行会议，讨论如何发展民族地区县经济问题。（《四川日报》1986.12.17.①）

11日 外交部发言人就12月6日和9日印度议会两院非法通过法案发表谈话指出，印度议会非法通过法案，将其在非法占领的中国领土上建立“阿鲁纳恰尔”中央直辖区升格为“邦”，这一做法严重侵犯中国的领土主权，中国绝不承认所谓“阿鲁纳恰尔邦”（“阿鲁纳恰尔邦”基本就是被印度侵占的中印两国传统习惯边界和非法的“麦克马洪线”之间的中国领土）。1987年1月5日，《西藏日报》发表社论《我国领土主权不容侵犯》。21日，外交部发言人再次发表谈话，抗议印度非法成立“阿鲁纳恰尔邦”严重的侵犯中国领土。（《新华社新闻稿》1987.2.21，《中华人民共和国大事记（1949~2004）》P806，《中国共产党西藏历史大事记（1949~2004）》P470~471、505~506）

12日 广西壮族自治区北海飞机场举行开航典礼。11月10日中国民航波音737喷气客机试飞南宁至北海航线成功，29日主要工程通过国家验收。（《广西通志·大事记》P526，《人民日报》1986.12.12.②）

△ 国务院批复西藏自治区人民政府，同意撤销日喀则县，设立日喀则市（县级），以原日喀则县的行政区域为日喀则的行政区域。（《国务院公报》1987［1号］P31）

13日 国务院批复贵州省人民政府，同意撤销印江县，设立印江土家族苗族自治县，以原印江县的行政区域为印江土家族苗族自治县行政区域。1987年11月20日，自治县正式成立。（《国务院公报》1987［1号］P32，《人民日报》1987.11.22.③）

13~14日 五大自治区党委办公厅联系会首次会议在广西南宁举行。会议修改并通过《全国五个民族自治区党委办公厅联系会协议书》。（《广西日报》1986.12.17.①）

15日 四川省甘孜藏族自治州唐卡画展在中国美术馆开幕。中共中央政治局委员、国务院副总理万里和全国人大常委会副委员长阿沛·阿旺晋美、班禅额尔德尼·确吉坚赞等参观展览。（《人民日报》1986.12.16.③）

△ 西藏自治区首次师资工作会议在拉萨召开。会议制订“七五”、“八五”期间培养、培训师资的规划，研究加强师资队伍建设的政策和措施，要求经过15年的努力，建立一支数量足够、质量合格、专业层次和结构比例趋于合理、以藏族和其他少数民族为主体的稳定的师资队伍。（《西藏日报》1986.12.19.①，《师范教育》1987.6 P31）

16日 据本报呼和浩特讯，我国第一个牧区无鼠害苏木——内蒙古太仆寺旗贡宝拉嘎苏木最近建成。（《内蒙古日报》1986.12.16.①）

△ 广西壮族自治区最大的煤矿矿井——合山东矿斜井扩建工程建成投产，设计年产量可达60万吨。（《广西通志·大事记》P526）

△ 广西壮族自治区化肥工业公司复合肥料厂建成投产，设计年产优质复合肥1万吨。（《广西通志·大事记》P526）

△ 贵州省民族自治州第一个民族博物馆——黔南布依族苗族自治州博物馆开馆。（《贵州日报》1986.12.18.①）

16～22日 甘肃省甘南藏族自治州畜牧工作会议举行，作出《关于认真落实和完成草场承包责任制》的决定，州政府作出《关于加快畜种改良工作步伐》的意见。（《甘南州志》上P146）

17日 据本报南宁讯，广西壮族自治区第一地质队最近在桂东地区首次发现离子吸附型风化壳土矿。（《广西日报》1986.12.17.①）

△ 西藏自治区直属机关机构改革方案正式宣布。方案要点是：原党政群地级、副地级工作部门有56个，改革后为35个，比改革前减少21个，下降37.5%；总行政编制2300人，比改革前减少1422人，下降38.2%；公安、检察、司法部门的行政编制为400人，比改革前实有人数减少159人，下降28.44%；区直地级事业单位8个，改革后设9个，比改革前增加1个，增长12.5%，新编1850人，比改革前实有人数减少664人，下降26.41%。（《中国共产党西藏历史大事记（1949～2004）》P467～468）

18日 中国少数民族文学基金会在北京成立。基金会由中国少数民族作家学会会长、蒙古族作家玛拉沁夫和宁夏回族企业家王琦发起创建，玛拉沁夫任基金会会长。全国人大常委会副委员长阿沛·阿旺晋美、班禅额尔德尼·确吉坚赞和全国政协副主席包尔汉等出席成立大会。（《人民日报》1986.12.19.①）

19日 广西壮族自治区南宁棉纺厂全年产值突破亿元大关，成为南宁市第一个年产值亿元的企业。（《广西通志·大事记》P526）

20日 首届民族大家庭美术、摄影、书法展在民族文化宫举行。全国人大常委会副委员长阿沛·阿旺晋美，国家民委主任司马义·艾买提等观看。扎藏布（锡伯族）的浮雕壁画《西迁》获“大金果”奖。（《人民日报》1986.12.21.③，《民族团结》1987.2 P48）

20～27日 内蒙古自治区六届人大常委会第二十次会议举行，通过《内蒙古自治区森林管理条例》。（《内蒙古日报》1986.12.21.①，12.28.①）

21日 据本报西宁讯，《西藏、青海、四川、甘肃、云南五省区全日制藏族中学藏语文教学大纲》最近由国家教育委员会授权西藏教育厅颁布使用。（《青海日报》1986.12.21.①）

21日～1987年2月23日 广西壮族自治区青少年科技活动成果展览在南宁举行。参展作品1296件，其中获全国、全区奖励的创造发明作品233件，科学论文114篇，科学成果74项，参观人数5万多人次。（《广西通志·大事记》P526）

22～30日 云南省六届人大常委会第二十五次会议举行，批准《云南省大理白族自治州自治条例》，自1987年3月1日起正式施行；批准《云南省耿马傣族佤族自治县自治条例》。（《云南日报》1986.12.23.①，12.31.①）

23日 据报道，广西壮族自治区平南县水暖器材厂是年实现产值1050万元、利润100万元、上缴税金70万元，成为全区第一个年产值超千万元的乡镇企业。（《广西通志·大事记》P526）

23～27日 广西壮族自治区六届人大常委会第二十四次会议在南宁举行，通过《广西壮族自治区劳动保护条例》。（《广西日

报》1986.12.24.①，12.28.①）

24日 广西壮族自治区1986年重点工程之一的峦城糖厂建成投产，该厂设计能力为日榨甘蔗1000吨。（《广西通志·大事记》P526）

25日 据新华社北京电，国家民委主持编辑的摄影画集丛书《中国少数民族地区画集丛刊》最近由民族出版社全部出齐。丛刊共17册，分别介绍了5个自治区和12个多民族省份的风光、物产、建设成就和各少数民族的文化风俗。（《民族团结》1987.4 P47）

△ 据本报讯，广西壮族自治区探明我国最大膨润土矿——宁明膨润土矿，面积20平方公里，总储量5亿多吨。（《人民日报》1986.12.25.②）

△ 全国第一家苦荞粉厂——四川省凉山彝族自治州昭觉格萝蒙食品厂竣工投产。（《凉山彝族自治州志》上P73）

△ 国务院批准正式撤销云南省怒江傈僳族自治州碧江县建制，属地分别划归福贡、泸水2县。（《怒江傈僳族自治州志》上P36、90）

△ 甘肃省肃南裕固族自治县洗毛厂建成投产，年计划处理原毛190万公斤。（《甘肃日报》1987.1.8.①）

△ 青海省玉树藏族自治州囊谦县至西藏昌都地区类乌齐县92公里线段的青康公路修建完工。（《玉树州志》上P59）

△ 新疆维吾尔自治区体委与西安体育学院联合举办的新疆首届民族体育干部培训班开学，学员是县体委主任以上干部，包括维吾尔、哈萨克、柯尔克孜、锡伯、蒙古5个民族。（《新疆日报》1987.1.2.①）

△ 新疆维吾尔自治区南疆西部第一条110千伏、长123.64公里高压输电线路由阿克苏西大桥水电厂向阿拉尔并网送电。（《新疆日报》1987.1.11.①）

25~27日 青海省民族教育研讨会暨学术讨论会在西宁召开，有关专家、学者共59人参加。会议就海北、黄南、海南、果洛、玉树藏族自治州及海西蒙古族藏族自治州民族师范学校《藏语文课教学大纲》、《关于进一步办好青海民族教育的意见》等问题进行讨论。（《青海日报》1987.1.6.①）

27日 内蒙古自治区劳模表彰大会在呼和浩特召开，24名特等劳模、705名劳模和282个先进集体受表彰。（《内蒙古日报》1986.12.28.①）

△ 广西壮族自治区平南糖厂正式开榨投产，设计能力为日榨1500吨。（《广西通志·大事记》P526）

△ 新疆维吾尔自治区农业银行信托投资公司在乌鲁木齐成立。（《新疆日报》1987.1.3.①）

29日 西藏自治区拉萨化工厂与湖南省浏阳达浒出口花炮厂联营的西藏高原第一家花炮厂在拉萨正式开业。（《西藏日报》1987.1.2.①）

31日 据本报讯，广西壮族自治区面积最大的工业品市场——玉林市龙船工业品市场建成。（《广西日报》1986.12.31.①）

△ 据本报讯，广西壮族自治区捻子坪煤矿生产的1万吨褐煤销往菲律宾，打破全区褐煤不能出口的局面。（《广西日报》1986.12.31.①）

△ 广西壮族自治区桂平郁江大桥建成并交付使用，全长487米，桥面宽15米。（《广西通志·大事记》P527）

△ 西藏自治区残疾人抽样调查领导小组发布全区残疾人数据。抽样调查结果推算表明，西藏五类残疾和综合残疾的总人数约14.6万人。其中，肢体类残疾约6.6万人，听力语言类残疾约2.4万人，视力类残疾约2万人，智力残疾约0.9万人，精神病残疾约0.6万人，综合残疾约2.1万人。（《西藏日报》1988.1.4.①）

是月 据本报讯，我国目前最大的朝鲜民族文化设施——哈尔滨市朝鲜民族文化宫落成。文化宫建筑面积为2700平方米，内部设有剧场、排练厅、舞厅，可同时容纳1000多人参加活动。（《人民日报》1987.1.1.②）

△ 国家民航局和国家工商行政管理局批准，成立西藏航空服务公司。西藏航空筹备组于1984年6月组建。1986年11月至1987年1月，先后购回2家苏制图-154M型客机，与空军合作试飞成功。后经国务院同意，西藏暂不自主办航空。（《中国共产党西藏历史大事记（1949～2004）》P469）

△ 宁夏回族自治区首家在香港注册的从事对外经济贸易业务的国有企业——香港嘉川发展有限公司在香港开业。（《当代宁夏史通鉴》P37）

△ 新疆维吾尔自治区和比利时合资兴办的伊犁亚麻纺织联合公司成立，总投资3463.2万元。（《新疆日报》1987.1.2.①）

1987年

1月

1日 内蒙古自治区在新巴尔虎右旗建立达赉湖自然保护区，面积74万公顷，是以湖泊、湿地、草原生态系统为主要保护对象的国家级自然保护区。（《全国自然保护区名录（2003）》P35）

△ 贵州省六届人大常委会第十九次会议批准《黔南布依族苗族自治州自治条例》，即日发布施行。（《黔南布依族苗族自治州志》上P70）

△ 中科院昆明植物研究所设立民族植物学研究室，这是我国首个民族植物学研究室，也是继英、美、法之后，世界上第四个专门从事少数民族药物和传统有用植物研究的机构。（《人民日报》1987.5.7.③；《云南日报》1987.5.8.①，5.21.①）

△ 云南省六届人大常委会第二十四次会议批准《路南彝族自治县自治条例》。（《云南民族团结进步事业光辉历程（1949～2009）》P204）

△ 新疆维吾尔自治区第一台100千瓦大型风力发电机在乌鲁木齐——达坂城风区的柴窝堡湖畔安装成功。（《新疆日报》1987.1.4.①）

△ 据新华社乌鲁木齐电，11匹普氏野马最近被放回准格尔盆地的新疆野马饲养繁殖中心，这是我国首次开展将家养野马放回大自然的“野马野化”研究的第二步试验。（《人民日报》1987.1.2.③）

2日 据新华社西宁电，青海省建有13个藏、蒙医院，23个藏医门诊部和4个藏医科，年门诊量近20万人次。（《人民日报》1987.1.3.③）

3日 据本报讯，内蒙古自治区进出口贸易公司最近首次向日本出口“内蒙古羊草”900吨。“内蒙古羊草”产自呼伦贝尔大草原，每捆重35公斤，呈淡绿色，有清香的甘草味，是牛羊的上等饲草。（《内蒙古日报》1987.1.3.①）

△ 据本报讯，内蒙古自治区巴彦淖尔盟杭锦后旗副总畜牧师史良玉与6户农民合作3年的“粮草轮作、农牧结合、提高土地单位产量与产值研究”试验最近正式通过自治区级鉴定。（《人民日报》1987.1.3.②）

3～18日 中国西藏自治区贸易代表团访问尼泊尔王国并与尼泊尔政府和民间签订总额400万美元的贸易合同。（《西藏日报》1987.1.20.①）

4日 新疆维吾尔自治区石油管理局第一条稠油输油管道铺成使用。管道全长20公里，从九区热采基地到701中间站。（《新疆日报》1987.1.19.①）

5日 内蒙古自治区民委在自治区科技馆举办蒙古民族服装展览，展出的传统和现代服

装共有146种，其中71种是作为探索和尝试性的改革服装。（《内蒙古日报》1987.1.5.①）

6日 中国民族志工作座谈会在广西壮族自治区南宁举行。会议交流各地编纂民族志工作的情况和经验，探讨民族志工作中的指导思想及如何加快民族志编纂工作等。（《广西日报》1987.1.7.①）

△ 据新华社南宁电，广西壮族自治区一批少数民族歌手告别农民歌手世世代代自生自灭的历史，开始接受专业教育。（《人民日报》1987.1.7.③）

8日 广西壮族自治区党委、政府发出关于《保护森林、发展林业、力争十五年基本绿化广西的决定》，提出15年内要使全区有林面积从现有的7840万亩增至1.38亿亩，宜林荒山荒地绿化程度达76.9%，林木积蓄量增至4.1亿立方米，森林覆盖率增至39%。（《广西通志·大事记》P527）

△ 据本报讯，广西壮族自治区最近召开少数民族教育研究学术讨论会。研究讨论少数民族地区贯彻十二届六中全会决议和实施《义务教育法》过程中遇到的理论问题和实际问题。（《广西日报》1987.1.8.①）

9日 据新华社北京电，国家民委举行首都各少数民族著名人士座谈会，中共中央统战部、全国人大民委、国家民委负责人以及在京31个少数民族的60多位知名人士出席。（《人民日报》1987.1.10.①）

10日 广西壮族自治区人民政府发布《广西壮族自治区鼓励外商投资的优惠政策和措施》。（《广西通志·大事记》P527）

△ 贵州省首届民族医药提高班结业，全省各地12个民族的80多名学员获结业证。（《贵州日报》1987.1.14.②）

△ 云南边防民兵英雄事迹汇报团赴北京向党中央、中央军委和首都人民汇报。汇报团成员有边防民兵英雄鲍朝元（傣族），民兵英雄哨长骆科邦，边防民兵英雄王和文（苗族），二等功臣邓光发（瑶族）、戴成宽，三等功臣李芸（彝族）、王祖汉（壮族）。（《文山壮族苗族自治州志》1卷P71）

△ 据本报讯，云南省西双版纳傣族自治州第一座日榨甘蔗1000吨的糖厂在勐海县建成投产。（《云南日报》1987.1.14.①）

△ 据报道，西藏自治区考古工作者最近在青藏高原祁连山、昆仑山山间牧场的岩石和崖壁上发现大量岩画，其中有牛、马、羊、骆驼等动物形象，牧民们骑马射箭、奏乐歌舞的欢腾情景，还有不少岩画刻着古藏文的宗教箴言。据考证，岩画是藏族先民在公元7世纪前后创作的。（《西藏日报》1987.1.10.①）

△ 据本报讯，宁夏回族自治区地矿局遥感站利用美国一、二、三号陆地卫星获取的多波段黑白底片进行光学放大合成假彩色相片，按1：35万地形图中的明显地物特征控制镶嵌而成的《宁夏回族自治区卫星影像图》最近经有关专家评审鉴定，其几何精度和影像质量达国内先进水平，是我国第一幅省（区）中比例尺假彩色卫星影像图。（《宁夏日报》1987.1.10.①）

11日 北京国华商场和云南大理毛纺厂在北京举办民族商品展销会，产品有获部优、省优产品称号的“三塔牌”人造毛提花毯、大理石工艺品、雕梅蜜饯、云南沱茶、邓川奶粉以及白族童装和扎染等32个品种。（《云南日报》1987.1.18.①）

△ 广西壮族自治区人民政府发出通知，号召全区广泛栽种自治区区花——桂花树。（《广西通志·大事记》P528）

12日 据新华社贵阳电，中国少数民族人口综合研究筹划会最近在贵州省贵阳市举行。（《宁夏日报》1987.1.13.③）

12～19日 云南省怒江傈僳族自治州计划经济工作会议召开。会议提出继续坚持改革、开放、搞活的方针，加强宏观管理，以农业为基础，林矿为重点，利用开发自治州的自然资源，改善生态环境，抓紧人才培训，提高科学技术水平，进一步增强企业活力，做活流通，大力发展商品经济，保持国民经济的稳定、协调、持续发展，争取物质文明和精神文明建设的新成绩。（《怒江傈僳族自治州志》上P36）

14日 新疆维吾尔自治区六届人大常委会第二十四次会议举行，通过《关于修改〈新疆维吾尔自治区县级以下人民代表大会代表直接选举实施细则〉的决定》。（《新疆日报》1987.1.15.①）

14~28日 中国广西艺术团在缅甸访问演出。（《广西日报》1987.1.29.①）

15日 1986年度广西科技进步奖颁奖大会在南宁举行，102项科技成果受表彰，其中3项为国际先进水平、24项为国内首创或国内同行业领先水平、63项为国内先进水平、12项为区内最先进水平。（《广西日报》1987.1.16.①）

16日 中国体操运动员李宁（壮族）获国家体委颁发的体育运动荣誉奖章。23日，他获1986年全国“十佳”运动员第一名。2月13日，他又获1986年世界“十佳”运动员称号。（《广西日报》1987.1.17.①，1.24.③，2.14.①）

17日 宁夏回族自治区经济信息发布会在民族文化宫举行，全国各省、区、市有关代表和记者150多人参加。（《宁夏日报》1987.1.20.①）

△ 据本报讯，宁夏回族自治区编制出1/20万、1/30万、1/50万、1/75万、1/100万5种比例尺的《宁夏回族自治区水系图》。该水系图的出版，弥补宁夏水系图的空白，其中绘制的1/20万水系图成为宁夏目前最大的比例尺挂图。（《宁夏日报》1987.1.17.①）

18日 青海藏传佛教文物展览在广东省佛山举办，共展出明清时代文物70件，其中以壁画和唐卡等绘画艺术品为主，同时还展出鎏金铜佛、法器及反映藏族牧民生活的帐篷和帐篷内陈列的石磨、佛龛等生活用具。（《青海日报》1987.2.16.①）

△ 据本报讯，全国最大的年加工量1.1万多吨的种子综合加工厂在新疆维吾尔自治区石河子市建成。加工厂总投资1378万元，其中外资299万多美元，可承担玉米、小麦、大豆、油葵、甜菜、棉花的种子加工，是目前国内加工种类最多的种子加工厂。（《新疆日报》1987.1.18.②）

21日 据本报讯，贵州省黔南布依族苗族自治州目前有彩色电视转播台1座，差转台92座，地面卫星接收站12座。（《贵州日报》1987.1.21.②）

△ 据本报讯，根据傣族同名叙事长诗改编的傣语广播剧《葫芦信》最近由云南人民广播电台录制完毕。（《云南日报》1987.1.21.③）

22~23日 宁夏回族自治区歌舞团编导并演出的大型民族舞剧《西夏女》在北京民族文化宫上演。（《人民日报》1987.1.24.③）

23日 国家教育委员会正式批准将广西壮族自治区桂林医学专科学校改为桂林医学院，招收五年制本科生。（《广西通志·大事记》P528）

△ 国务院批复宁夏回族自治区人民政府，同意撤销石嘴山市郊区，恢复惠农县，县人民政府驻马家湾。（《国务院公报》1987［5号］P219）

24日 16时09分15秒，新疆维吾尔自治区乌什东北发生6.4级地震，震中位置41°27′N、39°18′E，震源深度11公里，震中烈度VIII度。（《新疆减灾四十年》P290）

25日 据《文汇报》讯，我国第一位女博士韦钰（壮族）教授最近被国家教委任命为南京工学院院长。韦钰于1982年初自联邦德国取得博士学位回国后，组织创办生物医学工

程系，几年来培养博士、硕士研究生30多名。（《内蒙古日报》1987.1.25.①）

△ 据《人民日报》报道，广西壮族自治区融水苗族自治县电影发行公司自1980年开始成立编制5人的苗语配音组，6年来已译制故事片72部、科教片18部。（《广西通志·大事记》P528）

26日 广西壮族自治区重点建设项目——南宁化工厂聚氯乙烯扩建工程第一期完工投产，生产能力1.2万吨。（《广西通志·大事记》P528）

27日 甘肃少数民族风情摄影艺术展览在民族文化宫举办。（《甘肃日报》1987.1.28.①）

△ 据本报讯，新疆维吾尔自治区地矿局实验测试研究中心的科技人员最近在哈图山首次发现一种白色粒状矿物——砷锶铝石。这一发现为我国矿物增加一个新成员，为研究哈图山地区金矿的成因提供了新信息。（《新疆日报》1987.1.27.①）

29日 广西壮族自治区重点技术引进项目——梧州市光学仪器厂照相机生产线正式投产，填补自治区照相机生产的空白。（《广西通志·大事记》P528）

29日~2月3日 云南省楚雄彝族自治州群众艺术馆首次举办武定农民画展览，武定县农民画家王建才（苗族）及武定农民业余美术学校39名学员的80多件美术作品参展。（《云南日报》1987.1.29.①）

30日 广西壮族自治区大新县作为自治区第一个电气化试点县通过验收达标，全县发电装机2.48万多千瓦，人均发电装机75瓦。（《广西通志·大事记》P528）

31日 据《经济日报》讯，我国第一个地热温室群——西藏军区羊八井地热温室群近日建成。（《内蒙古日报》1987.1.31.①）

31日~2月9日 壮族画家黄格胜的200米中国画长卷《漓江百里图》在广西壮族自治区展出。（《广西日报》1987.2.4.①）

是月 据本报讯，内蒙古自治区第一座人类冷冻精子库最近在呼和浩特中蒙医研究所建成。（《内蒙古日报》1987.4.20.①）

△ 广西教育出版社成立。（《广西日报》1987.1.15.①）

△ 据本报讯，被列为1986年国家科委“星火计划”产品的麝香秋葵在云南省红河哈尼族彝族自治州大面积引种成功。（《云南日报》1987.3.9.①）

△ 云南省德宏傣族景颇族自治州民族歌舞团创作的第一部大型景颇族舞剧《扎英》在芒市演出。（《德宏州志》综合卷P85）

△ 毕业于北京大学政治经济学系的次仁群宗（女，门巴族）被拉萨市政府聘为拉萨市委党校讲师，成为西藏第一位门巴族讲师。（《西藏日报》1989.10.14.②）

2月

2日 中国外交部新闻发言人就印度领导人关于西藏文化的讲话发表评论。在新闻发布会上，当有记者问到关于印度领导人最近发表讲话，对西藏文化在今天的西藏是否能得以保存下去表示担心的报道时，发言人说，我国藏族固有的优良传统文化是中华民族文化宝库的重要组成部分。中国十分重视保存、继承和发展西藏传统文化，在这方面所做的工作远远超过了中国历史上任何一个时期。不顾事实、对中国内政妄加评论是不负责任。（《中国共产党西藏历史大事记（1949~2004）》P473）

3日 据本报讯，甘肃省委党校首届民族干部大专班最近举行毕业典礼，45名民族干部获毕业证。（《甘肃日报》1987.2.3.①）

4日 据本报讯，辽宁省阜新蒙古族自治县蒙医研究所刑布力得（蒙古族）父子用蒙药治疗再生障碍性贫血病20多年来，共治疗83例，按全国统一治疗标准总有效率达98%，为治疗该病创出新路。（《人民日报》

1987.2.4.③）

5日 据本报讯，云南大理白族自治州博物馆最近在洱海之滨落成。馆舍占地4.6万多平方米，内设历史文物馆、民俗馆、珍宝馆、影视厅等。（《西藏日报》1987.2.5.①）

6日 据本报讯，云南省红河哈尼族彝族自治州第一套五十型高精度碾米生产线最近在建水县粮油加工厂验收投产。（《云南日报》1987.2.6.②）

9日 新疆维吾尔自治区丝路地方进出口公司在喀什成立。这是由和田地区、喀什地区、克孜勒苏柯尔克孜自治州联合集资兴办的外贸经济实体，是发展南疆三地州对外开放的重要举措。（《新疆日报》1987.2.10.①，《中国共产党新疆历史大事记（1966.5~1991.12）》下P322~323）

9~23日 中苏边境谈判在苏联莫斯科举行，双方同意核定中苏边界全线走向并从边界东段开始。（《新华社新闻稿》1987.2.10，2.24，2.26）

10日 宁夏回族自治区党委发出《关于认真学习宣传和贯彻执行全国人大常委会决定，在干部和群众中加强法制教育，维护安定团结的通知》。（《中共宁夏党史大事记（1925.8~1988.6）》P593）

14日 据本报讯，最近，青海省海南、海北、黄南、玉树、果洛5个藏族自治州先后成立中国人民银行分行。（《青海日报》1987.2.14.②）

△ 据本报讯，最近，青海省选送的《西藏佛教史略》、《喜饶嘉措文集》（藏文版）获首届北方十三省、市、自治区社科优秀评比活动一等奖，《中国少数民族现代作家传略》、《藏语成语集》获二等奖。（《青海日报》1987.2.14.①）

△ 新疆维吾尔自治区瓜果加工业第一家中外合资企业——新疆联合果品有限公司在乌鲁木齐开业，由新疆鄯善葡萄开发公司与香港翘进有限公司、法国得利公司共投资386.6万美元组建。（《新疆日报》1987.2.23.①）

15~21日 建国以来首次举办的边境五省区（黑龙江、内蒙古、新疆、云南、广西）书法篆刻联展在广西壮族自治区举办。共展出12个民族210位作者的作品，有汉、蒙古、傣及纳西族东巴文等多种书法和篆刻。（《广西日报》1987.2.16.①）

16日 广西壮族自治区第一台银行电脑在玉林投入使用。（《广西日报》1987.2.20.①）

△ 中国科学制作研究所与新疆科技馆主办的宇宙在召唤太空艺术展览开展，是新疆维吾尔自治区首次举办的太空艺术展览。（《新疆日报》1987.2.26.①）

16~18日 广西壮族自治区防城地区边防部队对挑衅越军进行炮火还击。元旦以来，越南军队不断对广西防城各族自治县的东兴、滩散、马路等地区进行武装挑衅。（《人民日报》1987.2.21.①）

△ 宁夏回族自治区中药资源普查评审验收会议举行。据普查统计，宁夏有中草药1104种，其中植物药917种，分属于126科；动物药182种，分属于86科；矿物药5种。（《宁夏日报》1987.3.15.②）

17~23日 广西壮族自治区电影发行放映工作会议在南宁举行。会议主张要以“开发农村电影市场，改善城市影院条件”为工作方针。（《广西日报》1987.3.4.①）

△ 中共宁夏回族自治区五届六次全委（扩大）会议举行。会议根据党中央的部署，着重研究反对资产阶级自由化斗争和在经济上压缩空气、压缩财政支出两件大事。（《中共宁夏党史大事记（1925.8~1988.6）》P594）

18日 据本报讯，新疆维吾尔自治区第一个金融市场最近在石河子市成立，由中国农业银行石河子支行牵头组织。交易双方以资金拆借为主要方式，本着“自愿平等、协商互

利、恪守信用”的原则，调剂余缺，加速资金周转，为发展商品经济和农业生产服务。（《新疆日报》1987.2.18.①）

18日～3月1日 第39届世界乒乓球锦标赛在印度新德里举行，广西运动员韦晴光（壮族）与陈龙灿合作获男子双打冠军。李惠芬（女，回族）与队友获女子团体冠军和女子双打第三名。（《人民日报》1991.11.6.③，《广西通志·大事记》P528）

19日 国务院批复湖南省人民政府，同意撤销靖县，设立靖州苗族侗族自治县，以原靖县的行政区域为靖州苗族侗族自治县的行政区域，9月27日正式成立。（《国务院公报》1987［5号］P221，《人民日报》1987.9.30.④）

20日 国家民委、中国作家协会召开座谈会，对《人民文学》发表丑化侮辱藏族同胞小说一事进行严肃批评。会上，中国作家协会书记处宣布《人民文学》主编刘心武停职检查、《人民文学》编辑部做出严肃深刻的公开检查等决定。（《中国共产党西藏历史大事记（1949～2004）》P473）

△ 宁夏回族自治区第二届科技进步奖励大会在银川召开，162项科技成果获本届科技进步奖，其中一等奖4项、二等奖29项、三等奖53项、四等奖76项。1986年12月30日，《宁夏日报》公布获奖科技成果项目名单。（《宁夏日报》1987.2.22.①，《中共宁夏党史大事记（1925.8～1988.6）》P594）

23日 根据国务院批复，广西壮族自治区党委、政府发出通知，从7月1日起钦州地区的合浦县划归北海市管辖。（《广西通志·大事记》P528）

△ 新疆维吾尔自治区党委发出《关于贯彻〈中共中央关于当前反对资产阶级自由化若干问题的通知〉的通知》。（《中国共产党新疆历史大事记（1966.5～1991.12）》下P321、323～324）

△ 中国美协新疆分会和新疆水粉画研究会联合举办的新疆首届水粉画展在乌鲁木齐开展。共展出反映新疆各地独特风情和面貌的作品130多幅。（《新疆日报》1987.2.26.①）

23日～3月1日 中国佛协第五届全国代表会议在北京举行，中国佛协名誉会长班禅额尔德尼·确吉坚赞、会长赵朴初以及300名佛教代表出席。会议礼请班禅大师为中国佛协名誉会长，选举赵朴初为会长，选出16位副会长、267位理事，修改中国佛教协会章程。随后理事会召开第一次会议，选举出71名常务理事和秘书长周绍良（兼）。（《人民日报》1987.2.24.④，2.26.④，3.2.④）

△ 广西壮族自治区经济工作会议举行，与会代表就农村改革等问题进行讨论。（《广西日报》1987.2.24.①，3.2.①）

24日 为加快广西钦州湾的开发，广西壮族自治区人民政府与中国农业银行商定拨专项贷款5000万元，以政府代贴利息的优惠办法，帮助有志于利用沿海滩涂养殖海产品而缺乏资金的集体和个人。（《广西通志·大事记》P528）

△ 据新华社北京电，西藏自治区政协、记者协会和教育部门派出慰问考察团、组，到开办西藏班的内地16个省、市慰问考察。截至目前，16个省、市已开办52个西藏班，共招收1985年、1986年2届入学学生2528名。（《人民日报》1987.2.25.①）

△ 甘肃临夏回族自治州民族风情书画展览在民族文化宫举办，展出40名作者的129幅作品。（《甘肃日报》1987.3.1.①）

△ 据本报西宁讯，最近，青海省在国产西光ZpL–7701型照排机上研究开发的藏文照相排版技术通过省级技术鉴定，填补国内照排技术中藏文照排的空白。（《青海日报》1987.2.24.②）

24日～3月5日 广西壮族自治区六届人大常委会第二十五次会议举行，通过《广西壮族自治区关于游行示威的暂行规定》和《广西壮族自治区水利工程管理条例》。（《广西日报》1987.2.25.①，3.6.①）

24日~3月10日 中国达斡尔族文化展览在呼和浩特展出。700多件实物、模型和图片展示了达斡尔族的经济发展、生产方式、衣食住行、习俗、宗教信仰、民间艺术、建筑工艺、民间文学、歌舞以及达斡尔族知识分子在科学文化、艺术、体育各个领域取得的成就。（《内蒙古日报》1987.2.25.①）

25日 据新华社西安电，山西省北部古长城南北发现近千件匈奴文物。（《人民日报》1987.2.26.③）

25~28日 宁夏回族自治区射箭运动员段洪俊（回族）、曹昊、梁秋悰组成的中国青年射箭队以3828环的成绩获中朝射箭友谊赛男子单轮团体冠军，破3810环全国纪录。（《宁夏日报》1987.3.7.①）

26日 据本报讯，范禹、潘朝霖（水族）搜集整理的我国第一本水族歌谣《水族情歌选》最近由贵州人民出版社出版。（《贵州日报》1987.2.26.③，4.16.③）

27日 甘肃省临夏回族自治州河州穆斯林融资公司在临夏市正式开业。（《甘肃日报》1987.2.28.①）

28日 广西运动员李宁（壮族）被国际奥委会任命为国际奥委会运动委员会亚洲代表，这是亚洲运动员首次参加该组织。（《广西通志·大事记》P529）

3月

1日 广西壮族自治区人民政府重点工程建设领导小组审定并下达是年自治区第一批重点工程建设项目23个。（《广西通志·大事记》P529）

△ 广西壮族自治区西津联营合金厂建成投产，设计年产各种合金钢锭量1万~1.2万吨。（《广西通志·大事记》P529）

2日 青海省黄南藏族自治州地方志编纂委员会成立。（《黄南州志》上P56）

2~4日 宁夏回族自治区经济工作会议举行。自治区政府代主席白立忱在会上强调，今年经济工作要做好增产节约、增收节支和继续深化改革、搞活企业两件事。（《中共宁夏党史大事记（1925.8~1988.6）》P595）

3日 据本报南宁讯，广西壮族自治区最近召开全区扶贫扶优工作经验交流暨表彰大会。（《广西日报》1987.3.3.①）

△ 青海省海南藏族自治州举办第一期乡镇级干部短训班，48名学员参加。（《青海日报》1987.3.11.①）

△ 系列广播节目《宁夏行》在中央人民广播电台《民族大家庭》节目中播出。该节目是广播电影电视部和国家民委联合举办的《边疆万里行》宣传活动的一个组成部分，是报道全国边疆少数民族系列宣传之一。（《宁夏日报》1987.2.22.①）

△ 据新华社报道，中国社科院考古研究所于1984年至1986年，与宁夏考古部门在灵武县磁窑堡瓷窑遗址共发掘西夏窑址4座、瓷器作坊遗址9处，出土瓷器、制瓷工具、窑具等3000余件。遗址出土瓷器表明，西夏瓷深受北宋定窑、磁州窑和耀州窑系的影响。这一考古成果填补我国陶瓷史一项空白。（《当代宁夏史通鉴》P37）

4日 据本报讯，云南省文山壮族苗族自治州的名牌产品“腻脚酒”开始批量打入省外市场。（《云南日报》1987.3.4.①）

5日 广西壮族自治区党委发出《关于认真学习贯彻中共中央关于当前反对资产阶级自由化斗争问题的意见》。（《广西通志·大事记》P529）

7~16日 西藏自治区拉萨祈祷大法会举行，1800多名喇嘛在大昭寺举行佛事活动。经过11天的佛教经典答辩，7名喇嘛获得“拉让巴格西”（藏传佛教最高学位）。（《人民

日报》1987.3.17.④)

8日 据新华社南宁电，广西壮族自治区实施“星火计划”，重点开发亚热带植物、有色金属和水产品等。1986年落实76个“星火计划”项目，目前已有30个项目产生经济效益，获产值2143万元，实现利税385万元，创外汇10万美元。（《人民日报》1987.3.9.③）

△ 据本报南宁讯，世界第一座大型金花茶基因库在广西壮族自治区南宁建成并通过部级鉴定。（《广西日报》1987.3.8.①）

△ 据新华社讯，新疆维吾尔自治区撤销阿图什县，设立阿图什市（县级）。（《新疆日报》1987.3.9.①）

9日 据本报西宁讯，青海省民族学院体育教研室陈宝军（藏族）编译的我国第一部《汉藏对照体育词语汇编》最近由青海体育科学研究所出版。全书共有2万余词条，分一般和专业词汇，包括田径、游泳、篮球、排球、足球、自行车、登山、射击、射箭等37个项目和运动医学词语。（《青海日报》1987.3.9.①）

△ 据本报讯，新疆维吾尔自治区红十字会、红新月会联合会最近正式成立。联合会以人道主义为宗旨，协助政府部门组织群众性防病治病、卫生救护等工作，并为维护社会安定、世界和平作贡献。（《新疆日报》1987.3.9.①）

10~16日 中国伊斯兰教第五次全国代表会议在北京举行，300名穆斯林代表参会。会议审议自第四次全国代表会议以来中国伊协的工作报告，通过中国伊协章程，选举产生中国伊协第五届委员会。（《人民日报》1987.3.11.④，3.17.④）

11日 广西壮族自治区人民政府作出决定，要求各地、市、县政府和自治区各部门认真贯彻执行《国务院关于深化企业改革增强企业活力的若干规定》，提出对关于扩大企业自主权、增强企业活力的一系列政策的落实情况进行全面检查；全面推行经营责任制，积极试行多种形式的租赁经营承包责任制；加快企业领导体制改革，全面推行厂长（经理）负责制；逐步减轻企业的负担；改进企业的工资、奖金分配形式，充分调动企业和职工的生产积极性；加快下放企业的步伐，限期清理、撤销行政性公司。（《广西通志·大事记》P529）

12日 据《信息日报》报道，国家农牧渔业部、中国药材公司、新疆生产建设兵团联合投资，在新疆维吾尔自治区塔河两岸垦区建成我国最大的甘草出口生产基地。（《宁夏日报》1987.3.12.①）

12~15日 云南省文山壮族苗族自治州第四届民族传统体育运动会在马关举行，全州8个县的壮、苗、彝、瑶等民族的245名运动员参加抢花炮、射弩、摔跤、倒爬竿比赛和民族民间传统武术表演。广南县选手获抢花炮冠军，丘北县选手钱友生、张绍其、钱绍德分获3个级别的摔跤冠军，李成文（苗族）蝉联射弩比赛冠军，侬兴光（壮族）以56秒倒爬6米高的成绩获倒爬竿比赛冠军。（《云南日报》1987.3.20.①）

13日 据本报讯，广西壮族自治区最近召开全区卫生工作会议，强调要着重加强农村卫生组织的建设。15日，自治区农村卫生协会在南宁成立。（《广西日报》1987.3.13.①，3.19.①）

14日 据本报讯，广西壮族自治区瑶族作者蒙冠雄、潘泉脉、蓝克宽搜集、整理的我国第一部瑶族史诗《密洛陀》最近由广西民族出版社收入到国家民委民族问题五种丛书并出版。史诗共18章，约5000多行。（《广西日报》1987.3.14.①）

15日 宁夏回族自治区首届计算机应用成果展览会在银川举办，共展出计算机应用成果103项。（《宁夏日报》1987.3.20.①）

16日 广东省广州经广西壮族自治区南

宁至北海定期航班正式开航。（《广西通志·大事记》P529）

△ 新疆维吾尔自治区乌鲁木齐经北京至天津的直达航线首航成功。航线全长2750公里，每周一、四两班。（《新疆日报》1987.3.17.①）

△ 新疆维吾尔自治区巴音郭楞蒙古自治州政府颁布《巴音郭楞蒙古自治州野生动物资源保护管理办法》，确定天鹅为州鸟、野骆驼为州兽。（《新疆日报》1987.5.10.①）

17日 甘肃省兰州经嘉峪关至新疆维吾尔自治区乌鲁木齐航线首航成功。（《新疆日报》1987.3.18.①）

△ 云南省楚雄彝族自治州和楚雄市联合组成的紫金山考察组在楚雄市西郊的紫金山区发现2个孔雀群及梅花鹿、白鹇、白虎金鸡等珍稀动物。（《云南日报》1987.3.21.①）

17~20日 贵州省黔南布依族苗族自治州地方工业品展销会在都匀举行，全州67个厂家的200多种产品参展。（《贵州日报》1987.3.18.①）

18日 广西壮族自治区人大常委会公布《广西壮族自治区水利工程管理条例》，自7月1日起执行。（《广西通志·大事记》P530）

△ 广西壮族自治区宜山县史志工作者在该县安马乡古育村发现清道光十一年（1831年）廖士宽墓门2块，刻有廖士宽自叹无嗣的方块壮文五言勒脚体壮歌15首120行。这是广西唯一发现的方块壮歌碑刻。（《广西通志·大事记》P530）

19日 据本报讯，中央民族学院少数民族文学艺术研究所文学研究室编辑的《少数民族诗歌格律》最近由西藏人民出版社出版。全书共80万字，介绍和论述了41个民族的诗歌形式、押韵以及其它格律，是我国第一部专门研究和论述少数民族诗歌格律的书籍。（《西藏日报》1987.3.19.①）

△ 广西壮族自治区桂林至甘肃省兰州空中航线开航。（《广西通志·大事记》P530）

19~27日 中国和蒙古国关于中蒙边界制度和处理边境问题条约的第一轮会谈在北京举行。（《中华人民共和国大事记（1949~2004）》P815）

20日 据新华社昆明电，贵州省黔西南布依族苗族自治州，广西壮族自治区百色地区和云南省曲靖地区、文山壮族苗族自治州四地州第二次经济协调会最近在昆明举行。会议认为，在与沿海发达地区开展横向经济联合时，更需要加强“近邻”的互助，以穷帮穷，共同促进治穷致富。（《云南日报》1987.3.22.①）

21日 据本报讯，广西壮族自治区第一个瑶族艺术团最近在金秀瑶族自治县成立。（《广西日报》1987.3.21.①）

23日 据本报讯，云南省第一家清真罐头食品厂——寻甸柯渡清真罐头厂最近建成投产。（《云南日报》1987.3.23.①）

△ 新疆维吾尔自治区黄金工作会议结束。会议根据国务院《关于加快发展黄金生产的决定》和新疆的具体情况，确定在4年内使黄金产量增加3.5倍。新疆被列为全国黄金成矿重要远景之一。（《中国共产党新疆历史大事记（1966.5~1991.12）》下P327）

24日 云南省德宏傣族景颇族自治州第一部《汉载词典》修订完毕，以汉语普通话词汇和景颇族载瓦语标准词汇相对照，收词35000条，共计200万字。（《德宏州志》综合卷P85）

25日 吉林省满族传世文物展览在北京开幕。党和国家领导人杨静仁、吕正操、阎明复等以及正在北京参加六届人大五次会议和六届政协五次会议的满族代表参观展览。（《人民日报》1987.3.26.④）

26日 云南省楚雄彝族自治州禄丰钢铁厂新建二号高炉正式投产，投资1700万元。（《楚雄彝族自治州志》1卷P211）

28日 泰国朱拉隆功大学代表团应邀在广西民族学院进行学术访问，双方签订《中国广西民族学院与泰国朱拉隆功大学科学研究合作计划协议书》。（《广西民族学院校史》P298）

29日 据本报讯，贵州省安顺县梅家庄女青年杨金秀（苗族）在贵阳创办“杨金秀蜡染联合公司”，目前已生产蜡染工艺品500多个花色品种6000多件，远销日本、加拿大、美国和港澳地区。（《贵州日报》1987.3.29.②，3.31.①）

29日~4月2日 川滇青藏四省毗邻经济技术协作区成立会暨首次边界贸易交流会在四川雅安举行。毗邻四省的34个地市州县代表61人参加，61家客户展出了各地的工业商品。（《西藏日报》1987.5.9.①）

30日 国务院副总理万里、李鹏，中央书记处书记习仲勋、胡启立，全国人大常委会副委员长阿沛·阿旺晋美、班禅额尔德尼·确吉坚赞，全国政协副主席杨静仁、帕巴拉·格列朗杰等中央领导在北京会见出席全国人大六届五次会议和全国政协六届五次会议的西藏代表、委员以及正在北京的西藏自治区党委负责人。万里、阿沛·阿旺晋美、班禅额尔德尼·确吉坚赞等分别在会上讲话。（《西藏日报》1987.3.31.①）

△ 据新华社上海电，藏药学古籍《晶珠本草》（汉文版）最近由上海科学技术出版社出版。《晶珠本草》是由著名藏族医药学家蒂玛尔·丹增彭措（1673~1743年）于清道光十五年（1835年）编成，清道光二十年（1840年）木刻版印刷本问世。全书收载药物2294种，其中植物药1006种、动物药448种、矿物药840种，是收载藏药最多的一部大典，被誉为藏族的《本草纲目》。该书收载的药物种类有75%为现今所用，其中30%属藏医专用。100多年来，《晶珠本草》先后被译成印度文和英文。（《人民日报》1987.3.31.④）

30日~4月4日 广西壮族自治区举行壮族当代文学讨论会，有关代表101人参加。（《广西日报》1987.4.6.①）

31日 广西壮族自治区第一个壮族博物馆——靖西壮族博物馆在靖西县城建成开馆。该馆建筑面积1250平方米，内设历史、民俗、民族风情等5个厅，展出各种文物772件。（《广西通志·大事记》P530）

△ 广西壮族自治区民间歌手荣誉称号命名大会在南宁举行，汉、壮、瑶、苗、侗、京等民族的64名歌手获荣誉称号。（《广西日报》1987.4.1.①）

是月 据本报讯，青海省第一所伊斯兰教高等学府——青海伊斯兰经学院成立，校址位于西宁市东关清真大寺内。4月23日，学院举行开学典礼。（《人民日报》1987.4.28.③）

4月

1日 广西柳州至陕西西安、江苏南宁至四川重庆铁路直通旅客快车开通。（《广西通志·大事记》P530）

1日~5月 广西壮族自治区进行首次残疾人抽样调查，共登记1.01万户5.19万人。按照《残疾人筛查表》筛查出可疑残疾人5734人，占调查总人数的11.6%。（《广西通志·大事记》P530）

2日 云南省德宏傣族景颇族自治州政府批准在全州正式推行景颇族载瓦文。（《德宏州志》综合卷P85）

3日 广西壮族自治区桂林国际贸易展览中心正式启用。中心占地2.4万平方米，可举办国内外各类展览会、交流会、洽谈会，还可为办展人员提供综合服务。（《广西日报》1987.4.4.①）

△ 据本报讯，宁夏回族自治区改革电影发行、放映的管理体制，初步解决了农民看电影难的问题。全区农民每年人均看16.5场；山

区8县农民人均看电影场数高于国家有关部门提出的24场，最高的县达58场。（《人民日报》1987.4.3.④）

4日 中共中央统战部、全国人大民委、国家民委举行茶话会，招待55个少数民族的人大代表和政协委员，国务院总理赵紫阳，国家副主席乌兰夫，全国人大常委会副委员长阿沛·阿旺晋美、班禅额尔德尼·确吉坚赞等领导出席。阿沛·阿旺晋美主持茶话会，中共中央统战部部长阎明复、国家民委主任司马义·艾买提等发表讲话。（《人民日报》1987.4.5.①）

△ 广西壮族自治区党委宣传部发出关于全区文艺报刊重新登记领证的通知，规定在领取新证之前，除《广西文学》等9种刊物外，其余一律停止发行。（《广西通志·大事记》P530）

△ 据新华社拉萨电，西藏古籍出版社编辑的大型藏文古籍丛书《雪域文库》近日开始出版发行。首批出版发行的7部西藏古代典籍涉及西藏的历史、地理、天文、藏医等学科，有较高的学术价值。（《内蒙古日报》1987.4.4.③）

5日 西藏自治区党委、自治区人民政府发出关于深化农牧业经济体制改革的意见，指出，今年和今后一个时期内，努力抓好以下4个方面的工作：进一步完善各种责任制；疏通流通渠道，发展商品经济；改变投资方式，加强重点投资；逐步调整产业结构，发展多种经营和乡镇企业。（《中国共产党西藏历史大事记（1949～2004）》P475～476）

6～10日 甘肃省伊斯兰教协会三届二次会议在兰州举行，通过《甘肃省伊斯兰教清真寺管理试行条例》。（《甘肃日报》1987.4.11.①）

7日 内蒙古自治区哲里木盟辽墓壁画暨出土文物展览在故宫博物院举办。哲里木盟是公元10世纪至12世纪辽王朝统治的腹心地带，保存有大量辽代文化遗址，尤以辽墓壁画具有较高的历史价值和学术价值。这次展出的辽墓壁画和辽代出土文物既具有北方民族风格，又体现了辽代南北方文化艺术的交流和融合。（《内蒙古日报》1987.4.10.①）

8～10日 内蒙古自治区阿拉善盟、巴音郭楞盟、伊克昭盟、锡林郭勒盟、乌兰察布盟、呼和浩特市、包头市、乌海市五盟三市经济发展战略讨论会在呼和浩特举行。会议通过《内蒙古西部经济区联合开发战略纲要》，商定1987年联合开发的工作，议定经济技术协作的项目。（《内蒙古日报》1987.4.15.①）

9日 广西民族学院与泰国朱拉隆功大学签订联合研究合同，研究内容涉及铜鼓与青铜文化关系、壮泰两民族历史文化关系、中泰两国瑶族历史文化比较等方面。（《广西日报》1987.4.30.①）

10日 “振兴中华之声”民族音乐会在民族文化宫举行，全国各地30多个演出团体近200名各民族声乐、器乐演员参加演出。党和国家领导人宋任穷、杨静仁、周培源、费孝通观看首场演出。（《人民日报》1987.4.11.③）

△ 西藏自治区拉萨市和美国科罗拉多州博尔德市缔结友好城市签字仪式在拉萨举行，拉萨市市长洛嘎和博尔德市市长林达·乔根森女士分别代表两市政府在协议书上签字。（《西藏日报》1987.4.11.①）

△ 应法国国家自然历史博物院的邀请，中国西藏唐卡文物展在巴黎举办。同时，在巴黎波利尼亚特基金会举办“西藏社会与文明”学术讨论会，中、法两国学者进行学术交流，对西藏历史文物和社会文明进行深入探讨。法国著名藏学家史泰安说：“西藏千真万确地是中华人民共和国的一个自治区。”（《当代中国的西藏》下P405）

11日 中国美协四川分会和云南分会联合主办的云南五人水彩画展在成都结束，展出王舜、叶公贤、苏冶、陈崇平、傅启中5位少数民族画家创作的150幅反映傣家风情、边陲山水的风景画。（《云南日报》1987.4.12.①）

△ 广西艺术团一行应邀前往美国，参加伯明翰、孟菲斯两市的艺术节，进行民间文化交流。（《广西通志·大事记》P530）

△ 西藏自治区工业电力物资运销公司在拉萨成立，公司所属第一营业部同时开业。（《西藏日报》1987.4.13.①）

12日 据本报讯，广西壮族自治区机制糖产量首次突破100万吨，成为全国第二个蔗糖产量过100万吨的省份。（《人民日报》1987.4.12.③）

13日 国务院批复云南省人民政府，同意“卡瓦山”改为“阿佤山”。阿佤山位于云南省西南部，居住佤、傣、拉祜等少数民族。（《国务院公报》1987［10号］P367）

13~18日 新疆维吾尔自治区运动员汝光（锡伯族）在全国射箭锦标赛上获男子双轮全能、70米、30米3项冠军，永玉平（锡伯族）获男子双轮50米亚军。（《新疆通志·体育志》83卷P80）

14日 据新华社呼和浩特电，内蒙古自治区阿拉善右旗的雅布赖山、龙首山等6座大山中最近发现反映古代游牧民族生活的岩画。该发现使我国岩画史可上溯至新石器时代早期。（《人民日报》1987.4.15.④）

14~19日 中国地名委员会在云南昆明召开全国15个省、自治区地名词典编纂工作座谈会，研讨边疆民族地区地名词典编纂问题。（《云南日报》1987.4.19.①）

15日 外交部发言人在北京举行的新闻发布会上就“印度外交部1986~1987年度报告指责中国1986年入侵印度的‘桑多洛河谷’”答记者问说，桑多洛河谷地区历来是中国的领土，说中国入侵印度的领土完全是颠倒黑白。无可辩驳的事实是，中国没有侵占过印度的一寸土地，相反倒是中国的大片领土至今被印度占领。（《西藏日报》1987.4.16.①，《中国共产党西藏历史大事记（1949~2004）》P477）

△ 全国人大常委会副委员长班禅额尔德尼·确吉坚赞和阿沛·阿旺晋美联名发起成立的援助西藏发展基金会筹备委员会在北京成立，旨在联络国际友好人士、友好组织和团体、政府、国外藏胞、港澳同胞、海外华侨团体和个人以及国内各方面人士，为西藏发展提供援助。国家副主席乌兰夫，全国政协副主席杨静仁、帕巴拉·格列朗杰等党和国家领导人出席成立大会。会议选举班禅、阿沛任主任。16日，班禅和阿沛举行中外记者招待会，就基金会成立情况和发展前景答记者问。同日，西藏自治区政府驻北京办事处在民族文化宫举行招待会，庆祝筹委会成立。（《民族团结》1987.6 P41；《西藏日报》1987.4.17.①，4.18.①，4.19.①）

△ 云南省楚雄彝族自治州电视台正式成立并开播。（《楚雄彝族自治州志》1卷P212）

△ 据新华社乌鲁木齐电，新疆维吾尔自治区地矿局在准噶尔盆地东部初步探明一座大煤田，已经控制的远景地质储量约900亿吨。（《人民日报》1987.4.16.①，《新疆日报》1987.4.16.①）

15~20日 贵州省黔东南苗族侗族自治州人大八届二次会议举行，通过《黔东南苗族侗族自治州自治条例（草案）》。7月16日，省六届人大常委会第二十五次会议批准《黔东南苗族侗族自治州自治条例》，自1988年1月起施行。（《黔东南苗族侗族自治州志·总述·大事记》P306）

16日 广西壮族自治区远洋渔业捕捞队从北海出发，赴南太平洋捕捞，开拓发展广西渔业生产新路。（《广西通志·大事记》P530）

△ 云南省德宏傣族景颇族自治州与湖北省武汉市正式建立友好州市关系。（《德宏州志》综合卷P85）

17日 中共中央、国务院批转中共中央统战部、国家民委《关于民族工作几个重要问题的报告》的通知。（《新时期民族工作文献选编》P303~304）

△ 甘肃省六届人大常委会第二十四次会议批准《天祝藏族自治县自治条例》，自8月1日起正式施行。（《甘肃日报》1987.10.5.④）

17~25日 西藏歌舞团新近排演的西藏古典歌舞晚会在拉萨举行，第一次较系统地展示了西藏传统歌舞艺术精华。（《西藏日报》1987.4.18.①）

18日 据新华社北京电，国家语言文字工作委员会、中国地名委员会、铁道部、交通部、国家海洋局、国家测绘局最近联合制定《关于地名用字的若干规定》。规定指出，少数民族语地名的汉字译写应根据中国地名委员会制定的有关规定译写，做到规范化；用汉字书写的少数民族语地名按1984年中国地名委员会、中国文字改革委员会、国家测绘局联合颁布的《中国地名汉语拼音字母拼写规则（汉语地名部分）》拼写；蒙古语、维吾尔语、藏语等少数民族语地名的拼写，原则上按照国家测绘局和中国文字改革委员会1976年修订的《少数民族语地名汉语拼音字母音译转写法》拼写。（《云南日报》1987.4.20.④）

△ 青海省海北藏族自治州家庭教育研究会成立并举行首届年会，农村牧区36名会员参加。（《青海日报》1987.5.11.②）

△ 据新华社乌鲁木齐电，地质工作者在新疆维吾尔自治区境内新发现红柱石、皂石和锡石3种矿产，从而使新疆的矿产资源种类由118种增加到121种。（《新疆日报》1987.4.19.①）

19日 据本报讯，中国出版工作者协会、中国印刷技术协会、中国新闻工作者协会、中国书法家协会、中国印刷物资公司等单位最近在云南潞西举行少数民族文印刷新字体评选活动，评选出德宏傣文一等奖作品1件，二等奖作品2件，三等奖作品3件，鼓励奖作品3件。（《云南日报》1987.4.19.①）

21日 广西壮族自治区举办第一期立法工作培训班，旨在明确立法工作的指导思想和基本原则，掌握制定地方性法规和规章的基本知识和技能。（《广西日报》1987.4.25.①）

21~25日 青海省海北藏族自治州人大八届二次会议通过《海北藏族自治州自治条例》。经省人大常委会第二十七次会议审议通过，自1987年10月1日起施行。（《海北藏族自治州志》上P91）

22日 甘青藏滇川少数民族毗邻协作区成立，这是甘肃、青海、西藏、云南、四川少数民族毗邻地区11个州（地）45个县的代表在成都经过5天协商达成的协定。（《云南日报》1987.4.30.①）

△ 已断航16年的广西壮族自治区左江全线恢复通航，龙州县城的船舶可直航左江，并通至百色、南宁、梧州等地。（《广西通志·大事记》P531）

△ 新疆维吾尔自治区人民政府决定，恢复并发展农牧区合作医疗制度。（《中国共产党新疆历史大事记（1966.5~1991.12）》下P328）

24日 据本报讯，卫生部近日宣布，内蒙古自治区基本控制了地方性甲状腺肿病（地甲病），经几十年的综合性防治，全区已有87.6万名地甲病患者康复。（《内蒙古日报》1987.4.24.①）

△ 据本报讯，新疆维吾尔自治区乌鲁木齐汽车制改厂、新疆第一汽车配件厂、新疆第二汽车修配厂、新疆齿轮厂、新疆气缸床厂、新疆化油器厂、新疆五家渠机械厂联合组建的新疆汽车工业联营集团最近在乌鲁木齐成

立。（《新疆日报》1987.4.24.②）

25日 青海省海南藏族自治州人民代表大会八届二次会议通过《海南藏族自治州自治条例》，省人大常委会于7月18日批准该条例并颁布施行。（《海南州志》P59）

26日 据本报讯，西藏自治区首批高等学校教师职务评审工作最近基本结束。全区通过任职资格评审、拟任助教职务的教师207人，占教师总数的29.6%，其中藏族等少数民族41人，占拟任助教职务教师数的19.8%；拟任讲师职务的教师260人，占教师总数的37.1%，其中藏族等少数民族48人，占拟任讲师职务教师数的18.5%；拟任教授、副教授职务的教师36人，占教师总数的5.1%，其中藏族等少数民族8人，占拟任教授、副教授职务教师数的22.2%。（《西藏日报》1987.4.26.①）

27日 据新华社讯，云南省西双版纳傣族自治州有橡胶林104万亩，胶林割胶面积30万亩，成为我国第二大橡胶生产基地。（《西藏日报》1987.4.28.②）

27~29日 首届中法西藏学术讨论会在巴黎举行。中法两国与会代表发表20多篇学术报告，彼此就西藏的音乐、文学、戏剧、宗教、社会、历史、风俗习惯、语言和医学等方面的问题交流研究成果。（《西藏日报》1987.5.2.①）

27日~5月5日 西藏自治区企业改革工作会议在拉萨举行，这是西藏第一次召开的探讨企业改革方面的会议。自治区党政领导热地、多吉才让、巴桑、丹增等出席。与会代表明确了深化改革、搞活企业的主要任务是落实和扩大企业自主权，改善企业的经营机制，努力挖掘内部潜力，加快企业领导体制的改革，全面推行厂长（经理）责任制，提高经济效益。自治区政府主席多吉才让就自治区企业改革的迫切性和1987年企业改革工作的重点等问题发表讲话。（《西藏日报》1987.4.28.①，5.6.①）

28日 广西壮族自治区海外联谊会在南宁举行成立大会。（《广西日报》1987.4.29.①）

△ 西藏自治区和民族文化宫联合举办的首次西藏文化展览开幕。展出的300多幅彩照、1000多件实物和4个大型景观雕塑从各方面反映了西藏人民的悠久历史、科学技术、文化艺术、建筑和民族手工艺的发展情况、独特的民族风情以及优美的自然景色。国家副主席乌兰夫为展览会剪彩，习仲勋、阿沛·阿旺晋美、班禅额尔德尼·确吉坚赞、廖汉生、杨静仁、雷洁琼等领导出席开幕式。（《人民日报》1987.4.29.③）

29日 据本报讯，内蒙古自治区生态学术研讨会最近在呼和浩特举行，全区70多位专家与会。讨论如何把生态学原理运用于经济开发中，科学地解决经济效益、生态效益和环境效益的关系。（《内蒙古日报》1987.4.29.①）

△ 据本报讯，内蒙古自治区摔跤队近日在江苏扬州获全国青年自由式摔跤锦标赛团体冠军，队员哈斯巴根（蒙古族）和照乐格图（蒙古族）分获63公斤级和81公斤级冠军。（《内蒙古日报》1987.4.29.①）

△ 中国西藏登山协会与日本长野县山岳协会缔结友好登山协会签字仪式在拉萨举行。（《西藏日报》1987.4.30.①）

30日 中国西藏珍宝展览在巴黎举办。展览分出土文物、唐卡、科学艺术、宗教民族风俗5个部分、110组（件）展品，全面展示了西藏的文化社会风采。（《西藏日报》1987.5.3.①）

△ 北京经新疆维吾尔自治区乌鲁木齐、沙迦至伊斯坦布尔航线开通，为新疆与西亚、海湾地区架起一座空中桥梁。（《新疆日报》1987.5.1.①）

△ 北京时间13时17分41.8秒，新疆维

吾尔自治区乌恰西南发生6.0级地震，震中位置39°46′ N、74°42′ E，震源深度19公里，震中烈度VIII度。（《新疆减灾四十年》P291）

30日～5月10日 广西壮族自治区第一次代表中国组团参加第76届巴黎国际博览会，共展出产品141种5000多件，出口成交额1019.48万美元。（《广西通志·大事记》P531）

是月 全国《格萨尔》审稿会在四川成都召开。青海省果洛藏族自治州《格萨尔》抢救领导小组发掘的《征服罗刹宗》、《降伏五赛国五宋》、《扎日药扬宋》、《安定三界》等13部作品经审定合格，被列入“七五”期间出版计划。（《青海日报》1987.6.26.①）

5月

1日 广西壮族自治区南宁至防城铁路全线通车并交付使用。全长176公里，是国家和地方、企业共投资4.5亿元兴建的第一条铁路。（《广西日报》1987.5.2.①，《广西通志·大事记》P531）

△ 四川省凉山彝族自治州冕宁县被世界野生动物基金会定为中国大熊猫定点考察县之一。（《凉山彝族自治州志》上P74）

△ 贵州省民族民间剪纸在省博物馆展出，汉、苗、彝、布依、侗、水、土家、仡佬等10个民族的近900幅民间剪纸参展。（《贵州日报》1987.5.3.①）

△ 我国伊斯兰教珍贵文物、世界唯一的珍本木刻阿拉伯文版《古兰经》影印本由云南省伊斯兰教协会出版发行。（《云南日报》1987.5.2.①）

△ 罗布林卡珍宝文物展览在拉萨展出，100多件展品绝大多数首次公开展出，其中最著名的是八思巴本尊静息观音坛城唐卡。（《西藏日报》1987.5.1.①）

△ 新疆维吾尔自治区第一座具有80年代国内先进水平的等级面粉厂通过工程验收正式投入生产。该厂由商业部和自治区共同投资兴建，日产6000袋等级面粉。（《中国共产党新疆历史大事记（1966.5～1991.12）》下P329）

2日 《内蒙古日报》报道，内蒙古自治区少数民族职工有33万多人，是1947年的10倍，占全民所有制职工总人数的14%，其中蒙古族职工23.9万人。（《内蒙古自治区大事记（1987～1996）》P3）

2～4日 苗族历史文化学术讨论会在湖南吉首召开。（《人民日报》1987.5.6.③）

3～5日 西北五省区商业经济理论讨论会在西宁举行。会议对民族贸易的理论探讨、民贸体制改革的目标模式和“三项照顾”政策的客观必要性及开展横向经济联系等问题进行专题讨论。（《青海日报》1987.8.6.①）

3～7日 云南省六届人大常委会第二十七次会议举行，批准《云南省峨边彝族自治县自治条例》，自8月1日起施行。（《云南日报》1987.5.4.①，5.8.①，5.9.②，5.10.④）

4日 据本报讯，扎拉嘎胡（蒙古族）创作的《嘎达梅林传奇》最近由人民文学出版社出版，是第一次用长篇小说体反映嘎达梅林起义这一史实的文学作品。（《人民日报》1987.5.4.⑧）

4日～8月4日 青海省、海北藏族自治州文物普查队在门源县发现文物古迹31处，发现辛店文化古墓遗址和卡约文化古村落遗址。（《海北藏族自治州志》上P91）

5日 新疆维吾尔自治区乌鲁木齐至四川省成都航空线通航。（《中国共产党新疆历史大事记（1966.5～1991.12）》下P330）

5～9日 西藏自治区各县县属机构改革工作会议在拉萨举行，研究如何搞好各县县属机构编制，合理进行党政分工，提高工作效率。（《西藏日报》1987.5.12.①）

6日 湖南省衡阳至广东省广州铁路复线

大瑶山双线电气化隧道贯通。该隧道穿越南岭山脉南端瑶山山区，全长14.295公里，是目前我国最长的双线铁路隧道，在世界长隧道中居第10位。（《人民日报》1987.5.7.①，《中华人民共和国大事记（1949～2004）》P819）

△ 黑龙江省大兴安岭地区的西林吉、图强、阿尔木和塔河4个林业局的几处林场同时起火，火势蔓延形成特大火灾，至6月2日被全部扑灭。过火面积约百万公顷，其中有林面积65万公顷，烧毁贮木场存材75万立方米。火灾造成191人死亡，直接经济损失5亿元。（《中华人民共和国大事记（1949～2004）》P819，《人民日报》1987.7.23.④）

6～9日 西藏自治区民族手工业会议在拉萨举行。会议议题是稳定政策，统一认识，深化改革，搞活企业，增加后劲，明确任务，突出重点，稳步发展。（《西藏日报》1987.5.11.①）

7日 《内蒙古日报》报道，全国广电系统最长的微波电路——内蒙古自治区微波干线一期工程完工。自此，全区12个盟市的微波站可同时接收内蒙古彩电中心的广播电视信号。（《内蒙古自治区大事记（1987～1996）》P259）

△ 截至目前，在西藏共发现旧石器地点5处，细石器地点28处，新石器时代遗址、地点20多处，吐蕃时期墓葬20余处，近2000座。（《人民日报》1987.5.9.③）

7～9日 中共中央书记处书记胡启立和国务院副总理万里在广西壮族自治区桂林视察。（《广西通志·大事记》P532）

10日 据本报讯，云南省红河哈尼族彝族自治州第一套五十型高精度碾米生产线最近在建水县验收投产。（《云南日报》1987.5.10.②）

10日～6月15日 国家民委和中国少数民族舞蹈学会在广西壮族自治区桂林举办中国少数民族舞蹈编导讲习班，新疆、西藏、云南、吉林、广西等省区14个民族的编导人员参加。（《广西日报》1987.6.17.①）

11日 据本报讯，内蒙古自治区学者赛西亚乐（蒙古族）撰写的世界上第一部蒙古文《成吉思汗史记》由内蒙古人民出版社出版。全书共60多万字，分上、下两册，并附有120多幅珍贵古画、照片和地图。（《人民日报》1987.5.14.③）

△ 据本报讯，新疆维吾尔自治区第一家财政信托投资公司最近在喀什成立，是独立核算、自主经营的地区性国营金融组织。（《新疆日报》1987.5.11.②）

12日 西藏自治区刚坚发展总公司在日喀则成立。公司坚持以贸易为主、以工为辅、工贸结合、内外结合的发展方向，积极发展多种形式的经济联合，引进资金，引进人才和技术，采用自产自销、批发零售、购进售出等经营方式，经营民族用品、日用百货、宗教用品、客货运输、旅游服务、绘画和印经等。（《西藏日报》1987.5.15.①）

14日 据本报讯，云南省红河哈尼族彝族自治州民族语文古籍研究所在弥勒县搜集到1本彝文古籍《天文起源》。（《云南日报》1987.5.14.①）

15日 新疆维吾尔自治区科协在新疆科技馆举办首次少数民族科普创作演讲会。（《新疆日报》1987.5.22.①）

16日 内蒙古博物馆和包头市委统战部、民委、文管处联合举办的藏传佛教绘画艺术展览在呼和浩特开展，展出的80多件作品绝大部分是包头市文管处征集的唐卡。（《内蒙古日报》1987.5.18.①）

△ 宁夏回族自治区党委和政府召开会议宣布，根据中共中央、国务院的有关指示精神，对承担的任务已完成或可交有关部门完成的54个自治区级非常设机构予以撤销，被撤销的非常设机构占全部自治区级非常设机构总数的58.6%。（《宁夏日报》1987.5.19.①）

19日 据本报讯，内蒙古自治区首届个体工商业者、国营集体企业商品展销会最近在呼和浩特举办。30多家国营集体企业和38户个体工商业者参加，共展出日用百货、服装鞋帽、烟酒、食品、针纺织品、五金化工、家用电器、化妆用品和木器家具等商品上千种。（《内蒙古日报》1987.5.19.①）

△ 青海省海南藏族自治州民族贸易经济研讨会在恰卜恰举行，重点研究民族贸易理论，探索民族地区社会主义商品生产和商品流通规律及商品流通体制改革途径和经济发展趋势。（《青海日报》1987.6.3.①）

△ 据新华社乌鲁木齐电，驻新疆某测绘部队赴楼兰古城综合考察队最近开辟一条从新疆南部若羌、米兰到达楼兰的南线通道，并绘制出楼兰古城地图，首次在十万分之一的地形图上标出楼兰遗址的准确位置。这幅地图包括楼兰城遗址的现有轮廓、古佛塔和残存的房屋、城墙等，实际面积约12万平方米，地理坐标为东经89度55分12秒，北纬40度30分57秒。楼兰古城位于塔里木盆地东北，罗布泊西北岸，是古丝绸之路上的中继站。这座古城西汉时曾盛极一时，公元4世纪后神秘消失，成为史学界一个未解之谜。该测绘部队于是年3月与新疆社会科学院考古研究所等单位组成赴楼兰综合考察队进入楼兰古城遗址。（《人民日报》1987.5.20.③）

20日 云南省德宏傣族景颇族自治州人大八届五次会议通过《德宏傣族景颇族自治州自治条例》。（《德宏州志》综合卷P85）

22日 全国政协副主席、国家民委主任司马义·艾买提视察东北民族学院筹备工作，并题词：“积极做好筹备工作，为把东北民族大学建成具有现代科技水平的少数民族高等学府而奋斗。”（《大连民族学院校史》P146）

23日 青海省第一期民族、宗教工作干部培训班在西宁结业，全省各州、地、市、县从事民族、宗教工作的38人参加学习。（《青海日报》1987.5.28.①）

23~27日 全国少数民族用品及少数民族地区轻纺产品展销会在四川成都举行，全国21个省、区、市的1546个少数民族企业参展。这是建国以来规模最大的一次少数民族用品展销会，参展产品8600种，成交总额8000多万元。（《人民日报》1987.5.29.②，《四川日报》1987.5.24.①）

23日~6月4日 贵州省现代民族民间绘画展览在民族文化宫举办，100多件参展作品中有33件妇女作品。全国政协副主席杨静仁为开幕式剪彩。（《人民日报》1987.5.25.③；《贵州日报》1987.5.25.①，6.20.②）

24日 据本报讯，国家民委、广播电影电视部联合举办的、历时3年之久的《边疆万里行》征文活动近日在北京结束，52篇稿件获奖，其中一等奖5篇、二等奖11篇、三等奖36篇。（《西藏日报》1987.5.24.①）

△ 据新华社电，新疆维吾尔自治区天山南端最近发现濒临绝种的珍贵植物——矮沙冬青。（《甘肃日报》1987.5.24.③）

25日 《内蒙古日报》报道，内蒙古国际联机检索终端开业，可以在最大范围内最快速地查找世界最新情报和信息资料，可检索近50个数据库。（《内蒙古自治区大事记（1987~1996）》P100）

△ 据本报讯，新疆社科院学者买买提·赛来（维吾尔族）译自阿拉伯文的维吾尔文《古兰经》最近由民族出版社出版。（《宁夏日报》1987.5.25.③）

25~29日 云南、贵州、四川、广西、西藏和重庆五省区六方经济协调会第四次会议在四川成都举行，西藏代表团首次出席。会议通过《五省区六方经济协调会若干原则》和《五省区六方经济协调会大力推进横向经济联合和协作的意见》，达成意向性联合和协作项目295项。（《四川日报》1987.5.26.①，5.30.①）

26日 我国第一所在内地开办、培养藏族学生的中学——北京西藏中学举行奠基典礼。该校由国家教委、国家民委、国务院西藏经济工作组委托北京市开办，投资1000万元。9月24日学校正式开学，西藏自治区党委书记伍精华参加开学典礼。（《人民日报》1987.5.28.③，9.25.③；《民族团结》1987.12 P45）

△ 据本报讯，西藏自治区文化厅、自治区民委和中国民间文艺研究会西藏分会最近在拉萨召开民间文学集成工作会议，与会的20多位专家就搜集、整理、出版《中国民间故事集成·西藏卷》、《中国歌谣集成·西藏卷》和《中国谚语集成·西藏卷》等展开讨论。会议还成立了“三套集成”编审领导小组和编辑部。（《西藏日报》1987.5.26.①）

27日 据本报讯，四川省西部少数民族地区发展资金管理工作会议最近在凉山彝族自治州召开。（《四川日报》1987.5.27.①）

△ 青海省海南藏族自治州境内的龙羊峡水库航运管理处成立，购进2艘客货两用船，开通龙羊峡至沙沟航线。1988年，汽车轮渡试航成功，一次可载汽车6辆。（《海南州志》P59）

△ 青海省海南藏族自治州文工团创作的大型藏族歌舞剧《霍岭之部》在民族文化宫演出。（《人民日报》1987.5.31.③，《西藏日报》1987.5.29.④）

28日 银川语言学校阿拉伯语言专业学生结业典礼在宁夏大学举行，26名学员获结业证，其中回族学员21名。（《宁夏日报》1987.5.31.①）

28日～6月1日 西藏、云南、四川、甘肃、青海五省区藏语译制协作会在云南中甸召开。（《云南日报》1987.6.7.①）

28日～6月7日 辽宁省经济技术协作代表团在宁夏回族自治区考察访问。双方签订合同和协议6项、意向性协议67项，并就两省区进一步加强经济协作问题形成会谈纪要。（《中共宁夏党史大事记（1925.8～1988.6）》P598）

30日 据本报讯，广西壮族自治区社会科学工作者和自然科学工作者联办的智力型企业——广西软科学咨询公司在南宁成立。该公司以决策咨询为经营内容，通过有偿形式，组织科技人员为各级党政机关、企事业单位和社会各界提供政策、工程、技术、经营管理以及各专业方面的决策咨询。（《广西日报》1987.5.30.①）

31日 据本报讯，截至目前，新疆维吾尔自治区有二级公路3423公里，居全国首位。（《新疆日报》1987.5.31.①）

是月 国家教委民族教育司在内蒙古通辽市召开修订《全日制民族中小学汉语文教学大纲》（试行草案）会议，内蒙古自治区、吉林省、辽宁省、黑龙江省、四川省以及人民教育出版社、内蒙古教育出版社、延边教育出版社、四川省教育科研所等省区和单位的专家学者、教师、教材研究人员与会。（《中国教育年鉴（1988）》P298）

6月

1日 西藏宾馆在拉萨正式开业。（《西藏日报》1987.6.2.①）

1～4日 青海省海西蒙古族藏族自治州人大八届二次会议举行，通过《海西蒙古族藏族自治州自治条例》。（《海西蒙古族藏族自治州志》1卷P63）

2日 据本报讯，云南省楚雄彝族自治州野生动植物保护管理委员会最近成立。（《云南日报》1987.6.2.③）

△ 据本报讯，青海省首次藏族舞蹈学术研讨会最近在西宁举行。研讨青海省藏族舞蹈渊源、分类、动律特点、美学特征等方面内容，交流论文13篇。（《青海日报》1987.6.2.①）

△ 据报道，新疆维吾尔自治区目前已培养出12万多名少数民族各类专业技术人员，占全区各类专业技术人员总数的45.9%，形成一支包括工、农、经、贸、科技、文教、财会等方面门类齐全的少数民族专业技术干部队伍。 （《人民日报》1987.6.3.③）

2~6日 新疆维吾尔自治区统战民族工作会议在乌鲁木齐举行，全国政协副主席、自治区顾委主任王恩茂，中共中央统战部部长阎明复，自治区党委书记宋汉良、副书记铁木尔·达瓦买提分别讲话。会议学习贯彻中央关于坚持四项基本原则、反对资产阶级自由化的重要指示，传达全国统战工作会议、全国民委主任（扩大）会议和全国统战部部长座谈会议的精神，回顾和总结1982年以来的工作，研究在新形势下统一战线、民族工作的新情况、新问题，部署今后的工作，由此产生《自治区统战、民族工作会议纪要》。 （《新疆日报》1987.6.3.①，6.5.①，6.7.①）

3日 据新华社北京电，目前全国少数民族中有212名学生攻读博士、硕士学位。中央民族学院、西北民族学院、西南民族学院、中南民族学院、云南民族学院设置31个博士、硕士学科专业，培养少数民族的各种高级人才。此外，还有一些少数民族学生在国外攻读硕士、博士学位。 （《人民日报》1987.6.4.③）

△ 据新华社电，国家拨款先后在青海省的循化、化隆、民和、湟中、西宁等撒拉族、回族聚居地方办起回族、撒拉族女子中学6所，目前在校女生有1500人。 （《人民日报》1987.6.3.①）

4日 在藏南色木沟原始森林捕捉到一只小熊猫，是西藏高原森林区首次捕捉到的高山类熊猫。小熊猫体重3.1公斤，身高0.09米，身长0.6米，尾长0.3米，面孔花白，脊背呈棕黄色，四肢粗壮，体形和皮色有别于内地小熊猫。 （《人民日报》1987.6.9.③）

4~9日 全国牧区工作会议在北京召开。内蒙古、新疆、青海、西藏、甘肃、四川、宁夏、黑龙江、吉林、辽宁、河北、山西等省、区及中央、国务院有关部门的负责同志和基层单位的代表共176人出席会议。国务院副总理田纪云在会上作题为《争取我国牧区经济有个较大的发展》的讲话。6月11日形成《全国牧区工作会议纪要》。 （《西藏日报》1987.6.6.①，6.11.①）

5日 广西壮族自治区著名壮族青年画家周少立、周少宁兄弟在美国芝加哥成功举办画展。 （《广西日报》1987.7.21.①）

5~6日 国务院副总理李鹏、中共中央书记处书记胡启立视察新疆维吾尔自治区巴音郭楞蒙古自治州。 （《巴音郭楞蒙古自治州志》下P1462、2190）

6日 中蒙两国政府关于中蒙边界制度和处理边界问题条约在乌兰巴托草签。 （《新华社新闻稿》1987.6.7）

7日 西藏自治区目前唯一的工人疗养院——拉萨工人疗养院举行开院典礼。疗养院占地面积2.4万平方米，建筑面积7.21万平方米，共设床位150张，配备医务人员30人。 （《西藏日报》1987.6.8.①）

7~17日 北京市第二届民族传统体育运动会在北京工人体育场举行。大会设采珍珠（珍珠球）、木球、铜锣球3项，表演项目有摔跤、竿球、格吞、踩跳等16项。17个区县1000余名运动员参加比赛和表演。 （《人民日报》1987.6.8.③）

8日 西藏自治区文物管理委员会和日喀则地区群艺馆联合在日喀则举办西藏唐卡展览。 （《西藏日报》1987.6.14.①）

△ 据新华社电，新疆文物考古研究所考古队最近在和静县挖掘出一处有1300多座墓葬的古墓群。墓葬中发现大量婴儿陪葬现象，在新疆尚属首次。 （《人民日报》1987.6.8.①）

9～13日 宁夏回族自治区银川市政府和自治区经济研究中心联合举行银川市经济社会发展战略论证会，自治区和银川市党政领导人、区内外专家学者近200人参会。会议认为，银川市的经济实力与首府地位不相适应，基本特点是规模小、实力差，条件好、潜力大；从银川内部战略态势出发，应当确立坚持开放进取，依黄河之利，借能源之势，市场导向，综合开发的战略指导思想；在战略重点上，应当大力发展加工型工业、基地化城郊农业、智力开发和流通业。（《中共宁夏党史大事记（1925.8～1988.6）》P599）

10日 广西壮族自治区党委、政府发出通知，原以生产大队为单位设立的村民委员会改为村公所，作为乡（镇）政府的派出机构。12月底该项工作结束，以自然村建立村民委员会共6.95万个，原村民委员会1.49万个全部改为村公所。（《广西通志·大事记》P533）

△ 广西壮族自治区53家金融机构达成联网协议，组成广西资金市场联网。（《广西日报》1987.6.11.①）

△ 新疆维吾尔自治区乌鲁木齐市民族歌舞团在云南省昆明举行首场演出。（《云南日报》1987.6.11.①）

10～17日 贵州省黔东南苗族侗族自治州第五届民族美术作品展览在丹寨举办，110幅作品参展。（《贵州日报》1987.7.18.②）

11日 据新华社呼和浩特电，从1983年以来，内蒙古自治区先后同27个省、自治区、直辖市建立经济技术合作关系，组织350多个经济联合体，与59个国家和地区开展贸易往来。（《人民日报》1987.6.12.②）

△ 据本报西宁讯，西北民族学院教师才布西格（藏族）、萨仁格尔勒（藏族）搜集整理的《青海蒙古族民间故事集》最近由民族出版社出版发行。这是青海省首次以蒙古族文字出版发行的民间故事集，收入80多篇主要流传在海西蒙古族藏族自治州的民间故事。（《青海日报》1987.6.11.②）

12日 新疆历史上第一座伊斯兰教高等学府——新疆伊斯兰教经学院举行开学典礼，第一批进修班学员为维吾尔、哈萨克、回、柯尔克孜等少数民族穆斯林。（《新疆日报》1987.6.13.①）

13日 北京电影制片厂摄制的、反映西藏宗教生活的大型彩色故事片《女活佛》在拉萨首映，这是西藏自治区第一部由本地文艺工作者自编、自演的故事片。（《西藏日报》1987.6.15.①）

14日 据本报讯，近日举行的全国少数民族文字印刷新字体壮文评选会评选出优秀壮文新字体6种。（《广西日报》1987.6.14.①）

△ 据本报讯，内蒙古大学蒙古语言文学系青年教师布仁巴图（蒙古族）被日本蒙古学协会聘请为终身会员，为该协会首位外籍会员。（《内蒙古日报》1987.6.14.①）

15日 深圳广西桂兴贸易发展公司开业典礼暨深圳广西经贸大厦（南楼）落成仪式在深圳举行，从此广西壮族自治区在深圳有了对外经济贸易的窗口。（《广西日报》1987.6.16.①）

△ 青海省民族民间刺绣展览在西宁举办。展出藏、回、土、撒拉等民族的民间刺绣作品800多件，分枕顶、鞋袜、辫筒腰带、针扎荷包、综合性刺绣品、堆绣6个部分。（《青海日报》1987.6.16.①）

16日 据新华社讯，广西壮族自治区百色地区成为我国矮马保种资源基地。该地区的德保、田阳、靖西、那坡4县共发现身高1.06米以下的矮马2000多匹，在已建立的连片矮马保种村中，共有保种马267匹。矮马是一种稀有珍贵品种，在旅游、观赏和兽医实验上具有很高价值，该资源过去一直由英国独占。（《人民日报》1987.6.16.②）

17日 贵州省民委会同贵州电视台联合

录制的贵州第一部民族歌舞电视艺术片《雏燕飞》在贵阳首映。（《贵州日报》1987.6.18.①）

19日 内蒙古东胜煤田开发经营公司成立，为地市级建制。（《内蒙古自治区大事记（1987～1996）》P102）

20日 西藏自治区政府举办的首次面向全国的经济信息发布会在北京举行。自治区政府副主席江措到会阐述加强与兄弟省市区横向经济联合与协作的意义。（《西藏日报》1987.6.26.①）

△ 据本报讯，总容量为300万公斤的宁夏土产果品公司果菜恒温冷库最近开始启用并向全区开放，这是宁夏回族自治区第一次使用现代化冷冻仓储大批量储藏果菜。这座冷库在1986年10月建成并试用成功。（《宁夏日报》1987.6.20.①）

21～28日 内蒙古自治区乌兰牧骑建立30周年纪念活动在呼和浩特举行。22至27日，首届乌兰牧骑建设理论讨论会在呼和浩特举行。文化部部长王蒙、副部长王济夫等出席。与会代表探讨乌兰牧骑在新的历史时期如何改革、开拓和发展等问题。会议收到论文49篇。（《内蒙古日报》1987.6.22.①，6.28.①，6.29.①）

21日～8月23日 全国人大常委会副委员长班禅额尔德尼·确吉坚赞在西藏自治区视察。其间，他协助全国人大常委会副委员长阿沛·阿旺晋美就如何在西藏学习、使用和发展藏语文问题做了大量的调查研究工作，反复强调在西藏学习、使用和发展藏语文的重要性和必要性。班禅在视察日喀则时，重点总结扎什伦布寺在社会主义条件下进行寺庙民主管理的试点工作。（《西藏日报》1987.6.22.①，8.24.①）

22日 吉林省延边朝鲜族自治州歌舞团在民族文化宫举行赴北京首场演出。（《人民日报》1987.6.23.③）

△ 广西壮族自治区党委副书记李振潜率广西经济、科技代表团赴南斯拉夫进行考察访问。（《广西通志·大事记》P533）

△ 据新华社拉萨电，西藏自治区阿里地区所在地狮泉河镇最近盖起一座面积为2546平方米、可容纳500多名学生的3层太阳能采暖教学楼。这是高原上第一座太阳能采暖教学大楼，严冬季节室内温度可达10～20℃。（《人民日报》1987.6.23.③）

23日 中国驻美国大使馆临时代办唐树备约见美国助理国务卿威廉·克拉克，就美国众议院通过两项所谓中国人权问题的修正案一事表示极大的遗憾和强烈的反对。美国众议院上周在辩论国务院对1988～1989年度的授权议案，个别对中国持不友好态度的议员趁机提出《关于中华人民共和国人权》、《关于中华人民共和国在西藏侵犯人权》两项修正案。这两项修正案同另外十几项关于其他问题的修正案混在一起，于6月18日在多数议员不甚了解修正案详细内容的情况下获得通过。这两项修正案严重歪曲中国的现实，污蔑中国政府和人民，粗暴干涉中国的内政。其中，由众议院查理·罗斯等人提出的关于所谓西藏人权问题的修正案无视国际公认西藏是中国领土不可分割的一部分这一历史事实，重弹所谓中国对西藏实行“军事占领”的滥调，还有意抹杀西藏废除农奴制、大力发展生产和改善人民生活的历史性进步，污蔑西藏人民在“水深火热”之中。（《中国共产党西藏历史大事记（1949～2004）》P480～481、497、500）

△ 据新华社长沙电，湖南省城步苗族自治县林业科学考察队最近在该县原始森林区东部边境的明竹老山发现香果树、钟萼木、银钟树、木瓜红、中华五加、篦子三尖杉等23种国内罕见的珍贵树种。（《湖南日报》1987.6.26.①）

△ 据本报讯，甘肃省肃北蒙古族自治县文物普查工作队最近在该县马鬃山地区首次发

现大量古代岩画，共9处101组，分布在这一地区东起格格乌苏得山西至哈然扎得格长达200多公里的山岭中。岩画内容再现了古代草原的原始风貌和当时的社会生活场景。（《甘肃日报》1987.6.23.①）

24日 中国伊斯兰教经学院举行复办以来首届学生毕业典礼，全国政协副主席包尔汉、国家民委副主任赵延年到会祝贺。（《人民日报》1987.6.26.④）

△ 内蒙古民航局正式恢复国际货物航空运输业务。（《内蒙古日报》1987.7.25.①）

△ 据《信息日报》讯，西藏自治区林芝地区贸贡农场目前种植茶树2600多亩，有些已开始产茶，从而结束西藏不产茶叶的历史。（《广西日报》1987.6.24.①）

△ 据本报讯，甘肃省膜科学技术研究所帮助阿克塞哈萨克族自治县设计安装的日处理60吨水的膜处理系统设备最近通过省级鉴定，结束阿克塞县城居民吃苦水的历史。（《甘肃日报》1987.6.24.①）

△ 宁夏回族自治区银川市散居少数民族联谊会成立，26个民族的40多名代表参加成立会并讨论通过《银川市散居少数民族联谊会章程》。（《宁夏日报》1987.6.25.①）

24日~7月9日 西藏自治区四届人大五次会议举行。会议通过《关于〈西藏自治区学习、使用和发展藏语文的若干规定的建议〉的决定》。19日，自治区人民政府发出《关于颁布〈西藏自治区学习、使用和发展藏语文的若干规定（试行）〉的通知》。随后，自治区政府根据自治区人大的《决定》精神，组织专家和有关人员拟定出《关于发布西藏自治区学习、使用和发展藏语文的若干规定（试行）的实施细则》，并于1988年12月29日发布实施。（《西藏日报》1987.6.25.①，7.9.①，7.10.①，7.11.①；《中国共产党西藏历史大事记（1949~2004）》P481）

25日 内蒙古自治区民族贸易经济研究会在呼和浩特成立。其任务是研究探讨少数民族地区商品生产和商品流通规律，为促进民族经济发展服务。（《内蒙古日报》1987.7.6.①）

△ 云南省民委、省文化厅联合举办的云南民族民俗展览在昆明正式开幕。（《云南日报》1987.6.27.①）

△ 新疆维吾尔自治区首批6家试点企业承包经营签约，包括新疆水泥厂、新疆七一棉纺织总厂、新疆皮革毛皮工业公司、新疆化肥厂、新疆天山锅炉厂、乌鲁木齐化工厂。（《中国共产党新疆历史大事记（1966.5~1991.12）》下P331）

26日 西藏自治区主席多吉才让宴请美国前总统吉米·卡特一行。同日，全国人大常委会副委员长、中国佛协名誉会长班禅额尔德尼·确吉坚赞在拉萨会见卡特一行。（《中国共产党西藏历史大事记（1949~2004）》P481~482）

27日 全国首届布依族文学创作研讨会在贵州镇宁举行，《民族文学》、《个旧文艺》、《山花》、《花溪》等文艺刊物代表和贵州、四川的布依族老、中、青作家出席。（《贵州日报》1987.6.29.①）

△ 广西壮族自治区信托投资公司在南宁正式开业。该公司于1987年4月18日经中国人民银行和自治区政府批准成立。（《广西通志·大事记》P533）

28日 中国体操运动员李宁（壮族）以58.600分的总成绩获1987年沈阳国际体操邀请赛男子个人全能冠军。（《贵州日报》1987.6.30.④，《青海日报》1987.6.29.③）

29日 中央军委主席邓小平会见美国前总统卡特时阐述我党对西藏的民族政策："立足民族平等，加快西藏发展。"（《邓小平文选》3卷P246）

△ 云南省大理白族自治州歌舞团在民族文化宫演出民族歌舞，60多个国家驻华使馆

的外交官携夫人观看演出。（《云南日报》1987.7.1.①）

30日 内蒙古自治区规模最大的体育场——呼和浩特市人民体育场落成。体育场总建筑面积1.5万平方米，可容纳3.5万多名观众，具备接待国际国内各种大型体育比赛的功能。（《内蒙古日报》1987.7.3.①）

△ 据新华社呼和浩特电，内蒙古考古工作者最近在内蒙古查干诺尔发现一大型恐龙化石，专家鉴定其为亚洲最高大的蜥脚类恐龙化石。这次发掘出来的化石四肢完好，项椎、背椎、尾椎骨和左肩胛骨保存较好。经测量，恐龙身长21米，背高近6米，超过原亚洲最大的我国四川马门溪龙。专家们认为，这是国内首次发现的一种新属新种恐龙，定名为查干诺尔龙。（《人民日报》1987.7.1.④）

30日~7月2日 宁夏回族自治区五届人大常委会第二十四次会议举行，审议通过关于《宁夏回族自治区劳动安全暂行条例》的决议。（《宁夏日报》1987.7.3.①）

是月 国家体委命名全国民族自治地方的7个县为全国体育先进县：内蒙古自治区丰镇县、突泉县，广西壮族自治区博白县，新疆维吾尔自治区巴楚县、霍城县、温泉县和吉林省延边朝鲜族自治州龙井县。（《民族团结》1987.6 P35）

△ 云南省怒江傈僳族自治州宗教事务管理局成立。（《怒江傈僳族自治州志》上P287）

7月

2日 四川省六届人大常委会第二十六次会议批准《凉山彝族自治州自治条例》。会议决定，在省七届人大代表名额分配中，少数民族代表应占省人大代表总数的8%左右。（《四川日报》1987.7.3.③）

△ 中国人民保险公司西藏分公司在拉萨成立，这是全国29个省、自治区、市最后成立的一个保险事业机构。（《人民日报》1987.7.4.③，《西藏日报》1987.7.3.①）

△ 据本报海北讯，青海省海北藏族自治州继1986年发现第一个虫草产区之后，最近又发现2个虫草新产区。（《青海日报》1987.7.2.①）

△ 据本报讯，青海省果洛藏族自治州最近建成3个大型打贮草站，总面积7000多亩。（《青海日报》1987.7.2.①）

△ 新疆维吾尔自治区政府批准木垒哈萨克自治县大南沟成立全国第一个乌孜别克民族乡。（《宁夏日报》1987.9.30.④）

3日 据本报讯，黑龙江省佳木斯市八岔村的赫哲族人办起家庭养鱼场，结束赫哲族只打鱼不养鱼的历史。（《人民日报》1987.7.3.②）

△ 广西壮族自治区人民政府发出《关于在全区工业企业中全面推行承包经营责任制的通知》。（《广西通志·大事记》P533）

△ 青海省举行第三次少数民族用品优质产品评比活动，西宁市民族服装厂生产的藏族服装、西宁制帽厂生产的中长花呢鸭舌帽、湟源县塑料厂生产的藏族塑料背水桶、湟源县五金厂生产的民族炉灶、青海民族用品厂生产的毛花氆氇、青海铝制品厂生产的24厘米稀土铝锰合金压力锅获优质奖。（《青海日报》1987.7.13.①）

6~11日 新疆维吾尔自治区乡镇企业工作会议在乌鲁木齐举行。会议要求进一步提高对乡镇企业在国民经济中的地位和作用的认识，贯彻发展大农业方针，努力开创乡镇企业新局面。（《新疆日报》1987.7.7.①，7.12.①）

6~17日 青海藏传佛教文物展览在香港举办，展出文物、法品、艺术品3大类近百件。香港佛教联合会会长觉光法师主持开幕式。（《青海日报》1987.7.21.①）

7~9日 全国首次蒙文印刷新字体评选

会在呼和浩特市举行。29件参选作品中，9件分获一、二、三等奖和优秀奖。（《内蒙古日报》1987.7.16.①）

7～14日 云南省六届人大常委会第二十八次会议举行。会议批准《德宏傣族景颇族自治州自治条例》，自7月14日起正式施行；通过《云南省第七届人民代表大会少数民族代表名额分配方案》。（《云南日报》1987.7.8.①，7.10.①，7.12.①，7.15.①，7.18.②）

8日 河北承德话剧团创作的话剧《班禅东行》在民族文化宫演出。（《人民日报》1987.7.10.③）

9日 据本报讯，中央民族学院广西壮文大专班日前举行首届毕业典礼，101名学生获毕业证。（《广西日报》1987.7.9.①）

△ 据本报讯，贵州省黔南布依族苗族自治州政府最近决定，欢迎国内外客商和经济团体来自治州南部联合开发5万亩大叶种红碎茶出口基地。（《贵州日报》1987.7.9.②）

10日 国家民委文化司和中央电视台联合举办的第二届《兄弟民族》专栏节目（1985、1986年）颁奖大会在北京举行。《呼伦贝尔情》获特别节目奖，《川藏纪行》获系列节目一等奖，《把名字刻在沙漠上的人》和《基诺的黎明》获单本电视片一等奖。（《民族团结》1987.9 P35）

△ 西北第二民族学院举行首届少数民族毕业生毕业典礼。蒙古、满、藏、土、东乡、保安、回7个民族的79名学生获毕业证。（《宁夏日报》1987.7.11.①）

△ 广西壮族自治区六届人大常委会第二十七次会议在南宁结束，通过《关于加强计划生育工作严格控制人口增长的决议》。（《人民日报》1987.7.11.④，《广西通志·大事记》P534）

10～13日 湖南省伊斯兰教协会一届二次委员（扩大）会议在长沙举行。会议指出，要进一步发挥伊协和清真寺管理组织的作用，积极参加社会主义两个文明建设。（《湖南日报》1987.7.14.①）

11日 内蒙古自治区政府发出《关于加强森林草原防火几项措施的通知》。（《内蒙古日报》1987.7.12）

11～19日 江苏省经济代表团在宁夏回族自治区考察访问。双方签订协议、合同15项，意向性协议79项，并形成《宁夏江苏两省区关于进一步加强经济技术协作的会谈纪要》。（《中共宁夏党史大事记（1925.8～1988.6）》P600）

12日 据新华社讯，目前，有维吾尔、朝鲜、壮、满、回、藏、苗、哈萨克等近20个少数民族的数百名飞行员在空军供职。他们大多数被评为等级飞行员，其中有100多人成为飞行指挥员，有的还担任飞行院校领导。（《人民日报》1987.7.12.①）

13日 中共中央办公厅、国务院办公厅下发《关于节俭安排民族自治地方庆祝活动的通知》。（《新时期民族工作文献选编》P337～338）

△ 内蒙古妇幼保健院在呼和浩特落成。该院是卫生部与联合国人口基金组织的技术合作项目，建筑面积为27034平方米，由住院楼、门诊楼、婴儿楼及附属工程4个部分36个项目组成，有病床338张、婴儿床100张，拥有目前国内一流的医疗设备。（《内蒙古日报》1987.7.15.①）

△ 西藏自治区第一所挽救教育失足青少年和失足妇女的特殊教育机构——拉萨市少管妇教所正式成立。（《西藏日报》1987.7.14.①）

△ 青海省政府发布《青海省人民政府贯彻实施〈中华人民共和国民族区域自治法〉的若干试行规定》，共21条。（《青海日报》1987.8.12.②）

13～18日 青海省六届人大常委会第二十七次会议举行，批准《海北藏族自治州自治条例》、《海西蒙古族藏族自治州自治条例》、《海南藏族自治州自治条例》、《玉树藏族自治州施行〈中华人民共和国婚姻法〉的补充规定》、《大通回族土族自治县施行〈中华人民共和国婚姻法〉结婚年龄的变通规定》。（《青海日报》1987.7.19.①）

13～20日 应英国BBC广播公司邀请，新疆维吾尔自治区和西藏自治区的20多位维吾尔族和藏族艺术家在伦敦国际宫廷音乐艺术节上成功演出传统宫廷音乐。这是中国少数民族传统宫廷音乐首次在西方国家上演。（《当代中国的西藏》下P385、612，《新疆日报》1987.7.25.①）

14日 经省、州有关部门验收，青海省玉树藏族自治州西杭水电站正式开机发电。水电站总装机容量3750千瓦，名列青海省自行修建水电站第二位，于1986年12月29日竣工。（《青海日报》1987.1.18.①，7.21.①）

15日 青海省海南藏族自治州伊斯兰教协会成立。（《青海日报》1987.7.29.①）

△ 新疆维吾尔自治区对外文化交流协会在乌鲁木齐成立。（《新疆日报》1987.7.16.①）

15～18日 中国能源研究会华东区域委员会承担的国家科委软科学研究课题“建立宁夏银川内陆经济特区”论证会在银川举行。（《中共宁夏党史大事记（1925.8～1988.6）》P600）

15～20日 新疆维吾尔自治区教育工作会议在乌鲁木齐举行，与会代表对《关于进一步加强民族中、小学汉语教学工作的十条措施》等文件进行认真讨论并提出修改意见。（《中国共产党新疆历史大事记（1966.5～1991.12）》下P333～334）

16日 北京、辽宁、黑龙江、吉林和中国科学院考古研究所等部门的30余名考古专家和学者在内蒙古自治区鄂伦春自治旗阿里河镇召开“鲜卑文化习俗学术座谈会”，并对嘎仙洞进行实地考察。（《鄂伦春自治旗志》P831）

△ 全国第五次藏语文艺广播会议在日喀则举行，中央人民广播电台及8个省区的藏语文艺广播工作者出席。（《西藏日报》1987.7.22.①）

△ 国家副主席乌兰夫为庆祝内蒙古自治区成立40周年，在《人民日报》上发表文章《在创造新历史的道路上胜利前进》。（《新时期民族工作文献选编》P339～348）

△ 中国四川少数民族艺术展览在成都举办。（《四川日报》1987.7.17.①）

△ 贵州省六届人大常委会第二十五次会议批准《黔东南苗族侗族自治州自治条例》，自1988年1月1日起正式施行。（《贵州日报》1987.7.17.①②，7.21.②④）

17日 中国少数民族戏曲音乐、曲艺音乐集成第一次编辑工作会在云南大理召开。新疆、西藏、内蒙古、广西、宁夏、云南、四川、湖南、福建等15个省、区卷的主要编辑人员和中央有关单位的专家、特邀代表共70余人参加会议。（《云南日报》1987.7.23.①）

18日 内蒙古电力设计院设计，内蒙古送变电工程公司施工的沟通内蒙古西部和华北电网的大同—丰镇—呼和浩特220千伏联网工程并网运行。（《内蒙古自治区大事记（1987～1996）》P102）

△ 西藏自治区政府在拉萨剧院会议中心举行中外记者招待会，答记者提出的有关经济、文化、民族、宗教等方面的问题。自治区主席多吉才让在谈到达赖问题时说：中央对达赖喇嘛的政策是十分清楚的。第一，我们的国家已在政治上能够长期安定，经济上能够不断繁荣，各民族能够更好地团结互助这样一个新时期，达赖喇嘛和跟随他的人应该相信这一点。如果不相信要多看几年也可以。第二，对过去的历史不再纠缠，即对1959年那段历史

大家都忘掉它。第三，我们诚心诚意地欢迎达赖和跟随他的人回到祖国定居。我们欢迎他回来的目的，是欢迎他能为维护我们国家的统一，增加藏汉民族的团结，为实现四化作贡献。第四，达赖喇嘛回来定居后的政治待遇和生活待遇，依照1959年以前不变。生活上也维持原来的待遇不变，对跟随他的人也会妥善安置，不要担心工作、生活怎么样，只会比过去更好一些。因为我们的国家发展了。第五，达赖喇嘛什么时候回来，他可以向报界发表一个简短声明，声明怎么说，由他自己定。（《中国共产党西藏历史大事记（1949~2004）》P485）

△　甘肃省临夏回族自治州民族歌舞团创作的花儿剧《花海雪冤》在民族文化宫上演。（《人民日报》1987.7.19.③，《甘肃日报》1987.7.19.①）

19日　湖南省少数民族射弩邀请赛在湘西土家族苗族自治州举行。（《湘西州志》上P86）

20日　劳动人事部批准成立内蒙古新闻出版局。（《内蒙古自治区大事记（1987~1996）》P5）

△　内蒙古自治区第一个毛用细毛羊新品种——科尔沁细毛羊最近通过自治区级鉴定验收。（《内蒙古日报》1987.7.20.①）

20~23日　中国儿童发展中心和新疆维吾尔自治区儿童发展中心在乌鲁木齐联合举行"新疆儿童发展问题和需求研讨会"，主要研讨新疆少数民族儿童教育、营养、卫生保健等方面的问题和需求。（《中国共产党新疆历史大事记（1966.5~1991.12）》下P334）

20~24日　中国民族理论研究会、内蒙古自治区社联和内蒙古民族理论研究学会联合组织的全国民族理论专题学术讨论会在呼和浩特举行，13个省、市、自治区的代表150多人参加。（《内蒙古日报》1987.7.21.①）

20日~8月20日　全国中小学教材审定委员会藏文教材审查委员会第二次会议在四川省阿坝藏族自治州举行。（《中国教育年鉴（1988）》P298）

21日　为庆祝内蒙古自治区成立40周年，内蒙古文联评选全区第二届文学创作索龙嘎奖、艺术创作萨日纳奖，共评出荣誉奖10名、特别奖1名、翻译奖3名，213件文学艺术作品分获一、二等奖，获奖作者272人，蒙古文作品占总作品数的38%，少数民族作者占受奖作者的54%，女作者占总数的8%。（《内蒙古自治区大事记（1987~1996）》P261）

△　内蒙古科尔沁草原的扎鲁特旗版画在北京展出。（《人民日报》1987.7.23.③）

22日　内蒙古自治区展览馆在呼和浩特落成。展览馆主楼5层、东西副楼3层，最高点35米，共有14个大型展厅和1个露天广场，可展出各种中小型产品和各种大型机械设备。（《内蒙古日报》1987.7.23.①）

23日　青海民族民间刺绣艺术展览在北京开幕，展出藏、蒙古、土、撒拉、回、汉6个民族的1000多件刺绣佳品。（《人民日报》1987.7.24.③）

23~27日　新疆维吾尔自治区首次人才开发工作会议在乌鲁木齐举行。会议讨论自治区党委、自治区人民政府《关于加强人才开发工作若干问题的决定》及自治区人民政府《关于鼓励专业技术人员到乡镇和农牧区进行科技服务的暂行规定》、《关于促进专业技术人员合理流动的规定》、《关于专业技术人员兼职的暂行规定》、《关于选拔和奖励优秀专业技术人才条例》和《关于专业技术人员继续教育的暂行规定》5个配套文件（讨论稿）。自治区党委副书记、自治区主席铁木尔·达瓦买提作题为《坚持改革，积极开发人才，更好地为自治区四化建设服务》的报告。（《中国共产党新疆历史大事记（1966.5~1991.12）》下P334~335）

24日　《内蒙古日报》报道，中国蒙古语文学会在锡林浩特举行第四届年会，全国八省区的80名蒙、汉、达斡尔、壮族专家莅会，提交论文220篇，34篇被评为优秀论文，内蒙古自治区会员的7项成果获内蒙古自治区优秀成果奖。（《内蒙古自治区大事记（1987～1996）》P261）

△　国务院批复四川省人民政府，同意阿坝藏族自治州改称阿坝藏族羌族自治州；撤销茂汶羌族自治县，恢复茂县，以原茂汶羌族自治县的行政区域为茂县的行政区域。（《国务院公报》1987［27号］P908）

△　云南省西双版纳傣族自治州六届人大常委会第二十九次会议决定，每年公历1月2～4日为哈尼族的传统“嘎汤帕”节日。（《西双版纳傣族自治州志》上P72）

25日　国内目前最大、最先进的赛马场——内蒙古赛马场在呼和浩特落成并交付使用。赛马场主体建筑面积7178.07平方米，两翼看台1144平方米，按国际赛马场标准设计，可供大型赛马、马球比赛、马术表演和大型集会使用。（《内蒙古日报》1987.7.26.①）

△　甘肃省兰州市穆斯林教育基金会成立，基金用于扩建、新建穆斯林学校，改善办学条件，表彰奖励献身穆斯林教育的优秀干部和教师，资助和奖励学习成绩优良的穆斯林学生。（《甘肃日报》1987.7.28.①）

25日～8月13日　全国少数民族作家诗人翻译家哈密笔会召开，13个省区的20个少数民族的作家、诗人、翻译家与会。（《新疆日报》1987.7.26.①，8.18.①）

26～29日　新疆维吾尔自治区语言文字工作委员会、柯尔克孜语言文学历史学会和克孜勒苏柯尔克孜自治州人民政府在乌恰县玉奇塔什草原举行首届柯尔克孜语言文字学研讨会和柯尔克孜阿肯（民间歌手）演唱会。（《克孜勒苏柯尔克孜自治州志》上P59）

27日　全国各族儿童勤巧小队友谊赛夏令营在天安门城楼举行开营式，56个民族的135名儿童接受了国家副主席乌兰夫授予的营旗。中共中央政治局常委陈云为夏令营题词。这是建国以来56个民族儿童代表首次共同登上天安门城楼。（《云南日报》1987.7.28.①）

△　内蒙古自治区乌拉山发电厂二期扩建工程10万千瓦机组并网发电。（《内蒙古日报》1987.8.4）

△　山洪突袭兰新铁路，内地发往乌鲁木齐的31列客车相继受阻在兰州至大河沿之间，哈密、鄯善、大河沿三地滞留旅客1.2万多人，新疆28列东去客车停运，双向数十列货车停发。（《新疆日报》1987.8.2.①，9.22.①；《甘肃日报》1987.7.30.①）

27～30日　国家民委在大连举行“东北民族大学专业设置论证会”，国家民委副主任赵延年、洛布桑（蒙古族），辽宁省副省长左琨以及专家学者40余人出席会议。会议明确学院以理工科为主的学科专业发展方向和以应用型、复合型人才为主的人才培养定位。（《大连民族学院校史》P146）

28日　内蒙古自治区微电脑技术研究所和呼和浩特市机电研究所与电子工业部深圳电子开发公司联合研制的桑达牌CETW中（蒙）英文电子打字机通过专家鉴定。这是第一次全部由国内自行设计制造的电子打字机。（《内蒙古日报》1987.8.19.①）

29日～8月2日　内蒙古自治区举行自治区成立40周年庆祝活动。29日，国家副主席乌兰夫为团长，中共中央政治局委员习仲勋为副团长的中央代表团抵达呼和浩特，广西、西藏、新疆、宁夏、湖北等省、市、自治区的代表团和中央代表团艺术团也先后抵达呼和浩特，参加内蒙古自治区成立40周年庆祝活动。30日，《人民日报》发表社论《加快改革步伐，描绘新的画卷——庆祝内蒙古自治区成立四十周年》。31日，内蒙古自治区举行干部大会，庆祝自治区成立40周年，乌兰夫、习仲勋、秦基伟、杨静仁、包尔汉、费孝通、司马义·艾买提、阎明复、李贵等出席。自治区党委书记张曙光作题为《党的民族区域自治政策的伟大胜利》的报告，总结内蒙古自治区40年推行民族区域自治政策的成就和基本经验。乌兰夫、习仲勋分别作重要讲话，并代表中共中央、全国人大常委会和国务院表示热烈的祝贺。8月1日，呼和浩特各族各界5万多人举行集会，庆祝内蒙古自治区成立40周年。自治区人民政府主席布赫发表节日讲话，乌兰夫宣读中共中央、国务院、全国人大常委会给内蒙古自治区的贺电，中央代表团分别向内蒙古党委、顾委、纪委、人大常委会、政府、军区、政协赠送锦旗，锦旗上绣着国家主席李先念的题词"各族人民团结起来，为搞好内蒙古的社会主义现代化建设而奋斗"。2日，内蒙古自治区成立40周年建设成就展览开幕，乌兰夫、习仲勋、张曙光为展览剪彩。（《内蒙古自治区大事记（1987~1996）》P5，《内蒙古日报》1987.8.2.①②，《内蒙古自治区史》P546~547）

30日 据本报讯，内蒙古大青山南麓最近首次发现原始牛角化石。这件化石埋藏在距地表4米深的沙土层和黄土层之间，牛角长0.8米，根部周长0.4米，比现在的牛角大得多。（《人民日报》1987.7.30.③）

△ 据本报讯，贵州省三都水族自治县境内最近发现第三纪古热带的山桐子、穗花杉、银杏、鹅掌楸等古老珍贵树种。（《贵州日报》1987.7.30.②）

△ 据本报讯，青海电影译制厂新近译制出第一部藏语电视剧《苏鲁梅朵》。（《人民日报》1987.7.30.③）

是月 中国蒙古语文学会第四届年会在内蒙古锡林浩特举行，8个省市自治区的80多名蒙古、汉、达斡尔、壮族专家与会。会议提出，蒙古语文研究要立足现实，努力开拓新的研究课题。（《内蒙古日报》1987.7.24.①）

△ 内蒙古科委、航天部联合研制成功"微机激光蒙文台式印刷系统2.00"，实现蒙古文印刷的微型化、经济化、适用性与先进性。（《内蒙古自治区大事记（1987~1996）》P262）

8月

1~2日 贵州省少数民族射弩比赛在毕节举行，毕节代表队、黔南州代表队、六盘水市代表队分获团体第一、二、三名，毕节的王国昌、张继友、王光学分获个人第一、二、三名。（《贵州日报》1987.8.7.①）

1~7日 高等民族院校文艺理论研讨会在青海西宁举行，全国12所民族高校及部分科研出版单位的14个民族的近60名代表参加，就文艺观念和文艺科学研究的方法及文艺民族化等问题进行讨论。（《青海日报》1987.8.11.①）

2日 据新华社拉萨电，西藏自治区藏医学院院长、西藏自治区卫生厅副厅长强巴赤列和西藏社会科学院名誉院长、西藏大学藏文系教授、藏学家东嘎·洛桑赤列（藏族）获"国家级有突出贡献的专家"称号。（《人民日报》1987.8.4.③，《贵州日报》1987.8.3.②）

3~7日 云南省怒江傈僳族自治州少数民族语文指导委员会、州民委、州委宣传部、州教育局联合举办新老傈僳文学术讨论会，交流论文30篇。（《云南日报》1987.8.11.①）

3~11日 西藏自治区基层政权建设工作会议在拉萨举行。会议通过自治区党委和人民政府《关于加强基层政权建设的决定》，共10条。《决定》对区、乡设置进行较大的调整，从1986年的436个区调整为71个区，2078个乡调整为895个乡，9个镇调整为30个镇。在门巴、珞巴、纳西等少数民族聚居的乡，分别建立8个民族乡。（《当代中国的西藏》上

P400、434）

4~8日 青海省果洛藏族自治州首届《格萨尔》艺人演唱会在大武举行，十多名藏族民间艺人参加。（《青海日报》1987.8.11.①）

5日 据新华社电，青海省拨款35万元人民币修复的十四世达赖喇嘛故居最近完工，达赖喇嘛家乡所在地的平安县政府将房产证交给达赖喇嘛亲属。（《甘肃日报》1987.8.5.①）

6日 据新华社拉萨电，我国动物学家最近在西藏藏北高原首次发现大群珍稀动物白唇鹿。白唇鹿是我国特有的一种珍稀动物，主要分布于四川西部，西藏、青海南部海拔4000米至5000米的高山草甸和灌木丛中。（《西藏日报》1987.8.8.①）

△ 西藏自治区第一座野生动物标本陈列馆在那曲落成。陈列馆总面积500平方米，分兽类、鸟类和矿产类3个陈列室。（《西藏日报》1987.8.13.①）

△ 据本报讯，甘肃省博物馆和中科院古脊椎动物与古人类研究所联合考察组最近在甘肃省临夏回族自治州东乡族自治县境内发现有蹄动物巨猪的下颌骨化石，这是在我国境内首次发现的此类动物化石。（《甘肃日报》1987.8.6.①）

7日 据新华社拉萨电，西藏高原最大的现代化养鸡场最近在拉萨建成。这座由解放军驻藏部队建成的养鸡场占地4100多平方米，可养鸡1万多只。（《西藏日报》1987.8.9.①）

9日 广西壮族自治区赖氨酸厂通过国家验收，交付使用。该厂由自治区政府和农牧渔业部合资建设，是国内生产规模最大、技术领先的赖氨酸厂，设计年产赖氨酸1000吨，于1984年12月23日动工兴建。（《广西通志·大事记》P534）

△ 据《海外市场》讯，我国第一个沙漠运输公司最近在新疆维吾尔自治区库尔勒成立。（《内蒙古日报》1987.8.9.①）

10~14日 宁夏回族自治区经济体制改革会议在银川举行，自治区直属部门和地、市、县负责人以及部分企业的厂长（经理）共220人参加。（《宁夏日报》1987.8.15.①）

10~30日 青海少数民族民俗展览在西宁举办，展出900多件展品、100多幅图片及7部电视录像片，介绍了青海省藏、回、土、撒拉、蒙古5个世居的少数民族以及他们的服饰、居住、饮食、生产、生活、文化艺术和宗教信仰等方面的风土风俗。（《青海日报》1987.8.11.①，9.4.①）

11日 据本报讯，广西壮族自治区首届草业开发利用学术讨论会最近在南宁举行，会议提出要把畜牧业作为发展自治区农业的战略决策来抓。（《广西日报》1987.8.11.①）

△ 据本报讯，西藏自治区第一家探索自然之谜的科学学会——中国喜马拉雅奇谜考察研究会最近在拉萨成立。（《西藏日报》1987.8.11.①）

11日~9月4日 全国蒙古史学术讨论会在包头举行，16个省、市、自治区的100多位各族蒙古史研究专家与会。会议交流全国元、明、清、近现代蒙古史研究概况和蒙古文历史文献收藏校注出版状况。（《内蒙古日报》1987.9.6.①）

12~25日 西藏自治区首次藏文作者笔会在拉萨举行，区内外60多位藏文作者与会。（《西藏日报》1987.8.15.①，8.26.①）

13日 内蒙古自治区呼和浩特地区钢材市场开业，这是呼和浩特市物资部门体制改革迈出的新步伐，面向全区，辐射整个华北和西北地区。（《内蒙古日报》1987.8.15）

△ 西藏自治区第一座轻钢结构房式仓粮库在那曲建成。该库总建筑面积13720平方米，仓储量5000万斤。（《西藏日报》1987.8.26.①）

△ 据本报讯，新疆维吾尔自治区最近完成国家重点科研课题——伊犁片和阿勒泰片草场资源调查，为伊犁、阿勒泰地区合理科学利用和建设、开发草场资源，加速畜牧业发展提供科学依据。（《新疆日报》1987.8.13.①）

14日 据本报讯，内蒙古自治区地方病研究第一本专业性图集——《内蒙古自治区自然环境与地方病图集》最近由内蒙古人民出版社出版。（《内蒙古日报》1987.8.14.①）

△ 新疆维吾尔自治区首家综合型物资企业集团——新疆物资贸易集团在乌鲁木齐成立。（《新疆日报》1987.8.20.①）

15日 据本报讯，内蒙古自治区封涂法灭蟑螂研究成果最近在包头通过技术鉴定，包头市青山区成为我国第一个无蟑螂危害区。（《内蒙古日报》1987.8.15.①）

△ 内蒙古自治区目前最大的生产资料交易中心——内蒙古自治区物资贸易中心开业，大楼总建筑面积1.2万平方米。（《内蒙古日报》1987.8.16.①）

△ 西藏自治区首届专业声乐比赛在拉萨举行。自治区歌舞团的丹增（藏族）获特等奖，阿里文工团的德吉次白（女，藏族）获一等奖，自治区歌舞团的顿珠次仁（藏族）、山南文工团的仓决卓玛（女，藏族）获二等奖，巴桑（藏族）、多吉卓嘎桑姆（女，藏族）、米玛吉巴（藏族）、泽嘎（藏族）获三等奖。（《西藏日报》1987.8.17.①）

△ 新疆维吾尔自治区第一家国内旅行社——新疆茂源旅行社正式营业。（《新疆日报》1987.8.22.①）

15~19日 广西壮族自治区南宁港澳轮船公司货轮试航香港成功。23日，货轮返回南宁港。（《广西日报》1987.8.31.①）

15~20日 由内蒙古大学、中国人与生物圈国家委员会、内蒙古草原生态站组织的国际草地植被学术讨论会在内蒙古自治区呼和浩特举行。10个国家和联合国教科文组织驻中国代表共151人出席会议，收到学术论文102篇。（《内蒙古自治区大事记（1987~1996）》P262）

17日~10月18日 宁夏回族自治区文物管理委员会与中国历史博物馆联合在中国历史博物馆举办宁夏文物展览，集中展出近年来在宁夏境内出土的600多件反映各时期历史的典型文物。展览按历史发展顺序分为原始社会、西周、春秋战国至汉、北朝隋唐、宋元明清以及回族风俗7个部分，向观众揭示宁夏3万年以来的历史文物概况。（《宁夏日报》1987.8.18.①）

18日 临夏—海东民族经济开发协作区成立会在甘肃省临夏回族自治州临夏市举行，全国政协副主席、著名社会学家费孝通，国家民委副主任赵延年等出席。位于青海省东北部的海东地区与甘肃省临夏回族自治州在历史上通称河州，两地区地理位置相连，民族特征基本相同，各民族之间素有经济往来。（《甘肃日报》1987.8.19.①）

△ 贵州省民委和民族文化宫主办的贵州民族民间剪纸艺术及地戏面具展览在北京举办。（《贵州日报》1987.8.21.①）

18~22日 国家教委、国家民委在乌鲁木齐召开内地与边远少数民族地区高等院校支援协作会议。会议研究讨论如何建立稳定的校际对口支援协作关系、加强校际支援协作的领导和计划管理等问题。（《新疆日报》1987.8.23.①）

19~21日 西藏自治区藏文印刷新字体评选会在拉萨举行。9位作者的作品获奖，其中一等奖1名、二等奖2名、三等奖3名、鼓励奖3名。（《西藏日报》1987.8.20.①，8.22.①）

19~25日 全国能源基地发展战略讨论会在宁夏银川举行。1982年国务院决定建立由山西、宁夏、内蒙古西部、陕西北部和河南西部等地组成的国家能源基地。（《中共宁

夏党史大事记（1925.8～1988.6）》P602）

20日 青海省运动员乌力吉（蒙古族）获北京中国式摔跤邀请赛90公斤级冠军。（《青海日报》1987.8.23.①）

20～25日 第二次全国民族语文翻译学术讨论会在内蒙古通辽举行，12个省区23个民族的130多名翻译工作者与会。代表们一致认为，民族语文翻译工作是各族人民联系的桥梁和枢纽，翻译工作者要坚定不移地把自己的思想统一到党中央的路线上来，不断提高业务素质，为开创民族语文翻译事业新局面作出贡献。（《内蒙古日报》1987.9.5.①）

20～26日 文化部、国家民委主持的全国少数民族乐器工作座谈会在内蒙古赤峰举行，14个省市自治区的代表参加。与会代表认为，要更加深入地发掘少数民族乐器宝藏，继承和改革传统乐器，进一步发展和繁荣少数民族地区音乐事业。（《内蒙古日报》1987.8.31.①）

21日 西藏自治区首届舞台美术展览在拉萨举办，展出1000多件反映西藏舞台美术事业形成和发展的作品。（《西藏日报》1987.8.22.①）

△ 宁夏回族自治区第一条具有80年代先进水平的光纤通信系统在银川建成并投入使用，全长17.1公里。（《宁夏日报》1987.9.23.①）

23日 西藏自治区藏剧团改编的大型传统藏戏《卓娃桑姆》在拉萨首演。（《西藏日报》1987.8.24.①）

23日～9月13日 西北五省区首届书市在甘肃兰州举办，西北五省区36家出版社和全国105家出版社以及香港的商务、三联、中华、新雅、万里5家出版社应邀参加展销，分设28个展馆，共展出政治经济、科学技术、文学艺术、文化教育、大中专教材、少儿读物和工具书3万多种。（《甘肃日报》1987.8.24.①）

24日 西藏自治区阿里地区自己培养输送的第一批大学生分赴各院校报到。阿里地区是年参加高考的36名藏族学生有16人被内地和西藏各大专院校录取，升学率为44.4%，结束阿里地区不能输送大学生的历史。（《西藏日报》1987.9.10.②）

24～26日 西藏自治区首届声乐理论研讨会在拉萨举行。这是全国少数民族地区首次召开的声乐理论研讨会。与会代表研究探讨民族声乐的发展以及各个种类的演唱技巧、特色、风格、流派，论证建立民族声乐理论体系，发展民族声乐理论的依据和可能性。（《西藏日报》1987.8.25.①，8.27.①）

24日～9月5日 广西壮族自治区出口商品展销会在美国纽约举办。展出商品共1500多种1.8万多件，签订出口成交合同156份4562.5万美元。（《广西通志·大事记》P534）

27日 宁夏回族自治区银川橡胶厂由国外引进的具有80年代国际水平的航空轮胎翻新生产线投入使用，结束中国不能翻新航空轮胎的历史。（《当代宁夏史通鉴》P37）

29日 据《科技日报》讯，经林业专家最近鉴定，湖南省城步苗族自治县岩寨乡金南村的古杉群于东晋时代人工种植，至今已有1600多年的历史，是我国目前发现最早的人造森林群。（《湖南日报》1987.8.29.①）

△ 广西壮族自治区南宁市八届人大常委会第十一次会议通过《南宁市噪声管理的若干规定》。11月3日，广西壮族自治区六届人大常委会第二十九次会议批准该规定。（《广西通志·环境保护志》P353）

△ 西藏自治区人民政府发布《西藏自治区居民委员会工作简则（试行）》、《西藏自治区村民委员会工作简则（试行）》和《西藏自治区乡、民族乡、镇人民政府暂行工作条例》。（《中国共产党西藏历史大事记（1949～2004）》P488）

29～31日 联合国环境规划署执行主任托尔巴一行在国家环境保护局局长曲格平陪同下，在广西壮族自治区桂林考察环境保护工作。（《广西通志·大事记》P535）

30日 据本报讯，西藏自治区目前有70多座地面卫星接收站，成为全国拥有地面卫星接收站最多的地区。（《宁夏日报》1987.8.30.①）

31日 国务院批复广西壮族自治区人民政府，同意钦州地区的合浦县划归北海市管辖。（《国务院公报》1987［22号］P750）

△ 中央讲师团一行139人分别到达广西壮族自治区柳州市、南宁市，后分赴河池、百色、柳州、南宁4个地区的21个市、县的35所学校任教。（《广西通志·大事记》P535）

△ 广西壮族自治区左江流域壮族先民崖壁画展览在北京举办。（《广西日报》1987.9.2.①）

31日～9月4日 中国蒙古史学会会员大会暨第六次学术讨论会在内蒙古自治区包头举行，全国16个省、市、自治区的100多位各族蒙古史研究工作者出席会议。（《内蒙古社会科学（汉文版）》1987.5 P37）

31日～9月5日 宁夏回族教育研讨会在银川举行，国家教委、国家民委和津、鲁、冀、豫、滇、甘、青、新、内蒙古9个省、市、自治区代表应邀参加。与会者认为，发展回民教育的重点是加强基础教育，必须从初等教育抓起，认真办好中小学，提高回族小学生尤其是高年级学生的巩固率，同时还要解决好回族女生很少及其入学率不高、大力培养回族女教师的问题。（《中共宁夏党史大事记（1925.8～1988.6）》P603，《宁夏日报》1987.9.8.①）

是月 据新华社电，首届全国少数民族自治区首府城市市长联系会在新疆乌鲁木齐举行，五城市间达成经济技术协作意向项目24项。（《宁夏日报》1987.9.3.①）

△ 据本报讯，全国少数民族用品轻工评选发奖会在新疆乌鲁木齐举行，30个省市少数民族地区的近百种产品参加评选，58种产品获部优产品称号。（《宁夏日报》1987.9.26.②）

9月

1日 中国第一所高级佛学院——中国藏语系高级佛学院在北京成立，并举行首届学员开学典礼。党和国家领导人邓颖超、习仲勋、胡启立、田纪云、郝建秀、陈丕显、彭冲、杨静仁、汪锋、王汉斌和阎明复等出席。全国人大常委会副委员长、中国佛协名誉会长班禅额尔德尼·确吉坚赞（藏族）任院长，中国佛协会长赵朴初被聘请为高级顾问，国务院宗教事务管理局局长任务之为政策顾问。（《人民日报》1987.9.2.①）

△ 据本报讯，国家教委和国务院西藏经济工作咨询小组联合召开的内地16省市西藏班情况汇报会最近在辽宁辽阳举行，16个省市西藏班的代表和国家教委、国务院经济工作咨询小组的领导49人参加。与会代表汇报了各省市西藏班创办两年以来有关基建、经费、人员配备、课程设置和教学、生活管理等方面的情况。（《西藏日报》1987.9.1.①）

△ 据本报讯，新疆塔里木垦区利用世界银行贷款在濒临塔里木河的阿拉尔镇建成我国第一个长绒棉育种中心。（《新疆日报》1987.9.1.①）

1～6日 全国首届少数民族科技史学术讨论会在呼和浩特举行。19个省、市、自治区的90多名专家与会，70多篇论文在会上交流。（《内蒙古日报》1987.9.5.①）

2日 据《内蒙古日报》报道，1987年内蒙古自治区高等学校招生工作结束，1.42万多名各族青年被区内外300多所大专院校录取，其中区外录取4600多人。（《内蒙古自治区大事记（1987～1996）》P263）

△　据本报讯，黑龙江省的赫哲族年初开始使用本民族语言教学，300多名赫哲族小学生开始使用本民族语学习。　（《宁夏日报》1987.9.2.④）

△　新疆维吾尔自治区乌鲁木齐至甘肃省敦煌航线正式开通。航线单程飞行时间2小时15分，每周一、三、五飞行3班。　（《新疆日报》1987.9.4.①）

2~3日　全国少数民族第六届珠算比赛在湖南省湘西土家族苗族自治州吉首举办，18个少数民族的90名选手参加，吉林队获团体总分、个人全能第一名。　（《湖南日报》1987.9.9.①，《湘西州志》上P86）

3日　广西民族学院民族研究所与美国威廉凯里大学珀内尔夫妇签订《关于合作研究瑶语言文化意向书》。　（《广西民族学院校史》P299）

△　商业部、宁夏回族自治区民委等单位投资130万元筹建的全国首家清真烹饪技术培训站在银川成立。　（《宁夏日报》1987.9.4.①）

4日　据本报讯，宁夏回族自治区啤酒花种植面积发展到4000亩，总产230万吨，产值200多万元，成为我国啤酒花重要生产基地。　（《宁夏日报》1987.9.4.①）

△　宁夏回族自治区固原七营至县城110千伏送变电工程建成投运，固原地区用电纳入宁夏电网，结束长期靠甘肃电网供电的历史。工程于1986年7月25日程动工兴建。（《当代宁夏史通鉴》P36）

5日　据新华社北京电，六届全国人大常委会第二十二次会议通过关于七届全国人大少数民族代表名额方案决定，决定仍按照五届全国人大常委会第二十六次会议批准的《第六届全国人民代表大会少数民族代表名额分配方案》执行，全国人民代表大会少数民族代表的名额应占全国人民代表大会代表总数的12%左右。　（《人民日报》1987.9.6.④）

5~9日　西北五省区社会科学院院长座谈会暨图书情报资料会议在宁夏银川举行。与会代表认为，改革需要社会科学有一个大发展，社会科学只有为改革开放服务，搞好自身改革，才能实现社会科学的发展与繁荣。（《宁夏日报》1987.9.11.①）

5~10日　全国首届回族区域自治地方书法联展在新疆维吾尔自治区昌吉回族自治州昌吉市举行，全国1个回族自治区、2个回族自治州和9个回族自治县140多位书法作者的160多幅作品参展。　（《昌吉回族自治州志》P65）

6~19日　内蒙古赤峰民族歌舞团在加拿大访问演出。这是内蒙古自治区的大型蒙古族民族艺术团体首次赴北美洲进行文化交流。（《内蒙古日报》1987.10.5.①）

7日　据本报讯，湖南省第一本介绍少数民族体育的书籍《湘西体育风采》最近由人民体育出版社出版。该书介绍了土家、苗、白、侗、瑶5个少数民族近100个具有地方特色、民族风情的民间体育项目和湘西风土人情。（《湖南日报》1987.9.7.④）

7~16日　广西壮族自治区主席韦纯束率自治区政府代表团赴奥地利克恩顿州进行友好访问，商谈经济科技合作、公派留学生等事宜。　（《广西通志·大事记》P535）

8日　中宣部、司法部和国家民委在乌鲁木齐联合召开东北、华北、西北地区少数民族普法工作座谈会。这是我国开展普法工作以来首次召开的专门研究少数民族地区普法工作的会议。　（《内蒙古日报》1987.9.10.①）

△　据新华社北京电，一部汇集我国几十年民族研究成果的工具书——《民族词典》最近由上海辞书出版社出版，著名学者马寅、马学良、牙含章、林耀华、秋浦、费孝通、翁独健、傅懋绩等教授任顾问，民族学家陈永龄教授任主编，宋蜀华、刘荣焌、金天明、李毅夫、高文德、张公瑾、张元生等教授任副主

编。全书共203万字，收词1054条，涉及民族问题理论、民族政策、民族学、人类学、民族学史等学科。（《人民日报》1987.9.9.③）

△ 内蒙古自治区在克什克腾旗建立达里诺尔鸟类自然保护区，面积11.94万公顷，是以珍稀鸟类为主要保护对象的国家级自然保护区。（《全国自然保护区名录（2003）》P34）

9日 宁夏回族自治区最大的开放型综合购物中心——银川新华商场扩建工程全部竣工并投入使用，总营业面积4300多平方米，下设11个商品部，63个柜组，经营品种由原来的8000多种增加到目前的1.75万多种。（《宁夏日报》1987.9.18.①）

△ 新疆维吾尔自治区党委、自治区人民政府发出《关于当前我区教育工作中几个主要问题的决定》，强调要大力加强少数民族教育。（《中国共产党新疆历史大事记（1966.5～1991.12）》下P338）

10日 内蒙古经济管理干部学院在呼和浩特建成开学，首届大专班同时开学。（《内蒙古日报》1987.9.12.①）

△ 广西壮族自治区第一个汽车市场在南宁开张营业，全国16个汽车生产厂家的40多个汽车品种参加首次交易。（《广西通志·大事记》P535）

△ 据本报讯，经上级部门批准，甘肃省肃南裕固族自治县在藏族聚居的泱翔、西水两个乡恢复设立藏族乡。（《甘肃日报》1987.9.10.①）

10～14日 国务院第二次援藏工作会议在北京举行，中共中央统战部、国家教委、国家民委、国务院西藏经济工作咨询小组负责人以及全国有关省市和教育部门的领导100多人参加。会议议题是：关于大量培养西藏建设所需要的各级各类人才，首先要立足于办好西藏本地的教育事业，进一步明确办学的指导思想和发展教育的方针；认真贯彻中央指示，采取更有效的措施，进一步做好全国智力援助西藏工作。与会代表讨论《关于改革和发展西藏教育若干问题的意见》及《关于内地对口支援西藏教育实施计划（草案）的报告》。会议决定，援助西藏教育8个项目，共计6000万元。（《民族团结》1987.11 封二；《西藏日报》1987.9.12.①，9.15.①；《当代中国的西藏》下P308）

△ 青海省首届《格萨尔》民间艺人演唱会在海南州共和县举行，玉树、果洛等州、县的18名藏族民间艺人演唱史诗《格萨尔》。全国《格萨尔》抢救工作领导小组副组长降边嘉措（藏族）参加演唱会。（《青海日报》1987.9.21.①）

12日 中国西藏拉萨至尼泊尔首都加德满都不定期国际航班开通。（《西藏日报》1987.9.13.①，《当代中国的西藏》下P613）

△ 云南省兰坪县拉井盐矿实现真空制盐，结束用薪柴煎盐的历史。（《兰坪白族普米族自治县志》P31）

12～16日 西南五省区六方第三届商品交流会在四川成都举行。（《四川日报》1987.9.13.①）

13日 据《宁夏日报》报道，宁夏“星火计划”顺利实施，经济效益显著。2年来，共安排48个“星火”项目，其中国家级项目13个，总投资5261万元，有33个项目已实施。（《中共宁夏党史大事记（1925.8～1988.6）》P604）

14日 据新华社银川电，考古工作者在宁夏银川东郊发现湮没400多年的西夏皇家寺院——高台寺遗址。该寺是西夏皇亲国戚进行佛事活动的场所，是西夏最大的一座寺院。（《宁夏日报》1987.9.15.①）

15日 中国民航开辟广西桂林至福建福州航线。（《广西通志·大事记》P535）

△ 彝族服饰展览在民族文化宫开幕，展出服饰900余件。（《人民日报》

1987.9.16.③）

△ 贵州省民族民间工艺美术和文化个体户产品展览在省博物馆举办，展品包括历史、民族、艺术研究藏品，具有民族特色的小件旅游纪念品和生活装饰品等约2万件。（《贵州日报》1987.9.17.①）

15~17日 新疆、内蒙古、宁夏、广西、甘肃、青海、云南、四川、湖南、贵州十省区民族志编写经验交流会在贵州贵阳举行。（《贵州日报》1987.9.19.①）

15~19日 全国首届少数民族地区妇女工作会议在新疆乌鲁木齐举行，27个省、市、自治区56个民族的150多名妇女代表参会。（《人民日报》1987.9.21.④）

15~20日 全国首届陆地口岸统战工作研究会在内蒙古自治区满洲里举行。会议由内蒙古党委统战部发起，黑龙江、云南、辽宁、吉林、新疆等共六省区代表参加。（《内蒙古自治区大事记（1987~1996）》P7）

15~21日 全国首届藏族舞蹈学术讨论会在四川阿坝藏族羌族自治州马尔康举行。（《四川日报》1987.9.23.①）

16日 四川省民族工作会议在成都召开。（《四川日报》1987.9.17.①）

△ 据本报讯，甘肃省第一次民族自治州县经济开发会议最近在甘南藏族自治州合作市举行。会议集中研究民族地区的经济开发问题，讨论形成《全省少数民族自治州县经济开发会议纪要》。（《甘肃日报》1987.9.16.①）

18日 我国驻美国大使馆就西藏问题及流亡国外的达赖喇嘛即将访美一事举行记者招待会，阐述中国政府的立场。（《人民日报》1987.9.29.①）

△ 包头至神木铁路关键工程——黄河大桥剪彩通车。这是一座单线铁道特大桥，位于内蒙古自治区伊克昭盟拉特旗九小渡口附近，与黄河公路大桥相邻。大桥全长865米。（《内蒙古日报》1987.9.20.①）

△ 湖南省湘西土家族苗族自治州最大的供销商场——吉首商场建成开业。（《湘西州志》上P86）

△ 新疆维吾尔自治区乌鲁木齐气象卫星地面站通过国家验收投入使用。（《人民日报》1987.9.30.③）

19日 西藏自治区第一家个人租赁企业——西藏塑料厂在拉萨正式开业。（《西藏日报》1987.9.20.①）

20日 湖南省六届人大常委会第二十七次会议讨论通过《湖南省散居少数民族工作条例》。（《湖南日报》1987.9.21.①，9.30.④）

20~23日 国家民委副主任赵延年在贵州省民委主任熊天贵陪同下在黔西南布依族苗族自治州视察民族工作。（《黔西南布依族苗族自治州志·政权政协志》P27）

20~24日 中国西南民族研究学会苗族、瑶族学术讨论会在贵州贵阳举行，西南五省区和湖南、广东、青海、北京等省市苗、瑶、汉、壮等13个民族的学者和有关代表130多人出席。会议着重讨论苗族、瑶族社会历史发展特点，民族传统文化的继承和扬弃，以及民族研究如何更好地为民族地区的两个文明建设服务等问题。（《贵州日报》1987.10.6.①）

22日 内蒙古自治区六届人大常委会第二十四次会议通过《关于进一步实施草原法、草原管理条例的决议》。（《内蒙古日报》1987.9.23.①，《内蒙古自治区史》P422）

△ 据本报讯，宁夏回族自治区银川橡胶厂自行设计生产的图154中型客机主轮胎通过部级鉴定，填补我国航空轮胎的一项空白。（《宁夏日报》1987.9.23.①，9.28.④）

△ 据本报讯，中国、加拿大两国生物学家在新疆准噶尔盆地发现一批巨型蜥脚类、兽脚类恐龙化石及中侏罗系鳄类化石。（《人

民日报》1987.9.22.③)

22~27日 青海省首届蒙古族文学创作会议在海西州德令哈举行。 (《青海日报》1987.10.5.①)

23日 云南省六届人大常委会第二十九次会议审议批准《云南省西双版纳傣族自治州自治条例》，自1988年1月1日起施行。(《西双版纳傣族自治州志》上P73)

△ 据新华社拉萨电，雅鲁藏布江北岸札囊县境内的曲果成为西藏高原一个新的旅游热点。据历史记载，曲果（藏语“源头”之意）是西藏佛教最早的修行地。 (《西藏日报》1987.9.28.①)

△ 新疆维吾尔自治区党委、自治区人民政府作出《关于加强人才开发工作若干问题的决定》。 (《中国共产党新疆历史大事记(1966.5~1991.12)》下P340)

24日 四川省甘孜藏族自治州五届人大常委会第二十一次会议作出《关于学习使用和发展藏语文的决议》。 (《甘孜州志》上P97)

24日~10月22日 全国人大常委会副委员长班禅额尔德尼·确吉坚赞在青海省循化撒拉族自治县和海南、海北两个藏族自治州及海东地区视察。 (《青海日报》1987.10.23.①,《班禅大师》P170)

25日 内蒙古赤峰市辽代出土文物展览、新疆“青色草原”书画摄影作品展览在民族文化宫开幕，全国人大常委会副委员长赛福鼎·艾则孜、全国政协副主席费孝通出席并剪彩。 (《人民日报》1987.9.26.③)

△ 贵州省黔东南苗族侗族自治州地方产品展销会在北京举办。展销会为北京市海淀区政府和黔东南州政府横向联合项目，展出产品200多种。 (《贵州日报》1987.9.27.①)

△ 青海省博物馆举办藏汉关系文物展览，全国人大常委会副委员长班禅额尔德尼·确吉坚赞为展览剪彩并题词“祝愿汉藏民族的兄弟情谊永世长存”。展览通过300多件文物、200多幅图片、20多附件、1万多文字，分“青藏高原和祖国内地古代居民的往来”、“唐朝和吐蕃的亲善友谊”、“藏族与汉、蒙古、满族关系的进一步发展”3个部分，介绍藏族与汉族及国内其他民族交往和相互影响的历史概况。 (《人民日报》1987.9.26.③)

25~29日 内蒙古大学举办首次蒙古学国际学术讨论会，澳大利亚、法国、联邦德国、匈牙利、日本、蒙古、挪威、美国、苏联等国的40名专家和国内专家学者共115名参会。会议收到中外蒙古学专家学者论文或论文提要87篇，80位专家学者作学术报告。内蒙古自治区政府主席布赫到会祝贺并讲话。(《内蒙古日报》1987.9.26.①，9.30.①)

26日 据本报讯，考古工作者最近在宁夏南部的固原县发现一处保存完好的隋代彩绘壁画墓，墓主是隋唐时期定居中国的“昭武九姓”之一的史姓人。“昭武九姓”是隋唐时期中国对中亚康、安、米、火、石、曹、史、火寻、戊地9个不同姓氏小国的统称。 (《宁夏日报》1987.9.26.①)

26~27日 西藏登山队和日本喜马拉雅登山协会联合组成的中日友好登山队2批15名男女运动员登上拉布及康峰（位于喜马拉雅山中，海拔7367.1米）顶，西藏登山队员阿克布、拉吉（女）、佟璐（女）、加拉、达穷、拉巴、普布等8人登上顶峰。 (《当代中国的西藏》下P515)

27日 据新华社通辽电，内蒙古自治区考古工作者最近在内蒙古东部科尔沁草原发现举世罕见的辽代契丹族银丝网衣等珍贵文物，这些文物出土于距今900多年的辽代陈国公主与驸马的合葬墓中。此次发现为评价我国古代北方少数民族在缔造中华民族文化中的历史贡献及深入研究辽代政治经济文化提供了实物资料。 (《人民日报》1987.9.28.①，《内蒙古日报》1987.9.28.①)

△ 西藏自治区拉萨市发生极少数人在市中心游行闹事的严重政治事件。21名喇嘛和其他5人举着“雪山狮子”旗，呼喊“西藏要独立”等反动口号，在八角街、人民路一带游行，并在大昭寺广场向围观人群发表煽动性演讲，随即被公安部门收容审查。28日，全国人大常委会副委员长阿沛·阿旺晋美等发表谈话指出，应依法严肃处理闹事者。29日，西藏上层爱国人士举行座谈会，强烈谴责骚乱分子罪行。10月1日，拉萨再次发生骚乱事件。十多名披着袈裟和数十名身份不明的骚乱分子在八角街游行，公然殴打公安人员，造成6人死亡、19人重伤；并烧毁八角街公安派出所的房子和汽车。3日，《人民日报》发表评论员文章《反对分裂祖国，反对破坏安定团结》。1至3日，自治区政府发布一、二、三号通告，指出这次事件是“9·27”事件的继续、发展和升级，是少数分裂主义分子破坏民族团结、分裂祖国统一的严重政治事件，是严重的违法犯罪；要求全市广大干部职工和全市人民站在加强民族团结、维护祖国统一的立场上，与少数分裂主义分子和一切犯罪分子划清界限，检举揭发他们的罪行，与他们进行坚决斗争。7日，外交部和国家民委新闻发言人就此发表评论说，拉萨发生骚乱是少数分裂主义分子为配合达赖集团在国外分裂祖国的活动而制造的一次政治事件。这次骚乱与达赖喇嘛不久前访问美国要求“西藏独立”有关，而不是偶然的巧合。同日，流亡印度的达赖喇嘛在达兰萨拉公然表示“完全支持”最近发生在拉萨的分裂主义骚乱，并“号召”那里的“平民不要服从”，要继续骚乱下去。15日，达赖集团组织2000多名西藏分裂主义分子在新德里市中心示威，肆意进行分裂祖国的活动。（《西藏日报》1987.9.30.①，10.3.①，10.4.①；《甘肃日报》1987.10.9.③，10.16.③；《中国共产党西藏历史大事记（1949~2004）》P488~493）

28日 据《内蒙古日报》报道，内蒙古自治区自1981年以来，在阿拉善盟境内的腾格里沙漠开展大面积飞播成功，首开固沙优良灌木沙拐枣不经药物处理即可直接飞播成功的先例。（《内蒙古自治区大事记（1987~1996）》P103~104）

△ 据本报班玛讯，青海省果洛藏族自治州第一个实验性小型水电站——安装有1台功率为12千瓦发电机的班玛县亚尔堂水电站最近建成发电。（《青海日报》1987.9.28.①）

△ 宁夏回族自治区重要工程项目——宁夏水泥厂一期工程提前全面完成并投入生产。（《中共宁夏党史大事记（1925.8~1988.6）》P604）

△ 我国“七五”期间重点建设项目之一——新疆乌鲁木齐气象卫星地面站（711—5—3工程）通过国家验收。（《中国共产党新疆历史大事记（1966.5~1991.12）》下P341）

29日 吉林省延边朝鲜族自治州信托投资公司证券交易所开业。（《延边朝鲜族自治州志》P97）

△ 青海省海南藏族自治州境内的龙羊峡水电站第一台机组发电。（《海南州志》P59）

30日 新疆维吾尔自治区少年儿童文化艺术委员会和中国儿童少年活动中心共同举办的“新疆亚克西”儿童画展在北京开幕。232幅展品从全疆征集的1400多幅作品中精选，小作者来自维吾尔、哈萨克、柯尔克孜、蒙古、汉等12个民族。全国人大常委会副委员长赛福鼎·艾则孜和全国政协副主席康克清、包尔汉等出席开幕式。（《人民日报》1987.10.3.③）

30日~10月4日 云南省思茅地区举办第二届少数民族传统运动会，全区10个县的240名哈尼、彝、傣、拉祜、佤、布朗等少数民族运动员参加，共设40项传统体育项目及

民间舞蹈的竞赛、表演。（《云南日报》1987.10.7.①）

10月

1日 内蒙古自治区土地管理局正式成立。（《内蒙古日报》1987.10.11.①）

△ 青海省海南藏族自治州民贸大楼建成并正式营业。民贸大楼建造面积2710平方米，是恰卜恰地区最大的民贸大楼。（《青海日报》1987.10.12.①）

△ 青海省海南藏族自治州举办首届书法、美术、摄影暨民间艺术品展览，共展出210多件作品。（《青海日报》1987.11.30.②）

2日 内蒙古自治区人民政府发出《关于〈中华人民共和国耕地占用税暂行条例〉实施办法的通知》。（《内蒙古自治区大事记（1987～1996）》P104）

△ 据新华社拉萨电，西藏高原第一座现代化室内恒温游泳馆正式开放使用。该游泳馆占地面积1200平方米，水温常年保持在27℃以上。（《人民日报》1987.10.3.③）

4日 据《人民日报》（海外版）讯，地处四川西北部高原的阿坝藏族羌族自治州目前苹果种植面积为15万多亩，年产苹果2000万公斤以上，成为西南地区最大的苹果产区。（《贵州日报》1987.10.4.①）

△ 据本报讯，云南省西双版纳傣族自治州目前建成40.6万多亩民营橡胶基地，建立30多个橡胶加工厂。（《云南日报》1987.10.4.①）

△ 据新华社讯，西藏大学英语专业学生洛桑（藏族）、央宗（女，藏族）最近赴美国留学。这是西藏教育系统首次向国外选派公费留学生。（《宁夏日报》1987.10.4.③）

5日 建于雅玛里克山上的新疆乌鲁木齐高山广播电视传频台全面建成投产，这不仅使乌鲁木齐周围地区240多万人口能比较清晰地收到新疆台和中央台的电视广播节目，而且将成为自治区调频广播发射中心，实现乌鲁木齐米波覆盖，成为自治区微波线路传输系统的枢纽。（《中国共产党新疆历史大事记（1966.5～1991.12）》下P342～343）

6日 美国参议院通过所谓“西藏问题”修正案，中国驻美国大使馆谴责美国国会一些人支持达赖分裂中国和粗暴干涉中国内政的行为，重申中国对西藏的神圣主权。7日，我外交部发言人指出，美国参议院通过所谓“西藏问题”修正案是干涉中国内政的又一严重事件，中国政府对此表示强烈的愤慨和抗议，希望美国国会从维护中美两国友好关系的大局出发，立即停止干涉中国内政的一切活动。（《人民日报》1987.10.8.①）

7日 为纪念已故著名爱国民主人士、佛教大师喜饶嘉措（藏族）而修建的佛堂在青海省循化撒拉族自治县道韩乡古雷寺落成，中国佛协名誉会长班禅额尔德尼·确吉坚赞等出席落成典礼。（《青海日报》1987.10.10.①，《西藏日报》1987.10.11.③）

8日 据本报讯，内蒙古玛拉沁（牧民）医院在呼和浩特正式开业。该医院是牧民集资和向银行贷款兴建的，有95个床位和50名医护人员。（《人民日报》1987.10.8.③）

△ 据本报讯，云南省普洱哈尼族彝族自治县第二中学改名为民族中学，开设以少数民族学生为主的高、初中班各1个，择优录取的100名学生享受助学金待遇。（《云南日报》1987.10.8.③）

9日 西藏自治区拉萨市五届人大常委会第二次会议批准《拉萨市人民政府关于集会、游行的暂行规定》，即日发布，共8条。其主要内容是：不准进行分裂祖国、破坏民族团结等非法活动；不准扰乱社会秩序，妨碍交通，干扰生产、教学、机关工作和正常的宗教活动；不准携带武器、凶器、石块、易燃、易爆等危害公共安全的物品。违反以上规定，公安司法机关将依法追究法律责任。是月，自治区四届人大常委会第六次会议作出《维护祖国统一，加强民族团结，反对分裂的决议》。（《西藏日报》1988.12.12.①，《中国共产党西藏历史大事记（1949~2004）》P493，《当代中国的西藏》上P436）

10日 青海省第一所蒙医院——乌兰县蒙医院在希里沟成立。（《青海日报》1987.11.5.①）

△ 宁夏回族自治区银川市日用化工厂、上海日用化学品二厂、宁夏轻工设计研究所联合开发研制的“绿宝石”牌穆斯林系列化妆品正式投产，成为我国首家生产民族系列化妆品的厂家。（《宁夏日报》1987.10.20.①，1988.4.7.①）

10~14日 湘黔桂鄂四省区第三届侗族文艺会演在湖南省新晃侗族自治县举行，12支侗族文艺队共演出8个侗戏、68个侗族歌舞节目。（《湖南日报》1987.10.19.①，《贵州日报》1987.10.23.①）

12日 全国人大常委会副委员长班禅额尔德尼·确吉坚赞视察青海省海南藏族自治州。（《海南州志》P59）

△ 上海市副市长石锡仁率上海民族工作考察团一行28人到云南省德宏傣族景颇族自治州考察。（《德宏州志》综合卷P86）

13日 青海省西宁至张掖公路东线（门源下达坂公路）正式通车，全长127公里。（《海北藏族自治州志》上P89）

14日 据本报讯，维吾尔族作家、全国人大常委会副委员长赛福鼎·艾则孜撰写的长篇历史小说《苏图克·布格拉汗》（维吾尔文版）由民族出版社出版。（《人民日报》1987.10.14.③）

△ 据本报讯，西藏自治区社科院和中央民族学院藏族研究所合作汇编的我国第一本藏文历史资料选集——《中国西藏地方历史资料选辑》（藏文版）最近由西藏人民出版社出版发行。全书30万字，主要选自藏文历代达赖喇嘛传及其他藏文史料。（《西藏日报》1987.10.14.①）

△ 据《科技日报》讯，中国、加拿大两国科学工作者最近在新疆准噶尔盆地东部发掘出目前亚洲最大的恐龙化石，长约30米，高约10米。（《广西日报》1987.10.14.①）

△ 据本报讯，新疆第一具恐龙化石骨架最近在自治区地质矿产陈列馆展出。该骨架于1983年在准噶尔盆地东缘的吉木萨尔县发掘，被命名为苏氏（种）巧龙（属），身长4.3米，背高1.04米，体宽0.8米，为一幼年个体。（《新疆日报》1987.10.14.①）

15日 贵州省首届少数民族妇女工作会在都匀举行，各地、市、县妇联和民委的103名代表参会。（《贵州日报》1987.10.20.①）

15~19日 西北五省区民族问题理论讨论会在甘肃天水举行。与会代表一致认为，要发展和振兴民族地区的经济，一是必须从社会主义初级阶段少数民族地区的特点出发，因地制宜，结合实际，按少数民族地区经济发展的客观规律办事；二是必须采取有效措施，加速提高少数民族的科学文化理论水平。（《甘肃日报》1987.10.22.①）

15日~11月14日 青海省第二期民族宗教干部培训班在西宁举办，全省各地藏、回、土、撒拉、蒙古等从事民族宗教工作的干部参加。（《青海日报》1987.10.16.①，11.16.①）

16日 甘肃省甘南藏族自治州第一座高蛋白动物性饲料加工厂——小型骨肉粉厂最近在玛曲县阿万仓草原建成投产。（《甘肃日报》1987.10.30.①）

16~20日 广西壮族自治区伊斯兰教协会在南宁成立并举行第一次代表会议，参会代表51人。（《广西日报》1987.10.22.①，《广西通志·大事记》P536）

17日 据本报讯，国家重点文物保护单位——宁夏固原须弥山石窟近日修复完毕。（《宁夏日报》1987.10.17.①）

18日 经广西壮族自治区有关部门批准，梧州市水运公司港澳船队成立。该公司是广西改革开放后第一个专门航行港澳的集体水运企业。（《广西通志·大事记》P536）

19日 据新华社北京电，我国地质工作者已在西藏找到71种矿产，其中26种已探明储量，铜、铬、硼砂、地热、刚玉、菱镁矿等矿产储量均居全国前列。（《西藏日报》1987.10.20.①）

20日 湖南省湘西土家族苗族自治州图书馆新楼举行落成典礼，建设规模6970平方米，投资150万元，可藏书100万册。（《湘西州志》上P86）

△ 广西壮族自治区柳州有色冶金机械厂最近研制成功我国第一辆铝厂专用车——阳极运输车，结束国内不能生产阳极运输车的历史。（《广西日报》1987.10.20.①）

△ 据本报讯，青海省民和回族土族自治县中川乡建成青藏高原第一个万亩苹果园。（《人民日报》1987.10.20.②）

23日 首届少数民族省区群众艺术馆馆长会议在内蒙古呼和浩特举行，新疆、西藏、广西、宁夏、四川、云南、青海、吉林等省区以及内蒙古自治区各盟市代表与会。会议探讨在改革开放新形势下发展少数民族群众文化、建设少数民族地区精神文明的理论，总结交流工作经验。（《内蒙古日报》1987.10.30.①）

24日 西藏自治区规模最大、设备最全的全日制和寄宿幼儿园——自治区实验幼儿园竣工，总建筑面积5796.28平方米，可容纳儿童360多名。（《西藏日报》1987.10.27.①）

△ 新疆翻译协会文学翻译学术委员会成立会在乌鲁木齐举行，300多名文学翻译工作者与会。（《新疆日报》1987.10.31.①）

25日 新疆维吾尔自治区最大的一座炼铁高炉近日在八一钢铁厂建成投产。这座新高炉容积310立方米，年产生铁15万吨。（《新疆日报》1987.10.27.①）

25～30日 全国侗族文学创作研讨会在贵州省黔东南苗族侗族自治州天柱县举行，会议就侗族文学创作的途径和形势进行探讨。（《黔东南苗族侗族自治州志·总述·大事记》P312）

△ 广西壮族自治区少数民族传统体育运动会在崇左县举行，各地、市组成的12个代表团400多名运动员参赛。（《广西通志·大事记》P536）

25日～11月1日 中国共产党第十三次全国代表大会举行，中央军委主席邓小平主持开幕式，中共中央代总书记赵紫阳作题为《沿着有中国特色的社会主义道路前进》的报告。大会选出第十三届中央委员会委员175名，其中少数民族14人：于永波（满族）、王朝文（苗族）、布赫（蒙古族）、白立忱（回族）、司马义·艾买提（维吾尔族）、伍精华（彝族）、多吉才让（藏族）、关广富（满族）、李德洙（朝鲜族）、杨正午（土家族）、杨静仁（回族）、热地（藏族）、铁木尔·达瓦买提（维吾尔族）、赛福鼎·艾则孜（维吾尔族）；中央顾问委员会委员200名，其中少数民族7人：天宝（藏族）、韦纯束（壮族）、廷懋（蒙古族）、江华（瑶族）、李昌（土家族）、覃应机（壮族）、穆青（回族）；中央纪律检查委员会委员69名，其中少数民族8人：马启新（回族）、马铁军（回族）、韦成栋（壮族）、云世英（蒙古族）、巴桑（女，藏族）、多巴（藏族）、罗运通（壮族）、格日勒图（蒙古族）。（《人民日报》1987.11.2.①，《中华人民共和国大事记（1949～2004）》P831～832）

28日 西藏自治区艺术团在中南海怀仁堂为十三大代表演出。11月4日，艺术团在民族文化宫为各国驻华使节、外国专家和记者举

行专场演出。（《西藏日报》1987.10.31.①，11.8.①，11.9.①）

31日~11月5日 中国古代民族关系史学术讨论会在南宁广西民族学院举行，河南、四川、北京、陕西、福建、内蒙古、云南、贵州、广西等十多个省（区）市的60多位专家与会。会议着重研讨中国南方古代民族关系史的特点和历史发展。（《广西日报》1987.11.11.①）

是月 广西壮族自治区南宁化工厂2万吨聚氯乙烯扩建工程建成投产，广西首次生产出高质量的疏松型聚氯乙烯树脂。（《广西通志·大事记》P536）

11月

1日 据本报讯，青海省第一家企业性藏药厂——海南藏族自治州藏药厂最近建成投产。（《青海日报》1987.11.1.①）

1~3日 上海文艺出版社、中国少数民族学会和贵州省黔南布依族苗族自治州民间文艺家协会主办的首届中国少数民族故事大系研讨会在贵州都匀举行。北京、上海以及东北、西北、西南、华东和中南十多个省、市、自治区少数民族故事大系编纂者、民间文艺工作者以及有关学者70多人与会，共同研讨中国少数民族故事大系的搜集、翻译、整理、选编等有关问题。我国第一部少数民族故事大系丛书目前已出版蒙古、藏、维吾尔、壮、苗、达斡尔、侗、毛南、京等21个民族的民间故事选20种，共约500多万字。（《贵州日报》1987.11.6.①）

1~15日 西藏是中国不可分割的一部分·西藏文物展在拉萨罗布林卡举办，由西藏自治区文物管理委员会主办，共展出70多件文物和45幅图表、照片，用以阐明西藏是中国领土不可分割的一部分。（《人民日报》1987.11.17.③）

4日 广西壮族自治区环境保护产业协会成立，挂靠自治区环境保护局。12月23日，经中国环境保护产业协会同意，改为中国环境保护产业协会广西分会。（《广西通志·环境保护志》P350~351）

△ 我国西南地区第一所伊斯兰教高等学府——昆明伊斯兰教经学院成立。该学院经云南省政府批准、由省伊斯兰教协会主办，面向四川、贵州和云南3省招生。（《人民日报》1987.11.7.③，《云南日报》1987.11.5.①）

5日~12月19日 青海省少数民族干部经济考察团在云南、贵州、广西、江西、上海等地考察。（《青海日报》1987.12.23.①）

6日 新疆维吾尔自治区人民政府发布《新疆维吾尔自治区无线电管理暂行规定》。（《新疆通志·邮电志》51卷P56）

7日 据本报讯，位于青海甘肃两省交界处的祁连山自然保护区近日正式建立，总面积265.30万公顷。（《甘肃日报》1987.11.7.①）

8日 西藏自治区计划生育协会在拉萨正式成立，自治区人大常委会主任江中·扎西多吉（藏族）任会长，自治区政府副主席吉普·平措次登（藏族）任名誉会长。（《西藏日报》1987.11.11.①）

10日 宁夏回族自治区重点建设项目——大武口电厂4台10万千瓦机组全部建成投产，设计总装机容量40万千瓦，总投资约4亿元，年发电量20多亿度，等于该厂兴建前全区电网年发电量的总和，是目前自治区规模最大的火力发电厂。（《人民日报》1987.11.20.①，《宁夏日报》1987.11.18.①，《中共宁夏党史大事记（1925.8~1988.6）》P531）

11日 宁夏回族自治区目前规模最大的渠道水电站——中宁泉眼山水电站建成发电，位于七星渠29.5公里跌水处，总装机容量3200千瓦，年发电量1000万千瓦时。（《宁夏日报》1987.12.2.①）

11~15日 全国少数民族地区对外开放

学术研讨会在南宁举行，新疆、西藏、广西、宁夏、内蒙古、云南、贵州等16个自治区、省、市以及中央有关院校、部门的130多位各民族专家与会。会议认为，加快少数民族地区的对外开放是尽快摆脱贫困、振兴民族经济的必由之路。（《广西日报》1987.11.16.①）

11日~12月1日 全国少数民族边防慰问团在广西壮族自治区边防11个县市慰问演出。（《广西日报》1987.12.2.①）

12日 中国岩溶地质馆在广西壮族自治区桂林建成开放。该馆是中国唯一，也是国际上规模最大、内容最丰富的岩溶地质博物馆，建筑面积2107平方米，展品2000件。（《广西通志·大事记》P537）

△ 据本报化隆讯，最近，青海省召开首届回族文学创作会议，与会代表对青海省回族文学的历史、现状和发展前景进行讨论。（《青海日报》1987.11.12.①）

13~14日 新疆维吾尔自治区党委政策研究室和自治区哲学社会科学联合会主办的民族关系现状及发展趋势研究成果交流会在乌鲁木齐举行。与会代表分析论述自治区建立以来在区域自治、经济问题、文化问题、干部问题、移民问题、军民关系等方面的经验、教训、现状和趋势。（《新疆日报》1987.11.30.①）

13~17日 全国第三届当代少数民族作家文学讨论会暨广西第一次仫佬族作家文学讨论会在河池举行，北京、云南、新疆、内蒙古、广东、广西的少数民族文学研究专家以及仫佬族作者共70多人与会。（《广西日报》1987.11.16.①）

14日 国家教委、国家旅游局、国务院西藏经济工作咨询小组印发《关于为西藏培养旅游人才的计划》的通知。（《中国教育年鉴（1988）》P295）

16日 国家教委和国务院西藏经济工作咨询小组转发《关于内地对口支援西藏教育实施计划》的通知。（《中国教育年鉴（1988）》P294~295）

△ 据本报讯，广西壮族自治区第一家中港合资联营的自行车产销企业——广西玉林双林自行车有限公司最近成立开业。（《广西日报》1987.11.16.①）

△ 据本报讯，名贵中药材——藏红花在西藏自治区试种成功，试种的藏红花球茎6月初从上海引进。（《西藏日报》1987.11.16.①）

18日 内蒙古自治区呼和浩特至蒙古国乌兰巴托航线复航，途经北京、通辽，周三、日两班，空中飞行3.5小时。（《内蒙古日报》1987.11.18.①）

△ 云南省红河哈尼族彝族自治州庆祝建州30周年。国家民委副主任江家福率团出席庆祝活动。（《人民日报》1987.11.20.④）

△ 据本报讯，西藏自治区地热开发公司日前在羊八井地热田正式成立。（《西藏日报》1987.11.18.①）

20日 国务院批复海南省筹备组，同意撤销海南黎族苗族自治州，原自治州所辖市县继续享受少数民族地区各项优惠政策；设立保亭、琼中2个黎族苗族自治县，白沙、陵水、昌江、乐东、东方5个黎族自治县，县以下苗族聚居区可设苗族乡；三亚市升为地级市（市辖暂不设区）。1988年4月13日，全国人大七届一次会议批准海南省管辖该7个自治县。（《国务院公报》1988［10号］P349，［30号］P1004）

20~24日 新疆维吾尔自治区第二次民族团结表彰大会在乌鲁木齐举行，维吾尔、哈萨克、汉、回、蒙古、锡伯、满、塔吉克、柯尔克孜、乌孜别克、塔塔尔、俄罗斯等十多个民族的代表500多人与会，中共中央统战部部长阎明复，全国政协副主席、自治区顾委主任王恩茂，国家民委主任司马义·艾买提和自治区党委书记宋汉良、自治区主席铁木尔·达瓦买提等出席。会上，自治区党委副书记阿木冬·尼牙孜宣读自治区党委、政府关于命名泽普县、布尔津县为自治区“民族团结模范县”的决定，并为104个先进集体代表和271名先进个人以及泽普石油化工厂建设指挥部分别颁发奖章、奖品和锦旗。（《新疆日报》1987.11.21.①，11.25.①）

20日~12月5日 第六届全国运动会在广东省广州举行，29个省、市、自治区的7000名运动员参加。运动会设竞赛项目44个、表演项目3个。少数民族运动员获奖情况：宁夏队选手康小伟（回族）获古典式摔跤130公斤级冠军；青海队选手胡凤娇（女，藏族）获女子柔道52公斤级第三名；内蒙古队选手呼日查（蒙古族）、巴斯尔（蒙古族）、布和（蒙古族）和敖荣（蒙古族）分获古典式摔跤赛52公斤级、62公斤级、82公斤级和90公斤级冠军，仁钦（蒙古族）、浩毕斯哈拉图（蒙古族）和扎木苏荣（蒙古族）分获自由式摔跤赛68公斤级、74公斤级和90公斤级冠军；西藏队选手多吉秋云（藏族）获射箭比赛男子个人冠军；甘肃队选手闯将（蒙古族）获中国式摔跤52公斤级冠军；新疆队选手谷茂盛（锡伯族）获古典式摔跤男子90公斤级亚军，吐尔逊（维吾尔族）获古典式摔跤男子100公斤级亚军，汝光（锡伯族）获射箭男子双轮全能亚军，黄忠明（回族）获古典式摔跤男子100公斤级第三名，阿力木哈孜（哈萨克族）获自由式摔跤男子90公斤级第三名，买然别克（哈萨克族）获自由式摔跤男子100公斤级第三名，木拉江（维吾尔族）获中国式摔跤男子82公斤级第三名。（《中华人民共和国大事记（1949~2004）》P834；《当代中国的西藏》下P615；《青海日报》1987.10.12.①；《内蒙古日报》1987.11.26.①，11.30.①，12.1.①，12.2.①；《四川日报》1987.12.4.①；《甘肃日报》1987.12.3.①；《广西通志·大事记》P537；《当代宁夏史通鉴》P37；《新疆通志·体育志》83卷P83）

21日 青海省六届人大常委会第二十九次会议批准《果洛藏族自治州施行〈中华人民共和国婚姻法〉的变通规定》。（《青海日报》1987.11.22.①）

21日~12月4日 甘肃省甘南藏族自治州歌舞团编排的六场藏族神话舞剧《顿月顿珠》在北京演出。（《甘肃日报》1987.12.5.①）

22日 国家主席李先念在布鲁塞尔答记者提出的有关西藏问题时说：“西藏从13世纪就归入中国的版图，这是无可辩驳的历史事实。西藏作为中国神圣领土一部分的历史比美国的历史长得多。迄今世界上没有一个国家公开宣称西藏是‘独立国家’。”（《当代中国的西藏》下P615）

23日 贵州苗族风情展览在省博物馆举办，全面介绍苗族人民的饮食、起居、生产、生活、节日、体育、建筑、文化艺术、恋爱婚姻等独特的民族风情。（《贵州日报》1987.11.24.①）

△ 最高人民法院和新疆维吾尔自治区高级人民法院共同举办的首期少数民族基层法院院长培训班在乌鲁木齐开学，50名经换届选举新当选的少数民族基层法院院长参加。（《新疆日报》1987.12.1.①）

24~29日 四川省首届少数民族地区戏剧调演在成都举行。调演由四川省民委、省文化厅、中国少数民族戏剧协会四川分会联合举办，甘孜、阿坝、凉山自治州和涪陵地区秀山自治县的藏、彝、土家、苗、羌、回、汉族的约250名文艺工作者演出了4台不同剧种的剧目。（《四川日报》1987.11.25.①，《四川戏剧》1988.1 P41）

24日~12月1日 西藏自治区第三次教育工作会议在拉萨举行。会议明确西藏教育工作的方针：重点加强基础教育，优先发展师范教育，积极发展职业技术教育和成人教育，巩固提高高等教育；决定把发展教育作为治藏之本，努力加强西藏的智力开发，促进西藏的经济振兴，同时为西藏下世纪初的经济繁荣做好人才准备；研究制定全区教育体制改革的实施方案和主要措施。（《西藏日报》1987.11.26.①，12.2.①；《当代中国的西藏》下P309）

26日 北京地区蒙古语文工作协作小组及办事机构成立。（《内蒙古日报》1987.12.3.①）

△ 据本报讯，宁夏回族自治区射箭运动员段红军（回族）近日获第34届世界射箭锦标赛铜牌和国家体委授予的“国际级运动健将”称号。（《宁夏日报》1987.11.26.①）

26日～12月3日 新疆维吾尔自治区首次在澳门举行出口商品洽谈会。（《新疆日报》1987.12.5.①）

27日 贵州民族民间傩戏面具展览在中国美术馆举办。展览展出“撮泰吉”面具、傩堂戏面具和地戏面具，表现傩戏发展的3个重要时期。（《人民日报》1987.12.1.③）

△ 国务院批复云南省人民政府，同意撤销怒江傈僳族自治州兰坪县，设立兰坪白族普米族自治县，以原兰坪县的行政区域为兰坪白族普米族自治县的行政区域，1988年5月25日自治县正式成立。（《国务院公报》1988［30号］P1004，《云南日报》1988.5.28.①）

△ 国务院批复新疆维吾尔自治区，同意设立乌鲁木齐市东山区，以乌鲁木齐县芦草沟乡及乌鲁木齐市水磨沟区卡子湾办事处的行政区域为东山区的行政区域，经费、编制由自治区自行解决。（《国务院公报》1988［30号］P1005）

28日 全国人大民委发表《关于美国少数国会议员参与所谓“西藏问题”的集会游行事件的声明》。（《新时期民族工作文献选编》P372～373）

△ 新疆维吾尔自治区伊斯兰教经学院首届本科班开学。本届本科班46名维吾尔、哈萨克、柯尔克孜族学员是经学院成立后第一批在新疆穆斯林聚集的喀什、和田、阿克苏、克孜勒苏4个地州招收的，学制5年。（《新疆日报》1987.11.30.①）

△ 据《光明日报》讯，新疆阿尔泰山最近发现古代岩画“长廊”。“长廊”约1000多公里，目前已探明岩画点40多处、岩画1万多幅。（《内蒙古日报》1987.11.28.①）

29日 据新华社拉萨电，西藏自治区第一座治疗疾病的高压氧舱在拉萨建成，自治区人民医院已投入使用。（《人民日报》1987.11.30.③）

△ 西藏概况展览在西藏革命展览馆举办，分西藏历史、文化艺术、民族民俗、地理自然4个部分，展出2200多件实物、800多幅照片、38个雕塑和5个大型景观。（《西藏日报》1987.12.1.①）

30日～12月9日 全国第二届少数民族青年声乐比赛在北京举行，27个民族的80余名歌手参加。比赛由文化部、国家民委、中国音乐家协会等8个单位联合举办。宋祖英（女，苗族）、杨学进（女，彝族）、高建华（侗族）、德吉次白（女，藏族）、唐佩珠（女，壮族）等7人获一等奖，玛依拉（女，塔塔尔族）、朝鲁（蒙古族）等9人获二等奖，阿依吐尔逊（女，维吾尔族）等18人获优秀奖，47人获优良奖。（《人民日报》1987.12.1.③，12.10.③）

12月

1～8日 广西壮族自治区对外经济技术合作暨出口商品展销洽谈会在南宁举行，20多个国家和地区的500多名客商参会。7000平方米的展厅展出粮油食品、土产、五金矿产、纺织、轻工、工艺、化工、医药保健品、机械、冶金等16大类5000多个品种的3万多件产品。洽谈会出口成交额5100多万美元，签订利用外资合同75项、金额9700万美元，另签订63项意向书以及一批来料加工合同等。（《广西日报》1987.12.2.①，《广西通志·大事记》P537）

2日 据新华社南宁电，我国自然科学、民族学、考古学等有关方面的专家经过合作研究，确认广西北流县铜石岭是汉代俚人（壮族先民）铸造北流型铜鼓的遗址。这是我国首次发现的古代铜鼓铸造遗址。（《广西日报》1987.12.2.①）

3日 西南少数民族地区宣传工作、普法教育座谈会在云南昆明结束。座谈会由中宣部、司法部和国家民委联合召开，四川、云南、贵州、广西、西藏五省区的部分宣传、司法、民族部门负责人与会。（《云南日报》1987.12.7.①）

4~15日 全国少数民族经济工作考察座谈会在福建福州举行，各省、区、市的50多名民委负责人参加。会议期间，与会者赴福建省罗源县和宁德地区的畲族乡村以及晋江县回族聚居区、厦门经济特区和福州马尾开发区进行经济考察。（《云南日报》1987.12.16.①）

5日 四川省少数民族艺术展览在阿尔及利亚首都阿尔及尔举办。（《四川日报》1987.12.7.①）

6日 全国彝族服饰展览在贵州省博物馆举办，展出6种类型12个样式的700多件彝族服饰。（《贵州日报》1987.12.7.①）

△ 据新华社拉萨电，西藏自治区已形成一个从幼儿教育到高等教育的民族教育网，其中少数民族教师占71%。西藏现有学校2521所，在校少数民族学生14.5万多人，占学生总数的87%。（《人民日报》1987.12.7.①）

7日 据本报讯，西藏自治区歌舞团编排的藏族古代宫廷舞蹈《拉姆央金玛》最近在北京成功上演。（《宁夏日报》1987.12.7.③）

8日 据《内蒙古日报》报道，我国第一个高等院校蒙药系在内蒙古医学院成立。用蒙古语授课，并使用蒙古文教材。（《内蒙古自治区大事记（1987~1996）》P264）

10日 贵州省黔东南苗族侗族自治州与河北省保定市签订《关于建立经济技术协作关系的协议》，达成共同生产纸浆、电石、黄磷、装饰布和建设烟草基地等意向。（《贵州日报》1987.12.24.①）

10~18日 全国中小学教材审定委员会蒙古文教材审查委员会第一次会议在内蒙古呼和浩特举行。（《中国教育年鉴（1988）》P298）

11日 宁夏回族自治区银川市食用菌研究所承包经营招标揭晓，宁夏建筑构件厂干部佟选廷成功夺标，这是宁夏回族自治区第一家实行个人承包经营的科研单位。（《宁夏日报》1987.12.18.①）

△ 据新华社乌鲁木齐电，新疆维吾尔自治区六届人大常委会第二十九次会议审议并批准《新疆维吾尔自治区劳动安全暂行条例》、《乌鲁木齐市城市绿化管理暂行条例》。至此，新疆人大常委会已颁布实施10个地方性经济法规，内容涉及农业、畜牧业、水产养殖业、交通业、环境保护、劳动安全等。（《人民日报》1987.12.12.④）

13日 据新华社电，新疆维吾尔自治区首次智力支农洽谈会最近在乌鲁木齐举办，1万多名各类专业技术人员和一些职业、函授、业余大学毕业生以及自费走读毕业生参加，共达成技术转让、承包及借调、兼职等意向性协议203项，技术指导、咨询服务304项，有300多名科技人员报名参加“星期日工程师技术服务所”，107人愿以多种形式承包、租赁、创办、领办中小企业和乡镇企业。（《甘肃日报》1987.12.13.③）

15日 广西壮族自治区规模最大兼首家生产国际口味啤酒的南宁啤酒厂生产出首批啤酒。该厂目前的年生产能力为3万吨，按南宁

市人口计算，每年人均可供啤酒50公斤左右。（《广西日报》1987.12.16.①）

△ 国家重点建设项目——广西柳州铁路局柳州枢纽扩建工程驼峰编组场建成。该场的建成使柳州枢纽运输能力提高75%，发出能力由每天4000多辆提高到7000多辆。此工程于1981年7月28日开始动工。（《广西通志·大事记》P537）

15～18日 第三次全国回族史讨论会在甘肃兰州召开，19个省市自治区8个民族的98名学者与会，围绕回族近代史这个重点，对辛亥革命前后和抗日战争时期回族史上的有关问题交流研究成果和看法，同时对回族史上的一些重大课题提出意见和建议。（《人民日报》1987.12.21.③，《甘肃日报》1987.12.19.①）

15～19日 新疆维吾尔自治区少数民族中小学汉语教学工作会议在乌鲁木齐举行，全区中小学教师代表100多人出席。（《新疆日报》1987.12.16.①，12.21.①③；《中国共产党新疆历史大事记（1966.5～1991.12）》下P346～347）

18日 据《内蒙古日报》报道，内蒙古自治区狩猎生产管理工作会议举行。提出尽快制定内蒙古野生动物管理条例，坚持制止乱捕滥猎和倒卖走私珍稀野生动物的不法活动。加强管理，完善审批制度，管好持枪证和狩猎证，实行定点收购、专厂加工等。（《内蒙古自治区大事记（1987～1996）》P105～106）

20日 云南省首次边疆民族地区国防后备力量建设研讨会在大理结束。滇西8地、州军队和地方干部共120多人参加，与会者提交论文59篇。（《云南日报》1987.12.28.①）

21～23日 青海省藏医学会成立大会暨首届会员代表大会在西宁举行。（《青海日报》1988.1.7.①）

22日 中央赴藏工作组和西藏自治区党委报告党中央、国务院、中央军委关于处理拉萨骚乱事件的综合情况。《报告》提出，反分裂斗争需要做好5项工作：一、深入发动群众检举揭发分裂主义分子，加强预审工作，深挖幕后策划者，根除隐患。二、加强以反对分裂、维护统一、增强民族团结为主要内容的爱国主义教育，利用广播、电视、报纸、图片展览、对话等形式，充分揭露达赖集团分裂祖国制造骚乱事件的罪行，提高广大干部群众对达赖集团反动本质的认识。三、加强寺庙工作，拉萨的4个寺庙（三大寺和大昭寺）作为整顿重点，力争在传召前从贯彻《西藏自治区寺庙民主改革管理章程》（试行）入手，初步整顿一次。在整顿中，一方面要严肃处理鼓吹“西藏独立”、搞分裂活动的人，同时要继续落实好党的宗教政策，保护正当的宗教活动。四、加强对敌斗争的力量。自治区党委要求成立自治区国家安全厅和各地市安全处，共增编600人。五、加强干部职工队伍的思想政治工作，纯洁干部职工队伍。（《中国共产党西藏历史大事记（1949～2004）》P498～499）

△ 据本报讯，甘肃省甘南藏族自治州牧业机械研究所最近在海拔3500米的玛曲草原试验用牛粪和煤末混合燃料烧锅炉获成功。（《甘肃日报》1987.12.22.①）

22～26日 宁夏回族自治区经济工作会议举行。会议提出，下一年要紧紧围绕完善企业经营机制这个中心环节，按照“两权分立、党政分开、政企分开”的原则，加快改革步伐，进一步推行承包、租赁、股份等各种形式的经营责任制，重点是推行承包经营责任制。（《中共宁夏党史大事记（1925.8～1988.6）》P607）

23日 国务院批复广西壮族自治区人民政府，同意设立大化瑶族自治县，以都安瑶族自治县的大化、六也、百马、江南、都阳、雅龙、七百弄、板升8个乡和巴马瑶族自治县的板兰乡全部，东山、凤凰、羌圩3个乡的17个村及马山县的古感（镇）、贡川、永州3个乡镇的22个村为大化瑶族自治县的行政区域，县人民政府驻大化镇；都安瑶族自治县的福龙乡划归宜山县管辖。（《国务院公报》1988［4号］P127）

25日 广西壮族自治区党委、人民政府在南宁召开扶贫工作座谈会，会议提出各级领导要把扶贫工作当做一项重要任务长期坚持下去，做出显著成绩；扶贫要着眼于群众致富；要进一步对贫困地区放宽政策；抓好扶贫资金使用的改革；抓好贫困地区的技术培训；把贫困地区的脱贫和发达地区的经济建设结合起来。（《广西通志·大事记》P538）

△ 陕西、甘肃、宁夏、内蒙古4省区53个大中型国营五交化经营企业自愿组成的横向经济联合体——宁夏经济区五交化商品联销集团在宁夏银川成立。（《宁夏日报》1987.12.28.①）

26日 据本报讯，内蒙古自治区计算中心蒙文信息处理室与自治区语委科研处联合开发的微型计算机新应用软件——汉蒙名词术语对照词典编纂系统最近通过鉴定并投入使用。（《内蒙古日报》1987.12.26.①）

△ 广西壮族自治区政府批转自治区教育厅《关于贯彻国家教委〈关于社会力量办学的若干暂行规定〉的意见》。《意见》明确规定社会力量办学必须具备的基本条件和办学的审批程序，并指出社会力量办学不允许搞承包，不得以办学为名非法牟利。（《广西通志·大事记》P538）

△ 青海省六届人大常委会第三十次会议批准《黄南藏族自治州自治条例》，自1988年3月1日起正式施行。（《青海日报》1988.1.3.②，3.3.①）

26日～1988年1月3日 内蒙古自治区党委四届五次全委（扩大）会议举行。会议提出经济发展近期3个奋斗目标，即在努力发展生产的基础上，全区城乡人民生活水平逐步达到全国中等以上水平（按人均国民生产总值计算）；在林牧农工协调发展的基础上，逐步实现粮食自给；在不断提高经济效益的前提下，逐步提高全区财政的自给率，争取有一定的财力用于发展经济文化。（《内蒙古日报》1987.12.27.①，1988.1.4.①）

27日 广西壮族自治区桂阳公路桂林至葡萄路段改建工程通过验收并正式通车。至此，广西第一条旅游二级公路由桂林直通阳朔。（《广西通志·大事记》P538）

28日 国务院副总理乔石抵达广西壮族自治区南宁，对南宁、防城港、北海、玉林、柳州、桂林等地进行为期9天的考察。（《人民日报》1988.1.2.④）

△ 由广西壮族自治区南宁棉纺织印染总厂与香港中邦发展有限公司合资生产经营的广西南邦有限公司开业，总投资额合人民币2900万元，引进外资总额为314万美元。（《广西通志·大事记》P538）

△ 据本报黄南讯，青海省黄南藏族自治州佛教协会最近在隆务寺成立，隆务寺活佛克增隆柔尖措任会长。（《青海日报》1987.12.28.①）

29日 中国自行设计的维吾尔、哈萨克、柯尔克孜等少数民族文字激光精密照排系统通过部级鉴定。该成果由民族印刷厂和中国计算机技术服务公司研制。（《西藏日报》1988.1.2.③）

△ 据新华社北京电，乾隆版《大藏经》最近由文物出版社重印出版。（《西藏日报》1988.1.2.③）

△ 新疆维吾尔自治区人民政府根据国务院《关于加强城市建设工作的通知》，结合自治区实际情况，作出关于加强城市建设的6条规定。规定强调，采取切实有力措施，贯彻“控制大城市规模，合理发展中等城市，积极发展小城市”的基本方针，建立合理的城镇体系。（《中国共产党新疆历史大事记（1966.5～1991.12）》下P347）

30日　宁夏回族自治区党委发出《一九八八年政治体制改革的意见》、《一九八八年党的建设工作的意见》。　（《中共宁夏党史大事记（1925.8～1988.6）》P607～608）

31日　云南省大理白族自治州第一座乡级卫星电视地面收转站在弥渡县建成。（《云南日报》1988.1.5.①）

△　西藏自治区文物管理委员会将保存20多年的明清时期的珍贵刺绣唐卡和金盔甲交还给甘丹寺，近400名喇嘛举行迎接文物仪式。23幅刺绣唐卡是明朝赐给甘丹寺的，上面绣有释迦牟尼、十八罗汉和四大天王等佛像；盔甲是清代乾隆皇帝敬献给西藏佛教格鲁派创始人宗喀巴灵塔殿的，俗称“九龙戏珠金盔甲”。　（《人民日报》1988.1.4.③，《青海日报》1988.1.3.③）

1988年

1月

1日　据报道，《广西壮族自治区演出管理暂行规定》重新制定并于1988年元月起执行。　（《广西日报》1988.1.1.①）

△　云南省楚雄彝族自治州人民医院引进体外反搏疗法新医术。　（《楚雄彝族自治州志》1卷P212）

2日　云南省怒江傈僳族自治州六库至片马客运班车正式开通。　（《怒江傈僳族自治州志》上P37）

2～4日　云南省西双版纳傣族自治州哈尼族首次统一欢度“嘎汤帕”节。　（《云南日报》1988.1.14.③）

3日　据本报讯，贵州省青年歌手高建华（侗族）在全国第二届少数民族声乐比赛中获银雀奖。　（《贵州日报》1988.1.3.①）

4日　本报南宁讯，广西壮族自治区中药资源普查工作最近通过国家验收，并编写出《广西中草药名录》、《广西少数民族常见病便方选》和《广西多来源要采集混杂品种的调查与考证》等著作。　（《广西日报》1988.1.4.①）

△　据本报讯，西藏自治区首次脑血管病调查最近结束。1987年8月中旬，西藏军区总医院组织调查队历时近3个月，对2.51万名藏族群众进行体检，为高原脑血管病的防治研究工作提供了第一手资料。　（《西藏日报》1988.1.4.①）

△　丝绸之路上的神秘王国——西夏文物展览在日本东京、大阪、广岛等城市展出，共展出文物118件（包括敦煌壁画摹本），展期8个月。　（《宁夏日报》1988.1.7.①，2.27.①）

5日　《民族文学》在民族文化宫举行颁奖大会，全国政协副主席杨静仁、全国人大常委会副委员长赛福鼎·艾则孜等出席。20个民族37名作者的36篇作品获奖，广西壮族自治区作家韦一凡（壮族）、云南省作家拉木·嘎吐萨（摩梭人）、岳丁（景颇族）、严亭亭（白族）的作品获优秀作品山丹奖。　（《人民日报》1988.1.6.③，《广西日报》1988.1.6.①，《云南日报》1988.1.31.③）

△　吉林省延边朝鲜族自治州白山大厦在延吉市竣工开业。大厦高12层，总面积1.148万平方米，为州内首个三星级旅游宾馆。（《延边朝鲜族自治州志》P93）

△　据本报讯，西藏地矿局地热地质大队编辑的大型彩色画册《西藏羊八井地热田》最近由西藏人民出版社出版，是我国首部以地热知识和景观为主要内容的大型画册。　（《西藏日报》1988.1.5.①）

6日　《内蒙古日报》报道，内蒙古自治区首届文化站、文化中心工作会议在乌兰浩特召开。会议指出，文化站、文化中心的建设，一定要紧密联系农村牧区的改革和经济建设。　（《内蒙古自治区大事记（1987～1996）》P265）

△ 本报南宁讯，广西壮族自治区的刘永煊、何震南、金玉传、吴历雄、陈成铿5人被批准为田径国家级裁判员。（《广西日报》1988.1.6.②）

△ 联合国世界粮食计划署批准的《关于在中国新疆维吾尔自治区阿勒泰开发饲草饲料生产基地3730万美元的工程计划》（即“2817工程”）开工动员大会在阿勒泰市召开。工程预期5年，总投资9050万元，改造60万亩草原，种植53万亩牧草林带及灌排水和道路修建。（《伊犁哈萨克自治州志》P65）

6~11日 吉林省延边朝鲜族自治州第九届人大第一次会议举行。会议审议并通过《延边朝鲜族自治州朝鲜语文工作条例》和《延边朝鲜族自治州普及九年义务教育规划》。7月21日，《延边朝鲜族自治州朝鲜语文工作条例》经吉林省第七届人大常委会第八次会议批准实施。（《延边朝鲜族自治州志》上P97~98）

7日 据新华社拉萨电，西藏自治区第一个电子实验室在西藏农牧学院水电工程系建成投入使用。（《人民日报》1988.1.8.③，《西藏日报》1988.1.8.①）

△ 国家民委批复东北民族学院专业设置方案，设置19个专业，近期办学规模为3000人，远期规模5000人。（《大连民族学院校史》P146）

8日 国务院批准新疆维吾尔自治区伊宁市、霍城县、奎屯市、塔城市和阿勒泰市为开放地区，阿勒泰中蒙边境塔克什肯口岸对外开放。（《伊犁哈萨克自治州志》P65）

9日 据新华社北京电，《科学知识丛书》由民族出版社首次用蒙古、藏、维吾尔、哈萨克、朝鲜等民族文字翻译出版。（《西藏日报》1988.1.11.①）

△ 据本报讯，新疆社科院刘志霄撰写的《维吾尔族历史》（上篇）维吾尔文本由民族出版社出版。书分15章，约50万字，是我国第一部系统叙述、介绍维吾尔族历史的著作。作者是我国第一位用维吾尔文撰写维吾尔族通史的汉族学者。（《人民日报》1988.2.11.③，《新疆日报》1988.1.9.①）

10日 据新华社北京电，民族出版社用5种少数民族文字出版发行《藏汉大辞典》、《汉维俄语辞典》、《维吾尔古典文学词语集注》、哈萨克文《语言学辞典》、《汉哈对照词汇》、《汉朝词典》、《朝鲜语小辞典》、《中朝辞典》、《藏医辞典》、《五体清文鉴》、《格西曲扎藏文辞典》、《汉蒙对照词汇》12种工具书。（《西藏日报》1988.1.11.③）

△ 内蒙古自治区党委第四届全委（扩大）第五次会议决定，是年全区农牧业重点建设10个生产项目：80万亩水地覆膜玉米；500万亩商品粮基地、5大粮食作物模式化栽培；旱作农业1000万亩地的秋翻、耙耱保墒；阴山丘陵区24个乡每乡万亩豆科牧草和豆科作物的栽培；18个牧业防灾基地旗县建设畜均1亩的稳产高产打草场或草库伦；稳步建立21个畜牧业商品畜基地良种繁育体系；建设5000处以水为主的家庭小草库伦；建设10万亩、2000户、户均50亩灌丛草场；建设2万亩、2000户、户均10亩精养鱼塘；建设60万亩玉米、小麦、大豆、毛苕子良草、良种繁育基地。（《内蒙古自治区大事记（1987~1996）》P106）

11日 《内蒙古日报》报道，内蒙古自治区译协蒙古语文翻译学术委员会成立。（《内蒙古自治区大事记（1987~1996）》P265）

△ 本报合山讯，广西壮族自治区合山市北泗乡司烟山区发现明代古寨遗址和摩崖石刻，古寨遗址有可能是明代瑶族最早的聚居地。（《广西日报》1988.1.11.①）

11~15日 广西壮族自治区选手黄德滨、覃剑锋分获全国帆板锦标赛男子三角绕标第二、三名，陈维芳获女子三角绕标第三名、

自由滑第三名，3人被列为全国优秀选手。（《广西日报》1988.1.17.③）

12日 据本报讯，广西壮族自治区罗城仫佬族自治县发现全国珍稀濒危植物桫椤。（《广西日报》1988.1.12.①）

△ 内蒙古自治区伊克昭盟羊绒衫厂生产的DF牌羊绒套服获1987年国家优质产品金质奖。（《内蒙古日报》1988.2.1.①）

13日 国务院公布第三批全国重点文物保护单位258处，至此全国重点文物保护单位共500处。第三批中，有少数民族地区革命遗址及革命纪念建筑物1处、少数民族地区古建筑及历史纪念建筑物8处、少数民族地区石刻及其他1处、少数民族地区古遗址7处、少数民族地区古墓葬5处。（《国务院公报》1988［4号］P104~116，《鄂伦春自治旗志》P832）

△ 据本报讯，土族文字研讨会在北京举行，审议通过青海省有关专家创制的《土族文字方案》。（《青海日报》1988.1.13.①，《甘肃日报》1988.2.24.④）

△ 内蒙古自治区最大的中外合资企业——内蒙古青松制衣有限公司建成投产。（《内蒙古日报》1988.1.15.①）

13~16日 新疆维吾尔自治区首届信息市场在新疆科技馆开业。市场分别设有经济技术信息、物资供求信息和综合信息3个展厅，共汇集自治区内外、国内外各种经济、技术、物资、商情等14大类3.5万条信息。120多个企事业单位参加，售出信息1500多条。（《新疆日报》1988.1.14.①，1.17.①）

15日 广西壮族自治区第二次社会科学研究成果奖评出优秀奖269项，广西师范大学教授钟文典撰著的《太平天国人物》、广西壮族自治区人民银行高级经济师喻瑞祥撰著的《当代中国金融问题研究》、广西师范大学教授欧阳若修等撰著的《壮族文学史》获一等奖。（《广西日报》1988.1.20.①）

△ 中国摄影家协会西藏分会举办的第四届西藏摄影作品展览在拉萨举行。2月6日，中国摄影家协会西藏分会举行授奖座谈会，15位藏汉摄影爱好者和工作者分获20枚彩色、黑白作品金、银、铜奖。（《西藏日报》1988.1.18.①，2.8.①）

18日 全国少数民族文印刷字体评选授奖大会在北京召开，全国人大常委会副委员长阿沛·阿旺晋美、赛福鼎·艾则孜，全国政协副主席杨静仁等出席。评委会从国务院批准使用的蒙古族、藏族、维吾尔族、哈萨克族、朝鲜族、壮族、彝族、傣族8种文字中征稿331件，评出一等奖11件、二等奖17件、三等奖23件，获奖作者90%是少数民族。（《人民日报》1988.1.19.③）

21日 广西壮族自治区出版工作者协会成立，谢盛培任主席，孙权科等任副主席。（《广西日报》1988.1.22.①）

△ 云南省第六届人大常委会第三十一次会议批准《文山壮族苗族自治州自治条例》，自4月1日起施行。（《文山壮族苗族自治州志》1卷P73）

△ 国家计委、煤炭部把新疆维吾尔自治区昌吉回族自治州米泉县正式列为全国地方煤炭重点县，为西北地区唯一煤炭重点县。（《昌吉回族自治州志》P66）

24日 西藏自治区党委、自治区政府批复自治区统战部、自治区民族宗教委员会关于《拉萨三大寺和大昭寺当前亟待解决的几个问题处理意见》的请示报告。（《中国共产党西藏历史大事记（1949~2004）》P503）

25日 内蒙古自治区鄂尔多斯歌舞团编排的大型民族舞剧《森吉德玛》在民族文化宫首演。全国人大常委会副委员长阿沛·阿旺晋美、廖汉生观看演出。27日，国家副主席乌兰夫会见编剧、导演、演员。（《人民日报》1988.1.26.③，1.28.③；《内蒙古日报》1988.1.22.①）

26日 本报南宁讯，广西壮族自治区的刘林、李敏、何晓敏、谭君、谭向光、陆达志、马厩辉、李勤、黄文贵、邓国强、罗强、覃洪12名运动员获国家体委运动健将称号。（《广西日报》1988.1.26.③）

△ 全国人大常委会副委员长班禅额尔德尼·确吉坚赞召开三大寺等喇嘛代表座谈会，中央赴藏工作组和自治区党委主要负责人出席。根据班禅副委员长和自治区党委、中央工作组的决定，退还甘丹寺的大藏经、金盔，付给“文革”时期被查抄财物折价款。自治区人民政府主席多吉才让宣布自治区党委和人民政府落实寺庙政策的几项决定。（《中国共产党西藏历史大事记（1949~2004）》P504）

28日 云南省西双版纳傣族自治州第七届人大常委会第三次全体会议决定，每年2月6~8日为基诺族“特懋克”传统节日。（《西双版纳傣族自治州志》上P74）

31日 青海省黄南藏族自治州同仁县保安乡李家峡35千伏输电线路一次并网合闸通电（黄南藏族自治州小水电公司与黄化供电局联网）成功，全长77公里。（《黄南州志》上P57）

2月

2日 据新华社电，西藏自治区波密县一带发现完整的多层次、多世代、高蓄积的林芝云杉天然林，每公顷蓄积量3831立方米。这片林芝云杉林生长在海拔2750米地带，这一地区年均无霜期164天、降水量876毫米、日照1543小时，林木胸径80~186毫米、树高54~71米的株数占1/2以上。（《青海日报》1988.2.2.③）

3日 广西民族学院民族研究所与日本中国民俗研究会签订科研和学术交流协议书。（《广西民族学院校史》P300）

4日 西藏自治区水利电力厅与航天工业部3653厂合作研制的新型节能成套设备DJ-05/36型电热交换器在拉萨通过专家鉴定。（《西藏日报》1988.2.6.①）

5日 《内蒙古日报》报道，内蒙古自治区第一个书画院——呼和浩特书画院成立。（《内蒙古自治区大事记（1987~1996）》P265）

△ 据本报讯，广西壮族自治区第一部新方志——《宾阳县志》由广西人民出版社出版。（《广西日报》1988.2.5.①）

7日 据本报讯，宁夏回族自治区教育厅最近为全区385名小学教师颁发《专业合格证书》，这些教师在自治区7000多名不具备合格学历的小学教师中首批取得合格证书。（《宁夏日报》1988.2.7.①）

8日 据新华社昆明电，云南省政府最近召开全省民族教育工作会议。会议提出要克服单纯追求升学率的办学指导思想，积极采取措施发展民族职业教育，大力培养边疆经济建设中急需的各种初中级人才。（《西藏日报》1988.2.9.③）

9日 西藏自治区藏语文工作指导委员会在拉萨成立。全国人大常委会副委员长阿沛·阿旺晋美和班禅额尔德尼·确吉坚赞任顾问，西藏自治区党委书记伍精华和自治区主席多吉才让分别担任主任和副主任。（《西藏日报》1988.2.10.①）

△ 宁夏回族自治区政府召开放活科技人员政策大会，37名率先走出机关院所进行技术承包，领办乡镇企业的先进分子受到表彰。目前，自治区有280多人走出机关院所进行技术承包，承包项目近40个。（《宁夏日报》1988.2.10.①，3.4.①）

9~10日 西藏自治区重点课题“黄牛改良杂交组合方案研究”鉴定验收会在拉萨举行。课题由西藏畜牧兽医研究所主持，拉萨市畜牧兽医总站和拉萨市城关区兽防站参加，用9年时间完成。课题通过自治区级验收。（《西藏日报》1988.2.20.①）

10日 据本报讯，广西壮族自治区最近在第二届中南五省区包装装潢设计“中南星奖”评奖大会上获金、银牌总分第一名，共得金牌5枚、银牌8枚。 （《广西日报》1988.2.10.①）

12日 《内蒙古日报》报道，内蒙古自治区人民政府转发内蒙古蒙古语文工作委员会《关于全面检查全区贯彻执行民族语文政策情况和加强今后工作意见的报告》。 （《内蒙古自治区大事记（1987～1996）》P266）

14日 湖南省作家孙建忠（土家族）的长篇小说《醉乡》、评论家凌宇（苗族）的评论专著《从边城走向世界》等7部专集，杨双奇的短篇小说《清清沱江水》等17个单篇获湖南省少数民族文学金凤凰奖。 （《湖南日报》1988.2.15.④）

△ 据新华社拉萨电，西藏自治区畜牧兽医科学研究所找到了控制山绵羊传染性口膜炎的有效办法，填补西藏自治区病毒研究一项空白。该成果已通过省级鉴定。 （《西藏日报》1988.2.22.①）

15日 据本报讯，新疆维吾尔自治区乌鲁木齐地区建立的三级急救医疗网粗具规模。三级急救网的指挥机关是乌鲁木齐市卫生局，一级医院由自治区人民医院、新疆医学院第一附属医院、兰州部队乌鲁木齐总医院、新疆医学院第二附属医院4所大型综合医院组成，这些一级医院各自负责一个地段的急救工作，并与所管辖区内的22所中小型二级医院、116所小型医院及街道卫生院等三级医院组成一个急救子系统，负责所在地附近的急救工作。 （《新疆日报》1988.2.15.①）

17日 《内蒙古日报》报道，内蒙古自治区地质矿产局102地质队经过4年的普查勘探，在乌兰察布盟兴和县高庙子乡探明1处大型优质钠基膨润土矿床，已探明矿石储量17489.8万吨，是华北地区唯一的大型钠基膨润土矿床。 （《内蒙古自治区大事记（1987～1996）》P108）

△ 据本报讯，宁夏回族自治区300多名专业技术人员最近获得高级专业技术职务任职资格。至此，宁夏已有1000多名专业技术人员获得高级专业技术职务任职资格。 （《宁夏日报》1988.2.17.①）

19日 据本报讯，党的十一届三中全会以后，青海省先后成立《格萨尔》抢救工作办公室、《格萨尔》史诗研究所，目前已整理出版藏文本《格萨尔》13部，汉文整理本2部，其中藏文本《霍岭大战》获全国少数民族民间文学一等奖，汉文本《岭·格萨尔王——霍岭战争之部》作为我国少数民族史诗的代表作品多次参加国内外书展，引起学界广泛关注。目前，青海省《格萨尔》研究资料中心拥有各种资料1500多份，在国内七省区中首屈一指。 （《青海日报》1988.2.19.①）

22日 据本报呼和浩特讯，内蒙古自治区林学院的《内蒙古乡土杨树调查选优研究》和《文冠果落果机理及提高坐果率和种子品质研究》、内蒙古自治区大兴安岭林管局的《STK-3型高山集材索道》、《IHTT-2000型落叶松种子调制生产线》和《森铁车辆技术改造》、赤峰市林科所的《桦汁采集技术及桦汁饮料生产技术的研究》等6项林业科研成果获林业部1987年度科技进步奖。 （《内蒙古日报》1988.2.22.①）

△ 据本报保康讯，内蒙古自治区乌斯吐自然保护区最近在科左中旗建立。 （《内蒙古日报》1988.2.22.①）

△ 据本报讯，公元8世纪中叶的著名藏医药学家宇妥·元丹贡布（藏族）等编著，马世林、毛继祖、王振华等译为白话文并加详注的藏医药学巨著《四部医典》最近由上海科学技术出版社出版。 （《青海日报》1988.3.30.①）

△ 据本报讯，迄今为止青海省建成县以上藏蒙医院18所，各级藏蒙医门诊部和藏医

科30多个，拥有各类专业人员1030余名，整理编写《藏医临床札记》、《藏医药选编》、《四部医典》、《晶珠本草》、《月王药诊》、《青藏高原药物图鉴》等近百部藏医药书籍，参加《医药百科全书》中的《藏医分册》及我国第一部《藏药标准》的编写工作。（《青海日报》1988.2.22.①）

25~28日 新疆维吾尔自治区滑雪队在全国跳台滑雪比赛中获3金1银3铜，其中朴雪峰（朝鲜族）、高文斌、马尔古勒（哈萨克族）获金牌。（《新疆通志·体育志》83卷P89）

25日~3月5日 藏历土龙年祈祷大法会在西藏自治区拉萨市大昭寺举行。西藏佛学院院长波米·强巴洛珠主持法会，哲蚌、甘丹、色拉、热堆等寺庙及西藏佛学院的1262名喇嘛参加佛事活动，西藏自治区党政领导伍精华、帕巴拉·格列朗杰、热地、多吉才让等观看法会盛况。经过9天27场辩经，哲蚌寺、色拉寺、甘丹寺、热堆寺和西藏佛学院的8名高僧荣获"歌西拉让巴"学位（藏传佛教最高学衔）。（《西藏日报》1988.2.28.①，3.5.①，3.6.①）

3月

1日 据《内蒙古日报》报道，内蒙古自治区农牧学院晁玉庆等利用自己研制的工具提取牛胚胎绒毛膜细胞，通过对染色体的分析判断胚胎的公母获得成功，并通过专家鉴定。此项技术为国际首次采用，对奶牛业发展具有重要的生产实践价值。（《内蒙古自治区大事记（1987~1996）》P109）

△ 广西民族学院成立世界语研究室。（《广西民族学院校史》P301）

△ 中国与日本地震科技合作项目"地下水综合自动监测和遥测记录实验"在四川省凉山彝族自治州西昌地震中心站实施。（《凉山彝族自治州志》上P75）

△ 国务院批复同意贵州省黔西南布依族苗族自治州撤销兴义县，设立兴义市（县级），行政区域不变。（《黔西南布依族苗族自治州志·政权政协志》P28）

△ 云南省西双版纳傣族自治州中药资源普查工作结束并通过省级鉴定，普查记录药材品种1776种。（《西双版纳傣族自治州志》上P74）

△ 青海省《黄南藏族自治州自治条例》施行。（《黄南州志》上P57）

2日 五省区六方（四川、云南、贵州、广西、西藏、重庆）首届旅游资源和线路展览在云南省昆明市举办。（《云南日报》1988.3.3.①）

5日 据本报兰州讯，甘肃省最近发现一部大型木刻佛教典籍丛书——《永乐南藏》。（《甘肃日报》1988.3.5.①）

△ 宁夏回族自治区环保科技服务公司和北京市环保技术设备中心主办的宁夏1988年全国环保技术装备交易会在银川开幕，这是宁夏首次举办环境保护技术装备交易会。（《宁夏日报》1988.3.7.①）

△ 中国美协新疆维吾尔自治区分会和新疆维吾尔自治区妇女联合会在乌鲁木齐举办自治区首次妇女画展。（《新疆日报》1988.3.6.①）

7日 宁夏回族自治区高等教育自学考试指导委员会批准自治区首批高等教育自学考试279名考生毕业。同日，自治区高等教育自学考试指导委员会批准为94名考生颁发统计专业证书。（《宁夏日报》1988.3.19.①）

9~12日 广西壮族自治区教育工作会议在南宁举行。自治区政府发出《关于抢修中小学危房的紧急通知》，指出，全区中小学危房尚有400多万平方米，其中严重危房200多万平方米。《通知》要求，集中2年时间解决好中小学危房问题。为此，自治区政府已拨出2000万元作为抢修补助经费。至6月，全区已筹集抢修资金1.12亿元，已维修校舍421幢，面积41.88万平方米；重建校舍3580幢，面积26.28万平方米；新建校舍824幢，面积14.94万平方米。（《广西通志·大事记》P541）

9~14日 广西壮族自治区人大常委会七届第二次会议通过《广西壮族自治区环境保护暂行条例》，于6月1日起施行。（《广西日报》1988.3.15.①）

10日 宁夏回族自治区召开全区青少年植树造林表彰大会，表彰1987年参加黄河护林工程建设的先进集体和个人。会上，黄河沿岸11个市、县（区）的团组织与自治区团委签订1988年黄河防护林青年林建设合同。（《宁夏日报》1988.3.12.①）

△ 宁夏回族自治区银川市科委批准银川龙达质量管理技术咨询所成立，这是宁夏成立的首家民办软科学咨询机构。（《宁夏日报》1988.4.18.①）

10~17日 云南省举办首届民族舞蹈“奋进杯”邀请赛。红河哈尼族彝族自治州歌舞团获集体二等奖，迪庆藏族自治州歌舞团获集体三等奖。（《云南日报》1988.3.18.①）

12日 据本报讯，文化部最近向湖南省麻阳苗族自治县颁发“中国现代民间绘画画乡”证书，该县成为全国现代民间绘画画乡中的苗族画乡。（《湖南日报》1988.3.12.①）

14日 据本报讯，中国科学院青藏高原冻土观测试验站最近在青海省格尔木市成立，以研究青藏高原冻土为主，兼顾青藏高原大气物理等多学科的研究，并与国内外有关科研机构进行学术交流，为生产建设服务。（《青海日报》1988.3.14.④）

△ 据本报讯，一种无污染、效果好、花费低的生物治蝗方法——牧鸡治蝗在新疆维吾尔自治区阿勒泰通过鉴定，这是我国首次大面积牧鸡治蝗获得成功。（《新疆日报》1988.3.14.①）

15日 瑞士红十字会提供资金援建的西藏自治区日喀则医务培训学校正式开学。（《人民日报》1989.5.29.②）

16日 据《人民日报》报道，新疆维吾尔自治区考古学者王炳华在新疆呼图壁县西南天山山脉中发现一幅画面达120多平方米、表现原始生殖崇拜文化的巨型岩雕画。（《中华人民共和国大事记（1949~2004）》P844）

17日 由藏、蒙古及其他6个少数民族的学员组成的第12期少数民族青年干部培训班在北京开学，全国8省、区185名县旗以上干部参加培训。国家副主席乌兰夫为培训班题词，全国人大常委会副委员长班禅额尔德尼·确吉坚赞、国家民委副主任张竹、共青团中央书记处书记刘延东出席典礼并讲话。（《西藏日报》1988.3.19.①）

△ 广西壮族自治区第一台塔高、臂长中型QT—40塔机研制成功。（《广西日报》1988.3.17.①）

20日 截至目前，西藏自治区发现并由北京、广东、上海等地20家昆虫研究所鉴定的世界昆虫新种有221种，占建国后发现新种总数的1/10。1982年3月至1985年底，日喀则地区科委、农牧局在34个县采集到西藏特有昆虫品种1000种。（《人民日报》1988.3.28.③）

20~25日 全国速滑冠军赛举行，新疆维吾尔自治区速滑运动员刘龚飞获男子1500米冠军。（《新疆通志·体育志》83卷P85）

24~26日 国家教委在西北师范大学（甘肃省兰州市）举行西北少数民族师资培训中心第二次工作会议，国家民委和新疆、宁夏、甘肃、青海、陕西等省、自治区教委（教育厅）和民委的有关负责人参加会议。（《中国教育年鉴（1989）》P255，《甘肃日报》1988.3.28.①）

25日 1988年第二次中蒙边境贸易会谈在内蒙古自治区呼和浩特市结束。双方就边境贸易的商品互供、中国二连浩特与蒙古扎乌门

德之间城镇小额贸易及其他经济技术合作等议题取得共识。（《内蒙古日报》1988.3.30）

26日 据环江讯，最近，我国第一部反映毛南族风土人情的图书——《毛南山乡》由广西人民出版社出版。（《广西日报》1988.3.26.③）

△ 新疆维吾尔自治区克孜勒苏柯尔克孜自治州吐达洪·于米西（柯尔克孜族）研制成功用于烤馕灶的液化石油气燃烧器，国家专利局授予其国家发明专利权。这是全疆第一位获得国家专利权的少数民族发明人。（《克孜勒苏柯尔克孜自治州志》上P60）

27日 据新华社重庆电，内蒙古自治区曲棍球男、女一队获全国曲棍球联赛男、女冠军。（《内蒙古日报》1988.3.28.①）

△ 据本报讯，宁夏回族自治区公布22处第二批文物保护单位，其中涉及少数民族的有：瓷窑堡古窑址（西夏—清）、省嵬城（西夏）、宏佛塔（西夏）、纳家户清真寺（清）、贺兰山石刻塔（西夏—元）、贺兰山岩画（年代待考）。另，国务院最近公布第三批全国重点文物保护单位。宁夏回族自治区有5处：灵武县横山堡长城边上的水洞沟遗址、贺兰县金山乡拜寺口北侧坡地上的西夏时期拜寺口双塔、自治区现存历史最久的清真寺之一同心清真寺、贺兰山东麓面积40平方公里的西夏陵区和青铜峡电站南侧的青铜峡一百零八塔。（《宁夏日报》1988.3.27.②）

28日 云南省楚雄彝族自治州武定大响水3×4000千瓦一级水电站正式投产运行。（《楚雄彝族自治州志》1卷P210）

29日 西藏自治区科委赴内地南方七省市西藏班考察组召开汇报会，自治区党委和人民政府领导听取汇报并讲话。考察组在南方七省市西藏班分别对7所中学的西藏班进行考察。自治区教科委副主任、考察组组长西珠朗杰在汇报会中说，在内地7省市西藏初中班的1652名学生在德、智、体等方面得到全面发展，学生中有1132人（次）被评为省、市和学校的“三好”学生。（《西藏日报》1988.3.31.①）

29日~4月18日 藏族与内地关系史文物展览在民族文化宫举办。全国人大常委会副委员长习仲勋、阿沛·阿旺晋美、班禅额尔德尼·确吉坚赞为展览剪彩。展览共展出历史文物517件和照片180多幅，分为“青藏高原与祖国内地古代居民的往来”、“唐蕃联谊和后世友好关系的继续”、“藏区同内地关系的进一步发展”3部分，介绍了藏族与汉族以及其他民族从远古到明清两朝源远流长的交往关系、互相影响和共同进步的历史进程，说明西藏是中国不可分割的一部分。（《中国共产党西藏历史大事记（1949~2004）》P510，《西藏日报》1988.3.30.①）

是月 内蒙古大学教授布林贝赫（蒙古族）的专著《心声寻觅者札记》获全国蒙古文学研究优秀成果奖。（《内蒙古大学四十年》P419）

△ 湖南省湘西土家族苗族自治州文物工作队在泸溪县白沙发掘出旧石器时代晚期遗物十余件。（《湘西州志》上P87）

△ 云南民族出版社用汉文和哈尼文对照出版反映哈尼族迁徙历程的大型史诗《哈尼阿培聪坡坡》，为我国第一部发掘成书的哈尼族史诗。（《民族团结》1988.3 P47）

4月

1日 全国首届少数民族儿童书画展览开幕，36个少数民族儿童的246件作品参展。全国政协副主席杨静仁、赵朴初为开幕式剪彩。（《人民日报》1988.4.2.④）

△ 据本报讯，青海省海南藏族自治州最近决定，各级党委、人大、政协和政府要把加强学习和使用民族语言文字工作列入重要议事日程；各县成立民族语言文字工作领导小组和民族语言文字办公室，加强对这项工作的组织

领导；全州各级干部、职工必须学习藏汉两种语言文字，逐步向兼通两种语言文字的方向发展。（《青海日报》1988.4.1.①）

2日 新疆大学与北京四通公司乌鲁木齐分公司最近合作研制成功维吾尔文等少数民族文字与汉文、英文通用的电子打字机。（《新疆日报》1988.4.2.①）

3日 贵州苗族风情展览在北京开幕，共展出300多件文物及100多幅照片。中顾委常委王首道、国家民委主任司马义·艾买提、贵州省省长王朝文为展览开幕式剪彩，贵州省省委书记胡锦涛致欢迎辞。法国、瑞士、斯里兰卡等十几个国家的驻华使馆人员参观展览。（《人民日报》1988.4.3.④；《贵州日报》1988.4.5.①，5.5.①）

6日 云南省第六次民族理论学术讨论会在芒市召开，云南省各地州及新疆、内蒙古、黑龙江等省市的民族理论专家和工作者170多人参加。（《德宏州志》综合卷P88）

7日 国家民委和人民日报社在民族文化宫联合举行座谈会，讨论如何进一步做好少数民族宣传报道问题，60多位少数民族地区的全国人大代表参加。（《人民日报》1988.4.8.②）

8日 据本报讯，中国防痨协会西藏分会最近在拉萨召开第二届理事会，自治区和7个地市医疗卫生部门的代表和卫生厅有关领导出席会议。区结核病防治所肖和平主任在会上介绍山南地区的结防人员开展农村结核病治疗承包试点的经验。会议选举产生第三届理事会。西藏自治区结核病疫情居全国前列。（《西藏日报》1988.4.8.①）

8~30日 由汉、回、藏、土、撒拉、蒙古6个民族的文艺工作者组成的青海省艺术团在朝鲜民主主义人民共和国各地演出并受到金日成主席及朝鲜观众的欢迎和好评。（《青海日报》1988.4.9.③，4.16.①，5.1.①）

12~16日 青海省海北藏族自治州八届人大第四次会议召开，通过《海北藏族自治州草原管理条例》和《海北藏族自治州土地管理条例》说明的报告，并作出决议。（《海北藏族自治州志》上P93）

13日 据《内蒙古日报》报道，1988年全国速度滑冰冠军赛最近在吉林省长春市举行，内蒙古自治区呼伦贝尔盟体工队运动员余海波获男子1500米、3000米、5000米3项亚军。（《内蒙古自治区大事记（1987~1996）》P267）

14日 全国彝族服饰展览及楚雄州风物艺术综合展览在云南省楚雄彝族自治州楚雄工人文化宫开展。（《楚雄彝族自治州志》1卷P212）

△ 新疆维吾尔自治区电视台《歌星明天来》获第二届大西北优秀电视短剧优秀奖，电视诗剧《红塔诗、黑塔情》获单本剧探索奖。（《新疆日报》1988.5.14.①）

14~17日 中国南方少数民族哲学及社会思想史学会第三届学术讨论会在广西壮族自治区南宁市举行。9个省、市、自治区11个民族的61名学者与会。（《广西日报》1988.4.19.①）

14~20日 全国古典式摔跤锦标赛在河南省郑州市举行。内蒙古自治区代表队取得10个级别中3个级别的冠军，金牌数居各队之首，内呼日查（蒙古族）、宝玉（蒙古族）、呼日嘎（蒙古族）分获52公斤级、100公斤级、130公斤级冠军。（《人民日报》1988.4.23.③）

15日 内蒙古自治区锡盟科技处在锡林浩特召开技术鉴定会，宣布雪花肉马试验培育获得成功。（《内蒙古日报》1988.6.6.①）

18~29日 广西壮族自治区科委组织的700多个科技项目和科技新产品在广西8个沿海开放县、市、港口进行恳谈，达成意向420多项。（《广西日报》1988.5.12.①）

19日 中国首次发现藏族工艺百科全

书——《灿烂光照下能满足一切欲望的各种制作技术工艺》。（《当代中国的西藏》下P616）

21日 《内蒙古日报》报道，反映内蒙古自治区“团结建设，改革开放”大潮的全区第三届报纸系统好新闻评选最近在赤峰揭晓，《内蒙古日报》记者刘少华的通讯《琼厦瑶台恋游人，蒙古包里情更深》、胡涌的《挑战与时机》、梁青的《1069万元支农贷款被非法挤占和挪用令人气愤》3篇新闻获一等奖。（《内蒙古自治区大事记（1987～1996）》P267）

△ 据本报金秀讯，广西壮族自治区大瑶山银杉研究达到国内先进水平。1986年广西林业工作者发现大瑶山银杉，这一发现把银杉的分布区向南推移1度27分（含160公里）。该项科研计划是由自治区林业局勘测设计院、金秀瑶族自治县和金秀林场用2年时间完成。（《广西日报》1988.4.21.①）

22日 西藏自治区党政领导巴桑、马李胜、吉普·平措次登与辽宁省人民政府副省长王文元为团长的辽宁省赴藏考察团一行7人座谈，就如何在辽宁办好西藏民族班、辽宁派遣优秀教师队伍支援西藏教育及在辽宁代为西藏培训师范学生等问题进行交谈。（《西藏日报》1988.4.23.①）

△ 据本报讯，青海电视台拍摄的大型电视连续剧《格萨尔王》（上部）获第二届大西北优秀电视连续剧奖。（《青海日报》1988.4.22.①）

23日 广西壮族自治区跳水运动员余晓玲获1988年全国跳水冠军赛亚军。（《广西日报》1988.4.25.③）

△ 新疆维吾尔自治区人民政府发布《新疆维吾尔自治区少数民族计划生育暂行规定》，共5章35条，自7月1日起正式施行。《规定》提出，居住在城市、县镇的夫妇一般可生育2个孩子；居住在农村、牧区的夫妇一般可生育3个孩子；全国人口数在5万以下的少数民族还可多生育1个孩子。（《内蒙古日报》1988.5.9.③，《中国共产党新疆历史大事记（1966.5～1991.12）》下P355、357）

24日 据报道，内蒙古自治区科技示范体系粗具规模。全区已建科技示范旗县18个、科技示范乡镇苏木97个、科技示范村（嘎查）1400多个，有科技示范户1.35万多户。（《内蒙古日报》1988.4.24.①）

25日 湖南省湘西土家族苗族自治州凤凰县箭道坪小学教师滕昭蓉（女，苗族）赴北京参加全国“五一”劳动奖章颁发仪式。滕昭蓉首创小学教学“童话引路”教学法。（《湘西州志》上P87）

△ 广西壮族自治区梁树英在第三届全国工艺美术人员、专业技术人员代表大会上获得“中国工艺美术大师”称号。（《广西日报》1988.4.26.①）

△ 青海省彩绘老艺人夏吾才让（藏族）被轻工业部评为“中国工艺美术大师”。（《青海日报》1988.4.26.①）

△ 据本报讯，至目前，青海民族出版社已出版各类藏文图书1197种，总印数1213万册，其中31种获各类优秀图书奖，12种获装帧设计奖；整理出版藏文古籍50多部，发行量大都在5000册以上，其中不少书远销西欧、北美、日本、印度、尼泊尔等国家和地区，有的还被选送参加第39届法兰克福国际图书博览会和第6届莫斯科国际书展。（《青海日报》1988.4.25.①，5.10.①）

△ 宁夏回族自治区射击运动员马少玲（女）以595环的成绩获全国射击冠军赛第一名，打破女子小口径标准步枪60发卧射亚洲纪录。（《宁夏日报》1988.5.7.①）

26日 中央统战部、国家教委、国家民委、国务院西藏经济工作咨询小组印发《关于改革和发展西藏教育若干问题的意见》。（《中国教育年鉴（1989）》P250）

△ 新疆维吾尔自治区《福乐智慧》研究会在乌鲁木齐成立，自治区政府主席铁木尔·达瓦买提（维吾尔族）任名誉会长，依敏诺夫·哈米提任会长。（《新疆日报》1988.4.28.①）

27日 据本报南宁讯，全国少数民族作家笔会在广西壮族自治区南宁市举行，19个省、区18个民族的80余名作家参会。（《广西日报》1988.4.27.①）

28日 西藏文物历史展览在民族文化宫开幕。全国人大常委会副委员长阿沛·阿旺晋美、班禅额尔德尼·确吉坚赞、廖汉生等出席开幕式并剪彩。全国政协副主席杨静仁、司马义·艾买提出席开幕式。展览展出300多件珍贵文物、200多幅图片以及大量的文字资料。（《西藏日报》1988.4.30.①）

△ 援助西藏发展基金会筹委会、日喀则红十字会同瑞士红十字会联合举办的乡村医生培训班在西藏日喀则正式开学，瑞士红十字会代表马丁·伟伯夫妇为开学典礼剪彩。全国人大常委会副委员长阿沛·阿旺晋美、班禅额尔德尼·确吉坚赞致贺电。培训班共有学员37名，其中2名来自札什伦布寺，其余来自各地县（市）的基层乡村医生。（《西藏日报》1988.5.5.①）

29日 全国少数民族省区农村抽样调查研讨会在广西壮族自治区南宁市召开，新疆、内蒙古、宁夏、青海、云南、贵州和广西7个省区农调队的负责人参会。（《广西日报》1988.4.29.①）

△ 西藏自治区布达拉宫维修工作接待领导小组在拉萨举行新闻发布会，自治区政府副主席、布达拉宫维修工作接待领导小组组长吉普·平措次登宣布，我国将全面维修布达拉宫，布达拉宫博物馆经自治区批准正式成立，这是西藏自治区第一座博物馆。5月8日，布达拉宫维修工程中央联合考察组抵达拉萨市。10日，吉普·平措次登会见考察组全体成员。（《西藏日报》1988.5.1.①，5.2.①，5.11.①）

△ 新疆维吾尔自治区塔城地区、克孜勒苏柯尔克孜自治州、阿勒泰地区代表队分别以总分31分、29分、27分获自治区首届农民运动会中国式摔跤比赛团体前三名，和田、哈密地区代表队获“体育道德风尚”奖。（《新疆日报》1988.4.30.①）

29日～5月8日 西藏自治区党委副书记、自治区对外文化交流协会会长丹增任团长的中国西藏文化代表团在朝鲜平壤、妙香山、南浦和开城等地访问艺术院校，参观文化设施，并同朝鲜文化部门座谈。朝鲜文化艺术部副部长金昌国设宴欢迎代表团一行。这是访问朝鲜的第一个西藏代表团。（《西藏日报》1988.5.1.①，5.10.①，5.15.①，5.18.①）

30日 卫生部副部长何界生在部分省区卫生防病工作座谈会上指出，我国儿童计划免疫工作今年有较大进展，但少数民族地区与其他省区相比，疫情一直持续在较高水平。（《人民日报》1988.5.2.③）

△ 1988年全国自由式摔跤锦标赛在河南省郑州市结束，内蒙古自治区代表队的革命和扎木苏荣分获68和90公斤级冠军。（《内蒙古日报》1988.5.3.①）

是～7月 据本报讯，西北大学历史系、青海省文物考古研究所和化隆县文管所工作人员在青海省化隆县境内发现4座吐蕃时期的墓葬，其墓室结构、葬俗和随葬器物都很独特，在青海省东部农业区尚属首次发现。（《青海日报》1988.9.23.①）

5月

1日 据新华社电，黑龙江省文物考古工作者10年前在内蒙古呼伦贝尔盟额尔古纳左旗原始林区发现2处岩画的考察报告最近公布，是我国首次发现的有关鹿的岩画。据考证，岩画作者是1000多年前某些室韦部落的

猎人或鄂温克族牧鹿人。（《宁夏日报》1988.5.1.②）

△ 藏族与内地关系史文物展览在甘肃省兰州市举办。（《甘肃日报》1988.5.2.①）

3日 《内蒙古日报》报道，内蒙古自治区计委国土区划办公室组织编写的《内蒙古国土资源》和《内蒙古国土资源地图集》最近由内蒙古人民出版社出版。这是一项集内蒙古40年来多学科、多部门研究工作成果之大成，并把内蒙古国土研究工作推向一个新阶段的最新研究成果。该书近220万字、130幅地图，原中华人民共和国副主席乌兰夫题词，自治区政府主席布赫作序。（《内蒙古自治区大事记（1987~1996）》P268，《内蒙古日报》1988.5.3.①）

4日 据本报灵山讯，广西壮族自治区灵山县文物普查小组最近在新圩乡发现一处新石器时代文化遗址。在出土文物中除有夹砂陶片以外，还有石斧、石锛、石茅等石器20余件以及角锥、骨锥，同时还发现部分被火烧焦痕迹的兽骨等，对研究桂南地区原始人类生活状况具有较高价值。（《广西日报》1988.5.4.①）

△ 据本报讯，近年来，云南省群众艺术馆文学工作者殷海涛（普米族）在20多家报刊上发表各类文学作品100多篇，成为普米族第一代文学作者。（《宁夏日报》1988.5.4.④）

△ 云南省楚雄彝族自治州第一座由电力系统自己设计施工和安装的禄丰花桥水电站建成，装机容量240千瓦。（《楚雄彝族自治州志》1卷P213）

△ 西藏自治区人民医院成功地把美制5X–TM–5985型起搏器安放在患有病态窦房结综合征的患者洛桑次成体内，在西藏尚属首次。（《西藏日报》1988.5.8.①）

△ 宁夏回族自治区自行车男队以2小时16分05秒77的成绩获全国公路自行车冠军赛100公里团体冠军。（《宁夏日报》1988.5.7.①）

5日 湖南省湘西土家族苗族自治州龙山县织锦工艺厂技术顾问叶玉翠（女，土家族，77岁）被国家轻工部授予“中国工艺美术大师”称号。叶玉翠有62件作品被国家有关部门作为工艺美术精品收藏。（《湘西州志》上P87）

5~7日 全国女子举重锦标赛在江苏泰州举行，宁夏体育学校学生王英、王金芳分别以挺举75.5公斤和92.5公斤的成绩打破44公斤级和56公斤级的75公斤和85公斤世界纪录。（《当代宁夏史通鉴》P38）

△ 新疆维吾尔自治区首次知识分子工作会议在乌鲁木齐举行。会议讨论对优秀专家和拔尖人才的管理工作，提出做好知识分子工作的10项任务，表彰53个落实知识分子政策先进集体和143名先进个人。（《中国共产党新疆历史大事记（1966.5~1991.12）》下P356）

6日 据本报讯，广西壮族自治区医学院血红蛋白病研究室研究人员最近在诊断一病人过程中首次发现我国的潜在性（又称静止性）异常血红蛋白。（《广西日报》1988.5.6.①）

6~13日 汉、回、藏、土、撒拉、蒙古、满7个民族的文艺工作者组成的青海省歌舞团在蒙古人民共和国首都乌兰巴托和第二大城市达尔汗演出，受到蒙古国观众的欢迎。（《青海日报》1988.5.16.①）

9日 国务院颁布第二批国家级森林和野生动物类型自然保护区共25处，其中涉及少数民族地区的有9处：大青沟自然保护区位于内蒙古自治区哲里木盟，面积8000多公顷，1980年自治区政府批准建立；丰林自然保护区位于黑龙江省小兴安岭南坡，面积1.8万多公顷，1963年省政府批准建立；呼中自然保护区位于黑龙江大兴安岭林区，面积19万多公顷，1984年省政府批准建立；茂兰自然保护区位于贵州省荔波县东南面的茂兰区，面积2万多公顷，1987年省政府批准建立；白马雪山自然保护区位于云南省德钦县，面积18万多公顷，1983年省政府批准建立；哀牢山自然保护区位于云南省楚雄等5市县交界处，面积5.4万多公顷，1984年省政府批准成立；祁连山自然保护区位于甘肃省、青海2省交界处，面积23万多公顷，1987年甘肃省政府批准成立；贺兰山自然保护区位于宁夏回族自治区银川平原西北部，面积6.1万多公顷，1982年自治区政府批准成立；六盘山自然保护区位于宁夏回族自治区固原、隆德、西吉、海原和泾原5县交界处，面积2.6万多公顷，1982年自治区人民政府批准建立。（《国务院公报》1988［13号］P440～444）

△ 广西壮族自治区选手黎海心在北京国际蹼泳邀请赛上以3分14秒35的成绩打破女子400米器泳世界纪录，并获得2枚银牌；余潜获得2枚银牌；梁军获得2枚银牌、1枚铜牌，并打破2项全国记录；李峰获得1枚铜牌。（《广西日报》1988.5.10.③，5.12.③）

10日 一代文豪沈从文（苗族）在北京病逝，享年86岁。生前曾任北京大学教授、中国社会科学院历史研究所研究员、全国文联委员等职，著有小说《边城》和专著《中国古代服饰研究》等。（《中国历代少数民族英才传》P3758～3763）

△ 国家民委、中国记协联合举办的西南地区少数民族新闻干部培训班在重庆正式开学，23名少数民族新闻干部及在少数民族地区从事新闻工作的汉族干部参加为期50天的培训。这是我国首次举办少数民族新闻干部培训班。（《西藏日报》1988.5.30.①）

11～16日 西藏自治区党委副书记丹增率自治区文化考察团在日本东京、关西地区、奈良和京都古城考察访问。这是西藏首次派出的出国代表团。（《西藏日报》1988.5.1.①，5.10.①，5.15.①，5.18.①）

12日 内蒙古自治区新闻出版局正式成立。（《内蒙古日报》1988.5.13.①）

△ 西藏自治区拍摄的第一部大型彩色宽银幕历史故事片《松赞干布》由西藏电视台摄制完成。全国人大常委会副委员长阿沛·阿旺晋美、班禅额尔德尼·确吉坚赞观看了影片。（《人民日报》1988.5.13.③，《西藏日报》1988.5.14.①）

△ 青海省大自然保护调查队开赴青海湖，正式实施《青海湖水位下降与生态环境保护研究》和《青海湖环境规划的研究》2项科研课题的实地观测调研工作。（《青海日报》1988.5.30.①）

△ 新疆维吾尔自治区政府第十一次常务会议通过《新疆维吾尔自治区宗教活动场所管理暂行规则》。（《新疆日报》1988.11.14.②）

13日 农业部、林业部、水利电力部和西北农业大学、南京林业大学、武汉水利电力学院、甘肃农业大学开始全面实施智力援藏计划，对口支援西藏农牧学院。4月29日，3部4校组成的赴藏考察组开始在西藏农牧学院进行实地考察，落实对口支援问题。（《西藏日报》1988.5.3.①，5.16.①）

14日 由西藏、青海、四川、甘肃等地30名藏族演员组成的藏族歌舞团在民族文化宫举行汇报演出，中国宋庆龄基金会主席胡启立，中华慈善总会会长阎明复，全国人大常委会副委员长习仲勋、阿沛·阿旺晋美、班禅额尔德尼·确吉坚赞、彭冲等观看演出。（《人民日报》1988.5.15.③，《西藏日报》1988.5.16.①）

△ 内蒙古非金属资源开发（集团）公司在呼和浩特成立。该公司是集地质勘探、科研、设计、制造、安装、生产、销售一条龙，工贸结合、技贸结合的企业集团。（《内蒙古自治区大事记（1987～1996）》P110）

△ 据本报讯，《新疆简史》最近由新疆人民出版社出版。（《新疆日报》1988.5.14.④）

14~16日 广西壮族自治区首届农民运动会在南宁举行，8地区、5市共13个代表团参赛。（《广西通志·大事记》P544）

15日 据《内蒙古日报》报道，经内蒙古自治区政府批准，内蒙古蒙文专科学校升格为大专体制。全国人大常委会副委员长乌兰夫致贺词。该校是我国唯一用蒙文授课、专门培养蒙汉兼通翻译、编辑和新闻工作者的全日制专科学校。（《内蒙古自治区大事记（1987~1996）》P268,《内蒙古日报》1988.5.15.①）

17日 据《人民日报》讯，第九届全国好新闻评选揭晓，共评出1987年度好新闻227篇（幅），其中广西获二等奖作品1篇、三等奖1篇，西藏日报社摄影记者丹多的一组新闻摄影作品《分裂分子在拉萨制造骚乱》获一等奖。（《广西日报》1988.5.17.①,《西藏日报》1988.6.22.①）

19日 西藏自治区第一条卫星通信电路昌都至拉萨卫星电路开通，拉萨市电信局在地面卫星中心站举行开通仪式。昌都通信卫星地面卫星接收站成为继拉萨通信卫星中心站之后西藏的第二个站。（《西藏日报》1988.5.21.①，5.22.①）

21日 贵州省民族节日文化展览在陕西西安开幕，陕西省副省长孙达人等出席开幕式。展览展出贵州民族节日服饰、饮食、歌舞中的实物471件。（《贵州日报》1988.5.24.①）

22日 广西壮族自治区水文地质工作者历时14年完成自治区1：20万区域水文地质的全面调查，发现广西有600余条地下河，资源量为484亿立方米，是全区地表江河径流总量的1/4，地下水储量居全国之首。（《广西日报》1988.5.22.①）

22~26日 新疆维吾尔自治区体操运动员于强获全国体操个人赛鞍马冠军。（《新疆通志·体育志》83卷P85）

23日 新疆维吾尔自治区乌孜别克语言文学学会在乌鲁木齐成立。（《新疆日报》1988.5.31.①）

23~28日 新疆维吾尔自治区七届人大常委会二次会议召开，通过《新疆维吾尔自治区义务教育实施办法》。（《新疆日报》1988.5.29.①）

24日 西南地区少数民族钱币研究工作座谈会在云南省昆明市召开。同时，云南钱币研究会展出800多种云南少数民族地区古货币。（《云南日报》1988.5.27.①）

△ 据本报讯，西藏自治区有4篇作品荣获1987年全国优秀广播电视奖。其中，中央人民广播电台、中国国际广播电台驻西藏记者站莫树吉、旺堆合作采写的录音通讯《特殊的祭礼》获一等奖，西藏人民广播电台李永发的评论员文章《坚定不移地维护民族团结》获二等奖，西藏人民广播电台记者孙立国采写的《阿沛副委员长到农家》、《西藏日报》记者舒润生采写的《三位活佛称赞西藏现在的社会是西藏历史上最好的社会》获三等奖。（《西藏日报》1988.5.24.①）

24~26日 新疆维吾尔自治区首届农牧民体育运动会举行，全区14个地、州（市）农牧民体育代表团的近200名农牧民运动员参会。（《新疆日报》1988.5.25.④，5.27.①；《中国共产党新疆历史大事记（1966.5~1991.12）》下P356）

25日 内蒙古自治区锡林郭勒盟苏尼特左旗境内“呼和楚鲁”等7处山丘岩石上发现一批距今约3000年的青铜时代猎牧人所作岩画。（《人民日报》1988.5.26.③）

△ 云南省兰坪白族普米族自治县成立，全国人大、国家民委、云南省人大常委会、省政府等派团祝贺。（《云南民族团结进步事

业光辉历程（1949～2009）》P96，《兰坪白族普米族自治县志》P31）

△ 云南省楚雄彝族自治州武定狮山被列为首批省级风景名胜区。（《楚雄彝族自治州志》1卷P213）

26日 据本报杭州讯，广西壮族自治区技巧队在杭州举行的1988年全国技巧冠军赛中获男子四人组全能冠军和男女混合双人第三名。（《广西日报》1988.5.27.⑤）

△ 《人民日报》驻西藏记者站正式成立。（《中国共产党西藏历史大事记（1949～2004）》P513）

27日 据本报柳州讯，最近，广西工学院与柳州电机总厂联合攻关，研制成功高功率工业用HPL型2000瓦激光器，填补自治区空白。（《广西日报》1988.5.27.①）

△ 广西壮族自治区女歌手黄春艳（壮族）获全国第二届农村青年歌手大赛民族唱法一等奖。（《广西日报》1988.6.9.①）

△ 西藏摄影家协会举办的西藏自治区藏族摄影家扎西次登摄影艺术展览在西藏展览馆举行。这是西藏举办的首个个人摄影艺术展览。自治区党委副书记丹增、自治区政协副主席拉敏·索朗伦珠为开展仪式剪彩并参观展览。（《西藏日报》1988.5.28.①，6.4.①）

△ 据本报讯，宁夏回族自治区版权处经自治区政府批准最近正式成立，在国家版权局指导下，对自治区的版权工作实行统一归口管理。（《宁夏日报》1988.5.27.①）

28日 据新华社北京电，《格萨尔传》最近在北京出版发行。全书75万字，分上、中、下3册。（《西藏日报》1988.5.30.①）

29日 世界银行投资人民币6144万元在云南省德宏傣族景颇族自治州建设13个基地，发展茶叶、橡胶、咖啡生产。（《德宏州志》综合卷P88）

30日 据新华社北京电，中共中央总书记赵紫阳在全国民族团结进步表彰大会上发表题为《为中华民族的振兴而奋斗》的重要讲话，最近由民族出版社用蒙古、藏、维吾尔、哈萨克、朝鲜6种民族文字出版发行，广西壮族自治区和四川省分别用壮、彝文出版。《全国民族团结进步表彰大会文件集》亦在最近出版发行。（《人民日报》1988.5.31.①）

30日～6月9日 贵州省人大常委会第六届二十九次会议举行。会议批准《黔西南布依族苗族自治州条例》，自1988年5月1日起正式施行。（《黔西南布依族苗族自治州志·政权政协志》P28）

31日 青海省海北藏族自治州门源回族自治县人大九届二次会议通过《门源回族自治县自治条例》，经省人大常委会批准，自1989年1月1日起施行。（《海北藏族自治州志》上P93）

是月 国务院批准吉林省延边朝鲜族自治州建立珲春对苏贸易口岸。1990年9月，开放珲春—克拉斯基诺口岸。（《延边朝鲜族自治州志》P98）

6月

1日 内蒙古自治区首届少数民族青少年儿童书画展在内蒙古美术馆开幕。展览由自治区教育厅、民委等联合举办，共展出164幅获奖作品，其中优秀奖47幅、展出奖117幅。（《内蒙古日报》1988.6.2.①）

△ 湖南省湘西土家族苗族自治州民族中学获国家教委授予的“全国中小学体育先进集体”称号。（《湘西州志》上P87）

2日 据本报乌鲁木齐讯，新疆维吾尔自治区速滑运动员刘奕飞近日入选1987年至1988年度全国冰雪“十佳”运动员，这是新疆第一位在全国性“十佳”运动员评选活动中入选的运动员。（《新疆日报》1988.6.2.①）

3日 据本报讯，新疆维吾尔自治区文物处和考古研究所组成的楼兰古城探险队最近在距楼兰遗址50公里处发现西域古城——海头城，其名称仅见于70多年前英国探险家斯坦因的遗文，关于它的原始材料，史籍均无记载。（《新疆日报》1988.6.3.①）

3~4日 舞蹈家杨丽萍（白族）舞蹈晚会在民族文化宫举行，表演了傣族舞蹈《雀之灵》、佤族舞蹈《火》、彝族舞蹈《雨丝》等节目。（《云南日报》1988.6.6.①）

4日 由中国摄影家协会、文化部社会文化局、云南省文化厅、省群众艺术馆联合举办的少数民族镜头下的滇藏高原摄影展览在云南昆明举办，展出扎西顿珠（藏族）、阿茸（藏族）、杨杰（白族）3人摄影的140多幅作品。（《云南日报》1988.6.6.①）

5~7日 内蒙古自治区首届农牧民运动会田径比赛在丰镇举行，赤峰市、哲里木盟、呼和浩特市、乌兰察布盟、包头市、兴安盟代表队获得团体总分前6名。篮球、摔跤、射击比赛已于4日至7日在赤峰赛区进行，171名运动员参赛，赤峰市1名运动员打破全区小口径步枪60发卧射记录。伊克昭盟队获本届运动道德风尚奖。（《内蒙古日报》1988.6.16.①）

6日 全国人大常委会副委员长、中国佛教协会名誉会长班禅额尔德尼·确吉坚赞在人民大会堂会见由云林禅寺林云大师率领的美国旧金山宗教交流团。（《人民日报》1988.6.7.④）

△ 据本报讯，内蒙古自治区汽车修造厂试制的NQ140X—1型货运箱式汽车、NQ140Y型运油车和NQ140YJ型加油车最近通过自治区级鉴定，填补内蒙古一项空白。（《内蒙古日报》1988.6.6.①）

△ 宁夏回族自治区西吉县防护林工程经过持续20个月干旱考验后，世界粮食计划署官员检查鉴定并通过终期验收。世界粮食计划署官员布雷在西吉县举行的记者招待会上评价说，西吉县防护林是世界最佳人工林草项目。（《中共宁夏党史大事记（1925.8~1988.6）》P614）

△ 据本报讯，新疆维吾尔自治区天山电影制片厂摄制的故事片《买买提外传》最近获"广播电影电视部优秀影片奖"（又称政府奖），这是一部讴歌当代少数民族青年现代生活的喜剧故事片。（《新疆日报》1988.6.6.①）

△ 据新华社乌鲁木齐电，新疆维吾尔自治区博物馆整理的回鹘文佛教剧本《弥勒会见记》最近由新疆人民出版社用现代维文和汉文出版。该书约成书于公元八九世纪，共27幕，是国内现存最早、最长的回鹘文佛教剧本，描绘了弥勒佛转生人世、辞家拜佛、普度众生的故事。（《新疆日报》1988.6.7.①）

6~10日 1988年全国青年男女柔道锦标赛在江苏苏州举行，西藏自治区运动员格桑卓嘎获女子组48公斤级亚军。（《西藏日报》1988.7.4.①）

6~11日 国家教委和五省区藏文教材协作领导小组在四川成都举行西藏、青海、四川、甘肃、云南五省藏文教材第七次协作会议暨藏族教育协作会议，并形成《五省自治区藏文教材第七次协作会议暨藏族教育协作会议纪要》。会议着重研究了进一步加强完善藏文教材协作和藏族教育协作两个问题。（《中国教育年鉴（1989）》P257）

9日 少数民族七省区评出1986~1987年出版的优秀文艺图书115种，并分一、二等颁发奖品。广西人民出版社、广西民族出版社获一、二等奖的图书均为11种，并列第一名，宁夏人民出版社、甘肃人民出版社均有获奖图书10种，同列第二名。（《广西日报》1988.6.12.①）

10日 新疆维吾尔自治区第一家从事文化艺术产品与成果交流的综合性民办文化企业——新疆文化艺术交流公司及所属工艺美术

品商店在乌鲁木齐正式开业。该公司隶属新疆对外文化交流协会，实行自主经营、独立核算，具有法人资格。（《新疆日报》1988.6.11.①）

10～18日 西藏自治区第四次广播电视工作会议在拉萨举行。会议确定自治区广播电视事业的“七五”后期规划，制定并通过广播电视管理方面的改革方案、规章条例和广播电视音像制品管理条例。自治区政府主席多吉才让、自治区党委副书记丹增出席会议。（《西藏日报》1988.6.11.①，6.20.①）

11日 贵州酒文化、蜡染文化展览在民族文化宫开幕，全国政协副主席方毅、杨静仁，国家民委主任司马义·艾买提等参观展览。展览共展出贵州自商周以来的酿酒器具600多件、贵州名酒48种、蜡染展品400多件，对研究民族学、民俗学及民族民间工艺美术具有重要价值。（《贵州日报》1988.6.12.①）

△ 据新华社北京电，截至目前，中央民族学院和中南、西南、西北4所民族学院已派出54名少数民族学生到十多个国家留学，另有21名少数民族学生自费去国外留学。（《西藏日报》1988.6.12.①）

12日 《内蒙古日报》报道，内蒙古自治区首家跨地区、跨行业、跨部门、跨所有制企业集团——中国“3S”毛毯集团在呼和浩特成立。（《内蒙古自治区大事记（1987～1996）》P111）

13日 据本报讯，1988年全国青年古典、自由式摔跤锦标赛最近在湖南益阳举行。内蒙古自治区代表队的苏亚拉夫获古典式摔跤54公斤级比赛冠军，小郝毕斯拉图获自由式摔跤58公斤级冠军，内蒙古队获自由式摔跤团体第三；秦红升获88~113公斤级冠军，成为本届自由式摔跤的最重量级冠军。（《内蒙古日报》1988.6.13.①）

14日 中国藏语系高级佛学院首届学员毕业典礼在人民大会堂举行，班禅额尔德尼·确吉坚赞院长向大专班的首届毕业生——37名藏、蒙古族的活佛颁发毕业证书并讲话，中国藏语系高级佛学院高级顾问、中国佛协会会长赵朴初发表讲话。毕业典礼结束后，党和国家领导人万里、李铁映、阎明复、阿沛·阿旺晋美、班禅额尔德尼·确吉坚赞、杨静仁、赵朴初、司马义·艾买提等同毕业生合影留念。（《人民日报》1988.6.15.④）

△ 据本报讯，青海省少数民族少年儿童创作的5幅美术作品和1幅书法作品最近参加首届全国少数民族少儿书画作品展览获展出奖，这是青海省少数民族少儿书画作品首次参加全国性展览。（《青海日报》1988.6.14.①）

15日 青海省民族学院研究所培养的第一批中国民族史硕士研究生通过毕业论文答辩。5名研究生于1985年入学，主攻青海地方民族史课题，是青海省自己培养并授予学位的第一批历史学硕士。（《青海日报》1988.6.20.①）

16日 反映西藏长久以来就是中国领土，藏汉民族、藏汉文化悠久关系的大型画册《藏传佛教艺术》在民族文化宫举行发行仪式。画册由青海省有关专家拍摄、编辑，天津人民美术出版社出版。全国人大常委会副委员长阿沛·阿旺晋美、班禅额尔德尼·确吉坚赞，全国政协副主席司马义·艾买提，中国佛协会长赵朴初等出席发行仪式，班禅额尔德尼·确吉坚赞为发行仪式剪彩。画册有照片666幅，文字材料10万余字。（《西藏日报》1988.6.17.①）

18日 内蒙古自治区工学院与土左旗催化剂厂、江西省向塘化肥厂开发研制的新型稀土低铬中温变换催化剂通过自治区鉴定，属国内首创。（《内蒙古日报》1988.6.26.①）

△ 据本报讯，广西壮族自治区自然博物馆最近在南宁成立，分动物、植物、矿物、古

生物和人类5个部4个陈列馆。（《广西日报》1988.6.18.①）

19日~7月8日 新疆维吾尔自治区杂技团应邀赴希腊、马耳他、南斯拉夫访问演出。（《新疆日报》1988.7.16.①）

20日 据《光明日报》讯，我国第一座伊斯兰经文学院近日在新疆维吾尔自治区乌鲁木齐落成。这座具有维吾尔族民间艺术造型的经文学院有综合楼、清真寺等设施，总建筑面积5533平方米，可容纳160名本科生和部分进修生。（《宁夏日报》1988.6.20.④）

22日 内蒙古自治区科协和经委在内蒙古科技馆联合举办专题展示会，组织推广自治区地矿局计算站历时7年完成的"地形数据库与彩色地图显示系统"，该系统是国内存储面积最大的区域性地形数据库。（《内蒙古日报》1988.6.25.①）

23日 著名哲学家、民主爱国人士梁漱溟（蒙古族）在北京病逝，享年95岁，生前曾任全国政协委员、中国文化书院名誉院长、中国孔子研究会顾问。（《中国历代少数民族英才传》P3092~3099）

24日 据本报讯，青海省玉树藏族自治州目前基本上形成州、县、乡、村四级藏医医疗防治网，共有藏医378名，其中副主任医师4名，主治医师、医师20名；编写《玉树州藏药资源名录》、《藏医诊断方法》和《杂多地区草药汇编》等书，搜集整理出版《四部医典》140部，研制出藏药220种。（《青海日报》1988.6.24.①）

26日 据新华社银川电，宁夏回族自治区海原县西安乡菜园村最近发现一座建于4000多年前的新石器时代窑洞式房址，由居室、门道、场地3部分构成，是迄今为止我国发现的年代最早、规模最大、保存最好的古窑洞遗址。（《宁夏日报》1988.6.28.①）

26~29日 1988年全国中国式摔跤锦标赛暨浩雁杯赛在内蒙古自治区呼和浩特市举行，北京、天津、河北等17个代表队的近150名选手参加10个级别的比赛。内蒙古队的那顺吉日嘎拉、黑龙江的德布希勒图、新疆队的木纳江、煤矿队的哈拉金、内蒙古队的查干扎那分获62、68、82、90和100公斤以上级的冠军，内蒙古队的苏苏乙拉图、苏依拉、大满都呼、巴根那分获74、82、90、100公斤以上级的第二名，内蒙古队获得团体第二名。（《内蒙古日报》1988.6.29.①，7.4.①）

27日 西藏自治区首届职业培训班正式开学，培训班学期50天，学员共40名，除部分在职职工外，绝大多数是待业青年。（《西藏日报》1988.6.28.①）

28日 内蒙古自治区鄂伦春自治旗文联王铁荣（峻林）的长篇小说《苍天作证》由内蒙古人民出版社出版发行。这是内蒙古自治区第一部反映鄂伦春族生产、生活的作品。（《鄂伦春自治旗志》P832）

29日 据本报讯，西藏自治区首批少数民族党政管理大专生最近毕业。自治区5地市的20名藏族干部参加1986年全国成人高考，考入中央民族学院干训部，成为自治区第一次正规培养的藏族党政管理专门人才。（《西藏日报》1988.6.29.①）

30日 内蒙古自治区人民政府公布《内蒙古自治区市场管理暂行规定》，从6月1日起施行。（《内蒙古日报》1988.6.30.②）

是月 广西壮族自治区农学院卢克焕（壮族）教授等与爱尔兰奥尔马斯公司合作，开展"牛体外受精技术"研究并取得成果，达到国际领先水平，并在国内推广应用获得良好的效果。（《广西通志·大事记》P545）

7月

2日 内蒙古自治区报纸行业经营管理协会在呼和浩特成立，大会通过内蒙古报协章程和财务管理办法。（《内蒙古日报》1988.7.3.①）

3～5日 全国首届“搏克”（即蒙古式摔跤）邀请赛在内蒙古自治区呼和浩特市举行，黑龙江、青海、全国中国式摔跤赛裁判联队及内蒙古的呼伦贝尔盟、乌兰察布盟、锡林郭勒盟队参加。呼盟队获团体冠军，黑龙江队、裁判联队、锡盟队、青海队和乌盟队分获第二、三、四、五、六名；呼盟的哈拉金获得第一名，黑龙江的宝力道、锡盟的巴图苏和、裁判联队的朱君富分获第二、三、四名。（《内蒙古日报》1988.7.5.①，7.7.①）

4日 据新华社呼和浩特电，内蒙古自治区克什克腾旗达里诺尔鸟类自然保护区最近发现被列入《世界濒危鸟类红皮书》的白鹳，还发现丹顶鹤、白鹳、白枕鹤3种国家一级保护鸟类，玉带海雕、大天鹅、小天鹅、大鸨、蓑羽鹤、灰鹤等13种国家二级保护珍禽。该区有鸟类109种，隶属15目32种，并查明丹顶鹤、白枕鹤、蓑羽鹤、大天鹅、大鸨、凤头百灵都在湖区繁殖。（《人民日报》1988.7.5.③）

△ 宁夏回族自治区同心县阿拉伯语中等专业学校举行毕业典礼，44名首届毕业生获毕业证。该学校是1985年宁夏回族自治区创办的第一所阿拉伯语中等专业学校。（《宁夏日报》1988.7.15.①）

△ 据本报讯，新疆维吾尔自治区畜牧科学院畜牧科研所科技人员将优良细毛羊的受精卵移植到哈萨克羊体内成功繁育出优良细毛羊。（《新疆日报》1988.7.4.①）

5日 广西壮族自治区政府批转自治区教委《关于1988年改革我区普通高等学校招生和毕业生就业制度若干问题的意见》，提出要贯彻改革精神，从广西实际出发，实行“两种计划，交费上学，鼓励优秀，推荐就业，择优录用，收取补偿”的办法。（《广西通志·大事记》P545）

5～12日 八省区蒙古语文工作协作小组第六次会议在新疆维吾尔自治区乌鲁木齐举行。内蒙古、黑龙江、吉林、辽宁、甘肃、青海、北京以及新疆的89名代表与会。会议通过了《1989～1995年八省区蒙古语文工作协作规划》。（《新疆日报》1988.7.14.①）

6日 中国呼和浩特民族艺术团在土耳其伊斯坦布尔市的第四届国际艺术节民族舞蹈比赛中进入前5名，获本届艺术节奖。（《人民日报》1988.7.14.⑦；《内蒙古日报》1988.6.26.①，7.15.①）

7日 我国首个以少数民族演员为主体的京剧团——贵州省铜仁地区民族青年京剧团在铜仁地区演出传统京剧节目。艺术团中苗、水、白、布依、土家等少数民族演员占70%，京剧团40位青年演员于6月在中国戏剧学院京剧表演系附中毕业，毕业前在民族文化宫和吉祥剧院举行汇报公演。（《贵州日报》1988.7.11.①）

△ 据本报讯，青海省第一家麻黄素厂最近在海南藏族自治州建成投产，投资230万元，年产量30吨。（《青海日报》1988.7.7.①）

8日 内蒙古自治区经济贸易代表团与苏联赤塔州经济贸易代表团在呼和浩特签署开展直接贸易和经济技术合作的议定书。（《内蒙古日报》1988.7.9.①）

△ 国务院批准贵州省黔南布依族苗族自治州都匀市为对外开放城市。（《黔南布依族苗族自治州志》上P71）

9日 据本报呼和浩特讯，最近，内蒙古自治区科委和经委联合印发《内蒙古自治区科学技术成果鉴定管理办法》。（《内蒙古日报》1988.7.9.①）

△ 国家教委、财政部、国务院西藏经济咨询工作小组、人事部印发《关于内地西藏班（校）工作初步总结和今后意见》的通知，对内地西藏班（校）办学的有关问题作出原则规定。（《中国教育年鉴（1989）》P254）

10日 青海省黄南藏族自治州政府作出

《关于动员全州社会各界集资办教育的决定》。（《黄南州志》上P57）

11日 国家教委、国家计委、财政部在《关于第二次援藏项目计划的批复》中，对国务院第二次援藏工作会议确定的9个教育援藏项目经费投资作出安排：1988～1990年投资6000万元，其中中央承担5000万元，1988年投资2080万元，1989年投资1950万元，1990年投资970万元；西藏自治区承担的1000万元，于1988年、1989年各安排355万元，1990年安排290万元。（《中国教育年鉴（1989）》P254）

△ 据新华社西宁电，中共中央政治局委员、国务委员兼国家教委主任李铁映在青海省海南藏族自治州、湟中县、化隆回族自治县和循化撒拉族自治县等地视察民族教育工作时指出，边远少数民族地区的教育应该实行“双轨制”，即文化教育和职业技术教育同时进行。（《人民日报》1988.7.15.③）

12日 中国藏族歌舞团一行35人赴香港演出，这是该团首次对香港进行访问演出。（《人民日报》1988.7.14.③，《西藏日报》1988.7.15.①）

13日 据《内蒙古日报》报道，内蒙古自治区著名骨科专家、253医院主任军医慕精阿（蒙古族）研制成功治疗长管状骨折的复合弹性系列髓内针，系国内首创。（《内蒙古自治区大事记（1987～1996）》P111）

14日 云南省德宏傣族景颇族自治州瑞丽县姐告经济区工作委员会成立，为德宏州第一个经济开发区。（《德宏州志》综合卷P88）

14～20日 国家教委在甘肃省甘南藏族自治州举行西藏、青海、甘肃、四川和云南五省区藏族教育研讨会，参加会议的有国家民委和五省区教育部门，部分州、县主管教育的代表以及为藏族教育作出贡献的宗教界人士代表共60多人。国务委员兼国家教委主任李铁映到会讲话。（《中国教育年鉴（1989）》P250）

15日 据本报讯，最近，中国第一部系统论述维吾尔文学发展历程的专著——《维吾尔文学史》出版发行。（《内蒙古日报》1988.7.15.①）

15～18日 中国地方志指导小组民族志指导组第三次扩大会议在吉林省延边朝鲜族自治州延吉市召开，指导组成员及11个省区和14个自治州的民委和地方志编委会负责人共44人出席。（《延边朝鲜族自治州志》上P98）

16日 据新华社呼和浩特电，考古工作者最近在内蒙古自治区包头市郊区沙尔沁乡西园发现包头塬上文化遗址。西园遗址发掘面积1000平方米，发掘出房址32座，其中包括80平方米的大房屋遗址；发掘窑穴93个；出土距今5000年左右的22处原始社会房址，房址柱孔清晰、排列整齐，柱孔有17个，最大的长8米、宽3.9米，相当于仰韶文化晚期的石器、骨器、陶器等文物。在西园遗址附近的西北部还发现春秋时代北方游牧民族的墓葬6座，有大批鹿头随葬，举世罕见。（《人民日报》1988.7.18.③，《内蒙古日报》1988.7.9.①）

17日 据本报讯，1976年以来，受国家教委委托，湖南师范大学已为西藏自治区培养3批共200多名师范大学生，他们主要分配在拉萨地区中学任教。目前，首批援藏学生30多人已回湖南。（《湖南日报》1988.7.17.①）

18日 据本报讯，民办北京民族大学创办于1985年，是全国第一所民办综合性自费大学。目前，已有十多个专业的600名学生毕业，其中满、蒙古、回、朝鲜、锡伯、土家、苗、彝、壮、侗、瑶、高山、水、达斡尔等少数民族学生占1/3。（《人民日报》1988.7.18.③）

20日 据新华社大马士革电，内蒙古自治区著名柔道选手高凤莲在第三届亚洲女子柔道锦标赛中，为中国队夺得首枚金牌。（《内蒙古日报》1988.7.22.①）

△ 据本报讯，甘肃省甘南藏族自治州最近首次采集出1颗重5克、长2.9厘米的牙齿化石和1颗扁圆形土黄色贝壳化石。（《甘肃日报》1988.7.20.①）

21日 吉林省七届人大常委会第四次会议批准《延边朝鲜族自治州朝鲜语文工作条例》，这是我国第一部少数民族语文工作法。（《人民日报》1988.7.22.③）

△ 据本报讯，全国少数民族省（区）文艺读物出版协作会议近日在广西壮族自治区南宁市举行，新疆、广西、宁夏、青海、云南等7省区10家出版社成立了全国少数民族省（区）出版工作联谊会，联合出版《中国少数民族文化丛书》。（《青海日报》1988.7.21.①）

22日 西藏大学为建校以来首批学生举行毕业典礼。校长次旺俊美分别向本科、专科共246名藏族、门巴族毕业生颁发毕业证书，并授予74名学员文学、法学、理学等学士学位。（《人民日报》1988.7.24.③）

△ 西北五省（区）文联、音协工作经验交流会在青海省西宁市举行，与会代表介绍交流了本地区近年来文艺体制改革、文联各协会职能转变、新形势下文艺工作的方向等方面的经验。（《青海日报》1988.7.26.①）

22~25日 内蒙古自治区蒙古族剧《安代传奇》观摩研讨会在通辽市召开，50多名专家、学者、文艺工作者参加。该剧被命名为“科尔沁蒙古剧”，成为蒙古族新的戏剧剧种。（《人民日报》1988.7.31.③，《内蒙古日报》1988.8.26.①）

22~26日 中共中央政治局常委、中央书记处书记乔石在吉林省延边朝鲜族自治州视察，先后到安图、延吉、图们等地走访朝鲜族农民家庭，察看市场物价和边境口岸建设情况。（《延边朝鲜族自治州志》上P98）

23日 贵州省黔东南苗族侗族自治州民族博物馆建成开馆。（《贵州日报》1988.7.25.①）

△ 日本朝日新闻社主办的中国西藏秘宝展在东京开幕，展出文物122件组。（《西藏日报》1988.7.26.①）

24日 据本报讯，新疆维吾尔自治区邮电管理局与南京通信设备厂联合研制的BYM03型维吾尔文、汉文电报译码机最近通过鉴定。（《新疆日报》1988.7.24.①）

25日 据本报讯，中国科学院青海省盐湖研究所参加的《青藏高原隆起及其对自然环境与人类活动影响的综合研究》最近荣获国家自然科学一等奖。（《青海日报》1988.7.25.①）

27日 中国摄影家协会、文化部民族委员会、文化部社文局、内蒙古群众摄影协会、内蒙古群众艺术馆联合举办的《多彩的时空》——内蒙古群众摄影艺术作品在中国美术馆开幕。文化部副部长高占祥、国家民委副主任卓加、中国摄影家协会主席石少华等领导出席开幕式。展览共展出作品180幅。（《内蒙古日报》1988.8.6.①）

△ 中国贵州民间艺术团在意大利圣萨尔沃首场演出苗、侗等少数民族特色的音乐和舞蹈。该艺术团是应国际民族艺术组织及意大利第18届墨西拿国际民族音乐舞蹈艺术节组委会的联合邀请到意大利进行首次访问演出。成员由苗、侗、水、回、汉等民族的民间艺术家组成。（《贵州日报》1988.7.30.①）

△ 据本报讯，青海省黄南藏族自治州目前各类学校发展到206所，其中用民族语文授课的小学169所，民族中学6所，在校少数民族学生1.9万人，占在校生总数的85.9%。（《青海日报》1988.7.27.①）

28日~8月20日 全国藏文教材第三次

审定会在甘肃省兰州市召开。会议由全国中小学教材审定委员会藏文教材审查委员会和五省区藏文教材协作办公室联合召开，审定了由五省区协编的藏文小学教材一至十二册，小学历史上下册，小学地理上下册，小学历史、地理名词术语5000余条。（《西藏日报》1988.9.23.①）

29日~8月6日 中国作协和国家民委在新疆维吾尔自治区伊宁市联合召开全国首届少数民族文学汉译工作座谈会，13个民族的翻译家、作家和出版界代表参加。全国政协副主席、国家民委主任司马义·艾买提致贺信。这是建国以来首次召开的少数民族文学汉译工作盛会。（《民族团结》1988.11 P42，12 P28；《新疆日报》1988.8.19.①）

是月 内蒙古大学实验动物研究中心首批人工联合体小动物成功诞生。（《内蒙古大学四十年》P420）

8月

1日 国务院批转建设部颁布第二批国家重点风景名胜区共40处，其中少数民族地区有8处：桂平西山风景名胜区、花山风景名胜区、贡嘎山风景名胜区、舞阳河风景名胜区、三江并流风景名胜区、丽江玉龙雪山风景名胜区、雅砻河风景名胜区、西夏王陵风景名胜区。（《国务院公报》1988［17号］P561~573）

1~8日 宁夏民族艺术研究所主办的自治区首届民族民间艺术展览在银川举行，展出展品2000多件，分民间工艺美术、戏曲、舞蹈3大类7个部分。（《宁夏日报》1988.8.15.①）

2日 据新华社电，我国首家伊斯兰气功医疗康复中心最近在宁夏回族自治区银川成立。（《甘肃日报》1988.4.25.①）

3~5日 国家气象局教育援藏工作会议在西藏自治区拉萨市召开。会议明确西藏、青海气象科技人才，特别是少数民族科技人才培养的方向、重点，制定措施，落实培养任务，研究解决西藏民族班招生和培养过程中存在的问题。（《西藏日报》1988.8.6.①）

3~7日 首届少数民族省区民族歌手大奖赛在内蒙古自治区呼和浩特市举行，西藏、新疆、青海、宁夏、云南、四川、广西、吉林及内蒙古9个代表队的近60名歌手参赛。30名歌手分获一、二、三等奖，分别捧走“宁城杯”、“鹿纺杯”和“大鹏杯”。获一等奖的有：李贞姬（朝鲜族）、包拉提别克（哈萨克族）、廖明明（壮族）、布仁巴雅尔（蒙古族）、韩丽艳（蒙古族）、徐寒梅（壮族）、骆木格（彝族）、孙国全（满族）、赤来曲珍（藏族）、李毛才仁（藏族）；二等奖的有：郝凤琴（蒙古族）、昌木决（藏族）、刘铁珍（瑶族）、月明珠（蒙古族）、曲木金斯莫（彝族）、马云霞（回族）、花日（蒙古族）、沙吉代（维吾尔族）、吕晓明（土族）、崔永（朝鲜族）；三等奖的有：张忠本（蒙古族）、莫晓文（壮族）、阿达来提（维吾尔族）、艾沙（柯尔克孜族）、崔鹤松（朝鲜族）、拉嘎（藏族）、普布卓玛（藏族）、王映光（土家族）、哈达（蒙古族）、马景西（回族）；优秀歌手奖13名。（《内蒙古日报》1988.8.4.①，8.9.①）

5日 云南省怒江傈僳族自治州基督教代表会议召开，选举产生自治州基督教首届“三自”爱国运动委员会和基督教协会。（《怒江傈僳族自治州志》上P285）

△ 历届达赖喇嘛银器珍品、布达拉宫部分库藏跳神服饰和面具在西藏布达拉宫首次展出，共展出历届达赖喇嘛银器珍品140余件（组）。（《西藏日报》1988.8.6.①）

△ 据本报讯，宁夏有史以来第一部古体诗集《塞上龙吟》最近由宁夏人民出版社出版，收入自治区内外69位作者的250多首诗词作品。（《宁夏日报》1988.8.5.①）

△ 宁夏回族自治区残疾人福利基金会、

自治区卫生厅、武警宁夏总队医院联合创办的自治区第一家小儿麻痹后遗症矫形治疗部在银川成立。（《宁夏日报》1988.8.17.①）

5～9日 青海省海西蒙古族藏族自治州首届蒙古族那达慕盛会在都兰县举行，近2万名各族群众参加，举行了赛马、摔跤、射箭、赛骆驼、中国象棋等项目比赛并演出多场文艺节目。（《青海日报》1988.8.12.①）

5～15日 西藏、新疆、宁夏、广西和内蒙古五自治区党委机关报第二届总编辑座谈会在内蒙古自治区呼伦贝尔盟召开。会议围绕民族地区新闻改革和报社开展多种经营、有偿服务等问题进行探讨。（《内蒙古日报》1988.8.9.①，8.19.①；《西藏日报》1988.8.19.①；《新疆日报》1988.8.19.①；《宁夏日报》1988.8.20.①）

6日 西藏自治区第二届舞蹈比赛结束，那曲文工团名列榜首，夺得创作一等奖、表演一等奖和集体舞奖。（《西藏日报》1988.8.9.①）

8日 内蒙古自治区人民政府颁发《内蒙古自治区科学技术进步奖公报》（第4号），获奖项目103项，其中一等奖3项、二等奖20项、三等奖80项。（《内蒙古日报》1988.8.8.②）

10日 国务院批准中国建设银行内蒙古分行代包头钢铁公司发行重点钢铁企业债券4000万元，为国家重点钢铁建设项目筹集资金。（《内蒙古日报》1988.8.9.①）

10～16日 全国部分省市自治区第一届朝鲜族少年儿童艺术节在吉林省延吉市举行，北京、内蒙古、辽宁、黑龙江、吉林、上海、天津、新疆等地的450多名朝鲜族少年儿童参加。（《人民日报》1988.8.19.③）

11日 据本报讯，新疆维吾尔自治区县镇以上学校第一批评聘工作近日结束，评出中学高级教师1267人，小学高级教师及中学一级教师10080人。（《新疆日报》1988.8.11.①）

△ 新疆、广西、内蒙古3个自治区教委联合发起的中国少数民族地区教育外事工作协作会在乌鲁木齐成立。协作会的宗旨是加强少数民族地区教育外事部门间的友好协作，共同探讨研究教育国际交流问题及其规律，谋求和促进少数民族地区外事工作的共同进步与发展，加速少数民族地区的改革开放和经济与文化教育事业的发展。（《新疆日报》1988.8.13.①）

11～19日 西藏自治区举行第四届藏戏会演片断比赛。拉萨市雪巴藏戏队获特别一等奖，日喀则江嘎尔藏戏队获一等奖，山南洛扎藏戏队、日喀则回巴藏戏队、拉萨市希荣冲孜队及山南空舞溜神队获二等奖，日喀则香巴藏戏队等3个队获三等奖；22名演员获个人奖；山南基德雪“藏戏之家”、日喀则回巴六弦伴舞队获特别奖。（《西藏日报》1988.8.20.①）

12日 青海省黄南藏族自治州赴藏演出团在西藏拉萨首场演出大型传统藏戏《苏吉尼玛》，这是该团首次在拉萨演出。西藏自治区政府副主席吉普·平措次登、自治区政协副主席才旦卓玛和文化部代表团观看演出。（《西藏日报》1988.8.13.①）

△ 青海省黄南藏族自治州同仁县吴屯老艺人夏吾才让被国家授予“中国工艺美术大师”称号。（《黄南州志》上P58）

△ 据本报讯，宁夏回族自治区商业科学技术研究所利用甘草制取的“GC—01天然表面活性剂”最近通过自治区级鉴定，填补宁夏的一项科研空白。（《宁夏日报》1988.8.12.①）

16日 甘肃省积石山保安族东乡族撒拉族自治县“黄河上游大河家多民族经济开发小区”建立，小区为大河家、四堡子、刘集3个乡130平方公里3887万亩的区域，总人口31453人。（《积石山保安族东乡族撒拉族

自治县志》P69）

△ 新疆江格尔国际学术讨论会在乌鲁木齐举行，9个国家和北京、内蒙古以及新疆的67名学者、专家、业余民间文学工作者出席。新疆维吾尔自治区主席铁木尔·达瓦买提到会致词，自治区政协主席、自治区江格尔搜集、整理工作领导小组组长巴岱作报告。（《新疆日报》1988.8.23.①）

16~19日 中国民族理论学会和新疆、宁夏、甘肃、延边哲学社会科学联合会联合举办的第四届全国民族理论学术讨论会在乌鲁木齐举行，20多个省市自治区的160多位专家学者和民族工作者参加，提交论文120多篇。（《新疆日报》1988.8.20.①）

17日 新疆畜牧科学院畜牧研究所科研人员首次在新疆进行绵羊和牛的精子体外受精获成功。（《新疆日报》1988.8.23.①）

18日 据本报讯，宁夏回族自治区第一家生物学类民办科技机构——宁夏科隆生物工程开发研究所最近在银川成立。（《宁夏日报》1988.8.18.①）

19日 据本报日喀则电，西藏自治区第三届"珠峰杯"少年足球赛最近举行。全区各地、市的9支代表队参赛，日喀则队、拉萨市队和拉萨中学队分获前三名。（《西藏日报》1988.8.19.①）

20日 广西民族研究所主办的土司制度学术讨论会在广西忻城举行，北京、武汉、云南、贵州、广西等省市自治区的40多位专家与会。（《广西日报》1988.8.28.①）

△ 据本报讯，我国第一个高山病防治研究机构——高山病防治研究中心最近在西藏自治区拉萨建成。（《人民日报》1988.8.20.③）

21~24日 西藏自治区首届青少年运动会在拉萨举行，共有400名运动员参赛。西藏自治区驻格尔木办事处代表队获团体总分第一名，山南和拉萨代表队分获第二、三名；有21人25次破14项自治区少年纪录，2人2次平1项自治区少年纪录，7人8次创8项少年纪录。（《西藏日报》1988.8.28.①）

21~26日 西藏自治区第二次麻风病防治工作会议在拉萨举行，传达了全国第三次麻风病防治工作会议的精神，卫生部地方病防治局局长张义芳出席会议并讲话。会议成立中国麻风防治协会西藏分会，并通过章程；表彰在自治区麻风病防治工作中作出突出贡献的6个先进集体和20名先进个人。（《西藏日报》1988.8.25.①，8.28.①）

21~28日 内蒙古自治区首届全国名特优新产品展销订货会暨新技术成果推广洽谈会召开。产品成交总额1.2亿多元，签订技术服务、成果转让、合资经营、联合开发等正式合同12项，意向性协议72项。（《内蒙古日报》1988.8.22.①，8.29.①）

21日~9月3日 贵州省南部和广西壮族自治区北部普降200毫米以上大暴雨，红水河、柳江、黔江、浔江、西江等先后形成大洪水（简称"88·8"特大洪水），天峨、东兰、都安、融水、柳州、迁江、大湟江口7个重要水文站测得解放以来最高水位和最大流量。此次洪灾造成直接经济损失9.49亿元。（《广西日报》1988.9.9.①，《广西通志·大事记》P546）

22日 蒙古人民共和国图书展览在内蒙古自治区呼和浩特开幕。自治区副主席阿拉坦敖其尔和蒙古人民共和国国家书店经理冈戈尔为展览剪彩。展览根据中蒙两国文化部两国1987年至1988年文化交流执行计划而主办。（《内蒙古日报》1988.8.25.①）

△ 据新华社哈尔滨电，黑龙江省文物考古工作者最近在阿城市巨源乡城子村松花江南岸阿什河东侧发掘一座金代大型贵族墓，墓葬保存之完好、出土文物之丰富均为我国金代考古所罕见。墓葬为夫妻合葬竖穴土坑石椁木棺墓，木棺长2.3米、宽1.4米、高0.9米。棺内

男性胡须尚存，2人头戴冠、帽，足蹬靴、鞋，身着的袍、衫、裙、裤等色泽鲜艳，图案华美且完好无损，其头后置有墨书“太尉仪同三司事齐国王”木牌，经考证墓主人为完颜宴。（《人民日报》1988.8.23.③）

△ 新疆维吾尔自治区第一家哈萨克医医院在阿勒泰市建成开业。（《新疆日报》1988.9.5.①）

23日 据本报讯，民间诗人苏维光（京族）和广西师范学院教授王弋丁等人搜集整理的我国第一部京族民歌集《京族民歌选》最近由广西民族出版社出版。（《广西日报》1988.5.10.③）

△ 新疆维吾尔自治区主席铁木尔·达瓦买提向温泉、霍城、巴楚、麦盖提、伽师、疏勒、温宿、轮台、额敏和焉耆10个获“全国体育先进县”的地区颁奖，并宣布10月1日确定为自治区体育活动日。（《新疆日报》1988.8.25.①，9.23.①）

24日 宁夏回族自治区佛教协会在银川成立，清净法师任会长。（《宁夏日报》1988.8.25.①）

25日 西藏当代画展和青海美术作品展同时在中国美术馆开幕。西藏当代画展展出唐卡、国画、油画、版画和现代绘画近百件。青海美术作品是建国以来首次在北京展出，共展出藏、土、蒙古、回、侗、汉等民族113位作者的173件作品。全国人大常委会副委员长班禅额尔德尼·确吉坚赞、文化部副部长英若诚等参观展览。（《人民日报》1988.8.26.③，《西藏日报》1988.8.29.①）

28日 《内蒙古日报》报道，国务院批准内蒙古镶黄旗为牧区改革试验区。（《内蒙古自治区大事记（1987～1996）》P113）

29日～9月3日 第一届奥地利克拉根福国际民间艺术节在克拉根福市举行。贵州民间艺术团在奥地利克拉根福、芬克斯坦、克洛彭纳及沃尔特湖区演出6场少数民族歌舞。（《贵州日报》1988.8.18.①，9.6.①）

30日 据新华社北京电，青海省民族民间刺绣艺术品展览最近在马里首都巴马科国家博物馆展出。（《青海日报》1988.8.31.①）

30日～9月5日 内蒙古师范大学《蒙古秘史》国际学术讨论会在呼和浩特开幕，蒙古、苏联、匈牙利、捷克斯洛伐克、日本、美国、加拿大等8个国家的71位蒙古学专家、学者参加，在国际尚属首次。内蒙古师大校长、本次讨论会主席宴伯菊致开幕词，自治区副主席阿拉坦敖其尔到会祝贺。《蒙古秘史》是蒙古族第一部历史巨著。（《内蒙古日报》1988.8.31.①）

9月

1日 据《内蒙古日报》报道，内蒙古自治区哲里木盟遭受严重旱灾，受旱面积613万亩，占农田总播种面积的59.4%；成灾面积406.6万亩，占受灾面积的66.3%。（《内蒙古自治区大事记（1987～1996）》P113）

△ 据本报南宁电，建国以来最严重的内河洪水袭击广西壮族自治区12个县，淹没沿江的112个工厂、42条街道、1400个商业服务网点、20所学校、40多万亩农作物。水利部部长杨振怀赴灾情最严重的柳州市指导救灾工作。（《人民日报》1988.9.2.①）

△ 西藏自治区北部首次发现中国罕见的鸟类黑头鸥。（《当代中国的西藏》下P616）

△ 青海师范大学附中举行首届民族班开学典礼，果洛藏族自治州的40名藏族小学毕业生入学就读，这是西宁地区重点中学为牧区办的第一个民族班。（《青海日报》1988.8.13.②，9.2.①）

2日 青海省七届人大常委会第四次会议批准《互助土族自治县森林管护条例》，由互助土族自治县人大常委会公布施行。（《青海日报》1988.9.3.②）

3日 内蒙古自治区首届蒙文书法展在呼和浩特举行。（《内蒙古日报》1988.9.16.①）

△ 据新华社拉萨电，西藏自治区拉萨市经计委与市教体委联合开办职业高中，学制3年。这是拉萨市首次开办职业高中。（《人民日报》1988.9.4.③）

△ 据本报讯，青海省海北藏族自治州牧科所引进原种澳大利亚“土其代”种羊与当地土种母羊杂交，最近成功产下一种新型“藏系羊”，其羊毛性能同藏系羊相仿，但成熟期提早，产毛量增多。（《青海日报》1988.9.3.①）

4日 内蒙古自治区在美国设立的第一家合资企业——中美兴福合资贸易公司成立，内蒙古兴源贸易公司和美国福腾贸易公司各占50%的股份。（《内蒙古日报》1988.9.4.①）

5日 据新华社呼和浩特电，内蒙古自治区博物馆最近举办蒙古秘史人物画展。中国美术家协会理事、蒙古族画家思沁依据世界名著《蒙古秘史》等典籍创作的35幅人物画，塑造了以成吉思汗为主的13世纪蒙古社会英雄群像。（《人民日报》1988.9.6.③）

△ 吉林省延边朝鲜族自治州电脑公司研制朝中英文电脑打字机，填补国内空白，经省级鉴定达到国际先进水平。（《延边朝鲜族自治州志》上P98）

△ 卫生部副部长顾英奇率考察组一行7人抵达西藏自治区拉萨，调查了解自治区民族卫生工作的基本情况，审核自治区民族卫生工作的发展计划，检查1988年全国卫生厅（局）长会议关于“预防为主”和“为农村培养卫生技术人才”措施的落实情况。（《西藏日报》1988.9.6.①）

6日 据本报北京讯，航空航天部710所和中国藏学研究中心最近共同研制出藏文文字处理及藏汉激光编辑排版印刷系统。（《人民日报》1988.9.7.③）

6~15日 五省区藏文古籍工作协作会在西藏拉萨召开。甘肃、青海、四川、云南及西藏的专家学者和北京的代表参加，自治区政府副主席江措、自治区政协副主席霍康·索朗边巴、全国少数民族古籍整理出版规划小组副组长李鸿范出席开幕式。会议达成《五省区藏文古籍协作会议纪要》。（《西藏日报》1988.9.7.①，9.11.①，9.16.①；《当代中国的西藏》下P616）

8日 国家民委民族问题研究中心成立大会在北京举行，中心任务是，为党和国家民族工作决策的民主化、科学化服务。全国政协副主席、国家民委主任司马义·艾买提在会上讲话，全国人大常委会副委员长班禅额尔德尼·确吉坚赞出席会议。赵延年（回族）任研究中心总干事，照那斯图（蒙古族）、哈米提（维吾尔族）、崔龙浩（朝鲜族）等为副总干事。（《民族团结》1988.11 P6）

△ 宁夏人民出版社出版一批具有回族特色和伊斯兰教学术研究价值的图书，其中《回族简史》、《回族人物志》、《伊斯兰教在中国》、《中国伊斯兰教史存稿》等20多部书籍填补出版界的空白。（《人民日报》1988.9.8.③）

10日 云南民族生活系列电视剧《金藤串起的珍珠》第一批摄制完成并举行首映式。该剧采用小故事的形式，分别讲述傈僳、阿昌、独龙、怒族在改革中涌现出的新人新事，分别是：《深山里的金牛寨》（傈僳族），《哑巴卖刀》、《莽古河畔》（阿昌族），《悠悠独龙情》（独龙族）和《如歌的响铃》（怒族）等。（《云南日报》1988.9.14.①）

10~12日 内蒙古自治区第六届政协常委会在呼和浩特举行。会议决定设置12个专门委员会：提案委员会、学习委员会、文史资料委员会、经济委员会、教育文化委员会、科学技术委员会、医药卫生体育委员会、法制委员会、民族委员会、宗教委员会、妇女青年委

员会、祖国统一联谊委员会。（《内蒙古日报》1988.9.11.①，9.13.①）

12日 宁夏科学技术馆在银川开馆，自治区顾问委员会主任薛宏福为开馆剪彩。（《宁夏日报》1988.9.13.①）

12~21日 内蒙古歌舞团应中国舞协邀请，在北京演出大型诗剧《蒙古源流》。全国人大常委会副委员长乌兰夫接见歌舞团领队和主要编演人员。（《内蒙古日报》1988.9.30.①）

13日 当代中国著名语言学家傅懋勣在北京逝世，享年77岁。他生前除对纳西语和东巴文研究取得举世瞩目的成就外，对彝、羌、傣、佤等少数民族语言和汉语也有研究。他曾参与制定、指导十多个少数民族创制和改革文字的工作，并在培养少数民族语言研究人才方面做出过卓越贡献。（《人民日报》1988.9.23.③）

△ 据新华社呼和浩特电，第一部完整的《突厥史》最近由内蒙古人民出版社出版，它标志我国少数民族历史研究有了新突破。（《人民日报》1988.9.14.③，《新疆日报》1988.9.14.①）

14日 中国少数民族文化艺术基金会在人民大会堂举行成立大会。乌兰夫、韦国清、阿沛·阿旺晋美、班禅额尔德尼·确吉坚赞、赛福鼎·艾则孜、杨静仁、爱新觉罗·溥杰、司马义·艾买提、王蒙和高占祥担任基金会名誉会长。（《西藏日报》1988.9.15.①）

△ 广西壮族自治区人民政府公布第一批自治区级风景名胜区，要求各地认真做好管理工作。这批风景名胜区包括隆安县的龙虎山、百色市的澄碧湖，贵县的南山—东湖，玉林、北流、陆川3市县交界处的水月岩—龙珠湖，陆川县的谢鲁山庄等22处。（《广西通志·大事记》P547）

15日 据本报讯，全国民族地区财政理论研讨会最近在新疆乌鲁木齐举行，讨论了民族地区财政发展战略，发挥民族地区经济优势、增强自身积累能力以及资金融通和财政资金的合理分配、有效使用与科学管理等问题。（《新疆日报》1988.9.15.①）

△ 国家广播电影电视部批准云南省文山壮族苗族自治州电视台成立，1990年4月1日正式开播。（《文山壮族苗族自治州志》1卷P74）

16日 甘肃省出版的《拉卜楞寺志》（藏文）获北方15省市区第三届哲学、社会科学优秀图书奖。（《甘肃日报》1988.9.18.①）

17日 新疆维吾尔自治区教育基金会在乌鲁木齐成立，全国政协副主席、自治区顾委主任王恩茂任名誉理事长，自治区党委副书记贾那布尔（哈萨克族）任理事长。（《新疆日报》1988.9.19.①）

17日~10月2日 第24届奥运会在韩国汉城举行，广西壮族自治区运动员韦晴光（壮族）与队友获乒乓球男子双打冠军，李惠芬（女，回族）获乒乓球女子单打亚军。（《广西通志·大事记》P547）

18日 内蒙古自治区首次内蒙古中国美利奴科尔沁型羊毛和内蒙古鄂尔多斯细羊毛拍卖会在呼和浩特市举办，全国23个省市自治区的代表参加。参拍的27批共130036.79公斤（原毛折净毛重量）细羊毛全部拍卖完毕，成交金额8009790.88元。（《内蒙古日报》1988.9.21.①）

20日 青海省黄南藏族自治州书法、绘画、摄影协会正式成立，中国工艺美术大师夏吾才让被推举为3个协会的名誉会长。（《青海日报》1988.10.2.①）

△ 据本报银川电，宁夏回族自治区采取特殊政策和措施发展少数民族教育。措施有：抓好基础教育，特别是普及小学教育；对回族聚居的南部山区农村小学全部免收学杂费和书本费；办寄宿制回民小学；在重点高中增设寄宿制民族高中班；在高等学校和中等专业学校

招生时对少数民族考生降低分数段录取；举办民族预科班；山区农村回族女高中毕业生和3所重点中学寄宿制民族班高中毕业生未能升入大中专学校的，经过进修和考核，合格的可回原选送县担任小学教师；进一步调整民族教育，发展职业技术教育，以更好地为经济建设服务。1987年，全区儿童入学率84.3%，比1980年增长18.9%。目前，全区回族在校生266736人，占学生总数的25.8%。（《人民日报》1988.9.20.③，12.8.③）

20～21日 贵州省黔西南布依族苗族自治州文学艺术界第一次代表大会举行，会议正式宣布成立自治州文学艺术界联合会。（《黔西南布依族苗族自治州志·党派群团志》P35、P615～616）

21日 据新华社北京电，我国10所民族学院目前为全国少数民族培养出14万名毕业生。据国家民委统计，全国55个少数民族都有本民族的大学生，这在我国是史无前例的。我国朝鲜族每1万人中有34.6名大学生，蒙古族每1万人中有23.5名大学生，高于全国平均水平，只有1万多人的基诺族有大学生30多名。我国民族自治地方的高等院校，从1984年的78所增长到91所，增长16.7%。据不完全统计，目前，全国高等院校在校的少数民族大学生有12.1万多人，少数民族研究生有2200多人。（《云南日报》1988.9.23.④，《西藏日报》1988.9.23.①）

22日 广西壮族自治区新建的龙胜各族自治县民族中学开学。（《广西日报》1988.10.3.①）

△ 云南省举行首届民族艺术节“歌唱美丽的云南”专题声乐（独唱、重唱）比赛，大理白族自治州白剧团的杨益琨（女，白族）获优秀演唱奖，德宏傣族自治州傣剧团的万小散（女，傣族）获演唱奖，迪庆藏族自治州的鲁茸定主（藏族）等9人获三等奖。（《云南日报》1988.9.23.①）

△ 据新华社拉萨电，中国残疾人康复协会赴藏白内障医疗队在西藏自治区对视力残疾人进行免费治疗，1个月内使214名藏族农牧民盲人复明、接诊1170多人次，同时培训了16名当地眼科医生。西藏目前有视力残疾人2万人，其中白内障患者1.8万人，是全国白内障患者最多的地区。医疗队来自北京同仁医院眼科、武警总部医院、中国中医研究院广安门医院及上海、辽宁、河北、成都等11个地方和部队的医疗单位，共有15名医生、护士。（《西藏日报》1988.9.23.①，8.21.①）

23日～10月5日 全国彝族服饰展览在云南举办，展出彝族服饰900多件，按凉山、乌蒙山、红河、滇东南、滇西、楚雄6型16式分别陈列。（《云南日报》1988.9.24.①）

24日～10月6日 云南省首届民族艺术节在昆明主会场和大理白族自治州、西双版纳傣族自治州两个分会场举行。25日，云南少数民族风物志展、民族乐舞展览和民族民间美术展在昆明举办。用图片、文字和实物讲述云南24个少数民族的社会发展史和风土人情，展出青铜造型艺术、大型壁挂服饰织锦、面具吞口等2000多件艺术品。（《云南日报》1988.9.24.①，9.26.①，9.27.①，10.7.①）

26日 据本报讯，青海省海南藏族自治州贵德县发现一本从印度传入我国的珍贵经书《贝叶经》，用梵文在一种植物叶子上写成。经国家文物局鉴定，该经书是我国目前发现的比较完整的一本，共170多页，为佛教故事。（《青海日报》1988.9.26.①）

26～29日 1988年全国部分省自治区广场民间舞蹈会演在云南举行，内蒙古、西藏、新疆、湖南等13个省、自治区的维吾尔、藏、傣等13个民族的300多人参加。（《云南日报》1988.9.27.①，9.30.①）

28日 广西壮族自治区巴马瑶族自治县民族艺术团首次演出我国第一部瑶剧——《格

鲁花》。（《广西日报》1988.10.13.①）

△《黄南藏族自治州综合农业区划》通过青海省区划委员会技术顾问组专家的审定验收。（《青海日报》1988.10.9.①）

29日~10月8日 湖南省首届少数民族少儿书法、美术作品展览在长沙举办，共展出土家、苗、侗、瑶、白、回、藏7个少数民族少年儿童创作的170件作品。（《湖南日报》1988.10.2.①）

30日 内蒙古自治区技术开发优秀成果奖评审委员会公布《自治区技术开发优秀成果奖公报》(第1号)，其中一等奖15项、二等奖154项。（《内蒙古日报》1988.9.30.②）

△ 青海省果洛藏族自治州玛多县负责修建的黄河源头纪念碑在扎陵、鄂陵两湖间的措哇尕泽山顶峰落成，碑身高3米、宽2.8米，总重量5.1吨，水泥碑座的正面镶嵌着一块0.6米×0.8米的铜板，上面镌刻着班禅大师（1988年）和中共中央总书记胡耀邦（1984年）分别题写的藏、汉文“黄河源头”字样。（《青海日报》1988.11.17.④）

30日~10月4日 青海省果洛藏族自治州举办首届藏戏汇演。（《青海日报》1988.10.14.①）

是月 中央批准云南省楚雄彝族自治州牟定、姚安、元谋3县为长江上游水土保护县。（《楚雄彝族自治州志》1卷P213）

△ 据本报讯，青海省海北藏族自治州地名普查工作日前结束，共普查和标准化处理地名3797条。其中，名胜古迹及其它人工建筑物153条，占总数的4.3%；自然地理实体2791条，占73.5%。在语种上，藏族语1647条，占总数的43.38%；蒙古族语381条，占10.03%；汉族语1541条，占40.58%；2个以上混合语228条，占6.01%。（《青海日报》1988.10.15.②）

10月

1日 《甘南藏族自治州民族区域自治条例》正式颁布。（《甘南州志》上P150）

3日 中国目前最大、现代化程度最高的高低压两用氧舱在西藏军区总医院建成，并交付使用。（《当代中国的西藏》下P616）

4日 北师大数学系、新疆昌吉教育科技开发实业公司、东北工学院自动控制系和昌吉回族自治州玛纳斯县塑料厂共同开发研制的国内第一台地膜生产模糊控制器通过国家级鉴定，达到国内领先水平。（《昌吉回族自治州志》P68）

5日 第二届广西工艺美术艺人、专业技术人员代表大会在南宁召开。大会授予9名专业人员“广西工艺美术大师”荣誉称号，表彰34名优秀工艺美术专业技术人员。（《广西日报》1988.10.6.①）

5~9日 甘肃省伊斯兰教第四次代表会议在兰州举行，回、东乡、保安、撒拉、哈萨克、维吾尔6个少数民族的141名代表出席会议。会议通过《关于加强伊斯兰教清真寺管理办法》。（《甘肃日报》1988.10.14.①）

6日 据新华社呼和浩特电，我国学者对生活在内蒙古东北部及黑龙江大小兴安岭的鄂伦春族进行长期调查后认为，该民族至今仍残留着若干反映母系氏族社会的痕迹。（《青海日报》1988.10.7.③）

△ 中国民族史学第二次学术讨论会在云南召开，满、蒙古、回、藏、纳西、朝鲜、柯尔克孜等十余个民族的120多名代表参加。（《云南日报》1988.10.13.①）

8日 广西壮族自治区评出1988年科技进步奖107项，其中一等奖1项、二等奖12项、三等奖94项；4项达到国际先进水平，24项达到国内领先水平，54项达到国内先进水平。1959年1月14日在南宁举行颁奖仪式。（《广西通志·大事记》P548）

△ 据本报讯，目前，宁夏回族自治区有公共图书馆20个，高教系统图书馆11所，科研系统图书馆近50所，初步形成了公共、高教、科研三大图书馆系统。（《宁夏日报》1988.10.8.④）

8~11日 国家教委和国家民委在内蒙古伊克昭盟联合举行全国民族地区电化教育工作经验交流会，这是我国首次专题研究民族地区电化教育工作的全国性会议。全国少数民族主要聚居的5个自治区，云南、四川、贵州、甘肃、青海5个省和延边、鄂西、湘西3个自治州15个民族的70多位代表出席会议。（《中国教育年鉴（1989）》P259）

9日 由广西壮族自治区体委、广东省体委联合举办的灵渠—漓江—桂江—珠江—广州沿江探胜首航仪式在灵渠铧嘴举行。（《广西通志·大事记》P548）

9~16日 全国首届农民运动会在北京举行。以王祝光为团长的广西农民体育代表团一行58人到会，参加田径、篮球、乒乓球、射击、中国式摔跤、自行车等项目和武术表演，获1个第三名、2个第四名；新疆代表团获2金1银3铜；内蒙古自治区选手巴特尔（蒙古族）获中国式摔跤52公斤级金牌。（《广西通志·大事记》P548，《内蒙古日报》1988.10.14.①）

10日 据本报讯，内蒙古自治区呼伦贝尔盟代表队表演的达斡尔族民间舞蹈《鲁日格勒》最近在云南省民间舞蹈会演中获优秀表演奖。（《内蒙古日报》1988.10.10.①）

10~14日 青海省海西蒙古族藏族自治州地名普查成果验收会议在天峻县举行。（《青海日报》1988.10.20.①）

11~14日 中国教育学会少数民族教育研究会第四次学术研讨会在山东泰安举行，22个省、市、自治区的80余人与会。大会收到学术论文132篇，主要内容是：少数民族地区农村经济发展急需初中级人才，少数民族教育特征的探讨，开发少数民族学生的非智力因素，发展少数民族地区的职业技术教育，加强少数民族地区的双语教育，发挥民族宗教人士办学的积极性。（《中国教育年鉴（1989）》P252~P253）

11~15日 新疆维吾尔自治区文化工作会议举行，研究讨论艺术表演团体的体制改革。自治区主席铁木尔·达瓦买提、自治区党委书记贾那布尔作重要讲话。会议指出，艺术表演团体要通过改革找出路，艺术表演事业要在改革中求得发展和繁荣。自治区文化厅就新疆贯彻文化部《关于加快和深化艺术表演团体体制改革的意见》的实施办法作说明。（《中国共产党新疆历史大事记（1966.5~1991.12）》下P365）

11~17日 全国第四届少数民族自治州财政理论研究会在云南景洪举行，30多个少数民族自治州的财政专家和财政工作者参加。（《云南日报》1988.10.18.①）

12日 全国农村体育先进代表表彰大会在中南海国务院小礼堂召开。西藏自治区李高原、达瓦色珍、格桑、旦巴、索朗平措、巴桑、罗系次仁、董永禄被中国农民体协授予全国农村体育积极分子称号。（《西藏日报》1988.10.14.①）

△ 内蒙古队以1667环的成绩获1988年全国（室内）射箭锦标赛男子团体第一名。（《广西日报》1988.10.14.④）

△ 据本报讯，大型综合性画集《西藏概况》藏汉对照、藏英对照本最近由西藏人民出版社出版发行。画集有彩色图片370幅，黑白图片30幅，文字4万余字，共印3万册，藏汉、藏英文各1.5万册。（《西藏日报》1988.10.12.①，11.12.①）

△ 据本报讯，西藏自治区首个以会养会的学术团体——中国西藏喜马拉雅奇谜考察研究会最近在拉萨召开第一次代表大会，会议选举自治区人大常委会副主任学康·土登尼玛为

学会会长。（《西藏日报》1988.10.12.①）

14日 青海省果洛藏族自治州举办首届藏戏汇演。（《果洛藏族自治州志》上P56）

15日 青海省第一个乡镇党校——互助土族自治县高寨回族乡党校成立。（《青海日报》1988.10.23.①）

15～25日 第8届伤残人奥运会在韩国汉城举行。贵州省黔西南布依族苗族自治州运动员牛贵平代表中国夺得首枚金牌并在男子A8级100米蝶泳中获冠军，广西运动员张小铃等获金牌2枚、铜牌2枚。（《黔西南布依族苗族自治州志·政权政协志》P29，《广西通志·大事记》P548）

16日 新闻学家萨空了（蒙古族）在北京病逝，享年81岁。萨空了是《民族画报》、《民族团结》杂志创办者，历任《人民政协报》总编辑，民盟第三届中央常委兼宣传部部长和第四、五届中央副主席，第二届全国政协委员，第三至六届全国政协常委。（《中国历代少数民族英才传》P3192～3198）

17日 《内蒙古日报》报道，我国第一部《中国蒙古族当代文学史》出版，该书约50万字，蒙汉两种文字出版。这是我国55个少数民族中单独以一个民族编写的第一部当代少数民族文学史。（《内蒙古自治区大事记（1987～1996）》P271）

18日 1988年西藏自治区棋牌赛在拉萨闭幕。自治区直属机关代表队、山南代表队、西藏军区代表队分获中国象棋赛团体前三名，谢烈、李庆礼、张平分获中国象棋赛个人前三名；山南代表队、区直属机关代表队、区教科委代表队分获围棋赛团体前三名，李天如、徐敏、刘祖义分获围棋赛个人前三名；自治区地矿局代表队、西藏军区代表队、区教科委代表队分获桥牌赛团体前三名；自治区体委代表队、拉萨市代表队、区教科委代表队分获吉韧比赛团体前三名，阿布、伊比、马阿都分获吉韧比赛个人前三名。（《西藏日报》1988.10.19.①）

18～26日 全国星火计划成果展览交易会在西安举行，湖南省湘西土家族苗族自治州吉首市制革厂、市皮鞋厂的水牛皮修饰面革及其系列产品“民族马靴”获金奖；四川省甘孜藏族自治州参展的3个项目全部获奖，“牦牛绒新产品开发”获金奖，“金矿挖金技术开发”获银奖，“家庭人工养獐活体取察”获铜奖。（《湘西州志》上P87，《甘孜州志》上P98）

19日 甘肃省阿克塞哈萨克族自治县与积石山保安族东乡族撒拉族自治县结为友好县。（《积石山保安族东乡族撒拉族自治县志》P69）

20日 首届宁夏回族自治区漫画展在银川举办，32名作者的140多幅作品参展。（《宁夏日报》1988.10.21.①）

21日 西藏自治区布达拉宫配电工程通过验收。配电工程的安装由北京故宫博物院承担，工程实现双路供电，一用一备，自投不变的先进供电方案。（《西藏日报》1988.10.22.①）

22日 《内蒙古日报》报道，内蒙古自治区哲里木盟嘎达苏种畜场和兴安盟跑不了家庭牧场获全国最佳优秀企业一等奖。（《内蒙古自治区大事记（1987～1996）》P115）

△ 据本报讯，西藏自治区目前有大学3所，在校生2795人，其中少数民族1740人，占62.3%；教职工1757人，其中少数民族518人，占29.5%。中等专业学校14所，在校生3231人，其中少数民族2342人，占72.5%；有职工1215人，其中少数民族650人，占53.5%。普通中学67所，在校生23881人，其中少数民族16039人，占87.2%；教职工2808人，其中少数民族1225人，占43.6%。小学2437所，其中少数民族学生125155人，占91.3%；教职工8685人，其中少数民族7582

人，占87.3%。另外，内地16省市西藏班共有藏族初中学生3961人。（《西藏日报》1988.10.22.①）

△ 据《新疆工人报》讯，新疆维吾尔自治区第一所预备役中学在乌鲁木齐成立。学生系统学习高中文化课、军事训练课和专业技术课。学业结束后，学校、人民武装部和部队对学生进行综合素质考核，合格者应征入伍。（《新疆日报》1988.10.22.①）

23日 据本报讯，世界上最长的民族史诗、被誉为“东方的伊利亚特”的《格萨尔王传》由青海电视台拍制成20集连续剧《格萨尔王》。（《人民日报》1988.10.23.③）

23日～11月1日 美国高山研究所高级顾问团一行在西藏自治区考察访问，中美双方正式签署美国高山研究所帮助西藏建立珠穆朗玛峰自然保护区的合作意向书。自治区政府副主席普穷会见代表团一行。（《西藏日报》1988.10.27.①，10.30.①，11.6.①）

24日 云南省德宏傣族景颇族自治州装机容量最大的水电站——槟榔江电站竣工，比原计划提前9个月发电，3台机组总装机容量1.89万千瓦。工程于1985年4月动工兴建，1988年1月31日第一台6300千瓦发电机组并网发电。（《德宏州志》综合卷P80、87～88）

26日 《内蒙古日报》报道，《中华人民共和国专利法》实施以来，内蒙古自治区已向国家专利局递交各类专利申请467件，其中有93件经审查正式授予国家级专利权。（《内蒙古自治区大事记（1987～1996）》P115）

△ 吉林省延边朝鲜族自治州石岘造纸厂建设的国内第一套磺化化学机械浆生产线生产的磺化化学机械浆配抄胶印新闻纸通过技术鉴定。（《延边朝鲜族自治州志》上P98）

△ 据本报讯，青海省海南藏族自治州政府最近为首批获专业技术职称的3277人颁发证书，其中高级52人、中级676人、初级2549人，少数民族专业技术人员占技术人员总数的42.5%。（《青海日报》1988.10.26.①）

27日 西藏自治区在甘肃省临夏回族自治州开设的第一家藏医门诊所正式开业。（《甘肃日报》1988.10.30.①）

27日～11月5日 “兴华杯”全国古典式、自由式摔跤冠军赛在贵阳举行，内蒙古自治区3位蒙古族选手哈申达来、浩毕斯哈拉图和扎木苏荣分获48公斤级、68公斤级和90公斤级冠军，自治区代表队在古典式决赛上获得团体总分第一名；新疆维吾尔自治区运动员黄忠民（回族）获90公斤级自由式摔跤冠军。（《人民日报》1988.11.7.③，《新疆通志·体育志》83卷P88，《贵州日报》1988.10.31.①）

29日 西藏自治区人民政府发布《〈西藏自治区学习、使用和发展藏语文的若干规定（试行）〉的实施细则》，共13章61条：第一章，总则；第二章，行文、会议、标记；第三章，干部、职工；第四章，教育；第五章，科技；第六章，文化；第七章，新闻；第八章，企事业单位和服务行业；第九章，公安、检察、法院、司法；第十章，翻译；第十一章，藏语文工作领导机构；第十二章，其他；第十三章，附则。（《西藏日报》1988.11.9.①.④，11.10.①）

△ 宁夏回族自治区出版工作者协会在银川成立，全区53个出版单位的101名代表参加入会。（《宁夏日报》1988.10.31.①）

29日～11月3日 广西壮族自治区第六届少数民族传统体育运动会在防城各族自治县举行，壮、汉、瑶、苗、侗、仫佬、毛南、京、回、彝、蒙古、满12个民族489人参赛。运动会设抢花炮等5个比赛项目，另有女子单狮上金山等21个优秀表演项目。（《广西通志·大事记》P548）

31日 广西壮族自治区壮文指导委员会

成立。韦纯束（壮族）任主任委员。（《广西日报》1988.10.31.①，《广西通志·大事记》P548）

△ 四川省甘孜藏族自治州康定师范学校被国家教委评为“全国先进中等师范学校”。（《甘孜州志》上P98）

△ 据本报讯，西藏自治区射箭运动员多吉秋云最近在长春全国室内射箭比赛中以284环的成绩获得25米第二名，在镇江全国室外比赛中以317环的成绩获男子个人全能第二名。（《西藏日报》1988.10.31.①）

是月 广西民族学院副院长周飞雄（壮族）与日方代表藤井知昭签订《中日白裤瑶铜鼓文化合作研究协议书》。（《广西民族学院校史》P301）

11月

1日 贵州民族婚俗博物馆在黔西南布依族苗族自治州兴义市建成开馆，共展出反映苗、布依、侗、彝、水、土家、仡佬、回、瑶等民族古朴婚姻习俗的实物381件、图片129幅、情歌牌30多块。（《黔西南布依族苗族自治州志·政权政协志》P29）

△ 贵州民族节日文化展览在广东深圳开展，展出服装、银饰、文化体育用品及饮食器具共490多件，图片120多幅。（《贵州日报》1988.11.11.①）

2日 贵州省苗族姑娘陶卉在全国青年越剧演员电视大选赛中获丑角最佳表演奖。这是建国以来贵州省戏剧演员在全国大型比赛中夺得的第一个“单项冠军”。（《贵州日报》1988.11.4.①）

△ 据本报讯，青海省海北藏族自治州目前有民族小学65所，在校少数民族小学生6361人，民族小学教师432人，全州少数民族学龄儿童入学率达80%以上。（《青海日报》1988.11.2.①）

2~3日 四川、云南、贵州、重庆、西藏和广西五省（区）六方的“开发大西南战略第四次学术讨论会”在广西南宁举行。（《广西日报》1988.11.7.①）

3日 西藏自治区人民政府批准建立珠穆朗玛峰自然保护区，位于定结、定日、聂拉木、吉隆4县，面积35万公顷，连同1985年9月公布的名单共有7个自然保护区，7个保护区的总面积约370万公顷。其中，墨脱自然保护区有大量珍贵稀有和特有动植物种源，1986年被列为国家级自然保护区。此外，尚有许多可能建立和尚未发现的特殊区域，如羌塘草原的野生动物资源可建立以野牦牛、藏羚羊、藏原羚、藏野驴等珍贵野生动物为主的自然保护区，申扎黑颈鹤繁殖区、林芝东久赤斑羚羊栖息地、芒康县滇金丝猴活动区、高山动植物的荟萃地——加查藏木沟、札达县的喜马拉雅山特有树木、德登溶洞、马鹿集结区——类乌齐县长毛岭等都将逐步建立保护区，以加强对自然资源和物种的保护。（《当代中国的西藏》下P84）

4~14日 全国政协副主席、医卫体委员会主任钱正英率领调查组在贵州省调查少数民族地区医疗卫生工作情况。调查组一行7人，由全国政协、卫生部和国家民委抽调人员组成。（《贵州日报》1988.11.15.①）

5日 贵州省苗学研究会成立大会在黄平县召开。（《贵州日报》1988.11.6.①）

△ 北京时间10时14分32秒，青海省海西蒙古族藏族自治州唐古拉山发生ML7.0级地震，震中北纬34°20′，东经91°27′。（《海西蒙古族藏族自治州志》1卷P467）

6日 北京时间21时3分15秒，云南省西南部边界思茅地区澜沧一带发生7.6级地震，震中北纬22.9°，东经100.1°，震源深度13公里。21时16分再次发生7.2级地震，两次大地震使思茅、临沧、保山、德宏、西双版纳5个地州，20个县（市）299个乡镇2769个村公所受灾，面积9万多平方公里。（《云南日报》1988.11.7.①，11.12.①，11.16.①，11.17.①，11.27.①，11.29.①，12.1.①；《中华人民共和国大事记》（1949～2004）P864）

7日 国家民委批准成立中央民族学院宗教研究所、民族博物馆。（《中央民族大学五十年》P92、208）

△ 据本报南宁讯，广西壮族自治区壮族作家创作促进会设立首届壮族文学奖，对1987年6月15日创作促进会成立以来壮族作家出版的优秀文学作品给予奖励。（《广西日报》1988.11.7.①）

9日 首届中国少数民族新闻研究会议在贵州省黔东南苗族侗族自治州凯里市（县）召开，全国16省（区）36家民族地区报社的54名代表参加会议。会上成立中国少数民族新闻研究会。（《贵州日报》1988.11.10.①，《黔东南苗族侗族自治州志·总述·大事记》P325）

11日 贵州省民族民间美术展览在中国美术馆开幕，300多件展品分竹木角器、银饰、刺绣、挑花、蜡染、织花（织锦）、绣鞋、背扇、围腰及建筑等十多个部分展出。（《人民日报》1988.11.13.③，《贵州日报》1988.11.27.①）

△ 青海省玉树藏族自治州政府首次批准设立21个野生动物自然保护区，由保护区所在地寺院代为管护。至此，全州共设有28个保护区。（《玉树州志》上P63）

12日 北京穆斯林文化学会成立大会在人民大会堂举行，全国政协副主席杨静仁等出席。（《人民日报》1988.11.14.③）

13日 据新华社呼和浩特电，内蒙古考古工作者最近在伊克昭盟鄂托克旗发现9座西汉晚期墓葬，其中一座里面有保存完好的壁画。这座墓洞长3米、宽3米、墓道长12米，是座穹顶式石结构墓，三面绘有宫廷宴乐图、牧羊图和射猎图、冶铁作坊等壁画，证实了当时中原文化、游牧民族文化的互相交流和融合。（《人民日报》1988.11.16.③）

14日 甘肃省“七五”重点工程——积石山保安族东乡族撒拉族自治县大河家黄河大桥竣工通车，临津渡口从此结束用渡船摆渡过河的历史。主桥跨度90米，全长161.22米、宽9米，首次采用挂篮悬臂浇铸工艺。（《积石山保安族东乡族撒拉族自治县志》P69）

15日 据本报讯，黄贤林、莫大同主编的广西壮族自治区第一部人口科学专著《广西人口》，最近由中国财经出版社出版。（《广西日报》1988.11.15.①）

△ 18时28分13.7秒，云南省沧源发生6.1级地震，震中位置23°13′ N、99°35′ E，震源深度19公里。（《云南省志·地震志》P149）

16日 《内蒙古日报》报道，国际开发协会为内蒙古自治区河套灌区配套工程项目贷款6600万美元，这是世界银行向内蒙古自治区最多的贷款项目。（《内蒙古自治区大事记（1987～1996）》P116）

△ 内蒙古民航局开辟呼和浩特经武汉至广州，呼和浩特经石家庄、南京至上海，呼和浩特经石家庄至上海3条新航线并正式营运。（《内蒙古自治区大事记（1987～1996）》P115）

△ 内蒙古自治区第二次民族团结进步表彰大会在呼和浩特举行。内蒙古自治区党委书记王群作题为《把民族团结进步事业推向新阶段》的报告，国家民委副主任陈欣代表中央统战部、国家民委祝贺。全区154个先进集体和146名先进个人受到表彰。（《内蒙古日报》1988.11.17.①）

△ 中国少数民族科技史研究会成立大会暨第二次学术讨论会在广西民族学院召开。（《广西民族学院校史》P301～P302）

16～19日 全国首届女子自由式摔跤赛在成都举行，内蒙古自治区选手尹悦梅、苏占

芹、赵月华分获52公斤、65公斤、80至90公斤级第一名。 （《内蒙古日报》1988.11.26.①）

17日 广西壮族自治区代表队李娟（壮族）以93公斤的成绩获全国举重冠军赛女子60公斤级抓举比赛冠军，破92.5公斤的全国纪录。 （《云南日报》1988.11.19.①）

17日～12月9日 以青海省海南藏族自治州长白玛（藏族）为团长的青海省畜牧科技考察团一行5人赴西德、英国考察畜牧协会组织形式、管理体制、运行机制等情况。1989年，州内共和县切吉、石乃亥、倒淌河、江西沟、黑马河5乡成立牧业协会。 （《海南州志》P60）

18日 据新华社北京电，五大自治区和云南、青海等少数民族聚集地区在蒙古、维吾尔、哈萨克、傈僳、拉祜、纳西、景颇、柯尔克孜、俄罗斯等24个民族中实行本民族语文和汉语双语教学。据统计，全国民族地区用21种民族文字编印的教材、课本已有1600多种1.07亿多册。 （《云南日报》1988.11.22.④）

△ 据新华社鞍山电，在全国女子柔道冠军赛中，内蒙古自治区选手常凤霞获52公斤级冠军。 （《内蒙古日报》1988.11.20.①）

△ 据新华社南宁电，广西壮族自治区加快少数民族教育发展，全区已形成从小学到大学的民族教育体系。截至目前，全区小学中的少数民族学生比10年前增长14%，中专和职业中学、普通高校和成人高校中，少数民族学生成倍增长。 （《广西日报》1988.11.19.①）

19日 贵州省黔西南布依族苗族自治州“七五”科技攻关项目《黔西南州石灰岩山区经济发展战略研究》在贵阳通过省级鉴定。 （《黔西南布依族苗族自治州志·党派群团志》P29）

20日 国际瑶族学术研讨会在湖南省郴州举行，中、美、日等9个国家和地区的60多名专家与会。 （《人民日报》1988.11.22.③）

△ 据本报讯，地处古丝绸之路北线的新疆伊犁地区最近发现大批古代墓葬及壁画、石人和古城遗址。考古学研究人员认为，2000多年前这里曾是古代人类经济文化活动频繁的地区之一。 （《新疆日报》1988.11.20.①）

23日 广西壮族自治区柳州市民族风情画展在民族文化宫展出，展出的130多幅作品展现了侗乡、苗岭、瑶寨风情。全国人大常委会副委员长阿沛·阿旺晋美，全国政协副主席杨静仁，全国政协副主席、国家民委主任司马义·艾买提，国家民委副主任江家福等出席观看。 （《人民日报》1988.11.25.③，《广西日报》1988.11.24.①）

△ 国务院批准云南省楚雄彝族自治州禄丰、武定、元谋、南华、永仁、大姚、姚安7县对外开放。 （《楚雄彝族自治州志》1卷P213）

24日 文物出版社重印的乾隆版《大藏经》首批发行仪式在北京举行。全国人大常委会副委员长、中国佛协名誉会长班禅额尔德尼·确吉坚赞为大藏经题词，全国政协副主席、中国佛协会长赵朴初撰写序文并参加仪式。该书被誉为佛教百科全书，内容丰富，不仅是佛教界研究佛学的重要典籍，也是一般学者研究古代东方语言、文学、艺术、哲学、逻辑、医学和历史等多学科的珍贵资料。该书是世界上最大的木板典籍，原有板片7.9万多块，重约400吨，共收佛藏7240卷，分装724函，约6700多万字。此次重印50部2000卷，装200函。 （《人民日报》1988.11.25.③）

25日 广西壮族自治区科委举行新闻发布会，公布评出的全国首届星火奖138项，其中广西获5项。在全国星火计划成果展览交易会上，广西获7项金奖，7项银奖，5项铜奖。 （《广西通志·大事记》P550）

△ 贵州省首届傩艺术形态展在贵阳开展。同日，贵州傩艺术研讨会在贵阳举行，中国戏曲学会会长曲六乙出席研讨会。（《贵州日报》1988.11.27.①）

25日~12月1日 第三次全国少数民族音乐理论研讨会在云南玉溪举行，全国19个省、市、自治区17个民族的74名代表参加。研讨会围绕“中国少数民族音乐的现状与未来”的主题及“云南少数民族音乐专题研究”、“少数民族音乐志的撰写提纲”的2个副题展开研讨。（《云南日报》1988.12.4.①）

27日 据本报讯，宁夏有色金属研究所研制的铍扫描反射镜、铍转镜最近通过部级鉴定，其主要性能达先进水平，填补我国航天遥感技术的一项空白。（《宁夏日报》1988.11.27.①）

27~30日 12时17分53.4秒，云南省澜沧发生6.3级地震，震中位置22°41′N、99°48′E，震源深度12公里。16时13分26.8秒，澜沧发生6.7级地震，震中位置22°43′N、99°50′E，震源深度11公里。（《云南省志·地震志》P149）

28日 中国和蒙古两国政府关于中蒙边界制度和处理边界问题的条约在北京签订。（《新华社新闻稿》1988.11.29）

30日 《内蒙古日报》报道，北京民族印刷厂的康明德研制出蒙古文、满文手写体。在内蒙古自治区呼和浩特召开的鉴定会上，认为该手写新体满足了蒙文印刷出版上的需要，填补国内空白。（《内蒙古自治区大事记（1987~1996）》P271）

12月

2~4日 宁夏回族自治区民间美术工作会议在吴忠举行，有关专家50多人参加。会议部署了自治区民间美术普查工作，并成立全区民间美术学会。（《宁夏日报》1988.12.12.①）

3日 新疆维吾尔自治区新闻出版局在乌鲁木齐成立。（《新疆日报》1988.12.4.①）

3~20日 甘肃省甘南藏族风情摄影展览先后在江苏无锡和山东淄博举办。（《甘肃日报》1988.12.28.①）

4~6日 中共中央政治局常委、书记处书记胡启立在湖南省湘西土家族苗族自治州视察。（《湘西州志》上P87）

5日 中国佛协西藏分会和拉萨市佛协召开会议，拉萨三大寺、大昭寺民管会成员和寺庙职衔人员共40多人参加。会议宣读《西藏自治区佛教寺庙民主管理章程》。（《西藏日报》1988.12.10.①）

6日 中国藏学研究中心第一次干事（扩大）会议在北京开幕，全国人大常委会副委员长阿沛·阿旺晋美、班禅额尔德尼·确吉坚赞出席会议并讲话。（《西藏日报》1988.12.8.①）

△ “可爱的广西”摄影作品展和“花山魂”画展在广西壮族自治区博物馆展出。（《广西日报》1988.12.7.①）

△ 广西壮族自治区南宁至百色广播电视微波专线开通，全长214.28公里。（《广西通志·大事记》P550）

6~20日 首届甘肃省少数民族地区职业技术教育管理干部、职业中学校长培训班和第二届甘肃省民族工作干部培训班举办。（《甘肃日报》1988.12.28.①）

7日 为庆祝广西壮族自治区成立30周年，广西美术作品展览在南宁开幕，展出339件作品。（《人民日报》1988.12.8.③）

8日 卓越的民族工作领导人、七届全国人大常委会副委员长乌兰夫（蒙古族）在北京逝世，终年82岁。18日，乌兰夫遗体告别仪式在北京举行，国家主席杨尚昆、中央军委副主席赵紫阳，全国人大常委会委员长万里，国务院总理李鹏，中纪委书记乔石，中央政治局常委兼国家计委主任姚依林，中央政治局常委、中央书记处书记胡启立，原全国人大常委会委员长彭真等党和国家领导人参加告别仪式并送花圈。（《内蒙古日报》1988.12.9.①）

△ 广西壮族自治区党委宣传部组织筹划、广西电视台负责录制的第一部全面反映广西概貌的大型电视纪录片《可爱的广西》开始在广西电视台陆续播出。（《广西日报》1988.12.8.①）

9日 广西壮族自治区平南县防汛抗旱指挥部和柳州地区水文分站获国家防汛总指挥部授予的“全国抗洪先进集体”称号。（《广西日报》1988.12.10.①）

10日 班禅东陵扎什南捷在西藏日喀则扎什伦布寺重建竣工。班禅东陵扎什南捷总建筑面积为1933平方米，高度为33.17米，塔高为11.52米，略高于原五世班禅罗桑益喜的灵堂。总投资为780万元，其中国家拨款600万元，自治区政府拨款70万元，扎什伦布寺拨款100万元，刚坚发展总公司（班禅大师经营的商业）投资10万元。国家为修建这座灵塔提供黄金108.85公斤、白银1000公斤、水银665公斤、铜5638.75公斤、木材1099立方米、钢材116.8吨、水泥1105.67吨、石料7.18万块。此外，人大常委会副委员长班禅额尔德尼·确吉坚赞、自治区、日喀则地区和扎什伦布寺还为修建灵塔赠送了相当数量的宝石、珠宝。这是自50年代以来国家投资最多、建筑规模最大的一座寺庙灵塔。（《西藏日报》1989.1.22.①）

△ 我国歌唱家韦唯（女，壮族）演唱的歌曲《恋寻》在南斯拉夫举行的国际音乐节流行歌曲大奖赛上获演唱特别奖。（《宁夏日报》1988.12.14.③，《新疆日报》1988.12.12.③）

11日 据新华社东京电，在第六届福冈国际女子柔道锦标赛上，内蒙古自治区选手高凤莲获72公斤以上级冠军，从而连续3次获该项级别的冠军。（《内蒙古日报》1988.12.15.①）

11～16日 新疆维吾尔自治区速滑队在全国速滑锦标赛中获得5金3银，其中赵志华和刘龚飞分获2枚和3枚金牌。（《新疆通志·体育志》83卷P88）

12日 吉林省政府批准延边朝鲜族自治州建立珲春经济开发区。（《延边朝鲜族自治州志》P99）

15日 广西壮族自治区桂林市博物馆建成开馆，总建筑面积8375平方米，展出广西壮、瑶、苗、侗、仫佬等少数民族的日常生活用品、建筑物、装饰品、生产工具等。（《广西日报》1988.12.28.①）

16日 湖南省湘西土家族苗族自治州花垣县下寨河水电站建成发电，水库坝高、库容、发电功率、隧洞长度均居全州之首。（《湘西州志》上P88）

△ 广西壮族自治区运动员李宁（壮族）在深圳体育馆举行告别体坛联谊会，从而结束他17年的体操生涯。自治区政府授予李宁“广西功勋运动员”称号。（《广西日报》1988.12.18.①，《广西通志·大事记》P551）

△ 贵州省黔东南苗族侗族自治州社会科学联合会在凯里成立。（《黔东南苗族侗族自治州志·总述·大事记》P325）

△ 据本报讯，运用微机管理档案资料的新疆维吾尔自治区档案馆近日在乌鲁木齐落成，占地面积6000平方米，可存80万卷历史文书。（《新疆日报》1988.12.16.①）

16～19日 宁夏回族自治区计划生育工作会议举行。自治区副主席马英亮（回族）代自治区政府同各市、县的主要负责人签订《计划生育目标管理责任书》。（《宁夏日报》1988.12.17.①，12.20.①）

17日 内蒙古自治区政府颁布《内蒙古自治区计划生育暂行规定》。（《内蒙古日报》1988.12.20.②）

△ 《内蒙古日报》报道，贯穿内蒙古自

治区8盟4市、绵延3500公里的微波电路竣工并正式运行。（《内蒙古自治区大事记（1987~1996）》P116）

△ 据本报讯，广西壮族自治区现有17个县的民族中学招收壮文初中班，在校生1368人，广西壮文学校在校生462人，中央民族学院和广西民族学院在校生（含函授生）636人。（《广西日报》1988.12.17.①）

△ 西藏自治区运动员次仁多吉（藏族）被新华社体育新闻编辑部评选为1988年中国最佳运动员。（《甘肃日报》1988.12.18.③）

18日 据本报讯，西藏自治区人民医院最近首次为一肾脏病人做径皮穿刺逆行股动脉选择性腹腔动脉造影术，获得成功。（《西藏日报》1988.12.18.①）

19日 据本报讯，最近，40多个国家组成的世界伊斯兰发展银行为援建宁夏回族自治区同心阿语学校、宁夏伊斯兰经学院分别汇款16.3万多美元和83.6万多美元。（《宁夏日报》1988.12.19.①）

19~20日 中共中央政治局委员、国务委员兼国家教委主任李铁映率国家教委、国家民委、国家计划生育委员会负责人在云南省西双版纳傣族自治州景洪、勐海考察民族教育和计划生育工作。（《西双版纳傣族自治州志》上P76）

21日 宁夏回族自治区中医医院暨中医研究院门诊部正式开诊，成为宁夏唯一的现代化中医医疗、教学和科研中心。（《宁夏日报》1989.1.3.①）

22日~1989年1月5日 新疆新闻摄影学会主办的“边疆风云录”新闻摄影展览在乌鲁木齐举办，展出的180幅作品中有30幅作品获奖。（《新疆日报》1989.1.6.①）

22日~1989年1月10日 内蒙古广播电视厅在呼和浩特举办内蒙古首届蒙古语歌曲大奖赛，460多名歌手参加。（《人民日报》1989.1.11.③）

23日 广西壮族自治区金秀瑶族自治县艺术团在民族文化宫首演成功。（《人民日报》1988.12.25.③，《广西日报》1988.12.24.①）

△ 宁夏回族自治区“七五”期间重点课题“啤酒大麦品种选育及栽培技术研究”通过自治区级鉴定。（《宁夏日报》1989.2.8.①）

24日 西藏人民出版社举行颁奖仪式，向自治区“西南、西北九省（区）一市书籍装帧艺术奖”获得者颁奖。最近在陕西西安召开的第六届西南、西北九省（区）一市书籍装帧艺术评比会上，该出版社的12个作品分别在图书装帧、封面、设计比赛中获奖，其中一等奖2个、二等奖4个、三等奖4个。另外，在全国首届地理科普读物评优活动中，该出版社的《西藏自治区地理》一书获全国优秀奖。（《西藏日报》1988.11.9.①，12.26.①）

25日 首届壮族文学奖颁奖大会在广西壮族自治区南宁市举行，获奖作品有长篇小说4部，长篇传记1部，中短篇小说集5部，散文报告文学集5部，诗歌集6部。长篇小说是《明星根》（王云高）、《黑旗虎影》（孙步康）、《南国冬雪》（杨军、梁学）、《摩根之梦》（张波），长篇传记文学是《陆荣廷传》（苏书选、陆君田），中短篇小说集是《哑巴媳妇》（韦纬组）、《被出卖的活观音》（韦一凡）、《七色人生》（韦编联）、《牧虎人》（黎国璞）、《上梁大吉》（潘荣才），报告文学集是《归客》（何培嵩），散文集是《山水·风物·人情》（苏长仙）、《南方的风》（凌渡）、《歌潮》（蓝阳春）、《秋萤》（岑献青），散文诗集是《红水河之恋》（邓永隆）、《吻的悲壮》（瑙尼），诗歌集是《含羞草》（韦其麟）、《半纪生涯诗选》（廖联原）、《相思豆》（何津）、《一个女大学生的情思》（陆少平）。（《广西日报》1988.12.29.①）

△ 四川省凉山彝族自治州昭觉县被国家教委评为“全国扫除文盲先进县”。（《凉山彝族自治州志》上P76）

△ 据本报讯，“六五”期间，我国28大林海之一的贵州省黔东南苗族侗族自治州人工造林保存面积146.23万亩，飞播成林面积25.2万亩，封山育林面积167.26万亩，3项合计338.69万亩，年均67.74万亩，大于全州年均63万亩的消耗量，扭转森林面积长期下降的局面。（《贵州日报》1988.12.25.①）

26日 内蒙古自治区研制的电脑设计楼房系统通过鉴定。该系统的图形数据库包括50张软盘、约1500万数据，可满足北方地区3至6层、2至5个单元住宅楼的设计要求，居国内先进水平。（《内蒙古日报》1989.1.9.①）

△ 农业部和中国科学院自然资源综合考察委员会下达的广西草地资源调查研究项目在南宁通过鉴定。（《广西日报》1989.1.9.①）

△ 据本报讯，贵州省布依学会最近在花溪宣布成立，国家民委直属机关党委书记韦洪星到会祝贺。会议收到论文91篇。（《贵州日报》1988.12.26.①）

△ 贵州省黔南布依族苗族自治州文学艺术工作者联合会第二次代表大会在都匀召开。会议重建1962年撤销的文学艺术工作者联合会机构，改称黔南州文学艺术界联合会。（《黔南布依族苗族自治州志》上P71）

△ 青海省黄南藏族自治州政府转发州民族宗教事务管理局《关于进一步加强宗教工作的若干规定》，共11条，1989年1月1日起施行。（《黄南州志》上P58）

27日 宁夏回族自治区十部文艺集成志书工作表彰大会在银川召开。会议表彰11个先进集体和87名先进工作者，并为获全国先进集体的2个单位和7名先进个人颁奖。（《宁夏日报》1989.1.3.①）

28日 据本报讯，国家基金委员会决定，自1989年起设立地区科学基金，以支持边远地区、少数民族地区和科学基础薄弱地区的科研工作。（《人民日报》1988.12.29.③）

△ 近代著名学者罗布桑却丹（蒙古族）的蒙古文巨著《蒙古风俗鉴》（汉文版）最近由辽宁民族出版社出版，堪称蒙古族的百科全书。（《广西日报》1988.12.28.①）

△ 西藏考古工作者在林芝地区八一镇以西28公里、尼洋河北岸海拔3150米处的杜布村境内发现一处古代石棺墓葬群，并发掘出一座保存完整、不晚于吐蕃王朝时代的石棺墓。整个墓区分布约8800平方米，石棺墓不下100座，绝大部分遭到严重破坏。（《人民日报》1988.12.30.③）

29日 “可爱的广西”摄影作品展览在民族文化宫开幕，广西壮族自治区党委副书记、宣传部部长李振潜致开幕词，中顾委副主任宋任穷为展览剪彩。中顾委常委黄镇，全国政协副主席程思远，全国政协副主席、国家民委主任司马义·艾买提，国家民委副主任江家福等出席开幕式。（《广西日报》1989.1.1.①）

30日 云南省德宏傣族景颇族自治州九届人大常委会第三次会议通过提案，原傈僳族“新年歌舞节”改称为“阔时节”，每年农历正月9至10日举行。（《德宏州志》综合卷P89）

31日 贵州省民族民间纺织工艺展览在美国旧金山开展，共展出贵州苗、水、布依、瑶、彝、仡佬等民族的纺织工艺品150多件（套）。（《贵州日报》1988.12.29.①）

△ 西藏自治区文化厅归还甘丹寺珍贵文物交接仪式在甘丹寺举行，自治区政府副主席吉普·平措次登等出席交接仪式。此次归还的珍贵文物主要有23幅清初刺绣唐卡和1副明永乐时期的九龙戏珠金盔甲。该批文物20世纪60年代被国家借去展览后一直由国家保存。

（《西藏日报》1988.1.1.①）

是年 在首届中国对外技术交易会上，中央民族学院的“独立调谐双波长染料激光器”、“多功能激光治疗仪”、“低温等离子体对高分子材料表面改性”等通过部级鉴定，“超导研究”以及维吾尔文编辑排版系统、朝鲜语语言排版系统通过鉴定，《数学软件的开发和研究——中国高校数学与统计软件（CUMSS）》中的“迭代法解线性代数方程组软件包”获国家教委科技进步二等奖，该校教师与国外共同研制的电子设计自动化技术（EDA）填补国内电子CAD普及方面的空白，“计算机数据库及文字处理技术在少数民族语文研究中的应用”获国家科技进步三等奖。（《中央民族大学五十年》P80）

△ 中国科学院高能物理研究所研究员罗应雄（壮族）因参加北京正负电子对撞机建设并作出重要贡献，获国家人事部授予的“国家级有突出贡献中青年专家”称号。（《中国少数民族专家学者辞典》P826）

△ 中国电镜学会秘书长、中国科学院金属研究所研究员李斗星（朝鲜族）主持的“五次对称性及Ni—Ti准晶相的发现与研究”获国家自然科学一等奖。（《中国少数民族专家学者辞典》P513）

△ 自1978年至是年，内蒙古自治区共获自治区级别以上的科技成果奖102项。对鼠疫、布鲁式杆菌病、肿瘤、中蒙医、工业尘肺、血红蛋白、医学遗传与优生等领域进行的科学研究，有的已取得突破性成果，在国内国际产生良好的影响。（《内蒙古自治区史》P491）

△ 内蒙古自治区有121项科技成果获自治区科技进步奖，其中一等奖12项。（《内蒙古自治区大事记（1987~1996）》P110）

1989年

1月

1日 据新华社北京电，我国第一个省级朝鲜族民间艺术研究团体——朝鲜族民间文艺研究会在黑龙江省牡丹江市成立。（《西藏日报》1989.1.2.③）

△ 南边村地质剖面自然保护区建立，位于广西壮族自治区桂林市，面积25公顷，是以泥盘—石炭系地质剖面为主要保护对象的省级自然保护区。（《全国自然保护区名录（2003）》P84）

△ 据本报玉树讯，目前，青海省玉树藏族自治州47个乡镇中有14个乡建有卫星电视地面接收站，33个乡有电视录像放映设备，初步形成了州、县、乡三级电视网络。（《青海日报》1989.1.1.①）

△ 贵州省黔东南苗族侗族自治州青年学生李金魁（苗族）发明的“自由转动窗”获中国专利局专利证书。1988年8月31日，他发明的“便携碗”获得中国专利局专利证书。（《贵州日报》1989.3.19.①）

△ 据本报讯，宁夏回族自治区贺兰县最近被国家体委授予“全国体育先进县”称号，成为自治区第一个全国体育先进县。（《宁夏日报》1989.1.3.①）

4日 云南省德宏傣族景颇族自治州的20万亩旱地甘蔗丰产计划通过国家农牧渔业部验收，平均亩产4吨，超过全国旱地甘蔗平均亩产3吨的水平。（《德宏州志》综合卷P89）

△ 我国第一所哈萨克医医院在新疆维吾尔自治区阿勒泰市建成，设有哈医外科、内科、妇产科、针灸科及住院部。（《新疆日报》1989.1.4.①）

5日 《内蒙古日报》报道，内蒙古自治区人民政府批转内蒙古物价局提出的《加强物价管理控制物价上涨十项措施》。（《内蒙

古自治区大事记（1987～1996）》P116）

6日 据本报讯，首届"振兴广西文艺创作铜鼓奖"最近揭晓，评选出获奖作品105件，报纸副刊和文学杂志编辑奖12名。同时，对94件在全国和国际性获奖作品的作者颁发特别奖和荣誉奖。"振兴广西文艺创作铜鼓奖"是广西最高文艺创作奖。（《广西日报》1989.1.6.①③）

8日 据本报讯，云南大学最近设立方国瑜奖学金。已故著名历史学家方国瑜教授（纳西族）是云南丽江人，生前曾任云南大学文史系主任、文法学院院长。（《云南日报》1989.1.8.①）

△ 据本报讯，中国作协宁夏分会、中国民间文艺家协会宁夏分会等单位联合举办的"振兴宁夏"文学作品征文评选揭晓，评选出优秀作品奖11篇、鼓励奖16篇。（《宁夏日报》1989.1.8.①）

9日 内蒙古自治区举行首届蒙古语歌曲电视大奖赛。25人分获专业和业余组一、二、三等奖。呼伦贝尔盟歌舞团的朝鲁（蒙古族）获专业组一等奖，内蒙古民族剧团的乌力吉图（蒙古族）获业余组一等奖，蒙古族歌唱家哈扎布和宝音德里格尔，民间歌手敖登巴拉和查干巴拉被授予"达尔罕歌手"（即歌王）的荣誉称号。（《内蒙古日报》1989.1.12.①，1.14.①）

△ 全国人大常委会副委员长、中国佛协名誉会长、十世班禅额尔德尼·确吉坚赞离京赴西藏日喀则主持五至九世班禅遗体合葬灵塔祀殿——班禅东陵扎什南捷开光典礼。22日，班禅东陵扎什南捷开光大典在扎什伦布寺举行。班禅大师主持大典仪式，全国政协副主席帕巴拉·格列朗杰，中央有关部门的负责人和自治区党政军领导以及青、甘、川、滇等省及其所辖的一些自治州、县的负责人，北京、上海等地的法师和藏族地区的活佛、格西以及信教群众5000多人参加开光大典。（《西藏日报》1989.1.23.①，《中国共产党西藏历史大事记（1949～2004）》P528）

△ 据本报讯，新疆维吾尔自治区伊犁地区文物普查队在新源县巩乃斯河北岸的阿吾勒山中发现4处共约50幅岩画。这些岩画主要凿刻在古代游牧民族放牧转场的山口和山沟深处表面光滑的岩石上，画面表现了当时游牧生活场景。（《新疆日报》1989.1.9.①）

10日 据新华社呼和浩特电，经内蒙古文物考古研究所副所长卢思贤等专家确认，战国时期我国北方草原曾开拓出一条横贯欧亚大陆的丝绸之路，分南、北两道。南道起自辽东，横越内蒙古草原，经新疆天山北麓通往中亚、西亚；北道以黑龙江上游额尔古纳河为起点，横贯欧亚大陆。（《人民日报》1989.1.11.③）

△ 广西壮族自治区建工集团第二建筑设备安装工程有限责任公司承担的钢筋轧扭机及冷轧扭钢筋应用技术、自治区综合设计院承担的键式冷轧扭钢筋叠合板通过省级技术鉴定，两项技术成果均达到国内领先水平。（《广西日报》1989.1.18.②）

11日 宁夏回族自治区科技工作会议在银川召开。会议向自治区获国家级星火奖的奶牛养殖与豆乳粉加工、肉兔养殖、糖蜜味精3个项目有关人员颁奖；破格晋升20名科技工作者专业技术职务，其中中级晋升为高级的4名，初级晋升为中级的8名，其他8名直接被评定为中级专业技术职务任职资格。国家科委副主任蒋民宽出席会议并讲话。（《宁夏日报》1989.1.12.①，1.15.①）

12日 据本报讯，内蒙古自治区研制的散热器内防腐层新技术最近通过自治区级技术鉴定。该技术把散热器的寿命提高了1到2倍，填补国内空白。（《内蒙古日报》1989.1.12.②）

△ 据本报讯，联合国儿童基金会与宁夏回族自治区妇联合作举办的"儿童免疫妇女干

部培训项目”最近结束。该项目从1988年7月在全区各地的24个县（区）实施，共举办培训班24期，1707名学员参加培训，实际培训人数是计划培训人数的142.25%。（《宁夏日报》1989.1.12.①）

13日 广西壮族自治区对外科技交流中心、南宁市国际经济技术合作公司与日本冲绳广西友好协会签订合作协议，就关于在日本联合建立冲绳国际产业经济技术集团（有限）公司、关于在日本冲绳设立广西事务所、日本冲绳广西友好协会向广西科委赠送科技用车等达成协议。（《广西日报》1989.1.15.①）

14日 内蒙古自治区科技成果1988年度获奖项目公布，有9项获国家奖、103项获自治区科技进步奖。（《内蒙古日报》1989.1.15.①）

△ 广西壮族自治区科委举行颁奖仪式，为荣获1988年度广西科技进步奖项目的完成单位颁奖。1988年度广西科技进步奖评选从216项申请项目中评选出一等奖1项，二等奖12项，三等奖94项。（《广西日报》1989.1.16.①）

△ 据本报讯，我国第一部兼容英语、藏语和汉语3种文字的词典——《英藏汉对照词典》最近由民族出版社编辑出版，收各类词汇5万个。编著者扎西次仁是迄今为止第一位编写3种文字对照词典的藏族学者。（《西藏日报》1989.1.14.①，《内蒙古日报》1989.2.14.①）

△ 宁夏回族自治区政府在银川召开大会，表彰在自治区技术进步中做出突出贡献的10个先进集体和26名先进个人。（《宁夏日报》1989.1.15.①，《内蒙古日报》1989.2.12.①）

17日 中国西藏自治区边境贸易继续活跃，贸易总额1988年突破1亿元人民币。西藏已经开放的边境贸易点和贸易口岸达到27个，贸易对象主要是尼泊尔商人和边民。（《新华社新闻稿》1989.1.18）

17日～2月1日 广西艺术学校杂技班《抖杠》节目组作为中国代表团成员，在巴黎参加“第十二届世界明日杂技比赛”及第二届“未来杯”杂技比赛，获“明日杂技比赛”3个金奖中的头奖。节目组共6人，其中少数民族有唐雪霞（壮族）、凌刚毅（壮族）。（《广西日报》1989.2.17.①）

19日 广西壮族自治区科委确立的1亿亩粮食大面积增产综合技术推广应用项目，已按“星火计划”项目的有关程序，逐级签订有关合同并全面开展。（《广西通志·大事记》P553）

20日 据本报讯，自1986年9月开始在新疆维吾尔自治区流行的非甲非乙型肝炎目前基本得到控制。（《新疆日报》1989.1.20.①）

23日 据本报讯，新疆维吾尔自治区哈密市、莎车县、阜康县被国家教委评为“全国扫除文盲先进县市”。（《新疆日报》1989.1.23.①）

24日 据本报讯，内蒙古自治区民间文学家、翻译家霍尔查（蒙古族）完成的世界著名蒙古族英雄史诗——《江格尔》汉译本最近由新疆人民出版社出版，该著作有2万多诗行。（《内蒙古日报》1989.1.24.①）

△ 宁夏回族自治区经济、科技和社会发展战略研讨会在北京劳动人民文化宫举行。全国著名经济专家、学者以及国家机关部委有关负责人，各省、自治旗、单列市驻北京办事处负责人等近300人参加。全国政协副主席钱伟长出席会议。（《宁夏日报》1989.1.28.①）

28日 著名煤化工专家、大连理工大学教授聂恒锐（满族）病逝，享年86岁。20世纪50年代中期，聂教授曾主持煤预热的理论研究，为扩大我国的炼焦煤种和提高炼焦生产能力作出重大贡献。（《中国少数民族专家学者辞典》P1000）

△ 十世班禅额尔德尼·洛桑赤列伦珠确吉坚赞在西藏日喀则他的新宫德虔格桑普彰圆寂，终年51岁。（《人民日报》1989.1.30.①，《西藏日报》1989.1.30.①）

30日 国务院通告《关于第十世班禅大师治丧和转世问题的决定》。（《人民日报》1989.1.31.①）

是月 刘雍美术作品展在北京举办，这是建国以来布依族画家首次在北京举办的个人画展。（《民族团结》1989.2 P28）

△ 湖南省湘西土家族苗族自治州2161个全民所有制事业单位首次专业技术职称改革工作结束。参加职改的30816名各类专业技术人员有29086人获得专业技术职称资格，并被单位聘任相应的技术职务。（《湘西州志》上P88）

2月

2日 据《内蒙古日报》报道，首届全国医院优秀院长评选揭晓，内蒙古自治区医院院长赵玉英、满洲里第一医院院长马志广榜上有名。（《内蒙古自治区大事记（1987～1996）》P272）

△ 云南省怒江傈僳族自治州首次科技进步奖颁奖大会在六库召开，25个项目获奖。（《怒江傈僳族自治州志》上P38）

6日 云南省楚雄彝族自治州广播电台正式成立开播。（《楚雄彝族自治州志》1卷P213）

11日 据本报讯，一部用蒙、汉文字撰写的地名学研究巨著——《内蒙古自治区地名志》最近通过自治区级鉴定并由内蒙古自治区地名委员会出版。全书共1000万字，包括1个综合分册和12个盟市分册。（《内蒙古日报》1989.2.11.①）

17日 据新华社西宁电，青海人民出版社和青海民族出版社联合出版的折叠画册《班禅大师在青海》日前开始在全国发行。（《人民日报》1989.2.19.③，《西藏日报》1989.2.19.①）

19～21日 云南省戏剧家、音乐家协会第三次会员代表大会和省舞蹈家、曲艺家协会第二次会员代表大会在昆明举行，分别选举产生新一届领导成员。省戏剧家协会主席关肃霜（女，满族），副主席李光秀（女，彝族），常务理事马克斌（回族）、张继成（白族）；省音乐家协会常务理事高映华（彝族）；省舞蹈家协会主席刀美兰（女，傣族），副主席李学忠（回族）、杨桂珍（女，白族）；省曲艺家协会主席马绍云（回族），副主席尹明举（白族）、玉光（女，傣族），常务理事马绍云（回族）、尹明举（白族）、玉光（女，傣族）、岩峰（傣族）。（《云南日报》1989.2.25.①）

20日 首届景颇族文学"帮角督"奖颁奖仪式在云南昆明举行。（《德宏州志》综合卷P89）

△ 新疆维吾尔自治区青年歌手古孜努尔（维吾尔族）获首届"海峡同乐杯"全国优秀民歌电视大奖赛一等奖。（《人民日报》1989.2.25.④，《新疆日报》1989.3.6.①）

△ 北京时间15时，新疆维吾尔自治区使用通讯卫星向全疆传送广播电视节目成功。（《新疆日报》1989.2.21.①）

20日～3月3日 由卫生部组织的专家咨询委员会到广西壮族自治区，对原血吸虫病流行地区抽样检查考察核实，宣布广西为继沪、粤、闽之后全国第四个达到部颁消灭血吸虫病标准的省级行政区。（《广西通志·大事记》P553）

21日 据新华社兰州电，甘肃人民出版社整理出版藏族英雄史诗《格萨尔王传》，分别是《降伏妖魔之部》、《贵德分章本》、《世界公桑之部》、《卡切玉宗之部》、《花岭诞生之部》、《门岭大战之部》、《分大食牛·安定三界之部》、《赛马七宝之部》、《木古骡宗之部》，计300多万字。《格萨尔王》是一部在藏族人民和蒙古族人民中广为流传的英雄史诗，目前已发掘整理100多部，计150多万行1500多万字。（《人民日报》1989.2.22.②，《西藏日报》1989.2.23.①）

21～25日 新疆维吾尔自治区滑雪队在全国跳台滑雪锦标赛中获3金1银2铜，其中高文斌、董继洲获冠军。（《新疆通志·体育志》83卷P89）

23日 宁夏历史学会、宁夏回族研究会、宁夏大学历史系、宁夏大学回族文学研究所联合召开纪念著名史学家白寿彝（回族）诞辰80周年座谈会。25日，白寿彝从事学术活动60周年、执教50周年学术座谈会在北京举行。（《民族团结》1989.4 P36，《宁夏日报》1989.2.26.①）

27日 据本报讯，青海省草地资源科研成果最近在内蒙古呼和浩特通过鉴定。该成果提供了青海6州、1地、1市、38个县的天然草场类型、分布规律、面积等方面的系统资料。（《青海日报》1989.2.27.①）

是月 广西壮族自治区人民政府报请国家人事部同意，评卢克焕（壮族）等15人为1988年度国家级有突出贡献的专家。（《广西通志·大事记》P553）

3月

1日 据新华社北京电，《邓小平论党的建设》、《邓小平论改革开放》、《邓小平论文艺》、《邓小平文选》（1938～1965）、《邓小平同志论坚持四项基本原则反对资产阶级自由化》等由民族语文翻译局、民族出版社等单位翻译成蒙古、藏、维吾尔、哈萨克、朝鲜等少数民族文字出版发行。（《人民日报》1990.3.2. ①）

△ 中苏两国间伊宁至潘非洛夫线路旅客联运班车正式开通。由中国新疆维吾尔自治区伊犁哈萨克自治州汽运输公司和苏联哈萨克社会主义共和国塔尔迪库尔干汽车运输联营公司经营。（《新华社新闻稿》1989.3.1）

2日 八省区蒙古语文工作协作小组内蒙古成员在呼和浩特召开会议，内蒙古自治区党委副书记、人大常委会主任、八协小组组长巴图巴根主持。会议通过《1989年八省区蒙古语文协作工作要点》。（《内蒙古日报》1989.3.5.①）

3日 据本报讯，中国美术家协会会员尼玛泽仁（藏族）最近被中国藏语系高级佛学院聘为藏传佛教传统绘画高级研究员，成为第一个获此称号的藏族画家。（《人民日报》1989.3.3.②）

△ 中共贵州省黔西南布依族苗族自治州委、州政府发布《关于加快发展乡镇企业的决定》，从指导思想、优惠政策等方面作了较为全面的规定。（《黔西南布依族苗族自治州志·政权政协志》P29）

6日 《中国妇女报》举办的全国首届民族唱法10名女歌唱家推选赛决赛在北京举行。汉、藏、蒙古、维吾尔、傣、回、满、苗等民族的歌手参赛。德德玛（蒙古族）等名列前10名，获得法华丽杯。（《人民日报》1989.3.7.④）

6～10日 中国少数民族作家学会第一届理事会在云南昆明举行。该学会成立于1986年底，目前有会员1313人，分属38个民族，会员人数占全国少数民族作家总数的90%以上，现任会长为著名作家玛拉沁夫（蒙古族）。（《云南日报》1989.3.11.①）

7日 内蒙古自治区呼铁局为89/90次旅客列车举行授旗仪式。该列车组在1988年度全国铁路旅客列车红旗竞赛中获铁道部授予的“流动优胜红旗”，进京进沪直特快一组第一名，累计5次荣登榜首。（《内蒙古日报》1989.3.9.①）

7～10日 新疆维吾尔自治区文联第四次代表大会在乌鲁木齐举行，450名各族代表参会，其中少数民族占62%。会议选出由86名委员组成的文联第四届委员会，原则通过文联新章程。　（《新疆日报》1989.3.11.①，《中国共产党新疆历史大事记（1966.5～1991.12）》下P373）

9日　据本报呼和浩特讯，内蒙古地矿局最近编撰出自治区第一部分盟（地区）阐述矿产资源全貌的专著《内蒙古自治区矿产资源分布综合评价》。　（《内蒙古日报》1989.3.9.①）

△　贵州省黔东南苗族侗族自治州第一座博物馆——州民族博物馆大楼竣工交付使用。　（《黔东南苗族侗族自治州志·总述·大事记》P328）

△　据本报讯，新疆阿勒泰滑雪队在全国第二届青年运动会上获金牌1枚、银牌2枚、铜牌2枚，实现新疆在全国青年运动会上金牌零的突破。　（《新疆日报》1989.3.9.①）

10日　北京时间1时59分，我国第一胎“试管绵羊”在内蒙古自治区呼和浩特降生。这项具有国际水平的科研成果由内蒙古大学实验动物研究中心主任、兽医学博士旭日干（蒙古族）主持。　（《人民日报》1989.3.11.②）

△　内蒙古自治区的金属弦马头琴、18弦雅托克和金属弦火不思（也称好比斯）3种民族古乐器通过学术鉴定，正式批准投入生产。　（《内蒙古日报》1989.3.16.①）

14日　中苏边境贸易日趋活跃。1988年中国和苏联签订的贸易额达8.6亿多瑞士法郎，其中黑龙江5.5亿瑞士法郎，内蒙古1.3亿瑞士法郎，新疆成交1.8亿多元。目前与苏联相邻的黑龙江省、内蒙古自治区和新疆维吾尔自治区已经开发14个海陆空贸易口岸。（《新华社新闻稿》1989.3.15）

△　《内蒙古日报》报道，内蒙古大兴安岭森林调查规划院完成国家一类森林资源——大兴安岭林区森林资源的清查工作，清查原始林地总面积近千万公顷。　（《内蒙古自治区大事记（1987～1996）》P117）

17～24日　世界卫生组织和联合国儿童基金会扩大儿童计划免疫署顾问格拉博斯基博士在宁夏回族自治区评审自治区计划免疫工作。抽样调查显示，4种疫苗防治的6种相应传染病发病率很低，并呈下降趋势，自治区儿童计划免疫接种率已达85%。　（《宁夏日报》1989.3.25.①）

18日　1989年全国古典式摔跤锦标赛在北京举行，内蒙古队的杨印、满来分获81公斤、88公斤级冠军。　（《内蒙古日报》1989.3.25.①）

△　据本报南宁讯，广西壮族自治区科委组织实施的“1000万亩粮食大面积增产综合技术推广应用”星火计划项目实现三突破：项目总面积达1435万亩，占全区全年计划粮食种植面积的1/4以上，超过原项目计划面积的43.5%；项目经费投资达516.14万元，超过原计划300万元的72%；参与此项目实施的党政干部、技术干部及聘请的农民技术员共1.5万多人，超过原计划服务队伍1万人的58%。（《广西日报》1989.3.18.①）

27日　据本报呼和浩特讯，内蒙古自治区呼和浩特市第六中学、呼和浩特市蒙古族学校、包头市东河区回民小学最近被国家体委和国家教委评选为1988年度全国先进体育传统项目学校。　（《内蒙古日报》1989.3.27.①）

30日　西藏自治区首次实现儿童免疫的第一个85%的目标。　（《西藏日报》1989.3.31.①）

是月　国家教委在内蒙古呼和浩特举行全国民族文字教材出版发行工作座谈会，四川、贵州、广西、西藏、青海、吉林、内蒙古等省、自治区民族文字教材编译出版部门的代表20多人与会。　（《中国教育年鉴（1990）》P236）

△　中国伊宁至苏联潘菲洛夫的国际旅客班车联运正式通车，中国伊宁至哈萨克斯坦琼扎、中国伊宁至阿拉木图、中国塔城至哈萨克

斯坦阿亚古斯、中国阿勒泰青河至蒙古布尔干4条国际旅客联运路线开通。　（《伊犁哈萨克自治州志》P66）

4月

1~16日　台湾·内蒙古——中国儿童版画义卖联展会在台北市寒舍画廊举办，展品主要是内蒙古自治区哲里木盟儿童创作的版画。这是大陆儿童的版画作品首次在台湾展出。（《人民日报》1989.4.2.②，4.21.④）

3日　新疆维吾尔自治区红光无线电厂生产的550型汽车收放机于第二季度运往苏联的哈萨克加盟共和国。这是新疆维吾尔自治区首次出口自己生产的电子产品。　（《新华社新闻稿》1989.4.4）

5日　内蒙古自治区政府第十九次常务会议通过《内蒙古自治区〈野生药材资源保护管理条例〉实施细则》，自5月2日起正式实施。　（《内蒙古日报》1989.5.31.②）

7日　《内蒙古日报》报道，内蒙古自治区气象台大气探测资料中心建成“气象卫星数字图像处理系统”，为我国第一个用微机构成的多功能系统，达到国际先进水平。　（《内蒙古自治区大事记（1987~1996）》P117~118）

7日~5月　西藏自治区展览馆和西藏摄影家协会在拉萨联合举办“光辉的历程　巨大的变化”图片展览，展出的140多幅图片反映了西藏实行民主改革30年来发生的巨变。（《西藏日报》1989.4.8.①）

8~12日　建国40年来首次全国少数民族题材电影创作会议在昆明举行。全国16家故事片厂厂长及有关创作人员，云南、广西、新疆、内蒙古等省区文化厅和民委领导出席。（《云南日报》1989.4.13.①）

9日　我国柔道运动员高凤莲（女，蒙古族）获捷克斯洛伐克国际柔道邀请赛72公斤以上级冠军。　（《内蒙古日报》1989.4.11.①）

10日　据本报讯，宁夏计算机技术研究所和宁夏医学院附属医院联合研制的“多参数生命体监护仪”最近在北京通过自治区科委组织的技术鉴定。　（《宁夏日报》1989.4.10.①）

10~14日　青海省海北藏族自治州人大八届五次会议举行，通过《海北藏族自治州义务教育条例》的说明，并作出决议。　（《海北藏族自治州志》上P94）

10~18日　新疆维吾尔自治区摔跤运动员谷茂盛（锡伯族）、黄忠民（回族）在全国古典式摔跤锦标赛上获古典式摔跤男子90公斤级、100公斤级冠军。　（《新疆通志·体育志》83卷P90）

15日　据本报讯，《内蒙古自治区大事记》（1947~1987年）最近由内蒙古人民出版社出版。该书分政治、经济、文教（卫生、体育）、外事、军事5类，计2563个条目，40万字。（《内蒙古日报》1989.4.15.①）

△　内蒙古自治区人大常委会通过《内蒙古自治区实施〈中华人民共和国渔业法〉办法》。　（《内蒙古日报》1989.4.18.②）

16日　北京夏令时5时34分10.5秒，四川省甘孜藏族自治州巴塘县境内雅洼区至中心绒区苏洼龙一带发生6.7级地震，地震波及理塘、白玉、乡城、稻城、得荣等县。截至18日16时15分，共发生余震2121次，其中4级以上5次，最大4.7级。受灾面积含3个区9个乡72个村3335户2.18万多人，死亡8人，伤68人，倒塌和半倒塌房屋867幢，其中1.8万平方米中小学教室受到不同程度的破坏，部分学校已停课。四川各方抗震救灾物资开始运往灾区。同日，省委、省政府赴巴塘抗震救灾慰问团抵达巴塘。25日，国务院向灾区致电慰问并派出以民政部部长崔乃夫为团长、国家民委副主任陈欣为副团长的慰问团赴巴塘地震灾区慰问。　（《四川日报》1989.4.17.①，4.21.①，4.23.①，4.26.①，5.2.①，5.4.①，

5.6.①，5.7.①，7.22.①；《当代中国的西藏》下P621；《甘孜州志》上P99）

18日 全国第一部省（区）级电视志——《内蒙古广播电视志》由内蒙古人民出版社出版。该书分内蒙古广播、内蒙古电视、广播电视技术、体制机构与职工队伍、事业群体5编27章、80节，连同绪论、附录共41万多字。（《内蒙古日报》1989.4.18.①）

△ 中国新疆维吾尔自治区和蒙古戈壁阿尔泰、巴彦乌列盖、巴彦洪古尔、科布多4省开展边境贸易的议定书和经济技术的合作备忘录签字。双方开展边境贸易的口岸，中方为新疆阿尔泰地区清河县塔克什肯，蒙方为科布多省布尔干县布尔干。（《新华社新闻稿》1989.4.19）

20~23日 云南省文学艺术界联合会第四次代表大会在昆明举行。大会选举产生第四届省文联领导成员9人，其中少数民族5人，分别是：主席杨明（白族），副主席刀美兰（女，傣族）、关肃霜（女，满族）、杨苏（白族）、杨文翰（白族）。（《云南日报》1989.4.24.①）

△ 国家教委、国家民委在湖北恩施联合举行全国民族地区职业技术教育及电化教育研讨会，11个省（区）和8个地区（州、盟）教委职教、民教、电教处（科）长以及民委文教处（科）长共103人参加会议。会议确定进一步发展民族地区职业技术教育和电化教育的办法和措施：一、修改《关于加强民族地区电化教育工作的意见》，进一步明确电化教育在民族教育发展中的地位和作用；二、端正办学指导思想，进一步调整教育结构，使民族地区的教育切实转到为民族地区经济发展和社会进步服务的轨道上来；三、办好示范性职业中学，总结推广先进经验；四、搞好电教与职教、基础教育与职教的结合；五、抓好小学后、初中后的实用技术培训，试办“三加一”和推广“五、四”学制，初中加授职业技术课程的作法；六、加强管理，进一步提高民族地区基础教育质量。（《中国教育年鉴（1990）》P235）

20~24日 中国民族贸易经济理论研究会在湖南省湘西土家族苗族自治州吉首市召开，全国14个省区的100多名专家和民族工作者向大会提交论文70篇。（《湘西州志》上P89）

20~5月4日 世界粮食计划署主管中国项目高级官员特布里吉斯率评估团一行10人对湖南省湘西土家族苗族自治州武陵山区农业综合开发项目进行现场评估。（《湘西州志》上P89）

24日 贵州省政府批准黔东南苗族侗族自治州麻江县为少数民族地区综合改革试验区。（《黔东南苗族侗族自治州志·总述·大事记》P328）

△ 据本报讯，青海省目前有蒙藏医院18所，其中省级1所、州级5所、县级12所。18所医院中有藏医院14所、蒙藏医院3所、蒙医院1所，共有病床位383张。全省有各类藏医药人员1070人，其中国家编制573人；有主任藏医师6人，副主任藏医师17人，主治藏医师80人。（《青海日报》1989.4.24.①）

25日 青海省海西蒙古族藏族自治州青少年科技活动中心被列为中国科协和联合国儿童基金会1990年至1994年在青海合作项目的示范单位。（《海西蒙古族藏族自治州志》1卷P66）

25日~5月1日 新疆维吾尔自治区摔跤运动员阿力木哈孜（哈萨克族）在全国自由式摔跤锦标赛上获100公斤级冠军。（《新疆通志·体育志》83卷P90，《新疆日报》1989.5.2.①）

28日 据本报昆明电，云南省人大常委会日前通过《云南省出版管理条例》。条例规定：对少数民族作者的著作优先安排发表和出版；从事少数民族文字图书和报刊出版、印刷、发行的单位可申请减免税；以少数民族文字出版图书、报刊为主的出版社和报刊社，选题可适当放宽等特殊政策。该条例于5月1日起正式实施。（《人民日报》1989.4.28.④）

5月

1日 西藏教育电视节目正式开播，自治区党政领导丹增、图道多吉等参加开播典礼。该节目主要内容是藏语文教学课程。（《西藏日报》1989.5.2.①）

2日 据本报呼和浩特讯，中国内蒙古艺术团一行10人最近在日本仙台、新潟访问演出。（《内蒙古日报》1989.5.2.①）

△ 《〈内蒙古自治区野生药材资源保护管理条例〉实施细则》公布施行。（《内蒙古日报》1989.5.31.②）

3日 据本报西宁讯，青海民族学院民族研究所副教授李克郁编纂的我国第一部土、汉两语对照的双语词典——《土汉词典》最近由青海人民出版社出版发行。（《青海日报》1989.5.3.①）

4~24日 新疆维吾尔自治区首届大中专学生文化艺术节在乌鲁木齐举行，1700多名师生参加了3大类共23项活动。其中，文化类的摄影、书法、绘画、工艺品项目有254名师生获奖，艺术类的7个项目有1174名师生获奖，体育类的11个项目有近千人获奖。（《新疆日报》1989.5.5.①，5.25.①）

6日 广西壮族自治区运动员于晓玲获第六届世界杯跳水赛女子1米跳板五轮自选动作亚军。（《甘肃日报》1989.5.8.①）

△ 青海省黄南藏族自治州同仁县铝厂正式投产，生产铝锭868吨，产值220万元。1987年10月20日动工修建。（《黄南州志》上P56）

7~11日 四川、云南、青海、西藏毗邻经济技术协作区第三次会议在云南省楚雄彝族自治州楚雄市举行。会议期间共签订协作项目38个，协作金额538万元。（《楚雄彝族自治州志》1卷P214）

8日 据本报呼和浩特讯，《中国民间歌曲集成·内蒙古卷》通过中国艺术科学规划领导小组终审验收。该书约100万字，分蒙古、达斡尔、鄂温克、鄂伦春等少数民族分卷和汉族分卷，共筛选各族民歌1281首，民歌录音980首。（《内蒙古日报》1989.5.8.①）

△ 据本报讯，内蒙古自治区档案馆最近开放首批档案。此次开放的档案分旧政权档案和革命历史档案两部分。（《内蒙古日报》1989.5.23.①）

△ 国内第一台航天测控统一系统在广西南宁卫星测控站安装竣工，正式交付使用，标志着中国航天测控事业发展到一个新的水平。（《广西通志·大事记》P554）

△ 宁夏回族自治区自行车男队获全国公路自行车赛100公里团体第三名和公路自行车分段赛团体冠军。（《宁夏日报》1989.5.14.①）

10日 据《内蒙古日报》报道，在石家庄举行的1989年全国射击冠军赛上，内蒙古选手金国志（蒙古族）在男子气手枪60发比赛中以682环的总成绩获冠军，王润喜以871环（90发）的总成绩名列第二。（《内蒙古自治区大事记（1987~1996）》P273）

△ 由中国音乐家协会创作委员会、中央乐团等6家单位联合举办的指挥家、作曲家永儒布（蒙古族）交响作品音乐会在北京举行。这是在首都举办的国内第一位少数民族作曲家的交响作品音乐会。（《内蒙古日报》1989.5.14.①）

11日 据本报讯，甘肃省甘南藏族自治州最近颁布《关于加强学习、使用藏语文工作的暂行办法》。（《甘肃日报》1989.5.11.①）

△ 据本报讯，农业部主持、新疆生产建设兵团实施的国家工业性试验项目——中国美

利奴羊（新疆军垦型）繁育体系近期完工，它的建成为加快我国优质细毛羊生产基地的建设提供了示范技术和实际经验。（《新疆日报》1989.5.11.①）

13日 我国柔道运动员高凤莲（女，蒙古族）获第六届泛太平洋柔道锦标赛72公斤以上级冠军。（《内蒙古日报》1989.5.15.③）

13~15日 世界伊斯兰发展银行合作部主任塔利克·基万斯在宁夏回族自治区视察该行援建的宁夏伊斯兰教经学院、同心阿语学校2个项目工程建设情况。（《宁夏日报》1989.5.18.①）

16日 内蒙古自治区党委和自治区人民政府赋予内蒙古民委2项新职能：一是调查研究少数民族地区体改工作中的特殊情况和问题，参与制定有关的特殊政策和措施；二是协同组织部、人事部门做好少数民族干部的培养、教育、使用工作。（《内蒙古日报》1989.5.22.①）

19~21日 内蒙古自治区首届蒙古文翻译研讨会在呼和浩特举行，有关代表69人参加。与会代表强调了汉译蒙、蒙译汉的现实服务作用。（《内蒙古日报》1989.5.29.①）

20日 据新华社银川电，西夏文古籍《西夏法典》最近由宁夏社会科学院翻译成汉语，并由宁夏人民出版社出版。（《人民日报》1989.5.25.④，《甘肃日报》1989.5.21.③）

22日 内蒙古自治区优秀中跑运动员毛玉洁（女）在北京举行的全国女子中跑亚运会集训测验中以4分10秒9的优异成绩打破全国和亚洲纪录，也是内蒙古第一个田径亚洲纪录。（《内蒙古日报》1989.6.5.①）

△ 云南省西双版纳傣族自治州南果河电站建成发电。电站1984年10月18日开工，装机容量1.26万千瓦。（《西双版纳傣族自治州志》上P68）

23日 据新华社拉萨电，西藏自治区藏医院、卫生部中医研究院共同编著的《四部医典系列挂图全集》藏汉本、藏英本最近在拉萨通过科技鉴定。（《人民日报》1989.5.23.④）

25日 据新华社乌鲁木齐电，自1978年至1988年，新疆农科院获国家级、省部级以及本院科研成果奖234项，其中60%以上的项目已推广应用到农业生产中。（《人民日报》1989.5.26.②）

26日 西藏日喀则扎什伦布寺举行约4万人参加的迎请十世班禅罗桑赤列伦珠·确吉坚赞大师法体仪式。十世班禅大师的法体从德钦格桑颇章运至扎什伦布寺则甲大厅安放，供广大僧俗群众朝拜。自治区政协副主席、中国佛协副会长、自治区人大常委会副主任、佛协西藏分会名誉会长帕巴拉·格列朗杰，自治区党委副书记、自治区政协主席热地等参加。（《西藏日报》1989.5.27.①）

26~29日 贵州省伊斯兰教第二次代表大会在贵阳举行。会议通过协会章程，选举出协会第二届理事会，纳星斋任会长。（《贵州日报》1989.5.30.①）

28日 藏文古籍出版社在拉萨正式成立。西藏自治区政府副主席图道多吉、藏文古籍出版社社长明久多吉等出席会议并讲话。（《人民日报》1989.5.30.④，《西藏日报》1989.5.29.①）

是月 已故壮族学者黄现璠教授主编的我国第一部《壮族通史》由广西民族出版社出版。（《民族团结》1989.5 P38）

△ 中日联合科学考察队一行25人对云南省怒江傈僳族自治州六库、福贡、泸水、贡山等地的地质板块构造和傈僳族、怒族等民族进行为期10天的考察。（《怒江傈僳族自治州志》上P581）

△ 中科院青藏高原综合考察队近日进入西藏，开始对雅鲁藏布江、拉萨河、年楚河中部流域进行以农林牧为主的多方面科学考

察。（《西藏日报》1989.6.23.①）

△ 甘肃省人大常委会七届八次会议批准《甘肃省肃南裕固族自治县自治条例》，并正式公布实施。（《肃南裕固族自治县志》P430）

6月

3日 据新华社北京电，藏文少儿低幼读物出版基金会最近在北京成立，全国人大常委会副委员长阿沛·阿旺晋美出席成立大会并讲话。旦贝·多杰坚赞（藏族）担任基金会理事长，阿沛·阿旺晋美等任基金会顾问。（《人民日报》1989.6.3.④，《西藏日报》1990.4.15.①）

4日 韦国清（壮族）上将在北京病逝，享年76岁。生前曾任广西省省长、广西壮族自治区人民政府主席，中国人民解放军总政治部主任，中共中央军委常委、副秘书长等职。（《中国历代少数民族英才传》P3778～3783）

△ 据新华社呼和浩特电，目前，内蒙古自治区牧区8至12岁的儿童入学率为96.6%，每万人中蒙古族普通高等学校在校生为24.8人。与1983年相比，少数民族农职业中学增加37所，在校少数民族学生人数增长10.7倍。少数民族高中在校生与职业高中在校生的比例为1∶0.47。（《人民日报》1989.6.5.①）

6日 据本报讯，宁夏回族自治区医疗事故技术鉴定委员会最近成立，委员会设在自治区卫生厅，下设办公室。（《宁夏日报》1989.6.6.①）

7日 内蒙古自治区政府第二十八次常务会议通过《内蒙古自治区医疗事故处理办法实施细则》，自7月14日起正式实施。（《内蒙古日报》1989.10.31.②）

9日 据本报讯，内蒙古自治区书法家何其耶徒（蒙古族）、刘佑华最近被选入《中国当代书画家大辞典》。该书是我国第一部书法、绘画艺术研究资料大型工具书。（《内蒙古日报》1989.6.9.①）

12日 据本报讯，宁夏回族自治区最近对1986年以来实施的“星火计划”项目进行首次评选。评选出自治区首届星火奖8项，其中7项为星火科技奖，1项为星火示范企业奖。宁夏农科院等单位承担的“新红宝西瓜技术开发”获星火科技一等奖，6个项目分获星火科技二、三、四等奖。银川清真糖果厂获星火示范企业二等奖。（《宁夏日报》1989.6.12.①）

12～20日 新疆维吾尔自治区口岸贸易代表团与蒙古口岸贸易代表团会晤，并签订《关于正式使用塔克什肯和布尔干口岸的决定》和《换货决定书》。（《伊犁哈萨克自治州志》P66）

13日 宁夏回族自治区中小学幼儿教师奖励基金会在银川成立。自治区政协副主席杨辛任顾问，自治区副主席杨惠云任理事长。（《宁夏日报》1989.7.5.①）

14日 宁夏回族自治区地方志工作表彰大会在银川召开，20个先进集体、56名先进个人及8部专著和42篇获奖文章作者受表彰。（《宁夏日报》1989.6.17.①）

16日 日本冲绳有限会社尸付企画董事西敬一郎先生一行3人，于6月4日至13日对广西进行考察访问，并与广西签订《关于联合开发高岭土的协议书》。（《新华社新闻稿》1989.5.21）

17日 内蒙古师范大学生物系教授、自治区政协委员能乃扎布被批准为英国皇家昆虫学会正式会员，成为我国唯一人此学会的会员。（《内蒙古日报》1990.1.15.①）

△ 据本报讯，新疆畜牧科学院畜牧研究所主持的我国首次分割、移植奶牛冷冻胚胎实验获成功。（《新疆日报》1989.6.17.②）

23日 我国第一所少数民族高等师范学

校——西北少数民族师资培训中心举行首届毕业典礼，12个民族的79名学生获毕业证。（《甘肃日报》1989.6.26.①）

24日 据本报讯，内蒙古自治区学者道·苏达那木（蒙古族）编撰的《中国历代部族词典》最近由内蒙古人民出版社出版。该书有1200多个条目，填补了我国蒙古文辞书的空白。（《内蒙古日报》1989.6.24.③）

27~30日 青海省七届人大常委会第九次会议在西宁召开。会议批准《海北藏族自治州义务教育条例》。（《青海日报》1989.6.28.①，7.1.①）

30日 宁夏回族自治区首届"绿色杯"好新闻暨首届自治区中小学生"环境和我们"好作文颁奖大会在银川召开，《关于宁夏"甘草官司"的连续报道》、《灵山秀水满目诗》、《大武口电厂急功近利为害一方》、《"黑龙"作怪群众受害》分获好新闻一、二、三等奖和鼓励奖，48篇作文获好作文奖。（《宁夏日报》1989.7.13.①）

是月 中央民族学院李瑛副教授编著的《解放以前鄂伦春族教育史稿》由吉林教育出版社出版，这是我国第一部用汉文系统记述少数民族教育发展史的专著。（《民族团结》1989.6 P45）

△ 中国和法国科学家在贵州省黔南布依族苗族自治州罗甸沫阳区大小井考察，发现大小井岸河流域面积约2000平方公里，平均流量每秒30至40立方米，洞内巨大而罕见的岩溶千姿百态。中外专家认为，大小井风景区可与世界著名游览胜地法国南部的伏克留兹泉相媲美。（《黔南布依族苗族自治州志》上 P71）

△ 据本报讯，西藏电影译制片厂和峨嵋电影制片厂携手合作拍摄的大型历史题材故事片《布达拉宫秘史》最近摄制完成。全国人大常委会副委员长阿沛·阿旺晋美为影片题词。（《四川日报》1989.7.22.①）

7月

1日 中央民族学院费孝通教授等撰写的《中华民族多元一体格局》出版。该书1991年获北京市第二届哲学社会科学优秀成果特等奖。（《中央民族大学五十年》P71）

△ 《内蒙古日报》报道，内蒙古自治区第一本全面总结全区报纸、广播、电视和新闻研究机构发展变化及新闻宣传工作经验教训的资料书——《内蒙古新闻事业概况》由内蒙古大学出版社出版。（《内蒙古自治区大事记（1987~1996）》P275）

2~7日 由中国儿童发展中心召开的1989年全国少数民族儿童发展研讨会在内蒙古自治区呼和浩特举行。（《内蒙古日报》1989.7.3.①）

4日 据本报讯，青海省第三次少数民族古籍工作会议最近召开。会议讨论全省少数民族古籍工作报告、"八五"规划设想和有关规章制度，传达五省区藏文古籍会议精神。（《青海日报》1989.7.4.①）

5日 《新疆日报》（哈文版）正式采用激光照排。这是国内第一张用此工艺出版的少数民族文版省区报纸。（《新疆日报》1989.7.19.①）

△ 宁夏回族自治区政府在永宁县召开会议，表彰奖励在儿童计划免疫工作中做出成绩的地、市、县（区）和部门。23个地区获全区儿童计划免疫达标纪念杯和锦旗，21个单位获全区儿童计划免疫达标锦旗，另有509名在普及儿童计划免疫工作中做出突出成绩的卫生工作者获自治区卫生厅颁发的荣誉证书。（《宁夏日报》1989.7.11.①）

△ 宁夏回族自治区卫生厅受卫生部委托，向6个自治区1988年度全国卫生文明建设先进集体、18名先进工作者颁奖，授予吴忠市卫生防疫站和西吉县卫生防疫站"文明卫生防疫站"称号。（《宁夏日报》1989.7.12.①）

7日 从牦牛眼玻璃体内提取透明质酸的技术经四川省科情所检索认定属国内首创。该技术由甘孜藏族自治州畜牧兽医技术服务中心同成都中医学院、上海中医学院合作研发。（《四川日报》1989.7.29.①）

8日 据新华社昆明电，目前我国最大的茶树资源保存圃在云南西双版纳初步建成，圃内集中种植31种特有大叶种茶树和2个变种茶树430多株。这座保存圃坐落在勐海县，始建于1983年，占地30亩。（《云南日报》1989.7.9.①）

9日 《内蒙古日报》报道，内蒙古自治区最大牧区锡林郭勒盟畜牧业获大丰收，当年牲畜头数牧业年度首次破千万头（只）。（《内蒙古自治区大事记（1987～1996）》P118）

△ 据本报讯，云南省楚雄彝族自治州彝文普查小组在武定县已梯村发现彝文古碑刻百余座，内容涉及历史、地理、系谱等，反映彝族先民的生活礼俗、生产和宗教信仰。（《人民日报》1989.7.9.④）

10～15日 中国钱币学会少数民族钱币研究会藏族历史钱币首次研讨会在拉萨举行，青海、甘肃、新疆、四川、云南、内蒙古、西藏7个省区和中国钱币学会、人民银行总行金融研究所的61名代表与会。与会代表探讨藏币的起源、铸造和流通的历史作用，交流各地新发现，通过对藏币的研究，进一步用事实说明西藏自古以来就是祖国不可分割的一部分。（《西藏日报》1989.7.11.①，7.16.①）

11日 甘肃省兰州伊斯兰教经学院举行首届毕业典礼，回、东乡、保安、哈萨克等少数民族的35名学员获毕业证。（《甘肃日报》1989.7.12.①）

△ 中国人民银行西藏自治区分行首次公开展出藏族历史钱币，展出的近百种钱币中有金币、银币、纸币以及西藏造币厂“扎西勒空”的部分印章。（《西藏日报》1989.7.14.①）

△ 据本报讯，青海民族学院最近研制成功CTDOS2.13藏文操作系统，这是国内首创的藏、汉及西方文字兼容的微机操作系统。（《青海日报》1989.7.11.①，《西藏日报》1989.8.7.①）

△ 青海省民宗委、新闻出版局、伊协在西宁联合举行大型彩色画册《青海穆斯林》首发式，该书由青海民族出版社出版发行。（《青海日报》1989.7.13.①）

12日 据本报讯，宁夏人民出版社出版的《全国一等奖小学生作文选》、《小算迷漫游数学国》、《少女少男心理指导》最近获第二届全国妇女儿童最佳图书“新星杯”评选优秀图书奖。（《宁夏日报》1989.7.12.①）

△ 中国新疆维吾尔自治区乌鲁木齐至苏联哈萨克加盟共和国首都阿拉木图往返国际航线11日开通。（《新华社新闻稿》1989.7.13）

12～14日 建国以来首次穆斯林联欢会在北京举办。回、维吾尔、哈萨克、东乡、柯尔克孜、撒拉、塔吉克、乌孜别克、保安、塔塔尔10个少数民族的2000多名穆斯林代表欢度“古尔邦节”，国家副主席王震，全国政协副主席王恩茂，全国政协副主席、国家民委主任司马义·艾买提，全国人大常委会副委员长习仲勋、廖汉生、赛福鼎·艾则孜、费孝通等出席。（《人民日报》1989.7.13.②，7.14.②）

14～23日 首届北京国际博览会举行，湖南省湘西土家族苗族自治州吉首酿酒总厂酿制的“湘泉酒”、“酒鬼酒”获银奖。（《湘西州志》上P89）

15日 《内蒙古日报》报道，国务院口岸领导小组办公室批准内蒙古自治区满洲里口岸开通对苏汽车运输，并在满洲里建设木材转运站。（《内蒙古自治区大事记（1987～1996）》P118）

16日 云南省迪庆藏族自治州人大七届四次会议审议通过《迪庆藏族自治州自治条例》，10月21日省人大常委会七届八次会议批准实施。（《迪庆藏族自治州志》P64）

17日 湖南省湘西土家族苗族自治州邮电局开通长途自动电话，可直拨全国370个城市。（《湘西州志》上P89）

19日 汉、苗、布依、侗、彝、壮、水、仡佬、土家、回10个民族的演员组成的中国少数民族艺术团参加在加拿大举行的第五届世界民间艺术节演出。30日，艺术团在美国北卡罗来纳州参加美国第六届北卡罗来纳国际民间艺术节。（《人民日报》1989.7.21.③，《贵州日报》1989.8.1.①）

△ 宁夏有色金属冶炼厂承担的国家“七五”科技攻关项目——超高比容钽粉制取工艺在北京通过部级鉴定。（《宁夏日报》1989.10.6.①）

20日 湖南省湘西土家族苗族自治州人民医院副院长周娴君获国际护理最高荣誉奖——第32届南丁格尔奖章。（《湘西州志》上P89）

△ 据本报讯，青海藏语佛学院首批藏传佛教学员最近毕业，47名学员获毕业证书，成为该校首届学僧。（《青海日报》1989.7.20.①）

20～22日 内蒙古民俗学会首届学术研讨会在呼和浩特召开，区内外蒙古、汉、达斡尔、满等民族近50人参加。（《内蒙古日报》1989.8.8.①）

21日 据本报拉萨电，西藏自治区卫生厅地病防疫处和中国地病防治中心主持的茶砖加碘防治碘缺乏疾病科研成果近日在拉萨通过鉴定，该项目属世界首创。（《人民日报》1989.7.22.②）

△ 中国新疆维吾尔自治区同蒙古人民共和国日前在中蒙边境的塔克什肯交换首批货物，中国新疆和蒙古的第一个边贸口岸已经开放。（《新华社新闻稿》1989.7.22）

25日 全国唯一的塔塔尔族乡——新疆维吾尔自治区昌吉回族自治州奇台县大泉塔塔尔族乡正式成立。该乡塔塔尔族人口占全国该民族人口的15%左右，是全国塔塔尔族聚居最多的地区。（《昌吉回族自治州志》P70）

28日 内蒙古自治区第二届少数民族运动会射击比赛在呼和浩特举行。包头队获7块金牌，呼市队获4块金牌，赤峰队和呼盟队各获3块金牌，兴安盟队获1块金牌。（《内蒙古日报》1989.8.3.①）

31日 内蒙古自治区人大常委会通过《内蒙古自治区实施〈中华人民共和国土地管理法〉办法》，10月1日起施行。（《内蒙古日报》1989.8.21.①）

是月 现代中国绘画展览在日本冈崎举办，展览作品由内蒙古蒙古族画家思沁、马铁、关麟英、纳日松创作，以描写内蒙古风土人情等内容为主。（《内蒙古日报》1989.7.6.①）

8月

1日 我国第一所穆斯林大学——西安穆斯林文化进修大学开始招生。该校是一所自费大学，以招收回、维吾尔、哈萨克、乌兹别克、东乡、撒拉、保安等10个信仰伊斯兰教的民族学生为主，学制2至3年。先期开设的专业有英语、阿拉伯语、法律等。同时，学校开办穆斯林文化高级讲习班和穆斯林企业家高级讲习班，纳中、马寿千、塔瓦库勒等50多位各民族教授和学者应邀担任教学工作。（《人民日报》1989.8.8.②，《宁夏日报》1989.8.6.①）

3日 据本报讯，在全国速滑锦标赛上，新疆维吾尔自治区队获5枚金牌、3枚银牌；在与苏联、波兰等国运动员举行的双边、多边国际友谊比赛中，新疆队有5人打破4项全国纪录，夺得10个第一名。（《人民日报》

1989.8.3.④）

4日 内蒙古自治区党委和内蒙古自治区人民政府决定，合并内蒙古人民对外友好协会、内蒙古中苏友协、中蒙友协和中国国际文化交流中心内蒙古分会，内蒙古外办增设友协处作为内蒙古对外友好协会和文化交流中心内蒙古分会的办事机构。布赫、文精（蒙古族）任内蒙古对外友协名誉会长，何耀任会长。（《内蒙古日报》1989.8.6.①）

5日 据本报讯，内蒙古自治区蒙古语名词术语工作会议在呼和浩特举行。与会代表讨论修改《审定统一蒙古语名词术语办法》和《蒙古语缩略写法初步方案》。自治区政府批准调整内蒙古自治区蒙古语名词术语委员会。（《内蒙古日报》1989.8.5.①）

△ 《内蒙古日报》报道，国务院正式批准国家计委《关于审批内蒙古化肥厂30万吨合成氨、52万吨尿素项目可行性研究报告的请示》。这是内蒙古自治区成立以来自筹资金建设的第一个大型项目，总投资10.4亿元。（《内蒙古自治区大事记（1987～1996）》P119）

6日 西藏自治区首届藏文书法大赛展览在拉萨开幕，全国人大常委会副委员长阿沛·阿旺晋美为展览剪彩并题词。西藏、青海、四川、甘肃、北京、郑州等地558位藏、汉、回、满、土家、蒙古等民族作者的1552件作品参赛，作品分“粗顿”、“比稠”、“乌坚”、“主杂”、“秋”和综合6种藏文书体，同时还有梵文、蒙文等书体。9月12日，首届藏文书法大赛发奖会在拉萨举行，评出一至四等奖115名，其中一等奖6名、二等奖15名、三等奖28名、四等奖64名。（《人民日报》1989.8.8.④；《西藏日报》1989.8.7.①，9.13.①，9.18.③）

△ 据本报讯，全国爱国卫生运动委员会与联合国儿童基金会最近达成协议，确定宁夏回族自治区卫生宣传教育所为全国健康教育培训分中心并提供资助。（《宁夏日报》1989.8.6.①）

7日 中国财政学会民族地区财政研究会在青海西宁成立。中国财政学会副会长、原财政部副部长、财政部顾问田一农任研究会名誉会长，内蒙古自治区顾委常委金墨言任会长。（《青海日报》1989.8.8.①）

8日 据本报西宁讯，《安多政教史》最近由青海省吴均、毛继祖、马世林译成汉文，由甘肃民族出版社出版。《安多政教史》是第一部阐述安多地区藏传佛教发展史的著作，由清末藏族著名历史学家智贡巴·贡却丹巴热杰在同治四年（1865年）写成。（《青海日报》1989.8.8.①，《中国历代少数民族英才传》P2691～2694）

9～16日 贵州举办首届民族民间艺术节，全省十多个专业文艺团体参加演出。艺术节包括被称为“戏剧活化石”的傩戏、地戏表演以及贵州民族服饰展和贵州民族文化旅游资源展等9个大型展览。（《人民日报》1989.8.10.④；《贵州日报》1989.8.10.①，8.17.①）

11日 据新华社北京电，《中国少数民族文库》系列专著首批著作最近开始向全国发行。这批专著共50部，近600万字，由著名民族学教授、全国人大民委顾问史筠主编，吉林教育出版社出版。（《西藏日报》1989.8.11.①，《云南日报》1989.8.4.①）

△ 内蒙古自治区研制的用于宏观经济管理的软科学新成果——《内蒙古自治区1987年投入产出模型》和《内蒙古自治区1987年镶嵌式畜牧业投入产出模型》通过技术鉴定。该成果达国内同类研究的先进水平，其数据质量先期已获国务院全国投入产出调查协调小组颁发的数据质量优秀奖。（《内蒙古日报》1989.11.8.②）

13日 文化部、中国剧协、中国少数民族戏剧协会主办的第二届全国少数民族题材剧本创作颁奖会在贵州安顺举行，23个省、市、自治区推荐的86部剧作参评。《二月天》、《契丹魂》、《北国情》、《羽人梦》、《赞普的子孙》5个分别反映布依、满、蒙古、壮、藏等少数民族生活的作品获金奖，20个剧本获银奖，50个剧本获团结奖。（《西藏日报》1989.8.31.①）

14日 据本报讯，林业部最近发出通知，授予宁夏回族自治区银川、青铜峡、吴忠市及银川郊区、贺兰县、永宁县、中卫县“全国平原绿化先进单位”称号。（《宁夏日报》1989.8.14.①）

△ 据《新疆日报》报道，继上半年国家和新疆维吾尔自治区分两批拨给防病改水专项投资1403万元之后，第三批防病改水投资793万元于7月18日分配到全疆各地，其中南疆的喀什、和田、克孜勒苏3地州是重点区域，占70%。据不完全统计，从解放初至1987年底，国家给新疆的防病改水款达1.9亿元，先后修建供水工程1800多处。为加快防病改水步伐，国家计划从1988年起，由国家、地方和个人共同集资再投入1.5亿元，分3年完成防病改水工程。截至是年6月底，前18个月共投入资金4256万元，新建水厂（站）411处、水塔43座，埋设输水管道1048公里，还建成数以万计的深浅机井、手动压力水泵、无塔压力罐、高位水池，改造一批涝坝，全区80万人和180万头牲畜可饮用无菌净水，其中受益最大的是南疆三地州农民。（《中国共产党新疆历史大事记（1966.5～1991.12）》下P381）

15日 中国第一胎“试管牛”在内蒙古大学实验动物研究中心出生。（《中华人民共和国大事记（1949～2004）》P891，《内蒙古大学四十年》P424）

△ 宁夏一队和宁夏女队分获1989年全国公路自行车赛男子100公里团体赛第二名和女子50公里团体赛第一名。（《宁夏日报》1989.8.16.①）

15～23日 新疆维吾尔自治区摔跤队在全国古典式、自由式摔跤锦标赛中获3金2银1铜，其中黄忠民（回族）、曹国民（俄罗斯族）、阿力木哈孜（哈萨克族）获金牌。（《新疆通志·体育志》83卷P88）

16日 新疆维吾尔自治区摩托车运动员纪志强随中国摩托车队参赛，在蒙古举行的国际摩托车越野赛上获冠军。（《新疆通志·体育志》83卷P93）

18日 中国影协召开“百花奖”、“金鸡奖”评选揭晓新闻发布会，宣布广西电影制片厂摄制的《共和国不会忘记》获第十二届“百花奖”最佳故事片奖、第八届“金鸡奖”最佳故事片提名奖。该片曾获广播电影电视部1988年优秀影片奖。（《广西通志·大事记》P557）

19日 西藏日喀则扎什伦布寺民主管理委员会主任恰扎·强巴赤列活佛在拉萨班禅大师生前住地雪林多吉颇彰举行新闻发布会，宣布由国务院批准的关于第十世班禅额尔德尼·吉尊洛桑·赤列伦珠确吉坚赞大师转世灵童的公告。全文如下：一、第十世班禅大师转世灵童的寻访认定由扎什伦布寺负责，请第十世班禅大师的经师嘉雅活佛和扎什伦布寺民主管理委员会主任恰扎·强巴赤列活佛主持，扎什伦布寺主要活佛、堪布、高僧若干人参加办理转世灵童的寻访和认定等有关事宜。二、邀请中国佛教协会副会长、中国佛教协会西藏分会名誉会长帕巴拉·格列朗杰活佛，中国佛教协会副会长、中国佛教协会西藏分会会长色吉堪苏·伦珠陶凯，中国佛教协会常务理事、中国佛教协会西藏分会副会长生钦·洛桑坚赞活佛、策墨林·丹增赤列活佛、布米·强巴洛珠活佛等对寻访认定事宜进行必要的协助和指导。三、根据我国宪法规定，按照藏传佛教的仪轨和寻访认定历世班禅大师转世灵童的历史惯例，第十世班禅大师的转世灵童在我国国内寻

访。（《人民日报》1989.8.26.①）

20日 国务院批准第二批全国重点烈士纪念建筑物保护单位36处，其中民族地区有3处：大青山革命英雄纪念碑，建于1986年，位于内蒙古自治区武川县；山南烈士陵园，建于1963年，位于西藏自治区乃东县；伊宁烈士陵园，建于1959年，位于新疆维吾尔自治区伊宁市。（《国务院公报》1986［22号］P820～821）

△ 内蒙古与蒙古贸易有新进展。中国呼和浩特铁路局与苏联东西北利亚铁路局、蒙古乌兰巴托铁路局之间的边境贸易谈判第三轮8月4日至12日在呼和浩特市进行，三方签订100万瑞士法郎的易货贸易合同。同时，三方还就开拓经济技术领域的合作进行初步探索。（《新华社新闻稿》1989.8.21）

20～22日 湖南省湘西土家族苗族自治州举办焦柳铁路沿线商业经济协作区第四届、湘鄂川黔四省边区吉首市第六届商品交易会，15个省区市的780多个单位参加，成交总额10831万元，其中吉首市2035万元。（《湘西州志》上P89）

22日 据新华社北京电，目前我国藏学汉文古籍研究成就显著。隋唐至民国时期的40多种200余本典籍、孤本、秘籍和手稿文献、丛书等最近由中国藏学出版社出版发行，总印数30多万册。此次系统整理出版工作是建国以来首次。（《人民日报》1989.8.23.②，《西藏日报》1989.8.24.①）

△ 建国以来首次专门研究少数民族优生工作的会议在宁夏银川召开，全国14个省市区的专家、管理干部结合少数民族的实际，探讨少数民族优生工作。（《宁夏日报》1989.8.23.①）

22～24日 全国第二届搏克邀请赛在内蒙古自治区呼和浩特举行，内蒙古锡林郭勒盟代表队获团体冠军，新疆队的木那江和内蒙古的巴根那分获个人冠、亚军。（《内蒙古日报》1989.8.25.①）

24日 中国地方病防治中心在哈尔滨召开“楚雄克山病综合性科学考察成果鉴定会”。会议认为云南省楚雄彝族自治州克山病综合性科学考察成果已达国际先进水平，并推荐为国家部级科研成果。（《楚雄彝族自治州志》1卷P214）

24日～9月3日 全国政协副主席程思远为团长、由138名全国政协驻会委员组成的全国政协赴内蒙古视察团对内蒙古自治区进行视察活动，重点了解内蒙古贯彻执行《民族区域自治法》、经济建设、草原建设和民族教育等方面的情况。（《内蒙古日报》1989.9.5.①）

25日 第二届青运会曲棍球比赛在大连结束。内蒙古男队再次夺冠，女队名列第三；杨惠萍获最佳女射手奖，苏英彤获最佳男射手奖，王洋获最佳运动员奖。（《内蒙古日报》1989.8.28.①）

26日 云南省七届人大常委会第七次会议批准《寻甸回族彝族自治县自治条例》、《禄劝彝族苗族自治县自治条例》。（《云南民族团结进步事业光辉历程（1949～2009）》P204～205）

28日 据本报讯，云南民族出版社是全国出版民族图书文种最多的出版社，已出版德宏傣文、西双版纳傣文、傈僳文、佤文、拉祜文、景颇文等12种文字的图书。1979年至今，该社出版图书823种，是“文革”前12年的3倍。（《人民日报》1989.8.28.②）

29日 《内蒙古日报》报道，国家轻工部从是年起在内蒙古自治区16个贫困旗、县开展科技扶贫工作，推广国内外先进适用的科研成果，培训轻工业管理干部和技术干部，帮助制定轻工业发展“八五”规划，并拨出605万元资金扶持一批技改项目。（《内蒙古自治区大事记（1987～1996）》P119）

△ 据新华社乌鲁木齐电，新疆文物考古

研究所工作人员最近在哈密市郊发掘清理一处青铜时代大型墓葬群。250座古墓共出土陶器274件，青铜器1200多件，其他杂器2000多件。（《新疆日报》1989.8.30.①）

30日 据本报讯，我国第一部瑶文教材《瑶文课本》首次公开出版发行。（《云南日报》1989.8.30.①）

△ 宁夏回族自治区石炭井三矿被评为全国环保先进单位，受到国务院环委会表彰。（《宁夏日报》1989.9.3.①）

31日 丰镇电厂一号机组的670吨锅炉点火启动。这是内蒙古自治区首次安装调试的内蒙古西部区第一台大型锅炉，总重量3646吨。（《内蒙古日报》1989.9.3.①）

是月 干旱地区生态与环境国际学术研讨会在内蒙古自治区召开，乌兰察布盟和林县新红乡白二爷沙坝造林种草治沙成果被认为具有国际意义。（《内蒙古日报》1989.10.20）

△ 云南省文山壮族苗族自治州广南县民族银饰工艺厂生产的银饰产品获国家民委、轻工部“部优产品”称号，并受第11届北京亚运会组委会委托，以纯银加工862件工艺品入选亚运会纪念品。（《文山壮族苗族自治州志》1卷P75）

△ 云南省怒江傈僳族自治州政协组成边境贸易考察组在片马进行考察调研，形成考察报告，提出开发片马口岸的10条建议：统一思想，实施全面开放；加强领导，建立边贸机制；放宽企业人员出入境限制；积极扶持鼓励边民参加边贸经营活动；只做不说，有目的地进行“五输出”；多做少说，有计划地进行“三引进”；边贸区的市场价问题；放宽食盐销售；修筑边境道路，增设边民食宿点；贯彻既要改革开放，又要加强边境管理的方针。（《怒江傈僳族自治州志》上P569）

△ 云南省德宏傣族景颇族自治州歌舞团创作演出的《竹楼深情》获第二届全国少数民族题材戏剧剧本创作银奖。（《德宏州志》综合卷P90）

△ 西藏气象台建成卫星数字图像处理系统和自动化填图系统，形成全藏气象台网，业务技术由单一通测业务发展到大气探测、通信传输、资料处理、天气预报和气象服务5大系统。以计算机应用为主要标志的西藏气象现代化建设开始起步。（《人民日报》1989.9.20.②）

9月

1日 内蒙古自治区文物普查成果展览在内蒙古自治区呼和浩特清代将军衙署旧址开展，共展出1866件文物。（《内蒙古日报》1989.9.5.①）

△ 贵州省黔南布依族苗族自治州福泉县被列为全国初级卫生保健试点县，世界卫生组织（WHO）援助初保经费10万美元。（《黔南布依族苗族自治州志》上P72）

△ 宁夏科技情报研究所主持的宁夏回族自治区首个CAPTIAN系统——全国信息电传交流服务网络宁夏终端站投入运行。（《宁夏日报》1989.9.4.①）

3~7日 全国首届少数民族电视艺术经验交流会在宁夏银川召开，13个省、区、市的少数民族电视艺术工作者参加。（《宁夏日报》1989.9.13.①）

4日 据《广西日报》报道，广西壮族自治区光纤视频传输综合业务系统、电梯微机控制设备及应急系统、印制绕组伺服电机系列产品、XA－FAX22高速传真机、数字通信光通道机、双轴定向聚酰亚胺薄膜、人造金刚石7个项目被国家科委列入1989年第一批国家级“火炬计划”。（《广西通志·大事记》P557）

5日 据本报讯，甘肃武威出土的一尊西夏铜炮，经专家鉴定为世界上最古老的金属管形火器，于1980年5月出土，长约1米，重108.5公斤。（《甘肃日报》1989.9.5.①）

6日 我国第一座沙地旱生灌木园在宁夏

回族自治区盐池县建成开园，为自治区级重点科研项目，自治区农林科学研究所主持，盐池县林业科参加。（《宁夏日报》1989.10.25.①）

8日 据本报讯，辽宁省蒙医药研究所最近在阜新蒙古族自治县正式命名成立，在原阜新县蒙医药研究所的基础上改建而成。（《内蒙古日报》1989.9.8.①）

△ 宁夏回族自治区庆祝教师节暨表彰优秀教师和教育工作者大会在银川召开。自治区党政军和政协领导沈达人、白立忱、马思忠、刘学基等为受表彰的7名全国劳动模范、90名全国优秀教师和教育工作者颁奖，85名自治区优秀教师和优秀教育工作者同时受表彰。（《宁夏日报》1989.9.9.①）

9日 内蒙古自治区举行优秀教师表彰大会，38名全国教育系统的劳动模范、469名全国优秀教师和教育工作者、515名区优秀教师和教育工作者、80名区特级教师受表彰。（《内蒙古日报》1989.9.10.①）

△ 宁夏回族自治区第一所民办中学——宁夏伊信中学在银川开学，由宁夏伊斯兰国际信托投资公司捐资兴建。（《宁夏日报》1989.8.12.①，9.11.①）

10日 云南省德宏傣族景颇族自治州农垦分局机械厂首次冶炼出非金属元素硅，填补自治州工业生产空白。（《德宏州志》综合卷P90）

10~14日 云南省怒江傈僳族自治州人大五届六次会议举行，通过《云南省怒江傈僳族自治州自治条例》。10月21日，省人大常委会七届八次会议通过《关于批准〈云南省怒江傈僳族自治州自治条例〉的决议》，自1990年1月1日起施行。（《怒江傈僳族自治州志》上P312）

10~19日 国务院总理李鹏先后在黑龙江、内蒙古、吉林、辽宁等省、区，就农业、国营大中型企业、边境贸易等问题进行调研。（《内蒙古日报》1989.9.22.①）

11日 国家民委学术委员会审核确定中央民族学院民族学为国家级重点学科，中国少数民族经济、少数民族语言文学、中国民族史、马克思主义民族理论为部委级重点学科。（《中央民族大学五十年》P209）

△ 据本报西宁讯，中央统战部中国少数民族人才培训中心与江苏基督教爱德基金会最近商定，由爱德基金会出资为青海省少数民族地区培训45名医务人员，进修1年达到副主任医师水平。（《青海日报》1989.9.11.①）

12日 据新华社银川电，宁夏回族自治区西吉县最近出土的战国时期的青铜器经专家鉴定，属西戎民族文化遗产。（《人民日报》1989.9.13.②）

12~18日 全国少数民族地区中学人口教育研讨会在宁夏银川召开，陕西、甘肃、青海、宁夏、新疆、广西、内蒙古和国家教委、北京教育学院、陕西教育学院的53名代表参加。与会代表就少数民族地区开展人口教育的必要性、紧迫性、可能性及开展人口教育的特点、原则、方法、规律等问题进行讨论。联合国教科文组织驻亚太地区办事处人口教育顾问萨尔玛博士、联合国人口活动基金驻华代表处项目官员威尔别克应邀参加。会议收到论文14篇。（《宁夏日报》1989.9.22.①）

13日 据新华社乌鲁木齐电，1989年全国马术锦标赛日前在新疆乌鲁木齐落幕，内蒙古队囊括障碍赛、争时赛、自由跳赛、规定线路赛和盛装舞步赛等全部团体和个人第一名。（《内蒙古日报》1989.9.15.①）

14日 据《内蒙古日报》讯，内蒙古自治区草原面积约88万平方公里，有效天然牧场69万平方公里，居全国第一；林地总面积26.5万亩，人均有林面积14.3亩，人均占有木材量151立方米，均居全国之首。（《人民日报》1989.9.14.④）

15日 青海省玉树藏族自治州七届人大

常委会第二十五次会议通过并颁布《玉树藏族自治州学习、使用和发展藏语言文字的暂行规定》，自1990年1月1日起施行。　（《玉树州志》上P63）

△　中共青海省果洛藏族自治州委、州人民政府举行全州第二次民族团结进步先进集体、先进个人表彰大会，15个先进集体和45名先进个人受到表彰和奖励。　（《果洛藏族自治州志》上P57）

15～20日　第五届远东及太平洋伤残人运动会在日本神户市举行，广西7名运动员获金牌15枚、银牌5枚、铜牌1枚。　（《广西通志·大事记》P557）

16日　西藏自治区林芝地区民族学校正式成立。这是西藏第一所专门培养除藏族以外的区内少数民族子女的学校。　（《西藏日报》1989.9.18.①）

17日　西藏自治区党委发出《关于解决落实政策遗留问题的政策规定》。《规定》包括关于解决寺庙落实政策遗留问题的具体政策：一、解决遗留问题的范围，限于1964年西藏工委和各县批准保留的676座寺庙（含拉康）。二、关于“文革”期间查抄、没收保留寺庙的金银珠宝、文物、宗教用品问题，仍保留在国家有关部门和有关省市的，由区党委统战部和区民宗委继续按照中央1985年的指示精神负责追回；机关企事业单位收存的，个别还未清退者要清退。原物不在或已分给群众无法退还者，适当予以经济补偿。三、关于“文革”期间机关、企事业单位、群众占用或居住保留寺庙院内的房屋（经堂、僧舍），及在寺庙院内所建房屋问题，机关、企事业单位占用的应无条件退还；群众居住的要在群众住房得以妥善解决的前提下逐步予以退还，在寺庙院内自建的也应逐步搬迁。　（《中国共产党西藏历史大事记（1949～2004）》P547）

19～23日　首届全国蒙古文报纸好新闻评选会议在内蒙古自治区呼和浩特举行。辽宁、新疆、青海和内蒙古4省区19家蒙古文报纸和新闻机构的近30名代表参加会议。《内蒙古日报》的《全国牧区改革试验区——镶黄旗系列报道》等3篇作品获一等奖。　（《内蒙古日报》1989.9.24.①）

20～25日　新疆维吾尔自治区第二届少数民族传统体育运动会在克孜勒苏柯尔克孜自治州阿图什市举行，自治区各地、州、市和生产建设兵团等15个代表队的少数民族运动员、裁判员以及内蒙古、广西、宁夏、西藏4个自治区特邀代表共700多人参加。运动会设速度赛马、叼羊、摔跤、射箭、秋千、武术6个比赛项目和达瓦孜、赛骆驼、民族式摔跤、斗羊、马上拾银、沙哈尔地（空中转轮）6个表演项目。克孜勒苏柯尔克孜自治州代表队、伊犁地区代表队、喀什代表队分获叼羊前三名；乌鲁木齐代表队和伊犁地区代表队并列金牌总数第一名（均为6枚），克孜勒苏柯尔克孜自治州代表队位居第二名（4枚）。（《新疆日报》1989.9.21.①，9.24.①，9.25.①，9.26.①）

21日　西藏自治区党委、自治区政府召开宗教工作专题会议，发出《关于加强寺庙管理，进行寺庙整顿的意见》。《意见》指出，目前全区寺庙存在不少问题，主要是对寺庙的管理工作没有跟上；部分寺庙吸收僧尼失控；寺庙的规章制度不健全或有章不循；对寺庙民管会的建设抓得不够，有些寺庙的领导权没有掌握在爱国守法的僧尼手里；对国外分裂势力的渗透抵制不力。特别是1987年9月以来，拉萨几座寺庙中的少数分裂主义分子公开跳出来鼓吹“西藏独立”，连续制造骚乱，甚至进行打砸抢烧，严重破坏了西藏安定团结的政治局面。为了保障僧尼的合法权益，保证信教群众正常的宗教生活，全面贯彻落实党的宗教政策，维护社会安定，按照《西藏自治区佛教寺庙民主管理章程》和有关法规，加强对寺庙的管理并进行必要的整顿：一、坚持依法管理寺庙，把寺庙的活动纳入宪法、法律和政策的轨道；加强寺庙民管会（组）的建设，使领导权牢固掌握在拥护党的领导和爱国守法的僧尼手中；通过宣传教育，提高广大僧尼的觉悟。二、对凡有僧尼参与骚乱、分裂活动的寺庙，要进行整顿，认真清理寺庙的僧尼队伍。对1987年9月以来寺庙内发生的政治事件，要逐一查清，抓好寺庙的定员工作；要通过僧尼讨论，建立健全教务、僧尼管理、财务、治安、文物管理等方面的制度并认真贯彻执行；认真贯彻寺庙自养原则，逐步实现寺庙自养。（《中国共产党西藏历史大事记（1949~2004）》P548～P549）

22日 内蒙古自治区在呼和浩特举行《乌兰夫回忆录》首发式，自治区党委宣传部部长乌云其木格主持。（《内蒙古日报》1989.9.23.①）

23～28日 内蒙古自治区人大常委会通过《内蒙古自治区各级人民代表大会选举实施细则》。（《内蒙古日报》1989.9.24.①，9.29.①）

24日 当代维吾尔文学奠基人之一，著名作家、戏剧家祖农·卡德尔（又译作祖农·哈迪尔，维吾尔族）在苏联哈萨克加盟共和国阿拉木图病逝，终年77岁。（《新疆日报》1989.11.3.①）

24～26日 甘肃省第二届少数民族传统体育运动会在临夏举行，全省13个地、州、市和高校代表团的260多名运动员参加。（《甘肃日报》1989.9.25.①，9.28.①）

△ 宁夏回族自治区首家口腔医院——银川市口腔医院及第三人民医院一门诊部在银川开业。（《宁夏日报》1989.9.28.①）

25日 国家民委举办庆祝中华人民共和国成立40周年文艺演出，歌唱家胡松华（满族）主持，才旦卓玛（藏族）、关牧村（满族）、付祖光（土家族）、唐佩珠（壮族）等少数民族歌唱家参加。全国人大常委会副委员长阿沛·阿旺晋美，全国政协副主席、国家民委主任司马义·艾买提等领导观看演出。（《人民日报》1989.9.26.④）

26～29日 1989年全国田径冠军赛在湖南省湘潭市举行。内蒙古运动员王咏梅分别以9分11秒6、16分3秒获女子3000米、5000米2项冠军。（《内蒙古日报》1989.10.10.①）

26日～10月7日 新疆维吾尔自治区第二届艺术节在乌鲁木齐举行，1400多名各族文艺工作者演出文艺节目125场。（《新疆日报》1989.9.27.①，10.8.①）

28日 内蒙古自治区人大常委会通过《内蒙古自治区劳动保护条例》，1991年1月1日起施行。（《内蒙古日报》1989.10.15.②）

30日 国家“七五”重点建设项目之一——内蒙古丰镇电厂的一号20万千瓦机组正式并网发电。（《内蒙古日报》1989.10.2.①）

30日～10月4日 云南省第四届少数民族传统体育运动会在昆明举行，全省17个地、州、市和云南民族学院的25个民族3100多名运动员、教练员、裁判员、工作人员参加比赛。省党政领导和志强、赵廷光、陈立英、张宝三出席开幕式，友邻国家缅甸、泰国的贵宾应邀出席大会。本届民运会设射弩、陀螺、秋千、赛马、摔跤、抢花炮、龙舟、弹弓、斗牛、斗羊等竞赛项目10项，爬刀竿、倒爬竿、磨秋、堆沙、木鼓、溜绳等具有民族特色的表演项目6项。11个集体、145名运动员和15名裁判员在闭幕式上获奖。（《云南日报》1989.10.1.②，10.5.①；《怒江傈僳族自治州志》上P785）

是月 《古壮字字典》出版。该书50万字，是全国少数民族古籍整理出版的重点项目。（《广西通志·大事记》P558）

△ 广西壮族自治区贵港甘蔗化工厂建成日处理能力为60吨浆黑液碱回收工程，于1987年11月自筹资金148万元，贷款700万元

开工建设。（《广西通志·环境保护志》P153）

△ 宁夏回族自治区文物考古队在固原县杨郎乡马庄村发现一批战国墓葬，发掘清理出各种文物800余件，主要有兵器、车马具、生产生活用具、装饰物及大量牛、马、羊头骨，为研究我国古代北方少数民族不同支系提供可靠物证。（《宁夏日报》1989.11.18.①）

10月

1日 云南省楚雄彝族自治州首次编辑的《楚雄州年鉴》（1989年）由云南民族出版社出版发行，为云南省17个地州（市）和全国30个少数民族自治州的首例。（《云南日报》1989.10.21.①）

6日 据本报讯，宁夏回族自治区目前有各类专业技术人员9.7万多人，其中副高级以上职称有3389人，中级职称2.12万人。（《宁夏日报》1989.10.6.①）

△ 据本报讯，西藏自治区最近研制成功藏文信息处理软件，软件可兼容藏、汉、英文。（《内蒙古日报》1989.10.6.①）

7日 据本报讯，西藏著名高僧米拉日巴（藏族）于公元11世纪修建的“萨嘎古托”拉康近日修复一新，开始接待游客和朝拜群众。“萨嘎古托”拉康坐落在西藏中不（不丹）边境的洛扎县色乡，这里曾是藏传佛教后弘期白教大师马尔巴从事宗教活动的地方。“萨嘎古托”是米拉日巴在马尔巴门下求学6年多期间，根据师尊的意图亲自动手修建的一座风格独特、闻名中外的9层建筑物。（《西藏日报》1989.10.7.①）

8日 中国政府和老挝人民民主共和国政府签署关于处理两国边境事务的临时协定。（《中华人民共和国边界事务条约集·中老卷（2004）》P19）

10日 我国柔道运动员高凤莲（女，蒙古族）获世界柔道锦标赛女子72公斤以上级冠军。（《内蒙古日报》1989.10.12.①）

11日 中国首届“金唱片奖”颁奖大会在北京举行，西藏歌唱家才旦卓玛（女，藏族）获此殊荣。（《当代中国的西藏》下P623）

△ 宁夏回族自治区第四次社会科学优秀成果颁奖大会在银川召开。专著、普及读物、论文、调查报告等1362项参加评选，其中200项分获一、二、三等奖及鼓励奖。（《宁夏日报》1989.10.20.①）

△ 西藏布达拉宫大规模维修工程开工典礼在拉萨举行，全国政协副主席、中国佛协西藏分会名誉会长帕巴拉·格列朗杰，西藏自治区党政领导巴桑、毛如柏、郎杰以及自治区佛协副会长策墨林·丹增赤列活佛、格西·益西旺久等参加。国家为修复工程拨款3500万元。（《人民日报》1989.10.12.②，《西藏日报》1989.10.12.①，《中国共产党西藏历史大事记（1949～2004）》P550）

12～13日 贵州省水家学会成立大会暨首届学术讨论会在黔南布依族苗族自治州三都水族自治县召开，北京、四川、广西、贵州及海外的水族代表等近400人参加。（《黔南布依族苗族自治州志》上P72）

15～20日 广西壮族自治区第七届少数民族传统体育运动会在恭城县举行，全区8个地区和南宁、柳州、桂林、梧州4市代表团共11个民族的470人参会。（《广西通志·大事记》P558）

16日 《内蒙古日报》报道，内蒙古自治区出口商品展览会在蒙古首都乌兰巴托举行，达成易货贸易额400万瑞士法郎。（《内蒙古自治区大事记（1987～1996）》P120）

△ 新疆维吾尔自治区新时期优秀文学作品颁奖会在乌鲁木齐举行，1979年1月至1989年6月发表的各民族作家的60多篇优秀作品获奖。（《新疆日报》1989.10.18.①）

16~20日 全国第二届《福乐智慧》学术讨论会在新疆喀什举行，自治区和北京、山西等地的60多名学者与会。（《新疆日报》1989.10.26.①）

16~21日 西藏自治区文学艺术工作者第二次代表大会在拉萨举行，恢复西藏文联建制。全国人大常委会副委员长阿沛·阿旺晋美题词，自治区党政军领导田聪明、巴桑、毛如柏、江村罗布以及藏、汉、回、珞巴、门巴、土家、裕固等民族的200多名文学艺术界代表出席。大会选举才旦卓玛（女，藏族）为西藏文联二届委员会主席，张治维、恰巴·次丹平措（藏族）、益西单增（藏族）、邓永良、胡金安、阿旺克村（藏族）、大丹增（藏族）为副主席，张治维兼任委员会秘书长。（《西藏日报》1989.10.17.①，10.22.①）

17日 北京西藏中学举行新校舍落成暨开学典礼，全国人大常委会副委员长阿沛·阿旺晋美，国务委员、北京市市长陈希同，中共西藏自治区第一书记胡锦涛参加典礼。新校舍位于北京北四环东路，1987年5月开工建设。（《西藏日报》1989.10.19.①）

18日 广西壮族自治区经济信息中心和自治区计委共同研究的《广西2000年能源前景及节能策略》软科学研究课题最近通过自治区级科技鉴定。（《广西日报》1989.10.18.②）

△ 据本报讯，位于西藏自治区山南札囊县境内、雅鲁藏布江北岸的桑耶寺维修工作近日结束。这座融合汉、藏、印三派建筑风格的古老寺庙始建于吐蕃王赤松德赞时期，占地面积近9公顷，至今有1238年的历史，是西藏第一座佛法僧三宝齐全的寺院。（《西藏日报》1989.10.18.①，《当代中国的西藏》下P623）

19日 据本报讯，全国首届锡伯语文工作会议最近在乌鲁木齐举行，新疆、北京、辽宁、黑龙江的近百名专家就如何更好地解决锡伯语言文字教学等一系列问题展开探讨。（《新疆日报》1989.10.19.①）

21日 云南省人大常委会七届八次会议审议通过《维西傈僳族自治县自治条例》，1990年1月1日起正式实施。（《迪庆藏族自治州志》P63）

22日 四川省第八届少数民族运动会在黔江县开幕，阿坝、甘孜、凉山、攀枝花、乐山、西南民族学院及东道主黔江地区7个体育代表团435名少数民族运动员参赛。运动会设抢花炮、射弩、摔跤、篮球、田径5个正式比赛项目和15个表演赛项目。（《四川日报》1989.10.23.①）

23日 内蒙古自治区环境天然放射性水平调查研究通过自治区级鉴定。该调查是内蒙古规模最大、范围最广、首次按网格均匀布点的一次放射性调查研究。（《内蒙古日报》1989.11.21.①）

24日 据本报讯，云南省楚雄彝族自治州最近首次发现世界上最古老的18月太阳历。（《云南日报》1989.10.24.①）

24~27日 宁夏回族自治区六届人大常委会第九次会议在银川召开。会议通过《宁夏回族自治区文物保护条例》。（《宁夏日报》1989.10.25.①，10.28.①，11.12.②）

26日 著名的地质学家李四光（蒙古族）百年诞辰纪念大会在北京举行，国家主席杨尚昆出席并讲话。（《中华人民共和国大事记（1949~2004）》P895）

△ 中美共同建立珠穆朗玛峰自然保护区协议签字仪式在西藏拉萨举行。西藏自治区政府副秘书长、中国西藏珠穆朗玛峰自然保护区工作委员会主任樊万斌和保护区工作委员会副主任、自治区农委副主任姚培智与美国高山研究所、美籍华人苏君玮女士出席签字仪式。（《西藏日报》1989.10.27.①）

26~28日 中国蒙古语文学会第五届年会暨学会成立10周年纪念会在内蒙古呼和浩

特举行。会议选举舍那木吉拉（蒙古族）为理事长。（《内蒙古日报》1989.10.31.①）

27日 内蒙古新闻出版局和八省区蒙古语文工作协作小组联合举办的首届蒙文图书评奖在呼和浩特揭晓，53部用蒙古文编著的图书分获荣誉奖、鼓励奖和一、二、三等奖。（《内蒙古日报》1989.10.28.①）

△ 广西壮族自治区桂林市七里店污水处理厂竣工。该厂是广西环保重点工程，日处理污水4万吨。（《广西通志·大事记》P558）

28日 湖南省最大的农贸市场——湘西土家族苗族自治州吉首市乾州市场开业，占地3万平方米，建筑面积2.5万平方米。（《湘西州志》上P89）

28~30日 全国女子摔跤锦标赛在南京举行。内蒙古选手乌日娜、刘乃霞、卜春英分获56公斤级、60公斤级、75公斤级冠军。（《内蒙古日报》1989.11.2.①）

28日~11月1日 新疆巴音郭楞蒙古自治州文工团在内蒙古呼和浩特演出5幕民族历史歌剧《魂系东归路》。该剧曾在新疆第二届艺术节中被评为最佳节目，并获创作、演出一等奖。（《内蒙古日报》1989.11.2.①）

30日 据《内蒙古日报》报道，1989年全国射击锦标赛（手枪）日前在河南省郑州市结束。内蒙古自治区选手王润喜在标准手枪60发慢加速比赛中，以580环的成绩打破578环的亚洲纪录，并在加射10发决赛中以总成绩677环的成绩获银牌。（《内蒙古自治区大事记（1987~1996）》P277）

△ 据新华社贵阳电，贵州“彝族甲骨文”最近被贵州彝文研究专业人员破译，为研究古代彝族社会形态、经济特点、彝文创造时间的断代、彝族先民的丧葬祭祀及各种禁忌，以及为古夜郎国社会形态研究提供了珍贵资料。（《人民日报》1989.10.31.④）

31日 西藏卫星广播教育电视上行站正式开通，使西藏电视节目可直接送上电视卫星供全国各地收看，西藏的75个县也可收看到当天中央电视台和西藏电视台的新闻节目，标志着西藏自治区在发展利用卫星通信事业上又向前迈进一大步。中央政治局委员李铁映等和西藏自治区负责人分别参加了在北京和拉萨举行的开通仪式。（《人民日报》1989.11.1.①，《西藏日报》1989.11.1.①，《当代中国的西藏》下P623）

是月 据本报讯，民族画报社编辑的建国以来第一本介绍我国56个民族的大型彩色摄影画册《中国民族》最近由中国民族摄影艺术出版社出版。（《人民日报》1989.11.26.③）

△ 我国第一部《中华人民共和国民族法规选编》由中国政法大学出版社出版，该书20余万字，收录法规90多件。（《民族团结》1989.10 P36）

△ 贵州民族古建筑博物馆在黔东南苗族侗族自治州镇远青龙洞万寿宫内建成开馆。展览分民族村寨、贵州民居等6个部分，展出照片146张、建筑图81幅、实物124件和建筑模型10个。（《黔东南苗族侗族自治州志·总述·大事记》P333）

△ 中共云南省委、省政府发出《关于切实加强民族工作的通知》，要求各有关部门切实帮助少数民族和民族地区加快发展。（《云南民族团结进步事业光辉历程（1949~2009）》P109）

11月

1日 全国第一家民族婚俗博物馆——贵州民族婚俗博物馆在黔西南布依族苗族自治州落成并正式开放。（《贵州日报》1989.11.3.①）

1~4日 建国以来首次《格萨尔》国际学术讨论会在四川成都举行。美国、日本、巴基斯坦、澳大利亚、蒙古人民共和国、联邦德国以及中国的有关专家共40多人与会。与会

专家认为，通过这次国际学术交流，拓展了研究视野，提高了《格萨尔》学的学术水平。（《四川日报》1989.11.2.①）

2日 据本报讯，新疆林业科学院主持的“胡杨林更新复壮技术研究”成果达到国际先进水平。（《新疆日报》1989.11.2.①）

5日 由国际世界语教师协会和广西民族学院联合举办的首次亚洲世界语教学研讨会在广西民族学院举行，日本、美国、比利时、瑞典、韩国等国家和地区以及我国部分高校的专家学者参会。会上，学院争得亚非拉地区世界语国际水平考试的授权。（《广西民族学院校史》P303，《广西通志·大事记》P558）

6日 据本报讯，我国第一部关于少数民族科学家传略书籍——内蒙古自治区巴拉吉尼玛（蒙古族）编撰的《蒙古族科学家》（汉文版）最近由内蒙古人民出版社出版，中央顾问委员会主任陈云为其题写书名。该书介绍了30名古今蒙古族自然科学家的学术成就及治学态度和探索精神。（《人民日报》1989.11.7.④；《内蒙古日报》1989.11.6.①，11.21.①）

△ 据本报呼和浩特讯，内蒙古自治区首创的LWs型立式五用双层燃烧锅炉最近通过自治区级鉴定，填补国内市场空白。该锅炉可供饮水、采暖、洗澡、消毒、蒸饭同时使用，热效率达77.15%，除尘率为国家一级标准，是我国功能最多、技术性能先进的茶浴炉。（《内蒙古日报》1989.11.6.①）

△ 据本报讯，宁夏回族自治区3项科技成果获全国农牧渔业“丰收奖”，其中“池塘高密度高产量养殖综合技术”获一等奖，“宁南山区玉米地膜栽培技术推广”获二等奖，“海原县8万亩小麦综合丰产栽培技术推广”获三等奖。（《宁夏日报》1989.11.6.①）

9日 据本报讯，《民族地区财政概论》最近由广西人民出版社出版，是目前我国研究民族地区财政理论问题的第一部专著。（《广西日报》1989.11.9.③）

△ 据新华社银川电，少数民族风情风光摄影展最近在宁夏银川展出，内蒙古、新疆、宁夏、西藏、广西、四川、青海、云南、海南、甘肃10个省、自治区参展。（《广西日报》1989.11.10.④）

10日 云南省迪庆藏族自治州撤销中甸、德钦、维西3县原大队建制，改设村公所或办事处，作为乡、镇人民政府的派出机构。（《迪庆藏族自治州志》P63）

10~12日 内蒙古自治区首次蒙古族服饰画展在呼和浩特举办，展出内蒙古舞台美术家纳木吉洛（蒙古族）创作的近200幅彩色画作。（《内蒙古日报》1989.11.12.①）

△ 作协西藏分会主办的西藏首次长篇小说创作座谈会在拉萨举行。与会作家回顾了中国长篇小说的创作势态，交流了西藏近10年来的创作成果和经验。（《西藏日报》1989.11.15.①）

12日 据本报讯，内蒙古自治区最大的微机控制系统——啤酒发酵分布式微机控制系统最近研制成功。该系统在大罐发酵控制技术上居国内领先水平。（《内蒙古日报》1989.11.12.①）

△ 据本报讯，贵州省第一个民族民间地戏博物馆最近在平坝县正式开馆展出。（《贵州日报》1989.11.12.①）

14日 据本报西宁讯，青海人民出版社出版的《藏传佛画艺术》画册在1989第三届全国优秀图书评选活动中被评为全国文学艺术类优秀图书，该书填补我国在整理民族文化遗产方面的空白。（《青海日报》1989.11.14.①）

15日 内蒙古自治区第三届哲学社会科学优秀成果表彰大会在呼和浩特举行，293项成果受到表彰和奖励，其中一等奖8项、二等奖94项、三等奖191项。（《内蒙古日报》1989.11.17.①）

△ 四川省凉山彝族自治州最大的地方骨干电站——总容量18900千瓦的拉青电站正式投产。（《凉山彝族自治州志》上P76）

△ 青海省玉树藏族自治州第一所乡办民族中学——称多县歇武民族中学建立。（《玉树州志》上P64）

16～17日 中共中央总书记、中央军委主席江泽民在云南省文山壮族苗族自治州视察。江泽民听取了文山州委的工作汇报，对发展三七、开发矿业作重要指示；看望了驻文部队官兵，走访了城郊花桥（苗族）、旧平坝（壮族）两个村寨。（《文山壮族苗族自治州志》1卷P75）

17日 内蒙古自治区人大常务会议通过《内蒙古自治区矿产资源管理条例》，1990年1月1日起施行。（《内蒙古日报》1989.12.4.②）

△ 广西壮族自治区党委、人民政府召开电话会议，统一部署在全区扫除卖淫嫖娼、制作贩卖传播淫秽物品、拐卖妇女儿童、私种吸食贩运毒品、聚众赌博和利用封建迷信骗财害人等社会丑恶现象。至12月底，全区共查处上述各种案件1.9万多起，查获违法犯罪团伙4000多个、窝点3600多处。（《广西通志·大事记》P559）

18日 据本报讯，新疆军区某测绘大队女工程师胡丹露和胡慧萍最近完成全军重大科研计划项目——《新疆区域制图地理》的研究，填补我国区域制图地理研究的空白。（《新疆日报》1989.11.18.①）

18～20日 中共中央总书记、中央军委主席江泽民在云南省西双版纳傣族自治州视察。（《西双版纳傣族自治州志》上P77）

20日 吴向必（苗族）画展在民族文化宫举办。吴向必曾任全国人大常委会民族委员会副主任，平生酷爱书画艺术，其作品在国内外具有一定的影响。（《西藏日报》1989.11.21.①）

△ 我国著名作曲家通福（达斡尔族）在呼和浩特病逝，享年70岁。（《内蒙古日报》1989.12.16.①）

△ 壮族青年画家、广西艺术学院副教授黄格胜个人画展在台湾举行。（《广西日报》1989.11.21.①）

△ 据新华社拉萨电，西藏自治区东部的芒康县境内最近首次发现珍稀动物滇金丝猴和水鹿。（《西藏日报》1989.11.21.①）

21日 据本报讯，全国首届壮侗语诸民族学术讨论会在广西南宁举行，探讨我国壮、侗语诸民族的历史、文化、民族特点与改革开放中的现实问题和理论问题。（《广西日报》1989.11.21.①）

△ 据本报西宁讯，青海省3部民间文学作品最近在第二届全国民间文学作品评奖活动中获奖。其中，王歌行、左可国、刘宏亮翻译整理的《格萨尔·霍岭战争》获二等奖，乔永福、董绍宣搜集整理的《青海藏族民间故事》获三等奖，李友楼搜集整理的《土族民间故事选》获纪念奖。（《青海日报》1989.11.21.①）

22日 内蒙古自治区召开大会，表彰全区对国家有突出贡献的中青年专家22人和对自治区有突出贡献的科技人员55人。（《内蒙古日报》1989.11.23.①）

△ 据本报讯，湖南省民委联合湖北、四川、贵州省民委组织编写的《土家族文学史》由湖南文艺出版社出版。全书共43万字，分古代、近代、现代和当代文学4个部分。（《湖南日报》1989.11.22.③）

25日 内蒙古自治区人民政府召开全区电话会议，部署扫除卖淫嫖娼、制作贩卖传播淫秽物品、拐卖妇女儿童、私种吸食贩运毒品、聚众赌博和利用封建迷信骗财害人等“六害”工作。（《内蒙古日报》1989.11.26.①）

△ 据本报讯，云南省德宏傣族景颇族自

治州民族师范学校教师孙太仁创作的重彩国画《泼水节的故事》、《傣女织锦图》（装饰画）、《斑舞》分获全国风俗画大赛优秀奖、佳作奖和荣誉奖。这是德宏州在全国获奖的首批成人美术作品。 （《云南日报》1989.11.25.①）

△ 云南省西双版纳傣族自治州七届人大第十四次常委会议批准“拉祜扩”为州内拉祜族的传统节日。 （《西双版纳傣族自治州志》上P77）

25日～12月2日 新疆维吾尔自治区速滑队在全国速滑锦标赛上获3金3银4铜，其中刘龚飞获1500米、5000米、全能3枚金牌和500米第三名，戴军获2枚银牌和1个第三名，付勇获500米第三名，赵志华获女子1000米银牌和全能第三名。 （《新疆通志·体育志》83卷P94）

26～28日 中国蒙古文学学会成立大会暨首届学术讨论会在内蒙古呼和浩特举行。内蒙古自治区主席布赫到会讲话，新疆维吾尔自治区党委常委、政协主席巴岱主持，内蒙古自治区副主席赵志宏致开幕词。中央机关和八省、市、自治区的蒙古文学专家、学者100多人参加。大会通过学会章程，选举布赫为理事长、巴赫（蒙古族）为中国蒙古文学学会理事长。 （《内蒙古日报》1989.11.27.①，11.29.①）

27日 宁夏伊斯兰教经学院竣工典礼在银川举行。学院由世界伊斯兰发展银行提供113万多美元修建而成，建筑面积9816平方米，是宁夏回族自治区伊斯兰教高等学府。 （《民族团结》1990.2 P48，《宁夏日报》1989.11.28.①）

28日 宁夏回族自治区党委组织部和自治区科委、劳动人事厅、科技干部局召开大会，向15名自治区获国家级有突出贡献的中青年专家颁发证书。 （《宁夏日报》1989.11.29.①）

30日 新疆维吾尔自治区与苏联3个加盟共和国开展文化交流。根据日前回国的新疆赴苏联文化考察团介绍，新疆与苏联中亚地区的3个加盟共和国分别签署文化交流协议。根据协议，新疆与这3个加盟共和国每年将有计划地派遣艺术表演团体互访，同时还将合作培养文化部门的专业人员，互派大学生和研究生，安排艺术类图书馆和博物馆陈列品的展出等。 （《新华社新闻稿》1989.12.1）

是月 位于西藏自治区年楚河上游的冲巴湖水库主体工程竣工。水库投入使用后，扩大年楚河流域灌溉面积24万亩，遇到干旱时，能保证康马、江孜、白朗、日喀则4县（市）地区的75%农田灌溉，提高抗御灾害的能力。 （《当代中国的西藏》下P23）

△ 西藏民族学院顾祖成等编写的《明清实录·藏族史料》获全国民族院校哲学社会优秀科研成果一等奖。 （《西藏民族学院校史》P252）

12月

1日 内蒙古自治区呼和浩特至包头的第二条220千伏输电线路送电成功，全长164公里。 （《内蒙古日报》1989.12.27.②）

△ 据本报讯，全国100多所高校在西南民族学院交流少数民族预科教育经验。目前，全国共有140多所高等学校开办少数民族预科班，招收培养4万多名少数民族学生。 （《四川日报》1989.12.1.①）

△ 西藏自治区第五次广播电视工作会议在拉萨举行。会议明确了自治区广播电视宣传的指导思想和根本任务，总结交流自治区第四次广播电视工作会议以来的工作情况，讨论确定自治区广播电视事业规划和几项管理措施的意见并形成纪要，交流研究广播电视学会的工作并为1988年电视文艺展播中的优秀节目颁奖。 （《西藏日报》1989.12.2.①）

1～4日 西藏、四川、云南、贵州、广西、重庆五省区六方少数民族地区经济发展经验交流会在云南省楚雄彝族自治州召开，国家民委、国家计委、国务院扶贫办公室的负责人和五省六方29个少数民族地、州、市的150名代表出席会议。（《楚雄彝族自治州志》1卷P214）

4日 据本报讯，首届国际《格斯（萨）尔》学术讨论会和全国《格斯（萨）尔》工作会议最近在四川成都举行，苏联、蒙古、日本、联邦德国、巴基斯坦、澳大利亚等国的12名学者和我国学者100多人出席。（《内蒙古日报》1989.12.4.①）

5日 乌兰夫同志光辉的一生展览在内蒙古呼和浩特土默特左旗展览馆开幕。展览分“风华正茂”、“传播火种”、“坚持抗战”、“新的里程”、“大展宏图”、“为国操劳”、“与民同庆”、“流芳百世”8个部分。自治区党委书记王群、中央顾问委员会委员廷懋为开幕剪彩。（《内蒙古日报》1989.12.6.①）

△ 中日两国政府代表签订协议，日本对华援助宁夏回族自治区科技馆和护士学校2个项目，援助金额分别为1.35亿日元和1.33亿日元。（《宁夏日报》1989.12.26.①）

7日 据本报呼和浩特讯，《内蒙古日报》的人物通讯《730个日日夜夜——记住日本获博士学位的旭日干培育试管羊成功》最近获首届全国优秀科技新闻奖；内蒙古电视台的《全功能电脑活地图在我区建成并投入使用》、内蒙古人民广播电台的《科技成果无人问津值得深思》获三等奖；《内蒙古日报》的《三代人树起的丰碑》、《赤峰市、哲盟大面积农业技术开发获重大成果》和《内蒙古科技报》（蒙文版）的《研制成功犊牛早期断奶食料》新闻作品获表扬奖。（《内蒙古日报》1989.12.7.①）

△ 据本报乌海讯，内蒙古自治区西部美术书法作品展最近在乌海举办，展出70多名作者创作的84幅国画、油画、工笔画、工艺画、漫画和蒙汉文书法、篆刻及根雕作品。（《内蒙古日报》1989.12.7.②）

8日 《内蒙古日报》报道，内蒙古自治区准格尔煤田项目一期工程被国家计委列为1989年第二批按合理工程组织建设的国家十大新开工重点项目，被国务院列为1989年新建扩建27个能源项目之首。一期工程有我国自己设计、建设的年产1200万吨的黑岱沟大型现代化露天煤矿，装机容量20万千瓦的坑口电厂，正线全长为215.6公里的单线电气化铁路。（《内蒙古自治区大事记（1987~1996）》P121）

△ 中科院新疆资源开发综合考察队完成的“新疆资源开发与生产布局”研究成果通过专家鉴定，达到国际先进水平。（《新疆日报》1989.12.9.①）

9日 《宁夏啮齿动物及其危害调查研究》通过宁夏回族自治区科委和畜牧局鉴定。（《宁夏日报》1989.12.26.①）

9~16日 新疆维吾尔自治区自行车运动员刘宏与队友获第14届亚洲自行车锦标赛100公里团体计时赛冠军，并打破亚运会记录。（《新疆通志·体育志》83卷P94）

12日 《内蒙古日报》报道，国家重点建设项目——内蒙古自治区包头铝厂矿建工程通过国家验收。（《内蒙古自治区大事记（1987~1996）》P121）

16日 《内蒙古日报》报道，邮电部批准专项技资新建的二连浩特国际邮件交换站工程竣工并通过验收，被评为优质工程。（《内蒙古自治区大事记（1987~1996）》P121）

19日 我国著名民族问题理论家、宗教学家和藏学家，中国民族理论学会理事长，中国社科院民族研究所原所长牙含章在北京病逝，终年73岁。（《人民日报》1989.12.26.②，《西藏日报》1989.12.28.①）

20日 全国政协副主席、国家民委主任司马义·艾买提到贵州省黔南布依族苗族自治州调研，视察了黔南州民族行政管理学校、三都水族自治县、黔南州民族博物馆、黔南报社。（《黔南布依族苗族自治州志》上P72）

21日 内蒙古大学旭日干博士主持研究的中国首胎“试管绵羊”、“试管牛”通过国家级鉴定。“试管绵羊”、“试管牛”分别于3月10日和8月15日在内蒙古大学实验动物研究中心降生。（《内蒙古日报》1990.1.27.①）

22日 据本报讯，《汉维词典》近日由新疆人民出版社出版。词典收入汉语单字9500多个，词条近7万。（《新疆日报》1989.12.22.①）

23日 据本报讯，宁夏回族自治区文化厅最近在银川召开自治区文艺创作规划会，讨论1990年和1991年度戏剧、音乐、舞蹈、群众文化等创作规划，并为自治区获全国少数民族剧本创作奖的作者颁奖。（《宁夏日报》1989.12.23.①）

25日 宁夏回族自治区庆祝建国40周年戏剧、电视剧、广播剧小品征文比赛在银川揭晓。比赛由中国戏剧家协会宁夏分会等9单位联合举办。齐宝库的话剧小品《真话》、冯雄的电视剧小品《孙三赶集》、成林的广播剧小品《两地情》获一等奖，另有二等奖6个、三等奖10个，6篇电视剧小品、1篇戏剧小品获鼓励奖。（《宁夏日报》1990.1.6.①）

△ 新疆维吾尔自治区首届民族语译制影片工作会议在乌鲁木齐举行。全疆从事电影译制、发行、放映工作的部门、部分地区文化主管部门及自治区有关方面百余人与会。自治区副主席贾那布尔强调要做好民族语译制影片工作，推动社会主义精神文明建设更快更好发展。（《新疆日报》1989.12.26.①）

25～28日 内蒙古自治区档案局（馆）长会议在呼和浩特举行。内蒙古档案馆目前已基本形成网络，有各级档案机构112个，综合档案馆113个，专业档案馆23个。1988年底，综合档案馆馆藏2405541卷，比1987年增长5.81%，70%的综合档案馆分期开放档案。馆藏量在全国综合档案馆中列第12位。（《内蒙古日报》1990.1.6.①）

25～29日 广西壮族自治区文物工作会议在南宁举行。会议总结全区历时3年的文物普查工作的成绩，表彰在普查工作中成绩突出的15个先进集体和45名先进个人，讨论并成立广西考古博物馆学会。其间，举办广西文物普查成果汇报展和广西打击走私文物成果展。（《广西日报》1990.1.9.③）

△ 新疆维吾尔自治区高等教育工作会议举行。自治区党政领导铁木尔·达瓦买提、贾那布尔、黄宝璋发表讲话，自治区副主席、教委主任毛德华作题为《认真贯彻全国高教会议精神，加快和深化高等教育改革》的报告。与会代表讨论并修改自治区教委制订的《关于加快和深化自治区高等教育改革的意见》、《关于改革高等教育管理体制的意见》、《关于自治区高校专业设置情况及改革调整的初步意见》、《关于提高民族高等教育的意见》、《关于提高师范教育质量的意见》和《关于自治区高校开展有偿服务的意见》6个文件，并提交自治区人民政府批准。（《中国共产党新疆历史大事记（1966.5～1991.12）》下P387）

26日 七届全国人大常委会第十一次会议通过《中华人民共和国环境保护法》。同日发布施行。（《中华人民共和国大事记（1949～2004）》P900）

△ 内蒙古大学实验动物研究中心《今道大白鼠的引种、保种和扩大繁殖试验》在北京通过自治区级鉴定。1986年9月，今道大白鼠由该中心首次从日本引进，1988年获国家级清洁动物合格证书。（《内蒙古日报》1990.2.9.①）

△ 据本报讯，西藏自治区统计局编辑、中国统计出版社出版的《西藏社会经济统计年鉴（1989）》开始发行。这是西藏历史上首次

编纂的大型统计资料。（《西藏日报》1989.12.26.①）

27日 新疆维吾尔自治区重点扶贫项目托海水电站——尼勒克县110千伏安输变电工程竣工通电。（《伊犁哈萨克自治州志》P67）

29日 瑶族书法家潘立远创作的壮文书法《各族人民大团结万岁》，最近被广西壮族自治区博物馆收藏，这是该馆收藏的第一幅壮文书法。（《广西日报》1989.12.29.①）

31日 据本报讯，全国首次回族医药学术讨论会最近在西安举行。（《人民日报》1989.12.31.③）

△ 中国宁夏回族自治区艺术团在尼泊尔加德满都首场演出民族舞蹈。艺术团9日抵达加德满都，1990年1月13日离开加德满都赴印度首都新德里演出。在尼泊尔期间共演出9场中国传统民族歌舞。（《宁夏日报》1990.1.2.①，1.13.①）

是月 国家教委表彰本年度实施燎原计划的100个先进单位，首获科技“燎原奖”的部分民族地区是：内蒙古自治区赤峰市当铺地乡、哲里木盟奈曼旗青龙山镇、乌兰察布盟清水河县王桂夭乡，广西壮族自治区博白县亚山镇、浦北县六硍乡、横县马山乡，宁夏回族自治区平罗县高庄乡、青铜峡市小坝乡，新疆维吾尔自治区阜康县九运街乡、伽帅县夏甫桃乡。此外，河北省青龙满族自治县隔河头乡，辽宁省凤城满族自治县青城子镇，贵州省印江土家族苗族自治县木黄镇，甘肃省临夏回族自治州枹罕乡等少数民族地区也受到表彰。“燎原奖”于1988年9月开始实施，旨在加快培养我国科技人才。（《民族团结》1990.1 P39）

是年 北京医科大学第三临床医学院教授张丽珠（女，白族）主持完成的科研项目——我国首例试管婴儿及首例配子输卵管内移植婴儿获国家科技进步二等奖。1992年，我国首例赠卵试管婴儿出生。（《中国少数民族专家学者辞典》P705～706）

△ 内蒙古自治区石油健儿鏖战“3570”工程，工程由“建设年加工原油100万吨的呼和浩特市炼油厂”、“二连盆地的阿尔善油田原油开发”、“阿尔善到赛汉塔拉的365公里的输油管道建设”3项组成，工程的建立使当年生产原油由35万吨扩大至70万吨。（《百年石油（1878～2000）》P269，《中国四十年》P338）

△ 内蒙古自治区运动员在国际和国内比赛中共获得99个冠军，比1988年增加41个；打破和新创3项全国纪录。（《内蒙古日报》1990.3.1.②）

△ 内蒙古自治区民族商场销售总额10051万元，创利税1000多万元，成为全国少数民族自治区第一家销售额破亿元的国营商店。（《内蒙古自治区大事记（1987～1996）》P122）

△ 包钢60公斤重轨和稀土硅铁合金分获国家金质奖和银质奖，50公斤重轨和稀土镁硅铁合金获冶金部优质产品称号；内蒙古变压器厂生产的12个规格的电力变压器、包头拖拉机厂生产的北方－15型拖拉机和包头阀门总厂生产的中压铸钢闸门获机电部优质产品称号。（《内蒙古日报》1990.3.2.②）

△ 广西冶金研究所高级工程师黄寿斌（壮族）研制成功“壮文计算机辅助处理系统”，首次将计算机技术应用于壮文文字工作。（《中国少数民族专家学者辞典》P1071）

△ 新疆维吾尔自治区运动员在全国各项比赛中获金牌12枚、银牌14枚、铜牌13枚。在各类比赛中，有5人8次破5项全国纪录，22人64次破25项自治区纪录，17人33次破19项自治区少年纪录；乡镇以上举办的各种运动会3679次，参赛人数74.79万人；达到《国家体育锻炼标准》的有79.20万人，比

1988年增长30.4%。（《新疆日报》1990.4.8.②）

1990年

1月

2日 据新华社北京电，目前，中国民族理论学会已有会员500多人，内蒙古、新疆、云南、四川等省区先后成立民族理论研究会，国家民委建立民族问题研究中心；中国社会科学院民族研究所、中央民族学院以及许多省区的民族研究所、民族学院均设有民族理论研究机构。（《人民日报》1990.1.3.③）

△ 第一届都市人类学会议在北京闭幕。会议讨论了世界各国都市的多民族化及都市内各民族的关系、我国都市中的少数民族情况及都市对少数民族发展繁荣的作用等问题。（《民族团结》1991.3 P6）

△ 《内蒙古日报》报道，国家重点工程——内蒙古自治区通辽电厂二期工程3号20万千瓦机组通过验收，正式投产发电。（《内蒙古自治区大事记（1987~1996）》P122）

△ 据本报讯，北京儿科研究所利用人类白细胞抗原不同型别血清，从遗传免疫学角度揭示了藏族的民族起源问题。检测发现藏族系中国甘肃南部及青海地区人群南迁而受喜马拉雅山阻隔形成的一个民族，藏民的白细胞抗原与中华民族北方人群的白细胞抗原相符合，与尼泊尔、印度的相去甚远。（《西藏日报》1990.1.2.①）

3~7日 新疆维吾尔自治区政府举行第二次自治区环境保护会议，讨论修改自治区政府《关于加强环境保护工作的决定》和《本届政府环境保护目标与任务》。（《新疆日报》1990.1.14.①）

4日 据本报讯，怒族第一部文学作品集——《怒族民间故事》最近由云南人民出版社出版。（《云南日报》1990.1.4.③）

△ 据本报讯，宁夏回族自治区林学会选送的《种树种草指导丛书》最近获第二次全国优秀林业科普作品评选一等奖。（《宁夏日报》1990.1.4.①）

△ 新疆维吾尔自治区首届交响乐创作研讨会在乌鲁木齐召开。研讨会由自治区文化厅主办，就交响乐与新疆各民族音乐的实际结合问题进行了讨论。（《新疆日报》1990.1.7.①）

5日 据本报讯，山西省宁武县最近发现我国目前仅有的民间佛教大藏经及部分原刻雕版。（《云南日报》1990.1.5.①）

6日 据本报讯，1989年度国家级星火科技奖评审大会最近在北京召开。宁夏回族自治区“新红宝西瓜种植技术开发”、“年产2000吨碳化硅技术开发”2个项目获国家星火科技奖。（《宁夏日报》1990.1.6.①）

△ 据《内蒙古日报》报道，内蒙古自治区政府发出《关于禁止猎捕国家重点保护野生动物的通知》。（《内蒙古自治区大事记（1987~1996）》P122）

△ 宁夏回族自治区分析测试中心承担的国家自然科学基金资助项目《宁夏野生植物——老瓜头药用有效成分研究》通过宁夏科委鉴定。（《宁夏日报》1990.1.31.①）

7日 广西壮族自治区40年“双十佳”运动员颁奖大会在南宁举行，国家民委副主任伍精华和自治区党政领导向获奖运动员颁发荣誉奖章、证书和“百年乐”奖杯。建国40年来，广西体育健儿共赢得46个世界冠军、80个亚洲冠军、332个国际比赛冠军，15次打破世界纪录，34次打破亚洲纪录，306次打破全国纪录。“男子十佳”运动员是：李宁（壮族，体操）、吴数德（举重）、李孔政（跳水）、梁戈亮（乒乓球）、肖明祥（举重）、谢赛克（乒乓球）、韦晴光（壮族，乒乓球）、梁建坤（技巧）、邓军（水球）、冯振仁（田径）。“女子十佳”运动员是：王维俭（体操）、陈永妍（体操）、田玉梅（田径）、印武（技巧）、黎海心（蹼泳）、余晓玲（跳水）、颜伟霞（技巧）、黄群（壮族，体操）、曾建华（技巧）、何晓敏（艺术体操）。（《广西通志·大事记》P561）

8日 《内蒙古日报》报道，内蒙古自治区哲里木盟通辽市被农业部确定为农机化综合试验点，为自治区唯一全国试点单位。（《内蒙古自治区大事记（1987～1996）》P122）

△ 据新华社北京电，贵州省松桃苗族自治县获联合国教科文组织颁发的国际扫盲奖。（《人民日报》1990.1.9.①）

9日 第五次全国人口科学讨论会结束，大会就贫困地区、少数民族人口问题等进行了探讨。（《人民日报》1990.1.10.③）

9～11日 青海省海西蒙古族藏族自治州扫盲工作会议在德令哈举行，制定了《海西州扫盲工作实施办法》。（《海西蒙古族藏族自治州志》1卷P67）

10日 西藏超高能宇宙射线观测站在羊八井建成。这是中国第三个永久性的宇宙线广延大气簇射观测站，也是北半球最高的观测站。（《西藏日报》1990.1.12.①）

12日 据本报乌鲁木齐讯，最近，新疆维吾尔自治区9项科技成果在国家科学技术奖励大会上全部获奖，其中乌鲁木齐市红雁池水产公司等单位共同完成的“高密度温流水养殖高产试验”获星火科技二等奖，自治区治蝗灭鼠指挥部等单位共同完成的“牧鸡治蝗研究及推广”、塔城地区畜产品加工总厂制革分厂研究的“马皮服装革试制”获星火科技四等奖，自治区农科院作物研究所的“新疆小麦优良品种选育及其栽培技术研究”、新疆农垦科学院等单位共同完成的“绵羊精液冷冻技术及推广应用”、新疆放射医学卫生防护监督所的“新疆核试验场周围居民区放射性水平及居民健康调查研究”、乌鲁木齐铁路局科技研究所等“北疆铁路乌苏至阿拉山口段经济效益的研究”、自治区科委专利处的“新疆科技成果评价方法与管理系统”获科技进步三等奖，空军乌鲁木齐医院副主任医师魏廷荣发明的“客观检查视力仪及方法”获国家发明奖。（《新疆日报》1990.1.12.①）

△ 据本报讯，新疆维吾尔自治区前进机器厂开发的新型游泳池底清洗机最近在北京通过国家机械电子工业部鉴定，属国内首创。（《新疆日报》1990.1.12.①）

13日 第九届全国新闻摄影作品评选在吉林省吉林市揭晓，共评选出300幅（组）入选作品。内蒙古自治区巴音孟和的《试管羔羊之父——旭日干博士》1组5张、鞠广才的《特大男婴》、王定国的《万马奔腾》入选；宁夏回族自治区马卫东的《送戏到山村》、吴文彪的《今日西海固》、朱玉生的《驱雹夺丰收》、彭山的《军营“女状元”》、《心归黄河》5幅（组）作品入选；新疆维吾尔自治区有6幅（组）作品入选，其中铜牌奖1项，是新疆参加历届全国新闻摄影评选成绩最好的一次。（《内蒙古日报》1990.2.4.①，《宁夏日报》1990.1.29.①，《新疆日报》1990.1.16.①）

14日 《内蒙古日报》报道，内蒙古自治区包头钢铁稀土公司生产的60公斤重轨和稀土硅铁合金分获国家优质产品金银牌，结束包钢没有国优名牌的历史。（《内蒙古自治区大事记（1987～1996）》P122）

△ 北京时间11时03分，青海省海西蒙古族藏族自治州茫崖地区，北纬37.9°，东经92.2°发生Ms6.7级地震。震中区烈度为8度，原设计抗8度的墙体支柱和大梁被震断，地表有裂缝，并有小山体滑塌现象。个别简易工棚和旧土房倒塌，许多楼房出现裂缝，老茫崖、水站、花土沟等地房屋损失较严重。（《青海日报》1990.1.15.①，1.23.①）

15日 内蒙古师范大学生物系教授能乃扎布（蒙古族）被英国皇家昆虫学会批准为正

式会员，为该学会中唯一的中国人。（《内蒙古日报》1990.1.15.①）

15～18日 宁夏回族自治区“星火计划”工作会议召开。会议确定1990年自治区科技工作的重点是“科技兴农”。（《宁夏日报》1990.1.21.①）

16～17日 北京广济寺、青海塔尔寺举行法会，纪念班禅大师圆寂1周年，全国政协副主席、中国佛协会长赵朴初出席并讲话。班禅大师的经师、全国政协委员、全国佛教协会副会长、青海省政协副主席嘉雅·洛桑丹白坚赞活佛主持青海诵经仪式。十世班禅大师的驻锡地日喀则扎什伦布寺，西藏的哲蚌寺、甘丹寺、大昭寺、色拉寺和拉萨上、下密院等著名寺院，以及班禅大师的故乡——青海省循化县文都乡的文都寺都举行各式佛事活动，纪念班禅大师圆寂1周年。（《人民日报》1990.1.17.①，1.19.②，1.18.①）

17日 广西壮族自治区科学技术奖励大会在南宁召开。会议表彰奖励获国家、广西科技进步奖、星火奖的科技人员，向获1984、1986、1988年度共28名国家级有突出贡献的中青年专家颁发荣誉证书。1989年度广西获国家科技奖7项，其中获国家科技进步奖三等奖2项，国家星火奖二等奖、三等奖、四等奖各1项；获国家发明奖三等奖2项。评选出1989年度广西科技进步奖115项，其中二等奖17项、三等奖98项；广西星火奖28项，其中二等奖6项、三等奖22项。（《广西通志·大事记》P561）

17～18日 中共贵州省黔南布依族苗族自治州五届五次全委（扩大）会议审议通过《黔南布依族苗族自治州关于进一步治理整顿和深化改革的实施方案》。（《黔南布依族苗族自治州志》上P72）

22日 新疆维吾尔自治区科技奖励大会在自治区人民会堂举行，表彰和奖励近年来对全区经济建设和科技事业发展有突出贡献的各族科技人员。全区自1985年至1989年间，共取得重大科技成果1638项，其中48项分别获国家级科技进步奖、发明奖和“星火”科技奖；754项获自治区级科技进步奖，其中达到国内先进水平以上的有337项，总计增加产值15.7亿元。全国政协副主席王恩茂及自治区党政领导宋汉良、铁木尔·达瓦买提、贾那布尔、栗寿山、阿木冬·尼牙孜、张思学等出席大会，并向1989年度国家和自治区两级科技成果奖获得者颁发奖励证书。（《中国共产党新疆历史大事记（1966.5～1991.12）》下P388）

27日 据本报讯，玉溪卷烟厂和云南电视台联合录制的民族歌舞片《奔向同一个未来》最近获中央电视台举办的建国40周年专题文艺展播节目评比二等奖，并被中央电视台对外宣传部列为1990年对外出口电视片。（《云南日报》1990.1.27.①）

是月 旭仁花（女，蒙古族）、塔娜（女，蒙古族）、托娅（女，蒙古族）和珊丹（女，达斡尔族）共同表演的杂技节目《四人踢碗》在巴黎举行的第13届“明日世界”国际杂技大赛中获金奖，这是内蒙古自治区艺术节目在国际比赛中获得的第一个金奖。（《内蒙古日报》1991.1.1.①）

△ 新疆维吾尔自治区昌吉回族自治州图书馆被文化部命名为“文明图书馆”。（《昌吉回族自治州志》P71）

2月

1日 著名民族学家、人类学家和社会学家，中央民族学院教授林耀华主编的《民族学通论》出版。该书于1991年获北京市第二届哲学社会科学优秀成果一等奖，1995年获全国高等学校首届人文社会科学优秀成果一等奖，1998年获第11届中国图书奖。（《中央民族大学五十年》P73）

2日 据本报玉林讯，广西壮族自治区第

一条广播电视共用线春节前夕在玉林开通使用。（《广西日报》1990.2.2.①）

△ 第一部较全面展示贵州省民族歌舞的彩色电影纪录片《贵州民族歌舞》在贵阳首映。（《贵州日报》1990.2.3.①）

3日 内蒙古自治区呼和浩特市民族歌舞团结束对蒙古人民共和国的友好访问。歌舞团一行18人，受文化部和中国舞蹈家协会委派，以中国民族艺术团的名义对蒙古国进行为期1周的友好访问，在乌兰巴托连续演出7场民族歌舞。（《内蒙古日报》1990.2.9.①）

4日 据本报讯，内蒙古自治区牧科院羊营养研究室研制出的绵羊营养促进剂NIS—1最近通过自治区级鉴定，填补中国反刍动物营养研究的理论与实践空白。（《内蒙古日报》1990.2.4.①）

5日 据本报讯，目前，广西壮族自治区农民企业家王祥林领导的博白县喷施宝开发有限公司生产的营养型植物生长调节剂——博林牌“叶面宝”和“喷施宝”，已在全国30个省、市、自治区6000多万亩土地推广使用，农民增收累计已超过10亿元。1989年11月，博林牌“叶面宝”和“喷施宝”获全国星火计划成果适用技术展览交易会银奖。（《人民日报》1990.2.5.②）

6日 宁夏回族自治区农林科学院土壤肥料研究所主持的自治区1990年重大科研推广项目——小麦套种玉米高产栽培技术最佳模式通过鉴定。（《宁夏日报》1990.3.4.①）

△ 据本报乌鲁木齐讯，新疆维吾尔自治区林业科学研究院承担的《新疆1987～2000年林业科技发展规划研究》最近通过鉴定。（《新疆日报》1990.2.6.①）

△ 据新华社乌鲁木齐电，新疆维吾尔自治区哈密地区牧区6300多名哈萨克、维吾尔等少数民族学龄儿童结束在“马背学校”流动读书的历史，进入寄宿制学校。自1985年起，哈密地区拨款238万多元，一些集体单位和个人捐资50多万元，专门用于发展牧区教育事业。目前，全地区已在牧区兴建27所寄宿制学校，给50%的学生发放助学金，实行免收学杂费和课本费等特殊政策。（《人民日报》1990.2.8.③，《民族团结》1990.5 P46）

8日 据本报南丹讯，广西壮族自治区南丹县民族民间艺术团表演的《扳鞋舞》和《蚂虫另舞》在第四届龙潭杯花会大赛中分获一等奖、三等奖和优秀编导奖。（《广西日报》1990.2.9.①）

△ 据本报拉萨电，1986年，西藏自治区首次在企（事）业单位进行专业技术职务的聘任工作。目前，西藏（除阿里地区外）企（事）业单位共有高、中、初3级专业技术人员16253名。其中，以藏族为主的少数民族专业技术人员有10478名；4036名高、中级专业技术人员中，少数民族1980名，其数量、质量均较前几年有明显提高。1986年以前，西藏仅有自然科学如农牧、工程、医疗卫生、高等教育等14个职称系列，目前已有社会科学和自然科学2大类（除航空、船舶）27个专业技术职称系列。（《人民日报》1990.2.8.③）

△ 宁夏回族自治区破格晋升在1989年“放活科技人员，开展技术承包”中成绩突出的首批工、农业科技人员技术职务共39人，其中5人晋升为高级农艺师和高级工程师，34人晋升为中级技术职务。（《宁夏日报》1990.2.18.①）

9日 据本报报道，我国第一处草原生物围栏在黑龙江省杜尔伯特蒙古族自治县建成并投入使用。此生物围栏已植樟子松、沙棘乔木及各类灌木数十万株，总面积3.48万亩。（《人民日报》1990.2.9.②）

10日 《内蒙古日报》报道，山西、河北、内蒙古经济协作厂区在临河举行易货贸易会，实现成交额1.6亿元。（《内蒙古自治区大事记（1987～1996）》P122）

△ 据本报报道，西北民族学院副教授郗慧民撰写的我国第一部《西北花儿学》最近由兰州大学出版社出版。（《人民日报》1990.2.10.③）

△ 新疆对外开放摄影展览在民族文化宫开幕。展览由新疆维吾尔自治区外办和国家民委外事司联合举办，展出摄影作品280余幅。全国人大常委会副委员长赛福鼎·艾则孜，全国政协副主席程思远、司马义·艾买提为开幕式剪彩。（《新疆日报》1990.2.11.①）

13日 内蒙古自治区政府颁布《关于开发建设晋、陕、内蒙接壤地区水土保持规定的实施办法》。（《内蒙古日报》1990.2.13.①）

△ 湖南省第一期民族干部岗位培训班在省民族干部学校开课。全省11个地州市、8个民族的40多名学员参加为期两个月的培训。（《湖南日报》1990.2.20.①）

15日 据本报讯，内蒙古自治区野生动物资源普查工作中，发现国家一、二级重点保护鸟类——遗鸥和高山雪鸡。（《内蒙古日报》1990.2.15.①）

17日 云南首届民歌独唱及少数民族器乐独奏比赛结果揭晓。宗庸卓玛、马薇、尚泽三、张祖豫获专业组一等奖，胡春燕、陶秀玲、赵立德获业余组一等奖，另有10人获特别荣誉奖。（《云南日报》1990.2.20.①）

△ 据本报讯，宁夏回族自治区分析测试中心承担的《塔尔油中提取B—谷甾醇》研究课题最近通过宁夏科委鉴定。B—谷甾醇是天然植物中存在的一种甾族化合物，可作为医药工业的原料药或用于合成维生素D和某些激素。塔尔油是松木造纸工业的副产物。（《宁夏日报》1990.2.17.①）

18日 据新华社沈阳电，旱作农业增产技术体系在辽宁省阜新蒙古族自治县实验成功。1989年，该县应用这套技术，平均亩产达361.4公斤，比实验前1982年的64公斤提高4.65倍；1989年全县粮食总产量比1982年增长2倍多；全县平均每毫米自然降水生产粮食量由过去的0.3公斤上升到1988年的0.66公斤。专家认为，此项技术是我国旱作农业耕作制度改革的重大突破。（《人民日报》1990.2.19.②）

△ 新华社消息，云南省德宏傣族景颇族自治州为全国5个粮食连续5年增产的地州市之一。（《德宏州志》综合卷P91）

19日 据新华社北京电，中央民族语文翻译局首次用蒙古、藏、维吾尔、哈萨克、朝鲜、彝、壮少数民族文字翻译出版一套马列著作选读系列读物，包括《马列著作选读·哲学》、《马列著作选读·政治经济学》、《马列著作选读·科学社会主义》、《马列著作选读·马克思主义是发展的理论》等，由民族出版社出版。（《人民日报》1990.2.20.③）

△ 国家森林防火总指挥部决定授予158个单位“全国森林防火先进单位”、107人“全国森林防火模范”称号。内蒙古自治区得耳布尔林业局、免渡河林业局、南木林业局、甘河林业公司、内蒙古森警总队大兴安岭支队5个单位，宁夏回族自治区贺兰山自然保护区管理局和六盘山林业局2个单位，新疆维吾尔自治区森林防火指挥部办公室、阿勒泰地区行政公署、阜康县人民政府、特克斯县人民政府、自治区林业厅乌苏林场5个单位获“全国森林防火先进单位”称号；内蒙古的刘维杰、张义、薛振山、刘广恒、张卫星、王汇、刘玉玺，宁夏的周占成和鲁希增，新疆的吾拉勒罕、柯扎依江获“全国森林防火模范”称号。（《内蒙古日报》1990.3.12.①，《宁夏日报》1990.3.12.①，《新疆日报》1990.2.20.①）

20日 内蒙古自治区新闻摄影学会在呼和浩特举行1989年度全区优秀新闻摄影作品评选。评选出一等奖2个、二等奖4个、3等奖8个及优秀奖15个；同时进行因故推迟的

1988年度全区优秀新闻摄影作品评选工作，评选出一、二、三等奖及优秀作品14个。（《内蒙古日报》1990.2.22.①）

△ 《西藏日报》举行报纸胶印正式开印剪彩仪式，这是西藏印刷史上的一大飞跃。自治区党委书记胡锦涛、自治区党委副书记热地为仪式剪彩。（《西藏日报》1990.2.21.①）

21日 西藏自治区藏医院举行颁奖大会，对医院制药厂进行表彰。该制药厂的藏成药常觉等13种药荣获1989年全国星火计划成果适用技术展览交易会金奖，珍珠七十味于1980年获国家优质产品银质奖，1988年再次获得国家优质产品银质奖。10月12日，据《西藏日报》报道，珍珠七十味又获中国医药文化博览会“神农杯”金奖。（《西藏日报》1990.2.23.①，10.12.①）

22日 新疆维吾尔自治区首例同种异体动物心脏移植手术在自治区人民医院取得成功，填补了自治区此项试验性手术空白。（《新疆日报》1990.3.24.①）

24日 据本报呼和浩特讯，最近，内蒙古自治区呼和浩特第二制药厂生产的塞光牌正北芪蜂王浆口服液在巴西里约热内卢召开的第32届国际养蜂会议暨养蜂博览会上获金奖。（《内蒙古日报》1990.2.24.①）

△ 据本报讯，西藏自治区文盲、半文盲占全区人口的比例已由民主改革前的95%降至70%，青海省少数民族文盲约占全省总人口的70%，云南省少数民族成年文盲人口占全省的58%。（《人民日报》1990.2.24.⑤）

25日 宁夏回族自治区农林科学院承担的《扬黄新灌区合理用水、农林牧综合开发研究》成果通过自治区科委鉴定。（《宁夏日报》1990.3.26.①）

26日 内蒙古自治区政府通令嘉奖呼和浩特市女子柔道运动员高凤莲，表彰她为我国柔道运动做出的突出贡献和卓著成绩。高凤莲是我国女子柔道第一个世界冠军，并在1986、1987、1989三届世界女子柔道锦标赛上连续获72公斤以上级冠军，是世界女子柔道界第一个“三连冠”获得者。（《内蒙古自治区大事记（1987~1996）》P279）

△ 据本报讯，全国政协副主席、国家民委主任司马义·艾买提，中共中央统战部副部长张声作最近到江西省南昌市第17中学西藏班，看望和慰问200多名藏族师生。（《西藏日报》1990.2.26.①）

△ 云南省德宏傣族景颇族自治州第二次文学艺术界代表大会召开。会议协商选举产生自治州文艺界的8个协会，即作家协会、民间文艺家协会、音乐家协会、舞蹈家协会、戏剧家协会、美术家协会、摄影家协会和书法家协会，选举产生自治州文联及各协会主席、副主席和秘书长。（《德宏州志》综合卷P91）

28日 石峡沟泥盆系剖面自然保护区建立，位于宁夏回族自治区中宁县，面积4500公顷，是以泥盆系、第三系地质剖面及古生物群为主要保护对象的省级自然保护区。（《全国自然保护区名录》P115）

△ 据本报讯，宁夏回族自治区回族文学研究工作者、宁夏大学回族文学研究所所长李树江的《回族民间文学史纲》最近获首届中国少数民族文学研究评奖（1979~1989年）优秀著作奖。（《宁夏日报》1990.2.28.①）

△ 据本报讯，新疆维吾尔自治区天池管理局参赛的《天池风景区导游图》最近获全国首届风景名胜游览导游图大奖赛优秀奖。（《新疆日报》1990.2.28.①）

是月 广西壮族自治区档案馆新馆正式开馆使用。该馆建筑总面积1万平方米，配备各种先进设施。（《广西通志·大事记》P562）

△ 据报道，瑶族有了自己的文字，第一批掌握瑶族文字的人为广西壮族自治区大化瑶族自治县首届瑶文实验班的23名瑶族学员。瑶文采用拉丁字母26个，有63个声母，20个韵母，8个声调。（《民族团结》1990.2

P48）

3月

1日 据新华社北京电，目前《邓小平论党的建设》等论著已翻译成蒙古、藏、维吾尔、哈萨克、朝鲜等多种少数民族文字出版发行。（《新疆日报》1990.3.9.①）

△ 中央民族学院教师戴庆厦的专著《藏缅语族语言研究》出版，这是我国第一部有关藏缅语族语言研究的著作。（《中央民族大学五十年》P67）

△ 由内蒙古大学计算机系研究小组研究的激光照排版蒙古文报纸在内蒙古大学出版。（《内蒙古日报》1990.6.23.①）

4日 北仑河口海洋自然保护区建立，位于广西壮族自治区防城市防城区，面积3000公顷，是以红树林生态系统为主要保护对象的国家级自然保护区。（《全国自然保护区名录（2003）》P85）

△ 西藏自治区拉萨祈祷法会在各寺庙进行，自治区民宗委、佛协、拉萨市民宗局等有关部门分别前往哲蚌寺、色拉寺、大昭寺等寺院发放布施，供斋茶斋饭。（《人民日报》1990.3.5.②）

5~20日 中国新疆木卡姆艺术团在巴基斯坦伊斯兰堡、卡拉奇、拉合尔、白沙瓦进行访问演出。（《新疆日报》1990.3.16.①，3.25.①）

6~10日 宁夏回族自治区六届人大常委会第十一次会议举行。会议通过自治区人大常委会关于进一步加强造林绿化工作的决议。（《宁夏日报》1990.3.7.①，3.11.①，3.12.①）

8日 新疆维吾尔自治区首批派遣到日本留学的帕尔哈提（维吾尔族）获日本福冈大学医学部博士学位后回国，他是福冈大学医学部留学生中获此殊荣的第一人。（《民族团结》1990.5 P36~37）

9日 据本报讯，内蒙古自治区呼伦贝尔盟最近发现1枚元代官印。印为铜质、方形、重1700克，铸于1286年，印上刻铸八思巴文（即我国古代蒙古文），内容为“钦察亲军千户所印”。（《青海日报》1990.3.9.③）

△ 全国优秀企业家评选委员会评出20名“全国优秀企业家”，内蒙古呼和浩特机床附件总厂厂长曲有义入选。4月7日，中共中央总书记江泽民、国务院总理李鹏向获奖者颁发“金马奖”（10个）、“金球奖”。（《内蒙古日报》1990.3.11.③，4.8.①）

11日 《内蒙古日报》报道，内蒙古自治区民航局新辟呼和浩特经河北省石家庄至广东省广州，呼和浩特至山西省太原，呼和浩特经包头至陕西省西安3条航线，4月1日起通航。（《内蒙古自治区大事记（1987~1996）》P123）

△ 国家重点工程——内蒙古自治区大同至包头铁路复线全线开通运营。（《内蒙古日报》1990.3.13.①）

△ 据本报乌鲁木齐电，新疆维吾尔自治区已建立各类自然保护区20多个，面积10万多平方公里，占全区总面积的61.3%，其中包括我国面积最大的阿尔金山自然保护区和第一个野骆驼保护区。（《人民日报》1990.3.12.②）

12日 据报道，全国绿化委员会第九次扩大会议作出决定，对在植树造林及绿化祖国事业中作出贡献的个人颁发“全国绿化奖章”，内蒙古自治区有17人、宁夏回族自治区有7人及广西壮族自治区17人获“全国绿化奖章”。（《内蒙古自治区大事记（1987~1996）》P123，《内蒙古日报》1990.3.12.①，《广西日报》1990.3.26.①，《宁夏日报》1990.3.27.①）

13日 内蒙古自治区政府发布《内蒙古自治区个体开业医生和联合医疗机构管理办法》，自发布之日起施行。（《内蒙古日

报》1990.5.19.②)

15日 据本报讯，西藏自治区公安厅刑事侦查科学研究所主持进行的《西藏区域水域中硅藻分类》研究成果最近通过鉴定并首次运用于法医学领域。 （《西藏日报》1990.3.15.②)

15～20日 新疆维吾尔自治区摔跤队在全国古典式摔跤锦标赛暨亚运会集训赛上获团体总分第二名，伊力巴图（维吾尔族）、谷茂盛（锡伯族）获金牌。 （《新疆通志·体育志》83卷P95,《新疆日报》1990.3.22.①)

17日 农业部批准新疆维吾尔自治区塔城市为全国第三批商品粮基地县，建设期2年，总投资360万元。 （《伊犁哈萨克自治州志》P68)

△ 据本报讯，最近，人事部向新疆维吾尔自治区获1984、1986、1988年度国家级有突出贡献的29名中青年专家颁发荣誉证书，其中少数民族有米吉提·胡达拜尔地（维吾尔族）、吾守尔·斯拉木（维吾尔族）、额尔德尼（蒙古族）、阿米娜·阿帕尔鲁娃（女，维吾尔族）、哈孜艾买提（维吾尔族）。 （《新疆日报》1990.3.17.①)

20日 内蒙古、新疆、云南等省区联合举办的十省区少数民族风情风光摄影展在云南美术馆展出。 （《云南日报》1990.3.22.①)

24～29日 新疆维吾尔自治区速滑队在全国速滑冠军赛上获1金2铜，刘龚飞获金牌。 （《新疆通志·体育志》83卷P95)

25～27日 新疆维吾尔自治区首届书法理论研讨会在乌鲁木齐召开。会议就新疆书法创作现状、继承与创新等问题进行探讨，并为15篇优秀论文的作者颁奖。 （《新疆日报》1990.4.4.①)

26日 据本报讯，共青团中央、国家科委最近联合表彰了一批“优秀青年星火带头人”。内蒙古自治区青年师成林获全国“优秀青年星火带头人”标兵称号，格日乐图等12名青年获全国“优秀青年星火带头人”称号。 （《内蒙古日报》1990.3.26.①)

27日 据本报讯，新疆维吾尔自治区图书报刊发行业协会最近成立，富文任协会名誉会长，陶世义任会长。 （《新疆日报》1990.3.27.①)

28日 西藏自治区政府在拉萨举行第三次西藏科技进步奖颁奖大会。1984年以来的96项科技成果获奖，其中一等奖3项、二等奖6项、三等奖30项、四等奖57项。 （《西藏日报》1990.3.29.①)

△ 据本报讯，1989年全国首届民间美术佳品奖评选活动及名艺人作品展评选揭晓。宁夏回族自治区民族艺术研究所干部董敏的手工饰品《粽子香包系列》获优秀奖，隆德县桃山乡新庄村农民杜玉莲的红绸面彩绣《方枕顶》获收藏奖，自治区民间秘书学会会员张璟、张岩、张少勤、庞荣松4人的绒线壁挂《西夏印象》获创新奖，自治区群众艺术馆被授予活动组织二等奖。 （《宁夏日报》1990.3.28.①)

30日 据本报乌鲁木齐讯，《中国新疆——多民族边远地区经济开发与技术进步研究》最近被列入国家和自治区软科学研究计划，并得到加拿大国际发展研究中心的资助。 （《新疆日报》1990.3.30.①)

是月 截至目前，民族文化宫图书馆藏有24种民族文字图书50万册及部分外文图书。据1988年馆藏藏学文献资源专门调查，馆藏藏经以包为单位有8000包，14.18万种；现代藏文图书422册；其他少数民族文字图书7000册；外文图书10624册。其中，贝叶经、金粉皮本经卷、朱砂印本《丹珠尔》、珊瑚皮本经卷等属国内外罕见。 （《民族团结》1990.3 P31、37)

△ 据报道，我国第一部《汉彝词典》由四川民族出版社出版发行，全书共53万多词条，240多万字。 （《民族团结》1990.3

P48）

4月

2日 内蒙古自治区作曲家那日松“呼伦贝尔美”声乐作品音乐会在民族文化宫举行。全国人大常委会副委员长廖汉生观看了演出。音乐会由国家民委文化宣传司、文化部少数民族文化司、中国音协创作委员会等13个单位主办。那日松，原名张运清，汉族，中国音乐家协会会员，音协内蒙古分会副主席，呼盟文联副主席。音乐会共演出近30首声乐作品。（《内蒙古日报》1990.4.2.①）

3日 新疆维吾尔自治区公开出版发行的第一部县志——《哈密县志》首发式在乌鲁木齐举行。（《新疆日报》1990.4.4.①）

4日 据本报报道，青海省藏族小学已达727所，在校生7.5万多人，分别比1949年增长52倍和84倍；有藏族中学32所，在校生1.7万多人，结束了25个牧业县没有藏族中学的历史。全省6个民族自治州都已建立民族师范学校。（《人民日报》1990.4.4.③，《民族团结》1990.7 P46）

5日 新疆维吾尔自治区克孜勒苏柯尔克孜自治州阿克陶县巴仁乡发生反革命武装暴乱，被迅速平息。（《克孜勒苏柯尔克孜自治州志》上P64）

6日 中国佛协和福建省、福州市佛协在福州法海寺举行法会，迎接中日友协赠送的《毗卢大藏经》。该经书为我国最早刻本藏经之一，目前国内仅有零星残本。（《云南日报》1990.4.10.②）

△ 我国第一头雌性完全体外化胚胎试管牛犊在广西壮族自治区农学院出生。（《人民日报》1990.4.11.①）

6～13日 西藏自治区拉萨皮革厂技术改造项目执行计划研讨会在拉萨举行。联邦德国驻华大使馆经济合作参赞乌韦·亨里希出席研讨会。中德双方达成一致意见，签署备忘录。（《西藏日报》1990.4.14.①）

7日 据本报达来呼布讯，内蒙古自治区额济纳旗建成自治区最大的自流灌溉草原区。目前已围栏畜群草原库伦961处，其中水、草、林、料、机5配套的140处，灌溉草原面积72万亩，包括灌溉农田5万亩。（《内蒙古日报》1990.4.7.①）

9日 据本报北京讯，内蒙古自治区蒙古族青年导演宝音达来电视剧研讨会最近在北京举行。研讨会由中国电视艺术家协会、中国文艺人才研究会、国家民委文化司等单位联合举办，首都影视界知名人士、评论家、艺术家近20人参加研讨会。宝音达来先后执导40多部（集）电视剧。其中，《山林的雾》和《黄敬斋》分别获全国第一、二届电视剧“骏马奖”一、二等奖，《驼峰山》获自治区第二届“萨日娜奖”一等奖。（《内蒙古日报》1990.4.9.①）

9～10日 北京夏令时18时37分12秒，青海省海南藏族自治州共和盆地西南缘新生代隐伏断裂带发生6.9级强烈地震，宏观震中北纬36°05′、东经100°05′，震源深度30万米，震中烈度9度，分布面积约10万平方公里。震中地区的塘格木农场、兴海县河卡乡红旗村房屋全部倒塌，4个县、7个乡、16个村、2个农场受灾严重，12366户45098人受灾，死亡120人，重伤149人，直接经济损失2.7亿元。30日，民政部副部长范宝俊为团长的中央慰问团抵达灾区慰问各族受灾群众。国家及社会各界共筹集抗震救灾款3237.1万元。（《海南州志》P61～63）

10日 广西民族学院副研究员李冠盛与他人联合研制的“普通型‘杞’码汉语学词输入系统”通过广西壮族自治区教委鉴定。该成果曾获1989年度广西计算机开发应用成果二等奖和广西高校科技进步二等奖。（《广西民族学院校史》P304）

△ 云南省德宏傣族景颇族自治州芒市飞

机场正式通航，该机场抗日战争期间曾为军用飞机场，1950年由解放军接管。1987年5月11日，国务院批准修复芒市飞机场，1988年10月1日工程动工，1990年3月27日通过正式验收，机场总体工程被评为国家级优良工程。（《德宏州志》综合卷P85、88、91~92）

△ 据本报讯，青海省首部地方年鉴——《海西年鉴》最近由青海人民出版社出版发行。（《青海日报》1990.4.10.①）

10~14日 内蒙古自治区七届人大常委会第十三次会议召开。会议通过《内蒙古自治区文物保护条例》。（《内蒙古日报》1990.4.11.①，4.15.①，4.17.②）

11日 西藏自治区第一本少儿歌曲集《雪域少儿歌曲选》正式出版发行，并举行首次赠书仪式和座谈会。（《西藏日报》1990.4.12.①）

14日 据本报呼和浩特讯，内蒙古自治区政府最近决定封闭大兴安岭林区内的2片原始林区。封闭区为：奇乾、乌玛、永安山3个规划林业局（即北片）和毕拉河林业局（即南片）原始林区，共250多万公顷。封闭期间，自治区政府委托大兴安岭林管局对封闭区进行管理。（《内蒙古日报》1990.4.14.①）

△ 内蒙古自治区政协六届常委会通过《中国人民政治协商会议内蒙古自治区委员会关于政治协商、民主监督的暂行规定》。（《内蒙古日报》1990.4.16.②）

△ 由内蒙古、新疆、青海、甘肃、西藏、四川、云南、海南、宁夏、广西联合主办的十省（区）少数民族风情、风光摄影展在南宁举办。（《广西日报》1990.4.17.①）

△ 青海省博物馆举行仪式，归还塔尔寺1部《塔尔寺寺规》（得有）。《塔尔寺寺规》分“加有”和“得有”2部，塔尔寺现仅存“加有”部。“得有”全书340页，以藏文书写，成于清末，为塔尔寺镇寺之宝。（《青海日报》1990.4.20.①）

16日 新疆维吾尔自治区最大的造纸厂——巴音郭楞蒙古自治州博斯腾湖造纸厂试产，当年生产35克和70克有光纸1400吨。（《巴音郭楞蒙古自治州志》P596、2192）

16~17日 宁夏回族自治区六届人大常委会第十二次会议举行。会议通过《宁夏回族自治区环境保护条例》。（《宁夏日报》1990.4.17.①，4.18.①，5.18.③）

16日~5月8日 中央民族歌舞团受国家民委委托，在湖南省湘西土家族苗族自治州、大庸市、怀化地区及一些少数民族聚居县举办19场民族歌舞器乐晚会。（《民族团结》1990.7 P39，《湖南日报》1990.5.10.①）

17日 据本报讯，西藏自治区文艺评论家李佳俊的专著《文学，民族的形象》，最近获首届（1979~1989）少数民族文学研究成果评选“优秀著作奖”。（《西藏日报》1990.4.17.①）

△ 09时59分19.7秒，新疆维吾尔自治区乌恰西南发生6.4级地震，震中位置39°24′N、74°51′E，震源深度11公里，震中烈度IX度。1531间房屋和1112间畜棚倒塌或严重破坏，1884间房屋和784间畜棚遭损坏，圈墙、火墙、烟囱倒塌、开裂的很多，工人受伤，死亡大小牲畜423头（只）。乌恰县损失约400万元。（《新疆减灾四十年》P307）

18日 3只孪生昆明小白鼠在内蒙古大学实验动物研究中心降生，成为中国首批冷冻保存的“试管小鼠”。项目由该校硕士研究生刘东军在其导师旭日干博士指导下完成，在中国小鼠体外受精卵的冷冻保存研究方面尚属首次。目前该中心的小鼠体外受精胚解冻后的存活率达80%，发育率达50%。（《内蒙古日报》1990.4.19.①）

△ 据本报讯，由中国民族图书馆编著的大型藏汉对照《藏文典籍目录》最近由民族出版社出版。（《西藏日报》1990.4.18.①）

20日 西藏自治区党委、政府召开联席会议，通过布达拉宫维修工程总体设计方案和1990~1993年维修工程施工计划。（《西藏日报》1990.4.23.①）

20~28日 四川省七届人大常委会第十六次会议在成都举行。会议听取关于《凉山彝族自治州义务教育实施办法》和关于《四川省民族自治州义务教育实施办法（草案）》的说明；批准《凉山彝族自治州义务教育实施办法》，由凉山州人大常委会公布实施。（《四川日报》1990.4.21.①，4.24.①，4.29.①）

20~30日 中共中央政治局委员、国务委员兼国家教委主任李铁映在广西壮族自治区10个地、市18个县的30多所学校考察。（《宁夏日报》1990.5.1.②）

24日 《新疆14万吨乙烯工程可行性研究报告》获国务院批准。（《新疆日报》1990.4.29.①）

25日~5月1日 苏联乌兹别克加盟共和国部长会议副主席伊斯马伊洛夫·乌克塔姆·库契卡洛维奇率政府代表团参观新疆维吾自治区科研机构、科研项目、科技成果，并就继续推进科技、经济方面的合作等问题同自治区签订合作协议。（《新疆日报》1990.5.5.①）

27日 在北京工作、学习、生活的回、维吾尔、哈萨克、东乡、柯尔克孜、撒拉、塔吉克、乌孜别克、保安、塔塔尔等信仰伊斯兰教的少数民族群众分别在国家民委、民族文化宫、民族俱乐部、中央民族学院等地庆祝肉孜（开斋）节。全国人大常委会副委员长阿沛·阿旺晋美出席联欢会。（《西藏日报》1990.4.28.①，《人民日报》1990.4.28.①）

29日 国家教科委、中国工商银行在北京联合举办全国首届科技贷款成果展览会。展出1984年中国工商银行开办科技开发贷款以来的优秀成果874项。展览会评选出“金箭奖”50项，“银箭奖”100项，其中内蒙古黄河机械厂和内蒙古工学院共同研发的通用液压仿形刀架获“金箭奖”，宁夏化工研究所研制的氧化铈抛光盘、银川市清真糖果厂开发的清真糖果系列产品获“金箭”银奖。（《内蒙古日报》1990.6.13.①，11.17.①；《宁夏日报》1990.5.20.①）

△ 内蒙古选手马全智和金铁英分获第20届国际传统拳击赛负91公斤级和91公斤级银牌。（《人民日报》1990.4.30.③）

是月 清华大学摩擦学国家重点实验室咨询委员会委员、俄罗斯自然科学院和白俄罗斯工程技术科学院外籍院士金元生（回族）教授被国家计委、国家教委和中科院联合授予“在国家重点实验室建设中作出突出贡献的先进工作者”称号，并获金牛奖。（《中国少数民族专家学者辞典》P761）

△ 据报道，为纪念回族迁入吉林310周年编写的《吉林回族》由吉林教育出版社出版发行。（《民族团结》1990.4 P35）

△ 据报道，贵州省已有120万农村青壮年脱盲。全省87个县市中，15~40周岁非文盲人数占85%以上的县58个。1989年，贵州省组织举办扫盲班1.7万多个，50万人参加学习，经考核达到脱盲标准的有34.7万人，占国家下达任务的115%。（《民族团结》1990.4 P46）

5月

1日 宁夏回族自治区首届版画藏书票展览在银川开幕。展览由美协宁夏分会等单位联合主办，展出自治区39名作者的150件作品，其中72件作品入选全国第三届版画藏书展览。（《宁夏日报》1990.5.3.①）

5日 由西藏自治区曲水到大竹卡中尼公路上最大一座桥梁竣工通车。（《新华社新闻稿》1990.5.6）

6日 中国和蒙古两国政府签署《中华人民共和国政府和蒙古人民共和国政府关于保护

自然环境的合作协定》。　（《中华人民共和国边界事务条约集·中蒙卷（2004）》P284）

△　据新华社北京电，地质矿产部最近会同卫生、轻工等部门有关专家对内蒙古自治区呼伦贝尔草原上的维纳矿泉水进行了鉴定。鉴定认为该矿泉水属珍贵的偏硅酸、锶、锂的重碳酸钙优质碳酸泉水，水质世界罕见，不仅含有人体需要的全部宏量元素，而且含有9种人体必需的微量元素。　（《内蒙古日报》1990.5.13.①）

6~20日　国家教委副主任柳斌率教育五项督导检查组一行10人在内蒙古自治区视察。检查组深入17个旗县的32个苏木、乡，视察93所学校，召开30多次座谈会、汇报会，翻阅60余份各级政府和教育行政部门的有关文件及100多份书面材料，并与自治区领导和有关部门负责人就当前自治区中小学教育工作交换意见。　（《内蒙古日报》1990.5.22.①）

7日　据本报呼和浩特讯，内蒙古自治区医院内科主任医师周景春编著的《中蒙西医结合治疗内科常见病》由德力、金钱等译成蒙古文，内蒙古人民出版社出版。这是中国首部系统地将中蒙西医学术融为一体的医学巨著。（《内蒙古日报》1990.5.7.①）

△　北京夏令时13时13分，中、苏、美1990年珠穆朗玛和平登山队第一组6名运动员登上世界第一高峰——珠穆朗玛峰，登顶的中方队员有加布（藏族）、大其米（藏族）。9日北京夏令时11时26分，登山队再次登顶，第二突击组中方队员有桂桑（女）、达穷（藏族）。11时57分，第三突击组中方队员洛则（藏族）、仁那（藏族）登顶，桂桑成为继潘多之后中国第二位登上珠峰的女运动员。（《西藏日报》1990.5.8.①，5.10.①）

8~10日　农业部委托新疆维吾尔自治区科委组织的鉴定委员会在巩乃斯种羊场通过中国美利奴羊（新疆型）毛密品系列科研课题的鉴定验收。　（《伊犁哈萨克自治州志》P68）

8~12日　青海省海西蒙古族藏族自治州八届人大六次会议举行。会议通过《海西蒙古族藏族自治州蒙古族藏族语文工作单行条例（草案）》，自1991年6月1日正式实施。（《海西蒙古族藏族自治州志》4卷P120，5卷P488）

12日　新疆维吾尔自治区科协表彰100个农村科普工作先进集体和147名先进工作者，其中7个先进集体、28名先进个人受到国家表彰。　（《新疆日报》1990.6.1.①）

13~26日　中央统战部、国家科委、国家民委等单位组成联合考察组，在贵州省黔西南布依族苗族自治州兴义、普安、晴隆、贞丰、兴仁等县（市）进行“星火计划、科技扶贫”试验区项目考察。考察组决定把黔西南州列为联合推动“星火计划、科技扶贫”试验区，这是全国石灰岩山区的第一个试验区。（《黔西南布依族苗族自治州志·政权政协志》P30）

14日　贵州铜仁地区傩文化展览在北京开幕。展览由铜仁地区文化局、铜仁地区傩戏博物馆联合举办，展出傩面具300多件，其中明、清面具200多件，明、清傩神画100余幅，及各种法器、书籍。中顾委常委肖克等观看展览。　（《贵州日报》1990.5.16.①）

14~22日　中共中央政治局常委乔石先后在内蒙古自治区呼和浩特、包头、乌兰察布盟、巴彦淖尔盟、伊克昭盟视察，并看望受灾地区和贫困地区的农牧民。　（《内蒙古日报》1990.5.24.①）

15日　国家民委副主任伍精华在江苏省常州西藏民族中学视察工作。　（《西藏日报》1990.6.18.①）

△　云南省镇沅彝族哈尼族拉祜族自治县成立。　（《云南民族团结进步事业光辉历程（1949~2009）》P96）

△　据本报讯，宁夏回族自治区新华印刷

厂最近在西北五省区17家大中型印刷企业的电分制版技术质量评比会上获一等奖。（《宁夏日报》1990.5.15.①）

15~19日 新疆维吾尔自治区摔跤运动员曹国民（俄罗斯族）在全国自由式摔跤锦标赛中获得52公斤级冠军，阿里木哈孜（哈萨克族）获130公斤级第三名。（《新疆通志·体育志》83卷P96）

16日 中苏东段边界协定在苏联莫斯科克里姆林宫签署。（《新华社新闻稿》1990.5.17）

17日 乌兰夫研究会成立大会在内蒙古自治区呼和浩特市召开。自治区党委副书记千奋勇到会祝贺并讲话。（《内蒙古日报》1990.5.19.①）

17~20日 全国少年儿童少数民族器乐演奏评奖在广西壮族自治区柳州举行。全国10个省区市17个少数民族的77名选手参赛，参演的少数民族乐器近40种。评奖由文化部少儿司、民文司，全国少儿艺委会和广西文化厅等7家单位联合举办。内蒙古自治区选手斯琴图、朝克吉勒图获演奏一等奖。新疆维吾尔自治区获单项一等奖3项，二等奖6项，三等奖4项及“新疆10种乐器齐奏”第一名。赛后，新疆代表队赴北京参加首都庆祝六一国际儿童节文艺晚会，并在中南海演出。（《新疆日报》1990.5.31.①，6.6.①；《内蒙古日报》1990.7.4.①）

18日 新疆维吾尔汽车厂生产的15辆轻型卡车开往霍尔果斯口岸，首次出口苏联。（《新华社新闻稿》1990.5.19）

19日 内蒙古自治区政府主席布赫签署主席令，发布施行《内蒙古自治区个体开业医生和联合医疗机构管理办法》。（《内蒙古日报》1990.5.19.②）

△ 据本报讯，大型人物传记《乌兰夫传》最近由内蒙古人民出版社出版。传记全文20章、30余万字，记录了乌兰夫1906~1947年的生平事迹。（《内蒙古日报》1990.5.19.①）

△ 据新华社呼和浩特电，内蒙古自治区包头钢铁稀土公司职工医院采用淋巴结穿刺培养的异常染色体，经中国遗传医学中心鉴定，被确认为“世界首例核型”。该发现对探讨肿瘤的发病机理及其诊断都将产生重要的提示作用。该染色体新核型已收入《中国·人类染色体异常目录》。（《内蒙古日报》1990.5.27.①）

△ 据本报讯，全国首届民族经济研究优秀成果颁奖暨学术研讨会最近在安徽省举行。会议评选论著奖20名，论文奖30名，荣誉奖4名。这是我国首次开展的民族经济研究评奖活动。其中，内蒙古自治区5项成果获奖。曹征海、马彪合著的《起飞前的战略构想——中国少数民族地区经济长期发展研究》（民族出版社出版）获优秀论著一等奖，李欣泉、高盛源、李文进主编的《和旗县长谈当家理财》（中国财经出版社出版）、沈斌华编写的《内蒙古经济发展札记》（内蒙古人民出版社出版）获优秀论著三等奖。（《内蒙古日报》1990.5.19.①；《民族团结》1990.7 P39，1991.3 P6）

△ 云南省少数民族优生研究中心在昆明正式成立，成为全国首家专门从事少数民族优生研究工作的机构。（《云南日报》1990.5.24.①）

△ 西藏登山协会和日本野县山岳协会联合登山队13名队员登上藏北处女峰——海拔6460米的藏色岗日峰，这是中、日联合登山队在中国境内征服的第四座处女峰。登顶的6名中方队员是教练兼队员桑珠，队员次仁多吉、旦真多吉、阿克布、扎西次仁和拉巴。（《西藏日报》1990.5.28.①）

21日 据本报讯，宁夏回族自治区青铜峡、西吉、泾源3市（县）被列为1990年至1994年全国妇幼卫生合作项目县。（《宁

夏日报》1990.5.21.①）

21～31日 西藏自治区五届人大三次会议在拉萨召开。会议通过《西藏自治区文物保护管理条例》。（《西藏日报》1990.5.22.①，5.27.①，6.1.①②）

21日～8月23日 国家可可西里综合科学考察队在青藏高原可可西里无人区进行科学考察。考察队总行程12.5万公里、考察面积7.5万平方公里，考察内容涉及地理学、地质学、气象学、植物学、动物学、医学等24个专业方面，采集数以万计的各类标本和分析测试样品，获得了珍贵的第一手材料。共采集各类矿石和植物标本2400余件，取得科学数据2万多个，对可可西里地区的地理环境、生物物种有了大致了解，发现国家一类保护动物5种、二类保护动物4种，二类保护植物一种。（《青海日报》1990.8.24.①②，8.25.①，1991.1.1.①）

22日 据本报讯，内蒙古自治区1989年度好新闻美术作品评选最近揭晓，12幅新闻美术作品分获一、二、三等奖，其中梁材发表在《内蒙古日报》的漫画《三百五十八行》获一等奖，陶克涛毕力格发表在《内蒙古日报》蒙文版的蒙文篆刻两方获二等奖。（《内蒙古日报》1990.5.22.①）

△ 交通部、云南省交通厅等批复《关于云南省怒江州交通扶贫工作座谈会纪要》。《纪要》提出怒江州“八五”公路交通发展计划要点，6项交通扶贫项目，资金来源及部、厅、州的责任。（《怒江傈僳族自治州志》下P407～408）

△ 新疆维吾尔自治区航模队在全国自由飞航空模型锦标赛中，获国际级橡皮筋模型飞机（F1B）项目团体第一名。（《新疆日报》1990.5.25.①）

23日 《内蒙古通辽市余粮堡灌域地下水资源评价及系统管理模型研究》通过自治区级鉴定，成果达到国内领先水平。（《内蒙古日报》1990.6.24.①）

23～28日 新疆维吾尔自治区首届“丝路之花”舞蹈大奖赛在乌鲁木齐举行，10位舞蹈演员获最佳演员称号，17位获优秀演员奖。大奖赛创编一等奖空缺，5个节目获创编二等奖，8个节目获三等奖，12个节目获优秀奖和鼓励奖。4人分获舞蹈音乐创作一、二、三等奖，5个节目获优秀音乐创作奖。1个节目获舞台美术综合奖一等奖，18个节目分获舞台美术各项单奖。（《新疆日报》1990.5.25.①，5.29.①）

25日 昆明陆军学院首届藏族学员队毕业典礼在西藏军区礼堂召开，我军历史上第一批经正规院校培养的藏族初级指挥军官67人毕业。（《西藏日报》1990.5.26.①）

△ 据本报讯，宁夏回族自治区回族青年摄影者刘仲华的《韵》和《金色的重奏》2幅摄影作品最近在海南三亚举办的天涯杯国际书法美术摄影大奖赛中获优等奖。（《宁夏日报》1990.5.25.①）

26日 宁夏回族自治区主席白立忱等到清真寺看望自治区赴麦加朝觐团成员，并为其送行。自治区宗教局副局长杨耀苍为团长的自治区朝觐团一行共101人，其中女穆斯林11人，是自治区成立以来人数最多的一次，将分批赴麦加朝觐。（《宁夏日报》1990.5.27.①）

29日 据本报讯，内蒙古煤田地质勘探公司高级工程师张瑜瑾主持的国家二类科研项目《内蒙古准格尔煤田煤系地层中硬质高岭土开发利用研究》最近通过国家鉴定。（《内蒙古日报》1990.5.29.①）

30日 四川省少数民族语言文字工作委员会在成都恢复建立，冯元蔚（彝族）任主任，扎西泽仁（藏族）任第一副主任，陈叔乾任常务副主任。（《四川日报》1990.6.1.①）

△ 四川省甘孜藏族自治州《“八五”经

济、科技、社会发展目标及对策研究》课题报告通过省级评审。（《四川日报》1990.5.30.①）

△ 据新华社拉萨电，西藏自治区目前有大学4所、普通中学67所、小学2453所，中小学生人数比1958年分别增长66倍和187.7倍。（《西藏日报》1990.6.2.④）

△ 据本报讯，宁夏回族自治区第一项沙漠化土地综合整治项目——《宁夏盐池县沙漠化土地综合整治》最近在盐池县通过论证。（《宁夏日报》1990.5.30.①）

△ 新疆维吾尔自治区教育委员会与苏联哈萨克斯坦加盟共和国教育部在乌鲁木齐签署互派留学生等有关教育交流和科技合作的11项协议书。（《新疆日报》1990.6.1.①）

31日 内蒙古自治区儿童调查办公室和统计局《内蒙古儿童生存环境、教育和健康情况的分析与研究》科研成果通过鉴定，达到国内先进水平。（《内蒙古日报》1990.6.5.①）

△ 内蒙古自治区呼和浩特至蒙古国乌兰巴托国际直通客车首次开行。（《内蒙古日报》1990.4.24.①）

31日~6月2日 内蒙古自治区第二次环境保护会议举行，自治区主席布赫、副主席裴英武出席会议并讲话。会议传达全国第三次环保会议精神，总结1975年全区第一次环保会议以来的经验，讨论《自治区政府关于加强环保工作的决定》。（《内蒙古日报》1990.6.4.①）

6月

4~5日 西藏自治区科委在拉萨召开评审会议，对《扎布耶盐湖卤水中提取碳酸锂的中间试验报告》进行评审，并验收通过。（《西藏日报》1990.6.6.①）

8日 宁夏回族自治区首届戏剧小品电视大赛在银川颁奖。比赛由宁夏电视台、中国戏剧家协会宁夏分会联合举办，评选出一等奖1个、二等奖2个、三等奖4个、优秀奖4个。（《宁夏日报》1990.6.13.①）

9日 据本报讯，第一部总结宁夏回族自治区40年找矿成果的专著——《宁夏回族自治区区域矿产总结》最近在银川通过地质矿产部、内蒙古地矿局、宁夏地矿局44名评审员的评审验收。（《宁夏日报》1990.6.9.①）

9日~7月17日 中国内蒙古杂技团一行44人在蒙古人民共和国访问。杂技团在乌兰巴托连续演出32场，蒙古人民共和国文化部部长、乌兰巴托市市长先后接见了杂技团全体人员。蒙古文化部和蒙古杂技院向杂技团颁发“文化友好使者”证书。（《内蒙古日报》1990.6.10.①，7.28.①）

9日~9月10日 云南民族歌舞团先后参加西班牙民间艺术节和法国贡佛朗艺术节演出，共演出42场。歌舞团由云南省及大理、保山、德宏等地州10个文艺团体组成，包括11个民族的30名演职员。（《云南日报》1990.9.13.①，10.20.①）

11日 据本报呼和浩特讯，《内蒙古珠算协会志》最近由内蒙古人民出版社出版发行。这是自治区首部科技学术团体志，在全国首创。（《内蒙古日报》1990.6.11.①）

13日 青海省黄南藏族自治州检查组对河南蒙古族自治县灭鼠情况检查验收，确定该县为全省第一个“无地面鼠害县”。（《黄南州志》上P60）

16日 据本报讯，内蒙古现代五项队最近在1990年全国现代五项锦标赛中获2枚金牌，其中张丽敏夺得女子个人金牌，内蒙古队获女子团体冠军。（《内蒙古日报》1990.6.16.①）

△ 据新华社北京电，电视系列片《中国穆斯林》开始以中、英、阿拉伯3种语言、文字向海内外发行。该片由国际文化交流音像出版社和中国宁夏伊斯兰国际信托投资公司联合

摄制。 （《宁夏日报》1990.6.17.①）

18日～8月2日 全国文联副主席、西藏自治区政协副主席、藏族歌唱家才旦卓玛率西藏自治区演出团一行45人，在青海、甘肃等藏区进行慰问演出。此次演出行程8000多公里，共演出30多场。 （《西藏日报》1990.7.3.②，8.3.①，8.8.①）

19日 据新华社北京电，中国目前开办有12所民族学院，共有76个专业，在校学生12万人。全国55个少数民族都有本民族的大学生，在全国各高等院校就读的少数民族硕士研究生、博士研究生有2000多名。 （《人民日报》1990.6.20.①）

21日 新疆维吾尔自治区政府第87次常务会议通过《新疆维吾尔自治区城市公共卫生管理办法》，自10月1日起施行。 （《新疆日报》1990.10.1.②）

23日 电视片《古原走来的脚步——云南少数民族体育王国初探》最近举行首映式。该片由云南省体委、民委共同录制，展现了云南少数民族传统体育发展史的脉络。 （《云南日报》1990.6.23.①）

24日 “七五”国家科研攻关项目——西藏自治区配合饲料资源调研课题在拉萨通过国家商业部和西藏、四川、贵州、安徽、山西等省市17位专家的评审验收。该课题由自治区粮食局粮油中心化验室承担，查清了7地（市）可供饲料生产的资源为10类37种，总量73782.92万吨。其中，目前可用于饲料工业的有36.91万吨，近期可开发利用的有3万吨。 （《西藏日报》1990.6.25.①）

25日 云南省人大常委会第七届十二次会议批准《云南省双江拉祜族佤族布朗族傣族自治县自治条例》，自1990年12月30日施行。 （《双江拉祜族佤族布朗族傣族自治县志》P59）

25～28日 青海省七届人大常委会第十五次会议举行，批准《海南藏族自治州藏语文工作条例》。 （《青海日报》1990.6.26.①，6.29.①）

26日 贵州省政府批准黔南布依族苗族自治州荔波喀斯特森林风景区为第二批省级风景名胜区。 （《黔南布依族苗族自治州志》上P72）

△ 全国少数民族自治区暨西南西北地区广播电视协作会议在西藏自治区拉萨召开。广播电影电视部，内蒙古、新疆、广西、宁夏、西藏、四川、青海等13个省、区广播电视厅、台的领导和有关人员140多人参加。 （《西藏日报》1990.6.28.①）

△ 据本报讯，国家教委举办的全国首届教育科学优秀成果评选最近揭晓，宁夏回族自治区教育科学研究所周卫等人的《宁夏回族聚居六乡小学五年巩固率调查》获教育报告一等奖。 （《宁夏日报》1990.6.26.①）

△ 新疆维吾尔自治区第五届（1989年度）好新闻好作品评选（报纸系统）揭晓，维吾尔、哈萨克、蒙古、柯尔克孜、锡伯、汉6种文字报纸共评选出181篇（件）好新闻、好作品，其中一等奖19篇（件）、二等奖60篇（件）、三等奖102篇（件）。 （《新疆日报》1990.6.29.①）

26～29日 第三届国际瑶族研讨会在法国杜鲁斯市举行。 （《民族团结》1991.3 P36）

27日 据本报报道，巴拉吉尼玛（蒙古族）和张继霞编著的《蒙古族科学家》由内蒙古人民出版社出版。该书辑录了从元代至当代的30位蒙古族科学家。 （《人民日报》1990.6.27.⑤）

29日 第三届全国女子自由式摔跤比赛在内蒙古呼和浩特结束，内蒙古队宝荣、乌日娜、刘巧霞、赵月华分获48、56、60、80～90公斤4个级别金牌。 （《内蒙古日报》1990.7.3.①）

△ 宁夏新闻工作者协会、宁夏新闻学会

在银川召开会议，表彰自治区10个先进新闻集体和55名优秀新闻工作者，同时受中华全国新闻工作者协会委托，向自治区一批从事新闻工作30年的老同志颁发荣誉证书和证章。（《宁夏日报》1990.7.3.①）

30日~7月2日 1990年内蒙古“医药供销杯”自由式摔跤国际邀请赛在呼和浩特举行。内蒙古队的冼毕斯哈拉图、扎木苏荣分获74公斤级和90公斤级金牌。（《内蒙古日报》1990.6.29.①，7.5.①）

是月 天津市举行首届少数民族传统体育运动会。（《民族团结》1990.9 彩四）

△ 第16届世界羽毛球锦标赛在日本举行。中国男队广西运动员吴文凯与队友获汤姆斯杯，女队农群华（壮族）、黄华与队友获尤伯杯。（《广西通志·大事记》P564）

△ 新疆维吾尔自治区北塔山山区首次发现阿尔泰雪鸡。阿尔泰雪鸡既不同于天山等地分布的高山雪鸡，又区别于昆仑山的藏雪鸡，是继高山雪鸡和藏学鸡之后我国发现的第三种雪鸡，属国家二类保护药用珍禽。（《人民日报》1990.7.10.①）

是~8月初 中国和加拿大恐龙联合考察团在内蒙古自治区乌拉特后旗、东胜、杭锦旗、鄂托克旗及二连浩特等内蒙古戈壁草原地带进行第三次大规模恐龙考察。考察团在巴音满都呼发现甲龙群体化石，共7具骨架，体长均在1米左右，大小相当于成年甲龙的1/6，幼年甲龙的头骨和各部分骨骼均保存完好。在世界上首次发现2个刚孵化出的幼年甲龙头骨化石，其长度仅2厘米。科学家在巴音满都呼还发现了大量哺乳类化石，填补了我国晚白垩纪哺乳类的空白，并将内蒙古哺乳类的历史推前1000万年左右。（《内蒙古日报》1990.8.21.①）

7月

1日 云南省西双版纳傣族自治州电视台正式开播。（《西双版纳傣族自治州志》上P79）

3日 据本报讯，最近，广西壮族自治区北海造纸厂“应用量、本、利分析法进行经营决策，提高经济效益”、桂林合成洗涤剂厂“运用预测技术加快液洗产品发展”和梧州火柴厂“价值工程在火柴原材料选择上的应用”3项成果分获全国轻工业企业管理现代化成果二、三等奖和鼓励奖。（《广西日报》1990.7.3.①）

3~7日 中共中央宣传部、国家民委、文化部邀请广西、西藏、贵州、云南、四川5省区宣传、民族、文化工作部门的负责人在成都举行座谈会，研究如何进一步加强民族地区的宣传文化工作。（《民族团结》1991.3 P7）

6日 据本报讯，最近，全国发展少数民族个体商业研讨会在甘肃省临夏市举行。会议围绕如何更好地贯彻党和国家关于发展个体商业的方针和政策，鼓励、扶持少数民族个体商业健康发展问题交换意见。（《人民日报》1990.7.6.⑤）

7日 据本报讯，世界上保存最完整的库班猪头骨化石最近在宁夏回族自治区同心县出土。（《宁夏日报》1990.7.7.①）

9日 国务院批准云南省德宏傣族景颇族自治州潞西、瑞丽、畹町3县市正式对外开放。（《德宏州志》综合卷P92）

△ 西藏自治区第一人民医院首例“体外循环心内直视手术”获得成功。这是中国首例在海拔3658米的缺氧环境下进行的此类手术，填补了西藏高原心血管外科的一项空白。（《西藏日报》1990.7.12.①）

9~10日 1990年迎亚运西南协作区男子摔跤比赛在西藏拉萨举行，云南、贵州、四川、西藏4省区的汉、藏、彝、满、苗、布依等民族的31名运动员参赛。西藏队的罗伍冬、次牛、边巴顿珠、达瓦顿珠分获48、

68、74、82公斤级冠军，四川队的董港、廖凯忠、日呷分获52、57、62公斤级冠军。（《西藏日报》1990.7.10.①，7.11.①，12.14.①）

10日 据本报讯，国家文物局拨专款30万元修建的藏王墓防洪河堤最近在琼结县竣工，河堤长1150米，宽2米，通高2.5米。藏王墓是吐蕃王朝时期历代藏王的墓葬群，有大小16座墓，1961年国务院公布其为全国重点文物保护单位。（《西藏日报》1990.7.10.②）

△ 蒙古人民共和国驻中国呼和浩特总领事馆正式恢复设立。（《内蒙古日报》1990.7.8.①，7.11.①）

11日 新疆维吾尔自治区《江格尔》领导小组、中国民间文艺研究会新疆分会等单位联合举办的搜集整理蒙古族英雄史诗《江格尔》成果展览在乌鲁木齐开幕。（《新疆日报》1990.7.15.①）

12日 据新华社北京电，云南省10岁小画家张可（佤族）个人画展最近在民族文化宫举办。画展由国家民委、文化部少儿司等8家单位联合举办，共展出张可3至10岁创作的108幅作品，其中2幅被民族文化宫收藏。（《云南日报》1990.7.13.①）

14日 《中共中央关于加强统一战线工作的通知》下发。《通知》要求做好爱国宗教界人士的工作，巩固和扩大党同各民族爱国宗教界的统一战线。（《凝聚》P83）

14~15日 第一次双语学国际学术讨论会在吉林省延边朝鲜族自治州召开。（《民族团结》1991.3 P7）

14~17日 西北地区第四次体委主任会议在宁夏银川举行，会上成立全国第一个跨地区的体育发展战略研究会——西北体育发展战略研究会。（《宁夏日报》1990.7.22.①）

15日 云南省怒江傈僳族自治州第一座县级人民广播电台——泸水人民广播电台正式开播。（《怒江傈僳族自治州志》上P761）

17日 中共中央政治局委员、国务委员、布达拉宫维修领导小组名誉组长李铁映主持会议，听取布达拉宫维修领导小组关于维修工程总体设计方案和维修工程进展情况的汇报，同意布达拉宫维修工程总体设计方案及对今后几年的施工安排。（《西藏日报》1990.8.6.①）

△ 内蒙古自治区科委主持的巴音哈太“荒漠草原提高草场生产力及经济效益综合技术措施的开发与研究”科研项目在巴音哈太通过鉴定。该项目是自治区“七五”期间重点科研项目，达到了国内同类研究的先进水平。（《内蒙古日报》1990.8.8.①）

△ 据本报讯，最近，内蒙古自治区首批经过正规训练的弟子——37名蒙古族青年喇嘛离开五当召，分赴内蒙古和新疆的重点寺庙供职。（《贵州日报》1990.7.17.①）

△ 据新华社银川电，在宁夏回族自治区贺兰县发现宏佛塔，塔高约25米，下半部为密檐式砖塔，上半部为喇嘛式塔，经考证确认佛塔为西夏时期的原建古塔。在维修塔刹顶部时，发现大批珍贵西夏文物。其中，有较完好的彩塑头像十余尊、像身近10座；西夏文大小字号木刻印经版残断千余小块，刻文大都清晰可辨，并多数为两面印文；唐卡、绢帛彩画较完整的近10幅，残片断条数百片，有些残画上保有西夏文榜题；木刻观音像和雕花彩画板各1块；西夏文汉文对照残纸泥块和西夏文木简1块；宋代铜钱3枚。（《人民日报》1990.8.1.③，《宁夏日报》1990.7.28.①）

△ 新疆维吾尔自治区专家技术事务所成立。事务所将组织专家面向全区开展高水平的软科学研究，为自治区各级领导提供决策依据。（《新疆日报》1990.8.5.①）

17~19日 广西壮族自治区首次特殊教育工作会议在南宁举行。自治区副主席李振潜指出，特殊教育是义务教育的组成部分，要保

障残疾儿童和少年受教育权利。（《广西日报》1990.7.21.①）

20日 云南省首届少数民族美术教师进修班开学。进修班由云南省民族干部学校、云南画院、云南民族画院联合举办，云南民族中、小学17个民族的教师40人参加。（《云南日报》1990.7.21.①）

21日 第二届全国（1989年度）蒙古文报纸好新闻评选在新疆维吾尔自治区博尔塔拉揭晓，评选出35篇好新闻、5块好版面、4个好专栏、2个好标题，其中5篇新闻获一等奖。（《新疆日报》1990.8.1.①）

21~23日 第三届全国搏克邀请赛在内蒙古自治区锡林浩特市举行。内蒙古队、锡林浩特盟阿巴嘎旗队分获团体一、二名，内蒙古查干扎那、巴图那顺分获个人冠、亚军，黑龙江达希尼玛获季军。（《内蒙古日报》1990.8.12.①）

22日 据本报南宁讯，截至目前，广西壮族自治区有20所大、中学校同美洲、欧洲、亚洲、大洋洲28个国家和地区的105所大学、研究机构互建友好往来，其中广西大学等10所院校已同美国、苏联、意大利、香港等14个国家和地区的30多所大学签订校际交流与合作协议。（《广西日报》1990.7.22.①）

23日 首届全国草地畜牧业高级研修班开学典礼在内蒙古呼和浩特举行，12个省、区的30名草地畜牧业高级科技人员参加。（《内蒙古日报》1990.7.24.①）

△ 中日友好青少年科学文化交流——新疆野营队一行35人赴日本东瀛参加夏令营，这是新疆维吾尔自治区青少年首次出国进行科学文化交流。出访团中包括7个民族的25名各族中小学生。（《新疆日报》1990.7.25.①）

24日 新疆维吾尔自治区青年男子篮球队赴苏联伏龙芝市，与苏联吉尔吉斯加盟共和国篮球队交流球艺，这是自治区篮球代表队首次出访国外。（《新疆日报》1990.7.26.①）

△ 中共中央政治局常委乔石视察新疆维吾尔自治区巴音郭楞蒙古自治州。（《巴音郭楞蒙古自治州志》下P1462、2192）

24日~8月5日 蒙古通俗歌曲国际大奖赛在乌兰巴托举行，中国民族歌舞团的蒙古族歌手腾格尔获一等奖。（《内蒙古日报》1990.8.6.③）

25日 据本报讯，目前，西藏自治区小学一年级藏族新生全部实行藏语文授课，中小学和大中专学校都把藏语文列为必修课。（《西藏日报》1990.7.25.①）

△ 甘肃省拉卜楞寺大经堂重建开光。拉卜楞寺是全国重点文物保护单位，中国藏传佛教六大名寺之一。1985年4月7日，寺中规模最大的大经堂遭大火焚毁，中央和甘肃省先后拨款1000多万元专款重新修建。（《甘肃日报》1990.7.26.①，《西藏日报》1990.7.28.③）

25~28日 全国民族理论专题学术讨论会在黑龙江哈尔滨召开。会议由中国民族理论学会举办，就国际大气候对我国民族关系的影响和在改革开放的新形势下我国民族关系出现的一些重大理论问题进行探讨。17个省区市的87位民族理论专家、学者、教授和民族工作者参加。国家民委第一副主任伍精华等出席会议。（《人民日报》1990.8.5.③，《民族团结》1991.3 P7）

26日 内蒙古自治区赤峰教育学院主办的《作文报》发行量居全国之首，被定为中国写作学会青少年写作研究会会报。（《内蒙古日报》1990.7.26.①）

△ 第11届亚运会基金会西藏分会在拉萨成立。全国政协副主席、西藏自治区政协副主席帕巴拉·格列朗杰（藏族）任基金会名誉会长，自治区政府副主席吉普·平措次登（藏族）任会长。（《西藏日报》1990.7.28.①）

26~29日 西藏自治区档案学会成立暨第一次会员代表大会在拉萨召开。会议通过

《自治区档案学会章程》，选举樊万斌为学会首届理事会理事长，罗永林、卓嘎、唯赛、陆仲星为副理事长。（《西藏日报》1990.7.27.①，7.30.①）

27日 贵州省政府批复，同意黔南布依族苗族自治州平塘、独山、惠水3县共21904名佯僙人认定为毛南族。（《黔南布依族苗族自治州志》上P72）

△ 甘肃省佛学院举行首届学员毕业典礼，省内藏传佛教地区的33个寺院的首批56名佛教职业人员完成学业，副院长贡唐仓·丹贝旺旭主持，国家宗教事务局副局长洛桑赤耐到会祝贺。（《甘肃日报》1990.8.2.①，《贵州日报》1990.8.5.①）

28日 全国青少年地学夏令营分营——云南省少数民族青少年地学夏令营在昆明开营。该夏令营是全国第一个少数民族青少年地学夏令营，云南9个地州、15个少数民族的64名营员参加。（《云南日报》1990.7.30.①）

△ 宁夏大学回族文学研究所、宁夏人民出版社获全国首届当代少数民族文学研究评奖园丁奖，杨继国、何克俭获评论奖。（《宁夏日报》1990.8.4.①，8.16.①，9.1.①）

28～29日 西藏自治区档案馆新馆开馆典礼在拉萨举行。原中央军委主席邓小平和全国人大常委会副委员长阿沛·阿旺晋美分别为档案馆题写汉、藏文馆名，中共中央总书记江泽民为档案馆题词“藏民族优秀的历史文化是中华民族文化宝库的重要组成部分”。（《中国共产党西藏历史大事记（1949～2004）》P578，《西藏日报》1990.7.29.①）

28日～8月1日 中国少数民族新闻研究会一届二次理论研讨会在甘肃省临夏市召开，全国9个省、区的30多名各族新闻工作者就如何繁荣和发展少数民族新闻事业进行了研讨。（《内蒙古日报》1990.8.4.③）

29日 据本报呼和浩特讯，内蒙古自治区首台自行设计制造的QFW—I型污水处理装置最近通过鉴定，工艺设备达国内先进水平，填补自治区空白。（《内蒙古日报》1990.7.29.②）

△ 新疆维吾尔自治区乌鲁木齐地区首届象棋等级赛封棋，8名选手成为自治区首批象棋棋师，其中扬浩、谭兵、薛文强为二级棋师，王建峰、龙文善、张斌、于明明、曾思成为三级棋师。（《新疆日报》1990.8.2.①）

是月 据报道，国家民委民族问题研究中心举办“中华民族多元一体格局”研讨会，国内外40余名人类学、民族学、历史学专家、学者参会。“中华民族多元一体格局”这一观点由费孝通教授于1988年8月提出。（《民族团结》1990.7 P46）

△ 据报道，羌族民间叙事长诗《木姐珠和斗安珠》获全国第二届民间长诗二等奖。（《民族团结》1990.7 P46）

△ 国家“七五”期间重点攻关项目——宁夏回族自治区“固原黄土丘陵区水土保持与农林牧优化结构试验研究”通过国家验收组现场验收。（《宁夏日报》1990.8.26.①）

8月

2日 据本报讯，内蒙古医学院第二附属医院最近成功进行了自治区首例再造手治疗，手术首创动静脉转流术。（《内蒙古日报》1990.8.2.②）

2～7日 西南五省七方经济研究中心第五次联席会议在西藏拉萨召开。四川、云南、广西、贵州、西藏及成都和重庆市代表就西南少数民族地区发展和产业政策，西南少数民族地区脱贫致富、脱贫治愚的途径等进行探讨。（《西藏日报》1990.8.3.①，8.8.①）

3～18日 西藏自治区首届管弦乐作品比赛和自治区第二届专业器乐声乐比赛在拉萨举行。管弦乐作品赛中有9首作品进入决赛，器乐比赛评选出创作奖10个、演奏奖25个，声乐比赛评出创作奖11个、演唱奖28个。

（《西藏日报》1990.8.20.①）

4日 据本报通辽讯，内蒙古自治区少数民族计划生育工作经验交流会最近在通辽举行。国家计生委主任彭佩云、自治区副主席赵志宏出席会议并讲话，8个单位介绍了开展少数民族计划生育工作的经验。（《内蒙古日报》1990.8.4.①）

△ 在英国举办的第36届西迪茅斯国际民族艺术节上，四川省凉山彝族自治州州长刘绍先率中国民族艺术团举行首场演出。6月22日起，该团赴马耳他、希腊、英国参加国际艺术节，并在伦敦进行6场商业性演出。（《四川日报》1990.6.24.①，7.20.①，8.15.③）

4~9日 全国第二届少数民族省（区）群艺馆馆长联席会在新疆维吾尔自治区乌鲁木齐召开，3个省、区的群艺馆馆长和新疆维吾尔自治区16个地、州群艺馆馆长共40余人参加会议。会议宣读论文50多篇，评选出优秀论文18篇。（《新疆日报》1990.8.15.①）

4~11日 第九届西南、西北九省（区）财政（经）学校校际协作会议在西藏拉萨召开，四川、云南、贵州、西藏、新疆、宁夏、陕西、甘肃、青海9个省区财政（经）学校代表及各省、区财政厅（局）主管教育的负责人共50人参加。财政部教育司副司长张玉泰出席并讲话。会议制定西南、西北九省（区）财政（经）学校校际协作会简章。（《西藏日报》1990.8.6.①，8.13.①）

5日 据本报讯，最近，藏族戏剧剧种“德欠藏戏”在青海省黄南藏族自治州尖扎县能科乡德欠寺院被首次发现。（《青海日报》1990.8.5.①）

5~10日 干旱地区“坎儿井”灌溉国际学术讨论会在新疆维吾尔自治区乌鲁木齐和吐鲁番市召开。会议由我国“人与生物圈”国家委员会和新疆生物土壤沙漠研究所联合主办，日本、苏联、美国等7国和我国的专家共70多人参加，围绕世界及中国“坎儿井”起源与发展等问题进行探讨。会议收到论文40多篇。（《人民日报》1990.8.10.①，《新疆日报》1990.8.9.①）

6日 西南五省区七方科委少数民族地区科技进步研讨会在云南大理举行。云南、贵州、四川、广西、西藏及重庆、成都等地的40多名科技管理干部和研究人员参加，就民族自治地区科技进步机制、领导体制、科技投入、科技人员、科技扶贫等问题进行探讨。（《云南日报》1990.8.12.①）

7日 据新华社讯，蒙古文《金帐桦皮书》首次译成汉文公开出版。此作品1930年出土，是于700年前用骨笔蘸墨汁写在桦皮上的蒙古抒情诗稿，反映中世纪蒙古草原兵役之苦。（《人民日报》1990.8.9.④，《民族团结》1990.11 P25）

△ 据本报讯，中国儿童发展中心内蒙古分中心、内蒙古科学育儿基地最近在呼和浩特建立。（《内蒙古日报》1990.8.7.①）

△ 据本报讯，由文化部少数民族文化司、中央电视台、广西音像出版社等联合主办的全国少数民族之声歌曲征集活动最近揭晓，广西壮族自治区的《晨雾中牛铃在响》获一等奖，《你甜我也甜》获三等奖，另有4首获优秀奖。（《广西日报》1990.8.7.①）

△ 西藏自治区党委批转《关于〈全区学校党的建设工作会议纪要〉的通知》。（《中国共产党西藏历史大事记（1949~2004）》P578）

△ 第11届亚运会大型活动部在西藏自治区喜马拉雅山脉举行采集亚运会火炬火种仪式。藏族少女达娃央宗用太阳聚光镜发出的自然火焰点燃亚运会火炬火种，交给前世界冠军、体操运动员李宁（壮族）。（《人民日报》1990.8.3.④，8.8.①；《西藏日报》1990.8.8.①，8.25.①）

△ 首届全国少数民族男子木球邀请赛在

宁夏银川开幕，安徽、山东、内蒙古、山西、天津、河北和宁夏7支球队的50多名少数民族运动员参赛。（《宁夏日报》1990.8.8.①）

△ 据本报讯，宁夏回族自治区青年黄河防护林工程最近通过团中央、林业部和水利部的检查验收。截至1989年底，该工程共种植防护林22.17万亩，完成人工种草10.3万亩四旁植树2579.82万株，森林覆盖率由1984年的12.12%增至19.97%。（《宁夏日报》1990.8.7.①）

7～11日 广西壮族自治区七届人大常委会第十八次会议举行。会议通过《广西壮族自治区森林和野生动物类型自然保护区管理条例》。（《广西日报》1990.8.8.①，8.12.①）

8日 内蒙古自治区与台商第一家合资企业——内蒙古林浩石墨制品有限公司成立，总投资1704.65万元，其中自治区占65%、台商占35%。（《内蒙古日报》1990.8.12.①）

△ 中国蒙古史学会、元史研究会、宁夏史学会1990年学术讨论会在银川开幕，15省区的代表100余人参加。会议收到学术论文40多篇。（《宁夏日报》1990.8.10.①）

△ 新疆维吾尔自治区《人口与经济协调发展研究》通过自治区级鉴定，这是新疆首次对人口与经济协调发展作大规模系统和综合分析。（《新疆日报》1990.8.19.①）

9日 据新华社呼和浩特电，贵州少数民族服饰展览最近在内蒙古呼和浩特举办，展览共展出苗族服饰为主的6个少数民族服饰160余件。（《贵州日报》1990.8.11.①）

10日 《内蒙古宏观经济模型》在呼和浩特市通过国务院发展研究中心等部门的评审鉴定，填补内蒙古自治区数量经济、技术经济研究与应用工作的空白。（《内蒙古日报》1990.8.22.①）

△ 西藏自治区首届优秀学术论文暨1990年科普月先进集体表彰大会在拉萨举行。优秀论文评选活动参赛作品是自治区科协所属的40个学会、协会、研究会评选出的1985年至1989年间的优秀学术论文63篇。（《西藏日报》1990.8.14.①）

10～17日 西北音乐周——天山之声音乐会在新疆维吾尔自治区乌鲁木齐举办。西北五省区的11个艺术表演团体，包括14个民族的1549名音乐工作者演出94个节目组成的11台晚会。开幕前，全国政协副主席、自治区顾问委员会主任王恩茂，全国政协副主席、国家民委主任司马义·艾买提等领导会见音乐会组委会成员和西北五省区演出团领队及主要演员。（《新疆日报》1990.8.11.①，8.18.①）

12日 全国残联支持组建的中央医疗队一行7人抵达内蒙古自治区，为近千名小儿麻痹症患者实施矫正手术。（《内蒙古日报》1990.8.15.①）

△ 据本报讯，中国回族研究讲习班最近在宁夏银川举办，甘肃、山西、北京等省市和宁夏回族自治区的40位民族工作者、历史工作者、地方志工作者参加。（《宁夏日报》1990.8.12.①）

12～18日 第四届全国少数民族社会科学刊物编辑会在西藏自治区召开，北京、内蒙古、宁夏、广西、四川、西藏等省区市代表参加。（《西藏日报》1990.8.16.①，8.19.①）

13日 内蒙古自治区首届国际医疗设备展览会在呼和浩特开幕。展览会由中国国际商会内蒙古分会等联合主办，共展出国内外近30家厂商的300多件展品。（《内蒙古日报》1990.8.14.①）

14日 据本报呼和浩特讯，中国环境科学研究院、内蒙古科委、内蒙古城乡建设环境保护厅最近通过国家“七五”科技攻关项目——呼伦湖、乌梁素海富营养化调查研究成果鉴定，这是内蒙古首次开展此类课题。研究表明，呼伦湖属草原型自然污染，已处于富营养状态；乌梁素海已受到农灌排水为主的严重污染，湖体亦处于富营养甚至异常营养状态。

（《内蒙古日报》1990.8.14.①）

△ 贵州省黔西南布依族苗族自治州政府、册亨县政府在贵阳与贵州省林业厅签订执行世界银行国家造林项目协议书，第一次利用外国贷款造林。（《黔西南布依族苗族自治州志·政权政协志》P30）

△ 十世班禅额尔德尼·确吉坚赞纪念塔在青海省海南藏族自治州恰卜恰幸福滩落成并举行开光典礼。（《海南州志》P63）

△ 建国以来宁夏回族自治区少儿绘画展览首次在北京展出，142名小作者的241幅作品参展。（《宁夏日报》1990.8.21.①）

15日 据本报讯，中科院最近组织苏联、法国等10个国家的19名治沙专家在内蒙古自治区吉兰泰盐场进行实地考察。（《内蒙古日报》1990.8.15.①）

△ 据本报讯，湖南省岳阳市一中西藏班9名藏族学生参加第三届“双龙杯”全国青少年书画大赛全部获奖。顿珠次仁、迹玛穷达的剪纸《雷锋像》和毛泽东主席手书《向雷锋同志学习》获金杯奖；卫星、索朗顿珠的组画《保护大自然》，央宗（女）的《红楼梦》人物剪纸组画和《孙悟空大闹天宫》群体图，大罗布的剪纸《民族歌舞庆六一》获银杯奖；建阿达瓦的藏汉文硬笔书法《岳阳楼记》获铜杯奖；德吉措姆、白玛多吉的水影画《未来的世界》获优秀作品奖；西藏班获组织三等奖。（《西藏日报》1990.8.15.①）

△ 新疆维吾尔自治区“优秀教育世家”表彰大会在乌鲁木齐召开，20个“优秀教育世家”受到表彰。（《新疆日报》1990.8.28.①）

15～18日 全国苗族文学创作会在贵州省松桃苗族自治县召开，北京、湖北、湖南、四川、云南、广西、贵州等省区市的183名苗族作家、诗人和长期在苗族地区从事文学创作和关心苗族文学事业的专家学者参加会议。会议交流论文27篇。（《贵州日报》1990.8.21.①）

15～24日 全国政协副主席钱正英深入内蒙古农村牧区调查研究，对牧区草原、水利建设和水资源、国土开发等问题提出建议。（《内蒙古日报》1990.9.2.①）

17日 内蒙古畜牧科学院王甠生副研究员主持的“中国美利奴羊科尔沁型毛密品系”科技项目在嘎达苏种畜场通过内蒙古科委和畜牧局的联合现场验收。专家委员会宣布：“中国美利奴羊科尔沁型毛密品系已经建立，形成了一个遗传性稳定、被毛密度大、生产性能高、羊毛综合品质好的优秀群体。”（《内蒙古日报》1990.8.17.①）

△ 中国西藏联合国儿童基金会合作项目经验交流会在拉萨召开。中国联合国儿童基金会昆明经验交流中心代表、第三周期成绩突出的项目单位、第四周期妇幼保健示范县等自治区有关厅局主要负责人及联合国双边组织、民间组织援藏项目单位的代表共60多人参加。（《西藏日报》1990.8.21.①）

△ 据本报讯，新疆维吾尔自治区博格达峰生物圈自然保护区最近被联合国教科文组织“人与生物圈”计划国际协调理事会纳入国际生物圈保留地网，成为我国内陆荒漠地区第一个被纳入国际生物圈保留地网的保护区。（《宁夏日报》1990.8.17.①）

17～18日 湘鄂川黔四省边区武陵山区板栗技术开发协会、武陵桐油经营集团相继在湖南省湘西土家族苗族自治州吉首市成立。（《湘西州志》上P91）

18日 新疆维吾尔自治区民族理论、民族政策基础知识有奖竞赛颁奖大会在乌鲁木齐召开。竞赛由自治区民委等单位联合举办，评选出一等奖5名，二等奖20名，三等奖50名，鼓励奖1000名。（《新疆日报》1990.8.19.①，8.24.③）

19日 据新华社报道，国家可可西里综合科学考察队在海拔6806米的布喀达板峰山

脚下发现一处温泉群。该温泉群散布10个泉眼，水温最低56℃，最高达91℃。（《人民日报》1990.8.19.①）

△ 联合国教科文组织丝绸之路乌鲁木齐国际学术讨论会在新疆维吾尔自治区乌鲁木齐举行。会议由中国社会科学院组织召开，17个国家的75位正式代表和列席代表参加，提交论文40余篇。联合国教科文组织副总干事夏尔马出席讨论会。（《新疆日报》1990.8.21.①，8.22.①）

19～21日 上海市南市区、浙江省嘉兴市、四川省自贡市、江西省吉安地区、江苏省南京市建邺区和湖南省湘潭市名优特新产品暨湘鄂川黔四省边区吉首市第七届商品交易会在湖南省湘西土家族苗族自治州吉首市举办。16个省区市的714个单位、5195名政府官员和客商参展，商品成交额2.5亿元，创历届交易会最高纪录。（《湘西州志》上P91）

20日 据本报讯，中国科协与联合国儿童基金会新一轮合作计划确定四川省凉山彝族自治州为全国26个示范点之一，联合国儿童基金会提供价值2万美元的设备，帮助凉山州发展少儿科技教育。（《四川日报》1990.8.20.①）

20～24日 湖南省赴西藏考察访问代表团一行12人在林芝地区参观考察西藏教学状况，征求林芝地区有关部门和家长的意见，以办好湖南西藏班。（《西藏日报》1990.8.28.①）

20～26日 七省区四市红十字会协作片第四次会议在西藏自治区拉萨举行，广东、广西、海南、四川、云南、贵州、西藏、广州、深圳、成都、重庆的代表50余人参会。会议同意在原协作片区名称不变的前提下，增加南宁市、海口市、贵阳市、昆明市、拉萨市等红十字会为协作片区成员。（《西藏日报》1990.8.23.①，8.27.①）

21日 内蒙古自治区人大常委会通过《内蒙古自治区保护消费者合法权益条例》，1990年10月1日起施行。（《内蒙古日报》1990.9.4.②）

22日 据本报讯，最近四川省宝兴县藏乡硗碛卫生院获1989年度欧斯丁夫人国际奖。（《四川日报》1990.8.22.①）

22～25日 全国民族志工作会议在青海西宁召开。中国民族志指导小组组长黄光学主持会议，28个省区市地方志、民族志编委会的77名代表参加。（《青海日报》1990.8.28.①）

△ 第三届全国杂技比赛西北地区预选赛暨西北地区第二届杂技大赛在新疆乌鲁木齐举行。新疆杂技团的《顶碗》、宁夏银川杂技团的《水流星》、《倒立技巧》获一等奖，《魔术牌技》获最佳魔术奖，新疆杂技团获集体演出优秀奖。（《新疆日报》1990.8.24.①，8.29.①）

22～26日 全国少数民族地区近50名少数民族医药专家、学者及图书情报工作人员在内蒙古呼和浩特，首次就我国开展民族医药图书情报交流、促进民族医药科技事业的发展进行学术交流。会议收到论文32篇，大会交流9篇。（《内蒙古日报》1990.9.11.①）

23日 西藏自治区布达拉宫维修第一期工程完工。国家文物局赴藏验收工作组在布达拉宫维修工程新闻发布会上宣布，维修第一期工程各项指标达到设计要求，顺利通过验收。这次维修工程共有77项，其中主体建筑69项、附属建筑8项，维修的总面积约4万平方米。（《西藏日报》1990.8.24.①，《中国共产党西藏历史大事记（1949～2004）》P579）

23～24日 广西壮族自治区少数民族射弩比赛在巴马瑶族自治县举行。河池地区代表队以910环的总成绩获男子团体全能第一名，桂林市代表队以876环总成绩获第二名，桂林地区代表队获第三名。河池地区代表队以972环总成绩获女子团体全能第一名，桂林地区和

百色地区代表队分获二、三名。（《广西日报》1990.8.30.①）

24日 “亚运之光”火炬传递交接仪式在西藏自治区拉萨举行，胡锦涛、帕巴拉·格列朗杰、江村罗布等自治区领导出席交接仪式。（《中国共产党西藏历史大事记（1949～2004）》P579）

24～29日 内蒙古自治区乌兰牧骑工作会议在呼和浩特举行。会议回顾乌兰牧骑的工作，并对取得突出成绩的鄂温克族自治旗等11个旗的乌兰牧骑和内蒙古直属机关乌兰牧骑及46名乌兰牧骑队员进行表彰。（《内蒙古日报》1990.9.6.①）

25日 由国家民委文化司等7个单位联合举办的广西少数民族风情工笔画展在民族文化宫举办。全国政协副主席程思远、全国文联副主席尹寿石等观看展览。（《广西日报》1990.8.30.①）

△ 据本报讯，内蒙古自治区中小学思想政治工作会议最近在呼和浩特召开。会议修订《中小学教职工德育职责试行条例》和《中小学生操行评定试行办法》。（《内蒙古日报》1990.8.25.①）

25～31日 内蒙古自治区农村牧区精神文明建设经验交流会在赤峰召开。会议命名表彰56个先进单位，并为其中27个文明苏木、乡镇、嘎查、村颁发文明匾，另为7个优质服务甲级百货商场（大楼）发匾。（《内蒙古日报》1990.8.26.①，9.2.①）

26日 第四届全国当代少数民族文学学术讨论会及首届当代少数民族文学研究颁奖大会在云南昆明召开。（《德宏州志》综合卷P93）

26日～9月6日 内蒙古大学代表团在蒙古国立大学进行访问，并草签两校合作协议书。（《内蒙古大学四十年》P425～427）

27～31日 全国首次藏语文翻译学术讨论会在青海西宁召开。会议由中国译协民族语文翻译委员会和青海省译协联合主持召开，北京、西藏、四川、甘肃、青海5省区翻译界60余人参加。会议宣读学术论文25篇。（《青海日报》1990.9.2.①）

28日 湖南省湘西土家族苗族自治州最大的冶炼企业——泸溪县铝厂正式投产。工程于1987年11月动工兴建，1989年10月建成试产，投资1100万元，设计年产电解铝2000吨。（《湘西州志》上P91）

△ 中国云南民族民间艺术团参加阿尔及利亚国际艺术节、突尼斯全国夏季艺术节、意大利西西里岛第二届国际艺术节后返回玉溪。艺术团出国演出历时42天，访问21个市、镇，演出28场，观众达10万人。（《云南日报》1990.7.24.①，9.7.①）

28～30日 宁夏回族自治区政府在银川举行全区初级卫生保健工作会议，通过《宁夏回族自治区农村“2000年人人享有卫生保健”规划》。（《宁夏日报》1990.9.8.①）

29日 据本报讯，古文义、史学礼选编的《藏文书法荟萃》最近由甘肃民族出版社出版发行，该书是目前藏文书法出版物中体例最大、选编较精的帖本。（《青海日报》1990.8.29.①）

29～31日 云南省西双版纳傣族自治州傣医学10年发展战略规划论证会在景洪举行。（《西双版纳傣族自治州志》上P80）

29日～9月1日 宁夏回族自治区六届人大常委会第十四次会议举行。会议通过《宁夏回族自治区野生动物保护实施办法》。（《宁夏日报》1990.8.30.①，9.2.①，9.9.②）

30日 据本报讯，贵州省博物馆考古队最近在毕节地区黔西县化屋苗族乡的大寨、水头寨、河头寨一带六冲河北岸河谷坡地发现4个遥相呼应的古代少数民族石棺大墓群。石棺葬采用竖穴土坑加石板材料砌、盖棺式的一种古代埋葬方式，主要见于我国西南一带民族地区。墓地总面积1.7万多平方米，墓葬数量计

800余座。如此庞大密集的古代石棺墓群属贵州首次发现，全国罕见。（《贵州日报》1990.8.30.①）

是月 据报道，湖南省江永县源口瑶族乡杉木坪村发现一部瑶族《盘王书》汉字手抄本。专家鉴定确认该书产生于1265年，是我国目前发现的时间最早、内容最丰富、形式最古老的瑶族《盘王书》。（《民族团结》1990.8 P46）

△ 宁夏有色金属研究所铍青铜材生产线通过国家计委、国防科工委、航天部、机电部等部门专家的验收，其中铍青铜棒材填补国内空白。（《宁夏日报》1990.8.31.①）

△ 中共中央总书记、中央军委主席江泽民22日至23日在新疆维吾尔自治区巴音郭楞蒙古自治州视察，25日在克孜勒苏柯尔克孜自治州考察。26日至27日，江泽民和中央书记处书记、中央军委秘书长、解放军总政治部主任杨白冰一行在伊犁哈萨克自治州考察。其间，江泽民为边防部队题词“当好国门卫士，建设文明窗口”，为伊犁州题词“坚持四项基本原则，坚持改革开放，更好地开发建设伊犁”。28日，江泽民视察昌吉回族自治州，并题写“祝愿昌吉回族自治州各族人民同心同德，发奋图强，把明天的昌吉建设得更加美好”的祝词。（《巴音郭楞蒙古自治州志》下P1462、2192，《克孜勒苏柯尔克孜自治州志》上P66，《伊犁哈萨克自治州志》P68，《昌吉回族自治州志》P72）

9月

1日 乌兰夫同志光辉的一生展览在内蒙古呼和浩特开展。全国政协常委孔飞等出席开幕式。（《内蒙古日报》1990.9.9.①）

△ 全国妇联召开表彰大会，授予内蒙古自治区哲里木盟库伦旗一中高级教师乌云全国“三八”红旗手荣誉称号。10日至11日，内蒙古自治区妇联五届六次执委会召开会议，决定授予乌云自治区“三八”红旗手称号。26日，自治区党委、政府召开向乌云学习大会。乌云作题为《我爱社会主义中国》的报告，自治区副主席刘作会宣读自治区党委、政府《关于在全区开展向乌云同志学习活动的决定》。乌云系抗日战争时期侵华日军军人的遗孤，后被一对中国夫妇收养，大学毕业后多次谢绝胞兄请她回日本定居的要求，扎根偏远贫困牧区从事民族教育事业并做出很大的贡献。（《内蒙古日报》1990.9.3.①，9.14.①，9.27.①④）

△ 四川省《凉山彝族自治州义务教育实施办法》正式施行。（《凉山彝族自治州志》上P78）

2~7日 全国首届期刊展览在北京举行。内蒙古自治区有80种蒙汉文期刊参展，4种期刊获奖，其中《内蒙古画报》获整体设计二等奖，《中外妇女文摘》和《莼荷芽》获整体设计三等奖，《蒙医药》获印刷质量三等奖；青海民族出版社编辑出版的藏文期刊《章恰尔》第三期获整体设计三等奖；西藏自治区的《雪域文化》（春季号）获整体设计二等奖，《西藏文学》第四期获整体设计三等奖，《西藏研究》藏文版第三期获印刷质量奖。（《内蒙古日报》1990.9.16.①，《西藏日报》1990.9.26.①）

3日 西藏自治区第二届藏汉文书法作品展览开展，共展出藏汉文书法作品219幅，其中藏文作品179幅、汉文作品31幅，篆刻9幅。（《西藏日报》1990.9.5.①，10.11.①）

3~8日 全国民族地区第四届宣传工作研讨会在宁夏回族自治区银川召开。广西、西藏、甘肃、新疆、内蒙古、吉林、宁夏7个省区19个地、州、市的60多名宣传工作者参加。（《宁夏日报》1990.9.9.①）

4日 著名医学家，中国肿瘤医学之父，天津肿瘤医院院长、肿瘤研究所所长金显宅（朝鲜族）在天津病逝，享年86岁。1963年，金教授创办中国第一份肿瘤学杂志《天津医药杂志肿瘤学副刊》，并任主编；1985年，他倡议的中国抗癌协会正式成立，同年美国肿瘤外科学会授予其荣誉会员称号。（《中国少数民族专家学者辞典》P793）

△ 西藏自治区党委办公厅、自治区人民政府办公厅发出《关于转发自治区教科委〈关于加强中小学德育工作的意见〉的通知》。（《中国共产党西藏历史大事记（1949～2004）》P579）

△ 西域佛教与文化学术讨论会在新疆维吾尔自治区乌鲁木齐结束。会议由中国社科院亚洲太平洋研究所、新疆维吾尔自治区佛协等单位共同举办，北京、上海、陕西等省区市佛教界的30多名专家、教授参加。会议宣读论文28篇。（《新疆日报》1990.9.9.①）

5日 据本报讯，第四届中国少数民族音乐研讨会最近在内蒙古包头召开。蒙古、藏、回等16个民族的近百名学者和香港、法国学者就新时期如何继承和发展少数民族音乐及少数民族民俗音乐等问题进行研讨。（《内蒙古日报》1990.9.5.①）

5～13日 1990年全国马术锦标赛在内蒙古自治区赛马场举行，内蒙古队获盛装舞步赛团体冠军。（《内蒙古日报》1990.9.16.①）

6日 宁夏回族自治区贺兰山岩画在北京展出，展览由宁夏对外交流协会等单位主办。（《宁夏日报》1990.9.8.①）

△ 据新华社纽约电，新疆四通公司的《MS四通中外文记忆打字机》最近在国际发明展览会上获杰出科技奖。（《新疆日报》1990.9.9.①）

7日 中国少数民族服饰展览在北京智化寺开幕。中共中央政治局委员、中共北京市委书记李锡铭，国家民委副主任伍精华等出席开幕式。展览由亚运会组委会文展部委托中央民族学院民族博物馆、北京市文物局智化寺联合主办。展览以展出我国55个少数民族的服饰为主，同时展出部分生活用品、工艺品、乐器等700余件。（《人民日报》1990.9.8.①，《贵州日报》1990.9.8.①）

△ 内蒙古歌舞团马头琴乐团一行26人赴北京参加亚运会演出。这是内蒙古自治区唯一一支赴北京参加亚运会演出的队伍。（《内蒙古日报》1990.9.10.①）

△ 内蒙古自治区第11届亚洲运动会火炬交接传递仪式在呼和浩特举行。第11届亚运会组委会委员、“亚运之光”东北路主火炬护送组组长、全国妇联书记处书记关涛向自治区主席布赫赠送火炬、会旗复制纪念品和传递证书。辽宁省副省长王文元将火炬传交给布赫。8日，“亚运之光”分火炬被迎入成吉思汗陵内存放，象征各民族大团结永世相传。（《内蒙古日报》1990.9.8.①）

△ 新疆维吾尔自治区党委发出《关于进一步加强党史工作的通知》。《通知》要求，自治区三级党史工作机构要认真作出规划，组织必要的人力首先完成党的历史大事记、党的文献汇编、党的组织史资料和党史重要专题资料等几方面的征编和研究工作。（《中国共产党新疆历史大事记（1966.5～1991.12）》下P398～399）

8日 内蒙古自治区教育厅、劳动人事厅和文教工委联合举办庆祝教师节暨全区学校德育工作先进单位和先进工作者表彰大会，授予谢爱宁等298人为全区学校德育先进工作者，呼和浩特市第34中学等28个单位为全区学校德育先进单位，并颁发奖状和荣誉证书。（《内蒙古日报》1990.9.9.①）

9～10日 西藏自治区第二届新闻工作者代表大会在拉萨召开。会议通过修改的《西藏新闻工作者协会章程》；选举李长文为自治区第二届新闻工作者协会、新闻学会主席，群觉、杜泰、马宁轩、明玛次仁、黄玉生为副主席，19人为理事会常务理事，50人为理事。（《西藏日报》1990.9.10.①，9.11.①③）

10日　纳西族东巴文化展在北京展出，展品有东巴图籍文物，现代东巴图书、画、篆刻和工艺品，还有部分中外学者的研究成果。　（《民族团结》1990.11 P19）

△　内蒙古自治区第一所实验中学命名挂牌仪式和庆祝教师节大会在呼和浩特举行。经呼和浩特市人民政府批准，呼和浩特市第三中学改名为呼和浩特市实验中学，进行“五四”学制（小学五年，初中四年）与“六三”学制（小学六年、初中三年）的对比实验，并逐步向“五四”学制过渡。　（《内蒙古日报》1990.9.11.①）

△　宁夏回族自治区召开庆祝教师节暨表彰优秀民办教师大会。　（《宁夏日报》1990.9.11.①）

11日　据本报讯，宁夏人民出版社出版的《回族民间文学史纲》最近获第四届中国图书奖二等奖。　（《宁夏日报》1990.9.11.①）

12日　《内蒙古日报》报道，内蒙古自治区经委制定的调整产品结构的系统工程——“61115工程”开始实施。即从1990年开始的6年内，组织区内千家大中型骨干企业，联合区内外100家具有开发实力的科研院所和高等院校，动员万名各方面的工程技术人员，开发5000种技术水平高、附加价值高、技术含量高、能源原材料消耗低、适销对路的新产品，推广应用70项重点新技术和新工艺。（《内蒙古自治区大事记（1987～1996）》P125）

12～26日　内蒙古自治区人民政府主席布赫率团赴苏联俄罗斯联邦共和国、赤塔州和布里亚特自治共和国访问。访问期间，同上述3个地区的领导就经济、贸易、文化、体育、卫生等方面的交流与合作广泛交换意见，共同签署《中国内蒙古自治区和苏联赤塔州建立友好地区的协议》、《中国内蒙古自治区和苏联赤塔州建立经济贸易常设协调领导小组协议》，签订布赫主席访问俄罗斯联邦共和国纪要、访问赤塔州纪要和访问布里亚特自治共和国会谈纪要等文件。　（《内蒙古日报》1990.9.28.①）

13日　据本报呼和浩特报讯，《内蒙古广播四十年》一书最近由内蒙古人民出版社出版。全国人大常委会副委员长习仲勋，全国政协副主席、国家民委副主任司马义·艾买提，内蒙古自治区党委书记王群、自治区主席布赫等为该书题词。　（《内蒙古日报》1990.9.13.①）

13～15日　第11届亚运会圣火东北路主火炬在宁夏回族自治区传递。13日，亚运会火炬传递交接仪式在银川举行。　（《宁夏日报》1990.9.14.①，12.30.①）

14日　西藏自治区畜牧业30年成就图片展览在自治区展览馆开展。展览由自治区农委畜牧局和中国摄影家协会联合主办，展出150幅彩色相片。　（《西藏日报》1990.9.15.①）

△　据本报讯，第一部全面反映中国56个民族传统体育的志书《中华民族传统体育志》最近由广西民族出版社出版发行。该书辑入全国各民族的800多个传统体育项目，共80万字，并配有彩色照片180多幅。　（《宁夏日报》1990.9.14.①，《民族团结》1990.11 P33）

△　据本报乌鲁木齐讯，新疆维吾尔自治区已有中医、民族医医疗机构6所，病床2132张，职工3340人，基本实现县县有中医、民族医医院或门诊部的目标。　（《新疆日报》1990.9.14.①）

14～15日　宁夏回族自治区首次环境教育工作会议举行，确定今后要在全区中小学、幼儿园中扩大环保教育试点。自治区于1989年开始，在银川市九中、回民三小、第一幼儿园进行环境教育的试点。　（《宁夏日报》1990.9.17.①）

15日　中国少数民族文化艺术展览、中国少数民族传统文化陈列展、中国少数民族工艺美术藏品展、广西民族文化展览、纳西族东巴文化展览在民族文化宫开幕。全国人大常委会副委员长阿沛·阿旺晋美、全国政协副主席程思远为开幕式剪彩。受亚运会组委会文展部委托，民族文化宫组织此次展览。（《内蒙古日报》1990.9.17.③）

△ 云南教育学院附属实验中学民族部开学。6月，云南省教委和民委决定在该校开办民族部，面向怒江、德宏、西双版纳等11个地州招收边远山区的少数民族学生。（《云南日报》1990.9.21.①）

△ 青海省首届《格萨尔》学术讨论会在西宁闭幕。会议收到论文15篇。（《青海日报》1990.9.18.①）

△ 据本报阿克苏讯，新疆维吾尔自治区“七五”重点科研课题——“阿克苏地区百万白绒山羊选育提高、杂交改良试验和繁育体系建立”最近通过国家农业部和自治区、阿克苏地区有关专家的鉴定，填补自治区空白。（《新疆日报》1990.9.15.①）

17日~11月21日 宁夏回族自治区首次对自治区全日制普通中等专业学校办学条件进行全面评估。评估发现，部分中专学校在班子和教师的人数、学历结构、职称结构、专业结构上都存在问题，在规模、经费及编制方面也存在问题，学校管理和设施更有亟须改进的地方。（《宁夏日报》1990.11.29.①）

18日 据本报南宁讯，广西医学院的录像片《耳、鼻、喉的腔内检查》、南宁二中的录像片《游水救护》、广西教育学院的录像片《我的老师》、柳钢第三子弟小学的幻灯片《圆的周长》、防城实验小学的投影片《大铁椎传》、广西交通学校的录像片《中级汽车修理工应会考核标准条例》、宁夏医学院摄制的教学幻灯片《有机化学》7部电教教材，最近在全国首届优秀电教教材评选中分获二、三等奖。（《广西日报》1990.9.18.①，《宁夏日报》1990.9.26.①）

△ 据本报讯，宁夏回族自治区《民族艺林》杂志获新闻出版总署举办的全国期刊展览整体设计三等奖，《宁夏画报》获印刷质量三等奖。（《宁夏日报》1990.9.18.①）

18~21日 内蒙古自治区第三届舞蹈比赛在呼和浩特举行，120余名各族演员、87个舞蹈参赛。5个作品获创作一等奖，8个作品获创作二等奖，20个作品获创作三等奖；6人获表演一等奖，15人获表演二等奖，26人获表演三等奖。（《内蒙古日报》1990.9.30.①）

19日 据本报讯，宁夏红十字会中心血站最近正式成立，结束自治区无血站的历史。（《宁夏日报》1990.9.19.①）

20日 据本报讯，蒙古文影印本《清实录》（1~3册）首发式最近在内蒙古呼和浩特举行。《清实录》为我国清代官修史籍，用满、蒙、汉3种文字写成，蒙古文版共有3758本，约3500万字，包括从清太祖到同治年间258年的全部史料。（《内蒙古日报》1990.9.20.①）

△ 修建十世班禅大师灵塔和祀殿奠基仪式在西藏扎什伦布寺举行。全国政协副主席、中国佛协西藏分会名誉会长、自治区人大常委会副主任帕巴拉·格列朗杰等出席奠基仪式，中共中央统战部、国务院宗教事务局致贺电。11月21日，基础工程完工。（《西藏日报》1990.9.22.①③；《人民日报》1990.9.24.④，11.24.④；《中国共产党西藏历史大事记（1949~2004）》P580）

△ 第七届全国政协委员、中国佛教协会副会长、青海省第六届政协副主席、青海省佛教协会副会长、十世班禅额尔德尼·确吉坚赞大师经师、塔尔寺第十三世嘉雅·洛桑丹白坚赞活佛（蒙古族）在西宁病逝，终年74岁。中共中央总书记江泽民、国务院总理李鹏、全国政协主席李先念等致唁电。（《青海日报》1990.9.24.①，9.28.①②）

22日 据本报讯，内蒙古师范大学美术系教授妥木斯、西藏大学艺术系讲师丹巴饶旦（藏族）荣获“吴作人国际美术基金会美术教育奖”。（《西藏日报》1990.9.22.②）

22日~10月7日 第11届亚洲运动会在北京举行，中国运动员在本次运动会上获金牌183枚，居金牌榜第一位。广西壮族自治区20名运动员参加10个比赛项目，共获金牌12枚、银牌7枚、铜牌5枚，2人打破4项亚运会纪录。内蒙古选手胡日查（蒙古族）、宝玉（蒙古族）、呼日嘎（蒙古族）分获古典式摔跤52公斤级、100公斤级和130公斤以上级冠军，王润喜获男子自选手枪60发速射冠军，赵泽东（土家族）获轻量级四人单桨无舵手冠军。周淑敏（满族）获自行车场地争先赛冠军，李忠云（回族）获女子56公斤级柔道冠军，鲁素艳（满族）获女子自行车70.03公里个人赛冠军，金香兰（朝鲜族）获女子柔道61公斤以下级冠军，伊力巴图（维吾尔族）获古典式摔跤68公斤级比赛亚军。新疆自行车运动员刘宏与队友获男子100公里团体计时赛冠军，伊力·巴图（维吾尔族）获古典式摔跤男子68公斤级亚军，谷茂盛（锡伯族）获古典式摔跤男子90公斤级亚军。（《人民日报》1991.11.6.③；《民族团结》1990.12 封二、P30~31、P48；《内蒙古日报》1990.9.27.①，9.28.①，9.30.①；《广西通志·大事记》P566；《新疆通志·体育志》83卷P99）

23日 中共青海省海北藏族自治州委党史研究室成立。（《海北藏族自治州志》上P96）

23~30日 中共中央总书记、中央军委主席江泽民，中央书记处候补书记温家宝，中央军委委员、总后勤部部长赵南起在内蒙古自治区呼伦贝尔盟、伊克昭盟、巴彦淖尔盟、包头市和呼和浩特市考察。江泽民在内蒙古党政机关、盟市领导干部大会上讲话中指出，内蒙古是个好地方，要抓住经济建设这个中心，做好各方面的工作，要进一步加强民族团结、促进和保证各民族的共同进步和繁荣。（《内蒙古日报》1990.10.1.①）

25日 宁夏回族自治区西吉县被国务院命名为“全国体育先进县”。（《宁夏日报》1990.9.30.①）

26日 地矿部新疆中心实验室正式通过国家级实验室计量认证，成为新疆维吾尔自治区第一家国家级实验室。（《新疆日报》1990.10.5.①）

26~29日 宁夏回族自治区实施“231工程”现场动员大会在吴忠市召开，自治区政府主席白立忱作动员报告。“231工程”即在广大农村开展扫除文盲、扫除科盲活动，掀起学习文化知识、学习科学技术、学习经营管理的热潮，培养、造就一代新型农民。（《宁夏日报》1990.9.27.①，10.3.①）

27日 云南省德宏傣族景颇族自治州瑞丽县姐告中缅互市街开业。（《德宏州志》综合卷P93）

28日 内蒙古自治区企业技术进步奖评审委员会发布《内蒙古自治区企业技术进步奖公报》（第一号），对101项自治区级企业技术进步奖项目成果进行奖励，其中一等奖92项、二等奖20项、三等奖72项。（《内蒙古日报》1990.10.10.④）

△ 据新华社拉萨电，中国社科院考古研究所与西藏自治区文物管理局最近在海拔3690米的拉萨北郊曲贡村发掘一处新石器时代遗址，遗址面积1万平方米以上。发掘出圆形灰坑十余座，直径在0.8至2米之间，坑内出土大量石器、陶器、兽骨等；发掘出墓葬36座，随葬品以陶器为主，有殉马遗迹；出土文物万余件，其中以打制石器为主。（《西藏日报》1990.10.6.①）

29日 《内蒙古日报》报道，哲里木盟畜牧科技工作者多年精心培育的科尔沁牛通过专家鉴定和验收，被内蒙古自治区人民政府命

名为“科尔沁新品种”。（《内蒙古自治区大事记（1987～1996）》P126）

30日 国务院批复国家海洋局，同意建立5处国家级海洋自然保护区。其中有广西合浦县山口红树林生态自然保护区，海南大洲岛海洋生态自然保护区、三亚珊瑚自然保护区。（《国务院公报》1990［22号］P820，《中华人民共和国大事记（1949～2004）》P916）

是月 据统计，截至目前，我国少数民族地区有县以上公共图书馆529个，约占全国同级图书馆的15%；少数民族院校、科研、新闻、出版、少年儿童等类图书馆40所。（《民族团结》1990.9 P31）

10月

1日 贵州省首届少数民族农民画展在省博物馆开展，共展出苗、布依、侗、彝、土家、水、仡佬、白等十多个少数民族作者的绘画作品205件。（《贵州日报》1990.10.2.①）

△ 云南省德宏傣族景颇族自治州电视台专用频道开通，试播自办节目。（《德宏州志》综合卷P93）

△ 云南省迪庆藏族自治州境内最大的引水式电站冲江河电站竣工投产，装机容量3×6300千瓦。（《迪庆藏族自治州志》P64）

5日 贵州省民族民间艺术团完成赴北京参加亚运会艺术节演出任务。艺术团由布依、苗、侗、彝、瑶、水、汉等民族60人组成，先后在北京市劳动人民文化宫、民族文化宫、陶然亭公园等地演出，并应邀到文化部、航天部、建设部、经贸部、国家民委、中央民院等单位演出，共演出28场，观众约12万人次。（《贵州日报》1990.8.25.①，9.3.①，9.16.①，10.6.①，10.19.①）

△ 据本报讯，宁夏回族自治区第四届科技奖励项目评审最近揭晓，149个项目获奖，其中一等奖2项、二等奖19项、三等奖51项、四等奖77项。（《宁夏日报》1990.10.5.①）

5～6日 湖南省湘西土家族苗族自治州长江中上游防护林体系建设工程工作会议在花垣县举行。会议要求将近2万亩荒山荒地绿化好、管理好。（《湘西州志》上P91）

7日 据本报讯，青海省考古研究所组成的黄河李家峡考古一支队于2、3季度在李家峡下半主洼西北村发现1处卡约文化墓地。发掘清理墓葬48座，祭祀坑12个，出土陶器约180件，同时出土的还有石斧、石膏钺、铜钺、铜锛、铜刀、铜簇、铜刨、小金圈、牙饰等。（《青海日报》1990.10.7.①）

8～12日 内蒙古自治区人大常委会审议并通过《内蒙古自治区老年人保护条例》、《内蒙古自治区计划生育条例》和《呼和浩特市城镇公共卫生管理办法》。（《内蒙古日报》1990.10.13.①）

9日 据本报讯，宁夏人民出版社出版的《回族民间文学史纲》、《回族古代文学史》、《吐蕃史》、《中国少数民族经济导论》4种图书最近在北方15省、市、自治区哲学、社会科学优秀图书评奖中获优秀著作奖。（《宁夏日报》1990.10.9.①）

10日 内蒙古自治区首届期刊展览在呼和浩特开幕，共展出全区现有111种1800多件蒙汉文期刊，其中社科类47种、科技类31种、文艺类24种、综合类9种。自治区主席布赫为展览剪彩。（《内蒙古日报》1990.10.11.①）

10～26日 西藏自治区青年画家巴玛扎西（藏族）在法国亚洲艺术博物馆展出近作27幅，成为首个在西方举办个人画展的藏族画家。（《西藏日报》1990.11.25.①）

10日～12月8日 云南省伊斯兰协会在昆明举办伊斯兰教高级研究班，首批58名学

员结业，省政协主席刘树生等出席结业典礼并讲话。（《云南日报》1990.10.12.①，12.10.①）

11日 据本报讯，《1MU－1蒙文排版系统》最近通过自治区级鉴定，该项目由内蒙古大学副教授奥其尔等研制成功。（《内蒙古日报》1990.10.11.①）

△ 首届全国藏文图书看样订货及出版发行交流会在成都举行，民族出版社和西藏、云南、青海、四川等省8家民族出版社及新华书店的代表参加。（《四川日报》1990.10.15.①）

12日 据本报讯，最近在中国当代文学研究会少数民族文学分会举办的少数民族文学评奖会上，《广西文学》获“园丁奖”。（《广西日报》1990.10.12.①）

△ 地矿部宁夏中心实验室通过国家技术监督局计量认证办公室地矿评审组考核，成为宁夏回族自治区第一家通过国家级计量认证评审的单位。（《宁夏日报》1990.10.30.①）

△ 建国后创办的第一所民族学院——西北民族学院举行建院40周年庆祝活动。全国人大常委会副委员长习仲勋、国家民委主任司马义·艾买提和西北民族学院第一任院长汪峰致贺电和题词，国家民委副主任赵延年等出席庆祝活动。（《人民日报》1990.10.16.③，《民族团结》1990.9 彩一）

13日 贵州省黔西南布依族苗族自治州“星火计划和科技扶贫”开发项目的可行性研究报告在贵阳通过专家论证，“粮食高产示范”、“芭蕉芋种植与加工”等12个项目全部获得通过。（《贵州日报》1990.10.21.②）

△ 西藏自治区首届少年儿童书法作品展在拉萨开展，218幅作品参展。拉萨中学学生罗旦的藏文硬笔书法作品获藏文书法特等奖，拉萨一小学生伦珠等6名学生分别被评为藏、汉文书法一等奖，另有二、三等奖藏、汉文书法作品30幅。（《西藏日报》1990.10.15.①）

13日 新疆科技卫生出版社、新疆美术摄影出版社正式成立。（《新疆日报》1990.10.14.①）

14日 全国少数民族地区卫生事业管理学组、云南省卫生事业管理学会少数民族分会在云南大理成立并举行会议。21个省、市、区医学院的80多位领导和专家教授出席会议，就全国少数民族地区卫生事业发展和卫生管理的理论、技术、人才和方法等问题进行探讨，交流论文50多篇。会议分别选举各自的委员会和常务委员会，并举行第一次会议。（《云南日报》1990.10.21.①）

15日 全国第三次民族区域自治法理论讨论会在云南昆明举行，新疆、内蒙古、宁夏、吉林、陕西、甘肃、广西、贵州、云南等省、区的60多位代表参加。（《云南日报》1990.10.16.②）

15～18日 美国、日本、德国、法国、意大利驻华使馆及世界银行驻华代表处官员参观团在内蒙古自治区参观利用世界银行贷款发展部分教育项目的内蒙古大学、内蒙古农牧学院，考察“北方灌区项目——内蒙古河套灌区项目配套工程”。（《内蒙古日报》1990.10.24.①）

15～23日 全国古典式、自由式摔跤冠军赛举行，新疆维吾尔自治区摔跤运动员黄忠民（回族）获冠军。（《新疆通志·体育志》83卷P99）

16日 由壮、瑶、苗、侗、仫佬、毛南、京、彝8个民族的28位演员组成的中国少数民族艺术团赴香港参加第13届亚洲艺术节。（《广西通志·大事记》P566）

16～20日 广西壮族自治区七届人大常委会第十九次会议在南宁举行。会议通过《关于教育改革与发展若干问题的决议》。（《广西日报》1990.10.17.①，10.21.①）

17日 西藏自治区农、牧、林、水30年成就展览在北京举办，中共中央政治局委员、国务院副总理田纪云，全国人大常委会副委员

长阿沛·阿旺晋美出席开幕式。（《人民日报》1990.10.18.②，《民族团结》1991.3 P7）

△ 据本报开鲁讯，内蒙古自治区首个乡镇苏木级图书馆最近在哲里木盟开鲁县吉尔嘎朗图苏木建立。（《内蒙古日报》1990.10.17.①）

△ 据本报讯，内蒙古自治区赤峰市农业科学研究所承担的国家“七五”科研攻关项目——“谷子显性核不育基因互作雄性不育三系配套”成果最近在赤峰通过国家农业部委托内蒙古农科院主持的鉴定。该成果发现谷子两对核基因互作控制雄性不育的异常模式，提出新的三系配套方案。（《内蒙古日报》1990.10.17.①）

18日 文化部少数民族文化司向内蒙古杂技团颁发奖状及奖金5000元，以表彰其在培养杂技艺术人才方面取得的突出成绩。（《内蒙古日报》1990.10.22.①）

19日 云南省西双版纳傣族自治州民族歌舞团在老挝万象市首场演出，万象市市长西沙瓦·乔本潘、中国驻老挝大使梁枫及其他国家驻老挝使节观看演出。这是中国与老挝恢复正常关系后在老挝进行访问演出的第一个中国文艺团体。（《云南日报》1990.10.22.①）

△ 宁夏回族自治区银川杂技团在尼日尔首都尼亚美举行首场演出。（《宁夏日报》1990.10.22.①）

20日 “盐池县社会经济发展及农村资源数据库系统”通过省级鉴定，成为宁夏回族自治区第一个县级电子计算机数据库系统。（《宁夏日报》1990.11.13.①）

20～23日 中国民间文艺家协会西藏分会——西藏民俗文化学会成立大会在拉萨召开。会议通过学会《章程》，选举拉鲁·次旺多吉、霍康·索朗边巴、唐麦·贡觉白姆、恰白·次旦平措4人为学会顾问，次旺俊美、拉巴平措、张治维、阿沛·仁青、于乃昌、平措、明玛次仁、曲杰8人为名誉会长，赤列曲扎、大丹增2人为会长。（《西藏日报》1990.10.21.①，10.23.①，10.24.①）

20～24日 全国农民歌手邀请赛在山东潍坊举行。西藏自治区代表队拉巴仓决获二等奖，扎西罗嘎、达娃卓玛获优秀歌手奖，罗桑作词、作曲的《怀念家乡》被授予歌曲创作奖；内蒙古自治区的牧民歌手乌日汗获二等奖，农民歌手陈月梅和牧民歌手格日乐朝克图获优秀歌手奖；宁夏回族自治区海原县回族农民马汉东获全国农民歌手邀请赛民族唱法三等奖。（《西藏日报》1990.11.9.①，《宁夏日报》1990.11.5.①）

22日 据本报讯，“中国牧草种子资源数据库”最近通过农业部验收，在内蒙古自治区呼和浩特投入运行。（《内蒙古日报》1990.10.22.①）

△ 内蒙古自治区首个联网运行的风电试验站——朱日和风电试验站在锡林郭勒盟投入正常运行，填补自治区风电科技开发空白，成为全国6座风电场之一。（《内蒙古日报》1990.10.22.①）

△ 国家重点建设项目，连接京包、包兰、包白、包神铁路的包头枢纽改造工程——包头西编组站竣工，车辆解编能力由3100辆增至6000辆。（《内蒙古自治区大事记（1987～1996）》P126）

△ 全国自由式摔跤冠军赛在河南郑州结束。内蒙古队的红伟、斯琴巴特尔、大革命、照日格图分获57、68、74、82公斤级冠军，陶日、达布希拉图分获52、74公斤级亚军，章守律获得赛区体育道德风尚奖。（《内蒙古日报》1990.10.26.①）

△ 全国民族地区财政研究会1990年年会暨第六次全国民族地区财政理论讨论会在云南昆明召开。民族八省区的财政厅厅长、科研所长，财政部、国家民委和中央有关部门负责人，财政、经济界专家、学者和知名人士80多人参加会议。（《云南日报》1990.10.24.①）

23日 新疆维吾尔自治区民办科技企业首次技术职务评聘工作结束，7个民族的132名民办科技人员获自治区政府颁发的专业技术职务聘任证书。（《新疆日报》1990.11.1.①）

24日 贵州省布依族小画家班佳佳的作品获联合国开发计划署“让生活更美好”儿童绘画银奖，国务院副总理吴学谦为班佳佳颁奖。其作品将送往纽约联合国总部展览并收藏。（《贵州日报》1990.10.31.①）

25日 中国、朝鲜、蒙古、苏联4国的铁路代表团近日在苏联新西伯利亚召开会议。会议决定，从1991年起，每周增开两趟呼和浩特至乌兰巴托直通客车；从1992年起，开行乌鲁木齐至苏联阿拉木图国际列车。（《新华社新闻稿》1990.10.26）

△ 据本报讯，第五届全国发明展览会最近在天津召开，宁夏回族自治区8项发明获奖，其中银牌奖2项、铜牌奖6项，宁夏展团获先进展团称号。（《宁夏日报》1990.10.25.①）

△ 《内蒙古日报》报道，内蒙古自治区人民政府最近制定适当放宽企业经营活动范围的10条暂行规定：支持国家和集体企业大力开展有奖销售，保值还利销售等多项促销活动，取消废止各地区各部门再行制定的专卖、专营许可证制度，及自治区范围内实行的各种形式的行业垄断，取消地区市场的“土政策”等。（《内蒙古自治区大事记（1987~1996）》P126）

△ 全国唯一的俄罗斯学校——新疆维吾尔自治区伊宁市俄罗斯学校建成。（《伊犁哈萨克自治州志》P69）

26日 《内蒙古日报》报道，1989年内蒙古自治区有7个旗县进入全国粮食生产百强和油料生产百强行列，其中通辽市位居粮食生产百强之第68位。（《内蒙古自治区大事记（1987~1996）》P126）

27日 瑞士红十字会、日喀则红十字会和援助西藏发展基金会联合举办的边雄藏医学校在西藏自治区日喀则举行开学典礼。（《西藏日报》1990.10.30.①）

29日 我国最大的地震台在四川省甘孜藏族自治州炉霍县虾拉沱建成并正式投入使用。（《甘孜州志》上P101）

29~31日 珠穆朗玛峰自然保护区第五次工作会议在西藏日喀则举行，美国高山研究所中国部主任苏君玮、高山研究所顾问杰克逊等出席会议。（《西藏日报》1990.11.3.①）

31日 《内蒙古日报》报道，位于内蒙古自治区东部开鲁盆地的“包1井”获得工业油气流，这是我国第三大油田——辽河油田外围勘探的重大突破。（《内蒙古自治区大事记（1987~1996）》P126）

是月 据报道，最近，由解放军第15医院主持完成的“中国塔吉克族人手皮纹参数正常值测定与研究”通过鉴定。该项研究成果达到国内外同类研究先进水平，填补了我国56个民族中没有塔吉克族人手皮纹参数正常值的空白，并证实塔吉克族源于东方之说。（《民族团结》1990.10 P46）

11月

1日 中国国际航空公司内蒙古分公司开辟呼和浩特经北京、济南至黄山，呼和浩特经北京、郑州至襄樊航线，均当日往返。（《内蒙古自治区大事记（1987~1996）》P127）

2日 云南省怒江傈僳族自治州六库市内自动电话正式开通。（《怒江傈僳族自治州志》上P40）

3日 青海省人大常委会七届十七次会议批准《果洛藏族自治州自治条例》，于1991年1月1日正式颁发实施。（《果洛藏族自治州志》上P57~58）

5日 国家着手维修西藏大昭寺中心殿。这是继布达拉宫维修工程之后的又一重大工程。拉萨大昭寺中心殿始建于松赞干布时期。由于年久失修，多处已出现墙体裂缝，部分房顶梁柱变形等。对此，党中央和自治区非常重视，根据自治区政府的有关指示精神，拉萨市政府召开专题会议，研究维修事宜，并组成维修顾问小组。（《中国共产党西藏历史大事记（1949~2004）》P583）

△ 新疆维吾尔自治区国土局组织的克里雅河暨塔克拉玛干沙漠综合科学考察探险队一行23人抵达塔里木河北岸沙雅县卡尔西渡口，完成了人类历史上首次大规模多学科对塔克拉玛干沙漠无水区徒步穿越科考活动。8月27日，科考队从乌鲁木齐出发，先期完成了克里雅河的综合科学考察。10月15日起，从于田县大河沿乡徒步进入塔克拉玛干沙漠腹地，行程300多公里。（《新疆日报》1990.11.12.①）

6~9日 云南省首次傣医学发展战略研讨会在西双版纳傣族自治州允景洪举行。（《西双版纳傣族自治州志》上P80）

6~10日 中国民族史学会第三次学术讨论会在广西壮族自治区桂林召开，15个省、区、市的60多位专家、学者就中国历史上的民族政策等问题开展多方面的探讨和研究。会议由中国民族史学会和广西社科院民族研究所联合召开，收到论文60余篇。（《西藏日报》1990.11.14.③）

△ 首届爨文化学术讨论会在“爨都”云南曲靖举行。云南省社科院、省社科联、省民委、省民研所、省级有关院系和文史界、学术界等有关专家学者近120人参加。会议提交专题论文50多篇。“爨文化”指从东汉末期至南诏大理国灭东西两爨之间长达500多年的云南文化及与滇东北毗邻的四川、贵州有关的同等时代文化形态，是古代巴蜀文化、贵州夜郎文化和中原文化与当时当地云南少数民族文化的交汇文化。（《云南日报》1990.11.13.①）

6~19日 湖南省湘西土家族苗族自治州党政代表团在南京、上海等市参观考察15家工商企业，签订协作协议4项、意向性协作协议23项。（《湘西州志》上P92）

7日 云南文山壮族苗族自治州民族歌舞团在民族文化宫剧场首场演出壮、彝、瑶、苗等民族民间歌舞晚会，全国人大常委会副委员长廖汉生、阿沛·阿旺晋美等出席观看演出。（《人民日报》1990.11.9.④）

8~10日 内蒙古自治区民族团结进步表彰大会在呼和浩特举行，内蒙古党政军领导王群、布赫、杨恩博等出席，全国政协副主席、国家民委主任司马义·艾买提代表中央统战部和国家民委讲话。大会向受国家民委表彰的142个单位和个人、受自治区表彰的302个单位和个人颁发奖状和荣誉证书。（《内蒙古日报》1990.11.9.①，11.10.①，11.11.①）

10日 内蒙古自治区政府发布《内蒙古自治区幼儿园管理条例实施办法》，自发布之日起施行。（《内蒙古日报》1990.12.9.②）

△ 国家重点建设项目——丰镇电厂一期工程第二台20万千瓦机组建成并一次并网成功，将于12月27日移交投产。（《内蒙古日报》1990.12.29.①）

12日 内蒙古自治区人民政府发布《内蒙古自治区植物防疫条例实施办法（林业部分）》、《内蒙古自治区关于违反土地管理法规行政处罚暂行规定》，自发布之日施行。（《内蒙古日报》1990.12.9.②）

△ 内蒙古自治区首次信息经济学研讨会在呼和浩特召开。会议就有关经济信息在国民经济中的地位和作用等问题进行研讨，会议收到论文30多篇。（《内蒙古日报》1990.11.14.①）

△ 羌族拼音文字方案（草案）审定会通过《羌语拼音文字方案》。至此，羌族始有自己的文字。（《四川日报》1990.11.15.①）

15日 国家“七五”重点项目——内蒙古丰镇电厂至集宁220千伏输电线路工程一次

启动成功，正式移交生产。工程使自治区西部形成丰镇—集宁—呼和浩特—丰镇环形电网。（《内蒙古日报》1990.11.20.①）

△ 内蒙古自治区牙克石林业中心医院与哈尔滨工业大学合作研制出镍钛记忆合金板及固定钉，并成功用于颅骨缺损修补手术，成为全国十多家取得这项成果的医院之一，在内蒙古尚属首家。（《内蒙古日报》1990.11.15.①）

△ 青海省藏传佛教活佛转世工作在黄南藏族自治州先行试点。（《黄南州志》上P60）

△ 日本国政府无偿援助宁夏护士学校教学器材交接仪式在宁夏银川市举行，自治区副主席杨惠云、日本国驻中国大使馆一等秘书冈田太造出席交接仪式并为仪式剪彩。（《宁夏日报》1990.11.16.①）

16日 据本报讯，最近，我国第一所赫哲族博物馆在黑龙江省同江市开馆。（《人民日报》1990.11.18.④）

△ 青海省海西蒙古族藏族自治州民族歌舞团在中南海汇报演出大型民族歌舞剧《西部的太阳》。中顾委常委刘澜涛、伍修权、肖克及地矿部部长朱训等领导观看演出。（《青海日报》1990.11.18.①）

△ 新疆维吾尔自治区“科技兴农”科普宣传活动周最近在呼图壁县举办，自治区少数民族科普工作队和该县的100多名科普工作者及科技人员开展了20多个宣传、服务项目。（《新疆日报》1990.11.16.①）

17日 中国西藏自治区经济贸易代表团一行5人结束对尼泊尔为期一周的访问，双方就西藏与尼泊尔之间扩大经济与贸易合作进行会谈，签署下一年进一步扩大双边贸易及进行传统的易货贸易备忘录。同时，双方还就如何促进西藏和尼泊尔之间的货物运输、在拉萨和加德满都互设贸易公司、交流贸易信息、互派贸易代表团和促进旅游业等方面达成一致意见。（《新华社新闻稿》1990.11.18）

17～19日 首届全国羌族学术讨论会在四川省理县召开，会议收到论文约50篇。（《四川日报》1990.11.27.①）

20日 据本报讯，内蒙古自治区教育厅、自治区民委最近表彰自治区49个民族教育先进集体和204名先进工作者。（《内蒙古日报》1990.11.20.①）

△ 国家学位委员会授予内蒙古大学的中国民族史、理论物理、生态学3个学科专业博士学位授予权，布林贝赫（蒙古族）、林沉（蒙古族）、罗辽复、李博为博士生导师，微生物学获硕士学位授予权。（《内蒙古大学四十年》P427）

△ 我国第一部用现代化手段印刷的藏族百科全书大藏经《丹珠尔》首发式在四川马尔康举行。（《四川日报》1990.11.27.①）

20～25日 四川省首届少数民族艺术节在西昌举行。全省15个民族的1000余名文艺工作者演出民族歌舞节目108个，834件摄影作品参加艺术节摄影展，其中230件作品获奖。（《四川日报》1990.11.21.①，11.27.①）

21日 中共中央统战部、国家民委、国家科委、民盟中央、民建中央、民进中央、致公党中央、九三学社、全国工商联在北京联合举行贵州省黔西南布依族苗族自治州“星火计划”和科技扶贫试验区项目论证汇报会。（《民族团结》1991.3 P7）

22日 据本报乌鲁木齐讯，中科院新疆地理所在位于独库公路的拉尔墩达坂开展“拉尔墩达坂风吹雪实验工程——轻型防风吹雪走廊效应分析”课题研究，建成我国第一座防风吹雪走廊实验工程。（《新疆日报》1990.11.22.①）

23日 西藏自治区环境保护委员会在拉萨成立并召开委员会第一次会议，自治区政府副主席马李胜任委员会主任。（《西藏日

报》1990.11.24.①）

△ 据本报讯，青海民族印刷厂被国家新闻出版署审核批准为国家级书刊印刷定点企业。该厂的藏文书刊印刷质量和印刷能力仅次于北京民族印刷厂，居全国第二位。（《青海日报》1990.11.23.①）

△ 《内蒙古日报》报道，内蒙古自治区最大的人畜饮水工程——克什克腾旗人畜饮水工程通过验收，可解决4000人和3.3万头（只）牲畜的饮水问题，开辟缺水草场440平方公里。（《内蒙古自治区大事记（1987~1996）》P128）

24日 中共中央总书记江泽民视察广西民族学院。（《广西民族学院校史》P306）

25日 《内蒙古近代简史》由内蒙古大学出版社正式出版发行。该书是内蒙古自治区"七五"哲学社会科学规划项目成果，郝维民主编。（《内蒙古日报》1990.11.25.①）

△ 伊斯兰发展银行援建的宁夏回族自治区同心阿拉伯语学校举行新校舍竣工典礼。该校创办于1985年，1986年被宁夏回族自治区政府正式批准为全日制普通中等专业学校。1989年3月，由伊斯兰发展银行提供近80万美元援助，动工兴建新校舍，面积6200多平方米。（《民族团结》1991.2 P4,《宁夏日报》1990.11.28.①）

△ 据本报乌鲁木齐讯，最近，新疆维吾尔自治区8项发明成果在全国第五届发明展览会上获奖，其中阿克苏地区八中学生马鑫发明的"带有自动排放阀的提子"获金奖，新疆工学院化工系周卫平的"硼系阻燃剂"和新疆农科院测试中心的王正刚的"NC-A型鲜牛奶脂肪含量快速测定仪"获银奖，中科院新疆化学所阎鸿建等人研制的雪莲护肤霜、巴音郭楞蒙古自治州农机化所吴方乐研究的6LSB-450罗布麻碎茎剥麻机、新疆农科院经济作物所王兆木等人研制的低芥酸芥菜型春油菜新品种——新油4号、新疆中药厂张惠方等人研制的龟鹿二仙口服液、新疆第三机床厂技术员肉孜·木沙发明的客车送饭用自动装置手推车获铜奖。（《新疆日报》1990.11.25.①）

△ 据本报克拉玛依讯，"七五"国家重点技术攻关项目——新疆维吾尔自治区"稠油热采技术"在克拉玛依油田获得成功，并通过国家验收鉴定。项目中有15个子课题达国内先进水平，5项达到或接近国际先进水平。参加项目攻关的单位除完成规定的攻关任务外，还超额完成了3项任务，共取得25项科研成果。（《新疆日报》1990.11.25.①）

26日 据本报讯，目前，内蒙古自治区有幼儿园1515所，入园幼儿38.1万人，分别比1980年增长4.8倍和3倍。全区幼儿在园人数达每万人口184.5人，高于全国平均水平，居全国第11位。（《内蒙古日报》1990.11.26.①）

△ 全国羽毛球等级赛（甲级）在扬州结束，13个省市自治区20支代表队参加。广西女队获女子团体冠军。（《人民日报》1990.10.28.④）

27日 《中国藏学》首届优秀论文颁奖大会在民族文化宫举行，全国人大常委会副委员长阿沛·阿旺晋美、周谷城出席会议。评奖评选出藏、汉文一等奖各1名，二等奖各2名，三等奖各3名。阿沛·阿旺晋美的论文《一九五九年"三月十日事件"真相》获优秀论文荣誉奖，杨公素的《所谓"西藏独立"活动的由来及剖析》和恰白·次旦平措（藏族）的《论藏族焚香祭神习俗》获一等奖。（《人民日报》1990.11.28.④，《西藏日报》1990.11.29.①）

△ 《云南省兰坪白族普米族自治县自治条例》颁布施行。（《兰坪白族普米族自治县志》P32）

28日 内蒙古自治区老出版工作者索特纳穆卓玛绰（蒙古族）获韬奋出版奖。该奖是我国出版界最高荣誉奖。（《内蒙古日报》

1990.11.28.①）

30日 全国各地天主教神职人员代表，在四化建设中作出贡献的教徒代表，在京部分神职人员、修生、修女约200人在人民大会堂集会，纪念天主教反帝爱国运动40周年。中共中央政治局委员、国务院副总理吴学谦在纪念会上讲话指出，党和政府将保持宗教政策的连续性和稳定性，同时打击利用宗教进行违法犯罪活动。（《人民日报》1990.12.1.④）

30日～12月1日 "中蒙两国发展经济联系的潜力和趋势研究"课题成果鉴定会在内蒙古自治区呼和浩特市举行。专家学者鉴定认为，课题成果填补了国家在该领域研究的空白。该课题1987年被中国社会科学基金会选定，交内蒙古社会科学院经济研究所、内蒙古大学蒙古研究所等单位承担。（《内蒙古日报》1990.12.15.①）

是月 以中国少数民族人口调查研究为母课题，11个民族人口问题及其对策为子课题的研讨会在北京召开。11个民族包括布依族、彝族、东乡族、朝鲜族、土家族、满族、哈尼族、维吾尔族、鄂伦春族、蒙古族、藏族。（《民族团结》1991.2 P19）

△ 据报道，中国考古工作者在四川省丹巴县发现一处春秋战国（前770年至公元前256年）前后的古民族遗址。据考证，这是一个全新的考古学文化类型。（《民族团结》1990.11 P25）

12月

1日 贵州省少数民族贫困县的区、乡（镇）主要领导干部第一期培训班在省农业管理干部学院开学。贵州决定从1990年起，对国家重点扶持的21个少数民族贫困县的区、乡（镇）主要领导干部组织一次普遍培训。（《贵州日报》1990.12.8.①）

△ 西藏自治区人民医院宣布，中国医学科学院心血管病研究所高血压病研究室与西藏高山病、心血管病研究所协作的国家"七五"重点攻关课题——"少年儿童高血压病易患者识别研究"在西藏地区的工作完成。（《西藏日报》1990.12.2.①）

△ 宁夏制药厂新建成的四环素碱生产线正式投产，填补宁夏回族自治区抗生素生产空白。（《宁夏日报》1990.12.14.①）

△ 中国新疆维吾尔自治区和苏联乌兹别克加盟共和国近日在乌兹别克首都塔什干签署双边经贸、科技和文化合作协定。（《新华社新闻稿》1990.12.2）

1～5日 新疆维吾尔自治区石河子市获得全国"田径之乡"称号，这是新疆获得的首个"田径之乡"。（《新疆通志·体育志》83卷P100）

2日 广西壮族自治区富川瑶族自治县的瑶族及其他少数民族同胞1万多人在县城富阳镇集会，欢度全县性的首届"盘王节"。北京、云南、贵州、湖南、广东、湖北和广西各地的瑶族研究会的专家学者，以及台湾摄影组的来宾参加节日活动。（《广西通志·大事记》P567）

2～7日 第七届全国冬季运动会速滑比赛举行。新疆维吾尔自治区速滑运动员刘龚飞以2分02秒09的成绩获1500米冠军，并以172.010分的成绩获大全能全国冠军，他还另获1银2铜。（《人民日报》1990.12.7.④，《新疆通志·体育志》83卷P100）

3日 云南省大理白族自治州民族民间医药研究会在下关正式成立，成为云南首家地州级民族民间医药研究会。（《云南日报》1990.12.12.①）

△ 中科院水利部西北水保所承担、宁夏回族自治区固原县基地办参加的国家"七五"科技攻关专题之一的《固原黄土丘陵区水土保持与农林牧优化结构试验研究》在陕西西安通过国家级鉴定。（《宁夏日报》1991.1.9.①）

4日 据本报讯，内蒙古自治区选手孟克、洪泉、张河组成的中国马术队最近在印度新德里举行的1990亚洲地区马术场地邀请赛上获团体第三名。这是我国首次派队参加亚洲马术团体赛。（《内蒙古日报》1990.12.4.①）

△ 据本报讯，宁夏人民出版社出版的《当代宁夏煤炭工业》最近获西南西北九省区第三届优秀科技图书评奖二等奖，《六盘山自然保护区科学考察》、《宁夏草地资源与牧草种植》获三等奖。（《宁夏日报》1990.12.4.①）

5日 首届少数民族书画家作品展在民族文化宫开幕。展览由民族画苑举办，展出书画作品60余幅。（《西藏日报》1990.12.7.③）

△ 内蒙古自治区政府发布《内蒙古自治区违反计划生育法规罚款办法》，即日起施行。（《内蒙古日报》1990.12.28.②）

△ 西藏自治区教科委召开全区中专学校办学水平评估工作总结大会。9月17日起，自治区教科委等单位组成的评估团对那曲地区师范学校等13所中专学校进行评估，对藏医学院中专部、自治区水电技工学校进行检查指导。评选出自治区卫生学校为全区中专学校办学水平第一名，自治区银行学校为第二名，日喀则师范学校和自治区警察学校为第三名；评出后勤工作先进单位2个，服务育人先进个人21名，重视教育、大力支持教育的主管部门4个，表彰教师35名。（《西藏日报》1990.12.7.①）

5~9日 全国宗教工作会议在北京举行。国务院总理李鹏在会上发表题为《进一步重视、关心和做好宗教工作》的讲话。他指出，全党和广大干部都要从思想上充分认识宗教工作在党和政府工作中的重要地位，恰当地处理宗教工作与其他工作的关系，更加自觉地做好宗教工作，维护安定团结的政治局面。国务院秘书长罗干主持，乔石、吴学谦、丁关根、阿沛·阿旺晋美、杨静仁等领导出席会议，中共中央总书记江泽民同出席会议的部分代表座谈，他指出，今后要继续执行宗教信仰自由政策，保持政策的稳定性和连续性，使广大信教群众和不信教群众联合起来，共同致力于社会主义现代化建设。（《人民日报》1990.12.6.①，12.9.①）

6日 国家民委和中央文献研究室共同编辑的《新时期民族工作文献选编》首发式在北京举行，全国人大常委会副委员长阿沛·阿旺晋美，国家民委副主任伍精华、文精等出席，全国政协副主席、国家民委主任司马义·艾买提在会上讲话。该书汇集了党的十一届三中全会以来至1990年2月间中共中央、国务院、全国人大常委会和中央有关部门关于民族工作的重要文件，邓小平、江泽民、李鹏等党和国家领导人的重要讲话、文章，共56篇。（《人民日报》1990.12.10.④，《西藏日报》1990.12.11.①，《民族团结》1991.3 P7）

7日 据本报讯，国家环保局主持、内蒙古自治区呼和浩特市城建局承担的国家"七五"重点科技攻关项目《内蒙古地区氧化塘研究》最近通过国家鉴定验收。（《内蒙古日报》1990.12.7.①）

8日 内蒙古自治区人大常委会通过《内蒙古自治区统计管理条例》，1991年1月1日起施行。（《内蒙古自治区大事记（1987~1996）》P129）

8~13日 全国首届"民族团结杯"少数民族桥牌邀请赛在广西举行。内蒙古队、西藏队、广西一队分获区队公开组前三名，广西南丹大厂矿队、云南红河哈尼族彝族自治州队分获州队公开组冠、亚军，广西队、四川阿坝藏族自治州队获女子组冠、亚军。（《广西日报》1990.12.10.③，12.16.③；《内蒙古日报》1990.12.16.①）

11日 据本报讯，宁夏回族自治区"永良12号"小麦新品种、"宁亚10号"胡麻品种

和小区试验用播种机最近获第五届全国发明展览会铜奖。 （《宁夏日报》1990.12.11.①）

12日 “少数民族文字处理系统技术开发”和“藏、梵文字处理及精密照排系统”通过机电部技术鉴定，全国人大常委会副委员长阿沛·阿旺晋美出席鉴定会。 （《人民日报》1990.12.17.③）

△ 中央民族学院教学主楼落成，建筑面积2.5万平方米。全国人大常委会副委员长阿沛·阿旺晋美、全国政协副主席杨静仁、国家民委副主任伍精华等为主楼落成剪彩。（《人民日报》1990.12.17.③，《西藏日报》1990.12.14.①）

△ 西藏自治区党委批转《西藏党史工作会议纪要》。自治区党委决定，暂不撤销自治区党史资料征集委员会，自治区党史资料征集委员会办公室易名为党史研究室，党史研究室既是征集委员会的办事机构，又是党史研究机构。各地、市原有的党史办公室予以保留，易名为党史研究室。各县不单独设立党史工作机构，有条件的县要有1至2人承担党史方面的工作。 （《中国共产党西藏历史大事记（1949~2004）》P586）

△ 据本报海南讯，青海省海南藏族自治州目前建有电视转播站38座，新建卫星地面接收站31座，发射功率3857瓦；全州有电视接收机约6万台，电视人口覆盖率78.5%，全州有5个县广播站、8个乡站、12个村广播室，功率达12970瓦；全州自办新闻宣传和藏语广播平均每日播出1小时30分。有专业职称的广播电视职工占职工总数的1/3。 （《青海日报》1990.12.12.①）

13日 西藏高原生物研究所承担的西藏自治区重点科研项目——“西藏红景天的应用基础研究”通过自治区级鉴定。红景天是中国继人参、刺五加后发现的第三种重要保健植物。 （《西藏日报》1990.12.17.①）

14日 首都民族团结书画作品展览在民族文化宫开幕。展览由国家民委文化宣传司、文化部民族文化司、北京市民委、民族文化宫、北京市美协联合主办，展出14个少数民族100多位作者的书画、雕塑等作品160多件。全国政协副主席杨静仁以书法作者身份参加开幕式并剪彩。 （《人民日报》1990.12.18.④，《西藏日报》1990.12.16.③）

△ 内蒙古自治区出口商品展销会及经济技术洽谈会在香港举行。 （《内蒙古日报》1990.12.15.①）

△ 青海省“星火计划”项目——海北藏族自治州工程塑料厂铸型（MC）尼龙生产技术开发项目通过省级鉴定验收，填补西北地区空白。 （《青海日报》1990.12.30.①）

15日 据本报讯，全国施工新技术成果展览会最近召开，新疆维吾尔自治区三建获“全国施工技术进步先进企业”称号和全国烟囱无井架电动爬升倒模工艺施工新技术优秀项目成果奖。 （《新疆日报》1990.12.15.①）

18日 国家教委、财政部、国家计委和农业部在人民大会堂联合表彰全国多渠道筹措教育经费、改善办学条件先进单位，广西壮族自治区、宁夏回族自治区受到表彰。中共中央政治局委员、国务委员兼国家教委主任李铁映，国务委员兼财政部长王丙乾出席表彰大会并讲话。 （《宁夏日报》1990.12.19.③）

20日 据本报西宁讯，全国计划生育“双先”表彰暨基层工作经验交流会最近在北京召开。青海省大通回族土族自治县计划生育局的阿春兰被评为劳动模范，成为青海首位该系统劳动模范。 （《青海日报》1990.12.20.①）

△ 据本报讯，最近，内蒙古人民广播电台少儿演唱团在上海举行的全国少先队制定歌曲“雪菲力”杯大奖赛中获优秀奖。该团由40余名少年儿童组成，以演唱蒙古语歌曲和表演蒙古语节目为主。 （《内蒙古日报》1990.12.20.①）

△　我国第一位哈萨克族博士研究生巴哈提在南京大学通过博士论文答辩。其论文《蒙古兴起前金山地区及其周围的突厥语诸部》填补北方民族史学空白。　（《人民日报》1991.2.22.③，《新疆日报》1991.2.26.①）

△　《内蒙古日报》报道，农业部主持的全国养羊和商品牛基地建设评比在昆明揭晓。内蒙古自治区有11个旗县和30人获奖并被授予先进称号，其中授予全国养羊基地建设先进旗县的有克什克腾旗、乌审旗、敖汉旗、太仆寺旗、多伦县细毛羊基地和乌拉特中旗、鄂温克自治旗、巴林右旗绒山羊基地，获全国商品牛基地建设先进旗县的是科左后旗、科左中旗和翁牛特旗。　（《内蒙古自治区大事记（1987~1996）》P129）

△　云南省怒江傈僳族自治州决定从即日起开放14条边境步道，即泸水县的片马、吴中、泡西、排巴、称杆、俄嘎，福贡县的架科底、古泉、亚坪、汪洛、马吉米、嘎打，贡山县的咪谷、马库。1986年2月，云南省政府规定怒江州境内允许边民出入境的口岸有9个、通道12条。　（《怒江傈僳族自治州志》下P351）

△　新疆维吾尔自治区新时期优秀文学评论作品奖、新时期优秀文学翻译作品奖和新时期文学期刊优秀编辑奖颁奖，93人获奖。（《新疆日报》1990.12.22.①）

20~27日　全国政协副主席、中国佛协会长赵朴初在云南省西双版纳傣族自治州考察，并主持中国上座部佛教工作座谈会。（《西双版纳傣族自治州志》上P81）

22日　青海省黄南藏族自治州民族歌舞剧团在西宁首场演出大型藏戏《藏王的使者》。　（《青海日报》1990.12.26.①）

△　新疆维吾尔自治区第一部统一的药典式维吾尔药品标准产生。　（《新疆日报》1991.1.3.①）

25日　内蒙古自治区杂技节目《蹬弓造型》、《五塔柔术造型》，魔术《环技》作为我国优秀杂技节目赴阿根廷、乌拉圭、巴拉圭3国公演。　（《内蒙古日报》1990.12.28.①）

△　青海省海北藏族自治州地方志编纂委员会成立。　（《海北藏族自治州志》上P96）

25~28日　宁夏回族自治区六届人大常委会第十六次会议在银川举行。会议通过《宁夏回族自治区计划生育条例》。　（《宁夏日报》1990.12.26.①，12.29.①）

26日　内蒙古自治区首届优秀期刊和期刊先进工作者表彰大会在呼和浩特召开，21种期刊和35名先进期刊工作者受到表彰。（《内蒙古日报》1990.12.26.①）

△　美籍蒙古族科学家、宇航电脑专家包铁铮受聘内蒙古自治区第二届科学技术顾问委员会委员仪式在呼和浩特举行。自治区政协副主席、自治区政府科学技术顾问委员会第二届委员会副主任暴彦巴图为其颁发聘书。（《内蒙古日报》1990.12.30.①）

△　据本报讯，西藏自治区第一份资源区划报告——《西藏地热资源区划》最近由西藏地热地质大队完成并在成都通过专家评审验收。　（《西藏日报》1990.12.26.①）

△　青海省玉树藏族自治州政府公布第二批州级森林类型自然保护区和野生动物类型自然保护区、禁猎区共25个保护区，由当地乡政府、村（牧）委会、寺院负责管护。至此，连同1988年公布的28个自然保护区（含国务院、省政府批准），全州有53个自然保护区。　（《玉树州志》上P67）

27日　据本报讯，目前，赫哲族青壮年已普及高、小文化教育，成为我国第一个无文盲民族。　（《人民日报》1990.12.27.③）

28日~1991年1月3日　文化部、国家民委联合主办的建国以来首次全国少数民族舞蹈（单、双、三人舞）比赛在云南昆明举行，30个民族的100个节目参赛。内蒙古自治区代表队参赛节目全部获奖，居参赛各队之冠，其中一等奖7个、二等奖9个、三等奖7个；新疆维吾尔自治区迪里那尔（维吾尔族）表演的单人舞《冰山之火》获一等奖，提里曼（维吾尔族）的《英吉沙小伙子》、吐尔逊娜依（维吾尔族）的《花之恋》获二等奖，新疆代表队分获编导奖、音乐创作奖、服装奖，总计7个节目获18个奖；宁夏回族自治区参赛的回族舞蹈《背》、《鸽子随想曲》、《汤瓶舞》分获专业、业余组创作三等奖，《花儿》获专业组表演三等奖，4个参赛舞蹈分获优秀演员奖、音乐创作奖、服装设计奖；青海省民族歌舞剧团独舞演员杨向东编导并表演的舞蹈《雅那》获编导和表演特别奖。（《民族团结》1992.2 P12，《云南日报》1991.1.4.①，《内蒙古日报》1991.1.5.①，《宁夏日报》1991.2.3.①，《新疆日报》1991.1.4.①，《云南日报》1990.12.29.①）

29日 据本报讯，宁夏回族自治区建设厅承担的国家建设部"七五"重点研究课题——《生土农房抗震改造试验研究》最近在银川通过鉴定，属国内首创。（《宁夏日报》1990.12.29.①）

30日 据本报海南讯，青海省海南藏族自治州布病防治最近通过省级验收，成为青海首个达标的州。海南州5县全部达到中央地方病防治领导小组规定的布病疫区的控制标准，并连续5年无新发病例。（《青海日报》1990.12.30.①）

△ 宁夏回族自治区科委立项的软科学研究课题"宁夏经济发展模型"通过自治区级鉴定。（《宁夏日报》1991.1.9.①）

是月 中央民族学院教师何润主编的《民族理论和民族政策纲要》出版，于1991年获北京市第二届哲学社会科学优秀成果二等奖。（《中央民族大学五十年》P74）

△ 据本报讯，"七五"期间，云南省大理白族自治州落实和实施经济技术协作项目783项，占原计划项目的112%，引进资金4100万元，协进协出各种物资贸易总额3.5亿元，引进人才170人。（《云南日报》1991.2.4.②）

△ 西北民族学院郭卿友教授主编的《中华民国时期军政职官志》出版，这是一部研究民国时期（1912.1～1949.10）军政机构及其职官沿革的学术专著，共5卷400万字。后获"1991～1992年度甘肃省高校社会科学成果奖"一等奖。（《西北民族学院校史》P225）

是年 "七五"期间，内蒙古自治区人工种草4202.75万亩，比"六五"期间增长52.7%；围建草库伦2347.54万亩，比"六五"期间增长44%；人工造林1600多万亩，超额9.8%完成国家重点工程"三北"防护林体系的二期工程。（《内蒙古日报》1991.1.18，《内蒙古自治区大事记（1987～1996）》P132）

△ 据新华社电，"七五"期间，广西壮族自治区开发新产品2238个，创工业总产值91.98亿元，实现税利13.5亿元，是投入6.05亿元的2.23倍。其中，89个新产品达到国际同类产品水平，384个新产品达到国内同类产品水平。（《人民日报》1991.1.23.②）

△ 据本报拉萨电，"七五"期间，西藏自治区国民生产总值年均增长4.6%，国民收入年均增长5.4%，粮食年产突破55万吨，年工业总产值突破2亿元，"七五"期间新增固定资产19亿元，进出口总额1.18亿美元，旅游业收入2.25亿元，创汇2700万美元。（《人民日报》1991.1.20.①）

△ 截至1990年底，西藏自治区羊八井地热电站已累计发电3.7亿度，占拉萨电网的40%～50%。羊八井是自治区人民政府根据西藏自然资源的优势，确立地热开发建设的方向。现今羊八井地热发电站共有8台3000千瓦发电机组，总装机容量2.52万千瓦。（《中

国共产党西藏历史大事记（1949~2004）》P588）

△ 据新华社银川电，“七五”期间，宁夏回族自治区与29个省、市、自治区确立经济协作关系，与40多个国家建立经济联系，签订经济技术协作项目3000多个，吸引资金2亿多元。“七五”期间与“六五”期间相比，全区国民生产总值发展速度从全国第18位升至第4位，国民收入从第18位升至第6位。通过国家扶持和各民族的支援与帮助，90%的回汉农户解决了温饱问题，农民人均纯收入由1983年的72元提高到1982年的231元，人均占有粮食由214公斤提高到267公斤。1986年，国家建成固海扬黄工程，使49万人和16万头大家畜、57万只羊的饮水问题得到解决。乡乡有公路，98%的乡、村、户通电。（《人民日报》1991.1.19.③）

△ 据本报讯，“七五”期间，宁夏回族自治区累计完成人工造林252万亩，保存面积183.9万亩；全区果树面积从“六五”的12.5万亩增至40万亩。目前，全区森林覆盖约占5%，林木总蓄积量698万立方米；城镇绿化覆盖由1982年的8.7%增至15.9%，人均公共绿地由2.28平方米增至2.9平方米。其中，宁夏驻军参加“三北防护林工程”建设和绿化宁夏山川的劳动，先后用10万多劳动日建造成片林30多万亩，植树200多万株，种花种草10万多平方米，并在黄河沿岸营造防护林200多公里，受到全国、全军绿化委员会表彰。（《宁夏日报》1991.3.10.①，3.12.①）

△ 据本报讯，“七五”期间，宁夏回族自治区共有204项医药卫生科技成果分别获国家卫生部、自治区科委和自治区卫生厅颁发的科技进步奖，比“六五”期间增长45.7%。（《宁夏日报》1991.11.19.①）

△ 据本报乌鲁木齐讯，“七五”期间，中科院新疆分院取得鉴定成果121项，比“六五”期间增长4.3%，其中获奖成果66项，增长2.5倍，获奖率从“六五”期间的22.4%提高到“七五”的54.5%。（《新疆日报》1991.3.11.②）

1991年

1月

1日 经国务院批准，内蒙古自治区黑山头、室韦2个口岸正式对苏联开放。两口岸均位于呼伦贝尔盟额尔古纳河东岸，分别与苏联旧粗鲁海图、奥洛契口岸隔河相对，冬季可用汽车通过冰上过货，夏季驳船过货。（《民族团结》1992.2 P12,《内蒙古日报》1991.1.7.①）

△ 鄂尔多斯遗鸥自然保护区建立，保护区位于内蒙古自治区鄂尔多斯市东胜区，面积14770公顷，是以遗鸥及其生境为主要保护对象的国家级自然保护区。（《全国自然保护区名录（2003）》P39）

2日 据本报乌鲁木齐电，新疆维吾尔自治区喀什地区积极推行家庭联产承包责任制度的社会化服务——“五统一”，即由乡、村集体组织统一落实生产计划，统一组织农田水利基本建设和灌溉，统一进行农业机械作业，统一落实重大科技措施，统一提供系列化服务，提高了科学种田水平。目前，全地区大、中型农机具作业比80年代初增长125%，其中机耕率由54%提高到80%，机播率由28%提高到70%。（《人民日报》1991.1.3.①）

3日 据新华社北京电，目前，全国少数民族普通高校在校学生有13万多人，中等学校在校生近314万人，小学在校生1052万多人。国内55个少数民族全部有自己的大学生。改革开放以来，民族自治地区普通高校兴办民族班或民族预科班，专门招收少数民族学生；内地开办民族中学或中学民族班；高、中等专业学校招生时，对少数民族考生适当降低录取分数线，增加他们入学机会；民族学校实行“双语”教学。新疆、广西等10个省区成立民族文字教材编译机构，全国各省（区）用29种民族文字出版中小学教材1800多种。全国现有民族小学12万多所，民族中学1.1万余所，中等师范学校189所，高等师范院校35所，民族学院12所，自治地区民族高等院校107所。高等、中等、小学在校生人数比改革前的1978年分别增长24.8%、42.2%和27.9%。建国前整个民族无人识字的西双版纳景洪基诺族，如今学龄儿童入学率达99.5%。在延边朝鲜族自治州，每万人中有在校大学生近50人，成为全国闻名的“文化教育之州”。朝鲜、达斡尔、锡伯等9个民族，每万人中大、中、小学各种文化程度平均数超过全国平均水平。少数民族拥有越来越多的硕士、博士研究生和留学生，专职教师目前有60多万人。（《人民日报》1991.1.4.③）

△ 据新华社南宁电，广西壮族自治区首批世界银行贷款重点支持的1240个农村项目全部按计划完成并超额实现各项评估指标，成为我国利用农村项目贷款效益最好的省之一。中国农业银行广西分行提供的年终统计数字表明，从1984年11月启用世界银行农村项目贷款到1990年，超额完成7项主要经济指标：协议规定到1989年7月底用完世界银行提供的5000万美元贷款指标，已提前1年用完；到1990年底，超额520万完成580万美元收贷计划；比实现项目产值7.3亿多元增产值1766万元，比实现税利1.4亿多元增利税2859万元，比实现创汇2000万美元超计划1500万美元，比实际项目受益农户18.9万户增5928户；农户年平均收入300元，实际比评估指标增加17.5元。（《人民日报》1991.1.4.①）

△ 建国以来首次举办的全国少数民族舞蹈比赛在云南昆明结束，为期7天，有30个民族的100个节目参赛。（《中华人民共和国大事记（1949~2004）》P924）

4日 据本报讯，新型自动喷射蜡染印花机近日在南宁通过技术鉴定。该印花机由广西绢麻研究所研制，其生产效率是手工的20至30倍，使传统染绘技艺脱离了单一手工绘制。（《人民日报》1991.1.4.②）

△ 据本报讯，中科院考古所与西藏自治区文物管理局最近在拉萨北郊曲贡村发掘一处距今4000年左右的新石器时代遗址，发掘出墓葬36座，出土文物万余件，其中以打制石器为主。（《贵州日报》1991.1.4.①）

6日 据本报讯，《四川藏戏》最近由四川民族出版社出版。该书介绍了四川德格藏戏、安多藏戏、康巴藏戏等历史的形成、发展沿革、艺术特色和演出习俗。（《四川日报》1991.1.6.①）

△ 《内蒙古日报》报道，“七五”期间国家重点科技攻关项目——《二连盆地保护油层防止污染的钻井完井投产技术》通过国家鉴定验收，达到80年代国际先进水平，为二连油田提前1年建成100万吨生产能力提供了可靠的技术保证。（《内蒙古自治区大事记（1987~1996）》P130）

8日 据本报讯，自1986年来，贵州省黔东南苗族侗族自治州有388项科研成果分获省、州科技进步奖和星火奖，其中86项获省科技进步奖和星火奖。（《贵州日报》1991.1.8.①）

△ 中国《江格尔》研究会成立大会暨首届年会在新疆维吾尔自治区乌鲁木齐市举行。来自北京、内蒙古、甘肃、新疆等省、市、自治区的《江格尔》研究专家、学者，从事《江格尔》搜集、整理、翻译和出版工作的专业科研人员和编辑以及负责这方面工作和与这方面工作有关的领导，学术刊物、新闻单位的记者等近百人参加会议。会议选举浩·巴岱为会长，文精等13人为副会长，铁木尔·达瓦买提为名誉会长。（《新疆日报》1991.1.10.①）

8~23日 全国人大常委会副委员长廖汉生视察广西壮族自治区。先后到南宁、柳州、防城港区和北海市视察，访问了工厂、农村、学校和部队，听取了区领导关于自治区经济建设、对外开放、贯彻民族区域自治法情况以及人大工作的汇报，与在南宁的部分全国人大代表进行了座谈。（《广西日报》1991.1.25.①）

9日 据本报讯，“七五”期间，贵州省黔南布依族苗族自治州实现外引内联项目363个，年增产值2亿多元，税利5000多万元。（《贵州日报》1991.1.9.①）

9~12日 新疆维吾尔自治区七届人大常委会第十八次会议举行。会议通过《自治区实施〈城市规划法〉办法》（草案修改稿）和《关于自治区七届人大三次会议议案处理意见的报告》。（《新疆日报》1991.1.10.①）

10日 宁夏回族自治区民族团结进步表彰会在银川召开，自治区政府代国家民委向44个全国民族团结进步先进集体、50名先进个人颁奖。会议通过向全区各族同胞发出的《倡议书》。（《宁夏日报》1991.1.11.①）

△ 据本报奇台讯，新疆维吾尔自治区奇台林场连续31年无森林火灾，被评为全国和自治区森林防火先进单位。（《新疆日报》1991.1.10.①）

11日 据本报讯，“七五”期间，宁夏回族自治区固原地区在5条大流域中重点治理开发126条小流域，新建农田15万亩，种草20万亩，植树10万亩。（《宁夏日报》1991.1.11.①）

△ 据本报讯，内蒙古自治区第一本科学技术年鉴——《1989年内蒙古科学技术年鉴》日前由内蒙古人民出版社出版发行。（《内蒙古日报》1991.1.11.①）

△ 《内蒙古日报》报道，内蒙古自治区包头稀土研究院科研人员承担的国家“七五”攻关课题——《高性能钕铁硼永磁体研究》取得成功。其样品经中国计量科学院测试，批量样品最大磁能积可达49.0兆高奥（389KJ/M3），其中高样品达52.2兆高奥（415KJ/M3），这是继1989年钢铁研究总院研制钕铁硼永磁体磁能积最高水平49兆高奥后的又一重大突破，标志着我国钕铁硼永磁体研究已处于世界领先水平。（《内蒙古自治区大事记（1987~1996）》P130）

12日 青海塔尔寺酥油花艺术展在民族文化宫举办，同时展出的还有塔尔寺多年收藏的106幅堆绣、唐卡、壁画精品。（《民族团结》1992.2 P12，《青海日报》1991.1.13.①）

△ 据新华社拉萨电，“七五”期间西藏教育经费逐年增加。5年来，西藏用于教育的经费由1985年的8000万元上升到1990年的1.35亿元，年均增长11%多；教育经费占财政支出的比重每年保持在15%，教育基建投资占地方预算内投资的10%，都高于“六五”时期。“七五”期间，全区新增校舍51.8万平方米，中小学危房由1985年的22%下降到13%左右；相继建成教育卫星上行站和地面单收站，发展电化教育。（《人民日报》1991.1.14.③）

△ 湖南省湘西土家族苗族自治州凤凰县的乌巢河大桥举行通车庆典。大桥主拱跨径120米、高42米、宽8米、长241米。这座由该县自行设计、投资和修建的全空式石肋拱桥，是目前世界上跨径最大的石拱桥。中顾委常委王首道为该桥题词：“天下第一大石桥。”（《民族团结》1991.3 P41，《湘西州志》上P92）

13日 《内蒙古日报》报道，内蒙古自治区扶贫开发初步统计，在106.6万贫困户中，解决贫困100.4万户，占贫困户总数的94.2%，其中脱贫约占20%、致富占5%。（《内蒙古自治区大事记（1987~1996）》P130）

△ 据新华社乌鲁木齐电，近几年来，新疆维吾尔自治区投入3000多万元，先后在喀什、乌鲁木齐、伊犁、石河子等地建立城市商

品鱼基地，大力推广科学养鱼新技术。全区目前总捕鱼量超过2.3万吨，是1978年的3.3倍。加上每年从外省调进的鱼，全区年上市鱼量3万多吨，人均占有2公斤，是1978年的7倍。（《人民日报》1991.1.14.②）

△ 据本报讯，广西壮族自治区雅长天然林区最近发现我国第23个松树新种——拉雅松。（《广西日报》1991.1.13.①）

14日 广西壮族自治区党委发出《关于在农村开展社会主义思想教育的通知》，决定从是年开始，用2～3年时间，在全区农村分期分批开展社会主义思想教育。截至1992年底，全区共组织10万余名干部到农村开展社交工作；全区1.49万个行政村中1.42万个已开展社教工作，占总数的95%。（《广西通志·大事记》P569）

14～17日 西藏自治区首届高原临床医学学术交流年会在拉萨举行，自治区各地市、西藏军区总医院、武警总队医院和内地一些医院的专家学者与会。（《西藏日报》1991.1.17.①）

15日 全国新闻工作者协会第四次理事会在北京开幕。会上，内蒙古人民广播电台汉语新闻部、延边日报社、青海省玉树藏族自治州电视转播台、宁夏日报校对科、新疆日报专刊部理论组、新疆人民广播电台新闻部、乌鲁木齐人民广播电台新闻部等被授予“全国先进新闻集体”称号，次登（藏族）、旺堆（藏族）、格桑卓玛（藏族）、阿里木·胡赛音（维吾尔族）、阿布达·合买提（维吾尔族）、玉素甫江·艾合米德（维吾尔族）等被授予“全国优秀新闻工作者”称号。（《人民日报》1991.1.16.①③，《新疆日报》1991.1.16.①）

16日 云南省大理白族自治州白剧团演出的大型历史白剧《阿盖公主》获云南省弘扬民族优秀文化文艺展演演出综合一等奖。（《云南日报》1991.1.17.①）

△ 据本报讯，内蒙古自治区石油部门勘探发现13个含油气盆地，总面积47万平方公里，占全区总面积的40%。经预测，石油总资源量为20亿至30亿吨，天然气2700亿至1万亿立方米。（《内蒙古日报》1991.1.16.①）

19日 新疆维吾尔自治区天山队赵志华获全国速滑锦标赛女子500米赛冠军。（《人民日报》1991.1.21.④）

20日 据本报讯，云南省怒江傈僳族自治州气象局研制的冬季烤烟技术获国家气象局颁发的气象科技扶贫三等奖、州政府颁发的科技进步二等奖，杂交稻制种获州政府颁发的科技进步三等奖。（《云南日报》1991.1.20.②）

△ 据本报讯，青海、新疆、西藏三省区政府代表在新疆维吾尔自治区驻京办事处举行边界线交会点签字仪式。位于青藏高原海拔5190米处的某一点被确定为三省区边界线交会点。（《西藏日报》1991.1.21.①，《青海日报》1991.1.21.①）

21日 据新华社电，新疆维吾尔自治区发现25个成矿带，有成型矿床12处。（《人民日报》1991.1.21.①）

21～23日 中共中央政治局常委、书记处书记李瑞环在云南省西双版纳傣族自治州视察。（《西双版纳傣族自治州志》上P81）

22～24日 广西壮学学会成立大会暨首次学术研讨会在南宁举行。（《广西日报》1991.1.27.①）

23日 据新华社电，我国地质科学工作者在青藏高原盐湖研究中，首次发现盐湖大面积嗜盐菌藻，该藻类含胡萝卜素高达每公斤10万毫克；首次发现新矿物扎布耶石和含锂菱镁矿、含锂白方石变种，突破锂的赋存状态；首次发现一种新型矿床——含铯硅华。据调查，硼、锂、铯、钾资源分别占世界资源总量的10%、12%和26.7%，钾资源约占我国资源量的14%。（《人民日报》1991.1.23.②）

△ 据本报讯，10年来，世界上唯一的

彝文编辑室——四川民族出版社彝文编辑室出版200多种3000多万字的图书，其中《凉山荞麦栽培》获全国优秀科普书一等奖，《彝族历史》获西南西北片优秀科普读物奖。（《四川日报》1991.1.23.①）

24日 据新华社电，西北地区目前最大的火力发电工程——宁夏回族自治区大坝电厂1号30万千瓦发电机组正式投入运行。该电厂1989年被列为国家重点建设工程，年发电量18亿千瓦时。（《人民日报》1991.1.27.①，《宁夏日报》1991.1.25.①）

△ 据本报讯，宁夏回族自治区完成农业部首次下达的1990年畜牧业"丰收计划"，即20万只肉羊育肥生产配套技术项目。截至1990年12月底，项目区共育肥出栏肉羊23.02万只，完成合同指标的115%。（《宁夏日报》1991.1.24.①）

25日 广西壮族自治区南宁地区开始在邕凭公路两旁的荒山上动工兴建林果蔗综合开发示范带。该示范带西起扶绥县山圩镇，东至凭祥市友谊关，全长187公里，总面积6.67万公顷，其中造林4万公顷、种果树6667公顷、种甘蔗2万公顷。计划1995年完成，概算总投资1.5亿元。至1991年底，共完成植树造林4066.67公顷，种果树160公顷，种甘蔗1333.33公顷。（《广西通志·大事记》P569）

28日 受国家民委委托，云南省在昆明举行全国民族团结进步先进集体先进个人表彰会，全省96个先进集体、101名先进个人受表彰，其中少数民族先进个人占80%。（《云南日报》1991.1.30.①）

△ 据新华社昆明电，云南省近年来发掘整理出版一大批傣、彝、藏、白、纳西、景颇、哈尼、拉祜、佤、苗等少数民族医药著作，开发出多种民族药。傣医被列为全国四大民族医之一，整理出版记载傣医理论和各种法、方、药的《档哈雅》，从解剖学角度论述人体生长发育、组织结构的《嘎牙山哈雅》、《西双版纳傣药志》4集，《西双版纳古傣医验方注释》、《傣医中专班临床课试用教材》等；出版《彝药志》、《彝族医药史》、《哀牢山彝族医药》、《彝族医药珍本集》、《聂苏诺期》；另外还出版《中国佤族医药》、《迪庆藏药》、《四部医典经验》、《纳西族药志》、《玉龙本草初探》、《白药志》、《景颇族药志》、《拉祜族常用药》、《哈尼族药品介绍》、《普米族"红萝卜"的开发利用》等。在景洪和迪庆分别建立傣医院和藏医院，在昆明创办云南民族民间医药研究所和《民族民间医药报》，许多地、州也成立研究机构。继云南中医学院曾育麟教授在印度获首届亚洲传统医学国际学术大会金质奖章后，方文才（彝族）、关祥祖等的《中国彝族医药对人类健康的贡献》、《彝族医药古籍整理研究》、《从民族医药的发展看未来前景》等论文又分别在第二届国际民族生物学大会、第二届亚洲传统医学国际大会、第三届世界传统医学国际大会发表。（《人民日报》1991.2.1.③，《云南日报》1991.1.28.②）

2月

1日 贵州省黔西南布依族苗族自治州国内长途自动直拨电话开通。（《贵州日报》1991.2.3.①）

1~7日 《维吾尔人》、《匈奴简史》和《维吾尔古代文学》3本书问题讨论会在新疆乌鲁木齐召开。全国政协副主席、自治区顾委主任王恩茂和自治区党政领导宋汉良、铁木尔·达瓦买提、贾那布尔等出席。自治区党委副书记贾那布尔作重要讲话。与会代表一致认为：3本书歪曲新疆历史，散布民族分裂主义观点，危害祖国统一和民族团结，问题严重；必须尽快清理书中散布的错误观点，把维护祖国统一、反对民族分裂主义的斗争持之以恒地抓下去。（《新疆日报》1991.2.3.①，1991.2.8.①；《中国共产党新疆历史大事记

（1966.5～1991.12）》下P409）

2日 新疆维吾尔自治区吐鲁番—哈密盆地发现大油田，已找到油气构造带10个。25日，中国石油天然气总公司决定，成立吐鲁番—哈密石油勘探开发指挥部，以玉门油田管理局为主体，调集全国力量，加快吐哈油田勘探开发大会战。当年即形成50万吨原油的生产能力，并开始外运原油。（《中国共产党新疆历史大事记（1966.5～1991.12）》下P409）

3日 据新华社北京电，《中共中央关于制定国民经济和社会发展十年规划和“八五”计划的建议》蒙古、藏、维吾尔、哈萨克、朝鲜等7种文字版由民族出版社出版。（《人民日报》1991.2.4.①）

4日 据新华社电，内蒙古自治区呼和浩特铁路局建成的一条钢轨淬火生产线日前被评为1990年度铁道部科研成果一等奖。该生产线长达500米，是目前世界上最长的一条钢轨淬火生产线。它的建成形成全路局第一个淬火基地，在控制钢轨淬火变形等方面达到国际水平。（《人民日报》1991.2.4.①）

△ 据本报讯，通过改革，西藏自治区初步形成科研及推广体系，科学技术在西藏得到迅速发展。10年来，西藏自治区建立了山南、拉萨、日喀则、昌都、林芝5个地区农技推广总站，有48个县改建农技推广站；建立林业、生物、生态、太阳能、天文历史、藏医藏药等14个研究所；各种专业学会、协会、研究会发展到42个，举办学术活动400多次，科普讲座200多次，创办学术刊物14种，出版发行藏汉双语种文字科普杂志4种，累计发行量达3000多万份。截至目前，西藏有各类专业人员2.6万多名，其中藏族科技人员占54%。（《人民日报》1991.2.4.③）

5日 宁夏回族自治区第二届“民族团结征文”颁奖大会在银川举行，自治区民委、自治区党委宣传部等9家单位联合举办，评选出一等奖3名、二等奖7名、三等奖15名、鼓励奖20名、优秀奖10名。（《宁夏日报》1991.2.7.①）

△《中共中央、国务院关于进一步做好宗教工作若干问题的通知》下发。《通知》指出，正确对待和处理宗教问题，是我国社会主义建设事业中的一个重要课题，是建设有中国特色的社会主义的一个重要内容。做好宗教工作，一要全面正确地贯彻执行宗教信仰自由政策；二要依法对宗教事务进行管理；三要充分发挥爱国宗教团体的作用；四要坚决打击利用宗教进行的犯罪活动；五要健全宗教工作机构，加强宗教工作干部队伍建设；六要加强党对宗教工作的领导。（《凝聚》P78～81）

5～10日 新疆维吾尔自治区农村工作会议举行。会议贯彻党的十三届七中全会精神和中共中央、国务院《关于一九九一年农业和农村工作的通知》精神，研究今后10年和“八五”期间农村改革和发展的基本任务、战略重点和重大对策；部署和安排是年农牧业生产和农村工作。会议强调，自治区的农业和农村工作要抓住以下几个重点：稳定政策，深化改革，进一步调动农牧民的积极性；增加农业投入，提高农牧业综合生产能力；切实搞好科技、教育兴农；扎扎实实落实好农牧业生产计划；牢固树立抗灾夺丰收的思想；狠抓农田水利建设，搞好农业综合开发；搞活农牧区商品流通，解决农牧民“买难”、“卖难”问题；切实加强对农业和农村工作的领导。（《中国共产党新疆历史大事记（1966.5～1991.12）》下P409～410）

△ 西藏、内蒙古、新疆、青海、甘肃、四川、广西、云南、海南、宁夏十省区少数民族风情风光摄影展在拉萨举办。（《西藏日报》1991.2.6.①）

6日 内蒙古自治区第三届文艺创作“索龙嘎”、“萨日纳”奖颁奖大会在呼和浩特举行，316名文艺工作者的250件文艺作品获文学创作“索龙嘎”奖和艺术创作“萨日纳”

奖。（《内蒙古日报》1991.2.8.①）

△ 西藏羊八井地热发电站4号、5号机组建成并网发电。这是我国地热发电量最大、西藏装机最多、世界上海拔最高的地热电站，装机达2.52万千瓦，年发电量占拉萨电网40%以上。（《人民日报》1991.2.6.①）

△ 据本报讯，宁夏回族自治区最大的中外PU革合资企业——夏贝有限实业公司最近在吴忠建成投产，公司由香港投资有限公司、宁夏伊斯兰信托公司、吴忠市服装公司合资兴建。（《宁夏日报》1991.2.6.①）

7日 民族文化宫举行建宫30周年庆祝会。中顾委副主任宋任穷、全国政协副主席程思远到会祝贺，全国人大常委会副委员长阿沛·阿旺晋美，全国政协副主席杨静仁，全国政协副主席、国家民委主任司马义·艾买提等题词。（《人民日报》1991.2.8.④）

△ 广西社会科学联合会二届三次全会和广西第三次社会科学研究优秀成果颁奖大会在南宁召开，自治区党政领导赵富林、成克杰等出席并向获奖者颁奖。获奖成果共577项，其中一等奖6项、二等奖112项、三等奖248项、优秀成果奖211项。（《广西通志·大事记》P569）

7~9日 中共中央政治局常委、书记处书记乔石在云南省西双版纳傣族自治州视察。（《西双版纳傣族自治州志》上P81）

8日 广西壮族自治区第一个华侨投资区——南宁华侨投资区经自治区政府批准在武鸣华侨农场正式成立。（《广西通志·大事记》P569）

9日 宁夏回族自治区民委和广播电视厅联合举行全区民族知识竞赛。（《宁夏日报》1991.2.14.①）

10日~4月21日 《西藏日报》连续刊载《西藏和平解放40周年宣传提纲》。《提纲》共4大部分16个小节，全面介绍了西藏和平解放40年来在政治、经济、文化以及民族团结、人民生活等方方面面取得的巨大成就。3月12日，全国人大常委会副委员长阿沛·阿旺晋美在人民大会堂举行记者招待会，介绍西藏和平解放40年来取得的巨大成就。（《人民日报》1991.3.13.①，《民族团结》1992.2 P12，《中国共产党西藏历史大事记（1949~2004）》P589）

14日 据本报讯，云南民族电影制片厂最近摄制完成全省24个少数民族的影片系列。这是第一个系统、总集式反映云南省24个少数民族的影片系列，长达67本。（《云南日报》1991.2.14.①）

17日 据新华社兰州电，我国第一条穿越“死亡之海”——塔克拉玛干沙漠公路轮南至塔里木河段最近基本建成。（《人民日报》1991.2.18.①）

18日 据本报讯，内蒙古自治区呼伦贝尔盟自1988年被国务院批准为改革试验区后，积极发挥地缘和资源优势，开展对苏联、蒙古等国贸易，带动全盟各项事业发展。3年来，对苏蒙交易额达到6.9亿多瑞士法郎，签订技术合作项目47个；引进世界银行贷款1亿元，联合开发草场10万亩，开发宜农荒原106万亩，改造中产田87万亩；国民生产总值年递增7.7%，财政收入递增10.4%；农牧民人均年收入分别为692元和950元，比3年前分别增长23.6%和38.9%；17种工业产品达到国际先进水平，30种达到国内先进水平。（《人民日报》1991.2.18.②）

19日 据本报讯，1985年至今，云南省德宏傣族景颇族自治州与18个省、市，100多个地、州、市建立技术、经济合作关系，实施协作项目572项；连网公路发展到194条，通车里程3168公里，全州64个乡全部通公路；芒市飞机场于1990年4月通航；1990年7月至今，全州接待27个国家的500多名外宾，1000多名港、澳、台胞和海外侨胞。（《云南日报》1991.2.19.①）

21日 据本报讯，青海省目前有各级各类民族学校1773所，少数民族学生占全省各级各类学校在校学生总数的31.71%，其中高校在校生2304人，中专在校生4685人，普通中学在校生4.82万人，小学在校生18.23万人。（《青海日报》1991.2.21.③）

21～28日 广西壮族自治区七届人大常委会第二十一次会议举行。会议批准《富川瑶族自治县自治条例》。（《广西日报》1991.2.22.①，3.1.①）

22日 云南省峨山彝族自治县发现一处旧石器时代洞穴遗址，填补了云南中南部旧石器时代考古空白。（《云南日报》1991.3.15.①）

22日～3月7日 中国少数民族艺术团访问蒙古人民共和国，共演出16场，观众1万多人次。蒙古文化艺术发展委员会和民间歌舞团授予德德玛（蒙古族）等人蒙古人民共和国最高艺术奖——杰出的文化艺术工作者奖章。（《民族团结》1991.5 P16～17）

23日 据本报讯，第一部反映布依族生活的4集电视剧《蒙阿莎传奇》最近由总政歌剧团电视剧部和贵州省委统战部联合摄制完成。（《云南日报》1991.2.23.①）

△ 据新华社电，截至目前，青海省已建小水电站154处，装机257台，总容量10万千瓦。除玛多县外，全省6个民族自治州的23个县市都有小水电站。（《人民日报》1991.2.23.①）

24日 据本报讯，宁夏回族自治区银川第三毛纺织厂开发的高级牦牛绒衫，最近在全国纺织厅（局）长工作会议上获纺织工业部“七五”期间新产品开发二等奖。（《宁夏日报》1991.2.24.①）

25日 北京时间22时30分，新疆维吾尔自治区柯坪发生6.5级地震，震中位于北纬40.4°、东经79.4°，柯坪县城南20公里处。阿合奇、巴楚、阿克苏、乌什强烈有感，其中柯坪房屋有裂缝。城内部分房屋倒塌，少数人受轻伤，城镇的水电、交通没有中断。（《人民日报》1991.2.27.④）

26～28日 宁夏回族自治区六届人大常委会第十七次会议举行。会议通过自治区人大常委会《关于深入持久地开展全民义务植树运动的决议》（草案）和自治区人大常委会《关于实施第二个五年普及法律常识规划的决议》（草案），批准《银川市蔬菜基地管理暂行规定》。（《宁夏日报》1991.2.27.①，3.1.①）

27日 宁夏回族自治区第四届科技进步奖授奖仪式举行。本届科技进步奖共150项，其中“蠕变实验室成套设备”和“宁粳9号”水稻新品种获一等奖。授奖成果中工业项目35个，农业项目75个，软科学项目17个，医药卫生及其他23项。（《宁夏日报》1991.3.5.①）

△ 据本报讯，广西壮族自治区电网第一条数字化微波通信电路最近建成开通。该电路南起柳州220千伏变电所，北至桂林供电局，全长159.8公里，传输容量为480个话路。（《广西日报》1991.2.27.①）

28日 据本报讯，我国第一所以运动员命名的体操学校——李宁体操学校最近在佛山市成立。该校由健力宝集团有限公司出资与佛山市体委合办，李宁（壮族）任校长。（《宁夏日报》1991.2.28.①）

△ 自1990年1月至今，新疆维吾尔自治区克孜勒苏柯尔克孜自治州遭受严重雪灾，全州多数山区积雪厚度85厘米以上，16个牧业乡的1700多户牧民、32万头（只）牲畜受灾，1.5万多头（只）牲畜死亡，4300只山羊流产。（《新疆日报》1991.2.11.①，2.28.①）

是月 中共北京市委宣传部、统战部、市民委、北京电视台联合主办的北京市首届民族知识大奖赛在北京举行。（《民族团结》1991.4 彩一）

3月

1日　据本报讯，第三届阿昌族当代文学讨论会最近在云南省德宏傣族景颇族自治州举行，会上成立阿昌族文学学会。（《云南日报》1991.3.1.①）

△　据本报讯，目前，云南省各级各类学校少数民族在校生有197万多人，占在校生总数的31.8%，其中小学在校生153万多人，中学在校生33.36万人，农、职业中学在校生1.85万人，中等专业学校在校生2.25万人，普通高等院校在校8726人，分别占在校生总数的34.33%、26.9%、27.1%、30.5%和20.1%。（《云南日报》1991.3.1.①）

△　呼和浩特晋剧团青年演员宋转转获第八届中国戏剧梅花奖，这是内蒙古自治区第一位获此奖项的演员。（《内蒙古日报》1991.3.15.①）

2日　内蒙古自治区党委和自治区政府联合发布《关于进一步发展乡镇企业的决定》。（《内蒙古日报》1991.4.21.②）

4日　青海省七届人大常委会第十九次会议批准《海西蒙古族藏族自治州蒙古语藏语语文工作条例》。（《青海日报》1991.3.7.①，3.21.②）

△　据本报讯，目前，云南省24个少数民族都有农村幼儿园。全省1600多个中心幼儿园中，24个少数民族的幼儿总数超过10万人。（《云南日报》1991.3.4.①）

4~5日　西藏自治区首次"民族知识竞赛"在拉萨举行，西藏大学学生白玛玉珍（藏族）、拉萨市教委干部肖邵华、自治区警校教师降白益西（藏族）分获一、二、三等奖。（《西藏日报》1991.3.7.①）

6日　据《信息日报》讯，内蒙古自治区物探部门最近在达拉特旗境内发现世界上最大的芒硝矿，储量高达68.8亿吨，分布面积450平方公里，矿石有3层，平均总厚度为18米。（《宁夏日报》1991.3.6.①）

6~7日　中国民族理论学会在北京召开"90年代我国民族关系发展趋势和对策"研讨会。（《民族团结》1992.2 P12）

11日　据新华社讯，30集大型蒙古语广播连续剧《成吉思汗》最近在内蒙古录制完成并开始播放。（《人民日报》1991.3.11.③）

△　甘肃省第一所民办中阿文学校——兰州市中阿文学校建成开学。（《甘肃日报》1991.3.15.①）

△　据本报讯，目前，青海省玉树藏族自治州、果洛藏族自治州有各级各类学校394所，在校生2.50万人，分别比解放初期增长78.9倍和155.7倍；每万名人口中的在校生由解放初期的9人上升到717人，初步形成州有中专、县有中学、乡有完小、部分村社有简易小学的教育网络。两州总人口中，大学文化程度1577人，高中文化程度1.10万人，初中文化程度1.77万人，小学文化程度4.33万人。（《青海日报》1991.3.17.①）

11~15日　"西藏封建农奴制度"学术研讨会在中国藏学研究中心举行。这是新中国建立以来第一次召开的有关西藏农奴制度的重要学术会议。（《西藏日报》1991.3.14.①，3.19.①）

13日　贵州少数民族服饰展览在台湾开展，展出民族服饰26套，包括苗、布依、侗、彝、水、瑶等少数民族服装、头饰等民间工艺品。（《贵州日报》1991.3.23.①）

13~24日　"全国民族知识电视大奖赛"在民族文化宫举行，26个省、自治区、直辖市和解放军总政治部、武警总部以及部分自治区首府、多民族省会的39个代表队，26个民族的100多人参加。（《人民日报》1991.3.14.③，3.26.③）

16日　据本报讯，林业部最近决定将面积为20万平方公里的藏北羌塘草原建为野生动物自然保护区，这将是世界上规模最大的高

原珍稀动物自然保护区。（《宁夏日报》1991.3.16.①）

17日 西藏运动员巴桑平措（藏族）以2小时28分52秒的成绩获第九届新蓉城“环卫杯”全国马拉松赛冠军。（《西藏日报》1991.3.20.①，《四川日报》1991.3.18.③）

19日 中央文史研究馆馆员、北京画院一级美术师、著名满族书画艺术家溥松窗（爱新觉罗·溥佐）在北京病逝，享年78岁。（《人民日报》1991.3.30.④）

20日 56集电视片《祖国大家庭》从本月起在《新闻联播》中每天播出1集，每集介绍1个民族。（《民族团结》1992.2 P12）

△ 《内蒙古日报》报道，据国家统计局农调总队提供的资料，内蒙古自治区农民人均收入增长速度居全国领先地位，1990年比1989年增长27.2%。（《内蒙古自治区大事记（1987～1996）》P131～132）

21日 据本报讯，青海省玉树藏族自治州47个乡全部通上电话。（《青海日报》1991.3.21.①）

△ 据本报讯，宁夏回族自治区吴忠市扁担沟乡马兰英（女，回族）因在黄沙秃岭成功引种29种名贵高产葡萄，最近获全国妇联、农业部联合颁发的“绿色证章”。（《宁夏日报》1991.3.21.①）

△ 据本报讯，全国绿化委员会最近召开全国植树造林表彰动员大会。宁夏回族自治区中卫县、彭阳县、银川市、青铜峡市、石炭井矿务局三矿、国营黄羊滩农场、六盘山国营林业局、青铜峡铝厂8个单位及内蒙古自治区的14个单位获全国造林绿化先进单位称号；宁夏的灵武新华桥种苗场场长郭玉堂、中卫县林业局局长孟克让、隆德县林业局副局长陈天章、彭阳县挂马沟林场场长吴志胜、宁夏军区后勤部助理员王文礼5人及内蒙古9人获全国造林绿化劳动模范称号；内蒙古自治区获全国绿化委员会和林业部授予的三北防护林建设先进自治区称号，自治区农田林网化程度为53.7%，1000多万亩农田、1/3的草库伦得到保护，16.7%的水土流失面积得到治理。（《宁夏日报》1991.3.21.①，《内蒙古日报》1991.4.1.①）

22日 经广西壮族自治区重点工程建设领导小组审定，1991年广西重点建设项目为22项，其中全部建成投产2项：梧州木材刨花板车间和北海综合化工厂；单项建成投产2项：南宁电信枢纽工程和桂林地区天湖水电站；重点施工18项：岩滩水电站、天生桥坝索（二级）水电站、天生桥一级水电站、梧州地区昭平水电站、天生桥至广州50万伏输电线路（广西段，含平果至南宁22万伏送变电工程）、广西电力调度通信实验楼工程、西江航运桂平枢纽、贵港中转港、南宁至梧州二级公路、防城港第八泊位粮食中转码头、南昆铁路（南宁至平果段）、平果铝业公司（平果铝厂）、隆安县南墟糖厂、崇左县糖厂、柳州钢铁厂、荔浦造纸厂、柳州化肥厂、广西雒容林化厂；另列入预备项目12项。（《广西通志·大事记》P570）

△ 国务院批转水利部《关于建设第二批农村水电初级电气化县请示》的通知。“八五”（1991～1995）期间拟建200个农村水电初级电气化县，其中少数民族自治地方有：四川省石柱土家族自治县、秀山土家族苗族自治县，湖南省靖州苗族侗族自治县、通道侗族自治县，广西壮族自治区蒙山县、资源县、百色市、隆林各族自治县、南丹县、融安县、宁明县、河池市、上思县、兴安县、苍梧县、龙胜各族自治县、藤县、富川瑶族自治县、崇左县、鹿寨县、柳城县、荔浦县、西林县、三江侗族自治县，云南省河口瑶族自治县、丽江纳西族自治县；湖北省五峰土家族自治县，广东省连山壮族瑶族自治县、连南瑶族自治县，贵州省关岭布依族苗族自治县，新疆维吾尔自治区泽普县、富蕴县、新源县、温宿县、吉木萨

尔县、博尔塔拉垦区，海南省保亭黎族苗族自治县、白沙黎族自治县，辽宁省本溪满族自治县、清原满族自治县，内蒙古自治区乌审旗，宁夏回族自治区泾源县。（《国务院公报》1991［11号］P351～357）

△ 据本报讯，云南省民族伦理学研究会首届年会暨理论讨论会最近在景洪召开。（《云南日报》1991.3.22.③）

23日 内蒙古自治区人大常委会通过《内蒙古自治区环境保护条例》，28日发布施行。（《内蒙古日报》1991.3.28.②）

25日 国务院批转国家民委、商业部、轻工业部、纺织工业部《关于加强民族贸易和民族用品生产供应工作的意见》。（《国务院公报》1991［11号］P345～351，《民族团结》1991.8 P7～8）

△ 中国现代穆斯林宗教学者马明道在台北病逝。马明道（回族），1908生，原籍北京。其译著有《伊斯兰法之研究》、《伊斯兰教》、《伊斯兰对中华文化之影响》、《至圣穆罕默德传》、《明朝皇家信仰考初稿》等。（《中国伊斯兰百科全书》P342）

26日 乌鲁木齐铁路局南疆铁路临时管理处实现2800天无责任行车重大事故，创全国铁路临管系统最好成绩。（《人民日报》1991.3.29.③）

△ 四川省少数民族地区唯一一所警校——凉山彝族自治州人民警察学校在西昌成立。（《四川日报》1991.4.25.①）

27日 广西壮族自治区柳州汽车厂研制成功客货两用轻型面包车通过省级鉴定，其性能达到80年代同类车型水平。（《广西通志·大事记》P570）

27日~4月2日 以内蒙古党委常委、秘书长，中国蒙古文学学会总秘书长刘云山为团长的中国蒙古文学学会代表团在苏联卡尔梅克共和国进行友好访问。（《内蒙古日报》1991.4.5.①）

28日 据本报电，西藏自治区7个地、市全部建成卫星通信地球站并投入使用，以拉萨为中心的现代通信网形成。目前，全区已有114条电报电路，149条长话线路。全区70多个县中，56个县拥有市话，部分县已有自动电话。全区现有邮政车177辆，一、二级邮路43条，单程长1.48万公里，农村投递路线长5.6万多公里。全区的地、市都进入卫星通信网，电传设备在各地市和部分县的电报通信中普遍采用。拉萨实现国际、国内长途电话直拨，并进入全国自动转报网。邮电部门相继开办藏文电报、有声信函、特快专递、邮政快件、无线寻呼等新业务。（《人民日报》1991.3.29.④）

△ 云南省怒江傈僳族自治州六库怒江大桥举行通车典礼。大桥为变截面预应力连续箱梁桥，全长337.52米，桥面宽11米，主跨154米，承载100吨。主跨为全国同类型桥梁之冠。（《怒江傈僳族自治州志》上P40，《云南日报》1991.3.29.①）

31日 据本报讯，内蒙古自治区行政区划勘界工作会议日前在呼和浩特举行，自治区行政区划勘界工作全面展开，计划在10年内完成。（《内蒙古日报》1991.3.31.①）

△ 内蒙古自治区人民政府发布施行《内蒙古自治区劳动保护监察办法》。（《内蒙古日报》1991.3.31）

是月 我国最长的地方铁路——集通铁路开始国际招标。集通铁路西起内蒙古自治区集（宁）二（连）线的贲红站，东至通辽市，全长943.35公里，主要由内蒙古地方集资。（《民族团结》1991.5 P24）

△ 广西糖业发展十年规划和“八五”计划纲要通过国家计委等有关部门专家的论证，得到充分肯定和支持。《纲要》提出广西糖业生产的发展目标：到2000年，原料蔗种植面积45.33万公顷，年产原料蔗2293万吨，机制糖产量250万吨，日榨能力22.3万吨。“八

五”期末种植面积36.93万公顷，年产原料蔗1890万吨。（《广西通志·大事记》P570）

△ 国家卫生部和世界卫生组织派专家到宁夏回族自治区实地考核审评，自治区分别实现以省为单位和以县、乡为单位两个儿童计划免疫达到85%的目标，成为全国首批达标省区。全区还加强对地方病的防治，坚持用食盐加碘的综合措施防治地方性甲状腺肿。截至1992年，有40万人基本摆脱氟中毒，全区地方性甲状腺肿基本得到控制。（《当代宁夏史通鉴》P361）

△ 西藏自治区环境保护局联合自治区财政厅、自治区物价局颁布《西藏自治区征收排污费实施办法》。到是年底，自治区环境保护部门共征收10万多元的排污费。（《中国环境年鉴（1992）》P362）

4月

1日 据《内蒙古日报》报道，全国绿化委员会和林业部授予内蒙古自治区“三北防护林建设先进自治区”称号。（《内蒙古自治区大事记（1987～1996）》P132～133）

△ 云南大理白族自治州艺术团在人民大会堂演出。2至3日，艺术团在中南海演出。9日，艺术团在天津慰问演出。（《人民日报》1991.4.2.①；《云南日报》1991.4.4.①，4.13.①）

△ 根据傣族叙事长诗《松帕敏与嘎西娜》改编的电视剧《血色王冠》近日在云南电视台首播。（《云南日报》1991.4.1.①）

△ 据报道，宁夏回族自治区承担的全国农业丰收计划农机化项目“小麦套种玉米机械化模式耕作栽培增产技术”最近通过农业部、自治区农业厅组织的项目验收和科技推广成果鉴定。（《宁夏日报》1991.4.1.①）

1～5日 广西壮族自治区文学艺术界联合会第五次代表大会在南宁举行，参会代表652人。会议选举产生广西文联第五届委员会，选举韦其麟（壮族）为自治区文联主席，蓝怀昌（瑶族）、农冠品（壮族）、周民震（壮族）、黄婉秋（女）、黎承纲（壮族）、伍纯道、韦壮凡（壮族）为副主席，陆地（壮族）、李英敏（京族）任名誉主席。（《广西日报》1991.4.6.①，《广西通志·大事记》P570）

5日 国务院外国专家局在北京举行西藏问题情况介绍会，邀请国家民委副主任卓加、政法司司长杨侯第，中国藏学研究中心副总干事索朗班觉和中央民族学院副教授多杰才旦4位藏胞向在中国工作的外国专家介绍西藏的历史和现状。（《中国共产党西藏历史大事记（1949～2004）》P593）

△ 西藏自治区召开民族团结进步先进集体先进个人表彰会，48个先进集体和65名先进个人受表彰。（《人民日报》1991.4.7.①）

6日 我国三大史诗之一的《玛纳斯》柯尔克孜文本及一批汉译本最近出版发行。（《人民日报》1991.4.7.④，《民族团结》1992.2 P12）

△ 《西藏重要历史资料选编》首发式在西藏社会科学院举行。该书由西藏社会科学院编写，西藏藏文古籍出版社出版，选收了清代有关中央政府在西藏行使完全主权的重要资料。（《西藏日报》1991.4.7.①）

7日 据本报讯，西藏文联、中国美协西藏分会供稿，上海人民美术出版社出版、香港程云有限公司精印的大型画册《西藏艺术》（雕刻卷、绘画卷、民间工艺卷）最近出版发行。（《西藏日报》1991.4.7.①）

8日 据报道，据联合国儿童基金会、世界卫生组织和卫生部组成的评审小组对各省区的儿童计划免疫工作评审结果，内蒙古自治区1990年以县为单位的儿童计划免疫接种率全部达标。（《内蒙古日报》1991.4.8.①）

△ 据报道，广西壮族自治区贵港市最近

发现一处西汉晚期至东汉时期的古墓群，出土文物500余件，其中4枚蘑菇形青铜饰和1只穹隆圆顶形刻花铜奁为国内罕见。（《人民日报》1991.4.9.④）

△ 据本报讯，青海省社科院文学研究所赵秉理编纂的大型学术资料专著《格萨尔学集成》一、二、三卷最近由甘肃民族出版社出版发行。全国人大常委会副委员长阿沛·阿旺晋美、全国政协副主席杨静仁等为该书题词。9月，该书获北方15省、区哲学社会科学优秀图书奖和西南、西北第八届书籍装帧艺术一等奖；11月26日，获第五届中国图书奖二等奖。（《人民日报》1991.4.20.④；《青海日报》1991.5.7.①，12.13.③）

△ 柯尔克孜族英雄史诗《玛纳斯》搜集整理工作成就展在民族文化宫开展。全国人大常委会副委员长赛福鼎·艾则孜，全国政协副主席王恩茂、司马义·艾买提出席开幕式并剪彩。（《新疆日报》1991.4.9.①）

8~15日 在北京第二届国际博览会上，湖南省湘西土家族苗族自治州龙山县织锦厂生产的土家族织锦、古丈县古阳精致茶厂的“七叶参茶”获金奖，花垣县民族工艺厂生产的苗绣领带、吉首羽绒厂生产的蜡染羽绒服、龙山县家具厂和湘西州工艺美术研究所共同开发的车木织锦玩具获银奖，花垣县民族五金厂的电讯花色钳、湘西州工艺试制工场织锦壁挂、吉首市羽绒厂羽绒被和羽绒背心获铜奖。（《湘西州志》上P92）

9日 七届全国人大第四次会议通过《国民经济和社会发展十年规划和第八个五年计划纲要》。（《国务院公报》1991［12号］P372~447）

△ 据本报讯，内蒙古自治区民族剧团四胡演奏演员满都拉（蒙古族）最近研制成功有民族特色的双套筒高音四胡。（《内蒙古日报》1991.4.9.①）

△ 据本报讯，贵州省黔西南布依族苗族自治州第一家化工企业——黔西南州化工厂近日投产。（《贵州日报》1991.4.9.②）

10日 内蒙古话剧团创作的现代话剧《旗长，赛努》在呼和浩特首演。该剧于1991年1月获首届华北地区话剧节演出一等奖和编剧、导演、舞美设计、演员等7项奖。（《内蒙古日报》1991.4.12.①）

14~21日 少数民族文化艺术国际研讨会在云南昆明举行，美国、苏联、新加坡、缅甸、印度、奥地利和中国大陆、台湾的30多名少数民族文化艺术学者、专家与会。（《云南日报》1991.4.15.①）

15日 宁夏回族自治区有色金属冶炼厂和研究所研制的铍摆镜、16伏——22000微法/克高比容钽粉在第二届北京国际博览会上获金奖，铌和铌锆管获银奖。（《宁夏日报》1991.4.27.①）

16日 受国家民委委托，广西壮族自治区在南宁举行全国民族团结进步先进集体先进个人（广西）颁奖大会，91个先进集体和102名先进个人受表彰。（《人民日报》1991.4.18.③,《广西日报》1991.4.17.①）

17日 据本报讯，内蒙古师范大学的王巴特尔（蒙古族）等28人被内蒙古自治区政府批准为1990年度自治区有突出贡献的中青年专家。（《内蒙古日报》1991.4.17.②）

△ 首届中国少数民族地区地市州盟报新闻美术研究会近日在广西柳州举行。与会同志就新闻美术的特点和作用，美编的任务和地位进行学术探讨和情况交流。会议期间，还举办了首届新闻美术作品观摩展览和评比，共评出113件好刊头、好题图、好插图、好作品，并增设了总编辑慧眼奖和总编辑美术作品奖。（《内蒙古日报》1991.4.17.①）

△ 云南省文山壮族苗族自治州举办首届壮族“三月三”节。农历三月初三是壮族人民的传统节日，过去节日活动都由各地壮族同胞分散进行。（《云南日报》1991.4.21.①）

17～19日 首届全国民族出版社出版发行工作协调会在云南昆明举行。（《云南日报》1991.5.2.①）

18日 据本报讯，四川省阿坝藏族羌族自治州阿坝县龙藏乡卡西村青年泽郎（藏族）投入55.94万元修建1所阿坝雪城商贾小学校，并无偿捐献给国家。（《四川日报》1991.4.18.①）

△ 据本报讯，云南省红河哈尼族彝族自治州政府最近颁布《关于加强少数民族干部队伍建设暂行办法》。（《云南日报》1991.4.18.③）

△ 据本报讯，目前，云南省社科、高教、文化、民委4个系统18个机构的民族研究工作人员有424人，另外还有有关民族研究学会11个，人数约4000人。据不完全统计，全国有关民族学的研究机构有50多个，人数约1.2万人，云南省占1/3左右，形成了仅次于北京的民族研究网络；有关民族问题“五套丛书”全国总计419本，云南占1/3。（《云南日报》1991.4.18.③）

△ 据本报讯，目前，青海省黄南藏族自治州90%的农业乡镇建立起农技推广站，发展农村科技示范户和农民技术员5000多个，形成了州、县、乡、村4级上下相通和左右相连的农技推广服务网络。（《青海日报》1991.4.18.②）

18～22日 国家民委、民盟中央、民建中央、农工中央、九三中央和全国工商联等单位组成的联合扶贫工作组在广西百色召开工作会议。会议总结交流前一时期以智力支边为主的扶贫开发工作取得的成效和主要经验，研究部署今后一段时期的任务。（《民族团结》1992.2 P12）

18～26日 广西壮族自治区七届人大四次会议在南宁举行。会议通过《广西壮族自治区国民经济和社会发展十年规划和“八五”计划纲要》和《广西壮族自治区国民经济和社会发展十年规划和“八五”计划纲要（草案）》的报告。（《广西日报》1991.4.19.①，4.27.①）

20日 内蒙古自治区七届人大常委会第二十次会议通过《内蒙古自治区实施〈中华人民共和国水法〉办法》、《内蒙古自治区苏木、乡、民族乡、镇人民政府工作条例》。（《内蒙古日报》1991.4.21.①）

△ 据本报讯，中国少数民族地区马克思主义教育丛书编写研讨会最近在云南瑞丽举行。中共中央宣传部、国家民委、中国科学院及云南、贵州、青海、甘肃、宁夏、广西、新疆、内蒙古八省区的有关部门领导、专家学者与会。（《云南日报》1991.4.20.①）

22日 据新华社银川电，“七五”期间，宁夏回族自治区河套灌区借助科技手段使100万亩荒地变成新的灌溉农田，相当于原有灌溉面积的1/4，同时也使宁夏成为全国仅有的几个耕地面积持续增加的省区之一。（《人民日报》1991.4.23.①）

22～29日 宁夏回族自治区六届人大四次会议举行。会议通过《宁夏回族自治区国民经济和社会发展十年规划和第八个五年计划纲要》。（《宁夏日报》1991.4.23.①，4.30.①，5.12.①）

24日 据本报讯，在最近举行的第二届北京国际博览会上，宁夏回族自治区银川毛皮厂的二毛皮、灵武皮毛厂的二毛皮、灵武清真罐头厂的芦笋罐头、中宁枸杞制品厂的枸杞高级口服营养液获金奖；宁夏工艺美术公司的八方贺兰石砚、宁夏玉泉营葡萄酒厂的干红干白葡萄酒、石嘴山市瓷厂的瓷器、灵武清真罐头厂的番茄罐头获银奖；中宁方便食品厂的大米、玉米方便粥获铜奖。（《宁夏日报》1991.4.24.①）

24～26日 国务院副总理兼国家计委主任邹家华在广西壮族自治区考察桂西少数民族山区的2个国家重点工程——平果铝业公司一

期工程和岩滩水电站，并参观广西赖氨酸厂和南宁糖纸厂。（《广西通志·大事记》P571）

25日 据新华社讯，新疆石油管理局所属克拉玛依油田1990年生产原油680万吨，比1989年净增40万吨，1991年一季度又比1990年同期增长4%，居全国各大油田增长幅度之首。过去10年间，克拉玛依油田持续增产，其中“七五”期间比“六五”期间增长28.7%。（《人民日报》1991.4.25.①，《新疆日报》1991.4.25.①）

25日~5月4日 云南省怒江傈僳族自治州政协六届一次会议举行。会议通过《中国人民政治协商会议怒江傈僳族自治州第六届委员会常务委员会工作规则》。（《怒江傈僳族自治州志》上P334、340、350）

26日 全国少数民族自治州金融理论研讨会在云南省大理白族自治州召开，吉林、贵州、四川、湖南、湖北、甘肃、青海、新疆、云南9个省（区）、27个少数民族自治州的120多名专家参加。（《云南日报》1991.5.5.①）

27~29日 白族学学会首届年会在云南省大理白族自治州举行。（《云南日报》1991.6.14.③）

28日 我国第一个土家学研究会——贵州土家族研究会在贵阳市成立。（《贵州日报》1991.5.5.①）

△ 据本报讯，宁夏回族自治区承担的全国农业丰收计划项目——“20万亩水稻中产变高产综合增产技术推广”项目超额完成各项经济指标，通过验收和科技推广成果鉴定。执行项目的地区平均亩产574.1公斤，比项目实施前3年平均增产11.5%，比项目计划指标增产10%，总产新增916.17万公斤。（《宁夏日报》1991.4.28.①）

△ 据本报讯，宁夏回族自治区在全国率先完成国家教委制定的“八五”期间发展卫星电视教育建网规划要求，受到国家教委表彰。1987年至1990年，宁夏各级政府投资1000万元，建成宁夏教育电视台和罗山教育电视转播台，发射总功率40千瓦，覆盖黄灌区的13个县（市），同时在骨干台覆盖不到的固原、隆德、海原等山区县续建教育电视差转台，在南部山区8县建成卫星地面接收站112个，放像点285个，占自治区75%以上的人口地区都纳入教育电视收看网络。（《宁夏日报》1991.4.28.①）

29日~5月5日 云南省大理白族自治州首届“三月街”民族节及滇西民族艺术节在大理举行。大理州金融系统艺术团获民族节城乡民族歌舞“蝶泉杯”一等奖，鲁苴定主（藏族）的独唱、白族舞蹈“白子白女”等7个民族歌舞获滇西民族艺术节一等奖。（《云南日报》1991.5.2.①，5.8.①）

30日 据本报讯，位于云南省沧源佤族自治县的沧源广允缅寺最近修缮完工。该寺是全国重点文物保护单位，始建于清朝道光年间，是国内上座部佛寺中建造较早、保存较完整的一座，具有较高的历史和艺术价值。（《云南日报》1991.4.30.①）

是月 国务院副总理田纪云考察云南省昆明、玉溪、德宏、保山等7个地州、20多个县市。（《民族团结》1991.11 P3~4）

△ 贵州省大方县农妇李淑彬（彝族）入选《中华群英录》。她曾获国务院、全国妇联、全国绿化委员会授予的“全国劳模”、“全国三八红旗手”、“全国绿化奖章获得者”称号。（《贵州日报》1991.5.22.①）

△ 傣语歌曲专辑盒式录音带《串寨》由广州音像出版社录制完成。这是国内首盒傣语歌曲录音带。（《云南日报》1991.4.6.①）

5月

1日 中国政府和缅甸联邦政府签署关于修建中缅边界畹町至九谷和南帕河（清水河）界河桥及有关问题的议定书。（《中华人民

共和国边界事务条约集·中缅卷（2004）》P64）

△ 中央民族学院教授费孝通主编的《中华民族研究新探索》出版，1993年获国家民委哲学社会科学优秀成果荣誉奖。（《中央民族大学五十年》P71）

△ 云南省人大常委会第十八次会议批准《云南省西双版纳傣族自治州澜沧江保护条例》，7月1日起施行。（《西双版纳傣族自治州志》上P82）

3日 据新华社讯，一条长4000米、宽60米，可起降波音747大型飞机的跑道在西藏自治区拉萨贡嘎机场全部贯通，这是我国目前最长的飞机跑道。（《人民日报》1991.5.3.①）

△ 甘肃省七届人大常委会第二十次会议批准《甘肃省积石山保安族东乡族撒拉族自治县自治条例》、《甘肃省阿克塞哈萨克族自治县自治条例》。（《甘肃日报》1991.5.4.①）

4日 新疆维吾尔自治区首届科技兴新大会在乌鲁木齐召开，这是继1978年科技进步大会后自治区又一次规模宏大的科学会议。400多名与会代表交流自治区近5年来依靠科技进步、促进经济社会发展的经验，并着重讨论和修改自治区《科技兴新纲要》和《关于依靠科技进步，振兴新疆经济的决定》。自治区党政领导宋汉良、铁木尔·达瓦买提等出席会议。（《中国共产党新疆历史大事记（1966.5～1991.12）》下P414）

6日 国务院宗教事务局、民政部下发《关于印发〈宗教社会团体登记管理实施办法〉的通知》。《宗教社会团体登记管理实施办法》共11条，对宗教社会团体登记管理办法实施的宗旨、范围、登记的条件与要求作了具体的规定。（《凝聚》P49）

△ 据新华社电，辽宁省阜新蒙古族自治县境内最近发现数百尊保存完好的摩崖石刻造像。据鉴定，这是我国“东方藏传佛教黄教中心”唯一幸存下来的民族文化瑰宝。（《人民日报》1991.5.6.③）

△ 内蒙古自治区人大常委会通过《内蒙古自治区国民经济和社会发展十年规划和第八个五年计划纲要》。（《内蒙古日报》1991.5.7.①）

7日 广西壮族自治区最大工程、国家“八五”重点建设项目——平果铝业公司一期工程建设正式动工。该项目是中国有色金属工业总公司与广西壮族自治区政府合股，利用国内外资金进行建设的大型铝业联合企业。一期工程建设规模为年产65万吨土矿石、30万吨氧化铝、10万吨电解铝，概算总投资27.3亿元。中国有色金属总公司副总经理张健和自治区主席成克杰出席开工典礼并讲话，6个国家的外宾出席典礼。（《广西通志·大事记》P571）

△ 据本报讯，新疆维吾尔自治区汽车改装厂生产的42辆SY-132轻型载货车近日运往苏联，这是新疆首次出口汽车。（《新疆日报》1991.5.7.①）

8～11日 西藏社会科学院举办的西藏和平解放40周年学术研讨会在拉萨举行。北京、青海、四川、甘肃、云南、内蒙古、陕西等地的专家学者140多人与会，提交论文150多篇。和平解放及废除封建农奴制度、实行民主改革，使西藏逐渐成为世界瞩目的热点，一门新兴学科——“西藏学”应运而生，目前，国际上有几十个国家设有上百个藏学研究机构。（《人民日报》1991.5.12.④；《西藏日报》1991.5.9.①，5.12.①）

9日 据本报讯，四川省纺织研究所等单位承担的《西南地区少数民族服饰图案资源开发与应用研究》课题最近在成都通过专家鉴定。该项研究对开发四川境内彝族、藏族、羌族、土家族的服饰图案资源提出了具体对策。（《四川日报》1991.5.9.①）

10日 中央新闻纪录电影制片厂摄制的

大型彩色纪录片《十世班禅》在人民大会堂首映。全国人大常委会副委员长阿沛·阿旺晋美、赛福鼎·艾则孜，班禅大师的亲友和佛门弟子以及首都各界人士出席首映式。（《人民日报》1991.5.11.④，《青海日报》1991.5.11.③）

△ 据本报讯，内蒙古自治区目前有特殊教育学校10所，特教班38个，在校生900多人，学校和在校生均比5年前增长1倍。（《内蒙古日报》1991.5.10.①）

△ 新疆维吾尔自治区14万吨乙烯装置合同草签仪式在北京举行，国务院总理李鹏会见中英合作双方代表并出席草签仪式。（《人民日报》1991.5.11.①）

11日 据本报讯，中央拨款150万元、地方投资1350万元建成的广西医学院附属肿瘤医院日前在广西正式开诊。这是目前广西唯一一家肿瘤防治专科医院。（《人民日报》1991.5.11.③）

12日 中国职业技术教育协会少数民族职业技术教育委员会在北京成立，全国15个省、市、自治区17个民族的80余名代表出席成立大会。（《民族团结》1993.7 P46）

△ 云南省文山壮族苗族自治州广南县西洋江电站竣工发电，总装机1.8万千瓦，投资3236万元。1986年12月动工兴建。（《文山壮族苗族自治州志》1卷P71）

13日 《当代中国的西藏》首发式在拉萨举行。该书由《当代中国》丛书编辑部编辑、当代中国出版社出版发行。西藏自治区领导热地、江村罗布、毛如柏、丹增等出席首发式。（《西藏日报》1991.5.14.①）

14日 “内蒙古半细毛羊”通过内蒙古自治区畜牧系统联合组织的鉴定验收，同时由自治区政府正式命名。至此，内蒙古结束了没有半细毛羊品种的历史。（《人民日报》1991.5.15.①，《内蒙古日报》1991.5.15.①）

14～23日 新疆维吾尔自治区人大七届四次会议举行，审议通过《关于自治区国民经济和社会发展十年规划和第八个五年计划纲要报告的决议》。（《新疆日报》1991.5.24.①②）

15日 国务院批复西藏自治区人民政府《关于“一江两河”中部流域综合开发若干问题的请示》。（《国务院公报》1991［20号］P735～736）

△ 据报道，广西壮族自治区现有民族民间医生约1万人，仅百色地区的500多名壮医每年就为群众诊疗60万人次以上。广西中医学院壮医门诊部为推广药线点灸疗法，已为全国29个省市培训1000多名技术人员，还被特邀出席世界针灸大会，并承担第11届亚洲运动会的医疗任务。（《人民日报》1991.5.15.③）

△ 新疆维吾尔自治区伊犁哈萨克自治州第一家中苏合资企业——“伊宁–江布尔”国际彩扩中心成立。下旬，中心在苏联哈萨克斯坦加盟共和国江布尔州首府江布尔市正式开业，主营彩扩、摄影、摄像，兼营照相器材。（《新疆日报》1991.6.1.①）

15～17日 云南民族学会回族研究会第一届年会在昆明召开，有关专家、学者120多人参加。（《云南日报》1991.5.18.①）

15～19日 广西壮族自治区党委、人民政府在南宁举行全区教育大会，研究广西教育发展和改革问题。国家教委副主任何东昌、王明达，国家民委副主任江家福，自治区党政领导赵富林、成克杰等出席会议。会议颁发《中共广西壮族自治区委员会、广西壮族自治区人民政府关于教育发展与改革的决定》、《广西壮族自治区人民政府关于大力发展职业技术教育的决定》、《广西壮族自治区人民政府关于多渠道筹措教育经费的暂行规定》，讨论《广西教育事业十年规划和“八五”计划纲要》等5个文件草案。（《广西日报》1991.5.15.①，《广西通志·大事记》P571）

16日 据本报讯，青海省格尔木目前拥有12个物资单位，为西藏自治区提供85%以上的生产生活物资的运转和储存，成为西藏进出物资的重要基地。（《青海日报》1991.5.16.①）

17日 贵州民族学院举行建校40周年庆祝活动，该校是贵州省唯一一所培养少数民族学生的综合性高校。（《贵州日报》1991.5.18.①）

18日 1991年全国自由式摔跤锦标赛在北京结束，30多个单位的300多名运动员参赛。内蒙古自治区摔跤选手陶日（蒙古族）、浩斯巴雅尔（蒙古族）分获52公斤级和74公斤级冠军，苏亚拉图（蒙古族）和照日格图（蒙古族）分获48公斤级和82公斤级亚军，内蒙古队获团体总分第一名。（《内蒙古日报》1991.5.28.①）

18～22日 萨嘎诺夫为团长的苏联布里亚特共和国政府代表团一行5人对内蒙古自治区进行正式友好访问。双方对口业务部门签署《中国内蒙古自治区与苏联布里亚特共和国经济贸易合作常设协调小组协议》、《中国内蒙古自治区与苏联布里亚特共和国开展医药卫生合作交流的协议》、《中国内蒙古自治区与苏联布里亚特共和国关于体育交流的协议》。（《内蒙古日报》1991.5.20.①，5.23.①）

19日 国务院总理李鹏答新华社记者问，阐明中央对达赖喇嘛的政策。李鹏总理指出，中央政府对达赖喇嘛的政策是一贯的，现在也没有变化。我们的根本原则只有一个，即西藏是中国不可分割的一部分，在这个根本问题上没有任何讨价还价的余地。（《中国共产党西藏历史大事记（1949～2004）》P594）

△ 据本报讯，中国藏学研究中心和中国第二档案馆合编的《十三世达赖圆寂致祭和十四世达赖转世坐床档案选编》一书，最近由中国藏学出版社出版。该书所收史料均为中国第二档案馆所藏民国时期中央政府官方档案，包括电报、公函、指令等文电共478件约31万字。《九世班禅圆寂和十世班禅转世坐床档案选编》也同时出版。（《人民日报》1991.5.19.④）

20～28日 中央代表团在西藏自治区参加西藏和平解放40周年庆祝活动。20日，以中央政治局委员、国务委员李铁映为团长的中央代表团慰问驻藏部队。21日，中央代表团参观西藏40周年建设成就展览，在拉萨西郊烈士陵园向烈士纪念碑敬献花圈。22日，拉萨各族各界集会庆祝西藏和平解放40周年，中央代表团参加在罗布林卡举行的游园活动。同日晚，拉萨劳动人民文化宫举行焰火晚会。23日，首都各界人士集会纪念西藏和平解放40周年，中央政治局常委、书记处书记乔石发表讲话。（《人民日报》1991.5.22.①④，5.23.①④，5.24.①④，5.29.①）

21日 广西壮族自治区南宁至香港定期空中航线首次通航。（《广西通志·大事记》P571）

21～24日 云南省迪庆藏族自治州广播电视局和国际文化公司联合摄制的第一部反映云南藏区生活的电视剧《藏民飞骑》在中央电视台播出。（《云南日报》1991.5.21.①）

21～27日 云南省七届人大常委会第十八次会议举行，会议批准《云南省西双版纳傣族自治州禁毒条例》、《云南省西双版纳傣族自治州澜沧江保护条例》和《云南省楚雄彝族自治州林业管理条例》。（《云南日报》1991.5.22.①，5.28.①）

21～28日 四川省七届人大常委会第二十三次会议在成都举行，会议批准《峨边彝族自治县施行〈中华人民共和国继承法〉的补充规定》、《甘孜藏族自治州施行〈四川省土地管理实施办法〉的变通规定》和《甘孜藏族自治州施行〈四川省义务教育实施条例〉的变通规定》。（《四川日报》1991.5.23.①，5.29.①）

22日 西藏自治区党委书记胡锦涛，副书记江村罗布、热地在1991年第10期《求是》发表题为《党的民族政策在西藏的伟大实践》的文章，纪念西藏和平解放40周年。文章分为3个部分：一、高举爱国主义旗帜，坚决拥护祖国统一和民族团结；二、大力发展生产力，实现各民族的共同富裕和共同繁荣；三、实行民族区域自治，保障藏族人民当家做主的权利。（《中国共产党西藏历史大事记（1949～2004）》P595～597）

△ 据本报讯，云南省迪庆藏族自治州藏医院院长、副主任医师向·初称江初（藏族）被评为全国500名中医药指导教师之一、云南省中医药十大名医之一。（《云南日报》1991.5.22.②）

△ 据本报讯，目前，云南省迪庆藏族自治州有完全中学4所，初级中学16所，中等专业学校4所，职业中学3所，小学894所。（《云南日报》1991.5.22.②）

22～25日 广西壮族自治区党委、政府在南宁举行全区科技大会，国家科委副主任李绪鄂，自治区党政领导赵富林、成克杰等出席大会。会议讨论自治区党委、自治区政府《关于依靠科技振兴广西的决定》、《关于依靠科技振兴经济的若干暂行规定》、《广西壮族自治区科学技术发展十年规划和第八个五年计划纲要》等文件。（《广西通志·大事记》P571）

23日 据《内蒙古日报》报道，上午10时10分，世界第一只试管胚胎冷冻移植绵羊在内蒙古自治区呼和浩特诞生，由内蒙古大学实验动物研究中心主任旭日干（蒙古族）教授主持试验。这只足月正常分娩的羔羊为雄性，体重3.2公斤。（《内蒙古日报》1991.5.29.①）

△ 辽宁省朝鲜族经济文化交流协会在沈阳成立。协会聘请副省长陈素艺担任名誉理事长，省人大常委会副主任左琨、省政协副主席李启生任协会高级顾问，省民委副主任张贤焕（朝鲜族）当选理事长。（《民族团结》1991.8 P28）

29日 新疆维吾尔自治区塔里木盆地北部发现大型油田——吉拉克油田。据勘测，这里存在上下两层油藏，面积分别为61平方公里和131平方公里。（《人民日报》1991.6.4.①，《湖南日报》1991.6.4.④）

30日 据新华社讯，新疆石油管理局日前在准噶尔盆地腹地打出一口高产油气井——彩参二井完井，平均日产优质原油48.8立方米、天然气3720立方米。（《人民日报》1991.5.30.①）

△ 内蒙古自治区人民政府与欧洲阿尔斯通电气公司签署意向书，决定该公司为发展内蒙古电力事业提供设备。（《内蒙古日报》1991.6.2.①）

△ 据本报讯，云南省怒江傈僳族自治州最近建成第一条由六库至泸水的三级复线公路，全长12.78公里。（《云南日报》1991.5.30.①）

31日～6月10日 云南、广西和贵州3省、自治区民族图书联展在香港三联书店举办，展出图书2000种。其中，广西8家出版社600余种6100多册图书参展。（《人民日报》1991.6.5.③，《云南日报》1991.6.1.①，《广西日报》1991.6.1.①）

是月 广西壮族自治区民族体育宫在南宁落成。该宫资金以社会集资为主，占地2500平方米，建筑面积1240平方米，宫内陈列广西体育运动荣誉精品、主要成绩及冠军简介。（《广西通志·大事记》P571）

△ 第七届世界跳水锦标赛在加拿大温伯尼举行，广西壮族自治区运动员余晓玲获女子1米板、女子团体、混合团体3枚金牌。（《广西通志·大事记》P571）

△ 第七届世界杯羽毛球赛在丹麦举行，广西壮族自治区运动员农群华（壮族）和队友获女双冠军。（《广西通志·大事记》P572）

△ 贵州省黔西南布依族苗族自治州政府组团代表贵州省出席在加拿大多伦多举办的中国新技术展览会，组织参展的展品有皱立消、贵州醇、君春乐、民族刺绣、蜡染、冰洲石等。这是黔西南州第一次由政府组团出国参展。（《黔西南布依族苗族自治州志·政权政协志》P31）

△ 据本报讯，新疆维吾尔自治区杂技团魔术演员茹先古力（女，维吾尔族）获全国第三届杂技比赛最高奖——金狮奖。（《新疆日报》1991.11.24.④）

6月

1日 西南民族学院举行建校40周年庆祝大会，国家民委副主任伍精华到会祝贺。学院建院40年来，培养藏、彝等44个民族的各类人才2.2万多人。（《四川日报》1991.5.12.①，6.2.①）

2日 内蒙古自治区人民政府发布施行《内蒙古自治区土地复垦实施办法》。（《内蒙古日报》1991.6.2.②）

△ 新疆维吾尔自治区与天津市经济技术协作意向书签字仪式在乌鲁木齐举行，自治区主席铁木尔·达瓦买提和天津市市长聂璧初签字。（《新疆日报》1991.6.3.①）

4日 内蒙古自治区包头民办科研所——新材料应用设计研究所研制的钕铁硼筒式磁选机，在纽约结束的第14届国际发明展览会上获发明金奖。（《内蒙古日报》1991.7.12.①）

△ 甘肃省少数民族作家协会成立。大会选举卢克俭（藏族）、穆永吉（回族）为名誉会长，杨应忠（藏族）为会长，汪玉良（东乡族）、丹真贡布（藏族）、赵之洵（回族）、伊旦才让（藏族）等9人为副会长。（《甘肃日报》1991.6.5.①）

△ 据《人民日报》报道，经勘探，我国塔里木盆地吉拉克地区发现一个大型油田。22日新华社报道，陕甘宁盆地勘探出一个国内最大的世界级大气田。（《中华人民共和国大事记（1949~2004）》P934）

6日 国家教委、国务院学位委员会表彰奖励695名有突出贡献的中国博士、硕士学位获得者，内蒙古大学的呼格吉勒图、其木德道尔吉、陈建宁，内蒙古医学院第二附属医院的李文琪，内蒙古农牧学院的李荣禧，内蒙古土壤肥料工作站的朱耀鑫等7人榜上有名。（《内蒙古日报》1991.6.6.①）

6~7日 新疆维吾尔自治区克孜勒苏柯尔克孜自治州举行第三次民族团结进步“双先”表彰大会，48个先进集体和97名先进个人受表彰。（《新疆日报》1991.6.15.①）

7日 国家民委和中央电视台在北京联合表彰参与中央电视台《新闻联播》开办的《祖国大家庭》电视系列片工作的有关单位。内蒙古电视台摄制的《蒙古族》、新疆电视台摄制的《哈萨克族》、中央电视台摄制的《汉族》、宁夏电视台摄制的《回族》获一等奖。（《民族团结》1992.2 P12，《内蒙古日报》1991.6.8.①）

7~10日 广西壮族自治区在持续干旱后大部分地区降大雨，由于雨量集中，造成江河水位猛涨，河池地区刁江出现解放以来最高洪水位，柳江、融江、龙江、钦江均超过警戒线水位，部分地区洪涝成灾。据不完全统计，受灾人数45.8万，死亡17人，受淹农田2.4万公顷，房屋、水利设施、交通与电信设施均遭受损失。8日，钦州市和防城各族自治县降雨量分别为581毫米和638毫米，冲毁海堤40多处500多米，冲崩渠道700多处900多米，不少水库、山塘多处出现滑坡；受浸早稻22.6万多亩，甘蔗等旱地作物受影响10万多亩；被淹房屋1500多间，造成危房107间；被雷击和洪水冲死4人、耕牛5头。（《广西日报》1991.6.12.①，《广西通志·大事记》P572）

7~23日 新疆维吾尔自治区大部分地区

遭大（暴）雨洪水。阿勒泰地区富蕴县死亡牧民3人。伊犁地区淹死24人，7人受伤。巴音郭楞自治州农作物成灾面积2.94万亩，死亡牲畜445头（只），损坏闸口94座、水渠139条、砖坯11万块、房屋188间、畜棚53间，冲走粮食300公斤、化肥4500公斤。阿克苏地区8县1市的30个乡受灾，农作物受灾面积26.8万亩，成灾25.5万亩；倒塌房屋1857间，淹死40人，死亡牲畜1.8万头（只）。8日至12日，阿克苏地区8县1市的30个乡遭冰雹袭击，129个村受灾较重，农作物受灾面积26.8万亩，成灾25.5万亩，倒塌房屋1857间，死亡牲畜1.8万头（只）。16日至23日，塔城地区、昌吉回族自治州，南疆喀什地区发生暴雨洪水。塔城地区农作物受灾面积1.12万亩，倒塌住房62间、围墙330米，冲毁公路1.07万米。昌吉回族自治州农作物受灾面积22.63万亩。喀什地区9个县农作物受灾面积42万多亩，死亡牲畜1.58万头（只）。（《中国气象灾害大典·新疆卷》P124～125、273）

8日　我国第一个鄂伦春族研究会在内蒙古自治区呼伦贝尔盟鄂伦春自治旗成立。（《内蒙古日报》1991.6.24.①）

11日　中国国际商会宁夏商会和新加坡华巫控股有限公司共同兴办的新回企业有限公司合资合同签字仪式在银川举行。根据合同，新回企业有限公司地址设在新加坡境内，公司法定资本为100万新加坡元，首批交纳资本为50万新加坡元，其中新方占51%，宁夏商会占49%。公司将利用新加坡的地理位置和现代化基础设施，促进宁夏商品进出口业务的发展。（《宁夏日报》1991.6.13.①）

11～13日　全国民族贸易和民族用品生产供应工作会议在北京召开，28个省、自治区、直辖市及4个计划单列市的240多名代表出席。据了解，全国现有20多万个民族贸易机构，近200万职工。1990年民族地区社会商品零售总额596亿元，生产民族用品的企业已由50年代的三四百家发展到现在的2100多家，到1990年底，民族用品企业完成总产值近30亿元，创部、省级优质产品600多种。（《人民日报》1991.6.12.②，6.14.①；《民族团结》1991.8 P7～8，1992.2 P12）

11～14日　中国法学会民族法学研究会成立大会暨第一次民族法学理论研讨会在北京举行，全国人大常委会副委员长王汉斌、赛福鼎·艾则孜，全国政协副主席司马义·艾买提，中国法学会会长邹瑜等出席并讲话。会议选举出民族法学研究会的理事93人和常务理事37人，李德洙（朝鲜族）为会长，史筠、杨侯第（藏族）、郝时远、李登福为副会长，秘书长吴仕民。会议讨论通过民族法学研究会章程，宣告中国法学会民族法学研究会正式成立。到会的70多名代表就民族法学的若干理论问题、民族法制建设的理论与实际问题、民族区域自治法的贯彻实施等问题进行讨论，提交论文44篇。（《民族团结》1991.8 P11～12，《新疆日报》1991.6.15.③）

13日　据本报讯，目前，湖南省少数民族地区有幼儿园123所，农村学前班2594个，在园（班）幼儿7万多人；小学6700所，在校学生67万多人；普通中学450所，在校学生21万多人；普通和成人高校4所，在校学生3600人。全省17个少数民族县、市、区，有14个基本普及初等教育。（《湖南日报》1991.6.13.①）

△　宁夏回族自治区少数民族传统体育协会在银川正式成立。（《宁夏日报》1991.6.19.①）

△　据本报讯，新疆维吾尔自治区目前有党员69.7万人，其中少数民族党员占总数的36.9%。（《新疆日报》1991.6.13.①）

14日　云南鲁布革水电站第四台机组提前106天并网发电，标志整个电站工程全部完工。该水电站是我国第一个利用世界银行贷

款，并率先实行国际招标竞争的国家重点工程。（《中华人民共和国大事记（1949~2004）》P935）

15日 广西壮族自治区七届人大常委会第二十三次会议通过《广西壮族自治区义务教育实施办法》，自9月1日起施行。（《广西通志·大事记》P572）

△ 西藏自治区野生动物保护协会在拉萨成立，全国人大常委会副委员长阿沛·阿旺晋美（藏族）任名誉会长，自治区党委副书记、自治区主席江村罗布（藏族）任会长。（《西藏日报》1991.6.16.①）

△ 久治至齐哈玛公路工程在西宁通过验收。这条公路西起青海省果洛藏族自治州的久治县，东到甘肃省甘南藏族自治州齐哈玛乡，途经四川省阿坝藏族羌族自治州，全长50.687公里。（《青海日报》1991.6.22.①）

△ 新疆维吾尔自治区首次专业技术职称评聘工作近日结束，评出高级职称1.65万人，中级职称9.1万人，初级职称34.49万人，其中少数民族15.19万多人。（《新疆日报》1991.6.15.①）

15~19日 内蒙古自治区人民政府主席布赫会见苏联卡尔梅克共和国部长会议副主席额尔顿·高日耶夫，双方签署科学、文化、教育交流协议。（《内蒙古日报》1991.6.17.①）

16~20日 中共中央总书记、中央军委主席江泽民在宁夏回族自治区银川市考察平谷堡奶牛场、宁夏化工厂等，看望宁夏军区、武警部队指战员和离休老干部并发表重要讲话；在银南地区考察黄河老灌区、新开发的吴忠市扁担沟乡高糜子湾村、回族聚居地上桥乡解放村、青铜峡水电厂、青铜峡大坝电厂；在银北地区考察隆德县开发性移民新村——潮湖村、大峰露天煤矿。全国政协副主席、国家民委主任司马义·艾买提等陪同考察。（《宁夏日报》1991.6.21.①，6.23.①④）

16~21日 青海省第三次藏语文工作座谈会暨省藏语文学会第三次年会在刚察县举行。会议讨论通过《藏语文名词术语规范工作章程》和《青海省藏语文名词术语规范工作基金会章程》，成立青海省藏语文名词术语规范工作委员会。（《青海日报》1991.6.29.①）

17日 新疆维吾尔自治区党委、自治区人民政府发出《关于深化农村改革促进农村经济发展若干问题的决定》。《决定》强调，要稳定和完善家庭联产承包责任制，健全合作经济组织，发展集体经济；完善社会化服务体系，进一步搞活农村流通；优化产业结构，发挥资源优势；因地制宜地发展适度规模经营；逐步建立适合商品经济发展的农村新经济体制。（《中国共产党新疆历史大事记（1966.5~1991.12）》下P417~418）

18~30日 国务委员陈俊生在新疆维吾尔自治区考察昌吉回族自治州等农业开发区、贫困地区和新疆生产建设兵团的边境团场。（《民族团结》1992.2 P12，《昌吉回族自治州志》P74）

19日 国务院批转国家民委《关于进一步做好少数民族语言文字工作报告》的通知。（《国务院公报》1991［26号］P939）

△ 内蒙古自治区话剧小品比赛结束，蒙古语节目《称砣》、《银碗与眼镜》，汉语节目《招聘》、《如此祝寿》、《相亲》、《搬迁》获优秀演出奖，《搬迁》还获得集体创作奖。（《内蒙古日报》1991.6.24.①）

20日 据本报讯，《东巴文化与纳西哲学》最近由云南人民出版社出版。该书揭示了纳西族和云南省其他少数民族在几千年的物质和精神活动中创造的哲学文化。（《云南日报》1991.6.20.③）

20~22日 宁夏回族自治区六届人大常委会第十九次会议举行，通过《宁夏回族自治区人民代表大会常务委员会制定和批准地方性法规程序的规定》。（《宁夏日报》

1991.6.21.①，6.24.①，7.6.②）

22日 云南省昔马、瓦焦桥、麻栗坡一带发生特大洪水诱发滑坡、泥石流灾害，铜壁关、昔马、卡场、苏典、芒允5个乡4057人受灾（重灾6936人），死亡11人、重伤12人，死亡牲畜327头，冲毁中缅国界30号（1）、（2）界桩，界河改道8段（5处改入我境），倒塌房屋235间，15所小学和2所中学全部倒毁或成危房被迫停课，冲毁水坝63道、渠道148条，毁坏大中小桥梁5座、涵洞35个、人马吊桥5座，淹没农田3.28万多亩，冲毁良田5790亩，损失粮食388万公斤，冲毁国有林3000多亩，冲走林材9万立方米，总经济损失3700万元。（《中国气象灾害大典·云南卷》P503）

△ 青海电视台拍摄的长篇连续剧《格萨尔王》获第四届大西北优秀电视剧“吉羊陶玉杯”一等奖。（《青海日报》1991.6.25.①）

24日 中国、蒙古边境口岸及其管理制度协定和两国政府汽车运输协定在北京正式签署。两国政府正式开放二连浩特至扎门乌德、塔克什肯至布尔干等在内的8对公路边境口岸，开展边境地区公路运输。（《新华社新闻稿》1991.6.25）

△ 内蒙古人民出版社编辑的我国第一部《汉蒙名词术语分类词典》日前在呼和浩特出版发行。全书分自然科学和社会科学2大部，包括43个门类，收有常用术语17万余条，近300万字。（《内蒙古日报》1991.6.24.①）

△ 广西壮族自治区第一艘万吨货轮——桂江号首航泰国。（《广西日报》1991.6.27.①）

△ 从新疆维吾尔自治区科委获悉，4至5月在法国巴黎举办的第81届国际发明展览会自治区送展的8个新产品中，有5个分获银、铜奖和专项奖：“鲜奶脂肪含量快速测定仪”获银奖，“雪莲高级护肤霜”、“雪莲风湿灵（胶囊）”、“烟碱”、“阻燃剂”获铜奖，“阻燃剂”又获巴黎市政府专项奖。（《中国共产党新疆历史大事记（1966.5~1991.12）》下P418）

25~29日 内蒙古自治区人大常委会召开，审议并通过《内蒙古自治区鼓励外商投资条例》、内蒙古人大常委会关于进一步深入开展“质量、品种、效益年”活动的决定、内蒙古人大常委会关于加强禁毒工作的决定、内蒙古人大常委会关于同意修改《内蒙古自治区草原管理条例》的决定。（《内蒙古日报》1991.6.26.①，6.30.①）

26日 宁夏电视台制作的《泉水牌寒痛乐》、《凤凰牌风力发电机》2条广告片在最近召开的第五届全国电视广告“印象奖”颁奖大会上获得一等奖。（《宁夏日报》1991.6.27.①）

26~29日 云南省首届民族民间舞蹈比赛在昆明举行。《阿宝阿囡么节波》获编导、表演、音乐、服装4个一等奖；《跳菜》、《山里的歌妹们》等9个节目获编导二等奖；《狩猎古风》等4个节目获表演一等奖；《吉祥鸟》等2个节目获音乐一等奖，《彝山明月》等4个节目获二等奖；《鼓舞》等5个节目获服装二等奖。（《云南日报》1991.6.30.①）

28日 全国民族文艺集成志书编辑、出版工作规划会议在人民大会堂开幕。自1979年起，文化部会同国家民委和中国文联有关协会先后发起编纂10部民族文艺集成志书，共310卷约4.5亿字。迄今初审69卷，复审39卷，终审28卷，发稿22卷，出版10卷。（《人民日报》1991.6.29.④）

28日~7月14日 乌兰夫同志光辉的一生展览在民族文化宫举办，乌兰夫铜像揭幕仪式同时举行。党和国家领导人丁关根、薄一波、宋任穷等出席开幕式，内蒙古自治区党委书记王群发表讲话。（《内蒙古日报》1991.6.29.①）

30日~7月3日 湖南省第二届少数民族传统运动会在长沙举行，17个体育代表团500

多名运动员参加7个项目的比赛和6个项目的表演，花垣县、江华瑶族自治县和大庸市（今张家界市）永定区分获团体总分第一、二、三名。（《湖南日报》1991.7.1.④，7.2.④，7.5.①）

是月 中央民族学院教学、科研人员共同撰写的《中华民族》由华夏出版社出版发行。（《民族团结》1991.11 P39）

△ 我国首家直辖市级清真食品公司——北京市清真食品公司投入运营生产，该公司拥有储存量1500吨的亚洲最大的清真食品专用冷库。（《民族团结》1991.8 P28）

△ 广西壮族自治区杂技团一行20人受中国对外演出公司委派，历时11个月，出访墨西哥进行商业性演出。在墨西哥南方的9个州42个城市演出560多场，观众达70多万人次。（《广西通志·大事记》P572）

△ 《云南省兰坪白族普米族自治县地名志》出版发行。（《兰坪白族普米族自治县志》P32）

7月

1日 内蒙古自治区包头钢铁稀土企业集团成立。（《内蒙古自治区大事记（1987～1996）》P134）

△ 宁夏回族自治区银川市开始在初中阶段实施义务教育。（《宁夏日报》1991.8.10.①）

3～5日 宁夏回族自治区拥军优属、拥政爱民工作命名表彰大会在银川举行，大会命名银川市为“双拥模范城”，青铜峡市为“双拥模范市”；授予98个单位和个人拥军优属、拥政爱民模范称号。（《宁夏日报》1991.7.4.①，7.6.①，7.9.③）

4日 云南民族画院美术作品展览在昆明举办，纳西、傣、彝、白、回、壮、苗等少数民族画家的近250幅作品参展。（《云南日报》1991.7.5.②）

5日 中蒙举行边境口岸首开仪式。中国新疆维吾尔自治区北部清河县境内的塔克什肯和蒙古科布多省境内的布尔干之间的边境口岸当天正式开放。（《新华社新闻稿》1991.7.6）

6日 内蒙古自治区呼和浩特海关开关典礼举行，自治区主席布赫剪彩。该海关涉辖锡林郭勒盟、乌兰察布盟、巴彦淖尔盟、伊克昭盟、阿拉善盟和呼和浩特市、包头市、乌海市，下设二连浩特口岸和甘其毛道过货通道。（《人民日报》1991.7.8.①，《民族团结》1992.2 P13，《内蒙古日报》1991.7.7.①）

△ 《内蒙古日报》报道，内蒙古自治区党委和内蒙古自治区人民政府联合发出关于进一步搞活国营企业11条政策意见：认真落实企业自主权，积极进行分配制度改革，增加企业自有流动资金，强化销售工作，坚持企业经营管理考核制度，大力提高产品质量，以市场为导向调整企业产品结构，加快技术改造和技术开发，积极改善宏观调控机制，支持企业发展企业集团，维护企业合法权益。（《内蒙古自治区大事记（1987～1996）》P134）

△ 云南省贡山独龙族怒族自治县人大九届二次会议通过《贡山独龙族怒族自治县自治条例》。（《贡山独龙族怒族自治县志》P548）

△ 新疆新闻学会主办的自治区第六届（1990年度）好新闻作品评选揭晓，评出报纸、广播、电视好新闻作品309篇（件）。（《新疆日报》1991.7.9.①）

6～10日 广西壮族自治区党委、人民政府在南宁举行全区乡镇企业工业会议。会议公布，1990年全区乡镇企业总收入104.99亿元，比1985年增长2.62倍，平均年增长29.4%。（《广西通志·大事记》P572～573）

7日 据《内蒙古日报》报道，义都合西格（蒙古族）主编的我国第一部多卷本《蒙古民族通史》由内蒙古大学出版社出版发行。全

书共5卷，约150万字。（《内蒙古日报》1991.7.7.①）

8日 国内规划能力最大的坑口电厂——内蒙古达拉特电厂利用外资引进设备合同在北京签字。工程利用外资1.71亿法郎，由法国政府提供贷款。（《内蒙古日报》1991.7.9.①）

8~28日 宁夏回族自治区党委书记黄璜为团长、自治区主席白立忱为副团长的考察团一行23人先后在黑龙江、吉林、辽宁访问，并与3省达成横向经济联合与经济技术协作协议及意向性协议103项。（《宁夏日报》1991.8.5.①）

9日 苏联哈萨克苏维埃社会主义共和国总统努尔苏勒唐·阿比舍维奇·纳扎尔巴耶夫等一行19人抵达新疆乌鲁木齐，进行为期8天的正式友好访问。新疆维吾尔自治区主席铁木尔·达瓦买提、自治区党委副书记金云辉、自治区副主席何德尔拜等到机场迎送。其间，双方签署4项协议。（《中国共产党新疆历史大事记（1966.5~1991.12）》下P419~420）

10日 1991年内蒙古自治区成人高校招生录取工作结束，8400多名考生被区内外各类成人（普通）高等学校录取。是年报考技工学校的考生共32868人，区内外技工学校计划录取11292人。（《内蒙古日报》1991.7.10.①，7.16.①）

11日 新疆维吾尔自治区青河县塔克什肯口岸和蒙古人民共和国布干县布尔干口岸举行首开仪式。这是中蒙两国彼此开放的第八对边境口岸，其中有4对位于内蒙古自治区与蒙古接壤地区，另4对位于新疆与蒙古接壤地区。目前，新疆对外开放口岸已达9个，是我国对外开放口岸最多的省区。（《民族团结》1992.2 P13）

12日 中共中央宣传部和北京市委宣传部创办的“民族团结心连心活动”在北京举行结对仪式，北京40所中学与11省市少数民族地区的40所中学结为对子学校。（《人民日报》1991.7.13.④）

△ 青海省玉树藏族自治州搜集整理的4盘《玉树音乐集锦》盒式磁带由四川成都音像出版社出版。（《青海日报》1991.7.12.①）

12日~8月8日 宁夏回族自治区第八届运动会举行。两地两市及行业系统27个代表团的1872名运动员参加15个项目的比赛，共决出金牌210枚。3名运动员9次超9项女子举重世界纪录，有15人23次打破和超过24项自治区纪录。（《宁夏日报》1991.8.4.①，8.9.①）

13日 据本报讯，4年来，内蒙古自治区38个基地旗县围栏草场1100万亩，改良草场630万亩，建饲草料加工厂2300多个，打牧业用井1.7万多眼，新增灌溉面积18.2万亩，建设畜牧棚圈1.5万座。（《人民日报》1991.7.13.②）

14~16日 六省市八地区第二届名优特暨湘鄂川黔武陵山区第八届商品交易会，在湖南省湘西土家族苗族自治州吉首市举行。18个省区市的50多个代表团、700多个单位、2000多名来宾、5000多名客商参会，展出商品1万多种，签订各种合同4100多份，成交额8.5亿元。（《湘西州志》上P93）

15日 中国少数民族服装展览在阿尔及尔文化宫开幕，展出蒙古、藏、彝、黎、瑶、景颇、高山、维吾尔等16个少数民族近80套服装、鞋帽和部分饰物，并配有部分生活照片。（《人民日报》1991.7.18.⑦）

15~18日 云南省举行哈尼族古籍文化发展规划研讨会。会上成立哈尼族古籍文库编委会，制订哈尼族古籍工作的“八五”计划和10年出版规划。（《云南日报》1991.7.20.①）

16日 受中国文联和文化部委托，以内蒙古自治区锡林郭勒盟歌舞团为主的中国艺术团一行20人参加蒙古人民共和国国际艺术节

的演出。（《内蒙古日报》1991.7.16.①）

△ 中国西藏艺术团在西班牙首都马德里举行首场演出。（《人民日报》1991.7.18.⑦）

△ 第三届全国蒙文报纸好新闻评选在青海德令哈揭晓，《内蒙古日报》记者斯日古楞（蒙古族）、群英的亚运消息《宝玉闯关夺魁》等5篇被评为一等奖，《新疆日报》记者才·纳茨克道尔吉的连续报道《奋战在戈壁荒滩上的人们》等10篇被评为二等奖，另三等奖19篇。此外，还评选出4个好版面、2个好标题，同时评出3篇现场短新闻好稿。（《青海日报》1991.7.21.①）

16～20日 新疆维吾尔自治区科协第四次代表大会在乌鲁木齐举行，478名代表出席会议。会议选举产生自治区科协第四届委员会，自治区草原学会理事长、八一农学院教授许鹏当选自治区科协主席，大会对优秀科技成果获奖者和自治区科协先进工作者进行表彰奖励。会后，自治区党委、自治区人民政府发出《关于依靠科技进步振兴新疆经济的决定》。《决定》指出，要充分认识科技兴新的重大意义，把发展科学技术和提高劳动者素质放在经济发展战略的首要位置。（《新疆日报》1991.7.17.①，7.21.①；《中国共产党新疆历史大事记（1966.5～1991.12）》下P420）

17日 内蒙古医学院附属医院为一女青年成功切除颅内与眼眶、颜面相连的巨大神经鞘瘤，瘤重2斤。有关专家认为，这样巨大的颅内外沟通颜面部肿瘤属国内罕见，切除这样大的肿瘤内蒙古自治区内为首次。（《内蒙古日报》1991.7.17.②）

17～21日 西藏自治区首次藏语文工作会议在拉萨举行。会议认真贯彻和学习国务院有关少数民族语文工作的指示精神，回顾总结近2年全区实施《西藏自治区学习、使用和发展藏语文的若干规定（试行）》的情况，交流各单位开展藏语文工作的经验。（《西藏日报》1991.7.18.①，7.23.①；《中国共产党西藏历史大事记（1949～2004）》P598）

20日 据新华社乌鲁木齐电，新疆喀纳斯湖科学考察成果鉴定会宣布，喀纳斯湖“湖怪”之谜已被揭开。被称为大红鱼的“湖怪”即大规格的哲罗鱼，它分布在苏联、蒙古、朝鲜和我国一些水域，数量稀少，生长在喀纳斯湖的哲罗鱼以个体大、寿命长而著称。据观测资料显示，最大个体长3.78米，体重500公斤以上，寿命最大的83龄。（《新疆日报》1991.7.22.①）

△ 中苏铁路阿拉山口至德鲁日巴通道临时货运开通，中国首列货车从新疆维吾尔自治区博乐市阿拉山口车站出发驶往苏联境内。（《新疆日报》1991.7.22.①）

20～29日 中国对外经济贸易委员会和中国贸易促进会广西壮族自治区分会应泰国中华总商会的邀请，在泰国曼谷举行广西出口商品展销会。展销产品有水泥、钢材、粮油食品、土产品、畜产品、茶叶、服装、五金矿产品、工艺品、有色金属等，总成交额4205万美元。（《广西通志·大事记》P573）

21～22日 河北省丰宁满族自治县举办首届“满族艺术节”，在国内尚属首次。（《民族团结》1991.8 P33）

22日 中国少数民族对外交流协会在北京成立，司马义·艾买提（维吾尔族）任名誉会长，李德洙（朝鲜族）任会长。（《民族团结》1991.11 P23）

△ 内蒙古自治区科学技术进步奖评审委员会发布公报，公布获奖成果125项，其中一等奖4项、二等奖11项、三等奖110项。（《内蒙古日报》1991.7.22.②）

△ 据本报讯，最近成都空军某部一级飞行员刘建（藏族）成为我国首位藏族飞行团长，是我国空军第一代“全天候”藏族飞行员，并被成都空军评为优秀飞行员标兵和“功勋飞行员”，荣立一等功1次，多次荣立二等

功和三等功。（《四川日报》1991.7.22.①）

22~26日 全国民族地区乡镇企业工作座谈会在青海西宁举行。四川、广西、云南、海南、贵州、西藏、辽宁、内蒙古、宁夏、甘肃、新疆、青海12个省（区）民委与乡镇企业管理局的负责人参加。与会代表分析民族地区乡镇企业的形势与特点，深入研究了新形势下发展民族地区乡镇企业的政策措施。（《青海日报》1991.7.28.①）

23~27日 以米尔萨伊多夫副总统为团长的苏联乌兹别克共和国代表团访问新疆，自治区主席铁木尔·达瓦买提、副主席玉素甫·穆罕默德，自治区党委副书记金云辉等会见代表团。其间，双方签署3项协议。（《中国共产党新疆历史大事记（1966.5~1991.12）》下P421）

24日 贵州省七届人大常委会第二十次会议批准《沿河土家族自治县自治条例》、《务川仡佬族苗族自治县自治条例》。（《贵州日报》1991.7.25.①）

24~25日 青海省各族青年团结进步表彰大会暨第二届全省各族青年大联欢在互助举行，16个先进集体和34名先进个人受表彰。（《青海日报》1991.7.29.①）

25日 中共云南省委五届全委扩大会议批准片马为省级口岸（后为国家二类口岸），随即成立片马口岸办公室，挂靠怒江傈僳族自治州政府外事办公室。（《怒江傈僳族自治州志》上P555）

△ 我国第一个藏族区域自治地方——青海省玉树藏族自治州举行成立40周年庆祝会。州长何福兴讲话，州委副书记韩文录主持大会。省党政军代表团团长桑结加，全国人大常委会委员、全国人大民委副主任平措汪杰和国家民委副主任卓加出席并讲话。（《人民日报》1991.7.28.③，《青海日报》1991.7.26.①）

26日 《贵州省黔东南苗族侗族自治州志·林业志》由中国林业出版社出版发行。（《贵州日报》1991.7.26.②）

△ 据本报玉树电，目前，青海省玉树藏族自治州少数民族干部占全州干部总数的75.1%。（《青海日报》1991.7.26.①）

27日 据《内蒙古日报》报道，内蒙古畜牧科学院副研究员羿翰卿主持的国家“七五”攻关专题——稀土在畜牧业中的研究应用和开发获成功，并通过国家鉴定验收。细毛羊饲喂稀土添加剂后，个体产毛量平均增加0.27公斤，毛长增长0.68毫米，绵毛体重增长5.6公斤，提高幅度达6%~12%。（《内蒙古自治区大事记（1987~1996）》P135）

△ 据新华社呼和浩特电，内蒙古自治区鄂尔多斯高原最近发现1个有千余只遗鸥的繁殖群体，是迄今世界上第二次发现的同类群体。（《人民日报》1991.7.29.③）

△ 四川、云南、青海、西藏、甘肃五省区九州少数民族经济协作会议在青海省玉树藏族自治州结古镇召开。（《玉树州志》上P66）

29~31日 国际苗学研讨会暨贵州省苗学研究会第三次学术年会在贵州凯里召开，美国、日本、新西兰等5个国家和地区的16名苗族学者及北京、河北等9个省、市、自治区的400多名代表参加。会议选举贵州民族学院副院长李廷贵（苗族）为省苗学研究会会长。（《贵州日报》1991.8.4.①）

29日~8月3日 云南省七届人大常委会第十九次会议举行。会议批准《云南省贡山独龙族怒族自治县自治条例》。（《云南日报》1991.7.30.①，8.4.①，8.5.②）

30日 国家能源部、国家能源投资公司和广东、广西、贵州3省（区）在广州签订关于合资开发红水河龙滩水电站的原则协议。龙滩水电站是国家电力建设的重大项目。（《广西通志·大事记》P573）

△ 甘肃省甘南藏族自治州和四川省阿坝

藏族羌族自治州结为友好州。（《甘肃日报》1991.8.6.①）

31日 据新华社讯，是年全国近千所高等院校中有4.58万多名少数民族大专毕业生。（《人民日报》1991.7.31.③）

是月 中国突厥语研究会在北京举行第六次学术讨论会，研究会常务副会长陈宗振作题为《我国突厥语研究的回顾与展望》的主旨发言。（《民族团结》1991.9 P34）

△ 联合国组织的科学考察团在贵州省黔南布依族苗族自治州荔波茂兰喀斯特自然保护区考察，9个国家的47名专家学者参加。专家学者认为，茂兰喀斯特森林是世界独一无二的自然景区，应加强保护。（《黔南布依族苗族自治州志》上P73）

△ 云南省17个地州市110个县543个乡镇发生洪灾，1183万人受灾，死亡194人、牲畜1850头，倒塌房屋1万多间，毁坏大小桥梁300多座、输水渠道400多千米，耕地受灾1400多万亩（绝收40万亩），损失粮食1.99亿公斤，累计造成经济损失4亿元。（《中国气象灾害大典·云南卷》P247～248）

△ 据本报讯，丝绸之路博物馆在新疆维吾尔自治区喀什市建成。（《人民日报》1991.8.8.①，《新疆日报》1991.8.7.①）

8月

1日 甘肃省肃南裕固族自治县民族医院开业。（《甘肃日报》1991.8.6.①）

△ 《宁夏回族自治区人民政府和天津市人民政府关于进一步开展区域性经济技术合作的会谈纪要》签字仪式在银川举行，自治区领导黄璜、马思忠、刘国范等出席签字仪式。（《宁夏日报》1991.8.2.①）

1～5日 国际彝缅语学术会议在四川西昌举行，美国、日本、瑞典、挪威等国家和香港地区、国内各地的专家学者近80人参加会议。会议论文涉及彝、缅、哈尼、傈僳、纳西、拉祜、怒、载瓦、阿昌、土家、白、西夏等语言，反映了国内外彝缅语研究的新水平。国家民委副主任伍精华、四川省委副书记冯元蔚等出席会议。（《民族团结》1991.11 P23，1992.2 P13）

2日 据本报讯，我国第一本《汉傣词典》最近由云南民族出版社出版。该书有3.2万多词条，100多万字。（《云南日报》1991.8.2.②）

3日 西藏自治区阿里地区和平解放40周年庆祝会在狮泉河举行，国家副主席王震、全国政协副主席王恩茂及西藏自治区党委、人大、政府等致贺电。（《西藏日报》1991.8.4.①）

3～6日 西北五省区针灸学术研讨会在青海西宁举行，回、维吾尔、藏、土等6个少数民族的65名代表参会。（《青海日报》1991.7.28.①）

3～7日 第四届全国民族语文翻译学术讨论会在四川西昌举行。全国各地的蒙古、藏、维吾尔、哈萨克、朝鲜、彝、壮、汉等24个民族21个语种的翻译专家、学者100余人与会。（《内蒙古日报》1991.8.29.①）

4日 据本报讯，宁夏回族自治区第一座农村模式变电所——青铜峡市马寨变电所最近建成并投入运营，这也是宁夏第一座容量3200千伏安的模式化无人值班变电所。（《宁夏日报》1991.8.4.①）

5日 内蒙古自治区那达慕商品交易中心开幕。自治区党政领导王群、布赫、文精、刘作会等出席开幕式。（《内蒙古日报》1991.8.6.①）

△ 据本报西宁讯，青海省目前有少数民族乡镇企业2.3万多个，占全省乡镇企业数的55%；职工近7万人，占全省乡镇企业职工总数的46.9%；总产值3.4亿元，占全省乡镇企业总产值的53%。少数民族地区乡、村两级企业固定资产原值1.47亿元。乡镇企业总产值占

全省农牧区社会总产值的比重由1985年的18%上升到21%。在农牧区经济中，农业、畜牧业、乡镇企业并驾齐驱，成为全省农牧区经济的三大支柱之一。（《青海日报》1991.8.5.①）

6日 1991年全国中国式摔跤锦标赛在内蒙古自治区集宁结束。内蒙古选手查干扎那（蒙古族）、满都乎（蒙古族）和青海省摔跤选手吴力吉（蒙古族）分获100公斤以上级、100公斤级和82公斤级冠军，吴力吉成为青海省中国式摔跤队成立以来获全国比赛金牌的第一人。（《内蒙古日报》1991.8.9.①，《青海日报》1991.8.12.①）

△ 国家农业区划办、国务院贫困地区开发办、国家民委和农业部等部门组织的青藏高原东部藏区农业资源综合开发与保护研究项目考察团一行24人在云南迪庆藏族自治州考察。（《云南日报》1991.8.10.①）

6~8日 贵州省少数民族干部选拔培养工作座谈会在贵阳举行。（《贵州日报》1991.8.9.①）

6~13日 西藏社科院、中国社科院少数民族文学所和全国《格萨尔》领导小组联合举办的第二届《格萨（斯）尔》国际学术讨论会在拉萨举行，出席会议的国内外专家学者75名，其中有苏、美、法等10个国家和港、澳、台地区的学者与会。这是首次在拉萨举办的国际性学术会议。（《人民日报》1991.8.8.④）

8~13日 中国作协、《民族文学》杂志社和新疆独山子炼油厂联合举办全国少数民族作家独山子笔会，著名作家陈荒煤、李准（蒙古族）、邓友梅出席。（《新疆日报》1991.8.14.①）

9日 贵州省政府批复黔南布依族苗族自治州：独山县温泉水族乡并入本寨，建本寨水族乡；荔波县瑶庆水族乡并入茂兰镇；水维、岜鲜两个水族乡并入佳荣，建佳荣水族乡。（《黔南布依族苗族自治州志》上P73）

10日 内蒙古自治区政府发布施行《内蒙古自治区森林草原防火办法》。（《内蒙古日报》1991.8.10.②）

△ 据本报讯，内蒙古自治区文物考古工作者在乌兰察布盟凉城县崞县窑乡后德胜村附近的深山沟里发现1座元代蒙古贵族壁画墓，这是内蒙古自治区乃至全国元代蒙古学考古的一项重大发现。壁画内容丰富，色彩艳丽，其中许多内容为首次发现。（《内蒙古日报》1991.8.10.①）

12日 四川省德格县藏医研究所和英籍藏胞、援助西藏发展基金会成员阿贡活佛联合举办的德格藏医本科学校在四川德格建成，全国人大常委会副委员长阿沛·阿旺晋美致贺电。（《四川日报》1991.8.23.①）

△ 据本报讯，贵州省黔西南布依族苗族自治州的“优质烤烟技术开发”、“芭蕉芋淀粉生产变性淀粉技术开发”、“芭蕉芋淀粉生产精制粉丝技术开发”、“竹荪美容酒技术开发”4个项目最近被国家科委列入国家级“星火计划”。（《贵州日报》1991.8.12.①）

△ 据本报讯，宁夏回族自治区首家高精密汽车检测站——大武口汽车检测站最近通过自治区有关部门的考核，认定其检测能力达到国家规定标准。（《宁夏日报》1991.8.12.①）

13~17日 广西壮族自治区七届人大常委会第二十四次会议举行。会议通过《广西壮族自治区保护公民举报条例》、《广西壮族自治区计划生育条例补充规定》、《广西壮族自治区人大常委会关于批准〈防城各族自治县自治条例〉的决议》、《广西壮族自治区人大常委会关于在全区开展执法检查的决定》。（《广西日报》1991.8.14.①，8.18.①）

15日 据本报讯，云南省社科院楚雄彝族文化研究所所长、中国社科院民族研究所研究员刘尧汉（彝族）应邀加入英国剑桥国际传记中心“国际殊勋勋章获得者”组织，被授予“国际殊勋勋章”并列入该中心编辑出版的《国际名人录》(全世界共人选1110人)。他创办我国第一个少数民族文化研究所——楚雄彝族文化研究所，创立我国第一个少数民族文化学派——彝族文化学派，主编我国第一套族别文化研究丛书——《彝族文化研究丛书》，该丛书已由云南人民出版社出版8部专著。（《云南日报》1991.8.15.①）

15～19日 1991年内蒙古自治区那达慕大会在呼和浩特内蒙古赛马场举行，这是内蒙古自治区成立40多年来规模最大的一次“那达慕”大会。大会以“团结、友谊、开放、奋进”为宗旨，融文体、经贸、旅游为一体，以传统的那达慕文体活动为媒介，以经济贸易和商品展销为重点，为传统的那达慕赋予了鲜明的地区特色和强烈的时代气息。党和国家领导人杨尚昆、乔石、陈丕显、王丙乾，中央各部委，兄弟省、自治区、市领导，以及部分外国驻华使节、知名人士和其他国内外宾客、内蒙古自治区领导参加大会。（《内蒙古日报》1991.8.20.①）

16～25日 内蒙古经济贸易交易会在内蒙古自治区呼和浩特举行，展示自治区经济建设的重大成果和横向经济联合的成就及优越的投资环境，展销自治区名优特新重点产品和外贸对外重点出口的商品。50多个国家和地区的500多名外商参加。对外贸易进出口成交额1.33亿美元，交易会国外经济贸易现汇出口额达7294万美元，易货贸易出口额达3300万瑞士法郎，易货贸易进口6186万瑞士法郎。国内商品交易成交额破15亿元人民币；国外经济技术合作项目86项，金额1.3亿元，引进资金6397万美元。国内经济技术协作项目383项，引进资金达6.7亿元，到位资金1.2亿元。（《人民日报》1991.8.28.②）

△ 内蒙古自治区举办首届草原旅游节，接待国内游客逾10万人，海外游客1600多人，创汇约35万美元。（《内蒙古日报》1991.8.28.①）

17日 内蒙古人民出版社出版的《内蒙古大辞典》首发仪式在呼和浩特举行，为自治区历史上第一部大型综合性工具书。（《内蒙古日报》1991.8.18.①）

18日 位于广西壮族自治区环江自治县的木论自然保护区建立。面积8969公顷，是以中亚热带石灰岩常绿阔叶混交林生态系统为主要保护对象的国家级自然保护区。（《全国自然保护区名录(2003)》P87）

18～22日 全国首届少数民族文学理论研讨会在内蒙古锡林浩特举行。（《内蒙古日报》1991.8.31.①）

19日 据本报讯，第一部以舞剧形式反映布依族儿女抗清斗争的英雄史诗——大型历史剧《布依女儿》最近在贵州贵阳上演，该剧由贵州省黔西南州歌舞团、黔西南州民族舞蹈班创作。（《贵州日报》1991.8.19.①）

20日 国家科委批准将广西壮族自治区北部湾综合开发项目列入国家“八五”计划，总投资2.3亿元。实施项目的第一年，国家将支持科技贷款2000万元，安排子项目12项。（《广西通志·大事记》P573）

△ 云南省怒江傈僳族自治州铅锌矿采选厂投料带负荷联动试产一次获得成功。产品含锌33.5%，原矿回收率51%。该厂原为自治州黄木冶炼厂分厂，是“七五”期间自治州重点建设项目、云南省“星火”计划项目、黄木冶炼厂配套工程。1988年4月独立建厂，1989年6月动工。该厂氧化锌重介质选矿工艺技术项目获1991年全国“七五”星火计划成果博览会金奖，1992年印度尼西亚“中国科技成果及实用技术展览会”银奖。（《怒江傈僳族自治州志》下P214～215）

△ 据本报讯，最近，宁夏回族自治区首家兽药厂在吴忠市东塔寺乡建成投产，填补自治区兽药行业空白。（《宁夏日报》

1991.8.20.①）

22日~9月2日 中国少数民族歌舞团在瑞士举行11场演出，并首次参加瑞士弗里堡第17届“国际民间艺术节”，在伯尔尼国家剧院举行专场演出。（《人民日报》1991.9.6.⑦）

22日~9月28日 中国佛协西藏分会副会长策墨林·单增赤列为团长、珠康·土登克珠活佛为副团长，由5个地（市）21座寺院包括藏传佛教五大教派的31人组成的西藏宗教界参观团，先后在青海龙羊峡水电站、著名佛教寺庙青海塔尔寺、甘肃拉卜楞寺、西安大雁塔、北京雍和宫、山西五台山以及咸阳西藏民族学院、西北民族学院等处进行参观。（《中国共产党西藏历史大事记（1949~2004）》P601）

24日 据本报讯，湖南省新晃侗族自治县建成全国最大的刺梨生产基地，种植面积为1万多亩。（《湖南日报》1991.8.24.②）

24~31日 内蒙古自治区人大常委会召开，审议并通过关于修改《内蒙古自治区草原管理条例》的决定，通过关于批准《呼和浩特市社会治安综合治理条例》的决议和关于批准《包头市环境综合整治条例》的决议。（《内蒙古日报》1991.8.25.①，9.1.①）

24日~10月3日 青海省海南藏族自治州民间艺术演出团在北京参加“中华民俗风情百乐艺术节”，演出108场，观众达25万多人（次）。演出团设置的藏族帐篷景点共接待中外宾客2万多人（次）。（《海南州志》P64）

25日 据新华社讯，广西壮族自治区南丹县大厂矿田发现储量数百吨的共生银矿。（《人民日报》1991.8.25.①）

△ 广西壮族自治区党委、人民政府作出《关于依靠科技振兴广西的决定》，提出7大基本任务：科技兴农，科技兴工，科技扶贫，发展高新技术产业，搞好对外开放和技术引进，纵深部署科学技术研究，提高决策和管理现代化水平。（《广西通志·大事记》P573）

25~29日 云南省瑶族古籍工作会议在昆明召开。（《云南日报》1991.9.18.③）

26日 四川省设立“少数民族文艺基金奖”。该奖项由四川少数民族文艺基金会每两年颁发一次，旨在弘扬少数民族文艺事业。凡反映四川少数民族题材或由少数民族文艺家创作的优秀作品，均属发放范围。（《四川日报》1991.8.27.①）

△ 据本报讯，目前，云南省民族用品生产企业已能生产五金制品、金银饰品、皮革、边销茶等14大类2500个品种，民族用品自给率由70年代初的70%增长到90%以上。（《云南日报》1991.8.26.①）

△ 据本报讯，茶花牌铝制民族套锅、孔雀牌傣族银腰带等9个民族用品最近被评为1991年云南省民族用品优秀产品。（《云南日报》1991.8.26.①）

△ 我国第一家教学天文台——云南省普洱哈尼族彝族自治县第一中学教学天文台建成。（《云南日报》1991.8.27.①）

26~30日 西藏自治区边境工作会议在拉萨举行，主要议题是在改革开放的新形势下，如何加强边境建设，保持边境地区的稳定。会议讨论制定《关于边境地区若干问题的政策规定》，于10月10日发布。（《中国共产党西藏历史大事记（1949~2004）》P599~602）

26~30日 五省（区）藏文古籍第二次协作会议在青海西宁举行。西藏、四川、青海、甘肃、云南和北京的与会代表讨论了“七五”藏文古籍工作情况和“八五”藏文古籍规划及协调课题。（《青海日报》1991.9.3.①）

27~29日 《宁夏国土开发整治总体规划》评审会在宁夏回族自治区银川召开。专家、学者认为，该规划是一项高质量的软科学研究成果，达到了省（区）级国土规划的领先

水平。这是宁夏首次完成的具有科学价值和使用价值的全区性国土规划成果。（《宁夏日报》1991.10.8.①）

30日 北京市民族联谊会成立会暨首届理事会第一次全体会议召开，原则通过《北京市民族联谊会章程》。会议选举高戈为会长，姜立勋等为副会长，陈观涛为秘书长；聘请赵鹏飞（满族）为名誉会长，马玉槐（回族）等为顾问。北京市副市长何鲁丽出席会议。（《民族团结》1991.10 P45）

△ 青海省七届人大常委会第二十二次会议批准《化隆回族自治县自治条例》。（《青海日报》1991.8.31.①，9.11.⑤）

△ 交通部和宁夏回族自治区"八五"计划的重点工程——六盘山隧道工程开工，1996年11月20日完成全部土建工程，1997年3月18日正式通车。该工程东起固原市原州区和尚铺，西止隆德县杨家店，隧道长2385米，引道长9981米。隧道成洞2385米，修建涵洞32道长743.5米。（《当代宁夏史通鉴》P327）

30日~9月3日 第二次蒙古学国际学术讨论会在内蒙古大学召开。国内各有关学术单位和高等学校的专家、教授、学者100多人及蒙古、苏联、日本、美国、德国、意大利、法国等国家的世界知名蒙古学学者50多人与会。124名学者作学术报告，提交论文和论文提要131篇。（《内蒙古日报》1991.8.31.①，9.5.①；《内蒙古大学四十年》P428）

31日 内蒙古自治区人大常委会通过《内蒙古自治区人民代表大会常务委员会关于修改〈内蒙古自治区草原管理条例〉的决定》，并公布施行。（《内蒙古日报》1991.9.15.②）

是月 中国化学会和美国化学会会员、中国朝鲜族科技工作者协会会长、延边大学化学系教授姜贵吉（朝鲜族）获国务院颁发的"特殊津贴教授"荣誉称号。姜贵吉是世界朝鲜族科学技术者共同协议会副议长、延边朝鲜族书画协会顾问，曾创立中国朝鲜族科技工作者协会。1956年获中国社会主义建设积极分子称号，1983年获国家民委、国家劳动人事部和国家科协联合颁发的"少数民族地区先进科技工作者"称号。（《中国少数民族专家学者辞典》P900）

△ 全国首次省会（首府）民委主任（民族宗教局局长）联系会在贵阳召开，乌鲁木齐、西宁、兰州、呼和浩特、石家庄、郑州、长沙、南宁、成都、昆明、贵阳11个省会（首府）城市的数十名代表参会。（《民族团结》1991.11 P23）

△ 全国第一届少数民族文学理论研讨会在内蒙古自治区锡林郭勒盟锡林浩特市举行。会议就少数民族文学理论研究方向，少数民族文学在整个中国文学格局中的地位，少数民族文学理论研究基本问题等进行讨论。（《民族团结》1992.2 P13）

△ 湖南省湘西土家族苗族自治州吉首市第二化工厂生产的没食子酸获"中国名优特新产品"称号。（《湘西州志》上P93）

△ 在印度尼西亚举行的第四届亚洲女子举重锦标赛上，湖南省湘西土家族苗族自治州16岁运动员龙玉玲（苗族）打破52公斤级世界纪录，获抓举、挺举和总成绩3枚金牌，实现湘西州体育运动史上世界纪录零的突破。1992年12月，国家体委授予龙玉玲的启蒙教练、湘西州民族体育职业学校举重教练李小平"世界冠军启蒙教练奖"。（《湘西州志》上P93、96）

△ 宁夏回族自治区盐池县被评为"全国治沙先进单位"。（《宁夏日报》1991.8.28.①）

9月

3日 国务院学位委员会批准内蒙古大学15个硕士点有权授予在职人员以同等学力申

请硕士学位。（《内蒙古大学四十年》P429）

△ 大型彩色画册《十世班禅》在广州第四届全国书市举行首发式。画册分为图片和文字两部分，文字近3万字。（《人民日报》1991.9.8.④，《四川日报》1991.9.4.①）

4日 全国政协民宗委就进一步贯彻落实民族区域自治法，以及民族地区经济发展和培养使用少数民族干部问题进行座谈。（《民族团结》1992.2 P13）

△ 内蒙古自治区第七届运动会闭幕。运动会设15个比赛项目，12个盟市、各行业体协、厂矿企业2000多名运动员参赛。呼和浩特市代表团名列团体总分和金牌总数榜首。7月4日，举重、航模两项赛事结束，赤峰市代表队的郝宇侠以118公斤的成绩打破67.5公斤级和117.5公斤级的全国少年挺举纪录，金莲的挺举和总成绩也打破全国少年纪录。（《内蒙古日报》1991.7.6.①，9.6.①）

△ 据新华社呼和浩特电，《成吉思汗研究文集》最近由内蒙古人民出版社出版发行。文集汇集1949年至1980年中国各民族学者发表的100余篇学术论文140余万字，包括成吉思汗家事生平、统一蒙古各部、创建蒙古汗国、对外军事远征等内容。（《人民日报》1991.9.5.③）

5~9日 全国五自治区党报工作会议在新疆乌鲁木齐举行。会议期间，开展民族好新闻评选活动，参评的8家报纸共有30篇作品获奖。（《中国共产党新疆历史大事记（1966.5~1991.12）》下P422）

△ 四川、云南、贵州、广西、西藏、重庆、成都五省区七方经济协调会第八次会议在重庆举行。会议达成联合协作项目340项，其中经济协作98项、技术协作159项、物资商贸协作64项、人才交流培训19项。（《云南日报》1991.9.6.①，9.10.①；《四川日报》1991.9.6.①，9.10.①）

5日~10月28日 新疆歌舞团赴叙利亚、黎巴嫩、约旦、阿曼、巴林、卡塔尔和阿联酋7国访问演出。（《新疆日报》1991.11.2.①）

6日 《西藏自治区土地利用现状调查》在北京通过国家土地管理局组织的验收和专家鉴定。（《民族团结》1992.2 P13）

7~9日 农业部畜牧兽医司主持，宁夏有关部门及甘肃、内蒙古、青海等8个省区的专家、教授组成鉴定小组对宁夏回族自治区云雾山草原自然保护区生态建设项目进行鉴定。鉴定组认为，该项目达到预期目标，并且处于国内同类研究的领先水平。云雾山草原自然保护区是1982年建立的区级自然保护区，也是全国第二个草原保护试点区。（《宁夏日报》1991.9.27.①）

8~11日 湖南省第二届民族民间音乐舞蹈比赛在长沙举办，汉、苗、土家、瑶、朝鲜等民族的130多名选手参加。苗族三人舞《簸谷》、苗族群舞《扯扯扯》、女声独唱《民族兄弟分不开》等9个节目获一等奖，土家族双人舞《多情的咚咚喹》等11个节目获二等奖。（《湖南日报》1991.9.7.②，9.19.①）

10日 宁夏回族自治区政府发布《宁夏回族自治区农民负担管理暂行办法》，自公布之日起施行。（《宁夏日报》1991.12.4.④）

10~12日 四川省民委与省体委在成都联合举行全省首次民族地区体育工作会议，会议议题为如何进一步发展全省民族体育事业。（《四川日报》1991.9.13.①）

11日 黄河文化节组委会主办的宁夏穆斯林食品博览会和宁夏旅游商品展销会在宁夏商业大厦开幕。这是宁夏回族自治区规模最大的一次穆斯林食品博览会和旅游工艺品展销活动，区内外29个企业参加，十多类400多种清真食品参展。（《人民日报》1991.9.12.①，《宁夏日报》1991.9.12.①）

12日 西藏自治区被列入我国新建16处

森林和野生动物自然保护区之一。（《中国共产党西藏历史大事记（1949~2004）》P600）

△ 据本报讯，“七五”期间，宁夏回族自治区共与国外客商签订经济技术合作项目77个，其中技术引进项目31个，金额3320多万美元。目前，宁夏与全国10个省、市、区建立长期稳定的合作关系，与19个省、市、区建立经济技术协作关系，横向联合项目达3000个，引进资金约2.6亿元，由此新增产值5亿多元，增加利税1亿多元。（《宁夏日报》1991.9.12.①）

12~22日 91中国宁夏国际黄河文化节在银川举行，这是宁夏回族自治区首次举行融文化、旅游和经贸活动一体的大型国际性联谊活动。自治区主席白立忱致开幕词，国家民委副主任伍精华出席开幕式，全国人大常委会副委员长、中国国际友谊促进会理事长朱学范致贺电。世界五大洲25个国家和国际组织、3个地区的300多位海外宾客和200多位国内来宾参加活动。文化节期间，出口贸易签约突破500万美元，外经外资洽谈项目20个，外商投资280万美元。（《宁夏日报》1991.9.13.①，9.15.①，9.23.①）

13日 据本报讯，我国第一条年产800吨的彩色钢板涂料生产线在内蒙古自治区包头市油漆厂建成投产。（《人民日报》1991.9.13.①）

△ 据本报乌鲁木齐电，新疆维吾尔自治区文物考古研究所近日在哈密市五堡乡青铜时代的墓葬中发掘出一具3000余年的女干尸，随女尸一起出土的还有10具保存完好的头骨及一批彩陶、木器、青铜饰件等珍贵文物和一些大麦穗、小米饼、羊骨、草帘等。科学家认为，该女尸对研究探讨古代哈密绿洲居民的种族特征及社会形态、经济生活有重要意义。（《人民日报》1991.9.14.④）

13~16日 以“1959年以前西藏的社会结构及其对西藏社会所产生的影响”为主题的中国藏学讨论会在北京举行，我国各地和港台地区及美国、日本、英国、捷克斯洛伐克、法国、苏联、瑞士等国的学者80余人参加。据统计，国内已有藏学研究单位50余个，藏汉等民族研究人员2000余人，其中高级研究人员200多人。全国人大常委会副委员长阿沛·阿旺晋美到会祝贺。（《人民日报》1991.9.14.③，9.17.③）

14日 云南少数民族服饰展览和云南民族民间美术展览在香港举办。（《云南日报》1991.9.18.①）

15日 西藏自治区首次开展人才现状调查预测规划工作会议在拉萨召开。其主要任务是：调查和掌握全区各级各类专门人才的现状及分布情况，科学地进行人才需求预测，制订符合西藏自治区经济社会发展的人力资源开发规划，为西藏人才开发提供科学的决策依据，使人才培养同经济建设的实际结合起来，克服盲目性，增强科学性，更好地为西藏经济社会发展目标服务。自治区领导江村罗布、张学忠、冯军等出席。（《中国共产党西藏历史大事记（1949~2004）》P600~601）

16日 位于四川省阿坝藏族羌族自治州汶川县的阿坝铝厂建成投产，结束藏区不产铝的历史。（《四川日报》1991.10.7.①）

16~18日 据本报讯，新疆维吾尔自治区伊犁哈萨克自治州首届少数民族运动会在伊宁举行，设赛马、赛走马、叼羊、摔跤4个项目，140多名少数民族运动员参赛。伊犁地区、州直、塔城地区分获团体总分第一、二、三名，阿勒泰代表队获道德风尚奖。（《新疆日报》1991.9.22.①，《伊犁哈萨克自治州志》P69）

17日 国务院批复青海省政府《关于抢修塔尔寺古建筑群的请示》，同意维修藏传佛教的重要寺院和全国重点文物保护单位塔尔寺古建筑群。（《国务院公报》1991［34号］

P1180~1181）

20日　据《广西日报》报道，广西壮族自治区岑溪县已建成国内最大的花岗岩生产基地，其产品“岑溪红”已打进“花岗岩王国”意大利和美国、加拿大、日本、新加坡等国际市场。专家认为，“岑溪红”可与世界上名贵产品“印度红”、“巴西红”、“皇妃红”等媲美。　（《广西通志·大事记》P574）

20~26日　全国人大《中华人民共和国义务教育法》检查组在宁夏回族自治区检查《中华人民共和国义务教育法》贯彻实施情况。检查组对宁夏11个县、市的50所中小学检查后认为，宁夏基础教育明显改善，值得在全国推广。　（《宁夏日报》1991.10.2.①）

21日　青海省第一座教育电视台——海南藏族自治州共和县民族教育电视台建成并正式开播。　（《青海日报》1991.9.29.①）

22日　十世班禅额尔德尼·确吉坚赞大师纪念塔开光典礼仪式在青海循化撒拉族自治县举行，青海省副省长班玛丹增（藏族）和班禅大师的父亲尧西·古公才旦（藏族）为仪式剪彩。　（《青海日报》1991.9.24.①）

△　据本报讯，全面介绍宁夏回族自治区农村的大型资料书——《宁夏乡镇情》最近由宁夏人民出版社出版。全书共190万字，是介绍宁夏农村资料最全、材料最新的一部书。（《宁夏日报》1991.9.22.①）

25日　《共和县志》首发式在青海省海南藏族自治州恰卜恰举行。该志在1993年先后获省第三次社会科学优秀成果三等奖和全国新编地方志优秀成果一等奖。　（《海南州志》P64）

26日　21集电视系列片《中国西部民族风情》首映式在四川成都举行。　（《四川日报》1991.9.27.①）

△　新疆国际经济合作公司负责设备安装调试工程的第一套国产番茄酱生产线在苏联吉尔吉斯共和国竣工投产，这是我国自制的番茄酱生产线设备首次出口苏联。　（《新疆日报》1991.10.19.①）

26日~12月16日　中国少数民族舞蹈团赴阿根廷、墨西哥、巴西、牙买加、委内瑞拉、厄瓜多尔和特立尼达和多巴哥访问演出。该团由新疆维吾尔自治区文化厅、青海省文化厅和中央民族学院等单位的藏、维吾尔、蒙古、白、傣5个少数民族组成。　（《人民日报》1991.10.1.③，10.22.⑦，11.6.⑦，11.29.⑦，12.18.④）

27日　云南省七届人大常委会第二十次会议批准《云南省镇沅彝族哈尼族拉祜族自治县自治条例》。　（《云南日报》1991.9.28.②）

△　宁夏回族自治区第一台完全靠地方筹资、自行安装建设的石嘴山发电厂9号机组正式并网发电并移交生产。　（《宁夏日报》1991.9.28.①）

28日　全国30个自治州23个民族代表的少数民族参观团抵达北京。29日，全国政协副主席司马义·艾买提接见参观团成员。10月1日，参观团参加国庆42周年庆典活动。5日，中共中央总书记江泽民，国务院总理李鹏，中央书记处书记乔石、丁关根，全国人大常委会副委员长阿沛·阿旺晋美，国务委员陈俊生等党和国家领导人在中南海会见参观团全体成员。　（《人民日报》1991.9.30.④，10.6.①；《民族团结》1992.2 P13）

△　据新华社北京电，第九届藏文图书出版发行协作会议介绍，全国出版发行的藏文图书、出版物已达1万种，发行量近1亿册，是新中国出版图书、刊物最多的少数民族文种。　（《人民日报》1991.9.30.④）

△　内蒙古自治区作家石·础伦巴干（蒙古族）创作的儿童故事《金子》最近获“陈伯吹儿童文学奖”，这是我国蒙古族作家第一次获该奖项。　（《内蒙古日报》1991.9.28.①）

△　青铜峡黄河公路大桥全面建成通车，

该桥是“八五”期间宁夏回族自治区公路建设中第一个竣工交付使用的工程。大桥位于省道吴青公路上，主桥长735.52米，桥面行车道净宽11米，两侧各设1米宽的人行道。（《宁夏日报》1991.9.29.①）

28日～10月13日 四川省民委和民族文化宫联合在北京举办今日四川少数民族展览。全国人大常委会副委员长阿沛·阿旺晋美、廖汉生，国务委员陈俊生为开幕式剪彩，全国人大民委副主任平措汪杰、国家民委副主任伍精华等出席。（《民族团结》1991.11 P23，《四川日报》1991.9.30.①）

是月 全国少数民族古籍整理“七五”规划重点项目、中国第一部壮族古典经诗《布洛陀经诗》译注，历时4年多正式出版。（《广西通志·大事记》P574）

△ 以长寿学博士森下敬一为团长的日本国际自然医学会考察团一行6人到广西壮族自治区巴马瑶族自治县，对当地部分百岁老人生活的自然环境、饮食结构、生活习性、遗传基因、劳动生活以及巴马的自然开发潜力等作科学考察。考察团认为巴马是世界第五个长寿之乡。（《广西通志·大事记》P574）

△ 第八届夏季国际特殊奥林匹克运动会在美国举行，广西壮族自治区伤残人运动员张庆获游泳项目3枚金牌。（《广西通志·大事记》P574）

10月

2日 我国第一个少数民族自治旗——内蒙古自治区鄂伦春自治旗建旗40周年庆祝会在阿里河镇举行。内蒙古自治区副主席伊钧华、呼伦贝尔盟盟长乌力吉以及国家民委等有关部门的负责人出席庆祝活动。鄂伦春是中国人数最少的少数民族之一，建旗40年来，鄂伦春人民实现了由单一的狩猎经济向农、林、牧、副、渔多种经济形态的过渡，并且因地制宜发展商品生产，为振兴民族经济开辟了新的道路。（《人民日报》1991.10.4.③）

△ 据新华社电，鄂伦春民族博物馆在内蒙古自治区鄂伦春自治旗阿里河镇落成。博物馆连同一起建立的档案馆、图书馆总面积为2888平方米。（《人民日报》1991.10.2.②）

3日 据本报讯，截至目前，国家创办民族学院12所，为民族地区培养各种人才14万名、各类少数民族干部近200万名。（《人民日报》1991.10.3.①）

5日 新疆维吾尔自治区伊宁至乌鲁木齐往返夜班直达班车开始营运，这是新疆汽车运输行业试营的第一条夜班直达班车线路。（《新疆日报》1991.10.13.①）

5～10日 91国际岩画委员会年会暨宁夏国际岩画研讨会在宁夏回族自治区银川举行。联合国教科文组织顾问阿纳蒂教授、意大利驻华使馆新闻参赞格托基·卡斯·阿基阿、国际岩画团体联合会召集人罗伯特·贝那里克分别在开幕式上致贺词。12个国家的145名代表参加，收到论文153篇。与会代表实地考察了宁夏贺兰山岩画。（《宁夏日报》1991.10.6.①，10.11.①）

7日 根据国务院批复，贵州省黔西南布依族苗族自治州兴义卷烟厂纳入国家计划，为该州规模最大的州级国营企业。（《黔西南布依族苗族自治州志·政权政协志》P31）

7～13日 西藏自治区宗教工作会议在拉萨举行。会议传达学习全国宗教工作会议精神和《中共中央、国务院关于进一步做好宗教工作若干问题的意见的通知》，传达学习江泽民总书记和李鹏总理在全国宗教工作会议上的讲话；讨论修改《区党委、区人民政府关于认真贯彻中共中央、国务院关于进一步做好宗教工作若干问题的通知的意见》、《自治区民族宗教事务委员会关于对宗教事务进行管理的暂行办法》（修改稿）、《关于妥善解决部分共产党员信仰宗教问题的意见》。（《西藏日报》1991.10.15.①，《中国共产党西藏历史大事记

（1949~2004）》P602）

8日 据本报讯，最近，宁夏文物考古研究所工作人员在贺兰山拜寺沟方塔废墟清理中发现刻本西夏文佛经8本。这是建国后首次发现刻本西夏文佛经，且为国内外孤本。佛经每本20多个页码，书品高30.3厘米，宽19.5厘米，蝴蝶装，有的封签还在，封皮内有衬页，正文每半版10行，每行22字，版心为白口，靠上有代表卷名的一两个字，靠下为西夏文和汉文页码。（《宁夏日报》1991.10.8.①）

10日 贵州省黔西南布依族苗族自治州政府讨论通过《黔西南布依族苗族自治州科学技术进步奖励办法》，自1992年1月1日起施行。（《黔西南布依族苗族自治州志·政权政协志》P31）

12日 宁夏人民出版社出版的《中国少数民族地区经济发展研究》最近在新疆维吾尔自治区乌鲁木齐举行的北方十五省、市、自治区第六届哲学社会科学图书评奖会上获优秀图书奖。（《宁夏日报》1991.10.12.①）

13日 内蒙古包头钢铁公司无缝钢管厂试轧成功我国最大的直径为426毫米热轧无缝钢管，填补我国钢铁工业的空白。（《内蒙古日报》1991.10.14.①）

13~17日 八省区首次蒙古文图书展销订货会在内蒙古呼和浩特举办。八省区11家蒙古文图书出版部门参加，展销蒙古文图书1500多种，成交额40万元，零售额3万元。八省区蒙古文图书发行工作座谈会同期举行。（《内蒙古日报》1991.10.15.①，10.18.①，10.19.①）

14日 西北民族学院藏文版和蒙古文版《西北民族学院学报》最近分别通过国际连续出版物数据系统中国国家中心审核批准，并获国际标准刊号。（《西北民族学院校史》P369）

15日 湖南省湘西土家族苗族自治州吉首城区万门程控电话工程开通庆典举行。（《湘西州志》上P93，《湖南日报》1991.10.17.①）

16日 国务院任命图道多吉（藏族）为国家民委副主任，免去卓加（藏族）国家民委副主任职务。（《国务院公报》1991［32号］P1135）

△ 据报道，云南省路南彝族自治县阿诗玛艺术团表演的《彝族大三弦舞》、《抢包》、《霸王鞭》最近获中国民族文化博览会最佳演出奖。（《云南日报》1991.10.16.①）

18日 据报道，新疆维吾尔自治区地方志编纂委员会编辑的《新疆年鉴》1991卷最近由新疆人民出版社出版发行。全书共155万字，分37个部类。（《新疆日报》1991.10.18.①）

18~22日 广西壮族自治区七届人大常委会第二十五次会议举行。会议通过《广西壮族自治区人大常委会关于禁毒、严禁卖淫嫖娼和严惩拐卖、绑架妇女、儿童犯罪分子的决定》。（《广西日报》1991.10.23.①）

18~24日 首届北海国际珍珠节在广西壮族自治区北海市举行，法、美、日等10个国家以及港澳台地区，国内16个省、市、自治区的来宾共2653人参加。共达成利用外资项目66项，总投资1.88亿美元；内联项目52项，总投资5385万元。（《广西通志·大事记》P575）

20~26日 中国少数民族傩戏国际学术讨论会在湖南省湘西土家族苗族自治州吉首召开，国内外近200名专家学者参会，提交学术论文108篇。（《湘西州志》上P93）

21日 据报道，西藏、青海、四川、内蒙古、新疆、辽宁、吉林7个省、自治区档案馆和中国第一历史档案馆目前收藏有元、明、清、民国时期的藏文档案300万件。全国现存藏文古籍约60万函，初步登记编目的藏文典籍近4万部（函）。其中，西藏各地寺院和档案部门存有古籍近50万函，西藏藏文古籍出版社存有304种孤本和手抄本；青海塔尔寺藏文古籍分为中观、历史、密宗、法律、声明、哲学、医学、诗学、理论、历算等21类，共抄书目3万卷；四川存有藏文古籍木刻板13万块。据西藏、青海、甘肃、四川、云南5省、自治区统计，出版藏文古籍100种。（《人民日报》1991.10.21.③）

△ 新疆维吾尔自治区第一套移动通信系统在哈密正式投入使用。这套国产移动通信系统采用450兆全双工制式，在离市中心40公里范围内通话音量清晰，具有灵活机动的特点。（《新疆日报》1991.12.6.①）

22日 《内蒙古日报》报道，内蒙古自治区锡林郭勒盟畜牧科学研究所试验室人工饲养的第一窝野生蒙古旱獭产下7只幼仔，属国内首创，揭示了野生旱獭繁育的奥秘。这是野生动物驯养史上的一次突破，填补我国生物研究领域的空白。（《内蒙古自治区大事记（1987～1996）》P137）

23日 我国第一部综合性民族艺术专科辞书——《中国少数民族艺术辞典》由民族出版社出版发行，共205万字，历时11年编纂完成。（《人民日报》1991.10.24.③，《民族团结》1992.2 P13，《贵州日报》1991.12.4.③）

△ 据本报讯，内蒙古自治区第一个杨树基因库近日在包头红旗农场建立。（《内蒙古日报》1991.10.23.①）

24日 据新华社电，内蒙古自治区第一个鸟类标本馆最近在自治区境内第二大淡水湖——乌梁素海建立。（《人民日报》1991.10.25.①，《内蒙古日报》1991.10.28.①）

△ 云南省西双版纳傣族自治州内“七五”重点工程之一的允景洪过境公路竣工验收。公路1988年7日开工，为国家二级公路。（《西双版纳傣族自治州志》上P75）

△ 据本报讯，宁夏回族自治区青铜峡水泥厂试制成功R型特种水泥，填补自治区水泥生产一项空白。R型特种水泥具有早期强度高、凝结时间短的特点。（《宁夏日报》1991.10.24.①）

26日 广西壮族自治区南宁电信大楼配套工程万门程控电话正式开通。（《广西通志·大事记》P575）

28日 据本报讯，考古工作者最近在新疆维吾尔自治区轮台县发现一批距今近3000年的墓葬群。（《人民日报》1991.10.28.④）

△ 西藏自治区党委发出《关于妥善解决部分共产党员信仰宗教问题的意见》。《意见》提出如下要求：一、妥善解决部分党员的信教问题，把加强教育工作放在首位；二、对信仰宗教、参加宗教活动的党员要区别不同情况，慎重对待，妥善处理；三、进一步加强对党员的管理和监督；四、各级党组织要把此项工作提高到坚持党的先锋队性质，反腐蚀，反渗透，反分裂，反“和平演变”的高度来认识，要在调查研究的基础上，按照中央和区党委的有关规定，认真研究制定加强党的建设的措施，妥善处理好党员信教问题，在宗教势力影响较大，党员信教问题突出的地方，上级党组织要加强具体指导和帮助。（《中国共产党西藏历史大事记（1949～2004）》P603）

29日 我国第一家民族书画院——广西民族书画院在广西壮族自治区南宁市成立。（《人民日报》1991.10.31.①）

△ 新疆航空公司乌鲁木齐经兰州至温州航线开通。该航线全长4073公里，是乌鲁木齐与内地联系的第13条空中通道。（《人民日报》1991.11.3.①）

是月 国务院新闻办公室发布《中国的人权状况》白皮书，其第六部分阐述我国宗教政策。（《凝聚》P89～90）

△ 第64届男子世界举重锦标赛在德国波恩举行，广西运动员张载获52公斤级抓举冠军，并打破世界纪录。（《广西通志·大事记》P575）

△ 首届世界武术锦标赛在北京举行，广西运动员黄少雄获南拳亚军。 （《广西通志·大事记》P575）

11月

2日 据新华社重庆电，西南地区少数民族培训中心日前在重庆成立。该中心为云南、贵州、四川、广西少数民族地区培训财经、审计、经营管理、缝纫、烹饪等各类技艺人员。 （《人民日报》1991.11.3.③）

2~7日 “七五”全国星火计划成果博览会在北京举行，广西壮族自治区获32项金奖、39项银奖。 （《广西通志·大事记》P575）

4日 中国第一位仫佬族画家潘常欢在广西壮族自治区博物馆举办画展。 （《人民日报》1991.11.11.④）

△ 全国人大民委在宁夏回族自治区银川市召开西北五省区民主法制经验交流会。目前，全国159个民族自治地方中有25个自治州、83个自治县制定自治条例，9个省区制定出贯彻实施《中华人民共和国民族区域自治法》的若干规定和办法，各民族自治地方还制定出60多个单行条例。 （《宁夏日报》1991.11.6.①）

6日 由辽宁电视台倡议，全国24家省级电视台合作拍摄的30集大型电视专题系列片《中华民族体育》在人民大会堂举行首映式，并在全国24个省市同时播出。这是我国第一部通过电视节目反映各民族体育历史演变和现状的系列片。 （《人民日报》1991.11.6.④，《民族团结》1992.2 P12）

△ 新疆维吾尔自治区党委、自治区人民政府作出《关于进一步扩大对外开放的决定》。《决定》指出，自治区对外开放应以党的十三届七中全会精神和自治区党委关于开发建设新疆的战略设想为指针，继续贯彻“全方位开放，向西倾斜，外引内联，东联西出”的方针，并提出如下措施：一、深化外贸体制的改革，建立适应对外开放格局的经济贸易体系。二、调整出口商品结算，提高出口商品质量，增加花色品种。三、加强出口商品基地建设，扩大出口货源。四、巩固现有市场，努力开拓新市场。五、加强同世界各国的经济技术合作与交流。六、改善投资环境，增强对外商投资的吸引力。七、有计划地试办内陆经济开发区。八、加强口岸建设。九、搞好劳务输出和国外工程承包。十、加强横向经济联合。十一、大力发展旅游业。十二、强化信息指导和咨询服务。十三、加强涉外干部队伍建设。 （《中国共产党新疆历史大事记（1966.5~1991.12）》下P425~426）

7日 第一部全面反映中国各民族图案艺术的大型画册《中国民族图案艺术》日前由吉林科学技术出版社出版。 （《人民日报》1991.11.7.④）

8日 据《西藏日报》报道，9000余名西藏自治区学子正在祖国内地的26个省市学习，其中70%以上为西藏各县的农牧民子弟。在内地为西藏办学，全国开展智力援藏，这是我国民族教育史上的一个创举。1984年，中央做出“在内地办学，为西藏培养人才”的决定。1985年，26个西藏初中班、高中班首先在内地的天津、辽宁、湖南等19个省市的20所学校正式开课，当年即招收1300多藏族中小学毕业生入学。随后，北京、成都等3地开办西藏中学。1989年，国家教委又根据西藏建设对专门人才的需要，在内地开办西藏中专班。迄今，内地19个省市开办的西藏初、高中班在校生已达5400多名；山东、广东、浙江、陕西等26个省市和地矿部、广播电影电视部、交通部、中央气象局等19个部委的49所学校开办西藏中专班，设有能源、邮电、卫生、农业、税收、财政、气象等45个专业，在校生达3600多名，约为全部西藏中专在校生的50%。这种大规模的人才培养在中国民族

史上史无前例。（《中国共产党西藏历史大事记（1949~2004）》P604）

9日 据《内蒙古日报》报道，内蒙古自治区68个地甲病区旗县的883个病区乡，已有98.3%达到国家控制标准，被列为全国第15个达标省区，地方性的氟中毒和布氏杆菌病防治措施也得到进一步落实，并受到卫生部的表彰。（《内蒙古自治区大事记（1987~1996）》P137）

△ 据海南讯，青海省海南藏族自治州藏医院经国家中医药管理局评审，被列入全国百家示范民族医院建设单位。（《青海日报》1991.11.9.①）

△ 首届中国西部暨台湾新技术、新产品交易展览会在宁夏回族自治区银川开幕，台湾和大陆近20个省、区、市的60多个单位参展，带来300多项新技术100多种新产品和40项专利。全国人大常委会副委员长荣毅仁为交展会题写贺词。（《宁夏日报》1991.11.12.①）

10日 中国云南省昆明市至老挝万象国际航线开通。（《新华社新闻稿》1991.11.11）

10~17日 第四届全国少数民族传统体育运动会商品交易会在运动会期间举行。交易会成交总额31.8亿元，签订经济技术协作项目55个，总投资4.06亿元。设立的商品一条街营业9天，销售额380多万元。（《广西通志·大事记》P575~576）

11日 国家民委和国家体委举行的全国民族体育先进集体及个人表彰大会在广西壮族自治区南宁市举行，61个先进集体和24名先进个人受表彰。国家民委副主任伍精华出席大会并讲话，全国政协副主席杨静仁向先进集体代表及个人颁奖。（《人民日报》1991.11.11.①）

△ 湖南省教育督导评估团宣布，湘西土家族苗族自治州龙山县达省级教育先进县标准，为湘西州第一个省级教育先进县。（《湘西州志》上P93）

△ 贵州省第一所“希望小学”——黔南布依族苗族自治州独山县“希望小学”奠基仪式在独山县基长镇狮山民族小学举行，学校由台湾同胞杨正雄、许玛玲夫妇捐资修建。（《黔南布依族苗族自治州志》上P73）

△ 全国民族地区宣传工作座谈会在云南昆明举行，新疆、西藏、宁夏、广西、内蒙古、青海和云南七省区宣传部负责人参加，中宣部副部长徐惟诚出席会议。为加强民族地区的宣传工作，中宣部筹集价值70万元的现代宣传设备配备给边疆民族地区的60个试点县。（《民族团结》1992.2 P12）

12日 广西桂林至贵州贵阳空中航线正式通航。（《广西通志·大事记》P576）

13日 国家民委组织在北京的各族民族学、法学等专家学者50多人就《中国的人权状况》白皮书中关于少数民族人权问题召开座谈会。会议一致认为，我国各族人民享有充分人权。国家民委副主任陈欣、李德洙出席会议，国家民委副主任赵延年，北京大学教授陈宝音，中央民族学院教授庚以泰、副教授吐尔逊·吾素尔，北京市伊协秘书长彭年等讲话。（《人民日报》1991.11.14.④，《民族团结》1992.2 P13）

△ 台湾少数民族传统歌舞艺术团在广西壮族自治区政府礼堂演出，中顾委委员李德生、全国政协副主席杨静仁、国家民委副主任伍精华等观看演出。（《广西日报》1991.11.14.①）

△ 新疆维吾尔自治区伊犁哈萨克自治州外贸公司与哈萨克斯坦共和国对外经济协会、哈萨克农业外贸公司农业食品部，在伊宁签订现汇贸易合同。1992年2月14日，伊犁州首次对哈萨克斯坦共和国进行1588万美元的现汇贸易，伊犁地区向哈萨克斯坦共和国出口15万吨玉米。（《伊犁哈萨克自治州志》

P70）

14日 西藏图片展览在巴西里约热内卢现代艺术博物院举行，展出图片60余幅。（《人民日报》1991.11.17.⑥）

△ 西藏布达拉宫二期维修工程最近通过国家文物局验收，共26项。其中，完全竣工的有强庆塔拉姆工程、东大殿北东西侧更换构件拨正工程、西圆堡工程、夏令窑工程、布达拉宫北西南侧通道保护墙工程和雪巴列空工程6项。布达拉宫维修工程经费支出1061万余元。（《人民日报》1991.11.14.①）

△ 据本报讯，目前，贵州省民间文学三套集成出版《苗族歌谣选》、《少数民族谚语选》、《布依族歌谣选》、《侗族歌谣选》、《布依族故事选》。（《贵州日报》1991.11.14.②）

△ 云南省西双版纳傣族自治州西双版纳小耳朵猪近交选育进入世界先进水平，通过省级鉴定验收。（《西双版纳傣族自治州志》上P83）

15日~12月初 中国西藏社会科学院院长、中国藏学中心副总干事拉巴平措率藏学代表团访问法国。（《人民日报》1991.11.28.⑥）

16日 格萨（斯）尔工作成果展览在北京举办。截至目前，《格萨（斯）尔》藏文手抄本、木刻本约300部，记录整理民间艺人说唱本200多部，总计5000多盘磁带，现已出版藏文本65部220多万册。下旬，全国《格萨尔》成果展览暨艺人命名表彰大会在民族文化宫举行，会议由中科院、国家民委、文化部、中国民间艺术家协会、民族文化宫联合主办。（《人民日报》1991.11.17.④，《青海日报》1992.1.9.①）

△ 在第六届全国发明展览会上，内蒙古自治区有14个项目参展，其中发明专利2项、实用新型专利12项。包头市德华新产品开发研究所的多用强力增能器和达茂旗农机厂的4B-325型拔麦机获银奖，内蒙古工学院稀土研究所的DDJF电能表节能防窃电控制器、一种高纯金属钕生产方法和包头市青山区卢锦华的高强度空腹嵌入式推进拉窗获铜奖。内蒙古的3项参展项目签订正式合同，成交额50.35万元。（《内蒙古日报》1991.11.16.①）

△ 云南省迪庆藏族自治州文化展览首次在民族文化宫开展，展出的80余幅图片和上千件实物从不同侧面反映了迪庆特有的自然风光和民俗风情。（《云南日报》1991.11.17.①）

△ 甘肃省政府第21次常务会议通过《甘肃省宗教事务管理暂行规定》。《规定》分为总则、宗教活动场所、宗教活动、宗教教职人员、宗教团体、外事、附则等共7章47条，自公布之日起施行。（《凝聚》P51~53）

20日 国家民委、文化部、中国社会科学院、中国民间文艺家协会在北京人民大会堂联合举办“七五”期间格萨尔工作成果展暨说唱家命名大会，内蒙古自治区已故著名民间艺人琶杰（蒙古族）被命名为杰出说唱家，青海省果洛藏族自治州民间艺人格日尖参（藏族）、昂仁（藏族）、次仁多杰（藏族）3人获国家级说唱家称号。（《内蒙古日报》1991.11.22.①，《果洛藏族自治州志》上P59）

△ 青海省海南藏族自治州与海南省海口市结为友好州市。（《青海日报》1991.11.24.①）

20~27日 四川省七届人大常委会第二十六次会议在成都举行。会议批准《峨边彝族自治县施行〈四川省土地管理实施办法〉的补充规定》。（《四川日报》1991.11.21.①，11.28.①）

23日 我国第一部《民族自治地方自治条例汇编（1984~1990年）》由全国人大常委会民族委员会法案室编辑完成，收入24个自治州、70个自治县人民代表大会制定的94个自治条例。（《人民日报》1991.11.23.③，《民族团结》1992.2 P13）

25日 中国民族国际信托投资公司成立，为全民所有制的国际金融机构。（《民族团结》1992.2 P13）

△ 据报道，全国民族高校图书馆情报工作委员会成立大会暨学术讨论会最近在广西民族学院举行。（《广西日报》1991.11.28.①）

25~29日 中共十三届八中全会举行，全会审议并通过《中共中央关于进一步加强农业和农村工作的决定》。（《中华人民共和国大事记（1949~2004）》P946）

26日 民族出版社出版的《中国民族史》一书获第五届中国图书奖二等奖。该书1990年出版发行，分上、中、下3册，共112万字，撰述了自原始社会至清代前期中国统一多民族国家形成和发展的历史，是建国以来第一部以马克思主义唯物史观和唯物辩证法阐明中国统一多民族国家历史发展规律的科学著作。（《云南日报》1992.1.3.③）

26~29日 甘肃省佛协第四届代表会议在兰州举行。会议修改并通过《甘肃省佛教寺庙管理办法》，制定《甘肃省佛教协会关于寺庙收徒、传戒的暂行规定》，推选嘉木样·洛桑久美·图丹却吉尼玛（藏族）为省佛协会长。（《甘肃日报》1991.12.4.①，《凝聚》P57~60）

27日 《内蒙古日报》报道，地矿部华北石油地质局承担的国家“八五”勘查项目——鄂尔多斯天然气勘查首战告捷，经8毫米油嘴测试，获得日喷10394立方米的天然气流。（《内蒙古自治区大事记（1987~1996）》P138）

△ “青海高原商业十大服务明星”命名表彰大会在西宁举行，羊本才让（藏族）、土多（藏族）、结合毛太（女，蒙古族）、黎芳（回族）、而白（藏族）等10人获此殊荣。（《青海日报》1991.11.28.①）

△ 据本报讯，最近，宁夏回族自治区参展的红外线超高温瞬时灭菌器在第三届全国新技术新产品展销会上获金奖。（《宁夏日报》1991.11.27.①）

28日 全国农牧渔业1991年“丰收奖”最近揭晓，宁夏回族自治区的“宁夏银北灌区小麦套种玉米机械化模式耕作栽培增产技术”、“宁夏肉羊配套技术推广”、“宁夏水稻中产变高产综合增产技术推广”获二等奖，“池塘养鱼综合增产技术”获三等奖。（《宁夏日报》1991.11.28.①）

△ 据本报讯，从1985年至今，新疆维吾尔自治区投入1.4亿元防病改水，兴建重点农村改水工程720处，打饮水机井1200多眼，引进安装深手动泵1350处，安装农村自来水主干管道4400多公里。目前，自治区60%以上的农村人口解决饮用清洁水问题。（《新疆日报》1991.11.28.①）

30日 西藏自治区文化厅和自治区旅游局主办的首届西藏服饰节在拉萨开幕，展示藏式服饰60余套（件）。（《人民日报》1991.12.3.④，《西藏日报》1991.12.2.①）

△ 宁夏回族自治区石嘴山矿务局三号井建成投产。工程于1984年12月1日动工兴建，设计年产原煤90万吨。（《当代宁夏史通鉴》P34）

是月 由国家计委批准的国家重点工程——鹿寨化肥总厂24万吨磷氨工程国内配套部分扩建初步设计，广西壮族自治区人民政府和化工部已审批。该项目设计年产磷氨24万吨，合成氨6万吨，共包括5套主体装置，是建国以来广西最大的化工工程，项目总投资21.98亿元（含日本协力基金103亿日元）。（《广西通志·大事记》P576）

12月

2日 宁夏话剧团“大篷车”万里行巡回演出出发仪式在北京举行，中宣部、文化部、国家计生委、中国计生协会、中国戏剧家协

会、北京市委等有关方面负责人和宁夏回族自治区副主席杨惠云等出席仪式。（《宁夏日报》1991.12.8.①）

3~7日 建国以来首次全国少数民族语言文字工作会议在北京举行。会议总结了建国40多年来我国少数民族语言文字工作的发展成就。全国人大常委会副委员长阿沛·阿旺晋美、赛福鼎·艾则孜，全国政协副主席杨静仁、司马义·艾买提等出席。据悉，目前我国各民族地区采用17种民族文字出版报纸77种，发行量1.48亿份，用11种民族文字出版杂志153种，发行量1280多万册。（《人民日报》1991.12.4.④，12.8.④；《民族团结》1992.2 P13）

4日 据新华社乌鲁木齐电，新疆维吾尔自治区在塔克拉玛干沙漠和古尔班通古特沙漠边缘营造70多万亩人工胡杨林，是目前世界上面积最大的人工胡杨林区。20世纪80年代以来，发展胡杨林被国家列为建国以来最大的自然生态保护工程——“三北”防护林体系建设的重点工程。（《新疆日报》1991.12.5.①）

6日 新疆生产建设兵团农业局畜牧工作者研究推广的“中国美利奴羊（新疆军垦型）繁育体系项目”获国家科技进步一等奖。（《新疆日报》1991.12.18.①）

7日 国务院、中央军委批复中国民航局《关于开辟呼和浩特至乌兰巴托和乌鲁木齐至科布多两条国际航线的请示》。（《国务院公报》1991［45号］P1575~1576）

7~10日 广西壮族自治区扶贫工作会议在南宁举行。会议贯彻全国扶贫工作会议精神，总结交流“七五”期间扶贫工作经验，研究和部署“八五”期间的扶贫任务。会议指出，全区尚有500万人口未解决温饱问题。（《广西通志·大事记》P576）

8日 国务院发出《关于进一步贯彻实施〈中华人民共和国民族区域自治法〉若干问题的通知》，提出11条措施和要求。（《人民日报》1992.1.13.①④，《民族团结》1992.2 P3）

8~13日 内蒙古自治区满洲里市举办第四届进出口商品交易会，成交金额3亿瑞士法郎。（《内蒙古日报》1991.12.14.①）

10日 内蒙古自治区享受政府特殊津贴专家学者表彰会在呼和浩特举行，旭日干（蒙古族）等65位专家学者获此殊荣。（《内蒙古日报》1991.12.11.①）

△ 内蒙古自治区呼和浩特市常务副市长云锋和蒙古人民共和国乌兰巴托市市长额奈比希在乌兰巴托签署两市缔结友好城市协议书。（《内蒙古日报》1991.12.17.①）

△ 宁夏回族自治区向首批享受政府特殊津贴的专家、学者、技术人员27人颁发荣誉证书。（《宁夏日报》1991.12.11.①）

12日 1991年度国家科学技术奖励大会在人民大会堂举行，958个科技项目获国家级奖励，参与获奖项目研究的4590名科技人员同时受到奖励。这是首次为我国国家自然科学奖、国家发明奖、国家科技进步奖和国家星火奖四大奖获奖者在这一国家科技最高级别的授奖仪式上同时颁奖。大会奖励的自然科学奖获奖项目53项，奖励的国家发明奖获奖项目209项，奖励的星火奖获奖项目194项，奖励的科技进步奖获奖项目502项。国务委员、国家科委主任宋健在大会上讲话。（《中华人民共和国大事记（1949~2004）》P947）

△ 内蒙古大学蒙古语文研究所建立的“现代蒙古语文数据库”在呼和浩特通过自治区级鉴定。（《内蒙古日报》1992.1.8.①）

13日 中印双方在新德里签署有关外交、贸易和技术合作的5个文件。其中，中国经贸部和印度商业国务部签署中印两国政府关于恢复边境贸易的备忘录和中印两国政府1992年贸易议定书。（《新华社新闻稿》1991.12.14）

△ 新疆工学院与新疆维吾尔自治区克孜勒苏柯尔克孜自治州人民政府达成《关于发展克孜勒苏柯尔克孜自治州经济，培养技术人才合作》的协定。（《新疆日报》1992.1.6.①）

15日 云南省文山壮族苗族自治州麻栗坡县天保口岸至越南渭川县清水河口岸恢复水运通航。（《文山壮族苗族自治州志》1卷P77）

△ 据本报讯，青海省海北藏族自治州最后一个贫困乡——门源回族自治县大滩乡脱贫。至此，该州下属的4个贫困乡全部脱贫。（《青海日报》1991.12.15.①）

15~19日 广西壮族自治区七届人大常委会第二十六次会议举行，批准《大化瑶族自治县自治条例》。（《广西日报》1991.12.16.①，12.20.①）

18日 据本报讯，位于包头的内蒙古自治区二机总厂成为全国最大的高压釜生产基地，也是世界第三大高压釜生产厂家。（《内蒙古日报》1991.12.18.①）

△ 宁夏回族自治区在深圳兴办的规模最大的中外合资企业——广夏微软盘公司正式开业。（《宁夏日报》1991.12.20.①）

18~24日 内蒙古自治区人大常委会召开，会议通过《内蒙古自治区妇女儿童保护条例》、《内蒙古自治区旗县级人民代表大会常务委员会工作条例》、《内蒙古自治区实施〈中华人民共和国野生动物保护法〉办法》，批准《呼和浩特市人民代表大会代表工作条例》。（《内蒙古日报》1991.12.19.①，12.25.①）

19日 新疆维吾尔自治区四届二次全委（扩大）会议召开。会议审议并通过《中共新疆维吾尔自治区委员会关于加强农业和农村工作，全面振兴农村经济的决定》。《决定》指出，90年代目标是，在全面发展农村经济的基础上，使农牧民的生活达到小康水平；大力提高农牧业综合生产能力，建立优质、高产、高效生产体系，把新疆建成国家的粮食、棉花、糖料、畜牧业、瓜果生产基地；到2000年确保粮食产量达到800万吨，棉花总产突破100万吨，牲畜存栏达到4000万头。（《中国共产党新疆历史大事记（1966.5~1991.12）》下P427~428）

20日 我国第一家佤语广播电台——西盟佤语电台在云南省西盟佤族自治县开播。（《云南日报》1991.12.26.①）

△ 新疆维吾尔自治区专家顾问团成立。顾问团下设农林、畜牧、水利水产、能源、化工、地矿、轻纺食品、交通邮电、原材料工业、机械、电子信息、医药卫生、城建环保、金融商场、灾害防御、政策体制管理16个专业组，是全区科技、经济和社会发展的决策咨询机构。（《中国共产党新疆历史大事记（1966.5~1991.12）》下P427）

25日 据本报讯，我国傈僳族第一部药书——云南省怒江傈僳族自治州卫生局主编的《怒江中草药》最近由云南科技出版社用汉、傈僳两种文字出版发行。（《云南日报》1991.12.25.①）

26日 中国青藏高原研究会、西藏自治区科协、中央电视台联合举办的“极地之光——我心中的西藏”知识竞赛在中央电视台举行。西藏两个队获得前一、二名，中央民族学院获并列第二名，中国藏学研究中心、中国科学院青藏高原综合科学考察队、国际体旅社队获第三名。（《西藏日报》1992.1.5.①，1.23.①）

△ 宁夏回族自治区大坝电厂2号机组并网发电。至此，该厂一期工程的两台30万千瓦机组全部建成发电，总工期比计划提前6个月。（《宁夏日报》1991.12.29.①）

△ 宁夏回族自治区数字微波通讯一期工程通过验收并投入试运行。（《宁夏日报》1992.1.3.①）

27日~1992年1月3日 西藏自治区政

协五届常委会第八次会议举行，通过《关于自治区科学技术协会作为自治区政协组成单位的决定》。（《西藏日报》1992.1.3.①，1.4.①）

28日 据本报讯，四川省民族地区现已建立电视发射台和转播站700多座，电视人口覆盖率为总人口的65%左右。甘孜藏族自治州、阿坝藏族羌族自治州、凉山彝族自治州及十余个民族县已建立各类文化管理机构和事业单位近700个。（《人民日报》1991.12.28.④）

△ 宁夏回族自治区六届人大常委会第二十二次会议通过《宁夏回族自治区保护消费者合法权益条例》、《宁夏回族自治区公民举报保护条例》。（《宁夏日报》1992.1.3.④，1.6.②）

△ 新疆维吾尔自治区和静县境内开都区上的大山口水力发电厂一号机组并网发电。该电站于1985年6月6日破土动工，总装机容量8万千瓦，总投资2.22亿元，是新疆目前最大的水电站。（《中国共产党新疆历史大事记（1966.5～1991.12）》下P428）

29日 广西壮族自治区柳州市2万门程控电话割接开通。至此，全区所辖5市全部使用程控电话，装机容量达6.3万门。（《广西通志·大事记》P576）

△ 据本报讯，我国首家中外合资的穆斯林旅馆——丝绸之路大酒店最近在上海建成，由新疆国际信托投资公司与新加坡堃和（私人）有限公司投资1900万美元兴办。（《新疆日报》1991.12.29.③）

30日 基督教全国两会常务委员会通过《中国基督教各地教会试行规章制度》。《制度》分为前言、教会、信徒、圣礼、圣职、教会（堂点）组织及管理等6部分。（《凝聚》P65～68）

△ 广西壮族自治区平南浔江公路大桥竣工通车。该桥始建于1988年5日，总投资2747万元。桥长925.3米，两岸引道3.21公里，桥宽12.8米。（《广西通志·大事记》P577）

是月 在北京市第二届哲学社会科学优秀成果评奖会上，中央民族学院获特等奖1项，一等奖3项，二等奖7项，中青年奖5项。（《中央民族大学五十年》P66、211）

△ 云南省怒江傈僳族自治州铅锌矿采选厂的重介质选矿新工艺获得全国“七五”星火成果博览会金奖。（《怒江傈僳族自治州志》上P40）

△ 汉、傈僳两种文字合编的《怒江州中草药》一书由云南科技出版社正式出版。全书共40万字，收载植物药166科50属689种，动物药32种。该书是建国以来云南省公开出版的第一部地区性实用本草，获1991年西南西北地区优秀科技图书二等奖。（《怒江傈僳族自治州志》上P838～839）

是～1992年1月 第三届广西戏剧展览会在南宁市举行。广西13个地市以及自治区直属的专业艺术团体共推选出24台53个剧目参展，2000多名戏剧工作者参加演出和观摩。展览会评出“桂花奖”剧目27个，优秀剧目奖15个，优秀编剧奖17名，优秀导演奖18名，优秀音乐设计奖14名，优秀舞台美术设计奖17名，优秀表演奖77名，其他单项奖18名。（《广西通志·大事记》P577）

是年 中国少数民族艺术团、内蒙古呼和浩特市民族艺术团、西藏歌舞团、新疆民族民间艺术团等10个艺术展演团分赴日本、美国、新加坡、瑞士、德国、波兰、意大利等地访问演出。在波兰第25届维斯瓦国际民间艺术节舞蹈比赛中，内蒙古呼和浩特民族艺术团由“安代舞”、“筷子舞”、“灯舞”等组成的组舞“蒙古风”获第一名，被授予唯一特别奖。西藏歌舞团参加在意大利举办的第21届圣阿坎杰洛戏剧节，其访问德国的首场演出在贝多芬大厅举行。（《人民日报》1991.7.4.④，

7.18.⑦，9.6.⑦；1992.1.3.④，1.19.④）

1992年

1月

1日 据本报讯，内蒙古自治区河套平原建成10万多亩粮田，平均单产1012.25公斤。（《人民日报》1992.1.1.①）

△ 广西壮族自治区南宁市至防城港市南防铁路旅客列车正式营运。南通铁路全长173公里，为路网性铁路干线，它的建成为中国铁路网在西南地区增添了一条出海通道。（《广西通志·大事记》P577）

△ 云南省怒江傈僳族自治州铅锌矿采选厂重介质选矿工程正式竣工投产。该厂的重介质选矿新工艺为云南省“星火计划”项目。（《怒江傈僳族自治州志》上P40）

2日 广西壮族自治区最长的公路大桥平南西江大桥建成通车，大桥全长925.26米、宽13.5米。（《人民日报》1992.1.3.①）

△ 《新疆日报》全文刊登中共新疆维吾尔自治区委员会讨论通过的《关于加强农业和农村工作，全面振兴农村经济工作的决定》，全文共分9个部分，其要点是：80年代农村发展的成就与经验；90年代的目标、任务和指导思想；继续调整农村产业结构；稳定和完善党在农村的基本政策；依靠科技，增加投入，增强农业综合生产能力；进一步加强农村精神文明建设和民主法制建设；切实加强以党组织为核心的农村基层组织建设；大力发展农牧团场经济。（《中国共产党新疆历史大事记（1992~2002）》P1）

3~9日 广西壮族自治区首届科技活动周在南宁举行，共展出205个项目和250多种科技展品，观众4万多人次，科技产品展销、洽谈成交额106万元。参加各种科技报告会、科技座谈会的人数5500多人次，自治区级各学会、咨询中心等科技团体接待咨询6300多人次，发放科技资料3.8万册、科技书刊2.5万册。（《广西通志·大事记》P577）

4日 云南省文山壮族苗族自治州丘北县的“三七酒”、“田七花茶”分获“首届中国医疗保健精品展销会”金奖和银奖。（《文山壮族苗族自治州志》1卷P77）

5~21日 应越南政府邀请，广西壮族自治区主席成克杰率广西政府代表团、副主席陈仁率广西经济代表团赴越南访问。两个代表团先后访问谅山、广宁两省和河内市，双方就边境口岸、互市点和通道，边境贸易和经济技术合作，边境治安管理等问题进行会谈并取得共识。（《广西通志·大事记》P578）

6日 中国基督教全国会议选举丁光训为新一届中国基督教三自爱国运动委员会主席和中国基督教协会会长。（《中华人民共和国大事记（1949~2004）》P951）

△ 据《内蒙古日报》报道，大兴安岭林区“1990~1991年莱姆病自然疫源地和流行病学调查”成果通过专家鉴定，填补内蒙古自治区该病研究的空白，处于国内领先水平。（《内蒙古自治区大事记（1987~1996）》P290）

△ 西藏自治区气象台承担的《长期天气预报业务系统》、《西藏森林火灾与气象条件分析及火险等级预报方法》、《余热复种的农业气象实验及气候资源利用》3项科研成果通过自治区科技局组织的技术鉴定。其中，《西藏森林火灾与气象条件分析及火险等级预报方法》填补自治区森林火险预报空白。（《西藏日报》1992.1.24.①）

△ 据新华社电，1991年以来，宁夏回族自治区边远山区兴办126个教学点，3300多名回、汉族学龄儿童入学。山区小学入学率比1980年提高14%，回族小学在校生14万人。（《人民日报》1992.1.6.①）

8日 据本报讯，最近，中国民族舞蹈团赴阿根廷、墨西哥、巴西、牙买加等拉美7国

访问活动结束并受到文化部的表彰。（《青海日报》1992.1.8.①）

△ 据《内蒙古日报》报道，由内蒙古大学蒙古语文研究所建立的“现代蒙古语文数据库”通过鉴定。该数据库是自治区哲学社会科学规划“七五”重点项目，由著名蒙古学家确精扎布（蒙古族）教授主持，具有120万词的现代蒙古书面语言材料及与其匹配的各种检索系统。（《内蒙古自治区大事记（1987~1996）》P290）

△ 据本报讯，牙含章编著的《班禅额尔德尼传》藏文版最近由西藏人民出版社出版，英文版、蒙古文版已由外文出版社和内蒙古人民出版社分别出版。（《西藏日报》1992.1.8.①）

△ 云南省文山壮族苗族自治州九届人大二次会议通过《文山州森林和野生动物类型自然保护区管理条例》。5月21日，省人大常委会第二十四次会议批准该《条例》，7月起施行。（《文山壮族苗族自治州志》1卷P77）

9日 据新华社电，由比利时援助的5000门长话市话合一程控交换机在西藏自治区拉萨市开通。4月2日，拉萨市程控电话局工程竣工，电话总容量达到1万门。该工程是我国和比利时王国的经济合作项目，由比利时提供赠款5300万比利时法郎购置主机设备。（《人民日报》1992.1.9.①，4.5.①）

10日 据新华社北京电，我国少数民族地区电化教育网络初步形成。目前，内蒙古自治区建有29座教育电视台、129个接收站，10万多中小学教师接受卫星电视、函授培训，通过电化教育培训170多万农牧民；新疆维吾尔自治区从自治区到16个地、州、市以及50%的县都建立电教机构，各高等院校和部分中等专业学校、近半数的中学和部分小学设立电教中心、室，组成电教专职教师，全区有2000多人经过电化教育专业培训；广西壮族自治区在开展电化教育中，紧密结合本区实际，大力开展实用技术教育；宁夏回族自治区建有6个教育电视台、146个卫星地面站，覆盖全区72%的人口地区；西藏自治区1989年11日卫星地面站开通运行后，电化教育开始起步。（《西藏日报》1992.1.11.③）

10~15日 中共西藏自治区四届三次全委扩大会议举行。会议传达党的十三届八中全会精神，通过《中共西藏自治区委员会关于进一步加强农牧业和农牧区工作的决定》。（《西藏日报》1992.1.11.①，1.16.①③）

11日 据新华社电，新疆乌鲁木齐铁路局客车始发正点率达99.4%，运行正点率97.9%，在全国12个铁路局中名列前茅。（《人民日报》1992.1.11.①）

△ 据本报讯，四川省少数民族地区第一家中外合资企业——四川安华食品有限公司最近在凉山彝族自治州普格县成立。（《四川日报》1992.1.11.①）

12日 国务院发出通知，进一步贯彻《中华人民共和国民族区域自治法》，为加速发展民族地区经济文化事业提出11条措施。（《人民日报》1992.1.13.①②③④，《中华人民共和国大事记（1949~2004）》P952）

△ 据新华社北京电，目前，吉林省延边朝鲜族自治州每10万人中大专以上文化程度的有3037人，居全国之冠；有“三资”企业65家，经济实力和社会发展水平均居全国30个少数民族自治州前列；医药工业利用长白山800多种药用植物，生产人参、鹿茸、蜂蜜等4大系列200多种产品，出口20多个国家和地区。“七五”期间，全州投资10多亿元，完成260多项技改项目，建成投产的技改项目累计新增产值15.2亿元，占同期全州工业新增产值的1/5，累计新增利税9亿元，相当于同期财政收入4成多。（《人民日报》1992.1.14.③）

12~13日 云南省政府和中国有色金属工业总公司在怒江傈僳族自治州兰坪县召开国

家计划开采兰坪铅锌矿、建设"大兰坪"、带动怒江全州地方工业发展现场办公会议。（《怒江傈僳族自治州志》上P40）

13～15日 青海省玉树藏族自治州举行民族教育工作会议。（《玉树州志》上P68）

14～18日 建国以来首次由中共中央、国务院共同召开的中央民族工作会议在北京召开，56个民族的354名代表参会。国务院总理李鹏主持开幕式，中共中央总书记江泽民发表讲话，中纪委书记乔石，中共中央政治局常委宋平，全国人大常委会副委员长阿沛·阿旺晋美、赛福鼎·艾则孜，全国政协副主席杨静仁、司马义·艾买提等党和国家领导人出席并与代表合影留念。这次会议的主题是，加强各民族的大团结，为建设有中国特色的社会主义携手前进。会议充分肯定了40多年来我国民族工作取得的巨大成就，科学地总结做好民族工作的基本经验，研究分析当前民族工作的形势，深刻阐述民族工作的长期性、复杂性和重要性，确定90年代我国民族工作的大政方针和主要任务。17日，国家民委主办联欢晚会，阿沛·阿旺晋美、赛福鼎·艾则孜、司马义·艾买提等领导出席。18日，大会举行闭幕式，宋平主持，李鹏发表讲话。（《人民日报》1992.1.15.①④，1.18.④，1.19.①）

15日 内蒙古自治区1991年度科学技术进步奖授奖会在呼和浩特举行。130项科技应用技术项目和基础科学研究项目获奖，其中一等奖6项、二等奖14项、三等奖110项。（《内蒙古日报》1992.1.17.①）

△ 西藏自治区党委发出《关于进一步加强农牧业和农牧区工作的决定》。《决定》共35条，主要内容是：80年代农牧区工作回顾和90年代的主要任务；稳定和完善党在农牧区的基本政策，进一步深化改革；继续调整农牧区产业结构，增强综合生产能力；加强农牧业基础设施建设，搞好重点开发；广泛深入地开展农牧区社会主义思想教育，加强精神文明建设；切实加强农牧区基层组织建设；切实加强党对农牧区工作的领导。（《中国共产党西藏历史大事记（1949～2004）》P608）

△ 据《新疆日报》报道，截至目前，新疆维吾尔自治区地厅领导班子配备工作基本结束。调整后，地、州、市委书记平均年龄为53.7岁；提拔的41名干部中，平均年龄为49.7岁。（《中国共产党新疆历史大事记（1992～2002）》P2～3）

△ 湖南省七届人大常委会第二十六次会议批准《湖南省靖州苗族侗族自治县自治条例》和《湖南省芷江侗族自治县自治条例》，条例自批准之日起施行。（《湖南日报》1992.1.16.①）

16日 中国伊协副会长，中国伊斯兰教经学院名誉院长，全国政协第二、五、六、七届委员，著名大阿訇，经学教育家阿卜杜拉·莱希姆·马松亭大阿訇（回族）在北京病逝，享年97岁。18日，中国伊协为其举行殡礼仪式，全国政协副主席程思远及全国人大常委会、中央统战部、国家民委、国务院宗教局、中国伊斯兰教协会等负责人出席。（《人民日报》1992.1.19.④，《中国伊斯兰百科全书》P346～347）

17日 据本报讯，西藏自治区聂拉木公安边防检查站站长、51岁的上校警官拉吉（藏族）最近入选"中国十大杰出民警"。评选活动由公安部、中共中央宣传部、新华社、人民日报社、中央广播电台、中央电视台等多家单位联合举办。（《西藏日报》1992.1.17.①）

17～20日 宁夏回族自治区农业工作会议在银川举行。会议总结1991年全区农业工作，分析研究当前的农业形势，并提出依靠科技进步、调整产业结构、提高综合效益的中心任务。（《宁夏日报》1992.1.23.①）

19日 国家民委在北京召开各省、区、市民委主任会议，贯彻落实中央民族工作会议精神。全国政协副主席、国家民委主任司马义·艾买提出席会议并讲话。（《西藏日报》1992.1.20.③）

△ 西藏自治区引进美国小型卫星话路地球站设备合同签订仪式在北京举行。全国人大常委会副委员长阿沛·阿旺晋美，全国政协副主席、国家民委主任司马义·艾买提，自治区党委书记胡锦涛等出席签字仪式。（《西藏日报》1992.1.21.①）

20日 我国第一个天然胡萝卜素生产基地在内蒙古自治区阿拉善盟吉兰泰盐场建成投产。从盐藻中提取天然胡萝卜素是国家科委于1990年8月批准的国家级“火炬计划”，由吉兰泰盐场和国家轻工部制盐工业科研所联合实施。（《内蒙古日报》1992.1.22.①）

△ 广西壮族自治区桂林市南门桥改建工程竣工，总投资1450万元。该桥改建后一桥变三桥，大大缓解桂林市的交通拥挤状况。（《广西通志·大事记》P578）

△ 宁夏回族自治区第一家企业集团——宁夏石嘴山陶瓷工业（集团）公司成立。（《宁夏日报》1992.1.23.①）

21日 中国和老挝边界条约批准书互换仪式在万象举行。22日起条约开始生效。（《新华社新闻稿》1992.1.23）

△ 西藏自治区人民政府发出《关于进一步深化商业改革搞好国有商业的意见》。《意见》共7条，主要内容是：进一步认识商品流通的战略地位和作用；进一步改革商品计划管理形式；积极推进价格管理体制改革，对关于国计民生的粮食、民用砖茶等14种重要商品实行国家定价，对冻猪肉、糖酒等27种商品实行国家指导价格，其余商品实行市场调节价格；切实改善国有商业的经营环境；广泛开展经营联合，努力发展外向型商业。（《中国共产党西藏历史大事记（1949~2004）》P609~610）

△ 据新华社报道，中国藏学研究领域已由历史、藏语藏文、宗教、政治、经济、对外关系扩大到文学艺术、文物考古、天文历算、藏医藏药、建筑艺术等，国内已建立藏学研究单位50多个，研究人员有2000多名，其中高级研究人员约200人。1979年至1990年，中国藏学学者发表论文达3600篇。（《中国共产党西藏历史大事记（1949~2004）》P610）

22日 据本报讯，《青藏高原主要矿产及其分布规律》最近由地质出版社出版发行。该书是国家地质矿产部“六五”期间的重点科研项目，由西藏地矿局、成都地矿所和青海地质局联合承担。全书共计50万字，附有100多幅插图、附表，对青藏高原主要矿产进行系统总结，提出青藏高原矿产远景展望和成矿预测。该成果已获西藏自治区科技进步一等奖。（《西藏日报》1992.1.22.①）

23日 据本报讯，国家重点建设项目——内蒙古自治区准格尔露天煤矿154吨自卸卡车引进合同近日在北京签字。（《人民日报》1992.1.23.②）

23~27日 新疆维吾尔自治区经济工作会议在乌鲁木齐举行。会议就自治区经济工作的目标、任务、工作重点和三项制度改革作全面部署。会上，自治区党委书记宋汉良讲话指出，自治区今年的突破口和重点是：把搞好国营大中型企业作为突破口，在转换企业经营机制方面有新突破；在确保农牧业增产的同时，在发展县乡企业为重点的农村二、三产业方面有新突破；在继续抓好外贸的同时，在地贸、边贸上有新的突破；围绕石油勘探开发，在做好支持石油开发服务方面有新的突破。（《中国共产党新疆历史大事记（1992~2002）》P3~4）

25日 西藏自治区党委发出加强党对新闻工作的领导坚持正确舆论导向的通知。《通知》主要内容是：加强党对新闻工作的领导；

坚持新闻工作的党性原则，坚持正确舆论导向；加强新闻单位领导班子和新闻队伍建设；纠正行业不正之风，遵守新闻职业道德；严格审稿制度。（《中国共产党西藏历史大事记（1949～2004）》P611）

△ 云南省西双版纳傣族自治州率先在全省地州一级实现县县开通国内长途自动电话。（《西双版纳傣族自治州志》上P84）

26日 据本报讯，最近，西藏自治区拉萨市实验小学的旺姆、平措嘉措和次仁尼玛获得1991年“中国儿童报优秀小记者”奖。他们的获奖作品是《庆祝西藏和平解放四十周年》，发表于《中国儿童报》第1013期。（《西藏日报》1992.1.26.①）

28日 据本报乌鲁木齐电，截至目前，新疆航空公司已开设国内航线14条、区内航线10条、国际航线1条，成为国内航线最长的航空公司。（《人民日报》1992.1.28.②）

29日 据新华社拉萨电，最近，西藏高原生物所、中科院动物所和美国国际鹤类基金会合作，重点在雅鲁藏布江及其支流河谷，完成对黑颈鹤的越冬考察，考察队在西藏自治区共发现3800多只黑颈鹤。（《西藏日报》1992.2.10.①）

31日 西藏自治区首批有突出贡献的优秀专家命名表彰大会在拉萨召开。1名国家级有突出贡献的中青年专家、8名享受政府特殊津贴的专家和45名自治区级优秀专家受到命名和表彰。自治区党委副书记、自治区政府主席江村罗布，自治区党委副书记、自治区政府副主席毛如柏等向优秀专家颁发证书。（《西藏日报》1992.2.1.①④）

2月

2日 广西壮族自治区党委、人民政府作出《关于“八五”期间扶贫开发工作的决定》，要求集中力量打好解决温饱的攻坚战，进一步贯彻落实扶贫开发政策，建立使用扶贫资金的新机制，广泛开展科技扶贫，健全扶贫开发服务体系，切实加强对扶贫开发工作的领导。（《广西通志·大事记》P578）

△ 据本报昆明电，云南省民族自治地方已有大专院校6所、中等学校54所、普通中学1196所、小学32470所，全省各级各类学校在校少数民族学生197万人，占全省在校生总数的32%。（《人民日报》1992.2.3.①）

6日 出席联合国人权委员会议的中国代表团团长在日内瓦答中外记者问时指出，西藏自治区不存在“侵犯人权问题”。20日，外交部发言人在北京就有关大赦国际等人权组织称中国在西藏违反人权问题时指出，大赦国际等非政府组织在西藏问题上对中国的指责是没有根据的。8月21日，中国代表在日内瓦再次强调，西藏问题不是人权问题，而是在破坏中国主权、鼓吹西藏独立。（《四川日报》1992.2.8.④，2.21.④，8.23.④）

△ 据本报讯，目前，宁夏回族自治区已有各级卫生防疫机构33个，卫生防疫人员1442人。（《宁夏日报》1992.2.6.①）

9日 据新华社电，内蒙古自治区达拉特电厂利用法国政府1.7亿法郎贷款签字仪式日前在呼和浩特举行。该电厂一期工程安装4台33万千瓦火力发电机组，规划容量为500万千瓦，堪称“亚洲之最”。（《人民日报》1992.2.9.①）

10日 据本报讯，截至目前，广西壮族自治区南宁市合成纤维厂具备年产3000吨涤纶长丝、9000吨涤纶短纤、600万平方米无纺布的生产能力，成为广西最大的涤纶纤维生产厂家。（《人民日报》1992.2.10.①）

11日 据《内蒙古日报》报道，内蒙古自治区草原建设总体规模达2000多万亩，已具备饲养5000万头牲畜的综合生产能力。（《内蒙古自治区大事记（1987～1996）》P140）

11～13日 中共云南省委民族工作会议

在昆明举行。省委书记普朝柱向与会代表传达中央民族工作会议精神，并结合实际提出90年代全省民族工作的主要任务。国家民委副主任伍精华、云南省省长和志强等领导出席会议并讲话。（《云南日报》1992.2.14.①）

13日 据本报讯，我国著名维吾尔学专家、已故西北民族学院教授李国香撰写的《维吾尔文学史》日前由兰州大学出版社出版，这是我国首部系统论述维吾尔文学发展历程的专著。（《甘肃日报》1992.2.13.①）

14日 四川省凉山彝族自治州博物馆、云南省曲靖地区文物管理所和昆明市文物管理委员会共同举办的中国各民族历代文字展在云南昆明开幕。（《云南日报》1992.2.17.①）

17日 全国政协副主席王恩茂就新疆反对民族分裂主义的有关问题致信中共中央总书记江泽民，信中说，民族分裂主义的破坏活动是西方敌对势力对我进行西化、分化的重要组成部分，是得到西方敌对势力的鼓励和支持，现在民族分裂主义在新疆的破坏活动是增强的趋势。加强反对民族分裂主义的斗争，是新疆党组织和各族人民一项十分重大的战略任务。（《中国共产党新疆历史大事记（1992~2002）》P7）

△ 内蒙古自治区政府作出《关于加强全区农村牧区卫生工作的决定》，要求各地有关部门加强领导，采取措施，加快发展农牧区卫生事业，并对有关问题作了具体规定。（《内蒙古自治区大事记（1987~1996）》P291）

17~20日 西藏自治区五届人大常委会第十八次会议举行。会议通过自治区人大常委会《关于开展〈中华人民共和国未成年人保护法〉宣传贯彻周活动的决定》、《关于继续深入开展法制宣传教育的决议》和《西藏自治区〈中华人民共和国野生动物保护法〉实施办法》。（《西藏日报》1992.2.19.①，2.21.①③，3.24.③）

18日 第三届中国艺术节在云南昆明开幕。党和国家领导人江泽民、李鹏等为艺术节题词。全国人大常委会委员长、艺术节名誉主席万里宣布艺术节开幕。中共中央政治局委员、国务委员、艺术节主席李铁映在开幕式上讲话说，本届艺术节将以少数民族艺术为主，集中展现近年来我国各民族文化艺术所取得的新成果。党和国家领导人阿沛·阿旺晋美、赛福鼎·艾则孜、廖汉生、司马义·艾买提等出席开幕式。台湾少数民族传统歌舞团首次参加艺术节。（《人民日报》1992.3.3.④，3.4.①；《西藏日报》1992.2.19.①）

20日 《中国西藏》杂志编辑部主办的“西藏的历史与现状研讨会”在北京举行。与会者从不同的学术角度再次阐明西藏是中国不可分割的一部分，西藏的历史就是藏民族在长期历史进程中同祖国大家庭中其他兄弟民族共同缔造和发展统一的多民族祖国的历史，西藏的现状就是西藏人民同兄弟民族在建设有中国特色的社会主义道路上共同发展、共同进步的现实。（《西藏日报》1992.2.22.①③）

△ 青海省果洛藏族自治州玛沁县德尔尼铁冒金（银）堆浸试验成功，开创在海拔4200米以上高寒缺氧地区堆矿石回收黄金的先例，填补国内空白。（《果洛藏族自治州志》上P59）

23日 新疆维吾尔自治区巴音郭楞蒙古自治州第一家中外合资企业——新复包装有限公司在库尔勒成立。（《新疆日报》1992.3.5.①）

26日 据本报呼和浩特电，内蒙古自治区在牧区和少数民族散居山区实行“寄宿为主、助学金为主”的办学方针，建立公办民族小学和中学，使全区少数民族适龄儿童入学率达97.2%，巩固率、合格率和普及率在90%以上。（《人民日报》1992.2.26.③）

28日 据本报讯，最近，宁夏回族自治区研制的落锤冲击试验机、薄膜冲击试验机等

5种产品被评为1991年度国家级新产品。（《宁夏日报》1992.2.28.①）

△ 宁夏回族自治区六届人大常委会第二十三次会议通过《宁夏回族自治区实施〈中华人民共和国村民委员会组织法〉（试行）办法》。（《宁夏日报》1992.2.29.①）

△ 国家体委、国家教委联合发文命名青海省海南藏族自治州中学、格尔木市第二中学为“1991年度全国先进体育传统项目学校”。（《青海日报》1992.3.19.①）

29日 内蒙古自治区第一部地方性通信法规《内蒙古自治区通信条例》经自治区人大常委会通过，自5月1日起颁布实施。（《内蒙古日报》1992.3.9.②）

△ 全国绿化委员会第11次全体会议授予贵州省黔西南布依族苗族自治州林业局局长陈德初，共青团贵州省黔西南布依族苗族自治州委副书记、自治州共青林场场长杨志贵1991年度“全国绿化奖章”。（《黔西南布依族苗族自治州志·政权政协志》P32）

是月 内蒙古大学蒙古语族语言文学学科被列入国家高校重点学科。（《内蒙古大学四十年》P429）

△ 摄影画册《云南民族文化艺术》由云南人民出版社出版，这是建国以来第一本较全面系统介绍云南民族文化艺术的历史和现状的摄影画册。（《云南日报》1992.2.8.①）

3月

4日 出席联合国人权委员会第48届会议的53个成员国通过巴基斯坦代表提出的动议，决定对所谓“中国—西藏局势”决议草案不采取行动。决议草案由少数西方国家提出，对中国的人权状况颠倒黑白，横加指责，粗暴地干涉中国内政，一些反华势力企图通过该决议草案达到颠覆和分裂中国的目的。决议草案一提出，立即遭到亚洲、非洲和拉丁美洲许多国家的强烈反对，认为它“带有明显的政治目的”、“有损中国的主权和领土完整”、“背离联合国宪章的宗旨和原则”，并主张不对这一决议草案采取行动。5日，外交部发言人发表谈话指出，这项决议草案公然干涉中国内政，理所当然遭到大多数国家反对。（《人民日报》1992.3.6.①）

△ 据本报北京讯，西藏自治区已建立森林资源连续清查体系，结束“世界屋脊”森林资源家底不清的历史。（《人民日报》1992.3.5.②）

△ 挖掘、整理蒙古族史诗《江格尔》成果巡回展在新疆维吾尔自治区乌鲁木齐举行。（《新疆日报》1992.3.5.①）

5日 中越边境铁路接轨点中方一侧路段顺利修复。这条铁路自1978年以来因两国关系恶化而中断13年，铁路自中国广西壮族自治区凭祥市至越南谅山省。（《新华社新闻稿》1992.3.6）

△ 国家民委和共青团中央联合举办的新疆少数民族青年干部培训班在中国青年政治学院举行开学典礼。82位来自新疆的少数民族青年干部在这里将系统地学习马列主义基本理论、党的民族政策和共青团工作理论等。全国人大常委会副委员长赛福鼎·艾则孜、国家民委副主任陈欣、团中央书记处常务书记张宝顺等出席开学典礼并讲话。（《人民日报》1992.3.6.③）

6日 中央民族歌舞团与台湾省少数民族传统歌舞团在民族文化宫联袂演出，这是大陆各民族的艺术精粹与台湾原住民族的风土民俗首次同台演出。（《人民日报》1992.3.9.④）

6~10日 中国艺术研究院舞蹈研究所、文化部民族文化司、云南省文联和省文化厅联合主办的全国民族舞蹈创作研讨会在云南省昆明市召开，会议就民族民间舞的“原生态”和多样化问题进行探讨。（《云南日报》1992.3.7.①）

9日 国务院批准内蒙古自治区满洲里为我国首批沿边对外开放城市。（《中华人民共和国大事记（1949～2004）》P956）

△ 据新华社讯，西藏自治区建立民族文化“标本库”，大量流传于西藏民间的民族音乐、舞蹈、戏曲被首次制作成音像、文字“标本”入藏。从1986年起，国家陆续投资200万元，在西藏建立民族文化“标本库”，目前已形成上百万字的第一手文字资料、3000余张图片资料以及320多小时的录音资料等。（《人民日报》1992.3.9.①）

9～11日 新疆维吾尔自治区党委常委扩大会议举行，会议作出《关于加快改革开放步伐，加速新疆经济发展的决定》。（《中国共产党新疆历史大事记（1992～2002）》P10）

10～12日 云南省西双版纳傣族自治州少数民族古籍工作会议在允景洪召开，同时成立“西双版纳古籍丛书”各少数民族文库编委会。（《西双版纳傣族自治州志》上P84）

11日 呼和浩特铁路局建局34年来，首次实现1000天无重大事故，名列全国各铁路局第二。（《内蒙古日报》1992.3.12.①）

12日 内蒙古自治区政府印发《内蒙古自治区实施义务教育工作方案》，指出，全区义务教育实施分2个阶段、4个步骤进行；到2000年全区普及初等义务教育，到2010年全区基本普及初级中等义务教育；各盟市、旗县、乡镇苏木都要在确定义务教育规划目标的基础上建立目标责任制，义务教育目标责任书由政府主要负责人签订。（《内蒙古自治区大事记（1987～1996）》P291～293）

13日 据新华社呼和浩特电，内蒙古自治区年初派出20多个贸易团组到蒙古、独联体和东欧各国洽谈，共签订易货贸易合同100多份，合同总金额接近全年进出口计划。自治区还同独联体国家签订29个经济技术合作项目。（《人民日报》1992.3.16.②）

△ 新疆维吾尔自治区体制改革工作会议召开，自治区党委书记宋汉良强调指出，破“三铁（即铁饭碗、铁工资、铁交椅）一大（大锅饭）”是今年改革的重中之重。会议确定自治区23家工商企业为工商企业改革试点单位。（《中国共产党新疆历史大事记（1992～2002）》P11）

△ 四川省七届人大常委会第二十八次会议批准《木里藏族自治县自治条例》。（《四川日报》1992.3.14.①）

15日 国家教委、国家民委在北京联合召开全国民族教育工作会议。中共中央政治局委员、国务委员兼国家教委主任李铁映作题为《大力改革和发展民族教育，促进各民族共同繁荣》的讲话。全国政协副主席、国家民委主任司马义·艾买提就少数民族教育和全国教育协调发展问题在会上讲话。（《人民日报》1992.3.16.①，《西藏日报》1992.3.16.①）

△ 国家教委、国家民委授予广西民族学院预科部“全国民族教育先进集体”、朱慧珍教授“全国民族教育先进个人”称号。（《广西民族学院校史》P309）

△ 在四川广汉举行的全国射箭西部赛中，西藏自治区运动员多吉秋云以2524环的成绩夺得第一名。（《西藏日报》1992.4.7.①）

15～24日 云南省迪庆藏族自治州遭遇罕见雪灾，2.91万头（只）大小牲畜被冻死、被洪水冲走，5.15万亩农田受损，5个乡通讯中断。（《云南日报》1992.3.26.①）

16日 青海省果洛藏族自治州1000门纵横制自动电话开通。至此，全国30个少数民族自治州全部甩掉“摇把子”电话，实现市内电话自动化。1951年10月，云南省大理白族自治州首家开通1000门步进制自动电话。（《青海日报》1992.3.17.①）

18日 国家重点工程——广西壮族自治区岩滩水电站8个导流明渠底孔全部下闸封堵，水库开始蓄水。岩滩水电站工程位于广西

大化瑶自治县岩滩镇的红水河中游河段上，是红水河十个梯级电站的第五级。（《人民日报》1992.3.19.①）

△ 四川大学建立“藏族考古与历史文化研究中心”，主要以中国藏族及其相邻地区（南亚、东南亚）考古发现的资料和历史文化为主要研究对象。（《四川日报》1992.3.30.①）

18～23日 第三届全国残疾人体育运动会在广州市举行。广西壮族自治区残疾人体育代表团获3个第一：获奖牌数第一（90枚）、金牌数第一（40枚）、团体总分第一（371分），并获体育道德风尚奖。内蒙古自治区残疾人体育代表团获20枚奖牌，其中金牌6枚，从而结束自治区在历届残疾人运动会金牌为零的历史。宁夏回族自治区运动员李宁（回族）以2分40秒获男子蛙泳100米铜牌。（《广西通志·大事记》P579，《内蒙古自治区大事记（1987～1996）》P292，《宁夏日报》1992.3.22.①）

19日 新疆维吾尔自治区首家经营各种证券业务的国营股份制金融企业——新疆证券公司成立，并于20日正式开业。（《中国共产党新疆历史大事记（1992～2002）》P11）

20～23日 广西壮族自治区教育工作会议在南宁举行，自治区副主席李振潜传达全国民族教育工作会议精神。会议决定，把农村教育综合改革扩展到融水、龙胜等10个县（市、自治县），城市教育综合改革在自治区辖5市全面铺开。（《广西通志·大事记》P579）

23日 《内蒙古日报》报道，国家立项的内蒙古自治区东部农业开发区已改造中低产田250万亩，打机电井2万眼，造林28万亩，推广增产技术面积1000万亩，增加粮食生产能力6亿公斤。（《内蒙古自治区大事记（1987～1996）》P142）

25日 中共中央统战部、全国人大民委、国家民委、全国政协民委在人民大会堂举行茶话会，招待出席全国人大、政协会议的1600多名少数民族代表、委员。全国人大常委会副委员长阿沛·阿旺晋美主持茶话会，全国政协副主席、国家民委主任司马义·艾买提发表讲话，中央书记处书记丁关根，全国人大常委会副委员长廖汉生，全国政协副主席杨静仁、帕巴拉·格列朗杰，中央军委委员赵南起等出席茶话会。（《人民日报》1992.3.26.①）

△ 西藏自治区人民政府批转全区1992年经济体制改革工作要点，共21条，主要内容是：一、继续深化、发展农牧区的经济体制改革；继续稳定、完善“两个长期不变”的家庭自主经营为主，统分结合的双层经营体制。二、转换企业经营机制，逐步把企业推向市场；要进一步搞活全区66家骨干企业，对66家国营骨干企业实行政策倾斜，适当从资金、技术、人才等方面保证这些企业加快发展；通过建立健全扭亏增盈责任制；提倡和鼓励企业兼并企业等形式，实现优兼并劣，合理使用资产存量；今后新建企业要探索走股份合作的路子。三、积极培育市场，深化流通体制改革。要充分发挥国营商业的主渠道作用，同时鼓励集体、个体工商业的发展；拟在那曲、昌都等地逐步培育并试建畜产品市场，在日喀则培育并试建粮食市场，在林芝试建木材市场，在拉萨继续完善生产资料市场，边境县要积极开拓培育边贸市场。（《中国共产党西藏历史大事记（1949～2004）》P615）

△ 据《新疆日报》全文刊发由新疆维吾尔自治区党委组织部、自治区科委、人事厅、劳动厅、科协5部门共同制定，由自治区党委和自治区人民政府共同批转的《关于鼓励专业技术人员合理流动的若干规定》，共10个条款。（《中国共产党新疆历史大事记（1992～2002）》P11～12）

25～27日 滇、桂、黔边区五地州经济协调会第七次会议在广西壮族自治区百色市举行。会议达成各类意向协作项目84项，其中广西60项。（《广西通志·大事记》P579）

28日 贵州省黔西南布依族苗族自治州普安县白石乡大金营村民组罗方琼（女，布依族）获“全国三八绿色奖章”，被全国妇联授予“三八绿色工程先进女能人”称号。1984年至1991年，罗方琼为社会造林提供苗木19万多株，其中无偿送给群众苗木12.3万株。（《黔西南布依族苗族自治州志·政权政协志》P32）

△ 青海省海南藏族自治州科技兴州领导小组建立，州长白玛（藏族）兼任组长。8月15日，《海南藏族自治州科技立州科技兴州实施方案》经州政府全体会议讨论通过并下发。（《海南州志》P64）

29日 中国新疆维吾尔自治区伊宁市和哈萨克斯坦共和国卡普夏盖市就开通伊宁市至卡普夏盖市的伊犁河国际航道达成初步协议。（《新华社新闻稿》1992.4.5）

△ 中国少数民族服饰图片展在美国华盛顿举办。（《宁夏日报》1992.3.31.④）

△ 广西桂林至广东深圳、浙江宁波、山西太原的空中航线分别通航。（《广西通志·大事记》P579）

△ 广西壮族自治区南宁市电信局S——1240型长途程控、2000线自动交换系统通过验收，是日零时正式开通。该系统是全国长途程控6万路端工程的组成部分，总投资1070万元。（《广西通志·大事记》P579~580）

31日 中国航空公司内蒙古分公司在内蒙古自治区呼和浩特与蒙古国乌兰巴托之间开通呼和浩特至乌兰巴托国际航线，全程940公里。目前，呼和浩特市白塔机场已被国务院批准为对外口岸机场。（《人民日报》1992.4.1.①，《内蒙古自治区大事记（1987~1996）》P142）

是月~4月 位于新疆维吾尔自治区鄯善县吐峪沟乡的苏贝西古墓群发掘出2300年前的古尸20多具，其中7具基本完整，衣着、头饰和随葬物品多数完好。同时出土300余件陶器、木器以及铁、银、石器等。（《人民日报》1992.5.14.④）

4月

1日 广西南宁铁路分局实现安全行车无重大、大事故3000天，这是该局创建40年来取得的最好成绩，实现安全天数在全国56个铁路分局中名列第二。（《广西日报》1992.4.2.①）

2日 广西南宁至四川成都、南宁至广东深圳的航线开通。（《广西日报》1992.4.3.①）

△ 拉萨S-1240程控电话局工程项目竣工典礼在西藏自治区邮电大楼举行。自治区党委副书记、自治区副主席毛如柏，比利时王国驻华参赞杜沃华为工程竣工剪彩，国家邮电部致贺电。项目由比利时王国政府赠款5300万比利时法郎购置主机设备建成，使拉萨室内电话总容量达到1万门。至此，我国全部省会城市都安装程控电话，西藏步入世界先进邮电通信行列。（《西藏日报》1992.4.3.①）

3日 据《内蒙古日报》报道，内蒙古自治区大中专院校招生实行重大改革，高考全部实行标准化考试，区内专科全部定向到县区，中专定向到乡镇苏木。（《内蒙古自治区大事记（1987~1996）》P292）

△ 天津市与新疆维吾尔自治区日前签署协议，共同投资拍摄电影和电视剧《阿曼尼莎罕》，剧本由全国人大常委会副委员长赛福鼎·艾则孜撰写。该剧记述了维吾尔族女音乐家、诗人阿曼尼莎罕王妃不辞辛劳，搜集、整理出完整的十二木卡姆套曲的传奇人生。（《人民日报》1992.4.5.④）

3~7日 广西壮族自治区农村乡镇企业经济技术开发交流会在南宁举行。参展科技成果和专利技术2000多项，签订成交合同和意向项目1100多项，金额12.2亿多元。（《广西日报》1992.4.4.①，4.9.①；《广西通志·大事记》P580）

4日 援助西藏发展基金会在北京正式成立。会议通过基金会第一届理事会组成人员名单，阿沛·阿旺晋美任理事长，帕巴拉·格列朗杰、尧西·古公才旦任副理事长。国务委员陈俊生代表国务院对基金会的成立表示祝贺，阿沛·阿旺晋美在成立大会上讲话。为促进西藏和其他藏区的文教、卫生和社会福利事业的发展，由班禅额尔德尼·确吉坚赞和阿沛·阿旺晋美倡议成立该基金会。（《中华人民共和国大事记（1949～2004）》P959，《西藏日报》1992.4.6.①，《中国共产党西藏历史大事记（1949～2004）》P616）

△ 新疆乌鲁木齐陕西西安至广西桂林航线开通，至此，通至广西桂林的航线已达16条。同时开通北海至深圳航线。（《广西日报》1992.4.6.①，《广西通志·大事记》P580）

△ 西藏自治区拉萨市文化广播电视局为拉萨电视台摄制的专题电视片《石莲》获奖举行表彰会。该片在全国城市电视台协作会第12次大会上获得最高荣誉奖——金牛奖。《石莲》以拉萨市人民医院吴淑真医生的事迹为主线，刻画了一代共产党人为西藏人民的事业忘我奋斗的崇高情怀。（《西藏日报》1992.4.11.①）

5日 中共青海省海南藏族自治州委、政府发出《关于尽快恢复和健全乡村合作医疗站切实解决好群众看病难问题的紧急通知》。截至8月，贵南县共恢复各类村级医疗站73个，覆盖面达百分之百。（《海南州志》P64）

5～6日 广西壮族自治区首届“健力宝”杯民间歌王大赛在柳州市举行，24支代表队的128名壮、侗、苗、瑶、仫佬、毛南、汉等民族的老、中、青年男女歌手参赛。柳州市代表队的方寿德（壮族）获歌王桂冠。（《民族团结》1992.7 P47）

7日 西藏自治区畜牧兽医技术推广总站主持承担的自治区重点科研项目《西藏劲直黄芪毒性成分、灭除和开发利用研究》通过自治区级鉴定。（《西藏日报》1992.4.9.①）

△ 据本报讯，新疆维吾尔自治区天山毛纺织品有限公司生产的系列羊毛衫、羊绒衫等毛纺织品最近获1992年度纺织界国际质量金奖。这是我国首次获此项殊荣。（《人民日报》1992.4.7.①）

8日 旅美画家丁绍光作品展在中国革命博物馆开幕。这是以西双版纳风光、少数民族风情为表现主题的“云南画派”画家丁绍光首次在大陆举办画展，全国政协副主席、国家民委主任司马义·艾买提等出席开幕式。（《人民日报》1992.4.9.④）

9～12日 内蒙古自治区党委五届五次全委（扩大）会议召开，确定自治区加快改革开放和经济发展的总体思路：建设“两带一区”的总体格局，即沿边开放带（边境18个旗县市和呼盟全境，以满洲里、二连浩特及若干边贸点为通道和口岸）、沿线经济技术开发带（铁路干线选择、呼和浩特、包头、乌海、赤峰、通辽、集宁等重点城市建设城市出口加工工业生产开发和高科技开发）和若干具有特色的资源开发区。（《内蒙古日报》1992.4.10.①，4.13.①）

△ 广西壮族自治区民族工作会议在南宁举行。自治区主席成克杰在会上强调，加快改革开放，提高人员素质，加强领导，狠抓落实，促进民族进步和繁荣。（《广西日报》1992.4.11.①，4.13.①）

10日 据本报讯，内蒙古自治区进行旗县级机构改革试点。自治区政府决定，年内旗县级机构改革全部施行，3年内精简转移行政人员20%。（《人民日报》1992.4.10.①）

10～12日 湖南省民族工作会议在长沙召开，这是建国以来湖南省委、省政府首次召开的民族工作会议。国家民委副主任图道多吉、湖南省委书记熊清泉等出席会议并讲话，湖南省各地、州、市和民族自治县（市）的党、政和统战、民委、妇联负责人，湖南省直有关单位负责人以及少数民族代表共200多人参加会议。（《湖南日报》1992.4.12.①）

10～15日 辽宁省沈阳市经贸代表团与广西壮族自治区的凭祥、东兴、北海、钦州、防城等地签订139项合同与意向协议，总投资2.7亿元。（《人民日报》1992.4.24.②）

12日 藏学家、教育家、语言学家、中央民族学院教授于道泉在北京病逝，享年90岁。1930年，他用藏、汉、英文3种语言著作出版的《第六代达赖喇嘛仓央嘉措情歌》轰动全球；1983年，他主编的专著《藏汉对照拉萨口语词典》填补藏学研究的空白；1951年，他在中央民族学院开设第一个藏语班，40年来共培养学生3000余名。（《人民日报》1992.4.21.④）

△ 中国航空公司内蒙古分公司开通包头经湖北武汉至广东广州航线。（《内蒙古自治区大事记（1987～1996）》P142）

△ 全国马拉松赛在天津市举行，20多个省市的138名男女选手及日本、法国等十几个国家的运动员参赛。内蒙古选手胡刚军以2小时14分8秒的成绩获男子组第一名。（《内蒙古日报》1992.4.14.①）

△ 云南省兰坪白族普米族自治县红岩哨林区发现国家一级保护动物滇金丝猴群。（《兰坪白族普米族自治县志》P32）

13日 国务院正式批准建设广西龙滩水电站，总投资约90亿元。计划本期建设规模装机容量420万千瓦，远期规模540万千瓦。该电站是红水河建设规划10个梯级电站中规模最大的电站。（《广西通志·大事记》P580）

14日 据本报讯，新疆军区大力培养少数民族干部，先后制定《关于加强少数民族干部队伍建设的意见》和适合少数民族干部成长的规划，建立起少数民族干部的任用制度。少数民族干部多的师、团和军分区，在领导班子中都配有1～2名少数民族干部。军区机关有5名少数民族领导干部被授予将军军衔，军、师职少数民族领导干部100多人。（《人民日报》1992.4.14.③）

14～18日 中共广西壮族自治区六届四次全委（扩大）会议举行，研究制定加快广西发展的政策和措施。会议讨论自治区《关于抓住时机，加快改革开放步伐，推动经济建设跃上新台阶的决定》，要求在认真实施“八五”计划和十年规划的基础上，力争国民生产总值增长速度高于全国平均增长速度，到本世纪末，国民生产总值突破1000亿元；坚持两手抓，搞好精神文明建设；加强各级领导班子建设，切实改进思想作风和工作作风。（《广西通志·大事记》P580）

15日 中国少数民族经济和社会发展研讨会在四川西昌开幕。全国8省区25个自治州的100多名专家学者参加会议。研讨会由国务院发展研究中心、国家民委、四川民委、四川省经济研究中心及凉山彝族自治州政府联合举办。这是我国首次召开以全国30个少数民族自治州为主体的少数民族经济和社会发展研讨会。（《西藏日报》1992.4.18.③）

16日 国家重点工程广西壮族自治区桂平航运枢纽水电站1、3号机组共4.65万千瓦建成并网发电，实现中国航运建设史上航电结合、以电养航的突破。（《广西通志·大事记》P580）

17日 “新鸿招商集团股份有限公司”举行签约仪式，成为新疆维吾尔自治区乌鲁木齐市经济开发区的第一家中外合资企业。（《人民日报》1992.4.22.②）

18日 湖南省民委和深圳国际商品研究会在深圳中国对外贸易开发（集团）有限公司展览中心共同举办“湖南省首届民族名优特新

产品展销会”。湖南省约100家民族地区工商、厂矿企业及有关公司的名优特新产品参展，参展人员约380名，参展商品近1000种。展览会还邀请了约100家港、澳、台商和外商联合参展。（《湖南日报》1992.4.17.①，4.19.①）

19日 新疆维吾尔自治区塔克拉玛干沙漠腹地的塔中4号井在3597至3607米井段获高产油气流，折合日产原油284.64立方米，天然气52545立方米。这是我国第二次在塔克拉玛干沙漠获得高产油气流，1989年10月首次在塔中1号井获高产油气。（《人民日报》1992.4.20.①）

19~22日 西南和华南部分省（区）区域规划会议分别在广西壮族自治区北海、南宁举行，国务院副总理邹家华主持会议，云南、贵州、四川、广东、海南岛、广西和国家计委、国家体改委、国家民委、铁道部、交通部、化工部、冶金部、能源部、经贸部、国务院特区办、中国有色金属总公司、国家民航总局，以及成都市、重庆市的100多名代表参加会议。会议的中心议题是，研究西南和华南部分省区如何加快改革开放，使资源开发和经济发展在90年代迈出更大步伐。会议初步形成西南和华南部分省（区）区域经济整体发展规划意向。（《广西通志·大事记》P580~581）

21日 据新华社讯，年产25万吨优质原盐的新疆军区夏孜盖盐场投入规模性生产，储盐面积168平方公里，成为西北地区最大的原盐生产基地。（《人民日报》1992.4.21.①）

△ 据本报讯，新疆维吾尔自治区立达卫星电视设备厂在全国首家推出2米复合材料微波天线，使我国许多偏远地区、牧场和边防哨卡的人们收看中央电视台的新闻节目成为可能。（《人民日报》1992.4.21.②）

22日 《黔桂两省（区）经济技术合作意向书》在广西南宁签订。（《贵州日报》1992.4.24.①）

23日 西藏自治区女子摔跤队在山东集宁举行的全国第五届女子摔跤锦标赛上获团体第二名，毛晓东、宗吉获75公斤和80公斤级冠军，刚卓、罗珍获65公斤和70公斤级亚军，付晓俊、巴桑卓玛获56公斤和80公斤级季军。（《西藏日报》1992.5.5.②）

△ 由中国驻法国大使馆文化处举办的中国西藏艺术展在法国巴黎开幕。法国各界200多名人士出席开幕式。展出的藏族艺术品中包括藏族画家、中国美术家协会会员、中国美协西藏分会理事格桑创作的反映藏族人民文化、生活、生产和宗教活动的18幅油画以及15幅藏族轴画“唐卡”等作品。（《西藏日报》1992.4.25.①）

△ 西南民族学院文物馆改称“西南民族学院博物馆”。该馆于1951年始建，初名民族文物组，后改名为民族文物馆。馆藏反映四川、云南、贵州、西藏、湖南、黑龙江等省区 30多个少数民族历史、社会制度、生产、生活、艺术、宗教、文字、服饰的民族文物共1万余件，还有近、现代时期少数民族的革命文物。（《西南民族学院校史》P280）

24日 新疆维吾尔自治区提出“两线”开放战略，即：以边境沿线开放为前沿，以铁路沿线开放为后盾，以“两线”城市开放为重点，形成点线结合，以点带面，向全区辐射的开放格局。沿边境一线的开放，主要利用与周边国家的毗邻，对外通商和文化交流历史悠久，有对外口岸信托的地缘优势，实行贸易先行，贸工结合，发挥对外开放的桥梁和“窗口”作用；沿铁路一线的开放，主要发挥自然资源丰富、交通便利、城镇比较密集、产业开发基础好、科技教育水平较高的优势，实行以先进技术产业开发为主，工农技贸结合，发展外向型经济，发挥对外开放的主力军作用。并提出第一步先行开放沿边境线的伊宁、博乐、塔城3市和沿铁路线的乌鲁木齐、奎屯、石河

子3市的具体方案，并制定相应的配套政策。（《中国共产党新疆历史大事记（1992~2002）》P13~14）

24~29日 蒙古国边防代表团和中国内蒙古边防代表团在呼和浩特市举行中层会晤，双方签署《中国内蒙古边防代表团与蒙古国边防代表团会晤纪要》。（《内蒙古日报》1992.5.1.①）

25日 中国法学会民族法学研究会在北京举行《散居少数民族平等权利保障法》（草案）讨论会，首都40多位民族法学专家学者与会。与会者认为，“保障法”是继民族区域自治法之后又一个重要的调整民族关系的法律，同民族区域自治法一样是国家的基本法，是民族法体系的一大支柱。与会者建议尽快提交全国人大审议通过并付诸实施。（《民族团结》1992.7 P46）

△ 广西壮族自治区党委、政府发出《关于进一步加强民族工作的意见》，要求进一步增强各民族的团结；加快发展少数民族地区经济；加快民族地区改革开放步伐；大力发展民族教育，提高少数民族的文化素质；积极发展民族地区文化、卫生、体育事业；进一步贯彻落实民族区域自治法；做好少数民族干部的培养、选拔和使用工作；进一步加强对民族工作的领导。（《广西通志·大事记》P581）

△ 宁夏回族自治区六届人大常委会第二十四次会议通过《宁夏回族自治区保障和发展邮电通信条例》。（《宁夏日报》1992.6.6.②）

△ 据新华社昆明电，云南省河口瑶族自治县与越南老街省在南溪河合建一座长101米、宽4米的便桥，恢复陆路交通。（《人民日报》1992.4.27.④）

26日 “金马杯”中国马王邀请赛在广东省广州市举行，内蒙古赛马选手扎那（蒙古族）获1600米赛马冠军，文龙（蒙古族）获亚军。（《内蒙古自治区大事记（1987~1996）》P292）

是月 广西壮族自治区生产的茉莉花茶、天然维C茶、西山毛尖获全国食品博览会金奖。（《广西日报》1992.5.19.①）

5月

1日 据本报讯，全国瑶学研讨会最近在广西壮族自治区田林召开。来自广东、广西、贵州、云南、湖南等省（区）的60名民族学者，就瑶族地区进一步改革开放面临的问题与对策、瑶族人才的发展与培养、瑶族文字的试行等议题进行了探讨。（《广西日报》1992.5.1.①）

△ 贵州省黔西南布依族苗族自治州庆祝成立10周年，全国人大常委会、国务院致贺电，国家民委副主任李德洙出席庆典并讲话。（《贵州日报》1992.5.2.①）

2日 中俄边界东段勘界专家组第三轮会议于4月16日至5月2日在北京举行。双方就勘界的原则、分工及方法达成共识，并就有关问题形成共同记录。（《新华社新闻稿》1992.5.3）

4~12日 西藏自治区人大五届五次会议举行，大会执行主席帕巴拉·格列朗杰主持大会。会议通过《关于政府工作报告的决议》、《关于一九九一年国民经济和社会发展计划执行情况与一九九二年国民经济和社会发展计划的决议》、《关于一九九一年自治区财政预算执行情况和一九九二年财政预算的决议》、《关于自治区人大常委会工作报告的决议》、《关于自治区高级人民法院工作报告的决议》、《关于自治区人民检察院工作报告的决议》、《西藏自治区第五届人民代表大会第五次会议关于西藏自治区第六届人民代表大会代表名额和选举问题的决定》。（《中国共产党西藏历史大事记（1949~2004）》P618）

5日 新疆维吾尔自治区科技进步奖颁奖大会在人民政府礼堂举行。自治区副主席毛德华主持，自治区党委副书记贾那布尔等领导向60多名获奖代表颁发获奖证书和奖金。在9项获国家级科技进步奖和国家星火奖、137项自治区级科技进步奖的奖项中，“中国美利奴羊（新疆军垦型）繁育体系”获国家科技进步一等奖。（《中国共产党新疆历史大事记（1992~2002）》P15）

△ 四川省首届少数民族文艺基金奖颁奖大会在成都举行，凉山彝族自治州歌舞团、甘孜州歌舞团获集体奖。（《四川日报》1992.5.6.①）

6日 内蒙古社会科学院畜牧业经济研究所在呼和浩特成立。这是全国唯一一所以草原畜牧业和牧区经济为研究对象的研究机构。（《内蒙古日报》1992.5.8.①）

△ 新疆维吾尔自治区首家四星级合资酒店——新疆假日大酒店举行开业典礼仪式。酒店位于乌鲁木齐市中心，是新疆首家4星级涉外酒店。（《中国共产党新疆历史大事记（1992~2002）》P15）

△ 首届“团结杯”四川省少数民族散文、诗歌颁奖大会在成都举行，54篇作品获奖。（《四川日报》1992.5.7.①）

6~8日 四川省人大民族工作会议举行。会议围绕加强民族地区的民主法制建设，搞好人大民族工作，推动民族地区经济、文化的发展和加快改革开放的步伐，进行交流和探讨。（《四川日报》1992.5.15.①）

7日 据本报讯，甘肃省少数民族音乐学会最近在兰州成立，选举贡唐仓·丹贝旺旭（藏族）为名誉会长，马国良为会长。（《甘肃日报》1992.5.7.①）

7~9日 第二次全国民委政法工作会议在贵州省黔南布依族苗族自治州都匀市举行，国家民委副主任李德洙出席会议。会议提出90年代民族立法工作的初步设想——“八五”民族立法规划和“九五”民族立法设想，其中包括《城市民族工作条例》、《民族乡工作条例》、《民族教育工作条例》、《关于民族地区对外开放的规定》等31个条例和规定，还就全国各级民委政法工作部门在新时期民族法制建设工作中需要增强立法职能、协调职能、监督职能、普法职能的问题展开研讨。（《人民日报》1992.5.12.③，《民族团结》1992.7 P46）

8日 内蒙古自治区女子铅球选手张志英在杭州市以19.23米的成绩打破女子青年铅球全国纪录，获1992年全国青年田径锦标赛女子铅球冠军。（《内蒙古日报》1992.5.10.①）

△ 广西壮族自治区举重队获全国青年男子举重锦标赛团体总分第一名。（《广西日报》1992.5.9.③）

△ 据新华社讯，新疆维吾尔自治区伊犁清水河至哈萨克斯坦亚尔肯特国际直达班车日前开通。（《人民日报》1992.5.8.①）

9日 内蒙古自治区第二次土壤普查取得重大成果，通过国家级验收鉴定，取得土壤系列图件460多幅，成果报告132份和大量的有关资料，为各级政府指导农牧业生产提供决策依据。（《内蒙古日报》1992.5.9.①）

10日 西藏自治区人民政府发出《关于进一步搞好土特畜产品流通的意见》。（《中国共产党西藏历史大事记（1949~2004）》P619~620）

△ 据《新疆日报》报道，“五一”前夕，新疆维吾尔自治区党委和人民政府正式批准石河子市为经济技术开发区。（《中国共产党新疆历史大事记（1992~2002）》P15）

11日 内蒙古自治区进行大面积飞播治沙。1992年飞播任务由1991年的10万亩增至68万亩，占全国飞播治沙总任务的50%。（《内蒙古自治区大事记（1987~1996）》P145）

12日 据本报讯，截至目前，全国159个民族自治地方中，有25个自治州、85个自治县经过法定程序批准、颁布实施自治条例。民族自治地方制定的关于选举、财产继承、资源开发、环境保护、未成年人保护、婚姻、计划生育等方面的单行条例达70多个，地方性民族法规达数百件。一个以《中华人民共和国宪法》为基础，以《中华人民共和国民族区域自治法》为主干，包括各项调整国家民族关系的法律、法规、规章以及地方性法规、自治条例、单行条例和有关规范性文件在内的社会主义民族法规体系已初步形成。（《人民日报》1992.5.12.③）

△ 《内蒙古日报》报道，在1992年全国农村外向型工农业产品展销洽谈会上，内蒙古自治区10个盟市展出农畜产品近千种，成交额2424万元，引进资金500万元，意向协议7600万元，总额1亿元，居参展的23个省市自治区的第三位。（《内蒙古自治区大事记（1987~1996）》P145）

12~18日 广西壮族自治区贸易展览会在越南河内举行，共接待前来洽谈经贸的越南、新加坡、马来西亚、泰国、印度、印度尼西亚、美国、德国、法国等国和港澳台地区的客商2100多人次。展会期间，贸易成交额4200多万美元，签订18个经济技术合作项目合、协议、意向书。（《广西日报》1992.5.13.①，5.19.①，《广西通志·大事记》P581）

13日 宁夏回族自治区古代文物展在日本举办，自治区副主席杨惠云、文化厅厅长杨杭生出席在日本长岛市举行的开幕式。（《宁夏日报》1992.5.16.①）

△ 云南省昆明民族电视剧制作部摄制、著名演员李默然（回族）领衔主演的9集电视连续剧《赛典赤在云南》在昆明首映。该剧再现了元代著名政治家赛典赤（回族）在巩固边疆、加强民族团结、发展民族经济等方面建立的功勋。（《云南日报》1992.5.16.①）

13~15日 西藏自治区民族工作会议在拉萨举行。会议传达贯彻中央民族工作会议精神，传达学习江泽民总书记和李鹏总理的重要讲话，总结西藏和平解放40多年来民族工作的成就和经验，号召全区各族人民为稳定和民族繁荣共同奋斗。（《西藏日报》1992.5.14.①，5.15.①，5.16.①；《中国共产党西藏历史大事记（1949~2004）》P620）

14日 据新华社讯，青海省玉树藏族自治州发现一部距今800多年宋代纯金书写的大藏经——《甘珠尔》。（《四川日报》1992.5.14.①）

15~21日 青海省玉树藏族自治州八届二次人代会在结古举行，审议通过《玉树藏族自治州野生动物资源保护管理条例》。（《玉树州志》上P68）

16日 我国首家境外合资彩电生产企业——中乌塔什干电子有限公司正式开业。公司由新疆维吾尔自治区新疆无线电一厂和乌兹别克斯坦共和国塔什干泽尼特工厂合资兴办，总投资630万美元，中方投资占49%。（《人民日报》1992.5.18.②）

△ 据新华社拉萨电，目前，西藏自治区卫星电视教育网络已初步形成。全区72个县、市建有教育电视卫星地面接收站88座、放像点40多个，日喀则、山南、林芝、昌都和那曲5个地区建有教育电视台，西藏城镇中小学和70%以上的县中学、县完小成立电教室。（《西藏日报》1992.5.24.①）

17日 云南省政协民族宗教工作首次联席会议在怒江傈僳族自治州六库召开，161人与会。会议就民族地区宗教工作问题进行研讨。（《怒江傈僳族自治州志》上P41）

17~30日 应越南广宁省文化厅邀请，经文化部批准，中国广西青年杂技艺术团赴越南广宁省进行访问演出。该团是中越两国关系恢复后我国出访越南的第一个艺术团体。（《广西通志·大事记》P581）

18日 藏医专科人才培训基地首届培训

班开学典礼在西藏自治区藏医院举行，四川、云南、甘肃、青海和西藏各地市的学员共32名参加培训。基地由国家中药管理局和自治区卫生厅共同投资建立。（《西藏日报》1992.5.20.①）

19日 《内蒙古日报》报道，内蒙古自治区农业综合开发二期工程获批。工程包括东四盟市农业开发和巴彦淖尔盟河套盐荒地开发，总投资5.39亿元，1992年开工，3年内完工。东四盟市的开发任务是改造中低产田243.9万亩，开垦宜农荒地净增耕地37万亩，造林36万亩，改良草场15.7万亩，完成这些项目后可增产粮食4.5亿公斤，油料3000万公斤，甜菜3000万公斤。（《内蒙古自治区大事记（1987~1996）》P145）

20日 据新华社银川电，宁夏回族自治区政府最近决定设立省级计划单列扶贫开发区——隆湖扶贫经济开发区，其前身是1983年隆德县潮湖移民吊庄，是根据国家"三西"扶贫计划和自治区"以山济川、山川共济"的移民政策搬迁形成的。（《人民日报》1992.5.21.②）

△ 据新华社银川电，自1991年以来，宁夏回族自治区完成技术协作和经济联合项目184项，引进资金5000多万元，达成合作意向160余项。（《宁夏日报》1992.5.22.①）

△ 据本报讯，最近，国家教委、国家民委授予青海省湟源牧校"全国民族教育先进集体"称号。（《青海日报》1992.5.20.①）

20~30日 由国家科委和新疆维吾尔自治区人民政府联合举办的全国星火计划成果暨专利技术乌鲁木齐展销洽谈会在乌鲁木齐举行。国务委员、国家科委主任宋健致贺信。自治区副主席毛德华主持开幕式，全国6000多名代表参加。洽谈会共接待参观洽谈者17万人次，洽谈项目4081项，成交总额21亿元。其中，签订技术合同457项，交易额7.9亿元；签订协议813项，交易额13.5亿元；签订意向书996项。洽谈会表彰10个获最高成交额奖的展团，9个获最佳组团奖的展团，466个项目获金奖，423个项目获银奖。（《中国共产党新疆历史大事记（1992~2002）》P17；《新疆日报》1992.5.21.①，5.31.①）

21日 据本报海西讯，最近，青藏铁路沼泽、盐渍、土路基病害整治措施成果通过专家鉴定。（《青海日报》1992.5.21.②）

23日 据本报讯，最近，广西壮族自治区研制的"TY-1型慢裂阴离子沥青乳化剂"和"阴离子乳化沥青稀浆封层应用技术"通过国家级技术鉴定。（《广西日报》1992.5.23.②）

△ 为纪念毛泽东《在延安文艺座谈会上的讲话》发表50周年，西藏民间文艺家协会、西藏民俗文化学会共同主办的西藏民俗文化展在拉萨开展。自治区政府副主席吉普·平措次登、自治区政协副主席拉敏·索朗伦珠为展览剪彩。展览展出300多幅图片、400多件实物，反映西藏不同历史时期，不同民族的民俗文化。（《西藏日报》1992.5.24.①）

24日 据本报讯，最近，宁夏档案馆发现清朝历史档案——同治十三年（1874年）四月十二日由宁夏善后总局制发的购房执照。清朝历史档案在该馆发现尚属首次，为宁夏清末回民起义、回民迁徙及回民的经济文化发展等历史研究提供原始细节材料，并使宁夏档案馆馆藏档案年代上延40年。（《宁夏日报》1992.5.24.①）

24~26日 全国首届少数民族自治州保险发展研讨会在云南个旧举行，会议探讨、研究和交流了发展民族自治州保险事业的新路子和新经验。（《云南日报》1992.6.5.①）

25日 1992年"红旗制药杯"全国自由式摔跤锦标赛在辽宁体育运动中心结束，内蒙古自治区摔跤队以68分获团体总分第一名。（《内蒙古日报》1992.5.27.①）

△ 西藏自治区藏剧团排练的大型历史藏

戏《大元帝师》在拉萨首演。该剧反映八思巴为吐蕃归入元朝版图所建立的历史功勋，是自治区为纪念毛泽东《在延安文艺座谈会上的讲话》发表50周年，由自治区一级作家萧蒂岩创作。（《人民日报》1992.5.28.④），《西藏日报》1992.5.26.①）

25～29日 四川省民族工作会议在成都举行。会议议题是，抓住有利时机，加快改革开放步伐，把民族地区经济建设尽快搞上去。省委书记杨汝岱指出，要坚持从民族地区的实际出发，加快改革开放的步伐。（《四川日报》1992.5.26.①，5.30.①）

25～30日 青海省海南藏族自治州在恰卜恰举办海南州首届工业品展销，20多个企业、15个系列的上百种产品参展，其中海南州毛纺厂最新引进的摩擦纺纱生产线填补青海省纺织行业的空白。展销共签订购货合同7万元，商品成交10.2万元。（《青海日报》1992.6.8.①）

27～29日 宁夏回族自治区民族工作会议在银川举行。与会代表学习中共中央总书记江泽民和国务院总理李鹏在中央民族工作会议上的重要讲话，听取并讨论自治区党委书记黄璜《加快改革开放和发展，推动我区民族工作再上新台阶》的讲话，讨论修改《自治区人民政府关于进一步加强我区民族工作若干问题的规定》。（《宁夏日报》1992.5.28.①，5.30.①）

28日 首届中国满族文学奖在北京揭晓。端木蕻良、马加、颜一烟、关沫南等8位老作家被授予最高奖“荣誉奖”，朱春雨的长篇小说《血菩提》、胡昭的诗集《瀑布与虹》、赵大年的中短篇小说集《公主的女儿》3部作品获一等奖。（《人民日报》1992.6.1.④）

△ 据本报讯，广西壮族自治区“西江桂平航运枢纽船闸及引航道工程地质勘察”、“红水河岩滩水电站碾压混凝土围堰工程地质勘察”项目最近分获全国优秀勘察银质奖和铜质奖。（《广西日报》1992.5.28.①）

28～30日 新疆民族研究学会召开的民族团结理论研讨会在乌鲁木齐举行。会议提出，要使全区民族团结教育有实效、民族团结活动上新台阶，就要加强民族团结理论的探讨和研究，从理论和实践的结合上，解决深层次的思想认识问题和理论问题。（《新疆日报》1992.6.9.①）

31日 据本报拉萨电，西藏自治区城建环保局最近公布《一九九一年西藏自治区环境状况公报》。公报指出，西藏至今不存在放射性污染，没有出现过酸雨，也没有发生过一起环境污染事故。（《人民日报》1992.5.31.④）

△ 据本报讯，湖南省湘西土家族苗族自治州龙山县李远华（土家族）发明的“低氟多功能高效节能炉、高铬钢球、废杂铁直接冶炼灰口铁技术”获国家专利。（《湖南日报》1992.5.31.②）

是月 内蒙古哲学社会科学“七五”计划重点科研项目《蒙古通史》由民族出版社出版，全书共90万字。（《内蒙古自治区大事记（1987～1996）》P293）

△ 中央民族学院民族史研究所、民族法学研究所、朝鲜学研究所成立。（《中央民族大学五十年》P92）

△ 第14届尤伯杯羽毛球锦标赛在马来西亚举行，广西壮族自治区运动员黄华、农群华（壮族）、胡宁与队友获女子团体冠军。（《广西通志·大事记》P582）

6月

1日 新华社电，国务院批准内蒙古自治区乌海市为对外开放城市。（《内蒙古日报》1992.6.3.①）

△ 据《内蒙古日报》报道，全国第一所牧区希望小学在内蒙古自治区翁牛特旗竣工落成，自治区主席布赫题写校名。（《内蒙古

自治区大事记（1987～1996）》P293）

△ 《内蒙古日报》全文公布《内蒙古自治区儿童少年事业发展“八五”规划》。（《内蒙古自治区大事记（1987～1996）》P293）

3日 《内蒙古日报》报道，内蒙古自治区奈曼旗实验小学在北京中国美术馆举办版画展览。该校已有30余幅学生的作品在日本、蒙古等国展出或被收藏，12名学生在国际儿童书画大赛中获奖。（《内蒙古自治区大事记（1987～1996）》P293）

△ 中国藏语系高级佛学院47名学员毕业并获大专文凭。全国政协副主席、中国佛协会长赵朴初到学院表示祝贺并讲话。该学院是中国第一活佛学院，由十世班禅额尔德尼·洛桑赤烈伦珠·确吉坚赞大师生前出资创立。1987年9月1日开学以来，已招收4届164位学员。（《人民日报》1992.6.5.③，《西藏日报》1992.6.6.①）

6日 新疆维吾尔自治区最大的肉类产品批发市场在乌鲁木齐正式开业。（《青海日报》1992.6.9.①）

8日 据新华社昆明电，中国科协促进少数民族地区科技发展专门委员会第一次会议日前在云南省昆明市举行。该委员会是中国科协常委会设立的专门委员会，以促进少数民族地区科技发展和经济振兴为宗旨，特邀国务院有关部委、全国性学会、地方科协领导任委员，具有跨部门、高层次、学术性强等特点。（《人民日报》1992.6.9.③）

9日 位于内蒙古自治区包头市的北方重型汽车有限公司首次向蒙古出口重型矿用汽车。该公司由内蒙古二机厂与英国特雷斯克设备公司合资经营，生产的33-07型40吨矿用自卸汽车受到用户好评。（《内蒙古日报》1992.6.13.①）

△ 国务院批复，对新疆维吾尔自治区进一步扩大对外开放赋予8项优惠政策，主要有：扩大自治区对外商投资项目审批权；扩大对毗邻国家经济技术合作项目审批权；有进出口经营权的企业均可经营易货贸易，沿边境的地州和有口岸的市、县可设一家公司；进一步开放伊宁、博乐、塔城3个边境城市，实行国家赋予黑河等4个边境城市的各项政策；进一步开放乌鲁木齐市，实行沿海城市的各项政策；南疆地区的边境贸易，除实行国家规定的现行各项优惠政策外，可进一步放宽；授予兵团、乌鲁木齐市、伊犁地区、博尔塔拉蒙古自治州、塔城地区、喀什地区出国人员审批权，增加人民币流动资金贷款等。使新疆成为东联西出的枢纽和联结东亚与中亚、欧洲的现代“丝绸之路”上的活跃区，办成我国沿边开放的示范区和先行改革试验区。把东部地区的资金、技术、人才、信息、管理、经营办法等优势与新疆的地缘优势、资源优势紧密结合起来，共同开拓中亚、西亚乃至东欧、西欧市场。（《人民日报》1992.7.5.①，《中国共产党新疆历史大事记（1992～2002）》P19）

△ 据本报西宁讯，国家气象局与世界气象组织最近签署协议，决定在青海省海南藏族自治州共和县海拔3816米的瓦里关山建立“中国大气本底基准观象台”，这是世界建立的第13个、我国第一个大气本底基准站。（《青海日报》1992.6.9.①）

10～18日 中共中央政治局常委宋平在新疆维吾尔自治区考察乌鲁木齐、喀什、和田、伊犁、吐鲁番等州、地、市和正在开发的吐哈油田，调查了解工农业生产、改革开放、民族团结、党的基层组织建设和人民生活等方面的情况。（《人民日报》1992.6.20.①④，《中国共产党新疆历史大事记（1992～2002）》P19）

11日 据本报讯，我国第一个白冠长尾雉自然保护区最近在贵州省威宁彝族回族苗族自治县雪山镇妥大林区建立，是世界上第一个此类鸟种自然保护区。（《人民日报》

1992.6.11.①）

△ 内蒙古自治区发布《内蒙古自治区学校体育工作条例实施办法》和《内蒙古自治区女职工劳动保护规定实施办法》，即日起施行。（《内蒙古日报》1992.7.13.②）

13日 《人民日报》报道，内蒙古自治区乌兰察布盟15个旗县市的党政机关和事业单位共精简干部6789人，撤并机构80多个，近3000人从政府分离出来，办经济实体140多个，2376人走出机关到生产、流通和科技工作第一线。（《内蒙古日报》1992.6.16.①）

15日 据新华社北京电，国务院决定进一步对外开放广西壮族自治区南宁市、凭祥市、东兴镇和云南省昆明市、畹町市、瑞丽县、河口县。南宁和昆明将实行沿海开放城市政策；扩大凭祥、东兴、畹町、瑞丽、河口5市（县、镇）对外经济管理权限，实行沿海经济开放地区的一些政策措施，具备条件的可设立边境经济合作区，鼓励外商和国内企业投资，并对投资者给予优惠待遇。国家将在信贷资金安排上给予支持。（《人民日报》1992.6.16.①）

15~19日 内蒙古自治区第七届人民代表大会常务委员会第二十七次会议通过《呼和浩特市大气污染防治管理办法》等法规，自1992年10月1日起施行。（《内蒙古日报》1992.6.20.①）

16日 据《内蒙古日报》报道，内蒙古自治区政府环境保护委员会成立，自治区副主席云布龙兼任主任。（《内蒙古自治区大事记（1987~1996）》P45）

△ 广西壮族自治区南宁港北大集装箱码头工程通过验收并正式交付使用。9月18日，梧州河西综合码头建成试营，结束广西无内河正规集装箱码头的历史。（《广西通志·大事记》P582）

17日 据本报讯，最近，宁夏回族自治区作家马玉清（回族）的短篇小说《猎雁》获1992年度中外文学艺术作品大展文学类优秀作品一等奖，青海省海南藏族自治州青年作家才旦（藏族）的短篇小说《猎魂》获优秀文学作品一等奖。（《宁夏日报》1992.6.17.①，《青海日报》1992.6.19.①）

18日 据《内蒙古日报》报道，林业部批准内蒙古自治区再建2个国家森林公园，即距呼和浩特市约40公里的黑大门森林公园、距乌兰浩特市32公里的察尔森森林公园。（《内蒙古自治区大事记（1987~1996）》P147）

18日~8月4日 中国西藏艺术团一行25人在加拿大和美国进行为期49天的访问演出。艺术团先后在加、美两国10个省（州）的18个城市演出43场，观众总人数78800余人次，总行程42000多公里。访问期间，艺术团参加加拿大“温哥华市国际龙舟艺术节”、魁北克省的“第11届德拉蒙德维尔市国际民间艺术节”、美国加州维尔市的旅游艺术节等3个艺术节的演出。（《西藏日报》1992.6.24.①，7.7.①，7.16.①，7.17.①，8.22.①）

19日 内蒙古自治区人大常委会通过《内蒙古自治区城乡集市贸易食品卫生管理条例》，9月1日起施行。（《内蒙古日报》1992.7.3.②）

△ 据新华社讯，1991年跨1992年榨季，广西壮族自治区糖业基地产糖202万吨，比上个榨季增产食糖72万吨，增长55.3%，提前3年实现国家下达的“八五”计划末期产糖指标，连续4个榨季创历史最高水平。全区糖厂日榨甘蔗能力14.62万吨。（《人民日报》1992.6.19.①）

23日 据新华社银川电，宁夏回族自治区吴忠市以民族贸易为导向，以贸工农结合、城乡一体化兴商建市为主要内容，进行全方位改革试验，建成我国最大的民族经济发展试验区。（《人民日报》1992.6.24.①）

△ 首趟新疆乌鲁木齐至阿拉木图国际旅客列车（13/14次）开行，标志我国与哈萨克斯坦共和国之间的公路、航空、铁路全部开通。国务院副总理吴学谦、哈萨克斯坦共和国副总理交尔达斯·别科夫等出席在乌鲁木齐站举行的通车典礼并剪彩。（《人民日报》1992.6.24.①，《中国共产党新疆历史大事记（1992～2002）》P20）

△ 北京经广西南宁至越南河内空中航班复航。（《广西通志·大事记》P582）

23～27日 广西壮族自治区人大常委会七届二十九次会议在南宁举行。会议通过《广西壮族自治区教育条例》，于10月1日起施行。（《广西通志·大事记》P582）

24～29日 广西壮族自治区对外开放工作会议在岑溪举行。会议提出自治区"三三二"发展战略，即确定以沿海"金三角"（北海、钦州、防城）为重点，带动"三沿"（沿海、沿边、沿江）对外开放；办三个试验区，即玉林地区城乡综合改革试验区、柳州市城乡综合改革试验区和桂林旅游开发试验区；搞好两个开发带争即右江河谷开发带和红水河以水电为重点的综合开发带。（《广西通志·大事记》P583）

25日 中央政府批准第十六世噶玛巴活佛的转世灵童。27日，噶玛噶举教派十七世活佛在西藏自治区楚布寺被正式认定。这是西藏1959年民主改革以来，首次由中央政府正式批准的转世活佛。自治区民宗委主任尤嘎宣读国务院宗教事务局关于对第十六世噶玛巴转世灵童认定的批复。8月2日，第十七世噶玛巴伍金卓堆·赤列多杰剃度仪式在大昭寺释迦牟尼佛像前举行，八蚌·司徒活佛为楚布寺第十七世噶玛巴伍金赤列剃度，并取法名为白恰达让琼伍金杰瓦牛古卓堆·赤列多吉则恰列朗巴尔杰瓦德。9月27日，第十七世活佛噶玛巴坐床典礼在楚布寺举行，国务院宗教事务局局长任务之，中国佛协副会长、佛协西藏分会名誉会长帕巴拉·格列朗杰，自治区党委副书记、自治区政协主席热地，自治区党委副书记、自治区政府主席江村罗布等出席坐床典礼。任务之向十六世噶玛巴转世灵童伍金卓堆·赤列多杰颁发国务院《认定批准书》，正式批准他为第十七世噶玛巴活佛。八蚌·司徒活佛、楚布·杰曹活佛向噶玛巴敬献哈达。国务院办公厅、自治区政府、中国佛教协会等致贺电，全国人大常委会副委员长阿沛·阿旺晋美派代表致贺词。（《人民日报》1992.6.29.④，9.28.④；《西藏日报》1992.8.4.①；《凝聚》P90～91）

25～27日 西藏自治区五届人大常委会第二十次会议举行。会议通过《西藏自治区实施〈中华人民共和国土地管理法〉办法》。（《西藏日报》1992.6.27.①，6.28.①，7.17.②，7.31.④）

25～30日 青海省七届人大常委会第二十七次会议举行。会议批准《玉树藏族自治州野生动物资源保护管理条例》。（《青海日报》1992.6.27.①，7.2.①，7.5.②）

25日～7月15日 青海省玉树藏族自治州委副书记韩文录率领的玉树党政考察团在四川省甘孜藏族自治州、西藏昌都地区考察访问，达成互惠互利友好协议，签订10个合作项目。（《青海日报》1992.7.24.①）

26日 我国少数民族地区第一家资金信誉评级权威机构——内蒙古自治区信誉评级委员会在呼和浩特成立。（《人民日报》1992.6.28.②）

△ 《内蒙古日报》报道，内蒙古自治区二连浩特市与蒙古国、俄罗斯等国家签订进出口贸易额超过2亿元，签订贸易合同26项。（《内蒙古自治区大事记（1987～1996）》P46）

△ 湖南省七届人大常委会第二十九次会议批准《湘西土家族苗族自治州各级人民代表大会常务委员会监督本级人民法院、人民检察

院工作条例》、《湖南省麻阳苗族自治县自治条例》。（《湖南日报》1992.6.27.①）

27日 广西壮族自治区七届人大常委会第二十九次会议通过《关于自治区第八届人民代表大会代表名额和选举问题的决定》、《广西壮族自治区实施〈中华人民共和国水法〉办法》、《关于在全区开展检查民族区域自治法贯彻执行情况的决定》、《关于自治区1991年财政决算的决议》。（《广西日报》1992.6.28.①）

△ 西藏自治区赴印边贸会晤团一行8人离开拉萨前往印度，就恢复中印边境贸易事宜同印度有关方面会晤。这是60年代以来西藏边贸团首次访问印度。（《西藏日报》1992.7.8.①）

30日 据本报讯，内蒙古自治区证券公司日前正式开业。内蒙古金融市场诞生两年多来，累计拆入资金48.5亿元，拆出资金29.7亿元，为搞活资金、支持边疆民族地区的经济建设起到了积极作用。（《人民日报》1992.6.30.②）

△ 广西壮族自治区第一条长途光缆——南宁至玉林34MB/S光纤通信工程通过验收并正式开通运行。该线路总长267.6公里，总投资1094万元，于1990年12月3日开工。（《广西通志·大事记》P583）

△ 云南省怒江傈僳族自治州“八五”交通扶贫的第一个开工项目——碧福桥竣工，10月18日举行通车典礼，总投资475万元。（《怒江傈僳族自治州志》下P372）

△ 甘肃省七届人大常委会第二十七次会议批准《肃北蒙古族自治县草原管理办法》。（《甘肃日报》1992.7.1.①）

30日~7月4日 全国首次少数民族计划生育工作会议在吉林省延边朝鲜族自治州延吉市举行。会议由国家计划生育委员会和国家民族事务委员会联合举办，20个省、自治区的民委主任、计生委主任，25个州的州长，新疆生产建设兵团和国务院有关部委代表，计生先进集体代表及少数民族人口学家等120多人出席会议。（《民族团结》1992.9 P12）

是月 国家民委和中央组织部联合举办首期全国民族自治州州长培训班，13个自治州11个民族的州长参加培训。（《人民日报》1992.10.6.③）

△ 国务院办公厅、国家计委、财政部、民政部、国家民委等有关领导先后对云南省文山壮族苗族自治州战后遗留问题进行考察。（《文山壮族苗族自治州志》1卷P78）

7月

1日 中央民族语文翻译局翻译、民族出版社出版的《毛泽东选集》一至四卷第二版蒙古、藏、维吾尔、哈萨克、朝鲜文版正式发行。（《人民日报》1992.7.1.①）

△ 国家重点工程内蒙古自治区西部最大的金矿——哈德门金矿一期工程试车投产。工程投资4410万元，年产黄金1.2万两。（《内蒙古日报》1992.7.9.①）

2日 蒙古航空公司开辟乌兰巴托至呼和浩特的航线，这是蒙古方面开辟的第一条中蒙之间的定期往返航线，空中飞行距离为791公里。（《新华社新闻稿》1992.7.3）

△ 中奥双方关于西藏羊卓雍湖电站引进设备签字仪式在奥地利维也纳举行。中国技术进出口总公司和奥地利埃林公司的代表分别在合同书上签字。电站合同总额近4000万美元，是近年来中奥经贸合作的最大项目。（《西藏日报》1992.7.4.①）

2~4日 中南、西南十省（区）人大民族工作会议在四川成都举行，研究讨论在改革开放新形势下如何进一步搞好人大民族工作，进一步贯彻实施《中华人民共和国民族区域自治法》等问题。（《四川日报》1992.7.5.①）

3日 《内蒙古日报》报道，内蒙古改良牛与本无血缘关系的利奴毛羊优良品种采用国际最活跃的生物技术——胚胎移植手术，在自治区高寒草原克什克腾旗产仔，首试成功，牛羊移植妊娠率分别为56%和56.7%，达国际先进水平。 （《内蒙古自治区大事记（1987～1996）》P147）

3～17日 全国人大常委会视察组一行5人在青海实地视察《中华人民共和国民族区域自治法》的贯彻落实情况。 （《青海日报》1992.7.20.①）

4日 广西壮族自治区南宁高新技术产业开发区中心区工程奠基并举行奠基仪式，国务委员、国家科委主任宋健和自治区领导赵富林、成克杰等出席奠基仪式。该工程位于南宁市西郊，包括综合服务区、工业小区、生活小区3个功能区，占地208亩，总投资1.2亿元，1994年竣工。 （《广西通志·大事记》P583）

△ 据本报讯，中国人民银行樟木口岸办事处、国家外汇管理局樟木分局正式开业。樟木口岸是西藏自治区对外开放的重要口岸，是西藏对尼泊尔贸易的主要窗口。 （《西藏日报》1992.7.4.①）

5日 内蒙古自治区“八五”重点建设项目——阿拉善盟乱井滩扬水灌区总体规划及12项专业规划通过专家论证全线开工。这是目前自治区最大的扬水灌溉工程，规划面积为24.6万亩，其中灌溉面积17.2万亩，总投资16912万元。 （《内蒙古自治区大事记（1987～1996）》P148）

△ 《内蒙古日报》报道，内蒙古劳动人事厅决定向企业下放机构编制权、工资分配权、人事管理权、流动调配权，从而促进企业转换经营机制，增强企业活力。 （《内蒙古自治区大事记（1987～1996）》P147～148）

△ 国家“八五”重点建设项目、新疆塔里木油田第一条原油长输管道——轮台至库尔勒输油管线竣工投产。这标志中国西部石油开发进入了从勘探、钻井、采油到管道外运成龙配套的新阶段。 （《人民日报》1992.7.7.①）

5～9日 广西壮族自治区沿海地区综合开发规划会议在北海市举行。国务委员、国家科委主任宋健和国务院相关部门、四川、云南、贵州、广东、海南等省领导人，自治区领导以及自治区各部、委、办、厅、局、各地市、北部湾沿海各市县负责人出席会议。会议主要内容是，进一步落实西南和华南部分省、区区域规划会议精神，贯彻中央关于“充分发挥广西作为西南地区出海通道的作用”的指示，研究制定综合开发的战略规划和政策措施，讨论《广西北部湾沿海地区开放规划纲要（草案）》、《九十年代广西海洋工作纲要和广西海洋开发计划（草案）》、《关于加快西南出海通道建设和加速沿海地区经济发展的意见（征求意见稿）》3个文件。 （《广西通志·大事记》P583～584）

5～12日 全国政协副主席、国家民委主任司马义·艾买提在青海省视察民族工作。其间，司马义到互助土族自治县、循化撒拉族自治县和海南、海北两个藏族自治州以及青海民族学院、青海民族招待所进行视察。 （《青海日报》1992.7.16.①）

5～18日 以中央统战部副部长张声作为团长，由中央统战部、解放军总政治部、国家民委、文化部、全国青联共同组织的中央“心连心”艺术团一行39人在内蒙古自治区慰问演出18场，观众近10万人次，表达了党中央对内蒙古各族人民的亲切关怀。 （《人民日报》1992.7.19.④）

6日 据本报讯，新疆维吾尔自治区政府确定在乌鲁木齐、石河子和奎屯3市设立的经济技术开发区已顺利启动。目前，美国，中国香港、台湾的客商和广东、四川、山东、甘肃等地的企业已申请进入开发区，其中已确定进入开发区的项目11个。 （《西藏日报》1992.7.6.①）

6~19日 湖南省湘西土家族苗族自治州吉首市建筑材料研究所的“小型空心砌砖一二三四铺灰砌筑”项目和“建筑工程系列工艺卡”项目获’92全国科技成果展览交易会银奖。（《湘西州志》上P94）

9日 中缅合作改造史迪威公路。史迪威公路是中印公路的一部分，中印公路西起印度利多，东至中国昆明，全长1500多公里，是连接中国与印度的交通大动脉。（《新华社新闻稿》1992.7.10）

△ 广西壮族自治区邕宁县蒲庙镇的邕宁邕江大桥举行奠基仪式。该桥设计总长458.4米，桥型选用单跨钢筋混凝土中承式拱桥，跨度为312米，是世界上最新型的跨度最大的单跨中承式拱桥。该工程于1993年3月正式动工，1996年9月建成。（《广西通志·大事记》P584）

10日 中国第三届卫拉特史学术研讨会在新疆维吾尔自治区巴音郭楞蒙古自治州开幕，来自日、英、法等国和中国（包括台湾地区）的专家学者109人参加讨论会。大会接到各种研究论文46篇，国内外专家学者对近年来在卫拉特史研究方面提出的新观点、新看法展开讨论，并对卫拉特蒙古族的民俗风情进行考察。（《民族团结》1992.9 P33）

△ 内蒙古自治区摔跤队的陶日（蒙古族）、巴图孟克（蒙古族）分获内蒙古国际自由式摔跤邀请赛48公斤级和100公斤级冠军。（《内蒙古日报》1992.7.19.①）

10~13日 新疆维吾尔自治区七届人大常委会第二十七次会议举行。会议审议通过《关于进一步贯彻实施〈中华人民共和国土地管理法〉、〈中华人民共和国草原法〉、〈中华人民共和国森林法〉和搞好农业综合开发的决议》、《〈自治区保护老年人合法权益条例〉的决议》、《关于修改〈自治区扫除文盲条例〉的决定》，批准《乌鲁木齐市文化市场管理暂行条例》。（《新疆日报》1992.7.11.①，7.14.①③；《中国共产党新疆历史大事记（1992~2002）》P22）

10~22日 全国藏文编辑读书班暨优秀图书评定会在西藏拉萨召开。会议从8家出版社参评的31种藏文图书中评出本届优秀藏文图书一等奖3个、二等奖6个、三等奖9个。会议呼吁各出版社把加强藏文少儿读物的出版工作落到实处。（《西藏日报》1992.7.11.①，7.23.①）

11日 据新华社电，内蒙古自治区“希望工程”有效实施，近一年半的时间安排1000多名孩子的失学救助和补助费36万多元。（《内蒙古日报》1992.7.12.①）

△ 据本报讯，我国第一部铁路车站程控溜放装置最近在内蒙古包头问世。该装置由包钢运输部和铁道部通号公司设计院研制，是铁路信号一个攻关性的重大科技项目，属国内首创。（《内蒙古日报》1992.7.11.①）

△ 全国女子柔道邀请赛在内蒙古呼和浩特举行，13个省市代表队参赛。内蒙古呼和浩特女子柔道队的敖登（蒙古族）、李秦春、秦玉英和霍玉荣分获全国女子柔道邀请赛61、48、56和72公斤级冠军。（《内蒙古日报》1992.7.14.①，《内蒙古自治区大事记（1987~1996）》P294）

13日 交通部、云南省交通厅对怒江傈僳族自治州“八五”期间交通扶贫项目——亚谷人马吊桥改建工程竣工，8月3日交付使用。（《怒江傈僳族自治州志》下P369）

14日 据本报讯，内蒙古自治区第一个体育医疗康复中心——内蒙古体育医疗康复中心近日在呼和浩特正式成立。（《内蒙古日报》1992.7.14.①）

△ 西藏自治区党委、自治区人民政府发出《关于深化改革扩大开放的决定》。《决定》共11条，主要内容是：一、切实转变思想观念，加快国民经济的发展。二、实行全方位开放，积极引进内资和外资，努力扩大对外经济

技术合作与横向经济联合。三、走出区门，积极在内地、邻国兴办独资、合资、合作企业。四、进一步发展和扩大对外贸易。五、搞活同邻国边境贸易。六、开发旅游资源，开辟旅游市场，大力发展旅游业。七、以转换企业经营机制为重点，全面推进西藏经济体制改革。八、深化农牧区经济体制改革，加快科技兴农、兴牧的步伐。九、大力发展乡镇企业，促进农牧区经济的全面发展。十、重视培养、使用、引进适应改革开放所需要的人才。十一、充分发挥资源优势，积极发展资源工业，加快西藏经济建设的步伐。（《西藏日报》1992.8.3.①②）

△ 西藏自治区人民政府发出《关于鼓励国内外来藏投资的若干规定》。《规定》共23条，主要内容是：一、自治区鼓励国内外的企业、公司、其他经济组织或者个人来藏投资，兴办经济实体和各项经济事业及社会事业；自治区依法保护客商的合法权益，对客商的资产不实行国有化。二、国内外来藏投资项目在计划安排、立项审批、配套资金、开工建设、企业设立、注册登记等方面优先安排。三、按照土地所有权和使用权分离的原则，通过有偿出让形式使客商取得土地使用权；客商也可以通过受让以外的形式使用区内国有土地。四、客商在藏兴办生产性企业，其生产经营所得，从获利年度起，均近10%的税率征收企业所得税；免征地方所得税；客商在投资总额内进口本企业建设用的机器、设备、建筑材料、零部件、元器件等，免征进口关税和工商统一税。五、凡引荐客户来藏投资者，无论是国内公民，还是华侨、港澳同胞，或外宾，只要不是项目投资者，项目决策人或者已约定可以提取介绍费的直接介绍人，都给予奖励。（《中国共产党西藏历史大事记（1949～2004）》P625）

△ 四川省甘孜藏族自治州第一所藏族小学——康定县藏族小学成立。（《四川日报》1992.9.5.③）

△ 据本报讯，甘肃省最近决定在临夏回族自治州首府临夏市建立民族经济开发区，这是我国目前建立的最大的省级少数民族经济开发区。（《青海日报》1992.7.14.①，7.24.①）

15日 内蒙古自治区运动员王军在乌海市举行的全国竞走邀请赛上获30公里竞走男子第一名，成绩为2小时8分47秒。（《内蒙古自治区大事记（1987～1996）》P294）

△ 广西壮族自治区第一条引进镀膜玻璃生产线在南宁投产。这条双端阴极磁控溅射镀膜玻璃生产线是由南宁平板玻璃厂从美国埃柯公司引进的，具有80年代世界先进水平。总投资2946万元，每年可生产50万平方米镀膜玻璃。该生产线投产为自治区建筑幕墙和装修材料又增新家族。（《广西日报》1992.7.18.①）

△ 经国务院批准，广西南宁铁路公司正式成立。该公司由铁道部和广西合资开办，享受国家对合资铁路的各项优惠政策。该公司统一管理黎塘以南各线，包括黎湛线、河茂线、湘桂线黎塘至凭祥段、南防线、钦北线，实行自主经营，独立核算。（《广西通志·大事记》P584）

△ 我国第一个地区性农村合作医疗条例在湖北省长阳土家族自治县开始实施。条例共9章40条，具体规定了农村合作医疗的承办单位、举办形式、管理机构、经费来源、人员培训和奖惩办法。（《民族团结》1992.9 P33）

15～17日 内蒙古自治区呼伦贝尔盟第二届那达慕大会在海拉尔举行，全国93个团组1206人和15个国家、地区的276个团组1469人参加。其间，对外贸易成交7.8亿瑞士法郎，国内达成合作协议的项目137个，引进资金5.95亿元人民币。（《内蒙古日报》1992.7.19.①）

15～20日 内蒙古、新疆、宁夏、广西、青海、云南、贵州七省区民委主任联席会第二次会议在贵阳举行。会议以进一步加快大西南、大西北的改革开放步伐，逐步缩小边远民族地区与发达地区的差距，加速实现各族共同繁荣为主旨。国家民委、全国人大民委、中央统战部有关负责人出席会议。（《贵州日报》1992.9.21.①）

15日～8月31日 受国家民委委托，贵州省黔西南布依族苗族自治州文化艺术团前往意大利参加国际民间艺术节。其间，艺术团在意大利11个行政区巡回演出布依族、苗族、彝族、仡佬族等少数民族歌舞36场，获5个奖杯、18枚奖牌。（《黔西南布依族苗族自治州志·政权政协志》P32）

16日 据新华社讯，北京西藏中学93名首批高中毕业生日前离京返藏，参加四化建设。在北京生活了4年的这批藏族高中毕业生来自西藏高原的7个地区，其中有5名学生加入中国共产党。（《人民日报》1992.7.16.①）

△ 内蒙古自治区首届医药产品交易会在呼和浩特举行。交易会以“广交朋友，繁荣市场，搞活流通，发展医药”为宗旨，来自全国各省、市、自治区医药公司、药材公司、制药企业集团的400多个厂家和公司，十几个国家和地区的医药界客商800多人参加交易会。（《内蒙古日报》1992.7.17.①）

17日 鉴于有的地方设置行政区域不遵照宪法规定办事，自行设立“民族镇”情况，国务院下发《关于停止审批民族镇》的通知。（《国务院公报》1992［22号］P860）

18日 据本报讯，甘肃中医学院藏医系28名藏族大学生日前全部毕业。这是我国培养的第一代高级藏医药专业人才，标志着传统寺院式教育向现代化教育迈出历史性的一步。（《甘肃日报》1992.7.18.①）

18～25日 1992年中国桂林经贸洽谈会在广西桂林举行，美、法、德、俄、印尼、新加坡等19个国家和港、台地区的客商450多人，国内客商1000多人参加。洽谈会签订合同总金额2.74亿美元，其中利用外资金额1.73亿美元。（《广西通志·大事记》P584）

19日 据《内蒙古日报》报道，内蒙古运动员陶日（蒙古族）、巴图孟克（蒙古族）在内蒙古呼和浩特举行的国际摔跤邀请赛上分获48公斤级、100公斤级冠军。（《内蒙古自治区大事记（1987～1996）》P294）

△ 内蒙古自治区包头市漫瀚剧《契丹女》在1992年泉州中国“天下第一团”优秀剧目南方片展演中获9项奖。（《内蒙古自治区大事记（1987～1996）》P295）

△ 西藏自治区首个正规体育场——江孜县人民体育场落成，自治区体委副主任贡布出席落成仪式。（《西藏日报》1992.8.18.②）

20日 据新华社乌鲁木齐电，新疆维吾尔自治区民族语文教育取得显著成就。目前，全区已使用维吾尔、汉、哈萨克、蒙古、柯尔克孜、锡伯、俄罗斯7种文字进行教学，并用其中前6种文字出版教材，此外还用维吾尔、汉、哈萨克、蒙古4种文字招生考试。（《西藏日报》1992.7.22.③）

△ 土耳其第11届卡尔塔尔国际艺术节闭幕，新疆哈萨克民族艺术团演出的舞蹈《黑走马》、《熊舞》、《我的冬不拉》和歌曲《祝贺你的节日》获团体第一名。（《新疆日报》1992.7.23.①）

20～26日 全国“铁牛杯”竞赛经验交流会在新疆维吾尔自治区喀什市举行，43个省、市、自治区、计划单列城市的代表参加会议。会议期间，代表们在喀什地区的莎车、麦盖提、巴楚等县参观考察，了解双层经营体制和“五统一”（统一农田基本建设，统一灌溉管理，统一机耕、机播，统一防治病虫害，统一兴办各种公益事业）实行情况。代表们认为，喀什地区实行的双层经营体制和“五统一”做法对各地农机事业的发展具有普遍的指导意义，标志着新疆的农业生产已进入机械化阶段。（《中国共产党新疆历史大事记（1992～2002）》P22）

20～30日 全国马术锦标赛在内蒙古自治区举行。在第一轮场地障碍赛中，内蒙古选手孟克（蒙古族）获场地障碍赛冠军，内蒙古队获团体障碍赛第一名。西藏马术队获团体第三名。内蒙古选手旦增获个人障碍赛第二名，（《西藏日报》1992.7.23.①）

21日～8月1日 中国农学会名誉会长、农业部科学技术委员会副主任、中国农科院学术委员会主任卢良恕教授率西藏“一江两河”综合开发建设国家专家咨询组赴藏考察团先后考察山南、日喀则、拉萨等“一江两河”开发项目，并同西藏自治区党委、政府领导就“一江两河”开发建设问题进行座谈。自治区党委副书记陈奎元、热地，自治区政府主席江村罗布等会见考察团全体成员。26日，“一江两河”开发项目第一个建筑工程项目——拉萨市种鸡场扩建工程通过验收交付使用。（《西藏日报》1992.7.25.①，7.31.①，8.2.①，8.3.②）

22日 内蒙古自治区锡林浩特新机场竣工试航成功，中共中央政治局委员、常委、中央委员会总书记、中央军事委员会主席江泽民为机场题名。（《内蒙古日报》1992.7.24.①）

24～26日 首次旨在对中国藏族人口现状作全面综合研究的大型专题科学讨论会——中国藏族人口科学讨论会在拉萨举行。国务院人口普查办公室主持召开，来自西藏、四川、云南、甘肃、青海等省区，以及中国藏学研究中心、北京经济学院等大专院校共27个地区和单位的代表出席会议。会议收到论文50篇。国家统计局局长张塞，自治区领导江村罗布、毛如柏，中国藏学研究中心总干事多杰才旦到会并讲话。会议指出，藏族生活不断提高，人口迅速增长，人均寿命大大延长，有力的事实，确凿的数据，批驳了国外少数人制造的所谓西藏问题。（《中国共产党西藏历史大事记（1949～2004）》P626；《西藏日报》1992.7.25.①，7.28.①）

25日 新疆维吾尔自治区昌吉回族自治州党委、政府举行大会，命名玛纳斯县为民族团结进步、军民团结模范县，授予36025、36340部队和玛纳斯县兵站“拥政爱民模范”称号。全国政协副主席王恩茂致贺电，国家民委主任司马义·艾买提出席大会。（《新疆日报》1992.7.26.①）

25～29日 卫生部部长陈敏章率卫生部赴藏考察团一行8人考察西藏自治区卫生工作。考察团先后考察自治区第一、二人民医院，自治区卫生防疫站，自治区药政局，自治区卫生学校等部门，并同自治区党政领导进行座谈。（《西藏日报》1992.7.26.①，7.28.①，7.30.①）

25日～8月9日 第25届夏季奥运会在西班牙巴塞罗那举行。广西壮族自治区运动员9人随中国体育代表团参加比赛，农群华（壮族）与关渭贞获羽毛球女子双打银牌，林启升获男子52公斤级举重银牌，黄华获羽毛球女子单打铜牌。（《中华人民共和国大事记（1949～2004）》P965，《广西通志·大事记》P584）

27～29日 云南、贵州、四川、广西、西藏五省区七方经济协调会第九次会议在云南昆明举行，会议以联合起来共同开拓东南亚、南亚市场为主旨。国务院总理李鹏题词，副总理田纪云出席会议。（《贵州日报》1992.7.28.①，7.30.①）

27～31日 新疆维吾尔自治区民族工作会议在乌鲁木齐举行，主题是“加快改革开放、加速经济发展，把全区民族工作推向新阶段”。全国政协副主席、国家民委主任司马义·艾买提出席会议，自治区党委书记宋汉良作题为《全面贯彻中央民族工作会议精神，加快改革开放，加速经济发展，把自治区的民族工作推向新阶段》的讲话。宋汉良指出，事实充分证明，民族分裂主义确实是影响新疆稳定的主要危险，我们只有坚持反对民族分裂才能维护祖国统一，保持新疆的稳定，保证经济更好地发展。（《新疆日报》1992.7.28.①，8.1.①；《中国共产党新疆历史大事记（1992~2002）》P23）

28日 据本报讯，青海省药品检验所和省藏医药研究所编写的《青海省藏药标准》（92版）最近通过审定。（《青海日报》1992.7.28.①）

30日 国务院下发《关于进一步对外开放二连浩特市》的通知，对二连浩特市实行国务院赋予黑河等4个边境开放城市的各项政策。（《国务院公报》1992［23号］P911）

△ 据本报讯，西藏自治区首家证券经营部最近在自治区信托投资公司开业。这将使自治区的证券流通走上正常轨道，为自治区的经济发展多层次、广泛地筹集资金，发展西藏经济建设，对西藏发展完善证券交易市场也将起到促进作用。（《西藏日报》1992.7.30.①）

△ 北京时间16时20分，西藏自治区拉萨市西北角的尼木县发生6.5级地震，震中位于北纬30°、东经90.2°。该县麻江、帕布、彭岗等5个乡受灾，受灾群众1506户，其中重灾户226个，1.73万平方米房屋倒塌。拉萨市强烈有感，日喀则有感。22日至8月2日，尼木县境内连续发生大小地震600多次。8月8日，自治区党委副书记巴桑等赴灾区慰问群众。（《西藏日报》1992.7.31.①，8.10.①③，8.11.①）

31日~8月16日 联合国世界粮食计划署“3357”项目中期评估团团长米切尔·斯马特一行7人，在“3357”项目区的西藏自治区达孜县、堆龙德庆县、墨竹工卡县和城关区，对项目第一期工程各分项目进行全面检查和评估。评估团听取西藏“3357”项目领导小组的汇报，同自治区和拉萨市项目负责人进行会谈。10日，联合国世界粮食计划署高级顾问阿兰·威金斯飞抵拉萨，同评估团和专家们共同对项目中的分项目进行检查评估。（《西藏日报》1992.8.1.①，8.4.①，8.9.①，8.15.①，8.16.①，8.17.①，8.19.①）

是月 国务院房改领导小组批准《广西城镇住房改革的实施意见》。8月，广西壮族自治区房改领导小组召开新闻发布会正式公布。（《广西通志·大事记》P584）

△ 西北民族学院教授王沂暖主编的《佛学词典》（藏、汉文对照）由青海民族出版社出版发行。1993年12月2日，该词典获第七届中国图书奖。（《青海日报》1993.12.2.①）

8月

1日 中国历史文献研究会第13届年会暨历史文献与民族文化国际学术研讨会在内蒙古呼和浩特举行。来自全国20多个省、市、自治区及香港、法国的150多位专家、学者，就中国古代辽、金、西夏、元、清史研究以及中华民族传统文化与少数民族著名历史人物研究等问题开展专题研讨，并对成吉思汗陵等历史名胜进行学术考察。（《内蒙古日报》1992.8.4.①）

△ 广西壮族自治区钦州港举行建港工程奠基典礼，自治区领导以及国务院有关部门、兄弟省（区）和自治区内60多个单位代表共1万多人参加。1994年1月16日，2个万吨级起步码头建成使用。（《广西通志·大事记》P585）

△ 全国少数民族地区领导工作理论与实践研讨会在乌鲁木齐召开。全国政协副主席、国家民委主任司马义·艾买提，中顾委委员、原中组部部长陈野苹出席会议并讲话。（《新疆日报》1992.8.2.①）

3日 全国民族文化工作经验交流会在内蒙古自治区呼和浩特举行，20个省市自治区的文化厅（局）长及内蒙古自治区领导王群、布赫，文化部副部长高占祥，中宣部副部长聂大江，国家民委主任文精（蒙古族）等出席。会议总结交流了民族文化工作的新经验、新做法。（《内蒙古日报》1992.8.4.①）

△ 青海省海西蒙古族藏族自治州与新疆博尔塔拉蒙古自治州缔结为友好地区。（《海西蒙古族藏族自治州志（1991~2002）》P11）

4日 《内蒙古日报》报道，内蒙古自治区第一处中药材市场在赤峰开业，为全国八大中药市场之一。（《内蒙古自治区大事记（1987~1996）》P148）

4~5日 应中国政府邀请，吉尔吉斯斯坦共和国总理成吉雪夫一行在新疆维吾尔自治区参观访问。自治区党委书记宋汉良和成吉雪夫一行进行会谈，双方就经贸、交通、水利、民航、文化等领域的合作问题深入具体地交换意见并签署有关协议。（《中国共产党新疆历史大事记（1992~2002）》P23）

△ 广西壮族自治区双拥模范城、县（区）命名大会在南宁举行。是年1月16日，国家民政部、中国人民解放军总政治部授予柳州市为“全国双拥模范城”称号，成为广西首个获此称号的城市。（《广西日报》1992.8.5.①，《广西通志·大事记》P578）

4~6日 七省市九地区第三届名优特产品暨湘鄂川黔武陵山区第九届商品交易会在湖南省湘西土家族苗族自治州吉首市举办，成交额3.86亿元。（《湘西州志》上P95）

5日 广西壮族自治区禁毒宣判大会在南宁举行，自治区直属机关和南宁市干部群众1.2万人参加大会。法院依法处决16个犯罪团伙的24名重大贩毒犯罪分子，当众销毁毒品1.1吨。（《广西通志·大事记》P585）

△ 广西壮族自治区党委、人民政府和中国社会科学院在北京举办北海经济协作开发区研究报告论证会。国务院副总理邹家华、全国政协副主席王光英和国务院有关部门负责人以及各方面专家学者，西南地区各兄弟省区、市的代表出席论证会。（《广西通志·大事记》P585）

△ 西藏自治区人民政府发出《关于大力发展乡镇企业的决定》，自发布之日起施行。《决定》共11条，主要内容是：一、进一步提高对发展乡镇企业重要地位和作用的认识。二、发展乡镇企业要从西藏的实际出发，坚决贯彻解放思想、全面放开、积极扶持、大力发展的指导思想；要坚持乡办、村办、联户办、户办“四轮驱动”，因地制宜，发挥优势，宜大则大，宜小则小的方针。三、乡镇企业的发展方向和重点要放在农畜土特产品加工业、建材工业、支农工业和劳动密集型产业方面；在合理规划的前提下发展采矿冶炼业，并发挥劳动密集和传统工艺的优势，努力生产和经营为城市工业加工配套的产品、出口创汇产品、旅游产品和城乡人民生活必需品；努力发展建筑业；积极发展为人民生活生产、为企业服务的商业、交通运输业、饮食服务业等第三产业。四、坚持优势互补，广泛开展横向经济联合。鼓励农牧民个人、联户或联营兴办各种类型的乡镇企业。五、实行免税的优惠政策。对农牧民群众开展的捕捞、采集、家庭兼营加工业、劳动输出、农牧交换等经营，继续实行免税。（《西藏日报》1992.8.13.①③，《中国共产党西藏历史大事记（1949~2004）》P627）

5~9日 新疆维吾尔自治区首届《玛纳斯》史诗演唱会在克孜勒苏柯尔克孜自治州阿合奇县举行。全国政协副主席、国家民委主任司马义·艾买提致贺电，自治区、自治州有关领导和来自全国各地的代表、专家、学者250余人参加。（《新疆日报》1992.8.12.①，《克孜勒苏柯尔克孜自治州志》上P69）

6日 中国东方电站成套设备公司拉萨分公司开业。西藏自治区政府副主席江措出席开业典礼并讲话。该公司是自治区党委和政府正式颁布加快西藏改革开放的一系列政策和措施后首批在西藏注册开业的国内大型集团公司。（《西藏日报》1992.8.7.①）

△ 广东省与内蒙古自治区经济技术合作签字仪式在呼和浩特举行。（《内蒙古日报》1992.8.8.①）

△ 广西北海至北京空中航线通航，全长2430公里。（《广西通志·大事记》P585）

6~13日 ’92宁夏展览会在香港举办。大会出口成交2054万美元，签订利用外资合同12个，引进外资800余万美元。（《宁夏日报》1992.8.14.①）

7日 广西壮族自治区玉林柴油机总厂改为玉柴机器股份有限公司，并开始营运。这是广西壮族自治区首家改造为股份制的国营企业，共有股东300多家。（《广西通志·大事记》P585）

8日 《内蒙古日报》报道，内蒙古自治区包钢炼铁厂生铁质量名列全国十大钢厂之首，合格率达99.99%。（《内蒙古自治区大事记（1987~1996）》P149）

9日 据《内蒙古日报》报道，内蒙古自治区政府批准阿拉善盟额济纳旗七道桥胡杨林封育区为自治区级自然保护区。该区面积39万亩，是自治区唯一的大面积连片胡杨林，仅次于新疆胡杨林，居全国第二。（《内蒙古自治区大事记（1987~1996）》P149）

10日 中国和哈萨克斯坦政府在北京签署有关经贸、文化、教育、领事和铁路运输、开辟边境口岸等7个协议。（《新华社新闻稿》1992.8.11）

11日 西藏自治区政府发布《关于加快发展第三产业的实施意见》。（《西藏日报》1992.8.18.①）

13日 据《人民日报》报道，国务院最近决定进一步对外开放呼和浩特、银川等市，实行沿海开放城市政策。（《中华人民共和国大事记（1949~2004）》P967）

△ 中国星火计划成果向中西部转移暨内蒙古技术洽谈会在内蒙古自治区呼和浩特开幕。会上洽谈120多个项目，达成意向金额1100多万元。（《内蒙古日报》1992.8.17.①）

15日 首届国际满学学术研讨会在北京召开，我国（包括港、台地区）及日本、美国、意大利、俄罗斯、韩国的60多名专家学者与会。北京市社会科学院院长高起祥教授致开幕词，中国历史学会会长戴逸、中央民族学院王钟翰教授、日本明治大学神田信夫教授讲话。（《人民日报》1992.8.16.④）

15~17日 第二届全国少数民族中学生力学竞赛决赛在青海西宁举行。浙江、吉林、内蒙古、新疆、青海、上海等18个省、区、市的11个少数民族的86名高中学生参赛，其中5人获一等奖、27人获二等奖。（《青海日报》1992.8.18.①）

15~24日 1992中国内蒙古对外经济贸易交易会在呼和浩特举行，中国（包括港澳台地区）、美、日、独联体及欧洲等30多个国家和地区的知名人士和客商参加。交易会分7个展厅195个摊位，1万多种商品参展。外贸成交进出口总额达1.55亿美元，对外经济技术合作项目共签约111项，总投资13亿元人民币，协议外商投资9057万美元；国内经济技术和物资协作项目成交87项，引进资金5124万元人民币；物资协作共签合同418项，成交金额8.31亿元人民币。交易会期间，共签订意向性合同335项（份），意向性合同额总计4273万元，销售订货合同额300余万元。（《内蒙古日报》1992.8.16.①，8.25.①；《人民日报》1992.8.25.④）

16日 据新华社乌鲁木齐电，有“东方音乐瑰宝”之誉的《十二木卡姆》的搜集整理工作日前完成，整理出300多个音乐曲牌、1000多首乐曲。《丝绸之路音乐文化》、《维吾尔人民古典音乐十二木卡姆》等专著和学术论文新近出版。（《人民日报》1992.8.18.④）

16~23日 内蒙古自治区1992年那达慕草原旅游节暨国际马术邀请赛在呼和浩特举行。19个国家和地区的90个旅游团（队）1800多名宾客参加，创汇收入近40万美元。马术比赛为期3天，韩国、伊朗、菲律宾选手分获场地障碍赛马团体前三名；我国运动员张河获个人赛冠军。（《人民日报》1992.8.16.①；《内蒙古日报》1992.8.17.①，8.24.①）

17日 内蒙古自治区最后一个无电旗县——锡林郭勒盟苏尼特左旗通电。至此，自治区88个旗县全部通电。（《内蒙古日报》1992.12.20.①）

△ 据本报讯，受国家农业部委托，西南农业大学、西北农业大学、西藏自治区科委有关学者、专家组成的考察组对西藏“一江两河”中部地区18个县的农牧科技进行为期一个月的考察，并完成了一份农牧科技专题规划。（《西藏日报》1992.8.17.①）

△ 据本报讯，全国藏文图书评定会最近在西藏拉萨召开，青海民族出版社编辑出版的5种藏文图书分获一、二、三等奖，其中，《新编藏文字典》、《历史文学作品选》获一等奖，《唐僧取经》获二等奖，《吐蕃传》、《米拉日巴传及其道歌》获三等奖。（《青海日报》1992.8.17.③）

17~20日 贵州省民族工作会议在贵阳举行，国家民委副主任陈欣发表讲话。会议主要议题是进一步动员和组织全省各族人民，开创民族工作新局面。（《贵州日报》1992.8.18.①，8.21.①）

17~21日 中国少数民族地区教育国际交流项目协作会第一次会议在青海西宁召开，四川、云南、青海等10个少数民族省、区的代表参加会议。（《青海日报》1992.9.4.①）

18日 广西海外交流协会在南宁成立，刘明祖、梁成业任名誉会长，邱国华任会长。协会的目的和宗旨在于更广泛地联系海外各界人士及其社团，增进友谊，在发展相互间友好往来的同时，促进海内外、区内外经济贸易、科学技术、文化教育、新闻传播、旅游观光、体育卫生、社会福利等多领域、多层次的合作与交流，为广西经济建设和各项事业服务。（《广西日报》1992.8.20.①）

△ 由香港陈冠杰先生独资经营、投资5.5亿元的东洋集团（柳州）成片土地开发公司正式开业。该公司在广西壮族自治区柳州古亭山风景区建设香港新城，占地面积133万平方米，建筑面积250万平方米。（《广西通志·大事记》P585）

△ 贵州省黔南布依族苗族自治州委、州政府发出《关于进一步发挥知识分子、科技人员重要作用的意见》，并将每年3月18日定为黔南州科技活动日，设立“黔南科教兴州奖”、“黔南州政府特殊补贴”、“黔南州优秀科技人才奖”，对在富民兴州中作出突出贡献的知识分子、科技人员给予奖励。（《黔南布依族苗族自治州志》上P74）

19日 湖南省杨安元（侗族）编写的论文《稻田吸血蚂蟥及其杀死》获全国第六届青少年创造发明比赛和科学讨论会二等奖。（《湖南日报》1992.9.1.①）

20~22日 北京大学朝鲜文化研究所和日本大阪经济法科大学亚洲研究所共同举办的第四届朝鲜学国际学术讨论会在北京大学举行。我国及朝鲜、韩国、日本、美国、加拿大、独联体、印度等10多个国家的600多名学者与会，共同就朝鲜学中的历史、经济、政治法律、社会、教育、科技等11个分科进行学术交流和相互切磋。（《人民日报》1992.8.22.④）

△ 西藏自治区个体劳动者第一次代表大会暨全区先进个体劳动者表彰大会在拉萨召开，自治区政府主席江村罗布等出席。会议通过《西藏自治区个体劳动者协会章程》、《西藏自治区个体劳动者第一次代表大会全体代表倡议书》，选举产生自治区个体劳动者协会第一届理事会及领导成员，29名全区先进个体劳动者获表彰。（《西藏日报》1992.8.21.①，8.25.①）

21日 云南省文山壮族苗族自治州人大常委会九届九次会议通过决定，自1993年起，每年4月1日为文山壮族苗族自治州民族节，放假2天（含州庆1天）。（《文山壮族苗族自治州志》1卷P78）

△ 《内蒙古日报》报道，全国重点文物保护单位——庆陵及奉陵邑的重要组成部分辽庆州白塔历时5年维修，修葺一新，重现当年风姿。（《内蒙古自治区大事记（1987~1996）》P296）

24日 中国科协促进少数民族地区科技发展专门委员会第二次会议在西藏拉萨召开。内蒙古、宁夏、广西、云南、贵州、甘肃、青海等八省区和吉林省延边朝鲜族自治州科协负责人共20余人参加会议，国家劳动人事部、林业部有关领导出席会议。会议的中心议题是，开展广泛的交流和协作，明确发展科技就是发展生产力的主攻目标。（《西藏日报》1992.8.28.①）

24~28日 中国广西贸易展览会在日本东京阳光城举行。广西壮族自治区副主席陈仁出席开幕式并讲话，日本众议院议长、日本国际贸易促进协会会长樱内义雄，日本经济协会会长河合良一，中国驻日本国大使李振亚等致词。展览会共接待日本、蒙古、韩国及港澳台地区客商900家，签订进出口合同3916万美元，贸易成交额4044万美元，达成合作意向开发项目6项，金额约1400万美元。（《广西日报》1992.8.30.①，《广西通志·大事记》P585）

25日 雪域秘藏——西藏自治区文物展览和清宫藏传佛教艺术展览在北京故宫博物院开展。展览由故宫博物院和西藏文化厅、西藏文管会主办。雪域秘藏共展示214件（套）文物，清宫藏传佛教艺术展展出佛造像、佛经、法器、唐卡等400余件展品。（《人民日报》1992.8.26.④，《西藏日报》1992.8.31.①）

△ 据本报讯，宁夏回族自治区学者杨怀中（回族）编写的《回族史论稿》最近获第七届北方15省、市、自治区优秀哲学社会科学图书评选优秀图书奖。12月9日据本报讯，最近杨怀中又获得首届中国民族图书奖三等奖。（《宁夏日报》1992.8.25.①，1992.12.9.①）

△ 新疆维吾尔自治区乌鲁木齐高新技术产业开发区成立。全国政协副主席王恩茂到会祝贺。（《新疆日报》1992.8.26.①）

25~28日 青海省人大常委会七届二十八次会议举行。会议通过《青海省宗教活动场所管理规定》和《青海省宗教教职人员管理规定》，自10月1日起施行；通过关于批准《海西蒙古族藏族自治州自治条例》部分条款修改的决定。（《青海日报》1992.8.26.①，8.29.①，9.21.②）

25~29日 广西壮族自治区七届人大常委会第三十次会议在南宁召开。会议通过《广西壮族自治区禁毒条例》、《广西壮族自治区财政预算管理条例》，并自公布之日起施行。（《广西通志·大事记》P585）

26日 中国新疆维吾尔自治区乌鲁木齐至乌兹别克斯坦塔什干国际航线正式开通。这条由新疆航空公司开辟的中国与乌兹别克斯坦共和国之间的空中走廊，全长1778公里，空中飞行时间去程2小时35分钟，回程2小时20分钟。（《新华社新闻稿》1992.8.27）

27~29日 全国边疆和少数民族地区基本建设经济研究会联席会暨理论研讨会在青海

西宁召开。国务院发展研究中心、国家计委经济研究中心、中国基本建设经济研究会和云南、贵州、广西、新疆、宁夏、内蒙古、黑龙江、青海、上海、山东、陕西、甘肃等省、区、市的数十名专家参加研讨会。（《青海日报》1992.8.31.①）

28日 据《新疆日报》报道，国家已批准新疆维吾尔自治区开放巴克图、吉木乃、阿黑土别克、都拉塔、木扎尔特5个边境新口岸，同时批准霍尔果斯、阿拉山口、巴克图3个边境口岸向第三国人员、运输工具以及货物开放，从11月起执行。至此，新疆对外开放口岸已达14个，成为全国开放一类边境口岸最多的省区。（《中国共产党新疆历史大事记（1992～2002）》P25）

29日 内蒙古自治区第一条一级公路——110国道包头东出口建成通车。全长12.82公里，路基宽28.5米，总投资为2600万元。（《内蒙古日报》1992.8.31.①）

31日 中央民族歌舞团建团40周年汇报演出在民族文化宫举行。中共中央政治局委员、国务委员李铁映，全国人大常委会副委员长阿沛·阿旺晋美、赛福鼎·艾则孜等观看演出。（《人民日报》1992.9.1.④）

是月 广西壮族自治区重点工程广西露塘造纸厂动工。该项目设计年产书写纸1.2万吨，年回收烧碱2500吨，总投资8600万元。1995年试产成功。（《广西通志·大事记》P585）

9月

1日 内蒙古自治区参展邮集《绥远邮政史》在马来西亚吉隆坡举行的“1992年第五届亚洲国际集邮展览”中获银奖，这是内蒙古在国际邮展中获得的最高奖。（《内蒙古自治区大事记（1987～1996）》P296）

△ 西藏自治区第一所希望小学——那曲县希望小学竣工交付使用。自治区党委副书记巴桑等出席竣工典礼。学校由中国青少年发展基金会援建，占地190.8平方米，总投资6.9万多元，共有学生80名。全国人大常委会副委员长阿沛·阿旺晋美亲笔题写“那曲县希望小学”藏文校名。中国青少年发展基金会致贺电。（《西藏日报》1992.9.3.①）

1~3日 国务院总理李鹏在新疆维吾尔自治区考察。李鹏指出，沿边开放对于振兴边境地区经济，巩固和发展民族团结，促进边境地区繁荣稳定具有重要意义，这也是缩小东西部经济差距，走共同富裕道路的一个重要步骤。（《中国共产党新疆历史大事记（1992～2002）》P26，《青海日报》1992.9.5.①④）

2~11日 由西北五省区、西安市、新疆生产建设兵团联合举办，新疆维吾尔自治区主办的’92乌鲁木齐边境、地方经济贸易洽谈会在新疆乌鲁木齐举行。国务院总理李鹏为开幕式剪彩并会见联办和参加乌恰会的各省区市领导及国内各展团负责人，同他们进行座谈并作重要讲话。参加洽谈会的外商有38个国家和地区的1683名代表，国内27个省、自治区、直辖市的29个外贸工贸总公司668家代表，连同自治区境内各地、州、市的观摩人员，总规模在万人以上。洽谈会总成交额17.9亿美元，内贸及合作成交额15亿元人民币，进出口基本平衡。（《青海日报》1992.9.3.①②，9.4.①，9.14.①；《中国共产党新疆历史大事记（1992～2002）》P26～27）

3日 我国大型露天煤矿之一——内蒙古自治区霍林河矿区扩建一号露天煤矿二期工程通过国家验收，正式投产，年产煤700万吨，可使霍林河煤矿跻身于年产千万吨以上的特大型煤炭企业的行列。（《内蒙古日报》1992.9.5.①）

△ 吉林省延边朝鲜族自治州庆祝成立40周年，全国人大常委会和国务院致贺电。延边各族群众5万多人在延吉市体育场举行庆

祝大会，全国政协副主席洪学智和国家民委代表团、吉林省党政代表团负责同志及友好省市区的代表出席大会。（《人民日报》1992.9.4.①）

△ 湖南省湘西土家族苗族自治州运动员罗红卫（土家族）以157.5公斤获省第二届青少年运动会举重比赛女子甲组44公斤级冠军，并打破155公斤级全国青少年纪录。（《湖南日报》1992.9.4.③）

3~15日 广西壮族自治区的张小玲、杨毅、石铁音在西班牙巴塞罗那举行的第九届残疾人奥运会获得乒乓球、游泳2个项目的2枚金牌、2枚银牌、2枚铜牌。（《广西通志·大事记》P586）

4日 中尼公路大竹卡至日喀则改建工程日前全部竣工，并将于当月正式交付使用。这条被誉为“黄金旅游线”的公路，是西藏自治区同邻国尼泊尔经贸交往重要通道，也是连接前后藏的要道。（《新华社新闻稿》1992.9.5）

△ 据新华社乌鲁木齐电，截至目前，新疆维吾尔自治区与50多个国家和地区建立贸易关系，出口商品种类230多种。近年来，新疆与其它省区签订协作项目3672项，引进外省资金7亿元，累计新增利税3亿元，协作各类物资总额30亿元。（《人民日报》1992.9.4.③）

5日 青海省第一个综合性民族研究会——青海省土族研究会成立大会召开。会议选举副省长马元彪（土族）为名誉会长，松布（土族）、程步云、吴有才为顾问，祁明荣为会长。（《青海日报》1992.9.11.①）

△ 青海省海西蒙古族藏族自治州与湖北省鄂西壮族自治州缔结为友好地区。（《海西蒙古族藏族自治州志（1991~2002）》P12）

5~7日 西藏自治区第二批双拥模范县命名暨亚东双拥现场会在亚东举行，命名堆龙德庆、林芝、米林、错那、岗巴、那曲6个县为双拥模范县。会上，自治区党委副书记丹增、自治区副主席龚达希、西藏军区副政委蒋成光先后发表讲话，国家民政部优抚司副司长靳尔刚、解放军总政治部宣传部副部长毕夕波等出席会议。（《西藏日报》1992.9.12.①）

6日 国家“863”计划生物领域“动物细胞工程研讨会”在内蒙古大学结束，全国动物细胞工程及胚胎学家和学者进行学术交流。著名生物学家旭日干（蒙古族）博士主持会议，由他主持的动物研究中心研制的第一胎冷冻试管牛犊降生。（《内蒙古日报》1992.9.7.①）

7日 在西藏自治区财政厅庆祝西藏财政建立40周年会议上获悉，截至1992年，全区7个地市、74个县（市）都成立财政机构，建立了比较完整的财政体系。全区现有财税干部1900多人，藏族和其他少数民族占60%以上，已初步形成一支以民族干部为主体的财税干部队伍。1988年，西藏地方财政扭转收入净亏损局面，实现正数收入225.7万元，1991年实现收入2325万元，比1988年增长10倍多。（《中国共产党西藏历史大事记（1949~2004）》P629）

8日 广西壮族自治区政府第二次常务会议通过《广西壮族自治区实施〈军人抚恤优待条例〉办法》，自1993年1月3日起正式实施。（《广西日报》1993.2.23.②）

△ 西藏自治区人民医院庆祝建院40周年。自治区人民医院始建于1952年，目前，已成为拥有800多职工，31个临床、技科室，500张床位的综合性医院。40年来，该院共计免费治疗病人700多万人次，收治住院病人15万人次。同时，还培养出一大批藏族医务工作者，医院的建设也有很大发展；在管理方面，该院已建起了10个计算机信息管理系统，基本实现管理现代化。（《中国共产党西藏历史大事记（1949~2004）》P629~P630）

△ 在西班牙塞维利亚国际博览会上，新

疆维吾尔自治区获联合国教科文组织颁布的“1992年度野间扫盲奖”。（《湖南日报》1992.9.10.④）

9日 据《广西日报》报道，广西壮族自治区第一批实行科技体制改革试点的广西亚热带作物研究所、广西粮油研究所、广西化工研究所、广西冶金研究所、广西建筑科学设计院、广西电子研究所、广西药物研究所7个科研院所，已全面完成和超额完成3年体改承包任务，全部实现事业费减拨到位，总产值8000万元，创收2256万元，完成重大科研课题613项。（《广西通志·大事记》P586）

△ 广西南宁的良凤江风景区被林业部批准为“良凤江国家森林公园”。该公园位于广西首府南宁市南郊，距市区7公里，总面积4863.7公顷，由良凤江核心区、凤凰湖森林度假区、五象岭森林公园区组成，是林业部批准成立的广西最早的国家级森林公园。（《广西通志·大事记》P586）

10~14日 内蒙古自治区第一届产学研洽谈会在呼和浩特举行，区内外300多家企业、21所大专院校、科研院所及区外27所高等院校、科研院所的600名专家、学者、工程技术人员和企业界人士出席，提供200多项科技成果，提出300多种技术难题，发布和交流438项信息，组织11个盟市36大类800多个名优特新产品展销，销售额5.5万元，接受订货565万元。自治区有关部门为企业安排合作开发、成果转让项目75项，总金额为4294万元。（《内蒙古日报》1992.9.11.①，9.15.①）

10~17日 贵州省七届人大常委会第二十七次会议举行首次会议，批准《威宁彝族回族苗族自治县自治条例》。（《贵州日报》1992.9.11.①，9.18.①）

10~19日 中国佛协西藏分会第六届代表大会在拉萨举行。会议传达和讨论全国宗教会议精神，审议通过第五届理事会工作报告和中国佛协西藏分会章程修改草案，选举第六届理事会和领导班子，通过有关决议。（《西藏日报》1992.9.11.①③，9.14.①，9.19.①，9.20.①）

12~24日 中俄联合勘界委员会第二次会议在北京举行，双方就中俄国界东段的有关勘界问题交换意见，并签署有关勘界文件。（《新华社新闻稿》1992.9.25）

14日 《新疆深圳经济合作协议》在新疆维吾尔自治区乌鲁木齐签订。（《新疆日报》1992.9.15.①）

△ 据本报讯，湖南省湘西土家族苗族自治州第一个国家级森林公园——南华山森林公园最近在凤凰县建立。（《湖南日报》1992.9.14.①）

15日 位于西藏拉萨的布达拉宫第三期维修工程通过验收。此次验收项目共32项，其中土建和彩画全部完成的11项，完成土建、未完成彩画的13项，正在施工的5项，完成二期工程遗留项目3项。（《人民日报》1992.9.17.④）

△ 据新华社报道，自80年代初到目前，青海已有建6所回族、撒拉族女子中学。（《宁夏日报》1992.9.15.①）

△ 新疆维吾尔自治区首家边民互市贸易市场——新疆霍尔果斯边民互市贸易市场正式开业。（《中国共产党新疆历史大事记（1992~2002）》P28）

△ 云南省人大常委第二十五次会议批准《云南省西双版纳傣族自治州森林资源保护条例》，并公布施行。（《西双版纳傣族自治州志》上P87）

15~18日 由国家教委、国家民委和新疆维吾尔自治区人民政府联合举行的内地高校支援新疆第二次协作会议在乌鲁木齐举行。全国政协副主席、国家民委主任司马义·艾买提，国家民委副主任图道多吉，国家教委副主任朱开轩，自治区党政领导宋汉良、铁木尔·

达瓦买提、贾那布尔、克尤木·巴吾东等出席，全国各地60余所高等院校的300多名代表参加会议。会议确定，自1993年至1995年，内地高校每年招收新疆少数民族本科生1000余人，3年共定向招收硕士生300人、博士生60人，接受高校进修教师600人。（《中国共产党新疆历史大事记（1992~2002）》P28~29）

16日 国家重点建设项目、总装机容量121万千瓦的广西壮族自治区岩滩水电站第一台机组正式并网发电。这是我国继葛洲坝、龙羊峡、白山之后投产发电的第4个超百万千瓦的大型水电站。10月31日，自治区党委、人民政府在岩滩举行庆功表彰大会，拿出150万元奖励有关单位和个人。（《人民日报》1992.9.17.①，《广西通志·大事记》P586）

16~22日 1992年度藏尼贸易展览洽谈会在拉萨举行。西藏自治区政府主席江村罗布、尼泊尔王国商业供应大臣阿·拉·普拉达朗格为开幕式剪彩。洽谈会进出口成交额1200多万美元，达成意向协议十多项。（《西藏日报》1992.9.17.①，9.26.①）

17日 新疆维吾尔自治区和田乌鲁瓦提水利枢纽工程可行性研究报告通过中国国际工程咨询公司专家组的最终评估。该工程为新疆“八五”重点建设项目，总投资6.62亿元，总库容3亿~4亿立方米。工程建成后，可提供调节库容22亿立方米，年发电量1.9亿千瓦/时，直接增加蓄水1.6亿立方米，改善灌溉面积113万亩，扩大灌溉面积9万亩。（《中国共产党新疆历史大事记（1992~2002）》P29）

18日 广西壮族自治区第一所“希望工程助学基金”资助建立的“希望小学”在平果县凤梧乡仕仁村落成，中顾委副主任薄一波题写校名。（《广西通志·大事记》P586）

18日~10月7日 国际农业发展基金会官员在青海省海南藏族自治州考察该会拟资助的农业综合开发项目后同意立项，并为海南州提供总额2500万美元的低息贷款。（《青海日报》1992.10.26.①）

19日 台湾统一企业公司与新疆国际信托投资公司合资兴建的新疆统一企业食品有限公司在乌鲁木齐投产，这是目前台湾企业家在新疆维吾尔自治区投资规模最大的合资企业。（《人民日报》1992.9.22.①）

△ 西藏自治区人民政府印发《全民所有制工业企业转换经营机制条例》。《条例》共7章54条，主要内容是：一、企业转换经营机制的目标：使企业适应市场的要求，成为依法自主经营、自负盈亏、自我发展、自我约束的商品生产和经营单位，成为独立享有民事权利和承担民事义务的企业法人。二、继续坚持和完善企业承包经营责任制；逐步试行税利分流，统一所得税率；创造条件，试行股份制。三、企业享有生产经营决策权、产品和劳务定价权、产品销售权、物资采购权、进口权、投资决策权、留用资金支配权、资产处置权、联营兼并权、劳动用工权、人事管理权、工资奖金分配权、拒绝摊派权。四、企业必须严格执行国家财政、税收和国有资产管理的法律、法规，如实反映企业经营成果，确保企业财产的保值、增值。五、企业财产属于全民所有，即国家所有，国务院代表国家行使企业财产的所有权。（《中国共产党西藏历史大事记（1949~2004）》P630~631）

19~21日 首次全国少数民族地区人民调解工作经验交流会在云南省昆明市举行。（《云南日报》1992.9.26.②）

19~23日 中日传统工艺品联合展在北京中国工艺美术馆举行。青海省的民族工艺品藏族银器、牛羊头工艺挂饰等参展。其中，黄南藏族自治州热贡艺术馆的中国工艺美术大师夏吾才让和艺人尖木措的两幅绘画唐卡作品被中国工艺美术馆珍宝馆收藏。（《青海日报》1992.10.5.①）

20日 西藏自治区隆子县“希望小学”

在列麦乡建成开学。自治区党委副书记巴桑、共青团中央书记处书记洛桑和自治区团委书记洛桑江村、山南地委书记普穷为学校竣工剪彩。学校占地1500平方米，总投资11.5万元，由共青团中央、中国青少年发展基金会援建。全国人大常委会副委员长阿沛·阿旺晋美题写校名。（《西藏日报》1992.9.22.①）

△ 据本报讯，青海省黄南藏族自治州民族歌舞剧团创作的大型藏戏《藏王的使者》在甘肃兰州演出。该剧剧本最近获全国戏剧创作银质奖。（《青海日报》1992.9.20.①）

21日 国务院新闻办公室发表《西藏的主权归属与人权状况》的白皮书。白皮书由前言和两大部分组成，第一部分分西藏的主权归属、所谓“西藏独立”的由来、达赖集团的分裂活动和中央政府的政策三章，第二部分分旧西藏的封建农奴制、人民获得了人身自由、人民享有的政治权利、经济的发展和人民生活的改善、宗教信仰自由、教育和文化的发展、人民健康和人口发展状况、生存环境的保护、国家对西藏发展的特殊支持九章。（《国务院公报》1992［26号］P1327～1328；《人民日报》1992.9.23.②③，9.24.③）

△ 内蒙古自治区电力系统第一家中外合资企业——内蒙丰镇电力开发有限公司成立。公司由丰镇电厂与中国建设（香港）有限公司合资经营，建设规模为2台20万千瓦机组电能生产和深加工产品，总投资6.29亿元人民币，其中，丰镇电厂投资2850万美元，中国建设有限公司投资950万美元。（《内蒙古日报》1992.10.7.①）

22～26日 青海省民族工作会议在西宁举行，省委书记尹克升作题为《加强民族团结，发展民族经济，为实现各民族的共同繁荣进步而努力奋斗》的讲话。（《青海日报》1992.9.23.①⑥，9.27.①②）

24日 广西壮族自治区政府副主席李振潜与美国《国际日报》发行人、美国国际集团综合投资开发公司副总裁李亚频签订《关于广西壮族自治区教育委员会与李亚频女士联合举办“广西国际大学”的意向书》。（《广西民族学院校史》P312）

25日 青海省“八五”重点科研课题《藏族教育改革与发展研究》在西宁通过鉴定，填补全国同类课题研究的空白。（《青海日报》1992.9.29.①）

26日 内蒙古自治区海外交流协会宣布成立，其宗旨是联系归侨、侨眷、海外华人、华侨、港澳台同胞及其社团，增进内蒙古各族同胞与海外人士的了解与交往。（《内蒙古日报》1992.9.28.①）

△ 四川省七届人大常委会三十一次会议批准《凉山彝族自治州彝族语言文字工作条例》、《马边彝族自治县施行〈中华人民共和国婚姻法〉的补充规定》。（《四川日报》1992.9.27.②）

△ 由四川省民委、省作协联合主办的四川省首届少数民族优秀文学作品颁奖大会暨《环山的星》丛书首发式在成都举行。有30余位中青年作者获奖，其中谷运龙（羌族）创作的小说集《飘逝的花瓣》系中国羌族第一部文学作品，贾互盘加（彝族）出版的《情系彝寨》系中国第一本用彝文写作的小说集。（《四川日报》1992.9.29.①）

27日 广西壮族自治区北海市中国侨城、北海港二期工程和北海至铁山港公路举行开通典礼。（《广西通志·大事记》P586）

△ 据本报讯，广西壮族自治区5名少数民族姑娘最近在成都举行的第二届中国民族文化博览会“民族之花”大赛中获“金花奖”。（《广西日报》1992.9.27.①）

△ 据新华社拉萨电，西藏自治区吉隆县境内新近发现一唐代汉文崖刻，成为西藏与中原密切关系的又一佐证。崖刻题为《大唐天竺使出铭》，长约1米、高约70厘米，为竖写楷书汉字崖刻，全文约120字。该崖刻是西藏境

内目前发现的藏、汉文石刻中年代最久远的一块。（《人民日报》1992.9.28.③，《西藏日报》1992.9.29.①）

△ 据《西藏日报》报道，我国青藏高原地质科学研究取得重大成果，地质学家通过岩石圈大断面综合研究后发现，“世界屋脊”是由6个地体拼合形成的大陆。科学家还发现青藏高原的地壳是我国最厚的地壳，平均厚度为70~80公里，而我国其它地区的地壳平均厚度只有30~40公里。这一研究成果否定了以往认为青藏高原的地壳是个“大热壳”的观点。（《中国共产党西藏历史大事记（1949~2004）》P632）

△ 据本报讯，宁夏回族自治区研制的红外线超高温瞬时灭菌器最近获中国首届专利新技术新产品博览会金奖。（《宁夏日报》1992.9.27.②）

29日 国家重点建设工程——华北石油管理局呼和浩特炼油厂一期工程竣工投入试生产。炼油厂位于呼和浩特市南郊，占地70万平方米。它的建成投产，结束了内蒙古自治区没有石油冶炼工业的历史。（《内蒙古日报》1992.9.30.①）

30日 《内蒙古日报》报道，为庆祝中日邦交正常化20周年，中国内蒙古大恐龙展在日本展出41天，观众61万人次，在日本引起轰动。（《内蒙古自治区大事记（1987~1996）》P356）

△ 广西壮族自治区政府批转自治区体改委《关于企业股份制试点工作若干问题意见的通知》。至年底，全区先后组建股份制公司39家，总股本金32.4亿元。（《广西通志·大事记》P586）

是月 国务院特区办批复，同意广西壮族自治区建立凭祥市边境经济合作区，面积为7.2平方公里。凭祥市根据国务院给予的11条优惠政策，制定相应的具体优惠政策措施。（《广西通志·大事记》P586）

10月

1日 广西壮族自治区地方铁路公司成立。（《广西通志·大事记》P586）

△ 四川省凉山彝族自治州庆祝成立40周年。全国人大常委会和国务院致贺电，国家民委副主任伍精华，四川省委副书记冯元蔚、副省长李伯勇出席庆典并讲话。（《四川日报》1992.10.2.①）

2日 中蒙边境扎兰乌拉至杭盖乌拉段工程，日前通过国家交通部有关部门的验收竣工通车。扎杭公路位于内蒙古自治区锡林郭勒盟境内的中蒙边境上，全长164.6公里。（《新华社新闻稿》1992.10.3）

△ 四川省凉山彝族自治州和海南省海口市结为友好州市。（《四川日报》1992.10.17.②）

2~15日 由文化部中国少数民族文化艺术基金会等单位主办的第二届中国民族文化博览会在北京中国国际贸易中心举行。博览会共展演民族之花大选、歌王歌后大赛、民间美术大展、民间珍藏大观、民族风情集锦和民族商品荟萃6大项目。（《人民日报》1992.10.11.④，10.17.④）

3日 据报道，西藏自治区农牧业生产机械化已具规模。西藏已拥有各类拖拉机1.17万台，农用汽车3.02万辆，大小型农机具2947部，农用排灌动力机械4050台，脱粒机4992台，植物保护机械730台，种子精选机235台，农副产品加工机械887部，牧业机械44部，半机械化农具3.79万部。农业牧业机械固定资产原值近2.5亿元。全区逐步形成了农机管理、农机培训、农机修理、农机供应等管理服务体系。（《中国共产党西藏历史大事记（1949~2004）》P633）

3~6日 甘肃省民族工作会议暨第三次民族团结进步先进集体、先进个人表彰大会在兰州举行，149个先进集体和266名先进个人

受表彰。（《甘肃日报》1992.10.4.①，10.7.①）

4日 国务院批准广西壮族自治区人民政府关于在北海市建立银滩国家旅游度假区的报告。该区按度假、游乐、运动、康复、文化、购物、会议等7大功能兴建，将利用国务院赋予的各项优惠政策以及北海市现行的沿海开放城市优惠政策，大量引进外资开发建设。（《广西通志·大事记》P586）

△ 广西壮族自治区全面开展以打击假药、假烟、假酒、劣质农药和劣质食品为重点的“打假”活动。据有关部门统计，此次活动共查出假冒伪劣商品2000种，价值200多万元，其中销毁假冒伪劣商品价值近100万元，捣毁一批制售假冒伪劣商品的黑窝点，逮捕法办一批违法犯罪分子。（《广西通志·大事记》P586）

7日 广西壮族自治区党委、人民政府作出《关于加快发展第三产业的决定》，要求调动各方面的积极性，实行国家、集体、个人一起上；鼓励党政机关部分人员，兴办各类经济实体；给予发展第三产业的优惠政策。（《广西通志·大事记》P586~587）

△ 广西壮族自治区与国家航天部达成经济技术合作协议。协议内容包括：成立广西壮族自治区与航空航天部航天系统经济技术合作委员会，全称为“桂航经济技术合作委员会”。委员会下设办公室，负责经济技术合作的具体工作。航空航天部航天系统为组织好其在广西兴办、联办企业等工作的实施，决定成立“北部湾桂宇有限公司”，广西给予工作上的支持。（《广西日报》1992.10.31.①）

9日 《内蒙古日报》报道，内蒙古自治区对48个旗县进行综合改革，占全区总数的48%。改革中减少科级机构350多个，精简行政事业人员5万多人，兴办各种经济实体5000多个，3万多名干部在实体中施展才干，旗县机关形成“小机关、大服务”的格局。（《内蒙古自治区大事记（1987~1996）》P151~152）

△ 内蒙古自治区人大常委会第二十次会议通过《内蒙古自治区矿产资源管理条例实施细则》，自11月11日起正式实施。（《内蒙古日报》1993.1.10.②）

△ 西藏自治区人民政府批转区工商行政管理局《关于加强城乡集贸市场建设和管理意见的请示》。（《中国共产党西藏历史大事记（1949~2004）》P633~634）

△ 据新华社贵阳电，由贵州、云南、广西、四川、江苏等省区8所医学院校专家学者协同进行的中国西南少数民族皮纹研究课题历经10年终告完成，其成果《中国西南少数民族皮纹学》一书最近出版发行，为我国首部民族皮纹学专著。（《贵州日报》1992.10.11.①）

10~17日 中国民主同盟广西壮族自治区委员会联合北京和广西8家单位在南宁举办广西促进边贸发展交易会暨成都市工业产品展销会，国内外300多家企业近千名代表参加，合同成交额为2.5亿元，直接现货成交额6000多万元。此举开创了广西民主党派直接参与经济活动的先例。（《广西日报》1992.10.11.①，《广西通志·大事记》P587）

11日 化工部、广西壮族自治区及西南各省与马来西亚郭氏兄弟有限公司在北海合办北海嘉里炼油化工联合企业项目协议书在广西北海签字。该企业计划总投资26亿美元，投产后年炼油500万吨，年产乙烯45万吨。（《广西通志·大事记》P587）

12日 兰州铁路局在柯柯地区召开命名大会，命名哈—柯段为“文明一条线”，柯柯、德令哈地区为“文明地区”。至此，800多公里的青藏铁路线全部建成文明线。（《青海日报》1992.10.17.①）

12~18日 中国共产党第十四次全国代表大会举行，中共中央政治局常委、国务院总理李鹏主持开幕式，12日，中共中央总书记江泽民作题为《加快改革开放和现代化建设步伐，夺取有中国特色社会主义事业的更大胜利》的报告。在谈到民族问题时指出："我国是统一的多民族国家，各民族的大团结是维护祖国统一、实现社会主义现代化的重要保证。全面贯彻党的民族政策，坚持和完善民族区域自治制度，坚持平等、互助、团结、合作，以促进各民族的共同繁荣。认真贯彻党的宗教政策、侨务政策，为社会主义现代化建设服务。""加快少数民族地区经济发展，对于加强民族团结，巩固边防，促进全国经济发展，具有极为重要的意义。贫困地区尽快脱贫致富，是实现第二步战略目标的重要组成部分。对少数民族地区以及革命老根据地、边疆地区和贫困地区，国家要采取有效政策加以扶持，经济比较发达地区要采取多种形式帮助他们加快发展。"18日，大会选举中央委员会委员189人，其中少数民族委员14人；中央纪律检查委员会委员108人，其中少数民族委员7人。（《江泽民文选》1卷P210；《人民日报》1992.10.13.①，10.19.①，10.21.③）

13日 世界粮食计划署援助内蒙古托克托等三县农业和基础设施发展项目的实施计划在北京签字。该计划署将在5年中向内蒙古托克托、和林格尔、凉城3县提供88962吨小麦的无偿援助，折合1565.3万美元；中国政府5年内将提供1012万美元的配套资金和建设项目所需物资等，可改善内蒙古5万多户近23.5万农村人口的经济状况，并使水土资源和生态环境得以保护。（《内蒙古日报》1992.10.16.①）

14日 我国第二座横贯欧亚的大陆桥——北疆铁路正式开通并通过国家验收。该桥东起乌鲁木齐西站，西至我国与哈萨克斯坦共和国相邻的阿拉山口站，全长460公里，总投资7.55亿元，平均每公里造价171万元，创全国干线铁路造价最低纪录。（《人民日报》1992.10.16.①）

△ 新疆维吾尔自治区人民政府商业企业"四放开"（经营、价格、用工、分配）电话会议召开。目前，全区已有632家国营企业进行"四放开"改革，约占企业总数的31%。（《中国共产党新疆历史大事记（1992~2002）》P31）

17日 甘肃省甘南藏族自治州的拉卜楞寺、禅定寺和年图寺分别举行3位活佛转世灵童迎请坐床典礼。3位转世灵童分别是拉卜楞寺的第五世阿莽仓活佛转世灵童、禅定寺的第六世古雅仓活佛转世灵童和年图寺的第四世年图焦巴仓活佛转世灵童。（《甘肃日报》1992.11.3.①）

18日 宁夏回族自治区农产品宁杞Ⅰ号Ⅱ号枸杞新品种获首届中国博览会金奖，宁夏海子Ⅰ号、啤酒花、宁杞Ⅰ号Ⅱ号、辣椒粉、玉泉营葡萄酒获银奖，宁豆1号黄豆、宁粳11号大米、宁春4号小麦、金冠苹果、白糖获铜奖，宁粳11号和西夏啤酒获优质产品称号。（《宁夏日报》1992.10.27.①）

20日 成都地质学院、西藏地矿局和奥地利因斯布鲁克大学、维也纳大学签订西藏阿里地学合作研究项目——"中国西藏西南开拉斯地区与印度和亚洲板块碰撞有关的岩浆和变质作用过程"。（《西藏日报》1992.11.14.①）

21日 西藏自治区科委主持、西藏大学数理系宇宙线研究小组承担的"西藏羊八井超高能伽马天文观测研究"和"西藏空气透明度及EAS大气契仑科夫光观测研究"宇宙线研究课题，在西藏大学自治区科研成果鉴定会上通过鉴定，填补西藏高科技研究领域的空白。（《西藏日报》1992.10.29.①）

21~23日 西藏自治区五届人大常委会第二十二次会议举行，通过《西藏自治区乡镇人大工作条例》。（《西藏日报》1992.10.23.①，11.24.①）

22日 北京市丰台区与青海省玉树藏族

自治州建立友好区（州）合作关系。（《玉树州志》上P69）

22～25日 内蒙古自治区柔道运动员明干（蒙古族）、吉格木德（蒙古族）和朝鲁（蒙古族）分获1992年全国柔道冠军赛男子71公斤级、78公斤级和86公斤级冠军，内蒙古男子柔道队获团体总分第一名。（《内蒙古日报》1992.10.30.①）

23日 《内蒙古日报》报道，内蒙古化肥厂引进日本东洋工程公司、意大利斯那姆普吉提公司的年产30万吨合成氨装置和52万吨尿素装置合同在北京签字，成交额9.3亿元。（《内蒙古自治区大事记（1987～1996）》P152）

26日 据新华社讯，西藏自治区首家冶金企业——山南铁合金厂日前在藏南雅鲁藏布江畔建成投产。该厂由西藏山南地区与贵州铁合金厂联合兴办，占地面积86亩，总投资650余万元。（《人民日报》1992.10.26.①）

△ 中国民族音像出版社摄制的7集电视系列片《班禅喇嘛传》问世。（《人民日报》1992.10.27.④，《西藏日报》1992.10.28.①）

26～30日 全国首届民族民间医药学术交流会暨全国民族医药图书情报工作委员会成立大会在云南昆明举行，23个省、市、自治区25个民族的350多名专家与会。（《云南日报》1992.11.2.①）

26～31日 青海省人大常委会七届二十九次会议举行。会议批准《大通回族土族自治县土地管理条例》。（《青海日报》1992.10.27.①，10.28.①，11.1.①）

27日 国务院批复国家环保局，同意内蒙古自治区贺兰山自然保护区、达赉湖自然保护区和广西壮族自治区合浦营盘—英罗港儒艮自然保护区等16个自然保护区为国家级自然保护区。贺兰山自然保护区位于内蒙古阿拉善左旗，面积67710公顷，是以恐龙化石为主要保护对象的国家级自然保护区。（《国务院公报》1992［27号］P1134～1135，《全国自然保护区名录（2003）》P40，《广西日报》1992.12.14.①）

27～30日 新疆维吾尔自治区人大常委会七届二十九次会议举行，审议通过《关于修改〈自治区文物保护管理若干规定〉的决定》（草案）。（《中国共产党新疆历史大事记（1992～2002）》P32）

28日 新疆海外交流协会成立。该协会是由自治区各界人士组成的民间团体，致力于促进全区与海内外的经济贸易、科学技术、文化教育、新闻传播等领域的友好合作与交流。（《新疆日报》1992.10.29.①）

△ 云南省西双版纳傣族自治州金融市场成立，首届资金交易大会同时开幕。（《西双版纳傣族自治州志》上P87）

28日～11月2日 内蒙古自治区满洲里举办第五届进出口商品交易会，俄罗斯、乌克兰、哈萨克斯坦、美国、法国等近20个国家和地区的外商与国内27个省、市、自治区的客商与会。交易会共签订贸易合同330份，签约额15.5亿瑞士法郎；成交5000万美元现汇贸易，签订总额为2200万瑞士法郎的经济技术合作项目37项。（《内蒙古日报》1992.11.5.①，《人民日报》1992.11.6.①）

29日 据新华社讯，由中国藏学研究中心与西藏自治区山南地区藏医院合办的北京藏医院日前开诊。这是目前北京地区首家藏医院，有病床20多张，设有藏医内科、藏医外科、藏医骨伤科和B超室、心电图室、X光室、生化室及中西医结合专家门诊。（《人民日报》1992.10.29.①）

△ 内蒙古自治区党委、内蒙古自治区人民政府作出《关于推动科技进步、振兴内蒙古经济的决定》。（《内蒙古日报》1992.10.29.①）

30日 中日南迦巴瓦峰联合登山队成功

登顶。北京时间12时09分，A组中方6名藏族队员加布、次仁多吉、边巴扎西、桑珠、达穷、大齐米率先登喜马拉雅山东段的最高峰南迦巴瓦峰，海拔7782米。西藏自治区政府、国家体委、中华全国体育总会、中国奥委会、中国登山协会、中日南迦巴瓦峰联合登山队总顾问伍绍祖等致贺电。（《人民日报》1992.10.31.①；《西藏日报》1992.10.31.①③，11.1.①）

△ 据《新疆日报》报道，世界首次大规模羊胚胎移植在新疆乌鲁木齐南山种羊场实施，自治区畜牧科学院院长郭志勤主持工作。此项工作说明新疆的羊胚胎移植技术已成熟并应用于生产。新疆计划在5年内采用此种方法繁育1000只优良种羊，截至目前已完成移植100余只。（《中国共产党新疆历史大事记（1992~2002）》P32~33）

△ 青海电影译制厂技术小组承担研制的“民族语译制影片录像同步转录系统”通过鉴定，系统核心设备YST-16A型影视转录同步器研制成功。（《青海日报》1992.11.10.①）

31日 云南省人民政府发布《云南省中缅边境地区人员出入境管理暂行规定》和《云南省中越、中老边境地区人员出入境管理规定》，对到边境地区和出入境的中方人员、外方人员、双方内地人员、第三国人员、港澳台人员和华侨、华人等人员均作规定。（《新华社新闻稿》1992.11.1）

△ 据《内蒙古日报》报道，英国剑桥国际名人传记中心将内蒙古大学教授周呈芳的名字和学术成果列入《国际名人传记辞典》。（《内蒙古自治区大事记（1987~1996）》P296~297）

是月 阿不都秀库尔（维吾尔族）等主编的《中国少数民族哲学史》由安徽人民出版社出版发行。全书85万余字，论述了蒙古、回、藏、维吾尔、壮、拉祜、纳西等24个少数民族的哲学思想发展史，是国家社会科学“七五”科研规划重点项目、中国社会科学院“七五”科研规划重点项目。（《民族团结》1993.1 P47）

△ 全国八省区少数民族人口科学讨论会在新疆维吾尔自治区乌鲁木齐市召开。会议围绕八省区的人口状况和问题进行了讨论，讨论会还涉及了人口管理体制、中国各民族人口死亡分析等科研新课题，为进一步研究人口学科领域开拓了更广更深的科研之路。（《民族团结》1992.12 P19）

11月

1~12日 广西壮族自治区第七届运动会在南宁举行，各地、市和柳铁、高校体协、防城港区共16个体育代表团的7000多名运动员、教练员、裁判员和工作人员参会。（《广西通志·大事记》P587）

2~6日 首届中国“金鸡”、“百花”电影节在广西桂林举行。全国政协副主席、中国电影基金会名誉主席谷牧出席，数百名中外影星、编导参加电影节。同时开展经贸洽谈展销会，参加洽谈会的有泰、日、美等国家和港台地区的商人，共签订合同项目24个，合同投资金额1.1亿美元，其中利用外资8000万美元。（《广西通志·大事记》P587~588）

3日 民政部批复新疆维吾尔自治区人民政府，同意撤销阜康县，设立阜康市（县级），行政区域不变。（《国务院公报》1992［33号］P1517）

△ 广西证券公司在南宁营业部正式开办深圳股票买卖业务。该部是国内第一家直接和深圳证券交易所用电脑联网，不用经过在深圳的异地会员代表处中转的异地营业部。自此，广西股民踊跃参与股票交易，到年底，股票交易成交量累计4.33亿元。（《广西通志·大事记》P588）

6日 据本报讯，西藏民族学院雪域实业

贸易总公司最近在陕西咸阳成立，成为西藏自治区高校兴办的第一家校办产业。（《西藏日报》1992.11.6.①）

8日 据本报西宁讯，青海省自己拍摄的第一部反映撒拉族风俗民情和山川景物的专题影片《撒拉族风情》最近拍摄完毕。（《青海日报》1992.11.8.①）

8~16日 首届“中国桂林山水旅游节”在广西壮族自治区桂林市举行。全国政协副主席谷牧出席，4000多名中外游客参加开幕式。其间，开办漓江民俗风情游、漓江夜游、漓江灯会、漓江篝火晚宴以及各种专项旅游项目，还组织商品交易会、风味小吃一条街和购物博览等项活动。（《广西通志·大事记》P588）

9日 国家体委授予西藏体育事业贡献奖仪式在西藏自治区体委举行，国家体委副主任袁伟民宣读国家体委《关于授予西藏体育事业贡献奖的决定》。自治区党委副书记、自治区常务副主席毛如柏出席仪式并讲话。（《西藏日报》1992.11.10.①）

10日 安徽省政府批准成立宁国县云梯畲族乡，为安徽省唯一的畲族乡。（《民族团结》1993.2 P45）

10~13日 湖南、广东、广西3省（区）的江华、江永、乳源、连南、连山、连县、富川、钟山、恭城、贺县等在广西贺县八步镇举行岭南地区首届“盘王节”，十多万瑶族同胞参加庆祝活动。应邀前来观摩、指导的各方来宾有5000多人，其中美国、法国、日本、泰国、越南等国家和香港地区400多人。（《广西通志·大事记》P588）

10~14日 国际百越文化学术讨论会暨贵州省侗学学术年会在黔东南苗族侗族自治州凯里市举行。日、美等国和港、台地区的专家学者讨论研究了百越民族文化与侗族的历史文化，大会交流学术论文63篇。（《黔东南苗族侗族自治州志·总述·大事记》P359）

12日 内蒙古自治区丰镇电厂的三号20万千瓦机组点火一次成功，这是我国自行设计、施工、安装、调试的第一台空冷机组。（《内蒙古日报》1992.11.15.①）

△ 贵州省铜仁至湖南省湘西土家族苗族自治州吉首市的110KV输变电工程投入运行。（《湘西州志》上P95）

△ 湖南省湘西土家族苗族自治州“楚霸酒”获第四届中国新技术新产品博览会银奖。（《湘西州志》上P95）

13日 国务院批准新疆维吾尔自治区乌鲁木齐市高新技术产业开发区正式列入国家级高新技术开发区。5月，由乌鲁木齐市人民政府和自治区科委共同筹建，成立乌鲁木齐高新区，开发区划有12平方公里政策区和4.26平方公里集中发展区。（《中国共产党新疆历史大事记（1992~2002）》P34）

15日 新疆乌鲁木齐经陕西西安至山东济南航线通航。这条航线是新疆航空公司开通的，全长3206公里，每周日飞行一班，当日往返。（《人民日报》1992.11.19.①）

△ 《内蒙古日报》报道，内蒙古、新疆、青海三省区易灾牧区防灾减灾综合技术推广，通过农业部阶段性验收。从1987年开始的这个项目，共投资3.83亿元，使基础设施和生产条件从根本上改变“养畜靠天”的状况，已遍及38个易灾旗县，有1/3的旗县解决牲畜的温饱问题，5年建设新增产值21.5亿元。（《内蒙古自治区大事记（1987~1996）》P153）

16日 由国家民委、文化部、中国社科院、中国文联、中国音协和新疆维吾尔自治区人民政府联合主办的“中国维吾尔木卡姆系列活动”在人民大会堂新疆厅举行，全国政协副主席、国家民委主任司马义·艾买提主持开幕式。新疆、北京、台湾、韩国等国内外专家学者和几十名新疆文艺工作者以及民间艺人参加演出和学术研究、交流活动。（《人民日

报》1992.11.17.④，《中国共产党新疆历史大事记（1992～2002）》P34～35）

17日 据本报讯，我国第一座瑶族博物馆最近在广西壮族自治区金秀瑶族自治县建成开放，该馆仿瑶族传统建筑式样依山而建，上下两层，总面积800平方米，收藏有瑶族文物1500多件。全国人大常委会副委员长费孝通题写馆名。（《广西日报》1992.11.17.①）

17～19日 蒙古国立大学蒙古学研究院院长、波兰国家科学院院士策·夏德尔苏荣为团长的文科访华代表团在青海西宁同青海民族学院及院属少数民族语言文学系洽谈业务和协作问题。（《青海日报》1992.11.28.①）

20日 广西壮族自治区与香港合和实业有限公司合作开发钦州湾意向书在南宁举行签字仪式。自治区主席成克杰，香港合和实业有限公司董事长、总经理胡应湘分别代表双方就钦州火电厂、南宁至钦州高速公路、平陆运河等工程的合作意向签字。（《广西通志·大事记》P588）

23日 林业部批准内蒙古自治区再建乌拉山、乌素图、海拉尔3处国家级森林公园。（《内蒙古日报》1992.11.23.①）

△ 内蒙古大学研制的高科技成果——“马铃薯卷叶病毒中部分离物外壳蛋白基因分子克隆”通过国家鉴定，达到国内领先水平，跻身国际基因工程前沿。（《内蒙古日报》1992.11.27.①）

△ 新疆维吾尔自治区职称改革办公室出台政策规定，对确有真才实学、成绩显著、贡献突出的专业技术人员，可破格评聘中级或副高级专业技术职务。（《中国共产党新疆历史大事记（1992～2002）》P35）

△ 《玉树州东三县农业综合开发研究》在西宁通过青海省级鉴定。（《青海日报》1992.11.27.①）

24日 纺织工业部在广西北海建立纺织开发区。设纺织部海华源招商中心，并牵头成立广西中大股份有限公司，首期集股本金总额为6000万元。（《广西通志·大事记》P588）

27日 广西壮族自治区全州天湖水电站建成发电。该电站落差达1074米，是亚洲落差最大的水电站，1立方米水能发电2.37千瓦时，装机容量6万千瓦。（《广西通志·大事记》P588～589）

△ 新疆维吾尔自治区教委召开新闻发布会，自治区副主席克尤木·巴吾东宣布，自治区向区内学校下放10项办学自主权：专业设置权，本专科招生计划调节权，研究生招生计划调节权，非学历教育办学权，校内机构设置权，人事管理权，办学收费权，校内工资、奖金分配自主权，职称评聘权，扩大对外交流权。（《中国共产党新疆历史大事记（1992～2002）》P35）

28日 广西壮族自治区南宁电信枢纽大楼正式开通运行。该大楼于1988年5日动工，1991年2月竣工，建筑面积1.73万平方米，总投资3857万元。该楼开通万门程控电话，沟通全国各地及世界195个国家和地区。（《广西通志·大事记》P589）

△ 据新华社拉萨电，西藏自治区当雄县日前发现一处约为18世纪初的室内藏传佛教玛呢石刻。该石刻位于当雄县贡觉乡康玛寺一间面积为37平方米转经室内，石刻采用的方法是先在石板上雕刻，后镶砌在墙上。（《人民日报》1992.11.28.④）

△ 据本报讯，自1989年来，湖南省通道侗族自治县累计人工造林1.4万公顷，森林覆盖率62%，森林蓄积量521万立方米，成为全省第一个灭荒达标少数民族县。（《湖南日报》1992.11.28.②）

29日 青海省民族古建筑公司在西宁成立。该公司是以承担古建筑修缮和仿古建筑工程的专业施工企业。填补青海建筑行业的空白。（《青海日报》1992.12.8.①）

30日~12月3日 中共新疆维吾尔自治区四届五次全委扩大会议举行。会议提出，90年代自治区经济发展的奋斗目标是，国民生产总值年均递增11%~12%，力争在2000年翻3番，与全国同步进入小康。基本思路是，围绕建立社会主义市场经济体制，以改革为动力，以开放为契机，通过建立西北国际大通道，集聚区内外各种力量，繁荣内外贸易，开发优势资源，推进产业进步，全面振兴新疆经济。（《中国共产党新疆历史大事记（1992~2002）》P35~36）

是月 由国家民委和新闻出版总署共同主持的首届中国民族图书奖颁奖大会在北京举行。29家民族类出版社18种文字（包括汉文）的52种图书分获一、二、三等奖，20种图书获提名奖。（《民族团结》1993.1 P45）

12月

1日 据《内蒙古日报》报道，内蒙古自治区党委和自治区政府提出，高校可自主调整专业服务方向，在国家确定的专业总数和专业目录内设置专业或拓宽本、专科专业范围，确定教学计划和大纲；可招收计划外自费生和委培生；举办职业技术教育的附属中专和非学历的进修班、培训班、自考辅导班、干部专修班、专业证书培训班和各类短训班等，进一步扩大高校办学自主权。（《内蒙古自治区大事记（1987~1996）》P297）

△ 广西北海至四川成都空中航线开通。（《广西通志·大事记》P589）

△ 西藏自治区藏南首届雅砻文化节在雅砻河风景名胜区举行。西藏雅砻河流域是我国藏民族的发祥地，雅砻河风景名胜区是西藏地区唯一的国家级风景名胜区。（《人民日报》1992.12.3.④）

2日 “西藏天然草地大面积生物灭鼠试验”课题通过西藏自治区鉴定，自治区畜科所草原室天然草地灭鼠试验研究课题组主持完成。（《西藏日报》1993.1.6.②）

3日 《内蒙古日报》报道，内蒙古自治区东四盟农业综合开发一期工程通过国家验收。工程累计改造低产田262.23万亩，开垦宜农土地65.3万亩，营造农田防护林带37万亩，新增灌溉面积186万亩，改善灌溉面积62万亩，新增和改善除涝面积7.1万亩，新增产粮食6.1亿公斤，农民人均收入比3年前增加241元。（《内蒙古自治区大事记（1987~1996）》P154）

4日 在第二次全国报纸总编辑新闻摄影研讨会上，《内蒙古日报》获全国报纸头版运用新闻照片好版面省报及专业报类一等奖。（《内蒙古日报》1992.12.8.①）

△ 西南民族学院招收首届彝汉双语大专起点班。（《西南民族学院校史》P281）

4~9日 国务院总理李鹏视察广西壮族自治区南宁、北海、桂林等地。李鹏指出，广西背靠大西南，面向东南亚，海岸线长，地理位置优越，充分发挥广西作为大西南出海通道的作用，对于加快广西乃至整个西南地区的改革开放和经济建设具有重要的战略意义，而且广西资源丰富，军民团结，民族和睦，前景广阔，大有希望。（《广西通志·大事记》P589）

5日 全国舞剧调演大赛在沈阳举行。内蒙古自治区伊克昭盟鄂尔多斯歌舞团演出的大型民族舞剧《森吉德玛》获最高奖，云南省歌舞团创作的大型彝族舞剧《阿诗玛》获综合演出一等奖。（《内蒙古日报》1992.12.6.①，《云南日报》1992.12.8.①）

6日 西藏自治区首批藏汉干部赴内地挂职锻炼，共20人，其中藏族16人。（《西藏日报》1992.12.7.①）

8日 广西壮族自治区左江水利枢纽工程动工。该工程是国务院重点扶贫项目，自治区“八五”重点建设工程，总投资2.35亿元，位于左江上游的宁明县辉村与崇左县哝江村之

间，是一个以发电为主兼有灌溉、航运和旅游等综合效益的工程。（《广西通志·大事记》P589）

8～11日 首届中国合浦采珠节在广西壮族自治区合浦县举行。国务院总理李鹏、副总理邹家华，中共中央书记处书记温家宝出席开幕式。李鹏题词“南珠之乡”。美国、新加坡等十多个国家和台湾、香港、澳门地区以及自治区内外宾客800余人，各界群众1万余人参加采珠节。其间，广泛进行商贸洽谈和展销活动，签订三资企业意向项目109个，内联项目意向书14个，展销订货、外贸成交额521.8万美元，内贸成交额458.5万元。（《广西通志·大事记》P589）

8～12日 广西壮族自治区梧州地区在深圳举行大型商会和对外经济贸易洽谈会，新加坡、马来西亚、澳大利亚、朝鲜、泰国、美国、日本等国家和港澳台地区的客商700余人次前来洽谈项目和贸易活动。其间共签订三资企业合同132个，投资额12.65亿元；洽谈贸易项目90项，成交金额3.64亿元。（《广西通志·大事记》P589）

9日 国务院总理李鹏、中央军委副主席刘华清及国务院秘书长罗干等到广西壮族自治区临桂县两江镇妙高小丘陵地带召开国务院办公会议，为桂林新机场选址。国务院为两江机场定名为桂林国际机场。是月17日，国家计委正式批准投资9亿元（不含进场公路1.05亿元）。（《广西通志·大事记》P590）

10日 据本报海南讯，青海省海南藏族自治州目前已恢复和建立乡村医疗站335个，覆盖率达83.8%。（《青海日报》1992.12.10.①）

△ 据本报玉树讯，青海省玉树藏族自治州公路通车里程2173公里，全州47个乡（镇）、257个村有36个乡（镇）、150个村通车。（《青海日报》1992.12.11.①）

△ 据本报西宁讯，目前，青海省海西蒙古族藏族自治州开通公路客运线36条，营运客车国营车辆占52.7%，个体占46.2%，集体占1.1%，初步形成以州府驻地德令哈为轴心、青藏、青新、敦格、当茫公路为骨架，辐射县、乡，接连省会西宁，通往河西走廊，直达西藏拉萨的客运网络。（《青海日报》1992.12.12.①）

△ 青海省七届人大常委会第三十次会议通过《循化撒拉族自治县自治条例》，自1993年3月1日起正式实施。（《青海日报》1993.2.14.②）

12日 广西壮族自治区人民政府颁布《广西壮族自治区集体企业股份合作制试行办法》。（《广西通志·大事记》P590）

13日 《内蒙古日报》报道，东北、内蒙古煤炭工业联合公司转为中国东北内蒙古煤炭集团，国务院总理李鹏为集团题名。集团有85个成员单位160万职工，固定资产达265亿元，年创145亿元。（《内蒙古自治区大事记（1987～1996）》P154）

△ 广西民族学院党委书记、院长韦日科（壮族）与越南河内外语大学校长谢进雄签订互派教师任教、互派学生到对方实习、定期进行教学经验和学术交流活动等协议书。（《广西民族学院校史》P313）

15日 据本报讯，内蒙古自治区锡林郭勒盟正蓝旗境内最近发现一处元代蒙古皇族祭祀遗址和4尊各重1吨多的大型汉白玉石雕人坐像。（《内蒙古日报》1992.12.15.①）

16日 西藏高原雪泉饮料获奖庆祝大会在拉萨举行，自治区领导丹增等出席。雪泉饮料厂开发的沙棘香槟、沙棘汽水在11月举行的第四届中国新产品、新技术博览会上获得银奖。（《西藏日报》1992.12.18.①）

16～17日 云南省人民政府在文山壮族苗族自治州召开战后恢复生产、发展经济现场办公会议。会后，省政府批准《文山州战后恢复经济建设方案》，分批筹资20亿元，投入

165个重点建设项目。（《文山壮族苗族自治州志》1卷P79）

17日 据本报讯，宁夏回族自治区280多个乡（镇）全部实现通电。（《人民日报》1992.12.17.①）

18日 国务院批准41个市县对外国人开放，其中辖属云南省的少数民族自治县有12个：河口瑶族自治县、金平苗族瑶族傣族自治县、屏边苗族自治县、新平彝族傣族自治县、峨山彝族自治县、耿马傣族佤族自治县、沧源佤族自治县、双江拉祜族佤族布朗族傣族自治县、孟连傣族拉祜族佤族自治县、江城哈尼族彝族自治县、澜沧拉祜族自治县、西盟佤族自治县。（《人民日报》1992.12.19.④）

△ 据《新疆日报》报道，邓小平南方谈话发表后，新疆维吾尔自治区党委及时提出“两线开放，贸易先行”、“外引内联，共建通商口岸”、“建设西北国际大通道”等战略构想和方针，使自治区形成全方位对外开放的新格局，在这一大形势影响下，全区迅速掀起建市场、兴商贸、大力培育市场体系的新热潮。至11月底，自治区各类市场数达1053个，预计成交额21亿元，约占社会商品零售总额的16%。（《中国共产党新疆历史大事记（1992～2002）》P38）

18～21日 全国民族工作经验交流会在广西壮族自治区南宁市举行。全国政协副主席、国家民委主任司马义·艾买提，国家民委副主任赵延年、江家福、文精、图道多吉等出席，21个省、市、自治区170余名代表与会。（《广西日报》1992.12.20.①，12.22.①）

20～27日 第二届滇西民族艺术节在云南省怒江傈僳族自治州六库举行，7个地、州的文艺团体，13个民族的700多名演员演出100多个节目。（《怒江傈僳族自治州志》上P731）

20～30日 清皇室爱新觉罗氏书画精品展在广东省深圳博物馆展出，展出了爱新觉罗家族15名书画家的150余幅佳作及慈禧太后、成亲王、淳亲王的墨宝。（《人民日报》1992.12.27.④）

21日 内蒙古自治区电网发电量首次破100亿千瓦时大关，全年实现利税4.05亿元，为全区财政收入的1/8，各项经济技术指标创历史最高。（《内蒙古自治区大事记（1987～1996）》P154）

△ 新疆维吾尔自治区境内迄今最大的水电工程——大山口水电站正式并网发电。该电站总装机容量8万千瓦，年发电量3亿千瓦时，总投资2亿多元。（《人民日报》1992.12.27.①）

△ 新疆维吾尔自治区主席铁木尔·达瓦买提签署第31号新疆维吾尔自治区人民政府令，发布实施《新疆维吾尔自治区发展个体和私营经济若干规定》，共30个条款。（《中国共产党新疆历史大事记（1992～2002）》P39）

21～26日 全国少数民族声乐大赛在深圳举行，53个民族的155名选手参加。西藏自治区丹增（藏族）、内蒙古自治区朝鲁（蒙古族）和广西壮族自治区黄依兰（壮族）获民族唱法青年组一等奖，西藏的顿珠次仁（藏族）获中年组一等奖；吉林的林晶（朝鲜族）和中央民族学院的玛依拉（塔塔尔族）获美声唱法青年组一等奖；黑龙江的崔京浩（朝鲜族）获通俗唱法一等奖。（《人民日报》1992.12.31.④，《西藏日报》1993.1.25.④）

22日 广西壮族自治区重点建设项目防城港第八泊位码头建成。该码头于1991年7月24日正式动工，总投资1400万元，可靠泊3万吨散货船，年吞吐能力98万吨。（《广西通志·大事记》P590）

△ 国家重点工程——贵州省黔西南布依族苗族自治州安龙县与广西壮族自治区隆林县交界处的天生桥二级水电站首台22万千瓦机

组正式并网发电，通过天贵线向贵州贵阳输电。（《黔西南布依族苗族自治州志·政权政协志》P33）

22~24日 甘肃省民族教育工作座谈会在兰州举行。（《甘肃日报》1992.12.27.①）

23日 乌兰夫纪念馆在内蒙古自治区呼和浩特落成开馆。纪念馆展出面积1400平方米，分为序厅和8个展室，以参加反帝爱国运动、武装斗争、经济建设和各族人民大团结为主要内容，详细介绍了乌兰夫65年的革命斗争生涯。（《人民日报》1992.12.24.④）

24日 据本报讯，连接西藏自治区和云南省迪庆藏族自治州、横跨金沙江的厢形拱桥——伏龙桥通过验收。该桥位于国道214线，是迪庆德钦县通往西藏的咽喉要道，全长161米，宽7米，可载行各类载重汽车和重型挂车。（《云南日报》1992.12.24.①）

25日 《内蒙古日报》报道，内蒙古自治区伊克昭盟乌审旗境内首次发现中古时期赫连勃勃大夏国墓群及一方有53个汉字的纪年墓志铭，填补了有关大夏国考古的空白。（《内蒙古自治区大事记（1987~1996）》P297,《内蒙古日报》1992.12.25.①）

△ 国务院批准广西壮族自治区南宁高新技术产业开发区列入国家高新技术产业开发区。该开发区此后在进出口业务、减免税率方面，可享受更为优惠的政策，金融部门也将向开发区实行倾斜。（《广西通志·大事记》P590）

△ 四川省委、省政府，西藏自治区党委、自治区政府正式命名川藏公路为“军民共建文明川藏线”。命名大会在四川雅安召开，西藏自治区党委副书记、自治区主席江村罗布，成都军区副政委张少松，四川省副省长韩邦彦等出席命名大会并讲话。中共中央宣传部、解放军总政治部向大会致贺电。（《西藏日报》1992.12.30.①）

△ 新疆维吾尔自治区21个大中型粮食仓库被命名为国家粮食储备库。（《新疆日报》1993.1.5.①）

26日 内蒙古自治区首次评选出全区十大杰出青年，其中少数民族5人：白云翔（蒙古族）、杜占贵（蒙古族）、敖登格日乐（女，蒙古族）、孟繁洋（满族）、朝鲁（蒙古族）。（《内蒙古日报》1992.12.27.①，12.29.②）

△ 广西壮族自治区田东油矿10万吨炼油厂通过验收，正式投入生产。（《广西通志·大事记》P590）

28日 广西壮族自治区第一家制药企业集团——广西半宙制药企业集团在钦州成立，自治区副主席雷宇为企业集团题名。（《广西日报》1993.1.3.①）

30日 内蒙古自治区七届人大常委会第三十次会议通过《内蒙古自治区农牧业承包合同条例》、《内蒙古自治区矿产资源条例》、《内蒙古自治区律师执行职务条例》。（《内蒙古日报》1993.1.8.②）

△ 新疆维吾尔自治区高级人民法院举行全区首批司法警察授衔仪式，21人被授予三级警督、二级警员和一、二、三级警司警衔。（《新疆日报》1993.1.4.①）

△ 新疆维吾尔自治区发布《新疆维吾尔自治区全民所有制技术开发型科研机构技术承包责任制实施办法》，自1993年1月1日起施行。（《新疆日报》1993.1.5.②）

△ 据新华社讯，最近，我国目前规模最大、装机容量为2400千瓦的风力发电厂在新疆维吾尔自治区乌鲁木齐市建成。（《湖南日报》1992.12.30.②）

31日 《内蒙古日报》报道，内蒙古自治区呼和浩特市被国家命名为“全国双拥模范城”。（《内蒙古自治区大事记（1987~1996）》P48）

△ 广西壮族自治区第一条空中观光缆车索道在柳州铁鹅山公园内建成使用。该索道全

长355米，总投资350多万元。（《广西通志·大事记》P591）

是月 《中国歌谣集成·广西卷》首发式在广西南宁举行。该书是全国艺术科学重点科研项目，是全国歌谣集成出版发行的第一卷。全书选入广西12个民族的民间歌谣精华1600多首，200多万字。（《广西通志·大事记》P591）

△ 国家重点工程——贵州省黔西南布依族苗族自治州兴义市鲁布革水电站竣工并通过国家验收，总装机容量60万千瓦，年发电量28.2亿千瓦时。1988年12月27日，电站第一台机组正式并网发电。1991年6月，4台机组全部投产。（《黔西南布依族苗族自治州志·政权政协志》P20、29）

是年 数学地质、矿产普查勘探学家，中国地质大学校长赵鹏大（满族）获国际数学地质协会最高荣誉奖——克伦宾奖章，成为获此殊荣的第一位亚洲人。1978年，赵鹏大在我国率先开设"数学地质"和"矿床统计预测"等课程，1993年当选中科院院士，1995年当选俄罗斯自然科学院外籍院士及国际高等学校科学院院士。（《中国少数民族专家学者辞典》P953～954）

1993年

1月

1日 雅鲁藏布江中游黑颈鹤自然保护区建立，位于西藏自治区林周县、山南县、日喀则市地区，面积61.44万公顷，是以黑颈鹤及其生境为主要保护对象的国家级自然保护区。类乌齐马鹿自然保护区建立，位于西藏类乌齐县，面积6.37万公顷，是以马鹿及其栖息地生态系统为主要保护对象的省级自然保护区。芒康滇金丝猴自然保护区建立，位于西藏芒康县，面积18.53万公顷，是以滇金丝猴及其生态系统为主要保护对象的国家级自然保护区。色林错自然保护区建立，位于西藏申扎、尼玛、班戈等，面积203.24万公顷，是以黑颈鹤繁殖地、高原湿地生态系统为主要保护对象的国家级自然保护区。（《全国自然保护区名录（2003）》P110、111，《全国自然保护区名录（2005）》P27）

△ 新疆维吾尔自治区重点建设项目——新疆博斯腾湖造纸厂一期工程通过国家验收正式投产，这是目前西北地区规模最大、技术设备最先进的造纸厂，投资1.38亿元。（《中国共产党新疆历史大事记（1992～2002）》P41）

2～3日 内蒙古自治区民族工作会议在呼和浩特举行，自治区党委书记王群作题为《在党的基本路线指引下，努力开创我区民族工作的新局面》的讲话。会议提出90年代全区民族工作的主要任务是，坚持以经济建设为中心，集中精力发展生产力，促进民族团结和社会进步。（《内蒙古日报》1993.1.3.①，1.4.①）

3～9日 中共中央政治局常委、国务院副总理朱镕基在广西壮族自治区北海、南宁、柳州、桂林等地视察。（《广西通志·大事记》P591）

4日 内蒙古自治区第二届蒙古语歌手广播电视大奖赛最近在呼和浩特举行，109名选手参加，评选出一等奖7名、二等奖14名、三等奖21名。（《内蒙古日报》1993.1.4.①）

△ 内蒙古自治区赤峰市锅炉厂和清华大学共同研制出具有国际先进水平的循环流化床锅炉，热效率高达88.15%，燃烧效率高达99.23%，被批准为国家级火炬计划项目，并通过自治区级鉴定。（《内蒙古日报》1993.1.4.①）

4～6日 新疆维吾尔自治区科技大会在乌鲁木齐举行，全国政协副主席王恩茂、自治区党委书记宋汉良等出席会议。自治区党委副书记、自治区主席铁木尔·达瓦买提作题为

《认真学习贯彻党的十四大精神，加快科技体制改革和科技进步，把我区科技工作提高到一个新水平》的讲话。自治区党委常委、自治区副主席王乐泉在闭幕式上宣布自治区人民政府《关于重奖有突出贡献的科技人员的决定》，对在自治区科技进步和经济建设中作出突出贡献的6位科技功臣吴明珠、杨树新、韩忠、叶邦华、周永清和洪声给予重奖，奖金总额124万元。（《中国共产党新疆历史大事记（1992～2002）》P41）

4～7日 云南省七届人大常委会第二十八次会议在昆明举行。会议通过《云南省促进民族自治地方科学技术进步条例》，4月1日正式实施。（《云南日报》1993.1.5.①，1.8.①）

5日 最近，内蒙古教育学院化学系青年教师万宝（蒙古族）和内蒙古自治区医院蒙医科玉洁合写的蒙药微量元素测定论文《蒙古药“额日敦乌日勒”（珍宝丸）中微量元素AES定性鉴定及AES定量测定》在第四届全国原子光谱分析学术报告会议上获优秀报展奖，为蒙古药的进一步科学化、计量化起到推动作用。（《内蒙古日报》1993.1.5.③）

△ 据本报南宁讯，广西壮族自治区最近研制出计算机汉字部声（SY）码输入法，用部首读音作代码，按书写顺序取码。（《广西日报》1993.1.5.①）

5～12日 1993年广西科技活动周暨科技表彰奖励大会在南宁举行。会议表彰获得国家有突出贡献的中青年专家、自治区有突出贡献的优秀科技人员、广西优秀专家以及享受政府特殊津贴的506名科技人员，奖励获得1992年度国家和自治区科技进步奖、星火科技奖的200个项目。广东、湖南、北京、上海、福建、广州等10多个省、市和广西各地、市技术贸易团的2000多项科技项目参加活动周专设的技术贸易会，5万多人参会。（《广西日报》1993.1.6.①，1.14.①；《广西通志·大事记》P592）

6日 广西壮族自治区党委印发《中共广西壮族自治区委员会关于调整我区“八五”计划和十年规划的建议》。《建议》调整的目标是“两高一低”，即90年代广西经济年均增长速度要高于全国同期年均增长速度，高于广西80年代年均增长速度，提前3年实现第二个翻番，人口增长要低于国家下达给广西的控制指标。（《广西通志·大事记》P591～592）

△ 云南省文山壮族苗族自治州政府批准马关县原归系为汉族的都匀4567人恢复布依族族称。（《文山壮族苗族自治州志》1卷P79）

7日 内蒙古自治区高校第一家股份实用电脑开发中心在内蒙古师范大学成立。（《内蒙古日报》1993.1.7.①）

△ 西藏自治区社教工作总结表彰大会在拉萨召开，自治区党委副书记、自治区社教领导小组副组长丹增作全区社教工作总结。社教工作组从1992年3月进点，至12月初完成任务，全部撤点。（《中国共产党西藏历史大事记（1949～2004）》P640）

△ 据本报讯，最近，宁夏回族自治区选送的水稻品种宁梗9号配套高产栽培技术获1992年全国农牧渔业“丰收奖”推广项目一等奖，宁夏肉羊增产配套技术、固原地区旱地小麦面积均衡增产综合技术、银川市“3161”农业综合技术获二等奖，宁夏南部山区机械化分层播施技术、吴忠市春小麦套种玉米高产模式栽培技术获三等奖。（《宁夏日报》1993.1.7.①）

8日 广西壮族自治区最大的饲料厂——北新饲料厂建成投产。（《广西日报》1993.1.11.①）

△ 据本报讯，自1992年初以来，宁夏回族自治区已有20名年龄在25岁以下的青年工人赴日本进行为期2年的汽车修理、缝纫、轻纺等专业技术的学习、考察和进修。

（《宁夏日报》1993.1.8.①）

10日 全国"双拥"表彰会在陕西省延安举行，新疆维吾尔自治区喀什市和乌苏县被全国拥军优属拥政爱民工作领导小组命名为全国双拥模范城（县）。（《中国共产党新疆历史大事记（1992～2002）》P42）

△ 内蒙古自治区首家由农民兴办的目前国内最大的多功能、现代化游泳馆在包头落成，总投资2600万元，占地面积3.1万平方米，建筑面积1.8万平方米，可容纳1500人。（《内蒙古日报》1993.1.11.①）

11日 据本报讯，宁夏回族自治区同心县的鲁秀珍、银川市的陈月华、固原县的刘凤英、平罗县的马建国最近在第二届全国"巾帼扫盲奖"评比表彰活动中被评为先进个人，隆德县教育局被评为先进集体。（《宁夏日报》1993.1.11.①）

△ 据本报讯，宁夏回族自治区第一所希望工程完全回民小学最近在同心建成，占地20亩，建筑面积500平方米。（《宁夏日报》1993.1.11.①）

13日 西藏自治区文联二届二次全委会在拉萨举行。会议选举才旦卓玛（藏族）为西藏文联名誉主席，强巴平措（藏族）为主席，次仁玉珍（藏族）、韩书力为副主席。（《西藏日报》1993.1.19.①）

14日 据本报北京讯，新疆维吾尔自治区塔里木盆地近日发现1个储量超过亿吨的整装大型油田，这是塔里木盆地油气勘探史上最重大发现。油田位于塔克拉玛干沙漠腹地的塔中4号，背斜构造共有3套油层，均属石炭系地层，油层总厚度为42～98米。（《人民日报》1993.1.14.①）

△ 由云南省作家熊泰河（傈僳族）创作的我国第一部傈僳文长篇小说《亚碧罗雪山》，最近由云南民族出版社出版发行，共14万字。（《云南日报》1993.1.14.①）

15日 第一部记述内蒙古自治区社会主义建设历史的史书——《当代中国的内蒙古》首发式在呼和浩特举行，书分5编25章，50多万字。（《内蒙古日报》1993.1.16.①）

18日 北京时间20时42分，西藏自治区羊八井西北发生里氏6.3级地震，震中位于北纬30°17′、东经90°15′。（《西藏日报》1993.1.19.①）

19日 据本报讯，最近，内蒙古人民广播电台"小骏马演唱团"在"玉立杯"全国首届"中华少年之声"录音歌曲大赛中获合唱一等奖。（《内蒙古日报》1993.1.19.①）

△ 据本报讯，西藏自治区最大的中外合资企业——西藏诺迪奥（集团）有限公司正式签订合作协议，该企业由拉萨电业局与香港世亨集团有限公司共同投资4875万元兴办。（《人民日报》1993.1.19.②）

22日 第一部广西铁路史志——《广西通志·铁路志》最近面世，记述了自清光绪二十二年（1896年）至1990年广西铁路90多年的发展历史。（《广西日报》1993.1.22.③）

△ 据本报讯，新疆维吾尔自治区最近在俄罗斯莫斯科成立第一家跨国公司——中国新宝跨国集团总公司，为中方独资企业。（《新疆日报》1993.1.22.①）

25日 "纸质地图微机标图系统"最近在内蒙古自治区集宁通过部级鉴定，该系统由驻军51082部队和内蒙古地矿局联合研制，达到国内先进水平。（《内蒙古日报》1993.1.25.①）

26日 据南宁讯，广西壮族自治区第一建筑工程公司最近获全国建筑行业工程质量最高荣誉"鲁班奖"，这是广西建筑企业首次在全国获得的最高荣誉。（《广西日报》1993.1.26.①）

27日 新疆维吾尔自治区党委、自治区人民政府发出《关于认真执行〈新疆维吾尔自治区全民所有制工业企业转换经营机制实施办法〉的通知》。《通知》指出：一、深化企业改革，转换企业经营机制，是新疆改革开放和发展经济面临的一项紧迫任务；二、转换企业经营机制的重点是全面落实企业经营自主权；三、加快政府职能转变是转换企业经营机制的关键。（《中国共产党新疆历史大事记（1992～2002）》P44）

△ 北京时间4时32分，云南省西南部思茅地区的普洱哈尼族彝族自治县境内发生里氏6.3级地震，震中位于北纬23.1°、东经101.1°，在同心乡、宁洱镇、凤阳乡一带。重伤30多人，房屋严重损坏，通信一度中断。省委、省政府组织救灾工作，1000多户住房倒塌的群众全部转移，60多名受伤农民得到及时治疗，中断的通信线路全部修复开通。（《人民日报》1993.1.28.①，1.29.①）

28日 内蒙古自治区政府第五次常务会议通过《内蒙古自治区全民所有制工业企业转换经营机制实施办法》，自3月21日起正式实施。（《内蒙古日报》1993.4.30.②）

29日 据本报讯，广西壮族自治区第一家中外合资中密度纤维板有限公司——广西昭平长城中密度纤维板有限公司最近在昭平成立。（《广西日报》1993.1.29.②）

30日 内蒙古自治区兴隆洼遗址和耶律羽之墓入选1992年中国十大考古新发现。（《内蒙古日报》1993.1.30.①）

△ 国家经济体制改革委员会、国务院经济贸易办公室批准《广西壮族自治区全民所有制工业企业转换经营机制实施办法》，自2月1日起正式施行。列入自治区和地、市转换经营机制试点的296家企业，大部分将进行劳动、用工、人事制度和工资分配制度的改革。（《广西日报》1993.3.19.②，《广西通志·大事记》P592）

△ 全国政协副主席丁光训率全国政协宗教调查组赴云南省西双版纳傣族自治州调查宗教工作。（《西双版纳傣族自治州志》上P88）

31日 据新华社北京电，北京大学考古系副教授晁华山在新疆吐鲁番发现数十座摩尼古寺。至此，世界宗教之一的摩尼教考古取得重大进展。（《人民日报》1993.2.1.④）

△ 新疆维吾尔自治区政府发布施行《新疆维吾尔自治区农牧民承担费用和劳务管理实施办法》。（《新疆日报》1993.2.26.⑤）

31日～2月11日 四川省人大八届一次会议举行。会议选举产生省八届人大常委会成员，副主任10人中有少数民族2人：罗通达（藏族）、孙自强（彝族）；委员67人中有少数民族9人：扎舍（藏族）、仓定安（藏族）、李月春（回族）、李绍明（土家族）、佟柏芬（女，满族）、阿都泽呷（女，藏族）、罗开文（彝族）、姜凌（满族）、洛桑拼错（藏族）。选举民族宗教委员会9人，罗通达（藏族）为主任，熊清泉、罗开文（彝族）、王廷杰（羌族）、李月春（回族）为副主任，李绍明（土家族）、李鲁章（苗族）、洛桑拼错（藏族）、蔡约生为委员。选举副省长8人，其中少数民族1人：欧泽高（藏族）。（《四川日报》1993.2.1.①，2.10.①，2.12.①）

是月 新疆维吾尔自治区乌鲁木齐高新技术产业开发区被国务院批准为国家级开发区，并制定新的总体规划。该规划确定，成片产业开发区面积为9.8平方公里，起步区面积为1平方公里，首期动工面积为0.3平方公里。（《中国共产党新疆历史大事记（1992～2002）》P45）

2月

4日 中国相声艺术大师、语言大师、表演艺术家、七届全国人大代表、中国广播艺术团艺术指导、北京大学兼职教授侯宝林（满族）在北京病逝，享年76岁。国家主席江泽民致慰问电。侯宝林生前曾任第三届全国政协委员，第四、五、六、七届全国人大代表。代表作有《77号》、《北京话》、《不宜动土》、《猜谜语》等，著有《曲艺概论》、《相声溯源》、《相声艺术论集》等。（《人民日报》1993.2.5.①，《中国历代少数民族英才传》P2956～2961）

6日 广西壮族自治区第三次民族团结进步表彰大会在南宁举行，207个先进集体、337名先进个人和79名特邀代表受表彰。（《广西日报》1993.2.7.①）

7日 据本报讯，内蒙古自治区最近发现距今3万年左右的旧石器时代岩画——雅布赖洞窟岩画。其中，3个山洞的洞壁上有39个红黑阴型手形图，这一发现为中国美术史增寿2万年。（《贵州日报》1993.2.7.①）

8～10日 新疆维吾尔自治区私营企业首次代表大会暨先进私营企业表彰大会在乌鲁木齐举行，全区1359户私营企业代表参加会议。会议选举产生由31人组成的自治区私营企业协会首届理事会。自治区主席铁木尔·达瓦买提、副主席艾斯海提·克里木拜出席会议，并为新疆昆仑经贸实业有限公司等37家先进私营企业颁奖。（《中国共产党新疆历史大事记（1992～2002）》P46）

10日 内蒙古自治区党委和自治区政府表彰6位为国家做出突出贡献的专家，29位为内蒙古自治区做出突出贡献的中青年专家和国务院批准的340名享受政府特殊津贴的专家、学者、技术人员。（《内蒙古日报》1993.2.11.①）

△ 新疆维吾尔自治区第一家中韩合资企业——新疆瑞龙国际发展有限公司在乌鲁木齐举行合同、章程签字仪式，自治区副主席李东辉等领导出席。（《新疆日报》1993.2.11.①）

11日 据本报讯，1992年林业部组织工作组对27个省、自治区、直辖市1991年的人工造林、更新面积进行核查，广西壮族自治区核实面积名列全国第三。最近，广西在全国林业厅局长会议上被林业部授予“造林成绩优异自治区”称号。（《广西日报》1993.2.11.①）

12日 成都军区某部发出通报，号召干部战士向“战斗英雄”山达（哈尼族）学习。被中央军委授予“战斗英雄”荣誉称号的某部副团长山达，在一次车祸中带伤抢救负伤乘客，组织大家脱险。山达曾在保卫祖国边疆战斗中英勇作战，被誉为“哈尼雄鹰”。（《人民日报》1993.2.13.④）

13日 新疆维吾尔自治区政法工作会议召开，自治区党委副书记阿木冬·尼牙孜发表讲话。阿木冬指出，今年抓好新疆政法工作的主要任务之一就是要进一步加强反渗透、反颠覆、反分裂、反破坏斗争，要认真研究境内外敌对势力和敌对分子在我国改革开放条件下进行颠覆、渗透、分裂、破坏活动的新特点，坚决打击非法组织、宗教中的敌对势力、民族分裂主义分子进行各种危害国家安全的破坏活动，特别是对搞爆炸、暗杀、投毒、绑架等恐怖活动和阴谋制造动乱暴乱的，要力争及早发现，将其制止在预谋阶段。（《中国共产党新疆历史大事记（1992～2002）》P47）

△ 据本报讯，最近，新疆维吾尔自治区10名寿星在1992年第三届全国80岁以上健康老人评选活动中被授予全国健康老人称号，其中巴楚县吾鲁布·阿不拉（女，维吾尔族）116岁，居全国寿星之冠。（《新疆日报》1993.2.13.①）

14日 国务院作出《关于加快发展中西部地区乡镇企业的决定》，《决定》从9个方面提出了具体的措施。（《中华人民共和国大事记（1949～2004）》P982）

15日 由中国南方航空公司与广西斯壮股份有限公司合资组建的广西航空有限公司在南宁成立。（《广西通志·大事记》P593）

△ 广西壮族自治区第二届文艺创作铜鼓奖颁奖大会在南宁举行，56部作品获奖。

（《广西日报》1993.2.16.①）

15～18日　广西投资项目介绍会在香港举行，广西壮族自治区副主席雷宇主持会议。港澳知名人士乌兰木伦、朱育诚、霍英东、李嘉诚、安子介、黄涤岩、沈觉人、郑裕彤、李兆基、何鸿燊、曾宪梓、骆懋等出席，港澳台地区和美国、英国、法国、澳大利亚、日本、新加坡、马来西亚等国客商参加介绍会。其间，广西与10多个国家和地区的客商签订合同、协议书和意向项目841个。（《广西通志·大事记》P593）

16日　新疆维吾尔自治区举行优秀企业家表彰大会，15人被授予1990至1992年度自治区优秀企业家称号。（《新疆日报》1993.2.17.①）

△　贵州省黔东南苗族侗族自治州麻江县龙山乡河坝召开麻江“绕家”被认定为“瑶族”的庆祝大会。“绕家”原为待识别民族，经贵州省、自治州、麻江县各级民族识别工作队深入考证，省政府以黔府通（1992）247号文件批复：“同意麻江县绕家6474人认定为瑶族。”（《黔东南苗族侗族自治州志·总述·大事记》P364）

17日　据本报讯，内蒙古自治区第一家地产公司成立，主要业务有土地评估、土地管理咨询服务等。（《内蒙古日报》1993.2.17.①）

△　第五届内蒙古自治区新闻摄影作品评选结束，张麒麟的《杨尚昆、李岚清视察我区三资企业》获单幅照片一等奖，原瑞伦的《汽笛声声接生忙》获成组照片一等奖。（《内蒙古日报》1993.2.18.①）

△　内蒙古自治区政府发布《内蒙古自治区学校卫生工作条例实施办法》，自发布之日起施行。（《内蒙古日报》1993.3.13.②）

18日　内蒙古自治区计划生育工作会议召开。会议确认，1982年以来内蒙古人口增速为1.48%，较全国低0.13%，妇女总和生育率有较大幅度下降，成为全国妇女总和生育率低于或接近更替水平的11个省、市、自治区之一，进入国家先进行列。（《内蒙古日报》1993.2.19.①）

20日　中国少数民族体育协会在北京成立。全国人大常委会副委员长廖汉生任名誉主席，国家民委副主任伍精华（彝族）任主席，国家体委副主任徐寅生任副主席。（《人民日报》1993.2.21.④，《宁夏日报》1993.2.22.③）

△　国务院批准内蒙古自治区第一个国家级高新技术产业开发区——包头稀土高新技术产业开发区挂牌成立。（《内蒙古日报》1993.3.10.①）

20～24日　新疆维吾尔自治区党委、自治区人民政府在喀什举行加快南疆四地州经济发展座谈会。会上，自治区主席铁木尔·达瓦买提宣布自治区为加快南疆四地州经济发展而在原优惠政策的基础上所出台的9项新优惠政策。（《中国共产党新疆历史大事记（1992～2002）》P48～49）

21日　内蒙古自治区个体劳动者第三次代表大会暨先进表彰会在呼和浩特举行，211名先进个体劳动者、4个盟市个体劳动者协会、55个基层协会受到表彰，88人获个协先进工作者称号。（《内蒙古日报》1993.2.22.①）

23～28日　首届哈尼族文化国际学术讨论会在云南省个旧市举行，美国、德国、日本等国及国内的130名学者参加。（《云南日报》1993.3.5.①）

24～26日　宁夏回族自治区文联第四次代表大会在银川举行，有关代表1709人参加。会议选举张贤亮为主席，谭积洪、杨继回（回族）、张武、戈悟觉、马桂芬（女，维吾尔族）、米寿世（回族）、张少山、陈葆泉、王志洪为副主席；通过《宁夏回族自治区文学艺术界联合会章程》。（《宁夏日报》

1993.2.25.①，2.27.①）

25日 首都第三届民族团结进步表彰大会举行，152个先进集体、233名先进个人受表彰。（《四川日报》1993.2.26.①）

△ 内蒙古自治区第一家农垦企业集团——海拉尔农垦企业集团总公司在海拉尔成立。（《内蒙古日报》1993.3.4.①）

△ 据鄯善讯，新疆维吾尔自治区探明一大型黄金矿床——新疆阿希金矿。（《新疆日报》1993.2.25.①）

26日～3月4日 内蒙古自治区七届人大常委会第三十一次会议举行，通过《内蒙古自治区人民代表大会常务委员会批准地方性法规和自治条例、单行条例的规定》。（《内蒙古日报》1993.2.27.①，3.5.①）

27日 据本报讯，新疆维吾尔自治区首家人才银行最近在乌鲁木齐成立。该银行组建联通全区和全国的人才信息网络，为各个方面提供人才科技供求信息登记、咨询、推荐及劳务市场和其它技术中介性服务。（《新疆日报》1993.2.27.①）

27～3月1日 广西壮族自治区党委、人民政府在南宁举行全区乡镇企业工作会议。会议确定乡镇企业发展的目标：1995年前，全区乡镇企业总收入、总产值、工业产值年均增长速度力争分别达到50%以上，1995年总收入达800亿元以上，1995年以后到2000年3项年均增长速度分别保持30%以上。（《广西通志·大事记》P593）

是月 亚洲男子举重锦标赛在伊朗举行。广西壮族自治区运动员黄波获64公斤级抓举、挺举、总成绩3项冠军，林启升获54公斤级抓举、挺举、总成绩3项冠军。（《广西通志·大事记》P593）

△ 国家计委批准宁夏回族自治区利用德国政府赠款项目“宁夏贺兰山东麓生态林业工程”，其中封山育林3万公顷。1995年10月，自治区林业厅向国家林业部提交《宁夏三北防护林二期工程建设成果普查检查验收报告》，该工程于1986年至1995年间完成封山育林3.83万公顷。（《当代宁夏史通鉴》P256）

3月

1日 乌梁素海鸟类自然保护区建立，该保护区位于内蒙古自治区乌拉特前旗，面积6000公顷，是以湿地、水禽为主要保护对象的省级自然保护区。（《全国自然保护区名录（2003）》P40）

△ 据本报讯，广西壮族自治区开通首条由防城港至越南海防的海上旅游航线。（《人民日报》1993.3.1.①）

△ 据本报讯，新疆维吾尔自治区伊犁毛纺织厂的雪鸡牌纯毛缎背呢、阿克苏大光毛纺织厂的大光牌毛线、新疆天山毛纺织有限公司的天山牌羊毛衫最近获1992年度畅销国产商品金桥奖。（《新疆日报》1993.3.1.①）

△ 据本报讯，新疆维吾尔自治区伊犁哈萨克自治州首府伊宁市最近决定，投资客商除享受国务院和自治区给予的优惠政策外，还在边贸、项目审批、关税、土地使用等方面给予一系列优惠政策。（《人民日报》1993.3.1.①）

△ 湖南省湘西土家族苗族自治州第一家全国性电脑联机综合信息网络——国家信息中心计算机联合信息网络吉首终端开通。（《湘西州志》上P96）

1～6日 新疆维吾尔自治区第二届新闻摄影作品暨报刊使用图片评选会在奎屯举行。全疆近30多家报刊的400多幅作品参评。《新疆画报》、《新疆经济报》、《北屯报》获报刊使用新闻摄影图片一等奖。（《新疆日报》1993.3.13.①）

2日 西藏自治区党委、自治区人民政府发出关于选拔和管理科技副县（市）长的暂行规定。《规定》中说，选拔科技人员担任科技副县（市）长，不仅可以加强县级科技领导力量，有利于科学决策，推动城乡结合，使科技工作直接面向生产第一线，促进农牧区经济的发展，加快脱贫致富的步伐，而且可以为科技人员提供充分发挥作用的机会。《规定》指出，科技副县（市）长在县（市）委、县政府领导下，负责全县（市）的科技工作，每县（市）至少要配备一名科技副县（市）长。（《中国共产党西藏历史大事记（1949~2004）》P643）

△ 据本报讯，最近，云南民族出版社出版的《汉傣词典》获中国出版协会民族出版工作委员会举办的首届“中国民族图书奖”一等奖。（《云南日报》1993.3.2.③）

4日 云南省西双版纳傣族自治州新闻工作者协会成立。次日，自治州社会科学联合会成立。（《西双版纳傣族自治州志》上P88）

5日 据本报讯，新疆维吾尔自治区康乐保健制品有限公司研制开发的雪莲乌鸡素连获国内外10项大奖，成为全区出口创汇的拳头产品。（《人民日报》1993.3.5.②）

6日 据本报讯，我国第一部少数民族军事专著《蒙古族古代战争史》最近由民族出版社出版，40万字，附有《蒙古族古代战争史年表》和20幅战争、战役图，均为首次公布。（《内蒙古日报》1993.3.6.③）

△ 内蒙古自治区队运动员呼日查（蒙古族）获第七届全国运动会古典式摔跤预赛暨全国摔跤锦标赛52公斤级冠军，呼日嘎（蒙古族）获130公斤级冠军。（《四川日报》1993.3.7.③）

△ 据本报讯，国内稀有优质矿泉水——锌型饮用天然矿泉水最近在广西壮族自治区桂平西山首次发现并通过国家鉴定。该矿泉水富含人体所需的生命元素锌，有16种以上人体必需的微量元素。（《广西日报》1993.3.6.①）

△ 宁夏回族自治区妇联在银川举行各族各界妇女纪念“三八”节暨表彰大会，11个先进集体、12个“巾帼建功”先进单位、50个先进妇代会、52名“双学双比”先进女能手、20名“巾帼建功”先进个人、19名“三八”绿色奖章获得者受表彰，并授予97名先进个人自治区“三八”红旗手荣誉称号。（《宁夏日报》1993.3.8.①）

9日 国家教委在北京召开教育援藏工作会议，中共中央政治局委员、国务委员兼国家教委主任李铁映到会并讲话。他说，内地支援西藏教育，办西藏班（校）是党中央国务院的一项重要决策，是支持西藏现代化建设富有成效的措施。因此，教育援藏工作要长期坚持，努力搞好，逐步扩大，并通过改革提高到一个新水平。李铁映就今后教育援藏工作提出了4点要求：一、实行对口、定点、包干责任制。是年，国家计委、财政部和国家教委决定拿出4100万元，进一步支持发展西藏教育。二、继续办好内地西藏班（校）。各地要努力改善办学条件，增加办学点，不断提高教学水平。三、教育援藏工作必须从西藏的实际出发，培养适应当地经济、社会发展需要的人才。四、加强对教育援藏工作的管理和协调。国家教委副主任王明达、自治区副主席拉巴平措分别提出进一步搞好教育援藏工作和西藏教育工作设想。（《中国共产党西藏历史大事记（1949~2004）》P643）

△ 内蒙古自治区呼和浩特高空指挥中心在白塔机场成立，结束了内蒙古民航局仅限于指挥7000米以下中低空民航器活动的历史。（《内蒙古日报》1993.3.9.①）

△ 新疆有线电视台宣告成立。该台的节目频道包括影视频道，转播中央电视台、中央教育电视台的节目和维吾尔、汉、哈萨克3种语言及乌鲁木齐市的自办节目，同时还将播出几套广播调频立体声节目。（《中国共产党新疆历史大事记（1992~2002）》P50）

△ 据本报讯，最近，新疆维吾尔自治区

第一个国家批准生产药品——胆石清片投放市场，由兰州军区乌鲁木齐总医院和新疆中药厂联合开发创制，是目前医学界推崇的国家级胆石症纯中药制品，获'92首届中国丝绸之路科技成果展示会金奖。（《新疆日报》1993.3.9.①）

10～15日 西藏自治区党委、政府组织的第四次教育工作会议在拉萨召开。会议传达学习中央《中国教育改革和发展纲要》，讨论丹增副书记题为《转变观念，明确思路，深化改革，使我区教育发展再上一个新台阶》的讲话精神，修订《改革和发展西藏教育的基本思路》及实施意见。17日，自治区党委、自治区人民政府发出《关于改革和发展西藏教育的决定》。（《西藏日报》1993.3.11.①，3.16.①；《中国共产党西藏历史大事记（1949～2004）》P644～645）

11日 内蒙古自治区运动员余海波以177.388分的成绩获1993年全国速度滑冰锦标赛男子全能第一名。（《内蒙古日报》1993.3.12.①）

12日 云南民族出版社编译的《江泽民在中共十四大政治报告》西傣、德傣、佤、景颇、傈僳、拉祜、彝、哈尼、苗9种少数民族文字版出版。（《云南日报》1993.3.12.①）

13日 据本报讯，最近，内蒙古建筑科研所研制的FTm-Ⅱ混凝土碱水剂和FTm-Ⅲ型混凝土外加剂科研成果通过自治区级鉴定。（《内蒙古日报》1993.3.13.①）

△ 内蒙古戈壁恐龙展在日本爱知县犬山市举办，有130多件展品，其中1具体长5米的巨型甲龙骨架首次在国外展出。（《内蒙古日报》1993.3.31.①）

△ 据新华社乌鲁木齐电，新疆维吾尔自治区取消棉花出疆许可证制度，全面开放棉花市场。（《人民日报》1993.3.14.②）

△ 新疆维吾尔自治区首次专利技术拍卖会举行，共有6项专利技术拍卖，成交4项，成交金额75万元。（《新疆日报》1993.3.17.①）

△ 贵州省铜鼓村苗族农民画在日本展出，潘文芳（女，苗族）作现场绘画表演。这是贵州苗族农民画首次在国外展出。（《贵州日报》1993.3.20.①）

14～27日 全国政协八届一次会议举行。参加会议的少数民族委员241名，比七届一次会议增加19名，民族成分由47个增至56个，是全国政协史上的突破。会议通过中华人民共和国宪法修正案，修改后的宪法肯定我国正处于社会主义初级阶段，国家的根本任务是，根据建设有中国特色社会主义的理论，集中力量进行社会主义现代化建设。会议选举李瑞环为全国政协主席，选举出副主席25人，其中少数民族3人：阿沛·阿旺晋美（藏族）、赛福鼎·艾则孜（维吾尔族）、杨静仁（回族）；常委288人，其中少数民族42人。（《人民日报》1993.3.15.①，3.28.①；《中华人民共和国大事记（1949～2004）》P985～986）

15日 新疆维吾尔自治区质量检查队成立，其基本任务和主要职责是行使执法监督职能，依法查处生产、流通领域中违反国家及自治区有关法律、法规的案件，受理单位及个人举报、投诉案件。（《新疆日报》1993.3.19.①）

15～17日 首届广西国际民歌节在南宁举行，应邀出席的有意大利、缅甸、老挝、新加坡、泰国、越南、俄罗斯等国家和香港地区的艺术团，国内部分著名音乐家、歌唱家以及云南、四川、贵州的艺术代表团也应邀参加活动。16日上午，“邕城歌海”大联欢在南宁人民公园举行。（《广西通志·大事记》P593）

15～18日 西南五省（区）七方第九届商品交流会在广西壮族自治区南宁举行，成交金额31.33亿元。（《广西日报》1993.3.16.①，3.19.①）

15~31日　全国人大八届一次会议举行，审议通过国务院总理李鹏的《政府工作报告》。会议选举出人大常委会副委员长19人，其中少数民族4人：帕巴拉·格烈朗杰（藏族）、布赫（蒙古族）、铁木尔·达瓦买提（维吾尔族）、甘苦（壮族）；委员134人，其中少数民族16人。　（《国务院公报》1993［10号］P477~479；《人民日报》1993.3.15.①，3.28.①，3.30.①④，4.1.①）

15日~4月23日　中国宁夏艺术团一行35人在哈萨克斯坦、土库曼斯坦、吉尔吉斯斯坦、阿塞拜疆4国进行访问演出。　（《宁夏日报》1993.3.20.①）

17日　内蒙古自治区呼和浩特蒙古族学校女子足球队代表国家赴以色列特拉维夫参加"世界中学生足球锦标赛"，以五战五胜的战绩获冠军，6名选手被评为优秀运动员。（《内蒙古日报》1993.3.17.①，4.9.①）

△　湖南省湘西土家族苗族自治州汽车运输总公司吉首长途汽车站获"1992年度全国公路旅客运输文明汽车站"称号。　（《湘西州志》上P96）

18日　广西壮族自治区最大的边贸市场——东兴开发区北仑河市场开业。　（《广西日报》1993.3.22.①）

△　广西壮族自治区党委、人民政府发出《关于发展农村社会主义市场经济若干问题的通知》、《关于加快发展乡镇企业若干政策的补充规定》。　（《广西通志·大事记》P593）

△　西藏自治区农科所的"西藏昆虫区系及演化和西藏夜蛾研究"、"主要农作物新品种中间试验技术体系研究"、"发展冬青稞的综合效益与技术研究"、"农作物育成品种系谱及杂交组合选配规律研究"4项科研项目通过自治区科委成果处组织的专家验收鉴定。　（《西藏日报》1993.4.7.②）

19日　据本报讯，四川省少数民族语言文学研究所最近在成都成立。研究所以研究四川少数民族的语言、文学、文字等工作为主要任务。　（《四川日报》1993.3.19.①）

20日　广西国际文化艺术交流促进会在南宁成立，组织举办各类出访或来访的文化交流项目。　（《广西日报》1993.3.26.①）

△　北京时间22时52分，西藏自治区日喀则地区定结、拉孜、昂仁一带发生里氏6.6级地震，震中位于北纬28°18′、东经87°48′。21日5时27分，该地区又发生5.5级强余震；截至9时，先后发生3级以上地震8次。震灾主要分布在雅鲁藏布江两岸一带，受灾面积4000多平方公里，仅拉孜、昂仁一带群众住房直接经济损失6300多万元。31日21时44分，昂仁老震区又发生一次5.2级强余震。自治区地震局于21日和23日相继派出2个工作组赴震区进行现场监视和灾情调查。自治区成立以副主席拉巴平措任指挥长的抗震救灾指挥部。　（《西藏日报》1993.3.22.①，3.29.①，4.2.①；《中国共产党西藏历史大事记（1949~2004）》P646）

△　全国唯一的高等院校藏学系在中央民族学院成立，藏学学者丹珠昂奔任主任。全国人大常委会副委员长阿沛·阿旺晋美前往祝贺。（《西藏日报》1993.3.22.①）

21日　内蒙古自治区人民政府决定在扎赉特旗、伊金霍洛旗等13个重点贫困旗县，建立扶贫开发试验区，政府的13个部门对口支援13个贫困旗县。　（《内蒙古日报》1993.3.22.①）

22日　西藏自治区第一座污水处理站在拉萨投入使用，日处理污水能力达100吨。（《西藏日报》1993.3.23.①）

△　西藏自治区第一家报关服务公司在拉萨成立。其主要业务是为从事进出口业务的企业和个人办理进出口货物、运输工具、转关等手续提供服务。　（《西藏日报》1993.3.26.①）

23日　据本报呼和浩特讯，最近，内蒙古自治区第一家股份制集团企业——内蒙古金宇集团股份有限公司开业。该公司由原呼和浩特市金属材料公司为发起人改组建立。（《内蒙古日报》1993.3.23.①）

24日 据本报库尔勒讯，新疆维吾尔自治区第一家股份制建筑勘查设计企业——新疆中亚建筑勘查设计研究院最近在库尔勒正式营业。该院由新疆建筑勘查设计研究院、全国优秀农民企业家李延杰领导的中亚实业、巴音郭楞蒙古族自治州乡镇企业局及中国工商银行巴州中心支行4家单位合股创办。（《新疆日报》1993.3.24.①）

25日 据本报讯，最近，新疆工学院研制的一种在线测长仪通过鉴定。该仪器用于新疆外贸包装产的纸箱生产线上，可年节约5层瓦楞纸板近4万平方米，直接经济效益12万元。（《新疆日报》1993.3.25.①）

26日 我国著名的无线电物理、空间物理学家龙咸灵（苗族）在湖北武汉病逝，享年82岁。生前曾任国家科学技术委员会电子技术科学专业组委员、中国地球物理学会理事、中国空间科学学会副理事长、中国电子学会理事等职。20世纪60年代初，龙咸灵主持创建我国第一个电离层返回斜向探测站——武汉大学黄陂试验站，为我国无线电物理和空间物理学科的发展，特别是国防建设作出重要贡献。（《中国少数民族专家学者辞典》P246）

△ 内蒙古自治区第一部大型旗县情专著《内蒙古自治区旗县情大全》最近出版发行，该书收录全区4个市、8个盟、100个旗县区的区情，有自然地理条件、政区历史沿革概况、经济发展概况、社会发展概况、主要城镇建设及建国后历届主要领导人6个大纲28个项目数百个细目及资料数据，共计150多万字。自治区主席布赫为该书题写书名，自治区委副书记乌力吉题词，自治区副主席伊钧华作序。（《内蒙古日报》1993.3.26.①）

△ 国家电子工业部部长胡启立和国家计委副主任曾培炎等同广西壮族自治区党委书记赵富林、自治区主席成克杰在北京举行会谈，确定在广西北部湾沿海地区（含北海市、防城港市、南宁市和钦州地区）兴建电子城的意向。5月26日至6月1日，由电子工业部和广西壮族自治区人民政府组成的联合规划考察组进行实地考察，形成会谈纪要与意向书等文件。（《广西通志·大事记》P593）

29日 国家对外经济贸易部赋予宁夏回族自治区银川市外贸公司进出口经营权。这是宁夏首家取得进出口经营权的地（市）级外贸公司。（《宁夏日报》1993.4.6.①）

30日 据《西藏日报》报道，横跨世界第一峰——珠穆朗玛峰的西藏自治区拉萨市至尼泊尔加德满都国际航线正式开通。该航线航程624公里，飞行时间约50分钟，由中国西南航空公司波音757飞机承担飞行任务，每周二、六往返飞行。（《中国共产党西藏历史大事记（1949~2004）》P648）

△ 据本报讯，宁夏农学院最近研制出THB活性酵母蛋白饲料。该产品能提高饲料转化率，促进畜禽生长。（《宁夏日报》1993.3.30.①）

△ 新疆维吾尔自治区首家民办股份公司——金魁股份有限公司成立。公司以高新技术产业为龙头，参与房地产业和第三产业的开发。（《新疆日报》1993.3.31.①）

31日~4月7日 云南省七届人大常委会第二十九次会议在昆明举行。会议通过《云南省西双版纳傣族自治州民族教育条例》，自5月1日正式实施；《大理白族自治州大理风景名胜区管理条例》，自7月1日起施行；会议还通过《云南省丽江纳西族自治县玉龙雪山管理条例》、《云南省西双版纳傣族自治州城镇市容和环境卫生管理条例》、《云南省文山壮族苗族自治州林业管理条例》和《云南省丽江纳西族自治县林业管理条例》。（《云南日报》1993.4.1.①，4.8.①②）

是月 据本报讯，内蒙古自治区赤峰啤酒获得加拿大国际酒类会金奖。 （《内蒙古日报》1993.8.25.①）

4月

1日 内蒙古自治区第一家自选汽车商场暨汽车展销会在呼和浩特开业。 （《内蒙古日报》1993.4.7.③）

△ 广西壮族自治区重点建设项目——柳州钢铁厂50万吨钢配套工程通过验收，正式交付生产。 （《广西通志·大事记》P594）

△ 新疆维吾尔自治区粮食销售价格全面放开，这是自治区流通领域体制改革的又一重大措施。 （《中国共产党新疆历史大事记（1992～2002）》P46～47）

△ 云南省文山壮族苗族自治州支前工作暂告段落。从自卫还击作战开始，文山州累计组织支前参战民兵26.2万多人，民马5517匹，组织供应部队各种物资41万多吨。（《文山壮族苗族自治州志》1卷P80）

1～3日 云南省文山壮族苗族自治州举办首届文山国际三七节暨民族节庆祝活动。美国、法国及香港地区客商签订招商引资合同6项，投资金额2.1亿元；意向性协议10项，投资金额1亿元。 （《文山壮族苗族自治州志》1卷P80）

3日 据《内蒙古日报》报道，内蒙古自治区提前3年完成“三北”防护林第二期工程造林任务。人工造林2550万亩，飞播造林176万亩，封山（沙）育林1546万亩，用7年时间超额完成10年的造林任务。全国绿化委员会和林业部曾4次授予内蒙古“三北”防护林建设“先进自治区”和“造林成绩优异奖”。（《内蒙古日报》1993.4.3.①）

4日 国务院批复湖北省人民政府，同意鄂西土家族苗族自治州更名为恩施土家族苗族自治州。 （《国务院公报》1993［6号］P255）

△ 羌塘自然保护区建立，位于西藏自治区双湖、文南、改则等地，面积2980万公顷，是以藏羚羊、野牦牛等野生动物及高原荒漠生态为主要保护对象的国家级自然保护区。 （《全国自然保护区名录（2003）》P111）

△ 由云南省剑川县民委、民语委、县志办搜集整理的白族文化史上第一本用白文和汉文对照出版的歌集——《石宝山白族情歌百首》最近由云南民族出版社出版。它的出版不仅为广大的文学爱好者了解白族文化提供了一扇窗口，而且为研究白族语言文学的专家提供了一本不可多得的参考书。 （《云南日报》1993.4.4.①）

△ 全国第一家烟草博物馆——云南省大理白族自治州博物馆烟草馆在下关建成开馆。展厅分“烟草历史”、“烟草习俗”、“烟草发展”3大部分。 （《云南日报》1993.4.14.①）

5日 据呼和浩特讯，内蒙古自治区最近出台《内蒙古自治区国家机关工作人员辞职暂行办法》、《内蒙古自治区机关事业单位专业技术人员和管理人员停薪留职暂行办法》、《内蒙古自治区企事业单位专业技术人员和管理人员业余兼职暂行办法》、《内蒙古自治区企事业单位人才社会招聘工作暂行办法》4项新政策。 （《内蒙古日报》1993.4.5.①）

△ 据呼和浩特讯，最近，内蒙古大学蒙古语言文学系教授巴·格日勒图（蒙古族）、讲师楚鲁（蒙古族）编著的蒙古语教材《文学理论简编》，内蒙古师范大学蒙古所研究员、副教授乌·苏古尔（蒙古族）编著的《蒙古族现代文学史》在第二届全国高等学校优秀教材评奖中获国家优秀奖。 （《内蒙古日报》1993.4.5.①）

△ 据呼和浩特讯，内蒙古自治区卓资县、翁牛特旗、乌拉特前旗3个旗县级土地利用总体规划最近通过自治区级评审，并被评为

自治区优秀成果一等奖。（《内蒙古日报》1993.4.5.①）

6日 民族出版社举行茶话会，庆祝建社40周年。全国人大常委会副委员长布赫，国务委员司马义·艾买提，全国政协副主席阿沛·阿旺晋美、赛福鼎·艾则孜等到会祝贺。民族出版社成立于1953年，40年来，这个专门为各少数民族服务的出版社，共出版各类书刊1.4万多种，2.15亿册。这些书刊除发行全国各民族地区外，还远销海外70多个国家和地区。（《人民日报》1993.4.9.④，《民族团结》1993.1 P18）

△ 内蒙古自治区大中专院校招生实行重大改革：适当缩小国家任务招生计划，扩大调节性招生计划；稳定本科规模，发展专科教育，压缩长线专业，增加急需的短线专业；适当调减蒙语授课的文科专业，增加理工科和经济管理类专业。（《内蒙古日报》1993.4.6.①）

△ 广西壮族自治区运动员余晓玲（女）以256.2分的成绩获全国跳水冠军赛（甲级赛区）女子1米板冠军。（《广西日报》1993.4.7.③）

7日 内蒙古自治区包头稀土研究院等单位研制出一种新型稀土多元复合肥，该肥增产效果显著，投入产出为1∶10。增产幅度粮食为5%～15%，经济作物为20%～30%。在自治区科委、农委主持的省级鉴定会上，专家们一致认为该新产品属区内首创，达到国内同类研究的国际水平。（《内蒙古日报》1993.4.7.①）

△ 联合国世界粮食计划署提供价值1600万美元无偿援助的WFP–3924农牧林水综合生态农业建设项目在内蒙古托克托县、和林格尔县、凉城县全面开工。（《内蒙古日报》1993.4.7.①）

△ 据新华社北京电，我国第一本关于西藏人口历史与现状的书籍——《当代中国西藏人口》最近出版。该书以1990年人口普查资料为依据，对西藏人口的年龄结构、妇女生育能力、人口自然变动、婚姻家庭、人口与经济发展等方面进行研究分析。（《西藏日报》1993.4.8.①）

9日 据呼和浩特讯，内蒙古医院最近从美国引进一台诊断脑血管疾病的高新技术仪器——经颅彩色超声多普勒血流分析仪（TCD），填补了内蒙古自治区医疗检查设备的一项空白。（《内蒙古日报》1993.4.9.①）

△ 宁夏回族自治区青少年发展基金会在银川成立。基金会以救助贫困失学少年的“希望工程助学基金”为主，包括“青少年自学成才奖励基金”、“青少年科技发明奖励基金”、“红领巾基金”等专项基金。（《宁夏日报》1993.4.17.①）

10日 据本报讯，最近，新疆维吾尔自治区乌鲁木齐恭喜酒厂和乌鲁木齐国泰工贸公司2家乡镇酒厂生产的恭喜特曲和俄德克酒在首届国际名酒博览会上获银奖。（《新疆日报》1993.4.10.①）

11日 据本报讯，西藏自治区林芝县城至八一镇最近开通六路超短波电路，成为西藏第一条开通县至地区的长途半自动电话线路。（《西藏日报》1993.4.11.①）

△ 据本报讯，中国少数民族民间故事大系之一的《土族撒拉族民间故事选》最近由上海文艺出版社出版发行，共34万字，收编土族、撒拉族民间故事和神话传说127篇。（《青海日报》1993.4.11.①）

12日 云南省西双版纳傣族自治州在允景洪民族体育场举行成立40周年庆祝大会，全国人大常委会、国务院致贺电。庆祝会上还表演了大型民族民间艺术歌舞《勐泐神采》。（《云南日报》1993.4.13.①）

13日 内蒙古自治区科委、内蒙古农牧学院和日本国际协力事业团（JICA）事前调查团关于《中国内蒙古乳制品研究项目》协商纪

要签字。自治区副主席云布龙出席签字仪式。（《内蒙古日报》1993.4.16.①）

△ 据本报讯，广西壮族自治区南珠研究开发中心最近在广西钦州成立。其任务是承担国家科委和自治区科委等有关部门下达的科技攻关、应用技术研究和技术开发项目，为南珠生产各个环节提供技术培训、技术咨询和信息服务，促进珍珠质量的提高。（《广西日报》1993.4.13.①）

△ 国家水利部与云南省水利电力厅、文山壮族苗族自治州人民政府签订《马鹿塘水利水电枢纽初步设计阶段前期勘测设计费用集资协议》，水利部承担前期费用3000万元的50%，省、州承担50%。（《文山壮族苗族自治州志》1卷P80）

△ 首届云南省西双版纳傣族自治州国际茶王节在允景洪举行，国内10多个省市和日本、马来西亚、香港等地区的2000多人参加。（《云南日报》1993.4.14.①，《西双版纳傣族自治州志》上P89）

15日 广西壮族自治区规模最大的内河新港——贵港中转港建成，10月19日通过国家验收，正式交付使用。该港于1990年10月30日动工，设计年吞吐能力为180万吨，总投资4921万元。（《广西通志·大事记》P594）

△ 据本报讯，宁夏回族自治区首家科技型股份制企业——宁夏三新技术有限公司最近研制开发出2K真空热水锅炉，自治区科委认定其具有国际水平。（《宁夏日报》1993.4.15.①）

16日 内蒙古自治区党委办公厅、内蒙古自治区人民政府办公厅日前发出关于认真贯彻《中共中央办公厅、国务院办公厅关于切实减轻农民负担的紧急通知》的意见，要求各地采取断然措施，认真解决农牧民负担过重问题。（《内蒙古日报》1993.4.16.①）

△ 内蒙古自治区与中国技术进出口总公司合作协议签字仪式在呼和浩特举行，自治区主席布赫等领导出席。双方在引进技术和进出口成套设备、扩大出口和发展外向型经济等领域达成协议。（《内蒙古日报》1993.4.18.①）

△ 据本报讯，中国少数民族自治州金融协会最近在云南省大理成立。会议选举陈元为名誉主席，尹俊为顾问，高鹤楼为会长。（《云南日报》1993.4.16.①）

17日 内蒙古自治区高级法院成立经济纠纷调解中心。该中心受理法人之间、公民之间、法人与公民之间、其他组织之间及他们相互之间的各类经济纠纷、财产侵权损害赔偿纠纷，涉外（包括港、澳、台）经济纠纷。（《内蒙古日报》1993.4.24.①）

△ 内蒙古自治区人民政府决定，建立粮食收购保护价制度，保护农民的种粮积极性。（《内蒙古日报》1993.4.17.①）

△ 据本报讯，适应多民族多种文字办公需要的创新维吾尔、哈萨克、柯尔克孜文桌面排版系统最近问世。该系统输入采用多种模块的可摘挂式，用户可任意选择五笔字型、拼音等方式。（《新疆日报》1993.4.17.①）

△ 新疆维吾尔自治区举行地方志编修工作10周年座谈会。会上宣读了自治区政府通报表彰34个修志工作先进集体和80名先进个人的决定。（《新疆日报》1993.4.18.①）

19日 据本报讯，宁夏回族自治区政府最近正式颁布实施《宁夏回族自治区全民所有制工业企业转换经营机制实施办法》。（《宁夏日报》1993.4.19.①）

20~24日 广西壮族自治区八届人大常委会第二次会议举行。会议批准《广西壮族自治区乡镇集体矿山企业和个体开采矿产资源管理条例修正案》、《广西壮族自治区扶持红水河电站库区生产的若干规定》。（《广西日报》1993.4.21.①，4.25.①）

21日 新华社呼和浩特电，内蒙古自治区考古工作者在巴彦淖尔盟磴口县境内发掘出土1000多件汉代妆奁，其中有大批铜镜、漆制妆盒、青铜器、玉器和象牙制品。（《内蒙古日报》1993.4.22.①）

23日 据本报讯，广西壮族自治区最近在隆安发现一处面积35平方公里的银矿，为广西最大的富银矿。（《广西日报》1993.4.23.①）

△ 广西壮族自治区第一条全集装箱国际直航班轮航线——防城港经香港至日本全集装箱班轮首航。（《广西通志·大事记》P594）

26日 广西壮族自治区和越南广宁关于发展经贸合作诸问题《会谈纪要》签字仪式在南宁举行。自治区副主席、代表团团长雷宇，越南广宁省人民委员会主席、代表团团长阮必勇分别代表双方在《会谈纪要》上签字。29日，为期6天的“1993年凭祥中越边境商品交易会”结束，商品成交总额12亿元，投资项目48个，投资总额10亿元，组织跨国旅游考察收入30多万元。（《广西日报》1993.4.27.①，《广西通志·大事记》P594）

△ 据本报讯，新疆维吾尔自治区阿克苏地区酒厂生产的鹰牌特曲、鹰牌特酿最近在首届国际名酒香港博览会上获金奖，鹰牌桂花葡萄酒获银奖。（《新疆日报》1993.4.26.①）

△ 云南省举办专业民族舞蹈编导培训班，全省17个地、州、市及部分县10多个少数民族的38人参加。（《云南日报》1993.4.29.③）

△ 内蒙古队获七届全国运动会男子柔道预赛暨1993年全国男子柔道锦标赛团体总分第一名，文革（蒙古族）获86公斤和95公斤级第一名。（《甘肃日报》1993.4.27.③）

27日 内蒙古自治区检察院首次为208名司法警察授予警督、警司、警员警衔。（《内蒙古日报》1993.4.29.①）

△ 据新华社银川电，宁夏回族自治区最近发现元代安西王府遗址，有金帽顶饰、金手镯、金带扣饰等大量元代文物，为研究元代早期六盘山地区的政治、经济、军事状况提供实物依据。（《宁夏日报》1993.4.28.②）

30日 内蒙古自治区人民政府发布施行《内蒙古自治区全民所有制工业企业转换经营机制实施办法》。（《内蒙古日报》1993.4.30.②）

△ 据报道，1992年至1993年榨季广西壮族自治区累计榨甘蔗2047万吨，生产混合糖221万吨，均创历史最高水平，广西糖产量跃居全国首位。（《广西通志·大事记》P594）

5月

1日 《云南省西双版纳傣族自治州教育条例》开始施行。（《西双版纳傣族自治州志》上P89）

2日 西藏自治区藏北建立牧业抗救灾基地。基地建设包括草场围栏保护、家庭饲草种植、游牧民定居、牲畜棚圈修建、设立防灾物资储备点、推广实用技术及小型水利、道路、通讯等配套项目。基地建设采用由自治区和藏北地县政府、集体和群众共同集资的办法，从1990年春开始动工建设，历时2年，基地建设完成4000多万元投资，新增围栏保护草场50多万亩，开辟家庭人工饲草基地5万亩，由2万多户牧民修建标准牲畜棚和暖棚，一大批实用的农业技术得到推广。（《中国共产党西藏历史大事记（1949～2004）》P650）

△ 国家一级口岸都拉塔口岸日前在中哈边境的一片戈壁滩上奠基。口岸位于新疆维吾尔自治区伊犁地区察布查尔锡伯自治县境内，是国务院批准的一级口岸，也是新疆对外开放的第17个口岸。（《新华社每日电讯》1993.5.3）

3日 民政部批复内蒙古自治区人民政府，同意赤峰市郊区更名为松山区。（《国务院公报》1993［8号］P335）

△ 据本报讯，新疆维吾尔自治区第四汽车运输公司、原航天部技术开发公司、新疆工学院和乌兹别克斯坦共和国联营的中乌国际商业联运公司近日成立。（《人民日报》1993.5.3.①）

△ 据本报讯，最近，1992年新疆维吾尔自治区科学技术进步奖（含星火奖）评选活动举行，共评出获奖项目140项，其中一等奖3项、二等奖24项、三等奖57项、四等奖56项。（《新疆日报》1993.5.3.①）

4~6日 广西壮族自治区首届青年科技学术会在南宁举行，250名自然科学、社会科学工作者参加。会议通过《致全区青年科技工作者的倡议书》。（《广西日报》1993.5.8.①）

5日 据新华社讯，全国规模最大的西瓜制种基地日前在新疆维吾尔自治区昌吉回族自治州建成。该基地位于天山北麓，面积4万余亩，年产西瓜种子400吨以上，占全国需求量的1/3强。（《人民日报》1993.5.5.①）

5~8日 尼泊尔旅游和民航大臣拉姆·哈里·乔西为团长的代表团在西藏自治区参观访问，自治区副主席江措等领导会见。其间，中尼举行“纪要”签字仪式，双方同意从1993年底开始开发尼方亚里（呼姆拉地区）和西藏普兰县的科尔加和细德边检点为游客出入境点。（《西藏日报》1993.5.6.①，5.9.①）

6日 据本报讯，广西壮族自治区第一家股份制物资企业——南宁市机电设备总公司最近成立。（《广西日报》1993.5.6.①）

△ 广西壮族自治区恢复设立中国越南友好协会广西分会、中国老挝友好协会广西分会。（《广西日报》1993.5.22.①）

7日 据本报讯，中国国际航空公司融资1.2亿美元为内蒙古分公司购进美国4架波音737—300飞机，首批2架已于日前飞抵呼和浩特。（《人民日报》1993.5.7.②）

△ 我国第一部大型综合性回族辞书——《中国回族大词典》最近由江苏古籍出版社出版发行。全书词目7035条180万字，是一部反映回族形成和发展、政治活动、社会经济面貌、文化特点及其成就、宗教信仰等方面的工具书。（《宁夏日报》1993.5.7.①）

8日 据本报讯，广西壮族自治区最近批准南宁、柳州、百色、河池4个地区对外经济贸易公司和贵港市的甘蔗化工厂、红旗纸厂、北海市虾业发展公司3家生产企业的对外贸易经营权。（《广西日报》1993.5.8.①）

△ 国务院已批准广西壮族自治区贵港口岸开办国轮进出口货物运输业务。是日，2艘载满大米和石灰粉的轮船首航港、澳。（《广西通志·大事记》P595）

△ 湖南省湘西土家族苗族自治州第一公路大桥——泸溪铁山河沅水大桥通车。大桥长454.8米（主桥三孔长319米）、宽13米（车行道9米）。工程1991年12月1日正式开工。（《湘西州志》上P97）

10日 广西壮族自治区北海市工业开发区、北海城市主干道路、北海银滩国家旅游度假村东区、北海机场扩建工程、北海中美合资大型综合加工区5大重点工程同时举行开工典礼，总投资42亿多元。（《广西通志·大事记》P595）

11日 国务院任命李晋友为国家民委副主任，免去陈欣（女）国家民委副主任职务。（《国务院公报》1993［10号］P480）

△ 西藏自治区大型综合开发规划——《西藏尼洋河区域资源开发与经济发展综合规划》在四川成都通过终期评审，包括土地、水利、林业、畜牧业、能源、工业、交通运输等9个分项规划。（《西藏日报》1993.5.26.①）

△ 贵州省少数民族体育协会在贵阳成立。会议选举王德安（苗族）为名誉主任，苏木恒为主席。（《贵州日报》1993.5.13.⑤）

12日 据新华社拉萨电，西藏自治区近

日出台《西藏自治区全民所有制工业企业转换经营机制实施办法》。（《人民日报》1993.5.13.①）

14日 据本报讯，内蒙古自治区包头市工程矿山机械配件公司推出干、湿地3大系列26个品种履带板，填补国内3项空白。该公司年设计生产能力30万块，是我国国产、进口各种机型品种最多、最全的履带板生产基地。（《人民日报》1993.5.14.①）

15日 广西壮族自治区党委、人民政府联合颁发《关于进一步调动科技人员积极性的若干规定》、《关于加快科研机构、大中专院校的人才分流的若干规定》、《关于大量引进人才的若干规定》、《关于重奖研制、推广科技成果有功人员的若干规定》4个文件。同时，自治区政府颁发《关于欢迎出国留学、进修人员来广西工作有关问题的通知》、《关于延长部分高级专家离退休年龄有关问题的通知》、《关于鼓励职工学习外语、提高外语水平有关问题的通知》3个文件。（《广西通志·大事记》P595）

16日 据本报讯，新疆维吾尔自治区政府最近批准赋予新疆华新工贸总公司、新疆联宇涉外服务公司、哈密地区乡镇企业边贸公司地边贸易进出口经营权。（《新疆日报》1993.5.16.①）

17日 据新华社报道，40多年来，中央给西藏自治区的财政补贴和基本建设投资达200多亿元，极大地促进了西藏的现代化建设。从80年代中期开始，国家每年给西藏的财政补贴为10亿元，按人均计算，为全国各省、自治区直辖市最高。（《中国共产党西藏历史大事记（1949~2004）》P650~651）

19日 据本报乌兰浩特讯，内蒙古自治区第一家信息市场最近在乌兰浩特建成，主要办理全国、全区各类市场信息交流和查询业务等。（《内蒙古日报》1993.5.19.①）

△ 内蒙古自治区政府办公厅发出通知，决定从1993年起，连续3年在全区开展大规模牛皮蝇蛆病防治工作。（《内蒙古日报》1993.5.19.①）

△ 据本报讯，广西壮族自治区第一家合资培育优良菜种的公司——中国广西永发种子有限公司最近成立。（《广西日报》1993.5.19.①）

△ 西藏自治区第一座污水处理站建成，污水浊度5度以下。（《西藏日报》1993.5.21.①）

21日 内蒙古自治区第四届社会科学优秀成果评奖颁奖大会最近在呼和浩特举行，474项科研成果获奖。（《内蒙古日报》1993.5.21.①）

△ 据南宁讯，广西壮族自治区政府最近决定将原有的自治区安全生产委员会、交通安全委员会、防火安全委员会合并为自治区安全生产委员会，自治区副主席袁正中兼任主任。（《广西日报》1993.5.21.①）

22日 新疆维吾尔自治区第一份大型有色金属矿床的勘探地质报告——《喀拉通克铜镍矿区一号矿床勘探地质报告》最近通过评审。（《新疆日报》1993.5.28.①）

△ 甘肃省八届人大常委会三次会议批准《阿克塞哈萨克族自治县施行〈中华人民共和国婚姻法〉部分条款的变通规定》。（《甘肃日报》1993.5.23.②）

23日 国务院批准广西壮族自治区设立防城港市（地级市），同时撤销防城各族自治县和防城港区，改为防城区（包括东兴镇）和港口区。防城港市由自治区直接领导，市政府驻港口区，上思县归防城港市管辖。10月8日，防城港市举行挂牌仪式。（《广西通志·大事记》P595）

25日 根据国务院、中央军委指示精神，广西壮族自治区政府和广西军区成立广西边境排雷工作领导小组。6月15日，中越边境广西段大规模排雷全面展开。截至1994年12

月28日完成任务，累计组织排雷作业8.95万人（日），动用机械、车辆6900多台（次），行程60万公里，排除雷场356个，诱爆和排除各种地雷60多万枚，设置雷区标示牌1600块。作业中，牺牲战士1人，负伤8人。（《广西通志·大事记》P595）

27日 内蒙古自治区乌兰察布盟的辽代契丹古墓中发现一种古老的计算工具——象骨算筹（算盘），长12厘米，厚0.4厘米，为我国北方少数民族墓葬中属首次发现。（《内蒙古日报》1993.5.29.①）

△ 据本报讯，最近，内蒙古自治区乌海发现特大古树化石。据考古部门推测，树化石距今约1.4亿年，是我国发现最长、最完整的树化石。（《云南日报》1993.5.27.⑤）

28日 被列为邮电部“八五”重点建设项目之一的内蒙古自治区呼和浩特邮政通信枢纽工程，经过3年半的施工建设，通过国家验收。（《内蒙古日报》1993.5.31.①）

△ 新疆维吾尔自治区哈萨克语言文化学会成立，自治区党委副书记贾那布尔出席，就继承和发展本民族语言文化遗产等问题发表讲话。（《新疆日报》1993.5.30.①）

△ 贵州省黔西南布依族苗族自治州首家国家外汇外贸专业银行——中国银行兴义支行开业。该行可开展日元、美元、英镑、法郎、马克等22种外币及港币的交易和存取业务。（《黔西南布依族苗族自治州志·政权政协志》P33）

29日 广西壮族自治区运动员谈舒萍（女）以315.21分的成绩获第八届世界杯跳水赛女子3米跳板冠军。31日，她又以271.20分的成绩获女子1米跳板冠军。（《广西日报》1993.5.30.①，6.1.①）

是月 由国家统计局和UNFPA/CHNPO4项目“民族人口课题”组联合举行的“中国1990年人口普查民族人口研讨会”在北京举行。会议内容包括全国56个民族和主要民族地区的人口数量、人口素质、婚姻、家庭、生育、死亡以及经济、人口与生态、人口预测、传统文化与习俗、人口再生产等等，这是建国以来有关民族人口问题研讨项目最全面、讨论最深入、涉及范围最广、规模最大的一次学术会议。（《民族团结》1993.7 P27）

6月

1日 宁夏回族自治区甜菜单粒雄性不育系选育成功，在银川通过鉴定。（《宁夏日报》1993.8.28.①）

2日 西藏自治区第二次民族文化遗产抢救工作会议在拉萨结束，自治区副主席拉巴平措等领导出席。会议回顾总结了一次会议以来民族文化遗产抢救工作所取得的成就和经验。（《西藏日报》1993.6.3.①）

4日 国务院特区办正式批准设立内蒙古自治区锡林郭勒盟二连浩特边境经济合作区。（《内蒙古日报》1993.8.29.③）

5日 全国培养选拔少数民族干部座谈会在北京举行。会议指出，我国少数民族干部队伍不断发展壮大，已从解放初期的1万多人发展至目前的228万多人，党员干部占37.7%，女干部占26.6%，40岁以下的占40%以上，具有高中以上文化程度的占75%；少数民族干部在企事业单位从事专业技术工作的147万人，占少数民族干部总数的64.6%。国务委员、国家民委主任司马义·艾买提出席会议。8日，中共中央政治局常委、书记处书记胡锦涛在中南海与参会代表座谈。（《人民日报》1993.6.6.③，6.9.①）

△ 广西壮族自治区人民政府发出紧急通知，要求各级人民政府必须对公路沿线乱设卡、乱收费、乱罚款问题引起高度重视，立即采取果断措施予以制止。（《广西通志·大事记》P595）

6日 据本报讯，新疆维吾尔自治区首家电子保安器材生产企业——新疆恒利电子保安器材厂最近投产。该厂生产的DML25KV-60KV系列警用防暴电击器填补自治区空白。（《新疆日报》1993.6.6.①）

△ 第十届北京朝鲜族运动会在中央民族学院举行，30支代表队的千余名朝鲜族运动员参加了秋千、摔跤、跳板及田径、足球等项目比赛。（《民族团结》1993.8 彩一）

△ 广西壮族自治区运动员周贤德获全国青年自由式摔跤锦标赛46公斤级冠军。（《广西日报》1993.6.9.③）

7日 中国民族艺术团在韩国汉城世宗文化会馆举行访韩首场演出。演员们表演了藏族舞蹈《雪原圣舞》、蒙古族舞蹈《奔腾》、苗族传统舞蹈《苗家女》以及京剧、武术等节目。（《人民日报》1993.6.9.⑦）

8日 广西壮族自治区人民政府在南宁召开全区打击走私会议。会议提出要坚决果断地采取措施，把走私活动的气焰狠狠地打下去，以保障深化改革、扩大开放、搞活边贸等各项事业健康发展。（《广西通志·大事记》P595）

8~12日 西藏自治区六届人大常委会第三次会议举行。会议通过废止《西藏自治区查处投机倒把活动暂行办法》和《西藏自治区实施〈中华人民共和国民事诉讼法（试行）〉的若干变通办法》的决议。（《西藏日报》1993.6.9.①，6.13.①）

11日 据本报讯，最近，新疆维吾尔自治区药物研究所研制、乌鲁木齐丝路化妆品厂生产的奥斯曼高级生眉笔获第84届巴黎国际发明博览会特别荣誉金杯奖。这是我国化妆品在法国获得的第一个最高奖励。（《新疆日报》1993.6.11.①）

12~16日 1993中国北京国际穆斯林经贸洽谈会在北京举行。港澳台地区和西亚、东南亚、欧美等26个国家的300多位客商，以及内蒙古、宁夏、新疆、云南等7个省、市、自治区的近300家厂商企业代表参会。洽谈会签约投资金额12亿元人民币，出口成交额600万美元、160多万人民币，达成意向投资金额2343万美元、5亿多元人民币。（《民族团结》1993.6 P25，9 封3）

13日 据本报讯，辽宁省沈阳市喇嘛教寺院实胜寺最近在该寺大喇嘛召乌力吉圆寂活化遗骨中发现数十枚红、绿、白等颜色的五彩舍利。佛教界人士认为，五彩舍利的出现在我国佛教史上实属罕见。（《人民日报》1993.6.13.③）

14日 内蒙古自治区呼伦贝尔盟满洲里市边境经济合作区兴建1年来，招商项目197个，落实70个，协议资金5.2亿元，建设粗具规模。（《内蒙古日报》1993.6.14.①）

16日 广西壮族自治区与西班牙合资的企业——梧州嘉发赛树胶有限公司开业，是我国第一家利用脂松香做原料生产食用松香和底胶的企业。（《广西日报》1993.6.20.①）

△ “中国第一巨胎”——广西壮族自治区桂林轮胎厂生产的36.00—51—58PR工程机械轮胎在桂林通过国家级鉴定，达到同类产品国际先进水平，从而结束我国此类轮胎全部依赖进口的局面。（《广西通志·大事记》P596）

17日 新疆维吾尔自治区政府副主席李东辉和日本伊藤忠商事株式会社副总裁中泽忠义分别代表自治区政府和伊藤忠商事株式会社签署《中国新疆和日本伊藤忠商事株式会社友好协议书》，双方在经济、贸易、文化、教育等广泛领域建立经常性交流与合作等。（《中国共产党新疆历史大事记（1992~2002）》P57）

△ 据本报讯，甘肃省最近发现《火灸疗法》、《吐蕃医疗术》（各2部）和《古藏文灸法图》手抄本古藏医文献。这5部文献编写年代均在公元8世纪以前，内容有藏族特殊的诊疗方法介绍、病因病理学说的论述、藏医临床验方和藏文针灸图。（《云南日报》

1993.6.17.⑤）

18日 据新华社西安电，国家民委经济工作会议最近在西安召开。会议指出，我国少数民族地区农牧民人均纯收入已接近600元，1986年少数民族地区有4000万人未解决温饱，目前下降近50%。（《人民日报》1993.6.19.④）

△ 清代蒙古族文物展览在河北省承德市举办，分封建盟旗制度、蒙古王公贵族、满蒙联姻、游牧生产、民族风情5个部分，展出文物220多件套、图片50多张。（《内蒙古日报》1993.7.5.①）

△ 湖南省湘西土家族苗族自治州最大的输变电工程——花垣至永顺110千伏输变电工程合闸。（《湖南日报》1993.6.26.①）

19日 据本报讯，宁夏回族自治区选送的纯薯类粉丝、粉皮，多维蒿子挂面，家用煤气发生炉3个专利产品最近在1993年中国专利技术暨专利产品订货会上获金奖；严氏保健小儿肚兜，仿真高速艇，烹饪、取暖、淋浴微型锅炉，飘晴牌系列酱菜4个专利产品获银奖。（《宁夏日报》1993.6.19.①）

△ 据新华社电，最近，新疆维吾尔自治区在石河子出土85枚法国黄铜币。这些铜币是法兰西第三共和国时期的货币，铸于1897年，每枚直径3.8厘米、重17.35克，是新疆首次出土。（《新疆日报》1993.6.19.①）

20日 新疆维吾尔自治区第一家巴克豪华影视厅开业。该厅引进美国博士超重低音大炮筒等国际一流先进水平设备，在西北地区堪称第一家。（《新疆日报》1993.6.22.①）

△ 云南省文山壮族苗族自治州境内天保口岸与越南清水河口岸正式恢复开通。（《文山壮族苗族自治州志》1卷P80）

21日 新疆维吾尔自治区外贸系统最大的冷风库建成，位于亚欧大陆桥和南疆铁路交汇处，建筑面积2700多平方米，可一次储藏1000吨新鲜瓜果。（《新疆日报》1993.6.24.①）

△ 贵州省黔南布依族苗族自治州政府颁布施行《黔南州科学技术进步奖励办法》。（《黔南布依族苗族自治州志》上P75）

22日 据本报讯，内蒙古自治区水利所研制的《低压管材负温特性及寒冷地区输水灌溉管道适宜埋深的研究》科研课题最近通过鉴定。该成果在低压管道输水灌溉寒冷地区适宜埋深方面处国内领先水平，填补了国内研究的空白。（《内蒙古日报》1993.6.22.①）

△ 据本报讯，广西壮族自治区第一部民族舞蹈方面的百科全书《中国民族民间舞蹈集成·广西卷》最近出版发行，分上下两卷，180万字，论述了广西各民族传统民间舞蹈的历史现状、演变发展、内容形式、风格特点、美学价值、社会功能等。（《广西日报》1993.6.22.⑥）

23日 据本报讯，云南省诗人米切若张（彝族）的诗歌《山妹子》最近获全国农村题材、扶贫地区文艺作品大赛二等奖，邢绍俊（白族）的诗歌《界河边的小店》获三等奖。（《云南日报》1993.6.23.①）

24日 据本报讯，内蒙古书法家协会和兴安盟大展委员会共同主办的成吉思汗箴言蒙汉合璧书法大展最近在北京民族文化宫举行。参展的100多幅作品荟萃全国29个省市自治区蒙汉书法的名家精品，开创用蒙汉2种文字合璧书法的先河。全国人大常委会副委员长布赫题词，广播电影电视部副部长田聪明、国家民委副主任江家福剪彩。（《内蒙古日报》1993.6.24.①）

△ 内蒙古自治区首届青年科技发明成果展在呼和浩特举行，展出5大类268个科研项目。（《内蒙古日报》1993.6.25.①）

△ 据《西藏日报》报道，1992年是西藏近年来发展党员最多的一年，全区共发展党员1.21万名，其中农牧民新党员1.02万名，占发展党员总数的84.44%。截至目前，全区党

员已有8万多人。（《中国共产党西藏历史大事记（1949~2004）》P652）

△ 据本报讯，最近，新疆维吾尔自治区人民医院首例应用腹腔镜新技术修补疝气成功，填补自治区该项技术应用的空白。（《新疆日报》1993.6.24.①）

△ 新疆维吾尔自治区第一家流动医院成立。该流动医院由一辆改装后的大轿车和几辆救护车组成，有12名医学专家及检验人员，可为农村牧区送医上门，在车上为患者进行诊断、化验及手术。（《新疆日报》1993.6.26①）

25日 广西壮族自治区政府发出通知，指出当前有些地方拖欠中小学教师（含民办、代课教师）工资和政策规定补贴不兑现的问题非常突出，要求各级政府组织力量，尽快制订解决、兑现计划。经核实，从1988年至是年，全区共拖欠教师工资和政策规定补贴1.26亿元。至年底，共兑现1.18亿元，占应解决总数的94%。（《广西通志·大事记》P596）

△ 宁夏回族自治区第一家股份制房地产综合开发企业——宁夏吉兴集团吉兴房地产开发股份有限公司在银川开业。（《宁夏日报》1993.6.25.①）

26日 内蒙古自治区赤峰糖厂双马（集团）总公司酿制的38度英河白酒获“’93国际名酒（香港）博览会金奖”。（《内蒙古日报》1993.6.26.①）

27日 中国银行内蒙古分行为内蒙古邮电管理局引进西班牙政府贷款2453万美元，用于呼和浩特2万门、包头市2.1万门、满洲里市0.9万门、临河市1万门、锡林浩特市0.8万门程控电话交换机和长途1320线项目的建设。（《内蒙古日报》1993.6.27.①）

△ 内蒙古自治区额尔古纳右旗拉布大林镇发现2枚猛犸象门牙齿化石及部分骨骼化石。据称，这是该地区的首次发现，对于研究这一地区的地理环境、气候特征等有极高的参考价值。（《内蒙古日报》1993.6.27.①）

△ 据本报讯，内蒙古医学院二附院医生陶美丽成功完成经皮穿刺椎间盘切割术，填补自治区空白。（《内蒙古日报》1993.6.27.①）

28日 内蒙古自治区满洲里市与俄罗斯红石市（即克拉斯诺卡缅斯克）正式结为友好城市。（《内蒙古日报》1993.7.11.①）

△ 内蒙古自治区丰镇电厂三号机组——20万千瓦空冷机组投产。（《内蒙古日报》1993.7.2.①）

△ 云南省民族旅行社在昆明成立。（《云南日报》1993.6.29.①）

△ 据内蒙古日报报道，最近全国少数民族语电影译制座谈会在呼和浩特召开。会议就亟待解决的少数民族语言电影译制部门的体制问题、译制经费问题、工艺设备更新换代问题及管理机制问题进行讨论，要求从政策上给予倾斜，使少数民族语电影译制事业更上一层楼。（《内蒙古日报》1993.6.27.③）

29日 第一届全国各族青年团结进步表彰大会在北京举行。国家主席江泽民、国务院副总理朱镕基、全国政协主席李瑞环等党和国家领导人在中南海会见了与会的先进个人和先进集体代表。此次活动是由共青团中央和国家民委联合举办的。据了解，从1992年9月起，全国各省、自治区、直辖市陆续开展各族青年团结进步先进集体和先进个人的评比活动，最终评选出在本地区的经济建设、民族团结进步等方面都作出了突出贡献的40个先进集体和150名先进个人。（《人民日报》1993.6.30.①）

30日 据本报讯，由23个南珠养殖和加工企业组成的广西南珠企业集团日前在钦州湾畔成立，为我国最大的集养殖、加工、销售一体化的海水珍珠企业集团。（《人民日报》1993.6.30.②）

△ 内蒙古自治区蒙古族经济史研究会在

呼和浩特成立，千奋勇（蒙古族）、乃登（蒙古族）任名誉理事长，高万宝扎布（蒙古族）任理事长，陈献国任秘书长。（《内蒙古日报》1993.7.3.①）

△　云南省文山壮族苗族自治州防汛抗旱指挥部调度无线通讯网一期工程竣工。该工程于是年1月5日动工，开通文山至昆明、州内各县及马鹿塘水利水电枢纽工程的无线通讯。（《文山壮族苗族自治州志》1卷P79）

是月　中央民族学院成立蒙古学研究所、穆斯林文化研究所、韩国文化研究所、多元文化研究所、满学研究所，著名清史专家、满学家王钟翰教授任满学研究所所长。（《中央民族大学五十年》P93、213）

7月

1日　贵州省黔西南布依族苗族自治州即日起实行粮食流通体制改革，全州城乡全部放开粮食经营方式和价格。粮价放开后，对原凭证购买国家平价供应粮的职工（含离退休人员）给予适当补贴。（《黔西南布依族苗族自治州志·政权政协志》P34）

4日　内蒙古自治区政府宣布取消11个涉及农牧民负担的集资、基金、收费项目。（《内蒙古日报》1993.7.4.①）

5日　国务院任命陈虹为国家民委副主任，免去赵延年（回族）国家民委副主任职务。（《国务院公报》1993［16号］P799~800）

△　内蒙古自治区作家苏赫巴鲁（蒙古族）创作的长篇传记小说《大漠神雕——成吉思汗传》在蒙古国乌兰巴托召开的首届世界蒙古文学作家大会上获特别奖。（《内蒙古日报》1993.9.4.①）

7~12日　新疆维吾尔自治区人大常委会八届三次会议举行，听取并审议《自治区实施〈中华人民共和国未成年人保护法〉办法》（草案）以及《新疆维吾尔自治区个体食品经营者和城乡集市贸易食品卫生管理办法》。（《中国共产党新疆历史大事记（1992~2002）》P59~60，《新疆日报》1993.7.26.②）

9日　据统计，截至1993年，西藏自治区边境地区已有10多个县设立边贸区，西藏区内市场逐步和国内、国际市场接轨，国外来藏兴办开发性、生产性的三资企业已超过15家。边境开放促进了西藏全方位开放格局，加快了便民致富的步伐。（《中国共产党西藏历史大事记（1949~2004）》P652）

△　西藏自治区政府第21次常务会议通过《西藏自治区实施征兵工作条例细则》，自8月1日起正式实施。（《西藏日报》1993.10.21.③）

10日　据本报北海讯，广西壮族自治区最大的螺旋藻养殖和加工基地在北海建成。（《广西日报》1993.7.10.①）

△　据本报讯，湖南省作家田金凤（女，苗族）创作的诗集《故乡集》最近由广西民族出版社出版，填补了湖南少数民族女作家诗集的空白。（《湖南日报》1993.7.10.③）

11日　据本报讯，新疆维吾尔自治区环境监测中心站、石河子市环境保护局、乌鲁木齐排污收费监理所最近被授予全国环境保护系统先进集体称号。（《新疆日报》1993.7.11.①）

12日　内蒙古自治区境内第一条电气化铁路——准格尔项目煤、电、运三大主体工程之一的丰（镇）准（格尔）铁路铺架工程结束，90天后将进入全面调试阶段。（《内蒙古日报》1993.7.12.①）

13日　据本报讯，广西壮族自治区融水苗族自治县木材公司、南宁卷烟厂、柳州卷烟厂、武鸣卷烟厂、钟山卷烟厂、富川卷烟厂、柳州牙膏厂、梧州日用化工厂、南宁化学工业集团公司、柳州水泥厂、柳州工程机械厂、玉柴机器股份有限公司、玉林市自行车总厂最近被评为1993年中国500家最佳经济效益工业企

业。（《广西日报》1993.7.13.①）

14日 青海省西宁市举办藏传佛教艺术展览，展览分绘画、雕塑、刺绣、乐舞4个部分，展示了壁画、唐卡等艺术品。（《青海日报》1993.7.24.①）

15日 据本报海拉尔电，国务院批准内蒙古自治区呼伦贝尔盟为少数民族地区第一个改革试验区。（《人民日报》1993.7.16.①）

△ 全国音乐艺术院校第三次音乐研讨会在内蒙古自治区呼和浩特举行，会议就少数民族地区艺术院校的改革开放、艺术教育和艺术研究工作进行研讨。（《内蒙古日报》1993.7.16.①）

△ 云南省文山壮族苗族自治州有线电视台成立。（《文山壮族苗族自治州志》1卷P80）

17日 新疆维吾尔自治区"八五"重点建设项目——国道312线哈密至了墩段公路改建工程经过32个月的建设，正式建成通车。哈了段公路是已建成的星哈段公路的延伸，全长90.6公里，是我国公路主骨架的重要一段，是自治区通往内地省区的重要通道。（《中国共产党新疆历史大事记（1992～2002）》P60）

△ 青海省八届人大常委会第四次会议批准《果洛藏族自治州藏语文工作条例》，自批准之日起施行；批准《玉树藏族自治州保护和发展生产母畜条例》、《互助土族自治县水利工程管护条例》和《大通回族土族自治县林业管理条例》，自9月1日起施行。（《青海日报》1993.8.1.③，8.9.②，8.13.②）

18日 广西壮族自治区第一家房地产交易中心——北海市房地产交易中心最近在北海正式开业。（《广西日报》1993.7.18.①）

△ 西藏著名画家尼玛泽仁（藏族）个人画展在美国首都华盛顿举行。（《人民日报》1993.7.20.⑦）

△ 据本报讯，《新疆获奖新闻作品选》最近由新疆人民出版社出版。该书编选1985年以来自治区新闻单位在自治区好新闻评选中获二等奖以上及全国好新闻评选中获三等奖以上的近百篇新闻作品，30万字。（《新疆日报》1993.7.18.①）

△ 据本报察汗淖尔讯，内蒙古自治区正镶白旗蒙古族小学最近被自治区授予标准化民族学校称号。（《内蒙古日报》1993.7.18.①）

19～22日 "楚雄杯"全国少数民族学讲普通话比赛在云南举行，26个省、市、自治区22个民族的129名代表参加。著名表演艺术家于是之任大赛艺术顾问，著名语言学家王均、中央普通话培训测试中心主任刘照雄分任名誉裁判长和裁判长，著名语言艺术家、语言学专家刀世勋（傣族）、道布（蒙古族）等为评委。特姆（云南，藏族）获一等奖，魏宏（云南，佤族）、德吉（西藏，藏族）获二等奖，李银季（湖南，侗族）、阿娣娜·吾鲁克（新疆，维吾尔族）、古拉娜·布兰太（新疆，哈萨克族）获三等奖。（《民族团结》1993.10 P26；《云南日报》1993.7.20.①，7.23.①）

20日 内蒙古自治区艺术创作中心成立，全国人大常委会副委员长布赫为其题名。（《内蒙古日报》1993.7.21.①）

20～27日 印度专家麦塔率联合国专家组一行12人，在云南省文山壮族苗族自治州麻栗坡县考察联合国开发计划署扶贫项目。（《文山壮族苗族自治州志》1卷P80）

20～31日 以广西壮族自治区党委书记赵富林为团长，自治区主席成克杰、自治区党委副书记兼人大常委会党组书记、主任刘明祖为副团长的广西壮族自治区党政考察团在山东省考察学习。其间，两省区签署《广西壮族自治区和山东省关于进一步加强经济技术合作关系的会谈纪要》。之后，广西提出"近学广东，远学山东"的口号。（《广西通志·大

事记》P596）

21日　据《人民日报》报道，国家教委日前发出《关于重点建设一批高等学校和重点学科点的若干意见》，这项被命名为“211工程”的高校建设计划是：面向21世纪，重点建设100所大学和一批重点学科点。　（《中华人民共和国大事记（1949~2004）》P995）

△　据本报讯，云南省迪庆藏族自治州人民广播电台发射台最近试播成功，并通过验收。广播电台有3部10千瓦发射机，分别转播中央人民广播电台、云南人民广播电台节目，同时开办自办节目，自办节目用藏、汉、傈僳3种语言播出。　（《云南日报》1993.7.21.①）

22日　新疆维吾尔自治区博物馆举办全疆文物精品展览。　（《新疆日报》1993.7.25.①）

23日　新疆维吾尔自治区首家创伤外科中心——自治区卫油创伤外科中心成立。该中心是由自治区卫生技术人员服务中心和乌鲁木齐明园石油医院联合创办。该中心在自治区医疗行业中率先实行独立核算、自负盈亏的管理方式。　（《新疆日报》1993.7.28.①）

24日　一年来，内蒙古自治区95%的国有企业进行3项制度改革，组建股份制企业118户，组建企业集团28个，引进兴办三资企业190个。　（《内蒙古日报》1993.7.24.①）

△　据本报讯，内蒙古语言学会最近在内蒙古大学成立，清格尔泰（蒙古族）任名誉会长，陈乃雄任会长。　（《内蒙古日报》1993.7.24.①）

△　内蒙古自治区第一家婚姻家庭纠纷调解中心在呼和浩特市中级人民法院成立。（《内蒙古日报》1993.7.27.①）

△　内蒙古自治区政府发布《内蒙古自治区社会团体登记管理条例实施细则》，自发布之日起施行。　（《内蒙古日报》1993.8.22.②）

△　我国藏传佛教拉卜楞寺贡唐宝塔举行开光典礼，全国政协常委、中国佛教协会副会长、第六世贡唐仓·丹贝旺旭大师主持。（《甘肃日报》1993.7.28.①）

25~29日　中国蒙古史学会会员大会暨第八次学术讨论会在内蒙古自治区呼和浩特举行，全国各地的专家、教授、学者70余人参加。会议选举产生蒙古史学会第三届理事长。　（《内蒙古日报》1993.7.30.①）

26日　广西壮族自治区岩滩至平果50万伏输变电线路正式并入电网，是广西建成的第一条50万伏超高压输变电线路。　（《广西通志·大事记》P596）

26~28日　猛洞河第二届国际旅游漂流月经贸洽谈会在湖南省湘西土家族苗族自治州永顺县城举办。洽谈会由湘西州政府主办，国内外1235名厂商参加，成交额2.8亿元，其中现货成交额7400多万元，签订合资项目合同8个，引资5800多万元。　（《湘西州志》上P97）

26~30日　内蒙古自治区首届武术比赛在呼和浩特举行，分儿童（甲、乙）组、少年（甲、乙）组、成年组和老年组，有南拳、太极拳等拳术，刀、枪等器械以及集体基本功等比赛项目。赤峰代表队获团体第一名。（《内蒙古日报》1993.7.28.①，8.1.①）

28日　国家重点建设工程广西壮族自治区桂林两江国际机场动工。1996年10月1日该机场举行通航典礼，国务院总理李鹏为通航剪彩。　（《广西通志·大事记》P596）

△　广西壮族自治区北海市保税区举行开工典礼。该区位于北海市西端，与新港相邻，面积为5平方公里，起步区面积2.3平方公里，规划按贸易金融、保税仓储、出口加工和管理服务4个功能区进行建设。此后，保税区先后收到一批中外投资申报项目，总投资额达数十亿美元。　（《广西通志·大事记》P596）

29日~8月5日　国际人类学和民族学联

合会第13届世界大会在墨西哥举行。我国都市人类学会会长李德洙为团长的10人代表团及中国社科院6位专家学者参加。全国人大常委会副委员长费孝通教授被推荐为联合会终身荣誉会员，中国社科院的阮西湖教授当选联合会常务理事。这是联合会成立50年以来，中国人第一次担任荣誉会员和常务理事。中国代表团共提交论文7篇。（《民族团结》1993.12 P41~42）

29日~8月7日 云南·内蒙古民族剪纸艺术联展在内蒙古自治区呼和浩特举办，展出作品180件。（《内蒙古日报》1993.7.31.①）

30日 美国纽约庆昌行董事长陈传铭先生为团长的美国投资合作贸易访问团与内蒙古自治区有关企业签订9项合资合作协议合同。（《内蒙古日报》1993.7.30.①）

△ 据《广西日报》报道，1993年中国500家最大工业企业评价揭晓。广西壮族自治区柳州汽车厂、柳州钢铁厂、柳州工程机械厂、柳州微型汽车厂、玉柴机器股份有限公司、桂林南方橡胶（集团）公司、柳州卷烟厂等7家企业榜上有名。（《广西通志·大事记》P596~597）

△ 据本报讯，新疆维吾尔自治区结核病人电脑管理系统最近通过鉴定。该系统由自治区结核病研究所研制，建立覆盖全疆各县的结核病人数据库，可掌握每个病人的情况。（《新疆日报》1993.7.30.①）

是月 中央民族学院历史系教授、南海区域文化经济研究所所长王恒杰（满族）在西沙宣德群岛首次发现战国及秦汉以来的文物，对南沙主权与历史研究具有重大意义。（《中央民族大学五十年》P214）

△ 修复后的宏佛塔西夏文物展在宁夏回族自治区贺兰县举办，展出绢彩佛画、彩塑佛像及西夏文木雕印经版等文物。其中，绢彩画玄武大帝图及炽盛佛图是国内迄今为止有关发现中，人物工笔最精的珍品，它们与西夏文木雕版的发现，填补我国西夏文物藏品的空白，对研究西夏佛教文化及美术史、印刷史提供实物标本。（《宁夏日报》1993.7.30.①）

8月

1日 据呼和浩特讯，内蒙古自治区首届中学生搏克比赛最近举行。呼和浩特市女队和锡林郭勒盟男队分获团体第一名，锡盟队的格各日乐图（蒙古族）和娜仁花（女，蒙古族）分获男女第一名，哲里木盟女队和呼伦贝尔盟男队获体育道德风尚奖。（《内蒙古日报》1993.8.1.①）

△ 西藏自治区文化厅副厅长索娜率领的西藏图书、文物接受组和民族文化宫就1960年从西藏搜集的金写藏经、手抄图书和唐卡等一批国家级珍贵文物在北京进行交接工作。11月7日，文物运回拉萨。（《西藏日报》1993.11.9.①）

△ 据本报讯，新疆维吾尔自治区第一家文化墨林书画院——新疆天地科工贸拓展公司墨林书画院最近开业。该院以展销自治区名家字画为主，同时经营笔墨纸书等文化美术用品。（《新疆日报》1993.8.1.①）

△ 新疆电视台维吾尔、汉、哈萨克3种语言的电视节目实现全天卫星播出。新疆电视台的卫星节目分哈语段、维语段、汉语段和直播段4个时间段连续播出。由于该卫星覆盖面较广，全国和亚洲太平洋地区都可接收到新疆电视台的这套节目。（《中国共产党新疆历史大事记（1992~2002）》P62）

△ 青海省海南藏族自治州举行成立40周年庆祝大会，全国人大常委会、国务院致贺电。（《青海日报》1993.8.2.①）

1~5日 藏文印刷字体鉴定会议在青海省西宁市举行。青海省印刷字体工作委员会提出的楷体、长体等10种藏文印刷字体通过鉴定。（《青海日报》1993.8.7.①）

3日~9月23日 云南民族艺术展演团一行16人在英国伦敦访问演出。其间，举办云南民族服饰、工艺品及风情风光图片展览，共展出300多件实物展品和近百幅图片。（《云南日报》1993.8.25.①，9.26.①）

4日 中国国际航空公司内蒙古分公司正式开通呼和浩特至上海航线，9日正式开通呼和浩特至深圳航线，使用机型为波音737型。（《内蒙古日报》1993.7.18.①）

6日 据本报讯，内蒙古自治区生物学家、内蒙古大学旭日干（蒙古族）博士最近被英国剑桥国际名人传记中心收入1992至1993年度国家名人传记。他曾于1984年在日本培育出世界上第一胎试管山羊，又先后在我国培育出首批试管绵羊和试管牛。他主持的研究项目被列入国家“863”高科技发展项目，成为内蒙古唯一被列入此计划的项目。（《内蒙古日报》1993.8.6.①）

△ ’93电机杯全国少年男子柔道赛在河北省承德市举行，内蒙古自治区运动员斯钦图（蒙古族）获65公斤级冠军，内蒙古代表队获体育道德风尚奖。（《内蒙古日报》1993.8.7.①）

△ 新华社呼和浩特电，内蒙古自治区成为我国主要黄金产区，已建成重点产金市1个，建成吨金县1个，万两县4个，成为我国第七大产金省。（《内蒙古日报》1993.8.7.①）

△ 内蒙古自治区最大的商业贸易中心和股份制商业企业集团——内蒙古民族商场股份有限公司（集团）开业。（《内蒙古日报》1993.8.9.①）

△ 广西壮族自治区玉林至容县一级公路动工。该路全长45.2公里，路面宽60米，由中泰合资兴建。11月25日，玉林地区交通开发公司与泰国汇商控股有限公司在南宁举行合资合同签字仪式。双方拟定第一期工程26公里，投资1.73亿元，玉林方出资3800万元，泰方出资920万美元。（《广西通志·大事记》P597）

△ 新疆维吾尔自治区自产的第一台大吨位箱式单轨门式起重机在新疆第一汽车厂正式投入使用。（《新疆日报》1993.8.9.①）

7日 据《巴彦淖尔报》报道，我国少数民族地区第一家期货市场试点最近在内蒙古临河成立。（《内蒙古日报》1993.8.7.②）

△ 广西壮族自治区与泰国汇商（控股）有限公司举行经济合作签字仪式，达成18项经济技术合作项目。自治区主席成克杰和泰国汇商银行总裁奥兰博士分别代表各方签字。（《广西日报》1993.8.8.①）

△ 西藏自治区首届“珠穆朗玛”文学艺术奖颁奖大会在拉萨举行，32名文学艺术家和1个集体获金像奖。（《西藏日报》1993.8.8.①）

△ 宁夏回族自治区人民政府发布《宁夏回族自治区查处环境违法行为程序规定》。（《中国环境年鉴》1994卷P362）

7~9日 湖南省少数民族秋千比赛在湘西土家族苗族自治州花垣县举办，芷江、麻阳、凤凰、吉首、保靖、花垣6支代表队参赛。（《湘西州志》上P98）

8~12日 西南五省区八方七届机电协作会暨自治区汽车物资交易会在西藏自治区拉萨举行，自治区副主席江措、自治区政协副主席金中·坚赞平措为交易会剪彩。其间，签订8项业务合同，成交金额约1680万元。（《西藏日报》1993.8.10.①，8.15.①）

9日 广西壮族自治区凭祥市新建的中越边境国际商业城正式向国内外客商开放。（《新华社每日电讯》1993.8.10）

10日 1993年内蒙古自治区青少年射击比赛在呼和浩特举行。呼伦贝尔盟队王靖（女）在女子气步枪40发项目中，以389环的成绩打破原385环的自治区记录，并超过1993年世界青少年和全国青少年最好成绩。呼和浩特市队王利华（女）在女子手枪慢加速60发项目中，以582环的成绩打破原579环的自治区记录。（《内蒙古日报》1993.8.13.①）

11日 '93内蒙古自治区对外招商暨经贸洽谈会在香港举行，30多个国家和地区的1000多名客商参加，展出300多个项目1000多种商品。（《内蒙古日报》1993.8.14.①）

△ 据西宁讯，最近，历时3天的全国第10届少数民族珠算比赛在青海省西宁市举行。吉林选手朴胜哲（朝鲜族）获个人全能冠军。（《青海日报》1993.8.11.①）

12～18日 广西壮族自治区人大常委会八届四次会议在南宁举行。会议通过《广西壮族自治区农民负担管理条例》、《广西壮族自治区实施〈中华人民共和国城市规划法〉办法》以及《广西壮族自治区科学技术进步条例》。（《广西日报》1993.8.13.①，8.19.①，8.27.②；《广西通志·大事记》P597）

13日 宁夏回族自治区科协选送的参展项目在首届中国科技博览会上获3项金奖、2项银奖、1项创新奖，获奖率占参赛项目的60%。（《宁夏日报》1993.8.25.①）

△ 新疆维吾尔自治区和奥地利UDI公司首批合作协议及意向书签约仪式在新疆乌鲁木齐举行。自治区副主席王乐泉与埃森贝克总裁等分别代表双方签字，达成合作总协议和6项专项协议。（《新疆日报》1993.8.15.①）

△ 据新华社斯德哥尔摩电，云南民间艺术团最近在瑞典访问演出。艺术团由彝、傣、哈尼、白等民族的艺术家组成。（《云南日报》1993.8.16.①）

14日 西藏自治区第一个蜂窝移动通信网在拉萨市投入运行。（《人民日报》1993.8.19.②）

15日 据新华社北京电，海峡两岸中国民族史学术研讨会日前在北京举行，由中国社科院民族研究所主办。（《人民日报》1993.8.16.④）

△ 国家"八五"重点建设的准格尔项目一期工程坑口电厂，继首台10万千瓦机组1992年12月1日并网发电后，第二台10万千瓦机组完成72小时满负荷试运转，正式并入内蒙古西部电网。（《内蒙古日报》1993.8.15.①）

△ 据《广西日报》报道，由广西建设投资开发公司等3家大型国有企业共同发起，以定向募集方式设立的广西桂发电力股份有限公司近日在南宁创立。该公司是广西壮族自治区目前最大的股份制企业，总股本金为6亿元，首期开发项目是扩建柳州火电厂。（《广西通志·大事记》P597）

△ 十世班禅额尔德尼·确吉坚赞的灵塔祀殿——释颂南捷在西藏自治区日喀则市竣工。30日，举行班禅大师法体迎请入塔仪式。9月4日，灵塔祀殿落成开光典礼在日喀则扎什伦布寺举行。扎什伦布寺民管会主任恰扎·强巴赤烈活佛主持，国务院秘书长罗干，全国政协副主席帕巴拉·格列朗杰、杨汝岱及西藏自治区党政领导陈奎元、热迪、江村罗布等出席开光典礼，2000多名西藏各族干部、僧俗群众和四川、青海、甘肃、云南、新疆、内蒙古的僧俗代表参加庆典。宗教仪式结束后，罗干发表讲话并代表全国人大、国务院、全国政协向扎什伦布寺僧众赠送礼金、礼物。自治区党委和政府向扎什伦布寺发放布施、斋茶和斋饭。灵塔祀殿"释颂南捷"总投资6400多万元，主殿高35.25米，灵塔高11.55米，使用黄金614公斤。同日，北京雍和宫举行祈祷大法会，庆祝西藏日喀则扎什伦布寺十世班禅大师灵塔祀殿落成开光。国务院宗教事务局副局长赤耐（藏族）等到雍和宫看望参加法会的僧众。（《人民日报》1993.8.31.①，9.5.①②；《西藏日报》1993.8.17.①；（《中国共产党西藏历史大事记（1949～2004）》P654）

15～20日 内蒙古大学、中国草原学会、中国农科院草原研究所联合主持召开的首届“国际草地资源学术会议”在内蒙古自治区呼和浩特举行，美国、日本、澳大利亚、新西兰等15个国家和地区的草地专家、学者出席。会议提交252篇学术论文，并对我国草业资源开发利用和草业科学的发展提出建设性的意见。 （《内蒙古日报》1993.8.22.①，《内蒙古大学四十年》P435）

16日 广西壮族自治区钦州至钦州港铁路动工兴建。该铁路是广西“八五”重点建设项目之一，正线长27.5公里，港区专用线长10.5公里，工程总投资1.85亿元。 （《广西通志·大事记》P597）

16~22日 中国西南民族研究学会第二次全国藏学讨论会在西藏自治区拉萨市举行。北京、上海、云南、贵州、四川等地汉、藏、蒙古、回、满等12个民族的代表参会。与会者围绕“藏学与藏区现代化”主题，进行了广泛研讨，交流论文62篇，涉及藏族的历史、宗教、语言、经济、人口、教育、文学、艺术等学科。目前我国已有50多个藏学研究机构，其中西藏社科院与北京中国藏学研究中心成为我国两大藏学研究机构。藏学研究涉及藏族历史、宗教、文化、经济等领域，创办有30多种藏、汉、英文刊物。 （《人民日报》1993.8.30.③；《西藏日报》1993.8.17.①，8.23.①）

18日 据本报讯，广西壮族自治区桂林万雅珠宝有限公司、广西龙广滑石开发有限公司、桂林桂广滑石开发有限公司、广西防城港海运有限公司、中外合资广西贺县松脂厂、广西贺县鸿艺塑料工艺制品有限公司最近获全国外商投资双优企业称号。 （《广西日报》1993.8.18.①）

△ 我国功率最大的综采运输设备在宁夏回族自治区西北煤机一厂试制成功。设备长200米、重500多吨，日产量达7000吨，寿命达300万吨，由SGZ800/（2—3）×400型中心双链侧卸刮板输出机、LPS2000型轮式破碎机和SZZ1100/2×100型中双链桥式转载机组成。 （《宁夏日报》1993.8.24.①）

18~21日 宁夏回族自治区七届人大常委会第二次会议举行。会议任命马文学（回族）兼任自治区民族事务委员会主任；批准《宁夏回族自治区实施〈中华人民共和国水法〉办法》，自1994年1月1日起施行。 （《宁夏日报》1993.8.19.①，8.22.①，9.16.②）

20~26日 首届龟兹文化艺术节在新疆维吾尔自治区阿克苏市举行，分会场库车县也建立经贸展厅，设置摊位80个。该艺术节融文化、经贸、旅游为一体，吸引日本、德国、新加坡、韩国、比利时、哈萨克斯坦、吉尔吉斯斯坦、巴基斯坦以及港台12个国家和地区的客商和山西、山东、广东、海南、四川、河北等18个省、市、自治区的数千名客商，共签约126项，总金额达10亿元人民币。自治区党委常委、妇联主席海里且姆·斯拉木（维吾尔族），自治区人大常委会副主任颉富平等参加开幕式。 （《中国共产党新疆历史大事记（1992~2002）》P63）

21日 据新华社银川电，宁夏回族自治区最近发掘出1座最大的北周墓葬，出土镇墓兽、武士俑、骑马俑、风帽俑、胡俑、陶井、陶磨、陶灶等文物百余件。墓葬的斜坡墓道宽1.7米，长55米，深13米，共有5个天井，墓室为土洞式结构。墓葬的发现推翻了考古界和历史界历来认为隋唐天井墓葬制度渊源于北齐的传统看法，证明天井墓葬制度始于北周，并已形成相当规模。 （《甘肃日报》1993.8.25.③）

22日 内蒙古自治区主席乌力吉签署主席令，发布施行《内蒙古自治区社会团体登记管理条例实施细则》。 （《内蒙古日报》1993.8.22.②）

23日 内蒙古自治区四子王旗草原旅游

点葛根塔拉蒙古包工程最近通过验收投入使用。该工程是国家和内蒙古为少数民族地区草原旅游事业投资最多的一次，其中包括蒙古包30顶和1处大型舞厅。（《内蒙古日报》1993.8.23.①）

23～27日 黑龙江省黑河鄂伦春族人民庆祝定居40周年，以国家民委副主任李晋有为团长的中央代表团、俄罗斯布拉戈维申斯克市代表团等到会祝贺。（《人民日报》1993.8.24.④）

23～29日 国务院副总理朱镕基在内蒙古自治区考察工作，朱镕基指出内蒙古要深化改革，转换国有企业运营机制，提高经济效益，实现扭亏增盈。（《人民日报》1993.9.2.②，《内蒙古日报》1993.9.2.①）

24日 首批29种蒙古文照排字体在内蒙古自治区呼和浩特市通过自治区级鉴定。（《内蒙古日报》1993.8.27.①）

△ 西藏自治区第一个国家级重点风景名胜区——雅砻风景名胜区在泽当通过评审，是第二批国家级重点风景名胜区之一。（《西藏日报》1993.8.30.①）

24～27日 青海省第五次藏语文工作会议在海西蒙古族藏族自治州德令哈市举行。会议成立青海省藏语文名词术语规范委员会，修改藏语文名词术语规范化章程和藏语文名词术语规范委员会基金管理会章程，通过《全省第五次藏语文工作会议纪要》。（《青海日报》1993.9.21.②）

25日 据本报讯，内蒙古自治区包头钢铁公司健民饮料厂和巴盟糖果食品厂最近获’92全国执行食品标签通用标准优秀企业称号。（《内蒙古日报》1993.8.25.③）

△ 据本报讯，第一部体现我国少数民族地区报纸美术水平的著集——《中国少数民族地区报纸美术精选》最近由长城出版社出版，收入1700多件作品。（《广西日报》1993.8.25.①）

△ 国家社科系列·艺术学科重点科研项目《中国民间歌曲集成·宁夏卷》最近作为全国第一个少数民族省区卷正式出版发行，收集民间歌曲769首。（《宁夏日报》1993.8.25.①）

△ 新疆维吾尔自治区哈密地区行署主办的哈密木卡姆学术研讨会在哈密市举行。全国政协副主席赛福鼎·艾则孜、自治区人大常委会主任阿木冬·尼牙孜、自治区副主席吾甫尔·阿不都拉、自治区政协副主席依不拉音·肉孜与全区100多位专家、学者和艺术家参会，国务委员兼国家民委主任司马义·艾买提致贺信。（《中国共产党新疆历史大事记（1992～2002）》P64）

26日 内蒙古自治区乌兰察布盟丰镇制酒厂生产的“丰镇特曲”获1993泰国国际名酒博览会金奖。（《内蒙古日报》1993.8.26.①）

△ 新疆维吾尔自治区霍尔果斯口岸投资建设项目——霍尔果斯加洲边贸城项目在新疆乌鲁木齐签署实施议定书，伊犁哈萨克自治州州长别克·木哈买提和香港一洲集团有限公司董事长、总经理庄永竞分别在议定书上签字。该项目是西北地区最大的区外投资项目。（《新疆日报》1993.8.27.①）

△ 甘肃省甘南藏族自治州举行成立40周年庆祝大会，全国人大常委会、国务院致贺电。（《甘肃日报》1993.8.27.①）

26～30日 内蒙古自治区运动员罗志强获国际轮骑5项运动会90公斤级举重力举冠军、推举亚军，创1项总成绩世界纪录，并3次打破世界锦标赛纪录。他是内蒙古自治区在残疾人国际体育比赛中首次获冠军的运动员，也是我国第一个残疾人举重世界冠军。（《内蒙古日报》1993.9.8.①）

27日 西藏自治区畜牧科研人员研究的《西藏山羊综合开发研究课题》在拉萨通过验收鉴定。该课题在藏山羊绒的试纺和羊绒超微

结构的研究、肉、皮加工等方面的研究具有国内先进水平。（《西藏日报》1993.8.31.①）

△ 北京时间22时许，青海省海南藏族自治州恰卜恰沟后水库决口，淹没2、3号机井。水库坝高71米，蓄水高程3277.25米（低于设计洪水位0.75米），蓄水量310万立方米（少于设计库容20万立方米），南距恰卜恰镇13公里，相对高差442.25米。垮坝后洪水直冲下游沿河村庄和县城，持续约3小时。截至30日，洪水袭击恰卜恰镇3万多人，造成死亡242人、伤336人。截至11月初，恢复淤毁农田3158亩，抢修供水设施175处，恢复高压输电线路9公里，2号和3号桥已恢复通车，1号桥开始重建。（《人民日报》1993.8.31.①；《青海日报》1993.9.5.①，9.9.①，11.14.①；《海南州志》P65~67）

28日 广西壮族自治区首家自行车（集团）公司——玉林自行车（集团）公司在玉林市成立，年产量将达80万辆。（《广西通志·大事记》P597）

29日 国务院批准《民族乡行政工作条例》、《城市民族工作条例》，9月15日由国家民委发布施行。（《国务院公报》1993［24号］P1096~1102）

△ 据本报讯，最近，广西壮族自治区的胡国敏以92.5公斤的成绩获“天宇杯”全国少年举重分龄赛14岁组42公斤级挺举第一名，廖庆深以85、110、195公斤的成绩分获15岁组46公斤级抓举、挺举、总成绩最高分3项第一名。两位选手均在首次实行的全国少年举重分龄赛新规则中创下4项核定级别的全国纪录。（《广西日报》1993.8.29.③）

31日 据本报讯，新疆维吾尔自治区最近发现微型《古兰经》全集，长2.7厘米，宽1.3厘米，厚1厘米。全书分30卷、6236节，有词汇77934条、字母323621个。珍藏在比拇指稍大的镀金盒中，盒盖有一放大镜供翻阅时使用。（《贵州日报》1993.3.31.①）

31日~9月19日 联合国农发基金会自然经济学家诺勒为组长的中外专家组一行14人考察青海省海南藏族自治州5县36乡项目区，并初步确定项目。（《海南州志》P67）

是月 由新疆维吾尔自治区经委、教委、中科院新疆分院联合发起的“产、学、研联合开发工程”启动，首批审定的35个项目已付诸实施。其主要内容是：开发一批高水平、换代型、填补国内（或省、区内）空白的新产品、新技术；重点支持有科技优势的高校、科研院所等科研单位，尽快形成能开拓新市场的高新技术产业；促进科研人员与工程技术人员之间的交流，培养科技和管理人员，共同建立或帮助企业建立健全技术开发机构。这是把自治区科技成果转化为生产力的一项新的举措，逐步形成教育、科技、经济共同发展的运行机制。（《中国共产党新疆历史大事记（1992~2002）》P65）

△ 新疆维吾尔自治区塔里木河下游卡拉干渠延伸扩建一期工程建成通水，全长26公里，总投资670余万元，可直接将巴州紧急调入的1500万立方米“救命水”从卡拉水库输往大西海子灌区，缓解垦区的严重旱情，保护塔里木河下游濒临毁灭的“绿色走廊”。（《中国共产党新疆历史大事记（1992~2002）》P65）

9月

1日 据本报讯，中国民族语言学会北方学术会议在内蒙古自治区呼和浩特举行，全国政协常委巴图巴根等领导到会祝贺。黑龙江、吉林、北京、内蒙古、青海、新疆40余位汉、蒙、满、朝鲜、藏、维吾尔、哈萨克等民族的专家学者出席会议。会议围绕民族语言文字工作如何适应建立社会主义市场经济体制新形势，更好地为民族地区经济建设和改革开放服务，为民族地区两个文明建设服务问题，就“民族语言与经济建设、改革开放”、“民族语文教育与文字问题”、“民族语言相互影响和民族语言比较研究”，以及民族语言研究中的新成果等专题进行深入探讨。（《内蒙古日报》1993.9.1.①）

△ 内蒙古自治区普通高校招生录取工作结束，1.96万多名考生分别被区内外319所院校录取。（《内蒙古日报》1993.9.3.①）

△ 四川省阿坝藏族羌族自治州举行成立40周年庆祝大会，全国人大常委会、国务院、中共四川省委致贺电。（《四川日报》1993.9.2.①）

1~8日 第二届新疆维吾尔自治区乌鲁木齐边境地方经济贸易洽谈会举行，全国600家企业共6000人以及43个国家和地区的1861位客商参加洽谈会。会议期间，对外经贸成交额20.03亿美元，其中出口成交6.31亿美元，进口订货5.1亿美元，外经项目8.6亿美元。223项内联合同项目和466项内贸合同项目成交20.9亿元。（《新疆日报》1993.9.2.①，9.9.①；《中国共产党新疆历史大事记（1992~2002）》P65~66）

2日 在第五届全国中学生运动会上，内蒙古自治区男子运动员武超打破全国中学生五项全能最高纪录获金牌，女运动员王琦获跳高金牌。（《内蒙古日报》1993.9.2.①）

△ 内蒙古自治区书画院暨清将军衙署博物馆开放。自治区党政领导千奋勇、刘震乙观看了同时开展的布赫书法陈列、内蒙古书法名家墨迹及内蒙古博物馆馆藏明清书画名家作品陈列。（《内蒙古日报》1993.9.3.①）

3日 全国第三次丝绸之路暨少数民族货币研讨会在内蒙古自治区呼和浩特市举行，就新研究成果进行交流和学术探讨。（《内蒙古日报》1993.9.4.①）

△ 我国首家国际认可的卫星接收机高科技企业——新疆维吾尔自治区立华电器设备有限公司成立。（《新疆日报》1993.9.5.①）

6~9日 六省区七方（四川、云南、贵州、广西、湖南、西藏、重庆）智力支边扶贫联系会第八次会议在贵州省贵阳市举行。会议通过《六省（区）七方智力支边扶贫联系会议章程》和《六省（区）七方智力支边扶贫联系会议第八次会议纪要》，强调智力支边扶贫工作缩小东西部差距的总体战略。（《贵州日报》1993.9.10.①）

7日 据新华社西宁电，青海省海北藏族自治州庆祝建州40周年，国家民委副主任陈虹率国务院祝贺团前往祝贺。全国人大常委会、国务院致贺电。（《人民日报》1993.9.8.②）

△ 《中华人民共和国政府和印度共和国政府关于在什布奇拉山口两侧扩大边境贸易的议定书》在北京签署。（《中华人民共和国边界事务条约集·中印·中不卷（2004）》P65）

9日 内蒙古自治区人民政府宣布取消、暂缓、修改涉及农牧民负担的42个收费项目。（《内蒙古日报》1993.9.11.①）

△ 国务院批准广西壮族自治区撤销宜山县，设立宜州市（县级），以原宜山县行政区域为宜州市的行政区域，宜州市仍归河池地区领导。（《广西通志·大事记》P597）

10日 内蒙古自治区17所普通高校60项教学成果获国家或自治区级优秀成果奖，其中自治区级一等奖13项、二等奖47项。（《内蒙古日报》1993.9.10.①）

△ 据本报讯，西藏人民出版社编辑出版的《西藏民间故事》（第六集）最近在拉萨面世，收录珞巴族和门巴族的民间故事87个，20多万字。（《西藏日报》1993.9.10.①）

△ 青海省黄南藏族自治州庆祝建州40周年，国家民委副主任陈虹率国务院祝贺团和以青海省副省长喇秉礼（回族）为团长的省党政代表团前往祝贺。全国人大常委会、国务院、全国政协民委、国家民委，青海省委、省人大、省政府、省政协、省军区以及云南迪庆藏族自治州、甘肃甘南藏族自治州致贺电。

（《人民日报》1993.9.12.②，《青海日报》1993.9.12.①）

13日 投资2.1亿元的国家“八五”重点工程项目——西藏自治区邦达机场主跑道全线贯通。机场地处西藏昌都地区，海拔4342米，主跑道长5500米，是世界上海拔最高、跑道最长的机场。（《人民日报》1993.8.17.①，9.21.③）

△ 广西壮族自治区第一艘大型海峡渡船——紫荆一号海峡渡船在梧州下水，船长64.75米，宽15米。（《广西日报》1993.9.18.①）

△ 甘肃省甘南藏族自治州投资最多、规模最大的民族中学——合作藏族中学成立。全国政协副主席阿沛·阿旺晋美为学校题词，全国政协副主席、中国佛教协会会长赵朴初先生题写汉文校名。（《甘肃日报》1993.9.22.①）

13~17日 全国少数民族自治州第三次人大工作研讨会在新疆维吾尔自治区昌吉市举行。会议研讨如何在新形势下增强人大工作的监督力度，提高监督实效。（《中国共产党新疆历史大事记（1992~2002）》P67）

14~15日 广西壮族自治区利用外资工作座谈会在南宁举行。会议强调，要把引用外资作为战略目标来抓。至年底，广西新批准外商直接投资项目2478个，合同外资额38.14亿美元，实际利用外资9.24亿美元，分别比上年增长85.2%、163%、304%。（《广西通志·大事记》P597）

15~18日 全国少数民族曲艺展演在内蒙古自治区呼和浩特市举行，蒙古、哈萨克等民族的116人参加。评出一等奖14个、二等奖19个。刘兰芳（满族）、土登（藏族）等12名演员获最佳表演奖。展演期间举行少数民族曲艺研讨会，与会代表就各民族曲艺发展情况及学术研究成果进行了研讨。（《内蒙古日报》1993.9.16.①，9.19.①）

15~22日 由云南、贵州、四川、湖南、湖北、广西6省（区）及武汉、重庆市政协共同举办的加快大西南出海通道建设战略研讨会在广西壮族自治区南宁举行，全国政协副主席钱伟长发表讲话。与会代表就大西南通道建设中的一些重大问题达成共识，形成《联合建设方案》、《会议纪要》2个文件。会后，将《联合建设方案》呈送国务院。（《广西通志·大事记》P597~589）

16日 广西壮族自治区首家利用卫星接收股票行情的证券交易部——中国工商银行广西分行信托投资公司证券交易营业部开业。（《广西日报》1993.9.18.①）

16~18日 西北五省区党政主要领导联席会议首次会议在新疆维吾尔自治区乌鲁木齐市举行。会议中心议题是“共建西北国际大通道，联合起来‘走西口’”，自治区党委书记宋汉良作题为《共建大通道，联合“走西口”，努力推进西北地区经济的大协作大发展》的报告。会议最后形成《西北五省区主要领导联席会议第一次会议纪要》。（《人民日报》1993.9.21.①，《中国共产党新疆历史大事记1992~2002）》P68）

16~20日 塔克拉玛干沙漠国际科学大会在新疆维吾尔自治区乌鲁木齐举行，22个国家、地区和国内300名有关专家学者出席会议。国务委员、国家科委主任宋健，自治区主席铁木尔·达瓦买提分别在会上讲话。会议收到250多篇论文阐述沙漠潜在的丰富资源及其开发利用，论证沙漠环境的形成、变迁和发展趋势，探讨沙漠化的机制和防治措施，反映近年来各国科学家在开展“向沙漠进行战斗”的国际性行动中做出的重大努力。（《中国共产党新疆历史大事记（1992~2002）》P67）

17日 据本报讯，最近，内蒙古自治区鄂尔多斯歌舞剧团参加蒙古国乌兰巴托举行的历时7天的第二届国际蒙语话剧艺术节，共演出两场蒙古剧《银碗》。演员苏雅拉（蒙古

族）和其其格（蒙古族）获本届艺术节唯一的演员最高纪念奖。（《内蒙古日报》1993.9.17.①）

△ 我国第一个肉用细毛羊品种——阿勒泰肉用细毛羊由新疆农垦科学院畜牧兽医所、农十师一八一团选育成功，通过部级鉴定。该品种达国际上肉用羊的同等先进水平，具有生长快、成熟早、肉质细嫩、脂肪较少等特点，是新疆畜牧育种的又一重大创举。该品种在培育肉用细毛羊方面属国内首创，填补了我国细毛养羊业的空白。（《新疆日报》1993.9.28.①，《伊犁哈萨克自治州志》P71）

△ 新疆维吾尔自治区“七五”跨“八五”重点建设项目——国道216线锡泊渡至火烧山段公路工程经过5年建设，正式建成通车，全长324.59公里。它的建成通车改变阿勒泰地区的富蕴县、青河县、可可托海和喀拉通克矿区交通闭塞的局面，缩短该地区通往乌鲁木齐的里程近300公里，对沿线的矿产开发、石油开发、农牧业生产都起到积极的促进作用，同时还将扩大对蒙古、哈萨克斯坦等国的外经贸易。（《中国共产党新疆历史大事记（1992~2002）》P68~69）

18日 青海省海西蒙古族藏族自治州和内蒙古伊克昭盟结为友好地区。（《海西蒙古族藏族自治州志（1991~2002）》P13）

19日 我国回族史上第一部大型综合性百科辞书——《中国回族大辞典》在宁夏回族自治区银川市举行首发式。全书共240万字，包括回族政治、历史、伊斯兰教、经济贸易、文学艺术、科技教育、地理文物、民俗风情等类别和学科，囊括了我国回族形成发展过程中的重要任务、时间、著作、机构等。该书由上海辞书出版社出版。（《宁夏日报》1993.9.23.①）

20日 宁夏回族自治区首例骶尾骨巨大脊索瘤切除手术在宁夏医学院附属医院获得成功，填补宁夏医学史上的一项空白。（《宁夏日报》1993.10.16.①）

20~24日 中国藏药标准工作会议在西藏自治区拉萨市举行，新疆维吾尔自治区、青海省等省区的卫生部门负责人及专家学者30多人参加。为适应现代化科学技术和藏医药事业发展需要，会议把藏药纳入科学化、标准化、法制化管理轨道作为藏药标准制定工作的任务。（《西藏日报》1993.9.24.①，9.29.①）

20~25日 新疆维吾尔自治区人大常委会八届四次会议举行，审议通过《新疆维吾尔自治区邮电通信条例》、《新疆维吾尔自治区语言文字工作条例》、《新疆维吾尔自治区实施〈中华人民共和国未成年人保护法〉办法》、《新疆维吾尔自治区人民代表大会常务委员会关于制定自治区地方性法规程序的规定修正案》、《新疆维吾尔自治区人民代表大会常务委员会工作要点》、《新疆维吾尔自治区人民代表大会常务委员会会议通过人事任免、决议和办法修正案》、《关于自治区一九九二年财政决算、决定一九九三年财政预算的部分变更的决议》，并通过有关人事任免事项。（《中国共产党新疆历史大事记（1992~2002）》P69）

21~22日 宁夏回族自治区专利技术交流洽谈会举行，自治区副主席程法光等领导出席。会议签订3项转让协议项目、15项意向性协议的转让项目。（《宁夏日报》1993.10.8.①）

21~26日 广西壮族自治区出口商品展销会暨投资项目洽谈会在香港举行。全区近百家有进出口经营权的专业公司、工贸公司、生产企业和三资企业以及16个地市和部门参加，展出商品17大类数千个品种。其间，与美、日、泰、韩等16个国家和港澳地区的客商达成出口商品成交额1.6亿美元，签订合同项目398个。（《广西通志·大事记》P598）

22日 西藏自治区政府第30次常务会议通过《西藏自治区免费医疗暂行管理办法》，

自11月5日起正式实施。（《西藏日报》1993.11.10.③）

23日 宁夏回族自治区成立35周年暨民族团结进步先进集体、先进个人表彰大会在银川举行，91个先进集体和310名先进个人受表彰。国家民委副主任图道多吉（藏族）等领导出席大会，全国人大民委致贺电。（《宁夏日报》1993.9.24.①）

23~25日 青海省第三次民族语文翻译工作会议在西宁市举行，有关代表100多人参加。副省长喇秉礼作题为《进一步做好民族语文翻译工作，促进我省民族经济文化的发展》的讲话。会议表彰9个先进集体和19名先进工作者。（《青海日报》1993.10.4.①）

23~29日 新疆维吾尔自治区第三届青年电视歌手大奖赛举行，维吾尔、蒙古、柯尔克孜等9个民族的92位歌手参加。努尔古力、木卡达斯等7人分获专业、业余组4种唱法的一等奖。（《新疆日报》1993.10.1.①）

24日 内蒙古自治区红旗化工厂研制的煤矿许用毫秒延期电雷管通过产品和生产定型鉴定，为自治区民爆产品生产填补空白。（《内蒙古日报》1993.11.1.②）

△ 据本报讯，新疆维吾尔自治区喀什市人民检察院批捕科副科长吐拉克·司马义最近被评为中国十大杰出检察官。（《新疆日报》1993.9.24.①）

25日 据新华社乌鲁木齐电，新疆维吾尔自治区准噶尔盆地发现亿吨级油气田，为我国在古尔班通古特大沙漠中找到的大型沙漠油田，也是我国陆上油气勘探取得的重大突破。（《新疆日报》1993.9.27.①）

26日 据本报讯，《内蒙古历史文化丛书》最近由内蒙古人民出版社出版发行。首批出版《中国古代北方民族史新论》、《古代中国的北部边疆》、《民族友好使者——王昭君》、《中国古代北方少数民族历史人物》、《一代天骄》、《内蒙古历史文化遗迹》、《内蒙古历史古城》、《内蒙古寺庙》、《内蒙古少数民族风情》、《蒙文历史文献概述》10册。（《内蒙古日报》1993.9.26.①）

△ 内蒙古自治区和林格尔县境内一处已遭破坏的北魏时期的大型砖室经清理后，发现墓中20余平方米的彩绘壁画尚存，壁画再现1500年前敕勒川优美自然景观。（《内蒙古日报》1993.9.26.①）

27日 国家投资2.7亿多元建设的“八五”重点工程——西藏自治区拉萨贡嘎机场扩建工程竣工验收并投入使用。机场距拉萨98公里，是目前西藏连接外界的唯一空港。（《人民日报》1993.9.30.①）

△ 湘鄂川黔四省边区最大的农副产品、工业品综合经营企业——四省边区吉首供销贸易总公司，在湖南省湘西土家族苗族自治州吉首开业。（《湘西州志》上P98）

28日 内蒙古自治区最近在磴口出土1枚汉代骨尺，长23厘米，色泽白中泛黄，图案以赤、黑、绿3种基本色彩组成。它的发现为研究汉代度量衡制度增添新的内容和实物资料。（《内蒙古日报》1993.9.28.②）

△ 内蒙古自治区乌海市首届乌珠慕节与经贸洽谈会成果丰硕，国内外7000多位宾客参会，贸易成交额4.12亿元，技术转让成交额4790万元。（《内蒙古日报》1993.9.28.①）

△ 广西壮族自治区重点建设项目——广西电力调度通信试验楼竣工验收并投入使用。该楼是岩滩水电站的配套项目，1991年1月动工，主楼高138.3米，建筑面积3.14万平方米。（《广西通志·大事记》P598）

△ 据本报讯，《毛南族文学史》最近由广西人民出版社出版发行。该书对毛南族的远古文学、古代文学、近代文学和当代文学产生的历史背景、发展过程及其特色进行了介绍分析。（《广西日报》1993.9.28.⑥）

29日 国家民委召开全国少数民族优秀厂长（经理）表彰大会，共表彰优秀企业家

153名。（《人民日报》1993.11.5.⑩，《民族团结》1993.11 P16～17）

△ 以研究气功疗法治病为目的的云南省大理白族自治州达摩三经研究中心在下关成立，填补滇西地区气功治病的空白。（《云南日报》1993.10.7.①）

29～30日 内蒙古自治区民族团结进步表彰大会在呼和浩特举行，153个先进集体和151名先进个人受表彰。（《内蒙古日报》1993.9.30.①，10.1.①）

30日 1993内蒙古自治区包头经济技术贸易洽谈会结束，马来西亚、韩国、英国、泰国、美国，中国台湾、香港等国家和地区的客商参加。通过这次洽谈会，包头市的玉雕产品和羊绒产品首次销往马来西亚、韩国、台湾、英国等地。（《内蒙古日报》1993.9.30.①）

10月

1日 据本报讯，《京族文学史》、《仡佬族文学史》最近由广西教育出版社出版。《京族文学史》叙述评介了京族400年来的传说、故事、歌谣及当代作家文学的发展历史。《仡佬族文学史》叙述评介了仡佬族远古神化、古代传说、故事、歌谣及现、当代作家文学的发展历史。（《广西日报》1993.10.1.③）

△ 据本报讯，'93宁夏回族自治区“群星杯”业余文艺音乐、舞蹈、戏曲赛最近举行，历时5天。固原代表团的戏曲连唱等4个节目获表演一等奖，吴忠代表团民间自娱乐器合奏《回乡掠影》等9个节目获表演二等奖，男声独唱《面片片稠稠地捞上》等14个节目获表演三等奖。舞蹈《枸杞红了的时候》等12个节目获创作二等奖，表演唱《浪煤城》等13个节目获创作三等奖。银南地区代表团获创作整体奖，《哪吒》等4个节目获少儿特别奖。（《宁夏日报》1993.10.1.①）

2日 据本报讯，最近，新疆维吾尔自治区英吉沙县龙甫乡阿图什瓦克小学教师克热木买买提依明（维吾尔族）、托里县庙尔沟镇希望小学教务主任热合曼别克（哈萨克族）、木垒东城乡沈家沟维吾尔族小学校长艾带都（维吾尔族）3人获全国贫困地区农村小学百名优秀教师“希望工程园丁奖”。（《新疆日报》1993.10.2.①）

△ 据本报讯，新疆维吾尔自治区电压等级最高的变电所之一——克拉玛依变电所最近建成，电压等级为22万千伏。（《新疆日报》1993.10.2.①）

△ 北京时间16时42分，新疆维吾尔自治区若羌县东南发生里氏6.6级地震，震中位于北纬38.2°、东经88.9°。17时43分又发生5.5级余震，且末县和青海省海西蒙古族藏族自治州茫崖镇轻微有感，进一步情况正在了解中。新疆维吾尔自治区地震局即派工作队去现场开展工作。（《人民日报》1993.10.3.①）

3～7日 第五届汗腾格里文学奖颁奖大会和首届新时期维吾尔文学研讨会在北京举行，近70位维吾尔族作家、诗人、评论家及有关专家学者参会。新疆维吾尔自治区文联主席克尤木·图尔迪介绍了新时期维吾尔文学的发展状况。国务委员、国家民委主任司马义·艾买提在研讨会上作题为《以崇高的使命和责任感，为民族团结进步事业奉献更多更好的作品》的讲话。23位作者（包括5名译者）的作品获得汗腾格里文学奖。（《民族团结》1993.11 P7，《新疆日报》1993.10.4.①）

4日 据新华社讯，我国蒙古族第一部地域文学史书——《科尔沁文学概要》最近由民族出版社出版发行。科尔沁文学具有浓郁的地方特色和乡土气息。（《人民日报》1993.10.4.③）

△ 据本报讯，内蒙古自治区物资局、内蒙古经济学会最近建成自治区首家生产资料交易市场——内蒙古物资交易市场。该交易市场以现货日常交易为主，逐步开展拍卖、保利经

营、现货交易、远期交割等业务，并向期货市场发展。（《内蒙古日报》1993.10.4.①）

△ 据本报讯，宁夏回族自治区最近建成中国西部电影城。该电影城地处宁夏银川西郊镇北堡，原址为明清时代的边防城堡。（《甘肃日报》1993.10.4.③）

5日 国务院发布施行《草原防火条例》。（《中华人民共和国大事记（1949~2004）》P1001）

△ 联合国无偿援助内蒙古自治区农业项目“3924”农业综合开发进展迅速。半年内，项目区的凉城、托县、和林格尔共新修水利建筑物132处，完成水保工程1400公顷，建成果园179公顷，苗圃37公顷，近2万农民接受技术培训，完成投资额910万元。（《内蒙古日报》1993.10.5.①）

6日 据本报讯，我国第一所纯蒙古语授课的牧区希望小学最近在内蒙古自治区正蓝旗上都音郭勒苏木落成。该校由中国青少年发展基金会、澳门资深青商协会捐资兴建。（《人民日报》1993.10.6.③）

△ 据呼和浩特讯，最近，内蒙古二人台剧团的小戏《喜上喜》在全国地方戏曲（北方片）交流演出中获最高奖——小戏优秀剧目奖。（《内蒙古日报》1993.10.6.①）

△ 广西壮族自治区人民政府颁发《关于进一步加快我区个体私营经济发展的决定》。（《广西通志·大事记》P598）

△ 据本报讯，最近，新疆维吾尔自治区乌鲁木齐市第30中学13岁学生贾力肯·阿合买提托拉（哈萨克族）被评为全国“十佳”少先队员。（《新疆日报》1993.10.6.①）

6~8日 五省区七方经济协调会第十次会议在四川省成都市举行，四川、贵州、广西、西藏、重庆、成都、湖南、广东、海南等省区的代表参加。会议旨在按照构建社会主义市场经济体制的要求，加快实施《西南和华南部分省区区域规划纲要》。（《云南日报》1993.10.7.①，10.9.①）

7日 据本报讯，云南省德宏傣族景颇族自治州最近举行成立40周年庆祝大会。全国人大常委会、国务院致贺电。（《云南日报》1993.10.7.①）

△ 中尼边境新近增开亚里、科尔加、细德3条国际通道，这使中尼边境陆上交通增加到4条。（《新华社每日电讯》1993.10.8）

8日 据本报讯，最近，内蒙古自治区哲里木盟农研所和中科院兰州沙漠研究所在科尔沁沙地上进行水稻栽培试验——沙地种稻获得成功，比一般水田提前成熟7至10天，且增产20%以上，是一项高投入、高产出、高效益的沙地农业开发技术。（《内蒙古日报》1993.10.8.①）

△ 广西壮族自治区“八五”计划重点建设项目——柳州市大埔水电站利用巨额外资合同签字仪式和电站开工奠基仪式分别在柳州市和柳城县举行。该电站是柳江流域开发的第八个梯级电站，总装机容量9万千瓦，投资4.3亿元，其中利用外资36188.2万奥先令（约合人民币1.76亿元），是全区利用外国贷款单项资金最大的一个。（《广西通志·大事记》P598）

△ 西藏自治区第一家联合成立的矿泉水公司——西藏天然矿泉水联合开发公司成立，灌装能力日产30吨。该公司生产的“冈底斯”牌矿泉水被评为低钾、低矿化度、含锶优质天然矿泉水，填补西藏一项空白。（《西藏日报》1993.10.10.①）

△ 据本报讯，最近，新疆维吾尔自治区第一家依托独山子14万吨乙烯工程兴建的乙烯后加工厂——独山子区塑料厂一次试车成功，生产出包装袋、编织袋、捆扎绳、撕裂膜等四种产品。（《新疆日报》1993.10.8.①）

△ 新疆维吾尔自治区首家中英合作的食品公司——红宝石食品有限公司在乌鲁木齐正式投产。（《新疆日报》1993.10.9.①）

△ 据本报讯，我国壮族第一部大型词典——《壮族百科辞典》最近由广西人民出版社出版发行，共有7000条词目200万字。（《贵州日报》1993.10.8.①）

9日 广西壮族自治区最大的中外合资水泥生产项目——横县华基水泥有限公司在南宁正式签约。该公司由横县华基经济开发公司和马来西亚吉利资源有限公司共同投资1060万美元建造，年产水泥32万吨。（《广西通志·大事记》P598）

△ 全国首家以培养少数民族人武干部为主的中等专业技术学校——新疆人民武装学校在乌鲁木齐正式成立，并举行首批学员开学典礼。参加首批培训的有120名学员和170名军分区领导、人武部主官，其中少数民族学员占70%左右。（《新疆日报》1993.8.1.①，10.10.①；《中国共产党新疆历史大事记（1992~2002）》P71）

10日 内蒙古自治区人民政府科学技术进步奖评审委员会发布《内蒙古自治区科学技术进步奖励公报（第九号）》，124项科技成果获奖，其中一等奖3项、二等奖18项、三等奖103项。自治区星火奖评审委员会发布《内蒙古自治区星火奖励公报（第五号）》，16项成果获奖，其中一等奖1项、二等奖3项、三等奖12项。（《内蒙古日报》1993.10.10.③）

△ 广西壮族自治区左江沿边经济区在宁明举行签字仪式并宣布成立。该经济区由宁明、大新、龙州、凭祥沿边4县（市）及腹地崇左县组成，总面积1.23万平方公里，与越南接壤边境线533公里，现有人口136万、国家一级口岸3个、边境互市点13个。（《广西通志·大事记》P598~599）

10~15日 四川省第九届少数民族运动会在西昌举行，凉山彝族自治州、阿坝藏族羌族自治州、甘孜藏族自治州代表团获金牌总数前三名。（《四川日报》1993.10.11.①，10.16.①）

11日 据本报讯，最近，广西壮族自治区运动员莫慧兰（女）以9.762分的成绩获1993年“中国杯”国际体操赛高低杠第一名。（《广西日报》1993.10.11.③）

11~14日 广西壮族自治区第八届少数民族传统体育运动会在富川举行，12个地、市代表团的474人参加，有爬坡竿、投绣球等27项比赛项目。（《广西日报》1993.10.12.①，10.15.③）

13日 据本报讯，广西壮族自治区第一家磁化肥厂建成。该厂是田东电厂与广西农业科学院土肥研究所引进国家能源部电力环境研究所的设备并参考国内外技术建设而成。（《广西日报》1993.10.13.①）

13~15日 广西壮族自治区与中国航天工业总公司经济技术合作委员会第一次工作会议在南宁举行。双方签订《广西壮族自治区与中国航天工业总公司经济技术合作协议》，双方达成意向合作项目26项。（《广西通志·大事记》P599，《广西日报》1993.10.17.①）

△ 中国少数民族人口国际研讨会在云南省昆明市举行，美国、澳大利亚等国及国内的36名代表参加。与会代表对中国少数民族人口的特征、人口演变与发展、人口与社会经济、人口与生态环境等议题进行研讨。（《云南日报》1993.10.16.①）

△ 云南苗族研究会成立大会暨首届学术研究会在云南省昆明市举行，四川、贵州等地区的80多名代表参加。（《云南日报》1993.7.9.①）

14日 北京雍和宫举行近百年来最隆重的一次弥勒佛开光法会。该弥勒佛于1990年载入《世界吉尼斯纪录大全》，是用七世达赖喇嘛敬献给乾隆皇帝的一根26米长的白檀木雕刻而成的独木雕像，1992年对该佛像进行修缮贴金。开光法会由雍和宫住持加木扬·吐布丹主持，北京市副市长何鲁丽代表北京市致贺词，中国佛协会长赵朴初，副会长嘉木样·洛桑久美·图布丹却吉尼玛、贡唐仓·丹贝旺旭为开光剪彩，阿嘉·洛桑图丹和乌兰等4位活佛为开光揭幕。开光仪式后举行藏传佛教特有的“跳布扎”。（《人民日报》1993.10.15.④，《民族团结》1993.12 P37）

15日 据本报讯，首届全国优秀藏文图书颁奖大会最近在北京举行。《新编藏文字典》（创作类）、《藏族历代文学作品选》（古籍类）、《汉藏对照词典》获一等奖，《唐僧取经》（翻译类）等6种图书获二等奖、《米拉日巴传及其道歌》（古籍类）、《吐蕃传》（古籍类）等9种图书获三等奖。（《人民日报》1993.10.20.④）

△ 国务院办公厅转发国家教委等部门《关于进一步加强教育援藏工作请示》的通知。（《国务院公报》1993［25号］P1147～1150）

△ 内蒙古自治区呼伦贝尔盟陈巴尔虎旗发现一处新石器遗址，位于巴彦哈达苏木巴彦哈达嘎查西南2公里，采集到的文物有古动物化石、夹沙红褐陶片等23件。（《内蒙古日报》1993.10.15.①）

△ 114次旅客列车列车长热依汗·伊米提（女，维吾尔族）被授予“火车头”奖章、“开发建设新疆奖章”、“见义勇为好青年”和“三八”红旗手等荣誉称号，全国总工会和新疆维吾尔自治区总工会、团委、妇联分别号召全国铁路职工，自治区各族职工、青年、妇女向她学习。8月9日，她舍身保护旅客，被歹徒刺中7刀。（《新疆日报》1993.10.16.①）

15～21日 中国佛协第六届全国代表会议暨中国佛协成立40周年纪念大会在北京举行，30个省、区、市的350多名代表参加。全国人大常委会副委员长、中国佛协副会长帕巴拉·格列朗杰致开幕词，全国政协副主席、中国佛协会长赵朴初作题为《中国佛教协会四十年》的报告，国务院宗教事务局局长张声讲话，全国各宗教团体负责人到会祝贺。会议通过新修改的《中国佛教协会章程》和《汉传佛教寺院管理办法》等；选举赵朴初、帕巴拉·格列朗杰（藏族）等248人为理事，赵朴初为第六届理事会会长，帕巴拉·格列朗杰等22人为副会长，刀述仁（傣族）为秘书长；选举产生佛协第六届理事会咨议委员会，通过设立藏传佛教工作委员会等5个专门委员会。（《人民日报》1993.10.16.④，10.21.③，10.22.③）

16日 广西壮族自治区南海北部湾涠11—4油田正式投产。该油田面积17.7平方公里，石油地质储量2435万吨，建设总投资1.77亿美元，设计采油井24口，日产油气2200立方米，生产期10年。（《广西通志·大事记》P599）

17日 内蒙古自治区一机厂制成大马力推土机，填补自治区空白。（《内蒙古日报》1993.10.17.①）

△ 内蒙古自治区运动员胡刚军以2小时10分57秒的成绩获第13届北京国际马拉松邀请赛冠军。（《内蒙古日报》1993.10.18.①）

△ 据本报呼和浩特讯，内蒙古自治区首届体育舞蹈锦标赛最近在呼和浩特举行，50多名选手参赛。（《内蒙古日报》1993.10.17.①）

△ 据本报讯，鄂伦春族第一家股份合作制企业——三星有限公司甘河钢厂最近在内蒙古自治区呼伦贝尔盟鄂伦春自治旗成立。该钢厂每年可生产钢锭1800至2000吨。（《人民日报》1993.10.17.①）

△ 西江航运建设第一期工程（广西段）的桂平航运枢纽、贵港中转港、通信工程3个建设项目顺利通过国家级竣工验收，均被评为优良工程，并正式移交有关单位接管，投入营运。9月竣工的桂平航运枢纽工程是国内目前最大的内河渠化工程，贵港中转港是广西壮族

自治区目前内河最大的现代化港口。（《广西通志·大事记》P599）

△ 据新华社乌鲁木齐17日电，国家重点工程、我国西部最大的乙烯项目——新疆独山子乙烯工程项目建设已全部完成国内设计及国内配套设计，国外设计乙烯装置已交付85%的图纸。截至9月20日，是年已完成投资8.8亿元，工程质量优良。（《人民日报》1993.10.18.①）

18日 广西壮族自治区南宁至梧州二级公路全线通车并正式投入营运。该路总投资6.15亿元，全长400公里，于1991年1月10日动工。（《广西通志·大事记》P599）

△ 广西壮族自治区第一家眼科医院在柳州挂牌开业。（《广西日报》1993.10.24.①）

19日 由中国社科院、新疆社科院、新疆哲学社会科学界联合会主办的《福乐智慧》国际学术讨论会在北京举行。全国人大常委会副委员长、《福乐智慧》研究会会长铁木尔·达瓦买提，国家民委主任司马义·艾买提，全国政协副主席赛福鼎·艾则孜，中国社科院副院长汝信，新疆维吾尔自治区副主席米吉提·纳斯尔以及中外学者50余人出席会议。（《中国共产党新疆历史大事记（1992~2002）》P73）

△ 贵州省黔南布依族苗族自治州政府作出《关于加快发展民族教育的决定》。（《黔南布依族苗族自治州志》上P75）

△ 中越两国签署《中华人民共和国政府和越南社会主义共和国边界领土问题的基本原则协议》。（《中华人民共和国边界事务条约集·中越卷（2004）》P49）

19~21日 宁夏回族自治区七届人大常委会第三次会议举行，批准《宁夏回族自治区实施〈中华人民共和国妇女权益保障法〉办法》。（《宁夏日报》1993.10.20.①，10.22.①）

20日 内蒙古自治区呼和浩特至包头，包头至东胜长途光缆工程，呼和浩特、包头、赤峰、海拉尔万门程控电话工程，乌兰浩特至白城子、赤峰至朝阳数字微波工程，呼和浩特至海拉尔卫星通信改造，北京至呼和浩特长途传输小同轴扩容等一批邮电重点工程投入使用。（《内蒙古日报》1993.10.20.①）

20~22日 青海省玉树藏族自治州举行全州藏语言文字工作会议。会议讨论通过《玉树藏族自治州藏语文工作条例》和《玉树藏族自治州学习、使用和发展藏语言文字暂行规定实施细则》；表彰奖励从事藏语言文字工作成绩突出的14个先进集体和26名先进个人，并向从事藏语言文字工作20年以上的28名老同志颁发荣誉证书。（《玉树州志》上P70）

21日 据本报讯，内蒙古自治区唯一证券法定登记机构——内蒙古自治区证券登记公司最近成立。（《内蒙古日报》1993.10.21.①）

△ 填补我国回收落地原油领域空白的新型容积泵——半球摇摆转子泵通过新疆维吾尔自治区级鉴定，由新疆石油学院副教授梁肇基研制，已获国家专利。（《新疆日报》1993.11.14.①）

△ 广西壮族自治区八届人大常委会五次会议通过《广西壮族自治区广播电视管理条例》。（《广西日报》1993.11.2.⑦）

△ 据本报讯，《宁夏地基土特性及技术对策研究》课题成果最近通过省级鉴定。该项目在宁夏属首次，处于国内先进水平。（《宁夏日报》1993.10.21.①）

21~25日 1993年海峡两岸工商同业交流合作会议在广西壮族自治区南宁市举行，台湾40多人与广西工商界代表200人出席会议并共商交流合作大计。双方达成合作协议项目16项，吸收台湾资金2840万美元。（《广西通志·大事记》P599）

22日 内蒙古自治区第一家纯企业性质的出版机构——远方出版社在呼和浩特成

立。（《内蒙古日报》1993.10.23.①）

△ 据新华社乌鲁木齐电，最近，新疆维吾尔自治区发现距今2000多年身着毛皮衣服的10多具干尸，并出土大量陶、木、铜、石器随葬品，其中钻木取火器、箭箙等是目前出土的同类器物中保存最好的。此次发现对研究车师历史文化和西域当时的服饰、医药、农牧生产等均具有学术价值。专家认为该墓葬是西汉以前居住于吐鲁番盆地的古代车师国人。（《人民日报》1993.10.9.④，《新疆日报》1993.10.22.①）

△ 据本报讯，《古兰经》哈萨克文版最近由民族出版社出版，填补世界译坛出版史空白。（《人民日报》1993.10.22.⑩）

△ 据新华社北京电，贵州省131岁的龚来发（仡佬族）最近被全国老龄委、中国爱老行动组委会评为“中国长寿之王”。（《贵州日报》1993.10.24.①）

23日 首次藏语系佛教研讨会在中国藏语系高级佛学院召开，全国政协副主席阿沛·阿旺晋美，全国政协副主席、中国佛协会长赵朴初出席并讲话。（《人民日报》1993.10.24.③）

△ 广西壮族自治区南宁市西部2万门程控电话扩容工程一次性割接成功。至此，纵横制交换机已全部淘汰，南宁市通信实现程控化。（《广西通志·大事记》P599）

24日 内蒙古自治区目前已有近60个旗县推广应用种子包衣新技术，面积破100万亩，占全区农作物播种面积的2%左右，高于全国平均1.5%的水平。（《内蒙古日报》1993.10.24.①）

25日 内蒙古自治区人民政府主席乌力吉、中共内蒙古自治区委员会书记王群会见前来进行考察和洽谈合作项目的美国碳氢研究所总裁昆比德一行3人，双方就煤油共炼技术合作项目进行会谈。（《内蒙古日报》1993.10.26.①）

△ 据乌兰浩特讯，内蒙古自治区水稻优良品种繁育基地——乌兰浩特市水稻原种场最近在兴安盟建成。（《内蒙古日报》1993.10.25.①）

25～30日 内蒙古自治区八届人大常委会第四次会议召开，审议并通过《内蒙古自治区实施〈中华人民共和国水土保持法〉办法》、《内蒙古自治区技术市场管理条例》。（《内蒙古日报》1993.10.26.①，10.31.①）

26日 大西南第一家涉外调解机构——中国国际贸易促进委员会（中国国际商会）广西壮族自治区调解中心在南宁成立。（《广西日报》1993.10.28.①）

△ 贵州省民族教育现场会在都匀举行，有关代表100多人参加。会议旨在完善民族教育体系，改革教育结构、教学内容和课程设置，发展职业技术教育。（《贵州日报》1993.11.2.⑤）

△ 第三届（1993年度）新疆新闻摄影作品暨报刊使用新闻图片评选会最近举行，166幅（组）新闻摄影作品入选，43幅（组）获奖。在报刊使用新闻图片方面，《新疆日报》获自治区级报纸汉文版一等奖，《新疆经济报》获自治区级维吾尔文版一等奖。（《新疆日报》1993.10.26.①）

27日 据本报讯，最近，新疆维吾尔自治区的第三建筑公司等6家建筑企业名列中国500家最大建筑企业。（《新疆日报》1993.10.27.①）

△ 据本报讯，最近，新疆维吾尔自治区奇立酒厂的古城牌古城香和古城牌熙酒、伊犁酿酒总厂的伊犁牌伊犁特曲和伊犁牌伊犁老窖和沙湾县酿酒厂的古海牌古海老窖5种酒被评为中国优质白酒精品，奇立酒厂的古城牌古城大曲被评为白酒精品。（《新疆日报》1993.10.2.7.①）

27～29日 首次全国民委系统书报刊工作研讨会在北京举行。中央和地方的33家民族书报刊社的负责人及部分民委文教处处长等40人参加，中宣部新闻局局长徐心华出席并讲话。目前，全国有民族专业出版社5家、报社3家、学报4家、杂志15家。（《人民日报》1993.10.31.③）

△ 新疆维吾尔自治区伊协第五次代表会议在乌鲁木齐举行，自治区党委副书记克尤木·巴吾东发表讲话。会议审议自治区伊协第四次代表会议以来的工作报告，讨论和制定今后的工作任务，修改自治区伊协章程。（《新疆日报》1993.10.28.①，10.30.①；《中国共产党新疆历史大事记（1992～2002）》P73）

27日～11月23日 阿尔金山国家级自然保护区新疆、甘肃、青海3省区协调会议在新疆维吾尔自治区乌鲁木齐市举行。会议通过严禁在自然保护区非法采金和乱捕滥猎的通告，确定清理遣返自然保护区内非法采金和偷猎人员的具体措施。（《新疆日报》1993.11.25.①）

28日 据本报讯，中国少数民族对外文化交流协会会长李德洙（朝鲜族）主编的《中国少数民族文化史》最近由辽宁人民出版社出版，共300万字，11月正式发行。全国人大常委会副委员长费孝通、司马义·艾买提、阿沛·阿旺晋美，全国政协副主席王兆国、赛福鼎·艾则孜、杨静仁等为该书题词。（《民族团结》1993.12 P45）

△ 国家投资5000万元兴建的内蒙古自治区“七五”期间重点水利项目——台河口水利枢纽工程竣工并投入使用，工期7年。工程是内蒙古东部最大的水利工程，位于哲里木盟和赤峰交界的开鲁县台河口乡，通过调度西拉木伦河水利资源，保证两岸160万亩耕地的灌溉用水，为下游的石油、电力等重点工程提供水利资源。（《内蒙古日报》1993.11.20.①）

△ 四川省八届人大常委会第五次会议批准《凉山彝族自治州矿产资源管理条例》。（《四川日报》1993.10.29.①）

△ 据西宁讯，青海省唯一的藏文印刷字体档案室最近在青海新华印刷厂成立。该档案室收集了藏文木刻板和木刻版印刷品、塔尔寺木刻板印刷工具及藏文字体原稿样等200多件。（《青海日报》1993.10.28.①）

29日 据呼和浩特讯，我国少数民族地区第一家医学放射免疫监测中心——内蒙古医学放射免疫监测中心最近在内蒙古自治区呼和浩特成立。（《内蒙古日报》1993.10.29.②）

△ 世界海拔最高的电站——西藏自治区查龙电站截流。水电站位于藏北地区海拔4400米以上的那曲河上，设计装机容量10800千瓦，年发电量4363万千瓦时，由国家投资2.6亿多元兴建。（《人民日报》1993.10.31.①）

△ 西藏自治区首届科技信息发布会举行，自治区副主席梁公卿出席。发布会内容涉及化工、食品、农药、建材、电子、材料等领域。（《西藏日报》1993.11.2.①）

△ 据本报讯，云南省怒江傈僳族自治州最近举办首次傈僳语比赛，14个节目分获一、二、三等奖。（《云南日报》1993.10.29.①）

29～31日 广西壮族自治区北海市举行第二届北海国际珍珠节，国内25个省、市、自治区和美国、俄罗斯、日本、韩国、马来西亚、新加坡等13个国家和港台地区的代表参加活动。其间，商品成交额2亿多元，与外商签订投资项目共28项，投资总额5.35亿美元，其中利用外资3.96亿美元。（《广西通志·大事记》P599）

△ 湖南省少数民族地区教育工作会议在湘西土家族苗族自治州吉首召开。会议进一步贯彻第四次全国少数民族教育工作会议和全省教育工作会议精神，总结交流少数民族地区和

贫困地区改革和发展教育事业的经验，研究部署教育工作。（《湘西州志》上P98）

30日 广西壮族自治区人民政府发出通知，公布第一批取消和制止的不合理收费项目共157项。11月2日，公布第二批取消和制止的不合理收费项目178项。（《广西通志·大事记》P599）

△ 新疆维吾尔自治区首家区外证券经营机构——中国人民平安保险公司乌鲁木齐证券交易部正式开业。（《新疆日报》1993.11.5.④）

是月 内蒙古自治区“八五”期间交通建设的重点项目——通辽科尔沁大桥竣工通车。该桥位于通辽市西郊，111、303、304国道交汇处，跨越西辽河，是通辽市的主要出口通道，连续桥面长240米，宽22米，钻孔桩基础深36米，总造价2820万元。（《内蒙古日报》1993.11.1.①）

11月

1日 据南宁讯，广西壮族自治区第一条安装钢护栏和封闭隔离栏栅的汽车专用公路南梧二级公路邕宁五塘至宾阳新桥路段最近建成，全长47.197公里。（《广西日报》1993.11.1.①）

△ 广西壮族自治区党委、人民政府作出决定，自1993年冬季至1998年底，由自治区直属机关组织力量到国务院确定的广西24个特困县开展扶贫工作，力争基本解决最后500万贫困人口的温饱问题。12月8日，扶贫工作队正式开赴各特困县。这24个特困县（自治县）是：环江、罗城、南丹、天峨、东兰、凤山、巴马、都安、大化、平果、德保、那坡、凌云、乐业、西林、隆林、靖西、田东、天等、龙州、融水、三江、金秀、龙胜。（《广西通志·大事记》P599）

1~8日 1993年中国桂林山水旅游节在广西壮族自治区桂林市举行，同时举办陕西、湖南、宁夏、海南、广西5省（区）旅游产品展销会、经贸投资洽谈会、工业产品展销会、商品购物一条街、传统美食一条街等活动。英国、德国、日本、新加坡等8个国家和香港地区，以及国内的旅游客商参加。（《广西通志·大事记》P599）

2日 国航内蒙古分公司正式开通呼和浩特经锡林浩特至北京空中航线。（《内蒙古日报》1993.10.24.①）

2~5日 西南五省区（四川、云南、广西、西藏、贵州）档案工作首届协作会在贵州省贵阳市举行。会议讨论确定建立五省区档案工作协作会议制度等10条协议。（《贵州日报》1993.11.10.⑤）

3~7日 全国统战工作会议在北京举行。7日，中共中央总书记江泽民发表重要讲话。在宗教问题上他强调3点：“一是全面、正确地贯彻执行党的宗教政策，二是依法加强对宗教事务的管理，三是积极引导宗教与社会主义社会相适应”。（《中华人民共和国大事记（1949~2004）》P1005）

4日 广西壮族自治区运动员苏赛飞以100公斤的成绩获全国青年男子举重锦标赛50公斤级抓举第一名。（《广西日报》1993.11.5.③）

5日 第五次全国民族语文翻译学术讨论会在广西壮族自治区南宁结束。全国15个省区20个民族17个语种的民族语文翻译专家、学者就民族语文翻译工作如何为四化建设服务等问题进行探讨。（《广西日报》1993.11.8.①）

△ 中国西藏歌舞团参加新加坡亚洲艺术节演出。5日晚在新加坡举行首场歌舞晚会，拉开了新加坡亚洲艺术节的序幕，约1000多名观众观看演出。（《人民日报》1993.11.19，《西藏日报》1993.11.12.①）

△ 舞蹈家卓玛（女，藏族）专场舞蹈晚会在北京举行，这是建国以来第一位藏族艺术

家在北京举办个人专场晚会。（《人民日报》1993.11.19.⑩）

6日 西藏自治区首次企业思想政治工作职务评聘工作会议举行，自治区副主席江措等领导出席。会议首次评出高级政工师21人，政工师319人，助理政工师414人，政工员101人；表彰了山南、拉萨等7个先进集体。（《西藏日报》1993.11.10.①③）

△ 新疆维吾尔自治区高中压阀门总厂建成投产，产品填补自治区空白。（《新疆日报》1993.11.16.①）

△ 内蒙古杂技团刘小红、赛勒麦、乌兰哈斯表演的《三人蹬技》获第四届吴桥国际杂技艺术节银狮奖和长安杯特别奖。（《内蒙古日报》1993.11.14.①）

6~8日 中国彝族十月太阳历学术讨论会在云南弥勒举行，北京、贵州等地区的400多名代表参加，对彝族先民创造的历法进行了研讨。会议期间，《中国彝族通史纲要》举行首发式。（《云南日报》1993.11.10.①）

6~9日 第五届中国当代少数民族文学学术讨论会暨第二届当代少数民族文学研究奖颁奖大会在广西壮族自治区南宁市举行，全国15个省市区的60多名学者、作家出席。宁夏人民出版社获园丁奖，宁夏作家杨继国（回族）编写、宁夏人民出版社出版的国内第一部研究回族文学的专著《回族文学与回族文化》获优秀成果奖。（《宁夏日报》1993.12.3.①，12.10.①；《广西日报》1993.11.8.①）

8日 据巴彦浩特讯，内蒙古自治区最大的扬水灌溉工程——李井滩工程试电成功。工程是国家拟建的大柳树工程一期工程，是内蒙古"八五"重点农业综合开发项目，由水、电、灌区配套建设三大部分组成，总投资1.88亿元。（《内蒙古日报》1993.11.20.①）

△ 西藏自治区党委、自治区人民政府印发《关于加速发展昌都经济的联席会议纪要》的通知。（《中国共产党西藏历史大事记（1949~2004）》P659）

△ 据本报讯，宁夏回族自治区作者杨建国（回族）的电视小品剧本《作家赠书》最近获全国第三届"群星奖"银奖，杨剑君（回族）的电视小品《钓饵》、保元璋（回族）和胡文臻（回族）创作的快板书《看亲家》及歌曲《把属于少年的交给少年》获优秀作品奖，自治区文化厅获优秀组织奖。（《宁夏日报》1993.11.8.①）

△ 《新疆国土开发整治总体规划》通过评审，共13章。该规划在全国省级国土综合规划中属领先水平。（《新疆日报》1993.12.8.①）

△ 据本报乌鲁木齐讯，新疆维吾尔自治区首次利用加拿大政府贷款建设的第一条数字微波工程——乌鲁木齐至伊犁数字微波通信干线工程最近通过自治区验收。（《新疆日报》1993.11.8.①）

9日 据南宁讯，最近，广西壮族自治区的李君铭在全国优秀裁判员评选中荣获全国桥牌一级优秀裁判员称号。（《广西日报》1993.11.9.④）

11日 据本报讯，西藏自治区人大常委会副主任霍康·索朗边巴（藏族）编辑的已故学者根敦群培（藏族）的著作《漫游各地见闻》等3部书最近获中国民族图书编辑奖。（《西藏日报》1993.11.11.①）

△ 云南大理白族民间艺术展在香港举办，共展出木雕、天然石画、草编、扎染布料、白族服饰等展品300多件。（《云南日报》1993.11.12.①）

△ 据本报讯，湖南省民族教育工作会议最近在吉首举行。会议提出要采取特殊措施加快发展民族教育。（《湖南日报》1993.11.11.①）

11~14日 中共十四届三中全会在北京举行，全会审议并通过《中共中央关于建立社会主义市场经济体制若干问题的决定》。

（《中华人民共和国大事记（1949～2004）》P1005）

12日 中国成人教育协会少数民族成人教育委员会在北京成立。全国政协副主席赛福鼎·艾则孜出席成立大会。（《人民日报》1993.11.13.④）

△ 广西壮族自治区运动员杨斌以122.5公斤的成绩获第65届世界男子举重锦标赛54公斤级抓举第一名。（《广西日报》1993.11.13.①）

△ 据本报讯，新疆生物医学工程学会最近在乌鲁木齐成立，旨在将现代工程技术引入医学领域并促其发展。（《新疆日报》1993.11.12.①）

13日 新疆维吾尔自治区首次利用世界银行贷款修建的吐鲁番经乌鲁木齐至大黄山多等级公路项目通过世行新疆公路项目评估代表团正式评估，并签署评估备忘录。自治区副主席阿不来提·阿不都热西提出席签字仪式。（《新疆日报》1993.11.14.①）

14日 内蒙古自治区1993年农业喜获大丰收，粮食总产110.8亿公斤，比1992年增长5.9%，再创历史最高，人均占有粮食近500公斤，居全国第三位。（《内蒙古日报》1993.11.14.①）

△ 内蒙古自治区冯湛海作词、乌震来作曲的歌曲《请你到我家乡》获全国第三届群星奖优秀歌曲作品银奖，满都呼创作的好来宝《中国马王》和张世荣作词、高守本作曲的歌曲《驼铃声声》获铜奖。（《内蒙古日报》1993.11.14.③）

15日 西藏自治区第五次科技进步奖颁奖大会在拉萨举行，自治区政协副主席恰巴·格桑旺堆等领导出席。63项获自治区科学技术最高奖，其中特等奖1项、一等奖3项、二等奖16项、三等奖28项、四等奖15项。（《西藏日报》1993.11.16.①，12.3.④）

16日 据南宁讯，最近，广西壮族自治区选送的筒式育苗纸容器制作方法及其制作机、无机铝盐防水剂在第七届全国发明展览会上获金奖，横县云表广平宝树粉笔厂湿性无尘粉笔、南宁市洪源铸造厂复合式合金锤头获银奖，针挑治疗机及医疗用挑针、黄油筒、青少年发明项目垄稻开沟器、双面割胶刀、家用花生脱壳机获铜奖。（《广西日报》1993.11.16.①）

16～22日 湖南省湘西土家族苗族自治州吉首市机械厂生产的高效节煤器和离心式渣浆泵分获国家科委在广州举办的第五届中国新技术新产品博览会金奖和银奖，湘西州植物油厂生产的“闻得福”牌食用植物油获银奖。（《湘西州志》上P98～99）

17日 西藏自治区布达拉宫维修工程的重点项目——七世达赖灵塔殿金顶修复工程竣工。至此，举世瞩目的布达拉宫红、白宫主体维修工程圆满结束。（《中国西藏（中文版）》1994.1，《贵州日报》1993.11.19.①）

18日 广西壮族自治区柳州工程机械股份有限公司股票在深圳证券交易所上市。总股本为2亿股，其中国有股1.5亿股，个人股5000万股，可流通股4500万股。该公司于是月2日在柳州市正式成立，这是广西首次向社会公开发行股票。（《广西通志·大事记》P600）

△ 据本报讯，西藏自治区地热地质大队最近在ZK4002孔2006米深处钻探获得262.03度高温地热井。这是我国目前层位最深、温度最高的地热井。（《人民日报》1993.11.18.②，11.20.①）

18～25日 1993呼和浩特、珠海名优特产品展销及经贸洽谈会举行。珠海市及附近的中山、顺德、佛山等地与呼和浩特市及内蒙古自治区中西部地区200多家企业参加经洽会，共谈成各类项目66项，总金额31470.7万元。（《内蒙古日报》1993.11.19.①，11.27.①）

19日 内蒙古自治区伊克昭盟丘陵地区建设“3153”工程成就巨大（即人均3亩稳产高产田，人均10亩林果树、人均5只羊，户均3口猪），增强抗御自然灾害能力，一批乡村走上致富之路。（《内蒙古日报》1993.11.19.①）

△ 内蒙古自治区境内第一条电气化铁路——丰准铁路全线电气化工程全线贯通，全长216公里。（《内蒙古日报》1993.11.20.①）

△ 广西壮族自治区贵港甘蔗化工厂日榨万吨扩建工程竣工投产，成为全国规模最大、最现代化、居亚洲第三位的制糖企业。（《广西通志·大事记》P600）

△ 据本报讯，最近，新疆维吾尔自治区毛纺织厂的XP27048高级全毛驼丝锦、XT23090高级全毛单面花呢、XT23095全毛茄仕咩3项产品在中国企业精品博览会上获金奖，XP22115高级全毛单面华达呢获银奖。（《新疆日报》1993.11.19.①）

△ 据本报讯，四川民族出版社选送的《苗族史》最近获第七届中国图书奖。（《四川日报》1993.11.19.①）

20日 第64届世界举重锦标赛在澳大利亚墨尔本举行。中国女选手在女子9个级别的比赛中夺得19枚金牌，并获团体总分第一。广西壮族自治区运动员杨斌获54公斤级抓举第一名。（《中华人民共和国大事记（1949～2004）》P1006，《广西通志·大事记》P600）

△ 据《新疆日报》报道，新疆维吾尔自治区是年棉花播种面积909.5万亩，总产量68万吨，平均亩产75公斤，总产和单产均居全国首位。（《中国共产党新疆历史大事记（1992～2002）》P74）

△ 据本报讯，维吾尔古典十二木卡姆音带最近由新疆音像出版社出版发行。这部完整的12套音乐均由新疆木卡姆艺术团演奏、演唱。（《新疆日报》1993.11.20.①）

21日 内蒙古自治区呼和浩特实验电炉厂自行设计研制成功我国新一代超高温电阻炉，在氧化条件下炉膛温度可达800℃，该成果填补国内空白。（《内蒙古日报》1993.11.21.①）

22日 据本报讯，广西壮族自治区桂平生物化学保健制品厂最近研制出超氧化物歧化酶（装饰氧化物歧化酶），填补国内空白，技术指标达国际领先水平。（《人民日报》1993.11.22.③）

△ 中国新疆维吾尔自治区乌鲁木齐市和哈萨克斯坦首都阿拉木图市在乌鲁木齐签订《友好合作城市协议书》。协议书说，两市将为发展各个领域的互利经济合作创造条件，在科学、经济、教育、体育、旅游、城市管理等领域保持经常交往。（《新华社每日电讯》1993.11.24）

23日 内蒙古自治区包头市第四医院成功为2名冠心病患者做冠状动脉造影术，填补自治区空白。（《内蒙古日报》1993.11.23.①）

25日 国道314线卧虎不拉沟改建工程竣工通车典礼在新疆维吾尔自治区赛尔墩举行，自治区党委副书记克尤木·巴吾东、自治区副主席阿不来提·阿不都热西提等为通车仪式剪彩。该公路全长50公里，投资1.3亿元，于1991年4月18日动工。（《中国共产党新疆历史大事记（1992～2002）》P76）

△ 广西壮族自治区东亚糖业有限公司开业仪式在南宁举行，泰国两仪糖业集团香港东亚置业有限公司董事长汪东发出席开业仪式。该公司由泰方投资3.03亿元对南宁地区的扶南、宁明、崇左、驮卢4家糖厂进行技术改造和扩建，并实行联营。（《广西通志·大事记》P600）

△ 据本报讯，内蒙古妇幼保健院采用电视腹腔镜治疗胆石症取得成功，在已施行的130例手术中，成功率达98%，成为自治区唯

一运用这项新技术的医院。（《内蒙古日报》1993.11.25.①）

△ 内蒙古自治区伊克昭盟鄂尔多斯歌舞团舞剧《森吉德玛》剧组荣获“文化部第三届文华奖”、“新剧目奖”和音乐创作表演奖。（《内蒙古日报》1993.11.25.①）

△ 内蒙古自治区包头至神木铁路二期工程竣工。该工程于1990年4月动工，总投资9018万元。二期工程竣工后，年设计运力将从原有的1000万吨提高到1500万吨。（《内蒙古日报》1993.11.25.①）

25~27日 西藏自治区翻译工作者协会成立大会在拉萨举行，自治区主席江村罗布等领导出席。会议选举徐洪森、杜泰、土登旺秋（藏族）、旦甲（藏族）、多吉绕登（藏族）为协会顾问，拉巴平措（藏族）为名誉会长，次仁曲杰（藏族）为会长。（《西藏日报》1993.11.26.①，11.28.③）

26日 据本报讯，国务院宗教事务局最近决定授予100个基层宗教工作部门“全国基层宗教工作先进集体”称号，13个民族的195人“全国基层宗教工作先进个人”称号。这是建国以来首次在全国宗教工作系统举行评选和表彰先进活动。（《人民日报》1993.11.26.③）

△ 内蒙古自治区青年知识分子优秀科技成果发布暨表彰会在呼和浩特举行。大会评出51项优秀成果，同时授予获奖个人自治区优秀青年知识分子称号。（《内蒙古日报》1993.12.3.①）

△ 广西壮族自治区桂林南方橡胶集团与香港毅盛置业有限公司合作组建桂林南方橡胶国际有限公司，并通过加拿大丰业证券公司在海外间接发行股票。是日，集团公司与丰业证券公司在多伦多证券交易所正式签约，成为中国首家在加拿大间接发行股票的企业。此次发行股票募集资金1.26亿加元（折合人民币9亿元），年底前已陆续到位。（《广西通志·大事记》P600）

△ 据《西藏日报》报道，西藏自治区6地区所在地长市合一程控电话正式开通，全部进入全国长途自动交换网试运行。至此，西藏所有地区所在地告别纵横制电话，实现市话程控化。（《中国共产党西藏历史大事记（1949~2004）》P661）

△ 中国少数民族用品协会在云南省昆明市成立，有关代表300多人参加。会议旨在保护企业的合法利益。（《云南日报》1993.11.27.①）

26~28日 以反腐倡廉为主题的广西壮族自治区首届“清风杯”戏剧小品比赛在柳州举行。柳州市《丈夫的秘密》获一等奖，柳州市《盖章》、玉林地区《谁之错》获二等奖，柳州地区《第一印象》等6个节目获三等奖。（《广西日报》1993.12.1.①）

27日 西藏自治区人民政府发布《关于加快个体、私营经济发展的若干规定》。（《中国共产党西藏历史大事记（1949~2004）》P660）

△ 由铁道部戚墅堰机车车辆工厂援建的西藏自治区拉萨火力发电厂改造工程第一套机组顺利并网发电。这是我国自行研制的16V280型柴油机首次应用于高原地区电厂发电。（《人民日报》1993.12.20.①）

△ 四川省摄影家吴胜延（苗族）入选社会科学文献出版社最近出版的《中国当代艺术界名人录》，其个人简历和《苗家小鼓手》等作品收入书中。（《四川日报》1993.11.27.⑦）

28日 据本报讯，云南省迪庆藏族自治州最近评选出维西戈登新石器时代文化遗址、中甸县小中甸明代木氏土司城堡遗址、中甸东坝渣日岩画、德钦飞来寺壁画和维西康普寿国寺5个项目为第一批州级文物保护单位。这批文物古迹对研究迪庆藏族自治州民族史，考察当时当地各民族的思想、文化、宗教、生产关

系及生活方式都具有重要意义。（《云南日报》1993.11.28.①）

28~30日 新加坡政府内阁资政李光耀偕夫人一行在广西北海访问。随行的新加坡商务代表团同北海市有关单位进行洽谈，双方达成初步合作意向。（《广西通志·大事记》P600）

29日 贵州省首届“瑶族盘王节”在黔东南苗族侗族自治州从江县举行。广西壮族自治区柳州、桂林和贵州省铜仁、黔南、黔东南等5个地、州15个县、市的19个民族代表队参加。瑶族“盘王节”又称“跳盘王”、“做盘王”、“还盘王愿”，是瑶族人民纪念祖先的传统节日。（《贵州日报》1993.12.1.①，《黔东南苗族侗族自治州志·总述·大事记》P375）

30日 据乌鲁木齐讯，新疆维吾尔自治区最近颁布《新疆维吾尔自治区边境口岸通行和居住管理暂行办法》。（《新疆日报》1993.11.30.①）

12月

1日 北京时间4时37分11秒，新疆维吾尔自治区疏附县乌帕尔乡、站敏乡发生里氏6级地震，震中39°20′、东经75°37′，倒塌房屋120多间，1人重伤、3人轻伤。同日北京时间4时37分，克孜勒苏柯尔克孜自治州境内的阿克陶县喀热克其克乡、州种羊场、乌恰县等地发生里氏6.0级地震。上述地区1587户农牧民受灾，其中重灾1117户、严重损害405户，受伤15人，倒塌房屋1000多间，死亡大小牲畜365头，直接经济损失875.2万元。（《新疆日报》1993.12.2.①，12.3.①；《克孜勒苏柯尔克孜自治州志》上P72）

△ 中国广西壮族自治区水口至越南驮隆口岸恢复开通。该口岸分别位于广西壮族自治区龙州县和越南高平省境内，是中越两国交往的主要通道之一。（《广西通志·大事记》P600）

△ 湖北省恩施（原鄂西）土家族苗族自治州成立10周年，全国人大常委会副委员长布赫到会祝贺。全国人大常委会、国务院致贺电。（《人民日报》1993.12.2.④，《民族团结》1993.12 P38）

1~7日 ’93中国西藏雅砻文化节在泽当举行，物资交流总成交额1885万元，经营品种5700多种。（《西藏日报》1993.12.9.①）

2日 广西壮族自治区选送的肖码快速易学中文输入法、柳州高锌蛋、桂星电子镇流器、视力E口服液、漓泉12°干啤、“灯花”系列产品、“乘龙”轻型客车、电子调节器、复合式合金锤头、人造金刚石液压机微机控制系统、人造金刚石液压机、法兰垫片切割机、容器开孔微机放样软件、隔音平开防盗门、反铲挖掘装载机15个科技项目在第二届中国青年科技博览会上获金奖。（《广西日报》1993.12.20.①）

△ 据本报讯，云南省大理白族自治州12个县、市最近形成110千伏、35千伏、10千伏，合理配置统一的地方电网。（《云南日报》1993.12.2.①）

2~4日 全国人大常委会副委员长布赫在湖南省湘西土家族苗族自治州视察。（《湘西州志》上P99）

3日 据《广西日报》报道，广西壮族自治区玉林市最近被国务院列为国家星火技术密集区。近几年来，玉林市的科技工作发展较快。在“七五”全国星火计划科技成果博览会中共获金奖4个、银奖3个，获奖数居全国县（市）之首。（《广西通志·大事记》P600）

△ 据本报讯，全国最大的太阳能光伏电站——西藏改则电站最近并网发电，该电站由国家电力部、西藏自治区计委和阿里地区共同投资250万元兴建。（《人民日报》1993.12.3.①）

4日 内蒙古自治区中蒙医院眼科医生康

玉林研制的零一、零二、零三、零四、零五号系列治疗眼病的蒙药被收入国家药典。（《内蒙古日报》1993.12.4.①）

△ 据报道，内蒙古自治区国境卫生检疫取得丰硕成果。仅1992年，全区共查验出境人员746611人次，其中传染病监测检出梅毒24例、乙型肝炎893例、开放性肺结核6例，非传染性疾病1158例，艾滋病监测76680人次，货物卫生处理47余万吨，监督检验进口食品14690吨。特别是1993年夏，有效防止了蒙古国鼠疫传入我国。（《内蒙古日报》1993.12.4.①）

△ 据本报讯，新疆维吾尔自治区希格玛工贸有限公司生产的阿尔法牌太空棉衬衣最近被中华国产精品展评为国产精品。（《新疆日报》1993.12.4.①）

△ 新疆运动员刘奕飞以1分59秒86的成绩获亚洲杯速滑赛男子1500米比赛第一名，代军以39秒30的成绩获500米第二名。（《甘肃日报》1993.12.6.③）

5日 据本报讯，最近，内蒙古自治区技术监督局审定发布《内蒙古自治区钻井企（事）业单位技术资质等级标准》。（《内蒙古日报》1993.12.5.①）

△ 内蒙古自治区选手胡刚军在第13届澳门国际马拉松赛上以2小时19分11秒93的成绩获冠军。（《内蒙古日报》1993.12.6.①）

6日 据本报柳州讯，广西壮族自治区最近研制成功第一条汽车发动机缸体、缸套激光热处理生产线及国内第一台旋转直径2米的汽缸激光热处理专用数控加工机床。（《广西日报》1993.12.6.①）

△ 由广西壮族自治区柳州水泥厂投资兴建，年中转能力为30万吨的防城港散装水泥中转库二期工程通过验收，投入运转。（《广西通志·大事记》P601）

7日 在菲律宾首都马尼拉举行的第10届亚洲田径锦标赛上，内蒙古自治区选手曹琪以61.58米的成绩获女子铁饼冠军。（《内蒙古日报》1993.12.7.①）

△ 据《广西日报》报道，广西壮族自治区有5项科技成果被列入国家科技成果重点推广计划，分别是：广西计算中心的“基于图形的联想多媒体系统GBH”、大新县建材化工总厂的“无机铝盐防水剂”、广西农业大学的“杂交水稻新组合‘汕优广12’”、广西水产技术推广总站的“文蛤养殖高产技术”和广西柑橘研究所的“碰柑贮藏中特异腐烂控制技术”。（《广西通志·大事记》P601）

△ 独龙族近期社会、经济和环境的综合调查及协调发展研究课题通过云南省鉴定。课题包括“独龙族近期社会、经济和环境研究”和“独龙江资源开发与社会经济发展综合研究”，研究成果使独龙族地区科学研究从全国最落后的名次跃居到全国先进行列。（《云南日报》1993.12.15.①）

7~9日 四川省培养选拔少数民族干部工作座谈会在成都举行。会议总结交流省少数民族干部工作的成绩和经验，研究部署下一年的工作。（《四川日报》1993.12.10.①）

7~11日 广西壮族自治区人大常委会八届六次会议在南宁举行。会议通过《广西壮族自治区行政事业性收费管理条例》、《广西壮族自治区森林管理办法》、《广西壮族自治区文物保护管理条例》等。（《广西通志·大事记》P601）

8日 根据国家统计局最新资料表明，新疆维吾尔自治区克拉玛依市和乌鲁木齐市已名列1992年人均国内生产总值超过5000元的20个城市，分别位居第4位和第16位。（《中国共产党新疆历史大事记（1992~2002）》P76）

9日 内蒙古自治区党委和自治区政府召开电视会议，研究贯彻实施《中华人民共和国教师法》和落实国务院办公厅《关于采取有力措施迅速解决拖欠教师工资问题的通知》，要求在1993年底前全部解决拖欠教师工资问题。（《内蒙古日报》1993.12.10.①）

△ 内蒙古大学校长旭日干（蒙古族）率团访问北京大学，两校签订《北京大学支持内蒙古大学建设、进一步加强两校校际合作协议书》。（《内蒙古大学四十年》P435）

△ 据南宁讯，由广西壮族自治区遥感中心和自治区国土办合作研制的TM数字镶嵌卫星影像图最近通过验收。该成果对城市变迁及土地管理，区域综合资源调查，森林资源调查和沿海防护林带规划，水利枢纽工程及港口规划决策，交通选线，矿产资源调查，行政及教学等均有重要使用价值。（《广西日报》1993.12.9.②）

△ 据《西藏日报》报道，由联合国开发总署及地方财政共同投资4000万元修建的西藏自治区那曲地热电站于本月初正式建成发电，历时3年。该电站装机容量为1000千瓦，采用计算机控制。电站建成后，那曲地区所在地的生产生活用电得以缓解。（《中国共产党西藏历史大事记（1949～2004）》P662）

△ 新疆维吾尔自治区第一家物资股份制企业——巴音郭楞蒙古自治州物资股份有限总公司正式开业。该公司是在州物资公司基础上改制成立。（《新疆日报》1993.12.20.①）

10日 截至是日，广西柳州铁路局实现连续5年无责任行车重大、大事故，创造全国铁路局安全生产历史最好成绩。（《广西通志·大事记》P601）

△ 新疆维吾尔自治区阜康镍冶炼厂首次在国内实施镍冶炼新工艺获得成功，从而使我国镍冶炼技术跨入国际先进行列。该厂总投资1.3亿元，年产镍2000多吨，产值1亿多元，成为全国第二大镍生产基地。（《中国共产党新疆历史大事记（1992～2002）》P76）

△ 新疆维吾尔自治区八届人大常委会第五次会议通过《新疆维吾尔自治区技术市场条例》。（《新疆日报》1993.12.26.②）

△ 由新疆维吾尔自治区承担的国家自然科学基金研究项目——“新疆地方性氟砷联合中毒研究”通过自治区鉴定。（《新疆日报》1993.12.18.①）

13日 广西壮族自治区期刊协会在南宁成立，张章嵩任会长。（《广西日报》1993.12.16.①）

△ 四川省举行民族卫生工作会议，就如何发展民族卫生事业并使其提高到一个新的水平进行研究部署。（《四川日报》1993.12.15.③）

13～17日 中国伊斯兰教第六次全国代表会议暨中国伊协成立40周年庆祝大会在北京举行，各省、区、市10个少数民族的伊斯兰教界人士和穆斯林代表300多人参加。会议通过修订《中国伊斯兰教协会章程》和《清真寺民主管理试行办法》。（《人民日报》1993.12.14.③，12.18.①，12.19.④）

14日 据报道，内蒙古自治区皇甫川、永定河、无定河及柳河四大流域水土流失得到治理，治理面积4551平方公里，干枯多年的渠道出现泉水，野生动物又出入其间。（《内蒙古日报》1993.12.14.①）

14～17日 全国各省、自治区、直辖市人大民委主任座谈会在贵州贵阳举行，160多名代表参会。与会代表就修改民族区域自治法和制定散居少数民族平等权利保障法等问题进行研讨。（《贵州日报》1993.12.15.①，12.18.①）

15日 宁夏回族自治区选送的邮集《航天壮举——登月》在纪念毛泽东同志诞辰100周年’93中华全国集邮展览中获银奖，《中华巾帼》和《中国少数民族地区双文字邮戳》获镀银奖，《咱们的领袖毛泽东》获铜奖。（《宁夏日报》1993.12.15.①）

△ 四川省八届人大常委会第六次会议批准《峨边彝族自治县义务教育实施办法》以及

《凉山彝族自治州施行〈四川省土地管理实施办法〉的变通规定》。（《四川日报》1993.12.16.①）

△ 在全国射击协会评选出的1993年全国射击双十佳中，内蒙古自治区射击选手岳勇及教练包赛纳榜上有名。（《内蒙古日报》1993.12.15.①）

15~17日 宁夏回族自治区七届人大常委会第四次会议举行，批准《宁夏回族自治区实施〈中华人民共和国城市居民委员会组织法〉办法》。（《宁夏日报》1993.12.16.①，12.18.①）

15~20日 青海省统战民族宗教工作会议在西宁市举行。会议研究和讨论统一战线工作面临的形势和任务。（《青海日报》1993.12.22.①）

16日 首届广西壮族自治区“十大杰出青年”评选活动结束，邓于仁、卢庆树、余晓玲、吴文伟、吴雄军、唐纪良、梁卫、梁海章、黄格胜、韩良辉当选“十杰”。（《广西通志·大事记》P601）

△ 广西壮族自治区贵港市口岸通过国家口岸验收领导小组的考核、验收，正式开关使用。该市于1992年3月被国务院批准为国家一类对外开放口岸港口城市。（《广西通志·大事记》P601）

△ 据玉林讯，广西壮族自治区最大的网架工程——玉林柴油机股份有限公司6112联合厂房最近建成，其规模为全国第三，安装难度为全国首位。（《广西日报》1993.12.16.①）

16~24日 中共中央政治局常委、书记处书记胡锦涛在云南省德宏、玉溪、昆明等地的少数民族村寨走访农户，看望民族小学教师。（《人民日报》1993.12.25.①④）

17日 四川省茂县凤仪镇南桥村农民李建昌（羌族）发明的果树花药取粉恒温箱获国家专利。2月，他发明的苹果采粉授粉器获国家发明专利。（《人民日报》1993.12.17.⑩）

△ 国务院批准撤销云南省西双版纳傣族自治州景洪县，以其辖区设立景洪市。（《西双版纳傣族自治州志》上P91）

18日 据本报讯，《民族宗教知识手册》由中央党校出版社出版。（《人民日报》1993.12.18.③）

△ 内蒙古自治区阿拉善盟额肯呼都嘎镇通往甘肃省山丹县咽喉要道——额山公路日前全线贯通，全长97公里，工程投资250万元，是内蒙古通往大西北的最近通道。（《内蒙古日报》1993.12.18.①）

19日 据《内蒙古日报》报道，“蒙汉文混排图章计算机辅助设计系统”日前通过内蒙古自治区鉴定，这是内蒙古大学计算机科学系副教授敖其尔（蒙古族）等蒙汉族科研人员继“IMU—I蒙文排版系统”后又一科研成果。专家们认为，该系统在我国第一个实现蒙汉两种文字合璧图章的编排和制作，在国内多文种混排图章应用中处于领先水平。（《内蒙古日报》1993.12.19.①）

△ 据本报讯，最近，新疆中药总厂研制生产的“胆石清片”、“雪莲葆春精”获1993年中国新科技成果、专科技术、专利产品博览会金奖。（《新疆日报》1993.12.19.①）

20日 内蒙古自治区满洲里口岸客货运输居我国对俄口岸之首。至15日，完成进出口货运量329万吨，进出境旅客65万人次。（《内蒙古日报》1993.12.20.①）

△ 新疆维吾尔自治区塔里木石油对外合作勘探开发的首个合作合同由中美日3方在北京签署，国务院副总理邹家华、全国人大常委会副委员长铁木尔·达瓦买提等出席签字仪式。中美日3方的合作地点是且末县境内的塔里木盆地东南部石油对外合作区的第三区块，面积为1.45万平方公里。（《中国共产党新疆历史大事记（1992~2002）》P77）

△ 云南省民族学会傈僳族研究会在昆明成立。（《云南日报》1993.12.21.①）

21日 我国省区级第一个现代化的气象信息枢纽工程——VAX4200通信业务网络系统在内蒙古气象局完成安装调试工作。投入使用后，可以实现上与国家气象中心，下与各盟市气象台局的计算机联网，与内蒙古自治区气象局内各个业务系统计算机联网，提高气象为全社会服务的水平。（《内蒙古日报》1993.12.21.①）

△ 据本报讯，广西壮族自治区第一家垃圾密闭仓式高温快速处理厂——南宁市马路岭垃圾处理厂最近投产，可日处理垃圾100吨，并生产出优质高效有机复合肥。（《广西日报》1993.12.21.①）

△ 据本报讯，云南省西双版纳国家级自然保护区最近被批准为联合国教科文组织国际生物圈保护区网络成员，该网络有成员200余个，西双版纳是我国被接纳加入该组织的第十个成员。（《云南日报》1993.12.21.①）

22日 截至目前，内蒙古自治区包钢年产钢300万吨，提前2年实现“八五”目标。（《内蒙古日报》1993.12.22.①）

△ 据米泉讯，最近，新疆维吾尔自治区第一家中外合资建材企业——中美合资新疆玻璃钢制品公司投产，是西北地区最大的玻璃钢生产企业。（《新疆日报》1993.12.22.①）

23日 广西壮族自治区人民政府发布《广西壮族自治区中小学保护办法》，要求各级政府加强对中小学保护工作的领导，采取有效措施促进中小学教育事业的稳定发展，并对有关校园校产、教学环境、教学秩序、师生员工人身安全等保护作了具体规定。（《广西通志·大事记》P601）

24日 全国民族地区宣传工作座谈会在广西壮族自治区合浦县举行，有关代表70多人就社会主义市场经济条件下如何加强和改进民族地区宣传工作进行研究探讨。（《广西日报》1993.12.25.①，12.29.①）

25日 新疆维吾尔自治区乌鲁木齐遥测地震台网通过国家级鉴定验收，正式投入运行。该台网由11个地震观测台、3个汇集中断站和1个记录中心组成，配置先进的微机数据采集处理和成像系统。（《中国共产党新疆历史大事记（1992～2002）》P77）

△ 云南省迪庆藏族自治州投资最大、技术最复杂的建设项目——迪庆纸浆厂竣工，总投资8959万元。（《云南日报》1993.12.28.①）

26日 据本报讯，内蒙古自治区巴彦淖尔盟恒丰集团深度开发“河套”牌雪花粉，成为全国最大的面粉深加工生产基地，日加工能力达550吨。“河套”牌雪花粉蛋白质含量居国内同类产品之首。（《人民日报》1993.12.26.③）

△ 广西壮族自治区南宁市南湖大桥建成通车。该桥于1992年26日动工，全长284米，桥面宽45米。（《广西通志·大事记》P601）

26～30日 中共广西壮族自治区六届七次全委会举行。全会通过自治区党委《关于贯彻落实党的十四届三中全会精神，加快建立社会主义市场经济体制的决定》和《关于自治区顾问委员会工作报告的决定》，同意不再设立顾问委员会。（《广西通志·大事记》P601）

28日 继内蒙古自治区锡林浩特二电厂3号1.2万千瓦机组投产，内蒙古电力总公司是年已完成装机57.4万千瓦，实现年初制订的投产计划。（《内蒙古日报》1993.12.28.①）

△ 据本报讯，四川省甘孜藏族自治州首家劳务市场在康定成立，设有信息咨询、劳务交流等服务项目。（《四川日报》1993.12.28.⑧）

29日 广西壮族自治区最大的微机网络系统——南宁卷烟厂计算机管理信息系统最近通过自治区级技术鉴定。该系统是我国首家采

用其网络数据库建立并通过鉴定的计算机项目。（《广西日报》1993.12.29.①）

△ 据南宁讯，广西壮族自治区第一家防伪商标印刷企业——南宁市鸿信激光防伪商标厂最近在南宁建成。（《广西日报》1993.12.29.①）

△ 湖南省湘西土家族苗族自治州邮电局与全省各地、市同时开通可视会议电话。至此，湘西州五大现代化通信网络全部建成。（《湘西州志》上P99）

31日 《内蒙古日报》报道，内蒙古自治区重点科研项目——锡林郭勒盟经济社会发展战略规划通过鉴定。（《内蒙古自治区大事记（1987~1996）》P185）

编纂委员会

中国民族年鉴

回溯本（1949.10~1993.12）

下卷

民族文化宫 编

辽宁民族出版社

一、地 图

全国行政区划统计表

（截至1993年12月31日）

直辖市 3 省 23 自治区 5		北京市	天津市	河北省	山西省	内蒙古自治区	辽宁省	吉林省	黑龙江省	上海市	江苏省	浙江省	安徽省	福建省	江西省	山东省	河南省	湖北省	湖南省	广东省	广西壮族自治区	海南省	四川省	贵州省	云南省	西藏自治区	陕西省	甘肃省	青海省	宁夏回族自治区	新疆维吾尔自治区	*台湾省	合计	
地级	自治州							1										1	1				3	3	8			2	6		5		30	335
	地区			2	5				3			2	6	3	5	5	5	4	5		8		7	4	7	6	6	7	1	2	8		101	
	盟					8																											8	
	市			10	6	4	14	8	11		11	9	10	6	6	12	12	9	8	20	6	2	13	2	2	1	4	5	1	2	2		196	
县级	市			20	11	13	14	17	18		24	22	9	14	12	31	19	22	20	18	8	3	18	9	12	1	9	8	2	2	15		371	2166
	县	8	5	113	89	17	20	20	49	6	40	43	59	50	72	67	99	45	69	58	62	7	150	57	82	76	84	60	30	16	64		1617	
	自治县			6			10	3	1			1						2	7	3	12	7	8	11	29			7	7		6		120	
	旗					51																											51	
	自治旗					3																											3	
	特区																							3									3	
	林区																	1															1	
省、自治区、直辖市简称		京	津	冀	晋	内蒙古	辽	吉	黑	沪	苏	浙	皖	闽	赣	鲁	豫	鄂	湘	粤	桂	琼	川	黔	滇	藏	陕	甘	青	宁	新	台		

图 例

- ★ 我国首都
- 外国首都和首府
- 省级行政中心
- 地级市及外国重要城市
- 城镇

* 台湾省的行政区划资料暂缺

图审字(2013)第1029号 比例尺1:3000万 资料截至1993年12月31日 辽宁经纬测绘规划建设有限公司编制

中国民族区域自治地方分布图

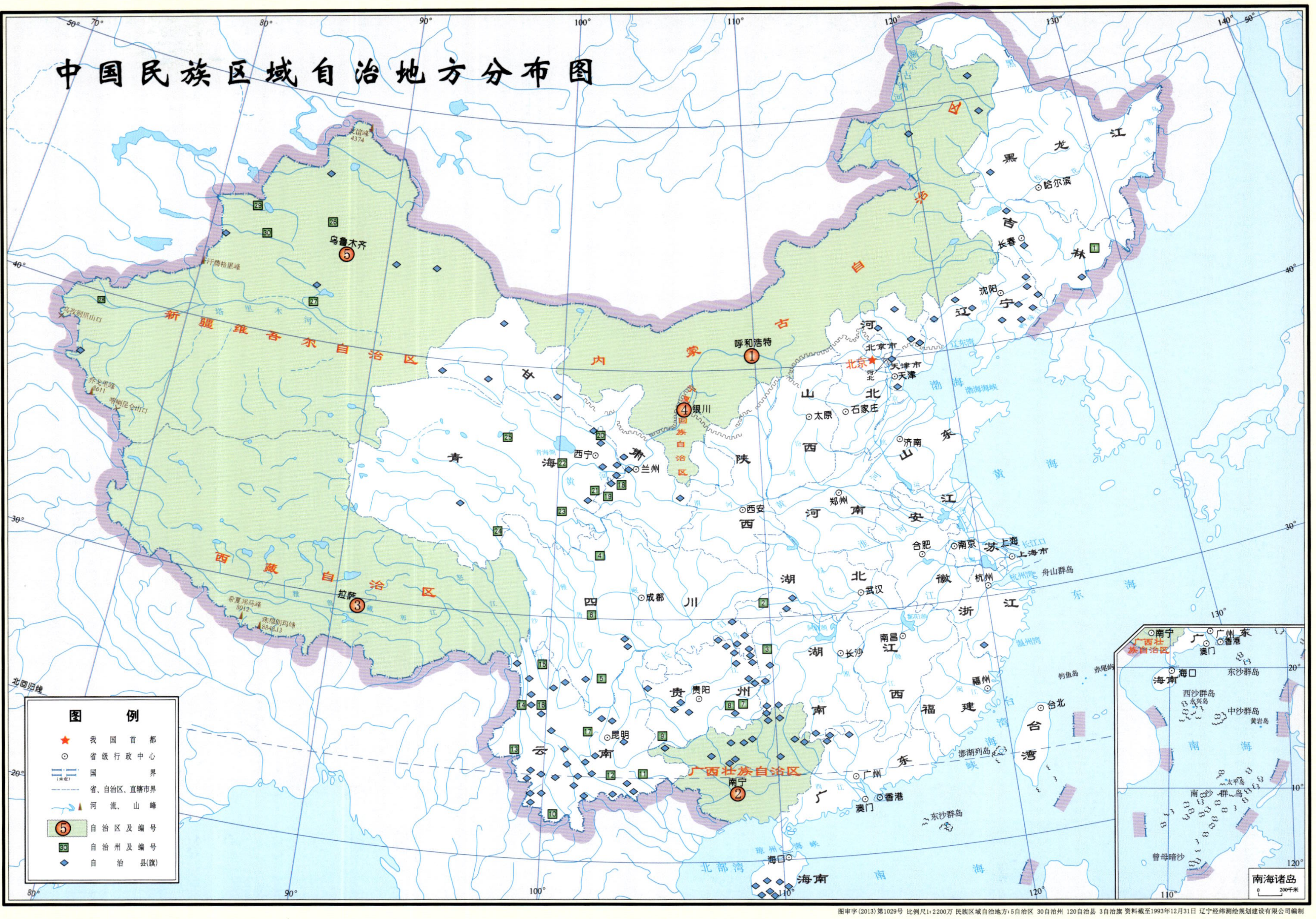

图审字(2013)第1029号 比例尺1:2200万 民族区域自治地方:5自治区 30自治州 120自治县 3自治旗 资料截至1993年12月31日 辽宁经纬测绘规划建设有限公司编制

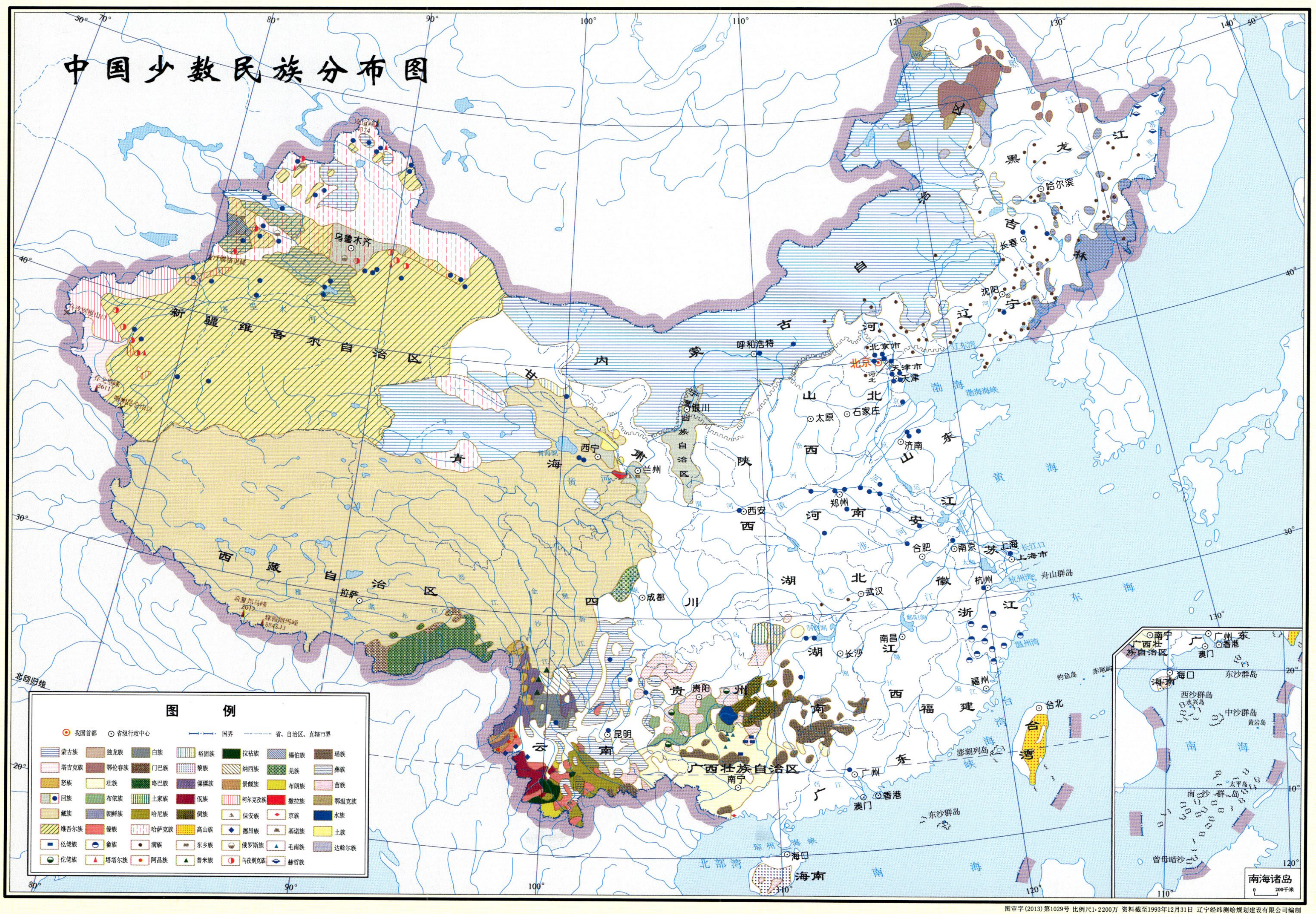

图审字(2013)第1029号 比例尺1:2200万 资料截至1993年12月31日 辽宁经纬测绘规划建设有限公司编制

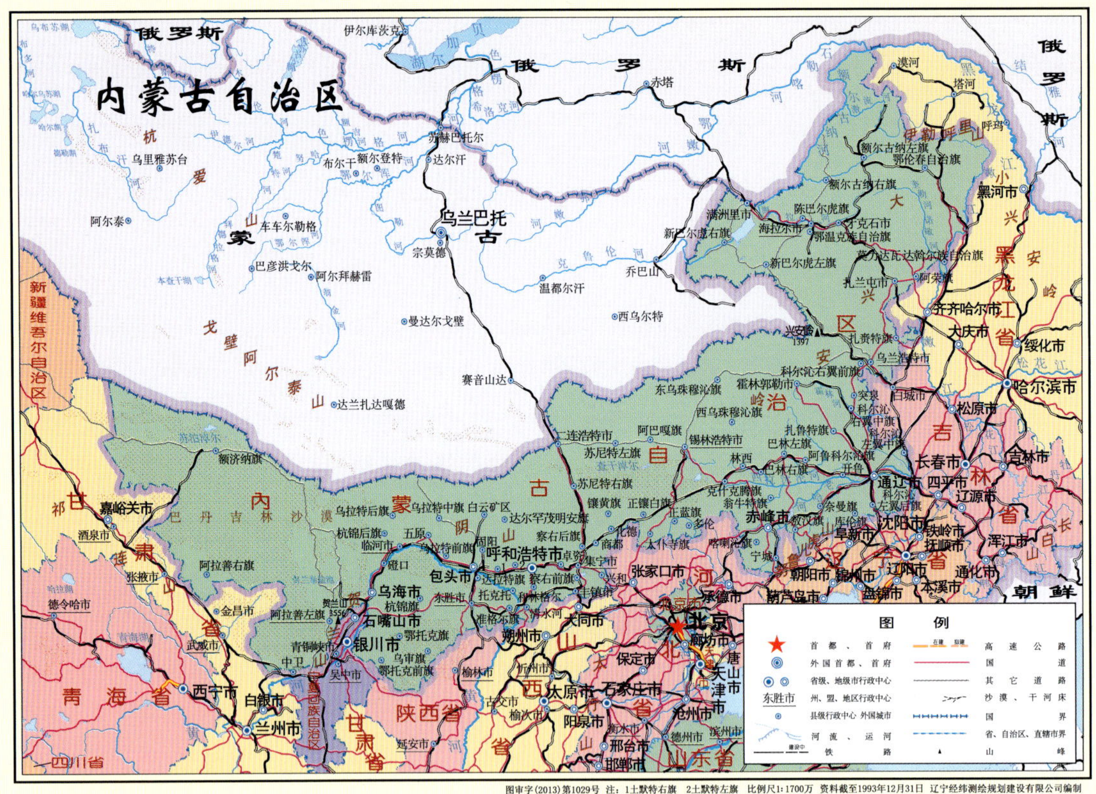

图审字(2013)第1029号　注：1土默特右旗　2土默特左旗　比例尺1:1700万　资料截至1993年12月31日　辽宁经纬测绘规划建设有限公司编制

广西壮族自治区

图　例

省级、地级市行政中心

百色市 州、盟、地区行政中心

县级行政中心 外国城市

河流

铁路

国道

国界

省、自治区、直辖市界

图审字(2013)第1029号　比例尺1:630万　资料截至1993年12月31日　辽宁经纬测绘规划建设有限公司编制

图审字(2013)第1029号 比例尺1:1290万 资料截至1993年12月31日 辽宁经纬测绘规划建设有限公司编制

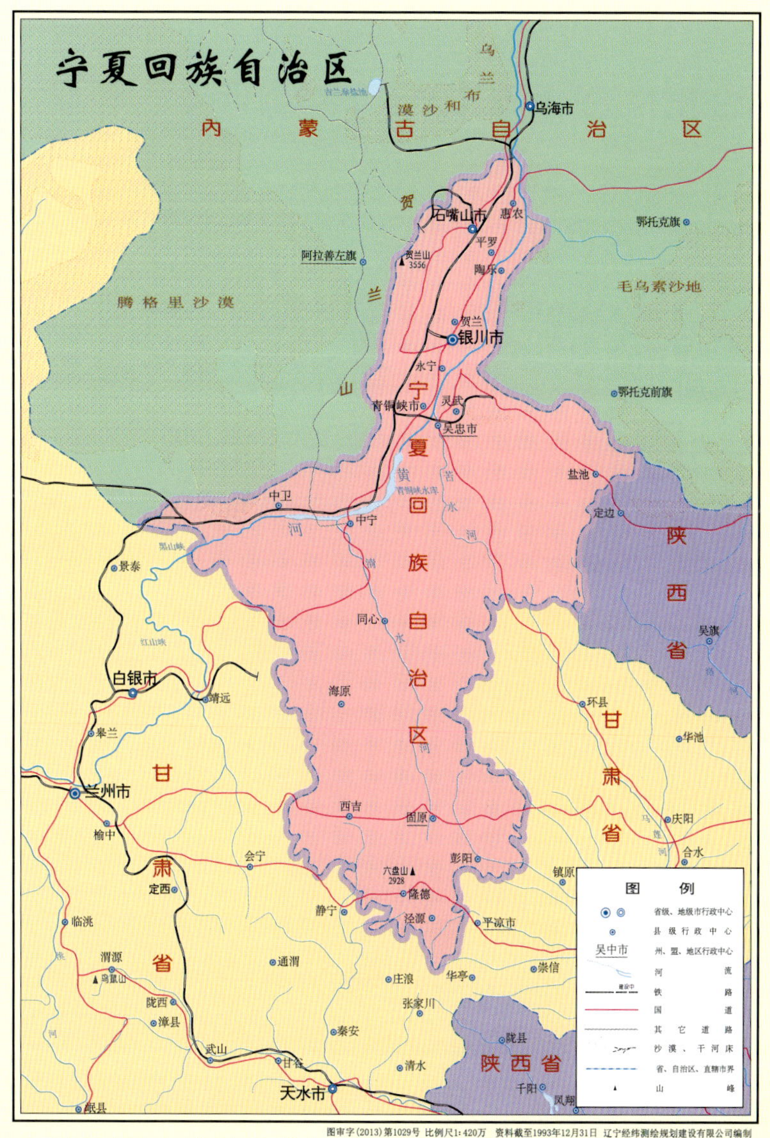

图审字(2013)第1029号 比例尺1:420万 资料截至1993年12月31日 辽宁经纬测绘规划建设有限公司编制

图审字(2013)第1029号 比例尺 1:1700万 资料截至1993年12月31日 辽宁经纬测绘规划建设有限公司编制

二、照　　片

政事类

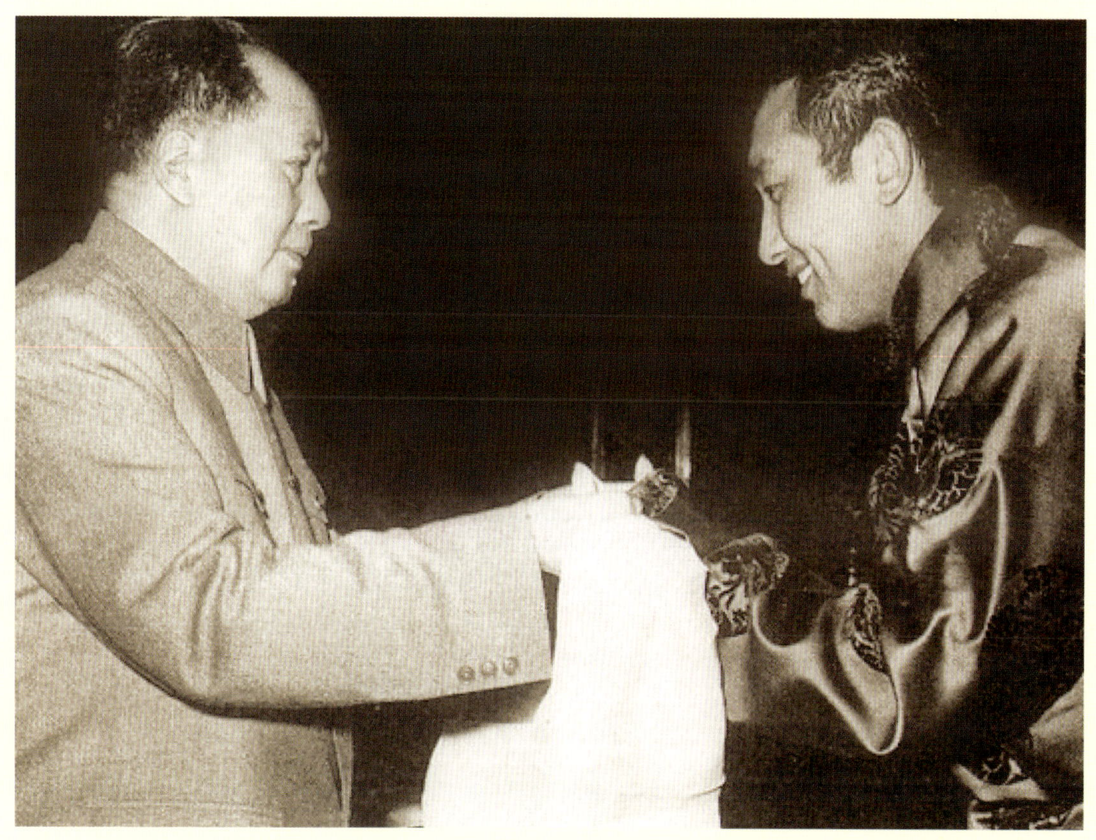

1951年4月，班禅额尔德尼·确吉坚赞向中央人民政府主席毛泽东敬献哈达。(选自《当代中国的西藏》)

1951年5月23日，以李维汉（右四）为首席代表的中央政府代表与阿沛·阿旺晋美（左五）为代表的西藏地方政府代表签订《中央人民政府和西藏地方政府关于和平解放西藏办法的协议》。从左至右依次为：桑颇·登增顿珠、土登列门、土丹旦达、凯默·索安旺堆、阿沛·阿旺晋美、陈云、朱德、李济深、李维汉、张经武、张国华、孙志远。(选自《西藏民主改革50年》)

1952年至1954年间，中央组织西藏致敬团、国庆观礼团、参观团等几十个团体，包括各界少数民族代表近千人，在内地各大城市参观学习。图为1956年西藏参观团在北京天安门合影。(选自《西藏民主改革50年》)

1956年7月9日至24日，中国共产党新疆维吾尔自治区第一次代表大会在乌鲁木齐召开，出席大会的代表538人，列席代表84人。这次大会是在自治区社会主义改造基本完成及中共中央第八次全国代表大会即将举行的情况下召开的。大会选出35名委员和13名候补委员组成中共新疆维吾尔自治区第一届委员会。(选自《新疆通志》)

1956年4月22日至5月1日，西藏自治区筹备委员会在拉萨举行成立大会。十四世达赖喇嘛任筹委会主任委员，十世班禅额尔德尼·确吉坚赞为第一副主任委员，张国华为第二副主任委员，阿沛·阿旺晋美为秘书长。(选自《西藏民主改革50年》)

1957年，毛泽东（左十三）、周恩来（左十二）在青岛与参加中央民族工作会议的全体代表合影。(选自《阿沛·阿旺晋美》)

1958年3月5日，南宁各界群众集会庆祝广西壮族自治区成立。(选自《广西通志·大事记》)

1958年1月22日，毛泽东在广西南宁人民公园接见广西各族人民。(选自《广西通志·大事记》)

1958年10月，宁夏回族自治区第一届人民代表大会第一次会议在银川召开。大会宣告宁夏回族自治区正式成立，会议通过《宁夏回族自治区人民代表大会和人民委员会组织条例》，选举刘格平、马玉槐、马腾霭、雷启霖为自治区第二届全国人大代表。(选自《当代宁夏史通鉴》)

1959年7月，西藏自治区筹备委员会召开第二次会议，会议通过关于民主改革的决议。（选自《阿沛·阿旺晋美》）

1959年10月，周恩来向出席全国群英会的宁夏回族自治区代表授锦旗。（选自《当代宁夏史通鉴》）

1965年9月9日，拉萨各族各界3万多人集会庆祝西藏自治区成立。中央代表团团长谢富治、西藏自治区党委第一书记张国华、西藏自治区人民委员会主席阿沛·阿旺晋美先后在大会上讲话。（选自《当代中国的西藏》）

1965年9月27日，由中共中央政治局委员、国务院副总理贺龙率领的庆祝新疆维吾尔自治区成立10周年中央代表团抵达乌鲁木齐。图为喀什各族群众欢迎中央代表团。（选自《新疆画报》1965年第5期）

1965年，毛泽东接见克拉玛依石油工人、第三届全国人大代表克尤木·买提尼牙孜（右二）。（选自《新疆画报》1985年第5期）

1980年5月10日，中共中央主席华国锋视察新疆维吾尔自治区吐鲁番地区，接见各族社员群众。(选自《新疆画报》1980年第4期)

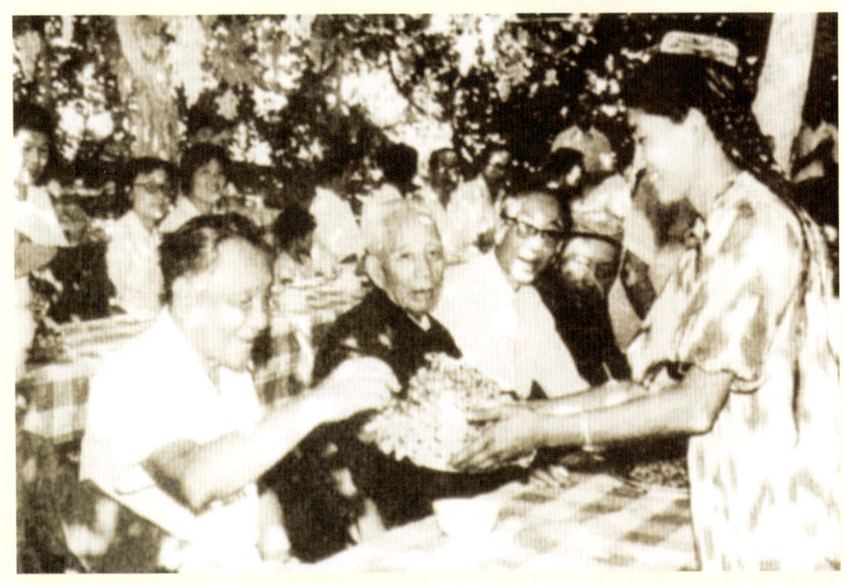

1981年8月，邓小平、王震（左二）在新疆维吾尔自治区吐鲁番葡萄沟视察。(选自《新疆通志》)

1981年10月4日，中共中央主席胡耀邦（左三）等党和国家领导人在北京接见全国少数民族参观团，同各省市区参观团的负责人进行座谈。胡耀邦同志在会上作重要讲话，强调少数民族地区的工作一定要搞好，一个是经济问题，一个是团结问题，经济是基础。图为接见参观团时合影。(选自《民族画报》1984年第12期)

1982年8月27日，根据1982年8月22日中巴两国政府在伊斯兰堡签订的关于开放红其拉甫山口的议定书，在红其拉甫山口举行开放仪式。图为山口开放纪念碑揭幕后，两国政府代表团团长握手祝贺。（选自《新疆画报》1983年第1期）

1982年9月3日，吉林省延边朝鲜族自治州各族群众在延吉市集会，庆祝自治州成立30周年。（选自《民族画报》1982年第12期）

1984年5月，全国人大六届二次会议期间，《中华人民共和国民族区域自治法》起草小组成员和全国人大民族委员会委员合影。前排左五为阿沛·阿旺晋美。（选自《阿沛·阿旺晋美》）

1986年1月，邓小平与王震在广西壮族自治区桂林市视察。（选自《广西经济年鉴》1986卷）

1986年8月26日，湖南省桃源县青林回族维吾尔族乡人民政府成立。（选自《民族画报》1987年第1期）

1990年5月13日，中共中央总书记江泽民在海南省委书记许士杰、省长刘剑峰陪同下，视察海南省陵水黎族自治县椰林乡桃万管理区19队和万宁县南桥乡小管黎族村庄，了解黎族社员生产、生活情况。（选自《民族画报》1990年第9期）

1988年4月25日至29日，全国民族团结进步先进集体先进人物表彰大会在北京举行，1166个单位和个人受到表彰。这是新中国成立以来首次召开的民族团结进步表彰大会。（选自《新疆画报》1988年第5期）

1992年1月14日至18日，新中国成立以来第一次由中共中央、国务院共同召开的中央民族工作会议在北京举行。这是一次团结鼓劲的大会，促进了民族进步和共同繁荣。（选自《民族画报》1992年第4期）

文教类

1923年发现的水洞沟遗址，位于宁夏回族自治区灵武市横城堡西2.5公里处，海拔1200米，是中国发现年代最早、文物十分丰富且具有欧洲旧石器时代文化传统的旧石器时代晚期代表性遗址。(选自《当代宁夏史通鉴》)

1950年，内蒙古自治区呼伦贝尔盟广播电台成立，是我国成立最早的用少数民族语言广播的电台。(选自《内蒙古画报》1981年第5期)

20世纪50年代中期，周恩来同中央民族学院的藏族、门巴族学员亲切交谈。(选自《当代中国的西藏》)

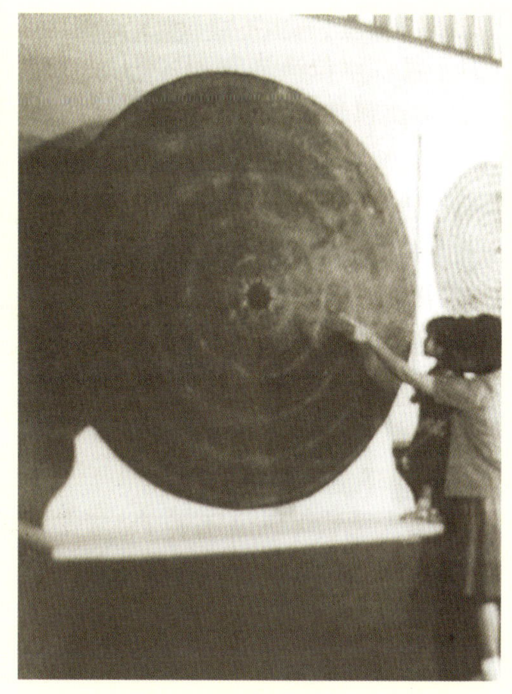

1955年，广西壮族自治区北流县征集的世界最大铜鼓。(选自《广西通志·大事记》)

1958年9月，朱德视察中科院新疆分院筹委会，中科院副院长竺可桢（右一）、中科院新疆分院筹委会主任包尔汉（左二）和副主任谷苞（右二）陪同。（选自《新疆通志》）

1959年9月，朱德（右一）在民族文化宫检查“十年来民族工作展览”筹备情况。（选自《民族文化宫》）

1959年10月6日，全国各地少数民族代表参加民族文化宫落成典礼暨“十年来民族工作展览”开幕式，国务院副总理乌兰夫为落成典礼剪彩并讲话。（选自《民族文化宫》）

1964年11月26日至12月29日，全国少数民族群众业余艺术观摩演出会在北京举办。图为新疆维吾尔自治区代表团在民族文化宫演出，受到首都观众的热烈欢迎。（选自《新疆画报》1965年第1期）

在新疆维吾尔自治区普遍推行维、哈新文字，是自治区各族人民具有历史意义的大喜事。图为新疆维吾尔自治区维吾尔、哈萨克新文字推行工作会议会场。（选自《新疆画报》1965年第1期）

中央戏剧学院1958年创办新疆民族班，为新疆维吾尔自治区培养了第一批维吾尔、哈萨克等民族的话剧表演人才。图为毛泽东接见中央戏剧学院新疆民族班全体学员。（选自《新疆画报》1965年第2期）

1975年5月28日，从北坡第一个登上珠穆朗玛峰顶峰的女登山队员潘多（藏族）返抵大本营，受到战友们的热烈祝贺。（选自《当代中国的西藏》）

著名数学家华罗庚及全国推广“优选法”小分队，于1977年8月到新疆维吾尔自治区指导、推广应用“优选法”和统筹法。图为华罗庚同志在新疆七一棉纺织厂推广“优选法”。（选自《新疆画报》1978年第1期）

1980年4月26日，内蒙古自治区达斡尔历史语言文学学会在呼和浩特成立。（选自《内蒙古画报》1980年第4期）

1984年4月3日，广西壮族自治区首次壮族“三月三”歌节在南宁举行。（选自《广西通志·大事记》）

1984年7、8月间，在美国洛杉矶举行的第23届奥运会上，中国运动员李宁（壮族）独得3枚金牌、2枚银牌，成为该届运动会获奖牌最多的运动员。（选自《广西通志·大事记》）

1984年8月，七省区《格斯尔》民间艺人演唱会在西藏自治区拉萨举行。（选自《内蒙古画报》1985年第6期）

1984年，内蒙古自治区阿拉善盟林业科技人员在贺兰山西坡发现约18亩左右的木化石群。木化石群分布集中，年轮清晰可见，保存良好，为我国古地质、古植物地理研究提供了宝贵的资料。（选自《内蒙古画报》1986年第2期）

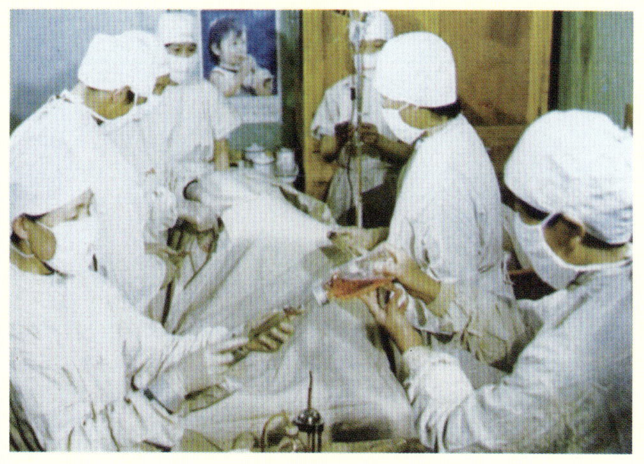

1985年元月，新疆医学院第一附属医院首次成功为白血病患者进行异基因骨骼移植手术。（选自《新疆画报》1985年第5期）

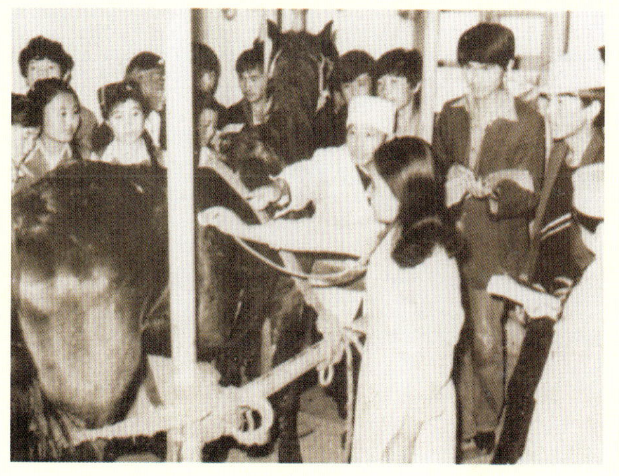

1985年10月，新疆生产建设兵团农六师创办新疆维吾尔自治区第一个哈萨克族职业高中班——五家渠子校中学部畜牧兽医专业班，以培养草原上急需的人才兽医。图为教师在兽医站进行实地教学。（选自《新疆画报》1988年第1期）

1985年，一部超过现有藏文辞书水平的大型辞典——《藏汉大辞典》出版。全书收词目5.3万余条，约350万字。图为编译人员正在校对《藏汉大辞典》。（选自《民族画报》1985年第9期）

1986年5月20日，中国藏学研究中心成立大会在民族文化宫举行。中共中央政治局委员习仲勋（左四）、胡启立（右二），全国人大常委会副委员长班禅额尔德尼·确吉坚赞（右一）、阿沛·阿旺晋美（左三）等出席成立大会。（选自《民族文化宫》）

1986年7月8日，北京、乌鲁木齐、拉萨、呼和浩特4个地球站同时举行国内通信卫星网开通典礼，标志着我国国内公众卫星通信网已经形成。（选自《新疆画报》1986年第5期）

1986年8月10日至17日，第三届全国少数民族传统体育运动会在新疆维吾尔自治区乌鲁木齐市举办。运动会以发展民族体育、交融民族文化、振奋民族精神、加强民族团结的伟迹载入史册。（选自《民族画报》1986年第12期）

1987年，在新疆维吾尔自治区呼图壁县城西南约75公里的天山山脉中发现反映原始社会后期生殖崇拜的岩画，这是在国内首次发现以生殖崇拜为主题的大型岩画。（选自《新疆画报》1988年第5期）

全国农垦系统第一所民族师范学校——新疆生产建设兵团民族师范学校，于1988年9月正式开学。（选自《新疆画报》1990年第4期）

1989年9月3日，全国人大常委会副委员长阿沛·阿旺晋美（右二）为新成立的西藏藏医院剪彩。（选自《阿沛·阿旺晋美》）

1990年7月2日，在北京的回、维吾尔、哈萨克、东乡、柯尔克孜、撒拉、塔吉克、乌孜别克、保安、塔塔尔等10个少数民族的代表在民族文化宫欢度“古尔邦”节。国家副主席王震出席并分割烤全羊以示祝贺。（选自《民族文化宫》）

1991年4月6日，《玛纳斯》柯尔克孜文版和汉译本出版新闻发布会在北京举行，同时举行史诗工作成果展览。图为全国人大常委会副委员长赛福鼎为展览开幕式剪彩。（选自《新疆画报》1991年第4期）

1991年4月17日，国内外第一套较完整的“格萨尔”学研究文献资料——《格萨尔学集成》首发式在北京人民大会堂举行。(选自《民族画报》1991年第7期)

1991年10月，《中国少数民族艺术词典》出版。该书编纂工作由国家民委系统及7个省区的有关单位协作组织进行，国内40多个民族的500余位艺术家、作家、学者参与完成。该词典是我国首次对全国各少数民族古今艺术进行全面发掘、整理、研究所取得的一项重要成果，填补了我国辞书史的空白。(选自《民族画报》1992年第1期)

1991年11月10日至17日，第四届全国少数民族传统体育运动会在广西壮族自治区南宁市举行。来自30个省市区55个少数民族的运动员、教练员、工作人员等3000多人参加运动会。运动会以“平等、团结、进步、繁荣”为宗旨，首次有自己的会歌《爱我中华》。(选自《广西通志·大事记》)

1991年11月，中国少数民族傩戏国际研讨会在湖南省湘西土家族苗族自治州吉首举行。来自四大洲和国内26个省市区的120多名专家、学者与会。这是一个弘扬民族文化、增进国际文化交流，使傩文化走向世界的盛会。(选自《民族画报》1992年第3期)

1992年8月16日，内蒙古1992年那达慕草原旅游节国际马术邀请赛在呼和浩特举办。(选自《内蒙古画报》1992年第6期)

经济类

1954年12月25日，青藏、川藏两路通车，各族群众集会庆祝。(选自《当代中国的西藏》)

1959年10月26日，规模盛大的全国工业、交通运输、基本建设、财贸战线社会主义建设先进集体和先进生产者代表大会在北京开幕，刘少奇等党和国家领导人接见全国群英大会主席团成员。图为刘少奇和新疆代表卡一霞握手。(选自《新疆画报》1959年第12期)

1977年9月，完钻的广西壮族自治区北部湾第一口工业油气流井。(选自《广西通志·大事记》)

位于新疆维吾尔自治区准噶尔盆地西南缘玛纳斯河东岸大渠，是长18公里的大型干砌卵石渠道，输水量140秒立方米，流速每秒4.5米。建成后，经过4年多的使用考验，极为牢固，被认为是新疆渠道修筑史上的创举。(选自《新疆画报》1963年第6期)

1978年建成的广西壮族自治区最大的火力发电厂——合山电厂。(选自《广西通志·大事记》)

1974年，新疆维吾尔自治区第一个现代化的石油化工联合企业——乌鲁木齐石油化工厂正式建立。（选自《新疆画报》1979年第2期）

1980年5月1日，内蒙古自治区呼和浩特至海拉尔铁路通车，全程2476公里。（选自《内蒙古画报》1980年第4期）

1982年9月6日至10月22日，由国家民委、轻工业部、纺织工业部、国家医药总局联合举办的全国少数民族用品、轻纺产品、中药材展销会在民族文化宫举行。全国25个省市区的生产供销部门参加，4000多种展品，10000多件3000多种销售品参展，规模之大、品种之多，为新中国成立以来首次。（选自《民族画报》1983年第3期）

1982年12月4日，乌江干流上的第一座大型水电站——乌江渡电站全部建成发电。它是贵州省最大的水电站，总装机容量为63万千瓦，年均发电量为33.4亿度。图为乌江渡电站大坝。（选自《民族画报》1983年第7期）

1983年12月16日至26日，国务院在北京召开全国少数民族地区生产生活会议。29个省市区、31个自治州、78个自治县（旗）的代表，党中央、国务院所属33个有关部门的负责人，共计577人参加会议。会议总结交流发展生产、勤劳致富的经验，研究解决少数民族群众生产、生活问题的方针、政策和措施，以及管好用好各项扶持资金的问题。这是新中国成立以后首次召开的全国少数民族地区生产生活会议。（选自《民族画报》1984年第4期）

1984年4月6日，中共中央、国务院确定广西壮族自治区北海市（含防城港区）为全国14个开放沿海城市之一。图为北海万吨级码头一角。（选自《广西通志·大事记》）

1984年7月建成的广西壮族自治区第一个石油炼制厂——田东炼油厂。（选自《广西通志·大事记》）

南疆铁路1974年开始修建，1979年全线接轨，全长470公里，东起吐鲁番，西至库尔勒。（选自《新疆画报》1984年第4期）

1986年8月2日，中国第三座现代化大型玻璃生产企业——广西壮族自治区南宁平板玻璃厂正式交付使用。图为该厂从国外引进的浮法玻璃生产线。（选自《广西通志·大事记》）

1987年5月1日，广西壮族自治区南宁至防城港铁路全线通车。（选自《广西通志·大事记》）

位于湖南衡阳至广东广州复线的大瑶山隧道于1981年11月正式施工，1987年5月初贯通，是我国当时最长的一条复线隧道，长度居世界第10位。（选自《民族画报》1987年第6期）

1987年9月5日，北疆铁路铺轨至乌苏，至此，第一期工程新疆维吾尔自治区乌鲁木齐至乌苏段236公里已全线铺通。图为全国人大常务委员会副委员长廖汉生同王恩茂、宋汉良、铁木尔·达瓦买提等中央和自治区领导同志为庆祝北疆铁路铺轨至乌苏而开出的首次列车剪彩。（选自《新疆画报》1987年第4期）

新疆有色金属公司和阿勒泰市黄金公司共同投资建造的50立升采金船，1988年7月1日在阿勒泰卡拉迈里投入生产，这是新疆第一艘采金船，它的建成标志着新疆维吾尔自治区黄金生产已由手工采金向机械化采金迈进。（选自《新疆画报》1988年第6期）

1988年11月28日，新疆维吾尔自治区哈萨克族牧民在新源县城开办第一座商业大楼——新源县别斯托别牧工商民贸商场，这是巩乃斯草原上第一座牧民商场。（选自《新疆画报》1990年第6期）

1990年4月，各族人民庆贺芒市机场建成通航，机场的建成极大地促进云南省德宏傣族景颇族自治州的改革开放。(选自《民族画报》1993年第9期)

1990年，广西壮族自治区灵川县至桂林市一级公路建成通车。它的建成结束了广西无高级公路的历史，对促进广西经济及桂林市旅游业的发展，具有重要意义。(选自《民族画报》1991年第3期)

1991年5月10日，新疆乙烯合同草签仪式在北京人民大会堂举行，国务院总理李鹏出席仪式。新疆14万吨乙烯工程是我国“八五”计划期间重点建设项目，也是国家实施开发新疆、振兴民族经济的重大战略项目之一。(选自《新疆画报》1991年第4期)

1992年6月23日，国务院副总理吴学谦（前排右三）与哈萨克斯坦共和国副总理交尔达斯·别克夫（前排左二）为乌鲁木齐至阿拉木图首趟国际旅客列车剪彩。该次列车每周由中哈双方对开一次，全程1359公里，行车33小时多。至此，我国与哈萨克斯坦间的公路、航空、铁路全部开通，这标志着第二条亚欧大陆桥的运营进入新阶段。(选自《民族画报》1992年第10期)

1992年9月16日，兰新铁路复线建设工程在哈密市近郊奠基。(选自《新疆年鉴》)

1992年10月4日，国务院批准在广西壮族自治区北海市建立北海银滩国家旅游度假区。(选自《广西通志·大事记》)

1992年9月29日，华北石油呼和浩特炼油厂竣工投入试生产，创造了国内建造百万吨级炼油厂的高水平，也结束了内蒙古自治区没有石油炼制工业的历史。(选自《内蒙古画报》1993年第1期)

1992年12月21日，新疆维吾尔自治区最大的水电工程——大山口水电站最后一台水发电机组并网发电。(选自《新疆年鉴》)

1988年，昔日年产不过10来万吨钢的“三流小厂”八钢一举跨入全国500家最大工业企业行列，1990年，它是唯一保持这个殊荣的新疆维吾尔自治区大中型企业，名列自治区50家税利“大户”榜首。图为成吨的钢铁从这里运往区内外，结束了新疆钢材只进不出的历史。(选自《新疆画报》1992年第1期)

1993年11月19日，广西壮族自治区贵港甘蔗化工厂日榨万吨扩建工程投产。该厂为中国最大的制糖企业。(选自《广西通志·大事记》)

宗教类

五塔，本名为“金刚座舍利宝塔”，建于清朝乾隆年间，位于呼和浩特，是内蒙古自治区重点文物保护单位。（选自《内蒙古画报》1980年第1期）

五当召，位于内蒙古自治区包头市东北约70公里的大青山中，是一座中外驰名的喇嘛庙。由6座大殿、3座活佛府和60多栋僧房组成的一组建筑群，全部房舍2500多间，占地300多亩。（选自《民族画报》1985年第7期）

一百零八塔，位于宁夏回族自治区青铜峡县黄河西岸一个向东的陡峭山坡。依山势形成总体为三角形的巨大塔群，位于塔群最上端的是一个覆钵式的喇嘛塔，是我国古塔建筑中独特的大型塔群。（选自《民族画报》1984年第2期）

1991年9月8日，修葺一新的内蒙古自治区呼和浩特市新城区太清宫举行开光盛典，并进行道场等活动，同时放斋3日。（选自《内蒙古画报》1991年第6期）

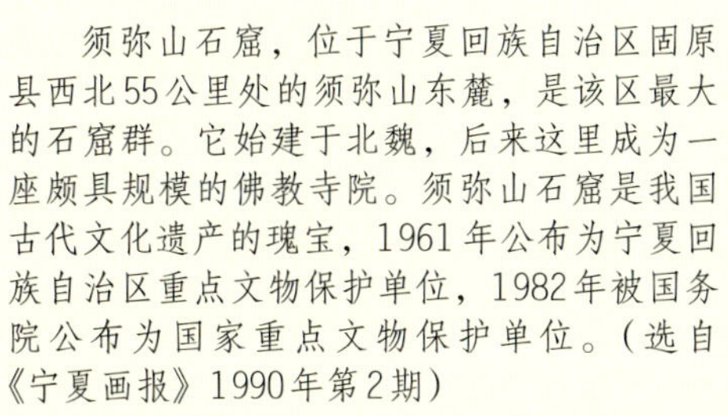

须弥山石窟，位于宁夏回族自治区固原县西北55公里处的须弥山东麓，是该区最大的石窟群。它始建于北魏，后来这里成为一座颇具规模的佛教寺院。须弥山石窟是我国古代文化遗产的瑰宝，1961年公布为宁夏回族自治区重点文物保护单位，1982年被国务院公布为国家重点文物保护单位。（选自《宁夏画报》1990年第2期）

宁夏伊斯兰教经学院，是经国务院批准由宁夏伊斯兰教协会开办的一所伊斯兰教高等学府，1985年建立。校址原设宁夏回族自治区银川市西关清真寺，1988年初迁至银川市西门桥西块新校舍。建立伊斯兰教经学院，在宁夏的历史上史无前例。(选自《宁夏画报》1990年第4期)

位于新疆维吾尔自治区喀什市中心的艾提尕尔清真寺总面积约16800平方米，是我国最大的清真寺。图为“古尔邦”节时艾提尕尔清真寺前的盛况。(选自《新疆画报》1988年第3期)

克孜尔千佛洞，新疆维吾尔自治区最大的一处石窟群，具有完整的建筑体系，为我国佛教基地之一。(选自《新疆画报》1979年第4期)

1987年建成开学的新疆维吾尔自治区伊斯兰教经学院，是新疆第一座伊斯兰教高等学府，总建筑面积5500平方米。(选自《新疆画报》1989年第2期)

1987年9月1日，由十世班禅额尔德尼·确吉坚赞创办的中国第一所高级佛学院——中国藏语系高级佛学院在北京成立，并举行首届学员开学典礼。主席台左起：彭冲、孙丕显、习仲勋、班禅额尔德尼·确吉坚赞、邓颖超、赵朴初、田纪云、胡启立、郝建秀、杨静仁。(选自《民族画报》1987年第12期)

姐勒金塔，位于云南省德宏傣族景颇族自治州瑞丽县城西北，大小17座，属小乘佛教建筑，实心砖石结构。1981年国务院宗教局拨专款7万元修复主塔，省州县民委又拨款陆续修复16座小塔。姐勒金塔历史上属中缅人民所建，多年来，缅北的摆夷、德昂族等，每年都要来朝拜金塔一至二次，多时逾万人。该塔不仅是我国杰出的傣族民间建筑，也是中缅人民世代友好的象征。(选自《中国历代少数民族宗教》)

扎美寺，位于云南省宁蒗彝族自治县永宁乡皮匠街西北的古尔山脚下，是云南摩梭人和普米族地区最大的藏传佛教寺院，全寺占地24000平方米。该寺在“文化大革命”运动中被毁坏，仅存一偏殿。1986年，由当地宗教人士集资，国家适当补助，按原样重修正殿。(选自《藏族 纳西族 普米族的藏传佛教》)

菩提寺，傣语称“奘相”，意为宝石寺。位于云南省德宏傣族景颇族自治州潞西市芒市镇中心，是当地现今最古老的一座寺院。(选自《云南宗教史》)

拉扑楞寺，位于甘肃省夏河县大夏河北岸的扎西旗地方，由第一世嘉木样阿旺尊追创建于1709年，为格鲁派著名的六大丛林之一。是藏传佛教在安多地区的最大名刹之一，属全国重点文物保护单位。该寺集宗教、文化、艺术于一身，是一座名副其实的藏族文化艺术博物馆。1988年，甘肃省藏学研究所成立，开展对该寺的专题研究工作。(选自《西藏历史文化辞典》)

大昭寺，位于西藏自治区拉萨市，始建于7世纪中叶，为西藏境内现存最辉煌的吐蕃时期名胜古迹，一直是藏族人民朝觐的主要佛教圣地和西藏地方史上的重要政治活动中心，属国家重点文物保护单位。1972年国家首次拨款70多万元对大昭寺进行维修，1973年政府再次拨款300万元抢修大昭寺北侧，1975年全部工程结束。1991年又对大昭寺进行近300年来规模最大的一次维修。(选自《西藏历史文化辞典》)

布达拉宫，位于西藏自治区拉萨市内的玛布日山上，是西藏地区现存最大最完整的宫堡式建筑群，是西藏闻名于世的标志性建筑群，也是中国古代建筑的范例，属国家重点文物保护单位。1989年，中央拨专款3500万元进行大规模的抢险维修（后又追加2000万元，总投资5300万元），1994年全部工程竣工。这次维修是布达拉宫重建以来规模最大，最为彻底的维修工程。(选自《西藏历史文化辞典》)

自然环保类

1980年，内蒙古自治区政府把白音敖包规划为以保护红皮云杉林为主的自然保护区，对于研究我国干旱草原地带森林的发生、发展规律、改造沙地的生态环境，提供了重要基地。图为在沙漠边缘留下的红皮云杉母树。（选自《民族画报》1986年第7期）

1980年，内蒙古自治区正式建立大青沟自然保护区，这是我国北疆千里风沙线上的一颗稀世明珠。（选自《内蒙古画报》1981年第6期）

1980年，位于内蒙古自治区呼伦贝尔盟的红花尔基被国务院列为“三北”防护林的樟子松种子林基地。该基地呈带状，长400里，宽40里，横贯呼伦贝尔草原的南缘。（选自《民族画报》1990年第3期）

“巴音布鲁克”，蒙语意为富饶的水源，位于新疆维吾尔自治区开都河上游。1980年，这里正式建立天鹅湖自然保护区。（选自《新疆画报》1983年第3期）

自1973年起，新疆维吾尔自治区塔克拉玛干大沙漠东缘的莎车县大力植树造林，每年都在1000万株以上。经过多年的奋斗，农耕条件得到改善，防护林网正在形成，粮食产量大幅提高。图为林带麦田。（选自《民族画报》1981年第10期）

位于新疆维吾尔自治区巩留县境的库尔德宁天山云杉保护区，面积约2.8万公顷，1984年被辟为自治区雪岭云杉自然保护区。(选自《新疆画报》1984年第5期)

截至1982年上半年，独山子炼油厂已完成环保及与此相关项目25项，把环保工作纳入了生产管理的轨道，被评为新疆维吾尔自治区环保先进单位。(选自《新疆画报》1984年第1期)

至1992年，被国际上誉为世界生态工程之最的“三北”防护林工程，总面积达406.9万平方公里，占国土面积的42.4%，包括新疆、甘肃、青海、宁夏等13个省（自治区、直辖市）的551个县（旗、市、区），横跨我国的西北、华北北部和东北西部。图为新疆维吾尔自治区吐鲁番地区阡陌纵横，绿网成片，生态环境大为改善。(选自《新疆画报》1992年第4期)

新中国成立后，党和政府十分重视四川省凉山彝族自治州地区的洪患防洪，1958年开始在这里采用飞机播种造林，是我国最早成功的飞机播种林区。图为飞播林的成长使过去干旱的鲁基山建起了水库。(选自《民族画报》1982年第10期)

高原翡翠——尕海湖，是甘肃省甘南地区第一大淡水湖。1982年被评为省级候鸟自然保护区。(选自《民族画报》1993年第10期)

广东省尖峰岭热带林自然保护区，位于广东海南黎族自治州乐东县和东方县交界处，1976年10月成立，是我国少有的热带雨林基地之一，植被资源极为丰富，从海拔200米到1400米的垂直地带分布着4000种以上的植物。（选自《民族画报》1983年第4期）

梵净山自然保护区，位于贵州省江口县、印江土家族苗族自治县、松桃苗族自治县交界处。1978年建立时为省级自然保护区，1986年晋升为国家级自然保护区，同年加入联合国教科文组织“人与生物圈”保护区网，主要保护对象为亚热带森林生态系统及黔金丝猴、珙桐等珍稀动植物。（选自《民族画报》1984年第7期）

草海自然保护区，位于贵州省威宁彝族回族苗族自治县境内。1985年经贵州省人民政府批准建立，1992年晋升为国家级自然保护区，主要保护对象为黑颈鹤及高原湿地生态系统。（选自《民族画报》1986年第5期）

猫儿山自然保护区，地跨广西兴安、资源和龙胜3县，面积约15341公顷，主峰猫儿山海拔2140米，为越城岭之首、华南之最、广西第一峰。1976年经广西壮族自治区人民政府批准成立，保护对象主要是三江之源和森林生态系统。（选自《民族画报》1987年第1期）

1982年，宁夏回族自治区在东坡建立贺兰山自然保护区，面积6.1万公顷。图为贺兰山上的蓝马鸡，被宁夏定为“区鸟”。（选自《民族画报》1986年第6期）

1983年以来，国家投资建设的固海扬水工程，把黄河水引到旱塬，解决了宁夏回族自治区西海固部分地区农田灌溉和人畜饮水困难，改变了生产和生活条件。经过10年大规模综合治理和扶贫开发，西海固地区的面貌发生历史性变化。(选自《民族画报》1993年第8期)

高黎贡山，位于云南省怒江傈僳族自治州西部的中缅边界，山上生物资源丰富，生态系统完整，地质结构特殊，是20世纪以来国内生物学家特别关注和向往的地方。1983年，云南省在这里建立面积达12万公顷的自然保护区。(选自《民族画报》1987年第2期)

西双版纳自然保护区，分布在云南省景洪、勐腊、勐海3县境内，由勐养、勐仑、勐腊、尚勇、曼搞等互不相连而各具特色的5片地区组成，面积24万多公顷。静风、多雨、湿热等自然条件，使她成为我国热带森林面积最集中、热带森林生态系统保持最完整的地区。1986年被国务院批准为国家级自然保护区。(选自《云南画报》1992年第1期)

哀牢山自然保护区，由云南省政府1981年建立，是以保护亚热带中山湿性常绿阔叶林、发挥水源涵养作用及保护黑长臂猿、绿孔雀等珍稀野生动物为目的的大型综合性自然保护区。后被提名加入联合国“人与生物圈”协作网，1988年升格为云南省4个国家级自然保护区之一，有“亚热带自然地理景观博物馆”之称。(选自《云南画报》1992年第1期)

下卷 专题·附录

本卷计100万字、130幅图照，分为地图、照片、组织职官志、表·录、专题资料、重要文献、编纂资料书目7个部分，对重点、要点史料进行专题研究，独立成篇，与纪事条目相佐相成，互为一体，共同打造《回溯本》知识体系。

照片计122幅，选择不同事类、时段、民族和地区，具有典型性和代表性之作，精心选配，突出全书重点，下分“政事类”、“文教类”、“经济类”、“宗教类”、“自然环保类”5类，类下依时间排序。

组织职官志37篇，对全国人大民委和民族自治区、州的政权组织予以科学分类，对组织成立的由来和历史背景、组织性质与建制、职掌及历史沿革等予以理论性的解说。

有关统计资料、表格、名录计11篇，专题资料7篇，集中反映少数民族的人口分布及变化，民族自治地方成立始末及建制沿革，各级民族自治地方首府概况，少数民族族称的识别及认定，少数民族参政议政的代表及职官，少数民族文化、教育、体育、宗教等概况。

重要文献，收编（全文或节录）有关民族问题的重要法规、法令、决议、讲话等文献资料。编纂资料书目，则在交代《回溯本》参用的相关资料之余，展列民族研究的成果，供读者检索使用。

目　录

三、组织职官志

全国人民代表大会民族委员会组织职官志
（1954.9～1993.12）

［全国人民代表大会民族委员会（简称全国人大民委）于1954年9月在第一届全国人民代表大会第一次会议上设立，是全国人大最早设立的专门委员会之一。此后的第二、三届全国人大均设立民族委员会。根据1954年通过的全国人民代表大会组织法的规定，委员会主任委员、委员的人选，由主席团在代表中提名，大会通过；副主任委员由委员互推。受“文化大革命”的影响，第四届全国人大第一次会议到第五届全国人大第一次会议没有设立民族委员会。为不使全国人大的民族工作中断，1975年6月1日，全国人大常委会设立了民族政策研究组，由全国人大常委会副委员长乌兰夫兼任组长。1979年6月，第五届全国人大第二次会议决定重设民族委员会。此后，历届全国人大都设立民族委员会。根据1982年通过的全国人民代表大会组织法的规定，委员会主任委员、副主任委员、委员的人选由主席团在代表中提名，大会通过。第一、二、三届全国人大民委的办事机构为办公室，又称全国人大常委会办公厅民族室。1988年起，全国人大民委的办事机构为办公室、法案室、调研室3个室。］

（一）第一届全国人大民族委员会（1954.9～1959.4）

［1954年9月28日，第一届全国人民代表大会第一次会议通过主任委员和委员人选，委员会第一次会议互推产生副主任委员。1956年6月30日，一届全国人大三次会议补充任命周林、杨文贵（苗族）为民族委员会委员。1958年2月1日，一届全国人大五次会议罢免费孝通、黄现璠（壮族）、欧百川（苗族）民族委员会委员职务。1958年2月11日，一届全国人大五次会议补充任命吴通明（苗族）、吕振羽、黄荣（壮族）、赛力玛·塔力甫瓦（维吾尔族）为民族委员会委员。］

主 任 委 员：刘格平（回族，1954.9～1959.4任）

副主任委员：张执一（1954.9～1959.4任）

包尔汉（维吾尔族，1954.9～1959.4任）

奎　璧（蒙古族，1954.9～1959.4任）

张　冲（彝族，1954.9～1959.4任）

谢扶民（壮族，1954.9～1959.4任）
桑吉悦希（藏族，1954.9～1959.4任）

委　　员：刀京版（傣族）　王其梅　王海民（彝族）
王国兴（黎族）　王德安（苗族）　召存信（傣族）
扎喜旺徐（藏族）　田富达（高山族）　申云浦
石邦智（苗族）　安尼瓦尔·加库林（哈萨克族）
朱早观（苗族）　朱德海（朝鲜族）　艾斯海提（塔塔尔族）
吕剑人　李光华（拉祜族）　李光荣（瑶族）
李和才（哈尼族）　邦达多吉（藏族）　赤江·罗桑意西（藏族）
依敏诺夫（维吾尔族）　周仁山　周保中（白族）
和万宝（纳西族）　帕提汉·苏古尔巴也夫（哈萨克族）
松　布（土族）　果基木古（彝族）　金信淑（朝鲜族）
阿不列孜·木汉买提（维吾尔族）　阿旺嘉错（藏族）
胡忠华（佤族）　计晋美（藏族）　降央伯姆（藏族）
夏克刀登（藏族）　夏康农　乌　兰（蒙古族）
特木尔巴根（蒙古族）　马玉槐（回族）　马鸿宾（回族）
马腾霭（回族）　张仲良　陈永康（布依族）
陈基义（侗族）　陈经畬（回族）　陆庆美（土家族）
喜饶嘉错（藏族）　普　照（彝族）　华尔功成烈（藏族）
覃应机（壮族）　买买提艾沙（柯尔克孜族）
费孝通　黄正清（藏族）　黄现璠（壮族）
杨代蒂（彝族）　杨汉先（苗族）　达理札雅（蒙古族）
雷春国（景颇族）　廖志高　蒙素芬（布依族）
裴阿欠（傈僳族）　赵世同（壮族）　赵志强（回族）
赵乐群（壮族）　欧百川（苗族）　欧　根（白族）
蓢伯赞（维吾尔族）　噶喇藏（蒙古族）　穆义提（维吾尔族）
龙明传（壮族）　谢富治　谢鹤筹（壮族）
赛夫拉也夫（维吾尔族）　蓝昌法（瑶族）　罗常培（满族）
关山复（满族）　苏　新（羌族）　苏谦益
龚　绶（傣族）　周　林　杨文贵（苗族）
吴通明（苗族）　吕振羽　黄　荣（壮族）
赛力玛·塔力甫瓦（维吾尔族）

（二）第二届全国人大民族委员会（1959.4～1964.12）

［1959年4月28日，第二届全国人民代表大会第一次会议通过主任委员和委员人选，委员会第一次会议互推产生副主任委员。］

主任委员：刘格平（回族，1959.4～1964.12任）

副主任委员：包尔汉（维吾尔族，1959.4～1964.12任）
奎　璧（蒙古族，1959.4～1964.12任）
张　冲（彝族，1959.4～1964.12任）
谢扶民（壮族，1959.4～1964.12任）
桑吉悦希（藏族，1959.4～1964.12任）

委　　员：刀京版（傣族）　韦茂文（布依族）　王其梅
王美恭（回族）　王海民（彝族）　王德安（苗族）
扎克洛夫（维吾尔族）　牙合甫大毛拉（维吾尔族）
扎喜旺徐（藏族）　石邦智（苗族）
司马益·亚生诺夫（维吾尔族）　召存信（傣族）
田富达（高山族）　付一之（傈僳）
安尼瓦尔·汉巴巴（乌孜别克族）　安尼瓦尔·贾库林（哈萨克族）
安登银（彝族）　关山复（满族）　协饶登珠（藏族）
达理札雅（蒙古族）　朱德海（朝鲜族）　伊敏·马合苏木（维吾尔族）
华尔功成烈（藏族）　汪　锋　苏　新（羌族）
苏谦益　克德尔拜衣（哈萨克族）　李开荣（瑶族）
李光华（拉祜族）　李和才（哈尼族）　陆庆美（水族）
陈基义（侗族）　陈经畬（回族）　吴英恺（满族）
吴通明（苗族）　吕剑人　邦达多吉（藏族）
林岳川（黎族）　松　布（土族）　张子斋（白族）
阿克木西日甫（柯尔克孜族）　阿旺嘉错（藏族）
果基木古（彝族）　罗运通（壮族）　金信淑（朝鲜族）
和凤昭（纳西族）　周仁山　周　林
周保中（白族）　赵世同（壮族）　赵乐群（壮族）
胡忠华（佤族）　降央伯姆（藏族）　马玉槐（回族）
马　泳（东乡族）　马青年（回族）　马鸿宾（回族）
马腾霭（回族）　夏克刀登（藏族）　夏康农
特木尔巴根（蒙古族）　乌　兰（蒙古族）　普贵忠（彝族）
彭祖贵（土家族）　喜饶嘉错（藏族）　覃应机（壮族）
黄正清（藏族）　黄　荣（壮族）　雷春国（景颇族）
蓝昌法（瑶族）　杨文贵（苗族）　杨汉先（苗族）
詹东·计晋美（藏族）　廖志高　蒙素芬（布依族）
萧伯赞（维吾尔族）　噶喇藏（蒙古族）　谢鹤筹（壮族）
龚　绶（傣族）

（三）第三届全国人大民族委员会（1964.12～1974.12）

［1965年1月4日，第三届全国人民代表大会第一次会议通过主任委员和委员人选，委员会

第一次会议互推产生副主任委员。]

主 任 委 员：谢扶民（壮族，1964.12～1974.12任）

副主任委员：奎　璧（蒙古族，1964.12～1974.12任）

张　冲（彝族，1964.12～1974.12任）

桑吉悦希（藏族，1964.12～1974.12任）

朱德海（朝鲜族，1964.12～1974.12任）

马玉槐（回族，1964.12～1974.12任）

铁木尔·达瓦买提（维吾尔族，1964.12～1974.12任）

石邦智（苗族，1964.12～1974.12任）

委　　　员：丁占海（东乡族）　刀京版（傣族）　马全德（保安族）

马青年（回族）　方国瑜（纳西族）　王其梅

王美恭（回族）　王　昭　王海民（彝族）

王德安（苗族）　云曙碧（蒙古族）　韦茂文（布依族）

尤志贤（赫哲族）　牙合甫大毛拉（维吾尔族）

仁钦多吉（藏族）　丹　彤（回族）　乌兰巴干（蒙古族）

孔志清（独龙族）　巴桑卓玛（藏族）　冯玉兰（回族）

扎喜旺徐（藏族）　龙贤昭（侗族）　卡米里江（塔吉克族）

卢显书（毛南族）　田兴才（仡佬族）　田富达（高山族）

付一之（傈僳族）　司马益亚生诺夫（维吾尔族）

司的克吾守尔（维吾尔族）　司　钦（蒙古族）

尼科来·瓦西里维奇·孜缅科（俄罗斯族）　召存信（傣族）

安登银（彝族）　刘　春　刘格平（回族）

关山复（满族）　协饶顿珠（藏族）　吕剑人

华尔功臣烈（藏族）　伊尔哈力（哈萨克族）　多杰才旦（藏族）

买买提乃买提（维吾尔族）　苏　新（羌族）　李开荣（瑶族）

李世友（京族）　李光华（拉祜族）　李和才（哈尼族）

李润开（白族）　杨文贵（苗族）　杨汉先（苗族）

吴英恺（满族）　吴通明（苗族）　何腊标（德昂族）

张子斋（白族）　张　杰（回族）　陆庆美（水族）

阿克木和加（乌孜别克族）　阿旺嘉措（藏族）　陈经畲（回族）

拉姆什旦（裕固族）　林岳川（黎族）　松　布（土族）

果基木古（彝族）　岩香砍（布朗族）　罗运通（壮族）

金信淑（朝鲜族）　和文华（普米族）　和世生（怒族）

周仁山　隆央伯姆（藏族）　洛桑慈诚（藏族）

越世同（壮族）　赵乐群（壮族）　胡忠华（佤族）

咪　格（傣族）　哈　完（哈萨克族）　哈的尔（维吾尔族）

钟大湖（畲族）　高布泽博（蒙古族）　高西布（鄂温克族）

秦振武（侗族）　莫矜（壮族）　夏里夫汉（塔塔尔族）

特木尔巴根（蒙古族） 梁华新（壮族） 崔科·顿珠才仁（藏族）
银应敖（仫佬族） 普贵忠（彝族） 谢鹤筹（壮族）
塔衣尔买买提艾力（柯尔克孜族） 彭祖贵（土家族）
黄　荣（壮族） 葛德鸿（鄂伦春族） 韩应选（撒拉族）
覃应机（壮族） 程子健 雷春国（景颇族）
蒙素芬（布依族） 蓝昌法（瑶族） 错　姆（门巴族）
熊世祯（苗族） 额尔登扎布(达斡尔族) 蒯伯赞（维吾尔族）
德　吉（藏族） 德　林（锡伯族） 穆光荣（阿昌族）

（四）第五届全国人大民族委员会（1979.7～1983.6）

［受“文化大革命”影响，第四届全国人大第一次会议到第五届全国人大第一次会议没有设立民族委员会。1979年7月1日，第五届全国人民代表大会第二次会议决定设立民族委员会并通过主任委员、副主任委员、委员人选。1981年11月29日，五届全国人大第四次会议预备会议补充任命平错汪杰（藏族）为民族委员会副主任委员；阿米（蒙古族）、金学文（景颇族）为民族委员会委员。1982年11月25日，五届全国人大第五次会议预备会议补充任命吴向必（苗族）为民族委员会副主任委员。］

主任委员：阿沛·阿旺晋美（藏族，1979.7～1983.6任）

副主任委员：张　冲（彝族，1979.7～1983.6任）
白寿彝（回族，1979.7～1983.6任）
李　贵（1979.7～1983.6任）
杰尔格勒（蒙古族，1979.7～1983.6任）
杜　易（壮族，1979.7～1983.6任）
阿木冬·尼牙孜（维吾尔族，1979.7～1983.6任）
吴运昌（苗族，1979.7～1983.6任）
赵南起（朝鲜族，1979.7～1983.6任）
伊尔哈里（哈萨克族，1979.7～1983.6任）
平错汪杰（藏族，1981.11～1983.6任）
吴向必（苗族，1982.11～1983.6任）

委　　员：马克苏米（女，保安族） 马烈孙（回族） 王岩刚（德昂族）
王美恭（女，回族） 王越丰（黎族） 牙合甫·大毛拉（维吾尔族）
文合图（锡伯族） 方国瑜（纳西族） 孔瑞荣（独龙族）
巴　岱（蒙古族） 巴　桑（女，藏族） 艾尼·司的克夫（塔塔尔族）
田富达（高山族） 兰爱花（女，畲族） 司拉山（景颇族）
召存信（傣族） 达　吉（珞巴族） 乔生春（土族）
许明月（女，朝鲜族） 克尤木·买提尼牙孜（维吾尔族）
苏呷沙且（彝族） 杜玉琴（女，达斡尔族）
杜路博（女，傈僳族） 李和才（哈尼族） 李娜体（女，拉祜族）

杨靖洲（布依族）　吴通明（苗族）　何国柱（满族）
何淑云（女，赫哲族）　库尔班江（塔吉克族）
闵成龙（东乡族）　张　杰（回族）　陆琼英（女，水族）
阿依吐拉（女，维吾尔族）　孜娜西（女，哈萨克族）
陈批鲁（哈尼族）　拉布吉（裕固族）　果基木古（彝族）
岩　养（布朗族）　罗周文（京族）　金宝生（瑶族）
周理荣（女，羌族）　郑建宣（壮族）　官保加（蒙古族）
孟庆海（鄂伦春族）　降央伯姆（女，藏族）　胡二千（普米族）
哈斯托雅（女，鄂温克族）　保洪忠（佤族）　秦学英（女，怒族）
夏茸尕布（藏族）　爱新觉罗·溥杰（满族）
措　姆（女，门巴族）　黄天佑（壮族）　黄绍臣（苗族）
黄菊香（女，黎族）　曹自芹（女，阿昌族）　盘代乾（瑶族）
盘佐杰（壮族）　清格尔泰（蒙古族）　梁顺模（仡佬族）
塔衣尔·买买提力（柯尔克孜族）　彭昌松（土家族）
彭官恕（土家族）　韩乙卜拉（撒拉族）　覃永吉（仫佬族）
覃绍英（女，侗族）　瑞　板（傣族）　谭凤仙（毛南族）
潘训英（女，白族）　穆娜瓦尔汗·依不拉音（女，乌孜别克族）
阿　米（蒙古族）　金学文（景颇族）

（五）第六届全国人大民族委员会（1983.6～1988.3）

［1983年6月7日，第六届全国人民代表大会第一次会议通过主任委员、副主任委员、委员人选。1983年12月8日，六届全国人大常委会第三次会议补充任命金岁（女，蒙古族）、黎惠琼（女，壮族）为民族委员会委员。1986年4月12日，六届全国人大第四次会议补充任命郁文为民族委员会副主任委员；田富达（高山族）、李桂英（女，彝族）、张子斋（白族）、张杰（回族）、赵鹏飞（满族）、曹龙浩（朝鲜族）为民族委员会委员；免去王国权的民族委员会副主任委员职务；免去许涤新的民族委员会委员职务。1987年6月23日，六届全国人大常委会第二十一次会议补充任命黑伯理（回族）为民族委员会委员。］

主任委员：阿沛·阿旺晋美（藏族1983.6～1988.3任）
副主任委员：王国权（1983.6～1986.4任）
爱新觉罗·溥杰（满族，1983.6～1988.3任）
李　贵（1983.6～1988.3任）
平错汪杰（藏族，1983.6～1988.3任）
吴向必（苗族，1983.6～1988.3任）
巴　岱（蒙古族，1983.6～1988.3任）
郁　文（1986.4～1988.3任）
委　员：马木托夫·库尔班（维吾尔族）　王　甫
扎喜旺徐（藏族）　白寿彝（回族）　关山复（满族）

许涤新　　迪牙尔·库马什（哈萨克族）
金　岁（女，蒙古族）　　黎惠琼（女，壮族）　　田富达（高山族）
李桂英（女，彝族）　　张子斋（白族）　　张　杰（回族）
赵鹏飞（满族）　　曹龙浩（朝鲜族）　　黑伯理（回族）

（六）第七届全国人大民族委员会（1988.3～1993.3）

[1988年3月28日，第七届全国人民代表大会第一次会议通过主任委员、副主任委员、委员人选。1989年10月31日，七届全国人大常委会第十次会议补充任命刀安钜（傣族）、杨文贵（黎族）、努尔莫合买提·热衣斯（哈萨克族）、彭英明（土家族）为民族委员会委员。1990年3月14日，七届全国人大常委会第十三次会议决定，免去郁文的民族委员会副主任委员职务。]

主 任 委 员：阿沛·阿旺晋美（藏族，1988.3～1993.3任）
副主任委员：郁　文（1988.3～1990.3任）
李学智（1988.3～1993.3任）
爱新觉罗·溥杰（满族，1988.3～1993.3任）
李　贵（1988.3～1993.3任）
陶爱英（壮族，1988.3～1993.3任）
平措汪杰（藏族，1988.3～1993.3任）
委　　　员：马木托夫·库尔班（维吾尔族）　　马腾霭（回族）
王秉鋆（布依族）　　王耀伦（苗族）　　扎喜旺徐（藏族）
田富达（高山族）　　关山复（满族）　　孙敏初（哈尼族）
李桂英（女，彝族）　　杨初桂（女，侗族）　　杨　明（白族）
张有隽（瑶族）　　陈　立　　曹龙浩（朝鲜族）
清格尔泰（蒙古族）　　刀安钜（傣族）　　杨文贵（黎族）
努尔莫合买提·热衣斯（哈萨克族）　　彭英明（土家族）

（七）第八届全国人大民族委员会（1993.3～1998.3）

[1993年3月29日，第八届全国人民代表大会第一次会议通过主任委员、副主任委员、委员人选。1994年3月5日，八届全国人大常委会第六次会议补充任命于兴隆为民族委员会副主任委员，免去韩怀智的民族委员会委员职务。1994年12月29日，八届全国人大常委会第十一次会议补充任命王立平为民族委员会委员。]

主 任 委 员：王朝文（苗族，1993.3～1998.3任）
副主任委员：李学智（1993.3～1998.3任）
伍精华（彝族，1993.3～1998.3任）
宦爵才郎（藏族，1993.3～1998.3任）
陶爱英（壮族，1993.3～1998.3任）

爱新觉罗·溥杰（满族，1993.3～1998.3任）
于兴隆（1994.3～1998.3任）

委　　员：刀述仁（傣族）　于兴隆（蒙古族）　马思忠（回族）
王　润　田富达（高山族）　生钦·洛桑坚赞（藏族）
冯之浚（回族）　任现春（瑶族）
苏丹·张波拉托夫（哈萨克族）　李永泰（朝鲜族）
李先猷（哈尼族）　杨文贵（黎族）　杨初桂（女，侗族）
杨　明（白族）　阿不都热衣木·阿米提（维吾尔族）
罗尚才（布依族）　夏家骏（土家族）　曹龙浩（朝鲜族）
韩怀智　王立平

主要参考书目：

1. 全国人民代表大会民族委员会编. 第一届至第九届全国人民代表大会民族委员会文件资料汇编（1954～2003）. 北京：中国民主法制出版社，2008.

2. 何虎生，李耀东，向常福主编. 中华人民共和国职官志. 北京：中国社会出版社，2003.

3. 张声作主编. 当代中国少数民族名人录. 北京：华文出版社，1992.

（贾晓燕/供稿）

内蒙古自治区党政组织职官志
（1947.5~1993.12）

［本志从1947年5月1日内蒙古自治区成立撰起。组织职官分为中国共产党内蒙古地方组织、内蒙古自治区人民代表大会常务委员会、内蒙古地方政府、中国人民政治协商会议内蒙古自治区委员会4类。各组织职官名称的沿革在类下逐一志述，其组织成立的由来及其建制、职官等情况随文予以简明提示与解说。］

（一）中国共产党内蒙古地方组织

1. 内蒙古共产党工作委员会（1947.5～1949.12）

［1947年4月20日，中共中央电复中共中央东北局《关于内蒙工作的指示给东北局并转云泽电》，指示立即成立中共内蒙古工作委员会，受东北局领导。5月26日，中共中央东北局确定内蒙古共产党工作委员会组成人员。7月1日，内蒙古共产党工作委员会正式成立，并于9日在王爷庙（乌兰浩特）召开的群众大会上向社会公开。1949年6月，经中共中央组织部和东北局批准，内蒙古工委增设副书记和常委。］

书　记：乌兰夫（又名云泽，蒙古族，1947.5～1949.12任）
副书记：刘　春（1949.6～1949.12任）
常　委：乌兰夫（蒙古族，1949.6～1949.12任）
　　　　刘　春（1949.6～1949.12任）
　　　　奎　璧（蒙古族，1949.6～1949.12任）
　　　　王　铎（1949.6～1949.12任）
　　　　王再天（蒙古族，1949.6～1949.12任）
　　　　王逸伦（1949.6～1949.12任）
秘书长：方知达（1947.5～1948.4任）
　　　　王　铎（1948.4～1949.12兼任）

2. 中共中央内蒙古分局（1949.12～1952.8）

［1949年12月13日，中共中央决定撤销内蒙古共产党工作委员会，成立中共中央内蒙古分局，隶属中共中央华北局领导，机关驻地由乌兰浩特迁至张家口市。1952年5月12日，中共中央决定苏谦益、杨植霖为内蒙古分局委员，苏谦益任分局副书记。］

书　　记：乌兰夫（蒙古族，1949.12～1952.8任）
副 书 记：苏谦益（1952.5～1952.8任）
委　　员：乌兰夫（蒙古族，1949.12～1952.8任）
　　　　　奎　璧（蒙古族，1949.12～1952.8任）

刘　春（1949.12 ~ 1952.8任）
王逸伦（1949.12 ~ 1952.8任）
王再天（蒙古族，1949.12 ~ 1952.8任）
王　铎（1949.12 ~ 1952.8任）
高增培（高锋，1949.12 ~ 1952.8任）
苏谦益（1952.5 ~ 1952.8任）
杨植霖（1952.5 ~ 1952.8任）
候补委员：吉雅泰（蒙古族，1949.12 ~ 1952.8任）
克力更（蒙古族，1949.12 ~ 1952.8任）
特木尔巴根（蒙古族，1949.12 ~ 1952.8任）
秘书长：权星垣（1949.12 ~ 1952.8任）

3. 中共绥远省委员会（1949.6～1952.8）

［1949年6月，中共中央决定建立中共绥远省委员会，受中共中央华北局领导。］

书　记：高克林（1949.6 ~ 1952.8任）
副书记：苏谦益（1949.6 ~ 1952.8任）
常　委：高克林（1949.6 ~ 1952.8任）
苏谦益（1949.6 ~ 1952.8任）
杨植霖（1949.6 ~ 1952.8任）
姚　喆（1949.6 ~ 1952.8任）
裴周玉（1949.6 ~ 1952.8任）
王文达（1949.6 ~ 1952.8任）
秘书长：李　质（1949.6 ~ 1952.8任）

4. 中共中央蒙绥分局（1952.8～1954.3）

［1952年8月25日，中共中央批准，华北局决定将中共绥远省委和中共中央内蒙古分局合并，撤销绥远省委建制，内蒙古分局改称中共中央蒙绥分局，分局领导机关从张家口迁至归绥市。1953年5月，开始设立常委。］

书　记：乌兰夫（蒙古族，1952.8 ~ 1954.3任）
副书记：苏谦益（1952.8 ~ 1954.3任）
常　委：乌兰夫（蒙古族，1953.5 ~ 1954.3任）
苏谦益（1953.5 ~ 1954.3任）
杨植霖（1953.5 ~ 1954.3任）
奎　璧（蒙古族，1953.5 ~ 1954.3任）
王文达（1953.5 ~ 1954.3任）
王再天（蒙古族，1953.5 ~ 1954.3任）
王逸伦（1953.5 ~ 1954.3任）
潘纪文（1953.5 ~ 1954.3任）

高增培（1953.5～1954.3任）

秘书长：高锦明（满族，1952.9～1953.5任）

常振玉（1953.5～1954.3任）

5. 中共中央内蒙古分局（1954.3～1955.7）

[1954年3月15日，中共中央蒙绥分局改称中共中央内蒙古分局。]

书　记：乌兰夫（蒙古族，1954.3～1955.7任）

副书记：苏谦益（1954.3～1955.7任）

杨植霖（1954.6～1955.7任）

奎　璧（蒙古族，1954.6～1955.7任）

王　铎（1954.6～1955.7任）

常　委：乌兰夫（蒙古族，1954.3～1955.7任）

苏谦益（1954.3～1955.7任）

杨植霖（1954.3～1955.7任）

奎　璧（蒙古族，1954.6～1955.7任）

王　铎（1954.6～1955.7任）

王文达（1954.3～1955.7任）

王再天（蒙古族，1954.3～1955.7任）

王逸伦（1954.3～1955.7任）

潘纪文（1954.3～1955.7任）

高增培（1954.3～1955.7任）

秘书长：常振玉（1954.3～1955.7任）

6. 中共内蒙古自治区委员会（1955.7～1956.7）

[1955年7月1日，中共中央决定撤销中共中央内蒙古分局，改设中共内蒙古自治区委员会，其组织沿革分两个阶段表述。]

（1）1955.7～1955.9

书　记：乌兰夫（蒙古族，1955.7～1955.9任）

副书记：苏谦益（1955.7～1955.9任）

杨植霖（1955.7～1955.9任）

奎　璧（蒙古族，1955.7～1955.9任）

王　铎（1955.7～1955.9任）

常　委：乌兰夫（蒙古族，1955.7～1955.9任）

苏谦益（1955.7～1955.9任）

杨植霖（1955.7～1955.9任）

奎　璧（蒙古族，1955.7～1955.9任）

王　铎（1955.7～1955.9任）

王逸伦（1955.7～1955.9任）

王再天（蒙古族，1955.7～1955.9任）

王文达（1955.7～1955.9任）

高增培（1955.7～1955.9任）

秘书长：常振玉（1955.7～1955.9任）

（2）1955.9～1956.7

［1955年9月19日，内蒙古自治区党委书记处成立。］

第 一 书 记：乌兰夫（蒙古族，1955.9～1956.7任）

书记处书记：苏谦益（1955.9～1956.7任）

杨植霖（1955.9～1956.7任）

奎　璧（蒙古族，1955.9～1956.7任）

王　铎（1955.9～1956.7任）

常　　　委：乌兰夫（蒙古族，1955.9～1956.7任）

苏谦益（1955.9～1956.7任）

杨植霖（1955.9～1956.7任）

奎　璧（蒙古族，1955.9～1956.7任）

王　铎（1955.9～1956.7任）

王逸伦（1955.9～1956.7任）

王再天（蒙古族，1955.9～1956.7任）

王文达（1955.9～1956.7任）

高增培（1955.9～1956.7任）

吉雅泰（蒙古族，1955.12～1956.7任）

权星垣（1955.12～1956.7任）

秘　书　长：常振玉（1955.9～1956.7任）

7. 中共内蒙古自治区第一届委员会（1956.7～1963.4）

［1956年7月5日至17日，中共内蒙古自治区第一次代表大会在呼和浩特市举行，选举产生中共内蒙古自治区第一届委员会。20日，委员会一届一次全体会议选举出书记处书记和常委。1960年3月2日，中共中央批准王再天、王逸伦任自治区党委书记处书记，权星垣、胡昭衡任候补书记。1962年8月29日，中共中央决定免去苏谦益、杨植霖自治区党委书记处书记职务。］

第 一 书 记：乌兰夫（蒙古族，1956.7～1963.4任）

书记处书记：苏谦益（1956.7～1962.8任）

杨植霖（1956.7～1962.8任）

奎　璧（蒙古族，1956.7～1963.4任）

王　铎（1956.7～1963.4任）

王再天（蒙古族，1960.3～1963.4任）

王逸伦（1960.3～1963.4任）

候 补 书 记：权星桓（1960.3～1963.4任）

胡昭衡（1960.3～1963.4任）

常　　委：乌兰夫（蒙古族，1956.7～1963.4任）
苏谦益（1956.7～1962.8任）
杨植霖（1956.7～1962.8任）
奎　璧（蒙古族，1956.7～1963.4任）
王　铎（1956.7～1963.4任）
王文达（1956.7～1958.10任）
王再天（蒙古族，1956.7～1963.4任）
王逸伦（1956.7～1963.4任）
权星垣（1956.7～1963.4任）
吉雅泰（蒙古族，1956.7～1963.4任）
高增培（1956.7～1963.4任）
特木尔巴根（蒙古族，1956.7～1963.4任）
胡昭衡（1956.7～1963.4任）
刘景平（1956.7～1963.4任）
黄巨俊（1956.7～1963.4任）

秘 书 长：常振玉（1956.7～1958.11任）
周　明（1958.11～1963.4任）

8. 中共内蒙古自治区第二届委员会（1963.4～1967.10）

（1）1963.4～1966.5

[1963年3月20日至30日，中共内蒙古自治区第二次代表大会在呼和浩特举行，选举产生中共内蒙古自治区第二届委员会。4月1日，委员会二届一次全体会议选举出书记处第一书记、书记处书记和常委。1964年5月9日，中共中央任命高锦明、刘景平、毕力格巴图尔为自治区党委书记处书记，李振华、雷代夫、克力更为常委。1965年10月9日，中共中央任命张鹏图为自治区党委常委。]

第一书记：乌兰夫（蒙古族，1963.4～1966.5任）

书记处书记：奎　璧（蒙古族，1963.4～1966.5任）
王　铎（1963.4～1966.5任）
王再天（蒙古族，1963.4～1966.5任）
王逸伦（1963.4～1966.5任）
权星垣（1963.4～1966.5任）
胡昭衡（1963.4～1963.9任）
高锦明（满族，1964.5～1966.5任）
刘景平（1964.5～1966.5任）
毕力格巴图尔（蒙古族，1964.5～1966.5任）

常　　委：乌兰夫（蒙古族，1963.4～1966.5任）
奎　璧（蒙古族，1963.4～1966.5任）
王　铎（1963.4～1966.5任）
王再天（蒙古族，1963.4～1966.5任）

王逸伦（1963.4 ~ 1966.5任）
权星垣（1963.4 ~ 1966.5任）
胡昭衡（1963.4 ~ 1963.9任）
吉雅泰（蒙古族，1963.4 ~ 1966.5任）
刘景平（1963.4 ~ 1966.5任）
黄巨俊（1963.4.1 ~ 1963.4.19任）
王文达（1963.4 ~ 1966.5任）
高锦明（满族，1964.5 ~ 1966.5任）
吴 涛（蒙古族，1963.4 ~ 1966.5任）
李 质（1963.4 ~ 1966.5任）
毕力格巴图尔（蒙古族，1964.5 ~ 1966.5任）
李振华（蒙古族，1964.5 ~ 1966.5任）
雷代夫（1964.5 ~ 1966.5任）
克力更（蒙古族，1964.5 ~ 1966.5任）
张鹏图（1965.10 ~ 1966.5任）

秘 书 长：周 明（1963.4 ~ 1965.10任）
代秘书长：张 鲁（1965.8 ~ 1966.5任）

（2）1966.5 ~ 1967.10

[1966年5月，“文革”开始。8月16日，中共中央批准撤销乌兰夫（蒙古族）内蒙古自治区党委第一书记、华北局第二书记职务，任命解学恭为自治区党委第一书记，李树德、康修民为书记处书记。]

第一书记：乌兰夫（蒙古族，1966.5 ~ 1966.8任）
解学恭（1966.8任命，未到职）

书记处书记：奎 璧（蒙古族，1966.5 ~ 1967.10任）
王 铎（1966.5 ~ 1967.10任）
王再天（蒙古族，1966.5 ~ 1967.10任）
王逸伦（1966.5 ~ 1967.10任）
权星垣（1966.5 ~ 1967.10任）
高锦明（满族，1966.5 ~ 1967.10任）
刘景平（1966.5 ~ 1967.10任）
毕力格巴图尔（蒙古族，1966.5 ~ 1967.10任）
李树德（1966.8 ~ 1967.10任）
康修民（1966.8 ~ 1967.10任）

代秘书长：张 鲁（1966.5 ~ 1967.10任）

9. 中共内蒙古自治区革命委员会核心小组（1968.2～1969.12）

[1967年11月1日，经中共中央批准，内蒙古自治区革命委员会在呼和浩特成立，实行“一元化”领导，总揽党、政、财、文、司法大权。1968年2月13日，经中共中央、中央军委、中

央文革小组批准，中共内蒙古自治区革命委员会核心小组成立。核心小组起党组（党委）作用，负责办理日常党务工作，与自治区革委会暂不建立领导关系。]

组　长：滕海清（1968.2～1969.12任）

副组长：吴　涛（蒙古族，1968.2～1969.12任）

　　　　高锦明（满族，1968.2～1969.12任）

秘书长：康修民（1969.6～1969.12任）

成　员：权星垣（1968.2～1969.12任）

　　　　李树德（1968.2～1969.12任）

　　　　杨永松（1968.2～1969.12任）

　　　　李　质（1968.2～1969.12任）

10. 前线指挥所党的领导小组（1969.12～1971.5）

[1969年12月19日，经中共中央主席毛泽东批准，中共中央决定对内蒙古自治区实行分区全面军管。根据中央命令，由北京军区司令员郑维山，副司令员杜文达，副政委黄振棠、张政光组成前线指挥所，并由以上4人组成前线指挥所党的领导小组，对内蒙古自治区实行“一元化”领导。]

书　记：郑维山（1969.12～1971.5任）

副书记：黄振棠（1969.12～1971.5任）

　　　　杜文达（1969.12～1971.5任）

11. 中共内蒙古自治区第三届委员会（1971.5～1984.12）

（1）1971.5～1976.10

[1971年5月13日至18日，中共内蒙古自治区第三次代表大会在呼和浩特举行，选举产生中共内蒙古自治区第三届委员会。19日，委员会三届一次全体会议选举出自治区党委第一书记、书记和常委。1975年2月9日，经中共中央批准，宝日勒岱任自治区党委书记，刘景平任常委。]

第一书记：尤太忠（1971.5～1976.10任）

第二书记：池必卿（1975.5～1976.10任）

书　　记：吴　涛（蒙古族，1971.5～1976.10任）

　　　　　徐　信（1971.5～1973.2任）

　　　　　邓存伦（1971.5～1975.7任）

　　　　　赵紫阳（1971.5～1972.3任）

　　　　　宝日勒岱（女，蒙古族，1975.2～1976.10任）

　　　　　刘景平（1975.2～1976.10任）

常　　委：尤太忠（1971.5～1976.10任）

　　　　　吴　涛（蒙古族，1971.5～1976.10任）

　　　　　徐　信（1971.5～1973.2任）

　　　　　邓存伦（1971.5～1975.2任）

　　　　　赵紫阳（1971.5～1972.2任）

滕俊清（1971.5~1976.10任）
宝日勒岱（女，蒙古族，1971.5~1971.10任）
何凤山（1971.5~1976.10任）
褚传禹（1971.5任）
王弼臣（1971.5~1976.10任）
王秩然（1971.5~1976.10任）
沈新发（1971.5~1976.10任）
秦淑珍（女，1971.5~1976.10任）
李树德（1972.1~1976.10任）
刘景平（1975.2~1976.10任）
池必卿（1975.7~1976.10任）

（2）1976.10~1984.12

[1976年10月，“文革”结束，经中共中央批准，中共内蒙古自治区第三届委员会作出调整。1978年7月11日，中共中央决定周惠任自治区党委第二书记，李文任常委。10月10日，中共中央决定免去尤太忠自治区党委第一书记职务，任命周惠为第一书记。19日，中共中央决定孔飞、王逸伦、云世英任自治区党委书记，张鹏图、杰尔格勒、李文任副书记，蒋毅任常委、秘书长，布赫、彭梦庾任常委；免去王弼臣、秦淑珍自治区党委常委、委员职务。1979年6月8日，中共中央决定廷懋任自治区党委第二书记，王铎任常务书记，黄厚任常委。1980年1月28日，中共中央批准免去李树德自治区党委常委、委员职务。1983年3月，中央决定调整内蒙古党委领导成员，周惠任第一书记，布赫（蒙古族）、千奋勇、巴图巴根（蒙古族）、刘贵谦等4人为副书记，石光华等7人为常委，原任书记、副书记、常委同时免职。]

第一书记：尤太忠（1976.10~1978.10任）
周　惠（1978.10~1984.12任）
第二书记：池必卿（1976.10~1978.5任）
周　惠（1978.7~1978.10任）
廷　懋（蒙古族，1979.6~1982.12任）
常务书记：王　铎（1979.6~1982.12任）
书　　记：吴　涛（蒙古族，1976.10~1979.1任）
宝日勒岱（女，蒙古族，1976.10~1982.8任）
刘景平（1976.10~1980.5任）
孔　飞（蒙古族，1978.10~1982.12任）
王逸伦（1978.10~1982.8任）
云世英（蒙古族，1978.10~1982.12任）
副 书 记：张鹏图（1978.10~1982.12任）
杰尔格勒（蒙古族，1978.10~1982.2任）
李　文（1978.10~1983.3任）
布　赫（蒙古族，1981.12~1984.12任）
石生荣（1981.12~1983.3任）

千奋勇（蒙古族，1981.12～1984.12任）
林蔚然（1982.4～1983.3任）
巴图巴根（蒙古族，1982.12～1984.12任）
刘贵谦（1982.12～1984.11任）

常　委：尤太忠（1976.10～1978.10任）
吴　涛（蒙古族，1976.10～1980.1任）
藤俊清（1976.10～1979.7任）
宝日勒岱（女，蒙古族，1976.10～1982.8任）
何凤山（1976.10～1977.9任）
王弼臣（1976.10～1978.10任）
王稚然（1976.10～1978.5任）
沈新发（1976.10～1983.3任）
秦淑珍（女，1976.10～1978.10任）
李树德（1976.10～1980.1任）
刘景平（1976.10～1980.5任）
池必卿（1976.10～1978.5任）
周　惠（1978.7～1984.12任）
王　铎（1978.7～1982.12任）
李　文（1978.7～1983.3任）
孔　飞（蒙古族，1978.10～1983.3任）
王逸伦（1978.10～1982.8任）
云世英（蒙古族，1978.10～1982.12任）
张鹏图（1978.10～1983.3任）
杰尔格勒（蒙古族，1978.10～1982.2任）
黄巨俊（1978.10～1979.11任）
布　赫（蒙古族，1978.10～1984.12任）
蒋　毅（1978.10～1979.11任）
彭梦庾（1978.10～1983.3任）
廷　懋（蒙古族，1979.6～1983.3任）
黄　厚（1979.6～1982.8任）
石生荣（1981.12～1983.3任）
千奋勇（蒙古族，1981.12～1984.12任）
林蔚然（1982.4～1983.3任）
巴图巴根（蒙古族，1982.8～1984.12任）
苏　和（蒙古族，1982.8～1984.7任）
刘贵谦（1982.8～1984.11任）
石光华（1983.3～1984.12任）
蔡　英（1983.3～1984.12任）

乌　恩（蒙古族，1983.3～1984.12任）
李向义（1983.3～1984.12任）
田聪明（1983.8～1984.12任）
许令妊（女，1983.3～1984.12任）
秘 书 长：侯　永（1976.10～1978.11任）
蒋　毅（1978.10～1979.11任）
宝音图（蒙古族，1979.11～1982.5任）
田聪明（1983.3～1984.12任）

12. 中共内蒙古自治区第四届委员会（1984.12～1989.12）

［1984年12月1日至7日，中共内蒙古自治区第四次代表大会在呼和浩特举行，选举产生中共内蒙古自治区第四届委员会。8日，委员会四届一次全体会议选举出自治区党委书记、副书记、常委。1986年3月21日，中共中央决定免去周惠自治区党委书记职务，任命张曙光为书记。1987年8月22日，中共中央任命王群为自治区党委书记，免去张曙光自治区党委书记职务。］

书　记：周　惠（1984.12～1986.3任）
张曙光（1986.3～1987.8任）
王　群（1987.8～1989.12任）
副书记：布　赫（蒙古族，1984.12～1989.12任）
千奋勇（蒙古族，1984.12～1989.12任）
巴图巴根（蒙古族，1984.12～1989.12任）
田聪明（1984.12～1989.12任）
张丁华（1988.10～1989.12任）
常　委：周　惠（1984.12～1986.3任）
布　赫（蒙古族，1984.12～1989.12任）
张丁华（1988.10～1989.12任）
千奋勇（蒙古族，1984.12～1989.12任）
巴图巴根（蒙古族，1984.12～1989.12任）
石光华（1984.12任，～1985.10.10病故）
蔡　英（1984.12～1988.9任）
乌　恩（蒙古族，1984.12～1986.1任）
李向义（1984.12～1986.1任）
田聪明（1984.12～1989.12任）
许令妊（女，1984.12～1989.12任）
周荣昌（1984.12～1989.12任）
马振铎（蒙古族，1984.12～1989.12任）
文　精（蒙古族，1984.12～1989.12任）
刘云山（1986.1～1989.12任）
王　群（1987.8～1989.12任）

张曙光（1986.3～1987.8任）

杨恩博（1988.9～1989.12任）

秘书长：田聪明（1984.12～1987.1兼任）

刘云山（1987.1～1989.12任）

13. 中共内蒙古自治区第五届委员会（1989.12～1994.12）

［1989年12月21日至26日，中共内蒙古自治区第五次代表大会在呼和浩特举行，选举产生中共内蒙古自治区第五届委员会。27日至28日，委员会五届一次全体会议在呼和浩特举行，选举出自治区党委书记、副书记和常委。1994年8月，中共中央任命刘明祖为自治区党委书记，免去王群自治区党委书记职务。］

书　记：王　群（1989.12～1994.8任）

刘明祖（1994.8～1994.12任）

副书记：布　赫（蒙古族，1989.12～1993.6任）

张丁华（1989.12～1991.12任）

千奋勇（蒙古族，1989.12～1994.12任）

乌力吉（蒙古族，1992.3～1994.12任）

刘云山（1992.3～1993.4任）

白恩培（1992.3～1994.12任）

王　占（1993.6～1994.12任）

常　委：王　群（1989.12～1994.8任）

刘明祖（1994.8～1994.12任）

布　赫（蒙古族，1989.12～1993.6任）

张丁华（1989.12～1991.12任）

千奋勇（蒙古族，1989.12～1994.12任）

乌力吉（蒙古族，1991.10～1994.12任）

刘云山（1989.12～1993.4任）

白恩培（1990.5～1994.12任）

王　占（1993.6～1994.12任）

格日勒图（蒙古族，1989.12～1994.12任）

文　精（蒙古族，1989.12～1990.5任）

杨恩博（1989.12～1994.7任）

陈奎元（1989.12～1992.1任）

乌云其木格（女，蒙古族，1989.12～1994.12任）

冯秦（1994.7～1994.12任）

彭翠峰（1994.7～1994.12任）

秘书长：刘云山（1989.10～1991.10任）

宋志民（1991.10～1993.5任）

韩茂华（1993.5～1994.12任）

（二）内蒙古自治区人民代表大会常务委员会

［1954年7月27日至8月4日，内蒙古自治区第一届人民代表大会第一次会议在呼和浩特举行，宣告人民代表大会制度在内蒙古自治区正式施行。1958年6月7日至16日，自治区第二届人民代表大会第一次会议在呼和浩特举行。1964年9月18日至27日，自治区第三届人民代表大会第一次会议在呼和浩特举行。“文化大革命”期间，自治区人民代表大会停止活动，第四届人民代表大会未产生，至1977年12月自治区人民代表大会才得以恢复，从第五届人民代表大会开始设立常设机构。］

1. 内蒙古自治区第五届人大常委会（1979.12～1983.4）

［1979年12月18日至27日，内蒙古自治区五届人大二次会议在呼和浩特举行。会议决定成立内蒙古自治区人民代表大会常务委员会，并选举出自治区人大常委会主任、副主任。1982年4月6日，自治区五届人大四次会议同意张荣臻辞去自治区人大常委会副主任职务。］

主　任：廷　懋（蒙古族，1979.12～1983.4任）

副主任：王逸伦（1979.12～1983.4任）

高增培（1979.12～1983.4任）

沈新发（1979.12～1983.4任）

克力更（蒙古族，1979.12～1983.4任）

刘　昌（1979.12～1983.4任）

孙兰峰（1979.12～1983.4任）

张如岗（1979.12～1983.4任）

寒　峰（蒙古族，1979.12～1983.4任）

奇峻山（蒙古族，1979.12～1983.4任）

色音巴雅尔（蒙古族，1979.12～1983.4任）

宝日勒岱（女，蒙古族，1979.12～1983.4任）

鄂其尔呼雅克图（蒙古族，1979.12～1983.4任）

张荣臻（1979.12～1982.4任）

2. 内蒙古自治区第六届人大常委会（1983.4～1988.6）

［1983年4月20日至29日，内蒙古自治区六届人大一次会议在呼和浩特举行，选举出自治区人大常委会主任、副主任。1986年4月30日至5月12日，自治区六届人大四次会议在呼和浩特举行，同意李文、郝秀山、何耀辞去自治区人大常委会副主任职务。1988年1月13日至15日，自治区六届人大常委会第二十六次会议在呼和浩特举行，同意阿拉坦敖其尔（蒙古族）、胡钟达辞去自治区人大常委会副主任职务。］

主　任：巴图巴根（蒙古族，1983.4～1988.6任）

副主任：李　文（1983.4～1986.5任）

郝秀山（1983.4～1986.5任）

孙兰峰（1983.4～1987.2任）
周北峰（1983.4～1988.6任）
何　耀（1983.4～1986.5任）
色音巴雅尔（蒙古族，1983.4～1988.6任）
鄂其尔呼雅克图（蒙古族，1983.4～1984.7任）
潮洛濛（蒙古族，1983.4～1988.6任）
布特格其（蒙古族，1983.4～1988.6任）
阿拉坦敖其尔（蒙古族，1983.4～1988.1任）
胡钟达（1983.4～1988.1任）

3. 内蒙古自治区第七届人大常委会（1988.6～1993.5）

［1988年5月25日至6月9日，内蒙古自治区七届人大一次会议在呼和浩特举行，选举出自治区人大常委会主任、副主任。1990年4月20日至28日，自治区七届人大三次会议在呼和浩特举行，选举周荣昌、崔维岳为自治区人大常委会副主任。1992年4月20日至29日，自治区七届人大五次会议在呼和浩特举行，增选于兴隆（蒙古族）为自治区人大常委会副主任。］

主　任：巴图巴根（蒙古族，1988.6～1993.5任）
副主任：布特格其（蒙古族，1988.6～1993.5任）
张灿公（1988.6～1993.5任）
色音巴雅尔（蒙古族，1988.6～1993.5任）
许令妊（1988.6～1993.5任）
白俊卿（蒙古族，1988.6～1993.5任）
刘震乙（1988.6～1993.5任）
沙　驼（鄂温克族，1988.6～1993.5任）
周荣昌（1990.4～1993.5任）
崔维岳（1990.4～1993.5任）
于兴隆（蒙古族，1992.4～1993.5任）

4. 内蒙古自治区第八届人大常委会（1993.5～1998.1）

［1993年5月5日至13日，内蒙古自治区八届人大一次会议在呼和浩特举行，选举出自治区人大常委会主任、副主任。1997年1月24日至30日，自治区八届人大五次会议同意王群辞去自治区人大常委会主任职务，同意刘作会辞去自治区人大常委会副主任职务；补选刘明祖为自治区人大常委会主任，宋志民为副主任。］

主　任：王　群（1993.5～1997.1任）
刘明祖（1997.1～1998.1任）
副主任：于兴隆（蒙古族，1993.5～1998.1任）
刘作会（1993.5～1997.1任）
伊钧华（蒙古族，1993.5～1998.1任）
刘震乙（1993.5～1998.1任）

崔维岳（1993.5～1998.1任）
贾　才（1993.5～1998.1任）
刘　珍（蒙古族，1993.5～1998.1任）
王秀梅（女，蒙古族，1993.5～1998.1任）
舍勒巴图（鄂伦春族，1993.5～1998.1任）
刘晓旺（1993.5～1998.1任）
宋志民（1997.1～1998.1任）

（三）内蒙古地方政府

1. 内蒙古自治政府（1947.5～1949.12）

[1947年4月23日至5月3日，内蒙古人民代表会议在兴安盟王爷庙（今乌兰浩特市）举行，会议决定撤销内蒙古自治运动联合会，成立内蒙古自治政府，并选举出自治政府主席和副主席。5月1日，内蒙古自治政府在王爷庙宣告成立。]

主　席：乌兰夫（蒙古族，1947.5～1949.12任）
副主席：哈丰阿（蒙古族，1947.5～1949.12任）
秘书长：方知达（1947.5～1949.8任）
　　　　夏辅仁（1949.8～1949.10任）

2. 绥远省人民政府（1949.6～1949.12）

[1949年6月13日，华北人民政府决定将绥蒙政府改为绥远省人民政府。]

主　席：杨植霖（1949.6～1949.12任）
副主席：奎　璧（蒙古族，1949.6～1949.12任）
秘书长：李维中（1949.6～1949.10任）

3. 内蒙古自治区人民政府（1949.12～1954.3）

[1949年12月2日，中央人民政府委员会第四次会议决定将内蒙古自治政府正式改称为内蒙古自治区人民政府，并任命自治区人民政府主席和副主席。]

主　席：乌兰夫（蒙古族，1949.12～1954.3任）
副主席：哈丰阿（蒙古族，1949.12～1954.3任）
　　　　杨植霖（1952.6～1954.3兼任）
秘书长：梁一鸣（1949.12～1954.3任）

4. 绥远省人民政府（1949.12～1954.3）

[1949年9月19日，绥远和平解放。12月2日，中央人民政府第四次会议任命董其武为绥远省人民政府主席，杨植霖、奎璧、孙兰峰为副主席。31日，原设在绥东解放区的绥远省人民政府与原国民党绥远省政府合并组成的绥远省人民政府正式成立。1952年5月12日，中共中央同意

董其武辞去绥远省人民政府主席职务，由乌兰夫兼任主席，杨植霖、奎璧、孙兰峰仍任副主席。]

主　席：董其武（1949.12 ~ 1952.5任）

　　　　乌兰夫（蒙古族，1952.5 ~ 1954.3兼任）

副主席：杨植霖（1949.12 ~ 1954.3任）

　　　　奎　璧（蒙古族，1949.12 ~ 1954.3任）

　　　　孙兰峰（1949.12 ~ 1954.3任）

　　　　苏谦益（1952.6 ~ 1954.3任）

秘书长：李维中（1950.1 ~ 1953任）

5. 内蒙古自治区人民政府（1954.3～1955.4）

[1954年3月6日，绥远省与内蒙古自治区正式合并，撤销绥远省建制，原绥远省辖区统一由内蒙古自治区人民政府领导。]

主　席：乌兰夫（蒙古族，1954.3 ~ 1955.4任）

副主席：苏谦益（1954.3 ~ 1955.4任）

　　　　杨植霖（1954.3 ~ 1955.4任）

　　　　奎　璧（蒙古族，1954.3 ~ 1955.4任）

　　　　哈丰阿（蒙古族，1954.3 ~ 1955.4任）

　　　　王再天（蒙古族，1954.3 ~ 1955.4任）

　　　　孙兰峰（1954.3 ~ 1955.4任）

　　　　王逸伦（1954.3 ~ 1955.4任）

秘书长：梁一鸣（1954.3 ~ 1955.4任）

6. 内蒙古自治区第一届人民委员会（1955.4～1958.6）

[1955年4月25日至30日，内蒙古自治区一届人大二次会议在呼和浩特举行，选举产生自治区第一届人民委员会。5月31日，国务院全体会议第十次会议任命梁一鸣为自治区人民委员会秘书长。1956年3月8日至14日，自治区一届人大三次会议在呼和浩特举行，增选达理扎雅（蒙古族）为自治区人民委员会副主席。]

主　席：乌兰夫（蒙古族，1955.4 ~ 1958.6任）

副主席：苏谦益（1955.4 ~ 1958.6任）

　　　　杨植霖（1955.4 ~ 1958.6任）

　　　　奎　璧（蒙古族，1955.4 ~ 1958.6任）

　　　　哈丰阿（蒙古族，1955.4 ~ 1958.6任）

　　　　王再天（蒙古族，1955.4 ~ 1958.6任）

　　　　孙兰峰（1955.4 ~ 1958.6任）

　　　　王逸伦（1955.4 ~ 1958.6任）

　　　　达理扎雅（蒙古族，1956.3 ~ 1958.6任）

秘书长：梁一鸣（1955.4 ~ 1957.9任）

7. 内蒙古自治区第二届人民委员会（1958.6～1964.9）

［1958年6月7日至16日，内蒙古自治区二届人大一次会议在呼和浩特举行，选举出自治区第二届人民委员会。1960年8月16日至21日，自治区二届人大三次会议在呼和浩特举行，增选吉雅泰（蒙古族）、高增培、刘景平、朋斯克（蒙古族）为自治区人民委员会副主席。1964年5月9日，中共中央任命李质为自治区人民委员会副主席。］

主　　席：乌兰夫（蒙古族，1958.6~1964.9任）
副 主 席：苏谦益（1958.6~1962.8任）
杨植霖（1958.6~1962.8任）
奎　璧（蒙古族，1958.6~1964.9任）
哈丰阿（蒙古族，1958.6~1964.8任）
王再天（蒙古族，1958.6~1964.9任）
孙兰峰（1958.6~1964.9任）
王逸伦（1958.6~1964.9任）
达理扎雅（蒙古族，1958.6~1964.9任）
吉雅泰（蒙古族，1960.8~1964.9任）
高增培（1960.8~1964.8任）
刘景平（1960.8~1964.9任）
朋斯克（蒙古族，1960.8~1964.9任）
李　质（1964.5~1964.9任）
代秘书长：鲁志浩（1958.12~1964.9任）

8. 内蒙古自治区第三届人民委员会（1964.9～1967.10）

［1964年9月18日至27日，内蒙古自治区三届人大一次会议在呼和浩特举行，选举产生自治区第三届人民委员会。1965年10月9日，中共中央任命张鹏图为自治区党委常委、自治区人民委员会副主席。1966年5月以后，受“文革”冲击，委员会机关及所属各职能部门工作处于瘫痪状态。］

主　　席：乌兰夫（蒙古族，1964.9~1966.8任）
副 主 席：奎　璧（蒙古族，1964.9~1967.10任）
王再天（蒙古族，1964.9~1967.10任）
孙兰峰（1964.9~1967.10任）
王逸伦（1964.9~1967.10任）
达理扎雅（蒙古族，1964.9~1967.10任）
吉雅泰（蒙古族，1964.9~1967.10任）
刘景平（1964.9~1967.10任）
朋斯克（蒙古族，1964.9~1967.10任）
李　质（1964.9~1967.10任）
沈新发（1964.9~1967.10任）

张鹏图（1965.10～1967.10任）

代秘书长：鲁志浩（1964.9～1967任）

9. 内蒙古自治区革命委员会筹备小组（1967.6～1967.10）

[1966年5月，“文革”开始。1967年6月18日，内蒙古自治区革命委员会筹备小组成立，由筹备小组领导内蒙古的“文革”及其他各项工作，实际取代了自治区党委和人民委员会的职权。]

组　长：滕海清（1967.6～1967.10任）

副组长：吴　涛（蒙古族，1967.6～1967.10任）

10. 内蒙古自治区革命委员会（1967.11～1979.12）

（1）1967.11～1971.5

[1967年11月1日，内蒙古自治区革命委员会成立。1969年12月19日，中共中央发布《关于内蒙古实行分区全面军管的决定》，由北京军区对内蒙古自治区实行分区全面军管。北京军区司令员郑维山，副司令员杜文达，副政委黄振堂、张振光组成前线指挥所（简称“前指”）统一全面领导内蒙古工作。由上述4人组成内蒙古“前指”党的领导小组，自治区革命委员会在北京军区内蒙古“前指”党的领导小组领导下工作。]

主　任：滕海清（1967.11～1971.5任）

副主任：吴　涛（蒙古族，1967.11～1971.5任）

高锦明（满族，1967.11～1969.12任）

霍道余（1967.11～1971.5任）

徐　信（1967.11～1971.5任）

（2）1971.5～1977.12

[1971年5月11日，中共中央同意北京军区内蒙古前线指挥所党的领导小组《关于内蒙古自治区革委会“补台”工作的指示报告》，同意以“补台”的形式改组内蒙古自治区革命委员会。任命尤太忠为自治区革命委员会主任，增补徐信、邓存伦、赵紫阳、滕俊清、倪子文、宝日勒岱、沈新发为副主任；同时免去滕海清中共内蒙古自治区革委会核心小组组长、自治区革委会主任职务，霍道余自治区革委会副主任职务。1972年1月12日，中共中央决定李树德任自治区党委常委、自治区革委会副主任。1975年2月9日，中共中央批准刘景平任自治区党委书记、自治区革命委员会副主任，王铎、邵子言任自治区革命委员会副主任。]

主　任：尤太忠（1971.5～1977.12任）

副主任：吴　涛（蒙古族，1971.5～1977.12任）

徐　信（1971.5～1973.2任）

邓存伦（1971.5～1975.7任）

赵紫阳（1971.5～1972.3任）

滕俊清（1971.5～1977.12任）

倪子文（1971.5～1977.12任）

宝日勒岱（女，蒙古族，1971.5～1977.12任）

沈新发（1971.5～1977.12任）

李树德（1972.1～1977.12任）
刘景平（1975.2～1977.12任）
王　铎（1975.2～1977.12任）
邵子言（1975.2～1977.12任）
池必卿（1975.7～1977.12任）
秘书长：李　质（1973.6～1975.6任）
姜　习（1975.6～1977.12任）

（3）1977.12～1979.12

［1977年12月21日至28日，内蒙古自治区五届人大一次会议在呼和浩特举行，选举出自治区革委会主任、副主任。1978年7月11日，中共中央决定周惠任自治区党委第二书记、革委会副主任，李文任自治区党委常委、革委会副主任。10月19日，中共中央决定孔飞任自治区党委书记、革委会主任，王逸伦任自治区党委书记、革委会副主任。］

主　任：尤太忠（1977.12～1978.10任）
孔　飞（蒙古族，1978.10～1979.12任）
副主任：池必卿（1977.12～1978.5任）
宝日勒岱（女，蒙古族，1977.12～1979.12任）
刘景平（1977.12～1979.12任）
滕俊清（1977.12～1979.7任）
沈新发（1977.12～1979.12任）
王　铎（1977.12～1978.10任）
邵子言（1977.12～1978.7任）
孟　琦（1977.12～1979.7任）
乌　恩（女，蒙古族，1977.12～1979.12任）
侯　永（1977.12～1978.12任）
张鹏图（1977.12～1979.12任）
姜　习（1977.12～1979.12任）
赵　军（1977.12～1979.12任）
云世英（蒙古族，1977.12～1979.12任）
周　惠（1978.7～1978.10任）
李　文（1978.7～1979.12任）
王逸伦（1978.10～1979.12任）
彭梦庾（1979.1～1979.12任）
秘书长：姜　习（1977.12～1978.6任）
杨达赖（蒙古族，1978.6～1979.12任）

11. 内蒙古自治区第五届人民政府（1979.12～1983.4）

［1979年12月18日至27日，内蒙古自治区五届人大二次会议在呼和浩特举行，会议决定将自治区革命委员会改为内蒙古自治区人民政府，并选举出自治区人民政府主席、副主席。1981

年5月31日，自治区五届人大常委会第八次会议决定免去王西自治区人民政府副主席职务。1982年12月，中央批准孔飞（蒙古族）辞去自治区人民政府主席职务，任命布赫（蒙古族）为自治区人民政府主席。1983年1月13日，自治区五届人大常委会第十五次会议通过关于接受孔飞辞去自治区人民政府主席职务的决议、布赫代理自治区人民政府主席的决定和免去云世英（蒙古族）、巴图巴根（蒙古族）自治区人民政府副主席职务的决定。]

主　席：孔　飞（蒙古族，1979.12～1982.12任）
　　　　布　赫（蒙古族，1982.12～1983.4任）
副主席：云世英（蒙古族，1979.12～1983.1任）
　　　　杰尔格勒（蒙古族，1979.12～1982.2任）
　　　　郝秀山（1979.12～1983.4任）
　　　　彭梦庾（1979.12～1983.3任）
　　　　周北峰（1979.12～1983.4任）
　　　　石光华（1979.12～1983.4任）
　　　　陈炳宇（蒙古族，1979.12～1983.4任）
　　　　巴图巴根（蒙古族，1979.12～1983.1任）
　　　　李斌三（1979.12～1983.4任）
　　　　王　西（1979.12～1981.5任）
秘书长：杨达赖（蒙古族，1979.12～1983.4任）

12. 内蒙古自治区第六届人民政府（1983.4～1988.5）

[1983年4月20日至29日，内蒙古自治区六届人大一次会议在呼和浩特举行，选举出自治区人民政府主席、副主席。1985年3月1日至6日，自治区六届人大常委会第十次会议在呼和浩特举行，任命马振铎（蒙古族）为自治区人民政府副主席。1986年2月25日至3月3日，自治区六届人大常委会第十五次会议在呼和浩特举行，任命张灿公为自治区人民政府副主席。1987年9月22日，自治区六届人大常委会二十四次会议任命裴英武为自治区人民政府副主席。1988年1月13日至15日，自治区六届人大常委会第二十六次会议任命阿拉坦敖其尔为自治区人民政府副主席。]

主　席：布　赫（蒙古族，1983.4～1988.5任）
副主席：刘作会（1983.4～1988.5任）
　　　　白俊卿（蒙古族，1983.4～1988.5任）
　　　　赵志宏（1983.4～1988.5任）
　　　　马振铎（蒙古族，1985.3～1988.5任）
　　　　张灿公（1986.3～1988.5任）
　　　　裴英武（1987.9～1988.5任）
　　　　阿拉坦敖其尔（蒙古族，1988.1～1988.5任）
秘书长：周君球（蒙古族，1983.8～1988.5任）

13. 内蒙古自治区第七届人民政府（1988.6～1993.5）

[1988年5月25日至6月9日，内蒙古自治区七届人大一次会议在呼和浩特举行，选举出自

治区人民政府主席、副主席。1990年8月15日至21日，自治区七届人大常委会第十五次会议举行，会议决定免去文精自治区人民政府副主席职务。1991年4月25日至5月6日，自治区七届人大四次会议在呼和浩特举行，增选陈奎元、伊钧华为自治区人民政府副主席。10月25日至31日，自治区七届人大常委会第二十三次会议决定免去裴英武自治区人民政府副主席职务，任命林用三为自治区人民政府副主席。1992年2月29日，自治区七届人大常委会第二十五次会议决定免去陈奎元自治区人民政府副主席职务。4月20日至29日，自治区七届人大五次会议在呼和浩特举行，增选宋志民、云布龙（蒙古族）为自治区人民政府副主席。]

主　席：布　赫（蒙古族，1988.6 ~ 1993.5任）

副主席：文　精（蒙古族，1988.6 ~ 1990.8任）

裴英武（1988.6 ~ 1991.10任）

刘作会（1988.6 ~ 1993.5任）

阿拉坦敖其尔（蒙古族，1988.6 ~ 1993.5任）

赵志宏（1988.6 ~ 1993.5任）

陈奎元（1991.5 ~ 1992.2任）

伊钧华（蒙古族，1991.5 ~ 1993.5任）

林用三（1991.10 ~ 1993.5任）

宋志民（1992.4 ~ 1993.5任）

云布龙（蒙古族，1992.4 ~ 1993.5任）

秘书长：周君球（蒙古族，1988.6 ~ 1988.9任）

刘　珍（蒙古族，1988.9 ~ 1993.5任）

14. 内蒙古自治区第八届人民政府（1993.5～1998.1）

[1993年5月5日至13日，内蒙古自治区八届人大一次会议在呼和浩特举行，选举出自治区人民政府主席、副主席。5月16日至17日，自治区八届人大常委会第一次会议在呼和浩特举行，任命牛玉儒为自治区政府秘书长。1994年11月14日至19日，自治区八届人大常委会第十一次会议召开，会议同意赵志宏辞去自治区人民政府副主席职务，任命王占为自治区人民政府副主席。1995年1月10日至12日，自治区八届人大常委会第十二次会议召开，会议同意云布龙辞去自治区人民政府副主席职务，任命王凤岐、宝音德力格尔为自治区人民政府副主席。3月31日至4月5日，自治区八届人大常委会第十三次会议召开，会议同意林用三辞去自治区人民政府副主席职务。1997年1月24日至30日，自治区八届人大五次会议在呼和浩特举行，会议同意宋志民辞去自治区人民政府副主席职务，选举云公民为自治区人民政府副主席。]

主　席：乌力吉（蒙古族，1993.5 ~ 1998.1任）

副主席：赵志宏（1993.5 ~ 1994.11任）

林用三（1993.5 ~ 1995.4任）

宋志民（1993.5 ~ 1997.1任）

云布龙（蒙古族，1993.5 ~ 1995.1任）

张廷武（1993.5 ~ 1998.1任）

沈淑济（女，1993.5 ~ 1998.1任）

周维德（1993.5～1998.1任）

包文发（蒙古族，1993.5～1998.1任）

王　占（1994.11～1998.1任）

王凤岐（蒙古族，1995.1～1998.1任）

宝音德力格尔（蒙古族，1995.1～1998.1任）

云公民（蒙古族，1997.1～1998.1任）

秘书长：牛玉儒（蒙古族，1993.5～1996.11任）

张国民（1996.11～1998.1任）

（四）中国人民政治协商会议内蒙古自治区委员会

[1947年4月23日至5月3日，内蒙古人民代表会议在王爷庙（今乌兰浩特市）举行，选举产生内蒙古临时参议会，参议员121人，博彦满都当选为参议长。1951年3月22日，绥远省第一届各界人民代表会议第一次会议召开，选举产生绥远省各界人民代表协商委员会，委员43人，苏谦益当选主席，杨植霖、姚喆、奎璧、孙兰峰为副主席。1954年3月6日绥远省与内蒙古自治区合并后，政协内蒙古自治区委员会筹备委员会成立，委员25人。]

1. 政协内蒙古自治区第一届委员会（1955.2～1959.2）

[1955年2月22日至26日，政协内蒙古自治区委员会一届一次会议在呼和浩特举行，选举产生政协内蒙古自治区第一届委员会主席、副主席。]

主　席：杨植霖（1955.2～1959.2任）

副主席：吉雅泰（蒙古族，1955.2～1959.2任）

孙兰峰（1955.2～1959.2任）

特木尔巴根（蒙古族，1955.2～1959.2任）

陈炳谦（1955.2～1958.12任）

秘书长：鲁志浩（1955.2～1957.4任）

武达平（1957.4～1959.2任）

2. 政协内蒙古自治区第二届委员会（1959.3～1965.5）

[1959年2月20日至3月4日，政协内蒙古自治区委员会二届一次会议在呼和浩特举行，选举产生政协内蒙古自治区第二届委员会主席、副主席。]

主　席：杨植霖（1959.3～1965.5任）

副主席：吉雅泰（蒙古族，1959.3～1965.5任）

孙兰峰（1959.3～1965.5任）

李世杰（1959.3～1965.5任）

朋斯克（蒙古族，1959.3～1965.5任）

秘书长：朋斯克（蒙古族，1959.3～1965.5兼任）

3. 政协内蒙古自治区第三届委员会（1965.5～1966.5）

［1965年5月6日至20日，政协内蒙古自治区委员会三届一次会议在呼和浩特举行，选举产生政协内蒙古自治区第三届委员会。1966年5月，“文化大革命”开始，自治区政协被迫中止工作，停止活动达10年之久。］

主　席：乌兰夫（蒙古族，1965.5~1966.5任）

副主席：吉雅泰（蒙古族，1965.5~1966.5任）

孙兰峰（1965.5~1966.5任）

李世杰（1965.5~1966.5任）

克力更（蒙古族，1965.5~1966.5任）

特木尔巴根（蒙古族，1965.5~1966.5任）

武达平（1965.5~1966.5任）

秘书长：杜如薪（1965.5~1966.5任）

4. 政协内蒙古自治区第四届委员会（1977.12～1983.4）

［1975年5月，内蒙古自治区着手恢复政协工作。1977年12月20日至28日，政协内蒙古自治区委员会四届一次会议在呼和浩特举行，选举产生自治区政协第四届委员会主席和副主席。1978年10月19日，中共中央决定奎璧（蒙古族）任自治区政协主席。1979年12月16日至29日，自治区政协四届二次会议在呼和浩特举行，选举奎璧（蒙古族）为自治区政协主席，增选10人为副主席。1982年3月28日至4月7日，自治区政协四届四次会议在呼和浩特举行，增选李森（蒙古族）为自治区政协副主席。］

主　席：尤太忠（1977.12~1978.2任）

奎　璧（蒙古族，1978.10~1983.4任）

副主席：奎　璧（蒙古族，1977.12~1978.10任）

克力更（蒙古族，1977.12~1979.12任）

王再天（蒙古族，1977.12~1983.4任）

孙兰峰（1977.12~1983.4任）

刘华香（1977.12~1983.4任）

孔　飞（蒙古族，1977.12~1979.12任）

李世杰（1977.12~1979.4任）

朋斯克（蒙古族，1977.12~1983.4任）

黄巨俊（1977.12~1979.12任）

周北峰（1977.12~1983.4任）

鄂其尔呼雅克图（蒙古族，1977.12~1979.12任）

杨令德（1977.12~1983.4任）

张荣臻（1977.12~1979.12任）

谭振雄（1977.12~1983.4任）

赵云驶（1979.12~1983.4任）

武达平（1979.12～1983.4任）
赵展山（1979.12～1983.4任）
那钦双和尔（蒙古族，1979.12～1983.4任）
王建功（1979.12～1983.4任）
胡钟达（1979.12～1983.4任）
齐永存（1979.12～1983.4任）
梁一鸣（1979.12～1983.4任）
王海山（达斡尔族，1979.12～1983.4任）
魏兆融（1979.12～1983.4任）
李　森（蒙古族，1982.4～1983.4任）
秘书长：韩　明（1977.12～1983.4任）

5. 政协内蒙古自治区第五届委员会（1983.4～1988.6）

［1983年4月18日至30日，政协内蒙古自治区委员会五届一次会议在呼和浩特举行，选举出自治区五届政协主席、副主席。］

主　席：石生荣（1983.4～1988.6任）
副主席：陈炳宇（蒙古族，1983.4～1988.6任）
乌力更（蒙古族，1983.4～1988.6任）
杨令德（1983.4～1988.6任）
那钦双和尔（蒙古族，1983.4～1985.4任）
韩　明（1983.4～1988.6任）
魏兆融（1983.4～1988.6任）
马振铎（蒙古族，1983.4～1985.4任）
李树元（1983.4～1988.6任）
刘震乙（1983.4～1988.6任）
暴彦巴图（蒙古族，1983.4～1988.6任）
云照光（蒙古族，1983.4～1988.6任）
秘书长：李晋藩（1983.4～1985.4任）
哈　伦（蒙古族，1985.4～1988.6任）

6. 政协内蒙古自治区第六届委员会（1988.6～1993.5）

［1988年5月23日至6月4日，政协内蒙古自治区委员会六届一次会议在呼和浩特举行，选举出自治区六届政协主席、副主席。1991年4月23日至5月2日，自治区政协六届四次会议在呼和浩特举行，增选周君球为自治区政协副主席。1992年4月18日至24日，自治区政协六届五次会议在呼和浩特举行，会议同意哈伦辞去自治区政协秘书长职务，由周君球兼任秘书长，增选乃登为副主席。］

主　席：石生荣（1988.6～1993.5任）
副主席：云照光（蒙古族，1988.6～1993.5任）

云曙芬（女，蒙古族，1988.6 ~ 1993.5任）
王崇仁（1988.6 ~ 1993.5任）
乌力更（蒙古族，1988.6 ~ 1993.5任）
乌　兰（蒙古族，1988.6 ~ 1993.5任）
兰乾福（1988.6 ~ 1993.5任）
李树元（1988.6 ~ 1993.5任）
张顺臻（1988.6 ~ 1993.5任）
陈　杰（1988.6 ~ 1993.5任）
奇忠义（蒙古族，1988.6 ~ 1993.5任）
突　克（蒙古族，1988.6 ~ 1993.5任）
韩　明（1988.6 ~ 1993.5任）
暴彦巴图（蒙古族，1988.6 ~ 1993.5任）
周君球（蒙古族，1991.5 ~ 1993.5任）
乃　登（蒙古族，1992.4 ~ 1993.5任）
秘书长：哈　伦（蒙古族，1988.6 ~ 1992.4任）
周君球（蒙古族，1992.4 ~ 1993.5兼任）

7. 政协内蒙古自治区第七届委员会（1993.5～1998.1）

[1993年5月4日至10日，政协内蒙古自治区委员会七届一次会议在呼和浩特举行，选举自治区政协主席、副主席。]

主　席：千奋勇（蒙古族，1993.5 ~ 1998.1任）
副主席：张佐才（1993.5 ~ 1997.1任）
乃　登（蒙古族，1993.5 ~ 1998.1任）
王崇仁（1993.5 ~ 1995.5任）
陈　杰（1993.5 ~ 1998.1任）
兰乾福（1993.5 ~ 1998.1任）
乌　兰（蒙古族，1993.5 ~ 1998.1任）
奇忠义（蒙古族，1993.5 ~ 1998.1任）
张顺臻（1993.5 ~ 1998.1任）
袁明铎（1993.5 ~ 1998.1任）
格日勒图（蒙古族，1993.5 ~ 1998.1任）
乌伦赛（蒙古族，1993.5 ~ 1998.1任）
夏　日（蒙古族，1993.5 ~ 1998.1任）
杨紫珍（女，1993.5 ~ 1998.1任）
陈又遵（1993.5 ~ 1998.1任）
许柏年（1993.5 ~ 1998.1任）
谭博文（土家族，1997.1 ~ 1998.1任）
秘书长：王纪新（1993.5 ~ 1995.4任）

王玉山（蒙古族，1995.4～1998.1任）

主要参考书目：

1. 何虎生等编. 中华人民共和国职官志. 北京：中国社会出版社，2003.

2. 郝维民主编. 内蒙古自治区史. 呼和浩特：内蒙古大学出版社，1991.

3. 内蒙古自治区地方志编纂委员会办公室编. 内蒙古自治区志·大事记. 呼和浩特：内蒙古人民出版社，1997.

4. 中共内蒙古自治区委员会组织部，中共内蒙古自治区委员会党史研究室，内蒙古自治区档案馆编. 中国共产党内蒙古自治区组织史资料（1925.3～1987.12）. 呼和浩特：内蒙古人民出版社，1995.

5. 内蒙古自治区档案馆编. 内蒙古自治区大事记（1987～1996）. 呼和浩特：内蒙古人民出版社，1998.

6. 任亚平主编. 内蒙古自治区志·共产党志. 呼和浩特：内蒙古人民出版社，1999.

7. 内蒙古自治区人民政府《政府志》办公室编. 内蒙古自治区志·政府志. 北京：方志出版社，2001.

8.《内蒙古自治区志·政协志》编纂委员会编. 内蒙古自治区志·政协志. 呼和浩特：内蒙古人民出版社，2009.

（宝音　崔德志/供稿）

广西壮族自治区党政组织职官志
（1949.9~1993.12）

［广西壮族自治区党政组织职官志收录广西壮族自治区党政组织机构及职官，由中国共产党广西地方组织、广西地方政府、广西壮族自治区人民代表大会、中国人民政治协商会议广西壮族自治区委员会4部分组成。收录范围为自治区的中国共产党、人民政府、人民代表大会、人民政协正副职职官。时间上起1949年9月，下迄1993年12月。］

（一）中国共产党广西地方组织

1. 中共广西省委员会（1949.9～1956.6）

［1949年9月22日，中共中央华中局致电华南分局，同意广西省委以张云逸任书记兼政府主席，陈漫远、莫文弊、何伟、李楚离为第一、第二、第三、第四副主席，莫文弊兼军区政委。10月，中共广西省委在武汉宣告成立。11月，省委机关随军南下，于11月22日抵达桂林。1950年1月，省委机关迁至南宁。］

书　　记：张云逸（1949.9~1956.6任）
副 书 记：陈漫远（1949.9~1952.8任）
　　　　　莫文骅（1949.9~1951.6任）
　　　　　何　伟（1949.9~1952.7任）
　　　　　李楚离（1949.9~1951.6任）
代 书 记：陶　铸（1951.2~1951.11任）
　　　　　陈漫远（1953.5~1955.6任）
第二书记：陈漫远（1952.8~1953.5任）
第三书记：李天佑（1952.8~1955.6任）
第一副书记：乔晓光（1952.8~1953.5任）
　　　　　郝中士（1953.5~1956.6任）
第二副书记：谢扶民（壮族，1952.8~1954.12任）
　　　　　伍晋南（1954.8~1956.6任）
第三副书记：韦国清（壮族，1955.8~1956.6任）
第四副书记：肖一舟（1955.8~1956.6任）
常　　委：黄永胜（1950.3~1951.6任）
　　　　　雷经天（1950.3~1951.6任）
　　　　　李天佑（1951.6~1952.8任）
　　　　　刘随春（1951.6~1952.8任）
　　　　　乔晓光（1951.6~1952.8任）

曾国华（1951.6 ~ 1952.8任）
肖一舟（1952.7 ~ 1955.8任）
覃应机（壮族，1952.8 ~ 1956.6任）
贺亦然（1952.8 ~ 1956.6任）
谭甫仁（1952.8 ~ 1956.6任）
卢绍武（壮族，1952.8 ~ 1956.6任）
田　坪（1953.4 ~ 1955.10任）
王大中（1953.5 ~ 1955.10任）
陈再励（1953.12 ~ 1956.6任）
王梦周（1955.4 ~ 1956.6任）
李殷丹（1955.4 ~ 1956.6任）

2. 中共广西第一届省委（僮族自治区委员会）(1956.7～1962.10)

[1956年6月20日至7月3日，中共广西省第一次代表大会在南宁召开，出席会议代表546名。会议选举产生中共广西省第一届委员会，委员32名，候补委员14名；选举产生广西出席中共第八次全国代表大会代表20名，候补代表2名。7月4日，中共广西省第一届委员会举行第一次全体委员会议，选出常委13人。1956年10月，中共中央提出了建立广西僮族自治区的倡议，1957年6月，国务院作出关于建立广西僮族自治区的决定，并在同年7月召开的第一届全国人民代表大会第四次会议上通过相应的决议。1958年3月5日，广西僮族自治区第一届人民代表大会第一次会议召开，宣告广西僮族自治区成立。]

第 一 书 记：陈漫远（1956.7 ~ 1957.6任）
刘建勋（1957.6 ~ 1961.7任）
韦国清（壮族，1961.7 ~ 1962.10任）
第 二 书 记：韦国清（壮族，1960.10 ~ 1961.7任）
常 务 书 记：乔晓光（1961.7 ~ 1962.10任）
书　　　记：韦国清（壮族，1956.7 ~ 1957.6任）
郝中士（1956.7 ~ 1957.6任）
伍晋南（1956.7 ~ 1957.6任）
肖一舟（1956.7 ~ 1957.6任）
书记处书记：韦国清（壮族，1957.6 ~ 1960.10任）
伍晋南（1957.6 ~ 1962.10任）
覃应机（壮族，1957.4 ~ 1962.10任）
贺希明（1957.6 ~ 1962.10任）
李友九（1959.5 ~ 1962.9任）
安平生（1961.7 ~ 1962.10任）
常　　　委：覃应机（壮族，1956.7 ~ 1957.4任）
陈再励（1956.7 ~ 1958.3任）
王梦周（1956.7 ~ 1958.3任）

贺亦然（1956.7~1962.10任）
李殷丹（1956.7~1962.10任）
卢绍武（壮族，1956.7~1962.10任）
覃士冕（壮族，1958.7~1961.12任）
石　堂（1958.7~1962.10任）
钟　枫（1958.7~1962.10任）
霍　泛（1958.7~1962.10任）
葛　震（1958.7~1962.10任）

3. 中共广西僮族（壮族）自治区第二届委员会（1962.10～1967.1）

［1962年10月20日至31日，中共广西僮族自治区第二次代表大会在南宁召开，出席会议代表572名。大会选举产生中共广西僮族自治区第二届委员会。1965年10月12日，经国务院批准，广西僮族自治区更名为广西壮族自治区。］

第一书记：韦国清（壮族，1965.5~1967.1任）
第二书记：乔晓光（1965.5~1967.1任）
常务书记：乔晓光（1962.10~1965.5任）
书记处书记：伍晋南（1965.5~1967.1任）
贺希明（1965.5~1967.1任）
覃应机（壮族，1965.5~1967.1任）
安平生（1965.5~1967.1任）
候补书记：霍　泛（1964.5~1967.1任）
常　委：欧致富（壮族，1962.10~1967.1任）
傅雨田（锡伯族，1962.10~1967.1任）
李殷丹（1962.10~1967.1任）
卢绍武（壮族，1962.10~1967.1任）
钟　枫（1962.10~1967.1任）
霍　泛（1962.10~1964.5任）
石　堂（1962.10~1964.5任）
葛　震（1962.10~1965.2任）
尚　持（1965.11~1967.1任）
段远钟（1965.11~1967.1任）
黄一平（1965.11~1967.1任）
刘世昌（1965.11~1967.1任）

4. 中共广西壮族自治区革命委员会核心小组

［1967年1月至1971年2月，因“文化大革命”影响，中断工作。1970年4月，经中共中央批准，成立了广西壮族自治区革命委员会党的核心小组。］

组　长：韦国清（壮族，1967.1~1971.2任）

副组长：刘重桂（1967.1～1971.2任）

5. 中共广西壮族自治区第三届委员会（1971.2～1977.11）

［1971年2月9日至16日，中共广西壮族自治区第三次代表大会在南宁召开，出席会议代表853名。大会选举产生中共广西壮族自治区第三届委员会。］

第一书记：韦国清（壮族，1971.2～1975.10任）
安平生（1975.10～1977.2任）
乔晓光（1977.2～1977.11任）

第二书记：乔晓光（1975.10～1977.2任）
刘重桂（1977.4～1977.10任）

书　记：韦祖珍（壮族，1971.2～1973.8任）
刘重桂（1973.8～1977.4任）
安平生（1973.8～1975.10任）
乔晓光（1973.8～1975.10任）
覃应机（壮族，1973.8～1977.11任）
赵茂勋（1975.10～1977.11任）
杜　易（壮族，1975.10～1977.11任）

副书记：刘重桂（1971.2～1973.8任）
安平生（1971.2～1973.8任）

常　委：焦红光（1971.2～1977.11任）
陈开路（1971.2～1977.11任）
徐其海（1971.2～1977.11任）
许圣亭（1971.2～1977.11任）
宋治平（1971.2～1977.11任）
赵欣然（1971.2～1977.10任）
赵茂勋（1971.2～1975.10任）
乔晓光（1971.2～1973.8任）
覃应机（壮族，1971.2～1973.8任）
梁吉泉（壮族，1973.8～1977.11任）
曾小平（1973.8～1977.11任）
肖　寒（1973.8～1977.11任）
廖炜雄（1973.8～1977.11任）
杜　易（壮族，1973.8～1975.10任）
岑国荣（1975.10～1977.11任）
廖生东（1975.10～1977.11任）
郭　鹏（1977.4～1977.11任）
梁华新（壮族，1977.4～1977.11任）

6. 中共广西壮族自治区第四届委员会（1977.11～1985.6）

［1977年7月15日至21日，中共广西壮族自治区第四次代表大会在南宁召开，出席会议代表1077人名。大会选举产生中共广西壮族自治区第四届委员会，委员79人，候补委员33人。］

第一书记：乔晓光（1977.11 ~ 1985.6任）

第二书记：刘重桂（1977.11 ~ 1980.12任）

常务书记：肖　寒（1981.12 ~ 1983.3任）

书　　记：覃应机（壮族，1977.11 ~ 1983.3任）

赵茂勋（1977.11 ~ 1983.3任）

杜　易（壮族，1977.11 ~ 1981.3任）

肖　寒（1977.11 ~ 1981.12任）

周光春（1978.8 ~ 1983.3任）

刘重桂（1980.12 ~ 1983.3任）

副 书 记：韦纯束（壮族，1983.3 ~ 1985.6任）

周光春（1983.3 ~ 1984.4任）

黄　云（1983.3 ~ 1985.6任）

金宝生（瑶族，1983.3 ~ 1985.6任）

陈辉光（1983.3 ~ 1985.6任）

陶爱英（壮族，1985.1 ~ 1985.6任）

常　　委：张声震（壮族，1977.11 ~ 1985.6任）

梁华新（壮族，1977.11 ~ 1983.3任）

廖生东（1977.11 ~ 1983.3任）

徐其海（1977.11 ~ 1982.11任）

罗立斌（1977.11 ~ 1982.7任）

岑国荣（1977.11 ~ 1980.12任）

梁吉泉（壮族，1977.11 ~ 1980.12任）

曾小平（1977.11 ~ 1980.12任）

廖炜雄（1977.11 ~ 1980.12任）

赵欣然（1977.11 ~ 1979.8任）

郭　鹏（1977.11 ~ 1978.8任）

王祝光（1980.12 ~ 1985.6任）

张序登（1980.12 ~ 1983.3任）

贺亦然（1980.12 ~ 1983.3任）

黄　云（1980.12 ~ 1983.3任）

刘毅生（1980.12 ~ 1983.3任）

黄　荣（壮族，1980.12 ~ 1983.3任）

覃应机（壮族，1983.3 ~ 1985.6任）

侯德彭（1983.3 ~ 1985.6任）

区济文（1983.6～1985.6任）
李新良（1983.7～1985.6任）
李振潜（1985.1～1985.6任）
何友嘉（1985.1～1985.6任）

7. 中共广西壮族自治区第五届委员会（1985.6～1990.12）

[1985年6月15日至20日，中共广西壮族自治区第五次代表大会在南宁召开，出席会议代表649名。大会选举产生中共广西壮族自治区第五届委员会及中共广西壮族自治区顾问委员会。]

书　记：陈辉光（1985.6～1990.10任）
赵富林（1990.10～1990.12任）
副书记：韦纯束（壮族，1985.6～1990.10任）
金宝生（瑶族，1985.6～1988.6任）
陶爱英（壮族，1985.6～1988.12任）
李振潜（1986.8～1989.5任）
刘明祖（1989.1～1990.12任）
成克杰（壮族，1990.1～1990.12任）
丁延模（1990.8～1990.12任）
常　委：侯德彭（1985.6～1990.12任）
钟家佐（1985.6～1990.12任）
赵乙生（瑶族，1985.6～1990.12任）
林超群（壮族，1985.6～1990.12任）
李新良（1985.6～1988.8任）
何友嘉（1985.6～1988.6任）
李振潜（1985.6～1986.8任）
郭锡仅（1985.6～1988.4任）
肖旭初（1988.8～1990.12任）
彭贵康（1989.1～1990.12任）
李振潜（1989.5～1990.12任）

8. 中共广西壮族自治区第六届委员会（1990.12～1993.12）

[1990年12月18日至22日，中共广西壮族自治区第六次代表大会在南宁召开，出席会议代表572名。大会选举产生中共广西壮族自治区第六届委员会及顾问委员会和纪律检查委员会。]

书　记：赵富林（1990.12～1993.12任）
副书记：成克杰（壮族，1990.12～1993.12任）
刘明祖（1990.12～1993.12任）
丁延模（1990.12～1993.12任）
常　委：李振潜（1990.12～1993.12任）

林超群（壮族，1990.12～1993.12任）
彭贵康（1990.12～1993.12任）
文国庆（1990.12～1993.12任）
李恩潮（1990.12～1993.12任）
袁正中（1990.12～1993.12任）
杨基常（1990.12～1993.12任）
马庆生（1992.6～1993.12任）

9. 中共广西壮族自治区顾问委员会

（1）1985.6～1990.12

[1983年3月27日，中共中央曾任命周光春为中共广西壮族自治区顾问委员会主任，1984年4月20日免去此职。1984年5月31日，成立中共广西壮族自治区顾问委员会筹备小组，组长覃应机，副组长陈岸、廖生东。1985年6月20日，中共广西壮族自治区第五次代表大会选举产生中共广西壮族自治区顾问委员会，委员31名。1986年10月，经中共中央批准，委员增加到35名。]

主　任：黄　云（1985.6～1990.12任）
副主任：廖生东（1985.6～1990.12任）
　　　　王祝光（1985.6～1990.12任）
　　　　段远钟（1985.6～1990.12任）
常　委：江平秋（1985.6～1990.12任）
　　　　郑少东（1985.6～1990.12任）
　　　　陈　泳（1985.6～1990.12任）
　　　　黄　耿（1985.6～1990.12任）
　　　　林　中（1985.6～1990.12任）

（2）1990.12～1993.12

[1990年12月22日中共广西壮族自治区第六次代表大会选举产生自治区顾问委员会，委员20名。]

主　任：黄　云（1990.12～1993.12任）
副主任：王祝光（1990.12～1993.12任）
　　　　段远钟（1990.12～1993.12任）
常　委：陈　泳（1990.12～1993.12任）
　　　　林　中（1990.12～1993.12任）

10. 中共广西壮族自治区纪律检查委员会

（1）1985.6～1990.12

[1984年4月，中共广西壮族自治区委员会纪律检查委员会改为中共广西壮族自治区纪律检查委员会，陈泳、李英任副书记。1985年3月，韦成栋任书记。1985年6月20日，中共广西壮族自治区第五次代表大会选举产生自治区纪律检查委员会，委员37名。]

书　记：韦成栋（壮族，1985.6～1990.12任）
副书记：李　英（1985.6～1990.12任）
侯世华（苗族，1985.6～1990.12任）
姚琢之（1985.6～1990.12任）
常　委：范乃武（1985.6～1990.12任）
韦英生（壮族，1985.6～1990.12任）
吴喜修（1985.6～1990.12任）
吴显波（1985.6～1990.12任）
李振峰（1985.6～1987.10任）

（2）1990.12～1993.12

[1990年12月22日中共广西壮族自治区第六次代表大会选举产生自治区纪律检查委员会，委员27名。]

书　记：李恩潮（1990.12～1993.12任）
副书记：侯世华（苗族，1990.12～1993.12任）
吴显波（1990.1～1993.12任）
常　委：韦英生（壮族，（1990.12～1993.12任））
韦文全（1990.12～1993.12任）
胡玉蝉（1990.12～1993.12任）
胡国添（1990.12～1993.12任）

（二）广西壮族自治区人民代表大会常务委员会

[自治区第五届人民代表大会第二次会议以前，各届人民代表大会均未设立常设机构，人民代表大会闭会期间，其职能由自治区（省）人民政府或人民委员会行使。1979年7月1日，第五届全国人民代表大会第二次会议通过的《关于修改〈中华人民共和国宪法〉若干规定的决议》和《中华人民共和国地方各级人民代表大会和地方各级人民政府组织法》规定，县和县以上的地方各级人民代表大会设立常务委员会。据此，1979年12月举行的自治区第五届人民代表大会第二次会议决定设立广西壮族自治区人民代表大会常务委员会（简称自治区人大常委），作为自治区人民代表大会的常设机关。]

1. 广西壮族自治区第五届人大常委会（1979.12～1983.4）

[1979年12月21日至26日，广西壮族自治区五届人大二次会议在南宁召开，会议根据《中华人民共和国地方各级人民代表大会和地方各级人民政府组织法》，决定设立自治区五届人大常务委员会，同时将自治区革委会改为自治区人民政府。会议选举黄荣（壮族）为自治区人大常委会主任，覃应机（壮族）为自治区主席，吴洪宁（壮族）为自治区高级法院院长，张复海为自治区检察院检察长。]

主　任：黄　荣（壮族，1979.12～1983.4任）
副主任：梁华新（壮族，1979.12～1983.4任）

钟　枫（1979.12 ~ 1983.4任）
郭质甫（1979.12 ~ 1983.4任）
李殷丹（1979.12 ~ 1983.4任）
林克武（1979.12 ~ 1983.4任）
石兆棠（1979.12 ~ 1983.4任）
叶馥荪（1979.12 ~ 1983.4任）
赵明坚（女，壮族，1979.12 ~ 1983.4任）
蔡勇为（1979.12 ~ 1983.4任）
陈　岸（1979.12 ~ 1983.4任）
任国章（壮族，1979.12 ~ 1983.4任）
陆榕树（壮族，1979.12 ~ 1983.4任）
甘怀义（壮族，1979.12 ~ 1983.4任）
秦振武（侗族，1979.12 ~ 1983.4任）

2. 广西壮族自治区第六届人大常委会（1983.4～1988.1）

[1983年4月23日至30日，广西壮族自治区六届人大一次会议在南宁召开，出席会议代表984人。会议决定设立人大常委会法律委员会、财政经济委员会和教育科技文化卫生委员会。大会选举黄荣（壮族）为自治区人大常委会主任，韦纯束（壮族）为自治区主席，韦立仁为自治区高级法院院长，黄元亮为自治区检察院检察长。1985年7月8日在自治区六届人大三次会议上，甘苦（壮族）当选自治区人大常委会主任。]

主　任：黄　荣（壮族，1983.4 ~ 1985.7任）
甘　苦（壮族，1985.7 ~ 1988.1任）
副主任：钟　枫（1983.4 ~ 1988.1任）
李殷丹（1983.4 ~ 1988.1任）
林克武（1983.4 ~ 1988.1任）
石兆棠（1983.4 ~ 1988.1任）
叶馥荪（1983.4 ~ 1985.7任）
赵明坚（女，壮族，1983.4 ~ 1988.1任）
韦章平（壮族，1983.4 ~ 1988.1任）
甘怀义（壮族，1983.4 ~ 1988.1任）
秦振武（侗族，1983.4 ~ 1988.1任）
张景宁（1983.4 ~ 1988.1任）
黄　嘉（1985.7 ~ 1988.1任）

3. 广西壮族自治区第七届人大常委会（1988.1～1993.1）

[1988年1月15日至28日，广西壮族自治区七届人大一次会议在南宁召开，出席会议代表643人。大会选举甘苦（壮族）连任自治区人大常委会主任，韦纯束（壮族）连任自治区主席，蒙铎为自治区高级法院院长，丘栋霖为自治区检察院检察长。]

主　任：甘　苦（壮族，1988.1～1993.1任）
副主任：金宝生（瑶族1988.1～1993.1任）
黄　嘉（1988.1～1993.1任）
韦章平（壮族1988.1～1993.1任）
石兆棠（1988.1～1993.1任）
赵明坚（女，壮族1988.1～1993.1任）
张景宁（1988.1～1993.1任）
丘文懿（1988.1～1993.1任）
田　民（1988.1～1993.1任）
黎济武（1988.1～1993.1任）
黄保尧（1989.1～1993.1任）
秘书长：韦安基（壮族，1988.1～1993.1任）

（三）广西地方政府

1. 广西省人民政府委员会（1949.12～1952.12）

[1949年12月2日，中央人民政府委员会批准，任命张云逸为广西省人民政府主席，陈漫远、李任仁、雷经天为副主席。1950年2月8日，广西省人民政府在南宁正式成立，省会定于南宁市。1950年3月24日，中央人民政府政务院第25次政务会议通过，并提经4月11日中央人民政府委员会第六次会议批准，任命何伟等31人为广西省人民政府委员会委员。]

主　席：张云逸（1949.12～1952.12任）
副主席：陈漫远（1949.12～1952.12任）
李任仁（民革，1949.12～1952.12任）
雷经天（1949.12～1950.9任）
委　员：何　伟　吴法宪　李天佑　李沛文　李楚离　周祖晃　周钢鸣　邱会作
张一气　张先辰　莫乃群　陈此生　陈　岸　陈　雄　彭明治　贺希明
汤有雁　黄永胜　黄松坚　黄荣（壮族）　杨东莼　雷沛鸿　农　康（壮）
廖　原　刘德懋　卢绍武（壮族）　谢扶民（壮族）　谢鹤筹　钟　伟
覃应机（壮族，1950.4～1952.12任）　莫文骅（1950.4～1952.5任）
乔晓光　王大中　赵卓云　邓戈明　肖一舟　丛振东　侯昭炎　丘　辰
石兆棠（1952.5～1952.12任）

2. 广西省人民政府委员会（1952.12～1955.2）

[1952年12月17日至24日，广西省第二届一次各界人民代表会议在南宁举行，出席会议代表825人。按照中央人民政府委员会第四次会议通过的《关于省各界人民代表会议组织通则》的规定，代行省人民代表大会的职权，于12月23日选举产生新的一届广西省人民政府委员会，主席1人、副主席6人、委员39人。]

主　席：张云逸（1952.12 ~ 1955.2任）
代主席：陈漫远（1953.8 ~ 1955.2任）
副主席：陈漫远（1952.12 ~ 1953.8任）
李任仁（民革，1952.12 ~ 1955.2任）
肖一舟（1952.12 ~ 1955.2任）
覃应机（壮族，1952.12 ~ 1955.2任）
陈此生（民革，1952.12 ~ 1955.2任）
莫乃群（民盟，1952.12 ~ 1955.2任）
陈再励（1954.12 ~ 1955.2任）
委　员：王大中　丘　辰　石兆棠　吕集义　李天佑　李殷丹　李发南　李迪生
周钢鸣　周祖晃　吴克清　侯昭炎　唐现之　陈　岸　陈　雄　徐麟村
梁仰云　黄荣（壮族）　张纯之　乔晓光　覃国翰（壮族）　贺亦然
郭伟人　杨东莼　杨德华　刘锡三　刘秀风　雷沛鸿　赵卓云　邓戈明
廖　原　廖生东　骆　明　卢绍武（壮族）　卢燕南　谢鹤筹
谢扶民（壮族）　谭甫仁　丛振东（1952.12.23 ~ 1955.2.5任）

3. 广西省第一届人民委员会（1955.2～1958.3）

［1955年2月2日至6日，广西省第一届人民代表大会第二次会议在南宁举行，出席会议代表455人。依据第一届全国人民代表大会第一次会议通过的《中华人民共和国地方各级人民代表大会和地方各级人民委员会组织法》的规定，广西省人民政府委员会改称广西省人民委员会，并于2月6日选举产生广西省第一届人民委员会，省长1人，副省长8人，委员40人。1957年6月14日，国务院发出《关于广西省1956年因灾饿死人的问题给有关失职人员处分的决定》，决定给予广西省副省长郝中士、肖一舟撤职处分。］

省　长：韦国清（壮族，1955.2 ~ 1958.3任）
副省长：郝中士（1955.2任 ~ 1957.6被撤职）
肖一舟（1955.2任 ~ 1957.6被撤职）
李任仁（民革，1955.2 ~ 1958.3任）
覃应机（壮族，1955.2 ~ 1958.3任）
陈再励（1955.2 ~ 1958.3任）
陈此生（民革，1955.2 ~ 1958.1任）
莫乃群（民盟，1955.2 ~ 1958.3任）
卢绍武（壮族，1955.2 ~ 1958.3任）
贺希明（1957.9 ~ 1958.3任）
委　员：石兆棠　丘　辰　李殷丹　李景林　吴洪宁　吴克清　吕集义　周祖晃
金宝生　梁华新　唐现之　孙仲逸　秦振武　黄　荣（壮族）　黄克勤
黄现璠　黄家直　郭　城　张声震　张纯之　张景宁　覃延年（壮族）
杨文贵（苗族）　农　康（壮族）　雷沛鸿　廖　原　廖联原　赵乐群
刘秀风　刘惠宁　卢燕南　罗璧基（1955.2 ~ 1958.3任）　周钢鸣

陈漫远　杨德华　赵卓云　刘锡三（1955.2.6～1957.9任）　　刘建勋
伍晋南　陈　岸　钟　枫　江平秋　林克武（1957.9～1958.3任）

4. 广西僮族自治区第二届人民委员会（1958.3～1963.12）

［1958年3月5日至13日，广西僮族自治区第二届人民代表大会第一次会议在南宁举行，出席会议代表421人。依据1957年7月15日第一届全国人民代表大会第四次会议通过的关于撤销广西省建制，成立广西僮族自治区，以原广西省的行政区域为广西僮族自治区的行政区域的决议，宣告广西僮族自治区正式成立。中共中央政治局委员、国务院副总理贺龙代表中共中央、国务院到会祝贺。大会于3月13日选举产生广西僮族自治区第二届人民委员会，主席1人、副主席5人、委员43人。］

主　　席：韦国清（壮族，1958.3.～1963.12任）
常务副主席：贺希明（1962.12～1963.12任）
副 主 席：贺希明（1958.3～1962.12任）
李任仁（民革，1958.3～1963.12任）
覃应机（壮族，1958.3～1963.12任）
莫乃群（民盟，1958.3～1963.12任）
卢绍武（壮族，1958.3～1963.12任）
傅雨田（锡伯族，1959.1～1963.12任）
李殷丹（1962.12～1963.12任）
委　　员：韦纯束（壮族）　卢燕南　卢永克　叶　培　石兆棠　丘　辰　刘建勋
刘秀风　刘惠宁　刘碧清　伍晋南　江平秋　孙仲逸　农　康（壮族）
李殷丹　吕集义　吴克清　陆秀轩　陆榕树（壮族）　陈舜英　金宝生
林克武　林　山　赵乐群　赵明坚　郭　城　秦振武　梁华新　麻福芳
黄　荣（壮族）　黄　征　黄克勤　黄家直　张声震　张景宁　曾云英
覃士冕（壮族）　覃延年（壮族）　覃　波（壮族）　钟　枫
杨文贵（苗族）　雷沛鸿　廖生东（1958.3～1963.12任）

5. 广西僮族（壮族）自治区第三届人民委员会（1963.12～“文革”初期）

［1963年12月21日至29日，广西壮族自治区第三届人民代表大会第一次会议在南宁举行。会议于12月28日选举产生广西壮族自治区第三届人民委员会，主席1人、副主席7人、委员41人。］

主　席：韦国清（壮族，1963.12～“文化大革命”初期任）
副主席：贺希明（1963.12～“文化大革命”初期任）
李任仁（民革，1963.12～“文革”初期任）
覃应机（壮族，1963.12～“文革”初期任）
莫乃群（民盟，1963.12～“文革”初期任）
卢绍武（壮族，1963.12～“文革”初期任）
傅雨田（锡伯族，1963.12～“文革”初期任）
李殷丹（1963.12～“文革”初期任）

钟　枫（1964.5～“文革”初期任）
黄一平（1965.3～“文革”初期任）
委　员：韦纯束（壮族）　田　克　丘　辰　叶　培　石兆棠　甘怀义　卢燕南
农　康（壮族）　孙仲逸　任国章　刘秀风　刘碧清　伍绍歧　伍晋南
汤有雁　吴克清　吕集义　杨文贵（苗族）　林克武　张声震　张景宁
金宝生　陆秀轩　陆榕树（壮族）　陈烟桥　欧致富　钟　枫　赵乐群
赵佩莹　郑建宣　秦振武　黄　征　黄　荣（壮族）　黄克勤　郭　城
麻福芳　曾云英　覃光熙（壮族）　雷沛鸿　谢福惠
廖生东（1963.12～“文革”初期任）

6. 广西壮族自治区第四届人民政府（革命委员会）（1968.8～1977.12）

［1967年11月18日，中共中央、国务院、中央军委、中央文革小组发出《关于广西问题的决定》，中央决定建立由韦国清、欧致富、魏佑铸、孙凤章、焦红光、郝忠云、王斌、伍晋南、安平生以及群众组织代表参加的广西壮族自治区革命委员会筹备小组（简称自治区革筹小组），由韦国清负责领导革筹小组工作。1968年8月26日，经中共中央、国务院、中央军委、中央文革批准，广西壮族自治区革命委员会正式成立，设主任1人、副主任12人、常委29人、委员135人。自治区革委会是一个实行军、干、群和老、中、青“三结合”的权力机关，行使自治区党、政、财、文等一切权力。］

主　任：韦国清（壮族，1968.8～1975.10任）
安平生（1975.10～1977.2.2任）
乔晓光（1977.2～1977.12任）
副主任：欧致富（壮族，1968.8～1970.4任）
霍成忠（1968.8～1970.4任）
魏佑铸（1968.8～1970.11任）
龙智铭（1968.8～1971.10任）
安平生（1968.8～1975.10任）
焦红光（1968.8～1977.12任）
韦世经（1968.8～1977.12任）
林福文（1968.8～1977.12任）
毛凤莺（1968.8～1977.12任）
廖炜雄（1968.8～1977.12任）
颜景堂（1968.8～1977.12任）
曾春生（1968.8～1977.12任）
刘重桂（1970.4～1977.12任）
赵欣然（1970.4～1977.12任）
韦祖珍（壮族，1971.2～1973.8任）
乔晓光（1973.8～1977.12任）
覃应机（壮族，1973.8～1977.12任）

常　委：陈开路　徐其海　刘重桂　韩世福　伍晋南　赵茂勋　肖　寒　邓成汉
　　　　邓文光　陈启品　蒋运英　肖桂荣　农其新　何作然　潘玉臣
　　　　李家海（1968.8～1977.12任）　　许圣亭（1970.4～1977.12任）
　　　　乔晓光　覃应机（壮族，1971.2～1973.8任）

7. 广西壮族自治区第五届人民政府（1977.12～1983.4）

（1）1977.12～1979.12

[1977年12月10日至17日，广西壮族自治区第五届人民代表大会第一次会议在南宁举行，出席会议代表1218人。会议于12月17日选举产生新的一届自治区革委会，主任1人、副主任10人、委员131人。]

主　任：乔晓光（1977.12～1979.12任）
副主任：刘重桂（1977.12～1979.12任）
　　　　覃应机（壮族，1977.12～1979.12任）
　　　　杜　易（壮族，1977.12～1979.12任）
　　　　赵欣然（1977.12～1979.12任）
　　　　廖炜雄（1977.12～1979.12任）
　　　　徐其海（1977.12～1979.12任）
　　　　廖生东（1977.12～1979.12任）
　　　　周光春（1977.12～1979.12任）
　　　　黄　荣（壮族，1977.12～1979.12任）
　　　　贺亦然（1977.12～1979.12任）
　　　　任耕卿（1979.4任～1979.12任）
　　　　史清盛（1979.4任～1979.12任）

（2）1979.12～1983.4

[1979年12月21日至26日，广西壮族自治区第五届人民代表大会第二次会议在南宁举行。依据第五届全国人民代表大会第二次会议通过的《中华人民共和国地方各级人民代表大会和地方各级人民政府组织法》的规定，将广西壮族自治区革命委员会改称广西壮族自治区人民政府，并于12月26日选举产生广西壮族自治区第五届人民政府，主席1人、副主席15人。]

主　席：覃应机（壮族，1979.12～1983.4.29任）
副主席：周光春（1979.12～1983.4任）
　　　　肖　寒（1979.12～1982.1.7任）
　　　　徐其海（1979.12～1982.11.30任）
　　　　廖生东（1979.12～1983.4任）
　　　　罗立斌（1979.12～1982.7任）
　　　　贺亦然（1979.12～1983.4任）
　　　　任耕卿（1979.12～1982.10任）
　　　　黄　云（1979.12～1983.4任）
　　　　梁成业（壮族，1979.12～1983.4任）

莫乃群（民盟，1979.12~1983.4任）
史清盛（1979.12~1983.4任）
金宝生（瑶族，1979.12~1983.4任）
郭　城（壮族，1979.12~1983.4任）
里　林（1979.12~1983.4任）
甘　苦（壮族，1979.12~1983.4任）
骆　明（1982.1.7~1983.4任）

8. 广西壮族自治区第六届人民政府（1983.4～1988.1）

[1983年4月23日至30日，广西壮族自治区第六届人民代表大会第一次会议在南宁举行，出席会议代表984人。会议于4月30日选举产生自治区第六届人民政府，主席1人、副主席5人。]

主　席：韦纯束（壮族，1983.4~1988.1任）
副主席：王祝光（1983.4~1985.7.3任）
张声震（壮族，1983.4~1985.7.3任）
甘　苦（壮族，1983.4~1985.6任）
王蓉贞（1983.4~1988.1任）
吴克清（民盟，1983.4~1988.1任）
张春园（1985.7~1988.1任）
郑　义（壮族，1985.7~1988.1任）
陈　仁（1986.8~1988.1任）
成克杰（壮族，1986.8~1988.1任）
赵维臣（满族，1987.7~1988.1任）

9. 广西壮族自治区第七届人民政府（1988.1～1993.1）

[1988年1月15日至28日，广西壮族自治区第七届人民代表大会第一次会议在南宁举行，出席会议代表643人。会议于1月25日选举产生自治区第七届人民政府，主席1人、副主席5人。]

主　　席：韦纯束（壮族，1988.1~1990.1任）
成克杰（壮族，1990.1~1990.4代理）
成克杰（壮族，1990.4.28~1993.1任）
副 主 席：成克杰（壮族，1988.1~1990.1任）
王蓉贞（1988.1~1993.1任）
赵维臣（满族，1988.1~1990.1任）
张春园（1988.1~1988.11任）
陈　仁（1988.1~1993.1任）
李振潜（1989.1~1993.1任）
龙　川（1989.1~1993.1任）
袁正中（1990.8.11~1993.1任）

韦继松（1990.12.29～1993.1任）

雷　宇（1992.4.22～1993.1任）

主席助理：吴景学（1991.11～1993.1任）

主席科技助理：孙惠南（1992.10～1993.1任）

（四）中国人民政治协商会议广西壮族自治区委员会

［1950年11月，根据《中国人民政治协商会议全国委员会关于地方委员会的决定》的有关规定，由广西省各界人民代表会议选举产生广西省各界人民代表会议协商委员会（简称广西省协商委员会、省协商会），作为代行地方政协职权的统一战线组织和省各界人民代表会议的常设机构。］

1. 广西省第一届各界人民代表会议协商委员会常务委员会（1950.11～1952.12）

［1950年11月2日，广西省第一届各界人民代表会议协商委员会第一次会议在南宁召开，会议选举产生常委会。11月22日，常委会召开第一次会议通过设立政法、财经、文教、民族等4个委员会。］

主　席：张云逸（1950.11～1952.1任）

副主席：陈漫远（1950.11～1952.1任）

莫文骅（1950.11～1952.1任）

陈此生（民革，1950.11～1952.1任）

莫乃群（民盟，1950.11～1952.1任）

张一气（无党派，1950.11～1952.1任）

何　伟（1950.11～1952.1任）

杨东莼（无党派，1950.11～1952.1任）

秘书长：赵卓云（1950.11～1952.1任）

2. 广西省第二届各界人民代表会议协商委员会常务委员会（1952.12～1955.2）

［1952年12月17日至24日，广西省二届一次各界人民代表会议在南宁召开，会议选举产生省二届各界人民代表会议协商委员会。24日，省二届各界人民代表会议协商委员会第一次会议选举产生主席张云逸，副主席陈漫远、谢扶民、陈此生、莫乃群、杨东莼。］

主　席：张云逸（1952.12～1955.2任）

陈漫远（代）（1952.12～1955.2任）

副主席：陈漫远（1952.12～1955.2任）

谢扶民（1952.12～1955.2任）

陈此生（民革，1952.12～1955.2任）

莫乃群（民盟，1952.12～1955.2任）

杨东莼（民进，1952.12～1955.2任）

雷沛鸿（致公，1952.12～1955.2任）

秘书长：赵卓云（1952.12～1955.2任）

3. 政协广西省第一届委员会常务委员会（1955.2～1958.3）

[根据《中国人民政治协商会议章程》的规定，在广西省协商委员会的基础上建立了中国人民政治协商会议广西省第一届委员会。1955年2月9日至11日，省政协一届一次会议在南宁召开。出席会议委员183人。会议选举陈漫远为省政协主席。1956年4月22日至26日，省政协一届二次会议在南宁召开。出席会议委员235人。会议选举产生省政协第一届委员会，主席陈漫远。1957年8月19日至9月3日，省政协一届四次会议选举刘建勋为省政协主席。]

主　席：陈漫远（1955.2～1958.3任）
　　　　刘建勋（1957.9～1958.3任）
副主席：陈再励（1955.2～1958.3任）
　　　　赵卓云（1955.2～1958.3任）
　　　　雷沛鸿（致公，1955.2～1958.3任）
　　　　丘　辰（农工，1955.2～1958.3任）
　　　　石兆棠（民盟，1955.2～1958.3任）
　　　　黄　荣（壮族，1955.2～1958.3任）
　　　　林　虎（无党派，1955.2～1958.3任）
秘书长：陈　捷（1955.2～1958.3任）

4. 政协广西僮族自治区第二届委员会常务委员会（1958.3～1963.12）

[1958年3月，广西撤销省建制，广西僮族自治区正式成立。3月 16日至17日，自治区政协一届一次会议在南宁召开，会议选举刘建勋为自治区政协第一届委员会主席。1959年12月18日至26日，自治区政协一届二次会议在南宁召开，会议增选黄惠良、陆秀轩、石兆棠为自治区政协副主席。1962年12月11日至23日，自治区政协一届四次会议在南宁召开，会议补选韦国清为自治区政协主席，增选黄松坚为副主席。]

主　席：刘建勋（1958.3～1963.12任）
　　　　韦国清（壮族，1958.3～1963.12任）
副主席：黄　荣（壮族，1962.12～1963.12任）
　　　　林　虎（无党派，1958.3～1960.2病故）
　　　　雷沛鸿（致公，1958.3～1963.12任）
　　　　丘　辰（农工，1958.3～1963.12任）
　　　　黄惠良（壮族，1958.3～1963.12任）
　　　　陆秀轩（壮族，1958.3～1963.12任）
　　　　石兆棠（民盟，1958.3～1963.12任）
　　　　黄松坚（壮族，1962.12～1963.12任）
秘书长：祝惟干（1958.3～1963.12任）

5. 政协广西僮族（壮族）自治区第三届委员会常务委员会（1963.12～1977.12）

［1963年12月20日至30日，广西自治区政协二届一次会议在南宁召开。会议选举韦国清（壮族）为自治区政协第三届委员会主席。］

主　席：韦国清（壮族，1963.12～1977.12任）

副主席：雷沛鸿（致公，1963.12～1977.12任）

陆秀轩（壮族，1963.12～1977.12任）

黄松坚（壮族，1963.12～1977.12任）

黄惠良（壮族，1963.12～1977.12任）

黄　荣（壮族，1963.12～1977.12任）

石兆棠（民盟，1958.3～1963.12任）

丘　辰（农工，1963.12～1977.12任）

秘书长：祝惟千（1963.12～1977.12任）

6. 政协广西壮族自治区第四届委员会常务委员会（1977.12～1983.5）

［1977年12月9日至16日，广西壮族自治区政协四届一次会议在南宁召开。出席会议委员500人。会议选举覃应机（壮族）为自治区政协第四届委员会主席。1979年12月21日至27日，广西壮族自治区政协四届二次会议在南宁召开，会议选举乔晓光为自治区政协主席，增补廖联原等15人为政协副主席。］

主　席：覃应机（壮族，1977.12～1979.12任）

乔晓光（1979.12～1983.5任）

副主席：赵茂勋（1977.12～1979.12任）

钟　枫（1977.12～1979.12任）

卢绍武（壮族，1977.12～1979.12任）

黄一平（1977.12～1979.12任）

莫乃群（民盟，1977.12～1979.12任）

陆秀轩（壮族，1977.12～1979.12任）

石兆棠（民盟，1977.12～1979.12任）

林克武（1977.12～1979.12任）

郑建宣（民进，壮族，1977.12～1979.12任）

黄松坚（壮族，1977.12～1979.12任）

黄启汉（民革，壮族，1977.12～1979.12任）

叶　培（无党派，1977.12～1979.12任）

李　毅（1977.12～1979.12任）

李发南（1979.7～1983.5任）

廖联原（壮族，1979.12～1983.5任）

覃士冕（壮族，1979.12～1983.5任）

阎光彩（1979.12～1983.5任）

李同文（1979.12 ~ 1983.5任）
刘国平（1979.12 ~ 1983.5任）
尚　持（1979.12 ~ 1983.5任）
黄独峰（致公，1979.12 ~ 1983.5任）
高天梅（女，1979.12 ~ 1983.5任）
孙仲逸（农工，1979.12 ~ 1983.5任）
卢燕南（民建，1979.12 ~ 1983.5任）
蓝昌法（瑶族，1979.12 ~ 1983.5任）
秦　似（1979.12 ~ 1983.5任）
阳太阳（民进，1979.12 ~ 1983.5任）
杨宗德（苗族，1979.12 ~ 1983.5任）
莫树杰（民革，壮族，1979.12 ~ 1983.5任）
张　华（1981.2 ~ 1983.5任）
秘书长：钟　枫（兼，1977.12 ~ 1979.12任）
廖联原（兼，1979.12 ~ 1983.5任）

7. 政协广西壮族自治区第五届委员会常务委员会（1983.5～1988.1）

[1983年4月23日至5月3日，广西壮族自治区政协五届一次会议在南宁召开。会议选举覃应机（壮族）为自治区政协第五届委员会主席。1985年6月28日至7月5日，广西壮族自治区政协五届三次会议在南宁召开，出席会议委员483人，会议增补区济文、黄语扬为政协副主席。]

主　席：覃应机（壮族，1983.5 ~ 1988.1任）
副主席：廖联原（壮族，1983.5 ~ 1988.1任）
莫乃群（民盟，1983.5 ~ 1988.1任）
黄启汉（民革，壮族，1983.5 ~ 1988.1任）
叶　培（无党派，1983.5 ~ 1988.1任）
卢燕南（民建，1983.5 ~ 1988.1任）
刘国平（1983.5 ~ 1988.1任）
黄独峰（致公，1983.5 ~ 1988.1任）
孙仲逸（农工，1983.5 ~ 1988.1任）
秦　似（1983.5 ~ 1988.1任）
阳太阳（民进，1983.5 ~ 1988.1任）
莫树杰（民革，壮族，1983.5 ~ 1988.1任）
区济文（1985.7 ~ 1988.1任）
黄语扬（壮族，1985.7 ~ 1988.1任）
秘书长：江　明（1983.5 ~ 1988.1任）

8. 政协广西壮族自治区第六届委员会常务委员会（1988.1～1993.1）

[1988年1月14日至22日，广西壮族自治区政协六届一次会议在南宁召开，出席会议委员

473人。会议选举陈辉光为自治区政协第六届委员会主席。1989年1月10日至14日，自治区政协六届二次会议在南宁召开，会议选举钟家佐为自治区政协副主席。1990年4月9日至15日，自治区政协六届三次会议在南宁召开，会议增选吴克清、侯德彭为政协副主席。]

主　席：陈辉光（1988.1～1993.1任）

副主席：区济文（1988.1～1993.1任）

黄语扬（壮族，1988.1～1993.1任）

莫乃群（民盟，1988.1～1993.1任）

卢燕南（民建，1988.1～1993.1任）

黄独峰（致公，1988.1～1993.1任）

韦瑞霖（壮族，1988.1～1993.1任）

阳太阳（民进，1988.1～1993.1任）

马明龙（农工，1988.1～1993.1任）

姚克鲁（1988.1～1993.1任）

钟家佐（1989.1～1993.1任）

吴克清（民盟，1990.4～1993.1任）

侯德彭（1990.4～1993.1任）

秘书长：黄语扬（兼1988.1～1993.1任）

陈　宁（1988.1～1993.1任）

主要参考书目：

1. 罗解三主编，广西壮族自治区地方志编纂委员会编. 广西通志·大事记. 南宁：广西人民出版社，1998.

2. 何绍榜主编，广西壮族自治区地方志编纂委员会编. 广西通志·中共广西地方组织志. 南宁：广西人民出版社，1994.

3. 李荫主编，广西壮族自治区地方志编纂委员会编. 广西通志·政府志. 南宁：广西人民出版社，1998.

4. 刘木林主编，广西壮族自治区地方志编纂委员会编. 广西通志·人民代表大会志. 南宁：广西人民出版社，1997.

5. 钟家佐主编，广西壮族自治区地方志编纂委员会编. 广西通志·政协志. 南宁：广西人民出版社，1998.

6. 广西文革大事记年表编写小组编. 广西文革大事记年表. 南宁：广西人民出版社，1990.

7.《当代中国》丛书编辑部编. 当代中国的广西. 北京：当代中国出版社，1992.

（张郁/供稿）

西藏自治区党政组织职官志
（1950.1 ~ 1993.12）

［西藏自治区筹建于1956年4月，为历史衔接，本志从1950年1月中国共产党西藏工作委员会成立撰起。组织职官分为中国共产党西藏地方组织、西藏自治区人民代表大会常务委员会、西藏地方政府、中国人民政治协商会议西藏自治区委员会4类。各组织职官名称的沿革，在类下逐一志述，其组织成立的由来及其建制、职官等情况，随文予以简明提示与解说。］

（一）中国共产党西藏地方组织

1. 中共西藏工作委员会（1950.1～1951.12）

［1950年1月18日西南局报请中央成立，简称“西藏工委”。1月30日宣布成立。］

书　记：张国华

副书记：谭冠山

委　员：张国华　谭冠山　王其梅　昌炳桂　陈明义　刘振国　天　宝（桑吉悦希，藏族）

2. 中共西北西藏工作委员会（1951.6～1951.12）

［1951年2月西北局开始组建西藏工委。6月7日，西北局组织部发出通知，决定由范明、慕生忠、牙含章、白云峰组成西藏工委。］

书　记：范　明

委　员：范　明　慕生忠　牙含章　白云峰

3. 中共西藏工作委员会（1951.6～1965.9）

［1951年12月19日，中共中央批复西南局，西藏工委与西北局工委合并，成立由西南局统一领导的西藏工委。其组织建制的沿革，分为5个阶段。］

（1）1951.6 ~ 1951.12

书　记：张国华

副书记：谭冠山　范　明

委　员：张国华　范　明　牙含章　慕生忠　谭冠山　昌炳桂　王其梅　陈明义　李　觉　刘振国　平措旺阶（藏族）

（2）1951.12 ~ 1952.3

书　记：张国华　谭冠山　范　明

委　员：张国华　谭冠山　范　明　王其梅　慕生忠　昌炳桂　陈明义　李　觉　刘振国　牙含章　平措旺阶（藏族）

（3）1952.3 ~ 1956.4

书　　记：张经武（1952.3～1956.4任）
第一副书记：张国华（1952.3～1956.4任）
第二副书记：谭冠山（1952.3～1956.4任）
第三副书记：范　明（1952.3～1956.4任）
（4）1956.4～1959.3
书　记：张经武　（1956.4～1959.3任）
副书记：张国华（1956.4～1959.3任）
　　　　谭冠山（1956.4～1959.3任）
　　　　范　明　（1956.4～1958.4被错划为“右派”）
　　　　周仁山（1956.11～1959.3任）
（5）1959.3～1965.8
第一书记：张经武（1959.3～1965.9任）
第二书记：张国华（1962.8～1965.8任）
副 书 记：张国华（1959.3～1962.8任）
　　　　　谭冠山（1959.3～1965.8任）
　　　　　周仁山（1959.3～1965.8任）
　　　　　郭锡兰（1959.11～1965.8任）
　　　　　王其梅（1961.3～1965.8任）
　　　　　夏辅仁（1961.3任～1964.11殉职）
　　　　　任明道（1964.3～1965.8任）
　　　　　郝平南（1964.9～1965.8任）
　　　　　麻贵书（1965.1～1965.8任）
　　　　　苗丕一（1965.1～1965.8任）
　　　　　杨东生（藏族，1965.1～1965.8任）

4. 中共西藏自治区委员会（1965.9～1967.2）

［1965年9月1日，经中共中央批准，中共西藏工作委员会改为中共西藏自治区委员会。］
（1）1965.9～1966.5
第 一 书 记：张国华
书记处书记：谭冠山　周仁山　王其梅　郭锡兰　苗丕一　任明道　杨东生　麻贵书
　　　　　　郝平南
（2）1966.5～1967.2
第　一　书　记：张国华（1966.5～1966.12任）
代理第一书记：周仁山（1967.1.15～1967.2.3任）
书 记 处 书 记：谭冠山（1966.5～1966.12任）
　　　　　　　　周仁山（1966.5～1967.1任）
　　　　　　　　王其梅（1666.5～1967.2任）
　　　　　　　　郭锡兰（1966.5～1967.2任）

苗丕一（1966.5 ~ 1967.2任）
任明道（1966.5 ~ 1967.2任）
杨东生（藏族，1966.5 ~ 1967.2任）
麻贵书（1966.5 ~ 1967.2任）
郝平南（1966.5 ~ 1967.2任）

5. 中共西藏自治区革命委员会核心领导小组（1968.9～1971.8）

[1968年9月5日经中共中央批准成立。]

组　　长：曾雍雅（1968.9.5 ~ 1971.4.7任）
代理组长：任　荣（1971.4 ~ 1971.8任）
副 组 长：任　荣（1968.9.5 ~ 1971.4.7任）
陈明义（1968.9 ~ 1971.8任）
天　宝（藏族，1968.9 ~ 1971.8任）
封克达（1968.9 ~ 1971.8任）
成　　员：高圣轩（1968.9 ~ 1971.8任）
郭锡兰（1968.9 ~ 1971.8任）

6. 中共西藏自治区委员会（1971.8～1995.8）

（1）第一届委员会（1971.8 ~ 1977.10）

[1971年8月7日至12日，中共西藏自治区第一次代表大会在拉萨举行，选举产生中共西藏自治区委员会，并经中共中央批准。]

第一书记：任　荣（1971.8 ~ 1977.10任）
书　　记：陈明义（1971.8 ~ 1975.9任）
天　宝（藏族，1971.8 ~ 1977.10任）
杨东生（藏族，1971.8 ~ 1977.10任）
封克达（1971.8 ~ 1977.5任）
高圣轩（1971.8 ~ 1977.10任）
巴　桑（藏族，女，1971.8 ~ 1977.10任）
热　地（藏族，1975.3 ~ 1977.10任）
郭锡兰（1975.3 ~ 1977.10任）
秘 书 长：郭锡兰（1971.8 ~ 1977.10任）

（2）第二届委员会（1977.10 ~ 1983.11）

[1977年10月24日至29日，中共西藏自治区第二次代表大会在拉萨举行，选举产生中共西藏自治区委员会，并经中共中央批准。]

第 一 书 记：任　荣（1977.10 ~ 1980.3.16任）
阴法唐（1980.12 ~ 1983.11任）
代理第一书记：阴法唐（1980.3 ~ 1980.12任）
书　　　　记：天　宝（藏族，1977.10 ~ 1981.1任）

杨东生（藏族，1977.10～1979.1任）
郭锡兰（1977.10～1983.11任）
郄晋武（1980.12～1983.1任）
巴　桑（藏族，女，1977.10～1983.11任）
热　地（藏族，1977.10～1983.11任）
洛桑慈诚（藏族，1980.12任～1981.11病故）
杨岭多吉（藏族，1980.12～1983.11任）
多吉才旦（藏族，1983.1～1983.11任）

副　书　记：陈　卓（1977.10～1979.9任）
宋子元（1977.10～1983.12任）
张向明（1980.12～1983.1任）

常　　　委：仁增旺杰（藏族，1977.10～?）
杨宗欣（1977.10～1983.12任）
牛瑞驷（1977.10～1983.11任）
张增文（1977.10～1979.3任）
张再旺（1977.10～1978.12任）
多吉才让（藏族，1977.10～1983.12任）
洛桑慈诚（藏族，1979.3.10～1980.12任）
曹　旭（1979.3.10～1983.12任）
罗　铭（1979.3.10～1983.12任）
李文珊（1979.3.10～1983.12任）
丹　增（藏族，1979.3.10～1983.12 任）
江村罗布（藏族，1979.3.10～1983.12任）
胡颂杰（1979.3.10～1983.12任）

※“?”为时间不详，后均同处理。

（3）第三届委员会（1983.12～1990.7）

［1983年11月27日至12月1日，中共西藏自治区第三次代表大会在拉萨举行，选举产生中共西藏自治区委员会，并经中共中央批准。］

①1983.12～1985.6

第一书记：阴法唐（1983.12任～1985.6.1调）

书　　记：热　地（藏族）
多杰才旦（藏族）
杨岭多吉（藏族）
巴　桑（藏族）
宋子元（1983.12～1984.12任）

副 书 记：李文珊（1984.12～1985.11任）
毛如柏（1984.12～1985.6 任）
多杰才旦（藏族，1985.8.27～1985.11任）

杨岭多吉（藏族，1985.8.27 ~ 1985.11任）

②1985.6 ~ 1988.11

书　记：伍精华（1985.6.1 ~ 1988.12任）

副书记：热　地（藏族，1985.8.27任）

多吉才让（藏族，1985.11 ~ 1988.12任）

巴　桑（藏族，女，1985.8.27 ~ 1988.12）

毛如柏（1985.6 ~ 1988.12任）

丹　增　（藏族，1985.11 ~ 1988.12任）

江村罗布　（藏族，1985.11 ~ 1988.12任）

常　委：多吉才让（藏族，1983.12 ~ 1985.11任）

曹　旭（1983.12 ~ 1985.11任）

江村罗布（藏族，1983.12 ~ 1985.11.22任）

李文珊（1983.12 ~ 1984.12任）

丹　增（藏族，1983.12 ~ 1985.11.22任）

胡颂杰（1983.12 ~ 1988.7任）

王心前（1983.12 ~ 1985.11任）

姜洪泉（1985.11 ~ 1990.7任）

③1988.12 ~ 1990.7

书　记：胡锦涛（1988.12 ~ 1990.7任）

副书记：热　地（藏族，1988.12 ~ 1990.7任）

多吉才让（藏族，1988.12 ~ 1990.7任）

田聪明（1988.12 ~ 1990.7任）

巴　桑（藏族，女，1988.12 ~ 1990.7任）

毛如柏（1988.12 ~ 1990.7任）

丹　增（藏族，1988.12 ~ 1990.7任）

江村罗布（藏族，1988.12 ~ 1990.7任）

常　委：胡颂杰（1988.12 ~ 1990.7任）

姜洪泉（1988.12 ~ 1990.7任）

马李胜（1988.12 ~ 1990.7任）

（4）第四届委员会（1990.7 ~ 1995.8）

[1990年7月11日至18日，中共西藏自治区第四次代表大会在拉萨举行，选举产生中共西藏自治区委员会，并经中共中央批准。]

书　记：胡锦涛（1990.7 ~ 1992.12.1任）

书　记：陈奎元（1992.12 ~ 1995.8任）

副书记：热　地（藏族，1990.7 ~ 1995.8任）

江村罗布（藏族，1990.7 ~ 1995.8任）

田聪明（1990.7 ~ 1991.1任）

巴　桑（藏族，女，1990.7 ~ 1995.8任）

毛如柏（1990.7～1993.4任）
丹　增（藏族，1990.7～1995.8任）
陈奎元（1992.1～1992.12任）
郭金龙（1993.12～1995.8任）
张学忠（1992.3～1993.10任）
杨传堂（1994.11～1995.8任）
列　确（藏族，1994.11～1995.8任）
常　委：姜洪泉（1990.7～1991.12任）
马李胜（1990.7～1993.1任）
子　成（藏族，1990.7～1995.8任）
陈汉昌（1990.7～1995.8任）
冯　军（1991.5任～1993.8病故）
列　确（藏族，1991.12～1994.11任）
布　穷（藏族，1992.11～1995.8任）
李光文（藏族，1993.11～1995.8任）
杨传堂（1993.12～1994.11任）
陆惠民（？～1995.8任）
秘书长：李立国（1993.1～1995.8任）

7. 中共西藏自治区顾问委员会（1983.11～1990.7）

［1983年11月23日，中国共产党西藏自治区第三次代表大会选举产生中共西藏自治区顾问委员会。］

主　任：郭锡兰（1983.11～1985.8任）
张向明（1985.11～1989.12任）
副主任：张向明（1983.11～1985.11任）
宋子元（1984.12～1985.11离休）
常　委：牛瑞驹（1983.11～1990.7任）
侯　杰（1983.11～1990.7任）
张增文（1983.11～1990.7任）

8. 中共西藏自治区顾问小组（1990.7～1993.12）

［1990年7月18日，中国共产党西藏自治区第四次代表大会改顾问委员会为顾问小组。］

成　员：牛瑞驹　曹　旭　扎西平措

9. 中共西藏自治区纪律检查委员会（1979.1～1995.8）

［1979年1月17日，中国共产党西藏自治区委员会第二届三次全会选举产生中共西藏自治区纪律检查委员会。］

（1）1979.1～1983.11

书　记：热　地　（藏族，1979.1～1983.11任）

副书记：王运祥（1979.1～1983.11任）

曹　旭（1979.1～1983.11任）

赵云堂（1979.1～1983.11任）

郑　英（1979.1～1983.11任）

益西卓玛（藏族，女，1979.1～1983.11任）

上官清义（1981.11～1983.11任）

（2）1983.12～1990.7

［1983年11月27日至12月1日，中国共产党西藏自治区第三次代表大会选举产生中共西藏自治区纪律检查委员会。］

书　记：热　地　（藏族，1983.12～1985.11任）

书　记：巴　桑（藏族，1985.11～1990.7任）

副书记：赵云堂（1983.12～1985.8.12任）

益西卓玛（藏族，女，1983.12～1988.2任）

孙　海（1985.1～1988.2 未到职）

汪庞良（1988.2～1990.7任）

练成才（1988.2～1990.7任）

（3）1990.7～1995.8

［1990年7月11日至17日，中国共产党西藏自治区第四次代表大会选举产生中共西藏自治区纪律检查委员会。］

书　记：巴　桑（藏族，1990.7～1994.11任）

书　记：布　穷（藏族，1994.11～1995.8任）

副书记：汪庞良（1990.7～?）

练成才（1990.7～?）

布　穷（藏族，1992.11～1994.11任）

常　委：向　东　索朗坚定　尼　玛　尤克俭

（二）西藏自治区人民代表大会常务委员会

［1965年9月1日至9日，西藏自治区第一届人民代表大会第一次会议在拉萨召开。大会选举产生自治区人民委员会，选举自治区高级人民法院院长，大会通过《西藏自治区各级人民代表大会组织条例和各级人民委员会组织条例》。没有正式建立自治区人大组织机构。］

1. 西藏自治区第三届人大常委会（1979.8～1983.4）

［1977年11月29日至12月2日，西藏自治区第三届人民代表大会召开，选举产生新一届自治区革命委员会。1979年8月6日至14日自治区三届人大二次会议召开，选举产生自治区人大常务委员会。］

主　任：阿沛·阿旺晋美（藏族，1979.8～1981.4任）

杨东生（藏族，1981.4～1982.11任）

副主任：热　地（藏族，1979.8～1983.4任）

陈竞波（1979.8～1983.4任）

苗丕一（1979.8～1983.4任）

王静之（1979.8～1983.4任）

胡宗林（藏族，1979.8～1983.4任）

王运祥（1979.8～1983.4任）

德格·格桑旺堆（藏族，1979.8～1983.4任）

次仁拉姆（藏族，女，1979.8～1983.4任）

崔科·顿珠次仁（藏族，（1979.8～1982.4任）

朗顿·贡噶旺秋（藏族，（1979.8任～1980.8病故）

生钦·洛桑坚赞（藏族，（1979.8～1983.4任）

多杰才旦（藏族，1981.4～1983.4任）

2. 西藏自治区第四届人大常委会（1983.4～1988.8）

［1983年4月20日至29日，西藏自治区四届人大一次会议在拉萨举行，选举产生由41名委员组成的四届人大常务委员会。］

主　任：阿沛·阿旺晋美（藏族，1983.4～1988.7任）

副主任：帕巴拉·格列朗杰（藏族，1983.4～1988.7任）

德格·格桑旺堆（藏族，1983.4任～1984.1病故）

李本善（1983.4～1986.5任）

生钦·洛桑坚赞（藏族，1983.4～1988.7任）

雪康·土登尼玛（藏族，1983.4～1988.7任）

曹　旭（1983.4～1987.7任）

布多吉（藏族，1983.4～1988.7任）

郎　杰（藏族，1983.4～1988.7任）

江中·扎西多吉（藏族，1983.4～1988.7任）

彭　哲（藏名彭措扎西，藏族，1983.4～1988任）

伦珠陶凯（藏族，1984.7～1988.7任）

桑顶多吉帕姆·德钦曲珍（藏族，女，1984.7～1988.7任）

王广玺（1984.7～1988.7任）

3. 西藏自治区第五届人大常委会（1988.8～1993.1）

［1988年7月25日至8月6日，西藏自治区人大五届一次会议在拉萨举行，大会选举产生自治区第五届人大常务委员会。］

主　任：阿沛·阿旺晋美（藏族，1988.8～1993.1任）

副主任：帕巴拉·格列朗杰（藏族，1988.8～1993.1任）

生钦·洛桑坚赞（藏族，1988.8～1993.1任）

雪康·土登尼玛（藏族，1988.8～1993.1任）
布多吉（藏族，1988.8～1993.1任）
郎　杰（藏族，1988.8～1993.1任）
江中·扎西多吉（藏族，1988.8～1993.1任）
伦珠陶凯（藏族，1988.8任～1991.? 病故）
王广玺（1988.8～1993.1任）
胡颂杰（1988.8任～1992.? 退休）
桑顶多吉帕姆·德钦曲珍（1988.8～1993.1任）

4. 西藏自治区第六届人大常委会（1993.1～1998.5）

［1993年1月3日至12日，西藏自治区第六届人大一次会议在拉萨召开，会议选举产生自治区第六届人大常务委员会。］

主　任：热　地（藏族，1993.1～1998.5任）
副主任：普　穷（藏族，1993.1～1998.5任）
郑　英（1993.1～?）
生钦·洛桑坚赞（藏族,?）
布多吉（藏族，1993.1～1998.5任）
郎　杰（藏族，1993.1～?）
桑顶多吉帕姆·德钦曲珍（藏族，1993.1～1998.5任）
龚达希（1993.1～1998.5任）
霍康·索朗边巴（藏族）
田福俊（?）
李维伦（?）
白玛多吉（藏族,?）
永仲嘎瓦（藏族,? ～1998.5任）
崔继国（?）
曲　加（藏族，1996.5～1998.5任）
马光华（回族，1996.5～1998.5任）
索朗达吉（藏族，1996.9～1998.5任）
秘书长：马光华

（三）西藏地方政府（1951.5～1993.12）

［1951年5月23日，《中央人民政府和西藏地方政府关于和平解放西藏办法的协议》签订，宣告西藏和平解放。依据《协议》规定，“西藏现行政治制度，中央不予变更”，即原有的西藏地方政府照常供职；此前，1951年1月在解放的昌都地区成立昌都地区人民解放委员会，1953年4月成立班禅堪布会议厅委员会。这样，在西藏自治区建立前，西藏地方形成了中央政府统一领导下的3个地方政权并存的局面。1956年4月成立西藏自治区筹委会，之后，相继成立西藏

自治区人民委员会、西藏自治区革命委员会、西藏自治区人民政府等组织机构。]

1. 三个政权并存的西藏地方政权（1950.12～1965.9）

（1）西藏地方政府（1950年12月～1959.3）

[达赖喇嘛领导的西藏地方政府。中枢机关藏语称“噶厦”，设有司曹（代理摄政）、噶伦、噶伦助理等要职，其下设有译仓、孜康、马基康等要事机构。1959年3月西藏地方政府发动叛乱，3月28日国务院发布命令，解散西藏地方政府，由西藏自治区筹委会行使西藏地方政府的职权。]

司　曹：鲁康娃·次登旺秋（藏族，1950.12任～1952.4.27被撤职）
本珠仓·洛桑扎西（藏族，1950.12任～1952.4.27被撤职）

噶　伦：然巴·土登贡钦（藏族，1944.9～1952任首席噶伦喇嘛）
索康·旺清格勒（藏族，1943.8任～1956.3改任自治区筹备委员会委员）
朵喀·彭措绕杰（藏族，1949.7任～1957.3病故）
扎西林巴·钦饶旺秋（洞波·钦若旺秋，藏族，1951任～1956任噶伦喇嘛）
拉鲁·次旺多吉（藏族，1946.12～1952.? 任；1947.7兼任昌都噶伦）
阿沛·阿旺晋美（藏族，1950.5～1959.3任；1950.8兼任昌都噶伦）
柳霞·土登塔巴（乃乌厦·土登塘巴，藏族，1955.? 任～1959.3逃亡印度）
桑颇·才旺仁增（藏族，1957.? 任～1959.3改任西藏军区副司令员，自治区筹备委员会常委）

噶　曹：柳霞·土登塔巴（乃乌厦·土登塘巴，藏族，1950.12任～1955任代理噶伦）
先喀·居美多杰（夏苏，藏族，1950.12任代理噶伦）
嘎章·洛桑日增（藏族，?）
宇妥·扎西顿珠（藏族，1956.? ～1959.3）

（2）昌都地区人民解放委员会（1951.1～1959.4）

[1950年12月27日至1951年1月2日，西康省昌都地区举行首届各族各界人民代表会议，1月1日正式成立昌都地区人民解放委员会，是一种统一战线性质的、过渡性的地方政权，由中央人民政府政务院直接领导。1959年4月20日国务院发布命令撤销。]

主　任：王其梅（1951.1任～1956.4改任自治区筹委会委员）

副主任：帕巴拉·格列朗杰（藏族，1951.1～1956.4改任自治区筹委会委员）
阿沛·阿旺晋美（藏族，1951.1任～1956.4改任自治区筹委会委员）
邦达多吉（藏族，1951.1任～1956.4改任自治区筹委会委员）
平措旺阶（藏族，1951.1任～1956.4改任自治区筹委会委员）
惠毅然（1951.1任～1959.3改任自治区筹委会委员）
察雅·罗登协绕（藏族，1951.1任～1956.4改任自治区筹委会委员）
德格·降央伯姆（藏族，1951.1～?）
德格·格桑旺堆（藏族，1951.1～?）

（3）班禅堪布会议厅委员会（1953.3～1961.7）

[班禅堪布会议厅是原有的由班禅领导的管理后藏地方政权事务的政权机构。1953年3月经

中央批准成立“堪厅”委员会，受国务院直接领导。1961年7月9日国务院第111次会议通过决定，结束该委员会工作。]

主　任：拉敏·益西楚臣（藏族，1953.3任～1961.7.9改任自治区筹委会副主任委员）
　　　　詹东·计晋美（藏族，1953.3任～1961.7.9改任自治区筹委会副主任委员）

副主任：梁选贤（？～1959.3任）
　　　　纳旺金巴（藏族，1953.3～1961.7任）
　　　　旺罗结（藏族，1953.3～？）
　　　　德米·热不登（藏族，1953.3～1961.7任）
　　　　多吉友甲（藏族，1953.3～1961.7任）

2. 西藏自治区筹备委员会（1956.4～1965.8）

[1955年3月9日，国务院第7次会议通过《关于成立西藏自治区筹备委员会的决定》。《决定》指出，筹委会是“负责筹备成立自治区的带政权性质的机关，受国务院领导”。1956年4月20日，国务院常务会议决定并公布人事任命令。同年4月22日至5月1日，筹委会召开成立大会，5月1日通过《西藏自治区筹备委员会组织简则》。西藏自治区筹备委员会是统一协商的具有政权性质的机构，西藏地方政府、班禅堪布会议厅委员会、昌都地区人民解放委员会除接受自治区筹备委员会领导进行各项工作外，其他有关行政事宜，仍保持着一定的独立性。但是，又必须接受国务院的直接领导。这样，西藏地方就形成一种既有统一领导、又有独立性的几个政权同时并存的局面。自治区筹委会的组织人事分为两个阶段志述。]

（1）1956.4～1959.3

主任委员：达赖喇嘛·丹增嘉措（藏族，1956.4～1959.3任）

副主任委员：班禅额尔德尼·确吉坚赞（藏族，1956.4～1959.3任）

副主任委员：张国华（1956.4～1959.3任）

委　　员：赤江·罗桑益西（藏族，1956.4任～1959.3.28被撤职）
　　　　索康·旺清格勒（藏族，1956.4任～1959.3.28被撤职）
　　　　朵喀·彭措饶杰（藏族，1956.4任～1957.3.13病故）
　　　　阿沛·阿旺晋美（藏族，1956.4～1959.3任）
　　　　先喀·居美多杰（藏族，夏苏，1956.4任～1959.3.28被撤职）
　　　　噶章·罗桑日增（藏族，1956.4任～1959.3.28被撤职）
　　　　达拉·洛桑三旦（藏族，1956.4任～1959.3.28被撤职）
　　　　柳霞·土登塔巴（藏族，1956.4任～1959.3.28被撤职）
　　　　凯墨·索南旺堆（藏族，1956.4任～1959.3.28被撤职）
　　　　宇妥·扎西顿珠（藏族，1956.4任～1959.3.28被撤职）
　　　　桑颇·才旺仁增（藏族，1956.4～1959.3任）
　　　　绒朗色·土登诺桑（藏族，1956.4任～1959.3.28被撤职）
　　　　帕拉·土登为登（藏族，1956.4任～1959.3.28被撤职）
　　　　欧协·土登桑却（藏族，1956.4任～1959.3.28被撤职）
　　　　朗色林·班觉久美（藏族，1956.4任～1959.3.28被撤职）

敏吉林·嘉样坚赞（藏族，1956.4任～1959.3.28被撤职）
尧西·公保才旦（藏族，1956.4～1959.3任）
詹东·计晋美（藏族，1956.4～1959.3任）
拉敏·益西楚臣（藏族，1956.4～1959.3任）
诺章·洛桑坚赞（藏族，1956.4～1959.3任）
纳旺金巴（藏族，1956.4～1959.3任）
德饶·多吉友甲（藏族，1956.4～1959.3任）
多旦·洛桑金巴（藏族，1956.4～1959.3任）
慈旦坚赞、洛桑赤勒（藏族，1956.4～1959.3任）
团康·索朗多吉（藏族，1956.4～1959.3任）
帕巴拉（藏族，1956.4～1959.3任）
察雅·罗登协饶（藏族，1956.4～1959.3任）
邦达多吉（藏族，1956.4～1959.3任）
平措旺阶（藏族，1956.4～1959.3任）
霍尔加色·思朗江村（藏族，1956.4～1959.3任）
呷日本·才旺多吉（藏族，1956.4任～1959.3.28被撤职）
庞　球（藏族，1956.4任～1959.3.28被撤职）
威萨坚赞（功德林札萨，藏族，1956.4任～1959.3.28被撤职）
阿　曲（藏族，1956.4～1959.3任）
索　朗（藏族，1956.4～1959.3任）
洛本·土登才仁（藏族，1956.4～1959.3任）
洛素·伦珠陶克（藏族，1956.4～1959.3任）
阿旺洛桑·土登却吉坚赞（藏族，1956.4～1959.3任）
安庆·定杰（藏族，1956.4～1959.3任）
萨迦法王（藏族，1956.4～1959.3任）
楚普噶玛巴·日贝多吉（藏族，1956.4任～1959.3.28被撤职）
墨林·阿旺却扎（藏族，1956.4～1959.3任）
朗顿·贡尕旺久（藏族，1956.4～1959.3任）
丹增加措（藏族，1956.4～1959.3任）
雪康·土登尼玛（藏族，1956.4～1959.3任）
尧西·泽仁卓玛（藏族，1956.4～1959.3任）
谭冠三（1956.4～1959.3任）
范　明（1956.4～1959.3任）
王其梅（1956.4～1959.3任）
慕生忠（1956.4～1959.3任）

秘　书　长：阿沛·阿旺晋美（藏族）

（2）1959.3～1965.8

[1959年3月西藏地方政府叛乱后，筹委会人事有变动。]

主　任　委　员：达赖喇嘛·丹增嘉措（藏族，1959.3～1964.12任）
代理主任委员：班禅额尔德尼·确吉坚赞（藏族，1959.3～1964.12任）
代理主任委员：阿沛·阿旺晋美（藏族，1964.12～1965.8任）
第一副主任委员：班禅额尔德尼·确吉坚赞（藏族，1959.3～1964.12任）
第二副主任委员：张国华（1959.3～1965.8任）
副　主　任　委　员：阿沛·阿旺晋美（藏族，1959.3～1964.12任）
帕巴拉·格列朗杰（藏族，1959.3～1965.8任）
周仁山（1961.7～1965.8任）
詹东·计晋美（藏族，1961.7～1964.12任）
噶丹赤巴·土登贡嘎（藏族，1961.7～1964.11任）
拉敏·益西楚臣（藏族，1961.7～1965.8任）
朗顿·贡嘎旺秋（藏族，1961.7～1965.8任）
协饶登珠（即杨东生，藏族，1961.7～1965.8任）
崔科·顿珠才让（藏族，1961.7～1965.8任）
生钦·洛桑坚赞（藏族，1961.7～1965.8任）
委　　　员：邓少东　詹化雨　惠毅然　梁选贤　崔科·登珠泽仁（藏族）
詹东·洛桑朗杰（藏族）　噶登赤巴·土登滚珠（藏族）
坚白慈里（藏族）　阿沛·才旦卓嘎（藏族）
多吉才旦（藏族）　协饶登珠（即杨东生，藏族）
坚赞平措（藏族）　洛桑慈诚（藏族）
群　觉（藏族）　平措旺秋（藏族）
王沛生　周仁山（1960.5～1965.9）
秘　书　长：阿沛·阿旺晋美（藏族，兼）

3. 西藏自治区人民委员会（1965.9～1967.1）

[1965年8月25日，全国人大常务委员会第十五次会议批准国务院提出的成立西藏自治区的议案。9月1日至9日，西藏自治区第一届人民代表大会第一次会议召开，选举产生西藏自治区人民委员会，通过《西藏自治区各级人民代表大会组织条例和各级人民委员会组织条例》，宣布西藏自治区正式成立。]

主　席：阿沛·阿旺晋美（藏族，1965.9～1967.1任）
副主席：周仁山（1965.9～1967.1任）
帕巴拉·格列朗杰（藏族，1965.9～1967.1任）
郭锡兰（1965.9～1967.1 任）
协绕顿珠（汉名杨东生，藏族，1965.9～1967.1任）
朗顿·贡嘎旺秋（藏族，1965.9～1967.1任）
崔科·顿珠才让（藏族，1965.9任～1966.9病故）
生钦·洛桑坚赞（藏族，1965.9～1967.1任）
委　员：达　瓦　仁钦索朗　扎西平措等37人

4. 西藏自治区革命委员会（1968.9～1979.8）

［1968年8月28日，中共中央、国务院、中央军委、中央文革批准成立西藏自治区革命委员会。9月5日在拉萨召开5万人大会，宣告自治区革委会正式成立。“革委会”是“文革”时期集党、政、人大权力于一体的组织机构。西藏自治区“革委会”的组织人事分两个阶段表述。］

（1）1968.9.5～1977.11

主　任：曾雍雅（1968.9～1971.4.7任）

任　荣（1971.4代理～1977.11改任）

副主任：任　荣（1968.9～1971.4.7任）

陈明义（1968.9～1971.4.7任）

巴　桑（藏族，女，1968.9～1977.11任）

廖步云（1968.9～1969.12任）

杨东生（藏族，1968.9～1977.11任）

苗丕一（1968.9～1977.11任）

阿沛·阿旺晋美（藏族，1968.9～1977.11任）

陶长松（1968.9～1977.8任）

刘绍民（1968.9～1977.11任）

土登尼玛（藏族，1968.9～1977.11任）

朱景尚（1968.9～19977.11任）

马瑞华（女，1968.9～1977.11任）

次仁拉姆（藏族，女，1968.9～1977.11任）

天　宝（藏族，1969.5～1977.11任）

封克达（1971.4～1977.5任）

高圣轩（1971.4～1977.11任）

郭锡兰（1971.4～1977.11任）

任明道（1973.1～1975.7任）

郝平南（1973.1～1977.11任）

洛桑慈诚（藏族，1975.3～1977.11任）

杨宗欣（1975.3～1977.11任）

（2）1977.12～1979.8

［1977年11月29日至12月2日，西藏自治区人大三届一次会议召开，选举产生98人组成的自治区革委会。］

主　任：任　荣　（1977.12～1979.8任）

副主任：天　宝（藏族，1977.12～1979.8任）

阿沛·阿旺晋美（藏族，1977.12～1979.8任）

杨东生（藏族，1977.12～？任）

郭锡兰（1977.12～1979.8任）

巴　桑（藏族，女，1977.12～1979.8任）

热　地（藏族，1977.12～1979.8任）
杨宗欣（1977.12～1979.8任）
牛瑞驹（1977.12～1979.8任）
洛桑慈诚（藏族，1977.12～1979.8任）
乔加钦（1977.12～1979.8任）
张增文（1979.3～1979.8任）
李本善（1979.3～1979.8任）
候　杰（1979.3～1979.8任）
陈竞波（1979.3～1979.8任）

5. 西藏自治区人民政府（1979.8～1993.12）

[1979年8月6日至14日，西藏自治区三届“人大”二次会议召开。会议决定将自治区革命委员会改为自治区人民政府，并通过人事任命。自治区人民政府的人事沿革分为4个阶段表述。]

（1）1979.8～1983.4

主　　席：天　宝（桑吉悦希，藏族，1979.8～1981.1任）
　　　　　阿沛·阿旺晋美（1981.4～1983.2任）
代理主席：多杰才旦（1983.2～1983.4任）
第一副主席：郭锡兰（1979.8～1983.4任）
副 主 席：巴　桑（藏族，女，1979.8～1983.4任）
　　　　　帕巴拉·格列朗杰（藏族，1979.8～1983.4任）
　　　　　李本善（1979.8～1983.4任）
　　　　　洛桑慈诚（藏族，1979.8任～1981.11病故）
　　　　　张增文（1979.8～1983.4任）
　　　　　牛瑞驹（1979.8～1983.4任）
　　　　　侯　杰（1979.8～1983.4任）
　　　　　普　穷（藏族，1979.8～1983.4任）
　　　　　乔加钦（1979.8～1981.3任）
　　　　　王和亭（1979.8～1983.4任）
　　　　　布多吉（藏族，1979.8～1983.4任）
　　　　　雪康·土登尼玛（1981.4～1983.4任）
　　　　　杨岭多吉（1981.4～1983.4任）

（2）1983.4～1988.8

[1983年4月20日至29日召开的西藏自治区四届人大一次会议，决定多杰才旦（藏族）为自治区人民政府主席，多吉才让（藏族）、杨宗欣、普穷（藏族）、江措（藏族）、吉普·平措次登（藏族）为副主席。]

主　　席：多杰才旦（藏族，1983.4～1985.10任）
代理主席：多杰才让（藏族，1985.12～1986.5任）

主　　席：多杰才让（藏族，1986.5 ~ 1988.8任）

副 主 席：多杰才让（藏族，1983.4 ~ 1985.12任）

杨宗欣（1983.4 ~ 1985.11任）

普　穷（藏族，1983.4 ~ 1988.7任）

江　措（藏族，1983.4 ~ 1988.7任）

吉普·平措次登（藏族，1983.4 ~ 1988.7任）

吴昌期（1983.9.17 ~ 1985.12任）

图道多吉（藏族，1985.11 ~ 1988.7任）

龚达希（1985.11 ~ 1988.7任）

毛如柏（1986.5 ~ 1988.7任）

（3）1988.8 ~ 1993.1

[由1988年7月25日至8月6日召开的西藏自治区人大五届一次会议，选举多吉才让（藏族）为自治区人民政府主席，普穷（藏族）、江措（藏族）、吉普·平措次登（藏族）、图道多吉（藏族）、龚达希为副主席。]

主　席：多吉才让（藏族，1988.8 ~ 1990.5任）

江村罗布（藏族，1990.5 ~ 1993.1任）

副主席：毛如柏（1988.8 ~ 1993.1任）

马李胜（1988.8 ~ 1993.1任）

普　穷（藏族，1988.8 ~ 1993.1任）

江　措（藏族，1988.8 ~ 1993.1任）

吉普·平措次登（藏族，1988.8 ~ 1993.1任）

图道多吉（藏族，1988.8 ~ 1991.11任）

龚达希（1988.8 ~ 1993.1任）

拉巴平措（藏族，1991.4 ~ 1993.1任）

（4）1993.1 ~ 1998.5

[1993年1月3日至12日召开的西藏自治区六届人大一次会议，选举自治区主席、副主席。]

主　　　席：江村罗布（藏族）

常务副主席：杨传堂（1993.12 ~ 1998.5任）

副　主　席：毛如柏　（1993.1 ~ 1993.6.12任）

江　措（藏族）

吉普·平措次登（藏族）

拉巴平措（藏族）

泽仁桑珠（藏族）

梁公卿

顿　珠（藏族）

杨松次仁卓嘎（藏族，1993.12.20 ~ ?）

（四）中国人民政治协商会议西藏自治区委员会

［历经西藏政协筹备处、西藏政协筹备委员会和政协西藏第一届至第六届委员会等几个发展阶段。］

1. 西藏政协筹备处

［1956年11月8日西藏政协筹备处成立。］

处　长：索康·旺清格勒

副处长：平措旺阶

2. 西藏政协筹备委员会

［1959年10月29日西藏政协筹备委员会成立。］

主　任：张承武

副主任：陈竞波　桑颇·才旺仁增

3. 政协西藏第一届委员会（1959.12～1965.9）

［1959年12月20日至27日，西藏政协在拉萨举行首届一次会议，讨论通过首届委员会人选。27日，西藏政协宣告正式成立。］

主　席：谭冠山（1959.12 ~ 1965.9任）

副主席：噶丹赤巴·土登滚噶（藏族，1959.12任 ~ 1964.11病故）

周仁山（1959.12 ~ 1965.9任）

朗顿·滚噶旺秋（藏族，1959.12 ~ 1965.9任）

桑颇·才旺仁增（藏族，1959.12 ~ 1965.9任）

尧西·贡保才旦（藏族，1959.12 ~ 1965.9任）

土丹尼玛（藏族，1959.12 ~ 1965.9任）

邦达多吉（藏族，1959.12 ~ 1965.9任）

桑顶·多吉帕姆（藏族，女，1959.12 ~ 1965.9任）

张承武（1963.1 ~ 1965.9任）

4. 政协西藏自治区第二届委员会（1965.9.11 ~ "文革" 停止工作）

［1965年9月4日至11日，西藏政协第二届第一次会议在拉萨举行，选举产生西藏政协第二届常务委员会、主席、副主席。］

主　席：张国华

副主席：周仁山（1965.9 ~ "文革"）

王其梅（1965.9 ~ "文革"）

协绕顿珠（杨东生，藏族，1965.9 ~ "文革"）

桑颇·才旺仁增（藏族，1965.9任 ~ 1973.6病故）

扶廷修（1965.9～“文革”）

江金·索朗杰布（藏族，1965.9任～1973.? 病故）

德格·格桑旺堆（藏族，1965.9～“文革”）

邦达养璧（藏族，1965.9任～1967.2病故）

邦达多吉（藏族，1965.9任～1974.7病故）

江措林·土登格桑（藏族，1965.9任～1974.3病故）

结巴堪苏·坚白赤列（藏族，1965.9～“文革”）

桑顶·多吉帕姆（藏族，女，1965.9～“文革”）

拉敏·益西楚臣（藏族，1965.9～“文革”）

5. 政协西藏自治区第三届委员会（1977.12～1983.4）

［1977年11月30日至12月3日，西藏政协第三届第一次会议在拉萨举行，选举产生西藏政协第三届常务委员会、主席、副主席。］

主　席：任　荣（1977.12任～1980.3.16调）

阴法唐（1981.4～1983.4任）

副主席：杨东生（藏族，1977.12～1979.8任）

帕巴拉·格列朗杰（藏族，1977.12～1983.4任）

朗顿·贡噶旺秋（藏族，1977.12任～1980.8.13病故）

生钦·洛桑坚赞（藏族，1977.12～1979.8任）

德格·格桑旺堆（藏族，1977.12～1979.8任）

结巴堪苏·坚白赤烈（藏族，1977.12～1983.4任）

桑顶·多吉帕姆（藏族，女，1977.12～1983.4任）

拉敏·索朗伦珠（藏族，1977.12～1983.4任）

江中·扎西多吉（藏族，1977.12～1979.8任）

吉普·平措次登（藏族，1977.12～1983.4任）

苗丕一（1977.12～1979.8任）

李传恩（1977.12～1979.8任）

任　昌（1977.12～1979.8任）

崔科·顿珠次仁（藏族，1979.1～1983.4任）

尧西·贡保才旦（藏族，1979.11～1983.4任）

尧西·索朗卓玛（藏族，1980.1～1983.4任）

夏　川（1981.4～1983.4任）

6. 政协西藏自治区第四届委员会（1983.4～1988.7）

［1983年4月18日至30日，西藏政协第四届第一次会议在拉萨举行，选举产生西藏政协第四届常务委员会、主席、副主席。］

主　席：杨岭多吉（藏族，1983.4～1986.5任）

热　地（藏族，1986.5～1988.7任）

副主席：帕巴拉·格列朗杰（藏族，1983.4～1988.7任）
宋子元（1983.4～1985.11离休）
郑　英（1983.4～1988.7任）
结巴堪苏·坚白赤列（藏族，1983.4任～1984.12病故）
桑顶·多吉帕姆（藏族，女，1983.4～1988.7任）
拉敏·索朗伦珠（藏族，1983.4～1988.7任）
金中·坚赞平措（藏族，1983.4～1988.7任）
拉乌达热·土丹旦达（藏族，1983.4任～1985.6病故）
尧西·贡保才旦（藏族，1983.4～1988.7任）
嘎雪·曲吉尼玛（藏族，1983.4任～1986.？病故）
丹增嘉措（藏族，1983.4～1988.7任）
拉鲁·次旺多吉（藏族，1983.4～1988.7任）
刘永康（1984.7～1988.7任）
雍增·土登唐巴（藏族，1984.7～1988.7任）
贡巴萨·土登吉扎（藏族，1984.7～1988.7任）
恰巴·格桑旺堆（藏族，1984.7～1988.7任）
唐麦·贡觉白姆（藏族，1984.7～1988.7任）
霍康·索朗边巴（藏族，1987.7～1988.7任）
曲金男·才旦卓玛（藏族，女，1987.7～1988.7任）

7. 政协西藏自治区第五届委员会（1988.7～1992.12）

［1988年7月23日至8月4日，西藏政协第五届第一次会议在拉萨举行，选举产生西藏政协第五届常务委员会、主席、副主席。］

主　席：热　地（藏族，1988.8～1992.12任）
副主席：帕巴拉·格列朗杰（藏族，1988.8～1992.12任）
郑　英（1988.8～1992.12任）
桑顶·多吉帕姆（藏族，女，1988.8～1992.12任）
拉敏·索朗伦珠（藏族，1988.8～1992.12任）
金中·坚赞平措（藏族，1988.8～1992.12任）
刘永康（1988.8～？）
尧西·贡保才旦（藏族，1988.8～1992.12任）
丹增嘉措（藏族，1988.8～1992.12任）
拉鲁·次旺多吉（藏族，1988.8～1992.12任）
霍康·索朗边巴（藏族，1988.8～1992.12任）
唐麦·贡觉白姆（藏族，1988.8～1992.12任）
贡巴萨·土登吉扎（藏族，1988.8～1992.12任）
恰巴·格桑旺堆（藏族，1988.8～1992.12任）
才旦卓玛（藏族，1988.8～1992.12任）

曲金男·才旦卓玛（藏族，女，1988.8～1992.12任）
多吉扎·江白洛桑（藏族，1988.8～1992.12任）
尧西·索朗卓玛（藏族，？～1992.12任）

8. 政协西藏自治区第六届委员会（1993.1～1998.5）

[1992年12月31日至1993年1月8日，西藏政协第六届第一次会议在拉萨举行选举产生西藏政协第六届常务委员会、主席、副主席。]

主　席：帕巴拉·格列朗杰（藏族）
副主席：巴　桑（藏族）
洛桑丹珍（藏族）
江中·扎西多吉（藏族）
拉敏·索朗伦珠（藏族）
金中·坚赞平措（藏族）
拉鲁·次旺多吉（藏族）
唐麦·贡觉白姆（藏族）
贡巴萨·土登吉扎（藏族）
恰巴·格桑旺堆（藏族）
才旦卓玛（藏族）
多吉扎·仁增钦莫·江白洛桑（藏族）
尧西·索朗卓玛（藏族）
王海林
尧西·旺堆（藏族）
恰扎·强巴赤列（藏族）
周岐顺
徐洪森
呷玛泽登（藏族）
杨朝济
秘书长：徐洪森（兼）

主要参考书目：

1. 西藏自治区党史资料征集委员会编. 中共西藏党史大事记（1949～1994）. 拉萨：西藏人民出版社，1995.

2. 中共西藏自治区委员会党史研究室编著. 中国共产党西藏历史大事记（1949～2004）. 北京：中共党史出版社，2005.

3.《当代中国》丛书编辑部编. 当代中国的西藏. 北京：当代中国出版社，1991.

4.《西藏日报》1960年、1963年、1973年、1980年、1982年、1988年、1993年.

（秦晋庭　秦江月/供稿）

宁夏回族自治区党政组织职官志
（1949.10 ~ 1993.12）

［宁夏回族自治区筹建于1958年10月，为历史衔接，本志从1949年10月中国共产党宁夏省委员会成立撰起。组织职官分为中国共产党宁夏地方组织、宁夏回族自治区人民代表大会常务委员会、宁夏地方政府、中国人民政治协商会议宁夏回族自治区委员会4类。各组织职官名称的沿革在类下逐一志述，其组织成立的由来及其建制、职官等情况，随文予以简明提示与解说。］

（一）中国共产党宁夏地方组织

1. 中共宁夏省委员会（1949.10～1954.7）

［宁夏解放前夕，1948年8月31日，中共中央西北局通知，重建中共宁夏省工作委员会，并决定赵国忠（即孙殿才）任书记、孙璞任第一副书记、梁大均任第二副书记；1949年6月，中共中央西北局又决定，由中共三边地委负责接管宁夏的工作，由此新宁夏的省委筹组及其他工作逐步展开。］

（1）中共宁夏省委员会（1949.11 ~ 1950.7）

［1949年9月9日，中共中央西北局决定成立中共宁夏省委，任命书记、副书记。10月18日，中共中央批准西北局的决定。］

书　记：潘自力（1949.11 ~ 1950.7任）

副书记：朱　敏（1949.11 ~ 1950.7任）

（2）第一届委员会（1950.7 ~ 1951.7）

［1950年7月10日至27日，中共宁夏省第一次代表大会在银川举行，选举产生中共宁夏省第一届委员会。］

书　记：潘自力（1950.7 ~ 1951.7任）

副书记：朱　敏（1950.7 ~ 1951.7任）

（3）第二届委员会（1951.7 ~ 1952.12）

［1951年7月26日至8月6日，中共宁夏省第二次代表大会在银川举行，选举产生中共宁夏省第二届委员会。］

书　　记：潘自力（1951.7~1951.10任）
　　　　　朱　敏（1951.10 ~ 1952.12任）

第二书记：李景林（1952.2 ~ 1952.12任）

副 书 记：朱　敏（1951.7 ~ 1951.10任）
　　　　　黄罗斌（1952.8 ~ 1952.12任）

（4）第三届委员会（1952.12 ~ 1954.7）

［1952年12月23日至1953年1月5日，中共宁夏省第三次代表大会在银川举行，选举产生中共宁夏省第三届委员会。］

书　记：李景林（1952.12～1954.7任）

副书记：黄罗斌（1952.12～1954.7任）

（5）中共宁夏省第四次代表大会（1954.7～1954.9）

［1954年6月19日，中央人民政府委员会第32次会议通过《关于撤销大区一级行政机构和合并若干省、市建制的决定》，决定撤销宁夏省建制，与甘肃省合并为新的甘肃省，原河东回族自治区和蒙古自治区的组织、机构均不变更，其余各县和银川市划为一个专区，建立专区一级机构。7月16日至21日，中共宁夏省第四次代表大会在银川举行，选举产生新的省委。9月1日，宁夏省建制撤销。］

书　记：李景林（1954.7～1954.9任）

2. 中共宁夏回族自治区工作委员会（1957.11～1959.2）

［宁夏、甘肃两省1954年9月合并为新的甘肃省不久，国家民委党组于10月向中共中央提出《关于拟在西北回族聚居区建立回族自治区的请示报告》。1956年6月，国务院拟定了《关于成立宁夏回族自治区的议案》，于同年7月提交一届全国人大四次会议批准。1957年11月5日，中共中央决定成立中共宁夏回族自治区工作委员会，简称"宁夏工委"，并在北京召开宁夏工委第一次会议。1958年3月，宁夏工委由北京迁至银川办公，中共中央又将任命的工委委员由11人增至20人；3月至6月，中共中央先后任命宁夏工委第一书记、书记处书记。］

第一书记：汪　锋（1957.11～1958.3兼任）
　　　　　　　（1958.4～1959.2任）
　　　　　李景林（1958.4～1959.2代）

书记处书记：李景林（1958.3～1959.2任）
　　　　　刘格平（回族，1958.3～1959.2任）
　　　　　甘春雷（回族，1958.3～1959.2任）
　　　　　马玉槐（回族，1958.3～1959.2任）
　　　　　罗成德（1958.6～1959.2任）

3. 中共宁夏回族自治区委员会（1959.2～1970.3）

［1958年6月16日至19日，宁夏回族自治区筹备委员会在银川举行成立会议；10月24日至30日，宁夏回族自治区第一届人民代表大会第一次会议在银川举行，宣告宁夏回族自治区正式成立。］

（1）第一届委员会（1959.2～1964.1）

［1959年2月25日至3月2日，中共宁夏回族自治区第一次代表大会在银川举行，选举产生中共宁夏回族自治区第一届委员会。］

第一书记：汪　锋（1959.2～1961.1任）
　　　　　杨静仁（回族，1961.1～1964.1任）

第二书记：李景林（1959.2～1964.1任）

书记处书记：刘格平（回族，1959.2任～1960.9调离）
甘春雷（回族，1959.2～1964.1任）
马玉槐（回族，1959.2～1964.1任）
罗成德（1959.2～1962.12任）
吴生秀（1960.7～1964.1任）
杨静仁（回族，1960.9～1961.1任）

（2）第二届委员会（1964.2～1966.5）

[1964年1月30日至2月10日，中共宁夏回族自治区第二次代表大会在银川举行，选举产生中共宁夏回族自治区第二届委员会。]

第 一 书 记：杨静仁（回族，1964.2～1966.5任）
第 二 书 记：李景林（1964.2～1966.5任）
书记处书记：甘春雷（回族，1964.2～1966.5任）
马玉槐（回族，1964.2～1966.5任）
吴生秀（1964.2～1966.5任）

（3）"文革"初期的中共宁夏省委（1967.12～1970.3）

[1966年5月"文革"开始，宁夏回族自治区党委领导人受到严重冲击。1967年1月27日，"造反"派组织夺取自治区党政财文大权，党政机构瘫痪。8月27日，解放军奉命进驻银川等地"支左"。此后，中共中央、国务院、中央军委、中央文革小组于1967年12月27日宣布成立宁夏回族自治区革命委员会筹备小组（1968年2月2日正式成立），行使自治区党政财文大权；于1968年4月4日批准成立宁夏回族自治区革命委员会（10日正式成立）。]

主　任：康健民
副主任：张怀礼　徐洪学　王志强（回族）　安建国

4. 宁夏回族自治区革命委员会党的核心小组（1970.3～1971.8）

[1970年3月25日，经中共中央批准，"宁夏革命委员会"党的核心小组成立。]

组　长：康健民（1970.3～1971.8任）
副组长：王志强（回族，1970.3～1971.8任）

5. 中共宁夏回族自治区委员会（1971.8～1998.4）

（1）第三届委员会（1971.8～1978.4）

[1971年8月11日至18日，中共宁夏回族自治区第三次代表大会在银川举行，选举产生中共宁夏回族自治区第三届委员会。]

第一书记：康健民（1971.8任～1977年1月18日故）
霍士廉（1977.1～1978.4任）
第二书记：高　锐（1971.8～1972.5任）
书　　记：张桂金（1971.8～1978.4任）
黄经耀（1977.7～1978.4任）
杨静仁（回族，1977.8～1978.4任）

副书记：王志强（回族，1971.8～1977.7任）

邵井蛙（1971.8～1978.4任）

赵志强（女，回族，1971.8～1977.7任）

李学智（1977.7～1978.4任）

（2）第四届委员会（1978.4～1983.7）

［1978年4月12日至16日，中共宁夏回族自治区第四次代表大会在银川举行，选举产生中共宁夏回族自治区第四届委员会。］

第一书记：霍士廉（1978.4～1979.2任）

李学智（1979.2～1983.7任）

书　　记：黄经耀（1978.4～1979.4任）

邵井蛙（1978.4～1979.2任）

李学智（1978.4～1979.2任）

马玉槐（回族，1978.4～1979.5任）

马　信（回族，1979.6～1983.3任）

薛宏福（1979.11～1983.3任）

黑伯理（回族，1982.4～1983.7任）

副 书 记：薛宏福（1978.4～1979.11任）

申效曾（1979.8～1983.7任）

林蔚然（1979.11～1982.4任）

陈　冰（1979.11～1981.8任）

李悴和（1982.4～1983.7任）

郝廷藻（回族，1983.2～1983.7任）

（3）第五届委员会（1983.7～1988.6）

［1983年7月17日至23日，中共宁夏回族自治区第五次代表大会在银川举行，选举产生中共宁夏回族自治区第五届委员会。］

书　记：李学智（1983.7～1986.12任）

沈达人（1986.12～1988.6任）

副书记：黑伯理（回族，1983.7～1986.12任）

郝廷藻（回族，1983.7～1988.6任）

李悴和（1983.7～1985.3任）

申效曾（1983.7～1988.6任）

刘国范（1985.2～1988.6任）

白立忱（回族，1986.12～1988.6任）

（4）第六届委员会（1988.6～1993.4）

［1988年6月24日至30日，中共宁夏回族自治区第六次代表大会在银川举行，选举产生中共宁夏回族自治区第六届委员会。］

书　记：沈达人（1988.6～1989.12任）

黄　璜（1989.12～1993.4任）

副书记：白立忱（回族，1988.6～1993.4任）
　　　　刘国范（1988.6～1993.4任）
　　　　梁国英（1990.8～1993.4任）

（5）第七届委员会（1993.4～1998.4）

［1993年4月25日至28日，中共宁夏回族自治区第七次代表大会在银川举行，选举产生中共宁夏回族自治区第七届委员会。］

书　记：黄　璜（1993.4～1997.8任）
　　　　毛如柏（1997.8～1998.4任）

副书记：白立忱（回族，1993.4～1998.4任）
　　　　姚敏学（1993.4～1998.4任）
　　　　马启智（回族，1993.4～1998.4任）
　　　　康　义（1993.4～1998.4任）
　　　　韩茂华（1997.6～1998.4任）

（二）宁夏地方人民代表大会常务委员会

［宁夏解放之初，省各族各界人民代表会议代行人民代表大会职权。1954年以后，宁夏省及其后的宁夏回族自治区均实行人民代表大会制度。1966年，“文革”开始，1968年成立的自治区革命委员会成为这一时期集党、政、人大权力于一体的组织机构，自治区第三届人民代表大会未能举行。1977年自治区第四届人民代表大会召开，自治区人民代表大会方得以恢复。1980年，自治区四届人大二次会议召开，开始设立自治区人大常务委员会，设主任、副主任。］

1. 第四届人大常委会（1980.1～1983.4）

［1980年1月8日至15日，自治区第四届人大第二次会议在银川举行。会议终止自治区革命委员会，选举产生并宣告成立自治区人大常委会。］

主　任：马青年（回族，1980.1～1983.4任）

副主任：史玉林（1980.1～1983.4任）
　　　　张俊贤（1980.1～1983.4任）
　　　　李微东（回族，1980.1任～1982.5.24病故）
　　　　齐安昌（1980.1～1983.4任）
　　　　黄执中（1980.1～1983.4任）
　　　　鹿　鸣（1980.1～1983.4任）
　　　　马有德（回族，1980.1～1983.4任）

2. 第五届人大常委会（1983.4～1988.6）

［1983年4月20日至29日，自治区人大五届一次会议在银川举行，选举产生第五届人大常委会。］

主　任：马青年（回族，1983.4～1988.6任）

黑伯理（回族，1987.5～1988.6任）
副主任：张俊贤（1983.4～1984.11任）
马有德（回族，1983.4～1988.6任）
黄执中（1983.4任～1985.10.5病故）
丁毅民（回族，1983.4～1988.6任）
李庶民（1983.4～1988.6任）
郭文举（1983.4～1988.6任）
彭林柏（回族，1983.4～1985.12任）
梁飞彪（1983.4～1988.6任）
冯　茂（1984.2～1988.6任）

3. 第六届人大常委会（1988.6～1993.5）

[1988年5月19日至6月2日，自治区人大六届一次会议举行，选举产生第六届人大常委会。]

主　任：马思忠（回族，1988.6～1993.5任）
副主任：马腾霭（回族，1988.6～1993.5任）
王燕鑫（1988.6～1993.5任）
梁飞彪（1988.6～1993.5任）
冯　茂（1988.6～1993.5任）
文　力（回族，1988.6～1993.5任）
张仕儒（1988.6～1993.5任）
雷　鸣（1988.6～1993.5任）

4. 第七届人大常委会（1993.5～1998.5）

[1993年5月15日至23日，自治区人大七届一次会议举行，选举产生第七届人大常委会。]

主　任：马思忠（回族，1993.5～1998.5任）
副主任：白振华（回族，1993.5～1998.5任）
文　力（回族，1993.5～1998.5任）
杨惠云（女，回族，1993.5～1998.5任）
汪　恩（1993.5～1998.5任）
马启新（回族，1993.5～1998.5任）
张位正（1993.5～1998.5任）
张立志（1993.5～1998.5任）
周秋英（女，1996.4～1998.5任）

（三）宁夏地方政府

[1949年10月1日中华人民共和国建立，随即中央决定成立宁夏省人民政府并批准省政府委员会领导成员。自1950年起，省政府委员会均由宁夏省各族各界人民代表会议选举产生，设

主席、副主席。1954年7月起，宁夏省建制撤销，与甘肃省合并为新的甘肃省。根据中央关于建立宁夏回族自治区的决定，1957年6月成立自治区筹备委员会，实际行使政府职能，设主任、副主任。1958年10月，宁夏回族自治区成立。自此，自治区人大选举产生的自治区政府为自治区人民委员会，设主席、副主席。1966年5月，全国“文革”开始，期间自治区革命委员会行使自治区政府职能，设主任、副主任。1980年，自治区人大终止自治区革委会，改设自治区人民政府，仍设主席、副主席。]

1. 宁夏省人民政府委员会（1949.10～1954.7）

（1）省人民政府委员会（1949.10 ~ 1950.9）

[1949年10月29日，陕甘宁边区政府报经中共中央批准，决定成立宁夏省人民政府；12月2日，中央人民政府委员会第四次会议通过该决定；12月23日，宁夏省人民政府宣布成立并举行成立大会。中央政府决定，任命宁夏省人民政府委员17人，并正式批准政府主席、副主席任职人员。]

主　席：潘自力（1949.10 ~ 1950.9任）

副主席：邢肇棠（1949.10 ~ 1950.9任）

李景林（1949.10 ~ 1950.9任）

马鸿宾（回族，1949.10 ~ 1950.9任）

孙殿才（1949.11 ~ 1950.9任）

（2）第一届省人民政府委员会（1950.9 ~ 1953.1）

[1950年9月23日至10月5日，代行人民代表大会职权的宁夏省各族各界第一届第一次代表会议在银川举行，选举产生第一届省人民政府委员会主席、副主席。]

主　席：潘自力（1950.9 ~ 1951.10任）

邢肇棠（1951.10 ~ 1953.1任）

副主席：邢肇棠（1950.10 ~ 1951.10任）

李景林（1950.9 ~ 1953.1任）

孙殿才（1950.9 ~ 1953.1任）

（3）第二届省人民政府委员会（1953.1 ~ 1954.7）

[1953年1月13日至20日，宁夏省第二届各族各界人民代表会议在银川举行，选举产生第二届省人民政府委员会主席、副主席。]

主　席：邢肇棠（1953.1 ~ 1954.7任）

副主席：李景林（1953.1 ~ 1954.7任）

孙殿才（1953.1 ~ 1954.7任）

达理扎雅（蒙古族，1953.1 ~ 1954.7任）

马腾霭（回族，1953.1 ~ 1954.7任）

（4）宁夏省建制撤销中的省政府（1954.7 ~ 1954.9）

[1954年6月19日，中央人民政府委员会第32次会议通过《关于撤销大区一级行政机构和合并若干省、市建的决定》，决定撤销宁夏省建制与甘肃省合并为新的甘肃省；决定宁夏省的建制撤销后，原河东回族自治区和蒙古自治区的组织、机构均不变更，其余各县和银川市划为一

个专区，建立专区一级的机构。9月1日，宁夏省建制撤销。9月23日，宁夏省人民政府停止行使职权。9月27日，正式合并为新的甘肃省。]

2. 宁夏回族自治区筹备委员会（1958.3～1958.10）

[1954年10月，中共国家民委党组向中央提出《关于拟在西北回族聚居区建立回族自治区的请示报告》。中共中央则在1956年2月倡议，在甘肃省东北部回族人口较为集中的地区建立省一级的回族自治区。1957年6月7日，国务院总理周恩来主持召开国务院第51次全体会议，听取国家民委副主任汪锋作的《关于建立宁夏回族自治区的报告》，获会议同意。7月4日，周恩来向第一届全国人大第四次会议提交《关于建立宁夏回族自治区的议案》，7月15日会议通过并批准该议案。1957年11月5日，中共中央决定成立中共宁夏回族自治区工作委员会，开始自治区筹备工作。1958年3月，宁夏工委迁至银川办公。6月16日至19日，中央批准的宁夏回族自治区筹备委员会在银川举行成立会议，筹备委员会正式成立。]

主　任：刘格平（回族，1958.3～1958.10任）

副主任：马玉槐（回族，1958.3～1958.10任）

郝玉山（1958.3～1958.10任）

王金璋（1958.3～1958.10任）

吴生秀（1958.3～1958.10任）

3. 宁夏回族自治区人民委员会（1958.10～1968.4）

（1）第一届人民委员会（1958.10～1964.9）

[1958年10月24日至30日，宁夏回族自治区人民代表大会一届一次会议在银川举行，通过《宁夏回族自治区人民代表大会和人民委员会组织条例》，选举产生第一届自治区人民委员会，宣告宁夏回族自治区正式成立。1960年9月6日，自治区党委报请中共中央批准，刘格平免职调离，9月13日至15日自治区人大一届三次会议通过决议，免去其自治区人民委员会主席职务，同时免去王志强自治区人民委员会副主席职务。]

主　席：刘格平（回族，1958.10任～1960.9免）

杨静仁（回族，1960.9～1964.9任）

副主席：马玉槐（回族，1958.10～1964.9任）

吴生秀（1958.10～1964.9任）

王金璋（1958.10～1964.9任）

王志强（回族，1958.10任～1960.9免）

马腾霭（回族，1958.10～1964.9任）

郝玉山（1958.10～1960.9任）

黄执中（1958.10～1964.9任）

孙君一（回族，1961.11～1963.9任）

（2）第二届人民委员会（1964.9～1968.4）

[1964年9月26日至10月4日，宁夏回族自治区人民代表大会二届一次会议在银川举行，选举产生第二届自治区人民委员会主席、副主席。]

主　席：杨静仁（回族，1964.9 ~ 1968.4任）
副主席：马玉槐（回族，1964.9 ~ 1968.4任）
　　　　吴生秀（1964.9 ~ 1968.4任）
　　　　王金璋（1964.9 ~ 1968.4任）
　　　　马腾霭（回族，1964.9 ~ 1968.4任）
　　　　黄执中（1964.9 ~ 1968.4任）
　　　　马　信（回族，1964.9 ~ 1968.4任）
　　　　陈养山（1965.11 ~ 1968.4任）

4. 宁夏回族自治区革命委员会（1968.4～1980.1）

[1966年5月“文革”开始。自治区党政领导受到严重冲击。1月27日，“造反”派组织夺取自治区党委、人民委员会等党政财文大权，党政机构瘫痪。8月27日，解放军六十二师奉命进驻银川等地“支左”。1967年12月27日，中共中央、国务院、中央军委、中央文革小组宣布成立宁夏回族自治区革命委员会筹备小组，行使自治区党政财文大权。1968年4月自治区革委会成立，1980年1月终止，前后历时近12年。革委会集党、政、人大权力于一体，行使政府职权。]

（1）1968.4 ~ 1977.12

[1968年4月4日，中共中央、国务院、中央军委、中央文革小组下达《关于成立宁夏回族自治区革命委员会的批示》。4月10日，宁夏回族自治区革命委员会成立。]

主　任：康健民（1968.4任 ~ 1977.1.18故）
　　　　霍士廉（1977.1 ~ 1977.12任）
副主任：张怀礼（1968.4 ~ 1974.2任）
　　　　徐洪学（1968.4 ~ 1971任）
　　　　王志强（回族，1968.4 ~ 1977.7任）
　　　　安建国（1968.4 ~ 1971.12任）
　　　　陈养山（1970.3 ~ 1977.12任）
　　　　刘震寰（回族，1970.3任 ~ 1972.1.12故）
　　　　邵井蛙（1971.6 ~ 1977.12任）
　　　　杨一木（1977.7 ~ 1977.12任）
　　　　丁毅民（回族，1977.7 ~ 1977.12任）

（2）1977.12 ~ 1980.1

[1977年12月19日至26日，宁夏回族自治区四届人大一次会议在银川举行，选举产生新的自治区革委会主任、副主任。]

主　任：霍士廉（1977.1 ~ 1979.2调任农业部部长、党组书记）
　　　　马　信（回族，1979.2 ~ 1980.1任）
副主任：杨静仁（回族，1977.12 ~ 1978.3任）
　　　　邵井蛙（1977.12 ~ 1979.6任）
　　　　马玉槐（回族，1977.12 ~ 1979.5任）

杨一木（1977.12～1979.3任）

马思忠（回族，1977.12～1980.1任）

丁毅民（回族，1977.12～1980.1任）

马　信（回族，1977.12～1979.2任）

史玉林（1977.12～1980.1任）

李　力（1977.12～1980.1任）

李庶民（1977.12～1980.1任）

夏似萍（女，1978.3～1980.1任）

康志杰（1978.9～1980.1任）

李恽和（1979.8～1980.1任）

薛宏福（1979.11～1980.1任）

5. 宁夏回族自治区人民政府（1980.1～1998.5）

[1980年1月，经自治区人民代表大会决定，设立自治区人民政府。]

（1）第四届自治区人民政府（1980.1～1983.4）

[1980年1月8日至15日，宁夏回族自治区四届人大二次会议在银川举行。会议决定终止自治区革委会，改设自治区人民政府，选举产生第四届自治区人民政府主席、副主席。]

主　席：马　信（回族，1980.1～1982.4任）

黑伯理（回族，1982.4～1983.4任）

副主席：薛宏福（1980.1～1983.4任）

李恽和（1980.1～1983.4任）

马思忠（回族，1980.1～1983.4任）

马腾霭（回族，1980.1～1983.4任）

丁毅民（回族，1980.1～1983.4任）

李　力（1980.1～1983.4任）

李庶民（1980.1～1983.4任）

夏似萍（女，1980.1～1983.4任）

康志杰（1980.1～1981.2任）

程　浩（1980.1～1983.4任）

马英亮（回族，1983.2～1983.4任）

王燕鑫（1983.2～1983.4任）

杨惠云（女，回族，1983.2～1983.4任）

（2）第五届自治区人民政府（1983.4～1988.4）

[1983年4月20日至29日，宁夏回族自治区五届人大一次会议在银川举行，选举产生第五届自治区人民政府主席、副主席。]

主　席：黑伯理（回族，1983.4～1987.5任）

代理主席：白立忱（回族，1986.12～1987.5任）

主　席：白立忱（回族，1987.5～1988.4任）

副 主 席：李恽和（1983.4~1985.4任）

马英亮（回族，1983.4~1988.4任）

马思忠（回族，1983.4~1988.4任）

马腾霭（回族，1983.4~1988.4任）

王燕鑫（1983.4~1988.4任）

杨惠云（女，回族，1983.4~1988.4任）

（3）第六届自治区人民政府（1988.5~1993.5）

[1988年5月19日至6月2日，宁夏回族自治区六届人大一次会议举行，选举产生第六届自治区人民政府主席、副主席。]

主　席：白立忱（回族，1988.6~1993.5任）

副主席：马英亮（回族，1988.6~1993.5任）

杨惠云（女，回族，1988.6~1993.5任）

李成玉（回族，1988.6~1993.5任）

任启兴（1988.6~1993.5任）

程法光（回族，1988.6~1993.5任）

（4）第七届自治区人民政府（1993.5~1998.5）

[1993年5月15日至23日，宁夏回族自治区七届人大一次会议举行，选举产生第七届自治区人民政府主席、副主席。]

主　席：白立忱（回族，1993.5~1998.5任）

副主席：马启智（回族，1997.12~1998.5任）

任启兴（1993.5~1998.5任）

程法光（回族，1993.5~1994.4任）

马文学（回族，1993.5~1998.5任）

周生贤（1993.5~1998.5任）

刘　仲（回族，1993.5~1998.5任）

王魁才（满族，1995.10~1998.5任）

（四）中国人民政治协商会议宁夏地方委员会

1. 宁夏省各族各界人民代表会议协商委员会（1950.10～1953.1）

[1949年10月1日新中国诞生至1954年9月宁夏省建制撤销，宁夏省各族各界人民代表会议共两届，均选举产生协商委员会。]

（1）第一届各族各界人民代表协商委员会（1950.10~1953.1）

[1950年9月23日至10月5日，宁夏省首届各族各界人民代表会议在银川召开，选举产生由45名委员组成的第一届各族各界人民代表会议的协商委员会。]

主　席：潘自力（1950.10~1951.10任）

副主席：朱　敏（1950.10~1953.1任）

达理扎雅（蒙古族，1950.10～1953.1任）

马腾霭（回族，1950.10～1953.1任）

（2）第二届各族各界人民代表协商委员会（1953.1～1954.9）

［1953年1月13日至20日，宁夏省第二届各族各界人民代表会议在银川举行，选举产生第二届各族各界人民代表会议的协商委员会。］

主　席：李景林（1953.1～1954.9任）

副主席：马震东（1953.1～1954.9任）

洪清国（回族，1953.1～1954.9任）

塔旺嘉布（蒙古族，1953.1～1954.9任）

徐宗孺（1953.1～1954.9任）

2. 宁夏回族自治区政治协商委员会（1958.10～1998.5）

［1954年9月至1958年10月，宁夏地方经历省级建制撤销、宁夏回族自治区筹建的变迁，宁夏省级政协运行中断。1958年10月，宁夏回族自治区成立，为宁夏回族自治区政协及其委员会的产生创造了条件。］

（1）第一届政治协商委员会（1958.10～1964.9）

［1958年10月12日至13日，宁夏回族自治区政协一届一次会议在银川举行，选举产生自治区政协第一届委员会。］

主　席：李景林（1958.10～1964.9任）

副主席：马思义（回族，1958.10～1961.5任）

袁金璋（1958.10～1964.9任）

李冲和（1958.10～1964.9任）

何义江（回族，1958.10～1964.9任）

洪清国（回族，1958.10～1964.9任）

刘震寰（回族，1958.10～1964.9任）

雷启霖（1958.10～1964.9任）

（2）第二届政治协商委员会（1964.9～1977.12）

［1964年9月25日至30日，宁夏回族自治区政协二届一次会议在银川举行，选举产生自治区政协第二届委员会。］

主　席：李景林（1964.9～1977.12任）

副主席：袁金璋（1964.9～1968.12.17故）

李冲和（1964.9～1965故）

刘震寰（回族，1964.9～1972.1.12故）

刘继曾（1964.9～1977.12任）

雷启霖（1964.9～1977.12任）

洪清国（回族，1964.9～1977.12任）

（3）第三届政治协商委员会（1977.12～1983.4）

［1977年12月18日至26日，宁夏回族自治区政协三届一次会议在银川举行，选举产生自治

区政协第三届委员会。]

主　席：杨静仁（回族，1977.12～1979.6任）

王金璋（1979.6～1983.4任）

副主席：李景林（1977.12任～1980.12.6故）

王金璋（1977.12～1979.6任）

雷启霖（1977.12～1983.4任）

牛化东（1977.12～1983.4任）

吴鸿业（回族，1977.12任～1979.6.16故）

金三寿（回族，1977.12～1983.4任）

黄执中（1977.12任～1980.1调任宁夏回族自治区第四届人大常委会副主任）

马腾霭（回族，1977.12任～1980.1调任宁夏回族自治区人民政府副主席）

洪清国（回族，1977.12～1983.4任）

马佩勋（1979.4～1983.4任）

李凯国（1980.1～1983.4任）

杨正喜（1980.1～1983.4任）

罗文蔚（1980.1～1980.4任）

李青萍（1980.1～1983.4任）

金凤山（回族，1980.1～1983.4任）

李凤藻（回族，1980.1～1983.4任）

（4）第四届政治协商委员会（1983.4～1988.5）

[1983年4月18日至28日，宁夏回族自治区政协四届一次会议举行，选举产生自治区政协第四届委员会。]

主　席：王金璋（1983.4～1985.11.17故）

李恽和（1985.4～1988.5任）

副主席：雷启霖（1983.4～1988.5任）

陈静波（1983.4～1988.5任）

马立凯（回族，1983.4～1988.5任）

张　源（1983.2～1988.5任）

金三寿（回族，1983.4～1986.4.27故）

洪清国（回族，1983.4～1988.5任）

马烈孙（回族，1983.4～1988.5任）

杨正喜（1983.4～1985.4任）

杨遇春（1983.4～1988.5任）

金凤山（回族，1983.4～1984.9.10故）

李凤藻（回族，1983.4～1988.5任）

吴尚贤（1983.4～1988.5任）

杨　辛（回族，1983.4～1988.5任）

马德钟（回族，1983.4～1988.5任）

（5）第五届政治协商委员会（1988.5～1993.5）

［1988年5月18日至29日，宁夏回族自治区政协五届一次会议举行，选举产生自治区政协第五届委员会。］

主　席：李恽和（1988.5～1993.5任）

副主席：申效曾（1988.5～1993.5任）

雷启霖（1988.5～1993.5任）

陈静波（1988.5～1993.5任）

马立凯（回族，1988.5～1993.5任）

洪清国（回族，1988.5～1993.5任）

马烈孙（回族，1988.5～1993.5任）

吴尚贤（1988.5～1993.5任）

杨　辛（回族，1988.5～1993.5任）

马德钟（回族，1988.5～1993.5任）

汪　愚（1988.5～1993.5任）

郝廷藻（回族，1990.4～1993.5任）

强　锷（回族，1990.4～1993.5任）

（6）第六届政治协商委员会（1993.5～1998.5）

［1993年5月14日至24日，宁夏回族自治区政协六届一次会议举行，选举产生自治区政协第六届委员会。］

主　席：刘国范（1993.5～1998.5任）

副主席：雷启霖（1993.5任～1994.12.27病故）

郝廷藻（回族，1993.5～1998.5任）

洪清国（回族，1993.5～1998.5任）

马烈孙（回族，1993.5～1998.5任）

吴尚贤（1993.5～1998.5任）

刘闽生（1993.5～1998.5任）

强　锷（回族，1993.5～1998.5任）

仝开锦（回族，1993.5～1998.5任）

洪维宗（回族，1996.4～1998.5任）

冯炯华（1996.4～1998.5任）

魏世成（1996.4～1998.5任）

主要参考书目：

1. 中共宁夏回族自治区委员会党史研究室，中共宁夏回族自治区委员会党校，宁夏回族自治区档案馆编. 中共宁夏党史大事记（1925.8~1988.6）. 银川：宁夏人民出版社，1991.

2. 宁夏国史编审委员会，宁夏国史学会编. 当代宁夏史通鉴. 北京：当代中国出版社，2004（9）.

（王诵殊/供稿）

新疆维吾尔自治区党政组织职官志
（1955.10~1993.12）

［新疆维吾尔自治区成立于1955年10月1日，出于历史衔接考虑，本志从1949年10月中共中央新疆分局成立撰起。组织职官分为中国共产党新疆地方组织、新疆维吾尔自治区人民代表大会常务委员会、新疆地方政府、中国人民政治协商会议新疆地方委员会4类。各组织职官的沿革在类下逐一志述，其组织成立的由来及建制、职官等情况，随内容予以简明提示与解释。］

（一）中国共产党新疆地方组织

1. 中共中央新疆分局（1949.10～1955.9）

［1949年新疆省解放后，于10月12日，中共中央指示成立中共中央新疆分局，受中共中央西北局领导，1954年8月西北局撤销后，受中共中央直接领导，其组织沿革分两个阶段表述。］

（1）1949.10～1952.6

［1949年10月12日，中共中央指示成立中共中央新疆分局，并任命各级领导。1950年11月11日，中共中央通知，将新疆分局正、副书记改称第一、第二书记，王震任第一书记，徐立清任第二书记，并调张邦英任第三书记。1951年6月，开始设立常委会，王震、徐立清、张邦英、高锦纯、邓力群、饶正锡6人为常委。］

书　　记：王　震（1949.10～1950.11任）
副 书 记：徐立清（1949.10～1950.11任）
第一书记：王　震（1950.11～1952.6任）
第二书记：徐立清（1950.11～1952.6任）
第三书记：张邦英（1950.11～1952.6任）
常　　委：王　震（1951.6～1952.6任）
　　　　　徐立清（1951.6～1952.6任）
　　　　　张邦英（1951.6～1952.6任）
　　　　　高锦纯（1951.6～1952.6任）
　　　　　邓力群（1951.6～1952.6任）
　　　　　饶正锡（1951.6～1952.6任）

（2）1952.7～1955.9

［1952年7月15日至8月5日，根据中共中央指示，中共中央新疆分局第二届代表会议在迪化（今乌鲁木齐）召开，改组中共中央新疆分局。］

第 一 书 记：王恩茂（1952.7～1955.9任）
第 二 书 记：徐立清（1952.7～1955.9任）
第 三 书 记：张邦英（1952.7～1954.11任）

第 四 书 记：赛福鼎·艾则孜（维吾尔族，1952.7～1955.9任）
第一副书记：高锦纯（1954.12～1955.9任）
第二副书记：武开章（1954.12～1955.9任）
常　　　委：王恩茂（1952.7～1955.9任）
徐立清（1952.7～1955.9任）
张邦英（1952.7～1954.11任）
赛福鼎·艾则孜（维吾尔族，1952.7～1955.9任）
高锦纯（1952.7～1955.9任）
包尔汉（维吾尔族，1952.7～1955.9任）
王　震（1952.7～1954.11任）
饶正锡（1952.7～1954.11任）
赵守攻（1953.7～1955.9任）
吕剑人（1953.7～1955.9任）
辛兰亭（1954.11～1955.9任）
武开章（1954.12～1955.9任）
杨和亭（1955.5～1955.9任）

2. 中共新疆维吾尔自治区委员会（1955.10～1956.7）

[1955年9月29日，中共中央批准，中共新疆维吾尔自治区委员会由22名委员组成，常务委员会由10名委员组成，王恩茂任第一书记，徐立清任第二书记，赛福鼎·艾则孜任第三书记，高锦纯任第一副书记，武开章任第二副书记，并决定设立自治区党委书记处，由以上5名书记组成。10月1日，中共新疆维吾尔自治区委员会在乌鲁木齐宣布成立，同时宣布撤销中共中央新疆分局。]

第 一 书 记：王恩茂（1955.10～1956.7任）
第 二 书 记：徐立清（1955.10～1956.7任）
第 三 书 记：赛福鼎·艾则孜（维吾尔族，1955.10～1956.7任）
第一副书记：高锦纯（1955.10～1956.7任）
第二副书记：武开章（1955.10～1956.7任）
常　　　委：王恩茂（1955.10～1956.7任）
徐立清（1955.10～1956.7任）
赛福鼎·艾则孜（维吾尔族，1955.10～1956.7任）
高锦纯（1955.10～1956.7任）
武开章（1955.10～1956.7任）
包尔汉（维吾尔族，1955.10～1956.7任）
赵守攻（1955.10～1956.7任）
吕剑人（1955.10～1956.7任）
辛兰亭（1955.10～1956.7任）
杨和亭（1955.10～1956.7任）

3. 中共新疆维吾尔自治区第一届委员会（1956.7～1967.1）

[1956年7月9日至24日，中共新疆维吾尔自治区第一次代表大会在乌鲁木齐召开，选举产生中共新疆维吾尔自治区第一届委员会。1966年5月“文革”开始，自治区党委仍继续领导全区工作。1967年1月新疆“造反派”夺权后，自治区党委无法行使职权，工作中止。]

第一书记：王恩茂（1956.7 ~ 1967.1任）
书　　记：赛福鼎·艾则孜（维吾尔族，1956.7 ~ 1967.1任）
武开章（1956.7 ~ 1959.9任）
吕剑人（1956.7 ~ 1967.1任）
曾　涤（1956.7 ~ 1965.8任）
赛都拉·赛甫拉也夫（维吾尔族，1956.7 ~ 1958.4任）
李　铨（1959.4 ~ 1967.1任）
武　光（1963.5 ~ 1967.1任）
祁　果（1965.6 ~ 1967.1任）
林渤民（1965.6 ~ 1967.1任）
候补书记：祁　果（1959.4 ~ 1965.6任）
林渤民（1959.4 ~ 1965.6任）
陆学斌（1965.6 ~ 1967.1任）
常　　委：王恩茂（1956.7 ~ 1967.1任）
赛福鼎·艾则孜（维吾尔族，1956.7 ~ 1967.1任）
吕剑人（1956.7 ~ 1967.1任）
曾　涤（1956.7 ~ 1965.8任）
赛都拉·赛甫拉也夫（维吾尔族，1956.7 ~ 1958.4任）
李　铨（1959.4 ~ 1967.1任）
武　光（1963.5 ~ 1967.1任）
祁　果（1956.7 ~ 1967.1任）
林渤民（1956.7 ~ 1967.1任）
陆学斌（1965.6 ~ 1967.1任）
武开章（1956.7 ~ 1962.12任）
包尔汉（维吾尔族，1956.7 ~ 1967.1任）
辛兰亭（1956.7 ~ 1959.9任）
买买提明·伊敏诺夫（维吾尔族，1956.7 ~ 1958.4任）
杨和亭（1956.7 ~ 1965.8任）
艾斯海提·衣斯哈可夫（塔塔尔族，1956.7 ~ 1958.4任）
郭　鹏（1960.3 ~ 1967.1任）
张希钦（1960.3 ~ 1967.1任）
左　齐（1960.3 ~ 1967.1任）
张仲瀚（1960.3 ~ 1967.1任）

司马益·牙生诺夫（维吾尔族，1960.3～1967.1任）
安尼瓦尔·贾库林（哈萨克族，1960.3～1967.1任）
阿不都拉·扎克洛夫（维吾尔族，1960.3～1967.1任）

4. 中共新疆维吾尔自治区革命委员会核心小组（1970.3～1971.5）

[1970年3月，中共中央决定成立中共新疆维吾尔自治区革命委员会核心小组，行使自治区党委职权，接受中共中央领导，自治区党委第二届委员会组成后撤销。]

组　长：龙书金（1970.3～1971.5任）
副组长：肖思明（1970.3～1971.2任）
赛福鼎·艾则孜（维吾尔族，1970.3～1971.5任）
成　员：龙书金（1970.3～1971.5任）
肖思明（1970.3～1971.2任）
赛福鼎·艾则孜（维吾尔族，1970.3～1971.5任）
王恩茂（1970.3～1971.5任）
裴周玉（1970.3～1971.5任）
李全春（1970.3～1971.5任）
谭开云（1970.3～1971.5任）
刘　星（1970.3～1971.5任）
宋致和（1970.3～1971.5任）
曹达诺夫·扎伊尔（维吾尔族，1970.3～1971.5任）
徐国贤（1970.3～1971.5任）
张竭诚（1970.3～1971.5任）
罗　荣（1970.3～1971.5任）
胡华居（1970.3～1971.5任）

5. 中共新疆维吾尔自治区第二届委员会（1971.5～1984.2）

[根据中共中央精神，中共新疆维吾尔自治区第二次代表大会于1971年5月7日至11日在乌鲁木齐召开，选举产生中共新疆维吾尔自治区第二届委员会，自治区革命委员会党的核心小组随之撤销。1972年和1976年，本届委员会进行规模较大的人员调整，其组织沿革分3个阶段表述。]

（1）1971.5～1972.7

[1971年5月7日至11日，中共新疆维吾尔自治区第二次代表大会在乌鲁木齐召开，选举产生中共新疆维吾尔自治区第二届委员会。]

第一书记：龙书金（1971.5～1972.7任）
第二书记：赛福鼎·艾则孜（维吾尔族，1971.5～1972.7任）
书　　记：曹思明（1971.5～1972.7任）
宋致和（1971.5～1972.7任）
刘　星（1971.5～1972.7任）
常　　委：龙书金（1971.5～1972.7任）

赛福鼎·艾则孜（维吾尔族，1971.5～1972.7任）
曹思明（1971.5～1972.7任）
宋致和（1971.5～1972.7任）
刘　星（1971.5～1972.7任）
裴周玉（1971.5～1972.7任）
李全春（1971.5～1972.7任）
谭开云（1971.5～1972.7任）
曹达诺夫·扎伊尔（维吾尔族，1971.5～1972.7任）
徐国贤（1971.5～1972.7任）
张竭诚（1971.5～1972.7任）
罗　荣（1971.5～1972.7任）
胡华居（1971.5～1972.7任）
林渤民（1971.5～1972.7任）
依加汗（哈萨克族，1971.5～1972.7任）
田淑珍（女，回族，1971.5～1972.7任）
司马义·艾买提（维吾尔族，1971.5～1972.7任）

（2）1972.7～1976.10

[1972年7月，中共中央对新疆维吾尔自治区党委领导成员进行调整，由赛福鼎·艾则孜代理第一书记。12月，中共中央正式免去龙书金自治区党委第一书记及在新疆党内外的一切职务。1973年6月3日，中共中央决定赛福鼎·艾则孜任自治区党委第一书记。]

第一书记：龙书金（1972.7～1972.12任）
赛福鼎·艾则孜（维吾尔族，1972.7～1973.6代）
赛福鼎·艾则孜（维吾尔族，1973.6～1976.10任）

第二书记：曹思明（1972.7～1973.6任）
杨　勇（1973.6～1976.10任）

第三书记：曹思明（1973.6～1975.8任）

书　　记：刘　星（1972.7～1976.10任）
宋致和（1972.7～1976.10任）
司马义·艾买提（维吾尔族，1972.7～1976.10任）
张世功（1972.7～1976.10任）
何林兆（1972.7～1976.10任）

常　　委：赛福鼎·艾则孜（维吾尔族，1972.7～1976.10任）
曹思明（1972.7～1975.8任）
杨　勇（1973.6～1976.10任）
刘　星（1972.7～1976.10任）
宋致和（1972.7～1976.10任）
司马义·艾买提（维吾尔族，1972.7～1976.10任）
张世功（1972.7～1976.10任）

何林兆（1972.7～1976.10任）
裴周玉（1972.7～1975.8任）
李全春（1972.7～1974.12任）
谭开云（1972.7～1973.11任）
曹达诺夫·扎伊尔（维吾尔族，1972.7～1976.10任）
徐国贤（1972.7～1975.9任）
张竭诚（1972.7～1976.10任）
罗　荣（1972.7～1974.12任）
胡华居（1972.7～1976.10任）
林渤民（1972.7～1976.10任）
依加汗（哈萨克族，1972.7～1976.10任）
田淑珍（女，回族，1972.7～1976.10任）
李恽和（1972.7～1976.10任）
贾那布尔（哈萨克族，1974.11～1976.10任）

（3）1976.10～1984.2

［1976年10月粉碎“四人帮”后，中共新疆维吾尔自治区第二届委员会进行人员调整。］

第一书记：赛福鼎·艾则孜（维吾尔族，1976.10～1978.1任）
汪　峰（1978.1～1981.10任）
王恩茂（1981.10～1984.2任）

第二书记：杨　勇（1976.10～1977.9任）
汪　峰（1977.7～1978.1任）
刘　震（1978.3～1979.1任）
周仁山（1979.6～1980.11任）
谷景生（1980.12～1982.12任）

第三书记：刘　震（1977.9～1978.3任）

书　　记：刘　星（1976.10～1977.2任）
宋致和（1976.10～1977.2任）
司马义·艾买提（维吾尔族，1976.10～1984.2任）
张世功（1976.10～1981.10任）
何林兆（1076.10～1977.11任）
铁木尔·达瓦买提（维吾尔族，1978.3～1984.2任）
周仁山（1978.5～1979.6任）
黄罗斌（1980.6～1982.12任）
李嘉玉（1980.6～1984.2任）
韩劲草（1980.6～1981.7任）
祁　果（1982.2～1984.2任）
贾那布尔（哈萨克族，1983.3～1984.2任）

副 书 记：贾那布尔（哈萨克族，1977.4～1979.1任，1981.7～1983.3任）

李恽和（1977.4～1979.1任）
黄罗斌（1979.6～1980.6任）
李嘉玉（1979.6～1980.6任）

常　　委：赛福鼎·艾则孜（维吾尔族，1976.10～1978.1任）
汪　峰（1977.7～1981.10任）
王恩茂（1981.10～1984.2任）
杨　勇（1976.10～1977.9任）
刘　震（1977.9～1979.1任）
周仁山（1978.5～1980.11任）
谷景生（1980.12～1982.12任）
刘　星（1976.10～1977.2任）
宋致和（1976.10～1977.2任）
司马义·艾买提（维吾尔族，1976.10～1984.2任）
张世功（1976.10～1981.10任）
何林兆（1076.10～1977.11任）
铁木尔·达瓦买提（维吾尔族，1978.3～1984.2任）
黄罗斌（1978.1～1982.12任）
李嘉玉（1977.11～1984.2任）
韩劲草（1977.11～1981.7任）
祁　果（1977.4～1984.2任）
贾那布尔（哈萨克族，1976.10～1979.1任，1979.8～1984.2任）
李恽和（1976.10～1979.1任）
张竭诚（1976.10～1977.11任）
胡华居（1976.10～1977.11任）
依加汗（哈萨克族，1976.10～1977.11任）
林渤民（1976.10～1977.11任）
田淑珍（女，回族，1976.10～1977.11任）
曹达诺夫·扎伊尔（维吾尔族，1976.10～1983.3任）
郭林祥（1977.11～1980.6任）
杨　克（1977.11～1979.1任）
侯　良（1977.11～1983.3任）
胡良才（1977.11～1979.1任）
阿木冬·尼牙孜（维吾尔族，1977.11～1984.2任）
李　广（1978.6～1980.6任）
白成铭（1979.1～1983.3任）
阳焕生（1979.1～1984.2任）
黄　诚（1978.1～1980.3任）
任戈白（1980.6～1983.3任）

赵予征（1980.6～1983.3任）
司马益·牙生诺夫（维吾尔族，1981.7～1983.3任）
巴　岱（蒙古族，1981.7～1984.2任）
托乎提·沙比尔（维吾尔族，1981.7～1983.3任）
何德尔拜（哈萨克族，1981.7～1983.3任）
王振文（1981.7～1984.2任）
富　文（1982.2～1984.2任）
肖全夫（1983.3～1984.2任）
张思学（1983.3～1984.2任）
栗寿山（1983.3～1984.2任）

6. 中共新疆维吾尔自治区第三届委员会（1984.2～1991.3）

［1984年2月14日至21日，中共新疆维吾尔自治区第三次代表大会在乌鲁木齐召开，选举产生中共新疆维吾尔自治区第三届委员会，王恩茂任第一书记。1985年10月，中共中央重新调整新疆维吾尔自治区党委领导组织，并决定不再设第一书记。］

（1）1984.2～1985.10

［1984年2月14日至21日，中共新疆维吾尔自治区第三次代表大会在乌鲁木齐召开，选举产生中共新疆维吾尔自治区第三届委员会。］

第一书记：王恩茂（1984.2～1985.10任）
书　　记：司马义·艾买提（维吾尔族，1984.2～1985.10任）
铁木尔·达瓦买提（维吾尔族，1984.2～1985.10任）
祁　果（1984.2～1985.10任）
李嘉玉　（1984.2～1985.10任）
贾那布尔（哈萨克族，1984.2～1985.10任）
常　　委：王恩茂（1984.2～1985.10任）
司马义·艾买提（维吾尔族，1984.2～1985.10任）
铁木尔·达瓦买提（维吾尔族，1984.2～1985.10任）
祁　果（1984.2～1985.10任）
李嘉玉（1984.2～1985.10任）
贾那布尔（哈萨克族，1984.2～1985.10任）
谭善和（1984.2～1985.10任）
张思学（1984.2～1985.10任）
阿木冬·尼牙孜（维吾尔族，1984.2～1985.10任）
阳焕生（1984.2～1985.10任）
巴　岱（蒙古族，1984.2～1985.10任）
王振文（1984.2～1985.10任）
富　文（1984.2～1985.10任）
栗寿山（1984.2～1985.10任）

宋汉良（1984.2～1985.10任）

（2）1985.10～1991.3

［1985年10月，中共中央调整中共新疆维吾尔自治区党委组织，并决定不再设置第一书记职务。］

书　记：宋汉良（1985.10～1991.3任）

副书记：铁木尔·达瓦买提（维吾尔族，1985.10～1991.3任）

贾那布尔（哈萨克族，1985.10～1991.3任）

栗寿山（1985.10～1991.3任）

阿木冬·尼牙孜（维吾尔族，1985.10～1991.3任）

张思学（1985.10～1991.3任）

张福森（1990.8～1991.3任）

常　委：宋汉良（1985.10～1991.3任）

铁木尔·达瓦买提（维吾尔族，1985.10～1991.3任）

贾那布尔（哈萨克族，1985.10～1991.3任）

栗寿山（1985.10～1991.3任）

阿木冬·尼牙孜（维吾尔族，1985.10～1991.3任）

张思学（1985.10～1991.3任）

张福森（1990.8～1991.3任）

巴　岱（蒙古族，1985.10～1991.3任）

克尤木·巴吾东（维吾尔族，1985.10～1991.3任）

唐广才（1985.10～1991.3任）

石　庚（1985.10～1991.3任）

黄宝璋（1985.10～1991.3任）

梁国英（1985.10～1991.3任）

冯大真（1985.10～1991.3任）

海力且姆·斯拉木（女，维吾尔族，1985.10～1991.3任）

郭　刚（1987.6～1991.3任）

7. 中共新疆维吾尔自治区第四届委员会（1991.3～1996.2）

［1991年3月14日至19日，中共新疆维吾尔自治区第四次代表大会在乌鲁木齐召开，选举产生中共新疆维吾尔自治区第四届委员会。3月20日至21日，自治区党委四届一次全委会议在乌鲁木齐举行，选举产生中共新疆维吾尔自治区第四届委员会常务委员会委员、书记、副书记。4月，中共中央任命金云辉为自治区党委副书记，王乐泉为常委。12月，中共中央决定，阿不来提·阿不都热西提任自治区党委副书记。1994年9月1日，中共中央决定王乐泉任自治区党委代理书记。1995年11月2日，中共中央决定，张文岳任自治区党委常委、副书记，免去张福森自治区党委常委、副书记职务。12月17日，中共中央决定，王乐泉任自治区党委书记，免去宋汉良自治区党委常委、书记职务。］

书　记：宋汉良（1991.3～1995.12任）

王乐泉（1994.9～1995.12代，1995.12～1996.2任）

副书记：铁木尔·达瓦买提（维吾尔族，1991.3～1996.2任）
贾那布尔（哈萨克族，1991.3～1996.2任）
栗寿山（1991.3～1993.3任）
阿木冬·尼牙孜（维吾尔族，1991.3～1993.3任）
张福森（1991.3～1995.11任）
金云辉（1991.4～1996.2任）
克尤木·巴吾东（维吾尔族，1992.12～1996.2任）
王乐泉（1992.12～1995.12任）
阿不来提·阿不都热西提（维吾尔族，1993.12～1996.2任）
张文岳（1995.11～1996.2任）

常　委：宋汉良（1991.3～1995.12任）
铁木尔·达瓦买提（维吾尔族，1991.3～1996.2任）
贾那布尔（哈萨克族，1991.3～1996.2任）
栗寿山（1991.3～1993.3任）
阿木冬·尼牙孜（维吾尔族，1991.3～1993.3任）
张福森（1991.3～1995.11任）
金云辉（1991.4～1996.2任）
克尤木·巴吾东（维吾尔族，1991.3～1996.2任）
王乐泉（1991.4～1995.12任）
阿不来提·阿不都热西提（维吾尔族，1993.12～1996.2任）
海力且姆·斯拉木（女，维吾尔族，1991.3～1993.12任）
唐广才（1991.3～1992.9任）
郭　刚（1991.3～1994.11任）
周声涛（1991.3～1996.2任）
周国富（1991.3～1995.5任）
潘兆民（1992.9～1996.2任）
李逢滋（1993.3～1996.2任）
阿不都热依木·阿米提（维吾尔族，1993.3～1996.2任）
王传友（1994.11～1996.2任）
张云川（1995.2～1996.2任）
陈德敏（1995.5～1996.2任）
吴敦夫（1995.5～1996.2任）
张文岳（1995.11～1996.2任）

8. 中共新疆维吾尔自治区顾问委员会（1983.3～1994.1）

［1983年3月11日，中共中央决定成立中共新疆维吾尔自治区顾问委员会，白成铭任代理主任，同年4月任命副主任及常委。1984年2月，在中共新疆维吾尔自治区第三届代表大会上，正

式选举产生47名委员组成的中共新疆维吾尔自治区顾问委员会，并选出正、副主任及常委。1991年3月，中共新疆维吾尔自治区第四次代表大会选举产生26名委员组成的自治区第一届顾问委员会。至1994年1月中共新疆维吾尔自治区第四届委员会第六次全体（扩大）会议决定，不再设立自治区顾问委员会。]

主　任：白成铭（1983.3～1984.2代，1984.2～1985.10任）
王恩茂（1985.10～1994.1任）
副主任：熊　晃（1983.4～1985.10任）
侯　良（1983.4～1983.7任）
吐尔逊·阿塔吾拉（维吾尔族，1983.4～1994.2任）
白成铭（1985.10～1991.3任）
祁　果（1985.10～1991.3任）
王振文（1985.10～1991.3任）
陈西夫（1991.3～1994.2任）
常　委：白成铭（1983.3～1985.10任）
王恩茂（1985.10～1994.1任）
熊　晃（1983.4～1985.10任）
侯　良（1983.4～1983.7任）
吐尔逊·阿塔吾拉（维吾尔族，1983.4～1994.2任）
白成铭（1985.10～1991.3任）
祁　果（1985.10～1991.3任）
王振文（1985.10～1991.3任）
陈西夫（1991.3～1994.2任）
张光汉（1983.3～1991.3任）
刘奋生（1983.3～1987.6任）
陈俊昭（1983.3～1987.6任）
杨烈光（1983.3～1987.6任）
陈明池（1983.3～1987.6任）
孟梅生（1983.3～1987.6任）
阿不力米提·哈吉也夫（维吾尔族，1983.3～1991.3任）
杜宏鉴（1983.3～1987.6任）
哈生别克·色依提江（哈萨克族，1987.6～1993.12任）
李凤友（1987.6～1991.3任）
李双盛（1987.6～1991.3任）
张义德（1987.6～1991.3任）
张庆云（1987.6～1991.3任）
路克杰（1987.6～1991.3任）
薛　光（1987.6～1993.12任）

（二）新疆维吾尔自治区人民代表大会常务委员会

1. 新疆维吾尔自治区第五届人大常委会（1979.9～1983.4）

［1979年8月25日至9月5日，新疆维吾尔自治区五届人大二次会议召开，根据全国人大常委会《关于各省、自治区、直辖市可以在一九七九年设立人民代表大会常务委员会和将革命委员会改为人民政府的决定》，选举产生自治区人大常委会。］

主　任：铁木尔·达瓦买提（维吾尔族，1979.9～1983.4任）

副主任：谭友林（1979.9～1983.4任）

王振文（1979.9～1983.4任）

伊尔哈里（哈萨克族，1979.9～1982.7任）

杨一青（1979.9～1983.4任）

木沙也夫（维吾尔族，1979.9～1983.4任）

陆学斌（1979.9～1983.4任）

玛依努尔·哈斯木（女，维吾尔族，1979.9～1983.4任）

张凤岐（1979.9～1983.4任）

赵予征（1979.9～1983.4任）

禹占林（回族，1979.9～1983.4任）

阿曼吐尔（柯尔克孜族，1979.9～1983.4任）

吐尔逊·阿塔吾拉（维吾尔族，1979.9～1983.4任）

买合苏德·铁依波夫（维吾尔族，1979.9～1983.4任）

王鹤亭（1979.9～1983.4任）

赛甫拉也夫（维吾尔族，1980.12～1983.4任）

刘思聪（1980.12～1983.4任）

2. 新疆维吾尔自治区第六届人大常委会（1983.4～1988.1）

［1983年4月22日至30日，新疆维吾尔自治区六届人大一次会议在乌鲁木齐召开，选举产生新疆维吾尔自治区第六届人民代表大会常务委员会。］

主　任：铁木尔·达瓦买提（维吾尔族，1983.4～1985.12任）

阿木冬·尼牙孜（维吾尔族，1985.12～1988.1任）

副主任：赛甫拉也夫（维吾尔族，1983.4～1988.1任）

杨一青（1983.4～1988.1任）

陆学斌（1983.4～1985.5任）

曹达诺夫·扎伊尔（维吾尔族，1983.4～1988.1任）

任戈白（1983.4～1986.6任）

阿不列孜·木合买提（维吾尔族，1983.4～1988.1任）

黄浴尘（1983.4～1988.1任）

玛依努尔·哈斯木（女，维吾尔族，1983.4 ~ 1988.1任）
禹占林（回族，1983.4 ~ 1986.12任）
阿曼吐尔（柯尔克孜族，1983.4 ~ 1983.5任）
买合苏德·铁依波夫（维吾尔族，1983.4 ~ 1988.1任）
王鹤亭（1983.4 ~ 1988.1任）
胡赛音·斯牙巴也夫（哈萨克族，1983.4 ~ 1988.1任）
夏尔西别克·司的克（柯尔克孜族，1984.6 ~ 1988.1任）
李嘉玉（1985.12 ~ 1988.1任）
张少彭（1986.6 ~ 1988.1任）

3. 新疆维吾尔自治区第七届人大常委会（1988.1～1993.1）

［1988年1月21日至29日，新疆维吾尔自治区七届人大一次会议在乌鲁木齐召开，选举产生自治区第七届人大常委会。］

主　任：阿木冬·尼牙孜（维吾尔族，1988.1 ~ 1993.1任）
副主任：李嘉玉（1988.1 ~ 1993.1任）
曹达诺夫·扎伊尔（维吾尔族，1988.1 ~ 1993.1任）
玛依努尔·哈斯木（女，维吾尔族，1988.1 ~ 1993.1任）
陈西夫（1988.1 ~ 1993.1任）
买合苏德·铁依波夫（维吾尔族，1988.1 ~ 1993.1任）
夏尔西别克·斯的克（柯尔克孜族，1988.1 ~ 1993.1任）
张少彭（1988.1 ~ 1993.1任）
库尔班阿里（哈萨克族，1988.1 ~ 1993.1任）
阿不都热衣木·力提甫（维吾尔族，1988.1 ~ 1993.1任）
马明亮（回族，1988.1 ~ 1993.1任）
许　鹏（1988.1 ~ 1993.1任）
吐尔巴依尔（蒙古族，1988.1 ~ 1993.1任）
张思学（1991.5 ~ 1993.1任）
石　庚（1991.5 ~ 1993.1任）
阿不拉尤夫（维吾尔族，1991.5 ~ 1993.1任）

4. 新疆维吾尔自治区第八届人大常委会（1993.1～1998.1）

［1993年1月10日至18日，新疆维吾尔自治区八届人大一次会议在乌鲁木齐召开，选举产生自治区第八届人大常委会。］

主　任：阿木冬·尼牙孜（维吾尔族，1993.1 ~ 1998.1任）
副主任：颉富平（1993.1 ~ 1998.1任）
何德尔拜（哈萨克族，1993.1 ~ 1996.4任）
玉素甫·穆罕默德（维吾尔族，1993.1 ~ 1998.1任）
吐尔巴依尔（蒙古族，1993.1 ~ 1998.1任）

许　鹏（1993.1 ~ 1998.1任）

马存亮（回族，1993.1 ~ 1998.1任）

谢　宏（1993.1 ~ 1995.2任）

胡吉汉·哈克莫夫（维吾尔族，1993.1 ~ 1998.1任）

阿米娜·阿帕尔（维吾尔族，1993.1 ~ 1998.1任）

哈德斯·贾那布尔（哈萨克族，1996.4 ~ 1998.1任）

崔光华（1996.4 ~ 1998.1任）

（三）新疆地方政府

1. 新疆省临时政府（1949.9～1949.12）

［1949年9月25日，新疆省国民党驻军起义，新疆和平解放，9月26日成立新疆省临时政府。1949年12月新疆省人民政府成立，临时政府任期结束。］

主　席：包尔汉（维吾尔族，1949.9 ~ 1949.12任）

2. 新疆省人民政府（1949.12～1955.9）

［1949年12月，新疆省人民政府建立，其领导人由中央人民政府任命。］

主　席：包尔汉（维吾尔族，1949.12 ~ 1955.9任）

副主席：高锦纯（1949.12 ~ 1955.9任）

赛福鼎·艾则孜（维吾尔族，1949.12 ~ 1955.9任）

3. 新疆维吾尔自治区第一届人民委员会（1955.9～1959.1）

［1955年9月20日至30日，新疆维吾尔自治区一届人大二次会议在乌鲁木齐举行，选举产生自治区第一届人民委员会。］

主　席：赛福鼎·艾则孜（维吾尔族，1955.9 ~ 1959.1任）

副主席：高锦纯（1955.9 ~ 1959.1任）

买买提明·伊敏诺夫（维吾尔族，1955.9 ~ 1959.1任）

帕提汗·苏古尔巴也夫（哈萨克族，1955.9 ~ 1959.1任）

辛兰亭（1956.8 ~ 1959.1任）

杨和亭（1956.8 ~ 1959.1任）

艾斯海提·衣斯哈可夫（塔塔尔族，1956.8 ~ 1959.1任）

4. 新疆维吾尔自治区第二届人民委员会（1959.1～1964.3）

［1959年1月21日至29日，新疆维吾尔自治区二届人大一次会议在乌鲁木齐举行，选举产生自治区第二届人民委员会。］

主　席：赛福鼎·艾则孜（维吾尔族，1959.1 ~ 1964.3任）

副主席：辛兰亭（1959.1 ~ 1964.3任）

买买提明·伊敏诺夫（维吾尔族，1959.1～1964.3任）
帕提汗·苏古尔巴也夫（哈萨克族，1959.1～1964.3任）
杨和亭（1959.1～1964.3任）
艾斯海提·衣斯哈可夫（塔塔尔族，1959.1～1964.3任）
阿不都拉·扎克洛夫（维吾尔族，1959.1～1964.3任）
武　光（1963.5～1964.3任）
田　仲（1963.8～1964.3任）

5. 新疆维吾尔自治区第三届人民委员会（1964.3～1967.1）

[1964年3月13日至26日，新疆维吾尔自治区三届人大一次会议在乌鲁木齐举行，选举产生自治区第三届人民委员会。1965年后自治区三届人大未再召开会议。1966年5月，"文革"开始。1967年2月，自治区政府职能改由新疆军区代行。]

主　席：赛福鼎·艾则孜（维吾尔族，1964.3～1967.1任）
副主席：买买提明·伊敏诺夫（维吾尔族，1964.3～1967.1任）
帕提汗·苏古尔巴也夫（哈萨克族，1964.3～1967.1任）
辛兰亭（1964.3～1965.7任）
艾斯海提·衣斯哈可夫（塔塔尔族，1964.3～1967.1任）
武　光（1964.3～1967.1任）
田　仲（1964.3～1967.1任）
铁木尔·达瓦买提（维吾尔族，1964.3～1967.1任）

6. 新疆军区生产办公室（1967.2～1968.9）

[1967年2月，新疆维吾尔自治区政府职能由新疆军区代行，新疆军区成立生产办公室，在自治区革命委员会成立前，暂管自治区各项事务。]

主　任：张英明（1967.3～1968.9任）
副主任：任　晨（1967.3～1968.9任）
田　仲（1967.3～1968.9任）
铁木尔·达瓦买提（维吾尔族，1967.3～1968.9任）
李恽和（1967.3～1968.9任）
杨贯之（1967.3～1968.9任）
唐　谟（1967.3～1968.9任）

7. 新疆维吾尔自治区革命委员会（1968.9～1979.8）

[1966年5月"文革"开始后，新疆维吾尔自治区政府职能一度由新疆军区代行。1968年9月，新疆维吾尔自治区革命委员会正式成立，行使政府职能。1976年10月"文革"结束后，自治区革命委员会仍行使政府职能。1978年1月自治区人大重新召开，自治区革命委员会继续履行其职能。1979年8月，自治区五届人大二次会议根据全国人大常委会《关于各省、自治区、直辖市可以在一九七九年设立人民代表大会常务委员会和将革命委员会改为人民政府的决定》，

正式选举产生自治区人民政府，自治区革命委员会时期结束。因时间跨度较大，其组织沿革分两个阶段。]

（1）1968.9～1978.1

[1968年9月5日，新疆维吾尔自治区革命委员会正式成立，行使政府职能。1976年10月“文革”结束后，自治区革命委员会仍继续执行其职能。]

主　　任：龙书金（1968.9～1972.12任）
　　　　　赛福鼎·艾则孜（维吾尔族，1972.7～1973.6代，1973.6～1978.1任）
　　　　　汪　锋（1978.1任）
第一副主任：汪　锋（1977.7～1978.1任）
副 主 任：王恩茂（1968.9～1972.12任）
　　　　　赛福鼎·艾则孜（维吾尔族，1968.9～1972.7任）
　　　　　郭　鹏（1968.9～1969.6任）
　　　　　裴周玉（1968.9～1975.8任）
　　　　　李全春（1968.9～1974.12任）
　　　　　杨立业（1968.9～1977.12任）
　　　　　胡良才（1968.9～1978.1任）
　　　　　孜　牙（哈萨克族，1968.9～1978.1任）
　　　　　吴巨轮（1968.9～1977.12任）
　　　　　谭开云（1970.3～1973.11任）
　　　　　刘　星（1970.3～1978.1任）
　　　　　宋致和（1970.3～1978.1任）
　　　　　李昭明（1972.7～1978.1任）
　　　　　杨　勇（1973.6～1977.9任）
　　　　　曹思明（1973.6～1975.8任）
　　　　　司马义·艾买提（维吾尔族，1973.6～1978.1任）
　　　　　贾那布尔（哈萨克族，1974.11～1978.1任）
　　　　　祁　果（1977.4～1978.1任）

（2）1978.2～1979.8

[1978年1月30日，新疆维吾尔自治区第五届人民代表大会第一次会议在乌鲁木齐召开，会议重新选举自治区革命委员会成员。]

主　任：汪　锋（1978.2～1979.8任）
副主任：李昭明（1978.2～1978.10任）
　　　　司马义·艾买提（维吾尔族，1978.2～1979.8任）
　　　　宋致和（1978.2～1979.8任）
　　　　贾那布尔（哈萨克族，1978.2～1979.8任）
　　　　祁　果（1978.2～1979.8任）
　　　　铁木尔·达瓦买提（维吾尔族，1978.2～1979.8任）
　　　　张竭诚（1978.2～1979.8任）

胡良才（1978.2~1979.2任）
谢高忠（1978.2~1979.8任）
巴　岱（蒙古族，1978.2~1979.8任）
阿木冬·尼牙孜（维吾尔族，1978.2~1979.8任）
白成铭（1978.2~1979.8任）
张思明（1978.2~1979.8任）
王振文（1978.2~1979.8任）
杨一青（1979.2~1979.8任）
刘子谟（1979.2~1979.8任）
伊尔哈里·阿不力海依尔（哈萨克族，1979.2~1979.8任）
田　仲（1979.2~1979.8任）

8. 新疆维吾尔自治区第五届人民政府（1979.9～1983.4）

［1979年8月25日至9月5日，新疆维吾尔自治区五届人大二次会议在乌鲁木齐举行，会议根据全国人大常委会《关于各省、自治区、直辖市可以在一九七九年设立人大代表大会常务委员会和将革命委员会改为人民政府的决定》，将自治区革命委员会改为自治区人民政府，并选举出自治区人民政府主席、副主席。］

主　席：司马义·艾买提（维吾尔族，1979.9~1983.4任）
副主席：宋致和（1979.9~1983.4任）
阿木冬·尼牙孜（维吾尔族，1979.9~1983.4任）
白成铭（1979.9~1983.4任）
贾那布尔（哈萨克族，1979.9~1983.4任）
张思明（1979.9~1981.10任）
巴　岱（蒙古族，1979.9~1983.4任）
田　仲（1979.9~1983.4任）
刘子谟（1979.9~1983.4任）
司马义·牙生诺夫（维吾尔族，1979.9~1983.4任）
谢高忠（1979.9~1983.4任）
伊敏诺夫·哈米提（维吾尔族，1979.9~1983.4任）
托乎提·沙比尔（维吾尔族，1979.9~1983.4任）
曾继富（1981.7~1983.4任）

9. 新疆维吾尔自治区第六届人民政府（1983.4～1988.1）

［1983年4月22日至30日，新疆维吾尔自治区六届人大一次会议在乌鲁木齐举行，选举出自治区人民政府主席、副主席。］

主　席：司马义·艾买提（维吾尔族，1983.4~1985.12任）
铁木尔·达瓦买提（维吾尔族，1985.12~1988.1任）
副主席：田　仲（1983.4~1984.12任）

托乎提·沙比尔（维吾尔族，1983.4～1988.1任）
黄宝璋（1983.4～1988.1任）
何德尔拜（哈萨克族，1983.4～1988.1任）
宋汉良（1983.4～1985.12任）
玉素甫·穆罕默德（维吾尔族，1983.4～1988.1任）
金云辉（1985.12～1988.1任）
毛德华（1985.12～1988.1任）

10. 新疆维吾尔自治区第七届人民政府（1988.1～1993.1）

[1988年1月21日至29日，新疆维吾尔自治区七届人大一次会议在乌鲁木齐举行，选举产生自治区人民政府主席、副主席。]

主　席：铁木尔·达瓦买提（维吾尔族，1988.1～1993.1任）
副主席：黄宝璋（1988.1～1990.12任）
托乎提·沙比尔（维吾尔族，1988.1～1989.8任）
何德尔拜（哈萨克族，1988.1～1993.1任）
金云辉（1988.1～1991.5任）
玉素甫·穆罕默德（维吾尔族，1988.1～1993.1任）
毛德华（1988.1～1993.1任）
王乐泉（1991.5～1993.1任）
克尤木·巴吾东（维吾尔族，1991.5～1992.12任）
王友三（1991.5～1993.1任）
阿不来提·阿不都热西提（维吾尔族，1991.8～1993.1任）
李东辉（1991.8～1993.1任）

11. 新疆维吾尔自治区第八届人民政府（1993.1～1998.1）

[1993年1月10日至18日，新疆维吾尔自治区八届人大一次会议在乌鲁木齐举行，选举产生自治区人民政府主席、副主席。]

主　席：铁木尔·达瓦买提（维吾尔族，1993.1～1993.12任）
阿不来提·阿不都热西提（维吾尔族，1993.12～1994.3代，1994.3～1998.1任）
副主席：吾甫尔·阿不都拉（维吾尔族，1993.1～1998.1任）
李东辉（1993.1～1998.1任）
章　恒（1993.1～1998.1任）
米吉提·纳斯尔（维吾尔族，1993.1～1998.1任）
阿不来提·阿不都热西提（维吾尔族，1993.1～1994.3任）
王乐泉（1993.1～1996.1任）
王友三（1993.1～1996.4任）
艾斯海提·克里木拜（哈萨克族，1993.1～1996.4任）
玉素甫·艾莎（维吾尔族，1994.3～1998.1任）

张云川（1995.4 ~ 1998.1任）

王怀玉（1996.4 ~ 1998.1任）

达列力汗·马米汗（哈萨克族，1996.4 ~ 1998.1任）

（四）中国人民政治协商会议新疆地方委员会

1. 新疆省第一届各族各界人民代表会议协商委员会（1951.5～1955.2）

[1951年4月19日至5月10日，新疆省第一届各族各界人民代表会议在迪化（今乌鲁木齐）召开，选举产生其常设机构“协商委员会”，代行人民政协新疆省委员会职权。]

主　席：包尔汉（维吾尔族，1951.5 ~ 1955.2任）

副主席：高锦纯（1951.5 ~ 1955.2任）

赛福鼎·艾则孜（维吾尔族，1951.5 ~ 1955.2任）

艾尼瓦尔·加库林（哈萨克族，1951.5 ~ 1955.2任）

买买提·艾沙（柯尔克孜族，1951.5 ~ 1955.2任）

达夏甫（蒙古族，1951.5 ~ 1955.2任）

禹占林（回族，1951.5 ~ 1955.2任）

2. 政协新疆省（新疆维吾尔自治区）第一届委员会（1955.2～1959.9）

[1955年2月22日至26日，政协新疆省第一届委员会第一次会议举行，选举产生新疆省政协第一届委员会，至此，新疆省协商委员会由新疆省政协取代。同年10月21日至25日，政协新疆省第一届委员会第二次会议决定将新疆省政协改为新疆维吾尔自治区政协，并改选包尔汉为自治区政协主席。]

主　席：赛福鼎·艾则孜（维吾尔族，1955.2 ~ 1955.10任）

包尔汉（维吾尔族，1955.10 ~ 1959.9任）

副主席：吕剑人（1955.2 ~ 1959.9任）

贾和达·巴巴里可夫（哈萨克族，1955.2 ~ 1959.9任）

木合买提江·马合苏木（维吾尔族，1955.2 ~ 1959.9任）

达夏甫（蒙古族，1955.2 ~ 1959.9任）

买买提·艾沙（柯尔克孜族，1955.2 ~ 1959.9任）

禹占林（回族，1955.2 ~ 1959.9任）

3. 政协新疆维吾尔自治区第二届委员会（1959.9～1964.3）

[1959年9月20日至25日，政协新疆维吾尔自治区第二届委员会第一次会议在乌鲁木齐举行，选举产生自治区政协第二届委员会主席、副主席。]

主　席：包尔汉（维吾尔族，1959.9 ~ 1964.3任）

副主席：吕剑人（1959.9 ~ 1964.3任）

陶峙岳（1959.9 ~ 1964.3任）

禹占林（回族，1959.9 ~ 1964.3任）
伊敏·马合苏木（维吾尔族，1959.9 ~ 1964.3任）
买买提·艾沙（柯尔克孜族，1959.9 ~ 1964.3任）
达夏甫（蒙古族，1959.9 ~ 1964.3任）
哈米·阿斯力汗（哈萨克族，1959.9 ~ 1964.3任）

4. 政协新疆维吾尔自治区第三届委员会（1964.3～1966.6）

［1964年3月13日至30日，政协新疆维吾尔自治区第三届委员会第一次会议在乌鲁木齐举行，选举产生自治区政协第三届委员会成员。1966年5月，“文革”开始，自治区各级政协组织受到冲击，6月，各级政协组织活动被迫停止。］

主　席：王恩茂（1964.3 ~ 1966.6任）
副主席：吕剑人（1964.3 ~ 1966.6任）
陶峙岳（1964.3 ~ 1966.6任）
禹占林（回族，1964.3 ~ 1966.6任）
伊敏·马合苏木（维吾尔族，1964.3 ~ 1966.6任）
买买提·艾沙（柯尔克孜族，1964.3 ~ 1966.6任）
达夏甫（蒙古族，1964.3 ~ 1966.6任）
哈米·阿斯力汗（哈萨克族，1964.3 ~ 1966.6任）
阿不都热衣木·哈山诺夫（维吾尔族，1964.3 ~ 1966.6任）
买合苏德·铁依波夫（维吾尔族，1964.3 ~ 1966.6任）

5. 政协新疆维吾尔自治区第四届委员会（1978.2～1983.4）

［1973年11月，新疆维吾尔自治区党委决定自治区政协机关恢复办公。1978年1月29日至2月2日，政协新疆维吾尔自治区第四届委员会第一次会议在乌鲁木齐召开，选举产生自治区政协第四届委员会成员。1979年8月23日至9月6日，自治区政协四届二次会议召开，选举张世功为主席，并选举及增补部分委员会成员。］

主　席：汪　锋（1978.2 ~ 1979.9任）
张世功（1979.9 ~ 1983.4任）
副主席：张世功（1978.2 ~ 1979.9任）
陆学斌（1978.2 ~ 1979.9任）
熊　晃（1978.2 ~ 1983.4任）
司马义·牙生诺夫（维吾尔族，1978.2 ~ 1983.4任）
漆承德（1978.2 ~ 1983.4任）
禹占林（回族，1978.2 ~ 1982.12任）
杨宗胜（1978.2 ~ 1981.1任）
王振东（1978.2 ~ 1983.4任）
买合苏德·铁依波夫（维吾尔族，1978.2 ~ 1983.4任）
杨一青（1978.2 ~ 1983.4任）

牙合甫大毛拉·沙得尔阿吉（维吾尔族，1978.2～1983.4任）
阿曼吐尔·巴衣扎克（柯尔克孜族，1978.2～1983.4任）
王鹤亭（1978.2～1983.4任）
胡赛音·斯牙巴也夫（哈萨克族，1978.2～1983.4任）
汪师贞（女，1978.2～1983.4任）
赛甫拉也夫（维吾尔族，1979.9～1983.4任）
安尼瓦尔·汗巴巴（乌孜别克族，1979.9～1983.4任）
陈　实（1979.9～1983.4任）
程　浩（1979.9～1983.4任）
林海清（1979.9～1983.4任）
玉素甫汗·昆拜（哈萨克族，1979.9～1983.4任）
孟树林（1979.9～1983.4任）
黄裕尘（1979.9～1983.4任）
夏尔希别克·司的克（柯尔克孜族，1979.9～1983.4任）
宫明·江巴曲日木（蒙古族，1979.9～1983.4任）
马平林（1979.9～1980.2任）
康巴尔汗·艾买提（女，维吾尔族，1979.9～1983.4任）
阿不列孜·木合买提（维吾尔族，1980.12～1983.4任）
韩有文（撒拉族，1980.12～1983.4任）
张中涛（1980.12～1983.4任）

6. 政协新疆维吾尔自治区第五届委员会（1983.4～1988.1）

[1983年4月20日至29日，政协新疆维吾尔自治区第五届委员会第一次会议在乌鲁木齐举行，选举产生自治区政协第五届委员会主席、副主席。]

主　席：司马益·牙生诺夫（维吾尔族，1983.4～1988.1任）
副主席：李静轩（1983.4～1988.1任）
孟树林（1983.4～1988.1任）
木沙也夫（维吾尔族，1983.4～1985.12任）
牙合甫大毛拉·沙得尔阿吉（维吾尔族，1983.4～1986.10任）
安尼瓦尔·汗巴巴（乌孜别克族，1983.4～1988.1任）
冯　达（1983.4～1988.1任）
李长林（1983.4～1986.5任）
玉素甫汗·昆拜（哈萨克族，1983.4～1986.8任）
汪师贞（女1983.4～1988.1任）
宫明·江巴曲日木（蒙古族，1983.4～1987.3任）
康巴尔汗·艾买提（女，维吾尔族，1983.4～1988.1任）
韩有文（撒拉族，1983.4～1988.1任）
马明亮（回族，1983.4～1988.1任）

塔伊尔·买买提力（柯尔克孜族，1983.4～1988.1任）

富　文（1985.12～1988.1任）

7. 政协新疆维吾尔自治区第六届委员会（1988.1～1993.1）

[1988年1月19日至27日，政协新疆维吾尔自治区第六届委员会第一次会议在乌鲁木齐举行，选举产生自治区政协第六届委员会主席、副主席。]

主　席：巴　岱（蒙古族，1988.1～1993.1任）

副主席：富　文（1988.1～1993.1任）

梅合买提·司马益（维吾尔族，1988.1～1993.1任）

汪师贞（女，1988.1～1993.1任）

韩有文（撒拉族，1988.1～1993.1任）

塔伊尔·买买提力（柯尔克孜族，1988.1～1993.1任）

赵干卿（1988.1～1993.1任）

依不拉音·肉孜（维吾尔族，1988.1～1993.1任）

迪牙尔·库马什（哈萨克族，1988.1～1993.1任）

张　毅（1988.1～1993.1任）

尕文祥（回族，1988.1～1993.1任）

买买提·尼牙孜哈日（维吾尔族，1988.1～1993.1任）

阿荣汗阿吉（维吾尔族，1988.1～1993.1任）

冯大真（1991.5～1993.1任）

吕乾训（1991.5～1993.1任）

8. 政协新疆维吾尔自治区第七届委员会（1993.1～1998.1）

[1993年1月8日至16日，政协新疆维吾尔自治区第七届委员会第一次会议在乌鲁木齐召开，选举产生自治区政协第七届委员会成员。]

主　席：贾那布尔（哈萨克族，1993.1～1998.1任）

副主席：依不拉音·肉孜（维吾尔族，1993.1～1998.1任）

毛德华（1993.1～1998.1任）

迪牙尔·库马什（哈萨克族，1993.1～1998.1任）

汪师贞（女，1993.1～1998.1任）

韩有文（撒拉族，1993.1～1998.1任）

吴佳和（1993.1～1998.1任）

苏来衣曼（柯尔克孜族，1993.1～1998.1任）

沙　明（回族，1993.1～1998.1任）

阿荣汗阿吉（维吾尔族，1993.1～1998.1任）

帕夏·依夏（女，维吾尔族，1993.1～1998.1任）

牙生·那斯尔（维吾尔族，1993.1～1993.6任）

冯大真（1993.1～1996.3任）

文克孝（1993.1～1996.3任）

王友三（1996.3～1998.1任）

米吉提·库尔班（维吾尔族，1996.3～1998.1任）

谢志强（1996.3～1998.1任）

主要参考书目：

1. 向虎生，李耀东，向常福，蒋建华主编. 中华人民共和国职官志（增订本）. 北京：中国社会出版社，1996.

2. 中共新疆维吾尔自治区委员会组织部，中共新疆维吾尔自治区委员会党史工作委员会、新疆维吾尔自治区档案局编. 中国共产党新疆维吾尔自治区组织史资料（上报本）（1937～1987），1990.

3. 中共新疆维吾尔自治区办公厅，新疆维吾尔自治区人民政府办公厅编. 新疆辉煌50年（1949～1999年）上、下卷. 乌鲁木齐：新疆人民出版社，1999.

4. 新疆维吾尔自治区民族事务委员会编. 新疆民族辞典. 乌鲁木齐：新疆人民出版社，1995.

5. 党育林，张玉玺编著. 当代新疆简史. 北京：当代中国出版社，2003.

6. 王栓乾主编. 辉煌新疆——新疆的历史与发展白皮书. 乌鲁木齐：新疆人民出版社，2003.

7. 厉声主编. 中国新疆历史与现状. 乌鲁木齐：新疆人民出版社，2003.

8. 民族文化宫民族图书馆编. 中华人民共和国民族工作大事记（1949～1983）. 北京：民族出版社，1984.

9. 中共新疆维吾尔自治区委员会党史研究室编. 中国共产党新疆历史大事记（1992–2002）. 乌鲁木齐：新疆人民出版社，2005.

10. 新疆维吾尔自治区地方志编纂委员会，《新疆通志·共产党志》编纂委员会编. 新疆通志·第14卷·共产党志. 乌鲁木齐：新疆人民出版社，2001.

11. 新疆维吾尔自治区地方志编纂委员会，《新疆通志·政务志·人大》编纂委员会编. 新疆通志·第15卷·政务志·人大. 乌鲁木齐：新疆人民出版社，2004.

12. 新疆维吾尔自治区地方志编纂委员会，《新疆通志·政务志·政府》编纂委员会编. 新疆通志·第15卷·政务志·政府. 乌鲁木齐：新疆人民出版社，2006.

13. 新疆维吾尔自治区地方志编纂委员会，《新疆通志·政务志·政协》编纂委员会编. 新疆通志·第15卷·政务志·政协. 乌鲁木齐：新疆人民出版社，1996.

14. 政协新疆维吾尔自治区委员会《新疆政协志》编纂委员会编. 新疆政协志. 乌鲁木齐：新疆人民出版社，1996.

15. 新疆维吾尔自治区地方志编纂委员会编. 新疆年鉴（1992卷）. 乌鲁木齐：新疆人民出版社，1992.

16. 新疆维吾尔自治区地方志编纂委员会编. 新疆年鉴（1993卷）. 乌鲁木齐：新疆人民出版社，1993.

17. 新疆维吾尔自治区地方志编纂委员会编. 新疆年鉴（1994卷）. 乌鲁木齐：新疆人民出版

社，1994.

18. 新疆维吾尔自治区地方志编纂委员会编. 新疆年鉴（1995卷）. 乌鲁木齐：新疆人民出版社，1995.

19. 新疆维吾尔自治区地方志编纂委员会编. 新疆年鉴（1996卷）. 乌鲁木齐：新疆人民出版社，1996.

20. 新疆维吾尔自治区地方志编纂委员会编. 新疆年鉴（1997卷）. 乌鲁木齐：新疆人民出版社，1997.

（李　晗　崔德志/供稿）

延边朝鲜族自治州党政组织职官志
（1949.10 ~ 1993.12）

［延边朝鲜族自治州成立于1952年9月，为历史衔接，本志从1949年5月中共延边地委重新组建撰起。组织职官分为中共延边地方组织、延边朝鲜族自治州人民代表大会常务委员会、延边地方政府、中国人民政治协商会议延边朝鲜族自治州委员会4类。各组织职官名称的沿革，在类下逐一志述，其组织成立的由来及其建制、职官等情况，随文予以简明提示与解说。］

（一）中国共产党延边地方组织

1. 中共延边地方委员会（1949.5～1956.12）

［1949年5月，中共吉林省委决定，由朱德海、王录、文正一、董玉昆、宋振庭、田仁永、崔采、聂怀德、林民镐等9人，重新组成中共延边地方委员会，朱德海任书记。1952年9月，延边实行民族区域自治，成立延边朝鲜民族自治区，中共延边地委名称不变。］

书　记：朱德海（朝鲜族，1949.5 ~ 1956.12任）

副书记：王　录（1949.5 ~ 1949.9任）

董玉昆（1949.10 ~ 1954.8任）

姚　昕（1955.11 ~ 1956.12任）

崔　采（朝鲜族，1954.12 ~ 1956.12任）

田仁永（1955.1 ~ 1956.12任）

金明汉（朝鲜族，1955.11 ~ 1956.12任）

2. 中共延边朝鲜族自治州委员会（1956.12～1959.11）

［1955年12月，经国务院批准，延边朝鲜民族自治区改为延边朝鲜族自治州（简称延边州）。1956年12月8日，中共延边地委改为中共延边朝鲜族自治州委员会。］

第一书记：朱德海（朝鲜族，1956.12 ~ 1959.11任）

第二书记：姚　昕（1956.12 ~ 1959.11任）

第三书记：崔　采（朝鲜族，1956.12 ~ 1958.3任）

副 书 记：田仁永（1956.12 ~ 1959.11任）

金明汉（朝鲜族，1956.12 ~ 1959.11任）

3. 中共延边朝鲜族自治州第一届委员会（1959.11～1963.5）

［1959年11月15日至24日，中共延边州第一次代表大会在延吉举行。会议选举26名委员和5名候补委员，组成中共延边州委第一届委员会。］

第一书记：朱德海（朝鲜族，1959.11 ~ 1963.5任）

第二书记：姚　听（1959.11～1963.5任）

副 书 记：田仁永（1959.11～1963.5任）

金明汉（朝鲜族，1959.11～1963.5任）

冯志诚（1960.8～1963.5任）

金文宝（朝鲜族，1960.8～1963.5任）

4. 中共延边朝鲜族自治州第二届委员会（1963.5～1967.3）

[1963年5月6日至14日，中共延边州第二次代表大会在延吉举行。会议选举27名委员和5名候补委员，组成中共延边州委第二届委员会。1966年5月“文革”开始后，州委受到造反派组织冲击陷于瘫痪。]

第一书记：朱德海（朝鲜族，1963.5～1967.3任）

第二书记：姚　听（1963.5～1967.3任）

副 书 记：田仁永（1963.5～1967.3）

金明汉（朝鲜族，1963.5～1967.3任）

冯志诚（1963.5～1967.3任）

金文宝（朝鲜族，1963.5～1967.3任）

5. 中共延边朝鲜族自治州革命委员会党的核心小组（1970.4～1971.3）

[1968年8月18日，成立延边朝鲜族自治州革命委员会，由军队代表、群众代表、干部代表组成“三合一”临时权力机关。1970年4月27日，经吉林省革委会党的核心小组批准，成立中共朝鲜族自治州革命委员会核心小组，代行党委职权。]

组　长：刘　琏（1970.4～1971.3任）

副组长：崔海龙（1970.4～1971.3任）

6. 中共延边朝鲜族自治州第三届委员会（1971.3～1980.12）

[1971年3月9日至12日，中共延边州第三次代表大会在延吉举行。会议选举49名委员和7名候补委员，组成中共延边州委第三届委员会。第三届委员会因时间跨度长、人员变动频繁，其组织沿革分两个阶段表述。]

（1）1971.3～1978.4

[1971年3月召开中共延边州三届一次会议，选举刘琏为第一书记，崔海龙为书记，王茂琛、金明汉、冯志诚、田征为副书记。]

第一书记：刘　琏（1971.3～1973.6任）

书　　记：崔海龙（朝鲜族，1971.3～1977.1任）

姚　听（1972.4～1973.6任）

金明汉（朝鲜族，1977.1～1978.4任）

副 书 记：王茂琛（1971.3～1973.8任）

金明汉（朝鲜族，1971.3～1977.1任）

冯志诚（1971.3～1978.4任）

田　征（1971.3 ~ 1978.4任）
赵天野（满族，1972.4 ~ 1973.6任）
姚　昕（1973.6 ~ 1977.6任）
樊万清（1975.1 ~ 1978.4任）
李永善（朝鲜族，1975.1 ~ 1978.4任）
解玉峰（1975.12 ~ 1978.4任）
田仁永（1976.12 ~ 1978.4任）
曹龙浩（朝鲜族，1977.11 ~ 1978.4任）
金泰然（女，朝鲜族，1977.11 ~ 1978.4任）
马瑞亭（1975.12 ~ 1978.4任）
金承玉（朝鲜族，1977.11 ~ 1978.4任）

（2）1978.4 ~ 1980.12

[1978年4月20日，中共吉林省委任命赵南起为中共延边州委第一书记，同时对州委领导班子进行调整。]

第一书记：赵南起（朝鲜族，1978.4 ~ 1980.12任）
第二书记：田仁永（1978.4 ~ 1980.12任）
书　　记：田　征（1978.4 ~ 1980.12任）
曹龙浩（朝鲜族，1978.4 ~ 1980.12任）
解玉峰（1978.4 ~ 1980.12任）
副 书 记：马瑞亭（1978.4 ~ 1980.12任）
金承玉（朝鲜族，1978.4 ~ 1980.12任）
张进发（1978.4 ~ 1980.12任）

7. 中共延边朝鲜族自治州第四届委员会（1980.12～1986.1）

[1980年12月16日至20日，中共延边州第四次代表大会在延吉举行。会议选举35名委员和6名候补委员，组成中共延边州委第四届委员会，选举赵南起为第一书记，田永仁为第二书记，曹龙浩、解玉峰为书记，马瑞亭等3人为副书记。1983年11月9日，中共吉林省委任命李德洙为中共延边州委书记。]

第一书记：赵南起（朝鲜族，1980.12 ~ 1982.11任）
第二书记：田仁永（1980.12 ~ 1982.11任）
书　　记：曹龙浩（朝鲜族，1980.12 ~ 1982.11任）
解玉峰（1980.12 ~ 1982.11任）
崔　林（朝鲜族，1982.11 ~ 1983.11任）
张洪奎（1982.11 ~ 1986.1任）
李德洙（朝鲜族，1983.11 ~ 1986.1任）
副 书 记：马瑞亭（1980.12 ~ 1983.11任）
张进发（1980.12 ~ 1986.1任）
金承玉（朝鲜族，1980.12 ~ 1983.11任）

解玉峰（1982.11～1983.11任）
曹龙浩（朝鲜族，1982.11～1983.11任）
金成和（朝鲜族，1983.11～1985.4任）
黄载林（朝鲜族，1984.9～1986.1任）
张德江（1985.1～1986.1任）
罗昌珍（1985.4～1986.1任）

8. 中共延边朝鲜族自治州第五届委员会（1986.1～1991.5）

［1986年1月20日至23日，中共延边州第五次代表大会在延吉举行。会议选举33名委员和6名候补委员，组成中共延边州委第五届委员会，选举李德洙为第一书记，张德江、黄载林、张进发、罗昌珍为副书记。］

书　　记：李德洙（朝鲜族，1986.1～1989.10任）
张德江（1990.10～1991.5兼）
常务副书记：张进发（1989.11～1991.5任）
副　书　记：张德江（1986.1～1986.8任）
黄载林（朝鲜族，1986.1～1990.1任）
张进发（1986.1～1989.10任）
罗昌珍（朝鲜族，1986.1～1991.5任）
全哲洙（朝鲜族，1987.10～1991.5任）
孙鸿翔（1987.10～1991.5任）
曲逸绪（1990.8任～1990.12病故）
李政文（朝鲜族，1989.10～1991.5任）
吴长淑（朝鲜族，1991.1～1991.5任）

9. 中共延边朝鲜族自治州第六届委员会（1991.5～1993.12）

［1991年5月10日至13日，中共延边州第六次代表大会在延吉举行。会议选举33名委员和6名候补委员，组成中共延边州委第六届委员会，选举张德江为书记，全哲洙等4人为副书记。因本志起止时间为1949年10月至1993年12月，故1993年12月以后组织情况未列。］

书　记：张德江（1991.5～1993.12任）
副书记：全哲洙（朝鲜族，1991.5～1993.12任）
李政文（1991.5～1993.12任）
吴长淑（1991.5～1993.12任）
王庆斌（1991.5～1993.12任）
黄　铄（1993.5～1993.12任）
张龙俊（朝鲜族，1993.5～1993.12任）
金虎林（朝鲜族，1993.5～1993.12任）

（二）延边朝鲜族自治州人民代表大会常务委员会

［延边朝鲜族自治州人民代表大会常务委员会（简称州人大常委会）是根据全国人民代表大会五届二次会议通过的《地方各级人民代表大会和地方各级人民政府组织法》的规定，经1980年2月召开延边州第七届人大二次会议，决定设立延边州人大常委会，作为州人民代表大会的常设机构。此前，州人民代表大会没有常设机构。］

1. 延边朝鲜族自治州第七届人大常委会（1980.2～1983.2）

［1980年2月1日至9日，延边朝鲜族自治州第七届人民代表大会第一次会议召开，选举产生延边朝鲜族自治州第七届人大常委会主任、副主任、秘书长和委员。1981年12月26日至30日召开州七届人大三次会议，补选张奎星等3人为副主任。］

主　任：赵南起（朝鲜族，1980.2～1983.2任）
　　　　曹龙浩（朝鲜族，1982.11～1983.2任）
副主任：解玉峰（1980.2～1983.2任）
　　　　王锡成（1980.2～1983.2任）
　　　　金　明（朝鲜族，1980.2～1983.2任）
　　　　南明学（朝鲜族，1980.2～1983.2任）
　　　　乔树贵（1980.2～1983.2任）
　　　　吕英俊（朝鲜族，1980.2～1983.2任）
　　　　张家禄（1980.2～1983.2任）
　　　　郑逵昌（朝鲜族，1980.2～1983.2任）
　　　　张奎星（朝鲜族，1981.1～1983.2任）
　　　　许粉淑（女，朝鲜族，1981.1～1983.2任）
　　　　崔锡麟（朝鲜族，1981.1～1983.2任）

2. 延边朝鲜族自治州第八届人大常委会（1983.2～1988.1）

［1983年2月22日至26日，延边朝鲜族自治州第八届人民代表大会第一次会议召开，选举产生延边朝鲜族自治州第七届人大常委会主任、副主任、秘书长和委员。1985年4月24日召开州人大八届三次会议，补选马瑞亭等7人为副主任。］

主　任：曹龙浩（朝鲜族，1983.2～1988.1任）
副主任：王锡成（1983.2～1985.4任）
　　　　金太燮（朝鲜族，1983.2～1986.2任）
　　　　全龙燮（朝鲜族，1983.2～1986.2任）
　　　　张奎星（朝鲜族，1983.2～1988.1任）
　　　　许粉淑（女，朝鲜族，1983.2～1988.1任）
　　　　马瑞亭（1985.4～1988.1任）
　　　　金成和（朝鲜族，1985.4～1988.1任）

赵光石（朝鲜族，1985.4 ~ 1988.1任）
杜文全（1985.4 ~ 1988.1任）
肖规林（1985.4 ~ 1988.1任）
李钟乐（朝鲜族，1985.4 ~ 1988.1任）
狄雅琴（女，1985.4 ~ 1988.1任）
南兴烈（朝鲜族，1986.3 ~ 1988.1任）

3. 延边朝鲜族自治州第九届人大常委会（1988.1～1993.1）

[1988年1月6日至11日，延边朝鲜族自治州第九届人民代表大会第一次会议召开，选举产生延边朝鲜族自治州第九届人大常委会主任、副主任、秘书长和委员。1992年2月22日至26日召开州人大九届五次会议，补选马吉祥、李凤莲为副主任。]

主　任：曹龙浩（朝鲜族，1988.1 ~ 1993.1任）
副主任：穆青林（1988.1 ~ 1993.1任）
金东基（朝鲜族，1988.1 ~ 1992.2任）
秦元河（1988.1 ~ 1993.1任）
南兴烈（朝鲜族，1988.1 ~ 1992.2任）
肖规林（1988.1 ~ 1993.1任）
李宗烈（朝鲜族，1988.1 ~ 1993.1任）
李钟乐（朝鲜族，1988.1 ~ 1993.1兼）
狄雅琴（女，1988.1 ~ 1993.1兼）
马吉祥（1992.2 ~ 1993.1任）
李凤莲（女，朝鲜族，1992.2 ~ 1993.1任）

4. 延边朝鲜族自治州第十届人大常委会（1993.1～1993.12）

[1993年1月4日至9日，延边朝鲜族自治州第十届人民代表大会第一次会议召开，选举产生延边朝鲜族自治州第十届人大常委会主任、副主任、秘书长和委员。]

主　任：吴长淑（朝鲜族，1993.1 ~ 1993.12任）
副主任：穆青林（1993.1 ~ 1993.12任）
秦元河（1993.1 ~ 1993.12任）
李宗烈（朝鲜族，1993.1 ~ 1993.12任）
马吉祥（1993.1 ~ 1993.12任）
李凤莲（女，朝鲜族，1993.1 ~ 1993.12任）
朴周洪（朝鲜族，1993.1 ~ 1993.12任）

（三）延边地方政府

1. 延边行政督察专员公署（1949.10～1952.9）

［新中国成立之初，延边地区人民政权机构为延边行政督察专员公署（组建于1945年11月），隶属吉林省政府领导。时任专员为朱德海，副专员为董玉昆。］

专　员：朱德海（1949.10~1952.9任）

副专员：董玉昆（1949.10~1952.9任）

2. 延边朝鲜民族自治区人民政府（1952.9～1955.12）

（1）1952.9~1954.7

［1952年8月29日至9月3日，延边各族各界人民代表会议在延吉举行。根据《中华人民共和国民族区域自治纲要》的规定，会议一致通过《延边朝鲜民族自治区各族各界人民代表会议组织条例》和《关于民族团结的决议》，决定撤销延边行政督察专员公署，建立延边朝鲜民族自治区人民政府。会议选举朱德海为延边朝鲜民族自治区人民政府主席，董玉昆、崔采为副主席，并将9月3日定为自治区成立纪念日。］

主　席：朱德海（朝鲜族）

副主席：董玉昆　崔　采（朝鲜族）

（2）1954.7~1955.12

［1954年7月20日至29日，延边朝鲜民族自治区第一届人民代表大会第一次会议在延吉举行，选举朱德海为自治区人民政府主席，董玉昆、崔采为副主席。］

主　席：朱德海（朝鲜族）

副主席：董玉昆　崔　采（朝鲜族）

3. 延边朝鲜族自治州第一届人民委员会（1955.12～1956.12）

［1955年12月20日至27日，延边朝鲜民族自治区第一届人大二次会议在延吉召开。会议根据《中华人民共和国宪法》的规定，将延边朝鲜民族自治区改为延边朝鲜族自治州，选举产生由17名委员组成的第一届人民委员会，朱德海为州长，崔采等5人为副州长。］

州　长：朱德海（朝鲜族）

副州长：崔　采（朝鲜族）　田仁永　石东洙（朝鲜族）　乔树贵
　　　　李浩源（朝鲜族）

（1955.12~1956.12任）

4. 延边朝鲜族自治州第二届人民委员会（1956.12～1958.6）

［1956年12月20日至27日，延边朝鲜族自治州第二届人民代表大会一次会议在延吉召开。会议选举产生由22名委员组成的延边州第二届人民委员会，朱德海为州长，崔采等6人为副州长。］

州　长：朱德海（朝鲜族）

副州长：崔　采（朝鲜族）　田仁永　南明学（朝鲜族）　李浩源（朝鲜族）

　　　　石东洙（朝鲜族）　乔树贵（1956.12～1958.6任）

5. 延边朝鲜族自治州第三届人民委员会（1958.6～1961.9）

[1958年6月22日至27日，延边朝鲜族自治州第三届人民代表大会一次会议在延吉召开。会议选举产生延边州第三届人民委员会，朱德海为州长，田仁永等6人为副州长。]

州　长：朱德海（朝鲜族，1958.6～1961.9任）

副州长：田仁永（1958.6～1961.9任）

　　　　刘建平（1958.6～1959.7任）

　　　　南明学（朝鲜族，1958.6～1961.9任）

　　　　李浩源（朝鲜族，1958.6～1961.9任）

　　　　石东洙（朝鲜族，1958.6～1961.9任）

　　　　乔树贵（1958.6～1961.9任）

　　　　解玉峰（1959.7～1961.9任）

6. 延边朝鲜族自治州第四届人民委员会（1961.9～1963.12）

[1961年9月24日至30日，延边朝鲜族自治州第四届人民代表大会一次会议在延吉召开。会议选举产生延边州第四届人民委员会，朱德海为州长，田仁永等7人为副州长。]

州　长：朱德海（朝鲜族，1961.9～1963.12任）

副州长：田仁永（1961.9～1963.12任）

　　　　南明学（朝鲜族，1961.9～1963.12任）

　　　　李浩源（朝鲜族，1961.9～1963.12任）

　　　　乔树贵（1961.9～1963.12任）

　　　　解玉峰（1961.9～1963.12任）

　　　　吕英俊（朝鲜族，1961.9～1963.12任）

　　　　曹龙浩（朝鲜族，1961.9～1963.12任）

7. 延边朝鲜族自治州第五届人民委员会（1963.12～1967.3）

[1963年12月5日至10日，延边朝鲜族自治州第五届人民代表大会一次会议在延吉召开。会议选举产生州第五届人民委员会，朱德海为州长，田仁永等7人为副州长。1966年5月“文革”开始后，州人委工作机构相继瘫痪。1967年3月，延边州实行全面军管。]

州　长：朱德海（朝鲜族，1963.12～1967.3任）

副州长：田仁永（1963.12～1967.3任）

　　　　南明学（朝鲜族，1963.12～1967.3任）

　　　　李浩源（朝鲜族，1963.12～1967.3任）

　　　　乔树贵（1963.12～1967.3任）

　　　　解玉峰（1963.12～1967.3任）

吕英俊（朝鲜族，1963.12 ~ 1967.3任）
曹龙浩（朝鲜族，1963.12 ~ 1967.3任）

8. 延边朝鲜族自治州革命委员会（1968.8～1979.2）

[1968年8月18日，经吉林省革命委员会批准，成立延边朝鲜族自治州革命委员会，由军队代表、群众代表、干部代表“三结合”临时权力机构，实行党政“一元化”领导。其组织沿革分两个阶段表述。]

（1）1968.8 ~ 1979.2

[州革委会领导人由省革委会直接任命。]

主　任：皋　峰（1968.8 ~ 1969.11任）
刘　琏（1969.11 ~ 1973.6任）
崔海龙（朝鲜族，1973.6 ~ 1977.11任）
金明汉（朝鲜族，1977.10 ~ 1978.4任）
赵南起（朝鲜族，1978.4 ~ 1979.2任）

副主任：崔海龙（朝鲜族，1968.8 ~ 1973.6任）
冯志诚（1968.8 ~ 1977.11任）
金明汉（朝鲜族，1968.8 ~ 1977.12任）
王茂琛（1968.8 ~ 1973.6任）
金秀吉（朝鲜族，1968.8 ~ 1973.6任）
柳昌银（朝鲜族，1968.8 ~ 1976.10任）
金泰然（女，朝鲜族，1968.8 ~ 1970.7任）
宁长祥（1968.8 ~ 1973.6任）
（1976.10 ~ 1978.4任）
金京岩（朝鲜族，1968.8 ~ 1976.7任）
丁炳南（朝鲜族，1969.7 ~ 1973.6任）
刘书英（1969.11 ~ 1973.6任）
金炳天（朝鲜族，1969.11 ~ 1979.2任）
解玉峰（1969.11 ~ 1976.10任）
姚　昕（1971.5 ~ 1976.6任）
赵天野（满族，1972.2 ~ 1973.6任）
田仁永（1972.10 ~ 1979.2任）
吕树德（蒙古族，1973.6 ~ 1976.10任）
南明学（朝鲜族，1973.6 ~ 1979.2任）
郭　汇（1973.6 ~ 1976.10任）
曹龙浩（朝鲜族，1973.6 ~ 1979.2任）
崔锡麟（朝鲜族，1975.12 ~ 1979.2任）
李　挥（1975.12 ~ 1979.2任）
吕英俊（朝鲜族，1978.8 ~ 1979.2任）

乔树贵（1978.8～1979.2任）

金　明（朝鲜族，1978.8～1979.2任）

（2）1979.2～1980.2

［1979年2月5日至9日，延边朝鲜族自治州第七届人民代表大会第一次会议召开，选举产生新的州革命委员会主任、副主任和委员。］

主　任：赵南起（朝鲜族）

副主任：田仁永　曹龙浩（朝鲜族）　南明学（朝鲜族）　李　挥　崔锡麟（朝鲜族）
张国勋　乔树贵　吕英俊（朝鲜族）　金　明（朝鲜族）　金炳天（朝鲜族）
彭　昕

9. 延边朝鲜族自治州第七届人民政府（1980.2～1983.2）

［1980年2月1日至9日，延边朝鲜族自治州第七届人民代表大会第二次会议在延吉召开。会议根据《中华人民共和国地方各级人民代表大会和地方各级人民政府组织法》的规定，决定设立州人民代表大会常务委员会，将延边朝鲜族州革命委员会改为延边朝鲜族自治州人民政府。会议选举曹龙浩为州长，马瑞亭等6人为副州长。1981年12月26日至30日召开州七届人大三次会议，补选全龙燮为副州长。］

州　长：曹龙浩（朝鲜族，1980.2～1982.11任）
崔　林（朝鲜族，1982.11～1983.2代）

副州长：马瑞亭（1980.2～1983.2任）
崔锡麟（朝鲜族，1980.2～1981.1任）
张国勤（1980.2～1983.2任）
金成和（朝鲜族，1980.2～1983.2任）
彭　昕（1980.2～1983.2任）
金太燮（朝鲜族，1980.2～1983.2任）
全龙燮（朝鲜族，1981.12～1983.2任）

10. 延边朝鲜族自治州第八届人民政府（1983.2～1988.1）

［1983年2月22日至26日，延边朝鲜族自治州第八届人民代表大会第一次会议在延吉召开。会议选举产生延边州第八届人民政府，崔林为州长，马瑞亭等6人为副州长。1984年5月16日至20日召开州八届人大二次会议，选举李德洙为州长。1985年4月24日召开州八届人大三次会议，选举黄载林为州长。］

州　长：崔　林（朝鲜族，1983.2～1984.1任）
李德洙（朝鲜族，1984.1～1984.5代）
（1984.5～1984.12任）
黄载林（朝鲜族，1984.12～1985.4代）
（1985.4～1988.1任）

副州长：马瑞亭（1983.2～1985.4任）
张国勤（1983.2～1984.12任）

金振剑（朝鲜族，1983.2～1985.4任）
罗昌珍（朝鲜族，1983.2～1985.4任）
金成和（朝鲜族，1983.2～1983.11任）
孙鸿翔（1983.2～1988.1任）
张志鹏（1984.12～1985.1任）
金东基（朝鲜族，1985.4～1988.1任）
吴长淑（朝鲜族，1985.4～1988.1任）
秦元河（1985.4～1988.1任）
文进燮（朝鲜族，1986.12～1988.1任）
许传秀（1986.12～1988.1任）

11. 延边朝鲜族自治州第九届人民政府（1988.1～1993.1）

［1988年1月6日至11日，延边朝鲜族自治州第九届人民代表大会第一次会议在延吉召开。会议选举产生延边州第九届人民政府，黄载林为州长，孙鸿翔等6人为副州长。1991年1月召开州九届四次会议，选举金哲洙为州长。］

州　长：黄载林（朝鲜族，1988.1～1990.1任）
文进燮（朝鲜族，1990.1任～1990.12病故）
金哲洙（朝鲜族，1990.12～1991.1代）
（1991.1～1993.1任）
副州长：孙鸿翔（1988.1～1989.10任）
文进燮（朝鲜族，1988.1～1990.1任）
公丕兴（1988.1～1991.1任）
吴长淑（朝鲜族，1988.1～1991.1任）
许传秀（1988.1～1993.1任）
郑龙喆（朝鲜族，1988.1～1993.1任）
严曾国（朝鲜族，1989.10～1993.1任）
黄　铄（朝鲜族，1989.10～1991.5任）
曲逸绪（1991.1～1992.11任）
方　敏（1991.7～1992.5任）
南相福（朝鲜族，1991.7～1993.1任）
冀福义（1992.5～1993.1任）

12. 延边朝鲜族自治州第十届人民政府（1991.1～1993.12）

［1991年1月召开自治州第十届人民代表大会第一次会议，选举产生延边州第十届人民政府，金哲洙为州长，许传秀等6人为副州长。1993年12月，州长金哲洙离任，由郑龙喆代理州长职务。］

州　长：金哲洙（朝鲜族，1993.1～1993.12任）
郑龙喆（朝鲜族，1993.12～1994.2代）

副州长：许传秀（1993.1～1996.5任）
严曾国（朝鲜族，1993.1～1996.5任）
郑龙喆（朝鲜族，1993.1～1994.2任）
南相福（朝鲜族，1993.1～1996.5任）
冀福义（1993.1～1996.5任）
丁维东（1993.1～1995.9任）
金平先（朝鲜族，1994.4～1996.5任）
朴东奎（朝鲜族，1995.8～1996.5任）
王树杞（1995.8～1996.5任）

（四）中国人民政治协商会议延边朝鲜族自治州委员会

1. 政协延边朝鲜族自治州第一届委员会（1956.8～1959.7）

［1956年8月15日至18日，政协延边朝鲜族自治州第一届委员会第一次会议召开，选举产生州政协第一届常务委员会组成人员。朱德海为主席，姚昕等3人为副主席。］

主　席：朱德海（朝鲜族）

副主席：姚　昕　李浩源（朝鲜族）　金东波（朝鲜族）

2. 政协延边朝鲜族自治州第二届委员会（1959.7～1961.9）

［1959年7月18日至25日，政协延边朝鲜族自治州第二届委员会第一次会议召开，选出州政协第二届常务委员会组成人员，朱德海为主席，姚昕等7人为副主席。］

主　席：朱德海（朝鲜族）

副主席：姚　昕　李浩源（朝鲜族）　乔树贵　金裕勋（朝鲜族）　金东波（朝鲜族）
曹龙浩（朝鲜族）　池喜谦（朝鲜族）

3. 政协延边朝鲜族自治州第三届委员会（1961.9～1963.12）

［1961年9月23日至30日，政协延边朝鲜族自治州第三届委员会第一次会议召开，选出州政协第三届常务委员会组成人员，朱德海为主席，姚昕等8人为副主席。］

主　席：朱德海（朝鲜族）

副主席：姚　昕　李浩源（朝鲜族）　石东洙（朝鲜族）　乔树贵　金裕勋（朝鲜族）
金东波（朝鲜族）　曹龙浩（朝鲜族）　池喜谦（朝鲜族）

4. 政协延边朝鲜族自治州第四届委员会（1963.12～1967.1）

［1963年12月4日至13日，政协延边朝鲜族自治州第四届委员会第一次会议召开，选出州政协第四届常务委员会组成人员，朱德海为主席，姚昕等7人为副主席。1966年5月“文革”开始后，政协工作中断13年。］

主　席：朱德海（朝鲜族）

副主席：姚　昕　金裕勋（朝鲜族）　黄载然（朝鲜族）　金东波（朝鲜族）
　　　　池喜谦（朝鲜族）　白云昌（朝鲜族）　张家禄

5. 政协延边朝鲜族自治州第五届委员会（1979.2～1983.2）

[1979年2月4日至9日，政协延边朝鲜族自治州第五届委员会第一次会议召开，选出州政协第五届常务委员会组成人员，曹龙浩为主席，金承玉等12人为副主席。1980年2月召开州政协五届二次会议，选举田仁永为州政协主席。]

主　席：曹龙浩（朝鲜族，1979.2 ~ 1980.2任）
　　　　田仁永（1980.2 ~ 1983.2任）
副主席：金承玉（朝鲜族，1979.2 ~ 1983.2任）
　　　　乔树贵（1979.2 ~ 1980.2任）
　　　　金裕勋（朝鲜族，1979.2 ~ 1983.2任）
　　　　崔东光（朝鲜族，1979.2 ~ 1983.2任）
　　　　张家禄（1979.2 ~ 1983.2任）
　　　　黄载然（朝鲜族，1979.2 ~ 1983.2任）
　　　　张国梁（1979.2 ~ 1980.2任）
　　　　金圣友（朝鲜族，1979.2 ~ 1983.2任）
　　　　郑逵昌（朝鲜族，1979.2 ~ 1980.2任）
　　　　金永顺（朝鲜族，1979.2 ~ 1983.2任）
　　　　池喜谦（朝鲜族，1979.2 ~ 1983.2任）
　　　　金东波（1979.2 ~ 1983.2任）
　　　　金炳天（朝鲜族，1980.2 ~ 1983.2任）
　　　　张登岭（1980.2 ~ 1983.2任）
　　　　裴　克（朝鲜族，1980.2 ~ 1981.2任）
　　　　杨崇舜（1980.2 ~ 1983.2任）
　　　　丁明秀（女，1981.1 ~ 1983.2任）

6. 政协延边朝鲜族自治州第六届委员会（1983.2～1988.1）

[1983年2月21日至25日，政协延边朝鲜族自治州第六届委员会第一次会议召开，选出州政协第六届常务委员会组成人员，田仁永为主席，金承玉等9人为副主席。1985年4月召开州政协六届三次会议，选举曹凤鸣为州政协主席。]

主　席：田仁永（1983.2 ~ 1985.4任）
　　　　曹凤鸣（1985.4 ~ 1988.1任）
副主席：金承玉（朝鲜族，1983.2 ~ 1988.1任）
　　　　张登岭（1983.2 ~ 1985.4任）
　　　　金圣友（朝鲜族，1983.2 ~ 1988.1任）
　　　　高永一（朝鲜族，1983.2 ~ 1988.1兼）
　　　　金永顺（女，朝鲜族，1983.2 ~ 1988.1兼）

金东波（朝鲜族，1983.2 ~ 1988.1任）
丁明秀（女，1983.2 ~ 1984任）
慕辑义（1983.2 ~ 1988.1任）
郃凤岐（满族，1983.2 ~ 1988.1任）
金永万（朝鲜族，1985.4 ~ 1987.11兼）
魏景春（1985.4 ~ 1988.1任）
胡二全（1985.4 ~ 1988.1兼）
杨成哲（朝鲜族，1985.4 ~ 1988.1兼）
李　立（女，1985.4 ~ 1988.1兼）
李相山（1986.3 ~ 1988.1任）

7. 政协延边朝鲜族自治州第七届委员会（1988.1～1993.1）

［1988年1月4日至10日，政协延边朝鲜族自治州第七届委员会第一次会议召开，选举产生州政协第七届委员会常务委员会，政协第七届常委会由主席、10名副主席、秘书长和42名常务委员组成。1991年1月召开的州政协七届四次会议上，选举张进发为州政协主席。］

主　席：曹凤鸣（1988.1 ~ 1991.1任）
张进发（1991.1 ~ 1993.1任）
副主席：金永万（朝鲜族，1988.1 ~ 1993.1任）
罗昌珍（朝鲜族，1989.2 ~ 1993.1任）
申昌谆（朝鲜族，1988.1 ~ 1993.1任）
金东波（朝鲜族，1988.1 ~ 1993.1兼）
魏景春（1988.1 ~ 1993.1任）
慕辑义（1988.1 ~ 1993.1任）
胡二全（1988.1 ~ 1993.1兼）
杨成哲（朝鲜族，1988.1 ~ 1993.1兼）
金泰甲（朝鲜族，1988.1 ~ 1993.1兼）
卜孟琪（满族，1988.1 ~ 1993.1任）
朴楠镒（朝鲜族，1992.2 ~ 1993.1任）
闵永淑（女，朝鲜族，1988.1 ~ 1993.1兼）

8. 政协延边朝鲜族自治州第八届委员会（1993.1～1993.12）

［1993年1月4日至8日，政协延边朝鲜族自治州第八届委员会第一次会议召开，选举产生州政协第八届委员会常务委员会。政协第八届常委会由主席、副主席、秘书长和46名常务委员组成。］

主　席：张进发（1993.1 ~ 1993.12任）
副主席：罗昌珍（朝鲜族，1993.1 ~ 1993.12任）
胡二全（1993.1 ~ 1993.12任）
杨成哲（朝鲜族，1993.1 ~ 1993.12兼）

金泰甲（朝鲜族，1993.1兼~1993.12病故）

狄雅琴（女，1993.1~1993.12兼）

朴楠镒（朝鲜族，1993.1~1993.12任）

王精元（1993.1~1993.12任）

方钟镐（朝鲜族，1993.1~1993.12兼）

李京淑（女，朝鲜族，1993.1~1993.12兼）

（马志敏 / 供稿）

恩施土家族苗族自治州党政组织职官志
（1949.8～1993.12）

［恩施土家族苗族自治州成立于1983年12月1日，原名鄂西土家族苗族自治州，1993年4月4日经国务院批准，改为现名。为历史衔接，本志从1949年8月中共恩施地区委员会成立撰起。组织职官分为中共鄂西（恩施）地方组织、鄂西（恩施）土家族苗族自治州人民代表大会常务委员会、（鄂西）恩施地方政府、中国人民政治协商会议鄂西（恩施）土家族苗族自治州委员会4类。各组织职官名称的沿革，在类下逐一志述，其组织成立的由来及其建制、职官等情况，随文予以简明提示与解说。］

（一）中国共产党鄂西（恩施）地方组织

1. 中共恩施地区委员会（1949.8～1955.6）

［1949年5月中共湖北省委成立后，即开始在武汉筹建中共恩施地委及其工作机构。其组织沿革分两个阶段表述。］

（1）1949.8～1957.11

［1949年8月30日，中共恩施地区委员会正式组建，地委组成人员由中共中央华中局任命。1949年9月28日，经省委批准，由李人林等3人组成常委会，1951年12月因常委调离未予补充而终结。1955年6月，经湖北省委批准，中共恩施地委正式组成常委会。］

书　　记：李人林（1949.8～1950.3任）
　　　　　彭天琦（1950.3～1952.8任）
　　　　　李蔺田（1952.8～9任）
　　　　　赵抱一（1953.4～9任）
　　　　　王英先（1953.9～1956.12任）
　　　　　霍　震（1956.12～1957.11任）
第二书记：彭天琦（1950.1～1950.3任）
副 书 记：李蔺田（1951.10～1952.3任）
　　　　　赵抱一（1952.8～1953.4任）
　　　　　王英先（1953.4～9任）
　　　　　霍　震（1954.11～1956.12任）
　　　　　石　源（1955.10～1956.7任；1957.4～1957.11任）

（2）1957.11～1967.1

［1957年11月中共恩施地委成立书记处，1964年8月撤销。1966年5月“文革”开始后，地委机关受到造反派冲击，1967年1月地委领导机构瘫痪。］

书　记：李夫全（1957.11～1966.6任）

赵文华（1966.6～1967.1任）

副书记：霍　震（1957.11～1960.5任）

石　源（1957.11任～1963.1病故）

李聘周（1958.2～1963.2任）

王英华（1960.7～1965.7任）

郭　实（1963.6～1967.1任）

王　珏（1963.9～1964.8任）

赵文华（1965.7～1966.5任）

王保珉（1966.9～1967.1任）

2. 中共恩施地区革命委员会核心领导小组（1970.4～1971.5）

[1968年1月25日，武汉军区临时党委批准成立恩施地区革命委员会，实行党政“一元化”领导。1970年4月26日，经省革委会党的核心小组批准，成立中共恩施地区革委会核心小组，取代地委职权。]

组　长：汪立进（1970.4～1971.5任）

副组长：王　珏（1970.4～1971.5任）

刘文义（1970.4～1971.5任）

3. 中共恩施地区第一届委员会（1971.5～1983.10）

[1971年4月27日至5月2日，中共恩施地区第一次代表大会在恩施召开，选举产生中共恩施地区第一届委员会书记、副书记和常委。同时撤销恩施地区革委会党的核心小组。第一次党代会以后地委领导人多次变动。]

书　记：刘文义（1971.5～1972.12任）

王　珏（1972.12～1978.3任）

王利滨（1978.3～1982.9任）

董　昌（1982.9～1983.10代）

副书记：王　珏（1971.5～1972.12任）

王保珉（1971.5～1980.8任）

刘文义（1972.12～1978.3任）

郭　兴（1971.5～1975.6任）

杨向明（1971～1977.7任）

董　昌（1972.11～1982.9任）

耿新斗（1972.11～1979.8任）

王保之（1972.11～1983.10任）

张植弟（1975.5～1983.10任）

王宽中（1980.10～1983.10任）

王宗田（1980.10～1983.10任）

4. **中共鄂西土家族苗族自治州委员会**（1983.10～1988.4）

［1983年8月19日，国务院批准撤销恩施地区，设立鄂西土家族苗族自治州（简称鄂西州）。10月，省委批准由12名成员正式组成中共鄂西州委员会，其中正、副书记5人。1986年1月，州委书记田期玉调离，副书记朱纯宣接任；5月，副书记王宽中调离。到1988年4月，中共鄂西州委有正、副书记4人，常委11人。］

书　记：田期玉（1983.10~1986.1任）

朱纯宣（土家族，1986.1~1988.4任）

副书记：王宽中（1983.10~1986.5任）

李辉轩（土家族，1983.10~1988.4任）

汪长俊（1983.10~1988.4任）

朱纯宣（土家族，1983.10~1986.1任）

高瑞科（1987.12~1988.4任）

5. **中共鄂西（恩施）土家族苗族自治州第一届委员会**（1988.4～1993.7）

［1988年4月21日至27日，中共鄂西州第一次代表大会在恩施召开，一届一次全会选举产生州委常委9人，正、副书记4人。届中，李辉轩、高端科、汪长俊等三人相继调离，先后增补吕纯池、杨俊发、潘涛、杨家志、陈德贵为副书记。1993年4月，经国务院批准，鄂西土家族苗族自治州更名为恩施土家族苗族自治州，恩施地方党组织改称中共恩施土家族苗族自治州委员会。到1993年7月，中共恩施州委有常委20人，正副书记10人。］

书　记：朱纯宣（土家族，1988.4~1993.7任）

副书记：李辉轩（土家族，1988.4~1993.7任）

汪长俊（1988.4~1992.12任）

高瑞科（1988.4~1993.7任）

吕纯池（土家族，1989.5~1990.9任）

苏晓云（土家族，1990.9~1993.5任）

杨俊发（1991.6~1993.7任）

潘　涛（1991.6~1993.7任）

杨家志（1992.11~1993.7任）

陈德贵（1993.2~1993.7任）

6. **中共恩施土家族苗族自治州第二届委员会**（1993.7～1993.12）

［1993年7月，中共恩施土家族苗族自治州第二次代表大会在恩施市召开，选举产生州委常委13人，正、副书记6人。］

书　记：朱纯宣（土家族，1993.7~1993.12任）

副书记：张洪伦（土家族，1993.7~1993.12任）

杨俊发（1993.7~~1993.12任）

潘　涛（1993.7~1993.12任）

杨家志（1993.7～1993.12任）
陈德贵（1993.7～1993.12任）

（二）鄂西（恩施）土家族苗族自治州人民代表大会常务委员会

［自治州成立以前，恩施专署和恩施行政公署均为湖北省人民政府的派出机构，地区一级不设人民代表大会及相应机构。1983年8月19日经国务院批准，撤销恩施地区行政公署建制，设立鄂西土家族苗族自治州。1983年11月24～28日，经湖北省人大常委会批准，鄂西土家族苗族自治州第一届人民代表大会第一次会议在恩施召开，会议根据《中华人民共和国宪法》和《地方各级人民代表大会和地方各级人民政府组织法》的规定，决定设立人民代表大会常设机关州人民代表大会常务委员会（简称州人大常委会）。1993年4月，经国务院批准，鄂西土家族苗族自治州更名为恩施土家族苗族自治州，鄂西自治州人大常委会相应改称为恩施土家族苗族自治州人大常委会。］

1. 鄂西土家族苗族自治州第一届人大常委会（1983.11～1988.11）

［1983年8月19日，国务院批准在恩施地区的行政区域上设立鄂西土家族苗族自治州。1983年11月24日至28日，鄂西土家族苗族自治州第一届人民代表大会第一次会议召开，选举产生自治州第一届人民代表大会常务委员会主任、副主任和委员。］

主　任：田恩波（土家族，1983.11～1988.11任）
副主任：贾兰祥（1983.11～1988.11任）
杨久富（1983.11～1986.6任）
张植弟（1983.11～1988.11任）
刘启政（1983.11～1988.11任）
程中华（1983.11～1988.11任）
陈　博（1983.11～1988.11任）
范前炎（1983.11～1988.11任）
龙子建（苗族，1983.11～1988.11任）
王光凤（1986.6～1988.11任）

2. 鄂西（恩施）土家族苗族自治州第二届人大常委会（1988.11～1993.7）

［1988年10月25日至11月5日，鄂西土家族苗族自治州第二届人民代表大会第一次会议在恩施召开，会议选举产生自治州第二届人大常委会主任、副主任和委员。1992年5月，州二届人大五次会议补选廖德胜、徐勒模为鄂西州二届人大常委会副主任；1993年1月，州二届人大常委会第二十八次会议决定，接受汪长俊辞去州二届人大常委会主任职务，王仕才为代理主任。1993年4月，经国务院批准，鄂西土家族苗族自治州更名为恩施土家族苗族自治州。］

主　任：汪长俊（1988.11～1993.1任）
王仕才（1993.1～1993.7代）
副主任：王仕才（1988.11～1993.1任）

刘启政（1988.11～1993.7任）
王光凤（1988.11～1993.7任）
田寿延（土家族，1988.11～1993.7任）
蒋炳堂（1988.11～1993.7任）
陈　博（1988.11　1993.7任）
廖得胜（1992.5～1993.7任）
徐勤模（1988.5～1993.7任）

3. 恩施土家族苗族自治州第三届人大常委会（1993.7～1993.12）

[1993年7月21日至27日，恩施土家族苗族自治州第三届人民代表大会第一次会议召开，会议选举产生州第三届人大常委会主任、副主任和委员。]

主　任：朱宣纯（土家族，1993.7～1993.12任）
副主任：李贵生（1993.7～1993.12任）
田寿延（土家族，1993.7～1993.12任）
廖德胜（1993.7～1993.12任）
陈世德（1993.7～1993.12任）
唐必章（1993.7～1993.12任）
杨乾之（土家族，1993.7～1993.12任）

（三）鄂西（恩施）地方政府

[国务院于1983年8月19日批准设立鄂西土家族苗族自治州，1993年4月4日改称恩施土家族苗族自治州。此前，恩施地区政权系统经历了恩施专员公署、恩施地区革命委员会、恩施地区行政公署3个阶段。]

1. 恩施地区专员公署（1949.9～1967.1）

[1949年9月3日，中共湖北省委在宜昌设立恩施行政专员公署，为省政府派出机构。1951年5月26日恩施行政专员公署更名为恩施地区专员公署。]

专　员：周敬学（1949.9任～1951.12病故）
史占道（1953.4～1956.7任）
石　源（1956.7～1961.3任）
甄解放（1961.3任命；未到职）
石　源（1962.6任～1963.1病故）
李聘周（1963.2～1964.7任）
王　珏（1964.7～1967.1任）
副专员：史占道（1949.9～1953.4任）
王心学（1953.4～1954.4任）
王宗田（1953.4～1967.1任）

赵鹤巢（1953.4 ~ 1967.1任）
郝炎生（1953.12 ~ 1954任）
尚怀庆（1955.7 ~ 1967.1任）
陈圣勉（1956.9 ~ 1967.1任）
曹　辉（1956.9 ~ 1958.8任）
李　文（1958.1 ~ 1962.10任）
李济民（1958.3 ~ 1962.9任）
夏云芳（1958.7 ~ 1967.1任）
徐　谦（1962.9 ~ 1967.1任）
臧家祺（1965.9 ~ 1967.1任）
孙玉卿（1966.6 ~ 1967.1任）

2. 恩施地区抓革命促生产第一线指挥部（1967.3～1968.1）

[1966年5月“文革”开始后，恩施地区地委、专署相继受到冲击，1967年1月地区党政机关完全瘫痪。1967年3月，经湖北省军区党委批准，成立恩施军分区抓革命促生产办公室；5月，成立恩施专区抓革命促生产第一线指挥部，代行专员公署职能。]

（1）1967.3 ~ 1967.5
主　任：林万夫（1967.3 ~ 1967.5任）
副主任：郭天木（1967.3 ~ 1967.5任）
杨　艺（1967.3 ~ 1967.5任）
夏云芳（1967.3 ~ 1967.5任）

（2）1967.5 ~ 1968.1
指 挥 长：赵清奎（1967.5 ~ 1968.1任）
政　　委：林万夫（1967.5 ~ 1968.1任）
副指挥长：郭天木（1967.5 ~ 1968.1任）
杨　艺（1967.5 ~ 1968.1任）
夏云芳（1967.5 ~ 1968.1任）
郝炎生（1967.5 ~ 1968.1任）

3. 恩施地区革命委员会（1968.1～1978.10）

[1968年1月25日，武汉军区临时党委批准成立恩施地区革命委员会，实行党政财文“一元化”领导。其领导人由中共湖北省委直接任命。]

主　任：赵文华（1968.1 ~ 1968.11任）
汪立进（1970.3 ~ 1970.6任）
刘文义（1971.8 ~ 1972.12任）
王　珏（1972.12 ~ 1978.3任）
副主任：汪立进（1968.1 ~ 1970.3任）
李福祥（1968.1 ~ 1976.10任）

臧家祺（1968.1～1970.12任）
张植弟（1968.12～1976.10任）
刘文义（1969.4～1972.10任）
王　珏（1968.1～1972.12任）
郭　全（1970.3～1978.12任）
王保民（1970.3～1978.10任）
张　敏（1970.12～1974.5任）
杨向明（1970.12任～　?）
郭　兴（1971.6～1974.5任）
韩明学（1972.4～1978.10任）
马崇德（1972.4～1978.10任）
王宗田（1972.11～1978.10任）
董　昌（1972.11～1978.10任）
孙玉卿（1972.11～1978.10任）
刘　林（1974.10～1978.10任）
郭锦文（1975.9～1978.10任）
崔延平（1976.2～1978.10任）
及树华（1978.5～1978.10任）
于修生（1978.5～1978.10任）
霍德成（1978.8～1978.10任）

4. 恩施地区行政公署（1978.10～1983.11）

［1978年11月4日，经中共湖北省委批准，撤销恩施地区革命委员会，成立恩施地区行政公署。行政公署为湖北省革命委员会的派出机构。］

专　员：董　昌（1978.10～1983.11任）
副专员：王宗田（1978.10～1983.11任）
李福祥（1978.10～1980.5任）
崔延平（1978.10～1982.7任）
于修生（1978.10～1979.3任）
孙玉卿（1978.10～1980.4任）
及树华（1978.10～1983.11任）
郭锦文（1978.10～1982.9任）
贾兰坪（1980.10～1983.10任）
杨久富（1980.12～1983.11任）
刘启政（1980.12～1983.11任）
孙济民（1982.10～1983.11任）
王光凤（1982.10～1983.11任）

5. 鄂西土家族苗族自治州第一届人民政府（1983.11～1988.11）

［1983年2月27日，恩施行署根据恩施地区少数民族聚居的情况，向湖北省政府呈报要求建立土家族苗族自治州。7月13日，湖北省政府向国务院呈报《关于成立鄂西土家族苗族自治州的请示报告》。8月19日，国务院批复同意，在恩施地区的行政区域上设立鄂西土家族苗族自治州。1983年11月24日至28日，经湖北省人大常务委员会批准，召开鄂西自治州第一届人民代表大会第一次会议，选举产生州长1人、副州长6人。12月1日，恩施地区行政公署正式改称为鄂西土家族苗族自治州（简称鄂西州）。］

州　长：李辉轩（土家族，1983.11 ~ 1988.11任）

副州长：及树华（1983.11 ~ 1988.11任）

王仕才（苗族，1983.11 ~ 1988.11任）

熊顺奇（1983.11 ~ 1988.11任）

陈永葆（女，1983.11 ~ 1988.11任）

田寿延（土家族，1983.11 ~ 1988.11任）

陈德贵（1983.11 ~ 1988.11任）

高瑞科（1985.11 ~ 1988.11任）

苏晓云（土家族，1986.9 ~ 1988.11任）

刘松林（农业部挂职干部，1988.5 ~ 1988.11任）

6. 鄂西（恩施）土家族苗族自治州第二届人民政府（1988.11～1993.7）

［1988年10月25日至11月5日，鄂西土家族苗族自治州第二届人民代表大会第一次会议召开，选举产生州第二届人民政府州长1人、副州长5人。1991年5月，州二届人大四次会议选举苏晓云为自治州人民政府州长。1993年4月，经国务院批准，鄂西土家族苗族自治州更名为恩施土家族苗族自治州。］

州　长：李辉轩（土家族，1988.11 ~ 1990.5任）

苏晓云（土家族，1990.5 ~ 1991.5代）

（1991.5 ~ 1993.5任）

副州长：熊顺奇（1988.11 ~ 1990.11任）

苏晓云（土家族，1988.11 ~ 1991.5任）

陈德贵（1988.11 ~ 1993.7任）

李贵生（1988.11 ~ 1993.7任）

王荣远（1988.11 ~ 1992.5任）

刘松林（农业部挂职干部，1988.11 ~ 1989.5任）

沈昌发（1989.5 ~ 1993.7任）

郝林生（农业部挂职干部，1989.5 ~ 1990.5任）

贾幼陵（农业部挂职干部，1990.5 ~ 1991.5任）

刘建武（1990.9 ~ 1993.7任）

吕成宗（1991.3 ~ 1993.7任）

刘培棣（农业部挂职干部，1991.5～1992.5任）
徐静黎（1992.5～1993.7任）
徐文海（农业部挂职干部，1992.5～1993.5任）

7. 恩施土家族苗族自治州第三届人民政府（1993.7～1993.12）

[1993年7月21日至27日，恩施土家族苗族自治州第三届人民代表大会第一次会议召开，选举产生州第三届人民政府州长1人、副州长6人。]

州　长：张洪伦（土家族，1993.7～1993.12任）
副州长：沈昌发（1993.7～1993.12任）
刘建武（1993.7～1993.12任）
吕成宗（1993.7～1993.12任）
徐静黎（1993.7～1993.12任）
杨斌儒（苗族，1993.7～1993.12任）
刘作森（1993.7～1993.12任）

（四）中国人民政治协商会议鄂西（恩施）土家族苗族自治州委员会

[国务院于1983年8月19日批准成立鄂西土家族苗族自治州（简称鄂西州），同年10月28日，中共湖北省委批转省委统战部《关于成立鄂西土家族苗族自治州政协的意见》，11月，政协鄂西土家族苗族自治州第一届委员会第一次会议在恩施召开，选举产生政协鄂西州第一届委员会组成人员，鄂西州政协正式成立。]

1. 政协鄂西土家族苗族自治州第一届委员会（1983.11～1988.10）

[1983年11月23日至29日，政协鄂西州第一届委员会第一次会议在恩施召开，首届委员会由18个方面、221名委员组成。会议讨论通过首届州政协委员会第一次会议决议，选举产生政协鄂西州第一届委员会主席、副主席、秘书长和常委。]

主　席：王保之（1983.11任～1986.11病故）
暂缺（1986.12～1988.10）
副主席：余建方（1983.11～1988.10任）
杨　艺（1983.11～1988.10任）
魏廷才（土家族，1983.11～1988.10任）
刘建武（1983.11～1988.10任）
陈立位（1983.11～1988.10任）
赵昌基（土家族，1983.11～1988.10任）
姚守仁（1983.11～1988.10任）
马秉刚（1987.12～1988.10任）

2. 政协鄂西（恩施）土家族苗族自治州第二届委员会（1988.10～1993.7）

[1988年10月23日至31日，政协鄂西州第二届委员会第一次会议在恩施召开。第二届委员会由23个方面、242名委员组成。会议选举产生政协鄂西州第二届委员会主席、副主席、秘书长和常委。1991年5月23日至29日召开州政协二届四次全委会议，通过《关于刘建武同志辞去政协副主席的决议》。1992年5月17日至22日召开州政协二届五次全委会议，增选李家友、董大维为州二届政协副主席。1993年4月，经国务院批准，鄂西土家族苗族自治州更名为恩施土家族苗族自治州（简称恩施州）。]

主　席：杨久富（1988.10 ~ 1993.7任）

副主席：余建方（1988.10 ~ 1993.7任）

魏廷才（土家族，1988.10 ~ 1993.7任）

刘建武（1988.10 ~ 1991.5任）

陈立位（1988.10 ~ 1993.7任）

赵昌基（土家族，1988.10 ~ 1993.7任）

姚守仁（1988.10 ~ 1993.7任）

张克勤（1988.10 ~ 1993.7任）

马秉刚（1988.10 ~ 1993.7任）

范前炎（土家族，1988.10 ~ 1993.7任）

杨先祥（苗族，1988.10 ~ 1993.7任）

李家友（1992.5 ~ 1993.7任）

董大维（1992.5 ~ 1993.7任）

3. 政协恩施土家族苗族自治州第三届委员会（1993.7～1993.12）

[1993年7月22日至28日，政协恩施州第三届委员会第一次会议在恩施召开。第三届委员会由25个方面、240名委员组成。会议选举产生政协恩施州第三届委员会主席、副主席、秘书长和常委。1997年3月30日至4月2日召开州政协三届五次全委会议，补选蔡万顺、张维正为州政协第三届委员会副主席。]

主　席：王仕才（苗族，1993.7 ~ 1993.12任）

副主席：李家友（1993.7 ~ 1993.12任）

张齐斌（1993.7 ~ 1993.12任）

杨先祥（苗族，1993.7 ~ 1993.12任）

范前炎（土家族，1993.7 ~ 1993.12任）

董大维（1993.7 ~ 1993.12任）

刘喜谦（土家族，1993.7 ~ 1993.12任）

刘元香（女，土家族，1993.7 ~ 1993.12任）

叶开填（1993.7 ~ 1993.12任）

谢宝璇（1993.7 ~ 1993.12任）

余展深（土家族，1993.7 ~ 1993.12任）

（马志敏 / 供稿）

湘西土家族苗族自治州党政组织职官志（1949.10～1993.12）

［湘西土家族苗族自治州成立于1957年9月，为历史衔接，本志从1949年10月中共湘西区党委成立撰起。组织职官分为中共湘西地方组织、湘西土家族苗族自治州人民代表大会常务委员会、湘西地方政府、中国人民政治协商会议湘西（土家族）苗族自治州委员会4类。各组织职官名称的沿革，在类下逐一志述，其组织成立的由来及其建制、职官等情况，随文予以简明提示与解说。］

（一）中国共产党湘西地方组织

1. 中共湘西区党委（1949.10～1950.2）

［新中国成立前，湘西地区就有中共地下党的活动。1949年10月13日，中共湘西区党委成立，辖永顺、会同、沅陵3个地方委员会。］

第一书记：周赤萍（1949.10～1950.2任）

第二书记：武　光（1949.10～1950.2任）

副 书 记：葛　琛（1949.10～1950.2任）

（1）中共永顺地方工作委员会（1949.10～1950.2）

［1949年10月，中共湖南省委在长沙组建中共永顺地方工作委员会，辖永顺、龙山、保靖、古丈4县，隶属中共湘西区党委领导。］

书　记：杨　濬（1949.10～1950.2任）

（2）中共沅陵地方工作委员会（1949.10～1950.2）

［1949年10月，中共沅陵地方工作委员会成立，辖乾城、凤凰、永绥、泸溪4县，隶属于湘西区党委领导。］

书　　记：陈郁发（1949.10～1950.2任）

第二书记：袁福生（1949.10～1950.2任）

副 书 记：周东光（1949.10～1950.2任）

2. 中共永顺地方委员会（1950.2～1952.8）

［1950年2月3日，撤销永顺地工委，成立中共永顺地方委员会。］

第一书记：彭清云（1950.2～1951.2任）

书　　记：刘　旭（1950.2～1952.8任）

副 书 记：杨　濬（1950.2～1952.8任）

3. 中共湘西苗族自治区地方委员会（1952.8～1955.4）

［1952年8月，撤销永顺地委和沅陵地委，成立中共湘西苗族自治区地方委员会，原永顺地委和沅陵地委所属10县委划归中共湘西苗族自治区地委领导。］

书　　记：陈郁发（1952.8～1954.6任）
　　　　　齐寿良（1954.10～1954.12代）
　　　　　（1954.12～1955.4任）
第二书记：石邦智（苗族，1954.4～1955.4任）
第一副书记：程焕星（1954任；未到职）
副书记：栗汇川（1952.8～1953.4任）
　　　　　赵德新（1954.4～1955.4任）

4. 中共湘西苗族自治州地方委员会（1955.4～1957.9）

［1955年4月，湘西苗族自治区改为湘西苗族自治州。中共湘西苗族自治区地委更名为中共湘西苗族自治州地委。］

书　　记：齐寿良（1955.4～1957.9任）
第二书记：石邦智（苗族，1955.4～1957.9任）
第一副书记：程焕星（未到职；1955.7免）
副书记：赵德新（1955.4～1957.9任）

5. 中共湘西土家族苗族自治州地方委员会（1957.9～1960.2）

（1）1957.9～1959.3

［1957年9月20日，中共湘西苗族自治州地委撤销，成立中共湘西土家族苗族自治州地委。］

第一书记：齐寿良（1957.9～1959.3任）
书　　记：石邦智（苗族，1957.9～1959.3任）
副书记：赵德新（1957.9～1959.3任）
　　　　张　英（1958.9～1959.3任）

（2）1959.3～1960.3

［1959年3月，中共湘西州地委成立书记处，设第一书记、书记。］

第一书记：齐寿良
书　　记：石邦智（苗族）　赵德新　张　英　刘万全

6. 中共湘西土家族苗族自治州第一届委员会（1960.2～1966.5）

［1960年2月，中共湘西土家族苗族自治州地委改为中共湘西土家族苗族自治州委员会。］

（1）1960.2～1963.1

［1960年2月18日至24日，中共湘西土家族苗族自治州第一次代表大会在吉首召开，会议选举齐寿良为州委第一书记，石邦智等4人任书记。］

第一书记：齐寿良

书　　记：石邦智（苗族）　赵德新　张　英　刘万全

（2）1963.1～1966.5

［1963年1月，撤销州委书记处，州委设书记和副书记。1966年5月“文革”开始后，受造反派冲击，中共湘西州委工作机构相继瘫痪。］

书　记：齐寿良（1963.1～1966.5任）

副书记：石邦智（苗族，1963.1～1966.5任）

赵德新（1963.1～1966.5任）

张　英（1963.1～1966.5任）

刘万全（1963.1～1966.5任）

陈彦滨（1964.1～1966.5任）

章　桂（1964.9～1966.5任）

7. 中共湘西土家族苗族自治州革命委员会核心小组（1969.9～1971.4）

［1968年4月，经湖南省革命委员会批准，成立湘西州革命委员会，实行党政“一元化”领导。1969年9月，经省革委会党的核心小组批准，成立中共湘西州革委会党的核心小组。］

组　长：李光旭（军代表，1969.9～1970.5任）

陈　军（军代表，1970.5～1971.4任）

成　员：石邦智（1969.9～1971.4任）

孙福臣（军代表，1969.9～1970.3任）

杨培民（1969.9～1971.4任）

赵全林（军代表，1969.12～1971.4任）

8. 中共湘西土家族苗族自治州第三届委员会（1971.4～1976.10）

［中共湘西土家族苗族自治州第二次代表大会因“文化大革命”未召开。1971年4月10日至14日，中共湘西州第三次代表大会在吉首召开，选举产生第三届州委。分两个阶段表述。］

（1）1971.4～1973.5

［1971年4月召开中共湘西州第三届委员会全体委员会议，会议选举陈军为第一书记，石邦智为书记，赵全林等3人为副书记。］

第一书记：陈　军（军代表）

书　　记：石邦智（苗族）

副 书 记：赵全林（军代表）　杨培民　蒋德玟

（2）1973.5～1976.10

［1973年5月，中共湖南省委调整州委领导班子。州委改设书记、副书记。］

书　记：石邦智（苗族，1973.5～1977.4任）

宁　生（1977.4～1978.10任）

副书记：陈　军（军代表，1973.5～1976.10任）

赵全林（军代表，1973.5～1978.10任）

杨培民（1973.5～1978.10任）

蒋德玟（1973.5～1977.4任）
郝瑞华（1973.5～1978.10任）
吴运昌（苗族，1973.5～1978.10任）
向和友（土家族，1975.3～1978.10任）
章　桂（1975.12～1977.9任）
黄杰臣（1977.7～1978.10任）

9. 中共湘西土家族苗族自治州第四届委员会（1978.10～1985.5）

［1978年10月，中共湘西土家族苗族自治州第四次代表大会在永顺县塔卧召开，选举宁生为州委书记，吴运昌等5人为副书记。1983年6月24日召开州委四届六次全会，会议传达省委“关于州委领导班子人员调整的通知”，杨正午任州委书记。］

书　记：宁　生（1978.10～1983.5任）
杨正午（土家族，1983.6～1985.5任）
副书记：吴运昌（苗族，1978.10～1985.5任）
杨培民（1978.10～1981.8任）
赵全林（苗族，1978.10～1982.8任）
郝瑞华（1978.10～1985.5任）
向和友（土家族，1978.10～1983.5任）
（1985.3～1985.5任）
石玉珍（女，苗族，1982.1～1983.5任）
（1985.3～1985.5任）

10. 中共湘西土家族苗族自治州第五届委员会（1985.5～1990.5）

［1985年5月，中共湘西土家族苗族自治州第五次代表大会在吉首召开，选举杨正午为州委书记，吴运昌等4人为副书记。］

书　记：杨正午（土家族，1985.5～1990.5任）
副书记：吴运昌（苗族，1985.5～1990.5任）
郝瑞华（1985.5～1990.5任）
向和友（土家族，1985.5～1990.5任）
石玉珍（女，苗族，1985.5～1990.5任）
邱振远（挂职，1987.4～1988.10任）

11. 中共湘西土家族苗族自治州第六届委员会（1990.5～1993.12）

［1990年5月，中共湘西土家族苗族自治州第六次代表大会在吉首召开，选举郑培民为州委书记，石玉珍等7人为副书记。因本志起止时间为1949年10月至1993年12月，故1993年12月以后组织情况未列。］

书　记：郑培民（1990.5～1993.12任）
副书记：石玉珍（女，苗族，1990.5～1993.12任）

向和友（土家族，1990.5 ~ 1993.12任）
颜长钊（苗族，1990.5 ~ 1993.12任）
欧阳松（1990.5 ~ 1993.12任）
杨顺初（1990.5 ~ 1993.12任）
向邦礼（土家族，1990.5 ~ 1993.12任）
郝瑞华（1990.5 ~ 1993.9任）
石昌禄（苗族，1990.6 ~ 1993.12任）
蔡四桂（1992 ~ 1993.12任）
向世林（土家族，1992.5 ~ 1993.12任）
彭诗来（1993.1 ~ 1993.12任）
武吉海（苗族，1993.1 ~ 1993.12任）

（二）湘西土家族苗族自治州人民代表大会常务委员会

[1981年5月，湘西土家族苗族自治州第六届人民代表大会第一次会议根据《中华人民共和国宪法》和《地方各级人民代表大会和地方各级人民政府组织法》的规定，决定设立湘西土家族苗族自治州人民代表大会常务委员会（简称湘西州人大常委会），作为人民代表大会的常设机构。此前，各届人民代表大会均未设立人大常委会，人民代表大会闭会期间的日常工作，由州人民政府办理。]

1. 湘西土家族苗族自治州第六届人大常委会（1981.5～1983.12）

[1981年5月26日至6月2日，湘西土家族苗族自治州第六届人民代表大会第一次会议在吉首召开。会议决定设立州人民代表大会常务委员会，选举向和友为州人大常委会主任，林宝珍等8人为副主任。]

主　任：向和友（土家族，1981.5 ~ 1983.12任）
副主任：林宝珍（1981.5 ~ 1983.12任）
王振宗（1981.5 ~ 1983.9任）
瞿爱梅（女，1981.5 ~ 1983.12任）
孟占科（1981.5 ~ 1983.3任）
董千祥（1981.5 ~ 1983.6任）
邢苏兴（1981.5 ~ 1983.12任）
石国玺（苗族，1981.5 ~ 1983.12任）
田仲达（土家族，1981.5 ~ 1983.12兼）

2. 湘西土家族苗族自治州第七届人大常委会（1983.12～1988.1）

[1983年12月22日至28日，湘西土家族苗族自治州第七届人民代表大会第一次会议在吉首召开，会议选举石元机为州人大常委会主任，李仲喜等8人为副主任。]

主　任：石元机（苗族，1983.12 ~ 1988.1任）

副主任：李仲喜（1983.12～1988.1任）

邢苏兴（1983.12～1988.1任）

石国玺（苗族，1983.12～1988.1任）

彭武刚（土家族，1983.12～1988.1任）

瞿爱梅（女，1983.12～1988.1任）

龙再宇（苗族，1983.12～1986.7任）

郭天锡（1983.12～1988.1任）

田　渊（土家族，1983.12～1988.1任）

黄辛夷（1987.6～1988.1任）

3. 湘西土家族苗族自治州第八届人大常委会（1988.1～1993.1）

[1988年1月19日至28日，湘西土家族苗族自治州第八届人民代表大会第一次会议在吉首召开，会议选举向和友为州人大常委会主任，石国玺等7人为副主任。]

主　任：向和友（土家族，1988.1～1993.1任）

副主任：石国玺（苗族，1988.1～1993.1任）

李　忠（1988.1～1993.1任）

李正喜（1988.1～1993.1任）

吴光海（苗族，1988.1～1993.1任）

周从玉（女，土家族，1988.1～1993.1任）

陈敬夫（1988.1～1992.12兼）

黄辛夷（1988.1～1990.1兼）

符光安（苗族，1990.4～1993.1任）

4. 湘西土家族苗族自治州第九届人大常委会（1993.1～1993.12）

[1992年12月29日至1993年1月3日，湘西土家族苗族自治州第九届人民代表大会第一次会议在吉首召开，会议选举吴沅生为州人大常委会主任，刘定远等8人为副主任。因本志起止时间为1949年10月至1993年12月，故1993年12月以后组织情况未列。]

主　任：吴沅生（苗族，1993.1～1993.12任）

副主任：刘定远（土家族，1993.1～1993.12任）

余中佑（苗族，1993.1～1993.12任）

罗国兴（1993.1～1993.12任）

周从玉（女，土家族，1993.1～1993.12任）

莫伟才（1993.1～1993.12任）

贾长岳（土家族，1993.1～1993.12任）

符光安（苗族，1993.1～1993.12任）

董继兴（1993.1～1993.12任）

（三）湘西地方政府

1. 永顺专区办事处（1950.1～1950.3）

［1950年1月，湖南临时省政府在永顺县城设立永顺专区办事处。］

主　任：杨　濬（1950.1～1950.3任）

2. 永顺专员公署（1950.3～1952.8）

［1950年3月28日，永顺专员公署成立。］

专　员：杨　濬（1950.3～1952.8任）

副专员：孙　鹤（1950.3任；未到职）

　　　　程焕星（1950.12～1952.8任）

3. 湘西苗族自治区人民政府（1952.8～1955.4）

［1952年8月1日至6日，湘西苗族自治区各界人民代表会议在所里（今吉首）举行。会议通过了《湘西苗族自治区各届人民代表会议组织条例》和《湘西苗族自治区各界人民代表会议协商和会组织条例》。6日，正式成立湘西苗族自治区人民政府，石邦智当选主席，程焕星、龙再宇当选副主席。1954年7月21日至26日召开湘西苗族自治区（州）第一届人民代表大会第一次会议，选举石邦智等24人为湖南省第一届人民代表大会代表。］

主　席：石邦智（苗族，1952.8～1955.4任）

副主席：程焕星（1952.8～1954.9任）

　　　　龙再宇（苗族，1952.8～1955.4任）

　　　　张国权（1954.9～1955.4任）

4. 湘西苗族自治州人民委员会（1955.4～1957.9）

［1955年4月25日至28日，湘西苗族自治区一届二次会议在吉首举行，会议通过关于“改湘西苗族自治区为湘西苗族自治州”等4项决议，并选举产生湘西苗族自治州人民委员会，石邦智当选州长，张国权、龙再宇当选副州长。］

州　长：石邦智（苗族，1955.4～1957.9任）

副州长：张国权　（1955.4～1957.9任）

　　　　龙再宇（1955.4～1957.9任）

5. 湘西土家族苗族自治州第一届人民委员会（1957.9～1959.12）

［1957年9月6日，国务院第57次全体会议，通过关于设置湖南湘西土家族苗族自治州，并撤销湘西苗族自治州的决定。同年9月15日至20日，湘西土家族苗族自治州（简称湘西州）第一届人民代表大会第一次会议在吉首举行，会议选举石邦智为州长，彭祖贵等7人为副州长。］

州　长：石邦智（苗族）

副州长：彭祖贵（土家族） 赵德新 陈彦滨 龙再宇（苗族） 田荆贵（土家族）
石元机（苗族） 黄穆如（土家族）

6. 湘西土家族苗族自治州第二届人民委员会（1959.12～1964.8）

［1959年12月27日至30日，湘西土家族苗族自治州第二届人民代表大会第一次会议在吉首举行，会议选举石邦智为州长，彭祖贵等7人为副州长。］

州　长：石邦智（苗族）

副州长：彭祖贵（土家族） 刘万全 陈彦滨 龙再宇（苗族） 田荆贵（土家族）
石元机（苗族） 黄穆如（土家族）

7. 湘西土家族苗族自治州第三届人民委员会（1964.8～1966.5）

［1964年8月22日至28日，湘西土家族苗族自治州第三届人民代表大会第一次会议在吉首举行，会议选举石邦智为州长，彭祖贵等7人为副州长。］

州　长：石邦智（苗族）

副州长：彭祖贵（土家族） 刘真志 王振宗 龙再宇（苗族） 田荆贵（土家族）
石元机（苗族） 黄穆如（土家族）

8. 湘西土家族苗族自治州革命委员会（1968.4～1981.5）

［1966年5月"文革"开始后，湘西州人委受到造反派冲击，工作机构瘫痪。1968年3月31日，经省革委会批准，成立湘西土家族苗族自治州革命委员会（简称州革委会），其组织沿革分两个阶段表述。］

（1）1968.4 ~ 1978.10

［州革委会领导人由省委直接任命。］

主　任：荀先学（军代表，1968.4 ~ 1969.6任）
李光旭（军代表，1969.6 ~ 1970.3任）
陈　军（军代表，1970.3 ~ 1973.5任）
石邦智（苗族，1973.5 ~ 1977.4任）
宁　生（1977.4 ~ 1978.10任）

副主任：石邦智（苗族，1968.4 ~ 1973.5任）
陈彦滨（1968.4 ~ 1970.3任）
李光旭（军代表，1968.4 ~ 1969.5任）
王和荣（军代表，1968.4 ~ 1970.2任）
王振宗（1968.4 ~ 1978.10任）
魏家齐（群众代表，1968.4 ~ 1972.1任）
孙福臣（军代表，1969.5 ~ 1970.3任）
杨培民（1969.6 ~ 1978.10任）
孙云英（1970.6 ~ 1973.5任）
赵全林（军代表，1970.6 ~ 1977.4任）

刘　鑫（军代表，1970.6～1971.5任）
姚俊峰（军代表，1970.8～1973.5任）
蒋德玟（1971.4～1977.6任）
陈　军（军代表，1973.5～1976.1任）
章　桂（1975.12～1977.9任）
黄杰臣（1977.8～1978.10任）
吴运昌（苗族，1977.11～1978.10任）
宋仰云（1970.6～1978.10任）
彭官恕（土家族，1970.6～1978.10任）
郝瑞华（1970.6～1978.10任）
向和友（土家族，1977.11～1978.10任）
石元机（苗族，1977.12～1978.10任）

（2）1978.10～1981.5

[1978年10月24日至28日，湘西土家族苗族自治州第五届人民代表大会第一次会议在吉首举行，会议选举吴运昌为州革委会主任，宋仰云等10人为副主任。]

主　任：吴运昌（苗族，1978.10～1981.5任）
副主任：郝瑞华（1978.10～1981.5任）
向和友（土家族，1978.10～1981.5任）
宋仰云（1978.10～1980.9任）
石元机（苗族，1978.10～1981.5任）
刘志刚（1978.10～1981.5任）
王振宗（1978.10～1981.5任）
彭官恕（土家族，1978.10～1981.5任）
刘真志（1978.10～1980.9任）
王长运（1978.10～1981.5任）
王建阁（1978.10～1981.1任）

9. 湘西土家族苗族自治州第六届人民政府（1981.6～1983.12）

[1981年5月26日至6月2日，湘西土家族苗族自治州第六届人民代表大会第一次会议在吉首举行，会议决定设立湘西州人民代表大会常务委员会，恢复州人民政府称谓，同时撤销湘西州革命委员会。会议选举吴运昌为州长，石元机等6人为副州长。]

州　长：吴运昌（苗族，1981.6～1983.12任）
副州长：石元机（苗族，1981.6～1983.12任）
李仲喜（1981.6～1983.12任）
周振岗（1981.6～1981.12任）
杨正午（土家族，1981.6～1983.12任）
龙再宇（苗族，1981.6～1983.12任）
陶孝忠（女，1981.6～1983.12任）

10. 湘西土家族苗族自治州第七届人民政府（1983.12～1988.1）

[1983年12月22日至28日，湘西土家族苗族自治州第七届人民代表大会第一次会议在吉首举行，会议选举吴运昌为州长，黄有为等5人为副州长。]

州　长：吴运昌（苗族，1983.12 ~ 1987.12任）

副州长：黄有为（苗族，1983.12 ~ 1985.7任）

吴光海（苗族，1983.12 ~ 1987.12任）

肖征龙（土家族，1983.12 ~ 1988.1任）

王德振（1983.12 ~ 1985.12任）

李遨夫（1983.12 ~ 1988.1任）

李炳生（1985.3 ~ 1986.6任）

周从玉（女，土家族，1985.5 ~ 1987.12任）

11. 湘西土家族苗族自治州第八届人民政府（1988.1～1993.1）

[1988年1月9日至14日，湘西土家族苗族自治州第八届人民代表大会第一次会议在吉首举行，会议选举石玉珍为州长，龙文玉等5人为副州长。]

州　长：石玉珍（女，土家族，1988.1 ~ 1993.1任）

副州长：龙文玉（苗族，1988.1 ~ 1993.1任）

刘殿兴（1988.1 ~ 1993.1任）

李遨夫（1988.1 ~ 1993.1任）

余中佑（苗族，1988.1 ~ 1993.1任）

肖征龙（土家族，1988.1 ~ 1988.10任）

贾长岳（土家族，1989.8 ~ 1993.1任）

刘定远（土家族，1989.8 ~ 1993.1任）

张毓琮（挂职，1988.3 ~ 1989.3任）

云泽民（挂职，1989.3 ~ 1990.3任）

闵耀良（挂职，1990.3 ~ 1991.3任）

朱　杰（挂职，1991.3 ~ 1992.3任）

陈林圭（挂职，1992.3 ~ 1993.1任）

12. 湘西土家族苗族自治州第九届人民政府（1993.1～1993.12）

[1992年12月29日至1993年1月3日，湘西土家族苗族自治州第九届人民代表大会第一次会议在吉首举行，会议选举向世林为州长，龙文玉等6人为副州长。因本志起止时间为1949年10月至1993年12月，故1993年12月以后组织情况未列。]

州　长：向世林（土家族，1993.1 ~ 1993.12任）

副州长：龙文玉（苗族，1993.1 ~ 1993.12任）

刘殿兴（1993.1 ~ 1993.12任）

李遨夫（1993.1 ~ 1993.12任）

陆光祖（1993.1 ~ 1993.12任）

武吉海（1993.1 ~ 1993.12任）

黄秀兰（女，土家族，1993.1 ~ 1993.12任）

（四）中国人民政治协商会议湘西（土家族）苗族自治州委员会

1. 湘西苗族自治区（州）各界人民代表会议协商委员会（1952.8～1955.5）

［1952年8月6日，湖南省湘西苗族自治区各界人民代表会议首届一次会议在所里（今吉首）召开，会议推选自治区协商委员会委员44名，选举龙再宇为主席，陈郁发等3人为副主席。1955年4月，湘西苗族自治区更名为湘西苗族自治州，自治区协商委员会相应改称为自治州政协。］

主　席：龙再宇（苗族）

副主席：陈郁发　程焕星　吴光士（苗族）

2. 政协湘西苗族自治州委员会（1955.5～1958.6）

［1955年5月22日至25日，根据《中国人民政治协商会议章程》的规定，政协湘西苗族自治州第一届委员会第一次会议在吉首举行。会议选举齐寿良为自治州政协主席，张国权等3人为副主席。1958年6月，政协湘西苗族自治州委员会改称为政协湘西土家族苗族自治州委员会。］

主　席：齐寿良

副主席：张国权　龙再宇（苗族）　吴光士（苗族）

3. 政协湘西土家族苗族自治州第一届委员会（1958.6～1962.8）

［1958年6月10日至13日，政协湘西土家族苗族自治州第一届委员会第一次会议在吉首举行，会议选举产生自治州政协第一届委员会，齐寿良当选主席，龙再宇、黄穆如当选副主席。］

主　席：齐寿良

副主席：龙再宇（苗族）　黄穆如（土家族）

4. 政协湘西土家族苗族自治州第二届委员会（1962.8～1964.8）

［1962年8月19日至26日，政协湘西土家族苗族自治州第二届委员会第一次会议在吉首举行，会议选举产生州政协第二届委员会，齐寿良当选主席，龙再宇、黄穆如当选副主席。］

主　席：齐寿良

副主席：龙再宇（苗族）　黄穆如（土家族）

5. 政协湘西土家族苗族自治州第三届委员会（1964.8～1966.5）

［1964年8月21日至28日，政协湘西土家族苗族自治州第三届委员会第一次会议在吉首举行，会议选举产生州政协第三届委员会，齐寿良当选主席，龙再宇等3人当选副主席。1966年5

月“文革”开始后，州政协工作中断。1979年3月，根据湖南省委关于《设立省以下政协地方委员会的通知》，州政协第三届委员会恢复工作。]

主　席：齐寿良

副主席：龙再宇（苗族）　黄穆如（土家族）　张志敏

6. 政协湘西土家族苗族自治州第四届委员会（1979.4～1983.12）

[1979年4月11日至15日，政协湘西土家族苗族自治州第四届委员会第一次会议在吉首举行，会议选举产生州政协第四届委员会，吴运昌当选主席，田荆贵、龙再宇、孟克让、田仲达、向旸当选副主席。1981年5月25日至6月3日召开政协湘西州四届二次会议，选举郝瑞华为主席，王长运、田荆贵、唐再云、牛福保、张志敏、孟克让、向旸、吴光士、吴鼎新、田渊为副主席。]

主　席：吴运昌（苗族，1979.4 ~ 1981.5任）
　　　　郝瑞华（1981.6 ~ 1983.12任）

副主席：田荆贵（土家族，1979.4 ~ 1983.12任）
　　　　龙再宇（苗族，1979.4 ~ 1981.5任）
　　　　孟克让（1979.4 ~ 1983.12兼）
　　　　田仲达（1979.4 ~ 1981.5任）
　　　　向　旸（1979.4 ~ 1983.12兼）
　　　　王长运（1981.6 ~ 1983.6任）
　　　　张志敏（1981.6 ~ 1983.12兼）
　　　　牛福保（1981.6 ~ 1983.6任）
　　　　唐再云（1981.6 ~ 1982.9兼）
　　　　吴光士（苗族，1981.6 ~ 1983.12兼）
　　　　吴鼎新（1981.6 ~ 1983.12兼）
　　　　田　渊（土家族，1981.6 ~ 1983.12兼）

7. 政协湘西土家族苗族自治州第五届委员会（1983.12～1987.12）

[1983年12月21日至28日，政协湘西土家族苗族自治州第五届委员会第一次会议在吉首举行，会议选举产生州政协第五届委员会，田仲达当选主席，张志敏等7人当选副主席。]

主　席：田仲达（土家族，1983.12 ~ 1987.12任）

副主席：张志敏（1983.12 ~ 1985.11任）
　　　　田荆贵（土家族，1983.12 ~ 1987.12任）
　　　　石元星（苗族，1983.12 ~ 1987.12任）
　　　　吴鼎新（苗族，1983.12 ~ 1987.12任）
　　　　吴光士（苗族，1983.12 ~ 1987.12任）
　　　　钟醒钟（土家族，1983.12 ~ 1987.12任）
　　　　向云俊（土家族，1983.12 ~ 1987.12任）
　　　　龚汝仁（1985.11 ~ 1987.12任）

马耕田（1986.7～1987.12任）

8. 政协湘西土家族苗族自治州第六届委员会（1988.1～1992.12）

[1988年1月8日至12日，政协湘西土家族苗族自治州第六届委员会第一次会议在吉首举行，会议选举产生州政协第六届委员会，黄有为当选主席，龚汝仁等9人当选副主席。]

主　席：黄有为（1988.1～1992.12任）

副主席：龚汝仁（1988.1～1991.4任）

马耕田（1988.1～1992.12任）

尚心锦（土家族，1988.1～1992.12任）

向健生（女，苗族，1988.1～1992.12任）

吴光士（苗族，1988.1～1992.12任）

向云俊（土家族，1988.1～1992.12任）

钟醒钟（土家族，1988.1～1992.12任）

张志怡（苗族，1988.1～1992.12任）

赵树本（1988.1～1991.4任）

宋克湘（土家族，1988.1～1991.12任）

吴官林（苗族，1989.5～1992.12任）

瞿震宇（1989.5～1992.12任）

麻富明（苗族，1992.5～1992.12任）

9. 政协湘西土家族苗族自治州第七届委员会（1992.12～1993.12）

[1992年12月26日至1993年1月2日，政协湘西土家族苗族自治州第七届委员会第一次会议在吉首举行，会议选举产生州政协第七届委员会，向熙勤当选主席，吴官林等10人当选副主席。]

主　席：向熙勤（土家族，1992.12～1993.12任）

副主席：吴官林（苗族，1992.12～1993.12任）

麻富明（苗族，1992.12～1993.12任）

张泽莉（女，土家族，1992.12～1993.12任）

张长乐（1992.12～1993.12任）

瞿震宇（1992.12～1993.12任）

宋克湘（土家族，1992.12～1993.12任）

杨明察（1992.12～1993.12任）

吴荣发（苗族，1992.12～1993.12任）

赵全胜（1992.12～1993.12任）

沈湻民（1992.12～1993.12任）

（马志敏/供稿）

海南黎族苗族自治州党政组织职官志
（1949.10～1987.12）

［海南黎族苗族自治州成立于1955年10月，为历史衔接，本志从1952年4月中共海南黎族苗族自治区地方委员会成立撰起。组织职官分为中共海南地方组织、海南黎族苗族自治州人民代表大会常务委员会、海南地方政府、中国人民政治协商会议海南黎族苗族自治州委员会4类。各组织职官名称的沿革，在类下逐一志述，其组织成立的由来及其建制、职官等情况，随文予以简明提示与解说。］

（一）中国共产党海南地方组织

1. 中共海南黎族苗族自治区地方委员会（1952.4～1955.7）

［1952年4月，根据《民族区域自治实施纲要》的规定，中共中央批准成立中共海南黎族苗族自治区地方委员会，隶属华南分局、海南区党委双重领导。驻地乐东县。1953年7月迁至保亭县通什镇（今为通什市）。自治区地委下辖由海南区党委划归的白沙、保亭、乐东和新设立的琼中、东方等5个县委。1954年海南区党委管辖的崖县、陵水2个县委划归自治区地委领导。］

书　　记：赵光炬（1952.4～1953.3任）
　　　　　李黎明（1953.3～1955.7任）
　　　　　赵光炬（1955.5～1955.7代）
第一副书记：陈克文（1953.3～1955.1任）
第二副书记：赵光炬（1953.3～1955.5任）
委　　员：赵光炬（1952.4～1955.7任）
　　　　　冯安全（1952.4～1955.7任）
　　　　　邢惠民（1952.4～1954.4任）
　　　　　陈克尔（1952.4～1955.7任）
　　　　　李黎明（1953.3～1955.7任）
　　　　　陈克文（1953.3～1955.1任）
　　　　　韩立人（1953.3～1955.7任）
　　　　　王国兴（黎族，1953.9～1955.7任）
　　　　　陈斯德（苗族，1953.9～1955.7任）
　　　　　张　佩（1954.1～1955.3任）
　　　　　王荫轩（1954.1～1955.7任）
　　　　　董早冬（1954.1～1955.7任）
　　　　　刘志远（1954.5～1955.7任）
　　　　　林岳川（黎族，1954.7～1955.7任）

陈国风（1954.10～1955.7任）
羊德光（1954.10～1955.7任）
黄式如（1954.10～1955.7任）
李贤祥（1954.12～1955.7任）
王　波（1955.3～1955.7任）
林　松（1955.4～1955.7任）
王不东（黎族，女，1955.5～1955.7任）
王正成（黎族，1955.5～1955.7任）
伍　雄（黎族，1955.5～1955.7任）
赵哲忠（苗族，1955.5～1955.7任）
王玉锦（黎族，1955.5～1955.7任）
何　赤（黎族，1955.5～1955.7任）
陈书凤（黎族，1955.5～1955.7任）

2. 中共海南黎族苗族自治州委员会（1955.7～1966.5）

（1）1955.7～1957.5

[1955年7月，中共海南黎族苗族自治区地方委员会改属广东省委和海南区党委双重领导。自治区地委领导班子设书记、第一、第二副书记。同年9月，自治区地委改称海南黎族苗族自治州地委。自治州地委下辖白沙、保亭、乐东、琼中、东方、崖县、陵水等7个县委，驻地保亭县通什。1957年3月，海南黎族苗族自治州地委改为海南黎族苗族自治州委员会（简称自治州党委），辖区不变。]

书　　记：李黎明（1955.7～1956.7任）
　　　　　赵光炬（1955.7～1956.7代）
　　　　　　　　（1956.7～1957.5任）
第一副书记：王荫轩（1955.9～1957.5任）
第二副书记：董早冬（1955.9～1956.6任）

（2）1957.5～1958.11

[1957年5月，中共海南黎族苗族自治州第一次代表大会召开，选举产生自治州第一届党委。自治州党委设第一书记、书记。1958年11月，海南黎族苗族自治州党委与海南区党委合并，自治州党委所辖的7个县委归属海南区党委领导。]

第一书记：赵光炬（1957.5～1958.11任）
书　　记：王荫轩（1957.5～1958.11任）
　　　　　董早冬（1957.5～1958.11任）
　　　　　王国兴（黎族，1957.5～1958.11任）
　　　　　林岳川（黎族，1957.5～1958.11任）
　　　　　赵魁富（1958.10～1958.11任）
　　　　　胡辰祥（1958.10～1958.11任）

（3）1961.11～1963.6

［1961年11月，恢复中共海南黎族苗族自治州委员会，成立州委书记处，设第一书记、书记。自治州党委下辖白沙、保亭、乐东、琼中、东方、崖县、陵水、昌江等8个县委。］

第一书记：赵光炬（1961.11 ~ 1963.6兼）

书　　记：董早冬（1961.11 ~ 1963.6任）

林王精（1961.11 ~ 1963.6任）

赵本仁（1961.11 ~ 1963.6任）

林岳川（黎族，1961.11 ~ 1963.6任）

赵魁富（1961.11 ~ 1963.6任）

胡辰祥（1962.3 ~ 1963.3任）

（4）1963.6 ~ 1966.5

［1963年6月，撤销州委书记处，第一书记改称书记，原书记改为副书记。］

书　记：赵光炬（1963.6 ~ 1966.4兼）

胡辰祥（1966.4 ~ 1966.5任）

副书记：董早冬（1963.6 ~ 1966.5任）

林王精（1963.6 ~ 1966.5任）

赵本仁（1963.6 ~ 1966.5任）

林岳川（黎族，1963.6 ~ 1966.5任）

赵魁富（1963.6 ~ 1966.5任）

3. 中共海南黎族苗族自治州委员会（1966.5～1976.10）

［“文革”初期，州党委领导班子作了调整。1967年3月成立海南黎族苗族自治州军事管制委员会。1968年4月成立海南黎族苗族自治州革命委员会（简称州革委会），7月成立州革委会党的核心小组。1971年4月底至5月初，召开中共海南黎族苗族自治州第二次代表大会，选举产生中共海南黎族苗族自治州第二届委员会及新的领导班子。］

（1）1966.5 ~ 1967.3

书　　记：胡辰祥（1966.5 ~ 1967.3任）

第一副书记：张文杰（1966.7 ~ 1967.3任）

副 书 记：林岳川（黎族，1966.5 ~ 1967.3任）

郭　春（1966.5 ~ 1967.3任）

陈书凤（黎族，1966.7 ~ 1967.3任）

（2）1971.4 ~ 1976.10

书　　记：刘　荣（1971.4 ~ 1973.4任）

赵光炬（1973.4—1975.5任）

马一品（1975.5—1975.7任）

第一副书记：李万福（1975.1—1976.10任）

副 书 记：梁　诚（1971.4 ~ 1973.4任）

黄歧山（1971.4 ~ 1974.10任）

林岳川（黎族，1971.4 ~ 1975.6任）

陈　说（1973.5～1976.10任）
罗文洪（1973.5～1975.9任）
关守义（1975.5～1976.10任）

4. 中共海南黎族苗族自治州委员会（1976.10～1987.12）

［“文革”结束后，自治州党委领导班子继续主持工作。1977年9月，州党委主要领导人进行调整。1983年8月机构改革，中共广东省委任命新的领导班子。1987年9月，中央决定撤销海南黎族苗族自治州，至1987年底，自治州党委正式撤销。］

书　记：李万福（1976.10～1977.9任）
张日和（1977.9～1983.8任）
杨　洪（1983.8～1987.6任）
李国荣（1987.6～1987.10任）

副书记：关守义（1976.10～1977.9任）
陈　说（1976.10～1980.4任）
王越丰（黎族，1976.12～1983.8任）
叶佐平（1977.9～1983.8任）
杨　洪（1977.9～1983.8任）
文谦受（1979.12～1983.8任）
陈书凤（黎族，1981.2～1983.8任）
王学萍（黎族，1983.8～1987.10任）
杨文贵（黎族，1981.2～1987.6任）
林树松（1983.8～1987.9任）
李国荣（1986.3～1987.6任）
王亚保（黎族，1987.8～1987.10任）
陆　军（1987.8～1987.10任）

（二）海南黎族苗族自治州人民代表大会常务委员会

［海南黎族苗族自治州人民代表大会常务委员会是按照全国人大五届二次会议通过的《中华人民共和国地方各级人民代表大会和地方各级人民政府组织法》的规定，于1982年8月召开的州第六届人民代表大会第一次会议上选举产生。此前，州人民代表大会没有常设机构。1987年12月，根据中共中央、国务院的决定，海南建省办经济特区，同时撤销海南黎族苗族自治州，州人大常委会随之撤销。］

1. 海南黎族苗族自治州第六届人大常委会（1982.8～1987.7）

主　任：陈书凤（黎族，1982.8～1987.7任）
副主任：黄琼梅（女，黎族，1982.8～1987.7任）

2. 海南黎族苗族自治州第七届人大常委会（1987.7～1987.12）

主　任：杨文贵（黎族，1987.7 ~ 1987.12任）
副主任：符景光（黎族，1987.7 ~ 1987.12任）
　　　　谭仁生（苗族，1987.7 ~ 1987.12任）
　　　　王家贤（黎族，1987.7 ~ 1987.12任）
　　　　黄桂来（女，黎族，1987.7 ~ 1987.12任）

（三）海南地方政府

1. 琼崖少数民族自治区行政委员会（1949.3～1952.7）

[1949年3月，成立琼崖少数民族自治区行政委员会，陈克文任主席，王国兴、陈斯德任副主席。]

主　席：陈克文（1949.3 ~ 1951.1任）
副主席：王国兴（黎族，1949.3 ~ 1951.1任）
　　　　陈斯德（黎族，1949.3 ~ 1951.1任）

2. 海南黎族苗族自治区人民政府（1952.7～1955.10）

[1952年7月1日，海南黎族苗族自治区第一届各族各界人民代表会议召开，选举产生自治区人民政府组成人员，王国兴当选主席，陈斯德等4人当选副主席。行政区划辖白沙、保亭、乐东、琼中、东方5个县。1953年7月，自治区首府从抱由镇迁移到保亭县冲山镇。1954年1月，将原属海南行政区的崖县、陵水两县划归自治区管辖，范围扩大到7个县。]

主　席：王国兴（黎族，1952.4 ~ 1955.10任）
副主席：陈斯德（苗族，1952.4 ~ 1955.10任）
　　　　赵光炬（1952.4 ~ 1953.3任）
　　　　陈克文（1953.3 ~ 1955.10任）
　　　　张　佩（1954.2 ~ 1955.10任）

3. 海南黎族苗族自治州第一届人民委员会（1955.10～1957.3）

[1955年10月，依据《中华人民共和国地方各级人民委员会组织法》规定，海南黎族苗族自治区一届二次会议宣布将自治区改为自治州，选举王国兴为州长，陈斯德等5人为副州长。]

州　长：王国兴（黎族，1955.10 ~ 1957.3任）
副州长：陈斯德（苗族，1955.10 ~ 1957.3任）
　　　　韩立人（1955.10 ~ 1957.3任）
　　　　林岳川（黎族，1955.10 ~ 1957.3任）
　　　　赵哲忠（苗族，1955.10 ~ 1957.3任）
　　　　王玉锦（黎族，1955.10 ~ 1957.3任）

4. **海南黎族苗族自治州第二届人民委员会**（1957.3～1958.5）

［1957年3月，海南黎族苗族自治州第二届人民代表大会第一次会议召开，选举王国兴为州长，林岳川等6人为副州长。］

州　长：王国兴（黎族，1957.3～1958.5任）
副州长：林岳川（黎族，1957.3～1958.5任）
王玉锦（1957.3～1958.5任）
陈斯德（苗族，1957.3～1958.5任）
赵哲忠（苗族，1957.3～1958.5任）
黄式如（1957.3～1958.5任）
韩立人（1957.3～1958.5任）

5. **海南黎族苗族自治州第三届人民委员会**（1958.5～1960.2）

［1958年5月，海南黎族苗族自治州第三届人民代表大会第一次会议召开，选举林岳川为州长，陈斯德等5人为副州长。1958年11月，根据广东省委的决定，撤销中共海南自治州州委，州人民委员会迁到海口与海南行政区公署合署办公。］

州　长：林岳川（黎族，1958.5～1960.2任）
副州长：陈斯德（苗族，1958.5～1960.2任）
王玉锦（1958.5～1960.2任）
赵哲忠（苗族，1958.5～1960.2任）
黄式如（1958.5～1960.2任）
周训堂（1958.5～1960.2任）

6. **海南黎族苗族自治州第四届人民委员会**（1960.2～1963.10）

［1960年2月，海南黎族苗族自治州第四届人民代表大会第一次会议召开，选举林岳川为州长，陈斯德等5人为副州长。1961年11月，经广东省委批准，恢复自治州原办事机构，并于1962年3月迁回通什镇办公。1961年，新成立的昌口县归自治州管辖。］

州　长：林岳川（黎族，1960.2～1963.10任）
副州长：陈斯德（苗族，1960.2～1963.10任）
王玉锦（1960.2～1963.10任）
赵哲忠（苗族，1960.2～1960.12任）
王玉进（黎族，1962.8～1963.10任）
黄式如（1960.2～1960.5任）
（1962.8～1963.10任）
周训堂（1960.2～1963.10任）

7. **海南黎族苗族自治州第五届人民委员会**（1963.10～1966.5）

［1963年10月，海南黎族苗族自治州第五届人民代表大会第一次会议召开，选举林岳川为

州长，陈斯德等5人为副州长。]

州　长：林岳川（黎族，1963.10～1968.4任）

副州长：陈斯德（苗族，1963.10～1968.4任）

王玉锦（1963.10～1968.4任）

王玉进（1963.10～1968.4任）

周训堂（1963.10～1966.5任）

羊德光（1963.10～1968.4任）

8. 海南黎族苗族自治州革命委员会（1968.4～1982.8）

[1966年5月“文革”开始后，州人委机关及所属工作机构相继瘫痪。1967年3月25日，遵照海南地区军事管制委员会的命令，建立海南黎族苗族自治州军事管制委员会（简称州军管会），对全州党政工作实行“一元化”领导，州军管会下设生产委员会，行使州人民委员会的职权。1968年4月6日，广东省革命委员会批准成立海南黎族苗族自治州革命委员会。]

主　任：刘　荣（军代表，1968.4～1973.5任）

赵光炬（1973.5～1975.5任）

马一品（1975.5～1975.8任）

李万福（1975.8～1977.9任）

张日和（1977.9～1982.8任）

副主任：林岳川（黎族，1968.4～1975.6任）

顾相林（军代表，1968.4～1969.5任）

黄歧山（军代表，1968.4～1974.10任）

黄运辉（群众代表，1968.4～1973.5任）

梁　成（1969.5～1973.5任）

张振明（军代表，1970.11～1973.10任）

王国兴（黎族，1971.9～1975.1任）

陈斯德（黎族，1972.9～1982.8任）

陈　说（1972.9～1980.4任）

赵魁富（1972.9～1980.12任）

罗文洪（1973.5～1975.9任）

陈书凤（黎族，1973.5～1982.8任）

李万福（1974.1～1975.8任）

张　枫（1974.10～1978.2任）

王越丰（黎族，1976.2～1982.8任）

李广良（苗族，1976.2～1982.8任）

叶佐平（1977.10～1982.8任）

张积成（1977.7～1982.8任）

文谦受（1979.12～1982.8任）

9. **海南黎族苗族自治州第六届人民政府**（1982.8～1987.7）

［1982年8月9日，根据全国人大五届二次会议通过的《中华人民共和国地方各级人民代表大会和地方各级人民政府组织法》的规定，海南黎族苗族自治州第六届人民代表大会第一次会议选举产生自治州人大常委会和自治州人民政府，同时撤销自治州革命委员会。1984年5月，经国务院批准，崖县撤县成立三亚市（县级）。1986年6月经国务院批准，通什市成立，至此，自治州共管辖7县2市。］

州　长：王越丰（黎族，1982.8～1984.8任）
　　　　王学萍（黎族，1984.8～1987.7任）
副州长：李广良（苗族，1982.8～1983.8任）
　　　　林安彬（回族，1982.8～1985.4任）
　　　　王祖武（1982.8～1987.7任）
　　　　杨　洪（1982.8～1983.8任）
　　　　王育良（黎族，1983.8～1986.7任）
　　　　康省民（1983.8～1987.7任）
　　　　李天明（苗族，1984.8～1987.7任）

10. **海南黎族苗族自治州第七届人民政府**（1987.7～1987.12）

［1987年7月，海南黎族苗族自治州第七届人民代表大会第一次会议召开，选举王学萍为州长，李广良等6人为副州长。1987年9月，中央决定撤销海南黎族苗族自治州，同年12月31日，根据中共中央国务院的决定，海南建省办经济特区，同时撤销海南黎族苗族自治州。］

州　长：王学萍（黎族，1987.7～1987.12任）
副州长：李广良（苗族，1987.7～1987.12任）
　　　　林安彬（回族，1987.7～1987.12任）
　　　　李天明（苗族，1987.7～1987.12任）
　　　　王祖武（1987.7～1987.12任）
　　　　康省民（1987.7～1987.12任）
　　　　古显银（1987.9～1987.12任）

（四）中国人民政治协商会议海南黎族苗族自治州委员会

1. **政协海南黎族苗族自治州第一届委员会**（1982.8～1987.7）

［1982年8月，政协海南黎族苗族自治州（简称州政协）第一届委员会第一次会议召开，选举陈理文为州政协第一届委员会主席，马康宁等6人为副主席。］

主　席：陈理文（黎族，1982.8～1987.7任）
副主席：马康宁（黎族，1982.8～1987.7任）
　　　　吉仁兴（黎族，1982.8～1987.7任）

马亚大（1982.8～1987.7任）
石光亮（1982.8～1987.7任）
韩汉中（1982.8～1987.7任）
钟　震（1982.8～1987.7任）

2. 政协海南黎族苗族自治州第二届委员会（1987.7～1987.12）

［1987年7月，政协海南黎族苗族自治州第二届委员会第一次会议召开，选举王育良为州政协第二届委员会主席，李天明等4人为副主席。1987年12月，国务院决定撤销海南黎族苗族自治州，州政协随之消失。］

主　席：王育良（黎族，1987.7～1987.12任）
副主席：李天明（苗族，1987.7～1987.12任）
吉仁兴（黎族，1987.7～1987.12任）
钟瑞森（1987.7～1987.12任）
森炯耀（1987.7～1987.12任）

（马志敏/供稿）

阿坝藏族羌族自治州党政组织职官志
（1950.1～1993.12）

［阿坝藏族羌族自治州成立于1987年7月24日，其前身为四川省藏族自治区，系由1953年1月成立的阿坝藏族自治州更名而来。为历史衔接，本志从1950年1月中共茂县地方工作委员会成立撰起。组织职官分为中共阿坝地方组织、阿坝藏族羌族自治州人民代表大会常务委员会、阿坝地方政府、中国人民政治协商会议阿坝藏族羌族自治州委员会4类。各组织职官名称的沿革，在类下逐一志述，其组织成立的由来及其建制、职官等情况，随文予以简明提示与解说。］

（一）中国共产党阿坝地方组织

1. 中共茂县地方工作委员会（1950.1～1956.11）

［1950年1月19日，由川西区党委报经中共中央批准，中国共产党茂县地方工作委员会在成都东升街成立。机关驻地设茂县凤仪镇，隶属中共川西区党委领导。中国人民解放军179师政治委员肖新春兼任地委书记。1952年8月，中共川西区党委撤销，中共茂县地委由中共四川省委领导。1954年4月，地委驻地迁至刷经寺。1956年6月，地委设常务委员会。］

书　记：肖新春（1950.1～1950.3任）
　　　　张向善（1950.4～1950.10任）
　　　　任明道（1951.2～1956.11任）
副书记：梁生林（1950.1～1952.12任）

2. 中共阿坝藏族自治州委员会（1956.11～1966.4）

［1956年11月12日，经中共四川省委常委会讨论决定，将中共茂县地委更名为中共阿坝藏族自治州委员会，其组织人事分3个阶段表述。］

（1）1956.11～1958.1
书　记：任明道（1956.11～1964.3任）
副书记：郜志远（1956.11～1958.1任）
　　　　杨东新（1956.11～1958.1任）
　　　　王春清（土家族，1956.11～1958.1任）
　　　　贾生采（1956.12～1958.1任）
（2）1958.1～1964.3
书　记：任明道（1958.1～1964.3任）
副书记：张承武（1958.1～1964.3任）
　　　　郜志远（1958.1～1964.3任）

杨东新（1958.1 ~ 1964.3任）
王春清（土家族，1958.1 ~ 1964.3任）
贾生采（1958.1 ~ 1964.3任）
张行忠（1958.1 ~ 1964.3任）
崔　璋（1958.1 ~ 1964.3任）

（3）1964.3 ~ 1967.1

第一书记：郜志远（1964.3 ~ 1966.4代）
（1966.4 ~ 1967.1任）

书　　记：杨东新（1964.3 ~ 1967.1任）
王春清（土家族，1964.3 ~ 1967.1任）
崔　璋（1964.3 ~ 1967.1任）
安文烈（1964.3 ~ 1967.1任）
解书元（1964.3 ~ 1967.1任）
张应松（1964.3 ~ 1967.1任）

3. 中共阿坝藏族自治州第一届委员会（1966.4～1967.1）

［1966年4月25日至28日，中共阿坝藏族自治州第一次代表大会在马尔康召开，一届一次会议选举产生中共阿坝州第一届委员会第一书记、书记、常务委员。“文革”初期，中共阿坝州委受造反派冲击，1967年1月州委机关及所属工作部门相继瘫痪。］

第一书记：郜志远

书　　记：杨东新　王春清（土家族）　崔　璋　安文烈　解书元　张应松

4. 阿坝藏族自治州革命委员会核心领导小组（1969.6～1972.5）

［1968年10月19日，经四川省革命委员会批准建立阿坝藏族自治州革命委员会（简称州革委会），州革委会实行党、政、财、文“一元化”领导。1969年6月，经四川省革命委员会核心领导小组批准，成立州革委会核心领导小组，正式取代州委职权。］

组　长：周子珍

副组长：聂国祥　苏新（羌族）

5. 中共阿坝藏族自治州第二届委员会（1972.5～1978.11）

［1972年5月29日至6月1日，中共阿坝藏族自治州第二次代表大会在马尔康召开，二届一次会议选举产生中共阿坝州第二届委员会第一书记、书记、常务委员，同时撤销州革命委员会核心领导小组。中共阿坝州委恢复以后和州革委会合署办公。］

第一书记：郜志远（1972.5 ~ 1977.6任）
杨岭多吉（藏族，1977.6 ~ 1978.11任）

书　　记：范洪轩（1972.5 ~ 1977.6任）
阿　邦（藏族，1973.6 ~ ？任）
安文烈（1972.5 ~ 1977.6任）

阿　登（藏族，1972.5～1978.11任）

项言正（1972.5～1977.6任）

崔　璋（1973.3～　？任）

解书元（1973.6～1976.2任）

旦　真（藏族，1973.6～1976.2任）

木瓦三郎（藏族，1974.7～1977.6任）

成　锋（1975.10～　？任）

杨岭多吉（藏族，1975.12～1977.6任）

程志愿（1976.2～1977.6任）

王　增（1976.2～1977.6任）

6. 中共阿坝藏族自治州第三届委员会（1978.11～1984.2）

［1978年11月8日至13日，中共阿坝藏族自治州第三次代表大会在马尔康召开，三届一次会议选举产生中共阿坝州第三届委员会第一书记、书记、常务委员。1979年3月，州委、州革委会分设。］

（1）1978.11～1980.6

第一书记：杨岭多吉（藏族，1978.11～1980.6任）

书　　记：阿　登（藏族，1978.11～1980.6任）

程志愿（1978.11～1980.6任）

王　增（1978.11～1980.6任）

周礼成（1978.11～1980.6任）

木瓦三郎（藏族，1978.11～1980.6任）

旦　真（藏族，1978.11～1980.6任）

陈殿卿（1978.11～1980.6任）

（2）1980.6～1984.2

书　记：阿　登（藏族，1980.6～1984.2任）

副书记：程志愿（1980.6～1983.7任）

王　增（1980.6～1983.7任）

木瓦三郎（藏族，1980.6～1983.7任）

旦　真（藏族，1980.6～1983.7任）

周礼成（1980.6～1983.7任）

陈殿卿（1980.6～1983.7任）

王　增（1983.7～1984.2任）

周化勋（1983.7～1984.2任）

7. 中共阿坝藏族（羌族）自治州第四届委员会（1984.2～1989.3）

［1984年2月20日至25日，中共阿坝藏族自治州第四次代表大会在马尔康召开，四届一次会议选举产生中共阿坝州第四届委员会书记、副书记、常务委员。1987年7月，中共阿坝藏族

自治州委员会更名为中共阿坝藏族羌族自治州委员会。]

书　记：阿　登（藏族，1984.2 ~ 1989.3任）

副书记：王　增（1984.2 ~ 1989.3任）

周礼成（1984.2 ~ 1985.3任）

周化勋（1984.2 ~ 1989.3任）

王廷杰（羌族，1984.2 ~ 1989.3任）

泽巴足（藏族，1984.2 ~ 1989.3任）

8. 中共阿坝藏族羌族自治州第五届委员会（1989.3～1993.12）

[1989年3月25日至30日，中共阿坝藏族羌族自治州第五届一次代表大会在马尔康召开，五届一次会议选举产生中共阿坝州第五届委员会常委8人、副书记3人。5月4日，中共四川省委任命欧泽高为中共阿坝藏族羌族自治州委书记。]

书　记：欧泽高（1989.5 ~ 1993.12任）

副书记：泽巴足（藏族，1989.3 ~ 1993.12任）

王廷杰（羌族，1989.3 ~ 1993.12任）

刘忠恕（1989.3 ~ 1993.12任）

廖文政（1990.6 ~ 1993.12任）

（二）阿坝藏族（羌族）自治州人民代表大会常务委员会

[1980年12月，阿坝藏族羌族自治州第四届人民代表大会第二次会议根据《中华人民共和国宪法》和《地方各级人民代表大会和地方各级人民政府组织法》的规定，设立人民代表大会常设机关州人民代表大会常务委员会（简称州人大常委会），并选举产生州人民代表大会常务委员会组成员。州人大常委会对州人民代表大会负责并报告工作，按《地方组织法》的规定行使职权。此前，州人民代表大会没有常设机关。人民代表大会闭会期间，由选举产生的人民委员会行使现地方人大常委会部分职权。]

1. 阿坝藏族自治州第四届人大常委会（1980.12～1983.3）

[1980年12月8日至16日，阿坝藏族自治州第四届人民代表大会第二次会议在马尔康召开，会议决定设立阿坝藏族自治州人民代表大会常务委员会，并选举产生阿坝州第四届人大常委会主任1名、副主任5名、委员21名，组成自治州第四届人大常委会。]

主　任：泽　茸（藏族，1980.12 ~ 1983.3任）

副主任：袁开喜（藏族，1980.12 ~ 1983.3任）

景雨亭（藏族，1980.12 ~ 1983.3任）

勒尔乌（藏族，1980.12 ~ 1983.3行）

王泰昌（羌族，1980.12 ~ 1983.3任）

曹逐非（藏族，1980.12 ~ 1983.3任）

2. 阿坝藏族自治州第五届人大常委会（1983.3 ~ 1987.12）

[1983年3月25日至4月2日，阿坝藏族自治州第五届人民代表大会第一次会议在马尔康召开，会议选举产生阿坝州第五届人大常委会主任1名、副主任5名、委员25名，组成自治州第五届人大常委会。1985年3月29日至4月4日召开阿坝州五届三次会议，增补秦尚志为州五届人大常委会副主任。]

主　任：泽　茸（藏族，1983.3～1987.12任）

副主任：勒尔乌（藏族，1983.3～1987.12任）

严升旭（1983.3～1987.12任）

赵永忠（藏族，1983.3～1987.12任）

雷素珍（女，羌族，1983.3～1987.12任）

王泰昌（羌族，1983.3～1987.12任）

秦尚志（1985.4～1987.12任）

3. 阿坝藏族自治州第六届人大常委会（1987.12～1992.12）

[1987年12月27日至1988年1月5日，阿坝藏族自治州第六届人民代表大会第一次会议在马尔康召开。会议选举产生阿坝州第六届人大常委会主任1名、副主任4名、秘书长1人、委员23人，组成自治州第六届人大常委会。]

主　任：泽　茸（藏族，1987.12～1989.3任）

王廷杰（羌族，1989.3～1992.12任）

副主任：叶正中（1987.12～1992.12任）

赵永忠（藏族，1987.12～1992.12任）

雷素珍（女，羌族，1987.12～1992.12任）

许成元（藏族，1987.12～1992.12任）

苍定安（藏族，1989.3～1992.12任）

4. 阿坝藏族自治州第七届人大常委会（1992.12～1993.12）

[1992年12月29日，阿坝藏族自治州第七届人民代表大会第一次会议在马尔康召开。会议选举产生阿坝州第七届人大常委会组成人员。选举王廷杰为主任、竺世方等5人为副主任。]

主　任：王廷杰（羌族，1992.12～1993.12任）

副主任：竺世方（1992.12～1993.12任）

赵永忠（藏族，1992.12～1993.12任）

周德光（羌族，1992.12～1993.12任）

苍定安（藏族，1992.12～1993.12任）

扁　秋（藏族，1992.12～1993.12任）

（三）阿坝地方政府

1. 川西行署茂县专区专员公署（1951.1～1952.12）

［1950年1月，中共川西区党委宣布成立川西人民行政公署茂县专区专员公署。2月，茂县专员公署正式接管旧政权。1951年1月30日，中央人民政府人事部任命茂县专区专员公署专员和副专员。］

专　员：张向善（1951.1～1952.12任）

副专员：张承武（1951.1～1952.12任）

2. 四川省藏族自治区人民政府（1952.12～1955.12）

［1952年12月21日至29日，四川省藏族自治区各族各界人民代表会议在茂县凤仪镇召开。根据《中国人民政治协商会议共同纲领》和《中华全国民族区域自治实施纲要》的规定，在原茂县专署所辖地区内实行藏族自治制。27日，会议选举产生了四川省藏族自治区人民政府主席、副主席和47名政府委员，将茂县专区专员公署正式更名为四川省藏族自治区人民政府。1954年3月，经国务院批准，自治区人民政府机关由茂县凤仪镇迁驻刷经寺。］

主　席：天　宝（桑吉悦希，藏族，1952.12～1955.12任）

副主席：张承武（1952.12～1955.12任）

郜志远（1955.5～1955.12任）

索观瀛（藏族，1952.12～1955.12任）

华尔功臣烈（藏族，1952.12～1955.12任）

苏　新（羌族，1952.12～1955.12任）

3. 阿坝藏族自治州第一届人民委员会（1955.12～1958.5）

［1955年12月25日至30日，阿坝藏族自治州（简称阿坝州）第一届人民代表会议在刷经寺召开。根据《中华人民共和国宪法》第53条规定和四川省第一届人民代表大会第二次会议决议，将原四川省藏族自治区人民政府更名为阿坝藏族自治州人民委员会。一届一次会议选举产生阿坝州第一届人民委员会州长、副州长。］

州　长：天　宝（桑吉悦希，藏族，1955.12～1958.5任）

副州长：郜志远（1955.12～1958.5任）

索观瀛（藏族，1955.12～1958.5任）

华尔功臣烈（藏族，1955.12～1958.5任）

苏　新（羌族，1955.12～1958.5任）

王春清（土家族，1955.12～1958.5任）

4. 阿坝藏族自治州第二届人民委员会（1958.5～1961.9）

［1958年5月5日至9日，阿坝藏族自治州第二届人民代表会议在刷经寺召开，二届一次会

议选举产生阿坝州第二届人民委员会州长、副州长。7月，经国务院批准，阿坝州府驻地迁往马尔康。1959年10月6日至16日，二届二次会议补选陈开堂为州人民委员会副州长。]

州　长：天　宝（藏族，1958.5～1961.9任）

副州长：郜志远（1958.5～1959.10任）

索观瀛（藏族，1958.5～1961.9任）

华尔功臣烈（藏族，1958.5～1961.9任）

苏　新（羌族，1958.5～1961.9任）

王春清（土家族，1958.5～1961.9任）

陈开堂（1959.10～1961.9任）

5. 阿坝藏族自治州第三届人民委员会（1961.9～1963.7）

（1）1961.9～1963.1

[1961年9月25日至30日，阿坝藏族自治州第三届人民代表会议在马尔康召开，三届一次会议选举产生阿坝州第三届人民委员会州长、副州长。]

州　长：天　宝（藏族，1961.9～1963.1任）

副州长：董振明（藏族，1961.9～1963.1任）

王春清（土家族，1961.9～1963.1任）

索观瀛（藏族，1961.9～1963.1任）

华尔功臣烈（藏族，1961.9～1963.1任）

苏　新（羌族，1961.9～1963.1任）

陈开堂（1961.9～1963.1任）

（2）1963.1～1963.7

[1963年1月5日至11日，阿坝藏族自治州第三届人民代表会议在马尔康召开，三届一次会议作出了《关于今年（1963年）在全州进行普选的决议》，并选举天宝为自治州州长，董振明等7人为副州长。]

州　长：天　宝（藏族，1963.1～1963.7任）

副州长：董振明（藏族，1963.1～1963.7任）

索观瀛（藏族，1963.1～1963.7任）

华尔功臣烈（藏族，1963.1～1963.7任）

苏　新（羌族，1963.1～1963.7任）

陈开堂（1963.1～1963.7任）

郜志远（1963.1～1963.7任）

安文烈（1963.1～1963.7任）

6. 阿坝藏族自治州第一届人民委员会（1961.9～1965.12）

[此前，第一至三届人民委员会由阿坝藏族自治州人民代表会议选举产生，从本届开始，阿坝藏族自治州实行人民代表大会制度，并另排届次。1965年5月10日至15日，在马尔康召开阿坝藏族自治州第一届人民代表大会，本届人民代表大会没有进行换届选举，原州政府领导成员

继续任职至1965年12月止。]

州　长：天　宝（藏族，1961.9～1963.7任）

副州长：董振明（藏族，1961.9～1963.7任）

索观瀛（藏族，1961.9～1963.7任）

华尔功臣烈（藏族，1961.9～1963.7任）

苏　新（羌族，1961.9～1963.7任）

陈开堂（1961.9～1963.7任）

郜志远（1963.7～1965.12任）

安文烈（1963.7～1965.12任）

7. 阿坝藏族自治州第二届人民委员会（1965.12～1967.1）

[1965年12月25日至1966年1月2日，阿坝藏族自治州第二届人民代表大会在马尔康召开，会议选举阿登为州长，安文烈等7人为副州长。1966年5月“文革”开始后，州人委机关受到“造反派”冲击，1967年1月州各级政权机构相继瘫痪。]

州　长：阿　登（藏族，1965.12～1967.1任）

副州长：安文烈（1965.12～1966.4任）

苏　新（羌族，1965.12～1967.1任）

索观瀛（藏族，1965.12～1967.1任）

华尔功臣烈（藏族，1965.12～1967.1任）

陈开堂（1965.12～1967.1任）

武　征（1965.12～1967.1任）

木瓦三郎（藏族，1965.12～1967.1任）

8. 阿坝藏族自治州革命委员会（1968.10～1980.12）

（1）1968.10～1978.12

[1968年10月13日至19日，经四川省革命委员会批准，阿坝藏族自治州革命委员会（简称州革委会）在马尔康召开成立大会。19日正式成立。州革委会由军队代表、干部代表、群众代表担任，组成“三结合”权力机构。]

主　任：周子珍（军代表，1968.10～1973.1任）

郜志远（干部代表，1973.1～1977.6任）

杨岭多吉（藏族，1977.10～1978.12任）

副主任：阿　登（干部代表，藏族，1968.10～1978.12任）

苏　新（干部代表，羌族，1968.10～1971.1任）

聂国祥（军代表，1968.10～1974.4任）

姬清义（军代表，1968.10～1974.4任）

鲁长发（群众代表，1968.10～1977.4任）

李　荣（群众代表，1968.10～1977.12任）

贺光权（群众代表，1968.10～1978.1任）

嘎　丑（群众代表，女，藏族，1970.1～1978.4任）
三郎哈姆（群众代表，女，藏族，1970.1～1978.4任）
范洪轩（军代表，1970.1～1973.9任）
项言正（军代表，1970.1～1973.9任）
王春清（干部代表，土家族，1970.1～1978.12任）
解书元（干部代表，1970.1～1976.10任）
木瓦三郎（干部代表，藏族，1974.7～1978.12任）
杨岭多吉（干部代表，藏族，1976.5～1977.6任）
李　荣（1976.10～1977.12任）
邹丹虎（1976.10～1978.4任）
安文烈（1976.10～1977.1任）

（2）1979.1～1980.12

［1978年12月28日至1979年1月3日，阿坝藏族自治州革命委员会第四届人民代表大会第一次会议选举产生了新的州革委会领导机构。］

主　任：杨岭多吉（藏族，1979.1～1980.12任）
副主任：阿　登（藏族，1979.1～1980.12任）
周礼成（羌族，1979.1～1980.12任）
赵秀章（1979.1～1980.12任）
李守福（1979.1～1980.12任）
辜卫忠（1979.1～1980.12任）
景雨亭（1979.1～1980.12任）
勒尔乌（藏族，1979.1～1980.12任）
王　波（1979.1～1980.12任）
王　彦（1979.1～1980.12任）
雷素珍（女，羌族，1979.1～1980.12任）

9. 阿坝藏族自治州人民政府（1980.12～1983.3）

［1980年12月8日至16日，阿坝藏族自治州第四届人民代表大会第二次会议在马尔康召开，会议根据《中华人民共和国宪法》和《中华人民共和国地方各级人民代表大会和地方各级人民政府组织法》的规定，建立阿坝州第四届人民代表大会常务委员会，选举产生州人民政府州长1人、副州长9人。］

州　长：阿　登（藏族，1980.12～1983.3任）
副州长：周礼成（羌族，1980.12～1983.3任）
赵秀章（1980.12～1983.3任）
李守福（1980.12～1983.3任）
辜卫忠（1980.12～1983.3任）
景雨亭（1980.12～1983.3任）
勒尔乌（藏族，1980.12～1983.3任）

王　波（1980.12～1983.3任）

王　彦（1980.12～1983.3任）

雷素珍（女，羌族，1980.12～1983.3任）

10. 阿坝藏族（羌族）自治州第五届人民政府（1983.3～1987.12）

［1983年3月25日至4月1日，阿坝藏族自治州第五届人民代表大会第一次会议在马尔康召开，会议选举产生阿坝州第五届人民政府州长、副州长。根据《民族区域自治法》的有关规定，阿坝州人民政府于1986年10月8日呈文四川省人民政府，请求将阿坝藏族自治州更名为"阿坝藏族羌族自治州"。1986年11月14日，四川省人民政府向国务院呈报"关于阿坝藏族自治州更名为阿坝藏族羌族自治州的请示"。1987年7月24日，国务院批复了四川省人民政府的请示，同意阿坝藏族自治州更名为阿坝藏族羌族自治州。］

州　长：葛门基（藏族，1983.3～1987.12任）

副州长：傅道政（1983.3～1985.12任）

王　彦（1983.3～1985.8任）

王廷杰（羌族，1983.3～1985.12任）

叶正中（1983.3～1987.12任）

勤　佐（1983.9～1987.12任）

张化鲲（1984.10～1987.12任）

杨吉生（羌族，1986.10～1987.12任）

傅学国（1986.9～1987.2任）

泽巴足（藏族，1986.11～1987.12任）

11. 阿坝藏族羌族自治州第六届人民政府（1987.12～1992.12）

［1987年12月30日至31日，阿坝藏族羌族自治州第六届人民代表大会第一次会议在马尔康召开，会议选举产生自治州第六届人民政府州长、副州长。］

州　长：泽巴足（藏族，1987.12～1992.12任）

副州长：周化勋（1987.12～1989.4任）

杨吉生（羌族，1987.12～1992.12任）

张化鲲（1987.12～1992.12任）

周明清（藏族，1987.12～1992.12任）

周德光（羌族，1987.12～1992.12任）

李高伟（1989.4～1992.12任）

李绍华（1990.10～1992.12任）

谢维勤（1992.10～1992.12任）

12. 阿坝藏族羌族自治州第七届人民政府（1992.12～1993.12）

［1992年12月29日，阿坝藏族羌族自治州第七届人民代表大会第一次会议在马尔康召开，会议选举产生自治州第七届人民政府州长、副州长。］

州　长：泽巴足（藏族，1992.12～1993.12任）
副州长：谢维勤（1992.12～1993.12任）
　　　　杨吉生（羌族，1992.12～1993.12任）
　　　　杨解放（藏族，1992.12～1993.12任）
　　　　王建明（羌族，1992.12～1993.12任）
　　　　陈塞琪（1992.12～1993.12任）

（四）中国人民政治协商会议阿坝藏族（羌族）自治州委员会

［中国人民政治协商会议阿坝藏族（羌族）自治州委员会于1956年1月正式成立，其前身为1951年5月成立的茂县专区各族各界人民代表会议协商委员会。1987年7月政协阿坝藏族自治州委员会更名为政协阿坝藏族羌族自治州委员会。］

1. 茂县专区协商委员会（1951.5～1952.12）

［1951年5月，茂县专区各族各界人民代表会议协商委员会成立。］
主　席：张承武（1951.5～1952.12任）
副主席：任明道（1951.5～1952.12任）

2. 四川省藏族自治区协商委员会（1952.12～1955.12）

［1952年12月，首届四川省藏族自治区各族各界代表会议在茂县凤仪镇召开，选举产生四川省藏族自治区协商委员会。］
主　席：天　宝（藏族，1952.12～1955.12任）
副主席：任明道（1952.12～1955.12任）
　　　　贡　唐（藏族，1952.12～1955.12任）
　　　　纳日管（女，藏族，1952.12～1955.12任）

3. 政协阿坝藏族自治州第一届委员会（1956.1～1959.10）

［1956年1月4日至9日，根据《中国人民政治协商会议章程》的规定，政协阿坝藏族自治州首届一次会议在刷经寺召开，选举产生政协阿坝州第一届委员会主席、副主席、秘书长和42人组成的常务委员会。］
主　席：任明道（1956.1～1959.10任）
副主席：苏永和（藏族，1956.1～1959.10任）
　　　　纳坚赞（藏族，1956.1～1959.10任）
　　　　任太和（1956.1～1959.10任）
　　　　卓仓藏（藏族，1956.1～1959.10任）

4. 政协阿坝藏族自治州第二届委员会（1959.10～1961.9）

［1959年10月3日至16日，政协阿坝藏族自治州第二届一次会议在马尔康召开，选举产生

政协阿坝州第二届委员会主席、副主席、秘书长和27人组成的常务委员会。]

主　席：任明道（1959.10～1961.9任）

副主席：邰志远（1959.10～1961.9任）

卓仓藏（藏族，1959.10～1961.9任）

任太和（1959.10～1961.9任）

欧尔孝（藏族，1959.10～1961.9任）

苏让金巴（藏族，1959.10～1961.9任）

桑梓侯（藏族，1959.10～1961.9任）

5. 政协阿坝藏族自治州第三届委员会（1961.9～1963.7）

[1961年9月26日至30日，政协阿坝藏族自治州第三届一次会议在马尔康召开，选举产生政协阿坝州第三届委员会主席、副主席、秘书长和29人组成的常务委员会。]

主　席：任明道（1961.9～1963.7任）

副主席：邰志远（1961.9～1963.7任）

卓仓藏（藏族，1961.9～1963.7任）

任太和（1961.9～1963.7任）

张振福（羌族，1961.9～1963.7任）

欧尔孝（藏族，1961.9～1963.7任）

苏让金巴（藏族，1961.9～1963.7任）

桑梓侯（藏族，1961.9～1963.7任）

6. 政协阿坝藏族自治州第四届委员会（1963.7～1965.12）

[1963年7月13日至17日，政协阿坝藏族自治州第四届一次会议在马尔康召开，选举产生政协阿坝州第四届委员会主席、副主席、秘书长和28人组成的常务委员会。]

主　席：任明道（1963.7～1965.12任）

副主席：邰志远（1963.7～1965.12任）

任太和（1963.7～1965.12任）

张振福（羌族，1963.7～1965.12任）

欧尔孝（藏族，1963.7～1965.12任）

苏让金巴（藏族，1963.7～1965.12任）

桑梓侯（藏族，1963.7～1965.12任）

卓仓藏（藏族，1963.7～1965.12任）

7. 政协阿坝藏族自治州第五届委员会（1965.12～1966.5）

[1965年12月2日至18日，政协阿坝藏族自治州第五届一次会议在马尔康召开，选举产生政协阿坝州第五届委员会主席、副主席、秘书长和31人组成的常务委员会。1966年5月“文革”开始后，州政协工作中断。]

主　席：任明道（1965.12～1966.5任）

副主席：王春清（土家族，1965.12 ~ 1966.5任）
张振福（羌族，1965.12 ~ 1966.5任）
欧尔孝（藏族，1965.12 ~ 1966.5任）
苏让金巴（藏族，1965.12 ~ 1966.5任）
桑梓侯（藏族，1965.12 ~ 1966.5任）

8. 政协阿坝藏族自治州第六届委员会（1978.12～1983.3）

[1978年12月28日至1979年1月6日，政协阿坝藏族自治州第六届一次会议在马尔康召开，选举产生政协阿坝州第六届委员会主席、副主席、秘书长和常务委员。政协工作恢复。]

主　席：王　增（1978.12 ~ 1983.3任）
副主席：欧尔孝（藏族，1978.12 ~ 1983.3任）
桑梓侯（藏族，1978.12 ~ 1983.3任）
桑木旦（藏族，1978.12 ~ 1983.3任）
马福寿（羌族，1978.12 ~ 1983.3任）
索观涛（女，藏族，1978.12 ~ 1983.3任）
潘华英（女，1978.12 ~ 1983.3任）

9. 政协阿坝藏族（羌族）自治州第七届委员会（1983.3～1987.12）

[1983年3月20日至4月2日，政协阿坝藏族自治州第七届一次会议在马尔康召开，选举产生政协阿坝州第七届委员会主席、副主席、秘书长和常务委员。1984年4月18日至25日召开政协阿坝州七届二次会议，增选朱成源为副主席。1986年5月14日至21日召开政协阿坝州七届四次会议，增补旦真为副主席。1987年7月，经国务院批准，阿坝藏族自治州更名为阿坝藏族羌族自治州。]

主　席：木瓦三郎（藏族，1983.3 ~ 1987.12任）
副主席：欧尔孝（藏族，1983.3 ~ 1987.12任）
桑梓侯（藏族，1983.3 ~ 1987.12任）
桑木旦（藏族，1983.3 ~ 1987.12任）
索观涛（女，藏族，1983.3 ~ 1987.12任）
柯玉霞（女，藏族，1983.3 ~ 1987.12任）
苍定安（藏族，1983.3 ~ 1987.12任）
王　波（1983.3 ~ 1987.12任）
马福寿（羌族，1983.3 ~ 1987.12任）
朱成源（1984.4 ~ 1987.12任）
旦　真（藏族，1986.5 ~ 1987.12任）

10. 政协阿坝藏族羌族自治州第八届委员会（1987.12～1992.12）

[1987年12月25日至1988年1月5日，政协阿坝藏族羌族自治州第八届一次会议在马尔康召开，选举产生政协阿坝州第八届委员会主席、副主席、秘书长和常务委员。1989年2月28日

至3月7日召开政协阿坝州八届二次会议，增补王泰昌为副主席。]

主　席：木瓦三郎（藏族，1987.12～1992.12任）

副主席：朱成源（1987.12～1992.12任）

桑梓侯（藏族，1987.12～1992.12任）

桑木旦（藏族，1987.12～1992.12任）

索观涛（女，藏族，1987.12～1992.12任）

旦　真（藏族，1987.12～1992.12任）

柯玉霞（女，藏族，1987.12～1992.12任）

苍定安（藏族，1987.12～1992.12任）

张永年（1987.12～1992.12任）

王泰昌（1989.2～1993.12任）

11. 政协阿坝藏族羌族自治州第九届委员会（1992.12～1993.12）

[1992年12月，政协阿坝藏族羌族自治州第九届一次会议在马尔康召开，选举产生政协阿坝州第九届委员会主席、副主席、秘书长和常务委员。]

主　席：葛门基（1992.12～1993.12任）

副主席：朱成源（1992.12～1993.12任）

桑木旦（藏族，1992.12～1993.12任）

索观涛（女，藏族，1992.12～1993.12任）

旦　真（藏族，1992.12～1993.12任）

郑　杰（1992.12～1993.12任）

柯玉霞（女，藏族，1992.12～1993.12行）

王泰昌（1992.12～1993.12任）

张永年（1992.12～1993.12任）

（马志敏/供稿）

凉山彝族自治州党政组织职官志
(1949.10～1993.12)

[凉山彝族自治州(简称凉山州)成立于1952年10月1日，1978年10月西昌地区建制撤销，其辖区并入凉山州。为历史衔接，本志从1950年3月中共西昌地区(方)委员会成立撰起。组织职官分为中共凉山地方组织、凉山彝族自治州人民代表大会常务委员会、凉山地方政府、中国人民政治协商会议凉山彝族自治州委员会4类。各组织职官名称的沿革，在类下逐一志述，其组织成立的由来及其建制、职官等情况，随文予以简明提示与解说。]

(一) 中国共产党凉山地方组织

[今中国共产党凉山彝族自治州委员会是由原中共凉山州委和中共西昌地区委员会于1978年10月合并而成的。]

1. 西昌地区(1950.3～1978.10)

[1950年3月建立中共西昌地区委员会(后改称地方委员会)。1978年10月，西昌地区建制撤销，其辖区并入凉山州，地委领导机构亦并入凉山州。]

(1) 中共西昌地区(方)委员会(1950.3～1967.1)

[1950年3月18日，中共西康区党委决定建立中共西昌地区委员会(后改称地方委员会、简称西昌地委)，梁文英任书记。1954年10月地委增设第一副书记。1955年10月，张广化任第二书记。1955年12月25日，中共四川省委决定西昌地委设立常委会。1964年11月，中共四川省委报经西南局和中央批准，任命杨新为地委书记，李占林改任第二书记，张广化改任副书记。]

书　　记：梁文英(1950.3～1952.10任)
　　　　　郭锡兰(1952.10～1954.10任)
　　　　　李占林(1954.10～1964.11任)
　　　　　杨　新(1964.11～1967.1任)
第一书记：杨　新(1964.11～1967.1任)
第二书记：张广化(1955.10～1964.11任)
　　　　　李占林(1964.11～1967.1任)
第一副书记：郭　英(1954.10～1961.2任)
副 书 记：苗前明(1950.3～1952.7任)
　　　　　张广化(1964.11～1967.1任)
　　　　　张志远(1960.3～1963.5任)
　　　　　付阿模(1957.7～1965.2任)
　　　　　王怀仁(1960.3～1967.1任)
　　　　　章润瑞(1960.3～1967.1任)

张其宿（1966.2 ~ 1967.1任）

苏　林（1966.6 ~ 1967.1任）

（2）中共西昌地区革命委员会核心领导小组（1970.3 ~ 1972.7）

[1966年6月“文革”开始后，1967年初地委机关及所属工作机构被“造反派”夺权，相继陷于瘫痪。1970年3月，经中共四川省革命委员会核心领导小组批准，建立中共西昌地区革命委员会核心领导小组，由9人组成，设组长1名、副组长3名，至1972年7月召开党代会时止。]

组　长：杜　林

副组长：刘秉顺　苏焕文　张其宿

（3）中共西昌地区第一届委员会（1972.7 ~ 1978.10）

[1972年7月1日至4日，中共西昌地区第一次代表大会召开，选举产生中共西昌地区第一届委员会委员44名。7月5日，经本届委员会第一次全委会选举产生14名常委，其中第一书记1名，书记5名。1976年10月，辛易之离任，李占林接任地委第一书记。1978年10月撤销西昌地区建制，其辖区并入凉山州。]

第一书记：辛易之（1972.7 ~ 1976.10任）

李占林（1976.10 ~ 1978.10任）

书　　记：李占林（1973.3 ~ 1976.10任）

刘秉顺（1973.3 ~ 1976.5任）

张贵喜（1972.7 ~ 1978.10任）

王　昭（1972.7 ~ 1978.10任）

张其宿（1972.7 ~ 1978.10任）

李衡浦（1972.7 ~ 1978.10任）

苏呷沙且（彝族，1973.6 ~ 1978.10任）

马荣胜（1975.2 ~ 1978.10任）

刘国宣（1975.2 ~ 1978.10任）

2. 凉山地区（1952.8～1978.10）

（1）中共西康省凉山彝族自治区工作委员会（1952.8 ~ 1955.10）

[1952年8月，经中共中央西南局批准，成立中共西康省凉山彝族自治区工作委员会，工委由9人组成，书记张敏因故未到职。1953年2月省委任命时曙明为书记。]

书　记：张　敏（1952.8任；未到职）

时曙明（1953.2 ~ 1955.10任）

副书记：张　荣（1952.8 ~ 1955.10任）

（2）中共四川省凉山工作委员会（1953.4 ~ 1955.10）

[1953年4月24日，经中共西南局批准，成立中共四川省凉山工作委员会，工委由11人组成。工委下辖3个分工委，即：乐山地委组建的中共雷马屏工委改为乐山分工委；云南省昭通地委组建的凉山工委，改为昭通分工委；西康省凉山工委改为昭觉分工委。]

书　记：鲁瑞林（1953.4 ~ 1955.10）

副书记：王维训（1953.4 ~ 1955.10）

（3）中共凉山地方委员会（1955.11～1956.12）

［1955年11月，1955年11月，四川凉山工委、昭通分工委与昭觉分工委合并为中共凉山地方委员会。1957年6月，撤销乐山分工委。地委设第一书记1名、第二书记1名、副书记3名。］

第一书记：王维训

第二书记：时曙明

副 书 记：唐兴盛 张　荣 张连义

（4）中共凉山彝族自治州委员会（1957.1～1967.1）

［1956年12月，中共凉山地方委员会改称中共凉山彝族自治州委员会。1957年5月8日，经中共中央批准，王维训任州委第一书记。1966年4月王维训调离，由张荣主持州委全面工作。至1967年1月，中共凉山州委有第一书记1名、书记7名、副书记1名。］

第一书记：王维训（1957.1～1966.4任）

书　　记：唐兴盛（1957.1～1961.4任）

张　荣（1957.1～1967.1任）

张连义（1957.1～1967.1任）

瓦扎木基（彝族，1957.1～1967.1任）

王海民（彝族，1957.1～1967.1任）

吴庭芳（1960.4～1963.8任）

伍精华（彝族，1963.12～1967.1任）

副 书 记：陈怀堂（1962.12～1967.1任）

（5）中共凉山彝族自治州革命委员会核心领导小组（1970.3～1971.8）

［1966年5月“文革”开始后，州委领导机构陷于瘫痪。1969年1月，凉山彝族自治州革命委员会成立，行使凉山州党政职权。1970年3月，成立中共凉山州革命委员会核心领导小组。］

组　长：王民英

副组长：李　平 王海民（彝族） 张　荣

（6）中共凉山彝族自治州第一届委员会（1971.8～1978.10）

［1971年8月23日至26日，中共凉山彝族自治州第一次代表大会召开，选举产生中共凉山州第一届委员会委员39名。一届一次全委会选出常委11名，王民英任第一书记，张荣等3人任书记，胡炬前任副书记。第一届党代会以后，州委领导成员多次调整。至1978年10月撤销西昌地区建制前，中共凉山州委共有常委16名，其中代理书记1名、书记4名、副书记1名。］

第一书记：王民英（1971.8～1973.12任）

张　荣（1973.12～1975.12任）

孙自强（彝族，1975.12～1978.10代）

书　　记：张　荣（1971.8～1973.12任）

孙自强（彝族，1974.9～1975.12任）

李　平（1971.8～1978.10任）

王海民（彝族，1971.8～1978.10任）

张连义（1972.10～1976.4任）

毕玉华（1975.8～1978.10任）

严友圣（1975.8 ~ 1978.10任）
何明国（彝族，1971.8 ~ 1978.10任）
施嘉明（彝族，1972.10 ~ 1978.10任）
罗开文（彝族，1973.7 ~ 1978.10任）
副 书 记：胡炬前（彝族，1973.7 ~ 1978.10任）
邓昭行（1974.3 ~ 1976.10任）

3. 合并后的中共凉山彝族自治州委员会（1978.10～1993.12）

[1978年10月31日，根据国务院（1978）199号文件的决定，撤销西昌地区建制，其辖区并入凉山州。中共四川省委决定，合并后的中共凉山彝族自治州委员会由李占林任第一书记，设书记11名、常委6名。1979年9月，李占林离任，任明道接任第一书记，至1981年4月离任。由第二书记施嘉明主持全面工作。1983年1月施嘉明任第一书记，1983年7月机构改革后第一书记改称书记。]

（1）合并初期的中共凉山彝族自治州委员会（1978.10 ~ 1983.7）

第一书记：李占林（1978.10 ~ 1979.9任）
任明道（1979.9 ~ 1981.9任）
施嘉明（彝族，1983.1 ~ 1983.7任）
第二书记：施嘉明（彝族，1981.4 ~ 1983.1任）
书　　记：施嘉明（彝族，1978.10 ~ 1981.4任）
孙自强（彝族，1978.10 ~ 1980.12任）
张其宿（1978.10 ~ 1983.1任）
毕玉华（1978.10 ~ 1983.7任）
马荣胜（回族，1978.10 ~ 1983.4任）
李衡浦（1978.10 ~ 1981.4任）
苏呷沙且（彝族，1978.10 ~ 1983.7任）
王海民（彝族，1978.10 ~ 1982.9任）
胡炬前（彝族，1978.10 ~ 1983.3任）
罗开文（彝族，1978.10 ~ 1983.7任）
刘国宣（1978.10 ~ 1981.4任）
副 书 记：熊纪良（1983.7 ~ 1984.8任）

（2）机构改革后的中共凉山彝族自治州委员会（1983.7 ~ 1984.8）

[1983年7月22日，中共凉山彝族自治州委员会进行机构改革，经中共四川省委批准，州委由14人组成常委会，其中施嘉明任书记，毕玉华等5人任副书记。]

书　记：施嘉明（彝族，1983.7 ~ 1984.8任）
副书记：毕玉华（1983.7 ~ 1984.8任）
刘绍先（彝族，1983.7 ~ 1984.8任）
罗开文（彝族，1983.7 ~ 1984.8任）
熊纪良（1983.7 ~ 1984.8任）

邹大明（1983.7～1984.8任）

（3）中共凉山彝族自治州第二届委员会（1984.9～1989.12）

［1984年8月28日至9月1日，中共凉山州委第二次代表大会召开，选举产生中共凉山州第二届委员会委员31名。9月2日，州委二届一次全委会选出常委14名，施嘉明任书记，毕玉华等5人任副书记。］

书　记：施嘉明（彝族，1984.9～1987.10任）

副书记：毕玉华（1984.9～1986.6任）

刘绍先（彝族，1984.9～1989.12任）

罗开文（彝族，1984.9～1987.12任）

熊纪良（1984.9～1989.12任）

邹大明（1984.9～1989.12任）

（4）中共凉山彝族自治州第三届委员会（1990.1～1993.12）

［1990年1月13日至18日，中共凉山彝族自治州委员会第三次代表大会召开，选举产生中共凉山州第三届委员会委员31名、候补委员6名。州委三届一次全委会选出常委11名，刘绍先任书记，邹大明等3人任副书记。］

书　记：刘绍先（彝族，1990.1～1993.12任）

副书记：邹大明（1990.1～1993.12任）

马开明（彝族，1990.1～1993.12任）

朱洪明（1990.1～1993.12任）

（二）凉山彝族自治州人民代表大会常务委员会

［凉山彝族自治州人民代表大会常务委员会是按照《中华人民共和国宪法》和《地方各级人民代表大会和地方各级人民政府组织法》的规定，于1981年6月举行的自治州第四届人民代表大会第一次会议选举成立。此前，州人民代表大会没有常设机构。在州人民代表大会闭会期间，由州人民委员会代行人代会职权。］

1. 凉山彝族自治州第四届人大常委会（1981.6～1986.6）

［1981年6月18日至25日，凉山彝族自治州第四届人民代表大会第一次会议在西昌召开，会议决定设立凉山彝族自治州人民代表大会常务委员会，并选举产生州人大常委会组成人员。瓦扎木基当选为常委会主任，罗开文等8人当选为副主任。1984年1月21日州人大四届四次会议选举罗开文为常委会主任。］

主　任：瓦扎木基（彝族，1981.6～1984.1任）

罗开文（彝族，1984.1～1986.6任）

副主任：罗开文（彝族，1981.6～1984.1任）

孙宗文（1981.6～1984.1任）

果基木古（彝族，1982.9任～1984.1病故）

霍九锡（1981.6～1981.12任）

果基尼迫（彝族，1981.6～1986.6任）
刘青发（1981.6～1984.1任）
穆生荣（1981.6～1984.1任）
王作义（1981.6～1986.6任）
朱庆常（1984.1～1986.6任）
宋德成（藏族，1984.1～1986.6任）
阎　林（1984.1～1986.6任）
傅正学（彝族，1984.1～1986.6任）
吉生秀（1984.1任～1985.12病故）

2. 凉山彝族自治州第五届人大常委会（1986.6～1991.5）

［1986年6月18日至25日，凉山彝族自治州第五届人民代表大会第一次会议在西昌召开，会议选举产生州人大常委会组成人员。罗开文当选为常委会主任，朱庆常等8人当选为副主任。］

主　任：罗开文（彝族，1986.6～1991.5任）
副主任：朱庆常（1986.6～1991.5任）
罗国清（彝族，1986.6～1991.5任）
宋德成（藏族，1986.6～1991.5任）
阎　林（1986.6～1991.5任）
傅正学（彝族，1986.6～1988.5任）
果基尼迫（彝族，1986.6～1989.10任）
武殿民（1986.6～1991.5任）
穆文富（藏族，1986.6.～1991.5任）

3. 凉山彝族自治州第六届人大常委会（1991.5.18～1993.12.31）

［1991年5月17日，凉山彝族自治州第六届人民代表大会第一次会议在西昌召开，会议选举产生州人大常委会组成人员。杨发美当选为常委会主任，朱庆常等8人当选为副主任。］

主　任：杨发美（彝族，1991.5～1993.12任）
副主任：朱庆常（1991.5～1993.12任）
马鲁初（彝族，1991.5～1993.12任）
季明春（彝族，1991.5～1993.12任）
罗国清（彝族，1991.5～1993.12任）
穆文富（藏族，1991.5～1993.12任）
八一仁青（藏族，1991.5～1993.12任）
李白安（1991.5～1993.12任）
张启祥（1991.5～1993.12任）

（三）凉山地方政府

［1952年10月凉山彝族自治州成立。1978年10月，西昌地区建制撤销，其辖区并入凉山彝族自治州。本志分西昌地区和凉山彝族自治州两部分表述。］

1. 西昌地区

（1）西昌军事管制委员会（1950.4～1952.12）

［1950年4月4日，经中共西康区党委和中国人民解放军西南军区批准，在西昌设立中国人民解放军西昌军事管制委员会。］

主　任：梁文英（1950.4～1952.12）

副主任：林　彬（1950.4～1952.12）

　　　　樊不屈（1950.4～1952.12）

（2）西康省西昌（区）专员公署（1950.12～1955.10）

［依照西南军政委员会发布的《关于西南少数民族地区实行民族区域自治及建立联合政权的意见》的规定，1950年12月26日至31日在西昌召开西康省西昌区各族各界人民代表会议。会议协商产生西昌区协商委员会，并通过《西昌区专员公署委员会组织条例（草案）》。会议选举梁文英为西昌专区专员公署专员，樊不屈等4人为副专员，委员34人。12月31日宣布西昌区专员公署委员会正式成立。1951年6月，根据《西康省人民政府组织条例》第14条规定，改“西康省西昌区专员公署委员会”为“西康省人民政府西昌区专员公署”，为西康省政府的派出机关。1955年4月，根据国务院通知，改称“西康省西昌专员公署”。］

专　员：梁文英（1950.12～1952.10任）

　　　　李守先（1952.10～1955.1任）

　　　　王应森（1955.1～1955.10代）

副专员：瓦扎木基（彝族，1950.12～1952.10任）

　　　　樊不屈（1950.12～1952.7任）

　　　　李守先（1950.12～1952.7任）

　　　　阿侯鲁木子（彝族，1950.12～1954.12任）

　　　　周茂祥（1953.2～1955.1任）

　　　　傅正松（1954.4～1955.10任）

　　　　郭振江（1954.6～1955.10任）

（3）四川省西昌专员公署（1955.10～1968.11）

［1955年10月，撤销西康省，其辖地并入四川省。西康省西昌专员公署改称四川省西昌专员公署，为四川省人民委员会派出机关。1966年5月“文革”开始后，公署领导机构虽然存在，但已无法正常工作。1967年3月8日，成立以军队干部为主的西昌专区生产委员会，作为西昌专署瘫痪后临时代行行政权的机构，1967年4月10日改称抓革命促生产委员会，同年10月19日又更名为西昌专区生产指挥部。］

专　员：张广化（1955.10～1960.3任）

付阿模（1960.3 ~ 1965.6任）

王　昭（1965.7 ~ 1968.11任）

副专员：傅正松（彝族，1955.10 ~ 1968.11任）

郭振江（1955.10 ~ 1968.11任）

罗大英（彝族，1956.12 ~ 1968.11任）

付阿模（1957.7 ~ 1960.3任）

李怀林（1964.1 ~ 1968.11任）

刘鹏飞（1964.5 ~ 1968.11任）

伍文才（彝族，1965.12 ~ 1968.11任）

李衡浦（1966.2 ~ 1968.11任）

（4）西昌地区革命委员会（1968.11 ~ 1978.10）

[1968年11月6日，经四川省革命委员会批准，西昌地区革命委员会（简称区革委会）成立。地区革委会由军队代表、地方干部代表、群众组织代表组成，实行党、政、财、文“一元化”领导，取代党委和政府职权。至1978年10月西昌地区建制撤销时，地区革委会主任先后更迭两任，先后增补革委会副主任10名，革委会常委17名。1978年10月，国务院批准撤销西昌地区建制，地区革委会工作机构工作到1979年1月，凉山彝族自治州革命委员会迁入西昌正式挂牌办公为止。]

主　任：杜　林（1968.11 ~ 1971.5任）

辛易之（1973.3 ~ 1976.10任）

李占林（1976.10 ~ 1968.11任）

副主任：张鸿博（1968.11 ~ 1971.2任）

刘秉顺（1968.11 ~ 1976.5任）

孙承鸿（1968.11 ~ 1973.7任）

张其宿（1968.11 ~ 1978.10任）

苗毓霖（1968.11 ~ 1978.11任）

俄什木呷（彝族，1968.11 ~ 1978.10任）

杨占元（1968.11 ~ 1977.6任）

陈富银（1968.11 ~ 1977.6任）

严建华（1968.11 ~ 1977.4任）

吴世相（1968.11 ~ 1977.2任）

苏焕文（1969.11 ~ 1971.2任）

康锡禔（1970.2 ~ 1978.10任）

刘青发（1970.2 ~ 1978.10任）

王　昭（1970.2 ~ 1978.10任）

辛易之（1970.12 ~ 1973.3任）

郭振明（1971.1 ~ 1978.10任）

许宇信（1971.1 ~ 1973任）

陈化一（1971.1 ~ 1973.6任）

金仕伟（1971.2～1978.10任）
李占林（1973.3～1976.10任）
张贵喜（1973.3～1978.10任）
张广化（1973.3～1978.10任）
李怀林（1973.3～1978.10任）
王怀仁（1975.2～1978.10任）
霍九锡（1978.8～1978.10任）

2. 凉山彝族自治州

［1952年10月成立凉山彝族自治区人民政府，1955年4月改称凉山彝族自治州人民委员会，1969年1月成立凉山彝族自治州革命委员会。1978年10月西昌地区革委会撤销，与原凉山彝族自治州革命委员会共同组建成新的凉山彝族自治州革命委员会，1981年6月改称凉山彝族自治州人民政府。］

（1）凉山彝族自治区人民政府（1952.10～1955.4）

［1952年4月30日，中央人民政府政务院批准西康省调整区划的报告，决定把西昌专区的一部分地区划设为相当于专区级的凉山彝族自治区。1952年10月1日至7日，凉山彝族自治区各族各界代表会议在昭觉召开，通过《凉山彝族自治区人民政府组织条例（草案）》，成立凉山彝族自治区协商委员会，协商选举瓦扎木基为自治区人民政府主席，张荣等3人为副主席。］

主　席：瓦扎木基（彝族，1952.10～1955.4任）
副主席：张　荣（1952.10～1955.4任）
周全杰（1952.10～1955.4任）
王海民（彝族，1952.10～1955.4任）
安登杰（彝族，1952.10任；未到职）
吉狄阿约（彝族，1954.12～1955.4任）
阿侯鲁木子（彝族，1954.12～1955.4任）

（2）凉山彝族自治州人民委员会（1955.4～1963.7）

［1955年4月，凉山彝族自治区第二届人民代表会议第一次会议在昭觉召开，会议根据1954年《中华人民共和国宪法》的规定，改称凉山彝族自治区为凉山彝族自治州，改自治区人民政府为自治州人民委员会，选举瓦扎木基为州长，王海民等5人为副州长。1955年10月1日，撤销西康省建制，并入四川省，西康省凉山彝族自治州人民委员会相应改为四川省凉山彝族自治州人民委员会。1956年2月、1958年5月、1961年10月又分别召开了凉山彝族自治州第三届、第四届和第五届人民代表会议，选举了州长、副州长。］

州　长：瓦扎木基（彝族，1955.4～1969.1任）
副州长：王海民（彝族，1955.4～1969.1任）
周全杰（1952.10～1955.11任）
（1958.5～1969.1任）
阿侯鲁木子（彝族，1955.4～1969.1任）
吉狄阿约（彝族，1955.4～1969.1任）

岭邦正（彝族，1955.4 ~ 1957.12任）
刘清顺（1955.11 ~ 1969.1任）
果基木古（彝族，1955.11 ~ 1969.1任）
杨代蒂（女，彝族，1955.11 ~ 1957.12任）
陈占英（彝族，1959.7 ~ 1967.8任）
陈怀堂（1961.9 ~ 1963.7任）
吴庭芳（1963.6 ~ 1963.8任）
伍精华（彝族，1964.9 ~ 1969.1任）
罗开文（彝族，1966.1 ~ 1969.1任）
杨贵元（1966.1 ~ 1969.1任）

（3）凉山彝族自治州第一届人民委员会（1963.7 ~ 1965.12）

[从本届起，凉山彝族自治州实行人民代表大会制度，另排界次。1963年7月，在昭觉召开凉山彝族自治州第一届人民代表大会第一次会议，通过《四川凉山彝族自治州各级人民代表大会和各级人民委员会组织条例》（草案），选举瓦扎木基为州长，王海民等8人为副州长。1964年9月召开凉山州第一届人民代表大会第二次会议，补选伍精华为副州长。]

州　长：瓦扎木基（彝族，1963.7 ~ 1965.12任）
副州长：王海民（彝族，1963.7 ~ 1965.12任）
周全杰（1963.7 ~ 1965.12任）
阿侯鲁木子（彝族，1963.7 ~ 1965.12任）
吉狄阿约（彝族，1963.7 ~ 1965.12任）
刘清顺（1963.7 ~ 1965.12任）
果基木古（彝族，1963.7 ~ 1965.12任）
陈占英（彝族，1963.7 ~ 1965.12任）
吴庭芳（1963.7 ~ 1963.8任）
伍精华（彝族，1964.9 ~ 1965.12任）

（4）凉山彝族自治州第二届人民委员会（1966.1 ~ 1969.1）

[1965年12月29日至1966年1月9日，凉山彝族自治州第二届人民代表大会第一次会议在昭觉召开，会议选举瓦扎木基为州长，王海民等10人为副州长。1966年5月“文革”开始，州人委及所属机构逐渐陷于瘫痪，1967年3月，成立以军队干部为主的凉山彝族自治州生产委员会，负责全州生产工作。4月，改称州抓革命促生产委员会，11月又改称州生产指挥部。]

州　长：瓦扎木基（彝族，1966.1 ~ 1969.1任）
副州长：王海民（彝族，1966.1 ~ 1969.1任）
周全杰（1966.1 ~ 1969.1任）
阿侯鲁木子（彝族，1966.1 ~ 1969.1任）
吉狄阿约（彝族，1966.1 ~ 1969.1任）
刘清顺（1966.1 ~ 1969.1任）
果基木古（彝族，1966.1 ~ 1969.1任）
陈占英（彝族，1966.1 ~ 1967.8任）

伍精华（彝族，1966.1～1969.1任）

罗开文（彝族，1966.1～1969.1任）

杨贵元（1966.1～1969.1任）

（5）凉山彝族自治州革命委员会（1969.1～1981.6）

[1969年1月2日，经四川省革命委员会批准，成立凉山彝族自治州革命委员会（简称州革委会），州革命委员会由军队干部、地方领导干部和群众组织代表组成，设主任1人，副主任7人，常委8人。此后，州革委会主任、副主任、常委、委员多次调整更迭。1978年10月4日，国务院批准撤销西昌地区建制，将西昌地区的西昌、德昌、冕宁、会理、宁南、会东、盐源彝族自治县、木里藏族自治县并入凉山彝族自治州，西昌地区革命委员会撤销，与原凉山州革命委员会共同组建成新的凉山彝族自治州革命委员会。]

主　任：王民英（1969.1～1973.12任）

张　荣（1973.12～1974.9任）

孙自强（彝族，1974.9～1978.10代）

（1978.10～1980.12任）

副主任：彭湘臣（土家族，1969.1～1969.12任）

赵景文（1969.1～1970.12任）

王海民（彝族，1969.1～1978.10任）

罗开文（彝族，1969.1～1981.6任）

张文淮（1969.1～1976.10任）

夏永文（1969.1～1976.10任）

陈维模（1969.1～1971.2任）

李　平（1969.10～1976.10任）

刘善庭（1970.3～1976.10任）

陈怀堂（1970.3～1971.2任）

依火尾古（彝族，1971.2～1976.10任）

张　荣（1971.7～1974.1任）

张连义（1972.10～1975.12任）

何明国（彝族，1972.10～1978.10任）

瓦扎木基（彝族，1973.1～1981.6任）

孙自强（彝族，1973.7～1974.9任）

施嘉明（彝族，1973.7～1981.6任）

胡炬前（彝族，1973.7～1981.6任）

邓昭行（1973.7～1975.12任）

毕玉华（1974.1～1981.6任）

刘清顺（1974.1～1975.12任）

杨贵元（1978.1～1981.6任）

苏呷沙且（彝族，1978.10～1981.6任）

王怀仁（1978.10～1979.6任）

李怀林（1978.10 ~ 1979.6任）
孙宗文（1978.10 ~ 1979.6）
伍文才（彝族，1978.10 ~ 1979.6任）
刘青发（1978.10 ~ 1979.6任）
孙传琪（1978.10 ~ 1979.6任）

（6）凉山彝族自治州第四届人民政府（1981.6 ~ 1986.6）

[1981年6月18日至25日，凉山彝族自治州第四届人民代表大会第一次会议在西昌召开，会议决定将凉山彝族自治州革命委员会改称凉山彝族自治州人民政府，选举产生自治州第四届人民代表大会常务委员会组成人员和自治州政府州长、副州长。1984年1月自治州四届四次会议补选刘绍先为州人民政府州长。]

州　长：施嘉明（彝族，1981.6 ~ 1983.9任）
施嘉明（彝族，1983.9 ~ 1984.1代）
刘绍先（彝族，1984.1 ~ 1986.6任）
副州长：毕玉华（1981.6 ~ 1984.1任）
邹海涛（1981.6 ~ 1986.6任）
苏呷沙且（彝族，1981.6 ~ 1986.6任）
季明春（彝族，1981.6 ~ 1986.6任）
傅正学（彝族，1981.6 ~ 1984.1任）
李怀林（1981.6 ~ 1983.9任）
伍文才（彝族，1981.6任 ~ 1983.4病故）
罗国清（彝族，1982.7 ~ 1986.6任）
魏宗琨（1983.7 ~ 1986.6任）
穆文富（藏族，1983.7 ~ 1986.6任）
刘伯华（1984.9 ~ 1986.6任）

（7）凉山彝族自治州第五届人民政府（1986.6 ~ 1991.5）

[1986年6月18日至25日，凉山彝族自治州第五届人民代表大会第一次会议在西昌召开，会议选举刘绍先为州长，李朝浦等6人为副州长。]

州　长：刘绍先（彝族，1986.6 ~ 1991.5任）
副州长：苏呷沙且（彝族，1986.6 ~ 1991.5任）
季明春（彝族，1986.6 ~ 1991.5任）
刘伯华（1986.6 ~ 1987.9任）
李朝浦（1986.6 ~ 1989.6任）
巴莫尔哈（彝族，1986.6 ~ 1991.5任）
黄德茂（1986.6 ~ 1991.5任）
肖光成（1988.7 ~ 1991.5任）
杨宁超（彝族，1988.9 ~ 1991.5任）
马开明（彝族，1990.1 ~ 1991.5任）

（8）凉山彝族自治州第六届人民政府（1991.5 ~ 1993.12）

[1991年5月，凉山彝族自治州第六届人民代表大会第一次会议在西昌召开，会议选举马开明为州长，韩恕等5人为副州长。]

州　长：马开明（彝族，1991.5～1993.12任）

副州长：苏呷沙且（彝族，1991.5～1993.12任）

黄德茂（1991.5～1993.12任）

肖光成（1991.5～1993.12任）

杨宁超（彝族，1991.5～1993.12任）

韩　恕（1991.5～1993.12任）

附：凉山临时军政委员会（1955.4～1955.11）

[大小凉山地区地处西康、四川、云南3省结合部。1955年3月在雷波建立凉山临时军政委员会，作为临时政权机构。经国务院1955年4月第八次会议批准，由云南省副主席张冲兼任主席，唐兴盛等9人为副主席。1955年11月，经四川省第一届人民代表大会第三次会议决议，撤销凉山临时军政委员会，大小凉山工作划归凉山彝族自治州人民委员会负责。]

主　席：张　冲（兼，彝族）

副主席：唐兴盛　果基木古（彝族）　瓦扎木基（彝族）　刘清顺　周全杰

阿侯鲁木子（彝族）　杨代蒂（女，彝族）　岭邦正（彝族）　王海民（彝族）

（四）中国人民政治协商会议凉山彝族自治州委员会

[1956年2月24日，根据《中国人民政治协商会议章程》的规定，政协四川省凉山彝族自治州委员会（简称州政协）正式成立。]

1. 政协凉山彝族自治州第一届委员会（1956.2～1958.10）

[1956年2月，政协凉山彝族自治州第一届一次会议在昭觉召开，会议选举产生政协凉山彝族自治州第一届委员会主席1人、副主席7人。]

主　席：王维训（1956.2～1958.10兼）

副主席：何现龙（1956.2～1958.10任）

罗洪拉哈（又名罗正洪，彝族，1956.2～1958.10任）

阿侯哈根（彝族，1956.2～1958.10任）

安登银（彝族，1956.2～1958.10任）

马五达（彝族，1956.2～1958.10任）

倮米阿各（彝族，1956.2～1958.10任）

吉纽呷呷（彝族，1956.2～1958.10任）

2. 政协凉山彝族自治州第二届委员会（1958.10～1963.7）

[1958年10月，政协凉山彝族自治州第二届一次会议在昭觉召开，会议选举产生政协凉山彝族自治州第二届委员会主席1人、副主席8人。]

主　席：王维训（1958.10～1963.7兼）

副主席：王海民（彝族，1958.10 ~ 1963.7兼）
陈占英（彝族，1958.10 ~ 1963.7兼）
王占清（彝族，1958.10 ~ 1963.7兼）
罗正洪（彝族，1958.10 ~ 1963.7兼）
安登银（彝族，1958.10 ~ 1963.7任）
吉纽呷呷（彝族，1958.10 ~ 1963.7任）
马五达（彝族，1958.10 ~ 1963.7任）
倮米阿各（彝族，1958.10 ~ 1963.7任）
瓦扎木基（彝族，1961.10 ~ 1963.7兼）
张在福（1961.10 ~ 1963.7兼）

3. 政协凉山彝族自治州第三届委员会（1963.8～1965.11）

［1963年8月，政协凉山彝族自治州第三届一次会议在昭觉召开，会议选举产生政协凉山彝族自治州第三届委员会主席1人、副主席10人。］

主　席：王维训（1963.8 ~ 1965.11兼）
副主席：王海民（彝族，1963.8 ~ 1965.11兼）
瓦扎木基（彝族，1963.8 ~ 1965.11兼）
傅清华（1963.8 ~ 1965.11）
陈占英（彝族，1963.8 ~ 1965.11兼）
张在福（1963.8 ~ 1965.11兼）
王占清（彝族，1963.8 ~ 1965.11兼）
马五达（彝族，1963.8 ~ 1965.11任）
倮米阿各（彝族，1963.8 ~ 1965.11任）
安登银（彝族，1963.8 ~ 1965.11任）
吉纽呷呷（彝族，1963.8 ~ 1965.11任）

4. 政协凉山彝族自治州第四届委员会（1965.12～1966.5）

［1965年12月，政协凉山彝族自治州第四届一次会议在昭觉召开，会议选举产生政协凉山彝族自治州第四届委员会主席1人、副主席10人。1966年5月"文革"开始后，州政协机关受冲击陷于瘫痪，停止活动。1978年政协凉山州第四届委员会恢复活动。］

主　席：王维训（1965.12 ~ 1966.5兼）
副主席：王海民（彝族，1965.12 ~ 1966.5兼）
瓦扎木基（彝族，1965.12 ~ 1966.5兼）
陈占英（彝族，1965.12 ~ 1966.5兼）
潘占云（1965.12 ~ 1966.5兼）
张在福（1965.12 ~ 1966.5兼）
罗正洪（彝族，1965.12 ~ 1966.5兼）
马五达（彝族，1965.12 ~ 1966.5任）

倮米阿各（彝族，1965.12～1966.5任）
安登银（彝族，1965.12～1966.5任）
吉纽呷呷（彝族，1965.12～1966.5任）

5. 政协凉山彝族自治州第五届委员会（1981.6～1986.6）

［1981年6月，政协凉山彝族自治州第五届一次会议在昭觉召开，会议选举产生政协凉山彝族自治州第五届委员会主席1人、副主席12人。］

主　席：王海民（彝族，1981.6～1982.9兼）
毕玉华（1984.1～1985兼）
副主席：张其宿（1981.6～1986.6兼）
何明国（彝族，1981.6～1983.4任）
阿侯鲁木子（彝族，1981.6～1984.5任）
常志兰（1981.6～1983.3任）
代　月（1981.6～1986.6任）
安登银（彝族，1981.6～1986.6任）
谢开明（1981.6～1986.6任）
戴慎初（1981.6～1986.6任）
郭明道（1981.6～1986.6兼）
穆文富（藏族，1981.6～1986.6任）
吉纽呷呷（彝族，1981.6～1986.6任）
项培初扎巴（藏族，1981.6～1986.6任）
苏什且（彝族，1981.6～1986.6任）
陈　曙（1982.9～1983.3兼）
李祥云（1982.9～1983.3任）
倮米克阿米（彝族，1981.6～1986.6任）
郭振河（1982.7～1986.6任）
李志一（1984.1～1986.6任）
杨文宽（彝族，1984.1～1986.6任）

6. 政协凉山彝族自治州第六届委员会（1986.6～1991.5）

［1986年6月，政协凉山彝族自治州第六届一次会议在昭觉召开，会议选举产生政协凉山彝族自治州第六届委员会主席1人、副主席8人。］

主　席：毕玉华（1986.6～1991.5兼）
副主席：邹海涛（1986.6～1991.5任）
杨文宽（彝族，1986.6～1991.5任）
安登银（彝族，1986.6～1991.5任）
吉纽呷呷（彝族，1986.6～1988.6任）
项培初扎巴（藏族，1986.6～1991.5任）

谢开明（1986.6～1991.5任）

苏什彐（彝族，1986.6～1991.5任）

陆　铅（1986.6～1991.5任）

7. 政协凉山彝族自治州第七届委员会（1991.5～1993.12）

［1991年5月，政协凉山彝族自治州第七届一次会议在昭觉召开，会议选举产生政协凉山彝族自治州第七届委员会主席1人、副主席9人。］

主　席：邹大明（1991.5～1993.12兼）

副主席：邹海涛（1991.5～1993.12任）

巴莫尔哈（彝族，1991.5～1993.12任）

谢开明（1991.5～1993.12任）

高喜堂（1991.5～1993.12任）

项培初扎巴（藏族，1991.5～1993.12任）

苏什且（彝族，1991.5～1993.12任）

韩启方（1991.5～1993.12任）

付万宝（1991.5～1993.12任）

朱盛科（1991.5～1993.12任）

（马志敏/供稿）

甘孜藏族自治州党政组织职官志
（1949.10～1993.12）

［甘孜藏族自治州成立于1950年11月24日，为历史衔接，本志从1950年3月中共康定地方委员会成立撰起。组织职官分为中共甘孜地方组织、甘孜藏族自治州人民代表大会常务委员会、甘孜地方政府、中国人民政治协商会议甘孜藏族自治州委员会4类。各组织职官名称的沿革，在类下逐一志述，其组织成立的由来及其建制、职官等情况，随文予以简明提示与解说。］

（一）中国共产党甘孜地方组织

1. 中共康定地方委员会（1950.3～1956.12）

［1950年3月，中共康定地方委员会成立，由地委书记苗逢澍主持工作。1951年1月，经中共中央西南局批准，中共康定地委设立第一副书记和第二副书记。1954年8月，地委书记苗逢澍调中共西康省委工作，由樊执中代理书记。］

（1）1950.3～1954.11

书　　记：苗逢澍（1950.3～1954.8任）

　　　　　樊执中（1954.8～1954.10代）

第一副书记：樊执中（1951.1～1954.8任）

第二副书记：桑吉悦希（藏族，1951.1～1954.10任）

副　书　记：李春芳（1953.2～1954.10任）

（2）1954.11～1956.12

［1954年11月11日，经中共西康省委批准，中共康定地委设第一书记和第二书记。］

第一书记：樊执中（1954.11～1956.12任）

第二书记：桑吉悦希（藏族，1954.11～1955.12任）

副 书 记：李春芳（1954.11～1956.12任）

2. 中共甘孜藏族自治州委员会（1956.12～1963.9）

［1956年12月8日中共中央批准中共四川省康定地委建立书记处。1957年1月1日，经中共四川省委批准，中共康定地委改称中共甘孜藏族自治州委员会。］

第 一 书 记：桑吉悦希（藏族，1956.12～1963.9任）

书记处书记：樊执中（1956.12～1959.12任）

　　　　　　柳　云（1956.12～1963.3任）

　　　　　　李春芳（1956.12～1963.9任）

　　　　　　沙　纳（藏族，1956.12～1963.9任）

　　　　　　柳　溪（1960.4～1963.9任）

3. 中共甘孜藏族自治州第一届委员会（1963.9～1967.1）

[1963年9月5日至14日，中共甘孜藏族自治州（简称甘孜州）第一届代表大会第一次会议在康定召开，会议选举产生中共甘孜州第一届委员会。自治州一届一次全会选举产生常委12人，桑吉悦希任第一书记，李春芳等3人任书记处书记。1964年2月上级党委批准任命扎西泽仁、钦绕为州委书记处书记。1966年5月10日至12日召开中共甘孜州一届二次会议，增选霍九锡、罗通达为州委书记处书记。"文革"初期，州委及所属各级党组织均瘫痪，1967年1月州委被造反派夺权。]

第一书记：桑吉悦希（藏族，1963.9~1967.1任）
书记处书记：李春芳（1963.9~1967.1任）
沙　纳（藏族，1963.9~1967.1任）
柳　溪（1963.9~1967.1任）
扎西泽仁（藏族，1964.2~1967.1任）
钦　绕（藏族，1964.2~1967.1任）
霍九锡（1966.5~1967.1任）
罗通达（藏族，1966.5~1967.1任）

4. 中共甘孜藏族自治州革命委员会核心小组（1969.10～1971.12）

[1969年10月，经四川省革命委员会核心小组批准，成立中共甘孜州革命委员会核心小组，由7人组成，其中军队干部4人，地方干部3人。]

组　长：赵慧毅（分区政委，1969.10~1971.9任）
冯忠庆（分区政委，1971.9~1971.12任）
副组长：霍九锡（1969.10~1971.12任）
郭全政（分区司令员，1969.10~1971.4任）

5. 中共甘孜藏族自治州第二届委员会（1971.12～1978.9）

[1971年12月21日至25日，中共甘孜藏族自治州第二届代表大会第一次会议在康定召开，会议选举产生中共甘孜州第二届委员会。自治州二届一次全会选举产生常委14人，冯庆忠任第一书记，于德和等3人任书记处书记，赵德清等3人任书记处副书记。第二届党代表大会以后，州委领导班子多次调整更迭，由上级党委任命的正副书记，除有的调动外，其余任职到1978年9月止，其中，1977年5月3日中共四川省委批准增补姚洪德、阿称为书记处书记。]

第一书记：冯庆忠（分区政委，1971.12~1974.8任）
罗通达（藏族，1974.8~1978.9任）
书　　记：于德和（分区司令员，1971.12~1976.10任）
霍九锡（1971.12~1976.10任）
汪鑫远（分区政委，1971.12~1976.10任）
柳　溪（1974.9~1976.2任）
钦　绕（藏族，1976.1~1978.9任）

赵德清（藏族，1976.1～1978.9任）
耿继洲（1976.1～1976.10任）
赵学刚（1976.1～1978.9任）
刘子寿（藏族，1976.1～1978.9任）
扎西泽仁（藏族，1976.1～1976.2任）
姚洪德（1977.5～1978.9任）
阿　称（藏族，1977.5～1978.9任）

副 书 记：赵德清（藏族，1971.12～1976.1任）
耿继洲（分区副司令员，1971.12～1976.1任）
裴效贤（1971.12～1975.12任）
赵学刚（1973.8～1976.1任）
罗通达（藏族，1973.8～1974.8任）
刘子寿（藏族，1973.10～1976.1任）
钦　绕（藏族，1975.2～1976.1任）

6. 中共甘孜藏族自治州第三届委员会（1978.9～1984.4）

［1978年9月6日至10日，中共甘孜藏族自治州第三届代表大会第一次会议在康定召开，会议选举产生中共甘孜州第三届委员会。自治州三届一次全会选举产生常委15人，罗通达任第一书记，赵学刚等5人任书记处书记。1980年1月经中共四川省委批准增补钦绕为州委书记。］

（1）1978.9～1983.8

第一书记：罗通达（藏族，1978.9～1983.8任）

书　　记：赵学刚（1978.9～1980.10任）
赵德清（藏族，1978.9～1983.8任）
刘子寿（藏族，1978.9～1983.8任）
姚洪德（1978.9～1983.8任）
阿　称（藏族，1978.9～1983.8任）
钦　绕（藏族，1980.1～1983.8任）

（2）1983.8～1984.4

［1983年8月进行机构改革，经中共四川省委批准，州委领导人作了调整。州委常委人数由第三届的15人调整为10人，同时取消第一书记称谓。］

书　记：刘子寿（藏族，1983.8～1984.3任）

副书记：洛桑拼错（藏族，1983.8～1984.3任）
姚洪德（1983.8～1984.3任）
阿　称（藏族，1983.8～1984.3任）
陈开华（1983.8～1984.3任）

7. 中共甘孜藏族自治州第四届委员会（1984.4～1989.5）

［1984年4月21日至26日，中共甘孜藏族自治州第四届代表大会第一次会议在康定召开，

会议选举产生中共甘孜州第四届委员会。自治州四届一次全会选举产生常委10人，刘子寿任书记，洛桑拼错等4人任副书记。1984年9月中共四川省委任命李永寿为副书记。]

书　记：刘子寿（藏族，1984.4 ~ 1989.5任）

副书记：洛桑拼错（藏族，1984.4 ~ 1989.5任）

姚洪德（1984.4 ~ 1985.2任）

阿　称（藏族，1984.4 ~ 1989.5任）

陈开华（1984.4 ~ 1989.5任）

李永寿（1984.9 ~ 1987.12任）

8. 中共甘孜藏族自治州第五届委员会（1989.5～1993.12）

[1989年5月24日至29日，中共甘孜藏族自治州第五届代表大会第一次会议在康定召开，会议选举产生中共甘孜州第五届委员会。五届一次全会选举产生常委8人，刘子寿任书记，洛桑拼错等3人任副书记。]

书　记：刘子寿（藏族，1989.5 ~ 1993.12任）

副书记：洛桑拼错（藏族，1989.5 ~ 1993.12任）

阿　称（藏族，1989.5 ~ 1993.12任）

陈开华（1989.5 ~ 1993.12任）

（二）甘孜藏族自治州人民代表大会常务委员会

[甘孜藏族自治州人民代表大会常务委员会（简称州人大常委会）是按照《中华人民共和国宪法》和《地方各级人民代表大会和地方各级人民政府组织法》的规定，于1980年4月举行的州四届人民代表大会第一次会议选举成立。此前，州人民代表大会没有常设机构，在人民代表大会闭会期间，由州人民委员会代行人代会职权。]

1. 甘孜藏族自治州第四届人大常委会（1980.4～1984.5）

[1980年4月14日至19日，甘孜藏族自治州第四届人民代表大会第一次会议在康定召开，会议决定设立甘孜藏族自治州人民代表大会常务委员会（简称州人大常委会），作为人民代表大会的常设机关，选举产生甘孜藏族自治州第四届人大常委会主任1人、副主任5人、委员22人。]

主　任：罗通达（藏族，1980.4 ~ 1984.5任）

副主任：赵　纯（1980.4 ~ 1984.5任）

降央伯姆（藏族，女，1980.4 ~ 1984.5任）

陈　铉（1980.4 ~ 1984.5任）

苟有英（彝族，1980.4 ~ 1984.5任）

王寿昌（藏族，1980.4 ~ 1984.5任）

2. 甘孜藏族自治州第五届人大常委会（1984.5～1989.6）

[1984年5月1日至7日，甘孜藏族自治州第五届人民代表大会第一次会议在康定召开，会

议选举产生甘孜藏族自治州第五届人大常委会主任1人、副主任7人、委员21人。]

主　任：赵德清（1984.5～1989.6任）

副主任：余淑珍（女，1984.5～1989.6任）

降央伯姆（藏族，女，1984.5～1989.6任）

孔萨益多（藏族，女，1984.5～1989.6任）

王寿昌（藏族，1984.5～1989.6任）

苟有英（彝族，1984.5～1989.6任）

扎西吉村（彝族，1984.5～1989.6任）

秦命玉（1984.5～1989.6任）

3. 甘孜藏族自治州第六届人大常委会（1989.6～1993.12）

[1989年6月6日至14日，甘孜藏族自治州第六届人民代表大会第一次会议在康定召开，会议选举产生甘孜藏族自治州第六届人大常委会主任1人、副主任6人、委员20人。]

主　任：赵德清（1989.6～1993.12任）

副主任：泽仁扎西（藏族，1989.6～1993.12任）

余淑珍（女，1989.6～1993.12任）

王寿昌（藏族，1989.6～1993.12任）

秦命玉（1989.6～1993.12任）

阿沙绒珠（藏族，女，1989.6～1993.12任）

扎西绒布（藏族，1989.6～1993.12任）

（三）甘孜地方政府

1. 康定军事管制委员会（1950.3～1950.11）

[1950年3月24日，康定解放。3月27日，成立康定军事管制委员会，隶属西南军政委员会和西康省人民政府领导。]

主　任：苗逢澍

副主任：樊执中　夏克刀登（藏族）　邦达多吉（藏族）　李春芳

2. 西康省藏族自治区人民政府（1950.11～1955.3）

[1950年11月24日，西康省藏族自治区人民政府在康定成立，这是新中国成立后成立的第一个地专级的民族区域自治政权。自治区人民政府设主席、副主席，由中央人民政府政务院批准任命。]

主　席：桑吉悦希（藏族，1950.11～1955.3任）

副主席：夏克刀登（藏族，1950.11～1955.3任）

苗逢澍（1950.11～1954.12任）

阿旺嘉错（藏族，1950.11～1955.3任）

洛桑倾巴（藏族，1950.11~1955.3任）
李春芳（1951.6~1955.3任）
沙　纳（藏族，1953.2~1955.3任）

3. 西康（四川）省藏族自治州人民委员会（1955.3～1963.8）

［1955年3月，根据宪法规定，将西康省藏族自治区人民政府改称西康省藏族自治州人民委员会，同年10月，西康省与四川省合并，又更名为四川省甘孜藏族自治州人民委员会。州人民委员会组成人员，包括州长、副州长和委员，由州各族各界人民代表会议选举产生。］

（1）第二届各族各界人民代表会议期间（1955.3~1958.5）

州　长：桑吉悦希（藏族，1955.3~1955.12任）
沙　纳（藏族，1955.12~1958.5任）

副州长：夏克刀登（藏族，1955.3~1958.5任）
阿旺嘉错（藏族，1955.3~1958.5任）
沙　纳（藏族，1955.3~1 955.12任）
罗　铭（1955.3~1958.5任）
降央伯姆（藏族，1955.3~1958.5任）
所仁克尊（藏族，1955.3~1958.5任）

（2）第三届各族各界人民代表会议期间（1958.5~1963.8）

州　长：沙　纳（藏族，1958.5~1963.8任）

副州长：夏克刀登（藏族，1958.5~1960.4任）
阿旺嘉错（藏族，1958.5~1963.8任）
王寿才（藏族，1958.5~1963.8任）
降央伯姆（藏族，1958.5~1963.8任）
罗　铭（1958.5~1959.8任）
所仁克尊（藏族，1958.5~1963.8任）
刀　登（藏族，1958.5~1963.8任）
曾却扎（藏族，1958.5~1963.8任）
王润富（1960.3~1960.5任）

4. 甘孜藏族自治州第一届人民委员会（1963.8～1965.12）

［1963年8月，甘孜藏族自治州第一届人民代表大会第一次会议在康定召开，会议选举产生甘孜州第一届人民委员会组成人员，选举沙纳为州长，阿旺嘉错等7人为副州长。］

州　长：沙　纳（藏族，1963.8~1965.12任）

副州长：阿旺嘉错（藏族，1963.8~1965.12任）
王寿才（藏族，1963.8~1965.12任）
降央伯姆（藏族，1963.8~1965.12任）
王润富（1963.8~1965.12任）
曾却扎（藏族，1963.8~1965.12任）

所仁克尊（藏族，1963.8～1965.12任）

吴毅民（1963.8～1965.12任）

5. 甘孜藏族自治州第二届人民委员会（1965.12～1967.1）

［1965年12月21日至31日，甘孜藏族自治州第二届人民代表大会第一次会议在康定召开，会议选举产生州人民委员会委员31名，选举沙纳为州长，阿旺嘉错等7人为副州长。1966年5月“文革”开始后，甘孜州政权组织遭受严重冲击，机构瘫痪。1967年1月25日，州人委及所属机构被“造反派”夺权。］

州　长：沙　纳（藏族，1965.12～1967.1任）

副州长：阿旺嘉错（藏族，1965.12～1967.1任）

王寿才（藏族，1965.12～1967.1任）

降央伯姆（藏族，1965.12～1967.1任）

王润富（1965.12～1967.1任）

吴毅民（1965.12～1967.1任）

曾却扎（藏族，1965.12～1967.1任）

王寿昌（藏族，1965.12～1967.1任）

6. 甘孜藏族自治州革命委员会（1968.10～1980.4）

［经四川省革命委员会批准，1968年10月11日甘孜藏族自治州革命委员会（简称州革委会）成立。州革委会由90名委员组成，包括军队代表、群众代表、领导干部。州革委会常务委员会由23人组成，时称“三结合领导班子”，其后州革委会领导成员多次更迭。］

主　　任：桑吉悦希（藏族，1968.10～1970.6任）

赵惠毅（1970.6～1971.9任）

冯忠庆（1971.9～1974.8任）

罗通达（藏族，1974.8～1980.4任）

钦　绕（藏族，1980.1～1980.4代）

第一副主任：赵惠毅（1968.10～1970.6任）

副 主 任：霍九锡（1968.10～1977.4任）

郭全政（1968.10～1977.4任）

裴效贤（1968.10～1975.12任）

余淑珍（藏族，1968.10～1980.4任）

王　洪（1968.10～1970.8任）

张成女（藏族，1968.10～1980.4任）

格桑曲比（藏族，1968.10～1977.1任）

耿继洲（1972.12～1977.1任）

王润富（1972.12～1975.12任）

赵学刚（1972.12～1980.4任）

扎西泽仁（藏族，1973.12～1976.10任）

赵德清（藏族，1973.11 ~ 1980.4任）
柳　溪（1974.9 ~ 1976.2任）
钦　绕（藏族，1975.2 ~ 1978.8任）
姚洪德（1977.5 ~ 1980.4任）
赵　纯（1978.2 ~ 1980.4任）
刘殿忠（1978.2 ~ 1980.4任）
吴毅民（1978.2 ~ 1978.8任）
曾却扎（藏族，1978.2 ~ 1980.4任）
晋廷杰（1979.10 ~ 1980.4任）
洛桑拼措（藏族，1979.10 ~ 1980.4任）

7. 甘孜藏族自治州第四届人民政府（1980.4～1984.4）

[1980年4月14日至19日，甘孜藏族自治州第四届人民代表大会第一次会议在康定召开，会议根据《中华人民共和国地方各级人民代表大会和地方各级人民政府组织法》规定，决定设立州人大常委会，作为人民代表大会的常设机关。决定将甘孜藏族自治州革命委员会改为甘孜藏族自治州人民政府，并选举产生州人民政府州长、副州长。]

（1）1980.4 ~ 1983.8
州　长：钦　绕（藏族，1980.4 ~ 1983.8任）
副州长：刘殿忠（1980.4 ~ 1983.8任）
洛桑拼措（藏族，1980.4 ~ 1983.8任）
余淑珍（藏族，女，1980.4 ~ 1983.8任）
孔萨益多（藏族，1980.4 ~ 1983.8任）
周更新（1980.4 ~ 1981.4任）
晋廷杰（1980.4 ~ 1983.8任）
泽仁扎西（藏族，1980.4 ~ 1983.8任）
旺　杰（藏族，1980.10 ~ 1983.8任）

（2）1983.8 ~ 1984.4
[1983年8月机构改革后，甘孜州人民政府领导成员进行了调整。]
州　长：洛桑拼措（藏族，1983.8 ~ 1984.4任）
副州长：柏承印（藏族，1983.8 ~ 1984.4任）
晋廷杰（1983.8 ~ 1984.4任）
泽仁扎西（藏族，1983.8 ~ 1984.4任）
罗长树（1983.8 ~ 1984.4任）
李德厚（藏族，1983.8 ~ 1984.4任）
香根·巴登多吉（藏族，1983.8 ~ 1984.4任）

8. 甘孜藏族自治州第五届人民政府（1984.5～1989.5）

[1984年5月1日至7日，甘孜藏族自治州第五届人民代表大会第一次会议在康定召开，会

议选举产生自治州第五届人民政府州长、副州长。]

州　长：洛桑拼措（藏族，1984.5～1989.5任）

副州长：柏承印（藏族，1984.5～1989.5任）

晋廷杰（1984.5～1985.1任）

泽仁扎西（藏族，1984.5～1989.5任）

罗长树（1984.5～1987.12任）

李德厚（藏族，1984.5～1989.5任）

香根·巴登多吉（藏族，1984.5～1989.5任）

胡克礼（藏族，1985.3～1989.5任）

9. 甘孜藏族自治州第六届人民政府（1989.6～1993.12）

[1989年6月6日至14日，甘孜藏族自治州第六届人民代表大会第一次会议在康定召开，会议选举产生自治州第六届人民政府州长、副州长。]

州　长：洛桑拼措（藏族，1989.6～1993.12任）

副州长：柏承印（藏族，1989.6～1993.12任）

罗长树（1989.6～1993.12任）

李德厚（藏族，1989.6～1993.12任）

胡克礼（藏族，1989.6～1993.12任）

香根·巴登多吉（藏族，1989.6～1993.12任）

刘发生（1989.6～1993.12任）

（四）中国人民政治协商会议甘孜藏族自治州委员会

[1955年3月，根据政协第二届全国委员会第一次会议通过的《中国人民政治协商会议章程》的规定，建立中国人民政治协商会议甘孜藏族自治州委员会。]

1. 西康省藏族自治区各族各界人民代表会议协商委员会（1950.11～1955.3）

[1950年7月，康定军事管制委员会根据《中国人民政治协商会议共同纲领》的规定，筹备组成西康省藏族自治区各族各界人民代表会议协商委员会，并分别于1950年11月和1954年4月召开协商委员会第一次、第二次会议。]

（1）协商委员会第一次会议（1950.11～1954.4）

[1950年11月17日至24日，西康省藏族自治区第一届各族各界人民代表会议在康定召开，协商选举产生自治区各族各界人民代表会议协商委员会委员，协商委员会第一次会议选举桑吉悦希为主席，樊执中等为副主席。]

主　席：桑吉悦希（藏族）

副主席：樊执中　夏克刀登（藏族）　沙纳（藏族）　昂旺格桑（藏族）

降央伯姆（藏族）　所仁克尊（藏族）

（2）协商委员会第二次会议（1954.4～1955.3）

[1954年4月2日，西康省藏族自治区第一届各族各界人民代表会议协商委员会第二次会议在康定召开，桑吉悦希当选为主席，洛桑倾巴等5人当选为副主席。]

主　席：桑吉悦希（藏族）

副主席：洛桑倾巴（藏族）　日　库（藏族）　哲央丹增（藏族）　喜绕俄热（藏族）
　　　　阿虚·仁真邓珠（藏族）

2. 政协甘孜藏族自治州第一届委员会（1955.3～1960.12）

[1955年3月3日至5日，政协甘孜藏族自治州第一届一次会议在康定召开，会议讨论通过关于“西康省藏族自治区”更名为“西康省藏族自治州”的决议，以及“中国人民政治协商会议西康省藏族自治州委员会”并入四川省后更名为甘孜藏族自治州委员会的决定。会议选举产生政协甘孜州第一届委员会主席1人、副主席5人、常务委员33人。]

主　席：樊执中（1955.3～1959.12任）

副主席：李春芳（1955.3～1960.12任）
　　　　日　库（藏族，1955.3～1956.1任）
　　　　哲央丹增（藏族，1955.3～1959.7任）
　　　　喜绕俄热（藏族，1955.3～1960.12任）
　　　　阿虚·仁真邓珠（藏族，1955.3～1959.7任）
　　　　仲　萨（藏族，1956.1～1957.12任）
　　　　纳　瓜（藏族，1956.1～1958.3任）

3. 政协甘孜藏族自治州第二届委员会（1960.12.11～1963.7）

[1960年12月12日，政协甘孜藏族自治州第二届一次会议在康定召开，会议选举产生政协甘孜州第二届委员会主席1人、副主席6人、常务委员39人。]

主　席：桑吉悦希（藏族，1960.12～1963.7任）

副主席：李春芳（1960.12～1963.7任）
　　　　王寿才（藏族，1960.12～1963.7任）
　　　　喜绕俄热（藏族，1960.12～1963.7任）
　　　　孔萨益多（藏族，1960.12～1963.7任）
　　　　罗洪则拉（彝族，1960.12～1963.7任）
　　　　王　夫（1960.12～1963.7任）

4. 政协甘孜藏族自治州第三届委员会（1963.8～1965.12）

[1963年7月26日至8月11日，政协甘孜藏族自治州第三届一次会议在康定召开，会议选举产生政协甘孜州第三届委员会主席1人、副主席6人、常务委员39人。]

主　席：桑吉悦希（藏族，1963.8～1965.12任）

副主席：李春芳（1963.8～1965.12任）
　　　　王寿才（藏族，1963.8～1965.12任）
　　　　孔萨益多（藏族，1963.8～1965.12任）

王　夫（1963.8～1965.12任）
罗洪则拉（彝族，1963.8～1965.12任）
喜绕俄热（藏族，1963.8～1965.12任）

5. 政协甘孜藏族自治州第四届委员会（1965.12～1967.1）

［1965年12月22日至31日，政协甘孜藏族自治州第四届一次会议在康定召开，会议选举产生政协甘孜州第四届委员会主席1人、副主席7人、常务委员39人。"文革"开始后，从1967年1月25日起，随着"造反派"夺权，政协工作中断。］

主　席：桑吉悦希（藏族，1965.12～1967.1任）
副主席：李春芳（1965.12～1967.1任）
王寿才（藏族，1965.12～1967.1任）
孔萨益多（藏族，1965.12～1967.1任）
王　夫（1965.12～1967.1任）
罗洪则拉（彝族，1965.12～1967.1任）
喜绕俄热（藏族，1965.12～1967.1任）
所仁克尊（藏族，1965.12～1967.1任）

6. 政协甘孜藏族自治州第五届委员会（1980.4～1984.4）

［1980年4月11日至21日，政协甘孜藏族自治州第五届一次会议在康定召开，会议选举产生政协甘孜州第五届委员会主席1人、副主席9人、常务委员59人。1982年5月16日至24日召开政协甘孜州五届三次会议，增选倾觉为副主席。1983年8月机构改革后，州政协第五届委员会正副主席进行了调整。］

主　席：曾却扎（藏族，1980.4.21～1983.8任）
钦　绕（藏族，1983.8～1984.4任）
副主席：赵学刚（1980.4.21～1980.12任）
姜士允（1980.4.21～1982.1任）
罗洪则拉（彝族，1980.4.21～1984.4任）
谢玉芳（女，藏族，1980.4.21～1984.4任）
西绕俄热（藏族，1980.4.21～1984.4任）
郭维淮（1980.4.21～1982.12任）
冀怀义（1980.4.21～1982.8任）
杨正初（女，藏族，1980.4.21～1983.8任）
香根·巴登多吉（藏族，1980.4.21～1984.4任）
倾　觉（藏族，1982.5～1984.4任）

7. 政协甘孜藏族自治州第六届委员会（1984.5～1989.5）

［1984年4月30日至5月6日，政协甘孜藏族自治州第六届一次会议在康定召开，会议选举产生政协甘孜州第六届委员会主席1人、副主席9人、常务委员72人。1986年5月25日至6月3

日召开政协甘孜州六届三次会议，增选居里·却吉降措为副主席。]

主　席：钦　绕（藏族，1984.5 ~ 1989.5任）

副主席：景凤鸣（1984.5 ~ 1989.5任）

罗洪则拉（彝族，1984.5 ~ 1989.5任）

谢玉芳（女，藏族，1984.5 ~ 1989.5任）

西绕俄热（藏族，1984.5 ~ 1989.5任）

杨正初（女，藏族，1984.5 ~ 1989.5任）

王志恭（1984.5 ~ 1989.5任）

李鸿鸣（藏族，1984.5 ~ 1989.5任）

戴贤才（1984.5 ~ 1989.5任）

扎西绒布（藏族，1984.5 ~ 1989.5任）

居里·却吉降措（藏族，1986.6 ~ 1989.5任）

8. 政协甘孜藏族自治州第七届委员会（1989.6～1993.12）

[1989年6月3日至11日，政协甘孜藏族自治州第七届一次会议在康定召开，会议选举产生政协甘孜州第七届委员会主席1人、副主席8人、常务委员66人。1990年4月14日至20日召开州政协七届二次会议，补选卢凤鸣为副主席。]

主　席：钦　绕（藏族，1989.6 ~ 1993.12任）

副主席：李鸿鸣（藏族，1989.6 ~ 1993.12任）

西绕俄热（藏族，1989.6 ~ 1993.12任）

杨正初（女，藏族，1989.6 ~ 1993.12任）

祝国富（1989.6 ~ 1993.12任）

居里·却吉降措（藏族，1989.6 ~ 1993.12任）

陈昌永（1989.6 ~ 1993.12任）

嘉拉·降泽（藏族，1989.6 ~ 1993.12）

王茂良（1989.6 ~ 1993.12任）

卢凤鸣（女，藏族，1990.4 ~ 1993.12任）

（马志敏/供稿）

黔东南苗族侗族自治州党政组织职官志
（1949.10～1993.12）

［黔东南苗族侗族自治州成立于1956年7月，为历史衔接，本志从1949年11月中共镇远地方委员会成立撰起。组织职官分为中共黔东南地方组织、黔东南苗族侗族自治州人民代表大会常务委员会、黔东南地方政府、中国人民政治协商会议黔东南苗族侗族自治州委员会4类。各组织职官名称的沿革，在类下逐一志述，其组织成立的由来及其建制、职官等情况，随文予以简明提示与解说。］

（一）中国共产党黔东南地方组织

1. 中共镇远（黔东南）地委（1949.11～1957.7）

［1949年11月，中共贵州省委决定组建中共镇远地方委员会（简称中共镇远地委）。1954年10月，省委批准镇远地委设常务委员会，由4名常务委员组成，其中书记1人。1956年7月，经国务院批准，成立黔东南苗族侗族自治州，中共镇远地委更名为中共黔东南地方委员会。］

书　记：胡华居（1950.2～1951.10任）
　　　　吴　肃（1952.6～1952.10任）
　　　　张玉环（1952.11～1957.7任）
副书记：吴　肃（1949.11～1952.6任）
　　　　张玉环（1952.8～1952.11任）
　　　　段缄三（1952.11～1954.6任）
　　　　张金屏（1954.12～1957.7任）
　　　　刘昌淮（苗族，1956.7～1957.7任）
　　　　王朝文（苗族，1956.7～1957.7任）
　　　　刘学民（1956.11～1957.7任）

2. 中共黔东南苗族侗族自治州第一届委员会（1957.8～1960.1）

［1957年7月27日至8月3日，中共黔东南苗族侗族自治州第一次代表大会在镇远召开，会议选举产生中共黔东南苗族侗族自治州第一届委员会委员31人、候补委员13人。州委一届一次全会选出州委常委15人，其中书记处书记6人。］

书记处书记：张玉环（1957.8～1960.1任）
　　　　　　张金屏（1957.8～1960.1任）
　　　　　　刘昌淮（苗族，1957.8～1960.1任）
　　　　　　王朝文（苗族，1957.8～1959.1任）
　　　　　　刘学民（1957.8～1960.1任）

王德安（苗族，1957.8～1960.1任）
龙贤昭（侗族，1958.10～1960.1任）

3. 中共黔东南苗族侗族自治州第二届委员会（1960.1～1967.3）

[1960年1月16日至21日，中共黔东南苗族侗族自治州第二次代表大会在凯里召开，会议选举产生中共黔东南苗族侗族自治州第二届委员会委员31人、候补委员13人。州委一届一次全会选出州委常委15人，其中，书记处第一书记、书记共6人。1966年5月“文革”开始后，1967年3月州委受到造反派组织冲击陷于瘫痪。]

第 一 书 记：张玉环（1960.1～1964.4任）
张军直（1964.4～1967.3任）
书记处书记：张金屏（1960.1～1967.3任）
龙贤昭（侗族，1960.1～1964.7任）
刘昌淮（苗族，1960.1～1967.3任）
王德安（苗族，1960.1～1967.3任）
刘学民（1960.1～1967.3任）
张登文（1964.8～1967.3任）
李宗图（1965～1967.3任）

4. 中共黔东南苗族侗族自治州革命委员会核心领导小组（1968.2～1972.1）

[1968年2月，经中共贵州省革命委员会核心领导小组批准，建立中共黔东南自治州革命委员会核心领导小组，当时未明确组长、副组长。]

（1）1968.2～1970.7

成 员：董英祥 王晋卿 陈新昭 吴洪孝 单贵恒 高维岱

（2）1970.7～1972.1

[1970年7月，根据中共中央关于解决贵州省问题的中发（1969）71号文件精神，州革委会核心领导小组进行调整，明确了正、副组长。]

组 长：樊载舟
副组长：陶 澎
成 员：陈新昭 张亭山 杨凯厚 李宗图 刘学民 张登文 李仁山（苗族）
吴邦建（侗族） 乔方志 王有训

5. 中共黔东南苗族侗族自治州第三届委员会（1972.1～1985.9）

[1972年1月25日至28日，中共黔东南苗族侗族自治州第三次代表大会在凯里召开，会议选举产生中共黔东南州第三届委员会委员61人、候补委员5人。州委三届一次全会选出州委常委15人，其中书记、副书记9人。]

（1）1972.1～1976.10

书 记：樊载舟（1972.1～1975.12任）
陶 澎（1972.1～1976.10任）

王德安（苗族，1973.3～1976.10任）

副书记：王德安（1972.1～1973.3任）

李仁山（苗族，1972.1～1976.10任）

陈新昭（1972.1～1974.11任）

李宗图（1972.1～1976.10任）

张金屏（1973.1～1974.11任）

张亭山（1972.1～1974.11任）

黄怀生（1972.1～1974.11任）

刘学民（1972.1～1976.10任）

蒋光荣（女，苗族，1973.3～1976.10任）

（2）1976.10～1983.5

第一书记：徐挹江（1977.6～1981.2任）

李仁山（苗族，1981.2～1983.5任）

书　　记：陶　澎（1976.10～1977.9任）

王德安（苗族，1976.10～1977.10任）

李仁山（苗族，1977.9～1981.2任）

副 书 记：李仁山（苗族，1976.10～1977.9任）

李宗图（1976.10～1979.3任）

张金屏（1976.10～1978.9任）

刘学民（1976.10～1983.5任）

蒋光荣（女，苗族，1976.10～1983.5任）

王有训（1977.9～1980.6任）

吴邦建（侗族，1977.9～1983.5任）

初学然（1977.9～1983.5任）

李鹤泉（1977.9～1981.12任）

高增贵（1980.7～1983.5任）

杨富和（侗族，1981.9～1983.5任）

刘昌淮（苗族，1981.9～1983.5任）

（3）1972.1～1985.9

[1983年5月，在机构改革中，中共黔东南州委领导机构成员作了较大调整，州委不再设第一书记，州委第一书记李仁山改任州委书记。]

书　记：李仁山（苗族，1983.5～1985.9任）

副书记：吴邦建（侗族，1983.5～1985.9任）

张佩良（1983.5～1985.9任）

杨富和（1983.5～1985.9任）

6. 中共黔东南苗族侗族自治州第四届委员会（1985.9～1990.9）

[1985年9月26日至29日，中共黔东南苗族侗族自治州第四次代表大会在凯里召开，会议

选举产生中共黔东南州第四届委员会委员35人、候补委员4人。州委四届一次全会选出州委常委10人，其中书记、副书记共4人。]

书　记：李仁山（苗族，1985.9～1989.7任）
　　　　胡贤生（苗族，1989.7～1990.9任）
副书记：吴邦建（侗族，1985.9～1990.9任）
　　　　张佩良（1985.9～1986.12任）
　　　　方光林（1985.9～1990.9任）
　　　　杨恒昌（苗族，1986.5～1990.9任）

7. 中共黔东南苗族侗族自治州第五届委员会（1990.9～1993.12）

[1990年9月，中共黔东南州第五次代表大会召开，会议选举产生中共黔东南州第五届委员会书记、副书记、常委。]

书　记：胡贤生（苗族，1990.9～1993.12任）
副书记：吴邦建（侗族，1990.9～1993.12任）
　　　　方光林（1990.9～1993.12任）
　　　　杨恒昌（苗族，1990.9～1993.12任）

（二）黔东南苗族侗族自治州人民代表大会常务委员会

[1981年9月，黔东南苗族侗族自治州第七届人民代表大会第一次会议根据《中华人民共和国宪法》和《地方各级人民代表大会和地方各级人民政府组织法》的规定，建立了人民代表大会的常设机关黔东南苗族侗族自治州人民代表大会常务委员会（简称州人大常委会），并选举产生州人大常委会组成人员。此前，州人民代表大会没有常设机关，在人民代表大会闭会期间，由选举产生的政权机构行使人民代表大会的职权。]

1. 黔东南苗族侗族自治州第七届人大常委会（1981.10～1986.5）

[1981年9月29日至10月6日，黔东南苗族侗族自治州第七届人民代表大会第一次会议在凯里召开，会议决定设立黔东南苗族侗族自治州人民代表大会常务委员会，并选举产生州第七届人大常委会组成人员，选出主任1名，副主任9名，委员23名。1984年4月自治州七届人大四次会议补选4名副主任。]

主　任：刘昌淮（苗族，1981.10～1986.5任）
副主任：刘法文（1981.10～1986.5任）
　　　　张贯洲（1981.10～1986.5任）
　　　　冯兴谟（侗族，1981.10～1986.5任）
　　　　杨　敬（苗族，1981.10～1986.5任）
　　　　杨玉楼（侗族，1981.10～1986.5任）
　　　　郝昌德（1981.10～1986.5任）
　　　　吴振江（1981.10～1986.5任）

吴绍文（苗族，1981.10～1986.5任）
吴培信（女，侗族，1981.10～1986.5任）
陆光玉（侗族，1984.4～1986.5任）
蒋光荣（女，苗族，1984.4～1986.5任）
张仁富（苗族，1984.4～1986.5任）
杨恒昌（苗族，1984.4～1986.5任）

2. 黔东南苗族侗族自治州第八届人大常委会（1986.5～1991.4）

［1986年4月26日至5月2日，黔东南苗族侗族自治州第八届人民代表大会第一次会议在凯里召开，大会选举产生自治州第八届人民代表大会常务委员会组成人员，选出主任1名、副主任7名、委员23名。］

主　任：吴寿通（苗族，1986.5～1991.4任）
副主任：陆光玉（侗族，1986.5～1991.4任）
蒋光荣（女，苗族，1986.5～1991.4任）
杨　敬（苗族，1986.5～1991.4任）
杨玉楼（侗族，1986.5～1991.4任）
吴绍文（苗族，1986.5～1991.4任）
吴培信（女，侗族，1986.5～1991.4任）
郭景福（1986.5～1991.4任）
杨定南（1988.4～1991.4任）

3. 黔东南苗族侗族自治州第九届人大常委会（1991.4～1993.12）

［1991年4月，黔东南苗族侗族自治州第九届人民代表大会第一次会议在凯里召开，大会选举产生自治州第九届人民代表大会常务委员会组成人员，选出主任1名、副主任8名。］

主　任：吴寿通（苗族，1991.4～1993.12任）
副主任：杨胜松（侗族，1991.4～1993.12任）
胡化民（1991.4～1993.12任）
张仁富（苗族，1991.4～1993.12任）
蒋光荣（女，苗族，1991.4～1993.12任）
吴培信（女，侗族，1991.4～1993.12任）
刘镜光（1991.4～1993.12任）
杨定南（1991.4～1993.12任）
杨广贤（侗族，1991.4～1993.12任）

（三）黔东南地方政府

1. 贵州省人民政府镇远区专员公署（1949.11～1951.6）

［1949年11月8日，镇远解放。11月11日，建立贵州省镇远区行政督察专员公署，1951年5月改称贵州省人民政府镇远区专员公署。］

专　员：王耀华（1949.11～1951.4任）

李建民（1951.4～1951.6任）

2. 镇远专区人民政府（1949.11～1956.7）

［1951年6月22日至26日，镇远专区各族各界人民代表会议在镇远召开，选举胡华居等28人为政府委员，并将镇远专员公署改为镇远专区民族民主联合政府，同年10月，又改称贵州省镇远专区人民政府，增补吴通明为副专员。］

专　员：李建民（1951.6～1952.6任）

副专员：吴通明（苗族，1951.10～1952.6任）

3. 镇远区专员公署、镇远专员公署（1949.11～1956.7）

［1952年6月，经贵州省人民政府批准，恢复镇远区专员公署称谓。1952年8月和10月，省委先后任命张金屏、张武云为副专员。同年10月，李健民调离，专署工作由副专员张金屏主持。1953年4月，省委任命张金屏为专员。1955年3月，改镇远区专员公署为镇远专员公署。］

专　员：李建民（1952.6～1952.10任）

张金屏（1953.4～1956.7任）

副专员：吴通明（苗族，1952.6～1956.5任）

张金屏（1952.8～1953.4任）

张武云（1952.10～1956.5任）

刘昌淮（苗族，1956.2～1956.7任）

4. 黔东南苗族侗族自治州第一届人民委员会（1956.7～1958.5）

［1956年4月，国务院通过了关于设置黔东南苗族侗族自治州的决定。1956年7月15日至23日，黔东南苗族侗族自治州（简称黔东南州）第一届人民代表大会第一次会议在镇远县城召开，选出州人民委员会州长1人、副州长5人、委员28人。］

州　长：王德安（苗族，1956.7～1958.5任）

副州长：梁旺贵（侗族，1956.7～1958.5任）

吴朝明（苗族，1956.7～1958.5任）

刘学民（1956.7～1958.5任）

王耀伦（苗族，1956.7～1958.5任）

杨富和（侗族，1956.7～1958.5任）

5. **黔东南苗族侗族自治州第二届人民委员会**（1958.5～1960.12）

［1958年5月25日至29日，黔东南苗族侗族自治州第二届人民代表大会第一次会议在镇远县城召开，选出州人民委员会州长1人、副州长5人、委员21人。］

州　长：王德安（苗族，1958.5～1960.12任）

副州长：刘学民（1958.5～1960.12任）

杨富和（侗族，1958.5～1960.12任）

陆光玉（侗族，1958.5～1960.12任）

吴朝明（苗族，1958.5～1960.12任）

王耀伦（苗族，1958.5～1960.12任）

6. **黔东南苗族侗族自治州第三届人民委员会**（1960.12～1963.10）

［1960年12月26日至29日，黔东南苗族侗族自治州第三届人民代表大会第一次会议在凯里召开，选出州人民委员会州长1人、副州长5人、委员21人。］

州　长：王德安（苗族，1960.12～1963.10任）

副州长：刘学民（1960.12～1963.10任）

杨富和（侗族，1960.12～1963.10任）

陆光玉（侗族，1960.12～1963.10任）

吴朝明（苗族，1960.12～1963.10任）

王耀伦（苗族，1960.12～1963.10任）

7. **黔东南苗族侗族自治州第四届人民委员会**（1963.10～1965.12）

［1963年10月21日至28日，黔东南苗族侗族自治州第四届人民代表大会第一次会议在凯里召开，选出州人民委员会州长1人、副州长5人、委员23人。］

州　长：王德安（苗族，1963.10～1965.12任）

副州长：刘学民（1963.10～1965.12任）

杨富和（侗族，1963.10～1965.12任）

陆光玉（侗族，1963.10～1965.12任）

吴朝明（苗族，1963.10～1965.12任）

王耀伦（苗族，1963.10～1965.12任）

8. **黔东南苗族侗族自治州第五届人民委员会**（1965.12～1967.3）

［1965年12月24日至28日，黔东南苗族侗族自治州第五届人民代表大会第一次会议在凯里召开，选出州人民委员会州长1人、副州长6人、委员22人。1966年5月“文革”开始后，州人委机关受到造反派组织冲击，1967年3月以后州人委机关瘫痪。］

州　长：王德安（苗族，1965.12～1967.3任）

副州长：杨富和（侗族，1965.12～1967.3任）

吴朝明（苗族，1965.12～1967.3任）

刘学民（1965.12～1967.3任）
王耀伦（苗族，1965.12～1967.3任）
陆光玉（侗族，1965.12～1967.3任）
刘法文（1965.12～1967.3任）

9. **黔东南苗族侗族自治州革命委员会**（1967.3～1981.10）

[1967年3月，经贵州省革命委员会批准，成立毛泽东思想黔东南苗族侗族自治州革命委员会，同年9月改称黔东南苗族侗族自治州革命委员会。1968年1月，贵州省革命委员会领导核心小组正式批准黔东南自治州革命委员会由43人组成，其中11人组成常务委员会，任命州革委会主任1人，副主任3人。]

（1）1968.1～1970.4

[1968年1月由省委任命。]

主　任：董英祥

副主任：王晋卿　陈新昭　吴洪孝

（2）1970.4～1976.10

[1970年4月20日至5月15日，黔东南苗族侗族自治州革命委员会“补台”代表会议调整和增补了州革委会成员。1971年2月以后，省革委会又陆续任命州革委会副主任6名。1972年夏至1974年11月，军代表除樊载舟外，均离任返回部队。]

主　　任：樊载舟（1970.7～1975.12任）

第一副主任：陶　澎（1970.7～1976.10任）

副　主　任：李仁山（苗族，1970.7～1976.10任）
李宗图（1970.7～1976.10任）
刘学民（1970.7～1976.10任）
陈新昭（1970.7～1974.11任）
杨凯厚（1970.7～1974.11任）
张亭山（1970.7～1974.11任）
张登文（1970.7～1976.10任）
王有训（1971.2～1976.10任）
张金屏（1972.1～1976.10任）
吴邦建（侗族，1973.3～1976.10任）
陆光玉（侗族，1973.3～1976.10任）
杨富和（侗族，1973.3～1976.10任）
王德安（苗族，1973.3～1976.10任）

（3）1976.10～1981.10

[1976年10月“文革”结束后至1981年10月自治州人民政府成立之前，自治州革委会继续行使职权。1977年9月，州委第一书记徐挹江兼任黔东南自治州革委会主任（在这之前，由州革委会第一副主任陶澎主持工作）。1981年2月，徐挹江调离，由州革委会副主任吴邦建主持工作。]

主　　任：徐挹江（1977.9～1981.2任）
第一副主任：陶　澎（1976.10～1977.9任）
副 主 任：李仁山（苗族，1976.10～1981.9任）
李宗图（1976.10～1979.3任）
刘学民（1976.10～1981.9任）
张金屏（1976.10～1978.8任）
王有训（1976.10～1980.6任）
吴邦建（侗族，1976.10～1981.9任）
陆光玉（侗族，1976.10～1981.9任）
杨富和（侗族，1976.10～1981.9任）
王德安（苗族，1976.10～1977.10任）
张登文（1977.2～1980.9任）
初学然（1977.9～1978.6任）
刘昌淮（苗族，1977.9～1981.10任）
吴朝明（苗族，1978.8～1981.10任）
李鹤泉（1980.5～1981.10任）
刘法文（1980.5～1981.10任）
王耀伦（苗族，1980.5～1981.10任）

10. 黔东南苗族侗族自治州第七届人民政府（1981.10～1986.5）

［1981年10月，黔东南苗族侗族自治州第七届人民代表大会第一次会议在凯里召开，大会撤销了州革命委员会，选举产生黔东南苗族侗族自治州第七届人民政府组成人员。1984年4月州七届人大四次会议和1985年10月州七届人大常委会第二十四次会议，先后免去刘学民、张仁富、吴朝明、陆光玉、姚源金、田维荣、杨恒昌、王耀伦副州长职务，补选和任命吴德海、刘镜光、姚茂森、汪奕义为副州长。］

州　长：吴邦建（侗族，1981.10～1986.5任）
副州长：刘学民（1981.10～1984.4任）
张仁富（苗族，1981.10～1984.4任）
吴朝明（苗族，1981.10～1984.4任）
陆光玉（侗族，1981.10～1984.4任）
王耀伦（苗族，1981.10～1985.10任）
姚源金（侗族，1981.10～1984.4任）
田维荣（1981.10～1984.4任）
杨恒昌（苗族，1981.10～1984.4任）
吴德海（苗族，1984.4～1986.5任）
刘镜光（1984.4～1986.5任）
姚茂森（侗族，1984.4～1986.5任）
汪奕义（1985.10～1986.5任）

11. 黔东南苗族侗族自治州第八届人民政府（1986.5～1991.4）

［1986年5月，黔东南苗族侗族自治州第八届人民代表大会第一次会议在凯里召开，会议选举产生自治州第八届人民政府州长1人、副州长5人。］

州　长：吴邦建（侗族，1986.5～1991.4任）

副州长：吴德海（苗族，1986.5～1991.4任）

刘镜光（1986.5～1991.4任）

姚茂森（侗族，1986.5～1991.4任）

汪奕义（1986.5～1991.4任）

王登齐（1986.5～1991.4任）

12. 黔东南苗族侗族自治州第九届人民政府（1991.4～1993.12）

［1991年4月，黔东南苗族侗族自治州第九届人民代表大会第一次会议在凯里召开，会议选举产生自治州第九届人民政府州长1人、副州长5人。］

州　长：姚茂森（侗族，1991.4～1993.12任）

副州长：王登齐（苗族，1991.4～1993.12任）

杨东胜（1991.4～1993.12任）

杨叔驹（侗族，1991.4～1993.12任）

石荣乾（侗族，1991.4～1993.12任）

单洪根（侗族，1991.4～1993.12任）

（四）中国人民政治协商会议黔东南苗族侗族自治州委员会

1. 政协黔东南苗族侗族自治州第一届委员会（1957.5～1960.12）

［1951年6月召开贵州省镇远专区第一届各族各界人民代表会议，并代行人民代表大会职权，选举产生了镇远专区民族民主联合政府，这次会议没有选举产生协商委员会或常务委员会。1957年5月，政协黔东南苗族侗族自治州第一届委员会第一次会议召开，选举产生政协黔东南苗族侗族自治州第一届委员会主席1人、副主席7人。］

主　席：刘学民

副主席：莫　御（壮族）　龙和甫（侗族）　梁旺贵（侗族）　吴少峰　王安民（苗族）

欧昌义（苗族）　杨正心（侗族）

2. 政协黔东南苗族侗族自治州第二届委员会（1960.12～1964.2）

［1960年12月，政协黔东南苗族侗族自治州第二届委员会第一次会议召开，选举产生政协黔东南苗族侗族自治州第二届委员会主席1人、副主席5人。］

主　席：刘学民

副主席：莫　御（壮族）　梁旺贵（侗族）　吴少峰　欧昌义（苗族）　舒万龄

3. 政协黔东南苗族侗族自治州第三届委员会（1964.2～1965.12）

[1964年2月，政协黔东南苗族侗族自治州第三届委员会第一次会议召开，选举产生政协黔东南苗族侗族自治州第三届委员会主席1人、副主席5人。]

主　席：刘学民

副主席：莫　御（壮族）　梁旺贵（侗族）　吴少峰　欧昌义（苗族）　舒万龄

4. 政协黔东南苗族侗族自治州第四届委员会（1965.12～1966.5）

[1965年12月，政协黔东南苗族侗族自治州第四届委员会第一次会议召开，选举产生政协黔东南苗族侗族自治州第四届委员会主席1人、副主席7人。1966年5月“文革”开始后，州政协机关受到造反派组织冲击，被迫停止活动。]

主　席：张军直

副主席：刘昌淮（苗族）　莫　御（壮族）　梁旺贵（侗族）　吴少峰　欧昌义（苗族）
舒万龄　吴邦荣

5. 政协黔东南苗族侗族自治州第五届委员会（1981.9～1986.4）

[从1979年12月开始，州政协各级组织逐步恢复。1981年9月，政协黔东南苗族侗族自治州第五届委员会第一次会议召开，选出政协黔东南苗族侗族自治州第五届委员会主席1人、副主席9人。]

（1）1979.12 ~ 1981.9

[1979年12月，政协黔东南苗族侗族自治州第四届委员会恢复活动。]

主　席：(缺)

副主席：尹序亭（1980.5 ~ 1981.9任）
刘昌淮（苗族，1979.12 ~ 1981.9任）
莫　御（壮族，1979.12 ~ 1981.9任）
舒万龄（1979.12 ~ 1981.9）

（2）1981.9 ~ 1986.4

主　席：高增贵（1981.9 ~ 1983.5任）
刘学民（1983.6 ~ 1985.11任）
杨富和（侗族，1985.11 ~ 1986.4代）

副主席：尹序亭（1981.9 ~ 1983.7任）
莫　御（壮族，1981.9 ~ 1985.10任）
王际鲁（1981.9 ~ 1983.7任）
舒万龄（1981.9 ~ 1984.1任）
张绪卿（1981.9 ~ 1983.7任）
孙鸿涛（1981.9 ~ 1986.4任）
杨景堂（侗族，1981.9 ~ 1986.4任）
潘德修（苗族，1981.9 ~ 1986.4任）

谭之鼎（1981.9 ~ 1986.4任）
吴朝明（苗族，1983.6 ~ 1986.4任）
田维荣（1983.6 ~ 1986.4任）

6. 政协黔东南苗族侗族自治州第六届委员会（1986.4～1991.4）

［1981年9月，政协黔东南苗族侗族自治州第六届委员会第一次会议召开，选举产生政协黔东南苗族侗族自治州第六届委员会主席1人、副主席7人。］

主　席：杨富和（侗族，1986.4 ~ 1991.4任）
副主席：吴朝明（苗族，1986.4 ~ 1991.4任）
王耀伦（苗族，1986.4 ~ 1988.1任）
孙鸿涛（1986.4 ~ 1988.3任）
田维荣（1986.4 ~ 1991.4任）
甘凌杰（1986.4 ~ 1987.10任）
阎永智（1986.4 ~ 1991.4任）
叶祥鸾（1986.4 ~ 1991.4任）
吴少祥（1988.4 ~ 1991.4任）

7. 政协黔东南苗族侗族自治州第七届委员会（1991.4～1993.12）

［1981年9月，政协黔东南苗族侗族自治州第七届委员会第一次会议召开，选举产生政协黔东南苗族侗族自治州第七届委员会主席1人、副主席10人。］

主　席：吴邦建（侗族，1991.4 ~ 1993.12任）
副主席：田维荣（1991.4 ~ 1993.12任）
吴少祥（1991.4 ~ 1993.12任）
吴德海（苗族，1991.4 ~ 1993.12任）
叶祥鸾（1991.4 ~ 1993.12任）
胡礼仁（1991.4 ~ 1993.12任）
陈承珂（1991.4 ~ 1993.12任）
王声云（1991.4 ~ 1993.12任）
黄光晃（1991.4 ~ 1993.12任）
顾静宁（1991.4 ~ 1993.12任）
文远仁（1991.4 ~ 1993.12任）

（马志敏/供稿）

黔南布依族苗族自治州党政组织职官志
（1949.10～1993.12）

［黔南布依族苗族自治州成立于1956年8月，为历史衔接，本志从1949年11月中国共产党独山地委成立撰起。组织职官分为中共黔南地方组织、黔南布依族苗族自治州人民代表大会常务委员会、黔南地方政府、中国人民政治协商会议黔南布依族苗族自治州委员会4类。各组织职官名称的沿革，在类下逐一志述，其组织成立的由来及其建制、职官等情况，随文予以简明提示与解说。］

（一）中国共产党黔南地方组织

1. 中共独山（都匀、黔南）地方委员会（1949.11～1957.10）

［1949年11月，中共贵州省委决定组建中共独山地方委员会，1952年12月改称中共都匀地方委员会，1956年8月8日国务院批准成立黔南布依族苗族自治州，中共都匀地方委员会改称为中共黔南地方委员会。］

书　记：况玉纯（1949.11～1952.10任）
　　　　金　风（1952.10～1957.10任）
副书记：金　风（1949.11～1952.10任）
　　　　苏相信（1954.6～1957.10任）
　　　　刘　岗（1956.7～1957.10任）
　　　　姚　英（1956.7～1957.10任）
　　　　吴德祥（苗族，1956.11～1957.10任）
　　　　李　明（1956.12～1957.10任）
　　　　王秉鋆（布依族，1956.12～1957.10任）
　　　　熊亮臣（苗族，1956.12～1957.10任）

2. 中共黔南布依族苗族自治州第一届委员会（1957.10～1960.1）

［1957年10月18日至24日，中共黔南布依族苗族自治州第一次代表大会在都匀召开，选举产生中共黔南布依族苗族自治州第一届委员会委员33人、候补委员11人。州委一届一次全会选出常务委员11人，其中书记处第一书记1人、书记5人。1958年7月增补冯九如为书记处书记。］

第一书记：金　风（1957.10～1960.1任）
书记处书记：苏相信（1957.10～1960.1任）
　　　　吴德祥（苗族，1957.10～1960.1任）
　　　　熊亮臣（苗族，1957.10～1960.1任）
　　　　王秉鋆（布依族，1957.10～1960.1任）

冯九如（1958.7~1960.1任）

3. 中共黔南布依族苗族自治州第二届委员会（1960.1～1966.5）

［1960年1月19日至23日，中共黔南布依族苗族自治州第二次代表大会在都匀召开，选举产生中共黔南布依族苗族自治州第二届委员会委员31人、候补委员16人。州委二届一次全会选出常务委员13人，其中书记处第一书记1人、书记处书记7人。1966年5月“文革”开始，州委领导机构瘫痪。］

第一书记：金　风（1960.1~1966.5任）
李志奇（1966.5~1967.3任）

书记处书记：冯九如（1960.1~1966.5任）
李　明（1960.1~1966.5任）
姚　英（1960.1~1966.5任）
吴德祥（苗族，1960.1~1966.5任）
王秉鋆（布依族，1960.1~1966.5任）
熊亮臣（苗族，1960.1~1966.5任）
王　文（1960.12~1963.2任）
刘　岗（1961.6~1967.3任）
赵世康（1965.5~1967.3任）

4. 中共黔南布依族苗族自治州革命委员会核心领导小组（1970.7～1971.9）

［1967年3月黔南布依族苗族自治州革命委员会成立，同年7月建立中共黔南布依族苗族自治州革命委员会领导核心小组，当时未明确正、副组长。1970年7月改称中共黔南布依族苗族自治州革命委员会核心领导小组。］

组　长：朱　先（1970.7~1971.9任）

副组长：李志奇（1970.7~1971.9任）
张子玉（1970.7~1971.9任）

5. 中共黔南布依族苗族自治州第三届委员会（1971.9～1981.12）

［1971年9月13日至16日，中共黔南布依族苗族自治州第三次代表大会在都匀召开，选举产生中共黔南布依族苗族自治州第三届委员会委员54人、候补委员5人。州委三届一次全会选出州委常委11人，其中第一书记、书记、第二书记、副书记6人。］

（1）1971.9~1976.10

第一书记：朱　先（1971.9~1972.4任）

书　　记：李志奇（1971.9~1976.10任）

第二书记：王朝文（苗族，1974.9~1976.10任）

副书记：何世道（1971.9~1976.10任）
张子玉（1971.9~1973.9任）
姚　英（1971.9~1975.6任）

刘　岗（1971.9 ~ 1976.10任）

韦茂文（布依族，1973.4 ~ 1976.10任）

韩德林（1973.4 ~ 1975.10任）

（2）1976.10 ~ 1981.12

第一书记：李　超（1978.8 ~ 1981.12）

书　　记：李志奇（1976.10 ~ 1981.12）

副 书 记：何世道（1976.10 ~ 1981.12）

刘　岗（1976.10 ~ 1981.12）

韦茂文（布依族，1976.10 ~ 1981.12）

6. 中共黔南布依族苗族自治州第四届委员会（1981.12～1987.3）

[1981年12月7日至13日，中共黔南布依族苗族自治州第四次代表大会在都匀召开，选举产生中共黔南布依族苗族自治州第四届委员会委员44人、候补委员5人。州委四届一次全会选出州委常委13人，其中第一书记、副书记共6人。]

（1）1981.12 ~ 1983.5

第一书记：罗尚才（布依族，1981.12 ~ 1983.5任）

副 书 记：张生典（1981.12 ~ 1983.5任）

韦茂文（布依族，1981.12 ~ 1983.5任）

罗平义（布依族，1981.12 ~ 1983.5任）

邱耀国（1981.12 ~ 1983.5任）

杨德昌（苗族，1981.12 ~ 1983.5任）

（2）1983.5 ~ 1987.3

[1983年5月在机构改革后，州委领导机构成员作了较大调整。]

书　记：邱耀国（1983.5 ~ 1987.3任）

副书记：张生典（1983.5 ~ 1985.7任）

罗平义（布依族，1983.5 ~ 1987.3任）

赵春辉（1983.5 ~ 1985.7任）

陈　琳（1983.5 ~ 1985.7任）

潘希武（苗族，1985.7 ~ 1987.3任）

黄汉林（1985.7 ~ 1987.3任）

7. 中共黔南布依族苗族自治州第五届委员会（1987.3～1992.7）

[1987年3月6日至10日，中共黔南布依族苗族自治州第五次代表大会在都匀召开，选举产生中共黔南布依族苗族自治州第五届委员会委员35人、候补委员4人。州委五届一次全会选出州委常委11人，其中书记、副书记共4人。]

书　记：邱耀国（1987.3 ~ 1992.7任）

副书记：罗平义（布依族，1987.3 ~ 1992.7任）

潘希武（苗族，1987.3 ~ 1992.7任）

黄汉林（1987.3～1992.7任）

8. 中共黔南布依族苗族自治州第六届委员会（1992.7～1993.12）

[1992年7月，中共黔南布依族苗族自治州第六次代表大会在都匀召开，选举产生中共黔南布依族苗族自治州第六届委员会书记1人、副书记4人。]

书　记：李培书（1992.7～1993.12任）
副书记：肖永安（1992.7～1993.12任）
　　　　吴嘉甫（布依族，1992.7～1993.12任）
　　　　郝鑫中（1992.7～1993.12任）
　　　　莫时仁（布依族，1992.7～1993.12任）

（二）黔南布依族苗族自治州人民代表大会常务委员会

[1981年3月，黔南布依族苗族自治州（简称黔南州）第七届人民代表大会第一次会议根据《中华人民共和国宪法》和《地方各级人民代表大会和地方各级人民政府组织法》的规定，决定设立黔南州人民代表大会常务委员会，作为州人民代表大会的常设机关。此前，州人民代表大会没有常设机关。]

1. 黔南布依族苗族自治州第七届人大常委会（1981.8～1986.4）

[1981年3月，黔南布依族苗族自治州第七届人民代表大会第一次会议在都匀召开，会议选举产生州第七届人大常务委员会主任1人、副主任8人。1984年4月，州七届人大四次会议同意王军、杨天荣辞去州七届人大常委会副主任职务。]

主　任：韦茂文（布依族，1981.3～1986.4任）
副主任：罗秉楫（布依族，1981.3～1986.4任）
　　　　刘光轩（1981.3～1986.4任）
　　　　班凤泉（布依族，1981.3～1986.4任）
　　　　杨昌雄（苗族，1981.3～1986.4任）
　　　　王　军（1981.3～1984.3任）
　　　　王由植（布依族，1981.3～1986.4任）
　　　　杨天荣（1981.3～1984.3任）
　　　　蒙世花（女，水族，1981.3～1986.4任）

2. 黔南布依族苗族自治州第八届人大常委会（1986.4～1991.5）

[1986年4月2日至7日，黔南布依族苗族自治州第八届人民代表大会第一次会议在都匀召开，会议选举产生自治州第八届人大常委会主任1人、副主任7人。]

主　任：韦茂文（布依族，1986.4～1991.5任）
副主任：罗秉楫（布依族，1986.4～1991.5任）
　　　　班凤泉（布依族，1986.4～1991.5任）

杨昌雄（苗族，1986.4 ~ 1991.5任）
王由植（布依族，1986.4 ~ 1991.5任）
王巩汉（1986.4 ~ 1991.5任）
王家先（女，布依族，1986.4 ~ 1991.5任）
曾庆晏（1986.4 ~ 1991.5任）

3. 黔南布依族苗族自治州第九届人大常委会（1991.5～1993.12）

［1991年5月22 ~ 29日，黔南布依族苗族自治州第九届人民代表大会第一次会议在都匀召开，会议选举产生自治州第九届人大常委会主任1人、副主任8人。］

主　任：罗平义（布依族，1991.5 ~ 1993.12任）
副主任：黄天印（布依族，1991.5 ~ 1993.12任）
班凤泉（布依族，1991.5 ~ 1993.12任）
王巩汉（1991.5 ~ 1993.12任）
王家先（女，布依族，1991.5 ~ 1993.12任）
杨再伦（苗族，1991.5 ~ 1993.12任）
李　怡（1991.5 ~ 1993.12任）
潘茂修（水族，1991.5 ~ 1993.12任）
裴金科（1991.5 ~ 1993.12任）

（三）黔南地方政府

1. 独山区专员公署（1949.11～1951.9）

［1949年11月24日，贵州省人民政府独山专区行政督察专员公署在都匀建立，1951年3月改称独山专区专员公署。］

专　员：张欣如（1949.11 ~ 1951.9任）
副专员：何千里（1951.4 ~ 1951.9任）

2. 独山专区人民政府（1951.9～1952.6）

［1951年9月，贵州省独山专区第一届各族各界人民代表会议在都匀召开，根据《贵州省独山专区各族各界人民代表会议协商委员会组织条例》的规定，会议选举专员1人、副专员2人、委员28人。1952年4月，专员张欣如离任，副专员何千里主持工作。］

专　员：张欣如（1951.9 ~ 1952.4任）
副专员：何千里（1951.9 ~ 1952.6任）
陆镇藩（布依族，1951.9 ~ 1952.6任）

3. 都匀（区）专员公署（1952.6～1956.8）

［1952年6月，经贵州省人民政府批准，恢复独山专区专员公署称谓，1952年12月改称都

匀区专员公署，1955年3月改称贵州省都匀专员公署。其间，1952年12月，何千里离任，副专员陈凤梧主持工作。1954年5月，陈凤梧离任，副专员陆镇藩主持工作。1954年12月到1956年8月，副专员李占稳主持工作。1956年2月，省人民委员会任命王德安、梁旺贵为副专员。]

专　员：缺

副专员：何千里（1952.6～1952.12任）
陆镇藩（布依族，1952.6～1956.8任）
陈凤梧（1952.10～1954.5任）
李占稳（1954.12～1956.8任）
王德安（苗族，1956.2～1956.8任）
梁旺贵（侗族，1956.2～1956.8任）

4. 黔南布依族苗族自治州第一届人民委员会（1956.8～1958.5）

[1956年8月8日，经国务院批准，成立黔南布依族苗族自治州。1956年8月黔南布依族苗族自治州第一届人民代表大会第一次会议在都匀召开，选举产生自治州第一届人民委员会委员26人，其中州长1人、副州长7人。]

州　长：韦茂文（布依族）

副州长：吴德祥（苗族）　罗秉揖（布依族）　李占稳　杨彬奎（布依族）
吴锡良（苗族）　班凤泉（布依族）　陆庆美（水族）

5. 黔南布依族苗族自治州第二届人民委员会（1958.5～1960.12）

[1958年5月，黔南布依族苗族自治州第二届人民代表大会第一次会议在都匀召开，选举产生自治州第二届人民委员会委员19人，其中州长1人、副州长7人。]

州　长：韦茂文（布依族）

副州长：熊亮臣（苗族）　罗秉揖（布依族）　李占稳　杨彬奎（布依族）
吴锡良（苗族）　班凤泉（布依族）　陆庆美（水族）

6. 黔南布依族苗族自治州第三届人民委员会（1960.12～1963.10）

[1960年12月，黔南布依族苗族自治州第三届人民代表大会第一次会议在都匀召开，选举产生自治州第三届人民委员会委员21人，其中州长1人、副州长7人。]

州　长：韦茂文（布依族）

副州长：熊亮臣（苗族）　李占稳　罗秉揖（布依族）　杨彬奎（布依族）
吴锡良（苗族）　班凤泉（布依族）　陆庆美（水族）

7. 黔南布依族苗族自治州第四届人民委员会（1963.10～1965.12）

[1963年10月，黔南布依族苗族自治州第四届人民代表大会第一次会议在都匀召开，选举产生自治州第四届人民委员会委员21人，其中州长1人、副州长7人。]

州　长：韦茂文（布依族）

副州长：吴德祥（苗族）　罗秉揖（布依族）　李占稳　杨彬奎（布依族）

吴锡良（苗族） 班风泉（布依族） 陆庆美（水族）

8. **黔南布依族苗族自治州第五届人民委员会**（1965.12～1967.3）

［1965年12月，黔南布依族苗族自治州第五届人民代表大会第一次会议在都匀召开，选举产生自治州第五届人民委员会委员19人，其中州长1人、副州长7人。1966年5月“文革”开始，1967年3月自治州人委机关被“造反派”夺权。］

州 长：韦茂文（布依族）

副州长：李占稳 吴锡良（苗族） 张生典 罗秉揖（布依族） 杨彬奎（布依族）
班风泉（布依族） 陆庆美（水族）

9. **黔南布依族苗族自治州革命委员会**（1967.3～1981.3）

［1967年3月，建立毛泽东思想黔南布依族苗族自治州革命委员会，8月改称黔南布依族苗族自治州革命委员会。之后，省革委会对州革委会成员进行了4次增补，增补后的州革委会成员共56人，其中主任1人、副主任2人、常务委员18人。］

（1）1967.3 ~ 1970.7

主 任：张 梓（军代表，1967.3 ~ 1968.10任）

副主任：赵世康（1967.3 ~ 1970.7任）
李书善（1967.3 ~ 1970.7任）

（2）1970.7 ~ 1976.10

［1970年6月20日至7月10日，黔南布依族苗族自治州革命委员会“补台”代表会议在都匀召开，经过“补台”会议的调整和增补，原州革委会56名成员中，留任35人、免职8人、撤职4人、变动9人、新增委员51人。1976年10月“文革”结束后，自治州革委会继续行使职权，一直延续到1981年3月。］

主 任：朱 先（1970.7 ~ 1972.4任）
李志奇（1973.4 ~ 1978.4）

第一副主任：李志奇（1970.7 ~ 1973.4任）
韦茂文（布依族，1973.4 ~ 1981.3任）

副 主 任：赵世康（1970.7任 ~ 1970.8病故）
刘 岗（1970.7 ~ 1980.5任）
李书善（1970.7 ~ 1980.9任）
韦茂文（布依族，1970.7 ~ 1973.4任）
吴锡良（苗族，1970.7 ~ 1981.3任）
张子玉（1970.7 ~ 1973.9任）
陈春堂（1970.7 ~ 1979.5任）
姚 英（1970.7 ~ 1975.5任）
何世道（1971.10 ~ 1979.5任）
陆玉玺（1971.10 ~ 1973.10任）
张生典（1973.4 ~ 1980.5任）

李　超（1973.4 ~ 1980.4任）
罗秉揖（布依族，1973.4 ~ 1981.3任）
班凤泉（布依族，1973.4 ~ 1981.3任）
陆庆美（水族，1973.4 ~ 1981.3任）
于　仪（1977.2 ~ 1980.9任）
吴近仁（1977.9 ~ 1978.6任）
李占稳（1977.9 ~ 1981.3任）
杨德昌（苗族，1978.10 ~ 1981.3任）
申连尧（1980.5 ~ 1981.3任）
潘希武（苗族，1980.5 ~ 1981.3任）
罗平义（布依族，1980.5 ~ 1981.3任）
王思明（布依族，1980.5 ~ 1981.3任）

10. 黔南布依族苗族自治州第七届人民政府（1981.3～1986.4）

[1981年3月，黔南布依族苗族自治州第七届人民代表大会第一次会议在都匀召开，会议决定撤销州革命委员会，选举产生自治州第七届人民政府州长1人、副州长7人。1985年7月，自治州七届人大常委会第二十七次会议决定，任命蓝天权、程二荣为副州长。]

州　长：罗平义（布依族，1981.3 ~ 1986.4任）
副州长：王思明（布依族，1981.3 ~ 1982.4任）
李占稳（1981.3 ~ 1984.3任）
申连尧（1981.3 ~ 1986.4任）
潘希武（苗族，1981.3 ~ 1984.3任）
刘廷福（回族，1981.3 ~ 1986.4任）
陆庆美（水族，1981.3 ~ 1984.3任）
关茂中（1981.3 ~ 1985.3任）
蓝天权（1985.7 ~ 1986.4任）
程二荣（1985.7 ~ 1986.4任）

11. 黔南布依族苗族自治州第八届人民政府（1986.4～1991.5）

[1986年4月2日至7日，黔南布依族苗族自治州第八届人民代表大会第一次会议在都匀召开，会议选举产生自治州第八届人民政府州长1人、副州长6人。]

州　长：罗平义（布依族，1986.4 ~ 1991.5任）
副州长：莫时仁（布依族，1986.4 ~ 1991.5任）
刘廷福（回族，1986.4 ~ 1991.5任）
兰天权（苗族，1986.4 ~ 1991.5任）
胡品荣（水族，1986.4 ~ 1991.5任）
程天赋（1986.4 ~ 1991.5任）
程二荣（1986.4 ~ 1990.2任）

张建华（1990.7～1991.5任）

12. 黔南布依族苗族自治州第九届人民政府（1991.5～1993.12）

［1991年5月，黔南布依族苗族自治州第九届人民代表大会第一次会议在都匀召开，会议选举产生自治州第九届人民政府州长1人、副州长6人。因本志起止时间为1949年10月至1993年12月，故1993年12月以后组织情况未列。］

州　长：莫时仁（布依族，1991.5～1993.11任）

蓝天权（苗族，1993.11～1993.12代）

副州长：蓝天权（苗族，1991.5～1993.11任）

胡品荣（水族，1991.5～1993.12任）

唐世礼（女，布依族，1991.5～1993.12任）

程天赋（1991.5～1993.10任）

张建华（1991.5～1993.12任）

王代文（1991.5～1993.12任）

（四）中国人民政治协商会议黔南布依族苗族自治州委员会

1. 都匀（独山）专区各族各界人民代表会议协商委员会（1951.9～1955.9）

［1951年9月5日至11日，中共独山地委依照《中国人民政治协商会议组织法》和《中国人民政治协商会议共同纲领》的规定，筹备召开了独山专区各族各界人民代表会议，选举产生各族各界人民代表会议协商委员会主席1人、副主席2人。］

主　席：张欣如（1951.9～1952.4任）

副主席：何千里（1951.9～1952.12任）

覃　杰（布依族，1951.9～1955.9任）

2. 政协黔南布依族苗族自治州第一届委员会（1957.3～1960.2）

［1956年8月8日，黔南布依族苗族自治州成立，中共黔南州委根据《中国人民政治协商会议章程》的规定，成立政协黔南布依族苗族自治州委员会筹备委员会，并于1957年3月30日至4月4日召开政协黔南州一届一次全体委员会议，正式组建政协黔南布依族苗族自治州委员会（简称政协黔南州委员会）。］

主　席：苏相信（1957.3～1958.10任）

王秉鋆（布依族，1958.10～1960.2任）

副主席：覃　杰（布依族，1957.3～1958.10任）

熊亮臣（苗族，1957.3～1960.2任）

滕香圃（1957.3～1960.2任）

罗懋辅（布依族，1957.3～1960.2任）

潘一志（水族，1957.3～1960.2任）

3. 政协黔南布依族苗族自治州第二届委员会（1960.2～1963.9）

[1960年2月，政协黔南布依族苗族自治州第二届委员会第一次会议在都匀召开，选举产生政协黔南州第二届委员会主席1人、副主席6人。]

主　席：金　风（1960.2～1963.9任）

副主席：王秉鋆（布依族，1960.2～1963.9任）

潘一志（水族，1960.2～1963.9任）

熊亮臣（苗族，1960.2～1961.7任）

罗懋辅（布依族，1960.2～1963.9任）

肖德昌（1960.2～1963.9任）

罗　朗（1960.2～1963.9任）

4. 政协黔南布依族苗族自治州第三届委员会（1963.9～1965.12）

[1963年9月，政协黔南布依族苗族自治州第三届委员会第一次会议在都匀召开，选举产生政协黔南州第三届委员会主席1人、副主席4人。]

主　席：金　风（1963.9～1964.4任）

副主席：王秉鋆（布依族，1963.9～1964.4任）

潘一志（水族，1963.9～1965.12任）

肖德昌（1963.9～1965.12任）

罗　朗（1963.9～1965.12任）

刘希尊（布依族，1964.5～1965.12任）

5. 政协黔南布依族苗族自治州第四届委员会（1965.12～1966.5）

[1965年12月，政协黔南布依族苗族自治州第四届委员会第一次会议在都匀召开，选举产生政协黔南州第四届委员会主席1人、副主席5人。1966年5月“文革”开始后，州政协机构逐渐瘫痪，至1967年3月完全停止活动。]

主　席：李志奇（1965.12～1966.5任）

副主席：赵世康（1965.12～1966.5任）

潘一志（水族，1965.12～1966.5任）

肖德昌（1965.12～1966.5）

罗　朗（1965.12～1966.5任）

刘希尊（布依族，1965.12～1966.5任）

6. 政协黔南布依族苗族自治州第五届委员会（1981.3～1986.3）

[1976年10月以后，州政协第四届委员会逐步恢复活动。1978年9月，中共黔南州委任命田泽义为州政协秘书长，并着手筹备第五届委员会的工作。1981年3月召开政协黔南州第五届委员会第一次会议，选举产生政协黔南州第五届委员会主席1人、副主席8人。]

主　席：杨德昌（苗族，1981.3～1986.3任）

副主席：张　诚（1981.3～1984.3任）
杨彬奎（布依族，1981.3～1983.3任）
吴锡良（苗族，1981.3～1984.3任）
肖德昌（1981.3～1984.3任）
罗　朗（1981.3～1986.3任）
刘希尊（布依族，1981.3～1984.3任）
陈吉顺（1981.3～1986.3任）
陈渭渠（1981.3～1986.3任）
许述元（1982.4～1984.3任）
韦时平（布依族，1984.5～1986.3任）
王家先（女，布依族，1983.5～1986.3任）
阮为瑜（1983.5～1986.3任）
陆庆美（水族，1984.3～1986.3任）

7. 政协黔南布依族苗族自治州第六届委员会（1986.3～1991.5）

［1986年3月，政协黔南布依族苗族自治州第六届委员会第一次会议召开，选举产生政协黔南州第六届委员会主席1人、副主席8人。］

主　席：潘希武（苗族，1986.3～1991.5任）
副主席：高广殿（1986.3～1991.5任）
陈吉顺（1986.3～1991.5任）
陆庆美（水族，1986.3～1991.5任）
陈渭渠（1986.3～1991.5任）
阮为瑜（1986.3～1991.5任）
罗寄帆（苗族，1986.3～1991.5任）
黄义仁（布依族，1986.3～1991.5任）
朱正宗（1986.3～1991.5任）

8. 政协黔南布依族苗族自治州第七届委员会（1991.5～1993.12）

［1991年5月，政协黔南布依族苗族自治州第七届委员会第一次会议召开，选举产生政协黔南州第七届委员会主席1人、副主席10人。］

主　席：潘希武（苗族，1991.5～1993.12任）
副主席：梁登峰（1991.5～1993.12任）
陈吉顺（1991.5～1993.12任）
黄义仁（布依族，1991.5～1993.12任）
朱正忠（1991.5～1993.12任）
陆道邦（水族，1991.5～1993.12任）
罗来隆（布依族，1991.5～1993.12任）
白俊德（回族，1991.5～1992.10任）

於根生（女，1991.5～1993.12任）

刘怀宣（1991.5～1993.12任）

熊守仁（1991.5～1993.12任）

（马志敏/供稿）

黔西南布依族苗族自治州党政组织职官志
（1949.10 ~ 1993.12）

［黔西南布依族苗族自治州成立于1982年5月，其前身是贵州省兴义地区。为历史衔接，本志从1950年2月中共兴仁（义）地方委员会成立撰起。组织职官分为中共黔西南地方组织、黔西南布依族苗族自治州人民代表大会常务委员会、黔西南地方政府、中国人民政治协商会议黔西南布依族苗族自治州委员会4类。各组织职官名称的沿革，在类下逐一志述，其组织成立的由来及其建制、职官等情况，随文予以简明提示与解说。］

（一）中国共产党黔西南地方组织

1. 中共兴仁地方委员会（1950.2～1952.10）

［1950年2月，中共贵州省委批准成立中共兴仁地方委员会，由10名委员组成。］

书　记：李一非（1950.2 ~ 1952.10任）

副书记：夏德义（1950.2 ~ 1952.10任）

　　　　杨　江（1950.2任；未到职）

2. 中共兴义地方（区）委员会（1952.12～1967.3）

（1）1952.12 ~ 1956.9

［1952年12月，经中共贵州省委批准，原中共兴仁地方委员会改称中共兴义地方委员会，1956年7月兴义专区建制撤销，同年9月20日，中共兴义地委机关随之撤销。］

第一书记：夏德义（1952.10 ~ 1954.10任）

第二书记：孟广涵（1952.10 ~ 1953任）

书　　记：周国玺（1955.1 ~ 1956.7任）

副 书 记：周国玺（1953.3 ~ 1955.1任）

　　　　　周晓山（1955.1 ~ 1956.7任）

　　　　　李　明（1956.7 ~ 1956.9任）

（2）1965.7 ~ 1967.3

［1965年7月，经国务院批准，恢复兴义专区建制，中共兴义地方委员会同时复建。］

第一书记：冉砚农（1965.7 ~ 1967.3任）

副 书 记：李　明（1965.7 ~ 1967.3任）

　　　　　张汉民（1965.7 ~ 1967.3任）

3. 兴义地区革命委员会党的核心领导小组（1968.8～1971.9）

［1967年3月19日群众组织夺取党、政、财、文大权，中共兴义地委被迫停止工作。1968

年8月，经贵州省革命委员会批准，成立兴义地区革命委员会党的核心领导小组。]

组　长：蔡　坤（1968.6～1970.4任）
　　　　张星炳（1970.7～1971.9任）
副组长：李　明（1970.7～1971.9任）
　　　　龙凤阳（1970.7～1971.9任）
　　　　房泽山（1970.7～1971.9任）

4. 中共兴义地区第一届委员会（1971.9～1982.5）

[1971年9月3日至8日，中共兴义地区第一次党员代表会议召开，撤销兴义地区革命委员会党的核心领导小组，选举产生中共兴义地区第一届委员会第一书记1人、书记1人、副书记1人。]

第一书记：张星炳（1971.9～1975.3任）
　　　　　徐挹江（1975.3～1977.6任）
　　　　　李　明（1977.6～1980.2任）
　　　　　主传谟（1980.2～1982.5任）
第二书记：李　明（1975.3～1977.6任）
　　　　　乔学珩（1980.2～1982.5任）
书　　记：徐挹江（1971.9～1975.3任）
　　　　　张汉民（1977.6～1981.7任）
　　　　　王安泽（布依族，1981.10～1982.5任）
副 书 记：李　明（1971.9～1975.3任）
　　　　　张汉民（1973.2～1977.6任）
　　　　　王安泽（布依族，1975.3～1981.10任）
　　　　　孟文韬（1975.3～1982.5任）
　　　　　王敬祥（1975.3～1982.5任）
　　　　　李学书（苗族，1975.3～1982.5任）
　　　　　仪邦钦（1977.8～1982.5任）

5. 中共黔西南布依族苗族自治州委员会（1982.5～1984.12）

[1981年9月，经国务院批准，撤销兴义地区建制，在原行政区域内设置黔西南布依族苗族自治州，1982年5月1日自治州正式成立，中共兴义地委改称中共黔西南布依族苗族自治州委员会。]

第一书记：主传谟（1982.5～1983.5任）
第二书记：乔学珩（1982.5～1983.5任）
书　　记：王安泽（布依族，1982.5～1984.12任）
　　　　　仪邦钦（1983.5～1984.12代）
副 书 记：王敬祥（1982.5～1982.11任）
　　　　　仪邦钦（1982.5～1983.4任）

孟文韬（1982.5～1983.5任）
李学书（苗族，1982.5～1983.5任）
邱松飞（1982.5～1984.12任）

6. 中共黔西南布依族苗族自治州第一届委员会（1984.12～1989.12）

[1984年12月19日至24日，中共黔西南布依族苗族自治州第一次党员代表大会在兴义召开，会议选举产生中共黔西南州第一届委员会书记1人、副书记3人。]

书　记：王安泽（布依族，1984.12～1987.12任）
王思齐（1988.2～1989.12任）
副书记：李昌琪（1984.12～1989.12任）
邱松飞（1984.12～1987.12任）
何子明（1984.12～1989.12任）
高发元（回族，1988.2～1989.6任）

7. 中共黔西南布依族苗族自治州第二届委员会（1989.12～1993.12）

[1989年12月26日至30日，中共黔西南布依族苗族自治州第二次党员代表大会在兴义召开，会议选举产生中共黔西南州第二届委员会书记1人、副书记3人。]

书　记：王思齐（1989.12～1991.4任）
李元栋（1991.4～1993.2任）
黄　瑶（1993.2～1993.10任）
周培荣（1993.10～1993.12任）
副书记：李昌琪（1989.12～1992.9任）
周培荣（1989.12～1993.10任）
何子明（1989.12～1990.12任）
黄　瑶（布依族，1990.6～1993.2任）
窦得银（1992.5～1993.8任）
陈仁贵（苗族，1992.9～1993.12任）
黄康生（布依族，1993.10～1993.12任）
王敬祥（1993.10～1993.12任）
康后元（1993.10～1993.12任）

（二）黔西南布依族苗族自治州人民代表大会常务委员会

[1981年9月，经国务院批准，撤销兴义地区建制，在原行政区域内设置黔西南布依族苗族自治州（简称黔西南州）。1982年5月1日，黔西南布依族苗族自治州正式宣告成立。1982年4月22日至28日，自治州第一届人民代表大会根据《中华人民共和国宪法》和《地方各级人民代表大会和地方各级人民政府组织法》的规定，设立人民代表大会常设机关州人民代表大会常务委员会（简称州人大常委会）。]

1. 黔西南布依族苗族自治州第一届人大常委会（1982.4～1987.6）

［1982年4月22日至28日，黔西南布依族苗族自治州第一届人民代表大会第一次会议在兴义举行，会议决定设立黔西南布依族苗族自治州人大常委会，并选举产生自治州第一届人大常委会主任1人、副主任9人。1984年6月25日至30日，在州一届人大三次会议上，增选齐田顺、杨再文为副主任。］

主　任：李学书（苗族，1982.4～1987.6任）

副主任：卢盛芳（布依族，1982.4～1987.6任）

王占先（苗族，1982.4～1987.6任）

董心波（1982.4～1987.6任）

杨良丽（女，1982.4～1987.6任）

陈捷之（1982.4～1987.6任）

罗朝美（布依族，1982.4～1987.6任）

张顺忠（回族，1982.4～1987.6任）

刘仲瑶（1982.4～1987.6任）

潘如凤（布依族，1982.4～1987.6任）

齐田顺（1984.5～1986.12任）

杨再文（苗族，1984.5～1986.12任）

2. 黔西南布依族苗族自治州第二届人大常委会（1987.6～1992.6）

［1987年6月2日至8日，黔西南布依族苗族自治州第二届人民代表大会第一次会议在兴义举行，会议选举产生黔西南州第二届人大常委会主任1人、副主任7人。］

主　任：黄义勇（布依族）

副主任：王占先（苗族）　杨再文（苗族）　刘仲瑶　赵礼文　罗朝美（布依族）

贺国芬（女，布依族）　杨良丽（女）

3. 黔西南布依族苗族自治州第三届人大常委会（1992.6～1993.12）

［1992年6月4日至9日，黔西南布依族苗族自治州第三届人民代表大会第一次会议在兴义举行，会议选举产生黔西南布依族苗族自治州第三届人大常委会主任1人、副主任8人。］

主　任：李昌琪（布依族）

副主任：杨再文（苗族）　李立祥　王安会（布依族）　罗朝美（布依族）　童启文

查世亮（布依族）　张光伦　贺国芬（女，布依族）

（三）黔西南地方政府

1. 兴义（仁）专员公署（1950.4～1956.7；1965.7～1967.3）

［1950年4月7日，贵州省兴仁地区行政督察专员公署正式成立，为省人民政府派出机构。

1956年7月18日，国务院（56）国内习字第130号文，撤销兴义专区建制，兴义专员公署也随之撤销。1965年7月28日，根据国务院（1965）国内字第288号文，兴义专区建制重新设立，兴义专员公署同时复建。]

专　员：夏德义（1950.4～1954.10任）
　　　　李　明（1965.7～1967.3任）
副专员：苑重新（1950.4～1952.10任）
　　　　王纲正（1952.8～1956.9任）
　　　　仇复荣（1956.8～1956.9任）
　　　　张雨和（1965.7～1967.3任）
　　　　赵振东（1965.7～1967.3任）
　　　　王建文（1966.1～1967.3任）

2. 兴义地区革命委员会（1967.3～1976.10）

[1966年5月"文革"开始后，专员公署工作机构逐渐瘫痪。1967年3月，经贵州省革命委员会批准，建立兴义地区革命委员会。]

主　　任：张树德（1967.3～1968.4任）
　　　　　蔡　坤（1968.4～1970.4任）
　　　　　张星炳（1970.5～1975.3任）
　　　　　徐挹江（1975.3～1977.6任）
　　　　　李　明（1977.6～1978.12任）
第一副主任：李　明（1970.5～1977.6任）
副 主 任：李　明（1967.3～1968.4任）
　　　　　吕云峰（1967.3～1970.4任）
　　　　　蔡　坤（1968.1～1968.4任）
　　　　　李崇富（1968.4～1970.4任）
　　　　　廖崇智（1968.4～1970.4任）
　　　　　张雨和（1968.4～1970.4任）
　　　　　徐挹江（1970.5～1975.3任）
　　　　　王振扬（1970.5～1975.1任）
　　　　　龙凤阳（军队代表，1970.5～1975.3任）
　　　　　房泽山（军队代表，1970.5～1975.3任）
　　　　　赵庆明（满族，1970.5～1978.12任）
　　　　　郭　刚（1970.5～1976.10任）
　　　　　齐培元（军队代表，1970.12～1975.3任）
　　　　　张汉民（1971.11～1978.12任）
　　　　　赵振东（1973.2～1978.8任）
　　　　　王建文（1973.2～1978.12任）
　　　　　蔺伐夫（1973.2～1978.12任）

仪邦钦（1977.8 ~ 1978.12任）

王敬祥（1977.8 ~ 1978.12任）

王安泽（布依族，1977.6 ~ 1978.12任）

李学书（苗族，1977.6 ~ 1978.12任）

张为梓（1978.8 ~ 1978.12任）

3. 兴义地区行政公署（1978.12～1982.4）

[1978年12月15日，撤销兴义地区革命委员会，建立兴义地区行政公署，地区专员、副专员由中共贵州省委任命。]

专　员：张汉民（1978.12 ~ 1980.5任）

王安泽（布依族，1980.5 ~ 1982.4任）

副专员：赵庆明（满族，1978.12 ~ 1981.1任）

张为梓（1978.12 ~ 1981.1任）

张启超（1978.12 ~ 1980.5任）

董心波（1978.12 ~ 1982.4任）

王苏冰（1978.12 ~ 1980.5任）

卢盛芳（布依族，1978.12任，未到职）

殷光林（1980.9 ~ 1982.4任）

赵良相（1980.9 ~ 1982.4任）

仪邦钦（1981.5 ~ 1982.4任）

张雨和（1981.12 ~ 1982.4任）

朱广臣（1981.10 ~ 1982.4任）

4. 黔西南布依族苗族自治州第一届人民政府（1982.4～1987.6）

[1981年9月21日，经国务院批准，撤销兴义地区建制，在原行政区域内设置黔西南布依族苗族自治州。1982年4月22日至28日，黔西南布依族苗族自治州第一届人民代表大会第一次会议在兴义召开，选举王安泽为州长，仪邦钦等7人为副州长。5月1日黔西南布依族苗族自治州正式宣告成立。]

州　长：王安泽（布依族，1982.4 ~ 1984.12任）

李昌琪（苗族，1985.1 ~ 1985.3代）

（苗族，1985.3 ~ 1987.6任）

副州长：仪邦钦（1982.4 ~ 1983.7任）

岑延春（布依族，1982.4 ~ 1984.12任）

赵良相（1982.4 ~ 1984.12任）

殷光林（1982.4 ~ 1983.7任）

杨再文（苗族，1982.4 ~ 1983.7任）

王家钧（布依族，1982.4 ~ 1983.7任）

杨昌文（苗族，1982.4 ~ 1987.6任）

李昌琪（苗族，1983.7～1984.12任）
查世亮（布依族，1983.7～1987.6任）
及淑文（女，1983.7～1985.11任）
余行恭（1985.3～1986.8任）
黄义勇（布依族，1985.3～1987.6任）
张文炳（1985.3～1987.6任）
彭远森（1986.4～1987.6任）

5. 黔西南布依族苗族自治州第二届人民政府（1987.6～1992.6）

［1987年6月2日至8日，黔西南布依族苗族自治州第二届人民代表大会第一次会议在兴义召开，选举李昌琪为州长，彭远森等5人为副州长。］

州　长：李昌琪（苗族，1987.6～1992.6任）
副州长：彭远森（1987.6～1992.6任）
查世亮（布依族，1987.6～1992.6任）
张文炳（1987.6～1992.6任）
王敬祥（1987.6～1992.6任）
王胜业（1987.6～1992.6任）

6. 黔西南布依族苗族自治州第三届人民政府（1992.6～1993.12）

［1992年6月4日至9日，黔西南布依族苗族自治州第三届人民代表大会第一次会议在兴义举行，选举黄瑶为州长，王胜业等6人为副州长。］

州　长：黄　瑶（布依族，1992.6～1993.12任）
副州长：王胜业（1992.6～1993.12任）
王敬祥（1992.6～1993.12任）
黄康生（布依族，1992.6～1993.12任）
吴柳年（1992.6～1993.12任）
彭兴禄（苗族，1992.6～1993.12任）
雷健雄（1992.6～1993.12任）

（四）中国人民政治协商会议黔西南布依族苗族自治州委员会

［中华人民共和国成立以后，兴义（仁）专区作为贵州省人民政府的派出机构，未设置地区一级的政协组织。1981年9月21日，国务院批准撤销兴义地区建制，在原行政区域内设置黔西南布依族苗族自治州。1982年4月中国人民政治协商会议黔西南布依族苗族自治州第一届委员会第一次会议召开，州政协正式成立。］

1. 政协黔西南布依族苗族自治州第一届委员会（1982.4～1987.6）

［1982年4月19日至28日，政协黔西南布依族苗族自治州第一届委员会第一次会议在兴义

召开，选举产生州政协第一届委员会常务委员会委员、主席和副主席。1984年6月23日至30日州政协一届三次会议，补选王家钧为副主席，增选王苏冰为副主席。1985年3月24日至31日州政协一届四次会议，增选殷光林为副主席。]

主　席：孟文韬（1982.4 ~ 1987.6任）

副主席：王竞成（1982.4 ~ 1985.7任）

张雨和（1982.4 ~ 1984.3任）

张祖良（1982.4 ~ 1987.6任）

陈烈焰（女，1982.4 ~ 1987.6任）

刘携昌（1982.4 ~ 1987.6任）

李德学（苗族，1982.4 ~ 1987.6任）

徐崇儒（1982.4 ~ 1987.6任）

覃发修（布依族，1982.4 ~ 1987.6任）

王家钧（布依族，1983.5 ~ 1987.6任）

王苏冰（1984.7 ~ 1987.6任）

殷光林（1984.12 ~ 1987.6任）

2. 政协黔西南布依族苗族自治州第二届委员会（1987.6～1992.6）

[1987年5月30日至6月9日，政协黔西南布依族苗族自治州第二届委员会第一次会议在兴义召开，选举产生政协黔西南布依族苗族自治州第二届委员会主席1人、副主席8人。]

主　席：王苏冰（1987.6 ~ 1992.6任）

副主席：李学书（苗族，1987.6 ~ 1990.4任）

王家钧（布依族，1987.6 ~ 1992.6任）

王邦长（布依族，1987.6 ~ 1992.6任）

李德学（苗族，1987.6 ~ 1992.6任）

刘携昌（1987.6 ~ 1992.6任）

李恒志（1987.6 ~ 1992.6任）

孔庆廉（女，1987.6 ~ 1992.6任）

潘年鼎（侗族，1987.6 ~ 1992.6任）

陈德安（苗族，1991.4 ~ 1992.6任）

胡宗裕（1991.4 ~ 1992.6任）

3. 政协黔西南布依族苗族自治州第三届委员会（1992.6～1993.12）

[1992年6月3日至8日，政协黔西南布依族苗族自治州第三届委员会第一次会议在兴义召开，选举产生政协黔西南布依族苗族自治州第三届委员会主席1人、副主席10人。]

主　席：黄义勇（布依族，1992.6 ~ 1993.12任）

副主席：陈德安（苗族，1992.6 ~ 1993.12任）

胡宗裕（1992.6 ~ 1993.12任）

刘携昌（1992.6 ~ 1993.12任）

李恒志（1992.6～1993.12任）
孔庆廉（女，1992.6～1993.12任）
项思义（1992.6～1993.12任）
潘祺琳（苗族，1992.6～1993.12任）
罗云仙（女，布依族，1992.6～1993.12任）
覃朝选（布依族，1992.6～1993.12任）
杨秀槐（1992.6～1997.4任）

（马志敏/供稿）

西双版纳傣族自治州党政组织职官志
（1949.10 ~ 1993.12）

［西双版纳傣族自治州成立于1953年1月，为历史衔接，本志从1950年2月中共车佛南、镇江中心县委成立撰起。组织职官分为中共西双版纳地方组织、西双版纳傣族自治州人民代表大会常务委员会、西双版纳地方政府、中国人民政治协商会议西双版纳傣族自治州委员会4类。各组织职官名称的沿革，在类下逐一志述，其组织成立的由来及其建制、职官等情况，随文予以简明提示与解说。］

（一）中国共产党西双版纳地方组织

1. 中共车佛南总支委员会（1950.3～1950.5）

［1950年2月，西双版纳地区解放，当时称车佛南地区，党组织为原中共地下党的车佛南总支委员会，属中共思普地委领导。］

书　记：邹垲夫（1950.3 ~ 1950.5任）

2. 中共车佛南、镇江中心县委（1950.6～1953.1，1950.6～1952.5）

［1950年6月，西双版纳地区各县相继成立县委。中共宁洱地委（原思普地委）为便于领导，分片成立车佛南3县和镇（越）、江（城）2县的两个中心县委，原中共车佛南总支结束。中心县委未设工作机构，具体工作由所驻县委代行。1952年5月，镇江中心县委撤销。1953年1月，西双版纳傣族自治区（专区级，政务院1954年9月批准）成立后，车佛南中心县委自然消失。］

（1）中共车佛南中心县委（1950.6 ~ 1953.1）

书　记：唐登岷（1950.6 ~ 1950.10兼）
　　　　杨成彬（1950.10 ~ 1952.5兼）
　　　　李新一（1952.5 ~ 1953.1兼）

副书记：邹垲夫（1950.6 ~ 1952.10任）

（2）中共镇江中心县委（1950.6 ~ 1952.5）

书　记：余时俊（1950.6 ~ 1951.4兼）
　　　　李新一（1951.4 ~ 1952.5兼）

副书记：纪庆明（1950.5 ~ 1952.5兼）

3. 中共西双版纳傣族自治区筹备委员会临时党组（1952.10～1953.1.23）

［1951年4月，车佛南各族人民代表会议召开，会议决定成立车佛南区域自治筹备委员会。1952年10月，经中共普洱地工委决定，设立中共西双版纳区域自治筹委会临时党组。］

书　记：丁锡武（兼，1952.10～1953.1任）
副书记：惠孝荣（未到职）

4. 中共西双版纳傣族自治区边疆工作委员会（1953.1～1955.6）

[1953年1月23日，西双版纳傣族自治区（专区级，政务院1954年9月批准）成立，同时成立中共西双版纳傣族自治区边疆工作委员会（简称区边工委），由中共云南省委委托中共普洱地工委（后改称思茅地委）领导。]

书　记：唐登岷（1953.1～1954.8兼）
　　　　师文焕（1953.1任，未到职）
副书记：刘　岩（1953.6～1955.6任）
　　　　李新一（1953.3～1955.6兼）

5. 中共西双版纳傣族自治州边疆工作委员会（1955.6～1958.1）

[1955年6月8日，"西双版纳傣族自治区"改为"西双版纳傣族自治州"，区边工委相应改称中共西双版纳傣族自治州边疆工作委员会（简称州边工委）。1957年10月，国务院批准撤销思茅专区，将其辖区的7个县划归西双版纳自治州。1958年3月，思茅地委和专署两机关开始搬迁至自治州驻地允景洪，准备与州党政机关合并。但由于各种原因，停止搬迁，仍保留思茅地委和专署建制（1964年8月，经国务院批准，恢复思茅专区。因实际上并未执行国务院1957年10月撤销思茅专区的命令，这一次实际上是依法办理行政报批手续），但对自治州边工委领导人作了较大调整，书记、副书记和委员相继调离。至同年6月，州边工委已无人领导而停止工作，工作机构被撤销，自治州所属各版纳党的工作由思茅地委直接领导。这种状况一直维持到1960年1月，中共云南省委任命了州边工委书记和副书记为止。州边工委不另设工作机构，与景洪县委合署办公。]

（1）1955.6～1958.1
书　　　记：孙　明（1955.9～1956.10任）
副　书　记：刘　岩（1955.6～1956.8任）
　　　　　　李德云（1956.3～1956.10任）
第一书记：孙　明（1956.10～1958.1任）
书记处书记：李德云（1956.10～1958.1任）
（2）1960.1～1962.10
书　记：周　凯（1960.1～1962.10任）
副书记：杨建国（1960.1～1962.10任）

6. 中共西双版纳傣族自治州工作委员会（1962.10.8～1967.3）

[1962年10月，经云南省委批准，西双版纳傣族自治州边疆工作委员会改称为中共西双版纳傣族自治州工作委员会，并设立常委会，建立工作机构。1963年1月，州工委与景洪县委机构正式分开，恢复其对原所属各县委的领导关系。]

书　　记：申玉卿（1963.3～1966.3兼）

彭名川（1966.3～1967.3兼）

第二书记：熊明发（1966.3兼；未到职）

副 书 记：高希峰（1962.10～1967.3兼）

（1962.10～1963.3任）

刘树生（回族，1966.3任，未到职）

何治平（彝族，1966.3～1967.3任）

李德英（1966.3～1967.3兼）

7. 西双版纳傣族自治州军事管制委员会（1967.3～1968.9）

［1967年3月，中央决定对云南省实行军事管制。3月30日，西双版纳傣族自治州军事管制委员会成立。］

主　任：郝生智

副主任：李玉先　秦德旺　周　践

8. 中共西双版纳傣族自治州革命委员会核心小组（1970.7.22～1971.12）

［1968年10月，西双版纳傣族自治州革命委员会（简称州革委会）成立，州革委会实行党政财文“一元化”领导，州军管会不再发挥领导作用。1970年7月22日，成立州革委会核心小组。］

组　长：于升鳌

成　员：李金财　刘秀岭　曹杰三　杨　清

9. 中共西双版纳傣族自治州工作委员会（1971.12～1973.8）

［1971年12月，中共云南省委批准成立中共西双版纳傣族自治州工作委员会，至此，州革委会党的核心领导小组使命结束。］

书　记：丁锡武（1971.12～1973.8兼）

副书记：陆启余（1971.12～1973.8任）

刀志明（傣族，1971.12～1973.8任）

刘秀岭（1971.12～1973.8任）

唐家寿（哈尼族，1972.5～1973.8任）

刀国栋（傣族，1972.10～1973.8任）

10. 中共西双版纳傣族自治州委员会（1973.8～1982.8）

［1973年8月10日，云南省委发出《关于成立中共西双版纳、德宏、迪庆、怒江四个州委员会的通知》，10月5日，撤销中共西双版纳州工作委员会，成立中共西双版纳傣族自治州委员会。10月20日，省委发出《关于中共西双版纳傣族自治州委员会、州革命委员会成员任职的通知》，任命州委委员37人，常委20人。中共十一届三中全会以后，省委对州委领导人员作了较大调整。］

书　记：徐忠启（1973.10.20～1975.6任）

刀国栋（傣族，1975.6～1978.1任）

王泽民（1978.1～1979.12任）
杨振华（1979.12～1981.11任）
彭名川（1981.11～1982.8兼）
副书记：彭名川（1973.10.20～1977.4任）
刀国栋（傣族，1973.10～1975.6任）
李玉先（1973.10～1982.8任）
陆启余（1973.10～1975.6任）
唐家寿（哈尼族，1973.10～1982.8任）
刀群英（女，傣族，1973.10～1980.4任）
刀志明（傣族，1973.10～1980.4任）
于升鳌（1973.10～1974.12任）
王泽民（1975.6～1978.1任）
朱　铮（1975.6～1980.6任）
王克忠（1977.4～1980.3任）
张明善（1977.4～1982.8任）
张志诚（1977.4～1981.3任）
刀育才（傣族，1978.6～1981.10任）
刀光亮（傣族，1978.12～1982.8任）
余　松（1981～1982.8任）
何　贵（基诺族，1982.1～1982.8任）
龚一匡（1982.5～1982.8任）

11. 中共西双版纳傣族自治州第一届委员会（1982.8～1987.9）

［1982年8月24日至29日，中共西双版纳傣族自治州第一次代表大会在允景洪召开，会议选举产生中共西双版纳傣族自治州第一届委员会委员35名、候补委员4名。州委一届一次全体委员会议选举产生州委书记1人、副书记5人。］

（1）1982.8～1983.8
［1982年8月28日州委一届一次全会选举产生。］
书　记：彭名川（1982.8～1983.8任）
副书记：刀光亮（傣族，1982.8～1983.8任）
唐家寿（哈尼族，1982.8～1983.8任）
龚一匡（1982.8～1983.8任）
张明善（1982.8～1983.8任）
何　贵（基诺族，1982.8～1983.8任）

（2）1983.8～1987.9
［1983年8月机构改革中，中共云南省委对州委领导班子进行了调整。］
书　记：龚一匡（1983.8～1986.9任）
李殿彦（1986.9～1987.9任）

副书记：刀光亮（傣族，1983.8～1987.9任）
唐家寿（哈尼族，1983.8～1984.7任）
张明善（1983.8～1985.5任）
何　贵（基诺族，1983.8～1987.9任）

12. 中共西双版纳傣族自治州第二届委员会（1987.9～1992.6）

[1987年9月14日至18日，中共西双版纳傣族自治州第二次代表大会在允景洪召开，会议选举产生中共西双版纳傣族自治州第二届委员会委员31名、候补委员4名。州委二届一次全体委员会议选出州委常委10人、书记1人、副书记2人。]

书　记：李殿彦（1987.9～1990.3任）
胡朝淦（1990.3～1992.6任）
副书记：刀光亮（傣族，1987.9～1992.6任）
何　贵（基诺族，1987.9～1992.6任）
胡　润（1988.1～1991.8任）
钱良儒（1991.4～1992.6任）

13. 中共西双版纳傣族自治州第三届委员会（1992.6.14～1993.12.31）

[1992年6月9日至14日，中共西双版纳傣族自治州第三次代表大会在允景洪召开，会议选举产生中共西双版纳傣族自治州第三届委员会委员31名、候补委员4名。州委三届一次全体委员会议选出州委常委9人、书记1人、副书记2人。]

书　记：胡朝淦（1992.6～1992.11任）
陈思雄（1992.11～1993.12任）
副书记：刀爱民（傣族，1992.6～1993.12任）
钱良儒（1992.6～1993.12任）

（二）西双版纳傣族自治州人民代表大会常务委员会

[西双版纳傣族自治州人民代表大会常务委员会（简称州人大常委会）是根据《中华人民共和国地方各级人民代表大会和地方各级人民政府组织法》的有关规定，于1982年8月州第六届人民代表大会第一次会议决定设置的。州人大常委会是州人民代表大会的常设机构。]

1. 西双版纳傣族自治州第六届人大常委会（1982.8～1987.8）

[1982年8月14日至18日，西双版纳傣族自治州第六届人民代表大会第一次会议在允景洪召开，会议决定设立西双版纳傣族自治州人民代表大会常务委员会，并选出州第六届人大常委会主任1人、副主任5人。]

主　任：唐家寿（哈尼族，1982.8～1987.8任）
副主任：苏　恒（1982.8～1984.5任）
刀兴才（傣族，1982.8～1987.8任）

邓福昌（瑶族， 1982.8～1984.5兼）

赵剑波（回族，1982.8～1987.8任）

朱忠恒（1982.8～1987.8任）

宗宁生（1984.5～1987.8任）

岩香坎（布朗族，1984.5～1987.8任）

刀应松（傣族，1984.5～1987.8任）

2. 西双版纳傣族自治州第七届人大常委会（1987.9～1992.5）

［1987年9月2日至8日，西双版纳傣族自治州第七届人民代表大会第一次会议在允景洪召开，会议选出自治州第七届人大常委会主任1人、副主任5人。］

主　任：何　贵（基诺族，1987.9～1992.5任）

副主任：刀兴才（傣族，1987.9～1992.5任）

岩香坎（布朗族，1987.9～1992.5任）

李有新（哈尼族，1987.9～1992.5任）

玉　棒（女，傣族，1987.9～1992.5任）

任舜年（1987.9～1991.5任）

3. 西双版纳傣族自治州第八届人大常委会（1992.5.30～1993.12.31）

［1992年5月24日至30日，西双版纳傣族自治州第八届人民代表大会第一次会议在允景洪召开，会议选出自治州第八届人大常委会主任1人、副主任5人。］

主　任：刀兴才（傣族，1992.5～1993.12任）

副主任：岩香坎（布朗族，1992.5～1993.12任）

李有新（哈尼族，1992.5～1993.9任）

玉　棒（女，傣族，1992.5～1993.12任）

徐世学（1992.5～1993.12任）

周志军（基诺族，1992.5～1993.12任）

（三）西双版纳地方政府

1. 西双版纳傣族自治区人民政府（1953.1～1955.6）

［1953年1月19日至23日，西双版纳傣族自治区首届各族各界人民代表第一次会议召开，会议根据《中华人民共和国民族区域自治实施纲要》的规定，建立“西双版纳傣族自治区人民政府”，选举产生自治区人民政府主席1人、副主席6人。西双版纳傣族自治区人民政府由云南省人民政府委托普洱专区专员公署领导。］

主　席：召存信（傣族，1953.1～1955.6任）

副主席：刀承宗（傣族，1953.1～1955.6任）

刀学林（傣族，1953.1任，当选后数日病故）

车　罗（哈尼族，1953.1～1955.6任）
刘　岩　（1953.1～1955.6任）
刀有良（傣族，1953.1～1955.6任）
刀栋庭（傣族，1953.1～1955.6任）

2. 西双版纳傣族自治州第二届人民委员会（1955.6～1961.5）

［1955年6月8日，西双版纳傣族自治区二届一次会议根据《中华人民共和国宪法》“关于行政区域划分”的规定，将“西双版纳傣族自治区”改称“西双版纳傣族自治州（简称西双版纳州）”。同年12月，自治区人民政府改称“自治州人民委员会”，隶属关系不变。］

州　长：召存信（傣族，1955.6～1961.5任）
副州长：刀承宗（傣族，1955.6～1961.5任）
车　罗（哈尼族，1955.6～1961.5任）
刀有良（傣族，1955.6～1961.5任）
刀栋庭（傣族，1955.6～1961.5任）
刀治国（傣族，1955.6～1961.5任）
刘　岩（1955.6～1956.9任）

3. 西双版纳傣族自治州第三届人民委员会（1961.5～1963.12）

［1961年5月4日，西双版纳傣族自治州第三届人民代表大会第一次会议在允景洪召开，会议选举产生自治州人民委员会组成人员。］

州　长：召存信（傣族，1961.5～1963.12任）
副州长：杨建国（1961.5～1963.12任）
刀承宗（傣族，1961.5～1963.12任）
车　罗（哈尼族，1961.5～1963.12任）
刀有良（傣族，1961.5～1963.12任）
刀栋庭（傣族，1961.5～1963.12任）
刀治国（傣族，1961.5～1963.12任）

4. 西双版纳傣族自治州第四届人民委员会（1963.12～1967.3）

［1963年12月9日，西双版纳傣族自治州第四届人民代表大会第一次会议在允景洪召开，会议选举产生自治州人民委员会组成人员。］

州　长：召存信（傣族，1963.12～1967.3任）
副州长：高希峰（1963.12～1967.3任）
刀承宗（傣族，1963.12～1967.3任）
车　罗（哈尼族，1963.12～1967.3任）
刀有良（傣族，1963.12～1967.3任）
刀栋庭（傣族，1963.12～1967.3任）
刀治国（傣族，1963.12～1967.3任）

5. 西双版纳傣族自治州军事管制委员会（1967.3～1968.9）

［1966年5月“文革”开始后，州人委机关受到造反派冲击而陷于瘫痪，1967年3月，西双版纳傣族自治州军事管制委员会成立，对全州实行军管。］

主　任：郝生智（1967.3～1968.9任）

副主任：李玉先（1967.3～1968.9任）

　　　　秦德旺（1967.3～1968.9任）

　　　　周　践（1967.3～1968.9任）

6. 西双版纳傣族自治州革命委员会（1968.9～1976.10）

［1968年9月28日，西双版纳傣族自治州革命委员会成立（简称州革委会），受思茅专（地）区革委会领导，1973年8月改由省革委会领导。］

（1）1968.9～1976.10

主　任：郝生智（军代表，1968.9～1970.5任）

　　　　于升鳌（军代表，1970.5～1972.5任）

　　　　丁锡武（军代表，1972.5～1973.10任）

　　　　徐忠启（军代表，1973.10～1975.6任）

　　　　刀国栋（傣族，军代表，1975.6～1976.10任）

副主任：彭名川（干部代表，1968.9～1976.10任）

　　　　周　践（军代表，1968.9～1972.10任）

　　　　秦德旺（军代表，1968.9～1972.10任）

　　　　李德英（干部代表，1968.9～1970.2任）

　　　　王　征（群众代表，1968.9～1972.10任）

　　　　张庆武（群众代表，1968.9～1976.10任）

　　　　李金财（军代表，1970.5～1972.10任）

　　　　刘秀岭（军代表，1970.5～1973.10任）

　　　　刀志明（傣族，干部代表，1972.5～1972.10任）

　　　　唐家寿（哈尼族，干部代表，1972.5～1972.10任）

　　　　刀治国（傣族，干部代表，1972.5～1972.10任）

　　　　刀国栋（傣族，军队代表，1972.5～1975.6任）

　　　　陆启余（干部代表，兼，1971.12～1975.6任）

　　　　李玉先（军队代表，1972.10～1976.10任）

　　　　王春波（干部代表，1972.10～1975.6任）

　　　　刀群英（女，傣族，干部代表，1972.10～1976.10任）

　　　　朱克家（群众代表，1972.10～1976.10任）

　　　　召存信（傣族，干部代表，1972.10～1976.10任）

　　　　王泽民（干部代表，1975.6～1976.10任）

　　　　刀有良（傣族，干部代表，1976.1～1976.4任）

（2）1976.10～1978.12

主　任：刀国栋（傣族，1976.10～1978.1任）

刀光亮（傣族，1978.1～1978.12任）

副主任：彭名川（1976.10～1977.3任）

张庆武（1976.10～1978.12任）

李玉先（1976.10～1978.12任）

刀群英（女，傣族，1976.10～1978.12任）

朱克家（1976.10～1978.12任）

召存信（傣族，1976.10～1978.12任）

王泽民（1976.10～1978.12任）

刀育才（傣族，1976.10～1978.12任）

（3）1978.12～1982.8

［1978年12月22日至29日，西双版纳傣族自治州第五届人民代表大会第一次会议在允景洪召开，会议选举产生州革委会主任1人、副主任8人。］

主　任：刀光亮（傣族，1978.12～1982.8任）

副主任：唐家寿（哈尼族，1978.12～1982.8任）

余　松（1978.12～1982.8任）

刀育才（傣族，1978.12～1981.11任）

花　淳（1978.12～1980.12任）

召存信（傣族，1978.12～1982.8任）

何　贵（基诺族，1978.12～1982.8任）

邓富昌（瑶族，1978.12～1982.8任）

岩香坎（布朗族，1978.12～1982.8任）

7. 西双版纳傣族自治州第六届人民政府（1982.8～1987.9）

［1982年8月14日至18日，西双版纳傣族自治州第六届人民代表大会第一次会议在允景洪召开，会议决定撤销州革命委员会，恢复州人民政府称谓，选举召存信为州长、龚一匡等6人为副州长。］

州　长：召存信（傣族，1982.8～1987.9任）

副州长：龚一匡（1982.8～1983.9任）

岩香坎（布朗族，1982.8～1983.9任）

刀爱民（傣族，1982.8～1987.9任）

李润民（1982.8～1983.9任）

宗宁生（1982.8～1983.9任）

李有新（哈尼族，1982.8～1987.9任）

何　贵（基诺族，1983.9～1987.9任）

尹明寿（女，1983.9～1987.9任）

徐世学（1983.9～1987.9任）

8. 西双版纳傣族自治州第七届人民政府（1987.9～1992.5）

［1987年9月2日至8日，西双版纳傣族自治州第七届人民代表大会第一次会议在允景洪召开，会议选举召存信为州长、田家祥等6人为副州长。］

州　长：召存信（傣族，1987.9～1992.5任）

副州长：田家祥（傣族，1987.9～1992.5任）

尹明寿（女，1987.9～1992.5任）

刀爱民（傣族，1987.9～1992.5任）

徐世学（1987.9～1992.5任）

李　勇（哈尼族，1987.9～1992.5任）

任舜年（1991.6～1992.5任）

9. 西双版纳傣族自治州第八届人民政府（1992.5.30～1993.12.31）

［1992年5月24日至30日，西双版纳傣族自治州第八届人民代表大会第一次会议在允景洪召开，会议选举刀爱民为州长、尹明寿等4人为副州长。］

州　长：刀爱民（傣族，1992.5～1993.12任）

副州长：尹明寿（女，1992.5～1993.12任）

李　勇（哈尼族，1992.5～1993.12任）

杨建明（傣族，1992.5～1993.12任）

毛义强（1992.5～1993.12任）

（四）中国人民政治协商会议西双版纳傣族自治州委员会

［1953年1月设立西双版纳傣族自治区政治协商委员会。1955年6月10日，根据《宪法》“关于行政区域划分”的规定，西双版纳傣族自治区改称西双版纳傣族自治州，自治区政协组织相应改称政协西双版纳傣族自治州委员会。］

1. 政协西双版纳傣族自治区人民代表会议协商委员会（1953.1～1955.6）

［1953年1月17日至22日，西双版纳傣族自治区第一届第一次各族各界人民代表会议在车里召开，会议通过了《关于设立西双版纳傣族自治区政治协商委员会的协议》，选出自治区协商委员会委员37人，其中主席1人、副主席6人。23日正式宣布成立。］

主　席：召存信（傣族，1953.1～1955.6兼）

副主席：余　松（1953.1～1955.6兼）

祜巴勐（傣族，1953.1～1955.6任）

白腊兹（基诺族，1953.1～1955.6任）

刀桂庭（布朗族，1953.1～1955.6任）

黄三老二（瑶族，1953.1～1955.6任）

刀栋庭（傣族，1953.1～1955.6任）

2. 政协西双版纳傣族自治州第二届委员会（1955.6～1961.4）

［1955年6月初，西双版纳傣族自治区改称西双版纳傣族自治州，同时，将自治区协商委员会改称政协西双版纳傣族自治州委员会（简称州政协）。1955年6月9日至10日，政协西双版纳傣族自治州第二届委员会第一次会议在允景洪召开，选出州政协第二届委员会主席1人、副主席9人、常委16人。1959年6月24日至30日召开州政协二届四次全会，补选周凯为主席，唐家寿、刀栋刚为副主席。］

主　席：刘　岩（1955.6.10~1956.8兼）
　　　　周　凯（1959.6~1961.4兼）
副主席：祜巴勐（傣族，1955.6~1961.4任）
　　　　刀桂庭（布朗族，1955.6~1961.4任）
　　　　刀栋宇（傣族，1955.6~1961.4任）
　　　　黄三老二（瑶族，1955.6~1961.4任）
　　　　白腊兹（基诺族，1955.6~1961.4任）
　　　　李德云（1955.6~1961.4兼）
　　　　刀福汉（傣族，1955.6~1961.4任）
　　　　刀国栋（傣族，1955.6~1961.4兼）
　　　　刀有良（傣族，1955.6~1961.4任）
　　　　唐家寿（哈尼族，1959.6~1961.4任）
　　　　刀栋刚（傣族，1959.6~1961.4任）

3. 政协西双版纳傣族自治州第三届委员会（1961.5～1963.12）

［1961年4月27日至5月4日，政协西双版纳傣族自治州第三届委员会第一次会议在允景洪召开，选出州政协第三届委员会主席1人、副主席9人、常委14人。］

主　席：周　凯（1961.5~1962.10兼）
副主席：松溜阿戛牟尼（傣族，1961.5~1963.12任）
　　　　刀有良（傣族，1961.5~1963.12任）
　　　　刀桂庭（布朗族，1961.5~1963.12任）
　　　　白腊兹（基诺族，1961.5~1963.12任）
　　　　刀国栋（傣族，1961.5~1963.12兼）
　　　　刀福汉（傣族，1961.5~1963.12任）
　　　　唐家寿（哈尼族，1961.5~1963.12兼）
　　　　刀栋刚（傣族，1961.5~1963.12任）
　　　　黄三老二（瑶族，1961.5~1963.12任）

4. 政协西双版纳傣族自治州第四届委员会（1963.12～1966.5）

［1963年12月5日至9日，政协西双版纳傣族自治州第四届委员会第一次会议在允景洪召开，选出州政协第四届委员会主席1人、副主席8人、常委24人。1966年5月“文革”开始后，

州政协受到冲击被迫停止活动。]

主　席：申玉卿（1963.12～1966.3兼）

副主席：高希峰（1963.12～1966.5兼）

松溜阿戛牟尼（傣族，1963.12～1966.5兼）

刀栋刚（傣族，1963.12～1966.5任）

刀有良（傣族，1963.12～1966.5兼）

刀桂庭（布朗族，1963.12～1966.5任）

刀福汉（傣族，1963.12～1966.5任）

白腊兹（基诺族，1963.12～1966.5任）

黄三老二（瑶族，1963.12～1966.5任）

5. 政协西双版纳傣族自治州第五届委员会（1982.8～1987.8）

[1980年后，政协西双版纳傣族自治州委员会逐渐恢复工作。1982年8月11日至18日，政协西双版纳傣族自治州第五届委员会第一次全体会议在允景洪召开，选出州政协第五届委员会主席1人，副主席9人，常委30人。1983年6月州级党政机关进行机构改革，州政协领导班子作调整。1984年5月8日至13日召开州政协五届三次会议，选举苏恒为州政协主席，增补3名副主席。]

主　席：刀光亮（傣族，1982.8～1983.8兼）

苏　恒（1984.5～1987.8任）

副主席：王　征（1982.8～1983.8兼）

王荫炎（1982.8～1986.7任）

刀福汉（傣族，1982.8～1987.8 任）

刀定国（傣族，1982.8～1984.3任）

召贺怀（傣族，1982.8～1987.8任）

刀卉芳（女，傣族，1982.8～1987.8任）

范嘉乐（傣族，1982.8～1983.8任）

岩腊老五（布朗族，1982.8～1987.8任）

都龙曼费（傣族，1982.8～1984.4兼）

舒　众（1984.5～1987.3任）

周庆年（1984.5～1987.8兼）

桑卡拉扎（傣族，1984.5～1987.8兼）

6. 政协西双版纳傣族自治州第六届委员会（1987.8～1992.5）

[1987年8月29日至9月6日，政协西双版纳傣族自治州第六届委员会第一次全体会议在允景洪召开，选出州政协第六届委员会常务委员会主席1人、副主席9人。]

主　席：苏　恒（1987.8～1992.5任）

副主席：邓福昌（瑶族，1987.8～1992.5任）

吴维松（1987.8～1992.5兼）

刀福汉（傣族，1987.8～1992.5任）
刀卉芳（女，傣族，1987.8～1992.5任）
岩腊老五（布朗族，1987.8～1992.5任）
周庆年（1987.8～1992.5兼）
桑卡拉扎（傣族， 1987.8～1992.5兼）
李家兴（哈尼族，1987.8～1992.5任）
征　鹏（傣族，1987.8～1992.5任）

7. 政协西双版纳傣族自治州第七届委员会（1992.5～1993.12）

[1992年5月10日至17日，政协西双版纳傣族自治州第七届委员会第一次全体会议在允景洪召开，选出州政协第七届委员会常务委员会主席1人，副主席9人。]

主　席：任舜年（1992.5～1993.12任）
副主席：邓福昌（瑶族，1992.5～1993.12任）
刀卉芳（女，傣族，1992.5～1993.12任）
刀福汉（傣族，1992.5～1993.12任）
岩腊老五（布朗族，1992.5～1993.12任）
桑卡拉扎（傣族，1992.5～1993.12任）
征　鹏（傣族，1992.5～1993.12任）
韩培根（女， 1992.5～1993.12兼）
吴廷才（1992.5～1993.12任）
曹祖培（哈尼族，1992.5～1993.12任）

（马志敏／供稿）

文山壮族苗族自治州党政组织职官志
（1949.10～1993.12）

［文山壮族苗族自治州成立于1958年4月，为历史衔接，本志从1950年3月中共文山地方委员会成立撰起。组织职官分为中共文山地方组织、文山壮族苗族自治州人民代表大会常务委员会、文山地方政府、中国人民政治协商会议文山壮族苗族自治州委员会4类。各组织职官名称的沿革，在类下逐一志述，其组织成立的由来及其建制、职官等情况，随文予以简明提示与解说。］

（一）中国共产党文山地方组织

1. 中共文山地方委员会（1950.3～1966.5）

［1950年3月，根据中共云南省委决定，原中共地下党滇东南地方委员会改称中共文山地方委员会（简称中共文山地委）。1951年初，为加强边疆地区的工作，从野战军抽调大批党员干部到文山地区，充实和加强专县、区党的领导机构和工作机构。1957年5月，经国务院批准，撤销文山专区，设立文山壮族苗族自治州，于1958年4月1日成立。由于未召开党代表大会，自治州党的领导机构仍称中共文山地委。］

书　记：饶　华（1950.1～1950.5任）
　　　　杨　江（1950.5～1951.10任）
　　　　梁　家（1951.10～1955.7任）
　　　　翟文涛（1956.7～1965.1任）
　　　　李　原（1965.1～1966.5任）
副书记：庞　自（1950.5～1952.9任）
　　　　李　铣（彝族，1959.9～1966.5任）
　　　　郝印吾（1956.11～1960.1任）
　　　　马生申（1958.7～1962.7任）
　　　　李　程（1958.12～1962.7任）
　　　　董树人（1960.9～1962.7任）
　　　　石　光（1963.12～1966.5任）
　　　　李逢葶（1966.2～1966.5任）

2. 中共文山壮族苗族自治州革命委员会核心小组（1969.12～1971.6）

［1969年12月，中共文山壮族苗族自治州革命委员会核心小组成立，由州革委会主任白瑞章兼任核心小组组长，实行党政“一元化”领导。］

组　长：白瑞章（1969.12～1971.6任）

副组长：李逢萼（1969.12 ~ 1971.6任）

3. 中共文山壮族苗族自治州第一届委员会（1971.6～1980.11）

［1971年6月14日至16日，中共文山壮族苗族自治州第一次代表大会在文山县城召开，大会选出中共文山壮族苗族自治州第一届委员会委员45名，在州委一届一次全体委员会议上选出常委、书记、副书记。6月24日，中共云南省委常委会议批准大会选举结果。大会后，中共文山地方委员会改称中共文山壮族苗族自治州委员会。1977年春至1978年间，中共云南省委调整了州委领导班子。］

书　记：岳永喜（1971.6 ~ 1975.5任）
康守忠（1975.5 ~ 1977.9任）
张曙光（1977.9 ~ 1978.1代）
（1978.1 ~ 1980.11任）

副书记：李逢萼（1971.6 ~ 1975.6任）
孙国荣（1971.6 ~ 1975.6任）
边永安（1971.6 ~ 1975.6任）
王　民（1975.10 ~ 1978.10任）
王　琹（1975.10 ~ 1977.4任）
程　浩（1975.6 ~ 1980.11任）
李　铣（彝族，1975.6 ~ 1980.11任）
王正光（苗族，1977.4 ~ 1980.11任）
赵廷光（瑶族，1977.4 ~ 1980.11任）
昝明德（1978.12 ~ 1980.11任）
郝千锁（1978.12 ~ 1980.11任）

4. 中共文山壮族苗族自治州第二届委员会（1980.11～1986.4.5）

［1980年11月16日至19日，中共文山壮族苗族自治州第二次代表大会在文山县城召开，大会选出州委第二届委员会委员39人、候补委员6人，在州委二届一次全体委员会议上选出州委常委、书记、副书记。］

书　记：罗运通（1980.11 ~ 1984.1任）
李殿彦（1984.1 ~ 1986.4任）

副书记：赵廷光（瑶族，1980.11 ~ 1983.7任）
郝千锁（1980.11 ~ 1983.7任）
熊世祯（苗族，1980.11 ~ 1983.12任）
贾尚清（1983.7 ~ 1986.4任）
叶萃天（1983.7 ~ 1985.12任）
陶文礼（壮族，1984.1 ~ 1986.4任）

5. **中共文山壮族苗族自治州第三届委员会**（1986.4～1991.3）

[1986年4月5日至10日，中共文山壮族苗族自治州第三次代表大会在文山县城召开，大会选出州委第三届委员会委员48人，在州委三届一次全体委员会议上选出州委常委、书记、副书记。1986年10月，州委书记李殿彦调离，同月禹杨昌代理州委书记，1987年10月接任州委书记。]

书　记：李殿彦（1986.4～1986.10任）
　　　　禹杨昌（1986.10～1987.8代）
　　　　　　　（1987.10～1990.8任）
　　　　戴光禄（壮族，1990.8～1991.3任）
副书记：贾尚清（1986.4～1989.10任）
　　　　王正光（苗族，1989.7～1994.4任）
　　　　卢昌泰（壮族，1986.4～1991.3任）
　　　　李新富（1986.4～1991.3任）
　　　　戴光禄（壮族，1989.8～1990.8任）
　　　　周亚贤（1990.10～1991.3任）

6. **中共文山壮族苗族自治州第四届委员会**（1991.3～1993.12）

[1991年3月，中共文山壮族苗族自治州第四次代表大会在文山县城召开，大会选出州委第四届委员会常委、书记、副书记。]

书　记：戴光禄（1991.3～1993.12任）
副书记：周亚贤（1991.3～1993.12任）
　　　　王正光（1991.3～1993.12任）
　　　　卢昌泰（壮族，1991.3～1993.12任）
　　　　张少云（1991.3～1993.12任）

（二）文山壮族苗族自治州人民代表大会常务委员会

[文山壮族苗族自治州人民代表大会常务委员会是根据《中华人民共和国地方各级人民代表大会和地方各级人民政府组织法》的规定，于1980年11月在文山壮族苗族自治州第七届人民代表大会上决定设立的。]

1. **文山壮族苗族自治州第七届人大常委会**（1980.12～1986.4）

[1980年11月28日至12月3日，文山壮族苗族自治州第七届人民代表大会第一次会议在文山召开，会议决定设立自治州人民代表大会常务委员会（简称州人大常委会），并选举产生自治州人大常委会主任、副主任、委员。1984年3月3日召开州七届人大四次会议，补选主任1人、副主任2人。]

主　任：罗运通（壮族，1980.12～1984.3兼）

杨　铎（1984.3 ~ 1986.4任）

副主任：吴志玉（1980.12 ~ 1986.4任）

项朝祯（苗族，1980.12 ~ 1986.4任）

赵万象（彝族，1980.12 ~ 1986.4任）

田顺喜（回族，1980.12 ~ 1986.4任）

卢群华（女，壮族，1980.12 ~ 1986.4任）

樊志超（1984.3 ~ 1986.4任）

游重文（1984.3 ~ 1986.4任）

2. 文山壮族苗族自治州第八届人大常委会（1986.4～1991.4）

[1986年4月9日至14日，文山壮族苗族自治州第八届人民代表大会第一次会议在文山召开，会议选举产生自治州第八届人大常委会主任、副主任、委员。]

主　任：邓廷洲（瑶族，1986.4 ~ 1991.4任）

副主任：项朝祯（苗族，1986.4 ~ 1991.4任）

游重文（1986.4 ~ 1989.7任）

张云伦（1986.4 ~ 1991.4任）

金凤仙（女，回族，1986.4 ~ 1991.4任）

王永安（1987.11 ~ 1991.4任）

3. 文山壮族苗族自治州第九届人大常委会（1991.4～1993.12）

[1991年4月7日至12日，文山壮族苗族自治州第九届人民代表大会第一次会议在文山召开，会议选举产生自治州第九届人大常委会主任、副主任、委员。]

主　任：邓廷洲（瑶族，1991.4 ~ 1993.12任）

副主任：金凤仙（女，回族，1991.4 ~ 1993.12任）

王永安（1991.4 ~ 1993.12任）

杨德兴（1991.4 ~ 1993.12任）

陶华贵（1991.4 ~ 1993.12任）

（三）文山地方政府

1. 滇东南行政专员公署（1949.10～1950.3）

[1950年1月，滇桂黔边区滇东南行政专员公署进驻文山县城。]

专　员：宋启华（1949.10 ~ 1950.3任）

2. 文山（专区）专员公署（1950.3～1958.3）

[1950年3月，原滇东南行政专员公署改称文山专区行政督察专员公署，1950年10月改称文山专区专员公署，1955年3月，改称文山专员公署。]

专　员：宋启华（1950.3 ~ 1952.11任）
　　　　孔苑农（1953.2 ~ 1955.8任）
　　　　马生申（1955.8 ~ 1958.3任）
副专员：刘振江（1950.5 ~ 1951.12任）
　　　　孔苑农（1952.10 ~ 1953.2任）
　　　　程振国（1953.2任）
　　　　龙明传（壮族，1956.11 ~ 1958.3任）
　　　　王朝贵（壮族，1956.11 ~ 1958.3任）

3. 文山壮族苗族自治州第一届人民委员会（1958.4～1960.12）

［1957年5月，经国务院批准，成立文山壮族苗族自治州。1958年3月26日至4月1日，文山壮族苗族自治州第一届人民代表大会第一次会议在文山县城召开，会议选举产生州长1人、副州长4人。］

州　长：罗运通（壮族，1958.4 ~ 1960.12任）
副州长：黄寿云（苗族，1958.4 ~ 1960.12任）
　　　　李　铣（彝族，1958.4 ~ 1960.12任）
　　　　赵廷光（瑶族，1958.4 ~ 1960.12任）
　　　　龙明传（壮族，1958.4 ~ 1959.9任）

4. 文山壮族苗族自治州第二届人民委员会（1960.12～1963.11）

［1960年12月，文山壮族苗族自治州第二届人民代表大会第一次会议在文山县城召开，会议选举产生州长1人、副州长4人。］

州　长：罗运通（壮族，1960.12 ~ 1963.11任）
副州长：黄寿云（苗族，1960.12 ~ 1963.11任）
　　　　李　铣（彝族，1960.12 ~ 1963.11任）
　　　　赵廷光（瑶族，1960.12 ~ 1963.11任）
　　　　董树人（1960.12 ~ 1963.11任）

5. 文山壮族苗族自治州第三届人民委员会（1963.11～1966.1）

［1963年11月19日至24日，文山壮族苗族自治州第三届人民代表大会第一次会议在文山县城召开，会议选举产生州长1人、副州长3人。］

州　长：罗运通（壮族，1963.11 ~ 1966.1任）
副州长：黄寿云（苗族，1963.11 ~ 1966.1任）
　　　　李　铣（彝族，1963.11 ~ 1966.1任）
　　　　赵廷光（瑶族，1963.11 ~ 1966.1任）

6. 文山壮族苗族自治州第四届人民委员会（1966.1～1966.5）

［1966年1月4日至9日，文山壮族苗族自治州第四届人民代表大会第一次会议在文山县城

召开，会议选举产生州长1人、副州长5人。]

州　长：罗运通（壮族，1966.1.9～1966.5任）

副州长：黄寿云（苗族，1966.1.9～1966.5任）

李　铣（彝族，1966.1.9～1966.5任）

赵廷光（瑶族，1966.1.9～1966.5任）

彭　志（1966.1.9～1966.5任）

向国斌（1966.1.9～1966.5任）

7. 文山壮族苗族自治州军事管制委员会（1967.3～1968.9）

[1967年3月，中央决定对云南省实行军事管制，3月24日，文山壮族苗族自治州军事管制委员会成立，并宣布全州的党政财文等一切权力归军管会行使。]

主　任：崔正三（1967.3～1968.9任）

副主任：张渡人（1967.3～1968.9任）

张伯涛（1967.3～1968.9任）

张发荣（1967.3～1968.9任）

8. 文山壮族苗族自治州革命委员会（1968.9～1980.11）

[1968年9月26日，经云南省革命委员会批准，文山壮族苗族自治州革命委员会成立，州革命委员会由军队代表、干部代表和群众代表组成“三结合”领导机构，对全州实行党政财文“一元化”领导。]

（1）1968.9～1978.9

[领导成员由省委直接任命。]

主　任：席伯晏（1968.9任；未到职）

王继模（1968.12～1969.12任）

白瑞章（1969.12～1971.6任）

岳永喜（1971.6～1975.5任）

罗运通（壮族，1975.6～1978.9任）

副主任：张远斌（军代表，1968.9任）

王文富（军代表，1968.9任）

石　光（1968.9～？任）

李逢萼（1968.9～1975.10任）

周长贵（群众代表，1968.9～1975.10任）

何立宽（群众代表，1968.9～1975.10任）

沈秀珍（女，群众代表，1968.9任）

熊福仙（女，苗族，1968.9～1971.6任）

边永安（军代表，1970.5～1975.6任）

李传田（军代表，1970.5～1975.6任）

李　铣（彝族，1972.7～1978.9任）

康守忠（1972.7～1976.10任）

李晓铁（1975.5任）

王　琴（1975.10～1977.4任）

王　民（1975.10～1978.9任）

赵廷光（瑶族，1975.7～1978.9任）

彭　志（1977.11～1978.9任）

（2）1978.9～1980.11

［1978年9月，文山壮族苗族自治州第六届人民代表大会第一次会议在文山召开，会议选举产生文山壮族苗族自治州革命委员会主任1人、副主任7人。］

主　任：罗运通（壮族，1978.9～1980.11任）

副主任：李　铣（彝族，1978.9～1980.11任）

彭　志（1978.9～1980.11任）

项朝祯（苗族，1978.9～1980.11任）

邓廷洲（瑶族，1978.9～1980.11任）

张法全（1978.9～1980.11任）

马宗亮（回族，1978.9～1980.11任）

卢群华（女，壮族，1978.9～1980.11任）

9. 文山壮族苗族自治州第七届人民政府（1980.12～1986.4）

［1980年11月28日至12月3日，文山壮族苗族自治州第七届人民代表大会第一次会议在文山县城召开，会议决定设立文山壮族苗族自治州人大常委会，恢复建立自治州人民政府，撤销自治州革命委员会，并选出州长、副州长。］

州　长：熊世祯（苗族，1980.12～1983.12任）

陶文礼（壮族，1984.3～1986.4任）

副州长：樊志超（1980.12～1984.3任）

冯永超（1980.12～1984.3任）

张映槐（1980.12～1986.4任）

张自海（彝族，1980.12任，未到职）

邓廷洲（瑶族，1980.12～1984.3任）

杨德兴（1983.7～1986.4任）

庄宗玉（女，1983.7～1986.4任）

10. 文山壮族苗族自治州第八届人民政府（1986.4～1991.4）

［1986年4月9日至14日，文山壮族苗族自治州第八届人民代表大会第一次会议在文山县城召开，会议选举产生自治州人民政府州长1人、副州长3人。］

州　长：王正光（苗族，1986.4～1991.4任）

副州长：张映槐（1986.4～1991.4任）

杨德兴（1986.4～1991.4任）

任　勇（壮族，1986.4～1991.4任）
马宗亮（回族，1987.10～1991.4任）
王显达（1987.10～1991.4任）

11. 文山壮族苗族自治州第九届人民政府（1991.4～1993.12）

［1991年4月7日至12日，文山壮族苗族自治州第九届人民代表大会第一次会议在文山县城召开，会议选举产生自治州人民政府州长1人、副州长3人。］

州　长：王正光（苗族，1991.4～1993.12任）
副州长：任　勇（壮族，1991.4～1993.12任）
王定星（1991.4～1993.8任）
李维林（1991.6～1993.12任）
马　骏（1992.9～1993.12任）
王永奎（壮族，1993.12～1993.12任）

（四）中国人民政治协商会议文山壮族苗族自治州委员会

［1958年4月，根据《中国人民政治协商会议章程》的规定，经中共云南省委批复同意，正式建立政协文山壮族苗族自治州委员会。］

1. 政协文山壮族苗族自治州第一届委员会（1958.4～1961.8）

［1958年3月26日至4月6日，中国人民政治协商会议文山壮族苗族自治州第一届委员会在文山县召开，出席会议的委员63人。会议选举产生政协文山壮族苗族自治州第一届委员会主席1人、副主席9人。］

主　席：翟文涛
副主席：马生申　杨忠林（苗族）　盘总春（瑶族）　田顺喜（回族）　欧阳河图
吴成元（苗族）　胡朝臣（彝族）　梅贻海（傣族）　王朝忠（壮族）

2. 政协文山壮族苗族自治州第二届委员会（1961.8～1963.11）

［1961年8月，政协文山壮族苗族自治州第二届委员会在文山县召开，出席会议的委员102人。会议选举产生政协文山壮族苗族自治州第二届委员会主席1人、副主席8人。］

主　席：马生申
副主席：杨忠林（苗族）　盘总春（瑶族）　田顺喜（回族）　欧阳河图
吴成元（苗族）　胡朝臣（彝族）　梅贻海（傣族）　王朝忠（壮族）

3. 政协文山壮族苗族自治州第三届委员会（1963.11～1966.1）

［1963年11月24日至30日，政协文山壮族苗族自治州第三届委员会在文山县召开，出席会议的委员121人。会议选举产生政协文山壮族苗族自治州第三届委员会主席1人、副主席9人。］

主　席：马生申

副主席：杨忠林（苗族）　盘总春（瑶族）　田顺喜（回族）　欧阳河图
吴成元（苗族）　胡朝臣（彝族）　梅贻海（傣族）　王朝忠（壮族）
董树人

4. 政协文山壮族苗族自治州第四届委员会（1966.1～1966.5）

［1966年1月，政协文山壮族苗族自治州第四届委员会在文山县召开，出席会议的委员121人。会议选举产生政协文山壮族苗族自治州第四届委员会主席1人、副主席11人。1966年5月“文革”开始后，自治州政协组织受到冲击被迫停止活动。］

主　席：李　原

副主席：马生申　欧阳河图　王朝忠（壮族）　盘总春（瑶族）　梅贻海（傣族）
胡朝臣（彝族）　吴成元（苗族）　牟万坤　杨忠林（苗族）
田顺喜（回族）　李怀克

5. 政协文山壮族苗族自治州第五届委员会（1980.11～1986.4）

［1980年11月22日至12月3日，政协文山壮族苗族自治州第五届委员会第一次全体会议在文山召开，出席会议的委员226人。会议选举产生政协文山壮族苗族自治州第五届委员会主席1人、副主席10人。1984年2月24日至3月3日，政协文山州第五届委员会第四次全体会议，补选主席1人、副主席2人。］

主　席：赵廷光（瑶族，1980.11～1984.2任）
郝千锁（1984.3～1986.4任）

副主席：杨忠林（苗族，1980.11～1986.4任）
欧阳河图（1980.11～1986.4任）
吴成元（苗族，1980.11～1986.4任）
胡朝臣（彝族，1980.11～1986.4任）
李怀克（1980.11～1986.4任）
田德湘（壮族，1980.11～1986.4任）
黄寿云（苗族，1980.11～1986.4任）
项朝宗（苗族，1980.11～1986.4任）
阮福荣（瑶族，1980.11～1986.4任）
马新三（回族，1980.11～1986.4任）
邓廷洲（瑶族，1984.2～1986.4任）
冯冰超（1984.2～1986.4任）

6. 政协文山壮族苗族自治州第六届委员会（1986.4～1991.4）

［1986年4月14日至20日，政协文山壮族苗族自治州第六届委员会第一次全体会议在文山召开，出席会议的委员329人。会议选举产生政协文山壮族苗族自治州第六届委员会主席1人、副主席8人。］

主　席：郝千锁（1986.4～1991.4任）

副主席：欧阳河图（1986.4～1989.3任）
冯冰超（1986.4～1991.4任）
陶华贵（苗族，1986.4～1991.4任）
李朝刚（壮族，1986.4～1991.4任）
胡朝臣（彝族，1986.4～1989.3任）
阮福荣（瑶族，1986.4～1989.3任）
马新三（回族，1986.4～1991.4任）
吴成元（苗族，1989.3～1991.4任）
李新富（1989.3～1991.4任）

7. 政协文山壮族苗族自治州第七届委员会（1991.4～1993.12）

[1991年4月1日至7日，政协文山壮族苗族自治州第七届委员会第一次全体会议在文山召开，会议选举产生政协文山壮族苗族自治州第七届委员会主席1人、副主席6人。]

主　席：张映槐（1991.4～1993.12任）
副主席：吴成元（苗族，1991.4～1993.12任）
马新三（回族，1991.4～1993.12任）
李朝刚（壮族，1991.4～1993.12任）
赵春光（彝族，1991.4～1993.12任）
何继昌（彝族，1991.4～1993.12任）
罗鹏华（苗族，1991.4～1993.12任）

（马志敏／供稿）

红河哈尼族彝族自治州党政组织职官志
（1949.10～1993.12）

［红河哈尼族彝族自治州成立于1957年11月，为历史衔接，本志从1950年1月中共蒙自地方委员会成立撰起。组织职官分为中共红河地方组织、红河哈尼族彝族自治州人民代表大会常务委员会、红河地方政府、中国人民政治协商会议红河哈尼族彝族自治州委员会4类。各组织职官名称的沿革，在类下逐一志述，其组织成立的由来及其建制、职官等情况，随文予以简明提示与解说。］

（一）中国共产党红河地方组织

1. 中共蒙自地方委员会（1950.2～1953.3）

［1950年1月中旬，滇南地区解放，同年2月，经中共云南省委决定，成立中共蒙自地方委员会，1951年1月，其所辖个旧县委改称个旧市委，直属省委领导。］

书　　记：张丕绪（兼，1950.4～1954.11任）
第二书记：岳世华（1950.2～1952.9任）
　　　　　赵培宪（1953.4～1953.8任）
　　　　　　　　（1954.11～1958.7任）
　　　　　黄天明（1953.8～1954.11任）
副 书 记：赵培宪（1953.8～1954.12任）
　　　　　郝建勋（1956.12～1958.7任）
　　　　　王　琨（1958.1～1958.7任）

2. 中共红河哈尼族自治区边疆工作委员会（1953.3～1957.11）

［1953年3月，经政务院批准，成立中共红河哈尼族自治区边疆工作委员会（简称边工委），属中共蒙自地方委员会领导。1954年1月，由蒙自专区所辖的金平、元阳、红河3个县成立红河哈尼族彝族自治区（专区级）。1957年11月中共红河边工委撤销。］

书　　记：郝建勋（1953.3～1957.11任）
第二书记：陆　毅（壮族，1954.10～1957.11任）
副 书 记：普　照（彝族，1953.4～1957.11任）

3. 中共红河地方委员会（1958.7～1967.1）

［1958年7月，中共蒙自地方委员会改称中共红河地方委员会，原属中共云南省委领导的个旧市委划归红河地委领导。1966年5月“文革”开始，地委机关受到造反派冲击，1967年1月以后，地委被迫停止工作。］

（1）1958.7～1962.8

［1958年7月，中共红河地委设书记处。］

第一书记：林　亮（1958.7～1960.2任）

　　　　　刘世杰（1960.2～1961.10任）

　　　　　梁文英（1961.10～1962.8任）

第二书记：黄天明（1958.7～1962.8任）

书　　记：郝建勋（1958.7～1962.8任）

　　　　　王　琵（1958.7～1962.8任）

　　　　　郝印吾（1960.10～1962.8任）

　　　　　段惠卿（1961.5～1962.8任）

（2）1962.8～1967.3

［1962年8月，中共红河地委书记处撤销。］

书　　记：梁文英（1962.8～1964.2任）

　　　　　郝建勋（1964.2～1964.12代）

　　　　　郝建勋（1964.12～1966.5任）

　　　　　王世超（1966.5～1967.3任）

第二书记：郝建勋（1966.5～1967.3任）

副 书 记：黄天明（1962.8～1964.1任）

　　　　　郝建勋（1962.8～1964.2任）

　　　　　段惠卿（1962.8～1963.12任）

　　　　　徐廷珍（1963.12～1967.3任）

　　　　　单　文（1963.12～1967.3任）

　　　　　张德明（1966.3～1967.3任）

　　　　　王　琵（1964.4～1967.3任）

4. 红河哈尼族彝族自治州军事管制委员会（1967.3～1968.10）

［1967年3月，红河哈尼族彝族自治州军事管制委员会成立。］

主　任：马国藩（军队干部，1967.3～1968.10任）

副主任：杨振贤（1967.3～1968.10任）

　　　　史增荣（军队干部，1967.3～1968.10任）

　　　　牛玉堂（军队干部，1967.3～1968.10任）

　　　　张温厚（军队干部，1967.10～1968.10任）

　　　　李绍荣（军队干部，1967.10～1968.10任）

　　　　李东海（军队干部，1967.10～1968.10任）

5. 中共红河哈尼族彝族自治州革命委员会核心小组（1969.12～1971.4）

［1968年10月21日，红河哈尼族彝族自治州革命委员会成立，实行党、政、财、文“一元化”领导，1969年12月成立中共红河哈尼族彝族自治州革命委员会核心小组，正式取代州委职

权。]

组　长：冯志国（军队干部，1969.12～1971.4任）

副组长：段　彰（军队干部，1969.12～1971.4任）

郝建勋（军队干部，1969.12～1971.4任）

岳永喜（军队干部，1971.1～1971.4任）

6. 中共红河哈尼族彝族自治州第一届委员会（1971.4～1986.9）

[1971年4月26日至30日，中共红河哈尼族彝族自治州第一次代表大会在个旧市召开，会议选举产生中共红河哈尼族彝族自治州委员会书记1人、副书记2人。1975年5月，在州委任职的军队干部全部撤回部队，增补向东升为州委副书记。1979年4月，州委、州革委会分设。]

（1）1971.4～1983.8

书　记：冯志国（军队干部，1971.4～1975.5任）

向东升（1975.6～1978.5任）

王　琴（1978.5～1981.9任）

李孟北（1981.7～1983.4任）

副书记：段　彰（军队干部，1971.4～1975.5任）

郝建勋（1971.4～1975.5任）

向东升（1975.5～1975.6任）

张德明（1975.6～1981.8任）

邓子俊（1975.6～1978.6任）

倪守素（1975.6～1978.7任）

李沙普（哈尼族，1975.6～1983.8任）

张乐群（女，彝族，1975.6～1978.1任）

白　光（傣族，1975.9～1979.12任）

王　琴（1977.4～1978.5任）

郭　华（1977.12～1978.2任）

李宗孔（1978.5～1983.8任）

阎　罗（1978.5～1981.1任）

董恒秋（1978.7～1983.8任）

普　照（彝族，1980.8～1983.8任）

张受华（1980.10～1983.8任）

朱　枫（1981.8～1983.8任）

刘朝义（1982.5～1983.8任）

（2）1983.8～1986.9

[1983年8月机构改革中，中共云南省委对中共红河州委领导班子作了调整。]

书　记：罗光熹（1983.8～1986.9任）

副书记：董恒秋（1983.8～1985.1任）

白佐光（哈尼族，1983.8～1986.9任）

陈继海（1983.8～1986.9任）
杨天寿（傣族，1985.6～1986.9任）

7. 中共红河哈尼族彝族自治州第二届委员会（1986.9～1991.9）

[1986年9月26日至28日，中共红河哈尼族彝族自治州第二次代表大会在个旧召开，会议选举产生中共红河哈尼族彝族自治州委员会书记1人、副书记4人。]

书　记：罗光熹（1986.9～1987.5任）
　　　　高祖兴（壮族，1987.5～1991.9任）
副书记：白佐光（哈尼族，1986.9～1991.9任）
　　　　陈继海（1986.9～1989.7任）
　　　　杨天寿（彝族，1986.9～1991.9任）
　　　　张受华（1986.9～1989.5任）
　　　　吴家寿（1989.9～1991.9任）

8. 中共红河哈尼族彝族自治州第三届委员会（1991.9～1993.12）

[1991年9月，中共红河哈尼族彝族自治州第三次代表大会在个旧召开，会议选举产生中共红河哈尼族彝族自治州委员会书记1人、副书记3人。]

书　记：高祖兴（壮族，1991.9～1993.12任）
副书记：李先猷（1991.9～1993.12任）
　　　　杨天寿（彝族，1991.9～1993.12任）
　　　　吴家寿（1991.9～1993.12任）

（二）红河哈尼族彝族自治州人民代表大会常务委员会

[1983年4月，红河哈尼族彝族自治州第五届人民代表大会第一次会议根据《中华人民共和国地方各级人民代表大会和地方各级人民政府组织法》的有关规定，设置红河州人民代表大会常务委员会（简称州人大常委会），作为州人民代表大会的常设机关。]

1. 红河哈尼族彝族自治州第五届人大常委会（1983.4～1988.6）

[1983年4月6日至14日，红河哈尼族彝族自治州第五届人民代表大会第一次会议在个旧召开，会议选出红河州第五届人民代表大会常务委员会主任1人、副主任6人。]

主　任：普　照（彝族，1983.4～1988.6任）
副主任：李发文（1983.4～1988.6任）
　　　　赵　昆（回族，1983.4～1988.6任）
　　　　马正林（苗族，1983.4任；1986.7病故）
　　　　盘金亮（瑶族，1983.4～1988.6任）
　　　　郑明如（女，1983.4～1988.6任）
　　　　孙敏初（哈尼族，1983.4～1988.6任）

2. 红河哈尼族彝族自治州第六届人大常委会（1988.6～1993.6）

[1988年6月13日至22日，红河哈尼族彝族自治州第六届人民代表大会第一次会议在个旧召开，会议选举产生红河州第六届人大常委会主任1人、副主任6人。]

主　任：何庆文（彝族，1988.6～1993.6任）

副主任：杨　健（1988.6～1993.6任）

　　　　马家实（彝族，1988.6～1993.6任）

　　　　孙敏初（哈尼族，1988.6～1993.6任）

　　　　郑明如（女，1988.6～1993.6任）

　　　　李晓荣（瑶族，1988.6～1993.6任）

　　　　陶金发（苗族，1988.6～1993.6任）

3. 红河哈尼族彝族自治州第七届人大常委会（1993.6～1993.12）

[1993年6月，红河哈尼族彝族自治州第七届人民代表大会第一次会议在个旧召开，会议选举产生红河州第七届人大常委会主任1人、副主任5人。]

主　任：普云山（彝族，1993.6～1993.12任）

副主任：王文寿（1993.6～1993.12任）

　　　　徐国学（哈尼族，1993.6～1993.12任）

　　　　陶金发（苗族，1993.6～1993.12任）

　　　　李晓荣（瑶族，1993.6～1993.12任）

　　　　杨　臻（彝族，1993.6～1993.12任）

（三）红河地方政府

1. 红河哈尼族自治区人民政府委员会（1954.1～1957.11）

[1953年10月，蒙自专区召开第三届各族各届人民代表会议，通过了由蒙自专区所辖的金平、元阳、红河3个县成立红河哈尼族彝族自治区（专区级）的决议。经云南省人民政府报政务院批准，1953年12月25日至31日，召开红河哈尼族自治区第一届各族各届人民代表会议第一次会议，选举产生区人民政府主席1人、副主席2人。1954年1月1日正式宣布红河哈尼族自治区人民政府成立。]

主　席：李呈祥（哈尼族，1954.1～1957.11任）

副主席：普　照（彝族，1954.1～1957.11任）

　　　　许文安（哈尼族，1954.1～1957.11任）

2. 红河哈尼族彝族自治州第一届人民委员会（1957.11～1963.11）

[1957年7月4日至12日，蒙自专区与红河哈尼族自治区在蒙自召开民族代表会议，经议协商一致并报经云南省人民委员会转报国务院批准，合并成立红河哈尼族彝族自治州（简称红河

州）。1957年11月13日18日，红河州第一届人民代表大会第一次会议在蒙自召开，会议选举产生州长1人、副州长8人（后经中共云南省委任命，增加副州长1人），11月19日，红河哈尼族彝族自治州宣告成立。1958年7月个旧市划归红河州管辖，首府由蒙自迁驻个旧市。]

州　长：李和才（哈尼族，1957.11～1963.11任）
副州长：徐廷珍（1957.11～1963.11任）
郝鸿钧（1957.11～1963.11任）
普　照（彝族，1957.11～1963.11任）
李呈祥（哈尼族，1957.11～1963.11任）
刘荣显（彝族，1957.11～1963.11任）
熊国祥（苗族，1957.11～1963.11任）
许文安（哈尼族，1957.11～1963.10任）
杨炳忠（彝族，1957.11～1963.11任）
余　潜（1958.12～1963.11任）

3. 红河哈尼族彝族自治州第二届人民委员会（1963.10～1965.12）

[1963年10月，红河哈尼族彝族自治州第二届人民代表大会第一次会议在个旧召开，会议选举产生州长1人、副州长8人。1964年4月经中共云南省委任命，增加副州长1人。]

州　长：李和才（哈尼族，1963.11～1965.12任）
副州长：徐廷珍（1963.11～1965.12任）
郝鸿钧（1963.11～1965.12任）
普　照（彝族，1963.11～1965.12任）
李呈祥（哈尼族，1963.11～1965.12任）
刘荣显（彝族，1963.11～1965.12任）
熊国祥（苗族，1963.11～1965.12任）
许文安（哈尼族，1963.11～1965.12任）
余　潜（1963.11～1965.12任）
郭　华（1964.4～1965.12任）

4. 红河哈尼族彝族自治州第三届人民委员会（1965.12～1967.3）

[1965年12月24日至30日，红河哈尼族彝族自治州第三届人民代表大会第一次会议在个旧召开，选举产生州长1人、副州长7人。]

州　长：李和才（哈尼族，1965.12～1967.3任）
副州长：郝鸿钧（1965.12～1967.3任）
普　照（彝族，1965.12～1967.3任）
李呈祥（哈尼族，1965.12～1967.3任）
刘荣显（彝族，1965.12～1967.3任）
熊国祥（苗族，1965.12～1967.3任）
许文安（哈尼族，1965.12～1967.3任）

郭　华（1965.12～1967.3任）

5. 红河哈尼族彝族自治州军事管制委员会（1967.3～1968.10）

［1966年5月“文革”开始，红河州人委相关人员及其工作机构受到冲击，1967年3月24日成立红河州军事管制委员会，行使全州党、政、财、文大权。］

主　任：马国藩（1967.3～1968.10任）

副主任：杨振贤（1967.3～1968.10任）

史增荣（1967.3～1968.10任）

牛玉堂（1967.3～1968.10任）

张温厚（1967.10～1968.10任）

李绍荣（1967.10～1968.10任）

李东海（1967.10～1968.10任）

6. 红河哈尼族彝族自治州革命委员会（1968.10～1983.4）

［1968年10月31日，云南省革命委员会批准成立红河州革命委员会（简称州革委会），取代本级所有国家政权机构及其职能。州革委会存在14年余，1983年4月撤销。］

主　任：袁　明（1968.10～1969.3任）

冯治国（1969.3～1975.5任）

向东升（1975.6～1978.5任）

王　琴（1978.5～1981.8任）

李孟北（1981.8～1983.4任）

副主任：王建书（1968.10任）

杨振贤（1968.10任）

张温厚（1968.10～1975.5任）

张德明（1968.10～1981.1任）

王自林（1968.10～1970.5任）

万登聪（彝族，1968.10～1982.10任）

叶季秋（1968.10～1977.11任）

杨成斌（苗族，1968.10～1976.10任）

段彰（1969.1～1975.5任）

傅公信（1969.1～1975.6任）

段汝宁（1969.1～1975.5任）

岳永喜（1971.1～1971.5任）

郭振龙（1969.1～1970.9任）

郝建勋（1970.4～1975.6任）

刘荣显（彝族，1973.4～1980.8任）

许文安（哈尼族，1973.4～1983.4任）

向东升（1975.5～1975.6任）

李沙普（哈尼族，1975.6～1981.6任）
郭　华（1975.7～1981.1任）
张乐群（彝族，1975.7～1978.1任）
王　琴（1975.7～1978.5任）
普　照（彝族，1975.12～1983.4任）
郝鸿钧（1975.12～1977.2任）
董恒秋（1978.7～1983.4任）
刘朝义（1981.6～1982.5任）
郭健吾（1981.6～1983.4任）
王正芳（哈尼族，1981.6～1983.4任）

7. 红河哈尼族彝族自治州第五届人民政府（1983.4～1988.6）

［1983年4月6日至14日，红河州第五届人民代表大会第一次会议依照《中华人民共和国宪法》及《地方组织法》的规定，撤销州革命委员会，恢复建立红河哈尼族彝族自治州人民政府。州五届人大一次会议，选举产生红河州第五届人民政府州长1人、副州长4人。同年9月州五届人大三次会议任命马文渊为副州长。1986年6月，州五届人大四次会议补选高祖兴为副州长。1987年3月，州五届人大五次会议补选杨远莉、须巧生为副州长。］

州　长：白佐光（哈尼族，1983.4～1988.6任）
副州长：普云山（彝族，1983.4～1988.6任）
张受华（1983.4～1983.9任）
高文华（1983.4～1987.1任）
郭健吾（1983.4～1986.11任）
马文渊（回族，1983.9～1988.6任）
高祖兴（壮族，1986.7～1987.5任）
杨远莉（1987.3～1988.6任）
须巧生（1983.4～1988.6任）

8. 红河哈尼族彝族自治州第六届人民政府（1988.6～1993.6）

［1988年6月13日至22日，红河州第六届人民代表大会第一次会议在个旧召开，选举产生红河州第六届人民政府州长1人、副州长5人。］

州　长：李先猷（哈尼族，1988.6～1993.3任）
副州长：普云山（彝族，1988.6～1993.6任）
马文渊（回族，1988.6～1993.6任）
须巧生（1988.6～1992.3任）
黄维彬（1988.6～1993.5任）
王正芳（哈尼族，1988.6～1989.12任）

9. 红河哈尼族彝族自治州第七届人民政府（1993.6～1993.12）

［1993年6月，红河州第七届人民代表大会第一次会议在个旧召开，选举产生红河州第七届人民政府州长1人、副州长5人。］

州　长：张学文（哈尼族，1993.6～1993.12任）

副州长：余正源（1993.6～1993.12任）

陈　智（1993.6～1993.12任）

马耀明（回族，1993.6～1993.12任）

白宝兴（彝族，1993.6～1993.12任）

杨　洪（哈尼族，1993.6～1993.12任）

（四）中国人民政治协商会议红河哈尼族彝族自治州委员会

1. 蒙自专区民族协商委员会（1951.1～1952.10）

（1）第一次民族协商委员会（1951.1～1951.4）

［1951年1月23日至29日，蒙自专区第一次各族各界人民代表会议在蒙自县城召开，选举成立蒙自专区民族协商委员会，选出主任1人、副主任2人、委员18人。］

主　任：陈文祺

副主任：李和才　李呈祥（哈尼族）

（2）第二次民族协商委员会（1951.4～1952.10）

［1951年4月29日至5月10日，蒙自专区第二次各族各界人民代表会议在蒙自县城举行，会议选举产生蒙自专区民族协商委员会主任1人、副主任2人、委员59人。］

主　任：陈文祺

副主任：李和才　李呈祥（哈尼族）

2. 红河哈尼族自治区人民协商委员会（1953.12～1957.11）

［1953年12月25日至31日，红河哈尼族自治区第一届各族各界人民代表会议在元阳县城举行，会议选举成立自治区各族各界人民协商委员会，选出主席、副主席及委员共41人。］

主　席：李和才（哈尼族）

副主席：晁秀山　郭维藩（哈尼族）　杨炳忠（彝族）　普国梁（彝族）

3. 政协红河哈尼族彝族自治州第一届委员会（1957.11～1961.7）

［1957年11月，根据《中华人民共和国宪法》关于设立民族区域自治地方规定，经蒙自专区、红河哈尼族自治区联合召开民族代表会议协商、讨论，并报云南省人民政府转报国务院批准，撤销蒙自专员公署和红河哈尼族自治区，两区合并建立红河哈尼族彝族自治州。1957年11月17日至19日，政协红河哈尼族彝族自治州第一届委员会第一次会议在蒙自县城举行，会议选举产生州政协第一届委员会主席1人、副主席7人、常务委员25人。1959年12月26日至29日，

召开政协红河州一届二次会议，补选副主席2人。]

主　席：黄天明（1957.11～1961.7任）

副主席：赵培宪（1957.11～1961.7任）

李呈祥（哈尼族，1957.11～1961.7任）

郭维藩（哈尼族，1957.11～1961.7任）

郭富才（彝族，1957.11～1961.7任）

李光荣（瑶族，1957.11～1961.7任）

林应祥（回族，1957.11～1961.7任）

普国梁（彝族，1957.11～1961.7任）

徐廷珍（1959.12～1961.7任）

普　照（彝族，1959.12～1961.7任）

4. 政协红河哈尼族彝族自治州第二届委员会（1961.7～1963.10）

[1961年7月，政协红河哈尼族彝族自治州第二届委员会第一次会议在个旧市举行，选举产生州政协第二届委员会主席1人、副主席8人、常务委员28人。]

主　席：郝建秀（1961.7～1963.10任）

副主席：徐廷珍（1961.7～1963.10任）

普　照（彝族，1961.7～1963.10任）

李呈祥（哈尼族，1961.7～1963.10任）

蔡茂钱（1961.7～1963.10任）

郭维藩（哈尼族，1961.7～1963.10任）

普国梁（彝族，1961.7～1963.10任）

李光荣（瑶族，1961.7～1963.10任）

林应祥（回族，1961.7～1963.10任）

5. 政协红河哈尼族彝族自治州第三届委员会（1963.11～1965.12）

[1963年10月28日至11月7日，政协红河哈尼族彝族自治州第三届委员会第一次会议在个旧举行，选举产生州政协第三届委员会主席1人、副主席7人、常务委员28人。]

主　席：郝建秀（1963.11～1965.12任）

副主席：普　照（彝族，1963.11～1965.12任）

李呈祥（哈尼族，1963.11～1965.12任）

蔡茂钱（1963.11～1965.12任）

郭维藩（哈尼族，1963.11～1965.12任）

李光荣（瑶族，1963.11～1965.12任）

金干臣（回族，1963.11～1965.12任）

普国梁（彝族，1963.11～1965.12任）

6. 政协红河哈尼族彝族自治州第四届委员会（1965.12～1966.5）

［1965年12月23日至31日，政协红河哈尼族彝族自治州第四届委员会第一次会议在个旧举行，选举产生州政协第四届委员会主席1人、副主席8人、常务委员29人。1966年5月“文革”开始，政协活动中断13年。1981年7月设立政协红河州委员会办公室工作机构，政协工作恢复。1982年6月，经中共云南省委常委会议批准，增补杨恩普为政协红河州第四届委员会副主席。］

主　席：郝建秀（1965.12～1966.5任）

副主席：王　琴（1965.12～1966.5任）
　　　　普　照（彝族，1965.12～1966.5任）
　　　　李呈祥（哈尼族，1965.12～1966.5任）
　　　　蔡茂钱（1965.12～1966.5任）
　　　　郭维藩（哈尼族，1965.12～1966.5任）
　　　　李光荣（瑶族，1965.12～1966.5任）
　　　　金干臣（回族，1965.12～1966.5任）
　　　　普国梁（彝族，1965.12～1966.5任）
　　　　杨恩普（1982.6～1966.5任）

7. 政协红河哈尼族彝族自治州第五届委员会（1983.4～1988.6）

［1983年4月6日至14日，政协红河哈尼族彝族自治州第五届委员会第一次会议在个旧举行，选举产生州政协第五届委员会主席1人、副主席8人、常务委员24人。］

主　席：刘朝义（1983.4～1988.6任）

副主席：王正芳（哈尼族，1983.4～1986.2任）
　　　　龙介仁（彝族，1983.4～1986.6任）
　　　　王升三（1983.4～1985.12任）
　　　　普国梁（彝族，1983.4～1988.6任）
　　　　邹子龄（1983.4～1988.6任）
　　　　张子仁（回族，1983.4～1987.11任）
　　　　李丕章（1983.4～1986.1任）
　　　　向　圯（1983.4～1988.6任）
　　　　杨世相（1986.7～1987.3任）
　　　　张继伟（1987.3～1988.6任）
　　　　郭富才（彝族，1987.3～1988.6任）

8. 政协红河哈尼族彝族自治州第六届委员会（1988.6～1993.6）

［1988年6月13日至22日，政协红河哈尼族彝族自治州第六届委员会第一次会议在个旧举行，选举产生州政协第六届委员会主席1人、副主席9人、常务委员35人。］

主　席：张受华（1988.6～1993.6任）

副主席：杨远莉（女，1988.6～1993.6任）
　　　　郭富才（彝族，1988.6～1993.6任）
　　　　向　圯（1988.6～1993.6任）
　　　　郭维藩（哈尼族，1988.6～1993.6任）
　　　　余家洪（1988.6～1993.6任）
　　　　普国梁（彝族，1988.6～1993.6任）
　　　　邹子龄（1988.6～1993.6任）
　　　　马开贤（回族，1988.6～1993.6任）
　　　　张　伟（1988.6～1993.6任）

9. 政协红河哈尼族彝族自治州第七届委员会（1993.6～1993.12）

[1993年6月，政协红河哈尼族彝族自治州第七届委员会第一次会议在个旧举行，选举产生州政协第七届委员会主席1人、副主席8人、常务委员38人。]

主　席：马文渊（回族，1993.6～1993.12任）
副主席：王之友（1993.6～1993.12任）
　　　　杨远莉（女，1993.6～1993.12任）
　　　　张　伟（1993.6～1993.12任）
　　　　李沙普（哈尼族，1993.6～1993.12任）
　　　　孙敏初（哈尼族，1993.6～1993.12任）
　　　　谢含秋（1993.6～1993.12任）
　　　　张碧如（女，1993.6～1993.12任）
　　　　马光云（回族，1993.6～1993.12任）

（马志敏/供稿）

德宏傣族景颇族自治州党政组织职官志
(1949.10～1993.12)

[德宏傣族景颇族自治州成立于1953年7月，为历史衔接，本志从1955年5月中共德宏自治区工作委员会成立撰起。组织职官分为中共德宏地方组织、德宏傣族景颇族自治州人民代表大会常务委员会、德宏地方政府、中国人民政治协商会议德宏傣族景颇族自治州委员会4类。各组织职官名称的沿革，在类下逐一志述，其组织成立的由来及其建制、职官等情况，随文予以简明提示与解说。]

(一) 中国共产党德宏地方组织

1. 中共德宏傣族景颇族自治区工作委员会(1955.5～1956.5)

[1953年7月，设立德宏傣族景颇族自治区(专区级，1954年9月内务部批准)，辖区为原属保山专区的潞西(芒市)、盈江、莲山、瑞丽、陇川、梁河6个县。1955年5月，经中共云南省委批准，成立中共德宏傣族景颇族自治区工作委员会(简称自治区工委)，由保山地委领导。]

书　记：康长征

2. 中共德宏傣族景颇族自治州地方委员会(1956.5～1958.12)

[1956年4月，经国务院批准，德宏傣族景颇族自治区改称德宏傣族景颇族自治州(简称德宏州)，同时撤销保山专区，所辖保山、腾冲、龙陵、昌宁4县划归德宏州管辖。同年5月，中共保山地方委员会改称中共德宏州地方委员会，原德宏傣族景颇族自治区工委自然消失。]

书　记：郑　刚(1956.5～1956.11任)
赵善卿(1956.11～1958.12任)
副书记：马一三(1956.5～1958.12任)
康长征(1956.5～1958.12任)
李临五(1956.11～1958.12任)

3. 中共德宏傣族景颇族自治州委员会(1958.12～1963.8)

[1958年12月，经中共云南省委批准，中共德宏州地方委员会改称中共德宏傣族景颇族自治州委员会。]

(1) 1958.12～1960.3
第一书记：郑　刚
第二书记：赵善卿
副 书 记：马一三　康长征　李临五　赵　青
(2) 1960.3～1962.8

［1960年3月，中共德宏州委设立书记处。］

第 一 书 记：赵善卿

书记处书记：康长征　李临五　马一三　赵　青　王之祥

（3）1962.8 ~ 1963.8

［1962年8月，撤销中共德宏州委书记处。］

书　记：赵善卿（1962.8 ~ 1963.8任）

副书记：康长征（1962.8 ~ 1963.8任）

　　　　赵　青（1962.8 ~ 1962.10任）

4. 中共德宏傣族景颇族自治州工作委员会（1963.8～1967.3）

［1963年8月，恢复保山专区（国务院1963年12月批准），辖保山、腾冲、龙陵、昌宁、施甸（1963年2月1日成立）5县，设中共保山地方委员会，中共德宏州委员会改为中共德宏州工作委员会，由中共保山地委领导。］

书　　记：康长征（1963.8 ~ 1963.11任）

　　　　　段华民（1963.11 ~ 1967.3任）

第二书记：王子祥（1963.8 ~ 1966.1任）

　　　　　范新友（1966.3 ~ 1967.3任）

副 书 记：陈雁彬（1963.11 ~ 1967.3任）

　　　　　王泽民（1965.10 ~ 1967.3任）

　　　　　石有才（景颇族，1966.1 ~ 1967.3任）

　　　　　杨振华（1966.1 ~ 1966.5任）

　　　　　陈天祥（1966.3 ~ 1967.3任）

5. 德宏傣族景颇族自治州军事管制委员会（1967.3～1968.12）

［“文革”初期，中共德宏州工委尚能行使领导职权，1967年3月18日，昆明军区党委宣布对边疆各专州实行军事管制，德宏州军管会同时成立。1968年12月15日，德宏州5县1镇同时宣布成立革命委员会，行使党政职权，由保山专区革委会领导，未成立州革委会。］

主　任：张志敏（1967.3 ~ 1968.12任）

副主任：杨向尚（1967.3 ~ 1968.12任）

6. 中共德宏傣族景颇族自治州工作委员会（1971.11～1973.10）

［1971年11月24日，经省委批准，恢复成立中共德宏州工作委员会，由中共保山地委领导。］

书　记：李扬群（1971.11 ~ 1973.10任）

副书记：管有万（傣族，1971.11 ~ 1973.10任）

　　　　李晋德（1971.11 ~ 1973.10任）

　　　　陈天祥（1971.11 ~ 1973.10任）

　　　　杨有生（1971.11 ~ 1973.10任）

　　　　石有才（景颇族，1973.4 ~ 1973.10任）

张文才（傈僳族，1973.4～1973.10任）

7. 中共德宏傣族景颇族自治州委员会（1973.10～1984.8）

［1973年8月，中共德宏傣族景颇族自治州委员会成立，由云南省委领导。同年10月，中共云南省委任命州委领导人。以后，中共德宏州委领导作过多次调整。］

书　记：韩乃光（1973.10～1975.6任）
　　　　管有万（傣族，1975.6～1977.3任）
　　　　段华民（1977.3～1978.6任）
　　　　刘贵成（1978.6～1983.7任）
　　　　郎大忠（傣族，1983.10～1984.8任）
副书记：管有万（傣族，1973.10～1975.6任）
　　　　郭拴有（1973.10～1983.7任）
　　　　石有才（景颇族，1973.10～1973.10任）
　　　　李晋德（1973.10～1975.6任）
　　　　陈天祥（1973.10～1977.4任）
　　　　杨有生（1973.10～1983.7任）
　　　　张文才（傈僳族，1973.10～1983.7任）
　　　　晚晓惠（女，傣族，1973.10～1979.6任）
　　　　刘贵成（1977.3～1978.6任）
　　　　王寿南（白族，1978.7～1983.7任）
　　　　郎大忠（傣族，1978.12～1983.7任）
　　　　张国龙（1983.7～1984.8任）
　　　　金德贵（景颇族，1983.7～1984.8任）
　　　　张彭健（白族，1983.7～1984.8任）

8. 中共德宏傣族景颇族自治州第一届委员会（1984.8～1989.12）

［1984年8月18日至25日，中共德宏傣族景颇族自治州第一次党员代表大会在芒市召开，选出中共德宏州第一届委员会委员21名、候补委员5名。在州委一届一次全会上，选出州委常委10名，其中书记1名、副书记3名。］

书　记：郎大忠（傣族， 1984.8～1989.12任）
副书记：张国龙（1984.8～1988.8任）
　　　　金德贵（景颇族，1984.8～1989.12任）
　　　　张彭健（白族，1984.8～1988.12任）
　　　　刀安钜（傣族，1988.8～1989.12任）
　　　　何远灿（1988.8～1989.12任）

9. 中共德宏傣族景颇族自治州第二届委员会（1989.12～1993.12）

［1989年12月3日至9日，中共德宏傣族景颇族自治州第二次党员代表大会在芒市召开，选

出中共德宏州第二届委员会委员23名、候补委员4名。在州委二届一次全会上，选出州委常委9名，其中书记1名、副书记3名。]

书　记：郎大忠（傣族，1989.12～1992.4任）
　　　　何远灿（1992.4～1993.12任）
副书记：何远灿（1989.12～1992.14任）
　　　　金德贵（景颇族，1989.12～1993.12任）
　　　　刀安钜（傣族，1989.12～1993.12任）

（二）德宏傣族景颇族自治州人民代表大会常务委员会

[德宏傣族景颇族自治州人民代表大会常务委员会（简称德宏州人大常委会），是根据全国人民代表大会五届二次会议通过的《地方各级人民代表大会和地方各级人民政府组织法》关于“县以上地方各级人民代表大会设立常务委员会”的规定，于1983年4月举行的德宏州第八届人民代表大会第一次会议上选举成立的。州人大常委会为州人民代表大会的常设机关。]

1. 德宏傣族景颇族自治州第八届人大常委会（1983.4～1988.7）

[1983年4月，德宏傣族景颇族自治州第八届人民代表大会第一次会议在芒市召开，会议决定设立德宏傣族景颇族自治州人民代表大会常务委员会，并选举产生州人大常委会主任1人、副主任5人。]

主　任：丁老五（景颇族，1983.4～1988.7任）
副主任：张文才（傈僳族，1983.4～1986.5任）
　　　　思伟章（傣族，1983.4～1988.7任）
　　　　多立周（傣族，1983.4～1983.12任）
　　　　街景泰（傣族，1983.4～1985.11任）
　　　　穆光荣（阿昌族，1983.4～1988.7任）
　　　　方吉龙（傣族，1984.8～1988.7任）
　　　　鲁　根（白族，1986.5～1988.7任）

2. 德宏傣族景颇族自治州第九届人大常委会（1988.4～1993.7）

[1988年7月，德宏傣族景颇族自治州第九届人民代表大会第一次会议在芒市召开，会议选举产生德宏州第九届人大常委会主任1人、副主任6人。]

主　任：丁老五（景颇族，1988.4～1993.7任）
副主任：鲁　根（白族，1988.4～1993.7任）
　　　　方吉龙（傣族，1988.4～1993.7任）
　　　　韩朝刚（回族，1988.4～1993.7任）
　　　　银恩铭（阿昌族，1988.4～1993.7任）
　　　　排大兰（女，景颇族，1988.4～1993.7任）
　　　　杨存礼（1988.4～1993.7任）

（三）德宏地方政府

1. 德宏傣族景颇族自治区人民政府（1953.7～1956.4）

［1953年7月18日至23日，德宏傣族景颇族自治区首届各族各界人民代表会议在芒市召开，成立德宏傣族景颇族自治区人民政府，直属云南省人民政府领导（1954年9月6日中央人民政府内务部批准追任设立）。辖由保山专区划出的瑞丽、陇川、莲山、潞西、盈江、梁河6个县。］

主　席：刀京版（傣族）

副主席：龚　绥（傣族）　多永安（傣族）　衎景泰（傣族）　雷春国（景颇族）
司拉山（景颇族）　排启仁（景颇族）　段华民

2. 德宏傣族景颇族自治州人民委员会（1956.4～1966.5）

［1956年4月，按照中华人民共和国宪法的有关规定，德宏傣族景颇族自治区改称德宏傣族景颇族自治州，并扩大自治州建制，将保山专区所辖保山、腾冲、龙陵、昌宁4个县及畹町镇并入自治州，同时撤销保山专区。1963年8月根据云南省人民委员会《关于调整德宏傣族景颇族自治州，设立保山专员公署的通知》，保山、腾冲、龙陵、昌宁4县从德宏傣族景颇族自治州划出，恢复保山专员公署建制。］

州　长：刀京版（傣族，1956.4～1966.5任）

副州长：龚　绥（傣族，1956.4～1966.5任）
雷春国（景颇族，1956.4～1966.5任）
段华民（1956.4～1963.11任）
多永安（傣族，1956.4～1966.5任）
思鸿升（傣族，1956.4～1966.5任）
排启仁（景颇族，1956.4～1966.5任）
李临五（1956.4～1963.11任）
衎景泰（傣族，1956.4～1966.5任）
司拉山（景颇族，1956.4～1966.5任）
张文才（傈僳族，1956.4～1966.5任）
王之祥（1956.4～1965.12任）
思伟章（傣族，1956.4～1966.5任）
石老二（景颇族，1956.4～1959.4任）
方吉龙（傣族，1956.4～1966.5任）
何直敏（1960.1～1964.4任）
李如栋（1960.9～1966.5任）
刘克一（1966.1～1966.5任）

3. 德宏傣族景颇族自治州军事管制委员会（1967.3～1969.1）

[“文革”初期，德宏州人委机关受到造反派冲击逐渐瘫痪，1967年3月27日，设立德宏傣族景颇族自治州军事管制委员会，对全州实行军事管制。]

主　任：张志敏（1967.3～1969.1任）

副主任：杨向尚（1967.3～1969.1任）

4. 德宏傣族景颇族自治州革命委员会（1971.11～1976.10）

[1968年12月15日，德宏州所辖5县1镇成立革命委员会，划归保山专区革委会领导，德宏州建制实际上被取消。1971年11月24日，恢复德宏州建制，成立德宏傣族景颇族自治州革命委员会，直属云南省革委会领导。]

（1）1971.11～1976.10

主　任：李扬群（1971.11～1973.10任）
　　　　韩乃光（1973.11～1975.7任）
　　　　管有万（傣族，1975.7～1976.10任）

副主任：管有万（傣族，1971.11～1975.7任）
　　　　李晋德（军队干部，1971.11～1975.7任）
　　　　陈天祥（1971.11～1976.10任）
　　　　杨有生（1971.11～1976.10任）
　　　　丁老五（景颇族，1971.11～1976.10任）
　　　　康佳万（傣族，1971.11～1976.10任）
　　　　张文才（傈僳族，1971.11～1976.10任）
　　　　刀振国（景颇族，1971.11～1975.7任）
　　　　郭栓有（1973.10～1976.10任）
　　　　石有才（景颇族，1973.10～1976.10任）
　　　　李如栋（1973.10～1975.8任）
　　　　王泽民（1973.10～1975.6任）
　　　　周　铎（1973.10～1976.10任）
　　　　晚小惠（女，傣族，1973.10～1976.10任）

（2）1976.10～1983.4

[1976年10月至1983年4月，继续沿用革命委员会名称，领导人由上级任命。1978年12月，德宏傣族景颇族自治州第七届人民代表大会召开，选举产生自治州革命委员会主任、副主任。]

主　任：管有万（傣族，1976.10～1977.3任）
　　　　段华民（1977.3～1978.6任）
　　　　刘贵成（1978.6～1978.12任）
　　　　郎大忠（傣族，1978.12～1983.3任）

副主任：杨有生（1946.10～1983.3任）
　　　　陈天祥（1976.10～1977.3任）

石有才（景颇族，1976.10～1983.3任）
丁老五（景颇族，1976.10～1983.3任）
张文才（傈僳族，1976.10～1983.3任）
周　铎（1976.10～1978.12任）
李如栋（1976.10～1981.3任）
康佳万（傣族，1976.10～1978.12任）
晚小惠（女，傣族，1976.10～1978.12任）
郭栓有（1976.10～1978.12任）
思伟章（傣族，1977.3～1983.3任）
刀安钜（傣族，1977.11～1983.3任）
李临五（1977.3～1979.11任）
瑞　板（傣族，1978.2～1983.3任）
杨月帕（女，傣族，1978.12～1983.3任）

5. 德宏傣族景颇族自治州第八届人民政府（1983.4～1988.7）

［1983年4月，德宏州第八届人民代表大会第一次会议召开，撤销州革命委员会，选举产生自治州州长1人、副州长7人。］

州　长：刀安钜（傣族，1983.4～1988.7任）
副州长：郗承文（傣族，1983.4～1988.7任）
金德贵（景颇族，1983.4～1988.7任）
张彭健（白族，1983.4～1988.7任）
章春生（1983.4～1988.7任）
何自忠（景颇族，1983.4～1988.7任）
杜春芝（女，1983.4～1988.7任）
韩朝刚（回族，1983.4～1988.7任）

6. 德宏傣族景颇族自治州第九届人民政府（1988.7～1993.7）

［1988年7月，德宏州第九届人民代表大会第一次会议召开，选举产生自治州人民政府州长1人、副州长5人。］

州　长：刀安钜（傣族，1988.7～1993.7任）
副州长：郗承文（傣族，1988.7～1993.7任）
何自忠（景颇族，1988.7～1993.7任）
杜春芝（女，1988.7～1991.2任）
濮自发（1988.7～1993.7任）
叶香瑜（1988.7～1991.2任）

7. 德宏傣族景颇族自治州第十届人民政府（1993.7～1993.12）

［1993年7月，德宏州第十届人民代表大会第一次会议召开，选举产生自治州人民政府州长

1人、副州长3人。]

州　长：刀安钜（傣族，1993.7～1993.12任）

副州长：郗承文（傣族，1993.7～1993.12任）

何自忠（景颇族，1993.7～1993.12任）

濮自发（1993.7～1993.12任）

（四）中国人民政治协商会议德宏傣族景颇族自治州委员会

[1956年5月4日，政协德宏傣族景颇族自治州第一届委员会第一次全体会议在芒市召开，政协德宏傣族景颇族自治州委员会正式成立。]

1. 政协德宏傣族景颇族自治州第一届委员会（1956.5～1958.5）

[1956年5月4日至7日，政协德宏傣族景颇族自治州第一届委员会第一次会议在芒市召开，会议选举产生政协德宏州第一届委员会主席、副主席和常务委员共47人。]

主　席：郑　刚（1956.5～1957.5任）

赵善卿（1957.5～1958.5任）

副主席：康长征（1956.5～1958.5任）

刀良生（傣族，1956.5～1958.5任）

方克良（傣族，1956.5～1958.5任）

方化龙（傣族，1956.5～1958.5任）

王辅元（1956.5～1958.5任）

多英培（傣族，1956.5～1958.5任）

纳排堵（景颇族，1956.5～1958.5任）

李福成（1956.5～1958.5任）

尚自贵（景颇族，1956.5～1958.5任）

项老佐（阿昌族，1956.5～1958.5任）

普戛当（景颇族，1956.5～1958.5任）

殿明亮（景颇族，1956.5～1958.5任）

蔡廷生（傈僳族，1956.5～1958.5任）

蒋家杰（1956.5～1958.5任）

排扎腊（景颇族，1956.5～1958.5任）

栋明蔚（傈僳族，1956.5～1958.5任）

线东升（傣族，1956.5～1958.5任）

梁金山（1956.5～1958.5任）

石有才（景颇族，1956.5～1958.5任）

多永清（傣族，1956.5～1958.5任）

段华明（1956.5～1958.5任）

2. 政协德宏傣族景颇族自治州第二届委员会（1958.5～1963.11）

[1958年5月22日至24日，政协德宏州第二届委员会第一次会议在芒市召开，会议选举产生政协德宏州第二届委员会主席、副主席和常务委员共42人。]

主　席：赵善卿（1958.5～1963.11任）
副主席：康长征（1958.5～1963.11任）
段华明（1958.5～1963.11任）
多英培（傣族，1958.5～1963.11任）
尚自贵（景颇族，1958.5～1963.11任）
方化龙（傣族，1958.5～1963.11任）
普戛当（景颇族，1958.5～1963.11任）
梁金山（1958.5～1963.11任）
项老佐（阿昌族，1958.5～1963.11任）
蒋家杰（1958.5～1963.11任）
纳排堵（景颇族，1958.5～1963.11任）
线东升（傣族，1958.5～1963.11任）
多永清（傣族，1958.5～1963.11任）
刀良生（傣族，1958.5～1963.11任）
余江发（傈僳族，1958.5～1963.11任）
早　堵（景颇族，1958.5～1963.11任）

3. 政协德宏傣族景颇族自治州第三届委员会（1963.11～1966.1）

[1963年11月3日至8日，政协德宏州第三届委员会第一次会议在芒市召开，会议选举产生政协德宏州第三届委员会主席、副主席和常务委员共39人。]

主　席：康长征（1963.11～1964.1任）
段华明（1964.1～1966.1任）
副主席：多英培（傣族，1963.11～1966.1任）
尚自贵（景颇族，1963.11～1966.1任）
何直敏（1963.11～1966.1任）
方化龙（傣族，1963.11～1966.1任）
普戛当（景颇族，1963.11～1966.1任）
项老佐（阿昌族，1963.11～1966.1任）
蒋家杰（1963.11～1966.1任）
纳排堵（景颇族，1963.11～1966.1任）
线东升（傣族，1963.11～1966.1任）
多永清（傣族，1963.11～1966.1任）
刀良生（傣族，1963.11～1966.1任）
早　堵（景颇族，1963.11～1966.1任）

4. 政协德宏傣族景颇族自治州第四届委员会（1966.1～1966.5）

[1966年1月31日至2月3日，政协德宏州第四届委员会第一次会议在芒市召开，会议选举产生政协德宏州第四届委员会主席、副主席和常务委员共41人。因受“文革”影响，政协德宏州第四届委员会只召开了一次全委会和一次常委会，1970年7月被迫撤销。]

主　席：段华明（1966.1 ~ 1966.5任）
副主席：王泽民（1966.1 ~ 1966.5任）
多英培（傣族，1966.1 ~ 1966.5任）
尚自贵（景颇族，1966.1 ~ 1966.5任）
李如栋（1966.1 ~ 1966.5任）
方化龙（傣族，1966.1 ~ 1966.5任）
普戛当（景颇族，1966.1 ~ 1966.5任）
刘克一（1966.1 ~ 1966.5任）
黎　明（1966.1 ~ 1966.5任）
项老佐（阿昌族，1966.1 ~ 1966.5任）
蒋家杰（1966.1 ~ 1966.5任）
纳排堵（景颇族，1966.1 ~ 1966.5任）
线东升（傣族，1966.1 ~ 1966.5任）
多永清（傣族，1966.1 ~ 1966.5任）
刀良生（傣族，1966.1 ~ 1966.5任）
早　堵（景颇族，1966.1 ~ 1966.5任）

5. 政协德宏傣族景颇族自治州第五届委员会（1983.4～1988.7）

[1983年4月2日至10日，政协德宏州第五届委员会第一次会议在芒市召开，会议选举产生政协德宏州第五届委员会主席、副主席和常务委员共23人。1984年8月4日至12日，召开政协德宏州五届二次会议，增补副主席3人、常委4人。]

主　席：杨有生（1983.4 ~ 1988.7任）
副主席：姚文斋（1983.4 ~ 1988.7任）
蒋家杰（1983.4 ~ 1988.7任）
排启仁（景颇族，1983.4 ~ 1988.7任）
纳排堵（景颇族，1983.4 ~ 1988.7任）
白平阶（回族，1983.4 ~ 1988.7任）
金板相（德昂族，1983.4 ~ 1988.7任）
普戛当（景颇族，1983.4 ~ 1988.7任）
多立周（傣族，1984.8 ~ 1988.7任）
瑞　板（傣族，1984.8 ~ 1988.7任）
杨月帕（女，傣族，1984.8 ~ 1988.7任）

6. **政协德宏傣族景颇族自治州第六届委员会**（1988.7～1993.6）

[1988年7月16日至26日，政协德宏州第六届委员会第一次会议在芒市召开，会议选举产生政协德宏州第六届委员会主席、副主席和常务委员共38人。1989年5月20日至26日召开政协德宏州六届二次会议，增补副主席2人。]

主　席：张国龙（1988.7～1993.6任）

副主席：王保生（傣族，1988.7～1992.11任）

杨月帕（女，傣族，1988.7～1992.11任）

排启仁（景颇族，1988.7任~1990病故）

纳排堵（景颇族，1988.7～1991任）

多立周（傣族，1988.7～1991任）

白平阶（回族，1988.7～1993.6任）

林清福（1988.7～1993.6任）

多守业（傣族，1991.7～1993.6任）

雷冯庆（景颇族，1991.7～1993.6任）

7. **政协德宏傣族景颇族自治州第七届委员会**（1993.6～1993.12）

[1993年6月18日至22日，政协德宏州第七届委员会第一次会议在芒市召开，会议选举产生政协德宏州第七届委员会主席、副主席和常务委员共36人。]

主　席：何自忠（景颇族，1993.6～1993.12任）

副主席：李从军（1993.6～1993.12任）

李荣兴（傣族，1993.6～1993.12任）

彭勒准（景颇族，1993.6～1993.12任）

多守业（傣族，1993.6～1993.12任）

方化龙（傣族，1993.6～1993.12任）

排大兰（女，景颇族，1993.6～1993.12任）

（马志敏/供稿）

怒江傈僳族自治州党政组织职官志
（1949.10～1993.12）

［怒江傈僳族自治州成立于1954年8月，为历史衔接，本志从1949年9月中共怒江特区工作委员会成立撰起。组织职官分为中共怒江地方组织、怒江傈僳族自治州人民代表大会常务委员会、怒江地方政府、中国人民政治协商会议怒江傈僳族自治州委员会4类。各组织职官名称的沿革，在类下逐一志述，其组织成立的由来及其建制、职官等情况，随文予以简明提示与解说。］

（一）中国共产党怒江地方组织

1. 中共怒江特区工作委员会（1949.9～1953.5）

［1949年9月，经原中共地下党滇西北地委批准，成立中共怒江特区工作委员会（简称特区工委），隶属滇西北地委领导。辖碧江、福贡、贡山3个县工委。同年12月，滇西北地委撤销，分别成立大理、保山、丽江3个地委，怒江特区工委隶属丽江地委领导。］

书　记：张　旭（白族，1949.9～1952.11任）
　　　　李　平（1952.11～1953.5任）
副书记：张　旭（白族，1952.11～1953.5任）

2. 中共怒江区边疆工作委员会（1953.5～1962.7）

［1953年5月，经中共云南省委批准，成立中共怒江区边疆工作委员会（简称怒江边工委），隶属中共丽江地委领导，中共怒江特区工委同时撤销。1954年4月，经内务部批准，设立怒江傈僳族自治区（专区级），于同年8月成立，党的领导机构名称未变。1957年1月，根据《宪法》规定，怒江傈僳族自治区改为怒江傈僳族自治州，中共怒江边工委改称中共怒江傈僳族自治州工作委员会。1960年10月至1962年8月，怒江边工委机关和驻地的碧江县委机关合署办公。原所辖各县委中止与边工委的隶属关系，直接由丽江地委领导。］

书　记：李　平（1953.5～1957.1任）
　　　　王振华（1957.1～1960.10任）
　　　　温学仁（1960.10～1962.7任）
副书记：张　旭（白族，1953.5～1956.12任）
　　　　李铸宏（白族，1956.11～1957.12任）
　　　　张文英（1956.11～1958.11任）
　　　　焦会成（1959.4～1961.1任）

3. 中共怒江傈僳族自治州工作委员会（1962.7～1967.3）

［1962年7月，经中共云南省委批准，成立中共怒江傈僳族自治州工作委员会，增设州工委

常委，仍属丽江地委领导。怒江边工委及其书记处同时撤销。州工委随即恢复同所辖各县委的领导关系。1966年4月，根据云南省委、昆明军区党委和云南省军区党委的决定，怒江州工委主要领导人正副职由丽江军分区干部担任。]

书　记：王振华（1962.7 ~ 1964.1任）
温学仁（1964.1 ~ 1966.4任）
林玉景（1966.4 ~ 1967.3任）

副书记：温学仁（1962.7 ~ 1964.1任）
郭春轩（1966.4 ~ 1967.3任）
寸汝昌（白族，1966.4 ~ 1967.3任）

4. 怒江傈僳族自治州军事管制委员会（1967.3～1968.4）

[“文革”初期，中共怒江州工委机关受“造反派”冲击逐渐瘫痪，1967年3月，怒江傈僳族自治州军事管制委员会成立，行使党政领导职能。]

总 代 表：郭春轩

副总代表：姚正清　宋福生　刘志远

5. 中共怒江傈僳族自治州革命委员会核心小组（1969.9～1971.7）

[1968年4月，怒江傈僳族自治州革命委员会成立。1970年12月29日，经中共陆军11军委员会批准，成立中共怒江傈僳族自治州革命委员会核心小组。]

组　长：范振山（1969.9 ~ 1970.12任）
张文锁（1970.12 ~ 1971.7任）

副组长：冯　允（1970.12 ~ 1971.7任）
王金仁（1970.12 ~ 1971.7任）

6. 中共怒江傈僳族自治州工作委员会（1971.7～1973.8）

[1971年7月30日，中共云南省委批准成立中共怒江傈僳族自治州工作委员会，归属丽江地委领导。]

书　记：张文锁（1971.7 ~ 1973.8任）

副书记：王金仁（1971.7 ~ 1973.8任）
雷顺义（1971.7 ~ 1973.8任）
李恩和（1971.7 ~ 1973.8任）
寸付仕（白族，1971.7 ~ 1973.8任）

7. 中共怒江傈僳族自治州委员会（1973.8～1981.11）

[1973年8月10日，根据中共云南省委云发（1973）40号文件通知，撤销中共怒江傈僳族自治州工作委员会，批准成立中共怒江傈僳族自治州委员会，直属省委领导。]

书　记：郭春轩（1973.9 ~ 1975.6任）
此付页（傈僳族，1975.6 ~ 1980.10任）

寸汝昌（白族，1980.10～1981.11）

副书记：马从斌（1973.9～1974.8任）

此付页（傈僳族，1973.9～1975.6任）

刘国栋（1974.8～1979.4任）

庞金海（1973.9～1980.8任）

和登保（傈僳族，1973.9～1980.8任）

雷顺义（1973.9～1980.8任）

光付仕（白族，1973.9～1980.8任）

和汝玉（女，白族，1973.9～1981.11任）

白丽珍（独龙族，1973.9～1980.8任）

8. 中共怒江傈僳族自治州第一届委员会（1981.11～1986.11）

［1981年11月27日至12月2日，中共怒江傈僳族自治州第一次代表大会在六库召开，会议选举产生中共怒江州第一届委员会委员27人。在州委一届一次全会上选出州委常委13名，其中书记1名、副书记1名。在1983年8月机构改革中，州委领导班子作了调整。］

书　记：寸汝昌（白族，1981.12～1985.8任）

和化龙（白族，1985.8～1986.11任）

副书记：邓阿冷（傈僳族，1981.12～1986.11任）

和汝玉（女，白族，1981.12～1983.8任）

史效恩（1981.12～1983.8任）

和化龙（白族，1983.8～1985.8任）

张德耀（1985.11～1986.11任）

9. 中共怒江傈僳族自治州第二届委员会（1986.11～1991.7）

［1986年11月15日至20日，中共怒江傈僳族自治州第二次代表大会在六库召开，会议选举产生中共怒江州第二届委员会委员27人、候补委员3人。在州委二届一次全会上选出州委常委10名，其中书记1名、副书记2名。］

书　记：和化龙（白族，1986.11～1991.7任）

副书记：邓阿冷（傈僳族，1986.11～1991.7任）

张德耀（1986.11～1991.7任）

李如林（1987.2～1991.7任）

10. 中共怒江傈僳族自治州第三届委员会（1991.7～1993.12）

［1991年7月25日至29日，中共怒江傈僳族自治州第三次代表大会在州府六库召开，会议选举产生中共怒江州第三届委员会委员25人、候补委员2人。在州委三届一次全会上选出书记1名、副书记3名。］

书　记：和化龙（白族，1991.7～1993.12任）

副书记：邱三益（傈僳族，1991.7～1993.12任）

李如林（1991.7～1993.12任）
张德耀（1991.7～1993.12任）

（二）怒江傈僳族自治州人民代表大会常务委员会

［怒江傈僳族自治州人民代表大会常务委员会（简称州人大常委会）是按照全国人大五届二次会议通过的《中华人民共和国地方各级人民代表大会和地方各级人民政府组织法》的规定，于1981年12月16日召开的州第四届人民代表大会第一次会议上选举产生的。州人大常委会由主任、副主任和委员组成，任期与本届人民代表大会的任期相同。此前，州人民代表大会没有常设机构。］

1. 怒江傈僳族自治州第四届人大常委会（1981.12～1986.5）

［1981年12月16日至24日，怒江傈僳族自治州第四届人民代表大会第一次会议在六库举行，会议选举产生怒江州第四届人民代表大会常务委员会主任1人、副主任6人。1983年11月15日至19日，怒江州四届人大三次会议补选光付仕（白族）、和汝玉（女，白族）、明文才（独龙族）为州人大常委会副主任。］

主　任：杨六三（傈僳族，1981.12～1986.5任）
副主任：丰祥生（傈僳族，1981.12～1986.5任）
沈锡荣（白族，1981.12～1986.5任）
霜耐冬（傈僳族，1981.12～1986.5任）
徐林波（1981.12～1983.11任）
和瑞芳（白族，1981.12～1983.11任）
邓扒才（怒族，1981.12～1983.11任）
和汝玉（女，白族，1983.11～1986.5任）
光付仕（白族，1983.11～1986.5任）
明文才（独龙族，1983.11～1986.5任）

2. 怒江傈僳族自治州第五届人大常委会（1986.5～1991.5）

［1986年5月14日至20日，怒江傈僳族自治州第五届人民代表大会第一次会议在六库举行，会议选举产生了州第五届人民代表大会常务委员会主任1人、副主任5人。］

主　任：何海清（傈僳族，1986.5～1991.5任）
副主任：光付仕（白族，1986.5～1991.5任）
丰祥生（傈僳族，1986.5～1991.5任）
明文才（独龙族，1986.5～1991.5任）
耗玉发（兼，傈僳族，1986.5～1991.5任）
彭恩德（兼，怒族，1986.5～1991.5任）

3. 怒江傈僳族自治州第六届人大常委会（1991.5～1993.12）

［1991年2月30日至5月7日，怒江傈僳族自治州第六届人民代表大会第一次会议在六库举行，会议选举产生州第六届人民代表大会常务委员会主任1人、副主任5人。］

主　任：光付仕（白族，1991.5～1993.1任2）

副主任：李益甫（1991.5～1993.12任）

褚金秀（女，傈僳族，1991.5～1993.12任）

明文才（独龙族，1991.5～1993.12任）

蒋万兴（1991.5～1993.12任）

和益波（怒族，1991.5～1993.12任）

（三）怒江地方政府

1. 怒江傈僳族自治区筹备委员会（1953.8～1954.8）

［1953年8月22日，怒江区第一次各族各界人民代表会议在碧江召开，成立怒江傈僳族自治区筹备委员会，裴阿欠、张旭等45人为筹备委员。］

2. 怒江傈僳族自治区人民政府（1954.8～1957.1）

［1954年8月15日至23日，怒江区第二次各族各界人民代表会议召开，正式成立怒江傈僳族自治区人民政府，选举裴阿欠为主席，张旭等5人任副主席。1956年11月27日，根据国务院（56）201号文件通知，怒江傈僳族自治区改称怒江傈僳族自治州，与丽江专区的隶属关系不变。］

主　席：裴阿欠

副主席：张　旭（白族）　和　耕（傈僳族）　李政才（怒族）　霜耐冬（傈僳族）

欧善政（傈僳族）

3. 怒江傈僳族自治州人民政府（1957.1～1958.5）

［1957年1月18日至24日，怒江傈僳族自治区第三次各族各界人民代表会议在碧江召开，正式宣布怒江傈僳自治区改称怒江傈僳族自治州，选举裴阿欠为州长，张旭等8人为副州长。］

州　长：裴阿欠

副州长：张　旭（白族）　和　耕（傈僳族）　李子清（傈僳族）　崔　彰

李政才（怒族）　霜耐冬（傈僳族）　欧善政（傈僳族）　孔志清（独龙族）

4. 怒江傈僳族自治州第一届人民委员会（1958.5～1963.11）

［1958年5月28日至6月2日，召开怒江傈僳族自治州第一届人民代表大会，会议选举裴阿欠为州长，张旭等6人为副州长。］

州　长：裴阿欠（1958.5～1963.11任）

副州长：张　旭（白族，1958.5～1958.12任）

霜耐冬（傈僳族，1958.5～1963.11任）

孔志清（独龙族，1958.5～1963.11任）

崔　彰（1958.5～1963.11任）

李子清（傈僳族，1958.5～1963.11任）

欧善政（傈僳族，1958.5～1963.11任）

5. 怒江傈僳族自治州第二届人民委员会（1963.11～1965.12）

[1963年11月20日至31日，召开怒江傈僳族自治州第二届人民代表大会，会议选举裴阿欠为州长，崔彰等4人为副州长。]

州　长：裴阿欠（1963.11～1965.12任）

副州长：崔　彰（1963.11～1965.12任）

霜耐冬（傈僳族，1963.11～1965.12任）

李子清（傈僳族，1963.11～1965.12任）

孔志清（独龙族，1963.11～1965.12任）

6. 怒江傈僳族自治州第三届人民委员会（1965.12～1966.5）

[1965年12月21日至29日，召开怒江傈僳族自治州第三届人民代表大会，会议选举裴阿欠为州长，崔彰等5人为副州长。]

州　长：裴阿欠（1965.12～1966.5任）

副州长：崔　彰（1965.12～1966.5任）

霜耐冬（傈僳族，1965.12～1966.5任）

李子清（傈僳族，1965.12～1966.5任）

孔志清（独龙族，1965.12～1966.5任）

沈锡荣（白族，1965.12～1966.5任）

7. 怒江傈僳族自治州军事管制委员会（1967.3～1968.4）

[“文革”初期，怒江州党政机关受到冲击逐渐瘫痪，1967年3月，昆明军区党委发布关于怒江军事管制的命令，24日成立怒江傈僳族自治州军事管制委员会，行使党政大权。]

军总代表：郭春轩（1967.3～1968.4任）

副总代表：姚正清（1967.3～1968.4任）

宋福生（1967.3～1968.4任）

刘志远（1967.3～1968.4任）

8. 怒江傈僳族自治州革命委员会（1968.4～1973.10）

[1968年4月30日，经中共昆明军区党委批准，成立怒江傈僳族自治州革命委员会，属丽江专区革委会领导，1973年8月改由云南省革委会直接领导。州革委会成员由军队代表、革命干部和群众代表“三结合”组成，实行党政“一元化”领导。]

（1）丽江专区革委会领导时期的怒江州革委会（1968.4～1973.10）

主　任：于升鳌（军队代表，1968.4～1969.9任）
　　　　范振山（军队代表，1969.9～1969.12任）
　　　　张文锁（军队代表，1970.8～1973.10任）
副主任：宋福生（军队代表，1968.4～1969.9任）
　　　　王金仁（1968.4～1973.10任）
　　　　马康泰（回族，群众代表，1968.4～1973.10任）
　　　　冯　允（军队代表，1970.8～1973.10任）
　　　　李恩和（军队代表，1970.8～1973.10任）
　　　　武　生（军队代表，1970.8～1973.10任）
　　　　雷顺义（1970.8～1973.10任）
　　　　丰祥生（傈僳族，1971.7～1973.10任）
　　　　杨六三（傈僳族，1971.7～1973.10任）
　　　　光付仕（白族，1972.10～1973.10任）
　　　　李子清（傈僳族，1972.10～1973.10任）

（2）改由省委直接领导后的怒江州革委会（1973.10～1976.10）

主　任：郭春轩（军队代表，1973.10～1975.6任）
　　　　此付页（傈僳族，1975.6～1976.10任）
副主任：马崇武（军队代表，1973.10～1974.8任）
　　　　庞金海（1975.6～1976.10任）
　　　　此付页（傈僳族，1973.10～1975.6任）
　　　　雷顺义（1973.10～1976.10任）
　　　　和登保（傈僳族，1973.10～1976.10任）
　　　　白丽珍（女，独龙族，1973.10～1976.10任）
　　　　丰祥生（傈僳族，1973.10～1976.10任）
　　　　杨六三（傈僳族，1973.10～1976.10任）
　　　　李恩和（军队代表，1973.10～1975.6任）
　　　　马康泰（回族，1973.10～1976.10任）
　　　　李子清（傈僳族，1973.10～1976.10任）
　　　　崔　彰（1975.9～1976.10任）

（3）1976年10月以后的怒江州革委会（1976.10～1981.12）

[1976年10月以后，仍沿用怒江傈僳族自治州革命委员会名称。]

主　任：此付页（傈僳族，1976.10～1980.10任）
副主任：任新月（1977.12～1980.8任）
　　　　庞金海（1976.10～1980.8任）
　　　　崔　彰（1976.10～1981.12任）
　　　　丰祥生（傈僳族，1976.10～1981.12任）
　　　　杨六三（傈僳族，1976.10～1981.12任）
　　　　李子清（傈僳族，1976.10～1981.12任）

雷顺义（1976.10～1981.12任）
白丽珍（女，独龙族，1976.10～1980.8任）
马康泰（回族，1976.10～1980.8任）
和登保（傈僳族，1976.10～1980.8任）

9. 怒江傈僳族自治州第四届人民政府（1981.12～1986.5）

[1981年12月15日至24日，怒江傈僳族自治州第四届人民代表大会第一次会议在六库召开，会议决定撤销怒江州革命委员会，恢复州人民政府称谓，选举邓阿冷为州长，雷顺义等4人为副州长。1983年8月机构改革中，州人民政府领导班子作了调整。]

州　长：邓阿冷（傈僳族，1981.12～1986.5任）
副州长：雷顺义（1981.12～1983.8任）
查文汉（彝族，1981.12～1986.5任）
褚友本（傈僳族，1981.12～1983.8任）
孔志清（兼，独龙族，1981.12～1983.8任）
周承祖（1983.8～1986.5任）
邱三益（傈僳族，1983.8～1986.5任）
李益甫（1983.8～1986.5任）
亚　娜（女，怒族，1983.8～1986.5任）

10. 怒江傈僳族自治州第五届人民政府（1986.5～1991.5）

1986年5月14日至20日，怒江傈僳族自治州第五届人民代表大会第一次会议在六库召开，会议选举邓阿冷为州长，周承祖等5人为副州长。1990年5月补选李宝忠为副州长。]

州　长：邓阿冷（傈僳族，1986.5～1991.5任）
副州长：周承祖（1986.5～1991.5任）
查文汉（彝族，1986.5～1991.5任）
邱三益（傈僳族，1986.5～1991.5任）
李益甫（1986.5～1991.5任）
亚　娜（女，怒族，1986.5～1991.5任）
李宝忠（1990.5～1991.5任）

11. 怒江傈僳族自治州第六届人民政府（1991.5～1993.12）

1991年4月27日至5月6日，怒江傈僳族自治州第六届人民代表大会第一次会议在六库召开，会议选举邱三益为州长，和铁梁等3人为副州长。]

州　长：邱三益（1991.5～1993.12任）
副州长：和铁梁（1991.5～1993.12任）
颜聪文（1991.5～1993.12任）
杨寿长（白族，1991.5～1993.12任）

（四）中国人民政治协商会议怒江傈僳族自治州委员会

1. 怒江傈僳族自治区各族各界代表会议协商委员会（1954.8～1958.5）

［1954年8月，根据《中国人民政治协商会议共同纲领》的规定，建立《怒江傈僳族自治区各族各界人民代表大会协商委员会》制度。协商委员会的历史沿革，分为两个阶段。］

（1）怒江傈僳族自治区第一届协商委员会（1954.8～1957.1）

［1954年8月15日至23日，首届怒江傈僳族自治区各族各界代表会议协商委员会会议召开，参会代表336人，由4个界别组成，会议协商产生委员会组成人员22人。］

主　席：霜耐冬（傈僳族）

副主席：张　旭（白族）　孔志清（独龙族）　祝发清（傈僳族）　茶光周（彝族）

（2）怒江傈僳族自治区第二届协商委员会（1957.1～1958.5）

［1957年1月18日至24日，第二届怒江傈僳族自治区各族各界代表会议协商委员会会议召开，参会代表334人，由4个界别组成，会议协商产生委员会组成人员67人。］

主　席：王振华

副主席：和　耕（傈僳族）　祝发清（傈僳族）　批　提（傈僳族）　那他里（傈僳族）
省阿屯（傈僳族）　提母提武（怒族）　茶光周（彝族）　伊里亚（独龙族）
张耀林（白族）

2. 政协怒江傈僳族自治州第一届委员会（1958.5～1963.11）

［1958年5月28日至6月4日，召开政协怒江傈僳族自治州第一届委员会第一次会议，会议选举产生政协怒江州第一届委员会主席1人、副主席8人。］

主　席：王振华

副主席：和　耕（傈僳族）　祝发清（傈僳族）　批　提（傈僳族）　那他里（傈僳族）
省阿屯（傈僳族）　茶光周（彝族）　提母提武（怒族）　温学仁

3. 政协怒江傈僳族自治州第二届委员会（1963.11～1965.12）

［1963年11月14日至19日，政协怒江傈僳族自治州第二届委员会第一次会议召开，会议选举产生政协怒江州第二届委员会主席1人、副主席6人。］

主　席：温学仁

副主席：崔　彰　祝发清（傈僳族）　茶光周（彝族）　省阿屯（傈僳族）
伊里亚（独龙族）　批　提（傈僳族）

4. 政协怒江傈僳族自治州第三届委员会（1965.12～1966.5）

［1965年12月21日至29日，政协怒江傈僳族自治州第三届委员会第一次会议召开，会议选举产生政协怒江州第三届委员会主席1人、副主席6人。1966年5月“文革”开始后，州政协被迫停止活动14年，直至1981年12月政协怒江州第四届委员会产生。］

主　席：温学仁

副主席：崔　彰　祝发清（傈僳族）　茶光周（彝族）　省阿屯（傈僳族）
　　　　伊里亚（独龙族）　批　提（傈僳族）

5. 政协怒江傈僳族自治州第四届委员会（1981.12～1986.11）

［1981年12月16日至23日，政协怒江傈僳族自治州第四届委员会第一次会议召开，会议选举产生政协怒江州第四届委员会主席1人、副主席4人。1983年11月15日至22日召开第三次全体委员会议，增补副主席3人。1984年12月4日至8日召开第四次全体委员会议，增补副主席1人。］

主　席：此付页（傈僳族，1981.12～1986.11任）

副主席：和鉴彩（纳西族，1981.12～1986.11任）
　　　　彭恩德（怒族，1981.12～1986.11任）
　　　　约　秀（傈僳族，1981.12～1986.11任）
　　　　伊里亚（独龙族，1981.12～1986.11任）
　　　　孔志清（独龙族，1983.11～1986.11任）
　　　　毕天德（彝族，1983.11～1986.11任）
　　　　秦振刚（1983.11～1986.11任）
　　　　褚有本（傈僳族，1984.12～1986.11任）

6. 政协怒江傈僳族自治州第五届委员会（1986.11～1991.4）

［1986年11月12日至21日，政协怒江傈僳族自治州第五届委员会第一次会议召开，会议选举产生政协怒江州第五届委员会主席1人、副主席6人。1990年4月6日至14日召开第五次全体委员会议，增补副主席1人。］

主　席：褚有本（傈僳族，1986.11～1991.4任）

副主席：和鉴彩（纳西族，1986.11～1991.4任）
　　　　毕天德（彝族，1986.11～1991.4任）
　　　　秦振刚（1986.11～1991.4任）
　　　　孔志清（独龙族，1986.11～1991.4任）
　　　　伊里亚（独龙族，1986.11～1991.4任）
　　　　约　秀（傈僳族，1986.11～1991.4任）
　　　　丰勇堂（傈僳族，1990.4～1991.4任）

7. 政协怒江傈僳族自治州第六届委员会（1991.4～1993.12）

［1991年4月25日至5月4日，政协怒江傈僳族自治州第六届委员会第一次会议召开，会议选举产生政协怒江州第六届委员会主席1人、副主席6人。］

主　席：查文汉（彝族，1991.4～1993.12任）

副主席：熊兆祥（彝族，1991.4～1993.12任）
　　　　丰勇堂（傈僳族，1991.4～1993.12任）

余德全（傈僳族，1991.4 ~ 1993.12任）
孔志清（独龙族，1991.4 ~ 1993.12任）
伊里亚（独龙族，1991.4 ~ 1993.12任）
唐元轩（1991.4 ~ 1993.12任）

（马志敏/供稿）

迪庆藏族自治州党政组织职官志
（1949.10～1993.12）

［迪庆藏族自治州成立于1957年9月，为历史衔接，本志从1956年11月中共迪庆藏族自治州工作委员会成立撰起。组织职官分为中共迪庆地方组织、迪庆藏族自治州人民代表大会常务委员会、迪庆地方政府、中国人民政治协商会议迪庆藏族自治州委员会4类。各组织职官名称的沿革，在类下逐一志述，其组织成立的由来及其建制、职官等情况，随文予以简明提示与解说。］

（一）中国共产党迪庆地方组织

1. 中共迪庆藏族自治州工作委员会（1956.9～1967.3）

［1956年9月，国务院全体会议通过设立迪庆藏族自治州（于1957年9月成立）。同时，经中共云南省委批准，成立中共迪庆州工作委员会（简称州工委），由丽江地委领导，辖原属丽江专区的中甸、德钦、维西3个县。1956年11月，经中央批准省委任命州工委领导人。1958年10月至1962年7月，迪庆州工委与中甸县委合署办公，州工委所辖各县委，由丽江地委直接领导。1962年7月，恢复迪庆藏族自治州工作委员会，属丽江地委领导。1966年2月，州工委与中甸县领导机关再次合署办公，州工委对其所属3县委的领导关系再度中止。“文革”初期，迪庆州工委受到“造反派”冲击逐渐瘫痪。］

书　记：张高林（1956.11～1962.6任）
　　　　张文英（1962.7～1966.4任）
　　　　曹振德（回族，1966.5～1967.3任）
副书记：温学仁（1956.11～1960.10任）
　　　　徐振康（1956.11～1958.10任）
　　　　张文英（1958.10～1960.4任）
　　　　张贤孝（1966.5～1967.3任）
　　　　阿多美（藏族，1966.5～1967.3任）

2. 迪庆藏族自治州、中甸县军事管制委员会（1967.4～1968.4）

［1967年3月，经丽江军分区批准，成立迪庆藏族自治州（简称迪庆州）与中甸县两级合二为一的军事管制委员会，统管迪庆州、中甸县的党、政、财、文大权。1968年2月，经中共昆明军区常委批准，中甸县革命委员会成立。同年4月，组成迪庆州、中甸县两级革命委员会，一套班子，两块牌子，由丽江地区革命委员会领导。由于各县合署办公，迪庆州革委会未成立党的核心小组。］

主　任：张贤孝

副主任：武清棋　李宗龙

3. 中共迪庆藏族自治州工作委员会（1971.12～1973.8）

[1971年12月，中共迪庆藏族自治州工作委员会重新组建，属丽江地委领导。迪庆州党政机关与中甸县党政机关分设。]

书　记：杨廷桂

副书记：阿多美（藏族）　孙守堂

4. 中共迪庆藏族自治州委员会（1973.8～1980.11）

[1973年8月，根据中央有关认真贯彻执行民族区域自治的精神，恢复成立中共迪庆藏族自治州委员会，直属省委领导。同年10月，中共云南省委任命州委领导人。]

第一书记：七林旺丹（藏族，1973.10～1979.1任）

书　　记：冯化雨（1973.10～1975.6任）

阿茸此里（藏族，1972.5～1973.10任）

杨桂廷（1978.8～1980.11任）

副 书 记：杨廷桂（1973.10～1978.7任）

赵起云（1973.10～1978.8任）

阿多美（藏族，1973.10～1980.11任）

阿　匹（藏族，1973.10～1980.11任）

李文明（傈僳族，1973.10～1980.8任）

李玉芳（女，藏族，1973.10～1980.11任）

邓子俊（1978.6～1980.11任）

5. 中共迪庆藏族自治州第一届委员会（1980.11～1986.10）

[1980年11月8日至12日，中共迪庆藏族自治州第一次党员代表大会在中甸召开，会议选举产生第一届委员会委员35名。在州委一届一次全会上选出州委常委12名，其中书记1名、副书记2名。]

书　记：邓子俊（1980.11～1983.7任）

李国良（藏族，1983.8～1986.10任）

副书记：杨廷桂（1980.11～1983.7任）

李玉芳（女，藏族，1980.11～1986.10任）

阿多美（藏族，1980.11～1983.7任）

西　姆（女，藏族，1983.8～1986.10任）

叶世荣（1983.8～1986.7任）

李宏耀（藏族，1985.2～1986.10任）

6. 中共迪庆藏族自治州第二届委员会（1986.11～1991.7）

[1986年11月1日至6日，中共迪庆藏族自治州第二次党员代表大会在中甸召开，会议选举

产生中共迪庆州第二届委员会委员23名。在州委二届一次全会上选出州委常委6名，其中书记1名、副书记2名。]

书　记：江巴吉才（藏族，1986.11～1991.7任）

副书记：孙诺吉才（藏族，1986.11～1991.7任）

李永康（1986.11～1988.5任）

格桑顿珠（藏族，又名李宏耀，1986.11～1991.7任）

王玉美（1989.2～1991.7任）

刘文玉（1990.4～1991.7任）

7. 中共迪庆藏族自治州第三届委员会（1991.7～1993.12）

[1991年7月4日至9日，中共迪庆藏族自治州第三次党员代表大会在中甸召开，会议选举产生中共迪庆州第三届委员会书记1名、副书记3名。]

书　记：江巴吉才（藏族，1991.7～1993.12任）

副书记：格桑顿珠（藏族，1991.7～1993.12任）

王玉美（1991.7～1993.12任）

刘文义（1991.7～1993.12任）

（二）迪庆藏族自治州人民代表大会常务委员会

[迪庆藏族自治州人民代表大会常务委员会（简称州人大常委会），是按照第五届全国人民代表大会第二次会议的决定，于1981年5月由迪庆州第六届人民代表大会选举产生的。迪庆州人大常委会是州人民代表大会的常设机构，在州人民代表大会闭会期间，州人大常委会依照宪法、法律的规定，行使地方立法权、监督权，重大事项决定和人事任免权。]

1. 迪庆藏族自治州第六届人大常委会（1981.5～1986.11）

[1981年5月19日至23日，迪庆藏族自治州第六届人民代表大会第一次会议在中甸召开，会议根据《中华人民共和国地方各级人民代表大会和地方各级人民政府组织法》的规定，决定设立迪庆藏族自治州人民代表大会常务委员会，并选举产生迪庆州第六届人大常委会主任1人、副主任4人。]

主　任：阿多美（藏族，1981.5～1986.11任）

副主任：何仲培（白族，1981.5～1986.11任）

腊玉春（傈僳族，1981.5～1986.11任）

噶　达（藏族，1981.5～1986.11任）

朱兰溪（1981.5～1986.11任）

署甲扒（傈僳族，1983.11～1986.11任）

孙福海（1983.11～1986.11任）

2. 迪庆藏族自治州第七届人大常委会（1986.11～1991.7）

［1986年11月10日至16日，迪庆藏族自治州第七届人民代表大会第一次会议在中甸召开，会议选举产生迪庆州第七届人大常委会主任1人、副主任4人。］

主　任：央　姆（又名李玉芳，女，藏族，1986.11 ~ 1991.7任）

副主任：署甲扒（傈僳族，1986.11 ~ 1990.7任）

西　姆（女，藏族，1986.11 ~ 1991.7任）

噶　达（藏族，1986.11 ~ 1991.7任）

朱兰溪（1986.11 ~ 1991.7任）

腊玉春（傈僳族，1987.10 ~ 1989.7任）

3. 迪庆藏族自治州第八届人大常委会（1991.7～1993.12）

［1991年7月，迪庆藏族自治州第八届人民代表大会第一次会议在中甸召开，会议选举产生迪庆州第八届人大常委会主任1人、副主任6人。］

主　任：孙诺吉才（藏族，1991.7 ~ 1993.12任）

副主任：王廷彦（1991.7 ~ 1993.12任）

噶达·赤来曲旺（藏族，1991.7 ~ 1993.12任）

余觉聪（1991.7 ~ 1993.12任）

庞亮星（1991.7 ~ 1993.5任）

都吉台（1991.7 ~ 1993.12任）

钱　鑫（1991.7 ~ 1993.12任）

（三）迪庆地方政府

［迪庆藏族自治州成立于1957年。此前，自治州所辖的中甸县、德钦县、维西县和奔子栏办事处，属丽江行政专员公署管辖。自治州成立一直到1972年的15年间均由丽江地区代管。其间，在1958年底至1962年，1967年初至1971年这两个阶段，迪庆州和中甸县曾两次实行党政机关合并，合署办公，1972年州、县分设。］

1. 迪庆藏族自治州第一届人民委员会（1957.9～1962.9）

［1957年9月6日至12日，经国务院批准，迪庆藏族自治州第一届各族各界人民代表会议在中甸召开，会议选举产生州长1人、副州长7人。9月13日迪庆藏族自治州宣告成立，管辖区为从丽江专署划出的中甸、维西、德钦3县和奔子栏办事处（1959年9月划归德钦县），隶属丽江专员公署领导。1958年，州人委与中甸县人委合署办公，1962年6月，经中共云南省委批准，州、县两级党、政机关分开，重新组建迪庆藏族自治州人民委员会，仍隶属丽江专员公署领导。］

州　长：松　谋（藏族，活佛）

副州长：吉　福（藏族）　王本登（藏族）　王学槼（藏族）　赵保鹤（藏族）

余阿登（傈僳族）　温学仁　王嘉瑞（纳西族）

2. 迪庆藏族自治州第二届人民委员会（1962.10～1963.9）

［1962年10月3日至13日，迪庆藏族自治州第一届第二次各族各界人民代表会议在中甸召开，这次大会没有进行选举，第一届人民委员会的领导班子也没有任何变化，实际上代替了第二届人民委员会。一届二次代表会议后来称作迪庆藏族自治州第二届各族各界代表大会。］

州　长：松　谋（藏族，活佛）

副州长：吉　福（藏族）　王本登（藏族）　王学槊（藏族）　赵保鹤（藏族）
余阿登（傈僳族）　温学仁　王嘉瑞（纳西族）

3. 迪庆藏族自治州第三届人民委员会（1963.9～1965.11）

［1963年9月8日至19日，迪庆藏族自治州第三届人民代表大会第一次会议在中甸召开，会议选举产生迪庆藏族自治州第三届人民委员会州长1人、副州长5人。］

州　长：松　谋（藏族，活佛）

副州长：赵保鹤（藏族）　余阿登（傈僳族）　吉　福（藏族）　王本登（藏族）
王嘉瑞（纳西族）

4. 迪庆藏族自治州第四届人民委员会（1965.11～1966.5）

［1965年11月23日至30日，迪庆藏族自治州第四届人民代表大会第一次会议在中甸召开，会议选举产生迪庆藏族自治州第四届人民委员会州长1人、副州长5人。］

州　长：松　谋（藏族，活佛）

副州长：吉　福（藏族）　王本登（藏族）　王嘉瑞（纳西族）　赵保鹤（藏族）
余阿登（傈僳族）

5. 迪庆藏族自治州、中甸县军事管制委员会（1967.4～1968.4）

［1966年5月"文革"开始后，迪庆州人委机关受到冲击逐渐瘫痪。1967年4月6日，根据国务院3月11日命令，经中共丽江军分区委员会批准，迪庆藏族自治州、中甸县实行军事管制，建立州、县合二为一的军事管制委员会。］

主 任 委 员：张贤孝

副主任委员：武清棋　李宗龙

6. 迪庆藏族自治州革命委员会（1968.4～1981.5）

［1968年2月27日，中甸县革命委员会成立。同年4月，经昆明军区党委批准，在原中甸县革命委员会的基础上，成立迪庆藏族自治州、中甸县两级合一的革命委员会。］

（1）1968.4～1972.8

主　任：张贤孝（军代表，1968.4～1972.8任）

副主任：武清棋（1968.4～1972.8任）
七林旺丹（藏族，1968.4～1972.8任）
阿多美（藏族，干部代表，1968.4～1972.8任）

马载斌（藏族，群众代表，1968.4～1972.8任）

（2）1972.8～1973.9

［1972年8月，根据上级指示，迪庆藏族自治州党政机关与中甸县分设，单独成立迪庆藏族自治州革命委员会。经中共云南省委（1972）91号文《关于增补迪庆藏族自治州革命委员会的批复》，增补州革命委员会委员32人，设常委17人，增补正副主任3人。］

主　任：杨廷桂（干部代表，1972.8～1973.9任）

副主任：阿多美（藏族，干部代表，1972.8～1973.9任）

马载斌（藏族，群众代表，1972.8～1973.9任）

孙守堂（军代表，1972.8～1973.9任）

余阿登（傈僳族，干部代表，1972.8～1973.9任）

（3）1973.10～1981.5

［1973年10月，中共中央、国务院指示"云南省四个自治州不再由地区代管。"10月20日经中共云南省委批准，组成迪庆藏族自治州革命委员会，直属省领导。任命七林旺丹为主任，设委员43人，常委18人。本届州革命委员会一直延续到1981年5月。］

主　任：七林旺丹（藏族，1973.10～1979任）

杨廷桂（干部代表，1979～1981.5代）

副主任：冯化雨（藏族，军代表，1973.10～1976.10任）

杨廷桂（干部代表，1973.10～1979任）

阿多美（藏族，干部代表，1973.10～1976.10任）

李玉芳（女，藏族，1973.10～1976.10任）

阿　匹（藏族，1973.10～1976.10任）

赵起云（军代表，1973.10～1976.10任）

余阿登（傈僳族，干部代表，1973.10～1981.5任）

马载斌（藏族，群众代表，1973.10～1979任）

阿茸此里（藏族，1975.10～1981.5任）

李国良（吾金扎西，藏族，1980.6～1981.5任）

7. 迪庆藏族自治州第六届人民政府（1981.5～1986.11）

［1981年5月19日至23日，根据《中华人民共和国地方各级人民代表和地方各级人民政府组织法》的规定，恢复召开了迪庆藏族自治州第六届人民代表大会，会议选举产生迪庆州第六届人民代表大会常务委员会，选举产生迪庆州人民政府州长1人、副州长5人。］

（1）1981.5～1983.8

州　长：李国良（藏族，1981.5～1983.8任）

副州长：江　奎（1981.5～1983.8任）

周汝泉（1981.5～1983.8任）

和汝仁（纳西族，1981.5～1983.8任）

署甲扒（傈僳族，1981.5～1983.8任）

孙诺吉才（藏族，1981.5～1983.8任）

（2）1983.11～1986.11

［1983年11月3日至8日，迪庆藏族自治州第六届人民代表大会第四次会议在中甸召开，会议选举产生州长1人、副州长5人。］

州　长：李玉芳（女，藏族，1983.8～1983.11代）

　　　　　　（1983.11～1986.11任）

副州长：江　奎（1983.11～1986.11任）

　　　　程玉春（1983.11～1986.11任）

　　　　李树芳（藏族，1983.11～1986.11任）

　　　　余觉聪（傈僳族，1983.11～1986.11任）

　　　　陈国祥（1983.11～1986.11任）

8. 迪庆藏族自治州第七届人民政府（1986.11～1991.7）

［1986年11月10日至19日，迪庆藏族自治州第七届人民代表大会第一次会议在中甸召开，会议选举产生迪庆州第七届人民政府州长1人、副州长4人。］

州　长：孙诺吉才（藏族，1986.11～1991.7任）

副州长：李树芳（藏族，1986.11～1991.7任）

　　　　程玉春（藏族，1986.11～1989.7任）

　　　　余觉聪（傈僳族，1986.11～1991.7任）

　　　　康仲明（藏族，1986.11～1991.7任）

9. 迪庆藏族自治州第八届人民政府（1991.7～1993.12）

［1991年7月，迪庆藏族自治州第八届人民代表大会第一次会议在中甸召开，会议选举产生迪庆州第八届人民政府州长1人、副州长4人。］

州　长：格桑顿珠（藏族，1991.7～1993.12任）

副州长：康仲民（藏族，1991.7～1993.12任）

　　　　李国华（1991.7～1992.5任）

　　　　和兴典（纳西族，1991.7～1993.12任）

　　　　唐世华（傈僳族，1991.7～1993.12任）

　　　　余　华（傈僳族，1992.7～1993.12任）

（四）中国人民政治协商会议迪庆藏族自治州委员会

［政协迪庆藏族自治州委员会是根据《中国人民政治协商会议章程》的有关规定，于1957年9月正式成立。］

1. 政协迪庆藏族自治州第一届委员会（1957.9～1962.9）

［1957年9月6日至12日，迪庆藏族自治州第一届各族各界人民大会第一次会议在中甸召开，9月13日正式宣告迪庆藏族自治州成立。与此同时，召开了中国人民政治协商会议迪庆藏族自治州委员会第

一次会议，66名委员出席会议，选举产生政协迪庆藏族自治州第一届委员会主席1人、副主席6人。]

主　席：张高林

副主席：禾德顺（藏族）　刘　恩（藏族）　设　义（藏族）　更　觉（藏族）
　　　　和耀周（纳西族）　林关福（傈僳族）

2. 政协迪庆藏族自治州第二届委员会（1962.10～1963.9）

[1962年9月，中共迪庆藏族自治州工作委员会召开全州民族工作会议，会议就迪庆的民族区域自治、宗教政策、所有制问题广泛征求了与会政协委员的意见。同年10月13日，迪庆藏族自治州第一届各族各界人民代表大会第二次会议召开，全体政协委员列席会议。这两次会议替代了政协迪庆藏族自治州第二届委员会，其组成人员和领导班子，是第一届委员会的延续。]

主　席：张高林

副主席：禾德顺（藏族）　刘　恩（藏族）　设　义（藏族）　更　觉（藏族）
　　　　和耀周（纳西族）　林关福（傈僳族）

3. 政协迪庆藏族自治州第三届委员会（1963.9～1965.10）

[1963年9月22日，政协迪庆藏族自治州第三届委员会第一次会议在中甸召开，会议选举产生政协迪庆藏族自治州第三届委员会主席1人、副主席6人。]

主　席：张文英（1963.9~1965.10兼）

副主席：禾德顺（藏族，1963.9~1965.10任）
　　　　刘　恩（藏族，1963.9~1965.10任）
　　　　设　义（藏族，1963.9~1965.10任）
　　　　更　觉（藏族，1963.9~1965.10任）
　　　　林关福（傈僳族，1963.9~1965.10任）
　　　　赵宝鹤（兼，藏族，1963.9~1965.10任）

4. 政协迪庆藏族自治州第四届委员会（1965.11～1966.5）

[从本届起，政协迪庆州委员会设常委会。1965年11月23日，政协迪庆藏族自治州第四届委员会第一次会议召开，会议选举产生主席1人、副主席5人。1966年5月“文革”开始后，迪庆州政协组织受到冲击停止活动，直到1981年5月政协迪庆州第五届委员会产生。]

主　席：曹振德（回族，1965.11~1966.5兼）

副主席：禾德顺（藏族，1965.11~1966.5任）
　　　　刘　恩（藏族，1965.11~1966.5任）
　　　　设　义（藏族，1965.11~1966.5任）
　　　　更　觉（藏族，1965.11~1966.5任）
　　　　林关福（傈僳族，1965.11~1966.5任）

5. 政协迪庆藏族自治州第五届委员会（1981.5～1986.11）

[1981年5月10日至20日，政协迪庆藏族自治州第五届委员会第一次会议在中甸召开，政

协组织重新恢复，会议选举产生政协迪庆藏族自治州第五届委员会主席1人、副主席6人。]

主　席：杨廷桂（1981.5～1983.10兼）
　　　　杨国昌（回族，1983.10～1986.11任）
副主席：王　浩（藏族，1981.5～1986.11任）
　　　　向·楚称江初（藏族，1981.5～1986.11任）
　　　　杨炎厚（傈僳族，1981.5～1982.9任）
　　　　和凤楼（纳西族，1983.11～1986.11任）
　　　　和春元（傈僳族，1981.5～1986.11任）
　　　　和振华（纳西族，1981.5～1986.11任）
　　　　燕再宽（1981.5～1982.9任）
　　　　念仓·泽仁平措（藏族，1983.11～1986.11任）
　　　　和凤楼（纳西族，1983.11～1986.11任）
　　　　七林旺丹（藏族，1985.7～1986.11任）

6. 政协迪庆藏族自治州第六届委员会（1986.11～1991.7）

[1986年11月9日至16日，政协迪庆藏族自治州第六届委员会第一次会议在中甸召开，会议选举产生政协迪庆州第六届委员会主席1人、副主席7人。]

主　席：尼　玛（藏族，1989.7～1991.7任）
副主席：七林旺丹（藏族，1986.11～1991.7任）
　　　　王　浩（藏族，1986.11～1991.7任）
　　　　付英才（傈僳族，1986.11～1991.7任）
　　　　向·楚称江初（藏族，1986.11～1991.7任）
　　　　念仓·泽仁平措（藏族，1986.11～1991.7任）
　　　　和振华（纳西族，1986.11～1991.7任）
　　　　都吉台（藏族，1986.11～1991.7任）

7. 政协迪庆藏族自治州第七届委员会（1991.7～1993.12）

[1991年7月14日至22日，政协迪庆藏族自治州第七届委员会第一次全体委员会议在中甸召开，会议选举产生政协迪庆州第七届委员会主席1人、副主席6人。]

主　席：尼　玛（藏族，1991.7～1993.12任）
副主席：七林旺丹（藏族，1991.7～1993.12任）
　　　　付英才（傈僳族，1991.7～1993.12任）
　　　　念仓·泽仁平措（藏族，1991.7～1993.12任）
　　　　王　浩（藏族，1991.7任~1992.6病故）
　　　　向·楚称江初（藏族，1991.7～1993.12任）
　　　　和振华（纳西族，1991.7～1993.12任）

（马志敏/供稿）

大理白族自治州党政组织职官志
（1949.10 ~ 1993.12）

[大理白族自治州成立于1956年11月，为历史衔接，本志从1950年1月中共大理地方委员会成立撰起。组织职官分为中共大理地方组织、大理白族自治州人民代表大会常务委员会、大理地方政府、中国人民政治协商会议大理白族自治州委员会4类。各组织职官名称的沿革，在类下逐一志述，其组织成立的由来及其建制、职官等情况，随文予以简明提示与解说。]

（一）中国共产党大理地方组织

1. 中共大理地方委员会（1950.1～1956.11）

[1950年1月，中共大理地方委员会成立，隶属中共滇桂黔边区党委领导。1950年2月，中共云南省委成立，中共滇桂黔边区党委结束，中共大理地方委员会改由中共云南省委领导。]

（1）1950.1 ~ 1956.11

[1950年3月，中共大理地方委员会作了组织调整，并由中共云南省委和滇西工委（1955年撤销）领导。]

书　记：陈柏松（1950.1 ~ 1950.3任）
　　　　侯良辅（1950.3 ~ 1953.1任）
副书记：赵善卿（1953.1 ~ 1956.11任）
　　　　王　民（1955.5 ~ 1956.11任）

（2）1956.11 ~ 1962.12

[1956年11月，经国务院全体会议通过，撤销大理专区，设立大理白族自治州（简称大理州），党的领导机构仍称地委。11月22日大理白族自治州正式建立。1960年4月至1962年12月，中共大理地方委员会设书记处。]

第 一 书 记：欧　根（白族，1956.11 ~ 1960.4任）
　　　　　　郑　刚（1960.4 ~ 1962.12任）
第 二 书 记：王　民（1956.11 ~ 1960.4任）
　　　　　　欧　根（白族，1960.4 ~ 1962.12任）
副　书　记：吉其祥（1956.11 ~ 1960.12任）
书记处书记：王　民（1960.4 ~ 1962.12任）
　　　　　　韩国治（1960.9 ~ 1962.12任）
　　　　　　吉其祥（1960.12 ~ 1962.12任）
　　　　　　邵　风（1962.11 ~ 12任）

（3）1962.12 ~ 1967.3

[1962年12月，撤销中共大理地方委员会书记处。]

书　记：郑　刚（1962.12～1964.10任）
　　　　邵　风（1964.12～1967.3任）
副书记：欧　根（白族，1962.12～1967.3任）
　　　　邵　风（1962.12～1964.12任）
　　　　韩国治（1962.9～1965.11任）
　　　　吉其祥（1965.5～1967.3任）

2. 大理白族自治州“支左”委员会党委（1967.6～1968.9）

[1967年初，大理州各级组织受到造反派夺权的冲击，相继瘫痪。3月，中央决定对云南实行军事管制，6月1日，昆明军区党委决定，成立中国人民解放军大理白族自治州“支左”委员会党委。]

书　记：咎明德　赵世英
副书记：魏于雄　张应文　李庭中

3. 大理白族自治州革命委员会党的核心小组（1970.3～1971.6）

[1968年9月28日，经云南省革命委员会批准，成立大理白族自治州革命委员会（简称州革委会）。州革委会为党政合一的领导机构，实行党政一元化领导。1970年3月，建立大理州革委会党的核心小组。]

组　长：张应文
副组长：弓晓文　胡子寿　陈瑞祥

4. 中共大理白族自治州第一届委员会（1971.6～1976.10）

[1971年6月13日至16日，中共大理白族自治州第一次代表大会在下关召开，选举产生中共大理白族自治州第一届委员会委员47人。经一届一次全委会选出常委13人，其中书记1人、副书记4人。1976年以后州委领导人多次调整。]

（1）1971.6～1976.10
书　记：张应文（1971.6.16～1975.6任）
　　　　欧　根（白族，1975.6～1975. 10任）
　　　　王子贤（1975.10～1976.7任）
　　　　欧　根（白族，1976.7～1976.10任）
副书记：弓晓文（1971.6.16～1975.6任）
　　　　陈瑞祥（1971.6.16～1976.10任）
　　　　胡子寿（1971.6.16～1975.6任）
　　　　王建国（1971.6.16～1975.6任）
　　　　李　原（1971.11～1975.6任）
　　　　张世铭（白族，1974.2～1975.12任）
　　　　丁铁军（1975.6～1976.10任）
　　　　汪修章（1975.6～1976.10任）

王兰亭（1975.6~1976.10任）
刘树生（回族，1975.2~1976.10任）
张世铭（白族，1976.7~1976.10任）
胡子寿（1976.9~1976.10任）

（2）1976.10~1986.7

书　记：欧　根（白族，1976.10~1977.2任）
刘树生（回族，1977.4~1981.8任）
姜　杰（代理，1981.11~1983.8任）
尹　俊（白族，1983.8~1985.7任）
马品珍（回族，1985.7~1986.7.21任）

副书记：刘树生（回族，1976.10~1977.4任）
王兰亭（1976.10~1983.5任）
汪修章（1976.10~1983.9任）
丁铁军（1976.10~1977.8任）
胡子寿（1976.10.1977.8任）
张世铭（白族，1976.10.1977.8任）
姜　杰（1977.8~1981.11任）
木凤章（纳西族，1977.8~1980.6任）
尹　俊（白族，1980.8~1983.8任）
马品珍（回族，1983.8~1985.7任）
钟振川（白族，1983.8~1986.7任）
万隆善（1983.8~1986.1任）
杨健强（白族，1983.8~1986.7任）

5. 中共大理白族自治州第二届委员会（1986.7～1991.9.13）

［1986年7月17日至21日，中共大理白族自治州第二次代表大会在下关召开，选举产生中共大理白族自治州第二届委员会委员26人，候补委员5人。经二届一次全委会选出常委9人，其中书记1人、副书记3人。］

书　记：马品珍（回族，1986.7~1988.6任）
钟振川（白族，1988.6~1991.7任）

副书记：钟振川（白族，1986.7~1988.6任）
颜绍学（彝族，1986.7~1991.9任）
李汉柏（白族，1986.10~1991.9任）
杨俊生（1988.8~1991.9任）

6. 中共大理白族自治州第三届委员会（1991.9.13～1993.12.31）

［1991年9月9日至13日，中共大理白族自治州第三次代表大会在下关召开，选举产生中共大理白族自治州第三届委员会组成人员。经三届一次全委会选出书记1人、副书记3人。］

书　记：钟振川（白族，1991.9～1993.8任）
　　　　李汉柏（白族，1993.8～1993.12任）
副书记：李汉柏（白族，1991.9～1993.8任）
　　　　杨俊生（1991.9～1993.12.31任）
　　　　段增庆（1991.9～1993.12.31任）
　　　　李映德（白族，1993.8～1993.12任）

（二）大理白族自治州人民代表大会常务委员会

[大理白族自治州人民代表大会常务委员会（简称州人大常委会）按照全国人大五届二次会议通过的《中华人民共和国地方各级人民代表大会和地方各级人民政府组织法》的规定，于1980年5月11日召开的州第六届人民代表大会第二次会议上选举产生。州人大常委会为州人民代表大会的常设机构。]

1. 大理白族自治州第六届人大常委会（1980.5～1983.9）

[1980年5月11日，大理白族自治州第六届人民代表大会第二次会议在下关召开，会议决定设立大理白族自治州人大常委会，并选举产生大理州第六届人大常委会主任1人、副主任7人。]

主　任：刘树生（回族，1980.5～1981.8任）
　　　　郑　伦（白族，1981.11～1983.9任）
副主任：王兰亭（1980.5～1983.3任）
　　　　张　旭（白族，1980.5～1983.9任）
　　　　曹松山（兼秘书长，1980.5～1981.10任）
　　　　支永胜（1980.5～1983.9任）
　　　　茶国珍（彝族，1980.5～1982.2任）
　　　　陈善述（1980.5～1983.9任）
　　　　杜乙简（白族，1980.5～1983.9任）

2. 大理白族自治州第七届人大常委会（1983.9～1988.7）

[1983年9月25日，大理白族自治州第七届人民代表大会第一次会议在下关召开，选举产生大理白族自治州第七届人大常委会主任1人、副主任6人。]

主　任：郑　伦（白族，1983.9～1986.5任）
　　　　李守信（白族，1986.5～1988.7任）
副主任：张　渺（1983.9～1988.7任）
　　　　李守信（白族，1983.9～1986.5任）
　　　　纪士孔（1983.9～1988.7任）
　　　　王　昭（1983.9～1987.1任）
　　　　董介元（1983.9～1988.7任）
　　　　陈善述（1983.9～1983.12任）

施中立（白族，1985.1~1988.7任）
李从学（彝族，1984.5~1988.7任）

3. 大理白族自治州第八届人大常委会（1988.7～1993.7）

[1988年7月9日，大理白族自治州第八届人民代表大会第一次会议在下关召开，选举产生大理白族自治州第八届人大常委会主任1人、副主任4人。]

主　任：李守信（白族，1988.7~1993.7任）
副主任：李从学（彝族，1988.7~1993.7任）
杨尔信（白族，1988.7~1993.7任）
秦绍高（1988.7~1991.8任）
王增营（1988.7~1993.7任）
蒲汉延（1991.4~1993.7任）
赵仁全（白族，1992.10~1993.7任）

4. 大理白族自治州第九届人大常委会（1993.7.6～1993.12.31）

[1993年7月6日，大理白族自治州第九届人民代表大会第一次会议在下关召开，选举产生大理白族自治州第九届人大常委会。]

主　任：杨　旻（1993.7~1993.12任）
副主任：杨培香（女，彝族，1993.7~1993.12任）
赵仁全（白族，1993.7~1993.12任）
杨尔信（白族，1993.7~1993.12任）
杨　明（白族，1993.7~1993.12任）
自　恕（1993.7~1993.12任）

（三）大理地方政府

1. 大理（专区）专员公署（1950.1～1956.11）

[1950年1月，大理专区行政督察专员公署成立，直属云南省人民政府领导。1950年3月，专署由大理移驻下关，11月，改称大理专区专员公署，1955年4月，改称大理专员公署。]

专　员：杨永新（白族，1950.1~1950.12任）
李荣福（1951.1~1951.11代）
干玉梅（女，1951.11~1953.3任）
李荣福（1954.12~1955.3任）
副专员：杨永新（白族，1951.1~1956.11任）
张万夫（1955.4~1956.11任）

2. 大理白族自治州第一届人民委员会（1956.11～1958.10）

［1956年11月，经国务院批准撤销大理专区，设立大理白族自治州（简称大理州），22日宣告成立。同年11月，大理白族自治州第一届人民代表大会第一次会议召开，选举产生大理州第一届人民委员会州长1人、副州长6人。］

州　长：张子斋（白族）

副州长：杨永新（白族）　张万夫　张茂林　茶国珍（彝族）　朱嘉祥（回族）
赵鑫象（白族）

3. 大理白族自治州第二届人民委员会（1958.10～1963.12）

［1958年10月，大理白族自治州第二届人民代表大会第一次会议召开，选举产生大理州第二届人民委员会州长1人、副州长4人。］

州　长：欧　根（白族，1958.10～1963.12任）

副州长：张茂林（1958.10～1963.12任）
茶国珍（彝族，1958.10～1963.12任）
朱嘉祥（回族，1958.10～1963.12任）
赵鑫象（白族，1958.10～1963.12任）
木凤章（纳西族，1960.1～1963.12任）
张　霞（1960.1～1963.12任）
毕　江（彝族，1960.1～1963.12任）

4. 大理白族自治州第三届人民委员会（1963.12～1965.12）

［1963年12月，大理白族自治州第三届人民代表大会第一次会议召开，选举产生大理州第三届人民委员会州长1人、副州长7人。］

州　长：欧　根（白族）

副州长：张万夫　张茂林　茶国珍（彝族）　朱嘉祥（回族）　赵鑫象（白族）
张　霞　张树芳（白族）

5. 大理白族自治州第四届人民委员会（1965.12～1967.3）

［1965年12月，大理白族自治州第四届人民代表大会第一次会议召开，选举产生大理州第四届人民委员会州长1人、副州长7人。］

州　长：欧 根（白族）

副州长：张万夫　茶国珍（彝族）　朱嘉祥（回族）　赵鑫象（白族）　张　霞
张树芳（白族）　汪修章

6. 大理白族自治州军事管制委员会（1967.4～1967.5）

［1967年初，大理州各级政权组织受到造反派冲击相继瘫痪。4月1日，云南省军事管理委员会决定对大理州实行军事管制，抽调军队干部组成大理州军事管制委员会。］

主　任：魏于雄

副主任：昝明德　史智明　张廷治　李庭忠

7. 大理白族自治州“支左”委员会（1967.6～1968.9）

［1967年6月1日，昆明军区党委决定，成立中国人民解放军云南大理白族自治州支“左”委员会。］

主　任：昝明德　赵世英

副主任：魏于雄　张应文　李庭忠

8. 大理白族自治州革命委员会（1968.9～1980.5）

［1968年9月28日，经云南省革命委员会批准，成立大理白族自治州革命委员会（简称州革委会）。州革委会由军队代表、领导干部代表和群众组织的代表“三结合”组成，实行党、政、财、文“一元化”领导。］

主　任：田大邦（1968.9 ~ 12任）
李蔚华（1969.1 ~ 6任）
赵泽莽（1969.6 ~ 10任）
赵应文（1970.1 ~ 1975.6任）
欧　根（白族，1975.6 ~ 1977.2任）
刘树生（回族，1977.2 ~ 1979.6任）
尹　俊（白族，1979.6 ~ 1980.5作）

副主任：张应文（1968.9 ~ 1970.1任）
冯志国（1968.9.12任）
史智明（1968.9 ~ 1970.6任）
胡子寿（白族，1968.9 ~ 1975.6；1976.9 ~ 1977.8任）
季正华（白族，1968.9 ~ 1975.6；1976.9.1977.1任）
孔敬文（1968.9 ~ 1979.1任）
赵　瑞（1968.9 ~ 1969.10任）
李拉金（1970.6 ~ 1975.6任）
王建国（1970.6 ~ 1975.6任）
李思怀（1971.8 ~ 1973.5任）
李　原（1971.11 ~ 1975.5任）
汪修章（1972.3 ~ 1976.10任）
欧　根（白族，1972.7 ~ 1975.6任）
刘树生（回族，1975.6 ~ 1977.2任）
张世铭（白族，1975.6 ~ 1977.8任）
郑　伦（白族，1975.6 ~ 1980.5任）
张茂林（1975.12 ~ 1980.5任）
姜　杰（1977.8 ~ 1979.4任）

张　旭（白族，1979.1～1980.5任）
李守信（白族，1979.2～1980.5任）
曹松山（1979.6～1980.5任）
毛柏柱（1979.6～1980.5任）
茶国珍（彝族，1979.6～1980.5任）
朱嘉祥（回族，1979.6～1980.5任）
汪修章（1979.10～1979.4任）

9. 大理白族自治州第六届人民政府（1980.5～1983.9）

[1980年5月，大理白族自治州第六届人民代表大会第二次会议召开，会议决定撤销州革命委员会，恢复成立大理白族自治州人民政府，并选举产生州长1人、副州长6人。]

州　长：尹　俊（白族，1980.5～1983.9任）
副州长：郑　伦（白族，1980.5～1981.11任）
熊兆兴（1980.5～1983.9任）
朱嘉祥（回族，1980.5～1981.11任）
李守信（白族，1980.5～1983.9任）
张　渺（1980.5～1983.9任）
颜绍学（彝族，1980.5～1983.9任）
马品珍（回族，1981.11～1983.9任）
纪士孔（1981.11～1983.9任）

10. 大理白族自治州第七届人民政府（1983.9～1988.7）

[1983年9月，大理白族自治州第七届人民代表大会第一次会议召开，会议选举产生大理白族自治州第七届人民政府州长1人、副州长5人。]

州　长：钟振川（白族，1983.9～1988.7任）
副州长：吴怀瑜（1983.9～1988.7任）
佘战生（1983.9～1988.7任）
颜绍学（彝族，1983.9～1986.6任）
秦绍高（1983.9～1988.7任）
邓丽梅（女，1983.9～1988.7任）

11. 大理白族自治州第八届人民政府（1988.7～1993.6）

[1988年7月，大理白族自治州第八届人民代表大会第一次会议召开，会议选举产生大理白族自治州第八届人民政府州长1人、副州长4人。]

州　长：李汉柏（白族，1988.7～1993.6任）
副州长：李映德（白族，1988.7～1993.6任）
佘战生（1988.7～1993.6任）
李有义（1988.7～1992.10任）

常结根（彝族，1988.7～1993.6任）
舒自荣（1992.10～1993.6任）
杨信全（白族，1992.10～1993.6任）

12. 大理白族自治州第九届人民政府（1993.6～1993.12）

［1993年6月25日，大理白族自治州第九届人民代表大会第一次会议召开，会议选举产生大理白族自治州第九届人民政府州长1人、副州长6人。］

州　长：李映德（白族，1993.6～1993.12任）
副州长：李宪武（白族，1993.6～1993.12任）
舒自荣（1993.6～1993.12任）
杨信全（白族，1993.6～1993.12任）
赵　波（女，1993.6～1993.12任）
字国顺（彝族，1993.6～1993.12任）
马旭川（回族，1993.6～1993.12任）

（四）中国人民政治协商会议大理白族自治州委员会

［1957年1月，根据《中国人民政治协商会议章程》的规定，成立中国人民政治协商会议云南省大理白族自治州委员会（简称大理州政协）。］

1. 政协大理白族自治州第一届委员会（1951.1～1959.12）

［1957年1月16日至20日，政协大理白族自治州第一届委员会第一次会议在大理召开，会议选出政协大理州第一届委员会主席1人、副主席6人。］

主　席：欧　根（白族）
副主席：王　民　杨永新（白族）　苏蓉钢　赵鑫象（白族）　纳润章（回族）　彭学山

2. 政协大理白族自治州第二届委员会（1959.12～1963.12）

［1959年11月26日至30日，政协大理白族自治州第二届委员会第一次会议在下关召开，会议选出政协大理州第二届委员会主席1人、副主席5人。］

主　席：欧　根（白族）
副主席：吉其祥　朱嘉祥（回族）　纪士孔　赵鑫象（白族）　彭学山

3. 政协大理白族自治州第三届委员会（1963.12～1965.12）

［1963年12月2日至7日，政协大理白族自治州第三届委员会第一次会议在下关召开，会议选出政协大理州第三届委员会主席1人、副主席5人］

主　席：郑　钢（1963.12～1964.10任）
邵　风（1965.5～1965.12任）
副主席：朱嘉祥（回族，1963.12～1965.12任）

纪士孔（1963.12～1965.12任）
赵鑫象（白族，1963.12～1965.12任）
彭学山（1963.12～1965.12任）
邵　风（1963.12～1965.5任）

4. 政协大理白族自治州第四届委员会（1965.12～1966.5）

［1965年12月25日至30日，政协大理白族自治州第四届委员会第一次会议在下关召开，会议选出政协大理州第四届委员会主席1人、副主席6人。1966年5月"文革"开始后，州政协组织受到冲击逐渐瘫痪。1979年12月19日，中共云南省委任命杨永新为州政协副主席，政协活动恢复。］

主　席：邵　风（1965.12～1966.5任）
副主席：欧　根（白族，1965.12～1966.5任）
张钟秀（1965.12～1966.5任）
毕　江（彝族，1965.12～1966.5任）
赵鑫象（白族，1965.12～1966.5任）
纪士孔（1965.12～1966.5任）
彭学山（1965.12～1966.5任）
杨永新（1979.12～1980.5任）

5. 政协大理白族自治州第五届委员会（1980.5～1983.9）

［1979年州政协开始恢复活动。12月19日，增补杨永新为政协大理州第四届委员会副主席，负责筹备召开政协大理州第五届委员会的工作。1980年5月10日至15日，政协大理白族自治州第五届委员会第一次会议在下关召开，会议选出政协大理州第五届委员会主席1人、副主席9人。］

主　席：姜　杰（1980.5～1981.12任）
王兰亭（1981.12～1983.9任）
副主席：毛柏柱（1980.5～1983.9任）
杨永新（白族，1980.5～1983.9任）
张茂林（1980.5～1980.12任）
毕　江（彝族，1980.5～1983.9任）
纪士孔（1980.5～1981.11任）
宋　杰（1980.5～1983.9任）
孙　方（1980.5～1981.7任）
梁炳学（1980.5～1983.9任）
舒　飞（1980.5～1983.9任）
朱嘉祥（回族，1981.11～1983.9任）
沈仁湘（1981.11～1983.9任）

6. 政协大理白族自治州第六届委员会（1983.9～1988.7）

[1983年9月24日至30日，政协大理白族自治州第六届委员会第一次会议在下关召开，会议选出州政协第六届委员会主席1人、副主席6人。]

主　席：汪修章（1983.9～1988.7任）
副主席：朱嘉祥（回族，1983.9～1988.7任）
　　　　梁炳学（1983.9～1988.7任）
　　　　舒　飞（1983.9～1988.7任）
　　　　沈仁湘（1983.9～1988.7任）
　　　　杜乙简（1983.9～1988.7任）
　　　　夏中淑（女，1983.9～1988.7任）

7. 政协大理白族自治州第七届委员会（1988.7～1993.6）

[1988年6月27日至7月4日，政协大理白族自治州第七届委员会第一次会议在下关召开，会议选出州政协第七届委员会主席1人、副主席6人。]

主　席：旷蔚芳（白族，1988.7～1993.6任）
副主席：熊兆兴（1988.7～1993.6任）
　　　　纪士孔（1988.7～1993.6任）
　　　　马秉智（回族，1988.7～1993.6任）
　　　　邓丽梅（女，1988.7～1993.6任）
　　　　舒　飞（1988.7～1993.6任）
　　　　马云从（回族，1988.7～1993.6任）
　　　　杨绍夫（白族，1992.4～1993.6任）

8. 政协大理白族自治州第八届委员会（1993.6～1993.12）

[1993年6月24日至30日，政协大理白族自治州第八届委员会第一次会议在下关召开，会议选出州政协第八届委员会1人、副主席7人。]

主　席：佘战生（1993.6～1993.12任）
副主席：李光荣（白族，1993.6～1993.12任）
　　　　邓丽梅（女，1993.6～1993.12任）
　　　　李国兴（白族，1993.6～1993.12任）
　　　　李　文（1993.6～1993.12任）
　　　　李宗唐（白族，1993.6～1993.12任）
　　　　马化鹏（回族，1993.6～1993.12任）
　　　　李树楠（1993.6～1993.12任）

（马志敏/供稿）

楚雄彝族自治州党政组织职官志
（1949.10～1993.12）

[楚雄彝族自治州成立于1958年4月，为历史衔接，本志从1950年3月中共楚雄地方委员会成立撰起。组织职官分为中共楚雄地方组织、楚雄彝族自治州人民代表大会常务委员会、楚雄地方政府、中国人民政治协商会议楚雄彝族自治州委员会4类。各组织职官名称的沿革，在类下逐一志述，其组织成立的由来及其建制、职官等情况，随文予以简明提示与解说。]

（一）中国共产党楚雄地方组织

1. 中共楚雄、武定地方委员会（1950.3～1953.3）

[1950年2月，中共云南省委决定撤销中共滇西地方委员会，改设中共楚雄地方委员会，辖10个县委；撤销中共滇北地方委员会，改设中共武定地方委员会，辖1个县委，6个县工委。同年3月，中共楚雄地委、中共武定地委成立。]

（1）中共楚雄地方委员会

书　记：郝化村（1950.3～1952.9任）

　　　　马浩天（1952.9～1953.3任）

副书记：陈家震（1950.3～1953.3任）

（2）中共武定地方委员会

书　记：梁　家（1950.3～1951.10任）

　　　　杨　江（1951.11～1952.9任）

副书记：李天柱（又名黎明，1950.3～1952.7任）

　　　　王文玉（1952.9～1953.1代）

　　　　（1953.1～1953.3任）

2. 中共楚雄地方委员会（1953.4～1966.5）

[1953年4月，经中共中央西南局批准，中共武定地委与楚雄地委合并组成中共楚雄地委。1956年4月12日，中共云南省委批准，地委设常务委员会。1957年10月，经国务院全体会议通过，撤销楚雄专区，设立楚雄彝族自治州（简称楚雄州），于1958年4月15日成立，党的领导机构仍称地委。1958年12月12日，中共中央批准召开楚雄彝族自治州党代表大会，将中共楚雄地委改为中共楚雄彝族自治州委员会。后因故未能按期召开党代表大会选举中共楚雄州委，党的领导机关仍沿称中共楚雄地方委员会。在此期间，中共楚雄州委领导人均由中共中央、中共中央西南局、中共云南省委任免，先后任命地委书记2人、副书记10人、第一书记1人、书记处书记3人、常务委员23人、委员39人。]

（1）1953.4 ~ 1958.12

书　记：王文玉（1955.3 ~ 1958.12任）

副书记：王文玉（1953.4 ~ 1955.3任；主持工作）

　　　　任贵生（1955.7 ~ 1958.10任）

　　　　任　永（1958.1 ~ 1958.12任）

　　　　普贵忠（彝族，1958.1 ~ 1958.12任）

　　　　孟家珍（1958.10 ~ 1958.12任）

（2）1958.12 ~ 1962.7

[1958年12月24日，中共中央批准成立中共楚雄地委书记处。]

第一书记：王文玉（1958.12 ~ 1962.7任）

书　　记：任　永（1958.12 ~ 1962.7任）

　　　　　普贵忠（彝族，1958.12 ~ 1962.7任）

　　　　　周兴柏（1960.3 ~ 1962.7任）

（3）1962.7 ~ 1966.5

[1962年7月，撤销书记处。]

书　记：王文玉（1962.7 ~ 1965.11任）

　　　　余活力（1965.11 ~ 1966.5任）

副书记：任　永（1962.7 ~ 1966.5任）

　　　　普贵忠（彝族，1962.7 ~ 1966.5任）

　　　　周兴柏（1962.7 ~ 1966.5任）

　　　　许南波（1965.10 ~ 1966.5任）

　　　　李成玉（1965.11 ~ 1966.5任）

3. 中共楚雄彝族自治州革命委员会核心小组（1970.1～1971.5）

[“文革”初期，中共楚雄地委受到“造反派”冲击逐渐瘫痪。1968年8月，经昆明军区党委批准，成立楚雄彝族自治州革命委员会，统揽楚雄地区的党、政、财、文大权。1970年1月，经云南省革委会核心小组批准，成立中共楚雄彝族自治州革命委员会核心小组。]

组　长：黄学义（1970.1 ~ 1970.4任）

　　　　傅永昌（1970.9 ~ 1971.5任）

副组长：傅永昌（1970.1 ~ 1970.8任）

　　　　陈仁才（1970.9 ~ 1971.5任）

4. 中共楚雄彝族自治州第一届委员会（1971.5～1981.12）

[1971年5月1日至8日，中共楚雄彝族自治州第一次代表大会在楚雄召开，选出中共楚雄州第一届委员会委员45人。在州委一届一次全会上选出常务委员11人，其中书记1人、副书记3人。]

（1）1971.5 ~ 1976.10

书　记：傅永昌（1971.5 ~ 1975.6任）

余活力（1975.6～1976.10任）

副书记：余活力（1971.5～1975.5任）

陈仁才（1971.5～1976.10任）

普贵忠（彝族，1971.5～1976.10任）

白　光（1973.5～1976.10任）

刘光兴（回族，1974.8～1976.10任）

任　永（1975.7～1976.10任）

魏绪密（1975.10～1976.10任）

常庭范（1975.10～1976.10任）

（2）1976.10～1981.12

书　记：余活力（1976.10～1981.12任）

副书记：陈仁才（1976.10～1981.12任）

常庭范（1976.10～1981.12任）

任　永（1976.10～1981.12任）

普贵忠（彝族，1976.10～1977.4任）

魏绪密（1976.10～1980.11任）

普联和（彝族，1977.4～1981.12任）

张　松（1980.5～1981.12任）

张国模（彝族，1980.5～1981.12任）

5. 中共楚雄彝族自治州第二届委员会（1981.12～1987.1）

［1981年12月27日至31日，中共楚雄彝族自治州第二次代表大会在楚雄召开，选出中共楚雄州第二届委员会委员40人、候补委员7人。在州委二届一次全会上选出常务委员12人，其中书记1人、副书记3人。］

（1）1981.12～1983.7

［1981年12月中共楚雄州第二次代表大会选举产生。］

书　记：余活力（1981.12～1983.3任）

副书记：张　松（1981.12～1983.7任）

张国模（彝族，1981.12～1983.7任）

普联和（彝族，1981.12～1983.7任）

（2）1983.7～1987.1

［1983年机构改革中，经云南省委1983年7月23日批准，中共楚雄州委常委由8人组成，继后陆续增补副书记、常委。］

书　记：张　松（1983.7～1986.8任）

副书记：普联和（彝族，1983.7～1987.1任）

姜兴长（1983.7～1987.1任）

和占钧（纳西族，1986.3～1987.1任）

6. 中共楚雄彝族自治州第三届委员会（1987.1～1992.2）

[1987年1月12日至18日，中共楚雄彝族自治州第三次代表大会在楚雄召开，选出中共楚雄州第三届委员会委员35人、候补委员5人。在州委三届一次全会上选出常务委员9人，其中书记1人、副书记2人。]

书　记：和占钧（纳西族，1987.1 ~ 1992.2任）
副书记：普联和（彝族，1987.1 ~ 1992.2任）
　　　　姜兴长（1987.1 ~ 1987.12任）
　　　　纳世华（彝族，1988.1 ~ 1992.2任）
　　　　陈其良（1989.8 ~ 1992.2任）

7. 中共楚雄彝族自治州第四届委员会（1992.2～1993.12）

[1992年2月10日至14日，中共楚雄彝族自治州第四次代表大会在楚雄召开，选出中共楚雄州第四届委员会委员31人，候补委员4人。在州委四届一次全会上选出常务委员7人，其中书记1人、副书记3人。]

书　记：王天玺（彝族，1992.2 ~ 1993.12任）
副书记：罗正富（彝族，1992.2 ~ 1993.12任）
　　　　邓　辉（彝族，1992.2 ~ 1993.12任）
　　　　吴朝顺（1992.2 ~ 1993.12任）

（二）楚雄彝族自治州人民代表大会常务委员会

[楚雄彝族自治州人民代表大会常务委员会（简称州人大常委会）根据全国人民代表大会五届二次会议通过的《中华人民共和国地方各级人民代表大会和地方各级人民政府组织法》关于“县以上地方各级人民代表大会设立常务委员会”的规定，于1980年4月召开的楚雄州第四届人民代表大会上选举产生。]

1. 楚雄彝族自治州第四届人大常委会（1980.4 ~ 1981.12）

[1980年4月17日至22日，楚雄彝族自治州第四届人民代表大会第一次会议在楚雄举行，会议选举产生楚雄州第四届人大常委会主任1人、副主任6人。]

主　任：张国模（彝族，1980.4 ~ 1981.12任）
副主任：陈仁才（1980.4 ~ 1981.12任）
　　　　陆介福（彝族，1980.4 ~ 1981.12任）
　　　　李钟猷（1980.4 ~ 1981.12任）
　　　　赵映斗（1980.4 ~ 1981.12任）
　　　　高志远（1980.4 ~ 1980.10任）
　　　　周裕邦（1980.4 ~ 1981.12任）

2. 楚雄彝族自治州第五届人大常委会（1981.12～1987.4）

［1981年12月19日至24日，楚雄彝族自治州第五届人民代表大会第一次会议在楚雄举行，会议选举产生楚雄州第五届人大常委会主任1人、副主任6人。］

主　任：陆介福（彝族，1981.12～1983.12任）
　　　　张国模（彝族，1984.1～1987.4任）
副主任：陈仁才（1981.12～1983.12任）
　　　　赵映斗（1981.12～1983.12任）
　　　　樊子孔（回族，1981.12～1983.12任）
　　　　周裕邦（1981.12～1987.4任）
　　　　普美英（女，彝族，1981.12～1987.4任）
　　　　吴干洲（1981.12～1987.4任）
　　　　高仕良（1984.1～1987.4任）
　　　　马荣春（1984.1～1987.4任）
　　　　李　忠（彝族，1984.1～1987.4任）
　　　　杨建新（回族，1984.1～1987.4任）

3. 楚雄彝族自治州第六届人大常委会（1987.4～1992.4）

［1987年3月29日至4月6日，楚雄彝族自治州第六届人民代表大会第一次会议在楚雄举行，会议选举产生楚雄州第六届人大常委会主任1人、副主任5人。］

主　任：张国模（彝族，1987.4～1992.4任）
副主任：戴学钦（1987.4～1992.4任）
　　　　高仕良（1987.4～1992.4任）
　　　　马荣春（1987.4～1992.4任）
　　　　王盛英（苗族，1987.4～1992.4任）
　　　　普美英（兼，女，彝族，1987.4～1992.4任）

4. 楚雄彝族自治州第七届人大常委会（1992.4～1993.12）

［1992年4月20日至28日，楚雄彝族自治州第七届人民代表大会第一次会议在楚雄举行，会议选举产生楚雄州第七届人大常委会主任1人、副主任6人。］

主　任：普联和（彝族，1992.4～1993.12任）
副主任：王盛英（苗族，1992.4～1993.12任）
　　　　王克文（1992.4～1993.12任）
　　　　白显云（彝族，1992.4～1993.12任）
　　　　皮玉莹（1992.4～1993.12任）
　　　　耿正坤（1992.4～1993.12任）
　　　　张毓吉（1992.4～1993.12任）

（三）楚雄地方政府

1. 楚雄公署和武定公署（1950.3～1953.3）

［1950年3月至1953年3月期间，云南省人民政府设立楚雄专员公署和武定专员公署，作为省人民政府的派出机构。］

（1）楚雄专员公署

［1950年3月31日，云南省人民政府根据中央人民政府的规定，将滇西人民专员公署改名为楚雄区行政督察专员公署，1951年4月1日改称楚雄区专员公署。］

专　员：陈家震（1950.3 ~ 1952.11任）
　　　　宋启华（1952.3 ~ 1953.11任）

副专员：李鉴洲（1950.3 ~ 1950.9任）
　　　　何以中（1950.4 ~ 1952.2任）

（2）武定专员公署

［1950年4月4日建立武定区行政督察专员公署，1951年3月10日改称武定区专员公署。］

专　员：宿士平（1950.3 ~ 1951.6任）

副专员：杨　真（1951.6 ~ 1953.3任，主持工作）

2. 楚雄区专员公署（1953.4～1958.4）

［1953年4月11日，按照云南省人民政府的决定，将楚雄区专员公署和武定区专员公署合并为楚雄区专员公署。］

专　员：全　明（1953.3 ~ 1955.5任）
　　　　耿正国（1955.7 ~ 1958.4任）

副专员：孟家珍（1953.3 ~ 1957.12任）
　　　　康玉发（1955.2 ~ 1956.10任）
　　　　陆介福（彝族，1956.10 ~ 1957.12任）

3. 楚雄彝族自治州第一届人民委员会（1958.4～1963.12）

［1957年10月18日，国务院第58次全会讨论通过，批准成立楚雄彝族自治州（简称楚雄州），同时撤销楚雄专署。1958年4月8日至15日，楚雄彝族自治州第一届人民代表大会在楚雄召开，选举产生楚雄彝族自治州第一届人民委员会州长1人、副州长2人。4月16日楚雄彝族自治州正式宣告成立。］

州　长：普贵忠（彝族，1958.4 ~ 1963.12任）

副州长：耿正国（1958.4 ~ 1963.12.3任）
　　　　李　忠（彝族，1958.4 ~ 1963.12任）

4. 楚雄彝族自治州第二届人民委员会（1963.12～1966.5）

［1963年12月3日至11日，楚雄彝族自治州第二届人民代表大会在楚雄召开，选举产生楚雄彝族自治州第二届人民委员会州长1人、副州长3人。］

州　长：普贵忠（彝族，1963.12～1966.5任）
副州长：李　忠（彝族，1963.12～1966.5任）
　　　　杨彦芳（1964.4～1966.5任）
　　　　王坚志（1964.4～1966.5任）

5. 楚雄军分区“支左”委员会（1967.5～1968. 8）

［“文革”初期，楚雄州人委及其工作机构受到冲击逐渐瘫痪，1967年5月，成立中国人民解放军楚雄军分区“支左”委员会。］

主　任：黄学义（分区司令员，1967.5～1968.8任）
副主任：阎正龙（分区政委，1967.5～1968.8任）
　　　　路俊义（十四军副参谋长，1967.5～1968.8任）
　　　　傅永昌（分区副政委，1967.5～1968.8任）

6. 楚雄彝族自治州革命委员会（1968.8～1980.4）

［1968年8月15日，经昆明军区党委批准，成立楚雄彝族自治州革命委员会（简称州革委会）。州革委会由54名委员组成，由军队代表、干部代表、群众代表组成三结合的领导班子，实行党政“一元化”领导。］

（1）1968.8～1976.10

主　任：黄学义（军队代表，1968.8～1970.5任）
　　　　傅永昌（军队代表，1970.5～1975.6任）
　　　　普贵忠（彝族，干部代表，1975.6～1976.10任）
副主任：路俊义（军队代表，1968.8～1969.1任）
　　　　傅永昌（军队代表，1968.8～1970.5任）
　　　　普贵忠（彝族，干部代表，1968.8～1975.6任）
　　　　陶惠民（群众代表，1968.8～1976.10任）
　　　　柯　平（群众代表，1968.8～1976.10任）
　　　　王　富（军队代表，1969.1～1969.10任）
　　　　陈德禄（军队代表，1969.1～1969.8任）
　　　　周云飞（军队代表，1969.8～1969.10任）
　　　　王保禄（军队代表，1969.11～1973.8任）
　　　　余活力（干部代表，1970.6～1976.10任）
　　　　陈仁才（军队代表，1970.10～1976.10任）
　　　　白　光（彝族，干部代表，1973.4～1975.7任）
　　　　秦新发（1975.10～1976.10任）

魏绪密（1975.10 ~ 1976.10任）
常廷范（1975.10 ~ 1976.10任）
冯俊发（1975.12 ~ 1976.10任）

（2）1976.10 ~ 1978.4

主　任：普贵忠（彝族，1976.10 ~ 1977.4任）
副主任：余活力（1976.10 ~ 1978.4任）
陈仁才（1976.10 ~ 1978.4任）
秦新发（1976.10 ~ 1978.4任）
魏绪密（1976.10 ~ 1978.4任）
常廷范（1976.10 ~ 1978.4任）
普联和（彝族，1976.10 ~ 1978.4任）

（3）1978.4 ~ 1980.4

［1978年4月18日至20日，楚雄彝族自治州第四届人民代表大会第一次会议在楚雄召开，选出楚雄彝族自治州革命委员会主任1人、副主任7人。］

主　任：余活力（1978.4 ~ 1980.4任）
副主任：陈仁才（1978.4 ~ 1980.4任）
普联和（彝族，1978.4 ~ 1980.4任）
任　永（1978.4 ~ 1980.4任）
魏绪密（1978.4 ~ 1980.4任）
张　松（1978.4 ~ 1980.4任）
高仕良（1978.4 ~ 1980.4任）
李　忠（彝族，1978.4 ~ 1980.4任）
陆介福（彝族，1979.6 ~ 1980.4任）

7. 楚雄彝族自治州人民政府（1980.4～1981.12）

［1980年4月15日至22日，楚雄彝族自治州第四届人民代表大会第二次会议在楚雄召开，会议根据全国人大常委会第十一次会议决议，将楚雄彝族自治州革命委员会更名为楚雄彝族自治州人民政府，选举州人民政府州长1人、副州长6人。］

州　长：普联和（彝族，1980.4 ~ 1981.12任）
副州长：张　松（1980.4 ~ 1981.12任）
高仕良（1980.4 ~ 1981.12任）
戴学钦（1980.4 ~ 1981.12任）
张映海（1980.4 ~ 1981.12任）
王盛英（苗族，1980.4 ~ 1981.12任）
罗　史（1980.4 ~ 1981.12任）

8. 楚雄彝族自治州第五届人民政府（1981.12～1987.3）

［1981年12月19日至24日，楚雄彝族自治州第五届人民代表大会第一次会议在楚雄召开，

会议选举产生楚雄州人民政府州长1人、副州长7人。]

州　长：普联和（彝族，1981.12～1987.3任）

副州长：张映海（1981.12～1986.5任）

戴学钦（1981.12～1987.3任）

高仕良（1981.12～1984.1任）

王盛英（苗族，1981.12～1987.3任）

李　忠（彝族，1981.12～1984.1任）

罗　史（1981.12～1984.1任）

吴庭秀（女，1981.12～1984.1任）

黄仁跃（1984.1～1986.3任）

罗正富（彝族，1984.1～1987.3任）

纳世华（彝族，1986.3～1987.4任）

9. **楚雄彝族自治州第六届人民政府**（1987.3～1992.4）

[1987年3月29日至4月6日，楚雄彝族自治州第六届人民代表大会第一次会议在楚雄召开，会议选举产生楚雄州人民政府州长1人、副州长5人。]

州　长：普联和（彝族，1987.3～1992.4任）

副州长：纳世华（彝族，1987.3～1992.4任）

杨长富（1987.3～1989.12任）

刘开学（1987.3～1992.4任）

李春和（1987.3～1992.4任）

李嘉贵（彝族，1987.3～1992.4任）

高汝成（彝族，1988.11～1992.4任）

10. **楚雄彝族自治州第七届人民政府**（1992.4～1993.12）

[1992年4月20日至28日，楚雄彝族自治州第七届人民代表大会第一次会议在楚雄召开，会议选举产生楚雄州人民政府州长1人、副州长5人。]

州　长：罗正富（彝族，1992.4～1993.12任）

副州长：柳大品（1992.4～1993.12任）

李嘉贵（彝族，1992.4～1993.12任）

刘开学（1992.4～1993.12任）

纳宗会（彝族，1992.4～1993.12任）

樊以云（1992.4～1993.12任）

（四）中国人民政治协商会议楚雄彝族自治州委员会

[中国人民政治协商会议楚雄彝族自治州委员会于1963年12月正式成立。]

1. 政协楚雄彝族自治州筹备委员会（1962.8～1963.12）

［1962年8月2日，中共楚雄地委向中共云南省委呈报了《关于筹建政协的请示报告》，10月30日中共云南省委批复，同意中共楚雄地委的请示报告，开始筹建州政协。］

主 任 委 员：王文玉

副主任委员：普贵忠（彝族）　韦　毅　李　忠（彝族）　端木铭　李凤云（彝族）

2. 政协楚雄彝族自治州第一届委员会（1963.12～1966.5）

［1963年12月3日至11日，政协楚雄彝族自治州第一届委员会第一次会议在楚雄召开，会议选举产生政协楚雄州第一届委员会主席1人、副主席4人。1965年12月27日至31日召开政协楚雄州一届二次会议，补选余活力为主席，增选王鲁玉为副主席。一届二次会议后不久，1968年8月政协机构被撤销，州政协停止工作13年。］

主　席：王文玉（1963.12 ~ 1965.11任）
　　　　余活力（1965.12 ~ 1966.5任）

副主席：普贵忠（彝族，1963.12 ~ 1966.5任）
　　　　李　忠（彝族，1963.12 ~ 1966.5任）
　　　　李凤云（彝族，1963.12 ~ 1966.5任）
　　　　端木铭（1963.12 ~ 1966.5任
　　　　王鲁玉（1965.12 ~ 1966.5任）

3. 政协楚雄彝族自治州第二届委员会（1980.4～1981.12）

［根据中共云南省委有关文件精神，中共楚雄州委统战部于1979年7月14日发出《关于筹备州政协二届一次会议的通知》，筹备恢复州政协。1980年4月15日至22日，政协楚雄彝族自治州第二届委员会第一次会议在楚雄召开，选举产生政协楚雄州第二届委员会主席1人、副主席8人。］

主　席：余活力

副主席：李　忠（彝族）　纪再生　王鲁玉　曹锡元　樊子礼（回族）　李凤云（彝族）
　　　　邓有成　王建才（苗族）

4. 政协楚雄彝族自治州第三届委员会（1981.12～1987.3）

［1981年12月17日至23日，政协楚雄彝族自治州第三届委员会第一次会议在楚雄召开，会议选举产生政协楚雄州第三届委员会主席1人、副主席6人。1984年1月召开州政协三届三次会议，通过了免去本届主席、部分副主席、常委的决定，补选主席、部分副主席、常委。］

主　席：李钟猷（1981.12 ~ 1984.1任）
　　　　仇开明（1984.1 ~ 1987.3任）

副主席：仇开明（1981.12 ~ 1984.1任）
　　　　李凤云（彝族，1981.12 ~ 1984.1任）
　　　　曹锡元（1981.12 ~ 1984.1任）
　　　　樊子礼（回族，1984.1 ~ 1987.3任）

邓有成（1981.12～1987.3任）

李曼卿（女，1981.12～1987.3任）

王建才（苗族，1981.12～1987.3任）

罗　史（1984.1～1987.3任）

余开明（彝族，1984.1～1987.3任）

5. **政协楚雄彝族自治州第四届委员会**（1987.4～1992.7）

［1987年3月28日至4月4日，政协楚雄彝族自治州第四届委员会第一次会议在楚雄召开，会议选举产生政协楚雄州第四届委员会主席1人、副主席6人。1988年3月，政协楚雄州四届二次会议增选周承祖为副主席。］

主　席：高中德（1987.4～1992.7任）

副主席：罗　史（1987.3～1992.7任）

李洪志（彝族，1987.3～1992.7任）

王建才（苗族，1987.3～1992.7任）

张名家（1987.3～1992.7任）

丁斐瑶（女，回族，1987.3～1992.7任）

任逸浩（彝族，1987.3～1992.7任）

周承祖（1988.3～1992.7任）

6. **政协楚雄彝族自治州第五届委员会**（1992.7～1993.12）

［1992年4月19日至25日，政协楚雄彝族自治州第五届委员会第一次会议在楚雄召开，会议选举产生政协楚雄州第五届委员会主席1人、副主席6人。］

主　席：陈其良（1992.7～1993.12任）

副主席：周承祖（1992.7～1993.12任）

王成安（1992.7～1993.12任）

周康生（1992.7～1993.12任）

王建才（苗族，1992.7～1993.12任）

张名家（1992.7～1993.12任）

杨淑珍（女，1992.7～1993.12任）

（马志敏/供稿）

临夏回族自治州党政组织职官志（1949.10～1993.12）

［临夏回族自治州成立于1956年11月，为历史衔接，本志从1952年7月中共临夏地方委员会成立撰起。组织职官分为中共临夏地方组织、临夏回族自治州人民代表大会常务委员会、临夏地方政府、中国人民政治协商会议临夏回族自治州委员会4类。各组织职官名称的沿革，在类下逐一志述，其组织成立的由来及其建制、职官等情况，随文予以简明提示与解说。］

（一）中国共产党临夏地方组织

1. 中共临夏地方委员会（1949.8～1956.12）

［1949年7月，陕甘宁边区赴临夏干部工作团奉命在定西组建由8人组成的中共临夏地方委员会（简称中共临夏地委），杨和亭任书记。8月23日临夏全境解放，中国人民解放军一兵团所属62军政治委员鲁瑞林兼任临夏军事管制委员会主任、中共临夏地委书记、临夏分区行政督察专员公署代理专员，主持临夏地区党、政、军工作。同年8月29日由杨和亭主持在临洮县召开中共临夏地委第一次会议，9月10日抵达临夏，主持地委工作。11日，中共临夏地委机关在临夏东公馆设立。］

书　记：鲁瑞林（1949.8～9任）
　　　　杨和亭（1949.9～1950.6任）
　　　　郭炳坤（1950.6～1951.2任）
　　　　杨和亭（1951.2～1952.6任）
　　　　马青年（回族，1952.9～1956.10任）
第一书记：葛　曼（1956.10～1956.12任）
第二书记：杨和亭（1950.6～1951.2任）
　　　　马青年（回族，1951.4～1952.9任）
　　　　沈遐熙（回族，1956.11～12任）
副书记：李旺昭（1952.11～1954.9任）
　　　　葛　曼（1955.3～1956.10任）
　　　　孟毓邹（1956.5～12任）
　　　　李　磊（女，1956.7～12任）

2. 中共临夏回族自治州委员会（1957.1～1958.5）

［1956年9月11日，国务院第37次全体会议通过《关于设置临夏回族自治州的决定》，19日，临夏回族自治州宣告成立。1957年1月，中共临夏地委改称中共临夏回族自治州委员会。］

第一书记：葛　曼（1957.1～1958.5任）

第二书记：沈遐熙（回族，1957.1～1958.5任）
副 书 记：孟毓邹（1957.1～1958.5任）
　　　　　李　磊（女，1957.1～1958.5任）
　　　　　马文清（回族，1957.1～1958.5任）
　　　　　韩耀英（1957.1～1958.5任）

3. 中共临夏回族自治州第一届委员会（1958.5～1964.4）

［1958年5月7日至6月6日，中共临夏回族自治州第一次党员代表大会召开，会议选举产生中共临夏州第一届委员会第一书记1人、书记5人。］

（1）1958.5～1964.4

［1958年6月，经中共临夏州第一次党代会选举产生。］

第一书记：葛　曼（1958.5～1961.12任）
书　　记：孟毓邹（1958.5～1961.12任）
　　　　　马文清（回族，1958.5～1960.7任）
　　　　　韩耀英（1958.5～1961.12任）
　　　　　李　磊（女，1958.5～1960.7任）
　　　　　沈遐熙（回族，1958.5　～1962.10任）

（2）1961.12～1964.4

［1961年底，中共甘肃省委对临夏州委领导班子进行了调整。］

第一书记：薛　程（1961.12任命，未到职）
第二书记：葛　曼（1961.12～1962.10任）
　　　　　王世杰（1963.5～1964.4任）
书　　记：王世杰（1962.10～1963.5任）
　　　　　贾书德（1959.1～1961.12任）
　　　　　王登玉（1961.7～1962.10任）
　　　　　张平山（1961.12～1962.10任）
副 书 记：王登玉（1962.10～1964.4任）
　　　　　葛　曼（1962.10～1964.4任）
　　　　　沈遐熙（回族，1962.10 1963.6任）
　　　　　张平山（1962.10～1964.4任）

4. 中共临夏回族自治州第二届委员会（1964.4～1966.5）

［1964年4月17日至24日，中共临夏回族自治州第二次党员代表大会召开，会议选举产生中共临夏州第二届委员会书记1人、副书记3人。1966年5月“文革”开始后，中共临夏州委受到造反派冲击逐渐瘫痪。］

书　记：陈致中（1964.4～1965.10任）
　　　　王世杰（1965.10任；省委任命）
副书记：王世杰（1964.4～1965.10任）

韩耀英（1964.4～1966.5任）
王登玉（1964.4～1966.5任）
年得祥（回族，1966.4～1966.5任）

5. 临夏回族自治州革命委员会整党领导小组（1968.12～1971.1）

［1967年2月，临夏回族自治州成立“抓革命促生产第一线指挥部”，取代中共临夏州委部分领导权。1968年1月，临夏回族自治州革命委员会（简称州革委会）成立，实行党政“一元化”领导，党委不复存在。1968年12月，州革委会成立整党领导小组，行使党的权力。］

组　长：邢道山
副组长：王世杰　高有才

6. 中共临夏回族自治州第三届委员会（1971.1～1979.3）

［1971年1月17日至22日，中共临夏回族自治州第三次党员代表大会召开，会议选举产生中共临夏州第三届委员会书记1人、副书记1人。］

（1）1971.1～1973.8
书　记：马宜生（1971.1～1973.8任）
副书记：路玉明（1971.1～1973.8任）

（2）1973.8～1976.10
［中共临夏回族自治州第三次代表大会后，1973年8月至1976年10月间，中共甘肃省委对中共临夏州委领导人进行了多次调整。］

书　记：禹贵民（回族，1973.8～1975.3任）
年得祥（回族，1975.3～1976.10任）
副书记：刘兰亭（1972.4～1973.1任）
禹贵民（回族，1973.4～1973.8任）
年得祥（回族，1973.4～1975.3任）
储仕明（军代表，1973.8～1976.10任）
毛迎时（1975.3～1976.10任）
马成骥（回族，1975.3～1976.10任）
张子萍（1975.3～1976.10任）

（3）1976.10～1979.3
［1979年3月中共临夏州第四次党代会召开前上级任命的中共临夏州委领导人。］

书　记：年得祥（回族，1976.10～1979.3任）
副书记：毛时迎（1976.10～1977.4任）
马成骥（1976.10～1978.5任）
张子萍（1976.10～1979.3）
王如珍（1977.4任命，未到职）
单得真（回族，1977.9～1979.3任）
贾书德（1978.5～1979.3任）

7. 中共临夏回族自治州第四届委员会（1979.3～1983.10）

［1979年3月14日至17日，中共临夏回族自治州第四次党员代表大会召开，会议选举产生中共临夏州第四届委员会书记1人、副书记4人。第四次党代会后至第五次代表大会前，中共甘肃省委对中共临夏州委领导人进行了多次调整。］

书　记：年得祥（回族，1979.3～1980.3任）
马祖灵（回族，1980.3～1982.8任）
单得真（回族，1982.8～1983.10任）

副书记：贾书德（1979.3～1981.5任）
张子萍（1979.3～1980.3任）
单得真（回族，1979.3～1982.8任）
袁　云（1979.3～1983.10任）
马如麒（保安族，1980.3～1983.8任）
马文清（1980.9～1981.5任）
薛振田（1981.10～1983.10任）
马玉海（回族，1983.6～10任）
李效祖（1983.6～1983.10任）

8. 中共临夏回族自治州第五届委员会（1983.10～1988.10）

［1983年10月27日至30日，中共临夏回族自治州第五次党员代表大会召开，会议选举产生中共临夏州第五届委员会书记1人、副书记4人。］

书　记：单得真（回族，1983.10～1986.12任）
杨怀孝（回族，1986.12～1988.6任）
石宗源（回族，1988.6～1988.10任）

副书记：袁　云（1983.10～1987.8任）
马玉海（回族，1983.10～1987.8任）
李效祖（1983.10～1988.10任）
马忠英（回族，1983.10～1988.10任）
陈　扬（1984.12～1988.10任）
石宗源（回族，1986.12～1988.10任）
喇敏智（回族，1987.7～1988.10任）
马尚英（东乡族，1987.7～1988.10任）

9. 中共临夏回族自治州第六届委员会（1988.10～1993.10）

［1988年10月，中共临夏回族自治州第六次党员代表大会召开，会议选举产生中共临夏州第六届委员会书记1人、副书记5人。］

书　记：石宗源（回族，1988.10～1993.6任）
马尚英（东乡族，1993.6～1993.10任）

副书记：喇敏智（回族，1988.10～1991.11任）
李效祖（1988.10～1992.5任）
马忠英（回族，1988.10～1993.10任）
陈　扬（1988.10～1993.10任）
马尚英（东乡族，1988.10～1993.10任）
敏　政（回族，1991.11～1993.10任）
袁　雨（1992.5～1993.10任）
唐振寰（1992.7～1993.10任）

10. 中共临夏回族自治州第七届委员会（1993.10～1993.12）

［1993年10月，中共临夏回族自治州第七次党员代表大会召开，会议选举产生中共临夏州第七届委员会书记1人、副书记4人。］

书　记：马尚英（东乡族，1993.10～1993.12任）
副书记：敏　政（回族，1993.10～1993.12任）
袁　雨（1993.10～1993.12任）
唐振寰（1993.10～1993.12任）
马得成（回族，1993.10～1993.12任）

（二）临夏回族自治州人民代表大会常务委员会

［1980年2月，临夏回族自治州第七届人民代表大会第二次会议根据《中华人民共和国地方各级人民代表大会和地方各级人民政府组织法》的规定，决定设立临夏回族自治州人民代表大会常务委员会（简称州人大常委会），作为人民代表大会的常设机构。］

1. 临夏回族自治州第七届人大常委会（1980.2～1982.7）

［1980年2月4日至7日，临夏回族自治州第七届人民代表大会第二次会议召开，会议决定设立临夏回族自治州人民代表大会常务委员会，并选举产生临夏州第七届人大常委会主任1人、副主任5人。］

主　任：贾书德（1980.2～1981.5任）
马文清（回族，1981.5～1982.7任）
副主任：马如麒（保安族，1980.2～1981.5任）
马　锋（东乡族，1980.2～1982.7任）
马永祥（回族，1980.2～1982.7任）
韩仲明（撒拉族，1980.2～1982.7任）
唐笃友（兼任秘书长，1980.2～1982.7任）
马进福（东乡族，1981.5～1982.7任）

2. 临夏回族自治州第八届人大常委会（1982.8～1987.6）

［1982年7月28日至8月3日，临夏回族自治州第八届人民代表大会第一次会议召开，会议选举产生临夏州第八届人大常委会主任1人、副主任3人。］

主　任：马文清（回族，1982.8～1987.6任）

副主任：马进福（东乡族，1982.8～1987.6任）

韩仲明（撒拉族，1982.8～1987.6任）

杨　浓（1982.8～1987.6任）

马如麒（保安族，1983.8～1986.3任）

马今明（回族，1983.8～1986.3任）

傅志贤（1983.8～1986.3任）

程永科（1983.8～1986.3任）

3. 临夏回族自治州第九届人大常委会（1987.6～1992.5）

［1987年6月，临夏回族自治州第九届人民代表大会第一次会议召开，会议选举产生临夏州第九届人大常委会主任1人、副主任8人。］

主　任：马玉海（回族，1987.6～1990.5任）

马步洲（回族，1990.5～1992.5任）

副主任：程永科（1987.6～1992.5任）

马进福（东乡族，1987.6～1992.5任）

韩仲明（撒拉族，1987.6～1992.5任）

马玉科（回族，1987.6～1992.5任）

马如麒（保安族，1987.6～1992.5任）

郭　栋（1987.6～1992.5任）

马步洲（回族，1987.6～1990.5任）

胡裕光（1987.6～1992.5任）

4. 临夏回族自治州第十届人大常委会（1992.5～1993.12）

［1992年5月，临夏回族自治州第十届人民代表大会第一次会议召开，会议选举产生临夏州第十届人大常委会主任1人、副主任7人。］

主　任：马尚英（东乡族，1992.5～1993.12任）

副主任：侯成福（1992.5～1993.12任）

马孚威（东乡族，1992.5～1993.12任）

韩仲明（撒拉族，1992.5～1993.12任）

马真明（回族，1992.5～1993.12任）

石为俊（保安族，1992.5～1993.12任）

魏芝琏（1992.5～1993.12任）

马得海（回族，1992.5～1993.12任）

（三）临夏地方政府

1. 临夏分区行政督察专员公署（1949.8～1949.9）

[1949年8月15日，临夏分区行政督察专员公署成立。]

专　员：牙含章（1949.8任命，未到职）
　　　　鲁瑞林（1949.8～1949.9代）

2. 洮西、临夏分区行政督察专员公署（1949.9～1951.2）

[1949年9月初，中国人民解放军一兵团在临夏设立甘肃省洮西分区行政督察专员公署。1949年9月下旬，洮西分区行政督察专员公署更名为甘肃省临夏分区行政督察专员公署。]

专　员：鲁瑞林（1949.9～1949.9代）
　　　　牙含章（1949.9～1950.6任）
　　　　杨和亭（1950.6～1951.2任）
副专员：张乐山（回族，1949.9～1951.2任）
　　　　曹宜先（1949.9～1949.11任）
　　　　王治国（1949.11～1951.2任）

3. 临夏区专员公署（1951.3～1956.11）

[1950年9月，西北军政委员会发布改变专员公署的命令，并于1951年3月1日将临夏分区行政督察专员公署正式改称甘肃省人民政府临夏区专员公署。专署设专员、副专员，由政务院任免。]

专　员：杨和亭（1951.3～1952.6任）
　　　　马青年（回族，1952.11～1955.1任）
　　　　沈遐熙（回族，1955.1～1956.11任）
副专员：张乐山（回族，1951.3～1956.9任）
　　　　王治国（1951.3～1953.9任）
　　　　张质生（1952.11～1956.11任）
　　　　贾书德（1956.1～1956.11任）
　　　　马彦良（回族，1956.9～1956.11任）

4. 临夏回族自治州第一届人民委员会（1956.11～1958.6）

[1956年9月11日，国务院第37次全体会议通过《关于设置临夏回族自治州的决定》。1956年11月13日至19日召开临夏回族自治州第一届人民代表大会第一次会议，选举产生临夏回族自治州第一届人民委员会州长1人、副州长4人。11月19日，临夏回族自治州宣告成立。]

州　长：沈遐熙（回族，1956.11～1958.6任）
副州长：张质生（1956.11～1958.6任）

马彦良（回族，1956.11～1958.6任）
贾书德（1956.11～1958.6任）
马岐山（东乡族，1956.11～1958.6任）

5. 临夏回族自治州第二届人民委员会（1958.6～1960.8）

［1958年6月20日至29日，临夏回族自治州第二届人民代表大会第一次会议召开，会议选举产生临夏回族自治州第二届人民委员会州长1人、副州长4人。］

州　长：沈遐熙（回族，1958.6～1960.8任）
副州长：张质生（1958.6任~1958.9病故）
贾书德（1958.6～1959.11任）
拜景星（回族，1958.6～1960.8任）
马岐山（东乡族，1958.6～1960.8任）

6. 临夏回族自治州第三届人民委员会（1960.8～1963.6）

［1960年8月24日至28日，临夏回族自治州第三届人民代表大会第一次会议召开，会议选举产生临夏回族自治州第三届人民委员会州长1人、副州长4人。］

州　长：沈遐熙（回族，1960.8～1963.6任）
副州长：拜景星（回族，1960.8～1963.6任）
马岐山（东乡族，1960.8～1963.6任）
刘长彦（1960.8～1963.6任）
年得祥（回族，1960.8～1963.6任）

7. 临夏回族自治州第四届人民委员会（1963.6～1965.11）

［1963年6月5日至10日，临夏回族自治州第四届人民代表大会第一次会议召开，会议选举产生临夏回族自治州第四届人民委员会州长1人、副州长5人。］

州　长：沈遐熙（回族，1963.6～1965.11任）
副州长：拜景星（回族，1963.6～1965.11任）
马岐山（东乡族，1963.6～1964.12任）
刘长彦（1963.6～1965.11任）
年得祥（回族，1963.6～1965.11任）
赵崇德（1963.6～1965.11任）

8. 临夏回族自治州第五届人民委员会（1965.11～1966.5）

［1965年11月27日至12月3日，临夏回族自治州第五届人民代表大会第一次会议召开，会议选举产生临夏回族自治州第五届人民委员会州长1人、副州长3人。1966年5月“文革”开始后，州各级政权机构受到造反派冲击逐渐瘫痪。］

州　长：年得祥（回族，1965.12～1966.5任）
副州长：拜景星（回族，1965.12～1966.5任）

刘长彦（1965.12~1966.5任）
赵崇德（1965.12~1966.5任）

9. 临夏回族自治州革命委员会（1968.1～1980.2）

［1968年1月2日，临夏回族自治州革命委员会（简称州革委会）成立。州革委会由47人组成，设主任、副主任。］

（1）1968.1~1979.3

［领导成员由上级任命。］

主　　任：张桂金（军代表，1968.1~1969.8任）
王世杰（干部代表，1969.8~1970.11任）
马宜生（军代表，1971.1~1973.8任）
禹贵民（回族，干部代表，1973.8~1977.12任）
年得祥（回族，干部代表，1977.12~1979.3任）

第一副主任：路玉明（干部代表，1970.10~1973.8任）
年得祥（回族，干部代表，1975.3~1977.12任）

副 主 任：王世杰（干部代表，1968.1~1969.8任）
高有才（军代表，1968.1~1970.5任）
邢道山（军代表，1968.1~1970.5任）
吴瑞昌（群众代表，1968.1~1978.9任）
储仕明（军代表，1969.4~1970.12任）
包凤莲（女，回族，群众代表，1969.4~1978.9任）
年得祥（回族，干部代表，1970.10~1975.3任）
刘昌蔚（干部代表，1970.10~1972.5任）
毛迎时（干部代表，1970.10~1977.4任）
谷树荣（军代表，1971.3~1973.12任）
禹贵民（回族，干部代表，1973.4~1973.8任）
张子萍（干部代表，1973.4~1976.8任）
马成骥（回族，干部代表，1973.4~1978.5任）
袁　云（干部代表，1975.3~1976.10任）
马尚英（东乡族，干部代表，1975.3~1979.3任）
延国民（干部代表，1976.10~1979.3任）
王如珍（干部代表，1977.4任命，未到职）
单得真（回族，干部代表，1977.7~1979.3任）
刘如富（干部代表，1979.3~1979.3任）
陈廷笏（干部代表，1979.3~1979.3任）

（2）1979.3~1980.2

［1979年3月24日至27日，临夏回族自治州第七届人民代表大会第一次会议召开，会议选举产生新一届革命委员会主任1人、副主任5人。］

主　任：贾书德（干部代表，1979.3～1980.2任）
副主任：马尚英（东乡族，干部代表，1979.3～1980.2任）
延国民（干部代表，1979.3～1980.2任）
单得真（回族，干部代表，1979.3～1980.2任）
刘如富（干部代表，1979.3～1980.2任）
陈廷笏（干部代表，1979.3～1980.2任）

10. 临夏回族自治州第七届人民政府（1980.2～1982.7）

［1980年2月4日至7日，临夏回族自治州第七届人民代表大会第二次会议召开，会议决定设立临夏回族自治州人民代表大会常务委员会，改自治州革命委员会为自治州人民政府，并选举产生临夏回族自治州人民政府州长1人、副州长5人。］

州　长：单得真（回族，1980.2～1982.7任）
副州长：延国民（1980.2～1982.7任）
马玉海（回族，1980.2～1982.7任）
刘如富（1980.2～1982.7任）
马尚英（东乡族，1980.2～1982.7任）
陈廷笏（1980.2～1982.7任）

11. 临夏回族自治州第八届人民政府（1982.7～1987.6）

［1982年7月28日至8月3日，临夏回族自治州第八届人民代表大会第一次会议召开，会议选举产生临夏回族自治州第八届人民政府州长1人、副州长3人。1983年6月机构改革中，领导成员进行了部分调整。］

州　长：马玉海（回族，1982.7～1987.6任）
副州长：马尚英（东乡族，1982.7～1987.6任）
陈廷笏（1982.7～1987.6任）
薛振田（1982.7～1986.6任）
李建国（1983.6～1987.6任）
马生骏（回族，1983.6～1985.12任）
刘能良（女，1983.6～1987.6任）
石宗源（回族，1984.7～1987.6任）
喇敏智（回族，1986.10～1987.6任）

12. 临夏回族自治州第九届人民政府（1987.6～1992.5）

［1987年6月，临夏回族自治州第九届人民代表大会第一次会议召开，会议选举产生临夏回族自治州第九届人民政府州长1人、副州长5人。］

州　长：喇敏智（回族，1987.6～1991.10任）
敏　政（回族，1991.10～1992.5代）
副州长：陈廷笏（1987.6～1992.5任）

魏仲生（1987.6～1992.5任）
妥文胜（东乡族，1987.6～1992.5任）
李建国（1987.6～1992.5任）
马孚威（回族，1987.6～1992.5任）

13. 临夏回族自治州第十届人民政府（1992.6～1993.12）

［1992年6月，临夏回族自治州第十届人民代表大会第一次会议召开，会议选举产生临夏回族自治州第十届人民政府州长1人、副州长6人。］

州　长：敏　政（回族，1992.6～1993.12任）
副州长：马正峰（回族，1992.6～1993.12任）
李建国（1992.6～1993.12任）
苟国正（1992.6～1993.12任）
王志民（1992.6～1993.12任）
白玉章（东乡族，1992.6～1993.12任）
刘阳光（1992.9～1993.12任）

（四）中国人民政治协商会议临夏回族自治州委员会

［1956年10月，根据《中国人民政治协商会议章程》有关设立地方委员会的规定，中共临夏地委邀请各族各界人士百余人，协商讨论成立中国人民政治协商会议临夏回族自治州委员会及委员人事安排。1956年11月21日至24日召开政协临夏回族自治州第一届委员会第一次会议，临夏回族自治州政协正式成立。］

1. 政协临夏回族自治州第一届委员会（1956.11～1959.11）

［1956年11月19日，临夏回族自治州宣告成立。11月21日至24日召开政协临夏回族自治州第一届委员会第一次会议，选举产生政协临夏州第一届委员会主席1人、副主席8人。］

主　席：葛　曼（1956.11～1959.11任）
副主席：拜景星（回族，1956.11～1959.11任）
马国汉（东乡族，1956.11～1959.11任）
石秀珊（1956.11～1959.11任）
魏子藩（1956.11～1959.11任）
法　真（回族，1956.11～1959.11任）
马天顺（回族，1956.11～1958.4任）
韩振纲（保安族，1956.11～1959.11任）
吴岐山（1956.11～1959.11任）

2. 政协临夏回族自治州第二届委员会（1959.11～1963.3）

［1959年11月12日至19日，召开政协临夏回族自治州第二届委员会第一次会议，选举产生

政协临夏州第二届委员会主席1人、副主席8人。]

主　席：葛　曼（1959.11～1963.3任）

副主席：孟育邹（1959.11～1961.9任）

王登玉（1961.9～1963.3任）

拜景星（回族，1959.11～1963.3任）

马　锋（东乡族，1959.11～1963.3任）

马国汉（东乡族，1959.11～1963.3任）

石秀珊（1959.11～1963.3任）

魏子藩（1959.11～1963.3任）

韩振纲（保安族，1959.11～1963.3任）

吴岐山（1959.11～1961.11任）

马彦良（回族，1962.6～1963.3任）

3. 政协临夏回族自治州第三届委员会（1963.3～1967.12）

[1963年3月18日至31日，召开政协临夏回族自治州第三届委员会第一次会议，选举产生政协临夏州第三届委员会主席1人、副主席8人。1966年5月"文革"开始后，州政协机关受到造反派冲击逐渐瘫痪。1968年初政协机构撤销，工作中断13年。]

主　席：王世杰（1963.3～1967.11任）

副主席：王登玉（1963.3～1967.11任）

马国汉（东乡族，1963.3～966.10任）

石秀珊（1963.3～1967.11任）

魏子藩（1963.3～1966.12任）

韩振纲（保安族，1963.3～1966.9任）

马彦良（回族，1963.3～1967.11任）

马　锋（东乡族，1963.3～1967.11任）

法　真（回族，1963.3～1964.12）

4. 政协临夏回族自治州第四届委员会（1979.3～1982.7）

[1978年11月，中共甘肃省委同意恢复临夏回族自治州政协组织，中共临夏州委责成统战部负责筹建工作。1979年3月2日，召开政协临夏州第三届委员会第九次常务委员（扩大）会议，协商决定第四届委员会名单。1979年3月23日至26日，政协临夏回族自治州第四届委员会第一次会议召开，会议选举产生政协临夏州第四届委员会主席1人、副主席9人。]

主　席：贾书德（1979.3～1980.2任）

刘长彦（1980.2～1982.7任）

副主席：刘长彦（1979.3～1980.2任）

单得真（回族，1979.3～1981.5任）

马彦良（回族，1979.3～1982.7任）

马永祥（回族，1979.3～1980.2任）

金少伯（回族，1979.3～1982.7任）
马　锋（东乡族，1979.3～1980.2任）
石秀珊（1979.3～1981.5任）
韩振纲（保安族，1979.3～1982.7任）
穆德彪（东乡族，1979.3～1981.4任）
王振邦（1980.2～1981.5任）
张仲才（1980.2～1981.5任）
马志阳（回族，1980.2～1982.7任）
邵兰春（女，1980.2～1982.7任）
马　永（东乡族，1980.2～1981.5任）
贺崇高（1981.5～1982.7任）

5. 政协临夏回族自治州第五届委员会（1982.7～1987.6）

［1982年7月26日至8月4日，召开政协临夏回族自治州第五届委员会第一次会议，选举产生政协临夏州第五届委员会主席1人、副主席5人。］

主　席：刘如富（1982.7～1983.8任）
薛振田（1983.8～1987.6任）

副主席：马彦良（回族，1982.7～1987.6任）
金少伯（回族，1982.7～1983.8任）
韩振纲（保安族，1982.7～1987.6任）
马志阳（回族，1982.7～1987.6任）
贺崇高（1982.7～1983.8任）
李树文（回族，1983.8～1987.6任）
魏克明（1983.8～1987.6任）
马福元（保安族，1985.3～1987.6任）

6. 政协临夏回族自治州第六届委员会（1987.6～1992.5）

［1987年6月，召开政协临夏回族自治州第六届委员会第一次会议选举产生政协临夏州第六届委员会主席1人、副主席10人。］

主　席：袁　云（1987.6.23～1992.5任）

副主席：马如麒（保安族，1987.6～1992.5任）
马福元（保安族，1987.6～1992.5任）
马志阳（回族，1987.6～1988.2任）
白登科（1987.6～1990.5任）
刘良能（女，1987.6～1988.7任）
马性真（回族，1987.6～1992.5任）
马进成（东乡族，1987.6～1992.5任）
马光援（回族，1987.6～1992.5任）

杨福才（东乡族，1987.6～1992.5任）

董树涛（1987.6～1992.5任）

7. 政协临夏回族自治州第七届委员会（1992.5～1993.12）

[1992年5月4日至11日，召开政协临夏回族自治州第七届委员会第一次会议，选举产生政协临夏州第七届委员会主席1人、副主席9人。]

主　席：李效祖（1992.5～1993.12任）

副主席：马福昌（东乡族，1992.5～1993.12任）

杨福才（东乡族，1992.5～1993.12任）

黎端忠（1992.5～1993.12任）

马效融（回族，1992.5～1993.12任）

马进成（东乡族，1992.5～1993.12任）

马光援（回族，1992.5～1993.12任）

常玉珑（女，1992.5～1993.12任）

马明文（撒拉族，1992.5～1993.12任）

丁明昌（回族，1992.5～1993.12任）

（马志敏/供稿）

甘南藏族自治州党政组织职官志（1949.10～1993.12）

［甘南藏族自治州成立于1953年10月，为历史衔接，本志从1952年7月中共甘南藏区临时工作委员会成立撰起。组织职官分为中共甘南地方组织、甘南藏族自治州人民代表大会常务委员会、甘南地方政府、中国人民政治协商会议甘南藏族自治州委员会4类。各组织职官名称的沿革，在类下逐一志述，其组织成立的由来及其建制、职官等情况，随文予以简明提示与解说。］

（一）中国共产党甘南地方组织

［1949年甘南全境解放后，相继建立夏河、临潭、卓尼、西固4个县级党组织，分属甘肃省委、临夏地委和武都地委领导。1952年7月1日，成立中共甘南藏区工作委员会。］

1. 中共甘南藏区（临时）工作委员会（1952.7～1953.9）

［1952年7月1日中国共产党甘南藏区（临时）工作委员会成立，设书记、副书记、常委、委员。］

书　记：徐国珍（1952.7～1953.9兼）

副书记：赵子康（1952.7～1953.9任）

2. 中共甘南藏族自治区地方工作委员会（1953.10～1956.6）

［1953年10月1日，中共甘南藏族自治区地方工作委员会正式成立。］

第一书记：朱侠夫（1953.10～1955.1任）

第二书记：王治国（1953.10～1956.4任）

　　　　　谢占儒（1956.4～1956.6代）

副 书 记：赵子康（1953.10～1956.6任）

　　　　　王治国（1953.10～1955.7任）

　　　　　董宏杰（1955.6～1956.6任）

3. 中共甘南藏族自治州地方委员会（1956.6～1957.7）

［1956年6月1日，中共甘南族自治区地方工作委员会更名为中共甘南藏族自治州地方委员会，设书记、副书记、常委、委员。］

书　记：谢占儒（1956.6～1957.7任）

副书记：赵子康（1956.6～1957.7任）

　　　　董宏杰（1956.6～1957.7任）

　　　　马宗瀛（1957.7～1957.7任）

香巴才仁（藏族，1957.7～1957.7任）

邢树义（1957.7～1957.7任）

4. 中共甘南藏族自治州第一届委员会（1957.7～1959.9）

［1957年7月16日至25日，召开中共甘南藏族自治州第一次党员代表大会，选举产生中共甘南藏族自治州第一届委员会书记1人、副书记5人。］

书　记：谢占儒（1957.7～1959.9任）

副书记：赵子康（1957.7～1959.9任）

董宏杰（1957.7～1959.9任）

马宗瀛（1957.7～1959.9任）

香巴才仁（藏族，1957.7～1959.9任）

邢树义（1957.7～ 1959.9任）

李加夫（1959.3～1959.9任）

5. 中共甘南藏族自治州第二届委员会（1959.9～1964.4）

［1959年9月28日至10月21日，召开中共甘南藏族自治州第二次党员代表大会，选举产生中共甘南藏族自治州第二届委员会书记1人、副书记5人。同年9月州委成立书记处，设第一书记、书记处书记。1963年8月31日撤销州委书记处，第一书记改称书记、书记处书记改称副书记。］

第 一 书 记：谢占儒（1959.9～1961.12任）

孙久德（1961.12～1963.8任）

张建纲（1963.8～1964.4任）

书记处书记：赵子康（1959.9～1964.4任）

董宏杰（1959.9～1961.11任）

马宗瀛（1959.9～1961.11任）

香巴才仁（藏族，1959.9～1964.4任）

邢树义（1959.9～1963.4任）

冯宝俊（1960.7～1963.9任）

卢克俭（藏族，1960.7～1963.9任）

杨培发（1963.9～1964.4任）

6. 中共甘南藏族自治州第三届委员会（1964.4～1966.5）

［1964年4月15日至5月4日，召开中共甘南藏族自治州第三次党员代表大会，选举产生中共甘南藏族自治州第三届委员会书记1人、副书记2人。1966年5月“文革”开始后，州委受到冲击逐渐瘫痪，1967年1月25日州委被群众组织“夺权”。］

书　记：张建纲（1964.4～1966.2任）

烽　野（1966.2～ 1967.1代）

副书记：赵子康（1964.4～1967.1任）

香巴才仁（藏族，1964.4～1967.1任）
王如东（1966.2～1967.1任）
武启政（1966.9～1967.1任）
冯有才（1968.4～1969.3任）

7. 中共甘南藏族自治州革命委员会核心小组（1968.4～1971.4）

[1968年4月24日，经甘肃省革命委员会核心小组批准，成立中共甘南藏族自治州革命委员会核心小组，取代州委职权。]

组　长：烽　野（1968.4～1971.4任）
副组长：冯有才（1968.4～1971.4任）

8. 中共甘南藏族自治州第四届委员会（1971.4～1979.5）

[1971年4月10日至15日，召开中共甘南藏族自治州第四次党员代表大会，选举产生中共甘南藏族自治州第四届委员会书记1人、副书记3人。]

书　记：高有才（1971.4～1975.7任）
贾书德（1975.7～1977.8任）
杨应忠（藏族，1977.7～1983.4代）
副书记：申效曾（1971.4～1973.4任）
李兆亭（1971.4～1975.7任）
杨应忠（藏族，1971.4～1977.8任）
卢世仁（1973.4～1979.5任）
金　巴（1973.4～1979.5任）
马怀西（1976.4～1979.1任）
宋得寿（1977.12～1979.5任）
郭发永（1978.12～1979.5任）

9. 中共甘南藏族自治州第五届委员会（1979.5～1984.5）

[1979年5月12日至16日，召开中共甘南藏族自治州第五次党员代表大会，选举产生中共甘南藏族自治州第五届委员会书记1人、副书记4人。]

书　记：杨应忠（藏族，1977.7～1983.4代）
王应国（藏族，1983.4～1984.5任）
副书记：卢世仁（1979.5～1983.3任）
金　巴（1979.5～1984.5任）
宋得寿（1979.5～1984.1任）
郭发永（1979.5～1984.1任）
王应国（1980.6～1983.4任）
庞俊茂（1982.2～1983.4任）
旦正甲（藏族，1982.2～1983.4任）

张月安（1984.1～1984.5任）

贡卜扎西（藏族，1983.4～1984.5任）

10. **中共甘南藏族自治州第六届委员会**（1984.5～1989.9）

[1984年5月18日至22日，召开中共甘南藏族自治州第六次党员代表大会，选举产生中共甘南藏族自治州第六届委员会书记1人、副书记4人。]

书　记：王应国（藏族，1984.5～1985.10任）

李德奎（藏族，1985.10～1989.9任）

副书记：金　巴（1984.5～1984.11任）

张月安（1984.5～1986.5任）

贡卜扎西（藏族，1984.5～1989.9任）

李得奎（藏族，1984.11～1985.11任）

胡培珍（藏族，1986.7～1989.9任）

丹正嘉（藏族，1985.11～1989.9任）

王增祥（1985.1～1989.9任）

11. **中共甘南藏族自治州第七届委员会**（1989.9～1993.12）

[1989年9月21日至25日，召开中共甘南藏族自治州第七次党员代表大会，选举产生中共甘南藏族自治州第七届委员会书记1人、副书记3人。]

书　记：李德奎（藏族，1989.9～1990.10任）

郝洪涛（1990.8～1993.12任）

副书记：贡卜扎西（藏族，1989.9～1991.5任）

胡培珍（藏族，1989.9～1993.6任）

丹正嘉（藏族，1989.9～1993.12任）

蒙炯明（1991.4～1993.2任）

傅九大（藏族，1993.6～1993.12任）

张性忠（1993.6～1993.9任）

（二）甘南藏族自治州人民代表大会常务委员会

[1980年4月，甘南藏族自治州第八届人民代表大会第二次会议根据《中华人民共和国地方各级人民代表大会和地方各级人民政府组织法》的规定，决定设立甘南藏族自治州人民代表大会常务委员会（简称州人大常委会），作为人民代表大会的常设机构。]

1. **甘南藏族自治州第八届人大常委会**（1980.4～1983.7）

[1980年4月25日至29日，召开甘南藏族自治州第八届人民代表大会第二次会议，会议决定设立甘南藏族自治州人民代表大会常务委员会，并选举产生自治州第八届人大常委会主任1人、副主任5人。]

主　任：卢世仁（藏族）

副主任：张文献　黄建业（藏族）　杨丹珠（藏族）　石宝珊　张添信

2. 甘南藏族自治州第九届人大常委会（1983.7～1988.5）

[1983年7月21日至29日，召开甘南藏族自治州第九届人民代表大会第一次会议，选举产生甘南藏族自治州第九届人大常委会主任1人、副主任6人。1985年7月3日至8日州九届人大三次会议接受张添信辞去副主任职务。]

主　任：卢世仁（藏族，1983.7 ~ 1988.5任）

副主任：张文献（1983.7 ~ 1986.7任）

杨丹珠（藏族，1983.7 ~ 1988.5任）

张添信（1983.7 ~ 1985.7任）

马成龙（藏族，1983.7 ~ 1986.7任）

强作仁（1983.7 ~ 1987.7任）

庞俊茂（1983.7 ~ 1988.5任）

3. 甘南藏族自治州第十届人大常委会（1988.5～1993.5）

[1988年5月25日至6月2日，召开甘南藏族自治州第十届人民代表大会第一次会议，选举产生甘南藏族自治州第十届人大常委会主任1人、副主任4人。1989年7月31日至8月7日，州十届人大二次会议补选旦正甲、李功强、梁生华为副主任。1991年5月10日至17日，州十届人大四次会议选举贡卜扎西为主任、德哇仓为副主任。]

主　任：卢世仁（藏族，1988.5 ~ 1991.5任）

贡卜扎西（藏族，1991.5 ~ 1993.5任）

副主任：郭念刚（1988.5 ~ 1993.5任）

杨丹珠（藏族，1988.5 ~ 1993.5任）

杨积德（藏族，1988.5 ~ 1993.5任）

万作良（藏族，1988.5 ~ 1993.5任）

旦正甲（藏族，1989.7 ~ 1993.5任）

李功强（1989.7 ~ 1993.5任）

梁生华（藏族，1989.7 ~ 1993.5任）

德哇仓（藏族，1991.5 ~ 1993.5任）

4. 甘南藏族自治州第十一届人大常委会（1993.5～1993.12）

[1993年5月25日至6月2日，召开甘南藏族自治州第十一届人民代表大会第一次会议，选举产生甘南藏族自治州第十一届人大常委会主任1人、副主任7人。]

主　任：贡卜扎西（藏族，1993.5 ~ 1993.12任）

副主任：旦正甲（藏族，1993.5 ~ 1993.12任）

李道吉（藏族，1993.5 ~ 1993.12任）

万作良（藏族，1993.5 ~ 1993.12任）

德哇仓（藏族，1993.5～1993.12任）
南忠恕（1993.5～1993.12任）
景丹珠（藏族，1993.5～1993.12任）
张木兰（藏族，1993.5～1993.12任）

（三）甘南地方政府

1. 甘南藏族自治区筹备委员会（1952.12～1953.9）

［1952年7月1日，经中共中央西北局批准成立甘南藏族自治区委员会。同年12月25日，甘南藏族自治区各族各界联谊会在夏河县拉卜楞召开，选举成立甘南藏族自治区筹备委员会。］

主　任：黄正清（藏族）

副主任：朱侠夫　杨复兴（藏族）　黄　祥（藏族）

2. 甘南藏族自治区人民政府（1953.9～1955.6）

［1953年9月25日，在夏河县拉卜楞召开甘南藏族自治区各族各界第一次人民代表会议，会议宣布“甘南藏族自治区人民政府”正式成立，并选举产生自治区人民政府主席1人、副主席3人。会议决定10月1日为自治区成立日。］

主　席：黄正清（藏族）

副主席：王治国　杨复兴（藏族）　黄　祥（藏族）

3. 甘南藏族自治州第一届人民委员会（1955.6～1956.10）

［1955年6月25日至7月1日，召开甘南藏族自治州第一届人民代表大会，会议根据《中华人民共和国宪法》的规定，决定将甘南藏族自治区更名为甘南藏族自治州，甘南藏族区人民政府更名为甘南藏族自治州人民委员会，并选举产生自治州第一届人民委员会州长1人、副州长4人。］

州　长：黄正清（藏族）

副州长：王治国　杨复兴（藏族）　黄　祥（藏族）　王如东

4. 甘南藏族自治州第二届人民委员会（1956.10～1958.7）

［1956年10月2日至14日，召开甘南藏族自治州第二届人民代表大会第一次会议，选举产生甘南藏族自治州第二届人民委员会州长1人、副州长4人。］

州　长：黄正清（藏族，1956.10～1958.7任）

副州长：杨复兴（藏族，1956.10～1958.7任）
黄　祥（藏族，1956.10～1957.2任）
王如东（1956.10～1958.7任）
杨培发（1956.10～1958.7任）

5. 甘南藏族自治州第三届人民委员会（1958.7～1961.7）

[1958年7月1日至8日，召开甘南藏族自治州第三届人民代表大会第一次会议，选举产生甘南藏族自治州第三届人民委员会州长1人、副州长4人。]

州　长：黄正清（藏族，1958.7 ~ 1961.7任）

副州长：杨复兴（藏族，1958.7 ~ 1961.7任）

杨培发（1958.7 ~ 1960.1任）

卢世仁（藏族，1958.7 ~ 1961.7任）

赵子康（1960.7 ~ 1961.7任）

6. 甘南藏族自治州第四届人民委员会（1961.7～1963.7）

[1961年7月4日至12日，召开甘南藏族自治州第四届人民代表大会第一次会议，选举产生甘南藏族自治州第四届人民委员会州长1人、副州长3人。]

州　长：黄正清（藏族）

副州长：杨复兴（藏族）　杨培发　卢世仁（藏族）

7. 甘南藏族自治州第五届人民委员会（1963.7～1965.10）

[1963年7月20日至30日，召开甘南藏族自治州第五届人民代表大会第一次会议，选举产生甘南州第五届人民委员会州长1人、副州长3人。]

州　长：黄正清（藏族）

副州长：王如东　杨复兴（藏族）　卢世仁（藏族）

8. 甘南藏族自治州第六届人民委员会（1965.10～1966.5）

[1965年10月26日至11月6日，召开甘南藏族自治州第六届人民代表大会第一次会议，选举产生甘南藏族自治州第六届人民委员会州长1人、副州长3人。1966年5月“文革”开始后，州人委机关受到冲击，工作机构相继瘫痪。]

州　长：香巴才仁（藏族）

副州长：杨复兴（藏族）　卢世仁（藏族）　李培贤

9. 甘南藏族自治州革命委员会（1968.2～1980.4）

[1968年2月27日，经甘肃省革命委员会批准，成立甘南藏族自治州革命委员会（简称州革委会），实行党政“一元化”领导，实际取代了自治州人民委员会的职能。]

（1）1968.2 ~ 1979.5

[州革委会领导成员由上级任命。]

主　任：烽　野（1968.2 ~ 1970.6任）

高有才（1970.6 ~ 1975.7任）

贾书德（1975.7 ~ 1977.7任）

杨应忠（藏族，1977.7 ~ 1979.4任）

副主任：冯有才（1968.2～1970.11任）
祁治德（1968.2～1970.11任）
张占武（1968.2～1975.7任）
黄双良（1968.2～1968.2任）
申效曾（1970.6～1973.4任）
张清洁（1970.11～1975.7任）
滑宏坤（1970.11～1975.7任）
杨应忠（藏族，1970.11～1977.7任）
汪佐清（东乡族，1970.11～1979.5任）
李兆亭（军代表，1971.6～1975.7任）
卢世仁（藏族，1973.4～1979.5任）
金　巴（藏族，1973.6～1979.5任）
马怀西（1973.4～1979.1任）
王应国（藏族，1973.4～1979.5任）
张世杰（1977.12～1979.5任）
宋得寿（1977.12～1979.5任）

（2）1979.5～1980.4

[1979年5月20日至26日，召开甘南藏族自治州第八届人民代表大会第一次会议，选举产生甘南藏族自治州革命委员会主任1人、副主任5人。]

主　任：金　巴（藏族，1979.5～1980.4任）
副主任：卢世仁（藏族，1979.5～1980.4任）
汪佐清（东乡族，1979.5～1980.3任）
王应国（藏族，1979.5～1980.4任）
张世杰（1979.5～1980.4任）
胡培玉（藏族，1979.5～1980.4任）

10. 甘南藏族自治州第八届人民政府（1980.4～1983.7）

[1980年4月25日至29日，召开甘南藏族自治州第八届人民代表大会第二次会议，会议决定撤销州革命委员会，恢复州人民政府称谓，并选举州长1人、副州长6人。]

州　长：金　巴（藏族，1980.4～1983.7任）
副州长：张世杰（1980.4～1983.7任）
胡培玉（藏族，1980.4～1981.11任）
马登昆（藏族，1980.4～1983.7任）
马成龙（藏族，1980.4～1983.7任）
强作仁（1980.4～1983.7任）
洪庭瑞（1980.4～1983.7任）
张月安（1982.2～1983.7任）

11. 甘南藏族自治州第九届人民政府（1983.7～1988.5）

［1983年7月21日至29日，召开甘南藏族自治州第九届人民代表大会第一次会议，选举产生甘南藏族自治州第九届人民政府州长1人、副州长4人。］

州　长：金　巴（藏族，1983.7 ~ 1985.1任）
李德奎（藏族，1985.1 ~ 1985.7代）
李德奎（藏族，1985.7 ~ 1986.7任）
胡培珍（藏族，1986.7 ~ 1988.5任）

副州长：马登昆（藏族，1983.7 ~ 1988.5任）
张月安（1983.7 ~ 1988.5任）
郭念刚（1983.7 ~ 1988.5任）
赵振业（藏族，1983.7 ~ 1988.5任）
胡培珍（藏族，1984.1 ~ 1986.7任）
张文启（1984.1 ~ 1988.5任）
敏　政（回族，1985.12 ~ 1988.5任）

12. 甘南藏族自治州第十届人民政府（1988.5～1993.5）

［1988年5月25日至6月2日，召开甘南藏族自治州第十届人民代表大会第一次会议，选举产生甘南州第十届人民政府州长1人、副州长4人。］

州　长：胡培珍（藏族，1988.5 ~ 1993.5任）

副州长：张文启（1988.5 ~ 1991.5任）
赵振业（藏族，1988.5~1992.3任）
敏　政（回族，1988.5 ~ 1991.11任）
赵祯祥（1988.10 ~ 1993.5任）
马才斌（1991.2 ~ 1993.5任）
杜世昌（藏族，1992.5 ~ 1993.5任）
杨镇刚（藏族，1992.5 ~ 1993.5任）
拜一民（回族，1992.5 ~ 1993.5任）
胡克勤（1993.3 ~ 1993.5任）
贡保甲（藏族，1993.3 ~ 1993.5任）

13. 甘南藏族自治州第十一届人民政府（1993.5～1993.12）

［1993年5月25日至6月2日，召开甘南藏族自治州第十一届人民代表大会第一次会议，选举产生甘南藏族自治州第十一届人民政府州长1人、副州长5人。］

州　长：杨镇刚（藏族，1993.5 ~ 1993.12任）

副州长：赵祯祥（1993.5 ~ 1993.12任）
杜世昌（藏族，1993.5 ~ 1993.12任）
拜一民（回族，1993.5 ~ 1993.12任）

贡保甲（藏族，1993.5～1993.12任）

洪海天（1993.5～1993.12任）

（四）中国人民政治协商会议甘南藏族自治州委员会

1. 甘南藏族自治区协商委员会（1953.9～1955.7）

［1953年9月25日，甘南藏区各族各界人民代表会议在夏河县拉卜楞召开，选举产生由49名委员组成的甘南藏族自治区各族各界人民代表会议协商委员会。］

主　席：朱侠夫

副主席：杨丹珠（藏族）　金巴襄佐（藏族）　丁立夫（回族）

2. 政协甘南藏族自治州第一届委员会（1955.7～1956.10）

［1955年7月3日，政协甘南藏族自治州第一届委员会第一次全体会议在拉卜楞召开，会议宣布政协甘南藏族自治州委员会（简称州政协）成立，并选出州政协第一届委员会主席1人、副主席3人。］

主　席：赵子康

副主席：金巴襄佐（藏族）　杨丹珠（藏族）　丁立夫　（回族）

3. 政协甘南藏族自治州第二届委员会（1956.10～1959.8）

［1956年10月13日，召开政协甘南州第二届委员会第一次全体会议，选举产生州政协第二届委员会主席1人、副主席3人。］

主　席：谢占儒

副主席：金巴襄佐（藏族）　杨丹珠（藏族）　丁立夫（回族）

4. 政协甘南藏族自治州第三届委员会（1959.8～1963.6）

［1959年8月15日，召开政协甘南藏族自治州第三届委员会第一次全体会议，选举产生州政协第三届委员会主席1人、副主席4人。］

主　席：谢占儒（1959.8～1962.3任）

孙久德（1962.3～1963.6任）

副主席：杨丹珠（藏族，1959.8～1963.6任）

邢树义（藏族，1959.8～1963.6任）

道吉才让（藏族，1959.8　1963.6任）

俄　项（藏族，1959.8～1963.6任）

5. 政协甘南藏族自治州第四届委员会（1963.6～1965.10）

［1963年6月26日，召开政协甘南藏族自治州第四届委员会第一次全体会议，选举产生州政协第四届委员会主席1人、副主席4人。］

主　席：张健纲

副主席：香巴才仁（藏族）　杨丹珠（藏族）　俄　项（藏族）　达　吉（藏族）

6. **政协甘南藏族自治州第五届委员会**（1965.10～1966.5）

[1965年10月23日，召开政协甘南藏族自治州第五届委员会第一次全体会议，选举产生州政协第五届委员会主席1人、副主席3人。1966年5月“文革”开始后，州政协机关受到造反派冲击，工作中断13年。]

主　席：赵子康

副主席：王如东　杨丹珠　（藏族）　达　吉（藏族）

7. **政协甘南藏族自治州第六届委员会**（1979.5～1983.7）

[1979年5月20日，召开政协甘南藏族自治州第六届委员会第一次全体会议，选举产生州政协第六届委员会主席1人、副主席4人。1980年4月24日召开州政协六届二次全体会议，选举杨应忠为主席，补选和增选赵生鹏等6人为副主席。]

主　席：卢世仁（藏族，1979.5 ~ 1980.4任）
　　　　杨应忠（藏族，1980.4 ~ 1983.7任）

副主席：张世杰（1979.5 ~ 1983.7任）
　　　　王占彪（藏族，1979.5 ~ 1983.7任）
　　　　杨丹珠（藏族，1979.5 ~ 1980.4任）
　　　　黄建业（藏族，1979.5 ~ 1980.4任）
　　　　赵生鹏（1980.4 ~ 1981.10任）
　　　　嘉木样（藏族，1980.4 ~ 1983.7任）
　　　　李仲兴（1980.4 ~ 1983.7任）
　　　　杨长胜（1980.4 ~ 1981.10任）
　　　　热旦加措（藏族，1980.4 ~ 1983.7任）
　　　　洛桑南杰·龙仁桑盖（藏族，1980.4 ~ 1983.7任）

8. **政协甘南藏族自治州第七届委员会**（1983.7～1988.5）

[1983年7月19日，召开政协甘南州第七届委员会第一次全体会议，选举产生州政协第七届委员会主席1人、副主席5人。1985年7月2日召开州政协七届三次全体会议，选举金巴为主席，郭永发改任副主席，增选马登昆、杨积德为副主席。]

主　席：郭发永（1983.7 ~ 1985.7任）
　　　　金　巴（藏族，1985.7 ~ 1988.5任）

副主席：嘉木样（藏族，1983.7 ~ 1988.5任）
　　　　张世杰（1983.7 ~ 1988.5任）
　　　　热旦加措（藏族，1983.7 ~ 1988.5任）
　　　　洛桑南杰·龙仁桑盖（藏族，1983.7 ~ 1988.5任）
　　　　王占彪（藏族，1983.7 ~ 1986.7任）

郭发永（1985.7～1988.5任）
马登昆（藏族，1985.7～1988.5任）
杨积德（藏族，1985.7～1988.5任）

9. 政协甘南藏族自治州第八届委员会（1988.5～1993.5）

［1988年5月23日，召开政协甘南藏族自治州第八届委员会第一次全体会议，选举产生州政协第八届委员会主席1人、副主席5人。］

主　席：金　巴（藏族，1988.5～1993.5任）
副主席：嘉木样（藏族，1988.5～1993.5任）
热旦加措（藏族，1988.5～1993.5任）
洛桑南杰·龙仁桑盖（藏族，1988.5～1993.5任）
马登昆（藏族，1988.5～1993.5任）
杨炳南（藏族，1988.5～1993.5任）

10. 政协甘南藏族自治州第九届委员会（1993.5～1993.12）

［1993年5月24日，召开政协甘南州第九届委员会第一次全体会议，选举产生州政协第九届委员会主席1人、副主席5人。］

主　席：丹正嘉（藏族，1993.5～1993.12任）
副主席：嘉木样（藏族，1993.5～1993.12任）
马登昆（藏族，1993.5～1993.12任）
杨丹珠（藏族，1993.5～1993.12任）
热旦加措（藏族，1993.5～1993.12任）
洛桑南杰·龙仁桑盖（藏族，1993.5～1993.12任）

（马志敏／供稿）

海北藏族自治州党政组织职官志
（1949.10～1993.12）

[海北藏族自治州成立于1953年12月31日，为历史衔接，本志从1953年8月中共海北地方委员会成立撰起。组织职官分为中共海北地方组织、海北藏族自治州人民代表大会常务委员会、海北地方政府、中国人民政治协商会议海北藏族自治州委员会4类。各组织职官名称的沿革，在类下逐一志述，其组织成立的由来及其建制、职官等情况，随文予以简明提示与解说。]

（一）中国共产党海北地方组织

1. 中共海北地方委员会（1953.8～1956.2）

[1953年8月4日，中共海北地方委员会成立。]

书　记：魏进德（1953.8～1954.6任）

副书记：马芳富（1953.8～1956.2任）

何永清（1955.3～1956.2任）

王鹏远（1955.4～1955.2任）

2. 中共海北藏族自治州第一届委员会（1956.2～1959.3）

（1）1956.2～1957.3

[1956年2月21日至28日，召开中共海北藏族自治州第一次党员代表大会，选举产生中共海北藏族自治州地方委员会（简称中共海北地委）书记1人、副书记2人。]

书　记：何永清（1956.2～1957.3任）

副书记：王鹏远（1956.2～1957.1任）

郭凤鸣（1956.2～1957.3任）

李在忠（1957.3～1957.3任）

（2）1957.3～1959.3

[1957年3月，中共海北地委设立书记处。1957年5月1日，中共海北地委更名为中共海北藏族自治州委员会。]

第一书记：何永清（1957.3～1957.11任）

南世荣（1957.11～1959.3任）

书　　记：李在忠（1957.3～1959.3任）

郭凤鸣（1957.3～1959.3任）

戴春山（1957.3～1959.3任）

何永清（1957.11～1959.3任）

3. 中共海北藏族自治州第二届委员会（1959.3～1963.10）

[1959年3月1日至6日，召开中共海北藏族自治州第二次党员代表大会，选举产生中共海北藏族自治州第二届委员会委员第一书记1人、书记处书记4人。]

第一书记：南世荣（1959.3 ~ 1963.10任）
常务书记：何永清（1959.3 ~ 1959.11任）
书　　记：李在忠（1959.3 ~ 1963.1任）
郭凤鸣（1959.3 ~ 1959.4任）
戴春山（1959.3 ~ 1960.9任）
李兴旺（1959.12 ~ 1963.10任）
肖维英（1960.6 ~ 1963.1任）
李厚斋（1960.11 ~ 1963.1任）

4. 中共海北藏族自治州第三届委员会（1963.10～1967.5）

[1963年10月31日至11月5日，召开中共海北藏族自治州第三次党员代表大会，选举产生中共海北藏族自治州第三届委员会书记1人、副书记3人。]

书　记：李兴旺（1963.10 ~ 1967.5任）
副书记：高凤岐（1963.10 ~ 1966.4任）
宦角才郎（藏族，1963.10 ~ 1967.5任）
王　樗（1963.10 ~ 1967.5任）

5. 中共海北藏族自治州核心小组（1967.11～1970.11）

[1966年5月“文革”开始后，中共海北州委领导机构受到造反派冲击逐渐瘫痪，1967年5月成立海北藏族自治州军事管制委员会，代行州委部分职权。同年11月，成立中共海北藏族自治州核心小组，党委不复存在。]

组　长：邵　云（1967.11 ~ 1970.11任）
副组长：席鹏翔（1967.11 ~ 1970.11任）
金芳宪（1967.11 ~ 1970.11任）
陈　征（1969.12 ~ 1970.11任）
赵海峰（1970.7 ~ 1970.11任）

6. 中共海北藏族自治州第四届委员会（1970.12～1980.12）

[1970年12月21日至28日，召开中共海北藏族自治州第四次党员代表大会，会议决定撤销州革命委员会党的核心小组，选举产生中共海北州第四届委员会书记1人、副书记2人。第四次党代会以后州委领导人进行多次调整。]

书　　记：邵　云（1970.12 ~ 1978.1任）
曹思恒（1978.1 ~ 1979.2任）
宦角才郎（藏族，1979.2 ~ 1980.12任）

副 书 记：赵海峰（1970.12~1973.4任）
陈　征（1970.12~1978.1任）
曹思恒（1972.12~1978.1任）
宦角才郎（藏族，1978.4~1979.2任）
于翰文（1978.4~1978.9任）
李俊国（1978.4~1978.7任）
官　却（1979.5~1980.11任）
傅　鼎（1979.10~1980.11任）
第一书记：许林枫（1973.4~1975.2任）

7. 中共海北藏族自治州第五届委员会（1980.12～1986.6）

［1980年12月22日至26日，召开中共海北藏族自治州第五次党员代表大会，选举产生中共海北藏族自治州第五届委员会委员书记1人、副书记4人。在1983年机构改革中，州委领导班子进行了调整。］

书　记：宦角才郎（藏族，1980.12~1983.6任）
官　却（1983.7~1986.6任）
副书记：官　却（1980.12~1983.6任）
傅　鼎（1980.12~1985.6任）
马进孝（1980.12~1981.12任）
李自更（1980.12~1983.6任）
卓　玛（藏族，1983.7~1986.6任）
廉福章（1983.7~1986.6任）
孔国柱（1983.7~1986.6任）

8. 中共海北藏族自治州第六届委员会（1986.6～1991.6）

［1986年6月6日至10日，召开中共海北藏族自治州第六次党员代表大会，选举产生中共海北藏族自治州第六届委员会委员书记1人、副书记3人。］

书　记：卓　玛（藏族，1986.6~1991.6任）
副书记：孔国柱（1986.6~1991.6任）
苏　森（1986.6~1989.9任）
冶占强（1986.6~1990.9任）
许协清（1989.7~1991.6任）
申忠玉（1990.4~1991.6任）
赵永忠（1990.12~1991.6任）
仁青加（1990.12~1991.6任）

（二）海北藏族自治州人民代表大会常务委员会

[海北藏族自治州人民代表大会常务委员会（简称州人大常委会），按照全国人大五届二次会议修正的《中华人民共和国宪法》、《中华人民共和国地方各级人民代表大会和地方各级人民政府组织法》规定，于1981年6月召开的州七届人大一次会议上选举成立。]

1. 海北藏族自治州第七届人大常委会（1981.6～1986.6）

[1981年6月1日至8日，召开海北藏族自治州第七届人民代表大会第一次会议，会议决定设立海北藏族自治州人大常委会，并选举州人大常委会主任1人、副主任2人。1984年2月21日至25日，海北藏族自治州召开七届人大四次会议，选举祁元旦为海北州七届人大常委会主任，补选贡保才郎、马得义为副主任。]

主　任：傅　鼎（藏族，1981.6～1984.2任）
　　　　祁元旦（蒙古族，1984.2～1986.6任）
副主任：王继承（1981.6～1984.2任）
　　　　龙　舟（藏族，1981.6～1986.6任）
　　　　贡保才郎（藏族，1984.2～1986.6任）
　　　　马得义（回族，1984.2～1986.6任）

2. 海北藏族自治州第八届人大常委会（1986.6～1991.6）

[1986年6月23日至28日，召开海北藏族自治州第八届人民代表大会第一次会议，选举产生海北藏族自治州第八届人大常委会主任1人、副主任4人。]

主　任：廉福章（藏族，1986.6～1991.6任）
副主任：贡保才郎（藏族，1986.6～1991.6任）
　　　　马得义（回族，1986.6～1991.6任）
　　　　王道新（1986.6～1991.6任）
　　　　高　贝（藏族，1986.6～1991.6任）

（三）海北地方政府

1. 海北藏族自治区筹备委员会（1953.3～1953.12）

[1953年3月，青海省人民政府在门源县召开各族各界代表座谈会，推选海北藏族自治区筹备委员会委员人选33人。同年9月24日至10月1日，海北藏族自治区筹备委员会第一次会议在门源召开，选举产生自治区筹备委员会委员45人，推选夏茸尕布为筹备委员会主任，马芳富等5人为副主任。]

主　任：夏茸尕布（藏族）
副主任：马芳富　同曲乎（藏族）　南木卡才巷（藏族）　马禄文（回族）

贡保当什吉（蒙古族）

2. 海北藏族自治区人民政府（1953.12～1955.5）

［1953年12月24日至31日，召开海北藏族自治区第一届人民代表大会，选举产生自治区人民政府主席1人、副主席6人。］

主　席：夏茸尕布（藏族）

副主席：马芳富　华宝藏（藏族）　同曲乎（藏族）　南木卡才巷（藏族）
马禄文（回族）　贡保当什吉（蒙古族）

3. 海北藏族自治州第一届人民委员会（1955.5～1956.12）

［1955年5月14日至20日，召开海北藏族自治区（州）第一届人民代表大会第三次会议，会议决定将海北藏族自治区改为海北藏族自治州，自治区人民政府改为自治州人民委员会并选举产生州长1人、副州长7人。］

州　长：夏茸尕布（藏族）

副州长：马芳富　华宝藏（藏族）　同曲乎（藏族）　南木卡才巷（藏族）
马禄文（回族）　贡保当什吉（蒙古族）　王鹏远

4. 海北藏族自治州第二届人民委员会（1956.12～1963.11）

［1956年12月15日至21日，召开海北藏族自治州第二届人民代表大会第一次会议，选举产生州长1人、副州长6人。1959年8月25日至29日，召开海北藏族自治州第二届人民代表大会第三次会议，通过了罢免华宝藏、同曲乎、南木卡才巷、马禄文副州长职务的决定。］

州　长：夏茸尕布（藏族，1955.5～1965.1任）

副州长：李在中（1956.12～1963.11任）
华宝藏（藏族，1956.12～1959.8任）
同曲乎（藏族，1956.12～1959.8任）
南木卡才巷（藏族，1956.12～1959.8任）
马禄文（回族，1956.12～1959.8任）
贡保当什吉（蒙古族，1956.12～1963.11任）
肖维英（1959.8～1960.6任）
郭志诚（1960.4～1963.11任）
高　忠（1960.4～1963.11任）
王春发（1960.7～1963.11任）

5. 海北藏族自治州第三届人民委员会（1963.11～1965.10）

［1963年11月20日至26日，召开海北藏族自治州第三届人民代表大会第一次会议，选举产生州长1人、副州长4人。1965年1月6日，经中共青海省委批准，免去夏茸尕布州长职务，任命宦角才郎为州长。］

州　长：夏茸尕布（藏族，1955.5～1965.1任）

宦角才郎（藏族，1965.1～1965.10任）

副州长：郭志诚（1963.11～1965.10任）

王春发（1963.11～1965.10任）

常振声（1963.11～1964.12任）

高　忠（1963.11～1964.1任）

6. 海北藏族自治州第四届人民委员会（1965.10～1967.4）

［1965年10月11日至17日，召开海北藏族自治州第四届人民代表大会第一次会议，选举产生州长1人、副州长2人。1966年5月“文革”开始后，州人委机关受到造反派冲击逐渐瘫痪，1967年4月州人委被群众组织夺权。1967年5月，海北州实行军事管制。］

州　长：宦角才郎（藏族）

副州长：王春发　席鹏翔

7. 海北藏族自治州革命委员会（1967.11～1981.6）

［1967年11月20日，经青海省革命委员会批准，海北藏族自治州革命委员会（简称州革委会）召开成立大会，州革委会行使全州党政财文权力。］

（1）1967.11～1978.6

主　任：邵　云（1967.11～1978.1任）

宦角才郎（藏族，1975.4～1978.6任）

副主任：刘　怡（1967.11～？）

邓兴斌（1967.11～1969任）

吴　彪（1967.11～？）

席鹏翔（1967.11～1973.10任）

金芳宪（1968.8～？）

官　却（藏族，1972.11～1978.6任）

曹思恒（1972.12～1978.6任）

李俊国（1973.12～1978.4任）

于翰文（1973.12～？）

陈　征（1978.1～？）

（2）1978.6～1981.6

［1978年6月5日至11日，召开海北藏族自治州第六届人民代表大会第一次会议，选举产生州革委会主任1人、副主任8人。］

主　任：宦角才郎（藏族，1978.6～1981.6任）

副主任：于翰文（1978.6～1981.6任）

席鹏翔（1978.6～1981.6任）

官　却（藏族，1978.6～1981.6任）

苗正兴（1978.6～1981.6任）

祁元旦（蒙古族，1978.6～1981.6任）

马进孝（回族，1978.6～1981.6任）
赵海峰（1978.6～1979.10任）
曹思恒（1978.6～1979.2任）

8. 海北藏族自治州第七届人民政府（1981.6～1986.6）

［1981年6月1日至8日，召开海北藏族自治州第七届人民代表大会第一次会议，会议决定设立海北藏族自治州人民代表大会常务委员会，并选举产生州长1人、副州长4人。1984年2月21日至25日，召开州七届人大四次会议，选举卓玛为州长。］

州　长：官　却（藏族，1981.6～1983.7任）
　　　　卓　玛（藏族，1984.2～1986.6任）
副州长：马进孝（回族，1981.6～1983.7任）
　　　　祁元旦（蒙古族，1981.6～1983.7任）
　　　　贡保才郎（藏族，1981.6～1983.7任）
　　　　廉福章（1981.6～1983.7任）
　　　　冶占强（回族，1982.5～1986.6任）
　　　　宋志远（1983.7～1986.6任）
　　　　苏　森（1983.7～1986.6任）

9. 海北藏族自治州第八届人民政府（1986.6～1991.5）

［1986年6月23日至28日，召开海北藏族自治州第八届人民代表大会第一次会议，选举产生州长1人、副州长4人。］

州　长：孔国柱（藏族，1986.6～1991.3任）
副州长：宋志远（1986.6～1989.9任）
　　　　苏　森（1986.6～1989.9任）
　　　　智　华（藏族，1986.6～1991.5任）
　　　　赵怀坦（1986.6～1991.3任）
　　　　丁万良（回族，1989.9～1991.5任）

（四）中国人民政治协商会议海北藏族自治州委员会

1. 海北藏族自治区（州）协商委员会（1953.3～1955.7）

［1953年12月23日至31日，召开海北藏族自治区各族各界人民代表会议协商委员会，选举产生协商委员会主席1人、副主席4人。1955年5月20日，根据《宪法》规定，海北藏族自治区改称海北藏族自治州，自治区协商委员会相应改称自治州协商委员会。］

主　席：魏进德（1953.12～1954.6兼）
副主席：娘　巴（藏族，1953.12～1955.7任）
　　　　林沁旺济勒（藏族，1953.12～1955.7任）

苏乎尖参（藏族，1953.12～1955.7任）

马文奎（回族，1953.12～1955.7任）

2. 政协海北藏族自治州第一届委员会（1955.7～1956.12）

［1955年7月5日至7日，召开政协海北藏族自治州第一届委员会全体委员会议，选举产生政协海北州第一届委员会主席1人、副主席5人。］

主　席：马芳富

副主席：何永清　娘　巴（藏族）　林沁旺济勒（蒙古族）　苏乎尖参（藏族）

马文奎（回族）

3. 政协海北藏族自治州第二届委员会（1956.12～1959.8）

［1956年12月14日至21日，召开政协海北藏族自治州第二届委员会全体委员会议，选举产生政协海北州第二届委员会主席1人、副主席5人。］

主　席：何永清

副主席：郭凤鸣　娘　巴（藏族）　林沁旺济勒（蒙古族）　苏乎尖参（藏族）

马文奎（回族）

4. 政协海北藏族自治州第三届委员会（1959.8～1963.11）

［1959年8月25日至29日，召开政协海北藏族自治州第三届委员会全体委员会议，选举南世荣为政协常委会主席，肖维英等3人为副主席。1960年11月3日至7日召开政协三届二次会议，增选李在中、郭罗藏为副主席。］

主　席：南世荣（1959.8～1963.11任）

副主席：肖维英（1959.8～1963.11任）

贡保当什吉（蒙古族，1959.8～1963.11任）

马文奎（回族，1959.8～1963.11任）

李在中（1960.11～1963.11任）

郭罗藏（藏族，1960.11～1963.11任）

5. 政协海北藏族自治州第四届委员会（1963.11～1965.10）

［1963年11月20日至26日，召开政协海北藏族自治州第四届委员会全体委员会议，选举产生政协海北州第四届委员会主席1人、副主席3人。］

主　席：李兴旺

副主席：宦角才郎（藏族）　贡保当什吉（蒙古族）　马文奎（回族）

6. 政协海北藏族自治州第五届委员会（1965.10～1966.10）

［1965年10月11日至17日，召开政协海北藏族自治州第五届委员会全体委员会议，选举产生政协海北州第五届委员会主席1人、副主席3人。1966年5月“文革”开始后，州政协受到冲击逐渐瘫痪，工作中断12年。］

主　席：李兴旺

副主席：宦角才郎（藏族）　郭罗藏（藏族）　祁元旦（蒙古族）

7. 政协海北藏族自治州第六届委员会（1978.6～1981.6）

［1978年6月5日至11日，召开政协海北藏族自治州第六届委员会全体委员会议，选举产生政协海北州第六届委员会主席1人、副主席6人。第六届委员会初期，海北州政协与门源县政协合署办公，1981年底，州县政协分设。］

主　席：曹思恒（1978.6～1979.2任）

副主席：官　却（藏族，1978.6～1981.6任）

祁元旦（蒙古族，1978.6～1981.6任）

赵玉昌（1978.6～1981.6任）

韩道壮（回族，1978.6～1981.6任）

雷光泰（1978.6～1978.12任）

贡才里（蒙古族，1978.6～1981.6任）

8. 政协海北藏族自治州第七届委员会（1981.6～1986.6）

［1981年5月30日至6月8日，召开政协海北藏族自治州第七届委员会全体委员会议，选举产生政协海北州第七届委员会主席1人、副主席6人。1984年2月19日至25日，召开政协海北州七届三次会议，改选王炳伦为主席，补选淌涛等人为副主席。］

主　席：苗正兴（1981.6～1984.2任）

王炳伦（1984.2～1986.6任）

副主席：苏乎尖参（藏族，1981.6～1986.6任）

贡才里（蒙古族，1981.6～1986.6任）

马文奎（回族，1981.6～1986.6任）

弋保元（藏族，1981.6～1982.8任）

桑弘农（1981.6～1984.2任）

才福旦（藏族，1981.6～1986.6任）

淌　涛（1983.7～1986.6任）

刘　静（1983.7～1986.6任）

崔　仑（1983.7～1986.6任）

张国权（1983.7～1986.6任）

9. 政协海北藏族自治州第八届委员会（1986.6～1991.5）

［1986年6月21日至27日，召开政协海北藏族自治州第八届委员会全体委员会议，选举产生政协海北州第八届委员会主席1人、副主席7人。1990年4月14日至19日，召开政协海北州八届五次会议，补选宋志远为主席，张青林为副主席。］

主　席：王炳伦（1986.6～1990.4任）

宋志远（1990.4～1991.5任）

副主席：马文奎（回族，1986.6～1991.5任）

苏乎尖参（藏族，1986.6～1989.9任）

贡才里（蒙古族，1986.6～1987.2任）

才福旦（藏族，1986.6～1991.5任）

刘　静（1986.6～1990.4任）

张国权（1986.6～1991.5任）

拉生辉（藏族，1986.6～1988.7任）

张青林（1990.4～1991.5任）

10. 政协海北藏族自治州第九届委员会（1991.5～1993.12）

[1991年5月，召开政协海北藏族自治州第九届委员会第一次会议，选举产生政协海北藏族自治州第九届委员会主席1人、副主席8人。]

主　席：王道新（1991.5～1993.12任）

副主席：马文奎（回族，1991.5～1993.12任）

张青林（1991.5～1993.12任）

才福旦（藏族，1991.5～1993.12任）

张国权（1991.5～1993.12任）

拉什结（藏族，1991.5～1993.12任）

曹　琦（1991.5～1993.12任）

那旺木措（藏族，1991.5～1993.12任）

拉生辉（藏族，1991.5～1993.12任）

（马志敏/供稿）

黄南藏族自治州党政组织职官志
（1953.7～1993.12）

［黄南藏族自治州成立于1953年12月22日，为历史衔接，本志从1953年7月中共黄南藏族自治区地方委员会成立撰起。组织职官分为中共黄南地方组织、黄南藏族自治州人民代表大会常务委员会、黄南地方政府、中国人民政治协商会议黄南藏族自治州委员会4类。各组织职官名称的沿革，在类下逐一志述，其组织成立的由来及其建制、职官等情况，随文予以简明提示与解说。］

（一）中国共产党黄南地方组织

1. 中共黄南藏族自治区（州）地委（1953.7～1956.3）

［1953年3月筹备建立青海省黄南藏族自治区。1953年7月，中共青海省委决定组建中国共产党黄南藏族自治区地方委员会（简称中共黄南地委）。8月4日，省委组织部转发《西北局关于海西、海北、海南、黄南四个地区干部配备的指示》，任命郭廷藩、杜华安、陈承银、孙英、王鹏远为中共黄南地委委员，郭廷藩为地委书记，杜华安为副书记。1955年1月20日，中共青海省委批准设立中共黄南地委常务委员会。］

书　记：郭廷藩（1953.8～1955.9任）
　　　　杜华安（1955.9～1956.3任）
副书记：杜华安（1953.8～1955.9任）
　　　　余安荣（1955.9～1956.3任）

2. 中共黄南藏族自治州第一届委员会（1956.3～1959.7）

［1956年3月25日至31日，召开中共黄南藏族自治州第一次党员代表大会，选出中共黄南地委第一届委员会委员15人、候补委员5人。在地委一届一次全委会上，选举杜安华等9人组成常委会，杜安华任书记，余安荣、卓加任副书记。］

（1）1956.3～1957.5
书　　记：杜华安（1956.3～1957.5任）
第二书记：余安荣（1956.6～1957.5任）
副 书 记：余安荣（1956.3～1957.5任）
　　　　　卓　加（藏族，1956.3～1957.5任）
　　　　　陈承银（1956.6～1957.5任）

（2）1957.5～1959.7

［1957年4月9日，中共黄南地方委员会改称中共黄南藏族自治州委员会（简称中共黄南州委）。5月24日，根据中共青海省委《关于各州、市、县委设立书记处的指示》，设立中共黄南

州委书记处，州委书记改称第一书记，州委副书记改称书记处书记。]

第一书记：杜华安（1957.5～1957.10任）

宋　林（1957.10～1959.7任）

书　　记：余安荣（1957.5～1959.4任）

卓　加（藏族，1957.5～1959.7任）

陈承银（1957.5～1959.7任）

杨　智（1959.1～1959.6任）

石　琳（1959.2～1959.7任）

3. 中共黄南藏族自治州第二届委员会（1959.7～1963.10）

[1959年7月6日至15日，召开中共黄南藏族自治州第二次党员代表大会，选出中共黄南州委第二届委员会委员19人、候补委员4人。在州委二届一次全委会上，选举宋林等11人组成常委会，宋林任第一书记，陈承银等3人任书记处书记。]

（1）1959.7～1962.3

第一书记：宋　林（1959.7～1959.9任）

裴仰斗（1959.9～1962.3任）

书　　记：陈承银（1959.7～1962.3任）

石　琳（1959.7～1962.3任）

卓　加（藏族，1959.7～1959.10任）

窦　钧（藏族，1959.11～1962.3任）

尕布龙（蒙古族，1960.5～1962.3任）

李国荣（1960.6～1962.3任）

杨其光（1960.10～1962.3任）

（2）1962.3～1963.10

[1962年4月8日，根据中共中央、中共青海省委通知，撤销中共黄南州委书记处，州委第一书记改称州委书记，书记处书记改称副书记。]

书　　记：尚志田（1962.3～1963.10任）

第二书记：雷　林（1962.3～1963.10任）

副 书 记：陈承银（1962.3～1962.4任）

石　琳（1962.3～1963.10任）

卓　加（藏族，1962.3～1959.10任）

窦　钧（藏族，1962.3～1963.10任）

尕布龙（蒙古族，1962.3～1963.10任）

李国荣（1962.3～1962.11任）

杨其光（1962.3～1963.2任）

4. 中共黄南藏族自治州第三届委员会（1963.10～1966.5）

[1963年10月21日至31日，召开中共黄南藏族自治州第三次党员代表大会，选出中共黄南

州委第三届委员会委员17人、候补委员4人。在州委三届一次全委会上，选举尚志田等11人组成常委会，尚志田任书记，陈承银等4人任副书记。1966年5月“文革”开始后，中共黄南州委领导机构受到造反派冲击逐渐瘫痪。]

书　记：尚志田（1963.10 ~ 1964.10任）
　　　　郭若珍（1964.10 ~ 1966.5任）
副书记：陈承银（1963.10 ~ 1966.5任）
　　　　石　琳（1963.10 ~ 1965.2任）
　　　　窦　钧（藏族，1963.10 ~ 1965任）
　　　　尕布龙（蒙古族，1963.10 ~ 1966.5任）
　　　　梁久让（1964.10 ~ 1966.5任）

5. 中共黄南藏族自治州革命委员会核心领导小组（1967.11～1971.3）

[1966年11月25日，经青海省革命委员会核心小组批准，成立中共黄南藏族自治州革命委员会核心小组。]

组　长：周　龙（1967.11 ~ 1969.10任）
　　　　李福魁（1971.2 ~ 1971.3任）
副组长：陈承银（1967.11 ~ 1971.3任）
　　　　韩学敏（1967.11 ~ 1971.3任）
　　　　梁庆宁（1971.2 ~ 1971.3任）

6. 中共黄南藏族自治州第四届委员会（1971.3～1981.1）

[1971年3月23日至28日，根据中共中央《关于召开地方各级党代表大会的通知》，报经省委同意，召开中共黄南藏族自治州第四次党员代表大会，选举产生中共黄南州第四届委员会，恢复州委领导机构。在州委四届一次全会上，选举李福魁等11人组成常委会，李福魁任书记，梁庆宁等3人任副书记。第四届委员会历时10年，期间州委领导人多次更迭。]

书　记：李福魁（1971.3 ~ 1975.4任）
　　　　吴克万（1975.10 ~ 1977.7任）
　　　　沈　岑（1977.7 ~ 1978.2任）
　　　　李新鼎（1978.2 ~ 1980.10任）
　　　　扎喜尼玛（藏族，1980.10 ~ 1981.1任）
副书记：陈承银（1971.3 ~ 1979.9任）
　　　　梁庆宁（1971.3 ~ 1975.5任）
　　　　郝全珍（1971.3 ~ 1975.12任）
　　　　吴克万（1972.8 ~ 1975.10任）
　　　　李启德（1975.10 ~ 1977.10任）
　　　　赵镇绥（1977.7 ~ 1981.1任）
　　　　彭健飞（1978.2 ~ 1979.5任）
　　　　才让端智（1978.10 ~ 1981.1任）

陈　征（1979.2～1981.1任）
扎喜尼玛（藏族，1979.9～1980.10任）
杨继祖（1980.9～1981.1任）
尤拉太（藏族，1980.9～1981.1任）

7. 中共黄南藏族自治州第五届委员会（1981.1～1986.8）

［1981年1月8日至12日，召开中共黄南藏族自治州第五次党员代表大会，选举产生中共黄南州第五届委员会。在州委五届一次全会上，选举扎喜尼玛等10人组成常委会，扎喜尼玛任书记，拉郎当智等5人任副书记。在1983年7月机构改革中，重新组建了中共黄南藏族自治州委员会。］

书　记：扎喜尼玛（藏族，1981.1～1983.5任）
丁有德（1983.7～1986.8任）
副书记：拉郎当智（藏族，1981.1～1983.7任）
宋　拯（1981.1～1983.7任）
杨继祖（1981.1～1983.7任）
才让端智（1981.1～1983.7任）
郑增诚（1981.1～1983.7任）
赵镇绥（1981.1～1981.8任）
洛　桑（藏族，1983.7～1986.8任）
任转运（1983.7～1986.8任）
高　荣（1983.7～1986.8任）
血日布（蒙古族，1983.7～1986.8任）

8. 中共黄南藏族自治州第六届委员会（1986.8.14～1991.8）

［1986年8月10日至14日，召开中共黄南藏族自治州第六次党员代表大会，选举产生中共黄南州第六届委员会。在州委六届一次全会上，选举洛桑等9人组成常委会，洛桑任书记，桑杰等4人任副书记。1989年11月14日，在州委六届四次全会上，选举桑杰为州委书记。］

书　记：洛　桑（藏族，1986.8～1989.11任）
桑　杰（藏族，1989.11～1991.8任）
副书记：桑　杰（藏族，1986.8～1989.11任）
任转运（1986.8～1988.9任）
高　荣（1986.8～1989.11任）
血日布（蒙古族，1986.8～1991.8任）
姚晓勤（1988.10～1991.8任）
冶　丹（1989.11～1991.8任）
冷　巴（1988.9～1991.8任）

（二）黄南藏族自治州人民代表大会常务委员会

［1981年9月，黄南藏族自治州第八届人民代表大会第一次会议依照全国人大五届二次会议修正的《中华人民共和国宪法》、《中华人民共和国地方各级人民代表大会和地方各级人民政府组织法》规定，设立黄南藏族自治州人民代表大会常务委员会（简称州人大常委会）。］

1. 黄南藏族自治州第八届人大常委会（1981.9～1986.9）

［1981年9月7日至13日，召开黄南藏族自治州第八届人民代表大会（简称州人大常委会）第一次会议，会议决定设立黄南藏族自治州人民代表大会常务委员会，并选出州人大第八届常委会委员17人，才让端智为主任，哇加、戳洛为副主任。］

主　任：才让端智（藏族，1981.9 ~ 1983.7任）
　　　　拉郎当智（藏族，1983.7 ~ 1986.9任）
副主任：哇　加（藏族，1981.9 ~ 1986.9任）
　　　　戳　洛（蒙古族，1981.9 ~ 1986.9任）
　　　　尤拉太（藏族，1983.7 ~ 1986.9任）
　　　　张　保（蒙古族，1983.7 ~ 1985.8任）
　　　　许清华（1983.7 ~ 1985.8任）

2. 黄南藏族自治州第九届人大常委会（1986.9～1991.9）

［1986年9月20日至27日，召开黄南藏族自治州第九届人民代表大会第一次会议，会议选出州人大第九届常委会委员19人，任转运为主任，尤拉太等5人为副主任。］

主　任：任转运（1986.9 ~ 1988.10任）
　　　　尤拉太（藏族，1989.5 ~ 1991.9任）
副主任：尤拉太（藏族，1986.9 ~ 1989.5任）
　　　　曹元昌（1986.9 ~ 1991.9任）
　　　　哇　加（藏族，1986.9 ~ 1991.9任）
　　　　杜英茂（1986.9 ~ 1991.9任）
　　　　夏吾才让（土族，1986.9 ~ 1991.9任）
　　　　张文合（1989.5 ~ 1991.9任）
　　　　叶　雄（藏族，1989.5 ~ 1991.9任）
　　　　李卓麻（藏族，1990.4 ~ 1991.9任）

（三）黄南地方政府

1. 黄南藏族自治区人民政府委员会（1953.12～1955.5）

［1953年3月，黄南藏族自治区筹备委员会成立。1953年12月14日至22日，在隆务召开黄

南藏族自治区首届各族各界人民代表会议，选举产生黄南藏族自治区人民政府，选举夏日仓为主席，杜华安等6人为副主席。]

主　席：夏日仓（藏族）

副主席：杜华安　赛　池（藏族）　格勒嘉措（藏族）　扎　喜（藏族）　项　谦（藏族）　哇　加（藏族）

2. 黄南藏族自治州人民委员会（1955.5～1956.12）

[1955年5月20日至24日，在隆务召开黄南藏族自治区第二届各族各界人民代表会议，会议根据《宪法》和青海省第一届人民代表大会第二次会议通过的《关于改变本省专区级、县级民族自治区名称和组织机构的决议》，将黄南藏族自治区人民政府委员会改称黄南藏族自治州人民委员会，并选出州人民委员会委员25人，选举夏日仓为州长，杜华安等6人为副州长。]

州　长：夏日仓（藏族）

副州长：杜华安　赛　池（藏族）　格勒嘉措（藏族）　扎　喜（藏族）　项　谦（藏族）　哇　加（藏族）

3. 黄南藏族自治州第一届人民委员会（1956.12～1959.11）

[1956年12月20日至24日，在隆务召开黄南藏族自治州第一届人民代表大会第一次会议，选出黄南藏族自治州人民委员会委员25人，选举夏日仓为州长，陈承银等7人为副州长。]

州　长：夏日仓（藏族，1956.12～1958.6任）
　　　　哇　加（藏族，代，1958.6～1959.11任）

副州长：陈承银（1956.12～1959.11任）
　　　　赛　池（藏族，1956.12～1958.10任）
　　　　格勒嘉措（藏族，1956.12～1958.6任）
　　　　扎　喜（藏族，1956.12～1958.6任）
　　　　项　谦（藏族，1956.12～1958.6任）
　　　　哇　加（藏族，1956.12～1958.6任）
　　　　多日吉（藏族，1956.12～1958.6任）

4. 黄南藏族自治州第二届人民委员会（1959.11～1960.11）

[1959年11月5日至13日，召开黄南藏族自治州第二届人民代表大会第一次会议，选出黄南藏族自治州第二届人民委员会委员31人，选举窦钧为州长，刘毅等4人为副州长。]

州　长：窦　钧（藏族）

副州长：刘　毅　李国荣（藏族）　官　却（藏族）　格勒嘉措（藏族）

5. 黄南藏族自治州第三届人民委员会（1960.11～1963.5）

[1960年11月1日至7日，召开黄南藏族自治州第三届人民代表大会第一次会议，选出黄南藏族自治州第三届人民委员会委员27人，选举窦钧为州长，刘毅、官却为副州长。]

州　长：窦　钧（藏族，1960.11～1963.5）

副州长：刘　毅（1960.11 ~ 1962.6任）
　　　　官　却（藏族，1960.11 ~ 1963.5任）
　　　　刘坚璧（1962.8 ~ 1963.5任）
　　　　格勒嘉措（藏族，1962.11 ~ 1963.5任）

6. 黄南藏族自治州第四届人民委员会（1963.5～1965.11）

［1963年5月14日至25日，召开黄南藏族自治州第四届人民代表大会第一次会议，选出黄南藏族自治州第四届人民委员会委员23人，选举窦钧为州长，刘坚璧等3人为副州长。］

州　长：窦　钧（藏族）

副州长：刘坚璧　官　却（藏族）　格勒嘉措（藏族）

7. 黄南藏族自治州第五届人民委员会（1965.11～1967.5）

［1965年11月8日至19日，召开黄南藏族自治州第五届人民代表大会第一次会议，选出黄南藏族自治州第五届人民委员会委员23人，选举窦钧为州长，刘坚璧、官却为副州长。1966年5月"文革"开始后，州人委受到冲击，1967年3月，州人委领导机构瘫痪。］

州　长：窦　钧（藏族）

副州长：刘坚璧　官　却（藏族）

8. 黄南藏族自治州革命委员会（1967.11～1981.9）

［1967年11月25日，经省革命委员会批准，成立黄南藏族自治州革命委员会（简称州革委会），州革委会是全州最高临时权力机构。11月30日，召开州革委会成立大会。］

（1）1967.11 ~ 1978.6

主　　任：周　龙（军代表，1967.11 ~ 1969.10任）
　　　　　李福魁（1971.2 ~ 1975.10任）
　　　　　吴克万（1975.10 ~ 1977.7任）
　　　　　沈　岑（1977.7 ~ 1978.2任）
　　　　　李新鼎（1978.2 ~ 1978.6任）

第一副主任：韩学敏（1970.4 ~ 1971.2任）

副 主 任：陈承银（领导干部，1967.11 ~ 1978.6任）
　　　　　李长旭（群众代表，1967.11 ~ 1972.9任）
　　　　　郝全珍（1971.2 ~ 1975.12任）
　　　　　梁庆宁（1971.2 ~ 1975.10任）
　　　　　刘　锐（1971.2 ~ 1975.10任）
　　　　　才让端智（藏族，1973.8 ~ 1981.9任）
　　　　　郝忠义（1975.3.1978.6任）
　　　　　史克明（1977.4 ~ 1978.2任）
　　　　　赵镇绥（1977.7 ~ 1978.6任）

（2）1978.6 ~ 1981.9

[1978年6月17日至23日召开自治州第七届人民代表大会，选出州革命委员会委员33人，选举赵镇绥为主任，宋拯等3人为副主任。]

主　任：赵镇绥（1978.6～1979.9任）

　　　　扎喜尼玛（藏族，1979.9～1981.9任）

副主任：宋　拯（1978.6～1981.9任）

　　　　韩应选（撒拉族，1978.6～1981.9任）

　　　　郑增诚（1980.9～1981.9任）

9. 黄南藏族自治州第八届人民政府（1981.9～1986.9）

[1981年9月7日至13日，召开黄南藏族自治州第八届人民代表大会第一次会议，会议根据全国人大二次会议通过的《中华人民共和国地方各级人民代表大会和地方各级人民政府组织法》规定，决定设置黄南藏族自治州人民代表大会常务委员会，将州革命委员会改为州人民政府，选举拉郎当智为州长，庞宜生等3人为副州长。]

州　长：拉郎当智（藏族，1981.9～1983.9任）

　　　　洛　桑（藏族，代，1983.9～1984.4任）

　　　　洛　桑（藏族，1984.4～1986.7任）

副州长：庞宜生（1981.9～1986.2任）

　　　　尤拉太（藏族，1981.9～1983.7任）

　　　　多杰仁谦（藏族，1981.9～1983.7任）

　　　　马　祥（回族，1983.7～1986.9任）

　　　　辛　麒（藏族，1983.7～1986.9任）

　　　　冯敏刚（1983.7～1986.9任）

　　　　多杰才让（藏族，1983.7～1986.9任）

　　　　彭继先（1986.3～1986.9任）

10. 黄南藏族自治州第九届人民政府（1986.9～1991.9）

[1986年9月20日至27日，召开黄南藏族自治州第九届人民代表大会第一次会议，选举桑杰为州长，马祥等5人为副州长。]

州　长：桑　杰（藏族，1986.9～1990.4任）

　　　　冶　丹（藏族，1990.4～1991.9任）

副州长：马　祥（回族，1986.9～1988.10任）

　　　　辛　麒（藏族，1986.9～1991.9任）

　　　　多杰才让（藏族，1986.9～1991.9任）

　　　　彭继先（1986.9～1991.9任）

　　　　冶　丹（藏族，1986.9～1990.4任）

　　　　韩　宏（1988.10～1991.9任）

（四）中国人民政治协商会议黄南藏族自治州委员会

1. 黄南藏族自治区协商委员会（1953.12～1956.12）

[根据中国人民政治协商会议第一届全国委员会第二次会议关于“省、市各界人民代表会议所产生的协商委员会代行该地区人民政协的职权”的决定，1953年12月14日至22日，在隆务召开黄南藏族自治区首届各族各界人民代表会议，选出黄南藏族自治区协商委员会委员31人，郭廷藩当选主席，多日吉等4人当选副主席。]

主　席：郭廷藩（1953.12～1955.9兼）

副主席：多日吉（藏族，1953.12～1956.12任）

程　勒（藏族，1953.12～1956.12任）

九美索南木（藏族，1953.12～1956.12任）

马俊德（回族，1953.12～1956.12任）

2. 政协黄南藏族自治州第一届委员会（1956.12～1959.11）

[1956年12月26日至30日召开政协黄南藏族自治州第一届委员会第一次会议，选举产生政协黄南藏族自治州第一届委员会主席1人、副主席4人。]

主　席：杜华安（1956.12～1957.11兼）

副主席：卓　加（藏族，1956.12～1959.11兼）

程　勒（藏族，1956.12～1958.7任）

九美索南木（藏族，1956.12～1958.9任）

马俊德（回族，1956.12～1959.9任）

3. 政协黄南藏族自治州第二届委员会（1959.11～1963.6）

[1959年11月14日至16日召开政协黄南藏族自治州第二届委员会第一次会议，选举产生政协黄南藏族自治州第二届委员会主席1人、副主席3人。]

主　席：裴仰斗（1959.11～1962.3兼）

副主席：石　琳（兼，1959.11～1963.6任）

马米日（撒拉族，1959.11～1963.6任）

更　登（藏族，1959.11～1963.6任）

4. 政协黄南藏族自治州第三届委员会（1963.5～1965.11）

[1963年5月29日至6月13日召开政协黄南藏族自治州第三届委员会第一次会议，选举产生政协黄南藏族自治州第三届委员会主席1人、副主席2人。]

主　席：尚志田（1963.5～1964.10兼）

副主席：窦　钧（藏族，1963.5～1965.11任）

更　登（藏族，1963.5～1965.11任）

5. 政协黄南藏族自治州第四届委员会（1965.11～1967.5）

[1965年11月7日至19日召开政协黄南藏族自治州第四届委员会第一次会议，选举产生政协黄南藏族自治州第四届委员会主席1人、副主席2人。1966年5月“文革”开始后，州政协停止活动12年。]

主　席：郭若珍（1965.11～1967.5兼）

副主席：窦　钧（藏族，1965.11～1967.5任）

　　　　更　登（藏族，1965.11～1966.10任）

6. 政协黄南藏族自治州第五届委员会（1978.6～1981.9）

[1978年6月16日至23日召开政协黄南藏族自治州第五届委员会第一次会议，选出政协黄南藏族自治州第五届委员会主席1人、副主席4人。]

主　席：李新鼎（1978.6～1980.10兼）

副主席：才让端智（藏族，1978.6～1981.9任）

　　　　哇　加（藏族，1978.6～1981.9任）

　　　　拉麻才让（藏族，1978.6～1979.11任）

　　　　尕布藏（藏族，1978.6～1981.9任）

7. 政协黄南藏族自治州第六届委员会（1981.9～1986.9）

[1981年9月6日至13日召开政协黄南藏族自治州第六届委员会第一次会议，选出政协黄南藏族自治州第六届委员会主席1人、副主席3人。]

主　席：扎喜尼玛（1981.9～1983.5任）

　　　　才让端智（1984.4～1986.9任）

副主席：尕布藏（藏族，1981.9～1986.9）

　　　　拉　加（藏族，1981.9～1986.6任）

　　　　张文真（回族，1981.9～1986.9任）

　　　　张寅生（1984.4～1986.9任）

　　　　王维学（1984.4～1986.9任）

8. 政协黄南藏族自治州第七届委员会（1986.9～1991.5）

[1986年9月20日至27日召开政协黄南藏族自治州第七届委员会第一次会议，选出政协黄南藏族自治州第七届委员会主席1人、副主席7人。]

主　席：才让端智（1986.9～1991.5任）

副主席：唐启麟（1986.9～1991.5任）

　　　　尕布藏（藏族，1986.9～1991.5）

　　　　多杰仁谦（藏族，1986.9～1991.5任）

　　　　张文真（回族，1986.9～1990任）

　　　　克曾龙柔尖措（藏族，1986.9～1990任）

邵风书（1986.9～1991.5任）
先巴加（藏族，1986.9～1991.5任）
桑　吉（藏族，1990.4～1991.5任）

9. 政协黄南藏族自治州第八届委员会（1991.5～1993.12）

[1991年5月召开政协黄南藏族自治州第八届委员会第一次会议，选出政协黄南藏族自治州第八届委员会主席1人、副主席8人。]

主　席：辛　琪（藏族，1991.5～1993.12任）
副主席：邵风书（1991.5～1993.12任）
桑　吉（藏族，1991.5～1993.12任）
尕布藏（藏族，1991.5～1993.12任）
更登达吉尖措（藏族，1991.5～1993.12任）
张文珍（1991.5～1993.12任）
克曾龙柔尖措（藏族，1991.5～1993.12任）
尕藏才旦（藏族，1991.5～1993.12任）
才　加（藏族，1991.5～1993.12任）

（马志敏/供稿）

海南藏族自治州党政组织职官志
（1953.9～1993.12）

［海南藏族自治州成立于1953年12月6日，为历史衔接，本志从1953年9月中共海南地方委员会成立撰起。组织职官分为中共海南地方组织、海南藏族自治州人民代表大会常务委员会、海南地方政府、中国人民政治协商会议海南藏族自治州委员会4类。各组织职官名称的沿革，在类下逐一志述，其组织成立的由来及其建制、职官等情况，随文予以简明提示与解说。］

（一）中国共产党海南地方组织

1. 中共海南地方委员会（1953.9～1956.2）

［1953年9月，中共青海省委决定组建中共海南地方委员会（简称中共海南地委）。1955年10月，中共海南地委设常委会。］

书　记：龚福恒（苗族，1953.9～1955.4任）
　　　　刘　枫（1955.4～1956.2任）
副书记：王承永（1953.9～1956.2任）
　　　　薛维元（1956.1～1956.2任）
　　　　黄太兴（1956.1～1956.2任）

2. 中共海南藏族自治州第一届委员会（1956.2～1959.1）

［1956年2月22日至28日，召开中共海南藏族自治州（简称中共海南州委）第一次党员代表大会，选举产生中共海南藏族自治州第一届委员会书记1人、副书记3人。］

（1）1956.2～1957.4
书　记：刘　枫（1956.2～1957.5任）
副书记：王承永（1956.2～1957.5任）
　　　　薛维元（1956.2～1957.5任）
　　　　黄太兴（1956.2～1957.5任）

（2）1957.4～1959.1
［1957年4月，中共海南地委改称中共海南州委，州委设书记处。］
第一书记：刘　枫（1957.5～1959.1任）
书　　记：张振志（1957.5～1959.1任）
　　　　　薛维元（1957.5～1959.1任）
　　　　　黄太兴（1957.5～1959.1任）
　　　　　李学英（1958.1～1959.1任）

3. 中共海南藏族自治州第二届委员会（1959.1～1963.10）

［1959年1月30至2月3日，召开中共海南藏族自治州第二次党员代表大会，选举产生中共海南藏族自治州第二届委员会第一书记1人、书记处书记5人。］

（1）1959.1 ~ 1962.3

第一书记：龚福恒（苗族，1959.1 ~ 1962.3任）

书　　记：张振志（1959.1 ~ 1962.3任）

薛维元（1959.1 ~ 1962.3任）

黄太兴（1959.1 ~ 1959.11任）

郭连壁（1959.1 ~ 1960.11任）

李学英（1959.1 ~ 1962.3任）

高福昌（1960.5 ~ 1962.3任）

魏炳文（1960.5 ~ 1962.3任）

李云台（1960.10 ~ 1962.3任）

候补书记：达　洛（藏族，1960.5 ~ 1962.3任）

（2）1962.3 ~ 1963.10

［1962年3月，撤销州委书记处。］

书　记：龚福恒（苗族，1962.3 ~ 1963.5任）

刘　枫（1963.5 ~ 1963.10代）

副书记：张振志（1962.3 ~ 1963.2任）

薛维元（1962.3 ~ 1963.8任）

李学英（1962.3 ~ 1963.10任）

高福昌（1962.3 ~ 1963.10任）

魏炳文（1962.3 ~ 1963.8任）

李云台（1962.3 ~ 1963.4任）

达　洛（藏族，1962.3 ~ 1963.10任）

4. 中共海南藏族自治州第三届委员会（1963.10～1965.12）

［1963年10月21日至11月2日，召开中共海南藏族自治州第三次党员代表大会，选举产生中共海南藏族自治州第三届委员会书记1人、副书记3人。］

书　记：刘　枫（1963.10 ~ 1965.2任）

宋立言（1965.2 ~ 1965.12任）

副书记：李学英（1963.10 ~ 1965.2任）

高福昌（1963.10 ~ 1965.12任）

达　洛（藏族，1963.10 ~ 1965.12任）

宋立言（1964.8 ~ 1965.2任）

苏　峰（1965.9 ~ 1965.12任）

5. **中共海南藏族自治州第四届委员会**（1965.12～1967.11）

［1965年12月21日至29日，召开中共海南藏族自治州第四次党员代表大会，选举产生中共海南藏族自治州第四届委员会书记1人、副书记2人。1966年5月“文革”开始后，州委领导机构受到造反派冲击逐渐瘫痪。］

书　记：宋立言（1965.12～1967.11任）
副书记：高福昌（1965.12～1967.11任）
　　　　苏　峰（1965.12～1967.11任）

6. **中共海南藏族自治州核心小组**（1967.11～1970.12）

［1967年11月21日，经中共青海省革命委员会核心小组批准，成立中共海南藏族自治革命委员会州核心小组，正式取代州委领导职能。］

组　长：贾　彪（1967.11～1969.4任）
　　　　高登明（1969.4～1970.12任）
副组长：王星朗（1967.11～1969.4任）
　　　　宋立言（1967.11～1970.12任）
　　　　王其法（1969.4～1970.5任）
　　　　王恩舟（1970.7～1970.12任）

7. **中共海南藏族自治州第五届委员会**（1970.12～1980.12）

［1970年12月21日至29日，召开中共海南藏族自治州第五次党员代表大会，选举产生中共海南藏族自治州第五届委员会书记1人、副书记2人。第五次党代会后，州委领导成员多次调整更迭。］

书　记：高登明（1970.12～1978.2任）
　　　　景清波（1978.2～1979.2任）
　　　　卓　加（藏族，1979.2～1980.12任）
副书记：李　扬（1970.12～？任）
　　　　王恩舟（1970.12～1970.12任）
　　　　刘树林（1972.5～1973.9任）
　　　　王承业（1975.2～1978.2任）
　　　　沈　苓（1975.7～1977.7任）
　　　　柔　巴（藏族，1975.7～1980.12任）
　　　　安拉加（藏族，1975.7～1980.12任）
　　　　景清波（1977.4～1978.2任）
　　　　魏连升（1977.7～1980.12任）
　　　　卓　加（藏族，1978.6～1979.2任）
　　　　李培林（1979.11～1980.12任）
　　　　彭　莫（藏族，1979.11～1980.8任）

8. 中共海南藏族自治州第六届委员会（1980.12～1986.3）

［1980年12月20日至26日，召开中共海南藏族自治州第六次党员代表大会，选举产生中共海南藏族自治州第六届委员会书记1人、副书记4人。］

书　记：卓　加（藏族，1980.12 ~ 1982.2任）
　　　　多　巴（藏族，1982.2 ~ 1985.7任）
　　　　东主加（藏族，1985.11 ~ 1986.3任）
副书记：柔　巴（藏族，1980.12 ~ 1983.7任）
　　　　李培林（1980.12 ~ 1982.7任）
　　　　安拉加（藏族，1980.12 ~ 1983.7任）
　　　　魏连升（1980.12 ~ 1986.3任）
　　　　索南才郎（藏族，1982.7 ~ 1986.3任）
　　　　刘若筠（1982.7 ~ 1983.7任）
　　　　贺方军（1983.7 ~ 1985.11任）
　　　　东主加（藏族，1985.2 ~ 1985.11任）
　　　　白　玛（藏族，　1985.11 ~ 1986.3任）

9. 中共海南藏族自治州第七届委员会（1986.3～1991.5）

［1986年3月20日至27日，召开中共海南藏族自治州第七次党员代表大会，选举产生中共海南藏族自治州第七届委员会书记1人、副书记3人。］

书　记：东主加（藏族，1986.3 ~ 1991.5任）
副书记：魏连升（1986.3 ~ 1991.5任）
　　　　白　玛（藏族，1986.3 ~ 1991. 5任）
　　　　索南才郎（藏族，1986.3 ~ 1991.5任）

10. 中共海南藏族自治州第八届委员会（1991.5～1993.12）

［1991年5月8日至15日，召开中共海南藏族自治州第八次党员代表大会，选举产生中共海南藏族自治州第八届委员会书记1人、副书记2人。］

书　记：东主加（藏族，1991.5 ~ 1993.12任）
副书记：白　玛（藏族，1991.5 ~ 1993.4任）
　　　　冶　丹（藏族，1991.5 ~ 1993.12任）

（二）海南藏族自治州人民代表大会常务委员会

［1981年4月，海南藏族自治州第七届人民代表大会第一次会议根据《中华人民共和国宪法》和《地方各级人民代表大会和地方各级人民政府组织法》的规定，决定设立海南藏族自治州人民代表大会常务委员会（简称州人大常委会），作为州人民代表大会常设机关。］

1. 海南藏族自治州第七届人大常委会（1981.4～1986.4）

［1981年4月11日至17日，召开海南藏族自治州第七届人民代表大会第一次会议，会议决定设立海南藏族自治州人民代表大会常务委员会，并选举产生海南藏族自治州第七届人大常委会主任1人、副主任3人。1984年1月5日至11日召开州七届人大四次会议，补选唐家裕等3人为副主任。］

主　任：柔　巴（藏族，1981.4～1986.4任）

副主任：索　布（藏族，1981.4～1986.4任）

尕藏加（藏族，1981.4～1986.4任）

薛其位（1981.4～1986.4任）

唐家裕（1984.1～1986.4任）

王德亭（1984.1～1986.4任）

夏　宝（藏族，1984.1～1986.4任）

2. 海南藏族自治州第八届人大常委会（1986.4～1991.5）

［1986年4月10日至16日，召开海南藏族自治州第八届人民代表大会第一次会议，选举产生海南藏族自治州第八届人大常委会主任1人、副主任4人。1990年5月4日至7日召开州八届人大六次会议，补选罗群、曾科为副主任。］

主　任：柔　巴（藏族，1986.4～1991.5任）

副主任：索　布（藏族，1986.4～1991.5任）

薛其位（1986.4～1991.5任）

夏　宝（藏族，1986.4～1991.5任）

黄江洋（1986.4～1991.5任）

罗　群（1990.5～1991.5任）

曾　科（藏族，1990.5～1991.5任）

3. 海南藏族自治州第九届人大常委会（1991.5～1993.12）

［1991年5月24日至31日，召开海南藏族自治州第九届人民代表大会第一次会议，选举产生海南藏族自治州第九届人大常委会主任1人、副主任6人。］

主　任：曾　科（藏族，1991.5～1993.12任）

副主任：马如鹏（回族，1991.5～1993.12任）

俄日杭谦（藏族，1991.5～1993.12任）

罗　群（1991.5～1993.12任）

黄江洋（1991.5～1993.12任）

任郎加（藏族，1991.5～1993.12任）

卜楚英（1991.5～1993.12任）

（三）海南地方政府

1. 海南藏族自治区筹备委员会（1953.9～1953.12）

［1953年9月19日至25日，海南地区各族各界代表会议在恰卜恰召开，会议推举产生由43名委员组成的海南藏族自治区筹备委员会。］

主　席：丹德尔（藏族）

副主席：龚福恒（苗族）　切群加（藏族）　朝日加（藏族）　宗哲（藏族）
（1953.9 ~ 1953.12任）

2. 海南藏族自治区人民政府（1953.12～1955.5）

［1953年12月6日至12日，召开海南藏族自治区第一届第一次各族各界人民代表会议，选举产生海南藏族自治区人民政府主席1人、副主席4人。］

主　席：丹德尔（藏族）

副主席：龚福恒（苗族）　切群加（藏族）　朝日加（藏族）　宗哲（藏族）
（1953.12 ~ 1955.5任）

3. 海南藏族自治州人民委员会（1955.6～1958.5）

［1955年6月5日至8日，召开海南藏族自治区第一届第二次各族各界人民代表会议。会议根据《中华人民共和国宪法》的规定，将海南藏族自治区更名为海南藏族自治州（简称海南州），并选举产生由18名委员组成的海南藏族自治州人民委员会，丹德尔为州长，切群加等4人为副州长。］

州　长：丹德尔（藏族，1955.6 ~ 1958.5任）

副州长：切群加（藏族，1955.6 ~ 1958.5任）
朝日加（藏族，1955.6 ~ 1958.5任）
宗　哲（藏族，1955.6 ~ 1958.5任）
魏炳文（1955.6 ~ 1958.5任）
薛维元（1957.10 ~ 1958.5任）

4. 海南藏族自治州第一届人民委员会（1958.6～1960.10）

［1958年6月4日至10日，召开海南藏族自治州第一届人民代表大会第一次会议，选举产生海南藏族自治州第一届人民委员会州长1人、副州长5人。］

州　长：丹德尔（藏族，1958.6 ~ 1960.10任）

副州长：魏炳文（1958.6 ~ 1960.10任）
薛维元（1958.6 ~ 1960.10任）
切群加（藏族，1958.6 ~ 1959.8任）
朝日加（藏族，1958.6 ~ 1959.8任）
宗　哲（藏族，1958.6 ~ 1959.8任）

5. 海南藏族自治州第二届人民委员会（1960.11～1963.4）

[1960年11月6日至10日，召开海南藏族自治州第二届人民代表大会第一次会议，选举产生海南藏族自治州第二届人民委员会州长1人、副州长4人。]

州　长：丹德尔（藏族，1960.11～1963.4任）

副州长：薛维元（1960.11～1963.4任）

崔士杰（1960.11～1963.4任）

郑继尧（1961.12～1963.4任）

柔　巴（藏族，1961.12～1963.4任）

6. 海南藏族自治州第三届人民委员会（1963.5～1965.8）

[1963年5月16日至28日，召开海南藏族自治州第三届人民代表大会第一次会议，选举产生海南藏族自治州第三届人民委员会州长1人、副州长4人。]

州　长：丹德尔（藏族，1963.5～1964.11任）

副州长：崔士杰（1963.5～1965.8任）

郑继尧（1963.5～1965.8任）

柔　巴（藏族，1963.5～1965.8任）

卓　加（藏族，1964.10～1965.8任）

7. 海南藏族自治州第四届人民委员会（1965.9～1967.10）

[1965年9月20日至24日，召开海南藏族自治州第四届人民代表大会第一次会议，选举产生海南藏族自治州第四届人民委员会州长1人、副州长3人。1966年5月“文革”开始后，州人委各级领导机构受到造反派冲击相继瘫痪。]

州　长：卓　加（藏族，1965.9～1967.10任）

副州长：崔士杰（1965.9～1967.10任）

郑继尧（1965.9～1967.10任）

柔　巴（藏族，1965.9～1967.10任）

8. 海南藏族自治州革命委员会（1967.11～1981.3）

[1967年11月21日，经青海省革命委员会批准，成立海南藏族自治州革命委员会。]

（1）1967.11～1978.5

主　任：贾　彪（1967.11～1968.4任）

高登明（1969.5～1978.5任）

副主任：王星朗（1967.11～1969.4任）

雅三智（藏族，1967.11～1978.5任）

才让扎西（藏族，1967.11～1978.5任）

赵传彦（1967.11～1978.5任）

崔士杰（1967.11～1969.3任）

宋立言（1967.11～1970.11任）

王其法（1969.4～1970.7任）

王恩舟（1970.4～1978.1任）

刘树林（1971.2～1973.9任）

李　扬（1971.6～1975.9任）

沈　苓（1975.7～1977.2任）

（2）1978.6～1981.4

［1978年6月16日至21日，召开海南藏族自治州第六届人民代表大会第一次会议，选举产生海南藏族自治州革命委员会主任1人、副主任5人。］

主　任：柔　巴（藏族，1978.6～1981.4任）

副主任：李培林（1978.6～1979.11任）

王子让（1978.6～1981.4任）

孙步文（1978.6～1981.4任）

屈瑞麟（1978.6～1981.4任）

端　主（藏族，1978.6～1981.4任）

9. 海南藏族自治州第七届人民政府（1981.4～1986.4）

［1981年4月11日至17日，召开海南藏族自治州第七届人民代表大会第一次会议，会议决定将海南藏族自治州革命委员会改为海南藏族自治州人民政府，并选举产生海南藏族自治州第七届人民政府州长1人、副州长5人。］

州　长：安拉加（藏族，1981.4～1983.6任）

洛　桑（藏族，1983.7～1984.1代；1984.1～1985.11任）

白　玛（藏族，1985.12～1986.4代）

副州长：孙步文（1981.4～1982.7任）

索南才郎（藏族，1981.4～1982.7任）

俄日抗谦（藏族，1981.4～1986.4任）

卡才加（藏族，1981.4～1983.7任）

才　项（藏族，1981.4～1983.7任）

唐家裕（1982.7～1983.7任）

胡守忠（藏族，1983.8～1986.4任）

王鸿之（1983.8～1986.4任）

马彦海（回族，1983.8～1986.4任）

10. 海南藏族自治州第八届人民政府（1986.4～1991.5）

［1986年4月10日至16日，召开海南藏族自治州第八届人民代表大会第一次会议，选举产生海南藏族自治州第八届人民政府州长1人、副州长5人。］

州　长：白　玛（藏族，1986.4～1991.5任）

副州长：史国枢（1986.4～1991.5任）

俄日抗谦（藏族，1986.4～1991.5任）

王鸿之（1986.4～1991.5任）

才卜加（藏族，1986.4～1991.5任）

马如鹏（回族，1986.4～1991.5任）

11. 海南藏族自治州第九届人民政府（1991.5～1993.12）

[1991年5月24日至31日，召开海南藏族自治州第九届人民代表大会第一次会议，选举产生海南藏族自治州第九届人民政府州长1人、副州长4人。]

州　长：白　玛（藏族，1991.5～1993.9任）

冶　丹（藏族，1993.9～1993.12代）

副州长：高天舒（1991.5～1993.12任）

才卜加（藏族，1991.5～1993.12任）

扎西才郎（藏族，1991.5～1993.12任）

张玉娥（1991.5～1993.12任）

（四）中国人民政治协商会议海南藏族自治州委员会

1. 海南藏族自治区协商委员会（1953.12～1955.5）

[1953年12月26日，海南藏族自治区各族各界人民代表会议在恰卜恰举行，会议选举产生海南藏族自治区协商委员会主席1人、副主席4人。]

主　席：龚福恒（苗族）

副主席：堪　谦（藏族）　占德尔（藏族）　陆　立（藏族）　杨发荣（回族）

2. 政协海南藏族自治州第一届委员会（1955.6～1959.8）

[1955年6月5日，召开政协海南藏族自治州第一届委员会第一次全体委员会议，选举产生政协海南藏族自治州第一届委员会主席1人、副主席4人。]

主　席：刘　枫

副主席：堪　谦（藏族）　陆　立（藏族）　杨发荣（回族）　占德尔（藏族）

3. 政协海南藏族自治州第二届委员会（1959.8～1963.5）

[1959年8月17日至19日，召开政协海南藏族自治州第二届委员会第一次全体委员会议，选举产生政协海南藏族自治州第二届委员会主席1人、副主席2人。]

主　席：龚福恒（苗族）

副主席：薛维元　参直合（藏族）

4. 政协海南藏族自治州第三届委员会（1963.6～1965.10）

[1963年5月29日至6月3日，召开政协海南藏族自治州第三届委员会第一次全体委员会

议，选举产生政协海南藏族自治州第三届委员会主席1人、副主席2人。]

主　席：刘　枫

副主席：达　洛（藏族）　参直合（藏族）

5. 政协海南藏族自治州第四届委员会（1965.11～1966.5）

[1965年11月3日至5日，召开政协海南藏族自治州第四届委员会第一次全体委员会议，选举产生政协海南藏族自治州第四届委员会主席1人、副主席2人。1966年5月“文革”开始后，政协工作中断12年。]

主　席：宋立言

副主席：达　洛（藏族）　参直合（藏族）

6. 政协海南藏族自治州第五届委员会（1978.6～1981.3）

[1978年6月16日至21日，召开政协海南藏族自治州第五届委员会第一次全体委员会议，选举产生政协海南藏族自治州第五届委员会主席1人、副主席6人。]

主　席：景清波（1978.6～1979.2任）

副主席：安拉加（藏族，1978.6～1981.3任）

魏连升（1978.6～1981.3任）

欧耀东（1978.6～1981.3任）

参直合（藏族，1978.6～1981.3任）

李仲明（1978.6～1981.3任）

本巴什杰（藏族，1978.6～1981.3任）

7. 政协海南藏族自治州第六届委员会（1981.4～1986.4）

[1981年4月10日至17日，召开政协海南藏族自治州第六届委员会第一次全体委员会议，选举产生政协海南藏族自治州第六届委员会主席1人、副主席5人。]

主　席：卓　加（藏族，1981.4～1982.10任）

魏连升（1982.11～1983.12任）

安拉加（藏族，1984.1～1986.4任）

副主席：端　主（藏族，1981.4～1983.12任）

参直合（藏族，1981.4～1986.4任）

欧耀东（1981.4～1983.12任）

李仲明（1981.4～1983.12任）

本巴什杰（藏族，1981.4～1986.4任）

卡才加（1984.1～1984.12任）

才　项（藏族，1984.1～1986.4任）

兰水耀（1984.1～1986.4任）

华日旦（藏族，1984.1～1986.4任）

赤　哇（藏族，1984.1～1986.4任）

8. 政协海南藏族自治州第七届委员会（1986.4～1991.5）

［1986年4月9日至16日，召开政协海南藏族自治州第七届委员会第一次全体委员会议，选举产生政协海南藏族自治州第七届委员会主席1人、副主席6人。］

主　席：安拉加（藏族，1986.4～1991.5任）

副主席：参直合（藏族，1986.4～1991.5任）

本巴什杰（藏族，1986.4～1991.5任）

才　项（藏族，1986.4～1991.5任）

兰水耀（1986.4～1991.5任）

华日旦（藏族，1986.4～1991.5任）

赤　哇（藏族，1986.4～1991.5任）

9. 政协海南藏族自治州第八届委员会（1991.5～1993.12）

［1991年5月23日至29日，召开政协海南藏族自治州第八届委员会第一次全体委员会议，选举产生政协海南藏族自治州第八届委员会主席1人、副主席8人。］

主　席：安拉加（藏族，1991.5～1993.12任）

副主席：昝延芳（1991.5～1993.12任）

参直合（藏族，1991.5～1993.12任）

本巴什杰（藏族，1991.5～1993.12任）

华日旦（藏族，1991.5～1993.12任）

赤　哇（藏族，1991.5～1993.12任）

周文达（1991.5～1993.12任）

万　科（藏族，1991.5～1993.12任）

张自敬（1991.5～1993.12任）

（马志敏/供稿）

果洛藏族自治州党政组织职官志
（1949.10 ~ 1993.12）

［果洛藏族自治州成立于1954年1月1日，为历史衔接，本志从1952年2月中共果洛工作委员会成立撰起。组织职官分为中共果洛地方组织、果洛藏族自治州人民代表大会常务委员会、果洛地方政府、中国人民政治协商会议果洛藏族自治州委员会4类。各组织职官名称的沿革，在类下逐一志述，其组织成立的由来及其建制、职官等情况，随文予以简明提示与解说。］

（一）中国共产党果洛地方组织

1. 中共果洛工作委员会（1952.2～1953.12）

［1952年2月，中共中央西北局报经中共中央批准，决定成立中共果洛工作委员会（简称中共果洛工委）。同年6月，中共果洛工委在西宁组成。24日，西北局电示，中共果洛工委归中共青海省委领导。］

书　记：马万里（1952.2 ~ 1953.12任）

2. 中共果洛地方委员会（1953.12～1960.3）

［1954年1月1日，果洛藏族自治区宣告成立，中共果洛工委改称中共果洛地方委员会，1956年7月地委设常委会。1957年2月，中共果洛地方委员会改称中共果洛藏族自治州委员会（简称中共果洛州委）。］

（1）1953.12 ~ 1958.3

书　记：马万里（1953.12 ~ 1958.3任）

副书记：宦爵才朗（藏族，1956.7 ~ 1958.3任）

　　　　张国权（1956.7 ~ 1958.3任）

（2）（1958.3 ~ 1960.3）

［1958年3月，中共果洛州委设立书记处。］

第一书记：程建民（1958.3 ~ 1960.3任）

书　　记：景生明（1958.3 ~ 1960.3任）

　　　　　黄太兴（1958.3 ~ 1960.3任）

　　　　　宦爵才朗（藏族，1958.3 ~ 1960.3任）

　　　　　张国权（1958.3 ~ 1960.3任）

3. 中共果洛藏族自治州第一届委员会（1960.3～1963.11）

［1960年2月24日至3月4日，召开中共果洛藏族自治州第一次党员代表大会，选举产生中共果洛藏族自治州第一届委员会第一书记1人、书记处书记5人。］

（1）1960.3～1961.3

第一书记：程建民（1960.3～1961.3任）

书　　记：景生明（1960.3～1961.3任）

黄太兴（1960.3～1961.3任）

艾当洲（藏族，1960.3～1961.3任）

宦爵才朗（藏族，1960.3～1961.3任）

马有成（1960.3～1961.3任）

（2）1961.3～1963.11

[1961年3月撤销州委书记处。]

书　记：程建民（1961.3～1963.11任）

副书记：景生明（1961.3～1962.3任）

黄太兴（1961.3～1963.11任）

艾当洲（藏族，1961.3～1963.11任）

宦爵才朗（藏族，1961.3～1962.5任）

马有成（1961.3～1963.11任）

4. 中共果洛藏族自治州第二届委员会（1963.11～1965.12）

[1963年10月26日至11月4日，召开中共果洛藏族自治州第二次党员代表大会，选举产生中共果洛藏族自治州第二届委员会副书记3人，书记一职空缺。]

书　记：（缺）

副书记：艾当洲（藏族，1963.11～1965.12任）

黄太兴（1963.11～1965.12任）

马有成（1963.11～1965.12任）

5. 中共果洛藏族自治州第三届委员会（1965.12～1967.5）

[1965年12月22日至27日，召开中共果洛藏族自治州第三次党员代表大会，选举产生中共果洛藏族自治州第三届委员会书记1人、副书记2人。]

书　记：黄太兴（1965.12～1967.5任）

副书记：张　保（蒙古族，1965.12～1967.5任）

郭振华（藏族，1965.12～1967.5任）

6. 中共果洛藏族自治州党的核心小组（1968.3～1970.4）

[1968年3月，经青海省革命委员会党的核心小组批准，成立中共果洛藏族自治州革命委员会党的核心小组，取代州委职权。]

组　长：杜炳光（1968.3～1970.4任）

副组长：张步清（1968.3～1970.4任）

7. 中共果洛藏族自治州第四届委员会（1971.4～1976.10）

[1971年4月18日至21日，召开中共果洛藏族自治州第四次党员代表大会，选举产生中共果洛藏族自治州第四届委员会书记1人、副书记3人。]

（1）1971.4 ~ 1976.10

书　记：杜炳光（1971.4 ~ 1976.10任）

副书记：张步清（1971.4 ~ 1975.5任）

郭若珍（1971.4 ~ 1972.8任）

张吉喜（1971.4 ~ 1975.11任）

刘永民（1971.9 ~ 1974.2任）

张济民（1972.11 ~ 1976.10任）

尕世加（藏族，1972.11 ~ 1976.10任）

多　巴（藏族，1973.12 ~ 1976.10任）

张　保（蒙古族，1974.5 ~ 1975.11任）

（2）1976.10 ~ 1980.11

[1976年10月以后，中共青海省委对州委领导班子进行了调整。]

书　记：杜炳光（1976.10 ~ 1977.7任）

张吉喜（1976.10 ~ 1979.2任）

多　巴（藏族，1979.2 ~ 1980.11任）

副书记：尕世加（藏族，1976.10 ~ 1980.11任）

多　巴（藏族，1976.10 ~ 1979.2任）

张济民（1976.10 ~ 1979.11任）

索元德（藏族，1978.5 ~ 1979.11任）

喇秉礼（回族，1980.4 ~ 1980.11任）

李占魁（藏族，1980.4 ~ 1980.11任）

8. 中共果洛藏族自治州第五届委员会（1980.11～1986.6）

[1980年11月18日至22日，召开中共果洛藏族自治州第五次党员代表大会，选举产生中共果洛藏族自治州第五届委员会书记1人、副书记5人。]

书　记：多　巴（藏族，1980.11 ~ 1982.2任）

格桑多吉（藏族，1982.2 ~ 1985.11任）

吴有才（1985.11 ~ 1986.6任）

副书记：王文虎（1980.11 ~ 1983.7任）

尕世加（藏族，1980.11 ~ 1983.7任）

格桑多吉（藏族，1980.11 ~ 1985.2任）

喇秉礼（回族，1980.11 ~ 1983.7任）

李占魁（藏族，1980.11 ~ 1983.7任）

郭振华（藏族，1982.9 ~ 1986.6任）

杨富华（藏族，1982.9～1986.6任）
张学忠（1983.7.1985.11任）
夏　铸（藏族，1983.7～1986.6任）
多杰扎喜（藏族，1983.7～1986.6任）
吴有才（1985.2～1985.6任）
达　杰（藏族，1985.11～1986.6任）
李　庆（藏族，1985.11～1986.6任）

9. 中共果洛藏族自治州第六届委员会（1986.6～1991.5）

［1986年6月20日至26日，召开中共果洛藏族自治州第六次党员代表大会，选举产生中共果洛藏族自治州第六届委员会书记1人、副书记4人。］

书　记：吴有才（1986.6～1991.5任）
副书记：达　杰（藏族，1986.6～1991.5任）
郭振华（藏族，1986.6～1991.5任）
夏　铸（藏族，1986.6～1989.7任）
李　庆（藏族，1986.6～1989.7任）
李玉生（1989.10～1991.5任）
更登杰（藏族，1989.10～1991.5任）

10. 中共果洛藏族自治州第七届委员会（1991.5～1993.12）

［1991年5月15日至20日，召开中共果洛藏族自治州第七次党员代表大会，选举产生中共果洛藏族自治州第七届委员会书记1人、副书记4人。］

书　记：吴有才（1991.5～1991.12任）
来　斌（1991.12～1993.12任）
副书记：达　杰（藏族，1991.5～1993.12任）
李玉生（1991.5～1993.12任）
官却乎才朗（藏族，1991.5～1993.12任）
洛周拉旦（藏族，1991.5～1993.12任）

（二）果洛藏族自治州人民代表大会常务委员会

［1981年6月，果洛藏族自治州第七届人民代表大会第一次会议根据全国人民代表大会五届二次会议通过的《地方各级人民代表大会和地方各级人民政府组织法》关于县以上地方各级人民代表大会的规定，决定设立果洛藏族自治州人民代表大会常务委员会，作为州人民代表大会的常设机关。］

1. 果洛藏族自治州第七届人大常委会（1981.6～1986.7）

［1981年6月22日至28日，召开果洛藏族自治州第七届人民代表大会第一次会议，会议决

定设立果洛藏族自治州人民代表大会常务委员会，并选举产生果洛藏族自治州第七届人大常委会主任1人、副主任4人。]

主　任：尕世加（藏族，1981.6～1986.7任）

副主任：万德加（1981.6～1982.8任）

王庆美（女，藏族，1981.6～1984.4任）

阿　赛（女，藏族，1981.6～1986.7任）

苗　千（1981.6～1984.4任）

扈先进（1982.8～1984.4任）

张文献（1984.4～1986.7任）

尤拉杰（藏族，1984.4～1986.7任）

陈西贵（1984.4～1986.7任）

洛桑旦巴（藏族，1984.4～1986.7任）

索南道旦（藏族，1984.4～1986.7任）

拉玛热旦（藏族，1985.8～1986.7任）

2. 果洛藏族自治州第八届人大常委会（1986.7～1991.6）

[1986年7月5日至13日，召开果洛藏族自治州第八届人民代表大会第一次会议，选举产生果洛藏族自治州第八届人大常委会主任1人、副主任6人。]

主　任：尕世加（藏族，1986.7～1991.6任）

副主任：阿　赛（女，藏族，1986.7～1991.6任）

张文献（藏族，1986.7～1991.6任）

陈西贵（1986.7～1988.8任）

索南道旦（藏族，1986.7～1988.1任）

拉玛热旦（藏族，1986.7～1988.4任）

图登扎喜（藏族，1986.7～1990.1任）

洪榕樵（1988.6～1991.4任）

尕藏才旦（藏族，1988.6～1991.6任）

东　智（藏族，1990.4～1991.6任）

石俊孝（1990.4～1991.6任）

3. 果洛藏族自治州第九届人大常委会（1991.6～1993.12）

[1991年5月27日至6月2日，召开果洛藏族自治州第九届人民代表大会第一次会议，选举产生果洛藏族自治州第九届人大常委会主任1人、副主任5人。]

主　任：更登杰（藏族，1991.6～1993.12任）

副主任：头庆加（藏族，1991.6～1993.12任）

石俊孝（1991.6～1993.12任）

阿　赛（女，藏族，1991.6～1992.10任）

东　智（藏族，1991.6～1993.12任）

杨积林（1991.6～1993.12任）

（三）果洛地方政府

1. 西北军政委员会果洛工作团（1952.6～1953.12）

［1951年冬，中共中央、政务院电召西北局、西南局和青海、四川两省有关方面的负责人进京，经研究会商，中央决定：果洛隶属青海省管辖，由中共中央西北局组建果洛工委和西北军政委员会果洛工作团。1952年6月，中共中央西北局委托青海省人民政府领导的西北军政委员会果洛工作团成立。］

团　长：扎喜旺徐（藏族，1952.6～1953.12任）

副团长：马万里（1952.6～1953.12任）

2. 果洛藏族自治区人民政府（1954.1～1955.7）

［1953年12月25日至31日，召开果洛藏族自治区第一届各族各界人民代表会议第一次会议。会议根据中共中央及中共青海省委、省人民政府的指示和《中国人民政治协商会议共同纲领》中"各少数民族集居的地区应实行民族区域自治"的规定，成立专区级的果洛藏族自治区人民政府，选举人民政府主席1人、副主席6人。1954年1月1日，果洛藏族自治区宣告成立。］

主　席：扎喜旺徐（藏族）

副主席：康万庆（藏族）　康克明（藏族）　旦增尖措（藏族）　伊尹昂杰（藏族）
　　　　曲姜宫（藏族）　尕道如（藏族）

3. 果洛藏族自治州第一届人民委员会（1955.7～1960.11）

［1955年7月2日至8日，召开果洛藏族自治区第一届各族各界人民代表会议第二次会议。会议根据《中华人民共和国宪法》的规定，将果洛藏族自治区人民政府更名为果洛藏族自治州人民委员会，选举产生州长1人、副州长6人。］

州　长：扎喜旺徐（藏族）

副州长：旦增尖措（藏族）　马有成　康克明（藏族）　伊尹昂杰（藏族）
　　　　曲姜宫（藏族）　尕道如（藏族）

4. 果洛藏族自治州第二届人民委员会（1960.11～1962.10）

［1960年10月28日至11月3日，召开果洛藏族自治州第二届人民代表大会第一次会议，选举产生果洛藏族自治州第二届人民委员会州长1人、副州长4人。1960年11月，经青海省人民委员会（1960）第243号文件通过，将果洛藏族自治州人民委员会驻址由吉迈迁至大武。］

州　长：艾当洲（藏族）

副州长：马有成　张登铎　然　洛（藏族）　史　林

5. **果洛藏族自治州第三届人民委员会**（1962.10～1965.10）

［1962年9月28日至10月10日，召开果洛藏族自治州第三届人民代表大会第一次会议，选举产生果洛藏族自治州第三届人民委员会州长1人、副州长3人。］

州　长：艾当洲（藏族）

副州长：张登铎　康万庆（藏族）　然　洛（藏族）

6. **果洛藏族自治州第四届人民委员会**（1965.10～1967.12）

［1965年9月24日至10月2日，召开果洛藏族自治州第四届人民代表大会第一次会议，选举产生果洛藏族自治州第四届人民委员会州长1人、副州长3人。1966年5月"文革"开始后，州人委机关及所属工作机构受到"造反派"冲击逐渐瘫痪。］

州　长：张　保（蒙古族）

副州长：张世英　张吉喜　彭毛多杰（藏族）

7. **果洛藏族自治州革命委员会**（1967.12～1981.6）

［1967年12月18日，经青海省革命委员会批准，成立由27人组成的果洛藏族自治州革命委员会，由军队代表、机关干部、群众代表组成"三结合"权力机构。12月26日正式成立。］

（1）1967.12 ~ 1978.6

［领导成员由上级任命。］

主　　任：杜柄光（1967.12 ~ 1978.6任）

第一副主任：张步清（1967.12 ~ 1978.6任）

副　主　任：熊远云（1967.12 ~ 1978.6任）

郑乃玉（1967.12 ~ 1978.6任）

曲来玛（藏族，1967.12 ~ 1978.6任）

彭毛多杰（藏族，1967.12 ~ 1978.6任）

尕世加（藏族，1967.12 ~ 1978.6任）

张济民（藏族，1972.11 ~ 1978.6任）

多　巴（藏族，1973.12 ~ 1978.6任）

王庆美（1973.12 ~ 1978.6任）

郭振华（1977.8 ~ 1978.6任）

王文虎（土家族，1978.5 ~ 1978.6任））

格桑多杰（藏族，1978.5 ~ 1978.6任）

（2）1978.6 ~ 1981.6

［1978年6月25日至30日，召开果洛藏族自治州第六届人民代表大会第一次会议，选举产生果洛藏族自治州革命委员会主任1人、副主任5人。］

主　任：多　巴（1978.6 ~ 1981.6任）

副主任：彭毛多杰（藏族，1978.6 ~ 1979任）

尕世加（藏族，1978.6 ~ 1981.6任）

王庆美（1978.6～1981.6任）
王文虎（土家族，1978.6～1981.6任）
格桑多杰（藏族，1978.6～1981.6任）
郭振华（1979.1～1981.6任）
马元彪（1979.11～1980.6任）

8. 果洛藏族自治州第七届人民政府（1981.6～1986.7）

［1981年6月22日至28日，召开果洛藏族自治州第七届人民代表大会第一次会议，会议根据《中华人民共和国宪法》和《中华人民共和国地方各级人民代表大会和地方各级人民政府组织法》规定，撤销州革命委员会，恢复州人民政府称谓，并选举产生州长1人、副州长5人。1982年8月4日至11日，州七届人大二次会议选举产生州长1人，增选副州长1人。］

州　长：格桑多杰（藏族，1981.6～1982.8任）
郭振华（藏族，1982.8～1986.3任）
副州长：多杰扎西（藏族，1981.6～1986.7任）
杨富华（藏族，1981.6～ 1982.8任）
张文献（藏族，1981.6～ 1982.8任）
郭振华（藏族，1981.6～ 1982.8任）
达　杰（藏族，1981.6～1986.7任）
尤拉杰（藏族，1982.8～1986.7任）
更　德（藏族，1983.9～1986.7任）
姚得仁（1983.9～1986.7任）
桑　杰（藏族，1984.9～1986.5任）
郑明杰（1986.3～1986.7任）

9. 果洛藏族自治州第八届人民政府（1986.7～1991.6）

［1986年7月5日至13日，召开果洛藏族自治州第八届人民代表大会第一次会议，选举产生果洛藏族自治州第八届人民政府州长1人、副州长3人。］

州　长：达　杰（藏族，1986.7～1991.6任）
副州长：更　德（藏族，1986.7～1991.6任）
姚得仁（1986.7～1990.5任）
陈一耕（1986.7～1990.5任）
克　保（藏族，1989.5～1991.6任）
马依沙（藏族，1990.3～1991.6任）
李占林（藏族，1990.4～1991.6任）
余中原（1990.4～1991.6任）

10. 果洛藏族自治州第九届人民政府（1991.6～1993.12）

［1991年5月27日至6月2日，召开果洛藏族自治州第九届人民代表大会第一次会议，选举

产生果洛藏族自治州第九届人民政府州长1人、副州长5人。]

州　长：达　杰（藏族，1991.6~1993.12任）

副州长：李占林（藏族，1991.6~1993.12任）

克　保（藏族，1991.6~1993.12任）

马依沙（藏族，1991.6~1992.3任）

余中原（1991.6~1993.12任）

李三旦（藏族，1991.6~1993.12任）

（四）中国人民政治协商会议果洛藏族自治州委员会

1. 果洛藏族自治区政治协商委员会（1954.1～1955.7）

[1953年12月25日至1954年1月1日，召开果洛藏族自治区第一届各族各界人民代表会议，选举产生果洛藏族自治区政治协商委员会主席1人、副主席3人。]

主　席：马万里

副主席：然　洛（藏族）　多尔昂（藏族）　俄合保（藏族）

2. 政协果洛藏族自治州第一届委员会（1955.7～1960.10）

[1955年7月9日，召开政协果洛藏族自治州第一届委员会第一次全体委员会议，选举产生政协果洛藏族自治州第一届委员会主席1人、副主席3人。]

主　席：马万里

副主席：然洛（藏族）　多尔昂（藏族）　俄合保（藏族）

3. 政协果洛藏族自治州第二届委员会（1960.10～1962.10）

[1960年10月，召开政协果洛藏族自治州第二届委员会第一次全体委员会议，选举产生政协果洛藏族自治州第二届委员会主席1人、副主席1人。]

主　席：程建民（1960.10~1962.10任）

副主席：俄合保（藏族，1960.10~1962.10任）

4. 政协果洛藏族自治州第三届委员会（1962.10～1965.11）

[1962年10月，召开政协果洛藏族自治州第三届委员会第一次全体委员会议，选举产生政协果洛藏族自治州第三届委员会主席1人、副主席1人。]

主　席：艾当洲（藏族，1962.10~1965.11任）

副主席：俄合保（藏族，1962.10~1965.11任）

5. 政协果洛藏族自治州第四届委员会（1965.11～1966.5）

[1965年11月10日至15日，召开政协果洛藏族自治州第四届委员会第一次全体委员会议，选举产生政协果洛藏族自治州第四届委员会主席1人、副主席2人。1966年5月“文革”开始

后，州政协工作中断12年。]

主　席：黄太兴

副主席：然　洛（藏族）　俄合保（藏族）

6. 政协果洛藏族自治州第五届委员会（1978.8～1981.6）

[1978年8月25日至29日，召开政协果洛藏族自治州第五届委员会第一次全体委员会议，选举产生政协果洛藏族自治州第五届委员会主席1人、副主席3人。]

主　席：尕世加（藏族）

副主席：俄合保（藏族）　董凤山　李洪德

7. 政协果洛藏族自治州第六届委员会（1981.6～1986.7）

[1981年6月23日至29日，召开政协果洛藏族自治州第六届委员会第一次全体委员会议，选举产生政协果洛藏族自治州第六届委员会主席1人、副主席3人。]

主　席：李占魁（藏族，1981.6～1983.7任）

杨富华（藏族，1983.7～1986.7任）

副主席：俄合保（藏族，1981.6～1986.7任）

邹旭馨（1981.6～1983.7任）

头庆加（藏族，1981.6～1983.7任）

毛　兰（藏族，1982.8～1983.7任）

公保才让（藏族，1983.7～1986.7任）

尔金索南（藏族，1983.7～1986.7任）

索南旺莫（藏族，1983.7～1986.7任）

更尕藏吾（藏族，1983.7～1986.7任）

华布藏（藏族，1983.7～986.7任）

8. 政协果洛藏族自治州第七届委员会（1986.7～1991.5）

[1986年7月4日至11日，召开政协果洛藏族自治州第七届委员会第一次全体委员会议，选举产生政协果洛藏族自治州第七届委员会主席1人、副主席7人。]

主　席：杨富华（藏族，1986.7～1991.5任）

副主席：俄合保（藏族，1986.7～1989.12任）

头庆加（藏族，1986.7～1991.5任）

郭常福（1986.7～1991.5任）

尔金索南（藏族，1986.7～1991.5任）

索南旺莫（藏族，1986.7～1991.5任）

更尕藏吾（藏族，1986.7～1991.5任）

华布藏（藏族，1986.7～1991.5任）

9. 政协果洛藏族自治州第八届委员会（1991.5～1993.12）

[1991年5月25日至31日，召开政协果洛藏族自治州第八届委员会第一次全体委员会议，选举产生政协果洛藏族自治州主席1人、副主席7人。1992年5月14日至19日，在州政协八届二次会议上，增选昂亲多杰为副主席。]

主　席：杨富华（藏族，1991.5 ~ 1993.12任）

副主席：居·更德（藏族，1991.5 ~ 1993.12任）

尔金索南（藏族，1991.5 ~ 1992.4任）

索南旺莫（藏族，1991.5 ~ 1993.12任）

更尕藏吾（藏族，1991.5 ~ 1993.12任）

华布藏（藏族，1991.5 ~ 1993.12任）

高　耀（1991.5 ~ 1993.12任）

李永孝（1991.5 ~ 1993.12任）

昂亲多杰（1992.5 ~ 1993.12任）

（马志敏/供稿）

玉树藏族自治州党政组织职官志
（1949.10～1993.12）

[玉树藏族自治州成立于1951年12月25日，为历史衔接，本志从1950年6月中共玉树地方委员会成立撰起。组织职官分为中共玉树地方组织、玉树藏族自治州人民代表大会常务委员会、玉树地方政府、中国人民政治协商会议玉树藏族自治州委员会4类。各组织职官名称的沿革，在类下逐一志述，其组织成立的由来及其建制、职官等情况，随文予以简明提示与解说。]

（一）中国共产党玉树地方组织

1. 中共玉树地方委员会（1950.6～1956.3）

[1950年6月，经中共青海省委批准，中共玉树地方委员会成立。]

书　记：冀春光（1950.6～1954.4任）
　　　　李伦振（1954.5～1956.3任）
副书记：石　琳（1954.5～1956.3任）
　　　　贺殿卿（1955.8～1956.3任）

2. 中共玉树藏族自治州第一届委员会（1956.4～1959.8）

[1956年4月20日至27日，召开中共玉树藏族自治州第一次党员代表大会，选举产生中共玉树藏族自治州地方委员会书记1人、副书记3人。1957年3月20日，根据青海省委《关于改变我省自治州、自治县、民族乡党组织名称的通知》精神，“中共玉树地方委员会”改称“中共玉树藏族自治州委员会”。]

（1）1956.4～1957.6
书　记：李伦振（1956.4～1957.6任）
副书记：贺殿卿（1956.4～1957.6任）
　　　　陈自强（1956.4～1957.6任）
　　　　赵昆元（1956.4～1957.6任）

（2）1957.6～1959.8
[1957年6月，中共玉树州委设立书记处。]
第一书记：李伦振（1957.6～1957.11任）
　　　　　沈　岭（1957.11～1959.8任）
书　　记：贺殿卿（1957.6～1959.8任）
　　　　　陈自强（1957.6～1958.7任）
　　　　　赵昆元（1957.6～1959.7任）
　　　　　冯宝玉（1957.6～1959.8任）

苏云清（1957.6～1959.8任）

3. 中共玉树藏族自治州第二届委员会（1959.8～1963.10）

［1959年8月8日至9月7日，召开中共玉树藏族自治州第二次党员代表大会，选举产生中共玉树藏族自治州第二届委员会第一书记1人、书记处书记4人。］

（1）1959.8～1962.4

［1959年8月，经中共玉树州第二次代表大会选举产生。］

第一书记：沈　岭（1959.8～1962.4任）

第二书记：李恩普（1961.10～1962.4任）

书　　记：贺殿卿（1959.8～1962.4任）

赵昆元（1959.8～1962.4任）

苏云清（1959.8～1962.4任）

冯宝玉（1959.8～1962.4任）

（2）1962.4～1963.10

［1962年4月，根据中央《关于在各自治州不设书记处的指示》，撤销州委书记处。］

书　记：沈　岭（1962.4～1963.8任）

副书记：李恩普（1962.4～1963.10任）

赵昆元（1962.4～1963.8任）

苏云清（1962.4～1963.10任）

冯宝玉（1962.4～1963.10任）

4. 中共玉树藏族自治州第三届委员会（1963.10～1966.3）

［1963年10月24日至11月5日，召开中共玉树藏族自治州第三次党员代表大会，选举产生中共玉树藏族自治州第三届委员会副书记3人，书记空缺。］

书　记：（缺）

副书记：李恩普（1963.10～1966.3任）

冯宝玉（1963.10～1965.1任）

于　波（1964.8～1966.3任）

5. 中共玉树藏族自治州第四届委员会（1966.3～1967.5）

［1966年3月4日至11日，召开中共玉树藏族自治州第四次党员代表大会，选举产生中共玉树藏族自治州第三届委员会书记1人、副书记2人。1966年5月“文革”开始后，州委机关逐渐陷于瘫痪。］

书　记：李恩普（1966.3～1967.5任）

副书记：才　学（1966.3～1967.5任）

于　波（1966.3～1967.5任）

6. 玉树藏族自治州军事管制委员会（1967.5～1967.11）

［1967年5月24日，经青海省军事管制委员会批准，成立“玉树藏族自治州军事管制委员会”，取代州委、州人委职权。］

主　任：王　干（1967.5～1967.11任）

7. 中共玉树藏族自治州革命委员会党的核心小组（1967.11～1971.3）

［1967年11月28日，成立玉树藏族自治州革命委员会，由军队代表、干部代表、群众代表组成“三结合”权力机构，行使党委和政府的一切权力。1967年11月13日，经中共青海省核心小组批准，成立中共玉树藏族自治州党的核心小组。］

组　长：段怀瑜（1967.5～1970.6任）
　　　　李四海（1970.7～1971.3任）
副组长：李四海（1967.11～1970.7任）
　　　　于　波（1967.11～1971.3任）
　　　　王朝献（1970.7～1971.3任）
　　　　才　学（1970.7～1971.3任）

8. 中共玉树藏族自治州第五届委员会（1971.3～1980.12）

［1971年3月23日至26日，召开中共玉树藏族自治州第五次党员代表大会，选举产生中共玉树藏族自治州第五届委员会书记1人、副书记3人。第五次党代会以后，中共玉树州委领导人多次调整、更迭。］

（1）1971.3～1976.10

书　记：李四海（1971.3～1975.8任）
　　　　于　波（1975.8～1976.10任）
副书记：王朝献（1971.3～1976.10任）
　　　　于　波（1971.3～1975.8任）
　　　　才　学（1971.3～1972.1任）
　　　　吴　斌（1972.5～1976.10任）
　　　　陈进贤（1972.5～1976.10任）
　　　　朱清明（1973.11～1976.10任）
　　　　年治海（1973.11～1976.10任）

（2）1976.10～1980.12

书　记：于　波（1976.10～1979.3任）
　　　　朱清明（1979.3～1980.12任）
副书记：王朝献（1976.10～1978.10任）
　　　　吴　斌（1976.10～1978.4任）
　　　　陈进贤（1976.10～1979.1任）
　　　　年治海（1976.10～1978.6任）

阳藏伯（1977.9～1980.12任）
候少卿（1979.3～1980.12任）
濮九康（1979.3～1980.12任）
朱清明（1976.10～1979.3任）

9. 中共玉树藏族自治州第六届委员会（1980.12～1983.7）

[1980年12月22日至27日，召开中共玉树藏族自治州第六次党员代表大会，选举产生中共玉树藏族自治州第六届委员会书记1人、副书记3人。]

（1）1980.12～1983.7
书　记：朱清明（1980.12～1983.7任）
副书记：候少卿（1980.12～1983.5任）
伊本干（1980.12～1982.6任）
濮九康（1980.12～1983.2任）

（2）1983.8～1986.5
[1983年8月机构改革中，省委对州委领导班子进行了调整。]
书　记：王恩科（1983.8～1985.12任）
李生芳（1985.12～1986.5任）
副书记：王文明（1983.8～1986.5任）
翟松天（1983.8～1986.5任）
宋维祯（1983.8～1986.5任）
李生芳（1983.8～1985.5任）
葛　凡（1983.8～1986.5任）

10. 中共玉树藏族自治州第七届委员会（1986.5～1991.4）

[1986年5月2日至16日，召开中共玉树藏族自治州第七次代表大会，选举产生中共玉树藏族自治州第七届委员会书记1人、副书记4人。第七次党代会以后，州委领导成员进行了增补。]

书　记：李生芳（1986.5～1989.8任）
史国枢（1989.11～1991.4任）
副书记：何福兴（1986.5～1991.4任）
宋维祯（1986.5～1988.9任）
葛　凡（1986.5～1989.12任）
才培多杰（藏族，1986.5～1991.4任）
赵启中（1989.8～1991.4任）
韩文禄（1990.3～1991.4任）
王西明（1990.12～1991.4任）

11. 中共玉树藏族自治州第八届委员会（1991.4～1993.12）

[1991年4月16日至21日，召开中共玉树藏族自治州第八次党员代表大会，选举产生中共

玉树藏族自治州第八届委员会书记1人、副书记4人。]

书　记：史国枢（1991.4 ~ 1993.12任）

副书记：何福兴（1991.4 ~ 1993.3任）

赵启中（1991.4 ~ 1993.12任）

韩文禄（1991.4 ~ 1993.12任）

王西明（1991.4 ~ 1993.12任）

多杰热旦（藏族，1993.3 ~ 1993.12任）

（二）玉树藏族自治州人民代表大会常务委员会

[玉树藏族自治州人民代表大会常务委员会是按照五届人大二次会议修正的《中华人民共和国宪法》、《中华人民共和国地方各级人民代表大会和地方各级人民政府组织法》、《中华人民共和国全国人民代表大会和地方各级人民代表大会选举法》的规定，于1981年5月举行的州六届人民代表大会选举成立。此前，州人民代表大会没有常设机构，人民代表大会闭会期间，由选举产生的州人民委员会行使现地方人大常委会部分职权。]

1. 玉树藏族自治州第六届人大常委会（1981.5～1986.6）

[1981年5月12日至21日，召开玉树藏族自治州第六届人民代表大会第一次会议，会议决定设立玉树藏族自治州人民代表大会常务委员会（简称州人大常委会），并选举产生州第六届人大常委会主任1人、副主任3人。1983年12月补选巴桑卓玛等4人为副主任。]

主　任：濮九康（1981.5 ~ 1983.1任）

戈复元（藏族，1983.12 ~ 1986.6任）

副主任：司维洪（1981.5 ~ 1986.6任）

戈复元（藏族，1981.5 ~ 1983.12任）

格桑秋吉（藏族，1981.5 ~ 1986.6任）

巴桑卓玛（藏族，1983.12 ~ 1986.6任）

王文治（1983.12 ~ 1986.6任）

秋　哇（藏族，1983.12 ~ 1986.6任）

米扎西（藏族，1983.12 ~ 1986.6任）

2. 玉树藏族自治州第七届人大常委会（1986.6～1991.5）

[1986年6月10日至20日，召开玉树藏族自治州第七届人民代表大会第一次会议，选举产生玉树藏族自治州第七届人大常委会主任1人、副主任4人。]

主　任：王文明（藏族，1986.6 ~ 1991.5任）

副主任：司维洪（1986.6 ~ 1991.5任）

格桑秋吉（藏族，1986.6 ~ 1991.5任）

秋　哇（藏族，1986.6 ~ 1991.5任）

米扎西（藏族，1986.6 ~ 1991.5任）

3. 玉树藏族自治州第八届人大常委会（1991.5～1993.12）

［1991年5月16日至24日，召开玉树藏族自治州第八届人民代表大会第一次会议，选举产生玉树藏族自治州第八届人大常委会主任1人、副主任7人。］

主　任：才培多杰（藏族，1991.5～1993.12任）

副主任：格桑秋吉（藏族，1991.5～1993.12任）

米扎西（藏族，1991.5～1993.12任）

尕　帕（藏族，1991.5～1993.12任）

本　派（藏族，1991.5～1993.12任）

李怀生（1991.5～1993.12任）

陈师科（1991.5～1993.12任）

赵国清（1991.5～1993.12任）

（三）玉树地方政府

1. 青海省军政委员会驻玉树特派员办公处（1949.10～1950.6）

［1949年10月27日，青海省军政委员会驻玉树特派员办公处成立，接管玉树地区国民行政督察专员公署，任命卢德为特派员。］

特派员：卢　德（1949.10～1950.6任）

2. 玉树专员公署（1950.6～1951.12）

［1950年6月，青海省政府撤销玉树特派员办公处，成立“青海省玉树分区人民行政督察专员公署”。1951年1月，青海省玉树分区人民行政督察专员公署改称“青海省人民政府玉树专员公署”。］

专　员：马　峻（回族，1950.6～1951.1任）

冀春光（1951.1～1951.12代）

副专员：卢　德　（1950.6～1951.12任）

久　美（藏族，1950.6～1951.12任）

3. 玉树藏族自治区人民政府委员会（1951.12～1955.6）

［1951年12月4日至16日，召开玉树地区第一届第一次各族各界人民代表会议，会议通过建立相当于专区一级的“玉树藏族自治区”的决议，选举38名委员组成玉树藏族自治区人民政府委员会。12月25日召开群众大会，宣告玉树藏族自治区人民政府成立。］

（1）1951.12～1953.12

［1951年12月，玉树地区第一届第一次各族各界人民代表会议选举产生。］

主　席：扎西才旺多杰（藏族）

副主席：冀春光　久　美（藏族）　昂　旺（藏族）

（2）1954.1 ~ 1955.6

［1953年12月26日至1954年1月2日，召开玉树藏族自治区第一届人民代表大会第一次会议，选举产生自治区人民政府委员会主席1人、副主席4人。］

主　席：扎西才旺多杰（藏族）

副主席：冀春光　昂　旺（藏族）　仁庆才仁（藏族）　米福堂

4. 玉树藏族自治州人民委员会（1955.6～1958.5）

［1955年6月23日至29日，召开玉树藏族自治区第一届人民代表大会第二次会议，会议依照《中华人民共和国宪法》和青海省人大常委会《关于改变本省专区级，县级民族自治区名称和组织机构的决议》的规定，将玉树藏族自治区更名为“玉树藏族自治州”，决定从1955年6月29日起成立玉树藏族自治州人民委员会，并选举扎西才旺多杰为州长，陈自强等4人为副州长。］

（1）1955.6 ~ 1956.12

［1955年6月23日至29日，玉树藏族自治区第一届人民代表大会第二次会议选举产生。］

州　长：扎西才旺多杰（藏族）

副州长：陈自强　昂　旺（藏族）　仁庆才仁（藏族）　米福堂

（2）1956.12 ~ 1958.5

［1956年12月23日至31日，召开玉树藏族自治州第二届人民代表大会第一次会议，选举扎西才旺多杰为州长，陈自强等6人为副州长。］

州　长：扎西才旺多杰（藏族）

副州长：陈自强　仁庆才仁（藏族）　米福堂　索南则莫（藏族）　冯宝玉
　　　　夏　日（藏族）

5. 玉树藏族自治州第一届人民委员会（1958.5～1960.10）

［1958年5月29日至8月21日，召开玉树藏族自治州第一届人民代表大会第一次会议（将这届人民代表大会列为州人大一届一次会议，是因未把1953年12月的自治区人大一届一次会议和1956年12月的自治州人大二届一次会议计入届次造成重复），选举扎西才旺多杰为州长，贺殿卿等6人为副州长。1959年10月17日至22日，召开州人大一届二次会议，因参加反革命武装叛乱，决定撤销仁庆才仁、夏日、索南则莫等3人的副州长职务。］

州　长：扎西才旺多杰（藏族，1958.5 ~ 1960.10任）

副州长：贺殿卿（1958.5 ~ 1960.10任）
　　　　仁庆才仁（藏族，1958.5任；1959.10撤职）
　　　　冯宝玉（1958.5 ~ 1960.10任）
　　　　米福堂（1958.5 ~ 1960.10任）
　　　　夏　日（藏族，1958.5任；1959.10撤职）
　　　　索南则莫（藏族，1958.5任；1959.10撤职）

6. 玉树藏族自治州第二届人民委员会（1960.10～1963.5）

［1960年10月24日至29日，召开玉树藏族自治州第二届人民代表大会第一次会议，选举扎西才旺多杰为州长，米福堂、冯宝玉为副州长。1961年11月4日至10日，召开州人大二届二次会议，补选弋兴元为副州长。1962年10月12日至25日，召开州人大二届三次会议，补选朱纯雪为副州长。］

州　长：扎西才旺多杰（藏族，1960.10～1963.5任）

副州长：米福堂（1960.10～1963.5任）

冯宝玉（1960.10～1963.5任）

弋兴元（1961.11～1963.5任）

朱纯雪（1962.10～1963.5任）

7. 玉树藏族自治州第三届人民委员会（1963.5～1965.10）

［1963年5月30日至6月12日，召开玉树藏族自治州第三届人民代表大会第一次会议，选举扎西才旺多杰为州长，米福堂等3人为副州长。］

州　长：扎西才旺多杰（藏族，1963.5～1965.10任）

副州长：米福堂（1963.5～1965.10任）

朱纯雪（1963.5～1965.10任）

弋兴元（1963.5～1965.10任）

8. 玉树藏族自治州第四届人民委员会（1965.10～1967.11）

［1965年10月9日至20日，召开玉树藏族自治州第四届人民代表大会第一次会议，选举才学为州长，朱纯雪等3人为副州长。1966年“文革”开始后，州人委领导机构、工作部门受到造反派冲击逐渐陷于瘫痪。］

州　长：才　学（藏族，1965.10～1967.11任）

副州长：朱纯雪（1965.10～1967.11任）

米福堂（1965.10～1967.11任）

陈进贤（1965.10～1967.11任）

9. 玉树藏族自治州革命委员会（1967.11～1981.5）

［1967年11月28日，经青海省革命委员会批准，成立军、干、群三结合的玉树藏族自治州革命委员会。］

（1）1967.11～1977.9

主　任：段怀瑜（1967.11～1970.6任）

李四海（1970.6～1975.8任）

于　波（1975.8～1977.9任）

副主任：李四海（1967.11～1970.6任）

于　波（1967.11～1975.8任）

徐金声（1967.11～1970.6任）

来　西（藏族，1967.11～1970.6任）

才　学（藏族，1967.11～1970.6任）

王朝献（1970.6～1971.3任）

田　溪（1971.3～1972.5任）

吴　斌（1972.5～1973.11任）

陈进贤（1972.5～1977.9任）

年治海（1973.11～1977.9任）

朱清明（1973.11～1977.9任）

候少卿（1973.11～1977.9任）

巴桑卓玛（藏族，1973.11～1977.9任）

（2）1977.9～1981.5

[1977年9月23日至29日，召开玉树藏族自治州第五届人民代表大会第一次会议选举产生州革命委员会主任1人、副主任5人。]

主　任：陈进贤（1977.9～1981.5任）

副主任：濮九康（1977.9～1981.5任）

候少卿（1977.9～1981.5任）

巴桑卓玛（藏族，1977.9～1981.5任）

陆　纯（1977.9～1981.5任）

才培多杰（藏族，1977.9～1981.5任）

10. 玉树藏族自治州第六届人民政府（1981.5～1986.6）

[1981年5月12日至21日，召开玉树藏族自治州第六届人民代表大会第一次会议，会议决定撤销玉树藏族自治州革命委员会，选举产生玉树藏族自治州第六届人民政府州长1人、副州长4人。]

（1）1981.5～1983.8

州　长：伊本干（藏族，1981.5～1983.8任）

副州长：才培多杰（藏族，1981.5～1983.8任）

本　派（藏族，1981.5～1983.8任）

彭措旺扎（藏族，1981.5～1983.8任）

蒋国良（1981.5～1983.8任）

（2）1983.8～1986.6

[1983年8月，中共青海省委对玉树州党政领导班子进行了调整。]

州　长：王文明（藏族，1983.8～1986.6任）

副州长：才培多杰（藏族，1983.8～1986.6任）

彭措旺扎（藏族，1983.8～1986.6任）

本　派（藏族，1983.8～1986.6任）

何梁初（1983.8～1986.6任）

杨允习（1983.8 ~ 1986.6任）
高昭平（1986.3 ~ 1986.6任）

11. 玉树藏族自治州第七届人民政府（1986.6～1991.5）

[1986年6月10日至20日，召开玉树藏族自治州第七届人民代表大会第一次会议，选举产生玉树藏族自治州第七届人民政府州长1人、副州长5人。]

州　长：何福兴（藏族，1986.6 ~ 1991.5任）
副州长：杨允习（1986.6 ~ 1986.11任）
彭措旺扎（藏族，1986.6 ~ 1989.4任）
高昭平（1986.6 ~ 1991.4任）
本　派（藏族，1986.6 ~ 1991.5任）
索南加措（藏族，1986.6 ~ 1991.5任）
杜小明（1990.12 ~ 1991.5任）

12. 玉树藏族自治州第八届人民政府（1991.5～1993.12）

[1991年5月16日至24日，召开玉树藏族自治州第八届人民代表大会第一次会议，选举产生玉树藏族自治州第八届人民政府州长1人、副州长5人。1993年2月2日何福兴调省工作，韩文录继任州长。]

州　长：何福兴（藏族，1991.5 ~ 1993.2任）
韩文录（藏族，1993.2 ~ 1993.12任）
副州长：多杰热旦（藏族，1991.5 ~ 1993.12任）
杜小明（1991.5 ~ 1993.10任）
罗松达哇（藏族，1991.5 ~ 1993.12任）
江　格（1991.5 ~ 1993.12任）
吴国清（1991.5 ~ 1993.12任）

（四）中国人民政治协商会议玉树藏族自治州委员会

1. 玉树分区各族各界人民代表会议协商委员会（1950.9～1958.4）

[1950年3月2日，玉树分区第一次各族各界人民代表会议在结古召开，会议就成立“青海省玉树分区人民行政督察专员公署”提出了建议案。1950年6月2日至3日召开第二次各族各界人民代表会议，会议根据《共同纲领》，提出了在玉树逐步推行新政的建议。1950年9月6日至10日召开第三次各族各界人民代表会议，选举产生玉树分区各族各界人民代表会议协商委员会主席1人、副主席4人。]

主　席：冀春光（1950.9 ~ 1954.6任）
副主席：马　峻（回族，1950.9 ~ 1951.3任）
蔡作祯（1950.9 ~ 1958.4任）

昂　旺（藏族，1950.9任）

土登宫保（藏族，1950.9～1953.5任）

2. 政协玉树藏族自治州第一届委员会（1958.4～1959.10）

[1958年4月，政协玉树藏族自治州第一届委员会第一次全体委员会议在结古召开，选举产生政协玉树藏族自治州第一届委员会主席1人、副主席4人。]

主　席：沈　岭（1958.4～1959.10任）

副主席：蔡作祯（1958.4任）

仁　庆（藏族，1958.4～1959.4任）

江　吉（藏族，1958.4任）

赵昆元（1958.4～1959.10任）

3. 政协玉树藏族自治州第二届委员会（1959.10～1961.11）

[1959年10月24日至26日，政协玉树藏族自治州第二届委员会第一次全体委员会议在结古召开，选举产生政协玉树藏族自治州第二届主席1人、副主席2人。]

主　席：沈　岭（1959.10～1961.11任）

副主席：贺殿卿（1959.10～1960.6任）

仁　庆（藏族，1959.10～1961.11任）

4. 政协玉树藏族自治州第三届委员会（1961.11～1963.6）

[1961年11月1日，政协玉树藏族自治州第三届委员会第一次全体委员会议在结古召开，选举产生政协玉树藏族自治州第三届委员会主席1人、副主席5人。1962年10月11日至18日召开州政协三届二次会议，补选李恩普为主席。]

主　席：沈　岭（1961.11～1962.9任）

李恩普（1962.10～1963.6任）

副主席：赵昆元（1961.11～1963.6任）

仁　庆（藏族，1961.11～1963.6任）

蔡作祯（1961.11～1963.6任）

扎西才仁（藏族，1961.11～1963.6任）

邓　佳（藏族，1961.11～1963.6任）

5. 政协玉树藏族自治州第四届委员会（1963.6～1965.10）

[1963年6月，政协玉树藏族自治州第四届委员会第一次全体委员会议在结古召开，选举产生政协玉树藏族自治州第四届委员会主席1人、副主席4人。]

主　席：李恩普（1963.6～1965.10任）

副主席：仁　庆（藏族，1963.6～1965.10任）

蔡作祯（1963.6～1965.10任）

邓　佳（藏族，1963.6～1965.10任）

扎西才仁（藏族，1963.6～1965.10任）

6. 政协玉树藏族自治州第五届委员会（1965.10～1966.5）

［1965年10月19日至23日，政协玉树藏族自治州第五届委员会第一次全体委员会议在结古召开，选举产生政协玉树藏族自治州第五届委员会主席1人、副主席4人。1966年5月“文革”开始后，州政协停止工作12年。］

主　席：李恩普（1965.10～1966.5任）
副主席：扎西才旺多杰（藏族，1965.10～1966.5任）
扎西才仁（藏族，1965.10～1966.5任）
仁　庆（藏族，1965.10～1966.5任）
邓　佳（藏族，1965.10～1966.5任）

7. 政协玉树藏族自治州第六届委员会（1978.7～1981.5）

［1978年7月15日至20日，政协玉树藏族自治州第六届委员会第一次全体委员会议在结古召开，选举产生政协玉树藏族自治州第六届委员会主席1人、副主席3人。］

主　席：于　波（1978.7～1979.3任）
副主席：朱清明（1978.7～1981.5任）
扎西才仁（藏族，1978.7～1978.12任）
本　派（藏族，1978.7～1981.5任）

8. 政协玉树藏族自治州第七届委员会（1981.5～1986.6）

［1981年5月11日至21日，政协玉树藏族自治州第七届委员会第一次全体委员会议在结古召开，选举产生政协玉树藏族自治州第七届委员会主席1人、副主席3人。1983年3月19日至31日召开州政协七届二次会议，增选弋保元为副主席。1984年11月15日至22日召开州政协七届三次会议，选举弋保元为主席、曾志鸿等2人为副主席。］

主　席：朱清明（藏族，1981.5～1984.11任）
弋保元（藏族，1984.11～1986.6任）
副主席：阳藏伯（藏族，1981.5～1986.6任）
阿　庆（藏族，1981.5～1986.6任）
索南则莫（藏族，1981.5～1985.10任）
弋保元（藏族，1983.3～1984.11任）
曾志鸿（1984.11～1986.6任）
仲　却（藏族，1984.11～1986.6任）

9. 政协玉树藏族自治州第八届委员会（1986.6～1991.5）

［1986年6月9日至20日，政协玉树藏族自治州第八届委员会第一次全体委员会议在结古召开，选举产生政协玉树藏族自治州第八届委员会主席1人、副主席4人。］

主　席：阳藏伯（藏族，1986.6～1991.5任）

副主席：冯诣林（1986.6～1991.5任）

阿　庆（藏族，1986.6～1990.6任）

仲　却（藏族， 1986.6～1991.5任）

江赛阿措（藏族，1986.6～1991.5任）

10. 政协玉树藏族自治州第九届委员会（1991.5～1993.12）

[1991年5月15日至22日，政协玉树藏族自治州第九届委员会第一次全体委员会议在结古召开，选举产生政协玉树藏族自治州第九届委员会主席1人、副主席6人。]

主　席：索南尖措（藏族，1991.5～1993.12任）

副主席：冯诣林（1991.5～1993.12任）

仲　却（藏族，1991.5～1993.12任）

江赛阿措（藏族，1991.5～1993.12任）

秋　哇（藏族，1991.5～1993.12任）

才培多杰（藏族，1991.5～1993.12任）

才青才让（藏族，1991.5～1993.12任）

（马志敏/供稿）

海西蒙古族藏族自治州党政组织职官志
（1949.10～1993.12）

［1954年1月25日成立专区级海西蒙、藏、哈萨克族自治区，1955年12月12日更名为海西蒙、藏、哈萨克族自治州，1963年8月26日称海西蒙古族藏族哈萨克族自治州，1985年5月21日更名为海西蒙古族藏族自治州。为历史衔接，本志从1953年7月中共海西委员会成立撰起。组织职官分为中国共产党海西地方组织、海西蒙古族藏族（哈萨克族）自治州人民代表大会常务委员会、海西地方政府、中国人民政治协商会议海西蒙古族藏族（哈萨克族）自治州委员会4类。各组织职官名称的沿革，在类下逐一志述，其组织成立的由来及其建制、职官等情况，随文予以简明提示与解说。］

（一）中国共产党海西地方组织

1. 中共海西地方委员会（1953.7～1956.3）

［1953年7月，中共海西地方委员会（简称中共海西地委）成立。］

第一书记：龚福恒（苗族，1955.3～1956.3任）
第二书记：方　新（1955.3～1956.3任）
副 书 记：方　新（1953.7～1955.3任）
　　　　　杨文锦（蒙古族，1955.3～1956.3任）
　　　　　傅德胜（1955.9～1956.3任）

2. 中共海西蒙、藏、哈萨克族自治州地方委员会（1956.3～1958.12）

［1955年12月12日，“海西蒙、藏、哈萨克族自治州”（简称海西州）成立。1956年3月27日至4月2日，召开中共海西蒙、藏、哈萨克族自治州第一次党员代表大会，选举产生中共海西蒙、藏、哈萨克族自治州第一届地方委员会。4月2日召开一届一次全会，选举产生第一届委员会常务委员会委员、第一书记、第二书记和副书记。1957年4月，中共海西地委改称中共海西蒙、藏、哈萨克族自治州委员会。］

第一书记：龚福恒（苗族，1956.3～1957.4任）
　　　　　方　新（1957.4～1958.12任）
第二书记：方　新（1956.3～1957.4任）
副 书 记：杨文锦（蒙古族，1956.3～1957.4任）
　　　　　傅德胜（1956.3～1957.4任）
书　　记：杨文锦（蒙古族，1957.4～1958.12任）
　　　　　傅德胜（1957.4～1958.12任）

3. 中共柴达木地区工作委员会（1958.12～1962.12）

［1959年1月1日，中共海西蒙、藏、哈萨克族自治州委员会与中共柴达木工作委员会合并，更名为中共柴达木地区工作委员会。］

第一书记：薛宏福（苗族，1959.1～1960.1任）
　　　　　方　新（1960.1～1962.12任）
第二书记：赵海峰（1962.3～1962.12任）
书　　记：方　新（1959.1～1960.1任）
　　　　　刘　锐（1959.1～1962.12任）
　　　　　许尚志（1959.9～1962.5任）
　　　　　王鹏远（1960.1～1961.7任）
　　　　　杨文锦（蒙古族，1960.10～1962.12任）
　　　　　李铭新（1960.1～1962.12任）

4. 中共海西蒙古族藏族哈萨克族自治州委员会（1962.12～1963.10）

［1962年12月，撤销中共柴达木工作委员会，恢复中共海西蒙、藏、哈萨克族自治州委员会，并定名为中共海西蒙古族藏族哈萨克族自治州委员会（简称中共海西州委）。］

书　记：赵海峰（1962.12～1963.10任）
副书记：杨文锦（蒙古族，1962.12～1963.10任）
　　　　齐英才（蒙古族，1962.12～1963.10任）
　　　　要　平（1963.7～1963.10任）

5. 中共海西蒙古族藏族哈萨克族自治州第二届委员会（1963.10～1965.12）

［1963年10月21日至30日，召开中共海西蒙古族藏族哈萨克族自治州第二次党员代表大会，选举产生中共海西州第二届委员会。10月30日召开二届一次全委会，选举产生中共海西州第二届委员会常务委员会委员、书记和副书记。］

书　记：赵海峰（1963.10～1965.12任）
副书记：杨文锦（蒙古族，1963.10～1965.12任）
　　　　要　平（1963.10～1965.12任）

6. 中共海西蒙古族藏族哈萨克族自治州第三届委员会（1965.12～1967.1）

［1965年12月1日至8日，召开中共海西蒙古族藏族哈萨克族自治州第三次党员代表大会，选举产生中共海西州第三届委员会。12月8日召开三届一次全委会，选举产生第三届委员会常务委员会委员、书记和副书记。1966年5月“文革”开始后，中共海西州委领导机构受到冲击，逐渐陷入瘫痪状态。1967年2月，成立中共海西州生产指挥部，负责全州的日常工作。同年5月，海西地区实行军事管制。］

书　记：赵海峰（1965.12～1967.1任）
副书记：杨文锦（蒙古族，1965.12～1967.1任）

要　平（1965.12～1967.1任）
郝全珍（1965.12～1967.1任）

7. 中共海西蒙古族藏族哈萨克族自治州革命委员会核心领导小组(1968.3～1971.4)

［1968年3月，经中共青海省委核心小组批准，成立中共海西蒙古族藏族哈萨克族自治州革命委员会核心领导小组。］

组　长：徐光宗（1968.3～1971.4任）
副书记：呼占山（1968.3～1971.3任）
赵海峰（1968.3任命，未到职）
李恩普（1970.7～1971.3任）

8. 中共海西蒙古族藏族哈萨克族自治州第四届委员会（1971.3～1980.11）

［1971年3月31日至4月4日，召开中共海西蒙古族藏族哈萨克族自治州第四次党员代表大会，推选29名委员组成“三结合”的中共海西州第四届委员会。4月4日召开四届一次全委会，选举产生第四届委员会常务委员会委员、书记和副书记。］

书　　记：徐光宗（1971.3～1976.11任）
李恩普（1975.10～1976.11任）
杨文锦（蒙古族，1978.6～1980.7任）
第一书记：高　尼（蒙古族，1980.7～1980.11任）
第二书记：王　樗（1980.7～1980.11任）
副 书 记：呼占山（1971.3～1973.2任）
李恩普（1971.3～1976.10任）
李景山（1972.11～1978.6任）
希候巴（藏族，1972.11～1978.6任）
高　尼（蒙古族，1973.4～1980.7任）
刘从高（1973.7～1979.2任）
焦呈祥（1973.7～1980.11任）
杨文锦（蒙古族，1975.2～1978.6任）
安谦民（1979.3～1980.11任）
王　樗（1980.4～1980.7任）

9. 中共海西蒙古族藏族哈萨克族自治州第五届委员会（1980.11～1986.9）

［1980年11月16日至21日，召开中共海西蒙古族藏族哈萨克族自治州第五次党员代表大会，选举产生中共海西州第五届委员会。11月21日召开五届一次全委会，选举产生第五届委员会常务委员会委员、书记和副书记。1985年6月，中共海西蒙古族藏族哈萨克族自治州委员会更名为“中共海西蒙古族藏族自治州委员会”。］

书　记：王　樗（1980.11～1982.8任）
秦青荣（1982.8～1986.7任）

王汉民（1986.8～1986.9任）

副书记：党德福（蒙古族，1980.11～1982.5任）

党国瑞（1980.11～1982.5任）

万　德（藏族，1980.11～1983.7任）

程步云（1982.5～1983.7任）

高　尼（蒙古族，1983.7～1986.9任）

王贵如（1983.7～1986.9任）

胡耀珑（1983.7～1986.9任）

彭　措（藏族，1983.7～1986.9任）

田　源（1985.6～1986.7任）

10. 中共海西蒙古族藏族自治州第六届委员会（1986.9～1991.5）

[1986年9月23日至27日，召开中共海西蒙古族藏族自治州第六次党员代表大会，选举产生中共海西州第六届委员会。9月27日召开六届一次全委会，选举产生第六届委员会常务委员会委员、书记和副书记。]

书　记：王汉民（1986.9～1990.6任）

冯敏刚（1990.6～1991.5任）

副书记：高　尼（蒙古族，1986.9～1991.5任）

王贵如（1986.9～1988.8任）

胡耀珑（1986.9～1990.1任）

索南加措（藏族，1986.9～1991.5任）

冯敏刚（1988.9～1990.6任）

彭程蔚（1990.6～1991.5任）

刘树仁（1990.6～1991.5任）

11. 中共海西蒙古族藏族自治州第七届委员会（1991.5～1993.12）

[1991年5月23日至28日，召开中共海西蒙古族藏族自治州第七次党员代表大会，选举产生中共海西州第七届委员会。5月28日召开七届一次全委会，选举产生中共海西州第七届委员会常务委员会委员、书记和副书记。]

书　记：冯敏刚（1991.5～1993.12任）

副书记：高永红（蒙古族，1991.5～1993.12任）

彭程蔚（1991.5～1993.12任）

索南加措（藏族，1991.5～1993.12任）

陈瑞珍（女，1991.5～1993.9任）

何大安（1993.6～1993.12任）

曹景中（1993.11～1993.12任）

（二）海西蒙古族藏族(哈萨克族)自治州人民代表大会常务委员会

[1981年6月，海西蒙古族藏族哈萨克族自治州第七届人民代表大会第一次会议根据《中华人民共和国宪法》和《地方各级人民代表大会和地方各级人民政府组织法》的规定，决定设立州人民代表大会常务委员会（简称州人大常委会），作为州人民代表大会的常设机构。在此之前，各届人民代表大会均未设立人大常委会，人民代表大会闭会期间的日常工作，由州人民政府办理。]

1. 海西蒙古族藏族哈萨克族自治州第七届人大常委会（1981.6～1986.10）

[1981年6月11日至21日，召开海西蒙古族藏族哈萨克族自治州第七届人民代表大会第一次会议，选举产生海西蒙古族藏族哈萨克族自治州人大常委会委员、主任和副主任。1985年5月21日，经国务院批准，海西蒙古族藏族哈萨克族自治州更名为“海西蒙古族藏族自治州”。]

主　任：更　巴（藏族，1981.6 ~ 1986.10任）
副主任：张昆山（1981.6 ~ 1986.10任）
周守敬（1981.6 ~ 1984.5任）
达西仁庆（蒙古族，1981.6 ~ 1984.5任）
白莎拉（女，哈萨克族，1981.6 ~ 1985.10任）
祁邦彦（1981.6 ~ 1986.10任）
杨毅侠（1984.5 ~ 1986.9任）
达仁钦（蒙古族，1984.5 ~ 1986.9任）
安木加（藏族，1984.5 ~ 1986.10任）

2. 海西蒙古族藏族自治州第八届人大常委会（1986.10～1991.6）

[1986年10月20日至27日，召开海西蒙古族藏族自治州第八届人民代表大会第一次会议，选举产生海西州人大常委会委员、主任和副主任。]

主　任：宽太加（藏族，1986.10 ~ 1991.6任）
副主任：杨毅侠（1986.10 ~ 1990.3任）
拉毛才让（蒙古族，1986.10 ~ 1991.6任）
塔尔新（蒙古族，1986.10 ~ 1991.6任）
张化旭（1986.10 ~ 1991.6任）
吴耀宗（1986.10 ~ 1991.6任）
加　赛（藏族，1986.10 ~ 1991.6任）

3. 海西蒙古族藏族自治州第九届人大常委会（1991.6～1993.12）

[1991年6月20日至26日，召开海西蒙古族藏族自治州第九届人民代表大会第一次会议，选举产生海西州人大常委会委员、主任和副主任。]

主　任：尤　金（藏族，1991.6 ~ 1993.12任）

副主任：拉毛才让（蒙古族，1991.6～1993.12任）
加　赛（藏族，1991.6～1993.12任）
朱书祯（1991.6～1993.12任）
王万恒（1991.6～1993.12任）
才　仁（蒙古族，1991.6～1993.12任）
段世耀（1993.6～1993.12任）

（三）海西地方政府

1. 都兰县人民政府（1949.10～1951.6）

［1949年9月下旬，青海省军政委员会派王本巴等人到希里沟，组成临时都兰县人民政府，接管民国都兰县政府。］

县　长：王本巴（蒙古族，1949.10～1950.5任）
官保加（蒙古族，1950.5～1951.6任）
副县长：王德海（蒙古族，1949.10～1951.6任）
丹　科（藏族，1949.10～1951.6任）
伊　林（1950.5～1951.6任）

2. 都兰县民族区域自治筹备委员会（1951.6～1952.9）

［1951年6月18日至26日，海西地区第一次各族各界代表会议在察汗乌苏召开，依据《中国人民政治协商会议共同纲领》规定，协商成立都兰县民族区域自治筹备委员会。］

主　席：方　新
副主席：官保加（蒙古族）　王德海（蒙古族）　伊　林　丹　科（藏族）

3. 都兰蒙、藏、哈萨克族联合自治区人民政府（1952.9～1953.10）

［1952年9月21日至10月3日，海西地区第二次各族各界人民代表会议在察汗乌苏召开，将都兰县人民政府改称都兰蒙、藏、哈萨克族自治区人民政府。］

主　席：官保加（蒙古族）
副主席：方　新　丹　科（藏族）　王德海（蒙古族）　秋什杰（藏族）
哈　木（哈萨克族）

4. 海西蒙、藏、哈萨克族自治区筹备委员会（1953.10～1953.12）

［1953年10月26日至11月6日，海西地区第三次各族各界人民代表会议在察汗乌苏召开，协商成立海西蒙、藏、哈萨克族自治区筹备委员会。］

主　席：官保加（蒙古族）
副主席：方　新　丹　科（藏族）　王德海（蒙古族）　秋什杰（藏族）
哈　木（哈萨克族）　马丹江（蒙古族）　多　科（藏族）

阿哈满锁（哈萨克族）　多弗拉（蒙古族）

5. 海西蒙、藏、哈萨克族自治区人民政府（1954.1～1958.5）

（1）1954.1 ~ 1955.6

[1954年1月16日至25日，召开海西蒙、藏、哈萨克族自治区第一届人民代表大会第一次会议，选举产生海西蒙、藏、哈萨克族自治区人民政府主席1人、副主席5人。]

主　席：官保加（蒙古族）

副主席：方　新　丹　科（藏族）　王德海（蒙古族）　秋什杰（藏族）
　　　　哈　木（哈萨克族）

（2）1955.6 ~ 1956.12

[1955年6月7日至16日，召开海西蒙、藏、哈萨克族自治区第一届人民代表大会第二次会议，根据青海省人民委员会的通知，将海西蒙、藏、哈萨克族自治区改称海西蒙、藏、哈萨克族自治州，并选举产生州长1人、副州长4人。]

州　长：官保加（蒙古族）

副州长：傅得胜　丹　科（藏族）　李建夫　王德海（蒙古族）

（3）1956.12 ~ 1958.5

[1956年12月23日至30日，召开海西蒙、藏、哈萨克族自治州第二届人民代表大会第一次会议，选举产生州长1人、副州长4人。]

州　长：官保加（蒙古族）

副州长：傅得胜　丹　科（藏族）　李建夫　王德海（蒙古族）

6. 海西蒙、藏、哈萨克族自治州第一届人民委员会（1958.5～1960.10）

[1958年5月26日至6月10日，海西蒙、藏、哈萨克族自治州第一届人民代表大会第一次会议在察汗乌苏召开，选举产生海西蒙、藏、哈萨克族自治州第一届人民委员会州长1人、副州长3人。]

州　长：官保加（蒙古族，1958.5 ~ 1958.10任）
　　　　杨文锦（蒙古族，1959.10 ~ 1960.10任）

副州长：傅得胜（1958.5 ~ 1958.12任）
　　　　李建夫（1958.5 ~ 1960.10任）
　　　　丹　科（藏族，1958.5 ~ 1959.10任）
　　　　安木加（藏族，1959.10 ~ 1960.10任）

7. 海西蒙、藏、哈萨克族自治州第二届人民委员会（1960.10～1963.5）

[1960年10月27日至11月2日，海西蒙、藏、哈萨克族自治州第二届人民代表大会第一次会议在察汗乌苏召开，选举产生海西蒙、藏、哈萨克族自治州第二届人民委员会州长1人、副州长3人。]

州　长：杨文锦（蒙古族）

副州长：李建夫　安木加（藏族）　齐英才（蒙古族）

8. 柴达木盆地工作委员会、柴达木（盆地）行政委员会（1955.5～1963.5）

[1955年5月，中共中央批准成立柴达木盆地工作委员会（专区级），为青海省人民委员会派出机构。同年7月，柴达木盆地工作委员会在格尔木成立。1956年3月，柴达木盆地工作委员会驻地由格尔木迁往大柴旦。]

（1）柴达木盆地工作委员会（1955.5～1957.4）

主　任：龚福恒（苗族）

副主任：杨皓　阿哈买提·海拉克拜（哈萨克族）　齐雨民（蒙古族）　多　科（藏族）

（2）柴达木（盆地）行政委员会（1957.4～1963.5）

[1957年4月，经国务院批准，撤销柴达木工作委员会，成立青海省柴达木盆地行政委员会，为省政府派出机构。1958年1月，经国务院批准将柴达木盆地行政委员会改称柴达木行政委员会。1959年1月，海西蒙、藏、哈萨克族自治州人民委员会与柴达木行委合署办公，海西州人委工作机构由都兰县察汗乌苏迁驻大柴旦。1963年8月，国务院批准撤销柴达木行政委员会及其工作机构，柴达木行政委员会工作机构及其所辖地域并入海西州，该行政区域全称为“海西蒙古族藏族哈萨克族自治州”。]

主　任：薛宏福（1957.4～1958.12任）
　　　　许尚志（1959.1～1962.2任）
　　　　赵海峰（1962.3～1963.8任）

副主任：官保加（蒙古族，1957.4～1958.10任）
　　　　杨　皓（1957.4～1963.5任）
　　　　阿哈买提·海拉克拜（哈萨克族，1957.4～1958.12任）
　　　　齐雨民（蒙古族，1957.4～1958.12任）
　　　　多　科（藏族，1957.4～1958.12任）
　　　　龚福恒（苗族，1957.4～1959.9任）
　　　　杨文锦（蒙古族，1958.10～1963.5任）
　　　　邢　敏（1960.2～1961.10任）
　　　　郭群英（1960.2～1963.5任）

9. 海西蒙古族藏族哈萨克族自治州第三届人民委员会（1963.5～1965.12）

[1963年5月22日至30日，海西蒙古族藏族哈萨克族自治州第三届人民代表大会第一次会议在大柴旦召开，选举产生海西州第三届人民委员会州长1人、副州长3人。]

州　长：杨文锦（蒙古族）

副州长：李建夫　齐英才（蒙古族）　安木加（藏族）

10. 海西蒙古族藏族哈萨克族自治州第四届人民委员会（1965.12～1967.5）

[1965年12月16日至25日，海西蒙古族藏族哈萨克族自治州第四届人民代表大会第一次会议在大柴旦召开，选举产生海西州第四届人民委员会州长1人、副州长2人。1966年5月“文革”开始后，州人委各级领导机构受到造反派冲击相继瘫痪。]

州　长：杨文锦（蒙古族）

副州长：齐英才（蒙古族）　李景山

11. 海西蒙古族藏族哈萨克族自治州军事管制委员会（1967.5～1968.3）

[1967年5月，青海省军区对海西实行军事管制。]

主　任：徐光宗（1967.5 ~ 1968.3任）

12. 海西蒙古族藏族哈萨克族自治州革命委员会（1968.3～1978.5）

[1968年3月13日，经青海省革命委员会批准，成立海西蒙古族藏族哈萨克族自治州革命委员会。19日，在德令哈召开成立大会。]

（1）1968.3 ~ 1978.5

主　　任：徐光宗（1968.3 ~ 1977.10任）

第一副主任：呼占山（1968.3 ~ 1973.2任）

副　主　任：杨德平（1968.3 ~ 1978.5任）

汪　秀（藏族，1968.3 ~ 1978.5任）

赵海峰（1968.3 ~ ?）

李景山（1968.3 ~ 1978.5任）

李恩普（1970.7 ~ 1972.1任）

史进贤（1971.6 ~ 1972.2任）

齐英才（蒙古族，1972.12 ~ 1978.5任）

杨文锦（蒙古族，1975.2 ~ 1978.5任）

希候巴（藏族，1975.2 ~ 1978.5任）

高　尼（蒙古族，1975.2 ~ 1978.5任）

（2）1978.5 ~ 1981.6

[1978年5月22日至28日，海西蒙古族藏族哈萨克族自治州第六届人民代表大会第一次会议在德令哈召开，选举产生海西州革命委员会主任1人、副主任5人。]

主　任：杨文锦（蒙古族，1978.5 ~ 1980.4任）

高　尼（蒙古族，1980.4 ~ 1981.6任）

副主任：高　尼（蒙古族，1978.5 ~ 1980.4任）

齐英才（蒙古族，1978.5 ~ 1979.2任）

周长龄（1978.5 ~ 1981.6任）

更　巴（藏族，1978.5 ~ 1981.6任）

哈西拉提（哈萨克族，1978.5 ~ 1981.6任）

党国瑞（1979.2 ~ 1981.6任）

王定谦（1979.10 ~ 1981.6任）

赵喜民（1980.10 ~ 1981.6任）

13. 海西蒙古族藏族哈萨克族自治州第七届人民政府（1981.6～1986.10）

[1981年6月11日至21日，海西蒙古族藏族哈萨克族自治州第七届人民代表大会第一次会议在德令哈召开，会议决定撤销州革命委员会，恢复州人民政府称谓，并选举产生州人民政府州长1人、副州长7人。1984年5月哈萨克族全部迁返新疆。1985年5月21日，经国务院批准，海西蒙古族藏族哈萨克族自治州更名为“海西蒙古族藏族自治州”。]

州　长：高　尼（蒙古族，1981.6～1986.10任）

副州长：王定谦（1981.6～1983.7任）

哈西拉提（哈萨克族，1981.6～1985.4任）

周长龄（1981.6～1983.7任）

安木加（藏族，1981.6～1983.7任）

卜应良（1981.6～1983.7任）

杨毅侠（1981.6～1983.7任）

达仁钦（藏族，1981.6～1984.5任）

惠及人（1983.7～1986.8任）

郭丕强（1983.7～1985.4任）

索南加措（藏族，1983.7～1984.5任）

拉毛才让（蒙古族，1983.7～1986.10任）

王平顺（1985.9～1986.10任）

尤　金（藏族，1985.9～1986.10任）

14. 海西蒙古族藏族自治州第八届人民政府（1986.10～1991.6）

[1986年10月20日至27日，海西蒙古族藏族自治州第八届人民代表大会第一次会议在德令哈召开，选举产生海西州人民政府州长1人、副州长5人。]

州　长：高　尼（蒙古族，1986.10～1991.6任）

副州长：冯敏刚（1986.10～1988.10任）

王平顺（1986.10～1991.6任）

关凤强（满族，1986.10～1991.6任）

尤　金（藏族，1986.10～1991.6任）

高永红（蒙古族，1986.10～1991.6任）

彭　措（藏族，1989.8～1991.6任）

李津成（1990.12～1991.6任）

15. 海西蒙古族藏族自治州第九届人民政府（1991.6～1993.12）

[1991年6月20日至26日，海西蒙古族藏族自治州第九届人民代表大会第一次会议在德令哈市召开，选举产生海西州人民政府州长1人、副州长5人。]

州　长：高永红（蒙古族，1991.6～1993.12任）

副州长：杨学义（1991.6～1993.12任）

彭　措（藏族，1991.6 ~ 1991.10任）
李津成（1991.6 ~ 1993.12任））
刘荣炎（1991.6 ~ 1993.12任）
切　生（藏族，1991.10 ~ 1993.12任）
赵　骞（1993.10 ~ 1993.12任）
党育生（蒙古族，1993.10 ~ 1993.12任）

（四）中国人民政治协商会议海西蒙古族藏族（哈萨克族）自治州委员会

1. 海西蒙、藏、哈萨克族自治区协商委员会（1954.1～1955.6）

［1954年1月15日至25日，海西蒙、藏、哈萨克族自治区第一届各族各界人民代表大会协商委员会在都兰县察汗乌苏召开，选举产生协商委员会主席1人、副主席5人。］

主　席：方　新
副主席：马丹江（藏族）　多弗拉（蒙古族）　多　科（藏族）
尼哈买提·热合木科（哈萨克族）　阿什旦（藏族）

2. 政协海西蒙、藏、哈萨克族自治州第一届委员会（1955.6～1958.6）

［1955年6月18日至22日，政协海西蒙、藏、哈萨克族自治州第一届委员会第一次全体委员会议在察汗乌苏召开，选举产生政协海西州第一届委员会主席1人、副主席6人。］

主　席：龚福恒（苗族，1955.6 ~ 1957.1任）
方　新（1957.1 ~ 1958.6任）
副主席：杨文锦（蒙古族，1955.6 ~ 1958.6任）
多弗拉（蒙古族，1955.6 ~ 1958.6任）
马丹江（藏族，1955.6 ~ 1958.6任）
尼哈买提·热合木科（哈萨克族，1955.6 ~ 1958.6任）
阿什旦（藏族，1955.6 ~ 1958.6任）
多　科（藏族，1955.6 ~ 1958.6任）

3. 政协海西蒙古族藏族哈萨克族自治州第二届委员会（1958.6～1963.5）

［1958年6月20日至22日，政协海西蒙古族藏族哈萨克族自治州第二届委员会第一次全体委员会议在察汗乌苏召开，选举产生政协海西州第二届委员会主席1人、副主席5人。］

主　席：方　新（1958.6 ~ 1963.5任）
副主席：杨文锦（蒙古族，1958.6 ~ 1963.5任）
王德海（蒙古族，1958.6 ~ 1961.12任）
马丹江（藏族，1958.6 ~ 1963.5任）
多弗拉（蒙古族，1958.6 ~ 1961.12任）

阿什旦（藏族，1958.6～1961.12任）

4. 政协海西蒙古族藏族哈萨克族自治州第三届委员会（1963.5～1965.12）

［1963年5月20日至23日，政协海西蒙古族藏族哈萨克族自治州第三届委员会第一次会议在大柴旦召开，选举产生政协海西州第三届委员会主席1人、副主席5人。］

主　席：赵海峰

副主席：杨文锦（蒙古族）　阿什旦（藏族）　宗　哲（蒙古族）　华青加（藏族）
木沙巴依（哈萨克族）

5. 政协海西蒙古族藏族哈萨克族自治州第四届委员会（1965.12～1966.5）

［1965年12月16日至26日，政协海西蒙古族藏族哈萨克族自治州第四届委员会第一次全体委员会议在大柴旦召开，选举产生政协海西州第四届委员会主席1人、副主席5人。1966年5月"文革"开始后，州政协工作中断12年。］

主　席：赵海峰

副主席：杨文锦（蒙古族）　阿什旦（藏族）　宗　哲（蒙古族）　华青加（藏族）
木沙巴依（哈萨克族）

6. 政协海西蒙古族藏族哈萨克族自治州第五届委员会（1978.5～1981.6）

［1978年5月21日至29日，政协海西蒙古族藏族哈萨克族自治州第五届委员会第一次全体委员会议在德令哈召开，选举产生政协海西州第五届委员会主席1人、副主席7人。］

主　席：杨文锦（蒙古族，1978.5～1980.4任）

副主席：齐英才（蒙古族，1978.5～1979.2任）
周信仁（1978.5～1981.6任）
郝生亮（1978.5～1981.6任）
哈西拉提（哈萨克族，1978.5～1981.6任）
宗　哲（蒙古族，1978.5～1981.6任）
薛淦兴（1978.5～1981.6任）
阿什旦（藏族，1978.5～1981.6任）

7. 政协海西蒙古族藏族哈萨克族自治州第六届委员会（1981.6～1986.10）

［1981年6月10日至21日，政协海西蒙古族藏族哈萨克族自治州第六届委员会第一次全体委员会议在德令哈召开，选举产生政协海西州第六届委员会主席1人、副主席6人。1985年5月21日，经国务院批准，海西蒙古族藏族哈萨克族自治州更名为"海西蒙古族藏族自治州"。］

主　席：党德福（蒙古族，1981.6～1982.5任）
万　德（藏族，1983.7～1986.10任）

副主席：李树林（1981.6～1986.10任）
阿什旦（藏族，1981.6～1984.2任）
宗　哲（蒙古族，1981.6～1984.1任）

马丹江（藏族，1981.6～1985.4任）

杨　乔（1981.6～1986.10任）

木生格（藏族，1981.6～1986.10任）

8. 政协海西蒙古族藏族自治州第七届委员会（1986.10～1991.6）

[1986年10月18日至25日，政协海西蒙古族藏族自治州第七届委员会第一次全体委员会议在德令哈召开，选举产生政协海西州第七届委员会主席1人、副主席8人。]

主　席：万　德（藏族，1986.10～1991.6任）

副主席：党德福（蒙古族，1986.10～1991.6任）

诺尔杰（蒙古族，1986.10～1991.6任）

白　彬（1986.10～1989.11任）

木生格（藏族，1986.10～1991.6任）

兰克加（藏族，1986.10～1991.6任）

彭措达尔吉（蒙古族，1986.10～1991.6任）

丹　洛（藏族，1986.10～1991.6任）

陈登颐（1986.10～1991.6任）

9. 政协海西蒙古族藏族自治州第八届委员会（1991.6～1996.5）

[1991年6月19日至25日，政协海西蒙古族藏族自治州第八届委员会第一次全体委员会议在德令哈市召开，选举产生政协海西州第八届委员会主席1人、副主席7人。]

主　席：万　德（藏族，1991.10～1993.12任）

副主席：兰克加（藏族，1991.6～1993.12任）

王志渊（1991.6～1993.12任）

木生格（藏族，1991.6～1993.12任）

彭措达尔吉（蒙古族，1991.6～1993.12任）

丹　洛（藏族，1991.6～1993.12任）

红　花（女，蒙古族，1991.6～1993.12任）

傲日布仁青（蒙古族，1991.6～1993.12任）

（马志敏/供稿）

昌吉回族自治州党政组织职官志
（1949.10～1993.12）

［昌吉回族自治州成立于1954年7月，为历史衔接，本志从1950年2月中共迪化地方委员会成立撰起。组织职官分为中共昌吉地方组织、昌吉回族自治州人民代表大会常务委员会、昌吉地方政府、中国人民政治协商会议昌吉回族自治州委员会4类。各组织职官名称的沿革，在类下逐一志述，其组织成立的由来及其建制、职官等情况，随文予以简明提示与解说。］

（一）中国共产党昌吉地方组织

1. 中共迪化地方委员会（1950.2～1954.1）

［1950年初，中共中央新疆分局决定以中国人民解放军六军十七师党委兼任中共迪化地方委员会。1950年2月4日，中共迪化地方委员会正式成立，地委书记由十七师师长、师党委书记程悦长兼任，副书记由十七师副政委张世功兼任。1951年8月2日，经中共中央新疆分局同意，中共迪化地委与十七师常委正式分开，中共迪化地委由书记程悦长（兼）、副书记张世功及7名委员组成。此后，中共迪化地委领导人作了调整、增补，并从1953年9月起增设地委常务委员会，增补常务委员会委员。］

书　记：程悦长（1950.2～1952.2兼）
　　　　张世功（1952.2～1954.1兼）
副书记：张世功（1950.2～1952.2兼）
　　　　刘　坚（1953.8～1954.1任）

2. 中共乌鲁木齐地方委员会（1954.2～1958.5）

［1954年2月1日，经中央人民政府批准，迪化改称乌鲁木齐，中共迪化地委改称中共乌鲁木齐地方委员会。1954年7月15日，乌鲁木齐专区所属乌鲁木齐县、米泉县、昌吉县划出，成立昌吉回族自治区，乌鲁木齐地委由领导原来的12个县委改为9个县委。1956年5月15日至26日，中共乌鲁木齐地方第一次代表大会在乌鲁木齐召开，大会选举产生中共乌鲁木齐地方委员会委员21名，组成中共乌鲁木齐地方第一届委员会。在一届一次全体委员会议上选举产生中共乌鲁木齐地方第一届委员会常务委员会委员、书记和副书记。1958年4月，中共中央、国务院决定撤销乌鲁木齐专区建制，把原乌鲁木齐专区所属北疆地区的木垒哈萨克县、奇台县、吉木萨尔县、阜康县、呼图壁县、玛纳斯县划归昌吉回族自治州管辖，同时把天山以南的吐鲁番县、鄯善县、托克逊县归新疆维吾尔自治区领导。1958年5月20日，乌鲁木齐专区正式撤销，乌鲁木齐地委停止办公。］

书　　记：张世功（1954.2～1955.2任）
　　　　　褚南声（1955.2～1958.5任）

副　书　记：刘　坚（1954.2 ~ 1954.10任）

第一副书记：李嘉玉（1956.5 ~ 1958.5任）

第二副书记：冯步珍（1956.5 ~ 1958.5任）

第三副书记：司马义·铁木尔（维吾尔族，1956.5 ~ 1958.5任）

3. 中共昌吉地方委员会（1954.6～1956.5）

（1）中共昌吉回族自治区筹备委员会党组（1954.6 ~ 1954.10）

[1953年6月，中共中央新疆分局在《新疆省民族区域自治实施计划（草案）》中指出，在回族聚居比较集中的乌鲁木齐、米泉、昌吉3县建立一个相当于专区级的回族自治区，受新疆省人民政府领导。1954年3月20日，在昌吉县昌吉镇召开回族自治区各族各界代表会议，宣布回族自治区筹备委员会正式成立。同年6月19日，中共中央新疆分局批准成立昌吉回族自治区筹备委员会党组。]

书　记：刘　坚（1954.6 ~ 1954.10任）

副书记：禹占林（回族，1954.6 ~ 1954.10任）

（2）中共昌吉地方委员会（1954.10 ~ 1956.5）

[1954年10月18日，中共中央新疆分局关于配备中共昌吉回族自治区地方委员会委员的决定正式宣布。10月20日，中共昌吉回族自治区地方委员会（简称昌吉地委）正式组建，地委组成人员由上级党组织任命。昌吉地委成立的同时，原“昌吉回族自治区筹备委员会党组”即行撤销。1954年10月至1955年9月，中共昌吉地委隶属中共中央新疆分局。1955年10月1日新疆维吾尔自治区成立、中共中央新疆分局撤销后，中共昌吉地委隶属中共新疆维吾尔自治区党委领导。]

第一书记：刘　坚（1954.10 ~ 1955.2代）

　　　　　贺平山（1955.2 ~ 1956.5任）

第二书记：禹占林（回族，1954.10 ~ 1956.5任）

书　　记：史洛夫（1956.4 ~ 1956.4任）

4. 中共昌吉回族自治州第一届委员会（1956.5～1964.6）

[1955年3月11日昌吉回族自治州成立。1956年5月30日，召开中共昌吉回族自治州第一次党员代表大会，在一届一次全体委员会议上，选举产生中共昌吉回族自治州第一届委员会常务委员会委员、书记、副书记。]

（1）1956.5 ~ 1958.4

书　记：史洛夫（1956.5 ~ 1961.3任）

副书记：马明亮（回族，1956.5 ~ 1958.4任）

（2）1958.4 ~ 1963.8

[1958年4月15日，中共昌吉回族自治州委员会（简称中共昌吉州委）成立书记处，并对领导班子成员进行了调整、增补。1958年5月20日，根据中共新疆维吾尔自治区委员会的决定，中共乌鲁木齐地委与中共昌吉州委合并，组成中共昌吉州委新的领导班子。]

第 一 书 记：褚南声（1958.4 ~ 1960.3代）

吴鉴群（1961.3～1963.8兼）

第 二 书 记：史洛夫（1961.3～1963.8任）

书记处书记：史洛夫（1958.4～1961.3任）

马明亮（回族，1958.4～1963.8任）

冯步珍（1958.4～1963.8任）

冯功再（1959.3～1960.5任）

王　元（1961.3～1963.8任）

书记处候补书记：张贵官（1961.3～1963.8任）

（3）1963.8～1964.6

[1963年8月，撤销中共昌吉州委书记处。]

书　记：吴鉴群（1963.8～1964.6任）

副书记：褚南声（1963.8～1964.6任）

张贵官（1963.8～1964.6任）

史洛夫（1963.8～1964.4任）

王　元（1963.8～1964.6任）

冯步珍（1963.8～1964.6任）

5. 中共昌吉回族自治州第二届委员会（1964.6～1966.5）

[1964年6月19日，召开中共昌吉回族自治州第二次党员代表大会，在二届一次全委会上选举产生中共昌吉回族自治州第二届委员会常务委员会委员、书记、副书记。]

书　记：吴鉴群（1964.6～1966.5任）

副书记：褚南声（1964.6～1966.5任）

张贵官（1964.6～1966.5任）

史洛夫（1964.6～1965.2任）

王　元（1964.6～1966.5任）

冯步珍（1964.6～1965.4任）

杨春芳（1964.6～1966.5任）

6. 中共昌吉回族自治州革命委员会党的核心小组（1970.1～1971.2）

[1966年5月“文革”开始至1967年1月，中共昌吉州第二届委员会正常行使领导职权。1967年1月，中共昌吉州委及下属各级党组织普遍受到造反派的冲击而陷于瘫痪，党的组织生活被迫停止。1970年1月24日，经新疆维吾尔自治区革命委员会批准，成立中共昌吉回族自治州革命委员会核心小组，代行中共昌吉州委的职权。中共昌吉回族自治州革命委员会核心小组至1971年2月中共昌吉回族自治州第三届委员会建立时撤销。]

组　长：白　镜（1970.1～1971.2任）

副组长：郭振普（1970.1～1971.2任）

刘致中（1970.1～1971.2任）

7. 中共昌吉回族自治州第三届委员会（1971.2～1979.12）

［1971年2月19日，召开中共昌吉回族自治州第三次党员代表大会，在三届一次全委会上选举产生中共昌吉回族自治州第三届委员会常务委员会委员、书记、副书记。1974年，昌吉州委领导机构中的部队干部陆续返回原部队。1975年3月，根据中发（1975）11号文件精神，撤销新疆生产建设兵团建制后，昌吉州境内的原生产建设兵团农六师并入昌吉州（1982年2月恢复农六师建制），随即昌吉州委领导班子成员进行了调整、增补。］

书　记：白　镜（1971.2 ~ 1974.11任）
　　　　赵予征（1974.11 ~ 1979.12任）
副书记：郭振普（1971.2 ~ 1974.12任）
　　　　杨春芳（1971.2 ~ 1975.6任）
　　　　王　坦（1973.7 ~ 1979.12任）
　　　　马成荣（回族，1973.7 ~ 1979.12任）
　　　　贺汉德（1975.6 ~ 1979.12任）
　　　　曲全魁（1975.6 ~ 1979.1任）
　　　　郑书田（1978.10 ~ 1978.12任）
　　　　樊树德（1979.1 ~ 1979.12任）

8. 中共昌吉回族自治州第四届委员会（1979.12～1985.6）

［1979年12月28日，召开中共昌吉回族自治州第四次党员代表大会，在四届一次全委会上选举产生中共昌吉回族自治州第四届委员会常务委员会委员、书记、副书记。1983年4月10日，经中共新疆维吾尔自治区党委批准，中共昌吉州委领导班子作了调整。］

书　记：赵予征（1979.12 ~ 1980.4任）
　　　　马明亮（1980.4 ~ 1983.4任）
　　　　肖桂馨（1983.4 ~ 1985.6任）
副书记：马成荣（回族，1979.12 ~ 1983.4任）
　　　　贺汉德（1979.12 ~ 1983.4任）
　　　　颉富平（1979.12 ~ 1985.6任）
　　　　王寿臣（1981.2 ~ 1982.6任）
　　　　王贵清（1982.5 ~ 1983.4任）
　　　　李达仁（1982.5 ~ 1985.6任）
　　　　马存亮（回族，1983.4 ~ 1985.6任）

9. 中共昌吉回族自治州第五届委员会（1985.6～1990.12）

［1985年6月28日，召开中共昌吉回族自治州第五次党员代表大会，在五届一次全委会议上选举产生中共昌吉回族自治州第五届委员会常务委员会委员、书记、副书记。］

书　记：肖桂馨（1985.6 ~ 1990.12任）
副书记：李达仁（1985.6 ~ 1989.3任）

马存亮（回族，1985.6～1990.12任）
马铁军（1985.6～1990.12任）
柴庚存（1989.3～1990.12任）

10. 中共昌吉回族自治州第六届委员会（1990.12～1993.12）

［1990年12月28日，召开中共昌吉回族自治州第六次代表大会，在六届一次全委会议上选举产生中共昌吉回族自治州第六届委员会常务委员会委员、书记、副书记。］

书　记：吴佳和（1990.12～1993.5任）
陈敬德（1993.5～1993.12任）
副书记：马存亮（回族，1990.12～1992.10任）
柴庚存（1990.12～1991.12任）
刘松林（1990.12～1993.12任）
黄元才（1991.10～1993.10任）
马建国（回族，1992.10～1993.12任）
陈庆勇（1993.10～1993.12任）

（二）昌吉回族自治州人民代表大会常务委员会

［1983年4月，昌吉回族自治州第八届人民代表大会第一次会议根据《中华人民共和国宪法》和《地方各级人民代表大会和地方各级人民政府组织法》的规定，设立人民代表大会常设机关昌吉回族自治州人民代表大会常务委员会（简称州人大常委会）。此前，各届人民代表大会均未设立人大常委会，人民代表大会闭会期间的日常工作，由州人民政府办理。］

1. 昌吉回族自治州第八届人大常委会（1983.4～1988.4）

［1983年4月13日，召开昌吉回族自治州第八届人民代表大会第一次会议，选举产生昌吉回族自治州第八届人民代表大会常务委员会委员、主任、副主任。］

主　任：马成荣（回族，1983.4～1988.4任）
副主任：常加福（1983.4～1988.4任）
杨生福（回族，1983.4～1988.4任）
范秋喜（1983.4～1988.4任）
马桂珍（女，回族，1983.4～1988.4任）
热介夫（哈萨克族，1983.4～1988.4任）
马长春（回族，1983.4～1988.4任）

2. 昌吉回族自治州第九届人大常委会（1988.4～1993.3）

［1988年4月，召开昌吉回族自治州第九届人民代表大会第一次会议，选举产生昌吉回族自治州第九届人民代表大会常务委员会委员、主任、副主任。］

主　任：马成荣（回族，1988.4～1993.3任）

副主任：赵学智（1988.4～1993.3任）
马进善（回族，1988.4～1993.3任）
韩德祥（1988.4～1993.3任）
马长春（回族，1988.4～1993.3任）
白莎拉（女，哈萨克族，1988.4～1993.3任）
司马义·哈比力（维吾尔族，1988.4～1993.3任）
刘　衡（1990.3～1993.3任）

3. 昌吉回族自治州第十届人大常委会（1993.4～1993.12）

[1993年3月6日，召开昌吉回族自治州第十届人民代表大会第一次会议，选举产生昌吉回族自治州第十届人民代表大会常务委员会委员、主任、副主任。]

主　任：杨启增（回族，1993.4～1993.12任）
副主任：赵学智（1993.4～1993.12任）
白莎拉（女，哈萨克族，1993.4～1993.12任）
司马义·哈比力（维吾尔族，1993.4～1993.12）
马长春（回族，1993.4～1993.12任）
刘　晶（1993.4～1993.12任）
王培华（女，回族，1993.4～1993.12任）

（三）昌吉地方政府

1. 乌鲁木齐（迪化）专员公署（1950.2～1958.5）

[1950年2月初，新疆省迪化专区专员公署成立，驻地迪化市。1954年2月1日，经中央人民政府政务院批准，迪化县改名乌鲁木齐县，迪化专区、迪化专员公署改名乌鲁木齐专区、乌鲁木齐专员公署。1954年7月15日，乌鲁木齐专区所属乌鲁木齐县、米泉县、昌吉县划出成立专区级民族区域自治地方昌吉回族自治区，受新疆省人民政府直接领导。1955年3月11日，昌吉回族自治区改称昌吉回族自治州。1958年4月22日，撤销乌鲁木齐专区，原属乌鲁木齐专区的玛纳斯、呼图壁、阜康、吉木萨尔、奇台和木垒6县划归昌吉回族自治州管辖。]

专　员：哈德万（女，哈萨克族，1950.2～1951.3任）
褚南声（1951.3～1954.1任）
冯功再（1956.2～1958.5任）
副专员：褚南声（1950.2～1951.3任）
李灼如（1950.2～1951.3任）
郭　德（回族，1951.3～1958.5任）
哈米阿·斯力汉（哈萨克族，1951.5～1958.5任）
冯功再（1955.8～1956.2任）
克衣木·巴斯提（维吾尔族，1956.2～1958.5任）

2. 昌吉回族自治区第一届人民政府（1954.7～1955.3）

［1954年3月，乌鲁木齐专署回族自治区筹备委员会成立。6月25日，中共中央新疆分局批准回族自治区筹备委员会的报告，同意由乌鲁木齐、米泉、昌吉3个县成立专区级的民族区域自治地方政府，称“昌吉回族自治区”，首府设在昌吉县昌吉镇。7月15日，昌吉回族自治区和昌吉回族自治区人民政府正式宣告成立，受新疆省人民政府（1955年10月1日改为新疆维吾尔自治区）领导。］

主　席：禹占林（回族，1954.7～1955.3任）

副主席：史洛夫（1954.7～1955.3任）

尕文祥（回族，1954.7～1955.3任）

3. 昌吉回族自治州人民委员会（1955.3～1966.5）

［1955年3月11日，昌吉回族自治区改称昌吉回族自治州。从1957年1月18日至1965年9月15日，昌吉回族自治州人民委员会共历5届，即第二届至第六届人民委员会。第三届人民委员会时期，由于乌鲁木齐专区于1958年5月经国务院批准撤销，原乌鲁木齐专区所辖木垒哈萨克自治县、奇台县、吉木萨尔县、阜康县、呼图壁县、玛纳斯县划归昌吉回族自治州，昌吉回族自治州由3个县增至9个县。1959年11月9日，乌鲁木齐县从昌吉回族自治州划出归乌鲁木齐市领导，昌吉回族自治州第六届人民委员会实辖8个县。］

州　长：禹占林（回族，1955.3～1957.1任）

尕文祥（回族，1957.1～1959.6任）

马明亮（回族，1959.6～1961.7兼）

（1961.7～1966.5任）

副州长：史洛夫（1955.3～1957.1任）

尕文祥（回族，1955.3～1957.1任）

吴金平（1957.1～1958.6任）

扎里甫（哈萨克族，1957.1～1966.5任）

托乎提（维吾尔族，1957.1～1959.8任）

冯功再（1958.6～1959.3；1960.10～1963.9任）

克衣木·巴斯提（维吾尔族，1958.6～1961.7任）

（1963.9～1965.9任）

郑书田（1959.3～1966.5任）

马成荣（回族，1965.9～1966.5任）

4. 昌吉回族自治州革命委员会（1969.4～1983.4）

［1966年5月“文革”开始后，州人委各工作机构存在并开展工作。1967年1月26日，州党政机关被“造反派”夺权，领导机关及各工作部门陷于瘫痪。1969年4月5日，经新疆维吾尔自治区革命委员会批准，成立昌吉回族自治州革命委员会，并于4月7日召开成立大会。］

主　任：白　镜（1969.4～1974.11任）

赵予征（代，1974.11 ~ 1978.10任）
马成荣（回族，1978.10 ~ 1983.4任）
副主任：郭振普（1969.4 ~ 1975.8任）
田国华（1969.4 ~ 19774.11任）
王国华（1969.4 ~ 1979.6任）
向文忠（1969.4 ~ 1979.4任）
王　坦（1971.8 ~ 1979.12任）
杨春芳（1971.11 ~ 1975.6任）
马成荣（回族，1972.8 ~ 1978.10任）
郑书田（1972.8 ~ 1978.11任）
张贵官（1972.8 ~ 1983.4任）
何发元（1974.12 ~ 1983.4任）
李振海（1974.12 ~ 1983.4任）
李辅臣（1974.12 ~ 1983.4任）
李道伟（1975.5 ~ 1983.4任）
孙在田（1977.5 ~ 1983.4任）
王常泰（1977.10 ~ 1983.4任）
牛其益（1978.3 ~ 1980.4任）
王寿臣（1978.10 ~ 1983.4任）
常加福（1978.10 ~ 1983.4任）
范秋喜（1978.10 ~ 1983.4任）
杨生福（回族，1978.10 ~ 1983.4）
安尼瓦尔·卡比（哈萨克族，1978.10 ~ 1982.6任）
程培琪（1979.11 ~ 1983.4任）
马存亮（回族，1979.11 ~ 1983.4任）
马品江（回族，1979.11 ~ 1983.4任）
马桂珍（回族，1979.11 ~ 1983.4任）
李维新（1979.11 ~ 1983.4任）
木黑提（维吾尔族，1979.11 ~ 1983.4任）
张奎魁（1979.11 ~ 1983.4任）
张立德（1979.11 ~ 1983.4任）

5. 昌吉回族自治州第八届人民政府（1983.4～1988.4）

［1983年4月13日，召开昌吉回族自治州第八届人民代表大会第一次会议，会议决定撤销昌吉回族自治州革命委员会，选举产生昌吉回族自治州第八届人民政府州长1人、副州长6人。］

州　长：马存亮（回族，1983.4 ~ 1988.4任）
副州长：程培琪（1983.4 ~ 1987.12任）
马品江（回族，1983.4 ~ 1987.12任）

夏力甫汉（哈萨克族，1983.4～1988.4任）
张立德（1983.4～1984.12任）
王伯良（1983.4～1988.4任）
白莎拉（女，哈萨克族，1983.4～1987.12任）

6. 昌吉回族自治州第九届人民政府（1988.4～1993.3）

[1988年4月，召开昌吉回族自治州第九届人民代表大会第一次会议，选举产生昌吉回族自治州第九届人民政府州长1人、副州长5人。]

州　长：马存亮（回族，1988.4～1993.3任）
副州长：吐尔逊他依·阿不都拉（哈萨克族，1988.4～1993.3任）
周建华（回族，1988.4～1993.3任）
夏力甫汉（哈萨克族，1988.4～1993.3任）
赵中原（满族，1988.4～1993.3任）
王伯良（1988.4～1990.12任）
刘本初（1990.12～1993.3任）
马建国（回族，1992.10～1993.3任）

7. 昌吉回族自治州第十届人民政府（1993.3～1993.12）

[1993年3月6日，召开昌吉回族自治州第十届人民代表大会第一次会议，选举产生昌吉回族自治州第十届人民政府州长1人、副州长6人。]

州　长：马建国（回族，1993.3～1993.12任）
副州长：金生辉（1993.3～1993.12任）
周建华（回族，1993.3～1993.12任）
夏力甫汉（哈萨克族，1993.3～1993.12任）
贾帕尔·阿比不拉（维吾尔族，1993.3～1993.12任）
刘本初（1993.3～1993.12任）
马建国（回族，1993.3～1993.12任）

（四）中国人民政治协商会议昌吉回族自治州委员会

1. 政协昌吉回族自治州第一届委员会（1955.10～1961.7）

[1955年10月8日，政协昌吉回族自治州第一届委员会第一次全体委员会议在昌吉镇召开，选举产生政协昌吉州第一届委员会主席1人、副主席3人。1956年8月召开政协昌吉州一届二次会议，选举史洛夫为政协主席。]

主　席：贺平山（1955.10～1956.8任）
史洛夫（1956.8～1961.7任）
副主席：尕文祥（回族，1955.10～1961.7任）

沙天宇（回族，1955.10～1961.7任）

克列伯·巴依提（哈萨克族，1955.10～1961.7任）

2. 政协昌吉回族自治州第二届委员会（1961.7～1963.9）

［1961年7月13日，召开政协昌吉回族自治州第二届委员会第一次全体委员会议，选举产生政协昌吉州第二届委员会主席1人、副主席5人。］

主　席：史洛夫（1961.7～1963.9任）

副主席：马明亮（回族，1961.7～1963.9任）

克依木（维吾尔族，1961.7～1963.9任）

黄士敏（1961.7～1963.9任）

郭　德（回族，1961.7～1963.9任）

吾守尔阿吉（哈萨克族，1961.7～1963.9任）

3. 政协昌吉回族自治州第三届委员会（1963.9～1965.9）

［1963年9月17日，召开政协昌吉回族自治州第三届委员会第一次全体委员会议，选举产生政协昌吉州第三届委员会主席1人、副主席4人。］

主　席：褚南声（1963.9～1965.9任）

副主席：马明亮（回族，1963.9～1965.9任）

克依木（维吾尔族，1963.9～1965.9任）

郭　德（回族，1963.9～1965.9任）

吾守尔阿吉（哈萨克族，1963.9～1965.9任）

4. 政协昌吉回族自治州第四届委员会（1965.9～1966.5）

［1965年9月14日，召开政协昌吉回族自治州第四届委员会第一次全体委员会议，选举产生政协昌吉州第四届委员会主席1人、副主席5人。1966年5月"文革"开始后，州政协停止活动18年。］

主　席：褚南声（1965.9～1966.5任）

副主席：马明亮（回族，1965.9～1966.5任）

克依木（维吾尔族，1965.9～1966.5任）

郭　德（回族，1965.9～1966.5任）

马成荣（回族，1965.9～1966.5任）

吾守尔阿吉（哈萨克族，1965.9～1966.5任）

5. 政协昌吉回族自治州第五届委员会（1983.4～1988.4）

［1983年4月12日，召开政协昌吉回族自治州第五届委员会第一次全体委员会议，选举产生政协昌吉州第五届委员会主席1人、副主席6人。］

主　席：王常泰（1983.4～1988.4任）

副主席：孙在田（1983.4～1986.3任）

杨尚文（回族，1983.4～1988.4任）

李道伟（1983.4～1988.4任）

马正忠（回族，1983.4～1988.4任）

鲍惠琴（女，1983.4～1988.4任）

刘诚之（1983.4～1988.4任）

贺汉德（1986.3～1988.4任）

6. 政协昌吉回族自治州第六届委员会（1988.4～1993.3）

［1988年4月24日，召开政协昌吉回族自治州第六届委员会第一次全体委员会议，选举产生政协昌吉州第六届委员会主席1人、副主席8人。］

主　席：程培琪（1988.4～1993.3任）

副主席：杨尚文（回族，1988.4～1993.3任）

张志福（1988.4～1993.3任）

陈鹏来（1988.4～1993.3任）

贾培南（1988.4～1993.3任）

马正忠（回族，1988.4～1993.3任）

刘诚之（1988.4～1993.3任）

胡尼亚孜（哈萨克族，1988.4～1993.3任）

阿不都·热西提（维吾尔族，1988.4～1993.3任）

7. 政协昌吉回族自治州第七届委员会（1993.3～1993.12）

［1993年3月6日，召开政协昌吉回族自治州第七届委员会第一次全体委员会议，选举产生政协昌吉州第七届委员会主席1人、副主席8人。］

主　席：程培琪（1993.3～1993.12任）

副主席：尹志刚（1993.3～1993.12任）

马洪才（回族，1993.3～1993.12任）

赵中原（满族，1993.3～1993.12任）

陈金山（1993.3～1993.12任）

马正忠（回族，1993.3～1993.12任）

郇山梅（女，1993.3～1993.12任）

哈发义（哈萨克族，1993.3～1993.12任）

阿不都·热西提（维吾尔族，1993.3～1993.12任）

（马志敏/供稿）

巴音郭楞蒙古自治州党政组织职官志（1949.10~1993.12）

［巴音郭楞蒙古自治州成立于1954年6月，为历史衔接，本志从1949年底中共焉耆地方工作委员会成立撰起。组织职官分为中共巴音郭楞地方组织、巴音郭楞蒙古自治州人民代表大会常务委员会、巴音郭楞地方政府、中国人民政治协商会议巴音郭楞蒙古自治州委员会4类。各组织职官名称的沿革，在类下逐一志述，其组织成立的由来及其建制、职官等情况，随文予以简明提示与解说。］

（一）中国共产党巴音郭楞地方组织

1. 中共焉耆地方（工作）委员会（1949.10～1954.6）

［1949年底，中共焉耆地方工作委员会开始组建（一说直接成立中共焉耆地委），由中国人民解放军二军六师政委熊晃兼任书记。1950年3月25日，以中共二军六师党委为基础组建的中共新疆省焉耆地方委员会（简称焉耆地委）成立，隶属迪化区党委领导，地委机关驻焉耆县。1951年5月，焉耆地委改由中共中央新疆分局领导。1954年6月，政务院批准撤销焉耆专员公署，分别成立巴音郭楞蒙古自治区和库尔勒专员公署，中共焉耆地委随此变动而撤销。］

书　记：熊　晃（1949.10~1954.6任）

副书记：郭进亭（1950.10~1954.6任）

王振文（1953.3~1954.6任）

杨　格（1950.1~1950.10代）

2. 中共巴音郭楞地方委员会（1954.6～1956.6）

［1954年6月23日，分别成立中共巴音郭楞地方委员会和中共库尔勒地方委员会。巴音郭楞地委隶属中共中央新疆分局领导，地委机关驻焉耆县。8月25日，中共新疆分局任命王振文为中共巴音郭楞地委书记，任仰山为副书记。］

书　记：王振文（1954.8~1956.6任）

副书记：任仰山（1954.8~1956.6任）

3. 中共巴音郭楞蒙古自治州第一届委员会（1956.6～1964.1）

［1956年6月12日至21日，召开中共巴音郭楞地区第一次党员代表大会，选举产生中共巴音郭楞地区第一届委员会。因这一时期组织机构和人事变动较大，其历史沿革分3个阶段表述。］

（1）1956.8~1960.4

［1956年8月10日，自治区党委批准王振文等18人组成中共巴音郭楞地方第一届委员会，

王振文等8人组成地委常委会。11月上旬，中共巴音郭楞地委改为中共巴音郭楞蒙古自治州（简称巴州）委员会。12月5日，王振文任巴州党委第一书记，阳焕生兼任第二书记，任仰山任第一副书记，艾山·克力木任第二副书记。]

第 一 书 记：王振文（1956.8～1960.4任）

第 二 书 记：阳焕生（1956.8～1960.4任）

第一副书记：任仰山（1956.8～1960.4任）

第二副书记：艾山·克力木（维吾尔族，1956.8～1960.4任）

（2）1960.4～1963.8

[1960年4月1日，自治区党委常委会议决定成立巴音郭楞蒙古自治州党委书记处，王振文任第一书记，阳焕生、巴音克希克、任仰山、艾山·克力木任书记处书记。1960年10月5日，库尔勒专署撤销，所辖5个县并入巴州，州级机关移驻库尔勒县。12月，自治区党委决定，王元、阳焕生、巴音克希克、艾山·克力木、王礼荃、许奇谭任州委书记处书记。12月3日，中共中央任命郭进亭为州委书记处第一书记，王振文为第二书记。1961年1月任命任仰山为书记。]

第 一 书 记：王振文（1960.4～1960.12任）
　　　　　　郭进亭（1960.12～1963.8任）

第 二 书 记：王振文（1960.12～1962任）

书记处书记：阳焕生（1960.4～1963.8任）
　　　　　　巴音克希克（蒙古族，1960.4～1963.8任）
　　　　　　任仰山（1960.4～1963.8任）
　　　　　　艾山·克力木（维吾尔族，1960.4～1963.8任）
　　　　　　王　元（1960.12～1961.7任）
　　　　　　王礼荃（1960.12～1963.8任）
　　　　　　许奇谭（1960.12～1963.8任）
　　　　　　周德彰（1960.12～1963.8任）
　　　　　　杨　格（1960.12～1963.8任）

书记处候补书记：周德彰（1960.4～1960.12任）

（3）1963.8～1964.1

[1963年，撤销巴州党委书记处。1963年8月，经中共中央批准，任命阳焕生为州委书记。]

书　记：阳焕生（1963.8～1964.1任）

副书记：巴音克希克（蒙古族，1963.8～1964.1任）
　　　　艾山·克力木（维吾尔族，1963.8～1964.1任）
　　　　王礼荃（1963.8～1964.1任）
　　　　许奇谭（1963.8～1964.1任）
　　　　周德彰（1963.8～1964.1任）
　　　　杨　格（1963.8～1964.1任）

4. 中共巴音郭楞蒙古自治州第二届委员会（1964.1～1966.5）

[1964年1月26日至2月8日，中共巴音郭楞蒙古自治州第二次党员代表大会在库尔勒召

开，会议选举产生中共巴州第二届委员会书记1人、副书记3人。“文革”开始后，1966年5月至1968年，巴州各级党组织受到冲击，相继瘫痪。]

书　记：阳焕生（1964.1～1966.5任）

副书记：任仰山（1964.1～1966.5任）

杨　格（1964.1～1966.5任）

王礼荃（1964.1～1966.5任）

5. 中共巴音郭楞蒙古自治州革命委员会党的核心小组（1970.5～1971.9）

[1970年5月25日，经自治区革命委员会党的核心小组和新疆军区党委批准，成立由8人组成的中共巴州革命委员会党的核心小组，马秉需任组长。1970年6月，巴州革委会党的核心小组开始在全州恢复党的各级组织。]

组　长：马秉需（1970.5～1971.9任）

6. 中共巴音郭楞蒙古自治州第三届委员会（1971.9～1985.9）

[1971年9月8日至11日，中共巴音郭楞蒙古自治州第三次党员代表大会在库尔勒召开，会议选举产生中共巴州第三届委员会常务委员会书记1人、副书记3人。第三届委员会期间，州委书记、副书记多次更迭。]

书　记：马秉需（1971.9～1973.2任）

孟树林（1973.2～1979.7任）

任仰山（1979.7～1983.3任）

钟　彬（1983.3～1985.9任）

副书记：谢　影（1971.9～1975.7任）

孟树林（1971.9～1973.1任）

巴　岱（1971.9～1978.2任）

孙宝三（1971.9～1979.9任）

任仰山（1972.12～1979.6任）

王礼荃（1972.12～1977.5任）

张福月（1979.4～1982任）

阿比孜·热合买提（维吾尔族，1979.4.26～1979.12任）

卓力得（蒙古族，1979.2～1979.3任）

高明正（1979.2～1983.3任）

张国栋（1975.7～1983.9任）

赵明高（1975.7～1976.10任）

（1979.2～1983.6任）

王文秀（1979.4～1983.3任）

李斗恒（1979.11～1983.3任）

党　金（蒙古族，1979.4～1985.9任）

张　震（1981.1～1985.4任）

艾力·纳斯尔（维吾尔族，1981.1～1985.4任）
崔光华（1985.6～1985.9任）

7. 中共巴音郭楞蒙古自治州第四届委员会（1985.9～1990.12）

［1985年9月23日至26日，中共巴音郭楞蒙古自治州第四次代表大会在库尔勒召开，会议选举产生中共巴州第四届委员会常务委员会书记1人、副书记3人。1990年3月14日，钟彬离任，崔光华代理巴州党委书记。］

书　记：钟　彬（1985.9～1990.3任）
崔光华（代，1990.3～1990.12任）
副书记：党　金（蒙古族，1985.9～1990.12任）
崔光华（1985.9～1990.3任）
艾力·纳斯尔（维吾尔族，1985.9～1990.12任）

8. 中共巴音郭楞蒙古自治州第五届委员会（1990.12～1993.12）

［1990年12月24日至28日，中共巴音郭楞蒙古自治州第五次党员代表大会在库尔勒召开，会议选举产生中共巴州第五届委员会常务委员会书记1人、副书记3人。1993年4月和7月，自治区党委任命赛尔杰、张舟为巴州党委副书记。］

书　记：崔光华（1990.12～1993.12任）
副书记：党　金（蒙古族，1990.12～1993.4任）
艾力·纳斯尔（维吾尔族，1990.12～1993.12任）
王建臻（1990.12～1993.10任）
赛尔杰（1993.4～1993.12任）
张　舟（1993.7～1993.12任）

附：中共库尔勒地委（1954.6～1960.11）

［1954年6月，设中共库尔勒地方委员会，隶属中共中央新疆分局领导，地委机关驻库尔勒县。同年9月，中共中央新疆分局决定由郭进亭等8人组成中共库尔勒地方委员会，任命郭进亭为地委书记，王元为副书记。1956年5月31日至6月14日，中共库尔勒地区第一次党员代表大会召开，选举产生由16人组成的中共库尔勒地方委员会和由9人组成的常务委员会。郭进亭任地委第一书记，王元、吐尔逊·伊斯热衣里任书记。1958年10月11日，许奇谭任库尔勒地委书记。1960年12月，撤销中共库尔勒地委，并入巴音郭楞蒙古自治州党委。］

书　记：郭进亭（1954.6～1960.11任）
副书记：王　元（1954.6～1960.11任）
吐尔逊·伊斯热衣里（维吾尔族，1956.5～1960.11任）
许奇谭（1958.10～1960.11任）
张克舜（1958.？～1960.11任）

（二）巴音郭楞蒙古自治州人民代表大会常务委员会

［1983年4月，巴音郭楞蒙古自治州（简称巴州）第七届人民代表大会根据全国人大五届二次会议修正的《中华人民共和国宪法》、《中华人民共和国地方各级人民代表大会和地方各级人民政府组织法》的规定，决定设立州人民代表大会常务委员会（简称州人大常委会），作为人民代表大会的常设机构。在此以前，各届人民代表大会均未设立人大常委会。］

1. 巴音郭楞蒙古自治州第七届人大常委会（1983.4～1988.4）

［1983年4月13日至20日，巴音郭楞蒙古自治州第七届人民代表大会第一次会议在库尔勒召开，会议选举产生巴州第七届人民代表大会常务委员会主任1人、副主任6人。1984年4月，州七届人大三次会议补选巴生为副主任。］

主　任：才　文（蒙古族，1983.4 ~ 1988.4任）
副主任：巴玉林（蒙古族，1983.4 ~ 1988.4任）
　　　　李光铣（1983.4 ~ 1988.4任）
　　　　阿不都热合曼·伊明（维吾尔族，1983.4.13 ~ 1988.4任）
　　　　苏耀章（1983.4 ~ 1986.3任）
　　　　麻木提·尼牙孜（维吾尔族，1983.4 ~ 1987.10任）
　　　　冶正元（回族，1983.4 ~ 1988.4任）
　　　　巴　生（蒙古族，1984.4 ~ 1988.4任）

2. 巴音郭楞蒙古自治州第八届人大常委会（1988.4～1993.4）

［1988年4月25日至5月1日，巴音郭楞蒙古自治州第八届人民代表大会第一次会议在库尔勒召开，会议选举产生巴州第八届人民代表大会常务委员会主任1人、副主任8人。］

主　任：才　文（蒙古族，1988.4 ~ 1993.4任）
副主任：巴玉林（蒙古族，1988.4 ~ 1988.7任）
　　　　赵贵三（1988.4 ~ 1993.4任）
　　　　巴　生（蒙古族，1988.4 ~ 1993.4任）
　　　　阿不都热合曼·伊明（维吾尔族，1988.4 ~ 1993.4任）
　　　　冶正元（回族，1988.4 ~ 1993.4任）
　　　　赵长凤（1988.4 ~ 1993.4任）
　　　　石作藩（1988.4 ~ 1993.4任）
　　　　依不拉音·卡孜木（维吾尔族，1988.4 ~ 1993.4任）
　　　　徐志昌（1991.4 ~ 1993.4任）

3. 巴音郭楞蒙古自治州第九届人大常委会（1993.4～1993.12）

［1993年4月，巴音郭楞蒙古自治州第九届人民代表大会第一次会议在库尔勒召开，会议选举产生巴州第九届人民代表大会常务委员会主任1人、副主任7人。］

主　任：党　金（蒙古族，1993.4～1993.12任）

副主任：巴　生（蒙古族，1993.4～1993.12任）

张宗长（1993.4～1993.12任）

吾吐克·尼牙孜（维吾尔族，1993.4～1993.12任）

马吉祥（回族，1993.4～1993.12任）

杨耀华（1993.4～1993.12任）

薛效勇（女，1993.4～1993.12任）

达吾提·木沙（维吾尔族，1993.4～1993.12任）

（三）巴音郭楞地方政府

1. 焉耆专员公署（1949.10～1954.6）

［1949年10月新中国成立后，原新疆省焉耆区行政督察专员公署由新疆省人民政府接管，改称焉耆区专员公署，驻地焉耆镇。1954年6月，政务院批准撤销焉耆专署，分别成立巴音郭楞蒙古自治区和库尔勒专署。］

专　员：郑国卿（1949.10～1950.4任）

艾尔德尼（蒙古族，1952～1954.6任）

副专员：拉德那伯德（蒙古族，1949.10～1950.4任）

高树人（1950.2～1954.6任）

梅合买提·司马义（维吾尔族，1952～1954.6任）

2. 巴音郭楞蒙古自治区人民政府（1954.6～1957.1）

［1954年6月26日，巴音郭楞蒙古自治区人民政府成立。1955年6月，根据《中华人民共和国地方各级人民代表大会和地方各级人民委员会组织法》的规定，将巴音郭楞蒙古自治区改为巴音郭楞蒙古自治州（简称巴州）。］

主　席：巴音克希克（蒙古族）

副主席：梅合买提·司马义（维吾尔）　西谋珍（女，蒙古族）　巴玉林（蒙古族）

任仰山

3. 库尔勒专员公署（1954.6～1960.12）

［1954年6月，设立库尔勒专员公署。1960年12月，库尔勒专署撤销，专署各工作部门并入巴音郭楞蒙古自治州。］

专　员：吐尔逊·伊斯热衣里（维吾尔族，1955.2～1956.5任）

高树人（1956.5～1960.12任）

副专员：高树人（1954.7～1955.2任）

卫青山（1955.10～1960.2任）

托乎提·阿不都拉（维吾尔族，1957.2～1960.12任）

陈　坚（1957.2～1959.2任）

张福月（1959.12～1960.12任）

4. 巴音郭楞蒙古自治州第一届人民委员会（1957.1～1958.6）

［1957年1月21日至29日，巴音郭楞蒙古自治州第一届人民代表大会第一次会议在焉耆县召开，会议选举产生巴州第一届人民委员会州长1人、副州长6人。］

州　长：巴音克希克（蒙古族）

副州长：任仰山　巴吾东·玉素甫（维吾尔族）　西谋珍（女，蒙古族）
巴玉林（蒙古族）　杨文海（回族）　王礼荃

5. 巴音郭楞蒙古自治州第二届人民委员会（1958.6～1961.2）

［1958年6月7日至13日，巴音郭楞蒙古自治州第二届人民代表大会第一次会议在焉耆县召开，会议选举产生巴州第二届人民委员会州长1人、副州长5人。1960年12月，经国务院批准，库尔勒专区撤销，并入巴音郭楞蒙古自治州，州人委机关由焉耆县迁到库尔勒县。］

州　长：巴音克希克（蒙古族）

副州长：巴吾东·玉素甫（维吾尔族）　西谋珍（女，蒙古族）　巴玉林（蒙古族）
王礼荃　杨文海（回族）

6. 巴音郭楞蒙古自治州第三届人民委员会（1961.2～1963.10）

［1961年2月20日至25日，巴音郭楞蒙古自治州第三届人民代表大会第一次会议在库尔勒县召开，会议选举产生巴州第三届人民委员会州长1人、副州长5人。］

州　长：巴音克希克（蒙古族）

副州长：托乎提·阿不都拉（维吾尔族）　王礼荃　西谋珍（女，蒙古族）
巴玉林（蒙古族）　张福月

7. 巴音郭楞蒙古自治州第四届人民委员会（1963.10～1965.12）

［1963年10月12日至23日，巴音郭楞蒙古自治州第四届人民代表大会第一次会议在库尔勒县召开，会议选举产生巴州第四届人民委员会州长1人、副州长5人。］

州　长：巴　岱（蒙古族）

副州长：托乎提·阿不都拉（维吾尔族）　周德彰　西谋珍（女，蒙古族）
巴玉林（蒙古族）　张福月

8. 巴音郭楞蒙古自治州第五届人民委员会（1965.12～1966.5）

［1965年12月28至1966年1月5日，巴音郭楞蒙古自治州第五届人民代表大会第一次会议在库尔勒县召开，会议选举产生巴州第五届人民委员会州长1人、副州长4人。1966年5月“文革”开始后，州人委各级机构受到冲击，相继瘫痪。］

州　长：巴　岱（蒙古族）

副州长：托乎提·阿不都拉（维吾尔族）　周德彰　巴玉林（蒙古族）　张福月

9. 巴音郭楞蒙古自治州革命委员会（1969.4～1983.4）

［1967年1月27日，巴州人民委员会被群众组织夺权。1969年4月25日，经自治区革命委员会批准，成立“大联合、三结合、党政合一”的巴州革命委员会（简称巴州革委会），取代原州委、州人委的领导职能。］

主　任：马秉需（军代表，1969.4～1973.1任）
　　　　巴　岱（蒙古族，干部代表，1973.1～1976.3任）
　　　　党　金（蒙古族，1976.4～1983.4任）

副主任：巴　岱（蒙古族，干部代表，1972.12～1976.3任）
　　　　胡永茂（军代表，1969.4～1975.4任）
　　　　王贵平（军代表，1969.4～1975.4任）
　　　　段长金（军代表，1969.4～1975.4任）
　　　　牛阿富（群众代表，1969.4～1979.10任）
　　　　王振亚（群众代表，1969.4～1979.10任）
　　　　张德生（群众代表，1969.4～1979.10任）
　　　　杨瑞华（女，群众代表，1969.4～1979.7任）
　　　　叶俊桐（1970.8～1973.1任）
　　　　孟树林（1970.8～1973.1任）
　　　　孙宝三（1971.8～?）
　　　　任仰山（1972.12～1979.10任）
　　　　张福月（1972.12～1983.4任）
　　　　阿不都力米吉提·色以提（维吾尔族，1972.12～1976.10任）
　　　　张国栋（1975.7～1983.4任）
　　　　赵明高（1975.7～1976.10任）
　　　　杜　松（1975.7～1976.10任）
　　　　赵剑华（1975.7～1976.10任）
　　　　张一洪（1975.7～1976.10任）
　　　　李光铣（1975.7～1983.4任）
　　　　刘　楠（1975.7～1976.10任）
　　　　维吾尔·米奴甫（维吾尔族，1978.3～？任）
　　　　王文秀（1979.4～？任）
　　　　徐志昌（1979.4～1981.1任）
　　　　巴玉林（蒙古族，1979.4～1983.4任）
　　　　赵贵三（1979.1～1983.4任）
　　　　巴　生（蒙古族，1981.1～1983.4任）
　　　　阿不都热合曼·伊明（维吾尔族，1981.1～1983.4任）
　　　　苏耀章（1981.1～1983.4任）

10. 巴音郭楞蒙古自治州第七届人民政府（1983.4～1988.4）

［1983年4月13日至20日，巴音郭楞蒙古自治州第七届人民代表大会第一次会议在库尔勒召开，会议决定撤销巴州革命委员会，设立巴音郭楞蒙古自治州人民政府，并选举产生州长1人、副州长4人。］

州　长：党　金（蒙古族，1983.4 ~ 1988.4任）

副州长：赵贵三（1983.4 ~ 1988.4任）

巴　生（蒙古族，1983.4 ~ 1984.4任）

崔光华（1983.4 ~ 1984.4任）

木沙克日木（维吾尔族，1983.4 ~ 1988.4任）

巴拉登（蒙古族，1984.4 ~ 1988.4任）

11. 巴音郭楞蒙古自治州第八届人民政府（1988.4.25～1993.4）

［1988年4月25日至5月1日，巴音郭楞蒙古自治州第八届人民代表大会第一次会议在库尔勒召开，会议选举产生巴州第八届人民政府州长1人、副州长5人。］

州　长：党　金（蒙古族，1988.4 ~ 1993.4任）

副州长：张宗长（1988.4 ~ 1993.4任）

吾吐克·尼亚孜（维吾尔族，1988.4 ~ 1993.4任）

马建国（回族，1988.4 ~ 1992.10任）

巴拉登（蒙古族，1988.4 ~ 1993.4任）

王建臻（1988.4 ~ 1991.12任）

张　舟（1991.12 ~ 1993.4任）

赛尔杰（1992.10 ~ 1993.4任）

马　德（1993.3 ~ 1993.4任）

12. 巴音郭楞蒙古自治州第九届人民政府（1993.4～1993.12）

［1993年4月，巴音郭楞蒙古自治州第九届人民代表大会第一次会议在库尔勒召开，会议选举产生巴州第九届人民政府州长1人、副州长4人。］

州　长：赛尔杰（1993.4 ~ 1993.12任）

副州长：王生泉（1993.4 ~ 1993.12任）

买买提·艾则孜（维吾尔族，1993.4 ~ 1993.12任）

巴　岱（蒙古族，1993.4 ~ 1993.12任）

张　舟（1993.4 ~ 1993.12任）

（四）中国人民政治协商会议巴音郭楞蒙古自治州委员会

1. 政协巴音郭楞蒙古自治州第一届委员会（1955.11～1959.10）

［1955年11月15日至19日，政协巴音郭楞蒙古自治州第一届委员会第一次全体委员会议在焉耆县召开，会议选举产生政协巴州第一届委员会主席1人、副主席4人。］

主　席：王振文

副主席：巴玉林（蒙古族）　艾山·克力木（维吾尔族）　当地尔（蒙古族）
马文俊（回族）

2. 政协巴音郭楞蒙古自治州第二届委员会（1959.10～1962.11）

［1959年10月27日至30日，政协巴音郭楞蒙古自治州第二届委员会第一次全体委员会议在焉耆县召开，会议选举产生政协巴州第二届委员会主席1人、副主席8人。］

主　席：艾山·克力木（维吾尔族）

副主席：巴玉林（蒙古族）　郭自强　宫明·姜巴曲日木（蒙古族）　当地尔（蒙古族）
马文俊（回族）　买合苏提·艾兰木（维吾尔族）　马鸿祖（回族）
干见·列克西提（蒙古族）

3. 政协巴音郭楞蒙古自治州第三届委员会（1962.11～1965.12）

［1962年11月20日至29日，政协巴音郭楞蒙古自治州第三届委员会第一次全体委员会议在库尔勒县召开，会议选举产生政协巴州第三届委员会主席1人、副主席9人。］

主　席：郭进亭（1962.11～1965.6任）
阳焕生（1965.6～1965.12任）

副主席：宫明·姜巴曲日木（蒙古族，1962.11～1965.12任）
巴玉林（蒙古族，1962.11～1965.12任）
罗俊富（1962.11～1965.12任）
买买提明·阿木提（维吾尔族，1962.11～1965.12任）
当地尔（蒙古族，1962.11～1965.12任）
马文俊（回族，1962.11～1965.12任）
马鸿祖（回族，1962.11～1965.12）
干见·列克西提（蒙古族，1962.11～1965.12任）
买合苏提·艾兰木（维吾尔族，1962.11～1965.12任）

4. 政协巴音郭楞蒙古自治州第四届委员会（1965.12～1966.5）

［1965年12月27日至1966年1月5日，政协巴音郭楞蒙古自治州第四届委员会第一次全体委员会议在库尔勒县召开，会议选举产生政协巴州第四届委员会主席1人、副主席7人。］

主　席：阳焕生

副主席：罗俊富　宫明·姜巴曲日木（蒙古族）　西谋珍（女，蒙古族）
　　　　买买提明·阿木提（维吾尔族）　当地尔（蒙古族）
　　　　干见·列克西提（蒙古族）　马文俊（回族）

5. 政协巴音郭楞蒙古自治州第五届委员会（1983.4～1988.4）

［1983年4月12日至21日，政协巴音郭楞蒙古自治州第五届委员会第一次全体委员会议在库尔勒县召开，会议选举产生政协巴州第五届委员会主席1人、副主席9人。］

主　席：王文秀（1983.4~1985.5任）
　　　　张　震（1985.5~1988.4任）
副主席：吾买尔·阿不都拉（维吾尔族，1983.4~1986.5任）
　　　　武　勇（1983.4~1986.5任）
　　　　潘思仁（1983.4~1988.4任）
　　　　桑　吉（蒙古族，1983.4~1986.5任）
　　　　李希贤（1983.4~1987.5任）
　　　　艾孜木·吾守大毛拉（维吾尔族，1983.4~1985.3任）
　　　　马文俊（回族，1983.4~1988.4任）
　　　　巴力吉特（女，蒙古族，1983.4~1988.4任）
　　　　干见·列克西提（蒙古族，1983.4~1988.4任）
　　　　尼　满（蒙古族，1986.5~1988.4任）
　　　　买合木提江（维吾尔族，1986.5~1988.4任）
　　　　依达也提大毛拉（维吾尔族，1986.5~1988.4任）

6. 政协巴音郭楞蒙古自治州第六届委员会（1988.4～1993.4）

［1988年4月23日至28日，政协巴音郭楞蒙古自治州第六届委员会第一次全体委员会议在库尔勒县召开，会议选举产生政协巴州第六届委员会主席1人、副主席9人。］

主　席：张　震（1988.4.23~1993.4任）
副主席：王景武（1988.4.23~1993.4任）
　　　　尼　满（蒙古族，1988.4.23~1993.4任）
　　　　巴力吉特（女，蒙古族，1988.4.23~1993.4任）
　　　　宋世治（1988.4.23~1993.4任）
　　　　吕建勋（1988.4.23~1993.4任）
　　　　买买提明·玉山音（维吾尔族，1988.4.23~1993.4任）
　　　　杨富山（回族，1988.4.23~1993.4任）
　　　　干见·列克西提（蒙古族，1988.4.23~1993.4任）
　　　　依达也提大毛拉（维吾尔族，1988.4.23~1991任）
　　　　张　斌（1991~1993.4任）

7. **政协巴音郭楞蒙古自治州第七届委员会**（1993.4～1993.12）

[1993年4月，政协巴音郭楞蒙古自治州第七届委员会第一次全体委员会议在库尔勒县召开，会议选举产生政协巴州第七届委员会主席1人、副主席8人。]

主　席：崔光华（1993.4～1993.12任）

副主席：干见·列克西提（蒙古族，1993.4～1993.12任）
　　　　杨富山（回族，1993.4～1993.12任）
　　　　李根起（1993.4～1993.12任）
　　　　巴拉登（蒙古族，1993.4～1993.12任）
　　　　吾斯曼·艾买尔（维吾尔族，1993.4～1993.12任）
　　　　孙云轩（1993.4～1993.12任）
　　　　王　川（1993.4～1993.12任）
　　　　巴拉提大毛拉（维吾尔族，1993.4～1993.12任）

（马志敏/供稿）

克孜勒苏柯尔克孜自治州党政组织职官志（1949.10～1993.12）

[克孜勒苏柯尔克孜自治州成立于1954年7月，为历史衔接，本志从1954年7月中共克孜勒苏地方委员会成立撰起。组织职官分为中共克孜勒苏地方组织、克孜勒苏柯尔克孜自治州人民代表大会常务委员会、克孜勒苏柯尔克孜地方政府、中国人民政治协商会议克孜勒苏柯尔克孜自治州委员会4类。各组织职官名称的沿革，在类下逐一志述，其组织成立的由来及其建制、职官等情况，随文予以简明提示与解说。]

（一）中国共产党克孜勒苏地方组织

1. 中共克孜勒苏地方委员会（1954.7～1956.6）

[1954年7月，克孜勒苏柯尔克孜自治区成立，经中共中央新疆分局批准，中共克孜勒苏地方委员会同时成立，隶属于中共南疆区委领导，赵子和任地委书记，李月亮任第二书记，阿曼吐尔·巴依扎克任副书记。]

书　　记：赵子和（1954.7～1956.6任）

第二书记：李月亮（1954.7～1956.6任）

副 书 记：阿曼吐尔·巴依扎克（柯尔克孜族，1954.7～1956.6任）

2. 中共克孜勒苏柯尔克孜自治区第一届委员会（1956.6～1963.12）

（1）1956.6～1960.10

1956年6月4日至13日，召开中共克孜勒苏柯尔克孜自治区地方委员会第一次党员代表大会，选举产生常委11人，赵子和任书记，李月亮任第二书记，艾山·和加木白尔地、李斗垣任副书记。10月31日，新疆维吾尔自治区党委决定，中共新疆省克孜勒苏柯尔克孜自治区地委改为中共新疆维吾尔自治区克孜勒苏柯尔克孜自治州委员会。]

书　　记：赵子和（1956.6～1960.10任）

第二书记：李月亮（1956.6～1960.10任）

副 书 记：艾山·和加木白尔地（柯尔克孜族，1956.6～1960.10任）

　　　　　李斗垣（1956.6～1960.10任）

（2）1960.10～1963.5

[1960年10月11日，自治区党委决定，成立州委书记处。1962年2月12日，增补塔依尔·买买提力为书记处候补书记。]

第 一 书 记：赵子和（1960.10～1963.5任）

书记处书记：李月亮（1960.10～1963.5任）

　　　　　　李斗垣（1960.10～1963.5任）

刘　岗（1960.10～1963.5任）

刘海彦（1960.10～1963.5任）

书记处候补书记：塔依尔·买买提力（柯尔克孜族，1962.2～1963.5任）

（3）1963.5～1963.12

[1963年5月7日，自治区党委决定撤销州委书记处。]

书　记：赵子和

副书记：李月亮　李斗垣　刘海彦　塔依尔·买买提力（柯尔克孜族）

3. 中共克孜勒苏柯尔克孜自治州第二届委员会（1963.12～1966.5）

[1963年12月16日至26日，中共克孜勒苏柯尔克孜自治州委员会第二次党员代表大会召开，选举产生常委11名，赵子和任书记，李月亮等3人任副书记。1966年5月“文革”开始后，州委机关尚能开展工作，1967年1月31日，州党委被群众组织夺权，各级党政机关相继瘫痪。]

书　记：赵子和

副书记：李月亮　李斗垣　塔依尔·买买提力（柯尔克孜族）

4. 中共克孜勒苏柯尔克孜自治州革命委员会核心小组（1970.3～1971.5）

[1969年4月24日，经新疆维吾尔自治区革命委员会批准，成立克孜勒苏柯尔克孜自治州革命委员会，实行党政“一元化”领导。1970年3月，经中共新疆维吾尔自治区革委会核心小组批准，成立由7人组成的中共克孜勒苏柯尔克孜自治州革委会核心小组，代行自治州党委职权。]

组　长：李进攻（1970.3～1970.4任）

程天锡（1970.4～1971.5任）

副组长：吴仕智（1970.3～1970.4任）

时　杰（1970.3～1971.5任）

5. 中共克孜勒苏柯尔克孜自治州第三届委员会（1971.5～1985.1）

[1971年5月28日至31日，中共克孜勒苏柯尔克孜自治州委员会第三次党员代表大会召开，选举产生常委9名，程天锡任书记，时杰等3人任副书记。第三次党代会后，自治区党委先后任命赵干卿、马瑞山、石明、刘振江为州委书记。]

书　记：程天锡（1971.5～1975.5任）

赵干卿（1975.6～1979.3任）

马瑞山（1979.4～1980.4任）

石　明（1980.6～1983.4任）

刘振江（1983.4～1985.1任）

副书记：时　杰（1971.5～1972.6任）

张建国（1971.5～1974.12任）

白克·包沙克（柯尔克孜族，1971.5～1983.4任）

赵子和（1972.8～1974.9任）
塔依尔·买买提力（柯尔克孜族，1973.7～1983.4任）
李斗垣（1974.11～1979.10任）
桑保和（1974.11～1983.4任）
李志成（1977.4任～1981.8病故）
韩　兴（1979.1～1981.5任）
石　明（1979.1～1980.6任）
吐尔逊·吾尔沙力（1983.4～1985.1任）
金文科（1983.4～1985.1任）
色来·白合提（1979.10～1985.1任）

6. 中共克孜勒苏柯尔克孜自治州第四届委员会（1985.1～1990.12）

[1985年1月15日至21日，中共克孜勒苏柯尔克孜自治州委员会第四次党员代表大会召开，选举产生常委11名，刘振江任书记，吐尔逊·吾尔沙力等3人任副书记。]

书　记：刘振江（1985.1～1988.10任）
牛秉兴（1988.10～1990.12任）
副书记：吐尔逊·吾尔沙力（柯尔克孜族，1985.1任～1988.6病故）
金文科（1985.1～1988.6任）
色来·白合提（维吾尔族，1985.1～1990.12任）
苏来曼·尼也提卡比力（柯尔克孜族，1988.6～1990.12任）
何学义（1988.11～1990.12任）

7. 中共克孜勒苏柯尔克孜自治州第五届委员会（1990.12～1993.12）

[1990年12月15日至29日，中共克孜勒苏柯尔克孜自治州委员会第五次党员代表大会召开，选举产生常委9名，牛秉兴任书记，苏来曼·尼也提卡比力等3人任副书记。1992年7月，自治区党委任命苏德贵为州委书记。]

书　记：牛秉兴（1990.12～1992.7任）
苏德贵（1992.7～1993.12任）
副书记：苏来曼·尼也提卡比力（柯尔克孜族，1990.12～1993.4任）
苏德贵（1990.12～1992.7任）
阿木提·牙合甫（维吾尔族，1990.12～1993.12任）
李全仁（1991.4～1993.12任）
于国治（1992.7～1993.10任）
阿山伯克·吐尔地（柯尔克孜族，1993.4～1993.12任）

（二）克孜勒苏柯尔克孜自治州人民代表大会常务委员会

[1983年3月，克孜勒苏柯尔克孜自治州第七届人民代表大会第一次会议根据《中华人民共

和国宪法》和《地方各级人民代表大会和地方各级人民政府组织法》的规定，决定设立克孜勒苏柯尔克孜自治州人民代表大会常务委员会（简称州人大常委会），作为人民代表大会的常设机构。]

1. 克孜勒苏柯尔克孜自治州第七届人大常委会（1983.4～1988.5）

［1983年4月13日至20日，召开克孜勒苏柯尔克孜自治州第七届人民代表大会第一次会议，选举产生州第七届人大常委会委员24人，白克·包沙克为主任，高凤岐、依达也提·沙吾提为副主任。1984年8月23日至29日召开州七届人大二次会议，补选赛特瓦尔地·麻木提为副主任。]

主　任：白克·包沙克（柯尔克孜族，1983.4～1988.5任）
副主任：高凤岐（1983.4～1988.3任）
依达也提·沙吾提（维吾尔族，1983.4～1988.5任）
赛特瓦尔地·麻木提（维吾尔族，1984.8～1988.5任）

2. 克孜勒苏柯尔克孜自治州第八届人大常委会（1988.5～1993.4）

［1988年5月30日至6月4日，克孜勒苏柯尔克孜自治州第八届人民代表大会第一次会议召开，选举产生州第八届人大常委会委员15人，白克·包沙克为主任，白世贤等5人为副主任。]

主　任：白克·包沙克（柯尔克孜族，1988.5～1993.4任）
副主任：白世贤（1988.5～1993.4任）
依达也提·沙吾提（维吾尔族，1988.5～1993.4任）
阿不力孜·阿西木（维吾尔族，1988.5～1993.4任）
阿不都卡德尔·托乎提（柯尔克孜族，1988.5～1993.4任）
蔡书明（1988.5～1993.4任）
赛来·白合提（维吾尔族，1991.5～1993.4任）

3. 克孜勒苏柯尔克孜自治州第九届人大常委会（1993.4～1993.12）

［1993年4月8日至13日，克孜勒苏柯尔克孜自治州第九届人民代表大会第一次会议召开，选举产生州第九届人大常委会委员15人，阿不都卡德尔·托乎提为主任，依达也提·沙吾提等4人为副主任。]

主　任：阿不都卡德尔·托乎提（柯尔克孜族，1993.4～1993.12任）
副主任：依达也提·沙吾提（维吾尔族，1993.4～1993.12任）
张如滨（1993.4～1993.12任）
赛依提·托乎提（柯尔克孜族，1993.4～1993.12任）
姚佩芝（女，1993.4～1993.12任）

（三）克孜勒苏柯尔克孜地方政府

1. 柯尔克孜族区域自治筹备委员会（1954.2～1954.7）

［1954年2月，中共南疆区委在喀什主持成立柯尔克孜族区域自治筹备委员会，为自治州最初的行政机构。］

主　任：买买提艾沙·阿依白尔迪（柯尔克孜族，1954.2～1954.7任）

副主任：阿曼吐尔·巴依扎克（柯尔克孜族，1954.2～1954.7任）

2. 克孜勒苏柯尔克孜自治区人民政府（1954.7～1955.2）

［1954年7月10日至14日，召开克孜勒苏柯尔克孜自治区第一届人民代表大会第一次会议在阿图什，选举克孜勒苏柯尔克孜自治区第一届人民政府委员27人，买买提艾沙·阿依白尔迪为主席，李月亮为副主席。］

主　席：买买提艾沙·阿依白尔迪（柯尔克孜族，1954.7～1955.2任）

副主席：李月亮（1954.7～1955.2任）

3. 克孜勒苏柯尔克孜自治州人民委员会（1955.2～1957.1）

［1955年2月，新疆省人民政府决定，克孜勒苏柯尔克孜自治区改为克孜勒苏柯尔克孜自治州，其行政建制、行政区域和行政级别不变。］

州　长：买买提艾沙·阿依白尔迪（柯尔克孜族，1955.2～1957.1任）

副州长：李月亮（1955.2～1956.7任）

刘　岗（1956.7～1957.1任）

司的克·吐尔地（维吾尔族，1955.8～1957.1任）

阿仁·阿里木汗（柯尔克孜族，1956.9～1957.1任）

4. 克孜勒苏柯尔克孜自治州第一届人民委员会（1957.1～1958.6）

［1957年1月21日至27日，克孜勒苏柯尔克孜自治州第一届人民代表大会第一次会议在阿图什县召开，选举产生州第一届人民委员会委员28人，买买提艾沙·阿依白尔迪为州长，刘岗等3人为副州长。］

州　　长：买买提艾沙·阿依白尔迪（柯尔克孜族，1957.1～1958.6任）

第一副州长：刘　岗（1957.1～1958.6任）

第二副州长：司的克·吐尔地（维吾尔族，1957.1～1958.6任）

第三副州长：阿仁·阿里木汗（柯尔克孜族，1957.1～1958.6任）

5. 克孜勒苏柯尔克孜自治州第二届人民委员会（1958.6～1961.3）

［1958年6月22日至27日，克孜勒苏柯尔克孜自治州第二届人民代表大会第一次会议在阿图什县召开，选举产生州第二届人民委员会委员28人，买买提艾沙·阿依白尔迪为州长，刘岗

等3人为副州长。1959年12月，自治区党委任命阿不力孜·尼牙孜为副州长。]

州　　长：买买提艾沙·阿依白尔迪（柯尔克孜族，1958.6～1961.3任）

第一副州长：刘　岗（1958.6～1961.3任）

第二副州长：司的克·吐尔地（维吾尔族，1958.6～1961.3任）

第三副州长：阿仁·阿里木汗（柯尔克孜族，1958.6～1961.3任）

阿不力孜·尼牙孜（维吾尔族，1959.12～1961.3任）

6. 克孜勒苏柯尔克孜自治州第三届人民委员会（1961.3～1963.9）

[1961年2月27日至3月4日，克孜勒苏柯尔克孜自治州第三届人民代表大会第一次会议在阿图什县召开，选举产生州第三届人民委员会委员27人，买买提艾沙·阿依白尔迪为州长，刘岗等4人为副州长。1962年2月12日，自治区党委任命白克·包沙克为副州长。]

州　长：买买提艾沙·阿依白尔迪（柯尔克孜族，1961.3～1963.9任）

副州长：刘　岗（1961.3～1963.9任）

阿不力孜·尼牙孜（维吾尔族，1961.3～1963.9任）

司的克·吐尔地（维吾尔族，1961.3～1963.9任）

阿仁·阿里木汗（柯尔克孜族，1961.3～1963.9任）

白克·包沙克（柯尔克孜族，1962.2～1963.9任）

7. 克孜勒苏柯尔克孜自治州第四届人民委员会（1963.9～1965.10）

[1963年9月23日至29日，克孜勒苏柯尔克孜自治州第四届人民代表大会第一次会议在阿图什县召开，选举产生州第四届人民委员会委员27人，买买提艾沙·阿依白尔迪为州长，刘岗等5人为副州长。]

州　长：买买提艾沙·阿依白尔迪（柯尔克孜族，1963.9～1965.3任）

副州长：刘　岗（1963.9～1965.10任）

阿不力孜·尼牙孜（维吾尔族，1963.9～1965.10任）

司的克·吐尔地（维吾尔族，1963.9～1965.10任）

阿仁·阿里木汗（柯尔克孜族，1963.9～1965.10任）

白克·包沙克（柯尔克孜族，1963.9～1965.10任）

8. 克孜勒苏柯尔克孜自治州第五届人民委员会（1965.10～1966.5）

[1965年10月25日至31日，克孜勒苏柯尔克孜自治州第五届人民代表大会第一次会议在阿图什县召开，选举产生州第五届人民委员会委员27人，塔依尔·买买提力为州长，刘岗等3人为副州长。1967年1月，州人民委员会被群众组织夺权，行政机构瘫痪。]

州　长：塔依尔·买买提力（柯尔克孜族，1965.10～1966.5任）

副州长：刘　岗（1965.10～1966.5任）

司的克·吐尔地（维吾尔族，1965.10～1966.5任）

阿仁·阿里木汗（柯尔克孜族，1965.10～1966.5任）

9. 克孜勒苏柯尔克孜自治州革命委员会（1969.4～1983.4）

[1969年4月，经新疆维吾尔自治区革命委员会批准，成立克孜勒苏柯尔克孜州革命委员会，10月1日正式宣告成立。州革委会由军队代表、干部代表、群众代表组成，实行党、政、财、文"一元化"领导。根据1975年颁布的《中华人民共和国宪法》关于"地方各级革命委员会又是地方各级人民代表大会的常设机关"的规定，因此，将1969年10月1日成立的州革命委员会，列为一届政府。]

主　任：李进攻（军队代表，1969.4.24 ~ 1970.3任）
程天锡（1970.3 ~ 1973.7任）
塔依尔·买买提力（柯尔克孜族，1973.7 ~ 1983.4任）

副主任：吴仕智（军队代表，1969.4.24 ~ 1970.10任）
贺景富（军队代表，1969.4.24 ~ 1971.1任）
於松柏（群众代表，1969.4.24 ~ 1978.3任）
刘玉祥（群众代表，1969.4.24 ~ 1979.10任）
张建国（1971.3 ~ 1974.12任）
吴以兴（1971.4 ~ 1981.6任）
白克·包沙克（柯尔克孜族，1971.4 ~ 1983.4任）
刘海明（1971.6 ~ 1978.11任）
赵子和（1972.8 ~ 1974.11任）
赛来·白合提（维吾尔族，1973.7 ~ 1979.10任）
李斗垣（1974.11 ~ 1979.10任）
桑保和（1974.11 ~ 1983.4任）
苏克朗·玉山那洪（柯尔克孜族，1975.1 ~ 1979.10任）
高　诚（1975.6 ~ 1982.4任）
霍三则（1975.6 ~ 1979.3任）
李志成（1977.4 ~ 1981.8任）
肉孜·买买提（柯尔克孜族，1979.4 ~ 1983.4任）
阿不都克尤木·塔依尔（维吾尔族，1979.10 ~ 1983.4任）
高凤岐（1979.10 ~ 1983.4任）

10. 克孜勒苏柯尔克孜自治州第七届人民政府（1983.4～1988.6.4）

[1983年4月13日至20日，克孜勒苏柯尔克孜自治州第七届人民代表大会第一次会议在阿图什县召开，会议选举张庆新等3人为副州长（州长候选人因得票未超过半数，没有选出）。1984年8月23日至29日举行的自治州七届人大二次会议上，补选吐尔逊·吾尔沙力为州长。]

州　长：吐尔逊·吾尔沙力（柯尔克孜族，1983.4 ~ 1984.8代）
吐尔逊·吾尔沙力（柯尔克孜族，1984.8 ~ 1988.6任）

副州长：张庆新（1983.4 ~ 1988.6任）
阿不都克尤木·塔依尔（维吾尔族，1983.4 ~ 1988.6任）

苏来曼·尼也提卡比力（柯尔克孜族，1983.4～1988.6任）

11. 克孜勒苏柯尔克孜自治州第八届人民政府（1988.6～1993.4.13）

［1988年5月30日至6月4日，克孜勒苏柯尔克孜自治州第八届人民代表大会第一次会议在阿图什县召开，会议选举苏来曼·尼也提卡比力为州长，凌民洲等4人为副州长。］

州　长：苏来曼·尼也提卡比力（柯尔克孜族，1988.6～1993.4任）

副州长：凌民洲（1988.6～1993.4任）

赛依提·托乎提（柯尔克孜族，1988.6～1993.4任）

石文华（1988.6～1993.4任）

阿不拉·吐拉甫（维吾尔族，1988.6～1993.4任）

阿山伯克·吐尔地（柯尔克孜族，1992～1993.4任）

12. 克孜勒苏柯尔克孜自治州第九届人民政府（1993.4.13～1993.12.31）

［1993年4月8日至13日，克孜勒苏柯尔克孜自治州第九届人民代表大会第一次会议在阿图什县召开，会议选举阿山伯克·吐尔地为州长，石文华等4人为副州长。］

州　长：阿山伯克·吐尔地（柯尔克孜族，1993.4～1993.12任）

副州长：石文华（1993.4～1993.12任）

王新怀（1993.4～1993.12任）

阿不拉·吐拉甫（维吾尔族，1993.4～1993.12任）

买买提艾山·托乎达力（柯尔克孜族，1993.4～1993.12任）

（四）中国人民政治协商会议克孜勒苏柯尔克孜自治州委员会

1. 政协克孜勒苏柯尔克孜自治州第一届委员会（1955.9～1958.6）

［1956年3月15日至21日，政协克孜勒苏柯尔克孜自治州第一届委员会第一次全体委员会议召开，选举产生州政协第一届委员会常委15人，阿曼吐尔·巴依扎克为主席，赛来大毛拉·尼牙孜等3人为副主席。］

主　席：阿曼吐尔·巴依扎克（柯尔克孜族，1955.9～1956.10任）

副主席：买买提吐尔逊·库尔沙力（柯尔克孜族，1955.9～1955.10任）

赛来大毛拉·尼牙孜（维吾尔族，1955.9～1958.6任）

玉素音阿吉·吾色克毛拉（柯尔克孜族，1955.9～1958.6任）

2. 政协克孜勒苏柯尔克孜自治州第二届委员会（1958.6～1959.12）

［1958年6月22日至27日，召开政协克孜勒苏柯尔克孜自治州第二届委员会第一次全体委员会议，选举产生州政协第二届委员会常委15人，赵子和为主席，艾沙·白克阿吉等3人为副主席。］

主　席：赵子和

副主席：艾沙·白克阿吉（柯尔克孜族）　艾依旦·艾力牙合甫（柯尔克孜族）

达吾提·海力白提（维吾尔族）

3. 政协克孜勒苏柯尔克孜自治州第三届委员会（1959.12～1963.9）

[1959年12月12日至16日，召开政协克孜勒苏柯尔克孜自治州第三届委员会第一次全体委员会议，选举产生州政协第三届常务委员会常委15人，赵子和为主席，艾沙·白克阿吉等5人为副主席。1960年6月增补特阿德洛夫为副主席。1960年12月13日，经自治区党委批准撤销艾山·禾加木白尔地、特阿德洛夫副主席职务。]

主　席：赵子和（1959.12 ~ 1963.9任）

副主席：艾沙·白克阿吉（柯尔克孜族，1959.12 ~ 1963.9任）

肉孜·买买提（柯尔克孜族，1959.12 ~ 1963.9任）

达吾提·海力白提（维吾尔族，1959.12 ~ 1963.9任）

玉素音阿吉（柯尔克孜族，1959.12 ~ 1963.9任）

艾山·禾加木白尔地（柯尔克孜族，1959.12 ~ 1960.12任）

特阿德洛夫（柯尔克孜族，1960.6 ~ 1960.12任）

4. 政协克孜勒苏柯尔克孜自治州第四届委员会（1963.9～1965.11）

[1963年9月22日至28日，召开政协克孜勒苏柯尔克孜自治州第四届委员会第一次全体委员会议，选举产生州政协第四届委员会常委25人，赵子和为主席，肉孜·买买提等4人为副主席。1965年3月4日，自治区党委决定，买买提艾沙·阿依白尔迪为自治区政协副主席兼克孜勒苏自治州政协副主席。]

主　席：赵子和（1963.9 ~ 1965.11任）

副主席：肉孜·买买提（柯尔克孜族，1963.9 ~ 1965.11任）

玉素音阿吉（柯尔克孜族，1963.9 ~ 1965.11任）

达吾提·海力白提（维吾尔族，1963.9 ~ 1965.11任）

艾沙·白克阿吉（柯尔克孜族，1963.9 ~ 1965.11任）

买买提艾沙·阿依白尔迪（柯尔克孜族，1965.3 ~ 1965.11任）

5. 政协克孜勒苏柯尔克孜自治州第五届委员会（1965.11～1983.4）

（1）1965.11 ~ 1966.5

[1965年10月26日至11月1日，召开政协克孜勒苏柯尔克孜自治州第五届委员会第一次全体委员会议，选举产生州政协第五届委员会常委23人，赵子和为主席，肉孜·买买提等4人为副主席。1966年5月“文革”开始后，政协工作中断13年。]

主　席：赵子和

副主席：肉孜·买买提（柯尔克孜族）　　玉素音阿吉（柯尔克孜族）

达吾提·海力白提（维吾尔族）　　艾沙·白克阿吉（柯尔克孜族）

（2）1978.3 ~ 1983.4

[1978年3月4日，经自治区党委批准，增补刘杰、高益昌、阿不来提·早尔冬为副主席，并确定由常务副主席刘杰主持工作。]

副主席：刘　杰（主持工作，1978.3～1983.4任）

高益昌（1978.3～1983.4任）

阿不来提·早尔冬（维吾尔族，1978.11～1983.4任）

6. 政协克孜勒苏柯尔克孜自治州第六届委员会（1983.4～1988.6）

［1983年4月12日至20日，召开政协克孜勒苏柯尔克孜自治州第六届委员会第一次全体委员会议，选举产生州政协第六届委员会常委34人，桑保和为主席，肉孜·买买提等5人为副主席。］

主　席：桑保和

副主席：肉孜·买买提（柯尔克孜族）　玉素音阿吉（柯尔克孜族）

牙合提汗·斯拉木（女，维吾尔族）　雒秉枢　再尼丁·阿不丁毛力维（维吾尔族）

7. 政协克孜勒苏柯尔克孜自治州第七届委员会（1988.6～1993.4）

［1988年6月12日至20日，召开政协克孜勒苏柯尔克孜自治州第七届委员会第一次全体委员会议，选举产生州政协第七届委员会常委31人，金文科为主席，阿不都克尤木·塔依尔等7人为副主席。］

主　席：金文科（1988.6～1993.4任）

副主席：阿不都克尤木·塔依尔（维吾尔族，1988.6～1993.4任）

肉孜·买买提（柯尔克孜族，1988.6～1993.4任）

牙合提汗·斯拉木（女，维吾尔族，1988.6～1993.4任）

尼沙汗·吐尔地（女，柯尔克孜族，1988.6～1993.4任）

雒秉枢（1988.6～1993.4任）

再尼丁·阿不丁毛力维（维吾尔族，1988.6～1993.4任）

尼亚孜哈日（柯尔克孜族，1988.6～1993.4任）

8. 政协克孜勒苏柯尔克孜自治州第八届委员会（1993.4～1993.12）

［1993年4月7日至13日，召开政协克孜勒苏柯尔克孜自治州第八届委员会第一次全体委员会议，选举产生州政协第八届委员会常务委员28人，苏德贵为主席，阿米娜·阿不都热合曼等5人为副主席。］

主　席：苏德贵（1993.4～1995.6任）

瞿文智（1995.6～1998.2任）

副主席：阿米娜·阿不都热合曼（女，维吾尔族，1993.4～1993.12任）

夏邦庆（1993.4～1993.12任）

买买提克日木·赛依提（柯尔克孜族，1993.4～1993.12任）

尼亚孜哈日（维吾尔族，1993.4～1993.12任）

雒秉枢（1993.4～1993.12任）

（马志敏/供稿）

博尔塔拉蒙古自治州党政组织职官志
（1949.10～1993.12）

［博尔塔拉蒙古自治州成立于1954年7月，为历史衔接，本志从1954年4月博尔塔拉推行民族区域自治筹备委员会党组成立撰起。组织职官分为中共博尔塔拉地方组织、博尔塔拉蒙古自治州人民代表大会常务委员会、博尔塔拉地方政府、中国人民政治协商会议博尔塔拉蒙古自治州委员会4类。各组织职官名称的沿革，在类下逐一志述，其组织成立的由来及其建制、职官等情况，随文予以简明提示与解说。］

（一）中国共产党博尔塔拉地方组织

1. 博尔塔拉推行民族区域自治筹备委员会党组（1954.4～1954.9）

［1954年4月14日，经中共中央新疆分局批准成立博尔塔拉推行民族区域自治筹备委员会党组，由中共中央新疆分局和中共伊犁地方委员会领导。］

党组书记：谢玉田

成　　员：格尔夏（蒙古族）　杜尔基　李耀峰　巴扎尔别克（哈萨克族）
　　　　　阿合买提·赛衣提（维吾尔族）　陆一民

2. 中共博尔塔拉地方委员会（1954.9～1956.5）

［1954年9月2日，经中共中央新疆分局批准，撤销博尔塔拉推行民族区域自治筹备委员会党组，成立中共博尔塔拉地方委员会，隶属中共中央新疆分局领导。是年12月，中共新疆分局任命谢玉田为书记、格尔夏为副书记。1955年3月，中共博尔塔拉地委改由中共伊犁区委员会领导。］

书　记：谢玉田（1954.12～1956.5任）

副书记：格尔夏（蒙古族，1954.12～1956.5任）

3. 中共博尔塔拉蒙古自治州第一届委员会（1956.5～1960.1）

（1）1956.5～1958.8

［1956年5月16日至24日，召开中共博尔塔拉蒙古自治州第一次党员代表大会，一届一次会议选举产生中共博尔塔拉地方委员会第一届委员会书记1人副书记1人。1956年11月28日，经自治区党委批准，中共博尔塔拉地方委员会改称中共博尔塔拉蒙古自治州委员会。］

书　记：谢玉田（1956.5～1958.8任）

副书记：格尔夏（蒙古族，1956.5～1958.8任）
　　　　王一清（1958.2～1958.8任）

（2）1958.8～1960.1

[1958年8月，中共博尔塔拉蒙古自治州委员会设立书记处。]

第 一 书 记：谢玉田

书 记 处 书 记：格尔夏（蒙古族） 王一清

书记处副书记：巴扎尔别克（哈萨克族）

4. 中共博尔塔拉蒙古自治州第二届委员会（1960.1～1963.6）

[1960年1月8日至24日，召开中共博尔塔拉蒙古自治州第二次党员代表大会，二届一次会议选举产生中共博尔塔拉蒙古自治州第二届委员会第一书记1人、书记处书记3人。1963年6月撤销州委书记处。]

第 一 书 记：谢玉田（1960.1～1963.6任）

书 记 处 书 记：王一清（1960.1～1963.6任）

格尔夏（蒙古族，1960.1～1962.4任）

李耀峰（1960.1～1963.6任）

书记处副书记：巴扎尔别克（哈萨克族，1960.1～1962.8任）

5. 中共博尔塔拉蒙古自治州第三届委员会（1963.6～1966.1）

[1963年6月6日至13日，召开中共博尔塔拉蒙古自治州第三次代表大会，三届一次会议选举产生中共博尔塔拉蒙古自治州第三届委员会书记1人、副书记3人。1965年9月，自治区党委任命张迈远为州党委书记。]

书 记：谢玉田（1963.6任，1964.9停职）

张迈远（1965.9～1966.1任）

副书记：张迈远（主持工作，1964.9～1965.9任）

李耀峰（1963.6～1966.1任）

梁 材（1963.6～1966.1任）

吐尔巴依尔（蒙古族，1963.6～1966.1任）

6. 中共博尔塔拉蒙古自治州第四届委员会（1966.1～1967.3）

[1966年1月14日至29日，召开中共博尔塔拉蒙古自治州第四次党员代表大会，四届一次会议选举产生中共博尔塔拉蒙古自治州第四届委员会书记1人、副书记2人。1966年5月“文革”开始，至1967年3月，州党政领导机构相继瘫痪。随后，由1967年3月成立的自治州革命委员会实行党政“一元化”领导。]

书 记：张迈远

副书记：梁 材 吐尔巴依尔（蒙古族）

7. 中共博尔塔拉蒙古自治州革命委员会党的核心小组（1970.1～1971.9）

[1970年1月16日，经自治区革命委员会党的核心小组批准，成立博尔塔拉蒙古自治州革命委员会党的核心小组，代行州委职权。]

组 长：肖旭升（1970.1～1971.9任）

副组长：杨文贵（1970.1～1971.9任）

8. 中共博尔塔拉蒙古自治州第五届委员会（1971.9～1985.6）

[1971年9月3日至5日，召开中共博尔塔拉蒙古自治州第五次党员代表大会，五届一次会议选举产生中共博尔塔拉蒙古自治州第五届委员会书记1人、副书记5人，恢复州党委领导机构，同时撤销自治州革委会党的核心小组。1974年10月以后，自治区党委多次调整州委领导班子。]

书　记：肖升旭（1971.9～1974.10任）
吐尔巴依尔（蒙古族，1974.10～1977.2任）
王邦玉（1977.2～1978.5任）
翟振华（1979.2～1979.4任）
张克舜（1979.4～1983.4任）
吴耀成（1983.4～1985.6任）

副书记：蔡润田（1971.9～1975.6任）
张宝林（1971.9～1981.7任）
吐尔巴依尔（蒙古族，1971.9～1974.10任）
王邦玉（1971.9～1977.2任）
玉素甫江（维吾尔族，1971.9～1976.5任）
冯步珍（1974.10～1979.5任）
张　晓（1975.5～1979.4任）
靳保全（1975.6～1977.2任）
李大林（1976.5～1983.6任）
翟振华（1978.6～1979.2任）
米　加（蒙古族，1977.2～1985.4任）
买买提·伊力（维吾尔族，1979.4～1983.4任）
李凤鸣（1979.4～1980.12任）
张克舜（1979.2～1979.4任）
许继昌（1983.6～1985.6任）
阿尔亚（蒙古族，1985.5～1985.6任）

9. 中共博尔塔拉蒙古自治州第六届委员会（1985.6～1990.12）

[1985年6月25日至29日，召开中共博尔塔拉蒙古自治州第六次党员代表大会，六届一次会议选举中共博尔塔拉蒙古自治州第六届委员会书记1人、副书记3人。]

书　记：吴耀成（1985.6～1990.12任）

副书记：阿尔亚（蒙古族，1985.6～1990.12任）
刘彦清（1985.6～1990.12任）
买买提·伊明（维吾尔族，1985.6～1990.12任）

10. 中共博尔塔拉蒙古自治州第七届委员会（1990.12～1993.12）

［1990年12月17日至21日，召开中共博尔塔拉蒙古自治州第七次党员代表大会，七届一次会议选举产生中共博尔塔拉蒙古自治州第七届委员会书记1人、副书记3人。］

书　记：王丕森（1990.12～1993.12任）

副书记：阿尔亚（1990.12～1993.12任）

刘彦清（1990.12～1993.12任）

买买提·伊明（维吾尔族，1990.12～1993.12任）

（二）博尔塔拉蒙古自治州人民代表大会常务委员会

［博尔塔拉蒙古自治州人民代表大会常务委员会（简称州人大常委会）根据全国人民代表大会五届二次会议通过的《中华人民共和国宪法》和《地方各级人民代表大会和地方各级人民政府组织法》的规定，于1983年4月召开的州第七届人民代表大会第一次会议上，决定设立博尔塔拉蒙古州人大常委会，作为人民代表大会的常设机关。在此以前，各界人民代表大会均未设立常设机关，人民代表大会闭会期间，由选举产生的政权机构行使人民代表大会的职权。］

1. 博尔塔拉蒙古自治州第七届人大常委会（1983.4～1988.6）

［1983年4月12日至18日，召开博尔塔拉蒙古自治州第七届人民代表大会第一次会议，根据《宪法》规定，决定设立博尔塔拉蒙古自治州人民代表大会常务委员会（简称州人大常委会），选举巴登马拉为主任，吐拉洪·加马力、李蒲卿为副主任。］

主　任：巴登马拉（蒙古族，1983.4任～1985.1病逝）

乔尔东（蒙古族，1985.5～1988.6任）

副主任：吐拉洪·加马力（维吾尔族，1983.4.17～1988.6任）

李蒲卿（1983.4～1988.6任）

巴德曼（蒙古族，1984.5～1988.6任）

周　荣（1984.5～1988.6任）

别克巴依（哈萨克族，1985.5～1988.6任）

2. 博尔塔拉蒙古自治州第八届人大常委会（1988.6～1993.4）

［1988年5月25日至30日，召开博尔塔拉蒙古自治州第八届人大第一次会议，选举产生博尔塔拉蒙古自治州第八届人大常委会组成人员，选举巴德曼为主任，吐拉洪·加马力等4人为副主任。］

主　任：巴德曼（蒙古族，1988.6～1993.4任）

副主任：吐拉洪·加马力（维吾尔族，1988.6～1993.4任）

周　荣（1988.6～1993.4任）

别克巴依（哈萨克族，1988.6～1993.4任）

赵恒心（女，1988.6～1993.4任）

3. 博尔塔拉蒙古自治州第九届人大常委会（1993.4～1993.12）

［1993年3月30日至4月3日，召开博尔塔拉蒙古自治州第九届人大第一次会议，选举产生博尔塔拉蒙古自治州第九届人大常委会组成人员，选举巴德曼为主任，史玉玺等4人为副主任。］

主　任：巴德曼（蒙古族，1993.4~1993.12任）

副主任：史玉玺（1993.4~1993.12任）

热合木都拉·艾买提（维吾尔族，1993.4~1993.12任）

康吉别克（哈萨克族，1993.4~1993.12任）

慕臣令（1993.4~1993.12任）

（三）博尔塔拉地方政府

1. 博尔塔拉蒙古自治区人民政府（1954.7～1957.2）

［1954年7月6日至13日，召开博尔塔拉蒙古自治区首届各族各界人民代表会议第一次会议，会议根据《中华人民共和国民族区域自治实施纲要》第八条“各民族自治区的名称，除特殊情况外，由民族名称冠以地方名称组成之”的规定，通过成立“博尔塔拉蒙古族自治区”的决议。选举产生由27人组成的博尔塔拉蒙古自治区人民政府，选举杜尔基为主席，李耀峰等3人为副主席。1955年2月14日至20日召开各族各界人民代表会议第二次会议，通过了关于更改“自治区人民政府”名称为“自治州人民委员会”及主席、副主席改名为州长、副州长的决议。］

主　席：杜尔基（蒙古族）

副主席：李耀峰　巴扎尔别克（哈萨克族）　阿合买提·赛衣提（维吾尔族）

2. 博尔塔拉蒙古自治州第一届人民委员会（1957.2～1958.6）

［1957年2月21日至28日，召开博尔塔拉蒙古自治州第一届人民代表大会第一次会议，选举博尔塔拉蒙古自治州第一届人民委员会委员22人，选举杜尔基为州长，李耀峰、巴扎尔别克为副州长。］

州　长：杜尔基（蒙古族）

副州长：李耀峰　巴扎尔别克（哈萨克族）

3. 博尔塔拉蒙古自治州第二届人民委员会（1958.6～1961.6）

［1958年6月14日至18日，召开博尔塔拉蒙古自治州第二届人民代表大会第一次会议，选举产生博尔塔拉蒙古自治州第二届人民委员会委员29人，选举杜尔基为州长，李耀峰等3人为副州长。］

州　长：杜尔基（蒙古族，1958.6.14~1958.8任）

艾尔德（蒙古族，1959.6~1961.6任）

副州长：李耀峰（1958.6~1960.4任）

巴扎尔别克（哈萨克族，1958.6～1961.6任）

沙拉依丁·司底克（维吾尔族，1958.6～1961.6任）

阿德尔汗（哈萨克族，1959.3～1961.6任）

李向华（1960.4～1961.6任）

4. 博尔塔拉蒙古自治州第三届人民委员会（1961.6～1963.10）

［1961年6月15日至22日，召开博尔塔拉蒙古自治州第三届人民代表大会第一次会议，选举产生博尔塔拉蒙古自治州第三届人民委员会委员30人，选举阿拉希·布尔克提为州长，李向华等3人为副州长。］

州　长：阿拉希·布尔克提（蒙古族，1961.6～1963.10任）

副州长：李向华（1961.6～1963.10任）

巴扎尔别克（哈萨克族，1961.6～1962.8任）

沙拉依丁·司底克（维吾尔族，1961.6～1963.10任）

5. 博尔塔拉蒙古自治州第四届人民委员会（1963.10～1966.2）

［1963年10月14日至21日，召开博尔塔拉蒙古自治州第四届人民代表大会第一次会议，选举产生博尔塔拉蒙古自治州第四届人民委员会委员31人，选举阿拉希·布尔克提为州长，李向华、沙拉依丁·司底克为副州长。］

州　长：阿拉希·布尔克提（蒙古族，1963.10～1966.2任）

副州长：李向华（1963.10～1964.9任）

沙拉依丁·司底克（维吾尔族，1963.10～1966.2任）

王邦玉（1965.6～1966.2任）

6. 博尔塔拉蒙古自治州第五届人民委员会（1966.2～1967.3）

［1966年2月2日至11日，召开博尔塔拉蒙古自治州第五届人民代表大会第一次会议，选举产生博尔塔拉蒙古自治州第五届人民委员会委员31人，选举阿拉希·布尔克提为州长，王邦玉、沙拉依丁·司底克为副州长。1966年5月“文革”开始后，州级党政机关受到造反派冲击相继瘫痪。］

州　长：阿拉希·布尔克提（蒙古族）

副州长：王邦玉　沙拉依丁·司底克（维吾尔族）

7. 博尔塔拉蒙古自治州革命委员会（1969.4～1983.4）

［1969年4月8日，经自治区革命委员会批准，成立博尔塔拉蒙古自治州革命委员会（简称州革委会），对全州实行党政“一元化”领导，其领导人由上级直接任命。根据1975年颁布的《中华人民共和国宪法》关于“地方各级革命委员会又是地方各级人民代表大会的常设机关”的规定，州革委会列为州第六届人民政府。］

主　任：肖升旭（军代表，1969.4～1974.10任）

吐尔巴依尔（蒙古族，1974.10～1977.2任）

米　加（蒙古族，1977.2～1983.4任）

副主任：蔡润田（军代表，1969.4 ~ 1975.6任）
　　　　武卫国（军代表，1969.4 ~ 1974.10任）
　　　　玉素甫江（维吾尔族，军代表，1969.4 ~ 1976.5任）
　　　　陈让虎（群众代表，1969.4 ~ 1979.11任）
　　　　顾小生（群众代表，1969.4 ~ 1979.11任）
　　　　王邦玉（1970.6 ~ 1977.2任）
　　　　买买提·伊力（维吾尔族，1974.6 ~ 1983.4任）
　　　　李大林（1974.10 ~ 1983.4任）
　　　　张　晓（1975.5 ~ 1979.4任）
　　　　赵海青（1975.6 ~ 1979.4任）
　　　　张河山（1975.6 ~ 1980.9任）
　　　　李凤鸣（1975.6 ~ 1979.4任）
　　　　靳保全（1975.6 ~ 1977.2任）
　　　　翟振华（1978.6 ~ 1979.2任）
　　　　吐拉洪·加马力（维吾尔族，1979.11 ~ 1983.4任）
　　　　巴德曼（蒙古族，1979.11 ~ 1983.4任）
　　　　唐　勇（1979.11 ~ 1983.4任）
　　　　阿尔斯坦（哈萨克族，1979.11 ~ 1983.4任）
　　　　张敬周（1981.2 ~ 1983.4任）

8. 博尔塔拉蒙古自治州第七届人民政府（1983.4～1988.5）

[1983年4月12日至18日，召开博尔塔拉蒙古自治州第七届人民代表大会第一次会议，会议决定设立博尔塔拉蒙古自治州人民代表大会常务委员会（简称州人大常委会），选举米加为州长，唐勇等4人为副州长。]

州　长：米　加（1983.4 ~ 1984.5任）
　　　　阿尔亚（1984.5 ~ 1988.5任）
副州长：唐　勇（1983.4 ~ 1988.5任）
　　　　张敬周（1983.4 ~ 1988.5任）
　　　　那　克（蒙古族，1983.4 ~ 1988.5任）
　　　　康吉别克（哈萨克族，1983.4 ~ 1988.5任）

9. 博尔塔拉蒙古自治州第八届人民政府（1988.5～1993.4）

[1988年5月25日至30日，博尔塔拉蒙古自治州召开八届人大一次会议，选举阿尔亚为州长，唐勇等5人为副州长。]

州　长：阿尔亚（1988.6 ~ 1993.4任）
副州长：唐　勇（1988.6 ~ 1993.4任）
　　　　康吉别克（1988.6 ~ 1993.4任）
　　　　郭七六（1988.6 ~ 1993.4任）

赛　来（1988.6～1993.4任）

热合木都拉（1988.6～1993.4任）

10. **博尔塔拉蒙古自治州第九届人民政府**（1993.4～1993.12）

[1993年3月30日至4月3日，博尔塔拉蒙古自治州召开九届人大一次会议，选举武力德为州长，张仁杰等4人为副州长。]

州　长：武力德（蒙古族，1993.4～1993.12任）

副州长：张仁杰（1993.4～1993.12任）

赛　来（1993.4～1993.12任）

夏米力（1993.4～1993.12任）

力提甫·伊明（1993.4～1993.12任）

（四）中国人民政治协商会议博尔塔拉蒙古自治州委员会

1. **政协博尔塔拉蒙古自治州委员会筹备委员会**（1955.7～1955.12）

[1955年7月12日，政协博尔塔拉蒙古自治州委员会筹备委员会成立，由州委副书记格尔夏任主任委员。]

主任委员：格尔夏（蒙古族，1955.7～1955.12任）

2. **政协博尔塔拉蒙古自治州第一届委员会**（1955.12～1959.12）

[1955年12月20日至30日，召开政协博尔塔拉蒙古自治州委员会（以下简称州政协）一届一次全体委员会议，选举格尔夏为主席，阿德尔汗等3人为副主席。]

主　席：格尔夏（蒙古族）

副主席：阿德尔汗（哈萨克族）　巴斯玛·阿巴勒（蒙古族）

买买提依明·艾沙（维吾尔族）

3. **政协博尔塔拉蒙古自治州第二届委员会**（1959.12～1963.10）

[1959年12月9日至15日，召开政协博尔塔拉蒙古自治州委员会二届一次全体委员会议，选举格尔夏为主席，阿德尔汗等4人为副主席。]

主　席：格尔夏（蒙古族，1959.12～1962.4兼）

副主席：阿德尔汗（哈萨克族，1959.12～1961.6任）

巴斯玛·阿巴勒（蒙古族，1959.12～1961.6兼）

张福祥（回族，1959.12～1963.10兼）

买买提依明·艾沙（维吾尔族，1959.12～1963.10任）

4. **政协博尔塔拉蒙古自治州第三届委员会**（1963.10～1966.1）

[1963年10月14日至20日，召开政协博尔塔拉蒙古自治州委员会三届一次全体委员会议，

选举谢玉田为主席，党巴、买买提依明·艾沙为副主席。]

主　席：谢玉田（1963.10 ~ 1964.9兼）

副主席：党　巴（蒙古族，1963.10 ~ 1966.1任）

　　　　买买提依明·艾沙（维吾尔族，1963.10 ~ 1966.1任）

5. 政协博尔塔拉蒙古自治州第四届委员会（1966.1～1966.5）

[1966年1月30日至2月10日，召开政协博尔塔拉蒙古自治州委员会四届一次全体委员会议，选举张迈远为主席，侯孝璋、党巴为副主席。1966年5月“文革”开始后，政协工作中断14年。]

主　席：张迈远

副主席：侯孝璋　党巴（蒙古族）

6. 政协博尔塔拉蒙古自治州第五届委员会（1983.4～1988.5）

[1983年4月10日至22日，召开政协博尔塔拉蒙古自治州委员会五届一次全体委员会议，选举张克舜为主席，阿吉尤夫等5人为副主席。1985年5月22日至28日召开州政协五届三次会议，补选许继昌为主席。]

主　席：张克舜（1983.4 ~ 1985.5任）

　　　　许继昌（1985.5 ~ 1988.5任）

副主席：阿吉尤夫（维吾尔族，1983.4 ~ 1988.5任）

　　　　党　巴（蒙古族，1983.4 ~ 1988.5任）

　　　　律民杰（1983.4 ~ 1988.5任）

　　　　欧·柯克（蒙古族，1983.4 ~ 1988.5任）

　　　　马木提·米满（维吾尔族，1983.4 ~ 1988.5任）

7. 政协博尔塔拉蒙古自治州第六届委员会（1988.6～1993.3）

[1988年5月24日至29日，召开政协博尔塔拉蒙古自治州六届一次全体委员会议，选举张敬周为主席，阿吉尤夫·买买提等6人为副主席。1990年3月召开州政协六届三次会议，补选买买提·肉孜为副主席。1992年3月召开州政协六届五次会议，增选李遐龄为副主席。]

主　席：张敬周（1988.6 ~ 1993.3任）

副主席：阿吉尤夫·买买提（维吾尔族，1988.6 ~ 1993.3任）

　　　　苟际尧（1988.6 ~ 1993.3任）

　　　　哈·阿尤西（1988.6 ~ 1993.3任）

　　　　尹增璋（1988.6 ~ 1993.3任）

　　　　欧·柯克（蒙古族，1988.6 ~ 1993.3任）

　　　　买买提·吐尔地（维吾尔族，1988.6 ~ 1993.3任）

　　　　买买提·肉孜（维吾尔族，1990.3 ~ 1993.3任）

　　　　李遐龄（1992.3 ~ 1993.3任）

8. 政协博尔塔拉蒙古自治州第七届委员会（1993.3～1993.12）

[1993年3月29日至4月1日，召开政协博尔塔拉蒙古自治州七届一次全体委员会议，选举王丕森为主席，何启茂等6人为副主席。]

主　席：王丕森（1993.3～1993.12兼）

副主席：何启茂（1993.3～1993.12任）

买买提·肉孜（维吾尔族，1993.3～1993.12任）

艾·道尔吉（1993.3～1993.12任）

杨佩珊（女，1993.3～1993.12任）

欧·柯克（蒙古族，1993.3～1993.12任）

买买提·吐尔地（维吾尔族，1993.3～1993.12任）

（马志敏/供稿）

伊犁哈萨克自治州党政组织职官志
（1949.10～1993.12）

［伊犁哈萨克自治州成立于1954年11月，为历史衔接，本志从1950年7月中共伊犁区委员会成立撰起。组织职官分为中共伊犁地方组织、伊犁哈萨克自治州人民代表大会常务委员会、伊犁地方政府、中国人民政治协商会议伊犁哈萨克自治州委员会4类。各组织职官名称的沿革，在类下逐一志述，其组织成立的由来及其建制、职官等情况，随文予以简明提示与解说。］

（一）中国共产党伊犁地方组织

1. 中共伊犁区委员会（1950.7～1952.5）

［1950年7月，中共伊犁区委员会成立，下辖伊犁、塔城、阿山3个地方委员会。1952年5月，撤销伊犁区党委，伊、塔、阿三地委改由新疆分局直接领导。］

书　　记：顿星云（1950.7～1952.5任）

第二书记：高　峰（1951.6～1952.1任）

2. 恢复后的中共伊犁区委员会（1955.3～1966.5）

［1954年11月，伊犁哈萨克自治州成立。1955年3月，经中共新疆分局报请中共中央批准，伊犁区党委重新成立。伊犁区党委受新疆分局领导，并代管博尔塔拉蒙古自治州党委。］

（1）1955.3～1960.8

第一书记：李　铨（1955.2～1956.7任）

　　　　　张世功（1957.1～1960.8任）

第二书记：张世功（1955.2～1957.1任）

书　　记：赵怀璧（1957.1～1960.8任）

（2）1960.8～1963.8

［1960年8月，成立伊犁区党委书记处。］

第一书记：张世功（1960.8～1963.8任）

书　　记：赵怀璧（1960.8～1963.8任）

　　　　　张中涛（1960.8～1963.8任）

　　　　　霍居江（1960.8～1963.8任）

　　　　　田星五（1960.8～1963.8任）

候补书记：梁国晋（1960.8～1963.8任）

　　　　　白凤章（1961.9～1963.8任）

（3）1963.8～1966.5

［1963年8月，撤销伊犁区党委书记处。］

书　记：张世功（1963.8～1966.5任）

副书记：赵怀璧（1963.8～1966.5任）

张中涛（1963.8～1966.5任）

霍居江（1963.8～1966.5任）

田星五（1963.8～1966.5任）

梁国晋（1963.8～1966.5任）

伊尔哈里·阿不力海依尔（哈萨克族，1965.10～1966.5任）

3. 中共伊犁哈萨克自治州党的核心小组（1970.1～1971.7）

［1966年5月"文革"开始后，全州各级党政机构受到造反派冲击逐渐瘫痪。1967年3月，成立军区生产办公室，代行地方党政职能。1969年5月，伊犁哈萨克自治州革命委员会成立，实行党政"一元化"领导。1970年1月，经自治区革命委员会党的核心小组批准，成立伊犁哈萨克自治州革命委员会党的核心小组，代行党委职能。］

组　长：钟良树（1970.1～1970.12任）

王振中（1970.12～1971.7任）

副组长：赵增林（1970.1～1970.8任）

谭作勤（1970.8～1971.7任）

4. 中共伊犁哈萨克自治州第一届委员会（1971.7～1993.12）

（1）1971.7～1975.9

［1971年7月26日至30日，召开中共伊犁哈萨克自治州第一次党员代表大会，选举王振中为书记，谭作勤等5人为副书记。1975年7月，自治区党委任命谢高忠为书记。］

书　记：王振中（1971.7～1975.7任）

谢高忠（1975.7～1975.9任）

副书记：谭作勤（1971.7～1975.9任）

梁国晋（1971.7～1975.9任）

伊尔哈里·阿不力海依尔（哈萨克族，1971.7～1979.3任）

孙光华（1971.7～1975.9任）

田星五（1971.7～1975.9任）

翟振华（1975.7～1975.9任）

（2）1975.9～1979.5

［1975年8月29日，国务院作出《关于新疆伊犁哈萨克自治州行政区划问题的批复》，同意恢复伊犁哈萨克自治州（以下简称伊犁州）管辖伊犁、塔城、阿勒泰3地区的原有建制，同时恢复伊犁地区，增设奎屯市（县级），隶属伊犁州管辖。9月初，伊犁州机关由伊宁市迁往奎屯市，自治区党委决定，伊犁州党委由11人组成，贾那布尔·司马胡里任第一书记，白成铭任书记。］

第 一 书 记：贾那布尔·司马胡里（哈萨克族，1975.9～1978.2任）

书　　　记：白成铭（1975.9～1978.2任）

阳焕生（1978.8 ~ 1979.5任）

第一副书记：张中涛（1978.2 ~ 1978.9任）

副　书　记：张思明（1975.9 ~ 1977.4任）

哈生别克·色依提江（哈萨克族，1975.9 ~ 1978.8任）

梁国晋（1978.2 ~ 1979.5任）

李泽民（1977.3 ~ 1978.3任）

王树瑞（1979.1 ~ 1979.5任）

（3）1979.5 ~ 1993.12

[1979年5月，自治区党委调整伊犁州党政领导班子，任命黄诚为州党委书记，曹文周等7人为副书记。9月2日，中共中央、国务院批复，伊犁州党政领导机关从奎宁市迁回伊宁市，撤销伊犁地区建制，原属伊犁地区管辖的9个县（市）归伊犁州直接领导，奎宁市仍归伊犁州管辖。同时，博尔塔拉蒙古自治州由自治区领导，不再由伊犁州代管。1980年4月以后，伊犁州党委领导人多次更迭。]

书　记：黄　诚（1979.5 ~ 1980.3任）

赵予征（1980.4 ~ 1981.7任）

张迈远（1982.2 ~ 1985.7任）

吕乾训（1984.11 ~ 1986.3代）

吕乾训（1986.3 ~ 1991.6任）

李逢滋（1991.6 ~ 1993.5任）

康克俭（1993.5 ~ 1993.12任）

副书记：曹文周（1979.5 ~ 1983.4任）

钱树森（1979.5 ~ 1983.4任）

栗寿山（1979.5 ~ 1983.4任）

孙　奢（1979.5 ~ 1982.5任）

艾里牙斯哈尔·巴扎尔（哈萨克族，1979.5 ~ 1983.4任）

慕生汉（1979.5 ~ 1983.4；1984.1 ~ 1991.6任）

伊不拉音·买提肉孜（维吾尔族，1979.5 ~ 1991.6任）

迪牙尔·库马什（哈萨克族，1983.4 ~ 1988.9任）

奴尔沙帕·哈那皮亚（哈萨克族，1986.3 ~ 1991.11任）

艾斯海提·克里木拜（哈萨克族，1988.9 ~ 1993.6任）

刘彦清（1991.6 ~ 1993.12任）

祖农·库提鲁克（维吾尔族，1991.6 ~ 1993.12任）

扎汗·俄马尔（哈萨克族，1993.5 ~ 1993.12任）

别克木哈买提·木沙（哈萨克族，1993.6 ~ 1993.12任）

（二）伊犁哈萨克自治州人民代表大会常务委员会

[根据《中华人民共和国宪法》和《地方各级人民代表大会和地方各级人民政府组织法》关

于县以上地方各级人民代表大会设立常务委员会的规定，在1983年4月召开的伊犁哈萨克自治州第七届人民代表大会上，决定设立伊犁州人民代表大会常务委员会（简称州人大常委会），作为人民代表大会的常设机构。此前，各届人民代表大会均未设立人大常委会，人民代表大会闭会期间的日常工作，由州人民政府办理。]

1. 伊犁哈萨克自治州第七届人大常委会（1983.4～1988.6）

[1983年4月12日至18日，召开伊犁哈萨克自治州第七届人民代表大会第一次会议，会议决定设立州人民代表大会常务委员会，选举产生伊犁州第七届人大常委会主任1人、副主任6人。]

主　任：努尔莫合买提·热依斯（哈萨克族，1983.4～1988.6任）

副主任：艾里牙斯哈尔·巴扎尔（哈萨克族，1983.4～1988.6任）

张景凡（1983.4～1988.5任）

铁木尔拜·斯马古勒（哈萨克族，1983.4～1988.6任）

阿合买提·阿吉尤夫（维吾尔族，1983.4～1988.6任）

阿拉西·布尔克提（蒙古族，1983.4～1988.6任）

文　林（锡伯族，1983.4～1988.6任）

莫合甫尔·艾拉（维吾尔族，1986.5～1988.6任）

赵　盛（1986.5～1988.6任）

白英发（1986.5～1988.6任）

2. 伊犁哈萨克自治州第八届人大常委会（1988.6～1993.5）

[1988年5月24日至6月1日，召开伊犁哈萨克自治州第八届人民代表大会第一次会议，选举产生伊犁州第八届人大常委会主任1人、副主任8人。]

主　任：努尔莫合买提·热依斯（哈萨克族，1988.6～1993.5任）

副主任：李铭佩（1988.6～1988.6任）

艾里牙斯哈尔·巴扎尔（哈萨克族，1988.6～1993.5任）

铁木尔拜·斯马古勒（哈萨克族，1988.6～1993.5任）

赵　盛（1988.6～1993.5任）

阿不力孜·艾沙（维吾尔族，1988.6～1993.5任）

买买提·乃买提（维吾尔族，1988.6～1993.5任）

马力克（回族，1988.6～1993.5任）

吉　庆（锡伯族，1988.6～1993.5任）

3. 伊犁哈萨克自治州第九届人大常委会（1993.5～1993.12）

[1993年5月16日至23日，召开伊犁哈萨克自治州第九届人民代表大会第一次会议，选举产生伊犁州第九届人大常委会主任1人、副主任6人。]

主　任：阿尔斯坦别克·乌夏合拜（哈萨克族，1993.5～1993.12任）

副主任：牛永祥（1993.5～1993.12任）

哈西列提·尼赫什（哈萨克族，1993.5～1993.12任）

司马义·沙比尔（维吾尔族，1993.5～1993.12任）
努尔达吾来提·阿不拉汗（哈萨克族，1993.5～1993.12任）
杨　云（回族，1993.5～1993.12任）
曹鸿梅（1993.5～1993.12任）

（三）伊犁地方政府

1. 伊犁、塔城、阿勒泰专员公署（1949.10～1954.11）

［1949年9月新疆和平解放后，经中共中央批准，在伊犁成立相当于省级的中央伊犁区委员会，领导伊犁、塔城、阿山3个专区党的工作。伊、塔、阿行政机构继续沿用专员公署名称，专员留用。1950年1月，改称新疆省人民政府伊犁、塔城、阿山行政督察专员公署。同年10月，又改为新疆省伊犁、塔城、阿山行政专员公署，为省政府派出机构。1950年12月，伊犁专区建制撤销后，塔城、阿勒泰行政专员公署为伊犁州人民委员会派出机构。］

（1）伊犁专员公署（1949.10～1955.12）

专　员：阿奇木伯克·霍加（维吾尔族，1949.10～1950.3任）
克伊木伯克·霍加（维吾尔族，1950.3～1951.6任）
安尼瓦尔·贾库林（哈萨克族，1951.6～1954.1任）
阿不都不得热依木·艾沙（维吾尔族，1954.1～1955.12任）

（2）塔城专员公署（1949.10～1955.12）

专　员：巴斯拜·雀拉克·巴平（哈萨克族，1949.10～1952.5任）
贾和达·巴巴里科夫（哈萨克族，1952.9～1955.3任）
马高维亚·贾库林（哈萨克族，1955.4～1955.10代）
铁里木哈买提·阿合买提（哈萨克族，1955.10～1955.12任）

（3）阿勒泰专员公署（1949.10～1955.12）

专　员：帕提汗·苏古尔巴也夫（哈萨克族，1949.10～1954.11任）
巴达里汗·苏古尔巴也夫（哈萨克族，1954.12～1955.12任）

2. 伊犁区人民委员会（1954.11～1957.2）

［1954年11月22日至28日，召开伊、塔、阿三区各族各界人民代表会议第一次会议，选举产生伊犁区人民委员会委员37名，选举帕提汗·苏古尔巴也夫为主席，李会友等3人为副主席。］

主　席：帕提汗·苏古尔巴也夫（哈萨克族，1954.11～1955.6任）
贾和达·巴巴里科夫（哈萨克族，1955.6～1957.2代）

副主席：李会友（1954.11～1957.2任）
阿不都热依木·艾沙（维吾尔族，1954.11～1957.2任）
玉素甫汗·昆拜（哈萨克族，1954.11～1957.2任）

3. 伊犁哈萨克自治州第一届人民委员会（1957.2～1958.5）

［1957年2月20日至27日，召开伊犁哈萨克自治州第一届人民代表大会第一次会议，选举产生伊犁州第一届人民委员会委员35名，选举贾和达·巴巴里科夫为州长，李会友等3人为副州长。］

州　长：贾和达·巴巴里科夫（哈萨克族，1957.2～1958.5任）

副州长：李会友（1957.2～1958.5任）

阿不都热依木·艾沙（维吾尔族，1957.2～1958.1任）

玉素甫汗·昆拜（哈萨克族，1957.2～1958.5任）

4. 伊犁哈萨克自治州第二届人民委员会（1958.6～1961.6）

［1958年5月26日至6月2日，召开伊犁哈萨克自治州第二届人民代表大会第一次会议，选举产生伊犁州第二届人民委员会委员37名，选举库尔班阿里·乌斯满为州长，李会友等3人为副州长。］

州　长：库尔班阿里·乌斯满（哈萨克族，1958.6～1961.6任）

副州长：李会友（1958.6～1961.6任）

哈山诺夫·阿不都热依木（维吾尔族，1958.6～1961.6任）

玉素甫汗·昆拜（哈萨克族，1958.6～1961.6任）

田星五（1960.8～1961.6任）

5. 伊犁哈萨克自治州第三届人民委员会（1961.6～1963.9）

［1961年6月5日至12日，召开伊犁哈萨克自治州第三届人民代表大会第一次会议，选举产生伊犁州第三届人民委员会委员37名，选举库尔班阿里·乌斯满为州长，张中涛等5人为副州长。］

州　长：库尔班阿里·乌斯满（哈萨克族，1961.6～1963.9任）

副州长：张中涛（1961.6～1963.9任）

黑长荣（1961.6～1963.9任）

玉素甫汗·昆拜（哈萨克族，1961.6～1963.9任）

阿合买提哈里·色依提拜（哈萨克族，1961.6～1963.9任）

阿不都热合满·苏里堂（维吾尔族，1961.6～1963.9任）

6. 伊犁哈萨克自治州第四届人民委员会（1963.9～1966.1）

［1963年9月16日至26日，召开伊犁哈萨克自治州第四届人民代表大会第一次会议，选举产生伊犁州第四届人民委员会委员37名，选举伊尔哈里·阿不力海依尔为州长，黑长荣等4人为副州长。］

州　长：伊尔哈里·阿不力海依尔（哈萨克族，1963.9～1966.1任）

副州长：黑长荣（1963.9～1965.11任）

玉素甫汗·昆拜（哈萨克族，1963.9～1966.1任）

阿合买提哈里·色依提拜（哈萨克族，1963.9 ~ 1966.1任）
阿不都热合满·苏里堂（维吾尔族，1963.9 ~ 1966.1任）

7. 伊犁哈萨克自治州第五届人民委员会（1966.1～1967.1）

[1966年1月5日至13日，召开伊犁哈萨克自治州第五届人民代表大会第一次会议，选举产生组伊犁州第五届人民委员会委员37名，选举伊尔哈里·阿不力海依尔为州长，梁国晋等6人为副州长。“文革”开始后，全州各级党政机构受到冲击，相继瘫痪。1967年3月，伊犁州实行军事管制，由新成立的生产办公室代行党政职权。]

州　长：伊尔哈里·阿不力海依尔（哈萨克族，1966.1 ~ 1966.5任）
副州长：梁国晋（1966.1 ~ 1967.1）
玉素甫汗·昆拜（哈萨克族，1966.1 ~ 1966.5任）
阿合买提哈里·色依提拜（哈萨克族，1966.1 ~ 1966.5任）
阿不都热合满·苏里堂（维吾尔族，1966.1 ~ 1966.5任）
邵中林（1966.1 ~ 1967.1）
艾里牙斯哈尔·巴扎尔（哈萨克族，1966.1 ~ 1967.1任）

8. 伊犁哈萨克自治州革命委员会（1969.5～1983.4）

[1969年5月，经新疆维吾尔自治区革命委员会批准，成立伊犁哈萨克自治州革命委员会，对全州实行党政“一元化”领导。]

（1）1969.5 ~ 1975.9
主　任：钟良树（1969.5 ~ 1970.5任）
王振中（1970.5 ~ 1975.7任）
谢高忠（代，1975.7 ~ 1975.9任）
副主任：赵增林（1969.5 ~ 1970.5任）
李国清（1969.5 ~ 1970.5任）
任书田（1969.5 ~ 1970.5任）
龙海元（1969.5 ~ 1971.6任）
艾里牙斯哈尔·巴扎尔（哈萨克族，1969.5 ~ 1975.9任）
马玉清（回族，1969.5 ~ 1975.9任）
朱银发（1969.5 ~ 1975.9任）
阿不都卡德尔·吾守尔（维吾尔族，1969.5 ~ 1975.9任）
汪造反（1969.5 ~ 1972.9任）
黑里力·祖农（维吾尔族，1970.5 ~ 1975.9任）
孙光华（1970.5 ~ 1975.9任）
梁国晋（1971.2 ~ 1975.9任）
伊尔哈里·阿不力海依尔（哈萨克族，1971.12 ~ 1975.9任）
马明亮（回族，1972.7 ~ 1975.9任）
袁　新（1972.8 ~ 1974.7任）

孙　奢（1972.8～1975.9任）

莫合甫尔·艾拉（维吾尔族，1974.11～1975.9任）

翟振华（1975.7～1975.9任）

刘可桑（1975.7～1975.9任）

苏从仪（1975.7～1975.9任）

张峻德（1975.7～1975.9任）

（2）1975.9～1983.4

［1975年9月5日至10日，召开伊犁哈萨克自治州第六届人民代表大会第一次会议，选举产生伊犁州革命委员会委员43名，选举贾那布尔·司马胡里为州革委会主任，伊尔哈里·阿不力海依尔等9人为副主任。1979年9月2日，中共中央、国务院批复，撤销伊犁地区建制，伊犁州党政领导机关从奎宁市迁回伊宁市。同时，博尔塔拉蒙古自治州由自治区领导，不再由伊犁州代管。］

主　任：贾那布尔·司马胡里（哈萨克族，1975.9～1978.2任）

伊尔哈里·阿不力海依尔（哈萨克族，1978.2～1979.3任）

哈生别克·色依提江（哈萨克族，1979.3～1983.4任）

副主任：伊尔哈里·阿不力海依尔（哈萨克族，1975.9～1978.2任）

白成铭（1975.9～1978.9任）

张思明（1975.9～1977.4任）

哈生别克·色依提江（哈萨克族，1975.9～1978.8任）

阿不都克里木·马合木托夫（维吾尔族，1975.9～1979.5任）

彭煦程（1975.9～1979.5任）

沙玛力汗·霍依旦（女，哈萨克族，1975.9～1978.5任）

李泽民（1975.9～1978.2任）

阿克木·加帕尔（维吾尔族，1975.9～1979.5任）

张立长（1977.8～1979.5任）

孙　奢（1979.5～1982.5任）

艾里牙斯哈尔·巴扎尔（哈萨克族，1979.5～1983.4任）

努尔莫合买提·热依斯（哈萨克族，1979.5～1983.4任）

铁木尔拜·斯马古勒（哈萨克族，1979.5～1983.4任）

莫合甫尔·艾拉（维吾尔族，1979.5～1983.4任）

刘可桑（1979.5～1980.12任）

刘长进（1979.5～1980.2任）

张景凡（1979.5～1983.4任）

阿拉西·布尔克提（蒙古族，1979.5～1983.4任）

张华威（1979.5～1983.4任）

陈芝谱（1979.5～1983.4任）

赵　盛（1979.5～1983.4任）

卓立德（蒙古族，1980.12～1983.4任）

白云海（1980.12 ~ 1983.4任）
热孜宛·奴尔哈里（哈萨克族，1980.12 ~ 1983.4任）

9. 伊犁哈萨克自治州第七届人民政府（1983.4～1988.5）

［1983年4月12日至18日，召开伊犁哈萨克自治州第七届人民代表大会第一次会议，会议决定撤销伊犁州革命委员会，恢复伊犁哈萨克自治州人民政府称谓，选举迪牙尔·库马什为州长，慕生汉等4人为副州长。］

州　长：迪牙尔·库马什（哈萨克族，1983.4 ~ 1987.10任）
副州长：慕生汉（1983.4 ~ 1984.1任）
莫合甫尔·艾拉（维吾尔族，1983.4 ~ 1986.5任）
李涵春（1983.4 ~ 1984.10任）
奴尔沙帕·哈那皮亚（哈萨克族，1983.4 ~ 1986.5任）
梁金祥（1984.1 ~ 1988.5任）
顾鹤寿（1984.10 ~ 1988.5任）
阿不力孜·卡德尔（维吾尔族，1986.5 ~ 1988.5任）

10. 伊犁哈萨克自治州第八届人民政府（1988.5～1993.5）

［1988年5月24日至6月1日，召开伊犁哈萨克自治州第八届人民代表大会第一次会议，选举艾斯海提·克里木拜为州长，李桂茂等5人为副州长。］

州　长：艾斯海提·克里木拜（哈萨克族，1988.5 ~ 1993.5任）
副州长：李桂茂（1988.5 ~ 1991.7）
顾鹤寿（1988.5 ~ 1993.5）
阿不力孜·卡德尔（维吾尔族，1988.5 ~ 1993.5任）
扎汗·俄马尔（哈萨克族，1988.5 ~ 1993.5任）
马力格吉达·卡孜木（哈萨克族，1988.5 ~ 1993.5任）
郝春年（1991.7 ~ 1993.5任）

11. 伊犁哈萨克自治州第九届人民政府（1993.5～1993.12）

［1993年5月16日至23日，召开伊犁哈萨克自治州第九届人民代表大会第一次会议，选举别克木哈买提·木沙为州长，林天锡等5人为副州长。］

州　长：别克木哈买提·木沙（哈萨克族，1993.5 ~ 1993.12任）
副州长：林天锡（1993.5 ~ 1993.12任）
阿不力孜·卡德尔（维吾尔族，1993.5 ~ 1993.12任）
马力格吉达·卡孜木（哈萨克族，1993.5 ~ 1993.12任）
雷以亮（1993.5 ~ 1993.12任）
卡克木·波肯（哈萨克族，1993.5 ~ 1993.12任）

（四）中国人民政治协商会议伊犁哈萨克自治州委员会

1. 政协伊犁哈萨克自治州第一届委员会（1955.12～1959.11）

［1955年12月19日至25日，召开政协伊犁哈萨克自治州第一届委员会第一次全体委员会议，选举产生政协伊犁州第一届委员会常委25名，选举哈山诺夫·阿不都不得热依木为主席，张世功等4人为副主席。］

主　席：哈山诺夫·阿不都不得热依木（维吾尔族，1955.12～1959.11任）

副主席：张世功（1955.12～1959.10任）

玉素甫汗·昆拜（哈萨克族，1955.12～1959.11任）

宗古鲁·夏尔哈（蒙古族，1955.12～1959.11任）

哈吉那比·瓦力也夫（哈萨克族，1955.12～1959.11任）

2. 政协伊犁哈萨克自治州第二届委员会（1959.11～1961.5）

［1959年11月2日至8日，召开政协伊犁哈萨克自治州第二届委员会第一次全体委员会议，选举产生政协伊犁州第二届委员会常委38名，选举张世功为主席，哈山诺夫·阿不都不得热依木等4人为副主席。］

主　席：张世功（1959.11～1961.5兼）

副主席：哈山诺夫·阿不都不得热依木（维吾尔族，1959.11～1961.5任）

玉素甫汗·昆拜（哈萨克族，1959.11～1961.5任）

巴达里汗·苏古尔巴也夫（哈萨克族，1959.11～1961.5任）

陈锡华（1959.11～1961.5任）

3. 政协伊犁哈萨克自治州第三届委员会（1961.5～1963.9）

［1961年5月25日至6月9日，召开政协伊犁哈萨克自治州第三届委员会第一次全体委员会议，选举产生政协伊犁州第三届委员会常委41名，选举张世功为主席，哈山诺夫·阿不都不得热依木等4人为副主席。］

主　席：张世功（1961.5～1963.9兼）

副主席：哈山诺夫·阿不都不得热依木（维吾尔族，1961.5～1963.9任）

玉素甫汗·昆拜（哈萨克族，1961.5～1963.9任）

巴达里汗·苏古尔巴也夫（哈萨克族，1961.5～1963.6任）

陈锡华（1961.5～1963.9任）

4. 政协伊犁哈萨克自治州第四届委员会（1963.9～1966.1）

［1963年9月16日至25日，召开政协伊犁哈萨克自治州第四届委员会第一次全体委员会议，选举产生政协伊犁州第四届委员会常委39名，选举张世功为主席，哈山诺夫·阿不都不得热依木等3人为副主席。］

主　席：张世功（1963.9 ~ 1966.1任）

副主席：哈山诺夫·阿不都不得热依木（维吾尔族，1963.9 ~ 1966.1任）

玉素甫汗·昆拜（哈萨克族，1963.9 ~ 1966.1任）

陈锡华（1963.9 ~ 1966.1任）

5. 政协伊犁哈萨克自治州第五届委员会（1966.1～1983.4）

（1）1966.1 ~ 1966.5

[1966年1月4日至12日，召开政协伊犁哈萨克自治州第五届委员会第一次全体委员会议，选举产生政协伊犁州第五届委员会常委39名，选举张世功为主席，赵怀璧等4人为副主席。1966年5月“文革”开始后，州政协工作中断15年。]

主　席：张世功（兼，1966.1 ~ 1966.5任）

副主席：赵怀璧（兼，1966.1 ~ 1966.5任）

哈山诺夫·阿不都不得热依木（维吾尔族，1966.1 ~ 1966.5任）

玉素甫汗·昆拜（哈萨克族，1966.1 ~ 1966.5任）

陈锡华（1966.1 ~ 1966.5任）

（2）1981.1 ~ 1983.4

[1981年1月，自治区党委任命孙奢为政协伊犁哈萨克自治州委员会主席，薛继卿等5人为副主席，着手恢复州政协正常工作。]

主　席：孙　奢（1981.1 ~ 1982.5任）

哈生别克·色依提江（哈萨克族，1982.6 ~ 1983.4任）

副主席：玉素甫汗·昆拜（哈萨克族，1981.1 ~ 1983.3任）

薛继卿（1981.1 ~ 1983.4任）

阿合买提哈里·色依提拜（哈萨克族，1981.1 ~ 1983.4任）

柏振岐（1981.1 ~ 1983.3任）

瓦哈甫·木黑也夫（哈萨克族，1981.1 ~ 1983.3任）

6. 政协伊犁哈萨克自治州第六届委员会（1983.4～1988.5）

[1983年4月11日至17日，召开政协伊犁哈萨克自治州第六届委员会第一次全体委员会议，选举产生政协伊犁州第六届委员会常委65名，选举哈生别克·色依提江为主席，薛继卿等6人为副主席。]

主　席：哈生别克·色依提江（哈萨克族，1983.4 ~ 1985.1任）

热孜宛·奴尔哈里（哈萨克族，1985.1 ~ 1988.5任）

副主席：薛继卿（1983.4 ~ 1985.5任）

阿合买提哈里·色依提拜（哈萨克族，1983.4 ~ 1988.5任）

吴寿山（1983.4 ~ 1988.5任）

艾斯海提·曼开（哈萨克族，1983.4 ~ 1988.5任）

波波汗·阿塔吾拉（维吾尔族，1983.4 ~ 1988.5任）

马学善（回族，1983.4 ~ 1984.3任）

白云海（1985.5～1988.5任）
杨宗禹（1986.12～1988.5任）
阿不力孜·艾沙（维吾尔族，1986.12～1988.5任）
卞别·孟格木楞（蒙古族，1986.5～1988.5任）
艾拜都拉·买合苏木阿吉（维吾尔族，1986.5～1988.5任）
木哈什·木哈依（哈萨克族，1988.3～1988.5任）

7. 政协伊犁哈萨克自治州第七届委员会（1988.5～1993.5）

[1988年5月23日至30日，召开政协伊犁哈萨克自治州第七届委员会第一次全体委员会议，选举产生政协伊犁州第七届委员会常委51名，选举热孜宛·奴尔哈里为主席，贺新味等9人为副主席。]

主　席：热孜宛·奴尔哈里（哈萨克族，1988.5～1993.5任）
副主席：贺新味（1988.5～1993.5任）
艾斯海提·曼开（哈萨克族，1988.5～1993.5任）
波波汗·阿塔吾拉（维吾尔族，1988.5～1993.5任）
卞别·孟格木楞（蒙古族，1988.5～1993.5任）
艾拜都拉·买合苏木阿吉（维吾尔族，1988.5～1993.5任）
木哈什·木哈依（哈萨克族，1988.5～1993.5任）
刘唐寅（女，1988.5～1993.5任）
李应华（1988.5～1993.5任）
阿不都克里木·艾沙尤夫（维吾尔族，1988.5～1993.5任）

8. 政协伊犁哈萨克自治州第八届委员会（1993.5～1993.12）

[1993年5月15日至22日，召开政协伊犁哈萨克自治州第八届委员会第一次全体委员会议，选举产生政协伊犁州第七届委员会常委42名，选举康克俭为主席，李应华等7人为副主席。]

主　席：康克俭（兼，1993.5～1993.12任）
副主席：李应华（1993.5～1993.12任）
吾里汗·苏里堂（女，哈萨克族，1993.5～1993.12任）
吾甫尔·阿皮孜（维吾尔族，1993.5～1993.12任）
杨家强（1993.5～1993.12任）
兵拜·吾许热塔（蒙古族，1993.5～1993.12任）
阿不都克里木·艾沙尤夫（维吾尔族，1993.5～1993.12任）
哈吉牙克巴尔·孔俄尔（哈萨克族，1993.5～1993.12任）

（马志敏/供稿）

自治州职官志主要参考书目：

1. 黔东南苗族侗族自治州地方志编纂委员会编. 黔东南苗族侗族自治州志·政协志. 贵阳：

贵州人民出版社，1994.

2. 黔东南苗族侗族自治州地方志编纂委员会编. 黔东南苗族侗族自治州志·政权志（政府分册）. 贵阳：贵州人民出版社，2002.

3. 黔东南苗族侗族自治州地方志编纂委员会编. 黔东南苗族侗族自治州志·政权志（人民代表大会分册）. 贵阳：贵州人民出版社，2002.

4. 黔东南苗族侗族自治州地方志编纂委员会编. 黔东南苗族侗族自治州志·政党群团志. 贵阳：贵州人民出版社，1999.

5. 政协云南省委员会编撰. 云南省志·政协志（第48卷）. 昆明：云南人民出版社，1999.

6. 云南省人大常委会办公厅编撰. 云南省志·人民代表大会志（第46卷）. 昆明：云南人民出版社，2003.

7. 黔南布依族苗族自治州史志编纂委员会编. 黔南布依族苗族自治州志·政协志（第38卷）. 贵阳：贵州人民出版社，2002.

8. 黔南布依族苗族自治州史志编纂委员会编. 黔南布依族苗族自治州志·政权志（第41卷）. 贵阳：贵州人民出版社，2003.

9. 黔南布依族苗族自治州史志编纂委员会编. 黔南布依族苗族自治州志·党群志（第40卷）. 贵阳：贵州人民出版社，2003.

10.《临夏回族自治州志》编纂委员会编. 临夏回族自治州志（上、下册）. 兰州：甘肃人民出版社，1993.6

11. 甘南藏族自治州地方史志编纂委员会编. 甘南州志（上、下册）. 北京：民族出版社，1999.

12. 文山壮族苗族自治州地方志编纂委员会编纂. 文山壮族苗族自治州志. 昆明：云南人民出版社（第1卷，2000.11；第4卷，2001.10；第6卷，2002.11）

13. 湘西土家族苗族自治州史料编纂委员会编. 中共湘西土家族苗族自治州组织史资料. 北京：中共党史出版社，1998.

14. 恩施土家族苗族自治州年鉴编辑委员会编著. 恩施州年鉴（1999卷）. 1999.

15. 楚雄彝族自治州史料编纂委员会编著. 楚雄州志（第2卷）. 北京：人民出版社，1993.

16. 巴音郭楞蒙古自治州地方志编纂委员会编著. 巴音郭楞蒙古自治州志（上、中、下卷）. 北京：当代中国出版社，1994.

17. 阿坝藏族羌族自治州地方志编纂委员会编. 阿坝州志（上、下册）. 北京：民族出版社，1994.

18. 博尔塔拉蒙古自治州地方志编纂委员会编. 博尔塔拉蒙古自治州志. 乌鲁木齐：新疆大学出版社，1999.

19. 黄南藏族自治州志编纂委员会编. 黄南藏族自治州志（上、下卷）. 兰州：甘肃人民出版社，1999.

20. 海西蒙古族藏族自治州地方志编纂委员会编. 海西蒙古族藏族自治州志（第1卷）. 西安：陕西人民出版社，1995.

21. 果洛藏族自治州地方志编纂委员会编. 果洛藏族自治州志（上、下册）. 北京：民族出版社，2001.

22. 克孜勒苏柯尔克孜自治州史志编纂委员会编. 克孜勒苏柯尔克孜自治州志（上、下册）. 乌鲁木齐：新疆人民出版社，2004.

23. 大理白族自治州地方志编纂委员会编. 大理州年鉴（1990～1994卷）. 昆明：云南民族出版社，1994.

24. 中共西双版纳州委党史征集研究室编. 西双版纳五十年（1950～2000.2）. 昆明：云南民族出版社，2000.

25. 西双版纳傣族自治州人民政府主办、西双版纳年鉴编辑委员会编. 西双版纳年鉴（1997卷）. 昆明：云南科技出版社，1997.

26. 西双版纳傣族自治州人民政府主办、西双版纳年鉴编辑委员会编. 西双版纳年鉴（2000卷）. 北京：燕山出版社，2001.

27. 西双版纳傣族自治州人民政府主办、西双版纳年鉴编辑委员会编. 西双版纳年鉴（2002卷）. 北京：燕山出版社，2003.

28. 甘孜州人民政府、甘孜州年鉴编纂委员会编. 甘孜藏族自治州年鉴（2002卷）

29. 凉山彝族自治州概况编写组. 凉山彝族自治州概况. 成都：四川民族出版社，1985.

30. 迪庆州人民政府、《迪庆年鉴》编纂委员会编. 迪庆年鉴（1994卷）. 昆明云南年鉴杂志社出版，1994.

31. 云南省楚雄彝族自治州地方志编纂委员会、楚雄州年鉴编辑部编. 楚雄州年鉴（1989卷）

32.《凉山日报》（1959.1～1993.12）

33.《阿坝报》（1981.1～1993.12）

34. 伊犁哈萨克族自治州志编纂委员会编. 伊犁哈萨克族自治州志. 乌鲁木齐：新疆人民出版社，2004.

35. 凉山彝族自治州志编纂委员会编. 凉山彝族自治州志（上、中、下卷）. 北京：方志出版社，2002.

36. 湖北省恩施土家族苗族自治州地方志编纂委员会编. 恩施州志. 武汉：湖北人民出版社，1998.

37. 昌吉回族自治州地方志编纂委员会编. 昌吉回族自治州志. 乌鲁木齐：新疆人民出版社，2004.

38. 红河哈尼族彝族自治州地方志编纂委员会编. 红河州志. 北京：三联书店，1997.

39. 凉山彝族自治州地方志编纂委员会编. 凉山州志. 北京：方志出版社，2002.

40. 甘孜藏族自治州地方志编纂委员会编. 甘孜州志. 成都：四川人民出版社，1998.

41. 玉树藏族自治州地方志编纂委员会编. 玉树州志. 西安：三秦出版社，2005.

42. 怒江傈僳族自治州地方志编纂委员会编. 怒江州志. 北京：民族出版社，2006.

43. 临夏州劳动人事局主办，马远志主编. 临夏人物. 兰州：甘肃人民出版社，2006.

44. 呼伦贝尔盟史志办公室编纂委员会编著. 呼伦贝尔盟志（上、中、下卷）. 海拉尔：内蒙古文化出版社，1999.

45. 郝维民主编. 内蒙古自治区史. 呼和浩特：内蒙古大学出版社，1991.

46. 贵州省地方志编纂委员会编. 贵州省志·人事志. 贵阳：贵州人民出版社，1999.

47. 夏恩训主编. 满洲里市志. 呼和浩特：内蒙古人民出版社，1998.

48. 扎兰屯市史志编纂委员会编. 扎兰屯市志. 天津：百花文艺出版社，1993.

49. 中共贵州省委组织部，中共贵州省委党史研究室、贵州省档案局编. 中国共产党贵州省组织史资料，贵州省政军统群组织史资料. 贵阳：贵州教育出版社，1997.

50. 中共云南省委组织部，中共云南省委党史研究室，云南省档案局编. 中国共产党云南省组织史资料、云南省政军统群组织史资料（1927～1987）北京：中共党史出版社，1994.

51. 中共内蒙古自治区委员会组织部，中共内蒙古自治区委员会党史研究室，内蒙古自治区委员会档案馆编. 中国共产党内蒙古自治区组织史资料（1927～1987）. 呼和浩特：内蒙古人民出版社，1995.

52. 政协新疆维吾尔自治区委员会《新疆政协志》编纂委员会编. 新疆政协志. 乌鲁木齐：新疆人民出版社，1996.

四、表·录

中国民族自治区域行政建制表（1993）

类别	建制名称	首府驻地	成立时间	区域面积（平方公里）	总人口（万人）	少数民族人口（万人）	备注
自治区（5个）	内蒙古自治区	呼和浩特市	1947.5.1	1 183 000	2 198.01	418.62	1947年4月23日至5月3日内蒙古人民代表会议召开，确定5月1日为自治区成立纪念日，在全国第一个实现民族区域自治。
	广西壮族自治区	南宁市	1958.3.15	236 660	4 408.80	1 700.89	1949年12月11日设立广西省，1958年3月撤销广西省设立广西僮族自治区，1965年10月12日改称广西壮族自治区。
	西藏自治区	拉萨市	1965.9.1	1 228 400	228.88	224.24	1956年4月成立西藏自治区筹备委员会，1959年3月28日国务院解散西藏地方政府，由筹委会行使职权，1965年9月1日自治区正式成立。
	宁夏回族自治区	银川市	1958.10.25	66 400	490.86	166.12	1954年6月19日撤销宁夏省并入甘肃省，1958年10月25日自治区成立。

续表

类 别	建制名称	首府驻地	成立时间	区域面积（平方公里）	总人口（万人）	少数民族人口（万人）	备注
自治区（5个）	新疆维吾尔自治区	乌鲁木齐市	1955.10.1	1 660 400	1 605.26	994.15	1949年12月17日新疆省人民政府成立，1955年9月13日第一届全国人大常委会决定撤销新疆省，设立新疆维吾尔自治区，10月1日正式成立。
自治州（30个）	延边朝鲜族自治州	延吉市	1952.9.3	42 700	213.84	91.78	1952年9月3日成立延边朝鲜族自治区，1955年12月27日改称自治州。
	恩施土家族苗族自治州	恩施市	1983.12.1	23 942	368.10	168.86	1949年11月6日设置湖北省恩施行政区，1978年10月改称恩施地区行政公署，1983年12月1日撤销公署成立鄂西土家族苗族自治州，1993年4月4日改称恩施土家族苗族自治州。
	湘西土家族苗族自治州	吉首市	1957.9.20	15 486	240.19	163.65	1952年8月1日成立湘西苗族自治区（地师级），1955年4月28日改称湘西苗族自治州，1957年9月20日改称湘西土家族苗族自治州。
	阿坝藏族羌族自治州	马尔康县	1953.1.1	83 460	77.50	54.40	1952年12月成立四川省藏族自治区，1955年12月改称阿坝藏族自治州，1987年改称阿坝藏族羌族自治州。

续表

类 别	建制名称	首府驻地	成立时间	区域面积（平方公里）	总人口（万人）	少数民族人口（万人）	备注
自治州(30个)	凉山彝族自治州	西昌市	1952.10.1	60 115	371.08	169.64	1952年10月1日成立凉山彝族自治区，1955年改称自治州。
	甘孜藏族自治州	康定县	1950.11.24	153 002	83.85	67.22	1950年11月25日成立西康省藏族自治区人民政府，1955年3月改称西康省藏族自治州，10月1日改称四川省甘孜藏族自治州。
	黔东南苗族侗族自治州	凯里市	1956.7.23	30 302	379.14	283.99	1956年4月18日，国务院批准撤销镇远专区，成立黔东南苗族侗族自治州；7月23日正式成立。
	黔南布依族苗族自治州	都匀市	1956.8.8	26 197	337.94	179.92	新中国成立后，分属独山专区(1952年10月改称都匀专区)、贵阳专区、贵定专区；1956年8月8日黔南布依族苗族自治州成立。
	黔西南布依族苗族自治州	兴义市	1982.5.1	16 820	261.28	104.49	1981年9月21日撤销兴义地区设立黔西南布依族苗族自治州,1982年5月1日自治州人民政府正式成立。
	西双版纳傣族自治州	景洪县	1953.1.24	19 700	79.81	59.16	1953年1月23日成立西双版纳傣族自治区，1955年6月改称自治州。
	文山壮族苗族自治州	文山县	1958.4.1	32 239	303.33	169.69	1958年4月1日撤销原文山专区成立文山僮族苗族自治州，1965年10月20日改称文山壮族苗族自治州。

续表

类别	建制名称	首府驻地	成立时间	区域面积（平方公里）	总人口（万人）	少数民族人口（万人）	备注
自治州（30个）	红河哈尼族彝族自治州	个旧市	1957.11.18	32 931	374.20	202.88	1954年1月设立红河哈尼族自治区，1957年11月18日与蒙自专区合并建立红河哈尼族彝族自治州。
	德宏傣族景颇族自治州	潞西县	1953.7.24	11 526	94.17	48.75	1953年7月成立德宏傣族景颇族自治区，1956年5月改称自治州，1968年12月撤销德宏州并入保山地区，1971年9月恢复德宏州。
	怒江傈僳族自治州	泸水县	1954.8.23	14 703	44.67	41.12	1954年8月23日成立怒江傈僳族自治区，1957年1月改称自治州。
	迪庆藏族自治州	中甸县	1957.9.13	23 870	32.13	26.96	1952年5月成立德钦藏族自治区，1955年12月改称德钦县，1957年9月13日迪庆藏族自治州人民政府成立。
	大理白族自治州	大理市	1956.11.22	29 459	310.86	152.71	1950年2月1日大理专员公署建立，1956年11月12日大理白族自治州成立。
	楚雄彝族自治州	楚雄市	1958.4.15	29 258	238.40	72.05	新中国成立后，分属滇西和滇北人民行政专员公署，后分设楚雄、武定两专区；1953年合并为楚雄专区，1958年4月15日楚雄彝族自治州成立。

续表

类别	建制名称	首府驻地	成立时间	区域面积（平方公里）	总人口（万人）	少数民族人口（万人）	备注
自治州（30个）	临夏回族自治州	临夏市	1956.11.19	7 983	169.79	94.03	1949年8月设立临夏分区行政督察专员公署,9月设置军事管制委员会、洮西分区行政督察专员公署、临夏分区行政督察专员公署；1950年9月改为分区专员公署；1956年11月19日改称临夏回族自治州。
	甘南藏族自治州	门源回族自治县	1953.12.31	44 952	24.35	13.94	1953年12月31日成立海北藏族自治区,1955年5月20日改称自治州。
	海北藏族自治州	夏河县	1953.10.1	38 748	60.73	33.01	1953年10月1日成立甘南藏族自治区，1955年7月1日改称自治州。
	黄南藏族自治州	同仁县	1953.12.22	17 902	18.03	16.61	1953年12月22日成立黄南藏族自治区，1955年5月20日改称自治州。
	海南藏族自治州	共和县	1953.12.6	45 785	37.11	22.98	1953年12月6日成立海南藏族自治区，1955年7月28日改称自治州。
	果洛藏族自治州	玛沁县	1954.1.1	75 752	12.10	10.90	1954年1月成立果洛藏族自治区（专区级），1955年7月改称自治州。
	玉树藏族自治州	玉树县	1951.12.25	197 791	23.29	22.60	1951年12月25日成立玉树藏族自治区，1955年6月2日改称自治州。

续表

类别	建制名称	首府驻地	成立时间	区域面积（平方公里）	总人口（万人）	少数民族人口（万人）	备注
自治州（30个）	海西蒙古族藏族自治州	德令哈市	1954.1.25	320 970	29.00	6.81	1954年1月25日成立海西蒙、藏、哈萨克族自治区（专区级），1955年12月12日更名为海西蒙、藏、哈萨克族自治州，1963年8月26日称海西蒙古族藏族哈萨克族自治州，1985年5月21日更名为海西蒙古族藏族自治州。
	昌吉回族自治州	昌吉市	1954.7.15	92 182	133.93	33.68	1954年7月15日成立昌吉回族自治区，1955年3月11日改称自治州。
	巴音郭楞蒙古自治州	库尔勒市	1954.6.23	480 000	91.42	41.39	1954年6月23日设巴音郭楞蒙古族自治区，后改称自治州。
	克孜勒苏柯尔克孜自治州	阿图什市	1954.7.14	70 900	39.78	37.75	1954年7月14日成立克孜勒苏柯尔克孜自治区，1955年2月改称自治州。
	博尔塔拉蒙古自治州	博乐市	1954.7.13	27 000	35.41	12.44	1954年7月13日成立博尔塔拉蒙古族自治区，1955年2月14日改称自治州。
	伊犁哈萨克自治州	伊宁市	1954.11.27	350 000	349.62	193.83	1954年11月27日成立伊犁哈萨克自治区，1955年2月改称自治州。
自治县（120个）	大厂回族自治县	大厂镇	1955.12.7	176	10.70	2.29	1952年成立大厂回族自治区，1955年12月改称自治县。

续表

类别	建制名称	首府驻地	成立时间	区域面积（平方公里）	总人口（万人）	少数民族人口（万人）	备注
自治县（120个）	孟村回族自治县	孟村镇	1955.11.30	387	16.60	4.00	—
	青龙满族自治县	青龙镇	1987.5.10	3 508	52.80	33.80	—
	丰宁满族自治县	大阁镇	1987.5.15	8 765	36.20	23.40	—
	围场满族蒙古族自治县	围场镇	1990.6.12	9 220	49.94	25.27	—
	宽城满族自治县	宽城镇	1990.6.16	1 952	23.04	14.36	—
	阜新蒙古族自治县	阜新镇	1958.4.7	6 246	71.38	14.85	—
	喀喇沁左翼蒙古族自治县	大城子镇	1958.4.1	2 238	40.85	7.32	—
	岫岩满族自治县	岫岩镇	1985.6.11	4 506	48.79	43.36	—
	凤城满族自治县	凤城镇	1985.6.13	5 748	60.30	46.50	—
	新宾满族自治县	新宾镇	1985.6.7	4 432	31.70	24.70	—
	清原满族自治县	清原镇	1990.6.6	3 932	34.83	20.96	—
	本溪满族自治县	小市镇	1990.6.8	3 557	29.63	18.00	—
	桓仁满族自治县	桓仁镇	1990.6.10	3 555	30.91	15.15	—
	宽甸满族自治县	宽甸镇	1990.6.12	6 180	44.61	23.60	—
	北镇满族自治县	广宁镇	1990.6.15	1 682	53.06	33.77	—
	长白朝鲜族自治县	长白镇	1958.9.15	2 498	8.48	1.62	—
	前郭尔罗斯蒙古族自治县	前郭镇	1956.9.1	7 219	50.30	6.40	—
	伊通满族自治县	伊通镇	1989.8.30	2 522	43.40	17.10	—

续表

类 别	建制名称	首府驻地	成立时间	区域面积（平方公里）	总人口（万人）	少数民族人口（万人）	备注
自治县(120个)	杜尔伯特蒙古族自治县	泰康镇	1956.12.5	6 176	24.12	4.82	—
	景宁畲族自治县	鹤溪镇	1984.12.24	1 950	17.30	1.72	—
	长阳土家族自治县	龙舟坪镇	1984.12.8	3 430	42.75	21.27	—
	五峰土家族自治县	五峰镇	1984.12.12	2 072	20.89	14.00	—
	江华瑶族自治县	沱江镇	1955.11.25	3 248	42.70	21.77	—
	城步苗族自治县	儒林镇	1956.11.30	2 647	24.40	12.90	—
	通道侗族自治县	双江镇	1954.5.7	2 239	20.87	16.76	—
	新晃侗族自治县	新晃镇	1956.12.5	1 500	24.50	20.36	—
	芷江侗族自治县	芷江镇	1987.9.24	2 099	33.16	18.91	—
	靖州苗族侗族自治县	渠阳镇	1987.9.27	2 201	23.81	15.23	—
	麻阳苗族自治县	高村镇	1990.4.1	1 568	33.54	25.68	—
	连南瑶族自治县	三江镇	1953.1.25	1 215	14.20	7.20	1953年1月25日连南、连山两县合并为连南瑶族自治区(县级)，1955年6月改称自治县，1958年12月与连县、连山、阳山合并为连阳各族自治县，1960年10月改称连州各族自治县，1961年10月撤销连州各族自治县恢复连南瑶族自治县建制。

续表

类别	建制名称	首府驻地	成立时间	区域面积（平方公里）	总人口（万人）	少数民族人口（万人）	备注
自治县(120个)	连山壮族瑶族自治县	吉田镇	1962.9.26	1 265	10.66	6.61	1953年1月连山县与连南县合并成立连南瑶族自治区(县级)，1954年1月恢复连山县建制，1958年12月与连县、连南、阳山合并成立连阳各族自治县，1961年10月恢复连山县建制，1962年9月成立连山壮族瑶族自治县。
	乳源瑶族自治县	乳城镇	1963.10.1	2 126	18.85	1.94	—
	都安瑶族自治县	安阳镇	1955.12.15	4 095	61.67	59.84	—
	融水苗族自治县	融水镇	1952.11.26	4 664	45.11	32.00	1952年11月成立大苗山苗族自治区（县级），1955年改称自治县，1966年改称融水苗族自治县。
	三江侗族自治县	古宜镇	1952.12.3	2 452	32.85	26.81	—
	龙胜各族自治县	龙胜镇	1951.8.19	2 373	16.61	12.67	—
	金秀瑶族自治县	金秀镇	1952.5.28	2 081	14.23	10.97	1951年2月成立金秀瑶民自治区，1952年5月28日成立大瑶山瑶族自治区（县级），1955年8月26日改称自治县，1966年4月8日改称金秀瑶族自治县。
	隆林各族自治县	新州镇	1953.1.1	3 543	33.29	26.42	1953年1月成立隆林各族联合自治区（县级），1955年改称隆林各族自治县。

续表

类 别	建制名称	首府驻地	成立时间	区域面积（平方公里）	总人口（万人）	少数民族人口（万人）	备注
自治县(120个)	巴马瑶族自治县	巴马镇	1956.2.6	1 979	22.76	19.41	—
	罗城仫佬族自治县	东门镇	1984.1.10	2 618	34.65	24.81	—
	富川瑶族自治县	富阳镇	1984.1.1	2 560	27.16	13.27	—
	大化瑶族自治县	大化镇		2 716	40.82	37.60	—
	环江毛南族自治县	思恩镇	1987.11.24	4 533	32.93	30.17	—
	恭城瑶族自治县	恭城镇	1990.10.15	2 149	27.39	14.71	—
	白沙黎族自治县	牙叉镇	1987.12.30	2 118	11.04	8.90	—
	昌江黎族自治县	石碌镇	1987.12.30	1 596	21.28	7.42	—
	东方黎族自治县	八所镇	1987.12.28	2 256	32.76	6.91	—
	乐东黎族自治县	抱由镇	1987.12.28	2 746	43.60	16.00	—
	陵水黎族自治县	陵城镇	1987.12.30	1 087	29.60	15.66	—
	保亭黎族苗族自治县	保城镇	1987.12.30	1 161	14.91	9.40	—
	琼中黎族苗族自治县	营根镇	1987.12.28	2 693	12.10	9.86	—
	木里藏族自治县	乔瓦镇	1953.2.19	12 000	11.50	8.58	1953年2月成立木里藏族自治区，1955年改称自治县。
	石柱土家族自治县	南宾镇	1984.11.18	3 013	46.83	28.28	—
	秀山土家族苗族自治县	中和镇	1983.11.7	2 462	54.31	27.26	—
	酉阳土家族苗族自治县	钟多镇	1983.11.11	5 182	67.95	43.08	—

续表

类别	建制名称	首府驻地	成立时间	区域面积（平方公里）	总人口（万人）	少数民族人口（万人）	备注
自治县(120个)	黔江土家族苗族自治县	联合镇	1984.11.13	2 400	45.23	23.97	—
	彭水苗族土家族自治县	汉葭镇	1984.11.10	3 874	57.35	26.84	—
	马边彝族自治县	民建镇	1984.10.9	2 383	16.59	6.01	—
	峨边彝族自治县	沙坪镇	1984.10.5	2 395	13.52	3.47	—
	松桃苗族自治县	城关镇	1956.12.31	2 866	56.00	22.00	—
	镇宁布依族苗族自治县	城关镇	1963.9.11	1 718	30.96	19.83	—
	紫云苗族布依族自治县	松山镇	1966.2.11	2 280	29.59	17.51	—
	威宁彝族回族苗族自治县	城关镇	1954.11.11	6 193	92.08	22.86	1954年11月11日成立威宁彝族回族苗族自治区，1955年6月21日改称自治县。
	关岭布依族苗族自治县	关索镇	1981.12.31	1 466	28.32	16.96	—
	三都水族自治县	三合镇	1957.1.2	2 380	27.55	26.35	1956年9月11日成立三都水家族自治县，1957年1月2日改称三都水族自治县。
	玉屏侗族自治县	平溪镇	1984.11.7	517	12.00	8.00	—
	道真仡佬族苗族自治县	玉溪镇	1987.11.29	2 156	30.24	18.14	—
	务川仡佬族苗族自治县	都濡镇	1987.11.26	2 766	36.40	26.90	—

续表

类别	建制名称	首府驻地	成立时间	区域面积（平方公里）	总人口（万人）	少数民族人口（万人）	备注
自治县（120个）	印江土家族苗族自治县	印江镇	1987.11.20	1 969	36.00	24.00	—
	沿河土家族自治县	和平镇	1987.11.23	2 476	48.00	25.00	—
	峨山彝族自治县	双江镇	1951.5.12	1 972	13.79	8.50	1951年5月12日成立峨山民族自治县，1954年6月改称峨山县彝族自治区，1956年1月改称峨山彝族自治县。
	路南彝族自治县	鹿阜镇	1956.12.31	1 777	20.80	6.55	1956年12月31日成立路南彝族自治县，1958年11月并入宜良县，1964年2月恢复建制。
	沧源佤族自治县	勐董镇	1964.2.28	2 539	15.20	14.24	—
	耿马傣族佤族自治县	耿宣镇	1955.10.16	3 837	22.85	11.56	—
	丽江纳西族自治县	大研镇	1961.4.10	7 648	32.61	26.98	—
	宁蒗彝族自治县	大兴镇	1956.9.20	6 206	20.86	10.28	—
	江城哈尼族彝族自治县	勐烈镇	1954.5.18	3 476	9.01	7.12	—
	澜沧拉祜族自治县	勐朗镇	1953.4.7	8 807	45.27	34.81	—
	孟连傣族拉祜族佤族自治县	孟连镇	1954.6.16	1 957	10.16	8.97	1954年6月16日成立孟连傣族拉祜族佤族自治区（县级），1958年4月改称自治县。
	西盟佤族自治县	西盟镇	1965.3.5	1 391	7.99	7.55	—

续表

类 别	建制名称	首府驻地	成立时间	区域面积（平方公里）	总人口（万人）	少数民族人口（万人）	备注
自治县(120个)	河口瑶族自治县	河口镇	1963.7.11	1 275	7.43	4.62	1958年9月成立河口瑶族自治县，1960年2月与屏边苗族自治县合并为河口瑶族苗族自治县，1962年4月恢复河口瑶族自治县建制，1963年7月正式成立河口瑶族自治县。
	屏边苗族自治县	玉屏镇	1963.7.1	1 850	19.98	8.41	1958年9月成立屏边苗族自治县，1960年2月并入河口县，1962年4月恢复屏边苗族自治县建制，1963年7月3日正式成立屏边苗族自治县。
	贡山独龙族怒族自治县	茨开镇	1956.10.1	4 506	3.29	3.15	—
	巍山彝族回族自治县	文华镇	1956.11.9	2 200	28.23	12.04	—
	南涧彝族自治县	南涧镇	1965.11.27	1 750	20.37	9.91	—
	寻甸回族彝族自治县	仁德镇	1979.12.20	3 966	45.03	9.67	1956年成立寻甸回族自治县，1958年与嵩明合并为寻甸县，1979年12月20日恢复寻甸回族彝族自治县建制。
	元江哈尼族彝族傣族自治县	澧江镇	1980.11.22	2 858	17.92	14.01	—
	新平彝族傣族自治县	桂山镇	1980.11.25	4 223	25.09	17.51	—

续表

类 别	建制名称	首府驻地	成立时间	区域面积（平方公里）	总人口（万人）	少数民族人口（万人）	备注
自治县（120个）	墨江哈尼族自治县	玖联镇	1979.11.28	5 459	35.71	25.96	—
	双江拉祜族佤族布朗族傣族自治县	勐勐镇	1985.12.30	2 292	15.53	6.88	—
	兰坪白族普米族自治县	金顶镇	1988.5.25	4 455	17.95	16.70	—
	维西傈僳族自治县	保和镇	1985.10.13	4 661	13.96	11.51	—
	景东彝族自治县	锦屏镇	1985.12.20	4 532	34.14	15.61	—
	景谷傣族彝族自治县	威远镇	1985.12.25	7 777	28.37	13.12	—
	普洱哈尼族彝族自治县	宁洱镇	1985.12.15	3 670	18.50	9.02	—
	漾濞彝族自治县	上街镇	1985.11.1	1 957	9.60	6.01	—
	禄劝彝族苗族自治县	屏山镇	1985.11.25	4 378	43.21	13.01	—
	金平苗族瑶族傣族自治县	金河镇	1985.12.7	3 677	30.05	25.62	—
	镇沅彝族哈尼族拉祜族自治县	恩乐镇	1990.5.15	4 223	20.27	10.32	—
	张家川回族自治县	张家川镇	1953.7.6	1 312	26.79	18.47	1953年7月6日成立张家川回族自治区，1955年6月改称县，1958年12月与清水县合并为清水回族自治县，1961年12月分设。

续表

类别	建制名称	首府驻地	成立时间	区域面积（平方公里）	总人口（万人）	少数民族人口（万人）	备注
自治县(120个)	天祝藏族自治县	华藏镇	1950.5.6	7 150	21.40	6.85	1950年5月6日成立天祝自治区（县级），1953年12月22日改称天祝藏族自治区，1955年7月19日改称自治县。
自治县(120个)	肃南裕固族自治县	红湾寺镇	1954.2.20	23 887	3.52	1.90	1954年2月成立肃南裕固族自治区（县级），1955年5月改称自治县。
自治县(120个)	肃北蒙古族自治县	党城湾镇	1950.7.29	66 748	1.10	0.47	1950年7月29日成立肃北蒙族自治区（县级），1956年1月5日改称肃北蒙古族自治县。
自治县(120个)	阿克塞哈萨克族自治县	博罗转井镇	1954.4.27	33 374	0.76	0.33	—
自治县(120个)	东乡族自治县	锁南镇	1950.9.25	1 518	23.33	19.94	1950年9月25日成立东乡自治区，1953年12月改称东乡族自治区，1955年改称自治县。
自治县(120个)	积石山保安族东乡族撒拉族自治县	吹麻滩镇	1981.9.30	921	20.47	10.62	—
自治县(120个)	互助土族自治县	威远镇	1954.2.17	3 320	35.58	8.61	1954年2月17日成立互助土族自治区，1955年改称自治县。
自治县(120个)	化隆回族自治县	巴燕镇	1954.3.1	2 740	20.79	16.03	1954年2月成立化隆回族自治区，1955年5月改称自治县。
自治县(120个)	循化撒拉族自治县	积石镇	1954.3.1	1 750	10.40	9.67	1954年3月1日成立循化撒拉族自治区，9月改称自治县。

续表

类别	建制名称	首府驻地	成立时间	区域面积（平方公里）	总人口（万人）	少数民族人口（万人）	备注
自治县(120个)	河南蒙古族自治县	优干宁镇	1954.10.16	6 273	2.62	2.51	1954年10月16日成立河南蒙族自治区，1955年6月改称自治县，1964年10月27日改称河南蒙古族自治县。
	门源回族自治县	浩门镇	1953.12.19	8 620	12.07	7.03	1953年12月19日成立门源回族自治区，1955年7月28日改称自治县。
	大通回族土族自治县	桥头镇	1986.7.10	3 000	39.47	17.03	—
	民和回族土族自治县	上川口镇	1986.6.27	1 780	34.43	18.46	—
	巴里坤哈萨克自治县	巴里坤镇	1954.9.30	38 445	10.04	2.96	1954年10月1日成立巴里坤哈萨克自治区（县级），1955年2月改称自治县。
	塔什库尔干塔吉克自治县	塔什库尔干镇	1954.9.17	25 000	2.66	2.57	—
	木垒哈萨克自治县	木垒镇	1954.7.17	22 171	8.84	2.50	1954年7月成立木垒哈萨克自治区，1955年2月改称自治县。
	焉耆回族自治县	焉耆镇	1954.3.15	2 570	10.87	6.01	1954年3月成立焉耆回族自治区（县级），1955年改称自治县。
	察布查尔锡伯自治县	察布查尔镇	1954.3.25	4 430	15.25	9.71	1954年3月成立察布查尔锡伯自治区，1955年11月改称自治县。
	和布克赛尔蒙古自治县	和布克赛尔镇	1954.9.10	30 400	4.75	3.06	1954年9月10日成立和布克赛尔蒙古自治区（县级），1955年2月改称自治县。

续表

类 别	建制名称	首府驻地	成立时间	区域面积（平方公里）	总人口（万人）	少数民族人口（万人）	备注
自治旗（3个）	鄂伦春自治旗	阿里河镇	1951.10.1	13 800	31.10	3.00	—
	鄂温克族自治旗	巴彦托海镇	1958.8.1	16 800	13.60	5.06	—
	莫力达瓦达斡尔族自治旗	尼尔基镇	1958.8.15	2 351	27.30	5.40	—

主要参考书目：

1. 中华人民共和国民政部编. 中华人民共和国行政区划简册（1994）. 北京：中国地图出版社，1994.

2. 国家民委经济司，国家统计局国民经济综合统计司编. 中国民族统计年鉴（1949 ~ 1994）. 北京：民族出版社，1994.

3. 国家民委民族问题五种丛书编辑委员会编. 民族问题五种丛书：中国少数民族自治地方概况丛书（修订本）. 北京：民族出版社，2007 ~ 2009.

4. 中国民族年鉴社编. 中国民族年鉴（2009卷）.

（卢晓华　穆慧贤/供稿）

第一至四次全国人口普查少数民族人口统计表

单位：人

民 族	历次普查人口数			
	1953年	1964年	1982年	1990年
少数民族合计	34 013 782	39 883 909	66 434 341	90 567 245
少数民族占全国比重（%）	5.89	5.77	6.62	8.01
蒙古族	1 451 035	1 965 766	3 411 367	4 802 407
回族	3 530 498	4 473 147	7 228 398	8 612 001
藏族	2 753 081	2 501 174	3 847 875	4 593 072
维吾尔族	3 610 462	3 996 311	5 963 491	7 207 024
苗族	2 490 874	2 782 088	5 021 175	7 383 622
彝族	3 227 750	3 380 960	5 453 564	6 578 524
壮族	6 864 585	8 386 140	13 383 086	15 555 820
布依族	1 237 714	1 348 055	2 119 345	2 548 294
朝鲜族	1 111 275	1 339 569	1 765 204	1 923 361
满族	2 399 228	2 695 675	4 304 981	9 846 776
侗族	712 802	836 123	1 426 400	2 508 624
瑶族	665 933	857 265	1 411 967	2 137 033
白族	567 119	706 623	1 132 224	1 598 052
土家族	0	524 755	2 836 814	5 725 049
哈尼族	481 220	628 727	1 058 806	1 254 800
哈萨克族	509 375	491 637	907 546	1 110 758
傣族	478 966	535 389	839 496	1 025 402
黎族	360 950	438 813	887 107	1 112 498
傈僳族	317 465	270 628	481 884	574 589
佤族	286 158	200 272	298 611	351 980
畲族	0	234 167	371 965	634 700
高山族	329	366	1 650	2 877
拉祜族	139 060	191 241	304 256	411 545
水族	133 566	156 099	286 908	347 116
东乡族	155 761	147 443	279 523	373 669
纳西族	143 453	156 796	251 592	277 750
景颇族	101 852	57 762	92 976	119 276
柯尔克孜族	70 944	70 151	113 386	143 537

续表

民 族	历次普查人口数			
	1953年	1964年	1982年	1990年
土族	53 277	77 349	159 632	192 568
达斡尔族	0	63 394	94 126	121 463
仫佬族	0	52 819	90 357	160 648
羌族	35 660	49 105	102 815	198 303
布朗族	0	39 411	58 473	82 398
撒拉族	30 658	34 664	69 135	87 546
毛南族	0	22 382	38 159	72 370
仡佬族	0	26 852	54 164	438 192
锡伯族	19 022	33 438	83 683	172 932
阿昌族	0	12 032	20 433	27 718
普米族	0	14 298	24 238	29 721
塔吉克族	14 462	16 236	26 600	33 223
怒族	0	15 047	22 896	27 190
乌孜别克族	13 626	7 717	12 213	14 763
俄罗斯族	22 656	1 326	2 917	13 500
鄂温克族	4 957	9 681	19 398	26 379
德昂族	0	7 261	12 297	15 461
保安族	4 957	5 125	9 017	11 683
裕固族	3 861	5 717	10 568	12 293
京族	0	4 293	13 108	18 749
塔塔尔族	6 929	2 294	4 122	5 064
独龙族	0	3 090	4 633	5 825
鄂伦春族	2 262	2 709	4 103	7 004
赫哲族	0	718	1 489	4 254
门巴族	0	3 809	1 140	7 498
珞巴族	0	0	1 066	2 322
基诺族	0	0	11 962	18 022
其他未识别民族	1 017 299	32 411	799 705	752 347
外国人加入中国籍	1 004	7 416	4 937	3 498

注:

1. 各年度人口数均为中国大陆人口普查数，不包括现役军人。
2. 少数民族人口合计数不包括其他未识别的民族人口和外国人加入中国籍人口数。
3. 1982年人口数未包括西藏间接调查的28 601人。据有关资料计算，如包括间接调查人口数，1983年门巴族约为6248人，珞巴族约为2065人。

4．表内“0”表示该民族当年尚未得到国家正式认定。

主要参考书目：

1．国家统计局人口和社会科技统计司，国家民族事务委员会经济发展司编. 2000年人口普查中国民族人口资料（上册）. 北京：民族出版社，2003.

（冯坤思/供稿）

第一至四次全国人口普查少数民族人口分布表

单位：人

地区	1953年			1964年		
	绝对数	占该地区总人口的比重（%）	占全国少数民族人口的比重（%）	绝对数	占该地区总人口的比重（%）	占全国少数民族人口的比重（%）
全　国	34 013 782	5.89	100	39 883 909	5.77	100
北　京	168 404	6.08	0.50	283 524	3.75	0.71
天　津	79 857	2.96	0.23	115 613	2.70	0.29
河　北	715 752	1.75	2.10	621 926	1.50	1.56
山　西	20 316	0.14	0.06	40 100	0.22	0.10
内蒙古	959 336	15.73	2.82	1 604 756	13.00	4.02
辽　宁	1 482 619	8.07	4.36	1 858 900	6.90	4.66
吉　林	1 193 237	10.67	3.51	1 342 170	8.57	3.37
黑龙江	944 328	7.98	2.78	1 087 045	5.40	2.73
上　海	31 461	0.51	0.90	43 591	0.40	0.11
江　苏	66 362	0.16	0.20	83 002	9.19	0.21
浙　江	30 854	0.14	0.09	106 411	0.38	0.27
安　徽	133 801	0.45	0.39	155 256	0.50	0.39
福　建	19 979	0.15	0.06	147 017	0.88	0.37
江　西	2 001	0.01	0.01	9 300	0.04	0.02
山　东	252 506	0.52	0.74	294 643	0.53	0.74
河　南	405 715	0.93	1.19	517 195	1.03	1.30
湖　北	35 434	0.13	0.10	183 035	0.54	0.46
湖　南	586 737	1.78	1.72	1 275 719	3.43	3.20
广　东	430 279	1.25	1.27	747 181	1.75	1.87
广　西	7 337 944	37.51	21.57	8 553 300	41.03	21.45
海　南	—	—	—	—	—	—
四　川	2 022 315	3.11	5.95	1 728 955	2.54	4.33
贵　州	3 562 493	23.69	10.47	4 009 638	23.39	10.05
云　南	5 411 883	31.59	15.91	6 384 114	31.13	16.01
西　藏	1 273 969	100.00	3.75	1 213 796	97.01	3.04
陕　西	56 272	0.36	0.17	93 978	0.45	0.24
甘　肃	1 486 775	11.71	4.37	955 396	7.56	2.40
青　海	854 136	50.95	20.51	829 318	38.65	2.18
宁　夏				650 366	30.86	1.63
新　疆	4 449 017	93.01	13.08	4 948 619	68.07	12.41

单位：人　　　　　　　　　　　　　　　　　　　　　　　　　　　　　　　　　　　　续表

地区	1982年			1990年		
	绝对数	占该地区总人口的比重（%）	占全国少数民族人口的比重（%）	绝对数	占该地区总人口的比重（%）	占全国少数民族人口的比重（%）
全　国	66 434 341	6.62	100	90 567 245	8.01	100
北　京	322 320	3.49	0.49	413 937	3.83	0.46
天　津	164 241	2.12	0.25	202 642	2.31	0.22
河　北	853 275	1.61	1.28	2 408 876	3.94	2.66
山　西	63 760	0.25	0.10	82 061	0.29	0.09
内蒙古	2 996 477	15.55	4.51	4 166 260	19.42	4.60
辽　宁	2 909 615	8.15	4.38	6 165 508	15.62	6.81
吉　林	1 829 555	8.11	2.75	2 525 212	10.24	2.79
黑龙江	1 613 043	4.94	2.43	1 997 934	5.67	2.21
上　海	49 748	0.42	0.07	62 171	0.47	0.07
江　苏	110 559	0.18	0.17	153 060	0.23	0.07
浙　江	161 546	0.42	0.24	212 582	0.51	0.23
安　徽	261 760	0.53	0.39	324 227	0.58	0.36
福　建	250 449	0.97	0.38	465 995	1.55	0.51
江　西	22 052	0.07	0.03	101 144	0.27	0.11
山　东	407 849	0.55	0.61	505 694	0.60	0.56
河　南	799 338	1.07	1.20	1 008 972	1.18	1.11
湖　北	1 778 494	3.72	2.68	2 140 188	3.97	2.36
湖　南	2 201 087	4.08	3.31	4 823 649	7.95	5.33
广　东	1 057 527	1.78	1.59	354 625	0.56	0.39
广　西	13 933 250	38.26	20.97	16 577 113	39.24	18.30
海　南	—	—	—	1 114 803	17.00	1.23
四　川	3 660 402	3.67	5.51	4 889 295	4.56	5.40
贵　州	6 675 360	23.38	10.05	10 504 828	32.43	11.60
云　南	10 277 069	31.57	15.47	12 351 834	33.41	13.64
西　藏	1 769 935	94.97	2.66	2 112 168	96.18	2.33
陕　西	133 098	0.46	2.20	156 403	0.48	0.17
甘　肃	1 555 186	7.95	2.34	1 857 467	8.30	2.05
青　海	1 535 774	39.42	2.31	1 878 028	42.14	2.07
宁　夏	1 244 238	31.94	1.87	1 549 067	33.27	1.71
新　疆	7 797 344	59.61	11.74	9 961 202	62.42	10.45

主要参考书目：

中国民族年鉴社编. 中国民族年鉴（2001卷）.

（卢晓华　穆慧贤/供稿）

中国民族高校一览表（1949～1993）

本表将民族高校分为民族学院（大学）、内蒙古自治区高校、广西壮族自治区高校、西藏自治区高校、宁夏回族自治区高校、新疆维吾尔族自治区高校与各省属自治州高校7类，截至1993年底，共辑录83所高等院校，以成立时间排序。

（一）民族学院（大学），计13所

类 别	院校名称	成立时间	邮编/地址	历史沿革与概况
湖北省属	湖北民族学院	1938	邮编445000 湖北省恩施市学院路39号	前身是1938年建立的湖北省立联中乡村师范学校，后改为省立七师，1950年更名为恩施师范学校，1975年开办专科，1977年成为华中师范学院恩施分院，1978年成立恩施师范专科学校，1984年在恩施师专基础上筹建鄂西联大，1989年更名为湖北民族学院。1993年学院共设13个专业。其中6个本科专业。在校学生人数为2668人，毕业生890人，本专科在校生人数2143人，毕业681人。学校教职工总数540人，专任教师233人，副高以上职称教师为49人。其中副教授47人，教授2人。
国家民委直属	中央民族大学	1941.10	邮编100081 北京市中关村南大街27号	前身是1941年10月成立的延安民族学院，1951年6月，中央民族学院正式成立，1993年11月更名为中央民族大学。首任院长和副院长由中央民族事务委员会副主任乌兰夫和刘格平兼任。1993年院长哈经雄，党委书记周兴健。1993年各类在校学生2726人。教职工1837人,专任教师678人，其中教授34人，副教授156人。
国家民委直属	西北民族学院	1949.9	邮编730030 甘肃省兰州市西北新村1号	前身是1949年9月中国人民解放军在兰州成立“藏民问题研究班”，同年11月，更名为“藏民学校”，1950年1月，改称“西北人民革命大学兰州分校第三部”。1950年8月成立西北民族学院。1971年1月学院停办，1973年3月恢复办学。学院首任院长汪锋，书记张宣。1993年院长马麒麟，党委书记宋耀禄。1993年各类在校学生2731人，其中本科生339人，专科生231人。教职工996人，专任教师443人，其中教授9人，副教授92人。
青海省属	青海民族学院	1949.12	邮编810007 青海省西宁市八一中路3号	前身是1949年12月成立的“青海省青年干部培训班”，后更名为“青海省人民公学”、“青海省民族公学”、1956年9月定名为青海民族学院。1993年各类在校学生1248人，教职工616人，专任教师226人，其中教授12人，副教授46人。

续表

类 别	院校名称	成立时间	邮编/地址	历史沿革与概况
国家民委直属	西南民族学院	1951.6	邮编 610041 四川省成都市一环路南四段 16 号	1950年7月批准筹建，校址最初在新玉街，后迁至成都南郊武侯祠前，1951年6月1日正式成立，首任书记、院长由时任西南军政委员会副主任兼西南民族事务委员会主任王维舟兼任，副院长夏康农。1954年西南军政委员会撤销，学院由四川省人民政府主管。1966年学院停止招生，1973年恢复办学。1979年国务院决定学院由国家民委和四川省双重领导，以国家民委为主。1993年学院院长功克明，党委书记苏克明。1993年各类在校学生3197人，教职工1164人，专任教师518人，其中教授15人、副教授152人。
云南省属	云南民族学院	1951.8	邮编 650031 云南省昆明市一二一大街 134 号	创建于1951年8月1日，是一所培养包括汉族在内的各民族高级专门人才的综合性大学，也是国家民族事务委员会与云南省人民政府共建的省属重点大学。1993年各类在校学生2653人，教职工928人，专任教师376人，其中教授15人、副教授86人。
贵州省属	贵州民族学院	1951	邮编 550025 贵州省贵阳市花溪区	成立于1951年，1959年并入贵州大学，1974年恢复为贵州民族学院。1993年各类在校学生1726人，教职工882人，专任教师418人，其中教授3人、副教授51人。
国家民委直属	中南民族学院	1951.11	邮编 430074 湖北省武汉市洪山区民院路 708 号	前身是1951年11月成立的中央民族学院中南分院，1952年11月更名为中南民族学院，1970年建制撤销，1980年1月恢复办学。1993年院长夏斌，党委书记韦思项。1993年学院有15个系部，各类在校学生4790人，其中硕士研究生37人，本科2920人，专科1134人。教职工1254人，专任教师522人，其中教授22人、副教授147人。
广西壮族自治区属	广西民族学院	1952.3	邮编 530006 广西南宁市西乡塘路 74 号	前身是成立于1952年3月19日的中央民族学院（中央民族大学）广西分院，1953年2月24日改称广西省民族学院，1958年定名为广西民族学院。1960年将南宁学院并入，1966年至1971年停止招生。首任院长由省政府主席陈漫远兼任，书记郭钦纲。1993年学院党委书记、校长韦日科。1993年各类在校学生2942人，教职工1049人，专任教师453人，其中教授21人、副教授125人。

续表

类 别	院校名称	成立时间	邮编/地址	历史沿革与概况
西藏自治区属	西藏民族学院	1958.1	邮编712082 陕西省咸阳市文汇东路6号	前身是1958年1月成立的西藏公学，校址陕西省咸阳市。1965年7月更名为西藏民族学院。1970年1月被撤销，1971年1月恢复并于1972年在西藏林芝地区建立新校址。1978年西藏民族学院林芝分院更名为西藏农牧学院，咸阳总院成为今天的西藏民族学院。首任院长由时任西藏工委副书记、西藏军区司令员张国华兼任，副院长由西藏工委组织部副部长李东生（藏族）兼任。1993年学院党委书记马英林，院长次旺俊美。1993年各类在校学生951人，教职工575人，专任教师238人，其中副教授29人。
广东省属	广东民族学院	1958	邮编510665 广东省广州市中山大道293号	创办于1958年，是一所省属本科普通高等院校。1993年各类在校学生1594人，教职工419人，专任教师192人，其中教授8人、副教授55人。
国家民委直属	东北民族学院	1984年4月筹建	邮编116600 辽宁省大连经济技术开发区辽河西路18号	1984年4月7日教育部批复筹建东北民族学院，1989年因压缩基建投资进入缓建阶段。1991年7月恢复重建，1993年9月以中央民族大学名义开始招生。1993年临时党委副书记、院长金涛。1993年各类在校学生103人，其中专科生97人。专任教师15人。
国家民委直属	西北第二民族学院	1984年筹建	邮编750021 宁夏银川市文昌路	1984年筹建，是我国唯一建立在少数民族自治区的部属综合性民族高校。1993年各类在校学生1195人，教职工324人，专任教师169人，其中教授1人、副教授21人。

（二）内蒙古自治区高校，计18所

类别	院校名称	成立时间	邮编/地址	历史沿革与概况
内蒙古自治区属	内蒙古工业大学	1915	邮编010062 内蒙古自治区呼和浩特市新城区爱民街49号	前身为1915年的绥远省高级工业学校。1958年成立内蒙古工学院，1993年更名为内蒙古工业大学。1993年各类在校学生4466人，专职教师651人，其中中级以上职称411人。
内蒙古自治区属	内蒙古师范大学	1952.5	邮编010022 内蒙古呼和浩特市赛罕区昭乌达路81号	前身是成立于1952年5月的内蒙古师范学院，位于当时的内蒙古自治区首府乌兰浩特。1954年8月，随自治区首府西迁至呼和浩特市，1982年更名为内蒙古师范大学，并确定为自治区重点大学。1993年党委书记呼格吉勒图，校长世明。1993年学校下设2个学院、17个系、19个研究所、4个教研部。硕士点18个。1993年底1549人，专职教师757人，其中中级以上职称555人、教授33人。1993年各类在校学生4602人，本专科生3679人，研究生63人。

续表

类别	院校名称	成立时间	邮编/地址	历史沿革与概况
内蒙古自治区属	内蒙古蒙文专科学校	1953	邮编010051 内蒙古呼和浩特市通道北路56号	成立于1953年，是内蒙古自治区建立较早的高等学校之一。1955年在蒙专基础上组建第二师范学校(一套人马，两个牌子)。名誉校长由内蒙古自治区副主席哈丰阿兼任，校长由内蒙古自治区文教部副部长特古斯兼任。1993年校党委书记包赛音，校长阿迪雅。1993年各类在校学生188人，专职教师88人，其中中级以上职称30人。
内蒙古自治区属	包头钢铁学院	1956	邮编014010 内蒙古包头市昆区学府道	前身为1956年的包头钢铁工业学校和包头建筑工程学校。1958年两校合并组建包头工学院，1960年更名为包头钢铁学院，隶属原冶金工业部。1993年各类在校学生2433人，专职教师471人，其中中级以上职称322人。
内蒙古自治区属	哲里木畜牧学院	1956	邮编028042 内蒙古通辽市西拉木伦大街20号	前身是哲里木盟农业合作化学校，哲里木盟农牧学校、通辽农业机械化学校、哲里木盟农牧农机学校、哲里木农牧学院，历经22年沿革而成。建院初的1978年12月至1979年7月，学院归吉林省管理。1979年8 月国务院恢复原内蒙古自治区行政区划，学院改由自治区人民政府管理。1993年各类在校学生1242人，专职教师210人，其中中级以上职称148人。
内蒙古自治区属	内蒙古医学院	1956	邮编010059 内蒙古呼和浩特市新华大街5号	创建于1956年。1993年党委书记吉如木图，院长安志庆。1993年各类在校学生2834人，专职教师465人，其中中级以上职称391人。
内蒙古自治区属	内蒙古艺术学院	1957	邮编010010 内蒙古呼和浩特东风路29号	前身是创建于1957年的内蒙古艺术学校。1987年改建为内蒙古艺术学院。1993年各类在校学生249人，专职教师120人，其中中级以上职称62人。
内蒙古自治区属	内蒙古大学	1957.10	邮编010021 内蒙古呼和浩特市大学西路235号	成立于1957年10月。1962年开办硕士研究生教育，1978年2月，被教育部确定为全国重点大学，1984年1月为博士学位授予单位。第一任校长由时任国务院副总理、内蒙古自治区党委书记、人民委员会主席乌兰夫兼任，郭以青任党委书记。1993年党委书记吕安全，校长孙玉溱。1993年各类在校学生3906人，其中1993年招生硕士生31人、博士生6人。1993年年教职工总数为1454人，专职教师577人，其中中级以上职称475人。
内蒙古自治区属	内蒙古农牧学院	1958	邮编010018 内蒙古呼和浩特市赛汉区昭乌达路306号	前身是1958年成立的哲里木盟农牧学校。1962年与内蒙古通辽农业机械化学校合并，成立哲里木盟农牧农业学校，1978年更名为哲里木畜牧学院。1993年各类在校学生3239人，专职教师673人，其中中级以上职称502人。

续表

类别	院校名称	成立时间	邮编/地址	历史沿革与概况
内蒙古自治区属	内蒙古林学院	1958	邮编010019 内蒙古呼和浩特市新城区新建东街275号	创建于1958年。1993年各类在校学生1813人，专职教师332人，其中中级以上职称247人。
内蒙古自治区属	内蒙古蒙医学院	1958	邮编028041 内蒙古通辽市霍林河大街16号	前身是1958年成立的哲里木盟卫生学校。1978年更名为哲里木医学院，升格为本科。1980年更名为内蒙古民族医学院，1987年更名为内蒙古蒙医学院。1993年各类在校学生1076人，专职教师198人，其中中级以上职称113人。
内蒙古自治区属	包头医学院	1958	邮编014010 内蒙古包头市钢铁大街60号	创建于1958年，学院先后与包头卫生学校、内蒙古卫生干部进修学院合并，曾更名为包头医学专科学校。1978年恢复为包头医学院。学院于1980年开始招收研究生，1985年获得硕士学位授权资格。1993年各类在校学生1299人，专职教师234人，其中中级以上职称185人。
内蒙古自治区属	内蒙古民族师范学院	1958	邮编028043 内蒙古通辽霍林河大街22号	前身是1958年成立的辽师范专科学校。1965年更名为辽通师范学院，升格为本科，1980年更名为内蒙古民族师范学院。1993年各类在校学生2181人，专职教师391人，其中中级以上职称252人。
内蒙古自治区属	包头师范高等专科学校	1958	邮编014030 内蒙古包头市青山区科学路3号	创建于1958年。1963年调整停办，1971年恢复重建，是内蒙古西部地区唯一一所高等师范专科学校。1993年各类在校学生1420人，专职教师248人，其中中级以上职称161人。
内蒙古自治区属	昭乌达蒙族师范专科学校	1958	邮编024001 内蒙古赤峰市红山区	前身是赤峰师范学校，建于1958年，1978年改为现名，是以培养民族初中师资为主要任务的高等师范专科学校。1993年各类在校学生1383人，专职教师283人，其中中级以上职称158人。
内蒙古自治区属	内蒙古财经学院	1960	邮编010070 内蒙古呼和浩特市海拉尔大街47号	始建于1960年，是内蒙古自治区唯一一所独立设置的以本科教育为主的全日制普通高等财经类院校。1979年恢复本科教育，1980年经国务院批准重建。1993年各类在校学生2585人，专职教师278人，其中中级以上职称163人。
内蒙古自治区属	海拉尔师范专科学校	1984	邮编021008 内蒙古海拉尔市河东学府路83号	创建于1984年，前身是海拉尔师范学校大专班，是以培养初中师资为主要任务的高等师范专科学校。1993年各类在校学生650人，专职教师113人，其中中级以上职称64人。

续表

类别	院校名称	成立时间	邮编/地址	历史沿革与概况
内蒙古自治区属	河套大学	1985	邮编015000内蒙古临河市大学路	1985年由自治区人民政府批准并经国家教育部备案而创办的一所综合型大学。1993年各类在校学生250人，专职教师68人，其中中级以上职称29人。

（三）广西壮族自治区高校，计20所

类 别	院校名称	成立时间	邮编/地址	历史沿革与概况
广西壮族自治区属	广西大学	1928.10	邮编530004广西南宁市西乡塘路10号	创办于1928年，1939年被确认为国立大学。到1949年，学校已发展成为拥有文教、法商、理、工、农等5个学院，下设22个系和4个专修科的综合性大学。1953年，广西大学在全国高校院系调整中被停办，师资、设备和图书资料分别被调整到中南和华南的19所大学。1958年，经国务院批准，广西大学恢复重建。1993年学校有教职工2474人，各类在校学生7272人，高职教师403人，中级职称教师394人。
广西壮族自治区属	广西农学院	1932	邮编530005广西南宁市城北区秀灵路	前身是广西大学农学院，1932年成立于广西梧州市，创始人是著名教育家马君武博士。1952年，全国院系调整，广西大学撤销，农学院独立建制，改称广西农学院，除保留农学、林学2个系外，其他系分别并入华中、华南和江西农学院。1958年，广西农学院迁南宁现址。1993年学校有教职工850人，各类在校学生2827人，高职教师75人，中级职称教师129人。
广西壮族自治区属	广西师范大学	1932.10	邮编541004广西桂林市育才路15号	前身为广西省立师范专科学校，创办于1932年10月12日，校址在桂林雁山。1936年并入广西大学。1941年10月重建广西师范专科学校，1942年4月改名广西省立桂林师范学院，1943年8月升格为国立桂林师范学院。1946年2月迁址南宁改名为国立南宁师范学院。1950年2月从南宁迁回桂林，再次并入广西大学，成立广西大学师范学院（后称文教学院）。1953年广西大学撤消。同年8月，以原广西大学文、理各系部分教师及师范专修科全体学生为基础，在广西大学原址（桂林市将军桥）组建广西师范学院。1954年迁入桂林市王城（现为王城校区）。1976年在桂林市东郊三里店增设分部（现为育才校区）。1983年5月28日，更名为广西师范大学。1993年校党委书记黄介山，校长王炜炘（1991年7月~1993年8月），张葆全（1993年8月~1997年3月）。1993年大学有11个系，4个公共教学部，15个研究所。1993年秋季，在校本、专科学生达5596人，在校硕士生231名。学校有正、副教授及高级职称的教学科研人员420多人（其中教授85人，副教授272人），讲师及工程技术人员500多人。

续表

类 别	院校名称	成立时间	邮编/地址	历史沿革与概况
广西壮族自治区属	桂林医学院	1935	邮编541001 广西桂林市乐群路56号	前身为创建于1935年的广西省立桂林高级助产护士学校，1958年更名为桂林高等医学专科学校，1987年经原国家教委批准成立本科建制的桂林医学院。1993年学校有教职工383人，各类在校学生1166人，高职教师59人，中级职称教师76人。
广西壮族自治区属	广西艺术学院	1938	邮编530022 广西南宁市教育路7号	前身是徐悲鸿1938年在桂林创办的广西艺术师资训练班。1993年学校有教职工399人，各类在校学生742人，高职教师64人，中级职称教师76人。
广西壮族自治区属	桂林师范高等专科学校	1938	邮编542800 广西梧州市贺县八步镇	前身是创建于1938年的广西省立桂林师范学校。
广西壮族自治区属	桂林地区教育学院	1938.10	邮编541001 广西壮族自治区桂林市信义路40号	前身为创建于1938年10月的广西省立桂林师范学校。1950年10月恢复桂林师范学校，桂林女子师范学校并入。1983年4月，更名为桂林地区教师进修学院，1988年改现名。1993年学校有教职工302人，各类在校学生826人，高职教师39人，中级职称教师82人。
广西壮族自治区属	玉林师范专科学校	1945	邮编537000 广西玉林市东校路117号	前身为1945年创建的广西省立鬱林师范学校。1952年改名玉林师范，1958年8月升格为玉林专区师专。1978年12月复立，改现名。1993年学校有教职工450人，各类在校学生738人，高职教师49人，中级职称教师119人。
广西壮族自治区属	广西警官高等专科学校	1950.1	邮编530023 广西南宁市长湖路六号	前身为广西省委社会部政训队（对内称广西公安学校），1950年1月在桂林市成立。1959年5月改名为广西壮族自治区政法干部学校，1980年7月改称广西壮族自治区公安干部学校，并在1978年建立公安中专班基础上建立广西人民警察学校。1984年10月改建为广西公安管理干部学院，与广西人民警察学校合并办学。
广西壮族自治区属	广西师范学院	1953.10	邮编530001 广西南宁市明秀东路19号	前身为广西教师进修学院，1955年由桂林迁至南宁。1967年更名为广西教育学院，1978年经国务院批准在广西教育学院师训部基础上建立南宁师范学院，1985年改现名（设在桂林原广西师范学院易名为广西师范大学）。1993年全院共设7个系13个专业，5个研究所，各类在校学生6223人。自1993年起开始招收研究生。1993年全院在职教师386人，其中正、副教授和其他系列高级职称154人（教授19人，副教授125人），讲师和其他系列中级职称281人。

续表

类 别	院校名称	成立时间	邮编/地址	历史沿革与概况
广西壮族自治区属	桂林工学院	1956	邮编541004 广西桂林市建干路12号	创建于1956年。1993年学校有教职工850人，各类在校学生2827人，高级职称教师75人，中级职称教师129人。
广西壮族自治区属	右江民族医学院	1958	邮编533000 广西百色市城乡路98号	前身为1958年成立的广西百色医学专科学校。1978年经国家教育部批准升格为本科医学院校。1993年学校有教职工437人，各类在校学生1325人，高职教师53人，中级职称教师80人。
第四机械工业部	桂林电子工业学院	1960.2	邮编541004 广西桂林金鸡路1号	前身是1960年2月第一机械工业部批准建立的桂林机械专科学校。4月与桂林技工学校合并，9月15日成立桂林机械专科学校，11月划归第三机械工业部领导。1962年4月更名为桂林机械工业学校，由专科改为中专。1964年，学校划归第四机械工业部管理。1966年暂停招生。1972年春，学校恢复办学并更名为桂林无线电学校。1980年经国务院批准，在桂林无线电学校的基础上建立该院。
广西壮族自治区属	广西农垦职工大学	1965	邮编530226 广西南宁市郊明阳	前身是创建于1965年的广西劳动大学，1977年改制为广西农学院热带作物分院，1982年改为广西农垦职工大学。1993年各类在校学生114人。
广西壮族自治区属	桂林航天工业高等专科学校	1979	邮编541004 广西桂林市金鸡路2号	创建于1979年。1993年学校有教职工229人，各类在校学生689人，高职教师29人，中级职称教师31人。
广西壮族自治区属	广西经济管理干部学院	1983	邮编530007 广西南宁市大学西路55-2号	前身是广西经济干部学校，成立于1979年。1983年7月，经自治区人民政府批准，并报原国家教育部备案，成立广西经济管理干部学院。
广西壮族自治区属	广西商业高等专科学校	1984	邮编530003 广西南宁市农院路8号	创办于1984年。1993年学校有教职工290人，各类在校学生1314人，高职教师28人，中级职称教师64人。
广西壮族自治区属	广西财政高等专科学校	1985	邮编530003 广西南宁市明秀西路100号	创办于1985年。1993年学校有教职工251人，各类在校学生1004人，高职教师25人，中级职称教师50人。
广西壮族自治区属	桂林旅游高等专科学校	1985	邮编541004 广西桂林市三里店大圆盘	创办于1985年。1993年学校有教职工77人，各类在校学生394人，高职教师7人，中级职称教师18人。

续表

类 别	院校名称	成立时间	邮编/地址	历史沿革与概况
广西壮族自治区属	邕江大学	1985	邮编530001 广西南宁市北湖路石头岭	创办于1985年。1993年学校有教职工103人，各类在校学生406人，高职教师29人，中级职称教师29人。

（四）西藏自治区高校，计3所

类别	院校名称	成立时间	邮编/地址	历史沿革与概况
西藏自治区属	西藏大学	1951.7	邮编850000 西藏自治区拉萨市江苏路36号	前身是1951年人民解放军创办的藏文干部训练班，后历经西藏军区干部学校、西藏地方干部学校、西藏行政干部学校3个阶段。1965年，在西藏行政干部学校的基础上，成立师范学校。1975年升格为西藏师范学院，1985年7月成立西藏大学。1993年校党委书记邹开华，校长群培。1993年各类在校学生1257人，专职教师305人。
西藏自治区属	西藏农牧学院	1978	邮编860000 西藏林芝八一镇学院路8号	前身是西藏民族学院林芝分院，1971年开始筹建。1978年正式命名为西藏农牧学院，是西藏自治区农、牧、林、水电领域专业人才培养与科技创新的重要基地。1993年各类在校学生430人，专职教师167人。
西藏自治区属	西藏藏医学院	1993	邮编850000 西藏拉萨市当热中路10号	前身是创办于1983年的西藏藏医中等专业学校和开设于1985年的西藏大学藏医系。1987年2月在此基础上筹建藏医学院，1989年西藏大学藏医学院正式成立，1993年藏医学院单独设立为西藏藏医学院。1993年各类在校学生173人，专职教师51人。

（五）宁夏回族自治区高校，计5所

类 别	院校名称	成立时间	邮编/地址	历史沿革与概况
宁夏回族自治区属	宁夏大学	1958	邮编750021 宁夏银川新市区文萃北路21号	前身是成立于1958年的宁夏师范学院。1962年，宁夏师范学院、宁夏农学院和宁夏医学院三院合并成立宁夏大学。1970年、1971年，宁夏医学院、宁夏农学院先后从宁夏大学分出单独办学。1993年，宁夏大学有6个硕士点，累计招收研究生170余人。设置10个系2个部35个专业，24个研究所（室）。在校研究生、本专科生、民族预科生达到3400人，教授、副教授300余人。
宁夏回族自治区属	宁夏医学院	1958	邮编750004 宁夏银川胜利南街74号	创建于1958年，1962年与宁夏大学合并，改称宁夏大学医学系，1972年上海铁道医学院搬迁至银川，与宁夏大学医学系合并重建宁夏医学院，1980年该校单独办学。

续表

类 别	院校名称	成立时间	邮编/地址	历史沿革与概况
宁夏回族自治区属	宁夏农学院	1958	邮编750105 宁夏永宁县王太堡	始建于1958年9月，1971年由宁夏大学农学系、畜牧系和林学系与宁夏农校合并，从宁夏大学迁至永宁王太堡建制为宁夏农学院。1993年，宁夏农学院有8个系2个部12个本科专业，21个专科专业，1个硕士点和6个研究所。1993年，副高以上专任教师90人，本专科生1600余人。
宁夏回族自治区属	银川师范专科学校	1978.12	邮编750001 宁夏回族自治区银川市	前身是宁夏师范学校，1983年升格为银川高等师范专科学校。1989年1月，宁夏教育学院和银川师范专科学校实施合并办学，成立宁夏教育学院。1993年学院设9个系，1个研究室。普通专科生1000余人。
宁夏回族自治区属	宁夏工学院	1978.12	邮编750021 宁夏新市区纬四路	1978年开始筹建，1983年正式挂牌成立。1993年，学院设5个系11个专业，2个教学部，33个教研室，29个实验室。本专科学生计1000余人。

（六）新疆维吾尔自治区高校，计17所

类 型	院校名称	成立时间	邮编/地址	历史沿革与概况
新疆维吾尔自治区属	新疆大学	1924	邮编830046 新疆乌鲁木齐市胜利路14号	前身是新疆俄文法政专门学校，1928年8月改称为新疆省立俄文法政学校，1930年9月改为新疆俄文法政学院，1935年1月改建为新疆学院，1941年省建设厅农业学校并入新疆学院。1950年10月1日，新疆学院更名为新疆民族学院。1953年11月，西北民族学院畜牧系兽医班并入新疆民族学院。1954年复名为新疆学院。1960年10月1日,正式成立新疆大学。1993年党委书记王怀玉、任榜坤，校长伊布拉音·哈力克。1993年学校设12个系24个专业和4个研究所。1993年各类在校学生5560人，专职教师1184人，其中中级以上职称926人。
新疆维吾尔自治区属	伊犁师范学院	1948	邮编835000 新疆伊宁市解放路298号	前身是1948年成立的新疆省立伊犁专科学校。1980年5月升格为本科院校，更名为伊犁师范学院。1993年学院党委书记卡瓦甫·阿仁，院长李儒忠。1993年各类在校学生1930人，其中中高级以上职称30人。
新疆维吾尔自治区属	石河子医学院	1949	邮编832008 新疆石河子市北二路	前身是中国人民解放军第一兵团卫生学校。1949年建校于甘肃省天水，1949年10月随军进疆，先后经历新疆军区卫校、兵团医学专科学校、兵团医学院、石河子医学院等几个发展阶段。

续表

类 型	院校名称	成立时间	邮编/地址	历史沿革与概况
新疆维吾尔自治区属	新疆中医学院	1950	邮编830054 新疆乌鲁木齐市新医路10号	学院前身为20世纪40年代三区革命时期阿合买提江学校卫生班。1950年搬迁至迪化（今乌鲁木齐），更名为乌鲁木齐卫生学校。1961年改制为新疆维吾尔自治区中医学校，1956年秋迁于现址。1985年5月31日在原中医学校、中医医院和中医研究所基础上正式成立新疆中医学院。
新疆维吾尔自治区属	新疆财经学院	1950	邮编830012 新疆乌鲁木齐市北京北路15号	前身是1950年成立的新疆省人民政府干部学校，1959年成立新疆财经学院。
新疆维吾尔自治区属	新疆八一农学院	1952.8	邮编830052 新疆乌鲁木齐市南昌路42号	前身是中国人民解放军第二步兵学校，1952年8月改现名。1993年各类专职教师841人，其中高级以上职称273人。
新疆维吾尔自治区属	新疆工学院	1953.2	邮编830003 新疆乌鲁木齐市友好路21号	前身为中苏合营金属公司矿山技术学校，于1953年2月创建。1955年改名为乌鲁木齐矿业学校，隶属冶金工业部。1958年7月改称新疆矿冶学院。1966年5月改现名。
新疆维吾尔自治区属	新疆医学院	1954	邮编830054 新疆乌鲁木齐市新医路8号	始建于1954年，1956年建成招生，为前苏联援助我国“一五”计划中156个重点项目之一。
新疆维吾尔自治区属	新疆石油学院	1955	邮编830000 新疆乌鲁木齐市友好南路189号	前身是1955年从原中苏合办的矿山技术学校中的石油地质、钻井和采油三个专业分离出来成立的石油工业部乌鲁木齐石油学校。1958年8月更名为新疆石油学院。1961年5月迁往独山子，1964年起停止办学。1983年1月定现名，恢复办学。
新疆维吾尔自治区属	新疆艺术学院	1958	邮编830001 新疆乌鲁木齐市团结路78号	前身是1958年成立的新疆艺术学校，1960年升为新疆艺术学院，1962年调整为新疆艺术学校，1987年又恢复成立新疆艺术学院，是西北地区唯一的综合性高等艺术学府。1993年学院党委书记雷茂奎，校长哈孜·艾买提。1993年各类在校学生351人，专职教师187人，其中中级以上职称137人。
新疆维吾尔自治区属	新疆工业高等专科学校	1958	邮编830091 新疆乌鲁木齐市南昌路17号	前身为始建于1958年的新疆煤矿学校，1985年升为新疆煤炭专科学校，1994年改现名。

续表

类 型	院校名称	成立时间	邮编/地址	历史沿革与概况
新疆维吾尔自治区属	塔里木农垦大学	1958.10	邮编843300 新疆阿克苏地区阿拉尔	前身是创建于1958年的塔里木河农业大学，1961年定现名。1993年党委书记陈顺良，校长顾振权。
新疆维吾尔自治区属	昌吉师范专科学院	1959.2	邮编831100 新疆区昌吉市北京北路17号	前身是成立于1959年的昌吉中等师范学校，1972年试办中学师资培训班；1978年开办大专班，1985年12月升为学院，定现名。1993年各类在校学生928人，其中中高级以上职称4人。
新疆维吾尔自治区属	喀什师范学院	1962.9	邮编844007 新疆喀什市阔纳乃则尔巴格路29号	前身是新疆喀什师范专科学校。1962年与原新疆师范学院和新疆大学合并，组建新疆喀什师范专科学校。1978年8月学校升为本科院校，定现名。1993年各类在校学生2707人。
新疆维吾尔自治区属	新疆师范大学	1978.5	邮编830054 新疆乌鲁木齐市新医路19号	成立于1978年5月。1993年各类在校学生3600人，其中中高级以上职称149人。
新疆维吾尔自治区属	和田师范专科学校	1978.11	邮编848000 新疆和田市北京西路33号	前身是成立于1938年和田地区师范学校，1978年成立，为自治区教育厅主管的全日制普通师范类专科学校。
新疆维吾尔自治区属	乌鲁木齐职业大学	1985.1	邮编830002 乌鲁木齐市幸福路72号	成立于1985年，隶属乌鲁木齐市人民政府，是自治区办学历史最长的普通高等职业院校，也是全国成立较早的高等职业院校。1993年学校党委书记艾力垦·阿布都热依木，校长党继农。1993年各类在校学生2016人，专职教师157人，其中中级以上职称92人。

（七）其他省属民族高校，计7所

类别	院校名称	成立时间	邮编/地址	历史沿革与概况
甘肃省属	甘南师范学校	1939	邮编747100 甘肃省甘南藏族自治州合作市	前身为1939年初建成的“甘肃省拉卜楞初级实用职业学校”。1950年秋更名为“夏河初级师范学校”，1955年改为四年制。1960年更名为“夏河师范学校”，1966年9月更名为“甘南师范学校”。1972年更名为“甘南州综合专科学校”，后恢复“甘南师范学校”校名至今。1983年学校改为四年制。

续表

类别	院校名称	成立时间	邮编/地址	历史沿革与概况
吉林省属	延边大学	1949.4	邮编133002 吉林省延吉市公园路977号	成立于1949年。建校初期，学校设有文学部、理工学部、医学部和农业专科。后经院系调整，将学部、专科发展成为师范学院、工学院、医学院、农学院。1958年，延边大学分为延边大学、延边医学院、延边农学院和延边工学院4所院校。1959年，延边工学院重新并入延边大学。1983年1月和1988年6月，分别成立了延边师范高等专科学校和吉林艺术学院延边分院。1993年校党委书记、校长朴文一。1993年各类在校学生2711人，专任教师540人。
湖南省属	吉首大学	1958.9月	邮编416000 湖南省吉首市人民南路120号	创办于1958年9月，是湖南省属综合性大学，由吉首校区和张家界校区组成，本部在湘西土家族苗族自治州首府——吉首市。1960年，吉首大学改为师专，保留校名。1978年8月，改建为省属综合性大学。1979年学校开始招收本科学生。
云南省属	文山师范高等专科学校	1984	邮编663000 云南省文山州文山县禾木坎学府路1号	前身是创办于1958年的文山人民大学，1984年经云南省人民政府批准成立。首任校党委书记郎朝庆，校长段明扬。1993年书记刘汉敏，校长段明扬。
贵州省属	黔南民族医学高等专科学校	1985	邮编558003 贵州省都匀市黔医路1号	创办于1985年，是西南地区唯一一所医学类普通高等专科学校。
甘肃省属	合作民族师范高等专科学校	1985	邮编747100 甘肃省甘南藏族自治州合作市	前身是创办于1985年的合作民族师范专科学校。1986年5月胡耀邦为学校题写校名，1992年7月改现名。
贵州省属	黔西南民族师范高等专科学校	1993	邮编562400 贵州省兴义市湖南街32号	1952年省立盘县师范学校迁至兴义，与简易师范学校合并，改称贵州省兴义师范学校。1975年改为兴义地区五0七师范大学。1978年4月建立兴义师范专科学校，1982年改名为黔西南民族师专，1993年改现名。

主要参考书目：

1. 内蒙古大学校史组编. 内蒙古大学40年（1957 ~ 1997). 呼和浩特：内蒙古大学出版社，1997.

2. 荣仕星主编. 中央民族大学五十年. 北京：中央民族大学出版社，2001.

3. 李世成主编. 西藏民族学院校史（1958~1998). 拉萨：西藏人民出版社，1998.

4. 西北民族学院校史编辑委员会编. 西北民族学院校史. 兰州：甘肃民族出版社，2000.

5. 广西民族学院校史编辑委员会编. 广西民族学院校史. 南宁：广西民族出版社，2002.

6. 西南民族学院校史编辑部编. 西南民族学院校史（1951~2001）. 西南民族学院出版社，2001.

7. 广西壮族自治区统计局编. 广西统计年鉴（1993）. 北京：中国统计出版社，1993.

8. 广西壮族自治区教育委员会编. 广西教育年鉴（1994）. 南宁：广西师范大学出版社，1995.

9. 内蒙古自治区统计局编. 内蒙古统计年鉴（1993）. 北京：中国统计出版社，1993.

10. 新疆维吾尔自治区统计局编. 新疆统计年鉴（1993）. 北京：中国统计出版社，1993.

11. 宁夏回族自治区统计局编. 宁夏统计年鉴（1993）. 北京：中国统计出版社，1993.

12.《宁夏教育年鉴》编委会编. 宁夏教育年鉴（1991~2000）. 银川：宁夏人民出版社，2006.

13. 西藏自治区统计局编. 西藏统计年鉴（1993）. 北京：中国统计出版社，1993.

14. 余明炎编. 广西高校概况. 南宁：广西教育出版社，1989.

（冯昆思/供稿）

中国民族报纸一览表（1949～1993）

收录范围包括民族类及民族自治地方出版的报纸；刊期指一周内报纸出版频率，如周三刊，指每周出版三期报纸，以此类推；排序先排五自治区，各省、直辖市按《中华人民共和国行政区划简册》顺序排列；备注扼要记述报纸沿革情况。

（一）内蒙古自治区（47种）

序号	主办单位	报刊名称	创刊时间	刊期	备注
1	中共内蒙古自治区委	内蒙古日报（蒙文版）	1948.1.1	周七刊	—
2	中共内蒙古自治区委	内蒙古日报	1949.1.1	周七刊	—
3	中共呼伦贝尔市委	呼伦贝尔日报	1955.10.1	周三刊	—
4	中共通辽市委	通辽日报	1956.7.1	周七刊	—
5	中共赤峰市委	赤峰日报	1956.10.1	周七刊	—
6	中共兴安盟委	兴安日报	1980.10.1	周七刊	—
7	中共乌兰察布盟委	乌兰察布日报	1958.8.1	周七刊	—
8	中共乌兰察布盟委	乌兰察布日报（蒙文版）	1976.7.1	周四刊	—
9	中共鄂尔多斯市委	鄂尔多斯日报	1956.7.1	周七刊	—
10	中共巴彦淖尔盟委	巴彦淖尔报	1958.8.1	周七刊	—
11	中共锡林郭勒盟委	锡林郭勒日报	1947.7.1	周七刊	—
12	中共锡林郭勒盟委	锡林郭勒日报（蒙文版）	1947.7.1	周七刊	—
13	中共阿拉善盟委	阿拉善报	1980.5.1	周四刊	—
14	中共包头市委	包头日报	1952.7.1	周七刊	—
15	中共乌海市委	乌海日报	1981.7.1	周六刊	—
16	内蒙古新华报业中心	内蒙古法制报	1985.7.1	周三刊	—
17	内蒙古新华报业中心	家庭周报	1993.6.8	周一刊	—
18	平庄煤业集团公司党委	平庄矿工报	1959.5.1	周四刊	—
19	呼和浩特铁路局	内蒙古铁道报	1958.11.4	周三刊	—
20	包头钢铁公司	包钢日报	1958	周五刊	—
21	大雁煤业公司党委	大雁矿工报	1980.7.1	周三刊	—
22	霍林河煤业集团有限公司党委	霍煤人报	1983.5.1	周二刊	—
23	扎赉诺尔媒业公司党委	扎赉诺尔矿报	1983.9.1	周六刊	—
24	赤峰教育学院	作文报	1980.7.1	半月刊	—
25	内蒙古人民广播电台、内蒙古电视台	内蒙古广播电视报	1957	周一刊	1980.1.1复刊
26	包头电视台、包头人民广播电台	包头广播电视报	1981.12.1	周一刊	—

续表

序号	主办单位	报刊名称	创刊时间	刊期	备注
27	内蒙古科技协会	内蒙古科技报	1980.1.1	周三刊	—
28	中共巴彦淖尔盟委	临河晚报	1993.1	周五刊	—
29	内蒙古日报报业集团	人口与生育	1984.2.1	周二刊	—
30	内蒙古日报社	内蒙古经济报	1985.4.1	周六刊	—
31	中共赤峰市红山区委	红山晚报	1988.5.1	周五刊	—
32	内蒙古电力集团有限责任公司	内蒙古电力报	1986.7.1	周一刊	—
33	中共宁城县委	宁城报	1958.8.5	周三刊	—
34	内蒙古老龄委员会	老年文摘	1993.7.1	周二刊	—
35	呼和浩特电视台、呼和浩特人民广播电台	呼和浩特广播电视节目报	1992.1.1	周一刊	—
36	中共集宁市委	集宁晚报	1991.7.1	周三刊	—
37	中共乌兰浩特市委	乌兰浩特晚报	1992.1.1	周五刊	—
38	内蒙古新闻出版局新华报业中心	内蒙古商报	1992.11.1	周七刊	—
39	中共满洲里市委、市政府	满洲里报	1992.10.1	周五刊	—
40	中共海拉尔市委	海拉尔晚报	1992.1.20	周五刊	—
41	中共呼和浩特市委	呼和浩特日报	1985.5.1	周六刊	—
42	内蒙古大兴安岭林管局	林海日报	1953.11.11	周七刊	—
43	中共呼和浩特市委	呼和浩特晚报	1982.1.2	周六刊	—
44	中共二连浩特市委	二连浩特报	1992.1.15	周一刊	—
45	中共东胜区委	东胜报	1992.10.1	周五刊	—
46	中共牙克石委	牙克石报	1992.5.1	周二刊	—
47	中共扎兰屯市委	秀水报	1993.6.22	周三刊	—

（二）广西壮族自治区（44种）

序号	主办单位	报刊名称	创刊时间	刊期	备注
1	中共广西壮族自治区委	广西日报	1949.12.3	周七刊	—
2	中共南宁市委	南宁晚报	1956.9.15	周七刊	—
3	中共柳州市委	柳州日报	1949.12.1	周七刊	—
4	中共桂林市委	桂林日报	1951.5.1	周七刊	—
5	中共梧州市委	梧州日报	—	周七刊	1980.4.1复刊
6	中共北海市委	北海日报	1984.10.1	周七刊	—
7	中共百色地委	右江日报	1929.9.1	周七刊	—
8	中共河池地委	河池日报	1984.10.1	周六刊	—
9	中共玉林市委	玉林日报	1951.8.1	周七刊	—

续表

序号	主办单位	报刊名称	创刊时间	刊期	备注
10	中共宾阳县委	宾阳日报	1956.4.1	周五刊	—
11	中共横县县委	广西横县报		周四刊	1985.5.1复刊
12	中共灵山县委	灵山报	1956	周四刊	—
13	中共贵港市委	贵港日报	1983.10.1	周五刊	—
14	中共鹿寨县委	鹿寨报	1980.10.1	周四刊	—
15	中共贺州地委	贺州日报	1988.3.1	周六刊	—
16	中共柳州地委	桂中日报	1988.5.1	周六刊	—
17	广西壮族自治区工会	广西工人日报	1958	周三刊	—
18	柳州铁路局党委	柳州铁道报	1953.2.7	周三刊	—
19	广西科学技术协会	广西科技报	1958.9.1	周二刊	—
20	广西人民广播电台等	广西广播电视报	1979.12.27	周一刊	—
21	南宁电视台	南宁市广播电视报	1985.9.7	周一刊	—
22	桂林人民广播电台等	桂林广播电视报	1986.3.1	周一刊	—
23	柳州人民广播电台等	柳州广播电视报	1986.8.1	周一刊	—
24	梧州电视台	梧州广播电视报	1987.1.1	周一刊	—
25	广西农垦集团有限责任公司	新绿报	1982.2.26	周一刊	—
26	广西电力有限公司	广西电力报	1987.11.1	周一刊	—
27	广西民委	广西民族报	1957.7.1	周一刊	—
28	广西计划生育协会	广西人口报	1987.7.1	周二刊	—
29	广西海外交流协会	华声晨报	1958	周七刊	—
30	—	广西商报	1986.1.1	周七刊	—
31	中国中医研究院广西民族医药研究所	民族医药报	1989.1.5	周一刊	—
32	广西新闻出版总社	人民保健报	1988.1.8	周一刊	—
33	广西老龄工作委员会	广西老年报	1988	周二刊	—
34	中共钦州市委	钦州日报	1989.5.15	周六刊	—
35	政协广西壮族自治区委	广西政协	1990.7.1	周二刊	—
36	中共防城港市委	防城港日报	1988.12.1	周六刊	—
37	中共南宁地委	南宁日报	1992.8.1	周七刊	—
38	中百色地委	百色市报	1992.8.1	周七刊	—
39	广西柳州钢铁公司	柳钢报	1983.7.1	周二刊	—
40	北海市电视台	北海广播电视报	1992.3.19	周一刊	—
41	桂东电视报社	桂东电视报	1992.10.1	周一刊	—
42	中共宜州市委	宜州报	1992	周一刊	—
43	中共东兴市委	东兴报	1993.5.28	周一刊	—
44	广西科学技术协会	小博士报	1984.12.25	周二刊	—

（三）西藏自治区（12种）

序号	主办单位	报刊名称	创刊时间	刊期	备注
1	中共西藏自治区委	西藏日报（藏文版）	1956.4.22	周七刊	—
2	中共西藏自治区委	西藏日报	1956.4.22	周七刊	—
3	中共拉萨市委	拉萨晚报（藏文版）	1985.7.1	周四刊	—
4	中共拉萨市委	拉萨晚报	1985.7.1	周七刊	—
5	共青团西藏自治区委	西藏青年报（藏文版）	1985	周一刊	—
6	共青团西藏自治区委	西藏青年报	1985	周一刊	—
7	西藏自治区科技厅	西藏科技报（藏文版）	1980	周二刊	—
8	西藏自治区科技厅	西藏科技报	1979.10.1	周二刊	—
9	中共日喀则地委	西藏日喀则报	1987	周一刊	—
10	西藏人民广播电台	西藏广播影视报	1989	周一刊	—
11	中共西藏自治区委政法委	西藏法制报（藏文版）	1988.1.1	半月刊	—
12	中共西藏自治区委政法委	西藏法制报	1992	半月刊	—

（四）宁夏回族自治区（11种）

序号	主办单位	报刊名称	创刊时间	刊期	备注
1	中共宁夏回族自治区委	宁夏日报	1958.8.1	周七刊	—
2	共青团宁夏回族自治区委	青年生活导报	1985.1.1	周一刊	—
3	宁夏科学技术协会	宁夏科技报	1962.12.1	周一刊	—
4	中共宁夏回族自治区委政法委	宁夏法制报	1985.1.1	周三刊	—
5	宁夏人民广播电台	宁夏广播电视报	1984.7.1	周一刊	—
6	中共固原地委	固原日报	1984.12.1	周五刊	—
7	中共石嘴山市委	石嘴山日报	1988.1.1	周五刊	—
8	政协宁夏回族自治区委	宁夏政协报	1988.1.1	周一刊	—
9	中共银川市委	银川晚报	1988.7.1	周七刊	—
10	中共吴忠市委	吴忠日报	1990.12.1	周五刊	—
11	宁夏煤炭集团有限责任公司	宁夏煤炭报	1992.8.1	周三刊	—

（五）新疆维吾尔自治区（89种）

序号	主办单位	报刊名称	创刊时间	刊期	备注
1	新疆维吾尔自治区党委	新疆日报	1949.12.6	周七刊	—
2	新疆维吾尔自治区党委	新疆日报（维文版）	1950.1.1	周七刊	—
3	新疆维吾尔自治区党委	新疆日报（哈文版）	1950.1.1	周七刊	—
4	新疆维吾尔自治区党委	新疆日报（蒙文版）	1950.8.1	周七刊	—
5	新疆维吾尔自治区政府	新疆经济报	1991	周七刊	—
6	新疆维吾尔自治区政府	新疆经济报（维文版）	1993	周三刊	—
7	新疆生产建设兵团党委	兵团日报	1953.5.22	周七刊	—
8	新疆生产建设兵团党委	兵团日报（维文版）	1955.7.1	周一刊	—
9	中共伊犁哈萨克自治州委	伊利日报	1957.10.1	周六刊	—
10	中共伊犁哈萨克自治州委	伊利日报（哈文版）	1951.7.1	周五刊	—
11	中共伊犁哈萨克自治州委	伊利日报（维文版）	1951.7.1	周五刊	—
12	中共昌吉回族自治委	昌吉日报	1958.11.15	周五刊	—
13	中共塔城地委	塔城报	1958.12.8	周三刊	—
14	中共塔城地委	塔城报（哈文版）	1958.12.8	周三刊	—
15	中共阿克苏地委	阿克苏报	1958.9.1	周六刊	—
16	中共阿克苏地委	阿克苏报（维文版）	1958.9.1	周三刊	—
17	中共乌鲁木齐市委	乌鲁木齐晚报	1984.1.1	周七刊	—
18	中共乌鲁木齐市委	乌鲁木齐晚报（维文版）	1984.1.1	周七刊	—
19	中共哈密地委	哈密报	1951.3.16	周二刊	—
20	中共哈密地委	哈密报（维文版）	1951.3.16	周二刊	—
21	中共巴音郭楞蒙古自治州委	巴音郭楞日报	1960.1.1	周六刊	—
22	中共巴音郭楞蒙古自治州委	巴音郭楞日报(维文版)	1960.1.1	周六刊	—
23	中共巴音郭楞蒙古自治州委	巴音郭楞日报(蒙文版)	1960.1.1	周六刊	—
24	中共阿勒泰地委	阿勒泰报	1966.3.5	周三刊	—
25	中共阿勒泰地委	阿勒泰报（哈文版）	1935	周三刊	—
26	中共克孜勒苏柯尔克孜自治州委	克孜勒苏报	1957	周三刊	—
27	中共克孜勒苏柯尔克孜自治州委	克孜勒苏报（柯文版）	1957.1.1	周二刊	—
28	中共克孜勒苏柯尔克孜自治州委	克孜勒苏报（维文版）	1957	周四刊	—
29	中共喀什地委	喀什日报	1953.9.1	周五刊	—
30	中共喀什地委	喀什日报（维文版）	1951	周六刊	—
31	中共博尔塔拉蒙古自治州委	博尔塔拉报	1960.7.1	周三刊	—
32	中共博尔塔拉蒙古自治州委	博尔塔拉报（蒙文版）	1982.7.1	周三刊	—

续表

序号	主办单位	报刊名称	创刊时间	刊期	备注
33	中共博尔塔拉蒙古自治州委	博尔塔拉报（维文版）	1960.7.1	周三刊	—
34	吐哈石油勘探开发指挥部	吐哈石油报	1991.7.1	周三刊	—
35	中共和田地委	和田报	1950.2.28	周三刊	—
36	中共和田地委	和田报（维文版）	1950.2.28	周三刊	—
37	中共吐鲁番地委	吐鲁番报	1988	周三刊	—
38	中共吐鲁番地委	吐鲁番报（维文版）	1988	周三刊	—
39	中共伊犁州委	伊犁晚报	1992.5.28	周五刊	—
40	中共伊犁州委	伊犁晚报（哈文版）	1993.1.1	周三刊	—
41	中共伊犁州委	伊犁晚报（维文版）	1992.12.1	周三刊	—
42	新疆生产建设兵团农一师	塔里木报	1938.2.9	周四刊	—
43	新疆生产建设兵团农二师党委	绿原报	1948.2.1	周三刊	—
44	新疆生产建设兵团农三师党委	叶儿羌报	1984.12.1	周二刊	—
45	新疆生产建设兵团农四师党委	伊犁垦区报	1952.3.1	周三刊	—
46	新疆生产建设兵团农五师党委	博乐农垦报	1947.8.1	周二刊	—
47	新疆生产建设兵团农六师党委	准格尔时报	1944.5.1	周三刊	—
48	新疆生产建设兵团农七师党委	奎屯晨报	1944.1.1	周二刊	—
49	中共石河子市委	石河子日报	1980.7.1	周五刊	—
50	新疆生产建设兵团农九师党委	西陲时报	1984.8.1	周二刊	—
51	新疆生产建设兵团农十师党委	新疆北屯报	1989.5.1	周二刊	—
52	新疆生产建设兵团建筑工程师	天山建设报	1993.9.1	周一刊	—
53	中共奎屯市委	奎屯报	1991.7.1	周二刊	—
54	中共察布查尔县委	察布查尔报（锡文版）	1946.7.1	周二刊	—
55	中共莎车县委	莎车报（维文版）	1956.10.1	周二刊	—
56	中共库尔勒市委	库尔勒晚报	1993.7.1	周六刊	周末版及周二、周四为4开16版
57	新疆维吾尔自治区总工会	工人时报	1951.10.1	周三刊	—
58	新疆维吾尔自治区总工会	工人时报（维文版）	1951	周二刊	—
59	政协新疆维吾尔自治区委	亚洲中心时报	1991	周一刊	—
60	政协新疆维吾尔自治区委	亚洲中心时报(维文版）	1991	周一刊	—
61	中共新疆维吾尔自治区政法委	新疆法制报	1980.8.21	周三刊	—
62	中共新疆维吾尔自治区政法委	新疆法制报（维文版）	1980.8.21	周三刊	—
63	新疆维吾尔自治区科技兴新办公室	新疆科技报	1959.12.1	周一刊	—

续表

序号	主办单位	报刊名称	创刊时间	刊期	备注
64	新疆维吾尔自治区科技兴新办公室	新疆科技报（维文版）	1959.12.1	周一刊	—
65	新疆维吾尔自治区科技兴新办公室	新疆科技报（哈文版）	1984	周一刊	—
66	新疆教育报刊社	教育快报	1989.7.1	周一刊	—
67	新疆教育报刊社	教育快报（维文版）	1990.3.1	周一刊	—
68	新疆教育报刊社	教育快报（哈文版）	1991.9.1	旬刊	—
69	新疆人民广播电台	新疆广播电视报	1981.5.23	周一刊	—
70	新疆人民广播电台	新疆广播电视报(维文版)	1981.5.23	周一刊	—
71	奎屯广播电视局	新疆广播电视报·奎屯版	1993.8.1	周一刊	—
72	新疆人民广播电台	新疆广播电视报·塔城版	1992	周一刊	—
73	喀什地区广播电视局	新疆广播电视报·喀什版	1992.7.1	周一刊	—
74	乌鲁木齐铁路局	新疆铁道报	1951.8.1	周三刊	—
75	新疆克拉玛依石油管理局党委	新疆石油报	1956.1.1	周五刊	—
76	新疆克拉玛依石油管理局党委	新疆石油报（维文版）	1956.1.1	周三刊	—
77	新疆建工集团责任有限公司	西部建设报	1952	周一刊	—
78	新疆维吾尔自治区团委	新疆少年报（维文版）	1956	周二刊	—
79	伊犁青少年报刊社	伊犁少年报（哈文版）	1959	周二刊	—
80	伊犁日报社	伊犁法制生活报(哈文版)	1985	半月刊	—
81	哈密人民广播电台	哈密广播电视报	1983.8	周一刊	—
82	新疆克拉玛依市广播电视中心	克拉玛依广播电视报	1988	周一刊	—
83	伊犁日报社	伊犁广播电视报	1985	周一刊	—
84	阿克苏地区电视台	阿克苏广播电视报	1983	周一刊	—
85	新疆维吾尔自治区老龄工委	老年康乐报	1986.7	周六刊	—
86	新疆日报社	参考消息（维文版）	1956	周六刊	—
87	新疆日报社	参考消息（哈文版）	1956	周六刊	—
88	新疆航运公司	新疆民航报	1993	周二刊	—
89	塔里木石油勘探开发指挥部	塔里木石油报	1992.4	周二刊	—

（六）辽宁省（2种）

序号	主办单位	报刊名称	创刊时间	刊期	备注
1	中共阜新市委	阜新蒙古族自治县报	1956.11.30	周三刊	—
2	中共阜新市委	阜新蒙古族自治县报（蒙文版）	1956.11.30	周一刊	—

（七）吉林省（8种）

序号	主办单位	报刊名称	创刊时间	刊期	备注
1	中共延边朝鲜族自治州委	延边日报（朝文版）	1948.4.1	周六刊	—
2	中共延边朝鲜族自治州委	延边日报	1958.4.1	周七刊	—
3	延边州广播局	延边广播电视报	1984.9.8	周一刊	—
4	延边日报社	朝鲜族中学生报(朝文版)	1989.5.1	周一刊	—
5	延边日报社	综合周报（朝文版）	1979.10.1	周二刊	—
6	延边州科协、延边州民委	东北朝鲜族科技报(朝文版)	1981	周一刊	—
7	中共珲春市委	珲春报	1993.1.6	周三刊	—
8	中共延吉市委	延吉晚报	1992.8.28	周七刊	—

（八）湖北省（1种）

序号	主办单位	报刊名称	创刊时间	刊期	备注
1	中共恩施土家族苗族自治州委	恩施日报	1949.11.21	周七刊	—

（九）湖南省（1种）

序号	主办单位	报刊名称	创刊时间	刊期	备注
1	中共湖南省湘西土家族苗族自治州委	团结报	1952.10.1	周七刊	—

（十）重庆市（1种）

序号	主办单位	报刊名称	创刊时间	刊期	备注
1	中共酉阳土家族苗族自治县	酉阳报	1956.6.1	周四刊	—

（十一）四川省（7种）

序号	主办单位	报刊名称	创刊时间	刊期	备注
1	中共阿坝藏族羌族自治州	阿坝日报	1953	周五刊	—
2	中共阿坝藏族羌族自治州	阿坝日报（藏文版）	1953	周三刊	—
3	中共甘孜藏族自治州委	甘孜报	1953	周三刊	—
4	中共甘孜藏族自治州委	甘孜报（藏文版）	1953	周三刊	—
5	中共凉山彝族自治州委	凉山日报	1958	周七刊	—
6	中共凉山彝族自治州委	凉山日报（彝文版）	1978	周六刊	—
7	阿坝日报社	四川民族教育报	1984	旬刊	—

（十二）贵州省（5种）

序号	主办单位	报刊名称	创刊时间	刊期	备注
1	贵州省民委	贵州民族报	1986.1.1	周二刊	—
2	中共黔西南布依族苗族自治州委	黔西南日报	1984.10.1	周七刊	—
3	中共黔东南苗族侗族自治州委	黔东南日报	1956.11.1	周七刊	—
4	中共黔南布依族苗族自治州委	黔南日报	1957.11.1	周六刊	—
5	中共凯里市委	凯里晚报	1990	周五刊	—

（十三）云南省（12种）

序号	主办单位	报刊名称	创刊时间	刊期	备注
1	中共楚雄彝族自治州委	楚雄日报	1957.7.1	周六刊	—
2	中共红河哈尼彝族自治州委	红河日报	1984.4.1	周六刊	—
3	中共文山壮族苗族自治州委	文山日报	1983.2.1	周六刊	—
4	中共西双版纳傣族自治州委	西双版纳报	1957.3.1	周三刊	—
5	中共西双版纳傣族自治州委	西双版纳报（傣文版）	1957.7.1	周二刊	—
6	中共德宏傣族景颇族自治州委	德宏团结报	1955.1.1	周五刊	—
7	中共德宏傣族景颇族自治州委	德宏团结报（傣文版）	1955.1.1	周二刊	—
8	中共德宏傣族景颇族自治州委	德宏团结报（景颇文版）	1955.1.1	周二刊	—
9	中共德宏傣族景颇族自治州委	德宏团结报（傈僳文版）	1985.8.1	周一刊	—
10	中共德宏傣族景颇族自治州委	德宏团结报（载佤文版）	1985.8.1	周一刊	—
11	中共怒江傈僳族自治州委	怒江报	1983.5.1	周四刊	—
12	云南日报报业集团	民族时报	1992	周一刊	—

（十四）甘肃省（3种）

序号	主办单位	报刊名称	创刊时间	刊期	备注
1	中共临夏回族自治州委	民族报	1985.1.1	周五刊	—
2	中共甘南藏族自治州委	甘南报	1953.5.1	周四刊	—
3	中共甘南藏族自治州委	甘南报（藏文版）	1953.5.1	周七刊	—

（十五）青海省（6种）

序号	主办单位	报刊名称	创刊时间	刊期	备注
1	中共青海省委	青海日报（藏文版）	1951.1.16	双周七刊	—
2	中共青海省委政法委	青海法制报(藏文版)	1983	旬刊	—
3	青海民族出版社	刚坚少年报	1989.6.1	旬刊	—
4	中共海西蒙古族藏族自治州委	柴达木报	1987.11.4	周一刊	—
5	青海省科学技术协会	青海科技报(藏文版)	1984.7.1	月刊	—
6	中共黄南藏族自治州委	黄南报		周一刊	1992年6月复刊

主要参考书目：

新闻出版总署报纸期刊管理司，中国出版杂志社编. 中国期刊名录2003. 北京：中国ISBN中心出版，2003.

（杨长虹/供稿）

中国民族期刊一览表（1949～1993）

收录范围包括民族类及民族自治地方出版的期刊。期刊排序先按中央和五自治区排列，各省、直辖市按《中华人民共和国行政区划简册》顺序排列之后。分类代码按《中国图书资料分类法》规定标识：B哲学、宗教，C社会科学总论，D政治、法律，F经济，G0文化理论，G3科学、科学研究，G4教育，G8体育，H语言文字，I文学，J艺术，K历史、地理，N自然科学总论，O4物理学，P天文学、地球科学，R医药、卫生，S农业科学，T工业技术，TD矿业工程，TE石油、天然气工业，TF冶金工业，TG金属学与金属工艺，TH机械、仪表工业，TJ武器工业，TK能源与动力工程，TM电工技术，TQ化学工业，TS轻工业、手工业，TU建筑科学，TV水利工程，V航空航天，X环境科学、安全科学，Z综合性期刊。备注扼要记述期刊沿革情况。

（一）中央级（36种）

分 类	序号	主办单位	期刊名称	创刊时间	刊期	备注
Z	1	民族画报社	民族画报（朝文版）	1955.2	月刊	—
Z	2	民族画报社	民族画报（哈文版）	1955.2	月刊	—
I	3	中国作家协会	民族文学	1981.1	月刊	—
C	4	中国社科院民族研究所	民族研究	1958	双月刊	—
G4	5	中国教育报刊社	中国民族教育	1986	双月刊	—
H	6	中国社科院民族研究所	民族语文	1979	双月刊	—
C	7	中央民族大学	中央民族大学学报（哲社版）	1992	双月刊	—
N	8	中央民族大学	中央民族大学学报（自然科学版）	1992	半年刊	—
K	9	中国社科院边疆史地研究中心	中国边疆史地研究	1990	季刊	—
Z	10	中国少数民族文化艺术基金会	中国民族博览	1992	双月刊	—
C	11	中共中央统战部	中国西藏	1989	双月刊	—
D	12	中共中央统战部	中国西藏（藏文版）	1989	双月刊	—
D	13	中共中央统战部	中国西藏（英文版）	1989	双月刊	—
C	14	中国藏学研究中心	中国藏学	1988.2	季刊	—
C	15	中国藏学研究中心	中国藏学（藏文版）	1988.2	季刊	—
B	16	中国伊斯兰教协会	中国穆斯林	1957.3	双月刊	—
B	17	中国伊斯兰教协会	中国穆斯林（维文版）	1957	季刊	—

续表

分 类	序号	主办单位	期刊名称	创刊时间	刊期	备注
C4	18	中央民族大学	民族教育研究	1990.1	季刊	—
D	19	国家民委民族问题研究中心	民族工作研究	—	季刊	—
Z	20	国家民委办公厅	民族信息摘编	—	不定期	—
Z	21	中国人大复印资料社	民族问题研究	1991		—
I	22	中国社科院少数民族文学研究所	民族文学研究	1983	季刊	—
K	23	国家民委全国少数民族古籍办	民族古籍	1986	内部刊物	—
D	24	民族出版社	求是文选（藏文版）	1988.7.1	月刊	—
D	25	民族出版社	求是文选（维文版）	1988.7.1	月刊	—
D	26	民族出版社	求是文选（哈文版）	1988.7.1	月刊	—
D	27	民族团结杂志社	中国民族	1957.10	月刊	—
D	28	民族团结杂志社	中国民族（蒙文版）	1987.7	双月刊	—
D	29	民族团结杂志社	中国民族（维文版）	1988.11	双月刊	—
D	30	民族团结杂志社	中国民族（哈文版）	1988.11	双月刊	—
D	31	民族团结杂志社	中国民族（朝文版）	1989.1	双月刊	—
K	32	人民大学清史所	清史研究	1991	季刊	—
F	33	中央民族大学少数民族经济研究所	民族经济	1987	季刊	—
H	34	中国突厥语研究会	突厥语研究通讯	—	内部刊物，不定期	—
C	35	中国社科院民族研究所	民族理论研究	1987	季刊	—
H	36	中国民族语文翻译局（中心）主办	民族翻译	—	季刊	—

（二）内蒙古自治区（130种）

分 类	序号	主办单位	期刊名称	创刊时间	刊期	备注
D	1	内蒙古自治区党委	实践（蒙文版）	1960	月刊	—
D	2	内蒙古自治区党委	实践	1958.7.1	月刊	—
D	3	内蒙古自治区党委	党的教育（蒙文版）	1957	月刊	—
D	4	内蒙古自治区党委	党的教育（城市版）	1957	月刊	—
D	5	内蒙古自治区党委	党的教育（农村版）	1957	月刊	—
C	6	内蒙古民族青少年杂志社	内蒙古青年(蒙文版)	1953.7	月刊	—
C	7	共青团内蒙古自治区委	这一代	1952	月刊	—
D	8	内蒙古自治区妇联	内蒙古妇女	1980	月刊	—

续表

分 类	序号	主办单位	期刊名称	创刊时间	刊期	备注
C	9	内蒙古自治区社科院	内蒙古社会科学（蒙文版）	1981	双月刊	—
C	10	内蒙古自治区社科院	内蒙古社会科学	1980	双月刊	—
Z	11	内蒙古自治区新闻出版局	内蒙古画报	1948	双月刊	—
C	12	内蒙古区党委老干部局	老年世界	1984	半月刊	—
D	13	内蒙古区党委统战部、社会主义学院	内蒙古统战理论研究	1984	双月刊	—
G2	14	内蒙古自治区新闻研究所	新闻论坛	1986	半月刊	—
D	15	政协内蒙古自治区委	内蒙古政协	1986.4	月刊	—
I	16	内蒙古自治区文联	花的原野（蒙文版）	1955	月刊	—
I	17	内蒙古自治区文联	草原	1950.10	月刊	—
I	18	内蒙古文学翻译家协会	世界文学译丛	1979	双月刊	—
I	19	内蒙古群众艺术馆	鸿嘎鲁	1956	月刊	—
J	20	内蒙古自治区音乐家协会	草原歌声	1980.7	季刊	—
I	21	内蒙古人民出版社	潮洛濛（蒙文版）	1980	季刊	—
I	22	内蒙古自治区文联	金钥匙	1981	季刊	—
I	23	通辽市文联	哲里木文艺	1977	月刊	—
I	24	赤峰市文联	西拉沐沦	1979	双月刊	—
I	25	锡林郭勒盟文联	锡林郭勒（蒙文版）	1980.8	双月刊	—
I	26	呼伦贝尔市文联	呼伦贝尔	1980	双月刊	—
I	27	鄂尔多斯市文联	阿拉腾甘德尔	1980.1	双月刊	—
I	28	鄂尔多斯市文联	鄂尔多斯	1980	月刊	—
I	29	乌兰察布市文联	敕勒格尔塔拉	1980	季刊	—
G4	30	内蒙古教育杂志社	内蒙古教育	1953	月刊	—
G4	31	内蒙古教育杂志社	内蒙古教育(蒙文版)	1953	月刊	—
C	32	内蒙古师范大学	内蒙古师范大学学报（哲社蒙文版）	1958	季刊	—
C	33	内蒙古师范大学	内蒙古师范大学学报（哲社版）	1958	双月刊	—
N	34	内蒙古师范大学	内蒙古师范大学学报（蒙文自然科学版）	1958	季刊	—
N	35	内蒙古师范大学	内蒙古师范大学学报（自然科学版）	1958	季刊	—

续表

分类	序号	主办单位	期刊名称	创刊时间	刊期	备注
C	36	内蒙古大学	内蒙古大学学报（蒙文哲社版）	1959	双月刊	—
C	37	内蒙古大学	内蒙古大学学报（人文社科版）	1959	双月刊	—
N	38	内蒙古大学	内蒙古大学学报（自然科学版）	1959	双月刊	—
F	39	内蒙古财经学院	内蒙古财经学院学报	1980	季刊	—
C	40	赤峰民族师专	昭乌达盟民族师专学报	1988	双月刊	—
G4	41	内蒙古教育出版社	向导（蒙文版）	1986	月刊	—
T	42	内蒙古工业大学	内蒙古工业大学学报	1982	季刊	—
C	43	包头师范学院	阴山学刊	1982	季刊	—
H	44	内蒙古师范大学	语文学刊	1981	月刊	—
C	45	内蒙古民族青少年杂志社	花蕾（蒙文版）	1957	月刊	—
C	46	内蒙古少年儿童出版社	纳荷芽	1973.6	月刊	—
H	47	内蒙古社会科学院	蒙古语言文学（蒙文版）	1954	双月刊	—
H	48	内蒙古自治区民委、语委、八省区蒙古语协	蒙古语文	1957	月刊	—
S	49	内蒙古自治区林业厅	内蒙古林业	1956	月刊	—
S	50	内蒙古畜牧业杂志社	内蒙古畜牧业	1980	月刊	—
D	51	内蒙古自治区公安厅	内蒙古公安	1950	双月刊	—
Z	52	内蒙古自治区扶贫开发领导小组	致富之友	1985	月刊	—
K	53	政协内蒙古自治区文史委员会	内蒙古文史资料	1962	季刊	—
I	54	包头市文联	鹿鸣	1959.10	月刊	—
I	55	赤峰市文联	百柳	1980	月刊	—
F	56	内蒙古自治区财政厅	内蒙古财会	1988.1	月刊	—
D	57	内蒙古思想政治工作研究会	思想工作论坛	1987	双月刊	—
N	58	内蒙古自治区科协	身边科学（蒙文版）	1985	月刊	—
R	59	内蒙古自治区卫生厅	蒙医药（蒙文版）	1974	季刊	—
N	60	内蒙古科学技术出版社	科学（蒙文版）	1980	双月刊	—
S	61	中国农业科学院草原所、中国草原学会	中国草地	1979.9	双月刊	—

续表

分 类	序号	主办单位	期刊名称	创刊时间	刊期	备注
S	62	内蒙古自治区农业厅	现代农业	1975	月刊	—
TF	63	中国稀土学会	稀土	1980	双月刊	—
TF	64	包钢稀土研究院	稀土信息	1984	月刊	—
R	65	内蒙古中蒙医研究所、内蒙古中医药协会	内蒙古医药	1982	双月刊	—
G3	66	内蒙古自治区科技厅	科学管理研究	1981	双月刊	—
TJ	67	中国兵工学会金属材料学会、中国兵器工业第五二研究所	兵器材料科学与工程	1978.3	双月刊	—
R	68	内蒙古自治区卫生厅	内蒙古医学杂志	1954	双月刊	—
S	69	内蒙古林业科学研究院	内蒙古林业科技	1972	季刊	—
X	70	内蒙古农业大学	干旱区资源与环境	1987	双月刊	—
S	71	内蒙古畜牧科学院	内蒙古畜牧科学	1973	双月刊	—
S	72	内蒙古农科院	内蒙古农业科技	1973	双月刊	—
F	73	内蒙古自治区煤炭经济研究会	内蒙古煤炭经济	1983.3	双月刊	—
P	74	内蒙古气象局、内蒙古气象学会	内蒙古气象	1977	季刊	—
TN	75	内蒙古广播电影电视局	内蒙古广播与电视技术	1984	季刊	—
J	76	内蒙古自治区妇联	中外童话画刊	1980	半月刊	原名:苗苗
C	77	内蒙古自治区妇联	中外妇女文摘	1985	月刊	—
I	78	呼伦贝尔市文联	骏马	1980	双月刊	—
D	79	中共内蒙古自治区委党校、内蒙古行政学院	理论研究	1979	双月刊	—
F	80	内蒙古金融学会	内蒙古金融研究	1989	月刊	—
D	81	内蒙古自治区总工会	五月风	1959	月刊	—
C	82	内蒙古民族高等专科学校	蒙古学研究	1990	季刊	—
K	83	内蒙古自治区文化厅博物馆学会	内蒙古文物考古	1981	半年刊	—
R	84	内蒙古医学院	内蒙古医学院学报	1959	季刊	—
C	85	内蒙古自治区民政厅	婚姻家庭生活（蒙文版）	1991	月刊	—
G4	86	通辽市教育局	阿拉腾文都苏	1984.7	双月刊	—
P	87	内蒙古地质矿产勘查开发局	内蒙古地质	1972	季刊	—

续表

分 类	序号	主办单位	期刊名称	创刊时间	刊期	备注
T	88	内蒙古自治区质量技术监督局	内蒙古技术监督	1984	双月刊	—
N	89	内蒙古科技信息研究所	内蒙古科技（蒙文版）	1980	双月刊	—
D	90	中共内蒙古区委统战部、社会主义学院	内蒙古统战理论研究（蒙文版）	1989	半年刊	—
G4	91	内蒙古电大	内蒙古电大学刊	1987.9	双月刊	—
C	92	内蒙古社会科学联合会	前沿	1979	月刊	—
S	93	内蒙古林业勘察设计院	内蒙古林业调查设计	1978	季刊	—
F	94	内蒙古自治区国家税务局	草原税务	1985.8	月刊	—
TF	95	包头钢铁学院	包头钢铁学院学报	1982	季刊	—
TF	96	中国稀土信息中心	中国稀土信息（英文版）	1982	双月刊	—
S	97	内蒙古自治区畜牧业厅	当代畜禽养殖	1980	月刊	—
G4	98	中国外语学习研究会	中学英语之友（初、高中版）	1988	月刊	—
F	99	内蒙古自治区发展计划委员会	北方经济	1991	月刊	—
TQ	100	内蒙古化工石油科研院	内蒙古石油化工	1976	季刊	—
U	101	内蒙古自治区交通科技情报站	内蒙古公路与运输	1976	季刊	—
D	102	中共内蒙古自治区委宣传部	内蒙古宣传	1992.1	月刊	—
D	103	中共内蒙古自治区宣传部	内蒙古宣传（蒙文版）	1992	月刊	—
D	104	中共内蒙古自治区纪委、内蒙古监察厅	时代风云	1993	月刊	—
D	105	中共内蒙古自治区纪委、内蒙古监察厅	时代风云（蒙文版）	1993.7	季刊	—
S	106	内蒙古草原勘测设计院	内蒙古草业	1987	季刊	—
C	107	内蒙古自治区社科院	蒙古学信息	1980	季刊	—
I	108	巴彦淖尔盟文联	陶茹格萨如娜	1972	双月刊	汉名百合
C	109	内蒙古自治区统计局、统计学会	内蒙古统计	1987	双月刊	—
R	110	包头市医学科技情报所	包头医学	1977	季刊	—
S	111	内蒙古自治区农业厅农机局	农村牧区机械化	1990	季刊	—

续表

分 类	序号	主办单位	期刊名称	创刊时间	刊期	备注
O4	112	中国物理学会教学委员会	中专物理教学	1993	季刊	—
S	113	中国畜牧兽医学会动物营养学分会	动物营养学报	1989	季刊	—
C	114	内蒙古自治区对外文化交流协会	索伦嘎	1993	月刊	—
R	115	包头医学院	包头医学院学报	1984	季刊	—
X	116	内蒙古自治区环境科学研究院	内蒙古环境保护	1989	季刊	—
J	117	内蒙古自治区文化厅	内蒙古艺术（汉、蒙文版）	1980	半年刊	—
N	118	内蒙古科技信息研究所	内蒙古科技与经济	1982	月刊	—
G4	119	集宁师范高等专科学校	集宁师专学报	1980	季刊	—
G4	120	赤峰教育学院	赤峰教育学院学报	1985.1	双月刊	—
G4	121	内蒙古师范大学	内蒙古师范大学学报（教育科学版）	1988	季刊	—
TM	122	内蒙古电机工程学会、内蒙古电力科学院	内蒙古电力技术	1983	双月刊	—
G4	123	呼伦贝尔学院	呼伦贝尔学院学报	1993.12	季刊	—
G4	124	包头市职工大学	职大学报	1989	季刊	—
S	125	内蒙古农业大学	内蒙古农业大学学报	1957	季刊	—
G0	126	内蒙古新华报业中心	大中专文苑	1992	月刊	—
C	127	内蒙古民族大学	内蒙古民族大学学报（社会科学版）	1975	双月刊	—
C	128	内蒙古民族大学	内蒙古民族大学学报（蒙文社科版）	1978	季刊	—
N	129	内蒙古民族大学	内蒙古民族大学学报（自然科学版）	1979	双月刊	—
R	130	内蒙古民族大学	内蒙古民族大学学报（蒙文蒙医药学版）	1989	季刊	—

（三）广西壮族自治区（153种）

分类	序号	主办单位	期刊名称	创刊时间	刊期	备注
C	1	广西壮族自治区社会科学院	学术论坛	1978	双月刊	—
C	2	广西壮族自治区社科联	改革与战略	1985.5	月刊	—
C	3	桂林市社科联	社会科学家	1986.9	双月刊	—
D	4	广西壮族自治区党委宣传部	广西支部生活	1958.7	月刊	—
D	5	广西壮族自治区人民政府办公厅	广西政报	1950.3	旬刊	—
F	6	广西壮族自治区粮食局、广西粮食经济学会	广西粮食经济	1986.4	双月刊	—
C	7	广西壮族自治区统计局、广西统计学会	广西统计	1985.10	双月刊	—
F	8	广西会计学会	广西会计	1984	月刊	—
C	9	共青团广西区委	金色年华	1985.8	半月刊	—
C	10	广西壮族自治区妇联	女性天地	1989.7	月刊	—
F	11	农行广西分行、广西农村金融学会	广西农村金融研究	1981.10	双月刊	—
F	12	广西金融学会	广西金融研究	1979	月刊	—
K	13	广西通志馆、广西地方志协会	广西地方志	1982.10	双月刊	—
Z	14	海外星云杂志社	海外星云	1985.8	旬刊	—
C	15	广西民委、广西民族研究所	广西民族研究	1985.6	季刊	—
G2	16	广西图书馆学会、广西图书馆	图书馆界	1980.3	季刊	—
G2	17	广西新闻工作者协会	新闻潮	1989	双月刊	—
I	18	广西文联	广西文学	1951.6	月刊	—
Z	19	广西新闻图片画报社	广西画报	1971	月刊	—
J	20	广西文联	美术界	1972.7	月刊	—
I	21	广西文联、广西师大出版社	南方文坛	1987.12	双月刊	—
J	22	广西区文化厅、文化部文图司	民族艺术	1985	季刊	—
I	23	广西民语委、广西民委	三月三	1983.4	月刊	—
I	24	广西民语委、广西民委	三月三（壮文版）	1986.10	双月刊	—

续表

分类	序号	主办单位	期刊名称	创刊时间	刊期	备注
I	25	南宁市文联	红豆	1972.7	双月刊	—
I	26	桂林市文联	南方文学	1978.10	双月刊	—
I	27	玉林市文联	金田	1970.3	月刊	—
I	28	南宁地区文联	灵水	1977	月刊	—
G0	29	漓江出版社	漓江	1985	双月刊	—
G4	30	广西高等教育学会	广西高教研究	1985	双月刊	—
C	31	广西师范大学	广西师范大学学报（哲社版）	1957	季刊	—
N	32	广西师范大学	广西师范大学学报（自然科学版）	1957	季刊	—
C	33	广西师范学院	广西师范学院学报（哲社版）	1980	季刊	—
N	34	广西师范学院	广西师院学报（自然科学版）	1983	季刊	—
C	35	广西大学	广西大学学报（哲社版）	1979	双月刊	—
N	36	广西大学	广西大学学报（自然科学版）	1976	季刊	—
C	37	广西民族学院	广西民族学院学报（哲社版）	1978	双月刊	—
N	38	广西科学院	广西科学院学报	1982	季刊	—
G4	39	广西教育学院	广西教育学院学报	1986.2	双月刊	—
J	40	广西艺术学院	艺术探索	1987	双月刊	—
TN	41	桂林电子工业学院	桂林电子工业学院学报	1981	季刊	—
G4	42	河池师范高等专科学校	河池师范高等专科学校学报	1981	季刊	—
F	43	广西商业高等专科学校	广西商业高等专科学校学报	1985	季刊	—
G4	44	柳州师范高等专科学校	柳州师专学报	1986.9	季刊	—
R	45	右江民族医学院	右江民族医学院学报	1979	双月刊	—
G4	46	南宁市教委	儿童创造	1987.5	月刊	—
G4	47	广西壮族自治区教育厅	广西教育	1954	旬刊	—
H	48	广西语文学会、广西大学中文系	阅读与写作	1980.4	月刊	—
K	49	广西社会科学院东南亚研究所	东南亚纵横	1980	月刊	—

续表

分 类	序号	主办单位	期刊名称	创刊时间	刊期	备注
G4	50	广西教育学会	基础教育研究	1988.1	月刊	—
C	51	接力出版社	中外少年	1988.8	月刊	—
I	52	梧州市文联	西江月	1981	月刊	—
F	53	广西壮族自治区计委计划经济研究所、广西宏观学会	计划与市场探索	1979	月刊	—
F	54	广西壮族自治区国家税务局	广西税务	1985	月刊	—
U	55	广西壮族自治区交通厅	广西交通科技	1976	季刊	—
R	56	广西肿瘤防治研究所	中国医学文摘·肿瘤学	1982	季刊	—
R	57	广西医学情报研究所	中国医学文摘·内科学	1982	双月刊	—
R	58	广西医学情报研究所	广西医学	1972	月刊	—
R	59	广西中医学院、中国中医药学会广西分会	广西中医药	1977.8	双月刊	—
R	60	广西医学情报研究所	医学文选	1982	双月刊	—
R	61	右江医学杂志社	右江医学	1972	双月刊	—
S	62	广西农业科学院	广西农业科学	1964	双月刊	—
S	63	广西科学技术情报研究所	农村新技术	1983	月刊	—
S	64	广西农机鉴定站	广西农业机械化	1979.9	双月刊	—
S	65	广西壮族自治区农业厅、广西农学会	广西农学报	1986.6	季刊	—
Q	66	广西植物研究所、广西植物学会、中国科学院	广西植物	1981	双月刊	—
S	67	广西壮族自治区林业局	广西林业	1982.5	双月刊	—
TH	68	广西机械工程学会	广西机械	1973	季刊	—
TQ	69	广西化工研究院、广西化学化工学会	广西化工	1972.7	季刊	—
TU	70	广西土木建筑学会、广西建筑信息中心	广西土木建筑	1974	季刊	—
TQ	71	广西化学纤维研究所	广西化纤通讯	1973	半年刊	—
P	72	广西气象局、广西气象学会	广西气象	1956.8	季刊	—
TM	73	广西电机工程学会、广西电力试验研究院	广西电力技术	1978	季刊	—

续表

分类	序号	主办单位	期刊名称	创刊时间	刊期	备注
TM	74	广西水力发电工程学会、广西电力工业勘察设计研究院	红水河	1982	季刊	—
TV	75	广西壮族自治区水利厅、广西水利学会	广西水利水电	1974	季刊	—
TK	76	广西资源节约综合利用协会、广西节能技术服务中心	广西节能	1987	季刊	—
P	77	广西壮族自治区国土资源厅、广西地勘局、广西地质学会	广西地质	1984	季刊	—
O4	78	广西物理学会、广西师范大学	广西物理	1980	季刊	—
T	79	广西壮族自治区质监局、广西标准情报所	广西标准计量与质量	1986.8	双月刊	—
TS	80	广西绢麻纺织科学研究所	广西纺织科技	1972	季刊	—
P	81	中国地质科学院岩溶地质研究所	中国岩溶	1982	季刊	—
TG	82	桂林电器科学研究所	模具工业	1975	月刊	—
TN	83	信息产业部电子第34研究所	光通信技术	1977	月刊	—
S	84	广西畜牧总站、广西畜牧兽医学会	广西畜牧兽医	1985.3	双月刊	—
TS	85	广西轻工业科学技术研究院	广西轻工业	1984	季刊	—
TQ	86	广西塑料研究所、中国塑料工程学会	国外塑料	1981	季刊	—
N	87	广西师范大学出版社、中央教育科学研究所基础教育课程研究中心	中学生理科月刊	1989.5	月刊	—
Q	88	中国蛇协、广西急诊医学学会	蛇志	1989	季刊	—
F	89	广西壮族自治区审计厅、广西审计学会	广西审计	1985.3	双月刊	—
G8	90	广西体育科学研究所	体育科技	1979	季刊	—
TD	91	广西煤炭学会	广西煤炭	1983	季刊	—
TD	92	桂林矿产地质研究院	矿产与地质	1981	双月刊	—
Z	93	广西社会科学院	广西年鉴	1985	年刊	—

续表

分类	序号	主办单位	期刊名称	创刊时间	刊期	备注
D	94	中共广西壮族自治区党校、广西行政学院	桂海论丛	1985	双月刊	—
S	95	广西植保总站、广西昆虫学会	广西植保	1987	季刊	—
R	96	广西人民医院	中国医学文摘·老年医学	1992	季刊	—
C	97	广西社科联	广西社会科学	1985	双月刊	—
T	98	广西工学院	广西工学院学报	1990.3	季刊	—
D	99	中共广西壮族自治区委政策法规室	法制与经济	1992	月刊	—
TS	100	广西宝石研究所	珠宝科技	1989.12	季刊	—
TS	101	广西科技情报研究所	家庭科技	1992.8	月刊	—
R	102	广西健康教育所	健康生活	1993.2	月刊	—
C	103	广西社会科学院	社科与经济信息	1978	月刊	—
F	104	广西壮族自治区贫困地区干部培训中心、钦州市经济研究中心	大通道	1992.12	月刊	—
K	105	政协广西壮族自治区委办公厅	文史春秋	1993	月刊	—
D	106	中共广西壮族自治区委政策研究室	政策天地	1993	月刊	—
TU	107	广西城乡规划设计院	规划师	1985	月刊	—
R	108	广西医科大学	广西医科大学学报	1977	双月刊	—
S	109	广西林科院	广西林业科学	1972	季刊	—
S	110	广西蚕业指导所、广西蚕学会	广西蚕业	1966	季刊	—
T	111	桂林工学院	桂林工学院学报	1981	季刊	—
F	112	广西财政科学研究所、广西财政学会	广西财政	1980	双月刊	—
D	113	广西壮族自治区党委党史研究室	广西党史	1986	双月刊	—
D	114	广西壮族自治区党委组织部	广西党建	1992	月刊	—
F	115	广西壮族自治区人民政府发展研究中心	广西经济	1984	月刊	—
TN	116	广西通信学会、广西邮电科技情报中心站	广西通信技术	1981	季刊	—
J	117	广西艺术研究所	歌海	1985	月刊	—

续表

分 类	序号	主办单位	期刊名称	创刊时间	刊期	备注
D	118	广西壮族自治区人大常委会办公厅	广西人大	1980	月刊	—
G4	119	广西教育学院	小学教学参考书	1962	月刊	—
R	120	桂林医学院	华夏医学	1988	双月刊	—
S	121	广西柑桔研究所	广西园艺	1990	双月刊	—
S	122	广西大学	广西农业生物科学	1982	季刊	—
F	123	广西物价局	广西市场与价格	1984	月刊	—
F	124	广西经贸委	广西经贸	1984.9	月刊	—
D	125	广西青年干部学院	广西青年干部学院学报	1991	双月刊	—
G4	126	广西广播电视大学	广西广播电视大学学报	1990	季刊	—
F	127	广西财政高等专科学校	广西财政高等专科学校学报	1988	双月刊	—
G4	128	钦州师范高等专科学校	钦州师范高等专科学校学报	1986	季刊	—
G4	129	广西右江民族师专	广西右江民族师专学报	1988	季刊	—
G4	130	广西梧州师范高等专科学校	广西梧州师范高等专科学校学报	1988	季刊	—
K	131	桂林旅游高等专科学校	桂林旅游高等专科学校学报	1989	季刊	—
G4	132	南宁师范高等专科学校	南宁师专学报	1983	季刊	—
D	133	广西壮族自治区党委宣传部	宣传与文明	1985.5	月刊	—
G4	134	广西大学梧州分校	广西大学梧州分校学报	1991	季刊	—
D	135	广西公安干部管理学院	广西公安干部管理学院学报	1988.10	季刊	—
F	136	广西经济干部管理学院	广西经济干部管理学院学报	1988	季刊	—
D	137	广西政法干部管理学院	广西政法干部管理学院学报	1986	季刊	—
D	138	广西壮族自治区党委	广西工作	1992.4	半月刊	—
C	139	南宁职业技术学院	南宁职业技术学院学报	1993	季刊	—
D	140	广西华侨历史学会	八桂侨刊	1987.4	季刊	—
T	141	广西科技情报研究所	中小企业科技	1985.4	月刊	—

续表

分 类	序号	主办单位	期刊名称	创刊时间	刊期	备注
D	142	广西壮族自治区党委统战部	广西统一战线	1989	双月刊	—
G4	143	广西教育学院	小学生创新作文	1962	月刊	—
G4	144	广西教育学院	中学理科	1962	月刊	—
TM	145	桂林电器科学研究所	绝缘材料	1966.6	双月刊	—
TQ	146	桂林电科所及电工合金分会	电工材料	1973	季刊	—
E	147	桂林陆军学院	桂林陆军学院学报	1982	双月刊	—
S	148	广西热带作物学会	广西热带农业	1988	季刊	—
E	149	桂林空军学院	桂林空军学院学报	1984	双月刊	—
G4	150	玉林师范学院	玉林师范学院学报	1979	季刊	—
G4	151	桂林市教育学院	桂林师范高等专科学校学报	1987	季刊	—
TQ	152	广西化工研究院	化工技术与开发	1972.7	双月刊	—
	153	广西民委	民族之声			—

（四）西藏自治区（27种）

分 类	序号	主办单位	期刊名称	创刊时间	刊期	备注
D	1	西藏自治区监察厅	西藏纪检监察	1983	月刊	—
D	2	西藏自治区监察厅	西藏纪检监察（藏文版）	1983	月刊	—
I	3	西藏自治区文联	西藏文艺（藏文版）	1980	双月刊	—
I	4	西藏自治区文联	西藏文学	1981	双月刊	—
G0	5	西藏自治区群艺馆	雪域文化（藏文版）	1980	季刊	—
C	6	西藏自治区社科院	西藏研究	1981	季刊	—
C	7	西藏自治区社科院	西藏研究（藏文版）	1981	季刊	—
I	8	西藏自治区文联	帮锦梅朵	1983	季刊	—
P	9	西藏地质矿产勘查开发局	西藏地质	1989	半年刊	—
I	10	山南地区文联	山南文艺（藏文版）	1989	季刊	—
G4	11	西藏自治区教育科学研究所	西藏教育（藏文版）	1984	季刊	—
G4	12	西藏自治区教育科学研究所	西藏教育	1984	双月刊	—
B	13	中国佛教协会西藏分会	西藏佛教（藏文版）	1986	半年刊	—
J	14	西藏自治区民族艺术研究所	西藏艺术研究（藏文版）	1988	半年刊	—

续表

分类	序号	主办单位	期刊名称	创刊时间	刊期	备注
G3	15	西藏自治区科技信息所	西藏科技	1976	月刊	—
J	16	西藏自治区民族艺术研究所	西藏艺术研究	1986	季刊	—
S	17	西藏农科院农研所	西藏农业科技	1978	季刊	—
Z	18	西藏自治区总工会	主人（藏文版）	1989	半年刊	—
D	19	中共西藏自治区党委组织部	西藏党的生活	1989	季刊	—
G0	20	西藏自治区文联	西藏民俗	1983	季刊	—
R	21	西藏自治区卫生厅	西藏医药杂志	1975	季刊	—
G8	22	西藏自治区体育局	西藏体育	1985	季刊	—
D	23	西藏自治区公安厅政治部	西藏公安	1985	双月刊	—
C	24	西藏大学	西藏大学学报	1986.1	季刊	—
C	25	西藏自治区党校科研处	西藏发展论坛	1985	双月刊	—
G0	26	西藏民族学院	西藏民族学院学报	1980	季刊	—
	27	西藏旅游局	西藏旅游			—

（五）宁夏回族自治区（22种）

分类	序号	主办单位	期刊名称	创刊时间	刊期	备注
C	1	宁夏社科院	宁夏社会科学	1982	双月刊	—
D	2	宁夏回族自治区党委宣传部	共产党人	1980	月刊	—
G4	3	宁夏自治区教育厅	宁夏教育	1981	月刊	—
C	4	宁夏图书馆学会	图书馆理论与实践	1979	双月刊	—
C	5	宁夏大学	宁夏大学学报（人文社会科学版）	1979	双月刊	—
N	6	宁夏大学	宁夏大学学报（自然科学版）	1980	季刊	—
S	7	宁夏农业科学院	宁夏农林科技	1958	双月刊	—
R	8	宁夏回族自治区卫生厅	宁夏医学杂志	1962	月刊	—
Z	9	宁夏人民出版社	宁夏画报	1983	双月刊	—
I	10	宁夏回族自治区文联	朔方	1959	月刊	—
J	11	宁夏回族自治区文化厅	民族艺林	1986	双月刊	—
I	12	固原市文联	六盘山	1985	双月刊	—
G4	13	固原师范高等专科学校	固原师专学报	1980	双月刊	—
C	14	宁夏社科院	回族研究	1991.2	季刊	—
S	15	宁夏农学院	宁夏农科院学报	1980	季刊	—

续表

分类	序号	主办单位	期刊名称	创刊时间	刊期	备注
N	16	宁夏回族自治区科技厅	宁夏科技	1991	双月刊	—
G0	17	宁夏人民出版社	周末文汇	1993	月刊	—
F	18	宁夏区发展计划委员会	市场经济研究	1992	双月刊	—
R	19	宁夏医学院	宁夏医学院学报	1979	双月刊	—
D	20	中共银川市委宣传部	西部社会	1989	月刊	原名：学习与交流
D	21	宁夏回族自治区党委政策研究室	当代宁夏	1958	月刊	原名：宁夏工作研究
C	22	宁夏回族自治区党委组织部	党建论坛	1993	双月刊	原名：人才与科技

（六）新疆维吾尔族自治区（173种）

分类	序号	主办单位	期刊名称	创刊时间	刊期	备注
D	1	新疆维吾尔自治区党委组织部、宣传部	新疆支部生活	1959	月刊	—
D	2	新疆维吾尔自治区党委组织部、宣传部	新疆支部生活（维文）	1959	月刊	—
D	3	新疆维吾尔自治区党委组织部、宣传部	新疆支部生活（哈文）	1962	月刊	—
D	4	新疆维吾尔自治区党委组织部、宣传部	新疆支部生活（蒙古文）	1965	月刊	—
I	5	新疆生产建设兵团文联	绿洲	1957.1	双月刊	—
D	6	新疆维吾尔自治区党委党校	实事求是	1978	双月刊	—
D	7	新疆维吾尔自治区党委党校	实事求是（维文版）	1978	双月刊	—
I	8	新疆石河子文联	绿风	1978	双月刊	—
I	9	新疆区文联	塔里木（维文版）	1951.8	月刊	—
I	10	乌鲁木齐文联	天尔塔格（维文版）	1970.1	双月刊	—
G4	11	喀什师范学院	喀什师范学院学报（社科版）	1980	双月刊	—
G4	12	喀什师范学院	喀什师范学院学报（汉、维社科版）	1980	双月刊	—
H	13	新疆维吾尔自治区语委	语言与翻译	1985	季刊	—
H	14	新疆维吾尔自治区语委	语言与翻译（维文版）	1982	季刊	—

续表

分 类	序号	主办单位	期刊名称	创刊时间	刊期	备注
H	15	新疆维吾尔自治区语委	语言与翻译（哈文版）	1982	季刊	—
H	16	新疆维吾尔自治区语委	语言与翻译（蒙古文版）	1986	季刊	—
H	17	新疆维吾尔自治区语委	语言与翻译（柯文版）	1985	季刊	—
G4	18	新疆维吾尔自治区教育厅	新疆教育	1951.7	月刊	—
G4	19	新疆维吾尔自治区教育厅	新疆教育（维文版）	1951.7	月刊	—
G4	20	新疆维吾尔自治区教育厅	新疆教育（哈文版）	1953.6	月刊	—
C	21	共青团新疆区委	新疆青年（维文版）	1964	月刊	—
F	22	新疆财经学院	新疆财经	1982	双月刊	—
F	23	新疆财经学院	新疆财经（维文版）	1983	双月刊	—
Z	24	新疆日报社	新疆画报	1952	双月刊	—
Z	25	新疆日报社	新疆画报（维文版）	1952	双月刊	—
J	26	新疆维吾尔自治区文联	新疆艺术（维文版）	1982	双月刊	—
G4	27	新疆大学	新疆大学学报（汉、维哲社版）	1980	季刊	—
S	28	新疆农科院	农村科技（维文版）	1985.7	月刊	—
C	29	新疆社会科学院	新疆社会科学（维文版）	1981	季刊	—
G4	30	新疆师范大学	新疆师范大学学报（哲社版）	1980	季刊	—
G4	31	新疆师范大学	新疆师范大学学报（维文哲社版）	1984	季刊	—
C	32	新疆维吾尔自治区妇联	伴侣	1987	月刊	—
I	33	吐鲁番地区文联	吐鲁番文艺	1981	季刊	—
I	34	吐鲁番地区文联	吐鲁番文艺（维文版）	1981	季刊	—
S	35	新疆农科院	农村科技	1985	月刊	—
F	36	新疆生产建设兵团体改委	新疆农垦经济	1981	双月刊	—
I	37	新疆作家协会	启明星（蒙古文版）	1957	双月刊	—
I	38	新疆维吾尔自治区文联	文学译丛（维文版）	1960	月刊	—
I	39	新疆维吾尔自治区文联	曙光（哈文版）	1953	月刊	—
C	40	新疆维吾尔自治区妇联	新疆妇女（维文版）	1982	月刊	—

续表

分 类	序号	主办单位	期刊名称	创刊时间	刊期	备注
I	41	塔城地区作协	塔尔巴哈台（哈文版）	1982	季刊	—
I	42	新疆人民出版社	布拉克（维文版）	1980	双月刊	—
C	43	伊犁青少年报刊社	伊犁青年（哈文版）	1981	月刊	—
G0	44	新疆区新闻出版局	丝路游	1986	季刊	—
I	45	伊犁州文联	伊犁河（哈文版）	1981	双月刊	—
I	46	伊犁州文联	伊犁河（维文版）	1979	双月刊	—
I	47	伊犁青少年报刊社	哈萨克少年儿童画报（哈文版）	1986	双月刊	—
G8	48	伊犁州体育总会	中小学体育（哈文版）	1985	季刊	—
C	49	新疆青少年出版社	塔里木花朵（维文版）	1982	月刊	—
R	50	新疆维吾尔自治区卫生厅	新疆中医药	1985.1	季刊	—
D	51	新疆维吾尔自治区司法厅	司法业务选译（维文版）	1980	月刊	—
G8	52	新疆维吾尔自治区体育局	新疆体育（维文版）	1979	月刊	—
I	53	阿勒泰地区文联	阿勒泰春光（哈文版）	1981.7	季刊	—
C	54	阿勒泰地区教育协会	雏鹰（哈文版）	1984	季刊	—
R	55	新疆维吾尔自治区卫生厅	新疆医学	1986.1	双月刊	—
I	56	新疆人民出版社	地平线（哈文版）	1983	季刊	—
G2	57	新疆区维吾尔自治文化厅	新疆文化（维文版）	1951	双月刊	—
I	58	新疆人民出版社	世界文学选译（维文版）	1980	双月刊	—
D	59	新疆人民出版社	半月谈（维文版）	1986	半月刊	—
N	60	新疆青少年出版社	少年科学（哈文版）	1980	双月刊	—
N	61	阿勒泰地区科技协会	科学与技术(哈文版)	1983.6	季刊	—
R	62	阿勒泰地区哈医医药学会	医学知识（哈文版）	1979	季刊	—
I	63	阿克苏地区作协	阿克苏文艺(维文版)	1980	季刊	—
I	64	喀什地区文联	喀什噶尔文学（维文版）	1984	双月刊	—
Z	65	新疆日报社	新疆画报（哈文版）	1952	双月刊	—

续表

分 类	序号	主办单位	期刊名称	创刊时间	刊期	备注
I	66	哈密地区文联	哈密文学（维文版）	1980	双月刊	—
N	67	新疆维吾尔自治区科技协会	知识—力量(维文版)	1980.9	月刊	—
N	68	新疆维吾尔自治区科技协会	科学和生活(维文版)	1984.3	季刊	—
I	69	伊犁州文联	伊犁河	1979	双月刊	—
I	70	和田地区文联	新玉文艺（维文版）	1979	双月刊	—
I	71	新疆维吾尔自治区文联	木拉（哈文版）	1982	双月刊	—
P	72	新疆区地矿厅、新疆区地质学会	新疆地质	1983	季刊	—
S	73	新疆生产建设兵团科委	新疆农垦科技	1978	双月刊	—
N	74	新疆大学	新疆大学学报（自然科学版）	1975	季刊	—
X	75	中科院新疆生态与地理研究所	干旱区研究	1984	季刊	—
X	76	中科院新疆生态与地理研究所	干旱区研究（维文版）	1984	季刊	—
S	77	新疆农科院	新疆农业科学	1985	双月刊	—
S	78	新疆农科院	新疆农业科学（维文版）	1978	双月刊	—
R	79	新疆维吾尔自治区卫生厅	地方病通报	1986.5	季刊	—
X	80	中科院新疆生态与地理研究所	干旱区地理（维文版）	1984	季刊	—
X	81	中科院新疆生态与地理研究所	干旱区地理	1985	季刊	—
G0	82	新疆人民出版社	读者之友（哈文版）	1986	双月刊	—
TE	83	新疆油田公司	新疆石油地质	1980	双月刊	—
S	84	新疆畜牧科学院	草食家禽	1980	季刊	—
S	85	新疆畜牧科学院	草食家禽（哈文版）	1981	季刊	—
S	86	新疆畜牧科学院	草食家禽（维文版）	1989	季刊	—
K	87	新疆地方志编纂委员会	新疆地方志	1983	季刊	—
R	88	新疆科技卫生出版社	保健事业（维文版）	1955	双月刊	—
C	89	新疆青少年出版社	华夏少年	1981.2	月刊	—
C	90	新疆维吾尔自治区社科联	卫拉特研究（蒙古文版）	1989.10	季刊	—

续表

分 类	序号	主办单位	期刊名称	创刊时间	刊期	备注
P	91	新疆维吾尔自治区气象局、新疆气象学会	新疆气象	1956	双月刊	—
X	92	新疆维吾尔自治区环境检测中心站	干旱环境监测	1987	季刊	—
P	93	新疆维吾尔自治区地震局	内陆地震	1987	季刊	—
F	94	新疆维吾尔自治区发展计划委员会	新疆价格信息	1988.12	半月刊	—
C	95	新疆社会科学院	西域研究	1991	季刊	—
TD	96	新疆地矿所	西部探矿工程	1989	双月刊	—
V	97	新疆航空公司	新疆民航	1992	双月刊	—
TH	98	新疆维吾尔自治区农机局编译室	新疆农村机械化（维文版）	1992	双月刊	—
F	99	新疆维吾尔自治区国税局	新疆税务	1986	月刊	—
K	100	新疆地方志编纂委员会	新疆地方志（维文版）	1984	季刊	—
C	101	新疆社会科学院	新疆社会科学（哈文版）	1990	季刊	—
I	102	新疆维吾尔自治区文联	美拉斯（维文版）	1983	双月刊	—
S	103	新疆维吾尔自治区农业厅	新疆农业科技	1979	双月刊	—
G3	104	新疆维吾尔自治区科技厅	中亚信息	1984	月刊	—
G3	105	新疆维吾尔自治区科技厅	中亚信息（维文版）	1988	月刊	—
X	106	新疆维吾尔自治区环保局	新疆环境保护	1978	季刊	—
TG	107	新疆有色金属协会	新疆有色金属	1972	季刊	—
S	108	新疆维吾尔自治区农业厅	新疆农业科技（维文版）	1979.12	双月刊	—
D	109	新疆维吾尔自治区纪委、新疆区监察厅	新疆党风	1991	月刊	—
D	110	新疆维吾尔自治区纪委、新疆区监察厅	新疆党风（维文版）	1991	月刊	—
G4	111	新疆教育学院	新疆教育学院学报	1985	季刊	—
G4	112	新疆教育学院	新疆教育学院学报（维文版）	1986	季刊	—
G0	113	新疆人民出版社	读者（维文版）	1992	月刊	—

续表

分类	序号	主办单位	期刊名称	创刊时间	刊期	备注
C	114	新疆维吾尔自治区社科联	新疆社科论坛	1992	双月刊	—
C	115	新疆维吾尔自治区社科联	新疆社科论坛（维文版）	1988	双月刊	—
C	116	新疆维吾尔自治区社科联	新疆社科论坛（哈文版）	1991.6	季刊	—
S	117	新疆维吾尔自治区林业局	新疆林业	1975	双月刊	—
TH	118	新疆农业科学院	新疆农机化	1985	双月刊	—
D	119	新疆维吾尔自治区党委宣传部	新疆宣传	1993	月刊	—
D	120	新疆维吾尔自治区党委宣传部	新疆宣传（维文版）	1993	月刊	—
F	121	新疆金融学会	新疆金融	1980	月刊	—
F	122	新疆金融学会	新疆金融（维文版）	1980	双月刊	—
F	123	新疆乡镇企业管理局	新疆乡镇企业	1985.5	月刊	—
F	124	新疆乡镇企业管理局	新疆乡镇企业（维文版）	1985	月刊	—
E	125	新疆公安边防总队	边防生活	1993	双月刊	—
TF	126	新疆金属学会	新疆钢铁	1993	季刊	—
C	127	共青团新疆区委	新晨	1961	月刊	—
C	128	新疆生产建设兵团工会	兵团工运	1984.5	月刊	—
N	129	石河子科技协会	石河子科技	1976.2	双月刊	—
S	130	新疆农机化所	农牧科技（哈文版）	1982	季刊	—
D	131	新疆维吾尔自治区人大常委会	新疆人大	1980	月刊	—
D	132	新疆维吾尔自治区人大常委会	新疆人大（维文版）	1985	月刊	—
R	133	新疆维吾尔医药研究所	维吾尔医药(维文版)	1986	季刊	—
D	134	新疆维吾尔自治区人民政府办公厅	新疆政报	1950.4	半月刊	—
D	135	新疆维吾尔自治区人民政府办公厅	新疆政报（维文版）	1950.4	半月刊	—
S	136	新疆农业大学	新疆农业大学学报	1965	季刊	—
S	137	石河子大学	石河子大学学报(自然科学版)	1983	季刊	—
R	138	石河子大学医学院	农垦医学	1979	双月刊	—
S	139	新疆地方病研究所	塔里木农垦大学学报	1978	季刊	—

续表

分 类	序号	主办单位	期刊名称	创刊时间	刊期	备注
F	140	新疆发展计划委员会	新疆投资与建设	1984	月刊	—
N	141	新疆师范大学	新疆师范大学学报（自然科学版）	1980	季刊	—
G4	142	伊犁教育学院	伊犁教育学院学报	1984	季刊	—
G4	143	伊犁教育学院	伊犁教育学院学报（哈文版）	1985	季刊	—
R	144	新疆维吾尔医科专科学校	新疆维吾尔医学专科学校学报（维文版）	1991	季刊	—
G4	145	新疆石油教育学院	新疆石油教育学院学报	1987	季刊	—
G4	146	新疆石油教育学院	新疆石油教育学院学报（维文版）	1987	半年刊	—
G4	147	乌鲁木齐职业大学	乌鲁木齐职业大学学报	1992.5	季刊	—
G	148	乌鲁木齐成人教育学院	乌鲁木齐成人教育学院学报	1993	季刊	—
G4	149	新疆生产建设兵团教委	兵团教育学院学报	1991	季刊	—
G4	150	和田师范高等专科学校	和田师范高等专科学校学报（维文版）	1980	季刊	—
G2	151	新疆日报社	当代传播	1985	双月刊	—
G2	152	新疆日报社	当代传播（维文版）	1985	季刊	—
Z	153	新疆维吾尔自治区人民政府	新疆年鉴	1985	年刊	—
Z	154	新疆维吾尔自治区人民政府	新疆年鉴（维文版）	1985	年刊	—
R	155	新疆医科大学	新疆医科大学学报	1978	季刊	—
R	156	新疆医科大学	新疆医科大学学报（维文版）	1985	季刊	—
S	157	新疆农业大学	新疆农业大学学报（维文版）	1988	半年刊	—
N	158	新疆师范大学	新疆师范大学学报（维文自然科学版）	1985	季刊	—
N	159	新疆大学	新疆大学学报（维文自然科学版）	1980	季刊	—
C	160	新疆妇联	新疆妇女（哈文版）	1992	季刊	—
C	161	新疆社会科学院	新疆社会科学	1991	双月刊	—
G8	162	新疆维吾尔自治区体育局	体育时空	1979	月刊	—

续表

分 类	序号	主办单位	期刊名称	创刊时间	刊期	备注
I	163	昌吉回族自治州文联	回族文学	1978	双月刊	—
J	164	新疆维吾尔自治区文联	艺术导刊	1981.7	双月刊	—
I	165	新疆维吾尔自治区民间文艺家协会	民族文汇	1981	月刊	—
T	166	新疆维吾尔自治区质量技术监督局	现代质量	1988	月刊	—
I	167	新疆维吾尔自治区文联	西部	1956	月刊	—
D	168	新疆警官高等专科学校	新疆警官高等专科学校学报（维文版）	1980	季刊	—
G4	169	昌吉学院	昌吉学院学报	1986.7	季刊	—
G4	170	新疆职业大学	新疆职业大学学报	1993	季刊	—
C	171	新疆大学	新疆大学学报（哈文社科版）	1981	季刊	—
D	172	新疆生产建设兵团党校	兵团党校学报	1989.7	双月刊	—

（七）河北省（1种）

分 类	序号	主办单位	期刊名称	创刊时间	刊期	备注
G4	1	承德民族师范高等专科学校	承德民族师专学报	1983	季刊	—

（八）黑龙江省（4种）

分 类	序号	主办单位	期刊名称	创刊时间	刊期	备注
H	1	黑龙江大学、黑龙江省满语研究所	满语研究	1985	半年刊	—
C	2	黑龙江省民委、黑龙江省民族研究所	黑龙江民族丛刊	1985.5	季刊	—
C	3	黑龙江朝鲜民族出版社	银河（朝文版）	1980	双月刊	—
I	4	黑龙江朝鲜民族出版社	花丛（朝文版）	1984	双月刊	—

（九）湖北省（5种）

分 类	序号	主办单位	期刊名称	创刊时间	刊期	备注
C	1	湖北民族学院	湖北民族学院学报（哲社版）	1982	季刊	—
N	2	湖北民族学院	湖北民族学院学报（自然科学版）	1982	季刊	—
R	3	湖北民族学院	湖北民族学院学报（医学版）	1984	季刊	—
	4	中南民族大学	中南民族大学学报			—
	5	湖北民宗委	民族大家庭			—

（十）湖南省（2种）

分 类	序号	主办单位	期刊名称	创刊时间	刊期	备注
D	1	湖南省民委	民族论坛	1986	双月刊	—
C	2	吉首大学	吉首大学学报（社会科学版）	1980	季刊	—

（十一）海南省（1种）

分 类	序号	主办单位	期刊名称	创刊时间	刊期	备注
Z	1	海南省人民政府研究室	海南年鉴	1989	年刊	—

（十二）四川省（12种）

分 类	序号	主办单位	期刊名称	创刊时间	刊期	备注
C	1	四川民委	民族杂志	1984.3	月刊	—
C	2	四川民委	民族杂志（藏文版）	1984.3	季刊	—
C	3	四川民委	民族杂志（彝文版）	1984.3	季刊	—
I	4	甘孜州文联	贡嘎山	1981	双月刊	—
I	5	阿坝州文联	草地	1988	双月刊	—
C	6	西南民族学院	西南民族学院学报（哲社版）	1979	月刊	—
I	7	凉山州文联	凉山文学	1978	双月刊	—
Z	8	四川省人民政府	四川年鉴	1986	年刊	—
N	9	西南民族学院	西南民族学院学报（自然科学版）	1975	季刊	—
I	10	凉山州文联	凉山文学（彝文版）	1980	季刊	—
I	11	甘孜州文联	贡嘎山（藏文版）	1981	季刊	—
G4	12	康定民族师范高等专科学校	康定民族师范高等专科学校学报	1986	季刊	—

（十三）贵州省（8种）

分 类	序号	主办单位	期刊名称	创刊时间	刊期	备注
C	1	贵州民族研究所	贵州民族研究	1979	季刊	—
C	2	贵州民族学院	贵州民族学院学报	1981	季刊	—
G4	3	黔南民族师范学院	黔南民族师范学院学报	1981.5	双月刊	—
Z	4	贵州省人民政府办公厅	贵州年鉴	1985	年刊	—
N	5	黔东南民族师范高等专科学院	黔东南民族师范高等专科学院学报	1983	双月刊	—
G4	6	黔西南民族师范高等专科学校	黔西南民族师范高等专科学校学报	1987.5	季刊	—

续表

分类	序号	主办单位	期刊名称	创刊时间	刊期	备注
G4	7	黔南民族医学高等专科学校	黔南民族医学高等专科学校学报	1988	季刊	—
	8	黔东南州社科联	黔东南社会科学			—

（十四）云南省（24种）

分类	序号	主办单位	期刊名称	创刊时间	刊期	备注
C	1	云南社科院	云南社会科学	1981	双月刊	—
C	2	云南大学	思想战线	1975	双月刊	—
C	3	云南民族学院	云南民族学院学报（哲社版）	1983.10	双月刊	—
J	4	云南省群众艺术馆	云岭歌声	1975	月刊	—
J	5	云南省民族艺术研究所	民族艺术研究	双月刊	双月刊	—
I	6	昆明市文联	滇池	1979	月刊	—
G0	7	大理州文联	大理文化	1979.6	双月刊	—
I	8	西双版纳州文联	版纳（汉、傣文）	1981	双月刊	—
I	9	德宏州文联	勇罕（傣文版）	1981.1	季刊	—
I	10	德宏州文联	文蚌（景颇文版）	1981.1	季刊	—
I	11	楚雄州文联	金沙江文艺	1978	双月刊	—
I	12	思茅地区文联	思茅文艺	1979.10	季刊	—
I	13	迪庆州文联	原野	1982	季刊	—
I	14	丽江地区文联	玉龙山	1979	双月刊	—
D	15	云南民委	今日民族	1980	月刊	—
Z	16	云南省人民政府研究室	云南年鉴	1986	年刊	—
I	17	云南省文联	边疆文学	1956	月刊	—
N	18	云南民族学院	云南民族学院学报（自然科学版）	1992	季刊	—
R	19	东方联合学院民族民间医药学院	中国民族民间医药杂志	1992	双月刊	—
	20	云南师范大学	云南师范大学学报			—
	21	云南社科院民族文学研究所	华夏人文地理			—
	22	中国民族民间医药研究会	中国民族民间医药			—
	23	云南社科联	学术探索			—
	24	楚雄师范学院	楚雄师范学院学报			—

（十五）甘肃省（8种）

分 类	序号	主办单位	期刊名称	创刊时间	刊期	备注
C	1	西北民族学院	西北民族学院学报（藏文哲社版）	1984	半年刊	—
C	2	西北民族学院	西北民族学院学报（蒙文哲社版）	1984	半年刊	—
D	3	西北民族学院	西北民族研究	1988	季刊	—
I	4	甘南藏族自治州文联	达赛尔	1982.4	双月刊	—
N	5	西北民族学院	西北民族学院学报（自然科学版）	1984	季刊	—
	6	甘肃民族研究所	甘肃民族研究			—
	7	甘肃民委	甘肃民族宗教			—
	8	中国少数民族人口杂志社	中国少数民族人口			—

（十六）青海省（13种）

分 类	序号	主办单位	期刊名称	创刊时间	刊期	备注
C	1	青海民族学院	青海民族学院学报	1975	季刊	—
C	2	中共青海省委组织部等	青海党的生活（汉、藏文版）	1985	月刊	—
G4	3	青海省教育厅	青海教育（汉、藏文版）	1957.7	月刊	—
I	4	青海民族出版社	章恰尔	1981	季刊	—
I	5	海西州文联	韩海潮	1979.1	月刊	—
C	6	青海省委党校	攀登（汉、藏文版）	1982	双月刊	—
D	7	青海民族学院研究所	青海民族研究	1989	季刊	—
G0	8	青海省文化厅	群文天地	1991	月刊	原名:青海群众艺术
G0	9	青海省文化厅	群文天地（藏文版）	1981	季刊	原名:青海群众艺术
C	10	中共海西州委政策研究室	柴达木开发研究	1987	双月刊	—
D	11	青海土族研究会、青海日报社	中国土族	1992	季刊	—
G4	12	青海师范大学民族师范学院	青海师范大学民族师范学院学报	1990	半年刊	—
	13	青海省委政策研究室	民族经济与社会发展			—

主要参考书目：

新闻出版总署报纸期刊管理司，中国出版杂志社编．中国期刊名录2003．中国ISBN中心，2003.

（杨长虹/供稿）

中国民族地区佛教寺院一览表（1993）

佛教从公元1世纪前后由古印度传入中国，至今有近2000年的历史。经过发展演变，又分为汉语系佛教、藏语系佛教（俗称喇嘛教）和巴利语系佛教（亦称上座部佛教）三大支派。汉语系佛教在汉族群众中仍有广泛的影响，但由于佛教没有严格的入教仪式和规定，所以信教群众人数很难统计；藏语系佛教在藏、蒙、裕固、门巴、土等少数民族中基本为全民信教，截至1993年信教群众约760万人；巴利语系佛教在傣、布朗、德昂、佤等少数民族中基本也为全民信教，截至1993年信教群众约150万人。

目前，中国有佛教寺院1.3万余座，出家僧尼约20万人。其中，汉语系佛教僧尼约7万人，寺院8400余座；藏语系佛教的喇嘛、尼姑约12万人，活佛1700余人，寺院3000余座；巴利语系佛教的比丘、长老近万人，寺院1600余座。本文收录民族地区（包括5个自治区、30个自治州）佛教寺院160座，按《中华人民共和国行政区划简册》排序。

（一）内蒙古自治区（14座）

区域	教别	寺院名称	寺址	历史沿革与概况
呼和浩特市	藏传佛教	大召（弘慈寺）	旧城内	俗称“银佛寺”。始建于明万历七年（1579年），原名“弘慈寺”。后金（清）崇德五年（1640年）重修，并改名“无量寺”。清康熙年间（1662～1722年）扩建，并将大殿屋面改覆黄琉璃瓦，故尊称为“皇庙”或“帝庙”，直沿至今。
	藏传佛教	乌素图召	大青山南麓	为“庆缘寺”、“长寿寺”、“法禧寺”、“广寿寺”、“罗汉寺”等五座寺庙之总称。其中，庆缘寺为五寺之中心，创建于明万历十一年（1583年）；长寿寺创建于清康熙三十六年（1697年）；法禧寺创建于清雍正三年（1725年）；广寿寺创建于清康熙二十九年（1690年）；罗汉寺创建于清雍正三年（1725年）。
	藏传佛教	席力图召（延寿寺）	旧城内石头巷	始建年代不详。明万历年间（1573～1619年）始称“席力图召”。清初起陆续扩建，至康熙三十五年（1696年），形成现在的规模。近年整修。
包头市	藏传佛教	五当召（广觉寺）	包头市东北五当沟	始建于清乾隆十四年（1749年），原称“巴达嘎尔庙”，汉名“广觉寺”。1949年以后多次修缮。今为内蒙古地区现存唯一完整的藏传佛教庙宇。

续表

区域	教别	寺院名称	寺址	历史沿革与概况
包头市	藏传佛教	美岱召（灵觉寺）	土默特右旗石头城	始建于明万历三年（1575年），初名“寿灵寺”。万历中后期又改名“灵觉寺”。因第三世达赖喇嘛曾居于此，宣扬黄教教义，故称“迈达里庙”；又因召内供奉一尊纯银美岱尔佛（即如来佛），故又俗称“美岱召”。
达尔罕茂明安联合旗	藏传佛教	广福寺（贝勒庙）	百灵庙镇	又名“贝勒庙”、“百灵庙”。始建于清康熙四十二年至四十五年（1703~1706年）间，清廷赐名“广福寺”。民国二年（1913年）遭焚毁。民国十三年至十六年（1924~1927年）重修。现存大殿、配房等部分建筑。
	藏传佛教	普会寺（锡拉木轮召）	乌兰图格	始建于清康熙四十二年（1703年）。其后历史沿革不详。因锡拉木轮河从寺北流过，故称“锡拉木轮召”，俗称“召河庙”。
阿巴哈纳尔旗	藏传佛教	崇善寺（贝子庙）	锡林浩特镇	始建于清乾隆八年（1743年）。乾隆三十三年（1768年）赐汉名“崇善寺”。乾隆以后至民国间多次修葺扩建。该寺是旗贝子巴拉吉日道尔吉和一世活佛巴拉朱尔伦德布住持兴建的，故亦名“贝子庙”。
巴林右旗	藏传佛教	荟福寺	大板镇东端	始建于清康熙四十五年（1706年），初名“巴尔斯（虎）庙”，后改名“荟福寺”，直沿至今。
准格尔旗	藏传佛教	宝堂寺	准格尔旗西部	俗称“准格尔召”或“西召”。始建于清代。民国十七年（1928年）曾重修。近年全面整修。
阿拉善左旗	藏传佛教	延福寺	巴彦浩特镇	又称“衙门庙”。始建于清乾隆八年（1743年）。乾隆二十五年（1760年）重修。近年整修。
海拉尔市	藏传佛教	广慧寺	巴彦托海镇中心	俗称“安本庙”或“南庙”。始建于清嘉庆七年（1802年），赐名“广慧寺”。20世纪20年代毁于兵火。后重建。民国三十四年（1945年）又遭兵火。1956年，寺内的佛像、法器、经书和其他设备全部移往甘珠尔寺，该庙不复存在。
	藏传佛教	延禧寺	市区南侧	又称“额鲁特庙”。始建于清雍正九年（1732年）。初为两个苏木庙，即乌吉苏木庙和寨苏木庙。乾隆五十年（1785年）重建为额鲁特旗庙，赐名“延禧寺”。此后，又历经4次迁址，5次建庙。“文革”中毁。

续表

区域	教别	寺院名称	寺址	历史沿革与概况
新左旗	藏传佛教	德孚寺	新左旗乌力吉图宝力格	俗称“将军庙”。始建于清光绪十三年（1887年）。民国二十八年（1939年）毁于战火。民国二十九年（1940年）迁到现址重建。1952年该庙佛像、经卷、法器等并入阿尔山庙，“德孚寺”不复存在。

（二）广西壮族自治区（3座）

区 域	教 别	寺院名称	寺　址	历史沿革与概况
桂林市	佛教	云峰寺	象箅山西南麓	桂林著名古刹之一。相传始建于唐代。宋元明时期均有重修。清光绪十七年（1891年）重建，改称“福胤庵”。1978年重修后辟为“云峰寺陈列馆”。
桂平县	佛教	洗石庵	西山山麓	始建于清康熙三十八年（1699年），雍正、乾隆年间（1723～1796年）均有修葺。嘉庆十四年（1809年）重建后，始具规模。“文革”中遭毁坏。1978年后陆续重修。
原贵县	佛教	南山寺	南山公园内	始建于宋端拱二年（989年）。宋景祐二年（1035年）改名“景祐禅寺”。元代文宗皇帝（1328～1330年）驻跸该寺时亲题“南山寺”额后，始称“南山寺”，直沿至今。广西壮族自治区重点文物保护单位。

（三）四川省（27座）

区　域	教　别	寺院名称	寺　址	历史沿革及概况
红原县	藏传佛教	万象大慈法轮	麦洼乡	藏传佛教宁玛派寺院。始建于清顺治三年（1646年），原址在甘孜县，民国二十七年（1938年）迁到现址重建。“文革”中遭毁坏。1981年后陆续重修。现有僧众1000余人。
壤塘县	藏传佛教	中壤塘寺	县城东北	藏传佛教觉囊派寺院。包括曲吉寺、泽不基寺和藏哇寺三座寺院。曲吉寺始建于明洪武十一年（1378年），其余两寺均于不同时期从曲吉寺分离而成。今汉文统称三寺为“中壤塘寺”。
	藏传佛教	曾克寺	吾依村	藏传佛教噶举派寺院。创建于1954年。该寺为纪念噶举派鼻祖米拉日巴之师傅而建。现有僧众72人。

续表

区 域	教 别	寺院名称	寺 址	历史沿革及概况
黑水县	藏传佛教	西巴寺（王庙）	木苏乡亚扎村	藏传佛教噶举派寺院。始建于清乾隆年间（1736~1796年），咸丰年间（1851~1861年）僧侣曾达1500余人。近年重修。
若尔盖县	藏传佛教	求吉寺	巴西区嘎哇寨	藏传佛教萨迦派寺院。始建于明弘治十一年（1498年）。其后历史沿革不详。
	藏传佛教	达仓纳摩格尔底寺	红星乡	藏传佛教格鲁派寺院。又名“纳摩寺”。始建于明永乐十年（1412年）。1949年前为政教合一寺院。解放后多次维修。现有僧侣600余人。
	藏传佛教	索格藏寺	唐克乡	藏传佛教格鲁派寺院。始建于清顺治十五年（1658年）。清代鼎盛时有僧侣300余人。现为甘肃省甘南藏族自治州合作寺的分寺。
松潘县	藏传佛教	毛儿盖寺	上八寨乡	藏传佛教格鲁派寺院。始建于明永乐九年（1411年），为甘肃夏河拉卜楞寺属寺。解放后多次维修。1982年7月被列为省级文物保护单位。现有僧侣173人。
道孚县	藏传佛教	灵雀寺	鲜水区	藏传佛教格鲁派寺院。始建年代不详。“文革”中遭毁坏。1980年后陆续重修。
康定县	藏传佛教	金刚寺	县城南郊	藏传佛教宁玛派寺院。始建于宋咸淳八年（1272年），明正统十二年（1447年）重建。其后历史沿革不详。现为康定七大喇嘛寺之首。
德格县	藏传佛教	八邦寺	八乌乡	藏传佛教噶举派寺院。该寺与后藏的楚莆寺同为噶举派两大圣地，有“小布达拉”之称。始建于宋高宗建炎二年（1128年），由噶玛噶举的第一代活佛拙松钦巴创立。
	藏传佛教	更庆寺	县城内	始建年代不详。原为藏传佛教宁玛派寺院，元世祖时（1265~1268年）改宗萨迦派。该寺的德格印经院与拉萨布达拉宫印经院、日喀则拉塘印经院并称三大藏文印经院。
	藏传佛教	竹庆寺	竹庆牧区	藏传佛教宁玛派寺院。始建于清康熙二十四年（1685年），下辖100多座属寺。该寺“佐钦熙日森五明佛学院”，为宁玛派最高学府。
	苯教	登青寺	扎柯乡	始建于隋大业十四年（618年）。该寺是康藏地区苯教首批创建的寺院之一，为康藏地区苯教的中心。

续表

区　域	教　别	寺院名称	寺　址	历史沿革及概况
甘孜县	藏传佛教	大金寺	县城西郊	藏传佛教格鲁派寺院。该寺为五世达赖在康藏所建“霍尔十三寺”之一。始建于清康熙年间（1662～1722年），后屡有扩修。“文革”中遭毁坏。1980年后陆续重修。现有僧众3000余人。
甘孜县	藏传佛教	甘孜寺	县城北郊	藏传佛教格鲁派寺院。该寺为五世达赖在康藏地区所建“霍尔十三寺”之一。始建于清康熙年间（1662～1722年）。“文革”中遭毁坏。1980年后陆续重修。
炉霍县	藏传佛教	寿灵寺	城关乡	藏传佛教格鲁派寺院。该寺为五世达赖在康藏地区所建“霍尔十三寺”之一。始建于清顺治元年（1644年）。“文革”中遭毁坏。1980年后陆续重修。
白玉县	藏传佛教	呷拖寺	河坡乡	藏传佛教宁玛派寺院。唐代即有讲经之所。宋高宗绍兴二年（1132年）始建正规寺院。其属寺遍及西藏、青海、云南等省（区）各地和蒙古、印度、不丹诸国，共达140余座，被誉为“康区第一座寺庙”。
理塘县	藏传佛教	长青春科尔寺	县城内	又称“理塘寺”，藏传佛教格鲁派寺院。原为苯教的“邦根寺”。明万历八年（1580年）第三世达赖喇嘛改“邦根寺”为格鲁派寺院。“文革”中被拆毁。现正在重建中。
金川县	藏传佛教	观音菩萨寺	观音乡	藏传佛教宁玛派寺院。始建于清道光三十年（1850年）。1961年毁于火。1979年后陆续重修。现有僧众79人。
金川县	藏传佛教	广法寺	东安宁乡	始建于隋代。原信奉苯教，称“金川寺”。清初改名“雍忠寺”。清乾隆四十三年（1778年）改宗藏传佛教格鲁派，并改寺名为“广法寺”，直沿至今。1949年初毁于火。现正筹建。
马尔康县	藏传佛教	马尔康寺	马尔康镇	藏传佛教格鲁派寺院。始建年代不详。“文革”中被拆毁。1978年后陆续重修。20世纪80年代末移到现址重建。
小金县	藏传佛教	达维寺	县城东35公里处	藏传佛教格鲁派寺院。始建于清嘉庆三年（1799年）。民国二十四年（1933年）毁。民国二十七年（1936年）重建。“文革”中遭毁坏。1978年后陆续重修。现有僧侣28人。

续表

区　域	教　别	寺院名称	寺　址	历史沿革及概况
阿坝县	藏传佛教	赛格寺	中阿坝区中部	藏传佛教觉囊派寺院。清同治元年（1862年）由创建于明万历年间（1573~1619年）的赛格寺和永恒寺合并而成。“文革”中遭毁坏。1982年后陆续重修。现有僧众174人。
	藏传佛教	格尔登寺	阿坝镇	藏传佛教格鲁派寺院。始建于清咸丰十一年（1862年）。其后历史沿革不详。现存建筑面积约6000平方米。
	藏传佛教	格尔寺	县城东北	藏传佛教格鲁派寺院。始建于清同治九年（1890年）。“文革”中大部被毁。1980年后陆续修复。现有僧侣800余人。
	藏传佛教	查理寺	阿依拉山之南	藏传佛教格鲁派寺院。始建于清道光三年（1823年）。该寺以主修哲学著称。“文革”中建筑大部被毁。1978年后陆续重修开放。

（四）云南省（14座）

区　域	教　别	寺院名称	寺　址	历史沿革与概况
宾川县	佛教	祝圣寺	鸡足山	始建于明嘉靖年间（1522~1566年）。崇祯年间（1628~1644年）和清康熙年间（1662~1722年）两次重修。清光绪三十年（1904年）改建为十方丛林，改称“祝圣寺”，直沿至今。
	佛教	金顶寺	鸡足山	又称“金鼎寺”。明崇祯十四年（1641年）将昆明太和宫“铜瓦寺”（铜殿）迁建于此，改称“金鼎寺”，直沿至今。
大理市	佛教	感通寺	苍山圣应峰麓	又名“荡山寺”。始建于唐。历代均有重修、扩建。明洪武初年（1368年）以后达到鼎盛，被誉为苍（山）洱（海）三十六寺庵之冠。清咸丰、同治年间（1851~1873年）遭焚毁。1949年后陆续重建。
武定县	佛教	正续寺	狮子山	始建于元至大四年（1311年）。明、清两代曾多次修葺、扩建、重建。
姚安县	佛教	德丰寺	县城内南大街	始建于明永乐十七年（1419年），历代均有修缮。
景洪县	南传佛教	大佛寺	曼岗景后	始建年代及历史沿革不详。历史上为西双版纳最高领主所属高级佛寺。现为该地著名佛寺。
	南传佛教	曼阁寺	景洪城郊	始建于傣历840年（1477年），迄今已修缮三次。
盈江县	南传佛教	奘崩龙	弄璋乡南算寨	约建于清道光六年（1827年），原为德昂族供奉寺院。后德昂族迁走后改为佛教寺院。

续表

区　域	教　别	寺院名称	寺　址	历史沿革与概况
瑞丽县	南传佛教	喊撒寺	喊撒寨	始建年代不详。民国二年（1912年）扩建。"文革"中被关闭。1979年后陆续修复。
潞西市	南传佛教	菩提寺	芒市镇	始建于清康熙十四年（1675年）。"文革"中被关闭。1981年后陆续重修。现有住持比丘1人、沙弥3人。
潞西市	南传佛教	奘喊（汉族称五云寺）	芒市镇	始建于清康熙四年（1665年），原址在城东北。嘉庆七年（1802年）迁建于今址。民国三十四年（1945年）毁于兵火。次年重建。"文革"中被关闭。1984年后陆续重修。
香格里拉县	藏传佛教	松赞林寺（归化寺）	县城北五公里处	始建于清康熙年间（1662～1722年）。该寺为清圣祖康熙和五世达赖所敕建的藏区"十三林"之一的噶丹松赞林，简称"松赞林"，汉名"归化寺"。"文革"中被关闭。1984年后陆续重修。
德钦县	藏传佛教	东竹林寺	德钦县境内	始建于清康熙年间（1662～1722年）。原属维西县，1956年划归德钦县管辖。该寺由7个宁玛派小寺合并而成。1987年统计有僧众300余人，其中尼姑40余人。
	藏传佛教	德钦寺	德钦县	又称"迪庆林"。始建于清康熙年间（1662～1722年）。该寺是由13个宁玛派寺院合并而成的格鲁派喇嘛寺。1987年统计有僧众50余人。

（五）西藏自治区（37座）

区　域	教　别	寺院名称	寺　址	历史沿革与概况
拉萨市	藏传佛教	布达拉宫	市区内红山上	始建于唐贞观十五年（641年），赤松德赞时期（742～797年）毁于雷击和兵燹。清顺治二年（1645年）至康熙三十九年（1693年）先后建成白宫、红宫。清顺治十年（1653年）五世达赖由哲蚌寺移至此地后，该寺成为西藏地方政教合一的统治中心。1961年被国务院公布为第一批全国重点文物保护单位。1989年全面维修。
	藏传佛教	甘丹寺	东达孜县旺古尔山	藏传佛教格鲁派六大寺院之首。该寺是西藏佛教格鲁派（黄教）创始人宗喀巴在拉萨兴建的第一座寺院。始建于明永乐七年（1409年），清雍正年间（1723～1735年）曾赐名"永寿寺"。"文革"中遭毁坏。1980年后陆续重修。1962年被列为全国重点文物保护单位。该寺与哲蚌寺、色拉寺合称"拉萨三大寺"。

续表

区 域	教 别	寺院名称	寺 址	历史沿革与概况
拉萨市	藏传佛教	哲蚌寺	格培乌孜山南麓	藏传佛教格鲁派（俗称黄教）六大宗主寺之一。始建于明永乐十四年（1416年）。五世达赖时期（17世纪中叶），喇嘛额定为7700人。1951年常驻僧侣万余人，成为西藏地区规模最大、喇嘛最多的寺院。“文革”中遭毁坏。1980年后陆续重修。
	藏传佛教	色拉寺	色拉乌孜山南麓	藏传佛教格鲁派（俗称黄教）六大宗主寺之一。始建于明永乐十七年（1419年），宣德九年（1434年）建成。五世达赖时期（17世纪中叶），喇嘛额定为5500人。1959年常住僧侣达9000余人，规模仅次于哲蚌寺。全国重点文物保护单位。
	藏传佛教	大昭寺	市区中心	始建于唐贞观二十一年（647年），为吐蕃赞普松赞干布（617？~650年）为纪念文成公主进藏而建。先后被称为“惹刹”、“逻些”等，后又改称“祖拉康”（经堂）、“觉康”（佛堂），清代始称“大昭寺”，直沿至今。全国重点文物保护单位。
	藏传佛教	小昭寺	市区东北部	始建于吐蕃松赞干布时期（617？~650年），原名“惹莫其神殿”。后几经毁建。1962年被列为西藏自治区重点文物保护单位。全国重点文物保护单位。
	藏传佛教	帕邦喀寺	市区西北	始建于吐蕃赞普松赞干布时期（617？~650年）。后吐蕃赞普朗达玛（838~842年）禁佛时毁。公元11世纪中叶及五世达赖喇嘛时期两次扩修。“文革”中遭毁坏。1979年后陆续修复。
	藏传佛教	蔡巴寺	拉萨市东	始建于南宋淳熙二年（1175年）。其后历史沿革不详。现存寺院为20世纪50年代所重建。
萨迦县	藏传佛教	萨迦寺	奔波山麓	藏传佛教萨加派的祖寺。包括南北两寺。北寺创建于北宋熙宁六年（1073年），后萨迦历代法王均有增修扩建。南寺创建于元至元六年（1269年），后屡有扩修，民国三十七年（1948年）再修。1961年被国务院定为全国重点文物保护单位。今北寺已毁废，仅存南寺。
扎达县	藏传佛教	托林寺	扎达县	阿里地区最古老的喇嘛教寺院。始建于11世纪初叶。
日喀则县	藏传佛教	扎什伦布寺	尼色日山下	格鲁派六大寺之第四大寺。始建于明正统十二年（1447年）。明万历二十八年（1600年）后成为黄教二大活佛之一班禅的驻赐之地。后经各世班禅增修扩建，形成现在的规模。1979年后政府拨款重修。全国重点文物保护单位。

续表

区　域	教　别	寺院名称	寺　址	历史沿革与概况
日喀则县	藏传佛教	夏鲁寺	县城东南	藏传佛教夏鲁派的祖寺。始建于北宋元祐二年（1087年）。14世纪中叶，名僧布顿（1290～1364年）在此创立喇嘛教夏鲁派，又称布顿派。“文革”中遭毁坏。1981年后陆续重修。现有僧侣60多人。西藏自治区重点文物保护单位。
	藏传佛教	俄尔寺	日喀则市	藏传佛教萨迦派寺院。始建于明正德四年（1429年）。“文革”中被毁。1983年后陆续重修。
扎囊县	藏传佛教	桑耶寺	雅鲁藏布江北岸	藏传佛教宁玛派（红教）寺院。始建于唐大历二年（767年），是西藏第一座剃度僧人出家的寺院。后吐蕃赞普朗达玛（838～842年）禁佛时毁。10世纪后半期重建。现存建筑多为七世达赖时期所重建。1962年被列为西藏自治区重点文物保护单位。
乃东县	藏传佛教	昌珠寺	雅砻河东岸	始建于唐代（7世纪40年代前后），为松赞干布住持修造。明、清两代多次修缮。18世纪初毁于兵火。后又历经数次修缮和扩建，形成现在的规模。全国重点文物保护单位。
	藏传佛教	雅桑寺	乃东县	藏传佛教雅桑噶举派的祖寺。始建于宋宁宗开禧二年（1206年）。
	藏传佛教	唐波且寺	乃东县	始建于北宋天圣五年（1017年）。初奉噶举派，后改奉黄教。民国五年（1916年）重修。“文革”中遭毁坏。1985年后陆续重修。
墨脱县	藏传佛教	仁钦崩寺	墨脱县	藏传佛教宁玛派寺院。约建于第八世达赖喇嘛（1785～1804年）时期。其后历史沿革不详。1950年毁于地震。现已重建。
堆龙德庆县	藏传佛教	楚布寺	堆龙德县境内	藏传佛教活佛转世制度的发源地，为噶玛噶举黑帽系的祖寺。始建于南宋淳熙十四年（1187年）。明永乐八年（1410年）毁于地震。永乐十二年（1414年）由第五世活佛住持修复。“文革”中被拆毁。1979年后陆续重修。现有僧侣300余人。
工布江达县	藏传佛教	巴嘎寺	娘蒲乡	藏传佛教格鲁派寺院。约建于五世达赖喇嘛（1617～1682年）时期。“文革”中遭毁坏。1983年后陆续重修。现有僧侣4人。
曲松县	藏传佛教	朗真寺	县城以东4公里	始建于13世纪末至14世纪初。初奉噶举派，17世纪五世达赖喇嘛（1617～1682年）时期改宗格鲁派，直沿至今。
隆子县	藏传佛教	甲域寺	强钦村	藏传佛教噶当派寺院。始建于公元15至16世纪。1959年毁于地震，后重建。
扎囊县	藏传佛教	敏珠林寺	扎囊县	藏传佛教宁玛派寺院。据传始建于清乾隆四十一年（1677年）。“文革”中被毁坏。现已重修。

续表

区 域	教 别	寺院名称	寺 址	历史沿革与概况
泽当县	藏传佛教	雍布拉康	泽当镇	藏传佛教格鲁派寺院。原为吐蕃王宫殿，始建于公元2世纪。松赞干布时期（629~650年）改为寺院。以后历代均有扩修。“文革”中被拆毁。1982年后陆续修复。
琼结县	藏传佛教	白日寺	琼结县	始建于公元16世纪。19世纪曾进行维修和扩建。鼎盛时有额定喇嘛1000多人。1959年时有僧侣70余人。“文革”中被拆毁。现已重修。
昌都县	藏传佛教	强巴林寺	昌都镇	藏传佛教格鲁派寺院。始建于明正统九年（1444年）。该寺为历世帕巴拉呼图克图的驻锡寺。
	藏传佛教	噶玛寺	嘎玛乡	藏传佛教格噶玛噶举派的祖寺。始建于明正统十二年（1147年）。“文革”中遭破坏。1979年重修。
墨竹工卡县	藏传佛教	直贡贴寺	县城东北	藏传佛教格直贡噶举派的祖寺。始建于南宋淳熙元年（1179年）。元顺帝二十七年（1290年）元兵进藏时被焚毁。后重建。
	藏传佛教	达普寺	章达乡	著名黄教寺院。始建于公元12世纪。
林周县	藏传佛教	热振寺	林周县	藏传佛教噶当派的祖寺。始建于宋仁宗嘉佑元年（1056年）。
加查县	藏传佛教	岗布寺	加查县	为藏传佛教塔布噶举派的祖寺。始建于宋徽宗宣和三年（1121年）。
萨迦县	藏传佛教	绰浦寺	吉定乡	藏传佛教绰浦噶举派的祖寺。始建于南宋乾道七年（1171年）。鼎盛时有僧侣1000多人。“文革”中被焚毁。1986年后陆续修复。
昂达仁县	藏传佛教	扎桑寺	桑桑乡	藏传佛教早期宁玛派的主寺。始建于公元16世纪初。“文革”中被毁。1979年起陆续修复。
吉隆县	藏传佛教	查嘎寺	吉隆县	约建于公元12世纪末期。后屡有扩建修葺。初奉宁玛派，后改奉噶举派，直沿至今。
谢通门县	藏传佛教	扎西建白寺	谢通门县	始建于明正统十年（1445年）。初奉竹巴噶举派，15世纪初改宗格鲁派。“文革”中被拆毁。1986年后陆续修复。
浪卡子县	藏传佛教	桑顶寺	浪卡子县	藏传佛教香巴噶举派的祖寺。始建于公元14世纪中叶。现住持人为女活佛，至今已传十二世。
江孜县	藏传佛教	白居寺	江孜县境内	始建于14世纪末或15世纪初，初名“江热寺”。明永乐十二年（1414年）增修扩建后，改名“白居寺”，直沿至今。

（六） 甘肃省（11座）

区 域	教 别	寺院名称	寺 址	历史沿革与概况
临夏市	佛教	宝觉寺	市区东北3公里处	始建于北魏时期（386~534年）。唐贞观年间（627~660年）重修。明洪武十三年（1382年）扩建。清同治元年（1862年）毁，宣统元年（1909年）重建。“文革”中被拆毁。1981年后陆续重修。

续表

区 域	教 别	寺院名称	寺 址	历史沿革与概况
临夏市	藏传佛教	八里寺	嘛呢寺沟乡	藏传佛教黄教寺院。始建于明万历五年（1578年）。“文革”中被关闭。1984年后陆续重修。
夏河县	藏传佛教	拉卜楞寺	大夏河北岸	藏传佛教格鲁派（俗称黄教）六大宗主寺之一。始建于清康熙四十九年（1710年），其后280余年间屡有增修扩建。最盛时有僧侣3500余人，下辖寺院108所，喇嘛总数达2万余人。现有寺僧680余人，活佛1人。住持人为嘉木样。全国重点文物保护单位。
	藏传佛教	德尔隆寺	王格尔塘乡	始建于宋嘉定十五年（1222年）。初奉噶举派和宁玛派，明嘉靖三十七年（1558年）扩建后改宗格鲁派。现有寺僧35人，活佛1人。
	藏传佛教	拉卜楞宁玛寺	县城西侧	藏传佛教宁玛派。汉语名为“红教寺”。始建于清光绪六年（1880年）。现有寺僧30余人。住持人为嘉木样。
	藏传佛教	拉卜楞觉姆寺	县城西侧	始建于20世纪30年代。1958年及其后的“文革”中被拆毁。1981年后陆续重修。现有尼姑120余人。
永靖县	藏传佛教	炳灵寺	县城西南	始建年代不详。西秦、北魏时称“唐述谷寺”，隋唐时期称“隆兴寺”，宋、元、明时称“灵岩寺”，明末时改称“炳灵寺”，直沿至今。该寺宋以前为汉传佛教，元末明初后为黄教。国家重点文物保护单位。
卓尼县	藏传佛教	禅定寺	县城北侧	始建于元代元贞元年（1295年），原名“卓尼寺”。明天顺年间（1457～1464年）改称“兜率论修寺”。清康熙四十九年（1710年）改称“禅定寺”。“文革”中被拆毁。1980年重建。现有活佛2人，僧众120余人。现有住持人为杨丹珠。
碌曲县	藏传佛教	郎木寺	郎木寺乡	始建于清乾隆十二年（1748年）。“文革”中被拆毁。1980年重建。现有活佛5人，僧众249人。住持人为龙仁桑盖。
合作县	藏传佛教	合作寺	合作镇北端	始建于明万历四十七年（1619年）。清康熙十七年（1678年）扩建。“文革”中被关闭。1980年后陆续重修。现有寺僧500余人。
迭部县	藏传佛教	白固寺	多尔乡	藏传佛教萨迦派。始建于清乾隆四十九年（1785年）。1958年宗教改革时被关闭。1981年后陆续重修开放。现有僧众82人。
康乐县	藏传佛教	蜂窝寺	鸣鹿乡	始建于唐初，原名“大胜宝积寺”。明永乐十年（1412年）改名“正觉寺”，民国初年（1911年）改称“西蜂窝寺”。“文革”中被拆毁。1980年后陆续重建。该寺唐宋时为汉传佛教，明初为藏传佛教，清中期转为黄教。现为黄教寺院。

（七）青海省（48座）

区 域	教 别	寺院名称	寺 址	历史沿革与概况
同仁县	藏传佛教	隆务寺	隆务镇贡库沟	青海五大格鲁派寺院之一。始建于元大德五年（1301年）。明、清两朝均有扩修。1958年后一度被关闭。1963年重新开放。“文革”中遭毁坏。1980年后陆续重修。现有僧侣300余人。
	藏传佛教	雅玛扎西其寺	双朋西乡境内	藏传佛教宁玛派寺院。始建于清乾隆三十五年（1770年）。该寺以学风纯正、多出藏传佛教名僧享誉国内外。近代藏学家根敦群培早年曾在此学经。
	藏传佛教	夏卜浪寺	年都乎乡境内	藏传佛教格鲁派寺院。始建于元至正元年（1341年）。清同治年间（1862~1873年）毁于兵燹。后重建。近年重修。现有寺僧45人。寺主为第七世小叶什姜（即堪布仓）活佛。
尖扎县	藏传佛教	拉莫德钦寺	能科乡境内	藏传佛教格鲁派寺院。始建于清康熙二十一年（1682年）。1958年有寺僧522人、活佛18人。“文革”中遭毁坏。1980年后陆续重修。现有寺僧172人。
	藏传佛教	古哇寺	措周乡境内	初奉萨迦派，明清之际改奉噶举派。始建于元至正年间（1341~1368年）。明初扩建。1958年有僧侣374人。“文革”中遭毁坏。1990年后陆续重修。现有寺僧105人。寺主为洛藏土旦昂秀活佛。
	藏传佛教	桑主寺	贾加乡桑主沟	初奉萨加派，明末改宗格鲁派。始建于元代。1958年有僧侣148人。现有寺僧67人。
玛沁县	藏传佛教	拉加寺	拉加乡境内	黄河上游著名格鲁派大寺。始建于清乾隆三十四年（1769年），初名“拉加吉祥广安寺”，后易为今名。1958年有僧侣867人。“文革”中被关闭。1980年后重修开放。现有寺僧350人，其中活佛4人。
久治县	藏传佛教	白玉寺	白玉乡达日塘	藏传佛教宁玛派寺院。始建于清光绪八年（1882年），另说建于清咸丰六年（1857年）。20世纪三四十年代毁，后重建。1958年和“文革”期间两次被关闭，部分建筑毁。1981年起陆续重修。现有寺僧500余人，其中活佛28人。
	藏传佛教	隆格寺	白玉乡	藏传佛教格鲁派寺院。始建于清乾隆四十九年（1785年）。1952年有僧侣近200人。1958年一度被关闭。1982年重新开放。现有寺僧近百人。

续表

区 域	教 别	寺院名称	寺 址	历史沿革与概况
班玛县	藏传佛教	阿什姜寺	江日堂乡阿什姜村	藏传佛教觉囊派寺院。始建于清康熙五十六年（1717年）。1958年和“文革”期间两次被关闭。1980年10月重新开放。现有僧侣60余人，其中活佛2人。
	藏传佛教	吉德寺	班前乡吉德齐村	藏传佛教噶举派寺院。始建于明嘉靖年间（约1520年）。“文革”中遭毁坏。1983年后陆续修复开放。现有僧侣40余人，其中活佛2人。
	藏传佛教	白扎寺	江日堂乡	藏传佛教宁玛派寺院。始建于民国十三年（1924年）。1958年和“文革”中两次被关闭。1984年重新修复开放。现有僧侣73人，其中活佛2人。
	藏传佛教	智钦寺	智钦乡	藏传佛教宁玛派寺院。始建于明嘉靖六年（1527年），初为帐圈宗教活动点。后移建于现址。1958年和“文革”中两次被关闭，1981年3月恢复开放。
达日县	藏传佛教	查朗寺	建设乡	藏传佛教宁玛派寺院。始建于清光绪二十一年（1895年）。20世纪50年代有寺僧500多人，活佛17人。“文革”中被关闭。1980年10月后重修开放。现有僧侣350人，活佛16人。
	藏传佛教	年毛寺	建设乡	藏传佛教格鲁派寺院。创建于民国八年（1919年）。1958年和“文革”中两次被关闭。1980年10月修复开放。现有僧侣100余人。
甘德县	藏传佛教	多卡寺	东吉乡的赛日滩上	藏传佛教宁玛派和格鲁派共用寺院。始建于清道光十七年（1837年）。初为帐圈宗教活动点。1980年改建为土房寺。现有僧侣近百名。
	藏传佛教	夏日呼寺	岗龙乡隆木沟内	藏传佛教格鲁派寺院。创建于民国十一年（1922年）。1948年移建于现址。1952年改建为土房寺。1958年和“文革”中两次被关闭。1980年后陆续重修开放。现有僧侣124人，其中活佛3人，尼姑1人。
	藏传佛教	龙什加寺	下贡麻乡图兰木沟内	藏传佛教觉襄派寺院。始建于清光绪年间（1874～1908年），初为帐圈宗教活动点。1958年有僧侣250余人。“文革”中遭毁坏。1983年1月重新开放。现有寺僧700余人，其中常驻寺僧300人，活佛3人。寺主为加喇班南。
	藏传佛教	隆恩寺	下贡麻乡东柯河	藏传佛教宁玛派寺院。始建于清道光六年（1827年），初为帐圈宗教活动点。1983年始建土房寺。1985年3月开放。现有僧侣80余人。

续表

区 域	教 别	寺院名称	寺 址	历史沿革与概况
玛多县	藏传佛教	和科寺	黄河乡	藏传佛教宁玛派寺院。始建于清同治年间（1862～1873年）。民国十六年（1927年）正式建帐圈活动点，后改建为土房寺。1952年有僧侣92人。1958年一度被关闭。1982年3月重新开放。现有僧侣100余人，其中活佛2人。
	藏传佛教	措哇尕泽寺	扎陵湖乡境内	藏传佛教宁玛派和格鲁派共用寺院。1956年始建宗教活动点。1958年被毁。1984年重建为土房寺。现有寺僧42人。该寺以信奉宁玛派为主。
共和县	藏传佛教	当家寺	恰卜恰镇东南	始建于元至正年间（1341～1368年）。清康熙三十年（1691年）扩建。现有住持为康苟千·嘉木样图旦却吉道尔杰活佛。
兴海县	藏传佛教	多合旦寺	温泉乡	藏传佛教直贡噶举派寺院。始建于清光绪十三年（1887年）。民国末年（1948年）迁到现址，并改建为土房寺。现有寺僧侣29人。住持人为多合旦·班玛钦饶嘉措七世活佛。
同德县	藏传佛教	石藏寺	河北乡	藏传佛教格鲁派寺院。始建于清乾隆三十年（1765年）。乾隆四十四年（1779年）始为西藏扎什伦布寺子寺。民国三十年（1941年）被毁。1950年重建。现有僧侣508人、活佛4人。住持人为黄江洋活佛。
囊谦县	藏传佛教	改加寺	吉尼赛乡境内	藏传佛教宁玛派尼姑寺院。始建于清光绪十九年（1893年）。20世纪50年代有尼姑800余人、转世活佛9人，下属寺院20多座。现有尼姑300余人，其中200人常驻寺院。
	藏传佛教	乜也寺	囊谦县境内	藏传佛教直贡噶举派寺院。始建于宋徽宗宣和七年（1125年）。原为囊谦王直属四大寺院之一。20世纪50年代有寺僧200余人。现有僧侣40人、活佛2人。
	藏传佛教	桑买寺	吉曲乡	藏传佛教周巴噶举派寺院。始建于明景泰二年（1451年）。20世纪50年代有僧侣430人。现有寺僧250人，住持人为第八世桑树买活佛。
	藏传佛教	池秀寺	吉曲乡	藏传佛教周巴噶举派寺院。始建于明万历六年（1578年）。该寺以西藏的周巴寺为母寺。20世纪50年代有僧侣百余人。现有寺僧50余人。
	藏传佛教	觉让寺	觉拉乡	藏传佛教巴绒噶举派寺院。始建于公元十四世纪中叶。20世纪50年代有僧侣500余人。现有寺僧350人。

续表

区　域	教　别	寺院名称	寺　址	历史沿革与概况
囊谦县	藏传佛教	赛佐强寺	吉曲乡	始建于南宋绍熙元年（1190年）。初奉藏传佛教叶尔巴噶举派，20世纪初改宗噶玛噶举派。
	藏传佛教	东囊拉钦寺	东坝乡	始建于元延祐五年（1318年）。初奉巴绒噶举派，后于第二世噶玛巴时改宗噶玛噶举派。
	藏传佛教	苏莽囊杰则寺	毛庄乡	亦称“大苏尔莽寺”。始建于明永乐十二年(1414年)。现有寺僧160人,活佛5人。
	藏传佛教	采久寺	吉曲乡	藏传佛教周巴噶举派寺院。始建于清道光十二年（1832年）。初以池秀寺为母寺，道光二十二年（1842年），原作为母寺的池秀寺变为该寺的子寺。1958年有寺僧160人。现有寺僧153人、活佛2人。住持人为第九世池秀活佛。
囊谦县	藏传佛教	吉周寺	香达乡	藏传佛教周巴噶举派寺院。始建于元至正二十四年（1346年），其后历史沿革不详。
	藏传佛教	郭欠寺	香达乡	相传始建于明正德六年（1511年）。初奉乃多噶举派，后改奉噶玛噶举派红帽系。现有寺僧140人，活佛5人。
	藏传佛教	达那寺	吉尼赛乡	又称“岭国寺”。始建于北宋仁宗天圣年间(1024～1032年)，初信奉传统本教，约在南宋淳熙十五年（1188年）改为叶尔巴噶举派寺院。现有寺僧150人。
玉树县	藏传佛教	卓玛邦杂寺	巴塘乡境内	藏传佛教直贡噶举派寺院。始建于公元12世纪中叶。1958年被关闭，后被拆毁。1988年3月批准重新开放。现有寺僧9人。住持人为日布秋英多杰活佛。
	藏传佛教	禅古寺	结古镇	藏传佛教噶玛噶举派寺院。始建年代不详。相传为噶玛噶举派创始人都松钦巴所建。20世纪50年代有僧侣450名、活佛4人。现有寺僧74人、活佛2人。
	藏传佛教	结古寺	结古镇东北	藏传佛教萨迦派寺院。始建于明洪武三十一年（1398年）。明、清时期寺僧曾达千余人。民国二十六年（1937年）第九世班禅大师却吉尼玛在此圆寂。“文革”中被关闭。1980年批准重新开放。现有寺僧200人，活佛2人。住持人为嘉那活佛。省级重点文物保护单位。
	藏传佛教	热艾寺	小苏莽乡	藏传佛教周巴噶举派寺院。始建于明万历四年（1576年）。该寺为今昌都地区贡觉县康巴寺的子寺。

续表

区 域	教 别	寺院名称	寺 址	历史沿革与概况
玉树县	藏传佛教	当卡寺	结古镇	藏传佛教噶玛噶举派寺院。始建于南宋高宗绍兴年间（1150~1193年），初名“楞主寺”。宋嘉熙三年（1239年）毁于兵火。后移建于现址，并改为今名。现有寺主为公保活佛。
	藏传佛教	相古寺	巴塘乡	始建于元至顺年间（1457~1464年）。第七世噶玛巴曲扎嘉措时扩建。现有寺僧40余人。
	藏传佛教	边钦寺	巴塘乡	创建于明代。20世纪50年代有僧500余人。第九世班禅大师和第十六世噶玛巴日必多吉等名僧曾在此驻锡。
	藏传佛教	当卡乃多寺	下拉秀乡	始建于清康熙十九年（1680年）。现有寺僧40人，活佛2人。
	藏传佛教	察柔寺	上拉秀乡	藏传佛教萨迦派寺院。始建于清乾隆二十二年（1757年）。初为噶举派帐房寺，乾隆三十二年（1767年）改宗萨迦派。现有寺僧65人，住持人为才仓活佛。
称多县	藏传佛教	先宗寺	称文乡	藏传佛教噶玛噶举派寺院。始建于南宋绍兴年间（1150~1193年）。该寺以西藏粗朴寺和四川德格的八蚌寺为母寺。20世纪50年代有僧侣220人。现有寺僧31人。
乌兰县	藏传佛教	都兰寺	都兰寺村	青海著名的蒙古族寺院，属藏传佛教格鲁派。始建于明万历十一年（1583年），初为“静虑室”（禅室）。清顺治元年至四年（1644~1647年）扩建为正规寺院。咸丰元年（1851年）毁，后重修。光绪二十二年（1896年）再毁，民国六年（1917年）重建。1955年后又扩建。1959年被拆毁。1979年后陆续重修。现有寺僧46人。
杂多县	藏传佛教	格那寺	结多乡	始建于元至正六年（1364年）。初奉藏传佛教巴绒噶举派。清康熙年间（1662~1722年）改奉噶玛噶举派。

（八）宁夏回族自治区（2座）

区 域	教 别	寺院名称	寺 址	历史沿革与概况
平罗县	佛教	武当山庙（寿福寺）	大武口西北的武当山	银川以北地区著名佛教寺院之一。始建年代及历史沿革不详。据传建于清代之前，或清初；又一说创建于清康熙四十二年（1703年）。近年重修。

续表

区 域	教 别	寺院名称	寺 址	历史沿革与概况
中卫县	佛教	高庙	旧城正北	该寺为集佛、道、儒三教于一庙的特殊寺庙。始建于明永乐年间（1403～1424年），初名“新庙”。清康熙年间（1662～1722年）重修后，改为“玉皇阁”。道光二年（1882年）、咸丰三年（1853年）、光绪八年（1882年）均有增修。民国初年（1911年）改称“高庙”，直沿至今。

（九）新疆维吾尔自治区（4座）

区 域	教 别	寺院名称	寺 址	历史沿革与概况
和静县	藏传佛教	黄庙	老巴仑台沟内	始建于清光绪十三年（1887年）。光绪年间（1874～1908年）曾赐名“永安寺”。“文革”中遭毁坏，1978年后陆续重修。
巴音郭楞蒙古自治州	藏传佛教	昂嘉恩寺	巩乃斯阿先沟	始建于清乾隆三十六年（1771年）。寺址曾多次变迁。“文革”中遭毁坏，1985年后陆续重修。
博湖县	藏传佛教	巴格希恩随木	开都河东西支交汇处	始建于19世纪末叶，仿青海“塔尔寺”格局所建。清光绪六年（1880年）竣工。“文革”中遭毁坏，1980年后陆续重修。
昭苏县	藏传佛教	圣佑寺	县城西侧	始建于清代，具体年代不详。近年重修。

主要参考书目：

1. 四川省地方志编纂委员会编纂. 四川省志·宗教志. 成都：四川人民出版社，1998.

2. 云南省地方志编纂委员会，云南省社会科学院宗教研究所编撰. 云南省志·宗教志. 昆明：云南人民出版社，1995.

3. 黄卓越主编. 中国佛教大观（上、下册）. 哈尔滨：哈尔滨出版社，1994.

4. 蒲文成著. 青海佛教史. 西宁：青海人民出版社，2001.

5. 季羡林主编. 中国禅寺. 北京：中国言实出版社，2005.

6. 段启明，戴晨京，何虎生等编著. 中国佛寺道观. 北京：北京燕山出版社，1997.

7. 杨辉麟编著. 神秘的西藏寺院. 西宁：青海人民出版社，1997.

8. 冉光荣著. 中国藏传佛教寺院. 北京：中国藏学出版社，1994.

（马志敏/供稿）

中国民族地区伊斯兰教寺院一览表（1993）

伊斯兰教于公元7世纪传入中国，为中国境内回、维吾尔、哈萨克等10个少数民族中的群众所信仰。这些少数民族总人口约1800万。据不完全统计，中国现有清真寺3万余座，分布在全国各地，其中尤以甘肃、宁夏、新疆、青海、河南、河北、山东、云南等省区分布最多；有伊玛目、阿訇4万余人。本文共收录民族地区（包括5个自治区、30个自治州）清真寺679座，按《中华人民共和国行政区划简册》排序。

（一）内蒙古自治区（37座）

区域	寺院名称	寺址	历史沿革与概况
呼和浩特市	清真大寺	通道南街	始建于清康熙三十二年（1693年）。乾隆五十四年（1789年）扩建。同治八年（1869年）重修。光绪十八年（1892年）、二十二年（1896年）两次增建。民国十二年（1923年）再修。“文革”中遭毁坏。1980年后陆续重修开放。市级文物保护单位。
	清真北寺	通道南街	约建于清咸丰年间（1851~1861年）。民国十年（1921年）重修，名为“甘绥清真礼拜堂”，俗称“北寺”。1959年毁于洪水。1962年大殿被拆除后，与清真西寺合并，称“西北寺”。1986年在现址重建，复称“清真北寺”。现有教长为马国良。
	清真南寺	旧城西门外	始建于清同治年间（1862~1873年）。光绪二十五年（1899年）移到现址重建。“文革”中遭毁坏。1986年重建。现有教长为景锡恩。
呼和浩特市	清真西寺	一中后街周家巷	约建于清乾隆中期（1766年前后）。光绪末年（1908年）翻修。1952年重修。1962年与清真北寺合并，称“西北寺”。1981年恢复原寺名。1982年后陆续重修。现有教长为马长青。
	清真东寺	旧城新民街东侧	始建于清同治年间（1862~1873年）。光绪年间（1874~1908年）与苏村寺合并。“文革”中被拆除。1980年后陆续重建。现有教长为刘永宽。
	清真东北寺	通道南街前新城道	始建于清光绪十七年（1891年）。民国二十九年（1940年）增修。民国三十二年（1943年）翻建礼拜大殿。1959年被关闭。1978年被拆除。近年复建。现有教长为马学仁。
	新城清真寺	新城西落凤街	始建于清光绪十年（1884年）。民国初年（1911年）重修。“文革”中被关闭。1984年后陆续重修。现有教长为从金昌。
	清真小寺	通道街友谊巷	创建于1982年10月。现有教长为刘桢。

续表

区域	寺院名称	寺址	历史沿革与概况
呼和浩特市	火车站清真寺	锡林北路	始建于民国十一年（1922年）。1955年被拆除。后重建。现有教长为张恩远。
包头市	甘宁青清真寺	胜利路5号	又称“胜利路中寺”。创建于1949年，同年冬迁到现址重建。1958年被占用。1983年重建。1991年扩建。现有教长为刘德厚。
	瓦窑沟清真寺	旧城区瓦窑沟	始建于清光绪末年（1908年）。民国七年（1918年）迁到现址重修。1988年再修。
	土右旗清真寺	土右旗萨拉齐镇	始建于清乾隆十二年（1747年）。乾隆四十六年（1781年）重建。民国二十五年（1936年）翻建。民国三十六年（1947年）重修。1989年扩建。现教民有400多户，2000余人，均为回族。现有教长为马齐。
	清真大寺	东河区清真寺巷	内蒙古地区规模最大、历史最久的清真寺之一。始建于清乾隆年间（1736～1796年）。嘉庆十四年（1809年）扩建。后屡有扩修。“文革”初被关闭。不久恢复活动。1984年重修。
	清真西寺	榆树沟	始建于民国十一年（1922年）。初名“直鲁豫清真寺”。民国十二年（1923年）迁到现址重建。民国十四年（1925年）改名“陕甘直鲁豫清真寺”。民国二十一年（1932年）、民国二十七年（1938年）两次修缮。1966年被关闭。1982年后陆续重修开放，并改名为“榆树沟清真寺”，又称“清真西寺”。
	官进梁清真寺	官进梁	又名“陈家寺”。始建于民国二十二年（1933年）。民国三十年（1941年）和1950年两次扩建。1958年并入清真大寺。近期计划重修。
	青昆清真寺	青山区迎春道	创建于1985年。占地面积5亩，建筑面积715平方米。寺内分建有男、女礼拜大殿。
库伦旗	库伦清真寺	库伦镇南沟	始建于清嘉庆年间（1796～1820年）。民国元年（1912年）重建。“文革”中遭毁坏。1981年后陆续重修。
固阳县	固阳清真寺	东关街	创建于民国十九年(1930年)。“文革”中被拆毁。1982年复建，1989年全面整修。现有教民数十户。现有教长为王治平。
阿拉善左旗	南梁清真寺	巴彦浩特镇	始建于民国三十四年（1945年）。1957年扩建。“文革”中被占用。1982年翻建。现有教民400多户，2000多人。现有教长王维智。
	巴彦浩特清真寺	巴彦浩特镇	始建于民国二十年（1931年）。民国三十三年（1944年）扩建。1958年与南梁清真寺合并。1978年10月后陆续重修。现有教民450户，2500余人。现有教长为丁义忠。
	新浩特清真寺	巴彦浩特镇	创建于1987年。现有教民200多户，近1000人。现有教长为韩玉宝。
土默特左旗	察素齐清真寺	察素齐镇	始建于清乾隆年间（1736～1795年）。宣统元年（1909年）重修。民国二十七年（1938年）扩建。“文革”中遭毁坏。1982年重建，1987年翻修。现有教民250户，700余人，均为回族。现有教长为回学刚。

续表

区域	寺院名称	寺址	历史沿革与概况
土默特左旗	毕克齐清真寺	西门阁儿里	始建于清咸丰、同治年间（1851～1873年）。民国二十八年（1939年）迁到现址重建。
海拉尔市	海拉尔清真寺	礼拜街	创建于民国十五年（1926年）。民国三十五年（1946年）扩建；三十七年（1948年）增建女寺。“文革”中遭毁坏。1980年后陆续重修。现有教长为冯广新。
满洲里市	满洲里清真寺	水道街	创建于民国二年（1912年）。原为俄侨信奉伊斯兰教的鞑靼人清真寺。1955年俄侨回国后，改为回族清真寺。“文革”中被占用。1980年后陆续重修开放。全市有回族人口2000余人，哈萨克族4人。现有教长为卢学义。
扎兰屯市	扎兰屯清真寺	永安街	创建于民国十年（1921年）。“文革”中被关闭。1986年移至现址重建。现有教民近1400人，现有教长为丁清池。
额右旗	拉布大林清真寺	拉布大林镇	创建于1986年。1989年全镇有回族人口800多人。现有教长为刘茂林。
鄂温克旗	大雁清真寺	大雁镇	创建于1972年。1975年初移址重建，后被拆迁。1985年迁到现址重建。现有教长为张旗訇。
额右旗	三河清真寺	三河镇	创建于1951年。“文革”中被关闭。1980年移到现址重建。1989年全镇有回族人口800余人。现有教长为蔡友来。
丰镇市	隆盛庄清真寺	隆盛庄乡	始建于清乾隆十六年（1751年）。道光十一年（1831年）增建。民国十五年（1926年）扩建。现有教民50多户，160余人，均为回族。现有教长为李庭峰。内蒙古重点保护清真寺之一。
多伦县	多伦县清真中寺	县城内	始建于清光绪三十四年（1908年）。民国十九年（1930年）扩建。“文革”中被关闭。1979年后陆续重修。现有教民960户，4110人，均为回族。现有教长为马青贤。
牙克石市	牙克石清真寺	西五道街	始建年代不详。1989年扩建。现有回族800多户，约4000人。现有教长为沙恩惠。
托克托县	托克托县清真寺	城关镇和平街	又名“旧城清真寺”。始建于清嘉庆初年（1796年）。“文革”中被拆除。1978年后陆续重修。
	新城清真寺	新城梁上	创建于1983年。全寺总建筑面积约500平方米。现有教长为吴文华。
	河口镇清真寺	河口镇	创建于民国二十九年（1940年）。“文革”中遭毁坏。1980年后陆续重修开放。
克什克腾旗	克什克腾经棚清真寺	经棚街	始建于清咸丰二年（1852年）。光绪二十八年（1902年）重建。民国二十六年（1937年）重修。“文革”中被占用。1981年后陆续重修。现有教长为张宝森。
乌兰浩特市	乌兰浩特市清真寺	市区内	创建于民国二十三年（1934年）。民国二十七年（1938年）扩建。民国末期迁到现址重建。“文革”中遭毁坏。1979年后陆续重修。现有教民400多户，1700多人。现有教长为石明灯。

（二）吉林省（1座）

区　域	寺院名称	寺　址	历史沿革与概况
敦化市	大石头镇清真寺	大石头镇	创建于1959年。“文革”中被关闭。1985年重建。1993年翻建。现任教长为杨奉君。

（三）广西壮族自治区（14座）

区　域	寺院名称	寺　址	历史沿革与概况
南宁市	南宁清真寺	新华路25号	始建于清顺治年间（1644～1661年）。康熙五十六年（1717年）迁到现址重建。嘉庆、道光年间多次修葺。咸丰七年（1857年）毁于兵火，同治五年（1866年）重建。民国十三年（1924年）增建翻新。“文革”中被占用。1980年后陆续重修开放。现有教民2700多人，均为回族。现有教长为张存诚。
柳州市	柳州清真寺	公园路6号	始建于清康熙十二年（1673年），咸丰七年（1857年）毁于兵火，光绪四年（1878年）重建。民国十二年（1923年）重修。“文革”中被拆毁。1979年后陆续修复开放。现有教民3200多人，均为回族。现有教长为马会义。
桂林市	桂林清真古寺	民族路桃花江畔	始建于元初。明中叶重修。清顺治十八年（1661年）至康熙三年（1664年）扩建。民国三十三年（1944年）遭日军焚毁，民国三十六年（1947年）重建。“文革”中遭毁坏。1979年后陆续重修。现有教民约4500人，均为回族。现有教长为马征国。
	码坪清真大寺	七星公园内	始建于清康熙十年（1671年），民国三十三年（1944年）遭日军焚毁。民国三十七年（1948年）重修。“文革”中遭毁坏。1985年后陆续重修。现有教民约2000人，均为回族。现有教长为马文辉。
	崇善街清真寺	崇善街	桂林市保存最完整、规模最大的清真寺。始建于清雍正十三年（1735年），嘉庆十四年（1849年）扩建。道光年间（1821～1850年）和民国时期（1912～1949年）均有扩建和修葺。近年亦有重修。
	西巷清真寺	桂林市正阳路西巷	又称“东北寺”。始建于清光绪三十三年（1907年）。民国三十三年（1944年）遭日军焚毁。民国三十六年（1947年）重建。现有教民约1500人，均为回族。现有教长为丁明栋。

续表

区　域	寺院名称	寺　址	历史沿革与概况
临桂县	旧村清真寺	会仙乡旧村	广西历史最悠久的清真寺之一。始建于明初。历代均有修葺。现有教民约400人，均为回族。
	五通清真寺	五通镇人民街67号	始建于嘉庆年间（1796~1820年）。民国四年（1915年）重修。现有教民230多人，均为回族。1987年被列为桂林市重点文物保护单位。
	山尾清真寺	会仙乡山尾村	始建于明末清初。现有教民60多人，均为回族。
	六塘清真寺	临桂县六塘	广西保存较完整、规模较大的一座清真寺。约建于清乾隆年间（1736~1796年），后毁于兵燹。道光年间（1821~1850年）重修。现有教民109户，413人，均为回族。现有学董为黄仁和。
永福县	苏桥清真寺	永福县苏桥乡	始建于清乾隆年间（1736~1796年）。"文革"中遭毁坏。1980年起陆续重修。现有教民28户，138人。现有教长为马纯义。
	罗锦清真寺	罗锦镇	始建于清道光三十年（1850年）。"文革"中被拆毁。1986年后陆续重修。现有教民150多人，均为回族。现有教长为杨新元。
鹿寨县	黄冕清真寺	黄见街	始建于清朝道光元年（1821年），道光二十八年（1848年）重建。民国二十六年（1937年）扩建。"文革"中遭毁坏。1985年后陆续重修。现有教民56户， 250人，均为回族。现有学董为马纯洁。
百色市	百色清真寺	中华街	始建于清康熙年间（1662~1722年），咸丰年间（1851~1861年）毁于兵乱。后重修。现有教民80户，351人，均为回族。

（四）四川省（11座）

区　域	寺院名称	寺　址	历史沿革与概况
西昌市	清真西寺	市区	始建于清嘉庆年间（1796~1820年）。民国二十四年（1935年）毁于火。民国三十五年（1946年）重建。"文革"中被占用。1986年重修开放。现有学董为马学明。
	回回村清真寺	西溪乡牛郎坝回回村	据传建于明洪武年间（1368~1398年）。清乾隆四十五年（1780年）修葺。民国二十八年（1939年）再修。现有教民59户，236人，均为回族。现有教长为杨思聪。
	大营清真寺	牛郎坝村	始建于民国二年（1912年）。现有教民85户，364人。现有教长为马名炳。
	西昌市清真寺	吉祥巷8号	始建于元泰定年间（1324~1327年）。明万历二年（1574年）迁到现址重建。清道光三十年（1850年）毁于地震。光绪元年（1875年）重建。"文革"中遭毁坏。1983年后陆续重修。凉山彝族自治州伊斯兰教协会设于寺内。

续表

区　域	寺院名称	寺　址	历史沿革与概况
松潘县	清真下寺	县城中街	始建于明洪武十二年（1379年）。明末毁于战火。清道光年间（1821～1850年）重建。咸丰十年（1860年）又毁于兵火。同治年间（1862～1874年）重修。宣统三年（1911年）又毁。民国六年（1917年）重修。
小金县	营盘清真寺	营盘街	始建于清乾隆四十三年（1778年）。同治二年（1863年）迁到现址重建。光绪年间（1875～1908年）扩建。“文革”中被关闭。1980年后陆续重修。州级文物保护单位。
金川县	庆宁清真寺	庆宁乡庆宁村	始建于清道光年间（1821～1850年）。“文革”中被占。目前尚未正式开放。
	城关清真寺	金川镇	始建于清乾隆五十九年（1794年）。“文革”遭毁坏。1989年9月毁于地震。1990年重修。现有教民813户，3564人，均为回族。现有教长为张安钧。该寺现为革命纪念遗址、红军长征革命历史文物保护单位。
阿坝县	阿坝清真寺	阿坝镇	创建于民国三十四年（1945年）。1958年宗教制度改革时被拆除。1983年迁到现址重建。1993年再次重建礼拜大殿。现有教民320余户，2500余人，均为回族。现有教长为马绍祖。
康定县	康定清真寺	康定县城	始建于清乾隆四十年间（1775～1784年）。道光十年（1830年）毁于火。道光十三年（1833年）重建。“文革”中被拆除。1990年重建。现有教民188户，1360余人，均为回族。现有教长为马连城。
冕宁县	泸沽清真寺	泸沽镇	始建于清光绪二十一年（1895年）。“文革”中被占用。1979年后陆续重修。1989年再修。

（五）贵州省（3座）

区　域	寺院名称	寺　址	历史沿革与概况
贞丰县	贞丰县清真寺	珉谷镇	始建于清同治十二年（1873年）。现有教民69户，413人。现有教长为陈绍荣。
兴仁县	三家寨清真寺	三家寨村	始建于清光绪十八年（1892年）。1982年、1984年两次维修。现被列为州级文物保护单位。
普安县	青山清真寺	青山镇	创建于1909年。“文革”中被关闭。1979年后陆续重修开放。本坊教民628户，2864人，均为回族。现有教长为马开礼。1985年被列为州重点文物保护单位。

（六）云南省（88座）

区 域	寺院名称	寺 址	历史沿革及概况
大理市	老南门清真寺	大理古城南门	始建于明代。清同治年间（1862～1873年）杜文秀起义失败后曾一度改为城隍庙。"文革"中遭毁坏。1979年后陆续重修。
	西门清真寺	大理古城西门	据传始建于明代。清道光二十五年（1845年）翻建。同治年间（1862～1873年）杜文秀起义失败后改为三乡公所。民国元年（1912年）归还清真寺。"文革"中被占用。1979年后陆续修复开放。1987年再次重修。
	上兴庄清真寺	喜洲镇永兴上兴庄村	始建于清光绪七年（1881年）。民国十年（1921年）、民国二十四年（1925年）两次迁址重建。"文革"中遭毁坏。1980年迁到现址再次重建。1992年重修。现有教民153户，700多人，均为回族。现有教长为马月超。
	美坝村清真寺	喜州镇	始建年代不详。清同治年间（1862～1873年）杜文秀起义失败后被清军焚毁。民国十八年（1929年）重建。1979年翻修。现有教民60余户，300多人，均为回族。现有教长为马吉亮。
	芝华清真寺	风仪镇芝华村	始建年代不详。清光绪三十二年（1906年）曾大修。"文革"中遭毁坏。1978年后陆续修复开放。1983年再次扩修。现有教民396户，1490人，均为回族。现有教长为马介聪。
	珂里庄清真寺	喜洲镇珂里庄	始建于清光绪三十四年（1908年）。"文革"中遭毁坏。1978年后陆续重修。现有教民196户，915人，均为回族。现有教长宝进武。
	南五里桥清真寺	南五里桥村	大理著名清真大寺之一。始建年代及历史沿革不详。今寺西附设有穆斯林文化专科学校。
巍山县	回辉登清真寺	永建乡回辉登村	始建于明洪武二年（1369年）。光绪初年（1874年）毁于火。光绪二十年（1894年）重建。民国三十三年（1944年）增建。1993年改扩建。现有教民958户，4616人，均为回族。现有教长为朱加武。该寺目前拥有云南省最大的礼拜大殿，可同时容1800余人礼拜。
	大围埂清真寺	永建乡大围埂	始建于元末明初。清同治十一年（1872年）毁于战火。民国六年（1917年）重建。1978年扩修。1990年重修。现有教民250户，1500余人，均为回族。现有教长为马相恒。寺内附设有伊斯兰师范学校。
	小围埂清真寺	永建乡小围埂	始建于元末明初。清同治十二年（1873年）被清军焚毁。光绪三十四年（1908年）重建。1976年扩修。1990年重修。现有教民440户，2500余人，均为回族。现有教长为马云从。

续表

区 域	寺院名称	寺 址	历史沿革及概况
巍山县	三家村清真寺	永建乡三家村	始建年代不详。民国三年（1914年）重建。1977年扩修。现有教民280户，1500余人，均为回族，现有教长为张学胜。
	马米厂（马姓）清真寺	永建乡马米厂	始建于元末明初。清同治十一年（1872年）被焚毁。宣统二年（1910年）重建。1976年扩修。1991年重修。现有教民240余户，1400余人，均为回族。现有教长为马化鹏。
	马米厂（米姓）清真寺	永建乡马米厂	始建年代不详。1988年重建。现有教民210户，1100余人，均为回族。现有教长为米建宽。
	深河村清真寺	大仓乡深河村	始建年代不详。清同治十一年（1872年）被清军焚毁。民国六年（1917年）重建。1976年扩修。现有教民125户，700余人，均为回族。现有教长为马超。
	河底街清真寺	永建乡河底街	创建于1982年，时为简易民房。1988年正式建寺。现有教民25户，90余人，均为回族。现有教长为马正明。
	树龙村清真寺	永建乡村龙村	始建年代不详。清光绪二十八年（1902年）重建。1973年扩修。1990年拆除重建。现有阿訇50人，教民150户，960人，均为回族。现有教长为马义恒。
	巍山城清真寺	文华镇	始建年代不详。清同治十一年（1872年）被清军焚毁。民国十一年（1922年）重建。后屡有修葺。现有教民57户，300余人，均为回族。现有教长为王文昌。
	中回营清真寺	大仓乡甸中街	始建年代不详。民国三十三年（1944年）重建。1981年扩修。1990年增建。现有教民83户，450人，均为回族。现有教长为杨泽雄。
	东莲花清真寺	永建乡东莲花村	始建年代不详。民国三十二年（1943年）重建。1987年扩修。1990年重建宣礼楼。现有阿訇30余人，教民150户，800余人，均为回族。现有教长为张绍恒。寺内附设阿文学校。
	上西莲花清真寺	永建乡上西莲花村	始建年代不详。清同治十一年（1872年）被清军拆毁。1956年重建。1977年扩修。现有阿訇11人，教民33户，178人，均为回族。现有教长为王春文。
	下西莲花清真寺	永建乡下西莲花村	始建年代不详。清同治十一年（1872年）被清军拆毁。民国十三年（1925年）重建。1990年扩修。现有阿訇7人，教民40户，240人，均为回族。现有教长为马俊武。
	营尾村清真寺	永建乡营尾村	始建年代不详。清同治十一年（1872年）被清军拆毁。后重建。1977年扩修。现有阿訇65人，教民100余户，750余人，均为回族。现有教长为黄学礼。
	管门口清真寺	永建乡管门口	始建于清光绪十四年（1888年）。1983年重建。现有阿訇20人，教民60户，330余人，均为回族。现有教长为马加利。

续表

区 域	寺院名称	寺 址	历史沿革及概况
巍山县	树龙村陈家清真寺	永建乡树龙村陈家	始建年代不详。清光绪二十八年（1902年）重建。1987年扩建大殿。现有阿訇3人，教民18户，109人，均为回族。现有教长为马慈俊。
	新村清真寺	永建乡新村	始建年代不详。清同治十一年（1872年）被清军焚毁。后重建。1973年扩修。现有阿訇10人，教民70户，400余人，均为回族。现有教长为杨秀芳。
	白沙村清真寺	永建乡白沙村	始建年代不详。民国三年（1914年）重修。民国三十三年（1944年）曾修葺。1987年扩修。1993年增建宣礼楼。现有阿訇21人，教民130户，700余人。现有教长为马赛军。
	小王茂林清真寺	永建乡小王茂林村	始建年代不详。民国十八年（1929年）重建。1976年扩修。1989年增建宣礼楼。现有阿訇22人，教民140户，800余人，均为回族。现有教长为马耀能。
	大王茂林清真寺	永建乡大王茂林村	始建年代不详。清宣统三年（1911年）重建。1979年扩修。1988年增建宣礼楼。现有阿訇60余人，教民140户，800余人。现有教长为马志义。巍山伊斯兰文化专科学校附设于寺内。
	晏旗厂清真寺	永建乡晏旗厂	始建年代不详。清同治十一年（1872年）被占用。清宣统三年（1911年）迁到现址重建。1980年扩修。1994年增建宣礼楼。现有阿訇30余人，教民96户，500余人，均为回族。现有教长为马力士。该地为回汉杂居村。
洱源县	大营清真寺	江尾乡大营村	始建年代不详。清咸丰六年（1856年）被焚毁。光绪二十四年（1898年）、民国五年（1916年）两次重修。1976年全面维修。1980年扩建。现有教民118户，610多人。现有教长为马宝元。
	小街清真寺	江尾乡小街村	始建年代不详。清同治年间（1862～1873年）杜文秀起义失败后被清军焚毁。光绪二十七年（1901年）重建。1977年扩修。现有教民86户，480余人，均为回族。现有教长为马秉贤。
	右所街清真寺	右所街	始建于民国元年（1912年）。“文革”中遭毁坏。1979年后陆续重修。现有教民75户，304人，均为回族。现有教长为马品谦。
	国果清真寺	茨碧乡	始建年代不详，清同治十一年（1873年）被毁。民国十一年（1922年）重修。“文革”中遭毁坏。1985年重修扩建。现有教民106户，518人，均为回族。现有教长为马志高。
	三枚清真寺	右所乡三枚村	始建于清光绪二十四年（1908年）。后屡有扩修。现有教民208户，1139人，均为回族。现有教长为马慈忠。
	乔后清真寺	乔后乡	约建于清同治十一年（1872年）前后。现有教民14户，84人，均为回族。现有学董为木国栋。

续表

区域	寺院名称	寺址	历史沿革及概况
洱源县	上北门清真寺	玉湖镇	始建于清光绪三十年（1904年）。“文革”中遭毁坏。1987年迁到现址重建。现有教民76户，417人，均为回族。现有教长为马介源。
	士庞清真寺	右所乡北士庞村	始建于明洪武年间（1368～1398年）。清咸丰六年（1856年）被清军焚毁。光绪二十二年（1896年）重。民国九年（1920年）增建望月楼。现有教民376户，1820人，均属为回族。现有教长为王显龙。县伊斯兰教协会设于寺内。
	鸡鸣清真寺	右所乡	创建于1977年。1992年扩修。现有教民230户，1400余人，均为回族。现有教长为马德升。
祥云县	祥云县清真寺	县城内	始建年代不详。清同治十一年（1872年）被清军焚毁。民国六年（1917年）迁到现址重建。现有教民86户，400多人，均为回族。现有教长为马志亮。
宾川县	宾居清真寺	宾居乡	始建于清代嘉庆年间（1796～1820年）。民国二十二年（1933年）重建大殿。现有教民40户，167人，均为回族。现有教长为马学清。
	东庆清真寺	州城乡龙色村	创建于1929年。1990年教民集资全面维修。现寺占地3.2亩，建筑面积267平方米。现有教民32户，148人，均为回族。现有教长为朱月山。
漾濞县	密场清真寺	上街镇	始建年代不详。清同治年间（1862～1873年）杜文秀起义失败后被作为“叛产”没收。民国十六年（1927年）移到现址重建。1986年翻修。现有教长为马金全。
	上街清真寺	上街镇	始建于清咸丰九年（1859年）。因杜文秀起义军曾在附近造有营房，故又名“新营盘清真寺”。回民起义失败后被作为“叛产”没收。光绪年间（1874～1908年）被教民赎回。1989年毁于火。1992年重建。现有教民221户，1017人，均为回族。现有教长为米世玮。
	下街清真寺	河西乡下街	包括新、老两寺。老寺创建于明洪武五年（1372年），清同治年间（1862～1873年）杜文秀起义失败后被作为“叛产”没收，后又累遭毁坏，1994年归还后被列为县级文物保护单位；新寺重建于民国九年（1920年），现有教民347户，1807人，均为回族，现有教长为杜银祚。
南涧县	公郎清真寺	公郎坝	始建于明洪武年间（1388～1398年）。清道光年间（1821～1850年）扩建。1951年遭焚毁。1953年重建，后又几经修葺扩建。现有教民338户，1485人，均为回族。现有教长为马俊。
	回营清真寺	沙乐乡回营村	始建于清乾隆二十九年（1764年）。“文革”中遭毁坏。1980年后陆续重修。现有教民53户，267人，均为回族。现有教长为马体智。

续表

区 域	寺院名称	寺 址	历史沿革及概况
南涧县	旧村清真寺	沙乐乡旧村	始建于明代。清咸丰年间（1851~1861年）云南回民大起义时遭清军焚毁。后重修。现有教民43户，205人，均为回族。现有教长为马正华。
	杨梅清真寺	沙乐乡杨梅村	始建于清顺治元年（1644年）。后屡有毁建。现有教民34户，160人，均为回族。现有教长为马绍员。
个旧市	沙甸大清真寺	沙甸镇	云南著名古清真寺之一。始建于明弘治年间（1488~1505年）。清康熙二十三年（1684年）重修。乾隆三十年（1765年）扩建。1975年7月“沙甸事件”中被毁。1981年重建。
	金鸡寨清真寺	沙甸镇金鸡寨	创建于民国十七年（1928年）。1975年7月“沙甸事件”中被毁。20世纪80年代初重建。
	白房子清真寺	新沙甸乡	创建于1980年。现有教民450户，2000余人。现有教长为林应伟。
广南县	广南清真寺	城关镇	始建于清代。“文革”中遭毁坏。1980年后陆续重修。现有教民51户，207人，均为回族。现有教长为马金超。
开远市	大庄清真寺	大庄乡大庄村	原有两座清真寺。老寺创建于明万历年间（1573~1619年），清乾隆六年（1741年）、嘉庆十二年公元（1807年）两次重修，1958年被拆除；新寺创建于清嘉庆十七年（1812年），道光年间（1821~1850年）扩建。“文革”中遭毁坏。1989年重修。现有教民5000多人。
建水县	建水清真古寺	临安镇燃灯寺街50号	又名“燃灯寺街清真寺”、“城区清真寺”。始建于元皇庆年间（1312~1313年）。清康熙四十九年（1710年）增建大门厅房。雍正八年（1730年）重建下殿。乾隆二十七年（1762年）续修扩建。现有教民50余户，300余人，均为回族。现有教长为王福寿。
泸西县	为民清真寺	白水乡	创建于清咸丰年间（1851~1861年）以前。宣统元年（1909年）重建。现有教民140户，700余人，均为回族。现有教长为李才喜。
	县城清真寺	泸西县城	始建年代不详，民国末年被毁。1991年重建。全寺占地面积2亩，大殿建筑面积250平方米。现有教长为马家宽。
	河洛清真寺	白水乡	始建于1984年。1984年全面整修。1990年再修。现有教民37户，205人，均为回族。现有教长为马万古。
	巨末清真寺	白水乡	始建于清末。“文革”中被拆毁。1982年重建礼拜大殿。现有教民400户，约2000人，均为回族。现有教长为马周古。
	桃园清真寺	白水乡桃园村	始建年代无考。清咸丰六年（1856年）毁于兵火。民国三年（1914年）重修扩建。“文革”中被拆毁。1978年后陆续修复。现有教民560户，约3000人，均为回族。现有教长为纳友德。
	大直邑村清真寺	白水乡	始建年代不详。清光绪三十三年（1907年）重修。“文革”中遭毁坏。1991年重建。现有教民102户，490余人，均为回族。现有教长为何家柱。

续表

区 域	寺院名称	寺 址	历史沿革及概况
泸西县	雅乐清真寺	舞街乡	创建于民国十八年（1929年）。“文革”中遭毁坏。1982年重修。现有教民28户，141人，均为回族。现有教长为马意凡。
弥勒县	万家庄清真寺	竹园镇	创建于1988年。现有教民55户，共250人，均为回族。现有教长为马忠。
	芭蕉村清真寺	竹园镇芭蕉村	创建于民国二十九年（1940年）。1949年后三次修葺。现有教民160户，690人，均为回族。现有教长为林伯乡。
	朋普镇小寨清真寺	朋普乡	始建于清初。清咸丰、同治年间（1851～1873年）云南回民起义时被焚毁。光绪十三年（1887年）重建。“文革”中遭毁坏。1982年后陆续重修。现有教民556户，2363人，均为回族。现有教长为马德森。
	竹园清真寺	竹园镇	始建于清光绪十六年（1890年）。现有教民260户，1065人，均为回族。现有教长为林松山。
	红沙沟清真寺	竹园镇	创建于1985年。现有教民48户，212人，均为回族。现有教长为保永康。
文山县	文山清真寺	文山县城内	创建于1985年。现有教民140户，570人，均为回族。现有教长为许家禄。
	八家寨清真寺	红甸乡	创建于1980年。现有教民40户，200人，均为回族。现有教长为李慈顺。
	茂克清真寺	红甸乡	始建年代无考。1975年“沙甸事件”中被毁。1979年重建。现有教民700余户，2800余人，均为回族。现有教长为马德政。
	黄龙坝清真寺	马塘乡	创建于1976年。现有教民78户，315人，均为回族。现有教长为马明利。
砚山县	小石桥清真寺	稼依乡	始建年代无考。1963年毁于火。1965年重建。1978年重修。现有教民245户，1070人，均为回族。现有教长为马自洪。
	茂地冲清真寺	阿猛镇	始建年代不详。“文革”中遭毁坏。1980年重建。现有教民91户，460人，均为回族。现有教长为金伟。
	崇圣清真寺	平远镇	创建于1991年。现有教民69户，350人，均为回族。现有教长为马启超。
	茂力清真寺	平远乡	始建于清乾隆年间（1736～1796年）。“文革”中遭毁坏。1976年重修。现有教民160户，1100余人，均为回族。现有教长为沙建良。
	三家村清真寺	平远镇田心村	创建于1980年。现有教民15户，76人，均为回族。现有教长为马赵昌。
	田心清真寺	平远镇田心村	始建于清初康熙年间（1662～1722年）。道光年间（1821～1850年）修葺扩建。1975年“沙甸事件”中被毁。1979年重建。现有教民353户，1000余人，均为回族。现有教长为李文贵。

续表

区 域	寺院名称	寺 址	历史沿革及概况
砚山县	田心清真寺	田心乡	始建于清嘉庆十年（1805年）。“文革”中遭毁坏。1979年重建。
	松毛坡清真寺	平远镇	创建于1975年。“沙甸事件”中被毁。1978年后陆续重建。现有教民317户，1485人，均为回族。现有教长为李慈聪。
丘北县	小马头清真寺	锦屏镇	创建于民国三十二年（1943年）。现有教民56户，254人，均为回族。现有教长为沙学贵。
	制球厂清真寺	制球厂	创建于1991年。现有教民24户，83人，均为回族。现有教长为马发伟。
	旧城清真寺	锦屏镇	创建于1988年。现有教民185户，917人，均为回族。现有教长为马恩喜。
	复兴村清真寺	日者乡	创建于1980年。现有教民10户，44人，均为回族。现有教长为马绍坤。
	新寨清真寺	日者乡	始建于清同治十一年（1872年）。现有教民219户，1100人，均为回族。现有教长为马中文。
	新城清真寺	锦屏镇	创建于民国二年（1913年）。现有教民108户，562人，均为回族。现有教长为纳忠品。
	日者清真寺	日者乡	始建年代不详。清宣统初年（1909年）重建。现有教民378户，1748人，均为回族。现有教长为马介珍。
	河外清真寺	锦屏镇	创建于1992年。现有教民85户，378人，均为回族。现有教长为合农道。
潞西县	芒市清真寺	芒市镇	创建于1984年。现有教民800余人，均为回族。现有教长为锁宝民。
勐海县	曼奇清真寺	曼奇回村	约建于清道光十年至二十年（1830～1840年）间。民国三十二年（1943年）重建。“文革”中遭毁坏。1983年重建。现有教长为马占云。

（七）西藏自治区（3座）

区 域	寺院名称	寺 址	历史沿革与概况
拉萨市	清真大寺	拉萨市河坝林	又称“河坝林清真寺”。始建于公元10世纪中后期。清初重建。清康熙五十五年（1716年）、乾隆五十八年（1793年）均有维修扩建。咸丰二年（1852年）再次修葺。1959年毁于火。1960年重建。现有教长为哈桑。
	拉萨小清真寺	西郊	始建于清道光十七年（1836年）。现有教民60余户，300多人，其中外国籍11户。现有教长为阿布杜·哈林米。
昌都县	昌都清真寺	城关镇	创建于1991年12月。现有回族18户。另有长年在此经商的外地穆斯林200余人。

（八）甘肃省（134座）

区 域	寺院名称	寺 址	历史沿革与概况
临夏市	南关清真大寺	南门广场南端	临夏地区历史最久的清真寺之一。始建于元至元十年（1273年）。明洪武年间（1368~1398年）扩建。后毁。清乾隆年间（1736~1796年）重建。民国十七年（1928年）再毁。民国二十一年（1932年）复建。"文革"中被拆除。1983年重建。
	老王寺	王寺街	始建于明成化年间（1465~1587年）。民国十七年（1928年）毁。民国二十年（1931年）重建。"文革"中被拆除。1983年重建。
	老华寺	临夏市新西路	始建于明成化年间（1465~1587年）。清同治年间（1862~1873年）被毁。后复建。民国十七年（1928年）再毁。民国十九年（1930年）重建。"文革"中被拆除。1979年后陆续修复。
	清真水泉寺	水泉东二巷20号	始建于清光绪年间（1874~1908年）。民国十七年（1928年）毁于火。民国二十二年（1933年）重建。"文革"中被拆除。1980年后陆续重修。
	大拱北	临夏市西郊	始建于清康熙五十九年（1720年）。初称"永久亭"，后称"大拱北"。民国十七年（1928年）被焚毁。民国二十一年（1932年）重建。1958年被关闭。"文革"中"金井"毁，其余建筑被占用。1981年重建开放。1984年整修扩建。（墓主为祁静一）
	大西关清真寺	大西关下巷15号	始建于清代，具体时间待考。"文革"中遭毁坏。1984年重建大殿。现有教民250多户，约1000人，大多为回族，另有少数东乡族、撒拉族及保安族。现有教长为哈奇明。
	琐麻清真寺	大西关46号	创建于民国元年（1912年）。民国十七年（1928年）被焚毁。民国二十年（1931年）重建。1958年被关闭，后被拆毁。1985年后陆续重修。现有教民12户。现有教长为马登华。
	尕丁家清真寺	南龙乡尕丁家村	始建于明泰昌元年（1620年）。民国十七年（1928年）被焚毁。民国二十年（1931年）复修。1968年被拆毁。1978年后陆续重修。现有教民110户，近800人，均为回族。现有教长为马进寿。
	柏家庄清真寺	城关乡木场村	始建年代不详。"文革"中遭毁坏。1981年修复。1991年重建。现有教民90户，450余人，均为回族。现有教长为马孝明。
	祁牟家清真寺	折桥乡祁牟家村	又名"龙眼泉清真寺"。创建年代不详。"文革"中被拆毁。1990年重建。现有教民共50户，300余人，分属东乡族和回族。现有教长为李传卫。
	罗家堡清真老寺	格罕乡罗家堡	始建于元代。清乾隆年间（1736~1796年）重修大殿。清道光年间（1821~1850年）整修。1958年被拆毁。1981年后陆续重修。现有教民386户，近2000人，均为回族。现有教长为马志使。

续表

区　域	寺院名称	寺　址	历史沿革与概况
临夏市	街子村后街清真寺	格罕乡街子村	又名“街子老寺”。创建年代不详。“文革”中遭毁坏。1981年后陆续重修。现有教民226户，1100多人，均为回族。现有教长为马优苏夫。
	上妥家清真寺	南龙乡上妥家村	始建于清咸丰年间（1851~1861年）。民国十七年（1928年）毁于兵火。后重建。1953年重修。“文革”中遭毁坏。1984年后陆续重修。现有教民20户，120余人，均为回族。现有教长为马有双。
	南龙南关清真寺	南龙乡妥家村	创建于民国九年（1920年）。1958年被拆除。1980年重修。1993年再修。现有教民约60余户，300多人，分属东乡族、回族。现有教长为周海林。
	祁家庄清真考寺	城关乡祁家庄	始建于清康熙年间（1662~1722年）。民国十七年（1928年）被焚毁。民国二十一年（1932年）重建。民国二十五年（1936年）修葺。现有教民318户，1500余人，均为回族。现有教长为马成福。
	关家台清真寺	南龙乡关家台村	创建于民国二十九年（1940年）。“文革”中被拆毁。1989年重建。现有教民125户，520人，均为回族。现有教长为马有智。
	罗家堡小寨清真寺	槐罕乡罗家堡村	创建于民国三十年（1941年）。“文革”中被关闭。1981年修复开放。现有教民215户，865人，均为回族。现有教长为马海福。
永靖县	王台清真寺	王台乡王台街	始建于清光绪中期（1896年前后）。民国八年（1929年）毁于地震。后移到下湾子村重建。民国二十八年（1939年）又迁到现址重建。1958年被拆毁。1978年后陆续重修。
	下岭清真寺	川城乡下岭村	始建于清光绪年间（1874~1908年）。民国八年（1917年）毁于地震。后重建。1958年被拆毁。1978年迁到现址重建。
	王台堡子清真寺	王台乡堡子村	始建于清光绪二十九年（1903年）。“文革”中遭毁坏。1981年重修。现有教民87户，524人，均为回族。现有教长为马绍武。
	小岭清真寺	小岭乡小岭村	始建于清光绪末年（1908年）。民国三十二年（1943年）重建。1958年被拆毁。1979年后陆续重修。
	董家山清真寺	红泉乡董家山	创建于1978年。现有教民93户，442人，均为东乡族。现有教长为马如奇。
东乡县	汪家清真大寺	唐汪乡	始建于明代中期。历史沿革不详。1981年重建。现有教民600户，3600余人，主要为东乡族。现有教长为汪文才。
	张家山清真寺	张家山村	创建于1978年。现有教民60户，350余人，均为东乡族。现有教长为马穆罕默德。
	马巷清真寺	唐汪乡马巷村	又名“马巷白庄寺”。创建于民国八年（1919年）。民国十七年（1928年）被焚毁。民国三十七年（1948年）重建。1958年被拆毁。1988年重建。现有教民35户，160余人，均为回族。现有教长为马不拉。

续表

区　域	寺院名称	寺　址	历史沿革与概况
东乡县	柳树湾清真寺	柳树乡柳树村	始建年代不详。1992年2月重建。现有教民39户，210人，均为东乡族。
	三社清真寺	江集乡三社村	又名“卧沟寺”。始建年代不详。清乾隆十四年（1749年）重建。1952年改建。1958年被拆毁。1988年重建。现有教民200多户，1000多人，均为东乡族。现有教长为马国要。
	锁南清真大寺	锁南镇	甘肃省著名清真寺之一。始建于清光绪年间（1875～1908年）。民国十七年（1928年）毁于兵乱。民国二十六年（1937年）重建。“文革”中被拆毁。1982年后陆续重建。
和政县	台子街清真东寺	城关镇麻藏村	约建于明洪武十二年（1379年）。清雍正年间（1723～1735年）被拆毁。后迁到现址重建。民国十七年（1928年）又毁于兵焚。民国二十二年（1933年）重建。“文革”中再毁。1983年后陆续重建。现有教民54户，238人。
	台子街清真西大寺	城关镇麻藏村	亦称“西道堂寺”。始建于清光绪三十二年（1906年）。民国三十三年（1944年）迁到现址重建。1958年被关闭。“文革”中被拆毁。1981年后陆续重建。现有教民871人，其中回族808人，东乡族45人，撒拉族18人，主要信奉西道堂教礼。现有教长为胡赛尼·丁琳。
康乐县	西街清真寺	附城镇	创建于民国三十三年（1944年）。现有教民500户，2000多人。现有教长为马进财。
	高家集清真寺	虎关乡高家集	始建于清光绪末年（1908年）。“文革”中遭毁坏。1982年后陆续扩修。现有教民130户，786人，均为回族。现有教长为邓国福。
	大河沿清真寺	苏集乡大河沿村	亦称“苏集清真寺”。创建于民国二十九年（1940年）。1958年被拆毁。1978年后陆续重修。现有教民42户，215人，均为回族。现有教长为马建林。
广河县	水家清真寺	三甲集镇冰家村	始建于清光绪二十八年（1902年）。1958年被拆毁。1978年后陆续重建。现有教民550户，4000余人，分属东乡族和回族。现有教长为马作海。
	清真老华寺	城关镇	历史沿革不详。现有教民约300户，1000余人。现有教长为马天龙。
	直街清真寺	城关镇	始建年代不详。1990年重建。现有教民约300多户，1000余人。现有教长为尚福宝。
	南街清真大寺	城关镇	始建年代不详。现有教民110户，多属回族，另有东乡族。现有教长为马仲元。
	三甲集清真西大寺	三甲集镇	始建于明代。清咸丰年间（1851～1861年）重修。“文革”中被拆毁。1979年后陆续重修。现有教民500多户，1800余人，多属回族，另有东乡、撒拉等民族。
	三甲集中心清真寺	三甲集镇	始建于明代。其后历史沿革不详。现有教民约400户，1500余人，多属回族，另有少数东乡族。现有教长为沙永祥。

续表

区 域	寺院名称	寺 址	历史沿革与概况
广河县	三甲集清真西关寺	三甲集镇	历史沿革不详。现有教民近70户，250人，分属回族和东乡族。现有教长为马学真。
临夏县	磨川清真大寺	韩集镇大街	又名“韩家集下寺”。始建于明代。光绪六年（1880年）扩建。光绪二十八年（1902年）、民国六年（1917年）两次扩修。1958年被拆毁。1982年重建大殿。1991年又拆除重建。现有教民约400户，2000多人，以回族为主，另有撒拉、东乡等民族。现有教长为丁苏木。
	韩家集清真上寺	韩集镇大街	历史沿革不详。教民多为回族。现有教长为马自祥。
	双城清真寺	韩集镇双城村	历史沿革不详。现教民约140余户，近600人，均为回族。现有教长为马西迈。
	多木清真大寺	马集乡多木村	始建于清乾隆年间（1736~1796年）。1958年被拆毁。1980年重建大殿。1991年扩修。现有教民300多户，2000多人，均为回族。现有教长为马后龙。
	莫尼沟前川清真大寺	莫尼沟乡前川村	始建于清同治九年（1878年）。1958年被拆毁。1981年后陆续重建。现有教民近千人。
	何家清真下寺	莫尼沟乡何家村	始建年代不详。1980年重建礼拜大殿。1982年重建宣礼塔。现有教民110户，约500人。现有教长为马海买提。
	马集新寺	马集乡街道	始建于清代。1989年重建礼拜大殿。1993年再次重建。现有教民50余户，250人，均为回族。现有教长为马尔撒。
	磨牙清真寺	麻尼寺沟乡磨牙村	创建于民国十五年（1926年）。1968年被拆毁。1982年后陆续重建。现有教民185户，925人，均为回族。现有教长为马文德。
	嘴头清真寺	尹集乡嘴头村	始建年代不详。1991年重建。现有教民约200户，约780人。现有教长为马亥利力。
	尹集清真老寺	尹集乡尹集村	始建于清代。1985年重建。现有教民约100户，均为回族。现有教长为马苏亥布。
	尹集清真新寺	尹集乡尹集村	始建年代不详。1967年被拆毁。1979年重建。现有教民145户，约500人，均为回族。现有教长为马主麻。
	涧上老寺	尹集乡涧上村	创建于1980年。现有教民153户，786人，均为回族。现有教长为马哎力。
	松树庄清真寺	北源乡松树庄	创建于民国三十四年（1945年）。1958年被拆毁。1982年重建。
	扎木坪清真寺	麻尼寺沟乡扎木坪村	始建于清光绪四年（1878年）。民国十六年（1927年）扩建。“文革”中被拆毁。1979年重建。现有教民59户，318人，均为回族。现有教长为王哈克木。
	高家庄清真寺	刁祁乡高家庄	始建于清代。1958年被拆毁。1981年重建。现有教民256户，约1200人，均为回族。现有教长为高胡赛尼。
	上阴洼清真寺	韩集乡	始建于清末。“文革”中被拆毁。1986年重修。现有教民110户，450人，均为回族。现有教长为马成良。

续表

区　域	寺院名称	寺　址	历史沿革与概况
积石山县	仙家清真寺	徐扈家乡仙家坪村	始建于清乾隆年间（1736~1796年）。后毁。民国十九年（1930年）重建。"文革"中遭毁坏。1980年重建。现有教民208户，998人，均为回族。现有教长为周文海。
	毛家清真寺	徐扈家乡毛家坪村	始建于清代。后毁。民国二十一年（1932年）重建。"文革"中遭毁坏。1980年重建。现有教民80户，438人，均为回族。现有教长为马有福。
	乔干清真寺	徐扈家乡乔干村	始建于清光绪十二年（1886年）。后毁。民国十九年（1930年）重修。"文革"中遭毁坏。1980年重建。现有教民96户，480人，均为回族。现有教长为马麻乃。
	阳山潭家清真寺	关家川乡	始建年代不详。1958年被拆毁。1989年重建。现有教民45户，180人，均为回族。现有教长为马帅尔。
	郭干清真西寺	郭干乡	始建年代不详。1979年修葺扩建。现有教民有263人，分属回族、东乡族。现有教长为马忠一。
	尕周家清真寺	四堡子乡	始建年代不详。1977年重修。现有教民200户，1000余人，分属东乡族、保安族、撒拉族和回族。现有教长为马俊。
	松树湾清真寺	郭干多松树湾村	创建于民国二十八年（1939年）。1958年被拆除。1980年重建。现有教民15户，85人，均为回族。现有教长为马顺。
	虬藏清真大寺	虬藏乡虬藏村	始建于清咸丰五年（1855年），民国七年（1918年）重建。"文革"中被拆毁。1979年另选址重建。1993年又迁回旧址重建。
	大河家清真大寺	大河家乡	始建于清同治年间（1862~1874年）。民国十七年（1928年）毁于战火。民国二十六年（1937年）重建。"文革"中被拆除。1978重建。现有教民130户，860余人，为回、保安、撒拉等族。现有教长为治忠贞。
	河沿清真寺	大河家乡	创建于民国三十年(1941年)。"文革"中被拆除。1980年重建。现有教民90户,480人,均为回族。现有教长为马海麦地。
	大墩清真寺	大河家乡大墩村	创建于民国初年（1912年）。民国十七年（1928年）毁于兵火。民国二十一年（1932年）重建。"文革"中被拆除。1980年重建。现有教民350户，约1200人，均为保安族。现有教长为马福田。
	甘河滩清真寺	大河家乡甘河滩村	创建于民国十八年（1929年）。民国二十二年（1933年）重建。"文革"中被拆除。1990年重建。现有教民310户，1200多人，均为保安族。现有教长为马占龙。
	梅坡清真寺	大河家乡梅坡村	始建于清同治年间（1862~1874年）。民国十八年（1929年）毁于兵火。民国二十二年（1933年）重建。"文革"中被拆除。1985年重建。现有教民约300户，1600人，均为保安族。现有教长为冶成仁。
	崖洼清真寺	小关乡崖洼村	创建于1982年。现有教民50户，约300人，均为回族。现有教长为马来者。
	工匠清真寺	银川乡	始建于清康熙二十一年（1682年）。"文革"中被拆除。1980年重建。现有教民98户，350余人，均为回族。现有教长为周奴海。

续表

区　域	寺院名称	寺　址	历史沿革与概况
积石山县	张巴清真寺	铺川乡	始建于明末。1966年被拆除。1979年后陆续重修。现有教民50户，250余人，均为回族。现有教长为马永伟。
	代山清真寺	铺川乡代山村	始建于清乾隆四十年（1775年）。1966年被拆除。1979年重建。现有教民50户，200余人，均为回族。现有教长为马世忠。
	陈家清真寺	四堡子乡陈家村	创建于民国十七年（1928年）。1958年被拆除。1982年重建。现有教民230户，1100余人，均为回族。现有教长为韩吾麦日。
	四堡子清真寺	四堡子乡四堡子村	始建于清末。民国十七年（1928年）毁于战火。后重修。“文革”中被拆除。1978年重建。现有教民约400户，2100余人，为回、保安、撒拉等民族。现有教长为索克良。
	谭家坪清真寺	四堡子乡谭家坪村	始建于民国二十年（1931年）。“文革”中被拆除。1978年重建。现有教民50余户，300余人，均为回族。现有教长为贾有四夫。
	韩陕家清真寺	四堡子乡韩陕家村	创建于民国初年（1912年）。“文革”中被拆除。1978年后陆续重建。现有教民30余户，130余人，均为回族。现有教长为安永清。
	克新民清真寺	四堡子乡克新民村	始建于清宣统三年（1911年）。“文革”中被拆除。1978年后陆续重建。现有教民93户，500余人，均为回族。现有教长为董国礼。
	上庄清真寺	中嘴岭乡上庄村	始建于明代。民国初年（1912年）重建。民国十七年（1928年）毁于兵火。“文革”中被拆除。1980年重建。1993年扩建。现有教民140余户，600余人，均为回族。现有教长为马建华。
	刘集清真寺	刘集乡	始建于清光绪年间（1875~1908年）。1958年被拆除。1978年重建。现有教民900户，4500余人，为保安、回等民族。现有教长为余胡赛尼。
	陶家清真寺	刘集乡陶家村	创建于民国十一年（1922年）。“文革”中被拆除。1981年重建。现有教民140户，700余人，均为回族。
	大湾清真寺	乔平村	始建于清末。现有教民93户，约600人，均为回族。现有教长为张成云。
	桥头清真寺	扎藏乡桥头村	始建于清初。1980年重建。现有教民约90户，600余人，均为回族。现有教长为安永祥。
甘南州	合作清真大寺	合作镇甲科街	创建于民国二十八年（1939年）。民国三十七年（1948年）改建。1978年被拆毁。1980年扩建。现有教民800多户，4000余人。现有教长为韩文耀。
	合作粮站山清真寺	合作镇西山坡	创建于1978年。现有教民约500户，2500人。现有教长为马努海。
	合作清真西寺	合作镇人民东街	创建于民国三十八年（1949年）。“文革”中被拆毁。1978年后陆续重建。现有教民340户，1500余人，大多为回族。现有教长为刘生华。

续表

区　域	寺院名称	寺　址	历史沿革与概况
夏河县	拉卜楞清真寺	拉卜楞镇上嗒哇街	始建于清咸丰四年（1854年）。光绪十九年（1893年）、民国九年（1920年）和民国二十五年（1936年）三次重修。1958年被关闭。“文革”中被拆毁。1981年重建。现有教长为马继贤。
	完尕滩清真寺	王格尔塘乡街道	创建于民国三十四年（1945年）。“文革”中被拆毁。1987年重修。现有教民104户，496人。其中大多为回族，另有撒拉、东乡、保安族10余户。现有教长为马阿不都。
	达麦店清真寺	达麦乡	创建于民国二十九年（1940年）。1958年被拆除。1979年重建。现有回族60余户，291人。现有教长为苟穆洒。
	洒索麻清真寺	王格尔塘乡洒索玛村	约建于清光绪三十年（1904年前后）。“文革”中被拆毁。1982年重建。现有教民38户，150人，均为回族。现有教长为丁世林。
	木竹沟清真寺	曲奥乡木竹沟村	创建于民国二十五年（1936年）。“文革”中遭毁坏。1991年重修。现有教民约30户，150人，均为回族。现有教长为铁尤努斯。
	美武清真寺	佐盖曼玛乡加科村	创建于民国十七年（1928年）。民国二十八年（1939年）、三十五年（1946年）两次扩修。1968年被拆毁。1981年重建。现有教民20余户，100多人。
	阿木去乎清真寺	阿木去乎乡加科村	始建于清宣统元年（1909年）。1962年被关闭。1967年被拆毁。1984年迁到现址重建。现有教民200户，630余人，分属回族、撒拉族、东乡族。
	博拉清真寺	博拉岁加科村	始建于清咸丰二年（1853年）。“文革”中被关闭，后又遭拆毁。1983年重建。现有教民264人，均为回族。现有教长为马合表提。
卓尼县	下甘藏清真寺	申藏乡下甘藏村	始建年代不可考。民国三十七年（1948年）重建。1966年被拆毁。1982年重修。1983年增建。现有教民约50户，250人，均为回族。现有教长为张德明。
碌曲县	郎木寺清真寺	加科村	始建年代不详。“文革”中被拆毁。1980年重建。现有教民42户，226人，均为回族。现有教长为马由四夫。
	西仓清真寺	西仓乡	始建于清光绪五年（1878年）。“文革”中被拆毁。1981年重建。现有教民66户，300余人。
临潭县	清真南大寺	城关镇	创建于民国三十四年（1945年）。1958年被关闭。“文革”中被拆毁。1983年重建。现有教民300多户，1800余人。现有教长为马学礼。
	清真华大寺	城关镇城内	始建于明朝洪武十三年（1380年）。清康熙二十四年（1685年）重建。同治年间（1862～1873年）再建。民国元年（1912年）重修。民国十八年（1929年）遭焚毁。民国二十七年（1938年）重修。1968年被拆除。1984年重建。现有教民900多户，6000余人。现有教长为韩哈三。

续表

区　域	寺院名称	寺　址	历史沿革与概况
临潭县	清真上寺	城关镇城内北街	始建于明洪武十三年（1380年）。清康熙二十三年（1685年）重修。民国三年（1914年）毁于兵火。民国九年（1920年）重建。民国十八年（1929年）又遭焚毁。民国三十三年（1944年）重建。“文革”中被拆毁。1984年重建。1990年扩修。现有阿訇5人，信教群众850户，4000余人。现有教长为马启文。
	清真西大寺	城关镇	属西道堂。始建于清光绪十六年（1890年）。民国三年（1914年）毁于兵火。民国十一年（1922年）重修，始称“清真西大寺”。民国十八年（1929年）再毁于战乱。民国二十九年（1940年）再次重建。民国三十三年（1944年）重建大殿。1968年又遭拆毁。1980年重建。现有教民600多户，3000余人。现有教长为敏生光。1956年被列为一级文物保护单位。
	清真老南寺	城关镇	又名“尕南寺”。创建于民国三年（1914年）。后毁于战乱。不久重建。民国十八年（1929年）又毁于兵乱。20世纪30年代再建。“文革”中被拆毁。1986年重建。现有满拉5人。现有教长为马世英。
	苏家庄子清真寺	城关镇苏家庄子	始建于明洪武十三年（1380年）。民国十八年（1929年）毁于兵乱。民国二十一年（1932年）重建。“文革”中被占用。1987年重修。
	左拉清真寺	城关镇左拉村	始建于明洪武年间（1368~1398年）。民国三年（1914年）毁于兵乱。次年重建。民国十八年（1929年）又遭焚毁。民国三十年（1941年）重修。“文革”中被拆除。1985年重建。现有教民43户，230多人。现有教长为苏三娃子。
	范家嘴清真寺	城关镇范家嘴村	据传始建于明洪武年间（1368~1398年）。民国三年（1914年）毁于火。民国六年（1917年）重修。民国十八年（1929年）又毁于兵乱。民国二十八年（1939年）修复。“文革”中被拆除。1980年重建。现有教民100多户，500多人。
	卓洛清真西寺	卓洛乡卓洛村	始建于清末民初。民国三十四年（1945年）重建。“文革”中被拆毁。1988年重建。现有教长为敏生隆。
	卓洛清真上寺	卓洛乡卓洛村	原属卓洛清真南寺。1979年从南寺中分出另行建寺。1982年新建大殿。1988年扩建。现有教长为马奴仁。
	卓洛清真南寺	卓洛乡卓洛村	始建于明洪武年间（1368~1398年）。民国三十五年（1946年）迁到河滩西面重建。1954年又迁到现址重建。1958年被拆毁。1981年重建。现有教民140多户，700多人。现有教长为马万寿。
	八木泉清真寺	古战乡八木泉村	创建于民国二十四年（1935年）。民国三十四年（1945年）改建。“文革”中被拆毁。1987年重建。现有教民27户，均为回民。

续表

区　域	寺院名称	寺　址	历史沿革与概况
临潭县	扎乍清真寺	术布多扎乍村	相传创建于清光绪初年（1874年）。民国二十九年（1940年）重修。1958年被拆除。1985年后陆续重建。现有教长为丁光录。
	尕路田清真寺	古战乡尕路田村	始建年代不详。民国十八年（1929年）毁于兵乱。民国三十二年（1943年）重建。1959年被占用。1990年迁到现寺址重建。现有教民 21户，102人，均为回族。现有教长为丁全德。
	下藏清真寺	古战乡下藏村	相传创建于明代。民国十八年（1929年）毁于兵乱。1954年迁址重建。1958年被占用。1987年迁到现址重建。1990年改建。现有教民40多户。现有教长为张勺卜。
	甘尼清真寺	古战乡甘尼村	相传始建于明代。民国二十四年（1935年）重修。1953年再修。1958年被拆除。1983年重建。现有回民67户，属北庄拱北。
	甘尼清真采寺	古战乡甘尼村	创建于1989年。1990年4月临潭县政府正式批准开放。现有满拉3名。
	普藏什清真寺	术布乡普藏什村	始建于清康熙年间（1662～1722年），民国十八年（1929年）毁于变乱。民国二十四年（1935年）重修。不久又毁于火。后重修。1958年被占用。“文革”中被拆毁。1983年重建。现有教长为马乙儿古。
	敏家嘴清真寺	长川乡敏家嘴村	始建于明永乐三年（1405年）。明末清初分离为清真上寺和下寺。民国十八年（1929年）两寺均毁于变乱。民国二十七年（1938年）重修。1958年被占用。1966年被拆毁。1982年重建。1988年、1989年两次扩建。现有教民100多户，600多人，均为回族。现有教长为敏成智。
	塔那清真寺	长川乡塔那村	始建于清末民初。民国十八年（1929年）毁于兵乱。民国二十三年（1934年）重修。民国三十七年（1948年）扩建。1958年被占用。“文革”中被拆毁。1989年重建。现有教长为马永祥。
	沙巴清真寺	长川乡沙巴村	始建年代无考。民国十八年（1929年）毁于兵乱。民国二十四年（1935年）重建。1953年扩建。1958年被占用。“文革”中被拆毁。1987年重建。现有教民33户，165人，均为回族。现有教长为艾布阿訇。
	马牌清真寺	长川乡马牌村	始建年代不详。民国三年（1914年）重修。民国十八年（1929年）毁于兵乱。民国二十三年（1934年）复修。1958年被占用。1968年被拆除。1980年重建。现有62户，286人，均为回族。现有教长为阿卜杜拉。
	长川清真东寺	长川乡长川村	始建于明代。民国十八年（1929年）毁于变乱。民国 二十二年（1933年）重修。1958年被占用。1968年被拆毁。1981年重建。1990年扩建。全村227户人中，回族约占50%。现有教长为王志新。

续表

区域	寺院名称	寺址	历史沿革与概况
临潭县	长川清真西寺	长川乡长川村	始建于清光绪年间（1874~1908年）。民国十八年（1929年）毁于变乱。民国三十六年（1947年）重建。1967年被拆除。1990年重建大殿。现有教民54户，278人，均为回族。现有教长为丁文耀。
	太平清真东寺	羊永乡太平村	始建于清末民初。民国十八年（1929年）毁于变乱。1955年重建。"文革"中遭拆毁。1988年重建。现有教民90多户，450多人。现有教长为黎文德。
	太平寨清真西寺	羊永乡大平村	创建于民国二十一年（1932年）。民国三十六年（1947年）重修。1966年被拆毁。1987年重建。现有教长为丁林。
	红山清真寺	流顺乡红山村	始建于明洪武年间（1368~1398年）。民国十八年（1929年）毁于变乱。民国二十五年（1936年）重修。1958年被拆除。1986年重修。1988年增修。现有教长为敏做儿提。
	新城西门清真寺	新城乡西门村	原名"北庄清真大寺"。始建于明洪武十二年（1379年）。民国三年（1914年）遭焚毁。后重建。民国十八年（1929年）毁于变乱。民国二十三年（1934年）复修。1958年被占用。"文革"中遭拆毁。1988年重建。现有教民300多人，均为回族。现有教长为海玉亭。
	汪家嘴清真寺	流顺乡汪家嘴村	始建于明洪武十三年（1380年）。民国十八年（1929年）毁于变乱。民国二十一年（1932年）重修。1968年被拆毁。1984年重建。现有教长为韩文耀。
	新城南门河清真寺	新城乡南门河村	原称"西门小寺"，始建于明永乐二年（1404年）。清末民初重建。民国十八年（1929年）毁于变乱。民国二十二年（1933年）重建。1954年扩建。1958年被占用。"文革"中遭拆毁。1981年重建。现有教民1100多人。现有教长为丁维忠。
	丁家庄清真寺	新城乡丁家庄	始建于明洪武年间（1368~1398年）。民国十八年（1929年）毁于变乱。民国二十二年（1933年）重建。1958年被拆除。1987年重建。现有教民20余户，均为回族。现有教长为丁散儿提。
	哈强滩清真寺	扁都乡哈两滩村	始建于清初，具体时间不可考。民国十八年（1929年）毁于变乱。民国二十五年（1936年）重建。1958年被拆毁。1978年重建。1987年增修。现有29户，130人，均为回族。现有学董为敏成秀。
	敏家清真寺	三岔乡敏家村	始建于清光绪年间（1874~1908年）。民国十八年（1929年）毁于变乱。民国二十二年（1933年）重修。1958年被拆除。1962年移址重建。"文革"中被拆毁。1988年迁回原址重建。现有学董为敏而力。
	太平清真上寺	羊永乡太平村	始建于明洪武年间（1368~1398年）。民国十七年（1928年）毁于变乱。后重修。1987年迁到现址重建。现有学董为张建功。

续表

区　域	寺院名称	寺　址	历史沿革与概况
临潭县	拉直清真寺	古战乡拉直村	始建年代不详。民国十八年（1929年）毁于变乱。民国三十五年（1946年）重修。1958年被占用。1981年重修。现有教民116户，600多人，均为回民。
康乐县	洼下阴洼清真寺	虎关乡洼下村	创建于1980年。现有教民158户，1065人，均为回族。现有教长为穆罕默德·马明正。
	洼下阳洼清真寺	虎关乡洼下村	始建年代不详。现有教民114户，688人，均为回族。现有教长为买色吾吉·马国强。

（九）青海省（8座）

区　域	寺院名称	寺　址	历史沿革与概况
门源县	浩门南关清真寺	浩门镇南关	始建于清雍正十二年（1734年）。清咸丰、同治年间（1851～1873年）毁于兵火。后重修。光绪二十一年（1895年）再次被焚毁。民国十一年（1922年）重建。1985年修缮扩建。
	沙河清真寺	旱台乡沙河村	始建于清末。民国四年（1915年）扩建。“文革”中遭毁坏。1980年后陆续修缮。现有教民270户，1350人，均为回族。现有教长为巴提学。
格尔木市	格尔木清真寺	金峰路	创建于1985年。现有教民1000多人，有回、撒拉、保安、东乡、哈萨克等族。现有教长为韩有刚。
都兰县	中庄清真寺	香日德镇中庄	创建于民国三十六年（1947年）。1958年被拆除。1981年重建。
同仁县	隆务清真寺	隆务镇	始建于清光绪八年（1882年）。民国十二年（1923年）和民国三十年（1941年）两次扩建。
乌兰县	希里沟清真寺	希里沟镇	始建于民国十四年（1925年）。1949年遭焚毁。1983年重建。
尖扎县	康家清真寺	康杨镇西侧	黄南藏族自治州现存最早的清真寺。始建于明永乐十六年（1418年）。“文革”中被拆毁。1981年重修扩建。现有阿訇3人，满拉26人。
隆务县	隆务清真寺	镇隆务街南头	始建于清光绪八年（1882年）。民国十二年（1923年）、三十年（1941年）两度扩建。

（十）宁夏回族自治区（319座）

区　域	寺院名称	寺　址	历史沿革与概况
银川市	新华清真寺	玉皇阁南街市场巷	创建于民国三十七年（1948年）。1958年被关闭。1980年重修。1991年迁到现址重建。现有教民50多户，260多人，均为回族。现有教长为纳创业。
	双渠口清真大寺	新城双渠口路	创建于民国八年（1919年）。“文革”中被拆除。1980年后陆续重修。1991年扩建。现有教民600多户，2700多人，均为回族。现有教长为杨发明。

续表

区 域	寺院名称	寺 址	历史沿革与概况
银川市	盈北清真寺	新城西街火车站南	创建于民国十三年（1924年）。1958年被拆除。1979年后陆续重建。1987年增建。现有教民近300户，1700余人。现有教长为何金礼。
	新城南门清真寺	新城满城南路	始建于清代，具体时间不详。民国25年（1936年）扩建。"文革"中被拆毁。1980年复建。1993年迁到现址重建。现有教长为余崇仁。
	西关清真大寺	西桥唐徕小区	始建于清康熙二十六年（1687年）。后经多次整修扩建，至光绪二年（1876年）形成大寺。1958年被关闭。"文革"中被拆除。1980年后陆续重建。现有教民300余户，1200多人，均为回族。现有教长为谢生林。
	光华门清真寺	红花乡光华村	创建于1985年5月。1993年扩建。现有教民120多户，620多人，均为回族。现有教长为吴生祥。
	北关清真寺	中山北街	始建于清乾隆五十三年（1788年）。民国23年（1934年）重建。1958年被占用。"文革"中被拆毁。1980年后陆续修复。现有教民约500户，2000多人，均为回族。现有教长为马万国。
	塔桥清真寺	大新乡塔桥村	始建于清光绪三十四年（1908年）。"文革"中遭毁坏。1980年重修。现有教民238户，903人，均为回族。现有教长为马志忠。
	北塔清真寺	红花乡北塔村	创建于民国十七年（1928年）。1958年被关闭。"文革"中被拆除。1979年后陆续重建。现有教民100多户，400多人，均为回族。现有教长为季国斌。
	罗家庄清真寺	高新技术开发区罗家庄	创建于民国二十四年（1935年）。1958年被关闭。"文革"中被拆除。1981年重建。现有教民200余户，1000多人，均为回族。现有教长为马兆贵。
	园化清真寺	新市区北京西路	创建于1987年。现有教民约300户，1200余人，主要为回族，另有一户为东乡族。现有教长为田丰玺。
	银丰清真寺	郊区银新乡	创建于民国二十二年（1933年）。1958年及"文革"中被关闭。1978年后陆续修复开放。1992年重建。现有教民184户，840人，均为回族。现有教长为谢光荣。
	新市区清真寺	新市区	创建于1986年。现有教长为冯学录。
	西门桥清真寺	高新开发区	创建于1982年。现有教民210户，1200余人。现有教长为杨振中。
	芦草洼清真寺	文昌南路	创建于1989年。现有教民近百户。
永宁县	李俊清真寺	李俊镇	始建于清宣统二年（1910年）。"文革"中被拆毁。1978年后修复开放。现有教民230户，1875人，均为回族。现有教长为李永林。
	仁存团结清真寺	仁存乡团结村	创建于民国十四年（1925年）。1958年被合并。"文革"中遭拆毁。1981年重建。现有教长为耿学宏。

续表

区域	寺院名称	寺址	历史沿革与概况
永宁县	黄羊滩农场清真寺	黄羊滩农场	创建于1983年。现有教民105户，约400人，均为回族。现有教长为王少凡。
贺兰县	西湖清真寺	丰登乡西湖村	始建于清乾隆三十二年（1676年）。1958年被合并。“文革”中被拆除。1981年重建。1985年翻修。现有教民450户，1260人，均为回族。现有教长为杨登礼。
石嘴山市	大武口清真寺	游艺街	创建于1980年。现有教民835户，4125人，均为回族。现有教长为马义德。
	石炭井清真寺	跃进街	创建于20世纪80年代初。1992年重建。现有教民600多户，3000多人，均为回族。现有教长为马占礼。
	新街清真寺	石嘴山区新街	创建于1989年。现有教民113户，约700人，均为回族。现有教长为丁吉珍。
	白芨沟清真寺	白芨沟煤矿	创建于1981年。现有教民370户，2000余人，均为回族。现有教长为王树森。
平罗县	渠口东大寺	渠口乡何家桥村	始建于清乾隆五十四年（1789年）。“文革”中被关闭。1980年重建。现有教民780户，3500余人，均为回族。现有教长为杨秉成。
	通伏堡清真大寺	通伏乡通伏村	始建于清道光二十一年（1841年）。“文革”中被关闭。1980年重建。现有教民约500户，2000多人，均为回族。现有教长为谢天玺。
	中闸子清真寺	灵沙乡东润村	创建于民国八年（1919年）。“文革”中被拆毁。1980年重建。现有教民150户，750人，均为回族。现有教长为吴忠诚。
陶乐县	红崖子清真寺	红崖子乡大柳树村	创建于民国十七年（1928年）。“文革”中被拆除。1980年重建。现有教民109户，560余人，均为回族。现有教长为田丰喜。
	上八顷清真寺	高仁镇上八顷村	始建于清光绪十二年（1886年）。“文革”中被关闭。1979年重建。现有教民246户，1470余人，均为回族。现有教长为马孝。
惠农县	永屏清真寺	礼和乡永屏村	创建于民国五年（1916年）。“文革”中被拆除。1979年重建。现有教民约300户，1800余人，均为回族。现有教长为马成章。
吴忠市	清真北大寺	利通北街	始建于清光绪十九年（1893年）。“文革”中被关闭。1980年重建。1983年、1992年两次扩修。现有教民约900户，5000多人，均为回族。现有教长为金生玉。
	清真南大寺	利通南街51号	始建于清光绪七年（1881年）。民国六年（1917年）重建大殿。“文革”中被关闭。1979年后修复开放。现有教民约420户，1700多人，均为回族。现有教长为马生民。市级重点文物保护单位。
	清真西大寺	民生街民生巷	创建于民国十五年（1926年）。民国三十三年（1944年）扩修。1958年被合并。1985年重建。现有教民150多户，800余人，均为回族。现有教长为马生义。

续表

区　域	寺院名称	寺　址	历史沿革与概况
吴忠市	清真东大寺	民乐东街七条巷	创建于民国二十三年（1934年）。1958年被合并，后遭拆除。1984年重建。现有教民约300户，1500余人，均为回族。现有教长为王国良。
	何家巷道清真大寺	板桥乡高家湖村	始建于清光绪初年（1874年）。1958年被占用。"文革"中被拆除。1980年重建。1986年扩建。现有教民约400户，2000余人，均为回族。现有教长为闵登俊。
	东沟湾东大寺	杨马湖乡东沟湾村	始建于清宣统元年（1909年）。民国十五年（1926年）扩建。1958年被占用。"文革"中被拆毁。1979年后陆续重修。现有教民241户，1400余人，均为回族。现有教长为王举。
	黄家庄台清真寺	上桥乡花寺村	创建于1982年。现有教民74户，470余人，均为回族。现有教长为马立忠。
	清真新花寺	上桥乡花寺村	始建于清光绪十七年（1891年）。民国十三年（1924年）扩修。1958年被占用。"文革"中被拆除。1980年后陆续重建。1989年翻修扩建。现有教民48户，350人，均为回族。现有教长为马立勋。
	马家高庄清真大寺	汉渠乡团庄村	始建于清光绪年间（1874~1908年）。"文革"中被拆毁。1980年重建。现有教民200户，1050人，均为回族。现有教长为马占军。
	团庄清真西大寺	汉渠乡团庄村	创建于民国元年（1912年）。1958年被合并。"文革"中被拆除。1981年重建。现有教民250户，1200余人，均为回族。现有教长为马存义。
	团庄清真东寺	汉渠乡团庄村	始建于清光绪九年（1883年）。"文革"中被拆除。1983年重建。现有教民40户，200余人，均为回族。现有教长为杨秉均。
	王国稍清真寺	上桥乡花寺村	始建于清光绪二十九年（1903年）。民国三年（1914年）扩修。1958年被合并。"文革"中被拆除。1980年重建。现有教民330户，1700余人，均为回族。现有教长为丁彦。
	毛庄子清真寺	高闸乡周闸村	始建于清同治年间（1862~1873年）。"文革"中被拆除。1980年重建。现有教民200余户，约1200人，均为回族。现有教长为马兆林。
	吴家清真寺	上桥乡瓜儿渠村	创建于民国二十九年（1940年）。1958年被合并。"文革"中遭拆毁。1982年重建。现有教民97户，510多人，均为回族。现有教长为马金文。
	大院子清真寺	秦渠乡大院子村	始建于清光绪九年（1883年）。民国三十四年（1945年）重修。"文革"中被拆毁。1980年重建。现有教民120余户，600余人，均为回族。现有教长为丁学军。
	唐滩清真寺	陈袁滩乡唐滩村	创建于1956年。1958年被合并。"文革"中被拆除。1980年重建。现有教民100多户，500余人，均为回族。现有教长为杨生胜。

续表

区　域	寺院名称	寺　址	历史沿革与概况
吴忠市	响渣子沟清真寺	东塔乡清水沟村	始建于清末，具体年代不详。1958年被关闭。"文革"中遭拆毁。1984年重建。现有教民约250户，1300多人，均为回族。现有教长为纪建其。
青铜峡市	连湖清真南寺	连湖农场	创建于1984年。现有教民120户，约500人，均为回族。现有教长为杨伏成。
	高家滩清真寺	余桥村高家滩	始建于清光绪五年（1879年）。"文革"中被关闭。1979年重建。现有教民150户，1100多人，均为回族。现有教长为马生义。
	铝厂清真寺	青铜峡铝厂	创建于1989年。现有教民500户，约3500人，均为回族。现有教长为张贵林。
灵武县	关渠北清真寺	郝家桥乡关渠村	始建于清光绪五年（1879年）。1958年被占用。"文革"中遭毁坏。1982年扩修。现有教民120户，700余人，均为回族。现有教长为李学师。
中宁县	唐圈清真东寺	唐圈村	创建于1985年。现有教民36户，144人，均为回族。现有教长为黄海东。
	西沙窝清真寺	西沙窝村	创建于1988年。现有教民48户，192人，均为回族。现有教长为杨穆洒。
盐池县	惠安堡清真大寺	惠安堡镇南街	始建于清光绪三十一年（1905年）。"文革"中被拆毁。1980年重建。现有教民249户，1135人，均为回族。现有教长为马旭伏。
中卫县	东关清真寺	城镇东关村	始建于民国二十三年（1934年）。"文革"中被关闭。1980年重修。1984年重新翻建。现有教民25户，125人，均为回族。现有教长为马长清。
	莫家楼清真寺	柔远乡莫家楼村	创建于民国二十五年（1936年）。1958年被占用。"文革"中被拆毁。1986年重建。现有教民31户，183人，均为回族。现有教长为杨吉儒。
同心县	清真中大寺	同心镇东南	创建于民国元年（1912年）。"文革"中被拆除。1984年重建。1986年大修。1992年扩建。现有教民428户，2448人，均为回族。现有教长为锁成忠。
	北街清真寺	同心县城北街	创建于民国十二年（1923年）。"文革"中被拆毁。1980年迁到现址重建。现有教民450户，2250人，均为回族。现有教长为沙德清。
	老南清真寺	县城西街	创建于民国六年（1917年）。1968年被拆毁。1987年重建。现有教民152户,765人,均为回族。现有教长为田希平。
	伊光清真寺	县城北街	创建于1989年。现有教民140户，700多人，均为回族。现有教长为纪玉清。
	桥南清真寺	城关乡桥南村	始建于清宣统二年（1911年）。"文革"中被拆除。1987年重建。现有教民75户，395人，均为回族。现有教长为马世福。
	清真东大寺	东大街	始建于清光绪八年（1882年）。1968年被拆毁。1981年重建。1989年扩建。现有教民120户，600多人，均为回族。现有教长为马孝龙。

续表

区 域	寺院名称	寺 址	历史沿革与概况
同心县	果园清真寺	城关镇	始建年代不详。1968年被拆毁。1985年重建。现有教长为马良海。
	中心清真寺	县城西大街	创建于1987年。1993年扩建。现有教民55户，275人，均为回族。现有教长为杨万林。
	怀恩清真寺	同心镇南	创建于1988年。现有教民110户，550人，均为回族。现有教长为毕玉祥。
	清真女寺	县城西街	创建于1990年。现有女寺管理委员12人。现有教长为黑保仁。
	西街清真寺	西街	创建于民国元年(1912年)。1968年被拆毁。1980年重建。现有教民405户,2505人,均为回族。现有教长为张建生。
	东街清真寺	同心镇园艺村	创建于1990年。现有教民215户，1075人，均为回族。现有教长为罗官。
	清真小寺	同心镇银西	约建于明初。后屡有毁建。1967年被拆毁。1995年迁到现址重建。现有教长为王穆沙尔。
	园艺清真寺	园艺村	创建于1983年。现有教民55户，275人，均为回族。现有教长为周俊强。
	城北清真寺	县城北	创建于1989年。现有教民92户，550余人，均为回族。现有教长为马自清。
	金家井清真大寺	城关乡金家井村	创建于清光绪十五年（1889年）。1958年被合并。“文革”中被拆除。1980年重建。现有教民66户，近400人，均为回族。现有教长为韩兴会。
	金家井清真小寺	城关乡金家井	创建于1981年。现有教民23户，145人，均为回族。现有教长为韩兴惠。
	李家庄清真寺	城关乡金家井	创建于1986年。现有教民35户，200余人，均为回族。现有教长为马占良。
	湾段头清真寺	城关乡湾段头村	创建于1954年。1958年被合并。“文革”中被拆毁。1981年重建。现有教民413户，2130余人，均为回族。现有教长为马万礼。
	湾段头清真南寺	城关乡湾段头	创建于1983年。现有教民50户，300余人，均为回族。现有教长为马成太。
	湾段头清真北寺	城关乡湾段头	创建于1986年。现有教民300户，1900余人，均为回族。现有教长为马明礼。
	杨家井清真寺	城关乡杨家井村	创建于民国三十一年（1942年）。1958年被占用。“文革”中被拆毁。1981年重建。现有教民50户，350余人，均为回族。现有教长为马英华。
	沙嘴城清真寺	城关乡沙嘴城村	创建于民国三十六年（1947年）。1958年被占用。“文革”中被拆毁。1983年重建。现有教民43户，330余人，均为回族。现有教长为杨金祥。
	八坊清真寺	城关乡八坊村	创建于民国二十七年（1938年）。1958年被占用。“文革”中被拆毁。1981年重建。现有教民67户，378人，均为回族。现有教长为杨登第。

续表

区　域	寺院名称	寺　址	历史沿革与概况
同心县	康家湾清真上寺	窑山乡康家湾村	创建于民国十七年（1928年）。1958年被合并。“文革”中被拆毁。1981年重建。现有教民190户，1156人，均为回族。现有教长为康义录。
	深沟清真寺	窑山乡深沟村	创建于民国三十二年（1943年）。1958年被占用。“文革”中被拆毁。1980年重建。现有教民182户，1188人，均为回族。现有教长为马光荣。
	石塘岭清真寺	窑山乡石塘岭村	创建于民国三十年（1941年）。“文革”中被关闭。1980年重建。现有教民127户，800余人，均为回族。现有教长为马良俊。
	韦州清真北寺	韦州镇	创建于1985年。现有教民350户，1000余人，均为回族。现有教长为杨生贵。
	北郊清真寺	韦州镇	创建于1985年。现有教民150户，650余人，均为回族。现有教长为苏泽林。
	西梁清真寺	韦州镇	创建于1981年。现有教民400户，1830余人，均为回族。现有教长为孙三云。
	老坟茔清真寺	韦州镇南门村	创建于1983年。现有教民50户，250余人，均为回族。现有教长为买希贵。
	高窑子清真寺	韦州镇石峡村	创建于民国十年（1921年）。1958年被占用。“文革”中被拆毁。1979年重建。现有教民21户，130余人，均为回族。现有教长为苏厚明。
	马庄子清真寺	韦州镇马庄村	创建于民国十年（1921年）。1958年被占用。“文革”中被拆毁。1982年重建。现有教民86户，430余人，均为回族。现有教长为马学军。
	泉脑清真寺	韦州镇河湾村	创建于民国十七年（1928年）。1958年被占用。“文革”中被拆毁。1983年重建。现有教民300户，1520人，均为回族。现有教长为苏彦俊。
	蔡庄子清真寺	韦州镇周新村	始建于清光绪五年（1879年）。1958年被占用。“文革”中被拆毁，1980年重建。现有教民55户，290人，均为回族。现有教长为马金明。
	东坟清真寺	韦州镇南门村	创建于1986年。现有教民30户，130余人，均为回族。现有教长为买义忠。
	红沟窑清真寺	韦州镇	创建于民国七年（1918年）。1958年被占用。“文革”中被拆毁。1981年重建。现有教民36户，220人，均为回族。现有教长为苏占祥。
	买家河湾清真寺	韦州镇	创建于1956年。1958年被占用。1980年重建。现有教民45户，250人，均为回族。现有教长为梁少军。
	王户台清真寺	韦州镇	始建于清光绪十六年（1890年）。“文革”中被关闭。1981年重建。现有教民246户，1230人，均为回族。现有教长为杨培德。
	周新庄清真寺	韦州镇周新庄村	创建于民国三年（1914年）。“文革”中被拆毁。1981年重建。现有教民57户，360余人，均为回族。现有教长为海宗孝。

续表

区域	寺院名称	寺址	历史沿革与概况
同心县	西坟茔清真寺	韦州镇河湾村	始建于清光绪十五年（1889年）。1958年被占用。“文革”中被拆毁。1983年重建。现有教民180户，900余人，均为回族。现有教长为苏洪亮。
	马家坟茔清真寺	韦州镇南门村	创建于民国十一年（1922年）。1958年被占用。“文革”中被拆毁。1982年重建。现有教民344户，1720余人，均为回族。现有教长为马兴忠。
	海家坟茔清真寺	韦州镇南门村	创建于1985年。现有教民30户，150余人，均为回族。现有教长为苏永斋。
	可可川清真寺	韦州镇石峡村	创建于民国七年（1918年）。1958年被占用。“文革”中被拆除。1982年重建。现有教民53户，350余人，均为回族。现有教长为马少贵。
	北关村清真寺	下马关乡北关村	创建于1952年。1958年被占用。“文革”中被拆除。1979年重建。现有教民120户，600余人，均为回族。现有教长为马占虎。
	西沟清真寺	下马关乡西沟村	始建于清道光十六年（1836年）1958年被占用。“文革”中被拆除。1980年重建。现有教民103户，630余人，均为回族。现有教长为王玉三。
	南关村清真寺	下马关乡南关村	创建于民国十一年（1922年）。“文革”中被拆除。1980年重建。现有教民261户，1486人，均为回族。现有教长为康连成。
	梨花嘴清真寺	孙家垣乡梨花嘴村	创建于民国十五年（1926年）1958年被占用。“文革”中被拆除。1980年重建。现有教民72户，400余人，均为回族。现有教长为马如科。
	豫旺清真中寺	豫旺乡豫旺村	创建于民国九年（1920年）。1958年被占用。“文革”中被拆除。1981年重建。现有教民92户，500余人，均为回族。现有教长为海常佩。
	豫旺清真南大寺	豫旺乡豫旺村	创建于民国十一年（1922年）。1958年被占用。“文革”中被拆除。1986年重建。现有教民196户，1130余人，均为回族。现有教长为沙得清。
	豫旺清真西大寺	豫旺乡豫旺村	始建于清代，具体时间不详。1958年被占用。“文革”中被拆除。1992年重建。现有教民38户，185余人，均为回族。现有教长为锁少文。
	豫旺清真北大寺	豫旺乡豫旺村	据传始建于明永乐年间（1430~1424年）。清光绪二十六年（1900年）改为关帝庙。民国十七年（1928年）毁于火。民国十九年（1930年）修复。“文革”中被拆除。1981年重建。现有教民187户，1118余人，均为回族。现有教长为宝文玉。
	李家洼子清真寺	豫旺乡李家洼子村	创建于民国二十五年（1936年）。“文革”中被拆除。1982年重建。现有教民48户，248余人，均为回族。现有教长为李得贵。
	虎进沟清真寺	王团乡虎进沟	创建于1988年。现有教民32户，165人，均为回族。现有教长为李进龙。

续表

区　域	寺院名称	寺　址	历史沿革与概况
同心县	王团清真南寺	王团乡王家团庄村	创建于民国二十二年（1933年）。“文革”中被关闭。1980年重建。现有教民117户，684余人，均为回族。现有教长为王进彪。
	王团清真北大寺	王团乡王家团庄村	创建于民国十四年（1925年）。1958年被占用。“文革”中被拆除。1981年重建。现有教民54户，325余人，均为回族。现有教长为金辉璧。
	张家湾清真寺	王团乡张家湾村	创建于民国三年（1914年）。1958年被占用。1959年被拆除。1980年重建。现有教民92户，446人，均为回族。现有教长为海宗孝。
	虎家记湾清真寺	王团乡虎家记湾村	创建于民国二十二年（1933年）。“文革”中被关闭。1981年重建。现有教民102人，594人，均为回族。现有教长为虎正科。
	马家洼清真寺	王团乡马家套子村	创建于民国十年（1921年）。1958年被占用。1981年重建。现有教民137户，700余人，均为回族。现有教长为马忠全。
	骆驼崾岘清真寺	羊路乡骆驼崾岘村	创建于1953年。1958年被占用。“文革”中被拆除。1982年重建。现有教民160户，820余人，均为回族。现有教长为李伏贵。
	吊堡子清真寺	羊路乡吊堡子村	创建于民国九年（1920年）。1958年被占用。“文革”中被拆除。1980年重建。现有教民193户，1130余人，均为回族。
	周家高岭清真寺	高岭村	创建于民国三十年（1941年）。“文革”中被拆毁。1980年重建。现有教民150户，750余人，均为回族。现有教长为周进兴。
	马家塘清真寺	马家塘村	创建于民国四年（1915年）。“文革”中被拆毁。1982年重建。现有教民95户，475人，均为回族。现有教长为马光荣。
	湾路拐子清真寺	碱台子村	创建于1956年。1958年被占用。1981年重建。现有教民28户，150余人，均为回族。
	温家滩清真寺	碱台子村	创建于1950年。1958年被占用。1980年重建。现有教民27户，165人，均为回族。
	碱台子清真寺	碱台子村	创建于1956年。1958年被占用。1981年重建。现有教民64户，300余人，均为回族。
	周家沟清真寺	周家沟村	创建于1956年。1958年被占用。“文革”中被拆毁。1982年重建。现有教民48户，近300人，均为回族。现有教长为李成星。
	上庄子清真寺	上庄子村	始建于清宣统二年（1910年）。1958年被占用。“文革”中被拆毁。1981年重建。现有教民85户，近500人，均为回族。现有教长为马文。
	北沿沟清真寺	北沿沟村	创建于民国三十三年（1944年）。1958年被占用。1980年重建。现有教民80户，540余人，均为回族。现有教长为金自励。

续表

区　域	寺院名称	寺　址	历史沿革与概况
同心县	下庄子清真寺	下庄子村	创建于1957年。“文革”中被拆毁。1980年重建。现有教民65户，400余人，均为回族。现有教长为杨增安。
	田家套子清真寺	田家套子村	创建于民国二十五年（1936年）。1958年被占用。1980年重建。现有教民37户，257人，均为回族。现有教长为马志清。
	杨家庄子清真寺	杨家庄村	创建于1953年。1958年被占用。1980年重建。现有教民62户，近400人，均为回族。现有教长为杨占元。
	贺家口子清真寺	贺家口子村	创建于1956年。1958年被占用。1982年重建。现有教民115户，670余人，均为回族。现有教长为贺永廷。
	周段头清真寺	周段头村	创建于1956年。1958年被合并。“文革”中被拆毁。1979年后陆续重建。现有教民150户，900余人，均为回族。现有教长为周进才。
	五丰台清真寺	五丰台村	创建于民国二十三年（1934年）。1958年被合并。“文革”中被拆毁。1981年重建。现有教民128户，836人，均为回族。现有教长为马成珍。
	油坊岭清真寺	油坊岭村	创建于1956年。1958年被合并。“文革”中被拆毁。1980年重建。现有教民32户,165人,均为回族。现有教长为田兴连。
	石坝水清真寺	石坝村	创建于1982年。现有教民33户，190人，均为回族。现有教长为杨庆云。
	杨家塘清真北大寺	丁塘乡杨塘村	始建于清光绪六年（1880年）。1958年被占用。“文革”中被拆毁。1981年重建。现有教民178户，890人，均为回族。现有教长为马守仁。
	杨家河湾清真寺	杨家河湾村	始建于民国九年（1920年）。1958年被占用。“文革”中被拆毁。1980年重建。现有教民211户，1055人，均为回族。现有教长为杨占彪。
	五道岭子清真寺	五道岭村	创建于1991年。现有教民74户，370人，均为回族。现有教长为马万才。
	和单沟清真寺	和单沟村	始建于清光绪元年（1875年）。“文革”中被拆毁。1981年重建。现有教民485户，2755人，均为回族。现有教长为马良国。
	丁家塘清真寺	丁塘乡丁塘村	创建于民国三十年（1941年）。1958年被占用。“文革”中被拆毁。1981年重建。现有教民221户，1105人，均为回族。现有教长为马世邦。
	杨家塘清真寺	丁塘乡杨家塘村	始建于清光绪十年（1884年）。1958年被占用。“文革”中被拆毁。1981年重建。现有教民185户，925人，均为回族。现有教长为白生龙。
	刘家烂沟清真寺	丁塘乡刘家烂沟村	始建于民国三十一年（1942年）。1958年被占用。1981年重建。现有教民31户，192人，均为回族。现有教长为杨正林。
	李家岗子清真寺	丁塘乡李家岗子村	创建于1957年。1958年被占用。“文革”中被拆毁。1981年重建。现有教民184户,962人,均为回族。现有教长为周敬伏。

续表

区　域	寺院名称	寺　址	历史沿革与概况
同心县	河草沟清真寺	丁塘乡河草沟村	始建于清光绪年间（1875~1908年）。1958年被占用。“文革”中被拆毁。1981年重建。现有教民503户，2876人，均为回族。现有教长为马良园。
	河草沟清真南寺	河草沟村	创建于1984年。现有教民63户，369人，均为回族。现有教长为杨建太。
	团结清真寺	丁塘乡团结村	创建于1983年。现有教民42户，256人，均为回族。现有教长为田兴云。
	锁家岔清真寺	田家老庄乡锁家岔村	始建于明初。清乾隆四十九年（1784年）被拆毁。道光、咸丰年间（1821~1861年）重修。1958年被占用。“文革”中被拆毁。1982年重建。现有教民174户，859人，均为回族。现有教长为锁云清。
	拓家红湾清真寺	田家老庄乡马家井村	创建于民国十五年（1926年）。“文革”中遭毁坏。1981年后陆续重修。现有教民92户，522人，均为回族。现有教长为张全海。
	上店湾清真寺	马家井村	创建于1982年。现有教民29户，148人，均为回族。现有教长为锁少清。
	秋家平清真寺	田家老庄乡吴家堡子	创建于民国二十九年（1940年）。1958年被占用。1980年重建。现有教民54户，316人，均为回族。现有教长为康连才。
	马家井清真寺	田家老庄乡马家井村	创建于民国三十年（1941年）。1958年被占用。“文革”中被拆除。1981年重建。现有教民83户，400余人，均为回族。现有教长为马凤海。
	解放新庄清真寺	解放新庄村	创建于1955年。“文革”中被拆除。1980年重建。现有教民88户，530余人，均为回族。现有教长为丁永新。
	白家湾清真寺	白家湾村	创建于1952年。1958年被占用。“文革”中被拆除。1980年重建。现有教民135户，615人，均为回族。现有教长为包学礼。
	阳庄湾清真寺	阳庄湾村	创建于1957年。1958年被占用。“文革”中被拆除。1980年重建。现有教民55户，300余人，均为回族。现有教长为苏贵祥。
	梁家川清真寺	梁家川村	创建于民国二十八年（1939年）。1958年被占用。1980年重建。现有教民60户，326人，均为回族。现有教长为康有海。
	曾家庄清真寺	田家老庄村	创建于民国三十年（1941年）。1958年被占用。1980年重建。现有教民58户，336人，均为回族。现有教长为锁英山。
	上岗清真寺	上岗村	创建于1982年。现有教民28户，143人，均为回族。现有教长为张富岳。
	下岗清真寺	下岗村	始建年代不详。现有教民33户，145人，均为回族。现有教长为田彦林。
	东岭北方清真寺	东岭村	创建于民国二十年（1931年）。“文革”中被拆毁。1981年重建。现有教民79户，近400人，均为回族。现有教长为宠彦俊。

续表

区域	寺院名称	寺址	历史沿革与概况
同心县	左台清真寺	张家台村	创建于1981年。现有教民37户，185人，均为回族。现有教长为顾金平。
	东岭南方清真寺	东岭村	始建年代不详。“文革”中被拆除。1981年重建。现有教民35户，175人，均为回族。现有教长为周彦贵。
	沙崾岘清真寺	沙崾岘村	创建于1957年。“文革”中被拆毁。1981年重建。现有教民45户，276人，均为回族。现有教长为张永生。
	马段头清真寺	马段头村	创建于1953年。“文革”中被拆毁。1980年重建。现有教民41户，166人，均为回族。现有教长为马明德。
	张家沟清真寺	新庄集乡李寨科村	创建于1952年。1958年被占用。“文革”中被拆毁。1980年重建。现有教民100户，558人，均为回族。现有教长为马汉青。
	青山清真寺	新庄集乡青山村	始建于清宣统二年（1910年）。1958年被占用。“文革”中被拆除。1981年重建。现有教民65户，375人，均为回族。现有教长为王世清。
	大滩清真寺	新庄集乡大滩村	创建于民国三十年（1941年）。1958年被占用。“文革”中被拆除。1981年重建。现有教民86户，488人，均为回族。现有教长为张福英。
	李寨科清真寺	新庄集乡李寨科村	创建于1951年。1958年被占用。“文革”中被拆除。1981年重建。现有教民136户，近800人，均为回族。现有教长为王正福。
	文庄子清真寺	新庄集乡文庄子村	创建于民国十三年（1924年）。1958年被占用。1982年重建。现有教民55户，310人，均为回族。现有教长为哈忠宇。
	桃山清真寺	河西桃山村	创建于1986年。现有教民26户，130人，均为回族。现有教长为锁忠孝。
	红旗清真老寺	河西乡红旗村	创建于1982年。现有教民95户，475人，均为回族。现有教长为李福贵。
	红旗清真新寺	河西乡红旗村	创建于1986年。现有教民22户，110人，均为回族。现有教长为马百录。
	新庄子清真寺	河西乡新庄子	创建于1987年。现有教民35户，175人，均为回族。现有教长为锁成龙。
	马家河湾清真寺	马家河湾村	创建于1983年。现有教民168户，1000余人，均为回族。现有教长为马成文。
	老庄清真寺	马家河湾村	创建于1982年。现有教民16户，100余人，均为回族。
	塘坊清真寺	河西乡塘坊村	创建于1982年。现有教民266户，1500余人，均为回族。现有教长为王彦录。
	朝阳清真寺	河西朝阳村	创建于1982年。现有教民161户，1000余人，均为回族。现有教长为马正伏。
	赵华井清真寺	河西赵华井村	创建于1983年。现有教民28户，192余人，均为回族。现有教长为马占昌。

续表

区　域	寺院名称	寺　址	历史沿革与概况
同心县	石坝清真寺	河西石坝村	据传建于清光绪年间（1875～1908年）。1958年被占用。“文革”中遭拆除。1983年重建。现有教民125户，800余人，均为回族。现有教长为杨生成。
	建新清真寺	河西乡建新村	创建于1984年。现有教民178户，1000余人，均为回族。现有教长为杨文海。
	杨河套子清真寺	杨河套子村	创建于1984年。现有教民196户，1100余人，均为回族。现有教长为马占俊。
	良种繁殖场清真寺	良种繁殖场	创建于1986年。现有教民26户，132余人，均为回族。现有教长为康连成。
	农场清真寺	河西乡农场村	创建于1984年。现有教民26户，132余人，均为回族。现有教长为康连成。
	菊花台清真寺	菊花台村	创建于1985年。现有教民35户，175人，均为回族。现有教长为李长福。
	苦水泉子清真寺	纪家乡苦水泉子村	创建于民国三十六年（1947年）。1958年被占用。“文革”中被拆毁。1981年重建。现有教民38户，190人，均为回族。现有教长为马穆沙。
	田家岭新清真寺	田家岭村	创建于1984年。现有教民56户，280余人，均为回族。现有教长为李耀武。
	李家清真寺	纪家乡李家村	创建于民国三十一年（1942年）。1958年被关闭。“文革”中被拆毁。1980年重建。现有教民67户，335人，均为回族。现有教长为李里牛。
	李家沟清真寺	纪家乡李家沟村	创建于民国二十四年（1935年）。1958年被占用。“文革”中被拆毁。1982年重建。现有教民95户，500余人，均为回族。现有教长为王学谦。
	旱天岭清真寺	纪家乡李家沟村	创建于民国二十八年（1939年）。1958年被占用。1981年重建。现有教民58户，360余人，均为回族。现有教长为丁永秀。
	龙白沟清真寺	纪家乡龙白沟村	创建于民国二十一年（1932年）。1958年被占用。“文革”中被拆毁。1980年重建。现有教民86户，420余人，均为回族。现有教长为黑天成。
	新段头清真寺	纪家乡段头村	创建于民国十年（1921年）。1958年被占用。“文革”中被拆毁。1981年重建。现有教民62户，370余人，均为回族。现有教长为马明福。
	马家二沟清真寺	纪家乡马家二沟村	创建于民国三十七年（1948年）。1958年被占用。“文革”中遭拆毁。1982年重建。现有教民50户，290余人，均为回族。现有教长为马占奎。
	张家庄子清真寺	纪家乡纪家村	始建于清光绪年间（1875～1908年）。1958年被占用。1980年重建。现有教民79户，460余人，均为回族。现有教长为马万才。
	纪家庄子清真寺	纪家乡纪家村	创建于民国十一年（1922年）。1958年被占用。“文革”中被拆毁。1980年重建。现有教民88户，500余人，均为回族。现有教长为丁永洁。

续表

区 域	寺院名称	寺 址	历史沿革与概况
同心县	丁家二沟清真寺	纪家乡丁家二沟村	创建于民国二十九年（1940年）。“文革”中被拆毁。1980年重建。现有教民78户，550余人，均为回族。现有教长为马国珍。
	苦水沟清真寺	纪家乡苦水沟村	创建于1951年。1958年被占用。“文革”中被拆毁。1981年重建。现有教民95户，500余人，均为回族。现有教长为马河洲。
	要艺山清真寺	纪家乡要艺山村	创建于民国三十四年（1945年）。“文革”中被关闭。1970年被拆除。1980年重建。现有教民130户，810余人，均为回族。现有教长为纪玉清。
	新庄子清真寺	下流水乡新庄子村	始建于清光绪年间（1875~1908年）。1958年被关闭。1982年重建。1987年扩修。现有教民250户，1300余人，均为回族。现有教长为田凤三。
	黑家大台子清真寺	黑家大台子村	创建于1954年。1958年被关闭。1980年重建。现有教民448户，280余人，均为回族。现有教长为杨兆吉。
	下流水清真寺	下流水乡下流水村	创建于民国八年（1919年）。1958年被关闭。“文革”中被拆毁。1978年重建。1985年扩修。现有教民157户，1300余人，均为回族。现有教长为丁梁元。
	上流水清真寺	下流水乡上流水村	始建于清光绪二十六年（1900年）。后毁于战乱。1982年重建。现有教民约200户，1400余人，均为回族。现有教长为马占义。
	南圈口子清真寺	下流水乡大滩川村	创建于1956年。1958年被关闭。“文革”中被拆毁。1980年重建。现有教民43户，250余人，均为回族。现有教长为周彦发。
	北圈口子清真寺	下流水乡大滩川村	创建于民国三十二年（1943年）。1958年被关闭“文革”中被拆毁。1980年重建。现有教民50户， 300余人，均为回族。现有教长为周彦俊。
	田家滩清真寺	下流水乡田家滩村	创建于民国十二年（1923年）。1958年被关闭。“文革”中被拆毁。1980年重建。现有教民86户，580余人，均为回族。现有教长为马英礼。
	大滩川清真寺	下流水乡大滩川村	创建于民国三十三年（1944年）。1958年被关闭。“文革”中被拆毁。1980年重建。现有教民97户，380余人，均为回族。现有教长为张良福。
	土塘清真寺	下流水乡上流水村	创建于民国三十六年（1947年）。1958年被关闭。“文革”中被拆毁。1982年重建。现有教民124户，650余人，均为回族。现有教长为马成贵。
	白沿口子清真寺	下流水乡下流水村	创建于民国十年（1921年）。1958年被关闭。“文革”中被拆毁。1980年重建。现有教民94户，500余人，均为回族。现有教长为苏增和。
	石泉清真大寺	下流水乡石泉村	创建于民国六年（1917年）。1958年被关闭。“文革”中被拆毁。1980年重建。现有教民43户，250余人，均为回族。现有教长为马占全。

续表

区　域	寺院名称	寺　址	历史沿革与概况
同心县	石泉清真寺	下流水乡石泉村	创建于民国二十年（1931年）。1958年被关闭。"文革"中被拆毁。1980年重建。现有教民30户，160余人，均为回族。现有教长为金自秀。
	井儿沟清真寺	下流水乡大台子村	创建于民国三十年（1941年）。1958年被关闭。"文革"中被拆毁。1980年重建。现有教民54户，320余人，均为回族。
	小川子清真寺	白圈子村	创建于民国十一年（1922年）。1958年被关闭。1980年重建。现有教民75户，440余人，均为回族。
固原县	上店坊清真寺	城关镇宋家巷	始建于清乾隆三十二年（1767年）。同治十二年（1873年）毁于洪水。光绪三十四年（1908年）迁到太平巷重建。民国二十四年（1935年）迁到现址重建。"文革"中被拆毁。1980年后陆续重建。现有教民400余户，2000余人，均为回族。现有教长为马明林。
	开城清真寺	开城乡开城村	始建于清光绪十六年（1890年）。1958年被关闭。"文革"中被拆毁。1986年重建。现有教民340余户，1840余人，均为回族。现有教长为马存礼。
	青石嘴清真寺	开城乡青石嘴村	创建于民国九年（1920年）。"文革"中被关闭。1984年重建。现有教民534户，3200余人，均为回族。现有教长为杨文章。
	中河清真寺	中河乡中河村	始建于清光绪九年（1883年）。现有教民278户，1810人，均为回族。现有教长为陈万景。
	枯井清真寺	中河乡油房村	始建于清光绪二十一年（1895年）。"文革"中拆毁。1982年重建。现有教民154户，830人，均为回族。现有教长为马文元。
	三营清真大寺	三营镇中街	始建于清同治初年（1862年）。民国十九年（1930年）扩修。"文革"中被拆毁。1981年重建。现有教民约700户，4500余人，均为回族。现有教长为田义军。
	三营河西清真寺	三营镇河西村	始建于清同治年间（1862～1873年）。民国九年（1920年）毁于地震。民国十二年（1923年）重修。"文革"中遭拆毁。1982年重建。现有教民约145户，800余人，均为回族。现有教长为李军奎。
	新塘清真寺	寨科乡新塘村	始建于清宣统二年（1910年）。"文革"中被关闭。1981年重建。现有教民约250户，1600余人，均为回族。现有教长为苏占有。
	北塘清真寺	寨科乡北塘村	创建于民国二十七年（1938年）。1958年被关闭。"文革"中被拆除。1984年重建。现有教民190户，1000余人，均为回族。现有教长为穆养凤。
	黎套清真寺	红庄乡黎套村	创建于民国二十八年（1939年）。1958年被关闭。"文革"中被拆除。1984年重建。现有教民220户，1460余人，均为回族。现有教长为马学礼。
	八道岭清真寺	炭山乡丘陵村	创建于1982年。现有教民约100户，500余人，均为回族。现有教长为李文贤。

续表

区　域	寺院名称	寺　址	历史沿革与概况
固原县	二林沟清真寺	红庄乡黎套村二林沟	创建于民国二十九年（1940年）。1958年被关闭。"文革"中被拆除。1981年重建。现有教民96户，530余人，均为回族。现有教长为马玉仁。
	杨岭清真寺	大湾乡杨岭村	创建于民国三十七年（1948年）。1958年被关闭。"文革"中被拆除。1980年重建。现有教民216户，1100多人，均为回族。现有教长为马长清。
	绿塬清真寺	大湾乡绿塬村	创建于民国三十七年（1948年）。1958年被关闭。"文革"中被拆除。1980年重建。现有教民210户，1100多人，均为回族。现有教长为马有雄。
海原县	海原县清真大寺	城关镇	始建于明万历年间（1582年前后），后屡有毁建。"文革"被拆毁。1979年后陆续重建。现有教民1000余户，5000多人，均为回族。现有教长为李德奎。
	南关清真大寺	城关镇南关村	始建于清光绪十六年（1890年）。1958年被关闭。"文革"中被拆除。1981年重建。1988年扩修。1992年再修。现有教民约300户，1500余人，均为回族。现有教长为刘永清。
	南关清真中寺	城关镇	始建于清光绪七年（1881年）。"文革"中被拆除。1982年重建。1984年再修。现有教民约80户，500余人，均为回族。现有教长为马国平。
	南关干部清真寺	城关镇南门	创建于1990年。现有教民120户，700余人。现有教长为撒彦清。
	城关清真大寺	城关镇城关村	始建于清乾隆五年（1741年）。"文革"中被关闭。1981年重建。现有教民400多户，2000余人，均为回族。现有教长为赵国文。
	庙儿沟清真寺	城关镇团结村	始建于清光绪十六年（1890年）。1958年被关闭。"文革"中被拆除。1981年重建。现有教民80户，近500人，均为回族。现有教长为马自云。
	三岔河清真寺	城关乡三岔河村	始建于清光绪十七年（1891年）。1958年被关闭。"文革"中被拆除。1982年重建。现有教民110户，650余人，均为回族。现有教长为李贵珍。
	蒿川清真寺	蒿川乡蒿川村	始建于清光绪年间（1874~1908年）。1958年被关闭。"文革"中被拆除。1980年重建。现有教民70户，420余人，均为回族。
	浪水清真寺	蒿川乡浪水村	始建于清光绪年间（1874~1908年）。1958年被关闭。"文革"中被拆除。1979年重建。现有教民60户，350余人，均为回族。
	殷家沙沟清真寺	史店乡苍湾村	始建于清光绪年间（1874~1908年）。1958年被关闭。"文革"中被拆除。1980年重建。现有教民60户，350余人，均为回族。
	牛团清真寺	史店乡苍湾村	创建于民国十年（1921年）。1958年被关闭。"文革"中被拆除。1981年重建。现有教民70户，400余人，均为回族。
	芦子沟清真寺	史店乡苍湾村芦子沟	始建于清光绪年间（1874~1908年）。1958年被关闭。"文革"中被拆除。1981年重建。现有教民80户，470余人，均为回族。

续表

区 域	寺院名称	寺 址	历史沿革与概况
海原县	中湾清真寺	双河乡双河村	始建于清宣统年间（1909~1911年）。1958年被关闭。“文革”中被拆除。1982年重建。现有教民170户，1000余人，均为回族。
	西湾清真寺	双河乡双河村	始建于清光绪年间（1874~1908年）。1958年被关闭。1982年重建。现有教民166户，1000余人，均为回族。
	陈堡清真寺	贾埫乡陈堡村	始建于清光绪年间（1874~1908年）。“文革”中遭毁坏。1979年重建。1992年扩修。本坊教民均为回族。
	何家庄清真寺	郑旗乡老鸦村何家庄	始建于清光绪年间（1874~1908年）。1958年被关闭。“文革”中遭毁坏。1981年重建。本坊教民84户，500余人，均为回族。
	尖山子清真寺	郑旗乡尖山村	创建于民国十一年（1922年）。1958年被关闭。“文革”中被拆除。1982年重建。现有教民84户，500余人，均为回族。
	肖家湾清真寺	郑旗乡白崖村	创建于1980年。现有教民50户，300余人，均为回族。
	兴隆清真寺	兴隆乡兴隆村	始建于清光绪年间（1874~1908年）。1958年被关闭。“文革”中遭毁坏。1981年重建。本坊教民70户，400余人，均为回族。
	王大套清真寺	兴隆乡王大套村	始建于清光绪年间（1874~1908年）。1958年被关闭。“文革”中遭毁坏。1980年重建。本坊教民130户，600余人，均为回族。
	马莲渠清真寺	李旺乡马莲渠村	创建于民国十一年（1922年）。1958年被关闭。“文革”中被拆除。1981年重建。现有教民45户，约300人，均为回族。现有教长为田德明。
	李俊清真北寺	李俊乡	创建于民国六年（1927年）。1958年被关闭。“文革”中遭拆毁。1979年后陆续重建。现有教民208户，1200余人，均属回族。现有教长为李占学。
	撒堡清真寺	西安乡撒堡村	始建于清光绪年间（1874~1908年）。1958年被关闭。“文革”中遭毁坏。1983年重建。现有教民50户，300余人，均为回族。
	马堡清真寺	西安乡马堡村	创建于民国十五年（1926年）。1958年被关闭。“文革”中被拆除。1983年重建。现有教民55户，335人，均为回族。
	巨湾清真寺	西安乡巨湾村	始建于清光绪年间（1874~1908年）。1958年被关闭。“文革”中遭毁坏。1983年重建。现有教民50户，310人，均为回族。
	沙沟河清真寺	盐池乡沙沟河村	始建于清光绪年间（1874~1908年）。1958年被关闭。“文革”中遭毁坏。1981年重建。现有教民60户，350人，均为回族。
	贺家堡子清真寺	关桥乡贺堡村	始建于民国十一年（1922年）。1958年被关闭。“文革”中被拆除。1983年重建。现有教民约100户，600余人，均为回族。

续表

区　域	寺院名称	寺　址	历史沿革与概况
海原县	王家坪清真寺	关桥乡八斗村王家坪	始建于民国十年（1921年）。1958年被关闭。“文革”中被拆除。1980年重建。现有教民约100户,600余人,均为回族。
	袁家湾清真寺	关桥乡袁家湾村	始建于民国十六年（1927年）。1958年被关闭。“文革”中被拆除。1981年重建。现有教民约60户，360余人，均为回族。
	圈湾清真寺	关桥乡方堡村圈湾	始建于民国十四年（1925年）。1958年被关闭。“文革”中被拆除。1980年重建。现有教民约110户，600余人，均为回族。
	龙地湾清真新寺	关桥乡方堡村龙地湾	始建于民国十五年（1926年）。1958年被关闭。“文革”中被拆除。1981年重建。现有教民40户，230余人，均为回族。
	脱场清真上寺	关桥乡脱场村	始建于清光绪年间（1874~1908年）。1958年被关闭。“文革”中遭毁坏。1981年重建。现有教民70户，430人，均为回族。
	徐套清真寺	徐套乡徐套村	始建于清光绪年间（1874~1908年）。“文革”中遭毁坏。1982年重建。现有教民120余户，630余人，均为回族。现有教长为马英国。
西吉县	高同清真寺	城郊乡高同村	创建于1980年。现有教民190户，1089人，均为回族。现有教长为沙文选。
	蒲家大庄清真寺	城郊乡蒲家大庄	创建于1982年。现有教民62户，332人，均为回族。
	沙岗子清真寺	火石乡沙岗子村	创建于1980年。现有教民190户，近1100人，均为回族。现有教长为沙文选。
	夏寨清真寺	夏寨乡夏寨村	始建于清宣统三年（1911年）。“文革”中被关闭。1980年重建。现有教民90户，600余人，均为回族。现有教长为马志录。
	陈家沟清真寺	夏寨乡夏寨村	创建于1980年。现有教民260户，约1500人，均为回族。
	姚家庄清真寺	偏城乡姚家庄村	创建于民国三十年(1941年)。1958年被占用。“文革”中被拆除。1980年重建。现有教民86户，500余人，均为回族。现有教长为李世荣。
	大套子清真寺	偏城乡烂泥滩	创建于民国元年（1912年）。“文革”中被拆除。1980年重建。现有教民50户，约300人，均为回族。
	黑城河清真寺	新营乡黑城河村	创建于民国三年(1914年)。“文革”中被拆除。1985年重建。现有教民150户,960余人,均为回族。现有教长为马具林。
	驼昌清真寺	红耀乡驼昌村	创建于民国十年（1921年）。1958年被关闭。“文革”中被拆除。1980年重建。现有教民110户，600余人，均为回族。现有教长为胡应武。
	芦子滩清真寺	苏堡乡芦子滩村	创建于民国二十二年（1933年）。1958年被关闭。“文革”中被拆除。1980年重建。现有教民44户，240余人，均为回族。现有教长为马文源。

续表

区　域	寺院名称	寺　址	历史沿革与概况
西吉县	兴坪清真寺	兴平乡兴平村	创建于民国元年（1912年）。“文革”中被关闭。1980年重建。现有教民215户，1130余人，均为回族。现有教长为马玉俊。
	杨百户清真寺	兴平乡兴平村	创建于1985年。现有教民232户，995人，均为回族。现有教长为马富仓。
	高崖清真寺	兴平乡高崖村	创建于民国二十五年（1936年）。1958年被占用。“文革”中被拆除。1981年重建。现有教民120户，700余人，均为回族。现有教长为马西荣。
	范沟清真寺	玉桥乡范沟村	创建于民国九年（1920年）。1958年被占用。“文革”中被拆除。1980年重建。现有教民120户，730人，均为回族。现有教长为赛金贵。
	公易堂清真寺	玉桥乡范沟村	创建于民国十四年（1925年）。1958年被占用。“文革”中被拆除。1980年重建。现有教民62户，370余人，均为回族。现有教长为苏金林。
	大岔清真寺	玉桥乡大岔村	创建于民国十七年（1928年）。1958年被关闭。“文革”中被拆除。1981年重建。现有教民28户，160余人，均为回族。现有教长为满志珍。
	单南清真寺	兴隆镇单南村	始建于清光绪年间（1874～1908年）。1958年被关闭。“文革”中被拆除。1980年重建。现有教民110余户，670余人，均为回族。现有教长为高文奎。
	韩家沟清真寺	兴隆镇罗庄村	创建于民国二十四年（1935年）。1958年被占用。“文革”中被拆除。1980年重建。现有教民90户，200余人，均为回族。现有教长为苏生福。
	大沟门清真寺	兴隆镇川口村	创建于民国十年（1935年）。1958年被占用。“文革”中被拆除。1979年重建。现有教民120户，约800人，均为回族。现有教长为马志祥。
	冶家沟清真寺	公易乡西冶村	创建于民国二十九年（1940年）。1958年被占用。“文革”中被拆除。1981年重建。现有教民28户，约200人，均为回族。现有教长为唐金明。
	西冶清真寺	公易乡西冶村	创建于民国二十一年（1932年）。1958年被占用。“文革”中被拆除。1980年重建。现有教民32户，约230人，均为回族。现有教长为马长明。
	阎家清真寺	公易乡公易村	创建于民国九年（1920年）。1958年被占用。“文革”中被拆除。1980年重建。现有教民52户，约330人，均为回族。现有教长为张文俊。
	旧堡清真寺	白崖乡旧堡村	创建于民国十年（1921年）。1958年被占用。“文革”中被拆除。1979年重建。现有教民108户，约570人，均为回族。
	小坡清真寺	白崖乡小坡村	创建于民国元年（1912年）。1958年被占用。“文革”中被拆除。1980年重建。现有教民80户，450人，均为回族。现有教长为喜正清。

续表

区域	寺院名称	寺址	历史沿革与概况
西吉县	上大寨清真寺	沙沟乡大寨村	始建于清光绪三十四年（1908年）。“文革”中被拆除。1980年重建。现有教民100余户，600人，均为回族。
	甘沟滩清真寺	沙沟乡甘沟村	创建于民国元年（1912年），。1958年被占用。“文革”中被拆除。1980年重建。现有教民50户，约300人，均为回族。
	红庄清真寺	马建乡土窝村	创建于民国十四年（1925年）。1958年被占用。“文革”中被拆除。1981年重建。现有教民23户，约140人，均为回族。现有教长为刘福柱。
	土窝清真寺	马建乡土窝村	创建于民国二十四年（1935年）。1958年被占用。“文革”中被拆除。1981年重建。现有教民190户，约1100人，均为回族。现有教长为马振华。
	叶寨科清真寺	马建乡庞湾村	创建于1988年。现有教民30户，180余人，均为回族。现有教长为马学海。
隆德县	城关清真寺	城关镇城关村	始建于清同治十二年（1873年）。“文革”中被关闭。1980年重建。现有教民74户，370人，均为回族。现有教长为马文秀。
	下岔清真寺	杨河乡岔口村	创建于1984年。现有教民71户，360余人，均为回族。现有教长为马进义。
	范家湾清真寺	杨河乡范家湾村	始建于清光绪元年（1875年）。1958年被占用。“文革”中被关闭。1981年重建。现有教民77户，410人，均为回族。现有教长为郭文明。
	张程清真寺	张程乡张程村	创建于民国二十年（1931年）。1958年被占用。“文革”中被拆除。1982年重建。现有教民117户，680人，均为回族。现有教长为咸志明。
	李哈拉清真寺	张程乡李哈拉村	始建于清同治十三年（1874年）。1958年被占用。“文革”中被拆除。1980年重建。现有教民84户，约480人，均为回族。现有教长为马福浩。
泾源县	大庄清真寺	泾北乡大庄村	创建于民国八年（1919年）。1958年被占用。“文革”中被拆除。1980年重建。现有教民130户，近800人，均为回族。现有教长为米志清。
	伍家门清真寺	泾北乡园子村	创建于民国八年（1919年）。1958年被占用。“文革”中被拆除。1980年重建。现有教民37户，180人，均为回族。现有教长为马志清。
	西峡清真寺	泾北乡大庄村	创建于民国六年（1917年）。1958年被占用。“文革”中被拆除。1980年重建。现有教民110户，710人，均为回族。现有教长为赫德海。
	杏区清真寺	惠台乡惠台村	始建于清光绪十七年（1891年）。1958年被占用。“文革”中被拆除。1980年重建。现有教民100户，570人，均为回族。现有教长为丁文学。
	西沟清真寺	惠台乡惠台村	创建于1982年。现有教民20户，120人，均为回族。现有教长为安金生。
	梁南清真寺	兴盛乡红星村	始建于清同治十二年（1874年）。1958年被占用。“文革”中被拆除。1981年重建。现有教民56户，370人，均为回族。现有教长为马世林。

续表

区　域	寺院名称	寺　址	历史沿革与概况
泾源县	营里清真寺	兴盛乡兴盛村	创建于民国九年（1920年）。1958年被占用。“文革”中被拆除。1981年重建。现有教民28户，120人，均为回族。现有教长为马正虎。
	上黄清真寺	兴盛乡上黄村	始建于清光绪二十七年（1901年）。1958年被占用。“文革”中被拆除。1980年重建。现有教民约100户，近700人，均为回族。现有教长为撒玉光。
	上金清真寺	兴盛乡上金村	始建于清光绪七年（1881年）。1958年被占用。“文革”中被拆除。1980年重建。现有教民140户，800余人，均为回族。现有教长为洪德清。
	涝池清真寺	泾河源乡涝池村	始建于清光绪六年（1880年）。“文革”中被关闭。1980年重建。本坊教民300户，1550余人，均为回族。现有教长为陈光明。
	南庄清真寺	泾河源乡南庄村	始建于清光绪六年（1880年）。1958年被占用。“文革”中被拆除。1981年重建。现有教民140户，850余人，均为回族。现有教长为锁成其。
	西沟清真寺	泾河源乡南庄村	始建于清光绪六年（1880年）。1958年被占用。“文革”时期被拆除。1981年重建。现有教民81户，457人，均为回族。现有教长为海保山。
	上峡清真寺	泾河源乡东峡村	始建于清光绪三十年（1904年）。1958年被占用。“文革”中被拆除。1981年重建。现有教民63户，370人，均为回族。现有教长为兰俊明。
	马家清真寺	泾河源乡白面河村	始建于清光绪十年（1884年）。1958年被占用。“文革”中被拆除。1979年重建。现有教民68户，370人，均为回族。现有教长为郭俊海。
	底沟清真寺	泾河源乡河底村	创建于民国二十八年（1939年）。1958年被占用。“文革”中被拆除。1980年重建。现有教民79户，370人，均为回族。现有教长为伍玉林。
	杨堡垒清真寺	新民乡杨堡村	始建于清咸丰四年（1854年）。1958年被占用。“文革”中被拆除。1979年重建。现有教民250户，1260余人，均为回族。现有教长为禹品山。
	先进清真寺	新民乡先进村	始建于清光绪二十七年（1901年）。1958年被占用。“文革”中被拆除。1980年重建。现有教民220户，1300余人，均为回族。现有教长为禹彦俊。
	赵明清真寺	新民乡赵明村	创建于1954年。1958年被关闭。“文革”中被拆除。1980年重建。现有教民160户，850余人，均为回族。现有教长为杨明月。
	下店堡清真寺	黄花乡店堡村	创建于民国六年（1917年）。1958年被占用。“文革”中被拆除。1980年重建。现有教民120余户，740余人，均为回族。现有教长为王少凡。
	上胭清真寺	黄花乡上胭村	创建于民国十二年（1923年）。1958年被占用。“文革”中被拆除。1982年重建。现有教民100余户，580余人，均为回族。现有教长为马正录。

续表

区　域	寺院名称	寺　址	历史沿革与概况
泾源县	沙塘清真寺	黄花乡沙塘村	始建于清咸丰十年（1860年）。1958年被占用。“文革”中被拆除。1980年重建。现有教民126户，750余人，均为回族。现有教长为马长俊。
	土窑清真寺	黄花乡团结村	创建于民国二十五年（1936年）。1958年被占用。“文革”中被拆除。1980年重建。现有教民63户，360余人，均为回族。现有教长为拜长贵。
彭阳县	姬山清真寺	彭阳乡姬山村	创建于1953年。1958年被占用。“文革”中被拆除。1980年重建。现有教民70户，400余人，均为回族。现有教长为马福有。
灵武县	南关清真寺	县城南门外	始建于清嘉庆十七年（1812年）。“文革”中遭毁坏。1989年重建。现有教民250户，1250多人，均为回族。现有教长为马自宏。
	崇兴清真大寺	崇兴镇大寨子村	创建于民国十年（1921年）。“文革”中被拆除。1984年重建。现有教民150户，750余人，均属回族。现有教长为杨云亭。
	韩渠清真寺	崇兴镇韩渠村	创建于1980年。现有教民350户，2000余人，均为回族。现有教长为王自祥。
	沙板桥清真中寺	杜桥乡海子村	始建于清嘉庆三年（1798年）。1958年被合并。“文革”中被拆毁。1980年重建。现有教民约100户，500余人，均为回族。现有教长为王维江。
	丁阳湖清真寺	郝家桥乡吴家湖村	始建于清乾隆五十三年（1788年）。1958年被合并。“文革”中被拆毁。1980年重建。现有教民约100户，近600人，均为回族。现有教长为王占福。
	榆木桥清真寺	杜木桥乡榆木桥村	始建于清同治年间（1862~1874年）。1958年被关闭。“文革”中遭毁坏。1981年重建。现有教民约140户，760余人，均为回族。现有教长为买自明。
	吴家大庄清真寺	杜木桥乡杜木桥村	始建于明代。后毁于兵火。清光绪二十七年（1901年）重建。“文革”中被拆毁。1979年重建。现有教民130户，1000余人，均为回族。现有教长为吴建权。
	新渠清真寺	郭桥乡郭家桥村	始建于清光绪二十六年（1900年）。1958年被占用。“文革”中被拆除。1981年重建。现有教民305户，1350余人，均属回族。现有教长为杨金柱。

（十一）新疆维吾尔自治区（61座）

区　域	寺院名称	寺　址	历史沿革与概况
乌鲁木齐市	乌鲁木齐陕西大寺	和平路永和正巷	始建于清乾隆年间（1736~1795年）。光绪三十二年（1906年）由陕西渭河流域一带各方回教人士捐资重建。“文革”中遭毁坏。1979年后陆续重建。现有教长为马安泰。自治区重点文物保护单位。今市伊斯兰教协会设于寺内。

续表

区　域	寺院名称	寺　址	历史沿革与概况
乌鲁木齐市	乌鲁木齐南大寺	解放南路二道桥	始建于民国八年（1919年）。1976年和1987年两次重修。现有教民1100户，均为回族。现有教长为雷发喜。1985年被列为市级历史文物重点保护单位。
	乌鲁木齐市青海寺	青海寺巷	原名“西宁寺”。始建于清同治七年（1868年），由青海籍回民捐资建成。民国七年（1918年）、三十六年（1947年）两次维修。后改名为“青海寺”。现有教长为买文俊。
	老坊寺	新市路	原名“陕西寺”。始建于清同治元年（1862年）。光绪三年（1876年）被关闭。光绪四年（1877年）重建。光绪三十二年（1906年）后改称“陕西老坊寺”，简称“老坊寺”。
	北坊寺	人民路	始建于清光绪十三年（1886年）。民国三十三年（1944年）翻建。“文革”中被占用。1979年后陆续重修开放。现有教长为韩好学。
	西大寺	利民巷	始建于清光绪十六年（1890年）。现有教长为李占查。
	凤翔清真寺	中山路90号	始建于清朝末年，具体年代不详。1951年大修。1987年重修。1989年重建。现有教民110户，552人，均为回族。现有教长为马培林。
	汗腾格里清真寺	解放南路	又名“南门大寺”。始建于清光绪八年（1882年）。光绪二十八年（1902年）重建。1986年再次翻建。
	洋行清真寺	解放南路	始建于清光绪二十三年（1897年），由塔塔尔族人士捐款修建。民国八年（1919年）重建。“文革”中被关闭。1979年后陆续修复开放。教民有维吾尔、塔塔尔、乌孜别克等民族。现被列为乌鲁木齐市对外开放的重点清真寺之一。
	固原寺	永和南巷	始建于清光绪二十五年（1898年）。1957年扩建。近年重修。现有教长为马世贤。
	河坝沿寺	新华北路	始建于清光绪十二年（1886年）。“文革”中被占用。1980年后陆续重修开放。现有教长为余被水。
	党巷寺	解放路宽巷	始建于清乾隆三十五年（1770年）。后历经三次翻建。民国二十三年（1934年）再次重建。现有教长为金如贵。
	宁固寺	宁固寺巷	始建于清咸丰二年（1852年）。现有教长为席彦清。
	巴里坤寺	和平南路	始建于清光绪四年（1877年）。现有教长为张国新。
	撒拉寺	和平南路	始建于清同治四年（1865年）。民国三十七年（1948年）翻修。近年重修。现有教长为马生贵。
	西大桥寺	西北路	创建于民国七年（1918年）。1985年迁到现址重建。
	肃州寺	跃进街	始建于清光绪四年（1877年）。现有教长为张德华。
	山西巷寺	龙泉街	始建于清光绪十九年（1893年）。“文革”中被占用。1988年重建。现有教长为苏文杰。
	头坪清真寺	头屯河农场	始建于清宣统三年（1911年）。市级重点文物保护单位。

续表

区域	寺院名称	寺址	历史沿革与概况
乌鲁木齐市	阿克米齐提清真寺	解放南路	创建于民国十三年（1924年），由维吾尔族群众捐资修建。
	滨州寺	育才巷	始建于清宣统二年（1910年）。1979年毁于火。次年修复。1990年被拆除。后迁到现址重建。现有教长马彦勋。
	东坊寺	新市路	始建于清光绪四年（1877年）。现有教长为买文章。
	河州寺	建中路	始建于民国四年（1915年）。1977年被拆除。1988年重建。现有教长为马俊杰。
	坑坑寺	坑坑寺巷	始建于清光绪十年（1883年）。1953年重修。"文革"中遭毁坏。1979年后陆续重修。现有教长为马洪炳。
哈密市	哈密陕西清真寺	解放西路民主巷	始建于清光绪七年（1881年）。光绪十九年（1893年）扩建，二十四年（1898年）竣工。1983年再次扩修。现有教民1200多户，均为陕西回族。现有教长马德山。
喀什市	艾提卡尔礼拜寺	艾提卡尔广场西北隅	目前新疆境内最大的伊斯兰教清真寺。相传始建于清嘉庆三年（1798年）。道光十八年（1838年）扩建。解放后多次修葺。
	奥大西克礼拜寺	喀什市区	新疆最古老的礼拜寺之一。据传始建于南宋淳熙年间（1173～1189年）。历代均有重修。现存建筑至少有200多年历史。
吉木萨尔县	县城回族清真寺	县城南街	始建于清乾隆末年（约1780年）。同治三年（1865年）毁。光绪初年（约1877年）选址重修。光绪三十四年（1908年）迁到县城东门外重建。民国二十一年（1932年）遭焚毁。民国二十四年（1935年）重建。1965年拆除重建。"文革"中遭毁坏。1984年重修。现有教长为谭作福。
	三台回族清真寺	三台镇	始建于清代，具体年代不详。民国三十七年（1948年）扩建。1958年被关闭。1979年后陆续修复。1991年翻修。现有教长为海国恩。
	广泉清真寺	大有乡广泉村	始建于清道光初年（1821年）。同治年间（1862～1874年）毁于兵燹。光绪年间（1875～1908年）重建。民国二十二年（1933年）毁于火。民国二十八年（1939年）重建。"文革"中被拆除。1982年重新开放，1984年翻建。现有教民3000余人，均为回族。现有教长为苏长寿。
吐鲁番市	苏公塔礼拜寺	吐鲁番市东南	新疆第二大清真寺。始建于乾隆四十三年（1778年）。教民均为维吾尔族。自治区重点文物保护单位。
米泉县	古牧地清真东寺	米泉镇东街东市巷	始建于清道光二十年（1840年）。咸丰年间（1851～1861年）毁。同治元年（1862年）重建。光绪二年（1876年）又毁。后重建。民国二十二年（1933年）再毁于火。民国二十四年（1935年）重建。"文革"中被拆除。1980年再次重建。

续表

区 域	寺院名称	寺 址	历史沿革与概况
米泉县	古牧地清真西寺	米泉镇南街	始建于清乾隆四十六年（1781年）。道光五年（1825年）迁到南门重建。咸丰初年（约1852年）毁于战乱。光绪二年（1876年）重建，同年又毁于兵火。民国十二年（1923年）重建，民国二十二年（1933年）再毁于战乱。民国二十四年（1935年）再次重建。“文革”中被拆除。1980年后陆续重建修。现有教长为马俊德。
	维吾尔族清真寺	米泉镇东街东市巷	又名“中大寺”。始建于清光绪四年（1878年）。宣统三年（1911年）扩建。1953年迁到现址重建。“文革”中被拆除。1980年再次重建。
	大破城合坊清真寺	古牧地乡大破城村	始建于清咸丰五年（1855年）。民国十一年（1922年）维修。民国二十一年(1932年)毁于战火。民国二十三年(1934年)重修。“文革”中被拆除。1985年重建。
	羊毛工清真寺	羊毛工乡羊毛工村	始建于清光绪二十六年（1900年）。民国二十二年（1933年）毁于战乱。民国二十九年（1940年）重修。“文革”中被拆毁。1972年重建。
	西工村清真寺	西工村	始建于清宣统三年（1911年）。民国二十二年（1933年）毁于战乱。民国三十六年（1947年）重建。“文革”中被拆毁。1979年后陆续重修。
伊宁市	甘新清真寺	北梁后街	约建于清光绪初年（1874年）。民国九年（1920年）扩建。后屡有续建。现有教长为白炳智。
	东梁清真上寺	伊宁市东梁	始建于民国九年（1920年）。民国二十五年（1936年）扩建。“文革”中被拆除。1979年后陆续重修。现有教长为张宏俊。
	东梁清真中寺	东梁后巷	创建于民国二十五年（1936年）。民国三十三年（1944年）扩建。“文革”中被拆除。1979年后陆续重建。现有教长为艾吉哈吉。
	回族清真大寺	伊宁市区	原名“宁固寺”，并有“凤凰寺”、“金顶寺”、“陕西大寺”、“陕甘大寺”等名称。始建于清乾隆二十五年（1760年）。乾隆四十六年（1781年）增建。1958年全面维修。1978年再修。1979年后多次整修。
	河州清真寺	新华东路	创建于1953年。“文革”中被关闭。1980年后陆续重修。现有教长为田生华。
霍城县	清水河清真寺	清水河镇	创建于1989年。现有教长为娃娃尔阿訇。
	五村老坊寺	清水乡五村	创建于1980年。现有教民150余户，1000多人。分属回、哈萨克、维吾尔、东乡等4个民族。现有教长为马明亮。
和静县	和静县清真寺	和静县	创建于20世纪50年代以前，具体年代不详。“文革”中被拆毁。1980年修复。1982年拆除重建。
库车县	库车清真大寺	库车县城东	约建于汉代。清代末年及民国初年几度重修扩建。民国二十年（1931年）毁于火，同年重建。1976年被列为库车县重点文物保护单位。

续表

区 域	寺院名称	寺 址	历史沿革与概况
库车县	库车大寺	县城内高台上	始建于明末清初。
奇台县	古城清真东大寺	古城乡	创建于民国初年（1912年）。民国十二年（1923年）全面修缮。民国二十二年（1933年）被拆毁。民国二十七年（1938年）翻建。“文革”中被关闭。1980年后陆续重修。现有教长为李天元。
昌吉市	陕西清真寺	西街	始建于清同治元年（1862年），后迁到现址重建。“文革”中遭毁坏。1978年后陆续修复。现有教长为马文贵。
	兰州清真寺	昌吉市区	始建于清光绪八年（1884年）。民国二十二年（1933年）毁于火，不久重修。“文革”中遭毁坏。1978年后陆续修复开放。教民多为兰州迁来的回族。现有教长为李成元。
	西河清真寺	昌吉市区	创建于民国三年（1914年）。1958年合并到陕西寺。1978年又被合并到兰州寺。现已单独建寺。现有教长为马金良。
	喀什清真寺	新城东关	始建于清光绪三十一年（1905年）。民国二十二年（1933年）毁于火。“文革”中遭毁坏。1978年后陆续重修开放。现有教长为玉素甫大毛拉。
	昌吉本地清真寺	昌吉市西街	始建于清嘉庆年间（1796~1820年）。光绪三年（1876年）扩建。“文革”中遭毁坏。1982年重修。
库尔勒市	库尔勒礼拜大寺	库尔勒市区	始建年代不详。1987年重建。礼拜大殿可容7000人同时礼拜。
	加美清真寺	团结南路	又名“艾提尕清真寺”。创建于民国八年（1919年）。“文革”中被拆毁。1984年后陆续重建。
轮台县	轮台县城大寺	轮台镇博斯坦中路	始建于清嘉庆十二年（1807年）。至民国35年（1946年）间有三次维修。“文革”中被占用。1980年后陆续重修。
焉耆县	老坊寺	陕西巷子	始建于清嘉庆二年（1797年）。光绪初年（1874年）定名为“联合寺”。清末又划出高寺、西河寺和大小坊寺。“文革”中被拆除。1985年重建。
	清真高寺	焉耆镇	焉耆著名回族大寺，因建在高土台上而得名。始建于清光绪年间（1874~1908年）。后几经坍毁重修。现存寺院为民国16年（1927年）重修。
鄯善县	东巴扎清真寺	东巴扎乡	始建于清光绪三十二年（1906年）。教民均为回族。
克拉玛依市	克拉玛依清真寺	克拉玛依市区	创建于1983年。
莎车县	莎车礼拜大寺	莎车县城内	始建于清代。该寺为新疆有名大寺，礼拜大殿能容千余人同时礼拜。

主要参考书目：

1. 吴建伟主编. 中国清真寺综览. 银川：宁夏人民出版社，1995.

2. 吴建伟主编. 中国清真寺综览（续编）. 银川：宁夏人民出版社，1998.

3. 王仲奋著. 中国名寺志典. 北京：中国旅游出版社，1991.

4. 西宁东关清真大寺志编纂委员会编. 西宁东关清真大寺志. 兰州：甘肃文化出版社，2004.

5. 佟洵著. 伊斯兰教与北京清真寺文化. 北京：中央民族大学出版社，2003.

6. 何兆国著. 宁夏清真寺概况. 银川：宁夏少数民族古籍整理出版办公室，1992.

7. 李建彪著. 西安回族与清真寺. 西安：三秦出版社，2004.

（马志敏/供稿）

中国共产党第七至十四届中央委员会少数民族委员名录

第七届（1945.6～1956.9）

中央委员

关向英（满族）

中央候补委员

云　泽（乌兰夫，蒙古族）

第八届（1956.9～1969.4）

中央政治局候补委员

乌兰夫（蒙古族）

中央委员（按得票多少为序）

乌兰夫（蒙古族）　刘格平（回族）

中央候补委员（按得票多少为序）

韦国清（壮族）　刘　仁（土家族）　周保中（白族）

奎　璧（蒙古族）　朱德海（朝鲜族）　桑吉悦希（藏族）

赛福鼎·艾则孜（维吾尔族）　廖汉生（土家族）　江　华（瑶族）

第九届（1969.4～1973.8）

中央委员（按姓氏笔画为序）

韦国清（壮族）　天　宝（藏族）　刘格平（回族）

李四光（蒙古族）　宝日勒岱（女，蒙古族）　赛福鼎·艾则孜(维吾尔族)

中央候补委员（按姓氏笔画为序）

七林旺丹（藏族）　央　宗（女，藏族）　肉孜·吐尔迪（维吾尔族）

吕存姐（女，土族）　达　洛（土族）

第十届（1973.8～1977.8）

中央政治局委员

韦国清（壮族）

中央政治局候补委员

赛福鼎·艾则孜（维吾尔族）

中央委员（按姓氏笔画为序）

天　宝（藏族）　巴　桑（女，藏族）　乌兰夫（蒙古族）
韦国清（壮族）　司马义·艾买提（维吾尔族）　宝日勒岱（女，蒙古族）
赛福鼎·艾则孜（维吾尔族）

中央候补委员（按姓氏笔画为序）

七林旺丹（藏族）　央　宗（女，藏族）　吕存姐（女，土族）
达　洛（土族）　肉孜·吐尔迪（维吾尔族）　吴向必（苗族）
贾那布尔（哈萨克族）

第十一届（1977.8～1982.9）

中央政治局委员（按姓氏笔画为序）

韦国清（壮族）　乌兰夫（蒙古族）

中央政治局候补委员：

赛福鼎·艾则孜（维吾尔族）

中央委员（按姓氏笔画为序）

天　宝（藏族）　韦国清（壮族）　乌兰夫（蒙古族）
巴　桑（女，藏族）　司马义·艾买提（维吾尔族）　江　华（瑶族）
杨静仁（回族）　希侯巴（藏族）　宝日勒岱（女，蒙古族）
覃应机（壮族）　赛福鼎·艾则孜（维吾尔族）

中央候补委员（按姓氏笔画为序）

七林旺丹（藏族）　马思忠（回族）　仁增旺杰（藏族）
肉孜·吐尔迪（维吾尔族）　吕存姐（女，土族）　吴向必（苗族）
金明汉（朝鲜族）　贾那布尔（哈萨克族）　热　地（藏族）

第十二届（1982.9～1987.11）

[1983年10月11～12日，十二届二中全会决定郎大忠（傣族）由中央候补委员递补中央委员。1985年9月16日，十二届四中全会同意乌兰夫（蒙古族）、韦国清（壮族）、覃应机（壮族）等老同志请求，不再担任中共中央委员、候补中央委员。1985年9月18～23日，中国共产党全国代表会议增选关广富（满族）、杨正午（土家族）为中央委员，丹增（藏族）、李德洙（朝鲜族）、克尤木·巴吾东（维吾尔族）、金鉴（满族）为中央候补委员。]

中央政治局委员（按姓氏笔画为序）

韦国清（壮族）　乌兰夫（蒙古族）

中央委员（按姓氏笔画为序）

王朝文（苗族）　韦国清（壮族）　覃应机（壮族）
乌兰夫（蒙古族）　布　赫（蒙古族）　巴　桑（女，藏族）
热　地（藏族）　赛福鼎·艾则孜（维吾尔族）　司马义·艾买提(维吾尔族)

铁木尔·达瓦买提（维吾尔族） 伍精华（彝族）
杨静仁（回族） 穆　青（回族） 赵南起（朝鲜族）

中央候补委员（按得票多少为序）

郎大忠（傣族） 罗尚才（布依族） 尹　俊（白族）
年得祥（回族） 刘树生（回族） 马思忠（回族）
黑伯理（回族） 陈素芝（女，满族） 格桑多杰（藏族）
杨岭多吉（藏族） 金宝生（瑶族） 王越丰（黎族）
巴图巴根（蒙古族） 梁成业（壮族） 贾那布尔（哈萨克族）
吴向必（苗族） 杨正午（土家族）

第十三届（1987.11～1992.10）

中央委员（按姓氏笔画为序）

于永波（满族） 王朝文（苗族） 布　赫（蒙古族）
白立忱（回族） 司马义·艾买提（维吾尔族） 伍精华（彝族）
多吉才让（藏族） 关广富（满族） 李德洙（朝鲜族）
杨正午（土家族） 杨静仁（回族） 赵南起（朝鲜族）
热地（藏族） 铁木尔·达瓦买提（维吾尔族）
郎大忠（傣族） 赛福鼎·艾则孜（维吾尔族）

中央候补委员（按得票多少为序）

格桑多杰（藏族） 马玉海（回族） 丹　增（藏族）
王越丰（黎族） 克尤木·巴吾东（维吾尔族） 罗尚才（布依族）
贾那布尔（哈萨克族） 马思忠（回族） 尹　俊（白族）
陈素芝（女，满族） 和志强（纳西族） 栗恩杰（满族）
沙健孙（回族） 巴图巴根（蒙古族） 赵延年（回族）
金　鉴（满族）

第十四届（1992.10～1997.9）

[1994年9月25～28日，十四届四中全会增补马启智（回族）为中央委员。]

中央委员（按姓氏笔画为序）

于永波（满族） 王朝文（苗族） 乌力吉（蒙古族）
司马义·艾买提（维吾尔族） 成克杰（壮族） 多吉才让（藏族）
关广富（满族） 李德洙（朝鲜族） 杨正午（土家族）
和志强（纳西族） 赵南起（朝鲜族） 热　地（藏族）
铁木尔·达瓦买提（维吾尔族）

中央候补委员（按得票多少为序）

王学萍（黎族） 马启智（回族） 克尤木·巴吾东（维吾尔族）

赵金铎（满族）	贾那布尔（哈萨克族）	桑结加（藏族）
江村罗布（藏族）	石宗源（回族）	奉恒高（瑶族）
黄　瑶（布依族）	乌云其木格（女，蒙古族）	石玉珍（女，苗族）
杨健强（白族）	栾恩杰（满族）	丹　增（藏族）
回良玉（回族）	李嘉延（彝族）	沙健孙（回族）
赵延年（回族）		

主要参考书目：

1. 何虎生，李耀东，向常福主编. 中华人民共和国职官志. 北京：中国社会出版社，2003.
2. 张声作主编. 当代中国少数民族名人录. 北京：华文出版社，1992.

（贾晓燕/供稿）

全国人民代表大会
第一至八届少数民族代表名录

第一届（1954.9～1959.4）

按姓氏笔画为序

北京市（3人）

马玉槐（回族） 舒舍予（满族） 载　涛（满族）

河北省（5人）

马卓洲（回族） 刘清扬（女，回族） 齐燕铭（蒙古族）
杨石先（蒙古族） 程砚秋（满族）

内蒙古自治区（9人）

王再天（蒙古族） 乌兰（女，蒙古族） 乌兰夫（蒙古族）
尔德尼（蒙古族） 达理札雅（蒙古族） 奎　璧（蒙古族）
胡和勒泰（蒙古族） 特木尔巴根（蒙古族） 噶喇藏（蒙古族）

辽宁省（11人）

万毅（满族） 马世芬（回族） 吴英恺（满族）
吴执中（满族） 李　涛（满族） 佟玉兰（女，满族）
罗常培（满族） 邱新野（满族） 哈　图（蒙古族）
郑奎福（朝鲜族） 高凤琴（女，满族）

吉林省（5人）

朱德海（朝鲜族） 关山复（满族） 金信淑（女，朝鲜族）
金时龙（朝鲜族） 傅雨田（满族）

黑龙江省（6人）

王喜明（满族） 巴彦胡（蒙古族） 白希清（满族）
林纳（满族） 金白山（朝鲜族） 韩幽桐（女，回族）

上海市（1人）

王树森（回族）

江苏省（1人）

达浦生（回族）

安徽省（1人）

马乐庭（回族）

福建省（1人）

田富达（高山族）

山东省（3人）

王美恭（回族）	赵志强（回族）	胡　可（满族）

河南省（3人）

马运五（回族）	马豫真（回族）	秉　志（满族）

湖北省（1人）

陈经畬（回族）

湖南省（5人）

石邦智（苗族）	朱早观（苗族）	吴通行（侗族）
赵自现（瑶族）	翦伯赞（维吾尔族）	

广东省（3人）

王国兴（黎族）	龙三公（瑶族）	陈斯德（苗族）

广西省（22人）

韦章平（壮族）	韦国清（壮族）	卢绍武（壮族）
张声震（壮族）	赵世同（壮族）	赵乐群（壮族）
杨文贵（苗族）	金宝生（瑶族）	陈基义（侗族）
黄　征（壮族）	黄现璠（壮族）	黄　荣（壮族）
黄莲辉（壮族）	郭　城（壮族）	梁华新（壮族）
覃应机（壮族）	覃　波（壮族）	谢扶民（壮族）
谢鹤筹（壮族）	蓝昌法（瑶族）	黎　明（女，壮族）
潘　古（壮族）		

四川省（17人）

王海民（彝族）	瓦渣木基（彝族）	平错汪阶（藏族）
安登银（彝族）	伍文才（黑彝族）	华尔功成烈（藏族）
苏　新（羌族）	罗文才（苗族）	杨代蒂（彝族）
林甲镛（藏族）	果基木古（彝族）	阿旺嘉错（藏族）
阿侯鲁木子（彝族）	降央伯姆（藏族）	桑吉悦希（藏族）
索观瀛（藏族）	萨空了（蒙族）	

贵州省（12人）

王天锡（侗族）	王德安（苗族）	吴志珍（女，苗族）
吴通明（苗族）	李仿尧（彝族）	陈永昶（布依族）
陈永康（布依族）	陆庆美（水家族）	陆镇藩（布依族）
杨汉先（苗族）	欧百川（苗族）	蒙素芬（女，布依族）

云南省（27人）

刀有良（傣族）	刀京版（傣族）	马　坚（回族）
召存信（傣族）	卢　汉（彝族）	龙明传（壮族）
龙　云（彝族）	刘荣显（彝族）	余海清（彝族）
张子斋（白族）	张　冲（彝族）	李光华（拉祜族）
李光荣（佤族）	李和才（哈尼族）	李桂英（女，彝族）
赵钟奇（回族）	周保中（白族）	欧　根（白族）

和万宝（纳西族） 松　谋（藏族） 胡忠华（佤族）
龚　绶（傣族） 普　照（彝族） 雷春国（景颇族）
熊开友（苗族） 裴阿欠（傈僳族） 魏崖景（佤族）

西藏（9人）

协饶登珠（藏族） 尧西·泽仁卓玛（女，藏族） 达赖喇嘛·丹增嘉措（藏族）
赤江·罗桑意西（藏族） 邦达多吉（藏族） 阿沛·阿旺晋美（藏族）
班禅额尔德尼·确吉坚赞（藏族） 格桑旺堆（藏族） 詹东·计晋美（藏族）

陕西省（1人）

马平甫（回族）

甘肃省（6人）

马绍文（东乡族） 马鸿宾（回族） 吴鸿宾（回族）
杨复兴（藏族） 杨静仁（回族） 黄正清（藏族）

青海省（6人）

马兴泰（回族） 扎喜旺徐（藏族） 官保加（蒙古族）
松　布（土族） 夏茸尕布（藏族） 喜饶嘉错（藏族）

宁夏回族自治区（2人）

刘格平（回族） 马腾霭（回族）

新疆维吾尔自治区（18人）

马木提尼牙孜（维吾尔族） 包尔汉（维吾尔族） 艾斯海提（塔塔尔族）
伊敏马合苏木（维吾尔族） 安尼瓦尔·加库林（哈萨克族）
买买提·尼牙孜哈日（维吾尔族） 买买提艾沙（柯尔克孜族）
达夏甫（蒙古族） 依敏诺夫（维吾尔族）
帕提汉·苏古尔巴也夫（哈萨克族） 阿不列孜·木汉买提（维吾尔族）
阿衣木江（女，维吾尔族） 禹占林（回族）
美尔尼沙汉·艾尼（女，维吾尔族） 赛力玛·塔力甫瓦（女，维吾尔族）
赛夫拉也夫（维吾尔族） 赛福鼎·艾则孜（维吾尔族） 穆义提（维吾尔族）

第二届（1959.4～1964.12）

按姓氏笔画为序

北京市（3人）

李　恕（回族） 舒舍予（满族） 载　涛（满族）

河北省（4人）

马卓洲（回族） 刘清扬（回族） 齐燕铭（蒙古族）
杨石先（蒙古族）

内蒙古自治区（9人）

王再天（蒙古族） 乌　兰（女，蒙古族） 乌兰夫（蒙古族）
达理札雅（蒙古族） 杰尔格勒（蒙古族） 胡和勒泰（蒙古族）

奎璧（蒙古族） 特木尔巴根（蒙古族） 噶喇藏（蒙古族）

辽宁省（10人）

王　忠（蒙古族） 吴执中（满族） 吴英恺（满族）
李炳勋（回族） 佟玉兰（女，满族） 罗常培（满族）
金肇野（满族） 邱新野（满族） 禹光韩（朝鲜族）
高凤琴（女，满族）

吉林省（5人）

仁钦札木苏（蒙古族） 关山复（满族） 朱德海（朝鲜族）
金时龙（朝鲜族） 金信淑（女，朝鲜族）

黑龙江省（7人）

王喜明（满族） 巴彦胡（蒙古族） 白希清（满族）
林　纳（女，满族） 金白山（朝鲜族） 郭霁云（女，满族）
韩幽桐（女，回族）

上海市（1人）

王树森（回族）

江苏省（1人）

达浦生（回族）

安徽省（1人）

马乐庭（回族）

福建省（1人）

田富达（高山族）

山东省（2人）

王美恭（女，回族） 金宝珍（回族）

河南省（2人）

马豫真（回族） 秉　志（满族）

湖北省（2人）

陈经畬（回族） 田恩波（土家族）

湖南省（7人）

石邦智（苗族） 龙老保（苗族） 向洪良（土家族）
吴通行（侗族） 赵自现（瑶族） 彭祖贵（土家族）
翦伯赞（维吾尔族）

广东省（3人）

陈斯德（苗族） 林岳川（黎族） 邵良础（瑶族）

广西壮族自治区（22人）

韦国清（壮族） 韦章平（壮族） 甘怀义（壮族）
卢绍武（壮族） 张声震（壮族） 陈基义（侗族）
金宝生（瑶族） 赵世同（壮族） 杨文贵（苗族）
赵乐群（壮族） 梁华新（瑶族） 郭　城（壮族）

黄　征（壮族） 黄举平（壮族） 黄　荣（壮族）
黄莲辉（女，壮族） 覃应机（壮族） 覃　波（壮族）
谢扶民（壮族） 谢鹤筹（壮族） 蓝昌法（瑶族）
黎　明（女，壮族）

四川省（18人）

王寿才（藏族） 王海民（彝族） 瓦渣木基（彝族）
尼古果果（彝族） 安登银（彝族） 伍文才（彝族）
华尔功成烈（藏族） 阿侯鲁木子（彝族） 阿旺嘉措（藏族）
苏　新（羌族） 林甲镛（藏族） 果基木古（彝族）
罗文才（苗族） 降央伯姆（女，藏族） 索观瀛（藏族）
夏克刀登（藏族） 桑吉悦希（藏族） 萨空了（蒙古族）

贵州省（13人）

王由仁（布依族） 王德安（苗族） 王耀伦（苗族）
韦茂文（布依族） 李仿尧（彝族） 吴通明（苗族）
陆庆美（水族） 杨汉先（苗族） 杨彬奎（布依族）
胡玉仙（女，苗族） 秦必相（侗族） 蒙素芬（布依族）
熊开明（苗族）

云南省（26人）

刀京版（傣族） 马　坚（回族） 召存信（傣族）
卢　汉（彝族） 付一之（傈僳族） 刘阿鲁子（彝族）
刘荣显（彝族） 罕富有（傣族） 更　觉（藏族）
李开荣（瑶族） 李光华（拉祜族） 李自荣（白族）
李桂英（女，彝族） 李和才（哈尼族） 张子斋（白族）
张　冲（彝族） 罗运通（僮族） 和凤昭（纳西族）
周保中（白族） 赵钟奇（回族） 胡忠华（佤族）
龚　绥（傣族） 普贵忠（彝族） 雷春国（景颇族）
熊开友（苗族） 魏崖景（佤族）

西藏自治区（9人）

詹东·计晋美（藏族） 协饶登珠（藏族） 尧西·泽仁卓玛（藏族）
达赖喇嘛·丹增嘉措(藏族) 邦达多吉（藏族） 阿沛·阿旺晋美（藏族）
帕巴拉·格列朗杰（藏族） 班禅额尔德尼·确吉坚赞（藏族）
格桑旺堆（藏族）

陕西省（1人）

马平甫（回族）

甘肃省（6人）

马　泳（东乡族） 马青年（回族） 马鸿宾（回族）
杨复兴（藏族） 杨静仁（回族） 黄正清（藏族）

青海省（6人）

马明基（东乡族）　扎喜旺徐（藏族）　松　布（土族）
官保加（蒙古族）　夏茸尕布（藏族）　喜饶嘉错（藏族）

宁夏回族自治区（3人）

马玉槐（回族）　马腾霭（回族）　刘格平（回族）

新疆维吾尔自治区（18人）

马依努尔（女，维吾尔族）　扎克洛夫（维吾尔族）
牙合甫大毛拉（维吾尔族）　包尔汉（维吾尔族）
司马益·亚生诺夫（维吾尔族）　安尼瓦尔·汉巴巴（乌孜别克族）
安尼瓦尔·贾库林（哈萨克族）　买买提哈吾力（维吾尔族）　吐尔逊阿吉（维吾尔族）
色里曼（女，维吾尔族）　伊敏·马合苏木（维吾尔族）　吾守尔加甫（蒙古族）
克德尔拜衣（哈萨克族）　阿衣木汉（女，维吾尔族）　阿克木西日甫(柯尔克孜族)
祖龙·哈的尔（维吾尔族）　赛福鼎·艾则孜（维吾尔族）　禹占林（回族）

第三届（1965.1～1975.1）

按姓氏笔画为序

北京市（6人）

安　起（回族）　朱洪荫（蒙古族）　李　恕（回族）
李德寿（回族）　载　涛（满族）　舒舍予（满族）

河北省（8人）

马卓洲（回族）　刘格平（回族）　刘清扬（回族）
沙梦弼（回族）　杨石先（蒙古族）　吴启秀（满族）
赵鹏飞（满族）　齐燕铭（蒙古族）

内蒙古自治区（27人）

义德新浩日劳（女，蒙古族）　王再天（蒙古族）　云曙芬（女，蒙古族）
云曙碧（女，蒙古族）　乌日哲（蒙古族）　乌兰夫（蒙古族）
乌兰巴干（蒙古族）　关　布（蒙古族）　达理札雅（蒙古族）
宝音图（蒙古族）　宝音德力格尔（女，蒙古族）　旺庆苏荣（蒙古族）
金　山（蒙古族）　金世琳（蒙古族）　奎　璧（蒙古族）
高布泽博（蒙古族）　高西布（鄂温克族）　特木尔巴根（蒙古族）
通　福（达斡尔族）　萨义尔（达斡尔族）　斯琴塔日哈（女，蒙古族）
葛德鸿（鄂伦春族）　朝克松扎布（蒙古族）　额尔很巴图（蒙古族）
额尔敦朝鲁（蒙古族）　额尔登扎布（达斡尔族）　噶喇藏（蒙古族）

辽宁省（17人）

凤冠绥（满族）　司　钦（蒙古族）　关文启（锡伯族）
李学盈（回族）　李炳勋（回族）　吴执中（满族）
吴英恺（满族）　吴集恩（满族）　何国柱（锡伯族）

佟玉兰（女，满族） 佟昱秀（满族） 张　勤（蒙古族）
林　洁（满族） 金肇野（满族） 柳　文（女，满族）
俞守仁（满族） 禹光韩（朝鲜族）

吉林省（11人）

仁钦札木苏（蒙古族） 关山复（满族） 朴伟勋（朝鲜族）
朱德海（朝鲜族） 李浩源（朝鲜族） 金时龙（朝鲜族）
金信淑（女，朝鲜族） 赵德贤（朝鲜族） 康镜世（朝鲜族）
黄顺玉（女，朝鲜族） 傅桐生（满族）

黑龙江省（13人）

白希清（满族） 龙志贤（赫哲族） 关胜启（满族）
李在德（女，朝鲜族） 李在根（朝鲜族） 陈友宝（蒙古族）
林　纳（女，满族） 孟书纲（满族） 金致洪（朝鲜族）
杨小亭（回族） 南景元（满族） 阎沛霖（满族）
韩幽桐（女，回族）

上海市（3人）

马益三（回族） 花义盛（回族） 童　村（满族）

江苏省（2人）

王　苹（回族） 达浦生（回族）

浙江省（1人）

李绍元（畲族）

安徽省（1人）

马乐庭（回族）

福建省（2人）

田富达（高山族） 钟大湖（畲族）

山东省（6人）

马楚珍（回族） 王美恭（女，回族） 丹　彤（回族）
白季眉（满族） 金宝珍（回族） 赫崇本（满族）

河南省（7人）

马鹏程（回族） 白寿彝（回族） 李　杰（回族）
李　准（蒙古族） 虎轩昌（回族） 金　超（满族）
秉　志（满族）

湖北省（2人）

田恩波（土家族） 陈经畲（回族）

湖南省（10人）

石邦智（苗族） 龙海生（侗族） 吴文德（苗族）
吴通行（侗族） 张玉珍（女，土家族） 杨本连（苗族）
赵自现（瑶族） 屈绍元（土家族） 彭祖贵（土家族）
翦伯赞（维吾尔族）

广东省（7人）

王妚东（女，黎族） 王国兴（黎族） 韦成栋（壮族）
李世友（京族） 陈斯德（苗族） 邵良础（瑶族）
林岳川（黎族）

广西壮族自治区（49人）

韦日荣（壮族） 韦玉堂（壮族） 韦正辉（壮族）
韦国清（壮族） 韦孟坤（女，壮族） 韦章平（壮族）
甘加料（女，壮族） 甘怀义（壮族） 甘澄泽（壮族）
卢绍武（壮族） 卢显书（毛南族） 卢保庭（壮族）
刘青山（壮族） 任国璋（壮族） 那顺和（瑶族）
杨文贵（苗族） 杨宗德（苗族） 张声震（壮族）
陆榕树（壮族） 郑建宣（壮族） 林培华（壮族）
欧致富（壮族） 金宝生（瑶族） 赵世同（壮族）
赵乐群（壮族） 赵明坚（女，壮族） 赵佩莹（壮族）
郭　城（壮族） 秦振武（侗族） 班玉环（女，壮族）
莫春荣（女，壮族） 莫　矜（壮族） 梁华新（壮族）
麻菊妹（女，壮族） 银应熬（仫佬族） 谢扶民（壮族）
谢英莲（女，壮族） 谢福惠（壮族） 谢鹤筹（壮族）
黄　征（壮族） 黄举平（壮族） 黄　荣（壮族）
黄莲辉（女，壮族） 覃应机（壮族） 覃　波（壮族）
蓝昌法（瑶族） 廖熙和（壮族） 谭南鼎（壮族）
黎　明（女，壮族）

四川省（27人）

王寿昌（藏族） 王海民（彝族） 瓦扎木基（彝族）
仁钦多吉（藏族） 安登银（彝族） 伍文才（彝族）
华尔功臣烈（藏族） 孙自强（彝族） 沙马乌芝（女，彝族）
克拉·门太（女，藏族） 苏　新（羌族） 杜琼书（满族）
里古果各（女，彝族） 阿旺嘉措（藏族） 阿侯鲁木子（彝族）
拉　达（彝族） 果基木古（彝族） 罗文才（苗族）
降央伯姆（女，藏族） 洛让增根（藏族） 项扎巴松典（藏族）
海乃石古（彝族） 索观瀛（藏族） 校得·扎西拉措(女，藏族)
桑吉悦希（藏族） 萨空了（蒙古族） 温少鹤（回族）

贵州省（26人）

王德安（苗族） 王耀伦（苗族） 王天贵（布依族）
王贵仁（布依族） 韦茂文（布依族） 龙贤昭（侗族）
田兴才（仡佬族） 安启崇（彝族） 李国庆（布依族）
李仿尧（彝族） 吴培信（女，侗族） 吴通明（苗族）
杨汉先（苗族） 宋和海（苗族） 陆庆美（水族）

纳星斋（回族） 李顺臣（苗族） 杨彬奎（布依族）
罗星芳（女，布依族） 胡玉仙（女，苗族） 贺萃之（女，苗族）
秦必相（侗族） 蒙明儒（女，布依族） 蒙素芬（女，布依族）
熊开明（苗族） 潘迎华（苗族）

云南省（50人）

刀京版（傣族） 马　坚（回族） 方国瑜（纳西族）
王汝昌（白族） 毛阿卑（女，哈尼族） 孔志清（独龙族）
卢　汉（彝族） 付一之（傈僳族） 召存信（傣族）
刘荣显（彝族） 关肃霜（满族） 阮金妹（女，回族）
罕富有（傣族） 李开荣（瑶族） 李扎克（拉祜族）
李老罕（哈尼族） 李光华（拉祜族） 李　乔（彝族）
李自强（女，彝族） 李和才（哈尼族） 李润开（女，白族）
李桂英（女，彝族） 李　铣（彝族） 杨阿玉（女，哈尼族）
杨益清（白族） 更　觉（藏族） 肖子富（佤族）
何腊标（德昂族） 张子斋（白族） 张开才（彝族）
张　冲（彝族） 陆发荣（壮族） 岩香砍（布朗族）
罗运通（壮族） 金古抓达（彝族） 和文华（普米族）
和世生（怒族） 依惠莲（女，壮族） 赵钟奇（回族）
胡忠华（佤族） 咪　格（女，傣族） 龚　绥（傣族）
普贵忠（彝族） 韩　忠（苗族） 雷春国（景颇族）
摆　安（女，傣族） 裴阿欠（傈僳族） 熊世祯（苗族）
穆光荣（阿昌族） 魏崖景（佤族）

西藏（21人）

才　朗（藏族） 大　瓦（藏族） 丹巴坚作（藏族）
生钦·洛桑坚赞（藏族） 邦达多吉（藏族） 协饶顿珠（藏族）
多杰才旦（藏族） 贡　布（藏族） 阿沛·才旦卓嘎（女，藏族）
阿沛·阿旺晋美（藏族） 拉敏·索朗伦珠（藏族） 帕巴拉·格列朗杰（藏族）
洛桑慈诚（藏族） 钦　差（藏族） 朗　杰（藏族）
格桑旺堆（藏族） 崔科·顿珠才仁（藏族） 登巴降村（藏族）
措　姆（女，门巴族） 群　配（藏族） 德　吉（女，藏族）

陕西省（2人）

刘江汉（回族） 海　涛（女，回族）

甘肃省（13人）

丁占海（东乡族） 马全德（保安族） 马青年（回族）
马惇靖（回族） 马德魁（回族） 牛才什旦（藏族）
冯玉兰（女，回族） 完　德（藏族） 杨复兴（藏族）
吴鸿宾（回族） 张　考（藏族） 拉姆什旦（裕固族）
常书鸿（满族）

青海省（12人）

马明基（东乡族） 马进孝（回族） 马鲁格牙（女，回族）
巴桑卓玛（女，藏族） 扎喜旺徐（藏族） 生根达结（藏族）
先巴太（藏族） 米福堂（藏族） 官保加（蒙古族）
松　布（土族） 韩应选（撒拉族） 夏茸尕布（藏族）

宁夏回族自治区（8人）

马玉如（女，回族） 马玉槐（回族） 马思忠（回族）
马腾霭（回族） 买树桐（回族） 杨秀蓉（女，回族）
杨静仁（回族） 雷启霖（回族）

新疆维吾尔自治区（40人）

牙合甫大毛拉（维吾尔族） 卡米里江（塔吉克族） 巴　岱（蒙古族）
包尔汉（维吾尔族） 司马益亚生诺夫（维吾尔族） 司的克吾守尔（维吾尔族）
尼科来·瓦西里维奇·孜缅科（俄罗斯族） 托乎提汗马木提（女，维吾尔族）
达吾提沙塔尔（维吾尔族） 肉孜宛（女，维吾尔族） 早日阿比提(女,维吾尔族)
伊尔哈力（哈萨克族） 买的汉库那皮亚（哈萨克族） 买合苏德（维吾尔族）
买买提乃买提（维吾尔族） 买买提哈吾力（维吾尔族） 买买提敏艾力（维吾尔族）
买斯吐日汗巴吾东（女，维吾尔族） 玛依努尔（女，维吾尔族）
克尤木尼牙孜（维吾尔族） 阿不拉衣不拉音（维吾尔族）
阿不都克里木买买提力（维吾尔族） 阿不都热衣木阿吉（维吾尔族）
阿衣木汗（女，维吾尔族） 阿衣木尼莎（女，维吾尔族）
阿衣木汗铁里瓦里德（女，维吾尔族） 阿依吐拉（女，维吾尔族）
阿不都阿郎乌拉孜阿力（哈萨克族） 阿克木和加（乌孜别克族）
卓尔汗（女，维吾尔族） 帕坦木库尔班（女，维吾尔族）
迪牙尔库玛西（哈萨克族） 哈　完（哈萨克族） 哈的尔（维吾尔族）
禹占林（回族） 夏里夫汉（塔塔尔族） 铁木尔达瓦买提(维吾尔族)
塔衣尔买买提艾力（柯尔克孜族） 赛福鼎·艾则孜（维吾尔族）
德林（锡伯族）

军队（2人）

冼恒汉（壮族） 虎日乐巴根（蒙古族）

第四届（1975.1～1978.2）

按姓氏笔画为序

北京市（11名）

马成杰（回族） 马　坚（回族） 乌兰夫（蒙古族）
王忠泽（回族） 仁庆扎西（藏族） 白寿彝（回族）
刘大铮（满族） 杨秀英（女，回族） 李德伦（回族）
赵炳南（回族） 侯宝林（满族）

天津市（4）

扎喜旺徐（藏族）	江　华（瑶族）	杨石先（蒙古族）
张　杰（回族）		

河北省（3名）

尹凤臣（女，回族）	许家信（回族）	谢显奎（回族）

山西省（2名）

陈黑旦（回族）	褚荣爱（女，回族）	

内蒙古自治区（14名）

乌云其其格（女，蒙古族）	巴　图（蒙古族）	巴图巴根（蒙古族）
巴音道尔吉（蒙古族）	玉　荣（女，蒙古族）	色兴嘎（蒙古族）
那钦双和尔（蒙古族）	那顺巴雅尔（蒙古族）	吴　涛（蒙古族）
牡　兰（女，蒙古族）	宝力昭（蒙古族）	宝日勒岱（女，蒙古族）
洪宝玉（蒙古族）	清格尔泰（蒙古族）	

辽宁省（7名）

白音苍（蒙古族）	李炳勋（回族）	张富芝（女，回族）
金道善（朝鲜族）	孟文焕（蒙古族）	崔玉顺（女，朝鲜族）
斯冷巴拉吉（蒙古族）		

吉林省（11名）

云曙碧（女，蒙古族）	朴伟勋（朝鲜族）	朴春子（女，朝鲜族）
关布道日吉（蒙古族）	许贞淑（女，朝鲜族）	纪景兰（女，蒙古族）
罗布僧（蒙古族）	金明奎（朝鲜族）	郑基赞（朝鲜族）
海玉琛（蒙古族）	崔海龙（朝鲜族）	

黑龙江省（13名）

山秋林（达斡尔族）	王怀义（回族）	尤　庆（达斡尔族）
布　和（蒙古族）	刘长海（蒙古族）	李在根（朝鲜族）
肖连营（回族）	阿尤勒图贵（女，鄂温克族）	金贞淑（女，朝鲜族）
孟庆海（鄂伦春族）	格仁其木格（女，蒙古族）	崔云峰（朝鲜族）
董双琴（女，赫哲族）		

上海市（1名）

花义盛（回族）

浙江省（1名）

蓝盛花（女，畲族）

安徽省（2名）

马宗梅（女，回族）	姚崇信（回族）	

福建省（1名）

钟祖妃（女，畲族）

山东省（2名）

张承良（回族）	韩在胜（回族）	

河南省（4名）

华　山（回族）　拜梅琴（女，回族）　姬书云（回族）
曹淑芬（女，回族）

湖北省（2名）

朱鸿霞（回族）　彭昌松（土家族）

湖南省（7名）

杨发姣（女，苗族）　吴运昌（苗族）　盘代乾（瑶族）
麻老二（苗族）　彭武仁（土家族）　彭官恕（土家族）
舒毓高（侗族）

广东省（2名）

林岳川（黎族）　房老君一（瑶族）

广西壮族自治区（28名）

王明荣（壮族）　韦善修（壮族）　卢世杰（壮族）
农帮秀（女，壮族）　苏明英（女，京族）　岑泽考（壮族）
汪茂利（壮族）　陆卫东（女，壮族）　陆榕树（壮族）
罗子月（女，仫佬族）　郑建宣（壮族）　钟莲英（女，壮族）
莫自林（侗族）　贾凤英（女，苗族）　黄作勤（壮族）
黄金县（瑶族）　黄法文（壮族）　黄绍兴（壮族）
黄　荣（壮族）　黄彩仁（壮族）　梁吉泉（壮族）
覃应机（壮族）　覃志文（壮族）　覃洪光（壮族）
蓝建邦（壮族）　蓝荣英（女，瑶族）　廖永师（壮族）
谭素珍（女，毛南族）

四川省（16名）

王海民（彝族）　扎西泽仁（藏族）　吉牛布哈（彝族）
苏呷沙且（彝族）　杜琼书（女，满族）　杨顺才（藏族）
杨福田（回族）　余光妹（女，羌族）　阿　登（藏族）
果基木古（彝族）　所　登（藏族）　泽　汪（藏族）
降央伯姆（女，藏族）　觉洛拉门（彝族）　陶正秀（女，苗族）
然巴扎西（藏族）

贵州省（11名）

王卜小荣（布依族）　田应春（仡佬族）　吴玉英（女，苗族）
吴秀龙（侗族）　吴国超（苗族）　吴通明（苗族）
宋合斌（布依族）　张昌琪（女，布依族）　陆三九（彝族）
陆琼英（女，水族）　潘家书（苗族）

云南省（35名）

七主独基（藏族）　王岩岗（德昂族）　方向东（彝族）
方国瑜（纳西族）　司拉山（景颇族）　召存信（傣族）
伟玛乍（女，怒族）　朱文藻（彝族）　孙广道（阿昌族）

李扎椰（拉祜族） 李世荣（彝族） 李和才（哈尼族）
杨正祥（回族） 杨顺贤（女，白族） 杨朝有（苗族）
张　冲（彝族） 张良才（回族） 陆朝海（女，壮族）
陈月端（女，佤族） 陈批鲁（哈尼族） 岩　帅（佤族）
岩香坎（布朗族） 和惠均（女，纳西族） 金桂仙（女，回族）
赵廷光（瑶族） 保洪忠（佤族） 殷从信（彝族）
郭偏初（普米族） 斯淑英（女，独龙族） 董学农（白族）
普干益（傈僳族） 普开香（彝族） 瑞　板（傣族）
雷木很（女，景颇族） 蔡大双（傈僳族）

西藏自治区（20名）

仁增旺杰（藏族） 巴　桑（女，藏族） 占　堆（藏族）
生钦·洛桑坚赞（藏族） 宁　珠（藏族） 曲　加（藏族）
次　旦（女，藏族） 贡　布（藏族） 杨东生（藏族）
阿沛·才旦卓嘎（女、藏族） 阿沛·阿旺晋美（藏族） 林　东（珞巴族）
帕巴拉·格列朗杰（藏族） 格桑旺堆（藏族） 格桑益西（藏族）
索朗旺堆（藏族） 措　姆（女，门巴族） 彭措次仁（藏族）
错　其（女，藏族） 嘎　玛（藏族）

陕西省（1名）

马荣莉（女，回族）

甘肃省（7名）

才让卓玛（女，藏族） 马白给也（女，东乡族） 马光宗（回族）
王飞跃（保安族） 苏　和（蒙古族） 冼恒汉（壮族）
禹贵民（回族） 郭应祥（裕固族）

青海省（6名）

马文良（回族） 马正寿（回族） 官保加（蒙古族）
热合理（藏族） 席元寿（土族） 韩乙不拉（撒拉族）

宁夏回族自治区（5名）

马惠敏（女，回族） 王汉杰（回族） 王耀花（女，回族）
张学贵（回族） 斯　琴（女，蒙古族）

新疆维吾尔自治区（34名）

木沙·司马义（柯尔克孜族） 牙合甫大毛拉（维吾尔族） 孔得空（女，蒙古族）
巴　岱（蒙古族） 玉素甫·买买提（维吾尔族） 艾力牙斯哈尔（哈萨克族）
艾山·尼牙孜（维吾尔族） 艾尼·司的克夫（塔塔尔族） 艾则孜·依不拉音(维吾尔族)
卡尔波娃·娜嘉（女，俄罗斯族） 田淑珍（女，回族）
白迪·海山（维吾尔族） 亚米力哈木甫提（哈萨克族） 肉孜尼沙汗(女,维吾尔族)
买买提·肉孜（维吾尔族） 买买提·克里木（维吾尔族） 寿　青（达斡尔族）
克尤木·买提尼牙孜（维吾尔族） 库尔班吐鲁木(维吾尔族)
库尔班·哈力克（柯尔克孜族） 库完汗·买买提（女，维吾尔族）

沙马力汗（女，哈萨克族） 阿木冬·尼牙孜（维吾尔族） 阿衣木汗（女，维吾尔族）
阿米娜·艾买提（女，维吾尔族） 拉孜克·买买提(维吾尔族)
和加巴依（哈萨克族） 和加艾合买提（塔吉克族） 法力达（女，哈萨克族）
热比亚·买买提（女，维吾尔族）
铁木尔·达瓦买提（维吾尔族） 塔奇善（锡伯族） 赛福鼎·艾则孜（维吾尔族）
穆拉瓦尔汗·依不拉音（女，乌兹别克族）

台湾省（1名）

田富达（高山族）

中国人民解放军（17名）

丁炳南（朝鲜族） 千　比（蒙古族） 王孔运（蒙古族）
龙老化（苗族） 龙　梅（女，蒙古族） 苏敏京（壮族）
张桂武（白族） 张越男（女，回族） 阿不都（哈萨克族）
陆秀南（壮族） 板常安（傣族） 赵忠范（满族）
索　娜（女，藏族） 徐　敏（女，满族） 曹达诺夫（维吾尔族）
符亭光（黎族） 鲍国臣（蒙古族）

第五届（1978.2～1983.6）

按姓氏笔画为序

北京市（15名）

马　坚（回族） 田中山（高山族） 白寿彝（回族）
白继良（回族） 向锦江（蒙古族） 关山复（满族）
许明月（女，朝鲜族） 杨小亭（回族） 杨秀英（女，回族）
阿依吐拉（女，维吾尔族） 赵炳南（回族） 赵鹏飞（满族）
侯宝林（满族） 傅振刚（回族） 穆成礼（回族）

天津市（5名）

石景林（回族） 江　华（瑶族） 杨石先（蒙古族）
洪伯年（回族） 穆　青（回族）

河北省（11名）

马玉英（女，回族） 马志杰（回族） 马殿臣（回族）
刘宗耀（回族） 许家信（回族） 农绍华（壮族）
杜布信（蒙古族） 张　杰（回族） 张平均（女，回族）
张维苓（女，回族） 彭明霞（女，满族）

山西省（2名）

陈黑旦（回族） 郭秀梅（女，回族）

内蒙古自治区（18名）

乌兰夫（蒙古族） 巴　图（蒙古族） 巴图巴根（蒙古族）
龙　梅（女，蒙古族） 玉　荣（女，蒙古族） 那木拉（蒙古族）

那钦双和尔（蒙古族） 牡　兰（女，蒙古族） 沙木腾（蒙古族）
宝日勒岱（女，蒙古族） 宝　音（女，蒙古族） 赵玉荣（女，蒙古族）
查干其其格（女，蒙古族） 奎　璧（蒙古族） 娜仁格日勒（女，蒙古族）
鄂其尔呼雅克图（蒙古族） 清格尔泰（蒙古族） 蔡粉玉（女，朝鲜族）

辽宁省（19名）

马玉莲（女，满族） 乌力更（蒙古族） 文达根（朝鲜族）
关明远（满族） 李学盈（回族） 李玉秀（女，回族）
何国柱（满族） 佟玉兰（女，满族） 沙胡拉（女，蒙古族）
阿木古楞（蒙古族） 金华实（女，朝鲜族） 金海月（女，朝鲜族）
金润素（女，朝鲜族） 金道善（朝鲜族） 赵明轩（蒙古族）
赵景山（满族） 展桂英（女，回族） 陶维忠（蒙古族）
斯　钦（女，蒙古族）

吉林省（10名）

云曙碧（女，蒙古族） 朴伟勋（朝鲜族） 朴春子（女，朝鲜族）
关秀兰（女，满族） 李伍福（女，朝鲜族） 金秀兰（女，蒙古族）
金明汉（朝鲜族） 金明奎（朝鲜族） 海玉琛（蒙古族）
斯日敖道（蒙古族）

黑龙江省（14名）

占布拉扎布（蒙古族） 杜玉琴（女，达斡尔族） 李在根（朝鲜族）
李树梧（回族） 何淑云（女，赫哲族） 杰尔格勒（蒙古族）
金贞淑（女，朝鲜族） 孟庆海（鄂伦春族） 孟丽坤（女，满族）
赵子英（满族） 南景元（满族） 哈斯托雅（女，鄂温克族）
崔云峰（朝鲜族） 朝　克（蒙古族）

上海市（3名）

车文仪（满族） 爱新觉罗·溥杰（满族） 韩哲一（回族）

浙江省（1名）

蓝妈珠（女，畲族）

安徽省（5名）

马浩谦（回族） 朱海波（回族） 吴桂林（女，回族）
沙承祥（回族） 沙德义（回族）

福建省（1名）

兰爱花（女，畲族）

山东省（12名）

丁法琴（女，回族） 丁春兰（女，回族） 马同恩（回族）
马宜泉（回族） 马湘荣（女，回族） 马肇维（回族）
王美恭（女，回族） 丛付泽（回族） 甘美英（女，回族）
李淑贞（女，回族） 陈宝友（回族） 周加梅（女，回族）
韩在胜（回族）

河南省（6名）

马恩普（回族）　　王建英（女，回族）　　艾二中（回族）
李金兰（回族）　　李德云（女，回族）　　海发迎（回族）

湖北省（3名）

马德济（回族）　　彭昌松（土家族）　　魏尚亮（回族）

湖南省（13名）

丁国友（土家族）　　马本慧（女，回族）　　龙清友（土家族）
杨玉翠（女，苗族）　　杨发姣（女，苗族）　　吴运昌（苗族）
吴清芝（女，苗族）　　姚源河（侗族）　　黄炳权（侗族）
盘代乾（瑶族）　　盘美金（瑶族）　　彭官恕（土家族）
彭顺南（土家族）

广东省（6名）

王越丰（黎族）　　李忠兴（苗族）　　金基凤（女，回族）
赵淑英（女，瑶族）　　莫鼎禄（壮族）　　黄菊香（女，黎族）

广西壮族自治区（40名）

韦正辉（壮族）　　韦君毅（壮族）　　韦　胜（壮族）
玉荣均（壮族）　　甘怀义（壮族）　　石愈模（壮族）
卢绍武（壮族）　　冯桂莲（女，壮族）　　任现春（瑶族）
农秀兰（女，壮族）　　杜　易（壮族）　　李志曙（壮族）
李桂香（女，壮族）　　陆卫东（女，壮族）　　陆婉珍（女，壮族）
陆榕树（壮族）　　陈　熙（女，回族）　　罗周文（京族）
金宝生（瑶族）　　郑建宣（壮族）　　贾立义（苗族）
黄玉娟（女，壮族）　　黄红兰（女，瑶族）　　黄作勤（壮族）
黄环昌（壮族）　　黄　荣（壮族）　　黄朝帮（壮族）
盘佐杰（壮族）　　盘　俊（瑶族）　　梁吉泉（壮族）
梁成业（壮族）　　梁炳和（壮族）　　梁振怀（壮族）
梁彩琴（女，壮族）　　梁彫华（壮族）　　覃永吉（仫佬族）
覃绍英（女，侗族）　　廖广能（壮族）　　谭凤仙（女，毛南族）
潘　烈（女，壮族）

四川省（20名）

马长生（彝族）　　王炳万（女，彝族）　　吉牛布哈（彝族）
多曲珍（女，藏族）　　苏呷沙且（彝族）　　杜琼书（女，满族）
杨国相（布依族）　　杨顺才（藏族）　　杨福田（回族）
阿　登（藏族）　　果基木古（彝族）　　罗通达（藏族）
所　登（藏族）　　金锡如（满族）　　周理荣（女，羌族）
降央伯姆（女，藏族）　　施嘉明（彝族）　　绒木塔（藏族）
陶正秀（女，苗族）　　雷雷故洼（彝族）

贵州省（17名）

王廷荣（布依族） 李大刚（黎族） 李玉芳（女，苗族）
李兴学（苗族） 杨建华（苗族） 杨靖洲（布依族）
杨德荣（苗族） 吴秀龙（侗族） 吴国超（苗族）
吴通明（苗族） 陆三九（彝族） 陆琼英（女，水族）
罗绍恒（布依族） 黄绍臣（苗族） 黄恩芬（女，布依族）
梁顺模（仡佬族） 潘业芬（女，苗族）

云南省（41名）

马二金（回族） 马启培（回族） 王岩刚（崩龙族）
木桂香（女，纳西族） 方国瑜（纳西族） 孔丽华（女，回族）
孔瑞荣（独龙族） 邓秀珍（女，瑶族） 司拉山（景颇族）
召存信（傣族） 百登独玛（女，藏族） 毕学光（彝族）
朱友明（彝族） 关肃霜（女，满族） 苏彦清（白族）
杜路博（女，傈僳族） 李再洪（彝族） 李沙普（哈尼族）
李和才（哈尼族） 李娜体（女，拉祜族） 李福忠（彝族）
杨述焕（女，彝族） 肖丽珍（女，佤族） 张　冲（彝族）
张德华（苗族） 陈批鲁（哈尼族） 岩　养（布朗族）
罗朝清（彝族） 金学文（景颇族） 赵廷光（瑶族）
胡二千（普米族） 咪玉旺（女，傣族） 保小聪（女，回族）
保洪忠（佤族） 秦学英（女，怒族） 黄天佑（壮族）
曹自芹（女，阿昌族） 瑞　板（傣族） 蔡琼芬（女，彝族）
潘训英（女，白族） 霍　淳（白族）

西藏自治区（26名）

才旦卓玛（女，藏族） 天　宝（藏族） 扎西拉姆（女，藏族）
丹巴坚作（藏族） 巴　桑（女，藏族） 布　德（藏族）
占　堆（藏族） 生钦·洛桑坚赞（藏族） 吉　村（藏族）
达　吉（藏族） 次　仁（藏族） 次仁拉姆（女，藏族）
安　增（女，藏族） 阿沛·才旦卓嘎（女，藏族） 阿沛·阿旺晋美（藏族）
青　旺（藏族） 拉　姆（女，藏族） 帕巴拉·格列朗杰（藏族）
郑　英（藏族） 索朗群宗（女，藏族） 桑顶·多吉帕姆(女，藏族)
桑　珠（藏族） 措姆（女，门巴族） 普布次仁（藏族）
德格·格桑旺堆（藏族） 潘　多（女，藏族）

陕西省（1名）

马忠英（女，回族）

甘肃省（10名）

才让卓玛（女，藏族） 马光宗（回族） 马克苏米（女，保安族）
马雪兰（女，回族） 再　哈（女，哈萨克族） 闵成龙（东乡族）
拉布吉（裕固族） 桑木腾（蒙古族） 常书鸿（满族）

策　登（女，蒙古族）

青海省（10名）

切　洛（藏族）　　乔生春（土族）　　多　巴（藏族）
阿　米（蒙古族）　　官保加（蒙古族）　　夏茸尕布（藏族）
韩乙卜拉（撒拉族）　　韩福才（回族）　　德西措毛（女，藏族）
薄欠（女，藏族）

宁夏回族自治区（8名）

马廷贵（回族）　　马寿山（回族）　　马烈孙（回族）
王耀花（女，回族）　　杨静仁（回族）　　陈志恩（回族）
赵仲修（纳西族）　　银　花（女，蒙古族）

新疆维吾尔自治区（47名）

马成荣（回族）　　马合木提·库尔班尼牙孜（维吾尔族）
木沙·司马义（柯尔克孜族）　　牙合甫·大毛拉（维吾尔族）　　牛九吾力·吾甫尔(维吾尔族)
月尔尼沙·买买提（女，维吾尔族）　　文合图（锡伯族）
巴　岱（蒙古族）　　艾尼·司的克夫（塔塔尔族）　　艾则孜·吾拉因(维吾尔族)
卡尔波娃·娜嘉（女，俄罗斯族）　　奴尔汗（女，维吾尔族）
亚米力哈（哈萨克族）　　毕　肯（女，哈萨克族）
肉孜尼沙汗·奴尔（女，维吾尔族）　　伊尔哈里（哈萨克族）
买买提尼牙孜·纳赛尔（维吾尔族）
买买提吐尔逊·克里木（维吾尔族）
买买提·肉孜（维吾尔族）　　买买提·斯拉木（维吾尔族）　　寿　青（达斡尔族）
克尤木·买提尼牙孜（维吾尔族）　　杨春莲（女，回族）
吾合力汗·肉孜（女，维吾尔族）　　吾守尔·阿西木(维吾尔族)
库尔班江（塔吉克族）　　沙比尔·马木提（维吾尔族）　　阿木冬·尼牙孜(维吾尔族)
阿不都克里木·买买提力（维吾尔族）　　阿不都拉·吐逊(维吾尔族)
阿尤甫（回族）　　阿西木·巴拉提（维吾尔族）
阿衣奴拉·阿皮孜（女，维吾尔族）　　孜　牙（哈萨克族）
孜娜西（女，哈萨克族）　　拉孜克·买买提（维吾尔族）　　帕　瓦（蒙古族）
依明那洪·吾西尔（维吾尔族）　　哈得尔汉（哈萨克族）
热比亚·买买提（女，维吾尔族）
热衣木江（维吾尔族）　　铁木尔·达瓦买提（维吾尔族）
康买尔·阿不都热合满（女，维吾尔族）　　塔衣尔·买买提力（柯尔克孜族）
赛福鼎·艾则孜（维吾尔族）　　霍加巴依（哈萨克族）
穆娜瓦尔汗·依不拉音（女，乌孜别克族）

台湾省（1名）

田富达（高山族）

中国人民解放军（16名）

马寿喜（女，回族）　　王孔运（蒙古族）　　韦　杰（壮族）

韦国清（壮族） 云成烈（蒙古族） 巴　珍（女，藏族）
加米拉（女，维吾尔族） 苏敏京（壮族） 李永泰（朝鲜族）
吴继恩（女，侗族） 底建秀（女，回族） 赵南起（朝鲜族）
党培新（维吾尔族） 曹达诺夫·扎义尔（维吾尔族） 彭武化（土家族）

第六届（1983.6～1988.3）

按姓氏笔画排列

北京市（5名）

白寿彝（回族） 安太庠（朝鲜族） 赵炳南（回族）
赵鹏飞（满族） 侯宝林（满族）

天津市（2名）

石培岩（回族） 刘　火（回族）

河北省（11名）

丁义朋（回族） 丁玉龙（回族） 马志杰（回族）
叶广成（满族） 刘宗耀（回族） 关春兰（女，满族）
关　阔（满族） 安俊英（回族） 沙文翰（回族）
宝　音（蒙古族） 脱师录（回族）

山西省（3名）

王增慧（女，回族） 陈介新（女，蒙古族） 陈黑旦（回族）

内蒙古自治区（24名）

才吉尔乎（蒙古族） 马　明（回族） 云曙碧（女，蒙古族）
乌兰夫（蒙古族） 乌　尼（达斡尔族） 巴图巴根（蒙古族）
占布拉扎布（蒙古族） 尼　玛（蒙古族） 旭仁花（女，蒙古族）
安　德（鄂伦春族） 那仁格日勒（女，鄂温克族） 阿拉泰（女，蒙古族）
呼日乐巴特尔（蒙古族） 呼　和（女，蒙古族） 金　岁（女，蒙古族）
宝日珠拉吉嘎（女，蒙古族） 赵利新（满族） 格日勒图（蒙古族）
海玉琛（蒙古族） 陶克套（蒙古族） 清格尔泰（蒙古族）
韩晶岩（女，蒙古族） 鲍金花（女，蒙古族） 额尔敦楚鲁（女，蒙古族）

辽宁省（20名）

马玉莲（女，满族） 马振文（回族） 司　钦（蒙古族）
关延新（满族） 关丽田（女，满族） 关余安（锡伯族）
严载顺（女，朝鲜族） 李玉南（女，朝鲜族） 李茂丰（满族）
李学盈（回族） 吴　量（满族） 郑　平（满族）
赵明轩（蒙古族） 赵　富（蒙古族） 柳　文（女，满族）
爱新觉罗·溥杰（满族） 陶维忠（蒙古族） 韩吉善（满族）
傅　勤（女，满族） 富平伯（满族）

吉林省（15名）

尹明淑（女，朝鲜族） 朴文一（朝鲜族） 朴龙浩（朝鲜族）
关山复（满族） 关忠煜（满族） 关胤华（女，满族）
李宗铁（朝鲜族） 金永顺（朝鲜族） 金秀兰（女，蒙古族）
郑英淑（女，朝鲜族） 赵南起（朝鲜族） 索敬贤（满族）
曹龙浩（朝鲜族） 康荣宦（满族） 冀国荣（满族）

黑龙江省（16名）

卜　林（达斡尔族） 石春姬（女，朝鲜族） 李树梧（回族）
吴鼎和（满族） 吴国芳（女，赫哲族） 佟玉兰（女，蒙古族）
武占廷（鄂温克族） 金再明（朝鲜族） 郑隆慧（回族）
孟　辰（满族） 孟梅花（女，鄂伦春族） 赵继凯（满族）
姜俊奎（满族） 康兰泳（朝鲜族） 赖永和（蒙古族）
穆晔骏（满族）

上海市（1名）

韩哲一（回族）

江苏省（3名）

李顺柱（回族） 沙启亮（回族） 潘　多（女，藏族）

浙江省（1名）

蓝　玉（畲族）

安徽省（4名）

马长生（回族） 马浩谦（回族） 佟元贞（满族）
董玉年（女，回族）

福建省（2名）

吴愿金（高山族） 钟赛花（女，畲族）

江西省（3名）

韦凡昆（壮族） 金立强（回族） 钟金根（畲族）

山东省（11名）

丁枢俭（回族） 丁春兰（女，回族） 马湘荣（女，回族）
马锡居（女，回族） 马肇维（回族） 江　时（女，高山族）
李淑贞（女，回族） 杨久贞（回族） 金志忠（回族）
姜福信（女，朝鲜族） 戴胜兰（女，满族）

河南省（8名）

马宏远（回族） 王守忠（回族） 王建英（女，回族）
韦国清（壮族） 买立智（回族） 范美兰（女，回族）
赵廷选（回族） 海光兴（回族）

湖北省（9名）

马维清（回族） 王旭景（土家族） 龙咸灵（苗族）
田永才（土家族） 田寿延（土家族） 向延槐（土家族）

向极昌（土家族） 杨葆焜（白族） 陈忠信（土家族）

湖南省（12名）

龙素梅（女，苗族） 田仲达（土家族） 向仁忠（土家族）
吴运昌（苗族） 吴通行（侗族） 张孝先（女，苗族）
幸茂发（苗族） 易　扬（土家族） 周从玉（女，土家族）
姚本琰（侗族） 姚孟湘（侗族） 黄金瑞（瑶族）

广东省（10名）

马德光（回族） 王月金（女，黎族） 李春花（女，黎族）
吴文通（黎族） 陈书凤（黎族） 金基凤（女，回族）
黄开昺（壮族） 黄玉梅（女，黎族） 盘八一（瑶族）
盘明昌（苗族）

广西壮族自治区（51名）

韦纯束（壮族） 韦秋梅（女，壮族） 韦祯显（壮族）
韦裕廉（壮族） 玉　文（壮族） 玉荣均（壮族）
甘怀义（壮族） 甘宗容（女，壮族） 龙廷坝（壮族）
江家福（壮族） 李爱媛（女，壮族） 杨永谨（壮族）
吴秀芳（女，壮族） 吴品清（壮族） 陆伍亭（壮族）
陆俊廷（壮族） 陆益栋（壮族） 陆榕树（壮族）
陈润芬（女，京族） 周飞雄（壮族） 周凤席（壮族）
赵乙生（瑶族） 赵明坚（女，壮族） 荣其光（壮族）
侯世华（苗族） 班秀文（壮族） 袁绍和（瑶族）
贾凤英（女，苗族） 黄大宏（壮族） 黄为治（壮族）
黄江山（壮族） 黄　荣（壮族） 黄保尧（壮族）
黄朝帮（壮族） 黄　鹄（壮族） 黄碧莹（女，壮族）
梅品清（侗族） 银世豪（仫佬族） 符椅军（壮族）
盘佐杰（壮族） 梁玉金（壮族） 梁昭瑜（壮族）
覃应机（壮族） 覃新胡（壮族） 谢洁芳（女，壮族）
蓝芳畹（瑶族） 蒙其绶（壮族） 谭　武（壮族）
谭学军（女，毛南族） 黎毓明（壮族） 黎惠琼（女，壮族）

四川省（26名）

艾廉钺（女，满族） 平措汪阶（藏族） 田维芝（女，土家族）
史志义（彝族） 冯国良（苗族） 吉约沙各莫（彝族）
苏克明（彝族） 杜琼书（女，满族） 张　萍（女，苗族）
杨　凤（纳西族） 阿呷约且（彝族） 阿曾乃莫（彝族）
陈花花（女，羌族） 果基木古（彝族） 金锡如（满族）
所　登（藏族） 泽　茸（藏族） 降央伯姆（女，藏族）
赵德清（藏族） 俄日加（藏族） 俄　色（藏族）
施嘉明（彝族） 绒木塔（藏族） 索观涛（女，藏族）

唐从国（土家族）	黄贤秀（女，回族）	

贵州省（27名）

王由仁（布依族）	王秀养（女，水族）	王祖伦（布依族）
王朝文（苗族）	文明铣（苗族）	石维英（女，苗族）
龙连寿（侗族）	龙步全（布依族）	安兴华（苗族）
安毅夫（彝族）	李学高（苗族）	李通达（苗族）
杨初桂（女，侗族）	杨昌文（苗族）	杨靖洲（布依族）
吴邦建（侗族）	吴向必（苗族）	张吉斋（仡佬族）
罗尚才（布依族）	罗明珠（布依族）	高焕英（女，彝族）
郭珍荣（女，布依族）	唐思跃（苗族）	揭根兰（女，侗族）
彭兴禄（苗族）	禄智明（彝族）	潘莲芬（女，布依族）

云南省（46名）

八化益（傈僳族）	刀安钜（傣族）	刀国栋（傣族）
马云从（回族）	王之化（彝族）	王岩刚（崩龙族）
邓扒才（怒族）	卢永祥（壮族）	白腊者（基诺族）
召存信（傣族）	朱友明（彝族）	关肃霜（女，满族）
李光华（拉祜族）	李全开（哈尼族）	李国良（藏族）
李和才（哈尼族）	李桂英（女，彝族）	李章妹（女，拉祜族）
李福忠（彝族）	杨玉英（白族）	杨占春（纳西族）
杨传江（彝族）	杨德珍（女，苗族）	余江发（傈僳族）
张子斋（白族）	纳国祥（回族）	明文才（独龙族）
岩坎章（布朗族）	岩　秒（佤族）	侬玉梅（女，壮族）
金古五斤（彝族）	金桂兰（女，傣族）	金德贵（景颇族）
赵淑萍（女，白族）	钟振川（白族）	保洪忠（佤族）
郭立珍（女，普米族）	唐家寿（哈尼族）	陶发昌（哈尼族）
黄桂芳（女，彝族）	银恩铭（阿昌族）	盘美芳（女，瑶族）
普尚义（彝族）	普　照（彝族）	熊世祯（苗族）
霍　淳（白族）		

西藏自治区（17名）

才旦卓玛（女，藏族）	仁增旺杰（藏族）	吉　村（藏族）
吉普·平措次登（藏族）	达瓦更巴（藏族）	达　吉（珞巴族）
多杰才旦（藏族）	次　成（藏族）	江中·扎西多吉（藏族）
阿沛·才旦卓嘎（女，藏族）	阿沛·阿旺晋美（藏族）	
班禅额尔德尼·确吉坚赞（藏族）		
桑顶·多吉帕姆（女，藏族）	桑　珠（藏族）	措　姆（女，门巴族）
普　芝（女，藏族）	强巴赤列（藏族）	

陕西省（3名）

郑淑子（女，朝鲜族）	赵长军（回族）	舒　喆（满族）

甘肃省（10名）

马少青（保安族） 马光宗（回族） 马国全（东乡族）
马俊德（回族） 卢世仁（藏族） 刘 燕（女，回族）
安玉林（裕固族） 杨静仁（回族） 张洪林（回族）
拉毛道恒（女，藏族）

青海省（9人）

马玉梅（女，撒拉族） 马进福（回族） 扎 堆（女，蒙古族）
扎喜旺徐（藏族） 吕义长（满族） 李克元（土族）
杨元贝（回族） 周 加（藏族） 夏茸尕布（藏族）

宁夏回族自治区（10名）

马青年（回族） 马烈孙（回族） 杨维智（回族）
张 杰（回族） 赵仲修（纳西族） 禹世英（回族）
洪梅香（女，回族） 海保仁（回族） 黑伯理（回族）
傅玉梅（女，回族）

新疆维吾尔自治区（37名）

马木托夫·库尔班（维吾尔族） 马占奎（回族） 牙合甫·吐拉洪(维吾尔族)
巴拉提·沙吾提（维吾尔族） 巴 岱（蒙古族） 艾买提·肉孜（维吾尔族）
艾莫尔吾拉（哈萨克族） 古拉热木（女，维吾尔族） 司马义·艾买提(维吾尔族)
尼沙汗·牙生（女，维吾尔族） 芒力克·肉孜（维吾尔族） 吐尔地克西（哈萨克族）
吐尔逊·吾尔沙力（柯尔克孜族） 色买提买合苏木(维吾尔族)
米孜阿合买提（维吾尔族） 买买提努尔（维吾尔族） 孝 昌（锡伯族）
吾甫尔·阿不都拉（维吾尔族） 沙拉美提·阿里木（女，乌孜别克族）
阿木冬·尼牙孜（维吾尔族） 阿不都沙拉木（哈萨克族）
阿不都秀库尔·吐尔地（维吾尔族） 阿布扎尔（塔吉克族）
阿娜尔汗·托乎提（女，维吾尔族） 孜来汗·牙合甫（女，维吾尔族）
迪牙尔·库马什（哈萨克族） 帕太木·巴拉提（女，维吾尔族）
帕提曼·依敏（女，维吾尔族） 哈力别克（哈萨克族）
哈米提·胡达拜尔地（维吾尔族）
禹占林（回族） 热合甫·阿巴斯（塔塔尔族）
铁木尔·达瓦买提（维吾尔族）
维 拉（女，俄罗斯族） 塔吉汗（女，维吾尔族） 赛甫拉也夫（维吾尔族）
赛福鼎（维吾尔族）

台湾省（1名）

田富达（高山族）

中国人民解放军（7名）

于努苏夫·艾山（哈萨克族） 玉宗焕（朝鲜族） 加米拉（女，维吾尔族）
江木参（藏族） 赵惠芳（女，满族） 前德门（蒙古族）
梁天惠（壮族）

补选代表

北京市

王玉章（回族）

河北省

马艳秋（女，回族）　　豪　杰（蒙古族）

浙江省

冯之浚（回族）

广东省

杨汉光（回族）

广西壮族自治区

潘柳英（女，苗族）

四川省

杨代蒂（女，彝族）

云南省

王正光（苗族）

新疆维吾尔自治区

尕文祥（回族）

第七届（1988.3～1993.3）

按姓氏笔画为序

北京市（5名）

英若诚（满族）　　赵鹏飞（满族）　　侯宝林（满族）

钱秀珍（女，回族）　　董新菊（女，满族）

天津市（3名）

石培岩（回族）　　穆祥友（回族）　　衡　志（女，满族）

河北省（9名）

于明斗（回族）　　刘宗耀（回族）　　关春兰（女，满族）

关　阔（满族）　　罗惠兰（女，满族）　　赵金铎（满族）

曹玉山（回族）　　满恒珍（女，回族）　　豪　杰（蒙古族）

山西省（2名）

陈界新（女，蒙古族）　　廉能直（蒙古族）

内蒙古自治区（27名）

毛敖海（蒙古族）　　乌兰夫（蒙古族）　　巴图巴根（蒙古族）

布　赫（蒙古族）　　占布拉扎布（蒙古族）　　叶喜桑布（蒙古族）

白录永（鄂伦春族）　　色吉拉胡（蒙古族）　　孙英年（满族）

苏木雅（蒙古族）　　苏　和（达斡尔族）　　苏荣扎布（蒙古族）

杨玉兰（女，满族）　　杨那生（蒙古族）　　阿拉泰（女，蒙古族）

呼都特（女，蒙古族） 呼格吉勒图（蒙古族） 罗加木苏（蒙古族）
胡拉乌苏（蒙古族） 贺喜格扎布（鄂温克族） 曹爱卿（女，回族）
崔顺姬（女，朝鲜族） 清格尔泰（蒙古族） 斯力更（蒙古族）
道　布（蒙古族） 道尔吉帕拉木（蒙古族） 德力格尔（蒙古族）

辽宁省（23名）

马丽翠（女，回族） 马素琴（女，回族） 马振文（回族）
王扎拉（蒙古族） 王长春（满族） 邓凤兰（女，满族）
白希尧（满族） 邢鹤林（蒙古族） 刘玄恭（回族）
刘相荣（回族） 关文杰（锡伯族） 严载顺（女，朝鲜族）
李学盈（回族） 肖彩芹（女，满族） 吴　哲（满族）
吴　量（满族） 张智毅（满族） 郑　平（满族）
赵新良（满族） 郭廷标（回族） 爱新觉罗·溥杰（满族）
韩吉善（满族） 燕　华（女，蒙古族）

吉林省（18名）

巴音那木尔（蒙古族） 朴太洙（朝鲜族） 朴文一（朝鲜族）
回良玉（回族） 关山复（满族） 安太庠（朝鲜族）
孙秀君（女，满族） 严克强（壮族） 李希白（朝鲜族）
李宗铁（朝鲜族） 吴健民（满族） 林东镐（朝鲜族）
金秀兰（女，蒙古族） 郑英淑（女，朝鲜族） 索敬贤（满族）
徐荫章（满族） 曹龙浩（朝鲜族） 康荣宦（满族）

黑龙江省（27名）

马秀芝（女，满族） 王秀林（赫哲族） 王金山（蒙古族）
元容太（朝鲜族） 申　冠（朝鲜族） 回健人（回族）
孙丽萍（女，蒙古族） 李金顺（女，朝鲜族） 李树梧（回族）
杨应鎏（女，土家族） 吴鼎和（满族） 邱晓兰（女，满族）
何永林（满族） 佟玉兰（女，蒙古族） 佟祥友（满族）
宋贞姬（女，朝鲜族） 金彩顺（女，朝鲜族） 金遇春（满族）
郑隆慧（回族） 郎春丹（女，满族） 赵国良（满族）
胡　萍（女，满族） 莫明柱（鄂伦春族） 陶成林（满族）
崔明顺（女，朝鲜族） 毅　赫（达斡尔族） 穆晔骏（满族）

上海市（2名）

白同朔（满族） 哈宝信（回族）

江苏省（3名）

沙启亮（回族） 窦国仁（满族） 潘　多（女，藏族）

浙江省（2名）

钟小毛（畲族） 常沙娜（女，满族）

安徽省（4名）

李金宝（回族） 张学敏（回族） 岳书仓（满族）

颜　语（回族）

福建省（3名）

王玲妹（女，回族）	吴愿金（高山族）	雷梅娇（女，畲族）

江西省（2名）

钟金根（畲族）	雷长生（畲族）

山东省（8名）

丁枢俭（回族）	丁桂英（女，回族）	江　时（女，高山族）
杨久贞（回族）	金兰英（女，回族）	金志忠（回族）
奚　霞（女，满族）	戴胜兰（女，满族）	

河南省（10名）

丁百元（回族）	王书玉（回族）	韦国清（壮族）
白凤祥（回族）	买立智（回族）	李金岭（回族）
范好古（回族）	赵文隆（满族）	海光兴（回族）
潘　玲（女，彝族）		

湖北省（13名）

以体珍（女，回族）	田寿延（土家族）	安　凯（土家族）
李国础（土家族）	李辉轩（土家族）	李道均（土家族）
杨葆焜（白族）	张洪伦（土家族）	赵鹏大（满族）
姚绍斌（苗族）	彭英明（土家族）	曾祥芬（女，土家族）
戴维新（女，回族）		

湖南省（12名）

邓威特（壮族）	石玉珍（女，苗族）	龙素梅（女，苗族）
孙健忠（土家族）	李复贵（侗族）	宋克湘（土家族）
张光玉（女，苗族）	赵　荣（瑶族）	黄自莲（女，土家族）
蒋富平（壮族）	谢科锡（苗族）	黎子泽（土家族）

广东省（13名）

吉亚球（黎族）	杨文贵（黎族）	杨汉光（回族）
沈四妹（女，瑶族）	钟良英（女，瑶族）	莫新银（壮族）
黄玉梅（女，黎族）	符儒海（黎族）	蒋新荣（苗族）
谢玉妹（女，黎族）	蓝水妹（女，畲族）	廖平寅（壮族）
端木正（回族）		

广西壮族自治区（50名）

王兆邦（壮族）	韦元威（壮族）	韦仕军（侗族）
韦纯束（壮族）	韦建征（壮族）	韦美芳（女，壮族）
韦家国（壮族）	韦继松（壮族）	文　戈（女，壮族）
甘　苦（壮族）	甘宗容（女，壮族）	成克杰（壮族）
刘美琳（女，壮族）	阮成德（京族）	李玉林（女，壮族）
李　宁（壮族）	李兆仍（壮族）	李兆焯（壮族）

李名辉（仫佬族）
李其成（女，壮族）
李尚安（壮族）
杨松飞（苗族）
肖玉雪（女，苗族）
何　辉（女，瑶族）
张书贵（壮族）
张有隽（瑶族）
张祖南（壮族）
陆宁宁（女，壮族）
陆成勋（壮族）
林超群（壮族）
周飞雄（壮族）
周　军（壮族）
莫黎明（壮族）
徐学洪（壮族）
凌云志（壮族）
唐佩珠（女，壮族）
陶爱英（壮族）
黄任文（壮族）
黄任武（壮族）
黄旭宣（壮族）
黄　荣（壮族）
梁秀花（女，壮族）
梁熙南（壮族）
覃志刚（壮族）
蓝怀鹏（壮族）
廖振忠（壮族）
谭梅星（女，毛南族）
樊建仁（壮族）
黎秀叶（女，壮族）
黎鯍明（壮族）

四川省（32名）

王彦立（土家族）
木呷补助（彝族）
瓦扎木基（彝族）
水普老毛（彝族）
仁真汪修（藏族）
艾廉钺（女，满族）
平措汪杰（藏族）
旦　科（彝族）
吉觉阿呷（彝族）
刘文科（满族）
刘英杰（藏族）
刘绍先（彝族）
牟绪珩（土家族）
苏克明（彝族）
杜琼书（女，满族）
杨　凤（纳西族）
杨代蒂（女，彝族）
杨松英（女，羌族）
杨岭多吉（藏族）
杨美芬（女，苗族）
阿底洛曲（彝族）
金海润（满族）
泽　茸（藏族）
降央伯姆（女，藏族）
赵尔宓（满族）
胡兴祥（土家族）
香根·巴登多吉（藏族）
侯通和（土家族）
祝有力（彝族）
柔　洛（女，藏族）
索观涛（女，藏族）
黄家夫（苗族）

贵州省（33名）

王天珍（女，布依族）
王由仁（布依族）
王秉鋆（布依族）
王荣邦（布依族）
王家钧（布依族）
王朝文（苗族）
王耀伦（苗族）
韦绍凯（水族）
文权有（彝族）
文明铣（苗族）
龙国义（布依族）
安迪伟（回族）
安毅夫（彝族）
许成功（侗族）
李光辉（土家族）
李昌琪（苗族）
李学高（苗族）
杨文刚（苗族）
杨初桂（女，侗族）
杨靖洲（布依族）
吴少祥（侗族）
吴邦建（侗族）
吴向必（苗族）
阿　略（女，苗族）
陈文彪（侗族）
陈光智（苗族）
罗平义（布依族）
罗志英（女，布依族）
胡锦恩（女，苗族）
程孟仁（仡佬族）
禄智明（彝族）
滚成花（女，苗族）
戴振华（土家族）

云南省（47名）

刀安钜（傣族）
刀述仁（傣族）
马开贤（回族）
马云从（回族）
王正光（苗族）
王正芳（哈尼族）

巴国新（独龙族） 召存信（傣族） 亚 娜（女，怒族）
关肃霜（女，满族） 安德富（彝族） 孙诺吉才（藏族）
孙敏初（哈尼族） 李向梅（女，彝族） 李国兴（拉祜族）
李美光（女，傣族） 李桂英（女，彝族） 杨兰珍（女，彝族）
杨 明（白族） 杨顺群（女，白族） 杨 臻（彝族）
何 贵（基诺族） 何海清（傈僳族） 何朝云（壮族）
谷林祥（傈僳族） 张国伟（白族） 张 荣（苗族）
张荣昌（哈尼族） 阿苏大岭（彝族） 岩坎章（布朗族）
岩 秒（佤族） 和志强（纳西族） 金德贵（景颇族）
宗庸卓玛（女，藏族） 赵家培（阿昌族） 南天文（傣族）
钟振川（白族） 保洪忠（佤族） 郭顺英（女，普米族）
陶发昌（哈尼族） 黄桂芳（女，彝族） 盘美芳（女，瑶族）
彭志芬（女，彝族） 蒋腊摆（德昂族） 普联和（彝族）
普 照（彝族） 蔡留艳（女，壮族）

西藏自治区（18名）

土登才旺（藏族） 扎西拉姆（女，藏族） 平 措（门巴族）
达瓦偏多（藏族） 伍精华（彝族） 多吉才让（藏族）
江中·扎西多吉（藏族） 坚 争（珞巴族） 阿沛·才旦卓嘎(女,藏族)
阿沛·阿旺晋美（藏族） 拉巴次仁（藏族） 郎 杰（藏族）
洛 嘎（藏族） 班禅额尔德尼·确吉坚赞（藏族）
索 朗（女，藏族） 索朗单增（藏族） 强巴赤列（藏族）
强俄巴·多吉欧珠（藏族）

陕西省（2名）

马平一（回族） 赵长军（回族）

甘肃省（7名）

马凤英（女，回族） 马如麟（保安族） 卢克俭（藏族）
刘 燕（女，回族） 依拉久美（藏族） 贺敬农（裕固族）
班地雅（藏族） 高登英（东乡族）

青海省（10名）

马玉芬（女，回族） 马自力哈（女，撒拉族） 马进福（回族）
扎喜旺徐（藏族） 昂 毛（女，蒙古族） 宦爵才郎（藏族）
班玛丹增（藏族） 夏茸尕布（藏族） 韩进孝（撒拉族）
童成荣（土族）

宁夏回族自治区（8名）

马 力（回族） 马志华（回族） 马 钊（女，回族）
马腾霭（回族） 白立忱（回族） 冯之浚（回族）
纳长麒（回族） 底秀兰（女，回族）

新疆维吾尔自治区（38名）

马木托夫·库尔班（维吾尔族） 马成荣（回族）
马建屏（女，回族） 木拉提霍加（乌孜别克族）
什瓦廖娃·尼娜（女，俄罗斯族） 玉素甫·艾沙（维吾尔族）
艾斯海提（哈萨克族） 卡比拉·斯马胡里（女，哈萨克族）
司马义·艾买提（维吾尔族） 米吉提·胡达拜尔地（维吾尔族）
米孜·阿合买提（维吾尔族） 汝 光（锡伯族）
买然木汗．牙合甫（女，维吾尔族） 玛依努尔·哈斯木（女，维吾尔族）
克尤木·吐尔地（维吾尔族） 克然木·伊明（维吾尔族） 苏来衣曼（柯尔克孜族）
吾甫尔·阿不都拉（维吾尔族） 何德尔拜（哈萨克族） 库尔班·尼牙孜(维吾尔族)
阿木冬·尼牙孜（维吾尔族） 阿不力克木·艾合买提（维吾尔族）
阿不都秀库尔·吐尔地（维吾尔族） 阿不都热西提·卡热阿吉（维吾尔族）
阿不都热衣木·阿米提（维吾尔族） 阿巴拜克·沙吾提（维吾尔族）
阿布扎尔·黑力力（塔吉克族） 阿依木汗·阿米色力木（女，维吾尔族）
阿勒布斯拜·拉合木（哈萨克族） 努尔买提·尼牙孜（维吾尔族）
努尔莫合买提·热衣斯（哈萨克族）
卓哈拉·司马义力（女，维吾尔族） 热合甫·阿巴斯（塔塔尔族）
热衣汗·阿不力孜（女，维吾尔族） 党 金（蒙古族）
铁木尔·达瓦买提（维吾尔族） 海仁沙·斯拉木（女，维吾尔族）
赛福鼎·艾则孜（维吾尔族）

台湾省（1名）

田富达（高山族）

中国人民解放军（12名）

玉宗焕（朝鲜族） 李永泰（朝鲜族） 李瑞秀（女，白族）
库尔班·艾尔西丁（维吾尔族） 张建民（哈萨克族） 陈忠贤（蒙古族）
赵明活（朝鲜族） 赵南起（朝鲜族） 蓝丁寿（畲族）
雷春林（畲族） 嘎 旺（藏族） 廖汉生（土家族）

补选代表

广西壮族自治区

胡德才（瑶族） 黄保尧（壮族）

四川省

土登尼玛（藏族）

云南省

刀永寿（傣族）

宁夏回族自治区

马思忠（回族） 金晓昀（女，回族）

新疆维吾尔自治区

马木提·哈得尔阿吉（维吾尔族）

第八届（1993.3～1998.3）

按姓氏笔画为序

北京市（5名）

仉振亮（回族）　张健民（满族）　英若诚（满族）
赵鹏飞（满族）　钱秀珍（女，回族）

天津市（1名）

穆祥友（回族）

河北省（7名）

王凤珍（女，满族）　王德芳（满族）　刘宗耀（回族）
关　阔（满族）　孙德民（蒙古族）　李秀芬（女，回族）
赵振国（回族）

山西省（2名）

乌　杰（蒙古族）　金小美（女，满族）

内蒙古自治区（27名）

于兴隆（蒙古族）　王凤岐（蒙古族）　王玉山（蒙古族）
王维山（蒙古族）　乌力吉（蒙古族，科右前旗）　乌力吉（蒙古族，海拉尔）
乌　尼（达斡尔族）　布仁白乙拉（蒙古族）　布　赫（蒙古族）
包文发（蒙古族）　旭仁花（女，蒙古族）　吴旭阳（女，蒙古族）
佟英争（蒙古族）　张卫华（女，回族）　荣文彬（蒙古族）
查干巴特尔（蒙古族）　宫树清（蒙古族）　贺喜格扎布（鄂温克族）
高连元（蒙古族）　陶作义（满族）　桑杰毛伦（蒙古族）
崔顺姬（女，朝鲜族）　斯热达日（蒙古族）　道　布（蒙古族）
赛　革（鄂伦春族）　德力格尔（蒙古族）　额日登扣（女，蒙古族）

辽宁省（25名）

王长春（满族）　毛丰美（满族）　邓凤兰（女，满族）
白希尧（满族）　邢鹤林（蒙古族）　刘玄恭（回族）
刘相荣（回族）　刘洪达（满族）　关广生（满族）
孙兴武（锡伯族）　李鸿宾（回族）　肖彩芹（女，满族）
张前江（回族）　张智毅（满族）　陈素芝（女，满族）
武凤芹（女，蒙古族）　金连武（满族）　恩和巴图（蒙古族）
爱新觉罗·溥杰（满族）　高灿叶（朝鲜族）　郭明子（女，朝鲜族）
崔载述（朝鲜族）　谢凤林（满族）　鲍振东（蒙古族）
魏德江（满族）

吉林省（12名）

马占清（满族）　王立平（满族）　全哲洙（朝鲜族）
关艳霞（女，满族）　米凤君（回族）　安太庠（朝鲜族）

吴长淑（朝鲜族） 陈秀丽（女，蒙古族） 范士良（满族）
金敏雄（朝鲜族） 曹龙浩（朝鲜族） 额尔敦巴干（蒙古族）

黑龙江省（23名）

尤玉镯（赫哲族） 方春子（女，朝鲜族） 申明道（朝鲜族）
回景云（女，回族） 苍秀芝（女，满族） 杨久礼（回族）
杨子银（回族） 杨应鎏（女，土家族） 杨淑珍（女，回族）
吴英淑（女，朝鲜族） 吴　梅（女，回族） 吴鼎和（满族）
宋天虎（回族） 宋玉芬（女，满族） 陈淑娴（女，满族）
金遇春（满族） 郑隆慧（回族） 赵国良（满族）
赵晓霞（女，回族） 莫文军（鄂伦春族） 倪志荣（满族）
程　俊（蒙古族） 毅　赫（达斡尔族）

上海市（3名）

白同朔（满族） 哈宝信（回族） 魏光爱（女，回族）

江苏省（4名）

韦　钰（女，壮族） 李从福（回族） 窦国仁（满族）
潘　多（女，藏族）

浙江省（3名）

常沙娜（女，满族） 蒋福弟（回族） 雷文先（畲族）

安徽省（3名）

仉贻壬（女，回族） 汪河池（女，土家族） 颜　语（回族）

福建省（2名）

蓝玉凤（女，畲族） 楷清海（高山族）

江西省（1名）

雷长生（畲族）

山东省（11名）

丁桂英（女，回族） 马国强（回族） 马学福（回族）
王　丽（女，回族） 韦大年（壮族） 刘荣喜（回族）
杜荣久（满族） 金兰英（女，回族） 金仲英（回族）
奚　霞（女，满族） 傅庆馥（锡伯族）

河南省（13名）

丁广治（回族） 马玛瑙（女，回族） 白凤祥（回族）
朱治国（回族） 关福昌（满族） 纪　华（女，满族）
李书安（回族） 李传家（回族） 吴翠兰（女，回族）
范好古（回族） 季新昌（蒙古族） 赵精华（女，满族）
鄂晓芬（女，满族）

湖北省（13名）

以体珍（女，回族） 回良玉（回族） 向兴平（女，土家族）
刘和顺（土家族） 苏晓云（土家族） 李道均（土家族）

杨葆焜（白族） 金海润（满族） 姚绍斌（苗族）
袁仲由（土家族） 姬建强（回族） 覃立荣（女，土家族）
詹炳炎（土家族）

湖南省（13名）

万培亚（女，侗族） 义菊英（女，瑶族） 王锡炳（土家族）
邓威特（壮族） 龙寿红（女，苗族） 孙健忠（土家族）
肖征龙（土家族） 吴沅生（苗族） 林跃（苗族）
贾明忠（土家族） 夏家骏（土家族） 黄远良（苗族）
滕昭蓉（女，苗族）

广东省（9名）

李兰芳（女，满族） 李维新（满族） 杨俊声（回族）
陆耀宝（壮族） 房亚水（瑶族） 柯　岩（女，满族）
唐海英（女，瑶族） 覃自兴（壮族） 端木正（回族）

广西壮族自治区（51名）

王兆邦（壮族） 王素洲（女，壮族） 韦元威（壮族）
韦日科（壮族） 韦文林（壮族） 韦壮凡（壮族）
韦秀容（女，壮族） 韦启帅（壮族） 韦灵敦（壮族）
韦建征（壮族） 韦树英（壮族） 韦祖醒（壮族）
韦鼎勋（侗族） 甘小惠（女，壮族） 甘　苦（壮族）
卢丽芬（女，壮族） 卢新贵（瑶族） 成克杰（壮族）
任现春（瑶族） 刘德新（京族） 农元德（壮族）
苏以淑（壮族） 李兆仍（壮族） 李　克（壮族）
李其成（女，壮族） 杨建中（苗族） 张祖南（壮族）
陆宁宁（女，壮族） 陆建长（壮族） 林超群（壮族）
周军（壮族） 周祖森（瑶族） 赵瑞隆（壮族）
凌克郃（壮族） 唐佩珠（女，壮族） 陶爱英（壮族）
黄少雄（壮族） 黄兰英（女，壮族） 黄汉儒（壮族）
黄永辉（壮族） 黄秀梅（女，壮族） 黄保尧（壮族）
梁文书（壮族） 谢土鸾（女，仫佬族） 蒙荣兴（苗族）
廖琛云（壮族） 廖靖生（壮族） 谭三川（毛南族）
黎晓娴（女，壮族） 潘志德（壮族） 潘桂安（壮族）

海南省（5名）

王桂兰（女，黎族） 王越丰（黎族） 李广良（苗族）
杨文贵（黎族） 符炳信（黎族）

四川省（31名）

土登尼玛（藏族） 马开明（彝族） 王充翁（女，藏族）
水普老毛（彝族） 旦　科（藏族） 白世泽（回族）
尼　妹（女，藏族） 吉木克达（彝族） 伍精华（彝族）

刘文科（满族） 牟绪珩（土家族） 苏克明（彝族）
李玉香（女，彝族） 杨　凤（纳西族） 杨代蒂（女，彝族）
杨志明（藏族） 杨松英（女，羌族） 杨美芬（女，苗族）
杨通兰（女，土家族） 杨麻里（藏族） 何天祥（蒙古族）
阿布牛黑（彝族） 阿　称（藏族） 罗通达（藏族）
泽尼足（藏族） 赵尔宓（满族） 香根·巴登多吉（藏族）
索观涛（女，藏族） 黄玉方（苗族） 黄家夫（苗族）
韩兴旺（苗族）

贵州省（30名）

王朝文（苗族） 韦绍玉（女，布依族） 韦绍凯（水族）
文明铣（苗族） 龙明伍（苗族） 白德祥（苗族）
刘路钗（女，仡佬族） 安毅夫（彝族） 李先辉（女，彝族）
李爱萍（女，回族） 杨运富（布依族） 杨初桂（女，侗族）
杨泽林（苗族） 杨晓莲（女，苗族） 杨菊花（女，侗族）
吴少祥（侗族） 吴向必（苗族） 何盛藩（土家族）
张明达（苗族） 陆镇藩（布依族） 欧明珍（女，苗族）
罗尚才（布依族） 姚茂森（侗族） 莫时仁（布依族）
黄义仁（布依族） 黄康生（布依族） 禄智明（彝族）
管彦鹤（布依族） 熊明珍（女，苗族） 戴振华（土家族）

云南省（46名）

刀有祥（傣族） 刀导孔（景颇族） 刀述仁（傣族）
刀爱民（傣族） 马开贤（回族） 王正光（苗族）
艺　和（女，傣族） 木荣相（纳西族） 尹　俊（白族）
卢恩才（壮族） 白乔英（女，彝族） 刘中辉（彝族）
齐建仁（独龙族） 李汉柏（白族） 李光明（瑶族）
李先猷（哈尼族） 李秀芳（女，拉祜族） 李宝莲（女，德昂族）
李荣昌（彝族） 李桂英（女，彝族） 李　彬（佤族）
李聪惠（彝族） 杨传江（彝族） 杨　明（白族）
杨健强（白族） 杨　铮（壮族） 杨福生（哈尼族）
邱三益（傈僳族） 余志英（女，傈僳族） 张　荣（苗族）
张美琼（女，基诺族） 阿　逗（女，哈尼族） 岩　拉（佤族）
岩　温（布朗族） 罗正富（彝族） 和双秀（女，普米族）
和志强（纳西族） 和丽梅（女，怒族） 金古阿都（彝族）
宗庸卓玛（女，藏族） 赵东芬（女，阿昌族） 郗承文（傣族）
格桑顿珠（藏族） 普发翠（女，彝族） 普志英（女，彝族）
普联和（彝族）

西藏自治区（16名）

才旺班典（藏族） 平　措（门巴族） 生钦·洛桑坚赞（藏族）

白　珍（女，藏族）　向巴平措（藏族）　江村罗布（藏族）
坚　争（珞巴族）　阿沛·才旦卓嘎（女，藏族）　帕巴拉·格列朗杰（藏族）
洛　桑（藏族）　洛桑旦达（藏族）　洛桑江村（藏族）
洛桑顿珠（藏族）　洛桑朗杰（藏族）　热　地（藏族）
索朗丹增（藏族）

陕西省（2名）

马平一（回族）　李成博（满族）

甘肃省（10名）

丁泽生（回族）　马玉贵（女，回族）　马邦才（保安族）
马金翠（女，回族）　马靖宇（回族）　卢克俭（藏族）
安　峰（裕固族）　郑锦霞（女，东乡族）　哈布塞来木（哈萨克族）
德哇仓（藏族）

青海省（7名）

马德良（撒拉族）　切　生（藏族）　达　杰（藏族）
昂　毛（女，蒙古族）　宦爵才郎（藏族）　格桑秋吉（藏族）
童成荣（土族）

宁夏回族自治区（9名）

马自福（回族）　马昌裔（回族）　马思忠（回族）
王志杰（女，回族）　白立忱（回族）　冯之浚（回族）
李桂花（女，回族）　何生藻（回族）　韩有为（回族）

新疆维吾尔自治区（36名）

马木提·卡德尔阿吉（维吾尔族）　马合木提·买买提（维吾尔族）
马建国（回族）　木拉提·霍加（乌孜别克族）　尤努斯·艾克木(维吾尔族)
艾孜再姆·艾买提（女，维吾尔族）　艾海提·阿满（维吾尔族）
艾斯海提·艾山尼（塔塔尔族）　艾斯海提·克里木拜（哈萨克族）
卡拉波娃·伊万诺夫娜·卡丽娅（女，俄罗斯族）　永德光（锡伯族）
毕玉兰（女，回族）　吐尔森·索太（哈萨克族）　肉孜·艾依提（维吾尔族）
米尔扎衣·杜斯买买提（塔吉克族）　米吉提·胡达拜尔地（维吾尔族）
安尼瓦尔·玉山（维吾尔族）　买买提江·艾买提（维吾尔族）
玛依努尔·哈斯木（女，维吾尔族）　克尤木·吐尔迪（维吾尔族）
克里木·纳斯尔丁（维吾尔族）　苏丹·张波拉托夫（哈萨克族）
沙地克·卡日阿吉(维吾尔族)　阿山拜克·吐尔地（柯尔克孜族）
阿木冬·尼牙孜（维吾尔族）　阿不都瓦衣提·吾守尔（维吾尔族）
阿不都热衣木·阿米提（维吾尔族）　阿不都热依木·阿吉伊明(维吾尔族)
阿勒布斯拜·拉合木（哈萨克族）　努尔尼沙·吾甫尔（女，维吾尔族）
卓哈拉·司马义力（女，维吾尔族）　茹先古丽· 阿不都拉(女,维吾尔族)
哈德斯（哈萨克族）　热合木都拉·艾买提（维吾尔族）
党　金（蒙古族）　铁木尔·达瓦买提（维吾尔族）

台湾省（1名）

田富达（高山族）

中国人民解放军（18名）

于永波（满族） 马建新（回族） 全英子（女，朝鲜族）
祁振华（蒙古族） 买买提·艾力（维吾尔族） 李永泰（朝鲜族）
杨世喜（藏族） 何彦芳（女，满族） 佟乌恩·白乙拉（蒙古族）
张 谋（土家族） 纳孜古力（女，哈萨克族） 郑完植（朝鲜族）
郑顺周（朝鲜族） 顿珠多吉（藏族） 隆志勇（壮族）
粟戎生（侗族） 喻忠桂（苗族） 蓝丁寿（畲族）

补选代表

吉林省

郑龙哲（朝鲜族）

山东省

李荣勤（女，回族）

广西壮族自治区

韦继松（壮族） 韦保华（壮族）

云南省

马尧选（回族） 铁红祥（拉祜族） 杨国顺（苗族）
彭勒准（景颇族） 罗德菊（女，哈尼族） 王荣坤（彝族）

海南省

王家贤（黎族）

主要参考书目：

1. 何虎生，李耀东，向常福主编. 中华人民共和国职官志. 北京：中国社会出版社，2003.

2. 全国人民代表大会民族委员会编. 第一届至第九届全国人民代表大会民族委员会文件资料汇编. 北京：中国民主法制出版社，2008.

3. 张声作主编. 当代中国少数民族名人录. 北京：华文出版社，1992.

（贾晓燕/供稿）

全国政协第一至八届委员会少数民族委员名录

第一届（1949.9～1954.12）

［1949年9月30日，政协第一届全体会议选举产生，按单位次序排列。］

乌兰夫（蒙古族） 奎　璧（蒙古族） 粟　裕（侗族）
李四光（蒙古族） 吴鸿宾（回族） 张　冲（彝族）
朱早观（苗族） 天　宝（藏族） 朱德海（朝鲜族）
王国兴（黎族） 马　坚（回族） 董鲁安（蒙古族）
赛福鼎·艾则孜（维吾尔族） 阿不哈依尔吐烈（哈萨克族）

［1951年10月23日～11月1日，一届三次会议补选。］

达赖喇嘛·丹增嘉措（藏族） 班禅额尔德尼·确吉坚赞（藏族）
阿沛·阿旺晋美（藏族） 卢　汉（彝族） 包尔汉（维吾尔族）
黄松坚（壮族）

第二届（1954.12～1959.4）

［1954年12月4日，政协第一届常委会第六十二次会议通过，按姓氏笔画为序。］

中国民主同盟

沙彦楷（回族）

中国民主建国会

李烛尘（土家族）

无党派民主人士

向　达（土家族）

台湾民主自治同盟

田富达（高山族）

中华全国民主妇女联合会

马依努尔（女，维吾尔族） 云秀桐（女，蒙古族）

中华全国工商业联合会

邦达养璧（藏族） 陈经畲（回族） 温少鹤（回族）

中国文学艺术界联合会

连阔如（满族） 纳·赛音朝克图（蒙古族） 赵得贤（朝鲜族）
金国富（彝族） 康巴尔汉（女，维吾尔族）

自然科学团体

李四光（蒙古族）

教育界

桑热嘉错（藏族）

社会救济福利团体

刘清扬（女，回族）

少数民族

刀承宗（傣族）	甘春雷（回族）	白海风（蒙古族）
吉雅泰（蒙古族）	朱德海（朝鲜族）	吴鸿宾（回族）
李呈祥（哈尼族）	拉敏·益喜楚臣（藏族）	阿不哈依尔吐烈(哈萨克族)
阿旺嘉措（藏族）	阿侯尼日哈格（彝族）	
班禅额尔德尼·确吉坚赞（藏族）		索康·旺清格来（藏族）
索观瀛（藏族）	高耀星（佤族）	
张超伦（苗族）	黄松坚（壮族）	载　涛（满族）
达赖喇嘛·丹增嘉措（藏族）	包尔汉（维吾尔族）	

宗教界

马松亭（回族）	达浦生（回族）	查干葛根（蒙古族）
枯巴猛（傣族）	夏日仓（藏族）	喜饶嘉措（藏族）

特别邀请人士

马文鼎（回族）	马震武（回族）	龙　云（彝族）
卢　汉（彝族）	秦德君（女，彝族）	端木杰（回族）

[1956年1月10日，政协第二届全国委员会第十二次会议增选。]

刀栋庭（傣族）	王乐堦（藏族）	关玉和（满族）
沈从文（苗族）	拉希达（女，塔塔尔族）	欧协·土登桑却（藏族）
罗大英（彝族）	罗　文（藏族）	穆芝房（回族）

[1957年2月17日，政协第二届全国委员会常委会第三十四次会议增选。]

帕巴拉·格列朗杰（藏族）	黄启汉（壮族）	博彦满都（蒙古族）

第三届（1959.4～1964.12）

[1959年4月11日，政协第二届常委会第五十四次会议通过，按姓氏笔画为序。]

中国国民党革命委员会

卢　汉（彝族）

中国民主同盟

关梦觉（满族）	沙彦楷（回族）	萨空了（蒙古族）

中国民主建国会

李烛尘（土家族）

无党派民主人士

向　达（土家族）

中国致公党

陆榕树（壮族）

九三学社

方　亮（朝鲜族）

台湾民主自治同盟

田富达（高山族）

中华全国妇女联合会

云秀桐（女，蒙古族）　拉希达（女，塔塔尔族）　阿沛·才丹卓噶(女,藏族)

中华全国工商业联合会

陈经畬（回族）　达养璧（藏族）　温少鹤（回族）

董仁明（白族）

中国文学艺术界联合会

关玉和（满族）　陆　地（壮族）　金国富（彝族）

赵得贤（朝鲜族）　侯宝林（满族）　康巴尔汉（女，维吾尔族）

纳·赛音朝克图（蒙古族）　舒舍予（满族）

中国科学技术协会

李四光（蒙古族）

教育界

郑建宣（壮族）　桑热嘉措（藏族）

医药卫生界

杜自明（满族）　曹依秀（女，傣族）

对外和平友好团体

刀有良（傣族）

社会救济福利团体

刘清扬（女，回族）

少数民族

刀承宗（傣族）　刀栋庭（傣族）　王乐堦（藏族）

甘春雷（回族）　包尔汉（维吾尔族）　吉雅泰（蒙古族）

达赖喇嘛·丹增嘉措（藏族）　李呈祥（哈尼族）　陆镇藩（布依族）

吴宗烈（苗族）　吴鸿宾（回族）　拉敏·益喜楚臣（藏族）

张超伦（苗族）　阿不都热河满·托合诺夫（哈萨克族）

阿木提（维吾尔族）　阿沛·阿旺晋美（藏族）　阿旺嘉措（藏族）

阿侯尼日哈格（彝族）　罗大英（彝族）　周保中（白族）

胡玉堂（佤族）　胡赛音·木拉托夫（塔塔尔族）

高耀星（佤族）　班禅额尔德尼·确吉坚赞（藏族）

索观瀛（藏族）　马兴泰（回族）　崔　采（朝鲜族）

纳旺金巴（藏族）　博彦满都（蒙古族）　黄松坚（壮族）

黄穆如（土家族）　载　涛（满族）　詹东·计晋美（藏族）

察雅洛登协绕（藏族） 裴阿欠（傈僳族） 穆芝房（回族）

宗教界

达浦生（回族） 松溜·阿戛牟尼（傣族） 帕巴拉·格列朗杰（藏族）
喜饶嘉措（藏族） 戛拉僧丹比扎拉森（蒙古族）

特别邀请人士

龙　云（彝族） 沈从文（苗族） 松　谋（藏族）
张濯清（回族） 赵承金（满族） 秦德君（女，彝族）
黄启汉（壮族） 端木杰（回族） 穆成宽（回族）

第四届（1964.12～1978.2）

[1964年11月18日，政协第三届常委会第四十四次会议通过，按姓氏笔画为序。]

中国国民党革命委员会

龙泽汇（彝族） 卢　汉（彝族） 孙恩元（满族）

中国民主同盟

关梦觉（满族） 沙彦楷（回族） 萨空了（蒙古族）

中国民主建国会

李烛尘（土家族）

无党派民主人士

向　达（土家族）

九三学社

方　亮（朝鲜族）

台湾民主自治同盟

田富达（高山族）

中华全国妇女联合会

刘碧清（女，壮族） 拉希达（女，塔塔尔族）

中华全国工商业联合会

邦达养璧（藏族） 陈经畬（回族） 董仁明（白族）

中国文学艺术界联合会

石　羽（回族） 关玉和（满族） 陆　地（壮族）
纳·赛音朝克图（蒙古族） 金国富（彝族） 侯宝林（满族）
崔美善（女，朝鲜族） 舒舍予（满族）

中华人民共和国科学技术协会

李四光（蒙古族）

教育界

桑热嘉措（藏族）

医药卫生界

曹依秀（女，傣族）

对外和平友好团体

刀有良（傣族）

社会救济福利团体

刘清扬（女，回族）

少数民族

刀承宗（傣族）	刀栋庭（傣族）	才旦卓玛（女，藏族）
马五达（藏族）	木沙也夫司的克（维吾尔族）	甘春雷（回族）
包尔汉（维吾尔族）	江金·索朗杰布（藏族）	吉雅泰（蒙古族）
李呈祥（哈尼族）	吴忠烈（苗族）	吴鸿宾（回族）
张超伦（苗族）	陆镇藩（布依族）	阿木提（维吾尔族）
纳旺金巴（藏族）	欧尔孝（藏族）	拉敏·益喜楚臣（藏族）
罗大英（彝族）	帕夏依夏（女，维吾尔族）	周　霖（纳西族）
胡玉堂（佤族）	赵承金（满族）	哈丰阿（蒙古族）
哈米阿斯力汉（哈萨克族）	高耀星（佤族）	
班禅额尔德尼·确吉坚赞（藏族）		桑颇·才旺仁增（藏族）
崔　采（朝鲜族）	博彦满都（蒙古族）	黄松坚（壮族）
黄穆如（土家族）	傅正松（彝族）	熊亮臣（苗族）
潘一志（水族）	穆芝房（回族）	

宗教界

刘品一（回族）	达浦生（回族）	松溜·阿戛牟尼（傣族）
阿旺嘉措（藏族）	帕巴拉·格列朗杰（藏族）	戛拉僧丹比扎拉森(蒙古族)
喜饶嘉措（藏族）		

特别邀请人士

马连良（回族）	关学文（满族）	沈从文（苗族）
松　谋（藏族）	秦德君（女，彝族）	黄启汉（壮族）
爱新觉罗·溥仪（满族）	端木杰（回族）	穆成宽（回族）

第五届（1978.2～1983.6）

［1978年2月18日，政协第四届常委会第八次会议通过，按姓氏笔画为序。］

中国共产党

韦国清（壮族）	乌兰夫（蒙古族）	齐燕铭（蒙古族）
杨静仁（回族）	张　冲（彝族）	

中国国民党中央委员会

龙泽汇（彝族）	孙恩元（满族）

中国民主同盟

萨空了（蒙古族）

中国民主建国会

马公谨（回族）　董仁明（白族）

九三学社

方　亮（朝鲜族）

台湾民主自治同盟

田富达（高山族）

中国共产主义青年团

乌云其其格（女，蒙古族）

中华全国总工会

乌　恩（蒙古族）　李　敏（女，朝鲜族）　沙比尔·马木提(维吾尔族）

罗尔日（藏族）

农民

则　吉（藏族）　旭仁其其格（女，蒙古族）　陈批鲁（哈尼族）

金时龙（朝鲜族）　哈吾力·托哈（维吾尔族）

中华全国妇女联合会

乌　兰（女，蒙古族）　亚　校（女，路巴族）　刘　澈（女，满族）

刘碧清（女，壮族）　崔美善（女，朝鲜族）　韩幽桐（女，回族）

中华全国工商业联合会

阿不都热衣木阿吉（维吾尔族）

文学艺术界

石　羽（回族）　阿玛次仁（藏族）　帕夏依夏（女，维吾尔族）

赵得贤（朝鲜族）　胡　可（满族）　莫德格玛（蒙古族）

科学技术界

刘大铮（满族）

教育界

大洛桑朗杰（藏族）　关　布（蒙古族）　傅桐生（满族）

医药卫生界

白希清（满族）　朱洪荫（蒙古族）

少数民族

刀栋庭（傣族）　马乐庭（回族）　马青年（回族）

马明基（东乡族）　马腾霭（回族）　王再天（蒙古族）

王炘东（女，黎族）　韦章平（壮族）　木沙也夫（维吾尔族）

丹　彤（回族）　瓦渣木基（彝族）　孔志清（独龙族）

甘春雷（回族）　包童孔（景颇族）

司马义·牙生洛夫（维吾尔族）　朴钟希（朝鲜族）

色音巴雅尔（蒙古族）　买合苏德·铁依波夫（维吾尔族）

买买提明·艾力（维吾尔族）　克力更（蒙古族）　李羲一（朝鲜族）

杨东生（藏族）　吴执中（满族）　吴鸿宾（回族）

邱新野（满族）	张超伦（苗族）	陆镇藩（布依族）
阿侯鲁木子（彝族）	阿勒腾沧（蒙古族）	
孜克力艾里帕塔也夫（维吾尔族）		陈斯德（苗族）
邵良础（瑶族）	赵乐群（壮族）	赵承金（满族）
赵赛嘎（佤族）	欧尔孝（藏族）	旺庆苏荣（蒙古族）
罗文才（苗族）	金三寿（回族）	朋斯克（蒙古族）
项朝宗（苗族）	哈生别克（哈萨克族）	衎景泰（傣族）
秦振武（侗族）	根　登（蒙古族）	席元寿（土族）
涂景福（鄂温克族）	朗顿·贡嘎旺秋（藏族）	黄正清（藏族）
梁华新（壮族）	葛德洪（鄂伦春族）	傅景贤（赫哲族）
富振声（满族）	雷应清（祭畲族）	熊亮臣（苗族）
德格·格桑旺堆（藏族）		

宗教界

玉赛音阿吉（柯尔克孜族）	刘品一（回族）	安士伟（回族）
帕巴拉·格列朗杰（藏族）	宫明·姜巴曲日木（蒙古族）	桑顶·多吉帕姆(女,藏族)
嘉木样·洛桑久美·图丹却吉尼玛（藏族）		

特别邀请人士

土登丹达（藏族）	万　毅（满族）	马文良（回族）
马卓洲（回族）	马彦良（回族）	马德钟（回族）
王寿昌（藏族）	王耀伦（苗族）	扎西泽仁（藏族）
扎喜旺徐（藏族）	凤冠绥（满族）	巴文峻（蒙古族）
甘澄泽（壮族）	布林贝赫（蒙古族）	卢浚泉（彝族）
生钦·洛桑坚赞（藏族）	包尔汉（维吾尔族）	冯永福（回族）
尼科来·瓦西里维奇·孜缅科（俄罗斯族）		关学文（满族）
买树桐（回族）	李　佐（白族）	李仿尧（彝族）
李家文（苗族）	罕富有（傣族）	沈从文（苗族）
阿衣木尼莎·尼牙孜（女，维吾尔族）		纳星斋（回族）
拉希达（女，塔塔尔族）	拉敏·索朗伦珠（藏族）	果基尼迫（彝族）
舍　英（蒙古族）	柳志清（朝鲜族）	禹占林（回族）
秦德君（女，彝族）	班禅额尔德尼·确吉坚赞（藏族）	
高　戈（回族）	益西赤列（藏族）	黄启汉（壮族）
黄晚霞（女，黎族）	棍钦扎布（蒙古族）	博俊德（女，满族）
尊杰·索朗坚村（藏族）	额尔很巴图（蒙古族）	

[1979年6月5日，五届全国委员会常委会第四次会议增补。]

文正一（朝鲜族）	吴英恺（满族）	桑热嘉措（藏族）
博彦满都（蒙古族）		

[1980年8月25日，五届全国委员会常委会第十一次会议增补。]

马松亭（回族）	尧西·贡保才旦（藏族）	肖　乾（蒙古族）

拉鲁·才旺多吉（藏族） 聂绀弩（蒙古族） 黄现璠（壮族）
崔科·顿珠次仁（藏族） 康巴尔汉（女，维吾尔族） 嘉 雅（蒙古族）
赛甫拉也夫（维吾尔族）

[1981年11月23日，五届全国委员会常委会第十六次会议增补。]

关梦觉（满族） 杨 明（白族） 贡唐仓（藏族）
启 功（满族） 胡絜青（女，满族） 恰巴·格桑旺堆（藏族）
热旦加措（藏族）

第六届（1983.6～1988.3）

[1983年4月28日，政协第五届常委会第二十三次会议通过，按姓氏笔画为序。]

中国共产党

杨静仁（回族）

中国国民党革命委员会

龙泽汇（彝族） 黄启汉（壮族）

中国民主同盟

关梦觉（满族） 杨 明（白族） 萨空了（蒙古族）

中国民主建国会

马公瑾（回族）

无党派民主人士

沈从文（苗族）

九三学社

方 亮（朝鲜族） 启 功（满族） 金显宅（朝鲜族）

中国共产主义青年团

尤 仁（蒙古族） 刘义强（壮族） 哈斯木·依米提(维吾尔族)

中华全国总工会

乌云娜（女，蒙古族） 关 勋（满族） 热夏提·牙生（维吾尔族）

中华全国妇女联合会

刘 澈（女，满族） 刘碧清（女，壮族） 杨静娴（女，回族）
崔美善（女，朝鲜族） 韩幽桐（女，回族）

中华全国青年联合会

亚 娘（女，珞巴族） 关牧村（女，满族）

中华全国台湾同胞联谊会

容汉诠（高山族）

文化艺术界

石 羽（回族） 阿玛次仁（藏族） 李默然（回族）
阿依吐拉（女，维吾尔族） 帕夏依夏（女，维吾尔族） 赵得贤（朝鲜族）
胡絜青（女，满族） 胡松华（满族） 莫德格玛（女，蒙古族）

康巴尔汗（女，维吾尔族）　雷振邦（满族）

科学技术界

凤冠绶（满族）　甘澄泽（壮族）　张　凡（回族）
阎沛霖（满族）

社会科学界

纳　忠（回族）　郭布罗润麒（达斡尔族）　常书鸿（满族）

农林界

王兴让（回族）　丹　彤（回族）
乌拉迪米尔·尼科来耶维奇·孜缅科（俄罗斯族）　卢广绵（回族）
尼牙孜·阿孜（维吾尔族）　达喜玛（女，蒙古族）　则　吉（藏族）
萨　音（蒙古族）　谢福惠（壮族）

教育界

才旦夏茸（藏族）　大洛桑朗杰（藏族）　韦其麟（壮族）
布林贝赫（蒙古族）　冯修吉（壮族）　安迪伟（回族）
汪金丁（满族）　杨石先（蒙古族）

体育界

王菊蓉（女，回族）　穆成宽（回族）

新闻出版界

肖　乾（蒙古族）　聂绀弩（蒙古族）

医药卫生界

马成义（回族）　甘幼强（壮族）　白希清（满族）
朱洪荫（蒙古族）　吴英恺（满族）　哈荔田（回族）
阿不都力米提·玉素甫（维吾尔族）　棍钦扎布（蒙古族）

社会救济福利团体

乌　兰（女，蒙古族）

少数民族

马　信（回族）　马玉槐（回族）　马乐庭（回族）
马德钟（回族）　马腾霭（回族）　王寿昌（藏族）
王连芳（回族）　王泰昌（羌族）　王耀伦（苗族）
韦章平（壮族）　扎西泽仁（藏族）
牙合甫大毛拉·沙得尔阿吉（维吾尔族）　瓦扎木基（彝族）
孔　飞（蒙古族）　孔志清（独龙族）　巴文峻（蒙古族）
巴达荣嘎（达斡尔族）　平康·次仁顿珠（藏族）　田恩波（土家族）
生钦·洛桑坚赞（藏族）　包尔汉（维吾尔族）　尕文祥（回族）
兰光谅（畲族）　兰志流（瑶族）　多　巴（藏族）
尧西·贡保才旦（藏族）　刘格平（回族）
安尼瓦尔·汗巴巴（乌孜别克族）　买合苏德·铁衣波夫（维吾尔族）
买买提明·艾力(维吾尔族)　玛高维亚（哈萨克族）　赤　列（藏族）

赤　耐（藏族）	贡巴萨·土登吉扎（藏族）	贡嘎平措（藏族）
克力更（蒙古族）	李仿尧（彝族）	李羲一（朝鲜族）
杨克成（白族）	吴鸿宾（回族）	邱新野（满族）
罕富有（傣族）	陆镇藩（布依族）	
阿衣木尼沙·尼牙孜（女，维吾尔族）		阿勒腾仓（蒙古族）
阿侯鲁木子（彝族）	陈理文（黎族）	陈斯德（苗族）
邵良础（瑶族）	纳星斋（回族）	
拉乌达热·土登丹达（藏族）	拉希达（女，塔塔尔族）	拉鲁·次旺多吉（藏族）
欧尔孝（藏族）	果基尼迫（彝族）	罗文才（苗族）
郎进荣（裕固族）	项朝宗（苗族）	赵光炬（瑶族）
赵　玳（瑭）（瑶族）	胡德胜（佤族）	钟振发（畲族）
恰巴·格桑旺堆（藏族）	衎景泰（傣族）	洛桑格列（藏族）
秦振武（侗族）	格桑顿珠（藏族）	郭维藩（哈尼族）
席元寿（土族）	益西赤列（藏族）	涂景福（鄂温克族）
朗　加（藏族）	排启仁（景颇族）	黄正清（藏族）
黄宝山（壮族）	彭秀模（土家族）	葛德洪（鄂伦春族）
韩麦扫日（撒拉族）	韩应选（撒拉族）	韩振纲（保安族）
覃　展（壮族）	傅景贤（赫哲族）	尊杰·索朗坚村（藏族）
雷志森（畲族）	爱新觉罗·溥佐（满族）	嘎雪·曲吉尼玛（藏族）
熊亮臣（苗族）	德格·格桑旺堆（藏族）	

宗教界

土登唐巴（藏族）	马进成（东乡族）	马松亭（回族）
云中嘎瓦（藏族）	乌　兰（蒙古族）	刘品一（回族）
玉赛音阿吉（柯尔克孜族）	艾买提·瓦吉地（维吾尔族）	安士伟（回族）
却　西（藏族）	沈遐熙（回族）	贡唐仓·丹贝旺旭（藏族）
阿木提大毛拉（维吾尔族）	帕巴拉·格列朗杰（藏族）	宫明·姜巴曲日木(蒙古族)
都龙曼费（傣族）	韩生贵（回族）	嘉　雅（蒙古族）
嘉木样·洛桑久美·图丹却吉尼玛（藏族）		

特别邀请人士

乌力更（蒙古族）	吴庆云（回族）	钟韶琴（女，畲族）
秦德君（女，彝族）	高　戈（回族）	郭维城（满族）

[1985年3月19日，政协六届三次会议增补。]

马祖灵（回族）	马崇仁（回族）	冯之浚（回族）
沙　蕾（回族）		

[1984年5月9日，政协六届全国委员会常委会第五次会议增补。]

杨希枚（回族）	张纪域（白族）	阿乐群则（藏族）
黄永玉（土家族）		

[1986年3月18日，政协第六届全国委员会常委会第十一次会议增补。]

东嘎·洛桑赤列（藏族）　孙格巴顿（藏族）

第七届（1988.3～1993.3）

［1988年3月6日，政协第六届常委会第十七次会议通过，按姓氏笔画为序。］

中国共产党

孔　飞（蒙古族）　冯元蔚（彝族）　李　涛（满族）

杨静仁（回族）

中国国民党革命委员会

王　奇（满族）　韦大卫（壮族）　张媛贞（女，满族）

黄启汉（壮族）

中国民主同盟

关梦觉（满族）　张纪域（白族）　高国泰（彝族）

中国民主建国会

马公谨（回族）　白大华（回族）　刘正谟（回族）

杨克成（白族）

无党派民主人士

杨希枚（回族）　沈从文（苗族）　郭布罗润麒（达斡尔族）

梁裕宁（女，壮族）

中国民主促进会

金立强（回族）　德继民（蒙古族）

中国农工民主党

邵令方（满族）　剪天聪（维吾尔族）

中国致公党

陆榕树（壮族）

九三学社

方　亮（朝鲜族）　启　功（满族）　金显宅（朝鲜族）

中国共产主义青年团

王雨顺（藏族）　巴特尔（蒙古族）　覃彦瑞（壮族）

中华全国总工会

买买提色依提·热里木（维吾尔族）　热夏提·牙生（维吾尔族）

中华全国妇女联合会

王秀梅（女，蒙古族）　王翠娇（女，壮族）　刘　澈（女，满族）

中华全国青年联合会

关牧村（女，满族）　洛　桑（藏族）　覃志刚（壮族）

策墨林·单增赤列（藏族）

中华全国工商业联合会

托乎提毛拉·托瓦库力（维吾尔族）　恰巴·格桑旺堆（藏族）

中华全国台湾同胞联谊会

张澄生（高山族） 容汉诠（高山族）

文化艺术界

才旦卓玛（女，藏族） 马崇仁（回族） 李　准（蒙古族）
李小春（满族） 李默然（回族） 阿依吐拉（女，维吾尔族）
帕夏依夏（女，维吾尔族） 胡松华（满族） 胡絜青（女，满族）
莫德格玛（女，蒙古族） 钟振发（畲族） 黄永玉（土家族）
常书鸿（蒙古族） 崔美善（女，朝鲜族） 霍　达（女，回族）

科学技术界

甘澄泽（壮族） 兰　天（畲族） 张　建（回族）
金宗哲（朝鲜族） 熊正美（土家族）

社会科学界

东噶·洛桑赤列（藏族） 恰贝·次旦平措（藏族） 盖山林（满族）

农林界

马玉槐（回族） 王兴让（回族） 丹　彤（回族）
关　勋（满族） 李信贤（侗族） 李增崇（壮族）
周立端（女，傣族）

教育界

大洛桑朗杰（藏族） 甘幼坪（壮族） 关百成（满族）
金日光（朝鲜族） 高士品（满族） 黄启助（畲族）

体育界

马基铭（回族） 王菊蓉（女，回族）

新闻出版界

肖　乾（蒙古族）

医药卫生界

马成义（回族） 朱洪荫（蒙古族）
阿不都力米提·玉素甫（维吾尔族） 罗布桑（蒙古族）
金启祥（满族） 哈荔田（回族） 钟毓斌（女，满族）
彭司勋（土家族）

对外友好团体

金　黎（朝鲜族）

少数民族

刀世雄（傣族） 马　可（傈僳族） 马　信（回族）
马飞龙（回族） 马正中（回族） 马乐庭（回族）
马世恭（保安族） 马祖灵（回族） 王寿昌（藏族）
王连芳（回族） 王思明（布依族） 王泰昌（羌族）
木全章（纳西族） 韦国仁（水族） 扎西泽仁（藏族）
乌力更（蒙古族） 乌拉迪米尔·尼克来耶维奇·孜缅科（俄罗斯族）

孔志清（独龙族） 巴　岱（蒙古族） 艾买提·瓦吉地(维吾尔族)
石邦智（苗族） 龙　敏（黎族） 卢邦正（彝族）
平康·次仁顿琳（藏族） 甲嘎·洛桑汤觉（藏族） 田　渊（土家族）
田恩波（土家族） 兰光谅（畲族） 生钦·洛桑坚赞（藏族）
兰志流（瑶族） 司马义·艾买提（维吾尔族）
尼合买德·蒙加尼（哈萨克族） 尕布藏（藏族）
吉普·平措次登（藏族） 尧西·古公才旦（藏族） 刘树生（回族）
江家福（壮族） 安永福（裕固族） 孙格巴顿（藏族）
买合苏德·铁依波夫（维吾尔族）
买买提吐尔逊·巴吾东（维吾尔族）
赤　列（藏族） 贡巴萨·土登吉扎（藏族） 严天华（土家族）
苏　赫（蒙古族） 李　瑾（白族） 李光华（拉枯族）
李儒云（苗族） 杨堂松（彝族） 吴守贵（鄂温克族）
吴廷栋（侗族） 罕富有（傣族） 张子斋（白族）
张永祥（苗族） 陆镇藩（布依族） 阿乐群则（藏族）
纳国祥（回族） 纳星斋（回族） 武连元（回族）
拉鲁·次吉旺多（藏族） 松　布（土族） 旺　堆（藏族）
果基尼迫（彝族） 金世琳（蒙古族） 金泰甲（朝鲜族）
周礼成（羌族） 郑英（藏族） 单得真（回族）
孟苏荣（女，达斡尔族） 项朝宗（苗族） 赵恩登（女，锡伯族）
胡德胜（佤族） 胡赛音·斯牙巴也夫（哈萨克族）
恰扎·强巴赤列（藏族） 洛布桑（蒙古族） 洛桑赤耐（藏族）
祖拉力·牙库甫（塔吉克族） 格桑顿珠（藏族） 敖德木勒（女，蒙古族）
爱新觉罗·溥佐（满族） 郭维藩（哈尼族） 党　巴（蒙古族）
朗　加（藏族） 措　姆（女，门巴族） 黄正清（藏族）
黄语扬（壮族） 麻合苏提·艾克拜尔（乌孜别克族）
盘才万（瑶族） 葛德洪（鄂伦春族） 韩麦扫日（撒拉族）
傅景贤（赫哲族） 雷冯辉（景颇族） 尊杰·索朗坚村（藏族）
嘎多锡雄（藏族） 潘李珍（女，仫佬族）

宗教界

土登唐巴（藏族） 马　贤（回族） 马进成（东乡族）
马松亭（回族） 云中嘎瓦（藏族） 乌　兰（蒙古族）
玉赛音阿吉（柯尔克孜族） 布米·强巴洛珠（藏族） 伍并亚·温撒（傣族）
安士伟（回族） 贡唐仓·丹贝旺旭（藏族） 却　西（藏族）
吴爱恩（女，朝鲜族） 沈遐熙（回族）
阿不都拉大毛拉·阿吉（维吾尔族） 帕巴拉·格列朗杰（藏族）
桑顶·多吉帕姆（女，藏族） 韩生贵（回族） 谢生林（回族）
嘉　雅（蒙古族） 嘉木样·洛桑久美·图丹却吉尼玛（藏族）

特别邀请人士

马烈孙（回族）　王树森（满族）　艾则佐夫·哈斯木(维吾尔族)
李振军（苗族）　沙人麟（回族）　陈炳宇（蒙古族）
拉希达（女，塔塔尔族）　周一峰（壮族）　秦德君（女，彝族）
高　戈（回族）　郭维城（满族）　黄植城（壮族）
曹达诺夫·扎伊尔（维吾尔族）　韩哲一（回族）　黑伯理（回族）

[1989年3月14日，七届全国委员会常委会第五次会议增补。]

云丽文（蒙古族）　毛尔盖·桑木旦（藏族）　加那·加拥克珠（藏族）
应伊利（女，蒙古族）　杨清明（景颇族）

[1990年3月15日，七届全国委员会常委会第九次会议增补。]

多杰才旦（藏族）　张乃诤（回族）　傅万保（彝族）
谭承项（毛南族）

[1991年3月19日，七届全国委员会常委会第十三次会议增补。]

阿嘉·洛桑图旦·久美嘉措（蒙古族）　帕拉曼·贾库林（女，哈萨克族）
嘉拉·降泽（藏族）　施嘉明（彝族）

第八届（1993.3～1998.3）

[1993年2月19日,政协第七届全国委员会常务委员会第二十二次会议通过,按姓氏笔画为序。]

中国共产党

云世英（蒙古族）　巴　岱（蒙古族）　巴图巴根（蒙古族）
龙志毅（彝族）　多杰才旦（藏族）　刘树生（回族）
杨静仁（回族）　武连元（回族）　金　鉴（满族）
钮茂生（满族）　贾那布尔（哈萨克族）　赛福鼎·艾则孜(维吾尔族)

中国国民党革命委员会

王　奇（满族）　王玉梅（女，满族）　韦大卫（壮族）
卢邦正（彝族）　刘德元（回族）　张媛贞（女，满族）

中国民主同盟

马基铭（回族）　张纪域（白族）　岳书仓（满族）
雷　蕾（女，满族）

中国民主建国会

白大华（回族）　刘正谟（回族）　庞延斌（回族）

无党派民主人士

严克强（壮族）　金日光（朝鲜族）　梁裕宁（女，壮族）

中国民主促进会

德继民（蒙古族）

中国农工民主党

邵令方（满族）　翦天聪（维吾尔族）

中国致工党

陆榕树（壮族）

九三学社

启　功（满族）　彭司勋（土家族）　潘蓓蕾（女，高山族）

台盟

陈森吉（高山族）

中国共产主义青年团

巴音朝鲁（蒙古族）　杨光成（白族）

中华全国总工会

尤　仁（蒙古族）　阿不都拉·哈木都拉（维吾尔族）

中华全国妇女联合会

王秀梅（女，蒙古族）　李　莎（女，俄罗斯族）　应伊利（女，蒙古族）
拜玉凤（女，回族）

中华全国青年联合会

白春礼（满族）　关牧村（女，满族）　洛桑·灵智多杰（藏族）
策墨林·单增赤列（藏族）

中华全国工商业联合会

托乎提毛拉·托瓦库力（维吾尔族）　伍廷宪（壮族）
何凤祖（回族）　热比娅·卡德尔（女，维吾尔族）

中国科学技术协会

马以惇（回族）　吴咸中（满族）　强巴赤列（藏族）

中华全国台湾同胞联谊会

容汉诠（高山族）

文化艺术界

才旦卓玛（女，藏族）　马崇仁（回族）　玛拉沁夫（蒙古族）
克里木（维吾尔族）　李　凖（蒙古族）　李默然（回族）
阿依吐拉（女，维吾尔族）　胡松华（满族）　钟振发（畲族）
敖德木勒（女，蒙古族）　莫德格玛（女，蒙古族）
海力切木·斯地克（女，维吾尔族）　崔美善（女，朝鲜族）
詹建俊（满族）　霍　达（女，回族）

科学技术界

兰　天（畲族）　毕大川（赫哲族）　刘广均（回族）
张　仁（回族）　金宗哲（朝鲜族）　哈秋舲（回族）
熊正美（土家族）

社会科学界

恰贝·次旦平措（藏族）　盖山林（满族）

经济界

石山麟（朝鲜族）　赵维臣（满族）

农林界

卢克焕（壮族） 白有光（回族） 李信贤（侗族）

教育界

甘幼玶（壮族） 东噶·洛桑赤列（藏族） 吴云鹏（回族）
高士品（满族） 强俄巴·多吉欧珠（藏族）

新闻出版界

肖 乾（蒙古族）

医药卫生界

马文珠（女，回族） 马成义（回族） 丹增旺扎（藏族）
阿不都力米提·玉素甫（维吾尔族） 罗布桑（蒙古族）
金启祥（满族） 钟敏斌（女，满族） 措如·才朗（藏族）
黄启助（畲族） 谭承项（毛南族）

社会救济福利团体

陈丽华（女，满族）

少数民族

刀世勋（傣族） 千奋勇（蒙古族） 马长庆（东乡族）
马世恭（保安族） 马祖灵（回族） 马鸿恩（回族）
王莲芳（回族） 王思明（布依族） 王泰昌（羌族）
王家贤（黎族） 韦国仁（水族） 扎西泽仁（藏族）
乌拉迪米尔·尼克来耶维奇·孜缅科（俄罗斯族） 文 精（蒙古族）
方初善（女，朝鲜族） 孔志清（独龙族） 石邦定（苗族）
石昌禄（苗族） 甲嘎·洛桑汤觉（藏族） 田寿延（土家族）
冯元蔚（彝族） 司马义·买合苏提（维吾尔族）
尕布龙（蒙古族） 尕布藏（藏族） 召存信（傣族）
吉普·平措次登（藏族） 尧西·旺堆（藏族） 尧西·索朗卓玛(女,藏族)
齐续春（满族） 米尔哈达木·穆哈买德牙诺夫（塔塔尔族）
米吉提·斯拉木（维吾尔族）江中·扎西多吉（藏族） 江家福（壮族）
孙格巴顿（藏族） 孙敏初（哈尼族）
买买提吐尔逊·巴吾乐（维吾尔族） 严天华（土家族）
苏 赫（蒙古族） 李 瑾（白族） 李光华（拉祜族）
李明天（苗族） 李慕唐（回族） 杨复兴（藏族）
杨清明（景颇族） 甫之聪（怒族） 吴 慧（赫哲族）
吴廷栋（侗族） 吴庆云（回族） 沙 车（基诺族）
沙之沅（回族） 宋克湘（土家族） 罕富有（傣族）
张乃诤（回族） 张永祥（苗族） 张瑞珑（彝族）
阿沛·阿旺晋美（藏族） 阿拉坦敖其尔（蒙古族） 拉敏·索朗伦珠（藏族）
拉鲁·次旦多吉（藏族） 松 布（土族） 卓 加（藏族）
帕 加（珞巴族） 帕提曼·贾库林（女，哈萨克族）

和根合（傈僳族） 和毅繁（普米族） 金泰甲（朝鲜族）
周礼成（羌族） 周民震（壮族） 孟苏荣（女，达斡尔族）
项朝宗（苗族） 赵廷光（瑶族） 赵恩登（女，锡伯族）
胡世强（纳西族） 钟　安（畲族） 保洪忠（佤族）
泉博顺（鄂伦春族） 施嘉明（彝族） 洛桑丹增（藏族）
洛桑赫耐（藏族） 恰巴·格桑旺堆（藏族） 祖拉力·牙库甫（塔吉克族）
祝华述（仡佬族） 格桑顿珠（藏族） 党　巴（蒙古族）
郭柏林（裕固族） 朗　加（藏族） 措　姆（女，门巴族）
黄邦模（京族） 萨希荣（鄂温克族） 曹明兴（阿昌族）
盘　俊（瑶族） 盘才万（瑶族）
麻合苏提·艾克拜尔（乌孜别克族） 蒋腊摆（德昂族）
韩应选（撒拉族） 傅万保（彝族） 鲁时仙（女，布朗族）
蓝光谅（畲族） 嘉拉降泽（藏族） 潘李珍（女，仫佬族）

香港同胞

云大棉（蒙古族）

宗教界

马　贤（回族） 马正中（回族） 马进成（东乡族）
乌　兰（蒙古族） 玉赛音阿吉（柯尔克孜族） 布米·强巴洛珠（藏族）
加纳追古·江央克珠（藏族） 地珠·江白格桑（藏族） 竹康·土登克珠（藏族）
伍并亚·温撒（傣族） 安士伟（回族） 买买提·赛来（维吾尔族）
贡唐仓·丹贝旺旭（藏族） 却　西（藏族） 吴爱恩（女，朝鲜族）
沈遐熙（回族） 阿不都拉大毛拉阿吉（维吾尔族）
阿嘉·洛桑图旦·久美嘉措（蒙古族） 纳国祥（回族）
恰扎·强巴赤列（藏族） 桑顶·多吉帕姆（女，藏族）韩生贵（回族）
谢生林（回族） 嘉木样·洛桑久美·图丹却吉尼玛（藏族）

特别邀请人士

马烈孙（回族） 王树森（满族） 云丽文（女，蒙古族）
艾则佐夫·哈斯木（维吾尔族） 艾买提·瓦吉地(维吾尔族)
关东升（满族） 关百成（满族） 沙人麟（回族）
宋　堃（回族） 张铁男（女，满族） 黄语扬（壮族）
黄植诚（壮族） 曹达诺夫·扎依尔（维吾尔族）
嘎多锡雄（藏族）

主要参考书目：

1. 何虎生，李耀东，向常福主编. 中华人民共和国职官志. 北京：中国社会出版社，2003.
2. 张声作主编. 当代中国少数民族名人录. 北京：华文出版社，1992.

（贾晓燕/供稿）

五、专题资料

中国55个少数民族族称的科学考订与正名

中国55个少数民族族称的科学考订与正名、新中国民族识别工作的完成，历时30多年，大体分为3个阶段。1949年至1954年为第一阶段，通过民族调查识别，从1953年第一次人口普查中自报的400多个民族名称中，除已经公认的蒙古、回、藏、维吾尔、苗、瑶、彝、朝鲜、满、黎、高山等民族外，经过识别和归并，又确认壮、布依、侗、白、哈萨克、哈尼、傣、傈僳、佤、东乡、纳西、拉祜、水、景颇、柯尔克孜、土、塔吉克、乌兹别克、塔塔尔、鄂温克、保安、羌、撒拉、俄罗斯、锡伯、裕固、鄂伦春等民族，共计38个少数民族；1954年至1964年为第二阶段，通过调查识别，从1964年第二次全国人口普查之前自报的183个不同称谓的民族名称中，确认16个少数民族，即土家、畲、达斡尔、仫佬、布朗、仡佬、阿昌、普米、怒、崩龙（1985年改为德昂）、京、独龙、赫哲、门巴、毛难（1986年改为毛南）、珞巴等族，另将74个不同民族名称归并到54个少数民族中；1964年至20世纪80年代末为第三个阶段，在主要针对部分民族成分恢复、更改和对某些族体进行识别、归并工作外，又确认了基诺族。到20世纪80年代末，就全国来说，大量繁重的民族识别任务已基本完成，更改民族成分的问题也已基本解决。到1990年全国第四次人口普查时，我国55个少数民族总人口为9120多万人，占全国总人口的8.04%。

本文拟分东北、西北、西南、中东南4个地区，从族称、概况、历史沿革3点入手，对中国55个少数民族族称的科学考订与正名作简要概述。

东北地区

蒙古族　有5 813 947人。主要分布在内蒙古自治区，其余多分布于新疆维吾尔自治区巴音郭楞蒙古自治州、博尔塔拉蒙古自治州以及和布克赛尔蒙古自治县，辽宁省喀喇沁左翼蒙古族自治县、阜新蒙古族自治县，吉林省前郭尔罗斯蒙古族自治县，黑龙江省杜尔伯特蒙古族自治县，甘肃省肃北蒙古族自治县，青海省海西蒙古族藏族自治州。有本民族语言文字，蒙古语属阿尔泰语系蒙古语族。信仰藏传佛教。

“蒙古”一词最早见于唐代，当时译写为“蒙兀”、“蒙瓦”，是室韦部落中一个古老部落的称谓。辽宋金时期又有“萌古”、“漠葛失”、“毛褐”、“毛褐室”、“朦骨”、“蒙国”等不同译写。公元1206年，蒙古部首领铁木真统一室韦诸部，建立蒙古汗国，从此，“蒙古”这一部落和部落联盟的称谓开始成为蒙古民族统一的称谓。公元1271年，忽必烈改国号为“大元”，史称“元朝”。公元1279年，蒙古军队攻灭南宋，统一全国，由此形成蒙古族大聚居、小散居的局面。中华人民共和国成立以后，根据民族识别政策和本民族意愿，“蒙古族”成为我国首批确认的38个少数民族之一。

满族 有10 682 262人。主要分布在辽宁省、河北省、黑龙江省、吉林省、内蒙古自治区和北京市。有本民族语言文字，满语属阿尔泰语系满-通古斯语族满语支。传统信仰为萨满教、佛教。

满族与肃慎、挹娄、勿吉、靺鞨、女真等古民族有密切的渊源关系。明万历年间，努尔哈赤统一女真各部，并于公元1616年称汗建国。公元1635年，皇太极改族名“女真”为“满洲”，第二年称帝，改国号为清。公元1644年，清军入关，统一中国，形成满汉长期杂居的局面。1911年辛亥革命后，“满洲族”改称“满族”。中华人民共和国成立以后，根据民族识别政策和本民族意愿，“满族”成为我国首批确认的38个少数民族之一。20世纪80年代，经过民族调查识别工作，又将聚居在贵州黔西、金沙、大方3县交界处自称“禄族”的7000多人归并到满族中。

朝鲜族 有1 923 842人。主要分布在吉林省、黑龙江省、辽宁省，吉林省延边朝鲜族自治州为其主要聚居区。有本民族语言文字，语言系属尚无定论。没有全民性的统一宗教，图腾崇拜、祖先崇拜、檀君教、儒教、道教、佛教、基督教、天主教等在各历史时期对朝鲜族曾产生过深刻影响。

明末清初朝鲜族开始陆续从朝鲜半岛迁入中国。中华人民共和国成立以后，根据民族识别政策和本民族意愿，“朝鲜族”成为我国首批确认的38个少数民族之一。

赫哲族 有4 640人。主要分布在黑龙江和乌苏里江沿岸的黑龙江省同江市、抚远县和饶河县。有本民族语言，赫哲语属阿尔泰语系满-通古斯语族满语支。传统信仰为萨满教。

“赫哲”之名最早见于《清圣祖实录》。此前后文献又有“黑真”、“奇楞”的称谓，其含义分别为“下方”、“下游”与“上方”、“上游”，其异写分别有“黑斤”、“赫斤”、“赫金”、“黑金”与“奇勒尔”、“栖林”、“齐凌”、“奇勒”、“麒麟”等。自称有“那乃”、“那贝”、“那尼敖”等，意为“土著人”或“此地人”。自1934年凌纯声先生所著《松花江下游的赫哲族》一书出版后，“赫哲”一词开始为我国学术界普遍采用。中华人民共和国成立以后，根据民族识别政策和本民族意愿，“赫哲族”成为我国第二批确认的16个少数民族之一。

达斡尔族 有132 394人。主要分布在内蒙古自治区莫力达瓦达斡尔族自治旗、鄂温克族自治旗，黑龙江省嫩江两岸和新疆维吾尔自治区塔城市。有本民族语言，达斡尔语属阿尔泰语系蒙古语族蒙古语支。传统信仰以萨满教为主，兼信其他宗教。

达斡尔族自称Daur。其名始见于公元1667年，初作“打虎儿”，因音译不同，曾有不同的写法，如“达胡尔”、“达古尔”、“达呼尔”等。新中国建立初期，常译为“达呼尔”。1952年8月，黑龙江省人民政府应达斡尔人民要求，成立“龙江县达呼尔族自治区”。1954年3月，中央人民政府政务院批准新疆塔城县原来因包括在清代“索伦营”之下，而一度被称为“索伦族”的达呼尔人的要求，恢复他们固有的族称，并成立“瓜尔本设尔达呼尔族自治区”。之后根据民族识别调查和本民族意愿，“达斡尔族”成为我国第二批确认的16个少数民族之一。

鄂温克族　有30 505人。主要分布在内蒙古自治区鄂温克族自治旗、陈巴尔虎旗、根河市、阿荣旗、扎兰屯市、莫力达瓦达斡尔族自治旗、鄂伦春自治旗，以及黑龙江省讷河市。有本民族语言，鄂温克语属阿尔泰语系满-通古斯语族通古斯语支。大多信仰萨满教，牧区信仰藏传佛教。

鄂温克族族源，可上溯到南北朝时的室韦。元时与当地的各不同族体统被称为“林木中的百姓”。明代是“北山野人”、“野人女真”的一部分。明末清初与鄂伦春、达斡尔统称为“索伦部”。索伦是他称，不同地区的鄂温克人还有“通古斯”和“雅库特”的称呼。1954年，根据民族识别政策和本民族意愿，取消索伦、通古斯和雅库特的称谓，统一定名为“鄂温克族”。1958年8月1日，内蒙古自治区建立“鄂温克族自治旗”。由此，“鄂温克族”成为我国首批确认的38个少数民族之一。

鄂伦春族　有8196人。主要分布在内蒙古自治区鄂伦春自治旗、阿荣旗、扎兰屯市南木鄂伦春民族乡，以及黑龙江省黑河市新生鄂伦春民族乡、逊克县新鄂鄂伦春民族乡、新兴鄂伦春民族乡、呼马县白银纳鄂伦春民族乡、塔河县十八站鄂伦春民族乡和嘉荫县。有本民族语言，鄂伦春语属阿尔泰语系满-通古斯语族通古斯语支。信仰萨满教。

鄂伦春人南北朝至隋唐是钵室韦的成员，元朝被称为“林木中的百姓”，明被视为“北山野人”的一部分，明末清初被称为“林中人”，后又被包括在索伦部中。直到公元1690年（康熙二十九年）始见“鄂伦春”名称。新中国成立后的1951年10月1日，在大兴安岭小二沟成立鄂伦春自治旗，1953年鄂伦春人开始下山定居。根据民族识别政策和本民族意愿，“鄂伦春族”成为我国首批确认的38个少数民族之一。

西北地区

回族　有9 816 805人。全国绝大多数县、市均有分布，人口分布较多的有宁夏回族自治区、甘肃省、新疆维吾尔自治区、青海省、河南省、河北省、山东省和云南省。通用汉语文。信仰伊斯兰教。

中华人民共和国成立以后，根据民族识别政策和本民族意愿，“回族”成为我国首批确认的38个少数民族之一。

东乡族　有513 805人。主要分布在甘肃省东乡族自治县，其余分布在甘肃省积石山保安族东乡族撒拉族自治县、广河县、和政县及新疆维吾尔自治区伊犁哈萨克自治州。有本民族语言，东乡语属阿尔泰语系蒙古语族。信仰伊斯兰教。

东乡族自称“撒尔塔”。“撒尔塔”曾是中亚一带穆斯林的泛称，源于蒙古语，其含义为“黄色的”。公元13世纪蒙古西征，部分“撒尔塔”人由中亚迁至今甘肃临夏，后来在吸收当地汉、蒙古等民族的基础上逐渐融合而形成了今天的东乡族。中华人民共和国成立以后，根据民族识别政策和本民族意愿，“东乡族”成为我国首批确认的38个少数民族之一。

土族　有241 198人。主要分布在青海省互助土族自治县、民和回族土族自治县、大通回族土族自治县。其余分布在青海省同仁县、乐都县、门源回族自治县、都兰县、共和县、贵德县和甘肃省天祝藏族自治县、肃南裕固族自治县、永登县、积石山保安族东乡族撒拉族自治县、卓尼县。有本民族语言，土语属阿尔泰语系蒙古语族。信仰藏传佛教。

土族是以“吐谷浑”人为主体，在先后吸收当地羌、藏、蒙古、汉等民族成分后形成的。土族自称各地不一，互助、大通、天祝一带自称“蒙古尔”、“蒙古尔孔”、“察汗蒙古尔”，民和三川地区则多自称“土昆”，甘肃卓尼地区则多自称“土户家”，藏族称土族为“霍尔”，汉、回等族称土族为“土人”、“土民”。汉文史书上称土族为“西宁州土人”、“土民”。中华人民共和国成立以后，根据民族识别政策和本民族意愿，“土族”成为我国首批确认的38个少数民族之一。

撒拉族　有104 503人。主要分布于青海省循化撒拉族自治县、化隆回族自治县和甘肃省积石山保安族东乡族撒拉族自治县。有本民族语言，撒拉语属阿尔泰语系突厥语族西匈语支的乌古斯语组。信仰伊斯兰教。

撒拉族自称“撒拉尔”、“撒拉”。元明两代汉文史籍中经常出现语音相近的多种写法，如“撒喇”、“萨拉儿”等。清代则称之为“撒拉回”或“撒香回”。中华人民共和国成立以后，根据民族识别政策和本民族意愿，“撒拉族”成为我国首批确认的38个少数民族之一。

保安族　人口有16 505人。主要分布在甘肃省积石山保安族东乡族撒拉族自治县。有本民族语言，保安语属阿尔泰语系蒙古语族。信仰伊斯兰教。

保安族是元代一批信仰伊斯兰教的色目人在今青海省同仁县戍守屯垦后，在与当地蒙、藏、汉等民族长期交往中逐步形成的一个民族。其族称与保安人原住地名称有关。明朝初年，明政府在今青海省同仁县境内设立保安站、堡，以后建筑保安城，到清朝雍正年间，清政府在保安城设立“陕西河州镇镇属保安营”，而保安人集中居住的保安城附近的保安、下庄、尕撒尔3地，时人称为“保安三庄”，他们也因之被称“保安人”。清朝咸丰、同治年间，保安人被迫东迁到今甘肃省积石山保安族东乡族撒拉族自治县大河家，形成新的“保安三庄”。新中国成立后，根据民族识别政策和本民族意愿，“保安族”成为我国首批确认的38个少数民族之一。

裕固族　有13 719人。主要分布在甘肃省肃南裕固族自治县和酒泉市肃州区黄泥堡裕固族乡。有两种本民族语言，“尧呼尔语”、“恩格尔语”分属阿尔泰语系突厥语族与蒙古语族。信仰藏传佛教。

裕固族，自称“尧乎尔”。在历史上裕固族有过多种称呼，其先民在宋代曾被称作“沙州回鹘”或“黄头回鹘”，元代称“撒里吾”（实为“黄头回鹘”的意音合译），明代称作“撒里畏元儿”，清代又有“锡喇伟古尔”、“西喇玉固尔”、“西喇玉古尔黄番”、“黄番”或“七族黄番”等多种称呼。新中国成立后，根据民族识别政策和本民族意愿，“裕固族”成为我国首批确认的38个少数民族之一。

维吾尔族　有8 399 393人。主要分布在新疆维吾尔自治区。有本民族语言文字，维吾尔语属阿尔泰语系突厥语族西匈语支。信仰伊斯兰教。

“维吾尔”是维吾尔族自称“Uyghur”的汉文音译，意为“团结”、“联合”、“协助”。自北魏至明代，先后有“袁纥”、“韦纥”、“回纥”、“回鹘”、“畏兀儿”等族称见于史籍。1934年，新疆省政府正式公布以“维吾尔”作为维吾尔族统一、规范的汉译族称，禁止其他异写及称谓，“维吾尔”这一汉译族称从此固定下来。中华人民共和国成立后，根据民族识别政策和本民族意愿，“维吾尔族”成为我国首批确认的38个少数民族之一。

哈萨克族　有1 250 485人。主要分布在新疆维吾尔自治区伊犁哈萨克自治州、木垒哈萨克自治县、巴里坤哈萨克自治县和甘肃省阿克塞哈萨克族自治县。有本民族语言文字，哈萨克语属阿尔泰语系突厥语族西匈语支。信仰伊斯兰教。

哈萨克族是由古代的乌孙、突厥、蒙古等游牧部落长期融合后，于公元15世纪末形成的民族共同体。有学者认为中国古代西突厥的“可萨”部（“曷萨”、“阿萨”），是“哈萨克”的音译异称。“哈萨克”，有“避难者”、“自由的人”等含义。中华人民共和国成立以后，根据民族识别政策和本民族意愿，“哈萨克族”成为我国首批确认的38个少数民族之一。

柯尔克孜族 有160 823人。主要分布在新疆维吾尔自治区克孜勒苏柯尔克孜自治州。有本民族语言文字，柯尔克孜语属阿尔泰语系突厥语族东匈语支的克普恰克语组。信仰伊斯兰教。

汉文史籍对柯尔克孜先民的记载很早，《史记》中称为“鬲昆”。三国时期成书的《魏略》称其为“坚昆”，《北史》称为“契骨”，《新唐书》、《旧唐书》皆称之为“黠戛斯”，至《元史》才开始称为“吉利吉斯”或“乞儿吉思”。清代柯尔克孜族被称作“布鲁特”。“柯尔克孜”一词的来源和含义，根据本民族的传说，有“40个姑娘”、“山里游牧人”、“40个部落”等说法。中华人民共和国成立以后，根据民族识别政策和本民族意愿，“柯尔克孜族”成为我国首批确认的38个少数民族之一。

锡伯族 有人口188 824人。主要分布在辽宁省、新疆维吾尔自治区、吉林省、黑龙江省和内蒙古自治区。有本民族语言文字，锡伯语属阿尔泰语系满-通古斯语族满语支。传统信仰为萨满教、藏传佛教。

“锡伯”是锡伯人自称“sibe”的汉文译写。古籍文献上又有须卜、犀比、鲜卑、悉比、失必、师比、室韦、失围、斜婆、西伯、实伯、史伯、洗白、西北、西爽、席百、席伯、席北、锡伯等20余种不同译写。中华人民共和国成立以后，根据民族识别政策和本民族意愿，“锡伯族”成为我国首批确认的38个少数民族之一。

塔吉克族 有41 028人。主要分布在新疆维吾尔自治区西南部的塔什库尔干塔吉克自治县。有本民族语言，塔吉克语属印欧语系伊朗语族东伊朗语支。信仰伊斯兰教。

塔吉克族是古代新疆操东伊朗语族语言部落的后裔。“塔吉克”是本民族的自称，意思是“戴王冠的人”。在汉文史籍中也曾依据居住地域，以“朅盘陀人”、“色勒库尔人”和“蒲犁人”称呼过塔吉克族的先民。中华人民共和国成立以后，根据民族识别政策和本民族意愿，“塔吉克族”成为我国首批确认的38个少数民族之一。

乌孜别克族 有12 370人。主要分布在新疆维吾尔自治区伊宁市、塔城市、喀什市、乌鲁木齐市、莎车县、叶城县、木垒哈萨克自治县、奇台县。有本民族语言文字，语言属于阿尔泰语系突厥语族西匈语支。信仰伊斯兰教。

乌孜别克族先民最早居住在中亚。族名产生于公元13世纪。当时，蒙古族在中亚地区建立钦察汗国，汗国统治者乌孜别克汗信奉伊斯兰教，统一中亚广大地区，其汗国被称为乌孜别克汗国，其国人被称为“乌孜别克人”。《元史》记为“月即别”、“月祖伯”等，后成为族称。14世纪以后，乌孜别克商人经新疆到内地经商，部分商人逐渐在新疆的一些城镇定居下来，繁衍生息，形成了中国的乌孜别克族。中华人民共和国成立以后，根据民族识别政策和本民族意愿，“乌孜别克族”成为我国首批确认的38个少数民族之一。

俄罗斯族 有15 609人。主要分布在新疆维吾尔自治区伊宁市、塔城市、阿勒泰市和乌鲁木齐市，其他多分布在内蒙古自治区。有本民族语言文字，俄语属印欧语系斯拉夫语族东斯拉夫语支。信仰东正教。

“俄罗斯”一词起源于一个东斯拉夫部落之名“罗斯”或“鲁斯”。中国的俄罗斯族主要是18世纪前后到20世纪30年代期间，因俄国十月革命后大批流亡来新疆的。当时的新疆政府收留了他们，认为他们是来归顺我国的，所以称其为“归化族”。1949年新疆和平解放后，新疆省人民政府为贯彻民族平等政策，消除民族歧视，便恢复了他们原来的族名。由此，“俄罗斯族”成为我国首批确认的38个少数民族之一。

塔塔尔族 有4 890人。主要分布在新疆维吾尔自治区伊宁市、塔城市和乌鲁木齐市。有本民族语言文字，塔塔尔语属阿尔泰语系突厥语族西匈语支。信仰伊斯兰教。

塔塔尔族自称“塔塔尔”。“塔塔尔”一词在文献史籍中早有记载，只是依据音译，出现有“达怛”、“达旦”、“达靼”和“鞑靼”等不同的写法。公元19世纪中叶以来，部分塔塔尔人因经商、谋生等原因来到我国新疆，逐渐形成我国的塔塔尔族。中华人民共和国成立以后，根据民族识别政策和本民族意愿，“塔塔尔族”成为我国首批确认的38个少数民族之一。

西南地区

藏族 有5 416 021人。主要分布在西藏自治区、四川省、青海省、甘肃省和云南省。有本民族语言文字，藏语属汉藏语系藏缅语族藏语支。信仰藏传佛教。

藏族自称“博巴”，意为居住在“博”地区的人。因居住地区不同又分别自称为“博巴”、“康巴”、“安多哇”、“嘉绒哇”等。公元7世纪赞普松赞干布建立吐蕃王朝，因而唐宋时期汉文献称其为“吐蕃”，元代称其为“吐蕃”、“西蕃”，明代称“西蕃”，称西藏为“乌斯藏”，清代称“图伯特”、“唐古特”，后改称“藏蕃”、“藏人”。藏族族称由此而来。中华人民共和国成立以后，根据民族识别政策和本民族意愿，“藏族”成为我国首批确认的38个少数民族之一。

门巴族 有8 923人。主要分布在西藏自治区的门隅地区以及错那县、墨脱县和林芝县。有本民族语言，门巴语属汉藏语系藏缅语族藏语支。信仰藏传佛教及原始宗教。

“门巴”系门巴族自称，意为生活在“门”地区的人。由于居住地域不同，还有不同的自称，如称“勒波”（分布在门隅勒布一带）、“学僧”（分布在门隅邦金一带）、“达巴”（分布在达巴一带）、“主巴”（珞渝北部雅鲁藏布江谷地一带）等。中华人民共和国成立以后，根据民族识别政策和本民族意愿，“门巴族”成为我国第二批确认的16个少数民族之一。

珞巴族 有2 965人。主要分布在西藏东南部的珞瑜地区，以米林县、墨脱县、察隅县、朗县、隆子县等几个边境县最为集中。有本民族语言，珞巴语属汉藏语系藏缅语族。信仰原始宗教。

“珞巴”这一族称，来源于藏族对居住在珞瑜地区人们的习惯性称呼，意为“南方人”。在珞巴族内部，由于没有形成统一的族称，其名称随部落的不同而异。中华人民共和国成立以后，根据民族识别政策和本民族意愿，“珞巴族”成为我国第二批确认的16个少数民族之一。在藏文里也统一恢复曾经使用过的“lho”一词，意即“南方”。这样既摈弃了往昔歧视的意义，又符合珞巴族居住在西藏东南部的事实。

羌族 有306 072人。主要分布在四川省阿坝藏族羌族自治州茂县、汶川县、理县、黑水县、松潘县，绵阳市北川羌族自治县、平武县。有本民族语言，羌语属汉藏语系藏缅语族羌语支。信仰原始宗教。儒、释、道教在羌区也曾有广泛影响。

羌族自称“尔玛”、“尔麦”或“日玛”、“日麦”。其族源可上溯至3000多年前的古羌人。羌族历史上曾先后建立过“后秦”、“西夏”等地方政权。今天的羌族是由世居岷、涪江上游的羌族和河湟地区南迁的羌族为主体，汇融其他羌族族群而形成。中华人民共和国成立以后，根据民族识别政策和本民族意愿，“羌族”成为我国首批确认的38个少数民族之一。

彝族　有7 762 272人。主要分布在四川省、云南省和贵州省。有本民族语言文字，彝语属汉藏语系藏缅语族彝语支。信仰原始宗教。

彝族是南下金沙江流域的古羌人在吸收当地土著文化后逐渐形成发展的民族共同体。历史上曾建立“南诏”等地方政权。从元代开始，原来被称为“乌蛮”的彝族先民，被普遍称为“罗罗”、或“倮罗”、“鹿卢”等。此外又有“摩察”、“罗婺”、“聂素”、“车苏”等众多区域性称谓。1954年，仅在云南约300万人操彝语的族体中，就拥有43种不同的他称或自称。从语言的音位系统和语法结构以及经济生活、社会文化等方面看，他们都基本相同或相近于彝族所具有的普遍特点，因而被确定为彝族的20个支系，而不是单一的少数民族。根据民族识别政策和本民族意愿，“彝族”成为我国首批确认的38个少数民族之一。

白族　有1 858 063人。主要分布在云南省大理白族自治州。此外，贵州省毕节地区和湖南省桑植县也有分布。有本民族语言文字，白语属汉藏语系藏缅语族彝语支。传统信仰为佛教和“本主”（社神）崇拜。

白族是由当地土著民和迁入的古羌、汉等民族汇融而成。历史上曾建立“大理”地方政权。白族自称“白子”、“白尼”，意为“白人”。其先民在汉、晋时期被称为“滇僰”，唐代被称为“河蛮”、“松外蛮”、“白蛮”等，元、明时期被称为“僰人”。由于明初在白族地区实行军屯，白族被军屯户称为“民家”，并一直沿用到现代。中华人民共和国成立以后，根据民族识别政策和本民族意愿，在归并了“勒墨”、“土家”等族体后，“白族”成为我国首批确认的38个少数民族之一。20世纪80年代中后期，经过民族识别调查，又先后将分布在贵州的“七姓民”和南京的“龙家人”归并到白族中。

哈尼族　有1 439 673人。主要分布在云南省红河哈尼族彝族自治州和普洱市、玉溪市、西双版纳傣族自治州。有本民族语言文字。哈尼语属汉藏语系藏缅语族彝语支。信仰原始宗教。

哈尼族族源可上溯到公元前3世纪活动于大渡河以南的“和夷”部落。自称有“哈尼”、“豪尼”、“和尼”、“雅尼”、“碧约”、“卡多”、“峨努”等，其中以自称“哈尼”的人数最多。汉文史籍记载的称谓有“阿泥”、“窝泥”、“和夷”、“和蛮”、“和泥”、“禾泥”、“哈泥”等，其中，以“和泥”一名最为常见。这些称谓，大多数与哈尼族自称“哈尼”同出一词。中华人民共和国成立以后，根据民族识别政策和本民族意愿，“哈尼族”成为我国首批确认的38个少数民族之一。

傣族　有1 158 989人。主要分布在云南省西双版纳傣族自治州、德宏傣族景颇族自治州，以及景谷傣族彝族自治县、耿马傣族佤族自治县、双江拉祜族佤族布朗族傣族自治县、孟连傣族拉祜族佤族自治县、元江哈尼族彝族傣族自治县、新平彝族傣族自治县等县。有本民族语言文字，傣语属汉藏语系壮侗语族壮傣语支。信仰南传上座部佛教。

傣族先民在两汉时期被称为“滇越”、“掸”，唐、宋时期称“金齿”、“黑齿”、“白衣”，元、明、清时期称作“白夷”、“摆夷”、“百夷”，以及“太白夷”、“小白夷”、“旱白夷”、“水白夷”、“花白夷”等。傣族自称“傣仂”、“傣雅”、“傣那”、“傣绷”等。中华人民共和国成立以后，根据民族识别政策和本民族意愿，“傣族”成为我国首批确认的38个少数民族之一。

傈僳族 有634 912人。主要分布在云南省怒江傈僳族自治州，其余散居在云南省迪庆藏族自治州、大理白族自治州、丽江市、楚雄彝族自治州、保山市、德宏傣族景颇族自治州的30余县，以及四川省攀枝花市和凉山彝族自治州的部分县域。有本民族语言文字，傈僳语属汉藏语系藏缅语族彝语支。信仰原始宗教，部分信仰基督教。

傈僳族先民是“乌蛮”的一支，和彝语集团中自称为“诺苏”、“纳苏”、“聂苏”的部落有着密切的亲属关系。唐宋时期其先民从“乌蛮”中分化出来，被称为“施蛮”、“顺蛮”，随后又称为“卢蛮”。尤中先生论说：“卢”与“傈”同声，“卢蛮”即“傈族”，也即“傈僳”。因为傈僳语谓“人”或“族”为“僳”。明代“卢蛮”被称为“栗些”、“力些”，清代文献出现“傈僳”的记载。公元16世纪，丽江傈僳族不堪忍受连连征战和土司奴役，进入怒江地区。中华人民共和国成立以后，根据民族识别政策和本民族意愿，“傈僳族”成为我国首批确认的38个少数民族之一。此外，当时遗留未识别的云南保山地区昌宁县米和乡新寨的“永白”族，经过1958年和1960年两次识别工作，亦确认为傈僳族。

佤族 有396 610人。主要分布在云南省沧源佤族自治县、西盟佤族自治县、澜沧拉祜族自治县、孟连傣族拉祜族佤族自治县、双江拉祜族佤族布朗族傣族自治县、耿马傣族佤族自治县、永德县、镇康县。有本民族语言文字，佤语属南亚语系孟高棉语族佤语支。信仰原始宗教，部分信仰南传上座部佛教或基督教。

佤族先民在唐代被称为“望蛮”，明代则有“哈喇”、“古喇”、“哈瓦”、“哈杜”等不同称谓，清代称为“戛喇”、“卡瓦”等。新中国成立后，“卡瓦”曾一度改称“佧佤”。1952年6月10日至17日，云南省勐连傣族拉祜族卡瓦（佤）族自治区在勐连举行首届各族各界人民代表会议，成立自治区人民政府。会议根据当地“卡瓦”族人民的意见，拟请改“卡瓦”族称为“佤族”。由此，“佤族”成为我国首批确认的38个少数民族之一。

拉祜族 有453 705人。主要分布在云南省普洱市和临沧市，其中以澜沧拉祜族自治县、孟连傣族拉祜族佤族自治县最为集中。有本民族语言文字，拉祜语属汉藏语系藏缅语族彝语支。信仰原始宗教，南传上座部佛教、基督教也有一定影响。

“拉祜”系拉祜族自称，有“拉祜纳”（黑拉祜）、“拉祜西”（黄拉祜）和“拉祜普”（白拉祜）等支系。他称有“倮黑”、“苦聪”等。《新唐书·南蛮传》出现的“锅锉蛮”，元《经世大典·招逋总录》提到的“罗黑”，以及康熙《楚雄府志》所载“倮黑”、雍正《云南通志》所载“喇乌”都是“拉祜”的同音异写。中华人民共和国成立以后，根据民族识别政策和本民族意愿，“拉祜族”成为我国首批确认的38个少数民族之一。

纳西族 有308 839人。主要分布在云南省丽江市，其余分布在云南省迪庆藏族自治州、大理白族自治州，怒江傈僳族自治州，以及四川省凉山彝族自治州、攀枝花市和西藏昌都地区的部分县域。有本民族语言文字，纳西语属汉藏语系藏缅语族彝语支。信仰原始宗教，道教、汉地佛教、藏传佛教也曾有较大影响。

纳西族自称“纳西”（云南丽江），“纳”（云南宁蒗），“纳日”（四川盐源）等。其先民在汉、晋时期被称为“牦牛夷”、“摩沙夷”，唐宋时期被称为“摩些蛮”，元、明、清时期被称为“么些”、“末些”、“磨些”、“摩些”、“摩梭”等。中华人民共和国成立以后，根据民族识别政策和本民族意愿，“纳西族”成为我国首批确认的38个少数民族之一。

景颇族 有132 143人。主要分布在云南省德宏傣族景颇族自治州陇川县、盈江县、潞西市、瑞丽市和梁河县。有两种本民族语言、文字，景颇语、载佤语分别属于汉藏语系藏缅语族的景颇语支和缅语支。信仰原始宗教，部分信仰基督教。

景颇族先民在唐代被称为“寻传蛮”、“裸形蛮”，元代与阿昌族先民一同被称为“峨昌”，明清时期被称为“结些”、“遮些”、“野人”、“山头”等。景颇族包括景颇、载瓦、喇期（茶山）、朗峨（浪速）等支系，“景颇”既是支系（景颇支）的名称，又是民族的总名称。中华人民共和国成立以后，根据民族识别政策和本民族意愿，“景颇族”成为我国首批确认的38个少数民族之一。

布朗族 有91 882人。主要分布在云南省西双版纳傣族自治州勐海县、景洪市，其余散居在临沧市、普洱市、保山市的部分县域。有本民族语言，布朗语属南亚语系孟高棉语族布朗语支。信仰南传上座部佛教和原始宗教。

布朗族自称“布朗”、“乌”、“翁拱”、“阿瓦”等。其先民在唐代被称为“朴子蛮”，元明清时期又被称为“蒲蛮”、“蒲人”，民国时期又被称为“蒲满”、“黑蒲”。中华人民共和国成立以后，根据民族识别政策和本民族意愿，“布朗族”成为我国第二批确认的16个少数民族之一。

阿昌族 有33 936万人。主要分布在云南省德宏傣族景颇族自治州陇川县、梁河县、盈江县和潞西市。有本民族语言，阿昌语属汉藏语系藏缅语族彝语支。信仰原始宗教和南传上座部佛教。

阿昌族族称最早见于元代，《经世大典·招逋总录》记作“阿昌”，《元史·地理志》记作“峨昌”，明、清史籍又记作“俄昌”、“蛾昌”。因居住地的不同，还有“蒙撒”、“蒙撒禅”、“衬撒”、“汉撒”、“峨昌”等自称。中华人民共和国成立以后，根据民族识别政策和本民族意愿，“阿昌族”成为我国第二批确认的16个少数民族之一。

普米族 有33 600人。主要分布在云南省兰坪白族普米族自治县和宁蒗彝族自治县。有本民族语言文字，普米语属汉藏语系藏缅语族羌语支。信仰原始宗教和藏传佛教。

普米族自称“培米”、“普英米”、“普日米”，意为“白人”。源于古羌人。公元13世纪，元世祖南征大理，部分普米人随军南下滇西北，进而定居下来。宋代被称“西番”，清代又被称为“巴苴”。中华人民共和国成立以后，根据民族识别政策和本民族意愿，“普米族”成为我国第二批确认的16个少数民族之一。

怒族 有28 759人。主要分布在云南省怒江傈僳族自治州福贡县和贡山独龙族怒族自治县。有本民族语言，怒语属汉藏语系藏缅语族。多信仰原始宗教，部分信仰藏传佛教或天主教。

怒族是由早期居住于云南福贡、贡山的土著居民与唐代“卢鹿蛮”的一部分交融发展而成的民族。元代包括在“卢人”之中，明代出现了“怒人”、“弩人”等称谓，清代被称为“怒人”、“怒子”。自称则有“怒苏”（碧江）、“阿怒”（福贡）、“阿龙”（贡山）和“若若”（兰坪）等。中华人民共和国成立以后，根据民族识别政策和本民族意愿，“怒族”成为我国第二批确认的16个少数民族之一。

德昂族 有17 935人。主要分布在云南省德宏傣族景颇族自治州潞西市、梁河县、盈江县的部分乡镇，其余散居在保山市、临沧市、普洱市的部分县域。有本民族语言，德昂语属南亚语系孟高棉语族佤德语支。信仰南传上座部佛教。

德昂族自称“德昂”、“尼昂”或“纳昂”等。唐代其先民与布朗族先民被一同称为“朴子蛮”，元明清时期又被称为“蒲蛮”、“蒲人”。自清朝乾隆年间开始出现“波龙”、“崩龙”的称谓。中华人民共和国成立以后，根据民族识别政策和本民族意愿，曾以“崩龙族”族称被确认为我国第二批16个少数民族之一。后来依据德昂族各支系中三分之二以上的人自称“德昂”的实际，1985年9月17日经国务院批准正式更名为“德昂族”。

独龙族 有7 426人。主要分布在云南省怒江傈僳族自治州贡山独龙族怒族自治县。有本民族语言，独龙语属汉藏语系藏缅语族，与贡山怒语基本相通。信仰原始宗教。

独龙族是独龙江、怒江流域古老的居民。“独龙”系本民族自称，与独龙江同名。《大元一统志》称其先民为“撬”，明、清史籍称其为“俅”、“俅人”。中华人民共和国成立以后，根据民族识别政策和本民族意愿，“独龙族”成为我国第二批确认的16个少数民族之一。

基诺族 有20 899人。主要分布在云南省西双版纳傣族自治州景洪县基诺民族乡和勐旺乡。有本民族语言，基诺语属汉藏语系藏缅语族彝语支。信仰原始宗教。

基诺族自称“基诺”（过去文献也曾译写为“攸乐”），意为“尊敬舅舅的人”。清道光《云南通志》以其发式特点又称他们为“三撮毛”。1978年，民族识别工作恢复。当时有1万多人口的基诺族再度成为专家论证的焦点。一种意见认为，基诺同汉、傣、哈尼等民族在远古时代即有密切关系。另外一种意见认为，基诺族语言虽属藏缅语族，但有自己的民族特点。1979年“基诺族”被国务院正式确认为我国第55个少数民族。

中东南地区

苗族 有8 940 116人。主要分布在贵州省、湖南省、云南省、重庆市、广西壮族自治区、湖北省、四川省、广东省和海南省。有本民族语言文字，苗语属汉藏语系苗瑶语族苗语支。信仰原始宗教，道教、佛教、基督教也各有一定影响。

苗族自称“果雄”（湘西方言区）、“穆”、“摹”或“嗒给”、“噶呢”（黔东方言区）、“蒙”（川黔滇方言区），他称众多。苗族先民最早包括在三苗之中，后来又属于南蛮、荆蛮的一部，秦汉时被称为“武陵蛮”或“五溪蛮”，隋唐时期开始从“蛮人”中分化出来。到宋代出现与今天苗族一名直接有关的“苗”的称呼。中华人民共和国成立以后，根据民族识别政策和本民族意愿，“苗族”成为我国首批确认的38个少数民族之一。20世纪80年代初期，通过民族识别调查研究，贵州省政府先后确认聚居在贵州黔西南布依族苗族治州晴隆、普安两县和六枝、盘县、水城三特区的毗连地带的“喇叭人”和居住在凯里、黄平、麻江等地的“西家”人均为苗族的一个支系。

布依族 有2 971 460人。主要分布在贵州省黔南布依族苗族自治州、黔西南布依族苗族自治州以及安顺市镇宁布依族苗族自治县、紫云布依族苗族自治县、关岭布依族苗族自治县。有本民族语言文字，布依语属汉藏语系壮侗语族壮傣语支。信仰原始宗教。

布依族自称“布依”、“布越”、“布那”、“布侬”等，其族源可上溯到百越族群的“骆越”支系。唐代被称为“谢蛮”、“都匀蛮”、“白水蛮”。宋元时期布依族地区封建主称为“蕃主”，故布依族又包括在“蕃”之中。元代出现“仲家蛮”一名，明清时期多称为“仲苗”、“仲蛮”、“青仲”、“仲家”等。之后，此称谓一直沿用至新中国成立初期。1953年11月4日，贵州省民委召开5个专区的26个县的布依族代表人士协商会，会议根据民族识别政策和本民族意愿，决定取消过去对布依族的不同称谓，如“仲家”、“水户”、“夷族”、“土边”、“本地”等，统一以“布依”作为族称。如此，“布依族”成为我国首批确认的38个少数民族之一。

侗族 有2 960 293人。主要分布在贵州、湖南、广西3省区交界地，其中较为集中分布的州县有：贵州省黔东南苗族侗族自治州、玉屏侗族自治县、湖南省通道侗族自治县、新晃侗族自治县、芷江侗族自治县、靖州苗族侗族自治县，以及广西壮族自治区三江侗族自治县。有本民族语言，侗语属汉藏语系壮侗语族侗水语支。信仰原始宗教。

侗族族源可上溯到百越族群的“骆越”支系。秦时属于“黔中”的一部分，魏晋时又称为“僚”，唐代既称为“僚”，又称为“僚浒”、“乌浒”。宋代开始从“僚”中分化出来，单独称为“仡伶”。明代出现“峒人”、“洞蛮”的称呼。清代多称为“洞苗”、“洞民”、“洞家”。侗族自称为“更”、“君”或“金”，内部又有“更绞”、“更佬”、“更坦”之分。中华人民共和国成立以后，根据民族识别政策和本民族意愿，“侗族”成为我国首批确认的38个少数民族之一。

水族 有406 902人。主要分布在贵州省黔南布依族苗族自治州、黔东南苗族侗族自治州以及与广西壮族自治区毗邻的北部部分县域，其中以贵州省黔南布依族苗族自治州三都水族自治县最为集中。有本民族语言文字，水语属汉藏语系壮侗语族侗水语支。信仰原始宗教。

水族自称“虽”，水语“虽”与汉语“水”同音。水族族源可上溯到百越族群中的“骆越”支系，自魏晋南北朝到宋朝时期，水族先民包含在被称为“僚”、“蛮”的族群中，明代开始出现“水”、“水亦僚类”的记载，清朝中叶出现“水家苗”、“水家”的称谓。中华人民共和国成立以后，根据民族识别政策和本民族意愿，“水族”成为我国首批确认的38个少数民族之一。

仡佬族 有579 357人。主要分布在贵州省务川仡佬族苗族自治县、道真仡佬族苗族自治县和正安县，其余散居贵州省70多个县、市、区。有本民族语言，仡佬语属汉藏语系，语族未定。信仰原始宗教。

“仡佬”系本民族自称，即汉、晋史籍所记之“僚”，唐时开始从僚人中分化出来，称为“葛僚”、“仡僚”、“仡佬”，清代有“剪发仡佬”、“打牙仡佬”、“红仡佬”、“花仡佬”、“水仡佬”、“锅圈仡佬”、“披袍仡佬”等多种称谓。中华人民共和国成立以后，根据民族识别政策和本民族意愿，“仡佬族”成为我国第二批确认的16个少数民族之一。

壮族 有16 178 811人。主要集中分布在广西壮族自治区，云南省文山壮族苗族自治州、广东省连山壮族瑶族自治县、贵州省黔东南苗族侗族自治州、湖南江华瑶族自治县也有集中分布。有本民族语言文字，壮语属汉藏语系壮侗语族壮傣语支。信仰多神，崇敬祖先。

壮族族源可上溯到秦汉时期的古越人支系“西瓯”、“骆越”，自三国到唐宋时期，壮族先民包括在被称为“乌浒”、“俚”、“僚”、“俍”的族群中。唐代壮族先民“西原蛮”曾建立过独立的地方政权。宋代在部分地区出现“僮”的称谓，并一直沿袭到明清时期。新中国成立后，经过民族识别调查，把不同自称（布僮、布依、布越、布僚、布侬、布曼、布傣、布土、布陇、布沙等20多种称谓）的壮族支系统称为“僮族”，由此，“僮族”成为我国首批确认的38个少数民族之一。由于“僮”字含义不够清楚，读音也不一致，容易引起误会，1965年10月12日，根据国务院总理周恩来的提议并征求广大壮族人民同意，由国务院批准，将“僮族”改为“壮族”，赋予其健康、强壮的含义。

瑶族 有2 637 421人。主要分布在广西壮族自治区和湖南省、云南省、广东省、贵州省、海南省的130多个县域。其中最为集中的地区有：广西壮族自治区都安瑶族自治县、巴马瑶族自治县、大化瑶族自治县、金秀瑶族自治县、富川瑶族自治县、恭城瑶族自治县、龙胜各族自治县，云南省河口瑶族自治县、金平苗族瑶族傣族自治县，湖南省江华瑶族自治县，广东省乳源瑶族自治县、连南瑶族自治县、连山壮族瑶族自治县。有勉语、布努语、拉珈语等3种本民族语言和统一的瑶文方案，语言分属苗瑶语族的瑶语支、苗语支及壮侗语族的拉珈语支。信仰道教，崇拜多神。

瑶族源于秦汉时期的“武陵蛮”，晋以后南迁，继而又向西南山区移动，逐渐形成“岭南无山不有瑶”的分布格局。瑶族的“瑶”属他称。瑶族内部因支系的不同而有不同的称呼，有的自称为“勉”、“优勉”、“藻勉”（均为“人”之意），也有的自称为“布努”、“金门”、“拉珈”、“瑙格劳”、“炳多优”等。就其他称而言，过去亦因其起源传说、生产方式、居住和服饰等方面的特点，而有数十种不同的称呼，如“盘古瑶”、“过山瑶”、“茶山瑶”、“红头瑶”、“蓝靛瑶”、“顶板瑶”、“八排瑶”、“坳瑶”、“花篮瑶”、“白裤瑶”、“背篓瑶”等。新中国成立后，根据民族识别政策和本民族意愿，“瑶族”成为我国首批确认的38个少数民族之一。

仫佬族　有207 352人。主要分布在广西壮族自治区罗城仫佬族自治县，其余散居在相邻的环江毛南族自治县、宜山市、融安县、融水苗族自治县、都安瑶族自治县、忻城县、柳城县以及贵州省黔东南苗族侗族自治州和黔南布依族苗族自治州的部分县域。有本民族语言，仫佬语属汉藏语系壮侗语族侗水语支。受道、佛教影响，信仰多神。

仫佬族自称“伶”或“君”、“金”，是由古代僚人的一部分发展而来，史籍多称为“姆佬”、“木佬”、“木佬苗”。仫佬族古称“僚”，又往往与“伶”连在一起称呼。中华人民共和国成立以后，根据民族识别政策和本民族意愿，“仫佬族”成为我国第二批确认的16个少数民族之一。1994年贵州省民委经报请国家民委识别批准，将散居在贵州的凯里、都匀、麻江、福泉、黄平等县的2万多“木佬”人，即史书记载“木娄苗”的后裔也确认为“仫佬族”。

毛南族　有107 166人。主要分布在广西壮族自治区环江毛南族自治县，其余散居在南丹县、河池市、都安瑶族自治县等县。有本民族语言，毛南语属汉藏语系壮侗语族侗水语支。信仰万物有灵，崇敬祖先。

毛南族自称“阿难”，意思是“这个地方的人”。毛南族是由古代僚人的一部分为主体发展而来。宋代文献便有茅难蛮的记载（也写为“茆难”、“茅滩”），元、明、清时期，毛南族的居住地被称为“茅滩”、“茆滩”和“毛难”。而聚居于“毛难”地方的人，被周围民族人民称为“毛难人”。中华人民共和国成立以后，根据民族识别政策和本民族意愿，“毛难族”成为我国第二批确认的16个少数民族之一。20世纪80年代初期，通过民族识别调查研究，将分布在贵州黔南布依族苗族自治州的“以傷偾人”归并为“毛难族”。1986年6月5日，国务院批复广西壮族自治区人民政府，同意将“毛难族”改为“毛南族”。

京族　有22 517人。主要分布在广西壮族自治区防城港市，其中以东兴市江平镇沥尾、巫头、山心三岛人口最为集中，素有“京族三岛”之称。有本民族语言，现暂归汉藏语系，语族未定。信仰道教。

京族，历史上自称“京”、“越”、“安南”。其先民在公元16世纪初由越南涂山等地陆续迁来我国，逐渐形成以沥尾、巫头、山心三岛为中心的分布格局。新中国建立前，京族被称为“越族”。京族迁来我国已有400余年的历史，其语言、文化、生活习俗诸特点与越南的越族相似，但长期与汉族往来、接触，受到汉族的影响，经过长期的历史发展，京族已成为祖国多民族大家庭中的一个成员。中华人民共和国成立以后，根据民族识别政策和本民族意愿，“京族”成为我国第二批确认的16个少数民族之一。

土家族 有8 028 133人。主要分布在湖南省、湖北省、重庆市和贵州省。其中最为集中分布的地区有：湖南省湘西土家族苗族自治州，湖北省恩施土家族苗族自治州、长阳土家族自治县、五峰土家族自治县，重庆市石柱土家族自治县、秀山土家族苗族自治县、酉阳土家族苗族自治县、彭水苗族土家族自治县，贵州省印江土家族自治县、沿河土家族苗族自治县。有本民族语言，土家语属汉藏语系藏缅语族。崇敬祖先，信仰多神。

土家族自称“毕兹卡”，与古代巴人有密切的渊源关系。唐宋时，在土家族分布区域有“夔州蛮”、“信州蛮”、“彭水蛮”、“施州蛮”、“辰州蛮”、“石门蛮”、“溪州蛮”等，同时在个别地区出现了与其他蛮人族体不同的“土兵”、“土人”、“土丁”等冠以“土”字的称谓。元至清朝初年，冠以“土”字的称谓如“土兵”、“土丁”、“土民”、“土蛮”的名称已屡见不鲜。清初改土归流以后，大量汉族迁入土家族地区，为了相区别，他们用汉语自称“土家”，称外来人为“客家”。此后“土家”的称谓逐渐固定为本民族称谓。新中国成立后，根据民族识别政策和本民族意愿，“土家族”成为我国第二批确认的16个少数民族之一。

黎族 人口有1 247 814人。主要分布在海南省，其中以白沙黎族自治县、昌江黎族自治县、乐东黎族自治县、陵水黎族自治县、保亭黎族苗族自治县、琼中黎族苗族自治县、三亚市和五指山市最为集中。有本民族语言文字，黎语属汉藏语系壮侗语族黎语支。崇敬祖先，信仰多神。

黎族源于古越人支系“骆越”的一部分。早在四五千年前，黎族的先民们就在海南岛繁衍生息，成为该岛最早的居民。东汉至隋唐时包括在俚、僚人之中。唐朝中后期出现“黎”的名称，宋代普遍使用。黎族自称“孝”、“杞”、“润”、“美孚”、“赛”等。中华人民共和国成立以后，根据民族识别政策和本民族意愿，“黎族”成为我国首批确认的38个少数民族之一。

畲族 有709 592人。主要分布在福建省、浙江省、江西省和广东省。其中以福建省宁德地区和浙江省温州市、丽水市、金华市所属的21个县域分布最为集中。有本民族语言，畲语属汉藏语系苗瑶语族苗语支。崇敬祖先，信仰多神。

畲族自称“山哈”或“山达”，意为居住在山里的客人。古时与蛮人有渊源关系，故在唐宋的汉文献中被包括在“蛮”、“蛮僚”、“峒蛮”、“峒僚”之中。13世纪中叶文献上才出现“畲民”、“畬民”的称呼，开始从蛮人中分化出来，单独称“畲”或“畬”。中华人民共和国成立后，根据民族识别政策和本民族意愿，“畲族”成为我国第二批确认的16个少数民族之一。

高山族 有近40万人口。主要分布在台湾省中部山区、东部纵谷平原和兰屿上，此外还有少数人散居在福建、山东、北京等省市。有多种本民族语言，语言系属南岛语系印度尼西亚语族。信仰原始宗教、佛教、道教和基督教、天主教。

高山族在历史上曾有不同的称呼。三国时期被称为“山夷”、“夷州民”、“夷州人”。隋唐时期称“流求人”、“流求土人”。宋元时期除称“幽求”、“琉球”、“瑠求”、“土人”外，又有“毗舍邪人”、“谈马颜”的称谓。明清时期称“东番”、“土番”、“番族”等。1945年台湾光复后，“高山族”一度成为台湾少数民族的规范性称谓，1947年通令改称为“山地同胞”，简称“山胞”。次年，重申严禁使用“蕃族”、“高砂族”，以消除日本殖民时期的影响。1954年，台湾当局确认“山胞”各族的汉字名称为“泰雅”、“赛夏”、“布农”、“曹”（后改“邹”）、“鲁凯”、“排湾”、“卑南”、“阿美”、“雅美”（现自改“达悟”），也就是通常所说的“高山九族”。此后，有关台湾少数民族的研究除了具体到某一族外，“山胞”、“高山族”、“山地民”、“土著族”和“少数民族”等称谓在学界和媒体中长期并存使用。中华人民共和国成立后，根据民族识别政策和本民族意愿，“高山族”成为我国首批确认的38个少数民族之一。

主要参考书目：

1. 田晓岫主编. 中华民族. 北京：华夏出版社，1991.
2. 李德洙主编. 中国少数民族文化史. 沈阳：辽宁人民出版社，1994.
3. 尤中著. 云南民族史. 昆明：云南大学出版社，1994.
4. 王文光著. 中国古代的民族识别. 昆明：云南大学出版社，1997.
5. 陈连开著. 中国民族史纲要. 北京：中国财经出版社，1999.
6. 韦东超，王瑞莲著. 中国民族流变史. 武汉：湖北人民出版社，2000.
7. 黄光学，施联珠主编. 中国的民族识别——56个民族的来历. 北京：民族出版社，2005.
8. 国家民族事务委员会研究室编著. 新中国民族工作十讲. 北京：民族出版社，2006.
9. 国家民族事务委员会编. 民族问题五种丛书. 北京：民族出版社，2008.
10. 施联珠著. 民族识别与民族研究文集. 北京：中央民族大学，2009.
11. 王文光，龙晓燕，张媚玲著. 中国民族发展史纲要. 昆明：云南大学出版社，2010.

（雍继荣　辛宇玲/供稿）

各级民族自治地方首府简志（2008）

中国各少数民族聚居区都已经建立民族自治地方，结束了长期以来各民族人民政治上无权的历史。民族自治地方分为自治区、自治州、自治县（自治旗）三级。各级民族自治地方的首府，是各级自治机关所在地，是政治、经济、交通、文化中心。

（一）自治区（5个）

内蒙古自治区

【乌兰浩特市】乌兰浩特，蒙古语，意为“红色的城市”。原名王爷庙，因庙而得名。1929年置兴安镇（又名怀远镇）。1931年复名王爷庙。1947年5月1日我国第一个省级民族区域自治地方政府——内蒙古自治区在这里庄严宣告成立。当年12月，这座城市被正式命名为乌兰浩特。从1947年12月至1949年12月为内蒙古自治区首府。1949年12月内蒙古自治区人民政府西迁张家口。

【张家口市】张家口，因明代守关将领姓张而得名。明筑张家口堡。张家口市与内蒙古自治区的形成与发展有着千丝万缕的历史联系。早在内蒙古自治区成立之前，作为自治运动的领导机构，内蒙古自治运动联合会就是在张家口市成立的。1945年11月25日至27日，具有历史意义的内蒙古盟旗代表会议在张家口召开。在这次会议上，成立了内蒙古自治运动联合会。内蒙古自治运动联合会的成立，标志着内蒙古民族解放运动进入了一个新的历史阶段。1948年12月23日，张家口第二次解放。张家口市曾经既是察哈尔省的省会城市，也是内蒙古自治区的首府。从1949年12月至1952年6月为内蒙古自治区人民政府首府。

【呼和浩特市】呼和浩特，蒙古语，意为“青色的城”。1950年1月20日归绥市人民政府成立。1953年11月1日内蒙古自治区人民政府迁至与绥远省人民政府正式合署办公。1954年2月撤销绥远省建制，划归内蒙古自治区。同年4月废除归绥这个带有民族歧视和封建统治意义的名称，更名呼和浩特市，并定为内蒙古自治区首府。现已成为内蒙古自治区的政治中心、文化教育中心、经济和金融中心。

广西壮族自治区

【南宁市】南宁，取粤南永宁之意而得名。1946年改南宁市。1949年12月4日南宁解放。1950年1月23日南宁市人民政府正式对外办公。1950年2月8日广西省人民政府成立，省会设在南宁市。1958年3月5日广西壮族自治区成立，南宁市成为自治区首府。现已成为广西壮族自治区的政治中心、文化教育中心、经济和金融中心。

西藏自治区

【拉萨市】拉萨，藏语，意为“圣地”或“佛地”。汉文史籍中称逻些、惹萨。1951年5月

23日西藏和平解放，拉萨城进入了新的时代。1955年设基巧级拉萨专署。1956年西藏自治区筹备委员会设拉萨办事处。1960年西藏自治区筹备委员会设为地级市。1965年9月西藏自治区宣告成立，拉萨市成为西藏自治区首府。1982年被国务院确定为国家首批公布的24座历史文化名城之一。现已成为西藏自治区的政治中心、文化教育中心、经济和金融中心。

宁夏回族自治区

【银川市】银川，因位于黄河沿岸平原灌区而得名。1945年1月9日正式定名银川市。1954年宁夏省撤销，为甘肃省银川专区治。1958年10月25日宁夏回族自治区成立后，银川市为自治区首府，是全自治区政治、经济、文化中心。

新疆维吾尔自治区

【乌鲁木齐市】乌鲁木齐，其寓意主要说法有3种，其一准噶尔蒙古语，意为“优美的牧场”；其二维吾尔语，意为“团结”或“靶场”；其三源于“轮台”的音转，新疆少数民族语言读作“窝轮木台”。1949年9月25日新疆宣告和平解放，12月17日迪化市人民政府成立。1954年2月1日经政务院批准迪化市更名为乌鲁木齐市，恢复了她原来的美称。1955年10月1日新疆维吾尔自治区成立，定为自治区首府。现已成为新疆维吾尔自治区的政治中心、文化教育中心、经济和金融中心。

（二）自治州（33个，含3个已撤自治州，※号表示）

延边朝鲜族自治州

【延吉市】延吉，系烟集的转音，寓“吉林伸展延续，大喜吉祥”之意。原名烟集冈。从康熙时清政府在延吉一带设南荒围场达200年之久。1948年7月设延吉市（区级市），隶属于延吉县，为延边专员公署所在地。1952年9月3日成立延边朝鲜族自治区，1955年改为自治州，为州府所在地。1953年5月从延吉县划出，设县级延吉市。1985年1月经国务院批准为甲级开放城市。

恩施土家族苗族自治州

【恩施市】恩施，因唐设施州而得名。1949年11月6日成立恩施县人民政府。1982年4月30日设恩施市，实行县市分治。1984年1月撤销恩施县，将其行政区域全部并入恩施市。从1983年12月1日至1993年4月为鄂西土家族苗族自治州首府。从1993年4月4日至今为恩施土家族苗族自治州首府。

湘西土家族苗族自治州

【吉首市】吉首，因苗语“所里”的音译而得名。史称镇溪所。1951年初县址由乾城迁往所里。1952年8月湘西苗族自治区成立后为首府。1953年4月置吉首镇、吉首县，“吉首”由此得名。1955年属湘西苗族自治州。1957年后属湘西土家族苗族自治州。1982年8月3日撤镇、撤县设吉首市。从1952年8月至今为湘西土家族苗族自治州首府。

※ 桂西壮族自治州

【南宁市】南宁，取粤南永宁之意而得名。1949年12月4日南宁解放。1952年12月9日桂西壮族自治区宣告成立，1956年春改桂西壮族自治州，1958年3月15日并入广西壮族自治区。从1952年12月至1958年3月为桂西壮族自治州首府。

※ 海南黎族苗族自治州

【抱由镇】抱由，黎语，因村名而得镇名。原名抱由峒。1948年设抱由镇。1953年7月设抱由乡。1956年12月改抱由镇。1958年10月改抱由人民公社（也称乐城人民公社）。1977年5月改抱由镇。从1952年7月至1953年为海南黎族苗族自治区（州）首府。

【海口市】海口，因位于南渡江西侧的出海之口而得名。1958年12月海南黎族苗族自治州州府迁海口市与海南行署合署办公，至1962年2月为海南黎族苗族自治州首府。1988年海南建省升格为地级市。

【通什市】通什（什，音za），黎族语，意为兄弟共耕田，勤劳建家园。因村名而得镇名、市名。原名冲山。1956年12月设通什镇。1958年9月改通什红旗人民公社。1964年7月改通什镇。1966年10月改红旗镇。1982年2月改通什镇。1986年6月设通什市。2001年7月改五指山市。1953年海南黎族苗族自治（区）州州府迁至冲山（通什），至1958年12月海南黎族苗族自治州州府迁往海口，通什成为保亭县府驻地。1961年11月海南黎族苗族自治州复迁至通什镇，至1987年12月为海南黎族苗族自治州首府。

阿坝藏族羌族自治州

【凤仪镇】凤仪，取“圣人出，凤凰代仪”之意而得名。1950年1月为川西人民行政公署茂县专区专员公署驻地。1953年1月1日撤茂县专区专员公署，成立四川省藏族自治区。1953年11月改阿坝藏族自治州。至1954年为阿坝藏族自治州（四川省藏族自治区）首府。

【刷经寺镇】刷经寺，因有印刷藏文经书的寺庙而得名。1954年置镇。1954年自治州首府由茂县凤仪镇迁此，至1958年为阿坝藏族自治州首府。

【马尔康镇】马尔康，藏语，意为“火苗旺盛的地方”，引申为“兴旺发达之地”。1946年以前仅是一个行营官寨，后成为一个撑帐篷的季节性市场。1956年置马尔康镇、马尔康县。1958年州府由刷金寺迁驻，至1987年为阿坝藏族自治州首府。从1987年至今为阿坝藏族羌族自治州首府。

凉山彝族自治州

【新城镇】新城，因有别于清宣统二年（1910年）所筑旧城而得名。1953年设城关镇。1981年改新城镇。1950年4月和平解放。1952年10月1日在此成立凉山彝族自治区，从1952年至1955年为凉山彝族自治区驻地，从1956年至1978年为凉山彝族自治州州府所在地。

【西昌市】西昌，因位于建昌府以西而得名。1950年属西康省西昌专区。1955年西昌专区由西康省划归四川省，专署驻西昌县。1978年撤销西昌地区建制，并入凉山彝族自治州，自治州州府迁驻西昌县。1979年由西昌县析置西昌市。1986年撤销西昌县建制并入西昌市。从1978年至今为凉山彝族自治州首府。

甘孜藏族自治州

【炉城镇】炉城，因清雍正七年（1729年）置打箭炉厅而得名。打箭炉，系藏语“打折诸”的谐音，因二河相汇而得名。1950年合二镇置城关镇。1984年改炉城镇。从1950年11月至1955年为西康省藏族自治区人民政府驻地，从1955年至今为四川省甘孜藏族自治州州府驻地。

黔东南苗族侗族自治州

【凯里市】凯里，苗语音译，意为开田。1951年1月成立凯里苗族自治区人民政府。1956年7月23日黔东南苗族侗族自治州成立，定为自治州首府所在地。1958年12月合并原麻江、丹寨、雷山、炉山4县设凯里县。1961—1962年相继复置麻江、丹寨、雷山3县，保留凯里县建制。1983年8月撤县设市。从1958年12月至今为黔东南苗族侗族自治州首府。

黔南布依族苗族自治州

【都匀市】都匀，原名都云，系由城东南的都云洞而得名。1949年11月成立都匀县人民政府，中共独山地委和独山专员公署相继在都匀成立。1952年独山专员公署改称都匀专区。1956年8月9日撤销都匀专区，成立黔南布依族苗族自治州。1958年6月18日以都匀县城关镇为区域设立都匀市。1962年撤销都匀市恢复县建制。1966年复置都匀市。1983年8月撤销都匀县并入都匀市。从1956年8月至今为黔南布依族苗族自治州首府。

黔西南布依族苗族自治州

【兴义市】兴义，寓意广泛传播道义而得名。古代因盛产中药黄草（石斛）而名黄草坝。1950年改城关镇。1950年3月17日成立兴义县人民政府，属兴仁专区；1952年12月兴仁专区迁兴义县改称兴义专区，兴义县隶属兴义专区。1956年7月撤销兴义专区，兴义县隶属安顺专区。1965年恢复兴义专区，兴义县隶属兴义专区。1982年5月1日撤消兴义地区，成立黔西南布依族苗族自治州，兴义县隶属黔西南布依族苗族自治州，自治州首府驻兴义县城关镇。1987年10月兴义撤县建市。从1982年5月至今为黔西南布依族苗族自治州首府。

西双版纳傣族自治州

【景洪市】景洪，傣语“允景洪”，意为“黎明之城”。古称“勐泐”、“景陇”，旧称“彻里”、“车里”。1950年车里县全境解放。1953年废县制，置版纳制，境内先后成立版纳景洪、版纳勐龙、版纳勐养、版纳勐旺。1957年12月4日置版纳景洪人民委员会（县级）。1958年7月改版纳景洪人民委员会为景洪县；1993年撤县设景洪市。从1953年1月24日至今为西双版纳傣族自治州首府。

文山壮族苗族自治州

【开化镇】开化，取“化开无处，国家统一”之意而得名。1950年1月7日文山县城解放，两镇合并为云威镇，5月云威镇、攀枝花区合并为文山县中心区。1951年设攀枝花区、以县城专设城关区。1952年改城关镇。1958年改置红旗人民公社。1960年分出设县蔬菜农场。1961年改城关人民公社。1963年复称城关区。1966年改城关镇，划出追栗街、东山全部及平坝之一部称攀枝花人民公社。1984年改设区。1987年撤区改乡。2000年撤乡建开化镇、攀枝花镇。2003年12月开化、攀枝花两镇合并，称开化镇。从1958年4月1日至今为文山壮族苗族自治州首府。

红河哈尼族彝族自治州

【个旧市】个旧，系由彝语“果作”的音转而来，意种荞子、吃荞饭的地方。1950年初个旧解放，1951年1月撤县建省辖市。1958年10月划归红河州管辖，自治州首府由蒙自迁至个旧，直到2002年复迁蒙自。从1958年10月至2002年为红河哈尼族彝族自治州首府。

【蒙自】蒙自，因境内的目则山音转而得名。一说系蛮语，意为山竹。一说系苗语，意为苗族之家。1950年4月置蒙自专员公署。1957年11月19日撤销蒙自专区，成立红河哈尼族彝族自治州，为自治州首府所在地。1958年自治州人民政府迁往个旧市。2001年州级行政机关搬迁蒙自奠基仪式举行。2003年州级机关正式迁至蒙自办公。从1957年11月19日至1958年，从2003年至今为红河哈尼族彝族自治州首府。

德宏傣族景颇族自治州

【潞西市】潞西，因地处怒江之西而得名，傣语称“勐巴娜西”。古为“乘象国滇越”地。1949年8月建潞西县。1950年4月21日潞西和平解放，5月6日潞西县人民政府成立。1996年10月28日撤县设县级潞西市。从1953年7月24日至1969年11月，从1971年11月至今为德宏傣族景颇族自治州首府。

怒江傈僳族自治州

【知子罗】知子罗，傈僳族语，意为美好的地方。1974年以前为怒江傈僳族自治州州府所在地，1986年以前是碧江县政府所在地。知子罗是一个古老的怒族聚居地。1949年6月碧江解放，成立碧江县人民政府，属丽江专区。1952年设怒江边工委。1954年8月23日怒江傈僳族自治区（1957年改为自治州）在知子罗宣告成立。到60年代中期，知子罗已成为一座群山环列，各种经济文化设施齐全的山城，成为连接怒江地区与内地交流的一个重要中心。从1954年8月23日至1974年为怒江傈僳族自治州首府。

【六库镇】六库，傈僳语，意为龙洞。因有水潭、地下有水洞而得名。1951年2月属泸水县人民政府，隶属保山专区。1954年8月23日改隶怒江傈僳族自治区，后改隶怒江傈僳族自治州。1975年自治州首府由知子罗迁入，1983年置六库镇。从1975年至今为怒江傈僳族自治州首府。

迪庆藏族自治州

【建塘镇】建塘，藏语音译，意为“广阔的坝子”或“金色的坝子”。1950年分别成立金龙、北门、仓房三街人民政府。1957年9月13日成立迪庆藏族自治州，置中心镇。1996年与大中甸乡合并建立乡级县辖镇—建塘镇。2001年12月17日中甸县更名香格里拉县。从1957年9月至今为迪庆藏族自治州首府及香格里拉（中甸）县首府。

大理白族自治州

【大理市】大理，因属唐南诏大理国旧地而得名。1950年2月1日设下关区、大理县、凤仪县。1951年下关区改下关市。1956年11月成立大理白族自治州，下关定为自治州首府。1958年9月撤消下关、大理、凤仪、漾濞县设大理市。1960年底撤销大理市，恢复大理县、下关市、漾濞县，将凤仪县划归大理县。1983年9月撤销大理县、下关市，置大理市。从1956年11月至今为大理白族自治州首府。

楚雄彝族自治州

【楚雄市】因爨酋威楚在此筑城而得名。1949年12月9日楚雄全境解放。新中国成立后，分设楚雄、武定2专区。1953年，楚雄、武定2专区合并为楚雄专区。1958年4月15日撤销楚雄专区，成立楚雄彝族自治州。1983年9月撤县建市。从1958年4月15日至今为楚雄彝族自治州首府。

临夏回族自治州

【临夏市】临夏，因位于大夏河之畔而得名。1950年2月析城区设临夏市。1958年底将永靖、临夏县并入临夏市；1961年复分为永靖、临夏县和临夏市；1973年12月临夏县、市合并为临夏县；1983年8月再次将临夏县、临夏市分设。临夏是历代兵家必争之地，古丝绸之路南道之要冲，唐番古道之重镇， 茶马互市之中心，是明代著名的四大茶马司之一， 战略位置险要，有“河湟雄镇”之称。从1956年11月至今为临夏回族自治州首府。

甘南藏族自治州

【拉卜楞镇】拉卜楞，因境内著名的拉卜楞寺而得名。1947年设拉卜楞镇。1949年为夏河县第一区区署驻地。1953年10月成为甘南藏族自治州首府。1957年设拉卜楞镇。1958年改拉卜楞人民公社。1959年1月设德乌鲁市。1961年改德乌鲁镇。1966年改名萨尔吉镇。1968年改萨尔吉人民公社。1975年改城关镇。1980年改拉卜楞镇。从1953年10月至1956年7月为甘南藏族自治州首府。

【合作市】合作，藏语，曾译写为“黑错”，意为羚羊出没的地方。自治州首府迁入，改写“合作”，取“民族和睦团结”之意。1949年为夏河县第四区黑错乡所在地。1955年6月始置合作镇。1956年7月甘南藏族自治州首府由夏河县拉卜楞镇迁至合作镇。1996年设合作市，以夏河县的合作镇及其毗连的那吾等七乡为合作市的行政区域。1998年元月1日合作市正式挂牌。从1956年7月至今为甘南藏族自治州首府。

海北藏族自治州

【浩门镇】浩门，因位于浩门河畔而得名。1949年属第一区浩门街。1951年与屡丰乡合并为浩门乡。1955年改第一区城关乡，1956年改为城关镇，1958年7月并入红旗人民公社。1962年分设浩门镇。1964年改设浩迈人民公社。1984年7月改浩门镇。从1953年12月至1993年7月既是海北藏族自治州人民政府首府，也是门源回族自治县驻地。

【西海镇】西海，因西汉曾置西海郡而得名。西海镇，系我国第一个核武器研制基地。这块鲜为人知的神秘禁区，孕育了我国第一颗原子弹、氢弹，因而被誉为“两弹基地”。1993年7月海北藏族自治州首府迁此，定名西海镇。1996年被青海省委、省政府命名为省级爱国主义教育基地。2001年被国务院列为全国重点文物保护单位。2005年被中宣部命名为国家级爱国主义教育示范基地。

黄南藏族自治州

【隆务镇】隆务，因著名的隆务寺而得名。“隆务”，藏语，意为“农业区”。隆务镇既是青海省黄南藏族自治州首府所在地，也是同仁县人民政府所在地。隆务镇是著名的热贡艺术之乡，是青海省唯一的国家历史文化名城。1949年设隆务镇。从1953年12月至今为黄南藏族自治州首府。

海南藏族自治州

【恰卜恰镇】恰卜恰，蒙古语，意为“切开的崖坎”。一说为藏语，意为“草原”。位于共和盆地的腹心地带，是唐蕃古道上的必经之地。共和国建立以前基本上是一片荒漠。1949年9月成为共和县人民政府驻地。从1953年12月至今为海南藏族自治州首府。

果洛藏族自治州

【大武镇】大武，藏语，意为“丢失马匹的地方”。得名于大武河。大武镇既是果洛藏族自治州州府所在地，也是玛沁县县府驻地。又名格科滩。清为上郭罗克百户、中郭罗克千户部落牧地。1957年置玛沁县时成为县府驻地。从1959年至今为果洛藏族自治州首府。

玉树藏族自治州

【结古镇】结古，藏语，意为“贸易货物集散地”。得名于位于结古镇后半山腰上的结古寺。结古寺始建于明洪武末年，历史上一直是玉树北部地区萨迦派主寺。结古，历史上曾是唐蕃古道上的重镇，也是青、藏、川三省交界的贸易集散地。结古镇既是玉树藏族自治州州府所在地，也是玉树县县府驻地。从1951年12月至今为玉树藏族自治州首府。

海西蒙古族藏族自治州

【察汗乌苏镇】察汗乌苏，蒙古语，意为“白色的水”。从1954年1月25日至1959年1月曾经既是海西蒙古族藏族哈萨克族自治州首府，也是都兰县政府所在地。1949年都兰解放，成立都兰县人民政府，县人民政府驻此。1952年9月26日撤销都兰县，成立县级“都兰蒙古族自治区”。1954年1月25日成立专区级“海西蒙古族藏族哈萨克族自治区”。1955年6月改海西蒙古族藏族哈萨克族自治州。从1954年1月至1959年1月为海西蒙古族藏族哈萨克族自治州首府。

【大柴旦镇】大柴旦，蒙古语，伊克柴达木，意为“大盐湖”。1956年设柴达木工作委员会。1957年改柴达木行政委员会。1959年1月海西蒙古族藏族哈萨克族自治州人委由察汗乌苏迁驻大柴旦与“柴达木行政委员会”合署办公，为一套人马两块牌子。1960年设大柴旦市。1963年8月26日撤销“柴达木行政委员会”，全部由海西蒙古族藏族哈萨克族自治州管理。1964年撤市设大柴旦镇。1966年4月海西蒙古族藏族哈萨克族自治州州府由大柴旦迁驻德令哈市。1992年复设大柴旦行政委员会。从1959年1月至1966年4月为海西蒙古族藏族哈萨克族自治州首府。

【德令哈市】德令哈，蒙古语，意为“广阔的金色原野”。一说为“金色的世界”。1956年设县级德令哈工作委员会。1958年5月设德令哈县。1962年撤销。1966年4月海西蒙古族藏族哈萨克族自治州州府由大柴旦迁驻德令哈镇。1973年成立德令哈城关区。1980年撤销。1988年4月置德令哈市（县级）。从1966年4月至今为海西蒙古族藏族哈萨克族自治州首府。

※ 吴忠回族自治州

【吴忠市】吴忠，因明代吴忠堡而得名。1950年2月设县级吴忠市。1954年4月成立宁夏省河东回族自治区。1954年9月1日宁夏省建制撤销，划归甘肃省。1955年4月28日改甘肃省吴忠回族自治州。1958年9月5日撤销吴忠回族自治州，由宁夏回族自治区直辖。从1954年4月至1958年9月为吴忠回族自治州首府。

昌吉回族自治州

【昌吉市】昌吉，蒙古语，意为“场圃”，原系一条河的名称。1950年4月隶属迪化专员公署。1954年7月昌吉回族自治区成立后为区府所在地，后改为州府所在地。1983年12月撤县建市。从1954年7月至今为昌吉回族自治州首府。

巴音郭楞蒙古自治州

【库尔勒市】库尔勒，维吾尔语，意为“张望、眺望”。库尔勒是古丝绸之路上的一个咽喉之地。1950年6月成立库尔勒县人民政府，属焉耆专员公署。1954年6月撤销焉耆专员公署，库尔勒县归库尔勒专署管辖。1959年设库尔勒专员公署。1960年12月库尔勒专署并入巴音郭楞蒙古自治州，州府由焉耆迁址库尔勒。1979年10月由库尔勒县析置库尔勒市。1984年4月撤销库尔勒县并入库尔勒市。从1960年12月至今为巴音郭楞蒙古自治州首府。

克孜勒苏柯尔克孜自治州

【阿图什市】阿图什，柯尔克孜语，意为“两山之间”。1950年3月成立阿图什县人民政府，隶属喀什专员公署。1954年7月克孜勒苏柯尔克孜自治州成立后成为州府所在地。1986年6月7日撤县设市。从1954年7月至今为克孜勒苏柯尔克孜自治州首府。

博尔塔拉蒙古自治州

【博乐市】博乐一名，最早的记载是公元12世纪耶律大石建西辽后所建的“勃罗城”（在今博乐西南）。1945年2月成立博乐总管府，7月改博乐县政府。1954年7月成立博尔塔拉蒙古自治区，1955年2月改称自治州。1985年9月撤县建市。从1954年7月至今为博尔塔拉蒙古自治州首府。

伊犁哈萨克自治州

【伊宁市】伊宁，取伊犁、宁远首字而得名。1952年5月由伊宁县析置伊宁市，为省辖市。1954年11月27日伊犁哈萨克自治州成立后为自治州辖市。1975年伊犁州和伊犁地区分设，伊宁市为伊犁地区驻地和地区辖市。2001年撤销伊犁地区，伊宁市复为伊犁州辖市。从1954年11月至1975年9月，从1979年10月至今为伊犁哈萨克自治州首府。

【奎屯市】奎屯，蒙古语，极冷之意。因冬季寒冷而得名。1950年8月置乌苏县第二区第一乡。1957年3月新疆生产建设兵团农七师在这里创建奎屯垦区。1958年7月奎屯划归克拉玛依市。1975年9月伊犁哈萨克自治首府迁至奎屯，奎屯成为县级市。1979年10月伊犁哈萨克自治州州府迁回伊宁，奎屯市升格为自治州直辖市。从1975年9月至1979年10月为伊犁哈萨克自治州首府。

（三）自治县（121个自治县，含4个已撤自治县，※号表示）

大厂回族自治县

【大厂镇】大厂，由村名而得镇名。意为较大的牧场，由大场演变而来。1952年成立大厂回族自治区。1955年12月7日析三河、香河、通县地，成立大厂回族自治县，设大厂乡。1958年9月改大厂红光人民公社。1958年底并入蓟县改大厂回族自治区人民公社大厂管区。1962年恢复大厂回族自治县建制改大厂人民公社。1984年3月设大厂镇。从1955年12月至今为大厂回族自治县首府。

孟村回族自治县

【孟村镇】孟村，因姓氏命名的村名而得镇名。明初回民孟氏应诏迁来定居，以姓氏而得村名。1953年11月属盐山县九区孟村乡。1955年11月属孟村回族自治县孟村乡。1958年9月合并为红旗人民公社，同年12月改孟村人民公社。1981年12月改城关人民公社。1984年3月设孟村镇。从1955年11月至今为孟村回族自治县首府。

青龙满族自治县

【青龙镇】青龙，因境内最大河流青龙河而得名。原名大杖子。1945年属大杖子区。1956年6月设大杖子乡，同年11月改大杖子满族镇。1958年属跃进人民公社。1960年6月析置青龙镇人民公社。1981年设青龙镇。从1987年5月至今为青龙满族自治县首府。

丰宁满族自治县

【大阁镇】大阁，因镇区西南角有建于清康熙初期的高大的土阁而得名。1950年2月属大阁区。1956年1月设大阁镇。1958年5月撤销大阁镇。1958年11月改大阁人民公社。1960年8月划出设大阁镇人民公社。1984年2月改大阁镇。从1987年5月至今为丰宁满族自治县首府。

围场满族蒙古族自治县

【围场镇】围场，得名于木兰围场，满语，意为“哨鹿之所”。1946年设围场镇。1948年复改城关区。1950年改十三区。1958年3月改围场镇区，同年9月改先锋人民公社。1977年4月设围场镇。从1990年6月至今为围场满族蒙古族自治县首府。

宽城满族自治县

【宽城镇】宽城，原名宽河城，因位于宽河（今名瀑河）南岸而得名。1949年7月属青龙县。1956年设宽城乡。1958年改红旗人民公社。1961年8月改宽城人民公社。1981年12月析宽城人民公社置宽城镇。1963年在宽城镇设宽城县。从1990年6月至今为宽城满族自治县首府。

阜新蒙古族自治县

【阜新镇】阜新，取“物阜民丰”和“焕然一新”两个成语中的“阜新”二字而得名。原名“沙日塔拉”，意为“黄花滩”。后改村名“巴勒根扎布号若”。因县名而得镇名。1955年置城关区。1958年置阜新镇。2002年3月撤销阜新镇、他本扎兰镇，合并设立他本扎兰镇。2003年7月改阜新镇。从1958年4月至今为阜新蒙古族自治县首府。

喀喇沁左翼蒙古族自治县

【大城子镇】大城子，因蒙古语“伊和浩特”的意译而得名。1958年4月7日撤销旗建制，成立喀喇沁左翼蒙古族自治县。1953年设大城子镇。1958年改大城子人民公社。1973年改大城子镇。1958年4月至今为喀喇沁左翼蒙古族自治县首府。

岫岩满族自治县

【岫岩镇】岫岩，因境内景色“连绵不绝，数峰侧立，状如翠屏，秀色可掬”而得名“秀岩”。因县名而得镇名。1949年设城关区。1956年改岫岩镇。1958年9月改岫岩镇人民公社。1983年7月改岫岩镇。从1985年6月至今为岫岩满族自治县首府。

新宾满族自治县

【新宾镇】新宾，初名新兵堡，后改为兴兵堡、新宾堡。因县名而得镇名。1949年10月划为九区（驻城厢）。1951年7月改新宾镇。1953年5月改城关区。1956年1月改新宾镇。1958年10月成立新宾镇人民公社。1983年4月改新宾镇。从1985年6月至今为新宾满族自治县首府。

清原满族自治县

【清原镇】清原，得名于境内的清河之源，含有“大地清平”之意。因县名而得镇名。原写为“清源”，后改为“清原”。1947年2月改清原镇。1950年改第一区。1956年3月改清原镇。1958年9月改清原镇人民公社。1983年9月改清原镇。从1989年6月至今为清原满族自治县首府。

本溪满族自治县

【小市镇】小市，相对于大市（本溪市）而得名。1952年本溪县撤销。1956年重设本溪县。1960年8月本溪县政府迁驻小市镇。1989年9月7日撤销本溪县建制，成立本溪满族自治县。从1989年9月至今为本溪满族自治县首府。

桓仁满族自治县

【桓仁镇】桓仁，因曾为高句丽早期王城桓都而得名。因县名而得镇名。原写为“怀仁”。1951年4月设桓仁镇。1958年9月改曙锋人民公社。1961年改桓仁镇人民公社。1984年3月改桓仁镇。从1989年9月至今为桓仁满族自治县首府。

宽甸满族自治县

【宽甸镇】宽甸，因四周环山，地势平坦，土壤肥沃，宜于耕种、狩猎而得名。因县名而得镇名。1949年12月改宽甸镇。1958年9月改宽甸镇人民公社。1983年7月改宽甸镇。从1989年9月至今为宽甸满族自治县首府。

※ 凤城满族自治县

【凤城镇】凤城，因古城凤凰城而得名。1945年建凤城县人民政府，设城厢区。1951年设凤城镇。1985年1月撤销凤城县，成立凤城满族自治县。1994年3月撤销凤城满族自治县，设凤城市。从1985年1月至1994 年3月为凤城满族自治县首府。

长白朝鲜族自治县

【长白镇】长白，女真语，因地处白雪皑皑的长白山而得名。原名塔甸，因聚落在塔山南麓江边草甸之上而得名。1949年10月设第一区（城厢区）。1951年11月设长白镇。1954年3月改城关区。1955年7月改长白镇。1958年11月改红旗人民公社。1965年3月改长白镇。从1958年9月至今为长白朝鲜族自治县首府。

前郭尔罗斯蒙古族自治县

【前郭镇】前郭，为前郭尔罗斯的简称，因郭尔罗斯部分为前、后二旗而得名。因旗名而得镇名。1950年改城关区。1956年撤区改前郭镇。1958年改前郭镇人民公社。1982年改前郭镇。从1956年1月至今为前郭尔罗斯蒙古族自治县首府。

伊通满族自治县

【伊通镇】伊通，满语，源于伊通河，意为宏大、汹涌之河。因县名而得镇名。1947年属第一区（城关区）。1956 年3月设伊通镇。1958年10月成立幸福人民公社。1959年改伊通镇人民公社。1983年12月改伊通镇。从1989年8月至今为伊通满族自治县首府。

杜尔伯特蒙古族自治县

【泰康镇】泰康，因此地由时、和、年、丰四段与民、康、物、阜四段组成。前四段是从泰米县划出，故取泰字。又因城址筑于后四段的康字段，故取康字。1956年12月5日撤销杜尔伯特旗建制，成立杜尔伯特蒙古族自治县。因县名而得镇名。1940年5月名泰康街。1946年4月设泰康镇。1958年改泰康人民公社。1984年改泰康镇。1956年12月至今为杜尔伯特蒙古族自治县首府。

景宁畲族自治县

【鹤溪镇】鹤溪，相传汉浮丘伯携鹤隐居于此，在溪边垒石筑台垂钓沐鹤而得名。因溪名而得镇名。1949年5月12日景宁城解放，5月21日建立景宁县人民政府。1960年并入丽水县。1962年析丽水县原云和、景宁县域置云和县。1984年12月24日析云和县原景宁地域成立景宁畲族自治县。1956年设鹤溪镇。1958年冬改鹤溪人民公社。1984年改鹤溪镇。从1984年12月至今为景宁畲族自治县首府。

长阳土家族自治县

【龙舟坪镇】龙舟坪，因酷似一条巨大的龙舟泊于清江河畔而得名。1984年12月8日撤销长阳县，成立长阳土家族自治县。1954年改城关镇。1981年改龙舟坪镇。从1984年12月至今为长阳土家族自治县首府。

五峰土家族自治县

【五峰镇】五峰，因境内五峰山而得名。1950年8月五峰县人民政府由鱼洋关迁至。1953年改五峰镇。1957年改城关镇。1958年8月改城关人民公社。1982年3月改五峰镇。从1984年12月至今为五峰土家族自治县首府。

江华瑶族自治县

【水口镇】水口，因位于冯河与崇江汇合处而得名。1954年江华县人民政府迁入。1958年置水口镇。1985年11月江华瑶族自治县人民政府迁回沱江镇。从 1955年11月至1985年11月为江华瑶族自治县首府。

【沱江镇】沱江，因潇水流经此段时又称沱江而得名。1947年置沱江镇。1954年江华县人民政府迁往水口镇。1985年11月江华瑶族自治县人民政府迁回沱江镇。从1985年11月至今为江华瑶族自治县首府。

城步苗族自治县

【儒林镇】儒林，因早在元代就建有儒林书院而得名。1949年10月属第一区儒林镇。1952年3月设儒林镇。1958年改儒林人民公社。1959年10月改儒林镇。1960年改儒林人民公社。1961年9月设儒林镇。从1956年11月至今为城步苗族自治县首府。

通道侗族自治县

【双江镇】双江，因境内的双江河而得名。一说因位于坪坦河和马龙河汇合处而得名。原名双江口。1952年8月划归通道县，为第五区。1956年改双江乡。1958年10月改双江人民公社。1963年5月置双江镇。从1958年至1959年，从1961年至今为通道侗族自治县首府。

【县溪镇】县溪，因从宋以来历为县治所在地而得名。位于渠水河畔。1950年12月设第一区。1954年10月改城关区城关镇。1956年改城关镇。1958年县政府迁驻双江，撤销镇建制，并入县溪人民公社。1959年3月县政府复迁于此，设新城人民公社。1961年10月县政府再迁双江，撤销新城人民公社并入县溪人民公社。1963年5月置县溪镇。从1954年至1958年，从1959年至1961年为通道侗族自治县首府。

新晃侗族自治县

【新晃镇】新晃，因城名而得镇名。1949年置首善镇。1951年改城关镇。1958年9月改城镇人民公社。1984年3月改新晃镇。从1956年12月至今为新晃侗族自治县首府。

芷江侗族自治县

【芷江镇】芷江，因县名而得镇名。1949年10月改城厢区中心镇。1951年改城厢区。1956年改城关镇。1960年改城关镇人民公社。1961年改城关镇。1982年改芷江镇。从1987年9月至今为芷江侗族自治县首府。

靖州苗族侗族自治县

【渠阳镇】渠阳，因位于渠水之阳而得名。1949年改城关区。1953年置城关镇。1959年1月改靖城人民公社。1961年7月改城镇人民公社。1981年11月设渠阳镇。从1987年9月至今为靖州苗族侗族自治县首府。

麻阳苗族自治县

【高村镇】高村，因三面临水村居高处而得名。1952年改高村镇。1953年4月麻阳县人民政府由锦和镇迁驻。1958年10月改高村人民公社。1960年1月改高村城镇人民公社。1964年1月改高村镇。从1988年10月至今为麻阳苗族自治县首府。

连南瑶族自治县

【三江镇】三江，因位于三江河北岸而得名。1953年1月25日连山、连南两县合并，成立连南瑶族自治区。1955年6月改连南瑶族自治县。1961年设三江镇。从1953年1月至今为连南瑶族自治县首府。

连山壮族瑶族自治县

【永和镇】永和，寓意永远和好睦邻。因圩名而得镇名。1946年县治迁此，称永和圩。1954年1月改第一区，驻永和墟。1955年9月改永和区。1956年3月改永和镇。1958年10月改第一人民公社（后改永和人民公社）。1962年2月改永和镇。1967年初县府迁出撤镇。1986年复置镇。从1962年9月至1966年元月为连山壮族瑶族自治县首府。

【吉田镇】吉田，取上吉村和沙田村各一字而得名。1949年属第一区吉田乡。1956年3月改永和区吉田乡。1958年10月属第一人民公社（永和人民公社）。1961年10月设吉田人民公社。1966年12月改新城人民公社。1967年复改吉田人民公社。1967年元月县府由永和镇迁至吉田村。1980年3月定名吉田镇。从1967年至今为连山壮族瑶族自治县首府。

乳源瑶族自治县

【乳城镇】乳城，因历为乳源县城而得镇名。1949年设云峰镇。1964年设城关镇。1982年改乳城镇。从1963年10月至今为乳源瑶族自治县首府。

都安瑶族自治县

【安阳镇】安阳，寓意安定向阳而得名。原名安定。1950年属第一区。1955年8月改安阳镇。1958年改红星人民公社，后改城厢人民公社。1960年9月析出成立安阳人民公社。1962年8月并入城厢区。1965年8月设安阳镇，后曾两度改称安阳人民公社。1984年11月设安阳镇。从1955年12月至今为都安瑶族自治县首府。

融水苗族自治县

【融水镇】融水，因融江而得名。1952年8月11日更名融水县，同年11月26日撤销融水县，成立大苗山苗族自治区（县级）。1955年9月改大苗山苗族自治县。1966年4月更名融水苗族自治县。因县名而得镇名。民国置融乐镇。1952年改融水镇。从1952年11月至今为融水苗族自治县首府。

三江侗族自治县

【古宜镇】古宜，侗语，因村名而得镇名。原作古泥。1951年5月改第一区古宜乡。1958年10月改火箭人民公社。1959年4月改古宜人民公社。1980年8月置古宜镇。从1952年12月至今为三江侗族自治县首府。

龙胜各族自治县

【龙胜镇】龙胜，因清王朝为夸耀其“龙战胜苗”的武功而得名。1951年8月19日撤销龙胜县，成立县级龙胜各族联合自治区。1955年9月改为龙胜各族联合自治县。1956年12月改龙胜各族自治县。龙胜，因县名而得镇名。原名日新。1980年设龙胜镇。1951年8月至今为龙胜各族自治县首府。

金秀瑶族自治县

【金秀镇】金秀，因村名而得县名。1952年5月28日成立县级大瑶山瑶族自治区。1955年9月18日改大瑶山瑶族自治县。1966年4月8日改金秀瑶族自治县。因村名而得镇名。1958年设金秀镇。从1952年5月至今为金秀瑶族自治县首府。

隆林各族自治县

【新州镇】新州，因与古安隆州长官司治所旧州相对而得名。1952年8月11日西隆、西林两县合并称隆林各族自治区。1953年10月更名为隆林各族联合自治区（县级建制）。1955年9月18日改隆林各族自治县。1983年设新州镇。1953年1月至今为隆林各族自治县首府。

巴马瑶族自治县

【巴马镇】巴马，因县境有巴马山而得名。巴马，系壮语，巴意为山，因山形似马而得名。1953年4月23日撤销万冈县，分属凤山县、东兰县、田东县、田阳县管辖。1955年9月21日撤销都安县及七百弄，下坳、三只羊和西山等4个相当于区的瑶族自治区的建制，建立都安瑶族自治县和巴马瑶族自治县。1956年2月6日巴马瑶族自治县正式成立。巴马，因自治县名而得镇名。1956年属定马乡巴马街。1958年设巴马人民公社。1961年改城关人民公社。1972年改巴马镇。从1956年2月至今为巴马瑶族自治县首府。

罗城仫佬族自治县

【东门镇】东门，因位于县境东南部且四周群峰延绵如天然城门而得名。因村名而得镇名。始建于明洪武二年（1369年）。1953年11月设东门乡。1958年改东门人民公社。1962年设东门镇。1968年撤销。1971年复置。从1983年1月至今为罗城仫佬族自治县首府。

富川瑶族自治县

【富阳镇】富阳，因地居富江河西岸而得名。一说因富江水南流，取南为阳而得名。1950年属第一区富阳乡。1958年8月改红旗人民公社。1960年6月改富阳人民公社。1969年9月设富阳镇。从1984年1月至今为富川瑶族自治县首府。

大化瑶族自治县

【大化镇】大化，因村名而得镇名。1958年改大化人民公社。1986年改大化镇。从1987年12月至今为大化瑶族自治县首府。

环江毛南族自治县

【思恩镇】思恩，因县名而得镇名。1951年设思恩镇。1952年8月撤销思恩县、宜北县合并置环江县。从1987年11月至今为环江毛南族自治县首府。

恭城瑶族自治县

【恭城镇】恭城，因桂江支流恭城河流贯而得名。1990年2月3日撤销恭城县，成立恭城瑶族自治县。因县名而得镇名。民国二十三年（1934年）设城厢镇，属第一区。1955年10月改属乐湾区。1958年9月改城厢人民公社。1961年7月设城厢镇。1980年5月设恭城镇。从1990年2月至今为恭城瑶族自治县首府。

※ 防城各族自治县

【东兴镇】东兴，因地处北仑河东岸而得名。1950年改东兴市。1954年改东兴第10区。1958年改东兴人民公社。1975年改东兴镇。从1958年至1978年12月为东兴各族自治县首府。

【防城镇】防城，因防御外寇的闸寨而得名。1949年冬成立防城县人民政府，置防城镇。1958年改防城人民公社。1975年改防城镇。1978年12月25日东兴各族自治县县府迁此，并改防城各族自治县。从1978年12月至1993年5月为防城各族自治县首府。

白沙黎族自治县

【牙叉镇】牙，黎语，意为“分支、支流”。因位于南叉河的分支处而得名。1947年10月解放，县府驻什运墟，后迁牙叉。1953年4月设牙叉乡。1956年12月设牙叉镇。1958年10月改牙叉人民公社，11月改白沙人民公社。1959年7月划出设牙叉人民公社。1964年6月改牙叉镇。1983年9月改牙叉区。1987年4月改牙叉镇。从1987年12月至今为白沙黎族自治县首府。

昌江黎族自治县

【石碌镇】石碌，因境内的石碌岭而得名。其名来源于清乾隆年间金牛岭发现铜矿，矿石氧化呈绿色，遂改金牛岭为石绿岭，后因开采矿石形成集镇，名石绿市，后石绿改石碌。1956年设石碌乡。1958年9月改石碌人民公社。1961年5月为昌江县城。1964年7月撤销石碌人民公社，置石碌镇。从1987年12月至今为昌江黎族自治县首府。

乐东黎族自治县

【抱由镇】抱由，黎语，因村名而得镇名。原名抱由峒。1948年设抱由镇。1953年7月设抱由乡。1956年12月改抱由镇。1958年10月改抱由人民公社（也称乐城人民公社）。1977年5月改抱由镇。从1987年12月至今为乐东黎族自治县首府。

陵水黎族自治县

【陵城镇】陵城，因历为陵水县城而得名。1950年4月解放，同年5月县民主政府迁入陵城镇，同年7月设陵城镇。1951年2月属第一区。1955年6月改桃园区。1956年12月设陵城镇。1958年9月改椰林人民公社。1961年5月改陵城镇人民公社。1964年6月改陵城镇。2002年5月陵城镇与椰林乡合并设椰林镇。从1987年12月至今为陵水黎族自治县首府。

保亭黎族苗族自治县

【保城镇】保城，因历为保亭县城而得镇名。1948年设镇南乡。1950年4月设第一区保城乡。1953年8月改保城区。1956年12月改保城镇。1958年9月改七峰人民公社。1959年3月改保亭人民公社。1961年5月改保城人民公社。1964年11月从保城人民公社析置保城镇。1971年5月撤销保城镇并入保城人民公社。1980年4月复置保城镇。1959年10月恢复保亭县建制，县府驻通什。1962年1月县府迁回保城镇。从1987年12月至今为保亭黎族苗族自治县首府。

琼中黎族苗族自治县

【营根镇】营根，民国初因建兵营驻扎于此而得名。原名营根铺。1951年设营根乡。1959年2月琼中县政府迁址营根乡。1958年9月属红岛人民公社。1960年6月划出设营根镇人民公社。1964年8月改营根镇。从1987年11月至今为琼中黎族苗族自治县首府。

石柱土家族自治县

【南宾镇】南宾，因境内龙河又称南宾河而得名。1959年改石柱县。民国二十四年（1935年）置南宾镇。1951年改城关区。1952年改城关镇。1981年复改南宾镇。从1984年11月至今为石柱土家族自治县首府。

秀山土家族苗族自治县

【中和镇】中和，取“中正和平”之意而得名。原名烟麻坪。1952年改中和区。1958年改中和人民公社。1980年改中和镇。从1983年11月至今为秀山土家族苗族自治县首府。

酉阳土家族苗族自治县

【钟多镇】钟多，取钟灵、多福二乡首字而得名。原名忠孝坝。1958年改钟多人民公社。1983年改钟多镇。从1983年11月至今为酉阳土家族苗族自治县首府。

彭水苗族土家族自治县

【汉葭镇】汉葭，因属东汉末汉葭县地而得名。从1984年11月至今为彭水苗族土家族自治县首府。

※ 黔江土家族苗族自治县

【联合镇】联合，取“工农联盟”之意而得名。1950年改联合镇。从1984年11月至2000年6月为黔江土家族苗族自治县首府。

木里藏族自治县

【瓦厂镇】瓦厂，因首建砖瓦厂而得名。1953年2月19日由盐源县划出，成立木里藏族自治区，1955年5月改木里藏族自治县。属桃巴乡。从1953年至1961年为木里藏族自治区（自治县）驻地。

【乔瓦镇】乔瓦，取藏语博凹、博瓦二地名谐音而得名。原名博瓦小经堂。1962年木里藏族自治县人民政府迁此，属博瓦人民公社。1979年改博凹乡。1984年改乔瓦镇。从1962年至今为木里藏族自治县首府。

马边彝族自治县

【民建镇】民建，取“建立人民民主政权”之意而得名。1950年改民建镇。从1984年10月至今为马边彝族自治县首府。

峨边彝族自治县

【沙坪镇】沙坪，因位于冲积平原且风大沙多而得名。1952年设沙坪乡。1954年改城关镇。1981年改沙坪镇。从1984年10月至今为峨边彝族自治县首府。

北川羌族自治县

【曲山镇】曲山，因地势蜿蜒跌宕而得名。一说因附近有曲山关而得名。1950年设回龙乡。1952年9月县政府由治城乡迁至。1953年改城关乡。1958年改回龙人民公社。1962年改城关镇。1981年改曲山镇。2003年7月至2008年5月为北川羌族自治县首府。2008年5月12日汶川大地震曲山镇遭到毁灭。

【永昌镇】永昌，寓意永远繁荣昌盛。2008年11月初国务院常务会议正式审查通过了北川新县城选址，新址定于安昌镇以东约两公里处。2008年12月中共中央总书记、国家主席胡锦涛在川慰问灾区群众时为北川新县城取名为“永昌”。2009年2月民政部批复同意北川、安县新的区划调整方案。2009年11月省政府同意将安昌镇的常乐等6个村析出，设立永昌镇。2010年1月31日北川新县城所在地永昌镇举行成立大会，永昌镇党委、政府正式挂牌。

※ 茂汶羌族自治县

【凤仪镇】凤仪，取“圣人出，凤凰代仪”之意而得名。1958年7月茂县、汶川与理县三县合并，成立茂汶羌族自治县，“茂汶”由此得名，县府设在威州镇。1963年恢复汶川、理县二县的建制，茂汶羌族自治县县府迁凤仪镇。1987年阿坝藏族自治州改名阿坝藏族羌族自治州，撤销茂汶羌族自治县，改名茂县。1936年置镇。从民国初始，茂县政府、茂县苏维埃、第十六行政督察区专员公署、川西人民行政公署茂县专区专员公署、四川省藏族自治区相继驻此。从1963年至1987年为茂汶羌族自治县首府。

松桃苗族自治县

【蓼皋镇】蓼皋，因松桃河畔生长一种蓼科植物（开白花）而得名。1952年设城关镇。1986年改蓼皋镇。从1956年12月至今为松桃苗族自治县首府。

镇宁布依族苗族自治县

【城关镇】城关，因民国初设镇宁县时置城关镇而得名。1952年设城关镇。1958年撤销。1964年复置城关镇。从1963年9月至今为镇宁布依族苗族自治县首府。

紫云苗族布依族自治县

【松山镇】松山，以镇境松林坡和印山各取一字而得名。1952年改城关镇。1958年撤销。1961年复置松山镇。从1966年2月至今为紫云苗族布依族自治县首府。

威宁彝族回族苗族自治县

【草海镇】草海，因西濒著名的淡水湖泊草海而得名。1952年改城关镇。1980年改草海镇。从1954年11月至今为威宁彝族回族苗族自治县首府。

关岭布依族苗族自治县

【关索镇】关索，因明洪武二十五年（1392年）置关索岭守御千户所而得名。1950年3月县府迁此始为县治。1955年改城关镇。1981年3月设关索区关索镇。从1981年12月至今为关岭布依族苗族自治县首府。

三都水族自治县

【三合镇】三合，因打箭河、土河、马场河在此汇合而得名。1952年复置三合镇。1966年改城关镇。1983年改三合镇。从1957年1月至今为三都水族自治县首府。

玉屏侗族自治县

【平溪镇】平溪，因舞阳河水平如镜而得名。1950年置城关镇。1982年12月改平溪镇。从1984年11月至今为玉屏侗族自治县首府。

道真仡佬族苗族自治县

【玉溪镇】玉溪，因有珠玉溪注入涪江而得名。始建于清初，俗名玉溪场。1950年改玉溪乡。1953年改城关镇。1954年改玉溪镇。从1987年11月至今为道真仡佬族苗族自治县首府。

务川仡佬族苗族自治县

【都濡镇】都濡，因都濡溪而得名。相传早在隋朝以前，小河长流清澈明亮故名。1958年改都濡人民公社。1962年改都濡镇。从1987年11月至今为务川仡佬族苗族自治县首府。

印江土家族苗族自治县

【峨岭镇】峨岭，因古有鹅岭关而得名。1952年改城关镇。1958年改城关人民公社。1984年改城关乡。1984年复置印江镇。1999年改峨岭镇。从1987年11月至今为印江土家族苗族自治县首府。

沿河土家族自治县

【和平镇】和平，寓意反对侵略友好和平而得名。1952年设城关镇。1958年改城关人民公社。1967年改红旗镇。1984年改城关乡。1986年复置和平镇。从1987年11月至今为沿河土家族自治县首府。

峨山彝族自治县

【双江镇】双江，因东有猊江、南临练江而得名。有“两江夹孤城”之说。1950年改城关镇。1958年改城关人民公社。1966年改城关镇。1983年复置双江镇。从1951年5月至今为峨山彝族自治县首府。

石林彝族自治县

【鹿阜镇】鹿阜，因环绕鹿阜山建城而得名。鹿阜，系落蒙的谐音。1956年12月30日撤销路南县，成立路南彝族自治县。1984年改鹿阜镇。1998年10月8日改路南彝族自治县为石林彝族自治县。从1956年12月至1958年，从1964年至1998年为路南彝族自治县首府，从1998年至今为石林彝族自治县首府。

沧源佤族自治县

【勐董镇】勐董，傣语，意为汇集议事的地方。1951年属沧源县。1952年底沧源县政府由岩帅镇迁驻。1956年设勐董乡。1964年2月28日撤销沧源县，成立沧源佤族自治县。1965年复置勐董镇。从1964年2月至今为沧源佤族自治县首府。

耿马傣族佤族自治县

【耿马镇】耿马，傣语，意为跟随白马寻觅到的地方。1952年改城关镇。1970年改红卫人民公社。1981年改城关镇。1985年改耿马镇。1988年改耿宣镇。2005年复置耿马镇。从1955年10月至今为耿马傣族佤族自治县首府。

玉龙纳西族自治县

【大研镇】大研，因四面环山形如碧玉大砚而得名。2003年4月改古城区。从1961年4月至2003年3月为丽江纳西族自治县首府。

【黄山镇】黄山，因村名而得镇名。1949年7月1日丽江县解放，建立丽江县人民政府。1961年4月10日撤销丽江县，成立丽江纳西族自治县。2003年4月丽江撤地设市，区县分设，丽江纳西族自治县分设为古城区和玉龙纳西族自治县。从2003年4月至今为玉龙纳西族自治县首府。

宁蒗彝族自治县

【大兴镇】大兴，寓意光明幸福和兴旺发达而得名。原名白蕖坝，因有白蕖水而得名。1953年复名大村街。1956年改大兴镇。从1956年9月至今为宁蒗彝族自治县首府。

江城哈尼族彝族自治县

【勐烈镇】勐烈，傣语，意为河边的坝子。因勐烈河从南边流过而得名。得名于清乾隆年间，称勐烈村。1963年改红疆镇。1965年改勐烈街。1982年复置勐烈镇。从1954年5月至今为江城哈尼族彝族自治县首府。

澜沧拉祜族自治县

【勐朗镇】勐朗，傣语，意为像水洗过一样干净、美好的地方。1962年8月置勐朗镇（乡级镇）。1984年升为区级镇。从1953年4月至今为澜沧拉祜族自治县首府。

孟连傣族拉祜族佤族自治县

【孟连镇】孟连，系傣语“勐两”音转，意为“找到的一块好地方”。1954年称孟连城子。1965年改城关镇。1970年改孟连人民公社。1983年改娜允镇（娜允，傣语，意为内城。）。1988年改孟连镇。从1954年6月至今为孟连傣族拉祜族佤族自治县首府。

西盟佤族自治县

【西盟镇】西盟，佤语，意为我们佤族的好地方。1950年成立西盟区人民政府。1956年10月从澜沧县划出，成立西盟自治县筹备委员会。1965年3月5日成立西盟佤族自治县。1956年置西盟镇。1969年撤销。1982年复置西盟镇。2006年设勐卡镇。从1956年至1995年为西盟佤族自治县首府。

【勐梭镇】孟梭，傣语，意为美丽的地方。1995年11月西盟佤族自治县人民政府由西盟镇迁至勐梭乡。1950年设勐梭区。1956年改勐梭乡。2004年改勐梭镇。从1995年11月至今为西盟佤族自治县首府。

河口瑶族自治县

【河口镇】河口，因位于红河、南溪河交汇处而得名。旧名“烂泥塘”。1950年成立河口街政府。1954年10月改河口镇。1956年改城关镇。1958年改城关人民公社。1980年改城关镇。1983年复置河口镇。从1963年7月至今为河口瑶族自治县首府。

屏边苗族自治县

【玉屏镇】玉屏，因玉屏山而得名。因四周群山环抱又名大窝子。1950年改玉屏区。1970年改玉屏人民公社。1981年复置玉屏镇。从1963年7月1日至今为屏边苗族自治县首府。

贡山独龙族怒族自治县

【茨开镇】茨开镇，镇区包括茨开和丹当二部分。茨开，怒语，意为粮食丰富的地方。丹当，怒语，意为松林坪。民国二十二年（1933年）设贡山设治局茨开乡；二十八年（1939年）改宣化乡。1950年改第二区。1969年改茨开人民公社。1984年改茨开乡。1988年置茨开镇。从1956年10月至今为贡山独龙族怒族自治县首府。

巍山彝族回族自治县

【南诏镇】南诏，因唐南诏国前四代王曾在此建都而得名。原名蒙化城、巍山城。1950年份置群力、为民二镇。1953年合置蒙城镇。1954年改巍城镇。1959年改巍宝人民公社，以位于县城南20多公里的巍宝山而得名。1963年改巍城镇。1989年复置文华镇。2003年4月改南诏镇。从1956年11月至今为巍山彝族回族自治县首府。

南涧彝族自治县

【南涧镇】南涧，意为地处蒙舍诏之南蒙舍川，形似大槽涧，得名于唐·南诏国时期。1958年设南涧人民公社。1961年置南涧县，为南涧县府驻地。1965年11月27日撤销南涧县，成立南涧彝族自治县。从1965年11月至今为南涧彝族自治县首府。

寻甸回族彝族自治县

【仁德镇】仁德，以元代置仁德府名为镇名。仁德，始见于后晋天福元年（936年），当时名“仁德部”（古称夷郡）。1952年改仁德乡。1960年改仁德人民公社。1963年复置仁德镇。1974年改仁德人民公社。1984年复置仁德镇。从1979年12月至今为寻甸回族彝族自治县首府。

元江哈尼族彝族傣族自治县

【澧江镇】澧江，因原澧江书院而得名。1950年改红河街。1958年改红河人民公社。1962年改城关镇。1970年改城关人民公社。1984年复置澧江镇。从1980年11月至今为元江哈尼族彝族傣族自治县首府。

新平彝族傣族自治县

【桂山镇】桂山，因县城北有五桂山而得名。1951年改城关镇。1984年改桂山镇。从1980年11月至今为新平彝族傣族自治县首府。

墨江哈尼族自治县

【联珠镇】联珠，因旧他郎八景之首的“九叠联珠”而得名。1950年改联珠区。1954年改玖联镇。1998年4月改联珠镇。从1979年11月至今为墨江哈尼族自治县首府。

双江拉祜族佤族布朗族傣族自治县

【勐勐镇】勐勐，因属明代勐勐土司居住地而得名。1950年设第一区。1959年改勐勐联社。1965年改城关镇。1969年改卫东人民公社。1972年改勐勐人民公社。1984年改城关镇。1988年改勐勐镇。从1985年6月至今为双江拉祜族佤族布朗族傣族自治县首府。

兰坪白族普米族自治县

【金顶镇】金顶，因金顶寺而得名。1949年10月设金顶区。1953年12月属第一区。1958年4月设金顶人民公社。1984年2月改金顶区。1985年置金顶镇。从1988年5月至今为兰坪白族普米族自治县首府。

维西傈僳族自治县

【保和镇】保和，取保卫世界和平之意而得名。1953年改称“保和镇”。1957年9月划归迪庆藏族自治州。“文化大革命”中曾一度改名“红旗镇”。1975年由永春公社管辖改为县辖，设立区一级的保和镇人民公社。1984年5月设保和镇人民政府。1985年10月31日撤销维西县，成立维西傈僳族自治县。从1985年10月31日至今为维西傈僳族自治县首府。

景东彝族自治县

【锦屏镇】锦屏，因坐落于无量山支脉的锦屏山下而得名。始建于唐南诏国时期。1958年改锦屏人民公社。1984年复置锦屏镇。从1985年12月至今为景东彝族自治县首府。

景谷傣族彝族自治县

【威远镇】威远，系卧允译写雅化而得名。卧允，傣语，意为盐井城。1958年改威远镇人民公社。1965年改大街镇。1984年复置威远镇。从1985年12月至今为景谷傣族彝族自治县首府。

宁洱哈尼族彝族自治县

【宁洱镇】宁洱，取安宁的普洱之意而得名。普洱，哈尼语，意为水湾寨。因县名而得镇名。1953年3月改宁洱镇。1955年县治迁回宁洱镇。从1985年12月至今为宁洱哈尼族彝族自治县首府。

漾濞彝族自治县

【苍山西镇】苍山西，因位于点苍山之西而得名。1950年改化平区。1958年改上街人民公社，因居下街上方故名。1962年改上街镇。1963年改上街区。2005年撤销上街镇和河西镇设苍山西镇。从1985年11月1日至今为漾濞彝族自治县首府。

禄劝彝族苗族自治县

【屏山镇】屏山，因位于秀屏山东麓而得名。1953年设屏山区。1958年改屏山人民公社。1972年复置屏山镇。从1985年11月至今为禄劝彝族苗族自治县首府。

金平苗族瑶族傣族自治县

【金河镇】金河，因坐落于金河西岸而得名。古称金口河。1949年划为金河、太平、建设3个乡。1955年改城关镇。1958年金河、太平2乡合并为金河乡，同年10月金河、建设二乡合并为金河人民公社。1981年改金河镇。从1985年12月7日至今为金平苗族瑶族傣族自治县首府。

镇沅彝族哈尼族拉祜族自治县

【按板镇】按板，傣语，意为绿色的水。因民国六年（1917年）移县治于按板井而得名。镇以井名，同年设按板镇。从1990年2月至1998年3月为镇沅彝族哈尼族拉祜族自治县首府。

【恩乐镇】恩乐，傣语，意为地形似大船的地方。因清雍正五年（1727年）设恩乐县而得镇名。1950年设恩乐乡。1984年置恩乐镇。从1998年3月至今为镇沅彝族哈尼族拉祜族自治县首府。

张家川回族自治县

【张家川镇】张家川，以姓氏命名的村名而得镇名。一说因位于后川河（也称长家川）上游盆地故名。1950年5月属甘肃省天水专署之清水、秦安、庄浪和陕西省陇县管辖。1953年7月6日成立张家川回族自治区。1955年9月3日更名张家川回族自治县，始设张川镇。1958年12月20日撤销张家川回族自治县、清水县，合并设立清水回族自治县。1961年12月15日恢复张家川回族自治县建制。1987年改张家川镇。从1953年7月至1958年12月，从1961年12月至今为张家川回族自治县首府。

天祝藏族自治县

【南冲寺村】南冲，因寺名而得村名。1949年10月成立永登县天祝区。1950年5月6日成立天祝自治区。1953年10月22日改天祝藏族自治区。1955年7月19日改天祝藏族自治县。从1950年至1951年9月为天祝藏族自治区（县）首府。

【安远镇】安远，因古驿站安远驿而得名。1951年始为天祝藏族自治县县府驻地。1952年设安远乡。1957年设安远镇。从1951年9月至1984年3月为天祝藏族自治县首府。

【华藏寺镇】华藏寺，因境内的华藏寺而得镇名。1983年设华藏寺镇。1984年3月县府迁驻，至今为天祝藏族自治县首府。

肃南裕固族自治县

【红湾寺镇】红湾寺，因西北面山坡呈红色，有一座禅定法旺寺而得名。因寺名而得镇名。1954年设金泉区红湾乡。1958年属大河人民公社。1962年改大河区。1967年改长征区。1970年改大河区。1985年4月划出设红湾寺镇。从1954年2月至今为肃南裕固族自治县首府。

肃北蒙古族自治县

【赤金堡】赤金堡，因堡名而得村名。1950年 7月 29日撤销肃北设治局，成立 “肃北自治区”（县级）。1953年12月22日改“肃北蒙族自治区”。从1950年 7月至1953年11月为肃北蒙古族自治县首府。

【党城湾镇】党城湾，因晋代以前曾在党河上游筑城而得名。1953年11月肃北蒙古族自治县县府迁驻。1961年设党城人民公社。1962年改党城乡。1969年改党城人民公社。1980年10月设党城湾镇。从1953年 11月至今为肃北蒙古族自治县首府。

阿克塞哈萨克族自治县

【博罗转井镇】博罗，蒙古语，意为青灰色；转井，为“传警”谐音，当地牧民称烽火台为传警台。意为青灰色烽火台。一说系蒙古族博罗将军的谐音而得名。自治县成立前，附近没有村庄城镇。1954年自治县成立时以此为县府驻地。1983年设博罗转井镇。从1954年4月至1995年1月为阿克塞哈萨克族自治县首府。

【红柳湾镇】红柳湾，因村名而得镇名。1995年1月县府迁驻，至今为阿克塞哈萨克族自治县首府。

东乡族自治县

【锁南镇】锁南，因元朝末年吐蕃宣慰使都元帅锁南普居此而得名。因村名而得镇名。原名锁南坝。1950年属锁南区锁南乡。1958年改锁南人民公社。1983年改锁南乡。1984年设锁南镇。从1950年9月至今为东乡族自治县首府。

积石山保安族东乡族撒拉族自治县

【吹麻滩镇】吹麻滩，因元代称驻马滩，后音变而得名。一说因古代荆棘丛生曾出蟒蛇，故名出蟒滩，后谐音而得名。一说因唃厮啰政权时为吹麻城，流传至今。因村名而得镇名。1950年设和平乡。1953年设吹麻滩回族自治区。1958年改吹麻滩人民公社。1974年改吹麻滩区。1983年设吹麻滩镇。从1981年9月至今为积石山保安族东乡族撒拉族自治县首府。

互助土族自治县

【威远镇】威远，因明嘉靖十四年（1535年）筑威远营堡而得名。1955年2月改第八区（威远堡区）。1958年8月改威远镇。1959年5月改城关人民公社。1985年年底改威远镇。从1954年2月至今为互助土族自治县首府。

化隆回族自治县

【巴燕镇】巴燕，因清乾隆年间置巴燕戎格抚番厅而得名。1950年置第一区巴燕市。1952年改第一区巴燕乡。1956年9月改巴燕镇。1958年9月改巴燕公社。1985年改巴燕镇。从1954年3月至今为化隆回族自治县首府。

循化撒拉族自治县

【积石镇】积石，因位于小积石山下而得名。1958年设城关人民公社。1982年改城镇人民公社。1996年改积石镇。从1954年3月至今为循化撒拉族自治县首府。

河南蒙古族自治县

【优干宁镇】优干宁，藏语，意为坐落于泽曲河之阳的古老河滩。因地名而得镇名。1954年县府迁此时还是一片草场。1958年设智后茂乡，后改智后茂人民公社。1961年改智后茂乡。1969年改智后茂人民公社。1984年改智后茂乡。2001年3月改优干宁镇。从1954年10月至今为河南蒙古族自治县首府。

门源回族自治县

【浩门镇】浩门，因位于浩门河畔而得名。始建于清雍正三年（1725年）。1949年属第一区浩门街。1951年与亹丰乡合并改浩门乡。1955年改第一区城关乡。1956年改城关镇。1958年7月属红旗人民公社。1962年设浩门镇。1964年改浩迈人民公社。1984年7月改浩门镇。从1953

年12月至今为门源回族自治县首府。

大通回族土族自治县

【桥头镇】桥头，因在北川河上建桥而得名。1952年设桥头乡。1956年设桥头镇。1957年县府迁此。1958年改五星人民公社，次年更名桥头人民公社。1965年复设桥头镇。从1986年7月至今为大通回族土族自治县首府。

民和回族土族自治县

【川口镇】川口，因位于湟水河与大通河的交汇处而得名。1949年10月改第一区川口镇。1954年10月改上川口镇。1958年8月改红旗人民公社。1959年5月改川口人民公社。1984年5月置川口镇。从1986年6月至今为民和回族土族自治县首府。

巴里坤哈萨克自治县

【巴里坤镇】巴里坤，蒙古语，意为老虎的前爪，以地势险要而得名。1950年5月1日镇西县人民政府成立。1954年1月改称巴里坤县，同年9月30日撤销巴里坤县，成立巴里坤哈萨克自治区。1955年2月改巴里坤哈萨克自治县。因自治县名而得镇名。1950年设城关区。1955年改城关镇。1958年改城关镇人民公社。1984年5月改巴里坤镇。从1954年9月至今为巴里坤哈萨克自治县首府。

塔什库尔干塔吉克自治县

【塔什库尔干镇】塔什库尔干，塔吉克族语，意为“石头城堡”。因城北有古代石砌城堡而得名。1954年9月17日撤销蒲犁县，成立塔什库尔干塔吉克自治区，1955年改为自治县。从1954年9月至今为塔什库尔干塔吉克自治县首府。

木垒哈萨克自治县

【木垒镇】木垒，系匈奴语“蒲类”的转音。一说因位于木垒河畔而得名。1950年3月1日建立木垒河县人民政府，隶属迪化专员公署。1954年7月17日撤销木垒河县，成立木垒哈萨克自治区，1955年改为自治县。因自治县名而得镇名。1956年设木垒镇。1958年改东风人民公社。1984年复改木垒镇。从1954年7月至今为木垒哈萨克自治县首府。

焉耆回族自治县

【焉耆镇】焉耆，由镇名而得县名。1954年3月撤消焉耆县，成立焉耆回族自治区，1955年2月改焉耆回族自治县。1956年复设焉耆镇。从1954年6月至1960年12月为巴音郭楞蒙古自治州首府。从1954年3月至今为焉耆回族自治县首府。

察布查尔锡伯自治县

【察布查尔镇】察布查尔，锡伯语，意为“粮仓”。1950年6月复称宁西县，并成立宁西县人民政府，隶属伊犁专员公署。1954年3月17日撤销宁西县，成立察布查尔锡伯自治县。因自治县名而得镇名。1958年设察布查尔镇。从1954年3月至今为察布查尔锡伯自治县首府。

和布克赛尔蒙古自治县

【和布克赛尔镇】和布克赛尔，蒙古语，因和布克河（意为“梅花鹿”）和赛尔山（意为“马背”）而得名。1950年4月和丰县人民政府成立。1954年9月10日撤销和丰县，成立和布克赛尔蒙古自治区，1955年2月改和布克赛尔蒙古自治县。因自治县名而得镇名。1950年属第一区。1958年属团结人民公社。1978年改莫特格人民公社。1984年设和布克赛尔镇。从1954年9月至今为和布克赛尔蒙古自治县首府。

四、自治旗（3个）

鄂伦春自治旗

【小二沟（今诺敏镇）】小二沟（今诺敏镇），因地理环境而得名。1951年改小二沟。1958年改诺敏人民公社。1984年改诺敏乡。1986年改诺敏镇。从1951年10月31日至1959年1月15日为鄂伦春自治旗人民政府驻地。

【阿里河镇】阿里河，因位于阿里河汇入甘河处而得名。1958年自治旗政府迁此。1969年设阿里河镇。从1959年1月至今为鄂伦春自治旗人民政府驻地。

莫力达瓦达斡尔族自治旗

【尼尔基镇】尼尔基，蒙古语，意为欢腾。原为尼尔基屯。1958年改尼尔基镇。从1958年8月至今为莫力达瓦达斡尔族自治旗首府。

鄂温克族自治旗

【巴彦托海镇】巴彦托海，鄂温克语，意为富裕的河湾 。因位于伊敏河河湾处而得名。原名南屯。1958年改南屯人民公社。1961年改巴彦托海人民公社。1984年改巴彦托海镇。从1958年8月至今为鄂温克族自治旗人民政府驻地。

主要参考书目：

1. 国家民委民族问题五种丛书编委员会编. 民族问题五种丛书：中国少数民族自治地方概况丛书（修订本）. 北京：民族出版社，2009.

2. 中华人民共和国民政部编. 中华人民共和国行政区划简册（2007）. 北京：中国地图出版社，2007.

（秦晋庭　秦江月/供稿）

第一至三届全国少数民族文艺会演

中华人民共和国成立后，少数民族传统文化的保护、继承和发展被列入党和政府工作的重要议事日程，成为社会主义现代化建设事业的重要组成部分。举办展现少数民族风貌的全国少数民族文艺会演，是党和政府为发展繁荣少数民族文化艺术事业而采取的措施之一。全国少数民族文艺会演经国务院批准，由国务院职能部门主办，至2011年已成功举办三届，充分展示了新时期我国少数民族文艺事业的辉煌成就，展示了我国各民族共同团结奋斗、共同繁荣发展的时代精神风貌，展现了全国56个民族欣欣向荣的美好生活情景。

第一届（1980年）

1980年9月20日至10月20日在北京举行。国家民族事务委员会、文化部主办。领导机构为全国少数民族文艺会演领导小组，文化部党组副书记、副部长周巍峙任组长；国家民委副主任杨东生、江平，中宣部副部长贺敬之任副组长。

中共中央统战部部长乌兰夫、全国人大常委会副委员长阿沛·阿旺晋美、政协全国委员会副主席包尔汉等领导出席开、闭幕式。文化部副部长周巍峙宣布会演开幕并致词，国务院副总理杨静仁作重要讲话；闭幕式由国家民委副主任杨东生主持，文化部部长黄镇致词。会演期间，党和国家领导人华国锋、胡耀邦、乌兰夫等接见参演的全体代表和工作人员并合影留念。

会演主要由剧场演出、开幕式和闭幕式大会、党和国家领导同志接见各民族演职员、举办座谈会和学术报告会等项活动构成。56个民族约2000余名专业和业余文艺工作者参演。演出历时一个月，共上演21台剧（节）目，集中展示了我国少数民族音乐、舞蹈、说唱、戏剧艺术的丰富多彩；展示了少数民族艺术创作水平和表演艺术水平的提高；展示了各民族编导、作曲、表演、舞美设计多方面的艺术才华，呈现出我国少数民族艺术百花齐放、欣欣向荣的兴旺景象。来自内蒙古、新疆、广西、宁夏、西藏、云南等17个省、自治区的文艺代表团和中央民族歌舞团参演，会演结束后，又从参演剧（节）目中精选出优秀节目组织4台歌舞和2台戏剧进行公演，共演出108场，观众达16.8万人次。先后召开评论会18次，学术报告会5次，对每台剧（节）目进行评论。会演除安排各参演团互相观摩外，还邀请8个国家的文艺专家专程来京观摩。

本届会演是粉碎“四人帮”、拨乱反正后举行的第一次全国少数民族文艺会演，也是新中国成立31年来规模最大的一次少数民族文艺会演（1964年曾举办过全国少数民族业余文艺会演），充分体现了党和国家对少数民族风情和传统文化的尊重以及对少数民族文艺事业的重视。这次会演作为民族团结的盛会、民族艺术交流的盛会载入新中国的史册，成为新中国文艺发展史上的重要一页。

第二届（2001年）

2001年9月15日至25日在北京举行。国家民族事务委员会、文化部、国家广播电影电视总局、北京市人民政府主办。本届组委会名誉主席由国务委员司马义·艾买提担任，全国人大常委会副委员长布赫、铁木尔·达瓦买提、许嘉璐，全国政协副主席王兆国、阿沛·阿旺晋美、赵南起、白立忱任组委会顾问。组委会主任由中央统战部副部长、国家民委主任李德洙，文化部部长孙家正，中宣部副部长、广电总局局长徐光春，北京市委副书记、市长刘淇担任。

党和国家领导人江泽民、李鹏、李瑞环、胡锦涛、尉健行、李岚清在人民大会堂亲切接见了参加会演的56个民族的2700余名文艺工作者，与他们合影留念，出席开幕式并观看演出。

会演主要由剧场演出、赴基层慰问演出、开幕式晚会、闭幕式暨颁奖晚会、党和国家领导同志接见演职人员和工作人员、对参演剧（节）目进行评奖和研讨等项活动构成。56个民族的3500多名演职员参加会演。来自全国31个省、自治区、直辖市，新疆生产建设兵团、中国人民解放军总政治部、香港、澳门、台湾、中央民族歌舞团、中央民族大学的38个代表团共42台剧（节）目参演，共演出82场，充分展示了各具民族特色、多姿多彩的少数民族艺术。会演期间，组委会组织20个代表团分别到13个基层单位进行13场慰问演出。剧场演出和慰问演出观众总人数达20余万。广西壮族自治区民族歌舞《漓江诗情》等15台剧（节）目获文艺创作金奖、演出金奖、舞美金奖；天津市儿童剧《尼玛·太阳》等12台剧（节）目获创作金奖、演出金奖；福建省歌舞晚会《山哈雅美》等3台剧（节）目获创作金奖、演出银奖；宁夏回族自治区大型歌舞《回之韵》等10台剧（节）目获创作银奖、演出金奖；北京市交响音乐会《雪域风情》获演出金奖。节目一等奖59个、二等奖88个、三等奖97个，优秀演员奖84人，优秀新人奖101人，参加会演的37个代表团和中央民族大学均获得组织奖。

本届会演向全国人民展示了改革开放以来，我国少数民族和民族地区文艺创作和群众文化活动取得的丰硕成果，向世界展示了我国56个民族团结和睦、水乳交融的良好关系，也在一定程度上反映了我国少数民族和民族地区社会安定、经济发展、人民意气风发的大好局面。

第二届全国少数民族文艺会演获奖名单

1. 台剧（节）目奖

创作金奖： 北京市京剧《蔡文姬》、天津市儿童剧《尼玛·太阳》、河北省话剧《圣旅》、山西省话剧《元朝帝师八思巴》、内蒙古自治区民族歌舞《千里草原多秀美》、辽宁省舞蹈诗《满乡情韵》、吉林省大型朝鲜族歌舞《欢腾的长白山》、黑龙江省歌舞《山风·水韵·草原情》、江苏省扬剧《王昭君》、浙江省畲族风情歌舞剧《畲山风》、安徽省现代黄梅戏《回民湾》、福建省歌舞晚会《山哈雅美》、湖北省大型歌舞《春满峡江》、湖南省舞蹈诗《扎花女》、广东省综艺晚会《风从南国来》、广西壮族自治区民族歌舞《漓江诗情》、海南省黎族舞蹈诗《达达瑟》、重庆市民族风情歌舞《太阳出来喜洋洋》、四川省歌舞《七彩天府》、贵州省大型民族歌舞《好花红》、云南省大型民族舞剧《云海丰碑》、云南省大型民族歌舞《彩云南现》、西藏自治区大型西藏乐舞《珠穆朗玛》、西藏自治区新编大型藏戏《文成公主》、陕西省歌剧《张骞》、青海省大型民族歌舞诗《高天厚土》、新疆维吾尔自治区大型民族歌舞《天山欢歌》、新疆维吾尔自治区大型维吾尔族音乐舞蹈史诗《多浪之花》、中国人民解放军大型文艺晚会《我从边疆来》、中央民族大学艺术学院大型鼓乐舞《东方朝阳》、中央民族歌舞团歌舞《多彩的家园——音乐专场》

创作银奖：内蒙古自治区民族曲艺《马背情韵》、上海市大型服饰舞蹈《金舞银饰》、江西省歌舞《映山红的故乡》、山东省综艺晚会《谁不说俺家乡好》、河南省综艺晚会《中原风》、甘肃省歌舞诗《丝路彩虹》、宁夏回族自治区大型回族歌舞《回之韵》、新疆生产建设兵团歌舞《大山绿洲情》、香港澳门歌舞

演出金奖：北京市京剧《蔡文姬》、北京市交响音乐会《雪域风情》、天津市儿童剧《尼玛·太阳》、河北省话剧《圣旅》、内蒙古自治区民族歌舞《千里草原多秀美》、内蒙古自治区民族曲艺《马背情韵》、山西省话剧《元朝帝师八思巴》、辽宁省舞蹈诗《满乡情韵》、吉林省大型朝鲜族歌舞《欢腾的长白山》、黑龙江省歌舞《山风·水韵·草原情》、上海市大型服饰舞蹈《金舞银饰》、江苏省扬剧《王昭君》、浙江省畲族风情歌舞剧《畲山风》、安徽省现代黄梅戏《回民湾》、江西省歌舞《映山红的故乡》、山东省综艺晚会《谁不说俺家乡好》、河南省综艺晚会《中原风》、湖北省大型歌舞《春满峡江》、湖南省舞蹈诗《扎花女》、广西壮族自治区民族歌舞《漓江诗情》、海南省黎族舞蹈诗《达达瑟》、四川省歌舞《七彩天府》、贵州省大型民族歌舞《好花红》、云南省大型民族歌舞《彩云南观》、云南省大型民族舞剧《云海丰碑》、西藏自治区大型西藏乐舞《珠穆朗玛》、西藏自治区新编大型藏戏《文成公主》、陕西省歌剧《张骞》、甘肃省歌舞诗《丝路彩虹》、宁夏回族自治区大型回族歌舞《回之韵》、新疆维吾尔自治区大型民族歌舞《天山欢歌》、新疆维吾尔自治区大型维吾尔族音乐舞蹈史诗《多浪之花》、新疆生产建设兵团歌舞《天山绿洲情》、中国人民解放军大型文艺晚会《我从边疆来》、香港澳门歌舞、中央民族大学艺术学院大型鼓乐舞《东方朝阳》、中央民族歌舞团歌舞《多彩的家园——音乐专场》

演出银奖：福建省歌舞晚会《山哈雅美》、广东省综艺晚会《风从南国来》、重庆市民族风情歌舞《太阳出来喜洋洋》、青海省大型民族歌舞诗《高天厚土》

舞美金奖：北京市京剧《蔡文姬》、河北省话剧《圣旅》、山西省话剧《元朝帝师八师巴》、内蒙古自治区民族歌舞《千里草原多秀美》、吉林省大型朝鲜族歌舞《欢腾的长白山》、江苏省扬剧《王昭君》、湖北省大型歌舞《春满峡江》、广西壮族自治区民族歌舞《漓江诗情》、海南省黎族舞蹈诗《达达瑟》、四川省歌舞《七彩天府》、贵州省大型民族歌舞《好花红》、云南省大型民族舞剧《云海丰碑》、西藏自治区大型西藏乐舞《珠穆朗玛》、陕西省歌剧《张骞》、新疆维吾尔自治区大型民族歌舞《天山欢歌》

2. 单项节目奖

北京市代表团　一等奖：交响素描《洁》；二等奖：交响音画《布达拉宫》、管弦乐《欢歌起舞》、《喜玛拉雅随想》；三等奖：《西藏山歌》、随想曲《藏曲舞》、管弦乐《热巴舞曲》

内蒙古自治区代表团《千里草原多秀美》　一等奖：《飞舞天堂》、《黑骏马》；二等奖：《草原小夜曲》、《马蹄踏响曲》、《太阳鼓》；三等奖：《时代节奏》、《草原人家》、《牛角饰》、《山果熟了》

内蒙古自治区代表团《马背情韵》　一等奖：《安甲的心愿》、《搏克赞》；二等奖：《马背情韵》、《腾飞吧！马背民族》、《闭门迎亲》；三等奖：《情系山河》、陶力《江格尔》、《沙海西行记》

辽宁省代表团　一等奖：《婚礼》、《欢庆》；二等奖：《相恋》、《妞妞》、《摇篮》；三等奖：

《狩猎》、《采参》、《春天》

吉林省代表团　一等奖：《丰年祭》、《长鼓舞》；二等奖：《千里边疆千里歌》、《长白森林是海，我是海鸥》、《老俩口照像》；三等奖：《春雪飘舞送花妮》、《顶水舞》、《天池神韵》、《桔梗谣》

黑龙江省代表团　一等奖：《天鹅之歌》、《草球舞》；二等奖：《嫩江牧歌》、《大山·我生命的根》、《雪鹿》；三等奖：《追春的乌菇日苏拉》、《猎日》、《草原热望》、《树上的摇篮》

浙江省代表团　一等奖：《选种改妆》、《金棵红酿》；二等奖：《春山听樵》、《三戏赤郎》、《山恋水恋》；三等奖：《火歌》、《夏夜比巧》、《彩带情丝》

福建省代表团　一等奖：《惠安女》、《我的家》；二等奖：《丰年庆》、《赶鲜》、《手指舞》；三等奖：《和杵踏歌》、《歌是山哈传家宝》、《畲乡的早晨》

江西省代表团　一等奖：《汉哥·瑶嫂》、《绿满瑶乡》；二等奖：《青花》、《两只鸡》、《禾杠丢打丢》；三等奖：《走出瑶山》、《花朝节到了》、《醉春》、《畲家恋歌》

山东省代表团　一等奖：《沂蒙风情·红磨盘》、《月影流金》；二等奖：《雪莲》、《小山东》、《包楞调》；三等奖：《沂蒙风情·编生活》、《热土欢歌》、《民族同心曲》

河南省代表团　一等奖：《民族团结一家亲》、《黄河的女儿》；二等奖：《天香》、《金秋的祝福》、《打虎上山》（选段）；三等奖：《伟大的中华》、《少林·少林》、《乡情》、《天南地北河南人》

湖北代表团　一等奖：《妹妹要过河》、《土家吊脚楼》；二等奖：《挨到起》、《大迁徙》、《月夜情》；三等奖：《骂媒》、《门神与“小鬼”》、《鄂西土家民歌联唱》、《土家哟嗬歌》

广东省代表团　一等奖：《辣椒嫂戏郎》、《卓玛·卓玛》；二等奖：《畲乡竹韵》、《瑶河向远方》、《织之织》；三等奖：《舞火狗》、《山歌唱出好兆头》、《云端里的鼓声》

广西壮族自治区代表团　一等奖：《歌圩》、《三月三，九月九》；二等奖：《侗家狂欢夜》、《壮族三声部民歌》、《江月》；三等奖：《姑娘不穿鞋》、《瑶山绣》、《烟雨漓江》、《漓江三月》

海南省代表团　一等奖：《山兰女》、《山兰架》；二等奖：《云山恋》、《黎乡夜》、《织彩贝》；三等奖：《牛踩田》、《阿寿婆》、《迎新娘》、《摇篮调》

重庆市代表团　一等奖：《山野小曲》、《土家妹子》；二等奖：《黄杨扁担》、《天老爷快下雨》、《莫比亲亲》；三等奖：《高粱秆节节甜》、《大山脚下》、《西兰卡普》、《太阳出来喜洋洋》

四川省代表团　一等奖：《阿嫫惹妞》、《尔玛姑娘》、《阿惹妞》、《康巴锅庄》；二等奖：《卓嫫》、《凉山的儿子》、《席勒的红裙》；三等奖：《百旺艺人的歌》、《羌魂》、《山之翼》

贵州省代表团　一等奖：《好花红》、《大家笑哈哈》；二等奖：《踩》、《太阳鼓》、《蝉之歌》；三等奖：《喊山》、《阿且朵》、《情姐下河洗衣裳》、《背架》

云南省代表团《彩云南现》　一等奖：《绿色的山水》、《彩色的欢乐》；二等奖：《蓝色的月亮》、《红色的土地》、《云岭的儿女》；三等奖：《开放的云南》

甘肃省代表团　一等奖：《大漠日出》、《红缨帽》；二等奖：《黄河筏歌》、《龙头琴弹唱》、《朵迪锅》；三等奖：《祝福歌》、《山恋·绿梦》、《欢腾的丝路》、《沃庄拉》

青海省代表团　一等奖：《天池梦》、《西海美》；二等奖：《雪山魂》、《高原声》、《三江秀》；三等奖：《土乡情》、《河湟风》

宁夏回族自治区代表团　一等奖：《碰手镯》、《盖碗情思》；二等奖：《剪花花》、《欢乐的塞

上》、《走出金银滩》；三等奖：《响动的情愫》、《白盖头黑眼睛》、《塞上江南沙湖美》、《西部明珠》

新疆维吾尔自治区代表团《天山欢歌》　一等奖：《纳孜尔库姆》、《顶碗舞》；二等奖：《吐鲁番的葡萄熟了》、《爱的旋律》、《新疆之春》、《牧马少年》；三等奖：《铃铛舞》、《美丽》、《喜上眉梢》、《幸福的大道上往前走》

新疆生产建设兵团代表团　一等奖：《掀起你的盖头来》、《大漠胡杨》；二等奖：《响铃飞舞》、《共同的责任》、《新疆兵团亚克西》；三等奖：《情绕帕米尔》、《唱不完草原新气象》、《哈萨克圆舞曲》、《红纱巾》

解放军代表团　一等奖：《酥油飘香》、《漠柳》、《春天的克孜》、《春天的歌》、《最美的还是我们新疆》、《忘不了你，菩萨兵》、《阿吾勒的黄昏》；二等奖：《顶碗舞》、《清泉》、《天山鼓手》、《祥云》、《圆圆的月亮》、《走进吐鲁番》、《亲人送来幸福泉》

香港、澳门代表团　一等奖：《塔里木河的欢乐》、《海之吻》；二等奖：《乘风破浪》、《东叭察》、《摆嘎摆》；三等奖：《彝族火把节之夜》、《龟兹晨曲》、《莫高窟印象》

中央民族大学代表团　一等奖：《云岭飞歌》、《长白祥云》；二等奖：《黄土脊梁》、《天山彩霞》、《草原茫茫》；三等奖：《六月柳》、《铜鼓悠悠》、《高原魂魄》、《萌动》

中央民族歌舞团　一等奖：《合唱》、《蒙古民歌联奏》；二等奖：《美丽的壮锦》、《渔家姑娘在海边》、《丰收》、《阿里郎》；三等奖：《帕米尔的春天》、《迎春谣》、《斗牛》、《翻身农奴把歌唱》

3. 优秀演员奖

北京市代表团：王蓉蓉、杜镇杰《雪域风情》、谭利华《蔡文姬》

天津市代表团：张淑婕、董菁《尼玛·太阳》

河北省代表团：王友来《圣旅》

山西省代表团：张治中、韩福利《元朝帝师八思巴》

内蒙古自治区代表团：乌云桑、乌日根《马背情韵》，娜娜、郭丽茹《千里草原多秀美》

辽宁省代表团：王聪、曾祥慧《满乡情韵》

吉林省代表团：林晶、李明《欢腾的长白山》

黑龙江省代表团：安艳华、崔莲花《山风·水韵·草原情》

上海市代表团：黄豆豆、杨学进《金舞银饰》

江苏省代表团：徐秀芳、侯长荣《王昭君》

浙江省代表团：李健、雷森根《畲山风》

安徽省代表团：李文、余顺《回民湾》

福建省代表团：布多阿森、李静《山哈雅美》

江西省代表团：张翔、李红《映山红的故乡》

山东省代表团：满艳、吴侃《谁不说俺家乡好》

河南省代表团：贾红好、王小岳《中原风》

湖北省代表团：陈春茸、谭绍权《春满峡江》

湖南省代表团：麻晓玲、吴满生《扎花女》

广东省代表团：周崎、萨日娜《风从南国来》

广西壮族自治区代表团：李卫红、王韦《漓江诗情》

海南省代表团：苏和荣、莫青桥《达达瑟》

重庆市代表团：程昌福、王姬《太阳出来喜洋洋》

四川省代表团：阿卓曲玛、泽仁央金《七彩天府》

贵州省代表团：曾涛、王顺利《好花红》

云南省代表团：宗庸卓玛、杨洲《彩云南现》，郭丽娟、杨旭康《云海丰碑》

西藏自治区代表团：格桑卓嘎、次仁卓玛《珠穆朗玛》，巴桑、普穷《文成公主》

陕西省代表团：米东风、安金玉《张骞》

甘肃省代表团：旺钦、肖继元《丝路彩虹》

青海省代表团：才让卓玛、乔宝勒德夫《高天厚土》

宁夏回族自治区代表团：邓星明、陈丽云《回之韵》

新疆维吾尔自治区代表团：居来提·吾斯曼、艾里江·肉孜《多浪之花》，迪丽娜尔、吐尔逊娜依《天山欢歌》

新疆生产建设兵团代表团：查汗、嘎丽娅《天山绿洲情》

香港代表团：帕霞吾曼尔

澳门代表团：余肖蓓

解放军代表团：巴桑、巴哈古丽、夏米力、达列里汗、阿必雅丝、娜依莎《我从边疆来》

中央民族大学艺术学院：张云鹏、万马尖错《东方朝阳》

中央民族歌舞团：曲比阿乌、肉孜阿木提、腾格尔《多彩的家园》

4. 新人奖

河北省代表团：敖晓毅、杨晓光《圣旅》

山西省代表团：赵飞《元朝帝师八思巴》

内蒙古自治区代表团：阿拉塔、吉仁巴雅尔《马背情韵》，哈斯敖登、其其格玛、阿拉腾巴格那《千里草原多秀美》

辽宁省代表团：张子明、赵桐、姜雪《满乡情韵》

吉林省代表团：李花、崔娜、朴杰《欢腾的长白山》

黑龙江省代表团：涂强、杨旭光、索丹妮《山风·水韵·草原情》

上海市代表团：刘霄《金舞银饰》

浙江省代表团：雷艳芳、岩罕勒、叶俊俏《畲山风》

福建省代表团：吴伟庄、黄凰、蓝晓丽《山哈雅美》

江西省代表团：何佳媛、李欣玫、余志坚《映山红的故乡》

山东省代表团：杨海双、杨晶、刘中原《谁不说俺家乡好》

河南省代表团：帖亚楠、贾龙龙、陈娜《中原风》

湖北省代表团：汪艳、杨娟、易杰《春满峡江》

湖南省代表团：石巧玲、秦吉阳、张美玲《扎花女》

广东省代表团：覃燕萍、桂斐、李梦云《风从南国来》

广西壮族自治区代表团：樊青青、蒋剑锋、姜颖《漓江诗情》

海南省代表团：蒲慧珍、胡海兰、邢奎《达达瑟》

重庆市代表团：吴珊、曾婷、代礼波《太阳出来喜洋洋》

四川省代表团：阿勒史干、尼哈、贺富生《七彩天府》

贵州省代表团：杨军、万光伟、杨煦《好花红》

云南省代表团：钱学涛、何好、洪红《彩云南现》，李艳波、吴茜、赵建民《云海丰碑》

西藏自治区代表团：德吉曲珍、普布、加永江村《珠穆朗玛》、贡嘎晋美《文成公主》

陕西省代表团：王卫民《张骞》

甘肃省代表团：胡莎莎、杨成龙、杨瑾《丝路彩虹》

青海省代表团：尖措太、郭娟、格日南加《高天厚土》

宁夏回族自治区代表团：李可可、张涛、于鹏娟《回之韵》

新疆维吾尔自治区代表团：塔依尔·马木提、努尔古纳·吾甫尔、塔依尔·吐尔洪《多浪之花》，阿曼古丽、热娜、贾依娜《天山欢歌》

新疆生产建设兵团代表团：马瑞、阿不力克木、穆叶赛尔、玛依诺尔《天山绿洲情》

香港代表团、澳门代表团：林华庄、陈少钰、林明洁

解放军代表团：杨静林、朱睿、帕尔哈提、赵新宇、乌力雅苏、王铮《我从边疆来》

中央民族大学艺术学院：曹阳、赛娜、薛一村子、王新宇、刘福洋《东方朝阳》

中央民族歌舞团：雷滢、朱以倚、马贤《多彩的家园》

第三届（2006年）

2006年9月5日至25日在北京举行。国家民族事务委员会、文化部、国家广播电影电视总局、北京市人民政府主办。中共中央政治局委员、国务院副总理回良玉担任本届组委会名誉主席，全国人大常委会副委员长司马义·艾买提、热地、乌云其木格，全国政协副主席阿沛·阿旺晋美、帕巴拉·格列朗杰、白立忱、阿不来提·阿不都热西提、李兆焯担任组委会名誉副主席。国家民委主任李德洙、文化部部长孙家正、国家广电总局局长王太华、北京市市长王岐山担任组委会主任。

胡锦涛、温家宝、贾庆林、曾庆红、李长春、罗干等党和国家领导人接见参加会演的演职员代表并观看开幕式演出。

会演规模空前，精品荟萃，特色浓郁。全国28个省、自治区、直辖市（包括港澳台地区和解放军）33个代表团4500余名演职人员参演剧（节）目33台。其中，歌舞21台、舞剧2台、音乐会1台、少数民族戏剧（壮剧）1台、少数民族题材戏曲8台、港澳台代表团共同演出1台。会演共演出75场次，观众达12万余人，剧场观众上座率平均为91%。会演评选出大奖18个，创作金奖6个，表演金奖7个，优秀节目奖76个，优秀演员奖144人，优秀新人奖52人。中央民族歌舞团荣获特别奖，参加会演的33个代表团和中央民族大学、中央民族歌舞团获组织奖。

本届文艺会演以“保护和发展少数民族文化，促进各民族共同繁荣发展”为主题，集中展示我国绚丽多彩的少数民族优秀文化传承、发展、创新的丰硕成果，集中反映我国各族人民平等、团结、互助、和谐的社会主义民族关系和锐意进取、自强不息、爱好和平的精神风貌，集中宣传党的民族政策和民族地区物质文明、政治文明、精神文明建设取得的伟大成果。

第三届全国少数民族文艺会演获奖名单

1. 大奖（18个）

（1）音舞类剧（节）目

西藏自治区代表团歌舞《多彩哈达》、新疆维吾尔自治区代表团歌舞《洒满阳光的新疆》、解放军代表团歌舞《当兵走边关》、云南省代表团歌舞《舞彩云》、江苏省代表团舞剧《红河谷》、内蒙古自治区代表团歌舞《天堂草原》、吉林省代表团歌舞《千年阿里郎》、海南省代表团舞剧《黄道婆》、贵州省代表团歌舞《多彩贵州风》、湖北省代表团歌舞《比兹卡》、上海市代表团交响乐《云贵回响》、湖南省代表团歌舞《我的湘西》、甘肃省代表团歌舞《那山·那水·那云》

（2）戏剧类剧目

广西壮族自治区代表团壮剧《瓦氏夫人》、辽宁省代表团京剧《酒魂》、北京市代表团昆曲《宦门子弟错立身》、山西省代表团晋剧《边城罢剑》、陕西省代表团童话歌舞剧《小小阿凡提》

2. 创作金奖（6个）

浙江省代表团歌舞《畲家谣》、福建省代表团歌舞《畲水高山一样亲》、山东省代表团吕剧《梨花雨》、四川省代表团歌舞《康定情歌》、青海省代表团歌舞《唐蕃古道》、新疆生产建设兵团代表团歌舞《美丽的边疆，我的家》

3. 表演金奖（7个）

天津市代表团少儿歌舞《民族之光》、河北省代表团评剧《达瓦丹珠》、江西省代表团采茶剧《彩练牵，繁荣连》、河南省代表团豫剧《凤山行》、重庆市代表团歌舞《娇阿依》、宁夏回族自治区代表团歌舞《我们宁夏好地方》、香港、澳门、台湾少数民族代表团（组台演出）歌舞《天涯共此时》

4. 优秀节目奖（76个）

（1）天津市代表团

幼儿舞蹈《乖乖羊》、《幼儿民族歌曲联唱》、民族吹打乐《喜庆》、少儿舞蹈《大五福》

（2）内蒙古自治区代表团

蒙古民族器乐组合《安达》、舞蹈《鲁日格勒》、无伴奏合唱《美丽草原我的家》、舞蹈《敖包相会》

（3）吉林省代表团

舞蹈《鼓舞》、舞蹈《扇舞》、舞蹈《瓢雒》、舞蹈《踩岭》

（4）上海市代表团

音乐作品《火把节》、音乐作品《笛子协奏曲“飞歌”》、音乐作品《黔岭素描》、音乐作品《纳西一奇》

（5）浙江省代表团

舞蹈《山水传情》、舞蹈《古窑瓷韵》、舞蹈《铃刀豪气》、舞蹈《生肖戏魑》

（6）福建省代表团

舞蹈《跳足娘》、人偶《人偶婚嫁情》、舞蹈《站在高岗上》、舞蹈《踏竹起舞》

（7）湖北省代表团

舞蹈《摆手舞》、歌舞《吊脚楼》、原生态歌表演《撒尔嗬》、歌舞《龙船调》

(8) 湖南省代表团

舞蹈《毛古斯》、舞蹈《碰碰对》、舞蹈《大摆手·鼓舞》、器乐演奏《打溜子·八哥洗澡》

(9) 重庆市代表团

舞蹈《山里人》、舞蹈《阿卯贺耶》、歌舞《太阳出来歌满坡》、歌舞《妹儿多勤快》

(10) 四川省代表团

歌舞《五色海恋曲》、歌舞《吉祥姑娘》、歌舞《吉祥踢踏》、歌舞《吉祥藏寨》

(11) 贵州省代表团

侗族大歌《蝉之歌》、舞蹈《妈妈歌》、舞蹈《多耶》、舞蹈《邑沙邦约生》

(12) 云南省代表团

舞蹈《跳菜》、舞蹈《孔雀》、海菜腔《金鸟银鸟飞起来》、舞蹈《花倮韵》

(13) 西藏自治区代表团

六弦弹唱《飞弦踏春》、舞蹈《彩铃传情》、舞蹈《飞快舞步》、器乐、舞蹈《乐舞》

(14) 甘肃省代表团

舞蹈《脚户歌》、舞蹈《喝口盖碗心舒坦》、舞蹈《云中度母》、舞蹈《靴子舞》

(15) 青海省代表团

舞蹈《献花舞》、舞蹈《卓》、舞蹈《法鼓舞》、舞蹈《依》

(16) 宁夏回族自治区代表团

女声独唱《美丽宁夏川》、舞蹈《踏脚》、器乐合奏《欢乐的古尔邦》、舞蹈《枸杞红了》

(17) 新疆维吾尔自治区代表团

舞蹈《刀郎麦西来甫》、舞蹈《跳吧》、女声独唱《慕士塔格》、舞蹈《少女的美姿》

(18) 新疆生产建设兵团代表团

舞蹈《夕阳乐舞人》、舞蹈《火焰山下的婚礼》、舞蹈《拓荒人》、表演唱《请到我们家乡来》

(19) 解放军代表团

歌舞《卡德尔大叔的日记》、舞蹈《盛装舞》、舞蹈《阿嘎飞歌》、舞蹈《扎西德勒》

5. 优秀演员奖（144人）

(1) 北京市代表团　昆曲《宦门子弟错立身》　魏春荣　柯军　马宝旺　张卫东（满族）　曹文震

(2) 河北省代表团　评剧《达瓦丹珠》　李素梅　王占东　吴静萍　张要武　田丽媛

(3) 山西省代表团　晋剧《边城罢剑》　李玉成　孙大军　杨小瑞　项晓娟　李蕊

(4) 内蒙古自治区代表团　歌舞《天堂草原》　赵海琴　敖特根巴雅尔（蒙古族）　阿拉泰（蒙古族）　翟玉芬（蒙古族）　安建东（回族）

(5) 辽宁省代表团　京剧《酒魂》　王桂荣　杨占凯（回族）　杨占坤（回族）　杨建中　常怀武（回族）

(6) 吉林省代表团　歌舞《千年阿里郎》　李明（朝鲜族）　朴泰洙（朝鲜族）　金今姬（朝鲜族）　朴延花（朝鲜族）　李美香（朝鲜族）

(7) 上海市代表团　交响乐《云贵回响》　陈燮阳　潘寅林　唐俊乔　黄北星　梁卫

(8) 江苏省代表团　舞剧《红河谷》　刘岩　汪子涵　张珅　孙晓娟　周格特力加（藏族）

(9) 浙江省代表团　歌舞《畲家谣》　沈竹韵　缪来燎　蓝宗菊（畲族）　吴利华　郭福俊

(10) 福建省代表团　歌舞《畲水高山一样亲》　张焕鹏　刘铁英　赵丹　李薇　蔡美娜

(11) 江西省代表团　采茶剧《彩练牵，繁荣连》　李红　卢致苑　杨明生　杨明瑞　薛文莉

(12) 山东省代表团　吕剧《梨花雨》　韩华　荆延国　史萍　崔凯　赵延喜

(13) 河南省代表团　豫剧《凤山行》　虎美玲（回族）　刘昌东　张海龙　耿荣　荆富斌

(14) 湖北省代表团　歌舞《比兹卡》　王盛峰　雷淑敏（土家族）　雷鸣（苗族）　杨芳（土家族）　肖和虎

(15) 湖南省代表团　歌舞《我的湘西》　麻晓玲（苗族）　吴满生（苗族）　刘芳（苗族）　欧阳萱（土家族）　李泽健

(16) 广西壮族自治区代表团　壮剧《瓦氏夫人》　何一文　潘小波（壮族）　唐红友（仫佬族）　黄力勤（壮族）　韦文武（壮族）

(17) 海南省代表团　舞剧《黄道婆》　左延龙　莫青桥　邢奎　陈仁华　刘丹蜜

(18) 重庆市代表团　歌舞《娇阿依》　曾雪　杨婷　颜达希　曲德辉　陈虹颖

(19) 四川省代表团　歌舞《康定情歌》　益呷（藏族）　泽仁友珍（藏族）　刘春梅（藏族）　孟武（藏族）　尼扎（藏族）

(20) 贵州省代表团　歌舞《多彩贵州风》　阿幼朵（苗族）　游妮　张茜　陶媛　张菁（白族）

(21) 云南省代表团　歌舞《舞彩云》　杨洲（壮族）　洪红（拉祜族）　和金花（纳西族）　李怀秀（彝族）　钱学涛（彝族）

(22) 西藏自治区代表团　歌舞《多彩哈达》　德西美朵（藏族）　格桑曲珍（藏族）　罗玉珍（藏族）　丹增（藏族）　加永江措（藏族）

(23) 陕西省代表团　童话歌舞剧《小小阿凡提》　李思源　王丽虹　呼少荣　魏彩琴　张燕萍

(24) 甘肃省代表团　歌舞《那山·那水·那云》　久麦道吉（藏族）　安建华（裕固族）　巴特尔（蒙古族）　朝露蒙（蒙古族）　周晓平（藏族）

(25) 青海省代表团　歌舞《唐蕃古道》　洛桑嘉木措（藏族）　郭娟（回族）　索南达尔吉（蒙古族）　才忠吉（藏族）　吴宝勇

(26) 宁夏回族自治区代表团　歌舞《我们宁夏好地方》　赵云台（回族）　邓星明　孙立军（回族）　张涛（回族）　于鹏娟

(27) 新疆维吾尔自治区代表团　歌舞《洒满阳光的新疆》　迪丽娜尔·阿布拉（维吾尔族）　吐尔逊娜依·依不拉音江（维吾尔族）　加衣那尔·斯马胡力（哈萨克族）　木尼拉·阿不都克力木（维吾尔族）　古丽巴哈尔·吐尔逊（维吾尔族）

(28) 新疆生产建设兵团代表团　歌舞《美丽的边疆，我的家》　李莉艾孜买提江·艾海提（维吾尔族）　苏云都克·柯里西（柯尔克孜族）　卡美力（维吾尔族）

(29) 解放军代表团　歌舞《当兵走边关》　夏米力（乌孜别克族）　巴桑（藏族）　乌兰红梅（蒙古族）　达列里汗（维吾尔族）　巴哈尔古丽（维吾尔族）

6. 优秀新人奖（52人）

（1）北京市代表团　昆曲《宦门子弟错立身》　张森　李欣

（2）山西省代表团　晋剧《边城罢剑》　高永正　苏玉生

（3）内蒙古自治区代表团　歌舞《天堂草原》　那日苏（蒙古族）　朱红

（4）吉林省代表团　歌舞《千年阿里郎》　韩美花（朝鲜族）　崔磊（朝鲜族）

（5）江苏省代表团　舞剧《红河谷》　潘艳　徐海瑞

（6）浙江省代表团　歌舞《畲家谣》　王瑛　张国民

（7）福建省代表团　歌舞《畲水高山一样亲》　林鸿雁　黄煌

（8）江西省代表团　采茶剧《彩练牵，繁荣连》　杨俊　张强

（9）山东省代表团　吕剧《梨花雨》　宋娜娜　姚洁

（10）河南省代表团　豫剧《凤山行》　陶晓燕　连德志

（11）湖北省代表团　歌舞《比兹卡》　薛虎伟　刘佳（土家族）

（12）湖南省代表团　歌舞《我的湘西》　陈承　罗吉洲（土家族）

（13）广西壮族自治区代表团　壮剧《瓦氏夫人》　杨丹华　莫丰华（壮族）

（14）海南省代表团　舞剧《黄道婆》　张玉　陈彤雨

（15）重庆市代表团　歌舞《娇阿依》　尚晶　徐立

（16）四川省代表团　歌舞《康定情歌》　刘倩（羌族）　仁志丹（藏族）

（17）贵州省代表团　歌舞《多彩贵州风》　余大胜（苗族）　韦莹宇（水族）

（18）云南省代表团　歌舞《舞彩云》　罗霞（彝族）　谢军（回族）

（19）西藏自治区代表团　歌舞《多彩哈达》　罗珍（藏族）　次仁央宗（藏族）

（20）陕西省代表团　童话歌舞剧《小小阿凡提》　李波　王贞贞

（21）甘肃省代表团　歌舞《那山·那水·那云》　杨晓洁　白玉婷

（22）青海省代表团　歌舞《唐蕃古道》　才让三智（藏族）　更松求忠（藏族）

（23）宁夏回族自治区代表团　歌舞《我们宁夏好地方》　王雪　文小超

（24）新疆维吾尔自治区代表团　歌舞《洒满阳光的新疆》　马依热·艾买提江（维吾尔族）　古力加娜提·沙塔尔（维吾尔族）

（25）新疆生产建设兵团代表团　歌舞《美丽的边疆，我的家》　古丽尼格拉·库都斯（维吾尔族）　克尤尔江（维吾尔族）

（26）解放军代表团　歌舞《当兵走边关》　阿必雅丝（蒙古族）　马利卓玛（藏族）

7. 特别奖（2个）

（1）中央民族歌舞团　开幕式晚会《和谐中华》

（2）中央民族歌舞团　闭幕式暨颁奖晚会《盛世情怀》

8. 组织奖（35个）

北京市代表团、天津市代表团、河北省代表团、山西省代表团、内蒙古自治区代表团、辽宁省代表团、吉林省代表团、上海市代表团、江苏省代表团、浙江省代表团、福建省代表团、江西省代表团、山东省代表团、河南省代表团、湖北省代表团、湖南省代表团、广西壮族自治区代表团、海南省代表团、重庆市代表团、四川省代表团、贵州省代表团、云南省代表团、西藏自治区代表团、陕西省代表团、甘肃省代表团、青海省代表团、宁夏回族自治区代表团、新

疆维吾尔自治区代表团、新疆生产建设兵团代表团、解放军总政治部宣传部、香港代表团、澳门代表团、台湾少数民族代表团、中央民族大学、中央民族歌舞团

主要参考书目：

1. 中共中央党史研究室科研管理部、国家民委民族问题研究中心编. 中国共产党民族工作历史经验研究（下）. 北京：中共党史出版社，2009.

2. 中国民族年鉴社编. 中国民族年鉴（2002卷、2007卷）.

（卢晓华　穆慧贤/供稿）

第一至五届全国少数民族题材电视艺术骏马奖

“全国少数民族题材电影电视艺术骏马奖”是党和国家为繁荣发展少数民族文化影视艺术事业而设立的唯一的政府奖，由国家民族事务委员会、广播电影电视总局、文化部、中国文联主办，旨在弘扬少数民族文化，加强各民族的文化交流，鼓励和促进少数民族电影、电视事业的繁荣和发展。自1986年开始，“骏马奖”隔年举办一届，对于发展和表彰优秀的少数民族题材的影视作品，鼓励和鼓舞影视工作者积极投入少数民族题材的创作，产生了非常重要的推动作用。因电影艺术骏马奖是1993年后评选的，故本书仅收录1994年以前电视艺术骏马奖的五届获奖名单。

第一届获奖名单（1986年）

电视连续剧：

一等奖 《山林的雾》内蒙古电视台

二等奖 《达瓦卓玛》西藏电视台 《段老五家事》云南电视台 《红配蓝》山西电视台

三等奖 《蘑菇的故事》贵州电视台 《小活佛》内蒙古电视台 《音德尔牧歌》甘肃电视台 《木鱼石的传说》辽宁电视台

电视艺术片：

一等奖 《天山交响曲》新疆电视台

二等奖 《凤凰城情思》宁夏电视台

三等奖 《好花红》贵州电视台 《祝福你孔雀之乡》云南电视台

团结奖 《赫哲族婚礼》黑龙江电视台 《拜年》吉林电视台 《侗族走寨歌》广西电视台 《大西北放歌》陕西电视台

第二届获奖名单（1987～1988年）

电视连续剧：

最佳奖 《努尔哈赤》中国电视剧制作中心 沈阳市文联 中国新闻社

一等奖 《葫芦信》云南电视台

二等奖 《醉乡》湖南电视台 《黄敬斋》内蒙古电视台 《荒唐王爷》吉林电视台

团结奖 《石达开》广西电视台

电视单本剧：

一等奖 《果园》新疆电视台

二等奖 《西热图的传说》中国电视剧制作中心 《野玫瑰与黑郡主》云南电视台

三等奖 《最后一盘水磨》青海电视台 《蒲公英》延边电视台

团结奖 《他们的地平线》西藏电视台 《牛角在半夜吹响》成都广播电视艺术团成都音乐舞剧院电视剧制作中心

儿童电视艺术片：

一等奖 《雨林中的孩子》云南电视台

二等奖 《马头琴的传说》(木偶剧）内蒙古电视台 《我们的老师》延边电视台

三等奖 《桥》新疆电视台

电视纪录片：

最佳奖 《春漫瑶山》湖南电视台

一等奖 《广西纪胜》广西电视台

二等奖 《鄂尔多斯婚礼》伊克昭电视台

三等奖 《抓喜秀龙赛马会》甘肃电视台 《高原上的杜鹃花》云南电视台 《色彩之塔》贵州电视台

团结奖 《畲乡风情》浙江丽水电视台

电视艺术片：

最佳奖 《西部畅想曲》新疆电视台

一等奖 《家乡啊我心中的童话》宁夏电视台

二等奖 《欢乐的古尔邦节》新疆电视台 《雪山金凤凰》云南电视台

三等奖 《伊犁小白杨》新疆电视台 《欢笑的金达莱》延边电视台

第三届获奖名单（1989～1990年）

电视连续剧：

一等奖 《冼夫人》武汉电视台 武汉电视艺术中心

二等奖 《王昭君》湖北电视剧制作中心 内蒙古电视台 《绿风》广西军区政治部 广西电视台 广西军队转业干部安置工作小组

三等奖 《被劫持的逃犯》新疆电视台 喀什地区政法委员会 新疆维吾尔自治区公安厅《鲜卑骄子》山西大同市文化局 山东电视台 山东电影电视剧制作中心 《肋巴佛传奇》甘肃电视台

团结奖 《沙漠王子》上海电视台 乌鲁木齐电视台

电视单本剧：

一等奖《五朵金花的儿女》云南电视台 大理电视台

二等奖《沙柳和它的影子》鄂托克旗人民政府 内蒙古电视台 《山丹丹花开》宁夏广播电视报 宁夏电视台

三等奖《奇妙的婚礼》新疆电视台 新疆计划生育委员会 贵州电视剧制作中心 《侗女贝仙》贵州电视剧制作中心 《白鹰》新疆电视台

团结奖《坊上人》陕西省电视台 陕西省人民政府 《瓦氏夫人》广西电影厂 广西区壮剧团 《末代苗王》广西音像出版社

儿童电视艺术片：

一等奖（空缺）

二等奖《我爱冰雪亮晶晶》中国社会福利教科文内蒙古中心 内蒙古电视台 《阿花姑娘》广西电影厂电视部 广西艺术学校

三等奖《阿依古丽寻访记》新疆电视台 新疆青少年科技中心 《萨拉姆》《古尔邦节》新疆电视台

团结奖《朝鲜族儿童过春节》延边电视台 《愉快的假日》湖南湘西州电视台 吉首市教委 《飞吧！草原小百灵》内蒙古电视台 《一封信》内蒙古电视台 《藏族儿童和香浪节》内蒙古电视台 《五色梦》广西电视台

电视纪录片：

一等奖《丝路乐舞》新疆电视台

二等奖《远离草原的蒙古族》云南电视台 《力的较量》内蒙古电视台

三等奖《羌族》四川省民族事务委员会 阿坝藏族羌族自治州人民政府 阿坝电视台 《中国瑶族》中央电视台 广西电视台

团结奖《图腾在乡民心中》浙江电视台对外部 《寻古探胜伊通州》吉林省四平市民委 伊通县人民政府 四平市对台宣传办公室 四平市外事办公室 四平市侨务办公室 四平市环境保护局 四平市电视台 《甘南西藏区纪行》甘南州文化局 甘肃电视台 《中国黎族》广东电视台 《西水清江育土家》（第2集）中央电视台社教部 《湘西苗族风情》（第1、2集）湖南湘西州电视台 《勒勒车的沉思》内蒙古哲里木电视台 《山楂树》新疆电视台 《长城风情录》（序集、第5集）北京电视台 天津电视台 甘肃电视台 内蒙古电视台 新疆电视台 《桂林三月三》广西艺术研究所 广西艺术声像制作部 《庭院处处花飘香》新疆喀什电视台 《乡土、乡音、乡情》延边州人民政府 吉林电视台 《云南民族风采》云南电视台 《马背上的民族——中国蒙古族》中央电视台

电视艺术片：

一等奖《丝绸之乡诺肉孜》新疆电视台 新疆和田地区行署

二等奖《天隅一方》新疆军区文工团 乌鲁木齐电视台 《奔向同一个未来》云南玉溪卷

烟厂　云南电视台

三等奖　《吉祥歌舞》西藏电视台　《唱诗》广西电视台

团结奖　西部之声《火把情诗》第16集　四川电视台　《民族之光》湖南省民委　湖南电视台　《故乡的春天》延边电视台　《壮乡春色》中央电视台　广西青年音像录制中心　《深深眷恋的草原》内蒙古电视台　《赛那！鄂尔多斯》内蒙古鄂尔多斯电视台

电视译制片：

优秀奖

维吾尔语：《红楼梦》新疆电视剧译制中心《动物王国窃案》新疆电视剧译制中心

蒙古语：《高山下的花环》内蒙古电视台　《红楼梦》内蒙古电视台

藏　语：《父与子》西藏电视台　《遥远的纽约》西藏电视台　《南来的风》青海电视台

朝鲜语：《阿信》延边电视台

哈萨克语：《西游记》新疆伊犁电视台

团结奖

《被判死刑的女人》新疆喀什电视台　《雪域的怀念》西藏电视台　《深切怀念班禅大师委员长》中央电视台

第四届获奖名单（1991～1992年）

电视连续剧：

一等奖　《爱河流淌着一支歌》湖南电视台电视剧制作中心　《中国有条红水河》广西区电力局　银荔集团　广西电视台　广西电影制作厂

二等奖　《黑土》中央电视台　黑龙江省电影电视剧制作中心　《潘曼》广西罗城仫佬族自治县人民政府　广西电视台电视剧制作中心　《红男绿女》广西电影制片厂电视部　广西邕宁县委　广西邕宁县人民政府　广西区糖业公司　中国影协广西分会

三等奖　《牛肉面的故事》兰州电视剧制作中心　中央电视台影视部　《二月天》贵州省电视剧制作中心　《血色王冠》云南电视台　《京江祭》内蒙古电视台　政协镇江委员会

团结奖

《赛典赤在云南》云南电视台　云南省昆明民族电视剧制作部　中共云南省昭通地委　云南省玉溪地区行署　云南省曲靖地区行署　云南省红河州政府　云南省大理州政府　云南省昆明市政府　《燃烧的冰雪》天山电影制片厂　新疆昌吉回族自治州　《劫后余生》安徽电影制片厂　安徽省地震局　云南省地震局　安徽省纺织服务公司　《土家第一军》长阳土家族自治县人民政府　湖北电视台　《天梯歌侣》空政话剧团　《孤堡》青海电视台　《山子瑶》桂林电视台

电视单本剧：

一等奖　《愤怒的白鬃马》山东电视台　山东省电影电视制作中心

二等奖 《天神不怪罪的人》呼伦贝尔电视台 鄂伦春自治旗人民政府 中国电视剧制作中心 《山魂》湖北省宜昌地委摄制组 宜昌地区文联电视艺术部 深圳大学影视专业组

三等奖 《多情的瑶山》广东电视台电视剧制作中心 《寻找天边的人》广西区党委组织部 广西电视台电视剧制作中心 《故乡的独弦琴》广西电视台电视剧制作中心 《水之祭——泼水节的传说》云南德宏傣族景颇族自治州人民政府 上海电视台 《相爱无期》新疆电影家协会影视制作中心

团结奖 《在山那边》新疆电视台 《藏边深处》西藏电视台 《第二个秋天》新疆保险公司乌鲁木齐市中心分公司 天山电影制片厂 《山道情》柳州电视台

儿童电视片：

一等奖 《初涉尘世》（4集）广西电视台电视剧制作中心 中央电视台影视部

二等奖 《金色的晨光》天津电视台 《爱是春天的别名》天山电影制片厂 新疆维吾尔自治区妇女联合会

三等奖 《天籁》南宁电视台 广西第一安装公司 《瀑布边的布依娃》贵州省电视剧制作中心 贵州省城乡建设环境保护厅 《各族儿童心向党》新疆电视台 新疆维吾尔自治区妇联

团结奖 《蓓蕾艺术舞台》延边电视台 《远方的课堂》南京电视台 西藏电视台 常州文化局 《小巷里的阿里木》新疆维吾尔自治区妇联 新疆电视台 《阳光下的童声》内蒙古电视台

电视纪录片：

一等奖 《丝路乐舞》新疆电视台

二等奖 《远离草原的蒙古族》云南电视台 《力的较量》内蒙古电视台

三等奖 《羌族》四川省民族事务委员会 阿坝藏族羌族自治州人民政府 阿坝电视台 《中国瑶族》中央电视台 广西电视台

团结奖 《图腾在乡民心中》浙江电视台对外部 《寻古探胜伊通州》吉林省四平市民委 伊通县人民政府 四平市对台宣传办公室四平市外事办公室 四平市侨务办公室 四平市环境保护局 四平市电视台 《甘南西藏区纪行》甘南州文化局 甘肃电视台 《中国黎族》广东电视台 《西水清江育土家》（第2集）中央电视台社教部 《湘西苗族风情》（第1、2集）湖南湘西州电视台 《勒勒车的沉思》内蒙古哲里木电视台 《山楂树》新疆电视台 《长城风情录》（序集、第5集）北京电视台 天津电视台 甘肃电视台 内蒙古电视台 新疆电视台 《桂林三月三》广西艺术研究所 广西艺术声像制作部 《庭院处处花飘香》新疆喀什电视台 《乡土、乡音、乡情》延边州人民政府 吉林电视台 《云南民族风采》云南电视台 《马背上的民族——中国蒙古族》中央电视台

电视艺术片：

一等奖 《伊犁河畔的麦希来甫》新疆伊犁地区行署 新疆电视台

二等奖 《河湟春》青海电视台 《骆越风》广西电视台

三等奖 《瀚海清》海口电视台 新疆电视台 《五彩川恋歌》宁夏电视台 《太阳·大山·

人》中共湖南省吉首市委　湖南吉首市人民政府　湖南湘西自治州电视台

特别奖《西部之声》四川电视台等（西部集团）　《西部之舞》四川电视台等（西部集团）　《班禅东行》河北省承德话剧团

团结奖《大山·女人·魂》湖南电视台　《美人松》延边电视台　《火龙》广西电视台

电视译制片（排名不分先后）：

《济公外传》青海电视台　《铁人》新疆伊犁广播电视局译制部　《镢铲·女人·井》新疆伊犁广播电视局　《渴望》内蒙古电视台　《篱笆·女人和狗》内蒙古电视台　《渴望》延边电视台　《花都梦》西藏电视台　《致命的同伴》西藏电视台　《胡知县别传》广西电视台电视剧制作中心　《父女之间》新疆喀什电视台　《爱的传说》新疆喀什电视台　《狐狸送葡萄》新疆喀什电视台　《奴里》新疆喀什电视台　《围城》新疆电视台　《寻找格兰特船长》新疆电视台　《C15行动》新疆电视台　《末代皇帝》新疆电视台

电视专题片：

一等奖《藏历新年》西藏电视台　《苗族斗马节》桂林电视台

二等奖《绿原》新疆伊犁电视台　《爱的绿洲》云南电视台　云南西双版纳电视台

三等奖《虎啸清江——纤夫》湖北电视台　鄂西电视台　《八桂风谣——板鞋土风》广西音像出版社　《赫哲人的大江》黑龙江电视台　《不老的青山》贵州电视台

团结奖《桂北民间建筑》桂林市规划管理局　广西电视台　《多彩的玉树》青海电视台《裕固人》兰州电影制片厂　《土家生死恋》长龙影视联合公司　湖北省台湾事务办公室　《瑶山的儿子》广西公安厅　《关东三大怪》通化电视台　《在湖南的维吾尔族人》新疆电视台《市场启示》宁夏电视台

单项奖：

优秀编剧奖　石煌远　电视剧《爱河流淌着一支歌》编剧

优秀导演奖　胡尔西旦　吾买尔　电视艺术片《伊犁河畔的麦希来甫》导演

优秀演员奖　言兴朋　戏曲电视剧《曹雪芹》中曹雪芹的饰演者

第五届获奖名单（1993～1994年）

电视连续剧：

一等奖《马本斋》河北电影制片厂　中央电视台影视部　《雪震》成都军区政治部电视艺术中心　中央电视台影视部

二等奖《乌兰夫》内蒙古电视台　《阿惠》云南电视台　红河州人民政府　《走进香巴拉》兰州电影制片厂　中央电视台影视部

三等奖《悠悠远乡情》新疆电视台电视制片中心　《阿拉善亲王》阿拉善电视台　内蒙古电影制片厂　《情系秀吉滩》中央电视台影视部　青海电视台　青海省畜牧厅　《遥远的驿

站》北京电影制片厂电视部　内蒙古自治区邮电管理局　内蒙古自治区哲里木盟邮电局　中国邮电工会内蒙古自治区委员会

提名奖　《竹楼情》成都军区政治部电视艺术制作中心　安徽电视台　《火把寨》中国电视剧制作中心　玉溪地区电视台　玉溪电视台

电视单本剧：

一等奖　《康巴汉子》四川电视台　西藏银峰发展公司　西藏戏剧家协会

二等奖　《小镇上的女人》广西桂林电视台　桂林市卫生局　《康定童话》四川电视台　中央电视台

三等奖　《心在呼唤》潇湘电影制片厂　《眼泪是甜的》新疆兵团电视录制中心　新疆乌鲁木齐电视台　《呼唤白唇鹿》兰州电视剧制作中心

儿童电视片：

一等奖（空缺）

二等奖　《草原上的家》四川电视台

三等奖　《多彩的一天》内蒙古电视台　《草原小男子汉》新疆电视台

提名奖　《小鸭、天鹅、练功房》吉林市电视台　《深情》四川电视台专题部

电视专题片：

一等奖　《凉山扶贫越温大特写——攻坚》凉山电视台　《悠悠笈笈草——中国俄罗斯族》新兴国际文化发展公司　乌鲁木齐市委宣传部

二等奖　《十世班禅大师灵塔释颂南捷》西藏电视台　《多情的额尔古纳河》山东电视台　《边寨傣家》云南电视台　《中国彝族风情》（下集）四川电视台　凉山州电视台　长龙影视联合公司

三等奖　《大山情》辽宁省司法厅　抚顺市环保局　《阳朔毓秀》广西桂林电视台　《咱百姓的好支书》天水电视台社教部　天水市委组织部　《高原护线人》中共甘孜州委组织部党员电教中心　《龙江风情录：乌苏里·赫哲》黑龙江电视台　《不了情》上海东方电视台

提名奖　《月是故乡明》甘肃电视台　《中国东乡族》甘肃省民委　甘肃黄土地影视制作中心　《为了履行入党誓言》天水电视台　天水市委宣传部　《藏族赛马节》青海电视台藏语部　《孩子，你不再流浪》新疆电视台　《妙笔丹青维吾尔人》新疆天山电视台　《驯鹰散记》内蒙古电视台　《深山排瑶》（上集）广东电视台　《土家人》（第二集：好歌要对山歌王）湖南电视台　《中国第一自治州——延边》延边电视台　《果香时节访盐源》四川省广播电视厅总编室　《神山圣湖》四川省电视台　西藏电视台　《走出草原》四川省对国外藏胞工作办公室　红原县政府　《雪域康巴的神韵》甘孜州电视台

电视艺术片：

一等奖　《十二木卡姆》新疆木卡姆研究会　维吾尔古典研究会基金会　新疆电视台

二等奖　《东西南北中》（第12期）中央电视台　海南电视台　新疆电视台　《侗乡桥韵》

湖南省民委　湖南冷气实业公司

三等奖　《吐鲁番的葡萄熟了》天津电视台　新疆电视台　吐鲁番市委、市政府　《瑶山风韵》广西电视台文艺部　《高山风情》福建电视台

提名奖　《这里并不遥远》恩施州民委　鄂西电视台　《情洒扎溪卡》甘孜州电视台　《走向辉煌》松原电视台　《“同一时空”94南北春节特别节目》南宁电视台　《情漫五彩川》宁夏电视台　《心籁》内蒙古电视台

电视译制片优秀奖：

维吾尔语：《渴望》《杨乃武与小白菜》《宋庆龄和她的姐妹们》新疆电视台选送　《女人不是月亮》和田广播电视台（局）选送　《诽谤》喀什广播电视局选送

哈萨克语：《少年毛泽东》《杨乃武与小白菜》新疆电视台选送　《杨家将》（连续剧）伊犁广播电视局选送

蒙古语：《赵尚志》《末代皇帝》《杨乃武与小白菜》《安娜·卡列尼娜》内蒙古电视台选送

藏　语：《根》《少年毛泽东》西藏电视台选送　《封神榜》青海电影译制厂选送

朝鲜语：《很久很久以前……》通化电视台选送　《篱笆·女人和狗》延边电视台选送

单项奖：

优秀编剧奖　舒崇福　都爱国　电视连续剧《雪震》中的编剧

优秀导演奖（空缺）

优秀演员奖　马树超　电视连续剧《马本斋》中扮演马本斋的演员

主要参考书目：

中国民族年鉴社编. 中国民族年鉴（2003卷）.

（卢晓华　穆慧贤/供稿）

第一至五届全国少数民族文学创作奖

全国少数民族文学创作奖（现称“全国少数民族文学创作‘骏马奖’”），是由国家民委、中国作协共同主办的国家级文学奖项。这一奖项的设立，体现了党的民族政策，体现了中华各民族的大团结，体现了各民族文学交流互补、共同繁荣的盛世气象，对我国的改革开放和祖国的统一发挥着积极的推动作用。自1981年开始，全国少数民族文学创作奖每三年评选一次，设有长篇小说集，中篇小说集，短篇小说集，诗集，散文集，报告文学集，评论、理论集，翻译，新人新作等奖项。为贯彻“少而精”的原则，本奖项每届评奖的获奖作品，以不超过20篇（部）为宜。

第一届（1976～1980年）

荣誉奖：

短篇小说

《不称心的姐夫》关庚寅（满族） 《骑手为什么歌唱母亲》张承志（回族） 《愿你听到这支歌》李陀（达斡尔族） 《空谷兰》张长（白族） 《努尔曼老汉和猎狗巴力斯》艾克拜尔·米吉提（哈萨克族） 《活佛的故事》玛拉沁夫（蒙古族） 《美与丑》益希卓玛（藏族）

中篇小说

《甜甜的刺莓》孙健忠（土家族）

报告文学

《为了周总理的嘱托》穆青（回族）

儿童文学

《帮助》（诗） 吐尔逊买买提（维吾尔族） 《兔兄弟》（剧本） 沙叶新等（回族）

获奖作品：

长篇小说集

《瀑布》陆地（壮族） 《巨变》乌拉孜罕·阿合买提（哈萨克族） 《幸存的人》益希单增（藏族） 《骑兵之歌》敖德斯尔 斯琴高娃（蒙古族） 《淮海大战》寒风（满族） 《格桑梅朵》降边嘉措（藏族） 《战斗的年代》柯尤慕·图乐迪（维吾尔族）

中篇小说

《阿勒克足球》张承志（回族） 《闺中悲事》金容植（朝鲜族） 《槟榔盒》农穆等（壮族） 《争执》巩盖·木哈江（哈萨克族） 《侗家人》滕树嵩（侗族）

短篇小说

《希望的绿叶》张长（白族） 《蛮人小传》李惠文（满族） 《一个担架兵的经历》李乔（彝族） 《留在记忆里的故事》孙健忠（土家族） 《压在心底的话》郑世峰（朝鲜族） 《节

日回到布依寨》罗国凡（布依族）《瞧啊，那片绿叶》乌热尔图（鄂温克族）《八月》邵长青（满族）《战友》苗林（苗族）《紫花与红叶》关沫南（满族）《彩霞》林元春（朝鲜族）《娘伴》谭覃（侗族）《夜走红泥岭》李英敏（京族）《回民代表》马连义（回族）《刀朗青年》祖·沙比尔（维吾尔族）《春雪》伊·布拉固德（蒙古族）《绿色的箭囊》伍略（苗族）《山路崎岖》普飞（彝族）《花园里的风波》班觉（藏族）《母爱》莫·阿斯尔（蒙古族）《遮荫树》苏晓星（彝族）《谁的过错》岳坚（景颇族）《齐毛太》多杰才旦（藏族）《永远吃香的人》雷德和等（畲族）

长诗

《喀什之夜》吾铁库尔（维吾尔族）《她的梦幻与现实》库尔班阿里（哈萨克族）《大黑天神》晓雪（白族）《凤凰歌》韦其麟（壮族）《米拉尕黑》汪玉良（东乡族）《晨星传》金哲（朝鲜族）《雪山风暴》汪承栋（土家族）《格拉茨姆》戈阿干（纳西族）《从马尾弦上流下来的歌》戈非（满族）《说吧，长白山》金成辉（朝鲜族）《莲花滩》王世兴（回族）《孤胆英雄颂》康朗亮（傣族）《群星的故乡》阿尔斯兰（维吾尔族）《献给叶子的歌》敖力玛斯荣（蒙古族）《真挚的爱情》穆·萨迪克（维吾尔族）《西迁之歌》管忠才（锡伯族）《一个奇幻的梦》端智嘉（藏族）

短诗

《命运之马》巴·布林贝赫（蒙古族）《捧送阳光的人》伊丹才让（藏族）《爱情篇》铁依甫江（维吾尔族）《长在屋檐上的瓜秧》颜家文（土家族）《随感》克里木·霍加（维吾尔族）《彩石》查干（蒙古族）《喳曲的传说》格桑多杰（藏族）《心的叮咛》艾里坎木·艾合坦木（维吾尔族）《楠木的呼声》岩峰（傣族）《太阳的女儿》苏赫巴鲁（蒙古族）《歌的家乡》黄钟警（侗族）《致诗人》高深（回族）《棘叶集》饶阶巴桑（藏族）《我们女英雄的一对眼睛》黄青（壮族）《心歌》胡昭（满族）《北陆抒怀》任晓远（朝鲜族）《剪禾把》莫义明（瑶族）《在春天的梦乡里》马自祥（东乡族）《泼水节之歌》庄相（傣族）《台湾一定要回归祖国》陈连生（高山族）《山乡园丁组歌》莎红（壮族）《冬季的高原》恰白·次旦平措（藏族）《向牧马人敬礼》阿曼吐尔·巴依扎克（柯尔克孜族）《花的世界》那家伦（白族）《百岁老人》罗汛河（布依族）《写在弹坑上》李甜芬（壮族）《您终于来啦》沙蕾（回族）《闪烁的明珠》陈学明（佤族）《草原珍珠》博·敖斯尔（蒙古族）《纪念碑》吾马尔哈孜·艾坦（哈萨克族）《摔跤手赞》加·巴图那生（蒙古族）《苗家董存瑞之歌》潘俊龄（苗族）《金麦黄熟了》韦革新（彝族）《怒江架金桥》祝发青（傈僳族）《春色满壮乡》包玉堂（仫佬族）《祖国哺育了我》乌苏满江（维吾尔族）《拥抱吧，他是你的父亲》买买提艾利·祖农（维吾尔族）《啊，泸沽湖》何顺明（普米族）《月夜》泰来提·纳赛尔（乌孜别克族）《情歌对唱》扎约（拉祜族）《帕尔尔的欢乐》木尼·塔比勒迪（塔吉克族）《独龙桥》阿柏（独龙族）

散文

《刻在记忆的石壁上》蔡测海（土家族）《煎饼花儿》马瑞芳（回族）《血染的借条》马犁（回族）《金马驹的嘶鸣》苏尔塔拉图（蒙古族）《玉龙春色》杨苏光（纳西族）《初春的早晨》杨苏（白族）《蹄花》黄福林（壮族）《老虎坳》杨明渊（苗族）《哈大妈的盖碗子》丁一波（回族）《年饭》陈毓珍（黎族）《羌寨椒林》朱大录（羌族）《妞妞和她的月

琴》阿良子者（彝族）《茶山新曲》朗确（哈尼族）《土壤和花朵》岩香兰（布朗族）

儿童文学

《你知道吗?》拉希扎布（蒙古族）《"佐罗"的一场争吵》胡奇（回族）《"咕咚"来了》马瑞麟（回族）《竹哨》石太瑞（苗族）《长白少年》柳元武（朝鲜族）《清溪河的娃娃鱼》周文光（土家族）《塞夫》云大健（蒙古族）《小哥弟闹春》熊正国（彝族）

报告文学

《足迹》孟和博彦（达斡尔族）《她的心》韦明波（壮族）《傅连璋传》穆静（满族）

电影文学

《祖国啊！母亲》玛拉沁夫（蒙古族）《甜蜜的事业》周民震（壮族）《阿丽玛》云照光（蒙古族）《车水马龙》赵大年（满族）

剧本

《陈毅市长》沙叶新（回族）《望夫云》杨明、张继成（白族）《斯儿毕儿》索次（藏族）《带枪的新娘》关守中（满族）《雪中俏》朴应兆、洪成道（朝鲜族）

第二届（1981～1984年）

荣誉奖：

诗集

《曾经有过那种时候》黄永玉（土家族）《山的恋歌》胡昭（满族）

中篇小说

《黑骏马》张承志（回族）《北方的河》张承志（回族）

短篇小说

《一个猎人的恳求》乌热尔图（鄂温克族）《七岔犄角的公鹿》乌热尔图（鄂温克族）《琥珀色的篝火》乌热尔图（鄂温克族）《远处的伐木声》蔡测海（土家族）《亲戚之间》林元春（朝鲜族）《公路从门前过》石定（苗族）《蓝幽幽的山谷》白雪林（蒙古族）

报告文学

《开拓者》那家伦（白族）《塞外传奇》孟驰北（蒙古族）张列（汉族）

获奖作品：

长篇小说

《醉乡》孙健忠（土家族）《罪行》哈吉乌玛尔·夏布旦（哈萨克族）《探索》祖尔东·沙比尔（维吾尔族）《平原雾》扎拉嘎胡（蒙古族）

中篇小说

一等奖

《驼铃》佳峻（蒙古族）《公主的女儿》赵大年（满族）《麻栗沟》伍略（苗族）《军人魂》高深（回族）《谁有美丽的红指甲》景宜（白族）

二等奖

《姐妹仨》吴雪恼（苗族） 《欢腾的小河》艾海提·吐尔迪（维吾尔族） 《江和岭》黄钲（壮族） 《故乡》贾克斯勒克·萨米提（哈萨克族） 《冷酷的额伦索克雪谷》江浩（满族） 《我们的老师》柳元武（朝鲜族） 《月照梨花湾》查舜（回族）

短篇小说

一等奖

《大坂》张承志（回族） 《哦，十五岁的哈丽黛哟》艾克拜尔·米吉提（哈萨克族） 《江那边》扎西达娃（藏族） 《大雷歌》那守箴（满族） 《有那样一排白杨》吴季康（回族） 《麝香》蔡测海（土家族） 《蓝旗》陈村（回族） 《姆姥韦黄氏》韦一凡（壮族） 《流沙》穆罕默德·巴格拉西（维吾尔族）

二等奖

《水妖》石定（苗族） 《退役军犬》李传锋（土家族） 《丹顶鹤的故事》边玲玲（满族） 《喜怒哀乐》金勋（朝鲜族） 《啊，人心》益希单增（藏族） 《灵感的源泉》乌拉孜汗·阿合买提（哈萨克族） 《虔诚者的遗嘱》哈斯乌拉（蒙古族） 《最后一棵菩提》张长（白族） 《乡恋》王家男（满族） 《爸爸在遥远的扣林》王云龙（白族） 《八角姻缘》莫义明（瑶族） 《高山深涧的客栈》刘荣敏（侗族） 《生活的逻辑》力格登（蒙古族） 《依姆琼琼》意西泽仁（藏族） 《那醒来的和睡着的》阿拉提·阿斯木（维吾尔族） 《人始终是可爱的》苏晓星（彝族） 《茅盖王》罗吉万（布依族） 《求学之路》李元吉（朝鲜族） 《最后的微笑》董秀英（佤族） 《朋友》白练（回族） 《爱的渴望》岳丁（景颇族） 《金凤花》艾扎（哈尼族） 《根与花》杨阿洛（彝族） 《相见在山中》杜曼纳姆嘉（裕固族） 《犟儿》熊义志（土族） 《一天早上》艾军炳（傣族） 《猎人之路》敖长福（鄂伦春族） 《故事在哪儿结尾》骆长木（仡佬族）

长诗

《寻找太阳的母亲》韦其麟（壮族） 《一棵青松》金成辉（朝鲜族） 《举重者之歌》巴·敖斯尔（蒙古族） 《白头巾的神女》库尔班·巴拉提（维吾尔族）

短诗

一等奖

《自画像及其它》吉狄马加（彝族） 《石片的日历》饶阶巴桑（藏族） 《献给十月的歌》汪玉良（东乡族） 《故乡抒怀》铁依甫江·艾力耶夫（维吾尔族） 《母亲心授的歌》伊丹才让（藏族） 《夏日拉尔山》克里木·霍加（维吾尔族） 《悲歌一曲》颜家文（土家族） 《大漠畅想曲》查干（蒙古族） 《鹰之歌》石太瑞（苗族） 《声声》齐·莫尔根（蒙古族） 《致导师》夏侃（哈萨克族） 《月夜》汪承栋（土家族） 《祖母》南永前（朝鲜族） 《黎明分娩的》格桑多杰（藏族） 《红水河畔三月三》包玉堂（仫佬族） 《大地——母亲》热哈木·哈斯木（维吾尔族） 《秋云》赛里克 ·哈甫什克拜（哈萨克族）

二等奖

《鸭绿江畔》李相珏（朝鲜族） 《祖国，请为他们记功》沙新（回族） 《爱情》满锐（满族） 《彩色的花环》郭基南（锡伯族） 《给共和国的赞歌》韩秋夫（撒拉族） 《洁白的蒙古包》阿尔岱（蒙古族） 《欢乐的拉萨之歌》恰白·次旦平措（藏族） 《我的筒裙花哟》孙宇飞（阿昌族） 《南行抒怀》吐尔干拜·克利齐别克（柯尔克孜族） 《军队的女儿》秦来提·纳斯尔

（乌孜别克族）《竹叶声声》石尚竹（水族）

散文

一等奖

《刺黎花开的时候》王运春（布依族）《大江歌》那家伦（白族）《夜石林》杨世光（纳西族）《“蛊女”的命运》杨明渊（苗族）

二等奖

《高尚的人颂歌》艾哈买提·伊明（维吾尔族）《卜万斤》韦以强 苏长仙（壮族）《晨鸟》特·赛音巴雅尔（蒙古族）《柳叶青青》绽秀义（保安族）《醉人的歌》杨忠德（德昂族）《畲山春》蓝兴发（畲族）

报告文学

《祖国的翅膀》苏方学（壮族）《五指山飘红云》李英敏（京族）

评论

《我国当代少数民族诗歌》晓雪（白族）《心声寻觅者的札记》巴·布林贝赫（蒙古族）《时代精神与民族特色》孟和博彦（达斡尔族）《新中国的产儿——35年的少数民族文学》吴重阳（汉族）白崇人（回族）《诗苑一束金达莱》赵成日（朝鲜族）

翻译

王一之（汉族）安柯钦夫（蒙古族）陈雪鸿（汉族）金一（朝鲜族）张孝华（汉族）哈达奇·刚（蒙古族）耿予方（汉族）

第三届（1985～1987年）

获奖作品：

长篇小说

《苏图克·布格拉汗》赛福鼎·艾则孜（维吾尔族）《穆斯林的葬礼》霍达（回族）《嘎达梅林传奇》扎拉嘎胡（蒙古族）《英雄博克》夏莫斯·库玛尔（哈萨克族）《迷茫的大地》益希单增（藏族）《金牧场》张承志（回族）

中、短篇小说集

《女人无泪》钟铁夫（白族）《傅格达爷》《存留在夫人箱底的名单》艾克拜尔·米吉提（哈萨克族）《西藏，系在皮绳结的魂》扎西达娃（藏族）《莫·阿斯尔小说集》莫·阿斯尔（蒙古族）《母船》蔡测海（土家族）《沙枣树窃窃私语》祖尔东·萨比尔（维吾尔族）《公路从门前过》石定（苗族）《月亮湖的姑娘》敖德斯尔（蒙古族）《祖先的遗产》朱玛拜·比拉勒（哈萨克族）《青春舞台》金勋（朝鲜族）《松耳石项链》意西泽仁（藏族）《白罂粟》孙步康（壮族）《乡恋》王家男（满族）

诗集

《勒·敖德斯尔诗选》勒·敖德斯尔（蒙古族）《对生叶之恋》饶阶巴桑（藏族）《秋夫诗选》韩秋夫（撒拉族）《草坪》金成辉（朝鲜族）《羚之街》丹真贡布（藏族）《金色的山坡》玛阿孜·热孜丹（哈萨克族）《木斧诗选》木斧（回族）《相思集》南永前（朝鲜族）

《路漫漫》买买提·夏吾东（维吾尔族） 《当暮色渐蓝》萨仁图娅（蒙古族）

散文集

《童心集》韦其麟（壮族） 《沉思与随想》巴特尔（蒙古族） 《爱的花苞》中流（满族）

报告文学集

《罗瑞卿大将》穆静、冰如（满族） 《归客》何培嵩（壮族）

儿童文学集

《美丽的丑小丫》贺晓彤（苗族） 《阿·伊希布仁》力格登（蒙古族） 《凝溪寓言选》凝溪（白族）

评论集

《从边城走向世界》凌宇（苗族）

新人新作：

中、短篇小说

《冷太阳》唐克雪 《兽之谷》存文学 《山葬》熊飞 《苦寒的心》阿尔曼诺娃 《日出处，月落处》岑隆业 《临死之前》万德扎西 《清清沱江河》 杨双奇 《啊，无情的河》艾合塔木乌买尔 《春天的葬礼》崔国哲 《山里的女人》吉霍旺甲 《卍字的边缘》央珍

诗歌

《扁担山》王家鸿 《大凉山抒情》倮伍拉且 《黑森林》何小竹 《大西北恋歌》杨云才

散文

《太阳》诺晗

报告文学

《良心》布仁巴雅尔

评论

《藏族当代短篇小说思考》扎西东珠

翻译奖：

哈达奇·刚 张世荣 姚承勋 雷子金

特别奖：

《格尔木速写》马如基 《艾布的房子》马少青 《梦眼归魂》包晓泉 《基孜河——雨季》米拉 《我的帕米尔》西林·库尔班 《杨梅成熟的时候》任菊生 《诺仁》玛波 《咳，女人》阿凤 《木垛上的童话》杜梅 《小溪》杨忠健 《毛拉毛驴子》阿布都秀库尔·亚力昆 《山野的呼唤》何健 《艾怨的恋歌》李占忠 《泸沽湖，我的故乡》拉木·嘎吐萨 《一个梦》波音塔拉 《风啊，别把他摇醒》贺继新 《女人》殷海涛 《东方夏威夷》黄学魁 《啊，在那遥远的山泉》彭兆清 《哥妹泉》富金才 《狩猎毛南山》谭亚洲 《银色的摇篮》玛·陶浩图和

第四届（1988～1991年）

获奖作品：

长篇小说

《茫茫的草原》玛拉沁夫（蒙古族） 《镇海楼传奇》杨万翔（回族） 《血菩提》朱春雨（满族） 《雪夜》李元吉（朝鲜族） 《苏醒了的大地》阿·乌铁库尔（维吾尔族） 《松耳石头饰》班觉（藏族）

中短篇小说集

《倾斜的湘西》孙健忠（土家族） 《马桑部落的三代女人》董秀英（佤族） 《世纪之邀》扎西达娃（藏族） 《谁有美丽的红指甲》景宜（白族） 《天凉好个秋》石定（苗族） 《虎啸岭系列小说》李必雨（苗族） 《旧年的血迹》阿来（藏族） 《被出卖的活观音》韦一凡（壮族） 《小镇无街灯》赵剑平（仡佬族） 《呜咽的牛角号》鲍义志（土族） 《南方女族》黄佩华（壮族） 《别停，别把音乐停下来》王延辉（回族） 《路劫》孙春平（满族） 《醒着的望夫云》张焰锋（白族） 《月亮和太阳》丁光洪（白族） 《这不是梦》买买提明·吾守尔（维吾尔族） 《圆形日子》色波（藏族） 《阿尔查河畔》齐·敖特根其木格（蒙古族） 《蛇·龙·人》罗吉万（布依族） 《五彩缤纷的世界》柯尤慕·图尔迪（维吾尔族） 《山情》马自祥（回族） 《首领之女》阿合买托拉·哈里（哈萨克族） 《梦魇》陈川（土家族） 《生命》艾斯别克·阿吾罕（柯尔克孜族） 《寻找第三国》和国才（纳西族） 《邻居》刀正明（傣族） 《情系山寨》贾瓦盘加（彝族） 《职责》腊昆（景颇族）

诗歌集

《一个彝人的梦想》吉狄马加（彝族） 《红水河畔三月三》包玉堂（仫佬族） 《边城诗集》龙再宇（苗族） 《绕山的游云》倮伍拉且（彝族） 《被神祇放逐的誓文》翼人（撒拉族） 《朱红色的沉思》冯艺（壮族） 《误过花期》唐玉文（瑶族） 《初恋的红峡谷》王红彬（彝族） 《恋歌四重唱》石太瑞（苗族） 《梦见苹果和鱼的安》何小竹（苗族） 《绿世界》华舒（满族） 《淡淡的紫雾》路地（满族） 《绿梦》张顺琼（布依族） 《雪狮集》伊丹才让（藏族） 《大漠恋歌》高深（回族） 《草原风情》扎达汗·蒙巴依（哈萨克族） 《藏族哲理诗》角巴东主（藏族） 《黎明抒情》乌斯满江·沙吾提（维吾尔族） 《埋在山岗上的名字》赵龙男（朝鲜族） 《急旋》哈里木·哈那皮亚（哈萨克族） 《这就是青春，这就是爱》阿布都拉·苏来曼（维吾尔族） 《心灵的报春花》阿尔岱（蒙古族） 《时代的感召》铁木尔·达瓦买提（维吾尔族） 《忆·坟·鸟》纳·松迪（蒙古族） 《金哲诗选》金哲（朝鲜族）

散文、报告文学集

《万家忧乐》霍达（回族） 《彝家将张冲传奇》李乔（彝族） 《田天报告文学选》田天（土家族） 《以爱心以沉静》赵玫（满族） 《默川杂话集》巴特尔（蒙古族） 《南方的风》凌渡（壮族） 《流动的情歌》章戈·尼玛（藏族） 《母亲湖》拉木·嘎吐萨（纳西族） 《秋萤》岑献青（壮族） 《摘星人》郭基南（锡伯族） 《彩虹变奏曲》李成权（朝鲜族）

评论集

《回族文学与回族文化》杨继国（回族）　《维吾尔当代文学散论集》穆罕默德·鲍拉提（维吾尔族）　《从文化到文学》徐新建（苗族）　《文艺金秋》策·杰尔嘎拉（蒙古族）

儿童文学集

《神秘的黑森林》存文学（哈尼族）　《雪原小云雀》汪承栋（土家族）　《星星，花朵和小朋友》韩锡润（朝鲜族）

翻译奖（民译汉6人）

特·达木林（蒙译汉）（蒙古族）　梁学忠（维译汉）（汉族）　金学泉（朝译汉）（朝鲜族）　次多（藏译汉）（藏族）　郭永明（蒙译汉）（蒙古族）　叶尔克西·库尔班别克娃（哈译汉）（哈萨克族）

新人新作：

《草原恋情》乌云其木格（蒙古族）　《多情的独龙河》尹秀龙、尹善龙（普米族）　《锣的黄昏》司仙华（傈僳族）　《饥饿山谷的变迁》仁增措姆（门巴族）　《魂在人情》哈依霞（哈萨克族）　《多彩的云》哈里达·斯拉因（维吾尔族）　《青山无语》隆振彪（侗族）　《“斋戒”和“功夫茶”》吴门（壮族）　《蕨蕨草》娜朵（拉祜族）　《五爹趣事》石干成（侗族）　《河谷深深》玛努那西（彝族）　《回归村庄》佟石（满族）　《七月的阳光》彭世贵（土家族）　《何人最关情》吴千（赫哲族）　《傣乡连风也多情》段林（傣族）《童心世界》斯陆益（傈僳族）

第五届（1992～1995年）

获奖作品：

长篇小说

《无性别的神》央珍（藏族）　《太阳树》张长（白族）　《落日之战》庞天舒（满族）　《太阳部落》梅卓（藏族）　《春情》（朝鲜文）李元吉（朝鲜族）　《雾霭漫漫的草原》（蒙古文）韩涛高（蒙古族）　《麻赫穆德·喀什噶里》（维吾尔文）帕尔哈提·吉朗（维吾尔族）　《水准线》（哈萨克文）吾马尔哈孜·阿依坦（哈萨克族）

小说集

《苦土》石舒清（回族）　《箫声曼》肖仁福（苗族）　《关仁山小说选》关仁山（满族）　《双眼井之恋》张昆华（彝族）　《沙狼》郭雪波（蒙古族）　《卡领传奇》伍略（苗族）　《乡邻乡亲乡人》林和平（满族）　《赵剑平小说选》赵剑平（仡佬族）　《两匹马的草原》哈斯乌拉（蒙古族）　《白骨岩》（蒙古文）嘎·希儒嘉措（蒙古族）　《黑风中的雄鹰》（藏文）其美多吉（藏族）　《姑娘别流泪》（维吾尔文）阿力木江·司马义（维吾尔族）　《飘落的绿叶》（朝鲜文）李惠善（朝鲜族）　《萨力克特达坂之歌》（蒙古文）道尔吉·乃岱（蒙古族）

诗集

《阳关在前》华舒（满族）　《大自然与我们》倮伍拉且（彝族）　《孤独的旅程》列美平措

（藏族） 《母语》哥布（哈尼族） 《孤独的太阳》喻子涵（土家族） 《太阳雨》年心海（满族） 《灵魂家园》查干（蒙古族） 《大西北放歌》杨少青（回族） 《蜜蜂乐园》（藏文）伦珠朗杰（藏族） 《被爱的年代》（维吾尔文）依明·艾合买提（维吾尔族） 《沙洲地》（哈萨克文）胡里木汗·艾合买提（哈萨克族） 《一颗思念的心》（朝鲜文）赵龙男（朝鲜族） 《生活的风浪中》（柯尔克孜文）依布拉衣·买买提（柯尔克孜族）

散文集

《一本打开的书》赵玫（满族） 《郭风散文选集》郭风（回族） 《善良是一棵矮树》鲍尔吉·原野 《回眸》梁琴（回族） 《琴心集》潘琦（仫佬族） 《远离天堂》黄堃（壮族） 《省城轶事》龙志毅（彝族）

评论集

《阿拜研究文集》哈拜（锡伯族） 《文学价值与文学选择》纪众（回族） 《文苑沉思录》扎拉嘎胡（蒙古族） 《八十年代蒙文小说现象》乌恩巴雅尔（蒙古族）

报告文学集

《地火天光——中国常规兵器试验纪实》马成翼（满族） 《艾思奇传》杨苏（白族） 《血线——滇缅公路纪实》白山（回族）

儿童文学集

《螃蟹为什么横行》海代泉（回族）

新人新作：

《最后一封情书》（小说）袁智中（佤族） 《清明茶》（散文）阿多（藏族） 《阳坡花》（小说）巴久乌嘎（彝族） 《故乡那高高的粘枣树》（散文）曹先强（阿昌族） 《胯门》（小说）黄雁（哈尼族） 《年年花开》（诗）罗莲（布依族） 《金沙江》（外三首）（诗）鲁若迪基（普米族） 《奇怪的囚犯》（小说）穆斯力木·那毕（塔塔尔族） 《珞巴族人民喜迎香港回归》（散文）林卫华（珞巴族） 《基诺山我的故乡》（诗）罗向明（基诺族）

翻译奖：

田希宝（汉族） 张宝锁（蒙古族） 金莲兰（朝鲜族）

主要参考书目：

中国民族年鉴社编. 中国民族年鉴（2003卷）.

（卢晓华　穆慧贤/供稿）

新中国成立以来民族地区重大考古发现

本文侧重辑录1949年10月至1993年12月期间，全国少数民族地区以田野考古为基础的少数民族的重大考古发现和研究成果。兼顾考古发掘的工作特性和年鉴编纂要求，仅以首次考古发现的公元纪年为序，不再分期，概括介绍涉及少数民族的考古发现极其珍贵价值和重要意义，显示新中国成立以来，少数民族文物考古事业取得的空前发展和巨大成就，以及中华民族在历史发展进程中所创造的灿烂中华文明和为人类做出的重大贡献。

1954年

山西丁村遗址　针对遗址发掘出土的2000多件石制品中看到的一些不同以往特点，裴文中提出："有两种不同文化性质，使用不同类型石器"的看法，提高了对中国旧石器文化多样性的认识，是建国后旧石器考古学研究的重大成果之一。　（《中华人民共和国重大考古发现》P21）

1955年

晋宁石寨山西汉滇王墓　位于云南省晋宁县晋城乡西南的石寨山上，1955~1960年云南省博物馆先后4次在此挖掘墓葬近50座。其中，1956、1957年间第二次发掘的六号墓，出土一方金质蛇钮"滇王之印"，证实为西汉时期的滇王之墓。该墓室出土随葬品250余件，主要为青铜器，包括生产工具、兵器、生活用品、乐器、装饰品等，此外还有铁器、金器和玉器，其中青铜器工艺制作精美，造型别具一格，具有浓郁的地方文化特色。兵器和工具上装饰有各种纹饰、动物和人物形象，贮贝器盖上铸有大型战争场面和各种形态的铜牛、铜人，细腻生动，达到很高的艺术水平。此墓地的其他墓葬也出土了大量同样风格的器物，表现了滇人在农业生产、纺织、畜牧、狩猎、战争、乐舞、祭祀等方面的活动场景。这一独特的青铜文化体系的发掘，对研究滇文化提供重要依据。　（《中华人民共和国重大考古发现》 P277）

大包元代纸币　在青海省柴达木盆地的格尔木出土，用毛毡包裹，中统、至元、至正年间印行，面额有二贯、一贯、五百文3种，均盖有中书省、尚书省的朱红印。　（《新中国考古五十年》P464）

1956年

开远古猿　云南省自1956年2月开远小龙潭褐煤层中发现古猿牙齿化石以来，相继出土腊玛古猿牙齿8枚，1件带有12枚牙齿的上颚骨，分属3个个体；西瓦古猿牙齿5枚，属1个个体。地质时代为晚中新世，估计距今1400万年。近年云南省地质科研所用古地磁断代法测定，为距今830±10万年，认为属晚中新世。古猿化石标本是研究人类从猿进化为人的科学依据，云南开远小龙潭的古猿化石分属于森林古猿和腊玛古猿；被命名为开远腊玛古猿，云南开远小龙潭是中国发现的第一个古猿化石点，也是世界上时代较早的腊玛古猿、西瓦古猿化石点。1983年公布为开远市文物保护单位。（《新中国考古五十年》P401）

诺木洪元代武将干尸 柴达木盆地的青海省都兰县诺木洪发现一具元代武将干尸，外用羊毛毡包裹，身穿黄织锦缎面羊皮袍、护身软甲、腰系带、足穿皮靴，头戴缎面羊皮帽，帽顶插一只红缨。随葬有鞍蹬、弓箭、马尾、羊腿等物，印证了历史记载，为研究古代西北民族的文化，提供可靠的实物资料。（《新中国考古五十年》P464）

1959年

尼雅遗址 位于新疆和田地区民丰县北120公里的塔克拉玛干沙漠腹地，本世纪初多次被盗，所获分藏于伦敦、新德里。1959年新疆博物馆发掘的东汉贵族夫妇合葬墓，墓中出土了两具干尸和一批珍贵文物，其中蓝底卉染棉布残片和棉布裤，被认为是我国迄今所见的最早棉织物。出土还有锦袍、丝绢衣物、漆器、铜镜及具有浓厚地区特色的毛罽、印花棉布等。遗址尼雅95一号墓地出土的“王侯合昏千秋万岁宜子孙”锦袍、人物及动物纹锦袍、“世毋极”锦、“五星出东方利中国”锦及“金凤池”锦等均为过去未见精品，尼雅遗址被列入1995年全国十大考古新发现之一。（《中华人民共和国重大考古发现》P349，《千古探秘——考古与发现》P231）

阿斯塔那墓群 位于新疆吐鲁番市东南约40公里的阿斯塔那村北、哈拉和卓村东，南邻高昌故城。该墓群早年曾普遍遭盗。1959年新疆博物馆首次试掘，1960~1975年间进行12次发掘，累计清理墓葬400余座。原吐鲁番地区文物管理所也先后清理古墓40余座。出土有大量的丝织品（包括锦、绮、绫、罗、印花及绋丝、双面绢等），还有国内其他地区罕见的彩绘木、泥俑像、珍贵的绢本、纸本绘画，极具地方特色的彩绘陶质及仿陶泥、木质明器等。（《中华人民共和国重大考古发现》P406，《千古探秘——考古与发现》P241）

诺木洪文化 在青海省海西蒙古族藏族自治州都兰县遗址进行了调查和试掘，据其内涵命名为诺木洪文化。目前已调查发现40处，主要分布在青海省西部柴达木盆地一带，较典型的遗址还有巴隆的搭温他里哈和香日德的下柴克等地。从诺木洪文化的陶器、石器和铜器分析，其早期与卡约文化联系紧密，接近西周年代之内，但其文化下限较晚，可以到汉代以后。（《新中国考古五十年》P461）

吐蕃时期王墓 20世纪50年代末，对西藏穷结县现存7~9世纪吐蕃时期8座藏王墓进行考古勘察。（《中华人民共和国重大考古发现》P367）

辽墓发掘 50年代以来在内蒙古赤峰发掘应历九年（959）辽驸马墓、辽宁法库辽墓、吉林库伦辽墓、河北平泉八王沟辽秦晋国大长公主墓、辽宁义县清河门辽墓群等大型的辽代贵族墓，特别是近年在赤峰发现的辽天赞二年（923）勒德墓、辽会同四年（941）耶律羽之墓地和内蒙古哲里木盟辽开泰七年（1018）陈国公主墓尤其重要。契丹贵族墓内有表现墓主生前生活情景的壁画和椁画，还有数量众多的随葬品，包括精美的越窑青瓷器和定窑白瓷器，丝织品中的缂丝以及反映契丹民族习俗的马具和武器等。契丹大、小字墓志的发现，也为研究契丹文字提供珍贵资料。（《中华人民共和国重大考古发现》P441）

1960年

夏家店上层文化与夏家店下层文化　夏家店村位于内蒙古赤峰市（原昭乌达盟）松山区王家店乡，英金河北岸，中国社会科学院考古研究所内蒙古队在此发掘，相继发现两种文化堆积，依村名和层位关系，分别被称为夏家店上层文化与夏家店下层文化。

夏家店上层文化分布区北至赤峰境内的查干沐沦河和乌尔吉木沦河流域，属晚期青铜文化，先后出土大量的青铜器，经测定有几例达到西周以前，被史学界称为“东胡文化”。这些铜器多为本土铸造，融中原和漠北青铜文化为一体，与中原同期青铜文明互相影响，互见短长，工艺精湛，具有强烈的时代风貌和浓郁的民族特色。

夏家店下层文化分布区主要包括京津地区在内的燕山南北麓，其聚落遗址和墓葬的发掘，属北方早期青铜文化。北麓有几处遗址经测定年代在公元前2000～1500年之间。夏家店下层文化的彩绘陶器，器表绘有红白两色饕餮纹、云雷纹、蟠螭纹、龟蛇纹等图案，神态各异，色彩鲜艳夺目，器形古朴端庄，与商周时期青铜器同等重要。夏家店上层文化与夏家店下层文化，被《考古》杂志评选为中国20世纪100项考古大发现。　（《中华人民共和国重大考古发现》P168）

水洞沟古人类文化遗址　位于宁夏灵武市临河镇水洞沟村，南距灵武市30公里，西距银川市19公里，距离河东机场11公里，北与内蒙古鄂前旗相接，占地面积7.8平方公里。水洞沟遗址最早于1923年曾做过正式发掘，1960、1963年又进行发掘，至今没有发现人类化石，1960年从黄灰色粉砂土层里发掘出土约2000件石制品。水洞沟因此而成为我国最早发现旧石器时代的古人类文化遗址。1988年被国务院公布为“全国重点文物保护单位”，被誉为“中国史前考古的发祥地”。

旧石器时代晚期存在着一些不同的区域性文化类型，例如，以宁夏灵武县水洞沟为代表的长石片——端刮器和雕刻器文化类型，这是1923年发现的中国北方第一个旧石器时代遗址，到了1963年进行首次系统发掘后，才弄清其文化关系，其中的第8层才是属旧石器时代晚期的水洞沟文化层，其上还有非旧石器时代文化层。水洞沟文化与西方旧石器时代中、晚期文化有较多的相似之处，并融合北方旧石器时代主工业成分，形成颇具特色的另外一种文化类型。（《新中国的考古发现和研究》P18，《中华人民共和国重大考古发现》P22）

1961年

古格王国都城遗址　国务院将古格王国都城遗址公布为全国重点文物保护单位。已经发现的古格王国遗存有古格王国都城遗址、托林寺及托林遗址、多乡城堡遗址、玛那寺及玛那寺遗址、卡尔普遗址、达巴遗址、麦龙沟庙遗址、东嘎遗址、皮央遗址、香孜遗址、江当遗址及桑丹达吉林寺等，全部分布在近札达县境内。古格王国遗址在阿里札达肥札不让区象泉河畔的一座土山上，占地约18万平方米，是全国第一批重点文物保护单位之一。古格王国遗址是一座规模宏伟、面积浩大的高原古城，这为研究西藏历史和古代建筑提供了重要的实物资料。整个遗址建筑共有房屋洞窟300余处、佛塔（高10余米）3座、寺庙4座、殿堂2间及地下暗道2条，分上、中、下3层，依次为王宫、寺庙和民居。外围建有城墙，四角设有硼楼。在其红庙、白庙及轮回庙的雕刻造像及壁画中不乏精品。古格王国是在公元10世纪前后，由吐蕃王朝末代赞普朗达玛的重孙吉德尼玛衮在王朝崩溃后，率领亲随逃往阿里建立起来的。10世纪中叶至17世纪初，古格王国雄踞西藏西部，弘扬佛教，抵御外侮，在西藏吐蕃王朝以后的历史舞台上扮演了重要的角色。曾经有过700年灿烂的文明史的古格王朝，它的消逝至今仍是个谜。（《新中国考古五十年》P422，百度《百科名片》）

1964年

贵州黔西观音洞试掘出土的石制品研究 裴文中指出，“我们将要遇到的与欧洲大陆旧石器文化不同的新文化”。贾兰坡等则对中国北方旧石器文化加以总结，提出旧石器时代的华北至少存在着两种平行发展的文化传统的学说。（《中华人民共和国重大考古发现》P21）

1965年

元谋猿人门齿化石 新中国建立后，随着中国旧石器时代考古学、古人类学的发展，人类在中国大地上生存的时间不断向前推移。元谋猿人门齿化石的发现，经过1973年以后多学科的综合研究，确定其时代为早更新世，古地磁测定为距今170万年，把我国人类历史至少提前了五六十万年。（《中华人民共和国重大考古发现》P20～21）

东北地区的三燕时的墓葬 主要分布在辽宁省朝阳一带，常有制工精美的鎏金铜马具、铁铠甲和马具装铠随葬，还有金步摇冠饰，显示着强烈的地域特色和民族特色。1965年辽宁省博物馆在辽宁北票西官营子村将军山东麓，冯氏陵园“长谷陵”所在地发掘的冯素弗夫妇墓，同冢异穴，设内壁绘彩色壁画的石椁。据《晋书》记载，冯素弗为北燕天王冯跋之弟，北燕国的建造者之一，死于太平七年（415）。该墓是十六国时期考古的重要发现之一，对了解当时中原与北方民族的文化关系有重要价值。（《中华人民共和国重大考古发现》P294～295）

十六国三燕文化墓葬 三燕文化墓葬主要分布于辽西地区，已发掘的墓葬中死者身份最高的是辽宁省博物馆发掘的北票西官营子北燕主冯跋长弟、大司马冯素弗与其家属的同冢异穴墓，两墓均为东西向长方形石椁，墓内壁绘有星象、人物建筑等彩色壁画，椁内有木质画棺，出土物中有“范阳公章”等4枚龟纽金印和蝉纹金饰片，金步摇冠饰、马具、玻璃器等，兼具鲜卑与汉族习俗。（《中华人民共和国重大考古发现》P319）

北魏司马金龙夫妇合葬墓 位于山西省大同市城东7公里石家寨村西南，1965、1966年大同市博物馆进行清理发掘。司马金龙为晋皇室后裔，官至“使持节侍中镇西大将军吏部尚书羽真司空冀州刺史琅琊康王”。该墓是一座砖室墓，由墓道、墓门、甬道、前后室和右耳室组成，墓室全长17.5米，墓道长28米。墓早年被盗，但仍出土了各类珍贵随葬品450余件，其中各类釉陶俑和家畜模型达400件，身披铠甲的步兵、骑兵和驮粮马匹、骆驼等占整个陶俑群的半数以上，显示出游牧经济和北方民族军队特色。（《中华人民共和国重大考古发现》P327）

1970年

元代大型瓷器　内蒙古呼和浩特东郊白塔村的辽、金、元丰州故城内发现的窖藏6件元代大型瓷器，其中被鉴定为国宝级文物的钧窑大香炉，高达42厘米，器型硕大，胎骨厚重，通体施天青釉，制作工艺十分讲究。　（《新中国考古五十年》P94）

1971年

红山文化碧玉龙　内蒙古赤峰市翁牛特旗三星他拉乡出土，这件玉龙为稀世珍宝，猪首蛇身，蜷曲若钩，长吻休目，长鬃高扬，显得极有生气，令人感到神秘而敬畏，被学术界誉为“中华第一龙”，其时代为距今5000余年的红山文化时期。　（《新中国考古五十年》P84）

1972年

和林格尔东汉壁画墓　位于内蒙古和林格尔县新店子乡小板申村，是一座东汉晚期的大型砖室墓。1972～1973年内蒙古博物馆等单位发掘，是目前为止全国发现的汉代壁画最多、内容最丰富、榜题最多的墓葬。这座汉墓是由墓道、墓门、前室、中室、后室和3个耳室构成的具有6个墓室的穹庐顶砖室墓，通长19.85米，早年被盗掘，许多随葬器具已不存在。墓室地面铺有刻有“富乐未央子孙繁昌”的方砖，在墓门到各墓室四壁的砖面上，涂有约1厘米厚的白灰，白灰表面绘有大量壁画，经统计，共有46组57幅，面积达百余平方米，图像旁有榜题250多条，约700余字，标明了各幅壁画的内容。在墓内前室四壁和中室东、南两壁及甬道北壁，以墓主仕宦经历为顺序，绘有墓主出任各职的车骑出行图、离石城府舍图、土军城府舍图、繁阳县令官寺图等，较为全面地反映了当时的官场生活，其中墓主在“使持节护乌桓校尉”任上的出行图场面宏大，画中有车乘10辆，各色马匹129匹，文武官员、士卒、仆从128人，墓主坐着3匹马拉着的车。在壁画中的“离石场府舍”、“土军城府舍”、“繁阳县令官寺”、“渭水桥”、“居庸关”等各种建筑物是研究汉代建筑的样式、用途和结构的重要资料，壁画中的武城图反映出东汉时期位于边疆地区的武城县与当时内地的城市布局是完全一样的，对研究地区和城市历史以及汉代城市布局有着重要的资料价值。

墓内中室北壁、后室和其他3个耳室绘有墓主生活和财富的燕居、乐舞、宴饮、以及晚年所居庄园的画面和劳动人民放牧、捕鱼、狩猎、农耕、碓舂、酿造、厨役等场面，而在后室南壁上所绘的庄园图上密林环抱，庄园中长廊曲折、望楼、水井、谷场、马厩、牛栏、仓廪、房舍、坞壁等建筑错落有致，是汉代庄园资料中最为完整的地主庄园面貌。中室西北两壁绘有孔子见老子等大量的历史故事图，还有麒麟、神鼎等祥瑞图。前室、后室顶部绘有云气、仙人、四神等天象和神话图像。前室顶部的“仙人骑白象图”，被认为是中国最早的佛教图像之一。这座墓葬壁画中还反映了东汉在民族地区设置官吏和驻军等情况以及汉族与北方游牧民族的交流联系，体现出自古以来中国就是一个统一的多民族国家。　（《中华人民共和国重大考古发现》P288）

匈奴王族金银装饰品 1972~1973年在内蒙古伊克昭盟杭锦旗阿鲁柴登沙窝子中保护征集的一批匈奴王族金银装饰品最为珍贵。其中，金饰218件，银饰5件，主要有鹰形金冠饰、金冠带、大型虎牛争斗纹金饰牌、虎纹和羊纹饰件、鸟纹金扣、金项圈、刺猬、兽头形金饰件以及狼鹿纹银饰牌、银虎头饰件等。象征匈奴王权力和财力的金制鹰形冠饰，重1394克，是我国迄今发现的唯一匈奴王金冠饰，被文物专家评定为国宝级文物。（《新中国考古五十年》P86~87）

李家山古墓群 1972~1994年间，在云南省江川县3次发掘。云南江川李家山古墓群，时代为西汉，发掘地点在云南省江川县星云湖西北角，由云南省文物考古研究所、玉溪地区文物管理所、江川县文物管理所共同发掘，清理范围1100 平方米。李家山古墓群墓葬 58 座，出土铜、铁、金、玉等随葬品2066件，大量器物为滇青铜文化遗址考古发掘之首见，其中有大量的金饰物、金制兵器，虎牛鹿贮贝器、祭祀贮贝器、驯马及纺织贮贝器以及3骑士与4舞俑铜鼓等青铜器精品，另有铜鼓、铜贮贝器、铜俑、铜编钟等礼器，铜狼牙棒、铜鱼、铜矛等仪仗器和兵器，铜铃、铜策、金钏、玛瑙扣饰等装饰品、生活用具以及用金、玉、绿松石等制成的各种珠管和扣缝缀在纺织物或毛皮上的“珠被”等。第1次发现漆木棺的外椁，在战国的墓葬等级中，只有王室成员才能享受漆木椁内棺的待遇。由此可以推断，李家山可能是历史滇王的王族墓地之一。李家山古墓群第2次发掘，被评为1992年中国十大考古发现之一。（《新中国考古五十年》P406）

1973年

居延甲渠侯官遗址和第四燧 居延甲渠侯官遗址，蒙古语称穆都尔贝金，汉名破城子，位于内蒙古额济纳旗达赖库市镇南24公里处纳林、伊肯河间的戈壁上。1973年至1974年以甘肃博物馆为主的居延考古队全面发掘，面积5600平方米，遗址北为障城和坞壁，南有一烽台，东为大面积灰层。发现简牍7944枚，其他文物739件。同时发掘的第四燧遗址，蒙古语名保都格，在其南5.3公里的伊肯河西岸，系甲渠塞属第四部侯长驻地。遗址主体为烽台，方8米，台角砌筑放烟之灶，出土简牍195枚，其他文物105件。此次发现的简牍数量之多，远超过1931年西北科学院考察团瑞典人贝格曼等人的发现，仅甲渠侯官遗址的发现，说明了汉代侯官、部这两种边防基本建制的面貌、功能和建筑方法，非常清晰地掌握了从汉武帝末至东汉中期甲渠侯官的创建和屯戍活动情况。据此，可以准确复原甲渠侯官所辖10部80余燧的方位布局、机构、人员、设施、布防、日常戍务等细节，这是居延考古的重大收获。（《中华人民共和国重大考古发现》P280）

早期匈奴墓 内蒙古伊克昭盟杭锦旗桃红巴拉沙窝中发掘6座匈奴墓，是内蒙古地区首次发掘的早期匈奴墓。墓中出土文物有青铜短剑、铜鹤嘴斧、小铜锤以及铜饰件。从挖掘的埋葬情况看，反映了早期匈奴人特殊习俗，构成了草原游牧民族文化的显著特点，为内蒙古地区匈奴考古提供了较为可靠的依据。（《新中国考古五十年》P87）

1974年

朱开沟遗址 位于内蒙古伊克昭盟，内蒙古文物考古研究所发现。此后经过4次发掘，出土陶器、石器、骨器和铜器1300余件，时代分为龙山文化晚期、夏代和早商3个时期，由于资料丰富，因而更能反映内蒙古中南部夏商文化的特征。在朱开沟文化第5期遗存中，发现鄂尔多斯式青铜戈与青铜刀，从而将鄂尔多斯式青铜器的时代上限上溯到二里岗文化时期，也就是商代早期。经多次发掘判明，鄂尔多斯式青铜器为代表的青铜时代文化，是属于商周时代北方少数民族文化遗存，其时代下限晚到距今2500年。鄂尔多斯式青铜器，可能源于鄂尔多斯及其邻近地区，比西方斯基泰文化早1000年。创造该文化的民族，可能是对中国史及其世界史有过深远影响的中国北方狄—匈奴族。（《新中国考古五十年》P86）

吐谷浑墓志 宁夏同心韦州吐谷浑慕容威墓中出土一方墓志，完整地记录了唐代吐谷浑世系，反映出吐谷浑和唐代的密切关系。在固原、同心、盐池、青铜峡发现有近30座隋唐墓，为进一步梳理当时活动于宁夏地区的少数民族历史提供了物证。（《新中国考古五十年》P472）

猫猫洞文化 因发现于贵州省兴义猫猫洞而得名，产生于旧石器时代晚期，发展于全新世早期。它的打片方法比较特殊，其大多数石器是向破裂面加工而成的，器形相当规整。这种文化类型最早为距今57000年前，在大陆已知最晚的为距今6000±175年。（《中华人民共和国重大考古发现》P23）

1975年

禄丰古猿 在云南省禄丰县石灰坝庙山坡褐煤层中发现，先后进行9次发掘，所获古猿标本有：腊玛古猿颅骨、上下颌骨、上下齿列、指骨等55件，牙齿329枚；西瓦古猿颅骨、上下颌骨、上下齿列、肩胛骨、锁骨等40件，牙齿321枚。估计时代为晚中新世，距今约800万年。这批古猿标本，无论从量和质上，都大大超过世界其他地区发现的古猿标本。其中一具颅骨，也是当时世界上发现的第一具较完整的腊玛古猿颅骨，这一发现曾被评为世界十大新闻之一。禄丰古猿以宽眶间隔和方眼眶为特征，区别于亚洲其他地区发现的古猿类型，代表向人和非洲猿类方向发展的一支。（《新中国考古五十年》P402）

宁夏西夏陵M182 是一座带阶梯墓道的单室土洞墓，出土遗物有石狗、石马、瓷器、唐宋货币及少量丝织品残片，大量的随葬品为家禽、家畜。丝织品有罗、绫、锦3个品种，其中异向绫和茂花闪色棉为其他地区织物所少见。（《新中国考古五十年》P473）

考古学新发现 自1975年以来，中国考古学的新发现层出不穷，其中最为重要的少数民族考古发现有内蒙古敖汉兴隆洼、内蒙古敖汉赵宝沟、西藏昌都卡若、内蒙古察右前旗庙子沟等。除上述外，前列居址、城址、宗教遗址、墓地及墓葬，均反映了中国新石器时代质的和阶段性的变化，是探讨中国文明起源和形成的重要发现。正是由于这些重要发现，学术界获得共识：第一，文明起源和形成是不同概念，应在文明形成之前探索文明的起源。第二，文明起源与形成是多元的。中国文明的形成应早于夏代。第三，公元前3200～前3300年前后，是中国社会剧烈变化的时期，有人认为这是诸文明因素起源时期，有的则认为这是文明的形成时期。

（《中华人民共和国重大考古发现》P45～46）

1976年

大窑村遗址 20世纪70年代在内蒙古呼和浩特市郊大窑村南山发现距今70万年前的旧石器制造场。1976年在大窑村二道沟旧石器时代晚期的地层发掘中，出土有砍砸器、尖状器、刮削器、手斧、石锤、石球等石器及普氏羚羊和鹿骨化石。由于这里出土的龟背形刮削器数量多且独具特征，因而命名为“大窑文化”。大窑村旧石器时代石器制造场，是内蒙古地区发现并经科学发掘的第一个旧石器时代早期至晚期的古人类文化遗址，是旧石器时代考古学方面的重大成果，不仅填补了内蒙古旧石器时代的空白，也为研究中国北方旧石器时代文化的分布和发展提供重要资料。 （《新中国考古五十年》P83～84）

1977年

卡若遗址 位于西藏昌都县东南约12公里的卡若村西，为澜沧江上游新石器时代遗址，西藏的三大原始文化遗址之一，1977年发现。1978年和1979年西藏文物管理委员会等单位对卡若遗址进行两次规模较大的发掘，发掘面积1800平方米，卡若遗址发现房屋遗迹31 处，出土石器、骨器和陶片等共计上万件，出土生产工具多为大型打制石器，兼有细石器、磨制石器、骨器、陶器等。细石器属典型非几何形传统。磨制石器制作精致，其中条形石斧、石锛最具特色。生活用具主要为夹砂陶器，器形以罐、盆、碗为基本组合，均为小平底，流、耳不发达。纹饰以刻画纹、锥刺纹和附加堆纹为主，有少量黑色彩绘，花纹多为几何形。骨器有锥、镶嵌细石叶的刀身以及精美的骨针。还有大量的藏羊、獐、狍、猪等动物骨骼和粟米，经测定年代为公元前3000～前2000年左右。发掘结果表明，藏族先民经济生活以农业为主要内容，种植粟米，饲养猪，狩猎业也很发达。遗址附近鱼类资源丰富，但未有捕鱼工具和有关遗存，其所表现出的文化内涵与黄河中上游、澜沧江中下游地区虽有着较大差异，但红烧土房屋、条形石斧、彩陶等，特别是农作物粟米、人工饲养的猪等证明了早在四五千年以前，卡若遗址文化就与黄河上游甘、青地区的古文化以及云南境内的元谋文化有着千丝万缕的联系。

卡若遗址是西藏境内首次大规模考古发掘，同时也是迄今为止青藏高原发现的年代最早的一处古人类活动遗址，对研究西藏高原原始文化具有重大意义。1996年卡若遗址被列为第4批全国重点文物保护单位。 （《中华人民共和国重大考古发现》P110）

1979年

楼兰古城 1979～1980年新疆先后在罗布泊地区进行4次以楼兰古城为重点的考古调查和发掘工作，基本摸清考察沿线的文物古迹分布情况，并发现新的文物点。重点调查了米兰古堡、吐蕃古城、米兰佛寺塔庙遗址、米兰古代灌溉渠道、墩里克烽燧遗址、海头古城、LL古城、LK遗址。楼兰古城及周围都发现和采集到细石器、发掘到楼兰古城城郊的平台墓地、孤台墓地。楼兰古城周围地区采集的文物标本有石器、陶器、木器、铜器、铁器、铅器、玻璃器、金器、骨器、料珠、纺织品、钱币等。 （《新中国考古五十年》P490～491）

唐代金银器窖藏出土 在内蒙古昭盟喀喇沁旗哈达沟门发现的银器窖藏，出土有刘赞进奉铭文的鹿纹金花银盘等器。通过对金银器窖藏、墓葬和佛教遗迹中出土的唐代金银器分期研究，揭示出金银器由着重汲取西方工艺品的制作工艺、艺术造型和装饰方法，到发展成熟，创新出具有中国风格的精美金银工艺品的演变历程。（《中华人民共和国重大考古发现》P368～369）

西夏陵 西夏皇家陵园位于宁夏银川市西郊35公里贺兰山东麓中段，西夏陵东西宽约4.5公里，南北长约10公里，总面积近50平方公里。70年代以来多次发掘。已清理1座帝陵（六号陵）、4座陪葬陵、7座帝陵碑亭、3座窑址及北端建筑遗址的一部分。西夏帝陵陵园由角台、鹊台、碑亭、月城、陵城、门阙、献殿、陵台等8种共20余座建筑组成，平面略呈凸。自南而北纵向排列分为四区，每区各有帝陵2、3座。陪葬陵呈组群式分布，多集中于帝陵左右或前面。陪葬墓的墓冢形制多样，有夯土冢、积石冢、土丘冢，墓室均为单室土洞式，并流行随葬铜牛或石雕动物马、狗、羊的习俗。西夏陵出土遗物多为建筑材料，石质的有螭兽、望柱、石座、碑刻、石像生等，陶质的有砖瓦、滴水、瓦当、脊兽、鸱吻等，其中绿色琉璃器占相当比例。在七号陵还出土有“大白上国护城圣德至懿皇帝寿陵志文”西夏文残碑额。（《中华人民共和国重大考古发现》P512～513）

1980年

阳洼坡遗址 青海省民和回族土族县阳洼坡遗址的发掘，填补了马家窑文化序列上的缺环。遗址中发掘房址6处、灶9个、灰坑2个，是一处居住遗址。文化层中出土有大量陶片、陶器和石器。有的器形、纹饰接近马家窑类型，与甘肃东部石岭下类型更为接近，应属介于庙底沟与马家窑类型之间的一种过渡形态。马家窑文化与中原仰韶文化有着亲密的源流关系，是一个地方的变种。这一点已被学术界广泛接受。（《新中国考古五十年》P457～458）

1982年

赵宝沟聚落遗址 位于内蒙古赤峰市敖汉旗高家窝铺乡赵宝沟村西北2公里，是“赵宝沟文化”的命名地。1982年中国社会科学院考古研究所内蒙古工作队和敖汉旗文化馆文物组在敖汉旗文物普查时发现，1986年经中国社会科学院考古研究所内蒙古工作队正式发掘。赵宝沟聚落遗址是一处性质比较单纯的新石器时代遗址，遗存典型且丰富，面积约9万平方米，发现89座半地穴房地，清理17座房址、1个灶址、5个灰坑和1处石头堆遗迹，获得一批十分重要的陶器、石器、骨器、蚌器和动物骨骼等遗物，陶器表面多种多样的几何形纹饰独具特色。据C年代测定，可推定赵宝沟聚落的年代约在距今6800年（前4800）左右，遗址的发掘及“赵宝沟文化”的命名，对于研究中国新石器时代聚落形态和探讨燕山南北长城地带的考古学文化谱系等，具有重要的学术价值。（《中华人民共和国重大考古发现》P78）

1983年

北周李贤墓 位于宁夏固原县西郊乡深沟村南，1983年宁夏文物管理委员会、博物馆考古队等单位发掘。该墓早年曾被盗掘，但墓室结构基本保持完好。从发掘出的“北周柱国将军河西公墓铭”和“魏故李氏郡君之铭”墓志石两合，证明墓主是西魏、北周时期原州刺史李贤及其妻长城郡君吴辉，合葬于北周天和四年（569）。甬道和墓室中清理出各类物品770余件，其中有半模制彩绘陶俑255件，例如镇墓兽、镇墓武士、具装甲骑俑、骑马女官俑、吹奏骑俑、骑马俑、笼冠俑、文吏俑、武官俑、风帽俑、胡俑、女侍俑和陶家畜、陶灶、井等模型以及陶器、金银器、铜铁器、玉器、玻璃器、各色料珠等。尤为引人注目的是锤刻有人物故事的鎏金银瓶、玻璃碗、银装铁刀、镶青金石指环，洋溢着浓郁的西亚风格，说明古代固原地区（原州）与西域有着密切的关系。 （《中华人民共和国重大考古发现》P345）

兴隆洼遗址 位于内蒙古赤峰市敖汉旗宝国吐乡兴隆洼村东南。1983～1993年，中国科学院考古研究所对该遗址进行过6次发掘，共揭露面积约3万余平方米，清理房址170座，窖穴300余座、居室墓葬30余座，此外还有一道完整的围壕。经测定校正，其年代为公元前6200～前5400年。兴隆洼遗址出土大量的石、陶、骨、蚌制品以及鹿、猪等动物骨骼。陶器均为手制，以夹砂筒形罐和钵为主，器表多满施纹饰。石器有打制锄形器、磨制石斧以及磨盘、磨棒等。玉器有玦、管、匕形器、锛、凿等，是迄今中国年代最早的真玉器。兴隆洼一期聚落是中国迄今发现的年代最早、保存完整并做了全面揭露的史前聚落。在1985年发表的简报中正式提出兴隆洼文化的命名，为中国北方地区新石器时代聚落形态的研究提供翔实的资料。兴隆洼文化的发现，解决了学术界讨论多年的红山文化的源头问题，进一步明确了辽西地区与黄河流域新石器时代是谱系有别、平行发展、相互影响的文化。 （《中华人民共和国重大考古发现》P63）

都兰热水血渭吐蕃大墓 位于青海省都兰县热水乡血渭草原，青海省文物考古所1983～1985年发掘。大墓由墓门、中室、东室、西室、后室组成，各室之间由回廊相连接。吐蕃墓葬出土文物年代从北朝晚期直至晚唐，是吐蕃统治下的吐谷浑邦国墓葬。大墓出土了大量丝绸和彩绘帐篷木料构件、木器、金银器残件等。大墓南面平地上发现组合陪葬遗迹，由27个圆坑和5条沟组成，圆坑中殉有动物、巨石等，陪葬沟中殉完整马87匹，具有罕见的宏大规模。出土丝织品残片多达350件，包括锦、绫、罗、缂丝、绢、纱、絁等，其中织金锦、缂丝、嵌合组织显花绫、素绫、絣锦等均为国内首次发现。丝绸86%为中原汉地制造，14%为西方织锦。其中粟特锦和波斯锦独具异地风格。1件织有中古波斯人使用的婆罗钵文字的织锦，是世界上仅有的一件确证无疑的8世纪波斯文字锦。墓葬的发掘与研究，对唐代河陇地区吐鲁番文化的构成、族属、埋葬制度与习俗、东西文化交流、青海丝绸之路的地位和作用等重大问题，均有了新的发现和认识。 （《中华人民共和国重大考古发现》P422）

1984年

“朱庐执刲”银印 海南省乐东县志仲镇潭培村出土，篆体白文，印面呈正方形，通高1.9

厘米，边长2.4厘米。印纽类似兽首蛇身，高1.1厘米 ，通体布鳞，尾部作须纹，呈曲身爬行状，无穿。据《汉书·贾捐之传》记载，汉元帝初元三年（前46年），中央政府决定撤销珠崖郡，仅设一个朱庐县管理海南，该县归海北合浦郡遥领。经初步分析，“朱庐执刲”银印当是西汉晚期中央政府颁给有功的朱庐县守关的赐印，它是研究汉代海南的历史地理和政权设置的重要实物资料。 （《新中国考古五十年》P353）

西藏曲贡遗址及曲贡文化 曲贡遗址位于西藏拉萨市北郊5公里的曲贡村附近，海拔3685米。1984年发现并试掘，1990年又进行较大规模的发掘。主要遗址为灰坑，个别灰坑还出土人头骨，出土遗物十分丰富，有石器、骨器、陶器和铜器。遗址年代经测定，校正年代为公元前1750~前1500年之间。和曲贡遗址相同的遗存，还有拉萨市堆龙德庆县堆龙查遗址、山南地区琼结县邦嘎遗址和贡嘎县昌果沟遗址，其中昌果沟遗址在1996年还出土过1000多粒青稞。上述遗存分布在雅鲁藏布江中部，因文化面貌独特，特命名为曲贡文化。曲贡文化的经济以农业为主，狩猎也很发达，曲贡文化的人们有在石头上“涂红”的习惯，对猴、鸟等崇拜。青铜镞经鉴定为冶铸，表明曲贡文化已跨进青铜时代的门坎。 （《新中国考古五十年》P418）

宁夏灵武磁窑堡窑址 1984~1986年，灵武磁窑堡窑址发现窑址4座，作坊遗迹9处，发掘出土瓷器、工具、窑具等3000余件，揭示了西夏遗址的特点及西夏瓷器的工艺水平。 （《新中国考古五十年》P474）

吐蕃陵墓 1984年9月又对赤松德赞墓碑进行清理，清出碑下的龟趺。吐蕃陵墓地形的选择和主墓之前作左右两翼式的布局以及墓碑的形制、纹饰等，都一如唐制。这种情况给文献中关于吐蕃当时大量输入汉族文化的记载，增添了实物证据。80年代以后，在西藏朗县列山等地勘察和试掘了多处吐蕃墓群，还在措美县发现有附有砾石圈祭坛的吐蕃墓地。 （《中华人民共和国重大考古发现》P367）

1985年

西藏古格故城 古格故城位于西藏札达县札不让乡札不让村南约2000米，西藏文管会组队进行考察。古格故城是10世纪中叶，吐蕃王族后裔德尊衮在札不让立国并以此为都。1630年因内乱及拉达克人入侵被灭，渐成废墟。故城建筑遗迹主要分布在一座土山山顶及山坡，总面积约72万平方米，共有房屋遗迹445座，窑洞879孔，碉堡58座，暗道4条，佛塔28座。其中5座保存较好的佛殿和5个供佛窟中保存至今的800多平方米壁画是故城遗址中的重要遗迹。壁画均为15世纪中叶以后的作品，题材丰富，绘制精细，具有明显的地方风格。故城还采集清理出包括生活用具、生产工具、兵器、佛教艺术品等大量遗物，其中兵器的种类和数量较多，有箭镞、盾牌、甲胄、马具装、刀、矛和火器等。 （《中华人民共和国重大考古发现》P458）

辽陈国公主墓 陈国公主与驸马合葬墓位于内蒙古哲里木盟奈曼旗青龙山镇斯布格图村，1985年青龙山镇修建水库时发现，1986年内蒙古文物考古研究所对该墓进行抢救性清理发掘。陈国公主是辽萧太后（承天太后）的孙女、圣宗皇太弟耶律隆庆之女。驸马萧绍矩是辽圣宗仁德皇后之兄，曾任泰宁军节度使、检校太师。公主死于辽圣宗开泰七年（1018），年仅18岁，驸马先公主而逝，死时年约30岁。合葬墓为砖木结构的多室壁画墓，公主与驸马都是按照契丹贵族传统葬俗入葬，只有棺床而无棺具，均头枕金花银枕，身着银丝网络葬衣，脸覆金面具，脚穿金花银靴，胸佩琥珀璎珞，腰系金铐丝带，身上还佩戴各种金银玉饰和琥珀、玛瑙、珍珠饰件，头部各放置一顶鎏金银冠，两套完整的殡葬服饰，反映出契丹皇室家族独有的葬俗。墓内还随葬有6条金银腰带和数百件极其精美的金银器、铜铁器、陶瓷器、玻璃器、木器、玉器等极为珍贵的随葬品。此墓是目前所见保存最完整、出土文物最丰富的契丹皇室墓葬。

（《中华人民共和国重大考古发现》P498）

1986年

元谋古猿　发现于云南省元谋县物茂乡竹棚村豹子洞箐，后在同一地点及小河村蝴蝶梁子、房背梁子、雷老村大树梁子等地，又发现古猿化石，并在前3地点共进行6次发掘，所获古猿化石标本头骨1具、上颌骨8件、下颌骨13件、牙齿1380枚，时代为晚中新世，估计距今800万年～600万年。元谋古猿头骨是迄今世界上时代最晚的腊玛古猿头骨，美国加州人类起源研究所副所长威廉·肯波在1988年访问云南时认为，元谋古猿头骨是迄今为止人类起源缺环上最重要的发现。（《新中国考古五十年》P402）

1988年

辽庆州白塔天宫文物　庆州白塔名释迦佛舍利塔，位于内蒙古巴林右旗辽庆州城遗址内，是遗址地面仅存的1座辽代建筑。塔平面八角形，7级，高73.27米，砖木结构楼阁式，1988年在全面维修时在塔刹覆体内发现形制特殊的五穴一体式天宫，清理出大批珍贵的辽代佛教文物。根据有关铭文，这些文物于辽重熙年间（1032～1054）入藏，包括大都保存完好的佛、菩萨造像、法舍利塔和供养用器，银器、漆器以及大批辽代丝织品。其中，制作最精细、数量最多的是109件法舍利塔，每塔高25～45厘米不等，除1件为银质鎏金外，其余均用柏木雕旋而成。小塔内均藏置有1卷用白绢包封的佛教经卷，绢包上有墨书“舍利”字样，说明辽代入藏时本意就是以这些佛经为舍利，即法舍利。建塔碑铭还显示，此塔是由辽皇室直接安排，组织各级包括佛寺僧官在内的文武官员，并调集大批军队士兵参加工役建造，反映了辽兴宗年间大型工程官式营造的组织制度。（《中华人民共和国重大考古发现》P471）

西夏文物　80年代中期至90年代初，宁夏在抢救清理一批西夏佛塔时，出土了大量西夏文物，具有重要的学术价值。其中宏佛塔出土文物内容之多，尤为令人关注，被列为1990年全国十大考古发现之一。宏佛塔，俗称“王澄塔”，时代为西夏，发掘地点在宁夏回族自治区贺兰县潘昶乡王澄村，发掘单位是宁夏文物管理委员会。宏佛塔坐落在宁夏贺兰县潘昶乡一废寺中，残高28.34米。因年久失修，残损严重，1990年经国家文物局批准，按拆卸重建方案，进行修缮。宏佛塔最上层为天宫，在逐层落架拆除时，发现内藏大批西夏文物。其中有彩绘绢质画14幅，彩绘泥塑佛教造像数十尊及大量残块、碎块，彩绘木雕菩萨像及女伎像，西夏文木雕版2000余块。另有小木塔、木简、西夏文残绢、瓷钵、瓷珠、建筑构建等物。宏佛塔天宫内珍藏的彩画既有中原风格的卷轴画，又有藏密风格的唐卡。彩绘绢质佛画线条流畅、笔法娴熟，具有藏传佛教绘画特点。宏佛塔天宫出土的彩绘泥塑像，均丰满健壮，塑造得极为传神，达到了很高艺术境界。宏佛塔出土文物对于西夏学、佛教艺术和中国古代印刷术的研究有重要价值。

（《新中国考古五十年》P474）

吐谷浑人墓葬 20世纪80年代以来，在青海省都兰县热水乡扎马日村血渭、智尕日村和夏日哈乡河北村什角沟等地发掘了吐蕃统治时期下的吐谷浑人墓葬60余座，出土文物中以丝织品最引人注目，其中大部分为中原的唐代织物，也有少量为中亚、西亚所织造，特别是独具异域风格的粟特锦。都兰吐谷浑墓的发掘，对研究唐代河陇地区吐蕃文化的形成、族属、埋葬制度和习俗，以及吐蕃同东西方之间的文化交流与融合等重大学术问题，提供重要实物遗存。

（《中华人民共和国重大考古发现》P367）

1990年

曲贡史前遗址 位于西藏拉萨北郊曲贡村北的山麓上，海拔3680米，遗址面积约1万平方米，破坏较为严重。由中国社会科学院考古研究所西藏工作队和西藏文物管理委员会发掘，发掘面积约500平方米，共清理灰坑10余个，墓葬2座。拉萨曲贡史前遗址遗物主要有石、陶、骨器等。石器有1万余件，绝大多数为打制的石片、石核。磨制石器很少，有梳形器、重石、研磨石和磨盘等。值得注意的是，许多研磨石上涂有红色颜料。陶器均为轮制，陶质有夹砂和泥质两种。器型主要为单、双耳罐和壶，圆底，有的带小圈足，另外还有钵、豆等，装饰以刻画纹为主的纹样。骨器大多为骨锥，还有骨针、骨笄、骨饰、梳形器等。拉萨曲贡遗址被评为1991年全国十大考古发现之一。 （《中国考古学年鉴1991》P289）

1992年

古猿化石 在云南省保山市羊邑矿清水沟煤层中，发现左侧下颌骨1件、臼齿1枚。这一发现填补了距今800～400万年间从猿到人进化的缺环，有力地增强了我国第三纪古猿化石在人类起源研究中的地位。 （《新中国考古五十年》P402）

辽耶律羽之墓 位于内蒙古赤峰市阿鲁科尔沁旗罕苏木苏木朝克图山，1992年因被盗掘，由内蒙古文物考古研究所会同赤峰市博物馆、阿旗文物管理所，对墓葬进行了抢救性发掘。辽耶律羽之为契丹迭剌部人，为东丹王耶律倍东丹国中台右平章事，是掌握东丹国实权的人物。葬于辽会同四年（941），是辽出土最具有代表性的墓葬之一。整个墓葬为砖石砌筑，由墓道、甬道、前室、左右耳室和主室组成，全长32.5米。主室棺床上罩柏木小帐，帐壁上画有极为精细的男女乐伎。东耳室随葬陶瓷器，西耳室随葬车马器。由于盗掘破坏，随葬品共约300余件，原位不明。重要的随葬品有五瓣花形金杯、鎏金錾花银把杯、金花银渣斗、金花银碗以及各种金银、玛瑙、琥珀等装饰品；其中有形制奇特的瓷罐，以绿釉莲花纹、联珠纹为装饰；还有大部分来自中原和南方的白瓷器和青釉瓷器以及大量包括锦、绢、绮、罗、绫在内的丝织品。刺绣中有彩绣和蹙金绣，也有的在织物上用泥金和墨描绘图案。辽耶律羽之墓的发现，充分显示出辽代初期契丹贵族与中原汉文化的密切关系。 （《中华人民共和国重大考古发现》P495）

主要参考书目：

1. 文物出版社编. 新中国考古五十年. 北京：文物出版社，1999.

2. 宿白主编. 中华人民共和国重大考古发现. 北京：文物出版社，1999.

3. 中国考古学会编. 中国考古学年鉴. 北京：文物出版社，1984～1989、1991.

4. 文物出版社编. 文物500期总目索引. 北京：文物出版社，1998.

5. 中国社会科学院考古研究所编. 新中国的考古发现和研究. 北京：文物出版社，1984.

6. 首都博物馆编. 千古探秘——考古与发现. 北京：中华书局，2009.

（段梅/供稿）

第一至四届全国少数民族传统体育运动会

第一届（1953年）

新中国成立之初，党和政府就对各民族民间传统体育活动十分重视。1953年11月8日至12日，在天津市举行了全国民族形式体育表演及竞赛大会。30年后，即1984年，国家体委、国家民委将这次体育运动会定为第一届全国少数民族传统体育运动会。

参加这次民族形式体育表演及竞赛大会的有满、蒙古、回、藏、苗、朝鲜、纳西、汉等13个民族的395名运动员，分别来自华北、东北、西北、中南、西南5区（包括西藏）和内蒙古自治区、解放军及铁路系统等9个单位。大会在天津民园体育场举行，中央人民政府政务院副总理兼文化教育委员会主任郭沫若、卫生部部长李德全等出席开幕式并讲话。体育项目分竞赛、表演和特邀表演三部分，竞赛项目有举重、拳击、摔跤和步射等，表演项目有武术（分石担、石锁、弓箭术、弹丸、爬杆、跳板、木杠、皮条、沙袋、地围、跳桌、筋斗、叠罗汉、大武术、五虎棍、打术、跳术、跳绳、飞叉、中幡等22项）、骑术（各种马上技巧表演9项）三大类，特邀表演有马球、蒙古式摔跤、狮舞、杂技等，其中维吾尔族的踩绳（即达瓦孜）、蒙古族的摔跤、朝鲜族的跳板、回族的武术以及内蒙古骑兵的马术等少数民族项目给人留下了深刻的印象。竞赛项目中有10名举重运动员创造国家新纪录。来自全国各地及天津市的观众有12万人次。运动会闭幕后，又挑选90名优秀运动员进京连续表演31场，受到观众的热烈欢迎。

这届运动会是在中国共产党和人民政府的关怀重视下召开的，它不仅是新中国成立以来的第一次民族形式的体育盛会，更是一次体现民族平等团结的体育盛会。历史上备受压迫和歧视的少数民族，第一次将自己的民间传统体育项目，与汉族体育项目一起平等地拿到全国体育运动会上展示，在中国体育史上具有划时代的意义，对贯彻党的民族政策，推动民族体育事业的发展，增强民族团结产生了重要影响。从此，少数民族传统体育进入了一个繁荣发展的新时期。

第二届（1982年）

由国家体委、国家民委主办，内蒙古自治区人民政府承办的第二届全国少数民族传统体育运动会，1982年9月2日至8日在呼和浩特市举行。

中共中央政治局委员、全国人大常委会副委员长乌兰夫，中共中央书记处书记、国务院副总理万里，全国人大常委会副委员长阿沛·阿旺晋美等出席开幕式，并接见与会的全体运动员、裁判员及工作人员。乌兰夫、万里还分别为运动会题词。乌兰夫的题词是："努力发展少数民族传统体育，繁荣各民族文化，增进民族团结。"万里的题词是："开展民族传统体育活动，建设社会主义精神文明，开创民族体育的新局面。"

来自全国29个省、自治区、直辖市的56个民族的863名运动员和教练员参加本届运动会，其中少数民族运动员593人。十几个省、区组织的少数民族参观团参加开幕式并观看比赛。

体育活动分竞赛项目和表演项目两大类。竞赛项目有射箭邀请赛和中国式摔跤，来自内蒙古、新疆、西藏、青海4省区5个民族的24名运动员参加射箭角逐，15个省、自治区、直辖市13个民族的56名业余摔跤运动员参加4个级别的中国式摔跤比赛。表演项目有68个，分别由26个省、自治区、直辖市的46个少数民族的800多名运动员进行表演，其中有傣族的孔雀拳、白族的霸王鞭、纳西族的东巴跳、彝族的阿细跳月、高山族的背篓球、回族的斗牛、藏族的“碧秀”、土族的轮子秋、朝鲜族的秋千、黎族的跳竹竿、壮族的高空舞狮、维吾尔族的“达瓦孜”、哈萨克族的马上拾银、塔吉克族的叼羊、蒙古族的赛骆驼和赛马、达斡尔族的“波依阔”等，这些传统的民族表演项目，各具特色，异彩纷呈，吸引80多万观众前来观看。

运动会期间，还举办“全国少数民族传统体育活动图片展览”，举办有12000人参加的盛大联欢晚会。

闭幕式上，国家民委、国家体委的领导向获得中国式摔跤的优胜者颁发奖牌；大会组委会向有表演项目的代表团颁发奖旗，向各代表团成员赠送纪念奖杯；内蒙古自治区人民政府向各少数民族运动员赠送纪念品。

第三届（1986年）

由国家体委、国家民委主办，新疆维吾尔自治区人民政府承办的第三届全国少数民族传统体育运动会，1986年8月10日至17日在乌鲁木齐市举行。

中共中央政治局委员、国务院副总理万里，中共中央顾问委员会常务委员刘澜涛、江华，第六届全国政协副主席杨静仁、包尔汉等出席开幕式。国际奥委会执委、国家体委副主任何振梁代表国际奥委会向大会赠送一尊铜质和平鸽以示祝贺。

本届运动会首次启用会徽、会旗、会标，这标志着少数民族传统体育运动会逐步走向正规化。来自全国（除台湾省外）29个省、自治区、直辖市的55个少数民族的运动员和各民族的教练员、工作人员共1097人参加比赛和表演，另外还有29个省、自治区、直辖市组成的观摩团，以及特邀代表等，达3704人，总规模大大超过上届。

运动会设7个竞赛项目和115个表演项目。竞赛项目除保留上届摔跤、射箭外，增设赛马、叼羊、射弩、抢花炮、秋千5个项目，表演项目比上届增加47项。由于本届运动会制订了较为科学的比赛规则，使参赛运动员的技术水平得到了较好发挥，各代表团都取得了较好的成绩。

运动会期间，国家民委、国家体委联合表彰一批民族地区体育先进单位和个人。万里副总理等党和国家领导人同运动员、教练员、裁判员、工作人员、中外来宾及各民族的代表在天山脚下的南山牧场一起联欢。

闭幕式上，国家民委主任司马义·艾买提致闭幕词。新疆维吾尔自治区政府主席铁木尔·达瓦买提代表自治区人民政府向国务院、国际奥委会、国家民委、国家体委和29个代表团赠送纪念品，并向下届全国民族运动会承办单位广西壮族自治区代表团团长张声震移交会旗。

本届竞赛项目比赛成绩（前三名）

抢 花 炮：广西　湖南　贵州

射　　弩：全能：丰盛光（云南）、和文光（云南）、李行菲（湖南）

20米立姿：和文光（云南）、丰盛光（云南）、李行菲（湖南）
30米跪姿：丰盛光（云南）、朱开富（贵州）、和文光（云南）
秋　千：崔明玉（黑龙江）、全红玉（辽宁）、朴花淑（河北）
射　箭：女子全能：永白兰（新疆）、肖兰（新疆）、伊玉珍（新疆）
女子70米：永白兰（新疆）、肖兰（新疆）
女子60米：伊玉珍（新疆）、肖兰（新疆）
女子50米：永白兰（新疆）、普布（西藏）
女子30米：永白兰（新疆）、普布（西藏）
男子全能：永玉平（新疆）、巴永善（新疆）、多吉秋云（西藏）
男子90米：永玉平（新疆）、马利智（宁夏）
男子70米：多吉秋云（西藏）、巴永善（新疆）
男子50米：永玉平（新疆）、马利智（宁夏）
男子30米：多吉秋云（西藏）、永玉平（新疆）
摔　跤：中国式：52公斤级：张文祥（辽宁）、阿拉腾格日勒（内蒙古）、吕铃仲（陕西）
62公斤级：马全业（河北）、居马洪（新疆）、孟何达来（内蒙古）
68公斤级：马尔楞（内蒙古）、宋安宁（辽宁）、特古斯（甘肃）
74公斤级：伊吉勒（内蒙古）、赵春（北京）、乌日根白依拉（甘肃）
自由式：52公斤级：毕洪亮（云南）、赛力克（新疆）、阿曲尔（四川）
62公斤级：巴哈提（新疆）、巴图吉日嘎尔（内蒙古）、张广林（安徽）
68公斤级：李宪吉（北京）、阿尔肯牙生（新疆）、路茂军（四川）
74公斤级：王宏强（北京）、努尔希汉（新疆）、库马尔汉（新疆）
速度赛马：1000米：吉恩思（新疆）、巴特那森（新疆）、那希音（新疆）
3000米：阿拉腾其其格（内蒙古）、吉恩思（新疆）、亚力坤（新疆）
5000米：阿拉腾其其格（内蒙古）、图门（内蒙古）、地里拜斯（新疆）
10000米：地里拜斯（新疆）、那顺（内蒙古）、多鲁坤（新疆）
叼　羊：新疆一队

第四届（1991年）

由国家体委、国家民委主办，广西壮族自治区人民政府承办的第四届全国少数民族传统体育运动会，1991年11月10日至17日在南宁市举行。其中，赛马项目由内蒙古自治区人民政府承办，1991年8月4日至7日在呼和浩特市举行。

中共中央政治局委员、全国人大常委会委员长万里，中共中央政治局委员、国务委员李铁映，中共中央顾问委员会常务委员李德生，全国人大常委会副委员长阿沛·阿旺晋美、赛福鼎·艾则孜，国务委员、国家扶贫领导小组组长陈俊生，全国政协副主席杨静仁、程思远出席开幕式。

中共中央政治局常委、国务院总理李鹏，中共中央政治局委员、国务委员李铁映，国家民委主任司马义·艾买提为大会题词。李鹏的题词是："加强民族团结，发展民族体育运动。"李铁映的题词是："发展民族体育，弘扬民族文化。"司马义·艾买提的题词是："发展民族体育，振奋民族精神，促进民族进步。"本届运动会的宗旨是："平等、团结、进步、繁荣"。

来自全国30个省、自治区、直辖市55个少数民族的运动员、教练员、工作人员、观摩人员、少数民族体育先进地区和单位的代表及中外记者，共3000多人参加运动会。台湾少数民族龙舟队和少数民族传统歌舞艺术团第一次参加比赛和表演。运动会设竞赛项目和表演项目两大类。竞赛项目共9项：龙舟、抢花炮、秋千、射弩、珍珠球、木球、摔跤、赛马和武术，设金牌34枚；表演项目120项，设奖114个。本届运动会不仅在竞赛项目和表演项目的数量上超过历届，而且制订了较为科学、系统的总规程、竞赛项目规程和规则、表演项目评判办法，使本届运动会向着规范化的轨道迈进一大步。大会还增设"道德风尚奖"。

运动会期间，召开民族体育表彰会，国家民委、国家体委联合表彰一批为发展少数民族地区体育事业做出贡献的先进地区、单位和个人。

大会期间还举办"全国少数民族传统体育图片展览"，来自全国各地的12家艺术团体，为各族群众演出30场文艺节目。本届民族运动会第一次有了自己的会歌，由乔羽作词、徐沛东作曲、青年歌手韦唯（壮族）演唱的《爱我中华》，从广西南宁唱响全国。

本届竞赛项目比赛成绩（前三名）

抢花炮：广西一队　广西二队　湖南

木　球：河北　广西　湖南

龙　舟：女子：湖南　广西一队　广西二队

男　子：海南　贵州　广西二队

珍珠球：女子：辽宁　河北　广西

男子：广西　辽宁　山东

秋　千：团体：吉林　新疆　辽宁

个　人：林美善（吉林）、郑爱淑（吉林）、崔贞顺（吉林）

射　弩：女子立姿：兰丽娟（广西）、覃秀梅（广西）、白　英（广西）

女子跪姿：白　英（广西）、李秀仙（云南）、窦金琴（云南）

女子全能：白　英（广西）、兰丽娟（广西）、覃秀梅（广西）

男子立姿：和泽忠（云南）、白行通（广西）、和忠文（云南）

男子跪姿：白行通（广西）、张　新（云南）、和忠文（云南）

男子全能：白行通（广西）、和忠文（云南）、张　新（云南）

民族式摔跤：搏克：团体：青海　内蒙古

个人：山其尔（内蒙古）、布　和（内蒙古）、都古尔札布（内蒙古）、闯　将（甘肃）

且里西：52公斤级：韦晨阳（广西）、何子正（云南）、黄文贵（广西）

74公斤以上级：阿　曼（新疆）、满都呼（内蒙古）

北嘎：52公斤级：小宝力德（黑龙江）、杨玉高（云南）、谢　交（新疆）

74公斤级：吐尔逊（新疆）、希格图（黑龙江）、覃　宏（广西）

74公斤以上级：额尔登巴维尔（内蒙古）、木那江（新疆）、马　槟（天津）

绊　跤：52公斤级：张文祥（辽宁）、卡哈尔曼（新疆）、耿宝华（陕西）
74公斤级：达西尼玛（黑龙江）、王志刚（甘肃）、安长青（河北）
74公斤以上级：李　勇（吉林）、金林山（吉林）、李福义（吉林）

武　术：拳术：苏自芳（云南）、常玉刚（河北）、杨保平（河南）
器械：李　琦（陕西）、王　良（宁夏）、白彦侠（安徽）
对练：覃　干、马　云（广西）、阿布都·卡力、吴　京（北京）、魏金明、路河山（安徽）

速度赛马：1000米：文　龙（内蒙古）、奴尔旦（新疆）、奴尔阿吉（新疆）
3000米：扎　那（内蒙古）、奴尔布拉提（新疆）、文　龙（内蒙古）
5000米：扎　那（内蒙古）、德格都白拉（内蒙古）、那音太（内蒙古）
10000米：库尔班江（新疆）、前德门（内蒙古）、额尔登吐（青海）

主要参考书目：

中国民族年鉴社编. 中国民族年鉴（2002卷）.

（卢晓华　穆慧贤/供稿）

六、重要文献

中国人民政治协商会议共同纲领（节录）

（1949年9月29日　中国人民政治协商会议第一届全体会议）

序　言

中国人民解放战争和人民革命的伟大胜利，已使帝国主义、封建主义和官僚资本主义在中国的统治时代宣告结束。中国人民由被压迫的地位变成为新社会新国家的主人，而以人民民主专政的共和国代替那封建买办法西斯专政的国民党反动统治。中国人民民主专政是中国工人阶级、农民阶级、小资产阶级、民族资产阶级及其他爱国民主分子的人民民主统一战线的政权，而以工农联盟为基础，以工人阶级为领导。由中国共产党、各民主党派、各人民团体、各地区、人民解放军、各少数民族、国外华侨及其他爱国民主分子的代表们所组成的中国人民政治协商会议，就是人民民主统一战线的组织形式。中国人民政治协商会议代表全国人民的意志，宣告中华人民共和国的成立，组织人民自己的中央政府。中国人民政治协商会议一致同意以新民主主义即人民民主主义为中华人民共和国建国的政治基础，并制定以下的共同纲领，凡参加人民政治协商会议的各单位、各级人民政府和全国人民均应共同遵守。

第六章

第五十条　中华人民共和国境内各民族一律平等，实行团结互助，反对帝国主义和各民族内部的人民公敌，使中华人民共和国成为各民族友爱合作的大家庭。反对大民族主义和狭隘地方民族主义，禁止民族间的歧视、压迫和分裂各民族团结的行为。

第五十一条　各少数民族聚居的地区，应实行民族区域自治，按照民族聚居的人口多少和区域大小，分别建立各种民族自治机关。凡各民族杂居的地方及民族自治区内，各民族在当地政府机关中应有相当名额代表。

第五十二条　中华人民共和国境内各少数民族，均有按照统一的国家军事制度，参加人民解放军及组织地方人民公安部队的权利。

第五十三条　各少数民族均有发展其语言文字、保持和改革其风俗习惯及宗教信仰的自由。人民政府应帮助各少数民族的人民大众发展其政治、经济、文化、教育的建设事业。　（《新华社新闻稿》1949.10.2，《中华人民共和国大事记（1949~1980）》P36）

关于民族事务的几项决定

（1951年2月5日　政务院）

中央人民政府政务院会议在先后听取了中央民族事务委员会李维汉主任委员关于各民族代表参加国庆节的报告、中央民族访问团沈钧儒团长关于访问西北少数民族的总结报告并研究了中央民族访问团刘格平团长等关于访问西南各民族的各种报告之后，特作如下决定：

（一）各大行政区军政委员会（人民政府）须指导各有关省、市、行署人民政府认真地推行民族区域自治及民族民主联合政府的政策和制度，并随时向政务院报告推行经验，其必须事前请示者应向政务院请示。

（二）各大行政区军政委员会（人民政府）须指导各有关省、市、行署人民政府认真地并有计划地实行政务院在一九五〇年颁发的培养少数民族干部试行方案，并将该项工作进行情况定期加以检查，每半年向政务院作报告一次。中央民族学院及西北、西南、中南各军政委员会和新疆省人民政府办理的民族学院，必须依计划实行，并向政务院作报告。

（三）政务院于今年下半年适当时间将同时召开有关少数民族的卫生、教育及贸易三个专业会议，责成政务院文化教育委员会、财政经济委员会指导中央卫生部、教育部、贸易部开始筹备，并责成中央民族事务委员会协助进行之。有关部门如农业部、文化部亦须派人参加。

（四）责成中央人民政府各委、部、会、院、署、行注意建立有关民族事务的业务。

（五）在政务院文化教育委员会内设民族语言文字研究指导委员会，指导和组织关于少数民族语言文字的研究工作，帮助尚无文字的民族创立文字，帮助文字不完备的民族逐渐充实其文字。

（六）扩大中央民族事务委员会名额，责成中央民族事务委员会提出补充名单的建议，并准备于今年下半年召开中央民族事务委员会的扩大会议，以检讨与总结关于推行民族区域自治及民族民主联合政府的经验。　（《民族政策文献汇编》P13~14）

中央人民政府和西藏地方政府关于和平解放西藏办法的协议

（1951年5月23日　北京）

西藏民族是中国境内具有悠久历史的民族之一，与其他许多民族一样，在伟大祖国的创造与发展过程中，尽了自己的光荣的责任。但在近百余年来，帝国主义势力侵入了中国，因此也就侵入了西藏地区，并进行了各种的欺骗和挑拨。国民党反动政府对于西藏民族，则和以前的反动政府一样，继续行使其民族压迫和民族离间的政策，致使西藏民族内部发生了分裂和不团结。而西藏地方政府对于帝国主义的欺骗和挑拨没有加以反对，对伟大的祖国采取了非爱国主义的态度。这些情况使西藏民族和西藏人民陷于奴役和痛苦的深渊。1949年中国人民解放战争在全国范围内取得了基本的胜利，打倒了各民族的共同的内部敌人——国民党反动政府，驱逐了各民族的共同的外部敌人——帝国主义侵略势力。在此基础之上，中华人民共和国和中央人民政府宣布成立。中央人民政府依据中国人民政治协商会议通过的共同纲领，宣布中华人民共和国境内各民族一律平等，实行团结互助，反对帝国主义和各民族内部的人民公敌，使中华人民共和国成为各民族友爱合作的大家庭。在中华人民共和国各民族的大家庭之内，各少数民族聚居的地区实行民族的区域自治，各少数民族均有发展其自己的语言文字，保持或改革其风俗习惯及宗教信仰的自由，中央人民政府则帮助各少数民族发展其政治、经济和文化教育的建设事业。自此以后，国内各民族除西藏及台湾区域外，均已获得解放。在中央人民政府统一领导和各上级人民政府直接领导之下，各少数民族均已获得充分享受民族平等的权利，并已经实行或正在实行民族的区域自治。为了顺利地清除帝国主义侵略势力在西藏的影响，完成中华人民共和国领土和主权的统一，保卫国防，使西藏民族和西藏人民获得解放，回到中华人民共和国大家庭中来，与国内其他各民族享受同样的民族平等的权利，发展其政治、经济、文化教育事业，中央人民政府于命令人民解放军进军西藏之际，通知西藏地方政府派遣代表来中央举行谈判，以便订立和平解放西藏办法的协议。1951年4月下旬西藏地方政府的全权代表到达北京。中央人民政府当即指派全权代表和西藏地方政府的全权代表于友好的基础上举行了谈判。谈判结果，双方同意成立本协议，并保证其付诸实行。

一、西藏人民团结起来，驱逐帝国主义侵略势力出西藏，西藏人民回到中华人民共和国祖国大家庭中来。

二、西藏地方政府积极协助人民解放军进入西藏，巩固国防。

三、根据中国人民政治协商会议共同纲领的民族政策，在中央人民政府统一领导之下，西藏人民有实行民族区域自治的权力。

四、对于西藏的现行政治制度，中央不予变更。达赖喇嘛的固有地位及职权，中央亦不予变更。各级官员照常供职。

五、班禅额尔德尼的固有地位及职权，应予维持。

六、达赖喇嘛和班禅额尔德尼的固有地位及职权，系指十三世达赖喇嘛与九世班禅额尔德尼彼此和好相处时的地位及职权。

七、实行中国人民政治协商会议共同纲领规定的宗教信仰自由的政策，尊重西藏人民的宗教信仰和风俗习惯，保护喇嘛寺庙。寺庙的收入，中央不予变更。

八、西藏军队逐步改编为人民解放军，成为中华人民共和国国防武装的一部分。

九、依据西藏的实际情况，逐步发展西藏民族的语言、文字和学校教育。

十、依据西藏的实际情况，逐步发展西藏的农牧工商业，改善人民生活。

十一、有关西藏的各项改革事宜，中央不加强迫。西藏地方政府应自动进行改革，人民提出改革要求时，得采取与西藏领导人员协商的方法解决之。

十二、过去亲帝国主义和亲国民党的官员，只要坚决脱离与帝国主义和国民党的关系，不进行破坏和反抗，仍可继续供职，不咎既往。

十三、进入西藏的人民解放军遵守上列各项政策，同时买卖公平，不妄取人民一针一线。

十四、中央人民政府统一处理西藏地区的一切涉外事宜，并在平等、互利和互相尊重领土主权的基础上，与邻邦和平相处，建立和发展公平的通商贸易关系。

十五、为保证本协议之执行，中央人民政府在西藏设立军政委员会和军区司令部，除中央人民政府派去的人员外，尽量吸收西藏地方人员参加工作。

参加军政委员会的西藏地方人员，得包括西藏地方政府及各地区、各主要寺庙的爱国分子，由中央人民政府指定的代表与有关各方面协商提出名单，报请中央人民政府任命。

十六、军政委员会、军区司令部及入藏人民解放军所需经费，由中央人民政府供给。西藏地方政府应协助人民解放军购买和运输粮秣及其他日用品。

十七、本协议于签字盖章后立即生效。

中央人民政府全权代表
首席代表：李维汉（签字盖章）
代表：张经武（签字盖章）
张国华（签字盖章）
孙志远（签字盖章）

西藏地方政府全权代表
首席代表：阿沛·阿旺晋美（签字盖章）
代表：凯墨·索安旺堆（签字盖章）
土丹旦达（签字盖章）
土登列门（签字盖章）
桑颇·登增顿珠（签字盖章）

（《当代中国的西藏》P645~648）

中共中央关于西藏工作方针的指示

（1952年4月6日　毛泽东代表中共中央起草的给
西南局、西藏工委并告西北局、新疆分局的党内指示）

中央基本上同意西南局、西南军区4月2日给西藏工委和西藏军区的指示电，认为这个电报所取的基本方针（除了改编藏军一点外）及许多具体步骤是正确的。只有照此做去，才能使我军在西藏立于不败之地。

西藏情况和新疆不同，无论在政治上经济上西藏均比新疆差得多。我王震部入疆，尚且首先用全力注意精打细算，自力更生，生产自给。现在他们已站稳脚跟，取得少数民族热烈拥护。目前正进行减租减息，今冬进行土改，群众将更拥护我们。新疆和关内汽车畅达，在物质福利上给了少数民族很大好处。西藏至少在二三年内不能实行减租，不能实行土改。新疆有几十万汉人，西藏几乎全无汉人，我军是处在一个完全不同的民族区域。我们唯靠两条基本政策，争取群众，使自己立于不败。第一条是精打细算，生产自给，并以此影响群众，这是最基本的环节。公路即使修通，也不能靠此大量运粮。印度可能答应交换粮物入藏，但我们的立脚点，应放在将来有一天万一印度不给粮物我军也能活下去。我们要用一切努力和适当办法，争取达赖及其上层集团的大多数，孤立少数坏分子，达到不流血地在多年内逐步地改革西藏经济政治的目的；但也要准备对付坏分子可能率领藏军举行叛变，向我袭击，在这种时候我军仍能在西藏活下去和坚持下去。凡此均须依靠精打细算，生产自给。以这一条最基本的政策为基础，才能达到目的。第二条可做和必须做的，是同印度和内地打通贸易关系，使西藏出入口趋于平衡，不因我军入藏，而使藏民生活水平稍有下降，并争取使他们在生活上有所改善。只要我们对生产和贸易两个问题不能解决，我们就失去存在的物质基础，坏分子就每天握有资本去煽动落后群众和藏军反对我们，我们团结多数孤立少数的政策就将软弱无力，无法实现。

西南局4月2日电报的全部意见中，只有一点值得考虑，这就是短期内改编藏军和成立军政委员会和是否可能和得策的问题。我们意见，目前不要改编藏军，也不要在形式上成立军分区，也不要成立军政委员会。暂时一切仍旧，拖下去，以待一年或两年后我军确能生产自给并获得群众拥护的时候，再谈这些问题。在这一年至两年内可能发生两种情况：一种是我们团结多数孤立少数的上层统战政策发生了效力，西藏群众也逐步靠拢我们，因而使坏分子及藏军不敢举行暴乱；一种是坏分子认为我们软弱可欺，率领藏军举行暴乱，我军在自卫斗争中举行反攻，给以打击。以上两种情况，无论哪一种都对我们有利。在西藏上层集团看来，目前全部实行协定和改编藏军，理由是不充足的。过几年则不同，他们可能会觉得只好全部实行协定和只好改编藏军。如果藏军举行暴乱，或者他们不是举行一次，而是举行几次，又均被我军反击下去，则我们改编藏军的理由就愈多。看来不但是两司伦（编者按："司伦"是达赖下面最高的行政官。当时的两司伦是反动农奴主鲁康娃和罗桑札喜），而且还有达赖及其集团的多数，都觉得协定是勉强接受的，不愿意实行。我们在目前不仅没有全部实行协定的物质基础，也没有全部实行协定的群众基础，也没有全部实行协定的上层基础，勉强实行，害多利少。他们既不愿意实行，那么好罢，目前就不实行，拖一下再说。时间拖得愈久，我们的理由就愈多，他们的理由就愈少。拖下去，对我们的害处并不大，或者反而有利些。各种残民害理的坏事让他们去做，我们则只做生产、贸易、修路、医药、统战（团结多数，耐心教育）等好事，以争取群众，等候时机成熟再谈全部实行协定的问题。如果他们觉得小学不宜办，则小学也可以收场不办。

最近拉萨的示威不应看作只是两司伦等坏人做的，而应看做是达赖集团的大多数向我们所作的表示。其请愿书内容很有策略，并不表示决裂，而只要求我们让步。其中暗示恢复前清办法不驻解放军一条，不是他们的真意。他们明知这是办不到的，他们是企图用这一条交换其他各条。在请愿书内批评了十四辈达赖，使达赖在政治上不负此次示威的责任。他们以保护西藏民族利益的面目出现，他们知道在军事力量方面弱于我们，但在社会势力方面则强于我们。我们应当在事实上（不是在形式上）接受这次请愿，把协定的全部实行延缓下去。他们选择在班禅尚未到达的时机举行这次示威，是经过考虑的。班禅到拉萨后，他们可能要大拉一把，使班禅加入他们的集团。如果我们的工作做得好，班禅不上他们的当，并安全到了日喀则，那时形势会变得较为有利于我们。但我们缺乏物质基础这一点一时还不能变化，社会势力方面他们强于我们这一点一时也不会变化，因而达赖集团不愿意全部实行协定这一点一时也不会变化。我们目前在形式上要采取攻势，责备此次示威和请愿的无理（破坏协定），但在实际上要准备让步，等候条件成熟，准备将来的进攻（即实行协定）。　（《毛泽东选集》5卷P61~64）

中华人民共和国民族区域自治实施纲要

（1952年8月8日　中央人民政府委员会第十八次会议）

第一章　总则

第一条　本纲要依据中国人民政治协商会议共同纲领第九条、第五十条、第五十一条、第五十二条及第五十三条之规定制定之。

第二条　各民族自治区统为中华人民共和国领土的不可分离的一部分。各民族自治区的自治机关统为中央人民政府统一领导下的一级地方政权，并受上级人民政府的领导。

第三条　中国人民政治协商会议共同纲领，为中华人民共和国各民族现阶段团结奋斗的总道路，各民族自治区人民管理本民族内部事务，须遵循此总道路前进。

第二章　自治区

第四条　各少数民族聚居的地区，依据当地民族关系，经济发展条件，并参酌历史情况，得分别建立下列各种自治区：

（一）以一个少数民族聚居区为基础而建立的自治区。

（二）以一个大的少数民族聚居区为基础，并包括个别人口很少的其他少数民族聚居区所建立的自治区。包括在此种自治区内的各个人口很少的其他少数民族聚居区，均应实行区域自治。

（三）以两个或多个少数民族聚居区为基础联合建立的自治区。此种自治区内各少数民族聚居区是否需要单独建立民族自治区，应视具体情况及有关民族的志愿而决定。

第五条　依据当地经济，政治等需要，并参酌历史情况，各民族自治区内得包括一部分汉族居民区及城镇。各民族自治区内的汉族聚居区的政权机关，采用全国一般的现行制度，无需实行区域自治；但自治区内汉族人民特别多的地区，应建立民族民主联合政府。

第六条　各民族自治区的区域界线，应依据本纲要第四、第五两条的情况，作适当划定。在开始建立自治区时不及适当划定者得作临时处理，以后再加调整。

第七条　各民族自治区的行政地位，即相当于乡（村）、区、县、专区或专区以上的行政地位，依其人口多少及区域大小等条件区分之。

第八条　各民族自治区的名称，除特殊情况外，由民族名称冠以地方名称组成之。

第九条　关于各民族自治区区域界线的划定和调整，行政地位和名称的确定，均由各有关的直接上级人民政府与各有关的民族代表协商拟定，报请上一级人民政府核准；相当于县以上行政地位者，须报请中央人民政府政务院批准。凡经各级地方人民政府核准者，并须层报中央人民政府政务院备案。

第三章 自治机关

第十条 各民族自治区的自治机关，即各民族自治区人民的政权机关。

第十一条 各民族自治区自治机关的建立，应依据民主集中制和人民代表大会制的基本原则。

第十二条 各民族自治区的人民政府机关，应以实行区域自治的民族人员为主要成份组成之；同时应包括自治区内适当数量的其他少数民族和汉族的人员。

第十三条 各民族自治区自治机关的隶属关系，除特殊情况外，决定于各该自治区的行政地位。

第四章 自治权利

第十四条 各民族自治区自治机关的具体形式，依照实行区域自治的民族大多数人民及与人民有联系的领袖人物的志愿。

第十五条 各民族自治区自治机关得采用一种在其自治区内通用的民族文字，为行使职权的主要工具；对不适用此种文字的民族行使职权时，应同时采用该民族的文字。

第十六条 各民族自治区自治机关得采用各民族自己的语言文字，以发展各民族的文化教育事业。

第十七条 各民族自治区自治机关得采用适当措施，以培养热爱祖国的、与当地人民有密切联系的民族干部。

第十八条 各民族自治区的内部改革，依照各民族大多数人民及与人民有联系的领袖人物的志愿。

第十九条 在国家统一的财政制度下，各民族自治区自治机关得依据中央人民政府和上级人民政府对民族自治区财政权限的划分，管理本自治区的财政。

第二十条 在国家统一的经济制度和经济建设计划之下，各民族自治区自治机关得自由发展本自治区的地方经济事业。

第二十一条 各民族自治区自治机关得采取必要的和适当的办法，发展各民族的文化、教育、艺术和卫生事业。

第二十二条 各民族自治区自治机关按照国家统一的军事制度，得组织本自治区的公安部队和民兵。

第二十三条 各民族自治区自治机关在中央人民政府和上级人民政府法令所规定的范围内，依其自治权限，得制定本自治区单行法规，层报上两级人民政府核准。凡经各级地方人民政府核准的各民族自治区单行法规，均须层报中央人民政府政务院备案。

第二十四条 以上列举的自治权利，原则上适用于一切民族自治区，其适用的规模，与各民族自治区的行政地位相适应。

第五章　自治区内的民族关系

第二十五条　各民族自治区自治机关须保障自治区内的各民族都享有民族平等权利；教育各民族人民互相尊重其语言文字，风俗习惯及宗教信仰；禁止民族间的歧视和压迫，禁止任何煽动民族纠纷的行为。

第二十六条　各民族自治区自治机关须保障自治区内的一切人民，不问民族成分如何，均享有中国人民政治协商会议共同纲领所规定的思想、言论、出版、集会、结社、通讯、人身、居住、迁徙、宗教信仰及示威游行的自由权；并依法有选举权和被选举权。

第二十七条　各民族自治区自治机关对聚居于自治区内的其他少数民族，应依据本纲要第四条的规定，帮助他们实行区域自治。

第二十八条　各民族自治区自治机关对有关自治区内其他民族的特殊问题，须与各该民族代表充分协商。

第二十九条　各民族自治区自治机关教育和引导自治区内人民与全国各民族实行团结互助，爱护各民族友爱合作的大家庭——中华人民共和国。

第六章　上级人民政府的领导原则

第三十条　上级人民政府应尊重各民族自治区的自治权利，并帮助其实现。

第三十一条　上级人民政府应足够地估计各民族自治区当前发展阶段的特点和具体情况，使自己的指示、命令既符合于中国人民政治协商会议共同纲领的总道路，又适合此种特点和具体情况。

第三十二条　上级人民政府应帮助各民族自治区自治机关有计划地培养当地的民族干部；并根据需要派遣适当干部参加自治区的工作。

第三十三条　上级人民政府应帮助各民族自治区发展其政治、经济、文化、教育和卫生事业。

第三十四条　上级人民政府应利用各种适当的方式，向各民族自治区人民介绍先进的政治，经济和文化建设的经验和情况。

第三十五条　上级人民政府应教育并帮助各民族人民建立民族间平等、友爱、团结、互助的观点，克服各种大民族主义和狭隘民族主义的倾向。

第七章　附则

第三十六条　全国各少数民族聚居的地区，除已经实行区域自治者外，凡革命秩序初步建立，各阶层人民愿意实行区域自治时，即应着手实行区域自治，并设立筹备或应用现有的适当机构，进行关于召集人民代表会议及其他必要的准备工作。

第三十七条　本纲要第八条关于民族自治区的名称和第十三条关于民族自治区自治机关的隶属关系所称特殊情况，由省（行署）人民政府或大行政区人民政府或与此相当的民族自治区人民政府提出处理意见，报请中央人民政府政务院核准或由中央人民政府政务院直接处理之。

第三十八条　汉族地区城市中的少数民族聚居区，其实行区域自治的办法，由中央人民政府政务院依据本纲要的基本精神另行规定。

第三十九条　本纲要由中央人民政府民族事务委员会第二次委员会扩大会议提出，经中央人民政府政务院政务会议通过，中央人民政府委员会批准施行。

第四十条　本纲要之解释权与修改权属于中央人民政府。　（《民族政策文件》P2~9）

中华人民共和国民族自治地方自治要点

（1956年7月5日　全国人大民族委员会第三次会议）

一、总则

（一）各民族自治地方人民依照中华人民共和国宪法的规定，有管理自己内部事务的权利。

各民族自治地方人民为过渡到社会主义社会而奋斗。

（二）各民族自治地方都是工人阶级领导的、以工农联盟为基础的人民民主的自治地方。

各民族自治地方都应当加强人民民主统一战线工作。

（三）各民族自治地方的人民行使权力的机关，是本地方内各级人民代表大会。

各民族自治地方的各级人民代表大会和其他国家机关，一律实行民主集中制。

各民族自治地方的自治机关的形式可以依照实行区域自治的民族大多数人民的意愿规定。

（四）各民族自治地方都是中华人民共和国不可分离的部分。

（五）各民族自治地方的名称，除特殊情况者以外，都以民族名称冠以地方名称组成。

（六）各民族自治地方内各民族一律平等。禁止对任何民族的歧视和压迫，禁止破坏各民族团结的行为。发扬爱国主义和各民族间的友爱互助，反对大民族主义和地方民族主义。

（七）各民族自治地方内各民族都有使用和发展自己的语言文字的自由，都有保持或者改革自己的风俗习惯的自由。

各民族自治地方内各民族公民都有宗教信仰的自由。

（八）各民族自治地方依靠国家机关和社会力量，采取和平协商的方式，逐步消灭剥削制度，建立社会主义社会。

各民族自治地方进行民主改革和社会主义改造的具体办法和步骤，由自治机关根据当地民族大多数人民和与人民有联系的公众领袖的意愿决定。

（九）各民族自治地方在国家经济计划之下，按照当地的需要和特点制定本地方的经济计划，不断提高生产力，以改进人民的物质生活和文化生活。

（十）各民族自治地方保卫人民民主制度，反对帝国主义，反对各民族内部的人民公敌，镇压一切叛国的和反革命的活动，惩办一切卖国贼和反革命分子。

各民族自治地方禁止危害公共利益、扰乱社会秩序、破坏国家经济建设的一切非法行为。

（十一）自治区、自治州的自治机关对本地方内其他少数民族聚居的地方，帮助他们建立民族自治地方或者民族乡。自治县的自治机关对本地方内相当于乡的其他少数民族聚居的地方，帮助他们建立民族乡。并且帮助他们发展政治、经济和文化的建设事业。

各民族自治地方的自治机关保障散居的少数民族成分的民族平等权利。

二、人民代表大会和人民委员会

（十二）各民族自治地方都设立人民代表大会和人民委员会。

普选条件尚不具备的民族自治地方，可以由人民代表会议代行人民代表大会的职权。

（十三）各民族自治地方的人民代表大会的代表名额和代表产生办法依照选举法的规定。

在多民族杂居的各民族自治地方的人民代表大会中，各有关民族都应当有适当名额的代表。

（十四）各民族自治地方的人民代表大会的任期规定如下：

自治区人民代表大会每届任期四年；

自治州人民代表大会每届任期二年；

自治县人民代表大会每届任期二年。

（十五）各民族自治地方的人民代表大会，除行使中华人民共和国地方各级人民代表大会和地方各级人民委员会组织法规定的县以上的地方各级人民代表大会的职权外，并且依照宪法和法律规定的权限行使自治权。

各民族自治地方的人民代表大会依照法律规定的财政权限，审查和批准预算和决算。

各民族自治地方的人民代表大会依照国家的军事制度，决定组织本地方的公安部队。

各民族自治地方的人民代表大会依照当地民族的政治、经济和文化的特点，制定本地方的自治条例和单行条例，报请全国人民代表大会常务委员会批准。

各民族自治地方的人民代表大会决定当地民族通用的一种或者几种语言文字，作为自治机关在执行职务的时候所使用的语言文字。

各民族自治地方的人民代表大会决定本地方境内的行政区域的划分，依照法律规定的程序，报请上级国家机关批准。

（十六）各民族自治地方的人民委员会，即本地方的人民政府，是本地方人民代表大会的执行机关，是本地方的国家行政机关。

（十七）各民族自治地方的人民委员会都对本级人民代表大会和上一级国家行政机关负责并报告工作。

各民族自治地方的人民委员会都是国务院统一领导下的国家行政机关，都服从国务院。

（十八）各民族自治地方的人民委员会分别由本级人民代表大会选举主席、州长、县长各一人，副主席、副州长、副县长各若干人和委员各若干人组成。

各民族自治地方的人民委员会每届任期与本级人民代表大会的每届任期相同。

（十九）各民族自治地方的人民委员会，除行使中华人民共和国地方各级人民代表大会和地方各级人民委员会组织法规定的县以上的地方各级人民委员会的职权外，并且依照宪法和法律规定的权限行使自治权。

各民族自治地方的人民委员会依照法律规定的财政权限管理本地方的财政。

各民族自治地方的人民委员会依照国家的军事制度管理本地方的公安部队。

（二十）各民族自治地方的各级人民代表大会和各级人民委员会的具体组织和工作，由本地方的单行条例规定。

三、人民法院和人民检察院

（二十一）各民族自治地方设立人民法院，人民法院行使审判权。

（二十二）各民族自治地方人民法院院长，由本级人民代表大会选出，任期四年。

（二十三）各民族自治地方的人民法院对本级人民代表大会负责并报告工作。

（二十四）各民族自治地方的人民法院的组成人员，都应该有通晓当地民族通用的语言文字和熟悉当地民族情况的人员担任审判工作。

（二十五）各民族自治地方的各民族公民都有用本民族语言文字进行诉讼的权利。人民法院对于不通晓当地通用的语言文字的当事人，应当为他们翻译；人民法院应当用当地通用的语言进行审讯，用当地通用的文字发布判决书、布告和其他文件。

（二十六）各民族自治地方设立人民检察院，人民检察院行使检察权。

（二十七）各民族自治地方的人民检察院对于国家机关工作人员和公民是否违犯民族政策，行使检察权。

各民族自治地方的人民检察院，都应该有通晓当地民族通用的语言文字和熟悉当地民族情况的检察人员。

（二十八）各民族自治地方人民检察院独立行使职权，不受本地方国家机关的干涉。

（二十九）各民族自治地方的人民法院和人民检察院的具体组织和工作，依照中华人民共和国人民法院组织法和中华人民共和国人民检察院组织法的规定。

四、经济建设

（三十）各民族自治地方经济建设的方针，应当是大力发展国营经济和合作社经济，加速社会主义经济成分在国民经济中的比重不断增长。

（三十一）各民族自治地方按照本地方的需要和可能条件，积极地有计划地发展各种工业。自治区、自治州、自治县都应当有一定数量的若干项不同的工矿企业；自治县和每个自治区、自治州内的县级单位都应当建设和发展小型工业和手工业。

各民族自治地方境内的工矿企业和有关机关，应当积极地培养当地民族的各种产业工人，发展本地方工人阶级的队伍。

（三十二）各民族自治地方积极地有计划地建立和发展本地方的经济、文化中心。自治县和每个自治区、自治州内的县级单位建立一个到几个镇。

（三十三）各民族自治地方的农业地区通过农业合作化，并采取各种必要的增产措施和推广先进经验，发展本地方的农业。

（三十四）各民族自治地方境内，凡有大量荒地的地区，自治机关应当在不妨碍水土保持和畜牧业发展的条件下组织和帮助本自治地方的农民移民开荒；并且根据人民和与人民有联系的公众领袖的意愿，吸收外地农民移入开荒生产。

（三十五）各民族自治地方的牧业区，应当保护和发展畜牧业生产。

各民族自治地方的牧业区，应当帮助游牧的牧民定居移场放牧，并且采取各种措施，增加牲畜头数，提高牲畜质量。

（三十六）各民族自治地方的自治机关采取有效措施，加强农业和牧业的相互支援。

（三十七）各民族自治地方都应当加强气象预报工作，设立气象站，预防风、雪、水、旱等自然灾害。

（三十八）各民族自治地方切实保护森林并积极地有计划地发展植树造林业。

（三十九）各民族自治地方迅速发展交通运输事业，修筑公路和便道，疏浚河流，修建桥梁，发展内河航运，建立和发展邮政、电信事业。

（四十）各民族自治地方发展国营贸易事业；发展供销、消费和运输等合作事业。

（四十一）各民族自治地方协助国家发展本地方的银行金融事业；发展本地方的信用合作事业。

（四十二）各民族自治地方应支援国家的经济建设。

五、文化教育建设

（四十三）各民族自治地方应当宣传马列主义，树立社会主义思想。

（四十四）各民族自治地方的自治机关在上级国家机关的领导和积极帮助下，为还没有和自己语言相适应的文字的民族创造文字；已经有了文字的民族但是文字还不完备的，应当根据自愿进行适当的改进或者改革。

（四十五）各民族自治地方应当普遍地发展小学教育，积极地发展中等教育和师范教育。各民族自治区和有条件的自治州还应当发展中等技术教育和高等教育。

各民族自治地方的学校都应当用本民族的语言文字进行教学，并且可以在适当的学年添设汉语文课程（或其他语文）。

（四十六）各民族自治地方应当培养提拔当地民族的工作干部和各种专业技术人才。

各民族自治地方应当团结、教育、改造当地各民族的知识分子，并且充分发挥他们的积极性和创造性。

（四十七）各民族自治地方应当有计划有步骤地扫除文盲，并且提高当地人民的文化知识。对于没有与其语言相适应的文字的少数民族，应当在改造文字以后，扫除文盲。

（四十八）各民族自治地方应当发扬优良文化传统，整理文化遗产，培养作家和艺术家，奖励各种优秀的文学艺术作品，发展人民的文化艺术事业。

（四十九）各民族自治地方应当积极提倡科学研究，普及科学知识，奖励科学的发明和创造，各民族自治区和有条件的自治州应当有计划地设立科学研究机构，培养科学家。

（五十）各民族自治地方应当积极地发展出版事业，建立和增设出版机构。

各民族自治地方应当发展新闻、广播事业，建立报社和收音网。有条件的地区建立广播电台。

（五十一）各民族自治地方提倡体育运动，增强人民的体质，同时注意提倡民族形式的体育运动。

（五十二）各民族自治地方注意保护母亲、婴儿和儿童的健康，普遍设立妇幼保健站。

（五十三）各民族自治地方发展医疗卫生事业，建立和健全各级医疗卫生机构，积极防治各种疾病，逐步消灭当地各种危害人民最严重的疾病。

各民族自治地方应当积极地培养医疗卫生人员，团结、教育、改造原有的医务人员，研究和整理各民族中固有的医、药学遗产。 （《第一届至第九届全国人民代表大会民族委员会文件资料汇编（1954~2003）》上 P45~50）

关于我国民族政策的几个问题

（1957年8月4日　周恩来在全国人大民族委员会召开的民族工作座谈会上的讲话）

听说民族工作座谈会开得很好，大家交换了许多意见，也提出了许多问题，有些问题已得到了解决。我想讲一讲我国民族政策的几个原则性的问题，和大家交换意见。一、关于反对两种民族主义的问题，就是反对大民族主义主要是大汉族主义和反对地方民族主义的问题；二、关于民族区域自治的问题；三、关于民族繁荣和社会改革的问题；四、关于民族自治权利和民族化的问题。

一、关于反对两种民族主义的问题

我们反对两种民族主义，就是既反对大民族主义（在中国主要是反对大汉族主义），也反对地方民族主义，特别要注意反对大汉族主义。这两种民族主义都是资产阶级民族主义的表现。一方面，如果在汉族中还有大汉族主义的错误态度的话，发展下去就会产生民族歧视的错误；另一方面，如果在兄弟民族中存在地方民族主义的错误态度的话，发展下去就会产生民族分裂的倾向。总之，这两种错误态度、两种倾向，如果任其发展下去，不仅不利于我们民族间的团结，而且会造成我们各民族间的对立，甚至于分裂。这个问题怎样解决呢？我们认为，除了极少数人的问题以外，在民族问题上的这两种错误态度、两种倾向问题，是人民内部矛盾的问题，应当用处理人民内部矛盾的原则来解决，就是运用毛主席提出的公式，从民族团结的愿望出发，经过批评或斗争，在新的基础上达到我们各民族间进一步的团结。

这里有一个问题，就是我们从民族团结的愿望出发，经过批评或斗争，要在一个什么新的基础上，达到我们各民族间进一步的团结呢？我想对这个问题多讲一讲。

这个新的基础，就是我们各民族要建设社会主义的现代化国家。建设这样的祖国，就是我们各族人民团结的共同基础。我们反对两种民族主义——大汉族主义和地方民族主义的共同目的，就是建设社会主义的祖国大家庭，建设一个具有现代工业、现代农业的社会主义国家。这个社会主义国家，不是哪一个民族所专有，而是我们50多个民族所共有，是中华人民共和国全体人民所共有。

全国解放后，经过8年来的努力，我们把全国各民族都团结在一起。第一届全国人民代表大会第一次会议通过了各民族所共同遵守的中华人民共和国宪法。宪法规定我们要把独立了的中国建设成为一个社会主义的国家，就是要把我们拥有50多个民族、6亿人口的大国建设成为社会主义的强国。中华人民共和国宪法是代表6亿人民意志的大宪章，我们必须同心协力，努力奋斗，争取实现宪法的要求。我们各民族必须在为了建设强大的社会主义祖国这个新的基础上来达到新的团结。因此，我们就必须反对两种民族主义。大汉族主义和地方民族主义，都是妨碍我们在新的基础上加强民族间的团结的。

我们反对两种民族主义，必须从建设强大的社会主义祖国这个共同目标出发。如果没有这个共同目标，就反对不了这两种民族主义。比如说，站在人口最多的汉族方面批评兄弟民族中的地方民族主义倾向时，如果不想到这个共同目标，就很容易发生一些民族歧视的错误。因为兄弟民族多数是处在经济、文化比较落后的状态，汉族同志在批评时，就容易去指责这些客观存在的落后现象，这就变成民族歧视了。如果从为着建设强大的社会主义祖国的共同目标出发，就会想到那些落后状况是客观存在的事实，不是什么错误的倾向，而是经济、文化不发达的现象。应该去帮助各兄弟民族实现经济文化的发展，不能把这些客观现象当成兄弟民族中的地方民族主义倾向。就是有一些地方民族主义的倾向，也要研究它的来源，其中很多是有客观原因的，如果把这些客观原因改变了，这些倾向就不会存在了。比如说，处在边远地区的兄弟民族，他们对内地的情况不了解，对一些进步和发展的现象不认识，因而发生一些怀疑，不晓得汉族到底对兄弟民族的态度怎样。尤其是因为历史上汉族的反动统治者压迫少数民族，剥削少数民族，少数民族免不了带着怀疑的眼光看汉族，这是很自然的。因此，不能把这些由于历史、社会、经济的原因而产生的一些怀疑和不信任，都说成是地方民族主义倾向。不应该简单地去批评某些地方民族主义倾向，而是应该诚恳地帮助兄弟民族了解产生这些倾向的根源，去掉他们的怀疑。当然，要去掉产生这些倾向的历史的、社会的、经济的根源，不是一天就能做到的。要在建设社会主义祖国的共同目标下，经过长期努力，发展全国各民族的经济、文化，这样才能从根本上去掉这种怀疑。这需要时间，需要工作，而不应该简单地不加分析地批评，只是简单的没有分析的批评，有时甚至会引起误会，造成错误。这是一方面。

另一方面，站在少数民族方面批评汉族中的大汉族主义时，如果不从共同目标出发，也容易造成对立。因为历史上遗留下来的经济、文化方面事实上的不平等今天还存在，历史上反动统治压迫的后果也还存在。少数民族如果对汉族只注意这些历史痕迹，就很容易在少数民族中产生民族对立的倾向：我不信任你，你人口多，总是对我们不利，因为你是多数，经济、文化发展一些，总是会利用发展的优势继续过去的歧视和压迫。这样，怀疑的心理就增加了，甚至觉得和过去差不太多，这就容易助长民族分裂、不团结的倾向。因此，我们希望少数民族的同志也一定要在共同目标下批评汉族中的大汉族主义。就是说，要把我国各民族经济、文化事实上不平等的现状逐步加以改变，为共同建设强大的社会主义祖国而努力，这就需要各民族互相团结，从团结的愿望出发来批评。汉族同志中如果确实有大汉族主义倾向和民族歧视的错误，就批评具体的人和具体的事，而不要简单地、不加分析地指责，不要对汉族的整体产生怀疑、不信任。不然就会助长民族分裂的倾向，不能达到民族间的团结。

我们的国家在历史上就是一个多民族的国家，但在古代又是不完全统一的，甚至各民族彼此作战，不是你侵犯我，就是我侵犯你。民族间的互相侵犯，在我国的历史记载上是很多的。在各民族互相侵犯中，如果算总账，汉族侵犯兄弟民族的次数多、时间长。虽然历史上汉族也被一些兄弟民族多次侵犯过，被统治的时间也不算短，如：北朝、辽、金、元、清。但从整个历史来看，还是汉族侵犯兄弟民族的时候多。站在兄弟民族的地位来想，总会想到历史上的这些痕迹。因为汉族在历史上经济、文化发展一些，就有条件向各方面发展，以致兄弟民族被挤到边远寒苦地区，生活就更困难，经济、文化也就更不容易发展。这种历史痕迹在兄弟民族中的印象是很深的。各个兄弟民族如果不想到建设社会主义祖国的共同目标，就很容易产生地方民族主义倾向，这对民族间的团结不利，对祖国的统一和发展不利。因此，各兄弟民族也必须想一想，尽管历史给我们遗留下这些痕迹，但这总是过去的事情了。这些事情在新中国诞生以前是存在着的。而在新中国诞生以后，在中国共产党领导下，在我们的宪法上，在国家的政策中，规定了民族平等。在平等友爱的民族大家庭中建设社会主义的强大的祖国，这是大家的共同目的。为着这个目的，我们要把历史上的痕迹消除掉，要把各民族在经济、文化方面事实上的不平等状况逐步消除掉。当然这不是短时间所能做得到的，需要共同努力。

在现在这个世界上，我们若不强大起来，不建成社会主义的现代化国家，就要受帝国主义的欺侮。当然，解放以来，我国人民已经站起来了，不受欺侮了，但是，这并不能保证我们永远不受欺侮，必须把社会主义祖国真正建设强大了才有保证。处于帝国主义现在还存在的世界，虽然我们社会主义的事业发展了，但是帝国主义还不死心。它一有机会还要用各种办法来捣乱。这就要求我们提高警惕，更要着重强调我们各民族间的团结，以利于共同努力建设强大的社会主义祖国。不如此，我们这个多民族的国家站起来以后，还会栽跟头，还会是一个落后的、贫困的、受欺侮的国家。

应该认识清楚，如果不把我们的祖国建设成为一个现代化的社会主义国家，是不能摆脱贫困落后的状态的。要摆脱这种状态，只有我们50多个民族，大家合作起来，共同发展，把我国建设成为一个强大的社会主义的现代化国家。要建设这样的国家，不能单靠汉族。汉族人口多，经济、文化比较发展，但是可开垦的土地已经不多，地下资源也不如兄弟民族地区丰富。兄弟民族地区的资源开发是祖国工业化的有力后盾。但是，兄弟民族地区的资源还没有开发，劳动力少，技术不够，没有各民族特别是汉族的帮助，也不可能单独发展。因此，各个民族必须互相帮助，互相支持，在共同发展的目标下建设社会主义祖国。这样，两种民族主义错误才会逐步减少，民族歧视的倾向和民族分裂的倾向也才会减少。举个例子，要把包头建设成为中国的一个工业基地，就必须把那里的铁和大同的煤结合起来。现在包钢已经开始建设了，将来会成为很大的工业中心。这就必须各个民族共同努力，首先是蒙古族和汉族共同努力。在这个共同目的之下，在积极的建设当中，即使有大汉族主义倾向，或者地方民族主义倾向，也可以逐步地减少。有了共同的、积极的发展目标，就可以克服那些消极的、不满的对立情绪。当然，我不是说有了积极的目标，就不要注意克服消极的因素了，那还是需要克服的。我是说，有了积极的目标，消极的因素才会被积极的因素所代替。同样也可以设想，要在新疆建立起包括克拉玛依油田和乌鲁木齐地区的将来的工业中心，如果没有新疆各民族和内地汉族的共同努力，就搞不成功。首先铁路就修不成。铁路通了，劳动力不够，资金不够，也没有办法来开发。这就必须用全国的力量去支援。我只举这两个例子，就可以看得出其他了。为着一个伟大的共同发展的目的，我们就必须把由于各民族之间的偏见所产生的偏向，逐步地减少下去。

我们想到将来强大的祖国，就必须在今天强调各民族的团结，为建设社会主义共同努力。为了实现这个共同的目的，对妨碍我们团结的、妨碍我们共同努力的两种民族主义错误，都应当批判。我们要从团结的愿望出发进行批判，以消除或减少民族歧视的错误和民族分裂的倾向。应该把这个问题提到新的认识上来，不要避讳这种批判，而是要从正面指出这个问题。两种错误的倾向都是对我们社会主义建设不利的。为了祖国的伟大的建设，我们就应当自觉地克服大汉族主义错误和地方民族主义错误。

二、关于民族区域自治的问题

实行民族区域自治，是我们解放以后在民族问题上的一个根本性的政策。这是我国宪法上规定了的。我国为什么要实行民族区域自治，而没有实行民族自治共和国那样的制度呢？自治的形式在我国叫自治区、自治州、自治县，还有民族乡，在苏联叫自治共和国、自治省、民族州。这不单是名称的不同，制度本身也有一些不同，也就是实质上有一些不同。不同的地方，不是在自治不自治的问题上。苏联的自治共和国是给民族以自治权利，我们的民族区域自治也是给民族以自治权利。不同的地方，在于苏联的区域划分与我国有很大的不同，苏联的自治共和国的权利、权限的规定也与我国有些不同。这些不同，是从两国的历史发展的不同而来的，部分地也是由于中国和当年十月革命时代的形势不同而来的。

俄罗斯在19世纪已经发展成为资本主义国家，虽然还有很大的封建性。一方面，它比西方资本主义国家落后，另一方面，它已经成为帝国主义国家，拥有殖民地。那个时候，在俄罗斯周围的一些民族，都是被沙皇这个俄罗斯政权统治着。这是一种殖民统治。而且，当时俄国的各民族多数都是一个一个地各自聚居在一块。

中国的历史同当时俄国的情况却完全不同。中国的民族发展在地区上是互相交叉的，内地更是如此。汉族曾经长时期统治中原，向兄弟民族地区扩张；可是，也有不少的兄弟民族进入过内地，统治过中原。这样就形成各民族杂居的现象，而一个民族完全聚居在一个地方的比较少，甚至极少。我们常说，新疆是少数民族比较集中的一个地方，但是新疆也不是一个民族，而是13个民族。西藏比较单一一些，但这指的是现在的西藏自治区筹委会管辖地区，而在其他地区，藏族也是和其他民族杂居的。我国历史的发展，使我们的民族大家庭形成许多民族杂居的状态。由于我国各民族交叉的时代很多，互相影响就很多，甚至于互相同化也很多。汉族所以人数这样多，就是因为它吸收了别的民族。再如满族，从长白山发源，进入中原的时候，只有几十万人，到清朝是盛时，差不多有四五百万人。清朝亡了以后，满族还是存在的。满族采纳了汉族的文化，首先是文字，以后又逐渐采用了汉族的语言，把自己的语言文字丢了，好像跟汉族没有区别了，实际上还是两个民族。在清朝时候，对汉、满通婚也不是绝对限制的。到辛亥革命以后，通婚的更多了，民族间的界限也就不是不可逾越的鸿沟了。解放以后，承认了满族。在普选进行人口调查时，填表承认是满族的有240万。看来比过去少了，实际上并不是这样，因为有些人和汉族通婚，又算汉族，又算满族，填表就不填满族了。其实，那就看怎样填法了。这是一种同化的现象。如果同化是一个民族用暴力摧残另一个民族，那是反动的。如果同化是各民族自然融合起来走向繁荣，那是进步的。这种同化本身就有推动进步的意义。现在满族和汉族，语言文字相同，就更容易合作。满族同胞是不是主张恢复满族话呢？我看不会的，因为三四百万人从头学满族话，那不太麻烦吗？有些满族话，汉族吸收了没有？我看是有的。有许多满族语汇转为汉语，丰富了汉语。穿衣服也是这样，汉族的妇女在辛亥革命以后穿起旗袍，这还不是满族的服装？汉族吸收满族的文化很多，这也可以说是带点同化的性质。

还可以谈一谈回族的情况。回族是从阿拉伯、小亚细亚来的，并且时代并不太远，据说到现在不过1000多年，可是人口发展到350多万。回族来中国有两条路，一条是从海上来的，一条是从阿富汗来的，要经过南疆，这样就不可能来很多人。但是，现在回族散布到全国，没有一个省没有回族，几乎没有一个县没有，可靠的是2/3以上的县都有。回族所以这样多，就是因为他能把别的民族成分吸收进去，吸收了就壮大了，这有什么不好？这不也是同化吗？回族聚居的地区在甘肃省的有吴忠、陇东、银川、陇西等地，其他地方也有聚居的。这次成立回族自治区，包括吴忠、银川和固原等地，但大多数回民还是分布在全国。

汉族同化别的民族，别的民族也同化汉族，回族是这样，满族是这样，其他民族也是这样。这种情况，越向内地越多。历史的发展使中国各民族多数是杂居的，互相同化，互相影响。中国民族多，而又互相杂居，这样的民族分布情况，就不可能设想采取如同苏联那样的民族共和国办法。因为要构成一个民族共和国，需要构成一个独立的经济单位，绝大多数的民族人口要聚居。

历史的发展使我们的民族大家庭需要采取与苏联不同的另一种形式。每个国家都有它自己的历史发展情况，不能照抄别人的。采取民族区域自治的办法对于我们是完全适宜的。实行民族区域自治，不仅可以在这个地方有这个民族的自治区，在另一个地方还可以有这个民族的自治州、自治县、民族乡。例如内蒙古自治区虽然地区很大，那里的蒙古族只占它本民族人口的2/3左右，即140万人中的100多万人，另外占1/3弱的几十万蒙古族人就分在各地，比如在东北、青海、新疆还有蒙古族的自治州或自治县。即将建立的宁夏回族自治区，那里的回族人口只有57万，占自治区172万人口的1/3，只是全国回族350多万的零头，就全国来说也是少数。还有300万分散在全国各地，怎么办呢？当然还是在各地方设自治州、自治县和民族乡。藏族也是这样。西藏自治区筹备委员会所管辖的地区，藏族只有100多万，可是在青海、甘肃、四川、云南的藏族自治州、自治县还有100多万藏族人口，这些地方和所在省的经济关系更密切，便于合作。在成立壮族自治区的问题上，我们也正是用同样的理由说服了汉族的。到底是成立桂西壮族自治区有利，还是成立广西壮族自治区有利？单一的壮族自治区是不可能有的。因为即使把广西壮族聚居的地方，再加上云南、贵州的壮族地区，划在一起，作为一个壮族自治区，它内部还有100多万汉族人，而且其中的2个瑶族自治县也有40多万人，汉族、瑶族合起来有一二百万，所以也不可能是纯粹单一的民族自治区。如果这样划分，壮族自治区就很孤立了，不利于发展经济。在交通上，铁路要和广西汉族地区分割；经济上，把东边的农业和西边的工矿业分开。这是很不利于共同发展的，而合起来就很便利了。所以广西壮族自治区也是一个民族合作的自治区。

从以上几个大的自治区来看，我们就得出一个结论：在中国适宜于实行民族区域自治，而不宜于建立也无法建立民族共和国。历史发展没有给我们造成这样的条件，我们就不能采取这样的办法。历史发展给我们造成了另一种条件，就是中国各民族杂居的条件，这种条件适宜于民族合作，适宜于实行民族区域自治。一个民族不仅可以在一个地区实行自治，成立自治区，而且可以分别在很多地方实行自治，成立自治州、自治县和民族乡。回族是最典型的例子。这没有什么不好，而是很好。我们根据我国实际情况，实事求是地实行民族区域自治，这种民族区域自治，是民族自治与区域自治的正确结合，是经济因素与政治因素的正确结合，不仅使聚居的民族能够享受到自治权利，而且使杂居的民族也能够享受到自治权利。从人口多的民族到人口少的民族，从大聚居的民族到小聚居的民族，几乎都成了相当的自治单位，充分享受了民族自治权利。这样的制度是史无前例的创举。

十月革命时，俄国无产阶级是首先在城市中起义取得了政权，然后才普及到农村和少数民族地区。俄国是第一个社会主义国家，这时候打这个擂台是不容易的。同时，它又是在一个帝国主义的国家里进行革命的，所以必须摧毁旧有的殖民地关系。为了把各民族反对沙皇帝国主义压迫的斗争同无产阶级、农民反对资产阶级、地主的斗争联合起来，列宁当时强调民族自决权这个口号，并且承认各民族有分立的权利，你愿意成为独立的共和国也可以，你愿意参加到俄罗斯苏维埃联邦社会主义共和国来也可以。当时要使第一个社会主义国家在政治上站住脚，就必须强调民族自决权这个口号，允许民族分立。这样才能把过去那种帝国主义政治关系摆脱，而使无产阶级专政的新社会主义国家站住脚。当时的具体情况要求俄国无产阶级这样做。

中国是处在另一种历史情况之下。旧中国虽然有北洋军阀和后来国民党的反动统治，压迫劳动人民，压迫兄弟民族，但是整个中国则是被帝国主义侵略的国家，成为半殖民地，部分地区则成为殖民地。我们是从这种情况下解放出来的。革命的发展情况也和苏联不同。我们不是首先在大城市起义或者在工业发达的地方起义取得政权，而是主要在农村中建立革命根据地，进行长期奋斗，经过22年的革命战争才得到了解放。因此，我国各民族的密切联系，在革命战争中就建立了起来。例如，在内蒙也有革命根据地，在新疆也有过反对国民党的革命运动，在我党领导的西南游击区也有各兄弟民族参加，内地许多兄弟民族都参加了解放军，红军长征经过西南少数民族地区时，留下了革命的影响，并且在少数民族中吸收了干部。总之，我们整个中华民族对外曾是长期受帝国主义压迫的民族，内部是各民族在革命战争中同甘苦结成了战斗友谊，使我们这个民族大家庭得到了解放。我们这种内部、外部的关系，使我们不需要采取十月革命时俄国所强调的实行民族自决、允许民族分立的政策。

历史发展给了我们民族合作的条件，革命运动的发展也给了我们合作的基础。因此，解放后我们采取的是适合我国情况的有利于民族合作的民族区域自治制度。我们不去强调民族分立。现在若要强调民族可以分立，帝国主义就正好来利用。即使它不会成功，也会增加各民族合作中的麻烦。例如新疆，在解放前，有些反动分子进行东土耳其斯坦之类的分裂活动，就是被帝国主义利用了的。有鉴于此，在成立新疆维吾尔自治区时，我们没有赞成采用维吾尔斯坦这个名称。新疆不仅有维吾尔1个民族，还有其他12个民族，也不能把13个民族搞成13个斯坦。党和政府最后确定成立新疆维吾尔自治区，新疆的同志也同意。称为新疆维吾尔自治区，“帽子”还是戴的维吾尔民族，因为维吾尔族在新疆是主体民族，占70%以上，其他民族也共同戴这个帽子。至于“新疆”二字，意思是新的土地，没有侵略的意思，跟“绥远”二字的意思不同。西藏、内蒙的名称是双关的，又是地名，又是族名。名称问题好像是次要的，但在中国民族区域自治问题上却是很重要的，这里有一个民族合作的意思在里面。要讲清楚这个问题。

以上这些都说明，我们是根据中国民族历史的发展、经济的发展和革命的发展，采取了最适当的民族区域自治政策，而不采取民族共和国的制度。中华人民共和国是单一体的多民族的国家，而不是联邦国家，也无法采取联邦制度。我们的民族区域自治制度，是从我国的实际出发，分别情况，成立自治区、自治州、自治县或者民族乡，使所有少数民族不论聚居或者杂居都能实行真正的自治。这就有利于少数民族普遍行使自治权利，也有利于民族之间的合作互助。我国各民族的发展是不平衡的，这也是从历史上来的，经济基础是这样，上层建筑也是这样。要想趋向平衡，就要各民族合作互助，不能孤立地讲发展。以新疆来说，那里有石油资源，有各种有色金属资源，有可以开垦的农田，适宜种植棉花，但这只是好的条件，不要忘记那里还有困难。新疆水利不够，要大大地改善水利系统，才能够开发。交通也很困难，不仅要修通从兰州到新疆的铁路，而且要修通北疆到南疆的铁路，才能开发。要开矿、垦田，可以用机械，但最根本的有两个问题：一是要有资金，一是要有人力。即使有了机械，也还要有人力、财力才能得到发展。仅仅依靠新疆一个自治区的500万人口，不可能积累多少资金，而且人力也不够。必须要靠全国的力量，国家的力量，中央的力量，把我们计划经济中能够积累的资金拿出一部分投资到新疆增加财力，从内地动员一部分人力到新疆增加劳动力，这样才能使新疆大发展。这就必须民族合作，不能设想，新疆孤立地只靠现有的人力、物力，就可以解决问题。

在中国这个民族大家庭中，我们采取民族区域自治政策，是为了经过民族合作、民族互助，求得共同的发展、共同的繁荣。中国的民族宜合不宜分。我们应当强调民族合作，民族互助；反对民族分裂，民族“单干”。我们民族大家庭采取民族区域自治制度，有利于我们普遍地实行民族的自治，有利于我们发展民族合作、民族互助。我们不要想民族分立，更不应该想民族“单干”。这样，我们才能够真正在共同发展、共同繁荣的基础上，建立起我们宪法上所要求的各民族真正平等友爱的大家庭。

三、关于民族繁荣和社会改革的问题

我们这个多民族的大家庭要建设成为一个强大的社会主义国家，必须在民族繁荣的基础上前进。在社会主义制度下能够有民族繁荣，所以社会主义比资本主义优越，比封建主义更优越。历史证明，过去许多兄弟民族不是走向繁荣，而是走向衰亡。为什么？就是因为过去的反动统治者采取歧视兄弟民族，以至削弱和消灭兄弟民族的政策。2000年来历史上有记载的兄弟民族，有些现在不见了，其中有的可能向远方迁移了，有的可能和汉族或者和其他民族融合起来了。这些变化的情况，还有待历史学家的研究。

上面讲过，满族从几十万人变成了几百万人，吸收了汉族的文化。满族建立的清朝政权，统治了中国近300年。清朝以前，不管是明、宋、唐、汉各朝，都没有清朝那样统一。清朝起了统一的作用。另一件事就是繁荣了人口。中国人口的增长，在清朝是相当大的。这是它有功的一面。但是，它不是繁荣所有民族的人口。例如在清朝统治下，汉族人口增长了。可是对某些兄弟民族，它的政策则是削弱。如蒙古和藏这两个民族，在清朝的时候人口是减少了的。蒙古民族在最盛的时候据说有四五百万人口，但是到了清朝就减少了。藏民族在唐朝时是很强大的，有很大的发展，曾到过陕西的关中北部、长安附近，到过甘肃的南部，还到过四川、云南，人口据说有四五百万。现在藏族人口合起来不到300万。这两个民族，显然是在清代削弱了。这说明，封建主义的民族政策是要削弱别的民族的。

帝国主义更是如此。帝国主义统治殖民地，总是把当地的民族搞得很穷困，穷困以后就要衰弱了。大家知道，帝国主义是从西方来的，起初主要是英国和法国，以后是美国。这些帝国主义国家，对任何殖民地的原有民族，都是采取削弱的政策。例如西班牙、葡萄牙、英国到美洲殖民，把原来占当地人口多数的印第安人削弱成了少数。又如英国人、法国人、比利时人到非洲殖民，也是这样做的，他们力图削弱非洲的黑人民族。只有不甘心于做殖民地奴隶、奋起反抗取得胜利的民族才慢慢好了，如埃及、摩洛哥、突尼斯、阿尔及利亚等等。所以，从世界史上可以看出来，不管是封建主义、资本主义、帝国主义，都是削弱被压迫民族的。反动统治者不仅压迫本民族的劳动阶级，也削弱它统治的其他民族。东方各民族的经济文化比西方落后，曾长期处于被压迫被削弱的地位。只有争得民族独立，他们才能免于被削弱。在民族政策上，我们社会主义国家跟封建主义、资本主义、帝国主义根本不同。我们要帮助各兄弟民族的繁荣，必要的时候对社会主义国家以外的民族也给予帮助。我们对各民族既要平等，又要使大家繁荣。各民族繁荣是我们社会主义在民族政策上的根本立场。绝不能说这个民族是优越的，那个民族是劣等的，这种想法是完全错误的种族主义的想法。德国法西斯认为日耳曼民族是最优秀的民族，说德国日耳曼血统是最好的血统，这是极端反动的思想。我们认为，所有的民族都是优秀的、勤劳的、有智慧的，只要给他们发展的机会；所有的民族都是勇敢的、有力量的，只要给他们锻炼的机会。世界上所以有些民族比较落后，这是环境造成的，是因为没有给他们发展和锻炼的机会。我们社会主义的民族政策，就是要使所有的民族得到发展，得到繁荣。所以，我们国家的民族政策，是繁荣各民族的政策。在这个问题上，各民族是完全平等的，不能有任何歧视。我们的根本政策是要达到各民族的繁荣。以往的历史发展使有的民族削弱了，人口减少了，有的很落后，生活水平很低，这是反动统治遗留下来的后果。我在前面讲了清朝对西藏的政策，如果讲到北洋政府和国民党时代，那就更反动了。尽管孙中山先生提倡五族共和，到了蒋介石，首先就不承认回族，把他们叫做生活习惯特殊的人。国民党连民族都不承认，更谈不到帮助各民族发展了。这种对待各民族的反动统治、反动政策，我们历来是反对的。

历史遗留给我们的，是对民族繁荣的很多不利的条件。我们必须把这些不利的条件逐步地去掉。要去掉这些不利于民族繁荣的条件，关键在哪里？关键在于社会改革。各个少数民族过去由于处在反动统治下面，被反动统治者所压迫，经济得不到发展，人口得不到增长，生活得不到改善，使这些兄弟民族不能够发展。我们新中国就是要帮助各民族发展，这就必须实行一个根本性的措施，就是进行社会改革。社会改革是我们中国各民族的共同性的问题。汉族也经过改革才能够发展。我们所说的社会改革，最根本的是经济改革。为什么要改革？因为要建设社会主义，要人民生活富裕起来。要富裕就要有工业，一个民族没有工业不可能富裕起来。因此，我们中国要工业化，没有工业化，就不可能使生产发展。而要工业化，就得首先在农业上实行改革，把农业上的封建制度、奴隶制度废除。农民得到了解放，才能够使农业经济得到发展，才能有工业发展的基础。农业能够大量增产，才可能积累资金，才可能供给工业原料，才可能解放劳动力参加工业生产。只有建立起工业基地来，这个民族才有发展的基础。所以每个民族都不可避免地要经过经济改革。现在，各兄弟民族地区绝大多数实行了土地改革，有不少兄弟民族进一步实现了农业上的社会主义改造，组织了农业合作社，这就一定会使农民的生产力得到解放，能够在合作社的社会主义集体经济基础上大大增产，这样才能够促进工业的发展。可是还有不少兄弟民族，经济改革或者还没有开始，或者还没有完成。经济改革分两步，第一步是民主改革，即土地改革，第二步是实行社会主义改造。如果不进行经济改革，维持奴隶制度、封建制度，多数的人民还是奴隶、农奴和封建制农民，生产力就不能够解放。生产的东西大部分被剥削去了，劳动者本身还是穷困的，他们就不可能有增产的积极性。在我们新中国这个社会里，许多地方不但封建制度不存在了，连个体经济制度都不存在了，进到社会主义集体经济了，有些少数民族地区还孤立地处在奴隶制度、封建制度的统治之下，这怎么可能存在下去呢！它是一定要受到外界的影响的。例如，凉山彝族地区的改革，就是受了外界的影响。奴隶娃子起来了，他们要求改革。现在凉山彝族的一些头人也同意改革，愿意放弃剥削。改革以后，他们还可以得到政府很好的待遇，生活得到保障。如果他们不赞成改革，就要被奴隶娃子推翻，什么也得不到。周围环境的影响是很大的。西昌坝子实行了土地改革，就不能不影响凉山。大家都是在一个民族大家庭里，土地改革也好，社会主义改造也好，浪潮起来了，都会互相影响。不可能设想，某一个地方能够长期地永远地孤立在一个地方“单干”。我们要对现在还处在剥削者地位的兄弟民族上层分子说清楚这个问题：如果他放弃剥削，他所得到的好处，比反对这个改革所得到的要多得多；如果他抗拒改革，被群众起来推翻了，他就得不到好处，或者得到的少了。如果他赞成改革，国家和政府会照顾他，群众可以对他宽大些。这是一点。另一点，如果从长远来看，他继续长期剥削，在我们这个社会主义国家，孤独地搞下去，终归要失败，而且剥削越维持得久，他将来失掉的越多。谁要幻想在中国这个社会里长期地保留他的剥削，甚至于过那种极度豪华的生活，那是绝对办不到的。全中国都不那么豪华，少数人要那样豪华是不能允许的。我们主张，各个兄弟民族的人民，包括他们的上层分子，觉悟到需要改革的时候，再去改革。某些地方推迟改革，是为了将来更好地改革，更和平地改革，更有准备地改革，但总是要改革。一定要把奴隶制度、封建制度和个体经济制度改革成为社会主义的经济制度。所以改革只是一个先后问题，缓急问题，而不是改革不改革的问题。不改革，民族就要贫穷。我们中国这个民族大家庭是要大家幸福，包括兄弟民族上层分子也要得到真正的幸福。改革就是使大家都幸福，不是少数人幸福。当然我们也要承认，改革后的一个时候，上层分子不能像过去那样生活便当，用钱也不那样方便了，因为收入是有一定数额的了。但是，前途是有保障了。将来工业更发展了，他们的生活水平也会更提高。这一点，我们要对所有兄弟民族的上层分子也讲清楚。

前面已经讲过，建设社会主义工业化的国家，是任何民族都不能例外的。我们不能设想，只有汉族地区工业高度发展，让西藏长期落后下去，让维吾尔自治区长期落后下去，让内蒙牧区长期落后下去，这样就不是社会主义国家了。我们社会主义国家，是要所有的兄弟民族地区、区域自治的地区都现代化。全中国的现代化一定要全面地发展起来。我们有这样一个气概，这是我们这个民族大家庭真正平等友爱的气概。我们不能使落后的地方永远落后下去，如果让落后的地方永远落后下去，这就是不平等，就是错误。

这种改革，不仅是经济制度的改革，也会影响到别的方面。因为经济基础变动了，上层建筑也要受影响，就是说，政治上、思想上也要受影响。政治上的制度要适合社会主义的经济基础，也要改革，要改革成为民主集中制。又有民主，又有集中；又有自由，又有纪律；又有个性的发展，又有统一意志。思想也要适合这个社会主义制度的要求，大家要学习马克思主义，要爱护社会主义制度。

有的宗教界朋友担心，既然经济基础的改革会影响到思想方面，那么，是否也会影响到宗教呢？经济基础的改革对思想方面有影响是必然的。但是，思想方面的变化，不会像政治制度的改革那样发展。思想变化的过程是最慢的。信仰宗教的人，不仅现在社会主义的国家里有，就是将来进入共产主义社会，是不是就完全没有了？现在还不能说得那么死。现在我们只把宗教信仰肯定为人民的思想信仰问题，而不涉及政治问题。不管是无神论者，还是有神论者，不管是唯物论者，还是唯心论者，大家一样地能够拥护社会主义制度。我们共产党内有很多农民党员，他们拥护社会主义制度，参加合作社，干得很积极。他们的经济是社会主义的集体经济，在组织上是按合作社的章程办事，并且许多人是乡政权的干部。他们在政治上、思想上都适合社会主义经济制度的要求，但是，一到了晚上，有的就怕鬼。你说所有的共产党员都不怕鬼，我就不相信。人的思想有各种各样，只要他不妨碍政治生活，不妨碍经济生产，我们就不要干涉。宗教是会长期存在的，至于将来发展如何，要看将来的情况。但是，只要人们还有一些不能从思想上解释和解决的问题，就难以避免会有宗教信仰现象。有的信仰具有宗教形式。有的信仰没有宗教形式。宗教界的朋友们不必担心宗教能不能存在。按照唯物论的观点，当社会还没有发展到使宗教赖以存在的条件完全消失的时候，宗教是会存在的。现在应该担心的不是宗教能不能存在，而是民族能不能繁荣。

民族繁荣是我们各民族的共同事业，对此不能有任何轻视。只有改革才能使民族繁荣。经济改革是各民族必须走的路。走这条路才能工业化、现代化。工业化、现代化了，经济生活才能富裕，民族才能繁荣，各族人民才能幸福。这里要顺便说一下，就是有些兄弟民族还需要增加人口，但汉族人口增加得太快了，所以汉族地方要提倡节制生育。

四、关于民族自治权利和民族化的问题

肯定地说，民族自治权利必须受到尊重。凡是宪法上规定的民族自治权利，以及根据宪法制定的有关民族自治权利的各种法规、法令，统统应该受到尊重。在这方面，从中央政府一直到地方政府，有的时候是注意不够的。我们应该多检查，多批评。同时，在这方面，因为汉族人数多，容易忽视少数民族的自治权利，大汉族主义的缺点也是比较容易发生的。忽视民族自治权利的倾向，多半是从大汉族主义来的，应该批判。

另一个问题，就是民族化问题。既然承认各民族的存在，而我们又是多民族的国家，民族化问题就必须重视。因为经过民族化，民族自治权利才会被尊重。例如，民族的语言文字，就要尊重它。没有文字的，要按照本民族的意愿帮助他们创造文字。在民族自治地方，主要民族的文字应该成为第一种文字。既然是民族自治，就要培养民族干部。既然承认民族，各民族的风俗习惯就要受到尊重。这些就是民族化。如果不重视这些民族化的问题，就不符合我们建立社会主义民族大家庭使各民族共同繁荣的政策。

对以上两个问题，国家、行政机关、汉族应当负更多的责任，因为最容易忽视。关于干部方面的民族化，就是民族干部应当有一定的比例。在汉族人多的地方，容易忽略少数民族干部的一定比例。即使少数民族人口少，也必须照顾这一点。所以民族自治权利问题、民族化问题，政府机关要多注意。

自治区、自治州、自治县的行政机构，是不是一定要跟省、专区、县一样？这个问题还值得研究。过去太求同了，不那么妥当。各省之间都不应当完全一样，自治区与省，自治州与专区，自治县与县，就更不应当一样，应当因地制宜。

在每个民族自治地方，民族干部应该做负责工作。当然不是所有的负责人都不能由汉族干部担任，但是民族干部总要负更多的责任。因此，就应当有步骤地有计划地培养民族干部，要派好的干部到中央、省来学习，也要多把好的干部派回去，这才有利。这一方面，以后中央和省应当多注意些。另一方面，也应当派汉族干部去帮助自治区、自治州、自治县的工作。有些地方汉族多，更不能不要汉族干部。像内蒙，汉族那样多，在人民代表大会、政府机关、企业机构，当然要有汉族干部。广西也是这样。将来宁夏回族自治区也是这样。就是少数民族占多数的地方，像新疆、西藏，也不可能没有汉族干部。在那些兄弟民族占多数的自治区、自治州、自治县，派汉族干部应当少而精，就是要派好的、得力的干部，不能多而滥。领导干部很重要，不论是党的还是政府的，都要照顾双方面，要力求合作。如果干部问题解决不好，一切

政策就都没有人实施。如果干部闹对立、包办、单干、歧视、分裂，则一切都搞不好。

我们的宗教信仰是自由的。在中国存在有宗教信仰的人和没有宗教信仰的人，就是有神论者和无神论者。这两类人应该彼此相处得很好。我们从来不像有些国家那样在宗教问题上争执得那么厉害，甚至被帝国主义者挑拨引起战争。信仰各种宗教的人，本来是可以合作的。我国信佛教的最多，第二是信伊斯兰教的，第三是信天主教的，第四是信基督教的。我国信仰各种宗教的人，向来就是合作的。不信仰宗教的人应当尊重信仰宗教的人，信仰宗教的人也应当尊重不信仰宗教的人。不信仰宗教的人和信仰宗教的人都可以合作。信仰不同宗教的人也可以合作。这对我们民族大家庭的团结互助合作是有利的。

民族的风俗习惯比宗教信仰还要广泛，因为一个民族不一定都信仰一种宗教。有很多民族是信仰多种宗教的，也有几个民族是信仰同一种宗教的，如回族和新疆几个民族是信仰同一种宗教的，蒙古族和藏族也是信仰同一种宗教的，但风俗习惯常常是一个民族一种，因此，风俗习惯也同样应该受到尊重。如果不尊重，就很容易刺激感情。比如我们对回族和新疆的各个信仰伊斯兰教的民族不吃猪肉的风俗习惯就要尊重。另一方面，对于反映在文化方面的风俗习惯，不要随便加以修改。现在有些文工团到兄弟民族地区学习音乐舞蹈，特别是舞蹈，常常拿汉族的想法来修改，兄弟民族对此很不高兴。这是强加于人，不尊重人家的风俗习惯。有些汉族人总觉得他自己的都是好的，人家的是落后的，这是资产阶级民族主义思想。人家的风俗习惯是建立在自己的生活条件的基础上的。风俗习惯的改革，要依靠民族经济基础本身的发展，不要乱改。

以上我一共讲了四个问题。这些问题还要继续研究，今天我只是把原则性的问题讲一讲，供大家参考。　（《周恩来选集》下 P247~271）

社会主义现代化建设时期民族工作的任务（节录）

（1979年5月22日　杨静仁在国家民委第一次委员扩大会议开幕时的讲话）

党的十一届三中全会确定把全党工作的着重点转移到社会主义现代化建设的轨道上来，这是党的历史上一次战略性的转移，具有划时代的意义。我们民族工作部门也要相应地把工作的重心转向为社会主义现代化建设服务，为坚决贯彻执行新时期党和国家对国内民族工作的任务而奋斗。

新时期党和国家对民族工作的任务是：高举毛泽东思想的伟大旗帜，贯彻执行新时期的总路线总任务，坚持四项基本原则，坚持贯彻党的民族政策，加强民族团结，巩固祖国统一，维护边疆、少数民族地区的安定，充分调动各少数民族人民的社会主义积极性，为把我国建设成为社会主义现代化强国而奋斗。国家在实现现代化的过程中，大力帮助少数民族加速发展经济和文化建设，大力培养有共产主义觉悟的少数民族干部和各种专业技术人才，逐步消除历史遗留下来的事实上的不平等，使各少数民族能够赶上或接近汉族的发展水平。

实现四个现代化，这是把我国的社会主义制度和无产阶级专政置于强大的物质基础上，使我国成为强大的社会主义国家。它反映了各民族人民的根本利益，体现了毛泽东同志、周恩来同志和其他老一辈无产阶级革命家长期以来的愿望，得到了各族人民的衷心拥护。

邓小平同志指出：我们的社会主义现代化必须是适合中国特点的中国式的现代化。

什么是中国的特点呢？我看主要有以下两点：

（一）我国是占世界人口1/4，历史悠久，而经济、文化和科学技术发展比较落后的大国。土地大、人口多、耕地少、底子薄。我国的面积是960万平方公里，人口是9.6亿，耕地是十四、五亿亩，虽然经过30年来的努力，已经建立了一个比较完整的工业体系，并使农业生产总值取得了大幅度的增长，但对我们这样一个国家来说，这个底子实在是太薄了。

（二）我国是统一的多民族国家。少数民族人口虽然只占全国总人口的6%，但他们所居住的面积约占全国总面积的50%到60%，资源十分丰富。而占总人口94%的汉族，绝大部分居住在40%到50%的土地上，平均每人只有1亩多一点耕地。

中国的现代化，必须认真考虑这些特点以及其他特点，充分利用我们自己的有利条件，挖掘我们自己的巨大潜在力量，结合引进外国的先进技术和设备，学习外国的一切好经验，走出一条中国式现代化路子。

实现四个现代化和少数民族的关系，我想用两句通俗的话来概括：现代化非常需要少数民族，少数民族也非常需要现代化。

由于少数民族居住地区具有地大物博这方面的优势，特别是我国的草原、森林和许多种地下矿藏大部在少数民族地区，所以现代化非常需要少数民族的积极支持和参加。如果离开少数民族和少数民族地区，要实现四个现代化是不可能的。

说少数民族非常需要现代化，这是因为许多少数民族在解放前长期停滞在资本主义以前的落后状态。除了有十几个民族，还保持着很落后的封建地主（牧主）经济制以外，藏族、傣族和其他一些少数民族地区，还保持着封建农奴制；在大小凉山彝族地区，还保持着奴隶制；还有十多个民族，还保持着浓厚的原始公社制的残余。解放后，这些少数民族在党和国家的领导下，经过汉族同志的帮助，在短短的十几年内，废除了很落后的封建地主（牧主）经济制、封建农奴制、奴隶制和原始公社制的浓厚残余，跨越一个或几个历史发展阶段，和那些社会经济结构与汉族大体相同的少数民族一道过渡到社会主义。这是一个超越了几百年甚至几千年的巨大的飞跃。但是少数民族的经济、文化还比较落后或者还很落后，长期历史形成的事实上的不平等还显著存在。加以林彪、"四人帮"的破坏，使各少数民族17年在经济、文化发展方面所取得的一些成就又受到了灾难性的摧残。所以，光有上面所讲的那个大飞跃还不够，那个大飞跃只是解放了生产力，为生产力的巨大发展开辟了广阔的道路，也就是说，使生产力的发展，有了巨大的可能性。但是要把可能性变为现实性，就必须在今后几十年中再来一个大的飞跃。国家在实现四个现代化的过程中，大力帮助各少数民族在自力更生的基础上加速经济、文化的发展，逐步消除历史上遗留下来的事实上的不平等，使他们能够赶上或接近汉族的发展水平。所以，各少数民族非常需要现代化，迫切需要现代化。

当然，要在本世纪内，完全消除事实上的不平等，是不可能的。但这几十年很重要，要力争在很大程度上消除事实上的不平等，以后再接下去继续进行。这正是我国解决民族问题的一大根本任务。我们知道，解放前，由于存在着民族压迫制度，我国各民族的关系是不平等的。解放后，我们废除了民族压迫制度，实行了民族平等的原则，即各民族都能平等地享受宪法和法律所规定的各项自由权利和平等的发展权利。这对我国长期遭受压迫和歧视、处于不平等地位的各少数民族，是一个伟大的获得，具有极其伟大的意义。几十个不被国民党反动政府承认，处于无权状态的少数民族，纷纷登上了我国的政治舞台，成为祖国友爱合作大家庭中平等的成员，像经过长期严冬以后的百花，呈现出一派欣欣向荣的动人景象。但是，各少数民族由于长期历史发展所形成的落后状态（包括不同的历史发展阶段和不同的经济、文化发展水平这两个相联系而又有区别的方面），他们在享用各项平等的自由权利和各种平等的发展权利的时候，不能不受到自己发展上落后状况的限制，他们不能像发展程度较高的汉族同志那样充分享用宪法所赋予的各项平等的自由权利和各种平等的发展权利。例如，要是没有汉族的帮助，一些几乎没有自己的知识分子的少数民族，怎么能享用宪法所规定的出版自由和发展自己的文化、教育事业的权利呢？一些连自己的手工业都没有的少数民族，怎么能享用发展自己工业、交通事业的权利呢？这种情况就叫做事实上的不平等。这是我国各民族得到了民族平等权利之后，在民族关系上还存在的一大根本问题。解决这个问题的办法，除了上面所说的国家帮助处于各种不同历史发展阶段的少数民族经过必要的改革改造，过渡到社会主义之外，还要在建设社会主义的过程中，大力帮助各少数民族发展经济、文化事业，大力培养具有共产主义觉悟的少数民族干部和各种专业技术人才，经过几十年的努力，使各少数民族都能赶上或接近汉族的发展水平。这对于先进的汉族工人阶级和其他劳动人民来说，是义不容辞、责无旁贷的光荣的历史性任务。要使那些生产力发展水平仍然很低的少数民族，在短短的几十年内，实现赶上或接近汉族发展水平的大飞跃，如果没有先进的汉族工人阶级和其他劳动人民的大力帮助，是不可能的。正如没有这种帮助，处于前资本主义各历史阶段的少数民族，就不可能在短短的十几年内，实现过渡到社会主义阶段的大飞跃一样。我们的民族平等同资产阶级的所谓民族平等的根本区别，就在于不但要认真保障各民族在法律上一律平等，认真保障民族区域自治的权利，严禁民族间的歧视和压迫，而且要诚心诚意地积极帮助各少数民族逐步解决经济、文化落后的问题，以达到事实上的平等。自解放以后，我们党和国家就是这样做的。但是，这个进程后来被林彪、“四人帮”的严重破坏几乎完全打断了。粉碎“四人帮”、拨乱反正以后，随着社会主义新时期总任务的提出，解决国内民族问题的上述根本任务，就在更加重要、更加紧迫的意义上提上了我们的实践日程。

今年中央工作会议决定：在全党工作着重点已经转移到四个现代化建设上来之后，要从今年起用3年的时间，认真进行国民经济的调整、改革、整顿、提高。因为只有做好这一步工作，才能把整个国民经济纳入持久的、按比例的、高速度发展的轨道，为加快四个现代化奠定稳定的基础，更好地向四个现代化的伟大目标前进。这是继续贯彻执行三中全会决议的一个积极的方针，鼓劲的方针。绝不能作消极的理解，绝不能松劲，更不允许进行歪曲。民族工作方面，也应这样。特别需要指出的是：现在，有极少数人以在贯彻三中全会精神过程中所产生的个别缺点和社会上出现的一些右的思想为借口，摆出极“左”的面貌怀疑和反对三中全会的精神。我们一定要保持清醒头脑，坚决排除极左的和右的思想的干扰，把民族工作战线的指导思想坚持统一到三中全会精神上来。

为了促进少数民族地区的四个现代化建设，我们民族工作部门，必须认真研究四化中的民族关系问题，密切研究在四化中如何注意少数民族地区的特点和照顾少数民族的需要问题，加强对各民族自治地方和其他民族地区经济、文化状况和问题的调查研究，切实关心少数民族的经济、文化建设，积极向有关部门反映少数民族的合理要求，并提出自己的建议。各民族院校和其他教育单位，都要进一步大力培养为四化服务的少数民族干部和专业技术人才。各民族翻译出版机构、民族文艺单位和民族研究机构等等，都要根据民族地区四化建设的需要，制订出切实可行的具体方案，经有关上级批准后努力贯彻落实。

我们大家都要做实现四化的促进派，做加强民族团结互助的促进派，做加速各少数民族经济、文化发展的促进派。现在，民族工作战线内外有一些同志认为，少数民族地区的四化与民族事务单位关系不大，或者没有什么关系，这种看法当然是不正确的，或者是错误的。必须摆事实，讲道理，向他们做深入细致的思想工作。国务院1978年颁发的《关于国家民族事务委员会工作任务和机构设置的通知》中规定，把“协助有关部门促进少数民族地区，特别是边疆、牧区、山区的社会主义经济建设和文化建设”，作为国家民委的一项重要任务。我们必须坚决彻底地贯彻执行，否则就是失职。

实现四个现代化，需要有一个安定团结的国内环境。过去由于林彪、“四人帮”的严重捣乱，各方面的团结都受到了很大的破坏，民族间的团结也遭到了浩劫。林彪、“四人帮”全盘否定17年来民族工作所取得的伟大成就；他们否定社会主义时期民族问题的存在，说什么“都社会主义了，还有什么民族问题不民族问题”；他们歪曲篡改党的民族政策，分裂民族团结，破坏少数民族地区的社会主义革命和建设；他们既把民族问题同民族斗争混为一谈，又把民族问题同阶级斗争等同起来，人为地制造和扩大民族问题方面的阶级斗争，任意煽动乱打、乱斗、乱没收，制造了许多冤案、假案和错案，残酷地打击和迫害大批的少数民族干部和群众。在林彪、“四人帮”干扰、破坏下，民族工作机构被撤销，民族院校大部被关闭，在好多年中，实际上取消了民族工作。林彪、“四人帮”推行的封建法西斯的民族政策，给少数民族和民族工作战线造成了极大的灾难。

粉碎“四人帮”后，经过一系列拨乱反正的工作和措施，随着安定团结大好局面的出现，民族团结也得到了加强。安定团结，政治稳定，政策稳定，各种建设才能得到发展，这已经是经过实践检验出来的真理。因为有了安定团结的大好局面，我们才有可能开始向社会主义现代化进军。安定团结得来是不易的，我们必须十分珍惜它、维护它、发展它。

去年以来，关于真理标准的大讨论，是两条思想路线的一场大斗争，它涉及到政治、经济、军事、文化、教育、科学等各个领域拨乱反正的根本问题，对于促进全党和全国各族人民解放思想，端正思想路线，对于安定团结政治局面的巩固和发展，都起了极其重要的作用。这场大讨论对于我们民族工作方面的拨乱反正，同样具有极其重要的意义。实践充分证明，我们党在解放后坚持从我国各民族的实际情况出发，在解决民族问题上所制定和采取的方针、政策，是正确的。我们实行了适合我国情况的民族区域自治制度，而没有搬用外国的自治共和国等制度；在一部分少数民族地区的社会改革中，我们采取了适合当地民族情况的和平协商的方式，而没有照搬一般地区的经验；在对少数民族的其他工作中，我们党也一贯强调照顾少数民族的特点，反对脱离少数民族实际的错误做法。这些方针、政策，都遭到了林彪、“四人帮”的全盘否定和严重破坏。在拨乱反正中，要不是坚持用实践来检验，民族工作战线许多被颠倒了的是非能够纠正过来吗？强加在民族工作部门的“修正主义、投降主义”大帽子能够摘掉吗？民族地区的许多冤案、假案和错案能够平反吗？如果不坚持实事求是的原则，不坚持实践是检验真理的唯一标准，这一切都是办不到的。今后，我们仍然必须坚持贯彻正确的思想路线，进一步分清民族工作方面的是非，做好落实政策工作，巩固和发展包括民族团结在内的安定团结的政治局面。　（《新时期民族工作文献选编》P5~13）

新时期党的民族工作与宗教政策（节录）

（1979年9月13日）

加强民族工作

新时期党对民族工作的任务是：高举毛泽东思想的伟大旗帜，贯彻执行新时期的总路线总任务，坚持贯彻党的民族政策，加强民族团结，巩固祖国统一，维护边疆、少数民族地区的安定，充分调动各少数民族人民的社会主义积极性，为把我国建设成为社会主义现代化强国而奋斗；在实现现代化的过程中，要大力帮助少数民族加速发展经济和文化建设，大力培养少数民族干部和各种专业技术人才，逐步消除历史遗留下来的事实上的不平等，使各少数民族能够赶上或接近汉族的发展水平。

为了胜利地向四个现代化进军，一定要搞好汉族和少数民族的关系，加强各民族的团结。要根据党中央的指示，在全党、全国各族人民中间，普遍地、深入地、大张旗鼓地进行民族政策再教育，认真检查民族政策的执行情况，切实解决存在于民族关系方面的问题，消除一切不利于民族团结的因素。要教育各族干部和人民，特别是汉族干部和人民，充分认识加强民族团结、做好民族工作的重要性，不断提高执行民族政策的自觉性。要以平等态度对待各少数民族，尊重少数民族的平等权利和自治权利，尊重少数民族的语言文字、风俗习惯和宗教信仰。要重视培养、提拔、使用少数民族干部，照顾少数民族地区的特点和少数民族人民的特殊需要，关心少数民族人民的困难和疾苦，并以满腔的同情心，帮助他们解决必须解决和能够解决的问题。只有做好这些工作，才能逐步消除由于林彪、“四人帮”的干扰破坏而在许多地方造成的民族之间的裂痕，加强民族团结，也才能激发起各兄弟民族人民的社会主义积极性，一心投入四化建设。进行民族政策再教育和检查民族政策的重点是克服大汉族主义，这是当前调整民族关系，加强民族团结的关键。只有克服了大汉族主义，才有利于克服地方民族主义。在一个地区占主要地位的少数民族，在对其他少数民族的关系上，也要注意防止和克服大民族主义。在存在地方民族主义的少数民族中，也应当注意克服地方民族主义。

全国约有1000万少数民族人口杂居、散居在内地、沿海的城镇和农村，这类地区的少数民族工作往往被忽视。要切实保障他们的平等权利，尊重他们的风俗习惯，帮助他们解决生产、生活上的困难和问题。

对于少数民族中的民族宗教上层爱国人士的统战工作，也应引起重视，落实对他们的政策，在政治上、生活上都要适当安排，并继续对他们进行教育改造。

全面贯彻宗教信仰自由政策

宗教信仰自由政策，是我们党正确处理群众宗教信仰的一项根本政策。去年和今年中央批准的关于宗教工作的3个文件下达以后，各地做了一些工作，取得一定成绩。但是，宗教政策的贯彻缓慢，阻力不小，这对于团结千百万信教群众极为不利，也给国内个别人进行违法的宗教活动和国际宗教势力的渗透提供了机会。

我们必须以坚定的态度，大力克服各种困难，认真贯彻中央的方针政策，尽快地解决信教群众过宗教生活所需要的场所、用品和主持宗教活动的神职人员，使信教群众享有宗教信仰自由的权利，并认真落实对宗教界人士的政策，把广大信教群众和宗教界人士团结在政府的周围，在党的领导下为四化贡献力量。要为各宗教团体、爱国组织恢复活动创造条件，支持这些组织的工作，发挥其积极作用。在新形势下，要加强对宗教活动的管理，认真做好对信教群众和宗教界人士的思想教育工作。在人民群众中，要进行无神论的宣传教育。要有计划有领导地积极开展宗教方面的国际活动。　（《新时期民族工作文献选编》P18~20）

关于正确处理少数民族地区宗教干扰学校教育问题的意见

（1983年1月15日　教育部）

党的十一届三中全会以来，党的宗教政策逐步得到贯彻落实，群众的正常宗教活动得到恢复，这对改善党和政府同群众的关系，增强民族团结，促进政治上的安定团结，起了重要作用。但是，据新疆、甘肃、宁夏、青海、云南、四川等省、自治区调查反映，在信奉伊斯兰教、小乘佛教和喇嘛教的一些少数民族地区，近年来出现了宗教干预教育，争夺学生，冲击学校的问题；有的地方还出现了天主教、基督教干预教育的现象。这种宗教干预教育的情况，在有的地方还比较突出。有些地区把阿訇请到学校念经做礼拜，向青少年儿童灌输宗教思想，诱使他们参加宗教活动。有的阿訇向学生宣传“不学经文，将来死了进不了天堂”。在一些信仰伊斯兰教的民族地区，有人擅自开办经文学校（多设在清真寺，也有的设在宗教人士家里，还有的实行寄宿制），已有大批学龄儿童弃学念经。云南、四川、青海、甘肃等省信奉小乘佛教和喇嘛教的傣、藏族地区，大批少年儿童退学到寺里当喇嘛、当和尚。

所以出现上述这些情况，绝不是因为贯彻落实宗教政策的结果，其中有宗教影响的问题，也有我们工作上的问题。从宗教本身来说，伊斯兰教、喇嘛教和小乘佛教在一些少数民族中历史很长，影响很深，群众中存在着较浓厚的宗教信仰和宗教感情，这不能不影响宗教信徒的子女，而有些宗教职业人员，则通过宗教干预教育，违反政策规定，擅自举办经文学校等方式，借机扩大宗教影响，这是一个方面；另一方面，有些干部对宗教政策缺乏全面的认识，在落实宗教政策过程中，对出现的问题不愿管、不敢管，或者认为不好管，有些放任自流。同时，有些少数民族地区对教育不够重视，因而教育长期落后，科学文化远没有普及，也是一个重要原因。特别是其中有些边远地区，学校少，条件差，教育质量低，群众对办好学校缺乏信心，送子女入学的积极性不高。在藏、傣族地区，曾因受“左”的思想影响，长期不重视学习民族语文，甚至明令取消民族语文教学，至今尚未完全恢复。所以，有些群众为了使孩子学点民族语文，就把他们送到寺里念经。除上述原因外，极少数披着宗教外衣的反革命分子进行煽动破坏，也是不容忽视的原因之一。

当前的问题，基本上都是属于人民内部矛盾问题，解决的办法，主要靠党的政策，靠耐心细致的思想政治工作，同时也必须制定必要的行政法规。为了正确地、全面地贯彻党的宗教政策，处理好宗教干预教育、冲击学校的问题，特提出下列几点意见：

（一）必须坚持宗教与教育分离的原则。这同我国实行的宗教信仰自由政策并不矛盾。解放前，藏、傣族中的佛教寺院既是宗教机关，又是那个封建社会的文化教育机关，宗教同教育是合一的。在维吾尔、回等民族中，情况稍有不同，既有专设的宗教学校，也有普通学校。解放后，我们实行教育同宗教分离的原则，经过大量工作，大部分宗教学校逐步解散，一般学校中的宗教课也早已取消。这是改革旧教育的重要成果。今天，要不断巩固和完善我国的社会主义教育制度，对于宗教与教育分离的原则仍应继续坚持，不能有丝毫动摇。

（二）必须坚持宗教不得干预教育的原则。这一条已正式写进党的十一届六中全会一致通过的《关于建国以来党的若干历史问题的决议》，《中华人民共和国宪法》中也作了明确规定，任何人不得利用宗教进行妨碍国家教育制度的活动。这个原则，得到广大信教群众和爱国宗教职业人员的拥护。为了避免和制止宗教干预教育、妨碍国家教育制度的情况继续发生，我们认为，除按中共中央《关于我国社会主义时期宗教问题的基本观点和基本政策》（以下简称《基本政策》）中有关政策规定举办的宗教学校外，在普通学校应当明确规定：（1）不得在学校向学生宣传宗教，灌输宗教思想；（2）学校不得停课集体进行宗教活动；（3）不得强迫学生信仰宗教，不得强迫他们当和尚、喇嘛或满拉等；（4）不得以任何形式在学校开设或讲授宗教课；（5）不得利用宗教干扰或破坏学校的正常教学秩序；（6）不得以任何形式干扰或阻挠学校向学生进行马列主义、毛泽东思想教育和科学文化教育。

（三）要正确处理各地擅自开办的经文学校或经文班。现在摆在全国各族人民面前的根本任务，是把我国建设成为现代化的高度文明、高度民主的社会主义国家。全国各地，包括少数民族地区在内，要进一步发展科学文化教育事业，逐步普及小学教育，培养造就各类人才，不断提高人民的科学文化水平。上述大量开办经文学校，使大批学龄儿童弃学念经的情况，同社会主义现代化建设的艰巨任务，同建设“两个文明”的要求，是背道而驰的。这样做，对下一代的健康成长，对民族教育事业的发展，对提高少数民族的科学文化水平，十分有害。对此，绝不能放任不管。对未经政府批准擅自开办的经文学校，要有关部门协同配合，积极做好疏导工作，逐步予以解决。

（四）对某些信奉伊斯兰教地区的民族中、小学要求开设阿拉伯文课的问题，不能予以同意。因为从历史上看，阿文从没有成为我国任何一个少数民族的通用文字，只是作为宗教经典文字曾在少数人中使用过。1953年9月中共中央曾指出：“阿文不是回民的民族通用文字，而是伊斯兰教的经典文字，因此在宗教方面学习或使用阿文是可以的。但把阿文当做回族全民族的文字，而企图推广使用的作法，则是非常错误的。这种作法对回族人民政治、经济、文化的发展十分不利。”因此，在学校开设阿文课是不必要的，更不能借学习阿文之名，恢复宗教课。

（五）关于学校占用寺产的遗留问题，应根据有关政策规定，分别不同情况，经当地政府同有关方面充分协商，妥善加以解决。今后，任何人不得强占学校，强拆校舍，毁坏设备，任何人都不得以任何理由强迫学校停课、停办。

（六）党的十二大指出：“普及教育是建设物质文明和精神文明的重要前提”。我们一定要按照十二大的精神，切实加强少数民族地区的中、小学教育，采取各种有力措施，吸引更多的学龄儿童入学读书。从长远来说，这是解决宗教干扰学校教育问题的一个关键。首先要加强学校的思想政治教育，应对学生进行爱国主义、民族团结的教育，还应进行生动的普及科学文化的教育。为此，要改革政治课教材，力求内容生动活泼。要努力改善办学条件，改进教学，提高教育质量，积极开展文娱、体育和各种有益的课外活动。在有民族文字的少数民族中小学中应尽快恢复民族语文教学，使学生首先学好本民族语文，并根据需要同时学好汉语文。要积极培训民族师资，加强民族文字教材建设。

（七）处理好宗教冲击、干扰学校教育的问题，关键在于领导。各级党委和政府应当通盘考虑，动员各有关部门密切配合，共同做好这项工作。为此，首先要认真学习和坚决贯彻执行《基本政策》这一重要文件，统一认识，统一政策。各有关部门应切实负起责任，敢于做干部、群众及宗教职业人员的工作，讲明政策，讲清道理，对广大信教群众和爱国的宗教职业人员进行爱国守法教育，使他们自觉维护学校教育，遵守宗教不得干预教育的原则。《基本政策》指出："使全体信教和不信教的群众联合起来，把他们的意志和力量集中到建设现代化的社会主义强国这个共同目标上来，这是我们贯彻执行宗教信仰自由政策，处理一切宗教问题的根本出发点和落脚点。任何背离这个基点的言论和行动，都是错误的，都应当受到党和人民的坚决抵制和反对。"我们在处理宗教干预学校教育问题的时候，也必须切实贯彻这一基本原则。

以上意见如无不当，请批转各地参照执行。　（《凝聚》P84~86）

关于建立民族乡问题的通知

（1983年12月29日　国务院）

根据《中华人民共和国宪法》第三十条的规定，中共中央、国务院已于10月12日发出《关于实行政社分开建立乡政府的通知》。现对建立民族乡的有关问题通知如下：

一、凡是相当于乡的少数民族聚居的地方，应当建立民族乡。民族乡，可以在一个少数民族居住的地方建立，也可以在2个或几个少数民族居住的地方建立。

二、建立民族乡，少数民族的人口在全乡总人口中所占的比例，一般以30%左右为宜；个别情况特殊的，可以低于这个比例。

三、民族乡的名称，一般按照以地方名称加民族名称确定。

四、民族乡人民政府配备工作人员，应当照顾到本乡内的各民族。民族乡的乡长由建立民族乡的少数民族公民担任。

五、民族乡使用当地民族通用的语言文字。

六、民族乡依照法律和有关规定，可以结合本地区的具体情况和民族特点，因地制宜地发展经济、文化、教育和卫生等事业。

七、民族乡应当注意对各族居民进行民族政策和民族团结的教育，以不断促进社会主义民族关系的发展，加强各民族之间的团结互助。

八、上级人民政府应当切实加强对民族乡的领导，并注意照顾当地民族的特点和少数民族人民的需要。

建立民族乡是一件重要的工作，是关系到加强民族团结、保障少数民族实现民族平等权利的大事，各省、市、自治区应当予以重视。事前应做好调查研究，同当地有关民族群众和干部充分协商，统筹规划，进行必要的试点，然后有步骤地进行。工作要深入细致，防止简单急躁的做法。有关建立民族乡的具体事项，可与国家民委和民政部联系。　（《人民日报》1984.1.12. ④，《新时期民族工作文献选编》P201~202）

中华人民共和国民族区域自治法

（1984年5月31日　第六届全国人大第二次会议）

序　言

中华人民共和国是全国各族人民共同缔造的统一的多民族国家。民族区域自治是中国共产党运用马克思列宁主义解决我国民族问题的基本政策，是国家的一项重要政治制度。

民族区域自治是在国家统一领导下，各少数民族聚居的地方实行区域自治，设立自治机关，行使自治权。实行民族区域自治，体现了国家充分尊重和保障各少数民族管理本民族内部事务权利的精神，体现了国家坚持实行各民族平等、团结和共同繁荣的原则。

实行民族区域自治，对发挥各族人民当家作主的积极性，发展平等、团结、互助的社会主义民族关系，巩固国家的统一，促进民族自治地方和全国社会主义建设事业的发展，都起了巨大的作用。今后，民族区域自治制度将在国家的社会主义现代化建设进程中发挥更大的作用。

实践证明，坚持实行民族区域自治，必须切实保障民族自治地方根据本地实际情况贯彻执行国家的法律和政策；必须大量培养少数民族的各级干部、各种专业人才和技术工人；民族自治地方必须发扬自力更生、艰苦奋斗精神，努力发展本地方的社会主义建设事业，为国家建设作出贡献；国家根据国民经济和社会发展计划，努力帮助民族自治地方加速经济和文化的发展。在维护民族团结的斗争中，要反对大民族主义，主要是大汉族主义，也要反对地方民族主义。

民族自治地方的各族人民和全国人民一道，在中国共产党的领导下，在马克思列宁主义、毛泽东思想的指引下，坚持人民民主专政，坚持社会主义道路，集中力量进行社会主义现代化建设，加速民族自治地方经济、文化的发展，建设团结、繁荣的民族自治地方，为各民族的共同繁荣，把祖国建设成为高度文明、高度民主的社会主义国家而努力奋斗。

中华人民共和国民族区域自治法是实施宪法规定的民族区域自治制度的基本法律。

第一章　总　则

第一条　中华人民共和国民族区域自治法，根据中华人民共和国宪法制定。

第二条　各少数民族聚居的地方实行区域自治。

民族自治地方分为自治区、自治州、自治县。

各民族自治地方都是中华人民共和国不可分离的部分。

第三条　民族自治地方设立自治机关，自治机关是国家的一级地方政权机关。

民族自治地方的自治机关实行民主集中制的原则。

第四条　民族自治地方的自治机关行使宪法第三章第五节规定的地方国家机关的职权，同时依照宪法和本法以及其他法律规定的权限行使自治权，根据本地方的实际情况贯彻执行国家的法律、政策。

自治州的自治机关行使下设区、县的市的地方国家机关的职权，同时行使自治权。

第五条　民族自治地方的自治机关必须维护国家的统一，保证宪法和法律在本地方的遵守和执行。

第六条　民族自治地方的自治机关领导各族人民集中力量进行社会主义现代化建设。

民族自治地方的自治机关根据本地方的情况，在不违背宪法和法律的原则下，有权采取特殊政策和灵活措施，加速民族自治地方经济、文化建设事业的发展。

民族自治地方的自治机关在国家计划的指导下，从实际出发，不断提高劳动生产率和经济效益，发展社会生产力，逐步提高各民族的物质生活水平。

民族自治地方的自治机关继承和发扬民族文化的优良传统，建设具有民族特点的社会主义精神文明，不断提高各民族人民的社会主义觉悟和科学文化水平。

第七条　民族自治地方的自治机关要把国家的整体利益放在首位，积极完成上级国家机关交给的各项任务。

第八条　上级国家机关保障民族自治地方的自治机关行使自治权，并且依据民族自治地方的特点和需要，努力帮助民族自治地方加速发展社会主义建设事业。

第九条　上级国家机关和民族自治地方的自治机关维护和发展各民族的平等、团结、互助的社会主义民族关系。禁止对任何民族的歧视和压迫，禁止破坏民族团结和制造民族分裂的行为。

第十条　民族自治地方的自治机关保障本地方各民族都有使用和发展自己的语言文字的自由，都有保持或者改革自己的风俗习惯的自由。

第十一条　民族自治地方的自治机关保障各民族公民有宗教信仰自由。

任何国家机关、社会团体和个人不得强制公民信仰宗教或者不信仰宗教，不得歧视信仰宗教的公民和不信仰宗教的公民。

国家保护正常的宗教活动。任何人不得利用宗教进行破坏社会秩序、损害公民身体健康、妨碍国家教育制度的活动。

宗教团体和宗教事务不受外国势力的支配。

第二章　民族自治地方的建立和自治机关的组成

第十二条　少数民族聚居的地方，根据当地民族关系、经济发展等条件，并参酌历史情况，可以建立以1个或者几个少数民族聚居区为基础的自治地方。

民族自治地方内其他少数民族聚居的地方，建立相应的自治地方或者民族乡。

民族自治地方依据本地方的实际情况，可以包括一部分汉族或者其他民族的居民区和城镇。

第十三条　民族自治地方的名称，除特殊情况外，按照地方名称、民族名称、行政地位的顺序组成。

第十四条　民族自治地方的建立、区域界线的划分、名称的组成，由上级国家机关会同有关地方的国家机关，和有关民族的代表充分协商拟定，按照法律规定的程序报请批准。

民族自治地方的区域界线一经建立，不得轻易变动；需要变动的时候，由上级国家机关的有关部门和民族自治地方的自治机关充分协商拟定，报国务院批准。

第十五条　民族自治地方的自治机关是自治区、自治州、自治县的人民代表大会和人民政府。

民族自治地方的人民政府对本级人民代表大会和上一级国家行政机关负责并报告工作，在本级人民代表大会闭会期间，对本级人民代表大会常务委员会负责并报告工作。各民族自治地方的人民政府都是国务院统一领导下的国家行政机关，都服从国务院。

民族自治地方的自治机关的组织和工作，根据宪法和法律，由民族自治地方的自治条例或者单行条例规定。

第十六条　民族自治地方的人民代表大会中，除实行区域自治的民族的代表外，其他居住在本行政区域内的民族也应当有适当名额的代表。

民族自治地方的人民代表大会中，实行区域自治的民族和其他少数民族代表的名额和比例，根据法律规定的原则，由省、自治区的人民代表大会常务委员会决定，并报全国人民代表大会常务委员会备案。

民族自治地方的人民代表大会常务委员会中应当有实行区域自治的民族的公民担任主任或者副主任。

第十七条　自治区主席、自治州州长、自治县县长由实行区域自治的民族的公民担任。自治区、自治州、自治县的人民政府的其他组成人员，要尽量配备实行区域自治的民族和其他少数民族的人员。

民族自治地方的人民政府实行自治区主席、自治州州长、自治县县长负责制。自治区主席、自治州州长、自治县县长，分别主持本级人民政府的工作。

第十八条　民族自治地方的自治机关所属工作部门的干部中，要尽量配备实行区域自治的民族和其他少数民族的人员。

第三章　自治机关的自治权

第十九条　民族自治地方的人民代表大会有权依照当地民族的政治、经济和文化的特点，制定自治条例和单行条例。自治区的自治条例和单行条例，报全国人民代表大会常务委员会批准后生效。自治州、自治县的自治条例和单行条例，报省或者自治区的人民代表大会常务委员会批准后生效，并报全国人民代表大会常务委员会备案。

第二十条　上级国家机关的决议、决定、命令和指示，如有不适合民族自治地方实际情况的，自治机关可以报经该上级国家机关批准，变通执行或者停止执行。

第二十一条　民族自治地方的自治机关在执行职务的时候，依照本民族自治地方自治条例的规定，使用当地通用的1种或者几种语言文字；同时使用几种通用的语言文字执行职务的，可以以实行区域自治的民族的语言文字为主。

第二十二条　民族自治地方的自治机关根据社会主义建设的需要，采取各种措施从当地民族中大量培养各级干部、各种科学技术、经营管理等专业人才和技术工人，充分发挥他们的作用，并且注意在少数民族妇女中培养各级干部和各种专业技术人才。

民族自治地方的自治机关可以采取特殊措施，优待、鼓励各种专业人员参加自治地方各项建设工作。

第二十三条　民族自治地方的企业、事业单位在招收人员的时候，要优先招收少数民族人员；并且可以从农村和牧区少数民族人口中招收。自治州、自治县从农村和牧区少数民族人口中招收人员，须报省或自治区人民政府批准。

第二十四条　民族自治地方的自治机关依照国家的军事制度和当地的实际需要，经国务院批准，可以组织本地方维护社会治安的公安部队。

第二十五条　民族自治地方的自治机关在国家计划的指导下，自主地安排和管理地方性的经济建设事业。

第二十六条　民族自治地方的自治机关在国家计划的指导下，根据本地方的特点和需要，制定经济建设的方针、政策和计划。

第二十七条　民族自治地方的自治机关在坚持社会主义原则的前提下，根据法律规定和本地方经济发展的特点，合理调整生产关系，改革经济管理体制。

民族自治地方的自治机关根据法律规定，确定本地方内草场和森林的所有权和使用权。

第二十八条　民族自治地方的自治机关依照法律规定，管理和保护本地方的自然资源。

民族自治地方的自治机关保护、建设草原和森林，组织和鼓励植树种草。禁止任何组织或者个人利用任何手段破坏草原和森林。

民族自治地方的自治机关根据法律规定和国家的统一规划，对可以由本地方开发的自然资源，优先合理开发利用。

第二十九条　民族自治地方的自治机关在国家计划的指导下，根据本地方的财力、物力和其他具体条件，自主地安排地方基本建设项目。

第三十条　民族自治地方的自治机关自主地管理隶属于本地方的企业、事业。

第三十一条　民族自治地方的自治机关自主地安排利用完成国家计划收购、上调任务以外的工农业产品和其他土特产品。

第三十二条　民族自治地方依照国家规定，可以开展对外经济贸易活动，经国务院批准，可以开辟对外贸易口岸。

与外国接壤的民族自治地方经国务院批准，开展边境贸易。

民族自治地方的自治机关在对外经济贸易活动中，在外汇留成等方面享受国家的优待。

第三十三条　民族自治地方的财政是一级财政，是国家财政的组成部分。

民族自治地方的自治机关有管理地方财政的自治权。凡是依照国家财政体制属于民族自治地方的财政收入，都应当由民族自治地方的自治机关自主地安排使用。

民族自治地方的财政收入和财政支出的项目，由国务院按照优待民族自治地方的原则规定。

民族自治地方依照国家财政体制的规定，财政收入多于财政支出的，定额上缴上级财政，上缴数额可以一定几年不变；收入不敷支出的，由上级财政机关补助。

民族自治地方的财政预算支出，按照国家规定，设机动资金，预备费在预算中所占比例高于一般地区。

民族自治地方的自治机关在执行财政预算过程中，自行安排使用收入的超收和支出的节余资金。

第三十四条　民族自治地方的自治机关对本地方的各项开支标准、定员、定额，根据国家规定的原则，结合本地方的实际情况，可以制定补充规定和具体办法。自治区制定的补充规定和具体办法，报国务院备案；自治州、自治县制定的补充规定和具体办法，须报省或者自治区人民政府批准。

第三十五条　民族自治地方的自治机关在执行国家税法的时候，除应由国家统一审批的减免税收项目以外，对属于地方财政收入的某些需要从税收上加以照顾和鼓励的，可以实行减税或者免税。自治州、自治县决定减税或者免税，须报省或者自治区人民政府批准。

第三十六条　民族自治地方的自治机关根据国家的教育方针，依照法律规定，决定本地方的教育规划，各级各类学校的设置、学制、办学形式、教学内容、教学用语和招生办法。

第三十七条　民族自治地方的自治机关自主地发展民族教育，扫除文盲，举办各类学校，普及初等义务教育，发展中等教育；举办民族师范学校、民族中等专业学校、民族职业学校和民族学院，培养各少数民族专业人才。

民族自治地方的自治机关可以为少数民族牧区和经济困难、居住分散的少数民族山区，设立以寄宿为主和助学金为主的公办民族小学和民族中学。

招收少数民族学生为主的学校，有条件的应当采用少数民族文字的课本，并用少数民族语言讲课；小学高年级或者中学设汉文课程，推广全国通用的普通话。

第三十八条　民族自治地方的自治机关自主地发展具有民族形式和民族特点的文学、艺术、新闻、出版、广播、电影、电视等民族文化事业。

民族自治地方的自治机关收集、整理、翻译和出版民族书籍，保护民族的名胜古迹、珍贵文物和其他重要历史文化遗产。

第三十九条　民族自治地方的自治机关自主地决定本地方的科学技术发展规划，普及科学技术知识。

第四十条　民族自治地方的自治机关，自主地决定本地方的医疗卫生事业的发展规划，发展现代医药和民族传统医药。

民族自治地方的自治机关加强地方病防治和妇幼卫生保健，改善卫生条件。

第四十一条　民族自治地方的自治机关自主地发展体育事业，开展民族传统体育活动，增强各族人民的体质。

第四十二条　民族自治地方的自治机关积极开展和其他地方的教育、科学技术、文化艺术、卫生、体育等方面的交流和协作。

自治区、自治州的自治机关依照国家规定，可以和国外进行教育、科学技术、文化艺术、卫生、体育等方面的交流。

第四十三条　民族自治地方的自治机关根据法律规定，制定管理流动人口的办法。

第四十四条　民族自治地方的自治机关根据法律规定，结合本地方的实际情况，制定实行计划生育的办法。

第四十五条　民族自治地方的自治机关保护和改善生活环境和生态环境，防治污染和其他公害。

第四章　民族自治地方的人民法院和人民检察院

第四十六条　民族自治地方的人民法院和人民检察院对本级人民代表大会及其常务委员会负责。民族自治地方的人民检察院并对上级人民检察院负责。

民族自治地方人民法院的审判工作，受最高人民法院和上级人民法院监督。民族自治地方的人民检察院的工作，受最高人民检察院和上级人民检察院领导。

民族自治地方的人民法院和人民检察院的领导成员和工作人员中，应当有实行区域自治的民族的人员。

第四十七条　民族自治地方的人民法院和人民检察院应当用当地通用的语言检察和审理案件。保障各民族公民都有使用本民族语言文字进行诉讼的权利。对于不通晓当地通用的语言文字的诉讼参与人，应当为他们翻译。法律文书应当根据实际需要，使用当地通用的一种或者几种文字。

第五章　民族自治地方内的民族关系

第四十八条　民族自治地方的自治机关保障本地方内各民族都享有平等权利。

民族自治地方的自治机关团结各民族的干部和群众，充分调动他们的积极性，共同建设民族自治地方。

第四十九条　民族自治地方的自治机关教育和鼓励各民族的干部互相学习语言文字。汉族干部要学习当地少数民族的语言文字，少数民族干部在学习、使用本民族语言文字的同时，也要学习全国通用的普通话和汉文。

民族自治地方的国家工作人员，能够熟练使用2种以上当地通用的语言文字的，应当予以奖励。

第五十条　民族自治地方的自治机关帮助聚居在本地方的其他少数民族，建立相应的自治地方或者民族乡。

民族自治地方的自治机关帮助本地方各民族发展经济、教育、科学、文化、卫生、体育事业。

民族自治地方的自治机关照顾本地方散居民族的特点和需要。

第五十一条　民族自治地方的自治机关在处理涉及本地方各民族的特殊问题的时候，必须与他们的代表充分协商，尊重他们的意见。

第五十二条　民族自治地方的自治机关保障本地方内各民族公民都享有宪法规定的公民权利，并且教育他们履行公民应尽的义务。

第五十三条　民族自治地方的自治机关提倡爱祖国、爱人民、爱劳动、爱科学、爱社会主义的公德，对本地方内各民族公民进行爱国主义、共产主义和民族政策的教育。教育各民族的干部和群众互相信任，互相学习，互相帮助，互相尊重语言文字、风俗习惯和宗教信仰，共同维护国家的统一和各民族的团结。

第六章　上级国家机关的领导和帮助

第五十四条　上级国家机关有关民族自治地方的决议、决定、命令和指示，应当适合民族自治地方的实际情况。

第五十五条　上级国家机关从财政、物资和技术等方面，帮助各民族自治地方加速发展经济建设和文化建设事业。

上级国家机关在制定国民经济和社会发展计划的时候，应当照顾民族自治地方的特点和需要。

第五十六条　国家设立各项专用资金，扶持民族自治地方发展经济文化建设事业。

国家设立的各项专用和临时性的民族补助专款，任何部门不得扣减、截留、挪用，不得用以顶替民族自治地方的正常的预算收入。

第五十七条　上级国家机关根据国家的民族贸易政策，对民族自治地方的商业、供销和医药企业，给予照顾。

第五十八条　上级国家机关合理核定或者调整民族自治地方的财政收入和支出的基数。

第五十九条　上级国家机关在分配生产资料和生活资料的时候，应当照顾民族自治地方的需要。

上级国家机关在制定民族自治地方的工、农业产品和其他土特产品的收购、上调计划的时候，应当照顾民族自治地方和生产者的利益，确定合理的上调基数或者购留比例。

第六十条　上级国家机关在投资、贷款、税收以及生产、供应、运输、销售等方面，扶持民族自治地方合理利用本地资源发展地方工业，发展交通、能源，发展和改进少数民族特需商品和传统手工业品的生产。

第六十一条　上级国家机关应当组织和支持经济发达地区与民族自治地方开展经济、技术协作，帮助和促进民族自治地方提高经营管理水平和生产技术水平。

第六十二条　国家在民族自治地方开发资源、进行建设的时候，应当照顾民族自治地方的利益，作出有利于民族自治地方经济建设的安排，照顾当地少数民族的生产和生活。

上级国家机关隶属的在民族自治地方的企业、事业单位，在招收人员的时候，应当优先招收当地少数民族人员。

上级国家机关隶属的在民族自治地方的企业、事业单位，要尊重当地自治机关的自治权，接受当地自治机关的监督。

第六十三条　上级国家机关非经民族自治地方自治机关同意，不得改变民族自治地方所属企业的隶属关系。

第六十四条　上级国家机关帮助民族自治地方从当地民族中大量培养各级干部、各种专业人才和技术工人；根据民族自治地方的需要，采取多种形式调派适当数量的教师、医生、科学技术和经营管理人员，参加民族自治地方的工作，对他们的生活待遇给予适当照顾。

第六十五条　上级国家机关帮助民族自治地方加速发展教育事业，提高当地各民族人民的科学文化水平。

国家举办民族学院，在高等学校举办民族班、民族预科，专门招收少数民族学生，并且可以采取定向招生、定向分配的办法。高等学校和中等专业学校招收新生的时候，对少数民族考生适当放宽录取标准和条件。

第六十六条　上级国家机关应当对各民族的干部和群众加强民族政策的教育，经常检查民族政策和有关法律的遵守和执行。

第七章　附　则

第六十七条　本法由全国人民代表大会通过，自1984年10月1日起施行。　（《国务院公报》1984［13号］P419~429）

关于民族工作几个重要问题的报告

（1987年1月23日　中共中央统战部、国家民族事务委员会）

国家民委于1986年10月24日至11月3日在北京召开了全国民委主任（扩大）会议，学习了《中共中央关于社会主义精神文明建设指导方针的决议》、中央书记处和中央领导同志对民族工作的指示。习仲勋同志听取了会议情况汇报并作了重要讲话。与会同志在认真学习、领会中央指示精神的基础上，研究了当前和今后一个时期的民族工作，重点是有关指导思想方面的问题和一些重大的实际问题。根据会议讨论的意见，现将民族工作的几个重要问题报告如下：

一、民族工作的形势和新时期民族工作总的指导思想、根本任务

新中国成立以来，我们党把马克思主义的民族理论的基本原理同中国的实际相结合，制定了正确的民族政策，指导民族工作取得了巨大成就；但也有过失误，犯过错误。十年动乱期间，党的民族政策破坏殆尽，民族工作基本上被取消。十一届三中全会以后，民族工作进入了新的历史时期。党和国家十分重视民族工作，恢复和制定了正确的方针政策和法律。党中央还对各自治区和一些多民族省的工作，作了一系列重要指示。1981年，中央书记处批准的《云南民族工作汇报会纪要》，确定了党的民族工作的总方针，这就是："坚定不移地关心、帮助各少数民族的政治、经济和文化的全面发展，沿着社会主义道路不断前进，逐步实现各民族事实上的平等。"1982年，党的十二大强调指出："民族团结、民族平等和各民族的共同繁荣，对于我们这个多民族的国家来说，是一个关系到国家命运的重大问题。"1984年，全国人民代表大会制定和颁布了《民族区域自治法》。国务院几年来对发展少数民族的经济文化采取了许多有力的措施。所有这些，推动了整个民族工作，使其从理论到实践都有新的发展。这个时期是建国以来最好的时期之一。

——贯彻实事求是的思想路线，拨乱反正，纠正"左"的错误。否定了"民族问题实质是阶级问题"的错误理论，平反冤假错案，处理历史遗留问题，落实民族政策，使民族工作重新走上了健康的轨道，大大调动了各族人民的积极性，恢复和发展了平等、团结、友爱、互助的社会主义民族关系。

——民族区域自治政策得到进一步的贯彻落实。三中全会以来，新建2个自治州、41个自治县。现在，全国共有5个自治区、31个自治州、105个自治县。另外，还恢复和建立了2944个民族乡。

——各省、自治区、直辖市召开了民族团结先进集体和先进人物表彰大会，总结交流了各族人民团结合作、共建两个文明的先进事迹和经验，表彰了一批勇于改革、带头致富的先进典型，促进了民族工作的发展。

——少数民族地区的经济文化建设取得了重大成就。"六五"期间，全国民族自治地方工农业总产值平均每年增长9.7%，超过了前5个五年计划期间平均每年增长6.6%的幅度；城乡居民实际消费水平每年增长5%至8%，人民生活显著改善。民族教育、科学、文化、卫生、体育等

事业，都有较快发展。1985年同1980年相比，少数民族的大、中、小学在校学生，分别增加了118%、18%和27%，民族自治地方的病床数增加了19.4%。现在，全国少数民族地区政治安定，民族团结，各项建设事业蓬勃发展，呈现出一派奋发兴旺的景象。

当前，民族工作的主要问题是：大多数少数民族地区的经济文化还落后，经济效益差，贫困面较大。全国少数民族中大约有1500万人的温饱问题还没有完全解决。在民族关系上，仍然存在着一些影响安定团结的因素。在贯彻《民族区域自治法》，培养少数民族干部，以及少数民族语言文字工作等方面，也存在一些需要认真研究解决的问题。

为了继续发展民族工作的好形势，逐步解决前进中的问题，必须坚定不移地、创造性地贯彻执行党和国家的各项政策法令。根据党中央关于社会主义建设的总体布局，新时期民族工作总的指导思想和根本任务是：坚持四项基本原则，坚持改革、开放、搞活的基本国策，紧密结合少数民族地区和少数民族的实际，从民族平等、民族团结、民族进步、相互学习、共同致富出发，以经济建设为中心，全面发展少数民族的政治、经济和文化，不断巩固社会主义的新型民族关系，实现各民族的共同繁荣。

二、切实把经济工作放在民族工作的首位

经济建设是全党的中心任务，也是民族工作的中心任务。在阶级压迫与民族压迫消除以后，发展社会主义商品经济，发展社会生产力，是少数民族地区繁荣进步的根本途径，也是加强民族团结，巩固和发展社会主义民族关系的物质基础。各级民委要把经济工作放在首位，积极主动地参与少数民族地区的经济工作。

（一）致力于党和国家的大政方针在少数民族地区的具体化

民委参与经济工作的基本作法应当是：围绕发展商品经济和脱贫致富，通过深入细致的调查研究，力求透彻了解和掌握少数民族地区和少数民族的特点，对少数民族地区的经济发展战略和规划，重要的政策问题和实际问题，提出有价值的报告和建议，协助经济部门和地方，因地制宜地做好经济工作。为此，就要在了解和掌握少数民族的实际情况及其变化上花力气、下工夫，切实了解少数民族地区的自然特点、产业特点和民族特点。从少数民族地区的自然特点看，北部多为干旱半干旱区，西部的青藏高原是高寒地区，中南、西南多为岩溶石山区。这些地区发展种植业困难较多，但却具有开展多种经营、发展商品经济的有利条件。从产业特点看，北部、西部绿洲农业占的比重较大，草原畜牧业基本上都在少数民族地区；南方和北方的部分少数民族地区林业资源丰富，有多种经济林木和土特产品；大部分少数民族地区能源、矿产、建材和原材料加工业前景广阔。从民族特点看，55个少数民族的发展程度很不平衡，有些在解放初还处于农奴制、奴隶制，甚至原始社会末期。经过社会改革，生产资料的占有形式根本改变了，其他方面的情况也有很大变化，但许多少数民族生产力水平仍然很低，社会分工和商品经济极不发达，基本上处于自然经济或半自然经济状态。只有真正认识了少数民族及其地区特点并及时掌握其变化，才能提出切实可行的建议，使党的大政方针在少数民族地区具体化。在这方面，民族工作部门是大有可为的。

（二）在全局的发展中实现各民族的共同发展

少数民族地区要充分发挥自力更生、艰苦奋斗、勤俭节约的精神，深入开展增产节约、增收节支运动，切实管好用好各种支援资金，努力提高自我发展的能力和内部活力，加快商品经济的发展。要在分析论证的基础上，制订本地区的最佳发展战略和规划，并选择一些关键项目，有计划地建设在国内外具有竞争力的商品基地和专厂，形成自己的“拳头”和“龙头”，使制定的发展战略和规划真正能够得到贯彻和落实。在充分发挥民族自治地方内部活力和优势的同时，需要国家在宏观上加以调节，在布局上统筹安排，做到经济效益同社会效益的协调统一，以利于调动各族人民的积极性。对于少数民族地区基础设施的建设，农、林、牧、矿、建材和某些原材料工业等优势产业，以及有原料又有发展前途的加工业，应适当增加投入，多摆一些既有利于全局，又能带动当地发展的项目。对现有企业，要加强技术改造和经营管理，并通过税收、价格、利润、信贷等方面的优惠政策，解决客观上存在的“级差效益”问题，提高其产品竞争能力和自我发展能力。不论是现有企业或新办企业，都要注意吸收和培养少数民族职工，采取多种形式带动群众致富，同当地少数民族共建物质文明和精神文明。对于仍然处于贫困状态，特别是没有解决温饱问题的少数民族群众，应当加强扶持，具体制订脱贫计划，力争在“七五”期间基本解决温饱问题。

（三）大力开展横向联系

这是加快发展少数民族地区经济，促进民族交往和进步的重要途径。发达地区应当继续做好对少数民族地区的对口支援。这是一项历史使命，应当坚持做好。同时，在自愿结合、互利互惠的基础上，大力发展多方面、多层次、多渠道、多形式的横向联系。通过横向联系，互通有无，取长补短，促进资金、技术、人才的合理流动。鼓励各种人才特别是能工巧匠等适用人才，到少数民族地区，从事各种经济技术活动。这样做，就可以把少数民族地区的资源优势、原材料优势同发达地区的资金、技术优势结合起来，促进少数民族在竞争中不断进步，在联合互助中加快发展。

（四）积极发展边疆少数民族地区的经济

我国绝大多数陆地边境和部分沿海，是少数民族地区。有20多个少数民族与国外同一民族相邻而居，大多信仰同一宗教，历史上就有经济文化联系。还有几十万少数民族人口侨居国外。我们应当利用这些有利条件和当前有利的国际环境，根据我国的国别政策，积极开展对外经济技术交流与合作，发展边境贸易，开展边民互市和民间友好往来，促进边疆少数民族地区的建设，兴边富民，巩固边防。新疆、西藏、云南等省区和其他一些少数民族地区，具有对外开放的优越地理条件，又有丰富的地下、地上资源和独特的旅游资源，进一步搞好开放，就能把某些劣势变为优势，加快经济的发展。我们建议：在这些地区选择一些条件好的地方，借鉴国际上设立内陆开发区和边境自由贸易区的作法，采用我国沿海对外开放地区的一些政策措施，作为进一步开放的试点，探索加快发展的经验。然后，再进一步研究振兴南、北丝绸之路，扩大对外交流的新途径和政策措施。

三、大力搞好社会主义精神文明建设

《中共中央关于社会主义精神文明建设指导方针的决议》，党中央关于坚持四项基本原则，反对资产阶级自由化的指示，体现了各族人民的共同心愿，必须认真学习，全面贯彻。根据少数民族的情况，应注意做好以下几个方面的工作：

（一）坚持进行四项基本原则和增强民族团结的爱国主义的正面教育

坚持四项基本原则，反对资产阶级自由化，关系到少数民族的发展进步，关系到各族人民的前途和命运。在党的领导下，建设具有中国特色的社会主义，是各民族发展进步、共同繁荣的唯一正确道路。搞资产阶级自由化，只能把中华各民族拖向民族分裂和遭受奴役、压迫、剥削的深渊。根据党中央的部署和少数民族的情况，民族自治地方必须旗帜鲜明、坚定不移地在县级以上机关的各族干部职工和群众中进行坚持四项基本原则的正面教育，尤其是进行坚持党的领导和维护祖国统一、增强民族团结的爱国主义的正面教育。

（二）进一步加强各民族的大团结

民族团结是精神文明建设的重要内容；建设社会主义现代化强国的共同理想，则是加强各族人民大团结的基础。在汉族和少数民族的干部和群众中，都要经常地、深入地进行民族政策、民族团结的教育，进行热爱社会主义祖国、坚决维护祖国统一的教育，并把实现共同理想的教育和增强民族团结的爱国主义教育结合起来，努力创造一种各民族友爱、信任、和谐的环境和气氛，动员各族人民为建设社会主义现代化强国而努力。近年来，随着商品经济的发展和市场竞争的加强，各民族之间、地区之间，以及行业、企业、个人相互之间，在扩大联系和交往的同时，在经济利益和风俗习惯等方面，也出现了一些新的摩擦和矛盾，有些已经影响到民族关系。对此，一定要高度重视，积极主动地做好工作。现在，我国各民族的关系基本上是劳动人民之间的关系，对于民族关系方面发生的问题，应当采取说服教育、民主协商、积极疏导的方法加以解决。大汉族主义和地方民族主义是客观存在的，在《宪法》和《民族区域自治法》中，写了既要反对大汉族主义，也要反对地方民族主义。我们要大力宣传和树立无产阶级的民族观，注意克服资产阶级的民族观，按照法律和党纪、政纪办事。总结历史的经验，在处理这类问题时，必须慎重从事，从有利民族团结出发，有什么问题就解决什么问题，不要轻率地扣这个帽子或那个帽子。对于违犯党纪、政纪的，应当给予纪律处分；个别严重破坏民族团结、触犯刑律的，应当依法处理。

（三）积极开发智力，培养人才

在少数民族地区和少数民族中，加快发展教育、科技、文化、卫生、体育等事业，培养人才，提高科学文化素质，既是长期的任务，又有相当的紧迫性，应当给予更多的关心和支持。

大多数少数民族地区地域辽阔，人口稀少，生产、生活条件差，随着生产的发展，需要逐步改善居住条件和生活方式。同时，应当力求通过改革，使教育、科技、文化、卫生等方面的工作，适应民族地区的情况和四化建设的需要。要在统一规划下，组织讲师团、科普队、文艺队、电影录像队、医疗队等，深入到群众中去，既传播科学文化知识、防病治病，又为当地培养适用人才。要把民族教育放在重要的位置上，努力办好。在边疆少数民族地区，特别是居住很分散的边远山区和牧区，应切实办好寄宿半寄宿制民族中小学（班）；由于少数民族之间差异很大，实行义务教育制的时间，应当允许有先有后，要讲究质量，不要片面追求入学率；要下决心办好民族大专院校，积极发展师范学校和其他专业技术学校，举办各种层次的培训班，培养更多更好的建设人才。

（四）树立新观念新风尚

我国各民族之间，历来有密切往来、合作互助的优良传统，各民族也都有许多传统美德。但是，由于相当多的少数民族地区和少数民族长期处于封闭状态，自然经济占绝对优势，安于现状、平均主义、公吃公喝、轻商鄙利等思想和习俗，仍然比较严重地束缚着人们的头脑，给开放、搞活、发展商品经济，造成了不利影响。所以，在精神文明建设中，既要尊重和发展一切优秀健康的文化、习俗和丰富多彩的民族形式，发扬艰苦奋斗、勤劳节俭和相互信任、相互学习、和睦相处、亲密合作的优良传统；又要通过深入细致的工作，树立开放、改革的观念，尊重知识、尊重人才的观念，讲效益、讲竞争、发展社会主义商品经济和勤劳致富的观念；还应在广大群众自觉自愿的基础上，采取耐心疏导、循序渐进、潜移默化的方法，由群众自己逐步改变阻碍进步的旧思想、旧习俗，使各个少数民族真正成为开放的民族，奋发进取的民族。

早在民主改革时，就废除了少数民族中的封建特权和压迫剥削制度，但是残留的封建宗法观念和封建迷信思想，仍然阻碍着民族的进步，妨害经济文化的发展。近几年，有的人利用残留的封建思想，曲解宗教政策，摊派钱财，搞封建迷信活动；有的人利用宗教干涉教育、婚姻和司法。这都是违背党的民族政策和宗教政策的，也是法律所不许可的。在精神文明建设，落实民族、宗教政策等工作中，必须教育和依靠少数民族的广大干部和群众，进一步肃清封建残余的毒害，维护少数民族群众特别是妇女的权益。对于企图恢复早已废除的封建特权和压迫剥削的非法活动，要坚决制止。

四、认真贯彻执行《民族区域自治法》

邓小平同志1980年在《党和国家领导制度的改革》一文中指出，“要使各民族真正实行民族区域自治”。1984年颁布的《民族区域自治法》，总结和概括了我们党和国家长期实行民族区域自治的经验，是正确处理国家和自治地方、汉族同少数民族以及少数民族相互之间的关系，解决我国民族问题的基本法律。认真贯彻《民族区域自治法》，对巩固祖国统一，增强民族团结，发展少数民族的经济文化事业，建设具有中国特色的社会主义，有着十分重要的意义。

（一）实施《民族区域自治法》需要多方面协同工作

《民族区域自治法》颁布实施以来，受到各族人民的热烈欢迎。有些自治区、自治州和多民族省，已经制订或正在制订自治条例或实施细则，促进了少数民族地区的各项工作。现在的主要问题是，有关部门和许多地方，还没有根据《民族区域自治法》的精神，制订出贯彻实施的具体条例、规定或措施；有些现行政策和规定，同《民族区域自治法》，还没有很好地协调起来。不少民族自治地方认为，有些部门对他们的自治权利尊重不够，尤其是没有充分注意其经济权益。

为进一步贯彻落实《民族区域自治法》，建议国务院有关部委和省、自治区有关部门，根据自治法的有关条款和各自治地方的实际情况，制订贯彻实施自治法的具体政策和办法，切实保障自治地方能够行使各项自治权利。各民族自治地方应当把自治法的精神同本地的实际结合起来，制定自治条例和单行条例，并采取切实有效的实施办法和措施，保证自治法能够落到实处。

（二）实施《民族区域自治法》的重点是处理好经济权益

应当根据自治法的规定，在共同保护生态环境的条件下，处理好国家同民族自治地方和少数民族群众的经济利益。在放权和适当让利上，应采取切实有效的措施。除继续落实和完善财政、民贸等方面的优惠政策外，在固定资产投资、税收、信贷、价格、外贸等方面，也应研究制订扶持民族自治地方发展的优惠政策。在经济体制改革中，凡是能够下放给自治地方的企业，应当下放给地方管理。不宜下放和新办的企业，要照顾地方和群众的经济利益，返还一部分税利，注意招收当地职工，并采取培训人才、扩散某些产品、零部件等多种形式，带动地方的经济发展和群众致富。自治地方应当热情支持、保护和帮助各部门在本地兴办的各种企业，组织地方企业和群众做好各项服务工作，发展横向联系，在服务和联合中加快自己的发展。

（三）实施《民族区域自治法》的关键在于培养少数民族干部

要积极培养、配备具备革命化、年轻化、知识化、专业化条件的少数民族干部和各种专业人才。首先，应当放手使用现有的少数民族干部，使他们能够充分发挥各自在四化建设中的作用。同时，要认真抓紧对各级少数民族干部的培训工作，采取多种办法，提高他们的思想道德素质和科学文化素质。少数民族干部要努力提高马列主义理论水平和科学文化水平，密切联系群众，特别是本民族群众，全心全意为各族人民服务。汉族和少数民族干部要互相信任，互相尊重、互相学习，互相支持，同心协力，做好工作。为解决少数民族干部来源少、数量不足的问题，今后除了大、中专学校毕业生和转业军人外，经与劳动人事部门协商同意，可以从工厂、农村和牧区，择优招聘一些思想道德素质好、有一定文化程度的知识青年，充实干部队伍。

五、做好杂居、散居少数民族的工作

我国杂散居少数民族人口，约1800万，几乎遍布每个县、市。杂散居地区的少数民族工作，是党的民族工作的重要组成部分，一定要认真做好。几年来，杂散居民族工作成绩很大。当前的主要问题是：他们人口少，居住分散，往往容易被忽视；注意他们的特点不够，执行政策有“一刀切”现象；很多地区少数民族经济文化发展水平低于当地汉族的发展水平；歧视少数民族，不尊重他们的风俗习惯和宗教信仰，伤害民族感情，导致民族纠纷的事时有发生。

杂散居地区在全面贯彻党和国家的民族政策时，应当根据自己的特点，注意做好以下几个方面的工作：

（一）做好城市少数民族工作

全国散居在城市的少数民族约600万人，每个大中城市都有比较多的少数民族成分。各级政府要重视少数民族工作，保障他们的平等权利。城市少数民族代表人物和各种专业人才比较集中，在国内外有广泛的联系和较大的影响，要充分利用这些有利条件，加强支边工作，扩大对外联系。要充分发挥他们的产业特长，发展工艺品、民族特需商品、清真饮食业等工商业。对当前遇到困难甚至濒临倒闭的清真饮食企业和部分民族特需用品企业，要订出保护性措施，加以扶持，帮助他们改善经营管理，提高竞争能力，求得稳步发展。要适当增设清真食品网点和医疗、文化设施。少数民族集中居住的街道，要注意保护和建设具有民族风格的建筑物。

（二）重视民族乡的工作

全国民族乡少数民族人口有600多万。民族乡是不同于一般乡的基层政权，各级党委和政府在制定政策时，要充分注意他们的特点，帮助和扶持他们发展经济和文化教育事业。在安排财政预算时，应给予一定的机动财力，乡财政超收部分应全部留给当地，分配支援不发达地区资金和专项资金时，应适当照顾。

（三）重视未实行民族区域自治的赫哲、俄罗斯、德昂等11个少数民族的工作

这些民族人口很少，更要注意认真贯彻民族平等政策，搞好团结。在经济、教育、文化事业上，给予更多的关心和照顾，使他们在民族大家庭中共同发展繁荣。

六、加强各级民委的建设，充分发挥民委的作用

国家民委是国务院在民族工作方面的职能部门，是党中央、国务院在民族工作方面的参谋和助手。地方民委是同级政府民族工作的职能部门，是党政领导机关的参谋和助手。各级民委要加强自身建设，充分发挥应有的作用。

（一）加强教育，提高干部队伍的素质

新时期的民族工作担负着新的任务，具有新的内容、新的特点。因此，不论新、老民族工作者，都必须努力学习。新从事民族工作的同志，要学习马克思主义的民族理论和党的民族政策，以及为适应民族工作而必须具有的其他方面的知识。原来从事民族工作的同志也需要更新知识，以适应改革、开放的新形势。在学习中，必须坚持理论联系实际的原则，把马克思主义的基本原理同我国的民族情况结合起来，把党的方针、政策、措施同少数民族和民族地区的实际结合起来。为了提高民委系统各级干部的思想道德素质和科学文化素质，除了坚持在工作中、实践中学习外，拟采取短期轮训和离职学习等办法，分级负责，在“七五”期间把各级民委的干部培训一遍。

（二）在调查研究上下工夫

调查研究历来是我们党和政府做好各项工作的基础与决策的依据。建国初期，在党中央的

关怀领导下，对少数民族的情况进行过一次规模可观的系统调查，起过重要作用。为了做好今后的民族工作，拟在今后二三年内对我国少数民族的现状和今后的发展，进行一次比较系统深入的调查研究。各级民委的负责干部要带头联系民族地区和少数民族群众，进行实地考察。在做好国内调研工作的同时，还要了解和研究世界主要国家的民族情况和理论、政策，以开阔视野，广泛借鉴，促进国内的民族工作。

（三）广泛联系少数民族干部，尤其是领导干部，听取他们对民族工作的各种意见和建议，并协助组织、人事部门在教育和使用少数民族干部方面，做些力所能及的工作

（四）当前需要认真办好的几件事

民族工作的任务很重，民委要做的工作很多。除了做好日常的各项工作外，我们打算在今后一个时期集中力量办以下几件事：

——积极参与筹备和开好全国牧区工作会议，并对发展边疆少数民族经济问题做些调查研究。

——会同全国人大民委等有关部门，和地方密切配合，有重点地检查一次《民族区域自治法》实施的情况。帮助1个自治区、2个自治州、3个自治县制订实施条例；帮助几个民族乡制订工作条例。

——协同有关部门，开展多渠道、多层次、多形式的横向联系和智力支边活动。

——协同有关部门对少数民族语言文字进行调查研究，向党中央和国务院提出报告。

——在做好准备的基础上，于今年底或1988年初，召开一次全国民族团结先进集体、先进人物表彰大会，表扬先进，交流经验，推动民族工作。

以上报告，如无不妥，请批转各地和各部门贯彻执行。（《新时期民族工作文献选编》P305~321）

国家民族事务委员会“三定”方案

（1988年10月25日）

一、“三定”方案的指导思想

1. 根据1987年中共中央、国务院批转《关于民族工作几个重要问题的报告》的通知中确立的社会主义建设新时期民族工作总的指导思想和根本任务，国家民委要转变职能，调整机构，提高效率，更好地为各族人民服务。

2. 在保持原有职能的同时，增加两项新的职能。即：调查研究少数民族地区体制改革工作中的特殊情况和问题，参与制定有关的特殊政策和措施；协同中组部、人事部做好少数民族干部的培养、教育、使用工作。

3. 强化面向全国、面向民族地区的业务部门的职能和机构，加强民族工作的信息开发、科学决策和宏观指导。

二、主要任务和职责

国家民委是国务院管理民族事务工作的职能部门，是党中央、国务院在民族工作方面的参谋和助手，在全部工作中，必须坚持党在社会主义初级阶段的基本路线，致力于党和国家的大政方针在少数民族地区的具体化。主要任务是：管理民族事务，促进少数民族和少数民族地区经济、教育、科技、文化事业；推进民主政治建设，保障少数民族的平等权利和民族区域自治权利；维护国家统一，加强民族团结，发展平等、团结、互助的社会主义民族关系；在建设有中国特色的社会主义事业中，实现各民族的共同繁荣。

1. 调查研究少数民族和民族地区经济及社会发展情况，提出建议，参与制定发展民族地区经济的方针、政策和规划。参与管理少数民族地区各项补助专款、资金的分配和使用，负责民族统计工作。

2. 调查研究少数民族和民族地区进行体制改革的特殊情况和问题，参与制定有关的政策和措施。

3. 管理有关民族区域自治制度的建设和贯彻实施《民族区域自治法》的事宜。

4. 办理有关保障少数民族各项权利和处理民族关系的有关事宜。

5. 研究民族理论和政策。组织对民族情况的系统调查和对民族问题的综合研究，参与研究和拟定有关民族问题的政策和法规。

6. 会同有关部门进行民族政策、法律的宣传教育工作，检查民族政策、法律的执行和实施情况。

7. 管理民族识别和民族成分的鉴定工作。

8. 参与研究和制定发展少数民族和少数民族地区教育、文化、科技、卫生、体育等事业的方针、政策和规划，管理所属民族学院和文化事业单位。

9. 管理全国少数民族语言文字工作和民族语言文字的翻译、编辑出版工作。

10. 广泛联系少数民族干部，协助组织、人事部门做好少数民族干部的培养、教育、使用工作。

11. 研究世界民族情况。开展民族对外宣传工作，办理有关的民族涉外事宜。

12. 办理有关居住国外的少数民族同胞回国探亲、旅游、定居事宜；组织接待国内少数民族参观、考察、访问事宜。

13. 指导各省、自治区、直辖市民族事务委员会的业务工作。加强同自治地方的联系。

三、机构设置及其职责

1. 办公厅

负责组织协调机关行政工作，负责委领导的秘书事务，管理委机关文秘、机要、档案、信息、保密、信访、财务、接待、保卫、行政事务和职工生活福利工作；协调和管理所属单位文书、档案、保卫、保密及有关行政事务工作；负责组织接待少数民族学习参观考察团、组；接待回国的少数民族同胞；负责自治区、自治州、自治县庆祝活动的有关组织工作。

2. 政策研究室

研究民族理论和民族政策；负责民族问题研究中心的联系和具体日常工作；联络有关的学会、科研部门和专家学者，组织、协调对全国民族问题的综合调查研究；参与草拟民委文件；办好《民族工作情况》和《民族工作通讯》；参与世界民族问题的研究和交流。

3. 民族经济司

参与研究制定发展少数民族地区经济的方针、政策、发展战略和规划；会同有关部门共同推动民族地区的扶贫工作，推动经济发达省市同民族地区的对口支援和横向联系，协助民族地区发展对外经济交流与合作，促进民族贸易，促进科技进步；负责民族自治地方国民经济和社会发展的统计、分析工作；负责联系中伊公司、援藏基金会以及中民公司的业务。

4. 政法司

参与管理有关保障少数民族平等权利和实施民族区域自治法的工作；负责散居地区的民族工作；调解民族纠纷；管理民族识别和民族成分的鉴定工作；参与草拟和审定涉及民族关系的法规；协同办理联合国反对种族歧视等几个国际组织的有关工作；参与民族人口政策的制定、执行；参加民族地区的边防建设等事宜。

5. 文化宣传司

促进少数民族地区的社会主义文化、艺术、卫生、体育和新闻宣传事业的发展；推动民族政策、法规的宣传教育工作；管理全国少数民族语言文字方面的工作；负责委属文化、宣传事业单位的业务联系和指导；开展对外文化艺术交流和对外宣传工作。

6. 教育司

参与研究和制订民族教育的政策、规划；管理所属民族学院的教育事业计划，指导教学、教材编写、师资培训、科研、研究生招生分配等事宜；管理国际组织给我委的教育援助项目和选送教师出国进修留学等事宜。

7. 外事司

负责处理有关的民族涉外事宜：归口管理委机关及所属单位的对外联系；组织办理出国活动和来访人员接待工作的有关事宜；配合有关部门做好少数民族地区引进资金、技术、设备，负责少数民族的对外交流工作；了解掌握我国少数民族同胞在国外的情况。

8. 计划财务司

根据国民经济和社会发展需要，研究拟订民委系统的基本建设经费预算、物资管理的具体政策和规定，管理委内各项事业经费、专项拨款和基本建设投资及所属单位的经费（包括外汇）、物资；承办委机关的基本建设、建房工作。

9. 人事司

联系全国少数民族干部，协助有关部门调查研究和积极做好少数民族干部的培养、教育和选拔方面的工作；按照管理权限，管理委机关和直属单位的人事和劳动工资工作；负责委系统专业技术干部和知识分子工作，以及人事档案、统计、职称改革工作。

直属机关党委：负责委机关和在京直属单位党的组织、宣传、纪检、统战以及工、青、妇工作。

四、机关人员编制

国家民委机关的行政编制定为280人（包括工勤人员）。委领导职数为一正六副，可设专职和兼职委员5至10人。9个司、厅的司级领导职数总额不超过27人（不包括机关党委）。

监察、审计、机关老干部管理机构的设置及人员编制，按统一规定办理。　（《新时期民族工作文献选编》P396~401）

论民族工作

（1992年1月14日　江泽民在中央民族工作会议上的讲话）

党中央、国务院召开的这次中央民族工作会议，是进一步动员全党全国各族人民，加强各民族的大团结，齐心协力地为实现现代化建设第二步战略目标而奋斗的重要会议。开好这次会议，对于做好今后的民族工作，建设有中国特色的社会主义，必将起到重大作用。

一、我国民族工作的巨大成就

民族问题始终是我国革命和建设中的一个重大问题。中国共产党从一成立就非常重视民族问题，积极探索解决民族问题的正确途径。新中国的诞生，开辟了我国各民族历史的新纪元。经过几十年的努力，我们的民族工作取得了巨大成就，积累了丰富经验，为我们继续做好民族工作奠定了坚实的基础。

在旧中国，各族人民备受压迫剥削，少数民族群众尤其灾难深重。我们党领导各族人民推翻了帝国主义、封建主义、官僚资本主义三座大山，共同缔造了中华人民共和国，彻底废除了一切民族压迫制度，实现了各民族一律平等。建国初期，在全国范围内进行了大规模的民族调查和识别工作。几十个解放前不被承认和处于无权状态的少数民族，堂堂正正地成为祖国大家庭里平等的一员。我们还取消、更改了旧中国遗留下来的对少数民族带有歧视、侮辱性的地名、族名和其他称谓。各民族的宗教信仰和风俗习惯得到充分尊重。各族人民都享有宪法和法律所规定的民主、自由权利和平等的发展权利，都以高度的政治热情和主人翁精神积极参与管理社会事务，平等地商讨和决定国家大事。

在旧中国，少数民族的经济社会发展长期停滞落后。有的民族仍处在封建农奴制阶段或奴隶制阶段，还有10多个民族保留着浓厚的原始公社制的残余。新中国成立后，我们党根据少数民族广大群众的愿望，经过同各方面协商，从多种社会形态并存的实际情况出发，采取不同的步骤和方式，先后在民族地区进行民主改革和社会主义改造，解决了少数民族内部的阶级压迫、阶级剥削问题，确立了社会主义制度。许多原来发展程度较低的少数民族，跨越几个社会发展阶段，实现了社会发展的巨大飞跃。这是中华民族发展史上的伟大变革。

我们全面推行了民族区域自治制度。这种制度把国家的集中统一与少数民族聚居地区的区域自治有机结合起来，把政治因素与经济因素有机结合起来，是完全适合我国国情的解决民族问题的基本制度，是我们党和各族人民的一个伟大创举。全国先后建立了5个自治区、30个自治州、124个自治县。在少数民族散居地区，还建立了1200多个民族乡。1984年又颁布实施了《中华人民共和国民族区域自治法》。这对于保障少数民族充分行使当家做主的权利，对于促进民族地区发展、边疆稳定和维护祖国统一，发挥了重要作用。

40多年来特别是改革开放以来，民族地区经济落后的面貌发生了巨大变化。1990年，民族自治地方工农业总产值达到2273亿元，比1952年增长9.8倍，其中工业总产值增长46.3倍；城乡社会商品零售总额达到781亿元，比1952年增长43倍。1990年与1980年相比，5个自治区的国民生产总值和国民收入都增长了1.4倍。经过40多年的建设，民族地区农牧业的落后状况有了明显改变；过去基本上没有现代工业的大多数民族地区，现在已经建成了一大批工业企业，包括许多国家重点项目；能源、交通、通讯等基础设施显著改善；对外开放步伐加快，边境贸易取得了突破性进展。1990年，民族自治地方农牧民人均纯收入达到402元，大部分少数民族群众解决了温饱问题，一部分人已经开始过上比较宽裕的生活。

少数民族和民族地区的教育、科技、文化、卫生、体育等事业有了很大发展。国家根据民族地区的实际情况，大力发展基础教育，在牧区和边远地区举办寄宿、半寄宿制学校。民族地区办起了一批培养少数民族人才的大专院校，全国兴办了12所民族学院，许多大学开办了民族班，还兴办了一批民族干部学校和职业学校，培养了大批具有大中专学历的少数民族干部和各种建设人才。民族地区科技事业发展很快，科技水平逐步提高，实用科学技术得到较好推广。少数民族的语言文字受到尊重和保护，优秀文化传统得到继承和发扬。全国用少数民族文字出版的报刊杂志已有200多种。民族地区广播电视覆盖率大大提高。中央人民广播电台和地方广播电台，每天用21种少数民族语言广播。民族自治地方医药卫生事业包括民族传统医药有了较大发展，1990年拥有的医疗床位比1952年增加了23.5倍。民族体育运动蓬勃开展，广大少数民族群众的身体素质有了明显提高。

40多年来，各族人民同心同德，共同为维护和促进祖国的统一、安定、昌盛作出了巨大贡献。我国各民族的大团结，经受了各种严峻考验。不论是国际上发生什么样的剧变，还是国内出现什么样的风波，我国各民族都是和睦相处、同舟共济、患难与共的，充分体现了中华民族的强大凝聚力。我们可以自豪地说，中国各民族的大团结是稳固的，这是我国经济发展、社会进步、政治稳定的重要保证。

我国民族工作之所以取得如此巨大的成就，最基本的经验，就是我们党始终把马克思主义基本原理同中国民族具体实际相结合，坚持各民族平等、团结、互助的原则，坚持实行民族区域自治制度，在建设社会主义事业中促进各民族共同繁荣，走出了一条具有中国特色的解决民族问题的正确道路。过去的成就和经验是来之不易的。在长期的革命和建设中，毛泽东、周恩来、刘少奇、朱德同志和邓小平同志等老一辈无产阶级革命家，为解决中国的民族问题，建立和发展社会主义民族关系，发展马克思主义民族理论，作出了巨大贡献，给我们创造了宝贵的精神财富。我们要坚定不移地把老一辈无产阶级革命家开创的民族团结进步事业继续推向前进。

二、充分认识民族工作的长期性、复杂性、重要性

我国有55个少数民族，人口近1亿，陆地边疆绝大部分地区是少数民族聚居区。民族自治地方地广物博，面积占全国总面积的64%。全国绝大多数县市都有2个以上民族共居。这是我国的基本国情之一。我们必须从振兴中华民族的高度，从巩固和发展我国社会主义事业的高度，充分认识民族工作的长期性、复杂性、重要性。

大家知道，民族、阶级、国家都有自己产生、发展、消亡的客观规律。随着社会经济文化的发展，各民族互相学习、互相影响，共同因素会不断增多，但民族特点、民族差异将长久存在。只要有民族存在，就有民族问题存在。民族问题既包括民族自身的发展，又包括民族之间，民族与阶级、国家之间等方面的关系。在社会历史发展的长河中，民族问题对过去、现在

和未来社会，都具有重大影响。

社会主义时期是各民族发展繁荣的时期，社会主义条件下的民族关系基本上是劳动人民之间的关系，但民族问题依然复杂，民族工作的任务依然繁重。一是各民族政治上的平等实现后，在经济文化发展上的差别依然存在，旧社会在民族问题上的遗毒不是短时期内可以完全消除的。二是各民族的根本利益是一致的，但在某些具体权益主要是经济权益方面，民族之间仍会发生一些矛盾和纠纷。三是在风俗习惯和语言文字等方面，由于相互了解或尊重不够，也容易造成某些误会和纠纷。四是民族问题在一些地方往往与宗教问题交织在一起，如果对宗教问题处理不慎或不当，也会影响民族关系甚至酿成冲突。五是由于种种原因，有些人有时会做出伤害民族感情、损害民族团结的事，甚至违法犯罪。尤其值得我们警惕的是，国际敌对势力明目张胆地支持我国内部的极少数分裂主义分子，正在加紧对我们进行渗透、破坏、颠覆活动。利用民族问题打开缺口，是国内外敌对势力进行和平演变的重要手段。在这种错综复杂的情况下，我们更应该高度重视民族问题，采取正确的方针政策，认真妥善地加以解决。

历史发展表明：国家统一、民族团结，则政通人和、百业兴旺；国家分裂、民族纷争，则丧权辱国、人民遭殃。中国是这样，外国也是这样。毛泽东同志早就指出："国家的统一，人民的团结，国内各民族的团结，这是我们的事业必定要胜利的基本保证。"我们一定要进一步做好民族工作，巩固和发展社会稳定、民族和睦的局面，为我国社会主义现代化建设和改革开放提供强有力的保证。

少数民族和民族地区的经济社会发展，直接关系到我国整个现代化建设目标的顺利实现。民族地区的现代化同全国其他地区的现代化，少数民族的振兴同整个中华民族的振兴，是密不可分、互相促进的。推动各民族发展进步和共同繁荣不仅是个经济问题，而且是个政治问题。我国经济的发展，离不开东部地区，也离不开中西部地区包括民族地区的经济振兴。西部民族地区的多种丰富资源和某些产业，在我国经济发展中占有举足轻重的地位，蕴藏着巨大的发展潜力。加快中西部地区包括民族地区开发建设，已成为我国经济发展的必然走向。生产力的合理布局和地区经济的协调发展，对国家的现代化建设和各民族的团结进步，都具有重大意义。

三、民族工作的主要任务

90年代是我国社会主义现代化建设的关键时期，也是促进各民族共同进步、共同繁荣的关键时期。各级党委和政府必须密切联系各个少数民族和民族地区的实际，坚定不移地全面贯彻执行党的基本路线，巩固和发展社会主义民族关系，坚持和完善民族区域自治制度，为实现现代化建设第二步战略目标共同奋斗。

（一）加快少数民族和民族地区经济发展，使之逐步与全国的发展相适应

现阶段，我国的民族问题，比较集中地表现在少数民族和民族地区迫切要求加快经济文化发展。邓小平同志早就说过，不把经济搞好，民族区域自治就是空的。在新的历史时期，搞好民族工作，增强民族团结，核心问题就是要积极创造条件，加快发展少数民族和民族地区的经济文化等各项事业，促进各民族共同繁荣。这既是少数民族和民族地区人民群众的迫切要求，也是我们社会主义民族政策的根本原则。近几年来，我国社会经济发展中的区域协调发展问

题，已引起越来越多同志的关心。党中央、国务院对此是重视的，已经对我国的区域政策，特别是对民族地区、革命老区、贫困地区的问题，采取了一系列措施，作出了专门安排。各部门各地方要认真贯彻落实，务必抓出成效。

90年代，民族地区一定要全面完成十年规划和“八五”计划所确定的各项任务。党和国家对少数民族和民族地区已经实行的各项优惠政策，要继续执行，并根据不断变化的情况及时完善和改进。随着经济的发展和国力的增强，要逐步增加对民族地区的投入，以增强这些地区的自我发展能力。国务院已经决定，“八五”计划期间，对民族自治地方的全民所有制单位固定资产的投资，要高于“六五”、“七五”期间的实际水平。支援不发达地区的发展资金，将有较多增加。有关省、自治区也应该适当增加对所辖少数民族聚居地区的投资。同时，要加强比较发达地区对不发达地区的对口支援，大力开展多层次、多渠道、多形式的横向联系，包括经济合作和教育、科技、文化等方面的智力支援。这是比较发达地区义不容辞的历史责任。有关部门和地方应该在总结以往经验的基础上，加强对这方面工作的组织领导。

少数民族和民族地区要获得较快发展，既需要国家的扶持和比较发达地区的帮助，更需要进一步发扬自力更生、艰苦奋斗的精神，充分发挥和依靠当地各族人民的积极性和创造性，集中力量把经济建设搞上去。要努力改善能源、交通、通讯等基础设施。在改造现有产业、提高效益的前提下，根据国内外市场需要，积极开发资源，优化产业结构、产品结构和企业组织结构，实现良性循环。同时，要继续抓紧做好少数民族和民族地区的扶贫工作，争取尽快解决少数民族贫困群众的脱贫致富问题。

几十年来，为开发民族地区丰富的资源，发展当地经济，国家和民族自治地方已经兴办了一批能源、交通等基础设施和不少门类的工矿企业及其他事业，这对改变当地面貌和促进少数民族发展起了很大作用。但是，也有一部分大中型企业与当地经济和少数民族发展结合不够。今后，要有计划地帮助当地发展工交企业和农副产品供应基地，以带动当地发展和群众致富。在民族地区兴办企业，都要采取切实措施，使少数民族干部和职工在企业中有一定的比例，并对他们加强培养和提高。我们一定要使少数民族从开发当地资源中得到经济实惠，同时注意保护和改善生态环境。

（二）大力发展少数民族和民族地区的社会事业，促进各民族全面进步

发展教育、科技、文化、卫生、体育等各项社会事业，努力提高少数民族的思想道德素质、科学文化素质和身体素质，抓好社会主义精神文明建设，是发展社会生产力的需要，是各民族共同繁荣的内在要求。

要积极发展民族教育。民族教育是整个教育事业的组成部分，是民族工作的重要方面，应该在教育结构、专业设置、教学内容、学制、办学形式等方面，逐步走出一条适应少数民族和民族地区实际的路子。要努力改善办学条件，办好各级各类民族学校，提高教育质量，为民族地区培养更多经济、技术、管理等方面的专业人才。在通用本民族语言文字的地区，要因地制宜地搞好“双语教学”，并大力推广普通话。

要大力发展科技事业，积极引进人才和先进技术设备，改造传统产业和传统产品，提高经济效益。要建立健全农村牧区的科技推广体系，加强实用科技的普及、培训和示范推广。要在工作条件、生活待遇等方面制定优惠政策，鼓励科技人员在民族地区建功立业。

巩固和扩展社会主义思想文化阵地，是发展少数民族和民族地区文化事业的根本任务。要弘扬各民族的优秀文化传统，同时要加强各民族之间的文化交流，继续搞好民族地区特别是乡村文化活动设施的建设和管理。文化工作者要坚持深入基层为少数民族群众服务。要保障各民族使用和发展本民族语言文字的自由。进一步做好民族语言文字的广播电视和新闻出版工作，不断提高边远民族地区的广播电视覆盖率。

要积极发展医疗卫生事业。逐步改善医疗条件，帮助培养医疗卫生技术人员，建立健全各级医疗、防疫网络，挖掘和发展民族医药，切实改变一些地方缺医少药的状况。要积极开展民族体育活动，增强群众体质。各地要制定和完善适合少数民族实际的计划生育政策，扎实细致地加以贯彻，实行优生优育，并切实做好妇幼保健工作。

（三）坚持改革开放，不断增强少数民族和民族地区的自我发展活力

改革开放是实现各民族共同繁荣的必由之路。民族地区的改革应该坚持从实际出发，注意吸收外地的好经验，但不能简单地套用。要区别情况，分类指导，快慢得当，慎重稳进。今后凡是与少数民族和民族地区密切相关的重大改革，必须重视各个地方和民族的特殊情况，注意听取当地的意见，先试点后推行。

民族地区要加强同沿海地区的经济联系，加快对外开放的步伐，充分利用各种有利条件，结交新伙伴，开拓新市场。要把扩大陆地边境的对外开放作为我们整个对外开放的重要组成部分，有计划有步骤地加以实施。要选择一些连接国际国内交通干线、条件较好的边境城镇作为对外开放的窗口，发展双边、多边或转口贸易，具备条件的，还应该积极发展出口加工。国家有关部门要努力帮助民族地区引进国外资金、设备、技术，提供必要的优惠和便利。在扩大开放、发展边境贸易和经济技术合作的同时，必须切实加强管理，注意克服消极因素，做到既促进经济发展，又促进睦邻友好，保持边境地区稳定。

（四）坚持和完善民族区域自治制度，全面贯彻落实民族区域自治法

我们必须建立健全同实施民族区域自治法配套的法规体系和监督机制，使自治法在建设有中国特色的社会主义事业中更好地发挥作用。近几年，党和国家为贯彻实施自治法已先后就牧区建设、扶贫工作、民族贸易和民族特需用品生产供应等重要问题发出指示。最近，国务院又发出关于进一步贯彻实施民族区域自治法若干问题的通知。中央有关部门和各级政府都要制定实施自治法的规定和措施。涉及少数民族和民族地区的政策法规，要体现自治法精神，有助于自治法实施。要抓紧制定自治条例和单行条例。已制定的要总结经验，不断完善。国家和没有自治地方的省市，要制定保障杂居散居少数民族权利的法规。到本世纪末，要形成比较完备的社会主义民族法规体系和监督机制。

完善民族区域自治制度、全面贯彻落实民族区域自治法，关键在于大力培养少数民族干部，加强民族地区干部队伍建设。

40多年来，成千上万的汉族干部、工人、知识分子、解放军指战员，响应党的号召，到民族地区工作生活，同少数民族群众打成一片，亲密无间。他们奉献青春和力量，为兄弟民族发展和民族地区繁荣进步作出了很大贡献。各族人民对他们是永志不忘的。今后，国家将继续为民族地区培养和输送优秀人才。汉族同志和少数民族同志，要继续发扬互相尊重、互相学习的

优良传统，齐心协力，艰苦奋斗，共同为少数民族和民族地区繁荣发展作出更大贡献。

少数民族干部同本民族有着广泛而密切的联系，是我们党做好民族工作的骨干力量。民族干部的状况又是衡量一个民族发展水平的重要标志。现在，少数民族干部已从1950年的1万多名增加到206万名，形成了包括党务、政务、经济、教育、科技、文化、卫生等各方面人才的宏大队伍。这些同志，为我国各民族团结进步和民族地区发展作出了重大贡献，并越来越多地承担起各项工作的重要责任。为适应社会主义现代化建设和改革开放的需要，各级党委要以更大的力量，进一步加强对少数民族干部特别是中高级干部和各种科技、管理人才的培养。既要在数量上有计划地扩大，更要在提高素质、改善结构上下工夫；既要注意选任一批能在90年代起骨干作用的干部，更要注意选任一批跨世纪的优秀中青年干部。这是一项事关大局的重要工作，应作出规划，分步实施，作出更显著的成绩，以保证各级领导权始终牢牢掌握在忠于马克思主义的人手里，保证民族团结进步事业不断前进。

（五）进一步加强各民族的大团结，坚决维护祖国统一

我国历来是一个统一的多民族国家，在漫长的历史发展中，经过长期锤炼，形成了具有强大内聚力的中华民族。把我国各民族维系于一个统一的大家庭中而又世代传承的纽带，主要有三个：一是国家的长期统一；二是各民族相依共存的经济文化联系；三是近代以来各民族在抵御外来侵略和长期革命斗争中结成的休戚与共关系。新中国成立后，确立了各民族平等、团结、互助的社会主义民族关系，并且载入了我国宪法和民族区域自治法。不久前，党的十三届七中全会和七届全国人大四次会议，根据宪法的精神、形势的发展和各族人民的愿望，把建立和发展平等互助、团结合作、共同繁荣的社会主义民族关系，作为建设有中国特色的社会主义的一项重要原则。宪法的上述规定和党的十三届七中全会、七届全国人大四次会议阐述的原则，精神是一致的，就是坚持平等、互助、团结、合作，以促进各民族共同繁荣。

为了加强各民族的大团结，既要反对大民族主义，也要反对地方民族主义。在全国，要注意处理好汉族和少数民族的关系。在民族自治地方，还要注意处理好自治民族和其他民族的关系。处理这方面的问题必须慎重，严格区分两类不同性质的矛盾，贯彻正确处理人民内部矛盾的原则，是什么问题就解决什么问题。对于民族间发生的纠纷，要冷静分析，耐心疏导，及时加以排解。对于个别不听劝阻、蓄意制造事端、触犯法律的，不论出身于哪个民族，都要依法处理。涉及民族关系问题，各民族的干部和共产党员，要严格按照法律和政策办事，发挥模范带头作用，促进民族关系的改善。要继续在全国开展表彰民族团结进步先进集体和先进人物的活动。在多民族居住区，尤其是边疆民族地区，还要注意加强军队同地方政府和少数民族的团结，搞好拥军优属、拥政爱民和军民共建两个文明的活动，表彰在“双拥”、“共建”活动中涌现出来的先进集体和先进人物。

为了维护祖国统一，我们必须同极少数民族分裂主义分子进行坚决斗争。在中国近代史上，民族分裂活动从来都是外国侵略势力策动的，民族分裂主义分子从来都是外国侵略势力割取我国边疆领土的内应力量。他们既背叛了祖国，也出卖了自己的民族，是国家和民族的罪人。我们要依靠各族人民群众，坚决反对和揭露“台独”分裂分子妄图把台湾从我国分割出去的罪恶活动；警惕和反对国际上某些政治势力支持逃亡国外的分裂主义分子，利用“泛伊斯兰主义”（编者按：“泛伊斯兰主义”，是19世纪中叶产生于一些伊斯兰教国家的一种社会思潮。

进入20世纪以后，这一思潮被一些伊斯兰教国家的统治者、封建主和宗教势力所利用，成为他们破坏革命运动、煽动民族纷争、进行侵略扩张的工具。第二次世界大战结束后，由于各伊斯兰教国家的独立和民族主义思想的增长，这种思潮逐渐失去号召力。近些年来，我国新疆境内外极少数民族分裂主义分子和宗教极端主义分子鼓吹这种思潮，妄图破坏祖国统一。)、“泛突厥主义”（编者按：“泛突厥主义”，是19世纪末20世纪初起源于沙皇俄国境内的鞑靼知识阶层的一种思潮。主张将生活在博斯普鲁斯海峡至阿尔泰山脉之间的突厥语族各民族联合起来，复兴突厥民族。20世纪初，奥斯曼土耳其统治者接过这一主张，将其发展成为一种民族沙文主义思潮，试图建立以奥斯曼土耳其为核心的突厥大帝国。近些年来，我国新疆极少数民族分裂主义分子同外国反华势力相勾结，鼓吹这种思潮，妄图破坏祖国统一。）或打着其他旗号，在我国某些地区煽动分裂的图谋。我在这里着重讲讲西藏的情况。西藏自古以来就是中国的领土。这是无可辩驳的历史事实。西藏和平解放以来，以藏族为主的各族人民在政治、经济、文化等方面享受到了平等的权利，广大农奴当家做了主人。国家不仅在经济上直接对西藏给予了大力帮助，还制定了许多优惠政策，帮助西藏各族人民发展经济文化教育事业，取得了巨大成就。这是不存偏见的人们有目共睹的。但是，极少数分裂主义分子，无视历史和现实，一直没有停止分裂祖国的活动。他们勾结国际敌对势力，披着宗教外衣，打着“民主”、“自由”、“人权”和“民族”的旗号，在国内制造骚乱甚至暴乱，破坏西藏的安定团结；在国外捏造种种虚妄不实之词，欺骗不明真相的人们和国际社会，制造所谓“西藏问题”，并企图使之“国际化”。对他们背叛民族、分裂祖国的行径，包括藏族同胞在内的11亿多中国各族人民是决不答应的。同时，我在这里还要重申，只要达赖放弃“西藏独立”的主张，停止分裂祖国的活动，我们仍然欢迎他回归祖国。但是，闹独立不行，半独立、变相独立也不行。中央的大门始终是开着的，除了不能谈“西藏独立”问题，其他问题都可以谈。

四、进一步加强党对民族工作的领导

中国共产党是领导我国社会主义事业的核心力量，也是中华民族团结统一的核心力量。为了适应国际形势和国内建设的需要，继续解决好我国的民族问题，必须进一步加强党对民族工作的领导。

加强党对民族工作的领导，首先要坚定不移地全面贯彻执行党的基本路线，坚持实事求是、一切从实际出发，解决好我国的民族问题。在制定和实施具体政策措施时，应该充分注意我国民族众多、发展不平衡的状况和少数民族、民族地区所具有的特殊性。为了提高决策的科学性，应该加强调查研究，了解新情况，研究新问题，及时对现实生活提出的重大实践和理论问题作出尽可能正确的回答。

在各民族干部群众中，要大力加强马克思主义民族观和党的民族政策的教育。我们党运用马列主义、毛泽东思想观察和处理民族问题，在几十年的实践中，形成了一系列基本的观点和政策。这主要是：民族的产生、发展、消亡是一个漫长的历史过程，民族问题将长期存在；社会主义阶段是各民族共同繁荣兴旺的时期，各民族间的共同因素在不断增多，但民族特点、民族差异将继续存在；民族问题是社会总问题的一部分，民族问题只有在解决整个社会问题的过程中才能逐步解决，我国现阶段的民族问题只有在建设社会主义的共同事业中才能逐步解决；

各民族不分人口多少、历史长短、发展程度高低，都对祖国的文明作出了贡献，都应该一律平等，应该加强各民族人民的大团结，维护祖国统一；大力发展社会生产力是社会主义时期民族工作的根本任务，各民族要互相帮助，实现共同进步和繁荣；民族区域自治是中国共产党人对马克思主义民族理论的重大贡献，是解决我国民族问题的基本制度；努力造就一支宏大的德才兼备的少数民族干部队伍，是做好民族工作、解决民族问题的关键；民族问题、宗教问题在一些地方往往交织在一起，在处理民族问题时，还要注意全面正确地贯彻落实党的宗教政策。今后，我们还要根据新的情况和经验，对这些基本观点和政策继续加以充实和发展。

处理好民族问题，做好民族工作，是涉及全局的大问题。从中央到地方，各级党委和政府，都要把民族工作切实管起来，健全和完善各级政府的民族工作机构，选派得力干部充实民族工作部门，并注意逐步改善他们的工作条件。各级党委和政府的主要负责同志要亲自过问民族工作，帮助解决实际问题。

要切实抓好少数民族和民族地区党的思想建设、组织建设、作风建设。深入开展爱国主义、集体主义、社会主义思想教育，提高广大党员执行党的基本路线和民族政策的自觉性；不断发展壮大少数民族和民族地区中党的队伍，增强基层党组织的战斗力，把它们建设成为模范执行党的路线方针政策的坚强堡垒和团结各族群众的核心。目前，一些地方基层党组织存在软弱涣散现象，要抓紧帮助它们改变面貌。要教育我们的同志懂得，共产党员特别是党员干部，不论出身于哪个民族，都要牢固树立马克思主义的世界观，通过自己的模范作用，影响和带领本民族和各民族群众，沿着有中国特色的社会主义的道路奋勇前进。

不管国际风云如何变幻，只要全国各族人民在党的领导下，同呼吸、共命运、心连心，团结奋斗，共建现代化大业，社会主义的中国一定会以更加磅礴的气势屹立于世界的东方，中华民族一定会以强健的雄姿跻身于世界先进民族之林。　（《江泽民文选》1卷P177~193）

城市民族工作条例

（1993年9月15日　国家民族事务委员会）

第一条　为了加强城市民族工作，保障城市少数民族的合法权益，促进适应城市少数民族需要的经济、文化事业的发展，制定本条例。

第二条　本条例所称的城市，是指国家按照行政建制设立的直辖市、市。

第三条　城市民族工作坚持民族平等、团结、互助和促进各民族共同繁荣的原则。

第四条　省、自治区、直辖市人民政府应当将城市民族工作作为一项重要职责，加强领导，统筹安排。

第五条　城市人民政府应当将适应当地少数民族需要的经济、文化事业列入国民经济和社会发展计划。

城市人民政府对于发展适应当地少数民族需要的经济、文化事业的资金，可以根据财力给予适当照顾。

第六条　城市人民政府根据实际情况，可以确定负责民族事务工作的部门或者配备专职干部，管理民族事务。

第七条　少数民族人口较多的城市的人民政府、少数民族聚居的街道的办事处，以及直接为少数民族生产、生活服务的部门或者单位，应当配备适当数量的少数民族干部。

第八条　城市人民政府应当重视少数民族干部的培养和选拔。

城市人民政府有关部门应当重视少数民族专业技术人员的培养和使用。

城市人民政府鼓励企业招收少数民族职工。

第九条　城市人民政府应当重视发展少数民族教育事业，加强对少数民族教育事业的领导和支持。

城市人民政府应当采取适当措施，提高少数民族教师队伍的素质，办好各级各类民族学校（班），在经费、教师配备方面对民族学校（班）给予适当照顾，并根据当地少数民族的特点发展各种职业技术教育和成人教育。

地方招生部门可以按照国家有关规定，结合当地实际情况，对义务教育后阶段的少数民族考生，招生时给予适当照顾。

第十条　信贷部门对以少数民族为主要服务对象的从事食品生产、加工、经营和饮食服务的国有企业和集体企业，在贷款额度、还款期限、自有资金比例方面给予优惠。

第十一条　城市人民政府对本条例第十条所列企业以及生产经营少数民族用品企业的贷款，可以根据当地的实际需要和条件，予以贴息。

第十二条　本条例第十条所列企业纳税确有困难的，税务机关依照有关税收法律、法规的规定，给予减税或者免税。

第十三条　城市人民政府应当根据实际需要，合理设置清真饭店和清真食品生产加工、供应网点，并在投资、贷款、税收等方面给予扶持。

第十四条　对城市民族贸易企业和民族用品定点生产企业的优惠，按照国家有关规定办理。

第十五条　城市人民政府应当支持并组织有关经济、技术部门，加强同少数民族地区和农村散杂居少数民族开展横向经济技术协作。

第十六条　城市人民政府有关部门对进入本市兴办企业和从事其他合法经营活动的外地少数民族人员，应当根据情况提供便利条件，予以支持。

城市人民政府应当加强对少数民族流动人员的教育和管理，保护其合法权益。

少数民族流动人员应当自觉遵守国家的法律、法规，服从当地人民政府有关部门的管理。

第十七条　城市人民政府应当教育各民族干部、群众相互尊重民族风俗习惯。宣传、报导、文艺创作、电影电视摄制，应当尊重少数民族风俗习惯、宗教信仰和民族感情。

第十八条　清真饮食服务企业和食品生产、加工企业必须配备一定比例的食用清真食品的少数民族职工和管理干部。清真食品的运输车辆、计量器具、储藏容器和加工、出售场地应当保证专用。

清真饮食服务企业和食品生产、加工企业实行承包、租赁时，一般应当由有关少数民族人员承包或者租赁。清真饮食服务企业和食品生产、加工企业兼并或者被兼并时，不得随意改变其服务方向，确实需要改变服务方向的，必须征得当地城市人民政府民族事务工作部门同意。

第十九条　少数民族人口较多的城市的人民政府，应当根据需要和条件，设立具有民族特点的文化馆（站）、图书馆。

第二十条　城市人民政府应当保障少数民族使用本民族语言文字的权利，并根据需要和条件，按照国家有关规定加强少数民族文字的翻译、出版和教学研究。

第二十一条　少数民族人口较多的城市的人民政府，应当根据实际需要和条件，建立民族医院、民族医药学研究机构，发展少数民族传统医药科学。

第二十二条　城市人民政府应当在少数民族中加强计划生育的宣传、教育和指导工作。

第二十三条　城市人民政府在少数民族聚居的街道，应当按照城市规划，保护和建设具有民族风格的建筑物。

第二十四条　城市人民政府应当保障少数民族保持或者改革民族风俗习惯的自由。

第二十五条　城市人民政府应当按照国家有关规定，对具有特殊丧葬习俗的少数民族妥善安排墓地，并采取措施加强少数民族的殡葬服务。

城市人民政府对少数民族人员自愿实行丧葬改革的，应当给予支持。

第二十六条　少数民族职工参加本民族重大节日活动，可以按照国家有关规定放假，并照发工资。

第二十七条　城市人民政府对于在城市民族工作中做出显著成绩和贡献的单位和个人，给予表彰、奖励。

第二十八条　省、自治区、直辖市人民政府可以根据本条例，结合当地实际情况，制定实施办法。

第二十九条　本条例由国家民族事务委员会负责解释。

第三十条　本条例自发布之日起施行。　（《甘肃日报》1993.10.25. ②）

民族乡行政工作条例

（1993年9月15日　国家民族事务委员会）

第一条　为了促进民族乡经济、文化等项事业的发展，保障少数民族的合法权益，增强民族团结，根据宪法和法律的有关规定，制定本条例。

第二条　民族乡是在少数民族聚居的地方建立的乡级行政区域。

少数民族人口占全乡总人口30%以上的乡，可以按照规定申请设立民族乡；特殊情况的，可以略低于这个比例。

第三条　民族乡的建立，由省、自治区、直辖市人民政府决定。

民族乡的名称，除特殊情况外，按照以地方名称加民族名称确定。

第四条　民族乡人民政府配备工作人员，应当尽量配备建乡的民族和其他少数民族人员。

第五条　民族乡人民政府在执行职务的时候，使用当地通用的语言文字。

第六条　民族乡人民政府依照法律、法规和国家有关规定，结合本乡的具体情况和民族特点，因地制宜地发展经济、教育、科技、文化、卫生等项事业。

第七条　民族乡人民政府在本行政区域各族人民中进行爱国主义、社会主义和民族政策、民族团结的教育，不断巩固和发展平等、团结、互助的社会主义民族关系。

第八条　民族乡财政由各省、自治区、直辖市人民政府按照优待民族乡的原则确定。

民族乡的上一级人民政府在编制财政预算时，应当给民族乡安排一定的机动财力，乡财政收入的超收部分和财政支出的节余部分，应当全部留给民族乡周转使用。

第九条　信贷部门应当根据法律、法规和国家其他有关规定，对经济发展水平较低的民族乡用于生产建设、资源开发和少数民族用品生产方面的贷款给予照顾。

第十条　县级以上地方各级人民政府依照税收法律、法规的规定及税收管理权限，可以采取减税、免税措施、扶持民族乡经济的发展。

第十一条　县级以上地方各级人民政府在分配支援经济不发达地区专项资金及其他固定或者临时专项资金时，对经济发展水平较低的民族乡给予照顾。

县级以上地方各级人民政府在分配扶贫专项物资时，应当照顾贫困民族乡的需要。

第十二条　民族乡依照法律、法规和国家其他有关规定，管理和保护本乡的自然资源，并对可以由本乡开发的自然资源优先合理开发利用。

在民族乡依法开发资源、兴办企业，应当照顾民族乡的利益和当地人民群众的生产、生活，在配套加工产品的生产和招收当地少数民族人员方面做出合理安排。

第十三条　县级以上地方各级人民政府应当帮助民族乡加强农业、林业、牧业、副业、渔业和水利、电力等基础设施的建设，扶持民族乡发展交通事业。

第十四条　县级以上地方各级人民政府应当在师资、经费、教学设施等方面采取优惠政策，帮助民族乡发展教育事业，提高教育质量。

民族乡根据实际情况，可以兴办小学、中学和初级职业学校；牧区、山区以及经济困难的民族乡，在上级人民政府的帮助和指导下，可以设立以寄宿制和助学金为主的学校。

民族乡的中小学可以使用当地少数民族通用的语言文学教学，同时推广全国通用普通话。使用民族语言文字教学的中小学，其教育行政经费，教职工编制可以高于普通学校。

民族乡在上级人民政府的帮助和指导下，积极开展扫盲工作。

县级以上地方各级人民政府可以根据当地实际情况，在有关大中专院校和中学中设立民族班，尽可能使民族乡有一定数量的学生入学。

第十五条　县级以上地方各级人民政府应当帮助民族乡开展科学技术知识的普及工作，组织和促进科学技术的交流和协作。

第十六条　县级以上地方各级人民政府应当积极帮助民族乡创办广播站、文化馆（站）等文化设施，丰富各族人民的文化生活，保护和继承具有民族特点的优秀文化遗产。

第十七条　县级以上地方各级人民政府应当积极帮助民族乡发展医药卫生事业，扶持民族乡办好卫生院（所），培养和使用少数民族医疗保健人员，加强对地方病、多发病、常见病的防治，积极开展妇幼保健工作。

第十八条　民族乡应当积极做好计划生育工作，搞好优生优育优教，提高人口素质。

第十九条　民族乡应当在上级人民政府的帮助和指导下，采取各种措施，加强对少数民族干部的培养和使用。

第二十条　民族乡应当采取多种形式和提供优惠待遇，引进人才参加本乡的社会主义建设事业。

县级以上地方各级人民政府应当采取调派、聘任、轮换等办法，组织教师、医生、科技人员等到民族乡工作。

县级以上地方各级人民政府对长期在边远地区的民族乡工作的教师、医生和科技人员，应当给予优惠待遇。

第二十一条　少数民族聚居镇的行政工作，可以参照本条例执行。

第二十二条　辖有民族乡的省、自治区、直辖市人民政府可以根据本条例制定实施办法。

第二十三条　本条例由国家民族事务委员会负责解释。

第二十四条　本条例自发布之日起施行。　（《宁夏日报》1993.10.25. ④）

（王诵殊/辑录）

七、编纂资料书目

（一）民族理论·法规·文献

1．中央领导人关于民族问题的论述

毛泽东．致彭德怀、西北局信函（1949年11月14日）//毛泽东书信选集．北京：人民出版社，1983：349.

毛泽东．不要四面出击（1950年6月6日）//毛泽东选集（第五卷）．北京：人民出版社，1977：1950.6.13. ①.

毛泽东．《关于西藏问题的报告》的批示（1950年10月11日）//丹增，张向明主编．当代中国的西藏（下卷）．北京：当代中国出版社，1991：559-560.

毛泽东．为中央民族访问团的题词（1950年10月31日）．新华社新闻稿．1950.11.1.

毛泽东．中共中央关于西藏工作方针的指示（1952年4月6日）//毛泽东选集（第五卷）．北京：人民出版社，1977：61~62.

毛泽东．批判大汉族主义（1953年3月16日）//毛泽东选集（第五卷）．北京：人民出版社，1977：75~76.

毛泽东．结论（1955年3月31日）//毛泽东选集（第五卷）．北京：人民出版社，1977：154.

毛泽东．关于民族问题的讲话（1955年10月11日）//毛泽东选集（第五卷）．北京：人民出版社，1977：213~214.

毛泽东．论十大关系（1956年4月25日）//毛泽东选集（第五卷）．北京：人民出版社，1997：277~278.

毛泽东．关于正确处理人民内部矛盾的问题（1957年2月27日）//毛泽东选集（第五卷）．北京：人民出版社，1977：363-402.

毛泽东．关于西藏问题的讲话（1959年4月15日）．人民日报．1959.4.16. ①.

毛泽东．呼吁世界人民联合起来反对美国帝国主义的种族歧视、支持美国黑人反对种族歧视的斗争的声明（1963年8月8日）．新华社新闻稿．1963.8.9.

周恩来．为巩固和发展人民的胜利而奋斗（1950年9月30日）//周恩来选集（下卷）．北京：人民出版社，1997：40.

周恩来．关于我国民族政策的几个问题（1957年7月20日）//周恩来选集（下卷）．北京：人民出版社，1997：247.

周恩来．政府工作报告（1959年4月18日）．新华社新闻稿．1959.4.19.

周恩来. 在印度总统府举行的记者招待会上答记者问（1959年4月25日）//中共西藏自治区党委党史研究室编. 中国共产党西藏历史大事记（1949~2004）. 北京：人民出版社，2005：170.

周恩来. 接见嵯峨浩等人的讲话（1961年6月10日）//周恩来选集（下卷）. 北京：人民出版社，1997：316-320.

周恩来. 政府工作报告（1962年3月27日）. 人民日报.1962.4.17. ①

周恩来. 我国人民民主统一战线的新发展（1962年4月18日）//周恩来选集（下卷）. 北京：人民出版社，1997：400.

周恩来. 与班禅额尔德尼·确吉坚赞的谈话（1962年7月24日）//中共西藏自治区党委党史研究室编. 中国共产党西藏历史大事记（1949~2004）. 北京：中共党史出版社，2005：198-199.

周恩来. 政府工作报告（1964年12月21日）. 人民日报. 1964.12.21. ①

周恩来. 和阿沛·阿旺晋美及帕巴拉·格列朗杰的谈话（1965年2月24日）//中共西藏自治区党委党史研究室编. 中国共产党西藏历史大事记（1949~2004）. 北京：中共党史出版社，2005：223.

刘少奇. 关于土地改革问题的报告（1950年6月14日）// 中央文献编委会编. 刘少奇选集·下卷. 北京：人民出版社，1985：29-47.

刘少奇. 关于民族问题的论述（1956年9月15日）//中央文献编委会编. 刘少奇选集·下卷. 北京：人民出版社，1985：202-253.

乌兰夫. 关于当前民族工作问题的报告（1950年4月28日）. 人民日报. 1950.4.29. ①.

乌兰夫. 关于中华人民共和国民族区域自治实施纲要的报告（1952年8月8日）. 人民日报. 1952.8.13. ①-③

乌兰夫. 民族区域自治的光辉历程（1981年7月14日）//国家民族事务委员会，中共中央文献研究室编. 新时期民族工作文献选编. 北京：中央文献出版社，1990：121-143.

乌兰夫. 在创造新历史的道路上胜利前进（1987年7月16日）//新时期民族工作文献选编. 北京：中央文献出版社，1990：339-348.

李维汉. 有关民族政策的若干问题（1951年12月14日）. 人民日报. 1951.12.15. ①

李维汉. 西藏民族解放的道路（1981年5月23日）//国家民族事务委员会，中共中央文献研究室编. 新时期民族工作文献选编. 北京：中央文献出版社，1990：87-106.

邓小平. 关于西藏改革的讲话（1961年1月5日）//中共西藏自治区党史委员会编. 中共西藏党史大事记（1949~1966）. 拉萨：西藏人民出版社，1990：127.

邓小平. 新时期的统一战线和人民政协的任务（1979年6月15日）//邓小平文选（1975~1982）. 北京：人民出版社，1983：171-173.

邓小平. 在中共十二大会议上的开幕词（1982年9月1日）. 人民日报. 1982.9.2. ①②.

邓小平. 关于西藏问题的论述（1987年6月29日）//邓小平文选. 第三卷. 北京：人民出版社，1993：246.

邓小平. 共同努力，实现祖国统一（1990年9月15日）//邓小平文选. 第三卷. 北京：人民出版社，1993：362.

华国锋. 政府工作报告（1979年6月18日）. 人民日报. 1979.6.19. ①

胡耀邦. 为建设团结富裕文明的新西藏努力奋斗（1980年5月29日在拉萨干部大会上的讲话）//西藏日报. 1980.5.29. ①

胡耀邦. 在会见29个省（区）、直辖市少数民族参观团负责人时的讲话（1981年10月4日）. 新华社新闻稿. 1981.10.5.

胡耀邦. 谈对达赖喇嘛的五条方针（1982年4月14日）//中共西藏自治区党委党史研究室编. 中国共产党西藏历史大事记（1949~2004）. 北京：中共党史出版社，2005：371-372.

胡耀邦. 在乌鲁木齐干部会上的讲话（1983年5月20日）. 新华社新闻稿. 1983.5.21.

胡耀邦. 在西藏工作座谈会上的讲话（1984年2月27日）//国家民族事务委员会，中共中央文献研究室编. 新时期民族工作文献选编. 北京：中央文献出版社，1990：208-215；中共西藏自治区党委党史研究室编. 中国共产党西藏历史大事记（1949~2004）. 北京：中共党史出版社，2005：406-407、409.

李鹏. 就喇嘛问题答记者问（1988年4月13日）//中共西藏自治区党委党史研究室编. 中国共产党西藏历史大事记（1949~2004）. 北京：中共党史出版社，2005：511-512.

李鹏. 就达赖问题答中外记者问（1988年11月17日）//中共西藏自治区党委党史研究室编. 中国共产党西藏历史大事记（1949~2004）. 北京：中共党史出版社，2005：521.

李鹏. 政府工作报告（1989年3月20日）//新时期民族工作文献选编. 北京：中央文献出版社，1990：425-426.

李鹏. 做好民族工作，为实现各民族的共同繁荣而努力奋斗（1990年2月15日）//国家民族事务委员会，中共中央文献研究室编. 新时期民族工作文献选编. 北京：中央文献出版社，1990：437-446.

李鹏. 进一步重视关心和做好宗教工作（1990年12月5日）. 凝聚. 23-26.

李鹏. 会见欧洲议会代表团就西藏问题发表的谈话（1991年9月18日）//中共西藏自治区党委党史研究室编. 中国共产党西藏历史大事记（1949~2004）. 北京：中共党史出版社，2005：601.

江泽民. 在庆祝中华人民共和国成立40周年大会上的讲话（1989年9月29日）//国家民族事务委员会，中共中央文献研究室编. 新时期民族工作文献选编. 北京：中央文献出版社，1990：434-436.

江泽民. 在西藏自治区千人干部大会上的讲话（1990年7月24日）//中共西藏自治区党委党史研究室编. 中国共产党西藏历史大事记（1949~2004）. 北京：中共党史出版社，2005：575~577.

江泽民. 必须树立马克思主义的民族观和宗教观（1990年9月在新疆考察工作时的讲话）. 凝聚. 18-19.

江泽民. 当代中国共产党人的庄严使命（1991年7月1日）//江泽民文选（第一卷）. 北京：人民出版社，2006：157.

江泽民. 论民族工作（1992年1月14日）//江泽民文选（第一卷）. 北京：人民出版社，2006：177-193.

江泽民. 有关民族问题的论述（1992年10月12日）// 江泽民文选（第一卷）. 北京：人民出版社，2006：210.

江泽民. 在全国人大八届一次会议参加西藏代表团谈论时的讲话（1993年3月16日）//中共西藏自治区党委党史研究室编. 中国共产党西藏历史大事记（1949~2004）. 北京：中共党史出版社，2005：644-645.

江泽民. 关于加强民族工作和宗教工作（1993年11月3日）//新华月报社编. 中华人民共和国大事记（1949~2004）. 北京：人民出版社，2004：1005；凝聚. 14-16.

江泽民. 建设有中国特色社会主义的12条原则（1990年12月30日）//江泽民文选（第一

卷）. 北京：人民出版社，2006：165.

李瑞环. 在加德满都接受记者采访时的谈话（1993年11月28日）//中共西藏自治区党委党史研究室编. 中国共产党西藏历史大事记（1949~2004）. 北京：中共党史出版社，2005：661-662.

王震. 在庆祝新疆维吾尔自治区成立30周年干部大会上的讲话（1985年9月30日）//国家民族事务委员会，中共中央文献研究室编. 新时期民族工作文献选编. 北京：中央文献出版社，1990：274，277-279.

王震. 在宁夏回族自治区成立30周年庆祝大会上的讲话（1988年9月23日）//国家民族事务委员会，中共中央文献研究室编. 新时期民族工作文献选编. 北京：中央文献出版社，1990：391，393-395.

彭真. 关于中华人民共和国宪法修改草案的报告（1982年11月26日）. 人民日报. 1982.11.27. ①

彭真. 在全国人大民委会议上的讲话（1984年1月16日）//国家民族事务委员会，中共中央文献研究室编. 新时期民族工作文献选编. 北京：中央文献出版社，1990：203-205.

彭真. 关于中华人民共和国宪法修改草案的报告（1982年11月26日）. 人民日报. 1982.11.27. ①

习仲勋. 少说空话，多办实事，把少数民族地区的经济文化建设搞上去（1986年10月24日）//国家民族事务委员会，中共中央文献研究室编. 新时期民族工作文献选编. 北京：中央文献出版社，1990：291，293-301，305-319.

习仲勋. 在庆祝内蒙古自治区成立40周年干部大会上的讲话（1987年7月31日）//国家民族事务委员会，中共中央文献研究室编. 新时期民族工作文献选编. 北京：中央文献出版社，1990：353-355.

乔石. 要有一个长期稳定的民族政策（1988年4月6日）//国家民族事务委员会，中共中央文献研究室编. 新时期民族工作文献选编. 北京：中央文献出版社，1990：374-375.

胡锦涛、热地、江村罗布. 党的民族政策在西藏的伟大实践（1991年5月22日）. 求是. 1991（10）.

邓颖超. 关于民族问题的论述（1983年6月4日）. 新华社新闻稿. 1983.6.5.

班禅额尔德尼·确吉坚赞. 在全国人大五届三次会议上的发言（1980年9月9日）. 新华社新闻稿. 1980.9.11.

阿沛·阿旺晋美. 关于《中华人民共和国民族区域自治法》（草案）的说明（1984年5月22日）// 国家民族事务委员会，中共中央文献研究室编. 新时期民族工作文献选编. 北京：中央文献出版社，1990：222-232.

阿沛·阿旺晋美. 西藏历史发展的伟大转折（1991年4月20日）. 人民日报. 1991.4.20. ①③.

杨静仁. 社会主义现代化建设时期民族工作的任务（1979年5月22日）//国家民族事务委员会，中共中央文献研究室编. 新时期民族工作文献选编. 北京：中央文献出版社，1990：5-13.

杨静仁. 坚决贯彻中央指示，做好西藏工作（1980年7月26日）// 红旗. 1980（15）.

2. 法规·文献

中国人民政治协商会议共同纲领（1949年10月）. 新华社电讯稿. 1949.10.2；新华通讯社国内资料组编. 中华人民共和国大事记（1949~1980）. 北京：新华出版社，1982：36.

关于少数民族工作的指示（1949年11月20日）. 新华社电讯稿. 1949.11.20.

各界人民代表会议组织通则（1949年12月2日中央人民政府第四次会议通过）. 人民日报. 1949.12.5. ②③.

西南局报送与西藏地方政府进行和平谈判的《10项条件》（1950年5月27日）. 人民日报. 1950.11.11. ①.

进军西藏各项政策的布告（1950年11月10日）. 人民日报. 1950.11.11. ①；中共西藏自治区党委党史研究室编. 中共西藏党史大事记（1949~1966）. 北京：中共党史出版社，2005：18.

关于民族事务的几项决定（1951年2月5日）. 新华社新闻稿. 1951.3.22；新华通讯社国内资料组编. 中华人民共和国大事记（1949~1980）. 北京：新华出版社，1982：102.

政务院. 关于处理带有歧视或侮辱少数民族性质的称谓、地名、碑碣、匾联的指示（1951年5月16日）. 人民日报. 1951.5.17. ①.

中央人民政府和西藏地方政府关于和平解放西藏办法的协议（1951年5月23日）. 人民日报. 1951.5.28. ①–③.

中华人民共和国人民法院暂行组织条例（1951年9月3日）. 人民日报. 1951.9.5. ②.

中央人民政府政务院关于全国少数民族贸易、教育、卫生会议报告的决定（1951年11月23日）. 人民日报. 1951.11.24. ①.

《中华人民共和国民族区域自治实施纲要》、《中央人民政府政务院关于保障一切散居的少数民族成分享有民族平等权利的决定》、《中央人民政府政务院关于地方民族民主联合政府实施办法的决定》、《各级人民政府民族事务委员会试行组织通则》（1952年2月22日）. 新华社新闻稿. 1952.2.23、8.12、8.13、8.14；新华通讯社国内资料组编. 中华人民共和国大事记（1949~1980）. 北京：新华出版社，1982：102–103.

中华人民共和国全国人民代表大会及地方各级人民代表大会选举法（1953年2月11日）. 新华社新闻稿. 1953.2.12、3.2.

中共中央政治局关于西藏工委总结报告的批示（1954年2月10日）//中共西藏自治区党史委员会编. 中共西藏党史大事记（1949~1966）拉萨：西藏人民出版社，1990：46–48.

中华人民共和国宪法（1954年9月20日）. 人民日报. 1954.9.20. ①. 中共西藏自治区党史委员会编.

《国务院关于西藏自治区筹备委员会的决定》、《国务院关于西藏交通运输问题的决定》、《国务院关于帮助西藏地方进行建设事项的决定》（1955年3月12日）. 人民日报. 1955.3.13. ①.

中共中央西藏工作的指示（1955年9月4日）// 中共西藏自治区党史研究室编. 中国共产党西藏历史大事记（1949~2004）. 北京：中共党史出版社，2005：85.

中华人民共和国民族自治地方自治要点（1956年7月2~5日）. 人民日报. 1956.7.6. ①.

中央关于西藏民主改革问题的指示（1956年9月4日）//丹增，张向明主编. 当代中国的西藏·上卷. 北京：当代中国出版社，1991：226–227.

中共中央关于今后西藏工作的决定批示（1957年5月14日）//中共西藏自治区党史委员会编. 中共西藏党史大事记（1949~1966）. 拉萨：西藏人民出版社，1990：71–72.

中共中央关于在西藏平息叛乱中实行民主改革的若干政策问题的指示（1959年3月22日）//中共西藏自治区党史委员会编. 中共西藏党史大事记（1949~1966）. 拉萨：西藏人民出版

社，1990：92–93.

关于西藏问题的决议（1959年4月28日）. 新华社新闻稿. 1959.4.28、4.29.

中央关于西藏工委关于当前在平叛工作中几个政策问题的决定的批示（1959年5月31日）// 中共西藏自治区党史委员会编. 中共西藏党史大事记（1949~1966）. 拉萨：西藏人民出版社，1990：100–101.

中共中央关于西藏工作方针的指示（1961年4月21日）//中共西藏自治区党史委员会编. 中共西藏党史大事记（1949~1966）. 拉萨：西藏人民出版社，1990：131–132；丹增，张向明主编. 当代中国的西藏·上卷. 北京：当代中国出版社，1991：346.

关于民族工作会议的报告（1962年6月）. 人民日报. 1962.5.30. ①；郝维民主编. 内蒙古自治区史. 呼和浩特：内蒙古大学出版社，1991：231–232.

中共中央关于继续贯彻执行宗教信仰自由政策的几项规定（1962年7月）//中共西藏自治区党史研究室编. 中国共产党西藏历史大事记（1949~2004）. 北京：中共党史出版社，2005：199–200.

中华人民共和国宪法（修订）（1975年1月17日）//新华通迅社国内资料组编. 中华人民共和国大事记（1949~1980）. 北京：新华出版社，1982：51–52.

中华人民共和国宪法（修订）（1978年3月）. 新华社新闻稿. 1978.3.8.

中华人民共和国地方各级人民代表大会和地方各级人民政府组织法（修正）（1979年7月4日）. 人民日报. 1979.7.5. ①③.

中华人民共和国全国人民代表大会和地方各级人民代表大会选举法（修正）（1979年7月4日）. 新华社新闻稿. 1979.7.5.

中华人民共和国人民法院组织法（修正）（1979年7月5日）. 人民日报. 1979.7.6. ①④.

中华人民共和国刑法（1979年7月6日）. 人民日报. 1979.7.7. ①③④.

中共中央批转新的历史时期统一战线的方针任务（1979年9月13日）//国家民族事务委员会，中共中央文献研究室编. 新时期民族工作文献选编. 北京：中央文献出版社，1990：18–19.

中共中央、国务院批转国家民委关于做好杂居、散居少数民族工作的报告（1979年10月12日）//国家民族事务委员会，中共中央文献研究室编. 新时期民族工作文献选编. 北京：中央文献出版社，1990：23–32；人民日报. 1979.11.15. ③.

中共中央西藏工作座谈会纪要（1980年3月15日）// 国家民族事务委员会，中共中央文献研究室编. 新时期民族工作文献选编. 北京：中央文献出版社，1990：38–47.

中共中央关于转发西藏工作座谈会纪要的通知（1980年4月7日）//国家民族事务委员会，中共中央文献研究室编. 新时期民族工作文献选编. 北京：中央文献出版社，1990：33–41.

国务院关于地名命名、更名的暂行规定（1980年4月30日）//人民日报. 1980.4.30. ④.

中华人民共和国国籍法（1980年9月13日）. 新华社新闻稿. 1980.9.13、9.14、9.15.

中华人民共和国婚姻法（1980年9月15日）. 新华社新闻稿. 1980.9.15.

中共中央书记处云南民族工作汇报会纪要（1981年4月21日）// 国家民族事务委员会，中共中央文献研究室编. 新时期民族工作文献选编. 北京：中央文献出版社，1990：85–86.

中国共产党中央委员会关于建国以来党的若干历史问题的决议（1981年6月29日）// 国家民族事务委员会，中共中央文献研究室编. 新时期民族工作文献选编. 北京：中央文献出版社，1990：109.

中央书记处讨论新疆工作问题的纪要（1981年7月16日）//国家民族事务委员会，中共中央文献研究室编. 新时期民族工作文献选编. 北京：中央文献出版社，1990：147-149.

中共中央转发中央书记处讨论新疆工作问题的纪要（1981年8月3日）//国家民族事务委员会，中共中央文献研究室编. 新时期民族工作文献选编. 北京：中央文献出版社，1990：147-149.

中共中央转发中央书记讨论内蒙古自治区工作的纪要（1981年8月3日）//国家民族事务委员会，中共中央文献研究室编. 新时期民族工作文献选编. 北京：中央文献出版社，1990：150.

全国统战工作会议纪要（1982年2月12日）//新华通迅社国内资料组编. 中华人民共和国大事记（1949~2004）. 北京：新华出版社，1982：663.

中共中央关于我国社会主义时期宗教问题的基本观点和基本政策（1982年3月31日）//国家民族事务委员会，中共中央文献研究室编. 新时期民族工作文献选编. 北京：中央文献出版社，1990：154-174.

中华人民共和国宪法（1982年12月4日修订）//新华通迅社国内资料组编. 中华人民共和国大事记（1949~2004）. 北京：新华出版社，1982：686.

第六届人大会议少数民族代表名额分配方案（1983年3月5日）. 新华社新闻稿. 1983.3.6.

国务院. 关于建立民族乡问题的通知（1983年12月29日）//国家民族事务委员会，中共中央文献研究室编. 新时期民族工作文献选编. 北京：中央文献出版社，1990：201-202.

中共中央书记处. 西藏工作座谈会纪要（1984年3月28日）//国家民族事务委员会，中共中央文献研究室编. 新时期民族工作文献选编. 北京：中央文献出版社，1990：208-215；中共西藏自治区党委党史研究室编. 中国共产党西藏历史大事记（1949~2004）. 北京：中央文献出版社，1990：406-407、409.

中共中央. 西藏工作座谈会纪要的通知（1984年4月1日）//国家民族事务委员会，中共中央文献研究室编. 新时期民族工作文献选编. 北京：中央文献出版社，1990：207.

中华人民共和国民族区域自治法（1984年5月31日）. 国务院公报. 1984［13号］. 419-429.

中央对达赖集团的方针政策（1984年10月2日）//中共西藏自治区党委党史研究室编. 中国共产党西藏历史大事记（1949~2004）. 北京：中共党史出版社，2005：423-424.

中共中央统战部、国家民委. 关于民族工作几个重要问题的报告（1987年1月23日）//国家民族事务委员会，中共中央文献研究室编. 新时期民族工作文献选编. 北京：中央文献出版社，1990：305-321.

中共中央、国务院批转中共中央统战部、国家民委. 关于民族工作几个重要问题的报告的通知（1987年4月17日）//中共西藏自治区党委党史研究室编. 新时期民族工作文献选编. 北京：中央文献出版社，1990：303-304.

国务院. 行政区域边界争议处理条例（1988年12月27日）//中共西藏自治区党委党史研究室编. 新时期民族工作文献选编. 北京：中央文献出版社，1990：408.

中央. 当前西藏工作的几个问题的指示（1988年12月29日）// 中共西藏自治区党委党史研究室编. 中国共产党西藏历史大事记（1949~2004）. 北京：中共党史出版社，2005：525-526.

中央政治局常委会讨论西藏工作会议纪要（1989年10月19日）// 中共西藏自治区党委党史研究室编. 中国共产党西藏历史大事记（1949~2004）. 北京：中共党史出版社，2005：550-552.

中华人民共和国集会游行示威法（1989年10月31日）. 凝聚. 38.

人民检察院直接受理的侵犯公民民主权利人身权利和渎职案件立案标准的规定（1989年11

月3日）. 凝聚. 41.

中共中央、国务院关于进一步做好宗教工作若干问题的通知（1991年2月5日）. 凝聚. 78-81.

国务院关于进一步贯彻实施中华人民共和国民族区域自治法若干问题的通知（1991年12月8日）. 国务院公报1991［43号］. 1512-1516.

国务院《民族乡行政工作条例》、《城市民族工作条例》（1993年9月15日），国务院公报1993［24号］. 1096-1102.

外交部条约法律司. 中华人民共和国边界事务条约集（中印·中不卷）. 北京：世界知识出版社，2004.

外交部条约法律司. 中华人民共和国边界事务条约集（中尼卷）. 北京：世界知识出版社，2004.

外交部条约法律司. 中华人民共和国边界事务条约集（中阿·中巴卷）. 北京：世界知识出版社，2004.

外交部条约法律司. 中华人民共和国边界事务条约集（中越卷）. 北京：世界知识出版社，2004.

外交部条约法律司. 中华人民共和国边界事务条约集（中朝卷）. 北京：世界知识出版社，2004.

外交部条约法律司. 中华人民共和国边界事务条约集（中蒙卷）. 北京：世界知识出版社，2004.

外交部条约法律司. 中华人民共和国边界事务条约集（中缅卷）. 北京：世界知识出版社，2004.

外交部条约法律司. 中华人民共和国边界事务条约集（中老卷）. 北京：世界知识出版社，2004.

外交部条约法律司. 中华人民共和国边界事务条约集（中塔卷）. 北京：世界知识出版社，2005.

外交部条约法律司. 中华人民共和国边界事务条约集（中俄卷）. 北京：世界知识出版社，2005.

外交部条约法律司. 中华人民共和国边界事务条约集（中哈卷）. 北京：世界知识出版社，2005.

外交部条约法律司. 中华人民共和国边界事务条约集（中吉卷）. 北京：世界知识出版社，2005.

3. 中央报刊重要社论、文章

送西南访问团. 人民日报. 1950.7.2. ①.

送西北访问团. 人民日报. 1950.8.30. ①.

欢迎各兄弟民族代表来京参加国庆盛典. 人民日报. 1950.9.30. ①.

中国人民解放西藏是不容干涉的. 人民日报. 1950.11.17. ①.

为各民族的团结和发展而斗争. 人民日报. 1951.3.22. ①.

拥护关于和平解放西藏办法的协议. 和关于和平解放西藏的谈判经过. 人民日报. 1951.5.31. ①.

加强民族区域自治的工作．人民日报．1952.8.13．①.

进一步贯彻民族区域自治的政策．人民日报．1953.9.9．①②.

贯彻民族政策，批判大汉族主义思想．人民日报．1953.10.10．①.

中国历史上解决民族问题的重大措施．人民日报．1954.1.28．①.

怎样宣传过渡时期党在民族问题方面的任务．人民日报．1954.4.17．①.

宪法草案贯彻着民族平等互助的精神．人民日报．1954.6.24．①.

西藏地方工作发展的新阶段．人民日报．1955.3.13．①.

新疆维吾尔自治区成立的重要意义．人民日报．1955.9.30．①.

正确认识我国各民族之间的关系．人民日报．1956.9.8．①.

这是为什么？．人民日报．1957.6.8．①.

进一步增强民族团结．人民日报．1957.8.24．①.

我国少数民族实行区域自治的良好榜样．人民日报．1957.5.1．②.

祝贺美丽富饶的广西僮族自治区成立．人民日报．1958.3.5．①.

为什么要反对地方民族主义．人民日报．1958.6.27．①.

少数民族在高速度前进．人民日报．1958.10.19．①.

祝宁夏回族自治区成立．人民日报．1958.10.26．①.

彻底平定西藏叛乱．人民日报．1959.3.31．①.

欢呼讨平西藏山南叛匪的重大胜利．人民日报．1959.4.25．①.

当前我国国内民族问题和阶级斗争．人民日报．1964.7.2．⑤.

为建设社会主义的新西藏而奋斗．人民日报．1965.9.10．①.

党的民族团结政策的伟大胜利．人民日报．1965.9.30．②.

社会主义的新西藏在前进．人民日报．1975.9.9．①.

把内蒙古建设成反帝反修的刚铁长城．人民日报．1977.8.1．⑥.

一项重大的无产阶级政策．人民日报．1978.11.17．①.

发扬革命传统，建设美好广西．人民日报．1978.12.12．①.

培养少数民族干部是一项重要任务．人民日报．1980.2.4．③.

为西藏的兴旺发达繁荣富裕而奋斗！．西藏日报．1980.5.30．①.

民族平等团结共同繁荣的根本保证．新华社新闻稿．1982.6.7.

4．国务院新闻办公室关于民族问题的《白皮书》

中国的人权状况．1991.11.4.

西藏的主权归属与人权状况．1992.9.21.

中国人权事业的进展．1995.12.27.

（二）新闻·报刊

1．中央新闻、报刊

《新华社新闻稿》

《人民日报》创刊~1993（1948年6月15日创刊）

《中华人民共和国国务院公报》创刊~1993（1954年1月1日创刊）

《民族团结》创刊~1993（1957年10月12日创刊）

《光明日报》创刊~1993（1949年6月16日创刊）

《民族画报》创刊~1993（1995年创刊）

《大众电影》创刊~1994（1950年6月1日创刊）

《中国期刊名录》上、下卷

2．自治区、自治州报刊

《内蒙古日报》创刊~1993（1948年1月1日在乌兰浩特用蒙汉两种文字同时创刊）

《广西日报》创刊~1993（1949年12月3日创刊）

《西藏日报》创刊~1993（1956年4月22日创刊，分藏汉文版，其前身是解放军进藏后办的油印小报《新闻简讯》。）

《宁夏日报》创刊~1993（1949年11月11日创刊。1954年8月宁夏省建制撤销，8月31日《宁夏日报》终刊。1957年6月全国人大一届四次会议通过决议：成立宁夏回族自治区。1958年8月1日，自治区党委机关报《宁夏日报》正式创刊。）

《新疆日报》创刊~1993（1949年12月6日汉文版创刊。1950年1月1日维吾尔、哈萨克文版创刊，8月1日蒙古文版创刊。）

《延边日报》创刊~1993（1948年4月1日朝文版创刊。1958年1月1日汉文版创刊。）

《阿坝日报》创刊~1993（其前身为《岷江报》，于1953年1月1日创刊，1981年1月1日更名为《阿坝报》，1999年7月1日正式改为《阿坝日报》。）

《凉山日报》创刊~1993（有彝、汉两个文版，1958年5月1日汉文版创刊。1978年1月1日彝文版创刊，是我国唯一的彝文报纸。）

3．有关省、市报刊

《辽宁日报》创刊~1993（1954年9月1日创刊）

《吉林日报》创刊~1993（1945年10月10日创刊）

《黑龙江日报》创刊~1993（1945年12月1日创刊）

《湖南日报》创刊~1993（1949年8月15日创刊）

《湖北日报》创刊~1993（1949年7月1日创刊）

《四川日报》创刊~1993（1952年9月1日创刊）

《贵州日报》创刊~1993（1949年10月28日创刊）

《云南日报》创刊~1993（1950年3月4日创刊）

《甘肃日报》创刊~1993（1949年9月12日创刊）

《青海日报》创刊~1993（1949年10月20日创刊）

《凝聚》（中共甘肃省委统战部宗教事务局主办，凝聚杂志社出版，1996年专辑，总第24期。）

（三）学术著作

1．民族概况

《辞海》编委会编. 辞海·民族分册. 上海：上海辞书出版社，1982.

中国大百科全书编辑委员会《民族》编辑委员会编. 中国大百科全书·民族卷. 北京：中国

大百科全书出版社，1986.

黄光学编. 新时期民族问题探索. 北京：中央民族学院出版社，1989.

黄光学主编. 当代中国的民族工作. 北京：当代中国出版社，1993.

《中国伊斯兰百科全书》编委会编. 中国伊斯兰百科全书. 成都：四川辞书出版社，1994.

黄光学，施联朱主编. 中国的民族识别. 北京：民族出版社，1995.

田晓岫主编. 中华民族. 北京：华夏出版社，1991.

王文光编. 中国古代的民族识别. 昆明：云南大学出版社，1997.

黄光学，施联朱主编. 中国的民族识别——56个民族的来历. 北京：民族出版社，2005.

国家民委民族问题五种丛书编辑委员会中国少数民族编写组编. 中国少数民族. 北京：人民出版社，1981.

国家民委研究室编. 新中国民族工作十讲. 北京：民族出版社，2006.

国家民委编. 民族问题五种丛书. 北京：民族出版社，2008.

施联珠编. 民族识别与民族研究文集. 北京：中央民族大学出版社，2009.

中共中央党史研究室科研管理部，国家民委民族问题研究中心编. 中国共产党民族工作历史经验研究（下）. 北京：北京中共党史出版社，2009.

云南省民委，云南省民族理论学会编. 云南民族团结进步事业光辉历程（1949~2009）. 昆明：云南民族出版社，2009.

新疆维吾尔自治区民委编. 新疆民族辞典. 乌鲁木齐：新疆人民出版社，1995.

丹增，张向明主编. 当代中国的西藏. 乌鲁木齐：当代中国出版社，1991.

韦纯束等主编. 当代中国的广西. 北京：当代中国出版社，1992.

2. 民族史学

宋蜀华，满都尔图主编. 中国民族学五十年（1949~1999）. 北京：人民出版社，2004.

李德洙主编. 中国少数民族文化史. 沈阳：辽宁人民出版社，1994.

韦东超，王瑞莲编. 中国民族流变史. 武汉：湖北人民出版社，2000.

陈连开主编. 中国民族史纲要. 北京：中国财政经济出版社，1999.

王文光，龙晓燕，张媚玲编. 中国民族发展史纲要. 昆明：云南大学出版社，2010.

郝为民主编. 内蒙古自治区史（1987~1996）. 呼和浩特：内蒙古大学出版社，1991.

宁夏国史编审委员会，宁夏国史学会编. 当代宁夏史通鉴. 北京：当代中国出版社，2004.

党育林，张玉玺编. 当代新疆简史. 北京：当代中国出版社，2003.

王栓乾主编. 辉煌新疆——新疆的历史与发展白皮书. 乌鲁木齐：新疆人民出版社，2003.

厉声主编. 中国新疆历史与现状. 乌鲁木齐：新疆人民出版社，2003.

中共新疆维吾尔自治区办公厅，新疆维吾尔自治区人民政府办公厅编. 新疆辉煌50年（1949~1999）上、下卷. 乌鲁木齐：新疆人民出版社，1999.

尤中编. 云南民族史. 昆明：云南大学出版社，1994.

中共西双版纳州委党史征集研究室编. 西双版纳五十年（1950~2000.2）. 昆明：云南民族出版社，2000.

3. 中国少数民族自治地方概况丛书

内蒙古自治区概况编写组编. 内蒙古自治区概况. 呼和浩特：内蒙古人民出版社，1983.

广西壮族自治区概况编写组编. 广西壮族自治区概况. 南宁：广西民族出版社，1985.

西藏自治区概况编写组编. 西藏自治区概况. 拉萨：西藏人民出版社，1984.

宁夏回族自治区概况编写组编. 宁夏回族自治区概况. 银川：宁夏人民出版社，1986.

新疆维吾尔自治区概况编写组编. 新疆维吾尔自治区概况. 乌鲁木齐：新疆人民出版社，1985.

延边朝鲜族自治州概况编写组编. 延边朝鲜族自治州概况. 延吉：延边人民出版社，1984.

鄂西土家族苗族自治州概况编写组编. 鄂西土家族苗族自治州概况. 武汉：湖北人民出版社，1990.

湘西土家族苗族自治州概况编写组编. 湘西土家族苗族自治州概况. 长沙：湖南人民出版社，1985.

海南黎族苗族自治州概况编写组编. 海南黎族苗族自治州概况. 广州：广东人民出版社，1986.

阿坝藏族自治州概况编写组编. 阿坝藏族自治州概况. 成都：四川民族出版社，1985.

甘孜藏族自治州概况编写组编. 甘孜藏族自治州概况. 成都：四川民族出版社，1986.

凉山彝族自治州概况编写组编. 凉山彝族自治州概况. 成都：四川民族出版社，1985.

黔东南苗族侗族自治州概况编写组编. 黔东南苗族侗族自治州概况. 贵阳：贵州民族出版社，1986.

黔南布依族苗族自治州概况编写组编. 黔南布依族苗族自治州概况. 贵阳：贵州民族出版社，1985.

黔西南布依族苗族自治州概况编写组编. 黔西南布依族苗族自治州概况. 贵阳：贵州民族出版社，1985.

西双版纳傣族自治州概况编写组编. 西双版纳傣族自治州概况. 昆明：云南民族出版社，1986.

德宏傣族景颇族自治州概况编写组编. 德宏傣族景颇族自治州概况. 昆明：云南民族出版社，1986.

怒江傈僳族自治州概况编写组编. 怒江傈僳族自治州概况. 北京：民族出版社，2008.

迪庆藏族自治州概况编写组编. 迪庆藏族自治州概况. 昆明：云南民族出版社，1986.

大理白族自治州概况编写组编. 大理白族自治州概况. 昆明：云南民族出版社，1986.

楚雄彝族自治州概况编写组编. 楚雄彝族自治州概况. 昆明：云南民族出版社，1986.

红河哈尼族彝族自治州概况编写组编. 红河哈尼族彝族自治州概况. 昆明：云南民族出版社，1986.

文山壮族苗族自治州概况编写组编. 文山壮族苗族自治州概况. 昆明：云南民族出版社，1986.

临夏回族自治县概况编写组编. 临夏回族自治州概况. 兰州：甘肃民族出版社，1986.

甘南藏族自治州概况编写组编. 甘南藏族自治州概况. 兰州：甘肃民族出版社，1986.

海北藏族自治州概况编写组编. 海北藏族自治州概况. 西宁：青海人民出版社，1984.

海南藏族自治州概况编写组编. 海南藏族自治州概况. 西宁：青海人民出版社，1984.

黄南藏族自治州概况编写组编. 黄南藏族自治州概况. 西宁：青海人民出版社，1985.

果洛藏族自治州概况编写组编. 果洛藏族自治州概况. 西宁：青海人民出版社，1985.

玉树藏族自治州概况编写组编. 玉树藏族自治州概况. 西宁：青海人民出版社，1985.

海西蒙古族藏族哈萨克族自治州概况编写组编. 海西蒙古族藏族哈萨克族自治州概况. 西宁：青海人民出版社，1985.

克孜勒苏柯尔克孜自治州概况编写组编. 克孜勒苏柯尔克孜自治州概况. 乌鲁木齐：新疆人民出版社，1985.

博尔塔拉蒙古族自治州概况编写组编. 博尔塔拉蒙古族自治州概况. 乌鲁木齐：新疆人民出版社，1985.

昌吉回族自治州概况编写组编. 昌吉回族自治州概况. 乌鲁木齐：新疆人民出版社，1985.

巴音郭楞蒙古自治州概况编写组编. 巴音郭楞蒙古自治州概况. 乌鲁木齐：新疆人民出版社，1985.

伊犁哈萨克自治州概况编写组编. 伊犁哈萨克自治州概况. 乌鲁木齐：新疆人民出版社，1985.

丰宁满族自治县概况编写组编. 丰宁满族自治县概况. 北京：民族出版社，2009.

青龙满族自治县概况编写组编. 青龙满族自治县概况. 石家庄：河北人民出版社，1989.

大厂回族自治县概况编写组编. 大厂回族自治县概况. 石家庄：河北人民出版社，1985.

孟村回族自治县概况编写组编. 孟村回族自治县概况. 石家庄：河北人民出版社，1983.

喀喇沁左翼蒙古族自治县概况编写组编. 喀喇沁左翼蒙古族自治县概况. 沈阳：辽宁人民出版社，1985.

阜新蒙古族自治县概况编写组编. 阜新蒙古族自治县概况. 沈阳：辽宁人民出版社，1985.

新宾满族自治县概况编写组编. 新宾满族自治县概况. 沈阳：辽宁大学出版社，1986.

岫岩满族自治县概况编写组编. 岫岩满族自治县概况. 沈阳：辽宁大学出版社，1986.

凤城满族自治县概况编写组编. 凤城满族自治县概况. 沈阳：辽宁大学出版社，1986.

前郭尔罗斯蒙古族自治县概况编写组编. 前郭尔罗斯蒙古族自治县概况. 延吉：延边人民出版社，1985.

长白朝鲜族自治县概况编写组编. 长白朝鲜族自治县概况. 延吉：延边人民出版社，1985.

杜尔伯特蒙古族自治县概况编写组编. 杜尔伯特蒙古族自治县概况. 牡丹江：黑龙江民族出版社，1987.

景宁畲族自治县概况编写组编. 景宁畲族自治县概况. 杭州：浙江人民出版社，1986.

长阳土家族自治县概况编写组编. 长阳土家族自治县概况. 北京：民族出版社，2009.

五峰土家族自治县概况编写组编. 五峰土家族自治县概况. 武汉：湖北人民出版社，1989.

江华瑶族自治县概况编写组编. 江华瑶族自治县概况. 长沙：湖南人民出版社，1985.

城步苗族自治县概况编写组编. 城步苗族自治县概况. 长沙：湖南人民出版社，1984.

麻阳苗族自治县概况编写组编. 麻阳苗族自治县概况. 长沙：湖南人民出版社，1990.

新晃侗族自治县概况编写组编. 新晃侗族自治县概况. 长沙：湖南人民出版社，1985.

芷江侗族自治县概况编写组编. 芷江侗族自治县概况. 长沙：湖南人民出版社，1987.

通道侗族自治县概况编写组编. 通道侗族自治县概况. 长沙：湖南人民出版社，1986.

靖州苗族侗族自治县概况编写组编. 靖州苗族侗族自治县概况. 长沙：湖南出版社，1991.

连山壮族瑶族自治县概况编写组编. 连山壮族瑶族自治县概况. 北京：民族出版社，1986.

连南瑶族自治县概况编写组编. 连南瑶族自治县概况. 广州：广东人民出版社，1985.

乳源瑶族自治县概况编写组编. 乳源瑶族自治县概况. 广州：广东人民出版社，1985.

龙胜各族自治县概况编写组编. 龙胜各族自治县概况. 南宁：广西民族出版社，1985.

三江侗族自治县概况编写组编. 三江侗族自治县概况. 南宁：广西民族出版社，1986.

融水苗族自治县概况编写组编. 融水苗族自治县概况. 南宁：广西民族出版社，1986.

隆林各族自治县概况编写组编. 隆林各族自治县概况. 南宁：广西民族出版社，1984.

巴马瑶族自治县概况编写组编. 巴马瑶族自治县概况. 南宁：广西民族出版社，1984.

都安瑶族自治县概况编写组编. 都安瑶族自治县概况. 南宁：广西民族出版社，1983.

罗城仫佬族自治县概况编写组编. 罗城仫佬族自治县概况. 北京：民族出版社，2009.

环江毛南族自治县概况编写组编. 环江毛南族自治县概况. 南宁：广西民族出版社，1989.

金秀瑶族自治县概况编写组编. 金秀瑶族自治县概况. 南宁：广西民族出版社，1984.

富川瑶族自治县概况编写组编. 富川瑶族自治县概况. 南宁：广西民族出版社，1986.

防城各族自治县编写组编. 防城各族自治县概况. 南宁：广西民族出版社，1986.

石柱土家族自治县概况编写组编. 石柱土家族自治县概况. 北京：民族出版社，2008.

彭水苗族土家族自治县概况编写组编. 彭水苗族土家族自治县概况. 成都：四川民族出版社，1989.

酉阳土家族苗族自治县概况编写组编. 酉阳土家族苗族自治县概况. 成都：四川民族出版社，1986.

秀山土家族苗族自治县概况编写组编. 秀山土家族苗族自治县概况. 成都：四川民族出版社，1989.

峨边彝族自治县概况编写组编. 峨边彝族自治县概况. 成都：四川民族出版社，1989.

马边彝族自治县概况编写组编. 马边彝族自治县概况. 成都：四川民族出版社，1989.

木里藏族自治县概况编写组编. 木里藏族自治县概况. 成都：四川人民出版社，1985.

黔江土家族苗族自治县概况编写组编. 黔江土家族苗族自治县概况. 成都：四川民族出版社，1990.

茂汶羌族自治县概况编写组编. 茂汶羌族自治县概况. 成都：四川民族出版社，1985.

道真仡佬族苗族自治县概况编写组编. 道真仡佬族苗族自治县概况. 贵阳：贵州民族出版社，1987.

务川仡佬族苗族自治县概况编写组编. 务川仡佬族苗族自治县概况. 贵阳：贵州民族出版社，1987.

关岭布依族苗族自治县概况编写组编. 关岭布依族苗族自治县概况. 贵阳：贵州民族出版社，1985.

贵州省镇宁布依族苗族自治县概况编写组编. 镇宁布依族苗族自治县概况. 贵阳：贵州人民出版社，1985.

紫云苗族布依族自治县概况编写组编. 紫云苗族布依族自治县概况. 贵阳：贵州民族出版社，1985.

威宁彝族回族苗族自治县概况编写组编. 威宁彝族回族苗族自治县概况. 贵阳：贵州人民出

版社，1985.

玉屏侗族自治县概况编写组编. 玉屏侗族自治县概况. 贵阳：贵州民族出版社，1985.

印江土家族苗族自治县概况编写组编. 印江土家族苗族自治县概况. 贵阳：贵州民族出版社，1987.

沿河土家族自治县概况编写组编. 沿河土家族自治县概况. 贵阳：贵州民族出版社，1987.

松桃苗族自治县概况编写组编. 松桃苗族自治县概况. 北京：民族出版社，2007.

三都水族自治县概况编写组编. 三都水族自治县概况. 贵阳：贵州人民出版社，1986.

禄劝彝族苗族自治县概况编写组编. 禄劝彝族苗族自治县概况. 昆明：云南民族出版社，1990.

寻甸回族彝族自治县概况编写组编. 寻甸回族彝族自治县概况. 昆明：云南民族出版社，1986.

峨山彝族自治县概况编写组编. 峨山彝族自治县概况. 北京：民族出版社，2007.

新平彝族傣族自治县概况编写组编. 新平彝族傣族自治县概况. 昆明：云南民族出版社，1986.

元江哈尼族彝族傣族自治县概况编写组编. 元江哈尼族彝族傣族自治县概况. 昆明：云南民族出版社，1986.

宁蒗彝族自治县概况编写组编. 宁蒗彝族自治县概况. 昆明：云南民族出版社，1985.

普洱哈尼族彝族自治县概况编写组编. 普洱哈尼族彝族自治县概况. 昆明：云南民族出版社，1990.

墨江哈尼族自治县概况编写组编. 墨江哈尼族自治县概况. 北京：民族出版社，2008.

景东彝族自治县概况编写组编. 景东彝族自治县概况. 昆明：云南民族出版社，1990.

景谷傣族彝族自治县概况编写组编. 景谷傣族彝族自治县概况. 昆明：云南民族出版社，1990.

镇沅彝族哈尼族拉祜族自治县概况编写组编. 镇沅彝族哈尼族拉祜族自治县概况. 北京：民族出版社，2008.

江城哈尼族彝族自治县概况编写组编. 江城哈尼族彝族自治县概况. 昆明：云南民族出版社，1985.

孟连傣族拉祜族佤族自治县概况编写组编. 孟连傣族拉祜族佤族自治县概况. 北京：出版社，2008.

澜沧拉祜族自治县概况编写组编. 澜沧拉祜族自治县概况. 昆明：云南民族出版社，1985.

西盟佤族自治县概况编写组编. 西盟佤族自治县概况. 昆明：云南民族出版社，1986.

双江拉祜族佤族布朗族傣族自治县概况编写组编. 双江拉祜族佤族布朗族傣族自治县概况. 昆明：云南民族出版社，1990.

耿马傣族佤族自治县概况编写组编. 耿马傣族佤族自治县概况. 北京：民族出版社，2007.

沧源佤族自治县概况编写组编. 沧源佤族自治县概况. 昆明：云南民族出版社，1986.

贡山独龙族怒族自治县概况编写组编. 贡山独龙族怒族自治县概况. 昆明：云南民族出版社，1986.

兰坪白族普米族自治县概况编写组编. 兰坪白族普米族自治县概况. 北京：民族出版社，

2008.

维西傈僳族自治县概况编写组编. 维西傈僳族自治县概况. 昆明：云南民族出版社，1990.

漾濞彝族自治县概况编写组编. 漾濞彝族自治县概况. 北京：民族出版社，2008.

南涧彝族自治县概况编写组编. 南涧彝族自治县概况. 北京：民族出版社，2008.

巍山彝族回族自治县概况编写组编. 巍山彝族回族自治县概况. 昆明：云南民族出版社，1986.

金平苗族瑶族傣族自治县概况编写组编. 金平苗族瑶族傣族自治县概况. 昆明：云南民族出版社，1990.

河口瑶族自治县概况编写组编. 河口瑶族自治县概况. 昆明：云南民族出版社，1985.

屏边苗族自治县概况编写组编. 屏边苗族自治县概况. 昆明：云南民族出版社，1986.

丽江纳西族自治县概况编写组编. 丽江纳西族自治县概况. 昆明：云南民族出版社，1986.

路南彝族自治县概况编写组编. 路南彝族自治县概况. 昆明：云南民族出版社，1986.

张家川回族自治县概况编写组编. 张家川回族自治县概况. 兰州：甘肃民族出版社，1985.

天祝藏族自治县概况编写组编. 天祝藏族自治县概况. 兰州：甘肃民族出版社，1986.

肃北蒙古族自治县概况编写组编. 肃北蒙古族自治县概况. 兰州：甘肃民族出版社，1986.

阿克塞哈萨克族自治县概况编写组编. 阿克塞哈萨克族自治县概况. 兰州：甘肃民族出版社，1986.

肃南裕固族自治县概况编写组编. 肃南裕固族自治县概况. 兰州：甘肃民族出版社，1984.

东乡族自治县概况编写组编. 东乡族自治县概况. 兰州：甘肃民族出版社，1986.

积石山保安族东乡族撒拉族自治县概况编写组编. 积石山保安族东乡族撒拉族自治县概况. 兰州：甘肃人民出版社，1987.

大通回族土族自治县概况编写组编. 大通回族自治县概况. 西宁：青海人民出版社，1986.

民和回族土族自治县概况编写组编. 民和回族土族自治县概况. 西宁：青海人民出版社，1986.

互助土族自治县概况编写组编. 互助土族自治县概况. 西宁：青海人民出版社，1983.

化隆回族自治县概况编写组编. 化隆回族自治县概况. 西宁：青海人民出版社，1984.

循化撒拉族自治县概况编写组编. 循化撒拉族自治县概况. 西宁：青海人民出版社，1984.

门源回族自治县概况编写组编. 门源回族自治县概况. 西宁：青海人民出版社，1984.

河南蒙古族自治县概况编写组编. 河南蒙古族自治县概况. 西宁：青海人民出版社，1985.

巴里坤哈萨克自治县概况编写组编. 巴里坤哈萨克自治县概况. 乌鲁木齐：新疆人民出版社，1984.

木垒哈萨克自治县概况编写组编. 木垒哈萨克自治县概况. 乌鲁木齐：新疆人民出版社，1984.

焉耆回族自治县概况编写组编. 焉耆回族自治县概况. 乌鲁木齐：新疆人民出版社，1987.

察布查尔锡伯自治县概况编写组编. 察布查尔锡伯自治县概况. 乌鲁木齐：新疆人民出版社，1986.

和布克赛尔蒙古自治县概况编写组编. 和布克塞尔蒙古自治县概况. 乌鲁木齐：新疆人民出

版社，1986.

鄂伦春自治旗概况编写组编. 鄂伦春自治旗概况. 呼和浩特：内蒙古人民出版社，1981.

莫力达瓦达斡尔族自治旗概况编写组编. 莫力达瓦达斡尔族自治旗概况. 北京：民族出版社，2008.

鄂温克族自治旗概况编写组编. 鄂温克族自治旗概况. 呼和浩特：内蒙古人民出版社，1987.

4. 中国少数民族地方志书

北京市地方志编纂委员会编. 北京志·民族·宗教卷·民族志. 北京：北京出版社，2006.

任亚平主编. 内蒙古自治区志·共产党志. 呼和浩特：内蒙古人民出版社，1999.

内蒙古自治区人民政府《政府志》办公室编. 内蒙古自治区志·政府志. 北京：北京方志出版社，2001.

广西壮族自治区地方志编纂委员会编. 广西通志·中共广西地方组织志. 南宁：广西人民出版社，1994.

广西壮族自治区地方志编纂委员会编. 广西通志·政府志. 南宁：广西人民出版社，1998.

广西壮族自治区地方志编纂委员会编. 广西通志·人民代表大会志. 南宁：广西人民出版社，1997.

广西壮族自治区地方志编纂委员会编. 广西通志·政协志. 南宁：广西人民出版社，1998.

广西壮族自治区地方志编纂委员会编. 广西通志·宗教志. 南宁：广西人民出版社，1995.

广西壮族自治区地方志编纂委员会编. 广西通志·民族志. 南宁：广西人民出版社，2009.

广西壮族自治区地方志编纂委员会编. 广西通志·气象志. 南宁：广西人民出版社，1996.

广西壮族自治区地方志编纂委员会编. 广西通志·环境保护志. 南宁：广西人民出版社，1994.

四川省地方志编纂委员会编. 四川省志·宗教志. 成都：四川人民出版社，1998.

贵州省地方志编纂委员会编. 贵州省志·环境保护志. 贵阳：贵州人民出版社，2002.

贵州省地方志编纂委员会编. 贵州省志·人事志. 贵阳：贵州人民出版社，1999.

云南省地方志编纂委员会，云南省社会科学院宗教研究所编. 云南省志·宗教志. 昆明：云南人民出版社，1995.

政协云南省委员会编. 云南省志·政协志48卷. 昆明：云南人民出版社，1999.

云南省人大常委会办公厅编. 云南省志·人民代表大会志（46卷）. 昆明：云南人民出版社，2003.

云南省地方志编纂委员会编. 云南省志·地震志. 昆明：云南人民出版社，1994.

云南省地方志编纂委员会编. 云南省志·环境保护志. 昆明：云南人民出版社，1994.

青海省地方志编纂委员会编. 青海省志·畜牧志. 合肥：黄山书社出版，1998.

新疆维吾尔自治区地方志编纂委员会编. 新疆通志·政务志·人大（15卷）. 乌鲁木齐：新疆人民出版社，2004.

新疆维吾尔自治区地方志编纂委员会编. 新疆通志·政务志·政府（15卷）. 乌鲁木齐：新疆人民出版社，2006.

新疆维吾尔自治区地方志编纂委员会编. 新疆通志·群团志·工会（19卷）. 乌鲁木齐：新疆人民出版社，2004.

新疆维吾尔自治区地方志编纂委员会编. 新疆通志·共产党志（14卷）. 乌鲁木齐：新疆人民出版社，2001.

新疆维吾尔自治区地方志编纂委员会编. 新疆通志·地震志（11卷）. 乌鲁木齐：新疆人民出版社，2002.

新疆维吾尔自治区地方志编纂委员会编. 新疆通志·林业志（35卷）. 乌鲁木齐：新疆人民出版社，2002.

新疆维吾尔自治区地方志编纂委员会编. 新疆通志·水利志（36卷）. 乌鲁木齐：新疆人民出版社，1998.

新疆维吾尔自治区地方志编纂委员会编. 新疆通志·商业志（61卷）. 乌鲁木齐：新疆人民出版社，1998.

新疆维吾尔自治区地方志编纂委员会编. 新疆通志·邮电志（51卷）. 乌鲁木齐：新疆人民出版社，1998.

新疆维吾尔自治区地方志编纂委员会编. 新疆通志·科学技术志（72卷）. 乌鲁木齐：新疆人民出版社，2008.

新疆维吾尔自治区地方志编纂委员会编. 新疆通志·语言文字志（76卷）. 乌鲁木齐：新疆人民出版社，2000.

新疆维吾尔自治区地方志编纂委员会编. 新疆通志·广播电视志（79卷）. 乌鲁木齐：新疆人民出版社，1995.

新疆维吾尔自治区地方志编纂委员会编. 新疆通志·体育志（83卷）. 乌鲁木齐：新疆人民出版社，2002.

新疆维吾尔自治区地方志编纂委员会编. 新疆通志·邮电志（1991~1998）. 乌鲁木齐：新疆人民出版社，2004.

新疆通志环境保护志编纂委员会编. 新疆通志·环境保护志. 乌鲁木齐：新疆人民出版社，2006.

新疆维吾尔自治区地方志编纂委员会编. 新疆通志·政协志. 乌鲁木齐：新疆人民出版社，1996.

延边朝鲜族自治州地方志编纂委员会编. 延边朝鲜族自治州志（上、下卷）. 北京：中华书局，1996.

湖北省恩施土家族苗族自治州志编纂委员会编. 恩施州志. 武汉：湖北人民出版社，1998.

湘西土家族苗族自治州地方志编纂委员会编. 湘西土家族苗族自治州志（上、下卷）. 长沙：湖南人民出版社，1999.

四川阿坝藏族羌族自治州地方志编纂委员会编. 阿坝州志（上、中、下卷）. 北京：民族出版社，1994.

甘孜藏族自治州地方志编纂委员会编. 甘孜州志（上、中、下卷）. 成都：四川人民出版社，1997.

甘孜藏族自治州地方志编纂委员会编. 甘孜州志. 成都：四川人民出版社，1998.

凉山彝族自治州志编纂委员会编. 凉山彝族自治州志（上、中、下卷）. 北京：方志出版社，2002.

黔东南苗族侗族自治州地方志编纂委员会编. 黔东南苗族侗族自治州志·政协志. 贵阳：贵州人民出版社，1994.

黔东南苗族侗族自治州地方志编纂委员会编. 黔东南苗族侗族自治州志·政权志政府分册，贵阳：贵州人民出版社，2002.

黔东南苗族侗族自治州地方志编纂委员会编. 黔东南苗族侗族自治州志·政权志人民代表大会分册. 贵阳：贵州人民出版社，2002.

黔东南苗族侗族自治州地方志编纂委员会编. 黔东南苗族侗族自治州志·政党群团志. 贵阳：贵州人民出版社，1999.

黔东南苗族侗族自治州地方志编纂委员会编. 黔东南苗族侗族自治州志·总述·大事记. 贵阳：贵州人民出版社，2000.

黔南布依族苗族自治州史志编纂委员会编. 黔南布依族苗族自治州志·政协志（38卷）. 贵阳：贵州人民出版社，2002.

黔南布依族苗族自治州史志编纂委员会编. 黔南布依族苗族自治州志·政权志（41卷）. 贵阳：贵州人民出版社，2003.

黔南布依族苗族自治州史志编纂委员会编. 黔南布依族苗族自治州志·党群志（40卷）. 贵阳：贵州人民出版社，2003.

黔西南布依族苗族自治州地方志编纂委员会编. 黔西南布依族苗族自治州志·政权·政协志. 贵阳：贵州人民出版社，2007.

黔西南布依族苗族自治州地方志编纂委员会编. 黔西南布依族苗族自治州志·党派群团志. 贵阳：贵州人民出版社，2002.

西双版纳傣族自治州志编纂委员会编. 西双版纳傣族自治州志（上、中、下卷）. 北京：新华出版社，2002.

德宏傣族景颇族自治州志编纂委员会编. 德宏州志·综合卷（上卷）. 德宏：德宏民族出版社，1994.

德宏傣族景颇族自治州志编纂委员会编. 德宏州志·经济卷（下卷）. 德宏：德宏民族出版社，1997.

怒江傈僳族自治州地方志编纂委员会编. 怒江傈僳族自治州志（上、下卷）. 北京：民族出版社，2006.

云南省迪庆藏族自治州地方志编纂委员会编. 迪庆藏族自治州志. 昆明：云南民族出版社，2003.

楚雄彝族自治州地方志编纂委员会编. 楚雄彝族自治州志（1、2卷）. 北京：人民出版社，1993.

楚雄彝族自治州地方志编纂委员会编. 楚雄彝族自治州志（3卷）. 北京：人民出版社，1995.

楚雄彝族自治州地方志编纂委员会编. 楚雄彝族自治州志（4卷）. 北京：人民出版社，1995.

楚雄彝族自治州地方志编纂委员会编. 楚雄彝族自治州志（5卷）. 北京：人民出版社，1996.

楚雄彝族自治州地方志编纂委员会编. 楚雄彝族自治州志（6卷）. 北京：人民出版社，1996.

红河哈尼族彝族自治州民族志编写办公室编. 云南省红河哈尼族彝族自治州·民族志. 昆明：云南大学出版社，1989.

红河哈尼族彝族自治州地方志编纂委员会编. 红河州志（1、3卷）. 北京：生活·读书·新知三联书店出版，1997.

红河哈尼族彝族自治州地方志编纂委员会编. 红河州志（2、4、5卷）. 北京：生活·读书·新知三联书店出版，1994.

红河哈尼族彝族自治州地方志编纂委员会编. 红河州志（6、7卷）. 北京：生活·读书·新知三联书店出版，1995.

文山壮族苗族自治州地方志编纂委员会编. 文山壮族苗族自治州志（1卷）. 昆明：云南人民出版社，2000.

文山壮族苗族自治州地方志编纂委员会编. 文山壮族苗族自治州志（2、3、6卷）. 昆明：云南人民出版社，2002.

文山壮族苗族自治州地方志编纂委员会编. 文山壮族苗族自治州志（4、5卷）. 昆明：云南人民出版社，2001.

临夏回族自治州志编纂委员会编. 临夏回族自治州志（上、下卷）. 兰州：甘肃人民出版社，1993.

甘南藏族自治州地方史志编纂委员会编. 甘南州志（上、下卷）. 北京：民族出版社，1999.

海北藏族自治州地方志编纂委员会编. 海北藏族自治州志（上、下卷）. 兰州：甘肃人民出版社，1999.

黄南藏族自治州志编纂委员会编. 黄南藏族自治州志（上、下卷）. 兰州：甘肃人民出版社，1999.

海南藏族自治州志编纂委员会编. 海南州志. 北京：民族出版社，1997.

果洛藏族自治州志编纂委员会编. 果洛藏族自治州志（上、下卷）. 北京：民族出版社，2001.

玉树藏族自治州地方志编纂委员会编. 玉树藏族自治州志（上、下卷）. 西安：三秦出版社，2005.

海西蒙古族藏族自治州地方志编纂委员会编. 海西蒙古族藏族自治州志（1卷）. 西安：陕西人民出版社，1995.

海西蒙古族藏族自治州地方志编纂委员会编. 海西蒙古族藏族自治州志（2卷）. 西安：陕西人民出版社，1996.

海西蒙古族藏族自治州地方志编纂委员会编. 海西蒙古族藏族自治州志（3卷）. 西安：陕西人民出版社，1998.

海西蒙古族藏族自治州地方志编纂委员会编. 海西蒙古族藏族自治州志（4、5卷）. 西安：陕西人民出版社，1999.

海西蒙古族藏族自治州地方志编纂委员会编. 海西蒙古族藏族自治州志（1991~2002）. 西

宁：青海人民出版社，2006.

克孜勒苏柯尔克孜自治州史志编纂委员会编. 克孜勒苏柯尔克孜自治州志（上、下卷）. 乌鲁木齐：新疆人民出版社，2004.

博尔塔拉蒙古自治州地方志编纂委员会编. 博尔塔拉蒙古自治州志. 乌鲁木齐：新疆大学出版社，1999.

昌吉回族自治州地方志编纂委员会编. 昌吉回族自治州志. 乌鲁木齐：新疆人民出版社，2002.

巴音郭楞蒙古自治州志编纂委员会编. 巴音郭楞蒙古自治州志（上、中、下卷）. 北京：当代中国出版社，1994.

伊犁哈萨克族自治州志编纂委员会编. 伊犁哈萨克族自治州志. 乌鲁木齐：新疆人民出版社，2004.

呼伦贝尔盟史志编纂委员会编. 呼伦贝尔盟志（上、中、下卷）. 海拉尔：内蒙古文化出版社，1999.

环江毛南族自治县志编纂委员会编. 环江毛南族自治县志. 南宁：广西人民出版社，2002.

双江拉祜族佤族布朗族傣族自治县志编纂委员会编. 双江拉祜族佤族布朗族傣族自治县志. 昆明：云南民族出版社，1996.

贡山独龙族怒族自治县志编纂委员会编. 贡山独龙族怒族自治县志. 北京：民族出版社，2006.

云南省兰坪白族普米族自治县志编纂委员会编. 兰坪白族普米族自治县志. 昆明：云南民族出版社，2003.

甘肃省肃南裕固族自治县志编纂委员会编. 肃南裕固族自治县志. 兰州：甘肃民族出版社，1994.

积石山保安族东乡族撒拉族自治县志编纂委员会编. 积石山保安族东乡族撒拉族自治县志. 兰州：甘肃文化出版社，1998.

鄂伦春自治旗史志编纂委员会编. 鄂伦春自治旗志. 呼和浩特：内蒙古人民出版社，1991.

鄂温克族自治旗志编纂委员会编. 鄂温克族自治旗志. 北京：中国城市出版社，1997.

满洲里市志编纂委员会编. 满洲里市志. 呼和浩特：内蒙古人民出版社，1998.

扎兰屯市史志编纂委员会编. 扎兰屯市志. 天津：百花文艺出版社，1993.

5. 人物传·人物志·组织职官志

陈虹主编. 中国少数民族专家学者辞典. 沈阳：辽宁民族出版社，1994.

郭卿友主编. 中国历代少数民族英才传. 兰州：甘肃人民出版社，2000.

张声作主编. 当代中国少数民族名人录. 北京：华文出版社，1992.

何虎生、李耀东、向常福、蒋建华主编. 中华人民共和国职官志增订本. 北京：中国社会出版社，1996.

何虎生等编. 中华人民共和国职官志修订版. 北京：中国社会出版社，2003.

马远志主编. 临夏人物. 兰州：甘肃人民出版社，2006.

6. 年鉴

《中国民族年鉴》编辑部编. 中国民族年鉴（1995卷）. 北京：民族出版社，1996.

《中国民族年鉴》编辑部编. 中国民族年鉴（1996卷）. 沈阳：辽宁民族出版社，1997.

《中国民族年鉴》编辑部编. 中国民族年鉴（1997卷）. 北京：中央民族大学出版社，1998.

《中国民族年鉴》编辑部编. 中国民族年鉴（1998卷）. 北京：民族出版社，1999.

《中国民族年鉴》编辑部编. 中国民族年鉴（1999卷）. 沈阳：辽宁民族出版社，2000.

《中国民族年鉴》编辑部编. 中国民族年鉴（2000卷）. 北京：民族出版社，2001.

《中国民族年鉴》编辑部编. 中国民族年鉴（2001卷）. 北京：中国民族年鉴社，2002.

《中国民族年鉴》编辑部编. 中国民族年鉴（2002卷）. 北京：中国民族年鉴社，2003.

《中国民族年鉴》编辑部编. 中国民族年鉴（2003卷）. 北京：中国民族年鉴社，2003.

中国民族年鉴社编. 中国民族年鉴（2004卷）. 北京：中国民族年鉴社，2004.

中国民族年鉴社编. 中国民族年鉴（2005卷）. 北京：中国民族年鉴社，2005.

中国民族年鉴社编. 中国民族年鉴（2006卷）. 北京：中国民族年鉴社，2006.

中国民族年鉴社编. 中国民族年鉴（2007卷）. 北京：中国民族年鉴社，2007.

中国民族年鉴社编. 中国民族年鉴（2008卷）. 北京：中国民族年鉴社，2008.

中国民族年鉴社编. 中国民族年鉴（2009卷）. 北京：中国民族年鉴社，2009.

赵显人主编，《中国民族工作年鉴》编辑部编. 中国民族工作年鉴（2002卷）. 北京：中国民族工作年鉴编辑委员会，2002.

赵显人主编，《中国民族工作年鉴》编辑部编. 中国民族工作年鉴（2003卷）. 北京：中国民族工作年鉴编辑委员会，2003.

《中国教育年鉴》编辑部编. 中国教育年鉴（1949~1981卷）. 北京：中国大百科全书出版社，1984.

《中国教育年鉴》编辑部编. 中国教育年鉴（1988卷）. 北京：人民教育出版社，1989.

《中国教育年鉴》编辑部编. 中国教育年鉴（1989卷）. 北京：人民教育出版社，1990.

《中国教育年鉴》编辑部编. 中国教育年鉴（1990卷）. 北京：人民教育出版社，1991.

《中国教育年鉴》编辑部编. 中国教育年鉴（1991卷）. 北京：人民教育出版社，1992.

《中国环境年鉴》编辑委员会编. 中国环境年鉴（1990卷）. 北京：中国环境科学出版社，1990.

《中国环境年鉴》编辑委员会编. 中国环境年鉴（1991卷）. 北京：中国环境科学出版社，1991.

《中国环境年鉴》编辑委员会编. 中国环境年鉴（1992卷）. 北京：中国环境科学出版社，1992.

《中国环境年鉴》编辑委员会编. 中国环境年鉴（1993卷）. 北京：中国环境科学出版社，1993.

《中国环境年鉴》编辑委员会编. 中国环境年鉴（1994卷）. 北京：中国环境科学出版社，1994.

中国电影家协会编. 中国电影年鉴（1985卷）. 北京：中国电影出版社，1987.

中国电影家协会编. 中国电影年鉴（1986卷）. 北京：中国电影出版社，1988.

中国电影家协会编. 中国电影年鉴（1987卷）. 北京：中国电影出版社，1990.

中国电影家协会，广播电影电视部电影事业管理局编. 中国电影年鉴（1988卷）. 北京：中国电影出版社，1991.

中国电影家协会，广播电影电视部电影事业管理局编. 中国电影年鉴（1989卷）. 北京：中国电影出版社，1991.

中国考古学会编. 中国考古学年鉴（1984卷）. 北京：文物出版社，1984.

中国考古学会编. 中国考古学年鉴（1985卷）. 北京：文物出版社，1985.

中国考古学会编. 中国考古学年鉴（1986卷）. 北京：文物出版社，1988.

中国考古学会编. 中国考古学年鉴（1987卷）. 北京：文物出版社，1988.

中国考古学会编. 中国考古学年鉴（1988卷）. 北京：文物出版社，1989.

中国考古学会编. 中国考古学年鉴（1989卷）. 北京：文物出版社，1990.

中国考古学会编. 中国考古学年鉴（1991卷）. 北京：文物出版社，1992.

内蒙古自治区统计局编. 内蒙古统计年鉴（1993卷）. 北京：中国统计出版社，1993.

广西壮族自治区统计局编. 广西统计年鉴（1993卷）. 北京：中国统计出版社，1993.

广西壮族自治区教育委员会编. 广西教育年鉴（1994卷）. 南宁：广西师范大学出版社，1995.

西藏自治区统计局编. 西藏统计年鉴（1993卷）. 北京：中国统计出版社，1993.

宁夏回族自治区统计局编. 宁夏统计年鉴（1993卷）. 北京：中国统计出版社，1993.

蔡国英主编，《宁夏教育年鉴》编委会编. 宁夏教育年鉴（1991~2000卷）. 银川：宁夏人民出版社，2006.

新疆维吾尔自治区统计局编. 新疆统计年鉴（1993卷）. 北京：中国统计出版社，1993.

恩施土家族苗族自治州年鉴编辑委员会编. 恩施州年鉴（1999卷），1999.

甘孜藏族自治州地方志编纂委员会编. 甘孜藏族自治州年鉴（2002卷）. 甘孜州年鉴编纂委员会，2003.

《西双版纳年鉴》编辑委员会编. 西双版纳年鉴（1997卷）. 昆明：云南科技出版社，1997.

《西双版纳年鉴》编辑委员会编. 西双版纳年鉴（2000卷）. 北京：燕山出版社，2001.

《西双版纳年鉴》编辑委员会编. 西双版纳年鉴（2002卷）. 北京：燕山出版社，2003.

《迪庆年鉴》编纂委员会编. 迪庆年鉴（1994卷）. 昆明：云南年鉴杂志社，1994.

大理白族自治州地方志编纂委员会编. 大理州年鉴（1990卷）. 昆明：云南民族出版社，1990.

大理白族自治州地方志编纂委员会编. 大理州年鉴（1991卷）. 昆明：云南民族出版社，1991.

大理白族自治州地方志编纂委员会编. 大理州年鉴（1992卷）. 昆明：云南民族出版社，1992.

大理白族自治州地方志编纂委员会编. 大理州年鉴（1993卷）. 昆明：云南民族出版社，1993.

大理白族自治州地方志编纂委员会编. 大理州年鉴（1994卷）. 昆明：云南民族出版社，1994.

楚雄彝族自治州年鉴编纂委员会编. 楚雄州年鉴（1989卷）. 1989.

7. 大事记

新华通讯社国内资料组编. 中华人民共和国大事记（1949~1980). 北京：新华出版社，1982.

中国民族图书馆编. 中华人民共和国民族工作大事记（1949~1983). 北京：民族出版社，1984.

内蒙古自治区档案馆编. 内蒙古自治区大事记（1987~1996). 呼和浩特：内蒙古人民出版社，1988.

广西壮族自治区地方志编纂委员会编. 广西通志·大事记. 南宁：广西人民出版社，1998.

广西文革大事记年表编写小组编. 广西文革大事记年表. 南宁：广西人民出版社，1990.

西藏自治区党史资料征集委员会编. 中共西藏党史大事记（1949~1994). 拉萨：西藏人民出版社，1995.

中共西藏自治区委员会党史研究室编. 中国共产党西藏历史大事记（1949~2004). 北京：中共党史出版社，2005.

中共新疆维吾尔自治区委员会党史委，中共新疆维吾尔自治区委员会党校编. 中国共产党新疆历史大事记（1949.10~1966.4）上卷. 乌鲁木齐：新疆人民出版社，1993.

中共新疆维吾尔自治区委员会党史研究室，中共新疆维吾尔自治区委员会党校编. 中国共产党新疆历史大事记（1966.5~1991.12）下卷. 乌鲁木齐：新疆大学出版社，2001.

中共新疆维吾尔自治区委员会党史研究室，中共新疆维吾尔自治区委员会编. 中国共产党新疆历史大事记（1992~2002）. 乌鲁木齐：新疆人民出版社，2005.

8. 民族文化教育

马启成，白振声主编. 民族学与民族文化发展研究. 北京：中国社会科学出版社，1995.

文物出版社编. 新中国考古五十年. 北京：文物出版社，1999.

宿白主编. 中华人民共和国重大考古发现. 北京：文物出版社，1999.

中国社会科学院考古研究所编. 新中国的考古发现和研究. 北京：文物出版社，1984.

首都博物馆编. 千古探秘：考古与发现. 北京：中华书局，2009.

文物出版社编. 文物500期总目索引. 北京：文物出版社，1998.

第五届中国金鸡百花电影节组委会编. 中国少数民族电影. 昆明：云南人民出版社，1996.

荣仕星主编. 中央民族大学五十年. 北京：中央民族大学出版社，2001.

内蒙古大学校史编写组编. 内蒙古大学四十年（1957~1997）. 呼和浩特：内蒙古大学出版社，1997.

广西民族学院校史编辑委员会编. 广西民族学院校史. 南宁：广西民族出版社，2002.

余明炎编. 广西高校概况. 南宁：广西教育出版社，1989.

李世成主编. 西藏民族学院校史（1958~1998）. 拉萨：西藏人民出版社，1998.

西北民族学院校史编写委员会编. 西北民族学院校史. 兰州：甘肃民族出版社，2000.

西南民族学院校史编辑部编. 西南民族学院校史（1951~2001）.

李鸿主编. 大连民族学院校史. 北京：民族出版社，2007.

9. 民族宗教

黄卓越主编. 中国佛教大观（上、下卷）. 哈尔滨：哈尔滨出版社，1994.

王仲奋编. 中国名寺志典. 北京：中国旅游出版社，1991.

季羡林主编. 中国禅寺. 北京：中国言实出版社，2005.

段启明，戴晨京，何虎生等编. 中国佛寺道观. 北京：燕山出版社，1997.

吴建伟主编. 中国清真寺纵览. 银川：宁夏人民出版社，1995.

吴建伟主编. 中国清真寺纵览续编. 银川：宁夏人民出版社，1998.

冉光荣编. 中国藏传佛教寺院. 北京：中国藏学出版社，1994.

杨辉麟编. 神秘的西藏寺院. 西宁：青海人民出版社，1997.

蒲文成编. 青海佛教史. 西宁：青海人民出版社，2001.

10. 自然灾异·环保

国家环境保护总局自然生态保护司编. 全国自然保护区名录（2003）. 北京：中国环境科学出版社，2004.

国家环境保护总局自然生态保护司编. 全国自然保护区名录（2005）. 北京：中国环境科学出版社，2006.

张志达主编. 全国十大林业生态建设工程. 北京：中国林业出版社，1997.

中国环境科学学会编. 中国环保企事业单位名录及简介（第一分册）. 北京：中国环境科学出版社，1993.

中国环境科学学会编. 中国环保企事业单位名录及简介（第二分册）. 北京：中国环境科学出版社，1995.

《中国气象灾害大典》编委会编. 中国气象灾害大典（内蒙古卷）. 北京：气象出版社，2008.

《中国气象灾害大典》编委会编. 中国气象灾害大典（广西卷）. 北京：气象出版社，2007.

《中国气象灾害大典》编委会编. 中国气象灾害大典（西藏卷）. 北京：气象出版社，2008.

《中国气象灾害大典》编委会编. 中国气象灾害大典（宁夏卷）. 北京：气象出版社，2007.

《中国气象灾害大典》编委会编. 中国气象灾害大典（新疆卷）. 北京：气象出版社，2006.

《中国气象灾害大典》编委会编. 中国气象灾害大典（贵州卷）. 北京：气象出版社，2006.

《中国气象灾害大典》编委会编. 中国气象灾害大典（云南卷）. 北京：气象出版社，2006.

邢野主编. 内蒙古自然灾害通志. 呼和浩特：内蒙古人民出版社，2001.

谢仲元主编. 内蒙古自然保护区. 北京：现代出版社，1997.

徐凤翔编. 西藏50年（生态卷）. 北京：民族出版社，2001.

刘务林编. 西藏自然保护区. 拉萨：西藏人民出版社，1987.

西藏自治区历史档案馆等编. 灾异志·雪灾篇. 拉萨：西藏人民出版社，1985.

朱令人主编. 新疆减灾四十年. 北京：地震出版社，1993.

（四）民族理论重要论文

傅乐焕. 关于达呼尔的民族成分识别问题. 中国民族问题研究集刊，1955（1）.

费孝通，林耀华. 关于少数民族识别问题的研究. 人民日报，1956-08-10.

南川. 也谈民族识别. 光明日报，1956-08-24.

思明. 民族识别成分应该根据的主要原则. 光明日报，1957-02-15.

杨堃. 关于民族和民族共同体的几个问题. 学术研究，1964（1）.

费孝通. 关于我国民族的识别问题. 中国社会科学，1980（1）.

张正东. 关于贵州民族研究中的几个问题. 贵州民族学院学报，1981（1）.

范宏贵. 古人对民族的识别. 广西民族学院学报，1981（2）.

贵州省民族识别办公室. 加速民族识别步伐，促进安定团结. 贵州民族研究，1981（3）.

熊锡元. 民族共同心理素质问题初探. 贵州民族研究，1981（4）.

熊锡元. 共同心理素质是民族诸特征中最活跃最有生命力的持久因素. 思想战线，1982（1）；民族理论研究通讯，1982（2）.

熊锡元. 论民族共同心理素质. 民族理论研究通讯，1982（4）.

张正东. 族别研究中的几个问题. 民族理论研究通讯，1982（4）.

施联朱. 怎样识别一个民族. 民族团结，1982（11）.

金赫. 从审美角度看民族心理素质及其发展变化. 民族理论研究通讯，1983（3）.

顾学津. 民族心理素质在民族识别中的作用. 中南民族学院学报，1984（1）.

王炳煜. 斯大林的民族定义与民族识别工作. 民族理论研究通讯，1984（1）.
杨堃. 论民族概念与民族分类的几个问题. 中国社会科学，1984（1）；新华文摘，1984（3）.
林耀华. 中国西南地区的民族识别. 云南社会科学，1984（2）.
宫蒲光. 民族共同心理素质的初探. 西藏研究，1984（3）.
杨堃. 说民族与民族支系. 中央民族学院学报，1984（4）.
姜永兴. 风俗习惯不能列为民族构成要素. 中央民族学院学报，1985（2）.
符耀新. 论风俗习惯不能列为民族构成要素. 广西民族研究，1987（1）.
黄光学. 民族识别和更改民族成份工作已基本结束. 民族团结，1987（2）.
马寅. 社会主义初级阶段民族问题的复杂性和民族理论研究. 新疆社会科学，1988（5）.
黄淑聘. 民族识别及其理论意义. 中国社会科学，1989（1）.
施联朱. 中国民族识别工作的特色. 中央民族学院学报，1989（5）.
阿沛·阿旺晋美. 西藏历史发展的伟大转折. 中国藏学，1991（1）.
施联朱. 台湾世局民族的识别问题. 福建师范大学学报，1994（4）.
施联朱. 土家族的民族识别. 土家学刊，1997（4）.
田心桃. 确定土家族是单一民族的见证. 土家学刊，1997（4）.
施联朱. 具有中国特色的民族识别. 中国民族学五十年（1949~1999），2004.
施联朱. 民族识别. 当代中国的民族工作，1993.
施联朱. 关于台湾少数民族的“正名运动”与族属问题. 民族学与民族文化发展研究， 1995.
黄光学. 我国的民族识别. 新时期民族问题探索，1989.

（五）参考资料

1. 文史资料选辑

戴均良主编，中华人民共和国民政部编. 中华人民共和国行政区划简册（2007）. 北京：中国地图出版社，2007.

国家统计局人口和社会科技统计司，国家民委经济发展司编. 2000年人口普查中国民族人口资料上册. 北京：北京民族出版社，2003.

全国政协文史和学习委员会编. 文史资料选辑（第153辑）. 北京：中国文史出版社，2009.

全国人大民委编. 第一届至第九届全国人民代表大会民族委员会文件资料汇编（1954~2003）. 北京：中国民主法制出版社，2008.

陈冬东主编. 中国社会团体组织大全（上、中、下卷）. 北京：专利文献出版社，1998.

中共北京市委组织部，中共北京市委党史资料征集委员会，北京市档案局编. 中国共产党北京市组织史资料. 北京：人民出版社，1992.

中共河北省委组织部编. 中国共产党河北省组织史资料. 石家庄：河北人民出版社，2006.

山西省委组织部编. 中国共产党山西省组织史资料（1987.10~1998.2）2卷. 太原：山西人民出版社，2001.

中共上海市委组织部，中共上海市委党史资料征集委员会，中共上海市委党史研究室，上海市档案馆编. 上海市政权系统·地方军事系统·统一战线系统·群众团体系统组织史资料（1949.5~1987.10）. 上海：上海人民出版社，1991.

中共江苏省委组织部，中共江苏省委党史工作委员会，江苏省档案馆编. 中国共产党江苏省组织史资料（1922.春~1987.10）. 南京：南京出版社，1993.

中共江苏省委组织部编. 中国共产党江苏省组织史资料. 南京：江苏人民出版社，2003.

中共河南省委组织部，中共河南省委党史研究室，河南省档案局编. 中国共产党河南省组织史资料（1921.12~1987.10）（1卷），北京：中共党史出版社，1996.

中共湖北省委组织部，中共湖北省委党史资料征集编研委员会，湖北省档案馆编. 中国共产党湖北省组织史资料. 武汉：湖北人民出版社，1991.

中共湖北省委组织部，中共湖北省委党史资料征集编研委员会编. 中国共产党湖北省组织史资料（2卷）. 武汉：湖北人民出版社，1996.

中共四川省委组织部，中共四川省委党史研究室，四川省档案馆编. 中国共产党四川省组织史资料. 成都：四川人民出版社，1994.

中共四川省委组织部等编. 中国共产党四川省组织史资料. 成都：四川人民出版社，2001.

中共贵州省委组织部，中共贵州省委党史研究室，贵州省档案局编. 中国共产党贵州省组织史资料、贵州省政军统群组织史资料. 贵阳：贵州教育出版社，1997.

中共云南省委组织部，中共云南省委党史研究室，云南省档案局编. 中国共产党云南省组织史资料、云南省政军统群组织史资料（1926.11~1987.10）. 北京：中共党史出版社，1994.

中共内蒙古自治区委员会组织部，中共内蒙古自治区委员会党史研究室，内蒙古自治区档案馆编. 中国共产党内蒙古自治区组织史资料（1925.3~1987.12）. 呼和浩特：内蒙古人民出版社，1995.

中共西藏自治区委员会组织部等编. 中国共产党西藏自治区组织史资料（1950~1987）. 拉萨：西藏人民出版社，1993.

中共新疆维吾尔自治区委员会组织部，中共新疆维吾尔自治区委员会党史工作委员会编. 中国共产党新疆维吾尔自治区组织史资料（1937~1987）上报本. 乌鲁木齐：新疆维吾尔自治区档案局，1990.

湘西土家族苗族自治州史料编纂委员会编. 中共湘西土家族苗族自治州组织史资料. 北京：中共党史出版社，1998.

中共大理州委组织部等编. 云南省大理白族自治州党政军统群组织史资料（1947.12~1987.12）. 昆明：云南人民出版社，1994.

2. 网络资料

行政区划网

新浪网

新华网

（陈红/辑录）

ISBN 978-7-5497-0570-2

定价：680.00元